lonely planet

Inde du Nord

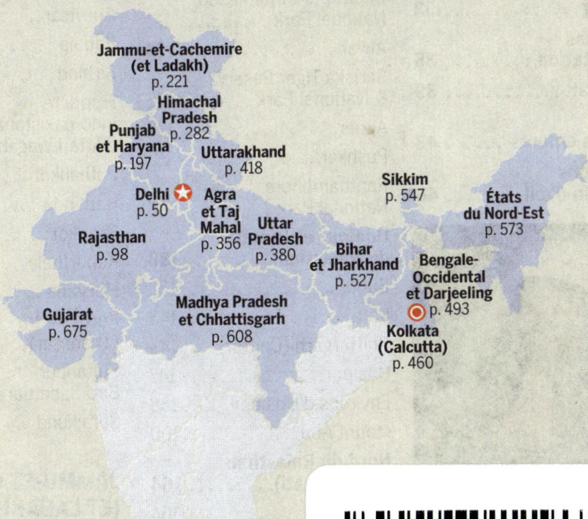

ÉDITION ÉCRITE ET ACTUALISÉE PAR

Abigail Blasi, Lindsay Brown, Anirban Mahapatra, Isabella Noble, John Noble, Kevin Raub, Sarina Singh, Michael Benanav, Mark Elliott, Paul Harding, Anna Kaminski, Bradley Mayhew, Iain Stewart

PRÉPARER SON VOYAGE

GREG ELMS / GETTY IMAGES©
DARJEELING P. 493

SUTTIPONG SUTIRATANACHAI / GETTY IMAGES ©
PANGONG TSO P. 251

SUR LA ROUTE

Sommaire

SUR LA ROUTE

DAN HERRICK / GETTY IMAGES©

SADHU, VARANASI P. 381

Sommaire

COMPRENDRE

GUIDE PRATIQUE

COUPS DE PROJECTEUR

Bienvenue en Inde du Nord

Un voyage en Inde du Nord est avant tout la rencontre avec une fabuleuse diversité de peuples aux traditions bien préservées, au cœur de paysages variés et spectaculaires.

Une nature splendide

Des pics enneigés vertigineux aux plaines verdoyantes et au désert écrasé de soleil, l'Inde du Nord captive par ses contrastes. À ces merveilles naturelles s'ajoutent celles créées par l'homme, tels les temples finement sculptés qui se dressent majestueusement au-dessus de déserts impitoyables et des forteresses suspendues au bord de ravins profonds. Les amateurs de plein air pourront suivre les traces des tigres lors d'un safari, entreprendre des treks éprouvants dans l'Himalaya ou simplement respirer l'air embaumé lors d'une randonnée dans une forêt de pins.

Une cuisine alléchante

Préparez-vous à l'un des plus extraordinaires voyages culinaires de votre vie ! Frits, mijotés, bouillis, malaxés, grillés, épicés... la diversité des plats régionaux affolera votre palais et votre odorat. Chaque région possède ses propres techniques et canons, qu'il s'agisse de viandes savamment marinées, de *thali*, de simples et succulents curries végétariens ou de délices de la mer.

S'attendre... à l'inattendu

Déroutant ! Aucun mot ne rend plus fidèlement compte du caractère énigmatique de l'Inde. Source d'inspiration, de frustration, de passion et de stupéfaction, l'Inde offre au voyageur une extraordinaire palette de sensations. Certaines peuvent se révéler éprouvantes, surtout lors d'un premier voyage : la pauvreté y est extrême, la bureaucratie, parfois exaspérante, et la densité de population peut transformer la moindre tâche en un parcours du combattant. Même les voyageurs les plus aguerris finissent par perdre leur sang-froid à un moment ou à un autre, mais cela fait partie de la découverte du pays. Qu'on l'adore ou qu'on l'appréhende, l'Inde décontenance. Pour découvrir son âme, laissez-vous entraîner...

Fêtes sacrées

La spiritualité est le fil de trame de l'immense et complexe mosaïque que dessine l'Inde contemporaine. La multitude de sites sacrés et de rituels immémoriaux témoigne de la longue histoire religieuse du pays, pittoresque et parfois tumultueuse. Les fêtes sont tout aussi innombrables, des imposantes processions célébrant dans les villes un événement heureux du calendrier religieux aux simples fêtes villageoises de la moisson qui rendent hommage à une divinité locale.

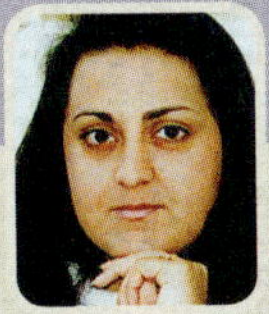

Pourquoi j'aime l'Inde

Sarina Singh, auteure

Chaque fois que je pense être sur le point de dénouer l'un de ses insondables mystères, l'Inde me rappelle à sa manière qu'il me faudrait bien plus que quelques vies pour cela. En fait, démystifier ce pays est un travail perpétuel, et c'est ce qui le rend, pour moi, si attirant. L'exploration est constante ; l'amusement, imprévisible. Ici, on sait qu'on peut se retrouver, au moment le plus inattendu, confronté à des instants qui ont le pouvoir de transformer votre façon de voir le monde et votre place dans celui-ci.

Pour plus d'informations sur nos auteurs, reportez-vous p. 880.

Ci-dessus : Taj Mahal (p. 887)

Inde du Nord

0
500 km
Les frontières internationales tracées sur cette carte sont celles que revendique l'État indien
ALTITUDE
6 000 m
5 000 m
4 000 m
3 000 m
2 000 m
1 000 m
0
Amritsar
Le site du temple d'Or, sanctuaire le plus sacré du sikkhisme (p. 208)
Ladakh
Paysages montagneux nappés de neige et treks palpitants (p. 224)
Delhi
Vestiges d'empires disparus, bazars animés et cuisine de rue en pagaille (p. 50)
Jaisalmer
Un fort majestueux, et des circuits féeriques dans le désert (p. 180)
Agra
Le Taj Mahal, inestimable joyau de marbre (p. 356)
Darjeeling
Une belle station d'altitude réputée pour son thé (p. 507)
Douchanbé
TADJIKISTAN
AFGHANISTAN
Kaboul
Islamabad
PAKISTAN
Under Administration of Pakistan
K2 (Godwin Austin) (8 611 m)
Jammu-et-Cachemire
Under Administration of China
Ladakh
Srinagar
Kargil
Leh
Zanskar
Padum
Kishtwar
Jammu
Dalhousie
Dharamsala
Manali
Pathankot
Attari
Amritsar
Kullu
Himachal Pradesh
Firozpur
Shimla
Chandigarh
Dehra Dun
Bathinda
Punjab
Nanda Devi (7 816 m)
Haridwar
Uttarakhand
Corbett Tiger Reserve
Nainital
Hansi
Haryana
Delhi
Churu
Désert du Thar
Bikaner
Bareilly
Jaisalmer
Rajasthan
Keoladeo National Park
Mathura
Gange
Agra
Jaipur
Ajmer
Lucknow
Jodhpur
Ranthambhore National Park
Gwalior
Kanpur
Barmer
Bundi
Kota
Jhansi
Shivpuri
Yamuna
Mount Abu
Chittorgarh (Chittor)
Udaipur
Khajuraho
Satna
Grand Rann de Kutch
Gujarat
Chaîne du Grand Himalaya
Annapurna (8 090 m)
NÉPAL
Katmandou
Uttar Pradesh
Ayodhya
Gorakhpur
Allahabad (Tirth Raj Prayag)
Varanasi
Bihar
Muzaffarpur
Patna
Gaya
Bodhgaya
Mt Everest (8 848 m)
Vallée de Thimphu
Sikkim
Darjeeling
Gangtok
Siliguri
Jaldhapara Wildlife Sanctuary
Bengale-Occidental
BANGLADESH
Agartala
CHINE TIBET
Lhassa
Gyantse
BHOUTAN
Thimphu
Guwahati
Meghalaya
Shillong
Itanagar
Dibrugarh
Arunachal Pradesh
Kaziranga National Park
Nagaland
Kohima
Imphal
Manipur

Varanasi
Une ville baignée de spiritualité sur les rives du Gange (p. 381)
Khajuraho
Un manuel d'érotisme ciselé dans la pierre (p. 622)
Bhuj
Little Rann Wildlife Sanctuary
Gandhinagar
Ratlam
Sanchi
Jabalpur
(Calcutta)
Mizoram
MYANMAR (BIRMANIE)
Ahmedabad
Ujjain
Dewas
Bhopal
Dindori
Jamshedpur
Dwarka
Jamnagar
Rajkot
Porbandar
Bhavnagar
Junagadh
Sasan Gir Wildlife Sanctuary
Diu
Côte de Porbandar
Mandu
Indore
Vadodara (Baroda)
Khandwa
Kanha National Park
Seoni
Chhattisgarh
Bilaspur
Sambalpur
Similipal National Park
Kharagpur
Sunderbans Tiger Reserve
Digha
Balasore
Surat
Dhule
Jalgaon
Nagpur
Raipur
Odisha (Orissa)
Cuttack
Paradip
Bhubaneswar
Puri
Konark
Berhampur
Maharashtra
Daman
Dahanu
Ajanta
Aurangabad
Nasik
Kalyan
Vallée supérieure de la Godavari
Ranipur-Jharial
Mumbai (Bombay)
Pune
Mahabaleshwar
Telangana
Bheemunipatnam
Sholapur
Warangal
Hyderabad
Visakhapatnam
Kakinada
Monts du Konkan
Bijapur (Vijapura)
Golfe du Bengale
Belgaum (Belagavi)
Vijayawada
Machilipatnam
Panaji (Panjim)
Gadag
Hampi
Andhra Pradesh
Ghats orientaux
Ongole
Mer d'Oman
Goa
Hubli (Hubballi)
Hospet (Hosapete)
Nellore
Karnataka
Monts Nandi
Chennai (Madras)
Hassan
Chittoor
Mangaluru (Mangalore)
Mysore (Mysuru)
Bengaluru (Bangalore)
Mamallapuram
Îles Andaman
Ooty (Udhagamandalam)
Puducherry (Pondichéry)
Port Blair
Mer d'Andaman
Thalasseri (Tellicherry)
Kozhikode (Calicut)
Chidambaram
Coimbatore
Îles Laquedives
Trichy (Tiruchirappalli)
Tamil Nadu
Ghats occidentaux
Mer des Laquedives
Kochi (Cochin)
Madurai
Kerala
Periyar Wildlife Sanctuary
Rameswaram
Kollam
Golfe de Mannar
Thiruvananthapuram (Trivandrum)
Kovalam
Kanyakumari
SRI LANKA
Îles Nicobar
OCÉAN INDIEN
Colombo

11 façons de voir l'Inde du Nord

1

Le Taj Mahal

1 Les écrits de Tagore et de Kipling l'ont immortalisé. Monument à l'amour autant qu'à la mort, le Taj Mahal (p. 358) est sans doute l'un des plus beaux bâtiments du monde. Édifié par l'empereur Shah Jahan pour Mumtaz Mahal, sa troisième épouse bien-aimée, ce mausolée en marbre blanc, incrusté de calligraphies et de motifs floraux en pierres précieuses et semi-précieuses représentant le paradis éternel, constitue l'un des plus romantiques tributs à l'amour et montre une architecture moghole à son apogée.

Voyages épiques en train

2 Un long voyage en train (p. 31) à travers l'Inde, entre plaines écrasées de soleil et rizières couleur citron vert, est une aventure épique. Si les vols domestiques connaissent une popularité croissante, les quelque 25 millions d'usagers quotidiens du réseau ferroviaire attesteront qu'on ne peut autant apprécier les divers paysages du pays et se mêler à la population en avion. C'est l'occasion de bavarder tranquillement devant une tasse de thé bien chaud, de voir défiler par la fenêtre gens et paysages, de se laisser bercer le cliquetis des rails. Train reliant Kalka à Shimla (p. 291)

ELENA-STUDIO / GETTY IMAGES ©

2

PHILIP LEE HARVEY / LONELY PLANET GLOBAL INC ©

Paysages lunaires du Ladakh

3 En allant vers le nord, l'air devient plus frais, plus pur, et on rejoint des stations de montagne pittoresques, escapades d'été entourées de sommets enneigés. Au Ladakh (p. 224), le bouddhisme tibétain domine et les monastères nichés dans des forêts ou sur des falaises offrent un spectacle aussi poétique que le lever du soleil sur le Khangchendzonga. À l'ombre des sommets de l'Himalaya, les drapeaux effilés de prières claquent au vent tandis que les psalmodies des moines résonnent dans les salles de méditation. Stupa de Shanti (p. 227)

Jaisalmer, mirage du désert

4 La superbe et romantique citadelle de Jaisalmer (p. 180), qui date du XIIe siècle, surgit tel un gigantesque château de sable d'or du vaste désert du Rajasthan – le "pays des rois". Ce fort en grès, avec ses remparts crénelés et ses tours arrondies, se fond élégamment dans les tons ocre du désert alentour. À l'intérieur, on se perd avec délice en partant à la découverte du palais du maharaja, des vieux *haveli* (demeures traditionnelles), des temples jaïns finement ciselés et des étroites ruelles.

3

4

5

SAIKO3P / SHUTTERSTOCK ©

6

7

SAIKO3P / SHUTTERSTOCK ©

Un thé dans une station climatique

5 Pour fuir la chaleur, les princes indiens et les colons britanniques se réfugiaient dans des villes de montagne, comme Darjeeling (p. 507). Aujourd'hui encore, les stations climatiques sont appréciées pour leurs forêts verdoyantes et leur air vivifiant. Pelotonné sous une couverture, savourez une tasse de thé fumant et regardez les oiseaux qui volent entre des collines brumeuses et les nuages qui passent au-dessus des théiers, tandis que les enfants courent dans les prairies en fleurs.

Varanasi, ville sacrée

6 Bienvenue à Varanasi (p. 381), ville sacrée la plus révérée du pays. Les pèlerins affluent pour prier, prendre un bain sacré dans le Gange ou incinérer leurs proches. Les hindous croient que l'eau du Gange lave les péchés et que mourir à Varanasi interrompt le cycle de la vie et de la mort. Dans ce tourbillon de spiritualité, prenez une profonde inspiration et immergez-vous dans une réflexion sur le sens de la vie, de la mort… et au-delà.

Dashashwamedh Ghat (p. 386)

Mehrangarh, la fantastique

7 Il y a en Inde beaucoup de forteresses magnifiques, mais celle de Mehrangarh, qui jaillit de son éperon rocheux à Jodhpur (p. 170), figure parmi les plus belles. Comme les autres, ses immenses portes furent pensées pour que des éléphants puissent y passer et ses entrées faites pour désorienter les envahisseurs, mais le décor n'en est pas moins ici plus imposant encore qu'ailleurs. Et si comme les autres forts indiens Mehrangarh domine ses environs, elle a l'avantage d'offrir une vue incroyable sur Jodhpur, splendide cité bleue du Rajasthan.

ANDREW PARKINSON / GETTY IMAGES ©

Safaris

8 Voir un tigre ou un léopard en Inde est surtout une question de chance, mais cela arrive. Même si vous n'en voyez pas, une simple promenade dans une des nombreuses réserves forestières du pays, à la découverte des daims, des paons et des langurs, tandis qu'oiseaux et papillons colorés flottent au-dessus de vous, est un bonheur. Sinon, faites un safari totalement différent depuis des villes comme Jaisalmer ou Bikaner en parcourant à dos de dromadaire un désert broussailleux, et en vous arrêtant la nuit pour camper dans un océan de sable, sous des myriades d'étoiles.

Bandhavgarh Tiger Reserve (p. 667)

Le temple d'Or d'Amritsar

9 Sanctuaire le plus sacré des sikhs, le temple d'Or (p. 208) d'Amritsar est un endroit magique. Ce bâtiment d'une beauté éblouissante, qui semble flotter au-dessus du "bassin de Nectar", est coiffé d'un dôme en forme de lotus et couvert d'or. Même bondé, quand les pèlerins affluent, le site conserve sa tranquillité, comme bercé par le son du *kirtan* (chant religieux sikh), le chant des oiseaux et le doux clapotis du bassin sacré dans lequel il se reflète.

Delhi

10 La capitale de l'Inde (p. 50) arbore les superbes vestiges des anciens empires, des grands tombeaux moghols aux grandioses demeures de l'ère britannique. Il y a tant à voir ici : la splendeur décrépie d'Old Delhi, avec la Jama Masjid, le Fort rouge et ses *haveli*, les anciens forts de Tughlaqabad et Purana Qila, les merveilles de Qutb Minar et du parc archéologique de Mehrauli. Ajoutez-y ses nombreux bons restaurants, des musées superbes et des boutiques fantastiques, et vous comprendrez facilement pourquoi Delhi fascine autant. Jama Masjid (p. 60)

Leçon d'érotisme à Khajuraho

11 Représentations du *Kama-sutra* ou des pratiques tantriques pour les initiés, modèles éducatifs pour les enfants, allégories pour les fidèles : les sculptures sensuelles des temples de Khajuraho (p. 622) donnent lieu à de multiples interprétations. Mais tout le monde s'accorde à les trouver délicieusement coquines. Une fois passé l'ébahissement, vous remarquerez la délicatesse de la sculpture et de l'architecture de ces temples du XIe siècle, reflets de la complexité de la mythologie hindoue.

10

11

L'essentiel

Pour des informations détaillées, voir l'*Inde du Nord pratique* (p. 799).

Monnaie

Roupie indienne (₹)

Langues

Hindi, anglais et langues régionales

Visas

Les ressortissants français, belges, suisses et canadiens doivent se procurer un visa avant leur arrivée en Inde.

Argent

Distributeurs de billets (DAB) dans la plupart des villes. Cartes Visa et MasterCard couramment acceptées.

Téléphone mobile

Aucun problème pour le *roaming* dans les villes ; plus difficile à la campagne et dans l'Himalaya. Avec une carte SIM locale, prévoyez parfois 24 heures pour l'activation.

Heure locale

L'Inde avance de 5 heures 30 sur l'heure GMT/UTC. Lorsqu'il est 12h à Paris, il est 15h30/16h30 à Delhi en été/hiver.

Quand partir

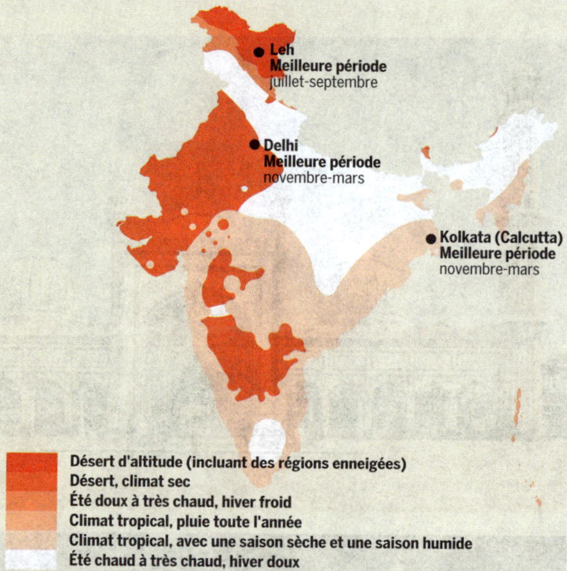

Haute saison
(décembre-mars)

- Climat plaisant – journées chaudes et nuits fraîches. Affluence et tarifs au plus haut.
- En décembre et janvier, les nuits sont froides dans le Nord.
- Les températures remontent à partir de février.

Saison intermédiaire
(juillet-novembre)

- Les cols menant au Ladakh et aux hauteurs de l'Himalaya sont ouverts de juillet à septembre.
- Les averses de mousson persistent jusqu'à fin septembre.

Basse saison
(avril-juin)

- Avril est chaud, mai et juin sont torrides. Les hôtels affichent des prix compétitifs.
- À partir de juin, la mousson apporte son éprouvante humidité.
- Fuyez la touffeur (pas les foules) dans les montagnes.

Sites Web

Incredible India (www.incredibleindia.org). Le site officiel du tourisme indien.

De nombreux États possèdent leur propre site : **www.wbtourism.gov.in** (Bengale-Occidental) ; **www.bihartourism.gov.in** ; **gujarattourism.com** ; **hptdc.in** (Himachal Pradesh) ; **jktourism.org** (Jammu-et-Cachemire) ; **mptourism.com** (Madhya Pradesh) ; **www.punjabtourism.gov.in** ; **rajasthantourism.gov.in** ; **sikkimtourism.gov.in** ; **uptourism.gov.in** (Uttar Pradesh) ; **uttarakhandtourism.gov.in**

Inde à Paris (www.indeaparis.com). Culture, arts et actualités.

Delhi Accueil (www.delhi-accueil.com). Site de la communauté francophone de Delhi.

Lonely Planet (www.lonelyplanet.fr). Informations sur la destination et forum de voyageurs.

Numéros utiles

Depuis l'étranger, composez l'indicatif international en vigueur dans votre pays, l'indicatif de l'Inde (☎91), puis le numéro de votre correspondant sans le "0".

Urgences (Ambulance/ Pompiers/Police)	☎112

Taux de change

Canada	1 $C	50,06 ₹
États-Unis	1 $US	64,6 ₹
Suisse	1 FS	64,47 ₹
Zone euro	1 €	75,03 ₹

Pour des taux de change actualisés, rendez-vous sur : www.xe.com/fr/

Budget quotidien

Moins de 3 000 ₹

- Lit en dortoir : 400-600 ₹
- Chambre double dans un hôtel économique : 400-700 ₹
- *Thali* (assortiment de plats) : 120-300 ₹
- Billet de bus ou de train : 300-500 ₹

4 000-9 000 ₹

- Chambre double de gamme moyenne : 1 500-5 000 ₹
- Repas dans un bon restaurant : 600-1 500 ₹
- Entrées (sites historiques et musées) : 500-1 000 ₹
- Auto-rickshaws et taxis locaux : 500-2 000 ₹

Plus de 9 000 ₹

- Hébergement haut de gamme : 5 000-22 000 ₹
- Repas dans des restaurants raffinés : 2 000-5 000 ₹
- Voyage en train en 1re classe : 1 000-8 000 ₹
- Voiture avec chauffeur : à partir de 1 800 ₹/jour

Heures d'ouverture

Les banques, les administrations et les restaurants conservent les mêmes horaires toute l'année. De nombreux sites touristiques ont des horaires d'été et d'hiver.

Banques 10h-14h/16h lun-ven, jusqu'à 12h/13h/16h sam ; fermes le 2e et 4e samedi du mois

Bars et clubs 12h-0h30

Magasins 10h-19h ou 20h ; certains ferment le dimanche

Restaurants 8h-22h ou déjeuner 12h-15h, dîner 19h-22h ou 23h

Arriver en Inde

Aéroport international Indira Gandhi (Delhi ; p. 91). Pour rejoindre le centre, comptez 450 ₹ au minimum en taxi prépayé ; des bus express circulent toutes les 20 minutes (100 ₹) ; la ligne Airport Express (60/100 ₹ dim/lun-sam) relie l'aéroport au réseau du métro. Pour aller du terminal 1 au terminal 3, prévoyez au moins 3 heures – même si la navette peut mettre 1 heure.

Aéroport international Netaji Subhash Chandra Bose (Kolkata ; p. 489). Des bus climatisés desservent la ville toutes les heures (8h-20h) ; il existe aussi des bus urbains, très lents. En taxi prépayé, comptez 320/380 ₹ pour Sudder St/Howrah (1 heure environ).

Comment circuler

En Inde, les transports sont nombreux et bon marché – mais pas toujours rapides. L'avion et le train (à condition d'avoir une couchette) sont une bonne alternative aux longs trajets en bus, inconfortables.

Avion Relie la plupart des grandes villes et des capitales d'États ; il existe des compagnies low cost.

Train Liaisons fréquentes entre la plupart des destinations ; billets bon marché disponibles, même en couchette.

Bus Il y en a partout. Certaines destinations sont desservies 24h/24 ; pour les trajets longue distance, il n'y a souvent qu'un ou deux départs par jour.

Pour plus de détails sur les transports, voir p. 821.

Envie de...

Vélo

Vallée de Padum On peut désormais louer des VTT au Zanskar par l'intermédiaire du ZAP (p. 262).

Forteresses et palais

La longue histoire de l'Inde est jalonnée de récits de conquêtes et de dominations, guidées par la volonté de s'approprier – ou de conserver – les nombreux joyaux (aux sens littéral et figuré) du pays.

Rajasthan Rien n'égale la splendeur romantique des forts de Jaisalmer, Jodhpur et Amber ou du City Palace d'Udaipur (p. 148).

Delhi La capitale indienne est une ville stratégique depuis des millénaires, comme en témoignent ses nombreux forts (p. 50).

Ladakh Les palais de Leh et de Stok, mémorables, semblent des versions miniatures du Potala au Tibet (p. 225 et 241).

Agra L'un des plus beaux forts moghols du pays, l'imposante citadelle dissimule, derrière sa muraille de grès rouge, un remarquable ensemble palatial et un délicieux jardin (p. 362).

Temples

L'Inde conserve une richesse inégalée de temples et de monastères, à l'image des exubérantes tours hindoues multicolores, des paisibles temples bouddhiques nichés dans des grottes et du fabuleux temple sikh couvert d'or d'Amritsar.

Temple d'Or Le roi des temples sikhs flotte, tel un joyau scintillant, au-dessus d'un bassin à Amritsar (p. 208).

Rajasthan Les temples jaïns de Jaisalmer, Ranakpur et Mount Abu se distinguent par leurs sculptures d'une finesse exceptionnelle (p. 98).

Khajuraho Les temples de Khajuraho arborent de délicates sculptures de divinités, d'esprits, de musiciens, de personnages ordinaires et d'animaux mythologiques, et de nombreuses scènes érotiques (p. 622).

Gompa de Tawang Dans l'Arunachal Pradesh, le deuxième plus grand monastère bouddhique du monde se dresse sur fond de pics enneigés (p. 592).

Sud du Sikkim À Namchi (p. 562) et Ravangla (p. 563), au-dessus de trois crêtes boisées, des statues bouddhiques et hindoues monumentales se détachent sur fond de sommets himalayens couronnés de neige.

Bodhgaya C'est dans le magnifique temple de la Mahabodhi, inscrit au patrimoine mondial de l'Unesco, que le Bouddha atteignit l'Éveil et qu'il formula sa philosophie (p. 536).

Delhi La rencontre de la structure presque psychédélique du **temple d'Akshardham** (p. 72) et de l'épure du **temple du Lotus** (Maison d'adoration bahaïe ; p. 71).

Vestiges fascinants

Une civilisation vieille de 5 000 ans possède bien évidemment d'innombrables ruines remarquables. Dans chaque région, maints empires et cultures ont laissé leurs empreintes architecturales – soit autant de merveilles à découvrir.

Mandu La plupart des tombeaux, palais, monuments et mosquées de Mandu, vaste cité de 20 km² perchée sur un plateau verdoyant, comptent parmi les plus beaux exemples d'architecture afghane en Inde (p. 654).

Nalanda Cette université vieille de 1 600 ans inscrite

En haut : stupas à Padum (p. 262), Jammu-et-Cachemire

En bas : Khajuraho (p. 622), Madhya Pradesh

au patrimoine mondial de l'UNESCO accueillait jadis 10 000 moines et étudiants. L'élégance des monastères, des temples et des stupas en ruine laisse deviner son raffinement passé (p. 542).

Delhi Trois mille ans de conquêtes et de reconstruction ont fait de Delhi une Rome du sous-continent, où les vestiges surgissent en tout lieu (p. 50).

Fatehpur Sikri Cette cité moghole, magnifique et fantomatique, s'étend à proximité d'Agra et du Taj Mahal (p. 375).

Sophistication urbaine

Les métropoles indiennes sont à des années-lumière des petites villes et des campagnes. Fortes d'une économie en plein essor, jouissant d'une sophistication très ancienne, elles s'enorgueillissent d'un grand dynamisme artistique et d'excellentes tables.

Delhi Cette ville raffinée, fameuse pour sa scène culturelle, accueille régulièrement des festivals et abrite de remarquables musées, boutiques et restaurants gastronomiques. Sans oublier les formidables stands de cuisine de rue (p. 50).

Kolkata (Calcutta) Renommée pour ses courants littéraires et ses poètes, l'ancienne capitale du Raj séduit par l'opulence de son architecture coloniale et sa scène artistique effervescente (p. 460).

Chandigarh Voilà une cité bien loin des clichés sur l'Inde. Et pour cause : son plan et nombre de ses édifices sont l'œuvre de Le Corbusier. Et si son modernisme vous laisse de marbre, vous pourrez vous consoler dans ses restaurants, fameux (p. 199).

Bazars et marchés

Les immenses galeries marchandes poussent comme des champignons. Néanmoins, les bazars séculaires restent au cœur du commerce. On y trouve, pêle-mêle, des stands chargés d'épices, de fleurs, d'articles religieux…

Old Delhi Hérités de la période moghole, les bazars du Vieux Delhi vendent quasiment de tout, de l'or aux roulements à billes. On y trouve en outre l'une des meilleures cuisines de rue du pays (p. 89).

Rajasthan Étoffes, chaussures, bijoux, pierres, pièces émaillées, parfums, céramiques, tapis, babioles : Jaipur (p. 99) mettra à rude épreuve vos talents pour le marchandage.

Chhattisgarh Vous pourrez aller à la rencontre des nombreuses communautés adivasis du district de Bastar (p. 673),près de Jagdalpur, sur des *haat* (marchés) hauts en couleur… et en saveurs. Vous reprendrez bien un peu de fourmis ?

Ahmedabad Manek Chowk offre des produits frais le jour, puis se transforme en marché nocturne très animé. Des commerces d'objets en cuivre et de textiles bordent les rues alentour (p. 677).

Circuits en bateau

Les innombrables cours d'eau multiplient les possibilités de circuler en bateau en Inde du Nord. Des canoës aux bateaux à vapeur et aux house-boats, vous n'aurez que l'embarras du choix pour découvrir la vie aquatique à l'indienne.

Uttar Pradesh La découverte, à l'aube, des *ghat* de Varanasi (Bénarès), et les croisières sur les fleuves sacrés à Chitrakut, Mathura et Allahabad, permettent d'admirer, à l'écart des foules, les lieux saints de l'Uttar Pradesh (p. 380).

Assam Des croisières en bateau à vapeur durent de 4 à 10 jours au fil du puissant Brahmapoutre, qui serpente à travers le Nord-Est (p. 577).

Gujarat Des circuits à la découverte des récifs coralliens partent à marée haute dans le Marine National Park, peuplé notamment de poulpes, de coraux, d'hippocampes, d'anémones de mer et de poissons-globes (p. 714).

Srinagar Les plus beaux house-boats ont de faux airs de palais flottants. À condition de bien choisir son prestataire, le lac Dal offre une escapade reposante (p. 267).

Rencontres entre voyageurs

Si vous désirez trouver des compagnons de route, partager quelques anecdotes et échanger bons plans et expériences, ces lieux devraient vous intéresser.

Rishikesh La destination phare des étrangers pour la pratique du yoga, que vous soyez novice ou expérimenté (p. 420).

Sudder Street L'artère touristique de Calcutta offre des hébergements peu fiables ; en revanche, c'est un bon endroit pour rencontrer des voyageurs (p. 477).

McLeod Ganj Pour être au plus près du dalaï-lama (p. 322).

Pushkar Cette ville du Rajasthan voit affluer voyageurs et pèlerins (ainsi que des camélidés !) à l'occasion de la foire aux dromadaires, mais son lac de carte postale attire des visiteurs toute l'année (p. 131).

Delhi Malgré ses défauts, le quartier de Paharganj constitue un point de passage presque obligé pour qui voyage en Inde du Nord. Les auberges de jeunesse de la capitale sont les nouveaux hébergements à la mode (p. 50).

Vallée de la Parvati Les plaisirs simples et la beauté sublime de cette vallée himalayenne retiennent les voyageurs pour de longs séjours (p. 303).

Manali Capitale des sports d'aventure de l'Himachal Pradesh, Manali est aussi une ville propice à la détente et aux rencontres. Vous pourrez ensuite poursuivre vers le Lahaul, le Spiti ou le Ladakh (p. 310).

Yoga, ayurvéda et spiritualité

Bihar Lieu de l'Éveil du Buddha, Bodhgaya abrite des temples du monde entier et l'on peut y suivre des cours de méditation bouddhique (p. 536).

Rishikesh L'une des destinations de yoga les plus populaires d'Inde, avec des cours de tout niveau (p. 420).

McLeod Ganj Capitale du bouddhisme tibétain en Inde, la ville où réside le dalaï-lama est un grand centre de méditation, de yoga, de philosophie et de médecine holistique (p. 322).

Ladakh De nombreux d'endroits dispensent des stages et cours de méditation et tout le monde peut participer aux séances d'un monastère bouddhique (p. 224).

femme brodant, Bhuj (p. 715), Gujarat

Arts et artisanat

Chaque bourgade, chaque village et, parfois, chaque famille possède ses propres traditions, qui s'expriment dans le tissage de la soie, dans le travail du cuir, dans la création de peintures tantriques, de broderies ou dans toute autre forme d'artisanat.

Gujarat Les villages ethniques du Kutch produisent depuis des siècles des textiles et des broderies absolument splendides (p. 714).

Rajasthan Les traditions textiles sont innombrables. Les villages du Rajasthan sont spécialisés dans la broderie réalisée avec de petits miroirs, qui rehaussent les vêtements tels de petits bijoux (p. 98).

Bihar Les peintures traditionnelles *mithila* (ou *madhubani*) représentent des scènes de vie rurales colorées. On les trouve au demeurant plus facilement à Delhi que dans leur région d'origine (p. 529).

Cachemire Cet État est réputé pour ses tapis tissés main et ses flamboyants objets en papier mâché (p. 221).

Mois par mois

LE TOP 5

Holi, février ou mars

Ganesh Chaturthi, août ou septembre

Onam, août ou septembre

Navratri et Dussehra, septembre ou octobre

Diwali, octobre ou novembre

Janvier

La fraîcheur de l'après-mousson s'attarde dans tout le pays, et il fait même froid en montagne. Le climat agréable ainsi que plusieurs fêtes font de cette période un moment idéal pour visiter l'Inde du Nord. Delhi accueille les grandes célébrations de la fête de la République.

L'Inde libre

La fête de la République (Republic Day) commémore la fondation de la République indienne le 26 janvier 1950. C'est à Delhi qu'ont lieu les manifestations les plus impressionnantes, avec notamment un immense défilé militaire sur le Rajpath, suivi 3 jours plus tard d'une autre cérémonie militaire, le Beating of the Retreat ("battre en retraite"). Des courses de pigeons se déroulent à Old Delhi (p. 55).

Fête du Cerf-Volant

Sankranti, la fête hindoue qui marque le passage du soleil en Capricorne, est célébrée le 14 ou le 15 janvier de diverses façons : dons de bananes, combats de coqs... C'est néanmoins le superbe envol de milliers de cerfs-volants au Gujarat et dans l'Uttar Pradesh qui offre le plus beau spectacle.

Le plus grand pèlerinage du monde

La Kumbh Mela est un immense pèlerinage hindou organisé tous les 12 ans dans chacune des quatre villes sacrées hindoues qui l'accueillent alternativement. Toutes attirent un flot impressionnant de fidèles – de l'ordre de plusieurs millions de personnes. Les prochaines immersions rituelles auront lieu à Prayag (2019) et Haridwar (2021/22) (p. 427).

En l'honneur de Sarasvati

Pour Vasant Panchami, les hindous s'habillent de jaune et disposent livres, instruments de musique et autres objets liés aux arts et à la connaissance devant les effigies de Sarasvati, déesse du Savoir, afin d'attirer sa bénédiction. La fête peut avoir lieu en février.

Février

Un climat agréable règne dans la plupart des régions, sauf en montagne. Il s'agit du plus fort de la saison touristique, avec bains de soleil et ski au programme.

Nouvel An tibétain

Losar est fêté 15 jours durant par les adeptes du bouddhisme tantrique, particulièrement en Himachal Pradesh, au Sikkim, au Ladakh et au Zanskar. Les cérémonies se déroulent généralement en février ou en mars ; les dates varient selon les régions.

Ski dans les montagnes du Nord

Le Jammu-et-Cachemire, l'Himachal Pradesh et l'Uttarakhand se prêtent au ski et au snowboard. La saison dure généralement de janvier à mars, février étant un choix sûr.

Shivaratri

Cette journée de jeûne hindoue rappelle le

tandava (danse cosmique de la victoire) de Shiva. Les processions aux temples sont suivies de psalmodies de mantras et d'onctions de lingams. Shivaratri peut aussi tomber en mars.

Taj Mahotsav

Ce festival de 10 jours organisé à Shilpgram est l'événement culturel phare d'Agra (Uttar Pradesh). Il réunit 400 artisans de tout le pays et offre un programme de musique classique et folklorique indienne et de danses de différentes régions. C'est aussi l'occasion de goûter une multitude de spécialités culinaires.

Mars

Le dernier mois de la principale saison touristique est marqué par la chaleur un peu partout, tandis que la pluie arrive sur le Nord-Est. Il est plus facile de voir les animaux sauvages, en quête d'eau.

Holi

C'est l'une des fêtes les plus exubérantes. Les hindous célèbrent l'arrivée du printemps, en février ou en mars, en jetant de l'eau et du *gulal* (poudre colorée) sur les passants. La nuit précédente, des feux de joie symbolisent la disparition de la démone Holika. Prochaines dates : 2 mars 2018, 21 mars 2019, et 10 mars 2020.

Observation de la faune

Lorsque la température grimpe, les sources d'eau s'assèchent et les animaux doivent s'aventurer à découvert pour trouver de quoi s'abreuver – c'est l'occasion rêvée de voir des éléphants, des cerfs et, avec un peu de chance, des tigres et des léopards. Pour des informations détaillées, consultez le site Internet www.sanctuaryasia.com.

Naissance de Rama

Lors de Rama Navami, qui peut durer de 1 à 9 jours, les hindous célèbrent l'anniversaire de Rama par des processions, de la musique, des jeûnes et des festins, ainsi que par des lectures et des représentations du *Ramayana*. Dans certains temples, on procède à des cérémonies de mariage entre les effigies de Rama et de Sita. Prochaines dates : 26 mars 2018, 14 avril 2019, et 2 avril 2020.

Naissance de Mahavir

Mahavir Jayanti commémore la naissance du 24e et plus important *tirthankara* (grand maître jaïn). Pour l'occasion, on décore et visite les temples, on fait prendre des bains rituels à des effigies de Mahavir et on organise des processions. C'est aussi l'occasion de faire des dons aux pauvres. Prochaines dates : 29 mars 2018, 17 avril 2019, et 6 avril 2020.

Avril

La chaleur est installée à peu près partout. On peut alors bénéficier de tarifs très avantageux et éviter la foule des touristes. Si le Nord-Est est sous la pluie, c'est la meilleure période pour visiter le Sikkim et les hautes terres du Bengale-Occidental.

Pâques

Dans les communautés chrétiennes d'Inde du Nord, la fête marquant la crucifixion et la résurrection de Jésus-Christ est célébrée par des prières et un bon repas. Prochaines dates : 1er avril 2018, 21 avril 2019, et 12 avril 2020.

Mai

Partout ou presque, il fait chaud, très chaud. Le taux d'humidité, annonciateur de la mousson, grimpe, et le rythme des fêtes se ralentit. Les stations de montagne sont animées : en altitude, c'est la saison des randonnées d'avant la mousson.

Naissance du Bouddha

La fête de Buddha Jayanti est paisible et émouvante : les fidèles s'habillent de façon simple, vont écouter

CALENDRIER LUNAIRE

La plupart des fêtes suivent le calendrier lunaire indien (basé sur l'astrologie) ou le calendrier musulman (qui avance d'environ 11 jours tous les ans). Ainsi, leurs dates changent chaque année par rapport au calendrier grégorien. Renseignez-vous localement dans les offices du tourisme.

les enseignements du Bouddha (le dharma), et se rendent dans les monastères et les temples. Prochaines dates : 22 mai 2018, 12 mai 2019, et 30 avril 2020.

Ramadan

Trente jours de jeûne de l'aube au crépuscule marquent le neuvième mois du calendrier musulman. Les musulmans accordent toute leur attention à Dieu et à leur foi, se concentrant sur la prière et la purification. Le ramadan débutera vers le 16 mai 2018, le 6 mai 2019, et le 24 avril 2020.

Trekking dans le Nord

Mai et juin, les mois qui précèdent les pluies dans les montagnes du Nord, sont une période propice au trekking : le temps est ensoleillé et la température douce et agréable. Pour randonner à cette époque de l'année, préférez l'Himachal Pradesh, le Cachemire (à l'exception du Ladakh) et l'Uttarakhand.

Festin de mangues

Fruits indigènes de l'Inde, les mangues y sont juteuses et sucrées à souhait. La saison débute en mars et culmine en mai.

Juin

À moins de randonner dans les montagnes, juin se prête mal à un voyage en Inde du Nord. La saison des pluies ou les chaleurs extrêmes d'avant la mousson ont commencé partout ailleurs.

Aïd al-Fitr

Les musulmans célèbrent la fin du ramadan par 3 jours de réjouissances : prières, emplettes, dons de petits cadeaux et, pour les femmes et les jeunes filles, *mehndi* (tatouages au henné). Prochaines dates : 15 juin 2018, 5 juin 2019, et 24 mai 2020.

Juillet

Il pleut pour de bon presque partout, et des inondations détruisent nombre de routes reculées. C'est le moment de visiter le Ladakh, où le temps reste étonnamment clément, ou d'opter pour une retraite de méditation de la saison des pluies, une ancienne tradition indienne.

Août

Si la mousson bat toujours son plein, c'est la saison idéale au Ladakh. Pour certains, rien de tel que de visiter les régions tropicales à cette époque de l'année : la jungle n'est jamais plus verte et plus luxuriante, et il ne pleut parfois que quelques heures par jour.

Fête de l'Indépendance

Ce jour férié (Independence Day, 15 août) marque l'anniversaire de l'indépendance de l'Inde en 1947. Sa célébration se traduit par des cérémonies de hissage du drapeau et des défilés. La fête la plus importante a lieu à Delhi ; le Fort rouge accueille le discours du Premier ministre à la nation, Old Delhi une course de pigeons et des vols de cerfs-volants.

Naissance de Krishna

Les fêtes de Janmashtami peuvent durer une semaine à Mathura, lieu de naissance de Krishna ; ailleurs, elles se déclinent de diverses manières : jeûne, pujas, offrandes de douceurs, dessin de *rangoli* (motifs en poudre de riz) élaborés devant les maisons. Janmashtami se déroule en août/septembre (p. 415). Prochaines dates : 15 août 2018, 3 septembre 2019, et 23 août 2020.

Aïd al-Adha

Les musulmans commémorent le sacrifice d'Abraham, prêt à immoler son fils pour Dieu, en tuant un mouton ou une chèvre qu'ils partagent avec leur famille et leur communauté. Prochaines dates : 22 août 2018, 12 août 2019, et 31 juillet 2020.

Fête du Serpent

La fête hindoue de Naag Panchami vénère les serpents comme des totems qui protégeraient des inondations et d'autres malheurs. Elle est dédiée à Ananta, le serpent sur les anneaux duquel Vishnu se reposait entre deux univers. À cette occasion, les femmes retournent dans leurs familles et jeûnent. Prochaines dates : 15 août 2018, 5 août 2019, et 25 juillet 2020.

Frères et sœurs

Lors de Raksha Bandhan (Narial Purnima), dont le nom signifie "liens protecteurs", les filles attachent des amulettes (*rakhi*) aux poignets de leurs frères ou de leurs amis garçons pour les protéger au cours de l'année à venir. En retour, les frères offrent des cadeaux à leurs sœurs et promettent de s'occuper d'elles. Prochaines dates : 26 août 2018, 15 août 2019, et 3 août 2020.

Septembre

Les pluies diminuent (pas les températures) et des endroits comme le Rajasthan en ont généralement fini avec la mousson. Début de la seconde saison du trekking au milieu du mois dans l'Himalaya, jusqu'à fin octobre.

Ganesh Chaturthi

Pendant 10 jours, les hindous célèbrent joyeusement l'anniversaire du dieu à tête d'éléphant. Des effigies de Ganesh en argile sont promenées dans les rues avant d'être immergées en grande pompe dans une rivière, un bassin ou la mer. Prochaines dates : 13 septembre 2018, 2 septembre 2019, et 22 août 2020.

Muharram

Les chiites commémorent le martyre de l'imam Hussein, petit-fils du prophète Mahomet. Dénommé Achoura, cet événement implique un jeûne, des processions grandioses et un mois de deuil et de commémorations. Pour les sunnites, les festivités et le jeûne célèbrent celui de Moïse à la suite de la libération des juifs de l'emprise égyptienne permise par Allah. Prochaines dates : 21 septembre 2018, 10 septembre 2019, et 29 août 2020.

Octobre

Le tourisme redémarre pendant cette saison intermédiaire, qui apporte son lot de fêtes. Le temps est généralement clément, avec des températures confortables. Les paysages sont plus verts et plus luxuriants que jamais.

Naissance de Gandhi

Le jour férié de Gandhi Jayanti commémore solennellement la naissance de Mohandas Gandhi, le 2 octobre, avec des prières publiques sur le site de sa crémation à Delhi (Raj Ghat ; p. 61).

Que d'eau, que d'eau !

Après les pluies, les cours d'eau alimentent de spectaculaires cascades. C'est la saison du rafting dans certaines régions (www.indiarafting.com).

Durga Puja

La victoire du Bien sur le Mal est incarnée par celle de la déesse Durga sur le démon à tête de buffle Mahishasura. Les célébrations ont lieu vers Dussehra, en particulier à Kolkata (Calcutta), où l'on expose des représentations de la divinité avant de les immerger dans les cours d'eau et les bassins.

Navratri

L'exubérante fête hindoue des Neuf Nuits, qui précède Dussehra, célèbre toutes les incarnations de la déesse Durga. Les festivités, qui ont lieu en septembre ou en octobre, sont particulièrement ferventes au Bengale-Occidental et au Gujarat (p. 675). Prochaines dates : 9 octobre 2018, 29 septembre 2019, et 17 octobre 2020.

Dussehra

Cette fête bigarrée célèbre la victoire du dieu hindou Rama sur le roi-démon Ravana et le triomphe du Bien sur le Mal. Dussehra est importante à Kullu où, pendant une semaine de festivités, plus de 200 divinités du village sont transportées à travers la ville sur des palanquins (p. 308). Prochaines dates : 19 octobre 2018, 8 octobre 2019, 25 octobre 2020.

Foire aux dromadaires de Pushkar

Pendant Kartika (le 8e mois lunaire, généralement octobre ou novembre), cette foire réunit près de 200 000 personnes et 50 000 dromadaires, chevaux et têtes de bétail. C'est un tourbillon de couleurs et de confusion où musiciens, mystiques, touristes, équipes de tournage et passionnés se mêlent aux animaux et aux marchands (p. 134).

Novembre

Le climat est agréable dans la plupart des régions, déjà chaud mais pas trop.

Snowboard à Gulmarg (p. 275), Cachemire

Diwali

Pendant le mois lunaire de Kartika, les hindous célèbrent la fête des Lumières 5 jours durant. Ils échangent des cadeaux, tirent des feux d'artifice et font brûler des lampes à huile pour illuminer le chemin de Rama revenant d'exil. C'est une fête très belle et bruyante. Prochaines dates : 7 novembre 2018, 27 octobre 2019, 14 novembre 2020.

Naissance de Guru Nanak

Nanak Jayanti, l'anniversaire de Guru Nanak (1469), le fondateur du sikhisme, est célébré par des prières, des *kirtan* (chants religieux) et des processions pendant 3 jours, notamment au Punjab et dans l'Haryana. La fête peut aussi avoir lieu le 14 avril, qui serait sa vraie date de naissance.

Décembre

Le mois de décembre marque le pic de la saison touristique – le temps est exceptionnel (sauf en montagne, où il fait froid), le taux d'humidité bas, et l'ambiance festive.

Naissance de Mahomet

La fête musulmane du Mawlid célèbre la naissance du prophète Mahomet par des prières et des processions, notamment au Jammu-et-Cachemire. Prochaines célébrations : autour du 1er décembre 2017, 21 novembre 2018, et 10 novembre 2019.

Observation des oiseaux

L'Inde compte plus de 1 250 espèces d'oiseaux, et nombre d'entre elles se lancent dans leur migration hivernale entre novembre et janvier ou février. D'excellents sites d'observation des oiseaux émaillent tout le pays (www.birding.in).

Méharées au Rajasthan

La fraîcheur de l'hiver (novembre-février) permet d'effectuer une méharée dans le désert du Thar au départ de Jaisalmer ou Bikaner et de passer la nuit sous les étoiles.

Itinéraires

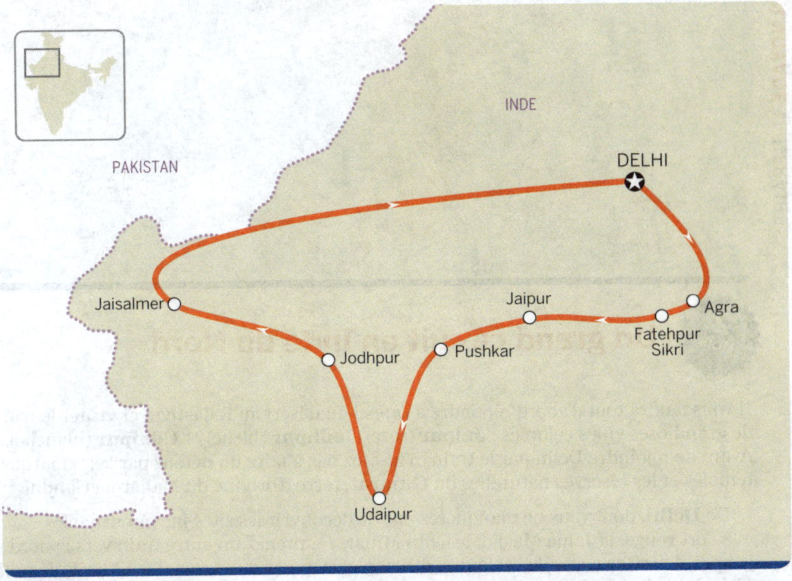

2 SEMAINES

Le triangle d'Or et le Rajasthan

Le triangle d'Or, itinéraire touristique incluant Delhi, Agra et Jaipur, est certes très fréquenté, mais il n'en englobe pas moins certains des plus beaux sites du pays.

Commencez par visiter les incontournables de **Delhi** – la vieille ville avec le Fort rouge et la Jama Masjid de l'époque moghole, puis les Lodi Gardens et le tombeau d'Humayun. Ensuite, prenez le train pour **Agra** et admirez la splendeur du Taj Mahal, ode monumentale à l'amour. Après une balade dans le fort d'Agra, consacrez une journée à **Fatehpur Sikri**, une cité moghole abandonnée, aux environs. Rejoignez la ville rose de **Jaipur** et passez plusieurs jours à la découverte de ses bazars et de ses monuments, dont le City Palace, l'Hawa Mahal et le fort d'Amber.

Retournez à Delhi, ou poursuivez jusqu'à **Pushkar** pour explorer les temples au bord du lac et faire des promenades en bateau. Puis, cédez au charme d'**Udaipur**, avant de mettre le cap sur la citadelle de Kumbhalgarh, haut perchée sur une colline, et le temple jaïn de Ranakpur, en chemin vers **Jodhpur**. Contemplez la ville bleue depuis les remparts du fort de Mehrangarh. Terminez par la cité fortifiée de **Jaisalmer** et faites une méharée dans les dunes en passant la nuit sous le ciel étoilé. Regagnez la capitale pour un dernier parcours à vélo dans Old Delhi, une excursion au Qutb Minar ou une séance shopping.

2 MOIS

Un grand circuit en Inde du Nord

Il vous faudra tout d'abord répondre à l'appel du désert au Rajasthan et visiter le trio de grandioses villes colorées : **Jaipur** (rose), **Jodhpur** (bleue) et **Udaipur** (blanche). Avant de rejoindre Delhi par le train, n'hésitez pas à faire un détour par les remarquables temples et les réserves naturelles du **Gujarat**, terre d'origine du Mahatma Gandhi.

De **Delhi**, dont vous ne manquerez pas de découvrir les sites incontournables – le Fort rouge, la Jama Masjid, le Qutb Minar... –, prenez un autre train vers le nord jusqu'à **Amritsar**, site de l'éblouissant temple d'Or, joyau des temples sikhs. Puis ralliez **Shimla**, la "reine des stations climatiques" riche en témoignages du Raj, en passant par Chandigarh, où Le Corbusier a laissé son empreinte. Vous pourrez alors gagner, au nord-ouest, la ville bouddhique de **Dharamsala**, qui accueille le dalaï-lama, ou **Manali**, point de départ de l'éreintant itinéraire par la route jusqu'au **Ladakh** (juillet-septembre), porte d'accès à l'Himalaya. Après avoir respiré l'air pur des montagnes, repartez vers le sud prendre des cours de yoga à **Rishikesh**, puis descendez à **Agra** – Taj Mahal oblige. Poussez plus loin vers le sud jusqu'à **Khajuraho** et ses temples aux somptueuses et fameuses sculptures érotiques, avant de faire une incursion dans la jungle du **Bandhavgarh National Park** à la recherche de tigres. Il sera alors temps d'aller dans la ville sainte de **Varanasi (Bénarès)** et de faire une promenade en bateau sur le Gange, fleuve sacré bordé d'innombrables *ghat*.

Continuez votre périple vers l'est, direction **Kolkata (Calcutta)**, la vibrante capitale du Bengale-Occidental, où vous trouverez de beaux édifices de l'ère coloniale et profiterez d'une scène artistique dynamique. Enfin, bifurquez vers le nord jusqu'à **Darjeeling** ou l'ancien royaume himalayen du **Sikkim**, où vous attendent de magnifiques panoramas de l'Himalaya.

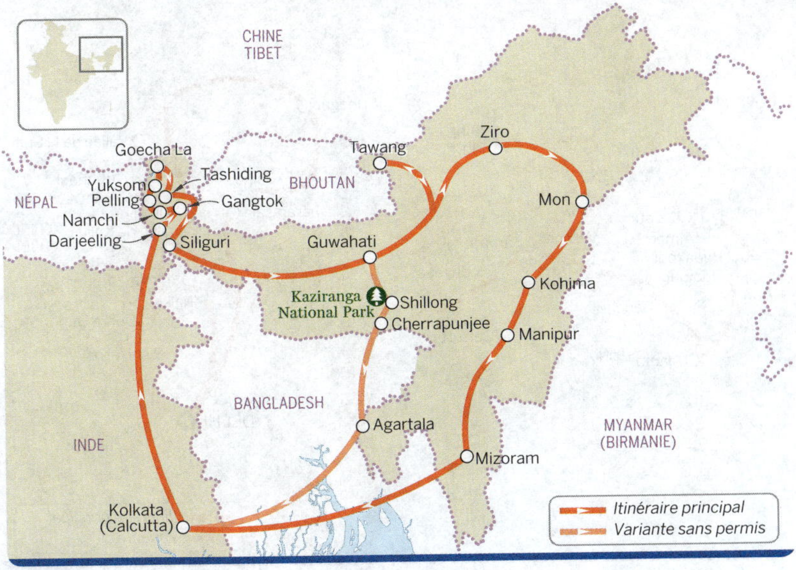

1 MOIS Le Sikkim et les États du Nord-Est

Tenue à l'abri de regards par les insurrections et les restrictions de circulation, cette région montagneuse, dernière frontière de l'Inde, s'ouvre peu à peu au monde extérieur. De Kolkata, vous pourrez rallier directement Darjeeling, au nord, contempler l'Himalaya depuis le Sikkim, puis faire une incursion dans le monde des peuples montagnards. Les permis sont obligatoires et les conditions susceptibles de changements : consultez les conseils de sécurité officiels (p. 806) et organisez bien votre périple.

De **Kolkata**, rejoignez **Darjeeling** pour goûter à des thés d'exception et obtenir un permis pour le Sikkim. **Gangtok**, la capitale de l'État, est le point de départ de circuits en jeep, à la découverte de temples bouddhiques nichés dans des paysages spectaculaires. Dirigez-vous ensuite vers **Namchi** et ses statues géantes de Shiva et de Padmasambhava, puis vers **Pelling** pour admirer le Khangchendzonga couronné de neige, ainsi que le *gompa* de Pemayangtse, entouré de jardins et d'habitations de moines. Vous pourrez effectuer un trek d'une semaine de **Yuksom** au col du **Goecha La** (4 940 m), au cœur de paysages mémorables. Quittez ensuite le Sikkim par **Tashiding**, où vous attendent d'autres panoramas et un *gompa* superbe, puis poursuivez vers l'est via Siliguri.

Vous pouvez vous procurer les permis pour les États du Nord-Est (y compris pour l'Arunachal Pradesh) à **Guwahati**, capitale de l'Assam, ou en ligne. Ralliez ensuite l'**Arunachal Pradesh**, terre des monastères bouddhiques de **Tawang**, avant d'explorer les villages tribaux proches de **Ziro**, où les vieilles femmes apatani arborent d'étonnants tatouages faciaux et ornements de narines. Un tour au Nagaland vous permettra d'aller à la rencontre d'autres groupes ethniques autour de **Mon** – au cœur d'une nature accidentée, émaillée de maisons communautaires – et de la capitale, **Kohima**. Au sud, vous aurez de bonnes chances de découvrir la culture meitei au **Manipur** et mizo au **Mizoram**, avant de regagner Kolkata par la voie des airs.

Faute de permis, rejoignez depuis **Guwahati** le **Kaziranga National Park**, puis faites un détour par **Shillong** et les chutes et les ponts de racines de **Cherrapunjee**. D'**Agartala**, capitale du Tripura, regagnez Kolkata en avion.

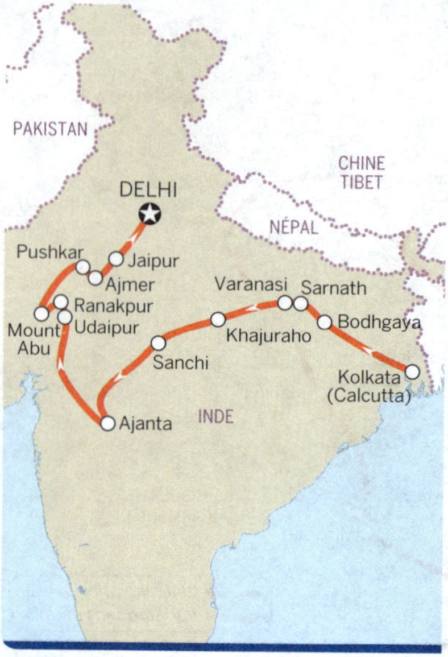

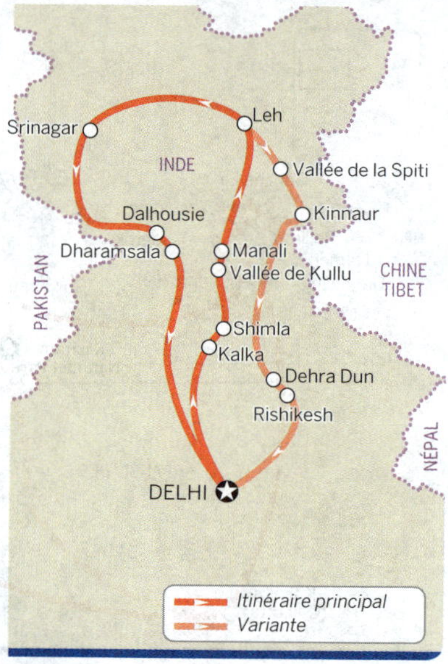

3 SEMAINES Les temples du Centre

Cet itinéraire vous conduira dans certains des temples les plus somptueux du pays. Commencez votre périple à **Kolkata**, aussi chaotique que culturellement riche, puis optez pour le calme et la spiritualité de **Bodhgaya**, lieu de l'Éveil du Bouddha. Suivez ses pas en traversant les plaines jusqu'à **Sarnath**, où il enseigna le dharma.

Gagnez ensuite **Varanasi**, ville sainte de l'hindouisme, et ses rituels sur les berges du Gange, avant de rejoindre les temples hindous de **Khajuraho**, ornés de sculptures érotiques. Ralliez alors **Sanchi**, où l'empereur Ashoka embrassa le bouddhisme. (Ensuite, filez éventuellement de Bhopal à Jalgaon, point d'accès aux grottes bouddhiques d'Ajanta ; voir le guide *Inde du Sud* publié par Lonely Planet).

Puis, direction le Rajasthan. Après les lacs et les palais de l'éblouissante **Udaipur**, visitez les temples jaïns de **Ranakpur** ou de **Mount Abu**. Continuez vers **Pushkar**, blottie autour de son lac sacré, et **Ajmer**, l'un des hauts lieux de l'islam indien. Après avoir visité **Jaipur**, splendide cité rose, terminez par les vestiges musulmans de **Delhi** et le sanctuaire soufi d'Hazrat Nizam ud-Din.

4 SEMAINES Les montagnes du Nord

Commencez cette boucle spectaculaire en allant, par le rail, de **Delhi** à **Kalka**, d'où un train à voie étroite rejoint la station climatique de **Shimla**, où s'adonner à de la petite randonnée. Joignez-vous ensuite aux pèlerins dans la **vallée de Kullu**, au nord, pour d'autres activités en montagne.

Depuis **Manali**, autre station climatique, un épique voyage de 2 jours conduit à **Leh**, au Ladakh (juillet-septembre), où vous pourrez randonner vers des pics et d'impressionnants monastères bouddhiques. Continuez de Leh à Kargil, puis au Cachemire (vérifiez les conditions de sécurité). Séjournez sur un house-boat à **Srinagar**, avant de traverser le Jammu jusqu'à la belle **Dalhousie**. Non loin, imprégnez-vous de la culture bouddhique à **Dharamsala**, avant de rentrer à Delhi. Si vous avez plus de temps, depuis Leh, rejoignez la **vallée de la Spiti**, où des monastères anciens se fondent dans le paysage aride. Un bus bringuebalant vous conduira au **Kinnaur** et à ses panoramas époustouflants. Enfin, allez à **Dehra Dun** et à **Rishikesh** pour vous imprégner de culture hindoue, avant de regagner Delhi.

Préparer son voyage

Les trains indiens

Le simple fait de prendre un train indien pourrait justifier à lui seul le voyage. Le réseau ferré du sous-continent est très étendu et à la portée de toutes les bourses. Cependant, il n'est pas toujours aisé de prendre ses billets au guichet : réserver en ligne vous facilitera les choses.

Trains et classes

Les trains express et postaux sont les plus courants. Toutes les classes ne sont pas nécessairement disponibles dans un train donné. Sur la plupart des lignes longue distance, on trouve le plus souvent des compartiments classiques (*general*) de 2e classe sans réservation, ainsi que des voitures plus confortables, sur réservation, avec souvent l'option couchette pour les trajets de nuit. Les trains couchettes permettent de parcourir de longues distances pour un prix à peine plus cher qu'une chambre d'hôtel de catégorie moyenne.

Les trains express *Shatabdi* arrivent à destination dans la journée et ne comptent que des places assises ; les trains express *Rajdhani* sont des services de nuit longue distance entre Delhi et les capitales d'États (1AC, 2AC, 3AC et siège 2e classe). Les draps sont fournis dans les voitures avec couchettes, plus onéreuses. Quelle que soit la catégorie choisie, prévoyez une chaîne et un cadenas pour attacher vos bagages.

Avec ou sans réservation ?

La réservation est obligatoire dans les compartiments des catégories *chair*, *executive chair*, *sleeper*, 1AC, 2AC et 3AC ; il est inutile de réserver dans les voitures de 2e classe ordinaires.

Classes de train

1AC (Air-Conditioned First Class)

Première classe climatisée (AC), la plus onéreuse : compartiments fermant à clé, à 2 ou 4 couchettes ; repas compris.

2AC (Air-Conditioned 2-Tier)

2e classe climatisée (AC) : 4 couchettes sur 2 niveaux dans un compartiment ouvert, plus 2 superposées de l'autre côté du couloir central ; des rideaux procurent un semblant d'intimité. Les couchettes sont reconverties en banquettes pendant la journée.

3AC (Air-Conditioned 3-Tier)

3e classe climatisée (AC) : couchettes sur 3 niveaux par groupe de 6 dans un compartiment sans rideau ; fréquentée par les familles indiennes.

ECC (AC Executive Chair)

Fauteuils confortables et inclinables, dans des voitures climatisées spacieuses ; généralement dans les trains express *Shatabdi*.

CC (AC Chair)

L'Executive Chair en moins luxueux.

SL (Sleeper Class)

Couchettes sur 3 niveaux dans une voiture sans porte ni clim ; les fenêtres s'ouvrent.

II/SS ou 2S (Unreserved 2nd Class), 2e classe

Sièges en bois ou en plastique. Un monde fou… Prix bas !

UN TRAIN DE NABAB

Si vous en avez les moyens, vous pourrez goûter à la vie de maharaja en optant pour un circuit à bord d'un train luxueux. Les tarifs incluent généralement l'hébergement, les excursions, les droits d'accès aux sites et les repas.

Palace on Wheels (www.palaceonwheels.net). Luxueux circuits de 8 à 10 jours au Rajasthan, au départ de Delhi. Les trains circulent à dates fixes de septembre à avril ; les tarifs par personne pour 7 nuits démarrent à 6 500/4 890/4 325 $US (en cabine simple/double/triple). Essayez de réserver 10 mois à l'avance.

Royal Rajasthan on Wheels (www.royalrajasthanonwheels.co.in). Somptueux parcours d'une semaine, d'octobre à mars, avec départ et arrivée à Delhi. Prévoyez un minimum par personne et par nuit de 875/625 $US pour une/deux personnes en suite *deluxe*.

Mahaparinirvan Express (ou Buddhist Circuit Special ; www.railtourismindia.com). De septembre à mars, des circuits de 8 jours vers les sites bouddhiques au départ de Delhi, avec nuits à l'hôtel. Comptez 1 155/945 $US par personne, en compartiment 1AC/2AC. Prévoyez un supplément pour les chambres en occupation simple. La formule inclut le Népal (frais de visa en sus).

Comment réserver

Les réservations sont généralement ouvertes 120 jours avant le départ, parfois moins pour les courts trajets, mais mieux vaut vérifier car cela peut changer. Les billets se vendent rapidement ; il est préférable de s'y prendre au moins une semaine à l'avance, et le plus tôt possible pour les trajets de nuit ou pendant les périodes de vacances ou de fêtes. Il est déconseillé d'attendre le jour du départ pour réserver.

Les sites Internet suivants sont utiles pour réserver depuis l'étranger :

Cleartrip (www.cleartrip.com). Cette agence privée fiable offre la solution la plus simple. Elle accepte les cartes MasterCard et Visa, mais ne permet que les réservations sur les trajets directs. Si vous réservez depuis l'étranger avant de disposer d'un numéro de mobile indien, l'astuce consiste à entrer un numéro choisi au hasard et à communiquer uniquement par e-mail.

IRCTC (www.irctc.co.in). Ce site gouvernemental permet de réserver aussi bien des trains réguliers que des trains touristiques. Cartes MasterCard et Visa acceptées.

Make My Trip (www.makemytrip.com). Cette agence privée réputée accepte les cartes internationales. Même conseil que pour Cleartrip à propos du numéro de mobile indien. Il vous faudra créer un compte IRCTC : choisissez un pseudo d'utilisateur et indiquez vos nom, date de naissance et adresse. Pour le "pincode" (code postal), "123456" fera l'affaire. Pour "État" (*State*), cochez "Autre" (*Other*).

Yatra (www.yatra.com). Réservations de vols et de billets de train ; cartes internationales acceptées.

Forfaits

Les forfaits IndRail permettent un nombre illimité de trajets pendant une période fixe, allant d'une demi-journée à 90 jours. Toutefois, ils ne font pas faire beaucoup d'économies et ils ne dispensent pas de réserver. Par exemple, ils coûtent 19/43/95 $US (*sleeper*/2AC, 3AC et *chair*/1AC) pour 24 heures.

Pour de plus amples renseignements, cliquez sur *Passenger Info*, puis sur *Tourist Information* sur le site www.indianrailways.gov.in/railwayboard.

Préparer son voyage

Trekking

En Inde du Nord, les possibilités de trekking sont innombrables, en particulier dans l'Himalaya. La vue sur les sommets enneigés, les villages tribaux traditionnels, les sites sacrés hindous, les monastères bouddhiques et les prairies de fleurs sauvages, notamment, rendront cette expérience inoubliable. Le degré de difficulté est variable, allant des itinéraires faciles d'une demi-journée aux expéditions de plusieurs semaines.

Bon à savoir

En Inde, l'industrie touristique du trekking est bien moins développée qu'au Népal voisin, et de nombreuses régions sont encore sauvages et intactes. Vous trouverez facilement des porteurs ou des animaux de bât sur la plupart des itinéraires.

Si vous recourez à un tour-opérateur, faites-vous détailler, si possible par écrit, *tout* ce qui est compris dans le trek avant de vous engager. Assurez-vous de posséder tous les permis requis.

Le mal des montagnes (p. 841) constitue un risque sérieux au-delà de 3 000 m. Une dernière chose : attention aux chiens de bergers, très agressifs.

Des agences spécialisées organisent des treks en Inde du Nord depuis l'étranger. Reportez-vous à la rubrique *Voyages organisés* du chapitre *Transports*, p. 821.

Préparatifs

Sur les sentiers de pèlerinage fréquentés, il est quasi impossible de se perdre. Mais sur d'autres treks, il arrive que les pistes se scindent en deux ou s'évanouissent. Mieux vaut donc engager un guide.

Les cartes fiables de l'Himalaya indien sont difficiles à trouver sur place. Certaines cartes disponibles sur Internet conviennent pour planifier des treks ou même s'orienter, à condition de savoir les lire. Pour le Ladakh, on peut se

Les plus beaux treks

L'Himalaya

Jammu-et-Cachemire Sans surprise, les hautes chaînes montagneuses du Ladakh, aux paysages désolés, sont ponctuées d'itinéraires spectaculaires, parmi lesquels les sentiers à travers la vallée populaire de la Markha et la superbe région sauvage du Zanskar (p. 263).

Himachal Pradesh Les amoureux de la montagne pourront se faire plaisir partout dans l'État, au fil de treks faciles d'accès, notamment de McLeod Ganj à Bharmour (p. 343), et de la vallée de la Parvati à la vallée de la Pin (p. 352). L'Homestay Trail, dans la région bouddhique du Spiti (p. 352), est une autre possibilité.

Uttarakhand Plongez dans les paysages à la beauté pure et intacte du col de Kuari, du glacier de Milam et de la vallée d'Har-ki-Dun (p. 442), ou joignez-vous aux pèlerins sur le chemin des sites sacrés, vers le temple de Kedarnath (p. 441) ou l'Hem Kund (p. 446) par exemple.

Sikkim Admirez le Khangchendzonga (8 598 m), le troisième plus haut sommet du monde, sur le chemin du trek du Goecha La (p.570).

procurer à Leh des cartes au 1/300 000 vendues au prix fort. À Manali et à McLeod Ganj, il est souvent possible d'acheter des cartes au 1/200 000 de la série Leomann.

Le guide *Randos autour du monde*, publié par Lonely Planet, apporte de nombreux conseils et infos pratiques pour préparer sa randonnée.

Le site de l'**Indian Mountaineering Foundation** (www.indmount.org) fournit des renseignements sur l'ascension des sommets himalayens de plus de 6 000 m.

Sécurité

Dans l'Himalaya, prévoyez quelques jours supplémentaires pour vous acclimater lorsque vous devez rejoindre une destination en haute altitude. Il ne faut pas sous-estimer ces montagnes – gardez-vous d'entreprendre des treks dépassant vos capacités physiques et/ou techniques.

Alpinisme

Les alpinistes doivent demander un permis à l'**Indian Mountaineering Foundation** (☎011-24111211 ; www.indmount.org ; 6 Benito Juarez Rd, New Delhi) pour gravir la plupart des sommets au-delà de 6 000 m. Les tarifs des expéditions varient en fonction de la hauteur de la montagne et du nombre de personnes. Les permis pour un certain nombre de hauts sommets ne coûtent toutefois qu'entre 30 et 100 $US, notamment au Ladakh, au Lahaul, au Spiti et au Sikkim. Parmi eux figure le Stok Kangri (6 121 m), intéressant et abordable.

À emporter

- Matériel et vêtements adaptés aux conditions météorologiques et au terrain (vêtements imperméables et/ou chauds notamment).
- Sur les sentiers bien balisés, de lourdes chaussures de marche constituent presque un handicap ; sur les pistes de montagne les plus reculées, elles sont une bénédiction !
- Trousse de premiers secours ; pastilles ou système de filtration pour purifier l'eau.
- Bonnes lunettes de soleil et écran solaire.

Trekking responsable

- Pour limiter votre impact sur l'environnement, respectez les règles d'usage ("sans trace Canada", www.sanstrace.ca).
- En Inde, il est important de cuisiner avec un réchaud, car les habitants disposent de ressources en bois limitées pour se chauffer et cuisiner.
- Des gens vivent partout dans l'Himalaya indien. Même dans les coins les plus reculés, vous pourrez tomber sur un campement d'éleveurs (gare aux chiens !).
- Respectez les coutumes et les sensibilités locales : habillez-vous de façon sobre, demandez la permission avant de photographier des personnes et n'oubliez pas que, même s'ils sont très hospitaliers, de nombreux habitants ont des ressources modestes, surtout en nourriture.
- Ne donnez pas de cadeaux aux enfants.

TREKS POUR AVENTURIERS

Seuls les trekkeurs aguerris peuvent s'attaquer aux montagnes isolées de l'Arunachal Pradesh. Le Namdapha National Park (p. 588), à l'étonnante biodiversité, est tout indiqué.

Quand partir

Du fait de la diversité topographique de l'Inde, la période la plus propice au trekking varie d'une région à l'autre.

Mai-juin Une bonne période pour randonner en montagne, mais aussi la saison où les Indiens voyagent le plus. Il y a souvent foule sur les sentiers qui conduisent aux sites sacrés hindous.

Mi-juillet à mi-septembre Entreprendre un trek au mauvais endroit durant la mousson peut avoir des conséquences fatales. Le Ladakh et le Spiti restent généralement secs. Le célèbre Valley of Flowers National Park (p. 446), dans l'Uttarakhand, se couvre d'un tapis de fleurs.

Mi-septembre à mi-novembre Une fois la mousson terminée, un ciel d'un bleu limpide resplendit au-dessus de l'Himalaya. Si les températures peuvent chuter sous zéro la nuit, les journées sont en principe douces et ensoleillées. Les services ferment pour l'hiver, vérifiez au préalable quels seront les itinéraires accessibles.

Décembre-mars Février est le seul mois où l'on peut effectuer le trek du Chadar (p. 263), qui traverse une rivière gelée du Zanskar.

Avril Pour échapper à la chaleur étouffante des plaines, grimpez dans les stations d'altitude, aux sommets enneigés.

Préparer son voyage

Yoga, spas et méditation

L'Inde offre un voyage d'une rare intensité à quiconque est porté à la spiritualité, mais les autres trouveront aussi leur bonheur dans les spas et les centres de yoga.

Yoga

On peut pratiquer le yoga presque partout en Inde du Nord. En 2014, à l'initiative des autorités indiennes, les Nations unies ont adopté une résolution faisant du 21 juin la Journée internationale du yoga.

Uttarakhand

Rishikesh (p. 420). De nombreux centres et ashrams excellents enseignent le yoga, du niveau débutant jusqu'aux techniques les plus avancées.

Ashrams

De nombreux ashrams (littéralement "lieux d'effort") sont dirigés par des gourous charismatiques. Dans certains, cependant, la frontière entre communauté spirituelle et culte de la personnalité se révèle assez floue. Beaucoup de gourous ont ainsi amassé une fortune personnelle sur le dos de leurs disciples ; certains ont même été accusés de les exploiter sexuellement. Avant d'entrer dans un ashram, renseignez-vous toujours bien sur sa réputation.

La plupart des ashrams proposent un programme d'enseignement typique basé sur la philosophie, le yoga et la méditation. Ils imposent aussi à leurs pensionnaires des règles strictes : code vestimentaire, séances quotidiennes de yoga ou de méditation, travail bénévole dans le cadre d'un projet social, etc. Demandez-vous

Faire son choix

Ashrams

L'Inde compte d'innombrables ashrams – lieux de vie communautaire fondés sur la philosophie d'un *guru* (gourou, guide spirituel). On peut y faire des séjours prolongés en respectant les règles de vie en vigueur.

Ayurvéda

L'ayurvéda est une médecine traditionnelle indienne, reposant sur une approche holistique de la santé, et ayant recours aux extraits de plantes, aux massages et à d'autres traitements naturels pour garantir le bien-être du corps et de l'esprit.

Méditation

Dans les régions bouddhiques, de nombreux centres sont dévolus à la méditation *vipassana* ("développement de la vision supérieure") et à la philosophie bouddhique. Beaucoup exigent des participants qu'ils fassent vœu de silence et interdisent la cigarette, l'alcool et le sexe.

Spas

Les spas d'Inde du Nord sont réputés pour leurs soins et traitements variés, mêlant traditions ayurvédiques et thérapies internationales.

Yoga

Le yoga est une pratique enracinée dans la culture indienne. D'où une multitude d'écoles suivant différentes disciplines et s'adressant aux personnes de tout niveau et degré d'engagement.

toujours si vous désirez vraiment adhérer à ces règles.

Un don est apprécié pour couvrir les frais de nourriture, d'hébergement et de fonctionnement de l'ashram.

Les ashrams traditionnels sont moins nombreux en Inde du Nord qu'en Inde du Sud.

Kolkata (Calcutta)

Belur Math (p. 472). Le siège de la Ramakrishna Mission, inspirée par Ramakrishna Paramahamsa, et fondée par Swami Vivekananda.

Uttarakhand

Anasakti Ashram (p. 458). Le Mahatma Gandhi y séjourna pendant 2 semaines ; un petit musée lui est consacré sur place.

Sri Sant Seva Ashram (p. 423). À Rishikesh, possède des chambres spacieuses donnant sur le Gange. Il vise notamment les étrangers, et dispense des cours de yoga.

Ayurvéda

L'ayurvéda vise à rétablir l'équilibre du corps au moyen de deux méthodes principales : le *panchakarma* (purification intérieure) et les massages aux plantes. Partout en Inde du Nord, des centres proposent des traitements ayurvédiques, de l'*abhyangam* (massage complet du corps aux huiles essentielles) au *shirodhara* (application d'un filet d'huile chaude sur le front à partir d'un bol). Sans doute, seuls les visiteurs déjà convertis à l'ayurvéda se laisseront-ils convaincre par un lavement. Voici quelques centres, dans différents États d'Inde du Nord.

Himachal Pradesh

Men-Tsee-Khang (Tibetan Medical & Astrological Institute ; p. 326). Haute autorité en matière de médecine tibétaine, avec son siège et deux cliniques à McLeod Ganj, ainsi qu'une cinquantaine d'autres centres ailleurs en Inde.

Ayuskama Ayurvedic Clinic (p. 334 ; Bhagsu). Le docteur Arun Sharma dispense des traitements très réputés et des cours pour devenir praticien.

Madhya Pradesh

Kairali Spa (p. 618 ; Orchha). Ayurvéda.

Ayur Arogyam (p. 629 ; Khajuraho). Traitements ayurvédiques spécialisés.

Uttar Pradesh

Swasthya Vardhak (p. 389 ; Varanasi). Ayurvéda.

Méditation bouddhique

Qu'il s'agisse d'une simple initiation au bouddhisme ou d'un enseignement plus approfondi, vous aurez l'embarras du choix en matière de cours, de stages et de retraites. McLeod Ganj est un haut lieu d'enseignement et de rencontre du bouddhisme tibétain. Le dalaï-lama et le 17e *karmapa* y tiennent des séances publiques d'enseignement.

Bihar

Root Institute for Wisdom Culture (p. 539 ; Bodhgaya). Stages de 2 à 21 jours.

International Meditation Centre (carte p. 537 ; ☎0631-2200707 ; bsatyapala@gmail.com ; logement et repas 500 ₹/jour ; Bodhgaya). Dispense un enseignement plus informel, sur 10 jours.

Himachal Pradesh

Library of Tibetan Works & Archives (LTWA, Bibliothèque des œuvres et des archives tibétaines ; p. 326 ; McLeod Ganj). Prodigue un enseignement de haute volée en philosophie bouddhique.

Himachal Vipassana Centre (carte p. 322 ; ☎9218414051 ; www.sikhara.dhamma.org ; Dharamkot ; ⌚avr à mi-nov ; Dharamkot, près de McLeod Ganj). Conduit des retraites strictes de 10 jours.

Tushita Meditation Centre (p. 333 ; Dharamkot). Retraites silencieuses de 10 jours et séances de méditation sans réservation.

Deer Park Institute (p. 337 ; Bir). Cours et ateliers de philosophie bouddhique et indienne, et retraites de méditation conduites par des maîtres bouddhistes.

Jammu-et-Cachemire

Mahabodhi Centre (p. 228 ; Leh). Stages et séances de méditation *vipassana*.

En haut : Tsuglagkhang (p. 323), McLeod Ganj

En bas : traitement ayurvédique

MILA SUPINSKAYA GLASHCHENKO / SHUTTERSTOCK©

Séance de yoga

Spas

Vous trouverez des spas dans toute l'Inde du Nord, de la petite entreprise individuelle aux établissements haut de gamme. Méfiez-vous des séances de massage en tête-à-tête pratiquées par des prestataires privés (souvent non qualifiés), surtout dans les villes touristiques – renseignez-vous auprès d'autres voyageurs et suivez votre intuition.

Kolkata (Calcutta)

Vedic Village (p. 499 ; près de Kolkata). Présenté comme le meilleur spa médical du pays.

Madhya Pradesh et Chhattisgarh

Jiva Spa (p. 614). Les massages, gommages et enveloppements corporels se déroulent dans un cadre superbe, à Gwalior.

Uttarakhand

Haveli Hari Ganga (p. 429 ; Haridwar). Un établissement donnant sur le Gange.

Uttar Pradesh

Aarna Spa (p. 389 ; Varanasi). Laissez-vous chouchouter, et profitez aussi de soins ayurvédiques et aromathérapiques.

Préparer son voyage

Bénévolat

La beauté, la richesse culturelle et l'histoire de l'Inde ne doivent pas faire oublier la pauvreté et les difficultés de certaines populations. De nombreux voyageurs désirent apporter leur aide et sont encouragés dans cette démarche par des organisations caritatives travaillant sur place.

Actions humanitaires

De nombreuses organisations caritatives et agences d'aide internationales travaillent en Inde, où les opportunités de bénévolat abondent. Il est parfois possible de trouver une mission une fois sur place, mais les organismes caritatifs et les organisations non gouvernementales (ONG) préfèrent en principe que leur personnel soit sélectionné en amont et que leur candidature ait été approuvée. Les plus sérieux vérifient le casier judiciaire des candidats désireux de travailler en contact avec des enfants. **Ethical Volunteering** (www.ethicalvolunteering.org) fournit des informations utiles pour vous guider dans vos choix ; un petit guide en anglais, téléchargeable en ligne, vous aidera à vous poser les bonnes questions. Vous pourrez également consulter le site Web de France Volontaires (voir l'encadré p. 41), qui est destiné à informer et à orienter les personnes qui souhaitent s'engager.

En dehors des organismes internationaux, des associations et des ONG locales proposent des missions, mais il peut être difficile d'avoir une idée de leur champ d'action. Vous trouverez une liste d'agences locales sur www.ngosindia.com ; vous pourrez également vous adresser à la **Concern India Foundation** (carte p. 70 ; ☎011-64598584 ; www.concernindiafoundation.org ; A-52 Amar Colony, Lajpat Nagar IV ; Ⓜ Lajpat Nagar) à Delhi.

Mode d'emploi

Choix de l'organisme

Demandez-vous à quelle communauté et à quel organisme vos compétences pourraient être utiles et choisissez en conséquence.

Durée

Évaluez le temps que vous êtes prêt à accorder à une action caritative. Certaines organisations acceptent des bénévoles pour des périodes très courtes, mais il est souvent plus utile de s'engager pour un mois au minimum.

Budget

Il ne suffit pas toujours de donner de son temps : il faut fréquemment assumer les frais d'hébergement, de nourriture et de transport.

Temps de travail

Sachez à quoi vous vous engagez : beaucoup de bénévoles doivent travailler à temps plein, 5 jours par semaine.

Transparence

Vérifiez la réputation de l'organisation et sa transparence sur les questions financières. Dans la mesure du possible, renseignez-vous auprès d'anciens bénévoles.

Nous présentons une liste d'organismes faisant appel à des bénévoles ; contactez-les à l'avance pour connaître leurs besoins. Notez que seuls figurent les organismes avec lesquels Lonely Planet travaille directement. Néanmoins, il vous incombe d'effectuer des recherches approfondies avant de vous engager.

Actions sociales

Les possibilités ne manquent pas pour les personnes ayant une formation dans le domaine de la santé, qui pourront s'impliquer dans l'aide et les soins aux populations les plus vulnérables.

Kolkata (Calcutta)

- **Missionnaires de la Charité** (p. 476). La congrégation fondée par Mère Teresa envoie des volontaires dans les hôpitaux et les foyers à destination des enfants et des adultes démunis.
- **Calcutta Rescue** (☎033-22175675 ; www.calcuttarescue.org ; 4e ét., 85 Collin St). Place des médecins et d'autres professionnels de la santé, à Kolkata et ailleurs au Bengale-Occidental.

Rajasthan

- **Marwar Medical & Relief Society** (☎0291-2545210 ; www.mandore.com ; Dadwari Lane, c/o Mandore Guesthouse). Cette ONG mène des projets éducatifs, sanitaires, environnementaux et autres dans des villages du district de Jodhpur. Elle accepte les engagements à court ou long terme.

Actions dans les villages

Il existe de nombreux projets locaux, impliqués dans les soins médicaux et les programmes éducatifs dans les villages.

> **AIDER LES RÉFUGIÉS TIBÉTAINS**
>
> Depuis 1959, plus de 100 000 Tibétains se sont réfugiés en Inde pour échapper aux persécutions. Les nouveaux arrivants ont besoin d'un soutien important, d'où une demande fréquente de bénévoles à McLeod Ganj et dans d'autres lieux à forte population tibétaine.

Bihar et Jharkhand

- **Root Institute for Wisdom Culture** (p. 539). Fait de temps à autre appel à des bénévoles expérimentés pour former le personnel de santé local à Bodhgaya.

Delhi

- **Hope Project** (p. 74). Cet important projet communautaire accueille des bénévoles dans le domaine de l'enfance et de l'enseignement (anglais, informatique...).

Madhya Pradesh et Chhattisgarh

- **Orchha Home-Stay** (p. 619). Travaille, avec l'aide des volontaires, à améliorer les conditions de vie des villageois.

Rajasthan

- **URMUL Trust** (☎0151-2523093 ; www.urmul.org ; Ganganagar Rd, Urmul Bhawan, Bikaner). Offre des soins médicaux et une éducation de base aux habitants du désert de l'ouest du Rajasthan. Enseignants d'anglais, personnel de santé et autres bénévoles recherchés pour 1 mois minimum.
- **Seva Mandir** (☎0294-2451041 ; www.sevamandir.org ; Old Fatehpura, Udaipur). Une ONG travaillant dans le sud du Rajasthan sur des programmes concernant le boisement, l'eau, la santé, l'éducation, l'autonomisation des femmes et le développement des institutions villageoises.

Himachal Pradesh

- **Lha** (p. 328 ; McLeod Ganj). Emploie notamment des professeurs de langues, des professionnels de la santé et des spécialistes de l'informatique sur un grand nombre de projets en faveur de la communauté tibétaine.

Bengale-Occidental

- **Human Wave** (☎033-26854904 ; www.humanwaveindia.org ; Mankundu). Gère des programmes de développement et de santé ; propose des missions de courte durée.
- **Makaibari Tea Estate** (p. 506 ; Kurseong). Accepte des bénévoles, en particulier dans le domaine de l'enseignement primaire, de la santé et de l'agriculture bio.

Enseignement

De nombreuses écoles bouddhiques ont besoin de professeurs d'anglais,

ORGANISMES DE BÉNÉVOLAT À L'ÉTRANGER

Les chantiers de volontariat constituent une bonne opportunité de découvrir la société et les paysages indiens, de s'immerger dans le pays et de connaître l'envers du décor touristique en bénéficiant d'une ambiance internationale (les bénévoles viennent en général de divers pays). Les agences spécialisées ne manquent pas. Toutefois, beaucoup de celles qui proposent de courts projets à tout moment de l'année mettent sur pied des programmes davantage destinés à satisfaire les participants qu'à répondre à un réel besoin sur place. Soyez vigilant et privilégiez les missions qui pourront tirer profit de vos compétences.

En France, des organismes offrent l'occasion de participer à des projets, parfois pour de courtes périodes. Certaines associations s'adressent plus spécifiquement aux jeunes. Les chantiers proposés sont variés. Sauf exception, vous devrez avoir de bonnes notions d'anglais.

Vous pourrez contacter le **Comité de coordination pour le service volontaire international** (CCVIS ; ☎01 45 68 49 36 ; ccivs.org ; Maison de l'Unesco, 1 rue Miollis, 75015 Paris), et consulter les sites de **France Volontaires** (☎01 53 14 20 30 ; www.france-volontaires.org ; 6 rue Truillot, BP220, 94203 Ivry-sur-Seine Cedex), la plateforme des volontariats solidaires à l'international, et du **Centre d'information sur le volontariat international** (www.civiweb.com), qui constituent d'excellents points de départ pour rechercher une mission.

Cotravaux (☎01 48 74 79 20 ; www.cotravaux.org ; 11 rue de Clichy, 75009 Paris). Un "réseau d'acteurs du travail volontaire" qui regroupe des associations dont plusieurs proposent des missions en Inde, en lien avec des partenaires locaux. Vous en trouverez la liste (avec coordonnées et liens) sur son site Internet.

Himalayan Education Lifeline Programme (HELP ; www.help-education.org). Une organisation britannique qui recherche des volontaires pour enseigner dans des écoles du Sikkim.

Jamyang Foundation (www.jamyang.org). Une fondation basée aux États-Unis qui place des professeurs expérimentés dans des couvents bouddhiques au Zanskar et dans l'Himachal Pradesh.

de préférence expérimentés, pour des périodes prolongées. Renseignez-vous sur place au Sikkim, dans l'Himachal Pradesh, au Bengale-Occidental et au Ladakh. Posez-vous des questions si les organisations ne contrôlent pas les antécédents des adultes qui travaillent en contact avec des mineurs.

Himachal Pradesh

➡ **Learning & Ideas for Tibet** (p. 328). Basé à McLeod Ganj ; cherche des professeurs de français, d'anglais, d'allemand, de mandarin, de japonais et d'informatique pour enseigner aux réfugiés tibétains.

Bengale-Occidental et Darjeeling

➡ **Hayden Hall** (p. 516 ; Darjeeling). Recrute des volontaires expérimentés pour 2 mois minimum dans les domaines de la santé, de l'éducation et du commerce.

Jammu-et-Cachemire

➡ **Druk Padma Karpo School** (p. 244). Cette école d'un monastère bouddhique au Ladakh (Shey) engage des professeurs d'anglais pour de longues périodes (mai-septembre).

➡ **Gompa de Phuktal** (p. 265). Accepte des professeurs d'anglais pour des missions de court terme ; Zanskar.

➡ **Csoma's Room** (csomasroom.org). Cet organisme hongrois prend des bénévoles pour enseigner et pour effectuer des travaux de restauration à Zangla.

Actions auprès des enfants

Différentes organisations travaillent auprès des enfants défavorisés. Posez-vous toutefois des questions si elles ne contrôlent pas les antécédents des adultes qui travaillent en contact avec des mineurs.

Delhi

➡ **Salaam Baalak Trust** (p. 73). Œuvre en faveur des enfants des rues de Delhi ; a besoin de professeurs d'anglais, de médecins, de conseillers et de spécialistes en informatique.

➡ **Reality Tours & Travel** (p. 73). Conduit des programmes d'éducation dans les bidonvilles. Les bénévoles doivent avoir une expérience professionnelle ou un diplôme en rapport. Trois mois minimum.

➡ **Torch** (carte p. 66 ; www.torchdelhi.wixsite.com/torch ; 30D Nizamuddin Basti, Nizamuddin West ; Ⓜ JLN Stadium). Recherche des volontaires pour conduire des activités d'arts plastiques, musicales et d'écriture avec des enfants sans abri.

Uttar Pradesh

➡ **Learn for Life Society** (p. 389 ; Varanasi). Opportunités dans une petite école pour enfants défavorisés.

Himachal Pradesh

➡ **Kullu Project** (☎9418102083 ; kulluproject.cfsites.org). Gère la répartition des volontaires auprès des écoles, des orphelinats et d'autres institutions s'occupant d'enfants défavorisés dans la vallée de Kullu.

➡ **Rogpa** (carte p. 324 ; ☎9857973026 ; www.tibetrogpa.org ; Mithanala Rd, près de Bhagsu Rd ; ⏲9h-17h lun-sam ; McLeod Ganj). En faveur des enfants de familles tibétaines.

Actions auprès des femmes

Des institutions caritatives indiennes œuvrent pour l'éducation et l'autonomisation des femmes.

Rajasthan

➡ **Sambhali Trust** (p. 177 ; Jodhpur). Enseignement et aide à l'organisation d'ateliers destinés aux femmes pauvres.

Environnement

Les organisations suivantes se concentrent sur l'éducation à l'environnement et le développement durable.

Himachal Pradesh

➡ **Ecosphere** (p. 352). Cette ONG impliquée dans le développement durable offre des opportunités de bénévolat à Kaza dans des domaines variés comme les énergies renouvelables ou le café.

➡ **Kullu Project** Place des bénévoles auprès du Great Himalayan National Park, lequel travaille au développement de l'agriculture bio et des produits locaux.

Actions auprès des animaux

Des chiens errants aux reptiles, les amis des bêtes auront bien des causes à défendre.

Rajasthan

➡ **Animal Aid Unlimited** (p. 151 ; Udaipur). Fait appel à des bénévoles pour s'occuper d'animaux blessés, abandonnés ou errants.

Patrimoine

Ce domaine nécessite généralement des compétences en architecture ou dans le bâtiment.

Jammu-et-Cachemire

➡ **Csoma's Room** (p. 41). Recherche des volontaires pour restaurer et préserver l'architecture traditionnelle du Zanskar.

Préparer son voyage

Voyager avec des enfants

Une équipée indienne relève d'une aventure tout aussi exaltante pour les enfants qu'elle l'est pour leurs parents, à condition de bien la préparer et de faire preuve de vigilance. Les couleurs, les parfums, les images et les sons du sous-continent ne manqueront pas d'éveiller l'imagination des jeunes esprits, naturellement curieux.

L'Inde du Nord en famille

À bien des égards, voyager en famille en Inde du Nord est un vrai bonheur. Les enfants sont souvent très bien accueillis, et des touristes indiens voudront peut-être même prendre en photo votre petite famille ! Cela peut se révéler fatigant et déconcertant, mais vous pourrez toujours décliner poliment.

Pour les parents voyageant en Inde, il s'agit surtout de tempérer les effusions de personnes au demeurant bien intentionnées – gardez en effet à l'esprit que l'attention que votre progéniture ne manquera pas de susciter sera en principe toujours bienveillante. Les enfants sont au centre de la vie dans de nombreux foyers indiens, et ceux des voyageurs ne seront pas traités différemment. Les hôtels pourront presque toujours vous fournir un ou deux lits supplémentaires, et les restaurants proposent volontiers des repas spéciaux pour les familles.

Le top des régions d'Inde du Nord pour les enfants

Rajasthan

Cet État, dont les dunes se parcourent à dos de chameau, est émaillé de forteresses et de palais dignes des contes de fées. Le temps y est ponctué de fêtes hautes en couleur, et une infrastructure touristique adaptée y facilite la vie des voyageurs. Les plus grands apprécieront les tyroliennes de l'incroyable Flying Fox à Jodhpur.

Uttar Pradesh

La découverte du Taj Mahal et, non loin, de la ville abandonnée de Fatehpur Sikri, enflammera l'imagination des jeunes – et des moins jeunes.

Himachal Pradesh

Il y a ici l'embarras du choix en matière d'activités : balade à poney ou à dos de yak dans une station de l'époque coloniale, rafting, randonnées, parapente en tandem, canyoning et *zorbing* (descente dans une grosse bulle transparente) à Manali...

À ne pas manquer

Des splendeurs de contes de fées

Jaisalmer Jouez aux chevaliers dans le plus grand château de sable du monde, le vieux fort pluriséculaire de Jaisalmer (p. 180), et promenez-vous à dos de chameau dans le désert du Thar.

Delhi Pénétrez le célèbre Fort rouge (p.56), explorez les Lodi Gardens (p. 64) et le parc archéologique de Mehrauli (p. 95), et montez dans un train miniature du National Rail Museum (p 69).

Ranthambhore National Park Dans ce *Livre de la jungle* à ciel ouvert (p. 136), où les palais abandonnés sont aujourd'hui le royaume des singes, sautez dans une jeep pour tenter d'apercevoir Shere Khan !

Udaipur Faites du bateau sur le lac (p. 147), une excursion à cheval et explorez des palais de contes de fées.

Orchha Explorez les palais tombant en ruine et les remparts de cette ville peu connue (p. 615).

Madhya Pradesh Le pays du *Livre de la jungle* de Kipling : jungle, et safaris à la découverte des tigres (p. 608).

Des rencontres fascinantes dans la nature

Réserves de tigres, Madhya Pradesh Enfoncez-vous dans la jungle ou arpentez les plaines des réserves de tigres de Kanha (p. 664), Pench (p. 669) ou Bandhavgarh (p. 667). Vous n'y verrez peut-être pas de félin, mais vous pourrez observer quantité d'autres animaux !

Singes des stations climatiques Rendez-vous à Shimla (p. 283 ; Himachal Pradesh) pour rencontrer des singes bien effrontés (pas trop près... ils peuvent se montrer agressifs !).

Lions, Gujarat Allez en safari au parc national de Gir (p. 704) à l'aube ou au crépuscule, pour voir les uniques lions d'Asie.

Keoladeo National Park, Rajasthan Prenez un vélo pour aller voir les myriades d'oiseaux de toutes les couleurs de cette réserve (p. 121).

De drôles de modes de transport

Auto-rickshaw, partout Faites-vous secouer et mener à vive allure dans ces véhicules taille enfant (p. 834).

Vélo, Delhi Faites une visite avec DelhiByCycle (p. 73) – pour les plus grands sachant faire du vélo, ou pour les tout-petits qui tiennent dans un siège enfant.

Toy Train, Darjeeling Voyagez dans le petit train à vapeur qui relie Kurseong à Darjeeling ; vous traverserez de pittoresques villages de montagne et croiserez de splendides cascades (p. 517).

Organiser son voyage

Avant de partir

➜ Avant de choisir vos dates et vos lieux de séjour, examinez la carte climatique afin d'éviter les températures extrêmes, qui pourraient être difficiles à supporter pour les plus petits.

➜ Pour des conseils d'ordre général sur les voyages avec de jeunes enfants, consultez l'ouvrage *Voyager avec ses enfants*, publié par Lonely Planet.

Faire ses valises

Sachez que vous pourrez vous procurer les articles mentionnés ci-dessous dans de nombreuses régions d'Inde du Nord.

➜ Prévoyez des couches jetables ou lavables, des crèmes de soin pour les érythèmes (la crème au calendula est également utile pour les irritations dues à la chaleur), des biberons supplémentaires, une bonne réserve de lingettes humides, du lait maternisé, des aliments en pots ou déshydratés et des jus en bouteilles.

➜ Un lit pliable ou une nacelle légère et compacte seront préférables aux petits lits fournis dans les hôtels, souvent instables – pour des enfants un peu plus grands, vous pouvez aussi opter pour une tente pliable et légère, équipée d'un matelas autogonflant.

➜ Oubliez la poussette – les trottoirs sont rares. Préférez le porte-bébé, qui place les petits au-dessus de la foule intimidante et leur permet de profiter d'une belle vue.

➜ Prenez aussi quelques jouets qu'ils ne regretteront pas s'ils sont perdus ou abîmés.

➜ Prévoyez un gilet gonflable ou de sauvetage, et des brassards pour la baignade.

➜ Pour les plus grands, des chaussures solides s'imposent.

➜ Enfin, quelques indispensables : crème solaire, chapeau, moustiquaire et répulsif contre les insectes.

Alimentation

➜ Dans les régions comme le Rajasthan et l'Himachal Pradesh, ainsi que dans les grandes villes, les plats occidentaux familiers abondent.

Dans les métropoles et les villes touristiques, il y a toujours de nombreux restaurants de cuisine internationale.

➡ Sur la route, les en-cas facilement transportables tels que bananes, samosas, *puri* (sortes de beignets), sandwichs au pain blanc et biscuits (la marque locale Parle-G a du succès) combleront les petites faims.

➡ Les enfants pourront découvrir les goûts et textures très variés qui abondent sur les tables indiennes : plats de *paneer* (fromage non fermenté), simples dhals (curries de lentilles doux), *korma* crémeux, naan au beurre (pains tandoori), *pilau* (plats de riz), *momo* tibétains (raviolis cuits à la vapeur ou frits)...

Hébergement

➡ L'Inde offre une telle diversité d'hébergements – des bungalows aux établissements cinq étoiles – que vous n'aurez aucun mal à trouver une adresse qui sera appréciée par toute la famille.

➡ Même les hôtels les plus chics accueillent le plus souvent les enfants avec bienveillance, tout comme la plupart des bonnes adresses de catégorie moyenne, où le personnel fera tout son possible pour dénicher un ou deux matelas supplémentaires. Certains établissements ne voient pas d'inconvénients à faire dormir plusieurs enfants dans la chambre double de leurs parents.

➡ Les cinq-étoiles les plus chics sont équipés de piscine pour les enfants, de salles de jeux et même de clubs qui les prennent en charge. Les enfants fatigués du voyage seront ragaillardis par un bain moussant bien chaud et une assiette de macaronis au fromage dans la chambre.

Sur la route

➡ Circuler en Inde, que ce soit en taxi, en bus local, en train ou en avion, peut tenir de l'épreuve pour toute la famille. Il est souvent difficile de trouver des toilettes publiques propres ou des espaces pour changer les bébés, et les aires de jeux ne satisfont pas forcément aux normes de sécurité occidentale. Pour compenser les longs trajets dans des transports souvent bondés, prévoyez des journées amusantes.

➡ Emportez des accessoires pouvant servir au divertissement (une tablette ou un ordinateur portable contenant des films, des livres, des cahiers d'activités, des jouets et des jeux bon marché – on en trouve partout en Inde –, etc.).

➡ Si vous louez une voiture avec chauffeur – une bonne option qui procure une certaine liberté –, vous aurez peut-être besoin d'un siège pour bébé ou d'un rehausseur. Ces articles sont rares : apportez-les avec vous ou faites-en part le plus tôt possible à la compagnie de location. N'hésitez pas à demander à votre chauffeur de ralentir et de respecter les règles de conduite.

Santé

➡ Reportez-vous également au chapitre *Santé*, p. 836.

➡ Bien avant le départ, consultez votre médecin pour connaître les éventuels vaccins et traitements nécessaires, et évoquer d'autres problèmes de santé que pourrait avoir votre enfant.

➡ L'accès aux soins est très inégal selon les régions de l'Inde. Il est meilleur dans les destinations les plus touristiques, où il est presque toujours facile de trouver un médecin rapidement (la majorité des hôtels sauront vous indiquer un praticien fiable et parlant anglais).

➡ Il existe de nombreuses pharmacies, souvent regroupées autour des hôpitaux.

➡ La diarrhée peut avoir des conséquences graves chez les jeunes enfants. Il est impératif de bien les réhydrater, et de les faire examiner par un médecin si elle se prolonge et s'accompagne de fièvre. Les irritations dues à la chaleur, les infections cutanées (comme l'impétigo), et les morsures ou piqûres d'insectes peuvent souvent être prises en charge avec une trousse de premiers soins correctement garnie ou les produits d'une pharmacie locale.

Les régions en un clin d'œil

Les régions d'Inde du Nord forment un étourdissant cocktail de contrastes, de couleurs et d'aventure, mélange de modernité urbaine et de villages tribaux reculés, de chaînes de montagnes effilées et de lacs pittoresques, de temples anciens et d'imposantes forteresses.

Delhi

Cuisine
Shopping
Ruines

Delhi est une ville où on peut remonter le temps, des superbes ruines des cités impériales à la ville-satellite futuriste de Gurgaon, tout en festoyant, entre nouvelle cuisine indienne et cuisine de rue. C'est aussi le paradis du shopping, avec ses bazars et ses grands magasins.

p. 50

Rajasthan

Palais et forts
Art et artisanat
Faune

Les forts et les palais du Rajasthan sont les trésors du "pays des rois", dont les réserves de chasse sont devenues des parcs nationaux, peuplés de tigres et d'autres animaux. Les bazars du Rajasthan regorgent de merveilles, des miniatures aux marionnettes.

p. 98

Punjab et Haryana

Architecture
Frontière
Cuisine

Outre le fabuleux temple d'Or, le Punjab (Pendjab) possède de splendides palais et demeures. C'est aussi la région du *butter chicken*, du riz basmati, du naan, du *tarka dhal* et du *tandoor* ! Le poste-frontière d'Attari-Wagah mérite le détour pour l'extraordinaire parade transfrontalière.

p. 197

Jammu-et-Cachemire (et Ladakh)

Paysages
Treks
Religion

Les paysages lunaires et montagneux force ici l'humilité. Des mantras recouvrent les *gompa* du Ladakh, des pèlerins se pressent autour du lingam d'Armanath et le soufisme imprègne Srinagar…

p. 221

Himachal Pradesh

Aventure
Paysages
Cultures

Les vallées profondes et les hauts cols de l'Himalaya offrent d'exceptionnelles possibilités de trekking, d'escalade, de moto, de parapente et de ski. Les paysages sont époustouflants et la diversité culturelle est étourdissante, des fêtes hindoues aux anciens monastères bouddhiques.

p. 282

Agra et Taj Mahal

Architecture
Tombeaux
Forts

L'architecture moghole d'Agra est le sommet de la virtuosité impériale. Le Taj Mahal est si célèbre qu'il semble familier, et pourtant sa beauté surnaturelle vous coupera le souffle. Ne manquez pas d'autres chefs-d'œuvre tels que le mausolée d'Akbar ou l'imposant fort d'Agra.

p. 356

Uttar Pradesh

Architecture
Religion
Ghat

L'Uttar Pradesh englobe des cités musulmanes anciennes, deux des centres de pèlerinage les plus sacrés du bouddhisme et deux des sept villes sacrées de l'hindouisme. Le Gange et ses affluents, qui traversent l'État, sont bordés de *ghat* sacrés (marches ou escaliers).

p. 380

Uttarakhand

Treks
Yoga
Faune

Les randonneurs peuvent choisir entre temples, lacs sacrés, glaciers isolés et prairies alpines vallonnées. Rendez-vous à Rishikesh pour une parenthèse spirituelle, puis tentez de repérer des léopards des neiges, des ours à collier, des ours bruns et des bharals dans les parcs nationaux.

p. 418

Kolkata (Calcutta)

Culture
Cuisine
Architecture

Jadis capitale de l'Inde britannique, Kolkata conserve de nombreux bâtiments coloniaux. La cité moderne mêle chaos et culture de manière attrayante et typiquement indienne. Sa cuisine, qui privilégie poissons et crevettes, est réputée dans tout le sous-continent.

p. 460

Bengale-Occidental et Darjeeling

Stations climatiques
Faune
Hôtels

Offrant une vue somptueuse sur l'Himalaya et des hébergements historiques, Darjeeling est la station climatique indienne par excellence. Faites une excursion au Bengale-Occidental pour aller voir les fabuleux tigres royaux du Bengale.

p. 493

Bihar et Jharkhand

Religion
Ruines
Faune

Les pèlerins affluent à Bodhgaya, où le Bouddha atteignit l'Éveil. Les ruines de l'université de Nalanda comptent parmi les nombreux vestiges bouddhiques de l'État. Au Jharkhand, le Betla (Palamau) National Park est connu pour ses pachydermes sauvages.

p. 527

Sikkim

Vues
Monastères
Treks

Les monts boisés du Sikkim sont ponctués de monastères bouddhiques, de temples hindous et, à l'occasion, de statues géantes et scintillantes. À l'arrière-plan, les sommets himalayens s'élèvent, et le Khangchendzonga éveille l'œil des photographes et l'énergie des trekkeurs.

p. 547

États du Nord-Est

Ethnies
Faune
Aventure

Cette région est celle de tribus parmi les plus secrètes du pays. Le rhinocéros indien à une corne n'est qu'un des nombreux animaux exotiques à voir dans cette contrée sauvage.

p. 573

Madhya Pradesh et Chhattisgarh

Faune
Monuments
Ethnies

Le Madhya Pradesh compte certains des plus beaux habitats pour les tigres du pays, et les chances d'en voir sont bonnes. Vous verrez aussi beaucoup d'autres animaux.

p. 608

Gujarat

Faune
Artisanat
Treks

C'est ici que vivent les seuls lions sauvages d'Asie et les seuls ânes sauvages d'Inde ! Des brodeurs, tisserands, imprimeurs et teinturiers produisent des textiles de toute beauté. Et l'on peut se joindre aux pèlerins hindous et jaïns pour gravir des sommets coiffés de temples.

p. 675

Sur la route

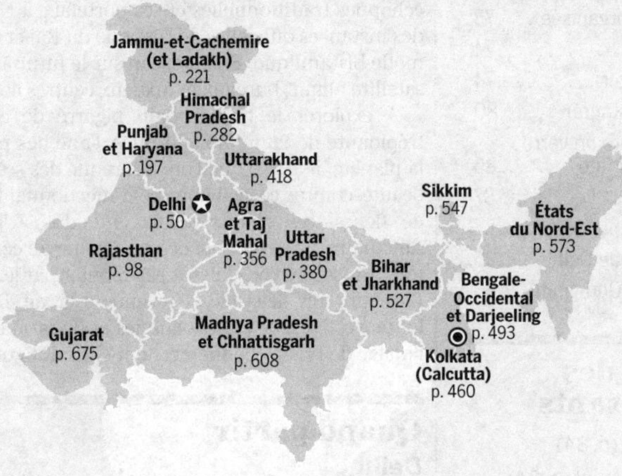

Jammu-et-Cachemire (et Ladakh) p. 221
Himachal Pradesh p. 282
Punjab et Haryana p. 197
Uttarakhand p. 418
Delhi p. 50
Agra et Taj Mahal p. 356
Rajasthan p. 98
Uttar Pradesh p. 380
Sikkim p. 547
États du Nord-Est p. 573
Bihar et Jharkhand p. 527
Bengale-Occidental et Darjeeling p. 493
Kolkata (Calcutta) p. 460
Madhya Pradesh et Chhattisgarh p. 608
Gujarat p. 675

Delhi

☎ 011 / 25,7 MILLIONS D'HABITANTS / ALTITUDE 293 M

Dans ce chapitre ➡

Le top des restaurants

- Bukhara (p. 84)
- Indian Accent (p. 84)
- Masala Library (p. 82)
- Cafe Lota (p. 83)
- Andhra Pradesh Bhawan Canteen (p. 93)

Le top des hébergements

- Lodhi (p. 78)
- Manor (p. 79)
- Madpackers Hostel (p. 79)
- Stops @ The President (p. 75)

Pourquoi y aller

Bien menée, une découverte de Delhi peut se comparer à un voyage dans le temps. Véhicule moderne et efficace de ce périple immersif, le métro vous conduira d'Old Delhi, avec ses échoppes traditionnelles et ses portefaix, à New Delhi, siège des instances officielles de l'époque du Raj et du *high tea* à la mode britannique. Ensuite, cap sur le futur à Gurgaon, ville-satellite alliant bureaux et luxueux centres commerciaux.

À explorer le tissu urbain bigarré de cette métropole trépidante de 25 millions d'âmes, l'une des plus polluées de la planète, il arrive que l'on surprenne des scènes d'une pure beauté, comme ce vieil homme confectionnant des guirlandes de fleurs, ces chants soufis entendus à proximité d'un sanctuaire, ou ce garçon, occupé à jouer au cerf-volant sur un toit... Aussi, ne vous laissez pas rebuter par le chaos ambiant. Plusieurs fois dévastée et revenue à la vie, Delhi recèle son lot de vestiges, de gloires enfuies et de promesses d'avenir, à l'image de l'Inde elle-même, dont elle fait figure d'instantané.

Quand partir

Delhi

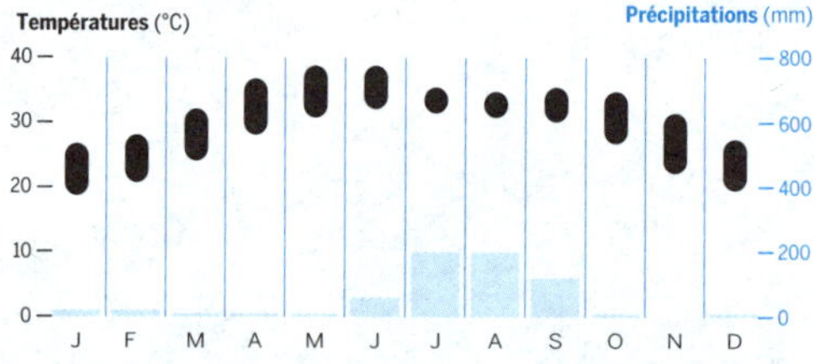

Oct-mars Idéal : chaleur et beau temps – mais le brouillard matinal peut perturber le trafic aérien.

Mai-août Grosse chaleur et humidité : à éviter.

Juin-sept La saison de la mousson proprement dite, marquée par des pluies régulières.

Histoire

Selon certaines théories, la capitale s'étendrait sur le site de l'Indraprastha évoquée dans l'épopée du *Mahabharata* ; des fouilles menées près du Purana Qila ont quant à elles révélé des traces de peuplement datant de 3 000 ans. Le nom de Delhi se réfère au roi Maurya Dhilu, qui régna sur la région au Ier siècle av. J.-C. ; durant la majeure partie de son histoire, elle en porta toutefois d'autres, donnés par ses différents conquérants.

La première cité dont il reste des vestiges archéologiques fut Lal Kot, ou Qila Rai Pithora, fondée au XIIe siècle par le roi hindou Prithviraja Chahumana. Tombée aux mains des Afghans en 1191, elle fut dirigée pendant quelque 600 ans par une succession de sultans et d'empereurs musulmans. Le premier d'entre eux, Qutb ud-Din Aibak, rasa la ville hindoue, dont il utilisa les pierres pour construire Mehrauli et l'imposant Qutb Minar.

À la dynastie des Ghulam (ou Mamelouks, esclaves) succéda celle des Khalji (1290-1320), qui édifièrent une capitale à Siri, au nord-est de Mehrauli, alimentée en eau par le réservoir royal d'Hauz Khas. Arrivés au pouvoir à la suite d'un coup d'État, les sultans Tughluq (Tughlaq) établirent une nouvelle capitale fortifiée, Tughlaqabad, ainsi que deux cités, Jahanpanah et Firozabad.

Tamerlan ravagea la ville en 1398, faisant place nette pour la dynastie des Sayyid (1414-1451). Vinrent ensuite les Lodi, derniers sultans de Delhi, dont les tombeaux émaillent les jardins éponymes. Babur, fondateur de la dynastie moghole, s'empara de Delhi en 1526 ; son fils, Humayun, éleva la sixième Delhi, baptisée Shergarh (actuelle Purana Qila).

Shah Jahan, monté sur le trône du Paon en 1627, bâtit la septième, Shahjahanabad, autour du Fort rouge. La prise et le pillage de cette dernière par le Perse Nadir Shah en 1739 signa le début du déclin des Grands Moghols. Le dernier d'entre eux, Bahadur Shah Zafar, fut exilé en Birmanie (Myanmar) par les Britanniques en raison de son rôle dans la révolte des Cipayes en 1857.

En 1911, les Britanniques transférèrent la capitale du Raj de Calcutta (Kolkata) à Delhi. L'architecte Edwin Lutyens fut alors chargé de dresser les plans de New Delhi, avec ses larges avenues ponctuées des majestueux édifices de l'administration coloniale.

La Partition de l'Inde et du Pakistan (1947) déchira la cité, dont une partie de la population, fuyant vers le nord, fut remplacée par un flot d'immigrants. Si d'aucuns pensent qu'elle ne s'est jamais remise de ce traumatisme, la métropole moderne a aujourd'hui d'autres défis à relever, entre pollution massive, criminalité et grandissant abîme entre riches et pauvres. La ville sur la Yamuna n'en continue pas moins de prospérer et de s'étendre.

À voir

La plupart des lieux touristiques sont facilement accessibles en métro, mais il faut parfois prendre un rickshaw ou un taxi à la station d'arrivée, quand bien même celle-ci porte le même nom que le site (Qutb Minar et Tughlaqabad, par exemple). Beaucoup ferment le lundi.

LE TOP DES FÊTES ET FESTIVALS DE DELHI

Les dates précises sont disponibles auprès d'India Tourism Delhi (p. 91).

Fête de la République (26 jan). Défilé militaire spectaculaire sur le Rajpath.

Cérémonie de la Retraite (29 jan). Une autre cérémonie militaire sur le Rajpath.

St.Art (déc-mars). Festival de street art.

Fête de l'Indépendance (15 août). L'Inde fête son indépendance.

Dussehra (Durga Puja ; sept/oct). Les hindous célèbrent la victoire du Bien sur le Mal avec des parades d'effigies colorées.

Festival du Qutb (oct/nov). Chant soufi, musique et danse classiques dans l'ensemble architectural du Qutb Minar.

Diwali (fête des Lumières ; oct/nov). Feux d'artifice dans toute la ville pour la fête des Lumières.

Festival international des arts de Delhi (www.diaf.in ; nov/déc). Un festival fait d'expositions, de spectacles, de films, de littérature et d'événements gastronomiques.

À ne pas manquer

❶ Le **Fort rouge** (p. 54), splendide palais de grès des derniers empereurs moghols de Delhi.

❷ Le **tombeau d'Humayun** (p. 63), majestueux mausolée qui inspira le Taj Mahal.

❸ La **Jama Masjid** (p. 60), ou "mosquée du Vendredi", et son espace paisible.

❹ L'ensemble architectural spectaculaire du **Qutb Minar** (p. 95), ruines de la première cité musulmane de Delhi.

❺ L'atmosphère mystique du **dargah d'Hazrat Nizam ud-Din** (p. 64), un sanctuaire soufi où résonnent des *qawwali* (chants religieux).

6 Une **visite à vélo** (p. 73) du vieux Delhi à l'aube.

7 Les mille et une saveurs, à prix doux, de la **cuisine de rue** (p. 80).

8 Les **Lodi Gardens** (p. 64), parc préféré des habitants de Delhi, et ses mausolées à l'ombre des arbres.

9 L'exploration du **Shahpur Jat** (p. 90), quartier des créateurs de mode indépendants.

Old Delhi

Le vieux Delhi correspond grosso modo à la cité moghole de Shahjahanabad. L'artère principale en est Chandni Chowk, embouteillée, pittoresque et cacophonique, qui va du Fort rouge à la Fatehpuri Masjid. De cet axe part un réseau d'étroites ruelles aux bazars éclatants de couleurs. Marche et rickshaws constituent les moyens de locomotion les plus pratiques.

Fort rouge — FORT

(carte p. 58 ; Indien/étranger 30/500 ₹, billet avec musée 35/500 ₹, caméra 25 ₹, audioguide en hindi/anglais 69/115 ₹ ; aube-crépuscule mar-dim, musées 10h-17h ; Ⓜ Chandni Chowk). Shah Jahan fit ériger le Lal Qila entre 1638 et 1648 pour protéger sa nouvelle capitale de Shahjahanabad (dans les fondations, avaient été placés les corps de prisonniers décapités, censés porter chance). Il ne put cependant jamais l'investir totalement car son fils, Aurangzeb, le déposa et l'emprisonna au fort d'Agra. Le dernier empereur moghol, Bahadur Shah Zafar, dut lui aussi quitter les lieux en 1857, forcé à l'exil en Birmanie (Myanmar) par les Britanniques, du fait de son rôle dans le soulèvement de 1857. La puissance coloniale rasa les bâtiments et jardins à l'intérieur de l'enceinte pour y aménager des casernes.

Protégé par des remparts de 18 m de haut, l'édifice se dressait jadis au bord de la Yamuna, dont les eaux ont depuis reculé. Celle-ci alimentait un canal bordé d'arbres, le *nahr-i-bihisht* ("fleuve du paradis"), lequel partait du fort et longeait Chandni Chowk.

Un **spectacle son et lumière** (carte p. 58 ; www.theashokgroup.com ; mar-ven 60 ₹, sam-dim 80 ₹ ; en hindi/anglais 19h/20h30 fév-avr et sept-oct, 19h30/21h mai-août, 18h/19h30 nov-jan), commenté par le célèbre acteur Amitabh Bachchan, a lieu le soir. L'excellent audioguide de la compagnie Narrowcasters participe également de l'immersion.

➡ Lahore Gate

(carte p. 58). La porte principale du fort se cache derrière un bastion défensif construit par Aurangzeb, le fils de Shah Jahan. Elle constitue un symbole majeur de l'Inde moderne : tandis qu'ils luttaient pour l'indépendance, les nationalistes promirent d'y faire flotter le drapeau indien, ce qui devint réalité le 15 août 1947. Chaque année, le Premier ministre prononce ici un discours à l'occasion de la fête nationale.

➡ Chatta Chowk

(bazar couvert). Cette galerie jalonnée de magasins pour touristes fournissait autrefois la cour en soieries, bijoux et autres articles précieux.

➡ Naubat Khana

(maison du Tambour). À l'extrémité est, le bazar couvert débouche sur le pavillon à arcade où résidaient des musiciens de la cour et où étaient stationnés les chevaux et les éléphants royaux.

➡ Indian War Memorial Museum

(10h-17h mar-dim). Une collection d'armes anciennes, à l'étage de la maison du Tambour.

➡ Museum on India's Struggle for Freedom

(10h-17h mar-dim). Installé dans des baraquements militaires de l'époque coloniale, ce musée retrace l'histoire de la lutte pour l'indépendance.

➡ Salimgarh

(carte p. 58 ; 10h-17h mar-dim). Cette forteresse, édifiée par Salim Shah Suri en 1546, servit plus tard de prison, d'abord sous Aurangzeb puis du temps des Britanniques. On peut y visiter une mosquée en ruine et un petit musée.

➡ Diwan-i-Am

Une galerie à colonnades en grès marque l'entrée de la salle des Audiences publiques, où l'empereur écoutait les doléances de ses sujets du haut d'une tribune en *pietra dura* (marbre incrusté de pierres semi-précieuses), possiblement d'origine florentine, ornée d'une représentation d'Orphée.

➡ Diwan-i-Khas

Le souverain recevait les dignitaires et les hôtes de marque dans cette salle des Audiences privées. L'inscription en ourdou "S'il existe un paradis terrestre, le voici, le voici, le voici" surmonte les arches des angles nord et sud. Le légendaire trône du Paon, en or massif et serti de pierres précieuses, constituait le fleuron de l'édifice jusqu'à ce que Nadir Shah l'emportât en Perse en 1739. Le dernier empereur moghol, Bahadur Shah Zafar, fut couronné ici en mai 1857, puis jugé au même endroit par les Britanniques sept mois plus tard, suite à la révolte des Cipayes et en amont de son exil.

Au sud du Diwan-i-Khas, le gracieux **Khas Mahal** (palais privé) renfermait les appartements de l'empereur, dérobés aux regards indiscrets par des écrans en dentelle de marbre. Une voie d'eau artificielle, le *nahr-i-bihisht* ("fleuve du paradis"), traversait jadis le **Rang Mahal** (palais de la Couleur) attenant, résidence de la première épouse du souverain, dont l'extérieur affichait de somptueuses peintures. Remarquez à l'intérieur l'élégante fontaine en forme de lotus.

➡ **Mumtaz Mahal**

Ancien quartier des femmes, ce pavillon au sud du Rang Mahal aurait été érigé pour Arjumand Banu Begum (dite Mumtaz Mahal, la "merveille du palais"), l'épouse de Shah Jahan qui repose dans le Taj Mahal. L'endroit abrite le **Museum of Archaeology** (⏲10h-17h mar-dim), où sont entre autres exposés des habits de cour, des miniatures et des manuscrits moghols.

➡ **Bains royaux**

Fermés au public, les hammams royaux comptaient autrefois un sauna et des bains chauds destinés à la famille royale.

➡ **Moti Masjid**

(mosquée de la Perle ; fermé au public). Cette petite mosquée blanche fut construite par Aurangzeb comme lieu de culte privé. Les murs extérieurs sont alignés sur ceux du fort, tandis que ceux à l'intérieur sont dans la direction de La Mecque.

➡ **Shahi Burj**

Cette tour octogonale sur 3 niveaux était le cabinet de travail favori de Shah Jahan. Devant s'étendent les vestiges d'un ancien jardin paysager, au centre desquels se dresse le Zafar Mahal, un pavillon en grès entouré d'un réservoir profond et vide.

Chandni Chowk QUARTIER

(carte p. 58 ; Ⓜ Chandni Chowk). Le long de l'axe principal d'Old Delhi, on trouve plusieurs temples (jaïn, hindou et sikh), tandis qu'une mosquée, la Fatehpuri Masjid, trône à l'une de ses extrémités. Élégant et arboré du temps des Moghols, Chandni Chowk présente aujourd'hui un aspect terriblement chaotique, une foule de voitures, rickshaws, marchands ambulants et porteurs en rendant quasi impossible la traversée. Alentour, les ruelles baignent dans une atmosphère de vieux bazar. Un canal passant en son milieu reflétait jadis l'image de la lune, d'où le nom de Chandni Chowk ("lieu du clair de lune").

Temple de Digambara TEMPLE JAÏN

(carte p. 58 ; Chandni Chowk ; ⏲6h-12h et 18h-21h ; Ⓜ Chandni Chowk). En face du Fort rouge se dresse le temple jaïn, en grès rouge, de Digambara, construit en 1658. Il renferme un étonnant **hôpital pour les oiseaux** (carte p. 58 ; don à l'entrée ; ⏲10h-17h) – les jaïns prônent la préservation de toute forme de vie –, fondé en 1956 et d'une capacité de 30 000 places à l'année. Seuls les écureuils et les volatiles végétariens sont hébergés ; les carnivores sont traités comme des patients externes. Retirez vos chaussures et accessoires en cuir pour entrer.

Sunehri Masjid MOSQUÉE

(carte p. 58 ; ⏲aube-crépuscule ; Ⓜ Chandni Chowk). La mosquée d'Or (1721) doit son nom à ses dômes dorés. En 1739, le roi de Perse Nadir Shah regarda du haut du toit ses soldats massacrer les habitants de la ville par milliers.

Gurdwara de Sisganj TEMPLE SIKH

(carte p. 58 ; Chandni Chowk). Ce sanctuaire du XVIIIe siècle d'un blanc immaculé marque le lieu du martyre du 9e gourou sikh, Tegh Bahadur, exécuté par Aurangzeb en 1675 pour avoir refusé de se convertir à l'islam. Un banian s'élève là où il fut tué.

LES PIGEONS D'OLD DELHI

À Old Delhi, l'élevage de pigeons (*kabootar bazi*) est un passe-temps populaire parmi les habitants qui peuvent se le permettre – un oiseau coûte à partir de 5 000 ₹. Certains volatiles sont entraînés pour combattre, d'autres brillent par leur rapidité, d'autres encore font preuve d'une endurance particulière. La colombophilie a commencé à se répandre à l'époque moghole, époque où les pigeons voyageurs étaient employés pour transmettre des messages. Au moment de la construction de Shahjahanabad, il existait des clubs rivaux dans toute la ville. On raconte que le massacre commis à Delhi par Nadir Shah fut déclenché à la suite d'une dispute entre ses soldats et un éleveur local au sujet de la vente d'un pigeon. Aujourd'hui, l'engouement est tel que les lâchers doivent respecter des horaires précis afin d'éviter les collisions. Il existe une stricte hiérarchie entre les propriétaires ; il faut plus de 20 ans pour devenir un *khalifa* (maître éleveur). La compétition de dressage de pigeon phare des colombophiles est la course (*haqaana*), laquelle a lieu à l'occasion de la fête de la République.

Fort rouge

À NE PAS MANQUER

La porte principale du Fort rouge est **1 Lahore Gate**, dont les bastions extérieurs furent ajoutés par Aurangzeb pour accroître la sécurité. On y distingue encore des impacts de balles datant de la révolte des Cipayes (1857).

Traversez le Chatta Chowk (bazar couvert), où la maison royale se fournissait naguère en soieries et bijoux. Il mène au **2 Naubat Khana**, un bâtiment brun-rouge où se trouve également Hathi Pol (porte des Éléphants), appelée ainsi car les visiteurs y descendaient de leur éléphant, ou autre monture, en signe de respect. Continuez tout droit jusqu'au **3 Diwan-i-Am** (salle des Audiences publiques), derrière lequel se dressent deux palais privés, le **4 Khas Mahal** et le somptueux **5 Diwan-i-Khas** (salle des Audiences privées). Joyau du fort, ce dernier n'était accessible qu'aux dignitaires de haut rang. L'eau d'un canal, le *nahr-i-behisht* ("fleuve du paradis"), coulait jadis à travers ces édifices. Non loin, admirez la **6 Moti Masjid** (mosquée de la Perle). Plus au sud, le **7 Mumtaz Mahal** accueille le Museum of Archaeology. Au nord, les jardins sont semés de magnifiques pavillons et d'anciennes casernes britanniques. Ils renferment aussi un **8 baoli** (puits à degrés) désaffecté. En 5 minutes de marche, par un pont de chemin de fer de l'autre côté de la route, vous rejoindrez **9 Salimgarh**, une forteresse insulaire.

NOS CONSEILS

➡ Pour échapper à la foule, venez tôt le matin ou en fin d'après-midi ; évitez les week-ends et les jours fériés.

➡ Pour voir le fort dans une atmosphère féerique, assistez au spectacle de son et lumière à la nuit tombée.

ABIGAIL HOLE ©

Salimgarh

Ce fort bâti au XVIe siècle par Salim Shah sur une île de la Yamuna se visite depuis peu – il est encore en partie utilisé par l'armée indienne.

Lahore Gate

Cette porte revêt une importance symbolique particulière : Nehru y brandit pour la première fois le drapeau de l'Inde indépendante en 1947.

Naubat Khana

La maison du Tambour est couverte de sculptures florales. Des musiciens jouaient jadis dans sa galerie supérieure. C'est là que se trouvait Hathi Pol (la porte des Éléphants), où les visiteurs descendaient de leur monture.

FEYGINFOTO / SHUTTERSTOCK ©

ABIGAIL HOLE ©

Baoli

Peu de gens visitent le puits à degrés du Fort rouge – il n'en est que plus envoûtant. Les Britanniques s'en servirent comme prison à partir d'août 1942.

CARLOS NETO / SHUTTERSTOCK ©

KIMBERLEY COOLE/GETTY IMAGES ©

Moti Masjid

La mosquée de la Perle fut édifiée par Aurangzeb en 1662 pour son usage personnel. Ses coupoles étaient revêtues de cuivre, lequel fut retiré et vendu par les Britanniques.

Diwan-i-Khas

Fait de marbre blanc incrusté de cornaline et d'autres pierres semi-précieuses, c'était le bâtiment le plus somptueux du fort. Du verre coloré décorait les claustras qui donnaient autrefois sur la Yamuna (et aujourd'hui sur Ring Rd).

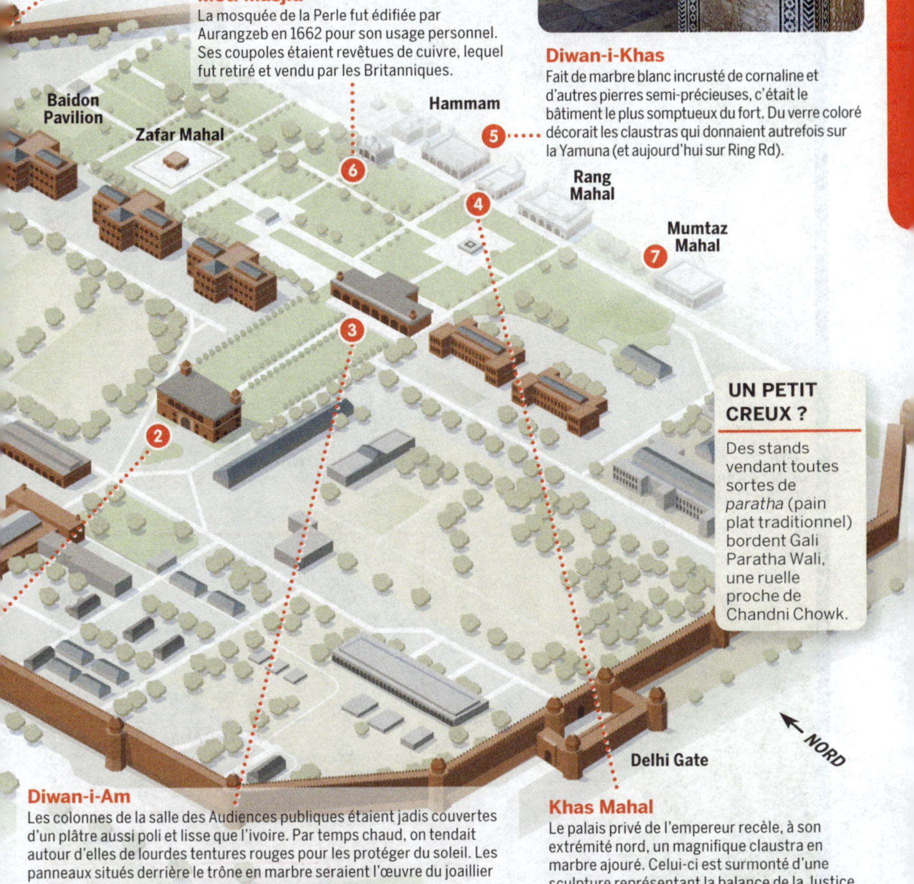

UN PETIT CREUX ?

Des stands vendant toutes sortes de *paratha* (pain plat traditionnel) bordent Gali Paratha Wali, une ruelle proche de Chandni Chowk.

Diwan-i-Am

Les colonnes de la salle des Audiences publiques étaient jadis couvertes d'un plâtre aussi poli et lisse que l'ivoire. Par temps chaud, on tendait autour d'elles de lourdes tentures rouges pour les protéger du soleil. Les panneaux situés derrière le trône en marbre seraient l'œuvre du joaillier bordelais Augustin Hiriart.

Khas Mahal

Le palais privé de l'empereur recèle, à son extrémité nord, un magnifique claustra en marbre ajouré. Celui-ci est surmonté d'une sculpture représentant la balance de la Justice, suspendue au-dessus d'un croissant et entourée d'étoiles et de nuages.

POWEROFFOREVER / GETTY IMAGES ©

ABIGAIL HOLE ©

Old Delhi

Mutiny Memorial (200 m) et colonne d'Ashoka (300 m)
Sabzi Mandi Train Station
Tis Hazari
Rani Jhansi Rd
Pratap Nagar
Pulbangash
Kishan Ganj Train Station
SABZI MANDI
Rhani Jhansi Rd
SADAR BAZAAR
Sadar Bazaar Train Station
Khari Baoli
33
New Rohtak Rd
Qutab Rd
Ajmal Khan Rd
Idgah Rd
Sri Krishan Dass Marg
Dr Ram Manohar Lohia Marg
Desh Bandhu Gutpta Rd
M M Marg
RAM NAGAR
57
Bikanervala Angan (100 m) et Roshan di Kulfi (300 m)
63
Faiz Marg
Karol Bagh
Arakashan Rd
Rajguru Rd
Desh Bandhu Gutpta Rd
New Delhi
15
61
Jhandewalan
Sang Trashan Rd
New Delhi Train Station
Chitragupta Rd
Main Bazaar
Chelmsford Rd
State Entry Rd
Panchkuina Marg
PAHARGANJ
RK Ashram Marg
Voir carte Paharganj (p. 76)
Basant Rd
Master Guest House (1 km)
Mandir Marg
Basant La
Voir carte Connaught Place (p. 62)
Rajiv Chowk (Connaught Place)
18
Shivaji Stadium
Central Park
Voir carte New Delhi et ses environs (p. 66)

0
1 km
E
F
G
H
1
2
3
4
5
6
7
Sham Nath Marg
39
25
Lala Hardev Sahai Marg
Boulevard Rd
62
Kashmere Gate
Kashmere Gate
Gokhale Marg
Nicholson Rd
Tilak Gali
Ring Rd (MG Rd)
Yamuna
Ring Rd (MG Rd)
Shastri Park
19
28
8
16
27
20
21
0
50 m
Zorawar Singh Marg
Delhi Train Station (Old Delhi)
64
Lothian Cemetery
29
Shyama Prasad (SP) Mukherjee Marg
Mahatma Gandhi Park
Chandni Chowk
Baoli
30
Church Mission Rd
HC Sen Rd
Fort rouge
22
2
50
Vijay Ghat
9
Chandni Chowk
47
43
53
4
Lal Qila
52
42
32
44
55
6
3
17
5
14
7
Kinari Bazaar
58
Voir agrandissement
35
Esplanade Rd
Nai Sarak
60
Jama Masjid
Lal Kuan
OLD DELHI
Meena Bazaar
Netaji Subhash Park
34
38
Jama Masjid
1
Shanti Vana Rd
Shanti Vana
Bazaar Rd
Chawri Bazaar
Car Parts Bazaar (marché des pièces automobiles)
41
36
45
PARDA BAGH
Chawri Bazar
54
Lambi Gali
Matya Mahal
Ring Rd (MG Rd)
Dakhni Rai St
Makhaan La
Shakti Sthal
Chitli Qabar Rd
Prem Narain
Ajmeri Gate
Arya Samaj Rd
Sitaram Bazaar
46
51
DARYAGANJ
Netaji Subhash Marg
Daya Nand Rd
59
Hindi Park
Ansari Rd
Asaf Ali Rd
56
Ramlila Grounds
37
40
26
49
Delhi Gate
Jawaharlal Nehru Marg
Bhavbuti Rd
Radial Rd 5
GANDHI DARSHAN
24
12
11
Turkman Rd
Bahadur Shah Zafar Marg
Minto Bridge Train Station
10
13
Shankar Market
Deen Dayal Upadhyaya Marg
Shivaji Bridge Train Station
23
Kotla Marg
31
48
Barakhamba Road

Old Delhi

Fatehpuri Masjid MOSQUÉE

(carte p. 58 ; Chandni Chowk ; 5h-21h30 ; M Chandni Chowk). Construite par Fatehpuri Begum, l'une des épouses de Shah Jahan, cette mosquée du XVIIe siècle forme un havre de tranquillité au milieu de la frénésie des rues environnantes. Le bassin central, à la forme élaborée, provient d'une riche demeure. L'édifice fut vendu à un noble hindou par les Britanniques pour 19 000 ₹ après la révolte des Cipayes (1857) et restitué, vingt ans plus tard, au culte musulman en échange de quatre villages.

Jama Masjid MOSQUÉE

(mosquée du Vendredi ; carte p. 58 ; appareil photo ou caméra 300 ₹, accès à la tour 100 ₹ ; pour les non-musulmans de 8h à 1 heure avant le coucher du soleil, minaret 9h-17h30 ; M Chawri Bazaar). La plus grande mosquée du pays, qui peut accueillir 25 000 fidèles, se dresse sur une butte de 10 m dominant le tumulte ambiant. Érigée entre 1644 et 1658, cette merveille de grès rouge et de marbre blanc fut la dernière réalisation architecturale de Shah Jahan. Elle possède trois entrées, dont celle de l'est, initialement réservée au souverain, ainsi que quatre tours d'angle et deux minarets hauts de 40 m.

Achetez un ticket à l'entrée pour gravir les 121 marches de l'étroit minaret sud (les femmes seules ne sont pas autorisées). En observant la vue spectaculaire depuis le sommet, on distingue de quelle manière l'architecte Edwin Lutyens avait inclus la mosquée dans son plan de New Delhi – la Jama Masjid, la Connaught Place et le Sansad Bhavan (Parlement) sont ainsi alignés.

Les visiteurs doivent se déchausser en haut des escaliers. L'accès à la mosquée est gratuit, mais il faut payer pour entrer avec un appareil photo, que vous l'utilisiez ou non.

Raj Ghat MONUMENT

(carte p. 58 ; ⌚10h-20h ; Ⓜ Jama Masjid). GRATUIT Sur les berges de la Yamuna, une sobre plate-forme de marbre noir dans un parc paisible marque le lieu de crémation du Mahatma Gandhi, assassiné en 1948. Une inscription sur le **mémorial** (carte p. 58) rappelle les derniers mots qu'il aurait prononcés : "*Hai Ram*" ("Oh, Dieu !"). Des prières commémoratives se déroulent le vendredi (jour où il mourut) à 17h, ainsi que le 2 octobre et le 30 janvier, anniversaires de sa naissance et de sa mort.

De l'autre côté de Kisan Ghat Rd, le **Gandhi Darshan** (carte p. 58 ; ⌚10h-17h lun-sam ; Ⓜ Indraprastha) GRATUIT est un vaste pavillon où sont exposées des photos relatives à la vie du grand homme. Des mémoriaux voisins se tiennent sur les sites où furent incinérés Jawaharlal Nehru, Indira Gandhi et Rajiv Gandhi.

National Gandhi Museum MUSÉE

(carte p. 58 ; ☎011-23310168 ; gandhimuseum.org ; Raj Ghat ; ⌚9h30-17h30 mar-dim ; Ⓜ Jama Masjid). GRATUIT Ce musée intéressant présente des photos et des objets ayant appartenu à Gandhi, notamment ses lunettes, deux de ses dents, le *dhoti* (pagne) qu'il portait à sa mort et l'une des balles qui le tua.

Feroz Shah Kotla SITE HISTORIQUE

(carte p. 58 ; Bahadur Shah Zafar Marg ; Indien/étranger 15/200 ₹, caméra 25 ₹ ; ⌚aube-crépuscule ; Ⓜ ITO). Ferozabad, la cinquième Delhi et la première bâtie au bord de la rivière, fut fondée en 1354 par Feroz Shah Tughluq. N'en subsistent que le fort, dont les murailles en ruine englobent la Jama Masjid (mosquée du Vendredi), un *baoli* (ou *baori*) et l'**Hawa Mahal** (carte p. 58) pyramidal, surmonté d'une **colonne** bouddhique en grès du IIIe siècle av. J.-C., haute de 13 m, portant des édits impériaux. De ces ruines émane une singulière atmosphère.

Chaque jeudi après-midi, des fidèles réunis à la mosquée allument des bougies, brûlent de l'encens et déposent des bols de lait pour apaiser les esprits invisibles de Delhi, qui hanteraient la crypte. Déchaussez-vous avant de pénétrer dans la mosquée et l'Hawa Mahal.

Shankar's International Dolls Museum MUSÉE

(carte p. 58 ; ☎011-3316970 ; www.childrensbooktrust.com ; Nehru House, 4 Bahadur Shah Zafar Marg ; adulte/enfant 17/6 ₹ ; ⌚10h-18h mar-dim ; Ⓜ ITO). Œuvre du dessinateur de presse K. Shankar Pillai, ce musée expose la collection rassemblée par ce dernier à partir des années 1950, à savoir quelque 6 500 poupées en costume originaires de 85 pays.

National Bal Bhavan MUSÉE

(carte p. 58 ; www.nationalbalbhavan.nic.in ; Kotla Marg ; adulte/enfant 20 ₹/gratuit ; ⌚9h-17h30 mar-sam ; Ⓜ Mandi House). Charmant et éclectique, cet espace destiné aux enfants regroupe un train miniature multicolore, des enclos animaliers, un aquarium, une exposition sur l'astrologie et l'astronomie, et de petits diaporamas illustrant des épisodes clés de l'histoire indienne.

Nicholson Cemetery CIMETIÈRE

(carte p. 58 ; Lala Hardev Sahai Marg ; ⌚8h-18h avr-sept, 9h-17h oct-mars ; Ⓜ Kashmere Gate). Non loin de Kashmere Gate, ce fascinant cimetière oublié abrite les tombes de centaines de Britanniques de l'époque coloniale, dont celle du général de brigade John Nicholson, qui mourut des suites des blessures reçues lors de la révolte des Cipayes, en 1857. Vénéré par ses troupes indiennes, Nicholson fut considéré en son temps comme un héros de l'Empire. Mais l'historien William Dalrymple, dans son livre *Le Dernier Moghol* (Petite Bibliothèque Payot, 2010), en dresse un portrait plus sombre.

En prenant le métro, vous verrez le **Mutiny Memorial** (mémorial de la Mutinerie, Rani Jhansi Rd ; Ⓜ Pulbangash), érigé en hommage aux soldats de Sa Gracieuse Majesté tombés pendant la révolte, ainsi qu'une **colonne d'Ashoka** (Rani Jhansi Rd ; Ⓜ Kashmere Gate), rapportée par Feroz Shah.

Coronation Durbar MONUMENT

(Shanti Swaroop Tyagi Marg ; Ⓜ Model Town). Quiconque aime sortir des sentiers battus ne saurait manquer cette curiosité historique.

Connaught Place

À quelque 10 km au nord d'Old Delhi, un obélisque désigne l'endroit où le roi George V fut couronné empereur des Indes en 1911, et où se déroulèrent deux autres grands *durbar* (cérémonies officielles) organisés en 1877 et 1903 par la Couronne britannique. Une statue monumentale du monarque et des bustes en marbre de dignitaires coloniaux ornent le parc voisin. Prenez un auto-rickshaw à la station de métro.

Temple de Lakshmi Narayan TEMPLE HINDOU
(mandir de Birla ; carte p. 58 ; Mandir Marg ; ⌚ 4h30-13h30 et 14h30-21h ; Ⓜ Ramakrishna Ashram Marg). Ce sanctuaire dans le style de l'Odisha (Orissa) a été érigé en 1939 par le riche industriel B. D. Birla pour honorer Lakshmi, déesse de la Fortune, de la Prospérité, de la Richesse et de l'Abondance. Inauguré par Gandhi, il s'agit d'un sanctuaire ouvert à toutes les castes, comme l'indique sur la porte la pancarte "Tout le monde est bienvenu" (*Everyone is Welcome*).

Temple d'Hanuman/ Jhandewalan TEMPLE HINDOU
(carte p. 58 ; Link Rd, Jhandewalan ; ⌚ aube-crépuscule ; Ⓜ Jhandewalan). Si vous êtes à Karol Bagh, difficile de ne pas remarquer ce sanctuaire, dont la statue du dieu-singe domine

la voie ferrée du haut de ses 34 m. En pénétrant par les gueules de démon qui tiennent lieu d'entrées, vous pourrez découvrir une galerie de divinités hautes en couleur.

Quartier de Connaught Place

Connaught Place QUARTIER
(carte ci-dessus ; Ⓜ Rajiv Chowk). Au cœur du New Delhi colonial, ce quartier commerçant rend hommage, par son nom, au duc de Connaught, oncle paternel de George V. Ses rues à colonnades blanches s'inspirent de l'architecture georgienne de la ville britannique de Bath. Elles partent en étoile d'un rond-point, Rajiv Chowk, composé d'un anneau intérieur (*blocks* A à F) et d'un anneau extérieur (*blocks* G à N). L'ensemble accueille des bars sans grande originalité, mais fort fréquentés, des enseignes de chaînes internationales, ainsi que quelques bons hôtels et restaurants. Les rabatteurs y sévissent.

Jantar Mantar SITE HISTORIQUE
(carte ci-contre ; Sansad Marg ; Indien/étranger 25/200 ₹, caméra 25 ₹ ; ⏲ aube-crépuscule ; Ⓜ Patel Chowk). Datant de 1725, le Jantar Mantar (dérivé du mot sanskrit signifiant "instrument" et devenu en hindi l'équivalent d'"abracadabra") fait partie des cinq observatoires astronomiques construits par le maharaja Jai Singh II de Jaipur. Il est constitué d'éléments architecturaux géométriques conçus pour suivre la trajectoire des astres.

Agrasen ki Baoli MONUMENT
(carte ci-contre ; Hailey Rd ; ⏲ aube-crépuscule ; Ⓜ Janpath). Parmi les tours au sud-est de Connaught Place, un escalier de 103 marches descend dans ce puits à degrés flanqué d'arcades du XIVe siècle – naguère sis dans un cadre rural, il s'inscrit désormais au cœur de la ville. Le *baoli* suscite plus d'attention depuis qu'il a servi d'abri à l'acteur Aamir Khan dans la comédie satirique *PK* (2014).

New Delhi et ses environs

♥ **Tombeau d'Humayun** ÉDIFICE HISTORIQUE
(carte p. 66 ; Mathura Rd ; Indien/étranger 30/500 ₹, -15 ans gratuit, caméra 25 ₹ ; ⏲ aube-crépuscule ; Ⓜ JLN Stadium). Fort de ses proportions parfaites, le joyau des mausolées de Delhi semble flotter au-dessus des jardins symétriques qui l'entourent. Construit au milieu du XVIe siècle par Haji Begum, la première épouse, originaire de Perse, de l'empereur moghol Humayun, il introduisit des éléments persans dans le style local, sa décoration sobre mettant en valeur les lignes architecturales. Le modèle sera repris et affiné pour aboutir, 60 ans plus tard, à la somptuosité du Taj Mahal. Avec sa façade éclairée par de hautes portes en arc, arborant une alternance de bandes de marbre blanc et de grès rouge, l'édifice suit les principes géométriques de l'art islamique, dans lequel le chiffre huit possède une forte valeur symbolique.

Le mausolée a subi 6 ans de restauration, et un nouveau centre d'accueil des visiteurs doit ouvrir sur le site. Ses jardins accueillent les sépultures d'Haji Begum et du barbier préféré d'Humayun. C'est ici que le dernier

Connaught Place

souverain moghol, Bahadur Shah Zafar, se réfugia avant d'être capturé et exilé par les Britanniques en 1857.

À droite en entrant, le **tombeau d'Isa Khan** (carte p. 66 ; aube-crépuscule), édifié au XVIe siècle, illustre avec élégance l'architecture de la dynastie des Lodi. Plus au sud se trouve le **tombeau de Khan-i-Khana** (p. 66), monumental, dont les matériaux furent pillés à l'époque (moghole) pour servir à l'édification du tombeau de Safdarjang.

♥ Dargah d'Hazrat Nizam-ud-Din — SANCTUAIRE

(carte p. 66 ; près de Lodi Rd ; 24h/24 ; M JLN Stadium). Au milieu d'un dédale de ruelles commerçantes aux étals chargés de pétales de rose, d'*attar* (parfum sans alcool) et d'offrandes, le sanctuaire en marbre de Nizam ud-Din Auliya (1238-1325), bâti en 1562, est marqué d'une atmosphère profondément mystique. Révéré par les musulmans, ce saint soufi professant la tolérance gagna aussi le respect des hindous, des sikhs et des bouddhistes. Par la suite, les rois et les nobles voulurent être enterrés près de lui, comme en témoignent les nombreuses tombes mogholes voisines.

On peut notamment voir celle de Jahanara, la fille de Shah Jahan, et celle d'Amir Khusrau (1253-1325), célèbre poète mystique de langue ourdou et père de la musique hindoustanie. D'autres sépultures sont disséminées autour des allées et il y a également un grand *baoli* (puits à degrés). L'entrée est libre, mais on vous demandera peut-être de faire un don.

Le jeudi soir dès le coucher du soleil, une foule de fidèles viennent ici écouter des *qawwali* (chants religieux soufis).

Le circuit proposé par Hope Project (p. 74), qui s'achève au sanctuaire, offre une bonne introduction historique.

Lodi Gardens — PARC

(carte p. 66 ; Lodi Rd ; 6h-18h oct-mars, 5h-20h avr-sept ; M Khan Market ou Jor Bagh). L'espace vert le plus charmant de Delhi portait à l'origine le nom de Lady Willington, qui fit raser deux villages en 1936 pour créer un parc paysager lui rappelant son Angleterre natale. Lieu de prédilection de l'élite locale et des amoureux, ces jardins abritent les tombeaux des souverains Sayyid et Lodi, dont le **Bara Gumbad** (carte p. 66), du XVe siècle, et sa mosquée, ainsi que les mausolées, étonnamment différents, de **Mohammed Shah** (carte p. 66) et **Sikandar Lodi** (carte p. 66 ; M JLN Stadium). Le pont Athpula (à 8 arches), datant de l'empereur Akbar, enjambe le lac.

Rajpath QUARTIER
(carte p. 66 ; près de Lodi Rd ; ⌚24h/24 ; Ⓜ JLN Stadium). Point de convergence du plan conçu par Edwin Lutyens, le Rajpath (Voie royale) relie India Gate aux bureaux du gouvernement. L'architecte anglais fut employé par le Raj pour construire New Delhi, de 1914 à 1931, avec pour objectif de traduire dans la pierre la puissance de l'Empire. Seize ans plus tard, les Britanniques étaient chassés du pays et l'État indien prenait ses quartiers dans les majestueux bâtiments du grand axe.

À l'extrémité ouest du Rajpath, le Rashtrapati Bhavan (ci-dessous), résidence officielle du président (partiellement ouverte au public dans le cadre de visites guidées), est flanqué de deux édifices surmontés de dômes, le **Secrétariat Nord** (carte p. 66) et le **Secrétariat Sud** (carte p. 66), qui abritent des ministères. Le **Sansad Bhavan** (Parlement ; carte p. 66 ; Sansad Marg), bâtiment circulaire à colonnades, s'élève au bout de Sansad Marg.

À l'extrémité est du Rajpath la majestueuse **India Gate** (carte p. 66 ; ⌚24h/24) voit affluer en permanence les touristes. Cet arc de pierre de 42 m de hauteur, dessiné par Lutyens, rend hommage aux 90 000 soldats de l'armée des Indes tombés pendant la Première Guerre mondiale, dans les opérations menées à la frontière du Nord-Ouest à la même époque et lors de la guerre anglo-afghane de 1919.

Rashtrapati Bhavan ÉDIFICE HISTORIQUE
(résidence du Président ; carte p. 66 ; ☎011-23015321 ; www.presidentofindia.nic.in/visit-to-rashtrapati-bhavan.htm ; 50 ₹, réservation en ligne requise ; ⌚9h-16h ven-dim ; Ⓜ Central Secretariat). Ancienne demeure du vice-roi des Indes britanniques, le grandiose palais présidentiel ne comporte pas moins de 340 pièces et 2,5 km de couloirs. La visite guidée se limite cependant au Durbar Hall (salle de réception coiffée d'un dôme), à la bibliothèque du chef de l'État et à l'Ashoka Hall, orné de dorures.

Rashtrapati Bhavan Museum MUSÉE
(carte p. 66 ; ☎011-23792177 ; www.presidentofindia.nic.in ; porte 30, Mother Theresa Crescent Rd ; visite guidée 50 ₹ ; ⌚9h-16h ven-dim ; Ⓜ Patel Chowk). Dans les anciennes écuries et remises du palais, ce musée high-tech donne à voir un parcours de réalité virtuelle sur Gandhi, des images en 3D de discours présidentiels et des véhicules, dont une Mercedes offerte à Rajiv Gandhi par le roi de Jordanie. Réservez en ligne.

Mughal Gardens JARDINS
(carte p. 66 ; ⌚habituellement 9h30-16h mar-dim mi-fév à mi-mars ; Ⓜ Central Secretariat). GRATUIT On dit que Louis Mountbatten, le dernier vice-roi des Inde, aurait affecté quelque 418 jardiniers à l'entretien des superbes jardins moghols du Rashtrapati Bhavan. Ceux-ci n'ouvrent qu'un mois l'an, au moment de la floraison. Si vous êtes dans le coin, allez admirer leurs pelouses symétriques, émaillées de fontaines, de cyprès, de roses grimpantes et de bougainvilliers, et parcourues de paons.

National Museum MUSÉE
(carte p. 66 ; ☎011-23019272 ; www.nationalmuseumindia.gov.in ; Janpath ; Indien/étranger 20/650 ₹, appareil photo Indien/étranger 20/300 ₹ ; ⌚10h-17h mar-dim, visite guidée gratuite 10h30 et 14h30 mar-ven, 10h30, 11h30 et 14h30 sam-dim ; Ⓜ Central Secretariat). Quelque peu poussiéreux, le Musée national n'en recèle pas moins moult trésors. Il offre un aperçu de 5 000 ans d'histoire du sous-continent, à travers des collections comprenant de rares vestiges de la civilisation harappéenne, des antiquités de la Route de la soie, des miniatures remarquables, des sculptures sur bois, des textiles, des statues, des bijoux, des instruments de musique et des armes.

Accordez-lui au moins 2 heures. Une pièce d'identité est requise pour les audioguides (étranger 150 ₹, Indien gratuit). Café sur place.

National Gallery of Modern Art MUSÉE
(carte p. 66 ; ☎011-23386111 ; www.ngmaindia.gov.in ; Jaipur House, Dr Zakir Hussain Marg ; Indien/étranger 20/500 ₹ ; ⌚10h-17h mar-dim ; Ⓜ Khan Market). La galerie nationale d'Art moderne, fleuron des musées d'art de Delhi, occupe l'ancien palais (1936), surmonté d'un dôme, du maharaja de Jaipur. Illustrant le développement de l'art indien, il expose une collection de peintures du milieu du XIXe siècle à nos jours, des "Company Paintings" produits par les artistes locaux pour satisfaire les goûts de leurs nouveaux mécènes britanniques aux œuvres d'inspiration primitive du prix Nobel de littérature Rabindranath Tagore. Photos interdites.

Gandhi Smriti MUSÉE
(carte p. 66 ; ☎011-23012843 ; 5 Tees Jan Marg ; ⌚10h-17h mar-dim, fermé 2e sam du mois ; Ⓜ Racecourse). GRATUIT Hommage poignant au père de la nation indienne, ce mémorial fut érigé dans la Birla House, là où Gandhi fut assassiné par un extrémiste hindou, le 30 janvier 1948, au sortir d'une campagne contre la violence intercommunautaire.

Cette maison est celle où le Mahatma passa les 144 derniers jours de sa vie. On y trouve des pièces conservées dans l'état où Gandhi

New Delhi et ses environs

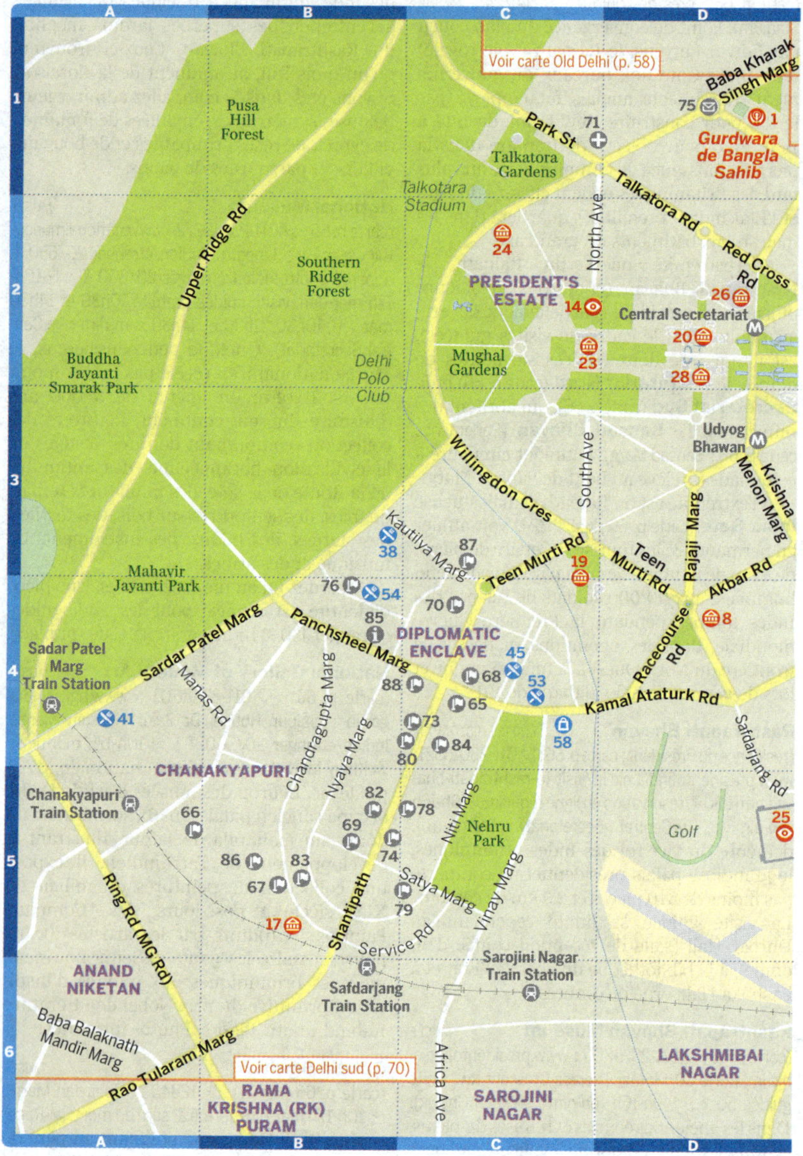

les avait laissées, un récit détaillé de sa vie et de ses 24 dernières heures, et des dioramas miniatures représentant des scènes de sa vie.

Indira Gandhi Memorial Museum MUSÉE
(carte ci-dessus ; ☎011-23010094 ; 1 Safdarjang Rd ; ⌚9h30-16h45 mar-dim ; Ⓜ Racecourse).

GRATUIT L'ex-résidence d'Indira Gandhi abrite aujourd'hui un musée dédié à la vie de l'ancienne Premier ministre et à sa famille, les "Kennedy indiens". On peut notamment voir le sari qu'elle portait lors de son assassinat, en 1984. Certaines pièces, conservées en l'état, donnent un aperçu de l'existence

dorée de l'élite politique de Delhi. À l'arrière, une exposition est consacrée à Rajiv, le fils d'Indira, assassiné en 1991.

Nehru Memorial Museum MUSÉE

(carte ci-dessus ; ☎011-23016734 ; www.nehru-memorial.nic.in ; Teen Murti Rd ; ⏲9h-17h30 mar-dim ; Ⓜ Udyog Bhawan). GRATUIT Avant d'être la résidence officielle de Jawaharlal Nehru (le premier Premier ministre de l'Inde), le majestueux Teen Murti Bhavan fut, sous le nom de Flagstaff House, celle du commandant en chef britannique. Outre des documents et photos illustrant la

New Delhi et ses environs

Les incontournables

1 Gurdwara de Bangla Sahib D1
2 Dargah d'Hazrat Nizam ud-Din G5
3 Tombeau d'Humayun H4

À voir

4 Bara Gumbad E4
5 Crafts Museum G2
6 Gandhi Smriti E4
7 India Gate F2
8 Indira Gandhi Memorial Museum D4
9 Tombeau d'Isa Khan H4
10 Khairul Manazil G3
11 Tombeau de Khan-i-Khana H5
12 Lodi Gardens E5
13 Tombeau de Mohammed Shah E5
14 Mughal Gardens C2
15 National Gallery of Modern Art F3
16 National Museum E3
17 National Rail Museum B5
18 National Zoological Gardens G3
19 Nehru Memorial Museum C3
Nehru Planetarium .... (voir 19)
20 Secrétariat Nord D2
21 Purana Qila G3
22 Rajpath E2
23 Rashtrapati Bhavan C2
24 Rashtrapati Bhavan Museum C2
25 Tombeau de Safdarjang D5
26 Sansad Bhavan D2
27 Tombeau de Sikander Lodi E4
28 Secrétariat Sud D2

Activités

Aura .... (voir 61)
29 Delhi Golf Club G4
30 Hope Project G5
Lodhi Spa .... (voir 35)
31 Torch H5

Où se loger

32 Bloom Rooms @ Link Rd G6
33 Claridges E4
34 Devna G3
35 Lodhi G5
36 Lutyens Bungalow E5
37 Zaza Stay H5

Où se restaurer

38 Alkauser B3
Altitude Cafe .... (voir 62)
39 Andhra Pradesh Bhawan Canteen F2
40 Basil & Thyme G4
41 Bukhara A4
42 Cafe Lota G2
Chicken Inn .... (voir 52)
43 Chor Bizarre F3
44 Dhaba E4
Diva Spiced .... (voir 62)
45 Gujarat Bhawan C4
Gulati .... (voir 52)
Havemore .... (voir 52)
46 Karim's G5
47 Stands de grillades G4
48 La Bodega F4
49 Lodi Garden Restaurant E5
50 Masala Library E2
51 Nagaland House E4
52 Pandara Market F3
Perch .... (voir 48)

vie et l'œuvre de Nehru, plusieurs pièces demeurent telles qu'il les a laissées.

Dans le parc se trouvent un pavillon de chasse du XIVe siècle, bâti par Feroz Shah, et un **planétarium** (carte p. 66 ; ☎011-23014504 ; www.nehruplanetarium.org ; spectacle de 45 min adulte/enfant 60/40 ₹ ; ⏲en anglais 11h30 et 15h, en hindi 13h30 et 16h) plus récent.

Purana Qila — FORT

(carte p. 66 ; ☎011-24353178 ; Mathura Rd ; Indien/étranger 5/200 ₹, caméra 25 ₹, spectacle son et lumière adulte/enfant 100/50 ₹ ; ⏲aube-crépuscule ; Ⓜ Pragati Maidan). Le Vieux Fort fut érigé sous le règne de Sher Shah (1538-1545), chef afghan qui interrompit brièvement la souveraineté moghole en défaisant les armées d'Humayun. Le corps de garde monumental ouvre sur un paisible jardin parsemé de monuments. Le **Sher Mandal**, élégante tour octogonale de grès rouge, servit de bibliothèque à Humayun. En 1556, descendant précipitamment son escalier, l'empereur glissa et succomba à ses blessures. Juste derrière, la **mosquée de Qila-i-Kuhran**, ou mosquée de Sher Shah, présente des motifs élaborés.

Un plan d'eau, où l'on peut louer des pédalos, a été aménagé dans les anciennes douves.

De l'autre côté de Mathura Road se trouvent d'autres vestiges de la cité de Shergarh, dont la belle **mosquée de Khairul Manazil** (carte p. 66), toujours en activité, qui a la faveur des pigeons.

Crafts Museum — MUSÉE

(carte p. 66 ; ☎011-23371641 ; Bhairon Marg ; ⏲10h-17h mar-dim ; Ⓜ Pragati Maidan). GRATUIT Conçu comme un village traditionnel, ce joli musée, principalement de plein air, fait la part belle à l'artisanat indien, avec notamment des textiles (exposés en intérieur) allant des broderies du Cachemire aux ouvrages au point de croix du Pendjab. Parmi les pièces maîtresses figure la reconstitution d'un *haveli* (résidence traditionnelle) du

Gujarat. Des artisans vendent leurs productions dans la cour à l'arrière. Excellents Cafe Lota (p. 83) et boutique sur place.

National Rail Museum MUSÉE

(carte p. 66 ; ☎011-26881816 ; Service Rd, Chanakyapuri ; adulte/enfant 20/10 ₹, caméra 100 ₹ ; ⏰10h-17h mar-dim ; Ⓜ Safdarjung). L'intéressant musée ferroviaire réunit sur 4,5 ha des locomotives à vapeur et des wagons, dont la voiture-salle à manger du vice-roi et le salon roulant du maharaja de Mysore. La nouvelle galerie intérieure comprend des installations interactives, un chemin de fer miniature et trois simulateurs (seulement le week-end). Un petit train (adulte/enfant 20/10 ₹) circule dans le parc.

National Zoological Gardens ZOO

(carte p. 66 ; ☎011-24359825 ; www.nzpnewdelhi.gov.in ; Mathura Rd ; adulte/enfant indien 40/20 ₹, étranger 200/100 ₹, appareil photo/caméra 50/200 ₹, véhicule électrique adulte/enfant 67/34 ₹ ; ⏰9h-16h30 sam-jeu, 9h-16h oct-mars ; Ⓜ Pragati Maidan). Créé en 1952, cet espace vert de 86 ha héberge des animaux (lions, tigres, éléphants, hippopotames, rhinocéros, oiseaux exceptionnels et singes) dans des conditions correctes. On peut louer des véhicules électriques pour se déplacer.

Tombeau de Safdarjang MAUSOLÉE

(carte p. 66 ; Aurobindo Marg ; Indien/étranger 15/200 ₹, caméra 25 ₹ ; ⏰aube-crépuscule ; Ⓜ Jor Bagh). Construit en 1754 par le nabab d'Avadh pour son père, ce mausolée très ornementé constitue un exemple grandiose d'architecture moghole tardive. Les fonds ayant manqué pour n'employer que du marbre, le dôme fut couvert à l'aide de matériaux prélevés sur celui du mausolée de Khan-i-Khana voisin et le reste du monument est bâti en grès rouge.

Tombeau de Khan-i-Khana MAUSOLÉE

(carte p. 66 ; Indien/étranger 15/200 ₹ ; ⏰aube-crépuscule ; Ⓜ Jangpura). Abdur Rahim

Delhi sud

Khan-i-Khana (1556-1627), poète et ministre à la cour d'Akbar, repose aux côtés de son épouse dans la sépulture monumentale qu'il fit ériger pour elle en 1598. Les constructeurs du tombeau de Safdarjang récupérèrent le marbre du mausolée au milieu du XVIIIe siècle et les éléments décoratifs restants furent pillés au XIXe siècle.

Gurdwara de Bangla Sahib TEMPLE SIKH
(carte p. 66 ; Ashoka Rd ; 4h-21h ; Patel Chowk). Ce beau *gurdwara* en marbre blanc, coiffé de bulbes dorés, s'élève sur le site où le 8e gourou sikh, Harkrishan Dev, séjourna avant sa mort, en 1664. Malgré son jeune âge, celui-ci soigna des malades du choléra et de la variole grâce à ses talents de guérisseur. L'eau contenue dans le bassin du temple aurait d'ailleurs des vertus curatives. Les chants dévotionnels ajoutent à l'atmosphère, tout à la fois contemplative et haute en couleur.

Delhi sud (South Delhi)

Hauz Khas QUARTIER
(carte ci-dessus ; aube-crépuscule ; Green Park). Le "bassin royal" doit son nom à un vaste réservoir de 28 ha bâti au XIIIe siècle

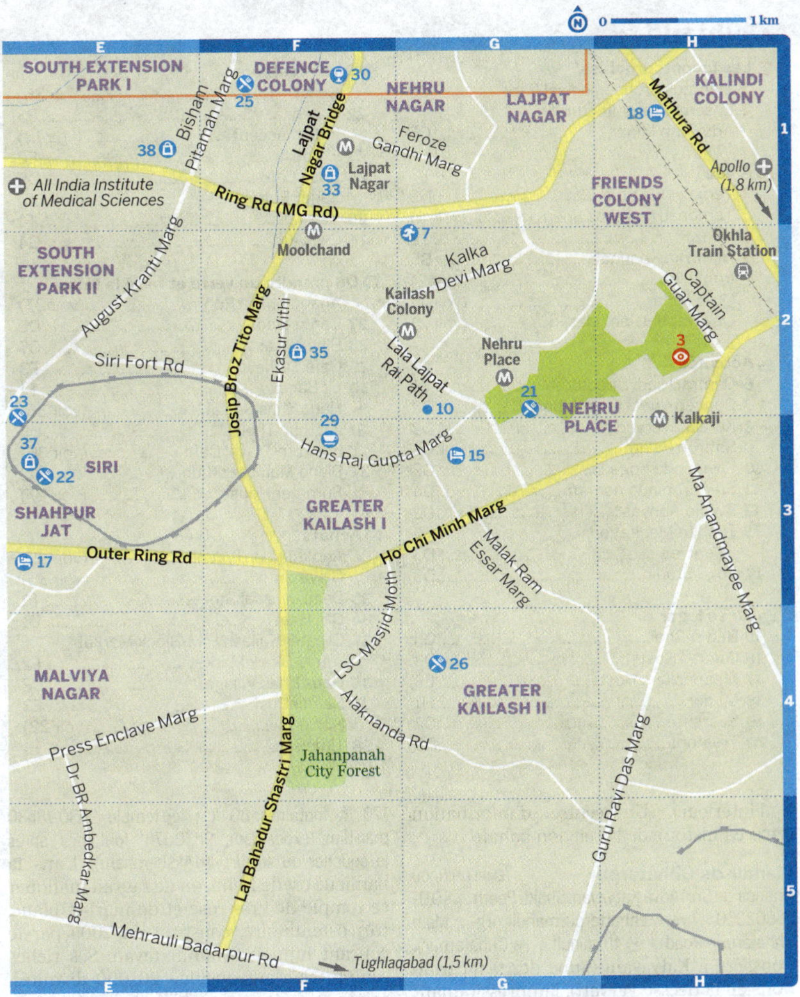

par le sultan Ala ud-Din Khalji pour alimenter en eau le fort de Siri à la saison sèche. Aujourd'hui beaucoup plus réduit, le lac artificiel s'inscrit dans un agréable parc peuplé d'oiseaux, lequel englobe la madrasa (école coranique) de Feroz Shah et son **tombeau** (carte p. 70), tous deux du XIVe siècle.

Pour atteindre le lac, traversez le **Deer Park** (ouvert du lever au coucher du soleil) attenant ; parsemé de tombes en ruine, il comprend un enclos avec des daims. Des **tombes de l'époque Lodi** jalonnent la route d'accès au Hauz Klas Village et émaillent le Green Park voisin.

Temple du Lotus TEMPLE
(carte ci-dessus ; ☎011-26444029 ; www.bahaihouseofworship.in ; Kalkaji ; ⏲9h-19h mar-dim avr-sept, 9h-17h30 oct-mars ; Ⓜ Kalkaji Mandir). Conçu par l'architecte irano-canadien Fariborz Sahba en 1986, ce lieu de culte bahaï invite à profiter du silence – une expérience rare à Delhi. L'édifice a la forme d'une fleur de lotus, avec 27 pétales délicats recouverts de marbre blanc. Le refus des préjugés et la paix universelle font partie des principes du bahaïsme. Le temple accueille les adeptes de toutes les confessions pour prier et méditer en silence, selon leur propre croyance (photos interdites

Delhi sud

Les incontournables
1 Mehrauli Archaeological Park C5
2 Ensemble architectural de Qutb Minar C5

À voir
3 Temple du Lotus H2
Tombeau de Feroz Shah .... (voir 4)
4 Hauz Khas C2
5 Hijron ka Khanqah B5
Iron Pillar .... (voir 2)
Qutb Minar .... (voir 2)
Quwwat ul-Islam Masjid .... (voir 2)

Activités
6 Central Hindi Directorate B1
7 Concern India Foundation G2
8 Kerala Ayurveda D2
9 Saffron Palate D3
10 Sivananda Yoga G2
11 Sri Aurobindo Ashram D4
12 Studio Abhyas D2
13 Tushita Meditation Centre D3
14 Yoga Studio D3

Où se loger
15 Bed & Chai G3
16 Jugaad Hostel D3
17 Madpackers Hostel E3
18 Manor H1
19 Scarlette C2
20 Treetops D3

Où se restaurer
Coast .... (voir 36)
22 Greenr E3
Indian Accent .... (voir 18)
23 Potbelly E2
24 Rose Cafe D5
Sagar Ratna .... (voir 25)
25 Swagath F1
26 Swagath G4

Où prendre un verre et faire la fête
Anandini Tea Room .... (voir 37)
27 Bandstand D2
28 Blue Tokai C5
29 Café Turtle F3
30 Ek Bar F1
Hauz Khas Social .... (voir 36)
31 Jugmug Thela D5
Kunzum Travel Cafe .... (voir 36)
32 Piano Man Jazz Club D2
Summer House .... (voir 27)

Achats
Anokhi .... (voir 35)
Claymen .... (voir 36)
33 Delhi Musical Stores F1
34 Dilli Haat D1
35 Greater Kailash I : M-Block Market et N-Block Market F2
36 Hauz Khas Village C2
37 NeedleDust E3
Nimai .... (voir 22)
38 Timeless E1

à l'intérieur). Un centre d'information retrace l'histoire de la religion bahaïe.

Mandir de Chhatarpur TEMPLE HINDOU
(mandir de Shri Adya Katyayani Shakti Peeth ; ☎ 011-26802360 ; www.chhattarpurmandir.org ; Main Chhatarpur Road ; ⏲ 4h-minuit ; Ⓜ Chhatarpur). Consacré à Katyayani (l'une des 9 incarnations de la déesse Parvati), l'impressionnant *mandir* de Chhatarpur (1974), tout en grès et marbre, est le deuxième plus grand temple du pays, après celui d'Akshardham. Il se compose de très nombreux sanctuaires dotés de *gopuram* (tours monumentales richement décorées) dans le style de l'Inde du Sud ; une immense statue d'Hanuman veille sur l'ensemble. Il y a foule le week-end et lors des célébrations de Navratri en septembre/octobre.

Autres quartiers

♥ **Temple d'Akshardham** TEMPLE HINDOU
(☎ 011-43442344 ; www.akshardham.com ; National Hwy 24, sortie Noida ; entrée libre, expositions 170 ₹, fontaines 80 ₹ ; ⏲ temple 9h30-18h30 mar-dim, expositions 9h30-17h, fontaines après le coucher du soleil ; Ⓜ Akshardham). Dans la banlieue est de Delhi, on ne saurait manquer ce temple de grès rose et de marbre blanc, très ostentatoire, construit en 2005 par le courant hindou Swaminarayan. Ses riches sculptures, dont quelque 20 000 divinités, saints et créatures mythiques, ont été réalisées à l'aide de techniques traditionnelles. Une statue dorée de 3 m de haut à l'effigie de Bhagwan Shri Swaminarayan, le fondateur du courant, constitue la pièce maîtresse.

Le parc comprend des automates élaborés racontant la vie de Swaminarayan et des fontaines musicales ; une promenade en bateau à travers 10 000 ans d'histoire du sous-continent est proposée.

Sulabh International Museum of Toilets MUSÉE
(☎ 011-25031518 ; www.sulabhtoiletmuseum.org ; Sulabh Complex, Mahavir Enclave, Palam Dabri Rd ; ⏲ 10h-17h avr-sept, 10h30-17h oct-mars ; Ⓜ Janakpuri West). GRATUIT Plus de la moitié

des Indiens n'ont toujours pas de toilettes dans leur habitation. Depuis 1970, l'ONG Sulabh aménage des installations sanitaires destinées aux pauvres, notamment des WC publics à chasse d'eau ne nécessitant pas l'intervention manuelle d'un vidangeur – bien qu'interdit, ce travail assigné aux intouchables est en effet bien loin d'avoir disparu. L'organisation œuvre également pour l'éducation, comme en témoigne ce petit musée original retraçant l'histoire des lieux d'aisance de 2500 av. J.-C. à nos jours. Prenez un rickshaw à la station de métro.

Sanskriti Museums MUSÉE
(www.sanskritifoundation.org ; Anandagram, Mehrauli Gurgaon Rd ; 10h-17h mar-ven ; M Arjangarh). GRATUIT En direction de Gurgaon, ce complexe méconnu de 3 ha, largement en plein air, comprend des espaces d'exposition dévolus à l'"art de tous les jours", la poterie et les textiles indiens. On peut y voir des ustensiles de cuisine, des narguilés élevés au rang d'œuvres d'art, ainsi que des sculptures en terre cuite et des pièces de tissu élaborées provenant de divers États.

Activités

Delhi Golf Club GOLF
(carte p. 66 ; 011-24307100 ; www.delhigolfclub.org ; Dr Zakir Hussain Marg ; 18 trous semaine/week-end Indien 6 000/8 000 ₹, étranger 100/150 $US ; aube-crépuscule ; M Khan Market). Créé en 1931, avec de belles allées bien entretenues et des pavillons de style moghol, ce golf couvre à présent près de 90 ha, où déambulent des paons. Forte affluence le week-end.

Kerala Ayurveda AYURVÉDA
(carte p. 70 ; 011-41754888 ; www.ayurvedancr.com ; E-2 Green Park Extn ; massage synchronisé à la vapeur/sirodhara 1 heure 1 500/3 000 ₹ ; 8h-20h ; M Green Park). Toute une gamme de soins, du *sarvang ksheerdhara* (massage au babeurre) au *sirodhara* (huile tiède versée en continu sur le front).

Aura SPA
(carte p. 66 ; 8800621206 ; Middle Lane, Khan Market ; massage avec/sans huile 1 heure 1 400/2 800 ₹ ; 10h-21h ; M Khan Market). Ce luxueux spa propose des traitements et des massages d'inspiration thaïlandaise. Autres adresses à Karol Bagh, GK1, GK2 et Green Park.

Circuits organisés

Reality Tours & Travel CIRCUITS ORGANISÉS
(9818227975 ; realitytoursandtravel.com ; circuit de 2 heures 850 ₹ ; 10h-18h). Établi de longue date à Mumbai, ce tour-opérateur très professionnel organise désormais des visites de Delhi, dont un circuit dans le bidonville Sanjay Colony (photos interdites pour respecter l'intimité de la population). Les guides, sympathiques, connaissent leur sujet et 80% des bénéfices participent à des projets de développement dans ce quartier.

DelhiByCycle À VÉLO
(9811723720 ; www.delhibycycle.com ; 1 850 ₹ ; 6h30-10h). Ce tour-opérateur original et réputé fondé par un journaliste hollandais vous invite à d'intéressantes promenades à vélo à Old Delhi, à New Delhi, à Nizamuddin, ainsi que sur les berges de la Yamuna. Organisées de bonne heure, elles permettent d'éviter le trafic. Thé et petit-déjeuner *mughlai* (cuisine traditionnelle d'Inde du Nord, influencée par les Moghols) compris dans le tarif. Sièges pour enfants disponibles.

Salaam Balaak Trust À PIED
(SBT ; carte p. 76 ; 011-23584164 ; www.salaambaalaktrust.com ; Gali Chandiwali, Paharganj ; don 200 ₹ ; M Ramakrishna Ashram Marg). Fondée grâce aux recettes du film de Mira Nair *Salaam Bombay !* (1988), cette association caritative propose des promenades de 2 heures environ, au cours desquelles un ancien enfant des rues vous fera découvrir la vie des jeunes sans-abri des quartiers pauvres. Les recettes sont reversées à l'association, au profit des enfants.

Intach À PIED
(011-41035557 ; www.intachdelhichapter.org ; 200 ₹). Balade avec un guide chevronné, dans différents quartiers comme Chandni Chowk, Nizamuddin, Hauz Khas et Mehrauli. Circuits à la carte envisageables.

Delhi Heritage Walks À PIED
(www.delhiheritagewalks.com ; 3 heures 500 ₹). De passionnantes visites de Mehrauli, Old Delhi, Tughlaqabad et autres secteurs, conduites par des guides compétents.

Delhi Metro Walks À PIED
(www.delhimetrowalks.com ; circuit en groupe d'une demi-journée ou une journée 300-600 ₹/pers). Surekha Nurain partage ses vastes connaissances architecturales, historiques et culturelles dans le cadre de circuits en groupe ou individuels incluant sites phares et lieux hors des sentiers battus. Elle propose aussi plusieurs formules thématiques destinées aux familles.

Street Connections À PIED
(www.walk.streetconnections.co.uk ; balade de 3 heures 500 ₹ ; 9h-12h lun-sam). Une

balade passionnante à Old Delhi, guidée par d'anciens enfants des rues qui ont bénéficié de l'aide du Salaam Baalak Trust (p. 73). Au départ de la Jama Masjid, elle s'achève dans l'un des refuges du SBT.

Hope Project À PIED
(carte p. 66 ; ☎011-24357081 ; www.hopeprojectindia.org ; 127 Hazrat Nizamuddin ; balade de 1 heure 30, don 300 ₹ ; Ⓜ JLN Stadium). Cette organisation caritative organise d'intéressantes visites dans le *basti* (bidonville) musulman de Nizamuddin. Celle du milieu d'après-midi permet d'assister aux *qawwali* (chants religieux ourdous) du *dargah* d'Hazrat Nizam ud-Din ; celle qui inclut le sanctuaire d'Hazrat Inayat Khan le vendredi réserve une expérience plus intimiste. Tenue correcte exigée.

Peteindia À PIED
(www.peteindia.org ; 2 heures 750 ₹). Cette ONG assure des visites guidées à pied de la Kathputli Colony, le "bidonville des paillettes", où vivent des musiciens, marionnettistes et artistes de cirque. L'organisation laisse un peu à désirer, mais le circuit permet de voir certains protagonistes du documentaire *Tomorrow We Disappear* (2015) et d'en apprendre davantage sur leur communauté.

Ho Ho Dilli Dekho EN BUS
(☎1280 ; hohodelhi.com ; Indien/étranger 350/700 ₹, billet valable 2 jours 600/1 200 ₹ ; ⏲départs 8h30-14h40 mar-dim). La Delhi Tourism & Transport Development Corporation (DTTDC) exploite ce bus climatisé qui fait le tour des principaux sites environ toutes les 45 minutes de 8h30 à 18h30. Les passagers peuvent monter et descendre à leur guise aux arrêts du parcours. Dernière halte au Jantar Mantar à 18h45 (dernier départ à 14h40). **Guichet** (carte p. 62) à côté du bureau de la compagnie.

Cours

Sivananda Yoga YOGA
(carte p. 70 ; www.sivananda.org.in ; A41 Kailash Colony ; don suggéré par cours 400 ₹ ; Ⓜ Kailash Colony). Excellent ashram, avec des cours et des ateliers de yoga pour débutants et pratiquants confirmés ainsi que des séances de 1 à 2 heures sans inscription. Initiation gratuite le dimanche.

Yoga Studio YOGA
(Seema Sondhi ; carte p. 70 ; www.theyogastudio.info ; 43 D-Block Hauz Khas ; 4/8/12 cours 2 200/3 200/3 700 ₹, sans inscription 800 ₹ ; Ⓜ Hauz Khas). Seema Sondni dispense des cours de 1 heure 15 pour tous les niveaux, axés sur différentes formes d'Ashtanga Vinyasa Yoga. Contactez-la à l'avance.

Studio Abhyas MÉDITATION, YOGA
(carte p. 70 ; ☎011-26962757 ; www.abhyastrust.org ; F-27 Green Park ; Ⓜ Green Park). Cours de yoga/méditation et chants védiques de tout niveau, y compris pour les enfants, assurés dans une confortable maison de banlieue.

Sri Aurobindo Ashram MÉDITATION, YOGA
(carte p. 70 ; ☎011-26567863 ; www.sriaurobindoashram.net ; Aurobindo Marg ; Ⓜ Hauz Khas). Cours de yoga et de méditation gratuits. Réservé aux pratiquants confirmés.

Tushita Meditation Centre MÉDITATION
(carte p. 70 ; ☎26513400 ; www.tushitadelhi.com ; 9 Padmini Enclave ; don apprécié ; ⏲18h30-19h30 lun et jeu ; Ⓜ Hauz Khas). Séances de méditation tibétaine/bouddhique.

Saffron Palate CUISINE
(carte p. 70 ; ☎9971389993 ; www.saffronpalate.com ; R21 Hauz Khas Enclave ; cours avec/sans visite du marché 6 000/8 000 ₹ ; ⏲variables ; Ⓜ Hauz Khas). Dans sa demeure de famille, Neha Gupta dispense des cours de cuisine indienne de 2 heures 30 (ou 4 heures 30 avec visite du marché), suivis de la dégustation des plats réalisés.

Central Hindi Directorate LANGUE
(carte p. 70 ; ☎011-26178454 ; www.hindinideshalaya.nic.in/english ; West Block VII, RK Puram, Vivekanand Marg ; session de 60 heures 6 000 ₹). Cours d'hindi donnant lieu à un certificat ou à un diplôme. Formule de base de 60 heures, à raison de 3 cours par semaine.

Où se loger

L'hébergement à Delhi va des gourbis bon marché aux cinq-étoiles somptueux. Quelle que soit la catégorie, mieux vaut réserver et confirmer sa venue 24 heures avant. La plupart des établissements assurent le transfert depuis l'aéroport, également sur réservation.

Les hôtels dont les chambres valent plus de 1 500 ₹ ajoutent le service (8,4%) et une taxe de luxe (15%), de même que deux taxes de 0,05% chacune, le Krishi Kalyan Cess (fonds national pour l'agriculture) et le Swaccha Bharat Abhiyan Cess (fonds national pour la santé publique et les infrastructures).

Old Delhi

Stops @ The President AUBERGE DE JEUNESSE $
(carte p. 58 ; 011-41056226 ; www.gostops.com ; 4/23B Asaf Ali Rd ; dort 500-800 ₹, d 3 000 ₹ ; ; New Delhi). L'une des meilleures auberges de jeunesse de dernière génération a avoir ouvert dans la capitale, très bien située à la lisière d'Old Delhi. Chambres et dortoirs propres et confortables, cuisine carrelée de couleurs vives et salons.

Hotel New City Palace HÔTEL $
(carte p. 58 ; 011-23279548 ; 726 Jama Masjid ; ch 700 ₹ ; ; Chawri Bazaar). Ce sympathique établissement labyrinthique n'a rien d'un palais, mais il occupe un emplacement remarquable, dominant la Jama Masjid. Les chambres, un brin exiguës, ont de petits lits durs aux draps grisâtres et, pour certaines, des fenêtres avec vue. Un grand nettoyage ne serait pas de trop dans les sdb (toilettes à la turque).

Hotel Bombay Orient HÔTEL $$
(carte p. 58 ; 011-43101717 ; Matya Mahal ; s/d à partir de 970/1 430 ₹, avec clim 1 370/1 830 ₹ ; ; Jama Masjid). En face du fameux restaurant Karim's, cette adresse accueillante conviendra à qui souhaite résider au cœur d'Old Delhi. Les chambres sont nettes et ordonnées, mais demandez à en voir plusieurs avant de vous engager. Réservation recommandée.

Hotel Broadway HÔTEL $$
(carte p. 58 ; 011-43663600 ; www.hotelbroadwaydelhi.com ; 4/15 Asaf Ali Rd ; s/d avec petit-déj à partir de 3 250/4 805 ₹ ; ; New Delhi). Le Broadway occupe le premier gratte-ciel érigé à Delhi (1956). Il allie confort, originalité et emplacement de choix, sans oublier le restaurant Chor Bizarre (p. 80) et le bar Thugs. Certaines chambres ont des lambris démodés, d'autres une déco décalée, œuvre de Catherine Lévy, une créatrice française. Demandez-en une avec vue sur Old Delhi.

Haveli Dharampura HÔTEL HISTORIQUE $$$
(carte p. 58 ; 011-23263000 ; www.havelidharampura.com ; 2293 Gali Guliyan ; d à partir de 13 640 ₹ ; ; Jama Masjid). Ce superbe *haveli* restauré, agencé autour d'une cour, évoque le temps des Grands Moghols. Les chambres ont l'attrait de somptueux lits en bois ciré, mais les moins chères manquent d'espace. Le restaurant Lakhori (p. 80), de grande qualité, sert des recettes d'époque, et des spectacles de danse *kathak* s'y donnent du vendredi au dimanche.

TARIFS DES HÉBERGEMENTS

Les gammes de prix valent pour une chambre double avec sdb, taxes comprises :

$ moins de 1 500 ₹

$$ 1 500-5 000 ₹

$$$ plus de 5 000 ₹

Maidens Hotel HÔTEL $$$
(carte p. 58 ; 011-23975464 ; www.maidenshotel.com ; 7 Sham Nath Marg ; ch à partir de 19 840 ₹ ; ; Civil Lines). Propriété de la chaîne Oberoi, ce grand hôtel de 1903 occupe un édifice néoclassique couleur crème précédé d'une pelouse d'un vert éclatant. L'architecte Lutyens y logea tandis qu'il supervisait la construction de New Delhi. Les chambres, hautes de plafond, conservent le charme de l'architecture coloniale, les équipements modernes en plus. Deux restaurants, une piscine et un bar.

Paharganj et ses environs

Qu'on l'aime ou qu'on le déteste, ce repaire de voyageurs n'a rien d'un havre de paix. Il n'en compte pas moins quantité d'hôtels, de magasins de babioles et de restaurants affichant toutes sortes de cuisines. Autre avantage : sa proximité avec la gare ferroviaire et la ligne de métro desservant l'aéroport.

Si vous logez dans Main Bazaar ou Arakashan Rd, les taxis pourront vous déposer jusque devant la porte, même s'ils rechignent parfois à le faire en raison des embouteillages. Dans ce cas, demandez qu'on vous laisse à Chhe Tooti Chowk et continuez à pied.

Main Bazaar se situe à deux pas de la station de métro Ramakrishna Ashram Marg, et Arakashan Rd à environ 10 minutes de marche de la station New Delhi, de l'autre côté d'un pont.

Backpacker Panda AUBERGE DE JEUNESSE $
(carte p. 76 ; backpackerpanda.com ; dort 8/6 lits 400/450 ₹ ; ; Ramakrishna Ashram Marg). Une alternative avantageuse aux hôtels économiques peu engageants de Paharganj, à proximité du métro. Dortoirs nets et lumineux (dont un réservé aux femmes), avec fenêtres, matelas confortables, draps propres, casiers, prises et sdb. Bref : une valeur sûre.

Hotel Amax Inn HÔTEL $
(carte p. 58 ; 011-23543813 ; www.hotelamax.com ; 8145/6 Arakashan Rd ; s/d/tr à partir de

Paharganj

Paharganj

Activités

1 Salaam Baalak Trust............................C2

Où se loger

2 Backpacker Panda............................A3
3 Bloom Rooms @ New Delhi............................C1
4 Cottage Ganga Inn............................B2
5 Diya............................A2
6 Hotel Amax Inn............................B1
7 Hotel Godwin Deluxe............................B1
8 Hotel Hari Piorko............................B2
9 Hotel Namaskar............................B2
10 Hotel Rak International............................B2
11 Metropolis Tourist Home............................A2
12 Zostel............................C1

Où se restaurer

13 Brown Bread Bakery............................B2
Cafe Fresh............................(voir 11)
14 Everest Bakery............................C2
Malhotra............................(voir 11)
15 Narula Bakery............................B3
16 Shimtur............................B2
17 Sita Ram Dewan Chand............................A2
18 Tadka............................B3

Où prendre un verre et faire la fête

19 Gem............................C2
20 Karen Cafe............................B1
21 Metro Bar............................A3
22 My Bar............................A3
23 Sam's Bar............................B2

Achats

24 Main Bazaar............................C2

850/950/1 350 ₹ ; ❄@📶; Ⓜ New Delhi). Sise dans une ruelle en retrait de l'anarchique Arakashan Rd, cette vénérable institution loue des chambres d'un bon rapport qualité/prix, propres mais parfois mal aérées. La triple (chambre 403), ouvrant sur le toit, se distingue par la présence d'une fenêtre et d'un mur décoré au pochoir. Le personnel se montre attentif aux besoins des voyageurs. La petite terrasse est quant à elle bordée de verdure.

Zostel AUBERGE DE JEUNESSE $

(carte p. 76 ; ☎ 011-39589005 ; www.zostel.com/zostel/Delhi ; 5 Arakashan Rd ; dort 6-8 lits 549 ₹, d 1 499 ₹ ; 📶 ; Ⓜ New Delhi). En dépit de ce que laisseraient augurer ses peintures murales aux couleurs gaies, cette enseigne de la chaîne Zostel se révèle plus défraîchie que d'autres établissements de même catégorie à Delhi. Ses dortoirs n'en sont pas moins une bonne affaire et l'ambiance, agréable, se prête aux rencontres.

Hotel Namaskar HÔTEL $

(carte p. 76 ; ☎011-23583456 ; www.namaskarhotel.com ; 917 Chandiwalan, Main Bazaar ; ch 400-650 ₹, avec clim 700 ₹ ; ❄📶). En remontant la ruelle en face de la Dayal Boot House, vous tomberez sur cette valeur sûre, dirigée par deux sympathiques frères. L'endroit est certes humide et bruyant, mais les chambres rose pâle n'en ont pas moins l'avantage d'être repeintes chaque année.

Cottage Ganga Inn HÔTEL $

(carte p. 76 ; ☎011-23561516 ; www.cottagegangainn.com ; 1532 Bazaar Sangtrashan ; s/d à partir de 1 000/1 300 ₹ ; ❄@📶 ; Ⓜ Ramakrishna Ashram Marg). Une adresse plus tranquille que la moyenne, nichée dans une cour près de Main Bazaar, à côté d'une école maternelle. Propres et confortables, les chambres sont d'un intéressant rapport qualité/prix. Celles à l'avant, avec fenêtre, coûtent davantage.

Hotel Rak International HÔTEL $

(carte p. 76 ; ☎011-23562478 ; www.hotelrakinternational.com ; 820 Main Bazaar, Chowk Bawli ; s/d 650/750 ₹, avec clim 850/950 ₹ ; ❄ ; Ⓜ Ramakrishna Ashram Marg). Garanti d'un relatif calme par son emplacement en retrait de Main Bazaar, cet établissement apprécié donne sur une petite place et un temple. Ses chambres sont plutôt modestes, avec sol en marbre ou dallé et sdb. Elles constituent une option intéressante dans cette catégorie de prix. Certaines ont même des lits jumeaux. Les plus chères ont vue sur la place.

♥ Bloom Rooms @ New Delhi HÔTEL $$

(carte p. 76 ; ☎011-40174017 ; bloomrooms.com ; 8591 Arakashan Rd ; s/d avec petit-déj à partir de 2 200/2 900 ₹ ; ❄@📶 ; Ⓜ New Delhi). Un hôtel design, tout en blanc et jaune citron, dont l'esthétique dépouillée tranche avec la concurrence du quartier. Matelas douillets, oreillers moelleux, Wi-Fi et eau minérale offerte. Le restaurant, un brin sinistre, sert une savoureuse cuisine.

Diya B&B $$

(carte p. 76 ; ☎9811682348 ; stay.streetconnections.co.uk ; Tilak St ; s/d avec petit-déj 2 000/2 750 ₹ ; 📶 ; Ⓜ Ramakrishna Ashram Marg). Niché dans une petite rue de Paharganj, cet endroit ressemble aux pensions de South Delhi. Les trois jolies chambres bien tenues, dont une avec balcon, s'accompagnent d'une cuisine commune. Le B&B est géré par Street Connections et le personnel, formé d'anciens enfants des rues du Salaam Baalak Trust. Réservation indispensable. Idéal pour les femmes seules.

Hotel Hari Piorko HÔTEL $$

(carte p. 76 ; Main Bazaar ; ch 1 450-1 850 ₹ ; ❄📶 ; Ⓜ Ramakrishna Ashram Marg). Cela vaut la peine de dépenser un peu plus pour une chambre avec aquarium. De fait, il s'agit à notre connaissance du seul hôtel de Delhi affichant cette option. Vous aurez également davantage d'espace. Le restaurant Fire & Ice s'agrémente d'une terrasse surplombant Main Bazaar.

Hotel Godwin Deluxe HÔTEL $$

(carte p. 76 ; ☎011-23613797 ; www.godwinhotels.com ; 8501 Arakashan Rd ; s/d avec petit-déj 3 000/3 250 ₹ ; ❄@📶 ; Ⓜ New Delhi). Mêmes propriétaires et service de qualité que le Grand Godwin voisin. Chambres spacieuses, nettes et confortables.

Metropolis Tourist Home HÔTEL $$

(carte p. 76 ; ☎011-23561794 ; www.metropolistouristhome.com ; 1634-5 Main Bazaar ; ch à partir de 2 000 ₹ ; ❄@📶 ; Ⓜ Ramakrishna Ashram Marg). Ce pilier du quartier loue de confortables chambres rénovées dans une palette de brun. Avec ses plantes vertes, son éclairage tamisé et sa clientèle étrangère, le restaurant un peu onéreux aménagé sur le toit a quelque chose d'européen.

Connaught Place et ses environs

♥ Imperial HÔTEL $$$

(carte p. 62 ; ☎011-23341234 ; www.theimperialindia.com ; Janpath ; ch à partir de 24 300 ₹ ; ❄@📶🏊 ; Ⓜ Janpath). Œuvre de F. B. Blomfield, un associé de Lutyens, cet hôtel de 1931 marie architecture victorienne et style Art déco. Dans les chambres, hautes de plafond : des draperies, du linge de lit français, des meubles finement ouvragés et des sdb en marbre. Le restaurant thaïlandais Spice Route a des allures de temple bouddhique. Le bar 1911 (p. 85) et le café Atrium, connu pour son *high tea* (sorte de goûter dînatoire, p. 85), sont vivement recommandés.

Des peintures et gravures des XVIIIe et XIXe siècles ornent les couloirs et les atriums.

Hotel Palace Heights HÔTEL $$$

(carte p. 62 ; ☎011-43582610 ; www.hotelpalaceheights.com ; 26-28 D-Block ; s/d 8 100/8 650 ₹ ; ❄@📶 ; Ⓜ Rajiv Chowk). Ce petit boutique-hôtel abrite les chambres les plus élégantes de Connaught Place. Les tons ambre et caramel y sont mis en valeur par du linge de lit blanc. Excellent restaurant, le Zaffran (carte p. 62 ; ☎011-43582610 ; Hotel Palace Heights, 26-28 D-Block ; plats 350-650 ₹ ; ⏲12h-15h30 et 18h30-23h30 ; Ⓜ Rajiv Chowk).

Radisson Blu Marina HÔTEL $$$
(carte p. 62 ; ☎ 011-46909090 ; www.radisson.com/hotels/indnedl ; 59 G-Block ; s/d 10 000/11 000 ₹ ; ❄@📶 ; Ⓜ Rajiv Chowk). Plus chic du quartier, cette adresse d'un luxe plaisant renferme des chambres élégantes et soignées, avec tout le confort moderne, le restaurant Great Kebab Factory et un bar à la mode, le Connaught, où siroter un verre sous des lampes rouges.

Delhi ouest (West Delhi)

Master Guest House PENSION $$
(☎ 011-28741089 ; www.master-guesthouse.com ; R-500 New Rajendra Nagar ; s/d avec petit-déj à partir de 2 071/3 270 ₹ ; ❄@📶 ; Ⓜ Rajendra Place). Dans une banlieue tranquille, cette maison raffinée compte trois chambres meublées avec goût, assorties de sdb impeccables, ainsi qu'une terrasse verdoyante sur le toit. Ushi et Avnish gèrent leur pension de mains de maître.

Shanti Home HÔTEL $$$
(☎ 011-41573366 ; www.shantihome.com ; A-1/300 Janakpuri ; s/d petit-déj inclus à partir de 5 500/6 500 ₹ ; ❄@📶 ; Ⓜ Uttam Nagar East). Dans Delhi ouest, ce petit hôtel, proche du métro, propose des chambres joliment décorées (l'élégance augmente avec le prix). Vastes salons, excellent restaurant sur le toit illuminé de lanternes, salle de sport, cours de cuisine et spa.

New Delhi

Bloom Rooms @ Link Rd HÔTEL $$
(carte p. 66 ; ☎ 011-41261400 ; bloomrooms.com ; 7 Link Rd ; s/d avec petit-déj à partir de 2 900/3 700 ₹ ; ❄@📶 ; Ⓜ Jangpura). Un établissement calme à quelques minutes de marche du métro, pratique pour visiter le Khan Market, le tombeau d'Humayun et les Lodi Gardens. Agréable décor blanc et jaune au design d'inspiration scandinave, oreillers douillets, connexion Wi-Fi rapide et restaurant italien de la chaîne locale Amici.

♥ **Lodhi** HÔTEL $$$
(carte p. 66 ; ☎ 011-43633333 ; www.thelodhi.com ; Lodi Rd ; ch à partir de 21 800 ₹ ; ❄📶🏊 ; Ⓜ JLN Stadium). Le Lodhi est l'un des plus luxueux hôtels de Delhi, avec de belles chambres et des suites immenses. Chaque chambre a un balcon avec piscine privative ; celles des étages supérieurs possèdent une excellente vue (certaines donnent sur le tombeau d'Humayun). Une attention particulière est

LE PETIT LHASSA DE DELHI

Enclave des réfugiés tibétains de Delhi depuis les années 1960, Majnu-ka-Tilla constitue une alternative prisée des voyageurs en quête d'un point de chute plus tranquille que Paharganj. Ce quartier proche de la Yamuna doit son nom à un passeur ermite surnommé *majnu* ("fou") qui y rencontra Guru Nanak, le fondateur du sikhisme, sur une petite colline (*tilla*). Le *gurdwara* de Majnu-ka-Tilla, érigé au XVIIIe siècle, commémore le séjour du gourou.

On croise dans les rues, trop étroites pour la circulation, des bonzes en robe bordeaux du monastère local, des Tibétains et pas mal de mendiants. Il règne une atmosphère paisible et sûre, presque villageoise.

La **Ga-Kyegu House** (☎ 011-23815196 ; gakyeguhouse@hotmail.com ; H-158, Block 7, Tibetan Colony ; ch 700 ₹, sans sdb 550 ₹ ; 📶 ; Ⓜ Vidhan Sabha) possède quelques chambres pas chères avec vue sur la rivière, et l'accueillante **Wongdhen House** (☎ 011-23816689 ; 15-A New Tibetan Colony ; ch 800-1 000 ₹, sans sdb 500 ₹ ; ❄📶 ; Ⓜ Vidhan Sabha), des chambres sommaires mais un bon restaurant. La **Lhasa House** (☎ 011-23939888 ; lhasahouse@rediffmail.com ; 16 New Aruna Nagar ; ch 500-1 000 ₹ ; Ⓜ Vidhan Sabha) voisine présente un meilleur rapport qualité/prix. **Ama** (H40, New Aruna Nagar ; ⌚ 7h-21h30 ; 📶 ; Ⓜ Vidhan Sabha) et le **Kham Cafe** (New Aruna Nagar ; ⌚ 7h-19h30 ; Ⓜ Vidhan Sabha) offrent un cadre très agréable pour se détendre devant un café. Sous le premier, **Akama** (⌚ 9h-19h30 ; Ⓜ Vidhan Sabha) vend des objets tibétains. **Tee Dee** (32 New Aruna Nagar ; plats 60-210 ₹ ; ⌚ 8h30-22h30 ; Ⓜ Vidhan Sabha) et la **Dolma House** (Block 10, New Tibetan Colony ; plats 70-180 ₹ ; ⌚ 7h-22h), une table appréciée de longue date, servent des plats savoureux. Sinon, la cuisine coréenne de **Kori's** (Tsampa Café ; Tsampa House, 18-19 New Camp ; plats 80-290 ₹ ; ⌚ 7h30-22h ; 📶) vous changera de l'ordinaire.

Prenez le métro jusqu'à Vidhan Sabha, puis rejoignez KB Hedgewar Marg en auto-rickshaw collectif/rickshaw (40/20 ₹) ; demandez à être déposé du "mauvais côté" (*wrong side*).

portée aux détails. Excellent spa (carte p. 66 ; ☎011-43633333 ; www.thelodhi.com ; Lodhi Hotel, Lodi Rd ; massage 1 heure à partir de 3 800 ₹ ; Ⓜ JLN Stadium).

Claridges HÔTEL $$$
(carte p. 66 ; ☎011-39555000 ; www.claridges.com ; 12 Aurangzeb Rd ; d à partir de 13 050 ₹ ; ; Ⓜ Racecourse). Donnant sur des pelouses soignées, cet hôtel classieux construit en 1952 dispose de chambres tout confort de style colonial. Côté restauration, le romantique Sevilla sert une cuisine méditerranéenne dans des pavillons de toile, le **Dhaba** (carte p. 66 ; ☎011-39555000 ; The Claridges, 12 Aurangzeb Rd ; plats 700-2 000 ₹ ; 12h30-14h30 et 19h-23h30 ; Ⓜ Racecourse), des spécialités traditionnelles du Pendjab dans un cadre imitant les gargotes pour routiers.

Zaza Stay PENSION $$$
(carte p. 66 ; ☎011-47373450 ; www.zaza.co.in ; G54, Nizamuddin West ; s/d avec petit-déj 4 000/5 000 ₹). Propriété d'un couple possédant sa propre marque d'articles de maison, cette pension loue des chambres joliment décorées, avec vue sur la verdure, dans le quartier de Nizamuddin. Environnement calme et reposant, mais à proximité du *dargah* et du tombeau d'Humayun.

Lutyens Bungalow PENSION $$$
(carte p. 66 ; ☎011-24611341 ; www.lutyensbungalow.co.in ; 39 Prithviraj Rd ; s/d avec petit-déj à partir de 6 500/8 000 ₹ ; ; Ⓜ Racecourse). Cette affaire familiale occupe une vaste demeure qui évoque l'époque coloniale. Elle s'ouvre sur un merveilleux jardin gazonné et fleuri où volettent des perruches. Les chambres, garnies de mobilier en bois, ont un air agréablement rétro. L'endroit est idéal pour les enfants, qui pourront batifoler à leur aise.

Delhi sud (South Delhi)

♥ **Madpackers Hostel** AUBERGE DE JEUNESSE $
(carte p. 70 ; S39-A, 3e ét., Panchsheel Park Sth ; dort 6-14 lits 650-850 ₹ ; ; Ⓜ Hauz Khas). Une adresse accueillante et décontractée, dans un quartier verdoyant. Le salon clair et spacieux se prête particulièrement aux rencontres avec d'autres voyageurs tout aussi détendus. L'un des dortoirs est réservé aux femmes, et des graffitis ornent les murs.

Jugaad Hostel AUBERGE DE JEUNESSE $
(carte p. 70 ; Mohamed Pur ; dort 600-800 ₹, ch 2 400 ₹). Une auberge de premier ordre, dans une zone retirée exempte de touristes, près d'un immense marché du vendredi. Dortoirs, dont un destiné aux femmes, chambres individuelles et terrasse sur le toit avec balancelles. Personnel avenant et serviable.

Bed & Chai AUBERGE DE JEUNESSE $$
(carte p. 70 ; www.bedandchai.com ; R55 Hans Raj Gupta Marg ; dort 850 ₹, d sans/avec sdb à partir de 2 500/3 100 ₹). Parfait pour un séjour au calme, cet établissement créé par des Françaises loue de jolies chambres simples et colorées, rehaussées de quelques touches à part. Dortoir, terrasse sur le toit et, bien sûr, excellent *chai*.

Treetops PENSION $$
(carte p. 70 ; ☎9899555704 ; baig.murad@gmail.com ; R-8B Hauz Khas Enclave ; s/d à partir de 2 500/3 500 ₹ ; ; Ⓜ Hauz Khas). La jolie maison de Murad, journaliste, et Tannie, auteur de livres de cuisine, évoque à certains égards la haute société de jadis. Les 2 chambres de bonne taille ouvrent sur un toit-terrasse arboré. La plus petite, au rez-de-chaussée, coûte moins cher, mais offre moins d'intimité. Possibilité de dîner.

♥ **Manor** HÔTEL $$$
(carte p. 70 ; ☎011-26925151 ; www.themanordelhi.com ; 77 Friends Colony (West) ; d avec petit-déj à partir de 11 000 ₹ ;). Cet hôtel de charme allie intimité et élégance, au milieu de pelouses luxuriantes, en retrait de Mathura Rd. Les 16 grandes chambres au mobilier contemporain, dans des couleurs terriennes reposantes, sont d'un confort suprême. Le restaurant Indian Accent (p. 84) se classe parmi les meilleurs de Delhi.

♥ **Devna** PENSION $$$
(carte p. 66 ; ☎011-41507176 ; www.tensundernagar.com ; 10 Sunder Nagar ; s/d 5 450/5 800 ₹ ;). Un lieu au décor d'un cachet fou, tout en meubles anciens, photos de maharajas et œuvres d'art. Les chambres à l'étage s'agrémentent de petites terrasses donnant sur une ravissante cour-jardin. Le vaste espace vert du zoo de Delhi se déploie à proximité.

Scarlette PENSION $$$
(carte p. 70 ; ☎011-41023764 ; www.scarlettenewdelhi.com ; B2/139 Safdarjung Enclave ; d à partir de 7 000 ₹ ;). Dans la paisible et verte Safdarjung Enclave, près de l'Hauz Khas Village et du Deer Park, cette maison d'hôtes comprend quatre chambres et un appartement, artistement décorés par le propriétaire, un créateur textile. Idéal pour les voyageuses en solo.

Quartier de l'aéroport

Le quartier Aerocity est un ensemble de grands hôtels à seulement 4 km de l'aéroport, desservi par la station de métro Delhi Aerocity – pratique si vous ne faites que transiter par Delhi. On y trouve des enseignes de chaînes, comme Hotel Pullman, Lemon Tree, et l'ultraluxueux Andaz Delhi (Hilton). L'Hotel Delhi Aerocity constitue l'option la plus économique. Notez aussi qu'il existe quelques établissements à Vasant Kunj.

Il y a plusieurs possibilités pour dormir à l'aéroport (www.newdelhiairport.in).

Où se restaurer

Old Delhi

Jalebiwala DOUCEURS $

(carte p. 58 ; Dariba Corner, Chandni Chowk ; 50 ₹/100 g ; 8h-22h ; M Lal Ojla). Les meilleurs *jalebi* (douceurs frites en spirale nappées de sirop) de Delhi, depuis plus d'un siècle. Attention à la ligne !

Gali Paratha Wali CUISINE DE RUE $

(carte p. 58 ; Gali Paratha Wali ; paratha 15-35 ₹ ; 7h-23h ; M Jama Masjid). Dans cette ruelle partant de Chandni Chowk, on cuit des *paratha* (pains plats feuilletés) sur un *tawa* (plaque chauffante) depuis l'époque moghole. À l'origine, ils étaient destinés aux pèlerins. Choix impressionnant de garnitures : piment vert, *paneer* (fromage frais à base de crème), citron, banane...

Natraj Dahi Balle Wala CUISINE DE RUE $

(carte p. 58 ; 1396 Chandni Chowk ; assiette 50 ₹ ; 10h30-23h ; M Chandni Chowk). Cette minuscule adresse, reconnaissable à sa grande enseigne rouge et à la foule qui se presse devant, est réputée pour ses *dahi bhalle* (boulettes de lentilles frites servies avec du yaourt et accompagnées de chutney) et ses *aloo tikki* (croquettes de pommes de terre épicées) croustillants.

Haldiram's RESTAURATION RAPIDE $

(carte p. 58 ; 1454/2 Chandni Chowk ; plats 70-180 ₹ ; 10h-22h30 ; M Chandni Chowk). Cette cafétéria propre et claire, doublée d'une pâtisserie, plaît pour ses *dosa* (large crêpe salée d'Inde du Sud) et *thali*. Elle vend aussi des *namkin* (mets salés) et des *mithai* (sucreries), à manger sur le pouce. Autre **enseigne** (carte p. 62 ; 6 L-Block Connaught Place ; en-cas 70-230 ₹ ; 8h30-22h30 ; M Rajiv Chowk), fort fréquentée, à Connaught Place.

Karim's MUGHLAI $$

(carte p. 58 ; Gali Kababyan ; plats 120-400 ₹ ; 9h-0h30 ; M Jama Masjid). Juste en retrait de la ruelle qui part de la Jama Masjid vers le sud, ce restaurant régale les amateurs de viande depuis 1913. Les spécialités *mughlai* à base de viande – *burrah* au mouton (côtelettes marinées), délicieux mouton *mughlai*, petit-déjeuner de pain et mouton *nahari* – sont à l'honneur. Autres enseignes en ville, dont une à **Nizamuddin West** (carte p. 66 ; 168/2 Jha House Basti ; plats 120-400 ₹ ; 8h-22h mar-sam ; M JLN Stadium), mais celle-ci, la doyenne du lot, est la meilleure.

Al-Jawahar MUGHLAI $$

(carte p. 58 ; Matya Mahal ; plats 60-350 ₹ ; 7h-minuit ; M Jama Masjid). Dans l'ombre de Karim's (p. 80), son célèbre voisin, Al-Jawahar n'en prépare pas moins une cuisine formidable. Venez goûter de bons plats *mughlai* sur les tables en formica d'une salle à manger bien ordonnée, et observez la confection du pain frais. La carte privilégie les grillades et curries de mouton, mais il y a aussi de bons *butter chicken* et *korma*.

Lakhori INDIEN $$$

(carte p. 58 ; Haveli Dharampura, 2293 Gali Guliyan ; menus dégustation végétarien/non végétarien 1 800/2 200 ₹, autres plats 400-600 ₹ ; 10h-22h30 ; ; M Jama Masjid). On a plaisir à voir l'un des majestueux *haveli* d'Old Delhi enfin restauré. Projet chéri du politicien Vijay Goel, ce restaurant change de l'ordinaire du quartier et son cadre est particulièrement pittoresque le soir venu. Tables dans la cour et carte de cuisine *mughlai* et locale.

Moti Mahal MUGHLAI $$$

(carte p. 58 ; 011-23273661 ; 3704 Netaji Subhash Marg ; plats 290-620 ₹ ; 12h-minuit). Il n'existe qu'un seul vrai Moti Mahal, au charme désuet et en activité depuis six générations. Les habitants de Delhi se régalent notamment de *butter chicken* (poulet en sauce aux épices) et de *dhal makhani*. Chants *qawwali* (chants religieux) du mercredi au lundi, de 20h à 23h30.

Chor Bizarre CACHEMIRI $$

(carte p. 58 ; 011-23273821 ; Hotel Broadway, 4/15 Asaf Ali Rd ; plats 325-500 ₹ ; 12h-15h et 19h30-23h ; M New Delhi). Ce "marché des voleurs", un lieu pittoresque à l'éclairage tamisé, est empli d'objets hétéroclites. On mitonne ici une authentique et délicieuse cuisine cachemirie, dont l'emblématique *wazwan*, composé de plusieurs plats.

TAXES DANS LES BARS ET LES RESTAURANTS

Les taxes sur les alcools et les boissons non alcoolisées augmentent respectivement l'addition de 20 et 12,5%. Les restaurants appliquent aussi 12,5% de TVA sur la nourriture. Beaucoup facturent en outre le service (10%, ou 14% pour les établissements climatisés). Au final, le client peut se retrouver à payer un surcoût de 30% par rapport aux tarifs indiqués.

Paharganj et Delhi ouest (West Delhi)

Les restaurants de Paharganj sont à l'image de la clientèle internationale du quartier : les spécialités indiennes côtoient un méli-mélo de plats internationaux, des pizzas aux pancakes à la banane. On trouve des tables bon marché dans les bazars de Karol Bagh.

♥ Sita Ram Dewan Chand INDIEN $

(carte p. 76 ; 2243 Chuna Mandi ; demi-portion/plat 30/55 ₹ ; 8h-17h ; M Ramakrishna Ashram Marg). Une adresse familiale sans chichis, entièrement dédiée à un seul plat : le *chole bhature* (pois chiches épicés), servi avec de délicieux pains soufflés et frits tout chauds – il se prend traditionnellement au petit-déjeuner, mais beaucoup le savourent à toute heure !

Narula Bakery BOULANGERIE $

(carte p. 76 ; sandwichs 15-25 ₹ ; 9h-22h ; M Ramakrishna Ashram Marg). Pour déjeuner sur le pouce à prix modique, on trouve ici des sandwichs garnis de légumes, maïs et fromage ou des *paneer kulcha* (pains plats au fromage) à emporter.

Everest Bakery NÉPALAIS $

(carte p. 76 ; Chandiwalan ; plats 50-250 ₹ ; 8h-23h ; M Ramakrishna Ashram Marg). Près de l'artère principale de Paharganj, ce petit restaurant décontracté, rafraîchi au moyen de ventilateurs, affiche l'habituelle alliance de cuisines, mais se distingue par ses *momo* (raviolis tibétains) et grosses salades. Il possède aussi une authentique machine à café italienne, chose inédite à Paharganj.

Brown Bread Bakery BOULANGERIE $

(carte p. 76 ; Ajay Guest House, 5084-A, Main Bazaar ; en-cas 65-150 ₹ ; 7h-23h ; wi-fi ; M Ramakrishna Ashram Marg). Son intérieur rustique en osier et ses mets bio tout simples – omelettes, pizzas, pains variés et excellentes frites – font du Brown Bread un repaire de voyageurs.

Bikanervala Angan RESTAURATION RAPIDE $

(82 Arya Samaj Rd, Karol Bagh ; plats 35-170 ₹ ; 11h-22h30 ; M Karol Bagh). Une petite cantine très fréquentée, où l'on vient grignoter des spécialités du sud de l'Inde et des en-cas. *Thali* à partir de 165 ₹.

Roshan di Kulfi GLACES $

(Ajmal Khan Rd, Karol Bagh ; kulfi autour de 70 ₹ ; 8h30-21h30 ; M Karol Bagh). Une institution, appréciée pour ses succulents *pista badam kulfi* (desserts glacés à base de lait, pistaches, amandes et cardamome). À quelque 500 m au nord-ouest du métro Karol Bagh.

♥ Shimtur CORÉEN $$

(carte p. 76 ; 3e ét., Navrang Guesthouse, Tooti Galli ; repas 240-500 ₹ ; 10h-23h ; M Ramakrishna Ashram Marg). Il faut bien chercher pour débusquer cette adresse : prenez la rue qui mène à l'Hotel Rak International, en face duquel se tient la miteuse Navrang Guesthouse, non indiquée. Montez l'escalier qui mène au toit et vous tomberez sur une petite terrasse tapissée de bambou à l'éclairage tamisé. On sert ici une délicieuse cuisine coréenne à base de produits frais. Commandez un *bibimbap* (bol de riz avec légumes, œuf et assaisonnement ; 240 ₹), arrosé d'une bière (170 ₹).

Cafe Fresh VÉGÉTARIEN $$

(carte p. 76 ; Laxmi Narayan St ; plats 115-240 ₹ ; 8h-23h ; wi-fi ; M Ramakrishna Ashram Marg). En contrebas d'une volée de marches, ce café végétarien, fréquenté par une clientèle d'Indiens et d'étrangers, est un lieu plaisant où échapper à l'agitation de la rue.

Tadka INDIEN $$

(carte p. 76 ; 4986 Ramdwara Rd ; plats 150-190 ₹ ; 8h30-22h30 ; M Ramakrishna Ashram Marg). Réputé pour son dhal, le Tadka sert aussi des plats à base de *paneer* (fromage) et autres mets prisés des végétariens (*thali* ordinaire/spécial 200/280 ₹), sous des ventilateurs vrombissants.

Malhotra INDIEN, INTERNATIONAL $$

(carte p. 76 ; 1833 Laxmi Narayan St ; plats 80-425 ₹ ; 7h-23h ; wi-fi). À une rue de la cohue de Main Bazaar, cette valeur sûre séduit autant une clientèle locale qu'étrangère. La carte comprend des formules petit-déjeuner et des classiques d'Inde du Nord, comme le *mattar paneer* (curry de petits pois et de fromage frais).

Connaught Place

♥ Naturals GLACES $
(carte p. 62 ; 8 L-Block, Connaught Place ; coupe/cornet 65 ₹, double portion 130 ₹ ; ⏲11h-minuit ; Ⓜ Rajiv Chowk). M. Kamath a l'amour des fruits et c'est son père, qui vendait des mangues à Bangalore, qui le lui a transmis. Ici, les glaces crémeuses ont des parfums tels que pastèque, noix de coco, mangue (sublime) et amandes grillées.

♥ Hotel Saravana Bhavan INDE DU SUD $$
(carte p. 62 ; 46 Janpath ; plats 95-210 ₹ , thali 210 ₹ ; ⏲8h-23h ; Ⓜ Janpath). Des *dosa*, *idli* et autres délices d'Inde du Sud très réussis vous attendent dans la plus grande et la meilleure enseigne de la chaîne à Delhi. On peut observer au fond la préparation des *dosa*. Bon café du cru également.

Kerala House INDE DU SUD $
(carte p. 62 ; 3 Jantar Mantar Rd ; repas 50 ₹ ; ⏲8h-10h, 12h30-15h et 19h-21h45 ; Ⓜ Patel Chowk). Ouverte à tous, la cantine des fonctionnaires du Kerala propose des repas savoureux à prix imbattable, incluant riz à volonté, curry de poisson, poisson frit, *sambar* (soupe de lentille), quelques plats végétariens et pickles.

Coffee Home INDIEN $
(carte p. 62 ; Baba Kharak Singh Marg ; repas 50-150 ₹ ; ⏲11h-20h ; Ⓜ Shivaji Stadium). Les employés des environs viennent en masse siroter du thé et grignoter des en-cas d'Inde du Sud comme le *masala dosa* dans le jardin ombragé ou la grande salle ventilée. Idéalement situé, à côté des emporiums d'État.

Hotel Saravana Bhavan INDE DU SUD $
(carte p. 62 ; 15-P Block ; plats 95-210 ₹ ; ⏲8h-23h ; Ⓜ Rajiv Chowk). Les meilleurs *thali* de Delhi sont servis dans le cadre, sans prétention, de ce modeste restaurant tamoul en lisière de Connaught Place. On fait la queue aux heures des repas pour savourer les curries de légumes richement épicés, les pains, les condiments et les autres garnitures qui entrent dans la composition de chaque *thali*.

Wenger's BOULANGERIE $
(carte p. 62 ; 16 A-Block, Connaught Place ; en-cas 30-100 ₹ ; ⏲10h45-19h45 ; Ⓜ Rajiv Chowk). Cette boulangerie légendaire, fondée en 1926 par un couple suisse, confectionne toujours des gâteaux, sandwichs, biscuits et feuilletés salés.

Nizam's Kathi Kabab RESTAURATION RAPIDE $
(carte p. 62 ; 5 H-Block ; grillades 80-270 ₹ ; ⏲11h30-23h ; Ⓜ Rajiv Chowk). Ce restaurant de plats à emporter propose de superbes grillades, *biryani* et rouleaux *kati* (grillades enveloppées dans un *paratha* chaud). L'établissement attire les amateurs de viande, mais les végétariens n'y sont pas en reste avec les plats de *paneer*, champignon et œuf.

♥ Masala Library INDIEN MODERNE $$$
(carte p. 66 ; 21A Janpath ; menu dégustation 2 600 ₹ ; ⏲12h-14h45 et 19h-1h ; Ⓜ Janpath). Après Mumbai, le restaurateur Zorawar Kalra a ouvert une seconde enseigne Masala Library à Delhi, dont la cuisine moléculaire créative ajoutera une touche de magie à votre repas. Cela donne par exemple des amuse-bouches à la noix de coco et à la mangue en forme de nid d'oiseau ou des boules de chocolat en suspension. Si vous avez une faim de loup, commandez le menu dégustation de 19 plats.

♥ Rajdhani INDIEN $$$
(carte p. 62 ; ☎011-43501200 ; 1/90 P-Block, Connaught Place ; thali 475 ₹ ; ⏲12h-15h30 et 19h-23h ; Ⓜ Rajiv Chowk). Des *thali* végétariens dignes d'une table royale, avec un formidable choix de plats du Gujarat et du Rajasthan.

Farzi Cafe INDIEN MODERNE $$$
(carte p. 62 ; ☎9599889700 ; 38 E-Block, Connaught Place ; plats 360-560 ₹ ; ⏲12h-0h30 ; Ⓜ Rajiv Chowk). Cette table à la mode témoigne du penchant des gourmets de Delhi pour la "gastronomie moléculaire" et les plats fusion inédits, à l'image du *butter chicken* dans un *bao* (petit pain chinois cuit à la vapeur). La bière Kingfisher ne coûte que 85 ₹ et l'on peut boire des cocktails au *banta* (boisson gazeuse traditionnelle). Concerts de musique soufie, pop et en hindi les vendredis et samedis à partir de 22h.

Chor Bizarre CACHEMIRI $$
(carte p. 58 ; ☎011-23071574 ; Bikaner House, Pandara Rd ; plats 325-500 ₹ ; ⏲12h30-15h et 19h30-23h ; Ⓜ Khan Market). Nouvelle branche du "marché des voleurs" installée dans la Bikaner House, une demeure de l'époque coloniale magnifiquement restaurée. Intérieur original au charme rétro et plats délicieusement authentiques, à l'exemple du *haaq* (épinards au piment) cachemiri.

New Delhi et ses environs

Pour dîner dans des restaurants plus chics et bénéficier d'un large choix de cuisines, cap sur les cinq-étoiles, les centres commerciaux et les enclaves huppées autour de Khan Market, Lodi Rd et Mathura Rd.

Andhra Pradesh Bhawan Canteen INDE DU SUD $
(carte p. 66 ; 1 Ashoka Rd ; plats 130-160 ₹, thali 110 ₹ ; 8h-10h30, 12h-15h et 19h30-22h ; M Patel Chowk). Une véritable aubaine que la cantine de la maison de l'Andhra Pradesh, dont les *thali*, délicieux et variés, attirent une clientèle nombreuse. Venez le dimanche pour l'*Hyderabadi biryani* (200 ₹).

Triveni Terrace Cafe CAFÉ $
(carte p. 66 ; 205 Tansen Marg, Mandi House ; plats 55-220 ₹ ; 10h-19h30 ; M Mandi House). Cet endroit géré par la même équipe que le Cafe Lota du Crafts Museum a la faveur des bobos. Au menu, de savoureux plats et en-cas indiens d'un bon rapport qualité/prix, tels que toasts au piment. La terrasse verdoyante et la salle ventilée composent un cadre plaisant.

Gujarat Bhawan GUJARATI $
(carte p. 66 ; 11 Kautilya Marg, Chanakyapuri ; petit-déj 60 ₹, thali 110-140 ₹ ; 8h-10h, 12h30-14h30 et 19h30-22h ; M Racecourse). Cette cantine sert des *thali* végétariens maison aussi généreux que roboratifs.

Stands de grillades CUISINE DE RUE $
(carte p. 66 ; dargah d'Hazrat Nizam ud-Din ; grillades à partir de 30 ₹ ; 12h-23h ; M JLN Stadium). Chaque soir, la ruelle devant le *dargah* d'Hazrat Nizam ud-Din bourdonne d'activité lorsque les fidèles quittent le sanctuaire pour se restaurer. Des cantines préparent à des prix défiant toute concurrence d'appétissantes grillades de bœuf, de mouton et de poulet, avec des *biryani* et *roti* nourrissants servis comme garnitures.

Nagaland House INDIEN $
(carte p. 66 ; 29 Dr APJ Abdul Kalam Rd ; thali 120-200 ₹ ; 12h-14h et 19h30-22h ; M Racecourse). La cantine du Nagaland, une salle sans fioriture face à un fouillis de palmiers, mérite l'attention pour ses plats de porc relevés, notamment celui aux pousses de bambou, ainsi que ses *thali* de porc à la mode naga, de poulet ou végétariens.

Cafe Lota INDIEN MODERNE $$
(carte p. 66 ; Crafts Museum ; plats 215-415 ₹ ; 8h-22h ; M Pragati Maidan). Dans ce restaurant en plein air, où le soleil forme de jolies zébrures lumineuses à travers les bambous, la cuisine a quelque chose en plus. Goûtez le *fish and chips* revisité (frites de patates douces) ou le *palak patta chaat* (épinards, pommes de terre et pois chiches croustillants, accompagnés de yaourt épicé et de chutneys). Desserts et petits-déjeuners également remarquables. Bien pour les enfants.

Caara Cafe CAFÉ $$
(carte p. 62 ; 1204569000 ; British Council, 17, Kasturba Gandhi Marg ; plats 160-350 ₹ ; 8h-20h lun-sam, 8h-18h dim). Des œuvres d'artistes britanniques décorent le paisible et lumineux café du British Council. Au menu : pâtisseries, curry de légumes et salades ou simple thé ou café en contemplant quelques œuvres tirées de ses collections.

Sodabottleopenerwala PARSI $$
(carte p. 66 ; Khan Market ; plats 85-900 ₹ ; 12h-23h ; M Khan Market). L'établissement, qui imite les cafés iraniens de Mumbai, prépare d'authentiques spécialités persanes, comme le *pulav* aux baies d'épine-vinette et le *lagan nu custer* (dessert typique des mariages).

Alkauser CUISINE DE RUE $$
(carte p. 66 ; Kautilya Marg ; grillades à partir de 170 ₹, biryani à partir de 280 ₹ ; 18h-22h30). La famille qui tient cette minuscule échoppe de plats à emporter a gagné ses galons en cuisinant pour les nababs de Lucknow dans les années 1890. La maison a pour spécialité le *kakori kebab*, un agneau haché fondant, mais il y a aussi du *biryani*, ainsi que du *burrah* à l'agneau et du *murg malai tikka* (poulet mariné avec des épices et du *paneer*, puis grillé) préparés à la perfection.

Epicuria ESPACE DE RESTAURATION $$
(carte p. 70 ; Nehru Place ; plats de fast-food 100-300 ₹ ; M Nehru Place). Achetez d'abord une carte (500 ₹), avec laquelle vous réglerez les plats choisis aux comptoirs des différentes enseignes (Karim's, Khanchacha, Sagar Ratna...) – si vous ne dépensez pas tout, on vous remboursera la différence en caisse. Il y a aussi des restaurants plus classiques, dont Fio (italien) et Dhaba by Claridges.

Sagar Ratna INDE DU SUD $$
(The Ashok, 50 B, Diplomatic Enclave ; plats 240-350 ₹ ; 8h-23h). Considéré comme le meilleur des Sagar Ratna de la ville, ce vénérable restaurant d'Inde du Sud sert d'excellents *dosa*, *idli*, *uttapam* (crêpes de riz salées) et *thali*. Autres adresses à **Connaught Place** (carte p. 62 ; 15-K Block, Connaught Place ; plats 115-170 ₹ ; 8h-23h ; M Rajiv Chowk) et au **Defence Colony Market** (carte p. 70 ; Defence Colony Market ; plats 115-170 ₹ ; 8h-23h ; M Lajpat Nagar).

Sana-di-ge INDE DU SUD $$$
(carte p. 66 ; 011-405077777 ; 24/48 Commercial Centre, Malcha Marg ; plats 345-900 ₹ ; 12h-15h45

et 19h-23h30). Ce restaurant animé du quartier des ambassades reçoit chaque jour du poisson et des fruits de mer frais, arrivés par avion de Mangalore. On y mange des plats délicieux et authentiques, comme l'*anjal* frit, le crabe sauté au poivre, les *marvai* (palourdes) ou l'*elaneer payasam*, spécialité de la maison. L'endroit comporte trois niveaux à l'atmosphère intime, décorés de paravents à motifs géométriques, avec terrasse et bar.

Bukhara INDIEN $$$

(carte p. 66 ; 011-26112233 ; ITC Maurya, Sardar Patel Marg ; plats 800-2 600 ₹ ; 12h30-14h45 et 19h-23h45). L'un des meilleurs de la capitale, ce restaurant d'hôtel prépare une cuisine de l'extrême nord-ouest du pays, en particulier des grillades fondantes et son fameux dhal *Bukhara*, à déguster sur des tables basses entre des murs en pierre apparente. Réservation indispensable.

Perch INTERNATIONAL $$$

(carte p. 66 ; Khan Market ; en-cas et plats 110-950 ₹, vin au verre 300-650 ₹, cocktails 450-650 ₹ ; 11h30-1h ; ; M Khan Market). L'enclave commerçante huppée de Khan Market devient de plus en plus tendance. En témoigne ce café-bar à vin à l'esthétique minimaliste, avec serveurs en chemise grise et musique douce. La carte affiche des vins et des en-cas du monde entier, comme le *Welsh rarebit* (toast au fromage) ou les crevettes géantes accompagnées de *soba* (nouilles japonaises).

La Bodega MEXICAIN $$$

(carte p. 66 ; 011-43105777 ; 29, Middle Lane, Khan Market ; plats 325-925 ₹ ; 12h-minuit ; M Khan Market). Cette table à la fois chic et informelle, dotée de grandes fenêtres donnant sur la verdure, propose une cuisine mexicaine de rue sous forme de tapas (tacos de canard et haricots, *pico de gallo* et guacamole...), ainsi que des *quesadillas* ou *burritos* au poulet et des salades intéressantes.

Basil & Thyme ITALIEN $$$

(carte p. 66 ; Sundar Nagar Market ; plats 465-745 ₹ ; 11h-23h ; M Khan Market). Cette élégante icône de la scène culinaire a changé de locaux, mais Indiens et expatriés s'y pressent toujours pour se régaler de saveurs méditerranéennes dans un cadre paisible et verdoyant. Pas d'alcool.

Lodi Garden Restaurant MÉDITERRANÉEN $$$

(carte p. 66 ; 011-24652808 ; Lodi Rd ; repas 600-1 400 ₹ ; 12h30-0h30 ; M Jor Bagh). L'endroit vaut surtout pour son cadre de jardin, avec pavillons en toile, lanternes accrochées aux arbres et charrettes en bois. Certes un peu en deçà de ce qu'on trouve alentour, la carte traverse l'Europe et le Moyen-Orient. Le brunch dominical attire toujours du monde.

Pandara Market INDIEN $$$

(carte p. 66 ; Pandara Rd ; plats 400-800 ₹ ; 12h-1h ; M Khan Market). Ce marché reste l'endroit où savourer une excellente cuisine *mughlai* et du Pendjab. Prix élevés, mais qualité et ambiance garantie. Nous recommandons **Gulati** (carte p. 66 ; Pandara Market ; plats 385-685 ₹ ; 12h-minuit ; M Khan Market), **Havemore** (carte p. 66 ; Pandara Market ; plats 375-725 ₹ ; 12h-2h ; M Khan Market), **Pindi** (carte p. 66 ; Pandara Market ; plats 330-570 ₹ ; 12h-minuit ; M Khan Market) et **Chicken Inn** (carte p. 66 ; Pandara Market ; plats 380-700 ₹ ; 12h-minuit ; M Khan Market).

Delhi sud (South Delhi)

De formidables restaurants indépendants se cachent dans les faubourgs d'Hauz Khas, Shahpur Jat, Saket et Mehrauli.

Potbelly BIHARI $$

(carte p. 70 ; 116C Shahpur Jat Village ; plats 250-420 ₹, thali 250 ₹ ; 12h30-23h ; M Hauz Khas). L'un des rares restaurants du Bihar à Delhi, le Potbelly se démarque par des *thali* et plats authentiques tels que le *litti chicken* (boulettes de blé complet fourrées de *sattu* et servies avec du poulet *khada masala*). Décor Shabby Chic à l'anglaise et vue splendide.

Indian Accent INDIEN $$$

(carte p. 70 ; 011-26925151 ; Manor, 77 Friends Colony (West) ; plats 725-1 425 ₹, menu dégustation non végétarien/végétarien 2 995/3 095 ₹). Officiant dans le boutique-hôtel Manor (p. 79), le chef Manish Mehrotra crée une cuisine moderne et inspirée, laquelle marie avec originalité les produits de saison. Mention spéciale pour le succulent menu dégustation, qui inclut des recettes du type crevettes tandoori au bacon ou *paper dosa* fourré de champignons sauvages et de châtaignes d'eau. Réservez bien à l'avance.

Rose Cafe CAFÉ $$$

(carte p. 70 ; 011-29533186 ; 2 Westend Marg, Saidullajab ; plats 299-520 ₹ ; 12h-21h ; M Saket). Presque en face du "Delhi Haat" (à ne pas confondre avec le vrai centre commercial Dilli Haat), un bâtiment qui ne paie pas de mine abrite ce charmant café bleu pâle et rose. Plats méditerannéens et autres (*shepherd's pie* – hachis parmentier à l'anglaise –, pancakes...), pâtisseries et petits-déjeuners servis toute la journée.

Swagath INDE DU SUD $$$

(carte p. 70 ; M9 M-Block Market ; plats 300-1 300 ₹ ; ⏲12h-23h45 ; Ⓜ Kailash Colony). Les fruits de mer exquis (crabe, crevettes, homard, poisson...) emmènent les convives dans un voyage gastronomique à travers les villages de pêcheurs du sud du pays, en contraste avec le décor sélect. Plusieurs enseignes, notamment une au **Defence Colony Market** (carte p. 70 ; 14 Defence Colony Market ; plats 365-1 300 ₹ ; ⏲11h30-23h30 ; Ⓜ Lajpat Nagar).

Coast INDE DU SUD $$

(carte p. 70 ; au-dessus d'Ogaan, Hauz Khas ; plats 360-580 ₹ ; ⏲12h-minuit ; Ⓜ Green Park). Un restaurant clair et lumineux sur plusieurs niveaux, avec vue sur le parc d'Hauz Khas, qui se distingue par une cuisine chic : des plats légers d'Inde du Sud, tels que l'*avial* (curry de légumes) accompagné d'*erisheri* (concassé) de potiron (avec des lentilles noires), des tacos, des salades et des frites à la moutarde.

Où prendre un verre et faire la fête

Delhi compte un nombre croissant de cafés, dont certains proposent du café artisanal, des plats et des pâtisseries turques. Les bars et les lieux où écouter de la musique live fleurissent aussi, mais restent rarement ouverts passé minuit et demie. Pour connaître les derniers lieux à la mode, consultez **Little Black Book** (www.littleblackbookdelhi.com), tendance et instructif, ou **Brown Paper Bag** (brownpaperbag.in/delhi). Les concerts sont recensés dans **Wild City** (www.thewildcity.com).

Cafés

♥ **Blue Tokai** CAFÉ

(carte p. 70 ; Khasra 258, Lane 3 West End Marg, Saidulajab ; ⏲9h-20h30 ; Ⓜ Saket). Dans une ruelle improbable, derrière le "Delhi Haat" (à ne pas confondre avec le Dilli Haat), cet établissement, où affluent des citadins branchés, torréfie et moud lui-même un café de premier ordre. Il y a même du café froid à l'azote et un menu dégustation. Sans oublier des en-cas du genre salade au potiron. Bref, on se croirait davantage à San Francisco que dans un coin poussiéreux du quartier de Mehrauli.

♥ **Atrium, Imperial** CAFÉ

(carte p. 62 ; Janpath ; ⏲8h-23h30 ; Ⓜ Janpath). Rien de plus distingué que l'*high tea* très *british* servi dans l'Atrium de l'hôtel Imperial (p. 77) tous les jours de 15h à 18h (semaine/week-end 1 200/1 500 ₹ plus taxe) : tasses en porcelaine fine et plateaux à étages garnis de gâteaux et de mini-sandwichs.

Indian Coffee House CAFÉ

(carte p. 62 ; 2e ét., Mohan Singh Place, Baba Kharak Singh Marg ; ⏲9h-21h ; Ⓜ Rajiv Chowk). Une adresse au charme décrépit, dont les serveurs arborent crânement des uniformes et des turbans à éventail. Venez grignoter des frites et des sandwichs dans un cadre inchangé depuis 1952. Paisible terrasse sur le toit où s'attarder.

Jugmug Thela SALON DE THÉ

(carte p. 70 ; Khasra 258, Westend Marg, Saidulajab ; ⏲10h-20h30 ; Ⓜ Saket). Une vraie surprise que ce spécialiste du thé artisanal, caché dans une venelle. Y sont servis des thés ayurvédiques concoctés à partir de quelque 180 plantes et épices, des mélanges comme le Kinnow et le Rose Earl Grey, des thés et cafés glacés, du café bio et des petits gâteaux maison.

Keventer's Milkshakes CAFÉ

(carte p. 62 ; 17 A-Block, Connaught Place ; ⏲9h-23h ; Ⓜ Rajiv Chowk). Ce stand attire une clientèle fidèle, occupée à siroter ses fameux milk-shakes crémeux (100 ₹) sur le trottoir juste devant.

Café Turtle CAFÉ

(carte p. 66 ; Full Circle Bookstore, Khan Market ; ⏲9h30-20h30 ; Ⓜ Khan Market). Associé à la librairie Full Circle (p. 90), ce café bohème peint de couleurs vives accueille une clientèle de lecteurs intellos. Idéal pour prendre un café et une pâtisserie dans un cadre douillet sur une terrasse verdoyante. Autres enseignes au **N-Block Market** (carte p. 70 ; N-Block Market, Greater Kailash I ; ⏲8h30-20h30 ; Ⓜ Kailash Colony), à GK1, et à **Nizamuddin East** (carte p. 66 ; 8 Nizamuddin East Market, Full Circle Bookstore ; ⏲8h30-20h30 ; Ⓜ Jangpura).

Kunzum Travel Cafe CAFÉ

(carte p. 70 ; www.kunzum.com ; T49 Hauz Khas Village ; ⏲11h-19h30 mar-dim ; 📶 ; Ⓜ Green Park). Dans ce lieu original, tenu par les rédacteurs du guide *Dehi 101* (en vente sur place), les clients se servent du thé et du café préparé dans des cafetières à piston et payent ce qu'ils veulent. Ils peuvent aussi feuilleter des guides et magazines de voyage. Wi-Fi gratuit.

Bars

♥ **1911** BAR

(carte p. 62 ; Imperial Hotel, Janpath ; ⏲11h-0h45 ; Ⓜ Janpath). L'hôtel Imperial, construit dans les années 1930, incarne les splendeurs du Raj. Bien que plus récent, son bar évoque également l'époque coloniale. Venez siroter des cocktails parfaits (environ 900 ₹) en compagnie d'une clientèle sur son trente et un, sous le regard des maharajas qui ornent les murs.

♥ **Piano Man Jazz Club** CLUB
(carte p. 70 ; thepianoman.in ; B 6 Commercial Complex, Safdarjung Enclave ; ⌚12h-15h et 19h30-0h30). Prisé des vrais mélomanes, ce club sombre aux allures de bar clandestin programme d'excellents concerts de jazz.

♥ **Bandstand** BAR
(carte p. 70 ; Aurobindo Market ; ⌚12h-1h ; 📶 ; Ⓜ Green Park). Cette adresse courue, voisine de l'Hauz Khas, possède une belle terrasse vitrée donnant sur les mausolées de Green Park. C'est aussi l'un des lieux où écouter de la musique live dans la capitale (à partir de 21h jeudi et dimanche).

♥ **Ek Bar** BAR
(carte p. 70 ; D17, 1er ét., Defence Colony ; ⌚12h-15h30 et 18h-0h30 ; Ⓜ Lajpat Nagar). Les étages supérieurs d'un immeuble du quartier huppé de Defence Colony abritent ce bar élégant aux couleurs éclatantes et au décor fou, où l'on vient pour voir et être vu. Les cocktails élaborés (boissons 250-800 ₹) subliment les saveurs du sous-continent (gin tonic au curcuma, par exemple) et la carte revisite les en-cas indiens. DJ tous les soirs.

♥ **Unplugged** BAR
(carte p. 62 ; ☎011-33107701 ; 23 L-Block, Connaught Place ; ⌚12h-minuit ; Ⓜ Rajiv Chowk). Un endroit atypique à Connaught Place, avec des tables et chaises en fer forgé et des balancelles dans un vaste jardin, à l'ombre d'un banian paré de lanternes en vannerie. Des concerts réguliers en tout genre animent les soirées. La bière Kingfisher coûte 100 ₹.

Hauz Khas Social BAR
(carte p. 70 ; 9A et 12 Hauz Khas Village ; ⌚10h30-minuit ; Ⓜ Green Park). Une institution d'Hauz Khas à l'atmosphère détendue, dont les grandes salles à baies vitrées donnent sur une végétation luxuriante. Carte de cocktails et d'en-cas. Terrasse pour les fumeurs. Musique live et DJ.

Summer House BAR
(carte p. 70 ; 1er ét., Aurobindo Place Market ; ⌚11h-1h ; Ⓜ Green Park). Près de l'Hauz Khas, ce grand bar animé et sa terrasse spacieuse attirent le soir une clientèle mixte, souvent sur fond de musique live. Bière Kingfisher à 175 ₹.

24/7 BAR
(carte p. 58 ; Lalit Hotel, Maharaja Rajit Singh Marg ; ⌚24h/24 ; Ⓜ Barakhamba Rd). Pour un premier contact avec Delhi après un long vol, direction le bar de l'hôtel Lalit, ouvert non-stop.

Aqua BAR
(carte p. 62 ; Park Hotel, 15 Sansad Marg ; ⌚11h-minuit ; 📶 ; Ⓜ Janpath). Besoin de vous détendre après avoir visité le Jantar Mantar ou fait du shopping à Connaught Place ? Voici un endroit parfait pour se relaxer, oublier le monde extérieur et siroter des cocktails au bord de la piscine.

Karen Cafe BAR
(carte p. 76 ; Arakashan Rd ; ⌚9h-23h ; Ⓜ New Delhi). Ces quelques tables, installées sur un toit en terrasse, invitent à échapper aux chaos de la rue tout en l'observant d'en haut. Des posters de Bob Marley, des sièges en osier et des lampes suspendues composent le décor. Le service est lent et la nourriture basique, mais le lieu a pour véritable atout son ambiance détendue.

Sam's Bar BAR
(carte p. 76 ; Main Bazaar ; ⌚11h-1h ; Ⓜ Ramakrishna Ashram Marg). Plus décontracté que la plupart de ses concurrents à Paharganj, le Sam's Bar se révèle un bon choix pour qui souhaite discuter devant un verre en compagnie d'une clientèle des deux sexes, indienne et étrangère. Bières et alcools locaux ou importés (Kingfisher 150 ₹).

Gem BAR
(carte p. 76 ; 1050 Main Bazaar, Paharganj ; ⌚11h-12h30 ; Ⓜ Ramakrishna Ashram Marg). Un bar sombre et lambrissé, pilier de Paharganj, où se mêlent habitants (mâles) et voyageurs. Vous n'y verrez pas l'heure passer. Bouteilles de bière locale à partir de 140 ₹. Préférez l'espace à l'étage, plus agréable.

My Bar BAR
(carte p. 76 ; Main Bazaar, Paharganj ; ⌚11h-12h30 ; Ⓜ Ramakrishna Ashram Marg). Ce bar sympathique, quoique sombre, bruyant et un brin miteux, voit affluer une clientèle joyeuse de voyageurs et d'habitants, qui dansent même parfois. Boissons 70-300 ₹ (bière à partir de 85 ₹). Autres enseignes à Connaught Place et Hauz Khas.

Metro Bar BAR
(carte p. 76 ; 19 Panchkuian Rd ; ⌚11h-1h ; Ⓜ Ramakrishna Ashram Marg). À l'angle du métro Ramakrishna Ashram Marg se concentrent des établissements plus ou

moins semblables, fréquentés par des hommes d'affaires indiens, où des chanteuses sans grand talent reprennent des tubes à la demande. Le Metro Bar est le meilleur du lot. Drôle et accueillant, il sert en outre de la bonne cuisine locale.

☆ Où sortir

Concerts et spectacles

Habitat World CENTRE CULTUREL

(carte p. 66 ; ☎011-43663333 ; www.habitatworld.com ; India Habitat Centre, Lodi Rd ; Ⓜ Jor Bagh). Ce haut lieu de la culture à Delhi organise des expositions d'art, des concerts et autres spectacles, le plus souvent gratuits, ainsi que des visites à pied de la ville.

India International Centre CENTRE CULTUREL

(carte p. 66 ; ☎011-24619431 ; www.iicdelhi.nic.in ; 40 Max Mueller Marg ; ⓂKhan Market). L'IIC a surtout la faveur des intellectuels d'un certain âge. Si le club est réservé aux seuls membres, le public peut assister à des expositions, discussions et concerts gratuits de qualité.

Cinémas

Delite Cinema CINÉMA

(carte p. 58 ; ☎011-23272903 ; www.delitecinemas.com ; 4/1 Asaf Ali Rd ; ⓂNew Delhi). Bâti en 1954 – il s'agissait alors du plus haut immeuble de Delhi – et rénové en 2006, le Delite se démarque par sa coupole peinte et ses lustres en cristal de Bohème. Vous pourrez y voir un film masala (film de Bollywood plein de rebondissements, mêlant action, comédie, romance et drame), sans omettre de goûter aux gros samosas proposés pendant l'entracte.

Regal Cinema CINÉMA

(carte p. 62 ; box à l'avant/arrière 80/100 ₹, balcon 100/120 ₹ ; Ⓜ Rajiv Chowk). Un cinéma populaire de Connaught Place, ouvert en 1932, où découvrir les derniers succès de Bollywood. Depuis 2017, le bâtiment renferme aussi le musée de cire Madame Tussauds de Delhi.

Achats

Meharchand Market MARCHÉ

(carte p. 66 ; Lodi Colony ; ⓂLodhi Colony). Un long chapelet de petites boutiques d'articles de maison et d'habillement, dont **Fabindia** (carte p. 66 ; ⏲11h-20h) et **the Shop** (carte p. 66 ; ⏲10h-20h lun-sam, 11h-18h dim), s'égrène en face du lotissement pour fonctionnaires Lodi Colony. Parmi les restaurants du secteur, l'**Altitude Cafe** (carte p. 66 ; plats 340-580 ₹ ; ⏲8h-17h ; wifi), bio, et le restaurant de "tapas asiatiques", **Diva Spiced** (carte p. 66 ; tapas 320-560 ₹, plats 390-1 200 ₹ ; ⏲11h30-23h30), sortent du lot.

Timeless LIVRES

(carte p. 70 ; ☎011-46056198 ; 46 Housing Society, Part I, South Extension ; ⏲10h-19h lun-sam). Nichée dans une ruelle (demandez votre chemin), cette librairie doit sa clientèle fidèle à ses beaux livres traitant de sujets éclectiques, allant des textiles indiens à l'architecture.

KUSHTI

Dans le quartier au nord de Kashmere Gate, à Old Delhi, vous remarquerez un nombre inhabituel d'hommes musculeux. Ce quartier poussiéreux tient en effet lieu de QG aux hommes qui pratiquent le *kushti*, ou *pehlwani*, une forme de lutte traditionnelle incorporant des principes philosophiques et des éléments de yoga.

Les futurs *pehlwan* intègrent un *akhara* (centre d'entraînement) dès le début de l'adolescence ; ils s'y adonnent à des exercices physiques intensifs et rigoureux destinés à développer la musculature nécessaire à la discipline – ils grimpent à la corde, soulèvent des poids... Leur régime alimentaire et leur mode de vie sont étroitement réglementés ; les rapports sexuels sont proscrits, tout comme la consommation de tabac ou d'alcool. Les lutteurs vivent en communauté dans des conditions rustiques, sous la férule d'un entraîneur qui fait également office de guide spirituel.

Les combats se déroulent sur une aire en terre battue humidifiée. Le but est d'immobiliser l'adversaire au sol, mais l'affrontement se poursuit souvent jusqu'à ce que l'un des deux protagonistes jette l'éponge ou tombe d'épuisement. Lors des championnats régionaux, les vainqueurs se voient remettre, en guise de trophée, une *gada* (masse) en or, arme associée au dieu Hanuman vénéré par les *pehlwan*.
La plupart des *akhara* acceptent des spectateurs pendant leurs séances d'entraînement quotidiennes du lever au coucher du soleil, à condition que le travail des lutteurs ne s'en trouve pas perturbé. Demandez l'autorisation au préalable ; le blog www.kushtiwrestling.blogspot.com, bonne entrée en matière, recense les principaux *akhara*.

Delhi Musical Stores INSTRUMENTS DE MUSIQUE
(carte p. 70 ; 23276909 ; www.indianmusicalinstruments.com ; C99 Lajpat Nagar ; 11h-20h lun-sam ; M Lajpat Nagar). Tablas, harmoniums, sitars et autres instruments de belle facture.

Aap Ki Pasand (San Cha) THÉ
(carte p. 66 ; 15 Netaji Subhash Marg ; 10h-19h lun-sam). Un salon de thé spécialisé dans les thés indiens où l'on peut déguster avant de les acheter des productions de Darjeeling, de l'Assam, des Nilgiri et de la région de Kangra, emballées dans de jolis sacs à cordon. Autre adresse au **Santushti Shopping Complex** (carte p. 66 ; 011-264530374 ; www.sanchatea.com ; Racecourse Rd ; 10h-18h30 lun-sam ; M Racecourse).

Daryaganj Kitab Bazaar MARCHÉ
(carte p. 58 ; 8h-18h dim). Chaque dimanche, le marché aux livres se déploie de Delhi Gate vers le nord en direction du Fort rouge sur environ 2 km et un peu vers l'ouest le long de Jawaharlal Nehru Marg. Les chineurs y trouvent de tout, des romans à l'eau de rose aux vieux albums pour enfants.

Anokhi VÊTEMENTS
(carte p. 66 ; www.anokhi.com ; 32 Khan Market ; 10h-20h ; M Khan Market). Marque spécialisée dans les vêtements et articles imprimés à l'aide de tampons de bois. Les modèles reprennent des motifs traditionnels adaptés au goût du jour. Enseignes au **Santushti Shopping Complex** (carte p. 66 ; 10h-19h lun-sam ; M Racecourse), au **N Block Market** (carte p. 70 ; Greater Kailash I ; 10h-20h ; M Kailash Colony) et à **Nizamuddin East** (carte p. 66 ; 10h-20h lun-sam).

OCM Suitings VÊTEMENTS
(carte p. 66 ; 011-24618937 ; Khan Market ; 11h-20h lun-sam ; M Khan Market). Costumes pour hommes en laine à partir de 9 500 ₹ (tissu compris), confectionnés en 7 à 10 jours. Jupes longues dès 550 ₹ (tissu en sus).

Boutiques d'instruments de musique INSTRUMENTS DE MUSIQUE
(carte p. 58 ; Netaji Subhash Marg ; approximativement 10h-20h lun-sam). Pour des instruments à prix compétitifs, explorez les magasins le long de Netaji Subhash Marg, à Daryaganj.

Rikhi Ram INSTRUMENTS DE MUSIQUE
(carte p. 62 ; 011-23327685 ; www.rikhiram.com ; 8A G-Block, Connaught Place ; 12h-20h lun-sam ; M Rajiv Chowk). Une jolie boutique à l'ancienne, où sont vendus sitars classiques et électriques, tablas et autres instruments de professionnels.

Old Delhi

Main Bazaar ARTISANAT, VÊTEMENTS
(carte p. 76 ; Paharganj ; 10h-20h mar-dim ; M Ramakrishna Ashram Marg). Le bazar pour touristes à petit budget qui longe Paharganj offre l'embarras du choix : cadeaux, vêtements de style baba cool, bijoux fantaisie, bagages… Ne marchandez que si vous avez l'intention d'acheter.

Karol Bagh Market MARCHÉ
(carte p. 58 ; approximativement 10h-19h mar-dim ; M Karol Bagh). Privilégié pour les vêtements et les achats de mariage, ce bazar clinquant affiche un large choix d'articles ostentatoires, tels que *lehanga choli* (ensembles féminins) et chaussures de princesse. Il y a aussi de l'électronique au marché Gaffar (une aubaine pour qui a cassé l'écran de son téléphone portable) et des pièces de moto chromées.

Connaught Place

♥ **Central Cottage Industries Emporium** ART ET ARTISANAT
(carte p. 62 ; 011-23326790 ; Janpath ; 10h-19h ; M Janpath). Véritable caverne d'Ali Baba, ce magasin sur plusieurs étages propose de l'artisanat de tout le pays. Il pratique des prix (fixes) plus élevés que les emporiums d'États, mais présente un bon choix de sculptures sur bois, bijoux, poteries, objets en papier mâché, articles de papeterie, cuivres, textiles, jouets, tapis, produits de beauté et miniatures absolument superbes. Café Smoothie Factory au rez-de-chaussée.

♥ **Kamala** ART ET ARTISANAT
(carte p. 62 ; Baba Kharak Singh Marg ; 10h-19h lun-sam ; M Rajiv Chowk). Bibelots, textiles et articles pour la maison au design contemporain original, fabriqués suivant des techniques traditionnelles par les maîtres artisans du Crafts Council of India.

♥ **People Tree** ARTISANAT, VÊTEMENTS
(carte p. 62 ; Regal Bldg, Sansad Marg ; 11h-19h ; M Rajiv Chowk). Une minuscule échoppe où dénicher des T-shirts tendance à motifs indiens, issus du commerce équitable, ainsi que des sacs, des bijoux et des coussins à l'effigie de divinités hindoues. Prix fixes.

♥ **Emporiums d'État** ARTISANAT, VÊTEMENTS
(carte p. 62 ; Baba Kharak Singh Marg ; 11h-13h30 et 14h-18h30 lun-sam ; M Shivaji Stadium). Alignés dans la même rue et affichant l'apparente torpeur propre à ce genre d'endroit,

LES BAZARS D'OLD DELHI

Les bazars d'Old Delhi promettent une expérience sensorielle étourdissante. Les effluves d'encens, d'épices, de gaz d'échappement et autres se mêlent allègrement sur fond d'échoppes aux marchandises bigarrées. Tout cela dans un concert permanent de cris, de musique et de klaxons. Pour une immersion dans cette réalité indienne, venez plutôt le matin, quand la cohue reste supportable.

Des secteurs sont spécialisés dans un type d'article. **Chandni Chowk** (carte p. 58 ; 10h-19h lun-sam ; M Chandni Chowk) vend des vêtements, de l'électronique et des gadgets à l'espérance de vie très limitée. Pour des bijoux en argent, direction **Dariba Kalan** (carte p. 58 ; environ 10h-20h ; M Chawri Bazaar), la ruelle proche du *gurdwara* de Sisganj. Donnant sur celle-ci, **Kinari Bazaar** (carte p. 58 ; Kinari Bazaar ; environ 11h-20h ; M Jama Masjid), littéralement "marché de la passementerie", est réputé pour ses *zardozi* (broderies dorées), ornements de temple et turbans de mariage. Au sud de l'ancien hôtel de ville, **Nai Sarak** (carte p. 58 ; environ 10h-20h ; M Jama Masjid) présente une succession de boutiques de saris, châles, mousseline de soie et *lehenga*. À côté, on trouve à **Ballimaran** (carte p. 58 ; Ballimaran ; 10h-20h ; M Chandni Chowk) des pantoufles pailletées et des *jooti* (chaussures punjabies) à bout recourbé. À **Chawri Bazaar** (carte p. 58 ; 10h-19h), qui s'étend à l'ouest de la Jama Masjid, vous pourrez vous procurer de beaux papiers cadeau et cartes de vœux.

Près de la Fatehpuri Masjid, dans Khari Baoli, l'odorant **marché aux épices** (Gadodia Market ; carte p. 58 ; Khari Baoli ; M Chandni Chowk) vend pléthore de poudres de piment écarlate, de racines noueuses de gingembre et de curcuma, de grains de poivre, de cumin, de coriandre, de cardamome et de fruits secs. On y assiste à un va-et-vient constant de portefaix, avec sur la tête d'énormes sacs odorants.

les emporiums officiels des différents États indiens constituent la vitrine de leurs produits et artisanats respectifs : papier mâché et tapis (Cachemire), miniatures et marionnettes (Rajasthan), objets en marqueterie de marbre (Uttar Pradesh), sculptures en bois de santal (Karnataka) ou en pierre (Odisha), statues en métal (Tamil Nadu)...

Janpath Market et marché tibétain ART ET ARTISANAT
(carte p. 62 ; Janpath ; 11h30-19h lun-sam ; M Rajiv Chowk). Ces marchés jumeaux séduisent les touristes par leur choix pléthorique d'articles en tout genre : textiles ornés de miroirs, châles colorés, objets tibétains, pendants d'oreilles, etc. Furetez-y pour dénicher des pièces intéressantes au milieu de la pacotille, puis marchandez ferme.

Khadi Gramodyog Bhawan VÊTEMENTS
(carte p. 62 ; Baba Kharak Singh Marg ; 10h30-20h ; M Rajiv Chowk). Renommée pour ses excellents *khadi* (étoffes tissées à la main), dont de superbes châles, cette enseigne vend aussi du papier artisanal, de l'encens, des épices, du henné et de jolis savons naturels.

M Ram & Sons VÊTEMENTS
(carte p. 62 ; 011-23416558 ; 21 E-Block, Connaught Place ; 10h30-20h ; M Rajiv Chowk). Ce tailleur réputé fabrique des costumes pour hommes à partir de 8 000 ₹. Sur-mesure envisageable sous 24 heures.

Oxford Bookstore LIVRES
(carte p. 62 ; N81 Connaught Place ; 10h-21h30 lun-sam, 11h-21h30 dim ; M Rajiv Chowk). Une librairie chic mais un peu impersonnelle, où l'on peut néanmoins passer des heures. Le personnel est moins compétent que dans certains magasins concurrents, mais l'offre inclut des articles de papeterie artisanaux et autres jolis souvenirs. Le **Cha Bar** (carte p. 62 ; Oxford Bookstore, N81 Connaught Place ; 10h-21h30 lun-sam, 11h-21h30 dim ; M Rajiv Chowk) attenant est un point de rendez-vous animé.

New Delhi

Khan Market MARCHÉ
(carte p. 66 ; approximativement 10h30-20h lun-sam ; M Khan Market). L'enclave commerçante la plus huppée de Delhi, là où les loyers des boutiques battent le record national, a la faveur des citadins fortunés et des expatriés. Elle regroupe des magasins de mode et de décoration ainsi que des librairies. C'est aussi un bon coin pour se restaurer ou prendre un verre.

Anand Stationers (carte p. 66 ; 10h-20h lun-sam, 12h-18h dim) vend du papier artisanal, **Mehra Bros** (carte p. 66 ; 10h-19h lun-jeu et sam, 10h-20h ven, 11h-18h dim) des ornements en

VAUT LE DÉTOUR

SHAHPUR JAT

À 1 km au nord-est du métro Hauz Khas, le quartier de Shahpur Jat, qui se rejoint en rickshaw, fait partie des lieux phares pour acheter du prêt-à-porter haut de gamme de stylistes indépendants. Les boutiques **Nimai** (carte p. 70 ; 011-64300113 ; 416 Shahpur Jat Village ; 11h-19h30 ; Hauz Khas) et **NeedleDust** (carte p. 71 ; www.needledust.com ; 40B, rdc, Shahpur Jat ; 10h30-19h30 lun-sam, 11h-18h30 dim ; Hauz Khas), qui vendent respectivement des bijoux et des chaussures en cuir brodées, sortent du lot. Le secteur abrite aussi des restaurants n'appartenant pas à des chaînes, comme Potbelly (p. 84), où manger des spécialités du Bihar, et **Greenr** (carte p. 70 ; 7042575339 ; plats 250-375 ₹ ; 11h-19h30 ; ; Hauz Khas), adresse bio et végétarienne. Pour une dégustation de thés de premier choix, direction l'**Anandini Tea Room** (carte p. 70 ; 12A, DDA Flats ; 11h-19h ; Hauz Khas).

papier mâché. Les amoureux de littérature feront un saut à la **Full Circle Bookstore** (carte p. 66 ; www.fullcirclebooks.in ; 9h30-20h30) et chez **Bahrisons** (carte p. 66 ; www.booksatbahri.com ; 10h30-19h30 lun-sam, 11h30-19h30 dim). Pour des vêtements et des articles de maison indiens, direction **Fabindia** (carte p. 66 ; 10h30-21h30) et Anokhi (p. 88). Enfin, vous pourrez vous procurer des produits ayurvédiques élégamment conditionnés chez **Kama** (carte p. 66 ; 10h30-20h30).

Sunder Nagar Market ART ET ARTISANAT
(carte p. 66 ; Mathura Rd ; approximativement 10h30-19h30 lun-sam). Cette enclave distinguée, longtemps assoupie, devient de plus en plus chic. Elle rassemble des boutiques d'artisanat indien et népalais, et on y trouve des copies d'antiquités, des meubles et des thés d'origine locale. À noter aussi le restaurant Basil & Thyme (p. 84) très apprécié et le bar branché N°8.

Delhi sud (South Delhi)

Dilli Haat ART ET ARTISANAT
(carte p. 70 ; Aurobindo Marg ; étranger/Indien 100/20 ₹ ; 10h30-22h ; INA). Dans ce marché en plein air très bigarré, sont vendus des objets de toute l'Inde – marchandez sans pitié. L'endroit compte de nombreux stands d'alimentation où goûter de savoureuses spécialités régionales à prix doux – profitez-en pour découvrir la cuisine du Nagaland ou du Tamil Nadu (plats 70-100 ₹).

Hauz Khas Village ARTISANAT, VÊTEMENTS
(carte p. 70 ; 11h-19h lun-sam ; Green Park). Moins en vogue qu'il y a quelques années mais toujours intéressantes, les allées étroites de ce petit "village urbain" réunissent des boutiques de prêt-à-porter indien, d'artisanat, de céramiques, de meubles faits main et de vieilles affiches de Bollywood. **Claymen** (carte p. 70 ; horaires variables), Maarti, Ogaan et Bodice méritent particulièrement le coup d'œil.

Dastkar Nature Bazaar MARCHÉ
(dastkar.org ; Andheria Modh ; 10h-19h mar-dim ; Chhatarpur). L'ONG Dastkar œuvre pour la promotion de l'artisanat indien et organise chaque mois un marché en plein air. Le thème, toujours différent, vise à présenter la culture, les traditions artisanales et la gastronomie d'une région.

Greater Kailash I : M-Block Market et N-Block Market MARCHÉ
(carte p. 70 ; approximativement 10h-20h mer-lun ; Kailash Colony). Cette zone commerçante en deux parties comporte des magasins haut de gamme, dont plusieurs enseignes Fabindia et la boutique d'habillement Anokhi, de même que des restaurants sélects.

Renseignements

ACCÈS INTERNET

La plupart des hôtels et de nombreux cafés offrent un accès Wi-Fi gratuit.

DÉSAGRÉMENTS ET DANGERS

Delhi est une ville relativement sûre en termes de petite délinquance, mais des pickpockets opèrent dans les lieux très fréquentés ; surveillez vos objets de valeur.

Escroqueries dans les gares

Dans la gare ferroviaire de New Delhi, des escrocs (dont beaucoup arborent un uniforme) tentent d'empêcher les voyageurs d'atteindre l'International Tourist Bureau au profit d'agences de voyages où ils reçoivent une commission. Ils affirmeront souvent aux visiteurs que leur billet n'est pas valable ou qu'il y a un problème avec les trains, puis les aideront gentiment à réserver un taxi onéreux ou un billet de 3e classe vendu comme un billet de catégorie supérieure. Les touristes qui arrivent tard le soir, épuisés par un long voyage, constituent une cible privilégiée.

En règle générale, ne vous fiez à personne dans la gare, même si l'individu est en uniforme ou vous montre une carte d'aspect officiel.

Rabatteurs

Les *taxi-wallahs* de l'aéroport et des zones touristiques tenteront souvent de vous persuader que votre hôtel est complet, d'un mauvais rapport qualité/prix, dangereux, ou encore qu'il a brûlé ou fermé, voire qu'il y a des émeutes à Delhi, afin de vous emmener vers un établissement qui leur reversera une commission. Insistez pour être conduit là où vous avez l'intention d'aller ; faire mine de noter le numéro de la plaque d'immatriculation ou d'appeler l'assistance téléphonique des taxis et rickshaws peut aider. Les rabatteurs opérant à Connaught Place pratiquent la même ruse pour attirer les visiteurs dans des magasins et des agences de voyages.

Sécurité des voyageuses

Delhi a la réputation, hélas justifiée, d'être dangereuse pour les femmes. Ne vous déplacez jamais à pied dans des lieux isolés et déserts, même de jour ; étudiez votre itinéraire, afin d'éviter de vous perdre (en téléchargeant un plan utilisable hors ligne) et montrez-vous très prudente lorsque vous rentrez après la nuit tombée (en ayant sur vous les coordonnées d'une compagnie de taxi ou d'un chauffeur fiable).

MÉDIAS

➡ En version papier, procurez-vous le programme hebdomadaire *Delhi Diary* (30 ₹), disponible dans les librairies locales. *Motherland* (www.motherlandmagazine.com) est un magazine culturel qui ne manque pas de style.

➡ Pour connaître la programmation culturelle, consultez le site Little Black Book (www.littleblackbookdelhi.com) ultrabranché ou Brown Paper Bag (brownpaperbag.in/delhi). Jetez aussi un œil au blog Delhi Walla (www.thedelhiwalla.com), une fenêtre formidable sur la vie quotidienne à Delhi.

OFFICES DU TOURISME

Archaeological Survey of India (carte p. 66 ; ☎ 011-23010822 ; www.asi.nic.in ; Janpath ; ⏲ 9h30-13h et 14h-18h lun-ven ; Ⓜ Central Secretariat). Publications sur les principaux sites archéologiques du pays, à côté du Musée national.

India Tourism Delhi (Government of India ; carte p. 62 ; ☎ 011-23320005, 011-23320008 ; www.incredibleindia.org ; 88 Janpath ; ⏲ 9h-18h lun-ven, 9h-14h sam ; Ⓜ Janpath). L'unique centre d'information touristique officiel en dehors de l'aéroport. Ignorez les rabatteurs qui prétendent travailler pour lui. Sur place, vous trouverez des infos pratiques sur Delhi, ses environs et les États voisins, des cartes gratuites de la ville et des brochures. India Tourism Delhi publie une liste d'agences de voyages et de B&B recommandés. C'est ici que vous devrez vous rendre pour toute réclamation liée au tourisme.

POSTE

De nombreuses postes dans toute la ville s'occupent d'expédier lettres et colis (la plupart ont un service d'emballage à côté). Celle de **Connaught Place** (carte p. 62 ; 6 A-Block, Connaught Place ; ⏲ 8h-19h30 lun-sam ; Ⓜ Rajiv Chowk) est particulièrement pratique.

Le bureau **India Post** (carte p. 66 ; ☎ 011-23743602 ; Gole Dakhana, Baba Kharak Singh Marg ; ⏲ 10h-17h lun-sam) de New Delhi assure le service de poste restante ; le courrier doit être adressé à GPO, New Delhi – 110001.

DHL (carte p. 62 ; ☎ 011-23737587 ; rdc, Mercantile Bldg, Tolstoy Marg ; ⏲ 8h-20h lun-sam ; Ⓜ Rajiv Chowk) possède une agence à Connaught Place.

SERVICES MÉDICAUX

On trouve des pharmacies dans presque toutes les rues commerçantes et la plupart des marchés de banlieue. Hôpitaux :

All India Institute of Medical Sciences (AIIMS ; carte p. 70 ; ☎ 011-65900669 ; www.aiims.edu ; Ansari Nagar ; Ⓜ AIIMS)

Apollo Hospital (☎ 011-29871090 ; www.apollohospdelhi.com ; Mathura Rd, Sarita Vihar ; Ⓜ Sarita Vihar)

Dr Ram Manohar Lohia Hospital (carte p. 66 ; ☎ 011-23365525 ; www.rmlh.nic.in ; Baba Kharak Singh Marg ; Ⓜ Patel Chowk)

East West Medical Centre (carte p. 67 ; ☎ 011-24690429 ; www.eastwestrescue.com ; 37 Prithviraj Rd ; Ⓜ Racecourse)

Max Healthcare (carte p. 70 ; ☎ 011-26515050 ; Press Enclave Rd, Saket ; Ⓜ Saket)

ℹ Depuis/vers Delhi

AVION

L'aéroport international Indira Gandhi (p. 821) est situé à 14 km au sud-ouest du centre-ville. Les vols internationaux et intérieurs utilisent le Terminal 3, flambant neuf. Le Terminal 1 n'accueille plus désormais que les vols low cost. Des navettes gratuites (présentez votre carte d'embarquement et votre ticket) circulent entre les 2 terminaux toutes les 20 minutes. Le trajet pouvant prendre beaucoup plus de temps qu'annoncé, prévoyez au moins 3 heures pour les correspondances.

Le hall des arrivées du Terminal 3 abrite un bureau de change ouvert 24h/24, des DAB, un service de taxis prépayés, des comptoirs de location de voitures, un guichet d'information touristique, une pharmacie, des librairies, des cafés et des chambres de repos au **Plaza Premium Lounge** (☎ 011-61233922 ; s/d 3 heures 37/52 $US, 6 heures 52/66 $US).

Il faut présenter sa carte d'embarquement pour entrer dans le terminal. Lors de l'enregistrement, prenez des étiquettes à placer sur tous vos bagages à main et faites-les tamponner par la sécurité.

L'aéroport de Delhi se couvre parfois d'un épais brouillard de novembre à janvier (ce qui perturbe souvent les horaires des vols). À cette période, mieux vaut prévoir un jour de battement entre les correspondances.

Air India (☎1800 1801407 ; www.airindia.com)

Jagson Airlines (carte p. 62 ; ☎011-23721593 ; www.jagsongroup.in ; Vandana Bldg, 11 Tolstoy Marg ; ⏲10h-18h lun-sam ; Ⓜ Janpath)

Jet Airways (carte p. 62 ; ☎011-39893333 ; www.jetairways.com ; 11/12 G-Block, Connaught Place ; ⏲9h30-18h lun-sam ; Ⓜ Rajiv Chowk)

SpiceJet (☎1800 1803333 ; www.spicejet.com)

BUS

La majorité des voyageurs arrivent à Delhi en train et en repartent de la même manière. Toutefois, les bus peuvent se révéler utiles s'agissant de certaines destinations ou si les trains affichent complet.

La plupart des lignes publiques partent du vaste **Kashmere Gate Inter State Bus Terminal** (ISBT ; carte p. 58 ; ☎011-23860290 ; Ⓜ Kashmere Gate) à Old Delhi, desservi par le métro. Cette gare routière abrite les bureaux des compagnies suivantes :

Delhi Transport Corporation (carte p. 62 ; ☎011-23370210 ; www.dtc.nic.in)

Haryana Roadways (carte p. 58 ; ☎011-23868271 ; www.hartrans.gov.in)

Punjab Roadways (carte p. 58 ; ☎011-44820000 ; www.punbusonline.com)

Rajasthan Roadways (carte p. 58 ; ☎011-23386658, 011-23864470 ; comptoir 36, Kashmere Gate Inter State Bus Terminal)

Rajasthan State Road Transport Corporation (carte p. 58 ; ☎011-23864470 ; rsrtc.rajasthan.gov.in)

Uttar Pradesh Roadways (carte p. 58 ; ☎011-23868709)

Uttar Pradesh State Road Transport Corporation (carte p. 58 ; ☎011-2622363 ; www.upsrtc.com)

L'**Anand Vihar Inter State Bus Terminal** (ISBT) propose des lignes pour Nainital et Kumaun dans l'Uttarakhand. Quelques bus moins chers à destination de l'Uttar Pradesh, du Madhya Pradesh et du Rajasthan partent du **Sarai Kale Khan Inter State Bus Terminal (ISBT)**, sur la route périphérique près de la gare ferroviaire de Nizamuddin.

Présentez-vous au moins 30 minutes avant le départ. Vous pouvez éviter les tracas en payant un peu plus pour un bus privé *deluxe* au départ du centre de la ville – renseignez-vous auprès d'une agence de voyages ou de votre hôtel. Vous pourrez également réserver vos billets ou vous renseigner sur **Cleartrip** (www.cleartrip.com), **Make My Trip** (www.makemytrip.com) ou **Goibibo** (www.goibibo.com).

Des bus conduisent à Agra, mais au vu du trafic, mieux vaut prendre le train. Au départ d'**Himachal Bhawan** (carte p. 66 ; ☎011-23716689 ; Sikandra Rd ; Ⓜ Mandi House), l'**Himachal Pradesh Tourism Development Corporation** (HPTDC ; carte p. 66 ; hptdc.gov.in ; Chanderlok Building, 36 Janpath ; Ⓜ Janpath) propose des bus pour Manali (1 300 ₹, 9 heures) et Shimla (900 ₹, 10 heures) à 18h30. Les billets sont vendus à Himachal Bhawan et à la **Chanderlok House** (carte p. 66 ; ☎011-23325320 ; 36 Janpath).

L'**Himachal Road Transport Corporation** (HRTC ; ☎011-23868694 ; www.hrtc.gov.in) assure aussi des bus climatisés au départ d'Himachal Bhawan, pour Shimla (935 ₹, 7/jour) et Manali (1 430 ₹, départ à 19h). Ils s'arrêtent 1 heure plus tard à la Kashmere Gate Inter State Bus Terminal.

Rajasthan Tourism (carte p. 66 ; ☎23381884 ; www.rtdc.in ; Bikaner House, Pandara Rd ; Ⓜ Khan Market) gère des bus *deluxe* au départ de la **Bikaner House** (carte p. 66 ; ☎011-23383469 ; Pandara Rd ; Ⓜ Khan Market), près d'India Gate, pour les destinations suivantes :

Ajmer Volvo 1 200 ₹, 9 heures, 3/jour

Jaipur non climatisé/*super deluxe*/Volvo 400/625/900 ₹, 6 heures, départ toutes les heures à 2 heures

Jodhpur Volvo 1 625 ₹, 11 heures, 2/jour

Udaipur Volvo 1 800 ₹, 15 heures, 1/jour

Les femmes bénéficient d'une réduction de 30% sur tous les trajets de la compagnie Rajasthan Tourism.

TRAIN

Delhi compte trois gares ferroviaires principales : la gare ferroviaire d'Old Delhi (Old Delhi Train Station, alias Delhi Junction) ; la gare ferroviaire de New Delhi (New Delhi Train Station, près de Paharganj) ; et la gare ferroviaire de Nizamuddin (Nizamuddin Train Station), au sud de Sunder Nagar. Vérifiez bien d'où part votre train.

La meilleure option consiste à s'adresser au très utile **International Tourist Bureau** (ITB ; carte p. 76 ; ☎011-23405156 ; 1er ét., New Delhi Train Station ; ⏲24h/24). L'accès à l'ITB se fait avant le quai 1 (du côté Paharganj de la gare), par un escalier juste à droite de l'accès au quai. Ne croyez pas ceux qui vous diront qu'il a déménagé, fermé ou brûlé – il s'agit d'un stratagème pour vous attirer ailleurs. Avancez avec assurance et ignorez toute personne "serviable" ou "à l'allure officielle". L'ITB est une vaste salle équipée d'une dizaine d'ordinateurs – ne le confondez pas avec d'autres bureaux "officiels".

Les réservations se règlent en liquide (roupies) uniquement. Apportez votre passeport.

À votre arrivée, prenez un ticket pour faire la queue. Remplissez ensuite un formulaire de réservation – vérifiez la disponibilité au guichet d'information. Vous pourrez patienter pour finaliser et payer votre réservation au comptoir ad hoc. C'est le meilleur endroit où obtenir des billets de dernière minute pour des destinations prisées, mais il faut s'armer de patience.

Il existe aussi un **bureau de réservation ferroviaire** (carte p. 76 ; Chelmsford Rd ; ⌚8h-20h lun-sam, 8h-14h dim) public plus proche de Connaught Place, mais des rabatteurs sévissent dans le coin.

ℹ Comment circuler

DEPUIS/VERS L'AÉROPORT

Quelle que soit l'heure à laquelle vous atterrissez, mieux vaut avoir réservé un hôtel et précisé le moment de votre arrivée – certains

PRINCIPAUX TRAINS AU DÉPART DE DELHI

DESTINATION	N° ET NOM DU TRAIN	TARIFS	DURÉE	FRÉQUENCE	HORAIRES ET GARE DE DÉPART
Agra	12280 *Taj Exp.*	100/370 ₹ (A)	3 heures	1/jour	7h NZM
	12002 *Bhopal Shatabdi*	515/1 010 ₹ (B)	3 heures	1/jour	6h NDLS
Amritsar	12029/12013 *Swarna/Amritsar/ Shatabdi*	790/1 620 ₹ (B)	2 heures	1/jour	7h20/16h30 NDLS
Bengalore	22692 *Bangalore Rajdhani*	2 960/4 095/ 6 775 ₹ (C)	6 heures	1-2/jour	20h50 NZM
Chennai	12434 *Chennai Rajdhani*	2 795/3 860/ 6 355 ₹ (C)	34 heures	4/semaine	15h35 NZM
	12622 *Tamil Nadu Exp.*	780/2 040/ 2 990 ₹ (D)	28 heures	2/semaine	22h30 NDLS
Goa (Madgaon)	12432 *Trivandrum Rajdhani*	3 385/4 730/ 7 815 ₹ (C)	33 heures	1/jour	10h55 NZM
	12780 *Goa Exp.*	170/540/740 ₹ (D)	26 heures	3/semaine	15h NZM
Haridwar	12017 *Dehradun Shatabdi*	595/1 190 ₹ (B)	27 heures	1/jour	6h45 NDLS
Jaipur	12958 ADI *Swama Jayanti Rajdani*	1 210/1 660/ 2 755 ₹ (C)	4 heures 30	1/jour	19h55 NDLS
	12916 *Ashram Exp.*	235/590/825 ₹ (D)	4 heures 30	1/jour	15h20 DLI
	12015 *Ajmer Shatabdi*	355/740 ₹ (B)	5 heures	1/jour	6h05 NDLS
Kalka (pour Shimla)	12011 *Kalka Shatabdi*	640/1 295 ₹ (B)	4 heures 30	1/jour	7h40 NDLS
Khajuraho	12448 UP *Sampark Kranti Exp.*	365/955/ 1 350 ₹ (D)	4 heures	2/jour	20h10 NZM
Lucknow	12004 *Lucknow Swran Shatabdi*	885/1 850 ₹ (B)	10 heures 30	1/jour	6h10 NDLS
Mumbai (Bombay)	12952 *Mumbai Rajdhani*	2 085/2 870/ 4 755 ₹ (C)	6 heures 30	1/jour	16h45 NDLS
	12954 *August Kranti Rajdani*	2 085/2 870/ 4 755 ₹ (C)	16 heures	1/jour	16h50 NZM
Udaipur	12963 *Mewar Exp.*	415/1 095/1 555 ₹ (D)	17 heures 30	1/jour	19h NZM
Varanasi (Bénarès)	12560 *Shivganga Exp.*	415/1 100/ 1 565 ₹ (D)	12 heures 30	1/jour	18h55 NDLS

Abréviations des gares : NDLS – New Delhi ; DLI – Old Delhi ; NZM – Hazrat Nizamuddin
Tarifs : (A) siège 2e classe/*chair car* ; (B) *chair car*/1AC ; (C) 3AC/2AC/1AC ; (D) *sleeper*/3AC/2AC.
Reportez-vous également à la rubrique *Comment circuler* du chapitre.

établissements acceptent parfois les voyageurs tôt le matin. Les transports urbains partent du Terminal 3 ; une navette gratuite circule toutes les 20 minutes entre le Terminal 3 et le Terminal 1.

Transferts Les hôtels proposent de venir vous chercher à l'aéroport. La prestation coûte généralement plus cher qu'un taxi, mais pourra vous simplifier la vie. Il vous faudra débourser un supplément pour le parking (jusqu'à 220 ₹) et l'accès au hall des arrivées (100 ₹). Afin d'éviter ces frais, les chauffeurs attendent parfois devant les portes 4 à 6.

Métro La ligne Airport Express (www.delhimetrorail.com) relie le Terminal 3 à la gare ferroviaire de New Delhi (New Delhi Train Station) toutes les 10 à 15 minutes, de 5h15 à 23h40 (Terminal international/intérieur 60/50 ₹). Le trajet dure 20 minutes environ. Il s'agit d'une ligne séparée du reste du métro et les rames sont généralement vides. Vous pouvez utiliser une carte, ou acheter des jetons pour les autres lignes à la station Airport ; vérifiez auprès des employés sur place.

Bus Des bus climatisés vont du Terminal 3 jusqu'à la gare routière ISBT de Kashmere Gate toutes les 10 minutes, en passant par le Fort rouge, le LNJP Hospital, la porte 2 de la gare ferroviaire de New Delhi, Connaught Place, Parliament St et Ashoka Rd.

Taxi Devant les halls d'arrivée du Terminal 3 et du Terminal 1, on peut commander un taxi prépayé au **guichet de Delhi Traffic Police Prepaid Taxi** (réclamations ✆56767, ligne d'aide aux femmes ✆1091 ; www.delhitrafficpolice.nic.in). Il vous en coûtera 350 ₹ environ pour New Delhi ou Old Delhi, et 450 ₹ pour les faubourgs sud à bord d'un vieux taxi noir et jaune cabossé. Comptez 25% de plus entre 23h et 5h. Insistez pour que le chauffeur vous conduise bien là où vous souhaitez aller et ne lui remettez le coupon qu'une fois déposé à votre hôtel. Des voyageurs ont signalé des difficultés à persuader les chauffeurs de les conduire à l'adresse prévue ; insistez fermement sur votre destination.

Vous pourrez aussi réserver un taxi prépayé au comptoir de **Megacabs** (✆011-41414141 ; www.megacabs.com), à l'extérieur devant le hall des arrivées des deux terminaux (international et national). Vous paierez de 600 à 700 ₹ pour rejoindre le centre de Delhi à bord d'une voiture plus propre et climatisée.

BUS

Depuis l'inauguration du métro, les voyageurs empruntent rarement les bus urbains qui peuvent être bondés. Certains de ces véhicules confortables et climatisés s'avèrent néanmoins pratiques. C'est notamment le cas de l'Airport Express (75 ₹) et du bus GL-23 qui relie les gares routières de Kashmere Gate et d'Anand Vihar. Billets entre 10 et 25 ₹.

MÉTRO

Le **métro** (✆011-23417910 ; www.delhimetrorail.com) de Delhi est rapide et efficace – la signalisation et les annonces sont en hindi et en anglais. Les trains roulent de 6h à 23h environ. Le wagon de tête est réservé aux femmes. Notez que les rames peuvent être archibondées aux heures de pointe (9h-10h et 17h-18h environ) ; évitez de voyager avec des bagages durant ces périodes (cela dit, l'Airport Express étant séparé des autres lignes du réseau, il est toujours vide).

Les jetons (8-50 ₹) sont en vente en station, tout comme le pass touristique (1/3 jours 150/300 ₹, plus 50 ₹ de caution dont 30 ₹ remboursables), valable pour des trajets illimités sur de courtes distances, et la Smart Card (150 ₹, plus 50 ₹ de caution, 30 ₹ remboursables), qui se recharge pour un montant compris entre 200 à 1 000 ₹ – vous pourrez économiser 10% sur vos trajets.

Sécurité oblige, les stations sont équipées de portiques de détection, et les bagages sont invariablement passés aux rayons X.

RICKSHAW

Utiles pour circuler dans Old Delhi et la banlieue, les rickshaws (vélos à 3 roues équipés d'un siège à l'arrière) sont interdits dans de nombreux secteurs de New Delhi, y compris à Connaught Place. Négociez le prix de la course avant de monter ; comptez 10 ₹/km environ.

TAXI ET AUTO-RICKSHAW

Les taxis locaux (reconnaissables à leur carrosserie noir et jaune) et les auto-rickshaws (triporteurs motorisés) disposent d'un compteur, que la plupart des chauffeurs refusent cependant d'utiliser. La police de la route gère des guichets d'auto-rickshaws prépayés, dont ceux des gares ferroviaires de New Delhi, **Old Delhi** (carte p. 58 ; ⏲24h/24) et **Nizamuddin** (carte p. 66) qui fonctionnent 24h/24. Ailleurs, vous devrez négocier le prix avant de monter.

D'autres guichets se trouvent devant le bureau d'**India Tourism Delhi** (carte p. 62 ; 88 Janpath ; ⏲11h-20h30) et à **Central Park** (carte p. 62), à Connaught Place.

Les tarifs sont invariablement majorés pour les étrangers, d'où la nécessité de marchander ferme ; si la somme vous semble exorbitante, changez de taxi. La course en auto-rickshaw de Connaught Place jusqu'à Paharganj/au Fort rouge/au tombeau d'Humayun/à Hauz Khas revient à 30/60/70/100 ₹. Cependant, il peut être difficile d'obtenir ces tarifs. Consultez le site www.taxiautofare.com pour connaître les prix conseillés pour ces trajets, entre autres. Pour dénoncer la surfacturation, un harcèlement ou d'autres problèmes, relevez le numéro de licence et appelez l'Auto Complaint Line au ✆011-42400400/25844444.

Les taxis facturent le double des auto-rickshaws. Notez que le prix fluctuant de l'essence se répercute sur le montant final. Les deux types de véhicules appliquent une majoration de 25% entre 23h et 5h.

Kumar Tourist Taxi Service (carte p. 62 ; ☏ 011-23415930 ; www.kumarindiatours.com ; 14/1 K-Block, Connaught Place ; ⏲ 9h-21h). Une compagnie fiable qui demande à partir de 2 000 ₹ pour une journée de visite de Delhi (8 heures et 80 km max).

Metropole Tourist Service (carte p. 66 ; ☏ 011-24310313 ; www.metrovista.co.in ; 224 Defence Colony Flyover Market ; ⏲ 7h-19h). Établi de longue date et d'un bon rapport qualité/prix, fait payer 1 500 ₹ jusqu'à 80 km dans la journée, plus 100/15 ₹ de l'heure/du kilomètre au-delà.

Des auto-rickshaws électriques collectifs permettent de circuler à moindre coût, à condition d'aller dans la même direction que les autres passagers.

Radio-taxi

Si vous disposez d'un numéro de mobile local, vous pourrez appeler vous-même un radio-taxi (*radiocab*). Sinon, demandez à un commerçant ou au réceptionniste de votre hôtel de vous aider. Ces voitures, propres et climatisées, sont équipées d'un compteur fiable. La course coûte 23 ₹, plus 23 ₹/km. Essayez **Easycabs** (☏ 011-43434343 ; www.easycabs.com) ou **Quickcabs** (☏ 011-45333333 ; www.quickcabs.in).

Applications mobiles

Uber (www.uber.com) et **Ola Autos & Cabs** (www.olacabs.com) ont révolutionné les déplacements dans Delhi. Si vous disposez d'un numéro local et d'un smartphone, téléchargez leur application. Les chauffeurs viendront vous prendre là où vous êtes (ou presque) et vous réglerez en espèces le montant de la course, calculé automatiquement, sans avoir à marchander. NB : Uber a été interdit en 2014 suite à une agression commise par l'un de ses chauffeurs, mais le recrutement en a été amélioré depuis.

ENVIRONS DE DELHI

♥ Ensemble architectural du Qutb Minar — SITE HISTORIQUE

(carte p. 70 ; ☏ 011-26643856 ; Indien/étranger 30/500 ₹, caméra 25 ₹, spectacle d'illumination Indien/étranger 20/250 ₹, audioguide 100 ₹ ; ⏲ aube-crépuscule ; Ⓜ Qutab Minar). Cet ensemble de monuments religieux et de tombeaux figure parmi les ruines les plus spectaculaires de Delhi. Les premiers édifices furent érigés par les sultans de Mehrauli ; les souverains postérieurs engagèrent à leur tour les meilleurs artisans et artistes pour traduire dans la pierre le triomphe du pouvoir musulman. Chaque année en octobre/novembre, le **festival du Qutb** (p. 51) célèbre ici la musique et la danse indiennes classiques. Prenez le métro jusqu'à la station Qutab Minar, puis un auto-rickshaw sur 1 km.

➡ Qutb Minar

(carte p. 70). Le Qutb Minar proprement dit est une tour de la victoire doublée d'un minaret. De style afghan, il fut construit en 1193 par le sultan musulman Qutb ud-Din après sa victoire sur le dernier souverain hindou de Delhi (ou plus précisément de Qila Rai Pithora, la première Delhi). Entourée de bandeaux sculptés portant des versets du Coran, elle mesure près de 73 m de hauteur et s'affine progressivement, passant de 15 m de diamètre à la base à 2,5 m au sommet.

➡ Quwwat ul-Islam Masjid

(mosquée de la Puissance de l'islam ; carte p. 70). La première mosquée édifiée en Inde – et la plus importante de Delhi jusqu'en 1360 – s'élève au pied du Qutb Minar. Au-dessus de la porte orientale, une inscription indique qu'elle fut construite avec les matériaux de "27 temples idolâtres" détruits. Ses sculptures élaborées montrent clairement la fusion des styles islamique et préislamique. Notez notamment les disques solaires, les shikharas et d'autres éléments d'origines hindoue ou jaïne.

➡ Iron Pillar

(carte p. 70). Cette colonne de fer de près de 7 m dressée dans la cour de la mosquée Quwwat ul-Islam est beaucoup plus ancienne que tous les monuments alentour. En raison de la pureté remarquable du matériau et de l'aridité du climat, elle ne montre aucun signe d'oxydation malgré ses 1 600 ans. Six lignes en sanskrit indiquent qu'elle s'élevait à l'origine devant un temple dédié à Vishnu, peut-être au Bihar, et honorait la mémoire de Chandragupta II (375-413). À considérer les techniques en usage à l'époque, les scientifiques ne comprennent pas comment elle fut moulée.

♥ Mehrauli Archaeological Park — PARC

(carte p. 70 ; ⏲ aube-crépuscule ; Ⓜ Qutab Minar). GRATUIT Plus de 440 monuments, du Xe siècle à la période coloniale, émaillent la zone boisée et le village de Mehrauli. Dans la forêt, les mausolées de Balban et de son fil Quli Khan, ravagés par le temps, ainsi que la mosquée Jamali Khamali, rattachée au tombeau du poète soufi Jamali, s'avèrent les plus impressionnants. À l'ouest, le Rajon ki Baoli (XVIe siècle), doté d'un escalier monumental, est le plus beau puits à degrés de Delhi.

À l'extrémité nord du village, le mausolée d'Adham Khan servit autrefois de résidence à des Britanniques, puis de commissariat de police et de bureau de poste. En continuant vers le nord, vous tomberez sur les remparts préislamiques de la cité de Lal Kot.

Au sud du village subsistent des vestiges du Zafar Mahal, un palais moghol jadis au cœur de la jungle, et le *dargah* de Qutb Sahib, un sanctuaire soufi. On peut voir ici un petit cimetière comportant un espace vide destiné au dernier roi de Delhi, Bahadur Shah Zafar, qui mourut exilé en Birmanie (Myanmar) en 1862. Au sud s'étend l'**Hijron ka Khanqah** (carte p. 70 ; Kalka das Marg ; aube-crépuscule), un cimetière réservé aux *hijra* (travestis et eunuques), datant de la dynastie Lodi. Si l'identité des défunts demeure inconnue, il s'agit d'un endroit paisible et bien entretenu, révéré par la communauté *hijra* de Delhi. Un peu plus loin dans la même direction, le Jahaz Mahal ("palais du navire"), également d'époque moghole, voisine avec le **réservoir Haus i Shamsi** (près de Mehrauli-Gurgaon Rd).

De la station de métro, tournez immédiatement à droite et marchez 500 m pour atteindre la partie boisée du parc. Sinon, un circuit guidé à pied est une façon intéressante de découvrir le site.

Tughlaqabad CITÉ FORTIFIÉE
(Indien/étranger 15/200 ₹, caméra 25 ₹ ; aube-crépuscule ; M Tughlakabad). À demi englouties par la jungle et les localités voisines, ces ruines magnifiques correspondent à la troisième Delhi, bâtie au XIVe siècle par Ghiyas ud-Din Tughluq. Selon la légende, le sultan aurait réquisitionné pour le chantier les ouvriers occupés à la construction du sanctuaire de Nizam ud-Din. Le saint soufi aurait alors maudit le souverain et prédit que la citadelle finirait par n'être plus habitée que par des bergers. Or, de nos jours, ce sont plutôt des singes qui hantent les lieux. Les monuments croulants composent, dans leur écrin de végétation vert émeraude, des tableaux évocateurs. Un réseau de salles souterraines servait d'entrepôts. Prenez un auto-rickshaw à la station de métro Tughlakabad (aller simple/aller-retour 80/160 ₹).

Gurgaon (Gurugram)

Depuis 2016, la plus grande ville-satellite de Delhi a repris son nom originel de Gurugram, hérité du *Mahabharata*. Cette ancienne agglomération de villages et de terres cultivées commença à changer dans les années 1970 avec l'installation d'une usine du constructeur automobile Maruti Suzuki. Son développement s'accéléra dans les années 1990, si bien qu'elle a désormais rang de ville nouvelle en plein essor, dont le revenu par habitant est le troisième du pays. Tours de bureaux, entreprises de télécommunication, centres d'appel, centres commerciaux et hôtels composent un paysage urbain où le béton règne.

À voir

Sultanpur National Park PARC NATIONAL
(haryanaforest.gov.in/SultanpurNationalPark.aspx ; Sultanpur ; étranger/Indien 40/5 ₹, appareil photo/caméra 25/500 ₹ ; 7h-16h30). Difficile de croire que ce parc, peuplé d'une foule d'oiseaux indigènes ou migrateurs – (martins-pêcheurs, flamants roses, oies sauvages, sarcelles, cigognes...), ne se situe qu'à 15 km de Gurgaon. Allez-y en taxi, de préférence tôt le matin pour mieux observer la faune aviaire. On peut loger sur place au **Rosy Pelican Tourist Complex** (0120-4355020 ; ch à partir de 2 175 ₹), géré par l'État.

Museo Camera MUSÉE
(9810009099 ; www.indiaphotoarchive.org ; T-23/5, DLF Phase III ; don requis 300 ₹/pers ; Rapid Metro Phase III). Ce musée formidable a été créé à partir de la collection du photographe indien Aditya Arya. Les plus vieux clichés datent des années 1850. Vous y découvrirez aussi des appareils photo de légende, dont un Sinar et un Hasselblad du même modèle que celui utilisé lors du premier voyage sur la Lune.

Où se loger

Gurgaon compte quantité de cinq-étoiles et de luxueux hôtels d'affaires. Ils s'adressent aux hommes d'affaires mais aussi aux vacanciers en quête d'un hébergement haut de gamme plus abordable que dans le centre de Delhi et à proximité des nombreux centres commerciaux huppés du secteur.

Harry's Bed & Breakfast B&B $$
(987169996, 9810158515 ; Plot 40, Silver Oaks Avenue, DLF 1 ; s/d 2 300/2 800 ₹ ; M Sikanderpur). Une odeur caractéristique d'épices d'Inde du Sud accueille les hôtes de ce B&B tenu par des Tamouls, dans un coin tranquille de Gurgaon. Somptueuses et bien éclairées, les grandes chambres disposent d'une sdb, et l'une d'elles a même un jardinet. Wi-Fi gratuit et petit-déjeuner royal. Si vous leur demandez à l'avance, les propriétaires vous prépareront un repas tamoul.

Tikli Bottom HÔTEL $$$
(www.tiklibottom.com ; Manender Farm, Gairatpur Bas, Gurgaon ; s/d pension complète 12 000/21 000 ₹ ;). À environ 50 km au sud du centre de Delhi, ce pavillon dans le style de Lutyens, entouré de collines boisées, où flotte un parfum du passé, est tenu par un couple britannique. L'établissement compte 4 chambres hautes de plafond et de vastes salons, ainsi qu'une belle piscine avec vue sur les collines, dominée par une pagode.

On peut aussi venir ici simplement pour déjeuner (adulte/12-18 ans/-12 ans 1 750/800/300 ₹) et explorer la campagne où déambulent des poules et des émeus. Les visiteurs à la journée désireux de se baigner paient la chambre 4 500 ₹.

Trident HÔTEL $$$
(www.tridenthotels.com ; 443, Udyog Vihar, Phase V, Secteur 19 ; ch à partir de 15 500 ₹ ; ; M IFFCO Chowk). Ce palais moderne, agrémenté de dômes de style moghol et de bassins miroitants, possède des chambres immenses et une belle variété d'équipements, dont d'excellents restaurants (brunch spécial enfants le dimanche). Rapport qualité/prix avantageux comparé aux cinq-étoiles du centre de la capitale.

Où se restaurer

Les bonnes tables abondent à Gurgaon, mais uniquement dans les catégories de prix moyenne et supérieure. En outre, tout est tellement neuf que le cadre manque souvent d'âme. Néanmoins, certains restaurants d'hôtel se distinguent et il existe même une aire de restauration gastronomique.

Fat Lulu's PIZZAS $$
(0124-4245497 ; Cross Point DLF City IV, DLF Galleria Rd, Gurgaon ; pizzas à partir de 425 ₹ ; 11h30-23h). Cette petite adresse charmante, en face du populaire Galleria Market, prépare des pizzas à pâte fine bien garnies, des recettes italiennes classiques aux versions indiennes (poulet *tikka masala*, par exemple). Salle à manger originale et colorée.

DLF Cyber Hub INTERNATIONAL $$
(www.facebook.com/dlfcyberhub/ ; DLF Cyber City, Phase II, NH8 ; plats à partir de 200 ₹ ; généralement 11h-minuit ; Rapid Metro DLF Cyber City). Le *food court* par excellence, où chacun trouve son bonheur. Nous recommandons **Sodabottleopenerwala** (parsi), **Gurgaon Social** (avec salles privatives), **Farzi Cafe** (cuisine moléculaire et bière bon marché), **People & Co** (avec spectacle comique), **Yum Yum Cha** (spécialités asiatiques et décor branché) et **Sion 7** (bière artisanale brassée sur place).

Amaranta PRODUITS DE LA MER, INDIEN $$$
(0124-2451234 ; The Oberoi, 443 Udyog Vihar, Phase V ; plats 1 900-2 100 ₹ ; 12h30-15h et 19h-minuit ; M IFFCO Chowk). Le restaurant chic de l'hôtel Oberoi reçoit des louanges pour sa cuisine indienne créative. Les fruits de mer, exceptionnels, arrivent chaque jour de la côte par avion, mais commandez plutôt le menu dégustation de 7 ou 9 plats (végétarien/non végétarien 4 000/5 900 ₹).

Où prendre un verre

Gurgaon abrite beaucoup de lieux de sortie nocturnes, prisés de la classe moyenne, notamment au DLF Cyber Hub et le long de Golf Course Rd. Nombre de bars et de restaurants programment de la musique live. Le DLF Cyber Hub comprend même un club où des comiques se produisent : le People & Co. Comme à Delhi, la plupart des établissements ferment au plus tard à 0h30.

Où sortir

Kingdom of Dreams THÉÂTRE
(0124-4528000 ; www.kingdomofdreams.in ; Auditorium Complex, Phase 29 ; Culture Gully 599 ₹, spectacles à partir de 1 099 ₹ mar-ven, 1 199 ₹ sam-dim ; 12h30-minuit mar-ven, 12h-minuit sam-dim, horaires des spectacles variables ; M IFFCO Chowk). Si vous aimez le style Bollywood, vous en aurez pour votre argent en assistant à l'une des trois comédies musicales, chamarrées à souhait et ponctuées d'effets spéciaux, programmées au Nautanki Mahal. Une navette gratuite part du métro toutes les 15 minutes.

Achats

Avec ses rues entières bordées de centres commerciaux tape-à-l'œil, où s'alignent enseignes de luxe et chaînes internationales, Gurgaon ravit les adeptes d'une certaine forme de shopping. Il s'y trouve toutefois quelques boutiques indépendantes, comme **Atelier Mon** (www.ateliermon.com ; 27/4, Deodar Marg, Block A, Secteur 26A ; 11h-18h lun-sam ; M Sikanderpur), pour faire bonne mesure.

Comment circuler

Rapid Metrorail Gurgaon (rapidmetrogurgaon.com/home ; 20 ₹). Une ligne de métro circulaire de 5 km reliant Sikanderpur à DLF Cyber City, où les rames circulent toutes les 5 minutes.

Rajasthan

Dans ce chapitre ➜

Les plus beaux forts et palais

- Jaisalmer (p. 180)
- Jodhpur (p. 170)
- Bundi (p. 138)
- Chittorgarh (p. 144)

Le top des hôtels historiques

- Rambagh Palace (p. 111)
- Pal Haveli (p. 175)
- Taj Lake Palace (p. 154)
- Bundi Vilas (p. 141)
- Laxmi Niwas Palace (p. 195)

Pourquoi y aller

Bienvenue au Rajasthan, le bien nommé “pays des rois”, domaine des maharajas, aux forteresses majestueuses et aux palais somptueux. Si l'Inde entière est parsemée d'édifices splendides, nulle part ailleurs on ne découvre des places fortes d'une telle magnificence, dressées dans le paysage tels des mirages du passé.

Mais aussi enchanteurs soient ses trésors architecturaux, le Rajasthan est également une terre de dunes et de jungle, parcourues de caravanes et peuplée de tigres, où chatoient aussi bien les joyaux vendus aux étals que ceux, moins tangibles mais non moins brillants, d'une culture bien vivace. Les fêtes s'y succèdent tout au long du calendrier ; quant à l'artisanat et à la gastronomie, ils y sont tout simplement fabuleux. De fait, le Rajasthan est un royaume de rêve procurant tant d'émerveillement qu'il se place en tête des États à visiter.

Quand partir

Jaipur

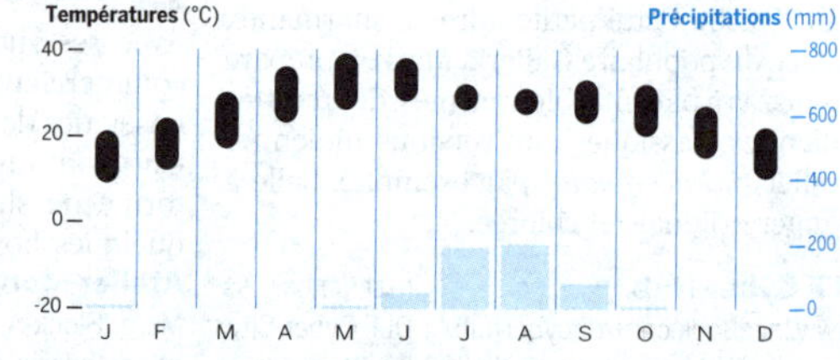

Déc-fév Haute saison touristique. Températures agréables en journée, fraîches la nuit.

Sept-nov, fév-mars Nuits chaudes appréciées des visiteurs venant de pays en début ou fin d'hiver.

Avr-août Mois d'avril à juin chauds. Mousson et ses fortes pluies en juillet et août.

Histoire

Le Rajasthan fut le berceau des Rajput, guerriers organisés en clans qui contrôlèrent la région pendant plus d'un millénaire. Cependant, d'incessantes luttes internes les affaiblirent au point qu'ils tombèrent dans le giron de l'Empire moghol, au tournant des XVIe et XVIIe siècles.

La domination moghole du Rajasthan fut marquée par des rébellions, des soulèvements et de véritables tragédies – les habitants de villes entières préférant commettre le *jauhar* (suicide collectif rituel) plutôt que de se soumettre aux nouveaux occupants. Toutefois, à mesure que l'Empire moghol déclinait, les Rajput retrouvèrent peu à peu leur indépendance : ils signèrent des traités avec les Britanniques permettant aux différents royaumes rajput de conserver leur autonomie sous la houlette de ces derniers.

Au lendemain de l'indépendance, de nombreux maharajas du Rajasthan purent garder leurs titres et leurs biens, et obtinrent la garantie d'un revenu annuel en échange de leur participation dans l'Union indienne. Cette situation perdura jusque dans les années 1970, où les anciens souverains du Rajasthan furent contraints de se soumettre aux règles du pouvoir central.

EST DU RAJASTHAN

Jaipur

☎0141 / 3,05 MILLIONS D'HABITANTS

Capitale du Rajasthan, Jaipur est une cité historique fascinante et la porte d'entrée de l'État le plus exubérant de l'Inde.

Dans ses rues colorées, l'ancien et le nouveau cohabitent de façon chaotique : les bus lancés à vive allure doivent éviter des dromadaires au pas nonchalant, les rickshaws évoluent au ralenti devant des meutes de motocyclistes impatients, le tout dans le pétaradement des innombrables auto-rickshaws. Au milieu de cette agitation, les splendides vestiges de la cité des Victoires sont des havres de paix évoquant le rythme tranquille d'un monde révolu. Au cœur de Jaipur, le City Palace continue d'accueillir l'ancienne famille royale, le Jantar Mantar (observatoire royal) demeure empreint de céleste majesté et l'Hawa Mahal veille sur le bazar en contrebas depuis ses multiples fenêtres. Un peu plus loin, dans les collines arides qui entourent la ville, se détache la silhouette féerique du fort d'Amber.

Histoire

Jaipur doit son nom à son fondateur, Jai Singh II (1688-1743), guerrier et astronome, qui monta sur le trône à 11 ans, succédant à son père, le maharaja Bishan Singh. Tous deux descendaient du clan rajput des Kachhwaha, qui s'imposèrent dans la région au XIIe siècle. Leur capitale se trouvait alors à Amber, à 11 km au nord-est de l'actuelle Jaipur, où ils érigèrent un fort.

En 1727, la richesse croissante du royaume, la nécessité de loger une population en plein essor et une pénurie d'eau dans la capitale convainquirent le maharaja de construire une nouvelle ville : Jaipur.

Première cité d'Inde du Nord planifiée, à la symétrie presque parfaite, Jaipur reflétait les idées pionnières du souverain en matière d'urbanisme et la remarquable compétence de son architecte, Vidyadhar Bhattacharya. Un demi-siècle plus tard, en 1876, le maharaja Ram Singh fit peindre toute la vieille ville en rose – couleur de l'hospitalité – pour recevoir le prince de Galles (futur Édouard VII). La loi impose désormais aux résidents de la vieille ville de préserver la couleur de leur façade.

À voir

Vieille ville (Old City)

La vieille ville (souvent appelée la ville rose, Pink City) est une merveille d'urbanisme du XVIIIe siècle. Cœur de Jaipur, elle mérite plusieurs jours d'exploration.

De larges avenues la divisent en rectangles réguliers, chacun dévolu à un corps de métier suivant les principes du *Shilpa-Shastra* (antique traité hindou d'architecture). La vieille ville accueille plusieurs grands marchés : Johari Bazaar, Tripolia Bazaar, Bapu Bazaar et Chandpol Bazaar.

L'ensemble est en partie ceinturé d'un rempart crénelé percé de portes (*pol*) grandioses ; les principales sont celles de Chandpol, d'Ajmer et de Sanganeri.

♥ City Palace PALAIS

(☎0141-4088888 ; www.royaljaipur.in ; Indien/étranger avec appareil photo 130/500 ₹, guide à partir de 300 ₹, audioguide gratuit, circuit "Royal Grandeur" Indien/étranger 2 000/2 500 ₹ ; ⌚9h30-17h). Impressionnant ensemble de cours, de

À ne pas manquer

1 Une promenade dans les allées de la citadelle aux pierres couleur miel de **Jaisalmer** (p. 180), avant de partir dans les dunes à dos de dromadaire.

2 Un pèlerinage au bord du lac de **Pushkar** (p. 131), la cité la plus sacrée du Rajasthan pour les hindous.

3 Le **Ranthambhore National Park** (p. 136), pour ses tigres tapis dans les ravins et les forêts.

4 La vue sur la ville bleue depuis les hauts remparts de **Mehrangarh** (p. 170), la puissante forteresse de Jodhpur.

5 L'ambiance romantique d'**Udaipur** (p. 147), avec ses palais et son lac pittoresque.

6 Des emplettes dans les bazars colorés de **Jaipur** (p. 99), la ville rose, et la visite du magnifique fort d'Amber.

7 Une pause à **Bundi** (p. 138), à l'écart de l'agitation touristique, avec son palais de contes de fées et son imposant fort.

8 Les étonnantes fresques des *haveli* du **Shekhawati** (p. 164).

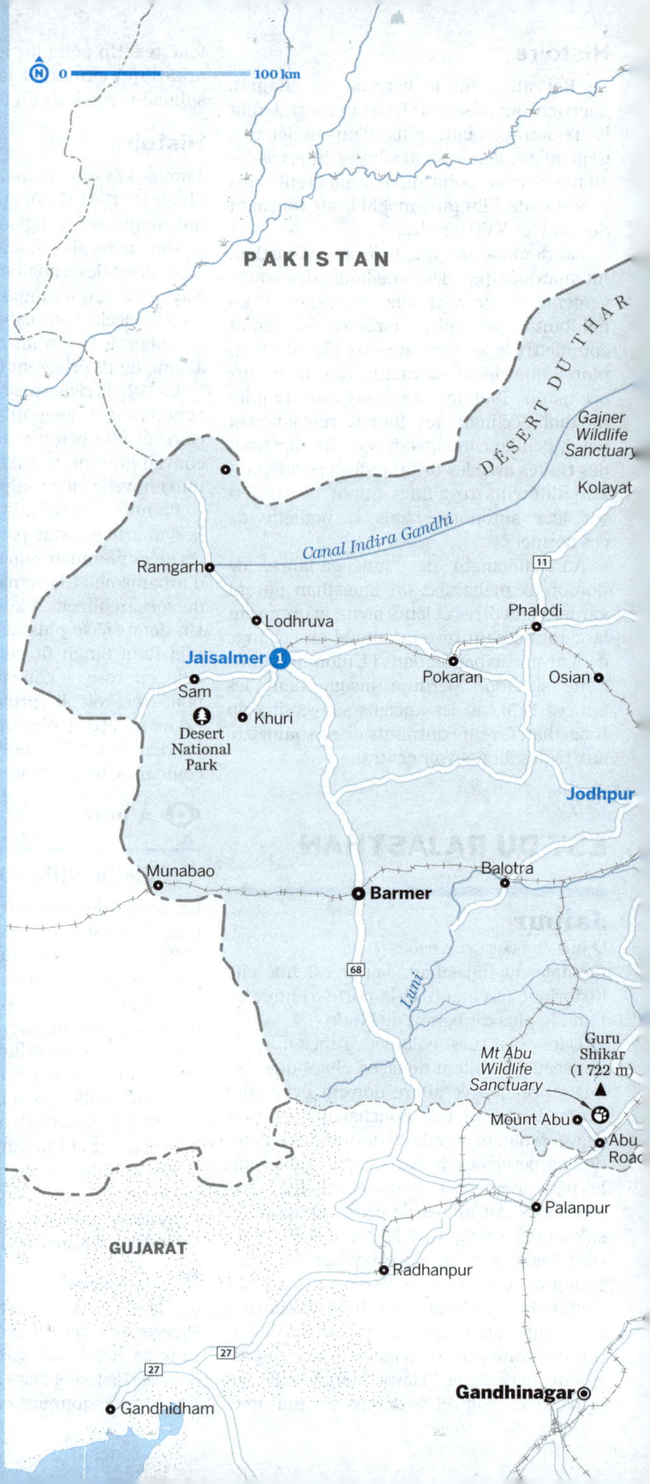

HARYANA
UTTAR PRADESH
MADHYA PRADESH
Yamuna
DELHI
Ganganagar
Sirsa
Suratgarh
upgarh
Hisar
Rajgarh
Shekhawati
8
Churu
Ramgarh
Jhunjhunu
Bikaner
Ratangarh
Mandawa
Fatehpur
Nawalgarh
Rewari
Neemrana
Patan
Kotputli
Deshnok
Tal Chhapar Wildlife Sanctuary
Udaipurvati
Sikar
Alwar
Mathura
Deeg
Nokha
Shahpura
Sariska Tiger Reserve & National Park
Agra
Bharatpur
Fatehpur Sikri
Nagaur
Lac salé de Sambhar
Amber
Abhaneri
Keoladeo National Park
Jaipur
6
Bagru
Sanganer
Dausa
Dholpur
Pushkar
2
Kishangarh
Karauli
Mandore
Ajmer
Ranthambhore National Park
3
Saraswati
Tonk
Beawar
Rohet
Sawai Madhopur
Kekri
Pali
Deoli
Bundi
7
Deogarh
Shivpuri
Bhilwara
Kota
Kumbhalgarh
Bijolia
Ranakpur
Rajsamand
Bijaipur
Baroli
Saira
Chittorgarh
Udaipur
5
Jhalawar
Jhalrapatan
Gandhi Sagar
Lac Jaisamand
Dungarpur
Banswara
Ratlam
Ujjain
Bhopal
9
44
48
19
52
21
62
46

Jaipur

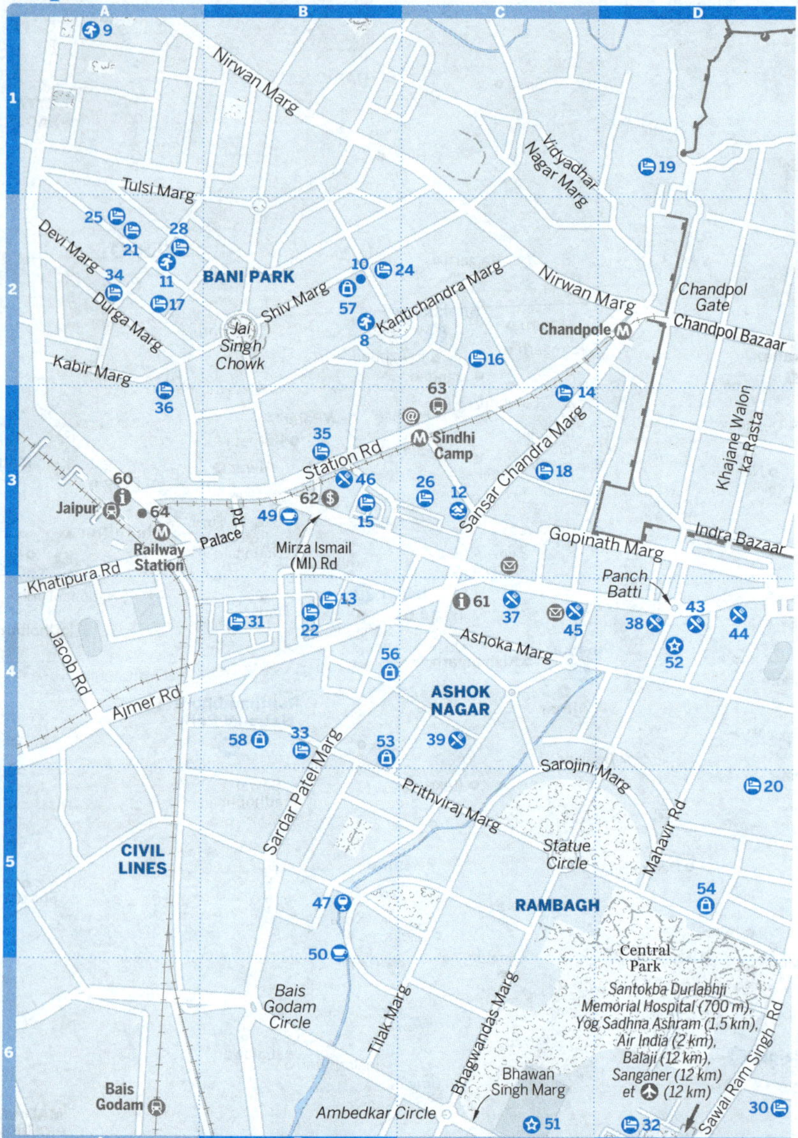

jardins et de bâtiments, le City Palace occupe le cœur de la ville rose. Le mur extérieur fut élevé sous le règne de Jai Singh II, puis le palais fut agrandi et modifié jusqu'au début du XXe siècle, comme en attestent les divers styles des bâtiments. Le City Palace présente notamment un impressionnant mélange d'architecture moghole et rajasthanie.

Le billet d'entrée inclut l'entrée au Royal Gaitor et aux cénotaphes des maharanis, ainsi qu'au Jaigarh, un fort accessible par une longue ascension depuis le fort d'Amber.

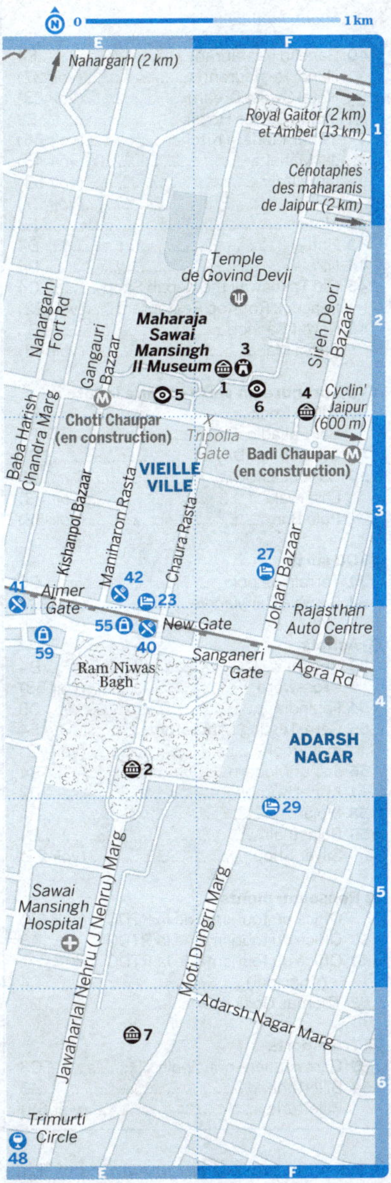

Ce billet combiné, valable 2 jours, coûte aux Indiens 60 ₹ en plus de l'entrée au City Palace (pas de supplément pour les étrangers).

➡ Mubarak Mahal

En entrant par Virendra Pol, on découvre le Mubarak Mahal (palais de Bienvenue), édifié à la fin du XIXe siècle par le maharaja Madho Singh II afin d'accueillir les visiteurs de marque. Donnant une impression de légèreté, avec sa galerie aux fines colonnes qui court le long du deuxième niveau, il est l'œuvre de l'architecte sir Swinton Jacob et mêle les styles musulman, rajput et européen. Le Mubarak Mahal fait aujourd'hui partie du **Maharaja Sawai Mansingh II Museum** (carte p. 105), riche d'une collection de costumes royaux et de châles superbes, certains en pashmina (laine extrafine issue du poitrail de chèvres vivant au-delà de 4 500 m). Parmi les pièces les plus remarquables figure la garde-robe de Sawai Madho Singh Ier, dont on dit qu'il mesurait 2 m de haut et 1,2 m de large pour 250 kg.

➡ Armurerie

L'Anand Mahal Sileg Khana – le palais de la maharani (épouse du maharaja) – accueille l'armurerie, qui contient l'une des plus belles collections d'armes du pays, et quantité d'objets de cérémonie aux remarquables gravures et incrustations.

➡ Diwan-i-Khas (Sarvatobhadra)

Entre l'armurerie et le Diwan-i-Am se trouve une cour à ciel ouvert, appelée Sarvatobhadra en sanskrit. Au centre, un bâtiment rose et blanc constitué d'une série d'arcades et pavé de marbre faisait office de Diwan-i-Khas (salle des Audiences privées). C'est là que les maharajas consultaient leurs ministres. Deux jarres en argent hautes de 1,60 m, réputées être les plus gros objets en argent du monde, y sont entreposées.

➡ Diwan-i-Am

Le somptueux Diwan-i-Am (salle des Audiences publiques) abrite aujourd'hui un **musée**. Les pièces exposées comprennent un manuscrit complet de la *Bhagavad Gita* en petits caractères, ainsi que des copies miniatures d'autres textes sacrés hindous, suffisamment petites pour être cachées au cas où la fanatique armée moghole aurait exigé leur destruction.

➡ Pitam Niwas Chowk et Chandra Mahal

Passage entre la cour intérieure et le palais, le Pitam Niwas Chowk se distingue par 4 superbes portes. Chacune est dédiée à une divinité hindoue et une saison : la **porte des Paons** (Parvati) symbolise l'automne, la **porte des Lotus** (Vishnu) illustre l'été, la **porte Verte** (Ganesh) le printemps, et l'hiver est représenté sur la **porte des Roses** (Devi).

Derrière le *chowk* (place), le Chandra Mahal est un palais privé où vivent encore les descendants de la famille royale. Une

Jaipur

Les incontournables
1 Maharaja Sawai Mansingh II Museum...F2

À voir
2 Central Museum....E4
3 City Palace....F2
4 Hawa Mahal....F2
5 Iswari Minar Swarga Sal....E2
6 Jantar Mantar....F2
7 SRC Museum of Indology....E6

Activités
8 Charak Ayurveda....B2
9 Kerala Ayurveda Kendra....A1
10 Kripal Kumbh....B2
11 Madhavanand Girls College....A2
12 Mansingh Hotel....C3
RTDC....(voir 60)
Vintage Jeep Tour....(voir 31)

Où se loger
13 All Seasons Homestay....B4
14 Alsisar Haveli....C3
15 Atithi Guest House....B3
16 Dera Rawatsar....C2
17 Hotel Anuraag Villa....A2
18 Hotel Arya Niwas....C3
19 Hotel Bissau Palace....D1
20 Hotel Diggi Palace....D5
21 Hotel Meghniwas....A2
22 Hotel Pearl Palace....B4
23 Hotel Sweet Dream....E3
24 Jaipur Inn....B2
25 Jas Vilas....A2
26 Karni Niwas....C3
27 LMB Hotel....F3
28 Madhuban....A2
29 Nana-ki-Haveli....F5
30 Narain Niwas Palace Hotel....D6
31 Pearl Palace Heritage....B4
32 Rambagh Palace....D6
33 Roadhouse Hostel Jaipur....B4
34 Shahpura House....A2
35 Tony Guest House....B3
36 Vinayak Guest House....A3

Où se restaurer
Anokhi Café....(voir 53)
37 Copper Chimney....C4
38 Dāsaprakash....D4
39 Four Seasons....C4
40 Ganesh Restaurant....E4
Handi Restaurant....(voir 37)
Hotel Sweet Dream....(voir 23)
41 Indian Coffee House....E3
Jaipur Modern Kitchen....(voir 56)
Jal Mahal....(voir 43)
Little Italy....(voir 53)
LMB....(voir 27)
42 Mohan....E3
43 Natraj....D4
44 Niro's....D4
45 Old Takeaway the Kebab Shop....C4
Peacock Rooftop Restaurant....(voir 22)
46 Rawat Kachori....B3
Surya Mahal....(voir 43)

Où prendre un verre et faire la fête
47 100% Rock....B5
48 Bar Palladio....E6
49 Café Coffee Day....B3
50 Curious Life....B5
Lassiwala....(voir 43)
Polo Bar....(voir 32)

Où sortir
51 Terrain de polo....C6
52 Cinéma Raj Mandir....D4

Achats
53 Anokhi....B4
Crossword....(voir 53)
54 Fabindia....D5
55 Gem-Testing Laboratory....E4
Inde Rooh....(voir 22)
56 Jaipur Modern....B4
57 Kripal Kumbh....B2
58 Mojari....B4
59 Rajasthali....E4
Silver Shop....(voir 22)

Renseignements
Office du tourisme de la RTDC....(voir 63)
60 Office du tourisme de la RTDC....A3
61 Office du tourisme de la RTDC (principal)....C4
62 Thomas Cook....B3

Transports
63 Gare routière principale....C3
64 Billetterie....A3
Billetterie....(voir 63)

visite guidée (Royal Grandeur ; 45 min) permet d'en découvrir certaines parties.

♥ Jantar Mantar OBSERVATOIRE ROYAL
(Indien/étranger 50/200 ₹, guide 200 ₹, audioguide 100 ₹ ; 9h-16h30). Voisin du City Palace, le Jantar Mantar, bâti en 1728 par Jai Singh II, évoque une collection d'étranges sculptures géantes. Le nom de l'observatoire provient du sanskrit *yanta mantr*, qui signifie "instrument de mesure". Depuis 2010, le lieu est inscrit au Patrimoine mondial. N'hésitez pas à employer un guide local, qui vous expliquera le fonctionnement des instruments.

Jai Singh aimait l'astronomie plus encore que la guerre et l'urbanisme. Avant de faire construire le Jantar Mantar, il envoya des spécialistes à l'étranger pour étudier des constructions de ce type. L'observatoire de Jaipur, le plus vaste et le mieux conservé des cinq qu'il fit édifier, fut restauré en 1901. Les autres se trouvent à Delhi, à Varanasi et à Ujjain. Quant au cinquième, celui de Mathura, il n'en reste rien.

Le billet combiné valable pour le fort d'Amber et l'Hawa Mahal vous permettra d'y accéder.

Hawa Mahal ÉDIFICE HISTORIQUE

(Sireh Deori Bazaar ; Indien/étranger avec appareil photo 50/200 ₹, guide 200 ₹, audioguide en hindi/anglais 115/170 ₹ ; 9h-17h30). Cet extraordinaire "palais des Vents" peint en rose est peut-être l'édifice le plus célèbre de Jaipur. Cette fantaisie architecturale s'élevant sur 5 niveaux, percée d'innombrables fenêtres délicatement ajourées, a été conçue en 1799 par Lal Chand Usta, à la demande du maharaja Sawai Pratap Singh, pour permettre aux femmes du harem d'observer le spectacle de la rue et les processions sans être vues. Du sommet de l'Hawa Mahal, la vue est magnifique sur le Jantar Mantar et le City Palace d'un côté, et sur Sireh Deori Bazaar de l'autre.

Sur place, un petit **musée** (ouvert tous les jours sauf vendredi) évoque le passé royal des lieux à travers des miniatures (peintures) et quelques somptueuses reliques, parmi lesquelles une armure de cérémonie.

Les étroits couloirs de l'Hawa Mahal, pour certains très exigus, peuvent être bondés – à noter si vous êtes claustrophobe.

L'entrée est située à l'arrière de l'ensemble architectural. Lorsque vous faites face à l'édifice, marchez jusqu'à l'intersection sur votre gauche, tournez à droite et prenez la première rue à droite, sous une arche. Les commerçants peuvent vous montrer un autre moyen d'y entrer… par leur boutique !

Le billet combiné valable pour le fort d'Amber vous permettra d'y accéder.

Ville nouvelle (New City)

Au milieu du XIXe siècle, il parut évident que la cité originelle était devenue trop exiguë. Sous le règne de Ram Singh (1835-1880), le tissu urbain dépassa les remparts. Des équipements publics (réseau postal, canalisations, etc.) furent créés. Cette époque vit naître une partie de la ville très différente des bazars du noyau ancien, composée de larges boulevards, de parcs paysagers et de grands bâtiments d'influence européenne.

À NE PAS MANQUER

À L'ASSAUT DES CIEUX

L'étonnant **Iswari Minar Swarga Sal** (Minaret perçant le paradis ; Indien/étranger 50/200 ₹ ; 9h-16h30) domine Tripolia Bazaar, près du City Palace. Il fut érigé vers 1740 par Iswari, le fils et successeur de Jai Singh II, qui préféra se donner la mort par morsure de serpent (dans le Chandra Mahal) plutôt que d'affronter l'armée marathe. Vingt et une de ses épouses et concubines furent alors obligées de pratiquer le *jauhar* sur son bûcher funéraire.

Un escalier en colimaçon conduit au sommet du minaret, d'où la vue sur la vieille ville est exceptionnelle. L'entrée est située à l'arrière de la rangée de boutiques qui jalonnent Chandpol Bazaar. Pour y accéder, prenez la ruelle à 50 m à l'ouest du minaret sur Chandpol Bazaar, ou passez par la porte d'Atishpol du City Palace, à 150 m à l'est.

Le billet combiné fort d'Amber/Hawa Mahal vous permettra d'y entrer.

Central Museum MUSÉE

(Albert Hall ; J Nehru Marg ; Indien/étranger 40/300 ₹, audioguide en hindi/anglais 115/175 ₹ ; 9h-18h). Ce musée occupe l'Albert Hall, une construction ouvragée, située au sud de la vieille ville, qui fit la fierté de la nouvelle Jaipur lors de son inauguration en 1887. Conçu par sir Swinton Jacob, cet édifice mêle des éléments architecturaux anglais et locaux. D'énormes frises célèbrent les grandes cultures du monde. Le musée accueille une collection éclectique de costumes traditionnels, de sculptures, de miniatures (peintures), de tapis et d'instruments de musique, complétée par des dioramas et une momie égyptienne.

SRC Museum of Indology MUSÉE

(Prachyavidya Path, 24 Gangwell Park ; visite guidée Indien/étranger 40/100 ₹ ; 8h-18h). Les trésors disparates du musée d'Indologie proviennent d'une étonnante collection privée. Ils incluent une grande variété d'objets, dont un manuscrit d'Aurangzeb, une balançoire bicentenaire incrustée de miroirs provenant de Bikaner et un lit en verre (pour une petite reine). Le musée est indiqué près de J. Nehru Marg.

À la périphérie

Plusieurs sites historiques entourent la ville, notamment des forts, des temples, des palais et des jardins. De par leur emplacement, plusieurs peuvent se visiter en allant au fort d'Amber.

Nahargarh FORT

(fort du Tigre ; Indien/étranger 50/200 ₹ ; ⏲10h-17h). Construit en 1734 et agrandi en 1868, l'imposant Nahargarh surplombe le nord de la ville depuis une arête escarpée. L'histoire raconte que le fort tient son nom de Nahar Singh, un prince décédé dont l'esprit agité perturbait la construction. Tout ce qui était bâti le jour s'effondrait dans la nuit. Le prince accepta finalement de partir à condition que le fort porte son nom. La vue y est sublime, et le restaurant idéal pour prendre un verre.

Le meilleur moyen de s'y rendre est de marcher ou de prendre un rickshaw (50 ₹ au départ de MI Rd) jusqu'au bout de Nahargarh Fort Rd, puis de gravir le raidillon sinueux de 2 km jusqu'au sommet. En voiture, il faut faire un détour par le secteur d'Amber en empruntant un circuit de 8 km.

Le billet combiné Fort d'Amber/Hawa Mahal donne accès à ce site.

Royal Gaitor SITE HISTORIQUE

(Gatore ki Chhatriyan ; Indien/étranger 40/100 ₹ ; ⏲9h-17h). Juste au-delà des remparts de la ville, sous le Nahargarh, les cénotaphes royaux, peu fréquentés, sont prétexte à une visite reposante. Les monuments en pierre, ornés de remarquables sculptures, rendent notamment hommage aux maharajas Pratap Singh, Madho Singh II et Jai Singh II. Celui de ce dernier, en marbre, est particulièrement impressionnant, avec sa coupole soutenue par 20 colonnes sculptées.

Jal Mahal ÉDIFICE HISTORIQUE

(palais de l'Eau ; ⏲fermé au public). Le splendide Jal Mahal est situé non loin des cénotaphes des maharanis de Jaipur, au milieu du Man Sagar (un lac). Ses origines restent incertaines, mais on pense qu'il a été largement remanié, voire construit, par Jai Singh II (1734). On y accède par une chaussée à l'arrière. Lors de notre passage, il était en cours de restauration dans le cadre du projet **Jal Tarang** (www.jaltarang.in).

Cénotaphes des maharanis de Jaipur SITE HISTORIQUE

(Maharani ki Chhatri ; Amber Rd ; Indien/étranger 40/100 ₹ ; ⏲9h-17h). Situés entre Jaipur et Amber, à 5 km du centre, les cénotaphes des maharanis de Jaipur méritent la visite, ne serait-ce que pour la promenade.

Galta TEMPLE HINDOU

Coincé entre des falaises, dans une vallée rocheuse, Galta est un lieu désolé, mais très évocateur. Le temple abrite plusieurs bassins sacrés, dans lesquels les plus audacieux sautent depuis les falaises adjacentes. L'un d'eux, dont la profondeur équivaudrait à la taille de plusieurs éléphants, est alimenté par une source qui tombe du mufle d'une vache sculptée.

Au bout du bassin inférieur, une salle est ornée de fresques assez bien conservées. Certaines montrent les performances sportives du maharaja, représenté par exemple en

LE TOP DES FÊTES ET FESTIVALS DU RAJASTHAN

Festival du désert de Jaisalmer (⏲jan/fév). Les plus beaux moustachus s'affrontent lors du concours de "Monsieur Désert", entre autres divertissements.

Gangaur (⏲mars/avr). Cette fête célébrant l'amour de Shiva et de Parvati, qui a lieu partout dans l'État, est particulièrement fervente à Jaipur.

Fête du Mewar (p. 152). Le Gangaur d'Udaipur : événements culturels gratuits et procession colorée jusqu'au lac.

Teej (⏲juil/août). À Jaipur et Bundi. Pour l'arrivée de la mousson ; en l'honneur de l'union de Shiva et de Parvati.

Dussehra Mela (⏲oct/nov). Commémore la victoire de Rama sur Ravana (le roi-démon de Lanka). C'est un moment spectaculaire pour visiter Kota – on promène des effigies de Ravana de 22 m de haut, emplies de pétards.

Fête du Marwar (p. 174). Célèbre les héros du Rajasthan par la musique et la danse ; un jour à Jodhpur, l'autre à Osian.

Foire aux dromadaires de Pushkar (p. 134). Une des plus célèbres fêtes de l'État : ce gigantesque rassemblement de dromadaires, de chevaux et de bétail attire pèlerins et touristes.

train de jouer au polo, d'autres les exploits de Krishna et des *gopi* (gardiennes de vaches).

Galta est aussi connu sous le nom de temple des singes, car plus d'une centaine de macaques – hardis et agressifs – et de langurs – plus doux – ont investi les lieux. Vous pouvez acheter des cacahuètes à la porte pour les nourrir, mais préparez-vous à être assailli.

Situé à quelques kilomètres seulement à l'est du City Palace, Galta se trouve à 10 km environ du centre de Jaipur par la route. L'aller-retour en auto-rickshaw devrait vous coûter dans les 300 ₹, temps d'attente compris ; en taxi, comptez au minimum 600 ₹.

Sur la crête qui surplombe Galta, le **mandir de Surya** (temple du Dieu Soleil) se dresse à 100 m au-dessus de Jaipur et peut être admiré depuis la partie est de la ville. Un sentier de randonnée long de 2,5 km grimpe de Suraj Pol jusqu'au temple, mais vous pouvez entreprendre l'ascension depuis Galta. Du sommet se déploie une vue de la ville.

Activités

Moyennant un forfait journalier, on peut accéder à la piscine de certains hôtels. Vous pouvez opter pour celle du Narain Niwas Palace Hotel (p. 112) ou du **Mansingh Hotel** (Sansar Chandra Marg ; non-résident 350 ₹ ; 7h-20h).

Kerala Ayurveda Kendra AYURVÉDA
(0141-4022446 ; www.keralaayurvedakendra.com ; 32 Inda Colony, Bani Park ; 9h-21h). Si Jaipur vous stresse, offrez-vous des séances de massages ou de thérapies ayurvédiques, en particulier de *sirodhara* (50/90 min 1 500/2 400 ₹) : une huile aux vertus médicinales est versée en continu sur votre front pour atténuer le stress, apaiser l'esprit et calmer les troubles du sommeil. Massages (masseur pour les hommes et masseuse pour les femmes) à partir de 500 ₹ les 55 minutes. Transfert gratuit depuis/vers votre hôtel.

Charak Ayurveda AYURVÉDA
(0141-2205628 ; www.charakayurveda.com ; E-7 Kantichandra Marg, Bani Park ; 9h-14h et 15h-19h lun-sam, 9h-13h dim). Grand choix de soins ayurvédiques. Massages à partir de 500 ₹.

Yog Sadhna Ashram YOGA
(9314011884 ; www.yogsadhnaindia.org ; Bapu Nagar ; mer-lun). Les cours gratuits, dispensés dans un secteur boisé en retrait de University Rd (près de l'université du Rajasthan), incluent des exercices de respiration et des asanas (postures de yoga). La plupart sont en hindi, mais l'anglais est un peu employé durant les sessions de 7h30 à 9h30. Cours particuliers et inscription à des séances plus longues possibles.

Madhavanand Girls College YOGA
(C19 Behari Marg, Bani Park ; 6h-7h). Cette université propose des cours de yoga gratuits tous les jours, en hindi et en anglais. Très pratique si vous logez à Bani Park. L'établissement se trouve à côté de l'hôtel Madhuban.

Cours

Jaipur Cooking Classes CUISINE
(9928097288 ; www.jaipurcookingclasses.com ; 33 yan Vihar, Nirman Nagar, près d'Ajmer Rd ; cours végétarien/non végétarien 2 000/3 700 ₹). Au programme des cours de cuisine du chef Lokesh Mathur, fort de plus de 25 années d'expérience dans le secteur de l'hôtellerie-restauration : des classiques et des menus rajasthanis, végétariens ou non. Après 3 heures de cours, on déguste ce que l'on a préparé (midi ou soir). À la périphérie ouest de Jaipur.

Téléphonez pour demander le chemin exact et l'indiquer au conducteur de votre auto-rickshaw.

Kripal Kumbh ART ET ARTISANAT
(0141-2201127 ; B18A Shiv Marg, Bani Park). Réservation obligatoire pour participer à ces cours gratuits de poterie bleue. Aucun cours durant la mousson, de fin juin à mi-septembre. **Espace d'exposition** (www.kripalkumbh.com ; 9h30-18h lun-sam) également sur place.

Dhamma Thali Vipassana Meditation Centre SANTÉ ET BIEN-ÊTRE
(0141-2680220 ; www.thali.dhamma.org ; cours sur don). Ce paisible centre de méditation *vipassana* est niché dans la campagne vallonnée environnant Galta, à 12 km de route à l'est du centre de la ville. Il propose des cours de méditation pour débutants et pratiquants tout au long de l'année. Les stages durent en général 10 jours, durant lesquels vous devez observer un silence absolu.

Circuits organisés

Cyclin' Jaipur À VÉLO
(7728060956 ; www.cyclinjaipur.com ; circuit 4 heures 2 000 ₹ ; circuit 6h45). Levez-vous tôt pour éviter la circulation et partez visiter la ville à vélo ! C'est une façon amusante de découvrir le fonctionnement et la culture de Jaipur, au gré des ruelles, des temples,

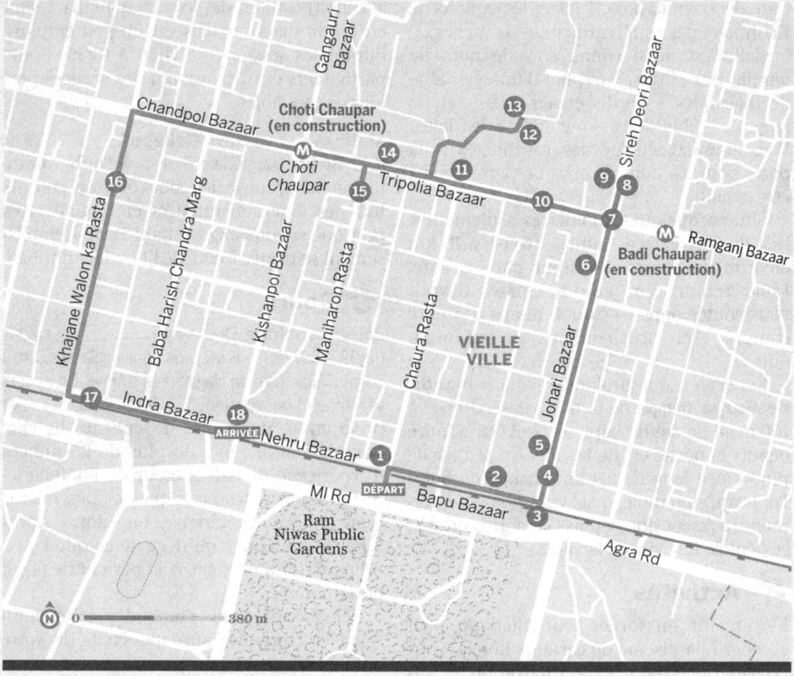

Promenade à pied **dans la ville rose**

DÉPART : NEW GATE
ARRIVÉE : AJMER GATE
DISTANCE : 4,5 KM
DURÉE : 3 À 5 HEURES

Entrez dans la vieille ville par 1 **New Gate**, et tournez à droite dans 2 **Bapu Bazaar**, à l'intérieur des remparts, où les rouleaux d'étoffes, les *jooti* (chaussures traditionnelles) et les parfums attirent les femmes de Jaipur. Au bout de Bapu Bazaar, à 3 **Sanganeri Gate**, prenez à gauche dans 4 **Johari Bazaar**, le marché aux bijoux, qui réunit joailliers, orfèvres et artisans spécialisés dans le *minakari* (émaillage), une spécialité de Jaipur.

En continuant vers le nord, passez devant le fameux 5 **LMB Hotel** et la 6 **Jama Masjid**, aux minarets élancés, puis devant le très animé 7 **Badi Chaupar** ; ici, soyez particulièrement vigilant en traversant la route. 8 **Sireh Deori Bazaar** voisin est également appelé Hawa Mahal Bazaar – d'après le 9 **Hawa Mahal** (p. 105). En tournant à gauche dans 10 **Tripolia Bazaar**, vous verrez une ruelle qui mène à l'entrée de l'Hawa Mahal. À quelques centaines de mètres à l'ouest, 11 **Tripolia Gate**, qui forme l'entrée principale du 12 **Jantar Mantar** (observatoire royal ; p. 104) et du 13 **City Palace** (p. 99), est réservée à la famille du maharaja. Le public emprunte une porte plus discrète, Atishpol (porte des Écuries), un peu plus loin.

Après avoir visité le City Palace, rejoignez Tripolia Bazaar et allez vers l'ouest jusqu'à 14 l'**Iswari Minar Swarga Sal** (p. 105), qui vaut le détour pour la vue depuis son sommet. Traversez la rue au niveau du minaret, continuez vers l'ouest et prenez la ruelle 15 **Maniharon Rasta**, où l'on trouve des bracelets en résine colorés (*lac*).

De retour dans Tripolia Bazaar, toujours vers l'ouest, traversez Choti Chaupar et entrez dans Chandpol Bazaar. Continuez jusqu'au feu tricolore. Tournez à gauche dans 16 **Khajane Walon ka Rasta**, où travaillent des sculpteurs sur marbre et sur grès. Poursuivez vers le sud jusqu'à une large route, 17 **Indra Bazaar**, juste à l'intérieur des remparts. Continuez enfin vers l'est jusqu'à 18 **Ajmer Gate**, où s'achève cette balade.

des marchés et des stands d'alimentation. Petit-déjeuner et boissons compris, casques fournis sur demande. Les circuits partent du Karnot Mahal, dans Ramganj Chaupar, dans la vieille ville. Des circuits pédestres et gastronomiques personnalisés sont également proposés.

Vintage Jeep Tour EN JEEP
(☎9829404055, 0141-2373700 ; www.pearlpalace-heritage.com/exclusive-vintage-jeep-tour-jaipur ; Lane 2, 54 Gopal Bari ; 2 500 ₹/pers ; 9h-17h30). Un moyen sympathique d'explorer les principaux sites de Jaipur (y compris Amber et le City Palace). À bord d'une véritable jeep de l'armée américaine de 1942, les petits groupes (3 passagers maximum), accompagnés d'un conducteur et d'un guide, suivent un programme adaptable. Droits d'entrée et déjeuner non inclus.

RTDC CIRCUITS ORGANISÉS
(☎2200778 ; tours@rtdc.in ; office du tourisme de la RTDC, quai 1, gare ferroviaire de Jaipur ; visites demi-journée/journée 400/500 ₹ ; 8h-18h30 lun-sam). La Rajasthan Tourism Development Corporation (RTDC) propose des visites de Jaipur et de ses environs. Les circuits d'une journée (9h-18h) passent par tous les sites importants de Jaipur (dont le fort d'Amber), avec une pause-déjeuner à Nahargarh – celle-ci n'ayant parfois lieu qu'à 15h, mangez bien au petit déjeuner ! Les visites accélérées d'une demi-journée (8h-13h, 11h30-16h30 et 13h30-18h30) incluent également le fort d'Amber. L'accès aux sites n'est pas compris dans les tarifs.

Le **circuit Pink City by Night** (700 ₹, départ 18h30) permet de visiter, de nuit, plusieurs sites majeurs de la ville et comprend un dîner au fort de Nahargarh.

Les circuits partent de la gare ferroviaire, mais on peut aussi venir vous chercher à l'Hotel Teej, à l'Hotel Gangaur et à l'office du tourisme de la gare routière principale.

Où se loger

Pour se loger à Jaipur, les voyageurs auront l'embarras du choix, et ce, quelle que soit la catégorie visée. De mai à septembre, beaucoup d'établissements des catégories moyenne et supérieure appliquent des réductions (25-50%).

Quartier de MI Road

♥ **Hotel Pearl Palace** HÔTEL $
(☎0141-2373700, 9414236323 ; www.hotelpearlpalace.com ; Hari Kishan Somani Marg, Hathroi Fort ; dort 400 ₹, ch avec clim 1 310-1 910 ₹ ; ❄@📶). Cet hôtel fiable affiche toujours des tarifs défiant toute concurrence. Il propose un vaste choix de chambres – petites, grandes, avec clim ou ventilateur –, toutes impeccables et aux décors variés. Excellent restaurant sur place, le Peacock Rooftop (p. 112). Service de change, visites de la ville et organisation de voyages. Réservez.

Karni Niwas PENSION $
(☎0141-2365433, 9929777488 ; www.hotelkarniniwas.com ; C5 Motilal Atal Marg ; ch 1 000 ₹, avec clim 1 500 ₹ ; ❄@📶). Une pension chaleureuse et centrale, aux grandes chambres propres et confortables, souvent prolongées par des balcons. Pas de restaurant ici, mais des terrasses agrémentées de plantes, où l'on profite du *room service* – de plus, il y a des restaurants à proximité. Transfert gratuit depuis les gares ferroviaire et routière.

Roadhouse Hostel Jaipur AUBERGE DE JEUNESSE $
(☎9945522299 ; www.roadhousehostels.com ; D-76 Shiv Heera Path ; dort/s/d 300/1 000/1 200 ₹ ; ❄📶). Lumineuse et accueillante, cette auberge de jeunesse se situe dans une partie résidentielle de la ville, pas trop éloignée des restaurants de MI Rd. Elle propose des dortoirs de 6 et 8 lits impeccables et climatisés, ainsi que quelques chambres particulières. Cuisine et salle de jeux en accès libre. Le personnel peut vous aider à réserver vos billets de train ou d'avion.

Station de rickshaws au bout de la rue.

Tony Guest House PENSION $
(☎9928871717 ; www.facebook.com/tonyguesthousejaipur ; 11 Station Road ; dort/s/d 180/280/340 ₹ ; ch avec sdb 600 ₹ ; @📶). Dans une rue animée, cet établissement chaleureux, parfait pour les voyageurs au budget serré, loue des chambres très rudimentaires – certaines ont des cloisons en contreplaqué, et une seule possède une sdb (douche avec eau froide). Douche chaude commune. Jardin sur le toit, Internet et *chai* (thé) à volonté ; conseils touristiques honnêtes !

♥ **Atithi Guest House** PENSION $$
(☎0141-2378679 ; www.atithijaipur.com ; 1 Park House Scheme Rd ; s/d 1 200/1 310 ₹ ; avec clim 1 530/1 750 ₹ ; ❄@📶). Centrale et calme, cette pension moderne et joliment agencée est très bien située entre MI Rd et Station Rd. Les chambres, simples et impeccables, sont réparties autour d'une cour paisible. Service aimable et chaleureux. Repas proposés

(le *thali* est particulièrement recommandé) ; agréable toit-terrasse pour prendre un verre.

Pearl Palace Heritage HÔTEL $$
(☎0141-4106599, 9772558855 ; www.pearlpalaceheritage.com ; 54 Gopal Bari, Lane 2 ; ch 3 260-3 815 ₹ ; ❄📶). Le second hôtel de la brillante équipe du Pearl Palace est un établissement de catégorie moyenne décoré avec originalité. Des bas-reliefs en pierre ornent les couloirs et chaque chambre décline un thème différent : hutte de village, fort en pierre, boudoir couvert de miroirs, etc. Les équipements, modernes et luxueux, ont été soigneusement intégrés au design traditionnel.

Dera Rawatsar HÔTEL $$
(☎0141-2200770 ; www.derarawatsar.com ; D194 Vijay Path ; ch avec petit-déj 4 500-5 500 ₹, ste 8 000 ₹ ; ❄@📶≋). Un peu excentré mais à proximité de la gare routière et dans une rue calme, cet établissement est tenu par 3 générations de femmes de la noble et aimable famille Bikaner. Diverses chambres joliment décorées, cour ensoleillée, piscine et repas indiens maison. Un excellent choix pour les familles et les femmes voyageant seules.

All Seasons Homestay CHEZ L'HABITANT $$
(☎0141-2369443, 9460387055 ; www.allseasonshomestayjaipur.com ; 63 Hathroi Fort ; s/d à partir de 1 600/1 700 ₹, deluxe 2 000 ₹ ; ❄📶). Ranjana et son mari Dinesh accueillent les voyageurs dans leur joli pavillon, situé dans une paisible ruelle, derrière le fort Hathroi, déserté. Les 10 chambres sont bien tenues, et deux, destinées aux voyageurs restant plusieurs nuits, disposent d'une kitchenette. Agréable pelouse ; repas maison et cours de cuisine. Réservation recommandée.

Nana-ki-Haveli HÔTEL HISTORIQUE $$
(☎0141-2615502 ; www.nanakihaveli.com ; Fateh Tiba ; ch 1 800-3 000 ₹ ; ❄@📶). À proximité de Moti Dungri Marg, cette paisible demeure est tenue par une famille charmante. Les femmes seules s'y sentiront à l'aise. Les chambres, pimpantes et confortables, arborent une décoration traditionnelle (peinture discrète sur les murs, mobilier en bois). Agréable pelouse à l'avant ; cuisine maison ; tarifs réduits en été.

Hotel Arya Niwas HÔTEL $$
(☎0141-4073456 ; www.aryaniwas.com ; Sansar Chandra Marg ; s 1 635-2 725 ₹, d 2 350-3 110 ₹ ; ❄@📶). Dissimulé derrière une tour, en retrait de Sansar Chandra Marg, cet établissement est plébiscité par les voyageurs pour son agence de voyages, sa bibliothèque et ses cours de yoga. Pour un hôtel de 92 chambres, il est très bien tenu, et si l'accueil se révèle moins personnel que dans les petites pensions, vous aurez le plaisir de séjourner ici dans un *haveli* (demeure traditionnelle) joliment restauré. L'aménagement et la taille des chambres varient ; visitez-en plusieurs.

Une vaste terrasse donne sur la pelouse. Restaurant végétarien en libre service sur place.

Alsisar Haveli HÔTEL HISTORIQUE $$$
(☎0141-2368290 ; www.alsisar.com ; Sansar Chandra Marg ; s/d à partir de 7 605/10 530 ₹ ; ❄@📶≋). Cet hôtel historique occupe une demeure du XIXe siècle digne d'un maharaja, dans un domaine magnifique. Tout est splendide, de la piscine à la salle à manger. Les chambres le sont tout autant, avec leurs arches de style rajput et leurs meubles anciens. Une adresse un rien impersonnelle, peut-être en raison du nombre important de groupes de touristes. Réductions occasionnelles en réservant directement en ligne.

Hotel Diggi Palace HÔTEL HISTORIQUE $$$
(☎0141-2373091 ; www.hoteldiggipalace.com ; près de Sawai Ram Singh Rd ; s/d avec petit-déj à partir de 4 000/5 000 ₹ ; ❄@). L'ancienne résidence du *thakur* (noble) de Diggi est entourée de vastes pelouses ombragées, à 1 km au sud d'Ajmer Gate. Ancien hôtel pour petits budgets, il abrite aujourd'hui des chambres beaucoup plus chères qu'avant, mais aussi nettement plus belles. Le restaurant emploie fièrement les produits bio des jardins et fermes de l'hôtel.

Bani Park

Le quartier de Bani Park est relativement calme (loin des grands axes), à 2 km à l'ouest de la vieille ville (nord-ouest de MI Road).

Vinayak Guest House HÔTEL $
(☎0141-2205260 ; vinayakguesthouse@yahoo.co.in ; 4 Kabir Marg, Bani Park ; ch 500-1 100 ₹ ; ❄📶). Cette pension accueillante se trouve dans une petite rue tranquille, derrière Kabir Marg, et non loin de la gare ferroviaire. Large choix de chambres à différents tarifs. Les meilleures sont celles qui ont la clim et sont équipées d'une superbe sdb rénovée. Le restaurant végétarien sur le toit a reçu de bonnes critiques.

♥ **Madhuban** HÔTEL $$
(☎0141-2200033 ; www.madhuban.net ; D237 Behari Marg ; s/d/ste à partir de 2 290/2 615/3 865 ₹ ; ❄@📶≋). Outre ses chambres lumineuses

au mobilier ancien et à la propreté irréprochable, le Madhuban possède un jardin clos où sont servis les repas. À côté de la piscine avec plongeoir, le restaurant, orné de peintures aux couleurs vives sert des spécialités du Rajasthan, d'Inde du Nord et des plats européens. Dans le quartier de Bani Park, assez paisible, il est idéal pour un séjour tranquille. Transfert possible depuis les gares routière et ferroviaire.

Hotel Anuraag Villa HÔTEL $$
(☎0141-2201679 ; www.anuraagvilla.com ; D249 Devi Marg ; s/d 1 080/1 310 ₹, avec clim à partir de 1 800/1 970 ₹ ; ❄@📶). Un hôtel paisible et confortable, aux chambres spacieuses et sans prétention. Grande pelouse. Restaurant végétarien chaudement recommandé, avec tables dans le jardin et cuisine ouverte. Personnel efficace et serviable.

Jaipur Inn HÔTEL $$
(☎9829013660, 0141-2201121 ; www.jaipurinn.com ; B17 Shiv Marg, Bani Park ; ch à partir de 1 500-2 000 ₹ ; ❄@📶). Cet ancien hôtel très prisé des voyageurs à budget serré est entré dans la catégorie moyenne et offre un assortiment éclectique de chambres particulières. Demandez à en voir plusieurs avant de choisir la vôtre. Ses points forts : le gérant est toujours prêt à aider et il y a plusieurs espaces communs où les voyageurs pourront se préparer un café, utiliser le Wi-Fi et prendre un repas. Cours de yoga et de danse bollywoodienne dispensés sur le toit-terrasse.

Hotel Meghniwas HÔTEL $$$
(☎0141-4060100 ; www.meghniwas.com ; C9 Sawai Jai Singh Hwy ; ch/ste 5 760/8 220 ₹ ; ❄@📶🏊). Installé dans un bâtiment construit en 1950 par l'officier Jaswant Singh, cet hôtel accueillant est désormais géré par ses sympathiques descendants. Ses confortables suites, aux meubles traditionnels en bois sculpté, donnent sur la verdure, et les chambres standards sont spacieuses. Situé sur un grand axe, il est caché derrière un jardin luxuriant. Excellent restaurant et piscine.

Jas Vilas HÔTEL $$$
(☎0141-2204638 ; www.jasvilas.com ; C9 Sawai Jai Singh Hwy ; s/d avec petit-déj à partir de 6 250/6 960 ₹ ; ❄@📶🏊). Un petit hôtel impressionnant, construit en 1950 et toujours tenu par la même famille, charmante. La plupart des chambres spacieuses donnent sur la cour romantique et sa grande piscine ; trois, côté jardin, sont accessibles en fauteuil roulant. Outre la paisible cour et le jardin, l'hôtel possède une salle à manger chaleureuse. Le personnel est aux petits soins.

Shahpura House HÔTEL HISTORIQUE $$$
(☎0141-2203069 ; www.shahpura.com ; D257 Devi Marg ; s/d/ste à partir de 7 140/8 330/9 520 ₹ ; ❄@📶🏊). Cet établissement historique somptueux arbore un style traditionnel élaboré. Les chambres (TV à écran plat), dont certaines disposent d'un balcon, sont agrémentées de peintures murales ; les plafonds des suites sont ornés de petits miroirs. Ce vaste palais comprend un *durbar* (salle de réception royale) doté d'un énorme lustre et un bar à cocktails très cosy.

Belle piscine ; l'élégant restaurant du toit-terrasse accueille des spectacles.

Vieille ville

Hotel Sweet Dream HÔTEL $
(☎0141-2314409 ; www.hotelsweetdreamjaipur.in ; Nehru Bazaar ; s/d 900/1 150 ₹, avec clim à partir de 1 600/1 850 ₹ ; ❄📶). Sans doute la meilleure option de la vieille ville, et l'une des meilleures adresses pour petits budgets de Jaipur. Plusieurs des chambres ont été rénovées et agrandies (ce qui a réduit leur nombre total). Plus le prix monte, plus les équipements sont nombreux. Ascenseur bringuebalant, bar et excellent restaurant sur le toit.

Hotel Bissau Palace HÔTEL HISTORIQUE $$
(☎0141-2304391 ; www.bissaupalace.com ; à l'extérieur des remparts près de Chandpol ; ch 3 270-6 540 ₹ ; ❄@📶🏊). Intéressant pour qui souhaite passer une nuit dans un palais sans se ruiner. À l'extérieur des remparts, à moins de 10 minutes à pied de Chandpol (l'une des portes de la vieille ville). Il comporte une piscine, une jolie bibliothèque lambrissée et 3 restaurants. Il invite à une plongée dans le passé, avec ses meubles anciens et ses souvenirs.

Quartier de Rambagh

Rambagh Palace HÔTEL HISTORIQUE $$$
(☎0141-2385700 ; www.tajhotels.com ; Bhawani Singh Marg ; ch à partir de 43 560 ₹ ; ❄@📶🏊). Ce splendide palais était autrefois la résidence du maharaja Man Singh II et de son épouse, Gayatri Devi. Dissimulé au cœur d'un domaine aux pelouses soignées, cet hôtel est géré par le groupe hôtelier de luxe Taj. Les chambres les plus onéreuses sont naturellement les plus somptueuses.

Les non-résidents peuvent profiter des lieux en s'offrant un thé à l'air libre, un dîner dans l'un de ses magnifiques restaurants ou un verre au superbe Polo Bar (p. 114).

Narain Niwas Palace Hotel HÔTEL HISTORIQUE $$$
(☎0141-2561291 ; www.hotelnarainniwas.com ; Narain Singh Rd ; s/d avec petit-déj à partir de 8 425/10 530 ₹, d deluxe 13 455 ₹ ;). À Kanota Bagh, juste au sud de la ville, voici un vénérable établissement à la splendeur désuète. Le personnel, en livrée, évolue dans la salle à manger huppée ; le thé est servi dans un salon rempli de meubles anciens, de portraits et d'objets du passé. Les chambres standards, situées dans le bâtiment du jardin, ne sont pas aussi grandes et bien équipées que les suites, hautes de plafond et somptueusement décorées.

Grande piscine bien cachée dans la verdure (non-résident, 2 heures 300 ₹, 8h-16h), spa de rêve et vaste jardin peuplé de paons.

Où se restaurer

Quartier de MI Road

Indian Coffee House CAFÉ $
(MI Rd ; café 20-40 ₹, en-cas 35-60 ₹ ; 6h-21h). En retrait de la rue, dans une ruelle peu visible, ce café traditionnel (vénérable institution coopérative) sert un bon café filtre dans un cadre détendu. Les amateurs de l'enseigne apprécieront l'intérieur vert pâle rafraîchi par les ventilateurs. *Pakora* (petits beignets de légumes) et *dosa* (fines crêpes salées) bon marché.

Jal Mahal GLACIER $
(MI Rd ; pots et cornets 30-120 ₹ ; 10h-23h). Ouvert depuis 1952, cet excellent petit glacier propose une cinquantaine de parfums, dont une délicieuse glace à la mangue. Au menu également : sundaes, banana splits et toutes sortes d'autres préparations aux noms fantaisistes.

Old Takeaway The Kebab Shop GRILLADES $
(151 MI Road ; grillades 90-180 ₹ ; 18h-23h). Une parmi les différentes échoppes de grillades du même nom (et dans le même secteur). Située à côté de la mosquée, elle aurait été la première à voir le jour et reste la meilleure. Elle sert d'excellentes grillades tandoori, notamment de mouton, et un appétissant poulet. Une délicieuse adresse pour les non végétariens.

Rawat Kachori DOUCEURS $
(Station Rd ; kachori 30 ₹, lassi 50 ₹, bonbons 350-850 ₹/kilo ; 6h-22h). Une adresse prisée de plats à emporter – avec restaurant adjacent – qui vend de bonnes friandises indiennes et des *kachori* (sorte de beignets de pâte garnis aux pois). Un *lassi*, sucré ou salé, ou un *milk crown* (pâte légère à la crème), également délicieux, devrait vous rassasier pour l'après-midi.

♥ **Peacock Rooftop Restaurant** INDIEN, INTERNATIONAL $$
(☎0141-2373700 ; Hotel Pearl Palace, Hari Kishan Somani Marg ; plats 175-340 ₹ ; 7h-23h). Perché en haut de l'Hotel Pearl Palace, ce restaurant sur plusieurs niveaux est apprécié pour son excellente cuisine (indienne, chinoise et européenne) à prix doux et pour son atmosphère sympathique. En résumé : un service attentionné, du mobilier fantaisiste et une vue romantique sur le fort Hathroi. Outre les dîners, on y sert des petits-déjeuners traditionnels, ainsi que des burgers, des pizzas et des *thali* d'un bon rapport qualité/prix pour le déjeuner.

Réservation pour le dîner recommandée.

Four Seasons INDIEN, INTERNATIONAL $$
(☎0141-2375450 ; D43A Subhash Marg ; plats 125-295 ₹ ; 11h-15h30 et 18h30-23h ;). L'une des meilleures tables végétariennes de Jaipur, sur 2 niveaux (une grande paroi vitrée sépare la cuisine de la salle). Grand choix : savoureuses spécialités rajasthanies, *dosa* d'Inde du Sud, plats chinois et divers *thali* et pizzas. Pas d'alcool.

Anokhi Café INTERNATIONAL $$
(☎0141-4007245 ; 2e ét., KK Square, C-11, Prithviraj Marg ; plats 250-350 ₹ ; 10h-19h30 ;). Café détendu à l'ambiance discrètement branchée, l'Anokhi propose des salades croquantes et bien présentées, des quiches, de copieux sandwichs... Mais on peut aussi, simplement, venir pour se reposer de l'agitation en buvant un *latte* ou un thé glacé. De délicieux pains bio sont préparés sur commande.

Handi Restaurant INDE DU NORD $$
(MI Rd ; plats 220-440 ₹ ; 12h-15h30 et 18h-23h). L'Handi est réputé, depuis 1967, pour ses tandoori, grillades et curries *mughlai*. Le soir, un étal de grillades est installé devant l'entrée. Des mets végétariens sont également au menu. Pas de bière.

En face du principal bureau de poste, à l'arrière des Maya Mansions.

Surya Mahal INDE DU SUD $$
(☎0141-2362811 ; MI Rd ; plats 130-310 ₹, thali 240-350 ₹ ; 8h-23h ;). Une adresse prisée près de Panch Batti, spécialisée dans

la cuisine végétarienne de l'Inde du Sud : délicieux *masala dosa* et *dhal makhani* (lentilles noires et haricots rouges avec de la cème et du beurre). On y sert aussi plats chinois et italiens, glaces, sundaes et boissons fraîches.

Natraj INDIEN $$
(0141-2375804 ; MI Rd ; plats 150-250 ₹, thali 250-520 ₹ ; 9h-23h ;). Non loin de Panch Batti, ce restaurant végétarien stylé propose une longue carte de plats indiens (du Nord), occidentaux et chinois. Le curry "*vegetable bomb*", aux légumes en croûte de pommes de terre, explose en bouche ! Sélection de *thali* et de spécialités d'Inde du Sud (délicieux *dosa paper masala*) ; bel assortiment de confiseries indiennes.

Dãsaprakash INDE DU SUD $$
(0141-2371313 ; 5 Kamal Mansions, MI Rd ; plats 115-240 ₹, thali 310-345 ₹ ; 9h-22h30 ;). Appartenant à une chaîne renommée établie en 1921, le Dãsaprakash est spécialisé dans la cuisine végétarienne d'Inde du Sud, notamment dans les *thali* et plusieurs versions de *dosa* et d'*idli* (gâteau de riz fermenté rond et moelleux). Vous pouvez terminer votre repas par l'une des nombreuses boissons fraîches et une excellente glace.

Niro's INDIEN $$$
(0141-2374493 ; MI Rd ; plats 250-500 ₹ ; 10h-23h ;). Ouvert depuis 1949, le Niro's est une adresse réputée de MI Road, qui semble sans arrêt s'améliorer. À l'abri du chaos de la rue, dans sa salle propre et fraîche au plafond couvert de miroirs, on vient déguster une remarquable cuisine indienne, végétarienne ou non, servie avec professionnalisme. S'il propose aussi des plats chinois et occidentaux, rien ne vaut les recettes traditionnelles. Même les Indiens louent son *butter chicken* et son *rogan josh* (curry d'agneau épicé). Bière et vin.

Copper Chimney INDIEN $$
(0141-2372275 ; Maya Mansions, MI Rd ; plats 300-475 ₹, thali végétarien/non végétarien 490/575 ₹ ; 12h-15h30 et 18h30-23h ;). Ce lieu décontracté, assez chic et accueillant, emploie une armée de serveurs ! Côté restauration : de généreux plats indiens, végétariens ou non, notamment des spécialités rajasthanies parfumées, ainsi que des plats occidentaux et chinois. Petit choix de vins indiens.

Little Italy ITALIEN $$$
(0141-4022444 ; 3e ét., KK Square, Prithviraj Marg ; plats 300-500 ₹ ; 12h-22h ;). Cette enseigne d'une petite chaîne nationale, à l'agréable cadre contemporain, est sans doute le meilleur restaurant italien de Jaipur. On y sert d'excellents plats végétariens (pâtes, risottos, pizzas cuites au feu de bois). Figurent aussi à la carte, fournie, quelques mets mexicains et de succulents desserts italiens. Alcool servi. Le restaurant adjacent, Little India, affiche un menu indien et chinois.

Jaipur Modern Kitchen MÉDITERRANÉEN $$$
(0141-4113000 ; www.jaipurmodern.com ; 51 Sardar Patel Marg, C-Scheme ; plats 300-550 ₹ ; 11h-23h ;). En plus des articles pour la maison et la mode, Jaipur Modern abrite ce fabuleux café méditerranéen privilégiant les ingrédients bio et soutenant l'agriculture durable locale. Pizzas, pâtes, *momo* et wraps, tous délicieux, sont faits maison. Mais la star est le quinoa, cultivé dans la région et auquel le menu Q est dédié ; il y est décliné sous forme de soupes, d'entrées, de plats et de desserts.

Vieille ville

Ganesh Restaurant INDE DU NORD $
(Nehru Bazaar ; plats 100-160 ₹ ; 9h-23h30 ;). Incroyablement placé, ce minuscule restaurant en plein air est perché sur les remparts de la vieille ville, près de New Gate. Le chef-cuisinier est installé dans un renfoncement du mur, si bien que vous pourrez surveiller la préparation des plats végétariens frais et savoureux, comme le *paneer butter masala*.

Le panneau n'est pas très visible, mais les marchands alentour vous indiqueront l'escalier étroit qui y mène.

Mohan INDIEN $
(144-5 Nehru Bazaar ; plats 25-150 ₹, thali 80 ₹ ; 9h-22h30 ;). En retrait du trottoir, à l'angle de la rue, le (petit) Mohan passe facilement inaperçu. L'endroit est basique, bon marché et pas très propre, mais ses *thali*, curries (demi-portion ou portion complète) et en-cas, du jour, sont très appréciés !

LMB (Laxmi Misthan Bhandar) INDIEN $$
(0141-2560845 ; Johari Bazaar ; plats 210-320 ₹ ; 8h-23h ;). Ce restaurant végétarien est une institution de la vieille ville (depuis 1954). Au milieu de l'agitation de Johari Bazaar, c'est un accueillant refuge climatisé au décor singulier, doté d'un grand comptoir de desserts. Aujourd'hui, il n'est plus exclusivement *sattvik* (végétarien).

Habitants et touristes se régalent d'un *thali* rajasthani (540 ₹), suivi d'un *kulfa* maison – dessert entre *kulfi* et *falooda* (100 ₹, boisson parfumée à la rose, à base de lait, de crème, de graines et de vermicelles), avec fruits secs et safran. Service attentif.

Hotel Sweet Dream INDIEN, INTERNATIONAL $$
(☎0141-2314409 ; www.hotelsweetdreamjaipur.in ; Nehru Bazaar ; plats 130-285 ₹ ; ❄). Le magnifique restaurant installé sur le toit de cet hôtel de la vieille ville jouit d'une belle vue sur le très animé Nehru Bazaar. C'est un lieu agréable où faire une pause durant vos achats et prendre un déjeuner léger ou un *lassi makhania* (140 ₹) rafraîchissant, à base de fruits frais et de crème. Au menu : pizzas et spécialités chinoises, mais les mets indiens sont incomparables.

Où prendre un verre et faire la fête

♥ **Lassiwala** CAFÉ
(MI Rd ; petit/grand lassi 25/50 ₹ ; ⏲7h30 jusqu'à épuisement des stocks). Ce repaire populaire et sans prétention, installé en face du Niro's, a fait de nombreux émules. Normal : vous ne trouverez pas mieux en matière de *lassi*, crémeux à souhait, et servis dans des gobelets en argile. Arrivez tôt ! Le véritable Lassiwala est situé juste à côté de la petite ruelle, sous l'enseigne "Shop 312" et "Since 1944". Les imitateurs sont sur sa droite.

♥ **Curious Life** CAFÉ
(☎0141-2229877 ; www.facebook.com/curiouslifecoffeeroasters ; P25 Yudhisthira Marg, C-Scheme ; cafés à partir de 75 ₹ ; ⏲9h-22h ; 📶). Le meilleur du café – grands crus, expressos, cafés filtre, cafetières à piston, AeroPress – est à portée de main dans ce temple de la torréfaction principalement fréquenté par des Indiens branchés d'une vingtaine d'années. Au programme également : boissons froides, smoothies, milk-shakes et muffins. La musique y est curieusement rétro.

♥ **Bar Palladio** BAR
(☎0141-2565556 ; www.bar-palladio.com ; Narain Niwas Palace Hotel, Narain Singh Rd ; cocktails 500-700 ₹ ; ⏲18h-23h). Un bar-restaurant détendu qui propose une longue carte de boissons et sert une cuisine italienne (plats 350-400 ₹). Le décor oriental raffiné de la salle s'invite sur la terrasse, éclairée aux chandelles, faisant du Palladio un lieu magique où prendre un verre et une bruschetta tout en discutant tranquillement. Le bar accueille occasionnellement Il Teatro, un événement culturel dédié à la musique live ; consultez le site Internet pour connaître les dates.

100% Rock BAR
(Hotel Shikha, Yudhishthir Marg, C-Scheme ; pinte de bière/cocktail à partir de 190/300 ₹ ; ⏲11h-0h30 ; 📶). Le 100% Rock, attenant à l'Hotel Shikha, est ce qui s'apparente le plus à un *biergarten* à Jaipur. Il compte de nombreuses tables à l'extérieur, des salles climatisées et une salle principale dotée d'une petite piste de danse. Les jeunes du quartier l'apprécient pour ses offres régulières de 2 bières pour le prix d'une.

Polo Bar BAR
(Bhawan Singh Marg ; ⏲12h-minuit). Dans le splendide hôtel Rambagh Palace, ce bar légendaire, dont les fenêtres donnent sur des pelouses soignées, est décoré d'objets liés au polo. Bières en bouteille (à partir de 400 ₹), verres de vin (à partir de 550 ₹) et cocktails (à partir de 600 ₹). Délicieux en-cas servis toute la journée.

Café Coffee Day CAFÉ
(Country Inn et Suites, MI Rd ; café 80-150 ₹ ; ⏲10h-22h). Cette chaîne réputée pour ses expressos, boissons lactées et muffins compte plusieurs adresses à Jaipur, notamment au Paris Point, dans Sawai Jai Singh Hwy (alias Collectorate Rd), au Central Museum, et près de la sortie du fort d'Amber.

Où sortir

Jaipur n'est pas une ville très animée la nuit. Cela dit, beaucoup d'hôtels programment des soirées musicales ou des spectacles de danse ou de marionnettes. Certains cinémas projettent des films en anglais ; consultez l'affichage des salles et la presse locale.

Cinéma Raj Mandir CINÉMA
(☎0141-2379372 ; www.therajmandir.com ; Baghwandas Marg ; billets 120-400 ₹ ; ⏲réservations 10h-18h, séances 12h30, 15h, 18h30 et 22h). Tout près de MI Rd, le Raj Mandir, aux faux airs de gâteau à la crème rose, est *le* lieu où voir un film en hindi. On peut réserver d'une semaine à une heure à l'avance aux guichets 9 et 10, ce qui est le meilleur moyen d'obtenir une place. Cela dit, inutile de rêver en trouver une les premiers jours qui suivent la mise à l'affiche ! Sinon, préparez-vous à jouer des coudes à l'ouverture des guichets, 45 minutes avant chaque séance. Évitez les billets les moins chers si vous ne voulez pas être collé à l'écran.

Chokhi Dhani DIVERTISSEMENTS

(☎0141-5165000 ; www.chokhidhani.com ; Tonk Rd ; adulte/enfant avec thali rajasthani à partir de 600/350 ₹ ; ⊙18h-23h). À 20 km au sud de Jaipur, le Chokhi Dhani ("village spécial"), reconstitution d'un village rajasthani, est une destination attrayante pour les enfants. On y trouve des restaurants en plein air, où savourer un délicieux *thali* rajasthani, ainsi qu'une multitude de divertissements traditionnels – danseurs, acrobates, stands de nourriture –, en plus de diverses installations classiques pour les bambins.

Les tarifs peuvent être plus élevés en fonction de la qualité du dîner choisi. L'aller-retour en taxi depuis Jaipur coûte 800 ₹ environ, temps d'attente inclus.

Terrain de polo RENCONTRES SPORTIVES

(☎renseignements billetterie 0141-2385380 ; Ambedkar Circle, Bhawan Singh Marg). Passionné de polo, le maharaja Man Singh II fit construire, à côté du Rambagh Palace, un immense terrain qui sert toujours aujourd'hui aux rencontres. Une place pour un match permet d'accéder au lounge, décoré de photos et d'objets anciens. La saison se déroule tout l'hiver. Contactez le Rajasthan Polo Club pour vous renseigner sur les billets.

Achats

À Jaipur, les amateurs de shopping seront aux anges. Des commerciaux viennent du monde entier s'approvisionner en bijoux, pierres, tissus et objets d'art issus de tout le Rajasthan. Le marchandage fait partie du jeu, surtout dans les magasins proches des grands sites touristiques.

La plupart des magasins de grande taille se chargent de l'emballage et de l'expédition des achats. Il revient un peu moins cher de le faire soi-même, mais c'est plus long.

La ville a en partie conservé la répartition traditionnelle des activités artisanales par quartiers. Pour trouver saris, autres tissus et babioles bon marché, allez à **Bapu Bazaar**. Les bijoutiers sont concentrés dans **Johari Bazaar** et **Sireh Deori Bazaar**, où ils vendent des articles en or et en argent, ainsi que de jolies pièces émaillées appelées *meenakari*, typiques de Jaipur. Vous pourrez également faire quelques bonnes affaires en matière de tissus auprès des marchands de coton de Johari Bazaar.

Kishanpol Bazaar est réputé pour les textiles, notamment pour les *bandhani* (*tie-dye*). **Nehru Bazaar** vend aussi des étoffes, ainsi que des *jooti* (chaussures pointues traditionnelles du Rajasthan), des babioles et des parfums. Pour les bracelets, rendez-vous à Maniharon Rasta.

Quantité de fabriques et d'espaces d'exposition bordent la route vers Amber, entre Zorawar Gate et le Park Regis Hotel. Là, le personnel des immenses magasins (emporiums) vendant tissus imprimés au tampon, céramiques bleues, tapis et antiquités, est habitué aux bus de touristes qui dépensent sans compter ; marchandez.

Les *rickshaw-wallahs*, hôtels et agences de voyages perçoivent d'importantes commissions s'ils amènent des clients. De nombreux visiteurs néophytes se laissent convaincre d'acheter des articles (des pierres précieuses notamment) pour les revendre chez eux. Méfiez-vous de ces pièges.

Jaipur Modern MODE ET ACCESSOIRES

(☎0141-4112000 ; www.jaipurmodern.com ; 51 Sardar Patel Marg, C-Scheme ; ⊙11h-23h). Cet espace d'exposition contemporain présente des objets issus de l'artisanat local, des vêtements, des articles pour la maison, de la papeterie et des accessoires de mode. Le personnel est

LES PIERRES DE JAIPUR

Jaipur est renommée pour ses pierres précieuses et semi-précieuses. Beaucoup de magasins en vendent à des prix compétitifs, mais il est indispensable de s'y connaître en gemmes. Ce commerce se concentre surtout dans le quartier musulman de Pahar Ganj, au sud-est de la vieille ville, où vous assisterez à la taille et au polissage des pierres dans des ateliers nichés dans d'étroites ruelles.

En Inde, l'une des plus anciennes escroqueries concerne les pierres précieuses. Elle consiste à faire croire aux touristes qu'ils peuvent acheter des pierres pour les revendre plus cher ailleurs. Vous pourrez obtenir un certificat d'authenticité à l'institut de gemmologie, le **Gem Testing Laboratory** (carte p. 102 ; GTL ; ☎0141-2568221 ; www.gtljaipur.info ; Rajasthan Chamber Bhawan, MI Rd ; ⊙10h-16h lun-sam). Déposez vos pierres entre 10h et 16h, et venez retirer un certificat d'authenticité le lendemain, entre 16h et 17h. Ce service coûte 1 050 ₹ par pierre, 1 650 ₹ pour un résultat le jour même (déposez la pierre avant 13h).

aimable et ne pousse pas à la consommation. Vous y trouverez aussi un café servant un bon Lavazza et des en-cas méditerranéens.

Inde Rooh VÊTEMENTS

(☎9829404055, 9929442022 ; www.inderooh.com ; Hotel Pearl Palace, Hari Kishan Somani Marg ; ⌚10h30-22h30). Cette minuscule boutique de l'Hotel Pearl Palace met en avant des tissus qui mêlent technique traditionnelle (impression au tampon) et design contemporain. La qualité et le prix des vêtements pour hommes et femmes, entièrement réalisés à la main, sont comparables à ce qui se fait dans les maisons de couture les plus réputées de la ville. Articles pour la maison.

Rajasthali ART ET ARTISANAT

(MI Rd ; ⌚11h-19h30 lun-sam). Ce magasin d'État, face à Ajmer Gate, déborde d'objets artisanaux rajasthanis de qualité : pièces émaillées, broderies, poteries, articles en bois, bijoux, marionnettes, draps imprimés au tampon, jolies miniatures, chaudronnerie, tissus ornés de miroir... Allez-y pour repérer les prix avant de vous lancer dans le bazar. La qualité est souvent meilleure dans ce vaste espace que sur les marchés, et les prix au demeurant guère beaucoup plus élevés.

Anokhi VÊTEMENTS, TISSUS

(www.anokhi.com ; 2e ét., KK Square, C-11, Prithviraj Marg ; ⌚9h30-20h lun-sam, 11h-19h dim). Cette boutique haut de gamme mérite une visite, ne serait-ce que pour son charmant café et l'excellente librairie située dans le même bâtiment. Mais vous pourrez aussi craquer pour des textiles de qualité – tissus imprimés au tampon, nappes, dessus-de-lit, trousses de maquillage, écharpes... –, ou de beaux vêtements mêlant les styles indien et occidental.

Fabindia VÊTEMENTS

(☎0141-4015279 ; www.fabindia.com ; B 4 E-prithviraj Road ; ⌚11h-21h). De beaux tissus, du mobilier, des accessoires pour la maison, ainsi que des vêtements, produits de beauté et condiments bio. Face à Central Park, porte 4.

Silver Shop BIJOUX

(Hotel Pearl Palace, Hari Kishan Somani Marg ; ⌚18h-22h). Une bijouterie de confiance soutenue par la direction de l'hôtel qui l'héberge. Sous le baldaquin en forme de paon du Peacock Rooftop Restaurant.

Crossword LIVRES

(1er ét., KK Square, Prithvirag Marg ; ⌚11h-21h). Excellente librairie avec un grand choix de livres, notamment les best-sellers les plus récents ou des ouvrages consacrés à la peinture et à l'histoire de l'Inde. CD de musique et DVD sont également en vente. Café et restaurant dans le même bâtiment.

Mojari VÊTEMENTS

(☎0141-2377037 ; D-67 Shiv Heera Marg ; ⌚10h-18h30). Du nom de chaussures traditionnelles du Rajasthan, ce projet soutenu par les Nations unies vient en aide aux maroquiniers de la campagne, qui figurent traditionnellement parmi les plus pauvres. Le magasin présente une grande variété de chaussures, dont des mules et des sandales brodées ou ornées de motifs (300-1 000 ₹). Beau choix de modèles pour femmes ; petite collection de sacs en cuir et porte-monnaie faits main.

ℹ Renseignements

ACCÈS INTERNET

Les cybercafés sont rares, mais les hôtels et pensions proposent presque tous un accès Internet et/ou le Wi-Fi.

Mewar Cyber Café (Station Rd ; 30 ₹/heure ; ⌚7h-23h). Près de la gare routière principale.

ARGENT

Il existe quantité d'endroits où changer des devises, dont un grand nombre d'hôtels, et une multitude de distributeurs de billets (DAB) – la plupart acceptent les cartes étrangères.

Thomas Cook (carte p. 102 ; ☎0141-2360940 ; Jaipur Towers, MI Rd ; ⌚9h30-18h). Change les espèces et les chèques de voyage.

OFFICES DU TOURISME

Les brochures *Jaipur Vision* et *Jaipur City Guide*, pratiques, sont disponibles en librairie et dans certains halls d'hôtels (où elles sont gratuites). On y trouve un agenda des manifestations, des plans, des publicités...

Office du tourisme de la RTDC (☎0141-5155137 ; www.rajasthantourism.gov.in ; ancien RTDC Tourist Hotel, MI Rd ; ⌚9h30-18h lun-ven). Fournit plans et brochures sur Jaipur et le Rajasthan. Antennes à **l'aéroport** (☎0141-2722647 ; ⌚9h-17h lun-ven), au **fort d'Amber** (☎0141-2530264 ; ⌚9h30-17h lun-ven), à la **gare ferroviaire de Jaipur** (☎0141-2200778 ; quai 1 ; ⌚24h/24) et à la **gare routière principale** (☎0141-5064102 ; quai 3 ; ⌚10h-17h lun-ven).

POSTE

Bureau de poste principal (☎0141-2368740 ; MI Rd ; ⌚8h-19h45 lun-ven, 10h-17h45 sam). Économique et efficace (même si les va-et-vient demandés peuvent exaspérer). Avant de procéder à l'envoi, dans le hall, les employés chargés de l'empaquetage emballent, cousent et apposent un cachet en cire sur votre colis, moyennant une petite commission.

DHL Express (☎ 0141-2361159 ; www.dhl.co.in ; G8 Geeta Enclave, Vinobha Marg ; ⏲ 10h-20h). Repérez l'agence dans MI Rd, puis prenez la ruelle qui longe cette agence. Pour envoyer un colis, le premier kilo est cher, mais les tranches de 500 g suivantes sont bon marché. L'emballage est inclus dans le prix. Le paiement se fait par carte bancaire ou en espèces.

SERVICES MÉDICAUX

La plupart des hôtels se chargeront d'appeler un médecin.

Santokba Durlabhji Memorial Hospital (SDMH ; ☎ 0141-2566251 ; www.sdmh.in ; Bhawan Singh Marg). Un hôpital privé, avec un service d'urgences ouvert 24h/24 ; indications claires en anglais ; bon accueil. Consultation : 400 ₹.

Sawai Mansingh Hospital (SMS Hospital ; ☎ 0141-2518222, 0141-2518597 ; Sawai Ram Singh Rd). Un hôpital d'État du groupe Soni Hospitals (www.sonihospitals.com). Avant 15h, rendez-vous au CT & MRI Centre. Après 15h, allez aux urgences (Emergency Department) adjacentes.

ℹ Depuis/vers Jaipur

AVION

L'**aéroport international de Jaipur** (☎ 0141-2550623 ; www.jaipurairport.com) est situé à 12 km au sud-est de la ville.

Il existe des vols pour Jaipur depuis l'Europe, l'Amérique du Nord et d'autres destinations via Delhi. Quelques vols directs relient Bangkok à Singapour et au Golfe.

Air India (☎ 0141-2743500, aéroport 0141-2721333 ; www.airindia.com ; Nehru Place, Tonk Rd). Vols quotidiens pour Delhi et Mumbai.

IndiGo (☎ 9212783838 ; goindigo.in ; terminal 2, aéroport international de Jaipur). Dessert Ahmedabad, Bengaluru (Bangalore), Chennai (Madras), Delhi, Hyderabad, Mumbai et Pune.

Jet Airways (☎ 0141-2725025, 1800 225522 ; www.jetairways.com ; ⏲ 5h30-21h). Dessert Delhi et Mumbai.

SpiceJet (☎ 9871803333 ; www.spicejet.com ; terminal 2, aéroport international de Jaipur ; ⏲ 6h-19h). Vols quotidiens pour Delhi.

Scoot (☎ 8000016354 ; www.scoot.com). Trois vols par semaine pour Singapour.

Thai Smile (☎ Thaïlande +662-1188888 ; www.thaismileair.com). Trois vols par semaine pour Bangkok.

BUS

Les bus de la Rajasthan State Road Transport Corporation (RSRTC, alias Rajasthan Roadways) partent tous de la **gare routière principale** (carte p. 102 ; Station Rd ; consigne 10 ₹/bagage pour 24 heures), et prennent des passagers à Narain Singh Circle (où l'on peut aussi acheter des billets). Vous trouverez une consigne et une station d'auto-rickshaws prépayés à la gare routière principale.

Les bus ordinaires sont appelés bus express ; il existe aussi des bus *deluxe* (de véritables cars), de qualité très variable, mais souvent bien plus chers et plus confortables (généralement climatisés mais pas toujours) que les bus express ordinaires. Les bus *deluxe*

PRINCIPAUX BUS AU DÉPART DE JAIPUR

DESTINATION	TARIFS	DURÉE	DÉPARTS
Agra	261-289 ₹, avec clim 470-573 ₹	5 heures 30	11/jour
Ajmer	150 ₹, avec clim 316 ₹	2 heures 30	1/heure minimum
Bharatpur	195 ₹, avec clim 410 ₹	4 heures 30	1/heure minimum
Bikaner	334 ₹, avec clim 596 ₹	5 heures 30 - 7 heures	1/heure
Bundi	216 ₹	5 heures	5/jour
Chittorgarh	339 ₹, avec clim 585 ₹	7 heures	6/jour
Delhi	273 ₹, avec clim 800 ₹	5 heures 30	1/heure minimum
Jaisalmer	593 ₹	14 heures	2/jour
Jhunjhunu	181 ₹, avec clim 321 ₹	3 heures 30 - 5 heures	toutes les 30 min
Jodhpur	340 ₹, avec clim 741 ₹	5 heures 30 - 7 heures	toutes les 2 heures
Kota	252 ₹	5 heures	1/heure
Mount Abu (Abu Road)	486 ₹, avec clim 866 ₹	10 heures 30 - 13 heures	6/jour
Nawalgarh	145 ₹, avec clim 258 ₹	2 heures 30 - 4 heures	1/heure
Pushkar	161 ₹	3 heures	1/jour
Udaipur	420 ₹, avec clim 914 ₹	10 heures	6/jour

partent du quai 3, à l'écart, dans le coin droit de la gare routière. On peut réserver les billets au **bureau des réservations** (☎0141-5116032), ce qui n'est pas le cas pour les bus express ordinaires.

Hormis ceux qui se rendent à Delhi (toutes les demi-heures), les bus *deluxe* sont beaucoup moins fréquents que les bus ordinaires.

TRAIN

Pour un trajet le jour même, achetez votre billet à la gare, au guichet 10, quai 1 (⏲fermé 6h-6h30, 14h-14h30 et 22h-22h30), du côté nord.

Sur le quai 1, vous trouverez aussi un office du tourisme de la RTDC, la Tourism Assistance Force (police touristique), une consigne à bagages (16 ₹/bagage pour 24 heures), des *retiring rooms*, des restaurants et des salles d'attente climatisées pour les voyageurs ayant réservé en 1re classe et en 2AC.

La station d'auto-rickshaws prépayés et de taxis locaux est située au niveau de la rue qui arrive à la gare.

Parmi les différents services, citons :

Agra *sleeper* 185 ₹, 3 heures 30 à 4 heures 30, 9/jour

Ahmedabad *sleeper* 350 ₹, 9 à 13 heures, 7/jour (0h30, 2h20, 4h25, 8h40, 11h45, 14h20 et 20h35)

Ajmer (pour Pushkar) *sleeper* 90 ₹, 2 heures, 21/jour

Bikaner *sleeper* 275 ₹, 6 heures 30 à 7 heures 30, 3/jour (0h45, 16h15, 21h45)

Delhi *sleeper* 245 ₹, 4 heures 30 à 6 heures, au moins 9/jour (1h, 2h50, 4h40, 5h, 6h, 14h35, 16h25, 17h50 et 23h15), départs supplémentaires certains jours

Jaisalmer *sleeper* 350 ₹, 12 heures, 3/jour (11h10, 16h15 et 23h45)

Jodhpur *sleeper* 250 ₹, 4 heures 30 à 6 heures, 10/jour (0h45, 2h45, 6h, 9h25, 11h10, 11h25, 12h20, 17h, 22h40 et 23h45)

Ranthambhore (Sawai Madhopur) *sleeper* 180 ₹, 2 à 3 heures, au moins 9/jour (0h30, 5h40, 6h40, 11h05, 14h, 16h50, 17h35, 19h35 et 20h45), départs supplémentaires certains jours

Udaipur *sleeper* 270 ₹, 7 à 8 heures, 3/jour (6h15, 14h et 23h)

VOITURE ET MOTO

La plupart des hôtels et l'office du tourisme de la RTDC pourront vous commander une voiture avec chauffeur. Le tarif est de 8/12 ₹ par kilomètre, suivant le type de voiture, avec un minimum de 250 km/jour. Prévoyez aussi un supplément de 200 ₹/nuit. Vous paierez également le retour du chauffeur à Jaipur, même si vous ne rentrez pas.

Au **Rajasthan Auto Centre** (p. 830), vous pourrez louer, acheter ou faire réparer une Royal Enfield Bullet (ou d'autres modèles). C'est l'atelier de réparation le plus ordonné du pays ! La location d'une Bullet 350 cm³ coûte 600 ₹/jour (casque inclus) dans Jaipur.

ℹ Comment circuler

DEPUIS/VERS L'AÉROPORT

Aucun bus ne dessert l'aéroport. Comptez au moins 350/450 ₹ en auto-rickshaw/taxi. Le guichet des taxis prépayés se trouve dans le terminal de l'aéroport.

AUTO-RICKSHAW

Les chauffeurs d'auto-rickshaws des gares routière et ferroviaire comptent parmi les plus insistants du Rajasthan. Utilisez les stations d'auto-rickshaws prépayés des gares ferroviaire et routière. Conservez votre bon jusqu'à votre

PRINCIPAUX TRAINS AU DÉPART DE JAIPUR

DESTINATION	TRAIN	DÉPART	ARRIVÉE	TARIFS
Agra (Cantonment)	19666 *Udaipur-Kurj Exp.*	6h15	11h	185/510 ₹ (A)
Agra (Fort Station)	12035 *Jaipur-AF Shatabdi*	7h05	10h35	505/1 050 ₹ (D)
Ahmedabad	12958 *Adi Sj Rajdhani*	0h30	9h40	1130/1 580 ₹ (B)
Ajmer (pour Pushkar)	12195 *Ajmer-AF Intercity*	9h40	11h50	100/325 ₹ (C)
Bikaner	12307 *Howrah-Jodhpur Exp.*	12h45	8h15	275/705 ₹ (A)
Delhi (New Delhi)	12016 *Ajmer Shatabdi*	17h50	22h40	570/1 205 ₹ (D)
Delhi (S. Rohilla)	12985 *Dee Double Decker*	6h	10h30	505/1 205 ₹ (D)
Jaisalmer	14659 *Delhi-JSM Exp.*	23h45	11h40	350/935 ₹ (A)
Jodhpur	22478 *Jaipur-Jodhpur SF Exp.*	6h	10h30	515/625 ₹ (E)
Sawai Madhopur	12466 *Intercity Exp.*	11h05	13h15	180/325/560 ₹ (F)
Udaipur	19665 *Jaipur-Udaipur Exp.*	23h	6h45	270/715 ₹ (A)

Tarifs : (A) *sleeper*/3AC ; (B) 3AC/2AC ; (C) siège 2e classe/AC Chair ; (D) AC Chair/1AC ; (E) AC Chair/3AC ; (F) *sleeper*/AC Chair/AC

destination : il sert à payer le chauffeur. Sinon, pour les autres auto-rickshaws, préparez-vous à marchander ferme. Comptez 80 ₹ au minimum de n'importe quel arrêt jusqu'à la vieille ville.

RICKSHAW

Un court trajet coûte environ 40 ₹. Pensez au pourboire : conduire un cyclopousse est particulièrement difficile dans la chaleur du Rajasthan.

TAXI

Préparez-vous à négocier si vous empruntez les taxis sans compteur.

Metro Cabs (☎ 0414-424444 ; www.metrocabs.in ; prise en charge 50 ₹/2 km, puis 10-12 ₹/km, plus 1 ₹/min, + 25% 22h-6h) propose des forfaits visites en taxi de 4/8 heures pour 700/1 350 ₹.

TRANSPORTS PUBLICS

Le **métro de Jaipur** (☎ 0141-2385790 ; www.jaipurmetrorail.info) compte 10 km de voies constituant la ligne rose et 9 stations. La ligne commence au sud-ouest de la Pink City, à Mansarovar, traverse les Civil Lines, et a son terminus actuel à Chandpole. Lors de la rédaction de ce guide, la ligne était toujours en construction, le but étant qu'elle traverse la vieille ville pour relier Chandpole à Badi Chaupar. Tarifs entre 5 et 15 ₹.

Environs de Jaipur

Amber

La citadelle dorée d'Amber (prononcez “aimeur”), située à 11 km au nord-est de Jaipur, est un superbe exemple d'architecture rajput construit à flanc de falaise. Autrefois capitale de l'État de Jaipur, Amber en est aujourd'hui l'un des sites majeurs.

Amber fut érigée par les Rajput Kachhwaha originaires de Gwalior, dans l'actuel Madhya Pradesh, où ils régnèrent pendant plus de 800 ans. Leurs butins de guerre leur permirent de financer la construction du fort d'Amber, entreprise en 1592 par le maharaja Man Singh, commandant rajput de l'armée d'Akbar. La citadelle fut ensuite agrandie et complétée par les Jai Singh, avant leur installation à Jaipur, dans les plaines en contrebas.

La ville d'Amber, en dessous du fort, mérite aussi la visite, en particulier le Anokhi Museum of Hand Printing, consacré aux tissus imprimés. De là, vous pouvez traverser l'ancienne ville jusqu'au **Panna Meena Baori**, un puits à degrés restauré, et au **temple de Jagat Siromani** (ou temple de Meera).

À voir

Fort d'Amber — FORT

(Indien/étranger 100/500 ₹, entrée nocturne 100 ₹, guide 200 ₹, audioguide 200-250 ₹ ; ⏲8h-18h, dernière entrée 17h30, entrée nocturne 19h-21h). Cette superbe citadelle cache un immense ensemble palatial, construit en grès jaune et rose et en marbre blanc. Elle est divisée en quatre parties principales, chacune dotée d'une cour. S'il est possible de visiter la forteresse à dos d'éléphant, nous le déconseillons fortement : des cas de maltraitance ont été révélés. Le transport de passagers peut en outre provoquer des blessures permanentes aux animaux.

Vous pouvez, en revanche, rejoindre à pied la forteresse depuis la route en 10 minutes, ou faire l'aller-retour en 4x4 (400 ₹ pour 5 passagers ; 1 heure d'attente comprise). La visite nocturne coûte le même prix pour les étrangers et les Indiens.

Quelle que soit la façon dont vous arrivez, vous entrerez dans le fort par **Suraj Pol** (porte du Soleil), qui mène au **Jaleb Chowk** (la cour principale), où les armées présentaient leur butin à la population (les femmes assistaient au spectacle depuis les fenêtres ajourées du palais). La billetterie se trouve au fond de la cour, en face de Suraj Pol. En voiture, vous entrez par **Chand Pol** (porte de la Lune), de l'autre côté de Jaleb Chowk. Il est intéressant de prendre un audioguide ou d'engager un guide, car les panneaux sont rares dans ce labyrinthe.

De Jaleb Chowk, un grand escalier conduit au palais principal. Avant de monter, prenez les marches sur la droite pour découvrir le petit **temple de Siladevi**, aux superbes portes en argent présentant un travail de repoussage (reliefs).

Revenez à l'escalier principal pour atteindre la deuxième cour et le **Diwan-i-Am** (salle des Audiences publiques), qui consiste en une série de colonnades ouvertes. À noter les chapiteaux en forme de têtes d'éléphants.

Les appartements du maharaja sont aménagés autour de la troisième cour, à laquelle on accède par la merveilleuse **Ganesh Pol**, dont les arches sont ornées de magnifiques fresques. Le **mandir de Jai** (salle de la Victoire) est remarquable pour ses marqueteries et son plafond incrusté de miroirs. Les délicats bas-reliefs de marbre représentent des insectes stylisés et des fleurs sinueuses. En face du *mandir* de Jai, le **Sukh Niwas** (salle des Plaisirs), traversé par un chenal qui acheminait jadis de l'eau

VAUT LE DÉTOUR

ABHANERI

Abhaneri abrite l'un des puits à degrés les plus spectaculaires du Rajasthan. Avec environ 11 niveaux visibles (en fonction du niveau de l'eau), le **Chand Baori** (aube-crépuscule) GRATUIT est une incroyable merveille du Xe siècle à la symétrie déroutante. À côté subsiste un petit palais en ruine, où la noblesse aimait pique-niquer et se baigner dans des salles privées (des bœufs étaient utilisés pour alimenter les bassins en eau).

Abhaneri se trouve à 95 km environ de Jaipur et à 10 km de la National Hwy 21, le principal axe Agra-Jaipur. Depuis Jaipur, prenez un bus jusqu'à Sikandra (70 ₹, 1 heure 30), d'où vous pourrez emprunter un taxi collectif (10 ₹) pour effectuer les 5 km restant jusqu'à Gular. Depuis Gular, prenez un taxi collectif ou un minibus jusqu'à Abhaneri (encore 5 km et 10 ₹). Si vous êtes motorisé, Abhaneri et son puits à degrés constituent une halte intéressante entre Jaipur et Agra/Bharatpur.

fraîche, possède une porte en bois de santal incrustée d'ivoire. Du *mandir* de Jai, on découvre une vue splendide sur les remparts et le **lac Maota**, en contrebas.

Le **zenana** (quartier des femmes) entoure la quatrième cour. Les chambres des épouses et maîtresses s'ouvrent sur un corridor qui permettait au maharaja de mener ses visites nocturnes suivant son bon plaisir.

Le **spectacle son et lumière** (0141-2530844 ; Kesar Kiyari complex ; Indien/étranger 100/200 ₹ ; anglais 19h30, hindi 20h30) a lieu pour sa part au pied du fort, dans l'ensemble situé près du lac Maota.

Jaigarh FORT

(Indien/étranger 50/100 ₹, voiture 50 ₹, guide hindi/anglais 200/300 ₹ ; 9h-17h). Au sommet d'une colline broussailleuse dominant Amber trône l'imposant Jaigarh, érigé en 1726 sous le règne de Jai Singh II. Ce fort austère, ponctué de tours de guet coiffées d'un toit étrange, ne fut jamais pris et traversa les siècles intact. Magnifique exemple d'architecture défensive du XVIIIe siècle, Jaigarh comporte des bassins, des appartements, un théâtre de marionnettes et le plus grand canon sur roues du monde, le Jaya Vana.

Le fort est accessible au terme d'une ascension abrupte (environ 1 km) depuis Amber, et sa tour d'observation, Diwa Burj, préside à une vue superbe.

À l'époque moghole, Jaipur produisit de nombreuses armes pour les dirigeants moghols et rajput. Le canon, exemple le plus spectaculaire, était fabriqué dans la fonderie de la citadelle, construite à l'époque moghole. Datant de 1720, cette énorme arme longue de 6 m se compose de huit métaux différents et pèse 50 tonnes. D'une portée de 30 km, il nécessite 100 kg de poudre pour tirer. Personne ne sait réellement combien de fois le canon a été utilisé.

Un ensemble sophistiqué de canaux de drainage alimente 3 grandes citernes. Elles étaient utilisées pour fournir de l'eau à tous les soldats, civils et animaux qui vivaient dans le fort. La plus grande a une capacité de 22,8 millions de litres d'eau. La forteresse aurait servi de coffre-fort aux Kachhwaha, et pendant longtemps, les Indiens furent persuadés qu'une partie du trésor royal était cachée dans l'une des citernes. Le gouvernement indien alla même jusqu'à la fouiller, en vain.

À l'intérieur du fort se trouve un arsenal et un musée, renfermant une collection d'armes pour l'essentiel mortelles et quelques souvenirs des anciens monarques, notamment des photographies, des cartes de Jaigarh, des crachoirs et des cartes à jouer rondes du XVIIIe siècle. La structure comprend aussi plusieurs salles ouvertes, comme le Shubhat Niwas (salle de réunion des guerriers), qui présente des chaises à porteurs défraîchies et des tambours.

Entrée gratuite avec un billet récent (moins de 2 jours) du City Palace de Jaipur.

Anokhi Museum of Hand Printing MUSÉE

(musée Anokhi de l'Impression manuelle ; 0141-2530226 ; Anokhi Haveli, Kheri Gate ; adulte/enfant 80/25 ₹ ; 10h30-16h30 mar-sam, 11h-16h30 dim, fermé mai à mi-juil). Installé dans un *haveli* restauré, cet intéressant musée est consacré à l'art de l'impression au tampon, des traditions anciennes au design contemporain. On peut y admirer des maîtres tailler des tampons en bois complexes et même s'essayer à l'impression sur une écharpe ou un T-shirt. Café et boutique de souvenirs sur place.

Où se loger

Mosaics Guesthouse PENSION $$

(0141-2530031, 8875430000 ; www.mosaicsguesthouse.com ; Siyaram Ki Doongri ; s/d avec petit-déj

3 300/3 800 ₹ ; ❄@📶). Évadez-vous dans ce lieu superbe (le propriétaire français, un artiste mosaïste, vous montrera son atelier), doté de 4 chambres charmantes et d'un toit-terrasse présidant à une vue exceptionnelle sur le fort. Repas franco-indiens à prix fixe : végétarien/non végétarien à 800/1 000 ₹. À 1 km après le fort, près du village de Kunda – prenez la direction de Siyaram Ki Doongri, où vous verrez des panneaux.

Bharatpur et Keoladeo National Park

☎05644252,350 / 252 350 HABITANTS

Bharatpur permet d'accéder au Keoladeo National Park, zone marécageuse et vaste réserve ornithologique inscrite au Patrimoine mondial. Outre le parc national, Bharatpur s'enorgueillit de quelques vestiges historiques qui ne méritent toutefois pas le déplacement à eux seuls. La ville, poussiéreuse et bruyante, présente peu d'intérêt. Cependant, elle accueille le turbulent et coloré **Brij Festival**, juste avant les exubérantes célébrations d'Holi.

À voir

Lohagarh FORT

GRATUIT Toujours habité, le Lohagarh, ou "Iron Fort" (fort de fer), du XVIIIe siècle, tire son nom de ses incroyables remparts. Très impressionnant bien qu'en mauvais état, il se dresse au centre de la ville, entouré de douves. Il possède une entrée nord – **Austdhatu Gate** (porte des Huit Métaux), dont les pointes seraient constituées de huit métaux différents – et une entrée sud – **Lohiya Gate**.

Le maharaja Suraj Mahl, bâtisseur du fort et fondateur de Bharatpur, fit édifier deux tours à l'intérieur des remparts pour commémorer ses victoires sur les Moghols et les Britanniques : Jawahar Burj et Fateh Burj. Les trois palais situés dans l'enceinte sont dans un état de délabrement avancé.

L'un d'eux, disposé autour d'une cour paisible, abrite un **musée** (Indien/étranger 20/100 ₹, photos interdites à l'intérieur du musée ; 🕒9h45-17h15 mar-dim). L'étage renferme une collection hétéroclite d'objets royaux, notamment des armes. Plus impressionnante, la galerie de sculptures jaïnes comprend de belles pièces, du VIIe au Xe siècle. L'élément le plus remarquable du musée reste toutefois le hammam d'origine, orné de quelques fresques et de sculptures raffinées.

Keoladeo National Park

Ce remarquable **parc national** (Indien/étranger 75/500 ₹, caméra 600/900 ₹, guide 150 ₹/heure, location vélo/VTT/jumelles 25/40/100 ₹ par jour ; 🕒6h-18h avr-sept, 6h30-17h oct-mars) est une réserve ornithologique reconnue, de longue date, comme l'un des sites d'observation des oiseaux les plus importants au monde. Lorsque les pluies de mousson sont abondantes, plus d'un tiers des 29 km² du parc, alors inondé, sert de refuge à plus de 360 espèces d'oiseaux. Cette région marécageuse est un lieu d'hivernage vital pour les oiseaux aquatiques, en provenance d'Afghanistan, du Turkménistan, de Chine et de Sibérie notamment. Le parc accueille également des cervidés, des nilgauts (grandes antilopes) et des sangliers, que l'on peut facilement apercevoir.

Le Keoladeo a été créé dans les années 1850 en qualité de réserve de chasse royale ; il a permis d'alimenter les tables des maharajas jusqu'en 1965. Devenu parc national en 1982, le site a été inscrit au Patrimoine mondial en 1985.

La meilleure période pour découvrir le parc s'étend d'octobre à février, car il est alors possible d'y apercevoir de nombreux oiseaux migrateurs. Le reste du temps, le parc peut être asséché et les oiseaux y sont rares.

Visite du parc

Le billet d'accès au parc donne droit à une entrée par jour. Une route étroite (interdite aux véhicules motorisés au-delà du poste de contrôle n°2) le traverse ; plusieurs pistes et chemins rayonnent à partir du poste et s'enfoncent dans la végétation. De manière générale, plus on s'éloigne de l'entrée, plus le paysage et la faune gagnent en intérêt.

Seuls les rickshaws agréés (reconnaissables à leur plaque jaune) peuvent circuler au-delà du poste n°2, et sur les grandes pistes uniquement. Vous n'aurez pas de droit d'entrée à payer pour le chauffeur, qui vous demandera 100 ₹ par heure. Certains conducteurs connaissent très bien la réserve.

Un bon moyen de visiter le Keoladeo consiste à louer un vélo à l'entrée du parc – ce mode de déplacement silencieux permet d'éviter les "embouteillages" et de profiter de la tranquillité de la réserve. Toutefois, nous conseillons aux femmes voyageant seules et souhaitant explorer le parc à vélo de louer les services d'un guide (qui pédalera à leur côté). En effet, ces dernières années, plusieurs voyageuses ont été importunées par de jeunes hommes à l'intérieur du parc.

Bharatpur

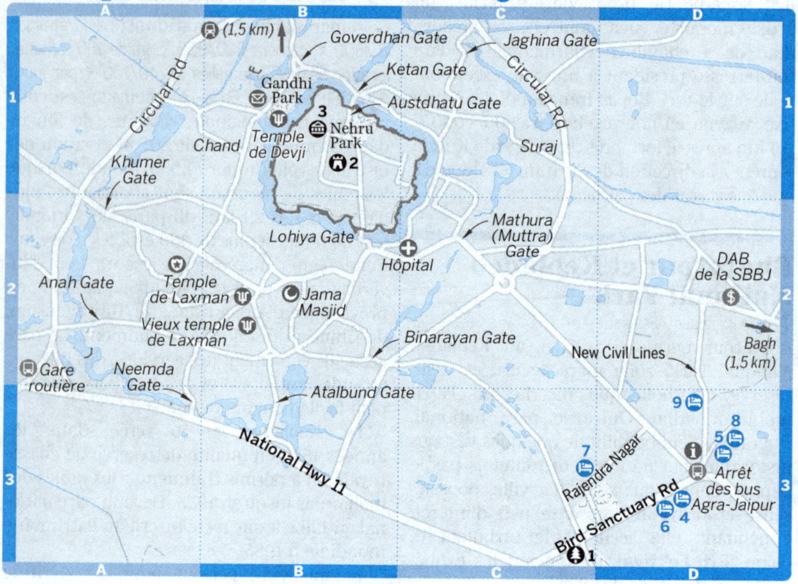

Une carte est fournie avec le billet d'entrée – le parc n'étant pas grand, il est de toute façon difficile de s'y perdre.

Où se loger

Les hébergements (pour tous les budgets) à proximité du parc ne manquent pas, notamment le long de Bird Sanctuary Rd ; ne vous laissez pas impressionner par les rabatteurs aux gares routière et ferroviaire de Bharatpur.

New Spoonbill Guesthouse HÔTEL $
(☎05644-223571, 7597412553 ; www.hotelspoonbill.com ; Gori Shankur Colony ; s/d 700/800 ₹, avec clim 1 100/1 200 ₹ ; ❄@📶). Géré par la même famille que le Spoonbill Hotel, au bout de la rue, cet établissement loue des chambres simples mais élégantes, avec petite terrasse. Les plus vastes sont superbes, avec de nombreuses fenêtres. La salle à manger donne sur le jardin ; on y déguste de délicieux repas maison.

Royal Guest House HÔTEL $
(☎9414315457 ; www.royalguesthousebharatpur.com ; B-15 New Civil Lines, près de Saras Circle ; ch 300-900 ₹ ; ❄@📶). Avec ses chambres propres et pimpantes, et son restaurant sur l'agréable toit-terrasse, cette option ressemble plus à un gîte qu'à un hôtel. Les clients peuvent utiliser la cuisine pour préparer leurs repas et ont un accès gratuit à Internet. Très aimables, les propriétaires, qui vivent sur place, offrent un service de change et gèrent un autre établissement, le Royal Farmhouse, à 3,5 km de là.

> **Bharatpur**
>
> **Les incontournables**
> 1 Keoladeo National Park C3
>
> **À voir**
> 2 Lohagarh B1
> 3 musée B1
>
> **Où se loger**
> 4 Birder's Inn D3
> 5 Falcon Guest House D3
> 6 Hotel Sunbird D3
> 7 Kiran Guest House C3
> 8 New Spoonbill Guesthouse D3
> 9 Royal Guest House D3
>
> **Renseignements**
> DAB de la State Bank of India ..... (voir 5)

Falcon Guest House PENSION $
(☎05644-223815 ; falconguesthouse@hotmail.com ; Gori Shankur Colony ; s/d à partir de 600/800 ₹, ch avec clim 1 200-1 500 ₹ ; ❄@). Sans doute le meilleur des quelques établissements du secteur – tous gérés par la même famille élargie. Madame Rajni Singh, charmante,

en a fait un endroit propret et douillet. Les chambres confortables, de bonne taille, sont à différents prix ; il y a même une chambre familiale. Les meilleures ont un balcon.

Kiran Guest House PENSION $
(☎05644-223845 ; www.kiranguesthouse.com ; 364 Rajendra Nagar ; ch 400-800 ₹, avec clim 1 100 ₹ ; ❄). Tenue par des frères on ne peut plus serviables, cette pension, dotée de 7 chambres simples, propres et spacieuses, et d'un agréable toit-terrasse où l'on peut déguster une cuisine maison, offre un excellent rapport qualité/prix. Dans une rue paisible, non loin du Keoladeo. Circuits guidés dans le parc et transferts gratuits depuis les gares routière et ferroviaire de Bharatpur.

♥ **Hotel Sunbird** HÔTEL $$
(☎05644-225701 ; www.hotelsunbird.com ; Bird Sanctuary Rd ; s/d à partir de 2 100/2 550 ₹, ste 2 950 ₹ ; ❄📶). Une adresse bien tenue et appréciée à proximité de l'entrée du parc. D'allure modeste, elle n'en possède pas moins un charmant jardin (avec bar) et de grandes chambres, propres et confortables, avec balcon. Le restaurant offre une sélection de bons plats végétariens ou non végétariens. Paniers-repas et visites guidées dans le parc sur demande.

♥ **Birder's Inn** HÔTEL $$
(☎05644-227346 ; www.birdersinn.com ; Bird Sanctuary Rd ; ch avec petit-déj à partir de 3 500 ₹ ; ❄@📶🏊). Cet établissement est une base appréciée depuis longtemps par les visiteurs du parc national. Il possède un restaurant international et une petite piscine, idéale pour se rafraîchir. Les chambres, disposées dans l'agréable jardin bien à l'écart de la route, sont spacieuses et joliment décorées. Des guides de l'hôtel proposent des visites du Keoladeo.

ℹ Renseignements

Bureau de poste principal (⏲10h-13h et 14h-17h lun-sam). Près de Gandhi Park.

Office du tourisme (☎05644-222542 ; Saras Circle ; ⏲9h-17h). Au carrefour, à environ 700 m de l'entrée du parc national ; dispose d'une carte gratuite de Bharatpur et du Keoladeo National Park.

ℹ Depuis/vers Bharatpur et le Keoladeo National Park

BUS

Les bus entre Agra et Jaipur déposent près de l'office du tourisme ou à l'entrée du parc sur demande. De la gare routière de Bharatpur, des bus desservent notamment :

Agra sans/avec clim 68/171 ₹, 1 heure 30, départ toutes les 30 min jour et nuit

Alwar 136 ₹, 4 heures, départ toutes les heures jusqu'à 20h

Deeg 39 ₹, 1 heure, départ toutes les heures jusqu'à 20h

Delhi 192 ₹, 5 heures, départ toutes les 30 min de 6h à 19h, puis toutes les heures jusqu'à 23h

Fatehpur Sikri 28 ₹, 45 min, départ toutes les 30 min jour et nuit

Jaipur 195 ₹, 4 heures 30, départ toutes les 30 min jour et nuit

TRAIN

La **gare ferroviaire** se trouve à 4 km environ du Keoladeo et de la principale zone hôtelière ; le trajet en rickshaw coûte 70 ₹ environ.

Agra siège 2e classe/*sleeper*/3AC 60/150/510 ₹, 1 heure 30 à 2 heures, 9/jour entre 4h45 et 20h10

Delhi siège 2e classe/*sleeper*/3AC 95/180/510 ₹, 3 à 4 heures, 12/jours, plus 3 départs supplémentaires certains jours

Jaipur siège 2e classe/*sleeper*/3AC 110/150/510 ₹, 3 à 4 heures, 9/jour de 2h à 22h

Ranthambhore (Sawai Madhopur) siège 2e classe/*sleeper*/3AC 135/180/560 ₹, 2 à 3 heures, 10/jour entre 1h et 21h40. Ils continuent vers Kota (4 heures), d'où l'on peut prendre un bus pour Bundi.

ℹ Comment circuler

Un auto-rickshaw ou un rickshaw de la gare routière vers la principale zone hôtelière coûte autour de 40 ₹ (30 ₹ de plus depuis la gare ferroviaire).

PRINCIPAUX TRAINS AU DÉPART DE BHARATPUR

DESTINATION	TRAIN	DÉPART	ARRIVÉE	TARIFS
Agra (Cantonment)	19666 *Udz-Kurj Exp.*	9h46	10h55	150/510 ₹ (A)
Delhi (Hazrat Nizamuddin)	12059 *Kota-Jan Shatabdi*	9h25	12h30	135/415 ₹ (B)
Jaipur	19665 *Kurj-Udaipur Exp.*	18h55	22h50	150/510 ₹ (A)
Sawai Madhopur	12904 *Golden Temple Mail*	10h30	12h55	180/560 ₹ (A)

Tarifs : (A) *sleeper*/3AC ; (B) siège 2e classe/AC Chair

VAUT LE DÉTOUR

PALAIS DE SURAJ MAHL, DEEG

Au centre de Deeg – petite localité poussiéreuse rarement visitée à 35 km environ au nord de Bharatpur – se dresse le somptueux **palais de Suraj Mahl** (Indien/étranger 15/200 ₹ ; ⏲9h30-17h30 sam-jeu), entouré de jardins à la stricte ordonnance. C'est l'un des plus beaux ensembles de ce type en Inde. Vous pouvez prendre une carte et une brochure à l'entrée. Les photographies sont interdites dans certains *bhavan* (bâtiments).

Mêlant les styles architecturaux rajput et moghol, le **Gopal Bhavan** (XVIIIe siècle) est l'édifice le plus séduisant, avec sa façade se reflétant dans l'eau du **Gopal Sagar**, l'un des deux grands bassins du site. Au dernier niveau, sa partie centrale est ouverte de vastes baies en plein cintre pour profiter pleinement de la lumière du petit matin. Le premier niveau, plus bas de plafond, est souvent inondé lors de la mousson, quand l'eau du bassin monte. Encore occupé par les maharajas jusque dans les années 1950, il renferme beaucoup de meubles de cette époque, notamment des sofas défraîchis, d'immenses *punkas* (éventails en tissu) vieux de plus de 200 ans, des chaises longues, un tigre empaillé, des tables en pieds d'éléphants et de la porcelaine de Chine et de France.

Dans une pièce à l'étage à l'arrière du palais se trouve une table de salle à manger indienne en marbre – une sorte d'ovale, situé à seulement 20 cm du sol. Les convives s'asseyaient autour, les mets étant disposés au centre. La chambre du maharaja abrite un énorme lit en bois de 3,6 m sur 2,4 m avec des pieds en argent.

Outre le Gopal Sagar, déjà évoqué, à l'est, un bassin s'étend à l'ouest, le **Rup Sagar**. Ces réservoirs servaient non seulement à l'entretien des jardins et parterres, mais à alimenter plus de 2 000 fontaines. Beaucoup sont en état de marche et sont notamment utilisées pour le festival des moussons en août, durant lequel elles projettent de l'eau colorée.

Le **Keshav Bhavan** (pavillon de l'Été ou de la Mousson) est un édifice carré d'un seul niveau ouvert d'arcades comptant cinq travées par côté. Autrefois, un dispositif permettait d'y reproduire les effets de la mousson : quand l'eau entrait dans une rigole spécialement aménagée, des boules de métal placées sur le toit s'entrechoquaient, imitant le son du tonnerre, tandis que l'eau se déversait en trombes. Les impressionnantes murailles de Deeg (qui font jusqu'à 28 m de haut) et les 12 bastions, dont certains ont conservé leurs canons, méritent également une visite. Il est possible de rejoindre le haut des remparts depuis le palais.

Parmi les autres *bhavan* (en divers états de rénovation) citons le **Suraj Bhavan**, en marbre, qui aurait été pris à Delhi avant d'être reassemblé ici, le **Kishan Bhavan** et, du côté nord, le **Nand Bhavan**.

Deeg se visite facilement lors d'une excursion d'une journée en voiture (il n'y a pas de bonne adresse où loger sur place) depuis Bharatpur ou Alwar. Toutes les routes menant à Deeg sont difficiles et les bus pris d'assaut. Ces derniers circulent fréquemment depuis/vers Alwar (60 ₹, 2 heures 30) et Bharatpur (28 ₹, 1 heure).

Alwar

☎0144 / 341 430 HABITANTS

Le royaume d'Alwar, probablement le plus ancien du Rajasthan, faisait partie des territoires de Viratnagar, dans le Matsya (région est du Rajhastan), vers 1500 av. J.-C. La cité fit de nouveau parler d'elle au XVIIIe siècle, sous Pratap Singh, qui repoussa les seigneurs de Jaipur et les Jat de Bharatpur, et résista aux Marathes. Alwar fut l'un des premiers États rajput à s'allier avec l'Empire britannique. Toutefois, l'ingérence de ce dernier dans les affaires de l'État finit par conduire à des relations parfois houleuses.

Bien qu'Alwar soit la ville la plus proche de la Sariska Tiger Reserve et abrite, entre autres, un musée passionnant, elle est relativement peu visitée.

À voir

City Palace ÉDIFICE HISTORIQUE

(Vinay Vilas Mahal). En contrebas de la citadelle de Bala Quila s'étend le City Palace, ensemble architectural labyrinthique et coloré caractérisé par des entrées massives et un bassin bordé de *ghat* et de pavillons symétriques. Aujourd'hui, la majeure partie du palais accueille des bureaux gouvernementaux.

Le City Palace est aussi le site du remarquable **Alwar Museum** (Indien/étranger 50/100 ₹ ; ⏲9h45-17h15 mar-dim), dont la collection éclectique évoque l'extravagance du mode de vie des maharajas. On peut y voir des armes étonnantes, des faisans écossais empaillés, des pantoufles en ivoire, des miniatures érotiques, des costumes royaux, une table en argent et des sculptures de pierre, dont une statue de Vishnu du XIe siècle. Légèrement difficile à trouver au milieu des nombreux bureaux, le musée est perché au dernier étage du palais, en haut d'une passerelle partant de la cour principale. On vous indiquera sur place la bonne direction et il vous suffira ensuite de suivre les panneaux.

Cénotaphe du maharaja Bakhtawar Singh ÉDIFICE HISTORIQUE

Ce magnifique édifice sur 2 niveaux, reposant sur une plateforme de grès, fut érigé en 1815 par le maharaja Vinay Singh à la mémoire de son père. Pour y accéder, prenez l'escalier situé à l'extrême gauche lorsque vous faites face au palais. Le cénotaphe est aussi appelé Chhatri de Moosi Rani, d'après le nom d'une maîtresse de Bakhtawar Singh, qui pratiqua le *sati* (immolation) sur son bûcher funéraire et obtint ainsi le statut d'épouse.

Bala Quila ÉDIFICE HISTORIQUE

Cette imposante citadelle se dresse à 300 m au-dessus de la cité, ses murs épousant le versant abrupt à l'est d'Alwar. Antérieure au règne de Pratap Singh, c'est l'une des rares forteresses à avoir été construites au Rajasthan avant la domination des Moghols, qui y installèrent leur base pour attaquer Ranthambhore. Les empereurs moghols Babur et Akbar séjournèrent ici, et le prince Salim (futur empereur Jahangir) fut exilé dans le Salim Mahal pendant 3 ans.

Malheureusement en ruine, la citadelle abrite aujourd'hui une station de radio et ne peut se visiter que sur autorisation du superintendant de la police (SP). Cette autorisation est facile à obtenir : il suffit de la demander au bureau du superintendant au City Palace. Il faut grimper 2-3 km pour rejoindre le fort ou parcourir 7 km en rickshaw.

Où se loger et se restaurer

♥ **Aravali Clarks Inn** HÔTEL $$

(☎0144-2332316 ; www.clarksinn.in ; Nehru Rd ; s/d avec petit-déj à partir de 2 500/3 000 ₹, ste 6 000 ₹ ; ❄@📶🏊). Récemment racheté par Clarks Inn, cet hôtel, l'une des meilleures adresses d'Alwar, est en cours de rénovation. Les chambres sont vastes et bien équipées, avec de grandes sdb. Le restaurant de cuisine internationale, le Bridge, est excellent. Bar. Piscine en été.

Tournez à gauche en sortant de la gare et descendez la rue sur 300 m environ.

Hotel Hill View HÔTEL $$

(☎0144-2700989 ; www.hillviewalwar.com ; 19 Moti Dungri Rd ; ch à partir de 2 100 ₹ ; ❄📶). Les chambres de cet hôtel étant assez disparates, mieux vaut en visiter plusieurs avant de faire son choix. La direction gère 3 restaurants Inderlok en ville, dont un dans l'hôtel, qui sert une bonne cuisine. Suivant la clientèle présente, le bar adjacent peut être un plus ou un moins.

Au sud du centre-ville, sur la route qui fait le tour de Moti Dungri.

RTDC Hotel Meenal HÔTEL $$

(☎0144-2347352 ; meenal@rtdc.in ; Topsingh Circle ; s/d 900/1 100 ₹, avec clim 1 100/1 300 ₹ ; ❄). Cet hôtel respectable, aux chambres agréables et soignées typiques de la chaîne, est situé à 1 km environ au sud de la ville, en direction de Sariska. Calme et boisé, mais excentré.

Prem Pavitra Bhojnalaya INDIEN $

(☎9314055521 ; près d'Hope Circle ; plats 75-100 ₹ ; ⏲10h30-16h et 18h30-22h ; 🖉). Au cœur de la vieille ville, ce restaurant est depuis longtemps renommé pour sa cuisine exclusivement végétarienne, fraîche et savoureuse. Goûtez les délicieux *aloo paratha* (pains farcis aux pommes de terre épicées) et les *palak paneer* (morceaux de fromage frais dans une purée d'épinards). Les portions sont copieuses (demi-portions possibles). Terminez le repas par le fameux *kheer* (gâteau de riz crémeux). Ajoutez 10% pour manger dans la section climatisée – cela vaut le coup.

Prenez à droite en sortant de la gare routière, puis la première à gauche (en direction d'Hope Circle) : l'établissement est 100 m plus loin, sur la gauche.

ℹ Renseignements

Office du tourisme (☎0144-2347348 ; Nehru Rd ; ⏲10h-17h lun-sam). Utile (s'il est ouvert aux heures annoncées) pour trouver un plan d'Alwar et des renseignements sur Sariska. À côté de la gare ferroviaire.

State Bank of Bikaner & Jaipur (Company Bagh Rd ; ⏲9h30-16h lun-ven, jusqu'à 0h30 sam). Change les devises et les chèques de voyage ; DAB ; proche de la gare routière.

Depuis/vers Alwar

Un trajet en rickshaw de la gare routière à la gare ferroviaire coûte 80 ₹. Repérez les taxis collectifs (10 ₹), qui suivent un itinéraire fixe dans la ville. Ces minibus blancs portent le mot "Vahini" sur les portes latérales. Un itinéraire pratique passe par l'Aravali Clarks Inn, l'office du tourisme et la gare ferroviaire, avant de poursuivre jusqu'à la gare routière, pour finir à courte distance à pied de l'ensemble du City Palace.

Un aller-retour en taxi pour la Sariska Tiger Reserve coûte 1 500 ₹ environ.

BUS

Voici quelques lignes au départ de la gare routière d'Alwar, située sur Old Bus Stand Rd, près de Manu Marg :

Bharatpur 128 ₹, 4 heures, départ toutes les heures de 5h à 20h30

Deeg 87 ₹, 2 heures 30, départ toutes les heures de 5h à 20h30

Delhi 176 ₹, 4 heures, départ toutes les 20 min de 5h à 21h

Jaipur 160 ₹, 4 heures, départ toutes les 30 min de 6h à 22h30

Sariska 35 ₹, 1 heure, départ toutes les 30 min de 6h à 22h30

TRAIN

La **gare ferroviaire**, située dans Naru Marg, est assez centrale. Une douzaine de trains partent chaque jour pour Delhi (*sleeper*/3AC 180/560 ₹, 3 à 4 heures).

Comptez également 3 à 4 heures pour Jaipur (*sleeper*/3AC 180/510 ₹, 16/jour).

Sariska Tiger Reserve & National Park

☎0144

Nichée dans les replis sombres et escarpés des Aravalli, la **Sariska Tiger Reserve & National Park** (☎0144-2841333 ; www.rajasthanwildlife.in ; Indien/étranger 105/570 ₹, véhicule 250 ₹ ; ⊙safari matinée 7h-10h30, safari après-midi 14h-17h30 nov-fév, horaires variant de 30 min mars-juin et oct, pas de safari juil-sept, billets en vente une heure avant l'heure d'entrée) couvre un enchevêtrement de jungle – composée pour partie d'arbres à feuilles caduques – et de canyons abrupts et verdoyants sillonnés de torrents. Ses 866 km² (dont une zone centrale de 498 km²) abritent des paons, des singes, des *sambar* (cerfs), des nilgauts, des *chital* (cerfs tachetés), des sangliers et des chacals.

S'il est malheureusement peu probable que vous aperceviez un tigre dans ce parc national, Sariska reste une réserve fascinante. La meilleure période pour découvrir la faune s'étend de novembre à mars, principalement en soirée. Les safaris sont interdits entre le 1er juillet et le 30 septembre, mais les chances d'apercevoir des animaux sont alors de toute façon minimes. À cette période, le parc n'est ouvert que pour le pèlerinage au temple d'Hanuman.

À voir

Outre sa faune, Sariska est réputée pour ses sites superbes (à l'intérieur de la réserve ou à proximité), qui méritent d'être découverts. Vous pouvez demander à visiter un ou plusieurs de ces sites à l'occasion d'un long circuit. Certains sont également accessibles par les bus publics.

Fort de Kankwari ÉDIFICE HISTORIQUE

Cet imposant fort perdu dans la jungle, en plein cœur de la réserve, à 22 km de Sariska, réserve de superbes vues sur les plaines du parc national, ponctuées de villages aux maisons rouges. Un safari en 4x4 de 4 ou 5 heures (1 à 5 passagers plus le guide mandaté) au départ du Forest Reception Office, près de l'entrée de la réserve, et jusqu'au fort de Kankwari coûte 2 600 ₹, services du guide en sus (300 ₹).

Ce fort est l'endroit inaccessible qu'Aurangzeb choisit pour emprisonner, durant plusieurs années, son frère, Dara Shikoh, futur héritier du trône moghol choisi par Shah Jahan, avant de le faire décapiter.

Bhangarh SITE HISTORIQUE

À 55 km de Sariska, une fois passée la partie centrale de la réserve, on atteint une prairie ouverte où se dresse une cité fantôme bien préservée, dont la légende dit qu'elle est hantée. Fondée en 1631 par Madho Singh, la ville comptait 10 000 maisons avant d'être subitement abandonnée, il y a environ 300 ans, pour des raisons qui demeurent mystérieuses.

Bhangarh est desservie par un bus (39 ₹) qui traverse la réserve 2 fois par jour jusqu'au village voisin de Golaka. Renseignez-vous sur l'heure du retour pour ne pas manquer le dernier bus.

Circuits organisés

Les véhicules privés et les taxis ne peuvent circuler que sur les routes goudronnées en direction du temple, le mardi et le samedi. L'idéal est de louer un 4x4 Gypsy ouvert (maximum 6 passagers, guide inclus) qui peut emprunter les pistes secondaires. Ces safaris en Gypsy partent de l'entrée du parc ; la location d'un véhicule avec chauffeur coûte 2 100 ₹ pour un safari de 3 heures. Il existe des véhicules de 20 places coûtant 5 000 ₹ (services du chauffeur compris), mais l'expérience sera moins enrichissante. La présence d'un guide est obligatoire (300 ₹ pour 3 heures).

Réservez auprès du **Forest Reception Office** (☎0144-2841333 ; www.rajasthanwildlife.in ; Jaipur Rd ; ⏲vente de billets 6h55-7h30 et 13h-15h nov-jan, horaires variant de 30 min mars-juin et oct), là où s'arrêtent les bus.

Où se loger

RTDC Hotel Tiger Den HÔTEL $$
(☎0144-2841342 ; tigerden@rtdc.in ; s/d avec petit-déj 1 860/2 645 ₹, avec clim 2 505/3 290 ₹, ste 4 780 ₹ ; ❄). Doté d'une pelouse sur l'avant et d'un grand jardin à l'arrière, cet hôtel imposant et sans charme a néanmoins l'avantage d'être proche de l'entrée de la réserve et d'être géré par une direction sympathique. Les chambres disposent d'un balcon avec jolie vue. Bar. Munissez-vous d'une moustiquaire ou d'une lotion antimoustique !

Hotel Sariska Palace HÔTEL HISTORIQUE $$$
(☎7073474870 ; www.thesariskapalace.in ; ch avec petit-déj 8 400 ₹, ste à partir de 13 500 ₹ ; ❄📶🏊). Près de l'entrée de la réserve, cet hôtel occupe un ancien pavillon de chasse imposant des maharajas d'Alwar. Vous trouverez le chemin qui y mène en face du Forest Reception Office. Les chambres hautes de plafond ont des lits aux matelas moelleux, et celles installées dans l'annexe, près de la piscine, disposent d'une belle vue. Le Fusion Restaurant propose de nombreux plats indiens et occidentaux, ainsi qu'un buffet (déjeuner/dîner 750/900 ₹).

Sariska Tiger Heaven HÔTEL $$$
(☎9251016312 ; www.sariskatigerheaven.com ; ch en pension complète à partir de 7 500 ₹ ; ❄📶🏊). Un petit paradis (assez cher) isolé dans la nature, à 3 km à l'ouest de l'arrêt de bus du village de Thanagazi (transferts gratuits). Les chambres, aménagées dans des maisonnettes en pierre, ont de grands lits et des alcôves vitrées. Jeeps et guides disponibles pour visiter le parc.

Depuis/vers le Sariska Tiger Reserve & National Park

Alwar, à 35 km de Sariska, est un bon point d'accès à la réserve. Il existe des bus fréquents (bondés) au départ d'Alwar (35 ₹, 1 heure à 1 heure 30, au moins 1/heure), qui poursuivent ensuite jusqu'à Jaipur (129 ₹, 4 heures). Ils s'arrêtent devant le Forest Reception Office.

LES TIGRES DE SARISKA AURONT-ILS LA VIE SAUVE ?

La réserve de tigres de Sariska a été au centre de l'un des drames écologiques les plus médiatisés d'Inde. Après l'annonce, en 2005, de la disparition des tigres dans la réserve, un recensement a été organisé en urgence ; il est venu confirmer la triste nouvelle.

L'enquête a souligné la nécessité d'un changement radical dans la gestion de la réserve, préalable à la réintroduction de tigres. Mais, malgré la couverture médiatique du problème et l'intérêt soulevé au sein de l'opinion publique, les autorités ont réagi lentement et les mesures prises ont été insuffisantes.

En 2008, un couple de tigres issus du parc national de Ranthambhore a été transporté en hélicoptère jusqu'à Sariska. Puis, en 2010, cinq autres félins ont été transférés. Mais, en novembre de la même année, le premier mâle arrivé dans la réserve a été retrouvé mort, visiblement empoisonné par des villageois, opposés à la réintroduction des félins. Le problème de fond reste l'inévitable conflit entre une population rurale croissante et démunie et la faune précieuse avec laquelle elle est contrainte de cohabiter. Les projets de relocalisation et d'indemnisation des villageois du parc ont en grande partie échoué, tandis que l'extraction illégale de marbre dans la réserve et les conflits entre les éleveurs de bovins et le personnel du parc perdurent.

Des premiers petits ont été aperçus début 2012. Au moment de notre passage, le nombre de tigres de Sariska était estimé à 14.

L'avenir dira si cette réintroduction est concluante – sachant qu'une autre inquiétude majeure est que tous les tigres réintroduits sont de parenté proche. En dépit des succès très médiatisés du Project Tiger (www.projecttiger.nic.in) au niveau national, Sariska reste un triste symbole de la manière dont est gérée la sauvegarde des tigres en Inde, depuis les plus hautes instances dirigeantes jusqu'aux gardes forestiers sous-payés.

Ajmer

☎0145 / 542 300 HABITANTS

Entourée par les collines escarpées des Aravalli, Ajmer est une ville bruyante et animée construite autour de l'Ana Sagar, un immense lac, à 130 km au sud-ouest de Jaipur et juste à 13 km de Pushkar, ville de pèlerinage pour les hindous. C'est le plus important site du Rajasthan en matière d'histoire et de patrimoine islamiques. On y trouve le principal lieu de pèlerinage musulman d'Inde – le sanctuaire (*dargah*) du très vénéré Khwaja Muin ud-Din Chishti, fondateur de l'ordre Chisthiya, le plus important ordre soufi d'Inde, ainsi que de superbes exemples d'architecture musulmane. Ajmer est également un haut lieu du jaïnisme, avec son magnifique temple jaïn doré. Toutefois, au vu de la foule et de la circulation, principalement au moment du ramadan et de l'anniversaire de la mort du saint, Ajmer n'est pour beaucoup de voyageurs qu'une étape sur le chemin de Pushkar.

À voir

Dargah du Khwaja Muin ud-Din Chishti SANCTUAIRE SOUFI

(www.dargahajmer.com ; ⌚4h-21h en été, 5h-21h en hiver). Il s'agit du tombeau d'un saint soufi, Khwaja Muin ud-Din Chishti, qui arriva de Perse en 1192 et vécut à Ajmer jusqu'en 1236. Le mausolée prit de l'importance sous les empereurs moghols, qui firent ériger sur les lieux d'autres édifices. La construction du sanctuaire fut achevée par Humayun, et la porte fut ajoutée par le *nizam* (souverain) d'Hyderabad. L'empereur moghol Akbar y venait en pèlerinage une fois par an.

Vous devrez vous couvrir la tête à certains endroits ; si vous n'avez pas d'écharpe ni de chapeau, vous aurez l'embarras du choix dans le marché animé qui mène au *dargah*, parmi les étals de fleurs et de caramels.

L'entrée se fait par **Nizam Gate** (1915). À l'intérieur, la mosquée vert et blanc, l'**Akbari Masjid**, fut construite en 1571 et abrite désormais une école religieuse arabo-persane. La porte suivante est appelée **Shahjahani Gate**, car elle fut érigée par Shah Jahan ; elle est souvent aussi appelée Nakkarkhana en raison des deux grands *nakkara* (tambours) qui la surmontent.

La troisième porte, **Buland Darwaza**, date du XVIe siècle. Cette grande construction (environ 28 m de haut) aux murs chaulés ouvre sur la cour du *dargah*. L'entrée est flanquée de grands chaudrons en fer (l'un fut donné par Akbar en 1567, l'autre par Jahangir en 1631), appelés *deg*, où sont déposés les dons pour les indigents.

Dans la cour, le mausolée du saint est surmonté d'une coupole en marbre, et, à l'intérieur, la tombe est entourée d'une plateforme en argent. Les pèlerins viennent implorer l'aide du saint pour guérir d'une maladie, résoudre des problèmes personnels ou réussir en affaires. Les cordons sacrés et les petits mots accrochés aux barreaux expriment leurs requêtes ou leurs remerciements.

Pèlerins et soufis du monde entier convergent au *dargah* pour l'*urs*, date anniversaire de la mort du saint, au 7e mois du calendrier lunaire musulman. La foule peut être étouffante. Les sacs doivent être déposés au vestiaire (10 ₹/sac, avec appareil photo 20 ₹) devant l'entrée principale.

Temple de Nasiyan TEMPLE JAÏN

(Temple rouge ; Prithviraj Marg ; 10 ₹ ; ⌚8h30-17h30). Édifié en 1865, ce merveilleux temple jaïn est également surnommé le temple d'Or car il renferme une salle stupéfiante dans laquelle des maquettes dorées représentent le concept jaïn de l'ancien monde (avec 13 continents et océans), la fabuleuse cité d'Ayodhya, des paons et des éléphants volants, et d'autres pachydermes aux nombreuses trompes. La salle est couverte d'or, d'argent et de pierres précieuses. L'endroit, qui ne ressemble à aucun autre temple du Rajasthan, mérite la visite.

Adhai-din-ka-Jhonpra SITE HISTORIQUE

(édifice des Deux-Jours-et-demi ; ⌚aube-crépuscule). Les impressionnantes ruines de cette mosquée se dressent derrière le *dargah* de Khwaja Muin ud-Din Chishti, à la périphérie de la ville. Selon la légende, sa construction se serait faite en 1153, en deux jours et demi. Une autre interprétation veut que son nom fasse référence à la durée d'une fête. Collège sanskrit lors de son édification, elle fut convertie en mosquée par Muhammad de Ghur qui, après la prise d'Ajmer en 1198, ajouta un mur à sept arcades orné de calligraphies arabes devant la salle des piliers.

Où se loger et se restaurer

Haveli Heritage Inn HÔTEL $$

(☎0145-2621607 ; www.haveliheritageinn.com ; Kutchery Rd ; ch 1 340-3 000 ₹ ; ❄@). Aménagé dans un *haveli* vieux de 140 ans, cet hôtel

Ajmer

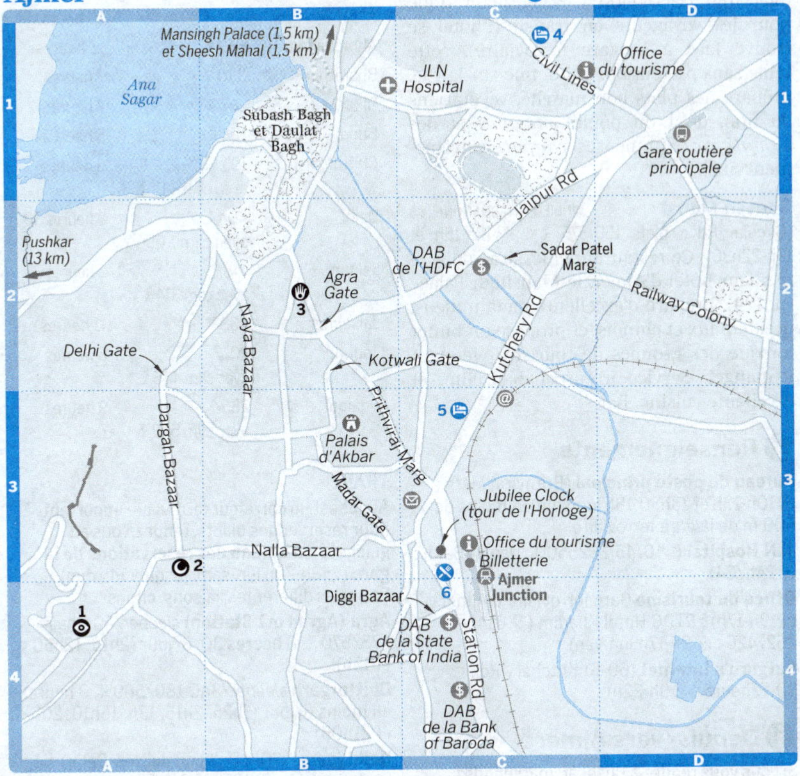

Ajmer

À voir

1 Adhai-din-ka-Jhonpra A4
2 Dargah du Khwaja Muin ud-Din Chishti A3
3 Temple Nasiyan (Temple rouge) B2

Où se loger

4 Badnor House C1
5 Haveli Heritage Inn C3

Où se restaurer

6 Madina Hotel C3

est une accueillante oasis au cœur de la ville, en retrait de la rue agitée. On loge ici dans des chambres spacieuses et hautes de plafond avec clim, décorées simplement. Avec une agréable cour verdoyante, une atmosphère familiale et des repas maison, c'est le meilleur hébergement d'Ajmer dans la catégorie moyenne.

Badnor House PENSION $$

(☎0145-2627579 ; www.badnorhouse.com ; Savitri Girl's College Rd, Civil Lines ; s/d avec petit-déj 2 600/3 000 ₹ ; ❄📶). Cette pension est une excellente occasion de séjourner dans une famille, laquelle se révèle adorable et d'une hospitalité particulièrement sincère. Elle compte 3 doubles dites "historiques" et une suite indépendante, spacieuse et confortable dans un style plus ancien, avec une cour privative. Le propriétaire est aussi, à l'occasion, un photographe de voyage.

Mansingh Palace HÔTEL $$$

(☎0145-2425956 ; www.mansinghhotels.com ; Circular Rd ; ch à partir de 4 200 ₹, ste 7 000 ₹ ; ❄@📶🏊). Cette option moderne, sur les rives de l'Ana Sagar, est certes à environ 3 km du centre, mais propose de jolies et confortables chambres, certaines avec vue et balcon. Autres atouts du lieu : un jardin ombragé, un bar et un bon restaurant (le Sheesh Mahal).

Madina Hotel INDE DU NORD $

(Station Rd ; plats 30-100 ₹ ; ⏲9h-23h). Pratique pour les voyageurs en transit (l'hôtel se trouve face à la gare ferroviaire), cette table sans prétention, qui donne sur la rue, prépare des plats bon marché, végétariens ou non, dont du poulet *mughlai* et des *rumali roti* (immenses *chapati* extrêmement fins).

Sheesh Mahal INDIEN, INTERNATIONAL $$

(Circular Rd ; plats 150-375 ₹ ; ⏲12h-15h et 19h-22h30). Ce restaurant chic, situé dans le meilleur hôtel d'Ajmer, le Mansingh Palace (p. 129), prépare d'excellents mets indiens, occidentaux et chinois, et propose un buffet lorsque des groupes de touristes viennent y manger. Service irréprochable, clim, et excellente cuisine. Bar.

Renseignements

Bureau de poste principal (Prithviraj Marg ; ⏲10h-13h et 13h30-18h lun-sam). À moins de 500 m de la gare ferroviaire.

JLN Hospital (☎0145-2625500 ; Daulat Bagh ; ⏲24h/24)

Office du tourisme Gare ferroviaire d'Ajmer (⏲9h-17h) ; RTDC Hotel Khadim (☎0145-2627426 ; ⏲9h-17h lun-ven)

Satguru's Internet (60-61 Kutchery Rd ; 30 ₹/heure ; ⏲9h-22h)

Depuis/vers Ajmer

Si vous vous rendez à Pushkar, marchandez ferme pour un taxi privé – 350 ₹ est un tarif correct.

BUS

Des bus publics partent de la **principale gare routière** d'Ajmer pour Pushkar (14 ₹, 30 min), et circulent toute la journée. Outre ces derniers, des cars *deluxe* moins fréquents desservent des destinations majeures, telles Delhi et Jaipur. Il existe une consigne ouverte 24h/24 (bagage 10 ₹/jour) à la gare routière.

DESTINATION	TARIF	DURÉE
Agra	392 ₹	10 heures
Ahmedabad	543 ₹	13 heures
Bharatpur	330 ₹	7 heures
Bikaner	267 ₹	7 heures
Bundi	184 ₹	5 heures
Chittorgarh	195/ avec clim 348 ₹	5 heures
Delhi	404/ avec clim 1 096 ₹	8 heures 30
Jaipur	148/ avec clim 314 ₹	2 heures 30
Jaisalmer	458 ₹	11 heures
Jodhpur	205/ avec clim 445 ₹	6 heures
Udaipur	285/ avec clim 542 ₹	9 heures

TRAIN

Ajmer est un carrefour ferroviaire important. Pour réserver des billets, rendez-vous au guichet 5 du **bureau des réservations de la gare** (⏲8h-20h lun-sam, jusqu'à 14h dim). Parmi les différentes liaisons, citons :

Agra (Agra Fort Station) *sleeper*/AC Chair 275/570 ₹, 6 heures 30, 3/jour (2h10, 12h50 et 15h)

Chittorgarh *sleeper*/3AC 180/560 ₹, 3 heures, au moins 6/jour (1h25, 2h15, 13h, 16h10, 20h30 et 21h05)

Delhi (gares d'Old Delhi ou de New Delhi) siège 2e classe/*sleeper* 165/300 ₹, 8 heures, 11/jour

Jaipur siège 2e classe/*sleeper*/AC Chair 100/150/325 ₹, 2 heures, au moins 24/jour

Jodhpur *sleeper*/3AC 185/510 ₹, 4-5 heures, 2 directs/jour (13h40 et 14h25)

Mount Abu (Abu Road) *sleeper* 245 ₹, 5 heures, 12/jour

Mumbai *sleeper* 495 ₹, environ 19 heures, 3/jour (6h35, 9h20 et 12h40)

Udaipur *sleeper* 245 ₹, 5 heures, 4/jour (1h25, 2h15, 8h25 et 16h10)

PRINCIPAUX TRAINS AU DÉPART D'AJMER

DESTINATION	TRAIN	DÉPART	ARRIVÉE	TARIFS
Agra (Agra Fort Station)	12988 *Ajmer-SDAH Exp.*	12h50	18h50	275/695 ₹ (A)
Delhi (New Delhi)	12016 *Ajmer Shatabdi*	14h05	22h	720/1 530 ₹ (B)
Jaipur	12991 *Udaipur-Jaipur Exp.*	11h30	13h30	100/325/440 ₹ (C)
Jodhpur	15014 *Ranighat Exp.*	13h40	17h35	185/510 ₹ (A)
Udaipur	09721 *Jaipur-Udaipur SF SPL*	8h25	13h15	140/245/490/560 ₹ (D)

Tarifs : (A) *sleeper*/3AC ; (B) AC Chair/1AC ; (C) siège 2e classe/AC Chair/1AC ; (D) siège 2e classe/*sleeper*/AC Chair/3AC

Pushkar

☎ 0145 / 21 630 HABITANTS

Cité magique, semblable à nul autre endroit du Rajasthan, Pushkar est un haut lieu de pèlerinage pour les hindous, qui doivent s'y rendre au moins une fois dans leur vie. Blottie autour d'un lac sacré, la ville, qui aurait surgi là où Brahma aurait laissé tomber une fleur de lotus, abrite l'un des rares temples dédiés à ce dieu. Ses 52 *ghat* et ses 400 temples bleutés accueillent régulièrement des pujas (prières), donnant lieu à des jours entiers de psalmodies et de roulements de tambours.

Il en résulte un mélange bouillonnant de tourisme et de religion. L'artère principale est un interminable marché où l'on vend de tout, des batiks aux didjeridoos. Malgré le mercantilisme ambiant et l'affluence touristique, la ville a conservé son charme et son atmosphère mystique.

Pushkar est à seulement 11 km d'Ajmer, de l'autre côté du massif Nag Pahar (mont du Serpent).

À voir

Le lac est entouré de 52 *ghat*, qui permettent aux pèlerins de se baigner dans l'eau sacrée. Si vous désirez vous joindre aux fidèles, n'oubliez pas qu'il s'agit d'un lieu de culte : déchaussez-vous, ne fumez pas, ne laissez pas les enfants s'approcher, ne prenez pas de photos.

Certains *ghat* revêtent une importance particulière : Vishnu serait apparu au **Varah Ghat** sous l'aspect d'un sanglier, et Brahma se serait baigné au **Brahma Ghat**. Une partie des cendres de Gandhi fut dispersée au **Gandhi Ghat** (anciennement Gau Ghat).

Pushkar compte des centaines de temples, mais peu sont particulièrement anciens, la plupart ayant été détruits par Aurangzeb, puis reconstruits.

Vieux temple de Rangji TEMPLE HINDOU

Proche du marché, ce temple fourmille souvent de fidèles.

Temple de Savitri Mata TEMPLE HINDOU

(temple de Sarasvati ; aller-retour télécabine 92 ₹ ; ⏲télécabine 9h30-19h30). L'accès au temple de Sarasvati, d'où s'ouvre une vue fantastique, quelle que soit l'heure de la journée, sur le lac et les environs, est facile en télécabine. Les plus sportifs pourront gravir la colline en 1 heure, avant l'aube afin de ne pas souffrir de la chaleur et de profiter de la lumière, magnifique.

Temple de Brahma TEMPLE HINDOU

Temple le plus célèbre de Pushkar car quasi unique dans son genre, cet édifice se caractérise par une flèche rouge, et par un *hans* (symbole d'oie) de Brahma, au-dessus de la porte d'entrée, évoquant une malédiction jetée par Sarasvati, l'épouse du dieu. À l'intérieur, le sol et les murs sont couverts de prières aux morts.

Temple de Pap Mochani (Gayatri) TEMPLE HINDOU

La vue du lever du soleil sur la ville depuis ce temple, que l'on rejoint par un sentier passant derrière le Marwar Bus Stand, mérite bien les 30 minutes d'ascension nécessaires pour l'atteindre.

Activités

Government Homeopathic Hospital AYURVÉDA

(Ajmer Rd ; massage complet du corps 1 heure 500 ₹, hammam 50 ₹ ; ⏲9h-13h et 16h-18h). Le Government Homeopathic Hospital, petit et rudimentaire, propose des massages et des traitements ayurvédiques.

Roshi Hiralal Verma REIKI, YOGA

(☎9829895906 ; Ambika Guesthouse, Laxmi Market). Reiki, yoga et shiatsu. Tarifs en fonction de la durée et de la spécialité.

Cours

Saraswati Music School MUSIQUE

(☎Birju 9828297784, Hemant 9829333548 ; saraswati_music@hotmail.com ; Mainon ka Chowk). Cours de tablas, de flûte, d'harmonium, de chant et de *kathak* (danse de l'Inde du Nord) ainsi que de danse bollywoodienne – à partir de 350 ₹ les 2 heures. Pour la musique, contactez Birju ; il organise souvent des spectacles le soir (19h-20h) et vend aussi des instruments. Pour les cours de danse, contactez Hemant.

Cooking Bahar CUISINE

(☎0145-2773124 ; www.cookingbahar.com ; Mainon ka Chowk ; 1 100 ₹/2-3 heures). Deepa, de la famille qui gère l'école de musique Saraswati, assure des cours de cuisine végétarienne (3 plats).

Où se loger

Appréciée des *backpackers* (voyageurs sac au dos), Pushkar possède davantage d'hébergements bon marché que de catégorie

Pushkar

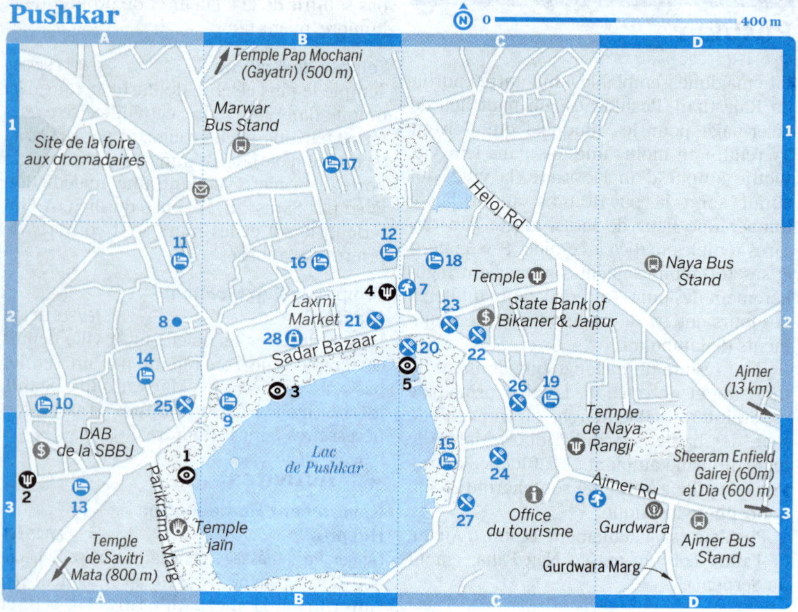

Pushkar

À voir
- 1 Brahma Ghat A3
- 2 Temple de Brahma A3
- 3 Gandhi Ghat B2
- 4 Vieux temple de Rangji B2
- 5 Varah Ghat C2

Activités
- Cooking Bahar .... (voir 8)
- 6 Government Homeopathic Hospital D3
- 7 Roshi Hiralal Verma C2
- 8 Saraswati Music School A2

Où se loger
- 9 Bharatpur Palace B2
- 10 Hotel Akash A2
- 11 Hotel Everest A2
- 12 Hotel Kanhaia Haveli B2
- 13 Hotel Navaratan Palace A3
- 14 Hotel Paramount Palace A2
- 15 Hotel Pushkar Palace C3
- 16 Hotel Tulsi Palace B2
- 17 Hotel White House B1
- 18 Inn Seventh Heaven C2
- 19 Shyam Krishna Guesthouse C2

Où se restaurer
- 20 Stands de falafels C2
- 21 Honey & Spice B2
- 22 Naryan Café C2
- 23 Om Baba Restaurant C2
- 24 Om Shiva Garden Restaurant C3
- 25 Out of the Blue A2
- 26 Shri Vankatesh C2
- Sixth Sense .... (voir 18)
- 27 Sunset Café C3

Achats
- 28 Sadar Bazaar B2

moyenne, mais de nombreux établissements pour petits budgets proposent aussi un choix de chambres plus haut de gamme. Pour la foire aux dromadaires, les tarifs triplent et il est essentiel de réserver le plus tôt possible.

Hotel Everest HÔTEL $
(☎9414666958, 0145-2773417 ; www.pushkarhoteleverest.com ; en retrait de Sadar Bazaar ; ch 300-850 ₹, avec clim 1 000-1 150 ₹ ; ❄@📶). Un chaleureux hôtel pour petits budgets, caché parmi les ruelles paisibles, juste au nord de Sadar Bazaar. Tenu par un père et son fils qui se démènent pour leurs hôtes, il offre des chambres propres et colorées, de taille variable (lits confortables). Le toit-terrasse, où l'on peut se restaurer, est un agréable refuge.

Hotel Tulsi Palace HÔTEL $
(☎8947074663 ; www.hoteltulsipalacepushkar.com ; VIP Rd, Holika Chowk ; ch 500-700 ₹, avec clim 1 000-1 500 ₹ ;). Très bonne adresse pour petits budgets, avec diverses chambres vastes et lumineuses aménagées autour d'une cour centrale. Le Little Prince Cafe adjacent sert des petits-déjeuners continentaux, ainsi que des déjeuners et des dîners indiens, que l'on peut savourer en observant la rue. Le personnel, sympathique, vous aidera pour toutes vos questions en rapport avec les transports.

Hotel White House PENSION $
(☎0145-2772147 ; www.pushkarwhitehouse.com ; proche d'Heloj Rd ; ch 350-950 ₹, avec clim 1 000-1 300 ₹ ;). Derrière la façade blanche, des chambres impeccables, certaines exiguës, d'autres (les meilleures) spacieuses et prolongées par un balcon. Bonne cuisine internationale et vue sur la verdure depuis le restaurant situé sur le toit, garni de plantes. Un établissement tenu de manière efficace par une mère et ses 2 fils. Séances de yoga et verre de thé à la mangue offerts à tous les clients.

Hotel Akash HÔTEL $
(☎0145-2772498 ; filterboy21@yahoo.com ; Badi Basti ; d 600 ₹, s/d sans sdb 300/500 ₹ ;). Cette adresse simple pour les petits budgets est tenue par une équipe jeune et enthousiaste. Le toit-terrasse est ombragé par un gros arbre planté dans la cour. Les chambres, basiques (ventilateur), ouvrent sur un balcon avec un restaurant, d'où l'on peut observer le mouvement de la rue.

Bharatpur Palace HÔTEL $
(☎0145-2772320 ; bharatpurpalace_pushkar@yahoo.co.in ; Sadar Bazaar ; ch 400-1 000 ₹, sans sdb 250-600 ₹ ;). Ce vaste bâtiment occupe l'un des meilleurs emplacements de Pushkar, en hauteur à côté du Gandhi Ghat. Derrière ses façades bleutées, les chambres, basiques, jouissent d'une vue imprenable sur le lac sacré, tout comme le toit-terrasse (avec restaurant). Attention : respectez les pèlerins qui s'y baignent.

Préférez la chambre 1, dont 3 des côtés donnent sur le lac ; les chambres 9, 12, 13 et 16 sont bien également.

Shyam Krishna Guesthouse PENSION $
(☎0145-2772461 ; skguesthouse@yahoo.com ; Sadar Bazaar ; s/d 400/700 ₹, sans sdb 300/500 ₹ ;). Dans un bel édifice ancien d'un bleu délavé, cette vaste pension à l'austérité monacale réserve un accueil chaleureux. Certaines des chambres les moins chères sont spartiates ; toutes sont simples et authentiques. La cuisine extérieure et le jardin, aux grandes pelouses, forment un cadre idéal pour savourer une copieuse cuisine végétarienne – en prenant garde aux singes.

Hotel Paramount Palace HÔTEL $
(☎0145-2772428 ; www.pushkarparamount.com ; ch 200-1 000 ₹ ;). Perché au-dessus d'un temple ancien, l'accueillant Paramount profite d'un panorama de la ville et du lac. Ses chambres sont très inégales : les meilleures (106, 108 et 109), d'un bon rapport qualité/prix, ont de jolis balcons et sont ornées de vitraux ; les plus petites sont parfois ternes. Exceptionnelle terrasse sur le toit.

Hotel Navaratan Palace HÔTEL $$
(☎0145-2772145 ; www.navratanpalace.com ; s/d avec petit-déj 800/900 ₹, avec clim 1 000/1 200 ₹ ;). Un hôtel proche du temple de Brahma, avec un charmant jardin clos agrémenté d'une superbe piscine (non-résidents 100 ₹), une aire de jeux et… des tortues. Petites chambres propres et confortables, garnies de meubles en bois sculpté.

♥ **Inn Seventh Heaven** HÔTEL HISTORIQUE $$
(☎0145-5105455 ; www.inn-seventh-heaven.com ; Choti Basti ; ch 1 350-3 300 ₹ ;). Derrière les lourdes portes en bois de ce charmant *haveli* se cache une cour parfumée d'encens et ornée d'une fontaine centrale en marbre. Les 12 chambres, réparties sur 3 niveaux, sont décorées différemment – mobilier traditionnel et lits confortables. Leurs tailles varient, des chambres bon marché du rez-de-chaussée à la vaste suite Asana. Le toit accueille l'excellent restaurant Sixth Sense (p. 135), ainsi que des canapés et des balancelles pour se détendre. Réservation recommandée (2 nuitées minimum, pas de paiement par carte bancaire).

Hotel Kanhaia Haveli HÔTEL $$
(☎0145-2772146 ; www.pushkarhotelkanhaia.com ; Choti Basti ; ch 400-600 ₹, avec clim 1 500-1 800 ₹ ;). Abritant un grand choix de chambres, allant des hébergements à petits prix à des suites, cet établissement convient à tous les budgets. Plus vous dépensez, plus votre chambre sera vaste et lumineuse. Certaines ont un balcon, et toutes ont la TV par câble. Sur le toit-terrasse se trouve un restaurant international.

Dia B&B $$
(☎0145-5105455 ; www.diahomestay.com ; Panch Kund Marg ; ch avec petit-déj 3 550-4 950 ₹ ;). Magnifiquement aménagé, ce B&B

LA FOIRE AUX DROMADAIRES DE PUSHKAR

Quand vient Kartika, le huitième mois du calendrier lunaire hindou et l'un des plus sacrés, les chameliers du Thar briquent leurs "vaisseaux du désert" et entament la longue marche qui les mènera à Pushkar pour la Kartik Purnima (pleine lune). Chaque année, quelque 200 000 personnes convergent en octobre/novembre à la foire aux dromadaires de Pushkar, amenant 50 000 dromadaires, chevaux et têtes de bétail. La ville se métamorphose en un tourbillon de couleurs, de sons et de mouvements, où se mêlent musiciens, mystiques, touristes, négociants et dévots, sans oublier des équipes de cameramen.

Les affaires sérieuses commencent une semaine avant la *mela* (foire) de la RTDC et, dès que celle-ci débute, l'insolite prend le dessus. On voit alors des charmeurs de serpents, des enfants qui se balancent sur des perches… Même le programme "culturel" semble curieux : concours du dromadaire le plus joliment décoré, mais aussi de la plus belle moustache ! Les visiteurs sont encouragés à participer ; procurez-vous un programme au bureau de la RTDC. Peut-être voudrez-vous prendre part au défilé costumé de mariage ou aux tournois sportifs "Visitors versus Locals" (visiteurs contre habitants) de lutte traditionnelle rajasthanie, par exemple.

Cette effervescence n'est pas la seule curiosité. À la même époque, des pèlerins hindous affluent à Pushkar pour se baigner dans le lac sacré lors de Kartik Purnima. Cet événement religieux se déroule parallèlement, en un crescendo magique d'encens, de chants et de processions jusqu'à la pleine lune, le dernier soir de la foire aux dromadaires, quand des milliers de dévots se lavent de leurs péchés et déposent des bougies allumées sur le lac sacré.

Il faut savoir que cette fête extraordinaire et mystique attire des foules touristiques, bruyantes et très kitsch. Prévoyez des bouchons d'oreilles pour dormir, voire de quoi vous protéger de la poussière et des poils d'animaux. Cela dit, si vous vous trouvez au Rajasthan à cette époque, ne manquez ces festivités sous aucun prétexte.

La foire a généralement lieu en novembre ; les dates varient suivant le calendrier lunaire.

conçu par les gérants de l'Inn Seventh Heaven possède 5 magnifiques chambres doubles à une courte distance à pied de la ville, semblant tout droit sorties d'un magazine de déco. Vous pouvez dîner dans l'agréable restaurant du toit-terrasse ou vous rendre au Sixth Sense, le restaurant de l'Inn Seventh Heaven.

Hotel Pushkar Palace HÔTEL HISTORIQUE **$$$**
(☎0145-2772001 ; www.hotelpushkarpalace.com ; s/d/ste avec petit-déj 7 715/8 310/17 805 ₹ ; ❄@). Ancienne demeure du maharaja de Kishangarh, ce luxueux hôtel tire avantage d'un cadre romantique en bord de lac. Ses chambres sont pourvues de lits et d'autres meubles en bois sculpté. Certaines d'entre elles, ainsi que toutes les suites donnent directement sur le lac : aucun hôtel de Pushkar ne peut égaler sa vue. Agréable espace restaurant, sur la terrasse, d'où se déploie une vue sur le lac.

Ananta Spa & Resort COMPLEXE HÔTELIER **$$$**
(☎0145-3054000 ; www.anantahotels.com ; Leela Sevri, Ajmer Rd ; ch avec petit-déj à partir de 6 000 ₹ ; ❄@📶🏊). Ananta, un établissement (presque) cinq étoiles qui s'étire sur 3,5 ha dans les montagnes accidentées, à 4 km de Pushkar, inaugure un nouveau mode de pèlerinage. Les heureux élus qui y séjournent filent de la réception aux cottages de style balinais, près du golf. Les chambres sont spacieuses et entièrement équipées, mais la plupart des clients se retrouvent plutôt autour de la piscine, au spa, dans la salle de jeux, au restaurant, au salon ou au bar.

Où se restaurer

Il y a à Pushkar une multitude de restaurants à l'ambiance extraordinaire, avec vue sur le lac, et dont les cartes reflètent les goûts des *backpackers* de passage. Le végétarisme strict, interdisant même les œufs, est souvent à l'honneur.

Naryan Café CAFÉ **$**
(Mahadev Chowk, Sadar Bazaar ; petit-déj à partir de 100 ₹ ; 🕗7h30-22h). Animé à toute heure du jour, ce café est particulièrement apprécié au petit-déjeuner : observez le va-et-vient de la rue en dégustant un café (à partir de 40 ₹) ou un jus de fruits frais (à partir de 80 ₹) accompagné d'un grand bol de muesli maison, surmonté de fruits.

Shri Vankatesh INDIEN $
(Choti Basti ; plats 60-100 ₹ ; 9h-22h). Rendez-vous dans cette gargote appréciée des habitants pour savourer dhal, *paneer* ou *kofta*, avant de saucer avec un *chapati* tout juste sorti du four et de boire un *chai* ! *Thali* (70-130 ₹) d'un bon rapport qualité/prix. Admirez les cuisiniers à l'œuvre ou montez à l'étage pour profiter du spectacle de la rue.

Stands de falafels MOYEN-ORIENTAL $
(Sadar Bazaar ; wraps 70-130 ₹ ; 7h30-22h30). Parfaits pour combler les petits creux, ces étals en bord de route remportent un franc succès auprès des voyageurs israéliens. Ils offrent un choix de sandwichs pitas nourrissants, aux falafels et au houmous. Des tabourets sont disponibles pour les savourer assis.

Out of the Blue INDIEN, INTERNATIONAL $$
(Sadar Bazaar ; plats 170-280 ₹ ; 8h-23h ;). D'un bleu plus profond que le reste de la ville, l'Out of the Blue est un restaurant fiable. À la carte : nouilles, *momo* (raviolis tibétains), pizzas, pâtes, falafels et pancakes. Le bar à expresso (60-80 ₹) et la boulangerie allemande au niveau de la rue sont agréables.

Sixth Sense INDIEN, INTERNATIONAL $$
(Inn Seventh Heaven ; Choti Basti ; plats 100-200 ₹ ; 8h30-16h et 18h-22h ;). Sur le toit du Seventh Heaven, ce restaurant décontracté est un excellent choix, même quand on ne loge pas dans l'hôtel. Les plats indiens avec légumes de saison et riz sont délicieux, tout comme les pizzas ; bon café filtre et jus de fruits frais. Gardez de la place pour les desserts – tartes maison notamment. L'appareil à poulie qui remonte les mets de la cuisine, située au rez-de-chaussée, constitue un vrai spectacle !

Om Shiva Garden Restaurant INDIEN, INTERNATIONAL $$
(0145-2772305 ; www.omshivagardenrestaurant.com ; plats 140-250 ₹ ; 8h-23h ;). Près du temple de Naya Rangji, cette table continue de séduire les voyageurs avec ses pizzas cuites au feu de bois et son expresso. La carte affiche essentiellement des recettes italiennes et d'Inde du Nord, ainsi que quelques plats mexicains et chinois, et des pâtisseries allemandes.

Honey & Spice INDIEN, INTERNATIONAL $$
(Laxmi Market, près de Sadar Bazaar ; plats 90-250 ₹ ; 8h-17h30 ;). Ce lieu minuscule, tenu par une famille chaleureuse, est parfait pour prendre un petit-déjeuner ou un déjeuner diététiques. Il sert un délicieux café d'Inde du Sud, des gâteaux maison, des salades et de copieux ragoûts de légumes servis avec du riz brun. Savoureux et sain, pour changer des plats riches en huile !

Sunset Café INTERNATIONAL $
(plats 80-250 ₹ ; 7h30-minuit ;). Ce café très fréquenté, au bord des *ghat* situés à l'est, jouit d'une vue magnifique sur le lac, surtout au coucher du soleil. Plats internationaux (curries, pizzas et pâtes) ; la boulangerie allemande vend de bons gâteaux.

Om Baba Restaurant INTERNATIONAL $$
(0145-2772858 ; près de Sadar Bazaar ; plats 130-220 ₹ ; 8h30-23h). L'Om Baba propose tous les plats les plus appréciés des voyageurs (pizzas, pâtes, falafels, houmous), mais c'est la vue depuis le toit-terrasse qui le distingue des autres.

Achats

Sadar Bazaar MARCHÉ
Sadar Bazaar est bordé d'échoppes attrayantes, idéales pour faire le plein de cadeaux. Outre les textiles colorés rajasthanis, qui viennent en grande partie de Barmer, au sud de Jaisalmer, vous y trouverez un grand choix de bijoux en argent et en perles, à côté de quelques pièces ethniques anciennes, ainsi que de jolies lampes en verre et des tentures murales brodées et ornées de miroirs. Des étals remplis de CD permettent de découvrir la musique indienne. N'oubliez pas que Pushkar est une ville touristique : marchandez.

Renseignements

Les DAB acceptant les cartes étrangères et les bureaux de change non officiels jalonnent Sadar Bazaar.

Bureau de poste (près d'Heloj Rd ; 9h30-17h, lun-ven). Près du Marwar Bus Stand.

Office du tourisme (0145-2772040 ; Hotel Sarovar ; 10h-17h). Plans gratuits et programmes de la foire aux dromadaires.

State Bank of Bikaner & Jaipur (SBBJ ; Sadar Bazaar ; 10h-16h lun-ven, jusqu'à 12h30 sam). Change les chèques de voyage et les espèces. Le DAB accepte les cartes étrangères.

DÉSAGRÉMENTS ET DANGERS

Méfiez-vous des individus qui vous proposent des fleurs pour faire une puja : si vous en achetez, vous serez rapidement emmené vers les *ghat* et on vous demandera de faire un don allant jusqu'à 1 000 ₹. Certains prêtres vivent

BUS AU DÉPART DE PUSHKAR (NAYA BUS STAND)

DESTINATION	TARIF	DURÉE	DÉPARTS
Bikaner	225 ₹	6 heures	toutes les heures
Bundi	200 ₹	6 heures	1/jour (11h)
Jaipur	160 ₹	4 heures	7/jour (7h15, 7h45, 8h, 8h30, 9h30, 14h et 16h)
Jodhpur	185 ₹	5 heures	3/jour (8h, 10h30 et 12h30)

effectivement de ces dons et c'est une tradition qui existe depuis des siècles. Mais éloignez-vous s'ils deviennent agressifs et mettez-vous toujours d'accord sur un prix avant d'accepter un ruban rouge ("passeport de Pushkar", à mettre au poignet) ou des fleurs.

Pendant la foire aux dromadaires, Pushkar est envahie de pickpockets qui opèrent dans les marchés bondés. Pour éviter les vols à coup de rasoir, privilégiez un sac à dos solide que vous porterez devant vous. Toute l'année, prenez garde aux innombrables motos dans les marchés conduites par des jeunes peu prudents.

Depuis/vers Pushkar

La minuscule gare ferroviaire de Pushkar est si mal desservie qu'il est préférable de l'oublier pour vos voyages en train. Passez plutôt par la gare ferroviaire d'Ajmer.

Un taxi privé pour Ajmer coûte autour de 300 ₹ (la course est presque toujours plus chère dans la direction opposée). En voiture, l'entrée dans Pushkar coûte 20 ₹ par personne.

BUS

Des bus fréquents pour Ajmer (14 ₹, 30 min) partent du **Naya Bus Stand** et de l'**Ajmer Bus Stand**, sur la route partant vers l'est de la ville. La plupart des autres bus partent du Naya Bus Stand, même si quelques-uns partent encore de l'ancien **Marwar Bus Stand** (mais pas les bus RSRTC).

Les agences de voyages locales vendent des billets pour les bus privés – comparez les prix. Ces bus partent généralement d'Ajmer (p. 128), mais les agences offrent un moyen de transport pour s'y rendre. Vérifiez que votre bus est direct, car de nombreuses lignes au départ de Pushkar ne le sont pas. Même les bus directs risquent de s'arrêter un moment à Ajmer ; il est donc souvent plus rapide de se rendre d'abord à Ajmer pour prendre ensuite un autre bus.

Comment circuler

Aucun auto-rickshaw ne circule en centre-ville, mais tout est facilement accessible à pied. Pour découvrir la campagne alentour, vous pouvez louer une moto (400 ₹/jour) dans l'une des nombreuses agences de la ville. Si vous préférez un deux-roues plus imposant, **Shreeram Enfield Gairej** (Ajmer Rd ; location Enfield Bullet 700 ₹/jour, caution 50 000 ₹) loue des Enfield Bullet et en vend.

Ranthambhore National Park

☎ 07462

Couvrant 1 334 km² de jungle bordée d'escarpements abrupts, ce parc national réputé (www.rajasthanwildlife.in ; ⏲oct-juin) est le meilleur endroit du Rajasthan pour observer des tigres à l'état sauvage. Au cœur de cette jungle, le superbe fort de Ranthambhore, du Xe siècle, se dresse dans un décor de temples anciens, de mosquées, de pavillons de chasse, de lacs peuplés de crocodiles et de *chhatri* (petits pavillons coiffés d'un dôme) couverts de vigne. Classé réserve naturelle en 1955, le parc servit pourtant de territoire de chasse au maharaja jusqu'en 1970.

Voir un tigre (il y en avait entre 52 et 55 en 2016) reste une affaire de chance, et il vaut mieux prévoir de faire deux ou trois safaris. Quoi qu'il en soit, la visite du parc permet de découvrir une faune riche, dont plus de 300 espèces d'oiseaux.

La ville de Sawai Madhopur est à 10 km de la première entrée. Il faut ensuite parcourir 3 km jusqu'à la grille principale et le fort de Ranthambhore.

À voir

Fort de Ranthambhore FORT

(⏲6h-18h). GRATUIT De loin, le magnifique fort de Ranthambhore (Xe siècle), perché sur une colline, est presque indiscernable, mais à mesure que l'on s'approche, il se détache de la roche contre laquelle il s'appuie. D'une superficie de 4,5 km², il offre, depuis ses murailles délabrées, une vue inégalable sur le Badal Mahal (palais des Nuages), au nord. Ses remparts s'étirent sur plus de 7 km, et 7 portes monumentales sont encore intactes.

Pour visiter le fort à petit prix, joignez-vous aux habitants qui se rendent au temple dédié à Ganesh. Des 4x4 collectifs (40 ₹/pers) conduisent de la gare ferroviaire à l'entrée du parc ; dites "national park" et ils comprendront. De là, d'autres 4x4 collectifs (20 ₹/pers) font la liaison avec le fort, situé dans le parc. Sinon, louez un Gypsy (avec chauffeur) moyennant 1 000 ₹ environ pour 3 heures par l'intermédiaire de votre hôtel.

Activités

Les safaris ont lieu tôt le matin ainsi qu'en fin d'après-midi. Ils démarrent entre 6h et 7h, et entre 14h et 15h30, selon la période de l'année. Chaque safari dure environ 3 heures. Prenez des vêtements chauds, car il peut faire très froid le matin dans les véhicules ouverts.

Les **Gypsies** (4x4 ouverts pour 6 personnes ; Indien/étranger 730/1 470 ₹) restent le meilleur moyen de se déplacer. Il est possible d'apercevoir des tigres depuis les **Canter** (camions ouverts de 20 places ; Indien/étranger 510/1 250 ₹), mais parfois, les passagers, nombreux, peuvent être vraiment bruyants. Les modes de réservation (et les tarifs) indiqués ci-après sont susceptibles de changement. Vous pouvez réserver en ligne sur le site officiel du parc (www.rajasthanwildlife.in), ou bien vous rendre en personne au bureau de réservation des safaris (ci-après), situé à 1,5 km d'Hammir Circle, dans la direction opposée du parc. Pour être sûr d'obtenir une place dans un véhicule, il faut faire la queue au moins une heure (voire deux) avant le début du safari, soit très tôt pour les expéditions matinales. Aussi est-il beaucoup plus simple de réserver par le biais de votre hôtel, mais n'oubliez pas qu'il prélèvera une commission.

Où se loger

Hotel Aditya Resort HÔTEL $

(☎9414728468 ; www.hoteladityaresort.com ; Ranthambhore Rd ; ch 400-700 ₹, avec clim 900 ₹ ; ❄@). Cet établissement accueillant est l'un des meilleurs hôtels très bon marché sur Ranthambhore Rd. Il compte 6 chambres simples et sans ornements (prenez-en une avec fenêtre sur l'extérieur ; seules quelques-unes sont climatisées) et un restaurant basique sur le toit. Le personnel, jeune et enthousiaste, vous aidera à réserver un safari, mais pensez à demander combien ils facturent ce service.

♥ **Hotel Ranthambhore Regency** HÔTEL $$

(☎07462-221176 ; www.ranthambhor.com ; Ranthambhore Rd ; s/d en pension complète à partir de 6 500/7 500 ₹ ; ❄@📶🏊). Un établissement professionnel qui s'adresse aux groupes de touristes, mais peut tout de même fournir un excellent service aux voyageurs indépendants. Les chambres bien aménagées (sol en marbre, TV écran plat, etc.) et d'une propreté irréprochable seraient considérées comme des suites dans la plupart des hôtels. Le jardin, avec piscine, ressemble à une oasis qui invite à la détente. Spa à côté du restaurant.

Tiger Safari Resort HÔTEL $$

(☎07462-221137 ; www.tigersafariresort.com ; Ranthambhore Rd ; ch avec petit-déj 1 800-2 200 ₹ ; ❄@📶🏊). Une adresse bon marché correcte, avec de grandes doubles et des "cottages" (chambres et sdb plus spacieuses) donnant sur un jardin et une petite piscine. La direction excelle dans l'organisation de safaris – réveil téléphonique et petit-déjeuner copieux avant le safari matinal. Comme dans les autres hôtels, elle prend une importante commission pour ce service ; demandez ce que couvre le tarif.

Ankur Resort HÔTEL $$

(☎07462-220792 ; www.ankurresort.com ; Ranthambhore Rd ; s/d pension complète 3 500/5 000 ₹, cottages 4 000/5 000 ₹ ; ❄@📶🏊). L'Ankur Resort organise également des safaris avec réveil et petit-déjeuner matinal pour aller observer les tigres. Il loue des chambres standards propres et confortables, quoique dépouillées. Les "cottages" (des bungalows), mieux équipés (meilleurs lits, réfrigérateur et sofa), donnent sur le jardin et la piscine.

♥ **Khem Villas** BOUTIQUE-HÔTEL $$$

(☎07462-252099 ; www.khemvillas.com ; Khem Villas Rd ; s/d en pension complète 12 000/14 000 ₹, tentes 19 000/23 000 ₹, cottages 21 000/25 000 ₹ ; ❄@📶). Installé dans une ferme bio et un terrain reboisé de 9 ha, ce superbe écolodge a été créé par la famille Singh Rathore, à l'origine du mouvement de sauvegarde des tigres du Ranthambhore. Il décline différents types d'hébergement, des bungalows de style colonial à des tentes de luxe en passant par de magnifiques cottages en pierre. L'intimité de chacun est préservée : vous pourrez même vous baigner à la belle étoile.

En plus des safaris dans la jungle, le Khem Villas organise un safari fluvial (5 000 ₹ pour 2 pers) sur la Chambal, à la rencontre des gavials et des crocodiles des marais, ainsi que de nombreuses espèces aviaires.

Renseignements

Il y a un DAB près d'Hammir Circle et d'autres à côté de la gare ferroviaire.

Bureau de réservation des safaris (Safari Booking Office ; www.rajasthanwildlife.in ; 5h30-15h30). Les places dans les Gypsies (4x4) et les Canter (camions) peuvent être réservées sur le site Web ; un Gypsy (avec supplément) et 5 Canter sont gardés pour les réservations effectuées au Forest Office. À 500 m de la gare ferroviaire.

Office du tourisme (07462-220808 ; gare ferroviaire ; 9h30-18h lun-ven). Plans de Sawai Madhopur et conseils sur les safaris.

Ranthambore Adventure Tours (9414214460 ; ranthambhoretours@rediff.mail.com ; Ranthambhore Rd). Bons retours sur cette agence de safaris.

Depuis/vers le Ranthambhore National Park

Rares sont les bus qui rejoignent directement des destinations intéressantes ; aussi est-il préférable de prendre le train.

TRAIN

La gare de Sawai Madhopur se trouve près d'Hammir Circle, qui mène à Ranthambhore Rd.

Agra (Agra Fort Station) *sleeper* 210 ₹, 6 heures, 3/jour (11h10, 16h10, 23h15)

Delhi siège 2e classe/*sleeper*/3AC 190/260/660 ₹, 5 heures 30 à 8 heures, 13/jour

Jaipur siège 2e classe/*sleeper*/3AC 100/180/560 ₹, 2 heures, 11-13/jour

Keoladeo (Bharatpur) siège 2e classe/*sleeper*/3AC 95/180/560 ₹, 2 heures 30, 12-13/jour

Kota (d'où prendre un bus pour Bundi) siège 2e classe/*sleeper*/3AC 90/180/560 ₹, 1 à 2 heures, départ toutes les heures

Comment circuler

Il est possible de louer des vélos (environ 40 ₹/jour) dans le bazar principal. Vous trouverez des auto-rickshaws à la gare ferroviaire ; comptez 50-100 ₹ pour un auto-rickshaw de la gare ferroviaire à Ranthambhore Rd, en fonction de l'endroit où vous descendez. De nombreux hôtels proposeront de vous récupérer gratuitement à la gare ferroviaire, pourvu que vous les préveniez avant.

Si vous souhaitez marcher, tournez à gauche en sortant de la gare ferroviaire et suivez la route jusqu'au pont (200 m). Bifurquez à gauche et traversez le pont au-dessus de la voie ferrée pour atteindre un rond-point (200 m), appelé Hammir Circle. Prenez alors à droite pour rejoindre le bureau des réservations des safaris (Safari Booking Office ; 1,5 km) ; ou à gauche pour accéder aux hébergements.

UDAIPUR & LE SUD DU RAJASTHAN

Bundi

0747 / 103 290 HABITANTS

Imaginez une ville aux ruelles étroites bordées de maisons bleues, de bazars et d'innombrables temples, dans un environnement de lacs et de collines. Telle est Bundi, cité captivante dominée par un palais féerique orné de dômes et de loggias. Bien qu'elle attire de plus en plus de voyageurs, Bundi constitue une trêve bienvenue dans le circuit touristique habituel, car on y croise quand même moins de visiteurs qu'à Jaipur ou à Udaipur. Peu de villes du Rajasthan demeurent empreintes de cette atmosphère magique héritée des siècles passés.

La cité entra dans l'histoire au XIIe siècle, lorsqu'un groupe de nobles Chauhan originaires d'Ajmer, repoussés vers le sud par Muhammad de Ghur, arrachèrent la région aux tribus Mina et Bhil, et firent de Bundi la capitale de leur royaume, qui avait pour nom Hadoti. Bundi fut pour l'essentiel fidèle aux Moghols dès la fin du XVIe siècle, mais elle conserva son indépendance jusqu'à son intégration dans l'État du Rajasthan, après 1947.

À voir

Bundi s'enorgueillit d'une soixantaine de beaux *baori* (puits à degrés), dont certains en plein centre-ville. Beaucoup ont malheureusement perdu de leur majesté, ayant été vidés de leur eau – en raison de la baisse de la nappe phréatique – et emplis de détritus. Le plus impressionnant, le **Raniji-ki-Baori** (puits de la Reine ; Indien/étranger 50/200 ₹ ; 9h30-17h), atteint 46 m de profondeur et est orné de sculptures sinueuses, dont certaines représentent les avatars de Vishnu. Le **Nagar Sagar Kund**, formé de deux puits identiques, est situé à l'extérieur de la vieille ville, juste après Chogan Gate.

Trois sites des environs de la ville, le Raniji-ki-Baori, le **cénotaphe aux 84 colonnes** (Indien/étranger 50/200 ₹ ; 9h30-17h) et le Sukh Mahal (p. 140), peuvent être visités en achetant un billet combiné (Indien/étranger 75/350 ₹), une belle économie si vous prévoyez de visiter au moins deux d'entre eux.

Palais de Bundi PALAIS

(Garh Palace ; Indien palais/fort/appareil photo 80/100/50 ₹, étranger palais, fort et appareil photo 500 ₹ ; 8h-17h). Cet édifice extraordinaire

Bundi

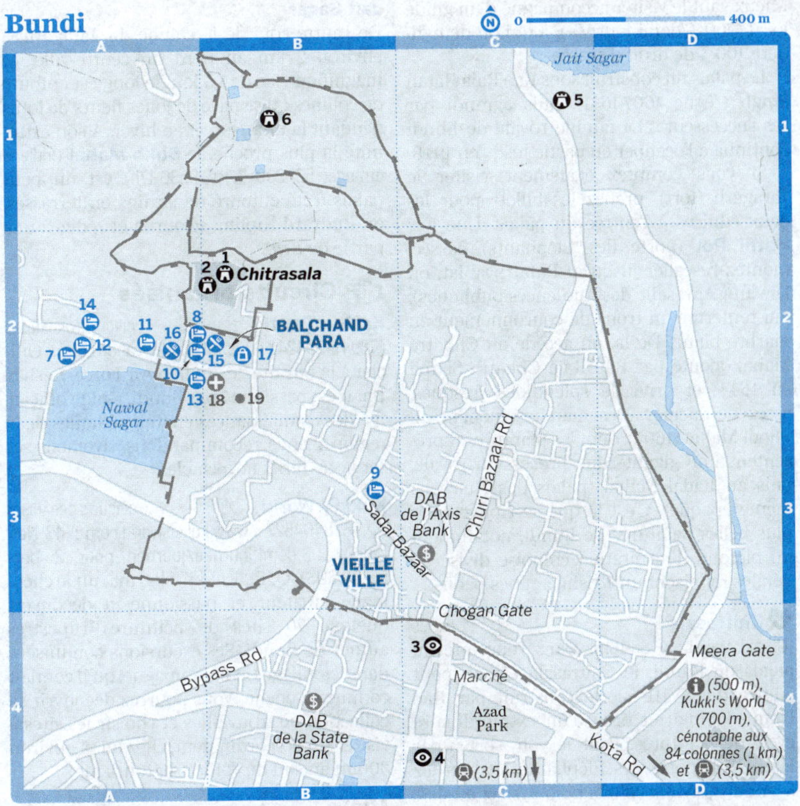

Bundi

Les incontournables

1 Chitrasala B2

À voir

2 Palais de Bundi B2
3 Nagar Sagar Kund C4
4 Raniji-ki-Baori C4
5 Sukh Mahal C1
6 Taragarh B1

Où se loger

7 Annpurna Haveli A2
8 Bundi Vilas A2
9 Dev Niwas B3
10 Haveli Braj Bhushanjee A2
11 Haveli Katkoun A2
12 Hotel Bundi Haveli A2
13 Kasera Heritage View A2
14 Shivam Tourist Guest House A2

Où se restaurer

Bundi Vilas .... (voir 8)
15 Morgan's Place B2
16 Rainbow Cafe A2

Achats

17 Yug Art B2

Renseignements

18 Ayurvedic Hospital B2
19 Roshan Tour & Travel B2

– dont Rudyard Kipling disait qu'il était l'"œuvre des lutins plutôt que celle des hommes" –, en partie délabré, paraît sortir de la roche de la colline sur laquelle il se dresse. Bien que de vastes parties du palais soient toujours fermées et abandonnées aux chauves-souris, les pièces accessibles révèlent de remarquables peintures murales aux tons turquoise et or, témoignages époustouflants de la célèbre école de peinture de Bundi.

Mieux vaut le visiter accompagné d'un guide local (700 ₹/demi-journée), à qui on demandera 100 ₹ de droit d'entrée.

Le palais fut construit sous Rao Raja Ratan Singh (règne 1607-1631), puis agrandi par ses successeurs. La famille royale de Bundi continua à l'occuper en partie jusqu'en 1948.

Si vous comptez également visiter le Taragarh (fort), prenez les billets pour les deux édifices à l'entrée du palais. Une fois **Hathi Pol** (porte des Éléphants) passée, montez l'escalier jusqu'au Ratan Daulat, ou Diwan-i-Am (salle des Audiences publiques), qui renferme un trône de couronnement en marbre blanc. De là, on accède au Chhatra Mahal, ajouté par Rao Raja Chhatra Shabji en 1644, et orné de splendides fresques, assez défraîchies. Des marches mènent au Phool Mahal (1607), dont les peintures représentent une gigantesque procession royale, puis au Badal Mahal (palais des Nuages ; même époque). C'est là que se trouvent les plus belles peintures de Bundi, notamment un plafond d'inspiration chinoise divisé en pétales représentant Krishna et des paons.

♥ Chitrasala PALAIS

(Umaid Mahal ; 8h-18h). Dans l'enceinte du palais de Bundi, le Chitrasala est un petit édifice du XVIIIe siècle construit par Rao Ummed Singh et orné d'un extraordinaire cycle de peintures. Pour le voir, sortez par Hathi Pol (porte des Éléphants) et tournez avant de gravir la colline pour arriver au-dessus du jardin du palais. Murs et plafonds sont couverts de scènes de cour ou de la vie de Krishna. À noter le dieu assis en haut d'un arbre et jouant de la flûte après avoir volé les vêtements des *gopi* (gardiennes de vaches).

La salle arrière sur la droite est le **Sheesh Mahal**. Bien que très endommagé, il présente encore un décor avec de magnifiques incrustations de verre. Dans la salle sur l'avant, vous pourrez voir une représentation de Bundi au XVIIIe siècle.

Taragarh FORT

(fort de l'Étoile ; 100 ₹, appareil photo/caméra 50/100 ₹ ; 8h-17h). En partie délabré et envahi par la verdure, le Taragarh (1354), sur la colline qui domine le palais, est une invitation à la promenade. Munissez-vous d'un bâton pour vous frayer un chemin dans la végétation envahissante, vous appuyer lors de la montée abrupte et vous rassurer quand les macaques arrogants vous entoureront. Pour atteindre le fort, continuez sur le chemin qui monte derrière le Chitrasala.

Jait Sagar LAC

De l'autre côté de la colline du Taragarh, à environ 2 km au nord du centre-ville, ce magnifique lac de 1,5 km de long est entouré de collines ; il se pare de jolies fleurs de lotus pendant la mousson et en hiver. À son extrémité la plus proche, le **Sukh Mahal** (Indien/étranger 50/200 ₹ ; 9h30-17h) est un petit palais d'été entouré de jardins en terrasses, où Rudyard Kipling séjourna et rédigea une partie de *Kim*.

Circuits organisés

Keshav Bhati CIRCUITS ORGANISÉS

(9414394241 ; bharat_bhati@yahoo.com). Officier à la retraite de l'Indian Air Force, Keshav Bhati est passionné par Bundi. Guide officiel, il a des connaissances encyclopédiques de la région ; nous recommandons vivement ses services. Tarifs négociables.

Kukki's World CIRCUITS ORGANISÉS

(9828404527 ; www.kukkisworld.com ; 43 New Colony ; demi-journée/journée pour 2 pers 56/78 $US). O. P. "Kukki" Sharma, un archéologue amateur et passionné, a découvert quelque 70 sites de peintures rupestres autour de Bundi. Ses excursions conduisent dans les villages et la campagne, qu'il connaît comme sa poche. Vous pourrez découvrir sa collection de trouvailles et choisir les sites à visiter sur son ordinateur, chez lui (à environ 300 m au sud de l'office du tourisme).

Où se loger

Shivam Tourist Guest House PENSION $

(9460300272, 0747-2447892 ; Balchand Para ; s/d 450/500 ₹, ch avec clim 800-1 000 ₹). Cette pension est tenue par un jeune couple énergique qui aide volontiers les voyageurs à tirer le meilleur parti de leur séjour à Bundi. Les gérants peuvent notamment vous aider à réserver vos titres de transport. Chambres simples mais confortables et impeccables ; les meilleures sont à l'étage. Restaurant végétarien sur le toit-terrasse ; cours de cuisine et de dessin au henné.

Annpurna Haveli PENSION $

(0747-2447055, 9602805455 ; www.annpurnahavelibundi.com ; Balchand Para ; ch 800 ₹, ch avec petit-déj et clim 1 200 ₹ ;). En face du Nawal Sagar, cette paisible pension tenue en famille est une excellente adresse pour les petits budgets. Les 6 chambres sont simples et propres, certaines avec vue sur le lac. Repas maison à déguster dans la salle à manger ou sur le toit par beau temps.

♥ Haveli Braj Bhushanjee HÔTEL HISTORIQUE $$
(☎0747-2442322, 9783355866 ; www.kiplings-bundi.com ; Balchand Para ; ch 1 500-6 000 ₹ ; ❄📶). Ce beau *haveli* vieux de 200 ans et plein de recoins est géré par la famille Braj Bhushanjee (descendants d'anciens Premiers ministres de Bundi), serviable et bien informée. C'est la première pension de Bundi, et un lieu enchanteur aux murs en pierre, décoré de magnifiques peintures murales et de beaux objets anciens.

Les 20 chambres ont récemment été modernisées en gardant leur décor traditionnel. Vous logerez dans une sorte de musée vivant, donnant un aperçu du patrimoine local. Jardin privé et vue splendide depuis le toit. Il se trouve en face de l'hôpital ayurvédique, mais l'entrée principale est sur le côté.

♥ Hotel Bundi Haveli HÔTEL $$
(☎9929291552, 0747-2447861 ; www.hotelbundihaveli.com ; Balchand Para ; ch 1 300-4 750 ₹ ; ❄📶). Magnifiquement restauré dans un style contemporain, le Bundi Haveli est l'hébergement le plus sophistiqué de la ville. Les chambres spacieuses aux murs blancs et au sol en pierre, avec touches de couleur et objets sous cadres, jouissent d'équipements modernes. C'est un endroit confortable et décontracté, avec un ravissant restaurant sur le toit – carte à dominante indienne (plats 100-280 ₹) – donnant sur le palais.

Dev Niwas HÔTEL HISTORIQUE $$
(☎0747-2442928, 8233345394 ; www.jagatcollection.com ; Maaji Sahib-ki-Haveli ; ch 870-1 300 ₹, avec clim 3 050 ₹, ste 4 350 ₹ ; ❄📶). 🍃 Agréable *haveli*, tout près de Sadar Bazaar, très animé. L'intérieur est un havre de paix, avec des cours et des pavillons ouverts. Les chambres sont toutes différentes, mais offrent un même confort et niveau d'équipement (dont des sdb modernes). Le restaurant, ouvert, est parsemé de coussins sur lesquels s'asseoir pour manger. Belle vue sur le fort.

Bundi Vilas HÔTEL HISTORIQUE $$
(☎0747-2444614, 9214803556 ; www.bundivilas.com ; ch avec petit-déj 4 000-5 000 ₹ ; ❄@📶). Dans une ruelle, ce *haveli* tricentenaire a été superbement restauré avec du grès doré de Jaisalmer, des teintes chaudes et une belle décoration intérieure. Les 5 *deluxe* et les 2 suites, dotées de belles sdb, dégagent un charme d'antan. Abrité par les murs du palais, l'établissement jouit d'une vue imprenable sur la ville et le palais depuis le restaurant sur le toit-terrasse.

Kasera Heritage View PENSION $$
(☎9983790314, 0747-2444679 ; www.kaseraheritageview.com ; s/d à partir de 800/1 000 ₹, ch avec petit-déj et clim à partir de 2 000 ₹ ; ❄@📶). Faites fi de la réception, curieusement moderne : les chambres et l'intérieur de ce *haveli* bien rénové sont plus authentiques. Bon accueil, décoration gaie, restaurant sur le toit (belle vue) et fréquentes réductions (20-30%) en été. Le propriétaire possède un autre *haveli*, le Kasera Paradise, au pied du palais, qui pratique des tarifs identiques (mêmes numéro de téléphone et site Internet).

Haveli Katkoun PENSION $$
(☎0747-2444311, 9414539146 ; www.katkounhavelibundi.com ; s/d 700/1 200 ₹, ch avec petit-déj et clim 2 400 ₹ ; ❄📶). Juste avant la porte ouest de la ville, le Katkoun est un *haveli* entièrement restauré. La famille qui le tient, et vit au rez-de-chaussée, est accueillante. Il loue de grandes chambres impeccables donnant sur le lac ou le palais. Bon restaurant sur le toit (plats 65-200 ₹), connu pour ses plats indiens non végétariens.

Où se restaurer

♥ Bundi Vilas INDIEN $$
(☎0747-2444614 ; www.bundivilas.com ; Balchand Para ; plats 210-250 ₹, menus dîner 700 ₹ ; ⏲7h30-10h, 13h-15h et 19h-22h ; 📶🖉). Le restaurant le plus romantique de Bundi accueille les visiteurs de tous les autres hôtels. Installez-vous sur la terrasse ouverte mais protégée ou sur le toit-terrasse avec une vue imprenable sur le fort. Mieux vaut réserver pour le dîner, car les tables pour un repas aux chandelles au pied du palais illuminé sont prises d'assaut. Le menu du dîner comprend plusieurs plats gastronomiques que l'on peut accompagner de vin.

L'établissement possède sa propre ferme, en périphérie de Bundi, d'où proviennent la majorité des fruits et légumes frais. Ne manquez pas les confitures maison.

Morgan's Place INTERNATIONAL $$
(Kasera Paradise Hotel ; plats 130-240 ₹ ; ⏲9h-22h ; 📶). Installé sur le toit-terrasse, le Morgan's Place est un restaurant décontracté (peut-être un peu trop) qui propose un bon expresso (cafés 60-100 ₹). Si vous êtes en manque de caféine, que grimper de nombreuses marches ne vous arrête pas et que vous avez du temps devant vous, vous serez ravi par cette adresse. Au menu : jus de fruits frais, falafels, pizzas et pâtes très correctes.

Rainbow Cafe INDIEN, INTERNATIONAL $$ (☎9887210334 ; plats 120-260 ₹, thali 250-500 ₹ ; 7h-23h ; wi-fi). Ambiance bohème avec musique et coussins au sol, bons en-cas et *lassi* originaux. Soyez patient, la cuisine est minuscule, mais votre plat finira toujours par arriver. Situé sur un toit à côté de la porte ouest de la ville – et protégé des macaques chapardeurs par un treillage de bambou.

Achats

Yug Art ART (yugartbundi.com ; près de Surang Gate ; portrait sur carte postale 800-1 600 ₹, BD à partir de 3 000 ₹ ; 10h-19h30). Si de nombreuses boutiques d'art proposent des miniatures rajasthanies, Yug Art réalise des miniatures de ses clients. Apportez une photo et vous serez représenté sur un éléphant, par exemple. Yug peut aussi retracer votre voyage en Inde dans une BD – vous l'aiderez pour le script et il réalisera les dessins.

Renseignements

Rejoignez le Sadar Bazaar pour trouver des DAB.

Ayurvedic Hospital (☎0747-2443708 ; Balchand Para ; 9h-13h et 16h-18h lun-sam, 9h-11h dim). Cet hôpital charitable prescrit des remèdes naturels à base de plantes. Médicaments pour toutes sortes d'affections, des maux de ventre à l'arthrite, et la plupart sont gratuits.

Office du tourisme (☎0747-2443697 ; Kota Rd ; 9h30-18h lun-ven). Fournit les horaires des bus et des trains, distribue des plans et répondra à toutes vos questions d'ordre pratique.

Roshan Tour & Travel (Internet 40 ₹/heure ; 8h-22h). Vente de titres de transport, bureau de change et cybercafé. À 300 m au sud du palais.

Depuis/vers Bundi

BUS

Pour Ranthambhore, il est généralement plus rapide de prendre un train ou un bus pour Kota, puis un train jusqu'à Sawai Madhopur.

Liaisons directes depuis la gare routière :

Ajmer 186 ₹, 4 heures, départ toutes les heures

Jaipur 216 ₹, 5 heures, départ toutes les heures

Jodhpur 376 ₹, 8 heures, 5/jour

Kota 39 ₹, 40 min, départ toutes les 15 min

Pushkar 200 ₹, 4 heures 30, 2/jour

Sawai Madhopur 120 ₹, 5 heures, 3/jour

TRAIN

La gare de Bundi est à 4 km au sud de la vieille ville. Il n'y a pas de train quotidien pour Jaipur, Ajmer ou Jodhpur. Mieux vaut prendre un bus, ou un train depuis Kota ou Chittorgarh.

Agra (Agra Fort Station) *sleeper* 160 ₹, 12 heures 30, 1/jour (17h35)

Chittorgarh *sleeper* 180 ₹, 2 heures 30 à 3 heures 30, 3-5/jour (2h08, 2h24, 7h05, 9h16 et 23h)

Delhi (Hazrat Nizamuddin) *sleeper* 325 ₹, 8 à 12 heures, 2/jour (17h48 et 22h35)

Sawai Madhopur *sleeper* 180 ₹, 2 heures 30 à 5 heures, 3/jour (17h35, 17h48 et 22h35 ; le dernier est aussi le plus rapide)

Udaipur *sleeper* 220 ₹, 5 heures, tlj (12963 Mewar Express ; 2h08)

Comment circuler

Un auto-rickshaw depuis/vers la gare ferroviaire coûte 70 ₹ de jour, et 100-120 ₹ de nuit.

LES CHEFS-D'ŒUVRE DE KOTA ET BUNDI

Les régions de Bundi et de Kota ont donné naissance à certaines des plus belles peintures murales et miniatures du Rajasthan, en particulier grâce au mécénat des souverains rajput Hada, férus d'art. Le style pictural mêle les caractéristiques dominantes des peintures populaires (couleurs intenses et formes audacieuses) à l'intérêt des Moghols pour le naturalisme.

Similaires à l'origine, les écoles de Bundi et de Kota ont développé des styles résolument différents, même si elles partagent l'emploi d'épais feuillages en toile de fond, de cieux nuageux et de scènes éclairées par le soleil couchant. Lorsque des architectures sont reproduites, elles le sont de manière détaillée. Les femmes, élancées, arborent des visages ronds et de grands yeux en forme d'amande.

L'école de Bundi est célèbre pour ses tonalités bleues, avec une palette d'azur et de turquoise hors du commun. Le palais de Bundi (p. 138) en abrite de merveilleux exemples.

À Kota, vous noterez un penchant pour les scènes de chasse, avec animaux et feuillage dense – des représentations vives et détaillées des chasses organisées dans les environs autrefois densément boisés de la cité. Le City Palace de Kota (p. 143) renferme certaines des peintures murales les mieux conservées de tout l'État.

Kota

0744 / 1 MILLION D'HABITANTS

Bien que située non loin de Bundi, Kota présente un visage bien différent. C'est une grande cité industrielle et marchande, installée au bord de la Chambal, l'unique rivière permanente du Rajasthan, et un carrefour de transports. On peut faire une balade en bateau pour observer oiseaux et crocodiles, ou explorer le vieux palais de la ville, impressionnant.

À voir

City Palace CITADELLE

(Kotah Garh ; www.kotahfort.com ; Indien/étranger 100/300 ₹ ; 10h-16h30). L'ensemble formé par le fort et le palais constitue l'une des plus grandes citadelles du Rajasthan. Ancienne résidence royale et centre du pouvoir, il abritait le trésor du royaume de Kota, les tribunaux, un arsenal, ainsi que les forces armées et les services de l'État. On accède au City Palace par une porte surmontée de nombreux éléphants. Une fois à l'intérieur, vous pourrez visiter le **Rao Madho Singh Museum**, qui témoigne de l'opulence de la vie des souverains – mobilier en argent, armes, trophées de chasse... Toutefois, ce musée est surtout remarquable pour ses miniatures et ses peintures murales de l'école de Kota.

La partie la plus ancienne du palais date de 1624. Au rez-de-chaussée, une salle réservée au *durbar* (audience royale) est ornée d'un extraordinaire décor de miroirs. À l'étage, de petits appartements renferment d'exquises peintures parfaitement préservées représentant, entre autres sujets, les célèbres scènes de chasse de Kota.

En auto-rickshaw, il faut compter 40 ₹ depuis la gare routière, et au moins 70 ₹ depuis la gare ferroviaire.

Activités

Sorties en bateau BATEAU

(5 min/1 heure 60/1 300 ₹ par pers, max 6 pers ; 10h30-crépuscule). Une sortie en bateau sur la Chambal offre une pause agréable. En amont de Kota, la rivière traverse le **Darrah National Park** ; une fois hors de la zone urbaine, le paysage devient superbe, avec une végétation luxuriante et des falaises escarpées de part et d'autre. On peut apercevoir des oiseaux, des gavials (crocodiles à gueule étroite mangeurs de poissons) et des crocodiles des marais (gardez bien vos mains à l'intérieur du bateau). Les embarcations partent des **Chambal Gardens** (Indien/étranger 2/5 ₹), à 1,5 km au sud du fort sur la rive orientale de la rivière.

Où se loger

Palkiya Haveli HÔTEL HISTORIQUE $$

(0744-2387497 ; www.palkiyahaveli.com ; Mokha Para ; s/d 2 725/3 315 ₹ ;). Ce ravissant *haveli* appartient à la même famille depuis 200 ans. Dans un secteur merveilleusement calme de la vieille ville, à environ 800 m à l'est du palais, cette adresse décontractée et accueillante possède une cour et un jardin clos planté d'un joli margousier.

Superbes peintures murales, belles chambres avec décor à l'ancienne et excellent restaurant.

Renseignements

Office du tourisme (0744-2327695 ; RTDC Hotel Chambal ; 9h30-18h lun-sam). Plans gratuits de la ville et personnel serviable. Tournez à gauche en sortant de la gare routière, puis à droite au deuxième rond-point : le bureau sera à votre droite.

Depuis/vers Kota

BUS

Entre autres liaisons depuis la gare routière principale (dans Bundi Rd, à l'est du pont qui enjambe la Chambal), citons :

Ajmer (pour Pushkar) 230 ₹, 4 à 5 heures, au moins 10/jour

Bundi 35 ₹, 40 min, départ toutes les 15 min 24h/24

Chittorgarh 184 ₹, 4 heures, départ toutes les 30 min à partir de 6h

Jaipur 240 ₹, 5 heures, départ toutes les heures à partir de 5h

Udaipur 350-400 ₹, 6 à 7 heures, au moins 10/jour

TRAIN

Kota est située sur l'axe ferroviaire Mumbai-Delhi, via Sawai Madhopur ; les trains ne manquent donc pas, mais les horaires de départ ne sont pas toujours pratiques.

Agra (Fort) *sleeper* 225 ₹, 5 à 9 heures, 3-4/jour (7h30, 9h50, 14h40 et 21h)

Chittorgarh *sleeper* 150 ₹, 3 à 4 heures, 3-4/jour (1h10, 1h25, 6h05 et 8h45)

Delhi (New Delhi ou Hazrat Nizamuddin) *sleeper* 315 ₹, 5 à 8 heures, départ presque toutes les heures

Jaipur *sleeper* 225 ₹, 4 heures, 6/jour (2h55, 7h40, 8h55, 12h35, 17h35 et 23h50), trains supplémentaires certains jours

PRINCIPAUX TRAINS AU DÉPART DE KOTA

DESTINATION	TRAIN	DÉPART	ARRIVÉE	TARIFS
Agra	19037/19039 *Avadh Exp.*	14h40	21h50	225/600/850 ₹ (A)
Chittorgarh	29020 *Dehradun Exp.*	8h45	11h35	150/715/1 180 ₹ (C)
Delhi (Hazrat Nizamuddin)	12903 *Golden Temple Mail*	11h05	18h45	315/805/1 115/1 855 ₹ (E)
Jaipur	12955 *Mumbai-Jaipur Exp.*	8h55	12h40	225/580/780/1 275 ₹ (E)
Mumbai	12904 *Golden Temple Mail*	14h25	5h20	490/1 275/1 805/3 035 ₹ (E)
Sawai Madhopur	12059 *Shatabdi*	5h55	7h03	125/370 ₹ (D)
Udaipur	12963 *Mewar Exp.*	1h25	7h15	245/580/780/1 275 ₹ (E)

Tarifs : (A) *sleeper*/3AC/2AC ; (B) *sleeper* ; (C) *sleeper*/2AC/1AC ; (D) siège 2e classe/AC Chair ; (E) *sleeper*/3AC/2AC/1AC

Mumbai *sleeper* 490 ₹, 14 heures, trains rapides 5/jour (7h45, 14h25, 17h30, 21h05 et 23h45)

Sawai Madhopur siège 2e classe/*sleeper* 125/180 ₹, 1 à 2 heures, plus de 24/jour

Udaipur *sleeper* 245 ₹, 6 heures, 1-2/jour (1h10 et 1h25)

Comment circuler

Des minibus et des auto-rickshaws collectifs relient la gare ferroviaire à la gare routière principale (10 ₹/pers). Un auto-rickshaw privé coûte environ 50 ₹.

Chittorgarh (Chittor)

01472 / 116 410 HABITANTS

Chittorgarh (de *garh*, "forteresse"), ville connue pour sa citadelle, la plus spectaculaire du Rajasthan, mérite amplement la visite. Celle-ci se dresse au-dessus de la plaine, tel un îlot rocheux de près de 6 km de long, encerclé de falaises culminant à plus de 150 m.

L'histoire de Chittorgarh incarne la bravoure et le destin tragique des Rajput. Le fort fut assailli à trois reprises (en 1303, 1535 et 1568) par de puissants adversaires. À chaque fois, la population préféra le *jauhar* au déshonneur de la défaite : les hommes revêtirent la robe safran pour partir mourir au combat tandis que les femmes et les enfants s'immolèrent sur des bûchers. Après le dernier des trois sacs de Chittor, le rana (souverain) Udai Singh II se réfugia à Udaipur, où il établit une nouvelle capitale pour son État, le Mewar (région au sud-est de l'actuel Rajasthan). En 1616, Jahangir, le fils d'Akbar, rendit Chittor aux Rajput. Aucune tentative de repeuplement ne fut jamais entreprise, mais le fort fut malgré tout restauré en 1905.

À voir

Chittorgarh FORTERESSE

(Indien/étranger 15/200 ₹, spectacle son et lumière (en hindi) 100 ₹ ; aube-crépuscule, spectacle au coucher du soleil). Une montée de plus de 1 km débute à **Padal Pol** et passe par les six portes extérieures pour rejoindre l'entrée principale, **Ram Pol** (ancienne porte arrière), du côté ouest. Ram Pol s'ouvre sur un village encore habité (prenez à droite pour accéder à la billetterie). Sur le reste du plateau, inhabité, se déploient les merveilleux palais, tours et temples hérités de l'âge d'or des lieux, ainsi que quelques sanctuaires plus récents. Une route fait le tour du plateau.

Prévoyez 2-3 heures pour une visite du fort en véhicule. Des guides officiels, qui demandent 400 ₹ environ pour des circuits pédestres ou en auto-rickshaw de 4 heures maximum, attendent à la billetterie.

Temples de Meera et de Kumbha Shyam

Ces deux temples situés au sud-est du **palais de Rana Kumbha** furent édifiés par le même souverain (Kumbha) dans le style fleuri indo-aryen, avec de hauts shikharas. Le **temple de Meera**, le plus petit des deux, est désormais associé à la poétesse mystique Meerabai, une princesse du Mewar qui vécut au XVIe siècle. Elle fut empoisonnée par son beau-frère, mais survécut grâce à la bienveillance de Krishna. Le **temple de Kumbha Shyam** (temple de Varah), dédié à Vishnu, possède des panneaux sculptés illustrant la vie des habitants du Mewar au XVe siècle.

Victory Tower

La glorieuse tour de la Victoire (Jaya Stambha), symbole de Chittorgarh,

Chittorgarh (Chittor)

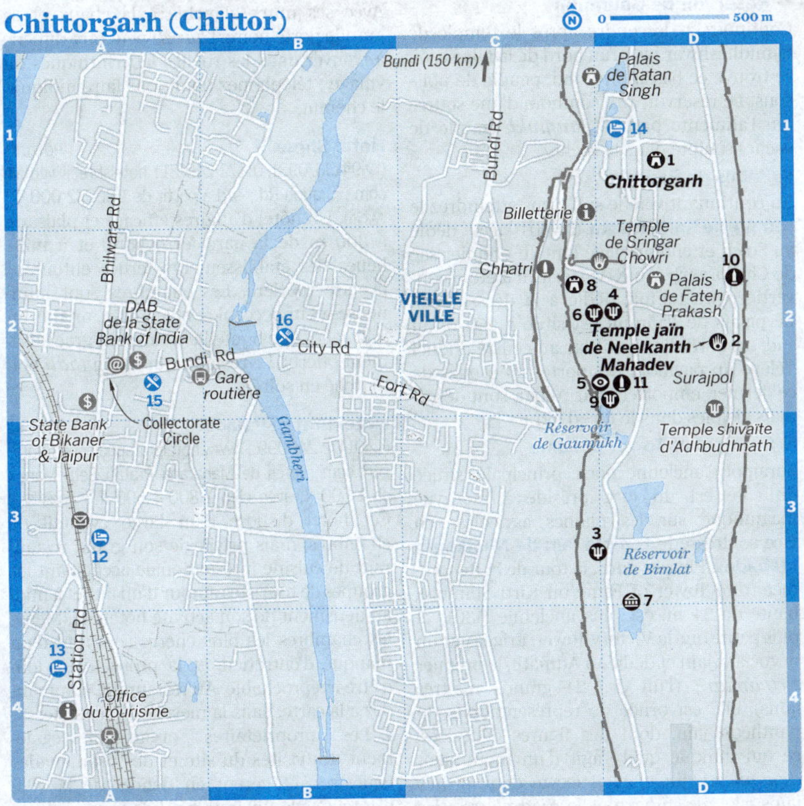

Chittorgarh (Chittor)

Les incontournables
1 Chittorgarh D1
2 Temple jaïn de Neelkanth Mahadev D2

À voir
3 Temple de Kalika Mata C3
4 Temple de Kumbha Shyam D2
5 Maha Sati D2
6 Temple de Meera C2
7 Palais de Padmini D3
8 Palais de Rana Kumbha C2
9 Temple de Samidheshwar D2
10 Tower of Fame D2
11 Victory Tower D2

Où se loger
12 Hotel Pratap Palace A3
13 Hotel Shree Ji A4
14 Padmini Haveli D1

Où se restaurer
15 Chokhi Dhani Garden Family Restaurant A2
16 Saffire Garden Restaurant B2

fut érigée par le rana Kumbha dans les années 1440, probablement pour commémorer une victoire sur Mahmoud Khalji du Malwa. Consacré à Vishnu, l'édifice, haut de 37 m, compte 9 étages finement sculptés, à l'extérieur comme à l'intérieur. Ne manquez pas de gravir l'escalier étroit de 157 marches jusqu'au 8e étage pour admirer la fantastique vue.

Au pied de la tour, du côté sud-ouest, le **Maha Sati** et ses nombreux cénotaphes était le lieu de crémation royal. C'est ici que 13 000 femmes pratiquèrent le *jauhar* en 1535. Le **temple de Samidheshwar**, bâti au VIe siècle et restauré en 1427, se dresse à proximité. Une Trimûrti (divinité à trois têtes) représentant Shiva se détache parmi ses délicates ornementations.

➡ **Réservoir de Gaumukh**

Continuez à descendre après le temple de Samidheshwar jusqu'au bord de la falaise, où se trouve ce bassin profond, peuplé de poissons. Le réservoir tire son nom d'une source qui l'alimente par un *gaumukh* (mufle de vache) sculpté dans la roche.

➡ **Palais de Padmini**

En continuant vers le sud, vous atteindrez le **temple de Kalika Mata**, du VIIIe siècle, dédié au Soleil et endommagé lors du premier sac de Chittorgarh. Au XIVe siècle, il a été reconverti en un temple dédié à la déesse Kali. Le palais de Padmini est situé à 250 m au sud, au bord d'un petit lac au centre duquel s'élève un pavillon. Les portes en bronze de ce dernier, emportées par Akbar, sont désormais visibles dans le fort d'Agra.

➡ **Surajpol et Tower of Fame**

Surajpol, l'ancienne porte principale, située du côté est du fort, préside à une vue magnifique sur les plaines agricoles. En face se dresse le **temple jaïn de Neelkanth Mahadev**. Plus au nord, la tour de la Renommée (dite Tower of Fame ou Kirti Stambh), haute de 24 m, est plus ancienne (1301) et plus petite que la Victory Tower. Érigée par un négociant jaïn et dédiée à Adinath, le premier *tirthankara* (l'un des 24 grands maîtres jaïns), elle est ornée de représentations du panthéon jaïn, dont des figures dénudées, ce qui indique qu'il s'agit d'un monument *digambara*. En effet, il existe deux ordres jaïns : le *svetembara* et le *digambara* ; les moines *svetembara* s'habillent de robes blanches ; les moines *digambara* vivent nus, "vêtus du ciel". Un escalier étroit dessert les 7 niveaux jusqu'au sommet. Un temple jaïn du XIVe siècle est situé à côté.

Où se loger et se restaurer

♥ **Padmini Haveli** HÔTEL HISTORIQUE $$

(☎9414734497, 9414110090 ; www.thepadminihaveli.com ; Annapoorna Temple Rd, Shah Chowk, village ancien, dans l'enceinte de Chittorgarh ; ch/ste avec petit-déj 4 000/5 000 ₹ ; ❄@📶). Tenue par des gens charmants, enthousiastes et bien informés, cette merveilleuse pension est le seul hébergement à l'intérieur du fort. Élégantes et décorées dans un style traditionnel, les chambres sont dotées d'une sdb en granit et donnent sur une cour commune. Les hôtes sont des guides officiels de Chittorgarh et vivent sur place ; ils proposent du café italien et des repas et confitures maison.

Réservez, car l'établissement ne compte que 6 chambres (3 standards et 3 suites). Avec ses murs blanchis à la chaux et sa grande porte noire, l'*haveli* peut être difficile à trouver dans les ruelles labyrinthiques du village ; téléphonez pour vous faire indiquer le chemin.

Hotel Shree Ji HÔTEL $$

(☎9413670931, 01472-249131 ; hotelshreeji@gmail.com ; Station Rd ; s/d à partir de 1 800/2 000 ₹ ; ❄📶). Un hôtel d'affaires efficace et plaisant, à 300 m de la gare ferroviaire, et à mille lieues des établissements ternes entourant la gare routière. Les chambres sont lumineuses et impeccables, et le matin, un thé, un journal et une bouteille d'eau sont gracieusement offerts. Le restaurant sert un *thali* bon marché en soirée.

Hotel Pratap Palace HÔTEL $$

(☎01472-240099 ; www.hotelpratappalacechittaurgarh.com ; près de Maharana Pratap Setu Marg ; ch 1 500 ₹, avec clim 1 800-4 500 ₹ ; ❄@📶). Cet hôtel dispose d'un large éventail de chambres, mais privilégie son grand restaurant de cuisine internationale accueillant les groupes de touristes autour d'un buffet à midi au détriment de son activité hôtelière. Même les chambres les plus chères souffrent d'un manque d'entretien, et la propreté est loin d'être irréprochable. Au restaurant, commandez à la carte, dans la mesure du possible.

Les propriétaires organisent également des visites du site et des promenades équestres, et gèrent en dehors de la ville l'Hotel Castle Bijaipur, haut de gamme.

Hotel Castle Bijaipur HÔTEL HISTORIQUE $$$

(☎01472-240099 ; www.castlebijaipur.co.in ; ch à partir de 8 700 ₹ ; ❄📶🏊). Merveilleusement situé, ce palais du XVIe siècle est une retraite rurale idéale, à 41 km par la route à l'est de Chittorgarh. Les chambres, luxueuses, sont doublées de sdb parfaitement équipées et donnent sur des cours intérieures à ciel ouvert. On profite aussi de repas rajasthanis maison et d'une belle vue depuis le toit. Un endroit très apprécié des groupes de touristes.

Réservations sur le site Web ou à l'Hotel Pratap Palace à Chittorgarh. Transferts depuis Chittor, safaris à cheval et en 4x4, sorties ornithologiques, cours de cuisine, massages et yoga.

Chokhi Dhani Garden Family Restaurant INDIEN $

(☎9413716593 ; Bundi Rd ; plats 80-150 ₹, thali 110-290 ₹ ; ⏰9h-22h30 ; ❄✍). Une gargote de bord de route équipée d'un ventilateur,

PRINCIPAUX TRAINS AU DÉPART DE CHITTORGARH

DESTINATION	TRAIN	DÉPART	ARRIVÉE	TARIFS
Ajmer (pour Pushkar)	12991 *Udaipur-Jaipur Exp.*	8h20	11h25	120/410/550 ₹ (A)
Bundi	29019 *MDS-Kota Exp.*	15h35	17h45	160/735/1 200 ₹ (B)
Delhi (Hazrat Nizamuddin)	12964 *Mewar Exp.*	20h50	6h35	370/975/1 380/2 325 ₹ (C)
Jaipur	12991 *Udaipur-Jaipur Exp.*	8h20	13h30	160/545/750 ₹ (A)
Sawai Madhopur	29019 *MDS-Kota Exp.*	15h35	21h25	210/735/1 200 ₹ (B)
Udaipur	19329 *Udaipur City Exp.*	16h50	19h15	160/530/735/1 200 ₹ (C)

Tarifs : (A) siège 2e classe/AC Chair/siège 1re classe ; (B) *sleeper*/2AC/1AC ; (C) *sleeper*/3AC/2AC/1AC

avec des chaises supplémentaires dans la cour arrière. Bon rapport qualité/prix pour les mets végétariens – spécialités d'Inde du Nord et du Sud.

Saffire Garden Restaurant INDIEN, INTERNATIONAL $
(City Rd ; plats 100-170 ₹ ; ⏲8h-22h ; ❄). Installez-vous sur la petite pelouse à l'ombre des arbres, ou dans la salle climatisée à l'arrière. Vous aurez le choix entre divers plats indiens et chinois, classiques et savoureux.

ℹ Renseignements

Vous trouverez des DAB près de Collectorate Circle.

Office du tourisme (☎01472-241089 ; Station Rd ; ⏲10h-13h30 et 14h-17h lun-sam). Accueillant et efficace ; plans et brochures.

Mahavir Cyber Cafe (Collectorate Circle ; 40 ₹/heure ; ⏲8h-22h)

State Bank of Bikaner & Jaipur (SBBJ ; Bhilwara Rd ; ⏲9h30-16h lun-ven, 9h30-12h sam). DAB et service de change.

ℹ Depuis/vers Chittorgarh (Chittor)

BUS

Il n'existe aucun bus direct pour Bundi ; prenez le train. Entre autres liaisons au départ de la **gare routière** de Chittorgarh, citons :

Ajmer (pour Pushkar) 197 ₹, avec clim 350 ₹, 4 heures, départ toutes les heures jusqu'en milieu d'après-midi

Jaipur 339 ₹, avec clim 667 ₹, 7 heures, départ environ toutes les 1 heure 30

Kota 184 ₹, 4 heures, départ toutes les 30 min

Udaipur 120 ₹, avec clim 255 ₹, 2 heures 30, départ toutes les 30 min

TRAIN

Ajmer (pour Pushkar) *sleeper* 150 ₹, 3 heures, 5-7/jour (0h35, 2h50, 8h20, 10h10, 19h30, 19h45 et 23h30)

Bundi *sleeper* 150 ₹, 2 heures à 3 heures 30, 3/jour (13h50, 15h35 et 20h50)

Delhi (Delhi Sarai Rohilla ou Hazrat Nizamuddin) *sleeper* 380 ₹, 10 heures, trains rapides 2/jour (19h30 et 20h50)

Jaipur *sleeper* 220 ₹, 5 heures 30, 4/jour (0h35, 2h45, 8h20 et 8h35)

Sawai Madhopur *sleeper* 210 ₹, 4 à 5 heures, 3/jour (13h50, 15h35 et 20h50 ; le dernier train est également le plus rapide)

Udaipur *sleeper* 150 ₹, 2 heures, 6/jour (4h25, 5h05, 5h33, 6h35, 16h50 et 19h25)

ℹ Comment circuler

Pour un circuit complet dans le fort en auto-rickshaw, comptez environ 400 ₹ l'aller-retour. Vous pourrez trouver vous-même un chauffeur en ville.

Udaipur

☎ 0294 / 451 735 HABITANTS

Située sur les rives du scintillant lac Pichola et encadrée par les monts boisés des Aravalli, Udaipur occupe un cadre au romantisme fou. De fabuleux palais, temples et *haveli*, accessibles par une multitude de ruelles tortueuses, rehaussent le charme naturel de la ville. Les visiteurs jouiront du calme qu'offre une balade en bateau sur le lac, de l'animation qui règne dans ses vieux bazars et de l'ambiance désuète de ses grands hôtels. À découvrir également : ses belles boutiques et la campagne alentour, qui s'explore à vélo, à pied ou à cheval.

Le qualificatif de "lieu le plus romantique du continent indien" lui fut appliqué dès 1829 par le colonel James Tod, premier envoyé politique de la Compagnie britannique des Indes orientales (East India Company) dans la région. Aujourd'hui, cependant, la romance semble un lointain souvenir : des hôtels de plus en plus grands rivalisent pour obtenir le plus bel emplacement et les rues anciennes sont constamment encombrées.

Udaipur

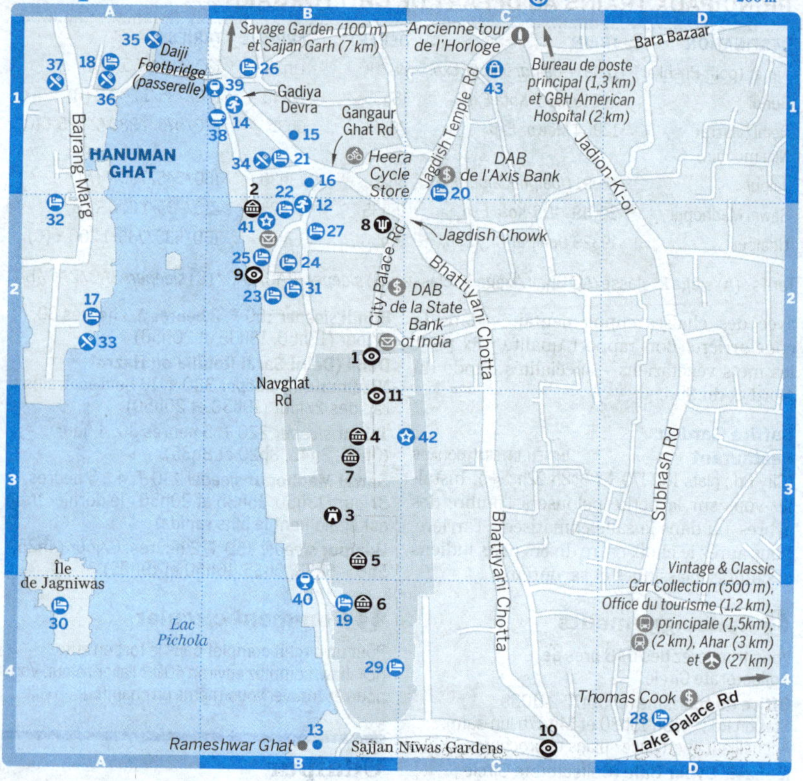

Udaipur fut fondée en 1568 par le maharana (maharaja) Udai Singh II, après le dernier sac de Chittorgarh par l'empereur moghol Akbar. Située sur un site beaucoup moins vulnérable que Chittorgarh, la cité, devenue la nouvelle capitale du Mewar, fut cependant menacée par les invasions répétées des Moghols, puis des Marathes. Au début du XIXe siècle, l'intervention britannique mit fin à ces incursions grâce à un traité qui protégeait Udaipur des envahisseurs, tout en permettant aux chefs du Mewar de continuer à gérer les affaires intérieures. C'est l'ancienne famille royale, toujours influente, qui a récemment fait d'Udaipur une destination touristique de premier plan.

À voir

City Palace PALAIS

(www.eternalmewar.in ; adulte/enfant 30/15 ₹ ; 9h-23h). Tout en balcons, tours et dômes, l'imposant City Palace surplombe le lac. Avec une façade longue de 244 m et haute de plus de 30 m, c'est le plus vaste palais du Rajasthan. Le maharana Udai Singh II, fondateur de la ville, en commença la construction en 1599. Malgré les ajouts successifs dus à divers maharanas (dont 11 petits palais), l'ensemble présente une unité de style remarquable.

La plupart des visiteurs pénètrent sur le domaine par **Badi Pol** (Grande Porte), à l'extrémité nord, mais on peut aussi entrer par **Sheetla Mata Gate**, au sud. Les billets pour le City Palace Museum sont vendus aux deux portes. Sachez que vous devrez payer le billet d'entrée (30 ₹) au City Palace pour passer par **Chandra Chowk Gate** au sud, en direction de la Crystal Gallery ou du Rameshwar Ghat pour les promenades en bateau et ce, même si vous avez un billet pour le City Palace Museum.

Derrière Badi Pol, les huit arches à gauche commémorent les huit fois où les maharanas furent pesés, afin que leur poids en

Udaipur

À voir

1 Badi Pol B2
2 Bagore-ki-Haveli B2
3 City Palace B3
4 City Palace Museum B3
5 Crystal Gallery B3
6 Durbar Hall B4
7 Government Museum B3
8 Temple de Jagdish B2
9 Lal Ghat B2
10 Sheetla Mata Gate C4
11 Tripolia Gate B3

Activités

Art of Bicycle Trips .... (voir 14)
Ashoka Arts .... (voir 21)
12 Ayurvedic Body Care B2
13 Promenades en bateau sur le lac Pichola B4
Millets of Mewar .... (voir 36)
14 Prakash Yoga B1
15 Prem Musical Instruments B1
16 Shashi Cooking Classes B1
Sushma's Cooking Classes .... (voir 22)

Où se loger

17 Amet Haveli A2
18 Dream Heaven A1
19 Fateh Prakash Palace Hotel B4
20 Hotel Baba Palace C1
21 Hotel Gangaur Palace B1
22 Hotel Krishna Niwas B2
23 Jagat Niwas Palace Hotel B2
25 Lal Ghat Guest House B2
26 Nukkad Guest House B1
Poonam Haveli .... (voir 22)
27 Pratap Bhawan B2
28 Rangniwas Palace Hotel D4
29 Shiv Niwas Palace Hotel B4
30 Taj Lake Palace A4
31 Udai Garh B2
32 Udai Kothi A2

Où se restaurer

33 Ambrai A2
34 Cafe Edelweiss B1
Charcoal .... (voir 27)
Jagat Niwas Palace Hotel .... (voir 23)
35 Little Prince A1
Mayur Rooftop Cafe .... (voir 20)
36 Millets of Mewar A1
37 Queen Cafe A1

Où prendre un verre et faire la fête

Jaiwana Bistro Lounge .... (voir 24)
38 Jheel's Ginger Coffee Bar B1
39 Paps Juices B1
40 Sunset Terrace B4

Où sortir

41 Dharohar B2
42 Spectacle son et lumière du Mewar C3

Achats

43 Sadhna C1

or ou en argent fût distribué à la population. Une fois franchies les trois arches de **Tripolia Gate**, on pénètre dans une vaste cour appelée **Manek Chowk**. On peut y voir une cage pour attraper les tigres (qui fonctionnait comme un piège à souris) et une deuxième, plus petite, destinée aux léopards.

♥ **City Palace Museum** MUSÉE

(adulte/enfant 250/100 ₹, appareil photo ou caméra 250 ₹, audioguide 200 ₹, guide 250 ₹ ; ⌚9h30-17h30, dernière entrée 16h30). Ce musée occupe la partie principale du City Palace. Ses salles, à l'extravagante décoration de miroirs, de mosaïques et de peintures, accueillent une impressionnante collection d'objets anciens. L'entrée se fait par **Ganesh Chowk**, accessible depuis Manek Chowk.

La visite du musée commence par le **Rai Angan** (cour royale), à l'endroit exact où Udai Singh rencontra le sage qui lui intima de bâtir la ville. D'un côté, les salles abritent des peintures historiques, dont plusieurs représentent la bataille d'Haldighati (1576), lors de laquelle l'armée du Mewar, dirigée par le maharana Pratap, grand héros rajput, accula bravement les forces de l'empereur moghol Akbar. Durant la visite, ne manquez pas le **Baadi Mahal** (1699), dont le petit jardin central ménage une superbe vue sur la ville. Le **Kishan (Krishna) Vilas** renferme une remarquable collection de miniatures datant du règne du maharana Bhim Singh (1778-1828). C'est en ce lieu que Krishna Kumari, la fille de Bhim Singh, aurait avalé du poison pour résoudre le dilemme de deux prétendants rivaux, princes de Jaipur et de Jodhpur, qui menaçaient tous deux d'envahir le Mewar si elle ne les épousait pas. Le **Surya Choupad**, décoré d'un immense soleil – symbole de la dynastie du Mewar, descendante de l'astre –, s'ouvre sur **Mor Chowk** (cour du Paon), ornée de charmantes mosaïques de paons, l'oiseau favori du Rajasthan. À l'extrémité sud du musée, le **Zenana Mahal**, quartier des femmes de la cour, date du XVIIe siècle. Il renferme désormais une longue galerie de tableaux, dont beaucoup, montrent des scènes de chasse royale (notez la progression de l'action dans chaque peinture). Dans la cour centrale du Zenana Mahal, **Laxmi Chowk**, se trouvent un beau pavillon blanc et un bâtiment abritant notamment des *howdah* (nacelles destinées au transport à dos d'éléphant) et des palanquins.

Crystal Gallery GALERIE
(ensemble du City Palace, adulte/enfant avec audioguide et boisson 550/350 ₹, photos interdites ; 9h-19h). Comme son nom l'indique, cette galerie accueille une rare (et interminable) collection d'objets en cristal, commandée par Sajjan Singh (règne 1874-1884) à F & C Osler & Co, en Angleterre, en 1877. Le maharana mourut avant l'arrivée de sa commande, qui resta emballée pendant 110 ans. Cet ensemble extravagant comprend des chaises, des canapés, des tables, et même des lits. Le billet d'entrée, plutôt cher, inclut l'accès au grandiose **Durbar Hall**. On peut se le procurer aux portes du City Palace et à l'entrée de la Crystal Gallery.

Government Museum MUSÉE
(Indien/étranger 20/100 ₹ ; 10h-17h mar-dim). Ce petit musée réunit une splendide collection de miniatures de l'école du Mewar et un turban ayant appartenu à Shah Jahan, qui fit ériger le Taj Mahal. Parmi les pièces plus incongrues figure un singe empaillé. Quant aux portraits de profil des maharanas, les souverains du Mewar, ils illustrent à merveille l'évolution de la mode en matière de moustache.

♥ **Lac Pichola** LAC
Vaste étendue d'eau limpide, le lac Pichola reflète les monts gris-bleu qui l'entourent. Après la fondation de la ville, il fut agrandi par Udai Singh II qui, pour ce faire, inonda le village de Picholi (d'où le nom du lac). L'étendue d'eau couvre désormais une surface de 4 km de long sur 3 km de large. Peu profond, le lac s'assèche lorsque les pluies de mousson sont faibles. L'ensemble du City Palace, qui englobe des jardins à son extrémité sud, s'étend sur près de 1 km le long de sa rive orientale.

Des **promenades en bateau** (adulte/enfant 10h-14h 400/200 ₹, 15h-17h 700/400 ₹ ; 10h-17h) partent toutes les heures du Rameshwar Ghat, dans les jardins du City Palace ; le billet d'entrée (30 ₹) au palais est en sus. La balade passe par l'île Jagmandir, où vous pourrez rester aussi longtemps que vous le souhaitez, puis prendre n'importe quel bateau pour rentrer. Emportez boissons et en-cas, car ceux vendus sur l'île sont à des prix prohibitifs. Vous pourrez aussi faire une promenade de 25 minutes depuis le **Lal Ghat** (250 ₹/pers), sans avoir à entrer sur le domaine du City Palace. Vérifiez à l'avance l'heure du départ pour le coucher du soleil, car il y a foule.

Île Jagmandir ÎLE
L'île Jagmandir s'étend à environ 800 m au sud de Jagniwas, ilot disparaissant entièrement sous le célèbre Lake Palace, ancienne résidence d'été des maharanas transformée en hôtel de luxe dans les années 1960, qui ressemble à un navire échoué au milieu des eaux. Derrière le débarcadère de Jagmandir, surveillé par des statues d'éléphants grandeur nature, se dresse un palais érigé par le maharana Karan Singh II en 1620, puis agrandi par son successeur, le maharana Jagat Singh. Il a subi peu de modifications jusqu'à récemment, où il a été reconverti en hôtel. Lorsqu'il est illuminé la nuit, il est encore plus romantique que le Lake Palace. Outre les sept chambres de l'établissement, l'île Jagmandir se targue d'un restaurant, d'un bar et d'un spa, ouverts aux visiteurs, ainsi que d'un musée consacré à son histoire et à celle du palais.

Temple de Jagdish TEMPLE HINDOU
(5h30-14h et 16h-22h). Ce temple indo-aryen, commandé par Jagat Singh en 1651, s'atteint au terme d'un escalier abrupt flanqué d'éléphants, à 150 m au nord de Badi Pol. L'édifice principal, magnifiquement sculpté, renferme une statue en pierre noire de Vishnu, sous la forme de Jagannath, le seigneur de l'Univers. Devant le temple, un sanctuaire abrite une représentation en cuivre de Garuda (homme-oiseau), la monture de Vishnu.

Bagore-ki-Haveli MUSÉE
(Indien/étranger 40/80 ₹, appareil photo 50 ₹ ; 9h30-17h30). Situé au bord de l'eau, dans le quartier du Gangaur Ghat, ce gracieux *haveli*, construit au XVIIIe siècle par un ministre en chef du Mewar, a été bien restauré. Il compte 138 pièces autour de plusieurs cours. Certaines montrent les lieux dans leur décor d'autrefois, d'autres présentent des objets rares. L'*haveli* abrite aussi une galerie contenant une collection de photos anciennes d'Udaipur et de surprenantes maquettes de monuments célèbres sculptées en polystyrène.

Sajjan Garh PALAIS

(palais de la Mousson). Perché sur une montagne dans le lointain tel un château de conte de fées, ce palais à l'abandon fut édifié à la fin du XIXe siècle par le maharana Sajjan Singh. Observatoire à l'origine, d'où l'on guettait les nuages de la mousson (d'où son nom), il servit ensuite de pavillon de chasse. Désormais propriété du gouvernement, il est dans un triste état, mais la vue fabuleuse qu'il offre sur Udaipur et ses alentours, en contrebas, surtout au coucher du soleil, constitue un attrait indéniable. Il se trouve à 9 km à l'ouest de la ville par une route sinueuse.

Au pied de la colline, le **Sajjan Garh Wildlife Sanctuary** (Indien/étranger 50/300 ₹, voiture 200 ₹) s'étend sur 5 km². Un bon moyen de se rendre dans cette réserve est de participer à l'excursion conduite au coucher du soleil par un ingénieux chauffeur de taxi qui vient chercher les touristes en minibus à l'entrée du Bagore-ki-Haveli au Gangaur Ghat à 17h. Le circuit coûte 300 ₹ par personne aller-retour, temps d'attente compris (entrée au sanctuaire en sus). Le minibus est marqué "Monsoon Palace-Sajjangarh Fort". En auto-rickshaw, l'aller-retour jusqu'à l'entrée de la réserve (ils ne sont pas autorisés à y pénétrer) coûte 400 ₹, attente comprise. Des taxis couvrent les 4 derniers kilomètres jusqu'au palais (150 ₹/pers).

Vintage & Classic Car Collection MUSÉE

(Garden Hotel, Lake Palace Rd ; adulte/enfant 250/150 ₹, déj ou dîner 230 ₹ ; ⏲9h-21h). La collection de voitures des maharanas en dit long sur leur train de vie. L'ancien garage officiel compte 22 véhicules de luxe, dont une Cadillac de 1938 à 7 places adaptée au *purdah* (elle permet aux femmes de se dissimuler), la magnifique Rolls-Royce Phantom de 1934 que l'on voit dans le film *Octopussy* et la Cadillac cabriolet qui conduisit la reine Élisabeth II à l'aéroport en 1961. Pour y accéder, suivez Lake Palace Rd vers l'est durant 10 minutes.

Activités

Krishna Ranch ÉQUITATION

(☎9828059505 ; www.krishnaranch.com ; journée à cheval déj inclus 1 200 ₹). Situé dans la belle campagne près du village de Badi, à 7 km au nord-ouest d'Udaipur, et tenu par les propriétaires de la pension Kumbha Palace. Guide expérimenté, Dinesh Jain conduit la plupart des excursions à cheval dans les collines environnantes. Charmants cottages sur le domaine (p. 154).

Prakash Yoga YOGA

(☎0294-2524872 ; à l'intérieur des remparts près de Chandpol ; don à l'entrée ; ⏲cours 8h et 19h). Des cours de 1 heure dans un chaleureux centre de hatha yoga. Le professeur a plus de 20 ans d'expérience. Dissimulé près de la passerelle, mais bien indiqué.

Ayurvedic Body Care AYURVÉDA, MASSAGES

(☎0294-2413816 ; www.ayurvedicbodycare.com ; 38 Lal Ghat ; ⏲9h30-20h30). Ce petit centre populaire de la vieille ville est spécialisé dans les massages ayurvédiques, à prix raisonnables – massage de la tête ou du dos (350 ₹/20 min) et du corps (850 ₹/50 min), par exemple. Vente de produits ayurvédiques : huiles, soins hydratants, shampoings et savons.

Cours

Shashi Cooking Classes CUISINE

(☎9929303511 ; www.shashicookingclasses.blogspot.com ; Sunrise Restaurant, 18 Gangaur Ghat Rd ; 4 heures 1 500 ₹ ; ⏲cours 10h30 et 17h30). Nos lecteurs ne tarissent pas d'éloges sur les cours de Shashi, qui apprend comment préparer de nombreux plats indiens classiques. Les cours durent 3 heures 30 à 4 heures et donnent droit à un petit livre de recettes gratuit.

Sushma's Cooking Classes CUISINE

(☎7665852163 ; www.cookingclassesinudaipur.com ; Hotel Krishna Niwas, 35 Lal Ghat ; 2 heures 1 000 ₹). Ces cours vivement recommandés

ACTIONS EN FAVEUR DES ANIMAUX

L'**Animal Aid Unlimited** (☎9352511435, 9602055895 ; www.animalaidunlimited.com ; Badi Village), un vaste refuge animalier, soigne chaque jour quelque 200 animaux des rues (chiens, ânes et vaches pour l'essentiel) et répond à plus de 3 000 appels d'urgence par an. Le refuge accueille les bénévoles et les visiteurs : les visites sont possibles de 9h à 16h sans réservation, mais évitez l'heure du repas (de 13h à 14h). Il se trouve dans le village de Badi, à 7 km au nord-ouest d'Udaipur ; l'aller-retour en auto-rickshaw coûte environ 350-400 ₹, attente incluse. Contactez le centre si vous apercevez un animal blessé ou malade à Udaipur.

sont animés par l'enthousiaste Sushma. On y découvre comment concocter des plats traditionnels rajasthanis, des mélanges d'épices, et préparer du pain ou du *chai*...

Prem Musical Instruments MUSIQUE
(☎9414343583 ; 28 Gadiya Devra ; 700 ₹/heure ; ⏲10h30-18h). Musicien local accompli, Rajesh Prajapati (Bablu) donne des cours de sitar, de tablas et de flûte. Il vend et répare des instruments, et organise aussi des concerts.

Ashoka Arts ART
(Hotel Gangaur Palace, Ashoka Haveli, Gangaur Ghat Rd ; 200 ₹/heure). Pour apprendre les bases de la peinture de miniature classique avec un maître.

Circuits organisés

Art of Bicycle Trips À VÉLO
(☎8769822745 ; www.artofbicycletrips.com ; 27 Gadiya Devra, à l'intérieur des remparts près de Chandpol ; circuit demi-journée 1 950 ₹). Cette bonne agence propose des sorties hors de la ville. Le Lakecity Loop, un itinéraire de 30 km sur une demi-journée, conduit dans les villages, parmi les terres cultivées et sur les rives du Fateh Sagar et du lac Badi. Une excursion accompagnée d'un véhicule mène à Kumbhalgarh et Ranakpur. Vélos fiables et prêt de casques inclus.

Millets of Mewar À PIED
(☎8890419048 ; www.milletsofmewar.com ; Hanuman Ghat ; 1 000 ₹/pers, minimum 2 pers). Les propriétaires de l'excellent restaurant Millets of Mewar (p. 155) organisent des balades en ville (2 heures 30), qui sont l'occasion de rencontrer des artisans vivant et travaillant à Udaipur. Les circuits, à réserver la veille, partent du restaurant à 10h.

Fêtes et festivals

Holi RELIGION
(⏲fév/mars). Si vous êtes à Udaipur en février/mars, vous assisterez à la fête d'Holi à la mode d'Udaipur, durant laquelle la ville se pare de couleurs.

Fête du Mewar RELIGION
En mars/avril vient la fête du Mewar aux nombreuses processions – c'est la version locale de la fête de printemps de Gangaur.

Où se loger

Beaucoup d'hébergements bon marché et de catégorie moyenne sont concentrés aux abords du lac, lieu favori des visiteurs. Ils sont particulièrement nombreux sur la berge orientale, aux environs de l'étroit Lal Ghat, dans un dédale de rues et de ruelles proches du City Palace. C'est ici que se trouve l'épicentre touristique d'Udaipur, fort d'une multitude d'hôtels, de restaurants et de boutiques séduisantes. L'affluence touristique n'épargne pas la berge opposée au Lal Ghat, où l'Hanuman Ghat offre néanmoins une atmosphère un peu plus authentique et une meilleure vue.

Lal Ghat

Lal Ghat Guest House PENSION $
(☎0294-2525301 ; lalghat@hotmail.com ; 33 Lal Ghat ; dort 200 ₹, ch 1 000 ₹, sans sdb 750 ₹, avec clim 2 000 ₹ ; ❄@📶). Cette paisible pension près du lac, l'une des premières d'Udaipur, est une bonne adresse. Elle offre un choix séduisant de chambres, plus ou moins récentes – du dortoir pimpant non-fumeurs (lits dissimulés par des rideaux, casiers sous les matelas) à la meilleure chambre, aux murs en pierre, avec un grand lit, un miroir de bonne taille et climatisée. La plupart donnent sur le lac ; celles de la partie ancienne du bâtiment sont en général plus agréables. Petite cuisine à disposition.

Nukkad Guest House PENSION $
(☎0294-2411403 ; nukkad_raju@yahoo.com ; 56 Ganesh Ghati ; ch 300-500 ₹, s/d sans sdb 100/200 ₹ ; @📶). Dans cette pension à l'atmosphère détendue, les chambres avec ventilateur sont simples, propres et d'un bon rapport qualité/prix. Sympathique restaurant à l'étage – très bons plats indiens et internationaux. Cours de cuisine l'après-midi et séances de yoga (don demandé) le matin sur place. Rentrez avant le couvre-feu ; lessives interdites dans les sdb.

♥ **Jagat Niwas Palace Hotel** HÔTEL HISTORIQUE $$
(☎0294-2420133, 0294-2422860 ; www.jagatniwaspalace.com ; 23-25 Lal Ghat ; ch 2 000-3 185 ₹, avec vue sur le lac 4 860-8 100 ₹ ; ❄@📶). Principal hôtel de catégorie moyenne du coin, cet établissement occupe deux *haveli* reconvertis en bord de lac. Le personnel est efficace et toujours courtois. Les chambres avec vue sur les eaux sont pleines de charme, avec leurs meubles en bois sculpté, leurs banquettes de fenêtres et leurs jolis imprimés. Les autres sont presque aussi confortables et attrayantes, et beaucoup moins chères.

Avec ses nombreux salons, terrasses et cours, ainsi qu'un restaurant romantique sur son toit, le Jagat Niwas a un cachet fou.

Jaiwana Haveli HÔTEL $$
(☎0294-2411103, 9829005859 ; www.jaiwana-haveli.com ; 14 Lal Ghat ; ch à partir de 3 265 ₹ ; ❄@🛜). Tenue d'une main de maître par 2 frères obligeants, cette élégante adresse de catégorie moyenne propose des chambres simples et impeccables, avec de bons lits, la TV et de jolis tissus imprimés au tampon. Réservez une chambre en angle pour la vue. Depuis la terrasse du toit, on jouit d'une splendide vue sur le lac. Le restaurant sert des mets indiens (plats 140-300 ₹). Café moderne (p. 155) au rez-de-chaussée.

Hotel Baba Palace HÔTEL $$
(☎0294-2427126 ; www.hotelbabapalace.com ; Jagdish Chowk ; standard/deluxe avec petit-déj 2 250/2 750 ₹ ; ❄🛜). Cet hôtel chic comprend des chambres pimpantes aux portes épaisses qui cachent des lits corrects. Ascenseur. À proximité du temple de Jagdish, les chambres ont une vue intéressante ; toutes ont la clim et la TV, et certaines ont des lits à baldaquin. Petit plus : il abrite le très prisé Mayur Rooftop Cafe (p. 155). Transfert gratuit depuis/vers la gare ferroviaire ou l'aéroport.

Hotel Krishna Niwas HÔTEL $$
(☎0294-2420163, 9414167341 ; www.hotelkrishna-niwas.com ; 35 Lal Ghat ; d 1 500-2 000 ₹ ; ❄@🛜). Tenu par une famille d'artistes, le Krishna Niwas propose des chambres climatisées, élégantes et propres. Celles avec vue sont plus petites, et certaines sont dotées d'un balcon. Superbe vue depuis le toit-terrasse. Bon restaurant et cours de cuisine renommés (p. 151).

Pratap Bhawan HÔTEL $$
(☎0294-2560566 ; www.pratapbhawanudaipur.com ; 12 Lal Ghat ; ch 1 450-2 250 ₹ ; ❄🛜). Un bel escalier en marbre conduit du vaste hall aux chambres spacieuses, dotées de grandes sdb et, souvent, de banquettes aux fenêtres. L'endroit est prisé à juste titre, malgré les récentes hausses de tarifs. Sur le toit-terrasse, le restaurant Charcoal est agréable.

Poonam Haveli HÔTEL $$
(☎0294-2410303 ; www.hotelpoonamhaveli.com ; 39 Lal Ghat ; ch avec petit-déj 3 215 ₹ ; ❄@🛜). Un hôtel accueillant et moderne, décoré dans le style traditionnel. Ses 16 spacieuses chambres, impeccables, avec sol en marbre et décor sobre et soigné, disposent de grands lits, de la TV, et d'agréables espaces pour s'asseoir. Aucune ne donne sur le lac, contrairement au restaurant sur le toit, où l'on se régale de pizzas cuites au feu de bois, et des habituels plats indiens et occidentaux.

Hotel Gangaur Palace HÔTEL HISTORIQUE $
(☎0294-2422303 ; www.ashokahaveli.com ; Ashoka Haveli, 339 Gangaur Ghat Rd ; s 400-2 000 ₹, d 500-2 500 ₹ ; ❄@🛜). Ce ravissant *haveli*, à la splendeur un peu fanée, est aménagé autour d'une cour. Les chambres, réparties sur plusieurs niveaux, sont peu à peu remises en état – elles vont de pièces borgnes, à la peinture écaillée, à celles, lumineuses et rénovées, donnant sur le lac. Beaucoup sont ornées de peintures murales et disposent de banquettes de fenêtres.

Dans l'hôtel, également : boutique d'art, cours d'art (p. 152) et chiromancie, et restaurant sur le toit.

Udai Garh HÔTEL $$
(☎9660055500, 0294-2421239 ; www.udai-garhudaipur.in ; 21 Lal Ghat ; ch avec petit-déj 2 600-3 400 ₹ ; ❄🛜🏊). En retrait du rivage du lac, cet hôtel est une oasis de calme, avec une cour centrale et des chambres spacieuses. Malheureusement, aucune ne bénéficie d'une vue sur l'eau, mais le merveilleux toit-terrasse, avec sa piscine et son délicieux restaurant, comble ce manque.

Hanuman Ghat

Dream Heaven PENSION $
(☎0294-2431038 ; www.dreamheaven.co.in ; Hanuman Ghat ; ch 400-1 200 ₹ ; ❄@🛜). Un établissement sis dans un bâtiment agréablement désordonné. Les chambres, propres, sont agrémentées de tentures et de peintures (balcon correct et/ou jolie vue pour certaines) ; les sdb sont plutôt petites. Dominant le lac, le restaurant sur le toit (plats 100-150 ₹) propose une cuisine fraîche et savoureuse – c'est un endroit parfait pour se détendre sur une pile de cousins, et le seul à offrir le Wi-Fi.

Amet Haveli HÔTEL HISTORIQUE $$$
(☎0294-2431085 ; www.amethaveliudaipur.com ; Hanuman Ghat ; s/d à partir de 4 165/4 760 ₹ ; ❄@🛜🏊). Un *haveli* vieux de 350 ans, juste au bord du lac, doté de chambres charmantes avec banquettes de fenêtres et vitres colorées munies de petits volets, organisées autour d'une jolie cour pourvue d'un bassin. Choisissez-en une avec un balcon ou une

grande baignoire. L'Ambrai (p. 155), l'un des restaurants les plus romantiques d'Udaipur, fait partie de l'hôtel.

Udai Kothi HÔTEL $$$

(☎0294-2432810 ; www.udaikothi.com ; Hanuman Ghat ; ch 6 500-10 000 ₹ ; ❄@📶🏊). Cet étincelant bâtiment moderne de 3 étages (avec ascenseur), dont l'architecture évoque les *haveli*, arbore une multitude de touches traditionnelles : coupoles, objets d'art et tissus, banquettes de fenêtres dans certaines chambres, sdb en marbre et portes en bois sculpté dans d'autres. Toutes les chambres sont belles, à la décoration personnalisée et bien équipées.

Mais rien n'égale le merveilleux toit-terrasse, où l'on peut dîner au **restaurant** et profiter de l'unique piscine sur les toits d'Udaipur (non-résident 500 ₹).

City Palace

Shiv Niwas Palace Hotel HÔTEL HISTORIQUE $$$

(☎0294-2528016 ; www.hrhhotels.com ; City Palace Complex ; ch 18 000-103 000 ₹ ; ❄@📶🏊). Jadis réservée aux hôtes du maharana, cette résidence aux parties communes somptueuses possède une cour avec piscine, un bar et un ravissant jardin. Certaines suites sont dignes d'un palais (fontaines et décorations en argent), mais les chambres standards sont surévaluées. On peut aussi simplement venir y prendre un verre, manger ou se faire masser. Importantes réductions d'avril à septembre.

Fateh Prakash Palace Hotel HÔTEL HISTORIQUE $$$

(☎0294-2528016 ; www.hrhhotels.com ; City Palace Complex ; ch/ste 23 000/45 000 ₹ ; ❄@📶🏊). Construit au début du XXe siècle pour des fonctions royales, le Fateh Prakash loue de luxueuses chambres et de magnifiques suites, entièrement équipées et presque toutes face au lac Pichola. L'atmosphère générale est un peu plus modeste qu'au Shiv Niwas Palace Hotel. Le bar Sunset Terrace (p. 156) est idéal pour un verre en soirée.

Taj Lake Palace HÔTEL HISTORIQUE $$$

(☎0294-2428800 ; www.tajhotels.com ; ch à partir de 38 250 ₹ ; ❄@📶🏊). Site emblématique d'Udaipur, ce palais romantique en marbre blanc, qui semble flotter sur le lac, est extraordinaire, avec ses cours, ses bassins couverts de lotus et une petite piscine ombragée par un manguier. Les chambres, immenses, au mobilier sculpté, sont ornées de soieries aériennes. Certaines des moins chères donnent sur le bassin et non sur le lac. Les suites, avec peintures murales, vous donneront l'impression d'être un maharana.

Autres quartiers

♥ **Krishna Ranch** BUNGALOWS $$

(☎9828059505, 9828059506 ; www.krishnaranch.com ; s/d avec repas à partir de 2 000/2 500 ₹ ; 📶). Cette adorable retraite champêtre compte 5 bungalows installés sur les terres d'une exploitation agricole. Chacun est pourvu d'une sdb (douches à l'énergie solaire), décoré avec goût et doté d'une belle vue. Tous les repas (inclus) sont préparés avec des ingrédients bio cultivés sur place.

Le ranch est situé à 7 km de la ville, près du village de Badi – transfert gratuit depuis Udaipur. C'est une base idéale pour les randonnées à pied ou à cheval (p. 151) organisées par les propriétaires – un couple indo-néerlandais –, mais rien n'oblige à participer à une randonnée.

Rangniwas Palace Hotel HÔTEL HISTORIQUE $$

(☎0294-2523890 ; www.rangniwaspalace.com ; Lake Palace Rd ; s 1 090-1 420 ₹, d 1 310-1 635 ₹, ste 3 050-4 360 ₹ ; ❄📶🏊). Ce palais du XIXe siècle au charme rétro possède un jardin central paisible avec une petite piscine ombragée par de grands palmiers. Les chambres de l'annexe sont pleines de charme, tandis que les suites, au mobilier en bois sculpté, jouissent d'une terrasse avec transats et autres sièges permettant d'admirer la vue.

Où se restaurer

De nombreux restaurants sont installés sur les toits, la plupart offrant une vue sur le lac. La cuisine n'est pas très variée, mais la concurrence pousse la plupart des établissements à se perfectionner.

Lal Ghat

Cafe Edelweiss CAFÉ $

(73 Gangaur Ghat Rd ; café à partir de 60 ₹, sandwichs à partir de 140 ₹ ; ⌚8h-20h ; 📶). L'équipe du restaurant Savage Garden tient ce petit café qui sert un bon café assorti de viennoiseries, pains à la cannelle, gâteaux chocolat-myrtille, tartes épinards-champignons, strudels aux pommes, muesli, œufs au petit-déjeuner, sandwichs variés...

♥ Jagat Niwas Palace Hotel — INDIEN $$

(☎0294-2420133 ; 23-25 Lal Ghat ; plats 250-325 ₹ ; ⏲7h-10h, 12h-15h et 18h-22h). Un merveilleux restaurant, assez chic, sur un toit. Au programme : superbe panorama du lac, délicieuse cuisine indienne et service efficace. Choisissez parmi un large choix de curries adaptés aux papilles occidentales (mouton, poulet, poisson, légumes), ainsi que des tandoori. Carte de cocktails alléchante, vin indien et bière fraîche. Réservez pour le dîner.

Charcoal — INDIEN, INTERNATIONAL $$

(☎8769160106 ; www.charcoalpb.com ; Pratap Bhawan, 12 Lal Ghat ; plats 140-480 ₹ ; ⏲8h-23h ; 📶). Installé sur un toit, ce restaurant créatif s'est spécialisé dans les barbecues et les tandoori. Nombreux plats de viande et végétariens. Les tacos de maïs maison accompagnés d'un grand choix de garnitures remportent un succès mérité.

Mayur Rooftop Cafe — INDIEN, INTERNATIONAL $$

(Hotel Baba Palace, Jagdish Chowk ; plats 150-290 ₹ ; ⏲7h-22h ; ❄📶). Ce charmant restaurant jouit d'une superbe vue sur le spectacle son et lumière du temple de Jagdish depuis son toit-terrasse, mais il est possible de s'installer dans la salle climatisée. Carte internationale ordinaire, mais d'une grande qualité. Les *thali* sont d'un excellent rapport qualité/prix. Les végétariens seront enchantés par les 9 plats au *paneer*.

Savage Garden — MÉDITERRANÉEN $$$

(☎8890627181 ; n°22, à l'intérieur des remparts près de Chandpol ; plats 280-520 ₹ ; ⏲11h-23h). Dissimulé dans les petites rues à deux pas de Chandpol, ce superbe *haveli* vieux de 250 ans aux murs blancs possède des tables en alcôves et d'autres dans une jolie cour. Les hôtes s'y régalent de soupes, de plats de poulet et de pâtes maison. Essayez les raviolis avec sauce à l'agneau, et le blanc de poulet farci sucré-salé aux noix, fromage et riz à la carotte. Sert du vin indien.

Hanuman Ghat

Millets of Mewar — INDIEN $

(www.milletsofmewar.com ; Hanuman Ghat ; plats 110-180 ₹ ; ⏲8h30-22h30 ; 📶). 🍃Dans ce restaurant estampillé "slow food", le millet local remplace dès que possible le blé et le riz. On y sert des mets végétaliens, des plats sans gluten, des salades, des jus de fruits et des infusions. Sandwichs au pain multicéréales, pizzas au millet, curries classiques, en-cas indiens, plats de pâtes, crêpes...

Little Prince — INTERNATIONAL $

(Daiji Footbridge ; plats 100-160 ₹ ; ⏲8h30-23h). Une agréable table en plein air donnant sur la pittoresque passerelle Daiji, où déguster de délicieux repas, végétariens ou non. Nombreuses spécialités, pâtes et pizzas, ainsi que quelques variantes internationales originales, dont des plats israéliens et coréens. Atmosphère décontractée et service charmant.

Queen Cafe — INDIEN $

(14 Bajrang Marg ; plats 70-80 ₹ ; ⏲8h-22h). Un restaurant-salon familial, spécialisé dans les plats indiens végétariens. Goûtez le curry de potiron à la menthe et à la noix de coco, ou le *pulao* du Cachemire aux fruits, légumes et coco. L'hôtesse et cheffe, Meenu, propose aussi des cours de cuisine et des balades à pied qui commencent par un petit-déjeuner maison.

♥ Ambrai — INDE DU NORD $$$

(☎0294-2431085 ; www.amethaveliudaipur.com ; Amet Haveli, Hanuman Ghat ; plats 315-515 ₹ ; ⏲12h30-15h et 19h30-22h30). Au bord du lac, avec vue sur le City Palace, ce restaurant offre un cadre des plus romantiques, avec ses chandelles et ses nappes blanches protégées par des arbres imposants. Le service et la cuisine sont à la hauteur du lieu, qui sert de succulents tandoori et curries. Excellent bar.

Où prendre un verre et faire la fête

Jaiwana Bistro Lounge — CAFÉ

(☎9829005859 ; Jaiwana Haveli, 14 Lal Ghat ; cafés à partir de 100 ₹ ; ⏲7h-22h30 ; 📶). Moderne, propre et décontracté, ce café propose des expressos et des jus de fruits frais pour accompagner de délicieuses viennoiseries ; bon repas servis.

Paps Juices — BAR À JUS

(à l'intérieur des remparts près de Chandpol ; jus 60-180 ₹ ; ⏲9h-20h). Un établissement rouge vif, minuscule et accueillant, idéal pour faire le plein de vitamines en journée avec un large choix de délicieux jus de fruits. Bon muesli.

Jheel's Ginger Coffee Bar — CAFÉ

(Jheel Palace Guest House , 56 Gangaur Ghat Rd ; café 80-110 ₹ ; ⏲8h-20h ; 📶). Un petit café élégant, au bord de l'eau, au rez-de-chaussée de la Jheel Palace Guest House. Grandes fenêtres donnant sur le lac ; excellents cafés, gâteaux et en-cas. Possibilité de boire le café sur le toit-terrasse.

Sunset Terrace BAR
(Fateh Prakash Palace Hotel ; bière/cocktails à partir de 400/650 ₹ ; ⏲7h-22h30). Sur une terrasse donnant sur le lac Pichola, l'endroit est idéal pour un verre au coucher du soleil. Restaurant (plats 400-950 ₹) et musique live le soir.

☆ Où sortir

Dharohar DANSE, MARIONNETTES
(☎0294-2523858 ; Bagore-ki-Haveli ; Indien/étranger 90/150 ₹, appareil photo 150 ₹ ; ⏲19h-20h). Le magnifique Bagore-ki-Haveli (p. 150) est idéal pour découvrir des danses traditionnelles du Rajasthan. Des spectacles de danse (mewari, bhil et rajasthânie) et des représentations de marionnettes rajasthanies traditionnelles sont programmés en soirée.

Spectacle son et lumière du Mewar SPECTACLE
(Manek Chowk, City Palace ; adulte/enfant 150/100 ₹ ; ⏲19h sept-mars, 19h30 avr, 20h mai-août). Quinze siècles d'histoire fascinante du Mewar sont condensés en 1 heure de projection agrémentée de commentaires (en anglais septembre-avril et en hindi le reste de l'année).

Achats

Les boutiques fréquentées par les touristes jalonnent les rues autour de Jagdish Chowk. Le choix est infini : miniatures, sculptures en bois, bijoux en argent, pierreries, épices, boîtes en os de dromadaire, étoffes… D'autres magasins bordent Bajrang Marg, près de l'Hanuman Ghat.

Udaipur est réputée pour son artisanat, notamment pour ses miniatures de style rajput-moghol, et pour l'art contemporain.

Surtout animé en soirée, le secteur des marchés locaux s'étend vers l'est depuis l'**ancienne tour de l'Horloge**, à l'extrémité nord de Jagdish Temple Rd. L'endroit est fascinant, tant pour flâner et s'imprégner de l'atmosphère que pour faire des emplettes. Le Bara Bazaar, juste à l'est de l'ancienne tour de l'Horloge, est dévolu au commerce de l'or et de l'argent ; l'étroite rue transversale de Maldas St regroupe des marchands de saris et d'autres tissus. Un peu plus à l'est, place aux chaussures traditionnelles dans Mochiwada. Les stands et échoppes de produits alimentaires et d'épices sont surtout concentrés autour de la nouvelle tour de l'Horloge, à la lisière est du quartier des bazars, et au Mandi Market, environ 200 m au nord de la tour.

Sadhna VÊTEMENTS
(☎0294-2454655 ; www.sadhna.org ; Jagdish Temple Rd ; ⏲10h-19h). La petite boutique – difficile à repérer – de Seva Mandir (ONG fondée en 1969 pour aider les femmes des zones rurales et des communautés tribales) est remplie de beaux textiles. Les bénéfices sont distribués aux artisans et à des projets de développement. Prix fixes.

ℹ Renseignements

ACCÈS INTERNET

Les cybercafés ne manquent pas, en particulier autour du Lal Ghat – 40 ₹ par heure environ. Beaucoup se doublent d'agences de voyages, de librairies, de boutiques d'art, etc.

ARGENT

On trouve de nombreux DAB dans City Palace Rd, près du temple de Jagdish ; il y a aussi des DAB près de la gare routière ; 2 autres sont installés à l'extérieur de la gare ferroviaire.

Thomas Cook (Lake Palace Rd ; ⏲9h30-18h30 lun-sam). Change les devises et les chèques de voyage.

OFFICES DU TOURISME

De petits bureaux d'information touristique ouvrent, de manière irrégulière, dans la gare ferroviaire et à l'aéroport.

Office du tourisme (☎0294-2411535 ; Fateh Memorial Bldg ; ⏲10h-17h lun-sam). Dans un endroit peu pratique, à 1,5 km à l'est du temple de Jagdish (à 500 m de la gare routière). Fournit quelques brochures et des renseignements.

POSTE

Bureau de poste (City Palace Rd ; ⏲10h-16h lun-sam). Un bureau pratique, situé à côté de la billetterie du City Palace à Badi Pol. On peut y envoyer des colis pour l'étranger. Le personnel s'occupe de l'emballage et il n'y a presque pas d'attente.

Bureau de poste principal (Chetak Circle ; ⏲10h-13h et 13h30-18h lun-sam). Au nord de la vieille ville.

DHL (1 Town Hall Rd ; ⏲10h-19h lun-sam). Collecte gratuitement le courrier dans Udaipur.

DHL Express (☎0294-2525301 ; Lal Ghat Guesthouse, Lal Ghat). Pratique, il est situé dans la Lal Ghat Guesthouse.

SERVICES MÉDICAUX

GBH American Hospital (☎24h/24 renseignements 0294-2426000, urgences 9352304050 ; www.gbhamericanhospital.com ; Meera Girls College Rd, 101 Kothi Bagh, Bhatt Ji Ki Bari). À 2 km au nord-est de la vieille ville, un hôpital privé moderne, recommandé par des lecteurs. Service d'urgences ouvert 24h/24.

PRINCIPAUX BUS DE LA RSRTC AU DÉPART D'UDAIPUR

DESTINATION	TARIFS	DURÉE	DÉPARTS
Ahmedabad	236 ₹, avec clim 585 ₹	5 heures	toutes les heures à partir de 5h30
Ajmer (pour Pushkar)	296₹	7 heures	toutes les heures, à partir de 5h
Bundi	328 ₹	6 heures	1/jour (7h45)
Chittorgarh	120 ₹	2 heures 30	toutes les 30 min, à partir de 5h15
Delhi	672 ₹, avec clim 1 685 ₹	15 heures	4/jour
Jaipur	424 ₹, avec clim 903 ₹	9 heures	toutes les heures
Jodhpur	273 ₹, AC 604 ₹	6-8 heures	toutes les heures
Kota	291 ₹	7 heures	toutes les heures
Mount Abu (Abu Road)	166 ₹	4 heures	10/jour, à partir de 5h30

URGENCES

Police (☎ 0294-2414600, urgences 100). Il y a des postes de police à Surajpol, Hatipol et Delhi Gate, trois des portes des remparts de la vieille ville.

Depuis/vers Udaipur

AVION

L'aéroport d'Udaipur, à 25 km à l'est de la ville, est desservi par des vols en provenance de Delhi, Mumbai et d'autres carrefours aériens. Un taxi prépayé de l'aéroport au quartier du Lal Ghat revient à 450 ₹.

Air India (☎ 0294-2410999, bureau à l'aéroport 0294-2655453 ; www.airindia.com ; 222/16 Mumal Towers, Saheli Rd). Vols quotidiens pour Mumbai et Delhi (via Jodhpur).

IndiGo (☎ 9212783838 ; www.goindigo.in). Tous les jours, 3 vols pour Delhi et 2 pour Mumbai.

Jet Airways (☎ 0294-5134000 ; www.jetairways.com ; aéroport Maharana Pratap, Dabok). Chaque jour, vols directs pour Delhi et un vol pour Mumbai.

Spice Jet (☎ 9871803333 ; www.spicejet.com). Deux vols pour Delhi par jour et un pour Mumbai.

BUS

Les bus de la RSRTC et les bus privés partent de la **gare routière principale**, à 1,5 km à l'est du City Palace. Tournez à gauche au bout de Lake Palace Rd, prenez la première à droite, puis traversez la rue principale en arrivant au bout, juste après Surajpol (très délabrée). Comptez 40 ₹ environ en auto-rickshaw.

Si vous arrivez en bus, tournez à gauche en sortant de la gare routière, traversez la rue principale, franchissez Surajpol, puis tournez à gauche au bout de la rue avant de prendre la première à droite dans Lake Palace Rd.

Les billets pour les bus privés sont aussi vendus dans les agences de voyages disséminées sur la route reliant le temple de Jagdish à la passerelle Daiji.

TRAIN

La gare ferroviaire est à 2,5 km au sud-est du City Palace, et à 1 km directement au sud de la gare routière principale. Un auto-rickshaw entre la gare ferroviaire et Jagdish Chowk coûte 50 ₹ environ. À la gare, il y a une station d'auto-rickshaws prépayés.

Il n'y a pas de train direct pour Abu Road, Jodhpur ou Jaisalmer.

Agra *sleeper* 370 ₹, 13 heures, départ tous les jours (22h20)

Ajmer (pour Pushkar) siège/*sleeper* 145/215 ₹, 5 heures, 4/jour (6h, 15h05, 17h15 et 22h20), via Chittorgarh (siège/*sleeper* 95/150 ₹, 2 heures)

PRINCIPAUX TRAINS AU DÉPART D'UDAIPUR

DESTINATION	TRAIN	DÉPART	ARRIVÉE	TARIFS
Agra (Cantonment)	19666 *Udaipur-Kurj Exp.*	22h20	11h	370 ₹/995 ₹ (A)
Ajmer (pour Pushkar)	*Udaipur-Jaipur SF SPL*	15h05	20h	140 ₹/490 ₹ (B)
Bundi	12964 *Mewar Exp.*	18h15	22h33	220 ₹/560 ₹ (A)
Chittorgarh	12982 *Chetak Exp.*	17h15	19h10	180 ₹/560 ₹ (A)
Delhi (Hazrat Nizamuddin)	12964 *Mewar Exp.*	18h15	6h35	425 ₹/1 115 ₹ (A)
Jaipur	12991 *Udaipur-Jaipur Exp.*	6h	13h30	180 ₹/625 ₹ (B)

Tarifs : (A) *sleeper*/3AC ; (B) siège 2e classe/AC Chair

Bundi *sleeper* 220 ₹, 4 heures 30, tous les jours (18h15)

Delhi *sleeper* 425 ₹, 12 heures, 2/jour (17h15 et 18h15)

Jaipur siège/*sleeper* 180/270 ₹, environ 7 heures, 3/jour (6h, 15h05 et 22h20)

Comment circuler

AUTO-RICKSHAW

Les auto-rickshaws n'étant pas équipés de compteurs, accordez-vous sur un tarif avant de vous mettre en route – le tarif "normal" pour un trajet en ville tourne autour de 40 ₹. Il est difficile d'éviter l'habituel rituel qui consiste à marchander, faire mine de s'éloigner, etc. pour obtenir ce tarif. Certains chauffeurs demandent aux touristes 100 ₹, voire plus. Comptez 350 ₹ environ pour une journée de visites en auto-rickshaw.

Restez sur votre choix d'hébergement, car les chauffeurs d'auto-rickshaw reçoivent une commission lorsqu'ils amènent des clients.

VÉLO ET MOTO

Le vélo est écologique et bon marché (environ 200 ₹/jour), même si les motos et la pollution rendent ce moyen de transport fatigant, voire dangereux. Les scooters et motos sont parfaits pour explorer la campagne.

Heera Cycle Store (☎9950611973 ; en retrait de Gangaur Ghat Rd ; ⏲7h30-20h). Loue vélos/scooters/Bullet pour 200/500/800 ₹ par jour (caution 200/400/500 $US) ; vous devrez présenter passeport et permis de conduire.

Environs d'Udaipur

Kumbhalgarh

☎ 02954

Isolé et perché à 1 100 m d'altitude, à 80 km au nord d'Udaipur, **Kumbhalgarh** est un fort extraordinaire, qui évoque par son architecture l'idéal chevaleresque des Rajput.

Immense et sauvage, la réserve naturelle de Kumbhalgarh peut aussi se visiter depuis ce site.

À voir

Kumbhalgarh FORT

(Indien/étranger 15/200 ₹, spectacle son et lumière (en hindi) 100/200 ₹ ; ⏲9h-18h, spectacle 18h30). C'est l'une des nombreuses citadelles érigées par le rana Kumbha (règne 1433-1468), sous lequel le territoire du Mewar atteignit ses dimensions les plus vastes. Le trajet jusqu'au site, par des routes sinueuses qui traversent les Aravalli, est magnifique.

Fort le plus important du Mewar après Chittorgarh, Kumbhalgarh servait de retraite aux souverains en période de danger. Il ne fut pris qu'une seule fois au cours de son histoire, et encore fallut-il les efforts conjugués des armées d'Amer, du Marwar et de l'empereur moghol Akbar pour faire tomber la citadelle – qu'elles ne conservèrent pas plus de 2 jours !

Ses remparts, qui s'étirent sur 36 km, étaient assez larges par endroits pour être parcourus de front par huit chevaux ; il est possible d'effectuer le circuit complet à pied (comptez 2 jours). Les murs entourent 360 temples plus ou moins délabrés, dont certains datent de l'Empire maurya (IIe siècle av. J.-C.), ainsi que des palais, des jardins, des puits et 700 redoutes à canons.

Si vous logez dans la ville et que vous souhaitez commencer votre randonnée sur les remparts tôt le matin, vous pourrez pénétrer dans le fort avant 9h, mais la billetterie ne sera pas ouverte.

Un **spectacle son et lumière** (en hindi) est organisé au fort tous les jours à 18h30.

Où se loger

Kumbhal Castle HÔTEL $$

(☎0294-242171 ; www.thekumbhalcastle.com ; Fort Rd ; ch à partir de 3 130 ₹ ;). À 2 km du fort, cet hôtel moderne dispose d'agréables chambres sans prétention (lits en fer forgé, couvre-lits colorés, banquettes de fenêtre) avec balcons communs ; belle vue. Nettement plus grandes, les *super deluxe* méritent les quelques centaines de roupies supplémentaires. Bon restaurant sur place.

Aodhi HÔTEL $$$

(☎8003722333, 0294-242341 ; www.eternalmewar.in ; ch à partir de 8 775 ₹ ;). À moins de 2 km du fort, cet hôtel luxueux et paisible s'agrémente d'une belle piscine et de vastes jardins. Aménagées dans des maisons en pierre, les spacieuses chambres possèdent toutes une terrasse ou un balcon.

Les non-résidents sont les bienvenus au restaurant, où les classiques indiens constituent les meilleurs choix. Ils peuvent aussi prendre un verre au confortable Chowpal Bar. Les prix chutent d'avril à septembre.

Depuis/vers Kumbhalgarh

Depuis la gare routière principale d'Udaipur, prenez un bus à destination de Ranakpur jusqu'à la bourgade de Saira (78 ₹, 2 heures 15, départ toutes les heures), qui sert de nœud routier, et où vous prendrez un autre bus pour

HORS DES SENTIERS BATTUS

LA RÉSERVE NATURELLE DE KUMBHALGARH

Ranakpur est une base idéale pour explorer le **Kumbhalgarh Wildlife Sanctuary** (Indien/étranger 50/300 ₹, 4x4 ou voiture 200 ₹, appareil photo/caméra gratuit/400 ₹ ; safaris 6h-9h et 15h-16h30), une vaste étendue de collines boisées s'étirant sur 600 km². Le parc est connu pour ses léopards et ses loups, mais on peut aussi y voir des antilopes, des gazelles, des cerfs et, parfois, des ours lippus, surtout de mars à juin. Quelque 200 espèces d'oiseaux y vivent.

À côté du bureau du parc, près des temples jaïns de Ranakpur, vous trouverez l'agence **Evergreen Safari** (7568830065 ; safaris en Gypsy 2 500 ₹), recommandée. Plusieurs autres agences de safari sont situées sur la route du fort de Kumbhalgarh, notamment **A-one Tour & Safari** (8003854293 ; Pratap Circle ; 2/6 pers 3 000/4 500 ₹ ; safaris 6h-9h et 15h-16h30). La plupart des hôtels passent par ce type d'agences pour organiser leurs safaris.

Une billetterie est installée juste à côté de l'arrêt de bus pour les temples jaïns ; la plus proche des 4 entrées de la réserve est cependant 2 km plus loin.

Kumbhalgarh (41 ₹, 1 heure, départ toutes les heures). Ce dernier, avec pour terminus Kelwara, vous déposera au début de la route d'accès au fort ; il vous restera une agréable marche de 1,5 km jusqu'à la porte d'entrée.

Dans l'autre sens, le dernier bus pour Saira part à 17h30 (il est toujours bondé). Le dernier bus entre Saira et Udaipur part vers 20h.

Pour aller à Ranakpur depuis Kumbhalgarh, il faut d'abord gagner Saira, puis prendre un bus pour Ranakpur (20 ₹, 40 min, au moins 1/heure).

Une excursion d'une journée au départ d'Udaipur pour visiter Kumbhalgarh et Ranakpur coûte environ 2 000 ₹ par voiture, aller-retour.

Ranakpur

02934

Sur le versant ouest de la chaîne des monts Aravalli, à 75 km au nord-ouest d'Udaipur et à 12 km à l'ouest de Kumbhalgarh à vol d'oiseau (50 km par la route, via Saira), le village de Ranakpur abrite l'un des sanctuaires jaïns les plus vastes et les plus importants du pays.

Le village constitue également une excellente base pour explorer le fantastique Kumbhalgarh Wildlife Sanctuary (p. 159) ou pour découvrir le fort de Kumbhalgarh (p. 158), à l'occasion d'une excursion d'une journée.

À voir

Ranakpur TEMPLE JAÏN

(Indien/étranger avec audioguide gratuit/200 ₹, appareil photo/tablette 100/200 ₹ ; jaïns 6h-19h, non-jaïns 12h-17h). Érigé au XVe siècle, le principal temple de Ranakpur, le **mandir de Chaumukha** (temple aux Quatre Visages), est dédié à Adinath, le premier *tirthankara* jaïn (représenté sur les nombreux portraits rappelant le Bouddha qui ornent le temple). Cet incroyable ensemble en marbre blanc sculpté comprend une série de 29 salles et 80 dômes soutenus par une forêt de 1 444 colonnes, toutes différentes. La dévotion des bâtisseurs transparaît dans la complexité des sculptures du *mandir*. L'intérieur, recouvert de sculptures finement ouvragées, donne une sensation d'espace et d'harmonie. Les chaussures, les cigarettes, la nourriture et les objets en cuir doivent être déposés à l'entrée ; les femmes ne peuvent pas entrer en période de menstruation.

Les deux autres temples jaïns de Ranakpur, aux sculptures tout aussi remarquables, sont consacrés à **Neminath** (22e *tirthankara*) et **Parasnath** (23e *tirthankara*). Non loin se dresse un **temple du Soleil**. À 1 km de l'ensemble principal, on peut visiter le **temple d'Amba Mata**.

Où se loger

Aranyawas HÔTEL $$

(02956-293029 ; www.aranyawas.com ; ch avec dîner et petit-déj 5 000 ₹ ;). Dans un domaine isolé et boisé, en retrait de l'Hwy 32, à 12 km au sud du temple, Aranyawas compte 28 jolies chambres aménagées dans des cottages en pierres sur 2 niveaux. Spacieuses, propres et élégantes, elles sont dotées de meubles en pin et, pour la plupart, possèdent un balcon donnant sur la rivière en contrebas et les pentes couvertes par la jungle. Grande piscine inspirée des *baori*, auprès de laquelle on peut prendre un verre le soir, en hiver.

Le restaurant (plats 150-250 ₹, buffet déj/dîner 450/500 ₹), dans une salle joliment aménagée, est idéal pour une pause même si vous ne logez pas sur place.

Ranakpur Hill Resort HÔTEL $$$
(☎02934-286411 ; www.ranakpurhillresort.com ; Ranakpur Rd ; s/d à partir de 5 850/6 435 ₹ ; ❄@📶🏊). Un hôtel bien tenu, avec une piscine et un jardin agréables, autour desquels sont alignés des cottages avec sol en marbre, vitraux, peintures murales florales et miroirs. Bon restaurant de cuisine internationale, forfaits équitation. Consultez le site Internet pour des réductions. À 3,5 km au nord du temple, le long de l'Hwy 32.

ℹ Depuis/vers Ranakpur

Des bus directs se rendent toutes les heures à Ranakpur depuis les gares routières principales d'Udaipur (93 ₹, 3 heures) et de Jodhpur (189 ₹, 4 à 5 heures). Sauf demande particulière, ils vous déposeront à l'extérieur du temple. Pour le retour, les bus cessent de circuler vers 19h. Les bus partant pour Udaipur peuvent vous laisser à Saira (20 ₹, 40 min, départ toutes les heures), à environ 25 km au sud de Ranakpur, où vous prendrez un autre bus pour Kumbhalgarh (41 ₹, 1 heure, départ toutes les heures).

Pour aller d'Udaipur à Ranakpur et à Kumbhalgarh (aller-retour) dans la journée à bord d'un véhicule privé, comptez 2 000 ₹.

Mount Abu

☎ 02974 / 22 950 HABITANTS / ALTITUDE 1 200 M

Unique station climatique du Rajasthan, Mount Abu est située au milieu des forêts verdoyantes de la plus haute montagne de l'État, à la lisière sud-ouest de la chaîne des monts Aravalli, tout près du Gujarat. Elle offre aux Rajasthanis, aux Gujaratis et à une foule de touristes étrangers un répit bienvenu, après la chaleur étouffante et les étendues désertiques caractéristiques de la région. C'est une destination prisée des jeunes mariés et des familles gujaraties. La ville s'étend à la limite sud-ouest du plateau supérieur de la montagne, long de 19 km et large de 6 km. Elle est entourée par la réserve naturelle de Mount Abu (Mt Abu Wildlife Sanctuary), dont les 289 km² occupent la majeure partie de la montagne.

Haut lieu spirituel pour les hindous et les jaïns, le mont est jalonné de plus de 80 temples et sanctuaires, dont les merveilleux temples jaïns de Delwara, construits il y a 400 à 1 000 ans.

À NE PAS MANQUER

LES TEMPLES DE DELWARA

Ces remarquables **temples** (dons appréciés ; ⏲jaïns 6h-18h, non-jaïns 12h-18h), fleurons de Mount Abu, comptent parmi les plus beaux exemples d'architecture jaïne en Inde. Ils furent érigés plusieurs siècles avant la création de la ville, alors que le site n'était qu'un coin perdu dans la montagne. Pour les encourager à tailler des sculptures d'une grande finesse, les artisans étaient, dit-on, rétribués en fonction de la quantité de poussière de marbre qu'ils excavaient. Deux temples se distinguent particulièrement.

Le plus ancien, le **Vimal Vasahi**, fut commencé en 1031 en l'honneur du premier *tirthankara*, Adinath, et financé par un ministre en chef gujarati dénommé Vimal. Il fallut 14 années, et le travail de 1 500 maçons et 1 200 ouvriers pour l'achever. Devant l'entrée du temple se dresse la **maison des Éléphants**, d'où des éléphants sculptés partent en procession jusqu'au temple ; certains ont été endommagés par des pilleurs moghols. À l'intérieur, une forêt de somptueux piliers sculptés entourent le sanctuaire central, qui renferme un portrait d'Adinath.

Plus tardif, le **temple de Luna Vasahi**, dédié à Neminath, le 22e *tirthankara*, fut édifié en 1230 par les frères Tejpal et Vastupal, deux ministres gujaratis. Quelque 2 500 artisans œuvrèrent pendant 15 ans pour tailler le marbre, si fin par endroits qu'il en devient presque transparent. La fleur de lotus à plusieurs niveaux suspendue au centre du dôme est particulièrement délicate.

Comme dans tous les temples jaïns, les articles en cuir (chaussures, ceintures, etc.), ainsi que les appareils photo et les téléphones portables doivent être déposés à l'entrée, et les femmes ne sont pas admises pendant leurs règles.

Delwara se trouve à 3 km au nord du centre de Mount Abu : vous pouvez y accéder par une promenade de moins de 1 heure ou prendre un taxi collectif (10 ₹/pers) depuis le haut de la rue face au Chacha Cafe. La course en taxi privé coûte environ 200 ₹ l'aller-retour avec 1 heure d'attente sur place.

Mount Abu

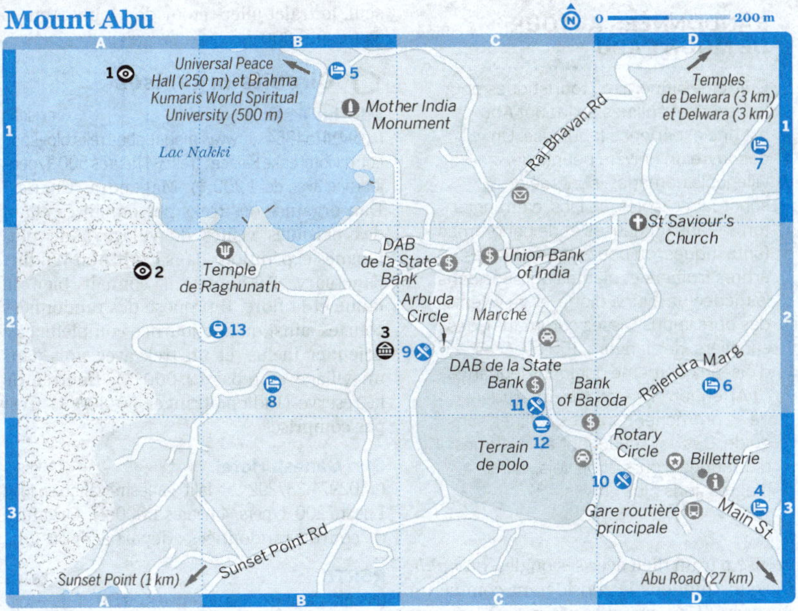

Mount Abu

À voir
1 Lac Nakki A1
2 Toad Rock A2
3 World Renewal Spiritual Museum B2

Activités
Mt Abu Treks .... (voir 5)
Shri Ganesh Hotel .... (voir 8)

Où se loger
4 Hotel Hilltone D3
5 Hotel Lake Palace B1
6 Kishangarh House D2
7 Mushkil Aasan D1
8 Shri Ganesh Hotel B2

Où se restaurer
9 Arbuda C2
10 Kanak Dining Hall D3
Mulberry Tree Restaurant .... (voir 4)
11 Sankalp C2

Où prendre un verre et faire la fête
12 Café Coffee Day C3
13 Polo Bar B2

Gardez en tête que la période de Diwali (octobre ou novembre), et les deux semaines suivantes, voit la ville prise d'assaut et les prix flamber. Mount Abu accueille aussi beaucoup de monde avant la mousson, de mi-mai à mi-juin. En hiver, les visiteurs se protègent avec châles et chapeaux ; prévoyez des vêtements chauds car les chambres d'hôtel sont mal chauffées.

À voir

Les personnes vêtues de blanc que l'on aperçoit en ville sont des membres de la **Brahma Kumaris World Spiritual University** (www.bkwsu.com), une organisation mondiale répertoriée comme secte par la Commission parlementaire française, dont le siège se trouve à Mount Abu. Pour en savoir plus, rendez-vous au **Universal Peace Hall** (Om Shanti Bhawan ; ⏲8h-18h), au nord du lac Nakki, pour une visite gratuite (30 min) qui présente brièvement la philosophie des Brahma Kumaris (soyez prêt pour un peu de prosélytisme). L'organisation gère aussi le petit **World Renewal Spiritual Museum** (carte ci-dessus ; ⏲8h-20h) GRATUIT, dans le centre-ville.

Lac Nakki LAC

Principale curiosité de la ville, le lac Nakki doit son nom à la légende selon laquelle il fut

RANDONNÉES AUTOUR DE MOUNT ABU

Quitter les itinéraires touristiques pour les forêts et collines de Mount Abu est une expérience fabuleuse. On découvre un univers peuplé de villageois nomades, ponctué de sanctuaires isolés, de lacs, d'étranges formations rocheuses et de panoramas fantastiques, où poussent orchidées, arbres fruitiers et plantes utilisées dans la médecine ayurvédique, et où vivent des ours lippus (assez communs), des sangliers, des langurs, 150 espèces d'oiseaux et même quelques léopards.

Attention : il serait très imprudent de se promener dans ces collines sans guide. Des voyageurs ont été victimes d'attaques d'ours et de vols, voire d'agressions plus graves.

creusé par un dieu avec ses ongles, ou *nakh*. Certains hindous le considèrent comme un lac sacré. Une agréable promenade permet d'en faire le tour en 45 minutes – le lac est cerné de collines, de parcs et de formations rocheuses. La plus connue, **Toad Rock**, ressemble à un crapaud (*toad* en anglais).

Sunset Point POINT DE VUE
De nombreux vacanciers viennent ici contempler le coucher du soleil, en s'agglutinant autour des étals alimentaires et des distractions proposées. Pour les rejoindre, suivez Sunset Point Road, à l'ouest du terrain de polo en quittant la ville.

Mt Abu Wildlife Sanctuary RÉSERVE NATURELLE
(Indien/étranger 50/300 ₹, véhicule 200 ₹ ; ⏲8h-17h). Cette réserve de 289 km² englobe une grande partie du plateau et entoure la ville de Mount Abu. Elle abrite des léopards, des cervidés, des renards et des ours. Contactez Mt Abu Treks pour organiser un séjour de 2 jours.

Guru Shikhar MONTAGNE
À 17 km de Mount Abu par une route sinueuse, à l'extrémité nord-est du plateau, le Guru Shikhar (1 722 m) est le point culminant du Rajasthan. Une route mène presque jusqu'au sommet et au **temple d'Atri Rishit**, où un prêtre vous accueillera et d'où la vue est sublime. Ce lieu réputé est un point fort du circuit de la RSRTC (p. 162). Si vous venez seul, le trajet aller-retour de Mount Abu en 4x4 coûte 600 ₹.

Circuits organisés

Mt Abu Treks TREKKING
(☎9414154854 ; www.mount-abu-treks.blogspot.com ; Hotel Lake Palace ; trek 3-4 heures 500 ₹/pers, journée avec déj 1 200 ₹). Mahendra "Charles" Dan organise des treks personnalisés allant des paisibles visites de village à de plus longues expéditions dans le Mt Abu Wildlife Sanctuary. Passionné, il connaît bien la faune et la flore. Il propose des randonnées courtes, ainsi qu'une journée complète avec déjeuner inclus, et un trek avec nuit dans un village et repas (2 000 ₹). L'entrée de la réserve (Indien/étranger 50/300 ₹) n'est pas comprise.

Shri Ganesh Hotel TREKKING
(☎02974-237292 ; lalit_ganesh@yahoo.co.in ; 1 heure 200 ₹/pers, 4 heures 1 000 ₹). Organise de courtes randonnées ; départ à 7h ou 16h.

RSRTC EN BUS
(circuit demi-journée/journée 50/110 ₹ ; ⏲circuit demi-journée 13h, journée complète 9h30). La RSRTC propose des circuits en bus vers les principaux sites de Mount Abu ; ils partent de la gare routière, où on peut réserver. Les 2 circuits incluent Achalgarh, le Guru Shikhar et les temples de Delwara, et se terminent à Sunset Point. Le circuit d'une journée comprend aussi Adhar Devi, le Brahma Kumaris Peace Hall et Honeymoon Point. L'entrée, les taxes pour l'appareil photo et les 20 ₹ pour le guide sont en supplément.

Où se loger

Les prix doublent, voire triplent pendant la haute saison – de mi-mai à mi-juin, et pour Diwali et les fêtes de fin d'année. Le reste du temps, les établissements des catégories moyenne et supérieure proposent souvent des réductions intéressantes. Si vous prévoyez de séjourner ici pendant Diwali, pensez à réserver très tôt, mais vous aurez du mal à vous déplacer en raison de la foule. La plupart des hôtels demandent que les chambres soient libérées à 9h.

Shri Ganesh Hotel HÔTEL $
(☎02974-237292 ; lalit_ganesh@yahoo.co.in ; dort 250 ₹, s/d 500/600 ₹, ch avec sdb 700-1 500 ₹ ; @☏). Cet hôtel économique et plutôt central, réputé auprès des voyageurs à petits budgets pour son café bon marché et ses informations

touristiques, loue des chambres vieillottes et propres – toilettes à la turque ou à l'occidentale selon les chambres ; douches chaudes à certaines heures seulement. Des **balades** quotidiennes en forêt et des cours de cuisine sont organisés.

Mushkil Aasan PENSION $
(☎9426057837, 02974-235150, 9429409660 ; mushkilaasan@gmail.com ; s/d/qua 1 000/1 300/1 650 ₹ ; ❄📶). Une charmante pension nichée dans un paisible vallon au nord de la ville (près du Global Hospital), avec 9 chambres décorées simplement (possibilité de louer pour 24 heures) et un adorable jardin arboré. Celle à côté de la réception peut être bruyante. Repas traditionnels gujaratis proposés.

Hotel Lake Palace HÔTEL $$$
(☎02974-237154 ; savshantihotels.com ; ch avec petit-déj à partir de 4 165 ₹ ; ❄📶). Spacieux et parfait pour les familles, le Lake Palace, doté d'une pelouse soignée, est magnifiquement situé au bord du lac. Il loue des chambres sobres, lumineuses et propres, toutes climatisées ; certaines ont des terrasses semi-privatives avec vue sur le lac. Restaurants internationaux sur le toit et dans le jardin.

Kishangarh House HÔTEL HISTORIQUE $$$
(☎02974-238092 ; Rajendra Marg ; cottage avec petit-déj 4 950 ₹, ch avec petit-déj à partir de 6 500 ₹ ; ❄📶). L'ancienne résidence d'été du maharaja de Kishangarh est désormais un hôtel historique. Les chambres *deluxe* du bâtiment principal sont vastes et hautes de plafond. Celles des bungalows à l'arrière sont plus petites et plus douillettes. Salon baigné de lumière ; jardins en terrasse.

Hotel Hilltone HÔTEL $$$
(☎02974-238391 ; www.hotelhilltone.com ; Main St ; s/d avec petit-déj à partir de 5 355/6 545 ₹ ; P❄📶🏊). Hôtel moderne et bien géré sur une vaste propriété, l'Hilltone s'inspire de son célèbre homophone. Il propose des chambres modernes, élégantes et confortables, d'une qualité supérieure à leur prix. Chose rare à Mount Abu, le Mulberry Tree Restaurant sert de l'alcool et des plats indiens non végétariens.

Où se restaurer

Kanak Dining Hall INDIEN $
(Lake Rd ; thali gujarati/punjabi 110/140 ₹ ; ⌚8h30-15h30 et 19h-23h). Les *thali* à volonté sont parmi les plus fameux de Mount Abu – à déguster dans la salle à manger animée ou sur la terrasse couverte. Proche de la gare routière. Pratique pour la pause déjeuner lors du circuit d'une journée de la RSRTC.

Arbuda INDIEN $$
(Arbuda Circle ; plats 100-150 ₹ ; ⌚7h-22h30 ; 📋). Ce grand restaurant surplombe la rue depuis sa vaste terrasse aux chaises chromées. Il est plébiscité pour sa cuisine du Gujarat, du Punjab et d'Inde du Sud. Également : bon petit-déjeuner continental et jus de fruits frais.

Sankalp INDE DU SUD $$
(Hotel Maharaja, Lake Rd ; plats 90-250 ₹ ; ⌚9h-23h). Cette enseigne d'une bonne chaîne basée dans le Gujarat est réputée pour ses excellents plats végétariens d'Inde du Sud. Elle offre des garnitures originales (ananas ; épinards, fromage et ail ; etc.) pour ses fameux *dosa* et *uttapam* (crêpes de riz salées), accompagnés de multiples sauces et condiments. Le *masala pappad* (galette croustillante à la garniture épicée) constitue une savoureuse entrée.

Mulberry Tree Restaurant INDIEN, INTERNATIONAL $$
(Hilltone Hotel, Main St ; plats 250-350 ₹). À Mount Abu, les touristes du Gujarat mettent un point d'honneur à manger un *thali* végétarien, mais si vous êtes plutôt viande, rendez-vous à l'élégant Mulberry Tree Restaurant de l'Hotel Hilltone. Il sert de nombreux plats indiens avec viande, et de l'alcool pour arroser le tout.

Où prendre un verre et faire la fête

Polo Bar BAR
(☎02974-235176 ; Jaipur House ; ⌚11h30-15h30 et 19h30-23h). La terrasse du Jaipur Hotel, ancien palais d'été du maharaja de Jaipur, est un endroit ravissant pour un verre en soirée. On jouit d'une vue sublime sur les collines, le lac et les lumières de la ville.

Café Coffee Day CAFÉ
(Main St ; café à partir de 110 ₹ ; ⌚9h-23h). La chaîne de cafés la plus populaire d'Inde. Le thé et les gâteaux ne sont pas mal non plus.

Renseignements

Il y a des DAB dans Raj Bhavan Rd, dont un devant l'office du tourisme, ainsi que dans Lake Rd.

Bank of Baroda (Main St ; ⌚10h-15h lun-ven, 10h-12h30 sam). Service de change des espèces et des chèques de voyage. Avances sur carte de crédit.

PRINCIPAUX TRAINS AU DÉPART D'ABU ROAD

DESTINATION	TRAIN	DÉPART	ARRIVÉE	TARIFS
Ahmedabad	19224 *Jammu Tawi-Ahmedabad Exp.*	10h50	15h	150/510 ₹ (A)
Delhi (New Delhi)	12957 *Swarna J. Raj Exp.*	20h50	7h30	1 265/1 775 ₹ (B)
Jaipur	19707 *Aravali Exp.*	10h07	18h55	270/715 ₹ (A)
Jodhpur	19223 *Ahmedabad-Jammu Tawi Exp.*	15h30	19h55	195/510 ₹ (A)
Mumbai	19708 *Aravali Exp.*	16h50	6h35	365/985 ₹ (A)

Tarifs : (A) *sleeper*/3AC ; (B) 3AC/2AC

Bureau de poste principal (Raj Bhavan Rd ; ⏲9h-17h lun-sam)

Office du tourisme (⏲9h-17h30 lun-ven). En face de la gare routière principale. Plans gratuits de la ville.

Union Bank of India (marché principal ; ⏲10h-15h lun-ven, 10h-12h30 sam). Change les chèques de voyage et les espèces.

ℹ Depuis/vers Mount Abu

Une montée spectaculaire de 28 km à travers les collines densément boisées conduit de la localité d'Abu Road à Mount Abu. La gare ferroviaire est à Abu Road. Certains bus venant des villes voisines grimpent jusqu'à Mount Abu ; d'autres s'arrêtent à Abu Road. Des bus (30 ₹, 1 heure) font la navette entre les deux bourgades toutes les demi-heures, de 6h à 19h. La course en taxi d'Abu Road à Mount Abu coûte 350 ₹ de jour et 450 ₹ de nuit. Les véhicules doivent s'acquitter d'un droit d'entrée pour pénétrer dans Mount Abu (petite/grande voiture 100/200 ₹).

BUS

Principales liaisons au départ de la gare routière principale de Mount Abu :

Ahmedabad 182 ₹, 7 heures, 4/jour (6h, 7h30, 10h15 et 14h45)

Jaipur avec clim 924 ₹, 11 heures, 1/jour (18h30)

Udaipur 198 ₹, 4 heures 30, 4/jour (8h, 9h15, 12h45 et 19h)

TRAIN

La gare d'Abu Road se trouve sur la ligne Delhi-Mumbai (Bombay) via Ahmedabad. La course en auto-rickshaw jusqu'à la gare routière d'Abu Road revient à 20 ₹.

À Mount Abu, au-dessus de l'office du tourisme, la **billetterie ferroviaire** (⏲8h-14h lun-sam) fournit des places réservées dans la plupart des trains express.

ℹ Comment circuler

Louer une jeep ou un taxi pour explorer la ville coûte environ 650/1 200 ₹ par demi-journée/journée. La majorité des hôtels peut vous trouver un véhicule, ou vous pouvez louer un véhicule vous-même avec chauffeur dans le centre-ville.

NORD DU RAJASTHAN (SHEKHAWATI)

Région assez méconnue du Rajasthan, le Shekhawati est surtout renommé pour ses *haveli*, aux façades ouvragées et rehaussées de peintures murales éblouissantes et souvent fantasques. La région doit une grande partie de son attrait à ces demeures et à leurs œuvres d'art, cachées dans de petites bourgades reliées par des routes étroites au cœur des paysages arides s'étendant au nord de Jaipur. Il peut paraître étrange aujourd'hui que ces habitations isolées attirent autant d'attention et d'argent, mais autrefois, elles étaient les résidences de riches marchands.

En effet, à partir du XIVe siècle, les cités du Shekhawati devinrent d'importants centres commerçants sur la route des caravanes qui partaient des ports gujaratis pour les villes florissantes de la plaine du Gange. L'expansion des villes portuaires britanniques de Calcutta (aujourd'hui Kolkata) et de Bombay (Mumbai) au XIXe siècle aurait pu sonner le glas du Shekhawati, mais les marchands migrèrent dans ces villes, y prospérèrent puis envoyèrent de l'argent dans leur région d'origine pour y faire construire et décorer leurs extraordinaires demeures.

Nawalgarh

☎ 01594 / 63 950 HABITANTS

Au centre du Shekhawati, cette ville peu touristique est un bon point de départ pour explorer la région. Elle s'enorgueillit de

Shekhawati

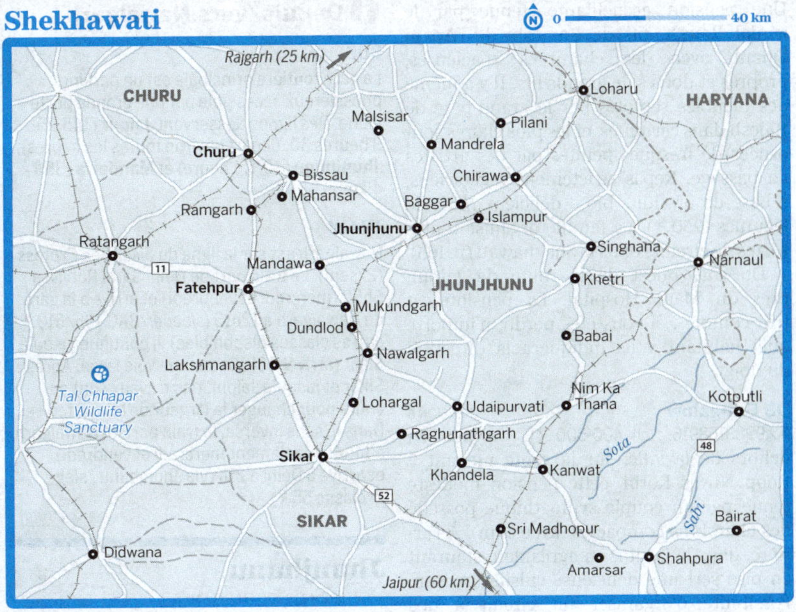

plusieurs *haveli* remarquables, d'un marché coloré en grande partie piétonnier et d'hébergements de qualité.

À voir

Dr Ramnath A Podar Haveli Museum MUSÉE
(www.podarhavelimuseum.org ; Indien/étranger 75/100 ₹, appareil photo 30 ₹ ; 8h30-18h30). Construit en 1902 dans la partie est de la ville, et localement appelé "Podar Haveli", ce *haveli* est l'un des rares de la région à avoir été minutieusement restauré. Les couleurs de ses fresques sont particulièrement vives, mais certains déplorent toutefois qu'elles aient été repeintes, et non nettoyées et restaurées. Au rez-de-chaussée, plusieurs galeries présentent la culture du Rajasthan au moyen de peintures de différentes écoles, de turbans, d'instruments de musique et de maquettes de forts.

Morarka Haveli Museum MUSÉE
(70 ₹ ; 8h-19h). Les peintures originales ont été préservées pendant des décennies derrière des portes scellées par du ciment. La cour intérieure comporte de magnifiques scènes du *Ramayana* ; remarquez l'image quelque peu incongrue de Jésus au dernier étage, sous l'avant-toit, dans le coin sud-est de la cour.

Bhagton ki Choti Haveli ÉDIFICE HISTORIQUE
(Bhagat Haveli ; 70 ₹). Une locomotive et un bateau à vapeur habillent la façade ouest, tandis qu'au-dessus dansent des *gopi* (gardiennes de vaches) au corps éléphantin. À côté, des femmes dansent lors de la fête d'Holi. L'intérieur recèle plusieurs peintures murales, dont une étrange image (dans une salle du côté ouest) figurant un Européen avec une canne et une pipe, avec un petit chien sur l'épaule.

Circuits organisés

Ramesh Jangid's Tourist Pension CIRCUITS ORGANISÉS
(01594-224060 ; www.touristpension.com ; randonnées guidées 2-3 jours à partir de 2 250 ₹/pers). Ramesh Jangid organise des randonnées, des méharées guidées (demi-journée 2 000 ₹/2 pers) vers des villages voisins et des circuits en voiture (journée entière 3 500 ₹ jusqu'à 4 pers) vers d'autres villes de la région. Propose aussi des cours d'hindi, de tabla, de cuisine et d'artisanat local, comme le *bandhani* (impression de tissu).

Où se loger

Ramesh Jangid's Tourist Pension PENSION $
(01594-224060 ; www.touristpension.com ; s/d/tr à partir de 800/1 050/1 350 ₹ ; @).

Une pension accueillante, tenue par le génial Rajesh, fils de Ramesh, de l'Apani Dhani, avec des chambres spacieuses, propres et dotées de grands lits. Il y a même des meubles sculptés par le grand-père de Rajesh dans certaines, et les plus chères sont ornées de fresques peintes par des artistes de passage. Repas strictement végétariens, à base de produits bio – délicieux *thali* de légumes (250 ₹). La famille organise toutes sortes de circuits dans le Shekhawati (p. 165).

Du côté ouest de la route de Jaipur, près du Maur Hospital. La pension est très connue ; si vous êtes perdu, n'importe quel habitant vous indiquera la direction du doigt.

DS Bungalow PENSION **$**
(☎9983168916 ; ch 400-500 ₹). Un peu en dehors de la ville, sur la route menant à Roop Niwas Kothi, cette pension modeste tenue par un couple sympathique possède des chambres compactes (avec clim). À l'arrière, dans le jardin, un agréable restaurant en pisé sert une délicieuse cuisine maison. Possibilité d'organiser un circuit à dos de dromadaire.

Shekhawati Guesthouse PENSION **$**
(☎01594-224658 ; www.shekhawatiguesthouse.com ; ch avec petit-déj 600-800 ₹, ch avec clim 1 000-1 500 ₹ ; ❄@📶). Une adresse épatante, gérée par un couple sympathique. Il y a 6 chambres dans le bâtiment principal et 5 belles maisonnettes en pisé dans le jardin. Agréable restaurant extérieur (produits bio du jardin). À 4 km à l'est de la gare routière (70 ₹ en taxi) – transfert possible depuis celle-ci ou depuis la gare ferroviaire. Cours de cuisine.

♥ **Apani Dhani** ÉCOLODGE **$$**
(☎222239 ; www.apanidhani.com ; s/d à partir de 1 080/1 420 ₹, ch avec clim à partir de 2 500 ₹ ; ❄📶). 🍃 Cet écolodge primé, situé du côté ouest de la route de Jaipur, est un bon endroit pour se détendre. On y trouve des huttes traditionnelles en pisé coiffées de chaume, organisées autour d'une cour ornée de bougainvilliers et dotées de lits confortables. Repas à base d'ingrédients de la ferme bio ; chauffe-eau et lumière à l'énergie solaire ; toilettes sèches. Le propriétaire reverse 5% du prix des chambres à des projets communautaires. Circuits possibles à organiser alentour (à vélo, en voiture, en charrette tirée par des dromadaires ou à pied).

ℹ Depuis/vers Nawalgarh

BUS

La gare routière principale est un parking poussiéreux accessible par une grande porte jaune. Des lignes desservent **Jaipur** (145-258 ₹, 3 heures 30, départ environ toutes les heures), **Jhunjhunu** (40 ₹, 1 heure) et **Mandawa** (35 ₹, 45 min).

TRAIN

Nawalgarh est sur la ligne du *Sikar Dee Express* (2/sem). Le train part de Delhi Sarai Rohilla à 6h50 (mercredi et vendredi) et arrive à la gare de Nawalgarh à 12h15 (*sleeper*/3AC 195/510 ₹, autres classes disponibles). Il continue jusqu'à Sikar (arrivée 13h10) sur une voie large. Après Sikar et jusqu'à Jaipur, des travaux sont en cours pour changer la largeur de la voie ferrée. Dans le sens inverse, le train part de Nawalgarh à 14h45 (également mercredi et vendredi) et arrive à Delhi à 21h (via Jhunjhunu ; siège 2e classe 55 ₹).

Jhunjhunu

☎ 01592 / 118 470 HABITANTS

Chef-lieu et principale ville commerçante du Shekhawati, Jhunjhunu est beaucoup plus animée que les autres localités de la région. Quelques magnifiques *haveli* et un marché coloré figurent au nombre de ses attraits.

👁 À voir

Mohanlal Ishwardas Modi Haveli ÉDIFICE HISTORIQUE
(Nehru Bazaar ; 50 ₹). Le Mohanlal Ishwardas Modi Haveli (1896) se dresse du côté nord de Nehru Bazaar. Un train circule joyeusement sur la façade. Au-dessus de l'entrée de la cour principale, on peut voir des scènes représentant la vie de Krishna. Sur une arcade adjacente ont été peints des personnages de l'Empire britannique, notamment des monarques et des juges en robe, à qui font face des dirigeants indiens, comme des maharajas et des nababs.

Autour du porche voûté, entre la cour principale et les petites cours secondaires, se trouvent de petits portraits sous verre, ainsi que de beaux carrelages composés de miroirs et de verre.

Khetri Mahal ÉDIFICE HISTORIQUE
(50 ₹). Une série de ruelles, à l'extrémité ouest de Nehru Bazaar (un court trajet en rickshaw au nord de la gare routière) mène au Khetri Mahal, un petit palais qui date des

années 1770. Aussi nommé palais des Vents, et n'étant fermé d'aucune porte ni fenêtre, il fut l'un des bâtiments les plus beaux et les plus sophistiqués du Shekhawati. Il aurait été construit par Bhopal Singh, petit-fils de Sardul Singh, qui fonda Khetri. S'il aurait besoin d'une bonne réhabilitation, son architecture reste superbe avec son ensemble élaboré de colonnades.

Modi Haveli ÉDIFICES HISTORIQUES
(Nehru Bazaar ; 50 ₹). Ces deux *haveli* qui se font face abritent certaines des plus ravissantes fresques et sculptures sur bois de Jhunjhunu. Celui du côté est arbore la peinture d'une femme en sari bleu assise devant un gramophone ; une frise représente un train et des soldats à cheval. En hauteur, remarquez les scènes de la vie de Krishna. L'*haveli* côté ouest est couvert d'amusantes images, avec des personnages aux remarquables moustaches et expressions.

Où se loger

Hotel Jamuna Resort HÔTEL $$
(☎9414255035, 01592-232871 ; www.hoteljamunaresort.in ; près de Nath-ka-Tilla ; ch 1 500-3 500 ₹ ; ❄@📶🏊). Le Jamuna Resort offre tout le confort souhaité. Les chambres de l'ancienne aile sont décorées de peintures colorées ou de miroirs, tandis que celles de la nouvelle aile sont modernes et aérées. Attrayante piscine (non-résident 100 ₹) aménagée dans le jardin ; cuisines destinées aux cours.

Le propriétaire, Laxmi Kant Jangid, est une mine d'informations sur les villages du Shekhawati ; il organise des circuits. À 600 m de la gare des bus privés, à la lisière est de la ville. Possibilité de transfert gratuit depuis/vers les gares routière et ferroviaire.

Depuis/vers Jhunjhunu

BUS

Il y a 2 gares routières : la gare routière principale et la gare des bus privés. Toutes deux proposent des lignes et des tarifs similaires, mais les bus publics (gouvernementaux), qui partent de la gare principale, sont bien plus fréquents. Un trajet en auto-rickshaw collectif entre les deux gares coûte 8 ₹ par personne.

Voici les lignes au départ de la gare principale :

Bikaner 226 ₹, 5 à 6 heures, 1/heure
Delhi 230 ₹, 5 à 6 heures, 1/heure
Fatehpur 45 ₹, 1 heure, départ toutes les 30 min
Jaipur 183 ₹, 4 heures, départ toutes les 30 min
Mandawa 25 ₹, 1 heure, départ toutes les 30 min
Nawalgarh 40 ₹, 1 heure, départ toutes les 30 min

TRAIN

Jhunjhunu est sur la ligne du *Sikar Dee Express* (2/sem). Le train part de Delhi Sarai Rohilla à 6h50 (mercredi et vendredi) et arrive à la gare de Jhunjhunu à 11h30 (*sleeper*/3AC 180/510 ₹, autres classes disponibles). Dans le sens inverse, le train part de Jhunjhunu à 15h30 (également mercredi et vendredi) et arrive à Delhi à 21h. La ligne ferroviaire est désormais à voie large jusqu'à Sikar via Nawalgarh (siège 2e classe 55 ₹), mais après Sikar et jusqu'à Jaipur, des travaux sont en cours pour changer la largeur de la voie ferrée.

Fatehpur

☎ 01571 / 92 600 HABITANTS

Fondée en 1451 par des nababs qui en firent leur capitale, Fatehpur resta un bastion musulman pendant plusieurs siècles, avant de passer aux mains des Rajput du Shekhawati au XVIIIe siècle. Cette ville animée comprend d'innombrables *haveli*, en piteux état, à quelques exceptions près.

À voir

Outre le magnifique Le Prince Haveli, citons le **Chauhan Well**, proche du précédent ; le **Jagannath Singhania Haveli** ; le **Mahavir Prasad Goenka**, orné de peintures magnifiques, mais souvent fermé ; le **Geori Shankar**, où le plafond de l'antichambre est couvert d'une mosaïque de miroirs ; et, au sud de la gare routière privée, le **Vishnunath Keria Haveli** et l'**Harikrishnan Das Sarogi**, avec une façade pittoresque et une dentelle de fer forgé.

Le Prince Haveli ÉDIFICE HISTORIQUE
(☎01571-233024 ; www.cultural-centre.com ; visite guidée 200 ₹ ; ⏲9h-18h). Ce *haveli* de 1802 a été restauré par l'artiste française Nadine Le Prince pour accueillir un centre culturel. C'est désormais l'un des *haveli* les plus ravissants du Shekhawati. Nadine Le Prince est aussi à l'origine de la création d'une promenade de 2 km à travers le centre historique de Fatehpur pour mettre en lumière la richesse architecturale et historique de la ville. Sur place, restaurant (réservation obligatoire) et petite galerie. De nombreuses pièces ont été transformées en chambres d'hôtes joliment décorées.

À 2 km au nord des deux gares routières principales, dans une ruelle proche de l'artère principale. Prenez à droite en sortant des gares routières, et de nouveau à droite. Autrement, prenez un auto-rickshaw.

LE SHEKHAWATI, UN MUSÉE D'ARCHITECTURE À CIEL OUVERT

Aux XVIIIe et XIXe siècles, les marchands marwari vivaient chichement loin de chez eux, dans les nouveaux centres commerçants de l'Inde. Ils envoyaient l'essentiel de leurs bénéfices à leur famille, restée au Shekhawati, et y faisaient construire de magnifiques *haveli* (demeures traditionnelles abondamment décorées) pour compenser leur longue absence et impressionner le voisinage. Ils firent ainsi ériger des bâtiments – habitations, temples, *baoli* (puits à degrés) – rivalisant de grandeur, et ornés de somptueuses peintures murales, à l'intérieur comme à l'extérieur.

Les artisans, à la fois bâtisseurs et peintres de ces *haveli*, appartenaient à la caste des *kumhar* (potiers). On faisait souvent venir les *chajera* (maçons) d'autres régions, notamment de Jaipur, où ils avaient décoré les palais de la nouvelle capitale ; certains venaient eux-mêmes proposer leurs talents. Il en résulta un échange fructueux d'idées et de techniques, quand les artistes locaux se formèrent auprès des nouveaux arrivants.

Les premières peintures furent largement influencées par la décoration moghole, composée d'arabesques végétales et de motifs géométriques. Puis vint l'importante influence des cours royales rajput. Les scènes de la mythologie hindoue sont répandues – Krishna est particulièrement populaire.

Avec l'arrivée des Européens, les murs se parèrent de représentations des nouvelles merveilles technologiques que les marchands du Shekhawati avaient pu voir dans des villes comme Calcutta. Trains, avions, téléphones, gramophones et bicyclettes firent leur apparition, souvent simplement d'après l'idée que s'en faisait l'artiste. Krishna et Radha étaient peints en train de voler sur des motos, tandis que les Britanniques étaient figurés invariablement sous les traits de soldats, avec des chiens ou tenant des bouteilles d'alcool.

Aujourd'hui, la plupart des *haveli* appartiennent toujours aux descendants des familles d'origine, qui ne les habitent pas, car pour eux le Rajasthan provincial a perdu de son charme. Beaucoup n'hébergent qu'un unique *chowkidar* (gardien), tandis que d'autres accueillent des familles locales. S'ils ne sont que de pâles reflets de l'époque où ils abritaient des familles nombreuses de marchands marwari, ils demeurent un fascinant témoignage des époques changeantes au cours desquelles ils furent réalisés. Seuls quelques *haveli* ont été restaurés ; beaucoup sont à l'abandon et tombent en ruine.

Pour un résumé complet sur l'histoire, les habitants, les villes et les bâtiments de la région, procurez-vous un exemplaire de *The Painted Towns of Shekhawati* (en anglais), d'Ilay Cooper, un excellent livre disponible dans les librairies de la région ou à Jaipur.

Circuits organisés

Shekhawati Bikers À MOTO
(☎01571-233024 ; à partir de 3 600 ₹ par pers et par jour). Le Prince Haveli propose des circuits guidés en Royal Enfield Bullet sur les routes peu encombrées du Shekhawati.

Où se loger

♥ **Le Prince Haveli** BOUTIQUE-HÔTEL **$$**
(☎8094880977, 01571-233024 ; www.leprince-haveli.com ; près de Chauhan Well ; ch à partir de 1 500 ₹, avec sdb à partir de 2 200 ₹, avec clim 3 500-6 000 ₹ ; ❄📶🏊). Magnifiquement restauré, Le Prince Haveli ouvre aux voyageurs ses 18 chambres normalement dévolues aux artistes résidents. Elles donnent sur la cour centrale. Le bar extérieur et la piscine sont des endroits parfaits pour se détendre, tandis que le restaurant adjacent, sur la terrasse, propose des buffets (cuisines indienne et française) et du café italien.

Réduction de 20% l'été.

Depuis/vers Fatehpur

Depuis la **gare des bus privés** sur la route Churu-Sikar, des bus partent toute la journée et dès que le nombre de passagers est suffisant pour les destinations du Shekhawati suivantes :

Churu 39 ₹, 1 heure
Jhunjhunu 45 ₹, 1 heure
Mandawa 34 ₹, 1 heure
Ramgarh 25 ₹, 45 min

Depuis la **gare routière de la RSRTC**, plus au sud sur la même route, des bus desservent les destinations suivantes :

Bikaner 195 ₹, 3 heures 30, départ toutes les heures
Delhi 288 ₹, 7 heures, 5/jour
Jaipur 157 ₹, 3 heures 30, 2/jour

Mandawa

☎ 01592 / 23 350 HABITANTS

De toutes les villes du Shekhawati, Mandawa est l'une des mieux équipées pour les touristes. On y trouve de nombreux hébergements et quelques restaurants corrects. Si certains la jugent un peu trop touristique (ce qui est très relatif comparé à d'autres parties du Rajasthan), cette petite cité du XVIIIe siècle est une bonne base pour partir à la découverte des *haveli*.

D'étroites ruelles partent de l'unique artère principale, où la plupart des bus déposent les passagers (ils s'arrêtent aussi à côté de la gare routière). Facile à trouver, vers le milieu de la rue, l'Hotel Mandawa Haveli constitue un bon point de repère.

À voir

Binsidhar Newatia Haveli ÉDIFICE HISTORIQUE

Ce *haveli* des années 1920, du côté nord de la route Fatehpur-Jhunjhunu, abrite la State Bank of Bikaner & Jaipur. D'amusantes fresques recouvrent la façade est, où l'on voit notamment une Européenne dans une voiture avec chauffeur, les frères Wright (pionniers de l'aviation) en vol observés par des femmes en sari, un homme tirant une voiture, et un autre dans un engin ailé.

Murmuria Haveli ÉDIFICE HISTORIQUE

Le Murmuria Haveli date des années 1930. De la cour sablonneuse à l'avant, on a une bonne vue sur la façade sud du double *haveli* adjacent : elle comporte une longue frise figurant un train et un passage à niveau. Nehru est représenté à cheval, tenant le drapeau indien. Au-dessus des arches du côté sud de la cour, remarquez les deux peintures de gondoles sur les canaux de Venise.

Où se loger

Hotel Shekhawati HÔTEL $

(☎01592-223036, 9314698079 ; www.hotelshekhawati.com ; ch 400-2 800 ₹ ; ❄@📶). À proximité de Mukundgarh Rd, le seul véritable hôtel bon marché de la ville est tenu par un banquier à la retraite et son fils (guide agréé). Des scènes colorées et grivoises, peintes par d'anciens hôtes, égaient les chambres. Repas corrects servis sur la paisible terrasse du toit. Visites en 4x4, à cheval et à dos de dromadaire à des tarifs compétitifs.

Hotel Mandawa Haveli HÔTEL HISTORIQUE $$$

(☎01592-223088, 8890841088 ; www.hotelmandawahaveli.com ; s/ste à partir de 1 750/5 500 ₹, d 2 200-2 800 ₹ ; ❄📶). Proche de Sonathia Gate, cet hôtel occupe un splendide *haveli* restauré du XIXe siècle, où les chambres entourent une cour peinte. Les moins chères sont petites : mieux vaut dépenser plus pour une suite, agrémentée d'arcades, de banquettes de fenêtres et d'innombrables petites fenêtres. Le restaurant sur le toit (bonne cuisine) est particulièrement romantique au dîner, quand les lumières de la ville brillent en contrebas. Dîner fixe : 550 ₹.

Hotel Radhika Haveli Mandawa HÔTEL HISTORIQUE $$

(☎01592-223045, 9784673645 ; www.hotelradhikahavelimandawa.com ; s/d/ste avec petit-déj 1 800/2 800/3 600 ₹ ; ❄📶). Ce ravissant *haveli* restauré, situé dans un quartier calme de la ville, dispose d'un jardin (où vit un lapin) et de chambres confortables et décorées avec goût dans un style traditionnel, quoique dépourvues de peintures murales aux couleurs vives. Bon restaurant végétarien. Pour les amateurs de viande, le Monica Rooftop Restaurant, qui sert du poulet, se trouve à proximité.

Hotel Heritage Mandawa HÔTEL HISTORIQUE $$

(☎01592-223742, 9414647922 ; www.hotelheritagemandawa.com ; ch 1 635-6 215 ₹ ; ❄📶). Au sud de Subash Chowk se dresse ce bel *haveli* ancien, avec ses chambres au décor traditionnel. Les suites éclectiques disposent d'une petite mezzanine, où se trouve le lit, ou la sdb. Les chambres étant de qualité variable, mieux vaut en voir quelques-unes avant de choisir. Concerts et spectacles de marionnettes ont lieu dans le petit jardin.

Hotel Castle Mandawa HÔTEL HISTORIQUE $$$

(☎01592-223124 ; www.castlemandawa.com ; ch petit-déj inclus à partir de 10 230 ₹ ; ❄@📶🏊). Ce vaste hôtel de luxe, aménagé dans l'ancien fort, est une adresse chic et généralement confortable. Demandez à voir plusieurs chambres car certaines sont mieux meublées que d'autres – les suites de la tour possèdent un lit à baldaquin et une balancelle. La propriété comprend de vastes jardins, des restaurants, un café et un bar à cocktails, ainsi qu'une piscine et un spa ayurvédique.

Où se restaurer

Monica Rooftop Restaurant INDIEN $$
(☎01592-224178 ; plats 180-400 ₹ ; ⏲8h-21h). Ce ravissant restaurant sur un toit, entre la porte du fort et le bazar principal, sert de savoureux repas indiens et chinois, ainsi que des bières fraîches. Dans un *haveli* reconverti, dont seule la façade comporte des fresques.

Bungli Restaurant INDIEN $$
(☎9929439846 ; Goenka Chowk ; plats 140-220 ₹, thali 260-360 ₹ ; ⏲5h-23h). Les voyageurs apprécient ce restaurant en plein air, proche de la gare routière Bikaner. Les tandoori bien chauds et autres plats sont préparés à la dernière minute par un chef venu de l'Hotel Castle Mandawa. Les lève-tôt profiteront d'un petit-déjeuner indien et d'un cours de yoga (5h30, 6h, 6h30), le tout pour 400 ₹.

Depuis/vers Mandawa

Des services fréquents (départ environ toutes les 30 min) sont assurés depuis la gare routière principale, parfois appelée gare routière Bikaner, notamment ceux indiqués plus bas. De la gare routière Nawalgarh, en retrait de la rue principale, il y a des bus à destination de Nawalgarh uniquement. Ces deux "gares" sont si petites qu'on ne les remarque pas, à moins qu'un bus y soit stationné. Repérez les stands de *chai* (thé) installés à côté. La gare routière principale est située à une extrémité de la rue principale, à gauche à l'endroit où la route tourne à droite.

Bikaner 223 ₹, 5 heures
Fatehpur 34 ₹, 1 heure
Jhunjhunu 25 ₹, 1 heure
Nawalgarh 35 ₹, 45 min

JODHPUR, JAISALMER ET L'OUEST DU RAJASTHAN

Jodhpur

☎ 0291 / 1 033 900 HABITANTS

La vision de Mehrangarh, la forteresse surplombant fièrement la cité bleue de Jodhpur, est inoubliable. Véritable chef-d'œuvre architectural, ce fort en majesté est sans doute l'un des plus grands et des plus beaux du Rajasthan. En contrebas, la vieille ville, méli-mélo de cubes bleus, s'étend sur 10 km à l'intérieur de ses remparts du XVIe siècle. À l'abri de ces murs, le labyrinthe de rues médiévales sinueuses semble conçu dans le seul but de perdre le visiteur dans des vapeurs d'encens, de roses et d'égouts, parmi des boutiques et des bazars vendant trompettes, décorations de temples, tabatières, saris…

L'actuelle Jodhpur s'étend désormais bien au-delà des remparts, mais le voyageur gardera en mémoire l'agitation de la vieille ville bleutée et la vision de son fort, magnifique dans sa démesure. Surpeuplée et animée, la cité médiévale est aussi le secteur des restaurants et des commerces. Les quartiers de la vieille ville situés à l'ouest, comme Navchokiya, sont aussi pittoresques, mais l'atmosphère y est moins fiévreuse.

Histoire

Chassé de son Kannauj natal, à l'est d'Agra, par des Afghans au service de Muhammad de Ghur, le clan des Rathor arriva dans la région de Pali, à 70 km au sud-est de Jodhpur, vers l'an 1200. Il prospéra tant et si bien qu'en 1381, il délogea les Pratihara de Mandore, à 9 km au nord de l'actuelle Jodhpur. En 1459, Rao Jodha, chef des Rathor, décida d'ériger sur une crête rocheuse une énorme forteresse, Mehrangarh, autour de laquelle surgit Jodhpur, la cité de Jodha.

Située sur la principale route marchande entre Delhi et le Gujarat, la ville de Jodhpur tira sa prospérité du commerce de l'opium, du bois de santal, des dattes et du cuivre. Le clan rajput des Rathor contrôlait un vaste territoire appelé Marwar (le "pays de la Mort"), en raison de sa topographie et de son climat hostile. Leur royaume s'étendait jusqu'à la région de l'actuelle frontière indo-pakistanaise, à l'ouest, avec Mewar (Udaipur) au sud, Jaisalmer au nord-ouest, Bikaner au nord, et Jaipur et Ajmer à l'est.

À voir et à faire

♥ **Mehrangarh** FORT
(www.mehrangarh.org). Forteresse imprenable érigée à la verticale d'un piton rocheux qui s'élève à plus de 120 m au-dessus des toits de Jodhpur, Mehrangarh est un prodige architectural. Entouré de remparts mesurant entre 6 et 36 m de hauteur, le fort fut directement taillé dans la roche, avec laquelle il ne fait qu'un. Propriété des descendants du maharaja de Jodhpur, il est imprégné d'histoires et de légendes. Vous n'aurez pas besoin d'un billet pour entrer dans le fort, mais il en faut un pour le musée.

Une ascension de 300 m depuis l'Hill View Guest House, dans la vieille ville, mène à l'entrée principale, **Jai Pol** (porte nord-est). Des auto-rickshaws y conduisent par une route sinueuse de 5 km (120 ₹ environ).

Jai Pol fut bâtie par le maharaja Man Singh en 1808, après sa victoire sur l'armée de Jaipur. Après la billetterie du musée et un petit café, on atteint **Dodh Kangra Pol** (XVIe siècle), porte extérieure du fort avant la construction de Jai Pol, portant encore les traces des boulets de canon de 1808. De là, la voie principale part vers la gauche et franchit **Imritia Pol** (XVIe siècle), puis **Loha Pol**, l'entrée originelle du fort, protégée des éléphants ennemis par des pointes en fer. Du côté intérieur de la porte, des empreintes de petites mains rappellent le *sati* des veuves des maharajas – les dernières à s'immoler furent les épouses de Man Singh, en 1843.

Derrière Loha Pol se trouvent un restaurant et **Surajpol**, qui donne accès au musée. Après la visite du musée, montez jusqu'aux **remparts**, jalonnés d'impressionnantes pièces d'artillerie. Le panorama est superbe. Les remparts ont été entourés de clôtures en 2016, après qu'un touriste y a trouvé la mort en prenant un selfie. Espérons que la mesure ne soit que temporaire, car la vue est spectaculaire.

À droite après Jai Pol, un sentier sinueux descend au **Chokelao Bagh**, un jardin rajput du XVIIIe siècle (où l'on peut se prélasser et lire à l'ombre des arbres), rénové et arboré, et à **Fateh Pol** (porte de la Victoire). En empruntant cette sortie, vous arrivez dans le quartier Navchokiya de la vieille ville.

♥ Mehrangarh Museum MUSÉE

(www.mehrangarh.org ; Indien/étranger avec audioguide 100/600 ₹, appareil photo/caméra 100/200 ₹, guide indien/langue étrangère 170/225 ₹ ; ⏲9h-17h). Ce musée, installé dans l'ancien palais du fort, constitue un magnifique exemple d'architecture rajput. Le réseau de cours et de salles présente un décor sculpté d'une telle finesse qu'on croirait du bois de santal finement ciselé. Les galeries qui bordent **Shringar Chowk** (cour de l'Onction) présentent une magnifique collection d'*howdah* (sorte de palanquins portés par des éléphants) et les palanquins de la cour de Jodhpur. L'audioguide (inclus) est disponible en 11 langues et délivré en échange d'une caution (passeport, carte bancaire).

Dans l'une des galeries proches de **Daulat Khana Chowk** sont exposés des étoffes, des peintures, des manuscrits, des coiffes et le sabre de l'empereur moghol Akbar ; la seconde galerie abrite l'armurerie. À l'étage, on découvre une fabuleuse **collection de miniatures** de l'école du Marwar et le beau **Phul Mahal** (palais des Fleurs), du XVIIIe siècle. Ses peintures murales du XIXe siècle représentent les 36 ambiances des *raga* classiques, ainsi que des portraits royaux ; il fallut 10 ans à l'artiste pour créer ces tableaux à partir d'un curieux mélange de feuilles d'or, de colle et d'urine de vache.

Des décorations de Noël ornent le beau plafond de **Takhat Vilas**, l'ancienne chambre à coucher du maharaja Takhat Singh (règne 1843-1873), qui avait 30 épouses et d'innombrables concubines. On arrive ensuite dans le spacieux *zenana*, dont les fenêtres ajourées (derrière lesquelles les femmes pouvaient observer les cours sans être vues) représenteraient plus de 250 motifs différents. Le quartier des femmes abrite la **galerie des berceaux** (Cradle Gallery), où sont présentés les somptueux berceaux des princes, ainsi que le **Moti Mahal** (palais de la Perle), édifice du XVIIe siècle décoré de magnifiques vitraux, consacré aux *durbar* (audiences publiques), où se déroulaient les réunions et les réceptions officielles.

Rao Jodha Desert Rock Park PARC

(☎9571271000 ; www.raojodhapark.com ; Mehrangarh ; 100 ₹, guide 200 ₹ ; ⏲7h-19h avr-sept, 8h-18h oct-mars). Ce parc de 72 ha – un modèle d'écotourisme – se cache à l'abri de Mehrangarh. Il a été soigneusement rénové et planté d'espèces endémiques pour présenter la diversité naturelle de la région. Le parc est sillonné de sentiers conduisant aux remparts, autour du lac Devkund, et vers des endroits où l'on peut observer oiseaux, papillons et reptiles. Pour un meilleur aperçu de la faune et de la flore, engagez l'un des excellents guides.

Les balades sont reposantes. Venez tôt le matin ou en fin d'après-midi pour profiter de températures plus agréables. Le centre des visiteurs, très bien conçu, abrite un café.

Jaswant Thada ÉDIFICE HISTORIQUE

(Indien/étranger 15/50 ₹, appareil photo/caméra 25/50 ₹, guide 50 ₹ ; ⏲9h-17h). Ce mémorial en marbre blanc dédié au maharaja Jaswant Singh II déploie une étonnante succession de dômes au-dessus d'un petit lac, à 1 km au nord-est de Mehrangarh. La sérénité du site contraste avec l'agitation de Jodhpur – la vue sur la ville et le fort est superbe. Construit en 1899, le cénotaphe possède de splendides *jali* (cloisons de marbre treillissées) et

Jodhpur

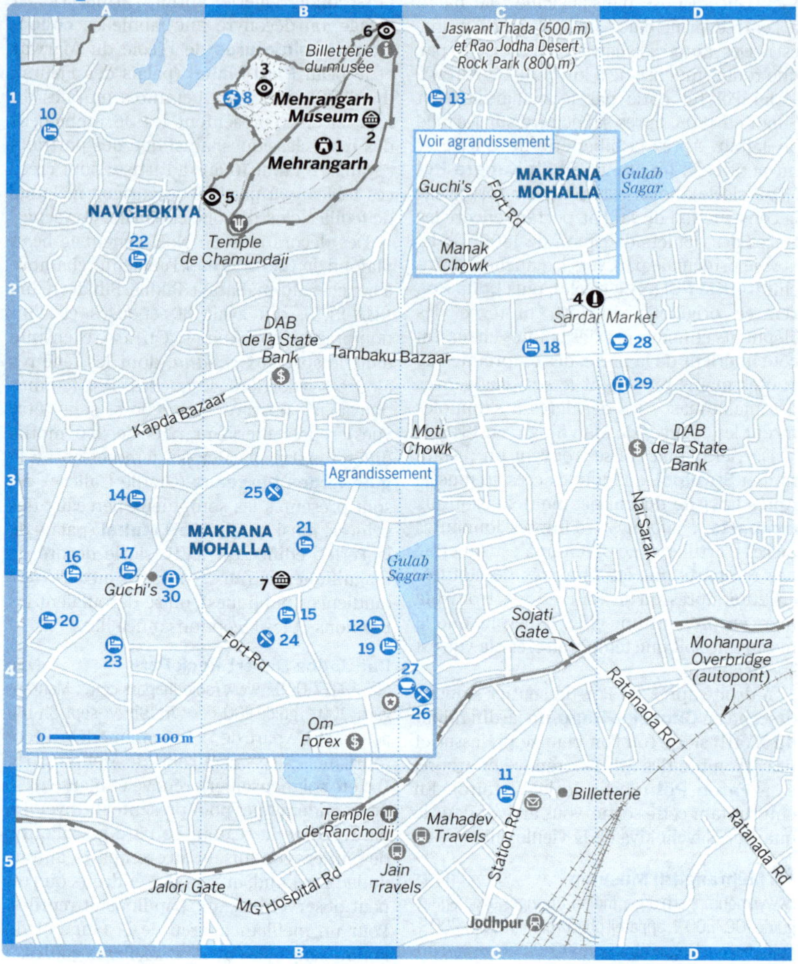

est orné de portraits de souverains Rathor datant du XIIIe siècle. Repérez le mémorial du paon qui vola dans le bûcher funéraire.

Palais d'Umaid Bhawan PALAIS

(musée Indien/étranger 50/100 ₹ ; ⏲musée 9h-17h). Un auto-rickshaw vous conduira à ce palais érigé sur une colline, à 3 km au sud-est de la vieille ville. Le descendant du maharaja, Gaj Singh II, y vit toujours. Édifié à partir de 1929, l'édifice de 365 salles fut conçu par l'architecte britannique Henry Lanchester pour le maharaja Umaid Singh. Il fallut 3 000 ouvriers, 15 ans et quelque 11 millions de roupies pour le terminer. Construit sans mortier, le bâtiment a nécessité pour son aménagement intérieur 100 wagons de marbre de Makrana et de teck birman. Le luxueux projet royal avait, semble-t-il, un dessein philanthropique : fournir du travail pendant une période de terrible sécheresse. La majeure partie du palais a été transformée en hôtel de luxe.

Les simples touristes ne sont pas autorisés à pénétrer dans la résidence royale ou dans l'hôtel, mais peuvent visiter le musée, aménagé dans une partie du bâtiment. Y sont conservées des photos de l'élégant

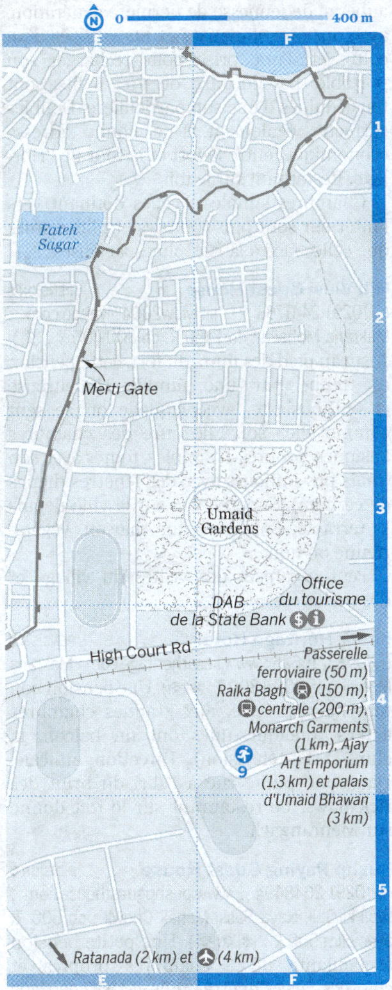

Jodhpur

Les incontournables
- 1 Mehrangarh B1
- 2 Mehrangarh Museum B1

À voir
- 3 Chokelao Bagh B1
- 4 Tour de l'Horloge C2
- 5 Fateh Pol B2
- 6 Jai Pol B1
- 7 Tunwarji ka Jhalra B4

Activités
- 8 Flying Fox B1
- 9 Sambhali Trust F4

Où se loger
- 10 Cosy Guest House A1
- 11 Govind Hotel C5
- 12 Haveli Inn Pal B4
- 13 Hill View Guest House C1
- 14 HosteLavie A3
- 15 Hotel Haveli B4
- 16 Kesar Heritage Hotel A3
- 17 Krishna Prakash Heritage Haveli A3
- 18 Nirvana Home C2
- 19 Pal Haveli B4
- 20 Pushp Paying Guest House A4
- 21 Raas B3
- 22 Singhvi's Haveli A2
- 23 Yogi Guest House A4

Où se restaurer
- Indique .... (voir 19)
- 24 Jhankar Choti Haveli B4
- 25 Jharokha B3
- Nirvana .... (voir 18)
- 26 Stands d'omelettes C4

Où prendre un verre et faire la fête
- 27 Cafe Sheesh Mahal C4
- Govind Hotel .... (voir 11)
- 28 Shri Mishrilal Hotel D2
- Stepwell Cafe .... (voir 7)

Achats
- 29 MV Spices D2
- 30 Sambhali Boutique A4

intérieur Art déco du palais et une collection excentrique de montres. Ne manquez pas les voitures de collection étincelantes appartenant au maharaja ; elles sont garées devant le musée, à côté de la porte d'entrée.

Tunwarji-ka-Jhalra — ÉDIFICE HISTORIQUE

(puits à degrés ; Makrana Mohalla). GRATUIT Ce puits à degrés (appelé aussi *baori* ou *wav*) aux formes géométriques a été rénové après avoir servi de dépotoir pendant plusieurs décennies. Ses lignes pures et ses eaux claires où nagent des poissons fascinent les voyageurs. C'est un lieu merveilleux, où s'asseoir et observer le paysage, et le café adjacent (p. 176) vous incitera peut-être à vous attarder un peu plus encore.

Tour de l'Horloge — MONUMENT

Point de repère de la vieille ville, la tour de l'Horloge, centenaire, est entourée par le Sardar Market, un marché vibrant de couleurs, de mouvements et de sons. Des portes triples en marquent l'entrée nord et sud, d'où rayonnent les ruelles sinueuses de la vieille ville. En allant vers l'ouest, on pénètre dans le cœur commerçant de la vieille ville, jalonné de ruelles bondées et de marchés de légumes, d'épices, de douceurs, d'argent et d'objets artisanaux.

Flying Fox TYROLIENNES
(www.flyingfox.asia ; adulte/enfant 1 900/1 600 ₹ ; ⏲9h-17h). Ce circuit de 6 tyroliennes franchit des murs, des bastions et des lacs du côté nord de Mehrangarh. Un bref entraînement est effectué avant le départ. Les mesures de sécurité sont bonnes : ceux qui ont osé ont adoré ! Flying Fox possède un comptoir près de la billetterie principale ; le point de départ est situé dans le Chokelao Bagh. Les circuits durent jusqu'à 1 heure 30, suivant la taille du groupe. Réservez en ligne pour obtenir une réduction.

Fêtes et festivals

Rajasthan International Folk Festival MUSIQUE
(www.jodhpurriff.org ; ⏲sept/oct). L'excellent Rajasthan International Folk Festival consiste en 5 jours de concerts d'artistes indiens et internationaux à Mehrangarh.

Jodhpur Flamenco & Gypsy Festival MUSIQUE
(www.jfgfestival.com ; Mehrangarh ; ⏲avr). Le Jodhpur Flamenco & Gypsy Festival, en avril, se tient dans le cadre extraordinaire de Mehrangarh.

Marwar Festival ARTS DE LA SCÈNE
(⏲sept/oct). En septembre ou octobre, Jodhpur accueille la **fête du Marwar**, au cours de laquelle on peut assister à des matchs de polo et à une parade de dromadaires.

Où se loger

La vieille ville compte une centaine de pensions. La plupart se disputent les clients dès qu'ils approchent du Sardar Market.

Si vous le demandez à l'avance, de nombreux établissements viendront vous chercher à la gare routière ou ferroviaire, même la nuit. La meilleure solution pour rejoindre les hébergements de la vieille ville consiste à se faire déposer près de la tour de l'Horloge et à continuer à pied.

Vieille ville (Sardar Market)

HosteLavie AUBERGE DE JEUNESSE $
(☎0291-2611001 ; www.hostelavie.com ; Killi Khana, Fort Rd ; dort 400-450 ₹, ch 1 600 ₹ ; 📶). Une auberge de jeunesse de dernière génération, avec dortoirs climatisés et lits équipés d'un coffre et d'une prise pour recharger son portable. Les dortoirs, de 4 et 6 lits, sont tous équipés d'une sdb particulière. Doubles correctes également. Une bonne adresse économique, entre le fort et la tour de l'Horloge. Restaurant sur le toit.

Chambres simples ; celles donnant vers l'intérieur sont plus sombres et plus calmes que celles face à la rue, plus spacieuses.

Hill View Guest House PENSION $
(☎0291-2441763 ; hill_view2004@yahoo.com ; Makrana Mohalla ; dort 150 ₹, ch 300-700 ₹ ; 📶). Juste au pied des murs du fort, cette pension est tenue par une famille chaleureuse et enthousiaste, avec laquelle on se sent comme chez soi. Elle offre des chambres basiques, propres et simples, toutes avec sdb (mais pas toujours avec des fenêtres dignes de ce nom). Superbe vue sur la ville depuis la terrasse. Bonne cuisine maison, végétarienne ou non.

Peut organiser des visites du village et des méharées.

Kesar Heritage Hotel PENSION $
(☎9983216625 ; www.kesarheritage.com ; Makrana Mohalla ; ch 900-1 800 ₹ ; ❄📶). Une pension bon marché appréciée, aux grandes chambres aérées (quelques-unes ont un balcon, la clim et la télévision). Direction amicale. Dans une petite rue à l'abri du bruit des rickshaws. Le restaurant sur le toit donne sur Mehrangarh.

Pushp Paying Guest House PENSION $
(☎0291-2648494 ; www.pushpguesthouse.com ; Pipli-ki-Gali, Naya Bass, Manak Chowk ; ch 600 ₹, avec clim 900 ₹ ; ❄@📶). Une petite pension accueillante de 5 chambres propres et colorées, avec fenêtres. Elle est située dans une ruelle étroite, mais le restaurant sur le toit jouit d'un point de vue privilégié sur Mehrangarh. Le propriétaire, Nikhil, prépare une excellente cuisine végétarienne (plats 30-90 ₹). Il peut aussi envoyer un rickshaw à la gare ferroviaire pour vous conduire à la pension moyennant 60 à 100 ₹.

Yogi Guest House PENSION $
(☎0291-2643436 ; www.yogiguesthouse.com ; ch 800 ₹, avec clim 1 500-1 900 ₹ ; ❄📶). Au pied des remparts du fort, ce vénérable établissement loue des chambres à bas prix et de catégorie moyenne aménagées dans un *haveli* peint en bleu vieux de 500 ans. L'endroit est convivial et les chambres sont

propres et bien tenues. Ravissant restaurant sur le toit-terrasse, qui bénéficie d'une superbe vue.

Krishna Prakash Heritage Haveli HÔTEL HISTORIQUE $$
(0291-2633448 ; www.kpheritage.com ; Nayabas ; ch avec petit-déj 1 550-3 850 ₹ ;). Au pied du fort, cet hôtel plus que centenaire de plusieurs étages offre un cadre paisible et un excellent rapport qualité/prix. Beau mobilier sculpté et peintures murales colorées. Les chambres sont bien proportionnées ; les *deluxe* sont un peu plus élégantes, en général plus spacieuses, et situées aux étages supérieurs pour bénéficier de l'air frais. Piscine ombragée et restaurant sur la terrasse décontractée.

Transferts gratuits depuis les gares ferroviaire et routière ; parking si vous êtes motorisé.

Haveli Inn Pal HÔTEL HISTORIQUE $$
(0291-2612519 ; www.haveliinnpal.com ; Gulab Sagar ; ch avec petit-déj 3 500-4 680 ₹ ;). Il faut emprunter l'entrée du Pal Haveli pour accéder à cet hôtel, qui dispose de chambres aménagées dans une aile sur la droite du majestueux *haveli*. L'établissement est plus modeste mais confortable, et les chambres les plus chères ont vue sur le lac ou le fort. Bon restaurant sur un toit avec vue à 360°, un cran au-dessous de l'Indique (p. 176). Transferts gratuits depuis les gares ; réductions souvent possibles pour les personnes qui occupent seules une chambre.

Hotel Haveli HÔTEL $$
(Haveli Guesthouse ; 0291-2614615 ; www.hotelhaveli.net ; Makrana Mohalla ; s/d à partir de 1 465/1 815 ₹ ;). Dans un édifice vieux de 250 ans qui se tient à l'intérieur de la ville fortifiée, cet établissement est efficace et sympathique. Les chambres ont chacune un décor différent ; la plupart disposent de banquettes de fenêtres et d'une vue sur le fort. Le restaurant sur le toit, le Jharokha (p. 176), bénéficie d'une superbe vue et propose des divertissements tous les soirs. En face du magnifique puits à degrés restauré Tunwarji-ka-Jhalra.

Nirvana Home HÔTEL $$
(0291-5106280 ; www.nirvana-home.com ; 1er ét., mandir de Tija Mata ka, Tambaku Bazaar ; s/d à partir de 1 200/1 600 ₹, ste 3 000 ₹ ;). Cet hôtel offre l'occasion rare de dormir sur le site d'un temple et d'un ancien palais. Situé dans un bazar animé, il loue des chambres réparties autour d'une ravissante cour intérieure égayée de plantes en pot, avec plafonds sculptés et peintures murales. Équipements modernes.

Pal Haveli HÔTEL HISTORIQUE $$$
(0291-3293328 ; www.palhaveli.com ; Gulab Sagar ; ch avec petit-déj 5 935-11 115 ₹ ;). Le plus magnifique *haveli* de la vieille ville, édifié par le *thakur* (noble) de Pal en 1847. Distribuées autour d'une cour centrale fraîche, ses 21 chambres sont spacieuses et décorées avec soin, dans le style traditionnel. La famille qui le gère pourra vous montrer son petit musée. Le restaurant sur le toit, l'Indique (p. 176), est l'un des meilleurs de la ville et ouvre sur un panorama de choix.

Raas BOUTIQUE-HÔTEL $$$
(0291-2636455 ; www.raasjodhpur.com ; Tunwarji-ka-Jhalra ; ch avec petit-déj 19 000-41 000 ₹ ;). Aménagé dans une demeure du XIXe siècle, il s'agit du premier hôtel de charme contemporain à Jodhpur. C'est une magnifique retraite, à l'abri d'une porte princière, au cadre dépouillé et rehaussé d'un éclairage subtil. Touches luxueuses dans les chambres en pierre rouge et terrazzo. La plupart ont un balcon donnant sur Mehrangarh – également visible depuis la piscine, posée dans le jardin soigné. Deux restaurants et un spa haut de gamme.

Vieille ville (Navchokiya)

Cosy Guest House PENSION $
(9829023390, 0291-2612066 ; www.cosyguesthouse.com ; Chuna Ki Choki, Navchokiya ; ch 400-1 550 ₹, sans sdb 250 ₹ ;). Adresse sympathique à l'emplacement enchanteur, cette maison d'un bleu éclatant, vieille de 500 ans, se distingue par un mélange éclectique de chambres, des plus spartiates aux plus confortables. Donnez au conducteur de votre rickshaw l'adresse Navchokiya Rd, d'où la pension est indiquée, ou appelez le génial propriétaire, monsieur Joshi.

Singhvi's Haveli PENSION $$
(0291-2624293 ; www.singhvihaveli.com ; Ramdevji-ka-Chowk, Navchokiya ; ch 700-2 800 ₹ ;). Ce *haveli* familial en grès rose, vieux de plus de 500 ans, est une merveille. Tenu par deux frères sympathiques, il compte 13 chambres, de la plus simple à la splendide suite "Maharani", aux 10 fenêtres avec vue sur le fort. Paisible restaurant végétarien avec coussins au sol et tentures où déguster des *thali* rajasthanis.

Quartier de la gare ferroviaire

Govind Hotel HÔTEL, PENSION $
(☎0291-2622758 ; www.govindhotel.com ; Station Rd ; dort 250 ₹, s/d à partir de 800/900 ₹, s/d avec clim à partir de 1 400-1 600 ₹ ; ❄@📶). Un hôtel bien conçu, avec un service soigné, un cybercafé et un emplacement pratique, près de la gare ferroviaire. Toutes les chambres sont propres et carrelées, avec d'assez belles sdb. Restaurant sur le toit et café (Govind Hotel, Station Rd ; ⏲10h-22h) ; excellents expressos et gâteaux.

Où se restaurer

Stands d'omelettes CUISINE DE RUE $
(omelettes à partir de 25 ₹ ; ⏲10h-22h). De chaque côté de la porte nord du Sardar Market, ces deux stands sont en compétition pour attirer le client, avec un vaste choix de délicieuses omelettes à petits prix – les deux sont satisfaisants et tenus par des patrons sympathiques. Trois savoureux œufs durs épicés coûtent 15 ₹ ; comptez 30 ₹ pour une omelette au fromage et au massala avec 4 tranches de pain.

♥ **Indique** INDIEN $$
(☎0291-3293328 ; Pal Haveli Hotel ; plats 250-400 ₹ ; ⏲11h-23h). Sur le toit du bel hôtel Pal Haveli, ce restaurant éclairé aux chandelles est idéal pour un dîner romantique, avec vue sur le fort, la tour de l'Horloge et le palais d'Umaid Bhawan. Le menu comprend les habituels tandoori, *biryani* et curries d'Inde du Nord ; le *laal maans* est un délice. Si le cœur vous en dit, demandez au barman de vous préparer un gin tonic avant le dîner !

Nirvana INDIEN $$
(☎0291-5106280 ; 1er ét., mandir de Tija Mata ka, Tambaku Bazaar ; plats 130-200 ₹ ; ⏲9h-22h). Installé sur le site d'un temple et d'un ancien palais, le Nirvana possède un café orné de peintures anciennes représentant le *Ramayana*, et un restaurant sur le toit (vue panoramique). Sa cuisine indienne végétarienne est l'une des plus délicieuses de la région. Le *thali* spécial, très copieux, convient pour deux. Petits-déjeuners continentaux et indiens servis dans le café.

Jhankar Choti Haveli INDIEN, INTERNATIONAL $$
(☎9828031291 ; Makrana Mohalla ; plats 130-360 ₹ ; ⏲8h-22h ; ❄📶). Murs en pierre et fauteuils en rotin dans une cour arborée, boiseries joliment peintes et ventilateurs ronronnants : voici planté le décor de ce restaurant semi-extérieur prisé des voyageurs. Côté restauration : de bons mets indiens végétariens, des pizzas, des burgers et des plats au fromage fondu. Il possède aussi une salle climatisée et une terrasse sur le toit pour des repas avec vue.

On the Rocks INDE DU NORD $$
(☎0291-5102701 ; Circuit House Rd ; plats 130-375 ₹ ; ⏲12h30-15h30 et 19h30-23h). Ce restaurant, situé dans un jardin à 2 km au sud-est de la vieille ville, a la faveur des familles et des groupes de touristes. Cuisine savoureuse – curries riches et onctueux, grillades... Aire de jeux et bar aux allures de caveau (11h-23h) avec piste de danse (couples uniquement).

Jharokha INDIEN $$$
(☎0291-2614615 ; www.hotelhaveli.net ; Hotel Haveli, Makrana Mohalla ; plats 225-355 ₹ ; ⏲8h-23h). La terrasse sur le toit de l'Hotel Haveli accueille ce restaurant huppé, avec serveurs en uniforme, vin indien et bière espagnole. À la carte : d'excellents plats végétariens et non végétariens, notamment des spécialités rajasthanies, comme le *govind gatta* (beignets de fromage frais et de farine de pois chiches dans une sauce curry au yaourt), et curries d'Inde du Nord ; l'*aloo Simla mirch* (poivrons verts et pommes de terre dans une sauce épicée) est une valeur sûre.

Où prendre un verre et faire la fête

♥ **Shri Mishrilal Hotel** CAFÉ
(Sardar Market ; lassi 30 ₹ ; ⏲8h30-22h). Juste derrière la porte sud du Sardar Market, ce café sans prétention concocte de délicieux *lassi makhania*, crémeux à souhait.

♥ **Cafe Sheesh Mahal** CAFÉ
(Pal Haveli Hotel ; café à partir de 100 ₹ ; ⏲9h30-21h). Dans cet établissement climatisé, les amateurs de café apprécieront les grands crus et l'attention portée au précieux breuvage. En cas de petite faim, vous pourrez déguster des crêpes devenues quasiment légendaires.

Stepwell Cafe CAFÉ
(☎0291-2636455 ; Tunwarji-ka-Jhalra ; café à partir de 120 ₹ ; ⏲12h-22h30 ; 📶). À côté du Tunwarji-ka-Jhalra, un puits à degrés superbement restauré, ce café moderne sert des expressos, des gâteaux et des plats italiens. C'est un

lieu parfait pour se détendre et regarder les enfants sauter dans l'eau.

Achats

À Jodhpur, le choix d'artisanat rajasthani donne le tournis. Les boutiques sont regroupées autour du Sardar Market et dans Nai Sarak. Le marchandage est de rigueur ! La ville est aussi connue pour ses antiquités.

MV Spices ALIMENTATION
(www.mvspices.com ; 107 Nai Sarak ; 9h-21h). Le magasin d'épices le plus réputé de Jodhpur (et la concurrence est rude !) compte plusieurs petites succursales en ville (notamment une échoppe devant l'entrée du fort et une autre à Mehrangarh), tenues par les sept filles du fondateur de la boutique d'origine. Comptez environ 100-500 ₹ pour 100 g ; les propriétaires vous enverront des recettes de cuisine par e-mail pour utiliser au mieux les épices.

Sambhali Boutique MODE ET ACCESSOIRES
(Killi Khana ; 10h-19h). Cette intéressante petite boutique vend des articles réalisés par des femmes ayant étudié l'artisanat avec le **Sambhali Trust** (0291-2512385 ; www.sambhali-trust.org ; c/o Durag Niwas Guest House, First Old Public Park, Raika Bagh, Jodhpur), qui œuvre pour la valorisation du statut des jeunes filles et des femmes défavorisées. Jolis pantalons *salwar*, adorables éléphants et chevaux en soie ou en tissu, bracelets en perles de céramique, sacs en soie, et rideaux et foulards en mousseline imprimés au tampon.

LES JODHPURS DE JODHPUR

Élément bien connu des passionnés de chevaux partout dans le monde, les jodhpurs sont des culottes d'équitation – généralement de couleur crème – assez larges au-dessus du genou et resserrées autour du mollet, jusqu'à la cheville. On raconte qu'à l'origine, sir Pratap Singh, célèbre homme politique, soldat et homme de cheval originaire de Jodhpur, aurait créé ces pantalons pour son équipe de polo. Lorsqu'il amena ses hommes en Angleterre en 1897, la forme du vêtement fit sensation à Londres et se répandit aux quatre coins de la planète.

Si vous avez envie d'acquérir une pièce authentique fabriquée dans le berceau du jodhpur, direction **Monarch Garments** (9352353768 ; www.monarch-garments.com ; A-13 Palace Rd ; 10h30-20h45), une boutique en face de la route d'accès menant au palais d'Umaid Bhawan. Vous pourrez acheter un pantalon standard ou vous en faire tailler un sur mesure en 2 jours. Ce n'est bien sûr pas donné (à partir de 9 000 ₹).

Ajay Art Emporium ANTIQUITÉS
(Palace Rd ; 10h-19h). Répliques de meubles et d'antiquités rajasthanies de bonne qualité.

Renseignements

Il y a des DAB internationaux un peu partout, excepté dans la vieille ville.

Bureau de poste principal (Station Rd ; 9h-16h lun-ven, 9h-15h sam, vente de timbres 10h-15h dim)

Guchi's (Killikhana, Naya Bass, Makrana Mohalla ; Internet 50 ₹/heure ; 8h-22h). Vente de titres de transport, location de véhicule, connexion Internet rapide et nombreux renseignements sur les activités et les sites à voir, en particulier sur l'organisation d'excursions à Osian.

Office du tourisme (0291-2545083 ; High Court Rd ; 9h-18h lun-ven). Le personnel répond volontiers aux questions. Plan gratuit.

Om Forex (Sardar Market ; Internet 30 ₹/heure ; 9h-22h). Change les espèces et fait office de cybercafé.

Depuis/vers Jodhpur

AVION

L'aéroport se trouve à 5 km au sud du centre-ville. Comptez environ 400/150 ₹ en taxi/auto-rickshaw.

Jet Airways (0291-2515551 ; www.jetairways.com ; aéroport de Jodhpur) et **Indian Airlines** (0291-2510758 ; www.indian-airlines.nic.in ; 2 West Patel Nagar, Circuit House Rd, Ratanader) desservent chaque jour Delhi et Mumbai.

BUS

Bus publics

Les bus publics partent de la **gare routière centrale** (Raika Bagh), juste en face de la gare ferroviaire de Raika Bagh. Marchez en direction de l'est le long d'High Court Rd, puis tournez à droite sous le petit tunnel. Des liaisons sont assurées notamment avec :

Ajmer (pour Pushkar) 207 ₹, avec clim 447 ₹, 5 heures, départ toutes les heures jusqu'à 18h30

Bikaner 243 ₹, 5 heures 30, départs fréquents de 5h à 18h

PRINCIPAUX TRAINS AU DÉPART DE JODHPUR

DESTINATION	TRAIN	DÉPART	ARRIVÉE	TARIFS
Ajmer (pour Pushkar)	54801 *Jodhpur-Ajmer Fast Passenger*	7h	12h35	185/510 ₹
Bikaner	14708 *Ranakpur Exp.*	9h50	15h35	210/530 ₹
Delhi	12462 *Mandor Exp.*	19h50	6h40	380/986 ₹
Jaipur	14854 *Marudhar Exp.*	9h45	15h30	250/625 ₹
Jaisalmer	14810 *Jodhpur-Jaisalmer Exp.*	23h	6h	215/565 ₹
Mumbai	14707 *Ranakpur Exp.*	14h45	9h40	485/1 270 ₹

Tarifs : *sleeper*/3AC

Jaipur 336 ₹, avec clim 730 ₹, 7 heures, départs fréquents de 4h45 à minuit
Jaisalmer 266 ₹, 5 heures 30, 10/jour
Mount Abu (Abu Road) 271 ₹, 7 heures 30, 9/jour jusqu'à 21h30
Osian 62 ₹, 1 heure 30, départ toutes les 30 min jusqu'à 22h
Rohet 47 ₹, 1 heure, départ toutes les 15 min
Udaipur 273 ₹, avec clim 604 ₹, 7 heures, 10/jour jusqu'à 18h30

Pour les bus privés, vous pouvez réserver par l'intermédiaire de votre hôtel, mais il est moins cher de s'adresser directement aux différentes compagnies, dans la rue en face de la gare ferroviaire de Jodhpur. **Jain Travels** (☎ 0291-2643832 ; www.jaintravels.com ; MC Hospital Rd ; ⏲7h-23h) est fiable, tout comme **Mahadev Travels** (☎ 2633927 ; MG Hospital ; ⏲7h-22h). Les bus partent de la gare routière en dehors de la ville, mais les compagnies assurent un transfert gratuit (habituellement un auto-rickshaw collectif) depuis leur billetterie. Quelques exemples de liaisons :

Ajmer (pour Pushkar) 180 ₹, 5 heures, au moins 6/jour
Bikaner siège/couchette 220/320 ₹, 5 heures, au moins 5/jour
Jaipur siège/couchette 260/380 ₹, 7 heures 30, 5/jour
Jaisalmer 300 ₹, 5 heures 30, départ toutes les heures
Mount Abu (direct) siège/couchette 315/550 ₹, 7 heures 30, 1/jour

TAXI

Vous pourrez louer un taxi pour circuler en ville ou faire de longs trajets par l'intermédiaire de votre hébergement ou directement auprès du chauffeur. Il y a une station de taxis devant la gare ferroviaire. Comptez 12 ₹/km (pour un véhicule non climatisé), avec 250 km au minimum par jour. Le chauffeur demandera au moins 100 ₹ pour une nuit sur place et facturera son trajet retour.

TRAIN

La **billetterie ferroviaire** (Station Rd ; ⏲8h-20h lun-sam, 8h-13h45 dim), informatisée, est à 300 m au nord-est de la gare de Jodhpur. Le guichet 786 vend les billets attribués au quota touristique.

Ajmer (pour Pushkar) *sleeper*/3AC 185/510 ₹, 5 heures 30, 2/jour (6h35 et 19h)
Bikaner *sleeper*/3AC 210/530 ₹, 5 heures 30 à 7 heures, 5-8/jour (7h25, 7h40, 9h50, 10h30, 10h55, 14h25, 16h35 et 20h10)
Delhi *sleeper*/3AC 380/986 ₹, 11 à 14 heures, 4/jour (6h35, 11h15, 19h50 et 21h15)
Jaipur *sleeper*/3AC 250/625 ₹, 5 à 6 heures, 6-12/jour de 6h10 à minuit
Jaisalmer *sleeper*/3AC 215/565 ₹, 5 à 7 heures, 3/jour (5h20, 7h25, 17h50 et 23h)
Mumbai *sleeper*/3AC 485/1270 ₹, 16 à 19 heures, 2-6/jour (5h35, 14h45, 18h20, 18h45, 19h20 et 23h55) ; tous passent par Abu Rd pour Mount Abu (4 heures 30)
Udaipur Il n'y a pas de train direct ; il faut changer à Marwar Junctions

ℹ Comment circuler

Malgré ce que prétendent certains chauffeurs d'auto-rickshaw, le trajet entre le quartier de la tour de l'Horloge et les gares ferroviaires ou la gare routière centrale coûte environ 60-80 ₹. Quelques compagnies ont des taxis fiables, aux tarifs fixes, que l'on peut réserver.

Environs de Jodhpur

Villages du Sud

Plusieurs villages traditionnels jalonnent la route de Pali et ses environs, au sud-est de Jodhpur. La plupart des hôtels et pensions de Jodhpur organisent des circuits, souvent appelés "safaris des villages bishnoï". Les Bishnoï appartiennent à une école

PASSAGE DE FRONTIÈRE : DE JODHPUR À KARACHI, AU PAKISTAN

Pour Karachi (Pakistan), le 14889 *Thar Express*, aussi appelé *Jodhpur-Munabao Link Express*, quitte la gare de Bhagat Ki Kothi, à 4 km au sud de la gare principale de Jodhpur, à 1h chaque samedi. Il faut arriver à la gare 6 heures avant le départ – soit autant de temps que pour rejoindre Munabao (vers 7h), à la frontière. Après de longues formalités douanières, il faut changer pour un train pakistanais à destination de Karachi (à condition d'avoir un visa pakistanais), qui arrive vers 2h le dimanche. Le voyage se fait uniquement en *sleeper* (500 ₹ environ de Jodhpur à Karachi). En sens inverse, un train pakistanais quitte Karachi vers 23h le vendredi, puis le train indien n°14890 part de Munabao à 19h le samedi, pour atteindre Jodhpur à 23h50. Lors de notre passage, les autorités françaises, belges, suisses et canadiennes déconseillaient formellement de se rendre au Pakistan. Consultez les conseils aux voyageurs mis en ligne par les autorités de votre pays (p. 806). Il n'est actuellement pas possible de réserver ce train en ligne : vous devez vous rendre à la gare.

hindouiste suivant, depuis 500 ans, les enseignements du gourou Jambheshwar, qui fut conscient de l'importance de protéger l'environnement bien avant que l'écologie ne devienne populaire. Autour des villages bishnoï, les visiteurs sont souvent surpris par le nombre et l'audace des animaux, tels les antilopes cervicapres, les nilgauts, les *chinkara* (gazelles) et les renards du Bengale. Chaque année, en septembre, **Khejadali** commémore le sacrifice perpétré par 363 villageois, en 1730, pour protéger leurs *khejri* ; on peut voir un bosquet de ces arbres devant le mémorial aux victimes, dans le village.

À **Guda**, un village bishnoï, les habitants pratiquent traditionnellement l'élevage. Il y a un petit lac (plein uniquement après une bonne mousson), où l'on peut voir des oiseaux migrateurs comme les grues demoiselles, et des mammifères tels les antilopes cervicapres et les *chinkara*, surtout au coucher du soleil lorsqu'ils viennent s'abreuver.

Le village de **Salawas** est spécialisé dans le tissage de beaux *dhurrie* (tapis), un métier pratiqué dans de nombreux autres villages. Une coopérative de 42 familles tient le **Roopraj Dhurry Udyog** (☎0291-2896658 ; rooprajdurry@sify.com ; ⏲aube-crépuscule), dont les bénéfices reviennent aux artisans. Un *dhurrie* de 1 x 1,50 m coûte 3 000 ₹ au minimum (le tarif est basé sur les heures de travail de deux tisserands, avec un salaire de 50 ₹/jour pour chacun). D'autres familles réalisent des impressions au tampon.

Les circuits des villages bishnoï depuis Jodhpur durent généralement 4 heures et coûtent environ 800 ₹ par personne. Ceux organisés par Deepak Dhanraj, de **Bishnoi Village Safari** (☎9829126398 ; www.bishnoi-villagesafari.com ; demi-journée 800 ₹/pers), ont de bons retours, mais beaucoup d'autres agences en proposent.

Osian

☎02922 / 12 550 HABITANTS

À 65 km au nord de Jodhpur, cette ville ancienne du désert du Thar fut un important centre marchand du VIIIe au XIIe siècle. Alors connue sous le nom d'Upkeshpur, elle était sous la domination des jaïns, très prospères, qui y laissèrent des temples finement sculptés, encore en très bon état.

Le **temple de Mahavira** (Indien/étranger gratuit/10 ₹, appareil photo 100 ₹ ; ⏲6h-20h30) renferme une représentation du 24e *tirthankara* (grand maître jaïn), réalisée avec du sable et du lait. Le **temple de Sachiya Mata** (⏲6h-19h15) est un impressionnant ensemble fortifié où viennent prier les jaïns et les hindous.

Tous les ans, en septembre-octobre, Osian, en partenariat avec Jodhpur, accueille la fête du Marwar (p. 174), une manifestation pittoresque de musique et de danse avec costumes traditionnels.

Prakash Bhanu Sharma, un prêtre brahmane de belle prestance, accueille les pèlerins dans une **pension** (☎9414440479, 02922-274331 ; s/d sans sdb 400/600 ₹) proche du temple de Mahavira. Le **Safari Camp Osian** (☎9928311435 ; www.safaricamposian.com ; tente d avec dîner, petit-déj et balade à dos de dromadaire à partir de 9 000 ₹) est un hébergement en tente, plus chic.

Circuits organisés

Gemar Singh SAFARIS
(☎9460585154 ; www.hacra.org ; environ 2 050 ₹/pers/jour, minimum 2 pers). Gemar Singh

organise des nuits chez l'habitant, du camping, des randonnées à dos de dromadaire, des marches dans le désert et des excursions en 4x4 dans la région désertique d'Osian, ainsi que dans les villages rajput et bishnoï. Ses formules sont appréciées des voyageurs. On pourra venir vous chercher à la gare routière d'Osian, ou à Jodhpur.

Depuis/vers Osian

Des bus fréquents circulent entre Jodhpur et Osian (62 ₹, 1 heure 30). D'autres bus relient la ville au départ de Phalodi (83 ₹, 2 heures).

Jaisalmer

☎ 02992 / 65 480 HABITANTS

Aucun lieu n'évoque aussi bien le mystère du désert et l'exotisme des routes marchandes parcourues de caravanes de dromadaires que le fort de Jaisalmer. Ce gigantesque château doré s'élevant au-dessus d'étendues de sable, tel un mirage des temps passés, est à couper le souffle. Quatre-vingt-dix-neuf bastions encerclent ses rues sinueuses toujours habitées. Là se côtoient des boutiques emplies de broderies colorées, un palais royal et de nombreux commerces ravis de vous délester de quelques roupies. Malgré le mercantilisme ambiant, il est difficile de ne pas s'extasier devant cette citadelle du désert. Enserrées par les remparts, surtout au nord, les étroites ruelles de la vieille ville cachent de somptueux *haveli*, taillés dans le même grès couleur miel que le fort – d'où le surnom de Jaisalmer : la "ville dorée".

Encore moribonde il y a une cinquantaine d'années, Jaisalmer est une cité isolée, mais certainement pas oubliée : il s'agit même de l'une des principales destinations touristiques du Rajasthan.

Histoire

Jaisalmer fut fondée en 1156 par un souverain du clan rajput des Bhati dénommé Jaisal. Les Bhati, qui descendraient de Krishna, régnèrent sur la région jusqu'à l'indépendance, en 1947.

Les premiers siècles de l'histoire de Jaisalmer furent tumultueux, en partie parce que ses dirigeants pratiquaient le pillage pour renflouer leurs caisses. Au XVIe siècle, la ville prospéra grâce à sa position stratégique sur la route des caravanes entre l'Inde et l'Asie centrale. Elle finit par établir des relations cordiales avec l'Empire moghol. Au milieu du XVIIe siècle, Maharawal Sabal Singh annexa les régions qui dépendent aujourd'hui des districts de Bikaner et de Jodhpur, offrant à la principauté de Jaisalmer son territoire le plus vaste.

Sous l'administration britannique, le développement du transport maritime (notamment par le port de Bombay – Mumbai) et du chemin de fer mena au déclin de Jaisalmer, qui vit diminuer sa population. La Partition de 1947 et la fermeture des routes commerciales vers le Pakistan auraient pu sceller son sort. Pourtant, les guerres indo-pakistanaises de 1965 et de 1971 soulignèrent une fois encore son importance stratégique. Depuis les années 1960, le canal Indira Gandhi, qui dessert le Nord, a fourni au désert l'eau qui lui manquait.

Aujourd'hui, l'apport économique du tourisme rivalise avec celui des bases militaires.

À voir

♥ Fort (ou citadelle) de Jaisalmer FORTERESSE

Quelque 3 000 habitants résident aujourd'hui dans l'enceinte du fort. D'étroites ruelles sinueuses sont bordées de maisons et de temples, ainsi que d'une foule de boutiques d'artisanat, de pensions et de restaurants. L'entrée se fait du côté est, près de Gopa Chowk, par quatre portes massives qui jalonnent la route en zigzags conduisant à sa partie supérieure. La dernière porte s'ouvre sur la place formant le centre du fort, **Dashera Chowk**.

Érigé en 1156 par le souverain rajput Jaisal, et consolidé par ses successeurs, le fort de Jaisalmer fut au centre de plusieurs guerres entre les Bhati, les Moghols de Delhi et les Rathor de Jodhpur. La structure du fort connaît des problèmes d'affaissement, dus à une consommation d'eau excessive liée à la fréquentation touristique.

♥ Palais du Maharaja PALAIS

(Indien/étranger avec audioguide obligatoire 100/500 ₹, appareil photo 100 ₹ ; ⏲8h-18h avr-oct, 9h-18h nov-mars). Dominant la place principale du fort et en partie construit sur la partie supérieure de la quatrième porte (Hawa Pol), cet élégant palais de 7 étages était jadis la résidence royale. Les points forts du parcours sont le Rang Mahal (chambre à coucher de Mulraj II, souverain du XVIIIe siècle), orné de miroirs et de peintures, une galerie de sculptures

ARRIVER À JAISALMER

À l'arrivée des bus en provenance de Jodhpur, une myriade de rabatteurs attendent les visiteurs pour les diriger vers les pensions ou les hôtels qui leur versent une commission. Certains peuvent même vous aborder avant que le bus quitte Jodhpur ; d'autres effectuent tout ou partie du trajet depuis Jodhpur, ou bien montent environ 1 heure avant l'arrivée à Jaisalmer. Si un auto-rickshaw présente une pancarte avec le nom de l'hébergement que vous avez choisi, prenez la course gratuite qu'il propose (en vérifiant qu'elle est bien gratuite). Sinon, ne croyez jamais un conducteur qui prétend vous déposer "où vous voulez" pour quelques roupies, ou annonce que votre hôtel est plein, fermé ou "n'est plus ce qu'il était".

Ne vous laissez pas tenter par des offres de chambres à des prix aussi dérisoires que 100 ₹. Les établissements qui affichent ce genre de tarifs n'ont sans doute qu'une idée en tête : vous inscrire le plus vite possible à l'une de leurs excursions à dos de dromadaire. Si vous refusez ce service, le prix de la chambre risque de flamber subitement ou on vous dira sans doute que l'hôtel est complet.

Les rabatteurs sont moins nombreux dans les trains, mais la même cohue mercantile attend les passagers à la sortie de la gare.

finement ouvragées du XVe siècle (offertes par les bâtisseurs des temples), et le superbe panorama à 360° que l'on découvre du toit. L'une des pièces accueille une curieuse collection de timbres des anciens États rajput. Repérez le balcon sculpté en saillie sur la façade est du palais. C'est de là que les tambours donnaient l'alerte en cas de siège. On peut également voir de nombreuses pierres rondes empilées sur les remparts, prêtes à rouler sur les ennemis. Le palais est en grande partie ouvert au public. Étage après étage, les petites pièces illustrent la manière dont étaient conçus ces bâtiments pour épier le monde extérieur. Les portes reliant les pièces sont basses. Elles ne reflètent pas la stature des Rajput : c'était un moyen d'obliger les gens à adopter une posture voûtée et humble au cas où le *maharawal* se serait trouvé dans la pièce où ils pénétraient.

La dernière partie de la visite conduit du palais du roi (Raja-ka-Mahal) à celui de la reine (Rani-ka-Mahal), qui comporte une intéressante section sur les processions annuelles de Gangaur, organisées au printemps à Jaisalmer. La visite avec audioguide (disponible en 6 langues ; 1 heure 30) est intéressante ; elle est comprise dans le prix du billet, mais vous devrez laisser une caution (2 000 ₹ ou passeport/permis de conduire).

➡ **Temples jaïns**

(Indien/étranger 50/200 ₹, appareil photo 50 ₹ ; ⏲Chandraprabhu, Rikhabdev et Gyan Bhandar 8h-12h, autres temples 11h-12h). Dans le dédale du fort s'étend un bel ensemble de sept temples jaïns en grès mordoré, reliés entre eux, des XVe et XVIe siècles. Les horaires varient ; renseignez-vous auprès des gardiens. Le raffinement des sculptures, auxquelles la pierre chaude et douce donne une qualité exceptionnelle, rivalise avec celui des temples de Ranakpur et de Mount Abu. Retirez vos chaussures et vos effets en cuir avant d'entrer.

Le premier des temples, **Chandraprabhu** (où se trouve la billetterie), est dédié au 8e *tirthankara*, symbolisé par la Lune. Érigé en 1509, il recèle une impressionnante coupole entièrement couverte d'éléments sculptés. À droite du Chandraprabhu, le paisible **temple de Rikhabdev** est orné d'élégantes sculptures et de piliers joliment ouvragés représentant des apsaras et des divinités.

Derrière Chandraprabhu, un magnifique torana où culmine l'image d'un *tirthankara* donne accès au Parasnath. Une porte au sud mène au petit **Shitalnath**, dédié au 10e *tirthankara*, dont on peut voir une statue en huit métaux précieux. Dans le mur nord, une porte ouvre sur la remarquable salle du **Sambhavanth**, faiblement éclairée ; sur le parvis, des prêtres jaïns broient du bois de santal destiné aux rites. Un escalier descend vers le **Gyan Bhandar**, fascinante petite bibliothèque souterraine créée en 1500, qui abrite d'inestimables manuscrits anciens illustrés. Les temples de **Shantinath** et de **Kunthunath**, construits en 1536, sont ornés de sculptures sensuelles. Des horaires de visite restreints sont prévus pour les non-jaïns. Les temples sont en revanche ouverts toute la journée pour les fidèles.

Jaisalmer

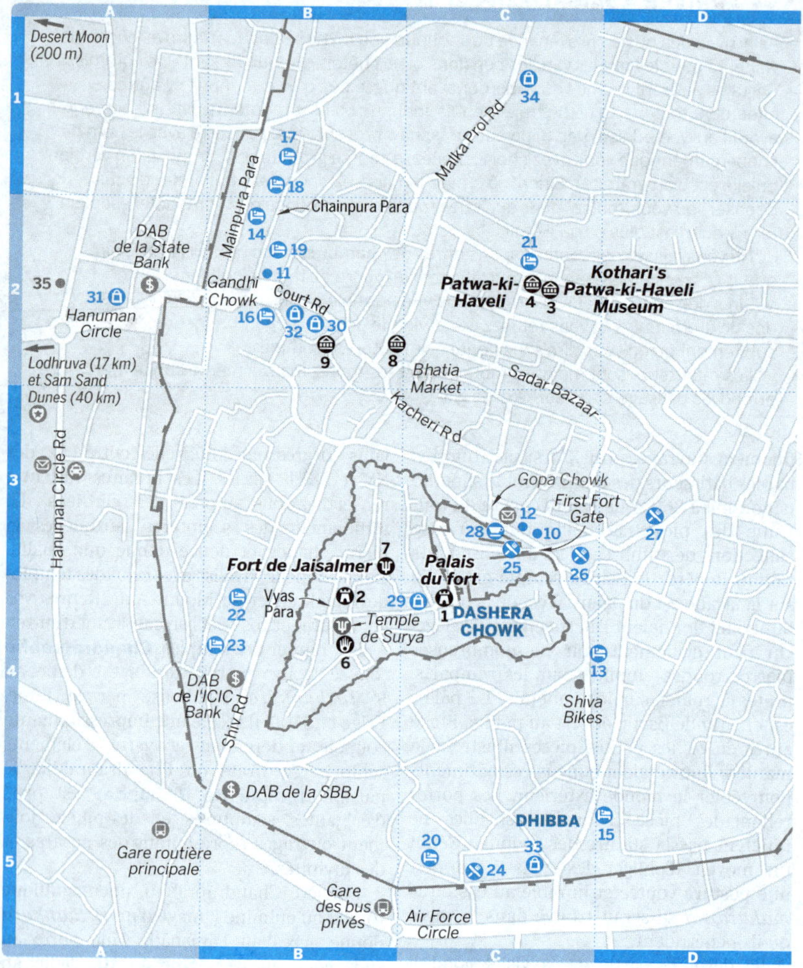

Temple de Laxminarayan (Lakshmi Narayan) — TEMPLE HINDOU

Ce temple hindou, plus sobre que ses homologues jaïns, est coiffé d'un dôme au décor étincelant. Les dévots offrent des céréales, distribuées ensuite devant le temple. Une architrave en argent repoussé entoure l'entrée du sanctuaire intérieur, où une statue disparaît sous les guirlandes.

♥ Patwa-ki-Haveli — ÉDIFICE HISTORIQUE

(sections gouvernementales Indien/étranger 50/200 ₹ ; ⌚9h-18h). Le plus beau *haveli* de Jaisalmer, à la haute façade exhibant une véritable dentelle de pierre couleur miel, domine une étroite ruelle. Il fut construit entre 1800 et 1860 par cinq frères jaïns, riches marchands de brocards et de bijoux, et consiste en réalité en 5 *haveli*, aujourd'hui 5 "sections". La première abrite la riche collection privée du **Kothari's Patwa-ki-Haveli Museum** (Indien/étranger 100/250 ₹ ; ⌚9h-18h), consacré au mode de vie du XIXe siècle ; c'est la seule qui vaut le prix de l'entrée.

Parmi les autres sections figurent deux "musées" gouvernementaux pratiquement vides et deux espaces privés occupés par des boutiques.

Jaisalmer

Les incontournables
1 Palais du fort C4
2 Fort de Jaisalmer B4
3 Kothari's Patwa-ki-Haveli Museum C2
4 Patwa-ki-Haveli C2

À voir
5 Desert Cultural Centre & Museum E4
6 Temples jaïns B4
7 Temple de Laxminarayan B3
8 Nathmal-ki-Haveli B2
9 Thar Heritage Museum B2

Activités
10 Sahara Travels C3
11 Thar Desert Tours B2
12 Trotters C3

Où se loger
13 1st Gate Home Fusion D4
14 Arya Haveli B2
15 Hotel Gorakh Haveli D5
16 Hotel Nachana Haveli B2
17 Hotel Pleasant Haveli B1
18 Hotel Renuka B1
19 Hotel Swastika B2
20 Hotel Tokyo Palace C5
21 Killa Bhawan Lodge C2
22 Roop Mahal B4
23 Shahi Palace B4

Où se restaurer
1st Gate Home Fusion .... (voir 13)
24 Desert Boy's Dhani C5
25 Jaisal Italy C3
26 Monica Restaurant C3
27 Natraj Restaurant D3
Saffron .... (voir 16)

Où prendre un verre et faire la fête
28 Bhang Shop C3

Achats
29 Bellissima C4
30 Desert Handicrafts Emporium B2
31 Gandhi Darshan Emporium A2
32 Jaisalmer Handloom B2
33 Khadi Gramodyog Bhavan C5
34 Zila Khadi Gramodan Parishad C1

Transports
35 Hanuman Travels A2
Swagat Travels .... (voir 35)

Nathmal-ki-Haveli ÉDIFICE HISTORIQUE
(don à l'entrée ; 8h-19h). Édifié à la fin du XIXe siècle, ce *haveli*, qui appartenait autrefois à un ministre en chef, est toujours en partie habité. Outre sa haute façade, richement sculptée, il comprend de superbes peintures au 1er étage, pour lesquelles 1,5 kg de feuille d'or a été utilisé. Les ailes droite et gauche, œuvres de deux frères qui rivalisèrent en virtuosité, se ressemblent sans être identiques. Des éléphants de grès gardent l'entrée.

Desert Cultural Centre & Museum MUSÉE
(Gadi Sagar Rd ; musée 50 ₹, appareil photo 50 ₹, billet combiné musée et spectacle de marionnettes 100 ₹ ; musée 10h-18h, spectacle de marionnettes 18h30, 20h30). Cet intéressant petit musée et centre culturel du désert est dédié à l'histoire des États princiers du Rajasthan, avec notamment des sections consacrées à la

culture traditionnelle rajasthanie – musique (et vidéo), textiles, autel portatif (*kawad*) et une peinture sur rouleau (*phad*) illustrant l'histoire du héros rajasthani Pabuji, qui était employée par des poètes itinérants pour réciter ses exploits. Un **spectacle de marionnettes** (30 min, commentaire en anglais) est proposé chaque soir. Le billet comprend l'entrée au Jaisalmer Folklore Museum (musée des Traditions).

Thar Heritage Museum MUSÉE
(près de Court Rd ; 40 ₹, appareil photo 20 ₹ ; ⏲10h-20h). Le musée du Patrimoine du Thar (privé) possède une curieuse collection d'objets de la région de Jaisalmer (turbans, instruments de musique, fossiles et ustensiles de cuisine), et met en lumière les coutumes liées à la naissance, au mariage, au décès et... à l'opium. Son fondateur, l'historien et folkloriste L. N. Khatri, anime les lieux avec une visite guidée. Nous avons apprécié le jeu des serpents et des échelles, utilisé pour enseigner le voyage spirituel hindouiste. Si les portes sont fermées, vous trouverez M. Khatri dans sa boutique, le Desert Handicrafts Emporium, dans Court Rd.

Circuits organisés

L'office du tourisme (p. 188) propose des circuits au coucher du soleil sur les Sam Sand Dunes (200 ₹/pers, minimum 4 pers, plus 100 ₹ pour une courte balade à dromadaire). D'autres circuits permettent de visiter Amar Sagar, Lodhruva et Bada Bagh en voiture.

Où se loger

Si séjourner dans la citadelle peut paraître pittoresque, les hébergements à l'intérieur du fort – créés principalement pour les touristes – provoquent des dégâts irréparables au monument. C'est pourquoi nous ne les recommandons pas, d'autant qu'il existe quantité de bonnes adresses à l'extérieur de ses murs.

De belles remises sont accordées entre avril et août, quand la chaleur est insupportable. Certains hôtels économiques pratiquent la vente agressive de safaris à dos de dromadaire, et l'atmosphère peut se dégrader si vous n'acceptez pas leurs offres : si les tarifs des chambres semblent trop bas, il y a souvent une raison.

Arya Haveli PENSION $
(☎9782585337 ; www.aryahaveli.com ; Mainpura Para ; dort 175 ₹, avec clim 275 ₹, ch avec petit-déj 450-1 500 ₹ ; ❄📶). Dans cette pension refaite à neuf, bien équipée et impeccable, les chambres les moins chères donnent sur la cour intérieure et les meilleures possèdent un balcon. Le **Blues Cafe** sur le toit est parfait pour se détendre – bonne musique et cuisine délicieuse. Service attentif.

Hotel Tokyo Palace HÔTEL $
(☎02992-255483 ; www.tokyopalace.net ; Dhibba Para ; dort 150-200 ₹, s avec petit-déj 500-2 000 ₹, d avec petit-déj 900-3 000 ₹ ; ❄@📶🏊). Un hôtel bien géré par une équipe honnête, soucieuse du bien-être des voyageurs. Chambres de catégorie moyenne très propres, certaines avec de jolies banquettes de fenêtres, et nombreux hébergements pour les petits budgets ; dortoirs séparés pour les hommes et les femmes au sous-sol (les sdb sont à l'étage). Deux atouts supplémentaires : la piscine étincelante et le restaurant sur le toit-terrasse.

Roop Mahal HÔTEL $
(☎02992-251700 ; www.hotelroopmahal.com ; près de Shiv Rd ; ch 600-1 500 ₹ ; ❄📶). Cette option pour petits budgets se distingue par ses gérants dignes de confiance, une vue sur le fort depuis le café sur le toit, le Wi-Fi gratuit dans tout l'établissement et des chambres propres et spacieuses. Les moins chères n'ont que des ventilateurs et donnent sur l'intérieur ; les plus chères sont climatisées et ont une belle vue.

Desert Moon PENSION $
(☎9414149350, 02992-250116 ; www.desertmoon-guesthouse.com ; Achalvansi Colony ; s 600-1 200 ₹, d 900-1 800 ₹ ; ❄@📶). À la lisière nord-ouest de la ville, à 1 km de Gandhi Chowk, cette pension semble isolée en contrebas du site des Vyas Chhatri. Le chaleureux couple de propriétaires indo-néo-zélandais offre le transfert depuis les gares ferroviaire et routière. Les 11 chambres sont fraîches, propres et confortables, avec sol en pierre polie, décoration de bon goût et sdb impeccables.

Hotel Renuka HÔTEL $
(☎02992-252757 ; www.hotelrenuka.net ; Chainpura Para ; s/d 450/550 ₹, avec clim 850/950 ₹ ; ❄@📶). Réparties sur 3 niveaux, les chambres sont impeccables, et les plus belles sont dotées d'un balcon, d'une sdb et de la clim. L'accueil est toujours chaleureux au Renuka (ouvert depuis bientôt 30 ans), et le personnel connaît son affaire. Vue imprenable sur la citadelle depuis le bon restaurant du toit-terrasse. On viendra vous chercher gratuitement aux gares ferroviaire et routière.

Hotel Swastika HÔTEL $

(☎02992-252483 ; swastikahotel@yahoo.com ; Chainpura Para ; dort 100 ₹, s/d/tr 200/300/400 ₹, ch avec clim 600 ₹ ; ❄📶). Cet établissement bien tenu invite à la détente. Les chambres simples, calmes et propres, sont d'un bon rapport qualité/prix ; certaines ont un petit balcon. Nombreux restaurants alentour.

♥ **Hotel Nachana Haveli** HÔTEL HISTORIQUE $$

(☎02992-252110 ; www.nachanahaveli.com ; Goverdhan Chowk ; ch/ste avec petit-déj 3 950/4 950 ₹ ; ❄@📶). Vieux de 280 ans, ce *haveli* royal, aménagé autour de 3 cours (dont l'une dotée d'une fontaine) est un hôtel fascinant qui abrite un restaurant réputé, le Saffron. Couvertes de voûtes en pierre qui leur confèrent une ambiance médiévale, les chambres sont superbement décorées. Les espaces communs arborent quantité d'objets rajput, notamment des chaises à bascule et des tapis en peau d'ours.

Bien que central, l'hôtel est en retrait de la route, et ses murs en pierre vous assurent un sommeil réparateur.

Hotel Gorakh Haveli HÔTEL $$

(☎02992-252978 ; www.hotelgorakhhaveli.com ; Dhibba Para ; s/d 1 000/1 500 ₹, avec clim 1 500/2 500 ₹ ; ❄📶). Au sud du fort, cet hôtel moderne, construit en grès traditionnel, est agréablement décontracté et ponctué de jolies sculptures. Il possède de vastes chambres confortables et un restaurant de cuisine végétarienne internationale correct sur le toit (plats 30-150 ₹) avec vue sur le fort, bien entendu. Service agréable. Réduction de 30% sur les chambres en été.

Hotel Pleasant Haveli HÔTEL $$

(☎02992-253253 ; www.pleasanthaveli.com ; Chainpura Para ; ch à partir de 2 450 ₹ ; ❄📶). Un hôtel accueillant aux murs en pierres apparentes, tant à l'extérieur qu'à l'intérieur, et à l'agréable toit-terrasse occupé par un restaurant. Il compte quelques chambres seulement, spacieuses et colorées, avec clim et sdb modernes bien équipées. Bouteille d'eau offerte et transfert gratuit depuis/vers les gares.

Shahi Palace HÔTEL $$

(☎02992-255920 ; www.shahipalacehotel.com ; près de Shiv Rd ; ch 350-2 000 ₹ ; ❄@📶). Apprécié à juste titre, le Shahi Palace est un édifice moderne de style traditionnel. Il possède des chambres attrayantes aux murs en grès égayés de broderies colorées, et de lits en bois sculpté. Les moins chères sont principalement réparties dans 2 annexes de la rue, le **Star Haveli** et l'**Oasis Haveli**. Excellent restaurant sur le toit (plats 80-200 ₹).

♥ **1st Gate Home Fusion** BOUTIQUE-HÔTEL $$$

(☎02992-254462, 9462554462 ; www.1stgate.in ; First Fort Gate ; ch avec petit-déj à partir de 8 190 ₹ ; ❄@📶). Cet hôtel conçu par un Italien est le plus sophistiqué de la ville. Il arbore un décor dépouillé contemporain typique des boutiques-hôtels. Son emplacement garantit l'une des plus belles vues sur la forteresse, notamment depuis le restaurant-café à ciel ouvert. Les chambres sont immaculées. Tous les jours, minibar (boissons non alcoolisées), panier de fruits et eau en bouteille gratuits.

Killa Bhawan Lodge HÔTEL $$$

(☎02992-253833 ; www.killabhawan.com ; Patwa-ki-Haveli Chowk ; ch avec petit-déj à partir de 4 165 ₹ ; ❄📶). Près du Patwa-ki-Haveli, ce ravissant petit hôtel compte 5 grandes chambres joliment décorées et un agréable restaurant, le KB Café, sur le toit, avec le fort en ligne de mire. Thé et café gratuits toute la journée.

♥ **Suryagarh** HÔTEL $$$

(☎02992-269269 ; www.suryagarh.com ; Kahala Fata, Sam Rd ; ch/ste avec petit-déj à partir de 18 000/23 000 ₹ ; ❄@📶🏊). Roi incontesté de sa catégorie, le Suryagarh se dresse telle une forteresse sur la route de Sam, à 14 km à l'ouest de la ville. L'édifice flambant neuf construit dans le style traditionnel de Jaisalmer est organisé autour d'une immense cour et décoré de sculptures en pierre. Merveilleuse piscine intérieure et restaurant international, le Nosh (plats 650-800 ₹ ; non-résidents bienvenus). Les chambres mêlent à l'instar du reste de l'hôtel les styles traditionnel et contemporain.

C'est une adresse spectaculaire, qui propose en outre un large éventail d'activités et d'excursions, ainsi que des spectacles tous les soirs.

Où se restaurer et prendre un verre

♥ **1st Gate Home Fusion** ITALIEN, INDIEN $$

(☎02992-254462, 9462554462 ; First Fort Gate ; plats 220-460 ₹ ; ⏰7h30-10h30, 12h-15h et 19h-23h ; 📶🌱). Au-dessus du boutique-hôtel du même nom, ce restaurant installé sur plusieurs niveaux en plein air jouit d'une vue remarquable sur la citadelle. Au menu : plats végétariens indiens et italiens authentiques, ainsi que d'excellentes pizzas cuites

CIRCUITS À DOS DE DROMADAIRE AUTOUR DE JAISALMER

Explorer les alentours de Jaisalmer à dos de dromadaire est la plus belle façon de découvrir la vie du désert. Ne vous attendez pas à un océan de dunes : le désert du Thar se compose principalement de terres arides et broussailleuses ponctuées de villages et d'éoliennes, avec quelques dunes ici et là. En revanche, vous traverserez des champs de millet et croiserez, guidés par des bambins, des troupeaux de moutons et de chèvres dont les cloches tintinnabulent dans le silence du désert.

La plupart des circuits incluent un transfert en 4x4 vers des zones moins fréquentées. La promenade à dos de dromadaire se fait alors en deux phases de 2 heures (une avant le déjeuner, l'autre après). On ne peut pas vraiment parler de trekking, mais c'est une activité amusante. Une solution plus économique consiste à organiser la méharée non pas à Jaisalmer, mais dans la petite bourgade de Khuri (p. 190) à 48 km au sud-ouest. Des prestations similaires y sont proposées et vous serez déjà dans le désert au moment du départ.

Avant le départ

Les organisateurs se livrent une concurrence féroce, et les conditions varient considérablement de l'un à l'autre. La majorité des hôtels et des pensions organisent volontiers ce type de sorties pour leurs clients. Si beaucoup offrent des prestations satisfaisantes, certains ne recherchent que le profit et vous proposeront une excursion décevante. Quelques hébergements pour petits budgets tentent d'imposer "leur" safari aux résidents ; d'autres annoncent haut et fort "pas de safari imposé".

Une autre solution consiste à s'adresser directement à l'une des nombreuses agences réputées de Jaisalmer spécialisées dans les méharées, qui font de leur mieux pour satisfaire leurs clients. Renseignez-vous auprès d'autres voyageurs et contactez deux ou trois prestataires avant de vous décider.

Pour profiter pleinement de l'expérience, prévoyez au minimum une nuit dans les dunes, avec un départ de Jaisalmer dans l'après-midi et retour le lendemain matin ; généralement, vous passerez 1 heure 30 à 2 heures à dos de dromadaire chaque jour. Il existe aussi des méharées de plusieurs jours ou de plusieurs semaines. Plus l'expédition est longue, plus vous en apprendrez sur les villages, les oasis, la faune et les habitants du désert.

Les dunes les plus connues sont celles de Sam (à 40 km à l'ouest de Jaisalmer ; p. 189) ; elles sont immanquablement prises d'assaut le soir et rendent l'expérience peu enrichissante. Les dunes proches de Khuri sont également assez fréquentées au coucher du soleil, mais calmes le reste du temps. Toutes les agences vendent des excursions vers des zones "non touristiques" et "hors des sentiers battus". Ironie du sort, cela a contribué à ramener la tranquillité à Khuri, même si les visiteurs à la journée continuent de défiler à Sam.

Les tarifs classiques sont compris entre 1 200 et 2 500 ₹ par personne pour une excursion d'un jour et une nuit (départ le matin, retour le lendemain matin), transfert en 4x4 inclus. Sont habituellement compris dans le prix : les repas, l'eau minérale, les couvertures et parfois un petit matelas. Vérifiez qu'une monture est prévue pour chaque personne. Un tarif plus élevé se traduit par davantage de confort (tente, meilleurs repas, etc.), mais établissez toujours les conditions par écrit.

En partant de Jaisalmer dans l'après-midi pour revenir le lendemain matin, vous devriez obtenir un prix plus économique (1 000-1 500 ₹/pers). Une balade rapide dans les Sam Sand Dunes au coucher du soleil coûte environ 600 ₹ par personne, transfert en 4x4 inclus. Vous pourrez aussi prévoir un trek de 20 jours jusqu'à Bikaner. Comptez

au four à bois et un bon café italien corsé. En-cas et boissons disponibles en dehors des heures des repas (7h30 à 23h).

♥ Saffron INDIEN, INTERNATIONAL **$$**
(Hotel Nachana Haveli, Goverdhan Chowk ; plats 195-415 ₹ ; ⏲7h-23h). Sur le vaste toit-terrasse de l'Hotel Nachana Haveli, le Saffron est particulièrement attrayant le soir, avec ses salons particuliers et ses salles plus classiques. La cuisine indienne (végétarienne ou non) est succulente ; et l'italienne, presque aussi bonne. L'établissement sert de l'alcool.

de 1 200 à 2 000 ₹ par personne et par jour pour les circuits de plusieurs jours, selon les moyens engagés (4x4, charrette à dromadaire, etc.).

À emporter

Emportez un chapeau à large bord (ou un turban à la Lawrence d'Arabie), des pantalons, une chemise à manches longues, du répulsif contre les insectes, du papier toilette, une lampe, de la crème solaire, une gourde à bandoulière et des espèces (pour verser un pourboire au chamelier notamment). Un sac de couchage vous permettra de supporter les nuits froides, même si l'on vous affirme que des couvertures sont prévues. Il pleut parfois en été ; prévoyez le nécessaire.

Choisir un circuit

Nos recommandations ne doivent pas se substituer à vos propres recherches. Quelle que soit l'agence que vous choisirez, insistez pour que tous les déchets soient rapportés à Jaisalmer.

Sahara Travels (☎ 02992-252609 ; www.saharatravelsjaisalmer.com ; Gopa Chowk ; ⏲ 6h-20h). Désormais gérée par le fils de L. N. Bissa ("Mr. Desert"), cette agence est restée très professionnelle et honnête. Elle propose uniquement des circuits vers les zones "non touristiques". Pour une excursion avec départ à 9h et retour à 11h le lendemain, comptez 1 900 ₹ par personne, tout compris. Une alternative moins chère permet d'éviter le soleil de midi, avec départ à 14h et retour à 11h pour 1 500 ₹.

Trotters (☎ 9828929974 ; www.trotterjaisalmer.net ; Gopa Chowk ; ⏲ 5h30-21h). Cette agence est également très fiable, et les tarifs affichés dans le bureau sont clairs et détaillés. Elle organise des excursions vers des zones "en dehors des sentiers battus" et des balades plus économiques à Sam ou à Khuri. Pour un départ à 6h30, avec retour à 11h le lendemain, comptez de 1 950 à 2 450 ₹ par personne, tout compris.

Thar Desert Tours (☎ 91-9414365333 ; www.tharcamelsafarijaisalmer.com ; Gandhi Chowk ; ⏲ 8h30-19h30). Cette agence bien tenue facture 1 200 ₹ par personne et par jour avec eau et repas. Les prix sont ajustés en fonction des horaires des circuits (cinq personnes maximum par circuit). L'agence fait l'objet de commentaires très positifs. Les clients doivent payer 80% de la prestation à l'avance.

Dans le désert

Camper sous les étoiles et se rassembler autour d'un feu en écoutant les chants des chameliers constitue une expérience magnifique.

Une longue pause est toujours prévue à l'heure du déjeuner, lorsque la chaleur est accablante. Lors des haltes, les dromadaires sont dessellés et laissés sans entraves ; ils se roulent souvent dans le sable avant de s'éloigner pour brouter les buissons, tandis que les chameliers préparent le repas ou le *chai*. Tout le groupe se repose à l'ombre des arbres.

Gardez bien un œil sur vos affaires, notamment sur le chemin du retour. En cas de problème, n'hésitez pas à porter plainte auprès du **superintendant de la police** (☎ 02992-252233), à l'office du tourisme (p. 188) ou aux postes temporaires de la **Tourist Assistance Force** (Gadi Sagar Rd), derrière la First Fort Gate, sur la route d'accès au Gadi Sagar (lac).

Les chameliers s'attendent à un pourboire (vous pouvez donner jusqu'à 100 ₹/jour) ou à un cadeau à la fin du circuit : ne dérogez pas à la règle.

Monica Restaurant INDIEN, INTERNATIONAL **$$**
(Amar Sagar Pol ; plats 100-300 ₹, thali végétarien/non végétarien 175/375 ₹ ; ⏲ 8h-15h et 18h-23h). La vaste salle en plein air offre une petite vue sur le fort, mais si vous ne le voyez pas de votre table, consolez-vous avec les délicieux mets, végétariens ou non. La viande cuite au *tandoor* est particulièrement parfumée et succulente ; *thali* variés et salades fraîches.

Jaisal Italy ITALIEN **$$**
(First Fort Gate ; plats 180-290 ₹ ; ⏲ 7h30-23h ; ❄ 📶). Près de First Fort Gate, à l'intérieur des remparts, le Jaisal Italy affiche une bonne

carte italienne végétarienne, comportant *bruschette*, antipasti, pâtes, pizzas, salades et desserts, ainsi que des tortillas. Le tout est servi dans une salle au décor exotique (douillette en hiver, agréablement climatisée en été) ou sur une charmante terrasse, au-dessus des remparts inférieurs du fort, d'où s'ouvre une vue saisissante. L'établissement sert de l'alcool.

Desert Boy's Dhani INDIEN $$
(Dhibba Para ; plats 120-250 ₹, thali 400 ₹ ; ⌚11h-16h et 19h-23h ; ❄📶🖋). Ce restaurant occupe un jardin clos, avec des tables réparties autour d'une vaste cour pavée à l'ombre d'un grand arbre. Il y a aussi un espace couvert traditionnel et climatisé, où l'on s'installe sur des coussins. Spectacles de musique et de danse rajasthanies tous les soirs (20h-22h). Excellents plats végétariens du Rajasthan et du reste de l'Inde à petits prix.

Natraj Restaurant INDIEN, INTERNATIONAL $$
(Asani Rd ; plats 120-180 ₹ ; ⌚10h-22h ; 📶🖋). Le toit de ce restaurant donne sur la partie supérieure du Salim Singh-ki-Haveli voisin. La cuisine, strictement végétarienne, est toujours excellente, et le service est irréprochable. Les délicieux *dosa* (grandes crêpes salées) d'Inde du Sud sont très avantageux.

Bhang Shop CAFÉ
(Gopa Chowk ; lassi à partir de 150 ₹). Une adresse sans prétention, réputée pour ses *lassi* à base de *bhang* – une pâte de bourgeons et feuilles de cannabis mélangée avec du lait, du *ghee* (beurre clarifié) et des épices. Également à la carte : un choix de biscuits et gâteaux au *bhang* (au choix, moyen ou fort). Ici, le *bhang* est légal, mais tout le monde ne le supporte pas, soyez prudent. L'établissement sert également de l'alcool.

Achats

Jaisalmer est réputée pour ses magnifiques broderies, couvre-lits, tentures ornées de miroirs, lampes à pétrole, objets en pierre et antiquités. Soyez vigilant quand vous achetez des articles en argent, ce métal pouvant être mélangé avec du bronze.

Plusieurs boutiques de *khadi* (tissu) vendent des nappes, tapis et vêtements à prix fixe. Les motifs sont réalisés suivant diverses techniques – teinture par nœuds, impression au tampon, broderie, etc. Essayez **Zila Khadi Gramodan Parishad** (Malka Prol Rd ; ⌚10h-18h lun-sam), **Khadi Gramodyog Bhavan** (Dhibba ; ⌚10h-18h lun-sam) ou **Gandhi Darshan Emporium** (près d'Hanuman Circle ; ⌚11h-19h ven-mer).

Bellissima ART ET ARTISANAT
(Dashera Chowk ; ⌚8h-21h). À proximité de la place principale de la citadelle, ce petit magasin vend de superbes patchworks, broderies, peintures, sacs, tapis, housses de coussins et œuvres d'art rajasthanies. Les bénéfices sont utilisés pour aider des femmes divorcées, veuves ou en difficulté, des villages voisins.

Jaisalmer Handloom ART ET ARTISANAT
(Court Rd ; www.jaisalmerhandloom.com ; ⌚9h-22h). Un grand choix de dessus-de-lit, tapisseries, vêtements (confection sur mesure en soie possible) et autres textiles, réalisés sur place ou par des artisans extérieurs. Si vous cherchez un tapis de selle brodé pour chameau, c'est ici que vous trouverez votre bonheur.

Desert Handicrafts Emporium ART ET ARTISANAT
(Court Rd ; ⌚9h30-21h30). Parmi les innombrables boutiques d'artisanat, c'est l'une des plus originales. Bijoux, peintures, textiles divers et babioles en tout genre.

Renseignements

ARGENT

On trouve des DAB près d'Hanuman Circle, dans Shiv Rd, et à l'extérieur de la gare ferroviaire. Les bureaux de change officiels ne manquent pas autour de Gandhi Chowk.

OFFICE DU TOURISME

Office du tourisme (☎02992-252406 ; Gadi Sagar Rd ; ⌚9h30-18h). Personnel sympathique et plan de la ville gratuit.

POSTE

Bureau de poste (Gopa Chowk ; ⌚10h-17h lun-ven, 10h-13h sam). Juste devant la porte du fort. Vente de timbres et envoi de cartes postales.

Bureau de poste principal (Hanuman Circle Rd ; ⌚10h-17h lun-sam). À l'ouest du fort.

Depuis/vers Jaisalmer

AVION

Si le récent aéroport de Jaisalmer, à 5 km au sud de la ville, est resté inactif depuis sa construction, plusieurs signes montrent qu'il pourrait bientôt accueillir des vols intérieurs réguliers. **Supreme Airlines** (☎9820588749 ; www.supremeairlines.com) prévoyait d'affréter

PRINCIPAUX TRAINS AU DÉPART DE JAISALMER

DESTINATION	TRAIN	DÉPART	ARRIVÉE	TARIFS
Bikaner	12467 *Leelan Exp.*	23h55	5h20	250/625 ₹
Delhi	14660 *Jaisalmer-Delhi Exp.*	17h	10h55	450/1 205 ₹
Jaipur	14660 *Jaisalmer-Delhi Exp.*	17h	4h50	350/935 ₹
Jodhpur	14809 *Jaisalmer-Jodhpur Exp.*	6h45	13h	215/565 ₹

Tarifs : *sleeper*/3AC

un petit avion entre Delhi et Jaisalmer qui passerait par Bikaner. Renseignez-vous une fois sur place pour voir si la liaison existe.

BUS

Les bus de la RSRTC partent de la **gare routière principale** (Shiv Rd). Il existe des services vers Ajmer (430 ₹, 9 heures 30) et Jodhpur (266 ₹, 5 heures 30) tout au long de la journée. Des bus à destination de Khuri (39 ₹, 1 heure) partent d'un **arrêt** en retrait de Gadi Sagar Rd, sur Barmer Rd.

Plusieurs compagnies privées ont leur billetterie à Hanuman Circle. Les plus connues sont **Hanuman Travels** (☎9413362367) et **Swagat Travels** (☎02992-252557). Les bus partent de la **gare des bus privés** (Air Force Circle). Quelques liaisons :

Ajmer (pour Pushkar) siège/couchette 300/450 ₹, 9 heures, 2-3/jour

Bikaner siège/couchette 200/400 ₹, 5 heures 30, 3-4/jour

Jaipur siège/couchette 400/500 ₹, 11 heures, 2-3/jour

Jodhpur siège/couchette 200/400 ₹, 5 heures, départ toutes les 30 min entre 6h et 22h

Udaipur siège/couchette 350/450 ₹, 12 heures, 1-2/jour

TAXI

En taxi, l'aller simple coûte environ 4 500 ₹ jusqu'à Jodhpur, 4 500 ₹ jusqu'à Bikaner ou 8 000 ₹ jusqu'à Udaipur. Il y a une station de taxis au sud d'Hanuman Circle.

TRAIN

La **gare ferroviaire** (⏲billetterie 8h-20h lun-sam, jusqu'à 13h45 dim) est située à la lisière est de la ville, juste en retrait de la route de Jodhpur. Une billetterie est réservée aux étrangers.

Bikaner *sleeper*/3AC 250/625 ₹, environ 6 heures, 1-2/jour (1h10 et 23h55)

Delhi *sleeper*/3AC 450/1 205 ₹, 18 heures, 2-3/jour (0h45, 1h10, 17h) via Jaipur (12 heures)

Jaipur *sleeper*/3AC 350/935 ₹, 12 heures, 3/jour (0h45, 17h, 23h55)

Jodhpur *sleeper*/3AC 215/565 ₹, 5 à 6 heures, 3/jour (0h45, 6h45 et 17h)

ℹ Comment circuler

AUTO-RICKSHAW

Compter environ 40 ₹ de la gare ferroviaire à Gandhi Chowk.

VOITURE ET MOTO

On peut louer un taxi ou un 4x4 depuis la station à côté d'Hanuman Circle Rd. Pour Khuri, les Sam Sand Dunes ou Lodhruva, comptez 1 000-1 200 ₹ l'aller-retour, 1 heure d'attente comprise.

Shiva Bikes (First Fort Gate ; moto 500-2 000 ₹/jour ; ⏲8h-21h) est une agence agréée, louant des motos (dont des Royal Enfield Bullet) et des scooters adaptés à la visite de la ville et des sites voisins (casques et plans inclus).

Environs de Jaisalmer

Sam Sand Dunes

Sam Sand Dunes SITE

(50/80 ₹ par véhicule/dromadaire). Les excursions jusqu'aux Sam Sand Dunes, à 41 km à l'ouest de Jaisalmer par une bonne route goudronnée (entretenue par l'armée), sont très appréciées. Et ce n'est que justice : s'étendant sur quelque 2 km, ces dunes figurent parmi les plus belles de la région. Certains circuits prévoient une nuit sur place, mais l'endroit étant devenu une curiosité touristique majeure, ne vous attendez pas à être seul : au coucher du soleil, de nombreuses personnes arrivent, suivies d'une foule de chameliers proposant de courtes promenades. Une vingtaine de campements de tentes accueillent les touristes venus passer la nuit près des dunes. Si vous rêvez de tranquillité, loin de cette ambiance de champ de foire, ne venez pas entre la fin de l'après-midi et le petit matin.

Si vous souhaitez organiser votre virée dans les dunes une fois sur place, comptez 300 ₹ pour 1 heure de balade au coucher du soleil ; méfiez-vous, car certains chameliers demandent un supplément en cours de route.

Khuri

☎ 03014

Située à 48 km au sud-ouest de Jaisalmer, la petite bourgade de Khuri est entourée d'une vaste étendue de dunes attirant aussi leur lot de visiteurs au coucher du soleil. Quantité de campements plus modestes qu'à Sam y sont installés ; ils proposent des formules similaires. Il y a également quelques pensions à l'atmosphère décontractée dans le village, où vous logerez dans une hutte de style traditionnel, avec murs en pisé et toit de chaume. Vous pourrez faire des excursions à dos de dromadaire aux alentours, relativement déserts et isolés. Khuri se trouve dans le **Desert National Park**, qui couvre plus de 3 162 km² au sud-ouest de Jaisalmer et protège une partie de l'écosystème du désert du Thar et sa faune – renards du Bengale, chats sauvages, *chinkara*, nilgauts, ainsi que quelques oiseaux rares dont l'outarde à tête noire, menacée de disparition.

Notez que le système de commissions est bien établi dans les grands hébergements de Khuri. Si vous vous contentez d'une courte balade à dos de dromadaire dans les dunes, comptez environ 150 ₹ par personne.

Où se loger

♥ **Badal House** CHEZ L'HABITANT $

(☎8107339097 ; ch ou hutte 400 ₹/pers en pension complète). Vous logerez ici, en plein centre du village, chez une famille qui dispose de quelques huttes (murs en pisé et toit de chaume) très propres et de chambres (une avec des toilettes à la turque) impeccables, et profiterez d'une bonne cuisine maison. Ancien chamelier, Badal Singh est un homme charmant qui propose des safaris à dos de dromadaire avec nuit dans les dunes pour 600 ₹. Il ne verse pas de commission, contrairement à ce que disent des rabatteurs.

Depuis/vers Khuri

Vous pourrez prendre un bus local de Jaisalmer à Khuri (30 ₹, 1 heure) depuis une route juste à côté de Gadi Sagar Rd. Si vous partez à pied du fort de Jaisalmer en direction de la gare ferroviaire, prenez la deuxième à droite après l'office du tourisme, puis attendez à côté de l'arbre sur la gauche, à proximité du petit sanctuaire. Les bus passent ici vers 10h, 11h30, 15h30 et 16h.

Dans l'autre sens, les bus Khuri-Jaisalmer partent vers 8h, 9h, 10h30, 11h30 et 14h30.

Un taxi au départ de Jaisalmer coûtera au moins entre 1 200 et 1 500 ₹. Il faut payer le trajet retour même si vous restez sur place.

Bikaner

☎ 0151 / 644 400 HABITANTS

Poussiéreuse cité du désert, Bikaner constitue une halte appréciable, grâce à son fort et à son atmosphère survoltée. Moins touristique que bien des villes du Rajasthan, elle compte néanmoins un grand choix d'hôtels. Les méharées y attirent des voyageurs lassés par la cohue qui règne à Jaisalmer.

Histoire

Bikaner fut fondée en 1488 par Rao Bika, un fils de Rao Jodha (le fondateur de Jodhpur) ; ses descendants revendiquèrent par la suite l'héritage des Rathor. Étape importante sur les grandes routes caravanières, la ville se développa rapidement à partir de la fin du XVIe siècle et devint florissante grâce à des relations amicales avec les Moghols, dont elle suivit le déclin au XVIIIe siècle. Au XIXe siècle, la région accusait un net retard, mais elle parvint à se redresser en fournissant des dromadaires aux Britanniques pendant la première guerre anglo-afghane. En 1886, Bikaner fut le premier État princier du désert à se doter de l'électricité.

À voir

♥ **Junagarh** FORT

(Indien/étranger 50/300 ₹, caméra 150 ₹, audioguide 50 ₹, pièce d'identité requise ; ⏲10h-17h30, dernière entrée 16h30). Ce fort imposant fut édifié entre 1589 et 1593 par le raja Rai Singh, souverain de Bikaner et général de l'armée de l'empereur moghol Akbar. Une fois passée **Karan Pol** (carte p. 192), la porte du côté est, il faut en franchir trois autres pour atteindre la billetterie du palais-musée. Un audioguide bien conçu (pièce d'identité en caution) est disponible en français.

Érigé aux XVIIe et XVIIIe siècles et joliment décoré, le **Karan Mahal** était le Diwan-i-Am (salle des Audiences publiques) du palais. La construction de l'**Anup Mahal Chowk**, orné de *jarokha* (fenêtres en saillie) et de *jali* finement sculptés, fut commandée à la fin du XVIIe siècle par le maharaja Anup Mahal. Parmi les pavillons qui l'entourent, on peut voir le somptueux **Anup Mahal**, une salle des Audiences privées aux murs laqués de rouge et d'or, et le **Badal Mahal** (palais des Nuages), décoré de magnifiques peintures représentant des nuages bleus et des éclairs rouge et or.

Le **mandir de Gaj**, la suite du maharaja Gaj Singh (règne 1745-1787) et de ses deux épouses principales, compose un merveilleux ensemble de dorures, de peintures murales colorées, de bois de santal, d'ivoire, de miroirs, de niches et de vitraux. De là, on monte sur le toit du palais pour profiter du panorama avant de redescendre vers le magnifique **Ganga Durbar Hall** (1896), dont les murs en pierre rose sont couverts de fabuleux bas-reliefs. Vous arrivez ensuite dans le **bureau du maharaja Ganga Singh**, puis dans le **Vikram Vilas Durbar Hall**, où un bombardier De Havilland DH-9 de la Première Guerre mondiale tient la vedette.

Prachina Cultural Centre & Museum

MUSÉE

(Junagarh ; Indien/étranger 30/100 ₹ ; ⏲9h-18h). Installé dans la cour principale, en face de l'entrée du palais, ce musée fascinant se concentre sur l'influence qu'a eue le monde occidental sur la noblesse de Bikaner avant l'indépendance, avec notamment de la vaisselle anglaise et française, ainsi que des menus de 1936 et de beaux costumes, bijoux et textiles. Le musée sert aussi de cadre à des expositions sur les artisanats contemporains de Bikaner.

Vieille ville

QUARTIER

La vieille ville a conservé une atmosphère médiévale, en dépit de la multitude de motos et d'auto-rickshaws qui y circulent. Ce dédale de ruelles étroites et sinueuses dissimule un certain nombre de superbes *haveli* anciens, et quelques temples jaïns notables juste derrière le rempart sud, à 1,5 km au sud-ouest de la gare ferroviaire de Bikaner Junction. Vous ferez là une balade fascinante, au cours de laquelle vous finirez certainement par vous perdre. La vieille ville est entourée d'un mur du XVIIIe siècle, long de 7 km et ponctué de cinq portes ; l'entrée principale est **Kothe Gate**, une large porte caractérisée par ses trois arches.

♥ Temple de Bhandasar

TEMPLE JAÏN

(⏲5h-13h et 17h30-23h30). Des deux temples jaïns de Bikaner, celui-ci est particulièrement beau avec sa pierre jaune sculptée et ses peintures éclatantes. L'intérieur est éblouissant. Les colonnes comportent des arabesques florales et des représentations des vies des 24 *tirthankara* (grands maîtres jaïns). L'eau du mortier aurait été remplacée par 40 000 kg de *ghee* (beurre clarifié), et d'après les habitants, le sol suinte les jours de grosse chaleur. Le prêtre peut demander un don à l'entrée, bien qu'une organisation paie pour l'entretien du temple.

Circuits organisés

Camel Man

CIRCUITS ORGANISÉS

(☎9799911117, 9829217331, 0151-2231244 ; www.camelman.com ; Vijay Guest House, Jaipur Rd ; circuit demi-journée/journée/plusieurs jours à partir de 800/1 200/1 800 ₹). Pour des expéditions

CIRCUITS À DOS DE DROMADAIRE DANS LA RÉGION DE BIKANER

Bikaner est une excellente alternative à Jaisalmer pour les circuits à dos de dromadaire. Les organisateurs y étant moins nombreux, vous serez moins sollicité. Les excursions se déroulent généralement à l'est et au sud de la ville. Elles se concentrent sur les villages isolés dans le désert des peuples jat, bishnoï, meghwal et rajput. On y aperçoit des animaux remarquables : nilgauts, *chinkara*, renards du Bengale, fouette-queues et nombreux oiseaux, dont (de septembre à mars) la grue demoiselle.

La plupart des méharées durent 3 jours et 2 nuits, mais il est possible d'opter pour une promenade d'une demi-journée, d'une journée ou de 2 jours. Si vous souhaitez faire un long périple, Jaisalmer est à 2 semaines en trek. La meilleure période pour aller dans le désert dure d'octobre à février. De mi-avril à mi-juillet, la chaleur est insoutenable.

Les tarifs, de 1 800 à 2 500 ₹ par personne et par jour, incluent le camping sous la tente (matelas et couvertures fournis), les repas, l'eau minérale, un dromadaire par participant, une charrette pour transporter l'équipement (et parfois les personnes fatiguées) et les services d'un guide, ainsi que des chameliers. Beaucoup d'excursions partent de Raisar, à environ 8 km à l'est de Bikaner, ou de Deshnok, à 30 km au sud. Gagner le point de départ en bus plutôt qu'en 4x4 permet de réduire les coûts.

Bikaner

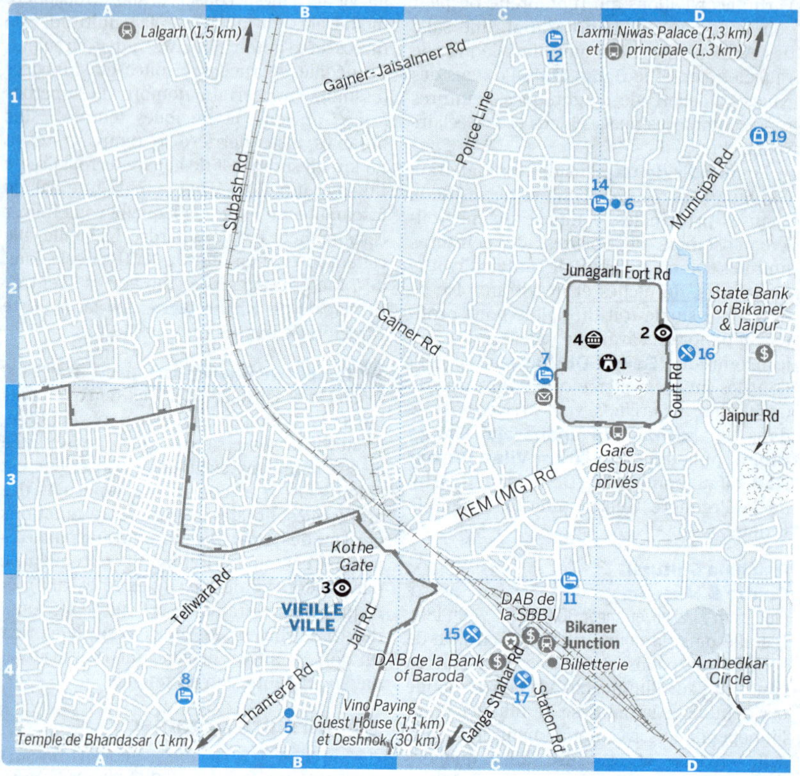

dans le désert, le prestataire le plus réputé à Bikaner en termes de qualité, fiabilité et transparence est Vijay Singh Rathore, alias Camel Man, installé à la Vijay Guest House.

Vino Desert Safari CIRCUITS ORGANISÉS
(☎0151-2270445, 9414139245 ; www.vinodesertsafari.com ; Vino Paying Guest House ; 1 jour et 1 nuit 2 500 ₹/pers, trek de plusieurs jours 1 500-2 000 ₹/pers et par jour). Agence prisée et établie de longue date, Vino Desert Safari est tenue par Vinod Bhojak, de la Vino Paying Guest House.

Vinayak Desert Safari CIRCUITS ORGANISÉS
(☎0151-2202634, 9414430948 ; www.vinayakdesertsafari.com ; Vinayak Guest House ; safari en 4x4 demi-journée 500 ₹/pers, journée ou plusieurs jours 900-2 000 ₹/pers). Vinayak Desert Safari est géré par un spécialiste de la faune, Jitu Solanki. Son safari se concentre sur les animaux du désert, notamment les énormes vautours moines (3 m d'envergure), qui évoluent en nombre dans la région, de novembre à mars.

Guide Gouri CIRCUITS ORGANISÉS
(☎0151-2543306, 9461159796 ; gouriguide@yahoo.in ; Shanti House, New Well, vieille ville ; 50 ₹/pers et par heure). Gouri est un guide cultivé basé dans la vieille ville, qui peut organiser des visites personnalisées de tous les sites connus de Bikaner et d'autres moins connus. Il possède également une petite pension.

Où se loger

♥ Vijay Guest House PENSION $
(☎0151-2231244, 9829217331 ; www.camelman.com ; Jaipur Rd ; ch 500-1 000 ₹, avec clim 1 200-1 500 ₹, ste 1 800 ₹ ; ❄📶). À 4 km à l'est du centre, cette pension confortable, dotée de chambres spacieuses et lumineuses, offre un accueil chaleureux et de bons repas maison. Le propriétaire, Vijay, est un spécialiste des méharées (p. 191). Navette gratuite depuis/vers les gares routière et ferroviaire.

Outre des balades à dromadaire, Vijay propose des visites des environs de Bikaner

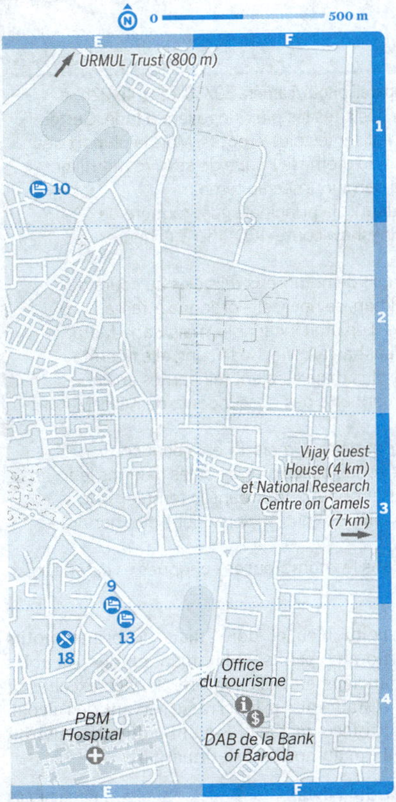

Bikaner

Les incontournables
1 Junagarh D2

À voir
2 Karan Pol D2
3 Vieille ville B4
4 Prachina Cultural Centre & Museum C2

Activités
5 Guide Gouri B4
6 Vinayak Desert Safari D2

Où se loger
7 Bhairon Vilas C2
8 Bhanwar Niwas A4
9 Chandra Niwas Guest House E3
10 Hotel Harasar Haveli E1
11 Hotel Jaswant Bhawan C4
12 Hotel Kishan Palace C1
13 Udai Niwas E4
14 Vinayak Guest House D2

Où se restaurer
15 Amberwalla C4
Café Indra .... (voir 13)
16 Gallops D2
17 Heeralal's C4
18 Road Runner Cafe E4
Shakti Dining .... (voir 18)

Achats
19 Bikaner Miniature Arts D1

en 4x4, et des circuits jusqu'à sa maison, dans le village reculé de Thelasar, au Shekhawati.

Vino Paying Guest House PENSION $
(☎9414139245, 0151-2270445 ; www.vinodesertsafari.com ; Ganga Shahar ; s 250-300 ₹, d 350-400 ₹ ; @ ≋). Une pension familiale et chaleureuse, à 3 km au sud de la gare ferroviaire principale (transfert gratuit), en face du temple de Gopeshwar. Il y a 6 chambres dans la maison et 6 autres dans des huttes en pisé, bien fraîches, réparties dans le jardin (piscine). Cette adresse confortable est également la base de l'un des organisateurs de méharées les plus connus à Bikaner (p. 191). Bon rapport qualité/prix, cuisine maison et cours de cuisine.

Vinayak Guest House PENSION $
(☎0151-2202634, 9414430948 ; vinayakguesthouse@gmail.com ; ch 400-800 ₹, avec clim 1 000 ₹ ; ❄@📶). Cette petite pension comporte 6 chambres (seau d'eau chaude uniquement dans certaines) différentes et propres, dans une maison familiale et paisible, assortie d'un jardinet. Transferts gratuits, bons plats maison, cours de cuisine et location de vélos (25 ₹/jour). À 500 m au nord de Junagarh. Le propriétaire dirige aussi Vinayak Desert Safari (p. 192), une agence dédiée aux méharées et aux circuits d'observation de la faune.

Chandra Niwas Guest House HÔTEL $
(☎0151-2200796, 9413659711 ; chandraniwas@yahoo.in ; Rangmanch Rd, Civil Lines ; ch 500 ₹, avec clim 800-1 500 ₹ ; ❄📶). Une petite pension accueillante dans un environnement relativement calme, mais qui reste néanmoins proche des principaux sites de Bikaner. Les chambres sont propres, confortables et ordonnées. Ravissant restaurant en terrasse où manger un *thali* végétarien/non végétarien à 180/250 ₹, avec cafétéria juste à côté.

Hotel Jaswant Bhawan HÔTEL $
(☎9001554746, 0151-2548848 ; www.hoteljaswantbhawan.com ; Alakh Sagar Rd ; ch

À NE PAS MANQUER

LE TEMPLE DES RATS

L'extraordinaire **temple de Karni Mata** (appareil photo/caméra 30/50 ₹ ; ⏲4h-22h) à Deshnok, à 30 km au sud de Bikaner, est l'un des sites les plus singuliers d'Inde. Certes, ses hordes de rongeurs sacrés peuvent déstabiliser les plus émotifs. Mais la plupart des voyageurs se rendant à Bikaner prennent tout de même le risque de se faire mordiller les chevilles et prévoient une excursion d'une demi-journée au temple.

Des bus assurent fréquemment la liaison depuis la principale gare routière de Bikaner. De Bikaner, un aller-retour en auto-rickshaw coûte 400-450 ₹ (1 heure d'attente comprise).

Karni Mata, qui vécut au XIVe siècle, accomplit de nombreux miracles au cours de son existence. Lorsque son plus jeune fils, Lakhan, se noya, elle ordonna à Yama, dieu de la Mort, de le ressusciter. Yama expliqua qu'il en était incapable, mais Karni Mata, une incarnation de Durga, parvint à ramener Lakhan à la vie. Ce faisant, elle décréta que les membres de sa famille ne mourraient plus mais seraient réincarnés en *kaba* (rats). Environ 600 familles de Deshnok affirment être des descendants de Karni Mata, susceptibles d'être réincarnés en *kaba*.

Le temple ne grouille pas à proprement parler de rats, mais il y en a beaucoup, en particulier dans les coins isolés et dans les zones où les prêtres et les pèlerins leur laissent de la nourriture. Oui, il faut se déchausser pour entrer dans le temple : voir un *kaba* courir sur vos pieds est signe de bon augure. Vous en serez peut-être honoré, que vous le vouliez ou non.

Vous trouverez de quoi boire et grignoter dans les nombreuses échoppes à l'extérieur.

1 000-1 600 ₹ ; ❄@📶). Un établissement calme et accueillant, tenu par des descendants de Premiers ministres de Bikaner. Petit jardin et confortable salon à l'ancienne orné de vieilles photos de famille. Les chambres climatisées sont spacieuses, simples et aérées. Bons repas sur place et cours de cuisine possibles. À deux pas de la gare ferroviaire principale (par la passerelle).

♥ **Bhairon Vilas** HÔTEL HISTORIQUE $$
(☎9928312283, 0151-2544751 ; www.bhaironvilas.tripod.com ; ch à partir de 1 500-2 000 ₹ ; ❄@📶🏊). Cette imposante résidence d'un ancien ministre en chef de Bikaner, à l'ouest de Junagarh, est gérée par son arrière-petit-fils. Les chambres sont pour la plupart vastes et savamment décorées d'antiquités, avec rideaux filetés d'or et vieilles photos de famille. L'établissement compte aussi un bar, un restaurant dans le jardin, une cafétéria et une boutique spécialisée dans les saris de mariage.

Possibilité d'organiser sur place des méharées et des visites avec des guides locaux.

Hotel Harasar Haveli HÔTEL $$
(☎0151-2209891 ; www.harasar.com ; ch 1800-2800 ₹ ; ❄📶). Cet hôtel moderne, dissimulé derrière la façade d'un ancien *haveli* en grès, offre un hébergement magnifique. Le cadre est somptueux : ici, pas de papier peint bleu et doré, mais de beaux motifs floraux peints à la main et des meubles anciens en bois sombre. Service excellent ; restaurant sur la terrasse servant de l'alcool. En face du Karni Singh Stadium, à environ 1 km au nord-est de Junargarh.

Udai Niwas CHEZ L'HABITANT $$
(☎9971795447, 0151-2223447 ; Rangmanch Rd, Civil Lines ; s/d 2 000/2 500 ₹ ; ❄). Un hébergement chez l'habitant sympathique et décontracté, derrière le Café Indra, qui lui est associé. Les chambres sont grandes et confortables. Vous pouvez choisir de manger les délicieux plats maison avec la famille si vous le souhaitez. Il vous est également possible d'y faire votre lessive.

Hotel Kishan Palace HÔTEL $$
(☎9829512610, 0151-2527762 ; www.hotelkishanpalaceheritage.com ; 8B Gajner-Jaisalmer Rd ; ch avec ventil 750 ₹, ch avec clim et petit-déj 1 500 ₹ ; ❄📶). Cette vieille demeure était autrefois la maison d'un colonel de la Bikaner Camel Corps (unité militaire). Aujourd'hui, elle est tenue par son petit-fils. L'établissement, aux grandes chambres simples, est décoré de photos anciennes et d'objets militaires – titre honorifique du grand-père et aquarelles des prisonniers de guerre japonais qu'il surveillait. Optez de préférence pour une chambre au fond, à l'écart de la route principale.

Laxmi Niwas Palace HÔTEL HISTORIQUE $$$
(☎0151-2202777 ; www.laxminiwaspalace.com ; ch 10 500-14 500 ₹, ste 22 000-31 000 ₹ ;). À 2 km au nord du centre-ville, au cœur d'un vaste domaine, cet hôtel en grès rose, qui fait partie du palais royal, date de 1902. Son intérieur est somptueux, avec ses murs richement sculptés et ses grandes chambres élégantes au charme évocateur. Nombreux trophées de chasse (des peaux de tigre surtout) dans le bar et la salle de billard.

Bhanwar Niwas HÔTEL HISTORIQUE $$$
(☎0151-2529323 ; www.bhanwarniwas.com ; Rampuria St ; ch 6 000 ₹ ;). Ce bel hôtel est aménagé dans le superbe Rampuria Haveli – un joyau de la vieille ville, à 300 m au sud-ouest du poste de police de City Kotwali. Ses 26 chambres spacieuses sont toutes décorées différemment, avec du papier peint au pochoir, du marbre ou des mosaïques au sol, et des meubles anciens. Les pièces communes, emplies d'antiquités, entourent une grande cour intérieure.

Où se restaurer et prendre un verre

Café Indra CAFÉ $
(☎8287895446 ; Rangmanch Rd, Civil Lines ; plats 120-170 ₹ ; 11h30-22h30 ;). Ce café clair et propre est idéal pour se détendre devant une boisson ou un café, voire pour déjeuner ou dîner, vu que l'établissement propose tout un choix de pizzas, de hamburgers et de wraps.

Amberwalla INDIEN, INTERNATIONAL $
(☎0151-2220333 ; Station Rd ; plats 60-120 ₹, thali 190-200 ₹ ; 7h-23h ;). Difficile de ne pas trouver son bonheur dans ce restaurant vaste et lumineux qui propose de la cuisine occidentale, chinoise, indienne (du Nord et du Sud), ainsi que des pâtisseries et des glaces. Grande boulangerie sur place.

♥ **Gallops** INDIEN, INTERNATIONAL $$
(☎0151-3200833 ; www.gallopsbikaner.com ; Court Rd ; plats 200-350 ₹ ; 10h-22h). Ce café-restaurant moderne, appelé "Glops" par les *rickshaw-wallahs*, est proche de l'entrée de Junagarh. Outre des en-cas (pizzas, wraps, sandwichs...), on y trouve un choix de délicieux curries et de plats chinois, végétariens ou non. Installez-vous sur la terrasse ou dans un fauteuil de la salle climatisée, avec une bière ou un expresso (à partir de 100 ₹).

Shakti Dining INDIEN $$
(☎9928900422 ; Prithvi Niwas, Civil Lines ; plats 150-260 ₹ ; 11h-23h ;). Central et moderne, le Shakti sert une cuisine indienne classique et savoureuse dans un jardin ou dans sa salle climatisée. La même adresse abrite également le **Road Runner Cafe** (☎0151-2545033, 9928900422 ; plats 150-260 ₹ ; 11h-23h ;), pour un repas moins formel.

Heeralal's INDIEN, INTERNATIONAL $$
(☎0151-2205551 ; Station Rd ; plats 150-210 ₹, thali 165-270 ₹ ; 7h30-22h30 ;). Installé au 1er étage, ce restaurant lumineux et très apprécié sert d'assez bons plats indiens végétariens, ainsi que quelques mets chinois et des pizzas au milieu de grands bacs de fleurs artificielles. Parfait pour tuer le temps en attendant un train. La section restauration rapide au rez-de-chaussée est moins appétissante, mais dotée d'un bon comptoir de desserts.

Achats

Bikaner Miniature Arts ART
(☎9829291431 ; www.bikanerminiturearts.com ; Municipal Rd ; 9h-20h). La famille Swami, qui peint des miniatures à Bikaner depuis quatre générations, tient désormais cette école d'art/galerie. Les œuvres, d'une qualité remarquable, sont moins chères que dans certains grands centres touristiques. Possibilité de prendre des cours.

Renseignements

Bureau de poste principal (9h-16h lun-ven, 9h-14h sam). Près de l'hôtel Bhairon Vilas.

Office du tourisme (☎0151-2226701 ; 9h30-18h lun-ven). Près de Pooran Singh Circle, les sympathiques employés répondent à la plupart des questions d'ordre touristique. Plans et horaires de transports.

PBM Hospital (☎0151-2525312 ; Hospital Rd). L'un des meilleurs hôpitaux gouvernementaux du Rajasthan ; service d'urgences ouvert 24h/24.

Depuis/vers Bikaner

AVION

Supreme Airlines (p. 188) affrète un petit avion (aller simple à partir de 560 ₹) du lundi au samedi de Jaipur à Bikaner (départ à 7h) et de Bikaner à Jaipur (départ à 8h45). Les horaires peuvent changer.

BUS

De la gare des bus privés, le long du rempart sud de Junagarh, des bus assurent des liaisons similaires (mais un peu plus chères et moins fréquentes) à celles des bus publics, qui partent de la gare routière principale, à 2 km au nord du fort (20 ₹ en auto-rickshaw).

PRINCIPAUX TRAINS AU DÉPART DE BIKANER JUNCTION

DESTINATION	TRAIN	DÉPART	ARRIVÉE	TARIFS
Delhi (Sarai Rohilla)	22471 *Dee Intercity SF Exp.*	9h30	17h25	305/785 ₹
Jaipur	12467 *Leelan Exp.*	6h	12h35	275/705 ₹
Jaisalmer	12468 *Leelan Exp.*	23h15	4h50	250/625 ₹
Jodhpur	14887 *KLK-BME Exp.*	11h	16h	200/510 ₹

Tarifs : *sleeper*/3AC

Voici les principales liaisons au départ de la gare routière principale :

Ajmer (pour Pushkar) 269 ₹, 6 heures, départ toutes les 30 min jusqu'à 18h

Delhi 445 ₹, 11 heures, au moins 4/jour

Deshnok 35 ₹, 1 heure, départ toutes les 30 min jusqu'à 16h30

Fatehpur 136 ₹, 3 heures 30, départ toutes les 30 min jusqu'à 17h45

Jaipur 334 ₹, avec clim 596 ₹, 7 heures, départ toutes les heures jusqu'à 17h45

Jaisalmer 309 ₹, 7 heures 30, 1/jour à 12h

Jhunjhunu 226 ₹, 5 heures, 4/jour (7h30, 8h30, 12h20 et 18h30)

Jodhpur 243 ₹, 5 heures, départ toutes les 30 min jusqu'à 18h30

Pokaran 211 ₹, 5 heures, départ toutes les heures jusqu'à 12h45

Pour Jaisalmer, il est parfois plus rapide de se rendre auparavant à Pokaran (d'où les départs sont plus nombreux).

TRAIN

La gare ferroviaire principale, Bikaner Junction, possède une **billetterie informatisée** (⏲ 8h-22h lun-sam, 8h-14h dim) dans une annexe située juste à l'est du bâtiment principal. Le guichet pour les étrangers est le 2931. Quelques autres liaisons utiles partent de la gare Lalgarh, au nord de la ville (50 ₹ en auto-rickshaw).

Delhi (Delhi Sarai Rohilla) *sleeper*/3AC 305/785 ₹, 8 à 14 heures, 3-5/jour (6h30, 9h30, 16h45, 17h05 et 23h30)

Jaipur *sleeper*/3AC 275/705 ₹, 6 heures 30, 5/jour (0h05, 6h, 18h45, 23h05 et 23h55)

Jaisalmer *sleeper*/3AC 250/625 ₹, 5 heures 30, 1-2/jour (18h30 et 23h15)

Jodhpur *sleeper*/3AC 200/510 ₹, 5 heures, 6-7/jour (0h45, 6h35, 9h30, 11h, 13h40, 21h40 et 22h10)

Il n'y a pas de train direct entre Ajmer et Pushkar.

ℹ Comment circuler

Un auto-rickshaw de la gare ferroviaire au palais de Junagarh devrait coûter 30 ₹, mais on vous demandera sans doute davantage.

Environs de Bikaner

National Research Centre on Camels

MUSÉE

(☎ 0151-2230183 ; www.nrccamel.res.in ; Indien/étranger 30/100 ₹, appareil photo 50 ₹, promenades 50 ₹ ; ⏲ 14h-18h). Le Centre national de recherche sur le dromadaire se trouve à 8 km au sud-est du centre de Bikaner, à côté de la rocade Jodhpur-Jaipur. On peut y voir de jeunes dromadaires, faire une courte promenade et visiter le petit musée. Le centre héberge environ 400 dromadaires de quatre espèces différentes. Pendant la Première Guerre mondiale, l'armée britannique avait formé une unité montée sur des dromadaires originaires de Bikaner. Les guides facturent 50 ₹ au minimum. Sur place, une échoppe, le Camel Milk Parlour, permet de goûter des produits au lait de dromadaire, comme des *kulfi* et des *lassi*.

L'aller-retour en taxi/auto-rickshaw depuis Bikaner coûte 400/150 ₹ (1 heure d'attente comprise).

Punjab (Pendjab) et Haryana

Dans ce chapitre ➡

Le top des restaurants

- Kesar Da Dhaba (p. 213)
- Bharawan Da Dhaba (p. 213)
- Makhan Fish (p. 213)
- Virgin Courtyard (p. 204)
- Gopal's (p. 204)

Le top des hébergements

- Baradari Palace (p. 216)
- Ramada Amritsar (p. 212)
- Mrs Bhandari's Guesthouse (p. 212)
- Vivanta By Taj (p. 220)
- Hotel Icon (p. 203)

Pourquoi y aller

Les États voisins du Punjab (Pendjab) et de l'Haryana furent formés, dans les décennies qui suivirent la Partition de 1947, par la division administrative de la moitié indienne de l'ancienne province du Punjab. Depuis lors, le Punjab s'est développé comme un foyer rayonnant de la communauté sikhe indienne tandis que l'Haryana a émergé comme centre industriel et commercial. Ils se partagent une même capitale, Chandigarh, à la frontière entre les deux États

Doté d'étincelants *gurdwara* (temples sikhs), dont le célèbre temple d'Or d'Amritsar, le Punjab a la faveur des voyageurs. L'Haryana reçoit peu de touristes. Dans l'arrière-pays, des villes rarement visitées chargées d'histoires d'empires combattants et de sémillants maharajas recèlent des forts abandonnés et des bazars pittoresques.

Quand partir

Chandigarh

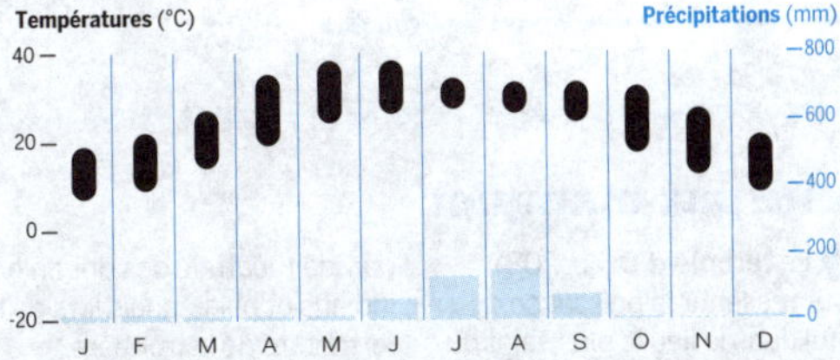

Mars Célébrations sikhes d'Holla Mohalla à Anandpur Sahib pendant 3 jours.

Avr Plus grande fête du Punjab, Baisakhi marque le Nouvel An sikh et la fondation de la Khalsa.

Oct Diwali, la fête des Lumières, revêt un aspect particulièrement féerique au temple d'Or.

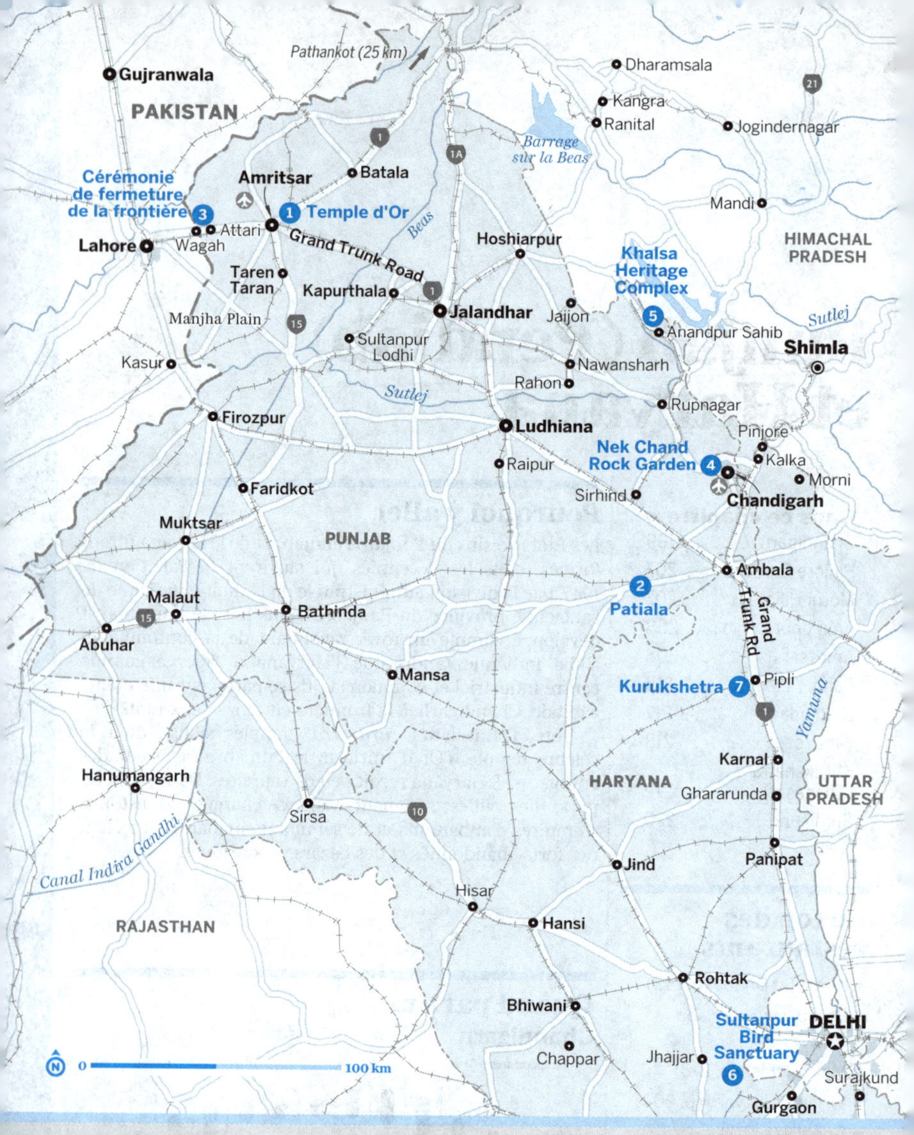

À ne pas manquer

1 Le **temple d'Or** (p. 208), pour ressentir la puissance de la foi dans le lieu le plus saint du sikhisme.

2 Le **Qila Mubarak** (p. 215), fort du XVIIIe siècle des maharajas de Patiala, digne des *Mille et Une Nuits*.

3 Le **poste-frontière d'Attari-Wagah** (p. 216), pour la parade théâtrale des douaniers indiens et pakistanais lors de la fermeture de la frontière.

4 Le **Nek Chand Rock Garden** (p. 199), pour l'univers surréaliste de ce jardin émaillé de sculptures en matériaux recyclés.

5 Le **Khalsa Heritage Complex** (p. 208) d'Anandpur Sahib, un musée en forme de lotus consacré à l'histoire sikhe.

6 Le **Sultanpur Bird Sanctuary** (p. 220), aux nombreuses espèces d'oiseaux migrateurs.

7 Le **Brahmasarovar** (p. 219), le plus grand bassin cérémoniel d'Inde, à Kurukshetra.

CHANDIGARH

0172 / 1 055 000 HABITANTS

Capitale du Punjab et de l'Haryana, Chandigarh est officiellement un territoire de l'Union dirigé par le gouvernement central. C'est aussi la première ville nouvelle de l'Inde indépendante, sorte de vitrine prospère, confortable et cosmopolite du pays.

Lorsque l'architecte franco-suisse Le Corbusier fut recruté en 1950 pour concevoir Chandigarh, il imagina une ville adaptée aux habitants, traversée de larges avenues délimitant des quartiers de plan rectangulaire, avec lac, jardins et grands bâtiments officiels érigés dans son matériau favori, le béton armé. C'est ainsi que Chandigarh vit le jour, et, bien qu'abîmés par des décennies de pluie tropicale, ses parcs, monuments et places restent une curiosité en Inde.

Chaque partie de la ville est indépendante et se parcourt à pied. Les visiteurs se cantonnent généralement aux secteurs 17 (boutiques et restaurants) et 22 (hôtels).

À voir

Nek Chand Rock Garden JARDIN

(www.nekchand.com ; Sector 1 ; adulte/enfant 20/10 ₹ ; 9h-18h oct-mars, 9h-19h30 avr-sept). Ce jardin de 10 ha plonge le visiteur dans l'imaginaire surréaliste de son créateur. À partir de 1957 et pendant près de 20 ans, Nek Chand, un responsable de l'aménagement routier, exécuta plus de 2 000 sculptures en recyclant des matériaux et objets (pierres, tambours de béton et d'acier, interrupteurs, lavabos, cadres de vélos...) provenant de la cinquantaine de villages démolis pour construire Chandigarh. Il travailla de nuit pour garder son chef-d'œuvre original à l'abri du regard des autorités, jusqu'à ce que celles-ci reconnaissent la valeur du projet et contribuent à son extension.

Bâtiments administratifs ÉDIFICES REMARQUABLES

(10h-17h lun-ven). GRATUIT En plein centre de la ville conçue par Le Corbusier, les grands édifices en béton de la **Cour suprême**, du **Secrétariat** et du **Vidhan Sabha** (Assemblée législative) sont communs au Punjab et à l'Haryana. Avec leurs formes géométriques imposantes et leurs grandes courbes en béton moulé, tous trois constituent des exemples typiques de l'architecture brutaliste des années 1950. Rendez-vous avec votre passeport au **High Court Tourist Office** (High Court Complex ; 10h-18h lun-sam) où l'on vous inscrira pour une visite guidée d'environ 1 heure 30.

Remarquez également la sculpture de la main ouverte (Open Hand) de Le Corbusier datant du milieu du siècle. Cet emblème officiel de la ville symbolise la main "ouverte pour donner et pour recevoir" des habitants de Chandigarh.

Lac Sukhna LAC

(Sector 1 ; 8h-22h). Comme le voulait le plan directeur de Le Corbusier, ce lac artificiel est un espace familial de loisirs et de détente,

LE TOP DES FÊTES ET FESTIVALS DE L'HARYANA ET DU PUNJAB

Kila Raipur Sports Festival (Rural Olympics ; www.ruralolympics.net ; fév). Trois jours de jeux traditionnels et de compétition, avec courses de chars à bœufs, *kabaddi* (rappelant le jeu de l'épervier des cours d'école en Occident), épreuves de force et autres danses folkloriques à Kila Raipur, près de Ludhiana.

Surajkund Crafts Mela (1er-15 fév). Une foire splendide rassemblant à Surajkund (p. 220) des artistes, artisans, musiciens et danseurs de toute l'Inde du Nord.

Holla Mohalla (mars). Les sikhs célèbrent la fondation de la Khalsa (fraternité sikhe), avec démonstrations d'arts martiaux et reconstitutions de batailles à Anandpur Sahib.

Baisakhi (13-14 avr). À travers le Punjab, les sikhs se rendent dans les *gurdwara* (lieux de culte) pour fêter le Nouvel An de leur calendrier.

Pinjore Heritage Festival (fin déc). Fête culturelle de 2 jours, avec musique, danses, stands d'artisanat et d'alimentation dans les Pinjore Gardens, près de Chandigarh.

Harballabh Sangeet Sammelan (www.harballabh.org ; fin déc). Pendant 3 jours, ce festival de Jalandhar – vieux de 140 ans – présente de la musique classique indienne.

Gita Jayanti (nov/déc). Une semaine d'événements culturels pour commémorer à Kurukshetra l'anniversaire de la *Bhagavad Gita*, texte majeur du *Mahabharata*.

Chandigarh

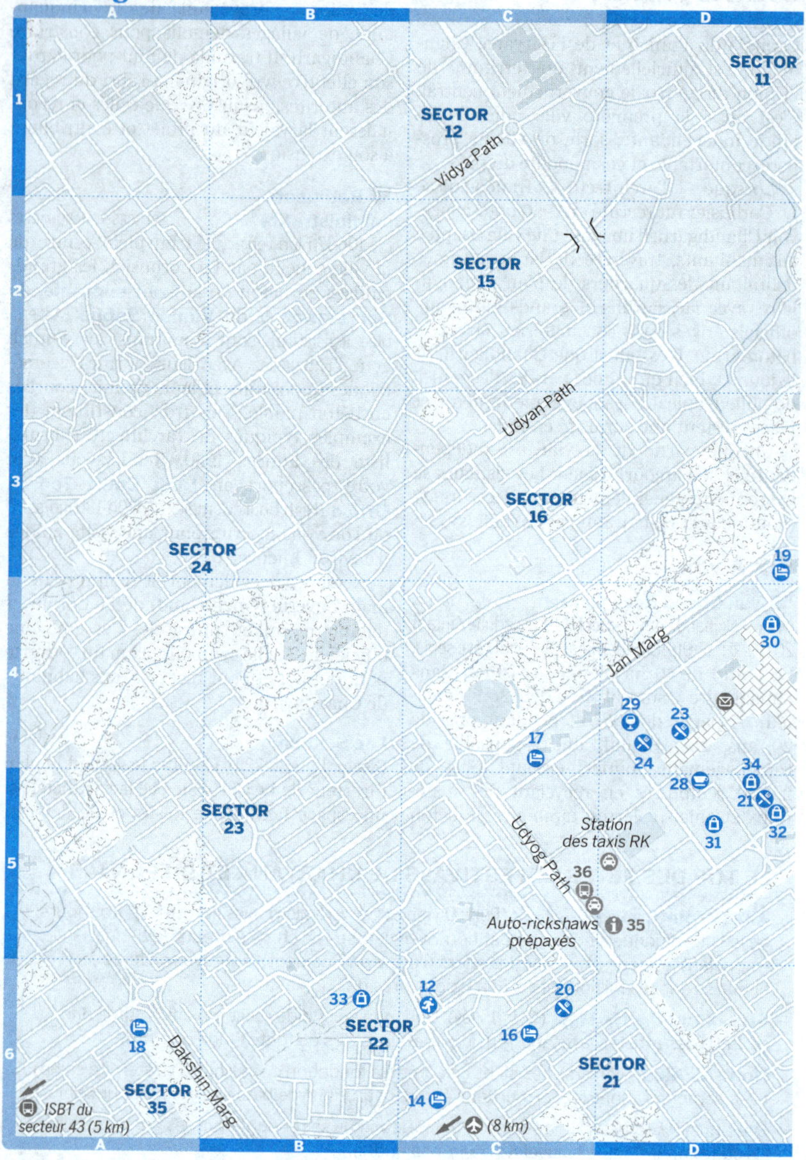

entouré d'un jardin ornemental, d'une aire de jeux pour les enfants et d'endroits où se restaurer. Les visiteurs peuvent louer des pédalos (p. 203), et des voiturettes électriques (10 ₹/pers) circulent entre le plan d'eau et le Nek Chand Rock Garden.

Le Corbusier Centre MUSÉE
(Madhya Marg, Sector 19-B ; ⏲10h-17h mar-dim). GRATUIT Les amateurs d'architecture et de design d'avant-garde du XXe siècle apprécieront ce fascinant musée abritant des documents, des croquis et des photos de

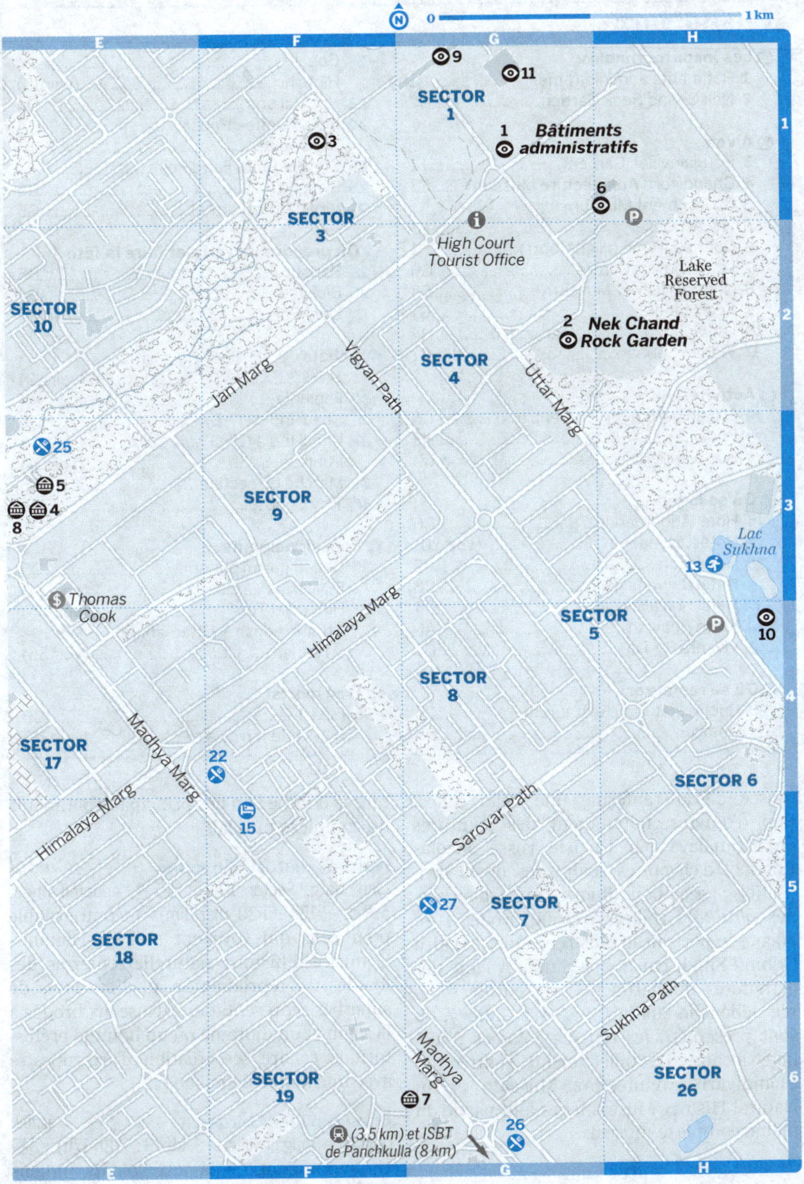

Le Corbusier, ainsi que des lettres dévoilant les enjeux politiques du projet de Chandigarh. Dans l'une d'elles, on y lit que Nehru recommande l'architecte au ministre en chef du Punjab. Ne manquez pas la maquette de la résidence du gouverneur, un édifice jamais réalisé car le ministre la trouvait trop luxueuse.

Government Museum & Art Gallery MUSÉE
(Jan Marg, Sector 10-C ; 10 ₹, appareil photo 5 ₹ ; ⌚10h-16h30 mar-dim). Cet impressionnant

Chandigarh

Les incontournables
1 Bâtiments administratifs ... G1
2 Nek Chand Rock Garden ... G2

À voir
3 Bougainvillea Garden ... F1
4 Chandigarh Architecture Museum ... E3
5 Government Museum & Art Gallery ... E3
6 Cour supreme (High Court) ... H1
7 Le Corbusier Centre ... G6
8 Natural History Museum ... E3
9 Secrétariat ... G1
10 Lac Sukhna ... H4
11 Vidhan Sabha ... G1

Activités
12 Chandigarh Ayurved Centre ... C6
13 Pédalos ... H3
Bus à impériale ... (voir 17)

Où se loger
14 Hotel Aquamarine ... C6
Hotel Divyadeep ... (voir 20)
15 Hotel Icon ... F5
16 Hotel Satyadeep ... C6
17 Hotel Shivalikview ... C4
18 Kisan Bhawan ... A6
19 Vivanta By Taj ... D3

Où se restaurer
20 Bhoj Vegetarian Restaurant ... C6
21 Ghazal ... D5
22 Gopal's ... F4
Hibachi ... (voir 15)
23 Hot Millions ... D4
24 Indian Coffee House ... D4
Sai Sweets ... (voir 16)
25 Stop 'N Stare Food Point ... E3
26 Swagath ... G6
27 Virgin Courtyard ... G5

Où prendre un verre et faire la fête
28 Barista ... D5
29 Blue Ice ... D4
Lava Bar ... (voir 19)

Achats
1469 ... (voir 23)
30 Fabindia ... D4
31 Khadi India (17-E) ... D5
32 Khadi India (17-G) ... D5
Phulkari ... (voir 31)
33 Marché du secteur 22 ... B6
34 Tiny Shop ... D5

Renseignements
35 Chandigarh Tourism ... D5
E-Net ... (voir 24)
Himachal Tourism ... (voir 35)
Uttar Pradesh & Uttarakhand Tourism ... (voir 35)

Transports
36 ISBT 17 ... C5
Billetterie ferroviaire ... (voir 35)

musée d'État renferme une belle collection d'œuvres, notamment des peintures de l'Himalaya par l'artiste russe Nicolas Roerich, d'élégantes sculptures de la civilisation gréco-bouddhique du Ghandara, des *phulkari* (pièces d'étoffe brodées) ou encore le portrait le plus reproduit de Guru Gobind Singh par Sobha Singh. À l'une des extrémités du bâtiment, une entrée séparée débouche sur la **Child Art Gallery**, où sont présentées les œuvres colorées d'écoliers locaux. Le billet inclut l'entrée au Chandigarh Architecture Museum et au Natural History Museum, qui font partie du même complexe muséal.

Chandigarh Architecture Museum MUSÉE
(musée de la Ville ; Jan Marg ; Sector 10-C ; 10 ₹, appareil photo 5 ₹ ; 10h-16h30 mar-dim). Photos, lettres, maquettes, coupures de presse et dessins d'architecte retracent la conception et le développement de Chandigarh, y compris le projet initial d'Albert Mayer et de Matthew Nowicki, qui fut abandonné. Ce musée occupe l'un des principaux bâtiments du complexe muséal.

Natural History Museum MUSÉE
(Jan Marg, Sector 10-C ; 10 ₹, appareil photo 5 ₹ ; 10h-16h30 mar-dim). Incontournable pour ceux qui voyagent avec des enfants, le musée d'histoire naturelle renferme des fossiles, des reproductions de dinosaures, de superbes représentations d'oiseaux brodés à la main et un diorama où un homme préhistorique éclaire ses création d'art rupestre avec une lampe de poche !

Bougainvillea Garden JARDIN
(jardin de Bougainvilliers ; Sector 3 ; 8h-17h). GRATUIT Un monument dédié aux soldats indiens tués lors de conflits frontaliers depuis l'indépendance se dresse ici, au milieu d'une profusion de bougainvilliers.

Activités

Chandigarh Ayurved Centre AYURVÉDA
(0172-2542231 ; www.chandigarhayurvedcentre.com ; 1701, Sector 22-B ; soins à partir de 450 ₹ ;

⏲8h30-13h30 et 16h-20h). Cet accueillant petit centre ayurvédique propose également des soins de détente. Comptez 900 ₹ pour un massage corporel complet de 40 minutes et 500 ₹ pour 20 minutes de *takradhara* (beurre liquide versé sur le front en continu).

Pédalos BATEAU

(lac Sukhna ; 2/4 places 100/200 ₹ les 30 min ; ⏲8h30-17h30). Des pédalos colorés invitent à un moment de détente sur les eaux calmes du lac Sukhna (p. 199). La billetterie se tient près de la berge, dans une cour, en face de stands d'en-cas et de jus de fruits.

Circuits organisés

Bus à impériale EN BUS

(☎0172-2703839 ; 1 arrêt 10 ₹, demi-journée 50 ₹ ; ⏲10h et 14h30). Chandigarh Tourism propose quotidiennement deux balades d'une demi-journée au départ de l'Hotel Shivalikview ; le ticket s'achète auprès du chauffeur. Elles passent par le Rose Garden, le Government Museum & Art Gallery, le Nek Chand Rock Garden et le lac Sukhna.

Où se loger

L'hébergement revient plus cher à Chandigarh que partout ailleurs au Punjab et dans l'Haryana. Très peu d'adresses bon marché acceptent les touristes étrangers.

Kisan Bhawan PENSION $

(☎0172-5039153 ; Dakshin Marg, Sector 35-A ; dort/d 80/1 200 ₹ ; ❄). Ce vaste établissement facile à repérer est une valeur sûre, à condition d'y trouver de la place. Bien qu'il soit théoriquement réservé aux employés du secteur agricole, tout le monde peut y passer la nuit. Les chambres et dortoirs climatisés, simples et bien tenus, conviendront aux petits budgets.

Hotel Satyadeep HÔTEL $$

(☎0172-2703103 ; hddeepsdeep@yahoo.com ; SCO 1102-3, Sector 22-B ; s/d à partir de 1 200/1 400 ₹ ; ❄@). Dirigé par d'aimables fidèles de la pâtisserie Sai Sweets, située juste en dessous, cet hôtel aux couloirs lambrissés dispose de chambres simples, bien tenues, claires et aérées ouvrant sur des balcons communs.

Hotel Shivalikview HÔTEL $$

(☎0172-4672222 ; www.citcochandigarh.com/shivalikview ; Sector 17-E ; d avec petit-déj et dîner 4 550 ₹ ; ❄@📶🏊). Géré par le département du tourisme de l'État, cet immeuble imposant cache un intérieur très agréable : chambres ordinaires, grandes et confortables, piscine en plein air, salle de sport, restaurant indien et cuisine chinoise servie sur le toit-terrasse. Personnel avenant. À 5 minutes à pied du secteur 17, commerçant.

♥ **Hotel Icon** BOUTIQUE-HÔTEL $$$

(☎9501113920 ; www.iconhotels.asia ; SCO 58-61, Madhya Marg, Sector 8-C ; d avec petit-déj 5 200 ₹ ; ❄@📶). Sans conteste l'un des meilleurs hôtels de charme de Chandigarh, aux tarifs amplement justifiés. Chambres design avec parquet, boulangerie servant du bon café et excellent restaurant gastronomique. Il est possible de réserver des soins dans l'un des spas du même secteur à la réception.

Hotel Divyadeep HÔTEL $$

(☎0172-2705191 ; hddeepsdeep@yahoo.com ; SCO 1090-1, Sector 22-B ; d 3 100 ₹ ; ❄). Cet établissement tenu par des inconditionnels de Sai Sweets loue des chambres dont l'austérité est compensée par un

UN GÉNIE DE L'ART BRUT

Bizarrement, la principale attraction touristique de Chandigarh, le Nek Chand Rock Garden (p. 199), ne fut pas conçue à l'origine pour être un lieu public. Lorsque Nek Chand Saini, un responsable de l'aménagement routier tout juste arrivé du Punjab pakistanais après la Partition, commença à aménager son jardin surréaliste à l'aide de matériaux récupérés dans les villages démolis pour construire la ville nouvelle de Le Corbusier, il ne s'agissait que d'un passe-temps. Mais ce dernier tourna vite à l'obsession. Travaillant de nuit pour garder son chef-d'œuvre à l'abri des regards, il créa des légions d'animaux et de personnages à partir de tessons de céramique et de bracelets en verre brisés, au milieu de canyons en béton coulé et de cascades surgies de la jungle. Le jardin secret de Chand fut finalement découvert 15 ans plus tard par une équipe d'inspecteurs de l'État et échappa de peu à la destruction. Par chance, la municipalité prit conscience de sa valeur culturelle. Chand se vit attribuer un salaire et des ouvriers pour achever son projet. Aujourd'hui, le Nek Chand Rock Garden couvre plus de 10 ha et comporte plus de 5 000 sculptures zoomorphes et anthropomorphes. Pour en savoir plus, consultez le site www.nekchand.com.

TARIFS DES HÉBERGEMENTS

Les gammes de prix valent pour une chambre double avec sdb, taxes comprises :

$ moins de 2 000 ₹

$$ 2 000-4 000 ₹

$$$ plus de 4 000 ₹

personnel accueillant. Au-dessus du Bhoj Vegetarian Restaurant.

Vivanta By Taj HÔTEL **$$$**
(Taj Chandigarh ; ☎0172-6613000 ; www.vivanta.tajhotels.com ; Sector 17-A ; d à partir de 10 600 ₹ ;). Moins grandiose que d'autres établissements de la chaîne Taj, cet hôtel est tout de même luxueux. Il offre un service impeccable et possède des chambres avec grandes baies vitrées, minibars, écrans plats, coffres électroniques et tout le confort attendu à ce prix. Plusieurs restaurants, le Lava Bar (p. 205), une piscine, un spa et un centre d'affaires ouvert 24h/24.

Hotel Aquamarine BOUTIQUE-HÔTEL **$$$**
(☎0172-5014000 ; www.hotelaquamarine.com ; Himalaya Marg, Sector 22-C ; d avec petit-déj à partir de 5 200 ₹ ;). Un hôtel de charme digne de ce nom, séparé de la route par une terrasse arborée, aux chambres ornées de somptueux tissus et d'œuvres d'art. Bon restaurant et *coffee shop* sur place ; ni piscine, ni salle de sport.

Où se restaurer

Chandigarh compte un choix croissant de tables gastronomiques en plus de nombreux restaurants de cuisine rapide.

Gopal's INDE DU NORD **$**
(SCO 20-21, Sector 8-C ; en-cas 80-100 ₹ ; 8h-23h ;). Un restaurant climatisé, propre et soigné qui sert toute la journée *dosa* (grande crêpe salée), *puri* (pain frit soufflé) et autres *chhole bhature* (pain plat frit dans l'huile accompagné d'un curry de pois chiches relevé) savoureux et bon marché. La pâtisserie au rez-de-chaussée vend d'appétissantes douceurs indiennes à emporter.

Sai Sweets DOUCEURS **$**
(SCO 1102-3, Sector 22-B ; en-cas 60-80 ₹ ; 7h30-20h30 ;). Sous l'Hotel Satyadeep, cette boutique propre vend des *mithai* (pâtisseries indiennes) au poids et des en-cas végétariens plus substantiels tels qu'*aloo tikki chaat* (croquettes de pommes de terre), *golgappa* (ou *panipuri*, sorte de beignets creux croustillants fourrés d'un mélange de chutney, piment, pommes de terre, oignons et pois chiches) et *pav bhaji* (curry de légumes servi avec des petits pains).

Stop 'N Stare Food Point CAFÉ **$**
(Sector 10, derrière le Government Museum & Art Gallery ; en-cas 40-60 ₹ ; 10h-18h ;). Parfait pour se poser après avoir fait le tour des musées, ce café tout simple occupe un jardin ombragé. Au menu : *lassi*, thé, café instantané, *tikki* (croquettes), *paratha* (pain plat à la graisse végétale), et *kulcha* (*paratha* du Punjab, avec herbes, pommes de terre et graines de grenade, qui composent de petites touches de goût sucré).

Virgin Courtyard ITALIEN **$$**
(☎0172-5070045 ; SCO 1A, Sector 7 ; plats 250-400 ₹ ; 11h30-23h30 ;). Dans une villa crème et une cour ombragée, cet étonnant restaurant prépare ce qui se rapproche le plus de la cuisine italienne à Chandigarh, avec néanmoins une touche indienne. Goûtez les *arancini*, servis avec une sauce tomate piquante et des lamelles de radis, ou la panna cotta délicatement parfumée, garnie de meringues. Bières fraîches (300 ₹).

Hibachi INTERNATIONAL **$$**
(SCO 58-61, Madhya Marg, Sector 8-C ; plats 250-400 ₹ ; 11h30-23h30 ;). Pour une cuisine japonaise ou d'Asie du Sud-Est, direction le rez-de-chaussée de l'Hotel Icon. Les sushis créatifs y côtoient le *khao suey* birman, le *pad thai*, le poulet chinois *kung pao* aux cacahuètes et même le *laksa* à la malaisienne. Le bar bien achalandé propose, entre autres, des bières fraîches (250 ₹) et des whiskys écossais de qualité supérieure.

Indian Coffee House INDE DU SUD **$**
(SCO 12, Sector 17 ; plats 40-60 ₹ ; 9h-22h ;). Cette enseigne toujours bondée est une bonne adresse pour prendre le petit-déjeuner ou déjeuner – œufs, toasts, et café filtre très abordable (30 ₹). La carte comprend aussi des classiques d'Inde du Sud tels que les *idli* (gâteaux salés spongieux à base de lentilles noires fermentées et de riz), les *vada* (croquettes de lentilles frites) et les *dosa*. Bon café indien moulu (700 ₹/kg).

Bhoj Vegetarian Restaurant INDIEN **$$**
(SCO 1090-1, Sector 22-B ; thali 140-170 ₹ ; 7h30-22h30 ;). Cet établissement adjacent à

l'hôtel Divyadeep, tenu par des fidèles de Sai Sweets, propose des *thali* – grands ou petits – aux curries savamment épicés (les ingrédients changent tout au long de la journée). Bonne sélection de desserts indiens.

Hot Millions INTERNATIONAL $$
(SCO 73-4, Sector 17-D ; en-cas 100-150 ₹, plats 200-300 ₹ ; ⏲11h30-23h ; ❄). Cette adresse prisée, au cœur du quartier commerçant, se compose d'un fast-food au rez-de-chaussée et d'un restaurant chic à l'étage (accessible par une porte latérale). Ses pizzas "indianisées" aux ingrédients multiples lui valent de fervents adeptes. Autres enseignes en ville.

♥ **Ghazal** INDIEN, INTERNATIONAL $$
(☎0172-2704448 ; SCO 189-91, Sector 17-C ; repas 350-550 ₹ ; ⏲11h30-23h30 ; ❄). Renommé depuis longtemps à Chandigarh, le Ghazal a fière allure. Il propose une carte de savoureuses spécialités *mughlai*, occidentales et chinoises. Le *jalfrezi* (275 ₹) végétarien est très relevé. Au fond du restaurant, un barman veille sur une longue rangée de bières et de single malt importés (300 ₹).

Swagath INDIEN $$$
(☎0172-5002626 ; SCO 128, Madhya Marg, Sector 26 ; plats 250-550 ₹ ; ⏲11h-minuit ; ❄). Parmi les restaurants huppés de la portion sud de Madhya Marg figure ce spécialiste des fruits de mer à la mode de Mangalore et du Chettinad. Outre crevettes, calamars, crabe, castagnole tandoori et *gassi* (curry à base de lait de coco) de poisson d'Inde du Sud, il offre une carte impressionnante de spécialités du Nord, dont de savoureux plats *mughlai* et punjabis au tandoor.

Où prendre un verre et faire la fête

Les nombreux magasins de vins et spiritueux de Chandigarh s'ouvrent le soir venu sur la rue et se transforment en bars, mais il existe également beaucoup d'établissements plus haut de gamme. Si vous êtes une femme, vous risquez moins d'être importunée si vous sortez en compagnie d'un homme.

Lava Bar BAR
(Vivanta By Taj, Sector 17-A ; bières/cocktails 450/600 ₹ ; ⏲12h-23h30). Bien que situé dans le luxueux hôtel Taj et pratiquant des prix élevés, ce petit bar cosy se révèle assez décontracté. Des DJ assurent l'ambiance musicale presque tous les soirs. Les voyageurs en solo et les femmes s'y sentiront à l'aise.

Blue Ice BAR
(SCO 7, Sector 17-E ; bières/cocktails 400/500 ₹ ; ⏲12h-minuit). Ce bar-restaurant sur deux niveaux au style épuré attire une clientèle élégamment vêtue. Carte d'en-cas simples et musique live le week-end.

Barista CAFÉ
(1er ét., SCO 63-4, Sector 17 ; café 90 ₹, en-cas 90-200 ₹ ; ⏲9h-22h). Ce *coffee shop* de chaîne à l'occidentale est un refuge idéal au milieu de l'agitation commerciale du secteur 17. Café Lavazza corsé, sandwichs, feuilletés et muffins.

Achats

La vaste zone commerçante piétonnière du secteur 17 est entièrement dédiée à la consommation.

♥ **1469** CADEAUX ET SOUVENIRS
(www.1469workshop.com ; SCO 81, Sector 17-D ; ⏲11h-20h). Baptisée d'après la date de naissance de Guru Nanak (le fondateur du sikhisme), cette boutique indépendante vend des foulards colorés, des châles et vêtements punjabis traditionnels, des T-shirts inspirés du style local et de jolis bijoux, dont des *kara* (bracelets sikhs).

Fabindia VÊTEMENTS
(www.fabindia.com ; SCO 50-1, Sector 17-A ; ⏲11h-20h). Une chaîne de premier ordre, dont les vêtements marient les styles indien et occidental. Ses articles de linge de maison (sets de table, housses de coussin, couvre-lits, tapis…) font de jolis souvenirs.

Khadi India (17-E) VÊTEMENTS
(SCO 28, Sector 17-E ; ⏲10h-19h lun-sam). Cette ONG propose des textiles et produits de beauté à base de plantes, bon marché et de qualité. Les bénéfices sont directement versés aux villageois des zones rurales qui les fabriquent. Autre **enseigne** (SCO 192-193, Sector 17-G ; ⏲10h-19h lun-sam) à quelques minutes de marche vers l'est.

Phulkari ART ET ARTISANAT
(SCO27, Sector 17-E ; ⏲11h-20h lun-sam). Phulkari est un magasin d'État promouvant l'artisanat. Il offre l'embarras du choix, des tables en bois marquetées aux *phulkari* (tissus brodés), *dupatta* (longues écharpes féminines) et *jooti* (chaussures brodées).

Marché du secteur 22 MARCHÉ
(près de Sector 22 Market Rd ; ⏲10h-22h). Dans ce vaste marché animé, les étals de vêtements

et d'objets du quotidien voisinent avec des stands de cuisine de rue appétissants.

Tiny Shop ART ET ARTISANAT
(sous-sol, SCO 186-188 , Sector 17-C ; 11h-20h lun-sam). Ouverte en 1980, cette charmante boutique en sous-sol se cache dans une rangée de commerces et de restaurants du secteur 17. Ses bibelots et articles pour la maison sortent de l'ordinaire.

Renseignements

ACCÈS INTERNET

Tous les secteurs du centre abritent des cybercafés fiables, dotés d'une connexion rapide (autour de 30 ₹/heure). Ils ouvrent généralement de 10h à 19h du lundi au samedi.

E-Net (2e ét., SCO-12, Sector 17 ; 30 ₹/heure ; 10h30-20h). En haut des marches, à côté de l'Indian Coffee House.

ARGENT

La plupart des secteurs disposent de DAB acceptant les cartes étrangères. Le secteur 17 en compte le plus grand nombre, ainsi que plusieurs agences de banques indiennes.

Thomas Cook (0172-6610901 ; SCO 17, Sector 9-D ; 10h-19h lun-ven, 10h-16h sam). Change les devises étrangères.

OFFICES DU TOURISME

Plusieurs stands de livres et kiosques à journaux vendent la *Chandigarh Tourist & Road Map* (Vardhman ; 50 ₹), la meilleure carte de la ville.

Chandigarh Tourism (0172-2703839 ; 1er ét., ISBT-17 ; 9h-17h lun-sam)

Himachal Tourism (0172-2708569 ; 1er ét., ISBT-17 ; 10h-17h lun-sam, fermé 2e sam du mois)

Uttar Pradesh and Uttarakhand Tourism (0172-2713988 ; 2e ét., ISBT-17 ; 10h-17h lun-sam, fermé 2e sam du mois)

POSTE

Pour expédier des lettres ou colis à l'étranger, rendez-vous au **bureau de poste principal** (Sector 17 ; 10h-16h lun-sam).

SERVICES MÉDICAUX

Silver Oaks Hospital (0172-5097112 ; www.silveroakshospital.com ; Phase 9, Sector 63, Mohali). Un hôpital moderne, bien équipé pour soigner les visiteurs étrangers, à 7 km au sud-ouest du centre-ville.

Depuis/vers Chandigarh

AVION

L'aéroport est situé à environ 9 km au sud-est du centre-ville. Le bus climatisé 201 y conduit depuis les deux gares routières, de 7h30 à 18h (30 ₹) ; autrement, prenez un auto-rickshaw (200 ₹ environ) ou un taxi (500 ₹ environ).

Air India (1800-1801407 ; www.airindia.in), **GoAir** (9223222111 ; www.goair.in), **IndiGo** (9910383838 ; www.goindigo.in), **Jet Airways** (1800-225522 ; www.jetairways.com) et **SpiceJet** (9654003333 ; www.spicejet.com) proposent des vols quotidiens à destination de Delhi, Mumbai, Bengalore et Srinagar.

Air India et IndiGo assurent aussi deux liaisons avec Dubaï.

BUS

Chandigarh possède deux gares routières principales (Inter State Bus Terminal, ISBT), l'une dans le secteur 17, l'autre dans le secteur 43. De nombreux bus rouges climatisés circulent entre l'une et l'autre (20 ₹). L'ISBT de Panchkulla, plus éloigné du centre, dessert Morni. Les bus locaux 2F et 30B le relient à l'ISBT-17 (30 ₹).

TRAIN

La gare ferroviaire est située à 7 km au sud-est du centre, mais une **billetterie** (8h-20h lun-sam, 8h-14h dim) pratique est situés au 1er étage de l'ISBT-17. Il n'y a pas d'auto-rickshaws prépayés pour rejoindre la gare ; comptez autour de 100 ₹.

Plusieurs trains rapides desservent chaque jour New Delhi : le plus rapide et le plus pratique, le *Kalka Shatabdi* (AC Chair/1AC 605/1 205 ₹, 3 heures 30), quitte Chandigarh à 6h53 et 18h23. Pour rallier la capitale à moindre coût, achetez un billet "général" sans réservation (110 ₹) en arrivant à la gare et engouffrez-vous dans le wagon de 2e classe du prochain train en partance.

Plus d'une demi-douzaine de trains se rendent à Kalka (siège 2e classe 45 ₹, 35 min), d'où des trains à voie étroite bringuebalent à travers la montagne jusqu'à Shimla.

Il existe deux départs quotidiens pour Amritsar (siège 2e classe/AC Chair 120/435 ₹, 4 heures 30), à 7h et 17h10.

Comment circuler

Un auto-rickshaw pour un court trajet revient à 50 ₹. Si vous en louez pour une demi-journée (jusqu'à 4 heures) afin de visiter des sites comme le Nek Chand Rock Garden et le lac Sukhna, comptez autour de 500 ₹. On peut se procurer des vélos (200 ₹ pour 8 heures, plus 500 ₹ de caution) à l'entrée du lac Sukhna.

De nombreux bus locaux, dont le 203 et le 22, circulent entre l'ISBT-17 et la gare ferroviaire (10 ₹).

Une station d'auto-rickshaws prépayés se trouve en dehors de l'ISBT-17, mais ses tarifs fixes ne s'appliquent qu'aux destinations du centre-ville comme l'ISBT-43 (54 ₹). Pour aller plus loin, à la gare ferroviaire (100 ₹ environ) ou à l'aéroport (200 ₹ environ), par exemple, vous devrez négocier le prix directement avec le chauffeur.

La **station des taxis RK**, derrière l'ISBT-17, facture 500 ₹ la course jusqu'à l'aéroport, 1 500 ₹ l'aller-retour à Morni et 1 000/1 500 ₹ le circuit d'une demi-journée/journée dans Chandigarh.

ENVIRONS DE CHANDIGARH

Pinjore Gardens

Ce beau **jardin moghol** (Yadavindra Gardens ; ☎01733-230759 ; Pinjore ; 20 ₹ ; ⏰7h-22h) du XVIIe siècle, ceint de murs, se déploie sur 7 niveaux, aux portes de la petite ville de Pinjore. Restauré, il s'agrémente de jeux d'eau et offre une vue paisible sur les monts Shivalik.

À l'intérieur, le pavillon Rang Mahal abrite un **restaurant** (plats 80-180 ₹ ; ⏰10h-19h ; ❄) et un bar. En décembre, vous goûterez aux douceurs régionales et assisterez à des spectacles culturels donnés à l'occasion du Pinjore Heritage Festival (p. 199).

Si vous souhaitez passer la nuit sur place, le **Budgerigar Motel** (☎01733-231877 ; pinjore@hry.nic.in ; d à partir de 2 350 ₹ ; ❄) propose de charmantes chambres de style moghol, avec vue sur le jardin. Son entrée principale est située juste à l'extérieur de l'enceinte du jardin, à droite, mais on peut également y accéder depuis l'intérieur, en traversant le restaurant.

Non loin, le **Bhima Devi Museum** (⏰10h-17h) GRATUIT occupe une série de petits bâtiments sur le terrain où gisent les ruines éparses du temple de Bhima Devi (Xe siècle), démoli lors de l'aménagement des jardins. Pour y aller, tournez à gauche en sortant de ces derniers et dépassez le parc aquatique.

Des bus fréquents à destination de Pinjore partent de l'ISBT-43 de Chandigarh (30 ₹, 1 heure) ; d'autres, moins nombreux, circulent depuis l'ISBT-17. Les jardins s'étendent sur la gauche lorsqu'on entre dans la ville.

Morni Hills

Perchée à 1 220 m, l'unique station climatique de l'Haryana s'inscrit au cœur de forêts peuplées de singes, sur un éperon qui s'étend à l'ouest des monts Shivalik. On y trouve une poignée d'hôtels rustiques, le village de Morni et, 7 km en aval, les deux jolis lacs **Tikkar Taal** avec des bateaux à louer (à partir de 200 ₹).

Plaisamment situé sur la rive du second lac, le **Tikkar Taal Tourist Complex** (☎01733-250166 ; Tikar Taal ; d 3 500 ₹ ; ❄) possède des chambres nettes et confortables, dotées d'une sdb individuelle et de la vue sur l'eau. Il comprend un restaurant en terrasse et des jardins s'étendant jusqu'à la berge. Il n'y a pas grand-chose à faire, mais l'atmosphère, merveilleusement sereine, permet d'échapper à la frénésie urbaine durant un jour ou deux.

De l'**ISBT de Panchkulla** à Chandigarh, des bus quotidiens rallient Morni (30 ₹, 2 heures), d'où des minibus pour Tikka Tal (20 ₹) prennent la route à 6h30, 7h30 et 15h30. En sens inverse, ils repartent du Tikkar Taal Tourist Complex à 7h30, 8h30 et 16h15. Celui de 16h15 permet d'attraper le dernier bus pour Chandigarh, qui quitte Morni à 17h.

En voiture privée, l'aller-retour entre Morni et Tikka Taal coûte 700 ₹, temps d'attente compris. Sinon, vous pouvez descendre à pied les 7 km (2 heures) qui séparent le village des lacs : au retour, remontez la route en direction de Chandigarh puis, moins de 1 km plus loin, tournez à gauche à l'endroit où elle se dirige brusquement vers la droite.

PUNJAB (PENDJAB)

Le Punjab, patrie des sikhs indiens, a été formé à la suite de la Partition ; il correspond à la moitié indienne de l'ancienne province éponyme. Irrigué par de puissantes rivières himalayennes comme la Beas, la Ravi et la Sutlej, son territoire fertile fournit une part importante du blé et du riz consommés dans le pays. Le Punjab est aussi un centre névralgique de l'industrie textile et manufacturière. Les touristes y sont particulièrement bien accueillis, cet État ayant des liens étroits avec le Royaume-Uni et le Canada, qui comptent d'importantes communautés punjabies : une excellente porte d'entrée pour découvrir l'Inde du Nord.

Côté gastronomie, l'emblématique *butter chicken*, mais aussi les *kulcha* (pain légèrement levé), *chhole* (curry de pois chiches relevé), *dhal makhani* (lentilles noires et haricots rouges dans une sauce à la crème et au beurre), mouton et poulet tandoori, *rajma chawal* (curry de haricot rouge et riz basmati) et poisson frit à la mode d'Amritsar font partie des incontournables.

Anandpur Sahib

☎ 01887 / 16 500 HABITANTS

Second site de pèlerinage pour les sikhs après le temple d'Or à Amritsar, Anandpur Sahib fut fondée en 1664 par Guru Tegh Bahadur, le 9e gourou sikh, peu avant qu'il ne se fasse couper la tête par l'empereur moghol Aurangzeb. Pour résister à la persécution des sikhs, son fils, le gourou Gobind Singh, fonda la Khalsa (fraternité sikhe) en 1699. Un événement célébré en mars à l'occasion d'**Holla Mohalla** (p. 199).

À voir

Kesgarh Sahib — TEMPLE SIKH

Le Kesgarh Sahib, le plus grand et le plus spectaculaire des *gurdwara* d'Anandpur Sahib, est situé sur l'axe principal, à la limite de la vieille ville. Cet édifice en marbre blanc, coiffé de dômes, indique l'endroit où fut inaugurée la Khalsa, et protège des armes sikhes sacrées.

Fort d'Anandpur Sahib — FORT

(Kesgarh ; aube-crépuscule). GRATUIT Derrière le Kesgarh Sahib, un large chemin pavé grimpe à flanc de colline jusqu'à ce petit fort offrant une superbe vue sur les multiples dômes des *gurdwara*. Il s'agit du plus important des cinq ouvrages défensifs bâtis à Anandpur Sahib par Guru Gobind Singh.

Khalsa Heritage Complex — MUSÉE

(Virasat-e-Khalsa ; www.virasat-e-khalsa.net ; 8h-20h mar-dim). GRATUIT Le saisissant Khalsa Heritage Complex en forme de cinq pétales (inspirés des cinq guerriers saints de la Khalsa), inauguré en 2011, figure parmi les édifices modernes les plus impressionnants d'Inde. Ce fascinant musée retrace l'histoire sikhe à travers des peintures murales et des frises détaillées.

Où se loger et se restaurer

Hotel Holy City Paradise — HÔTEL $

(☎ 9815135800 ; Academy Rd ; d 1 780 ₹ ;). De loin la meilleure option parmi un choix d'hébergements par ailleurs limité, ce petit hôtel bien tenu loue des chambres confortables. Excellent emplacement au cœur de la ville et bon restaurant de cuisine locale.

Hotel Paramount Residency — HÔTEL $

(☎ 01887-233619 ; Academy Rd ; ch à partir de 1 050 ₹). Situé au-dessus de la route reliant Kesgarh Sahib au fort, l'Hotel Paramount Residency offre des chambres austères et rudimentaires. L'emplacement, proche du Khalsa Heritage Complex, est appréciable, tout comme l'accueil.

Pal Restaurant — INDIEN $

(plats 50-100 ₹ ; 7h30-23h). Proche de la gare routière, au-dessus de la pâtisserie Pal Sweetshop, ce restaurant prépare une cuisine indienne d'un bon rapport qualité/prix, notamment des *thali* locaux. Depuis la gare routière, tournez deux fois à gauche et regardez du côté gauche.

Renseignements

Mata Nanki Charitable Hospital (☎ 01887-230284 ; Ropar Rd, près du Khalsa College). Ce petit hôpital géré par une organisation caritative britannique a bonne réputation. Il est situé à 2 km du centre-ville.

Depuis/vers Anandpur Sahib

Les gares routière et ferroviaire se tiennent à 300 m l'une de l'autre, sur la route principale à la sortie de la ville. Des bus fréquents desservent Chandigarh (100 ₹, 2 heures), Amritsar (190 ₹, 4 heures 30) et Patiala (120 ₹, 3 heures).

Cinq trains partent tous les jours pour Chandigarh (siège 2e classe/*sleeper*/3AC 95/170/540 ₹, 2-3 heures) entre 5h45 et 16h40. Le train de nuit 14554 *Himachal Express* (*sleeper*/3AC 215/580 ₹, 7 heures 30, 22h05) rejoint New Delhi.

Amritsar

☎ 0183 / 1,13 MILLION D'HABITANTS

Fondée en 1577 par Guru Ram Das, le quatrième gourou des sikhs, Amritsar abrite le sanctuaire le plus sacré du sikhisme. Inspirant l'humilité, le spectaculaire temple d'Or dégage une atmosphère de sérénité. Tel n'est pas le cas des rues agitées alentour, véritable festival de couleurs, de bruits et d'odeurs.

À voir

Temple d'Or — TEMPLE SIKH

(complexe du temple d'Or ; 24h/24). GRATUIT Le légendaire temple d'Or n'est en fait qu'une petite partie de l'immense ensemble de *gurdwara* que les sikhs appellent Harmandir Sahib.

Le bassin entourant l'étincelant sanctuaire central est le principal foyer spirituel.

L'**Amrit Sarovar** (bassin de Nectar ; complexe du temple d'Or), duquel Amritsar tient son nom, fut creusé en 1577 par Ram Das, le quatrième gourou sikh. Il est ceint d'une allée en marbre, et les pèlerins viennent du monde entier pour se baigner dans ses eaux sacrées qui auraient des vertus thérapeutiques.

Mélange hypnotique de styles architecturaux hindou et islamique, le temple d'Or lui-même flotte au bout d'une longue passerelle. Élégant, le niveau inférieur en marbre est orné de fleurs et d'animaux, représentés suivant la technique de la *pietra dura* (comme au Taj Mahal). Au-dessus, le second niveau chatoyant est enveloppé dans des panneaux d'or gravés, et surmonté d'un dôme recouvert de 750 kg d'or. Dans le sanctuaire intérieur (photos interdites), prêtres et musiciens psalmodient continuellement le *Guru Granth Sahib* (livre saint des sikhs). Vu la file interminable de fidèles, vous ne pourrez sans doute passer que quelques minutes dans le saint des saints avant d'être gentiment poussé vers la sortie (empruntez la passerelle comme pour entrer).

Chaque matin, le *Guru Granth Sahib* est installé dans le temple ; il est rapporté le soir à l'**Akal Takhat** (Trône éternel), siège du pouvoir temporel de la Khalsa. La cérémonie se déroule à 5h et 21h30 en hiver, et à 4h et 22h30 en été. L'Akal Takhat renferme une collection d'armes sikhes sacrées. L'édifice fut endommagé lors de l'assaut lancé par l'armée pendant l'opération Blue Star en 1984. Il fut restauré par les pouvoirs publics mais les sikhs, qui refusèrent de s'en servir après cet affront, l'ont ensuite entièrement reconstruit.

D'autres sanctuaires et monuments sont disséminés autour de l'enceinte. Dans la tour de l'Horloge de l'entrée principale, le **Sikh Museum** (7h-19h en été, 8h-18h en hiver) GRATUIT retrace la persécution subie par les sikhs, successivement maltraités par les Moghols, les Britanniques et le régime d'Indira Gandhi. À l'extrémité sud-est du bassin, le **Ramgarhia Bunga** est une forteresse surmontée de deux minarets ; l'intérieur renferme une dalle de pierre ; saisie à Delhi par Ranjit Singh en 1783, elle servait autrefois pour les couronnements moghols.

♥ Guru-Ka-Langar — SITE SIKH

(complexe du temple d'Or ; 24h/24). GRATUIT À l'extrémité sud-est du complexe se trouve le Guru-Ka-Langar, un immense réfectoire où, chaque jour, 100 000 pèlerins viennent se restaurer après avoir prié au temple d'Or. Le repas y est gratuit, mais les dons sont les bienvenus et une aide pour laver les piles de vaisselle est toujours appréciée. Suivant les principes de charité et d'hospitalité des Sikhs, qui mettent en avant l'intérêt général, tout le monde y a sa place, du plus pauvre au plus nanti.

Jallianwala Bagh — SITE HISTORIQUE

(Golden Temple Rd ; 6h-21h en été, 7h-20h en hiver). GRATUIT Accessible au terme d'un étroit passage, ce parc commémore un triste événement : en 1919, un officier britannique ordonna à ses soldats de tirer sur des manifestants non armés, blessant et tuant 1 500 Indiens. Des impacts de balles sont visibles sur les murs ; on voit aussi le puits où se jetèrent des centaines de personnes pour fuir. On trouve également une flamme éternelle qui commémore l'événement, une exposition racontant l'histoire des victimes, et la Matyrs' Gallery, qui comporte des portraits des héros de l'indépendance.

Ram Bagh — PARC

(MMM Rd ; aube-crépuscule). GRATUIT Environ 1 km à l'est de la gare ferroviaire, les jardins de l'ancien **palais d'été** (1819) du maharaja Ranjit Singh sont aujourd'hui un parc public bien entretenu à la végétation soigneusement taillée. L'édifice en lui-même présente un aspect modeste comparé à

> **RÈGLES DE CONDUITE AU TEMPLE D'OR**
>
> Avant de pénétrer dans l'enceinte, déposez chaussures et chaussettes aux stands pour *chappal* (sandales) situés aux entrées, lavez-vous les pieds dans les bassins peu profonds et couvrez-vous la tête d'un foulard (si besoin, vous en trouverez à la boutique de souvenir voisine moyennant 10 ₹). Le tabac et l'alcool sont strictement interdits dans les lieux. Si vous souhaitez vous asseoir près du bassin, placez-vous en tailleur et ne trempez pas vos pieds dans l'eau. Les photos sont autorisées depuis l'allée entourant le bassin mais sont interdites à l'intérieur même du temple d'Or. Des gardes en robe bleue portant un bâton, les *jathhedar*, patrouillent dans le temple 24h/24. Adressez-vous à eux si vous avez besoin d'aide ou une question à poser concernant les règles de conduite.

Amritsar

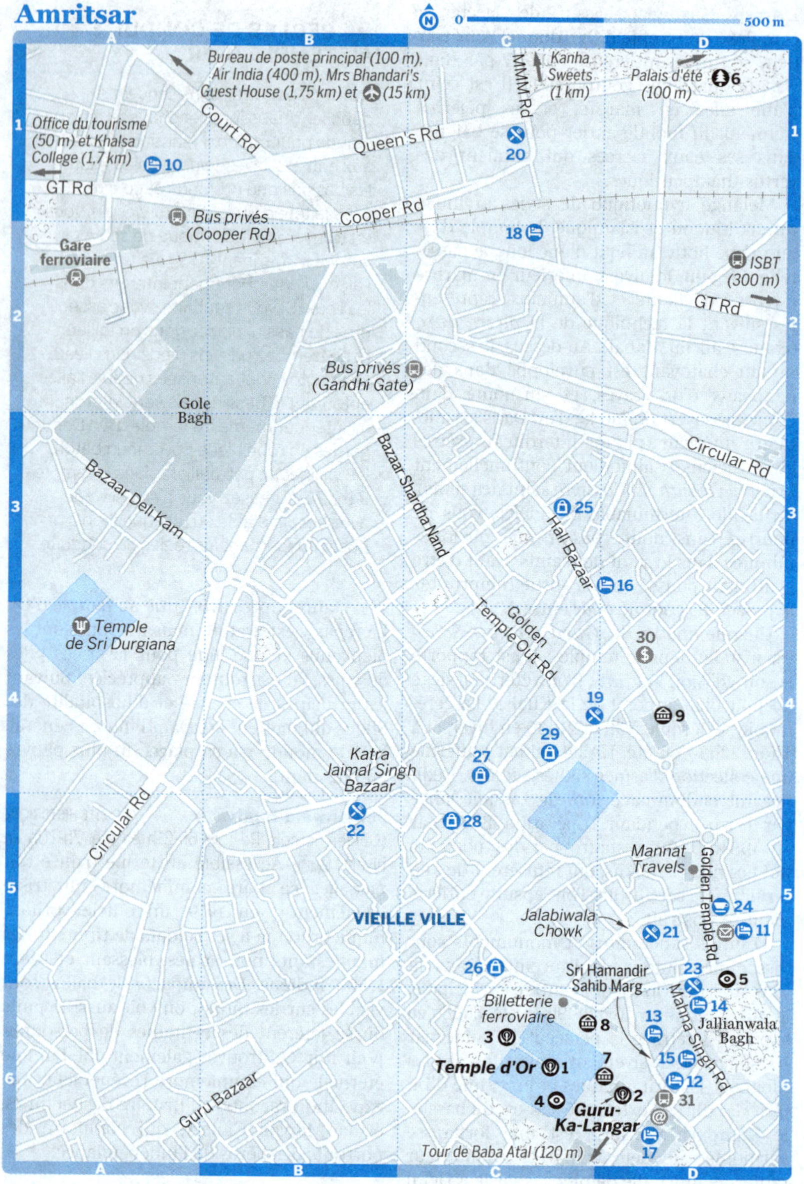

d'autres résidences princières du pays, mais ne manque pas de cachet.

Tour de Baba Atal TEMPLE SIKH

GRATUIT À l'extérieur du complexe, au sud, se dresse la tour octogonale de Baba Atal. Elle a été érigée en 1784 en l'honneur d'Atal Rai, le fils d'Har Gobind, sixième gourou sikh. La légende raconte qu'il aurait ressuscité un camarade de jeu, puis aurait offert sa propre vie pour avoir modifié les desseins de Dieu. Chacun des neuf étages représente une année de la courte vie d'Atal.

Amritsar

Les incontournables
1 Temple d'Or C6
2 Guru-Ka-Langar D6

À voir
3 Akal Takhat C6
4 Amrit Sarovar C6
5 Jallianwala Bagh D5
6 Ram Bagh D1
7 Ramgarhia Bunga D6
8 Sikh Museum C6
9 Hôtel de ville D4

Où se loger
10 Grand Hotel A1
11 Hotel Golden Tower D5
12 Hotel Grace D6
13 Hotel Indus D6
14 Lucky Guest House D6
15 MK Sood Guesthouse D6
16 Ramada Amritsar D3
17 Sri Guru Ram Das Niwas D6
18 Tourist Guesthouse C2

Où se restaurer
Bharawan Da Dhaba .... (voir 19)
19 Brothers' Dhaba C4
20 Crystal Restaurant C1
21 Gurdas Ram D5
22 Kesar Da Dhaba B5
23 Neelam's D5

Où prendre un verre et faire la fête
Bottoms Up Pub .... (voir 10)
24 Café Coffee Day D5

Achats
25 Booklovers Retreat C3
26 Kathian Bazaar C5
27 Katra Jaimal Singh Bazaar C4
28 Shashtri Bazaar C5
29 Tahali Sahib Bazaar C4

Renseignements
30 HDFC Bank D4
ICICI Bank .... (voir 30)

Transports
31 Minibus jaunes D6
Station de taxis prépayés .... (voir 31)

Khalsa College ÉDIFICE HISTORIQUE
(www.khalsacollegeamritsar.org ; GT Rd ; aube-crépuscule). GRATUIT Cette université aux allures d'immense château fut fondée en 1890 pour instruire l'élite de la société punjabie. Elle est située sur la droite quand on longe GT Rd vers l'ouest. Bel exemple d'architecture anglo-indienne, elle présente une imposante façade de grès rouge surmontée d'un dôme. D'immenses pelouses s'étendent par-devant. On peut se promener sur le campus, mais pas entrer dans les bâtiments administratifs ni les salles de cours.

Hôtel de ville ÉDIFICE HISTORIQUE
(Golden Temple Rd). Outre des expositions d'art, des rencontres et autres manifestations publiques, le superbe hôtel de ville du XIXe siècle accueille depuis 2017 une exposition permanente retraçant l'histoire tumultueuse d'Amritsar et du Punjab depuis la Partition.

Circuits organisés

Le Grand Hotel propose des circuits d'un bon rapport qualité/prix. Ceux organisés en journée comprennent la visite des principaux sites (500 ₹/pers) ; ceux du soir (800 ₹/pers, départ 15h) incluent la cérémonie de fermeture de la frontière d'Attari-Wagah, le temple de Mata et le temple d'Or.

L'office du tourisme (p. 214) propose chaque jour d'intéressantes balades historiques ("Heritage Walks") de 2 heures (Indien/étranger 25/75 ₹) à la découverte des bazars de la vieille ville. Le circuit, qui démarre de l'hôtel de ville à 8h (9h déc-fév), s'achève devant le temple d'Or. Il suffit de se présenter au point de départ 10 minutes à l'avance.

Où se loger

La plupart des hébergements pour petits budgets d'Amritsar pâtissent du bruit infernal de la circulation – apportez des bouchons d'oreilles. Les adresses plus plaisantes sont chères ou éloignées du cœur de l'action.

Grand Hotel HÔTEL $$
(0183-7562424 ; www.hotelgrand.in ; Queen's Rd ; d à partir de 1 510 ₹ ;). En face de la gare ferroviaire mais loin d'être glauque, le Grand Hotel forme un havre de paix au milieu du chaos ambiant. Spacieuses à défaut d'être grandioses, les chambres donnent sur une charmante cour-jardin, de même que le bon restaurant. Un bar engageant sert des bières fraîches. La direction organise des circuits.

Sri Guru Ram Das Niwas PENSION $
(complexe du temple d'Or ; dort gratuit, don apprécié, d sans/avec clim 300/500 ₹ ; ❄@). Au sud-est du complexe du temple d'Or, les *niwas* (auberges pour pèlerins) offrent des chambres bon marché. Les étrangers sont généralement installés dans un dortoir du Sri Guru Ram Das Niwas, ou dans les chambres d'autres bâtiments à proximité – présentez-vous au Guru Arjan Dev Niwas pour connaître les disponibilités. Loger sur place (confort sommaire et sdb communes) est une expérience vraiment fascinante. Durée maximale du séjour : 3 jours. Les dortoirs disposent d'un casier par personne ; il faut prévoir son cadenas.

Tourist Guesthouse PENSION $
(☎9356003219 ; www.touristguesthouse.com ; GT Rd ; dort/d 200/600 ₹ ; @ᯤ). Cette institution pour *backpackers* (voyageurs sac au dos) aux tarifs modiques comprend de modestes chambres hautes de plafond avec ventilateur, un restaurant dans le jardin et une terrasse sur le toit. C'est l'un des rares hébergements en ville à facturer le Wi-Fi (100 ₹/jour), et son emplacement, entre un pont routier au trafic dense et la voie ferrée, n'a rien de tranquille.

MK Sood Guesthouse HÔTEL $
(☎0183-5093376 ; Braham Buta Bazaar ; ch 1 100 ₹ ; ❄ᯤ). Ce petit établissement propre au charme désuet bénéficie d'un emplacement plus calme que la plupart des hôtels de la vieille ville aux abords du temple d'Or. Les chambres sont toutes climatisées, mais certaines sont plus spacieuses et confortables que d'autres ; demandez à en voir plusieurs avant de vous décider. Wi-Fi gratuit uniquement dans le hall.

♥ **Mrs Bhandari's Guesthouse** PENSION $$
(☎0183-2228509 ; www.bhandariguesthouse.wordpress.com ; 10 Cantonment ; d à partir de 2 570 ₹ ; ❄@ᯤ≋). Fondé par la regrettée Mme Bhandari (1906-2007), ce sympathique point de chute un brin défraîchi occupe un vaste terrain dans l'ancien camp militaire d'Amritsar, à 2 km du centre. Ses grandes chambres rappellent les maisons de l'époque coloniale et l'accueil y est chaleureux. Le jardin soigné abrite des balançoires, de nombreux endroits où s'asseoir et une petite piscine. Les baroudeurs désargentés peuvent même y planter leur tente moyennant 300 ₹ par personne. Transfert gratuit depuis/vers la gare ferroviaire et possibilité de repas (petit-déjeuner/déjeuner/dîner 350/600/600 ₹). Le trajet en rickshaw depuis la vieille ville revient à environ 70 ₹. Les portes ferment à 21h ; laissez un mot à la réception si vous pensez rentrer tard.

Hotel Grace HÔTEL $
(☎0183-2559355 ; www.hotelgrace.net ; 35 Braham Buta Bazaar ; d sans/avec clim à partir de 800/1 200 ₹ ; ❄@ᯤ). Cette adresse sans prétention, dans une zone commerçante à l'est du temple d'Or, décline un choix de chambres variées à des tarifs imbattables. Les meilleures, en façade, bénéficient d'un flot de lumière naturelle. Plus petites et modestes, celles à l'arrière n'en demeurent pas moins très avantageuses.

Hotel Golden Tower HÔTEL $
(☎0183-2534446 ; près de Golden Temple Rd, Fuwara Chowk ; d à partir de 1 650 ₹ ; ❄@ᯤ). Un hôtel plus attirant à l'extérieur qu'à l'intérieur, mais correct et bien placé (idéal pour visiter le temple d'Or tard le soir ou tôt le matin). Les grandes chambres au décor dépouillé disposent d'une TV, d'un mini-réfrigérateur et du Wi-Fi.

Lucky Guest House HÔTEL $
(☎0183-2542175 ; Mahna Singh Rd ; ch à partir de 650 ₹ ; ❄). Une valeur sûre dans la vieille ville, avec des chambres sommaires un peu exiguës et parfois sans fenêtre – visitez-en plusieurs avant de choisir. Le marché voisin se prête au shopping et aux découvertes.

Hotel Indus HÔTEL $$
(☎0183-2535900 ; www.hotelindus.com ; 211/3 Sri Hamandir Sahib Marg ; d à partir de 2 100 ₹ ; ❄@ᯤ). La vue magnifique sur le temple d'Or depuis le toit justifie à elle seule un séjour dans cet hôtel moderne aux petites chambres confortables, bien aménagées pour le prix. Réservez bien à l'avance pour obtenir l'une des 2 chambres donnant sur le temple.

♥ **Ramada Amritsar** HÔTEL $$$
(☎0183-5025555 ; www.ramadaamritsar.com ; Hall Bazaar ; d avec petit-déj à partir de 4 700 ₹ ; ❄@ᯤ≋). À une courte distance à pied du temple d'Or, cet hôtel récent d'allure majestueuse est l'unique option haut de gamme de la vieille ville. Les chambres chics et modernes, dont les baies vitrées dévoilent une vue splendide, compensent le côté un peu kitsch du hall. Service de premier ordre et petite piscine sur la terrasse.

Où se restaurer

Amritsar est renommée pour ses *dhaba* (gargotes) où l'on cuisine de savoureuses spécialités du Punjab telles que *kulcha*, *paratha* farcis, dhal et poisson *amritsari* (frit et garni de citron, piment, ail et gingembre). Les hôtels et restaurants autour du temple d'Or sont généralement végétariens et ne servent pas d'alcool.

Kesar Da Dhaba PUNJABI $

(Shastri Market, Chowk Passian ; plats 70-130 ₹ ; 11h-17h et 19h-23h ;). Fondé au Punjab pakistanais puis transféré à Amritsar après la Partition, cet établissement centenaire prépare de délicieux *thali* de *paratha* (200-250 ₹), des petits bols de *firni* (crème de riz, 20 ₹) recouverts d'une feuille d'argent et d'excellents *lassi* (50 ₹). Les clients peuvent visiter les cuisines ; demandez à la réception.

Bharawan Da Dhaba PUNJABI $$

(Town Hall Chowk ; repas 160-190 ₹ ; 8h-minuit ;). Cette institution sans chichis mitonne des délices punjabis depuis 1912. Le *thali* comprend du dhal et du *paneer* (fromage frais), accompagnés de naan, de *roti* ou de riz (ou bien des trois à la fois). Jolie vue sur l'hôtel de ville à travers la devanture vitrée.

Kanha Sweets INDE DU NORD $

(Lawrence Rd ; douceurs 20-40 ₹ ; 8h-22h ;). En plus d'être une pâtisserie de premier ordre, cette échoppe populaire est connue pour proposer au petit-déjeuner (9h-14h) les meilleures assiettes de *puri* (pain frit soufflé, avec curry de pommes de terre relevé et pickles, 70 ₹) à emporter d'Amritsar.

Gurdas Ram INDIEN $

(Jalebiwala Chowk ; jalebi ₹ ; 9h30-22h30 ;). Cette enseigne confectionne depuis 60 ans des *jalebi* (douceurs frites en spirale nappées de sirop) si réputés que le carrefour porte leur nom (Jalebiwala Chowk).

Neelam's INDIEN, INTERNATIONAL $

(Golden Temple Rd, Jallianwala Bagh ; plats 70-170 ₹ ; 9h-23h ;). Non loin du temple d'Or, ce minuscule restaurant bicolore est pratique pour recharger les batteries. Il offre un petit choix de plats internationaux simples et rapides, dont un petit-déjeuner pour *backpackers* et quelques produits d'Inde du Sud, mais surtout un *kulcha* (50 ₹) très avantageux, accompagné de *chole masala* (pois chiches en sauce) et de chutney relevé.

Makhan Fish PUNJABI $$

(Old Jail Rd, près de Trillium Mall ; plats 150-350 ₹ ; 11h-23h ;). Vous mangerez les meilleurs poissons frits et *tikka* d'Amritsar cuits au four, ainsi que des préparations à base de poulet et de mouton. Notez que les spécialités phares de la maison sont servies au poids – comptez 250 g pour deux. Grands classiques de la cuisine chinoise également.

LE MASSACRE DU JALLIANWALA BAGH

À la suite de l'adoption du Rowlatt Act (1919), qui donnait aux autorités britanniques le pouvoir d'emprisonner sans procès les Indiens suspectés de sédition, Amritsar devint le point de rassemblement du mouvement pour l'indépendance. Après une série d'*hartal* (grèves) au cours desquelles de nombreux manifestants et trois directeurs de banque britanniques furent tués, le brigadier général Reginald Dyer fut appelé pour rétablir l'ordre dans la ville.

Le 13 avril 1919 (jour de Baisakhi), plus de 5 000 manifestants pacifiques indiens s'étaient rassemblés au Jallianwala Bagh (p. 209), une place publique entourée de hauts murs. Pour faire un exemple, Dyer arriva avec 150 soldats auxquels il ordonna d'ouvrir le feu. Lorsque la pluie de projectiles cessa, on dénombra chez les manifestants près de 400 morts et 1 500 blessés, dont beaucoup de femmes et d'enfants.

La décision de Dyer, soutenue par ses pairs, fut sévèrement condamnée par Winston Churchill et sir Edwin Montagu, le secrétaire d'État pour l'Inde. Le poète Rabindranath Tagore, prix Nobel de littérature, protesta en renonçant à son titre de chevalier. Cette répression galvanisa le nationalisme indien et, un an plus tard, Gandhi lança son programme de non-coopération avec les autorités coloniales.

Reginald Dyer mourut pendant sa retraite en Angleterre en 1927 ; Michael O'Dwyer, gouverneur du Punjab à l'époque du massacre, fut assassiné par le révolutionnaire sikh Udham Singh, à Londres, en 1940. Le célèbre film *Gandhi*, de Richard Attenborough, retrace avec force les tristes événements du Jallianwala Bagh.

Brothers' Dhaba PUNJABI $

(Bade Bhai Ka, Town Hall Chowk ; plats 140-280 ₹ ; 8h-minuit ;). Cette gargote au service rapide et chaleureux sert les meilleurs *paratha* d'Amritsar. Fourrés de pommes de terre, d'herbes aromatiques et de graines de grenade, ils sont fondants et plein de saveurs. On peut aussi commander au petit-déjeuner des assiettes de pommes de terre au curry et *kulcha*.

Crystal Restaurant INDIEN, INTERNATIONAL $$

(Crystal Chowk ; plats 300-450 ₹ ; 11h-23h30 ;). Un restaurant chic en rez-de-chaussée, style fin du XIXe siècle, avec des miroirs sur les murs et des moulures en stuc. La carte fait la part belle à la cuisine *mughlai* – la spécialité de la maison est un délicieux *murgh tawa frontier* (morceaux de poulet dans une épaisse sauce aux oignons ; 390 ₹). L'endroit propose également une carte européenne correcte comprenant des grillades, des steaks et des plats au four.

Où prendre un verre et faire la fête

Bottoms Up Pub BAR

(Queen's Rd, Grand Hotel ; bières 12 ₹ ; 11h-23h). Ce bar situé dans le Grand Hotel sert à la pression de la bière Kingfisher glacée, sans glycérol. Les savoureux repas sont concoctés dans la cuisine de l'hôtel.

Café Coffee Day CAFÉ

(Golden Temple Rd ; café à partir de 80 ₹ ; 9h-23h). Une enseigne de chaîne agréablement climatisée, à un jet de pierre du quartier du temple d'Or, où vous pourrez grignoter des gâteaux, feuilletés et wraps avec votre café (au lait, expresso...). Vue sur la rue.

Achats

Booklovers Retreat LIVRES

(Hall Bazaar ; 9h-20h lun-sam). Une librairie à l'ancienne, riche en ouvrages intéressants.

Renseignements

ACCÈS INTERNET

Le Wi-Fi gratuit dans les chambres est très répandu dans les hôtels d'Amritsar.

Guru Arjun Dev Niwas Net Cafe (Guru Arjun Dev Niwas ; 30 ₹/heure ; 6h-1h). Tout près de l'ensemble architectural du temple d'Or.

ARGENT

Il y a de plus en plus de DAB en ville, mais aucun bureau de change à l'aéroport. **Mannat Travels** (0183-5006006 ; 5 Dharam Singh Market, Fuwara Chowk ; 10h-19h lun-sam), dans la vieille ville, est un changeur sérieux. Les banques **HDFC** (rdc, RS Towers, Hall Bazaar ; 10h-16h lun-sam) et **ICICI** (rdc, RS Towers, Hall Bazaar ; 9h-18h lun-sam) changent les devises et disposent de DAB.

OFFICE DU TOURISME

Près de l'entrée de la gare ferroviaire, l'**office du tourisme** (0183-2402452 ; www.punjabtourism.gov.in ; Queen's Rd ; 10h-17h mar-dim) distribue des brochures et des cartes gratuites – plans de rue détaillés d'Amritsar, de Patiala et de Kapurthala, entre autres.

POSTE

Le **bureau de poste principal** (Court Rd ; 10h-16h lun-ven, jusqu'à 14h sam), au croisement de Court Rd et Albert Rd, possède un service d'expédition de courrier et de colis rapide. Même chose pour le **bureau de poste** (Golden Temple Rd, Fuwara Chowk ; 10h-16h lun-ven, jusqu'à 14h sam) à proximité du temple d'Or.

LES BAZARS D'AMRITSAR

Le temple d'Or se trouve aux abords d'un hypnotisant dédale de rues marchandes bondées, où l'on trouve de tout, des épées de cérémonie aux costumes de mariage. Démarrez votre exploration à la porte principale du temple d'Or. De là, dirigez-vous vers le nord-ouest (à gauche quand vous avez le temple d'Or derrière vous) jusqu'à l'extrémité de l'enceinte du temple et pénétrez dans **Kathian Bazaar** qui renferme couvertures, fournitures de bureau, pots et autres bracelets. Tournez à droite dans Guru Bazaar Rd : vous croiserez des boutiques de vêtements pour femmes étincelants puis, en prenant la première à gauche, vous arriverez à **Shashtri Bazaar**, où les *dupatta* (longues écharpes pour femmes) cèdent la place aux beaux châles en laine. Au bout du bazar, tournez à droite et continuez en longeant une série d'étals d'alimentation et de fruits jusqu'à **Katra Jaimal Singh Bazaar**, très animé. Ce dernier regroupe des boutiques de tailleurs et de mode. À l'intersection en T, l'embranchement de gauche conduit à **Tahali Sahib Bazaar**, rempli de *dupatta* en satin et de *jooti* (chaussures) brillantes.

Si vous préférez le shopping sans la cohue, l'axe touristique reliant l'hôtel de ville au temple d'Or abrite plusieurs boutiques vendant des souvenirs de qualité à prix négociable.

SERVICES MÉDICAUX

Fortis Escorts Hospital (☎ 0183-3012222, 9915133330 ; www.fortishealthcare.com ; Majitha Verka Bypass). Un hôpital conforme aux standards internationaux, dans une banlieue à environ 7 km au nord-est de la vieille ville.

Depuis/vers Amritsar

AVION

L'aéroport international Sri Guru Ram Dass Jee se trouve à 11 km au nord-ouest du centre d'Amritsar. **Air India** (☎ 0183-2214062 ; www.airindia.in ; 10h-17h), **Jet Airways** (☎ 1800-225522 ; www.jetairways.com) et **SpiceJet** (☎ 1800-1803333 ; www.spicejet.com) desservent Delhi, Mumbai et d'autres grandes villes du pays. Les liaisons internationales concernent essentiellement le Moyen-Orient, mais Air India assure aussi des vols à destination de Birmingham.

BUS

Les bus des compagnies privées partent des abords de Gandhi Gate ainsi que de Cooper Rd, près de la gare ferroviaire. Des bus de nuit climatisés rallient Delhi (800 ₹, 10 heures) et Jaipur (siège/couchette 700/900 ₹, 16 heures), des bus ordinaires, Jammu (250 ₹, 4 heures). Des bus climatisés pour Chandigarh (600 ₹, 4 heures) circulent tout au long de la journée.

La principale **gare routière inter-États** (ISBT ; GT Rd) se tient à environ 3 km au nord du temple d'Or, à proximité de Mahan Singh Gate. Elle accueille au moins une liaison quotidienne avec Chamba (260 ₹, 6 heures), Dharamsala (280 ₹, 7 heures) et Manali (600 ₹, 12 heures). Des bus fréquents desservent également Attari (30 ₹, 1 heure), Faridkot (120 ₹, 3 heures), Pathankot (120 ₹, 3 heures) et Patiala (230 ₹, 5 heures).

TRAIN

En dehors de la gare, il existe une **billetterie ferroviaire** (temple d'Or ; 8h-20h lun-sam, 8h-14h dim) moins fréquentée au temple d'Or.

Le train le plus rapide pour Delhi, l'*Amritsar Shatabdi* (AC Chair/1AC 790/1 620 ₹, 6 heures), effectue deux départs quotidiens, à 5h et 16h50. En sens inverse, les mêmes trains quittent la gare de New Delhi à 7h20 et 16h30. Une douzaine d'autres trains se rendent chaque jour dans la capitale (*sleeper*/3AC/2AC 290/760/1 060 ₹, 7-9 heures).

Quatre trains partent pour Chandigarh (siège 2e classe/AC Chair 120/440 ₹, 5 heures) entre 5h15 et 17h50. Pathankot (*sleeper*/3AC 140/490 ₹, 3 heures) est desservie 10 fois par jour entre 4h40 et 20h30.

L'*Amritsar-Howrah Mail* de 18h40 relie quotidiennement Amritsar à Varanasi (*sleeper*/3AC/2AC 500/1 350/1 965 ₹, 22 heures) et Kolkata (gare d'Howrah, *sleeper*/3AC/2AC 695/1 860/2 740 ₹, 37 heures).

Comment circuler

Des minibus jaunes (Sri Harmandir Sahib Marg) gratuits relient la gare ferroviaire au temple d'Or, de 4h à 21h. Autrement, le trajet en rickshaw/auto-rickshaw coûte environ 50/100 ₹, au terme d'un marchandage féroce. Des taxis attendent autour de la gare et il existe une **station de taxis prépayés** (Sri Harmandir Sahib Marg) à l'est du temple d'Or. Sinon, les radio-taxis rapides et efficaces de la compagnie **Ola Cabs** (☎ 0183-3355335) sillonnent la ville 24h/24. Pour rejoindre l'aéroport, comptez 250 ₹ en auto-rickshaw et environ 500 ₹ en taxi.

Les taxis qui vont au temple d'Or déposent souvent leurs clients à Fuwara (fontaine) Chowk ou à l'hôtel de ville, à quelques centaines de mètres à pied du site par une voie piétonnière bordée d'arcades en grès rouge abritant des commerces touristiques.

Patiala

☎ 0175 / 405 200 HABITANTS

Ancienne capitale d'un État sikh indépendant dirigé par une extravagante famille de maharajas, Patiala est le secret le mieux gardé du Punjab. Alors que l'Empire moghol s'affaiblissait, les dirigeants de Patiala s'attirèrent les faveurs des Britanniques et dotèrent leur ville de somptueux palais et folies. Après l'indépendance de l'Inde, leur fortune déclina et la cité devint peu à peu l'ombre d'elle-même. Aujourd'hui, ses monuments grandioses tombent en ruine, mais la vieille ville, entourée de 10 portes historiques, conserve un certain charme. À la mi-janvier, les cerfs-volants habillent le ciel de Patiala lors de la fête de **Basant**.

À voir

Qila Mubarak FORT

(Adalat Bazaar ; 10 ₹ ; musée 10h15-16h45 mar-dim). Demeure ancestrale des maharajas de Patiala, ce fort du XVIIIe siècle richement décoré mais aujourd'hui délabré semble tout droit sorti des *Mille et Une Nuits*, avec ses hauts contreforts et ses balcons treillissés. S'ils n'ont pas accès à l'intérieur du fort, les visiteurs peuvent se promener entre les enceintes intérieure et extérieure, parmi les ruines peuplées de volées de perruches.

Juste à droite après l'entrée principale, la galerie d'armes du **Durbar Hall Museum**, construit en 1859, donne à voir sous ses lustres en cristal une belle collection d'armes, de portraits royaux et d'autres trésors provenant de palais en ruine.

Sheesh Mahal MUSÉE

(Sheesh Mahal Rd ; 10 ₹ ; 10h30-17h mar-dim). L'extravagant Sheesh Mahal, paré de deux tours semblables à des pièces montées et d'un pont suspendu au-dessus d'un bassin aujourd'hui vide, renferme une galerie de trésors royaux – peintures, monnaies, bijoux et objets d'art finement ouvragés – dans un intérieur somptueux. Son parc arboré s'agrémente de statues de souverains, dont une effigie plus grande que nature de la reine Victoria, réalisée en 1903 par le sculpteur britannique Francis Derwent Wood.

Où se loger et se restaurer

Baradari Palace HÔTEL HISTORIQUE $$$

(0175-2304433 ; www.neemranahotels.com ; Baradari Gardens ; d à partir de 6 440 ₹ ;). L'ancien pavillon de plaisance du maharaja Rajinder Singh est sans doute l'hôtel historique le plus luxueux du Punjab. Les chambres, magnifiquement restaurées, rivalisent de luxe et d'élégance, et les terrasses et patios donnent sur de somptueux jardins. L'établissement se situe à 20 minutes de marche de la gare routière, en direction de l'ouest. Sinon, le trajet en rickshaw coûte 50 ₹.

Gopal's INDE DU NORD $

(Lower Mall Rd ; plats 60-120 ₹ ; 8h-22h ;). Les clients se pressent toute la journée dans ce restaurant végétarien apprécié pour ses délicieux *chhole bhature*, *thali* et sucreries. La maison prépare aussi des plats corrects de toute l'Inde et pseudo chinois, mais mieux vaut s'en tenir à ses spécialités.

Depuis/vers Patiala

Des bus fréquents relient Patiala à Chandigarh (70 ₹, 2 heures), Amritsar (230 ₹, 5 heures), Sirhind (40 ₹, 4 heures) et Anandpur Sahib (120 ₹, 3 heures). Un taxi réservé depuis Amritsar revient à 2 500 ₹.

Sirhind

Sirhind se visite facilement dans la journée depuis Chandigarh. La ville recèle le fameux **gurdwara de Fatehgarh Sahib** élevé à la mémoire des deux plus jeunes fils du 10e gourou sikh, Gobind Singh, emmurés vivants par les Moghols en 1704 pour avoir refusé de se convertir à l'islam. Chaque année, en décembre, le sanctuaire accueille pendant trois jours la **Shaheedi Jor Mela**, un rassemblement en leur mémoire. Retirez vos chaussures et couvrez-vous les cheveux avant d'entrer.

La ville compte aussi plusieurs vestiges de l'époque moghole à l'abandon. En août, au **Rauza Sharif** – mausolée du saint soufi Shaikh Ahmad Faruqi Sirhindi – l'**urs** (anniversaire de sa mort) attire une foule de fidèles. Une ruelle proche de la gare routière mène au photogénique **Aam Khas Bagh**, un jardin moghol aujourd'hui en friche, qui conserve un immense *baoli* (puits à degrés) et se prête aux rencontres avec les habitants.

Depuis/vers Sirhind

Des bus desservent Patiala (40 ₹, 1 heure) et Chandigarh (50 ₹, 1 heure 30) au départ de deux gares routières différentes. Des auto-rickshaws collectifs relient ces dernières au *gurdwara* de Fatehgarh Sahib (10 ₹/pers).

Frontière indo-pakistanaise d'Attari-Wagah

À cause des relations tendues entre l'Inde et le Pakistan, rares sont les étrangers qui franchissent la frontière entre Attari et Wagah, à 30 km à l'ouest d'Amritsar. Toutefois, chaque soir, une foule nombreuse vient assister à la curieuse cérémonie de fermeture du poste-frontière (ci-dessous).

À voir

Cérémonie de fermeture de la frontière PARADE

(Attari-Wagah). Chaque après-midi, juste avant le coucher du soleil, des gardes-frontières indiens et pakistanais se retrouvent au poste entre Attari et Wagah pour une démonstration militaire de 30 minutes particulièrement théâtrale. Officiellement, le but de la cérémonie est de descendre le drapeau national et de fermer la frontière de manière solennelle pour la nuit. En réalité, la cérémonie revêt un caractère étrangement emphatique, avec défilé, pliage de drapeau, poitrines gonflées, claquements de bottes et pas de l'oie effectués de manière presque comique par les gardes des deux pays pour damer le pion à l'autre.

PASSAGE DE FRONTIÈRE – PAKISTAN

Il est impératif de consulter les conseils de sécurité officiels mis en ligne par les autorités de votre pays avant le départ (voir p. 806).

Heures d'ouverture de la frontière

Officiellement, la frontière est ouverte tous les jours de 10h à 15h30, mais vérifiez que c'est bien le cas avant de quitter Amritsar. Arrivez au moins une heure avant la fermeture.

Changer des devises

Il existe des banques et des DAB de part et d'autre de la frontière, mais mieux vaut quand même changer un peu d'argent à Amritsar.

Transports au Pakistan

Depuis Wagah (Pakistan), des bus et des taxis fréquents rallient Lahore, à 30 km.

Visas

En théorie, on peut obtenir un visa pakistanais à l'ambassade du Pakistan à Delhi ; toutefois, vous l'obtiendrez souvent plus facilement dans votre pays d'origine.

Depuis/vers la frontière indo-pakistanaise

Des bus circulent entre Amritsar et Attari (30 ₹), d'où il reste 2 km à parcourir jusqu'au poste-frontière, à pied ou en auto-rickshaw collectif (10 ₹). La cérémonie de fermeture de la frontière a lieu quelques centaines de mètres plus loin. Les appareils photo sont autorisés mais les sacs, grands ou petits, doivent être laissés dans des casiers (50 ₹) près de l'entrée.

La plupart des gens organisent leur transport en taxi par l'intermédiaire de leur hôtel à Amritsar (environ 1 500 ₹). Il est également possible de prendre un taxi collectif à la porte sud-est du temple d'Or (250 ₹/pers). Traînez du côté du stand des taxis prépayés avant 15h et des chauffeurs viendront à votre rencontre.

Pathankot

0186 / 148 500 HABITANTS

Cette ville frontalière poussiéreuse est un nœud routier vers l'Himachal Pradesh et le Jammu-et-Cachemire voisins, mais rien ne donne envie de s'y attarder.

La gare routière comprend une **pension** (ch 500 ₹) dotée de chambres sommaires avec salle de douches commune. Juste à l'extérieur, l'**Hotel Comfort** (0186-2226403 ; Gurdaspur Rd ; d à partir de 1 890 ₹ ; ❄) est sans doute la meilleure option si vous prévoyez de quitter Pathankot dès le lendemain matin.

À la gare routière, quelques gargotes fréquentées par les voyageurs en transit proposent toute la journée des plats d'Inde du Nord bons et pas chers (60-100 ₹ pour un repas sur le pouce).

Un **guichet d'Himachal Tourism** (0186-2220316 ; 10h-17h lun-sam), à la gare ferroviaire de Pathankot Junction, fournit de bonnes informations sur l'État voisin.

Depuis/vers Pathankot

De la gare de Pathankot Junction, dans Gurdaspur Rd, 12 trains desservent Amritsar (siège 2e classe/AC Chair 65/260 ₹, 2-3 heures) entre 4h15 et 23h50.

Dix trains se rendent à New Delhi (*sleeper*/3AC/2AC 285/765/1 095 ₹, 8 heures), entre 2h20 et 20h05.

Des trains pour Dharamsala et McLeod Ganj empruntent la ligne à voie étroite en direction du *mandir* de Kangra (siège 35 ₹, 5 heures) à 6h45, 10h, 13h20 et 15h50.

De la gare routière, également dans Gurdaspur Rd, 3 ou 4 bus directs partent chaque matin pour McLeod Ganj (170 ₹, 4 heures 30) ; sinon, passez par Dharamsala (150 ₹, 4 heures). Chaque jour, des bus fréquents se rendent à Amritsar (100 ₹, 3 heures), Chandigarh (280 ₹, 6 heures), Dalhousie (110 ₹, 3 heures 30), Delhi (ordinaire/Volvo climatisé 520/1 140 ₹, 11 heures), Jammu (100 ₹, 3 heures) et Manali (390 ₹, 11 heures).

Bathinda

0164 / 218 000 HABITANTS

Calme et accueillante, Bathinda voit passer peu de touristes. Les bazars autour de la gare routière peuvent toutefois constituer une balade pittoresque, de même que les endroits où les paysans se rassemblent certains jours pour vendre leurs produits.

À voir

Govindgarh FORT

(aube-crépuscule). De tous les forts en ruine du Punjab, l'énorme Govindgarh, en plein cœur de Bathinda, est le plus impressionnant. C'est aussi l'un des plus anciens : il fut édifié au VIIe siècle, même si sa structure actuelle en briques rouges ne date que du XIIe siècle. Ouvert à la visite, il possède des remparts de 36 m de haut et de 6 m d'épaisseur dominant les bazars de la vieille ville.

On peut déambuler dans les jardins plantés de pelouses à l'intérieur de l'enceinte, qui renferme deux *gurdwara* accessibles au public. À un endroit, il est même possible de monter au sommet des murailles pour jouir d'une vue splendide sur la ville. À l'extérieur, longez le flanc ouest du fort, là où les immenses remparts offrent leur aspect le plus saisissant. Des *dhobi-wallahs* (lavandiers) et des tisserands s'affairent dans les rues poussiéreuses en contrebas.

Pour gagner le fort, tournez à gauche en sortant de la gare routière, puis de nouveau à gauche au rond-point et continuez tout droit pendant environ 1 km.

Où se loger

Hotel Appreciate HÔTEL $

(0164-3201875 ; d à partir de 1 650 ₹ ;). Le plus intéressant parmi les hôtels regroupés près de la gare routière. Des chambres climatisées sans prétention, avec draps propres et douche chaude, se cachent derrière sa façade évoquant une construction en Lego.

Hotel Stella HÔTEL D'AFFAIRES $$$

(0164-5015000 ; Barnala Bypass Rd ; d avec petit-déj à partir de 4 600 ₹ ;). Très haut de gamme pour Bathinda, cet établissement d'affaires dispense tout le confort moderne dans des chambres élégamment aménagées. La piscine et le bar sur la terrasse invitent à paresser le soir. Le restaurant mitonne une délicieuse cuisine du Punjab, entre autres régions. À 2 km au nord de la gare routière.

Où se restaurer

Sagar Ratna INDE DU SUD $

(GT Rd ; plats 80-120 ₹ ; 11h-22h ;). Pour changer des saveurs punjabies, goûtez l'un des nombreux *dosa* et le café d'Inde du Sud servis à cette table authentique, située dans l'artère principale.

Yellow Chilli INDIEN MODERNE $$

(Barnala Bypass Rd ; plats 150-300 ₹ ; 12h-15h et 19h-23h ;). Le chef officiant aux fourneaux du Yellow Chilli a apporté à Bathinda la créativité de la nouvelle cuisine indienne. Son restaurant stylé est l'endroit où commander des plats de viande et de poisson.

Depuis/vers Bathinda

Dix trains quotidiens se rendent à New Delhi (*sleeper*/3AC 200/490 ₹, 5 heures 30-7 heures), certains de nuit, et cinq à Patiala (siège 2e classe/AC Chair 80/260 ₹, 3 heures) entre 6h30 et 17h50.

Des bus fréquents desservent Amritsar (180 ₹, 4 heures), Chandigarh (avec/sans clim 250/480 ₹, 5 heures), Faridkot (70 ₹, 1 heure 30) et Patiala (170 ₹, 3 heures).

Faridkot

Faridkot, ancienne capitale d'un État princier éponyme disparu, fait partie des villes les moins visitées du Punjab.

Aujourd'hui, des paons déambulent dans les vestiges du **Qila Mubarak**, fort ancestral des maharajas locaux, protégé par des remparts de 15 m de haut. À proximité s'élève le **Tilla Baba Farid Ji**, reconstruction récente d'un *gurdwara* séculaire dédié au poète soufi du XIIIe siècle Baba Sheikh Farid, dont les œuvres inspirèrent Guru Nanak, le fondateur du sikhisme. Le **Raj Mahal**, résidence des souverains de Faridkot depuis les années 1880, la **Victoria Memorial Clock Tower** (vers 1902 ; tour de l'Horloge) de 30 m de haut, conçue par un architecte français, et la jolie **District Library** (bibliothèque) vert pastel méritent également le coup d'œil.

Quelques hôtels se tiennent à environ 750 m de la gare routière ; prenez à gauche en sortant, de nouveau à gauche au rond-point, puis la première à droite.

Des gargotes servant des *paratha* et des plats locaux 24h/24 bordent les rues bondées autour de la gare routière. Sinon, optez pour les tables de l'**Hotel Trump Plaza** (9216800789 ; Kotkapura Rd ; d à partir de 1 650 ₹ ;) ou du **Sangam Hotel & Restaurant** (01639-252144 ; Kotkapura Rd ; d à partir de 1 420 ₹ ;).

Depuis/vers Faridkot

Des bus fréquents rallient Amritsar (120 ₹, 3 heures), Bathinda (70 ₹, 1 heure 30), Chandigarh (240 ₹, 5 heures) et Patiala (120 ₹, 2 heures).

Kapurthala

Autrefois capitale d'une riche principauté indépendante, Kapurthala est un endroit fascinant. Le maharaja Jagatjit Singh était un passionné de voyages ; il épousa la danseuse de flamenco espagnole Anita Delgado et fit construire de nombreux édifices inspirés de ses voyages. Le palais de Jagatjit (aujourd'hui la Sainik School, réservée à l'élite indienne) fut inspiré de Versailles ; la mosquée maure rappelle quant à elle la grande mosquée de Marrakech. Parmi les autres édifices remarquables figurent le Jagatjit Club et le Jubilee Hall, de style britannique, ainsi que les Shalimar Gardens (qui abritent les cénotaphes de la dynastie de Kapurthala).

L'**Hotel Ramneek** (☎9781322478 ; Sultanpur Rd ; d à partir de 1 650 ₹) se classe plusieurs crans au-dessus des adresses bon marché de Kapurthala. Sinon, des chambres climatisées correctes vous attendent à l'**Hotel Royal** (☎01822-505110 ; Jallandhar Rd ; d à partir de 1 100 ₹ ; ❄), à 200 m de la gare routière. Les deux disposent d'un restaurant.

La ville compte aussi plusieurs bouis-bouis où prendre un petit-déjeuner à base de *paratha* et de yaourt, ou manger une assiette de dhal avec *roti* et pickles.

Depuis/vers Kapurthala

Pour rejoindre Amritsar depuis Kapurthala, il faut prendre un bus jusqu'à Subhanpur (10 ₹, 30 min), puis une correspondance (60 ₹, 1 heure 30). Quatre bus partent chaque matin à destination de Faridkot (120 ₹, 2 heures 30) entre 6h et 10h30.

HARYANA

Se déployant à l'ouest et au nord-ouest de la capitale indienne, cet État en plein essor fut le théâtre d'événements clés de l'histoire de l'Inde du Nord. Pour autant, ses vastes étendues cultivées et ses centres industriels florissants recèlent peu de sites vraiment intéressants. Aussi, les touristes ne s'y aventurent guère.

Kurukshetra (Thanesar)

☎ 01744 / 964 200 HABITANTS

Selon la légende hindoue, c'est à Kurukshetra (autrefois Thanesar) que Brahma créa l'univers, et que Krishna prononça son sermon, la *Bhagavad Gita*, avant la bataille de 18 jours décrite dans le *Mahabharata*. La fête de Gita Jayanti (p. 199) commémore l'événement. La ville est alors envahie de pèlerins et de *sadhu*, dont le nombre dépasse largement la poignée de visiteurs étrangers.

On peut se procurer un plan des lieux en anglais au guichet du Sri Krishna Museum (gratuit avec l'entrée du musée).

À voir

Brahmasarovar SITE HISTORIQUE

GRATUIT Le principal site de Kurukshetra est le Brahmasarovar, le plus grand bassin cérémoniel d'Inde. Selon des textes hindous sacrés, ce bassin bordé de *ghat* (marches ou gradins y donnant accès) fut créé par Brahma. Des *sadhu* s'y installent tout au long de la journée ; les ashrams situés à côté présentent des scènes des épopées hindoues et des reconstitutions de sites sacrés que l'on peut visiter. Dans le parc au centre du complexe se dresse une énorme sculpture moderne de Krishna prononçant la *Bhagavad Gita* devant Arjuna, un épisode du *Mahabharata*.

Mausolée de Sheikh Chehli TOMBEAU

(Indien/étranger 5/100 ₹ ; ⏲9h-17h). Le mausolée impressionnant du saint soufi du XVIIe siècle, qui fut le guide spirituel du prince moghol Dara Shikoh, se dresse à 2 km au nord-ouest du centre-ville. Derrière l'édifice en briques et grès se détache le tumulus d'**Harsh Ka Tilla**, antérieur de plus d'un millénaire, et où des vestiges de la Thanesar du VIIe siècle ont été mis au jour. Les ruines s'étirent sur près d'un kilomètre.

Sri Krishna Museum MUSÉE

(Pehowa Rd ; 30 ₹ ; ⏲10h-17h). Ce musée donne à voir une collection impressionnante de sculptures et de peintures, ainsi qu'une exposition multimédia avec dioramas, statues géantes, sons étranges et parcours labyrinthique. Quelques pièces rares, comme les gravures sur feuilles de palmier de l'Orissa et les objets archéologiques mis au jour sur des sites de la vallée de l'Indus, retiennent particulièrement l'attention. Une humble cantine (*thali* végétarien 80 ₹, thé 10 ₹) en terrasse occupe le jardin.

Où se loger et se restaurer

Yatri Niwas HÔTEL $$

(☎01744-291615 ; Pipli-Jyotisar Rd ; d à partir de 1 750 ₹ ; ❄). Dans un bâtiment blanc précédé d'une pelouse, cet hôtel d'État loue des chambres banales mais bien équipées, au rapport qualité/prix honnête. Service et sécurité en rapport. Le restaurant, recommandé (*thali* végétarien 130 ₹), accepte les visiteurs de passage. À 5 minutes de marche du Brahmasarovar, vers le nord.

Comment s'y rendre et circuler

Les bus qui circulent entre Chandigarh (90 ₹, 2 heures) et Delhi (160 ₹, 4 heures) s'arrêtent à Pipli, sur la nationale, à 6 km de Kurukshetra. Des auto-rickshaws collectifs (20 ₹) font la navette entre la station de bus et le Brahmasarovar.

Vous pouvez louer un rickshaw pour visiter les principaux sites de la ville (300 ₹ environ).

Sultanpur Bird Sanctuary

À 48 km au sud-ouest de Delhi, dans une zone humide, ce parc national de 145 ha héberge plus de 250 espèces d'oiseaux locaux et migrateurs.

À voir

Sultanpur Bird Sanctuary RÉSERVE NATURELLE
(Indien/étranger 5/40 ₹, appareil photo/caméra 25/500 ₹ ; 7h-16h30 mer-lun). Nombre des espèces aviaires du parc viennent de pays lointains comme la Russie, la Chine et l'Afghanistan. Parmi les plus emblématiques figurent la grue de Sibérie, le tantale indien, le jabiru d'Asie, le flamant rose, le flamant nain, la sarcelle d'hiver, la perruche jaune et l'ibis à tête noire. La période la plus propice pour les observer s'étend d'octobre à mars. Un parcours est prévu, qui peut durer jusqu'à 3 heures pour ceux qui souhaitent prendre leur temps.

Où se loger

Bird Sanctuary Tourist Complex HÔTEL $$
(0124-2375242 ; d à partir de 1 750 ₹ ;). Attenant aux grilles du parc, dans un paysage en partie boisé, ce complexe touristique géré par l'Haryana Tourism offre un cadre tranquille et reposant où passer la nuit. Il comporte une gamme de chambres allant de correctes à agréables et un restaurant servant des en-cas et des repas (sur réservation pour les non-résidents).

Comment s'y rendre et circuler

Les transports publics sont limités dans le secteur. De Delhi, la solution la plus simple consiste à effectuer une excursion en taxi (environ 1 800 ₹). Partez tôt afin d'échapper à la circulation, insupportable aux heures de pointe.

Surajkund

À environ 20 km au sud du centre de Delhi, Surajkund ("lac du soleil") tire son nom du **réservoir d'eau** construit au Xe siècle par le raja Surajpal de la dynastie Tomar, adorateur du soleil. Le village est envahi durant les deux semaines que dure la Surajkund Crafts Mela, en février, mais reçoit peu de visiteurs le reste du temps.

Fêtes et festivals

Surajkund Crafts Mela FOIRE
(1er-15 fév). Artisans, musiciens et danseurs viennent de toute l'Inde pour participer à cette grande foire haute en couleur, parfaite pour découvrir les traditions artistiques et le folklore de la région. On y trouve de l'artisanat de qualité et autres souvenirs, des stands de restauration et des spectacles culturels.

Où se loger

Vivanta By Taj HÔTEL $$$
(0129-4190000 ; www.vivanta.tajhotels.com ; Shooting Range Rd ; d à partir de 8 400 ₹ ;). Le favori incontestable parmi les rares établissements haut de gamme proches du champ de foire de Surajkund. Très confortables, les chambres donnent sur un vaste terrain à la végétation soigneusement entretenue. Somptueuse piscine à débordement et spa où se faire bichonner.

Comment s'y rendre et circuler

Pendant la foire artisanale, des bus spéciaux gérés par l'**Haryana Tourism** (011-23324911 ; www.haryanatourism.gov.in ; 36 Chander Lok Building, Janpath) assurent la liaison entre Delhi et Surajkund. Autrement, des bus pour Surajkund (10 ₹) partent de Badarpur, accessible en métro depuis la capitale. Une excursion en taxi depuis Delhi revient autour de 1 000 ₹.

Jammu-et-Cachemire (et Ladakh)

Dans ce chapitre ➡

Le top des restaurants

- Alchi Kitchen (p. 255)
- Bon Appetit (p. 237)
- Food Planet (p. 236)
- Falak (p. 280)
- Café Cloud (p. 244)

Le top des hébergements

- Stok Palace Heritage Hotel (p. 241)
- House-boats de Srinagar (p. 267)
- Nimmu House (p. 254)
- Khyber Himalayan Resort & Spa (p. 276)
- Hidden North Guest House (p. 254)

Pourquoi y aller

Le Jammu-et-Cachemire conjugue trois mondes différents. Le Jammu hindou, principal nœud ferroviaire de l'État, un carrefour majeur pour les pèlerins ; le Cachemire musulman, sorte d'enclave montagnarde où affluent des visiteurs indiens en quête de fraîcheur, de paysages singuliers et de séjours romantiques en house-boat à Srinagar ; le territoire himalayen du Ladakh qui, aux yeux de la plupart des étrangers, reste la principale attraction, et dont la population, désarmante de gentillesse, qui parle tibétain, est en majorité bouddhiste.

La politique au Cachemire est instable, avec de fréquentes fermetures, manifestations et couvre-feux en juillet et août. Son statut, sujet de querelles, a causé trois guerres au cours du XXe siècle. Lors de nos recherches, les autorités étrangères déconseillaient de se rendre dans la vallée du Cachemire et ses environs, y compris à Srinagar. Le Ladakh, pour sa part, demeure un lieu paisible où votre principal souci sera de vous acclimater à l'altitude.

Quand partir

Leh

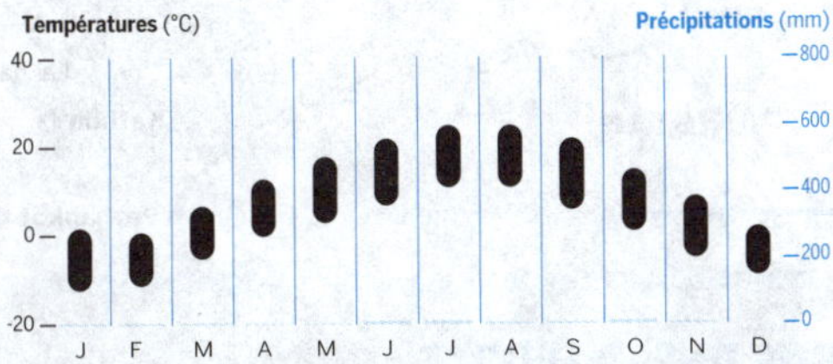

Avr-juin Le Cachemire est en fleurs, les touristes indiens sont légion. Les prix flambent.

Juil-août Idéal pour le Ladakh. Les pèlerins se pressent à Amarnath. La pluie inonde le Jammu.

Déc-mars Ski à Gulmarg, festivals au Ladakh. Attention : pas d'accès routier ni de touristes.

À ne pas manquer

1 Les peintures murales et l'ambiance propice à la méditation dans les **gompa de la vallée de l'Indus** comme ceux de Chemrey (p. 245) ou Thiksey (p. 244).

2 La beauté brute du Ladakh dans la **vallée de la Markha** (p. 245) en dormant chez l'habitant au cours d'un trek.

3 Une immersion dans l'Inde coloniale en se prélassant sur un house-boat luxueux sur le lac Dal à **Srinagar** (p. 267).

4 Le paysage de montagne derrière les eaux du **Pangong Tso** (p. 251) d'un bleu irréel.

5 La découverte des spectaculaires **gorges de la Yapola** (p. 257) en chemin vers le magnifique Sengge La.

6 Les ruelles médiévales et le palais aux airs de Potala de la ville de **Leh** (p. 225), carrefour animé des voyageurs, pour échapper à la chaleur humide de l'été indien.

7 La **route des "3 K"** (p. 280), la "route la plus dangereuse du monde", de Kishtwar à Keylong.

LADAKH

Des montagnes arides aux contours déchiquetés encerclent cet ancien et fabuleux royaume bouddhiste. De splendides *gompa* (monastères bouddhiques tibétains) sont perchés sur des affleurements rocheux parmi des stupas (monuments religieux bouddhiques) chaulés et des *mani* (murs de pierre tibétains recouverts d'inscriptions sacrées). La brise des montagnes emporte les messages des drapeaux votifs colorés. Les moulins à prière tournent dans le sens des aiguilles d'une montre afin de répandre le mérite des mantras. Et des peintures murales aux couleurs vives et de nombreuses statues de bodhisattvas ornent l'intérieur des *gompa*...

Bien que le nombre croissant de visiteurs soit une menace pour son environnement, le Ladakh aurait beaucoup à apprendre à l'Occident en ce qui concerne l'écologie. La plupart des Ladakhis sont pauvres, pourtant leurs maisons traditionnelles en argile sont vastes et chaque foyer produit son carburant et sa nourriture – produits laitiers, légumes, orge servant à la fabrication de la *tsampa* (plat tibétain de farine d'orge grillé) et du *chhang* (bière d'orge), etc.

Encerclé par de spectaculaires montagnes, le Ladakh offre un paysage inoubliable. Mais n'oubliez pas que l'accès par la route nécessite de franchir de hauts cols tortueux, qui ferment d'octobre à mai (voire plus longtemps en cas de fortes chutes de neige).

Histoire

La famille royale du Ladakh (qui ne règne plus) descend d'une dynastie fondée en 975 et compte 39 générations. Elle prit le nom de Namgyal ("Victorieux") en 1470, quand Lhachen Bhagan, qui gouvernait depuis Basgo (p. 254), conquit un royaume rival basé à Shey (p. 243). Bien que le Ladakh ait été "tibétanisé" au IXe siècle, le bouddhisme y parvint sous sa forme indienne, comme en témoignent les temples d'Alchi (p. 255). Au fil du temps, différentes écoles bouddhiques tentèrent de s'imposer. L'ordre tibétain gelugpa finit par dominer. Sa philosophie fut introduite au XIVe siècle par le pèlerin Tsongkhapa, dont il reste une singulière relique à Spituk (p. 228).

Sengge Namgyal (règne 1616-1642), le plus grand roi du Ladakh, enrichit le pays en pillant les réserves d'or du Tibet occidental et rétablit la capitale à Leh. Le Ladakh resta indépendant jusqu'aux années 1840, quand la région fut annexée au royaume des maharajas de Jammu. La dynastie Namgyal finit par confier le palais de Leh à l'Indian Archaeological Survey, avant de se retirer dans sa résidence d'été à Stok (p. 241).

Le Ladakh consiste désormais en deux sous-districts au sein du Jammu-et-Cachemire. Une situation étrange sur le plan culturel pour ce petit Tibet, l'une des dernières sociétés bouddhiques tantriques de la planète. Lorsque la région s'ouvrit au tourisme en 1974, les observateurs

FÊTES ET FESTIVALS DU LADAKH

Beaucoup de pèlerinages ont lieu dans le Jammu-et-Cachemire occidental. Le Ladakh et le Zanskar ne manquent pas de fêtes dans les temples bouddhiques ; www.reachladakh.com propose un calendrier détaillé.

Dosmoche (fév à début mars ; Leh, Diskit, Likir). Nouvel An bouddhique. Danses masquées ; des effigies représentant les esprits maléfiques de l'année précédente sont brûlées ou jetées dans le désert.

Matho Nagrang (p. 243 ; fév-mars ; Matho). Les oracles du monastère effectuent des acrobaties les yeux bandés et des mutilations rituelles.

Yatra d'Amarnath (p. 276 ; juil à mi-août ; Amarnath). Des pèlerins hindous font un trek dans la montagne jusqu'à Amarnath.

Ladakh Festival (20-24 sept ; Leh). Les festivités comprennent une parade d'ouverture carnavalesque, des danses bouddhiques, du polo, de la musique et du tir à l'arc.

Losar (déc ; Ladakh, Zanskar). Le Nouvel An tibétain est célébré deux mois plus tôt au Ladakh.

Yatra de Machail (août). Des dizaines de milliers de personnes viennent à Machail au terme d'une randonnée de 2 jours (ou de 7 minutes d'hélicoptère).

craignirent qu'elle ne perde rapidement son identité. Toutefois, le mode de vie traditionnel des Ladakhis s'est révélé étonnamment résistant aux influences extérieures, notamment grâce à l'inaccessibilité de la région à certaines saisons. Parallèlement, l'adoption de technologies pertinentes sur le plan local, comme l'énergie solaire et les murs Trombe, a contribué à améliorer les conditions de vie des communautés rurales.

Les 10 dernières années ont vu des changements rapides, avec la construction de routes rendant accessibles des villages isolés jusqu'alors. En 2010, en dehors de la saison touristique, le Ladakh fut victime de pluies torrentielles. Des inondations ont emporté des quartiers entiers de Leh, faisant plus de 200 morts et exposant la vulnérabilité du Ladakh face au changement climatique.

Climat

La courte saison touristique au Ladakh (de juillet à début septembre) se caractérise par des températures agréables voire chaudes dans la journée et des nuits parfois fraîches. Sur les itinéraires de treks à plus haute altitude, le thermomètre peut descendre en dessous de 0°C la nuit, même en plein été. Début juillet est formidable pour admirer les fleurs et les pics encore enneigés ; août est plus propice pour franchir les cols de haute montagne, qui restent parfois encombrés de neige jusqu'au mois de juillet. Dès septembre, la neige commence à tomber en altitude ; les principaux cols restent habituellement ouverts jusqu'en octobre. En hiver, les routes et la plupart des infrastructures touristiques ferment, tandis que les températures tombent en dessous de -20°C.

Le Ladakh est réputé pour son ensoleillement (en moyenne 300 jours par an).

Langue

Si l'écriture *bodyik* du Ladakh utilise des caractères tibétains, le ladakhi et le tibétain sont deux langues distinctes. Mot passe-partout, *jule* (prononcez *djou*-lé) signifie bonjour, au revoir, s'il vous plaît et merci. Au salut *khamzang*, il suffit de répondre *khamzang*. Si vous ne mangez pas de viande, précisez *sha za-amet*. "C'est délicieux" se traduit par *Zhimpo-rak*.

Pour davantage d'expressions et d'astuces culturelles, et si vous lisez l'anglais, procurez-vous *Getting Started in Ladakhi* (Melong Publications of Ladakh ; 200 ₹), de Rebecca Norman.

Leh

01982 / 46 300 HABITANTS / ALTITUDE 3 520 M

Peu d'endroits en Inde sont aussi accueillants pour les voyageurs que cette cité entourée de montagnes. Émaillée de stupas et de maisons en briques crues, la vieille ville est dominée par une crête rocheuse escarpée que surmontent un palais et un fort de style tibétain. En dessous, la zone animée du bazar regorge d'agences de voyages, de boutiques de souvenirs... et de pizzerias. Les faubourgs alentour forment un patchwork verdoyant de champs d'orge irrigués, où des ruisseaux et des sentiers pédestres relient des bâtiments de style traditionnel ladakhi, reconnaissables à leurs toits plats, à leurs solides murs et à leurs cadres de fenêtres ornés. Leh est une ville très séduisante – mais allez-y en douceur à votre arrivée, l'altitude requérant quelques jours d'acclimatation avant de pouvoir profiter pleinement des nombreuses activités du secteur.

À voir

Centre de Leh

Palais de Leh PALAIS

(carte p. 226 ; Indien/étranger 10/200 ₹ ; aube-crépuscule). Icône architecturale de la ville, cet édifice brun de 9 étages, qui évoque le palais du Potala à Lhassa (Tibet), remonte au roi Sengge Namgyal (XVIIe siècle). Depuis le départ de la famille royale du Ladakh pour Stok, en 1846, il est resté pour l'essentiel inoccupé. Ses murs épais recèlent quelques espaces d'exposition et une petite salle de prière, mais la partie la plus plaisante de la visite consiste à s'aventurer sur les toits les plus hauts pour admirer la vue.

Parmi les édifices des alentours immédiats du palais, figurent l'imposant **stupa de Namgyal** (carte p. 226), le **gompa de Chandazik** (Chenrezi Lhakhang ; carte p. 226 ; 30 ₹ ; environ 8h-18h), aux peintures murales colorées, et le **Chamba Lhakhang** (carte p. 226), de 1430, qui a conservé des fragments de fresques médiévales entre ses murs intérieurs et extérieurs. Hélas, aucun des trois n'est ouvert à la visite.

Vieille ville (Leh Old Town) QUARTIER

Derrière la fantaisiste **Jamia Masjid** (carte p. 226 ; Main Bazaar), mosquée sunnite réservée aux hommes, la vieille ville offre un lacis d'allées sinueuses et d'escaliers entre et sous de vieilles maisons ladakhies en terre crue

Centre de Leh

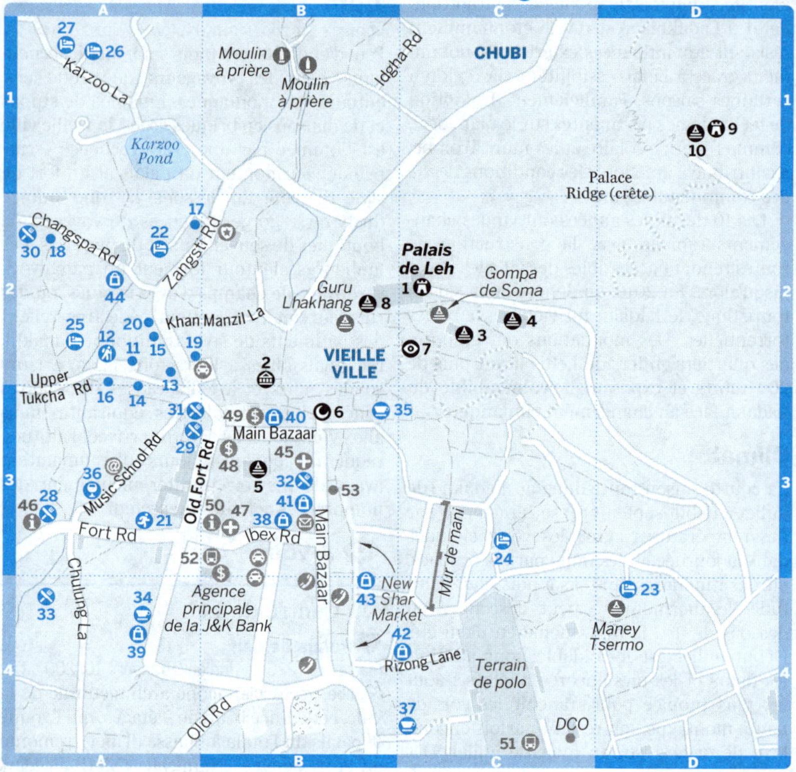

et des *chorten* érodés. Si l'attrait principal de l'endroit tient aux ruelles elles-mêmes, quelques bâtiments ont par ailleurs été joliment restaurés, notamment la Munshi Mansion, demeure du XVIIe siècle, qui accueille désormais le **LAMO** (Ladakh Arts & Media Organisation ; carte p. 226 ; ☎01982-251554 ; www.lamo.org.in ; avec/sans visite guidée 100/50 ₹ ; ⏲11h-17h lun-sam), centre dédié aux arts et aux médias.

Central Asian Museum MUSÉE
(carte p. 226 ; www.tibetheritagefund.org ; don apprécié 50 ₹ ; ⏲horaires variables). L'un des bâtiments les plus remarquables de Leh, cette tour en pierre anguleuse de 4 niveaux fut construite au XXIe siècle sur le modèle d'une demeure historique de Lhassa, à laquelle on a ajouté un pont-levis lui donnant des allures de forteresse. À l'intérieur, les expositions sont modestes mais les mini-reportages photos "Faces of Ladakh" au dernier étage sont saisissants.

Chokhang Vihara TEMPLE BOUDDHIQUE
(carte p. 226 ; Main Bazaar ; ⏲environ 5h-20h). Avec ses saules taillés, la grande cour de ce temple du XXe siècle offre une oasis de calme relatif pour méditer, à seulement quelques pas de Main Bazaar. À l'intérieur, un moine chante une litanie tout en bénissant les drapeaux de prière et les fanions des fidèles.

Fort de Tsemo CHÂTEAU
(carte p. 226 ; 20 ₹ ; ⏲10h-18h). Visible d'absolument partout dans la ville de Leh, ce fort datant du XVIe siècle, dont le nom signifie "victoire", couronne la crête du palais. Ses murs en ruine ne renferment plus guère qu'un petit sanctuaire bouddhique. Juste en dessous, le **gompa de Tsemo** (carte p. 226 ; 20 ₹ ; ⏲7h30-18h) comprend deux petits temples du XVe siècle : l'un renferme un Maitreya au visage doré haut de 8 m, l'autre est un *gonkhang* (dédié aux divinités protectrices).

Centre de Leh

Les incontournables

1 Palais de Leh C2

À voir

2 Central Asian Museum B2
3 Chamba Lhakhang C2
4 Gompa de Chandazik C2
5 Chokhang Vihara B3
6 Jamia Masjid B3
7 LAMO C2
8 Stupa de Namgyal B2
9 Fort de Tsemo D1
10 Gompa de Tsemo D1

Activités

11 Gesar Travel A2
GraviT ..... (voir 28)
12 Hemis National Park Guide Service A2
Hidden North Adventures ..... (voir 31)
13 Higher Himalaya A2
Ladakh Mitra ..... (voir 14)
14 Ladakhi Women's Travel Company A3
15 Luna Ladakh A2
16 Open Ladakh A2
17 Rimo Expeditions A2
18 Shayok A2
19 Splash Ladakh A2
20 Summer Holidays A2
21 Wet'n'Wild Explorations A3
Wild East ..... (voir 11)

Où se loger

22 Kang-Lha-Chen A2
23 Namgyal Guest House D4
24 Palace View Guest House C3
25 Saiman Guest House A2
26 Saser A1
27 Travellers' House A1

Où se restaurer

28 Chopsticks A3
29 Il Forno A3
30 La Piazzetta A2
31 Ladakh Café A3
Ladakhi Food ..... (voir 16)
32 Neha Snacks B3
33 Penguin Garden A4

Où prendre un verre et faire la fête

34 Ja Khang A4
35 Lala's Art Cafe B3
36 Lehchen A3
37 Tololing Tea Stall C4

Achats

Dzomsa ..... (voir 31)
38 Indus Wine Shop B3
39 Jigmat Couture A4
40 Ladakh Bookshop B3
41 Lehling Bookshop & Cafe B3
42 Norbulingka C4
43 Nowshera Bazaar B4
Marché de réfugiés tibétains ..... (voir 15)
44 Venture Ladakh A2

Renseignements

45 Het Ram Vinay Kumar Pharmacy B3
46 Mantra Travel Lounge A3
47 Oxygen Bar B3
48 Paul Merchant B3
49 DAB de la SBI B3
50 Office du tourisme B3

Transports

51 Bus pour Kargil C4
HPTDC ..... (voir 21)
52 Départ des bus HPTDC B3
53 Jet Airways B3

Agglomération de Leh

Stupa de Gomang SITE BOUDDHIQUE

(carte p. 230). Ce stupa blanchi à la chaux du IXe siècle s'élevant en couches concentriques dentelées est flanqué de *chorten*. Si les restaurations masquent son ancienneté, son emplacement paisible et ombragé offre une escapade bienvenue, à mille lieues des infrastructures touristiques de Changspa, pourtant toutes proches.

Stupa de Shanti SITE BOUDDHIQUE, POINT DE VUE

(carte p. 230 ; aube-crépuscule). Bâti entre 1983 et 1991 par des moines japonais désireux de promouvoir la paix dans le monde, ce grand stupa qui trône au sommet d'une crête rocheuse est coiffé d'une demi-sphère blanche et d'une gigantesque flèche.

Sankar QUARTIER

(carte p. 230). Pour profiter d'une promenade particulièrement charmante, suivez les canaux qui sillonnent le secteur digne d'intérêt et relativement accessible du petit **gompa de Sankar** (30 ₹), lequel comprend également un modeste **Musée géologique** (9419178704 ; www.ladakhrocksminerals.com ; 50 ₹ ; 10h30-13h et 14h-19h mai-août). Pour des vues mémorables, continuez encore à monter sur 1 km jusqu'au **Donkey Sanctuary** (refuge pour ânes ; Tsering Motup 8492812133 ; www.donkeysanctuary.in ; Korean Temple Rd) ou au **stupa de Tisseru** (Tisuru Rd, Upper Leh) GRATUIT, voisin, en briques crues et datant du XIe siècle. Massif et en partie restauré, il évoque une ziggourat (pyramide à degrés) inachevée.

En dehors de la ville

Gompa de Spituk MONASTÈRE BOUDDHIQUE

(Pethub Galdan Targailing Monastery ; ☎01982-260036 ; www.spitukmonastery.org ; Spituk ; don apprécié 30-50 ₹ ; ⏰7h-18h30). Fondé à la fin du XIVe siècle sous le nom de monastère Pethub ("Exemplaire"), l'impressionnant *gompa* de Spituk domine la vallée de l'Indus avec ses nombreux bâtiments en terre crue dévalant joyeusement la colline escarpée vers le village de Spituk. Cela vaut la peine de monter l'escalier extérieur qui rejoint le *latho* (autel de l'esprit) de trois niveaux et le **gonkhang** (⏰7h-18h30), qui abrite les divinités protectrices du monastère, pour jouir du panorama.

Hall of Fame MUSÉE

(Leh-Spituk Hwy, Km 428 ; Indien/étranger/appareil photo 25/50/50 ₹ ; ⏰9h-13h et 14h-19h). Deux salles sont consacrées à l'histoire et la culture du Ladakh dans ce vaste musée bien organisé. Il est surtout dévolu au rôle joué par l'armée indienne au Ladakh : au moment des averses torrentielles de 2010, lors des batailles menées en altitude contre le Pakistan au cours du siècle dernier, ou pendant le "conflit de Kargil" de 1999 (auquel est consacré un film de 30 minutes).

3D Mandala SCULPTURE BOUDDHIQUE

(Trans Himalayan Cultural Centre). Un énorme mandala, de la taille d'un terrain de football, est en construction à l'extrémité nord de la ville. On y accède en quittant la route qui mène au joli et préservé Gonpa Village (ci-dessous). Pour une meilleure vision, regardez en contrebas depuis la Nubra Hwy, au niveau du Km 6.

Gonpa Village VILLAGE

Presque entièrement ignoré des touristes, ce groupe de maisons traditionnelles et de monuments bouddhiques secondaires se prête à de belles photographies, à environ 4 km au nord du centre de Leh. Un petit *gompa* surplombe la tour de télévision, et encore au-dessus un *chorten* s'élève au sommet de la crête parsemée de cairns. La vue est splendide.

Activités

Alpinisme

Le Ladakh compte plus de 118 pics à plus de 6 000 m ; la plupart sont rarement, voire jamais, escaladés. La liste est disponible sur www.indmount.org. Destination très prisée, le **Stok Kangri** (Kanglha-jhal, 6 121 m ; ⏰juin-août) est le sommet triangulaire, coiffé de neige, que l'on voit en temps normal depuis Leh, de l'autre côté de la vallée. Il est accessible aux personnes ayant une expérience minimale de l'alpinisme, hormis sur ses versants supérieurs, dont l'ascension requiert d'être en excellente forme physique, d'être accompagné d'un guide expérimenté et d'avoir l'équipement adapté (piolets, corde, crampons). Souvenez-vous qu'avant toute ascension, il convient de vous acclimater et que le mal des montagnes est un risque réel. Un permis est exigé (Indien/étranger gratuit/50 $US). Depuis Stok, l'efficace agence **Ladakh Mitra** (carte p. 226 ; ☎9419999830, 9596929195 ; www.ladakhmitra.com ; 1er ét., 17, Hemis Complex, Upper Tukcha Rd ; ⏰10h-19h mai à mi-oct) gère plusieurs campements de tentes sur le trajet, vous permettant de faire l'ascension avec un minimum de bagages. Avec au moins 4 personnes par groupe, les forfaits 6 jours coûtent à partir de 16 000/19 000 ₹ pour les Indiens/étrangers comprenant les permis, la nourriture, les nuitées, l'équipement d'alpinisme et le transport. L'ascension en solo avec un guide individuel coûte 27 000/30 000 ₹, pas beaucoup moins pour un groupe de 2 ou 3 personnes. Apportez vos gants, une lampe frontale et des lunettes.

Bonne adresse pour se faire des camarades d'escalade ou pour réviser ses prises, le petit café-club de bloc **GraviT** (carte p. 226 ; www.facebook.com/GraviT.Leh ; Raku Complex 2e ét., Fort Rd ; mur d'escalade 80 ₹/heure, excursions 2 000 ₹/jour ; ⏰16h-20h30) organise également des excursions vers des spots locaux le dimanche près de Shey, ainsi que le **Suru Boulder Fest** (www.facebook.com/Suru.boulder ; ⏰fin août), un festival annuel.

Cyclisme

La **descente depuis le Khardung La** est un moyen exaltant et presque sans effort d'admirer le fabuleux paysage alentour : une jeep vous emmènera, vous et votre vélo, jusqu'en haut du "plus haut col carrossable du monde" et la gravité se chargera du reste. En raison des ornières et des cours d'eau sur les 14 premiers kilomètres (au-dessus du camp militaire de South Pullu), il peut être préférable de délaisser la première partie et vous contenter de dévaler les 25 kilomètres suivants jusqu'à Leh sur la route récemment goudronnée. Selon la taille du groupe, le forfait coûte de 1 000 ₹ à 1 500 ₹ par personne, vélo et véhicule de soutien compris.

En théorie, il faut un permis pour accéder à la partie supérieure du col, mais les agences arrivent parfois à contourner cette obligation – aucun document ne nous a été demandé lors de notre passage. Réservez la veille via **Summer Holidays** (carte p. 226 ; ☎9906985822 ; Zangsti Rd) ou **Himalayan Bikers** (carte p. 230 ; ☎9469049270, 9906989109 ; www.himalayan-bikers.com ; Changspa ; ⏲7h30-21h30 fin mai à mi-sept). Tous deux louent aussi des VTT (500-700 ₹/jour).

Méditation et yoga

Divers établissements de yoga, de reiki et de méditation ouvrent chaque été : prenez quelques prospectus sur Changspa Rd. Le **Mahabodhi Centre** (carte p. 230 ; ☎01982-251162 ; www.mahabodhi-ladakh.org ; Changspa Rd ; ⏲lun-sam mai à mi-sept) est le plus ancien et propose diverses séances sans réservation. Ce centre ainsi que l'**Open Ladakh** (carte p. 226 ; ☎9419983126, 9906981026 ; www.openladakh.com ; 23-24, Hemis Complex, Upper Tukcha Rd) proposent des retraites plus longues, respectivement à Choglamsar et Stok.

Rafting et kayak

L'été, de nombreuses agences proposent du rafting dans des canyons splendides. Vous pourrez aussi suivre en kayak (supplément de 50% environ). Relativement facile, l'itinéraire Phey-Nimmu (niveau II, débutants, mi-juillet à fin août) coûte en moyenne 1 200 ₹ ; le parcours Chiling-Nimmu (niveau III, fin juin-début sept), plus difficile et pittoresque, revient à 1 600 ₹ environ, équipement et déjeuner inclus (prévoir l'eau potable). Parmi les agences fiables, figurent **Rimo Expeditions** (carte p. 226 ; ☎01982-253348 ; www.rimoexpeditions.com ; Hotel Kang Lha Chen, Leh ; ⏲5h30-21h juil-août, 9h-17h mai, juin et sept), **Wet'n'Wild Explorations** (carte p. 226 ; ☎01982-255122, 9419819721 9622967631 ; www.wetnwildexplorations.com ; Fort Rd ; ⏲mi-mai à fin sept) et **Splash Ladakh** (carte p. 226 ; ☎9622965941 ; www.splashladakh.com ; LBA Complex, Db2, Leh). Pour varier les plaisirs, **Luna Ladakh** (carte p. 226 ; ☎9419977732 ; www.facebook.com/LunaLadakhTravels ; Zangsti Rd ; ⏲juin-août) propose des forfaits mêlant VTT (Spituk-Zingchen), trekking (Zingchen-Chiling avec hébergement en pension) et rafting (16 000-20 000 ₹/2 pers, pour 3-4 jours). Les tarifs baissent pour les groupes plus importants.

S'il y a suffisamment de demandes, Wet'n'Wild et Rimo proposent d'excellentes expéditions de groupe pour descendre la rivière Zanskar de Zangla à Nimmu (3 jours de rafting, 3 jours de voyage). Célèbre vétéran des rivières himalayennes, le Britannique Darren Clarkson-King propose des forfaits complets de rafting sur la Zanskar avec **Pureland Expeditions** (www.purelandexpeditions.com).

Trekking et circuits en jeep

Le choix de treks est phénoménal. La sublime vallée de la Markha (p. 245), vierge de toute route, est le cadre d'un trek sur plusieurs jours qui fait figure de classique. Pour un avant-goût d'une journée, la randonnée à Rumbak et celle de Yurutse (p. 247) sont imbattables. Ces deux treks sont tout à fait réalisables sans guide, avec un minimum de bagages.

Les safaris en jeep les plus prisés rejoignent le lac de haute altitude de Pangong Tso (p. 251) et traversent la superbe vallée de la Nubra. Il vous faudra passer par une agence, ne serait-ce que pour obtenir le permis requis pour les visiteurs étrangers afin d'accéder à de nombreuses zones du Ladakh septentrional.

LEH – PROTECTION DE L'EAU ET DE L'ENVIRONNEMENT

L'eau est précieuse. Celle que vous verrez courir dans presque toutes les ruelles n'est pas signe d'abondance, mais le résultat d'un système élaboré d'irrigation. Toute démarche vouée à économiser l'eau est importante : se laver au seau, utiliser des toilettes sèches, traditionnelles au Ladakh – veillez à ne rien jeter dans le trou qui ne soit pas biodégradable, car le compost fertilise ensuite les champs…

Les pensions fournissent rarement du papier toilette (prévoyez le vôtre) et, en général, il ne faut pas le jeter dans la cuvette, mais dans la poubelle s'il y en a une.

Afin que Leh ne disparaisse pas sous une mer de bouteilles en plastique, l'organisation écologique Dzomsa (p. 238) remplit les bouteilles vides d'eau bouillie et purifiée pour 7 ₹. Elle assure aussi un service de blanchisserie écologique (95 ₹/kg) et vend des produits locaux, comme des jus d'abricot et de *tsestalulu* (argousier) – une autre manière de réduire les emballages !

Leh

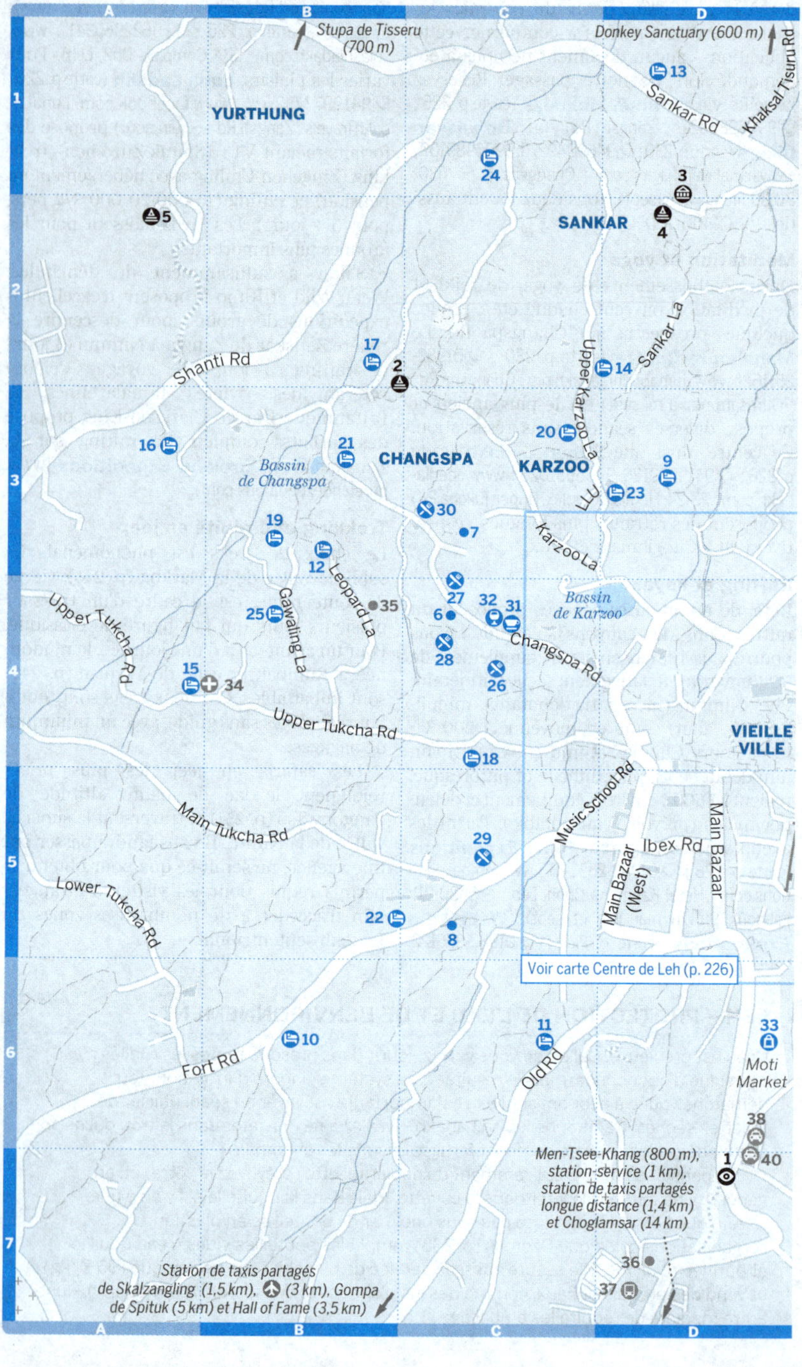

Stupa de Tisseru (700 m)
Donkey Sanctuary (600 m)
Khaksal Tisuru Rd
Sankar Rd
YURTHUNG
SANKAR
Shanti Rd
Upper Karzoo La
Sankar La
CHANGSPA
KARZOO
Bassin de Changspa
Karzoo La
Bassin de Karzoo
Leopard La
Gawaling La
Upper Tukcha Rd
Upper Tukcha Rd
Changspa Rd
VIEILLE VILLE
Music School Rd
Main Tukcha Rd
Ibex Rd
Main Bazaar (West)
Main Bazaar
Lower Tukcha Rd
Voir carte Centre de Leh (p. 226)
Fort Rd
Old Rd
Moti Market
Men-Tsee-Khang (800 m), station-service (1 km), station de taxis partagés longue distance (1,4 km) et Choglamsar (14 km)
Station de taxis partagés de Skalzangling (1,5 km), (3 km), Gompa de Spituk (5 km) et Hall of Fame (3,5 km)

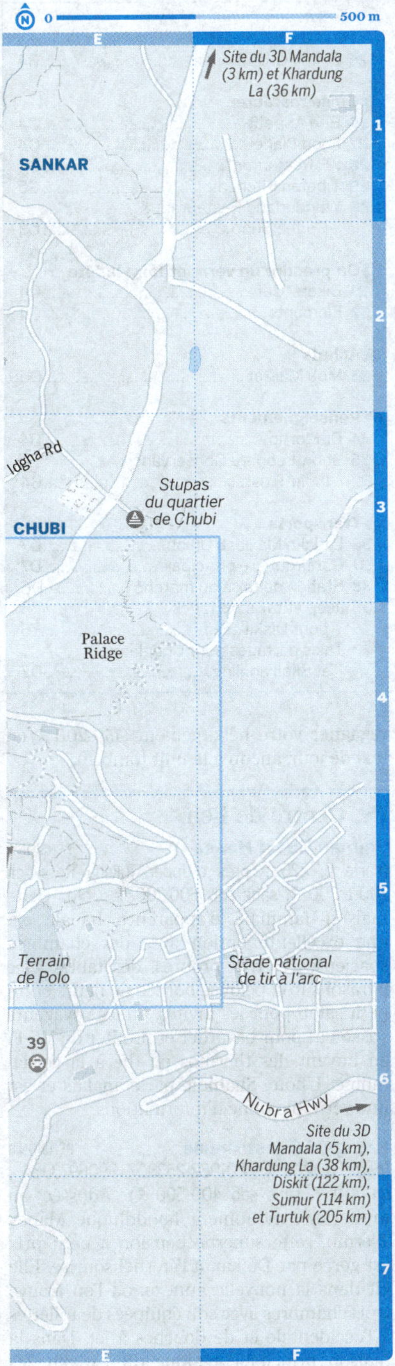

Quantité d'agences proposent des forfaits de trekking, des circuits en jeep, et des sorties de rafting et de VTT, et se chargent des formalités d'obtention des permis. Rares sont celles à éviter, mais beaucoup sont quelconques. De nombreux voyageurs choisissent en fonction des jours proposés pour les activités. Faites-vous conseiller par d'autres voyageurs et regardez sur Changspa Rd et à l'extrémité est d'Upper Tukcha Rd, où beaucoup d'agences sont regroupées. Nous avons trouvé les petits prestataires **Higher Himalaya** (carte p. 226 ; ☎9419333393 ; www.higherhimalaya.com ; Zangsti Rd), Hidden North Adventures (ci-après) et **Shayok** (carte p. 226 ; ☎9419342346, 9419888902 ; www.shayoktours.com ; changspa Rd) particulièrement honnêtes, compétitifs, serviables concernant les informations sur les treks et efficaces pour organiser des circuits en jeep rapidement.

Si vous faites une réservation de groupe, les agences suivantes sont fiables, haut de gamme et bien implantées : **Yama** (carte p. 230 ; ☎01982-257833, 9419178763, 9406228456 ; www.yamatreks.com ; Fort Rd), **Wild East** (carte p. 226 ; ☎01982-257939 ; www.wildeastadventure.com ; Hemis Complex, Upper Tukcha Rd) et **Gesar** (carte p. 226 ; ☎01982-251684 ; 16, Hemis Complex, Upper Tukcha Rd).

Hidden North Aventures TREKKING
(carte p. 226 ; ☎01982-258844, 9419218055 ; www.hiddennorth.com ; LBA Shopping Complex, Zangsti Rd DB2 ; ⏲mi-mars à mi-oct). Fort de ses 20 ans d'expérience, le guide Tashi dispense une foule de suggestions pour des randonnées hors des circuits classiques. Certains partent de sa pension, à Phyang.

Ladakhi Women's Travel Company TREKKING
(carte p. 226 ; ☎9469158137, 01982-257973 ; www.ladakhiwomenstravel.com ; 22, Hemis Complex, Upper Tukcha Rd ; ⏲10h-18h). Cette petite agence réputée et tenue par des femmes est spécialisée dans les treks avec séjour chez l'habitant à Markha et à Sham. En hiver, elle propose des excursions pour voir des léopards des neiges à partir de Rumbak. Les expéditions sont des forfaits tout compris pour les groupes féminins ou mixtes – les hommes ne sont acceptés que si leur groupe comprend aussi des femmes.

Où se loger

Le choix est vaste et peu d'adresses sont décevantes ; ne vous inquiétez donc pas si nos suggestions affichent complet. Réserver avec des agences en ligne est rarement une bonne

Leh

À voir
1 Friendship Gate ... D7
2 Stupa de Gomang ... B2
3 Musée géologique ... D1
4 Gompa de Sankar ... D2
5 Stupa de Shanti ... A2

Activités
6 Himalayan Bikers ... C4
7 Mahabodhi Centre ... C3
8 Yama ... C5

Où se loger
9 All View ... D3
10 Almighty Guesthouse ... B6
11 Chonjor Residency ... C6
12 Chow Guest House ... B3
13 Deskit Villa ... D1
14 Destination Guesthouse ... D2
15 Gangs-Shun ... A4
16 Goba Guest House ... A3
17 Gomang Boutique Hotel ... B2
18 Haldupa Guest House ... C4
19 Kunzang ... B3
20 Kurja Garden House ... C3
21 Ladakh Residency ... B3
22 Lha-Ri-Mo ... B5
23 Lotus Hotel ... D3
24 Tsetan Guest House ... C1
25 Zaltak Guesthouse ... B4

Où se restaurer
26 Bon Appetit ... C4
27 Food Planet ... C4
28 KH Restaurant ... C4
29 Tibetan Kitchen ... C5
30 Wonderland Restaurant & Coffee Shop ... C3

Où prendre un verre et faire la fête
31 Bikers' Café ... C4
32 Elements ... C4

Achats
33 Moti Market ... D6

Renseignements
34 Dr Morup ... B4
35 Snow Leopard Conservancy India Trust ... B4

Transports
36 Ladakh Maxicab Union ... D7
37 Gare routière principale ... D7
38 Station de taxis du marché ... D6
39 Jeep et taxis partagés pour Diskit ... E6
40 Taxis partagés pour Choglamsar et Skalzangling ... D7

idée ; vous paierez probablement le double du prix et la qualité des chambres est parfois très variable au sein du même établissement. Si possible, visitez-en plusieurs avant de louer une chambre.

La majorité des hébergements sont fermés en hiver.

Allez voir dans les ruelles d'Upper Changspa pour vous loger à tout petit prix, à Upper Karzoo pour des pensions chez l'habitant avec jardin aux alentours de 800 ₹, et à Upper Tukcha pour des maisons d'hôtes un peu plus chics à environ 1 200 ₹ la chambre avec sdb. De nombreux quartiers ont vu une vague de nouveaux hôtels très similaires ouvrir, accueillant essentiellement des groupes de touristes indiens. Le tarif y est de 3 500 à 5 000 ₹, mais très souvent, à part être bien fournies en serviettes et papier hygiénique, les chambres n'offrent guère plus qu'une bonne pension de famille et plusieurs se trouvent dans la poussiéreuse Fort Rd ou à Skara, à 3 km du centre.

Loger à Sankar ou à Yurthung vous permettra de profiter d'un calme idyllique. Toutefois, sachez que le soir, vous devrez marcher assez longtemps dans le noir pour regagner votre hébergement (150-200 ₹ en taxi de jour, aucun à la nuit tombée).

Centre de Leh

Saiman Guest House PENSION $
(carte p. 226 ; près d'Upper Tukcha Rd ; ch 700-1 200 ₹, sans sdb 600-700 ₹ ; Wi-Fi). Cette maison familiale d'apparence banale est une excellente option avec des chambres spacieuses et très propres, des tables avec parasol sur la pelouse bordée de fleurs et un petit salon pour les invités, où les voyageurs s'assoient pour bavarder et profiter du Wi-Fi en buvant des thermos de thé à la cardamome. L'hôte, Shahida, parle anglais et est une véritable mine d'informations.

Namgyal Guest House PENSION $
(carte p. 226 ; ☎01982-253307, 9906973364 ; ch 700 ₹, sans sdb 400-500 ₹). Adossée au mystérieux monument bouddhique Maney Tsermo, cette superbe pension à petit prix est gérée par Dolkar, à l'éternel sourire. Elle vit dans la nouvelle annexe, où l'on trouve trois chambres avec sdb équipées de toilettes à l'occidentale et de douches à jet. Dans la maison principale typique du Ladakh, les

chambres à l'étage valent bien les 100 ₹ de supplément avec leurs plafonds plus hauts et davantage de luminosité. Toutes les chambres se partagent les 3 toilettes, dont l'une n'a pas de lunette.

Travellers' House PENSION $
(carte p. 226 ; ☎01982-252048 ; thetravellershouse@gmail.com ; Karzoo Lane ; d 900-1 200 ₹ ; ⌚mai-début oct ; 📶). Huit chambres sobres et bien tenues, avec d'élégantes photos aux murs et des sdb équipées de chauffe-eau. Face à la maison des sympathiques propriétaires. Petit-déjeuner ladakhi avec du *khambir* (pain) maison à partir de 150 ₹.

Saser PENSION $
(carte p. 226 ; ☎9596967447, 01982-250162 ; Karzoo Lane ; d 600-800 ₹ ; ⌚avr-oct). Cette jolie et discrète pension propose des chambres avec poutres en bois émaillées de photos sous cadre. Les meilleures, à l'étage, partagent un balcon avec une belle vue sur le fort de Tsemo au-delà du charmant jardin fleuri. Salle conviviale dévolue au petit-déjeuner, avec buffet tibétain sculpté abritant des livres en anglais.

Palace View Guest House PENSION $
(carte p. 226 ; ☎01982-257773, Wasim 9906991786 ; palace.view@hotmail.com ; d 500-1 000 ₹ ; 📶). Juste au nord du terrain de polo, cette pension familiale d'un excellent rapport qualité/prix tient ses promesses, avec une vue splendide sur la vieille ville et le palais depuis la terrasse sur le toit. Douches très chaudes.

Kang-Lha-Chen HÔTEL $$
(carte p. 226 ; ☎01982-252144, 01982-202289 ; www.hotelkanglhachen.com ; Zangsti ; s/d 2 950/4 150 ₹ ; ⌚mai à mi-oct ; P📶). Dans le centre, autour d'une paisible cour-jardin où vous pourrez vous asseoir sous les abricotiers, cette institution locale loue des chambres anciennes soignées (bons lits, sdb simples et propres, avec eau chaude matin et soir, tables de chevet tibétaines et plafonds en osier tressé). L'ambiance est quelque peu mystique au restaurant et la plus belle pièce, souvent ignorée, est le beau salon semblable à une ancienne cuisine ladakhie.

Almighty Guesthouse PENSION $$
(carte p. 226 ; ☎9419179501, 9419345817 ; www.facebook.com/almightyguesthouse.in ; Shagaran Leh ; 1 000-3 000 ₹ ; ⌚mi-avr à oct ; 🚭📶). Cette luxueuse pension familiale compte 6 chambres spacieuses, supérieures à celles de la plupart des hôtels. Elle est légèrement dominée par des immeubles plus hauts, mais son toit-terrasse offre une vue sur Stok Kangri, le palais et le stupa de Shanti. Quelques sièges sont disponibles dans la petite cour. Non loin du Pangong Hotel.

Agglomération de Leh

♥ **Destination Guesthouse** PENSION $
(carte p. 230 ; ☎9419179922 ; phuntsog.angmo@yahoo.com ; Upper Karzoo Lane ; d 800-1 000 ₹ ; ⌚juin à mi-oct ; 📶). Maison moderne offrant un excellent rapport qualité/prix, avec des éléments d'inspiration chinoise, et une superbe vue depuis le balcon en demi-lune du salon des invités, où vous pourrez boire du thé gratuitement et feuilleter des brochures.

All View PENSION $
(carte p. 230 ; ☎9419178854, 01982-252761 ; Chubi ; d 500 ₹). Excellentes prestations avec des chambres avec sdb desservies par des balcons communs, et organisées autour d'une paisible pelouse ombragée par des pommiers. La pension est à l'abri des regards au bout d'un sentier tranquille qui se termine en impasse. Une bonne partie des visiteurs qui en trouvent le chemin semblent y séjourner toute la saison.

Tsetan Guest House PENSION $
(carte p. 230 ; ☎9469049131, 9622249125 ; tsetanguesthouse.com ; Upper Changspa ; d 1 000-1 200 ₹, s/d sans sdb 300-600 ₹ ; ⌚mai-oct). L'enthousiasme discret et inaltérable de Tsetan, le propriétaire, transforme cette pension sommaire et tranquille en une petite communauté de voyageurs bon enfant. Les trois nouvelles chambres avec sdb sont particulièrement belles. Le soir, vous pourrez réserver un dîner à base d'ingrédients bio du jardin. La famille vous invitera à l'occasion à participer à la préparation des *momo* (raviolis tibétains).

Zaltak Guesthouse PENSION $
(carte p. 230 ; Gawaling Rd ; d 1 200 ₹, ch sans sdb 400-600 ₹, dort 250 ₹ ; P📶). Le vieux bâtiment est une maison ladakhie classique, proposant des chambres à petit budget parmi les meilleures de Leh. À l'arrière, un bâtiment récent comporte des chambres d'un excellent rapport qualité/prix avec coin salon, grands lits et sdb dignes d'un hôtel.

Chow Guest House PENSION $
(carte p. 230 ; ☎01982-252399 ; d 600-800 ₹, sans sdb 400-500 ₹ ; 📶). Au milieu d'un jardin clos et fleuri, cette pension familiale loue des chambres bon marché, vastes et impeccables, avec des poutres apparentes. Wi-Fi

TARIFS DES HÉBERGEMENTS

Gamme de prix des hébergements dans ce chapitre :

$ moins de 1 500 ₹
$$ 1 500-5 000 ₹
$$$ plus de 5 000 ₹

Attention, dans presque tous les hébergements les tarifs sont plus élevés si vous réservez que si vous vous présentez sur place. En dehors de la haute saison en mai et juin, il y a presque toujours de la place.

gratuit. Accessible en véhicule via Upper Tukcha Rd ou à pied par un petit chemin partant de Changspa Rd.

Gangs-Shun CHEZ L'HABITANT **$**
(carte p. 230 ; ☎9419218657, 9858060706, 01982-252603 ; www.gangsshunhomestay.com ; Upper Tukcha Rd ; d/tr 1 200/1 500 ₹ ; 📶). Les chambres, spacieuses pour la plupart, comportent des sommiers tapissiers et des serviettes. De quoi rendre votre séjour plus confortable que dans certains hôtels milieu de gamme, sans compter que votre hôte, un médecin anglophone, est très accueillant et désireux d'échanger – d'où l'absence de télévision.

Kurja Garden House PENSION, HÔTEL **$**
(carte p. 230 ; ☎01982-251134, 9419177344 ; kurjagarden@gmail.com ; Upper Karzoo Lane ; pension d 800-1 200 ₹, sans sdb 500 ₹, hôtel s/d 2 300/2 700 ₹ ; ⏲mi-mai à oct ; P📶). Six chambres assez spacieuses et très propres à l'étage d'une chaleureuse maison familiale. La terrasse sur le toit réserve une vue mémorable et accueille des cours de tai-chi à l'occasion. De l'autre côté du potager bordé de chrysanthèmes, la partie hôtel offre 8 chambres et des équipements flambant neufs (mais sans la vue de la pension). Excellent rapport qualité/prix.

Haldupa Guest House PENSION **$**
(carte p. 230 ; ☎01982-251374 ; Upper Tukcha Rd ; ch étage/rdc 1 200/1 000 ₹, sans sdb 400-800 ₹ ; 📶). 🍃 Quelques chambres économiques sont aménagées dans cette belle maison authentique surplombée par un splendide sanctuaire, où vit une famille charmante. D'autres chambres occupent un bâtiment séparé, très propre, faisant face au jardin potager. Elles sont modernes, avec des poutres apparentes, et dotées de sdb correctes (douche chaude).

Goba Guest House PENSION **$**
(carte p. 230 ; ☎01982-253670 ; gobaguesthouse@gmail.com ; Goba Lane ; ch 1 000 ₹, s/d sans sdb 300/500 ₹ ; P🚭📶). 🍃 Une franche camaraderie règne dans la maison traditionnelle, ouverte toute l'année, surmontée d'une salle de prière et d'un charmant toit-terrasse au beau panorama. L'autre bâtiment, qui ressemble à un hôtel, est plus neutre. Ouvert d'avril à septembre, il renferme 15 chambres spacieuses, avec sdb. Les légumes bio du jardin constituent les principaux ingrédients des repas (à réserver avant 16h) !

♥ **Deskit Villa** BOUTIQUE-HÔTEL **$$**
(carte p. 230 ; ☎9622988836, 9419178998, 01982-253498 ; Sankar ; pension s/d 1 750/2 000 ₹, hôtel 3 400/3 700 ₹ ; ❄📶). Discrètement niché derrière une délicieuse pension familiale avec jardin, cet hôtel de charme est l'une des options les plus douillettes de Leh, avec ses 8 chambres ultraconfortables, son panorama époustouflant depuis le toit-terrasse et ses nombreux espaces communs. La salle à manger a été aménagée à la manière d'une cuisine ladakhie traditionnelle.

♥ **Chonjor Residency** HÔTEL **$$**
(carte p. 230 ; ☎01982-253165, 9906977774 ; chonjorresidencyleh@gmail.com ; Old Rd ; s/d 2 500/3 100 ₹ ; 📶). Niché en toute discrétion sur Old Rd, cet élégant hôtel de 2016 offre de beaux meubles en pin, des tissus épais, des produits de toilette personnalisés, une cafetière dans chaque chambre et d'excellents lits – tout est un cran au-dessus de la plupart des hôtels au même prix. L'ascenseur vous mènera sur le toit avec son jardin en gazon synthétique et une vue sur le fort de Tsemo.

Lotus Hotel HÔTEL **$$**
(carte p. 230 ; ☎01982-257265 ; www.lotushotel.in ; Upper Karzoo Lane ; s/d 4 000/4 100 ₹ ; ⏲mars-nov ; 📶). Mis à part les tables avec parasol à l'avant, on pourrait se croire arrivé dans un monastère tibétain haut en couleur en pénétrant dans ce bâtiment de deux niveaux qui fait la part belle aux décorations ladakhies.

Les chambres respectent le thème, avec des têtes de lits délicatement sculptées et des *chokse* (tables basses peintes dans des couleurs vives). Les matelas sont confortables, mais certaines sdb sont exiguës, se réduisant à un petit espace de douche délimité par un rideau. Prendre une tasse de thé parmi les rosiers et les pommiers du jardin pavé avec une belle vue sur la colline du fort de Tsemo est un vrai plaisir.

Peu de places de parking.

Kunzang BOUTIQUE-HÔTEL $$
(carte p. 230 ; ☎9419657123 ; www.hotelkunzangleh.com ; Western Changspa ; s/d 2 750/3 500 ₹ ; P Wi-Fi). Les 12 chambres du Kunzang sont du niveau d'un hôtel de charme, avec une décoration dans des tons pâles, de larges pommeaux de douche, d'excellents lits, des draps de qualité et des piles de coussins aux motifs d'arbres stylisés. Les balcons donnent sur le potager qui fournit la cuisine bio du restaurant, et sur la Kunzang Guesthouse, simple et appartenant aux mêmes propriétaires, qui occupe l'un des corps de ferme les plus typiques de Changspa.

Lha-Ri-Mo HÔTEL $$
(carte p. 230 ; ☎01982-252101, 9419178233 ; www.lharimo.com ; Fort Rd ; s/d 2 670/3 690 ₹ ; ⏲mai à mi-oct ; P Wi-Fi). Les fenêtres magenta contrastant avec les murs blanchis à la chaux encadrent un jardin ombragé par des saules et confèrent à cet hôtel une allure monastique. Le restaurant et le salon tibétain moderne vous impressionneront tout autant. Les chambres ont moins de charme, mais elles sont bien décorées avec des lampes en imitation cuivre et quelques miroirs en fer forgé.

♥ **Gomang Boutique Hotel** BOUTIQUE-HÔTEL $$$
(carte p. 230 ; ☎01982-253536 ; www.gomanghotelleh.com ; Upper Changspa ; s/d/ste 10 000/10 500/13 000 ₹ ; ⏲mi-mars à mi-nov ; P Wi-Fi). 🍃 Parmi les nombreux hôtels récemment ouverts à Leh, cet établissement primé se distingue par la qualité de son accueil, le service impeccable et le soin apporté aux détails. Outre les touches de luxe dans les chambres (articles de toilette estampillés Gomang, beaux jetés de lit, etc.), les espaces communs élégants et accueillants impressionnent – avec sofas en cuir noir et coussins colorés.

♥ **Ladakh Residency** HÔTEL $$$
(carte p. 230 ; ☎0982-25411, 9419178039 ; www.ladakhresidency.com ; Changspa Rd ; s/d/ste 5 120/8 785 ₹ ; ⏲mi-avr à mi-oct ; Wi-Fi). Tanka aux murs, balcons en bois, sol en marbre, chambres dotées de lits *king size*, sdb avec articles de toilette siglés, vue sur le Stok Kangri depuis de nombreuses chambres… Les meubles sont d'une sobriété élégante, il y a des bouilloires et l'ascenseur fonctionne. Personnel hors pair.

Où se restaurer

De juin à septembre, les cafés de voyageurs abondent. Des plats européens, chinois ou du Moyen-Orient viennent alors s'ajouter aux habituels curries, pancakes à la banane, pizzas tandoori et spécialités tibétaines. Aux abords de Main Bazaar, les enseignes de restauration reçoivent des critiques mitigées.

La plupart des établissements ferment au plus tard à 23h pendant la saison touristique. D'octobre à mai, rares sont les endroits ouverts.

Centre de Leh

Ladakhi Food LADAKHI $
(carte p. 226 ; 34, Hemis Complex, Upper Tukcha Rd ; plats 70-100 ₹, thé 10 ₹ ; ⏲6h-22h30). Si le cadre vous est égal, voici un restaurant dans le centre de Leh où vous pourrez goûter la cuisine typique du Ladakh, principalement destinée à une clientèle locale. Le plat du jour est une aubaine, à accompagner de préférence avec du thé au beurre salé.

Ladakh Café VÉGÉTALIEN $
(carte p. 226 ; Music School Lane ; plats 80-160 ₹, jus 150 ₹ ; ⏲8h30-21h avr-nov ; Wi-Fi). Le premier café végétalien de Leh est niché dans un coin pittoresque, avec des bananes suspendues à des chaînes et des pichets d'eau infusée aux feuilles de menthe sur les tables. "L'assiette énergétique" épicée constitue un délicieux déjeuner, le plat de *skyu* (pâtes d'orge dans un bouillon de légumes) typique du Ladakh ne coûte que 80 ₹, et il y a un large choix de jus de fruits fraîchement pressés.

Neha Snacks INDIEN $
(carte p. 226 ; Main Bazaar ; en-cas 15-80 ₹, thali 200 ₹ ; ⏲9h30-21h). Cette boutique d'en-cas, simple et attrayante, connaît un tel succès que vous devrez vous serrer aux côtés d'autres étrangers à l'une de ses quelques tables. Voici la version pendjabie de la restauration rapide, avec une mention spéciale pour le *samosa chaat* (60 ₹) – dhal, yaourt et sauce piquante versée sur un samosa émietté.

Penguin Garden INDIEN, INTERNATIONAL $$
(carte p. 226 ; Chulung Lane ; plats 110-280 ₹, poulet tandoori demi/entier 270/540 ₹, riz 60 ₹, bière 150 ₹ ; ⏲8h-22h30 ; Wi-Fi). Décoré de masques et de guirlandes diffusant une lumière discrète, ce restaurant dissimulé dans un jardin vaut la peine d'être trouvé. Vous pourrez vous asseoir sous les abricotiers et écouter le ruissellement d'un cours d'eau. S'il ne reste plus de poulet tandoori fraîchement préparé (ce qui arrive généralement vers le milieu de soirée), il y aura toujours bien d'autres plats à explorer.

SAVEURS LADAKHIES

Les *momo* (raviolis frits ou à la vapeur à la pâte très fine) et le *thukpa* (soupe de nouilles) figurent parmi les spécialités tibétaines servies au Ladakh. Le *skyu* est un plat ladakhi plus typique : un bouillon de légumes avec des pâtes d'orge ressemblant aux *orecchiette* italiennes (pâtes en forme d'oreilles). Plus difficile à trouver, le *paba* est un plat de petits pois à l'orge souvent baigné de *tangtur* (sauce aux légumes bouillis). Les *tingmo* sont des petits pains vapeur souvent en forme de fleur, dont on utilise les "pétales" pour saucer. Le *namthuk* est une "soupe" d'orge ressemblant à une bouillie légère faisant parfois office de boisson pendant les repas. La bière ladakhie à l'orge, la *chhang*, est servie dans les maisons d'hôtes rurales mais n'est pas vendue autrement. Le *namkin chai* (*nun chai* en cachemiri) est un thé rose au lait salé (*nimak chai*) avec du beurre de yak. Traditionnellement, on ajoute le beurre au thé grâce à une baratte cylindrique appelée *gurgur*, d'où le surnom fréquent du thé : *gurgur chai*.

Chopsticks ASIATIQUE $$

(carte p. 226 ; ☎9622378764 ; Raku Complex, Fort Rd ; plats 190-385 ₹, riz 77 ₹ ; ⏲12h-22h30). Même s'il sert des curries et du *skyu* (pâtes d'orge dans un bouillon de légumes) typique du Ladakh, c'est à ses bons plats de wok et ses curries thaïs que ce restaurant moderne panasiatique doit sa réputation. Entrez par la terrasse extérieure qui surplombe l'agitation de Fort Rd.

La Piazzetta INDIEN, INTERNATIONAL $$

(carte p. 226 ; ☎9419046476 ; Changspa Rd ; plats 170-350 ₹, riz 90 ₹, pizzas 270-380 ₹ ; ⏲9h30-23h30 mi-avr à fin sept ; wifi). Les bougies, les lampions, les fresques murales et le foyer ouvert de la cheminée (fonctionnant le soir par temps frais) créent une ambiance chaleureuse et tamisée qui garde ce restaurant en jardin animé bien plus tard que la plupart de ses homologues – c'est l'une des rares adresses où l'on peut se faire servir après 23h. Le menu affiche des plats indiens, ladakhis, cachemiris, tandoori et européens, et une version audacieuse mais très peu thaïe du curry vert.

Tibetan Kitchen INDIEN, INTERNATIONAL $$

(carte p. 230 ; ☎9622273505 ; près de Fort Rd ; plats 140-350 ₹, poulet tandoori demi/entier 250/500 ₹). Les familles de Leh mangent rarement à l'extérieur, mais elles font une exception pour ce restaurant, l'un des rares situés dans le quartier touristique qu'elles fréquentent, qui sert une excellente cuisine chinoise, tandoori, indienne et surtout tibétaine. La *thukpa* au poulet (soupe de nouilles tibétaine) est préparée à la perfection. Goûtez au *sabagleb*, une tourte ronde très croustillante garnie de *momo*.

Il Forno ITALIEN, INDIEN $$

(carte p. 226 ; Zangsti Rd ; plats 170-300 ₹, riz 100 ₹, bière 200 ₹ ; ⏲8h30-23h30 ; wifi). Partiellement clos et ombragé, Il Forno offre depuis son toit-terrasse une vue remarquable sur le palais de Leh et le fort de Tsemo au-delà de Main Bazaar. Réputé de longue date, le menu explore de nombreuses directions mais la spécialité demeure la pizza à pâte fine cuite au feu de bois (250-300 ₹ ; 12h-23h) simplement garnie de fromage. Également un bon choix de bières fraîches.

Changspa

♥ Food Planet INDIEN, INTERNATIONAL $$

(carte p. 230 ; ☎9837943385 ; Changspa Rd ; plats 100-260 ₹, thé/café 15/45 ₹, bière/narguilé 180/250 ₹ ; ⏲8h-23h). Élaborée par un couple russo-indien, la carte est un véritable voyage à travers le monde. Même si certaines des propositions les plus originales n'étaient pas disponibles lors de notre visite (guacamole, soupe ouzbek *shurpa*, champignons farcis), un large choix de nouveautés était comme toujours proposé, comme la salade hawaïenne, la soupe *tom yam* et le blanc de poulet à la sauce à la mangue, divin. Sans oublier tous les classiques.

Wonderland Restaurant & Coffee Shop INDIEN, INTERNATIONAL $$

(carte p. 230 ; ☎9622972826 ; pemawangchen67@gmail.com ; Changspa Rd ; plats 110-300 ₹ ; ⏲6h30-22h30). Des nombreux restaurants installés de longue date sur les toits de Changspa Rd, le toujours prisé Wonderland n'offre ni la meilleure vue, ni le plus beau décor, mais la cuisine y est toujours bonne (surtout les plats indiens et tibétains). Le café est excellent sans être trop cher et le restaurant, l'un des plus matinaux, est parfait pour prendre le petit-déjeuner.

KH Restaurant INTERNATIONAL, CORÉEN $$

(carte p. 230 ; Changspa Rd ; plats 150-500 ₹, riz 90 ₹, bière 180 ₹ ; ⏲environ 10h-23h ; wifi). De tous les restaurants à l'air libre de Changspa, celui-ci, le plus modeste, est celui où on est le plus souvent tombé sur des gens assis autour du feu de joie, jouant de la musique et roulant des cigarettes d'herbes variées. La carte couvre le monde entier mais se distingue pour sa cuisine coréenne.

Bon Appetit INDIEN, INTERNATIONAL $$$
(carte p. 230 ; 01982-251533 ; plats 220-440 ₹, bière/cocktails à partir de 200/250 ₹ ; 11h-23h ;). Niché au bout de sentiers improbables au sud de Changspa Rd, cet établissement sert une cuisine bien plus raffinée que dans le reste de Leh ; pensez à réserver. La majorité du menu, éclectique, montre des influences italiennes, mais vous pourrez aussi y déguster des tempuras de légumes aériennes, un délicieux poulet aux noix de cajou et de succulentes grillades tandoori. Demandez la carte des vins et des cocktails.

Où prendre un verre et faire la fête

Récemment rénové, **Lehchen** (carte p. 226 ; Music School Rd ; cocktails 300-330 ₹, petite/grande bière 180/250 ₹, vin 600 ₹ ; 12h-23h ;) est le premier bar à cocktails vraiment agréable de Leh. L'élégant Bon Appetit (p. 237) a l'autorisation de servir de la bière et attend d'obtenir une licence pour les cocktails. De nombreux établissements sur les toits et dans les jardins de Changspa servent officieusement du "pop juice" (de la bière) sur demande ; vous ne serez pas déçu par La Piazzetta (p. 236), le **Bikers' Café** (carte p. 230 ; Changspa Rd ; petite bière 150 ₹ ; 8h-2h, restauration jusqu'à minuit) et Il Forno (p. 236). **Elements** (carte p. 230 ; Changspa Rd ; bière/rhum à partir de 150/180 ₹ ; 11h-tard) ferme généralement bien plus tard que les autres, même si cela peut changer à tout moment. L'**Indus Wine Shop** (carte p. 226 ; Ibex Rd ; bière/vin 105/850 ₹ ; 10h-13h et 15h-21h30) vend de la bière à emporter ; il est fermé les "jours sobres" (le 8, le 15 et le dernier jour du mois tibétain) comme tous les bars autorisés.

Les bars à café sont une nouveauté à Leh, qui compte néanmoins déjà plusieurs excellentes adresses. En tête de liste se côtoient le café-librairie Lehling, le bon vieux Wonderland Restaurant et le génial mais discret **Ja Khang** (carte p. 226 ; Main Bazaar, West ; café 60-90 ₹ ; 8h30-21h ;), qui sert un excellent macchiato dans un cadre très spécial.

Pour boire une tasse de *nimak chai* (thé salé) ladakhi sans vous ruiner, allez au Ladakhi Food (p. 236) ou rejoignez les locaux aux simples **stands de thé** (carte p. 226 ; Chandu Market ; thé/pain 10/10 ₹ ; 6h-19h) dans le poussiéreux marché de Chandu.

Lala's Art Cafe CAFÉ
(Leh Heritage House ; carte p. 226 ; www.tibetheritagefund.org ; vieille ville ; café à partir de 50 ₹ ; 9h30-19h lun-sam). Située à côté d'une stèle de Bouddha vieille de 2 000 ans, cette petite maison en terre crue s'ouvrant au rez-de-chaussée sur un sanctuaire historique a échappé à la démolition, et a été savamment restaurée en 2006. Des marches de pierre mènent à un café aux sièges bas et à une petite exposition artistique ; possibilité d'accéder également au toit-terrasse. Sert du café préparé en cafetière à piston (50 ₹), des sandwichs à base de *khambir* (pain ladakhi ; 70 ₹), du gâteau à l'abricot (60 ₹), des jus de fruits locaux, et des *lassi* aux fruits ou à la menthe.

Achats

Des dizaines de petites boutiques colorées parsèment la ville de Leh. Les vendeurs de rue et les **marchés de réfugiés tibétains** (carte p. 226 ; 10h-21h mai-sept) offrent une large sélection de tanka, de chapeaux ladakhis, d'"antiquités" et de lourds bijoux en turquoise ainsi que des châles cachemiris et divers bibelots népalais, tibétains et chinois.

Comparez les prix sur le fascinant **Moti Market** (carte p. 230), très axé sur la région, dans les petites boutiques familiales de **Nowshera Bazaar** (New Shar Market ; carte p. 226) et dans la boutique haut de gamme tibétaine **Norbulingka** (carte p. 226 ; www.norbulingka.org/store/c1/Featured_Products.html ; Rizong Complex ; 9h-19h juil-sept). **Jigmat Couture** (carte p. 226 ; 9697000344, 01982-255065 ; jigmatcouture.com ; Tsaskan Complex, Main Bazaar, West ; 10h30-19h30 lun-sam, 15h30-19h30 dim) est la première boutique de mode de créateur à Leh.

Lehling (carte p. 226 ; Main Bazaar ; 9h-22h ;) et la Ladakh Bookshop sont particulièrement bien fournies en cartes postales, romans, ouvrages spirituels et livres sur le Ladakh, le Cachemire et le Tibet. Old Fort Rd, Main Bazaar et Changspa Rd comptent quelques magasins consacrés aux activités de plein air, dont certains, comme **Venture Ladakh** (carte p. 226 ; 9858323091 ; www.ventureladakh.in ; Changspa Rd ; 9h-21h juin-sept), louent du matériel d'escalade et de randonnée.

Dzomsa ALIMENTATION ET BOISSONS
(carte p. 226 ; Zangsti ; 8h30-21h30). Venez ici pour remplir vos gourdes d'eau potable

(7 ₹/litre). Dzomsa propose aussi une laverie écologique (95 ₹/kg), du jus frais d'abricot et de baies d'argousier (20/80 ₹ par verre/litre) et une gamme de produits locaux et de livres d'occasion.

Ladakh Bookshop LIVRES

(carte p. 226 ; ☎9868111112 ; hanishbooks@yahoo.co.in ; Main Bazaar ; 9h-21h). En étage, en face de l'entrée du Chokhang Vihara, cette excellente librairie propose des ouvrages intéressants sur la région et les indispensables cartes de trekking d'Olizane (édition mise à jour de 2013 ; 1 500 ₹/feuille).

Renseignements

ACCÈS INTERNET

Le **Mantra Travel Lounge** (p. 238) a la meilleure connexion Wi-Fi de Leh – paiement par don.

ARGENT

On trouve de nombreux points de change dans Changspa Rd, Upper Fort Rd et autour de Main Bazaar. **Paul Merchant** (plan p. 226 ; Main Bazaar ; 9h30-20h) propose des taux raisonnables pour changer des espèces et des chèques de voyage.

Il est parfois arrivé qu'une panne générale touche tous les DAB de Leh ; prévoyez une réserve d'espèces.

OFFICES DU TOURISME

Office du tourisme (carte p. 226 ; ☎01982-257788 ; Ibex Rd ; 9h-20h lun-sam, 10h-16h dim). Récemment rénové, il est pratique pour connaître les dates des festivals et les horaires des bus. Il accueille quelques expositions intéressantes. Les cartes gratuites de la ville sont très peu utiles.

Mantra Travel Lounge (carte p. 226 ; ☎9419219783 ; www.facebook.com/mantrathetravellounge ; Raku Complex, Fort Rd ; 10h-21h30 ; Wi-Fi). À la fois centre d'information et d'échanges et café. Pour rencontrer d'autres voyageurs et profiter du Wi-Fi.

Les panneaux d'affichage du Mantra, à l'extérieur de **Dzomsa**, dans les agences et globalement disséminés à travers la ville, exposent toutes sortes de publicités pour des circuits, des treks et autres activités. Les voyageurs du Ladakh échangent beaucoup sur le forum www.indiamike.com.

SERVICES MÉDICAUX

Oxygen Bar (carte p. 226 ; office du tourisme, Ibex Rd ; consultation 10 ₹, oxygène 50 ₹/30 min ; 10h30-19h lun-sam, jusqu'à 16h dim). Si vous pensez être atteint du mal des montagnes, vous pourrez vous faire examiner rapidement dans cette salle confortable au-dessus de l'office du tourisme et, si nécessaire, y respirer de l'oxygène presque pur pour vous remettre sur pied.

Men-Tsee-Khang (☎01982-253566 ; www.men-tsee-khang.org ; consultation 100 ₹ ; 9h-13h et 14h-17h lun-ven, plus 1er et 3e sam du mois). Une fondation caritative qui comprend un centre de médecine tibétaine traditionnelle (*amchi*), doublé d'un dispensaire. Consultations sans rendez-vous. Possibilité de massages physio-thérapeutiques.

TÉLÉPHONE

AirCel (carte p. 226 ; Main Bazaar ; 10h-18h) et **AirTel** (carte p. 226 ; près de Main Bazaar ; 10h-17h30) vend des cartes SIM à bas prix à utiliser dans la vallée du Cachemire, à Jammu, Kishtwar, Bhadarwah et dans un rayon de 20 km autour de Leh. Munissez-vous de quatre photos d'identité ainsi que de photocopies de votre passeport et de votre visa.

Certains cybercafés, comme **Sky Cyber** (carte p. 226 ; Samkar Complex, Main Bazaar ; appels internationaux 14-24 ₹/min, Internet 60 ₹/heure ; 9h-21h30) et **Peace Internet** (carte p. 226 ; Music School Rd ; 90 ₹/heure ; 9h30-21h), disposent de cabines téléphoniques pour passer des appels nationaux et internationaux.

TROUBLES DE L'ALTITUDE

L'altitude de Leh, supérieure à 3 500 m, cause des maux de tête et des nausées à bon nombre de visiteurs à leur arrivée. Ces symptômes légers peuvent être atténués avec du repos et une bonne hydratation. Si c'est insuffisant, ou si par mégarde vous avez fait trop d'efforts, allez respirer de l'oxygène au bar à oxygène (p. 238) ou prenez un comprimé de Diamox (acétazolamide) matin et soir pendant 3 jours, à combiner avec du repos. Les comprimés sont disponibles à l'**Het Ram Vinay Kumar Pharmacy** (carte p. 226 ; ☎01982-252160 ; Main Bazaar ; 10h-21h). Si les symptômes s'aggravent, vous pouvez contracter le mal aigu des montagnes, parfois mortel, mais tout à fait curable si vous réagissez à temps. La meilleure solution est d'appeler le spécialiste anglophone **Dr Morup** (carte p. 230 ; ☎9419883851 ; Upper Tukcha Rd ; consultation 1 000 ₹ ; sur demande), qui vous portera secours à votre hôtel et/ou vous aidera à trouver le traitement indiqué.

Depuis/vers Leh

AVION

Les vols, qui se font au-dessus de paysages spectaculaires, peuvent être annulés à la dernière minute en cas d'intempéries.

Jet Airways (carte p. 226 ; ☎ 01982-251512, 01982-257444 ; www.jetairways.com ; Main Bazaar ; ⏲10h-13h30 et 14h-16h, jusqu'à 17h en été), **Air India** (☎ 01982-252076 ; aéroport ; ⏲6h-12h) et **GoAir** (☎ 01982-253940 ; aéroport) proposent des vols pour Delhi ; GoAir utilise l'ancien terminal 1 de l'aéroport, à éviter en cas de correspondance rapide avec un vol international.

GoAir propose des vols quotidiens vers Jammu et Srinagar mais pas dans l'autre sens, sur les boucles Mumbai-Leh-Srinagar-Mumbai et Delhi-Leh-Jammu-Delhi.

Air India assure des vols depuis/vers Srinagar (le mercredi) et Jammu (3 fois/sem). Les vols pour Dharamsala ont une correspondance à Jammu.

Presque tous les vols décollent tôt le matin et l'aéroport ferme au plus tard à 10h.

BUS

Gare routière principale (carte p. 230). Située à 700 m au sud du centre-ville via le bazar de Kigu-Tak et depuis Friendship Gate. Vaste, elle est divisée en sous-sections pour les minibus locaux, les bus privés (LBOC) et les lignes du service d'État (J&K SRTC).

JEEP ET TAXI PARTAGÉ

Depuis la **station de taxis partagés longue distance** (Leh-Choglamsar Rd), à 400 m au sud de la principale pompe à essence :

Kargil (siège 900-1 000 ₹, 7 heures). en matinée, surtout de 8h à 10h.

Manali (siège avant/milieu/arrière 3 000/2 500/2 000 ₹, 19-22 heures). Départs entre 16h et 18h environ.

Srinagar (siège avant/arrière 2 500/2 000 ₹, 15 heures). Départs entre 16h et 18h environ.

Depuis **l'extérieur du Zaika Restaurant** (carte p. 230) à l'entrée du terrain de polo (pas de réservation) :

Vallée de la Nubra La plupart des jeeps pour Diskit (400 ₹) partent avant 8h, mais il arrive d'y trouver des voitures jusqu'à 15h. N'oubliez pas le permis, exigé pour les étrangers. Il y a parfois des jeeps pour Sumur et d'autres destinations de la Nubra.

Depuis l'**ancien arrêt de bus** (carte p. 230 ; Old Bus Stand ; 20 ₹) (extrémité sud du Moti Market) :

Vallée de l'Indus Taxis collectifs assez fréquents pour Choglamsar (20 ₹), d'où il est possible de prendre une correspondance pour Thiksey, Shey, Karu, Matho et Stok.

POUR ALLER AU LADAKH

Seules deux routes, splendides mais saisonnières, relient le Ladakh au reste de l'Inde. Toute spectaculaire qu'elle soit, celle qui conduit à Manali (p. 246) est longue et exténuante. Pour rallier Srinagar, la traversée du périlleux **Zoji La** (Srinagar-Kargil Rd ; ⏲souvent fermé pour entretien 11h-15h lun-sam avr à mi-nov) a de quoi effrayer les voyageurs néophytes. Ces deux axes ferment d'octobre/novembre à mai, ce qui laisse pour seule option l'avion si l'on veut rejoindre Leh. Prévoyez un ou deux jours de battement, en prévision de retards.

Spituk Prenez un minibus partagé (10 ₹) pour **Skalzangling** (NH1) près de l'aéroport et prenez une correspondance.

JEEP PRIVÉE (CHARTER JEEP) ET TAXI

Étant donné l'irrégularité des bus, il est intéressant de louer un véhicule pour découvrir la campagne ladakhie. Les tarifs, fixés par la **Ladakh Taxi Operator Cooperative** (syndicat des chauffeurs ; carte p. 226 ; Ibex Rd ; ⏲10h-13h et 14h-16h), sont publiés dans une brochure mise à jour tous les ans, et vendue dans son bureau pour 25 ₹. Cela évite le marchandage, même si on peut parfois obtenir une réduction mineure (et un conducteur fiable) en réservant via une petite agence locale.

Nous mentionnons les tarifs les plus bas – ceux des *taxi-vans* (taxis-camionnettes) et des jeeps Sumo. Comptez une majoration de 5% pour les jeeps Xylo, Scorpio et Qualis, et de 10% pour Innova et Aria. Les tarifs comprennent des arrêts d'une durée raisonnable pour les photos et les visites. Les attentes prolongées peuvent être facturées (286/1 195/2 391 ₹ par heure/demi-journée/journée), tout comme les haltes pour la nuit (supplément de 350 ₹). Une fois sur la route, demander une modification du trajet convenu peut entraîner des complications inattendues, alors prévoyez votre itinéraire soigneusement.

MOTO

Les circuits à moto à travers le Ladakh connaissent un grand engouement depuis quelques années. Leh compte une multitude d'agences de location, surtout sur Music School Rd et Changspa Rd, avec plus de 8 000 motos disponibles à la location, ce qui n'empêche pas la demande de dépasser l'offre en juin (le pic estival en Inde). La location d'une Enfield Bullet coûte généralement 1 000 à 1 500 ₹ par jour ; une "scooty" (mobylette) seulement 700 ₹.

BUS AU DÉPART DE LEH

Sauf indication contraire, les bus partent des environs de la gare routière principale. Certains horaires sont avancés en hiver. La durée des trajets est très approximative.

DESTINATION	TARIFS	DURÉE	DÉPARTS
Alchi	107 ₹	2 heures 15	16h (retour 7h30)
Chemrey	60 ₹	1 heure 30	prendre les bus pour Shakti
Chiktan (A)	278 ₹	8 heures	8h mar, jeu et dim (retours mer, sam et lun)
Chilling	100 ₹	2 heures 30	9h dim (retour 13h)
Dha (A)	245 ₹	7 heures	9h ; le vendredi, fait un détour par Hanu Gongma
Fokha via Shargol et Mulbekh (A)	384 ₹	8 heures	7h sam
Hemis Shukpachan (A)	131 ₹	4 heures	14h un jour sur deux (retour 8h30)
Kargil (C)	400 ₹	8-10 heures	5h
Keylong (D)	550 ₹	14 heures	5h
Hanle (B) [pas d'étrangers]	495 ₹	11 heures	6h30 sam
Lamayuru	195 ₹	5 heures	en été 9h. Sinon, prendre les bus pour Chiktan, Fokha, Kargil ou Srinagar
gompa de Likir	80 ₹	2 heures	16h (retour 7h30)
Manali			saisonnier (p. 246)
Manggyu (A)	128 ₹	3 heures	13h mer
Matho	30 ₹	50 min	16h40
Ney (via Basgo)	95 ₹	2 heures	16h (retour 7h30)
Phyang	35 ₹	45 min	7h30, 14h
Shakti	50 ₹	1 heure 45	8h30, 13h30, 15h30, 16h30 (retours 7h30, 8h, 9h, 15h)
Saspol	90 ₹	2 heures	15h (retour 7h30)
Shey (E)			prendre les taxis collectifs changeant à Choglamsar
Spangmik (Pangong Tso)	270 ₹	8 heures	6h30 mar, jeu, sam (retour 8h le lendemain)
Spituk (E)			prendre les taxis collectifs changeant à Skalzangling
Srinagar (B)	1 060 ₹	18-20 heures	14h
Stakna	41 ₹	40 min	16h30 (retour 8h45)
Stok			prendre les taxis collectifs changeant à Choglamsar
Tangtse (B)	118 ₹	4 heures	6h30 mer, sam et dim
Thiksey	30 ₹	40 min	8h30
Tia et Timishgan (A)	143 ₹	4 heures	13h (retour 8h)
Turtuk (B)	370 ₹	10-11 heures	6h sam (retour dim)
Zanskar	800 ₹		appeler le 9469562036

(A) bus LBOC (01982-252792) ; (B) J&K SRTC (01982-252085) ; (C) Kargil Bus Operators Union, départs du **terrain de polo** (carte p. 226), acheter son billet l'après-midi avant le départ auprès du conducteur ; (D) HRTC ; (E) taxi partagé depuis l'ancien arrêt de bus (Old Bus Stand).

Toutes les autres lignes (sauf pour Manali) sont desservies par des minibus locaux, principalement gérés par la **Mazda Bus Operators' Cooperative** (carte p. 230 ; ☎9906995889, 01982-253262) ; sans réservation.

Vérifiez à deux fois les équipements et les freins, ainsi que l'assurance (rarement incluse ou même disponible). Vous devrez présenter votre permis de conduire (même si quelques agences louent sans problème aux motards sans permis) et laisser une pièce d'identité sur place.

Les seules stations-service du Ladakh sont à Leh, à Choglamsar, à Serthi (Km 440,5, près de Karu), à Diksit (ouverture sporadique), à Spituk, à Padum (de temps en temps), au carrefour de Phyang, à Khaltse (NH1, Km 338,7), à Wakha et à Kargil (où il y en a deux).

Comment circuler

DEPUIS/VERS L'AÉROPORT

L'aéroport est situé sur la route Leh-Spituk, au Km 430, à 4 km au sud du centre. La course en taxi coûte 230/300 ₹ vers le centre de Leh/Changspa.

TAXI

Les *taxi-vans* de Leh facturent au minimum 100 ₹ par trajet. Il est rarement possible de les héler : allez plutôt à une station de taxis – la plupart sont à **Zangsti** (carte p. 226 ; Zangsti Parking), au **Moti Market** (carte p. 230 ; ancien arrêt de bus, Old Bus Stand) ou à la **station centrale de taxis** (carte p. 226 ; Ibex Rd) près de l'office du tourisme.

Environs de Leh – Sud-Est

☎ 01982

La principale excursion à la journée dans les environs de Leh consiste à rejoindre les monastères et les palais des villages de la vallée de l'Indus. Vous pouvez combiner plusieurs destinations lors d'une excursion en taxi d'une journée, ou vous limiter à une ou deux dans le cadre d'une excursion plus longue en jeep vers Pangong, le Tso Moriri ou la Nubra, via le Wari La.

Les destinations les plus prisées comprennent Shey, Thiksey et Hemis, mais vous pourrez échapper à la foule en choisissant des villages moins fréquentés comme Matho et Sakti (p. 243). Plusieurs autres villages marquent le point de départ d'excellentes randonnées, notamment vers la vallée de la Markha, où vous pourrez marcher durant plusieurs jours au gré des villages et de leurs possibilités d'hébergements respectives chez l'habitant.

Stok

1 640 HABITANTS / ALTITUDE 3 490 M

De l'autre côté de la vallée en face de Leh, Stok a pour atouts son palais royal du XIXe siècle et son lot d'anciennes maisons ladakhies. C'est également un bon point de départ pour randonner jusqu'à Rumbak (p. 247) et la vallée de la Markha (p. 245) et pour entreprendre l'ascension du Stok Kangri (p. 228). Stok est aussi une base plus tranquille que Leh pour rayonner dans la région, grâce à son choix d'hébergements restreint mais de qualité.

À voir

Le principal attrait de Stok est son **palais** (☎01982-242003 ; 70 ₹ ; 8h-13h et 14h-18h mai-sept) s'élevant sur trois étages. Plus petit et plus intime que celui de Leh, il est la résidence d'été de l'ancienne famille royale du Ladakh. C'est aussi un musée et l'une des pensions les plus haut de gamme de la région.

Munissez-vous d'une lampe torche pour explorer **Stok Abagon** (☎9906988325 ; don apprécié 50 ₹), une demeure avec cuisine vieille de 350 ans tombant en ruine, accessible au terme d'un court sentier depuis le palais de Stok. De l'autre côté de la ville, la **Gyab-Thago Heritage House** (☎9622966413, 9797310988, 9419218421 ; Village Rd ; don apprécié 100 ₹ ; 10h-17h mai-sept), maison historique bien plus complète et mieux organisée : la plupart des décorations et aménagements intérieurs sont entretenus avec soin par les propriétaires d'origine, qui vivent désormais dans la pension juste à côté.

Le moyen le plus facile de se rendre de l'un à l'autre est une boucle de 5 km via le Trekking Point, passant devant le modeste **gompa de Stok** qui s'élève sous une statue dorée du Bouddha visible à des kilomètres.

De nombreux autres vieux bâtiments assortis de stupas s'offriront à vos yeux au gré de vos promenades.

Où se loger et se restaurer

Gyab-Thago Homestay PENSION $

(☎9419218421 ; www.ladakhmitra.com ; ch sans sdb en demi-pension 1 000 ₹/pers ; mai-sept). Très traditionnel mais bien plus confortable que de nombreux hébergements chez l'habitant, Gyab-Thago offre des chambres propres et aérées qui partagent une sdb impeccable de propreté. L'authenticité des repas pris dans l'impressionnante cuisine-salle à manger ladakhie est telle que des groupes viennent exprès depuis Leh pour cette expérience.

Stok Palace Heritage Hotel HÔTEL HISTORIQUE $$$

(☎9650207467 ; www.stokpalaceheritage.com ; palais de Stok ; ste 16 100-34 000 ₹, cottages 32 000 ₹). Séjournez dans un véritable palais

Environs de Leh

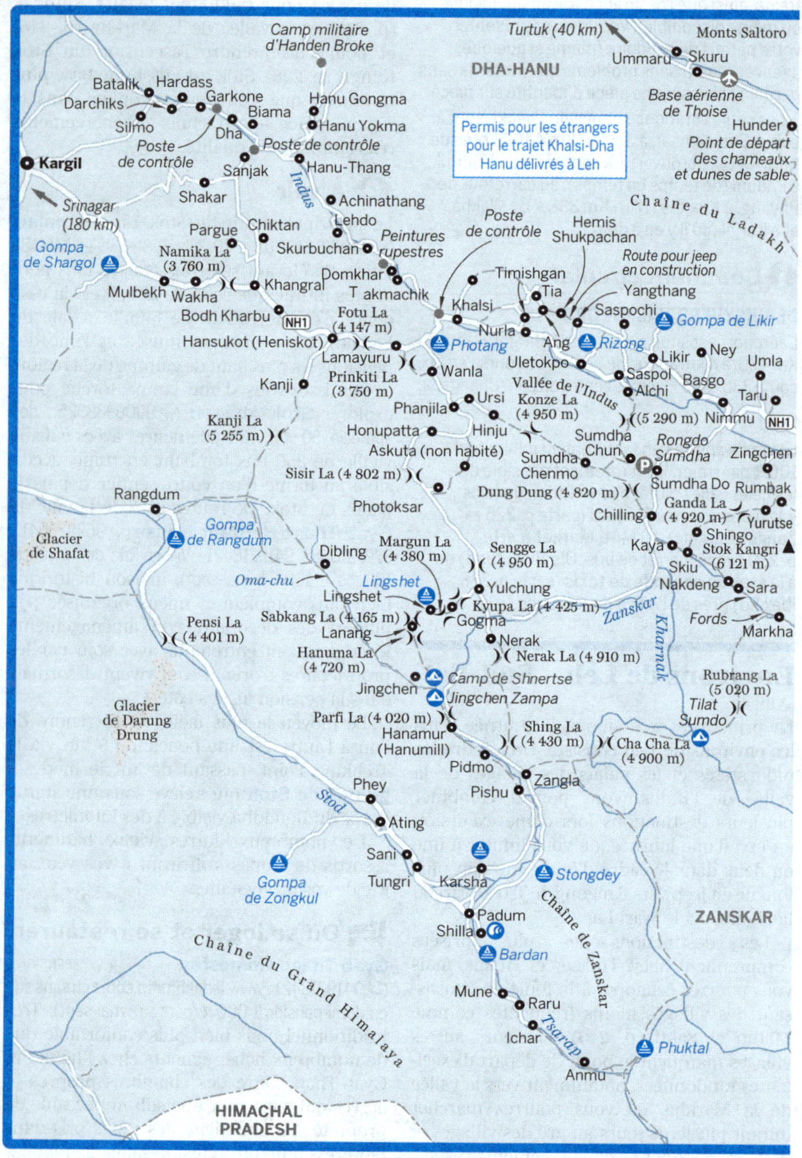

royal ladakhi en fonction ; les suites des anciennes chambres ont été redécorées (et jouissent de superbes sdb) tout en conservant le charme de nombreux éléments traditionnels. La "chambre de la Reine" a conservé des fresques originales de près de deux siècles, d'une sombre mélancolie. L'hôtel comporte également trois cottages récents et très confortables de style ladakhi, dans un verger d'abricotiers voisins.

Chaque cottage peut accueillir jusqu'à 4 personnes et possède une cuisine tout

équipée, des sdb avec chauffage au sol et des poêles à bois pour se chauffer en hiver. Le tarif des chambres avec sdb comprend le dîner. Vous dînerez sûrement en compagnie de la famille royale au moins une fois pendant votre séjour.

Woody Vu BOUTIQUE-HÔTEL **$$$**
(☎9797643532 ; www.woodyvu.com ; Village Rd ; ch 10 000 ₹ ; ⊙mi-fév à oct). Woody Vu compte 5 chambres comportant d'excellents matelas et des aménagements luxueux, et l'atmosphère préservée d'une ancienne maison ladakhie. Les repas sont pris dans la cuisine-salle à manger traditionnelle et la vue est magnifique, surtout depuis la chambre Khardungla avec son lit à baldaquin. Réservation nécessaire (via Delhi). Le Wi-Fi est disponible, mais pas la TV (ceci afin d'encourager les échanges humains).

ℹ Depuis/vers Stok

Depuis l'ancien arrêt de bus de Leh, des taxis partagés se rendent à Choglamsar, où vous pourrez prendre une correspondance avec une camionnette spécialement dédiée au trajet vers Stok (30-50 ₹/siège, 300 ₹/véhicule). Des camionnettes à destination de Leh quittent Stok quand elles sont complètes – généralement 1 à 2 départs par heure – depuis le Trekking Point en empruntant Main Rd.

Un taxi depuis Leh coûte 574/744 ₹ aller simple/aller-retour.

Matho

1 240 HABITANTS / ALTITUDE 3 485 M

Le grand **monastère** (☎01982-246085 ; www.mathomuseumproject.com) de l'école bouddhique Sakya (ou Sakyapa) est juché en hauteur du village bucolique de Matho, avec une vue idyllique sur la vallée de l'Indus et son canevas de champs vert émeraude, de déserts de sable et de montagnes se dessinant à l'horizon. Ce *gompa* dynamique présente une architecture impressionnante, un nouveau musée en cours d'aménagement et un intéressant atelier de restauration de tanka.

Matho Nagrang FÊTE RELIGIEUSE
(gompa de Matho ; ⊙fév-mars). Durant cette fameuse fête, des oracles du monastère de Matho s'imposent des défis acrobatiques les yeux bandés, ne "voyant" que grâce aux "yeux" effrayants peints sur leur torse. Ils se livrent à des rituels propitiatoires d'automutilation et dévoilent leurs prédictions pour l'année à venir.

Shey

2 490 HABITANTS / ALTITUDE 3 240 M

Shey est une séduisante oasis ponctuée d'étangs, d'où surgit une crête rocheuse dominée par les ruines d'une vaste forteresse et par un ancien palais abritant la statue de Bouddha la plus adulée du Ladakh. Le village est composé de quelque 700 stupas blanchis à la chaux, dont certains datent du XIe siècle. Mais le principal attrait touristique de Shey est tout autre : les touristes indiens y accourent pour contempler l'école (ci-dessous) qui accueillit le film de Bollywood *3 Idiots* en 2009.

Palais royal de Naropa PALAIS

Sur la crête surplombant Shey, les ruines d'une forteresse ceignent le palais royal de Naropa (XVIIe siècle), dont les trois étages ont été récemment rénovés de fond en comble. Le **temple** du palais (20 ₹ ; ⏲8h-18h) contient un **bouddha** en cuivre doré de 1645 haut de 7,5 m. La porte supérieure s'ouvre sur son visage au sourire impénétrable.

Druk Padma Karpo School LIEU DE TOURNAGE

(ancienne Druk White Lotus School ; www.dwls.org ; Km 457,9, Leh-Karu Hwy ; don apprécié ; ⏲9h-13h et 14h-18h avr-août ; P). Surtout connue comme lieu de tournage du film *3 Idiots*, cette école de plus de 700 élèves possède un campus fascinant avec des bâtiments modernes récompensés pour leur conception basée sur une ingénierie durable dernier cri. Elle fut reconstruite en grande partie suite aux dégâts causés par des pluies torrentielles en août 2010. Pendant la saison, des visites guidées du site précédées d'un exposé partent plusieurs fois par heure.

Thiksey

2 490 HABITANTS / ALTITUDE 3 260 M

Le superbe **gompa de Thiksey** (☎01982-267011 ; 30 ₹, caméra 100 ₹ ; ⏲6h-13h et 13h30-18h, fête oct/nov) est l'un des monastères les plus grands et les plus typiques du Ladakh, très photogénique avec son ensemble de bâtiments de style tibétain descendant en cascade sur un promontoire rocheux. Il s'organise autour du *dukhang* (salle de prière) principal à l'atmosphère hautement spirituelle, et d'un temple de Maitreya contenant une statue géante d'un Bouddha du Futur, lequel arbore une expression à la fois paisible, narquoise et vaguement menaçante. Le *gonkhang* et la minuscule bibliothèque sur le toit-terrasse (souvent fermé) sont plus modestes mais incontestablement plus anciens.

Le billet d'entrée pour Thiksey comprend l'accès à un fascinant **musée** (⏲horaires variables) – si quelqu'un est là pour l'ouvrir ; il est dissimulé sous le réfectoire du monastère.

Tous les monastères du Ladakh commencent la journée par des chants de prières, auxquels les visiteurs respectueux peuvent généralement assister ou se joindre. À Thiksey, c'est une expérience particulièrement mémorable en raison de l'impressionnante salle de prière et du grand nombre de moines y participant. Toutefois, son succès est tel que les touristes sont souvent plus nombreux que les moines. Les prières durent de 6h à 7h30 presque tous les jours.

Où se loger et se restaurer

Afin d'assister aux prières matinales, certains visiteurs séjournent dans les modestes chambres d'hôtes du monastère ou au **Chamba Hotel** (☎01982-267385, 9419178381 ; www.thiksay.org ; Km 454,2, Leh-Karu Hwy ; s/d 2 760/3 640 ₹), plus confortable, au pied de la colline du *gompa*. Pour des séjours plus longs, davantage axés sur la méditation, la petite pension du **couvent de Nyerma** (The Taras ; ☎9906985911 ; www.ladakhnuns.com ; ch en demi-pension 950 ₹/pers ; ⏲mai-sept) est fort agréable.

Café Cloud CUISINE DU MONDE $$$

(☎9419983021, 01982-267100 ; Km 453,3, Leh-Karu Hwy ; plats 250-575 ₹ ; ⏲9h-20h mi-mai à sept ; wifi). Caché derrière des murs en pisé, ce restaurant chic avec jardin est pour ainsi dire le seul endroit à servir une bonne cuisine occidentale à l'est de Leh. Nous recommandons le bar poêlé (599 ₹), servi sur un lit de pommes de terre à la moutarde et accompagné de légumes croquants. Le restaurant propose également un excellent buffet végétarien le midi (605 ₹) et un plat du jour végétarien/non végétarien (390/435 ₹).

Hemis

350 HABITANTS / ALTITUDE 3 670 M

À la différence de la plupart des monastères du Ladakh, le **gompa d'Hemis** (100 ₹ ; ⏲8h-13h et 14h-18h) s'élève discrètement dans une vallée adossée à une falaise plutôt qu'en haut d'un promontoire, mais c'est sans doute le monastère bouddhique le plus célèbre du Ladakh. Centre spirituel du courant bouddhique Drukpa dans la région, il date du XVIIe siècle. La cour centrale et les bâtiments du temple principal arborent des couleurs vives, le **musée** (gratuit avec le billet d'entrée au monastère ; ⏲8h-13h et 14h-18h mi-avr à mi-oct) est fascinant et, en poussant plus haut, on peut découvrir de nombreux sanctuaires à l'atmosphère mystique.

Pour échapper aux hordes de touristes, faites une promenade derrière la nouvelle école en empruntant un joli sentier bordant un cours d'eau. Montez ensuite l'escalier

L'INSAISISSABLE LÉOPARD DES NEIGES

Beaucoup en parlent mais peu l'ont vu : le léopard des neiges est l'un des mammifères les plus emblématiques du Ladakh. Il en resterait moins de 300, peut-être seulement 100. Les hôteliers se remémorent encore un photographe américain qui passa un été entier à parcourir les montagnes de long en large, espérant en vain prendre un seul cliché de l'animal – il avait choisi la mauvaise saison. C'est en février-mars que ces grands félins traquent leurs proies (le bouquetin et le bharal) jusque dans les basses altitudes, et que la neige rend leurs traces plus visibles.

Des campagnes relativement efficaces ont été menées ces dernières décennies pour sauvegarder l'animal et son écosystème, convainquant les villageois que les léopards peuvent être une bénédiction plutôt qu'une menace pour leur vie. Cela a consisté, en partie, à encourager l'accueil des observateurs de léopards en chambres chez l'habitant dans des villages tels que **Rumbak** (p. 247) (1 500 ₹ ; **permis pour l'Hemis National Park** (p. 247) exigé), Phyang, Uley (à 9 km de **Yangthang**) et la région de Rong (entre Upshi et le Tso Moriri). Des agences comme la **Ladakhi Women's Travel Company** (p. 231) et **Hidden North** (p. 231), entre autres, organisent de tels circuits.

Le **bureau de la Snow Leopard Conservancy** (carte p. 230 ; ☎01982-257953 ; snowleopardconservancy.org ; Leopard Lane, Leh ; ⏲16h ven ou sur rdv) projette un documentaire sur ce sujet le vendredi après-midi ; évitez de venir à d'autres horaires sans rdv car le personnel est très occupé.

en béton jusqu'à l'**ermitage de Gotsang** (⏲aube-crépuscule), avec ses deux beaux temples principaux ainsi qu'une grotte où médita le maître tantrique Gyalwang Gotsang (1189-1258). Aussi appelé Golsangapa, ce lama tibétain cartographia le sentier de pèlerinage autour du mont Kailash, et est l'ancêtre de la lignée bouddhiste Drukpa du Ladakh. Comptez près d'une heure pour monter et moitié moins pour redescendre.

Près du monastère principal, le petit village intemporel d'**Hemis** vaut également le détour, avec ses ruelles étroites bordées de maisons blotties les unes contre les autres.

Toujours populaire, la **fête de Tse-Chu** (gompa d'Hemis ; ⏲juil) accueille chaque année pendant 3 jours des danseurs déguisés qui narrent la vie de Padmasambhava.

Vous pouvez rejoindre Karu en taxi collectif depuis Choglamsar (50 ₹). Hemis est à 7 km de Karu en haut d'une route sinueuse (aller simple/aller-retour en taxi 300/500 ₹).

Chemrey et Takthog

6 920 HABITANTS / ALTITUDE 3 660 M

Moins prisé par les touristes que celui de Thiksey mais tout aussi spectaculaire, le **gompa de Thekchhok** (monastère de Chemrey ; route de Karu-Pangong, Km 7,3 ; musée 50 ₹ ; ⏲musée 8h30-13h et 14h-18h, festival nov) est juché en haut d'une colline dominant des champs d'orge ondulants. C'est un paysage ladakhi digne d'une carte postale. À 3 km plus au nord, à la troisième et dernière intersection (au Km 10,4), une route mène à un col, le Wari La, en passant par **Sakti**, un charmant village de rizières en terrasses, de prairies détrempées et de murs de pierre. La route longe les pierres éboulées des **ruines de la forteresse de Sakti** (Km 1,5, Wari La Rd, Sakti) GRATUIT ainsi que plusieurs monuments bouddhiques, dont le plus connu est le **gompa de Takthog (Dakthok)** (Km 4,6, Wari La Rd, Sakti ; don apprécié ; ⏲festival juil).

La charmante pension **Solpon** (☎9906304067 ; Km 2,3, Wari La Rd ; 800 ₹/pers en demi-pension ; 📶🌿), à 2 km du *gompa* de Takthog, jouit d'une superbe vue sur le château de Sakti, tandis que le meilleur hôtel du secteur est la **Sakti Villa** (☎01982-251063 ; www.saktivilla.com ; Km 4,3, Wari La Rd ; s/d 2 600/2 900 ₹), situé 300 m avant le *gompa* de Takthog.

La route Karu-Pangong passe non loin de Chemrey et Takthog, dont la visite s'ajoute généralement aux excursions de deux jours pour le Pangong. Vous pouvez aussi visiter ces deux monastères au cours d'une excursion d'une journée en taxi depuis Leh (aller-retour environ 2 500 ₹).

Vallée de la Markha et Rumbak

L'itinéraire de trek le plus apprécié du Ladakh suit un parcours relativement simple au paysage somptueux à travers des villages intemporels dans la vallée de la Markha,

DE LEH À MANALI

Aussi magnifique qu'épuisant, cet itinéraire vous laissera un souvenir inoubliable. D'Upshi à Keylong, vous franchirez quatre cols à plus de 4 900 m, puis l'imprévisible Rohtang La, avant d'arriver à Manali (p. 310). Bien que la route soit, en principe, ouverte de juin à fin septembre, elle peut être fermée plusieurs jours (voire des semaines) en cas de chutes de neige ou de glissements de terrain. **BCM** (www.bcmtouring.com), **LAHDC** (leh.nic.in) et **High Road** (vistet.wordpress.com) publient des rapports sur l'état de la route.

Transports

BUS ET MINIBUS

L'option la moins chère consiste à monter dans un bus HRTC pour Keylong à 5h (540 ₹, 14 heures), puis à prendre une correspondance. Achetez votre billet auprès du second du conducteur la veille, dans la soirée ; le bus devrait passer vers 19h (guettez la plaque d'immatriculation HP).

Légèrement plus confortables, les bus **HPTDC** (carte p. 226 ; ☎9418691215, 9906229196 ; Fort Rd ; ⏲10h-13h30 et 14h30-19h, juil-début sept) partent tous les deux jours en juillet et en août (2 700 ₹, 2 jours), avec quelques trajets supplémentaires début septembre. Départ à 5h en face de l'**office du tourisme** (carte p. 226 ; Ibex Rd). Réservez à l'étage, dans la petite agence située à côté de Wet'n'Wild (p. 229). Le tarif comprend une nuit en dortoir basique à Keylong, un petit-déjeuner et un dîner.

Sans arrêt, les minibus *tempo* (11 places) partent vers 1h (15-21 heures). Le billet coûte 2 000 ₹ via une agence ou 1 800 ₹ en passant par le **Ladakh Maxicab Union** (carte p. 230 ; ☎01982-253192). Réservez 48 heures à l'avance pour obtenir une place correcte et vérifiez bien le lieu du départ, souvent à la station de taxis de Zangsti (p. 241). Le trajet sera bien plus rapide une fois le tunnel de Rohtang ouvert, avec un peu de chance en 2018.

JEEP

Depuis la station de taxis partagés longue distance (p. 239), des jeeps immatriculées HP vont à Manali (2 000/2 500/3 000 ₹ siège arrière/milieu/avant) ; elles partent en général entre 16h et 18h. Les conducteurs sont parfois pressés de partir, vous pourrez donc parfois louer tout le véhicule pour un tarif bien inférieur à l'officiel (à partir de 19 500 ₹ ; comprenant une halte pour la nuit).

VOITURE ET MOTO

Entre Karu et Tandi (à 8 km au sud de Keylong), il n'y a pas une seule station-service sur 365 km. En allant vers le nord, vous devrez avoir un permis pour franchir le Rohtang La (voir l'encadré p. 345), et le mardi après 18h, les véhicules privés n'ont pas l'autorisation de circuler après Gulaba en direction du col. Pas de restriction pour circuler dans l'autre sens.

Où s'arrêter pour la nuit ?

Le trajet Leh-Manali peut durer 15 à 22 heures. Passer la nuit à **Sarchu** permet de diviser le trajet en deux sections à peu près égales, mais l'altitude peut être source de problèmes (dans le sens sud-nord, vous ne serez probablement pas acclimaté). Notez qu'il existe en fait deux "Sarchu" : une bande de 500 m de cafés bon marché installés dans de laides cabanes en tôle juste au nord du pont au Km 222, et une douzaine de campements de tentes avec lits disséminés pour la plupart entre le Km 214 et le Km 217,4 sur un beau plateau en hauteur près de la rivière. Un groupe de cabanes en tôle se trouve également au niveau du Km 205,8.

Keylong, **Jispa** (Km 138-139) et **Gemur** (Km 134) offrent des hébergements plus confortables à des altitudes moins élevées, mais le trajet Leh-Keylong est très long.

Pour aller de Leh à Manali en 3 jours, vous pouvez faire escale à Pang (Km 298) puis à Keylong. Pang est à 4 634 m d'altitude, et les voyageurs non acclimatés souffrant du mal des montagnes devront peut-être respirer l'oxygène disponible gratuitement au camp militaire. À Pang, les cafés sous tente et les chambres des auberges de jeunesse sont très basiques.

Vous rencontrerez aussi des cafés sous tente isolés à Debring (Km 343 et Km 340), Whisky Nallah (Km 270), Bharatpur (Km 197), Zingzingbar (Km 174) et au Darcha Bridge (Km 143). Vers le milieu de l'été, il y a aussi une tente au Taglang La.

vierge de toute route, avant de franchir le Kongmaru La (5 260 m). Le nombre élevé de pensions vous évitera de devoir transporter beaucoup d'équipement ou de provisions. L'expérience est plus complète avec un guide, mais est tout à fait réalisable en solo avec une bonne carte et un sens correct de l'orientation.

Le trek classique entre Chilling et Shang Sumdo dure généralement 4 à 5 jours. Des taxis attendent à Shang Sumdo pour vous reconduire à Leh (2 500 ₹/voiture ou 600 ₹/pers).

Yurutse, Rumbak et toute la vallée de la Markha font partie de l'**Hemis National Park** (journée 20 ₹/personne), dont le modeste droit d'entrée est généralement payé à Chilling, **Shang Sumdo** ou au **Trekking Point de Stok**.

Une paire de rechanges de sandales à brides vous sera utile pour traverser les gués, où l'eau vous arrivera parfois au-dessus de la cheville. Actuellement, il n'existe que deux passages de ce genre (de chaque côté de la Markha) mais peut-être seront-ils franchis par des ponts quand vous lirez ce guide.

Depuis la nacelle suspendue permettant de passer la rivière à 4 km au sud de **Chilling** (Nimmu-Nerak Rd, Km 28), les randonneurs relativement aguerris devraient atteindre Shang Sumdo en 4 jours. Cela s'entend, en marchant 7 heures par jour et en passant la nuit à Sara ou à Nakdeng, puis à Hankar et Nimaling. Si vous préférez effectuer le trek en plusieurs petites parties, prévoyez 5 à 6 jours et faites plutôt escale à Skiu ou à Kaya puis à Markha, à Umlung ou à Hankar, et enfin à Nimaling ainsi qu'éventuellement à Chokdo pour couper la longue descente le dernier jour.

Depuis Chilling/Kaya, et jusqu'à Hankar, vous verrez des villages apparaître au milieu de verdoyants champs d'orge toutes les 2 ou 3 heures, offrant un contraste très photogénique avec le relief hérissé et désolé alentour. Parmi les hauts lieux de la région figurent le minuscule **gompa de Tacha**, à 25 minutes d'Umlung (Umblung), et la forteresse en ruine d'Hankar, deux sites bénéficiant d'un emplacement improbable au sommet de crêtes acérées.

Avec ses pentes modestes durant les 2 premiers jours, le trek de la Markha permet de s'habituer doucement à l'altitude. Pour autant, ne vous lancez pas dès votre arrivée dans le Ladakh.

Actuellement, toutes les pensions coûtent 1 000 ₹ par personne avec petit-déjeuner, dîner et pique-nique fourni le midi. Il n'y a pas de village à Nimaling, mais un campement de tentes prémontées (vêtements chauds impératifs) pour 1 200 ₹ par personne, repas compris.

Si vous êtes bien préacclimaté, vous pouvez ajouter 2 ou 3 belles journées en partant de Zingchen (1 650 ₹ en taxi depuis Leh, avec pension et campement). En 3 ou 4 heures de marche, vous atteindrez l'unique pension de Yurutse, très isolée ; si vous n'y trouvez pas de place, vous devrez sans doute rebrousser chemin jusqu'à Rumbak. Le lendemain matin, partez tôt ; traversez le Ganda La (4 920 m) et descendez jusqu'à la petite localité de Shingo (6 à 7 heures), qui compte 3 pensions.

Rumbak — VILLAGE

L'ensemble architectural du vieux centre compact de Rumbak en fait l'un des plus jolis villages dépourvus de route du Ladakh. Au loin, une belle montagne dentelée complète le paysage. À moins de 3 heures de marche de Zingchen (et facilement accessible en taxi depuis Leh), Rumbak (tout comme Yurutse) est une bonne escapade à un ou deux jours de marche de la capitale, et 9 familles y tiennent des pensions.

En mars, Rumbak est un point de départ apprécié des treks pour observer les léopards des neiges. En été, vous pourrez faire la randonnée jusqu'à Stok, en 7 à 8 heures éreintantes, en empruntant le Stok La (Namling La), col à 4 900 m : tournez à gauche et descendez au niveau du deuxième petit col. Si le col est embrumé, ne tentez pas de le franchir sans un guide. Vous pouvez aussi séjourner à Rumbak avant de vous lancer à l'assaut des 6 121 m du Stok Kangri, ou pour emprunter une variante plus longue du trek de la Markha.

Randonnée d'une journée à Rumbak et Yurutse — RANDONNÉE

Pour une belle randonnée d'une journée, réservez un aller-retour en taxi pour **Zingchen** (Jingchan) (environ 3 000 ₹ pour 6 personnes maximum), départ à 7h et retour à 17h30. Parcourez une jolie vallée où coule une rivière pendant 3 heures 30 à 4 heures jusqu'au mystérieux village de **Yurutse** et son unique maison ; sous une tente à mi-chemin est servi un petit-déjeuner à base de nouilles Maggi. Au retour, traversez le magnifique et vieux village de Rumbak (1 heure 15) en prenant un sentier qui offre un raccourci ainsi qu'une superbe vue. Goûtez éventuellement à la *chhang* (bière typique) dans une habitation traditionnelle avant de revenir tranquillement à Zingchen.

Même s'il monte sans cesse, le chemin jusqu'à Yurutse n'est jamais très escarpé et ne comporte aucun col d'altitude. Le sentier est facile à suivre, hormis à un endroit juste après la tente : suivez surtout la rive gauche (dans les faits filez sur la droite) jusqu'à la vallée latérale voisine, où vous pourrez traverser la rivière principale sur un "pont" formé par deux troncs d'arbres. En face de la vallée latérale suivante, restez sur la droite et prenez le sentier qui monte (plutôt que celui qui longe la rivière) pour grimper à Yurutse.

Au retour, vous ne pourrez manquer le chemin vers Rumbak, qui se dessine sur le flanc de la colline juste après la traversée du pont à deux troncs.

Les accueillantes familles de Yurutse et de Rumbak servent du thé aux visiteurs, mais ce n'est évidemment pas gratuit.

Vallée de la Nubra

☎ 01980

Les vallées encaissées de la Shayok et de la Nubra déploient un paysage fabuleux de villages verdoyants édifiés sur des versants pierreux, entourés de champs de rochers et de montagnes arides. On y trouve des dunes de sable, des monastères, un palais en ruine et – à Turtuk et Bogdang – une culture résolument différente (celle des Balti). Permis requis pour les étrangers.

ℹ Depuis/vers la vallée de la Nubra

La majorité des visiteurs explorent la vallée de la Nubra en excursion en jeep depuis Leh. Il existe de nombreuses variantes. Le retour en 2 jours via Leh-Diskit-Hunder coûte à partir de 7 800 ₹ par véhicule. Une journée est trop courte pour vraiment profiter de l'expérience. Le retour en 3 jours par Leh-Turtuk coûte 13 872 ₹. Comptez environ 1 500/2 500 ₹ de supplément pour ajouter Sumur/Panamik à votre itinéraire.

Sinon, si vous possédez un permis pour la Nubra, vous pouvez aisément prendre une jeep collective jusqu'à Diskit, d'où vous pourrez organiser une excursion depuis la station de taxis ou rejoindre Turtuk en bus (tlj sauf dimanche). Il est possible de visiter Hunder en revenant de Turtuk, en prenant un taxi bon marché pour rentrer à Diskit après avoir fini d'explorer.

La plupart des visiteurs entrent dans la Nubra par le Khardung La, mais une étroite route à travers le reculé Wari La a été améliorée et offre une autre possibilité d'itinéraire retour, via Agham et Shakti/Takthog.

De Leh à Diskit

La route de la Nubra monte en lacets pendant 1 heure 30, parmi des montagnes rocailleuses et désolées, jusqu'au **Khardung La** (Leh-Diskit Rd ; Km 39), que certains désignent comme le plus haut col du monde accessible par route (5 602 m). En redescendant, guettez les marmottes et les *dzo* (une espèce entre le yak et la vache) autour du charmant étang assez curieusement appelé **Tsolding Buddha Park** (Leh-Diskit Rd ; Km 50,5). Les permis et les passeports sont contrôlés à des postes militaires aux Km 24 et 53. Après le village de **Khardung** (du Km 71 au Km 72), le paysage prend des allures majestueuses rappelant le Grand Canyon. Au Km 86, admirez la vue splendide sur la vallée de la Shayok, avec les champs verdoyants du village de **Tsati** en contrebas se confondant avec les sables gris de la rivière. **Khalsar** (Km 95) fut ravagée en 2015 par des inondations mais compte toujours quelques petits restaurants ; l'un d'eux, 2 km après Khalsar, propose une activité gratuite de tir à l'arc et diverses descentes en **rafting** (☎9419300811, 9818983983 ; rsrkhalsar@gmail.com ; Khalsar-Diskit Rd, Km 3,5 ; 800-1 800 ₹/pers ; ⏲mai à mi-sept) sur la Shayok. Près de 10 km après Khalsar, la plaine fluviale présente plusieurs petites dunes de sable que vous pourrez parcourir en **quad** (☎9419834983 ; Leh-Diskit Rd, Km 103,5, dunes de sable de Khalsar ; 1 200 ₹ ; ⏲7h30-19h mai-sept).

Diskit

1 850 HABITANTS / ALTITUDE 3 125 M

Diskit est organisé autour d'une rue animée ponctuée d'un bazar, qui descend de la seule station de bus/taxis du secteur, perpendiculairement à la route Leh-Turtuk. En bas du bazar, prenez à droite après la Spangla Guesthouse pour découvrir un Diskit nettement plus plaisant : une ruelle longue de 1,5 km mène à la partie ancienne du village qui abrite des stupas, un grand mur de *mani* et une vieille demeure ladakhie en ruine. Après le croisement de la ruelle d'"Old Diskit" et de la route principale Leh-Hunder, des virages montent en épingles à cheveux sur 2 km jusqu'au splendide **gompa de Diskit** (Ganden Tashi Chosling Gompa ; 30 ₹ ; ⏲7h-19h) en passant devant une **statue de Chamba** (Bouddha Maitreya) (Diskit Gompa Rd) gigantesque (32 m) et haute en couleur, sur une colline intermédiaire.

Dans le quartier du bazar, des six adresses correctes, c'est le **Sand Dune Hotel**

(☎01980-220022, 9419568208 ; ch standard/supérieure 1 200/2 000 ₹, s/d sans sdb 400/500 ₹) qui possède le plus joli jardin. Pour vous loger à petit prix, allez de l'autre côté de la ville, non loin du pied du chemin d'accès au *gompa* : essayez les chambres à l'étage de la **Kharyok Deluxe Guest House** (☎9469176131, 01980-220050, 9419538846 ; kharyokguesthouse@gmail.com ; rocade de Diskit ; ch rdc/ét. 600/800 ₹ ; P 📶) près de la rivière, ou celles plus récentes et de valeur sûre de la **Sunrise Guest House** (☎01980-220011, 9469261853 ; sunrise.guest66@gmail.com ; Old Diskit ; s/d 500/600 ₹, d/tr sans sdb 300/350 ₹ ; ⌚mai-sept). Il existe plusieurs autres hébergements entre les deux.

ℹ Depuis/vers Diskit

Des jeeps collectives à destination de Leh (400 ₹, 4 heures 30) partent quand elles sont pleines depuis la gare routière de Diskit entre 6h45 et 9h environ. L'après-midi, des minibus surchargés desservent aussi pratiquement tous les grands villages de la Nubra (y compris Panamik à 15h et Turtuk à 14h30, sauf dim) et reviennent tôt le matin.

Pour les trajets en jeep privée, renseignez-vous à la **Nubra Taxi Union** (☎9469727786, 01980-220339 ; ⌚7h-18h). Quelques tarifs :

Gompa de Diskit 200 ₹ aller-retour

Hunder direct/via le point de départ des chameaux 300/400 ₹

Tegar et Sumur 2 000 ₹ aller-retour

Turtuk 3 474/4 517 ₹ aller simple/aller-retour

Spangmik (Pangong Tso) via Agham 8 900 ₹

Ce dernier itinéraire est très sujet aux glissements de terrain et comporte de grands gués (aux Km 20,6, Km 25,5 et Km 28,3 depuis Agham) dont la traversée peut s'avérer très difficile l'après-midi en été ; partez donc tôt le matin.

Hunder

1 240 HABITANTS / ALTITUDE 3 085 M

Perdu dans la végétation et adossé aux hautes falaises de la vallée, le village d'Hunder est de loin le principal attrait de la Nubra pour les touristes indiens, qui s'installent dans des campements et pensions relativement confortables avant de passer la fin d'après-midi à dos de **chameau de Bactriane** (dunes de sable d'Hunder ; pour 15 min/1 heure 200/600 ₹ ; ⌚mai-sept) sur des dunes de sable se prêtant à de belles photographies. Les balades à dos de chameaux partent à presque 3 km d'Old Hunder, où les **ruines d'un petit fort** se tiennent en équilibre sur une crête au-dessus de la route principale, près du modeste **gompa** (⌚6h-8h) et d'un ensemble fascinant de murs de *mani*, de stupas et de petits sanctuaires.

Les randonneurs étrangers qui n'aspirent pas au confort, par ailleurs relatif,

PERMIS POUR LE LADAKH

Pour visiter la vallée de la Nubra, le Pangong Tso, le Dha Hanu, le Tso Moriri et la vallée supérieure de l'Indus (au-delà d'Upshi), les étrangers doivent être munis d'un permis (pour les citoyens indiens, un formulaire de déclaration suffit). Les demandes sont à déposer auprès d'une agence de voyages agréée, même si en 2016 il était possible d'effectuer les démarches préliminaires en ligne. Petit problème, pour les voyageurs en solo, le formulaire doit être rempli pour au moins deux personnes, mais les agences peuvent généralement s'arranger et une fois le permis obtenu, il semble – pour l'instant au moins – tout à fait accepté de voyager seul.

Les demandes doivent être enregistrées avant 18h (ou 16h dim) pour être valides dès le lendemain, mais mieux vaut anticiper de quelques jours. Avant le départ, il est judicieux de faire plusieurs copies de votre permis.

Les permis ont une validité de 7 jours maximum. En sus du tarif de l'agence (150-200 ₹ en général), le prix comporte 3 éléments : 100 ₹ de contribution à la Croix-Rouge ; 20 ₹ par jour de "taxe pour les animaux" (sauf pour les permis pour le Dha Hanu) ; et 300 ₹ de taxe écologique. La taxe écologique est valide pendant 1 an, vous n'aurez donc pas à la payer une seconde fois si vous demandez un autre permis, tout du moins si vous en faites la demande auprès de la même agence.

Les étrangers n'ont généralement pas le droit de visiter le village d'Hanle, ni de conduire sur la route entre le lac Pangong et leTso Moriri via Chushul, Loma et Mahe. Pour les citoyens indiens, cela semble variable d'une année sur l'autre ; au moment de la rédaction de ce guide, les permis pour Hanle étaient délivrés sans trop de difficultés par le **DCO** (Deputy Commissioner's Office ; carte p. 226 ; terrain de Polo ; ⌚10h-15h lun-sam) à Leh en moins d'une heure.

des hébergements d'Hunder, optent de plus en plus pour Turtuk, moins commercial, ou visitent Hunder depuis Diskit, situé non loin de là et mieux desservi par les transports.

Niché dans un joli cadre semi-rural, Hunder offre en termes d'hébergement une vingtaine de pensions avec jardin, une poignée "d'hôtels" un peu plus grands, un complexe de bungalows et une douzaine de campings "de luxe". Ces derniers affichent pour la plupart des tarifs excessifs, mais **The Kora** (9469517223, 01980-221339 ; www.thekora.in ; Umbey Rd ; d tente 2 000 ₹, en pension complète 3 000 ₹ ; mai-sept ; P), un "glamping" (camping glamour), offre un bon rapport qualité/prix. Il est généralement possible de trouver un hébergement sur place sans réservation préalable si vous n'êtes pas difficile, mais en haute saison vous devrez peut-être chercher un peu.

La plupart des pensions d'Hunder coûtent 1 000-1 500 ₹ par nuit, comme l'agréable **Goba Guest House** (01980-221083, 9419827912 ; chkkhadka2805@gmail.com ; d 1000-1200 ₹ ; avr-sept). Peu sont sous la barre des 600 ₹, mais l'**Himalayan Guest House** (01980-221131, Ghulam 9469177470 ; d/tr à partir de 600/800 ₹, s/d/tr sans sdb 400/450/500 ₹ ; avr-oct) de Gulam (à ne pas confondre avec l'Himalayan Eco Resort), au personnel très serviable, reste une bonne adresse pour les randonneurs. La petite pension familiale **Galaxy Guest House** (01980-221054, 9419585450 ; dort/d/qua 300/1 000/1 200 ₹, demi-pension 500/1 500/2 000 ₹ ; avr-nov ; P) possède un dortoir de quatre lits ainsi que des chambres très propres avec sdb, d'un bon rapport qualité/prix.

Turtuk

3 750 HABITANTS / ALTITUDE 2 790 M

Abstraction faite de quelques installations militaires, la tumultueuse vallée de la Shayok, entre Hunder et Turtuk, aligne 80 km de beaux paysages. Ce majestueux bassin minéral se fait plus étroit à proximité du hameau de **Changmar**, qui marque la limite occidentale de la culture ladakhie-bouddhique. À partir de là, les rares agglomérations verdoyantes relèvent de la sphère culturelle et linguistique des Balti musulmans. Les villages de Turtuk et de **Bogdang** (moins visité) consistent en des mosaïques de champs et de maisons en terrasses dominant la route principale. En été, on voit les habitants circuler entre les abricotiers, le dos chargé d'énormes corbeilles d'orge. De la partie supérieure du village, la vue sur les sommets dentelés du Pakistan, dont la frontière n'est qu'à 7 km, est mémorable. Turtuk a d'ailleurs fait partie du Pakistan jusqu'à la guerre de 1971. Notez que les autorités françaises déconseillaient formellement l'accès aux zones frontalières avec le Pakistan lors de nos recherches. Consultez les conseils aux voyageurs mis en ligne par les autorités de votre pays (voir p. 806).

Notez que si pour de nombreux voyageurs Turtuk est un incontournable du Ladakh, pour d'autres sa simplicité ne justifie pas le long trajet pour s'y rendre.

Le village est composé de trois parties distinctes. La route principale traverse la partie basse appelée Turtuk Chutang. La plupart des pensions et maisons occupent la jolie partie du village sur le plateau supérieur, qui est divisé par un affluent en Turtuk Youl, plus ancien, et Turtuk Farol, plus ouvert et plus verdoyant. Ces deux parties supérieures sont reliées par un pont suspendu pour les piétons.

Le plus grand plaisir consiste simplement à regarder la vie villageoise de Turtuk et à se promener entre les superbes promontoires couronnés de champs. Les anciennes maisons de Turtuk Youl connaissent une rénovation rapide, mais beaucoup possèdent encore des "refroidisseurs" – de petites constructions en blocs de pierres qui conduisent un air glacial pour servir de réfrigérateurs naturels.

L'**ancienne mosquée** de la ville (Turtuk Youl) se distingue par son minaret en bois avec un escalier en colimaçon, et le raja vit toujours dans son modeste **Pon Khar** (Yabgo Royal House ; 01980-248114 ; Turtuk Youl ; don à l'entrée ; 19h-21h30, horaires variables), "palais" de petite taille où l'unique salle du musée retrace la grandeur passée de la dynastie royale.

Si vous désirez prolonger la randonnée, vous pouvez laisser vos pas vous porter jusqu'au petit monastère bouddhique à l'extrémité de Turtuk Farol côté Bogdang.

Où se loger et se restaurer

La plus belle vue est à admirer depuis Turtuk Farol, où les voyageurs plébiscitent de longue date la **Kharmang Guest House** (9596476308, 9469006200, 01980-248104 ; www.kharmangguesthouse.yolasite.com ; Turtuk Farol ; d en demi-pension été/hiver 1 800/3 000 ₹, ch sans sdb 400-700 ₹/pers). La **Khan Guest House** (9469232578, 01980-248130 ; Turtuk Farol ; ch en demi-pension 500 ₹/pers) est aussi joliment située, tandis que la défraîchie

Kashmiri Homestay (☎01980-248117 ; Turtuk Farol ; ch en demi-pension 300 ₹/pers) propose les lits les moins chers de Turtuk. Dans la rue principale, **Ashoor Guest House** (☎9419800776, 01980-248153 ; ashoor.turtuk@yahoo.com ; Main Rd, Turtuk Chutang ; ch 700-1 200 ₹, sans sdb à partir de 600 ₹ ; ⊙avr-oct ; P) offre un excellent rapport qualité/prix, et **Turtuk Holiday Camp** (☎9906993123 ; www.turtuk.com ; Main Rd, Turtuk ; d tente en demi-pension à partir de 4 550 ₹ ; ⊙avr-oct ; P), un camping dans un jardin, est en train de construire un véritable hôtel.

Balti Farm (☎01980-248103 ; www.turtuk.com ; Turtuk Holiday, Main Rd, Turtuk ; plats 200 ₹ ; ⊙8h-22h), membre de Turtuk Holiday, propose une cuisine balti avec une approche créative, à déguster à des tables à l'intérieur ou dans le jardin. **Ashoor Restaurant** (Main Rd, Turtuk Chutang ; plats 80-200 ₹, riz 90 ₹ ; ⊙7h30-23h ;) ferme tard et sert un choix surprenant de délicieux curries végétariens. La plupart des autres "restaurants" n'offrent guère plus que du *chow mein* (nouilles chinoises) ou des nouilles instantanées Maggi. Si cela vous convient, ou que vous avez simplement envie de siroter un thé à la menthe en écoutant le ruissellement de la rivière, le **Friends' Cafe** (Turtuk Farol ; plats 100 ₹, thé 20 ₹ ; ⊙7h-21h mai-sept) est une adresse conviviale.

ℹ Depuis/vers Turtuk

Munissez-vous de plusieurs photocopies de votre permis.

Des jeeps collectives (200 ₹, 3 heures) et des minibus surchargés (100 ₹, 4 heures) quittent Turtuk à 6h pour Diskit (retour 14h30, sauf dim), via une route assez bien goudronnée. Le samedi matin, un bus quitte Leh à 6h en direction de Turtuk (370 ₹, 10-11 heures), et revient à Leh à 6h le lendemain matin.

Sumur, Tegar et Panamik

3 240 HABITANTS / ALTITUDE 3 130 M

Si vous avez votre propre véhicule, Sumur et Tegar, deux villages tranquilles à l'ombre des vergers, constituent de bonnes bases pour explorer la Nubra. Tout comme Hunder, son homologue plus fréquenté, **Sumur** possède ses propres dunes de sable avec la possibilité de faire de courtes **balades à dos de chameau** (Khalsar-Panamik Rd, Km 22 ; 200 ₹/15 min ; ⊙mai-sept). N'attendez pas grand-chose de **Panamik** (Km 44), dont les sources chaudes parfois vantées sont au demeurant très décevantes. Le village de **Tegar** (Tigre) est bien plus intéressant, avec le **Zimskang Museum** (don à l'entrée 50 ₹ ; ⊙sur demande, le soir de préférence) occupant une demeure historique non signalée accessible par un sentier bordé de *chorten* et d'un mur de *mani* partant de l'ancien petit *gompa* de Manekhang. Haut perché au sommet d'une colline précaire surplombant le *gompa*, le **palais de Zamskhang** (Khalsar-Panamik Rd, Km 25) se dresse sur 3 étages au-dessus des ruines de l'ancienne citadelle royale de la Nubra (Km 25). Une jolie ruelle escarpée permet de revenir à Sumur en passant par le reconstruit et coloré **gompa de Samstemling** (don à l'entrée ; ⊙6h-12h et 13h30-18h).

Où se loger

AO Guesthouse PENSION $

(☎9469731976, 9469263966 ; Sumur Link Rd ; ch 500-1 000 ₹ ; ⊙mai-oct). Cette adresse sympathique possède un joli jardin clos, une terrasse commune et une belle vue depuis les meilleures chambres à l'étage. Le propriétaire, serviable, a un véhicule si vous avez besoin d'un transfert, et grâce à sa proximité avec le carrefour principal (Km 99,7), la pension est mieux desservie par les transports publics que nombre de ses homologues de Sumur.

Yarab Tso HÔTEL $$

(☎9419977423, 01980-223544 ; www.hotelyarabtso.com ; Main Rd, Km 24,5, Tegar ; d 1 800-2 600 ₹, demi-pension 3 100-4 300 ₹ ; P). De l'extérieur, c'est un impressionnant immeuble de style ladakhi traditionnel assis sur un vaste domaine. À l'intérieur, vous découvrirez un chaleureux salon, mais la décoration des chambres est très variable. Visitez-en quelques-unes avant de faire votre choix (les meilleures sont à l'étage).

ℹ Depuis/vers Sumur, Tegar et Panamik

Les bus pour Diskit partent entre 8h et 8h30 ; retour vers 15h. Un taxi collectif dessert Leh – départ presque quotidien à 7h30.

Pangong Tso

ALTITUDE 4 250 M

Ce lac fascinant, qui s'étend sur 150 km environ (et dont les deux tiers orientaux appartiennent à la Chine) affiche une palette de bleus intenses, qui contraste avec les couleurs minérales des montagnes arides et saupoudrées de neige alentour. Le panorama frappe par son absence totale d'habitations le long d'un rivage aux eaux turquoise pourtant magnifique. Il n'y a pas grand-chose à faire au bord du lac, si ce n'est admirer le paysage sans cesse renouvelé et visiter "Shooting Point", une langue de sable qui apparaît dans le succès bollywoodien *3 Idiots* (2009), de Rajkumar Hirani.

L'expédition en jeep depuis Leh est un bonheur en soi, avec une nature aussi impressionnante que variée : pics dentelés, cours d'eau, prairies hantées de chevaux, étangs aux beaux reflets, sans oublier un col à 5 369 m. La route est longue, prévoyez donc de passer au moins une nuit sur place (idéalement à Spangmik ou à Man, pour reprendre le volant le lendemain matin sur les pistes non goudronnées qui longent le lac jusqu'à Merak et ses airs de bout du monde). Les étrangers doivent avoir un permis (p. 249) et n'ont pas l'autorisation de faire une boucle jusqu'au Tso Moriri via Loma Bend (c'est autorisé pour les Indiens avec un permis pour Chushul).

Où se loger

Spangmik

Spangmik est l'étape la plus prisée des visiteurs. Victime de son succès, ce qui était naguère un joli village compte désormais des dizaines de **campements de tentes** (généralement de 3 000 à 5 600 ₹, à la dernière minute à partir de 1 500 ₹) d'été, qui défigurent les prairies séparées par des murs traditionnels de pierres sèches. Mais il est très facile d'échapper à la foule, surtout si vous séjournez dans l'une des pensions typiques et basiques (généralement 500 ₹ en demi-pension) en haut du village. Notre préférée est **Gongma** (☎9469534270 ; ch en demi-pension 500-600 ₹/pers) qui loue 3 chambres.

En plein cœur de Spangmik, le **Ser Bhum Tso Resort** (☎9419176660, 9469718862 ; serbhumtso@gmail.com ; s/d 3 543/3 665 ₹, en demi-pension 4 130/4 720 ₹ ; ⌚mi-avr à fin-oct), aux tarifs excessifs, est ce qui se rapproche le plus d'un hôtel, avec des couloirs poussiéreux et des baies vitrées battues par les vents, mais avec des chambres comportant de bons lits et des sdb. Un brin plus chic, les bungalows de **Changla Queen** (☎01981-201122, 99419818253 ; changlaqueen17580@gmail.com ; s/d 2 800/3 000 ₹, demi-pension 5 000/3 500 ₹ ; ⌚mars à fin-oct) sentent bon le pin frais et sont luxueusement aménagés, mais restent plutôt isolés en terrain aride, à 3 km à l'ouest.

Man

Labyrinthe de murs en pierres sèches et de ruisseaux, Man est un paisible village. Vous y rencontrerez peut-être le serviable **Naga Nurbu** (☎9469587150 ; ch en demi-pension 500 ₹/pers) qui parle anglais, et qui tient un petit café sous tente et propose une chambre d'hôtes (quatre matelas au sol). Il existe plusieurs autres chambres chez l'habitant sans prétention, comme **Yokma** (ch en demi-pension 500-700 ₹/pers), dont le petit jardin doté de sièges offre une belle vue. À l'autre extrême, les huit pavillons du **Pangong Hermitage** (☎9419863755 ; www.wildexp.com ; d en pension complète 10 000-15 000 ₹ ; ⌚mai-oct) sont d'un luxe inouï pour un endroit si reculé – mais les prix sont raides.

Depuis/vers le Pangong Tso

En été, un bus va de Leh à Spangmik : départ à 6h30 le mardi, jeudi et samedi (270 ₹), retour le lendemain matin à 8h.

Des circuits en jeep d'un/deux jours depuis Leh coûtent 6 811/8 108 ₹ jusqu'à Spangmik, ou 7 867/9 636 ₹ jusqu'à Man et Merak. La route pour Spangmik est goudronnée mais les 10 km jusqu'à Man sont cahoteux. Il est quasiment impossible de gagner Merak l'après-midi en été, quand les cours d'eau impétueux sont infranchissables à gué.

Vous pouvez aussi visiter la Nubra et le Pangong au cours d'une même boucle, en parcourant Leh-Diskit-Pangong-Leh en 3 jours (à partir de 20 476 ₹), mais avant de réserver vérifiez si la route Agham-Shayok, sujette aux glissements de terrain, est bien ouverte.

Boucle du Tso Moriri

ALTITUDE 4 540 M (TSO MORIRI)

L'un des grands lacs magiques du Ladakh, le **Tso Moriri** scintille de reflets toujours changeants sur ses eaux d'un bleu vif. La longue route depuis Leh, bien qu'impressionnante par endroits, est toutefois moins variée et moins photogénique que l'itinéraire pour le Pangong (p. 251).

Le Tso Moriri est relativement épargné par les touristes et vous aurez de bonnes chances de rencontrer des bergers nomades. Le plus simple pour visiter le site est de faire une excursion de 2 ou 3 jours depuis Leh, en passant la nuit à **Korzok**.

Les circuits retournent à Leh en formant une boucle via les petites sources d'eau salée et les geysers de Puga, avant de passer non loin du **Tso Kar**, un grand lac d'eau salée prisé par les ornithologues en quête des insaisissables grues à cou noir. En saison, vous pourrez loger à proximité à **Thukye**, un petit hameau de bergers.

Pour visiter le Tso Moriri et la vallée de l'Indus au-delà d'Upshi, les étrangers doivent posséder au moins 3 copies des permis concernés, délivrés à Leh. Des contrôles ont lieu à Upshi, au Mahe Bridge et à Korzok. Les citoyens indiens doivent être munis de 3 formulaires de déclaration personnelle. Nul besoin de permis pour le Tso Kar si vous arrivez par la route de haute altitude Leh-Manali.

Où se loger et se restaurer

Korzok

Les chambres chez l'habitant, basiques mais correctes, sont la solution la plus avantageuse. Les moins chères comprennent **Rosefinch** (d sans sdb 500-700 ₹) et **Goose** (9469591231 ; tr avec/sans sdb 1 200/700 ₹), mieux située, dont les deux meilleures chambres ont vue sur le lac. Un peu au-dessus en termes de confort, avec des chambres simples comprenant une cabine de douche, vous pourrez loger au **Dolphin** (9419856244, 9906995628 ; d avec/sans sdb 1 500/1 000 ₹) ou au **Crane** (9469534654, 9419673332 ; d 1 500 ₹, en demi-pension 2 000 ₹), ce dernier ayant une belle vue et un hôte parlant anglais.

Les chambres de l'**Hotel Lake View** (9419345362, 9469457025 ; www.tsomoriri-hotellakeview.com ; Korzok ; s/d 2 992/3 850 ₹ ; mai à mi-oct) sont agréablement aménagées ; les espaces communs ont en revanche triste mine.

Korzok compte une demi-douzaine de petits restaurants, dont un "café bio" qui peut remplir vos bouteilles d'eau pour 10 ₹.

Thukye (Tso Kar)

Dominant les zones de reproduction des grues à Thukye, les chambres 107 à 112 du **Tsokar Eco Resort** (Leh 9419643478 ; tsokarresort@yahoo.com ; s/d/tr 2 200/2 850/3 000 ₹, s/d sans sdb 1 600/1 800 ₹) aux allures de motel sont les seules chambres avec sdb du secteur, quoique juste à côté le **Lotus Camp** (9419819078 ; chotsering100@yahoo.com ; d en demi-pension 4 650 ₹ ; juin à mi-sept) propose des tentes avec lits et sdb, de même que la **Tsepal Guest House** (9419851995 ; tente/ch 1 500/1 000 ₹ ; juin-sept), moins chère et plus simple, qui ne compte que deux tentes.

Depuis/vers le Tso Moriri

À moins que vous soyez prêt à attendre le bus public de Korzok qui ne passe que 3 fois par mois, le seul moyen de gagner le Tso Moriri est d'emprunter une jeep privée depuis Leh, où les étrangers doivent faire une demande de permis. Vous pouvez ensuite poursuivre votre périple en continuant à pied jusqu'à Kibber dans la vallée de la Spiti (Himachal Pradesh ; 1 semaine avec passage d'un col à 5 500 m, et de la marche sur le glacier) ou en voiture jusqu'à Manali (3 jours/2 nuits).

Un circuit de 2 jours, comprenant la boucle Leh-Korzok-Thukye, puis le retour à Leh via le Taglang La, revient à 12 890/14 283 ₹ en jeep Sumo/Innova. Pour une excursion de 3 jours, en suivant le même trajet aller, puis en poursuivant au sud vers Keylong et Manali, comptez au moins 22 347/26 223 ₹.

De Leh à Kargil

Les abords de la route Leh-Srinagar ne manquent pas de sites intéressants. Il vous faudra un véhicule pour effectuer la plupart des petits détours, par exemple jusqu'à Basgo, Likir et Alchi. Les haltes les plus populaires de ce trajet sont Mulbekh (pour son château et son ancienne statue sculptée de Bouddha) et le village de Lamayuru, qui comporte un monastère mémorable et de curieuses formations "lunaires" causées par l'érosion. Si vous n'êtes pas pressé, n'hésitez pas à faire des excursions dans les canyons vers Chilling (30 km) et/ou Wanla-Honupatta.

Les liaisons par les transports publics peuvent poser problème. En dehors des services Leh-Kargil et Leh-Srinagar, les seules options pour aller vers l'ouest depuis Khalsi sont les bus entre Leh et Dha (tous les jours), Leh et Lamayuru (en été uniquement), et les 4 départs hebdomadaires pour Chiktan et Fokha. Lamayuru et Khalsi comptent bien quelques taxis, mais encore faut-il les repérer. Un bus fait aussi la liaison quotidienne Khalsi-Wanla.

Il est judicieux de constituer un groupe à Leh pour partager une jeep, en prévoyant des excursions au moins jusqu'à Mulbekh ou Shargol, d'où l'on peut prendre le bus pour rallier Kargil.

Phyang

01982 / 2 160 HABITANTS / ALTITUDE 3 580 M

Dans la vallée voisine plus à l'ouest, à 20 km de Leh, le joli village de Phyang est une mosaïque de champs d'orge en terrasses verdoyants, entourés d'arbres. On peut y voir un grand **gompa**, les **ruines d'une forteresse** et un vieux **Guru Lakhang** (Lobsang Chospal 9596834460, Tsering Norboo 9469728179 ; gurulakhang@gmail.com ; don à l'entrée ; sur demande), mais les commerces y sont presque inexistants, et il n'y a ni hôtel ni restaurant. On y vient surtout pour se détendre à l'Hidden North Guest House, mais on trouve aussi plusieurs **chambres à la ferme** (☎01982-226117 ; www.icestupa.org/farmstays ; environ 750 ₹/jour).

♥ **Hidden North Guest House** PENSION $
(☎01982-226007, 9419218055 ; www.hidden-north.com ; Phyang Tsakma ; ch 1 000 ₹, sans sdb 600-800 ₹ ; ⌚mai-sept ou sur réservation ; P 📶). Un refuge délicieusement décontracté fondé par une jeune famille italo-ladakhie, d'où l'on jouit d'une vue panoramique sur des pics montagneux et l'imposant *gompa* restauré de Phyang au-delà d'un grand jardin en terrasses. Des repas, des treks guidés et des excursions pour **observer les animaux** (⌚fév-mars) sont proposés. Eau filtrée gratuite. Wi-Fi après 18h.

ℹ Comment s'y rendre et circuler

Depuis Leh, des bus partent à 8h et à 14h30 pour rejoindre les environs du *gompa*. Pour aller à l'Hidden North Guest House, demandez Phyang Tsakma. Un "bus des enseignants" part aussi à 9h. Le samedi à 16h30, un minibus fait le trajet Leh-Murabak et revient le lundi matin à 8h.

Sans véhicule, vous devrez beaucoup marcher pour vous déplacer dans le village. Heureusement, **Hidden North** (ci-dessus) loue quelques VTT pour faciliter les choses.

Nimmu et Chilling

À l'ouest de Phyang, peu après la rencontre de l'Indus et du Zanskar, vous atteindrez le joli village de Nimmu, qui compte plusieurs fermes anciennes et quelques hébergements agréables.

En remontant le Zanskar sur 30 km depuis Nimmu, l'idyllique Chilling est renommé pour ses dinandiers, mais c'est surtout une base de départ pour descendre en rafting (p. 229) jusqu'à Nimmu, ainsi qu'un point de départ pour le trek de la vallée de la Markha (p. 245), lequel démarre par la traversée de la rivière dans une nacelle suspendue, à 4 km au sud de la ville.

Le trajet en voiture dans le canyon de Nimmu à Chilling dure 1 heure 30 et vous serez récompensé par une vue qui dévoile la confluence de l'Indus vert olive et du Zanskar marron boueux. Au premier regard, Chilling semble se limiter à une maison de thé (Km 28,6). Pourtant, le village, installé sur un plateau fertile, est remarquable – on y accède le plus facilement par un chemin discret partant du Km 27,9.

🛏 Où se loger et se restaurer

Nimmu offre un choix étonnant d'hébergements haut de gamme, notamment la Nimmu House, pleine de charme. Bien plus abordables et situées en bordure de route, la **Nilza Guest House** (☎01982-225654, 9622971571 ; raftanimo@gmail.com ; Kargil-Leh Hwy, Km 387,4, Nimmu ; ch 1 200 ₹, sans sdb 600-800 ₹ ; ⌚juin à mi-sept) et le tout aussi correct **Takshos Hotel** (☎01982-225064, 9419815233 ; Leh-Srinagar Hwy, Nimmu ; ch 1 500-2 000 ; ⌚juin-sept ; P 📶) sont d'un bon rapport qualité/prix.

Cinq familles de Chilling proposent des chambres chez l'habitant pour 1 000 ₹ par personne.

♥ **Nimmu House** HÔTEL HISTORIQUE $$$
(☎8826293261 ; ladakh.nimmu-house.com ; sortie NH1, à hauteur du Km 387,6, Nimmu ; s/d en pension complète 10 950/12 100 ₹ ; ⌚fin-avr à fin-sept ; P 📶). 🍃 Fabuleux manoir et palais à trois niveaux, ancienne propriété de cousins de la famille royale du Ladakh. Très confortable, avec des lits à mémoire de forme et un intérieur d'un luxe discret, l'établissement a conservé l'esprit de l'ancien bâtiment, avec de vieux planchers, des colonnes anciennes et plusieurs éléments en l'état comme les salles du sanctuaire où la propriétaire octogénaire se rend le soir pour réciter ses prières.

ℹ Depuis/vers Nimmu et Chilling

Chilling est à 28 km au sud de Nimmu et est desservi par un bus depuis Leh qui part à 9h le dimanche (ainsi que mer en hiver), continue jusqu'au point de départ du trek de la vallée de la Markha et rentre vers 13h l'après-midi même.

Basgo et Ney

1 680 HABITANTS / ALTITUDE 3 650 M

Basgo est une ancienne capitale du Ladakh inférieur, et l'on peut profiter du spectacle saisissant que forment les vestiges de sa **citadelle et de son palais** (Basgo ; 30 ₹/temple) au-dessus de la route NH1. Le détour de 1,6 km jusqu'aux ruines stabilisées en vaut la peine, pour admirer la vue insolite et découvrir à l'intérieur les deux statues médiévales de Maitreya hautes de 2 étages, l'une en bronze, l'autre en argile peinte. En poursuivant la route sur 8 km vers le nord, le village verdoyant de Ney est dominé par la silhouette dorée d'une nouvelle et gigantesque représentation du Bouddha. Elle ferait près de 26 m de haut (en comptant son "piédestal", à 3 niveaux).

Sham (Likir, Yangthang, Hemis Shukpachan et Timishgan)

☎01982

Le "mini trek de Sham" est souvent parcouru comme une randonnée d'échauffement en 3 jours pour s'acclimater. Ses principaux atouts sont l'absence de cols de haute altitude, le grand nombre de chambres chez l'habitant et la possibilité de s'arrêter à tout moment, pour redescendre vers Leh sans désagrément majeur. Les bémols sont le manque d'ombre et la route parallèle, et en partie empruntée, Likir-Yangthang-Hemis Shukpachan, qui ira bientôt jusqu'à Timishgan. Bien qu'il débute généralement à Likir, vous pouvez faire l'impasse sans grande conséquence sur la longue section Likir-Yangthang. En fait, une alternative intéressante consiste à parcourir à pied Timishgan-Hemis Shukpachan-Yangthang puis descendre jusqu'à la NH1 à Uletokpo via le **gompa de Rizong** (7h-13h et 13h30-18h).

À **Likir**, l'**Hotel Lhukhil** (☎9419214715 ; sonam.yasmin@yahoo.com ; s/d 1 530/2 060 ₹, en demi-pension 2 190/2 700 ₹ ; mi-mai à mi-sept ; P) est confortable et accueillant. Le village compte aussi quelques autres adresses bon marché quoique très simples, d'un bon rapport qualité/prix, dans la zone pittoresque près du beau **gompa de Likir** (Upper Likir ; musée 20 ₹ ; 8h-13h et 14h-18h), surveillé par une statue géante de Maitreya, recouverte de peinture dorée et datant du siècle dernier.

Le petit hameau enchanteur de **Yangthang** offre quatre maisons d'hôtes traditionnelles et basiques, avec matelas au sol et repas compris. À **Hemis Shukpachan**, près d'une douzaine de maisons dispersées logent les visiteurs, ainsi qu'une petite pension/campement.

Timishgan, ancienne capitale ladakhie et superbe destination à part entière, ne manque pas de maisons d'hôtes dont plusieurs permettent aussi de planter une tente dans leur jardin. Quant au **Namra Hotel** (☎9419178324, 01982-229033 ; www.namrahotel.com ; Ang Rd ; s/d/ste 2 915/3 465/4 785 ₹, en demi-pension 4 015/4 565/5 885 ₹), c'est une oasis de confort pour les trekkeurs. À 5 km du centre de Timishgan, **Tia** est l'un des plus jolis villages du Ladakh.

Depuis/vers le Sham

Un bus quotidien part de Leh à 13h pour desservir Timishgan et Tia ; retour à 8h. Un jour sur deux, le bus Leh-Hemis Shukpachan suit les mêmes horaires et dessert Likir et Yangthang. Il y a aussi un bus quotidien entre Leh et Likir. Le bus qui part du *gompa* de Likir à destination de Leh part vers 7h30. Si vous souhaitez partir plus tard, descendez jusqu'à la NH1 (à environ 1,5 km du bas de Likir) et montez à bord du bus en provenance de Lamayuru qui passe généralement entre 16h et 17h30 (en été seulement).

Alchi et Saspol

2 380 HABITANTS / ALTITUDE 3 100 M

Le village rural d'Alchi est devenu très touristique dans la région grâce aux fresques uniques et aux sculptures des **temples de Choskhor** (étranger/Indien 50/20 ₹ ; 8h-13h et 14h-18h), célèbres dans le monde entier et fondés au début du XIe siècle par le "grand traducteur" Lotsava Ringchen Zangpo. Le complexe comprend quatre sanctuaires principaux. Ils sont tous petits et discrets depuis l'extérieur, mais leur aménagement et leurs fresques millénaires sont de rares exemples du premier courant de l'art indo-tibétain.

Les férus d'art et d'histoire ne manqueront pas dans la même veine les **grottes voisines de Saspol** (Chamchen Choskhorling ; NH1, Km 371,5) qui arborent aussi des **peintures rupestres** (Gon Nila-Phuk) de l'époque Zangpo gravées dans la falaise sous la forteresse en ruine. Pour échapper à la foule, visitez l'**ensemble de temples** (Manggyu) du Xe siècle de Manggyu, à près de 15 km de l'Alchi Bridge.

Dans la zone des temples, Alchi compte une douzaine d'hébergements, même si plusieurs proposent des chambres sans éclat derrière une façade à la beauté trompeuse. Vous pourrez souvent obtenir des tarifs avantageux sans réservation. Au cœur d'un beau jardin à 800 m du village en direction de Leh, l'accueillante pension **Choskor Guest House** (☎9419826363 ; Alchi ; s 300-500 ₹, d 500-700 ₹ ; P) propose des chambres avec sdb, vieillottes mais correctes, au prix de chambres chez l'habitant. Autre solution : dormir à Saspol, de l'autre côté de la rivière, dans l'une des 3 maisons d'hôtes ; nous recommandons tout particulièrement **Thongyok** (☎9419001904, 9419177523 ; thongyok.guesthouse@gmail.com ; NH1, Km 371,3 ; dort 300 ₹, ch avec/sans sdb 1 500/700 ₹ ; P).

♥ **Alchi Kitchen** LADAKHI $
(☎9419438642 ; alchikitchen@gmail.com ; Alchi ; plats 100-250 ₹ ; 7h30-22h mai-sept, fermé 11h-14h mer et sam). Si vous trouvez la gastronomie ladakhie un peu fade, vous allez reconsidérer votre position. Le *skyu* et le *chhutagi* (deux plats de pâtes d'orge dans un bouillon de légumes) plein de saveurs

TREKKING AU LADAKH ET AU ZANSKAR

Des treks bon marché et pittoresques mènent les marcheurs vers des villages magiques, accessibles via des gorges escarpées et des cols de montagne désolés, où les drapeaux de prière claquent au vent.

Saisons

La saison de trekking se concentre de juin à fin août, même si les itinéraires des secteurs de Markha et de Sham sont praticables de mai à début octobre. Pour certains circuits imposant de franchir des rivières, la fin du mois d'août est préférable, car le niveau de l'eau est plus bas.

Préparation

La plupart des itinéraires débutent à 3 500 m (et grimpent souvent au-dessus de 5 000 m) ; une bonne acclimatation est indispensable pour éviter le mal aigu des montagnes. Vous pourrez commencer par faire des petits treks ou ajouter quelques jours (certes moins intéressants) au trek principal, en partant par exemple de Lamayuru ou de Martselang plutôt que d'Hinju/Photoksar ou Shang Sumdo – même si ces itinéraires empruntent souvent des routes ou des pistes de jeeps. Autres conseils :

- Envisagez de réserver un transfert en jeep depuis votre point d'arrivée.
- Prévoyez un bâton de marche et des sandales pour traverser les cours d'eau.
- Utilisez des gourdes filtrantes, plus pratiques.

À cheval

À ces altitudes, transporter des sacs lourds est plus épuisant qu'on ne l'imagine. Sur les itinéraires les plus rudes, louer un cheval de bât permet de réduire la charge ; le propriétaire de l'animal peut aussi servir de guide. Les agences proposent des forfaits incluant les chevaux, les services d'un guide, la nourriture et le matériel de camping (souvent vieux). Si vous êtes autonome et patient, vous pourrez trouver quelqu'un qui vous demandera 700 ₹ environ par cheval ou âne et par jour. Sachez que vous devrez presque toujours payer pour plus d'un cheval, l'animal ayant besoin de "compagnie", et le propriétaire n'acceptera pas de laisser les autres seuls. Vous devrez payer les journées supplémentaires pour ramener les animaux à leur base. Les prix s'envolent à la saison des récoltes (août), quand la disponibilité est moindre.

Chez l'habitant

Sur les itinéraires les plus fréquentés, presque tous les villages offrent des hébergements chez l'habitant, sommaires et authentiques. Le coût est généralement de 1 000 ₹ par personne (moins au Zanskar) et inclut des repas simples, souvent pris avec la famille dans une cuisine traditionnelle. Les chambres, construites en briques crues, sont généralement équipées de tapis, de couvertures et de lampes électriques (avec batteries fonctionnant à l'énergie solaire).

Même si les logements sont souvent complets, on parviendra la plupart du temps à vous trouver une place à même le sol, dans la cuisine ou la salle à manger. En général, les villages

d'Alchi Kitchen sont préparés avec soin et à la demande dans la cuisine ouverte, où des cours de cuisine sont donnés le mercredi et le samedi midi (300 ₹/ 30 min ; réserver la veille). Condiments acidulés, salades, petits-déjeuners et desserts à l'abricot sont aussi servis dans l'incroyable restaurant à la fois rustique et moderne.

Depuis/vers Alchi et Saspol

Le centre d'Alchi est à 4 km au bout d'une piste sans issue qui quitte la route Leh-Kargil au Km 370 et franchit aussitôt un pont sur l'Indus. Des bus directs pour Leh partent tous les jours à 7h30 d'Alchi (100 ₹, 2 heures 15) comme de Saspol (90 ₹, 2 heures), et repartent respectivement à 16h et à 15h. L'aller-retour en taxi d'Alchi à Manggyu coûte environ 2 500 ₹ – si vous en trouvez un pour faire le trajet.

Vallée de la Yapola

La piste qui part au sud depuis le Km 317,8 sur la NH1 (à 8 km à l'est de Lamayuru) dessert plusieurs villages authentiques plus importants comme Rumbak, Hinju et Skiu/Kaya peuvent accueillir tous les visiteurs. Toutefois, ils observent un système de roulement, ce qui explique pourquoi certains hébergements sont pris d'assaut tandis que d'autres sont complètement vides.

En outre, il existe des cafés-parachutes (*parachute cafes*) saisonniers, ainsi nommés parce qu'ils sont constitués d'anciens parachutes de l'armée. Ces tentes fournissent du thé et des en-cas tout simples, voire un hébergement très sommaire.

Pour des questions de sécurité et d'orientation, il est conseillé d'engager un guide local expérimenté ; cela facilitera aussi vos échanges avec les habitants. Adressez-vous quelques jours à l'avance au **Hemis National Park Guide Service** (carte p. 226 ; ✆9906975427 ; hemis_npark@yahoo.co.in ; 11, Hemis Complex, 1er ét., Upper Tukcha Rd, Leh ; ⏲10h-18h) ou auprès des agences de trekking. Comptez 2 000 ₹ par jour environ, nourriture comprise.

Quel trek ?

Voici des itinéraires appréciés :

DURÉE	ITINÉRAIRES	HÉBERGEMENTS	COLS
2 jours	Zingchen-Rumbak-Stok	nombreux	4 900 m
2 (3) jours	Hinju-Sumdha Chenmo-(Sumdha Chun)-Sumdha Do	limités	4 950 m
2 jours	Anmu-Phuktal-Anmu	oui	aucun
3 jours	Zingchen-Yurutse-Skiu-Chilling	oui	4 920 m
> 4 jours	Chilling-Kaya-Markha-Hankar-Nimaling-Shang Sumdo	oui (ou camp de tentes)	5 260 m
5 (8) jours	(Rumtse)-Tso Kar-Korzok	non	4 (7) cols
5 (8) jours	(Padum)-Anmu-Phuktal-Ramjak (Darcha)	certains jours	5 090 m
4 (9) jours	(Lamayuru-Photoksar)-Kyupa La-Lingshet-Pidmo-(Padum)	limités	2 (5) cols

Pour un trek relativement facile, l'itinéraire Zingchen-Rumbak-Yurutse-Zingchen constitue une excellente option pour 1 à 2 jours au départ de Leh.

Pour passer par le Spiti, essayez le trek Korzok-Kibber avec 6 nuits, qui comporte seulement un grand col et un passage à gué.

Pour plus d'informations

- *Trekking in the Indian Himalaya*, Lonely Planet (2009 ; épuisé, disponible d'occasion)
- L'excellent *Ladakh Zanskar*, de Jean-Louis Taillefer (ladak.free.fr), régulièrement mis à jour – nombreux renseignements pratiques en ligne
- *Trekking in Ladakh*, publié en anglais par Cicerone (2015, disponible en ePub)
- My Himalayas (www.myhimalayas.com/travelogues/ladakh.htm). Renseignements sur les itinéraires de treks au Ladakh. La plupart datent de 2006 et 2007 mais sont encore d'actualité en général.

et fascinants, un superbe canyon et des paysages montagneux parmi les plus impressionnants du Ladakh. **Wanla** mérite à elle seule le court détour depuis la route Leh-Kargil pour admirer ses petits **gompa médiévaux** (www.achiassociation.org ; 20 ₹ ; ⏲aube-crépuscule) perchés sur une étroite crête au-dessus de la ville. Dans la minuscule localité de **Phanjila**, une petite route rejoint le village d'**Hinju**, dont les hébergements chez l'habitant mettent à disposition des chevaux pour une randonnée de 2/3 jours à destination de Sumdha Do (deux jours) et Chilling (trois jours), qui implique le passage difficile du **Konze La** (4 950 m).

Au sud de Phanjila, une route récemment améliorée traverse les **gorges de la Yapola**, vraiment spectaculaires, le petit village compact d'**Honupatta**, puis les cols grandioses de **Sisir La** et **Sengge La** (plus ardu, possible en été seulement) jusqu'à **Photoksar**, un village au bord d'une falaise à 4 100 m d'altitude. Le **Kyupa La**, col à 4 425 m, est désormais accessible en jeep, puis une demi-journée de marche permet d'atteindre Lingshet, base de trekking vers le Zanskar.

Wanla abrite 4 maisons d'hôtes et pensions, dont la plus attrayante est la **Rongstak** (☎9419982366, 9419371005 ; Phanjila Rd, Km 6,3, Wanla ; 1 100 ₹/pers en pension complète ; ⏲mai-oct) à la limite nord de la ville. Vous pourrez aussi camper à Wanla comme à Phanjila, tandis qu'il n'y a qu'une seule maison d'hôtes à Ursi, et beaucoup d'autres à Hinju. Vous pourrez loger chez l'habitant à Honupatta et à Photoksar.

Des bus de taille moyenne font le trajet Wanla-Khalsi tous les matins et repartent à 15h30.

Lamayuru

☎01982 / 700 HABITANTS / ALTITUDE 3 390 M

Très tranquille, Lamayuru est l'un des villages les plus mémorables du Ladakh et une halte idéale sur le trajet de Kargil à Leh. Posées sur des terres ravinées au pied des montagnes, les maisons pittoresques sont regroupées autour d'une colline chancelante morcelée par des cavernes et des colonnes formées par l'érosion, et surmontée d'un beau *gompa*.

Gompa de Yungdrung MONASTÈRE BOUDDHIQUE
(monastère de Lamayuru ; NH1, Km 310,1 ; 50 ₹ ; ⏲7h-13h et 13h30-18h). Le *gompa* de Lamayuru est l'un des monastères bouddhiques les plus photogéniques du Ladakh. Il coiffe la colline au cœur du village.

Où se loger et se restaurer

Il y a une douzaine de petites pensions bon marché à Lamayuru.

Tharpaling Guest House PENSION $
(☎9419343917, 01982-224516 ; NH1, Km 310,9 ; d 500 ₹). La matriarche Tsiring Yandol à l'éternel sourire confère à cette adresse une joyeuse atmosphère familiale. Les repas sont servis dans une salle à manger particulièrement chaleureuse. Toutes les chambres sauf deux comprennent une sdb.

Lion's Den PENSION $
(☎9419880499, 01982-224542 ; liondenhouse@gmail.com ; NH1, Km 311,7 ; d 900-1 000 ₹, ch sans sdb 600 ₹ ; 📶). À l'extrémité est de la ville (en direction de Leh), la Lion's Den propose des chambres standards au rapport qualité/prix correct. La plus prisée est la 101, avec sa belle vue sur le paysage lunaire depuis ses fenêtres en encorbellement et son balcon. Serviettes et papier hygiénique fournis. Belle salle à manger ladakhie au rez-de-chaussée.

Dragon Hotel PENSION $$
(Tashi Homestay ; ☎01982-224501, 9469294037 ; dragonhotellamayuru.wordpress.com ; ch 2 000 ₹, s/d sans sdb 400/500 ₹ ; ⏲hôtel mai-sept, chez l'habitant toute l'année ; 📶). Accessible en traversant un restaurant avec jardin situé juste derrière l'arrêt de bus, le Dragon Hotel propose des chambres à l'étage (103, 104, 107 et 108) joliment aménagées avec des sdb neuves avec chauffe-eau. En comparaison, la partie maison d'hôtes est assez spartiate mais propre, et le toit-terrasse réserve une superbe vue.

Hotel Moonland HÔTEL $$
(☎9419888508, 01982-224576 ; www.hotelmoonland.in ; NH1, Km 310,5 ; s/d 1 200/1 500 ₹ ; ⏲fin avr à sept ; 📶). Au niveau du premier virage en épingle à cheveux, à 400 m après l'arrêt de bus, le Moonland, dans un beau jardin, comprend des chambres avec de vieux rideaux et peu de déco mais toutes pourvues d'une sdb avec douche carrelée. L'agréable restaurant jouit d'une vue idyllique sur le monastère, derrière les champs d'orge. Comptez 330 ₹ le dîner et 200 ₹ la bière.

Depuis/vers Lamayuru

La plupart des bus ne s'arrêtent que brièvement en passant et les horaires varient (plus ou moins d'1 heure).

Chiktan Vers 13h les mardis, jeudis et dimanches.

Fokha via Shargol et Mulbekh Aux environs du déjeuner le samedi.

Kargil Entre 9h et 10h.

Leh Départ tlj à 14h en été. Le bus Kargil-Leh passe entre 8h30 et 9h30 chaque jour, mais est souvent complet en arrivant. Les autres bus passent vers 11h quatre jours par semaine.

Srinagar En début de soirée (avec un peu de chance).

Mulbekh, Wakha et Shargol

☎01985 / 4 060 HABITANTS / ALTITUDE 3 270 M

La vallée de la Wakha évoque une paisible mer verdoyante qu'une énorme vague de montagnes écarlates s'apprêterait à prendre d'assaut. Au crépuscule, l'endroit est à couper le souffle, surtout vu depuis le site de l'ancien château.

C'est la dernière zone où le bouddhisme est prédominant sur la route filant vers l'ouest depuis Leh, un rôle dont Mulbekh s'enorgueillit avec son célèbre relief de Bouddha au bord de la route et ses deux monastères, petits mais intéressants, le *gompa* de Rgyal près de Wakha et le *gompa* de Shargol à quelque 10 km à l'ouest.

Meilleur hébergement du secteur, l'**Horizon Camp** (☎9469045459 ; horizonladakhcamp@gmail.com ; NH1, Km 245, Wakha ; d 1 500 ₹, en demi-pension 2 300 ₹ ; ⊙mai-sept ; P) est un campement de tentes d'un remarquable rapport qualité/prix, installé dans un magnifique jardin en bordure de route, à 150 m de la station-service de Wakha. On trouve plusieurs pensions et chambres chez l'habitant peu chères et accueillantes au centre de Mulbekh.

Mulbekh Chamba MONUMENT BOUDDHIQUE

(NH1 Km 243,3). Le site le plus remarquable de Mulbekh est un relief millénaire du Bouddha Maitreya, sculpté dans un pan de roche de 8 m de haut. Situé juste au bord de la route, il s'élève au milieu du petit *gompa* de Chamba, partiellement ombragé par un arbre où sont accrochés des drapeaux de prière.

Site du château de Mulbekh PANORAMA

Mulbekh est dominé par le site imprenable du château du roi Tashi Namgyal datant du XVIIIe siècle, très haut perché. Brûlé lors d'un assaut en 1835, le château n'a conservé que les bases de deux tours, mais sur le même site s'élève un petit *gompa*, et un autre est en cours de construction. La vue sublime s'étend vers les roches dentelées des hautes montagnes au-delà de la vallée verdoyante.

Depuis/vers Mulbekh, Wakha et Shargol

Plusieurs bus surchargés à destination de Kargil (depuis Chiktan, Shakar, etc.) passent entre 7h et 8h30, pour revenir de Kargil vers 15h. L'après-midi, un bus J&K SRTC quitte Shargol pour Kargil à 15h (retour à 7h).

Un bus Kargil-Fokha quitte Kargil à 14h30 pour revenir le lendemain matin, et le bus Leh-Fokha du samedi revient le dimanche matin.

En direction de Lamayuru, le bus de Kargil traverse Mulbekh entre 6h et 7h et fait généralement une halte à Wakha pour le petit-déjeuner. Pour réserver une place, faites signe au bus la veille et payez un acompte.

KARGIL ET LE ZANSKAR

Moins visitée, la “seconde moitié” du Ladakh comprend le Zanskar, région bouddhiste reculée et peu peuplée, et la vallée de la Suru, un peu plus verdoyante. Les habitants de la vallée de la Suru et de sa capitale régionale, Kargil, sont majoritairement chiites. La vue sur les montagnes est majestueuse.

Kargil

☎01985 / 18 200 HABITANTS / ALTITUDE 2 690 M

Si vous arrivez de Srinagar, la deuxième ville du Ladakh, fière d'être musulmane, pourra vous sembler pittoresque, avec ses ateliers très animés et ses vieilles boutiques entassées dans le centre bondé et délabré. En revanche, en venant de Padum ou de Leh, Kargil peut paraître sale, dominée par les hommes et un brin chaotique.

La ville s'élève dans une profonde vallée où coule une rivière. Le paysage devient plus joli à mesure que l'on monte vers le petit **Central Asian Museum** (musée d'Asie centrale ou Munshi Aziz Bhat Museum ; ☎9419289275, 9469730109 ; www.kargilmuseum.org ; 147 Munshi Enclave ; entrée/caméra 50/50 ₹ ; ⊙8h-20h avr-nov, 10h-17h déc-mars), où est mis à l'honneur le glorieux passé de Kargil, ancien comptoir commercial sur les grandes routes caravanières. On y accède par un escalier, lequel se rejoint après avoir longé Main Bazaar pendant environ 3 minutes depuis le Roots Cafe (p. 260), l'adresse la plus routarde de Kargil. Ce café est une bonne halte où puiser des idées de treks, de descentes en rafting et d'autres activités et excursions dans la région fascinante bien que peu visitée autour de la ville. Ne manquez pas l'occasion de faire une excursion à Hundarman.

Lal Chowk est le carrefour central de Kargil, à l'intersection de Main Bazaar qui s'étend du nord au sud et d'Hospital Rd, et à environ 300 m en remontant depuis Poyen Bridge.

♥ **Hundarman** VILLAGE

(www.rootscollectiveindia.org ; entrée sans/avec guide 100/250 ₹ ; ⊙10h-17h sam-jeu ou sur rdv). Installé dans un ravin abrupt à 11 km de Kargil, le village fantôme et délabré d'Hundarman est un site étonnant. Surplombé par des massifs rocheux, et dominant un coteau en terrasses aux murs de pierres, il regroupe des maisons basses construites les unes sur les autres, formant un centre fascinant semblant figé dans le temps.

N'hésitez pas à suivre la visite guidée organisée par le Roots Cafe (250 ₹/pers plus l'aller-retour en taxi 700 ₹), qui donne accès à deux musées montrant de vieux ustensiles, d'émouvants souvenirs d'anciens habitants et des projectiles qui frappèrent le village au cours des guerres indo-pakistanaises successives. Vous traverserez au passage le champ de mines qui délimitait autrefois la frontière entre l'Inde et le Pakistan. Une cabane isolée vendant du thé (au Km 7) loue des jumelles (20 ₹) pour mieux voir l'actuelle Ligne de contrôle (partage entre Inde et Pakistan) dans le village en ruine de Brolma.

Si certains anciens habitants d'Hundarman vivent aujourd'hui au Pakistan, le village situé 1 km plus haut est encore habité et constitue aussi une promenade captivante – même s'il vous faudra présenter votre passeport et être accompagné d'un guide local pour franchir le poste de contrôle militaire.

Où se loger

Si votre budget est vraiment serré, essayez le **Tourist Bungalow II** (d 400 ₹) caché derrière Hussaini Park, miteux mais vous y survivrez, ou la triste **Kacho Guesthouse** (9469562070 ; Hospital Rd ; d 500 ₹), avec son jardin plus gai planté d'abricotiers. Quand les touristes se font rares, des hôtels de bien meilleure qualité affichent cependant souvent des prix cassés, et vous pourrez trouver des tarifs avantageux à environ 1 000 ₹.

Plusieurs hôtels prétendent avoir le Wi-Fi, mais d'après notre expérience ce ne sont que de fausses promesses. Main Bazaar abrite plusieurs cybercafés très peu fiables.

New International Guest House PENSION $

(01985-233044, 9419176568 ; 73murtaza@gmail.com ; Hussaini Park ; ch 1 200-1 500 ₹, sans réservation 800-1 200 ₹ ; mai-oct). Bien différente de la plupart des autres hébergements aux abords de la gare routière, cette pension propose des chambres aérées et bien tenues. Le propriétaire, Mohammad Murtaza, est charmant.

Tourist Facilitation Centre PENSION $

(TFC ; Manzoor 9469464964 ; d/ste 820/1 500 ₹ ; avr-oct). En haut d'un spectaculaire escalier en colimaçon dans un bâtiment construit en 2012, les chambres doubles – dont beaucoup avec vue sur la rivière – sont dignes d'un hôtel et d'un excellent rapport qualité/prix, avec ventilateurs, chauffe-eau et cadres de lits en bois sculpté. Certains salons des chambres VIP font dans la démesure – avec pas moins de 12 sofas !

L'hôtel est dans le parc de Bemathang qui borde la rivière, à 1,5 km au sud du centre-ville en direction de Baroo. Réservez auprès du Tourist Reception Centre (ci-contre).

♥ **Hotel Jan Palace** HÔTEL $$

(9419504904, 01985-234135 ; près de la gare routière ; ch 2 300-4 000 ₹, sans réservation 1 000-1 500 ₹, plats 165-430 ₹). Malgré un changement de direction en 2016, les chambres du Jan Palace sont toujours parmi les plus lumineuses et les plus propres du centre de Kargil. Peu décorées, elles possèdent néanmoins des sdb modernes et immaculées avec serviettes, produits de toilette et douches solaires très chaudes. La vue depuis le toit ne manque pas d'intérêt.

♥ **Zojila Residency** HÔTEL $$

(9419176249, 01985-232281 ; www.zojilaresidency.com ; Bemathang ; s/d/ste 2 420/3 260/5 860 ₹ ; avr-oct ;). Le hall impersonnel mène à des chambres fraîches avec de hauts plafonds, une élégante palette de blanc, vert olive et violet, et des meubles en bois tendance Art déco. Beaucoup de chambres donnent sur la rivière qui borde le jardin doté de nombreux sièges (mais aucun à l'ombre).

Situé à environ 300 m après le pont d'Iqbal (Bardo), c'est la meilleure adresse du quartier de Bemathang, à 1 km au sud du centre de Kargil.

Où se restaurer

Le **Roots Cafe** (9419289275 ; www.rootscollectiveindia.org ; Main Bazaar ; 8h-22h), petit et charmant, est prisé pour ses en-cas. Main Bazaar ne manque pas d'options, mais notre favorite est le **PC Palace Restaurant** (PC Palace Hotel, Main Bazaar ; plats 110-385 ₹ ; 7h30-22h). Dès le début d'après-midi, des chariots vendant des en-cas s'installent dans l'allée descendant vers le Poyen Bridge depuis Lal Chowk. Le centre-ville compte au moins 4 boulangeries.

Renseignements

Tourist Reception Centre (01985-232721 ; 10h-16h lun-sam). Depuis Main Bazaar, suivez les panneaux indiquant ce bâtiment gouvernemental couvert de vigne, et montez à l'étage pour obtenir un exemplaire gratuit de la très utile carte-guide *Exploring Kargil*. Vous pouvez aussi y réserver un bungalow pour la vallée de la Suru.

Depuis/vers Kargil

Des jeeps privées et collectives partent pour Leh et Srinagar de la **Jeep Drivers' Cooperative** (01985-232079 ; Lal Chowk) juste à côté de Main Bazaar.

Pour le Zanskar, des jeeps collectives partent de l'ex "old bus station", désormais appelée "Hussaini Park", juste à l'est de Khomeini Chowk, à un pâté de maisons au sud de Lal Chowk. Une **billetterie** (Hussaini Park ; 7h-19h) y vend des billets pour les bus privés à destination de Leh et de Srinagar. Départs à l'extérieur.

Un **guichet de billets de bus J&K SRTC** (9469530271 ; Hussaini Park ; 9h-16h) est discrètement installé au fond d'Hussaini Park. Les services privés desservant des destinations de la région de Kargil transitent majoritairement par la grande **gare routière des bus locaux**, à environ 1 km au sud-est.

Leh Des bus (privés/J&K SRTC 400/550 ₹, 10 heures, 1-2/jour) partent d'Hussaini Park vers 4h30 ; ils passent par Mulbekh (2 heures) et Lamayuru (5 heures). Vous trouverez peut-être une jeep collective (900-1 000 ₹) partant vers 7h. Les jeeps privées coûtent 7 100 ₹.

Mulbekh Des minibus (60 ₹) partent à 14h et 15h de la gare routière locale, pour revenir le lendemain matin.

Srinagar Des bus privés (400 ₹, 10 heures, 1-2/jour) partent d'Hussaini Park à 22h ; ils roulent de nuit pour atteindre le redoutable Zoji La (col) avant que la circulation des véhicules imposants soit suspendue dans cette direction pour permettre le passage dans l'autre sens. Les jeeps collectives (900 ₹, 7 heures) sont libres de partir à toute heure. Si les conditions de circulation le permettent, il est judicieux de louer un taxi privé (6 400 ₹) pour profiter du paysage, particulièrement mémorable entre Drass et Kangan.

Vallée de la Suru Depuis la gare routière locale, des minibus rouge et blanc partent de manière sporadique pour Sanku et les villages les plus proches. Vers Panikhar (80 ₹), le bus J&K SRTC de 7h30 embarque les passagers au niveau de Main Bazaar à Lal Chowk. Le bus de 11h30 pour Parkachik et celui de 12h30 jusqu'à Barsoo (pour Khartse Khar) partent de la petite zone comprise entre Hussaini Park et la rivière. Entre 12h et 14h, vous trouverez peut-être des minibus collectifs Omni à destination de Panikhar depuis le Poyen Bridge ; le coût pour privatiser une jeep pour Panikhar/Parkachik est de 2 100/2 800 ₹.

Zanskar Les bus Kargil-Padum sont très irréguliers. Quand il y en a, les jeeps collectives (1 000-2 000 ₹, 10-12 heures) stationnent dans l'ancienne gare routière et partent à l'aube ou plus tôt. Officiellement gérées par la **Jeep Drivers' Cooperative** (☎01985-232079), les jeeps privées pour Padum (13 400 ₹) coûtent 2 275 ₹ de plus si l'on s'arrête pour la nuit à Rangdum ou Parkachik. Réservez auprès de la Jeep Drivers' Cooperative dans le centre ou au **Roots Cafe** (page ci-contre).

ℹ Comment circuler

En journée, des minivans (10 ₹) font la navette le long de la rivière entre le Poyen Bridge, Bemathang et Baroo via la gare routière principale.

Vallée de la Suru

☎01985

Cette "vallée des fleurs" a davantage d'attraits que le Zanskar, mieux connu et dont elle est la principale voie d'accès. Des villages musulmans semi-alpins aux paysages luxuriants sont disséminés dans de larges vallées aux fabuleux sommets enneigés. Ils sont surtout visibles entre **Purtikchay** et **Damsna** puis après **Parkachik**. Si vous êtes en voiture, n'hésitez pas à faire un détour de 5 km à l'est du village animé de Sanku vers Barsoo/Bartoo pour voir le **bouddha de Khartse Khar** (Barsoo Rd, Khartse Khar).

La vallée est pauvre en infrastructures touristiques, mais Gulam Ali, un guide parlant anglais, est une bonne source d'information sur les treks possibles dans les environs. Il gère l'Hotel Khayoul, qui s'élève discrètement près du bungalow touristique situé dans la partie supérieure ouest de **Panikhar** ; téléphonez avant votre arrivée, car il travaille aussi à Kargil.

Où se loger

Parmi les hébergements bon marché, pensez aux bungalows touristiques J&K, basiques mais bien tenus, disséminés dans plusieurs endroits de la vallée de la Suru. Les meilleurs sont à Purtikchay, Tangole et Parkachik, mais il y en a aussi à Sanku, Panikhar et Rangdum ; réservez auprès du Tourist Reception Centre à Kargil. Il y a 4 pensions/maisons d'hôtes entre Sanku et Panikhar, dont la meilleure est l'**Hotel Khayoul** (☎9469192810, 9419864611 ; khayoulhotel@gmail.com ; Panikhar ; ch 500-600 ₹).

ℹ Depuis/vers la vallée de la Suru

Des bus privés circulent assez régulièrement entre Kargil et Sanku. Les bus J&K SRTC pour Kargil quittent Panikhar entre 8h et 12h (80 ₹), et Parkachik (112 ₹) vers 7h.

Il y a parfois des taxis collectifs (100 ₹) sur le trajet Panikhar-Kargil. Pour le Zanskar, l'auto-stop est souvent l'unique possibilité, mais cette option, très aléatoire, comporte des risques. Le responsable de l'Hotel Khayoul (ci-dessus), à Panikhar, peut trouver des véhicules à condition d'être prévenu suffisamment tôt.

Zanskar

☎01983

Cette vallée escarpée, entourée de montagnes majestueuses, est une région ladakhie à dominante bouddhiste. Son principal attrait réside dans le périple qui y mène, de préférence à pied. Comme au Ladakh, les principaux sites d'intérêt sont d'intemporels monastères, notamment ceux de Karsha, Stongdey, Sani et Phuktal, uniquement accessible à pied concernant ce dernier. Padum, la petite capitale régionale, n'est guère plus qu'un village avec quelques boutiques. Elle ne présente que peu d'intérêt en elle-même, mais c'est un passage clé de la vallée, et son unique point d'accès en voiture (via Kargil). La chaleur est parfois étouffante le jour et les nuits sont froides, même en été.

Rangdum

280 HABITANTS / ALTITUDE 3 980 M

Battu par les vents, le petit village de Rangdum est une halte prisée pour le déjeuner au cours du trajet Kargil-Padum (11 heures en jeep). S'il fait beau, cela vaut la peine de consacrer une partie de votre pause déjeuner à prendre des photos du **village** (à l'écart de la zone des restaurants, plus laide). Le **gompa de Rangdum** (50 ₹) est à 5 km, tandis que le pittoresque **Shakmak Kharpo** mérite un détour pour un beau cliché.

Avec son apparence plutôt récente et sa terrasse en plein air, **La Himalaya 3800** (9469735834, 9419177627 ; ch sans/avec sdb 1 000/1 500 ₹, plats 40-120 ₹ ; mai-août) attire de nombreux visiteurs pour le déjeuner, et les chambres proposées sont les plus propres de Rangdum. Juste derrière, l'Alpine Hut sert un excellent *aloo mattar* (curry de pommes de terre et petits pois) à petit prix.

Padum

01983 / 1 710 HABITANTS / ALTITUDE 3 570 M

Malgré la splendeur des montagnes en toile de fond, la petite capitale poussiéreuse du Zanskar est un carrefour qui, bien qu'utile, n'a guère de charme. À un pâté de maisons du carrefour central, vous trouverez l'arrêt des bus/taxis collectifs, des boutiques, un centre téléphonique/cybercafé peu fiable et la majorité des logements (une dizaine) et restaurants de Padum, plus un héliport. Les quartiers plus anciens de **Pibiting** et **Padum Khar** (Old Padum) possèdent davantage de charme, de même que Karsha (p. 264) de l'autre côté de la vallée. Le centre de Padum est surtout pratique pour planifier un trek, ou se reposer en revenant. Le café et tour-opérateur ZAP (p. 262) est un lieu très utile pour rencontrer d'autres marcheurs ou organiser des excursions.

À la différence de la plupart du Zanskar, le centre de Padum a l'électricité pendant la majeure partie de la journée, et les meilleurs hôtels ont des générateurs qui prennent le relais.

Activités

Un trek de plusieurs jours reste le moyen idéal pour atteindre la vallée de la Yapola (au nord) ou Ramjak (au sud) pour les liaisons avec, respectivement, Lamayuru ou Keylong. Sur certains tronçons, il est indispensable de prévoir une tente et des provisions ; on peut parfois trouver des guides, ainsi que des chevaux sur place. Renseignez-vous auprès de votre pension, de l'une des agences, ou de ZAP, qui arrange à merveille des rencontres entre voyageurs.

ZAP SPORTS D'AVENTURE
(Zanskar Adventure Point ; www.zapladakh.com ; Main Bazaar ; 8h30-10h). À Padum, ZAP est l'endroit où se renseigner sur les voyages dans le Zanskar, obtenir de l'aide pour les treks et les transports collectifs (listes d'inscription pour rejoindre Pidmo, Ichar, etc.) – et le Wi-Fi par satellite (4 ₹/min) y fonctionne même de temps en temps. C'est le meilleur endroit de Padum pour louer de bons VTT (motos prochainement disponibles), et sur réservation, ils organisent des descentes en kayak ou en rafting.

Où se loger et se restaurer

La plupart des hôtels ferment de fin octobre à juin, sauf quand ils ont des réservations de groupes de trekkeurs.

Mont-Blanc Guest House CHEZ L'HABITANT $
(9469239376, 9419177627 ; tenzinpalkit@yahoo.co.in ; s/d 700/1 000 ₹, sans sdb 500/800 ₹). Un peu à l'écart de Main Bazaar, et à 200 m de la mosquée, cette sympathique maison d'hôtes possède 4 chambres parmi les plus agréables de Padum. La vue y est belle, en particulier depuis le toit et les fenêtres de devant. Petite agence de trekking attenante.

Hotel Ibex PENSION $
(9419803731, 01983-245214 ; ibexpadum-zanskar@gmail.com ; Main Bazaar ; s 600-1 000 ₹, d 1 000-1 300 ₹, plats 80-240 ₹). Au cœur de Padum, cette adresse prisée de longue date par les *backpackers* (voyageurs sac au dos) propose des chambres datées mais à prix honnête avec douches solaires, organisées autour d'un jardin. L'abattage de beaucoup d'arbres et les nouveaux toits en tôle ont enlevé du charme à l'endroit, qui demeure cependant un havre de paix par rapport à la grande rue commerçante voisine.

Zambala Hotel HÔTEL $
(9469658121, 9469629336 ; Zambala Rd ; ch 800-1 000 ₹, avec réservation 3 800 ₹). À 2 minutes

TREK JUSQU'AU ZANSKAR

Le trek Ladakh-Zanskar est souvent parcouru en expédition de groupe via une agence, avec chevaux de bât et équipement de camping complet, en partant du village de Photoksar pour retrouver un véhicule à l'arrivée au Pidmo Bridge.

Si vous préférez planifier votre trek en solo, la route pour les jeeps va désormais jusqu'au Kyupa La, un trajet qui coûte environ 9 000 ₹ en taxi depuis Leh. Si vous trouvez des habitants se rendant à Lingshet, vous paierez environ 2 000 ₹ par siège (quelques jeeps par semaine, départ de Leh vers 2h et arrivée au terminus de la route en milieu de matinée).

Des chevaux, des ânes et des guides locaux sont généralement disponibles à Lingshet au dernier moment. En réservant quelques jours à l'avance, Tundup (☎9469731079) au **Lala's Art Cafe** (p. 525) à Leh peut s'organiser pour que quelqu'un vous attende avec un cheval au Kyupa La.

L'itinéraire principal peut se parcourir sans camper au milieu de l'été, mais il y a peu de chambres chez l'habitant et de tentes de ravitaillement en chemin, et il est donc conseillé d'emporter sa propre tente et sac de couchage, en cas de besoin.

Jour 1 Allez en voiture jusqu'au Kyupa La (départ de Leh avant 2h, ou de Lamayuru avant l'aube). Marchez pendant 5 heures jusqu'au grand village très dispersé de Lingshet dont le vaste et accueillant *gompa* s'élève à la limite supérieure nord. Lingshet compte de nombreuses maisons d'hôtes disséminées pour la plupart sur des petites crêtes isolées, mais aucune n'étant signalée ; demandez des indications sur place. S'il vous reste assez d'énergie, vous pouvez continuer pendant 3 heures de plus jusqu'au campement de Lanang : un simple bâtiment avec deux petites chambres très basiques où vous pourrez passer la nuit (300 ₹), si le gardien est là. S'il ne se montre pas, il y a aussi un abri sans porte où vous pourrez grelotter toute la nuit au cas où vous ne parvenez pas à monter votre tente.

Jour 2 Randonnez pendant 10 heures depuis Lingshet ou 7 heures depuis Lanang, dont 3 heures de rude ascension jusqu'à l'Hanuma La (4 720 m). Dormez à Shnertse, qui possède un campement et un point de ravitaillement. Autrement, poursuivez pendant encore 2 heures, en descendant jusqu'au pont où se dressent un camping et une unique cabane (souvent utilisée comme cuisine par les groupes). Plus fiable, pour dormir chez l'habitant allez à Jingchen, une ferme isolée à 40 minutes de marche en remontant la vallée latérale.

Jours 3 et 4 Marchez pendant 7 heures, en traversant l'escarpé Parfila La jusqu'au village d'Hanamur (Hanumil) qui compte une maison d'hôtes et deux campements. La plupart des voyageurs y passent la nuit, mais Pidmo (qui est moins joli et compte une maison d'hôtes très basique) est à seulement 2 heures plus loin. Une voiture réservée à l'avance pourra vous récupérer au Pidmo Bridge. Sinon, vous pouvez pousser jusqu'à Zangla, à 2 heures de marche.

En hiver : le trek du Chadar

En hiver, la neige paralyse les transports (déjà rares) du Zanskar. Mais en février il est possible d'y entrer à pied depuis Chilling en suivant une ancienne route commerciale saisonnière. La majeure partie de l'itinéraire suit la Zanskar gelée – il faut souvent marcher sur la glace, traverser des cours d'eau secondaires sur des ponts de neige précaires et passer la nuit dans des grottes. Ce périlleux "trek du Chadar" était auparavant considéré comme "l'aventure ultime" mais, s'il est toujours aussi dangereux (ne le tentez pas sans équipement ni sans guide expérimenté), sa popularité grandissante auprès des touristes indiens l'a rendu très fréquenté ces derniers temps. À cause du changement climatique, la glace est plus instable que dans les dernières décennies, présentant le danger supplémentaire de tomber dans l'eau glacée. Si vous comptez faire ce trek, comptez 6 jours pour l'aller et autant pour le retour, et ne choisissez pas une des agences les moins chères (elles ont souvent trop peu de guides et de porteurs par client).

à pied du bazar, le Zambala offre 13 chambres agréables distribuées autour d'une petite pelouse centrale. Il n'y a pas de réception à proprement parler ; présentez-vous au restaurant (réservé aux clients) à l'étage.

Chumathang Restaurant INDIEN, INTERNATIONAL $
(Main Bazaar ; plats 70-160 ₹ ; ⏲9h-22h30). Avec ses lampes chinoises et ses meubles massifs pour décor, ce charmant restaurant propose

des plats variés et assez bien cuisinés, que vous pourrez accompagner de bons naans (pains plats cuits au *tandoor*) et de bière.

Renseignements

La J&K Bank possède un DAB (ouvert de 10h à 17h), mais au cas où il serait hors-service, mieux vaut emporter beaucoup de roupies dans vos bagages pour le Zanskar. En cas d'urgence, **ZAP** (p. 262) peut changer de petits montants d'euros ou de dollars (jusqu'à environ 100 $) à des taux évidemment médiocres.

Depuis/vers Padum

Peu de transports en commun rejoignent Padum ; ils passent tous par Kargil et ne sont disponibles qu'en été.

Quelques fois par mois, un bus **KT Dorje** (☎9419513392) à destination de Leh (800 ₹) part vers 3h30 et fait escale à Kargil pour la nuit (550 ₹).

Des jeeps vont jusqu'à Kargil (par pers/véhicule 1 500/13 400 ₹, environ 12 heures). Tentez de négocier les prix avec les conducteurs qui y retournent. Pour Leh, un siège avant/arrière en jeep partagée coûte 3 000/2 500 ₹ (presque 24 heures). Contactez les conducteurs la veille au soir – leurs véhicules sont généralement stationnés sur Zambala Rd avec la destination affichée sur le pare-brise.

Autres tarifs d'aller simple/aller-retour en jeep depuis Padum :

Anmu 3 000/3 500 ₹
Gompa de Stongdey 1 000/1 500 ₹
Ichar 2 000/2 700 ₹
Karsha 1 200/1 500 ₹
Pidmo Bridge 2 500/3 000 ₹
Rangdum 7 000/9 000 ₹
Zangla 2 000/2 700 ₹

Pour gagner ces destinations en véhicule collectif, notamment pour rejoindre les départs de treks, renseignez-vous auprès de **ZAP** (p. 262).

La seule station-service du Zanskar est au Km 3,3 sur la route Padum-Karsha. En été, elle est normalement bien approvisionnée, mais cela n'est pas garanti.

Karsha

1 080 HABITANTS / ALTITUDE 3 663 M

De l'autre côté de la vallée en face de Padum, Karsha est le village le plus remarquable du Zanskar, avec ses maisons anciennes photogéniques, des champs d'orge et ses moulins à grains entraînés par des *dzo* (une espèce entre le yak et la vache). Il est dominé par un pan de montagne quasi vertical en roche rouge, coupé en deux par un gouffre profond. Des bâtiments monastiques blanchis à la chaux dégringolant d'un flanc forment le plus important **complexe monastique** bouddhique du Zanskar, avec une **salle de prière supérieure** (Karsha Gompa ; 100 ₹) contenant le corps momifié de son fondateur au XIVe siècle. De l'autre côté du gouffre se trouvent un **couvent** bouddhique, le **site d'une ancienne citadelle** et un **temple** dans le style de ceux d'Alchi (⏲sur demande), remarquable bien que peu fréquenté, abritant une splendide sculpture du XIe siècle.

Karsha compte 3 campings et plusieurs pensions-maisons d'hôtes. Ces dernières sont de simples maisons familiales occupant de beaux bâtiments traditionnels. **Grand Leopard** (☎9469290976 ; schosgyalpali@yahoomail.co.in ; en pension complète 800 ₹/pers) sert une cuisine particulièrement savoureuse et ses propriétaires très accueillants connaissent bien la région ; **Theiur** (☎9469407411, 9469846715 ; ch 600 ₹, repas 150 ₹) se distingue par son grand jardin et ses toilettes à l'intérieur.

Zangla

1 070 HABITANTS / ALTITUDE 3 500 M

Avec ses maisons traditionnelles formant un arc autour d'un vaste cercle de champs d'orge en terrasses, Zangla est le dernier grand village du Zanskar desservi par la route à l'est de Padum. Sur un rocher nu en haut de la falaise à l'angle sud-ouest s'élève un petit **palais fortifié** et, tout au bout du village, un sympathique **couvent** bouddhique marque le point de départ d'un sentier partant au nord vers le Km 33 sur la route du Pidmo Bridge (5 km plus loin).

À une demi-journée en jeep depuis Padum, Zangla fait une excursion agréable, bien que la route soit cahoteuse. Sur le chemin, admirez le spectacle des différentes strates géologiques et montez en lacets sur 2,6 km jusqu'au **gompa de Stongdey** (Padum-Zangla Rd, Km 13,3) pour contempler les superbes montagnes qui se découpent à l'horizon le matin.

Il y a plusieurs maisons d'hôtes dans la partie supérieure du village, près de l'intersection avec la rue menant au palais. Pami Homestay est bien tenue et facilement repérable à ses fenêtres couleur lavande.

Sud de Padum

La route qui part vers le sud depuis Padum passe par le **gompa de Bardan** (Padum-Raru Rd, Km 10,4 ; 50 ₹), perché au-dessus de la rivière sur un promontoire rocheux.

Quelque 7 km plus loin, le **gompa de Muney** est moins spectaculaire malgré son emplacement sur un rocher au bord de la rivière, mais sa **Shanti Guesthouse** (www.shanti-house.net ; gompa de Muney, Padum-Raru Rd, Km 17 ; ch pour 2 nuits/1 semaine en pension complète 50/170 € par personne) est gérée à la perfection, avec 5 chambres où passer quelques jours pour se détendre et s'imprégner de la culture monastique et locale. **Ichar**, l'un des villages les plus fascinants de la vallée, est surplombé par un *gompa* et, un peu plus en hauteur, s'étend un petit étang propice à la méditation et un groupe de maisons anciennes pleines de charme.

TREK ANMU-PHUKTAL

Les crues de 2015 ont rendu la route Ichar-Anmu impraticable pour les véhicules, mais quand vous lirez ce guide, **Anmu** devrait être redevenu le point de départ de la randonnée de 5 heures menant au *gompa* de Phuktal en traversant des paysages grandioses (aussi praticable en 8 heures depuis Ichar).

En marchant depuis Anmu, suivez le sentier bien dessiné et légèrement ondulant jusqu'à Cha (2 heures 30). Dirigez-vous ensuite vers le centre de ce village assez important et suivez la courbe des murs qui fait le tour d'une vaste zone verdoyante, pour rejoindre le sentier en direction de Phuktal. Il monte en douceur vers un petit col puis descend régulièrement jusqu'à la rivière (passant à côté d'un pont sans le traverser). À peine 2 minutes plus tard, une petite montée vous conduira à la **pension** (Phuktal ; 400 ₹/pers) du monastère de Phuktal. Visible de loin et présentant une vue stupéfiante comme s'il tombait d'une grotte à flanc de falaise, le **gompa de Phuktal** (phuktalmonastery.com ; ⏲prières 4h30, 12h et 19h en été) est à 15 minutes de marche.

Si les 4 chambres sommaires de la pension (avec sdb) affichent complet, il ne vous restera qu'à traverser le pont et à marcher 1 heure 30 jusqu'à **Purney**. Les trois fermes du village, assorties de deux échoppes de thé rudimentaires, louent des chambres et des emplacements de camping. Juste en dessous de la partie basse de Purney, à la confluence de deux rivières, franchissez un autre pont. En tournant à gauche, vous finirez par atteindre Darcha, dans l'Himachal Pradesh (ce parcours requiert une certaine préparation – il faut 4 jours, avec un guide, et être équipé pour franchir le Shingo La, haut de 5 090 m). Sinon, prenez à droite pour retourner vers Anmu (3 heures environ), via le joli village de **Gyalbok** (1 heure 15), où l'on trouve un hébergement chez l'habitant

Le trajet Anmu-Phuktal peut se parcourir sans guide si vous avez une carte et que vous êtes un marcheur expérimenté, mais pensez à vous renseigner sur les conditions du sentier et du pont.

TREK DU ZANSKAR À DARCHA

En arrivant à Purney après le trek du Phuktal, vous pouvez poursuivre votre randonnée vers le sud pour rejoindre la principale route Leh-Manali à Darcha, au nord de Keylong. Ce qui prenait auparavant une semaine environ peut désormais être écourté de 2 ou 3 jours grâce au bus qui fait la liaison Chika-Keylong deux fois par jour (60 ₹, 2 heures). La route continue en fait bien plus au nord – actuellement jusqu'au sommet du Shingo La, où vous pouvez réserver un taxi pour vous attendre. D'ici 2018, la route devrait atteindre le village de **Kargyak**, ce qui réduira le trek à une randonnée avec 3 ou 4 nuits chez l'habitant, dans un des petits hameaux de la vallée entre Purney et Kargyak.

VALLÉE DU CACHEMIRE

Creusée au plus profond de montagnes apparemment sans fin, la vallée du Cachemire s'étend sur 140 km et débouche sur une vaste étendue de hautes terres ponctuées de lacs et de vergers. Ici, les villages au toit de tôle côtoient des rizières en terrasses bordées par des pommiers et des rangées de peupliers. Fiers de leur indépendance d'esprit, les Cachemiris pratiquent pour la plupart un islam basé sur le soufisme ; ils prient dans des mosquées de forme carrée avec une flèche centrale. La région est aussi renommée pour les grottes d'Amarnath (p. 276).

Histoire

Les géologues et les mystiques hindous s'accordent sur le fait que la vallée du Cachemire était jadis un lac immense. En revanche, leurs avis divergent sur ce qui a provoqué son assèchement : les premiers l'attribuent à un séisme postérieur à la période glaciaire, tandis que les seconds le mettent au compte du dieu Vishnu et de ses compagnons, qui auraient usé de ce stratagème pour tuer le démon du lac.

Au IIIe siècle av. J.-C., le royaume hindou du Cachemire devint un important centre d'enseignement bouddhique sous l'empereur Ashoka. Aux XIIIe et XIVe siècles, de pacifiques mystiques soufis introduisirent l'islam au Cachemire. Plus tard, des dirigeants musulmans, tel le sultan Sikandar l'Iconoclaste (règne 1389-1413), ordonnèrent la destruction des temples hindous et des monastères bouddhiques. D'autres, comme le grand Zeinalab'din (règne 1423-1474), encouragèrent la tolérance religieuse et culturelle, à tel point que les visiteurs de cette époque rapportaient que rien ne différenciait les hindous et les musulmans cachemiris. Les empereurs moghols, parmi lesquels Akbar (1556-1605), dont les troupes s'emparèrent du Cachemire en 1586, tenaient le Cachemire pour leur Éden. Aussi créèrent-ils de splendides jardins à Srinagar.

À l'arrivée des Britanniques en Inde, le Jammu et le Cachemire étaient constitués de royaumes indépendants, contrôlés par les dirigeants sikhs de Jammu. En 1846, après que les Britanniques eurent vaincu les sikhs, ils donnèrent le Cachemire au maharaja Gulab Singh en échange d'un tribut annuel de six châles, douze chèvres et un cheval. La dynastie autocratique hindoue des Dogra gouverna jusqu'à l'indépendance, en témoignant son mépris envers la majorité musulmane.

SÉCURITÉ AU CACHEMIRE

Vérifiez la situation locale avant de voyager dans la vallée du Cachemire : de graves troubles peuvent éclater soudainement à Srinagar et à Anantnag. Lors de nos recherches, les autorités étrangères déconseillaient à leurs ressortissants de se rendre dans la vallée du Cachemire et ses alentours, y compris à Srinagar. N'hésitez néanmoins pas, même quand la vallée est sous tension, à visiter le Ladakh, toujours calme.

Pour vous renseigner avant le départ, commencez par les conseils aux voyageurs mis en ligne par les autorités de votre pays (p. 806). Consultez également le forum des voyageurs du Jammu-et-Cachemire (www.indiamike.com). Il est toujours conseillé de garder un œil sur au moins un des journaux locaux comme le *Greater Kashmir* (www.greaterkashmir.com), le *Daily Excelsior* (www.dailyexcelsior.com), le *Kashmir Monitor* (www.kashmirmonitor.in), et le *Kashmir Times* (www.kashmirtimes.com).

Partition et conflit

À l'approche de la Partition, en 1947, le maharaja Hari Singh se révéla incapable de se décider, privilégiant l'indépendance cachemirie au détriment du rattachement à l'Inde ou au Pakistan. Finalement, pour sortir du statu quo, des tribus pachtounes, appuyées par le nouveau gouvernement pakistanais, tentèrent un coup l'État, qui déclencha le premier conflit indo-pakistanais. Les envahisseurs furent repoussés hors de la vallée du Cachemire, mais le Pakistan garda le contrôle du Baltistan, de Muzaffarabad et des principales voies d'accès de la vallée. Depuis, le Cachemire est divisé par une frontière ténue – la Ligne de contrôle –, déterminée par les Nations unies. La proposition d'un référendum, voué à laisser les Cachemiris décider eux-mêmes de rallier le Pakistan ou l'Inde, ne se concrétisa jamais, et une nouvelle invasion du Pakistan en 1965 provoqua un autre conflit de longue durée.

Dans les années 1970, une nouvelle génération de visiteurs fit du Cachemire indien une destination estivale idyllique. Mais la rébellion armée s'intensifia à la fin des années 1980 et le Cachemire fut placé sous l'autorité directe de Delhi en 1990. Ainsi débutèrent plusieurs années de massacres et d'attaques à la bombe perpétrés par des rebelles. Les forces armées indiennes répliquèrent par des actions anti-insurrectionnelles brutales, auxquelles s'ajoutèrent, des deux côtés, des violations des droits de l'homme.

Après la brève "guerre de Kargil" entre l'Inde et le Pakistan en 1999, le cessez-le-feu et une plus grande autonomie du Cachemire entraînèrent une baisse significative des tensions. La coordination des secours après le tragique séisme de 2005 contribua à un certain rapprochement des gouvernements indien et pakistanais. Avec la diminution des attaques de rebelles, le tourisme national avait rapidement augmenté jusqu'aux émeutes de 2008 (au sujet d'un obscur conflit lié à des terres à Amarnath) et de 2010 (après la mort de jeunes gens qui lançaient des pierres).

Mais en juillet 2016, l'assassinat par l'armée de Burhan Wani, important activiste proindépendance sur les réseaux sociaux et "commandant" d'Hizbul Mujahideen, considérée comme une organisation terroriste, mit le feu aux poudres. Des manifestations s'ensuivirent, et les heurts entre la population et les forces de l'ordre firent des dizaines de victimes et des milliers de blessés, beaucoup aveuglés par les fusils à plomb.

Srinagar

0194 / 1 405 000 HABITANTS / ALTITUDE 1 583 M

Ceint par des montagnes verdoyantes en arc de cercle, le Srinagar a pour atout majeur le lac Dal aux eaux d'un calme hypnotisant, sur lequel une flottille d'house-boats aux couleurs vives offrent un spectacle coloré et l'occasion unique de sorties romantiques. Les célèbres jardins moghols s'étirent sur plusieurs kilomètres sur la rive orientale du lac, moins urbanisée ; ils contrastent avec la frénésie du centre-ville, coiffé d'une forteresse et ponctué de très anciennes mosquées en bois. Ajoutez à cela le doux climat estival, la copieuse gastronomie cachemirie et la tombe (farouchement contestée) de Jésus-Christ, et vous obtenez l'une des destinations indiennes les plus touristiques. Tout du moins, quand la ville n'est pas paralysée par les tensions communautaires, ce qui se produit malheureusement bien trop régulièrement. Vous risquez donc d'être pris dans des grèves, des manifestations indépendantistes et des couvre-feux partiels. Même si les touristes étrangers n'ont jamais été pris comme cible, mieux vaut vérifier systématiquement la situation avant une visite.

À voir

Lac Dal et ses environs

Lac Dal LAC

Le lac Dal, vaste miroir d'eau reflétant les balustrades en bois sculpté des house-boats et les sommets embrumés du Pir Panjal, est le joyau de Srinagar. Toute une flotte de *shikara* (bateaux-taxis ressemblant à des gondoles) aux couleurs pimpantes sillonne le lac, transportant des biens jusqu'au marché, des enfants à l'école et des visiteurs vers de superbes house-boats, inspirés de modèles datant de l'Empire.

Si vous vous levez tôt, vous pourrez pagayer au large pour voir le **marché aux légumes et aux fleurs flottant** (5h-6h30) : un spectacle haut en couleur, mais qui vous garantit d'être assailli par des vendeurs de souvenirs.

Pour découvrir la vie sur le lac Dal, regardez le film *Valley of Saints* (2012), de Musa Syeed, récompensé par de multiples prix.

Première rangée des house-boats SITE REMARQUABLE

(Dal First Row ; lac Dal). Les visiteurs pourront trouver les house-boats du premier rang bruyants et peu intimistes pour y passer la nuit. Toutefois, ils sont devenus emblématiques de Srinagar.

Jardins flottants et villages sur le lac JARDINS

Des pans entiers du lac Dal sont couverts d'une épaisse végétation et de lotus, ainsi que de vastes potagers reliés entre eux par des canaux et desservis par des passerelles sur pilotis. Avant les inondations de 2014, une formidable façon de visiter ces secteurs consistait à emprunter le Chowdary Bagh à pied, où vous finissiez par atteindre un pont piétonnier et une chaussée menant à la station de pompage près du jardin moghol de Nishat Bagh. Il faudra néanmoins attendre que la chaussée soit complètement remise en état avant d'emprunter ce chemin.

Embarcadère aux légumes de Mirzabagh PORT

La plupart des produits frais de Srinagar proviennent de "potagers flottants" et sont débarqués sur ce petit ponton ; c'est l'occasion de prendre une belle photo.

Mandir de Shankaracharya TEMPLE HINDOU

Au sommet de la très boisée Shankaracharya Hill, ce petit temple dédié à Shiva est construit en pierres grises massives visiblement très anciennes. Autrefois appelée Takht-i-Sulaiman (trône de Salomon), la colline porte aujourd'hui le nom d'un sage qui y a atteint l'éveil en 750. Des indications font remonter l'édifice octogonal au Ve siècle, mais le site est plus ancien. D'aucuns affirment que s'y dressait jadis un temple qu'auraient restauré Jésus et saint Thomas, mais cette assertion est controversée.

Une route de 5,5 km partant du poste de contrôle près du Nehru Park (300 ₹ aller-retour en auto-rickshaw) serpente jusqu'au sommet. Il est déconseillé de monter à pied, car des ours vivent dans la forêt. La route s'achève à un autre poste de contrôle de la police, où il faut laisser son téléphone et son appareil photo avant de gravir l'escalier qui mène au temple en 5 minutes ; vous aurez alors une vue panoramique sur Srinagar et le lac Dal.

Jardins moghols

Srinagar est réputée pour la beauté de ses jardins, dont beaucoup datent de l'époque moghole. Ils présentent pour la plupart un plan similaire, avec des pelouses en terrasses, des bassins alimentés par des fontaines, des massifs de fleurs soignés, de gros *chinar*

Srinagar

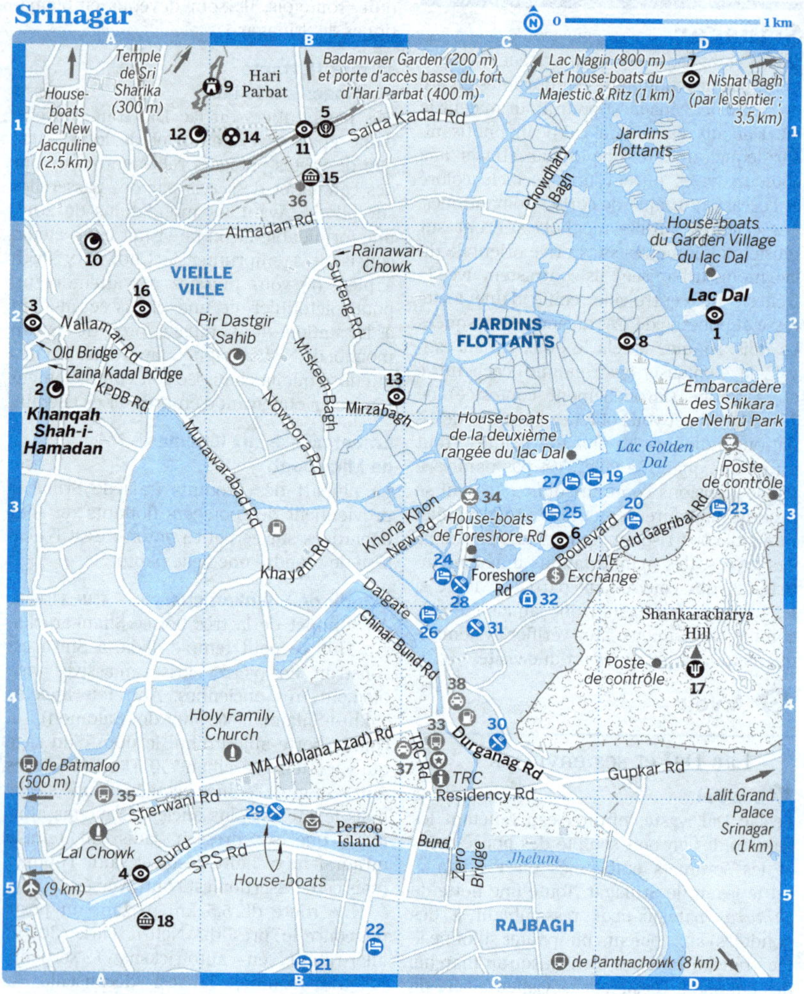

(platane, l'arbre national du Cachemire) et des pavillons ou de fausses façades de forteresse.

Créé pour Nur Jahan par son époux Jahangir, le **Shalimar Bagh** (adulte/enfant 20/10 ₹ ; ⏲10h-19h) est le jardin le plus réputé. Or, avec ses terrasses plus escarpées et une vue panoramique du lac, le **Nishat Bagh** (adulte/enfant 20/10 ₹ ; ⏲9h-crépuscule) est d'emblée plus impressionnant.

Le **Pari Mahal** (adulte/enfant 20/10 ₹ ; ⏲9h-19h30) s'étend parmi les ruines d'un palais, bien au-dessus des rives du lac. L'ensemble dégage une aura de mystère, de loin quand il fait nuit. Sur le chemin du Pari Mahal, vous rencontrerez le modeste **Cheshmashahi Garden** (Pari Mahal Rd ; tarif plein/réduit 20/10 ₹ ; ⏲8h30-19h30) et les grands **jardins botaniques** (tarif plein/réduit 20/10 ₹ ; ⏲8h30-18h30), plus informels, derrière lesquels le **jardin des tulipes** (tarif plein/réduit 100/50 ₹ ; ⏲mars-avr) éclate de couleurs sur ses 12 hectares en mars et avril.

Vieille ville (Old City)

Les principaux sites remarquables de la vieille ville sont ses mosquées cachemiries typiques. Pour visiter une mosquée, veillez à vous couvrir le corps (surtout les femmes, qui doivent aussi se couvrir la tête et emprunter

Srinagar

Les incontournables
1 Lac Dal D2
2 Khanqah Shah-i-Hamadan A2

À voir
3 Tombeau de Badshah A2
4 Bund A5
5 Gurdwara de Chetipacha B1
6 Première rangée de house-boats C3
7 Jardins flottants et villages sur le lac D1
8 Marché aux legumes flottant D2
9 Fort d'Hari Parbat B1
10 Jama Masjid A2
11 Kathi Darwaza B1
12 Sanctuaire de Makhdoom Sahib A1
13 Embarcadère aux legumes de Mirzabagh B2
14 Mosquée d'Akhund Mulla Shah B1
15 Centre d'interprétation Naagar-Nagar B1
16 Naqshband Sahib A2
17 Mandir de Shankaracharya D4
18 Sri Pratap Singh Museum A5

Où se loger
19 House-boats du Chicago C3
20 Chocolate Box D3
21 Comrade Inn B5
22 Green Acre B5
23 Swiss Hotel Kashmir D3
24 John Friends Guesthouse C3
25 Moon of Kashmir C3
26 Noor Guest House C4
27 Young Beauty Star C3

Où se restaurer
28 Crescent Lake View Restaurant C3
29 Mughal Darbar B5
30 New Krishna Vaishno Bhojnalay C4
31 Stream C4

Achats
32 Wine Shop C3

Transports
33 Gare routière J&K SRTC C4
34 Shikara de Khona Khon New Rd C3
35 Lal Chowk City – station de minibus A5
36 Téléphérique de Makhdoom Sahib B1
37 Tourist Taxi Stand 1 .... C4
38 Tourist Taxi Stand 7 (sumo pour Anantnag) C4

une entrée réservée) et ôtez vos chaussures. Demandez toujours la permission avant d'entrer ou de prendre des photos. Au sud du quartier de la vieille ville, le **Bund**, sur les rives de la Jhelum, a conservé quelques bâtiments de l'époque coloniale.

♥ Khanqah Shah-i-Hamadan MOSQUÉE
(Khanqah-e-Muala ; Khawaja Bazaar ; ⏱4h30-21h ; 🚌13). Cet édifice bâti dans les années 1730 et surmonté d'une flèche est l'une des plus belles mosquées de Srinagar. La façade et l'intérieur sont couverts de reliefs en papier mâché et de *khatamband* (motifs de bois cloisonnés) minutieusement colorés. Les visiteurs peuvent jeter un coup d'œil par la porte, mais seuls les musulmans sont autorisés à entrer.

♥ Tombeau de Badshah ARCHITECTURE
(vieille ville ; ⏱9h-18h). Dans ce mausolée en briques aux multiples dômes, qui évoque la Bulgarie, repose la mère du roi Zeinalabdin. Il fut construit au XVe siècle sur les fondations d'un temple bouddhique beaucoup plus ancien, et trône dans un vieux cimetière caché dans un labyrinthe de boutiques de vêtements, d'épices et d'ustensiles en cuivre de Gadu Bazaar. Pour visiter l'intérieur, vous devrez trouver le gardien ; demandez dans les boutiques devant le cimetière.

♥ Jama Masjid MOSQUÉE
(Nowhatta ; ⏱8h-21h). Cette imposante mosquée de 1672 forme un quadrilatère autour d'une vaste cour-jardin avec fontaine. De monumentales portes en briques indiquent les quatre points cardinaux. La mosquée peut accueillir des milliers de fidèles. Chacun des 378 piliers qui soutiennent le toit a été fabriqué à partir du tronc d'un cèdre déodar.

Naqshband Sahib SITE RELIGIEUX
(Khanyar Chowk ; ⏱6h30-20h30). Ce sanctuaire du XVIIe siècle aux proportions harmonieuses et aux murs blancs fut construit dans le style de l'Himachal Pradesh, avec des couches alternées de bois et de briques pour résister aux séismes.

Hari Parbat Hill

Visible depuis Srinagar, le sommet de cette colline était autrefois une île perdue dans un lac gigantesque. S'y élève désormais le **temple de Sri Sharika** (Chakreshwar ; Hari Parbat) et, tout en haut, le fort d'Hari Parbat auquel on accède par un chemin débutant au nord du jardin de Badamvaer. Le **centre d'interprétation Naagar-Nagar** (Ropeway Gardens ; ⏱10h-16h sam-jeu) donne des éléments intéressants sur l'histoire du lieu. À côté, un téléphérique monte jusqu'à mi-hauteur du

HOUSE-BOATS

Ces maisons flottantes, typiques de Srinagar, sont apparues à l'époque coloniale, quand les Britanniques n'avaient pas le droit de posséder des terres. Les meilleurs house-boats *deluxe* conservent des allures de palais, avec lustres, panneaux en noyer sculpté, plafonds en *khatamband* et salons confortables évoquant le Raj tardif. Les bateaux de catégorie A sont confortables, mais moins somptueux. Ceux des catégories inférieures (C et D) sont parfois rudimentaires et n'ont pas toujours assez de sièges à l'intérieur.

Attention, à la différence de ceux du Kerala, ces bateaux ne bougent jamais. Séjourner en house-boat à Srinagar s'apparente plutôt à une pension flottante, minuscule et romantique, avec du personnel pour cuisiner et vous servir. La plupart des bateaux sont au mouillage en grands groupes, et vous pourrez observer les allées et venues à l'envi ; en revanche, n'espérez pas la moindre intimité, sauf si vous choisissez un bateau loin du centre.

Les meilleurs house-boats contiennent généralement 3 ou 4 chambres avec sdb ; celle sur l'arrière est souvent plus grande et parfois mieux aménagée que les autres.

Il n'est pas facile de choisir parmi quelque 1 400 bateaux. Certains propriétaires sont très sympathiques ; d'autres, un peu escrocs – demandez conseil à d'autres voyageurs. En dehors des pics de fréquentation (mai, juin et octobre), et tout particulièrement quand les touristes se font rares en raison du climat politique, regardez bien plusieurs house-boats et choisissez-en un qui vous convient. Beaucoup de propriétaires vous emmèneront gratuitement et sans engagement en *shikara* (bateau de type gondole) pour vous montrer leur bateau.

Nos conseils

Pour la plupart des visiteurs, un séjour en house-boat reste une expérience paisible et incontournable. D'autres se sont sentis escroqués, voire "pris en otage". D'autres, enfin, ont fait l'objet d'avances déplacées. Quelques règles à respecter :

- N'achetez aucun forfait à l'avance, ne réservez jamais un house-boat à Delhi.
- Visitez les house-boats en personne ou via des sites Web fiables avant de vous engager.
- Idéalement, procurez-vous le détail des prestations (thé, eau potable, transfert en *shikara*, utilisation du canoë – faut-il payer pour se resservir au dîner ?).
- Vérifiez que le bateau appartient à la catégorie indiquée (le certificat doit être affiché) : sinon, vous risquez de payer un tarif *deluxe* pour un bateau de catégorie B !
- Résistez aux pressions vous poussant à faire des dons à des "œuvres caritatives" ou à vous inscrire à des treks hors de prix.
- Ne laissez aucun objet de valeur sans surveillance : sur les bateaux, les voleurs peuvent avoir la main leste.
- Ne donnez jamais votre passeport au propriétaire du bateau.
- Prévenez un ami ou un hôtelier de confiance de l'endroit où vous logez.
- Suivez votre instinct.

Choisir l'emplacement

Des bateaux sont amarrés sur les rives de la Jhelum, mais vous aurez plus de choix sur les lacs Dal et Nagin. Ce dernier est d'ordinaire plus tranquille que le lac Dal, mais il est assez éloigné du centre-ville. Presque tous les lieux sont fréquentés par des vendeurs de souvenirs conduisant des *shikara*.

flanc sud de la colline, près des ruines de la **mosquée d'Akhund Mulla Shah** et du **sanctuaire de Makhdoom Sahib**. Trois escaliers permettent d'accéder à ce même endroit : le plus à l'est débute non loin de **Kathi Darwaza**, un portail historique proche du **gurdwara de Chetipacha** (Chattipatshahi Gurudwara).

Fort d'Hari Parbat FORTERESSE

(fort Koh-e-Maran ; lettre d'autorisation pour étranger/Indien 100/50 ₹ ; ⏲10h-15h sam-jeu). Cette forteresse du VIe siècle est perchée sur Hari Parbat, colline d'une importance stratégique et spirituelle au nord du centre-ville. La colline fut fortifiée en 1590 par l'empereur Akbar,

Adresses sur le lac Dal :

Première rangée du lac Dal (Dal First Row ; p. 267). En face du Boulevard ; allées et venues faciles en *shikara* (bateau de type gondole ; 50 ₹ par trajet) ; animée et bruyante en haute saison. Ces bateaux sont souvent plus jolis qu'agréables.

Deuxième rangée du lac Dal (lac Golden Dal). Légèrement en retrait, ces bateaux sont invisibles depuis le Boulevard et ont une bien meilleure vue sur le coucher de soleil. Il y règne une animation haute en couleur, et cela coûte seulement 80 ₹ en *shikara* pour s'y rendre depuis les *ghat* 9 ou 12. Cette rangée offre un bel équilibre entre mouvement et tranquillité. Notre bateau de luxe préféré est le **Young Beauty Star** (☎9419060790 ; www.dallakehouseboat-raga.com ; s 2 000-2 250 ₹, d 3 000-3 700 ₹ ; Ghat 9), dont l'emplacement à un croisement est parfait pour observer les allées et venues. Tout aussi confortables mais moins bien situés, les 3 bateaux du **Chicago** (☎0194-2502558, Ajaz Khar 9419061430 ; www.chicagohouseboats.com ; s/d mi-avr à mi-oct 2 250/3 300 ₹, mi-oct à mi-avr 1 800/2 700 ₹) ont des propriétaires sympathiques et anglophones, et Indira Gandhi y a même séjourné.

Garden Village du lac Dal Plus loin, de nombreux bateaux sont installés par grappes, formant comme un petit village : ils sont paisibles, sauf pendant les prières, mais plus difficiles à quitter sur un coup de tête. Le discret **Moon of Kashmir** (☎9906686454 ; d 1 200-1 800 ₹, en demi-pension 2 000-3 500 ₹ ; Ghat 7) est très accueillant.

Foreshore Road Aisément accessible, mais moins romantique que si vous étiez vraiment en plein lac. Les bateaux sont souvent basiques mais bon marché (moins de 1 000 ₹). Quelques problèmes de sécurité, car les voleurs peuvent facilement se glisser à bord.

Butts Clermont (☎9419056761, 0194-2415325 ; www.buttsclermonthouseboat.com ; Naseem Bagh, Hazratbal ; d à partir de 6 000 ₹). Bien au-dessus d'Hazratbal, cette ribambelle d'house-boats mouille près du jardin privé moghol. Longtemps prisés par les VIP, leur tarif élevé n'est pas vraiment justifié.

Adresses du lac Nagin :

Nagin East Bank Sur la rive est du lac Nagin, facilement accessible par la route, les bateaux ont vue sur Hari Parbat. Les house-boats du **Majestic & Ritz** (☎9906874747, 9858004462 ; majestichouseboat.com ; au sud du Nagin Club ; s/d à partir de 3 100/3 500 ₹) sont accueillants et fiables. Le **Butterfly** (☎0194-2429889, 0194-2420212 ; ch 3 000-5 000 ₹) est décontracté. Certains groupes de bateaux affichent parfois des tarifs de dernière minute.

Nagin West Bank Sur la rive ouest du lac Nagin, les bateaux ont une vue superbe au coucher du soleil – des escarpements boisés se reflètent dans le lac. On les rejoint généralement en *shikara* depuis la rive orientale, mais la plupart sont également accessibles via une ruelle passant par un luxueux espace résidentiel, empreint de religiosité. Il n'est pas facile de rejoindre la ville : prévoyez un paisible séjour à bord si vous choisissez ce secteur. Les bateaux de **New Jacquline** (☎0194-2421425, 9419001785 ; www.newjacqulinehouseboats.com ; d 3 400-8 000 ₹) sont particulièrement confortables.

Tarifs

Officiellement, les tarifs, fixés par l'**Houseboat Owners Association**, vont de 600/900 ₹ en s/d de catégorie D à 3 800/4 800 ₹ en s/d de catégorie *deluxe* (ou 900/1 300 ₹ et 5 000/6 500 ₹ respectivement en demi-pension). En réalité, il s'agit uniquement d'une indication. Certains bateaux demandent une somme plus élevée, beaucoup d'autres demandent moins, et en cas de faible remplissage, il est souvent possible d'obtenir de très bons prix.

mais la partie supérieure de la forteresse fut pour l'essentiel construite en 1808 par le gouverneur pachtoune Atta Mohammad Khan. Pour visiter le fort, demandez une lettre d'autorisation auprès du TRC (p. 273) ou du centre d'interprétation Naagar-Nagar (avec photocopie du passeport).

Badamvaer JARDIN

(Badanwari ; Hari Parbat Rd ; tarif plein/réduit 10/5 ₹ ; 8h-20h30). Créé au XVIe siècle, puis planté d'amandiers en 1876, ce jardin-verger a perdu de sa splendeur pendant les troubles au Cachemire dans les années 1990, pour la retrouver pleinement après une restauration en 2007. Outre les floraisons printanières et l'ombre estivale des fruitiers, l'attrait principal des lieux est le puits rond couvert de Wariskhanshah, au centre du parc.

Centre de Srinagar

Sri Pratap Singh Museum MUSÉE

(☎0194-2312859 ; SPS Rd ; Indien/étranger 10/50 ₹, appareil photo par galerie 100/200 ₹ ; ⊙10h-16h mar-dim). Ce riche musée historique réunit des œuvres en papier mâché mogholes, des céramiques du IVe siècle, des divinités du VIIIe siècle, des oiseaux empaillés, des os de mammouth, des armes, des costumes traditionnels cachemiris... La collection est progressivement transférée du palais de Lalmandi du maharaja Pratap Singh, datant de 1872 et dans un état de délabrement avancé, à un nouveau bâtiment construit pour faire office de musée juste derrière.

Activités

Les lacs, les prairies et les hautes terres du Cachemire forment le cadre de mémorables treks. Toutefois, à l'inverse du Ladakh, il n'est pas toujours aisé de trouver des compagnons de marche. Les formules ne manquent pas sur Internet et n'importe quel propriétaire d'house-boat vous recommandera un "frère" en mesure de vous servir de guide. On gagne toutefois à se rendre directement à Aru, Pahalgam, Sonamarg ou à Naranag pour y organiser les choses par soi-même et bénéficier du meilleur tarif. Si c'est votre choix, envisagez de louer à l'avance de l'équipement de camping auprès du Mountaineering Information Office, dans le même bâtiment que le TRC de Srinagar (p. 273).

Où se loger

Séjourner sur un house-boat (p. 270) est l'une des attractions phares de Srinagar, mais choisissez-le avec soin. Les hôtels bon marché sont peu nombreux (regardez à Dalgate ou sur Old Gagribal Rd), au contraire de ceux de moyenne gamme. Cependant, beaucoup sont mal tenus et accueillent surtout de grands groupes bruyants. Demandez à voir des chambres avant de vous décider. Notez qu'en dehors des périodes de troubles, les prix peuvent grimper en flèche pendant les vacances indiennes (mai, juin et octobre).

John Friends Guesthouse PENSION $

(☎0194-2458342 ; à côté de Foreshore Rd ; dort 200 ₹, d sans/avec sdb 300/500 ₹ ; 📶). Accessible depuis Foreshore Rd en empruntant une passerelle en bois sur pilotis, John Friends se démarque grâce à son jardin planté de pommiers et son accès direct aux canaux secondaires (même si l'eau y est stagnante et pullule de moustiques). Les 12 chambres à prix très attractif ont été entièrement refaites après les inondations de 2014, et il y a un petit dortoir avec des matelas au sol. La location de barque à rames ne coûte que 30 ₹ de l'heure.

Noor Guest House PENSION $

(☎9491034268, 0194-2450872 ; noorguesthouse@ymail.com ; près de Dalgate ; d 500-1 000 ₹ ; 📶). Reconstruite en grande partie en 2015, cette adresse prisée par les *backpackers* – bien qu'un peu exiguë – possède une petite cour, deux étroits balcons communs avec une vue partielle sur le lac, et des bonus appréciables comme une cuisine partagée, une laverie et des vélos à louer. Le Wi-Fi coûte 100 ₹ par jour.

♥ **Swiss Hotel Kashmir** PENSION $$

(☎0194-2500115, Rouf 9906519745 ; www.swisshotelkashmir.com ; 172 Old Gagribal Rd ; d 850-3 000 ₹ ; @📶). Cette pension familiale et conviviale loue d'excellentes chambres, aux murs lambrissés. Pour les étrangers se présentant sans réservation, les tarifs sont bien inférieurs à ceux affichés sur le site Internet. Un endroit parfait pour accéder au lac et suffisamment à l'écart pour échapper au bruit de la circulation, dans une zone relativement sûre pendant les périodes de trouble.

♥ **Green Acre** HÔTEL $$

(☎9419213145, 0194-2453859 ; www.wazirhotels.com ; Rajbagh ; s/d 4 500/5 500 ₹, ste 9 500-40 000 ₹ ; ❄📶). La maison principale de l'établissement, niché au cœur d'un splendide jardin planté de rosiers, est une demeure typique du Raj (1942), avec un balcon. La propriété a été entièrement réaménagée depuis les inondations de 2014, tout en conservant de nombreux éléments d'époque dans les chambres historiques.

Chocolate Box BOUTIQUE-HÔTEL $$

(☎0194-2500298, 9796577334 ; www.chocolateboxsrinagar.com ; Boulevard ; d 5 000-6 500 ₹, sans réservation 3 500-4 500 ₹). Avec des éléments de décoration de créateurs choisis avec goût, ce boutique-hôtel à 13 chambres est l'une des adresses les plus séduisantes du Boulevard. Les chambres 107 et 108 ont un balcon privatif avec vue sur le lac. Les tarifs sans réservation offrent un joli rabais.

Comrade Inn HÔTEL $$$

(☎0194-2313440 ; www.comradeinn.com ; Rajbagh ; d 6 000 ₹, dernière minute 4 000 ₹ ; ❄📶). Le personnel, compétent, vous guidera le long de couloirs décorés d'art moderne, jusqu'aux chambres récentes et bien équipées – excellents sommiers à ressorts, draps impeccables, douches à effet pluie, réfrigérateur, bouilloire et éclairage savamment pensé.

Lalit Grand Palace Srinagar HÔTEL HISTORIQUE $$$
(☎0194-2501001 ; www.thelalit.com ; Gupkar Rd ; ch/ste à partir de 20 500/24 150 ₹ ;). Cet ancien palais du maharaja datant de 1910 est installé sur plusieurs hectares de belle pelouse, et l'intérieur montre de nombreux biens de famille historiques. Seules les suites occupent le bâtiment original du palais, mais les chambres de la longue aile récente sont très élégantes ; celles du rez-de-chaussée ont un accès direct au jardin.

Où se restaurer et prendre un verre

La tradition musulmane de Srinagar implique que les restaurants ne servent pas d'alcool, même si quelques hôtels haut de gamme ont des bars. Vous pourrez acheter de l'alcool auprès d'une **cave à vin** (Boulevard, Heemal Hotel Shopping Complex ; 10h-20h sam-jeu, fermé pendant le Ramadan) anonyme près du Boulevard. Quelques salons de thé atypiques sur le Bund (p. 269) servent des boissons non alcoolisées.

New Krishna Vaishno Bhojnalay DHABA $
(Durganag Rd ; plat 50-100 ₹ ; 8h-16h et 19h-22h30). Dans ce petit établissement, le "premier" *dhaba* (restaurant sans prétention servant des en-cas et des repas simples) de Srinagar, on se presse pour commander de savoureux repas végétariens, précuits et bon marché, des *dosa* et des petits-déjeuners d'Inde du Sud. Payez à l'avance au comptoir.

SAVEURS CACHEMIRIES

Le Cachemire se distingue aussi par sa cuisine. Un *wazwan* (banquet) cachemiri peut compter des dizaines de plats, principalement à base de mouton, tels le *goshtaba* (boulettes de mouton pilées dans un curry au yaourt et au safran), le *tabak maaz* (côtes d'agneau grillées) et le *rogan josh* (curry d'agneau très épicé). Les cuisiniers cachemiris mijotent aussi de savoureux curries à base de fromage et, en saison, des *nadir* (tiges de lotus) servis dans un *yakhni* (sauce au yaourt et au fenouil). Le *kahwa* cachemiri est un délicieux thé doré, parfumé au safran, à la cannelle et à la poudre d'amandes.

Crescent Lake View Restaurant INDIEN, INTERNATIONAL $$
(Ama Tours ; Foreshore Rd ; plats 120-250 ₹ ; 8h-22h30 ;). Quatre tables modernes avec canapés, ordinateurs en libre-service, bureau de change et agence de voyages/trekking sur place : cet établissement orienté vers les *backpackers* joue sur tous les tableaux. Le café filtre est bon et les plats vont des crêpes à la banane au *wazwan* (repas cachemiri traditionnel composé de plusieurs plats).

Stream INDIEN, INTERNATIONAL $$
(Boulevard ; plats 170-350 ₹ ; 11h-22h ;). Climatisé, ce restaurant chic en retrait du Boulevard est la promesse d'un bon repas. Il sert des plats indiens très savoureux, ainsi que des pizzas, du café et des glaces.

Mughal Darbar CACHEMIRI $$$
(☎0194-2476998 ; Residency Rd ; plats 105-340 ₹, wazwan pour 1/4 pers 640/2 875 ₹ ; 10h30-22h30 ;). Ce restaurant en étage est une excellente adresse pour goûter des plats cachemiris à base de mouton ; de bons plats végétariens à l'indienne y sont également proposés. Vous pourrez réserver une salle spéciale, pour déguster, assis sur des tapis, un *wazwan* servi dans des plats de cuivre. La salle principale comporte une magnifique peinture murale orientale, intitulée *Où est le paradis ?*

Achats

Le long du Boulevard, plusieurs grands magasins vendent une multitude de souvenirs cachemiris, dont de jolies boîtes en papier mâché, des objets en noyer sculpté, ainsi que des châles en cachemire et en pashmina. Les *gabba* (tapis cachemiris) au point de chaîne, les tapisseries en canevas et les *namda* (tapis en laine feutrée), aux motifs floraux, font également d'excellents souvenirs. Safran, battes de cricket et fruits secs abondent dans les échoppes de Lal Chowk.

Renseignements

TRC (Tourism Reception Centre ; ☎0194-2502270, 0194-2456291 ; www.jktourism.org ; TRC Rd ; 24h/24, demandes de permis 10h-15h). Cet office du tourisme dispense un mélange de renseignements utiles et de considérations elliptiques. Il devrait bientôt déménager dans un grand bâtiment néo-traditionnel si les travaux sont réalisés comme prévu. C'est ici que vous pouvez demander un permis pour visiter le fort d'Hari Parbat et des renseignements pour randonner sur la section Naranag-Sonamarg. On y loue aussi des équipements de camping et de randonnée.

UAE Exchange (Boulevard ; 9h30-13h30 et 14h-18h lun-ven, 10h-14h sam). Caché dans une ruelle à l'est de l'Hotel Sunshine, ce bureau de change propose des taux intéressants pour les espèces ; il échange les chèques de voyage contre une commission.

Depuis/vers Srinagar

AVION

Desservi par plusieurs vols quotidiens depuis Delhi et Jammu et au moins un vol par jour depuis Mumbai et Leh (GoAir), l'aéroport de Srinagar se trouve 1,2 km après une barrière de sécurité où l'attente peut s'éterniser en raison du contrôle des bagages et des passagers. Pour passer, il faut montrer son billet d'avion ou l'impression de la confirmation de son billet électronique. Comptez au moins 2 heures de battement. En période de crise, il est parfois nécessaire de se rendre à l'aéroport à l'aube pour éviter le couvre-feu – l'aéroport fonctionne normalement, mais les routes d'accès sont parfois fermées toute la journée.

À l'arrivée de leur vol, les étrangers doivent remplir un formulaire d'entrée J&K et y indiquer le nom de leur hôtel. Si vous ignorez où vous allez séjourner, inscrivez "TRC" (Tourist Reception Centre).

BUS ET JEEPS

Anantnag Des jeeps collectives Sumo (80 ₹, 1 heure 30) partent du **Tourist Taxi Stand 7** (Dalgate). Descendez à Anantnag pour rallier Pahalgam et Vailoo.

Jammu Bien goudronnée, la route Srinagar-Jammu comporte de nombreux beaux points de vue ; la neige est dégagée toute l'année, mais l'axe est souvent bloqué par des glissements de terrain et des *hartals* (grèves), ce qui peut amener des retards.

Des bus privés (roulant majoritairement de nuit) partent de la gare routière de Panthachowk, à 8 km au sud du centre-ville. De la **gare routière J&K SRTC** (0194-2455107 ; TRC Rd), nettement plus pratique, des bus J&K SRTC (classe B/A/18 places 300/420/510 ₹, 10-13 heures) partent également à 6h30, 7h30 et à 19h30 (certains soirs). Des jeeps collectives (700/4 950 ₹ par pers/véhicule) partent de l'autre côté de la route ; venez entre 6h30 et 9h pour avoir les meilleures chances de trouver un véhicule.

Kargil Avant 9h, des jeeps collectives (900/6 400 ₹ par pers/voiture) partent du **Tourist Taxi Stand 1** (TRC Rd) et de Kaksarai, près de l'hôpital SMHS, à Karan Nagar (ouest de Srinagar), où l'on trouve également 2 bus privés qui partent vers 5h (400 ₹).

Kishtwar Un bus passe normalement une fois par jour, mais le trajet fait des arrêts à Anantnag et Vailoo. Il vous faudra passer la nuit à Vailoo (ou à Kokernag, le village voisin) : les jeeps collectives pour Kishtwar (300/3 500 ₹ par pers/véhicule, 6 heures) partent de là entre 6h et 10h.

Leh Le bus J&K SRTC part généralement à 7h30 (1 060 ₹, 2 jours) et fait escale pour la nuit à Kargil ; réservez la veille. En période de crise, et dans le cas où le bus circule, il part à 23h30 pour éviter les troubles.

Depuis le Tourist Taxi Stand 1, la plupart des jeeps collectives (2 100 ₹/pers, 14 heures) partent avant 7h. Réservez au moins 1 jour avant pour avoir une bonne place.

Delhi Bus J&K SRTC (siège/couchette 1 490/1 670 ₹, environ 24 heures, 7h30).

Le J&K SRTC propose aussi des excursions aller-retour à 420 ₹ vers des destinations touristiques comme Sonamarg, Gulmarg, Yusmarg et Pahalgam, avec des départs entre 7h30 et 9h. Peu ont lieu en dehors de mai et juin. Avant d'acheter votre billet, demandez à des voyageurs s'ils ne préfèrent pas partager une jeep Sumo depuis la station de taxis, juste en face.

De la gare routière de Batmaloo, à l'ouest du centre-ville, des bus vont à Kangan pour Sonamarg ou Naranag et des jeeps Sumo rallient régulièrement Tangmarg (correspondance pour Gulmarg).

Des dizaines de stands proposent des locations de jeeps. Quelques tarifs aller-retour : Pahalgam (3 000 ₹), Sonamarg (2 700 ₹) et Gulmarg (2 500 ₹). Certains hôtels ont de meilleurs prix.

TRAIN

La gare ferroviaire la plus proche est à Nowgam, à 10 km au sud de la vieille ville. Les trains circulent actuellement uniquement sur la ligne Banihal-Qazigund-Anantnag-Nowgam-Baramulla. Théoriquement, la ligne Jammu-Katra-Nowgam-Baramulla devrait être achevée en 2018, mais rien n'est certain.

Comment circuler

En auto-rickshaw, comptez 50 ₹ pour une course brève et 250 ₹ par heure environ pour un circuit.

Le tarif officiel des *shikara*, des bateaux colorés ressemblant à des gondoles, est de 500 ₹ par heure, ou 50/80 ₹ pour de petits trajets de la rive vers la première/deuxième rangée d'house-boats. En réalité, certains conducteurs de *shikara* (notamment sur **Khona Khon New Rd**) acceptent des prix bien moins élevés, descendant jusqu'à 200 ₹ par heure, mais plus le tarif est bas, plus on insistera pour que vous achetiez d'autres choses. Cela ne coûte que 20 ₹ pour le saut de puce jusqu'au Nehru Park depuis la **jetée** la plus proche.

Des minibus surchargés suivent les itinéraires principaux, comme Lal Chowk-Hazratbal et Lal Chowk-Shalimar Bagh, via la rive sud du lac Dal.

Si la circulation anarchique ne vous fait pas peur, vous pouvez vous promener à vélo dans la vieille ville relativement plate et près des rives du lac. Il y a peu de possibilités de locations, mais quelques vélos sont parfois disponibles (généralement réservés aux clients) au **Swiss Hotel Kashmir** (p. 272) et à la **Noor Guest House** (p. 272) (250 ₹/jour).

DEPUIS/VERS L'AÉROPORT

Aéroport international de Srinagar Les taxis prépayés depuis l'aéroport coûtent 610/710/710 ₹ jusqu'à Lal Chowk/Dalgate/Nehru Park. Autrement, marchez (1,2 km) ou prenez la navette gratuite jusqu'à la barrière de sécurité à l'extérieur et essayez de trouver un véhicule pour la suite. La navette est censée passer toutes les 20 minutes, mais c'est en réalité très irrégulier.

Quand il y a un couvre-feu, le trajet pour l'aéroport peut coûter jusqu'à 1 000 ₹ et il vous faudra probablement arriver à l'aube, quel que soit l'horaire de votre vol. Le bâtiment du terminal n'accueille les passagers que 3 heures avant l'heure prévue du départ, ce qui les oblige parfois à attendre à l'extérieur.

Pahalgam et Aru

☎01936 / 10 300 HABITANTS / ALTITUDE 2 150 M

Les rivières Lidder et Seshnag dévalent de profondes vallées montagneuses couvertes de hauts conifères et entourées de sommets. Les sites remarquables ne manquent pas dans la région, qui englobe plus de 20 lacs, qu'une multitude de guides et de loueurs seront ravis de vous faire découvrir.

Pahalgam s'étend sur 4 km autour du point de confluence des deux rivières, sans en gâcher le beau spectacle naturel. C'est une grande destination touristique où l'on peut faire du golf et du rafting, et une halte lors du pèlerinage d'Amarnath en milieu d'été.

Les hôtels vous inciteront probablement à faire une promenade à dos d'âne ou un trek. En fait, les meilleures randonnées partent souvent d'**Aru**, un petit village situé 12 km plus loin, au cœur de paysages d'altitude magiques, parmi les pics des contreforts. Aru (altitude 2 440 m) est de plus en plus utilisé comme base de départ par les randonneurs qui traversent Pahalgam d'une traite en y changeant seulement de véhicule.

Les plus de 200 hôtels de Pahalgam vont de l'**Himalaya House** (☎01936-243072 ; www.himalayahouse.in ; Laripora Rd, Pahalgam ; ch 3 750-5 625 ₹ ; wifi), au style vaguement scandinave, au très tendance **Pine Spring** (☎01936-243386 ; pahalgam.hotel-pinespring.com ; Laripora Rd, Pahalgam ; s/d/ste 6 500/7 500/11 000 ₹) en passant par la typique **Alpine Inn** (☎9906756030, 01936-243065 ; www.alpineinnpahalgam.com ; Heevan Link Rd, Pahalgam ; s/d 2 800/4 200 ₹ ; wifi) et le **Ramba Palace** (Bentes Lodge ; ☎01936-243296, 9419727379 ; rambapalace@yahoo.com ; Mamal ; d 500-1 000 ₹, sans sdb 400-600 ₹) – vieillissant et basique mais au calme, avec une vue à couper le souffle.

Les prix peuvent énormément fluctuer, avec un pic en mai et en juin. Les meilleures adresses sont souvent proches de la route de la rivière, laquelle passe derrière le terrain de golf et file jusqu'au "deuxième pont", près de l'arrêt de bus de Laripura.

Les visiteurs occidentaux qui ne sont pas attachés au luxe délaissent souvent la cohue des hébergements de Pahalgam pour aller directement à Aru. Les hébergements bon marché y sont nombreux, comme l'accueillante **Friends Guesthouse** (☎01936-210928 ; www.friendsguesthousepahalgam.com ; Aru ; d 500-1 400 ₹) et la **Rohella Guesthouse** (☎01936-211339, 9622761355 ; Aru ; s/d 500/600 ₹ ; ⏲avr-oct), l'une des adresses préférées des *backpackers*. Option légèrement supérieure, le **Milky Way Hotel** (☎01936-210899, 9419435832 ; www.milkywaykashmir.com ; Aru ; ch 2 500-3 200 ₹, sans sdb 800 ₹) comprend aussi un restaurant correct.

ℹ Comment s'y rendre et circuler

Pendant la saison touristique, les bus J&K SRTC font l'aller-retour dans la journée depuis Srinagar (420 ₹, 2 heures 30) ; départ 7h30 et retour à 16h30. Les bus peuvent être annulés presque au dernier moment.

Autrement, depuis Srinagar, allez tout d'abord à Anantnag en jeep collective (80 ₹, 1 heure) ou à bord d'un (rare) bus local (50 ₹, 1 heure 30), puis changez de véhicule à la même station.

Les seuls véhicules autorisés à se rendre à Aru (à partir de 600 ₹) et à Chandawari (à partir de 700 ₹, 19 km) partent de **la station de taxis touristiques** (☎01936-243126 ; Pahalgam), à 10 minutes à pied en remontant la rue principale depuis la **gare routière et la station de jeeps** (Pahalgam Bazaar) de Pahalgam. Le tarif dépend du véhicule (4 catégories).

Gulmarg

☎01954 / ALTITUDE BAS/HAUT DE LA STATION 2 600 M/3 750 M

Les étrangers trouveront peut-être son système de **télécabine** (www.gulmarggondola.com ; téléphérique 1er/2e palier 700/1 600 ₹, forfait ski journée/sem pour les étrangers 1 800/9 050 ₹, pour les Indiens 1 150/6 800 ₹ ; ⏲9h-15h, dernier retour vers 17h), dit Gondola, décevant en raison de la longue file d'attente qu'il requiert, mais il n'en demeure pas moins que Gulmarg est une station de ski réputée, à la poudreuse parfaite. Même si un télésiège suit partiellement la deuxième partie du trajet du Gondola et permet d'accéder à des pistes plus faciles, ce site reste celui des skieurs de l'extrême. En dehors de la cuvette qui abrite la télécabine, la majorité des autres couloirs et des pistes forestières ne sont pas sécurisés, d'où l'importance d'avoir une maîtrise suffisante de la discipline et de bien vérifier les conditions météorologiques. **Gulmarg Avalanche Advisory** (gulmarg-avalanche-advisory.com) publie des bulletins détaillés toute la saison, qui s'étend de décembre à mars ; meilleures conditions de mi-janvier à fin février.

GM Ahanger (☎9596295371, 9697767268 ; ahangergm@gmail.com) nous a été recommandé pour ses guides. **FSH** (Free Ski Himalaya ; ☎+41-33-5349301 ; www.freeskihimalaya.com), un prestataire helvétique, et **Bills Trips** (☎+61-409-161978 ; www.billstrips.com), basé en Australie, proposent des forfaits de ski tout compris. **Kashmir Heli-Ski** (www.kashmirheliski.in) peut quant à lui vous emmener encore plus loin hors piste.

Gulmarg est à seulement 1 heure 30 de route de Srinagar, mais passez-y la nuit pour être le premier sur les pistes le matin. Modeste et branché, le **Raja Hut** (☎9797297908, 9596245006 ; rk5536058@gmail.com ; d à partir de 2 500 ₹) est tenu par un sympathique snowboardeur et fréquenté par de nombreux aventuriers étrangers soucieux de leur budget. Parmi les autres choix corrects, citons le jovial **Heevan Retreat** (☎01954-254455 ; www.ahadhotelsandresorts.com ; ch/ste à partir de 6 700/14 375 ₹ ; 📶), avec son intérieur en pin un peu fatigué, le **Shaw Inn** (☎01954-254532 ; s/d 7 000/7 500 ₹), familial et simple, ou encore le **Khyber Himalayan** (ci-dessous), véritable palace montagnard.

Khyber Himalayan Resort & Spa HÔTEL $$$
(☎9596780653 ; www.khyberhotels.com ; Khyber Rd ; d 13 500-21 500 ₹, cottage 40 000-150 000 ₹ ; 📶🏊). Le seul complexe vraiment luxueux de Gulmarg est si grandiose qu'il en est presque intimidant. Il possède une piscine intérieure, un spa et une vue sublime qui vous surprendra, depuis la terrasse du salon de thé à l'arrière.

ℹ Depuis/vers Gulmarg

La location d'une jeep pour une journée aller-retour depuis Srinagar coûte 2 200 ₹ (environ 2 heures dans chaque sens). Sinon, depuis la gare routière de Batmaloo de Srinagar, prenez une jeep collective pour Tangmarg (80 ₹), puis changez avant d'attaquer les 13 km qui montent en lacets à Gulmarg (40 ₹).

En été, une barrière après la station des jeeps contraint à marcher 15 minutes jusqu'au Gondola.

Naranag et lac Gangabal

☎01942 / 450 HABITANTS / ALTITUDE NARANAG/GANGABAL 2 280 M/3 575 M

Nichée dans une vallée encaissée et plantée de conifères, la petite localité de Naranag est

YATRA D'AMARNATH

Le seul site remarquable d'Armanath est un lingam en pierre naturelle symbolisant le Shiva, abrité dans une grotte sacrée au sein d'une montagne à 3 888 m d'altitude. Le pittoresque *yatra* (pèlerinage) qui a lieu tous les ans pour le voir, de mi-juillet à mi-août, est une expérience inoubliable. Mais, avec près de 20 000 pèlerins par jour, il n'a rien d'une randonnée méditative.

Il existe deux itinéraires. Amarnath est à tout juste 14 km du grand Baltal Camp, à 15 km à l'est de Sonamarg (deux jours, une nuit). Les pèlerins les plus aisés font le trajet à dos de poney, en *dandy* (palanquin), ou partiellement en hélicoptère. L'itinéraire le plus long commence par une course en taxi de 16 km entre Pahalgam et Chandanwari (700 ₹), suivie d'une randonnée de 3 jours et 2 nuits (36 km). Peu importe le trajet choisi, des campements vous fourniront toutes les denrées de base en chemin. Vous aurez donc un minimum de choses à prévoir, hormis des vêtements chauds.

Prenez garde au blizzard et aux militants cachemiris, qui ont tué des pèlerins par le passé. Les aspirants *yatri* (pèlerins-randonneurs) doivent demander un permis auprès de l'association officielle du pèlerinage, le **Sri Amarnath Shrine Board** (SASB ; ☎0194-2468250, 0194-2501679, en hiver 0191-2503399 ; www.shriamarnathjishrine.com ; ⏲mi-juil à mi-août). Vous pouvez télécharger le formulaire en ligne, mais vous devrez le déposer en personne avec photos, photocopie de votre passeport/visa, certificat médical et 150 ₹, soit à Jammu, soit au TRC de Nowgam, à 12 km de Srinagar. Les moins de 13 ans et les plus de 75 ans ne sont pas autorisés à effectuer le *yatra*.

le fief des Gujar, un peuple semi-nomade. Elle abrite deux remarquables **temples de Shiva en ruine** du VIIIe siècle. Pour la majorité des visiteurs, elle sert de point de départ aux treks de plusieurs jours dans la région montagneuse des "grands lacs" du Cachemire.

Le **lac Gangabal** est la destination la plus prisée pour une randonnée de 2 jours. On y accède en 7 heures de marche éreintante depuis le village de Naranag.

Il est possible de faire un trek de 5 ou 6 jours entre Naranag et Sonamarg en empruntant la route traditionnelle des "**Sept Lacs**", mais prenez garde à certains cols qui sont bloqués par la neige jusqu'à fin juillet. Il existe plusieurs variantes de cet itinéraire, mais toutes nécessitent un permis – point de contrôle près du lac Vishansar. Certains guides prétendent pouvoir contourner cette règle ou qu'ils peuvent en faire la demande au campement Manigal près de Kangan, mais mieux vaut rester prudent et effectuer les formalités nécessaires au TRC de Srinagar (p. 273), où la demande est plutôt rapide (apportez la photocopie de votre visa/passeport, une photo et le détail de votre itinéraire).

À l'arrivée à Naranag, des guides seront ravis de vous procurer des chevaux de bât – leur maîtrise de l'anglais est limitée et les tarifs pratiqués sont assez obscurs. La plupart des guides locaux ont des tentes et des sacs de couchage disponibles, mais ils sont souvent de mauvaise qualité ; prévoyez votre matériel, que vous pouvez louer au TRC de Srinagar.

En travaux, la **Swiss Retreat** (swissretreatkashmir@gmail.com ; Naranag ; ch 850-1 350 ₹) à Naranag ne propose pour l'instant rien d'autre que 8 pensions/maisons d'hôtes pour la plupart en mauvais état. La **Khan Guesthouse** (Imtiaz 9697559256 ; d sans sdb 400-600 ₹) et le **Gulshan Lodge** (Naranag ; ch 500-1 200 ₹) disposent des hébergements les plus corrects. Sur les hauteurs de Gangabal s'élève un refuge pour les touristes ; il est rarement – voire jamais – entretenu, mais il peut servir lorsqu'il est ouvert pour s'abriter du mauvais temps.

Depuis/vers Naranag et le lac Gangabal

Il y a une liaison quotidienne en bus depuis Naranag pour Kangan (20 ₹, 1 heure 20) à 8h avec un retour à 15h. Des jeeps Sumo collectives (70 ₹, 1 heure) font la liaison Kangan-Srinagar et des bus moins chers desservent la gare routière de Batmaloo de Srinagar.

Une jeep privée depuis Srinagar coûte 2 500 ₹ (2 heures).

Sonamarg

0194 / 800 HABITANTS (EN ÉTÉ) / ALTITUDE 2 670 M

Située entre Kargil et Srinagar, Sonamarg est une halte appréciée pour le déjeuner, moins pour la qualité de ses plats que pour se préparer à affronter le passage du Zoji La (p. 239), un col angoissant culminant à 3 529 m. La rue principale compte de nombreux *dhaba* (gargotes) où se ravitailler. Il y a une boulangerie tandoori à l'arrière de la station de jeeps Sumo.

Sonamarg signifie "prairie dorée", un nom charmant qui convient bien à cette vallée d'altitude entourée de hauts sommets pointus et d'un paysage enchanteur. Le principal village, saisonnier, est au Km 85 sur la route Srinagar-Leh ; c'est une enfilade d'hôtels et de restaurants sans prétention. Mais vous y échapperez sans mal en marchant une petite heure vers la vallée voisine pour admirer les nombreux pics du **glacier de Thajiwas**. Si vous voulez randonner plus loin, Sonamarg marque la fin (ou le départ) du **trek des Sept Lacs** depuis Naranag. Si vous êtes bien documenté, rejoignez les pèlerins saisonniers sur le *yatra* d'Amarnath, qui démarre juste 15 km à l'est de Sonamarg, à Baltal.

Où se loger

Les chambres mal tenues au-dessus des restaurants de Sonamarg coûtent de 1 500 à 4 000 ₹ en mai et juin, et 400 ₹ à d'autres périodes. L'**Hotel Royal** (ch 1 500-2 000 ₹ ; mai-oct) est le plus correct ; il y a de meilleures adresses sur la route, comme l'**Hotel Kongposh** (ch 4 000 ₹). Vieillissants mais bien situés, les **Tourist Dormitories** (dort 200 ₹) et l'**Alpine Hut** (ch 3 000 ₹) sont à 15 minutes à pied après le Km 83 en direction du glacier de Thajiwas. La majorité des bons hôtels sont entre le Km 83 et le Km 84.

Depuis/vers Sonamarg

Srinagar Les bus directs sont horriblement lents (120 ₹, plus de 5 heures), au point que les locaux préfèrent souvent prendre une jeep Sumo collective pour Kangan (80 ₹, 1 heure 30) puis une autre jusqu'à Srinagar (70 ₹, 1 heure).

Kargil Les jeeps privées coûtent 6 000 ₹. Les bus pour Kargil et pour Leh passent respectivement vers 8h et 10h30, mais sont souvent complets en arrivant. Il en va de même pour la plupart des jeeps collectives depuis Srinagar, mais guettez les plaques d'immatriculation avec JK07 dans la rue des restaurants ou à l'arrêt de bus. S'il y a de la place, le tarif est de 600 ₹ par personne pour Kargil. Vous pouvez aussi prier un hôtelier sympathique de téléphoner pour vous réserver un siège dans une jeep depuis Srinagar, mais vous devrez payer d'avance (en ajoutant sa commission).

JAMMU ET LE SUD DU JAMMU-ET-CACHEMIRE

Située en bordure de plaine, Jammu, centre névralgique de la région sud du Jammu-et-Cachemire à dominante hindoue, subit une chaleur accablante. Autoproclamée "ville des temples" – un titre peu exagéré –, les hordes de *yatri* (pèlerins hindous) qui constituent l'essentiel des touristes dans la région ne font que la traverser rapidement en poursuivant vers Katra (d'avril à juin et d'octobre à décembre), Gulabgarh (août) ou Amarnath (juillet) via Pahalgam.

La région compte cependant plusieurs sites moins connus, comme le départ à Kishtwar de la remarquable route des "3 K". La route passe par Killar pour atteindre Keylong dans l'Himachal Pradesh en suivant les spectaculaires canyons de la Chenab et en empruntant une partie de l'étroite piste pour jeeps désignée comme la "plus dangereuse du monde".

Jammu

☎0191 / 560 000 HABITANTS / ALTITUDE 330 M

Jammu est la capitale hivernale du Jammu-et-Cachemire. Avant l'indépendance, c'est dans cette ville que siégeait la puissante dynastie Dogra, dont les palais demeurent les plus beaux sites de la ville. Bien que la cité hindoue s'autoproclame "ville des temples", peu présentent un intérêt historique. Les touristes occidentaux n'ont guère d'intérêt à s'attarder plus que nécessaire avant de prendre une correspondance pour Amritsar, Srinagar ou Dharamsala.

Si vous avez néanmoins du temps à tuer, envisagez de faire l'un des circuits de 3-4 heures proposés par certains conducteurs d'auto-rickshaw (350-500 ₹), qui démarrent traditionnellement dans le centre près du mandir de Raghunath.

À voir

Mandir de Raghunath TEMPLE HINDOU

(Raghunath Bazaar ; don apprécié ; ⏲6h-20h30). Ce lieu de dévotions du XIXe siècle, qui marque le cœur de la vieille ville, présente plusieurs pavillons contenant des milliers de cailloux gris incrustés dans du ciment ; ce sont des *saligram* (fossiles d'ammonites) représentant les innombrables divinités du panthéon védique.

Gurdwara central TEMPLE SIKH

Redéfinissant le cœur de la ville basse, ce nouveau grand ensemble sikh au style classique et aérien est, pour de nombreux visiteurs étrangers, l'archétype d'un temple indien avec ses dômes dorés.

Mandir de Mubarak PALAIS

(Durbagarh Rd). Débuté en 1710 et beaucoup élargi après 1824 sous la dynastie Dogra, ce vaste ensemble palatial fascine par son échelle autant que par son état de délabrement partiel. La seule partie accessible est l'ancienne salle du *durbar* abritant la **Dogra Art Gallery** (☎0191-2561846 ; kirpal_308@rediffmail.com ; étranger/Indien 50/10 ₹, appareil photo 240/120 ₹ ; ⏲10h-17h mar-dim).

Amar Mahal PALAIS

(tarif standard/spécial 20/200 ₹, appareil photo 50 ₹ ; ⏲9h-13h et 14h-18h mar-dim avr-sept, jusqu'à 17h oct-mars). Dans les années 1890, les maharajas de la dynastie Dogra déménagèrent du *mandir* de Mubarak (p. 278) jusqu'à ce manoir en brique au style très européen à quelques kilomètres de la ville, doté de tourelles comme un petit château et d'une vue dégagée du haut des falaises. C'est désormais un musée dont la pièce phare est un trône royal à baldaquin fait à partir de 100 kg d'or. Les autres salles présentent les personnages qui y vécurent, et le billet "spécial" donne accès aux appartements de la maharani à l'étage, qui comportent un portrait de la reine Victoria et une collection de parfums dans la sdb.

Où se loger

Green View Hotel PENSION $

(☎0191-2573906, 9419198639 ; 69 Chand Nagar ; s/d/tr/qua 200/600/800/1 000 ₹, avec clim 1 000/1 200/1 600/1 800 ₹ ; ❄). Nichée au bout d'une impasse peu engageante en retrait de Vinaik Bazaar, cette solution de repli pour *backpackers* loue des chambres carrelées avec sdb, ce que ne laissent pas présager les portes grises avec cadenas. Les minuscules simples, avec sdb commune, sont certainement les options les moins chères qu'un étranger puisse trouver à Jammu. Bonne vue sur le *gurdwara* central depuis le toit.

Natraj Hotel HÔTEL $$

(☎0191-2547450 ; www.facebook.com/pages/Natraj-Hotel-Jammu/1518793774999744 ; Residency Rd ;

Jammu

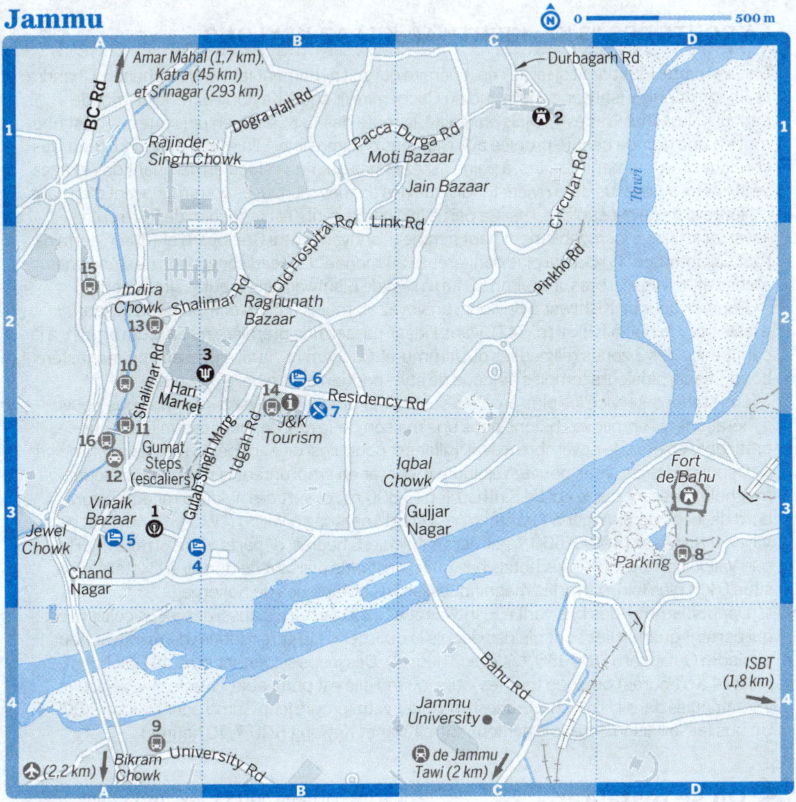

Jammu

À voir

1 Gurdwara central A3
Dogra Art Gallery .... (voir 2)
2 Mandir de Mubarak C1
3 Mandir de Raghunath B2

Où se loger

4 Fortune Riviera A3
5 Green View Hotel A3
6 Hotel Natraj B2

Où se restaurer

7 Falak B2

Transports

Air India .... (voir 14)
8 Arrêt de matadors du fort de Bahu D3
9 Arrêt de matadors de Bikram Chowk A4
10 Guichets des companies pour Manali A2
11 Gare routière A3
12 Rampe de la gare routière (jeeps pour Srinagar) A3
13 Indira Chowk A2
14 Agence spéciale de réservation des bus J&K SRTC pour Srinagar B2
15 Matadors pour Nagrota et bus pour Udhampur A2
16 Compagnies privées de bus A3

s/d 1 400/1 800 ₹, avec vue 2 000/2 500 ₹ ; ❄📶). Les élégantes chambres chocolat et crème sont climatisées et, dans les petites sdb, les douches sont très chaudes. La réception se cache dans un restaurant végétarien compact et moderne sur Panj Bakhtar Rd. Quelques chambres donnent sur Residency Rd, l'adresse officielle de l'hôtel.

Fortune Riviera HÔTEL **$$$**
(☎0191-2561415 ; www.fortunehotels.in ; Gulab Singh Marg ; s/d à partir de 6 600/7 150 ₹ ; ❄📶). Établissement le plus élégant du centre de Jammu, le Riviera compte un ascenseur vitré dans un atrium sur 4 niveaux, 2 restaurants, un café, un bar, un service digne d'un hôtel d'affaires et 29 chambres aux tons neutres.

LA ROUTE DES "3 K" : KISHTWAR-KILLAR-KEYLONG

Sur une carte, tout paraît si facile : un itinéraire qui suit gentiment les rivières Chenab, Chandra et Bhaga depuis Kishtwar dans le sud du Cachemire, jusqu'à Keylong dans le district de Lahaul (Himachal Pradesh). Mais en réalité, la route des "3 K" est bien plus que ça : c'est une route d'une grande beauté propice aux montées d'adrénaline. Elle est tel un grand 8 sur des corniches terriblement étroites, à peine assez larges pour un véhicule, marquant des virages vertigineux au-dessus de la rivière tandis que des dagues rocheuses vous menacent d'en haut.

Toute la route est sublime, mais la partie la plus exaltante est la section de 5 km entre Tayari et le village incroyablement haut perché d'Ishtiyari (entre Gulabgarh et Killar) ; certains l'ont surnommée "la route la plus dangereuse au monde". Le beau canyon formé d'énormes roches et de vieux arbres, à environ 50 km à l'est de Kishtwar, est un autre site superbe.

Pour voyager de Kishtwar à Keylong, prévoyez au moins 2 jours complets, en faisant escale pour la nuit à **Killar** (p. 347). Dans l'idéal, passez une première nuit à **Gulabgarh**, à la confluence des 3 zones religieuses du Jammu-et-Cachemire ; la ville possède un monastère bouddhique, plusieurs temples hindous de style paddari et une belle mosquée.

Les stations-service les plus proches sont à Bhadarwah et à Kishtwar, mais vous pouvez généralement remplir vos bidons dans une maison de Tayari. La route est uniquement praticable en été ; de novembre à avril, Killar est pour ainsi dire coupé du monde par la neige.

Depuis Srinagar, vous pouvez rejoindre Kishtwar en empruntant la pittoresque "route moghole" passant par le col de Sinthan Top (3 800 m ; ouvert de mi-juin à mi-octobre), à bord de jeeps de Srinagar à Anantnag (p. 274), d'Anantnag à Vailoo ("Wai-yil" ; 40 ₹) et de Vailoo à Kishtwar (300/3 500 ₹ par pers/véhicule, 6 heures, départs entre 6h et 10h). Bien que Vailoo compte quelques hôtels basiques, il est plus plaisant de dormir à l'Hotel Alpine situé 6 km plus loin, parmi les magnifiques jardins botaniques de Kokernag.

Depuis Jammu, des bus vont à Kishtwar et à Gulabgarh. Il y a aussi des jeeps collectives, qui partent quand elles sont pleines depuis le quartier de la gare routière de Kishtwar pour rejoindre Gulabgarh (100-150 ₹/siège, 3 heures). Des jeeps sillonnent la route Gulabgarh-Killar (4 à 5 heures) presque tous les jours, quand elle est praticable. Guettez les véhicules immatriculés dans l'Himachal Pradesh, ou louer votre propre jeep Sumo pour environ 3 000 ₹. Un bus fait la liaison deux fois par jour entre Killar et Keylong (210 ₹, 10 heures).

Où se restaurer

Le quartier de Residency Rd compte un choix assez large pour manger, y compris des restaurants végétariens, un fast-food, un Café Coffee Day en face du KC Plaza, et une bonne rue où se nourrir à petit prix à l'extérieur du Natraj Hotel.

Falak INDIEN **$$$**
(☎0191-2520770 ; www.kcresidency.com ; 7e ét., KC Residency Hotel, Residency Rd ; plats végétariens/non végétariens à partir de 455/630 ₹ ; ⏲12h-23h). Ce restaurant panoramique tournant sert une excellente cuisine indienne et offre une vue à 360° sur la ville. Goûtez la spécialité de Jammu : le *khatta gosht dhoonidar* (agneau fumé parfumé à la crème de grenade).

Renseignements

J&K Tourism (☎0191-2548172 ; www.jktourism.org ; Residency Rd ; ⏲8h-20h lun-sam mai-sept, horaires réduits oct-avr). Cet office du tourisme comprend une réception climatisée (cartes 10 ₹), une station de jeeps pour touristes et un hôtel sentant le renfermé (ch à partir de 500 ₹), avec restaurant cachemiri séduisant et bar indien typique.

Depuis/vers Jammu

AVION

Vols domestiques depuis Jammu :

Air India (☎2456086 ; www.airindia.com ; bâtiment du J&K Tourism ; ⏲10h-13h et 14h-16h45 lun-sam). Vols pour Delhi et Srinagar, et pour Leh (lundi et vendredi).

GoAir (www.goair.in). Delhi, Srinagar et Mumbai (via Delhi).

IndiGo (☎0191-2430439 ; www.goindigo.in). Delhi et Mumbai (via Srinagar).

Jet Airways (☎0191-2453888 ; www.jetairways.com). Delhi et Srinigar.

SpiceJet (www.spicejet.com). Delhi et Srinagar.

Vistara (www.airvistara.com). Srinagar.

BUS ET JEEP

La plupart des bus publics utilisent encore le grand complexe de la **gare routière** (General Bus Stand ; BC Rd) en béton décrépi, qui abrite des dizaines de **compagnies privées de bus** et d'agences, surtout sur la portion frénétique de BC Rd à l'ombre du pont de l'autoroute. Beaucoup de bus privés attendent le long de cette route plutôt que d'utiliser le nouveau grand **ISBT** (New Interstate Bus Terminal ; Transport Nagar Rd, Narwal) – pour l'instant tout du moins.

Amritsar Bus quotidiens (175 ₹, 6 heures, fréquents) via Pathankot dans le Punjab (90 ₹, 2 heures 30).

Bani (240 ₹, 8 heures 30, 4/jour) via Basohli.

Chamba Bus HRTC (280 ₹, 1/jour le matin).

Chandigarh Bus privés (siège/avec clim/ couchette à partir de 350/450/600 ₹, 8 heures, fréquents tôt le matin et tard le soir).

Delhi Bus publics (580 ₹, 13 heures, 13/jour) et privés (siège/couchette/fauteuil inclinable à partir de 800/1 000/1 500 ₹, plusieurs le soir). Départs devant la (vieille) gare routière, peut-être prochainement à l'ISBT ; vérifiez bien le lieu du départ au moment de réserver.

Dharamsala Il y a un bus direct (260 ₹, 6 heures, 1 le matin) ; sinon correspondance à Pathankot. Plusieurs compagnies privées de bus promettent d'aller à Dharamsala mais vous déposeront à Gaggal (avec clim 750 ₹).

Gulabgarh Les bus indiquant "Paddar" (350 ₹, 10 heures) partent avant l'aube depuis **Indira Chowk**.

Katra Des bus (50 ₹, 1 heure 45, toutes les 30 min) partent à la fois de la gare routière et de la gare ferroviaire. Il y a aussi fréquemment des minibus et des taxis pendant la saison des pèlerinages.

Kishtwar Les bus (260 ₹, 7 heures, 9/jour tôt le matin) partent de l'angle nord-est de la gare routière ou depuis Indira Chowk.

Manali Plusieurs bus privés (avec clim 850 ₹, 12 heures) le soir, et un service le matin. Renseignez-vous auprès des **guichets des compagnies** au nord de Lords Inn.

Srinagar La plupart des lignes sont annulées en période de troubles. Le trajet dure 11 heures, mais les embouteillages peuvent le rallonger. Prenez vos billets à l'avance pour le bus J&K SRTC (classe inférieure/supérieure 418/520₹, 1 le matin) à **l'agence spéciale de réservation** (Idgah Rd). Plusieurs compagnies privées dans la rue de la gare routière proposent des trajets de nuit. Des jeeps collectives (à partir de 600-800 ₹, selon le nombre de passagers) se rassemblent le long de la **rampe de la gare routière** (Shalimar Rd) et près de Jewel Chowk ; elles sont plus rapides que les bus, mais leurs horaires de départ sont incertains.

TRAIN

Jammu Tawi, la principale gare ferroviaire, est au sud de la rivière, à 5 km de la gare routière. La nouvelle ligne ferroviaire vers le nord devrait à terme rejoindre Srinagar.

Amritsar *Jat TataMuri Express* (18110 ; *sleeper*/3AC/2AC 184/485/690 ₹, 5 heures, 14h20).

Delhi *Uttar Sampark Kranti Express* (12446 ; *sleeper*/3AC/2AC 355/920/1 300 ₹, 10 heures, 21h). Le *Jhelum Express* (11078), plus lent, part à 21h45 et va jusqu'à Agra (*sleeper*/3AC/2AC 395/1 060/1 498 ₹, 14 heures).

ℹ Comment circuler

Pour rejoindre le centre-ville depuis l'aéroport, tournez à gauche en sortant du site de l'aéroport et attendez à la station-service Durga. Pour l'aéroport depuis Residency Rd, un auto-rickshaw/taxi coûte environ 150/250 ₹ ; vous pouvez aussi prendre un minibus vers "Satwari".

Les locaux appellent parfois les petits bus locaux des "matadors" (la marque des véhicules ayant cette fonction au départ). Les matadors coûtent 10 ₹ pour la plupart des trajets, moins pour les déplacements plus courts.

Même si une ligne dédiée circule entre la gare routière et la gare ferroviaire, les services "Panjtirthi Railway Station" sont plus fréquents et suivent le même itinéraire, arrivant souvent au terminus près d'**Indira Chowk** (carte p. 279).

Depuis la gare routière, les matadors "Janipur Fort" empruntent BC Rd jusqu'à **Bikram Chowk** et le **fort de Bahu**. Les **matadors "Nagrota"** (BC Rd) passent à 300 m de l'Amar Mahal.

Petits trajets en auto-rickshaw à partir de 50 ₹.

Environs de Jammu

À 1 heure en bus de Jammu, l'attrayant **Akhnoor** abrite une forteresse massive en ruine, un *gurdwara* (temple sikh) et un temple hindou à trois *vihara* qui s'élèvent de concert sur la rive ouest de la puissante Chenab. Le long de la base du fort, une promenade avec des arches passe devant le lieu du couronnement du fondateur de la dynastie Dogra, Gulab Singh, en 1822.

Accessible à pied, en palanquin ou en hélicoptère depuis Katra, le **sanctuaire de Vaishno Devi** est l'un des sites de pèlerinage les plus visités du pays. Il attire des millions de visiteurs indiens ; son attrait est difficilement compréhensible pour les non-hindous.

Plus loin, la ville-forteresse de **Bhadarwah** se présente comme le Chota (Petit) Cachemire, avec une grande vallée fertile aux pentes boisées ponctuée de villages. À environ 1 km au nord du centre-ville s'élève le temple rose vif de Chandi Mata, point de départ du pèlerinage annuel vers **Machail** dans le Paddar (via Gulabgarh, plus accessible). **Gulabgarh** a ses propres sanctuaires paddari classiques et est une bonne base pour la section la plus enthousiasmante de la **route des "3 K"** vers Killar dans l'Himachal Pradesh.

Himachal Pradesh

Le top des restaurants

- La Plage (p. 315)
- Cecil Restaurant (p. 290)
- Hotel Deyzor (p. 349)
- Moonpeak (p. 330)
- Evergreen (p. 305)

Le top des hébergements

- Orchard Hut (p. 340)
- Wildflower Hall (p. 292)
- Hotel Deyzor (p. 349)
- Alliance Guesthouse (p. 310)
- Tashi Khangsar Hotel (p. 354)

Pourquoi y aller

Avec ses sommets enneigés spectaculaires et ses vallées profondes, l'Himachal est le paradis des activités de plein air. La topographie compliquée des chaînes de montagnes qui se croisent ici fait aussi de ce territoire une région superbe à parcourir en bus, en voiture, à moto, en jeep ou à pied. Chaque col vers une nouvelle vallée ouvre sur un autre monde, avec sa propre culture, ses divinités et sa langue. Les villages perchés en haut de pentes vertigineuses enchantent par leur architecture en bois et pierre, et par la chaleur de leurs habitants. Les stations climatiques séduisent par leur ambiance décontractée et les vestiges de leur passé colonial, tandis que la beauté des montagnes et leur atmosphère de félicité absolue attirent les voyageurs sac au dos. La richesse du puzzle que constitue l'Himachal est telle qu'à McLeod Ganj, le refuge du dalaï-lama en exil, ou dans les territoires reculés du Lahaul et du Spiti, aux cultures bouddhistes séculaires, on pourrait même se croire au Tibet.

Quand partir

Manali

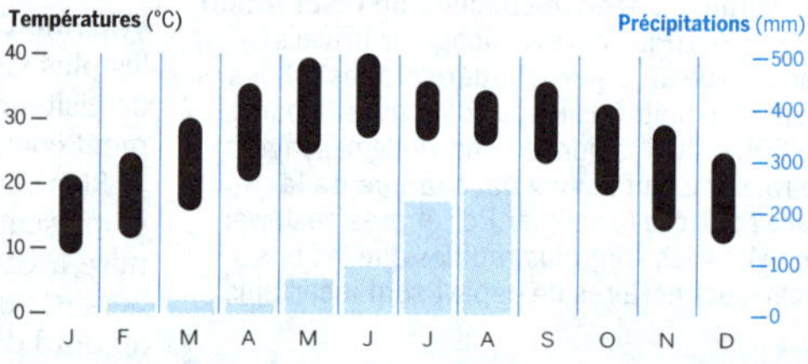

Mai-juin et début sept à oct Pour le trekking et les autres activités de plein air (pas de mousson).

Mi-juil à début sept Pour visiter le Lahaul et le Spiti, qui restent à l'abri de la mousson.

Nov-avr Parfait pour le ski – mais la neige bloque l'accès aux vallées du Lahaul et du Spiti.

SUD DE L'HIMACHAL PRADESH

Dès que l'on passe la frontière de l'Haryana, le paysage se plisse en crêtes abruptes, couvertes de forêts – contreforts annonciateurs des chaînes himalayennes, plus au nord. Principale destination du sud de l'État, la station climatique de Shimla est l'ancienne capitale d'été de l'Inde britannique.

Shimla

0177 / 170 000 HABITANTS / ALTITUDE 2 205 M

La capitale de l'Himachal, qui s'étire sur une crête de 12 km aux flancs couverts de forêts plongeant dans toutes les directions, offre un bel avant-goût des montagnes impressionnantes de l'intérieur de l'État. Shimla est l'une des stations climatiques les plus courues du pays (d'où les nombreux vacanciers indiens), encore pleine des échos de son passé de capitale d'été. Le centre-ville est interdit à la circulation, ce qui rend les promenades agréables. La longue et tortueuse rue principale, le Mall, court d'est en ouest juste au-dessous de la crête. Du côté sud, le dédale de ruelles du bazar descend en pente raide jusqu'à la grande artère de Cart Rd. Shimla est souvent sous les nuages de mi-juillet à mi-septembre, et couverte de neige en hiver.

Histoire

Avant l'arrivée des Britanniques, Shimla n'était qu'une paisible clairière au cœur d'une forêt appelée Shyamala (un nom local de Kali, la déesse hindoue de couleur noire). Puis le nouveau représentant britannique dans les Hill States, Charles Kennedy, y construisit une résidence d'été ; il changea à jamais le sort de la localité.

En 1864, Simla (son nom à l'époque coloniale) devint la capitale d'été officielle du Raj et, jusqu'en 1939, tout le gouvernement indien y fuyait la moitié de l'année la chaleur étouffante des plaines, emmenant avec lui des centaines de mules chargées de dossiers, de papiers et d'autres choses nécessaires à l'administration.

Avec l'ouverture de la ligne de chemin de fer Kalka-Shimla en 1906, Shimla devint la principale station climatique d'Inde. La ville était non seulement un centre du gouvernement, mais aussi un lieu de divertissement pour l'élite du Raj. Les maharajas et les grands personnages de la colonisation y bâtirent des demeures. Les bals chez le vice-roi, les pique-niques en forêt et le théâtre amateur au Gaiety Theatre rythmaient la saison, entre amourettes et frivolités. Rudyard Kipling, qui passa de nombreux étés à Shimla, en a fait le décor de certaines parties de *Kim* et de son recueil de nouvelles *Simples Contes des collines*.

À voir

Le Ridge RUE

La large esplanade qui s'étend à l'est de Scandal Point s'appelle le Ridge. À toute heure, habitants et touristes y déambulent. Par temps clair, une suite de sommets enneigés déchiquetés est bien visible au loin, vers le nord.

LE TOP DES FÊTES ET FESTIVALS DE L'HIMACHAL PRADESH

Losar (Nouvel An tibétain ; fin jan, fév ou début mars). Les Tibétains de l'Himachal fêtent leur Nouvel An avec des processions, de la musique, des danses et des *chaam* (danses rituelles où les moines portent des masques), y compris à McLeod Ganj et au Spiti.

Fêtes de Minjar (dernier dim de juil-1er dim d'août). Une semaine de processions, de musique, de danse et de marchés à Chamba.

Fêtes de Ki Chaam (juil/août). Une semaine de rituels à Ki Gompa qui culmine avec une journée où les lamas dansent en tourbillons, masqués et vêtus de costumes colorés.

Yatra de Manimahesh (fin août/début sept). Des centaines de milliers de shivaïtes montent à pied à 4 200 m d'altitude, pour se baigner dans le lac de Manimahesh près de Bharmour, un des lieux de résidence mythiques de Shiva.

Phulech (sept-oct). Les villageois du Kinnaur remplissent les cours des temples de fleurs aux parfums entêtants ; des oracles sacrifient des animaux et prédisent les événements de l'année à venir.

Dussehra (oct ; dates variables). À Kullu, cette célébration intense et spectaculaire de la victoire de Rama sur le démon Ravana dure une semaine (p. 308).

À ne pas manquer

1 La **boucle du Spiti au Kinnaur** (p. 347), l'un des plus beaux circuits de toute l'Asie, où les cols, les gorges et les routes à flanc de montagne vous feront frissonner.

2 Les dizaines de traversées spectaculaires de massifs montagneux, autant de **treks** (p. 333) faciles, exigeants ou entre les deux comme celui de l'Indrahar La.

3 La découverte de la cuture tibétaine, le yoga, le bénévolat auprès des réfugiés ou la simple détente à la montagne à **McLeod Ganj** (p. 322).

4 Ski, trek, escalade, parapente et rafting à **Manali** (p. 310) et dans ses environs, la destination de l'Himachal préférée des *backpackers*.

5 Les anciens monastères bouddhiques perchés, les villages d'altitude et les paysages austères mais fantastiques du **Spiti** (p. 347), région isolée et époustouflante de beauté.

6 **Shimla** (p. 283), l'ancienne capitale d'été du Raj, une des stations climatiques les plus visitées d'Inde, et le petit train qui permet d'y accéder.

7 L'envoûtante beauté de la **vallée de la Parvati** (p. 294), sur la piste des hippies.

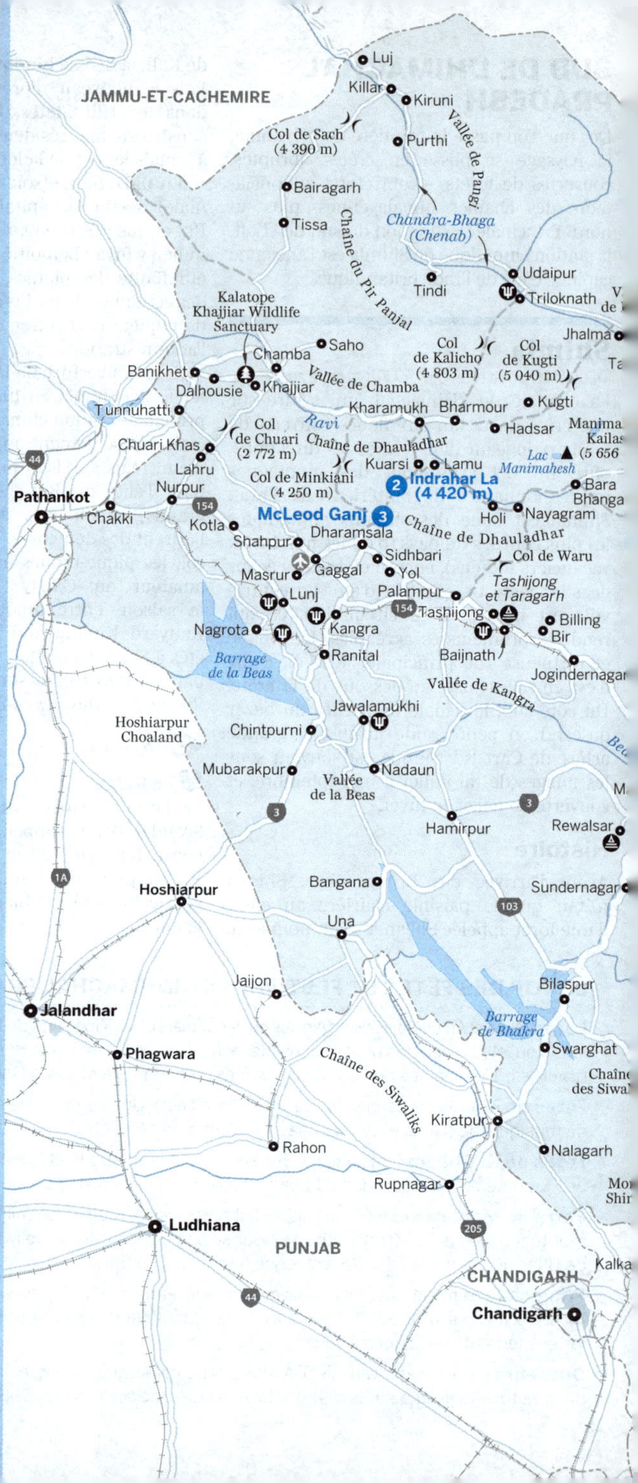

Tsarap
Shingo (Shinkun) La (5 090 m)
JAMMU-ET-CACHEMIRE
Sarchu
Tso Moriri
Zingzingbar
Bharatphur
Baralacha La North (4 950 m)
Baralacha La South (5 100 m)
Chaîne du Grand Himalaya
Bhaga
Darcha
Jispa
LAHAUL
Chandratal
Sissu
Chandra
Losar
Spiti
Parang La (5 578 m)
Shilla (6 132 m)
Khoksar
Col Rohtang
Gramphu
Kunzum La (4 551 m)
Pangmo
Kibber
Chatru
Batal
Morang
Ki
Langza
Col d'Hampta (4 270 m)
Kaza
Komic
Vallée de Lingti
CHINE TIBET
Jagatsukh
Deo Tibba (6 001 m)
Glacier de Bara Shigri
Vallée de la Spiti
Demul
Lhalung
Spiti
Naggar
Dhankar
Tabo
Gue
Malana
Chaîne du Grand Himalaya
SPITI
Sumdo
Manikaran
Gulling
Sichling
Chango
Kasol
Barsheni
Sagnam
Vallée d'Hangrang
Reo Purgyal (6 791 m)
Jari
Pin Valley National Park
Pin
Vallée de la Pin
Manirang (6 593 m)
Nako
Vallée de la Parvati
Parvati
Tashigang
Bhuntar
Lac Mantalai
KINNAUR
Vallée de la Parvati
High Camp
Mudh
Shipki La (5 669 m)
Great Himalayan National Park
Lac Prashar
Sainj
Pin-Parvati (5 319 m)
Col de Bhaba (4 850 m)
Boucle du Spiti au Kinnaur
Pooh
Sainj
Aut
Larji
Pir Parbati (5 773 m)
Khanum
Jangi
Tirthan
Kaphnu
Banjar
Gushaini
Rekong Peo
Akpa
Col de Jalori (3 223 m)
Sarahan
Sutlej
Tapri
Wangtu
Kalpa
Lambar
Khanag
Jeori
Karcham
Kinnaur Kailash (6 050 m)
Rampur
Sarahan
Sangla
Ani
Vallée de la Sutlej
Vallée de Sangla
Karsog
Chitkul
Baspa
Shali Tibba (2 872 m)
Narkanda
Khadrala
Tattapani
Bagi
Vallée de la Pabbar
Seema
Rohru
Naldehra
Hattu Peak
Hatkoti
Shimla
Theog
Jubbal
Kufri
Pabbar
Chail
Solan
Barog
UTTARAKHAND
Chaîne des Siwalik
Giri
Tons
Lac Renuka
Dadahu/ Dosarka
Nahan
0
50 km

Shimla

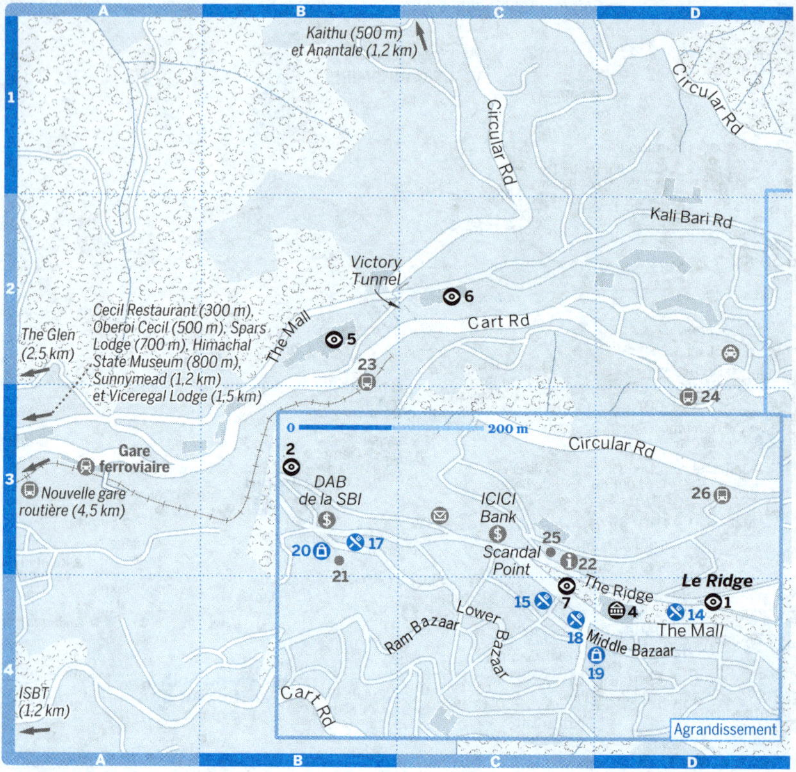

Shimla

Les incontournables
1 Le Ridge D4

À voir
2 Bantony B3
3 Christ Church F2
4 Gaiety Theatre D4
5 Gorton Castle B2
6 Railway Board Building C2
7 Hôtel de ville C4

Activités
8 Great Escape Routes G2

Où se loger
9 Ballyhack Cottage G2
10 Chapslee G1
11 Hotel City View G3
12 Hotel White G1
13 YMCA G2

Où se restaurer
14 Ashiana D4
15 Baljee's C4
16 Café Simla Times F3
17 Indian Coffee House B3
18 Wake & Bake C4

Achats
19 Asia Book House D4
20 Himachal Emporium B3

Renseignements
21 Additional District Magistrate B3
22 HPTDC C3

Transports
23 Arrêt de l'HPTDC B2
Guichet de l'HRTC .... (voir 25)
24 Ancienne gare routière
25 Billetterie ferroviaire C3
26 Gare routière de Rivoli D3

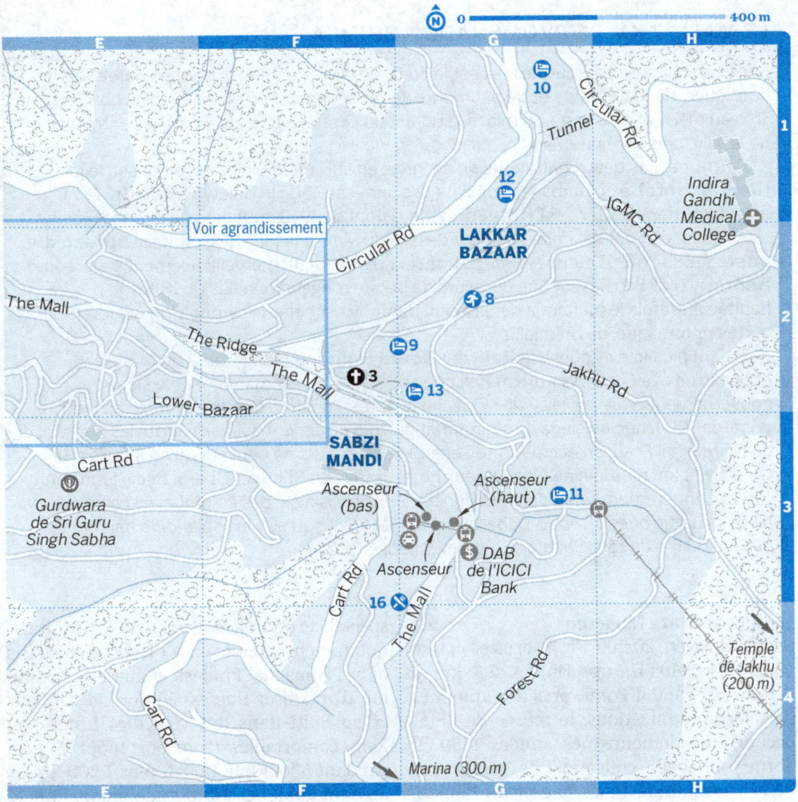

Christ Church ÉGLISE

(☎0177-2652953 ; Ridge ; ⏲10h30-13h et 14h-17h30, offices en anglais à 9h dim). À l'extrémité est du Ridge, la très anglaise Christ Church, consacrée en 1846, est une des plus anciennes églises encore intactes d'Inde du Nord, et c'est le monument le plus connu de Shimla. On y trouve d'émouvants souvenirs de l'ère du Raj et des vitraux classiquement victoriens.

Gaiety Theatre ÉDIFICE HISTORIQUE

(☎0177-2650173 ; www.gaiety.in ; Mall ; Indien/étranger 10/25 ₹, appareil photo 15/25 ₹ ; ⏲visites 11h-13h30 et 14h-17h30 mar-dim). Ce joli théâtre victorien, ouvert en 1877 et magnifiquement restauré, a longtemps été au centre de la vie sociale de Shimla. Rudyard Kipling, Shashi Kapoor et plusieurs vice-rois ont foulé ses planches de teck de Birmanie. Il héberge aujourd'hui des compagnies en tournée et 15 compagnies d'art dramatique locales, et propose des concerts et des expositions. M. R. Gautam propose d'excellentes visites guidées historiques – appréciez la vue depuis la loge privée du vice-roi.

♥ **Viceregal Lodge** ÉDIFICE HISTORIQUE

(Institut indien d'études supérieures ; www.iias.org ; Indien/étranger 40/85 ₹, jardins seuls 20 ₹ ; ⏲9h30-17h30 mar-dim, jusqu'à 19h de mi-mai à mi-juil, visite toutes les 45 min 10h-16h45). La résidence d'été officielle des vice-rois britanniques fut achevée en 1888 ; c'est d'ici que le sous-continent indien fut administré durant plus de la moitié de l'année (généralement de début avril à fin octobre) jusqu'à la Seconde Guerre mondiale. L'édifice en grès gris conçu par Henry Irwin évoque à la fois le Poudlard d'Harry Potter et un château écossais. Des visites guidées de 30 minutes vous permettent de découvrir trois salles (dont celle des billards) en plus des expositions photos retraçant l'histoire des lieux, sans oublier le hall d'entrée à trois niveaux, lambrissé de teck de Birmanie.

LE MALL, 7 KM DE PROMENADE À SHIMLA

Sans véhicules ou presque, le Mall est le cœur de la vie de Shimla, bordé d'hôtels, de boutiques, de restaurants et de bâtiments de l'ère coloniale en plus ou moins bon état. Très animé, il va de Chotta Shimla, au sud-est du centre, à Scandal Point, le centre officiel de la ville, puis continue vers l'ouest jusqu'au Viceregal Lodge.

Parmi les plus beaux bâtiments qu'on longe en suivant le Mall d'est en ouest, le joli **Clarkes Hotel**, à colombages, qui date des années 1890 ; le Gaiety Theatre (p. 287), en activité depuis 1877 ; et l'**Hôtel de ville** datant de 1910, tout près de Scandal Point.

À l'ouest de Scandal Point, juste au-dessus du Mall, une jolie folie abrite le **bureau de poste** (1883 ; p. 291). Juste au-dessus du Mall également, merveilleusement saugrenu, **Bantony** (Kali Bari Rd) est une demeure de brique rouge à tourelles de 1880, qu'a habitée autrefois le maharaja de Sirmaur. Bantony est hélas le symbole du délabrement, certes pittoresque, de Shimla.

500 m plus loin à l'ouest, le **Railway Board Building** (1897), orné de tourelles et construit avec une ossature métallique anti-incendie, est maintenant le siège du gouvernement et de la police de l'État. Juste après, l'austère **Gorton Castle** en pierre grise, de 1904, ancien siège du secrétariat du gouvernement colonial, abrite les bureaux de l'Himachal Pradesh Accountant-General (les visiteurs ne peuvent qu'en faire le tour). On arrive 1 km plus loin au plus fameux hôtel de luxe de Shimla, l'Oberoi Cecil, fondé en 1902 et entièrement refait dans les années 1990, mais avec des colombages centenaires dans sa partie ouest. Depuis l'Oberoi, il reste 1,4 km jusqu'au plus splendide bâtiment de l'ère du Raj de tout Shimla, le Viceregal Lodge (p. 287).

Himachal State Museum MUSÉE
(Indien/étranger 20/100 ₹ ; appareil photo 50/100 ₹ ; 10h-17h mar-dim). À 2,5 km à l'ouest de Scandal Point, près des antennes de télécommunications, le musée de l'État occupe une demeure des années 1860. Il abrite une belle collection de miniatures de l'Himachal, du Rajasthan et du Punjab, ainsi que des costumes traditionnels, des bijoux, de fines sculptures (bois ou pierre) et d'intéressantes photos des temples de l'Himachal.

Temple de Jakhu TEMPLE HINDOU
Le temple le plus célèbre de Shimla, consacré au dieu-singe Hanuman, est sur le plus haut mont de la ville, au bout d'une montée rude mais gratifiante d'1,2 km depuis l'est du Ridge. Comme il sied, des centaines de macaques rhésus rôdent autour du temple, attendant que les visiteurs leur offrent des *prasaad* (offrandes de nourriture, bénies dans le temple). Ils ont l'habitude de chaparder les objets à leur portée, chapeaux, téléphones et même lunettes. Apportez un bâton pour les décourager, ou louez-en un (10 ₹) à l'entrée du temple.

Activités

Great Escape Routes ACTIVITÉS DE PLEIN AIR
(0177-6533037, 9418012500 ; www.greatescaperoutes.com ; 6 Andhi Bhavan ; 9h-20h). Un spécialiste du trek et des activités d'aventure, notamment circuits en VTT, moto et safaris dans l'Himachal Pradesh et au-delà. Possibilité d'organiser une expédition au Kinnaur et au Spiti dans des véhicules Innova ou Xylo confortables (transport pour 5 pers pendant 5 jours, 18 000 ₹, plus 1 200 ₹/jour avec un guide) et location de motos Enfield (1 600-1 800 ₹/jour).

Shimla Walks VISITES À PIED
(9459519620, 9817141099 ; www.shimlawalks.com). Agence sérieuse dirigée par Sumit Vashisht, un écrivain local, Shimla Walks propose d'excellentes visites guidées, classiques ou originales : excursions d'une journée ou d'une demi-journée (2 000-3 500 ₹, maximum 4 pers) hors du commun jusqu'au Viceregal Lodge ; visites de maisons d'artistes et d'écrivains, ou de cimetières méconnus datant du Raj.

Où se loger

Il y a beaucoup d'hôtels à Shimla mais ils sont souvent loin du centre. L'attrait de la ville auprès des touristes indiens maintient des tarifs élevés dans les hébergements les mieux situés, et le rapport qualité/prix est souvent moyen en haute saison (approximativement de mi-avril à mi-juillet, d'octobre à mi-novembre, à Noël/Nouvel An et pour les jours fériés). En dehors de ces périodes de pointe, des réductions de 30 ou 40% sont souvent possibles.

YMCA AUBERGE DE JEUNESSE **$**
(0177-2650021 ; ymcashimla@yahoo.co.in ; Ridge ; ch avec petit-déj 1 500 ₹, s/d sans sdb 600/800 ₹ ;). En haut de l'escalier jouxtant le Ritz Cineplex, derrière Christ Church, cette auberge de jeunesse à la façade rouge vif accueille hommes et femmes, de toutes religions. Les chambres sont chaleureuses et agréables et les sdb communes, impeccables. Belle terrasse pour le soir. Vous pourrez jouer au billard ou au ping-pong.

Hotel City View HÔTEL **$**
(0177-2811666 ; jagdishthakur80@gmail.com ; US Club Rd ; ch 700-1 500 ₹ ;). Cet hôtel sympathique dispose d'un choix de 10 chambres soignées ; les plus belles, en façade, profitent de la vue. Petite terrasse au dernier étage. Remises intéressantes accordées hors saison. Bon rapport qualité/prix pour Shimla.

Spars Lodge PENSION **$$**
(0177-2657908 ; www.sparslodge.com ; Museum Rd ; s/d 1 200/1 700 ₹, ste 2 200-2 700 ₹ ;). À 2 km à l'ouest de Scandal Point, sur la route qui monte au State Museum, le Spars Lodge vaut le détour pour l'accueil et le confort. Ses chambres, claires et aérées, sont très propres ; joli salon/salle à manger ensoleillé à l'étage. Le bon restaurant (plats 160-420 ₹) sert des truites locales et des petits-déjeuners anglais (toute la journée), et dispose du Wi-Fi.

Hotel White HÔTEL **$$**
(0177-2656136 ; www.hotelwhitesimla.com ; Lakkar Bazaar ; d 2 150-2 740 ₹, ste 3 570-5 360 ₹ ;). Au nord-est du Ridge, au-delà d'un bazar, cet hôtel bien tenu affiche des prix fixes toute l'année. Ses chambres sont propres et spacieuses, avec de bons lits. Presque toutes ont un balcon ou une terrasse surplombant la vallée.

Sunnymead B&B **$$$**
(9736584045, 0177-2801436 ; sunnymeadestate.com ; Sunnymead Estate, en bas de Cart Rd, près de l'Old MLA Quarters et de l'Hotel Blossom ; s/d avec petit-déj 5 000/6 500 ₹ ;). On pourrait se croire dans la campagne anglaise avec ce cottage de 1890 délicieusement douillet, rempli d'œuvres d'art, de livres et de meubles. Sans oublier les deux chiens, le chat, et le joli jardin fleuri. Ses 4 chambres sont confortables et charmantes ; les repas proposés (1 200 ₹), indiens ou anglais, sont bons, tout comme le copieux petit-déjeuner.

Bien qu'à 3 km à l'ouest du centre, un peu en contrebas de Cart Rd, Sunnymead n'est qu'à 10 minutes à pied du Viceregal Lodge, relié au centre-ville par du Mall, peu encombré. La structure d'origine, en bois et en pierre avec du torchis, a été préservée malgré une rénovation complète il y a quelques années.

Ballyhack Cottage B&B **$$$**
(8091300076 ; www.ballyhackcottage.com ; Sidhowal Lodge Estate, Ridge ; d avec petit-déj 4 500 ₹ ;). Ballyhack est un bâtiment neuf, dans une des plus vieilles propriétés de Shimla, superbement située à quelques pas du Ridge, en plein centre. Ses 5 chambres mêlent atmosphère aux touches coloniales (parquets et meubles cirés, gravures anciennes, carrelages, tapis) et équipements modernes : lits confortables, bouilloires/cafetières et sdb contemporaines. Quand le temps est clair, la terrasse du jardin permet de voir l'Himalaya au loin.

Oberoi Cecil HÔTEL **$$$**
(0177-2804848 ; www.oberoicecil.com ; Mall, Chaura Maidan ; s/d avec petit-déj et Wi-Fi à partir de 16 250/17 250 ₹ ; @). Ce bâtiment grandiose, à 2 km à l'ouest de Scandal Point, est l'hôtel le plus luxueux de Shimla. Le charme colonial discret se mêle parfaitement au luxe moderne des chambres lambrissées avec un élégant mobilier traditionnel. Les parties communes sont spacieuses. Il y a une jolie piscine intérieure et un bon restaurant. Le service est policé mais sympathique.

Chapslee HÔTEL HISTORIQUE **$$$**
(0177-2658663 ; www.chapslee.com ; Elysium Hill ; ch en demi-pension 20 800-30 200 ₹, B&B 14 250 ₹ ;). Pour replonger dans l'ère du Raj, rien ne vaut cette luxueuse demeure où le petit-fils du raja de Kapurthala préserve soigneusement le style de vie aristocratique d'autrefois. De l'immense salon doré aux 5 chambres très confortables, ce refuge chic est couvert de lustres, de tapisseries, d'antiquités et de

TARIFS DES HÉBERGEMENTS

Les gammes de prix valent pour une chambre double, taxes comprises mais repas non-inclus :

$ moins de 1 200 ₹

$$ 1 200-3 500 ₹

$$$ plus de 3 500 ₹

portraits de famille. Le service impeccable et les repas fins complètent cette expérience mémorable.

Où se restaurer

Baljee's INDIEN $

(26, Mall ; en-cas et plats 85-235 ₹ ; 9h-22h30). Propre, confortable et climatisé, le Baljee's, où officient des serveurs avec nœud papillon, attire les familles indiennes venues pour les en-cas et les spécialités d'Inde du Sud. Bons petits-déjeuners (omelette, toasts et *dosa*).

Indian Coffee House CAFÉ $

(Mall ; plats 25-80 ₹ ; 8h-20h30). Une institution, aux allures de vieux club pour gentlemen – sièges en cuir, uniformes pour les serveurs et menu affiché au tableau noir. L'atmosphère, inégalée, attire toute la journée des habitants (dont quelques femmes). Un cadre rêvé pour le petit-déjeuner ; *dosa* bon marché et café (oubliez le thé !).

Wake & Bake INDIEN, INTERNATIONAL $$

(34/1, Mall ; plats 120-320 ₹ ; 9h30-22h ;). Ce café en étage est la table la plus branchée de Shimla (ce qui n'est pas très difficile). Au menu : café bio d'Inde du Sud, petits-déjeuners, pizzas à la part, houmous, falafels, croque-monsieur, beignets de légumes, pâtes et très bonnes crêpes. Wi-Fi gratuit.

Ashiana INDIEN $$

(Ridge ; plats 115-275 ₹ ; 9h-22h). Dans un joli bâtiment circulaire, ce restaurant assez élégant permet d'observer les passants depuis une terrasse ensoleillée, en goûtant des plats d'Inde du Nord ou chinois ; également des plats d'Inde du Sud ou thaïlandais, moins nombreux.

Cecil Restaurant INDIEN, INTERNATIONAL $$$

(0177-2804848 ; Oberoi Cecil, Mall, Chaura Maidan ; plats 1 000-1 700 ₹ ; 19h30-22h30). Pour un dîner raffiné, choisissez ce restaurant à l'élégance très British, dans l'hôtel Oberoi. Une carte riche en curries de toute l'Inde et même de Thaïlande, mais avec de nombreux plats locaux, dont des truites de la vallée de Kullu. Réservez en haute saison.

Où prendre un verre et faire la fête

Les endroits les plus chics pour boire un verre sont les bars lounge des hôtels de luxe comme l'Oberoi Cecil (p. 289) ou (si vous aimez les DJ) le **Marina** (0177-6629999 ; www.marinashimla.com ; Mall). On peut trouver des options moins chères dans les restaurants comme l'Ashiana ou le **Café Simla Times** (Mall ; plats 245-445 ₹ ; 12h-22h30 ;), qui ont tous deux des terrasses panoramiques.

Achats

Les vacanciers indiens viennent notamment chercher dans les boutiques à la mode du Mall des châles de l'Himachal et du Cachemire. Pour un aperçu du commerce indien plus traditionnel, explorez le dédale du bazar qui s'étend en contrebas du Mall. On y trouve de tout : des plumes de paon jusqu'au henné, et des bracelets jusqu'aux vélos. Certaines parties sont consacrées aux légumes (le Sabzi Mandi), aux épices, aux tissus, etc.

Asia Book House LIVRES

(Mall ; 10h30-20h30 lun-sam, 13h-19h30 dim). Romans, guides et autres livres sur l'Inde.

Himachal Emporium ART ET ARTISANAT

(0177-2011234 ; www.himcrafts.com ; Mall ; 10h-13h et 14h30-19h30 lun-sam). Ce magasin d'État vend des châles du Kullu et du Kinnaur, des grosses chaussettes de laine du Lahaul, et d'autres produits artisanaux de l'Himachal à des prix raisonnables.

Renseignements

ICICI Bank (Scandal Point ; 10h-16h lun-sam, fermé 2e et 4e sam du mois). Change de devises étrangères et DAB 24h/24.

Indira Gandhi Medical College (0177-2803073 ; IGMC Rd). Un grand hôpital public ; consultations 24h/24.

Office du tourisme de l'HPTDC (Himachal Pradesh Tourist Development Corporation, Himachal Tourism ; 0177-2652561 ; www.hptdc.in ; Scandal Point ; 9h-19h, jusqu'à 20h mi-avr à juin et mi-sept à mi-nov). Informations locales et conseils utiles ; réservation de bus, d'hôtels et de circuits de l'HPTDC.

Depuis/vers Shimla

BUS

L'HRTC (Himachal Road Transport Corporation) propose des bus Volvo climatisés confortables vers Delhi (7/jour, 915 ₹, 10 heures), ainsi que 10 liaisons moins chères par jour avec ou sans clim (414 et 684 ₹). Des bus HRTC climatisés partent pour Manali (9 heures), via Mandi et Kullu, à 9h30 (544 ₹, non-Volvo) et 19h30 (871 ₹, Volvo) et pour Dharamsala (475 ₹, 8 heures, non-Volvo) à 16h30. Tous les bus HRTC partent de la **nouvelle gare routière ISBT** (Inter State Bus

BUS AU DÉPART DE LA NOUVELLE GARE ROUTIÈRE (ISBT) DE SHIMLA

DESTINATION	TARIFS	DURÉE	DÉPARTS
Chandigarh	172-229 ₹	4 heures	toutes les 15-30 min, de 4h à 22h
Dehra Dun	322-517 ₹	8 heures	3/jour
Delhi	414-915 ₹	10 heures	17/jour
Dharamsala	360-497 ₹	8-10 heures	7/jour
Kalpa	400 ₹	11 heures	à 6h15
Kullu	319-740 ₹	7-8 heures	8/jour
Manali	377-871 ₹	8-9 heures	7/jour
Mandi	218-502 ₹	6 heures	15/jour
Rekong Peo	355 ₹	10 heures	environ toutes les heures, de 4h à 11h15 et de 18h30 à 23h15
Sangla	350 ₹	10 heures	7h15
Sarahan	300 ₹	7 heures	9h30 et 10h30

Terminus ; Tutikandi), à 5 km à l'ouest du centre ; vous pouvez réserver au **guichet de l'HRTC** (Scandal Point ; ⌚8h-19h30) ou au **bureau de poste principal** (Scandal Point ; ⌚9h30-17h30 lun-sam, 10h-17h dim).

L'HPTDC (Himachal Pradesh Tourism Development Corporation) dessert Delhi avec un bus Volvo climatisé (900 ₹, 10 heures) à 20h30, et Manali avec un bus *deluxe* non climatisé (550 ₹, 9 heures) à 8h30. Les deux partent d'un arrêt sur Cart Rd, à l'ouest du Victory Tunnel. Réservez à l'office du tourisme de l'HPTDC.

TAXI

La **Kalka-Shimla Himachal Taxi Union** (☎0177-2658225 ; Cart Rd) possède une station près de l'ancienne gare routière, tandis que les taxis de la **Vishal Himachal Taxi Operators Union** (☎0177-2805164 ; Cart Rd) stationnent en bas du funiculaire. La plupart des hôtels et des voyagistes se chargent de réserver les transferts vers d'autres villes, ou une voiture avec chauffeur pour une visite prolongée. Un taxi non climatisé (4 pers maximum) coûte environ 5 200 ₹ pour Manali, 2 100 ₹ pour Chandigarh, et 6 200 ₹ pour Delhi. Comptez entre 300 ₹ et 1 000 ₹ de plus avec la clim, selon la distance. Chez Vishal, comptez 1 550 ₹ par jour jusqu'à 80 km, et 12 ₹ par kilomètre supplémentaire.

TRAIN

Un des petits plaisirs de Shimla est d'y arriver par le train à voie étroite qui la relie à Kalka, au nord de Chandigarh. Ce "*toy-train*", qui existe depuis 1906, est inscrit au Patrimoine mondial. Les trains ne sont plus à vapeur depuis longtemps, mais le voyage de 5-6 heures est spectaculaire – 102 tunnels et 988 ponts sur un tracé sinueux de 96 km ! Le trafic fut interrompu en septembre 2015, à la suite d'un déraillement dû à une vitesse excessive ; renseignez-vous sur place pour savoir s'il a repris. La gare de Shimla est à 1,5 km à l'ouest de Scandal Point sur Cart Rd, à 20 ou 30 minutes de marche (en montée) du centre.

Les trains partent de Kalka vers Shimla à 3h30, 5h, 5h20, 6h et 12h22 ; les retours sont à 10h25, 14h25, 16h55, 17h50 et 18h30. Le plus confortable est le *Shivalik Express* (train 52451 depuis Kalka à 5h20, train 52452 depuis Shimla à 17h50), qui offre des *chair car* climatisées à 420/510 ₹ (en montée/descente), repas compris. Sur tous les autres trains, on trouve des places en 2e classe (sans/avec réservation 25 ₹/40-65 ₹) et en 1re, plutôt spartiates (270-320 ₹).

Depuis/vers Delhi Sarai Rohilla, l'*Himalayan Queen Express* permet de changer facilement à Kalka. Comptez 700/135 ₹ (AC Chair/siège 2e classe) pour la partie Delhi-Shimla (ou retour).

Solution plus rapide depuis la gare de New Delhi : le Kalka-Shatadbi. Le train 12011 (AC Chair 640 ₹) part de New Delhi à 7h40 et le train 12012 part de Kalka vers New Delhi (725 ₹) à 17h45.

HORAIRES DE L'HIMALAYAN QUEEN

DÉPART	ARRIVÉE/DÉPART À/DE KALKA	ARRIVÉE	N° DU TRAIN
Delhi Sarai Rohilla, 5h35	11h10/12h10	Shimla, 17h30	14095 et 52455
Shimla, 10h25	16h10/16h55	Delhi Sarai Rohilla, 22h40	52456 et 14096

On trouve également une **billetterie ferroviaire** (Scandal Point ; ⌚9h-13h et 14h-16h lun-sam).

Comment circuler

Un seul moyen de se déplacer dans le centre de Shimla : marcher ! Les véhicules, y compris les taxis, sont interdits sur le Ridge et une grande partie du Mall. Un **funiculaire** (10 ₹/pers ; ⌚8h-21h juin-avr, 8h-22h mai et juin) relie Cart Rd au Mall à environ 600 m à l'est de Scandal Point. Un taxi depuis la gare ferroviaire/l'ISBT jusqu'au bas du funiculaire coûte 150/250 ₹. Des bus vert et blanc locaux (7 ₹) relient constamment l'ISBT et l'ancienne gare routière (☎0177-2656326 ; Cart Rd).

Des porteurs vous proposeront de se charger de vos bagages (100 ₹ environ de Cart Rd jusqu'au Mall), mais beaucoup sont des rabatteurs d'hôtels.

Naldehra et ses environs

☎0177

Les environs de Shimla sont splendides quel que soit le point de vue, avec des vallées fluviales vertes et profondes, et des panoramas sur les chaînes de montagnes au loin – qu'il vaut mieux savourer à l'écart des routes principales, saturées. Certaines villes sans charme attirent des excursionnistes d'un jour grâce à des parcs d'attractions, des balades à cheval ou de modestes pistes de ski comme à Narkanda, mais il y a peu de lieux vraiment intéressants où passer la nuit dans la région.

Le **Naldehra Golf Club** (☎0177-2747656 ; www.naldehragolfclub.com ; accès aux greens Indien/étranger 575/863 ₹, location de clubs 288 ₹ ; ⌚7h-19h avr-sept, 9h-17h oct-mars), 25 km au nord-est de Shimla, fut fondé en 1905 par le vice-roi de l'époque, lord Curzon (qui aimait tant Naldehra qu'il prénomma sa fille ainsi). Le parcours, sur une crête au milieu de grands cèdres, est aussi difficile qu'insolite : de nombreux trous partagent le même fairway, et le traversent sous différents angles. Engagez un caddy (150 ₹/9 trous) pour ne pas vous y perdre. Joueur ou non, on peut prendre un verre ou un en-cas au club-house.

♥ **Wildflower Hall** HÔTEL HISTORIQUE **$$$**
(☎0177-2648585 ; www.oberoihotels.com ; s/d à partir de 28 560/29 750 ₹ ; ❄@☜≋). Peut-être l'hôtel le plus grandiose de l'Himachal, le Wildflower Hall (groupe Oberoi) domine le hameau de Chharabra, à 14 km à l'est de Shimla. Tout ici est luxueux : hall lambrissé de teck, piscine couverte éclairée par un lustre, opulentes chambres de style colonial aux sdb en marbre... Les tarifs sont très variables.

Le **restaurant** (☎0177-2648686 ; plats 1 150-2 700 ₹ ; ⌚12h30-15h et 19h-22h30), avec sa belle terrasse panoramique, privilégie les plats indiens, internationaux et asiatiques (renouvelés tous les jours) ; il est accessible aux non-résidents.

Depuis/vers Naldehra et ses environs

Les bus de Shimla desservent presque toutes les localités, et notamment Naldehra (11 bus/jour, 34 ₹, 1 heure) depuis la petite **gare routière de Rivoli** (Circular Rd), à Shimla. Les compagnies de taxis de Shimla (p. 291) proposent des services de transfert et des excursions à la journée à des prix raisonnables.

KINNAUR

La région du Kinnaur, qui s'étend jusqu'à la frontière du Tibet, dans le sud-est de l'Himachal, s'enorgueillit de magnifiques paysages de montagnes et de vallées, ainsi que d'un incroyable mélange ethnique et culturel. Les Kinnauri, fiers et accueillants, sont reconnaissables dans tout le pays à leurs *thepang* (toques de laine) gris à bord coloré, souvent vert. La Hwy 05 (ancienne Hwy 22) remonte la spectaculaire vallée de la Sutlej (Satluj) ; elle suit, sur de grands tronçons, le parcours de la route historique reliant l'Hindustan au Tibet, que les Britanniques tracèrent au XIXe siècle dans l'espoir de désenclaver le Tibet. La vallée de la Sutlej est défigurée par les nombreux projets hydroélectriques. Vous apprécierez mieux le Kinnaur depuis les montagnes et les vallées secondaires.

Vérifiez au préalable l'état des routes : inondations et glissements de terrains dus à la mousson ou à la neige, l'hiver, peuvent bloquer les routes pendant des jours, voire des semaines.

Au-delà du Kinnaur, isolé, le Spiti forme avec ce dernier une boucle qui va de Shimla à Manali ou à Keylong, en une suite ininterrompue de routes ébouriffantes à travers des paysages époustouflants.

Le bas du Kinnaur est arrosé par la mousson en juillet-août, mais à l'est de Rekong Peo, le paysage devient plus aride dès que l'on franchit la chaîne du Grand Himalaya qui fait écran à la mousson. Durant la haute saison touristique au Kinnaur – de mi-avril à juin et de mi-septembre à mi-octobre – il vaut mieux réserver son hébergement dans les lieux les plus connus comme Sarahan, la vallée de la Sangla, Kalpa et Nako. Vous aurez peut-être des réductions en dehors de ces périodes.

Rampur

☎01782 / 10 300 HABITANTS / ALTITUDE 1 005 M

Porte d'entrée du Kinnaur, ce bourg commerçant était la capitale d'hiver des rajas de Bushahr qui ont régné sur le Kinnaur entre le XVIIIe siècle et le milieu du XXe. La plupart des touristes venant de Shimla vont à Sarahan ou plus loin, mais si vous avez le temps, allez voir le très joli **palais de Padam**, construit pour le raja de Bushahr dans les années 1920. Seul le jardin se visite mais on peut y admirer les arches de pierre du palais, le bois sculpté des étages supérieurs, ses tourelles et des kiosques à plusieurs pignons. La deuxième semaine de novembre, la **foire de Lavi** de Rampur, un rassemblement à la fois commercial et culturel, attire des marchands et des pèlerins de tout le nord-ouest de l'Inde.

Rampur compte désormais un des meilleurs hôtels du Kinnaur, le **Nau Nabh** (☎01782-234405 ; www.hotelnaunabh.com ; ch 2 975-6 545 ₹ ; ❄📶), avec des chambres assez grandes et bien entretenues dans une partie ancienne du palais de Padam, et le meilleur **restaurant** (plats 180-350 ₹ ; ⏲7h-23h) de la ville. Parmi les options plus abordables du centre-ville, citons l'**Hotel Satluj View** (☎01782-233924 ; hotelsatlujview@yahoo.in ; ch 550-2 380 ₹ ; ❄📶), avec des chambres qui vont du spartiate mais propre à la grande chambre climatisée.

ℹ Depuis/vers Rampur

La gare routière de Rampur est à 2 km à l'est du centre, mais de nombreux voyageurs passent par l'ancienne gare routière chaotique. Des bus desservent Rekong Peo (160 ₹, 5 heures) toutes les heures au moins jusqu'à 16h30 ; Shimla (205 ₹, 5 heures) toutes les demi-heures jusqu'à 21h30 ; Sarahan (65 ₹, 2 heures) toutes les 20 minutes environ jusqu'à 17h45 ; Sangla (160 ₹, 5 heures) à 6h et 12h30, et le col deJalori (123 ₹, 4 heures), Banjar (157 ₹, 6 heures) et Kullu (237 ₹, 10 heures) à 9h40.

Sarahan

☎01782 / 1 700 HABITANTS / ALTITUDE 1 920 M

Ancienne capitale d'été du royaume de Bushahr, Sarahan est dominée par les deux tours du fabuleux **temple de Bhimakali** (⏲6h-20h), dédié à la version locale de la déesse Kadi et de construction kinnaurie traditionnelle, caractérisée par une alternance de pierre et de bois destinée à résister aux séismes.

La tour à droite (vue depuis l'entrée) a été récemment reconstruite (elle avait été détruite au XIIe siècle) ; celle de gauche date des années 1920 et renferme un sanctuaire hautement révéré dédié à Bhimakali, sous un splendide auvent en filigrane d'argent au dernier étage. Les toits pointus et incurvés

ℹ PERMIS INNER LINE

Les étrangers qui projettent de faire la spectaculaire boucle du Kinnaur au Spiti, dans n'importe quel sens, doivent obtenir un permis Inner Line (ILP, *Inner Line Permit*) pour la section qui va de Rekong Peo, au Kinnaur, à Sumdo, au Spiti. Il s'obtient facilement et rapidement (tous les jours sauf le dimanche et le 2e samedi du mois) à Rekong Peo (p. 295) ou Kaza (p. 348). Au besoin, on peut également l'obtenir au bureau de l'**Additional District Magistrate** (ADM ; ☎0177-2657005 ; salle 207/208, Bloc B, Collectorate Building ; ⏲10h-13h30 et 14h-17h lun-sam, fermé 2e sam du mois) à Shimla (dans une ruelle qui descend du Mall, 300 m à l'ouest de Scandal Point), mais le processus est ici un peu plus compliqué. Il doit y avoir au moins deux personnes qui en font la demande en même temps, et il vous faut au préalable une lettre de parrainage délivrée par une agence de voyages officielle (qui peut coûter jusqu'à 200 ₹). Il faut apporter cette lettre et une copie de votre passeport et de vos visas au bureau de l'ADM. Vous serez ensuite envoyé au Sugam Centre, dans les mêmes locaux, pour remplir un formulaire, vous faire photographier et payer 300 ₹ par personne. Au retour dans le bureau de l'ADM, les permis sont alors délivrés en moins de 30 minutes, en principe.

des tours témoignent de l'influence tibétaine sur l'architecture kinnaurie – elle est de plus en plus sensible au fur et à mesure que l'on remonte la vallée.

Pour entrer dans la cour centrale, où sont les tours, les hommes doivent porter une calotte (disponible sur place) ; les appareils photo, les téléphones portables et les objets de cuir doivent rester dans des casiers.

La plupart des hébergements servent aussi à manger. Sinon, vous trouverez plusieurs *dhaba* dans le quartier du bazar, au-dessous du temple.

Il y a un DAB de la **State Bank** (Main Bazaar) en face du Civil Hospital.

Temple Resthouse PENSION $
(☎01782-274248 ; dort 70 ₹, ch 350-550 ₹). Dans l'enceinte de l'ancien temple, des chambres très simples, sans être austères – contrairement à beaucoup d'hébergements dans des temples. Celles à l'étage sont spacieuses, claires, aérées et dotées de l'eau chaude.

Hotel Trehan's HÔTEL $
(☎9816687605 ; www.hoteltrehansarahan.com ; ch 600-1 000 ₹ ; 📶). Tenu par une sympathique famille, cet établissement bon marché propose des chambres aux plafonds ornés de frises, avec de grandes fenêtres et des tapisseries rustiques d'épopées indiennes qui leur donnent un certain charme. Les terrasses communes offrent une belle vue sur la vallée, et il y a un restaurant assurant petit-déjeuner, déjeuner et dîner.

Hotel Srikhand HÔTEL $$
(☎01782-274234 ; www.hptdc.in ; s 1 430-2 860 ₹, d 1 900-3 810 ₹). Il était l'hôtel le plus fréquenté et l'un des meilleurs de la ville lors de notre passage. Si les chambres moquettées donnent sur les montagnes et ont quasiment toutes des balcons, elles avaient néanmoins un grand besoin d'être rénovées. Le **restaurant** (plats 100-275 ₹ ; ⏲7h30-22h10) est correct, mais le grand atout de l'hôtel est la terrasse panoramique du bar.

ℹ Depuis/vers Sarahan

Des bus partent pour Shimla (300 ₹, 7 heures) à 4h, 6h30, 8h et 12h ; vous pourrez aussi en prendre un (plus fréquent) pour Rampur (65 ₹, 2 heures), puis changer. Pour aller vers l'est et le Kinnaur, prenez n'importe quel bus vers Jeori (30 ₹, 45 min), depuis l'Hwy 05 en bas de Sarahan. De là, sautez dans un bus qui va vers l'est. Le dernier bus pour Sarahan au départ de Jeori part vers 18h30. Comptez 350 ₹ pour le même trajet en taxi.

Vallée de la Sangla

La vallée de la Sangla (ou Baspa) forme une profonde entaille, où bouillonnent les eaux de la Sangla entre les pentes montagneuses. Des forêts de conifères se hissent jusqu'à des prairies que surplombent des sommets enneigés. Les villages se distinguent par leurs maisons et leurs temples kinnauris traditionnels, en pierre et en bois. La route vertigineuse qui y mène quitte l'Hwy 05 à Karcham, et longe les canalisations d'une grande centrale hydroélectrique : les 15 premiers kilomètres, jusqu'au barrage au-dessous de la seule ville de la vallée, Sangla, sont vraiment impressionnants.

Sangla et ses environs

☎01786

Sangla est le plus gros bourg de la vallée. Peut-être devrez-vous y déjeuner, prendre une correspondance ou y passer la nuit, si vous ne trouvez pas de moyen de transport pour remonter plus loin dans la vallée. Deux cybercafés et un DAB de la State Bank sont installés dans la rue principale.

Fort de Kamru FORT
(⏲5h-18h). Accroché à un éperon rocheux, à 2 km au nord de Sangla (30 min à pied environ), le village de Kamru était la première capitale du royaume de Bushahr. Le vieux fort de Kamru, qui surplombe le village du haut de ses 329 marches, regroupe plusieurs jolis bâtiments aux toits pointus et incurvés, notamment la tour principale et son autel consacré à la déesse Kamakhya Devi. Le long du chemin menant au fort, le **temple de Badrinath** est un exemple typique du syncrétisme religieux du Kinnaur, avec des sanctuaires hindous et bouddhiques.

Où se loger

Baspa Guest House PENSION $
(☎9816385065 ; Sangla ; d 600-700 ₹, tr et qua 1 200-1 400 ₹). Au bas de la rue de la gare routière, la Baspa Guest House, spartiate mais suffisamment propre, est une option bon marché assez fréquentée. La qualité des chambres est variable, voyez-en plusieurs : celles du dernier étage ont des douches dans leur sdb, les autres un simple robinet d'eau chaude, un seau et une louche.

♥ **Banjara Camps** TENTES DE LUXE $$$
(☎011-65152334 ; www.banjaracamps.com ; Batseri ; s en pension complète 7 000-11 500 ₹, d 8 000-12 500 ₹ ; ⏲fermé nov à mi-mars). Les

grandes tentes confortables du Banjara, bien meublées, et dotées de lits et de vraies sdb, sont réparties au milieu des pommiers dans un joli coude de la rivière, à 6 km en amont de Sangla. Il y a aussi 2 "cottages" au bord de la rivière, et 14 chambres joliment arrangées dans un beau bâtiment de pierre baptisé "le Refuge". Très bon hébergement, nourriture internationale de qualité et cadre quasi idyllique.

Depuis/vers Sangla

Bus au départ de Sangla (horaires approximatifs) :

Chitkul 35 ₹, 1 heure 30, départ à 11h, 13h30 et 17h30

Rampur 160 ₹, 4 heures, départ à 6h30, 11h30, 12h30 et 17h30

Rekong Peo 65 ₹, 2 heures 30, départ à 7h, 13h et 14h45

Shimla 350 ₹, 10 heures, départ à 6h30 et 17h30 (ou prenez un bus pour Rampur, d'où vous récupérerez une correspondance)

Les taxis demandent 1 500 ₹ pour Chitkul et 800 ₹ pour Karcham.

Chitkul

600 HABITANTS / ALTITUDE 3 450 M

Dernière halte sur une ancienne route commerciale qui rejoint le Tibet et carrefour de plusieurs itinéraires de trek, Chitkul est de loin le plus joli village qui borde la Sangla. Il voit défiler les touristes indiens ou étrangers, mais ses habitants conservent un style de vie traditionnel et une attitude assez réservée avec les visiteurs.

À voir et à faire

Bon nombre de maisons traditionnelles kinnauries, en bois avec un toit d'ardoise, ont survécu, malgré l'arrivée du béton et du zinc. Le **mandir de Mohatmin**, au milieu du village, est dédié à Mathi, la divinité locale. Il recèle de belles sculptures (bois et pierre).

Randonnées et treks

Une courte montée au-dessus du village permet de profiter d'une vue superbe. Le sentier de 3 km qui remonte la vallée jusqu'au **poste-frontière indo-tibétain** de Nagasti est encore plus beau. Le haut sommet blanc du Thola est attirant mais les civils ne sont pas autorisés à aller plus loin, même si le Tibet est encore à 40 km de là. Pour des randonnées à la journée plus longues, allez vers les vallées secondaires de la Baspa. C'est aussi à Chitkul que le trek de 3 jours qui fait le tour du Kinner Kailash descend dans la vallée de la Sangla. Les itinéraires de trek vers la vallée de la Pabbar et la région du Garhwal, dans l'Uttarakhand, passent par le sud de la vallée (comptez 8-10 jours pour arriver à Harsil, près de Gangotri).

Banjara Camps (p. 294), entre autres, organise des treks dans cette région. Baabe, de la pension Kinner Heights, vous aidera à trouver guides, porteurs, nourriture et matériel.

Où se loger et se restaurer

Il y a plusieurs pensions et deux hôtels plus grands mais peu engageants au bas du village. **Kinner Heights** (☎8988238129 ; s 500-550 ₹, d 750-1 200 ₹ ; ⏲fermé déc-mars) est une des meilleures pensions, avec des chambres propres et confortables. Baabe, le propriétaire (un cordon-bleu !), vous conseillera sur les randonnées et les treks. Fiable également, la **Thakur Guest House** (☎8988209604 ; ch 500-900 ₹ ; ⏲fermé nov-mars) existe depuis longtemps et propose des chambres correctes, propres, et un restaurant à l'étage.

Depuis/vers Chitkul

Des bus partent vers Rekong Peo (100 ₹, 4 heures) vers 6h et 13h30, et pour Shimla (380 ₹, 11 heures) à 15h30. Tous s'arrêtent à Sangla.

Rekong Peo

☎01786 / 2 400 HABITANTS / ALTITUDE 2 290 M

Rekong Peo, le principal centre administratif et marchand du Kinnaur, est aussi un carrefour de transports. La plupart des voyageurs s'attardent dans cette grosse bourgade en raison de la proximité du charmant village de Kalpa, ainsi que pour obtenir un permis Inner Line pour continuer vers le Kinnaur supérieur et le Spiti. Surnommée Peo par les habitants, la localité s'étire le long d'une route en boucle à 10 km au-dessus de l'Hwy 05. La plupart des hôtels sont concentrés dans le bazar principal (où il y a aussi un DAB de la SBI), en contrebas de la gare routière.

L'**Hotel Fairyland** (☎9459700037 ; Main Bazaar ; ch 550-650 ₹) est le meilleur d'un ensemble plutôt médiocre d'hôtels bon marché, dans le bazar principal.

Little Chef's Restaurant (Main Bazaar ; plats 130-260 ₹ ; ⏲8h-22h) est le restaurant le plus propre du coin, avec une gamme correcte de plats indiens.

Renseignements

Plusieurs agences de voyage, dans le bâtiment du Tourist Information Centre, à 200 m du rond-point du bazar principal en descendant la rue principale, vous obtiendront facilement un ILP (permis Inner Line). **Monk Travels** (☎9805530056 ; www.themonktravels.com ; TIC Building, bureau 201) vous en obtiendra un en 1 heure pour 400 ₹ si vous apportez votre passeport entre 10h et 16h (de préférence le matin), sauf le dimanche et le 2e samedi du mois, quand le bureau qui les délivre est fermé. Tous les voyageurs inscrits sur le permis doivent se présenter en personne pour être pris en photo. Les permis sont valables 14 jours.

Depuis/vers Rekong Peo

La gare routière est située à 2 km du bazar principal par la route, ou à 500 m par l'escalier proche du poste de police, au bout d'ITBP Rd (qui remonte du bazar principal au niveau du Little Chef's Restaurant).

Des bus partent environ toutes les heures entre 4h30 et 18h30 pour Shimla (355 ₹, 10 heures) – services *deluxe* (460 ₹) à 5h30 et 13h30. Changez à Jeori pour Sarahan (135 ₹, 3 heures 30). Les bus pour Sangla (65 ₹, 2 heures 30) et Chitkul (100 ₹, 4 heures) partent à 9h30 et 14h30 ; celui de 16h s'arrête à Sangla.

Pour le Spiti, il y a un bus à 7 heures pour Kaza (355 ₹, 11 heures) via Nako (175 ₹, 5 heures) et Tabo (270 ₹, 8 heures). Un autre bus, qui ne va pas au-delà de Nako, part à 12h. Ces deux bus quittent Rekong Peo 30 minutes plus tôt de novembre à mars.

Les taxis prennent 3 500 ₹ pour Chitkul, 7 000 ₹ pour Shimla, et 8 000 ₹ pour Kaza.

Kalpa

☎01786 / 1 250 HABITANTS / ALTITUDE 2 960 M

Kalpa est un petit bijou, accessible depuis Rekong Peo par une route qui monte entre des forêts de pins et des vergers de pommiers sur 7 km. Vous ne quitterez plus des yeux la vue majestueuse sur le massif du Kinner Kailash (6 050 m) et du Jorkanden (6 473 m).

L'ensemble de temples du centre de Kalpa comprend un monastère bouddhique très coloré, le **Lochawa La-Khang** (Samdub Choeling), dominé par un **fort** en forme de tour récemment rebâti, et le **temple hindou de Narayan-Nagini**, 50 m au-delà du Lochawa La-Khang. Ses sculptures délicates comprennent des tigres (montures de Durga, à qui le temple est consacré) et des dragons (signe de la forte influence tibétaine dans la région).

Pour une marche ambitieuse à la journée, demandez aux habitants la direction du sentier qui monte aux prairies et aux étangs de Chakkha, depuis l'Hotel Kinner Kailash sur Roghi Rd.

Où se loger et se restaurer

Il y a une belle gamme d'hébergements à Kalpa, avec plusieurs pensions dans Chini, le principal quartier du village, et quelques hôtels modernes sur Roghi Rd, à 500 m à pied (plus en voiture) en amont du centre.

Hotel Blue Lotus HÔTEL $

(☎01786-226001 ; khokanroy.bluelotus@gmail.com ; ch 800-1 200 ₹ ; wifi). À 100 m de la gare routière, difficile de faire plus pratique que cet hôtel sympathique ! Les chambres, un peu tristes, offrent un bon rapport qualité/prix, et les terrasses ensoleillées font face aux montagnes : idéal pour profiter de la vue en mangeant (plats 60-250 ₹).

Chini Bungalow Guest House PENSION $

(☎9805495656 ; ch 1 200 ₹). À 100 m au-dessus du centre de Kalpa par un sentier, c'est un petit lieu sympathique avec 5 chambres propres et douillettes, offrant une belle vue sur le temple et les montagnes depuis le balcon, et un jardin fleuri. Préférez les deux chambres à l'étage même si elles sont toutes bien tenues. Pas de repas mais vous pouvez manger au Blue Lotus, tout près. Réductions autour de 50% hors saison.

♥ **Grand Shamba-La** HÔTEL $$$

(Grand Shangri-La ; ☎9805695423, 01786-226134 ; www.thegrandshambala.com ; Roghi Rd ; ch 3 850-4 950 ₹ ; wifi). Les chambres, très confortables, sont lambrissées de pin et tendues de tissus tibétains ; les plus belles disposent de fenêtres panoramiques, pour la vue, grandiose. Bons lits ; douches chaudes dans les sdb ; délicieuse cuisine indienne, tibétaine et chinoise (plats 120-300 ₹). En sus : une belle bibliothèque avec des livres sur l'Inde et le Tibet.

Depuis/vers Kalpa

Des bus circulent au minimum toutes les heures (de 7h environ à 19h) entre Rekong Peo – depuis le rond-point du bazar principal – et Kalpa (15 ₹, 30 min) ; sinon, prenez un taxi (400/500 ₹ depuis Rekong Peo pour le bas/haut de Kalpa). Le premier bus descend de Kalpa à 6h30. Pour les marcheurs, un sentier bien marqué de 3 km environ, avec des marches, coupe les virages de la route.

Des bus partent pour Shimla (400 ₹, 11 heures) à 6h30, 10h30 et 14h30, et pour Sangla (60 ₹, 3 heures) et Chitkul (90 ₹, 4 heures 30) vers 8h30. Il y en a plus pour Rekong Peo.

De Rekong Peo à Sumdo

La route depuis le Kinnaur qui mène au Spiti offre une succession de panoramas impressionnants, tandis qu'elle passe parfois à flanc de falaise, avec la rivière qui scintille plusieurs centaines de mètres en contrebas. Les étrangers doivent présenter leur permis Inner Line au **poste de contrôle d'Akpa**, sur l'Hwy 05, 17 km à l'est de l'embranchement de Rekong Peo.

Près de Khab, l'Hwy 05 monte vers la frontière chinoise par le Shipki La (interdit aux étrangers). La route de la vallée (devenue l'Hwy 505) continue sur 2 km jusqu'au confluent de la Sutlej et de la Spiti, puis remonte la spectaculaire gorge de la Spiti. En surplomb de la Spiti, Nako est un village intéressant pour faire une halte. Au nord de Nako, la route retrouve la rivière à Chango. Sumdo, 14 km plus loin, est la frontière administrative entre le Kinnaur et le Spiti : les étrangers doivent à nouveau y présenter leur permis Inner Line.

Nako

570 HABITANTS / ALTITUDE 3 660 M

Tout en haut de la vallée d'Hangrang (comme on appelle la basse vallée de la Spiti), ce petit village à l'atmosphère médiévale, aux maisons de pierre et de briques de terre crue, invite à une halte d'un ou deux jours. Administrativement rattaché au Kinnaur, mais culturellement au Spiti bouddhiste, Nako borde un petit lac sacré, que surplombent des montagnes rocailleuses ponctuées de stupas.

Du côté ouest de Nako, les quatre chapelles du XIe siècle du **gompa de Nako** recèlent de jolies fresques et sculptures, du même style que celles du célèbre *gompa* de Tabo au Spiti.

Activités

Pour avoir une belle vue, montez au **moulin à prière** sur le mont qui surplombe le lac (à 500 m du centre du village). Pour une vue encore plus époustouflante, continuez sur 800 m (la pente est plus raide) jusqu'au **col de Nako** (3 900 m), qui fait une brèche de taille dans la crête rocheuse, au sud.

Au-delà du col de Nako, un sentier de randonnée pittoresque, qui est aussi un chemin de pèlerinage, continue jusqu'au monastère historique du hameau isolé de **Tashigang** – à environ 3 heures, sans grand dénivelé, du col. On dit que Padmasambhava a médité et enseigné à Tashigang. Les randonneurs endurcis peuvent continuer 2 heures de plus jusqu'aux grottes et au petit monastère de Tsomang (ou Somang).

Il est possible de dormir et de manger au monastère de Tashigang : apportez un cadeau aux moines en guise de don (le sucre est très apprécié). Les autorités de Nako encouragent les touristes à y aller avec un guide (500-1 500 ₹), mais le chemin est dégagé et beaucoup y vont seuls.

Où se loger

Il existe des hébergements très simples à Nako, comme l'**Amar Home Stay** (☎9418629453 ; s/d 500/550 ₹), indiqué en bas des marches à 20 m de l'arrêt des bus. Là, les chambres propres (eau chaude dans les sdb) donnent sur un joli jardin. Moins spartiate, mais parfois complet à cause des groupes, l'excellent **Knaygoh Kinner Camps** (☎9418440767 ; www.knaygohkinnercamps.com ; d tente en demi-pension 4 500-5 500 ₹, ch 3 500 ₹ ; ⊙fin avr à fin oct), à quelques minutes à pied du lac, dispose de tentes confortables et de 4 chambres propres. L'**Hotel Reo Purguil** (☎9459494111 ; vjneginawa69@gmail.com ; ch 700-2 000 ₹ ; ⊙mai-oct), près de l'arrêt des bus, est peu avenant mais confortable.

Depuis/vers Nako

Des bus pour Rekong Peo (175 ₹, 5 heures) quittent Nako vers 8h et 12h. Un bus pour Tabo (105 ₹, 3 heures) et Kaza (177 ₹, 5 heures 30) s'arrête ici vers 12h, et il y a un bus vers 16h ou 17h pour Sumdo.

CENTRE DE L'HIMACHAL PRADESH

Le centre de l'Himachal s'articule autour de la vallée de Kullu. Cette coulée verte filant entre de hautes montagnes est arrosée par la Beas, laquelle descend depuis le Rohtang La vers le sud. Manali, au pied du Rohtang La, est une destination de voyage très fréquentée de l'Inde du Nord, et attire toutes sortes de touristes, indiens ou étrangers : hippies, *backpackers* (voyageurs sac au dos), couples en voyage de noces, visiteurs d'un week-end ou amateurs d'adrénaline.

La vallée de Kullu est appelée Dev Bhumi ("vallée des dieux"), d'abord pour ses nombreux sites sacrés, mais aussi pour son exceptionnelle beauté. Elle est aussi réputée, entre autres, pour les châles de laine chauds qu'elle produit et son *charas* (haschisch). Les vallées secondaires comme celles de la Parvati ou de la Tirthan sont, d'une certaine manière, encore plus belles. Dans les centaines de villages de montagne qui s'y tiennent la vie demeure plutôt et joliment traditionnelle, autant que les paysages offerts.

Mandi

☎ 01905 / 26 500 HABITANTS / ALTITUDE 800 M

La ville commerçante de Mandi ("marché"), au carrefour des grandes routes de Kullu, Shimla et Dharamsala, n'a rien de touristique, et son atmosphère moite rappelle les plaines. Elle compte (selon les chiffres officiels) 81 temples, dont beaucoup sont dédiés à Shiva. Vous aurez plaisir à les dénicher dans les bazars et sur les rives de la Beas.

Le centre de Mandi est occupé par un jardin-galerie marchande, l'Indira Market. Sur son côté nord, des marches mènent au Raj Mahal Palace. À l'est de Mandi, l'Hwy 3 suit la gorge spectaculaire de la Beas avant de tourner au nord dans la vallée de Kullu.

À voir

Mandir de Bhootnath TEMPLE HINDOU

À l'entrée de Bhootnath Bazaar, à 100 m au nord-ouest de l'Indira Market, ce temple du XVIe siècle a récemment été débarrassé de ses peintures criardes pour dévoiler la finesse de ses sculptures de pierre, bien plus jolies. Le *mandir* est au centre de la fête de Shivaratri, qui honore Shiva en février-mars.

Temples sur les rives de la Beas

En suivant Bhootnath Bazaar jusqu'à la Beas, on arrive au **mandir d'Ekardash Rudra**, à un pont très coloré édifié par les Britanniques, puis à des *ghat* destinés aux crémations et à un ensemble de temples shikharas (en forme d'épi de maïs ou de nid-d'abeilles) en pierre sculptée. Les temples les plus impressionnants de tous, qui se font face de part et d'autre de la Beas, à 150 m à l'est des *ghat*, sont le **mandir de Panchvaktra** sur la rive sud, et le **mandir de Triloknath**, au nord. Pluricentenaires, ils possèdent des sculptures complexes.

Où se loger et se restaurer

Hotel Krishna HÔTEL $

(☎01905-223088 ; face à l'Indira Market ; s/d 400/550 ₹). Le Krishna propose des chambres correctes de taille moyenne et plutôt propres, avec ventilateurs. Bonne option quand les autres hôtels de la rue sont complets.

Raj Mahal Palace HÔTEL HISTORIQUE $$

(☎01905-222401 ; www.rajmahalpalace.com ; District Court Gate ; ch 1 600-4 300 ₹ ; ❄📶). Le Raj Mahal occupe une partie du palais de l'ex-famille royale de Mandi, qui y habite toujours. Il affiche un certain charme du vieux monde, même si l'entretien laisse à désirer. Les chambres standards n'ont rien d'extraordinaire, mais les *deluxe* et *super deluxe*, plus grandes, ont une touche aristocratique.

Sur place, le **Copacabana Bar & Restaurant** (plats 160-350 ₹ ; ⏲7h-22h), avec possibilité de manger à l'extérieur sur une vaste pelouse ombragée, est calme au petit-déjeuner et plus animé le soir.

Depuis/vers Mandi

La gare routière est 500 m à l'est du centre, sur l'autre rive du Suketi Khad (30 ₹ en auto-rickshaw). Si aucun bus ne part tout de suite pour Dharamsala, allez à Palampur, puis changez.

BUS AU DÉPART DE MANDI

DESTINATION	TARIFS	DURÉE	DÉPARTS
Delhi	525-1 072 ₹	13 heures	20/jour
Dharamsala	197 ₹	6 heures	5/jour
Kullu	106 ₹	2 heures 30	toutes les 30 min
Manali	170-340 ₹	4 heures	toutes les 30 min
Palampur	160 ₹	4 heures	toutes les heures
Rekong Peo	218-295 ₹	12 heures	7/jour
Shimla	218-250 ₹	6 heures	16/jour

Lac de Rewalsar

01905 / ALTITUDE 1 350 M

Dissimulé dans les montagnes, à 24 km au sud-ouest de Mandi, ce lac sacré est révéré par les bouddhistes, les hindous et les sikhs. Les bouddhistes tibétains, qui le surnomment Tso-Pema (lac du Lotus), pensent qu'il s'est formé lorsque le roi de Mandi essaya de brûler vif le grand sage bouddhiste Padmasambhava (Guru Rinpoché ou "Précieux Maître"), pour l'empêcher de s'enfuir avec sa fille, Mandarava. Les 800 m du pourtour du lac sont parsemés d'un ensemble de temples, de monastères et de monuments, pour la plupart modernes, où les trois religions sont représentées.

À voir et à faire

Face à l'arche d'entrée, sur la rive est du lac, un **point de nourrissage des poissons** voit une masse grouillante de carpes sacrées gober les boulettes de farine ou de riz soufflé que leur lancent les visiteurs. Le **gompa de Drikung Kagyu**, de style tibétain, qui accueille une académie pour moines bouddhistes, est immédiatement sur votre droite. Dans son temple, on peut voir une grande statue de Shakyamuni (le Bouddha historique), au centre, et une autre de Padmasambhava sur la gauche. En longeant le lac dans le sens des aiguilles d'une montre, on rejoint un sanctuaire coloré dédié à Padmasambhava, puis le **gompa de Tso-Pema Ogyen Heruka Nyingmapa**, orné de superbes peintures murales, qui s'anime lors des pujas le matin et l'après-midi. Un détour de quelques minutes en remontant la rive du lac, qui passe devant le **Zigar Drukpa Kargyud Institute**, avec son temple aux immenses statues de divinités tantriques, vous emmène au monument le plus connu de Rewalsar, une **statue de Padmasambhava** géante (12 m), avec son regard perçant caractéristique, la main droite en *mudra* (geste symbolique) pour protéger du mal. Inaugurée en 2012 par le dalaï-lama, elle offre une vue superbe sur le lac.

En continuant dans le sens des aiguilles d'une montre, on passe devant un **groupe de temples hindous** avant d'atteindre un petit **parc** herbeux, où des bancs vous permettent de profiter de la vue sur le lac et de l'atmosphère. À l'autre extrémité du lac, le **gurdwara** (temple sikh) **de Guru Gobind Singh**, aux dômes dorés, date des années 1930. Rewalsar a une importance particulière pour les sikhs : c'est de là, qu'en 1701, Gobind Singh, le 10e *guru* (maître religieux) sikh, a appelé les rajas hindous du Punjab à s'unir pour résister aux Moghols.

Autre lieu bouddhique important, la **grotte de Padmasambhava**, où ce dernier aurait médité, surplombe le lac. Il faut monter sur 1,5 km environ, de l'arrière de la grande statue de Padmasambhava – ou prendre un taxi (aller/aller-retour 500/600 ₹) ou un des bus qui quittent la gare routière de Rewalsar à 9h30, 10h30, 11h30, 14h et 17h pour le temple de Naina Devi (30 ₹) et descendre 1 km avant le temple.

Où se loger et se restaurer

Hotel Lotus Lake HÔTEL $

(01905-240239 ; hlotuslake@yahoo.com ; ch 500-700 ₹). Les meilleures chambres de cet hôtel, tenu par des bouddhistes près du sanctuaire de Padmasambhava, au bord du lac, sont claires et ont vue sur le lac... mais pas les moins chères. Toutes sont plutôt propres ; eau chaude dans les sdb.

Drikung Kagyu Gompa Guesthouse PENSION $

(01905-240243 ; ch avec/sans sdb 500/200 ₹). Plusieurs monastères possèdent une pension. Celle-ci est sans doute la meilleure, avec sa terrasse donnant sur le lac.

Emaho Bistro CAFÉ $

(Gompa de Drikung Kagyu ; plats 40-120 ₹, petit-déj 150 ₹ ; 8h-20h ;). Café, Wi-Fi et vue sur le lac. Petits-déjeuners (servis toute la journée), gâteaux, jus, thés, en-cas et autres plats légers sont invariablement excellents.

Depuis/vers Le lac de Rewalsar

Les bus Mandi-Rewalsar (35 ₹, 1 heure 15), fréquents jusqu'en fin d'après-midi (dernier vers 18h), partent de la rue entre l'Indira Market et le pont de la Suketi Khad. En taxi, un aller/aller-retour coûte 600/1 000 ₹.

Vallée de la Tirthan et vallée de Banjar

Depuis l'extrême sud de la vallée de Kullu, celle de la Tirthan file vers le sud-est et la région dite du Seraj "intérieur" (Inner Seraj). Les paysages de vallées et de montagnes sont ici exceptionnels, les villages et la nature préservés, avec de superbes randonnées à faire et des pensions accueillantes. Les

Indiens qui recherchent un refuge discret loin des plaines commencent à connaître l'endroit, mais beaucoup de visiteurs étrangers l'ignorent encore. C'est le point d'entrée du spectaculaire Great Himalayan National Park, classé au Patrimoine mondial, 754 km² préservés de vallées fluviales encaissées et de montagnes qui mènent aux sommets à plus de 6 000 m de la chaîne du Grand Himalaya.

Il y a deux vallées principales au Seraj "intérieur" : celle de la rivière Tirthan à proprement parler et celle de la vallée de Banjar, qui poursuit vers le sud depuis la petite ville de Banjar. Elle s'achève au col de Jalori (3 223 m), qui mène à la vallée de la Sutlej et constitue ainsi la route la plus directe entre la vallée de Kullu et le Kinnaur.

À voir et à faire

L'accès au cœur du Great Himalayan National Park requiert un peu de préparation et de paperasse, ce qui ne vaut le coup que si vous disposez d'au moins deux jours pleins, plus de préférence. Il y a aussi de belles randonnées à faire dans la zone de transition située à l'ouest du parc, baptisée Ecozone, et même à l'extérieur du parc, en partant du col de Jalori, par exemple. La vallée de la Tirthan est aussi idéale pour les ornithologues amateurs (surtout en avril, mai, octobre et novembre) et les pêcheurs à la truite (d'avril à juin et d'août à octobre).

Col de Jalori — POINT DE VUE

En tête de la vallée de Banjar, l'Hwy 305 franchit le col de Jalori (3 223 m), pittoresque, signalé par deux *dhaba* (gargotes) et un temple consacré à Mahakali. Quand il fait beau, c'est un endroit idéal pour observer les vautours de l'Himalaya, les plus grands oiseaux de la région. Depuis le col, on peut faire à pied 6 km vers l'est (peu pentu) jusqu'au petit **lac sacré de Saryolsar**, ou 3 km vers l'ouest (en montée) jusqu'aux maigres ruines du **fort de Raghupur**, en traversant, dans les deux cas, des forêts de chênes.

Un aller-retour en taxi de Jibhi au col, plus le temps d'attente pour que vous puissiez aller à pied à Saryolsar ou à Raghupur, coûte 1 800 ₹. La route du col n'est pas goudronnée sur les 16 km entre Ghiyagi, côté nord, et Khanag, côté sud. Le col est en principe fermé à cause de la neige de mi-décembre à début mars environ.

Du lac de Saryolsar, les trekkeurs peuvent poursuivre jusqu'au Lambhari (ou Lambri) Top, une crête à près de 3 600 m d'altitude, avec une vue spectaculaire sur les montagnes (deux ou trois jours, aller-retour).

LE TOP DES MARCHES ET DES TREKS DU GREAT HIMALAYAN NATIONAL PARK

Ecozone

DE GUSHAINI À L'ENTRÉE DU PARC

Cette belle randonnée d'une journée vous emmène sur 8 km depuis le pont de Gushaini jusqu'aux portes du parc national. Vous remonterez la vallée de la Tirthan aux versants abrupts, densément boisée, avec tout au long du parcours la rivière en contrebas, plus quelques belles cascades en chemin. Le dénivelé est de 500 m, et il faut environ 3 heures pour monter, un peu moins pour redescendre.

TREK DE RANGTHAR

Un trek de deux ou trois jours d'une difficulté modérée, à des altitudes allant de 2 100 m à 2 800 m, avec de belles vues sur les montagnes. Départ du village de Pekhri, au nord de Gushaini, qu'on peut rejoindre en 4x4.

Cœur du parc

TREK DE RAKHUNDI

Trek facile à modéré, menant à un alpage, à 3 600 m d'altitude environ, où la vue est dégagée sur le versant nord de la vallée de la Tirthan, dans la zone centrale du parc ; comptez quatre ou cinq jours aller-retour depuis Gushaini.

TREK DE THIRAT (TIRTH)

Un des plus beaux treks de la zone centrale : de Gushaini jusqu'à la source de la Tirthan à près de 4 000 m d'altitude, et retour ; comptez six à neuf jours de marche modérée à difficile.

Vallées de Kullu, de la Parvati et de la Tirthan

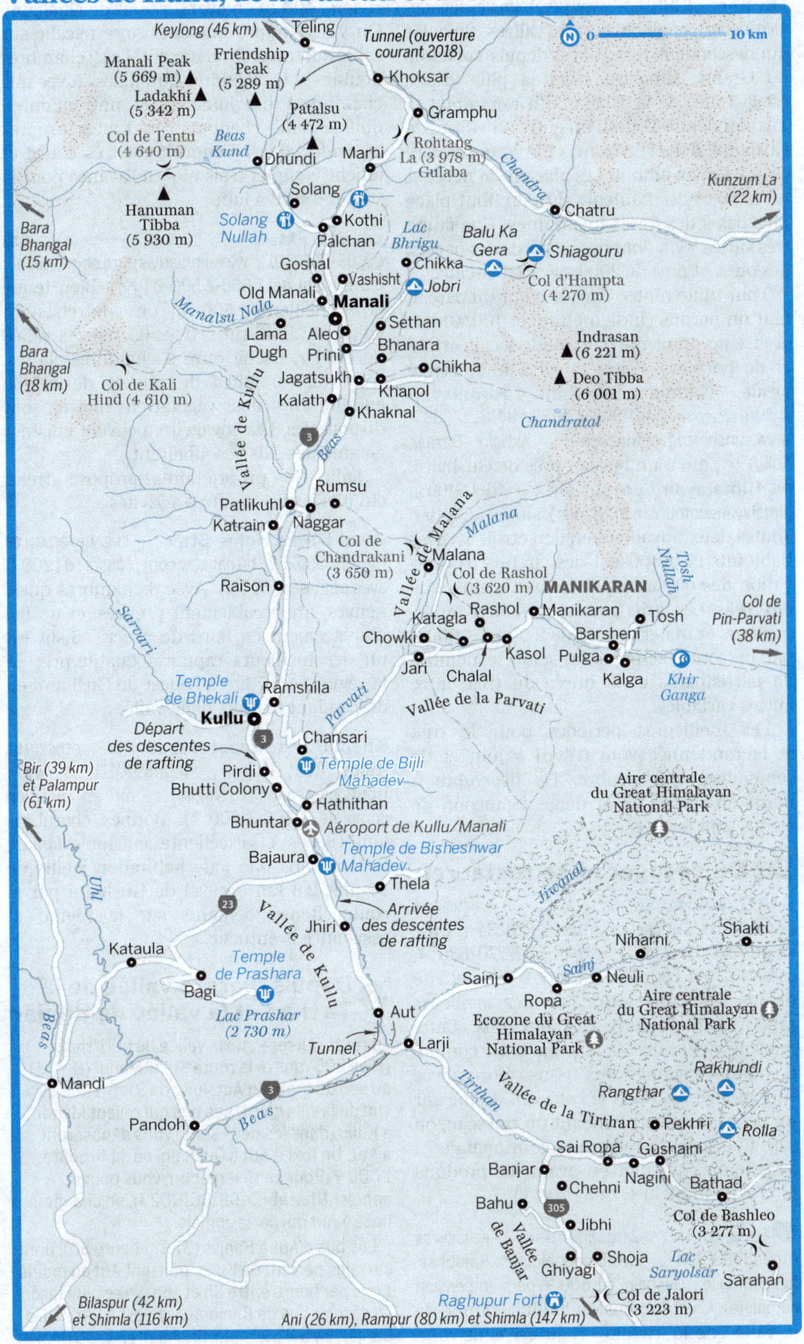

Great Himalayan National Park

Le **parc** (GHNP ; www.greathimalayannationalpark.org) englobe quatre vallées fluviales qui descendent vers l'ouest depuis la chaîne du Grand Himalaya, dont la plus visitée est la vallée de la Tirthan. En remontant la Tirthan depuis l'ouest, on entre au village de Gushaini, dans l'Ecozone, et le cœur du parc est à 8 km en amont. Les glaciers, la neige et les alpages des hauteurs du parc font place plus bas à des forêts luxuriantes. Une faune très variée y vit, dont des léopards des neiges, des ours, et plus de 200 espèces d'oiseaux.

Pour toute nuitée dans le cœur du parc, il faut un permis (Indien/étranger 100/400 ₹) et être accompagné d'un guide local certifié et de porteurs. Faites appel à une société locale comme **Sunshine Himalayan Adventures** (☎01902-225182, 9418102083 ; www.sunshineadventure.com ; Akhara Bazaar, Kullu), qui a un bureau près de Gushaini, ou **Himalayan Ecotourism** (☎9816091093 ; himalayanecotourism.in ; Banjar), située à Banjar. Toutes deux travaillent en lien étroit avec les habitants et proposent des circuits d'observation des oiseaux et de la faune, ainsi que des treks. Les tarifs pour un trek avec guide, porteurs et matériel vont de 2 000 à 4 000 ₹ par personne et par jour, selon le nombre de participants et la durée du trek entre autres variables.

Les meilleures périodes pour le trek et la randonnée vont d'avril à juin et de septembre à novembre. De décembre à mars, en raison de la neige, beaucoup de routes sont fermées.

Où se loger et se restaurer

Doli Guest House PENSION $

(Rana Swiss Cottage ; ☎01903-228234 ; www.kshatra.com ; Jibhi ; s/d/tr 660/770/880 ₹, cottage d/tr 1 650/2 200 ₹ ; wifi). En activité depuis 1992, Doli offre l'un des meilleurs rapports qualité/prix des environs. Cette maison vieille de 50 ans, en bois, compte 6 chambres simples aux tissus colorés, avec sdb attenantes. Dans le café, qui donne sur un petit jardin surplombant un ruisseau, on sert une cuisine indienne, continentale et israélienne, qui met en avant les produits bio (plats 100-250 ₹, *thali* 200 ₹).

♥ **Raju Bharti's Guest House** PENSION $$

(☎9459833124 ; www.facebook.com/Rajubhartiguesthouse ; Gushaini ; 1 800 ₹/pers en pension complète). C'est la pension la plus connue de la vallée de la Tirthan. Raju est construite en bois, à un emplacement idéal en bord de rivière, 400 m en aval du pont de Gushaini. On y accède par une amusante nacelle sur câble qui traverse un torrent. Les 2 chambres doubles et les 6 "suites familiales" (avec une chambre à lits jumeaux et une chambre double dans chaque) sont toutes propres et confortables. L'endroit est très couru et affiche complet trois mois à l'avance pour la saison d'avril à juin.

Leena's Place PENSION $$

(☎9816057101 ; www.jibhiadventure.com ; Jibhi ; d avec petit-déj 1 600-2 500 ₹ ; wifi). Bien tenue et accueillante, 500 m en contrebas du village de Jibhi sur l'Hwy 305, dans la vallée de Banjar, Leena offre 5 chambres claires, confortables, faites de pin et de brique enduite. Des repas végétariens maison sont disponibles. Les voyageurs peuvent cuisiner eux-mêmes s'ils le souhaitent.

Lalit, le propriétaire, propose treks, circuits à vélo et autres activités.

Bisht Niwas Home Stay CHEZ L'HABITANT $$

(☎9816650262 ; tirthanstay.com ; Nagini ; d 1 200 ₹, avec petit-déj 1 500 ₹). Avec 6 chambres quasi neuves, impeccablement propres, et un bel emplacement en bord de rivière, Bisht est un des meilleurs rapports qualité/prix de la région. À 2,7 km à l'ouest de Gushaini en descendant la route de la vallée.

Khem Bharti Guest House PENSION $$

(Hotel Trout Valley ; ☎9459101113 ; www.troutvalley.co.in ; Nagini ; ch en pension complète 2 800-3 800 ₹). Bonnes chambres lambrissées et excellente cuisine maison, le tout dans une jolie habitation vieille de 50 ans, 2,8 km en aval de Gushaini par la route. Renseignements sur la région et assistance éventuelle.

Depuis/vers la vallée de la Tirthan et la vallée de Banjar

La route qui remonte la vallée de la Tirthan (Hwy 305) quitte la route Kullu-Mandi (Hwy 3) au sud du tunnel d'Aut, long de 3 km, situé au sud de la ville d'Aut. Les bus qui relient Mandi à Kullu (dans les deux sens) vous déposeront à Aut. Un taxi d'Aut à Gushaini ou Jibhi coûte 1 000 ₹. Pour en réserver un, vous pouvez appeler **Bharat** (☎9816610023), un chauffeur basé à Aut qui parle anglais.

Les bus d'Aut à Banjar (37 ₹, 1 heure 30), dont certains partent de Kullu, quittent Aut au moins 1 fois par heure entre 8h et 16h, voire plus tard. Le dernier bus de Banjar à Aut part à 17h30. De Banjar, il y a 9 bus pour Gushaini (7 ₹, 30 min) et

Bathad (15 ₹, 1 heure) entre 7h30 et 17h. Au retour, le premier bus part de Bathad à 7h30, le dernier autour de 16h30. Les bus de 7h30, 8h et 15h continuent vers Aut et Kullu.

Au moins 4 bus partent entre 7h30 et 12h30 de Banjar pour Jibhi (12 ₹, 30 min) et, de mars à mi-décembre environ, pour le col de Jalori (31 ₹, 1 heure 30) et différentes destinations au-delà, dont Rampur (158 ₹, 6 heures, à 7h30 et 11h30 au départ de Banjar). D'autres bus vont de Banjar à Jibhi jusqu'à au moins 16h30.

Bhuntar

☎01902 / 4 500 HABITANTS

L'aéroport de Kullu-Manali est situé dans cette ville commerçante, qui est aussi le principal point de départ des bus vers la vallée de la Parvati. À Bajaura, 5 km au sud de Bhuntar, le **temple de Bisheshwar Mahadev**, du IXe siècle, mérite une halte. Exemple rare (et magnifique) dans la vallée de Kullu des classiques shikharas des plaines du Nord, il est dédié à Shiva, seigneur de l'Univers. Il est entièrement couvert de sculptures très détaillées. Les niches à l'extérieur contiennent de beaux bas-reliefs de Vishnu (côté ouest), Ganesh (sud) et Durga (nord). Situé 200 m à l'est de l'Hwy 3.

Où se loger et se restaurer

La meilleure option est l'**Hotel Malabar** (☎01902-266199 ; www.hotelmalabarkullu.com ; ch 2 380-3 340 ₹ ; ❄), à 500 m au nord de l'aéroport, avec des chambres confortables, lambrissées de pin, et un bon restaurant international (plats 180-300 ₹). L'**Hotel Amit** (☎01902-265123 ; www.hotelamitkullu.com ; ch sans clim 1 780-2 380 ₹, avec clim 3 090-3 680 ₹ ; ❄), 500 m plus haut sur la route principale, offre quelques chambres non climatisées moins chères, mais est bien moins engageant. Les deux hôtels font souvent des rabais de 30% environ. L'**Hotel Sunbeam** (☎9418641908 ; d 500-1 000 ₹), près de l'Amit, est un choix relativement correct pour les petits budgets.

Depuis/vers Bhuntar

L'aéroport est à l'extrémité sud de la localité, à 600 m de la gare routière. Air India relie quotidiennement Bhuntar à Delhi. Des annulations sont possibles en cas de mauvais temps.

Des bus fréquents circulent jusqu'à 22h environ vers Kullu (15 ₹, 30 min) et Mandi (90 ₹, 2 heures). Pour Manali (70 ₹, 2 heures 30), hélez un bus sur la route principale ou changez à Kullu. Des bus remontent la vallée de la Parvati toutes les 30 minutes environ de 5h30 à 18h. Les bus pour Dharamsala, Shimla et Delhi traversent Bhuntar 2 heures à 2 heures 30 après avoir quitté Manali : vous devrez en principe leur faire signe sur la route principale. La station de taxis est en face de la gare routière : comptez 950 ₹ pour Kasol, 1 500 ₹ pour Barsheni et 1 400 ₹ pour Manali.

Vallée de la Parvati

La rivière Parvati rejoint la Beas juste après Bhuntar ; sa magnifique vallée remonte jusqu'aux sources thermales de Manikaran et au-delà jusqu'aux 5 000 m d'altitude de la chaîne du Grand Himalaya. Destination prisée par les voyageurs, la vallée est malheureusement devenue presque aussi connue pour son *charas* (haschisch) que pour sa beauté naturelle. Plusieurs villages se sont transformés en rendez-vous des hippies et des *backpackers* – avec hébergements bon marché, cuisine internationale et musique en permanence. Comme Manali, la vallée de la Parvati est un arrêt privilégié sur la "piste du houmous" que certains Israéliens suivent après leur service militaire. Elle est de plus en plus appréciée des jeunes Indiens. La police effectue des contrôles routiers, à la recherche de *charas*.

La région est également connue pour les treks, la traversée du col de Chandrakani vers/depuis Naggar, et celle du col de Pin-Parvati vers/depuis le Spiti. Pour des questions de sécurité, le trekking en solo est déconseillé.

Les hébergements sont nombreux et bon marché. Les pensions pour *backpackers* sont regroupées principalement à Kasol et ses environs, ainsi qu'à Jari et, au-delà de Manikaran, dans des endroits comme Pulga, Kalga, Tosh et Khir Ganga. Les prix sont facilement négociables, et on peut souvent trouver une chambre à 300 ₹ dans les plus petits villages.

CHARAS

De nombreux voyageurs sont attirés par le fameux *charas* de Manali et de la vallée de la Parvati, une drogue particulièrement puissante. Bien qu'on la fume ouvertement dans la vallée de la Parvati, dans le vieux Manali et à Vashisht, sachez que la posséder ou la consommer est illégal et que la police n'hésite pas à arrêter les contrevenants (ou à leur soutirer de l'argent).

Des bus remontent la vallée depuis Bhuntar toutes les 30 minutes environ, de 5h30 à 18h, et vont à Jari (30 ₹, 1 heure 15), Kasol (40 ₹, 1 heure 45) et Manikaran (50 ₹, 2 heures) ; près d'un bus sur deux continue jusqu'à Barsheni (75 ₹, 3 heures). Quelques bus partent de Manali ou Kullu jusqu'à Manikaran (et retour), mais il faut le plus souvent changer à Bhuntar.

Beaucoup de taxis vous permettent de vous déplacer dans la vallée et aux alentours. Quelques exemples de tarifs : 300 ₹ de Jari à Kasol, 150 ₹ de Kasol à Manikaran, 1 000/1 500 ₹ aller/aller-retour de Kasol à Nerang (pour Malana), 2 200 ₹ de Kasol à Manali, et 550 ₹ de Manikaran à Barsheni.

Jari

Jari est un petit village de commerces disparates en bord de route, à 20 km du début de la vallée de la Parvati. Les visiteurs rejoignent souvent le hameau de Mateura Jari, avec ses hébergements bon marché et plusieurs temples traditionnels de bois et de pierre, à 700 m au-dessus de l'arrêt de bus (suivez le panneau *Village Guest House*).

Pour engager un guide pour Malana ou n'importe quel trek dans la vallée de la Parvati, contactez **Negi's Himalayan Adventure** (☎9418281894, 9816081894 ; www.negis-kasol-malana-parvati.com ; Hotel Negi's Nest II, Chowki) à l'**Hotel Negi's Nest II**, sur la rive opposée (150 ₹ en taxi). Le propriétaire, Chapu Negi, est le chef de l'équipe locale de sauvetage en montagne ; on peut donc lui faire confiance ! Un guide demande 2 000 ₹ par jour ; un trek revient à environ 3 000 ₹ par personne et par jour, transport en sus. Au Negi's, les **chambres** (☎9418281894 ; www.negis-kasol-malana-parvati.com ; d 2 500-3 000 ₹, tr 3 500 ₹, tr en tente 1 500 ₹ ; 📶) sont agréables, confortables, lambrissées de pin et dotées de sdb propres. Il y a un restaurant et une cuisine à disposition pour les hôtes, ainsi que des tentes pour les plus petits budgets.

Où se loger et se restaurer

Outre les endroits de Mateura Jari, vous trouverez quelques chambres chez l'habitant et des pensions réparties sur les sentiers et à Punthal, 1 km plus loin.

Village Guest House PENSION **$**
(☎9816594249 ; www.facebook.com/village-guest-house-kasol-jari-205081383167806 ; ch 500 ₹, sans sdb 300 ₹ ; 📶). Cette grande maison accueillante est la première en arrivant à Mateura Jari, et celle dont les chambres sont les plus confortables – surtout celles avec sdb, qui donnent sur le joli jardin. La famille, charmante, prépare une bonne cuisine, indienne ou internationale (plats 100-170 ₹).

Malana

À 20 km en remontant une vallée secondaire au nord de Jari, Malana est un village étrange. Ses habitants – qui descendent, selon la légende, des déserteurs de l'armée d'Alexandre le Grand – parlent une langue qui leur est propre, fonctionnent selon ce qui est considéré comme la plus ancienne démocratie du monde, et considèrent les étrangers comme impurs : ils s'écartent quand vous les croisez, pour éviter de vous toucher. Le fameux *charas* (haschisch) de Malana, connu sous le nom de "crème", est le moteur de son économie, et attire nombre de visiteurs. Une mauvaise piste passe désormais tout près de Malana, qui est resté pendant des siècles un des endroits les plus isolés de la région. Attendez-vous à des contrôles policiers impromptus sur la route, et emportez votre passeport, car les agents de sécurité de la centrale hydroélectrique, sur le chemin, peuvent vous le demander.

À voir et à faire

Plus de la moitié des maisons traditionnelles en bois et pierre de Malana ont brûlé en 2008 ; certaines ont été rebâties en parpaing, mais les temples ont été reconstruits en matériaux traditionnels, avec des balcons finement sculptés. Ils sont dédiés au dieu local, Jamdagni (Jamlu) Rishi, et attirent des pèlerins de toute la région, notamment pendant la fête principale de Malana, qui commence le 15 août et dure quatre ou cinq jours, avec des costumes fleuris, des processions, de la musique, de la danse et, bien sûr, beaucoup de *charas*. L'un des deux principaux temples est situé sur la place centrale du village, face à une plateforme en pierre avec des gradins, qui sert aux assemblées du village (le "Parlement" de Malana).

Dans le village, les visiteurs doivent obéir à une série de règles, sous peine d'une amende de 3 500 ₹ minimum. Ne quittez pas le sentier principal, ne touchez pas les temples, ne les photographiez pas sans autorisation, ne vous aventurez pas sur des lieux sacrés (même si rien ne permet de les identifier), ne touchez ni les villageois ni ce qu'ils possèdent. Pour éviter de commettre un impair, mieux vaut venir avec un guide.

De beaux parcours sont possibles. Les randonneurs peuvent rejoindre le col de Chandrakani, à 2 heures de montée (assez rude) en partant de Malana, puis gagner Naggar en 2-3 jours, ou s'aventurer vers le sud-est par le col de Rashol jusqu'à Kasol (17 km), et passer la nuit chez l'habitant à Rashol.

Où se loger

Il y a une demi-douzaine de pensions très simples à Malana, surtout dans le haut du village, tenues par des étrangers, avec des sanitaires douteux. **Dragon Guest House** (☎9805105400 ; ch sans sdb 300-600 ₹) est une des plus fréquentées, avec ses chambres lambrissées et raisonnablement propres. Elle propose une cuisine israélienne, indienne et italienne (plats 80-200 ₹). À la **Chand View Guest House** (☎9805261446 ; ch 250-500 ₹), quelques chambres ont des sdb attenantes.

Depuis/vers Malana

Le plus simple pour aller à Malana est de prendre un taxi de Jari à Nerang (800 ₹ aller, 1 500 ₹ aller-retour, avec 3 heures sur place), un ensemble de cabanes d'où il faut 30-45 minutes de marche pour monter jusqu'au village.

Un bus quotidien pour Jari et Kullu (3 heures) quitte Nerang à 9h, et repart de Kullu vers 15h.

Kasol

☎01902 / 750 HABITANTS / ALTITUDE 1 600 M

S'étirant le long de la Parvati et entouré de montagnes, Kasol est le principal repaire de voyageurs de la vallée. Dans cette bourgade, les bars reggae, les restaurants de bourlingueurs, les boulangeries et les pensions bon marché séduisent une clientèle de *backpackers* essentiellement, dont de plus en plus d'Indiens. Des fêtes trance importées de Goa s'y déroulent en été, et c'est un bon point de départ, toute l'année, pour explorer la vallée boisée ou simplement se détendre. Le village se divise entre Old Kasol (vieux Kasol), en aval du pont vers Bhuntar, et New Kasol (nouveau Kasol), en amont vers Manikaran.

Où se loger

Royal Orchard PENSION $
(☎9459342032 ; ch 600-1 000 ₹ ; 📶). Ses 21 chambres spacieuses et propres, dans un immeuble récent sur 3 niveaux au milieu d'une pommeraie, sont très demandées. Les deux étages disposent de balcons privatifs, et toutes les chambres ont TV et Wi-Fi. Il y a aussi un café. À 100 m en descendant une ruelle qui va vers la rivière, 80 m après le restaurant Evergreen, dans New Kasol.

Taji Place PENSION $
(☎9816461684 ; chetanthakurkasol@gmail.com ; d 1 500-3 500 ₹, sans sdb 500 ₹, cottage 3 pers 3 000 ₹ ; 📶). Dans une belle propriété en bord de rivière, avec une grande pelouse et des pommiers, Taji offre diverses chambres, toutes propres. Les 4 chambres à 3 500 ₹ sont de bonne qualité, lambrissées de pin, avec des sdb récentes. Taji n'est pas indiqué : il est au bout d'une ruelle qui descend vers la rivière, 80 m après le restaurant Evergreen, dans New Kasol.

Alpine Guest House HÔTEL $$
(☎9418400328 ; alpinehimachal@gmail.com ; ch 1 000-2 500 ₹). Un hôtel pratique d'Old Kasol, au milieu des pins. Chambres spacieuses et plutôt bien tenues (les meilleures, plus claires, sont à l'étage), vaste terrasse et restaurant en plein air, juste au bord de la rivière et de ses remous.

Où se restaurer

♥ **Evergreen** INTERNATIONAL $$
(New Kasol ; plats 200-400 ₹ ; ⏰10h-23h). Toujours apprécié pour ses pizzas, lasagnes,

> **MORTELLES RANDONNÉES**
>
> Depuis la seconde moitié des années 1990, plus d'une vingtaine de touristes ont disparu dans les vallées de Kullu et de la Parvati. Certains se sont intéressés de trop près au trafic de drogue et ont provoqué l'ire des dealers. D'autres sont morts accidentellement au cours d'un trek en solitaire dans cette région montagneuse et accidentée.
>
> Si vous avez l'intention de randonner dans les montagnes, en particulier dans la vallée de la Parvati, nous vous recommandons de faire appel à un guide qui saura vous protéger des dangers, aussi bien naturels qu'humains.
>
> Évitez de partir seul, indiquez à votre hôtel votre destination et le moment prévu de votre retour, et ne vous montrez pas trop amical avec les *sadhu* (ascètes) et les personnes rencontrées en chemin. Ne vous privez pas de la beauté de la région, mais faites preuve de bon sens et de prudence.

TREK DE PIN-PARVATI

Accessible uniquement de fin juin à fin septembre/début octobre, ce superbe trek de 6 à 9 jours, épuisant, franchit le col enneigé de Pin-Parvati (5 319 m) pour rejoindre la vallée de la Pin, au Spiti. Juillet et août peuvent être assez humides, septembre est le meilleur mois. Il y a des hébergements à Khir Ganga, où l'on peut se baigner dans une source chaude, et à Mudh, mais aucun entre les deux, vous devez donc être autonome, ou partir avec une agence de trekking. Les treks organisés sont relativement chers car les animaux de bât ne peuvent pas franchir le col. Des porteurs (souvent 3 par personne en raison de la longueur du trek) sont nécessaires et il faut un moyen de transport pour les ramener au point de départ.

De Barsheni (ou Pulga ou Kalga), la piste monte à travers forêts et pâturages, passe la source chaude de Khir Ganga et va jusqu'à Thakur Khan. Il faut 2 jours de plus dans une zone alpine aride qui vous fait passer par le pont rocheux de Pandupul (qui peut être dangereux s'il est mouillé) et le lac Mantalai jusqu'à High Camp (ou Plateau Camp). Les éboulis et la neige, qui obligent à user de cordes, sont éprouvants. On franchit le col puis on redescend dans la vallée de la Pin. Un jour ou deux d'acclimatation et/ou de repos pendant la montée ne seront probablement pas de trop ; la dernière étape peut facilement se diviser en 2 jours de marche à travers le Pin Valley National Park et jusqu'à Mudh. Le trek peut aussi se faire d'est en ouest.

ÉTAPE	ITINÉRAIRE	DURÉE	DISTANCE
1	De Barsheni à Khir Ganga	3-4 heures	12 km
2	De Khir Ganga à Thakur Khan	6 heures	15 km
3	De Thakur Khan au lac Mantalai	7 heures	16 km
4	Du lac Mantalai à High Camp	4 heures	12 km
5	D'High Camp au camp de la vallée de la Pin via le col de Pin-Parvati	5-6 heures	12 km
6	Du camp de la vallée de la Pin à Mudh	8 heures	20 km

tofu maison, kebabs turcs, plats d'agneau et de poulet et ses bons plats du jour israéliens. Le poulet *sipoodim* (au barbecue), avec des frites et du houmous, constitue un très bon repas. On peut manger aux tables de la salle du devant ou dans l'arrière-salle enfumée garnie de coussins.

Moon Dance Café & German Bakery INDIEN, INTERNATIONAL **$$**
(plats 180-400 ₹ ; 9h-23h). À l'ouest du pont, il se distingue des nombreux restaurants pour touristes qui servent de la cuisine "trois i" (italienne-israélienne-indienne) par son café corsé, ses baguettes, gaufres, crêpes, milk-shakes, jus de fruits et ses petits-déjeuners d'un bon rapport qualité/prix (200-300 ₹), servis dans la cour ensoleillée.

Renseignements

Kasol possède quelques cybercafés (40 ₹/h). Le **DAB de la Central Bank of India**, dans une rue secondaire à l'est du pont, accepte certaines cartes internationales.

Manikaran

01902 / 6 100 HABITANTS / ALTITUDE 1 730 M

Réputée pour ses sources chaudes dont la vapeur s'élève en permanence de la rive au-dessous de son grand temple, la petite bourgade de pèlerinage de Manikaran, à 4 km à l'est de Kasol, est sacrée tant pour les sikhs que pour les hindous. Selon la légende, un serpent géant vola les boucles d'oreilles de la déesse Parvati tandis qu'elle se baignait (durant une séance de méditation avec Shiva qui dura 1 100 ans), puis les recracha, avec d'autres bijoux, depuis le sous-sol, ce qui libéra la source chaude. L'eau est assez chaude pour cuire le riz et doit être mélangée à celle de la rivière pour les bains. Selon les habitants, elle guérirait tous les maux, des rhumatismes à la bronchite.

À voir et à faire

Le **gurdwara de Sri Guru Nanak Ji** (gurdwara de Sahib), à 5 étages, sur la rive nord, fut construit en 1940 ; il a été gravement endommagé par un glissement de terrain en août 2015. La grande salle de prière, avec ses tapis et ses colonnes de verre scintillantes, est au dernier étage (hommes et femmes doivent se couvrir la tête et ôter leurs chaussures). À l'étage du dessous se trouve le réfectoire, où l'on sert gratuitement riz, dhals, curries, *chapati* et thé à toute heure,

VAUT LE DÉTOUR

KHIR GANGA

Il faut 3-4 heures d'une jolie montée à pied pour atteindre cet alpage au-dessus de la vallée de la Parvati depuis Barsheni, à 13 km en amont de Manikaran. Vous trouverez là une délicieuse source chaude, et quelques pensions (chambres 200-500 ₹) et cafés-restaurants sommaires, ouverts d'avril à octobre environ. On y vient souvent pour se relaxer quelques jours. Khir Ganga vaut également la visite à la journée. La marche depuis Barsheni (800 m de dénivelé) est aussi la première étape du trek de Pin-Parvati (p. 306). Des sentiers longent les deux versants de la vallée, via le village de Nakthan du côté nord et via Kalga au sud. Ils se rejoignent juste au-dessous du Flower Cafe, 45 minutes avant d'arriver à Khir Ganga. Le chemin de Nakthan, plus joli et plus ensoleillé, est aussi plus fréquenté.

La **source chaude** (aube-crépuscule) GRATUIT, en haut de la prairie, est à température idéale – chaude mais pas trop. On y trouve un grand bassin pour les hommes (vue fantastique) et un plus petit, clos, pour les femmes – d'où l'on peut au moins voir le ciel. Les bassins font partie d'un temple. Il y a donc des règles à respecter : pas de bains mixtes ni de nudité ; il est également interdit de fumer.

Des bus pour Barsheni (30 ₹, 1 heure), certains provenant de Bhuntar, partent à peu près toutes les demi-heures de 7h30 à 12h, puis toutes les heures jusqu'à 17h30, de la route au-dessus de la gare routière de Manikaran. Le dernier bus redescend de Barsheni à 17h.

à tous les visiteurs (et ils sont aussi bons que n'importe quel repas en ville). Encore en dessous, ce sont les bains intérieurs, séparés, pour hommes et femmes, et, sur un côté, une "grotte chaude" semblable à un sauna. De l'autre côté du pont, il y a une piscine en plein air pour les hommes, plus engageante, et une autre piscine couverte pour les femmes. Apportez un maillot de bain, une serviette et des claquettes si vous voulez vous baigner.

Tout près, il y a un **temple de Shiva**, où les cuisiniers du *gurdwara* font cuire le riz dans de grandes marmites, à l'eau bouillante de la source. Dans les deux temples, l'atmosphère est joyeuse et plutôt légère.

Sur la place du côté nord de la bourgade, où les voitures sont interdites, ne manquez pas le **temple de Naina Bhagwati** semblable à un chalet, en pierre et en bois. Il est dédié à la déesse née du troisième œil de Shiva qui retrouva les boucles d'oreilles de Parvati.

Où se loger et se restaurer

Fateh Paying Guesthouse PENSION $

(9816894968 ; ch 300 ₹ ; @). Indiquée au bout d'une allée dans la vieille ville, cette grande maison verte dispose de 5 chambres simples et agréables, d'une terrasse ensoleillée sur le toit et d'une petite source chaude. Contrairement à beaucoup d'endroits, les prix sont les mêmes toute l'année. Repas possibles. Bon accueil.

Kullu

01902 / 18 500 HABITANTS / ALTITUDE 1 220 M

L'effervescente capitale administrative de la vallée du même nom change radicalement des lieux de vacances pour hippies. Peu de touristes s'y arrêtent mais c'est une ville plutôt agréable, qui accueille en octobre la plus grande et la plus colorée des fêtes de la région : Dussehra.

La rivière Beas passe à l'est de Kullu ; son affluent, la Sarvari, traverse la ville qu'elle coupe en deux moitiés, nord et sud. La station de taxis, l'office du tourisme, les terrains sur lesquels se déroulent les festivités de Dussehra (deux grands espaces ouverts adjacents), ainsi que la plupart des restaurants et des hôtels sont au sud (Dhalpur). La gare routière et le temple de Raghunath se trouvent au nord de la Sarvari. Une passerelle près de la gare routière permet de traverser la Sarvari jusqu'à une rue de bazar, qui vous conduira à l'hôtel Shobla International.

À voir et à faire

Temple de Raghunath TEMPLE HINDOU

(7h-20h30). Le principal temple de Kullu abrite la statue de la divinité majeure de la vallée : une petite idole en bronze de Raghunath Ji (Rama), qui préside aux célébrations de Dussehra. Ce temple du XVIIe siècle est à Sultanpur, sur la colline qui domine la gare routière, près du Raja Rupi, le palais des anciens rajas de Kullu. Le sanctuaire principal est fermé durant plusieurs heures en pleine journée, mais vous pourrez sûrement jeter un coup d'œil par les fenêtres.

Temple de Bijli Mahadev TEMPLE HINDOU

Il y a plusieurs temples importants dans les hauteurs des environs de Kullu. Consacré à Shiva, celui de Bijli Mahadev, à 20 km de route en remontant au sud-est de Chansari, plus 2,5 km de marche jusqu'au sommet, offre une vue spectaculaire sur les vallées de Kullu et de la Parvati, depuis ses 2 460 m d'altitude. À côté du temple, se trouve un poteau de bois de 20 m de haut, qui attire parfois la bénédiction divine sous forme d'éclairs : la foudre brise le lingam en pierre de Shiva à l'intérieur du temple, qui est ensuite recollé avec du beurre.

Les fidèles affluent au temple de Bijli Mahadev pendant les fêtes shivaïtes de Sawan Kamaina, de mi-juillet à mi-août. De la gare routière de Kullu, il y a quelques bus quotidiens pour Chansari (28 ₹, 1 heure 15). Un taxi de Kullu à Chansari coûte 1 300 ₹ aller-retour.

Où se loger et se restaurer

Hotel Aaditya HÔTEL $

(☎9418001244, 01902-224263 ; Lower Dhalpur ; d 660-2 640 ₹ ; wifi). Un service sympathique, des lits confortables et un bon choix de chambres, dont beaucoup ont des balcons donnant sur la Sarvari : de l'autre côté de la passerelle en venant de la gare routière, l'Aaditya se démarque des autres hôtels dans la même gamme de prix.

Hotel Vikrant HÔTEL $

(☎9816438299 ; vikramrashpa@gmail.com ; Dhalpur ; d 400-1 200 ₹). Dans un petit sentier qui remonte derrière le bureau de l'office du tourisme (HPTDC), Vikrant est un hôtel accueillant pour *backpackers* où les lambris et les balcons partagés donnent aux chambres un charme simple. Les chambres (ventilateur et douche chaude) sont plus spacieuses et lumineuses dans les étages.

Hot Spice INDIEN, INTERNATIONAL $$

(Dhalpur ; plats 120-250 ₹ ; ⏲9h-22h). Pour des *thali* et des petits-déjeuners d'un bon rapport qualité/prix, ou une très bonne truite tandoori, allez dans cet agréable café de plein air, dans l'allée qui monte derrière l'office du tourisme.

Depuis/vers Kullu

Des bus (de l'HRTC ou privés) partent toutes les 15 minutes environ pour Bhuntar (15 ₹, 30 min), Manali (60 ₹, 1 heure 30) et Mandi (106 ₹, 2 heures), jusqu'à 21h. Des bus partent toutes les 30 minutes pour Naggar (30 ₹, 1 heure), de 7h à 18h. Quelques bus desservent la vallée de la Parvati, mais il faut en général changer à Bhuntar. Les bus au départ de Manali, qui continuent plus loin dans la vallée de Kullu, s'arrêtent ici 1 heure 30 après le départ.

Naggar

☎01902 / 550 HABITANTS / ALTITUDE 1 710 M

Perchée sur le versant est de la vallée de Kullu, la paisible petite bourgade de Naggar fut autrefois la capitale du royaume de

DUSSEHRA À KULLU

Dieu le plus important de la ville de Kullu et de sa vallée, Raghunath Ji est une incarnation de Rama, le dieu-héros du *Ramayana*. Le **Dussehra** (⏲oct ; dates variables), la fête d'octobre qui célèbre la victoire de Rama sur le roi-démon Ravana, est donc particulière ici. Si ailleurs on fête Dussehra pendant une journée, à Kullu cela dure une semaine. Le premier jour est le plus fascinant : plus de 200 divinités de village (*devta*) arrivent alors à Kullu sur des palanquins, avant de descendre aux terrains de Dussehra en une somptueuse cavalcade, au son des tambours et des trompettes géantes, parées de superbes guirlandes, de draperies et de masques d'argent. Là, on place la petite statue de Raghunath Ji sur un grand char, que des dévôts tirent à l'aide de cordes pour l'amener à son emplacement désigné, au milieu de la foule excitée. Les *devta* de village "dansent" en bondissant d'un côté à l'autre, chargent d'avant en arrière, avant de rejoindre également leur emplacement tout autour du terrain, où elles campent, avec leurs serviteurs, durant la semaine du festival.

Le reste de la semaine est essentiellement une grande foire qui s'étale sur les terrains de Dussehra, avec musique et danse autour des tentes des *devta*, danses folkloriques hautes en couleur le soir, musique et autres spectacles dans l'auditorium voisin. Le 7e jour, après les dernières processions, chacun repart chez lui.

LES CHÂLES DE LA VALLÉE DE KULLU

Les châles de laine traditionnels de la vallée de Kullu sont très réputés ; ils sont légers et merveilleusement chauds, avec de jolis motifs. La route Bhuntar-Manali est bordée de nombreuses boutiques et d'espaces d'exposition. Les châles traditionnels de Kullu, tissés sur des métiers en bois, sont en laine (d'agneau), en pashmina (poil de chèvre) ou en angora (poil de lapin). C'est l'une des principales industries de la vallée de Kullu. Elle procure un revenu à des milliers de villageoises, dont beaucoup se sont regroupées en coopératives.

Pour des châles de grande qualité (et pour éviter les vendeurs insistants), optez pour un magasin **Bhuttico** (www.bhutticoshawl.com). Cette coopérative de tisserands de Bhutti, fondée en 1944, a des points de vente dans toutes les localités de la vallée, et plusieurs au-delà, ainsi qu'un vaste **magasin d'usine** (Bhutti Colony ; ⏲9h-19h), à 8 km au sud de Kullu. Les prix sont fixes ; c'est un bon endroit pour comparer qualité et prix. Attendez-vous à payer au minimum 700 ₹ pour un châle en laine d'agneau, 1 200-1 600 ₹ pour un mélange angora-laine, 3 500 ₹ pour un mélange pashmina-laine, et 6 000 ₹ pour du pur pashmina. Bhuttico fabrique aussi écharpes, *topi* (chapeaux), vestes, sacs, gants, *pulla* (chaussures en fibre de chanvre) et *pattu* – vêtements traditionnels de laine aux motifs merveilleux dont se drapent les femmes de Kullu.

Kullu. Aujourd'hui, c'est un village très charmant. Le peintre et explorateur russe Nicolas Roerich l'aimait tant qu'il s'y installa au début du XXe siècle. On peut visiter Naggar à la journée depuis Manali, mais ses sites intéressants, de belles randonnées (dont le trek jusqu'à Malana dans la vallée de la Parvati via le col de Chandrakani), plus quelques bons restaurants et pensions en font un bon endroit pour se détendre quelques jours.

Les hébergements et les sites à voir sont dans le haut du village, entre 1 et 2 km de la gare routière, laquelle se situe dans le quartier du bazar, sur la route principale.

À voir et à faire

Château de Naggar FORT

(30 ₹ ; ⏲9h-18h). Construit par les rajas de Kullu vers 1500, ce manoir fortifié est un bel exemple de l'architecture himachalie, qui alterne pierre et bois pour résister aux tremblements de terre. Vendu au Commissaire adjoint britannique en 1846, le château devint un tribunal puis, en 1976, un hôtel.

♥ **International Roerich Memorial Trust** MUSÉE

(☎01902-248290 ; www.irmtkullu.com ; Indien/étranger 50/100 ₹, appareil photo/caméra 30/60 ₹ ; ⏲10h-13h et 13h30-18h mar-dim, jusqu'à 17h nov-mars). À 1 km au-dessus du château, ce musée et mémorial fascinant est l'ancienne demeure du peintre, écrivain et explorateur de l'Asie centrale Nicolas Roerich (1874-1947) et de son épouse Elena, philosophe, écrivain et traductrice. Ils s'installèrent ici en 1928, et y restèrent jusqu'à la mort de Roerich, en 1947. Leur philosophie esthético-orientaliste semi-mystique attira quelques adeptes de leur vivant, et l'œuvre de Nicolas a perduré.

Aux étages inférieurs sont exposés quelques tableaux de paysages du peintre (très souvent des montagnes de l'Himalaya) et d'autres peints par leur fils, Svyatoslav. Au dernier étage, certaines pièces sont restées privées (on ne peut que regarder par les fenêtres). Dans le jardin pittoresque à flanc de montagne se trouve la *samadhi* (tombe) de Nicolas et une exposition sur Svyatoslav et son épouse, la star du cinéma indien Devika Rani.

En descendant la route, on trouve une intéressante boutique où sont vendus livres, gravures et cartes postales. À 5 minutes à pied en montant, l'**Urusvati Himalayan Research Institute** (compris dans le billet de l'International Roerich Memorial Trust ; ⏲10h-13h et 13h30-18h mar-dim, jusqu'à 17h nov-mars) abrite d'autres expositions consacrées au travail des Roerich et de leurs associés.

Temples

Il y a à Naggar plusieurs jolis petits temples. En bas de la rue qui longe le château, le **mandir de Vishnu** (XIe siècle), aux allures de shikhara, est plutôt petit et quelconque. Prenez à gauche tout de suite après, puis à gauche à l'embranchement suivant, jusqu'au joli petit **temple de Gauri Shankar**, de la même période et du même style, mais de plus belles proportions, sculpté, et dédié à Shiva.

À 400 m environ du château en remontant, le **temple de Tripura Sundari**, en forme de pagode, est dédié à la mère divine locale. Le bâtiment actuel n'a que 35 ans, mais le lieu était probablement déjà sacré bien avant l'avènement de l'hindouisme. La piste qui monte ici depuis la route conduit à un carrefour, 1 km plus loin, puis à droite après 150 m au **temple de Murlidhar**, consacré à Krishna, le joueur de flûte. Il date du XIe siècle environ, et se trouve sur le site de Thawa, une ville antique qui existait près de mille ans avant Naggar.

Activités

Ragini Treks & Tours TREKKING
(9817076890 ; raginitours@hotmail.com ; hôtel Ragini). Ragini Treks & Tours, juste au-dessus du château de Naggar, est une société sérieuse qui propose des treks dans la région, notamment au col de Chandrakani.

Trek du col de Chandrakani

Ce trek réputé et de qualité, entre Naggar et Malana par le col de Chandrakani (3 650 m), est accessible de fin mai à octobre. Il faut compter 2 jours, avec 6 à 8 heures de marche réelle pour monter au col, puis 2 à 3 heures pour descendre à Malana. Les agences sérieuses de Naggar demandent environ 3 000 ₹ par personne et par jour avec guide, porteurs et équipement.

Le tracé n'est pas toujours visible, et le très mauvais temps peut survenir à tout moment : n'y allez pas sans guide (sauf peut-être en juin quand le parcours est très fréquenté). La meilleure période est de mi-septembre à mi-octobre : il n'y a ni foule ni neige. Juillet et août peuvent être très pluvieux.

Comme toujours, accordez-vous sur le tarif total du trek avant le départ, en y incluant les éventuels transports de retour des guides et des porteurs, leur nourriture et la vôtre.

Si vous voulez y aller sans trop de contraintes, prenez au moins un guide local recommandé par votre pension. Cela vous coûtera environ 1 000 ₹ par jour, et les porteurs au moins 600 ₹. Allez-y avec de quoi camper et suffisamment de nourriture.

Où se loger et se restaurer

Alliance Guesthouse PENSION $
(9418025640, 9817097033 ; www.alliance-naggar.com ; Roerich Marg ; ch 440-1 800 ₹, tr et qua 2 200 ₹ ; @). Au calme, sur la route qui monte au musée Roerich, cet endroit agréable est tenu par une famille franco-indienne qui propose des chambres impeccables aux lits douillets, des moins chères avec sdb collectives aux duplex, parfaits pour des familles. Tout est pensé pour le confort des clients, avec des bouilloires, du thé, du café, des liseuses et même des cotons-tiges dans les chambres.

Une très bonne cuisine indienne et internationale, dont la truite locale et quelques spécialités aux accents français, est proposée aux clients (plats 100-400 ₹). Les prix des chambres sont flexibles, surtout si vous restez plusieurs jours. On y trouve aussi une bibliothèque, des espaces détente, des renseignements sur la région et les treks, et on peut y réserver ses transports. Que demander de plus ?

Mannat Home PENSION $$
(9816048116 ; www.mannathome.com ; ch 1 200-3 000 ₹, au mois 14 000-35 000 ₹ ; @). Face au château, Mannat propose 7 chambres différentes, propres, avec du parquet, et presque toutes spacieuses. La plupart ont une belle vue, certaines disposent d'un balcon et/ou d'une cuisine. On peut manger sur place, les hôtes sont accueillants, et les tarifs au mois sont très avantageux pour les longs séjours.

The Castle HÔTEL HISTORIQUE $$
(01902-248316 ; www.hptdc.in ; s 1 800-3 510 ₹, d 2 400-4 680 ₹, avec petit-déj ;). Ambiance historique et construction traditionnelle en bois et en pierre mais décor et mobilier plutôt spartiates pour cet hôtel de l'HPTDC qui occupe le château. Le prix dépend surtout de la taille de la chambre et de la vue (superbe depuis certaines). Sur place : **restaurant** très abordable (plats 170-440 ₹ ; 8h-22h), avec une terrasse dominant la vallée.

Depuis/vers Naggar

Il y a des bus toutes les heures environ depuis/vers Manali entre 8h et 18h (30 ₹, 1 heure), et toutes les 30 minutes environ pour Kullu (30 ₹, 1 heure), de 7h30 à 19h. Un taxi de Manali à Naggar coûte environ 800 ₹. Un auto-rickshaw/taxi pour monter de la gare routière au château (1 km) coûte environ 70/100 ₹.

Manali

01902 / 8 100 HABITANTS / ALTITUDE 1 900 M

Entourée de hauts sommets dans la belle et verte vallée de la Beas, Manali reçoit toute l'année les visiteurs attirés par l'appel de l'aventure en montagne. Les *backpackers* se réfugient dans les villages hippies alentour ; les sportifs viennent pour le trekking, l'alpinisme, le rafting ou le ski ; les familles indiennes et les jeunes mariés profitent de l'air frais et découvrent la neige lors d'excursions à la journée au Rohtang La (3 978 m). Rien de plus naturel, donc, que de se détendre quelques jours ici, tout en organisant votre expédition dans les montagnes.

Autrefois bucolique, Manali est devenue si touristique que l'on y dénombre à présent entre 800 et 1 000 hôtels et pensions, dans la ville et ses faubourgs. De mi-avril à mi-juillet, de mi-septembre à mi-octobre et pendant les fêtes de fin d'année, la localité est bondée, et ses rues étroites et les grandes routes qui y mènent sont sévèrement embouteillées.

À voir et à faire

Temple d'Hadimba TEMPLE HINDOU
(carte p. 312). Ce *mandir* en bois et pierre (1553), très vénéré, est situé dans une clairière de la forêt de cèdres, à 2 km à l'ouest du centre de Manali. Les pèlerins viennent de toute l'Inde pour honorer Hadimba, l'épouse de Pandava Bhima dans le *Mahabharata*. L'entrée en bois du temple, sous un toit en pagode à 3 niveaux, est richement sculptée de figures de dieux, d'animaux et de danseurs ; des bois de cerfs et des cornes de bouquetins ornent les murs extérieurs.

Old Manali
Old Manali, 2 km au nord-ouest du Mall, sur l'autre rive de la Manalsu Nala, existait longtemps avant la ville moderne. C'est là que se regroupent aujourd'hui les *backpackers* mais on y retrouve l'ambiance d'un village de montagne indien en s'y enfonçant. On y découvre quelques remarquables vieilles maisons en bois et pierre, ainsi que le **temple de Manu Maharishi** (carte p. 312), doté d'une haute tour, construit là où, selon la légende, l'arche de Manu, le créateur de la civilisation, se posa après la grande inondation.

Monastères bouddhiques
Une petite communauté tibétaine est installée au sud du centre-ville. Le **temple bouddhique himalayen de Nyinmapa** (carte p. 314 ; 6h-18h) est très visité pour sa statue de Shakyamuni, le Bouddha historique, haute de 2 étages. À l'ouest, le **monastère de Von Ngari** (carte p. 314 ; 6h-19h) est plus traditionnel. Sa salle de prière, qui embaume le genévrier, est emplie de statues de bodhisattvas (êtres ayant atteint l'éveil) et de lamas révérés.

Activités

Himalayan Extreme Centre ACTIVITÉS DE PLEIN AIR
(carte p. 312 ; 9816174164 ; www.himalayan-extreme-centre.com ; Old Manali ; 9h-18h). Cette agence sérieuse, sympathique et bien réputée – avec une antenne à Vashisht – peut organiser presque toutes les activités que vous voulez. Passez feuilleter le catalogue.

Himalayan Caravan ACTIVITÉS DE PLEIN AIR
(carte p. 312 ; 9816316348 ; www.himalayancaravan.com ; Old Manali ; bureau 9h-22h mi-mars à mi-déc). Prestataire sérieux pour le trek, l'escalade, l'alpinisme, le snowboard et le ski.

Himalayan Trails ACTIVITÉS DE PLEIN AIR
(carte p. 312 ; 9816828583 ; www.himalayantrails.in ; Dragon Market, Old Manali ; 9h30-22h). Une jeune agence dynamique proposant treks, randonnées à la journée, VTT, escalade, et plus encore ; met sur pied des treks en groupes ouverts, accessibles aux individuels. Location de VTT également.

Où se loger

Beaucoup d'hôtels de luxe ou de catégorie moyenne baissent leurs prix hors saison. Manali déborde d'hôtels milieu de gamme ou bon marché mais les meilleurs hébergements pour petits budgets, de loin, se trouvent quelques kilomètres plus au nord à Old Manali et Vashisht. Les meilleurs hôtels de la catégorie supérieure sont entre le centre-ville et Old Manali, dans Circuit House Rd et Club House Rd, dans les grandes demeures ayant appartenu aux premiers résidents anglais.

Manali

Banon Resorts HÔTEL DE LUXE $$$
(carte p. 312 ; 01902-253026 ; www.banonresortmanali.com ; Club House Rd ; d 7 140 ₹, ste 8 330-10 710 ₹, cottage 21 420 ₹ ;). Cet hôtel paisible et sélect est un peu plus haut de gamme que ses concurrents. Les chambres spacieuses et dotées du chauffage central du bâtiment principal ont une allure épurée et contemporaine : peinture blanche, lambris de pin, œuvres d'art modernes – avec d'immenses sdb. Les bungalows de 2 chambres allient admirablement calme, luxe et intimité.

Manali et Vashisht

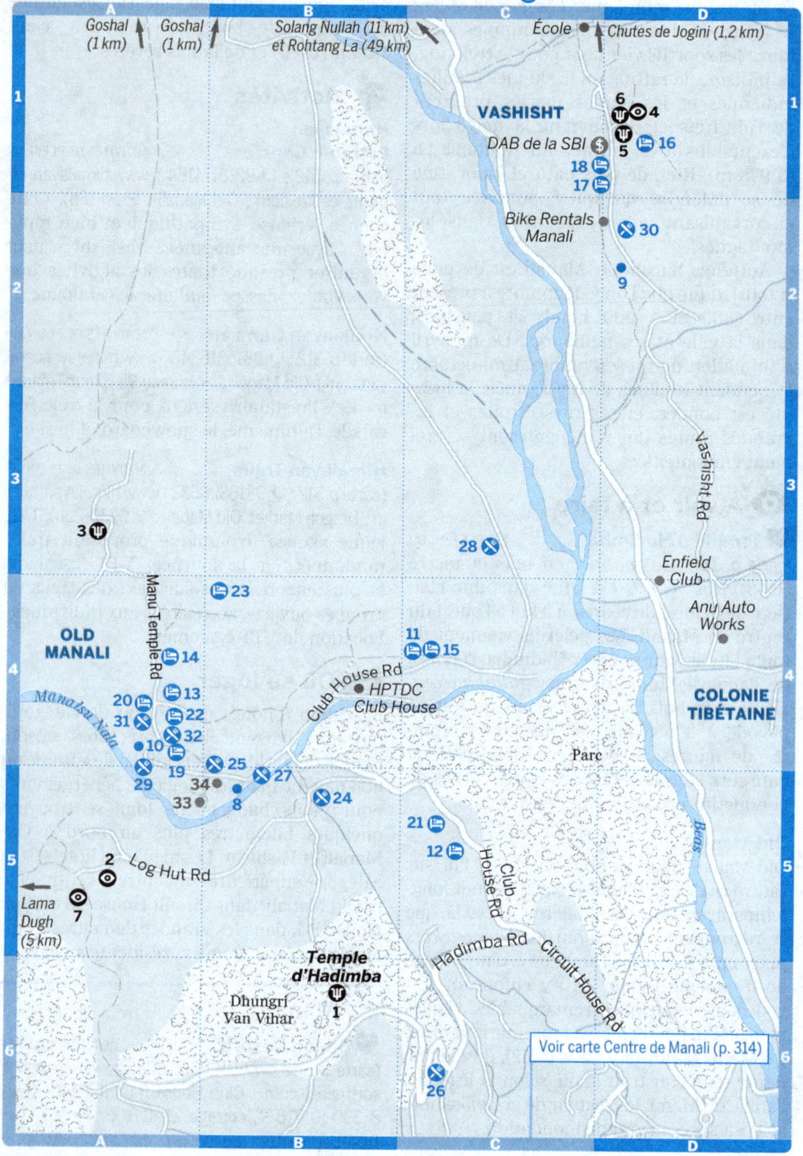

Johnson Hotel HÔTEL $$$

(carte p. 314 ; ☎01902-253764 ; johnsonhotel.in ; Circuit House Rd ; ch/app 5 330/10 900 ₹ ; ❄📶). Le Johnson est un des hôtels appartenant aux descendants d'un important propriétaire terrien de l'ère du Raj britannique. C'est un élégant hôtel fait de pierre et de bois avec 12 chambres de belle taille, auxquelles les tapis et les couvre-lits donnent un petit air rustique. Il compte aussi 5 appartements de 2 chambres (les "cottages") dans le bâtiment d'origine de 1900, un joli jardin,

Manali et Vashisht

Les incontournables
1 Temple d'Hadimba............B6

À voir
2 Hotel Delfryn............A5
3 Temple de Manu Maharishi............A3
Bains publics............(voir 6)
4 Piscine publique............D1
5 Temple de Rama............D1
Temple de Shiva............(voir 5)
6 Mandir de Vashisht............D1
7 Réservoir d'eau............A5

Activités
8 Himalayan Caravan............B5
9 Himalayan Extreme Centre............D2
10 Himalayan Extreme Centre............A4
Himalayan Trails............(voir 13)

Où se loger
11 Apple View Guest House............C4
12 Banon Resorts............C5
13 Dragon Guest House............A4
14 Drifters' Inn............A4
15 Eagle Guest House............C4
16 Hotel Dharma............D1
17 Hotel Surabhi............C1
18 Hotel Valley of Gods............C1
19 Manali Yes Please............A4
20 Mountain Dew Guesthouse............A4
21 Sunshine Heritage............C5
22 Tourist Nest Guest House............A4
23 Zostel............B4

Où se restaurer
24 Casa Bella Vista............B5
25 Dylan's Toasted & Roasted............B4
26 Il Forno............C6
27 Kathmandu Cafe............B5
28 La Plage............C3
29 Lazy Dog Lounge............A5
30 Rasta Cafe............D2
31 Rendez-Vous............A4
32 Shiva Garden Cafe............A4
World Peace Cafe............(voir 17)

Où sortir
Hangout............(voir 13)

Transports
33 Nirvana Travels............A5
34 Shalom Travels............B5

et un très bon restaurant (p. 315). Tout est en excellent état.

Johnson Lodge HÔTEL $$$
(carte p. 314 ; ☎01902-251523 ; www.johnsonlodge.com ; Circuit House Rd ; d 5 935 ₹, cottage 4 pers 13 650 ₹ ; ❄📶). Les quatre niveaux du Johnson Lodge offrent de grandes chambres claires d'allure contemporaine aux tons pastel, ainsi que de luxueux duplex de deux chambres (les "cottages"). Le bar moderne et le restaurant international (plats 265-485 ₹ avec un très bon choix de boissons) accueillent des concerts (musique soufie, groupes indés indiens, blues...) certains soirs.

Sunshine Heritage PENSION HISTORIQUE $$$
(Sunshine Guest House ; carte p. 312 ; ☎01902-252320 ; www.thesunshineheritage.com ; Club House Rd ; ch 3 990 ₹ ; 📶). Authentiquement colonial, le Sunshine est dans un jardin délicieusement calme et abrité, à l'écart de l'animation de Club House Rd. Il offre de grandes chambres triples et quadruples dans un bâtiment de bois et de pierre datant de 1921, aux parquets en noyer ou en pin, avec des sdb récemment rénovées. Quatre chambres doubles sont également proposées dans un bâtiment à peine moins ancien, juste à côté.

Old Manali

Les pensions, pour la plupart bon marché, ne manquent pas à Old Manali. Elles sont situées dans son unique rue, Temple Rd, et dans les allées et ruelles qui en partent. Certaines ferment de décembre à avril.

Zostel AUBERGE DE JEUNESSE $
(carte p. 312 ; ☎9816655763 ; www.zostel.com ; dort 450-500 ₹, ch 2 000 ₹ ; 📶). Bien tenu, Zostel offre une ambiance agréable et sympathique aux voyageurs, avec un personnel accueillant et serviable. On sert dans l'agréable café du jardin une cuisine indienne et continentale (plats 110-250 ₹), et l'hébergement est un peu au-dessus de la moyenne, grâce aux liseuses et aux prises électriques pour chaque couchette et à des grands lits doubles dans les chambres privatives.

Apple View Guest House PENSION $
(carte p. 312 ; ☎9816887844 ; www.appleviewmanali.com ; ch 300 ₹ ; 📶). En haut de l'escalier qui indique "Red House Café" face au club-house de l'HPTDC, cette pension familiale et accueillante est l'une des meilleures options de Manali. Elle dispose de 12 chambres simples et bien tenues, possède un joli

Centre de Manali

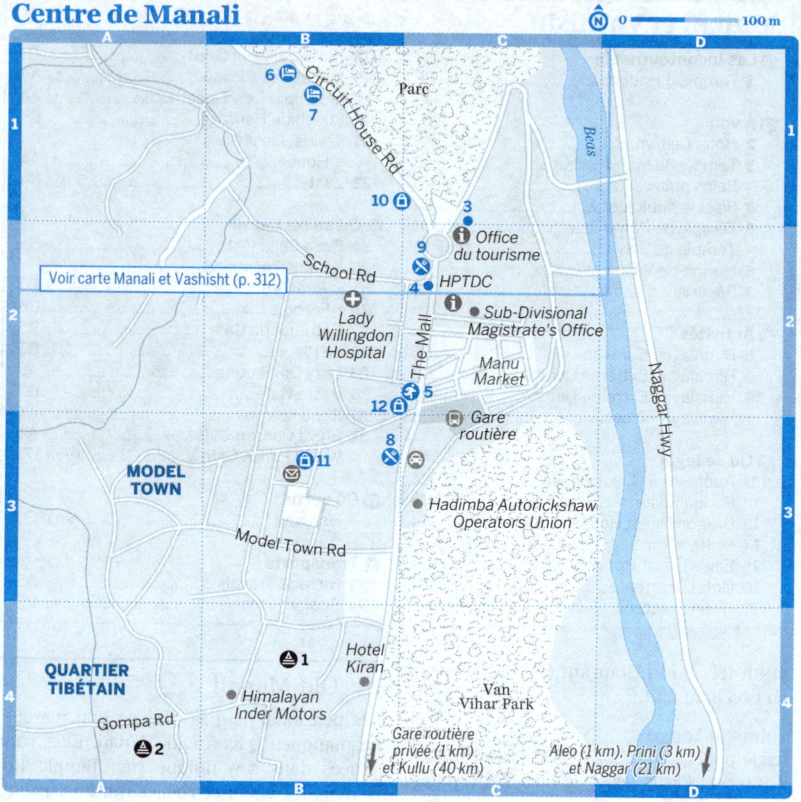

Centre de Manali

À voir
1 Temple bouddhique himalayen de Nyinmapa B4
2 Monastère de Von Ngari A4

Activités
3 Him-Aanchal Taxi Operators Union C1
4 Himalayan Adventurers C2
5 Himalayan Bike Bar C2

Où se loger
6 Johnson Hotel B1
7 Johnson Lodge B1

Où se restaurer
8 Chopsticks B3
Johnson's Cafe .... (voir 6)
9 Khyber C2

Achats
10 Bhuttico B1
11 Bookworm B3
12 Shashni Communications B2

Transports
Billetterie ferroviaire .... (voir 3)

patio sur le devant, et sert une savoureuse cuisine maison (plats indiens et internationaux 60-80 ₹). Si c'est plein, essayez l'**Eagle Guest House** (carte p. 312 ; ☎9816397788 ; liatasher@hotmail.com ; ch 400-600 ₹, avec petit-déj 600-800 ₹ ; fermé jan-fév ; wifi), tout aussi bien, 50 m plus loin.

Mountain Dew Guesthouse PENSION $
(carte p. 312 ; ☎9816446366 ; Manu Temple Rd ; s 500-600 ₹, d 600-900 ₹ ; wifi). Une pension d'un bon rapport qualité/prix, sur 3 niveaux, qui propose des chambres assez grandes, plutôt bien tenues, avec des terrasses communes donnant à l'est. Le dernier étage

est plus intéressant, avec des chambres récentes et la plus jolie vue.

Tourist Nest Guest House PENSION $
(carte p. 312 ; ☎01902-252383 ; touristnest@gmail.com ; ch 700-1 000 ₹ ; wifi). Au cœur d'Old Manali, ce "nid" dispose de chambres carrelées impeccables et lumineuses, avec balcon.

Manali Yes Please HÔTEL $
(carte p. 312 ; ☎9418523125 ; www.manaliyesplease.com ; Manu Temple Rd ; ch 1 000 ₹). Un endroit plutôt grand pour Old Manali, avec 3 étages de chambres bordées de larges vérandas. Elles sont un peu défraîchies mais plutôt propres, et sauf en juin-juillet, on peut souvent les avoir à 500 ₹, ce qui les rend très demandées.

Dragon Guest House HÔTEL $$
(carte p. 312 ; ☎01902-252290 ; www.dragoninnmanali.com ; ch 1 760-2 860 ₹, ste 4 950 ₹ ; wifi). Dragon propose des chambres confortables, lambrissées, qui donnent sur de larges vérandas. Plus on monte (il y a 4 niveaux), meilleures sont les chambres. Les plus belles sont celles décorées comme un chalet suisse au dernier étage.

Drifters' Inn HÔTEL $$
(carte p. 312 ; ☎9805033127 ; www.driftersinn.in ; Manu Temple Rd ; ch 1 100-2 000 ₹, f 1 900-2 500 ₹ ; wifi). Les chambres ne sont pas aussi branchées que le restaurant du rez-de-chaussée, mais elles sont impeccables, confortables et dotées du Wi-Fi. Il y a des terrasses aux trois étages.

Où se restaurer

Manali

Chopsticks ASIATIQUE $$
(carte p. 314 ; Mall ; plats 120-300 ₹ ; ⌚9h-23h ; wifi). Restaurant préféré des touristes dans le centre de Manali, Chopsticks est souvent plein. On y propose une belle gamme de plats tibétains, chinois et japonais, servis avec efficacité. Entre les luths du Tibet et les lanternes chinoises, on y mange de bons *momo* (raviolis tibétains), *gyoza* (leur équivalent japonais), du *thenthuk* (soupe tibétaine aux nouilles), ainsi que du poulet et de l'agneau à la mode du Sichuan. Bières fraîches, vin et vins de fruits locaux également.

Johnson's Cafe INTERNATIONAL $$$
(carte p. 314 ; Circuit House Rd ; plats 300-550 ₹ ; ⌚8h-23h ; wifi). Le restaurant du Johnson Hotel est réputé pour ses plats occidentaux : agneau à la sauce à la menthe, truite fumée, crumble aux pommes avec crème glacée… La salle qui fait aussi office de bar est cosy, mais beaucoup préfèrent la terrasse, surtout pour l'happy hour (16h-20h).

Il Forno ITALIEN $$$
(carte p. 312 ; Hadimba Rd ; plats 180-500 ₹ ; ⌚10h30-22h30 ; wifi). Le joli jardin fleuri de cette maison traditionnelle en pierre et en bois vieille de 150 ans en fait une belle halte en allant ou en revenant du temple d'Hadimba – les pizzas y sont aussi très bonnes !

Old Manali

De nombreux restaurants bon marché en plein air proposent des classiques pour voyageurs : *momo* (raviolis tibétains), omelettes, crêpes à la banane et tarte aux pommes, en plus des trois "i" (plats italiens/israéliens/indiens). Beaucoup ferment vers novembre. Parmi les meilleurs, citons le **Shiva Garden Cafe** (carte p. 312 ; Manu Temple Rd ; plats 100-250 ₹ ; ⌚8h-23h ; wifi), sympathique et géré efficacement, et le **Katmandu Cafe** (carte p. 312 ; Manu Temple Rd ; plats 100-350 ₹ ; ⌚10h-23h ; wifi) sur la rive.

Dylan's Toasted & Roasted CAFÉ $
(carte p. 312 ; www.dylanscoffee.com ; Manu Temple Rd ; cafés et petit-déj 50-170 ₹ ; ⌚9h-22h lun-sam ; wifi). Ce petit café décontracté sert un bon expresso, du thé à la cannelle, de copieux petits-déjeuners, des crêpes et des desserts à se damner (comme le "Hello to the Queen", avec cookies, banane, chocolat fondu et glace vanille).

♥ **La Plage** FRANÇAIS $$$
(carte p. 312 ☎9805340977 ; www.facebook.com/la.plage.manali ; plats 300-500 ₹ ; ⌚12h-23h mi-mai à août, fermé lun juil-août). Bienvenue dans cette antenne d'un restaurant chic de Goa – où l'on se croirait invité dans l'appartement parisien d'un ami branché. Classiques français comme la soupe à l'oignon ou la quiche aux champignons côtoient des spécialités comme l'agneau de 12 heures, la truite fumée, les lasagnes aux brocolis et aux courgettes et un *thali* de desserts au chocolat. Vins d'Inde et du monde corrects également.

Les saveurs ne sont peut-être pas aussi extraordinaires qu'attendu pour le prix, mais La Plage vaut bien un détour, à 1 km du pont d'Old Manali, dans une pommeraie.

ACTIVITÉS DE PLEIN AIR À MANALI

Manali est la capitale des sports d'aventure de l'Himachal Pradesh. Les tour-opérateurs de la ville organisent toutes sortes d'activités.

Alpinisme

Des agences comme Himalayan Caravan (p. 311) et Himalayan Extreme Centre (p. 311) organisent des expéditions de 10 à 14 jours vers les sommets qui entourent le haut de la vallée de Solang, comme le Friendship Peak (5 289 m) et le Ladakhi (5 342 m), adaptés aux alpinistes peu aguerris (ils peuvent vous entraîner) ; ou l'Hanuman Tibba (5 930 m) et le Manali Peak (5 669 m), plus difficiles. Le Deo Tibba (6 001 m), qui domine le versant est de la vallée de Kullu, attire également les grimpeurs chevronnés. Le prix moyen est d'environ 4 500-5 000 ₹ par personne et par jour avec instructeur/guides, équipement, transport, nourriture et camping inclus. La saison dure d'avril à novembre, les conditions sont plutôt meilleures les deux derniers mois.

Parapente

Le parapente est très prisé à Solang Nullah, Gulaba et Marhi (en bas du Rohtang La, moins fréquenté que Solang Nullah), d'avril à octobre (sauf pendant la mousson). Les courants chauds sont souvent plus favorables en septembre et octobre, mais à Gulaba et Marhi, mai et juin sont de bonnes périodes. À Solang Nullah, un vol en tandem, d'1 à 2 minutes, coûte autour de 900 ₹, ou 2 000-3 000 ₹ pour 5 à 10 minutes depuis le haut du téléphérique. Les pilotes doivent avoir une licence délivrée par l'Himachal Pradesh Department of Tourism. Des tour-opérateurs spécialisés peuvent organiser des vols en tandems à Gulaba et à Marhi pour 1 000-4 000 ₹, selon la durée.

Rafting

Il y a 14 km de rapides de niveaux II et III entre Pirdi, sur la Beas, à 3 km au sud de Kullu, et Jhiri, le point d'arrivée ; les descentes coûtent de 650 à 1 150 ₹ par personne, plus le transport (2 000-2 500 ₹ environ par van). Les meilleures périodes sont mai, juin, fin septembre et octobre. Le rafting est interdit du 15 juillet au 15 août à cause de la mousson.

Randonnée et trekking

Manali est le point de départ de nombreux treks. La plupart des agences proposent des treks de plusieurs jours pour 1 600-3 000 ₹ par personne et par jour, services des guides et des porteurs, transport, nourriture et matériel de camping inclus. Juin, septembre et octobre sont en général les meilleures périodes. Les parcours les plus abordables sont :

On viendra vous chercher et vous déposer gratuitement au pont si vous téléphonez.

Lazy Dog Lounge INDIEN, INTERNATIONAL **$$$**
(carte p. 312 ; Manu Temple Rd ; plats 180-600 ₹ ; 11h-1h ; wifi). Au programme de ce restaurant-bar : une cuisine internationale fraîche et savoureuse – soupe au potiron et à la noix de coco, truite au four et au riz thaïlandais ainsi que de bons plats indiens... –, plusieurs crans au-dessus des classiques pour voyageurs. Installez-vous sur une chaise, un banc ou des coussins dans un espace chic et décontracté, ou détendez-vous dans le jardin au bord de la rivière.

Casa Bella Vista INTERNATIONAL **$$$**
(carte p. 312 ; Log Huts Rd ; plats 350-500 ₹ ; 10h-22h30 mai-sept ; végétarien). Pâte fine, garnitures goûteuses, cuisson au feu de bois : les meilleures pizzas d'Old Manali, à défaut d'être les moins chères ! Les pâtes et les salades sont bonnes également.

Où prendre un verre et faire la fête

L'essentiel de la vie nocturne de Manali a lieu dans les restaurants qui se doublent d'un bar, et les soirs de concerts (dans Old Manali en général, de genre et de qualité variables) sont souvent les plus animés. Des fêtes trance sont organisées dans Old Manali, annoncées via le bouche-à-oreille et parfois par quelques affiches.

L'**Hangout** (carte p. 312 ; Manu Temple Rd ; plats 150-500 ₹ ; 12h-minuit, 17h-minuit jeu) est très fréquenté pour ses feux de camp en le Beas Kund (3 jours, avec randonnées optionnelles dans les montagnes environnantes), le lac Bhrigu (4 250 m ; 3 jours), le col d'Hamta (p. 320) vers le Lahaul (4 jours) et le col de Chandrakani (p. 310) entre Naggar et Malana (2-3 jours). Parmi les itinéraires plus exigeants – et en général plus chers – citons le trek de 6 à 9 jours de Pin-Parvati (p. 306), ou ceux qui partent vers l'ouest jusqu'au village isolé de Bara Bhangal et pour rejoindre les vallées de Chamba ou de Kangra (11 jours et plus).

De nombreuses marches plus courtes sont possibles aux alentours de Manali. Appliquez les règles de sécurité habituelles pour le trek : dites à quelqu'un où vous allez et ne partez jamais seul. Les guides demandent en moyenne 1 500 ₹ pour des randonnées d'une journée. Une bonne randonnée d'un jour (5 heures de montée et 4 de descente, environ) mène à l'alpage de **Lama Dugh**, à 3 380 m. Elle débute par le sentier qui monte depuis un **réservoir d'eau** (carte p. 312) au-dessus de l'Hotel Delfryn, dans le quartier de Log Huts. Il y a aussi une belle balade (1 heure dans chaque sens environ) qui monte au nord de Vashisht jusqu'aux **chutes de Jogini**.

Ski et snowboard

De janvier à mi-mars, Solang Nullah devient la première station de ski et de snowboard de l'Himachal. On peut louer du matériel dans les agences de Manali ou les hôtels de Solang Nullah à partir de 500 ₹ par jour. La piste est un peu limitée pour les skieurs expérimentés, mais on peut faire du hors-piste depuis le sommet du téléphérique. En avril-mai, on peut pratiquer le ski de randonnée et les raquettes dans la vallée d'Hamta, la haute vallée de Solang et autour de Gulaba, où on peut grimper des sommets en raquettes. Des agences comme Himalayan Caravan (p. 311), **Himalayan Adventurers** (carte p. 314 ; ☎01902-252750 ; www.himalayanadventurers.com ; 44, Mall ; ⏰9h-21h) ou Himalayan Extreme Centre (p. 311) proposent des randonnées en ski. **Himalayan Heli Adventures** (☎9816025899 ; www.himachal.com) organise des expéditions d'héliski dans la poudreuse à haute altitude entre février et mars.

VTT

Des agences louent des vélos pour 400-800 ₹ par jour (et vous renseignent sur l'état des pistes) ou vous emmènent faire des circuits guidés – des voyages de 2 semaines vers le Ladakh ou le Spiti vous coûteront autour de 3 000 ₹ par personne et par jour, avec l'assistance logistique. **Himalayan Bike Bar** (carte p. 314 ; www.facebook.com/himalayanbikebar ; Mission Rd ; ⏰10h-20h lun-sam) est un spécialiste qui loue et vend des VTT : un vélo neuf coûte entre 22 000 et 72 000 ₹.

extérieur et ses scènes ouvertes (ainsi qu'une bonne cuisine). Autres lieux à essayer les soirs de concerts : le Lazy Dog Lounge, le **Rendez-Vous** (carte p. 312 ; Manu Temple Rd ; plats 120-590 ₹ ; ⏰8h-23h ; wifi), le Kathmandu Cafe et, en descendant vers le centre de Manali, le bar du Johnson Lodge (p. 313).

Le Johnson's Cafe et le Banon Resorts (p. 311) ont aussi de bons bars, relativement chics. Dans Manali même, les meilleurs endroits pour boire un verre sont le **Khyber** (carte p. 314 ; Mall ; plats 180-500 ₹ ; ⏰10h-23h) et Chopsticks (p. 315).

Achats

À Manali, d'innombrables boutiques vendent des souvenirs de l'Himachal, du Tibet et du Ladakh, dont des bijoux en turquoise et des bouddhas en cuivre. Le produit phare local est le châle de la vallée de Kullu (p. 309), que l'on peut commencer par chercher chez **Bhuttico** (carte p. 314 ; ☎01902-252196 ; Mall ; ⏰9h-19h lun-sam) – prix honnêtes et fixes ; plusieurs boutiques en ville.

Bookworm LIVRES
(carte p. 314 ; ☎01902-252920 ; boutique 5, près du bureau de poste ; ⏰10h-19h lun-sam). Très bon choix de livres, dont beaucoup sur l'Himalaya, et de cartes, comme les cartes Leomann pour les treks.

Renseignements

OFFICES DU TOURISME

HPTDC (carte p. 314 ; ☎01902-252116 ; Mall ; ⏰8h-20h mi-avril à mi-juil et mi-sept à mi-nov,

9h-19h reste de l'année). Réservation de bus et d'hôtels de l'HPTDC.

Office du tourisme (carte p. 314 ; ☎01902-252175 ; Mall ; ⏲10h-17h lun-sam, fermé 2e samedi du mois). Le personnel répond volontiers aux questions ; quelques brochures disponibles.

SERVICES MÉDICAUX

Lady Willingdon Hospital (carte p. 314 ; ☎01902-252379 ; www.manalihospital.com ; School Rd). Considéré comme le meilleur hôpital de la vallée de Kullu ; service d'urgences 24h/24.

TÉLÉPHONE

On peut acheter des cartes SIM pour téléphones étrangers dans plusieurs boutiques de téléphonie du Mall et alentour. **Shashni Communications** (carte p. 314 ; en retrait du Mall ; ⏲10h-21h) vend des cartes SIM avec 2 GB de données et environ 40 ₹ de crédit d'appel pour 500 ₹.

ℹ Depuis/vers Manali

L'aéroport le plus proche est situé à Bhuntar, à 50 km au sud de Manali. Vous trouverez une **billetterie ferroviaire** (carte p. 314 ; Mall ; ⏲8h-13h30 lun-ven, 8h-12h30 sam) en haut du Mall.

BUS

Les bus d'État de l'Himachal Road Transport Corporation (HRTC) partent de la **gare routière** (carte p. 3144 ; Mall). Himachal Tourism (HPTDC) propose quelques bus vers Delhi, Leh et Shimla. Ce sont généralement les plus confortables. Départ de la gare routière mais les billets se prennent au **bureau de l'HPTDC**. Les bus privés desservent quelques villes et partent de la **gare routière privée** (Hwy 3), 1,2 km au sud de la gare routière ; les billets se prennent dans les agences de voyages du Mall. Pour la vallée de la Parvati, changez à Bhuntar.

Delhi Les bus Volvo climatisés confortables de l'HPTDC (1 300 ₹, 14 heures) partent à 5h30 et, en haute saison, 17h et/ou 18h. Les compagnies privées proposent des bus de nuit semblables, pour 900 à 1 800 ₹ selon la saison. L'HRTC offre 5 Volvo climatisées (1 412 ₹) qui partent chaque après-midi, plus un bus climatisé *deluxe* (1 122 ₹) à 17h50, et 7 bus quotidiens ordinaires ou semi-*deluxe*.

Lahaul et Spiti Le Rohtang La, un col entre Manali et le Lahaul, est ouvert de mi-mai à début novembre environ. Le Kunzum La, entre le Lahaul et le Spiti, est franchissable de début juin à novembre parfois (les dates exactes dépendent de la météo). Un tunnel sous le Rohtang La devrait ouvrir en mai 2018, ce qui permettra d'accéder au Lahaul toute l'année. En saison, l'HRTC offre jusqu'à 7 bus/jour vers Keylong (Lahaul), et un bus vers Kaza (Spiti).

Ladakh La route cabossée, éprouvante et spectaculaire qui mène à Leh est normalement ouverte de début juin à octobre (les dates exactes dépendent de la météo). Pour toutes les liaisons à destination de Leh, prévoyez des en-cas et des vêtements chauds, et guettez les symptômes du mal des montagnes. Côté tarif, l'option la moins chère est de prendre un bus pour Keylong puis le bus de l'HRTC tôt le lendemain matin pour Leh, mais il faut passer la nuit à Keylong.

De début juillet à mi-septembre, un bus de l'HPTDC (3 000 ₹, 34 heures) part de Manali à 9h un jour sur deux. Il marque un arrêt pour

BUS HRTC AU DÉPART DE MANALI

DESTINATION	TARIFS	DURÉE	DÉPARTS
Amritsar	542-594 ₹	11-14 heures	13h45 et 15h30
Bhuntar	15 ₹	30 min	toutes les 15-30 min, 5h-21h
Chandigarh	451-854 ₹	9 heures	18/jour
Dehra Dun	665-1 187 ₹	15 heures	3/jour
Delhi	684-1 412 ₹	14-16 heures	13/jour
Dharamsala	360-820 ₹	10 heures	Volvo climatisé 20h, bus ordinaire 8h20 et 19h
Haridwar	662-1 311 ₹	15 heures	4/jour
Jammu	562-1 363 ₹	12 heures	bus ordinaire 16h, Volvo climatisé 20h
Kaza	300 ₹	11 heures	6h30, mi-juin à mi-oct environ
Keylong	175 ₹	7 heures	7/jour, mi-mai à début nov environ
Kullu	60 ₹	1 heure 30	en continu de 4h à 22h
Mandi	170 ₹	4 heures	toutes les 30 min de 5h à 21h
Naggar	30 ₹	1 heure	toutes les heures de 8h à 18h
Shimla	390-544 ₹	9 heures	6/jour

la nuit à Keylong – hébergement en dortoir, dîner et petit-déjeuner inclus dans le prix du billet. Toute la saison, des minibus de l'Him-Aanchal Taxi Operators Union (carte p. 314 ; ☎01902-252120 ; Mall) partent vers Leh : départ à 2h30 sans arrêt pour la nuit (1 800 ₹ à 3 000 ₹ selon la demande, environ 18 heures), ou à 6h avec une halte (2 000 ₹ à 3 500 ₹, hébergement et repas non compris) ; réservez la veille. Certaines agences de voyages proposent des services similaires.

MOTO

Quantité de voyageurs achètent ou louent une moto pour rejoindre le Ladakh ou le Spiti. Vous pouvez intégrer un circuit en groupe avec hébergement, nourriture et véhicules d'assistance inclus, pour environ 5 000 ₹ par jour, ou simplement louer une moto et partir seul.

Pour la location, comptez 1 200-1 300 ₹ par jour pour une Enfield 350 cm³, 1 400-1 500 ₹ pour une Enfield 550 cm³ et environ 800 ₹ pour une 220 cm³. Assurez-vous que le contrat comprenne les pièces de rechange, les outils, au moins une assurance au tiers et les attestations de contrôle anti pollution exigées pour franchir le Rohtang La.

Anu Auto Works (Royal Moto Touring ; carte p. 312 ; ☎9816163378 ; www.royalmototouring.com ; Vashisht Rd ; ⏲bureau 9h-21h ou plus, juin-sept environ). Société bien établie, très réputée et sérieuse qui propose des circuits à moto, loue et répare des Enfield.

Bike Rentals Manali (carte p. 312 ; ☎9816044140 ; www.bikerentalsmanali.com ; Vashisht ; ⏲9h30-23h avr-oct). Location d'Enfield et circuits.

Enfield Club (carte p. 312 ; ☎9805146389 ; Vashisht Rd ; ⏲9h-21h30 mi-avr à jan). Petit atelier d'enthousiastes qui loue et répare des Enfield.

Himalayan Inder Motors (carte p. 314 ; ☎9816113973 ; Gompa Rd). Loue des Enfield et d'autres marques ; Kaku, le propriétaire, est en activité depuis 25 ans.

TAXI ET JEEP

L'**Him-Aanchal Taxi Operators Union** (carte p. 314 ; ☎01902-252205 ; Mall) prend entre 14 000 et 24 000 ₹ pour un MUV (*multi-utility vehicle*, généralement appelés jeeps), emportant jusqu'à 6 personnes dans un confort relatif jusqu'à Leh. Les prix sont au plus haut de mi-juin à fin juillet environ. Des agences de voyages privées proposent des offres similaires et parfois des trajets pour 1 personne à 2 000-3 000 ₹.

Pour Kaza (au Spiti), une jeep coûte environ 9 000 ₹ aller. Pour les jeeps collectives qui partent pour Kaza (1 000 ₹/siège) à 6h, demandez la veille à l'**Hotel Kiran** (carte p. 314 ; ☎01902-253066) dans le sud de Manali, où se regroupent les chauffeurs du Spiti. Ces trajets se font tant que le Rohtang La et le Kunzum La restent ouverts.

Une location de jeep avec chauffeur pour plusieurs jours coûte en général 3 000-3 500 ₹ par jour. C'est un moyen relativement économique de visiter des régions comme le Spiti ou le Ladakh, surtout si vous la partagez à 5 ou 6 personnes. Les véhicules vont du basique Sumo ou Spacio à haute garde au sol jusqu'aux plus confortables Innova, Xylo ou Tavera. Vous pouvez les réserver via presque toutes les agences de voyages. **Shalom Travels** (carte p. 312 ; ☎9816746264 ; Manu Temple Rd) et **Nirvana Travels** (carte p. 312 ; ☎9816023222 ; près de Manu Temple Rd), dans Old Manali, figurent parmi celles qui proposent les meilleurs tarifs.

Quelques exemples de tarifs de taxi (aller) :

DESTINATION	TARIF
Aéroport de Bhuntar	1 500 ₹
Dharamsala	5 000 ₹
Keylong	5 000 ₹
Kullu	1 100 ₹
Manikaran	2 000 ₹
Naggar	800 ₹
Solang Nullah	800 ₹

ℹ Comment circuler

L'**Hadimba Autorickshaw Operators Union** (carte p. 314 ; ☎01902-253366 ; Mall) possède un bureau du côté sud du Mall, mais les chauffeurs qui attendent en haut du Mall pratiquent des tarifs plus raisonnables et, avec un peu de chance, iront jusqu'au pont d'Old Manali pour 50 ₹, au temple d'Hadimba pour 60 ₹ ou à Vashisht pour 70 ₹. Toutefois, ils vous demanderont plus s'ils le peuvent, surtout de nuit (si vous en trouvez un).

Environs de Manali

Vashisht

☎01902 / 1 600 HABITANTS / ALTITUDE 1 970 M

À 2 km au nord de Manali sur les pentes qui dominent la Beas, le village de Vashisht est une version plus calme et plus petite d'Old Manali, très appréciée des visiteurs. Les Indiens y viennent surtout pour se baigner dans les sources thermales et visiter les temples, tandis que les voyageurs étrangers apprécient les hébergements bon marché et l'ambiance détendue, voire le *charas*. Beaucoup de pensions et de restaurants ferment de novembre à avril, approximativement.

LE TREK DU COL D'HAMTA

Facilement accessible depuis Manali, ce trek de plusieurs jours passe de la vallée de Kullu à celle de la Chandra, au Lahaul, via le col d'Hamta (4 270 m). La plupart des voyageurs remontent en voiture la vallée d'Hamta du village de Prini à l'endroit baptisé Jobri, au confluent de deux petites rivières, Hamta Nullah et Jobri Nullah. On commence par 2 jours faciles, avec 800 m d'ascension combinée, qui permettent de s'acclimater. La montée au col depuis le camp de Balu Ka Gera est rude et fatigante, mais la vue sur les sommets enneigés est fantastique. Pour ce trek, la 2e quinzaine de septembre et octobre, après la mousson, marque la période idéale. Chatru est sur la route qui relie le Rohtang La au Spiti.

ÉTAPE	ITINÉRAIRE	DURÉE	DISTANCE
1	Du Jobri à Chikka	2 heures	5 km
2	De Chikka à Balu Ka Gera	4 heures	9 km
3	De Balu Ka Gera à Shiagouru par le col d'Hamta	8 heures	15 km
4	De Shiagouru à Chatru	4 heures	10 km

À voir et à faire

Mandir de Vashisht TEMPLE HINDOU
(carte p. 312 ; 9h-21h). Les sources chaudes, chargées de soufre, de Vashisht sont canalisées jusqu'à de petits **bains publics** (carte p. 312 ; 9h-21h) GRATUIT dans l'ancien *mandir* de pierre du village, dédié au sage Vashisht. Il y a un autre **bain public** (carte p. 312 ; 6h-21h) GRATUIT réservé aux hommes, en plein air un peu plus haut, après un ensemble de sources thermales où les habitants viennent laver linge et vaisselle. Non loin se trouvent deux temples, l'un dédié à **Rama** (carte p. 312) semblable à un shikhara avec d'anciennes sculptures de pierre et un dais en bois, et l'autre à **Shiva** (carte p. 312), plutôt modeste.

Où se loger et se restaurer

Il y a quantité de petites pensions et de maisons d'hôtes bon marché au détour des ruelles du village et le long des sentiers qui remontent la vallée.

Hotel Dharma HÔTEL $
(carte p. 312 ; 01902-252354 ; www.hoteldharmamanali.com ; ch 300-1 200 ₹ ; fermé jan-fév ; @). Un court chemin escarpé au-dessus du *mandir* de Vashisht conduit à ce vaste hôtel qui jouit d'une vue superbe. Dans l'ancienne aile, agrémentée d'une grande terrasse sur le devant, les chambres, impeccables, sont très simples et d'un assez bon rapport qualité/prix (300-600 ₹). Celles de la partie neuve, plus chères, sont plus jolies (avec moquette) et se doublent de balcons.

Hotel Surabhi HÔTEL $$
(carte p. 312 ; 9816042796 ; www.surabhi-hotel.in ; ch avec petit-déj 1 660-2 760 ₹ ;). L'un des rares grands hôtels modernes de l'artère principale. Les chambres spacieuses, moquettées et plutôt bien entretenues, sont prolongées par des balcons – vue superbe. Inutile de viser les plus chères.

Hotel Valley of Gods HÔTEL $$
(carte p. 312 ; 01902-251111 ; www.hotelvalleyof-gods.com ; ch 3 000-3 500 ₹, ste 4 000 ₹ ; @). Cet impressionnant bâtiment en bois et pierre géré par une famille séduit par ses grandes chambres claires – plancher, sdb fonctionnelles et balcons dominant la vallée.

Rasta Cafe INDIEN, INTERNATIONAL $$
(carte p. 312 ; plats 100-240 ₹ ; 8h-23h ;). L'endroit préféré des visiteurs, grâce à ses petits-déjeuners, soupes, salades, *momo*, plats indiens, falafels, houmous, pâtes, pizzas, desserts, jus, smoothies, etc. (la liste est longue) délicieux. Service sympathique, dans un espace vaste, clair, avec des tables en pin et des chaises en rotin ou des tables basses et des coussins. Et bien sûr, beaucoup de reggae !

World Peace Cafe INTERNATIONAL $$
(carte p. 312 ; Hôtel Surabhi ; plats 120-300 ₹ ; 7h-22h ;). Niché sur le toit, cet endroit jouit d'une superbe vue sur la vallée depuis son grand patio et possède une salle avec tables basses et coussins pour s'asseoir. Carte de cuisine internationale. Concerts avec scène ouverte en été.

Depuis/vers Vashisht

Depuis/vers Manali, comptez 70 ₹ en auto-rickshaw ; après 19h, vous n'êtes pas sûr d'en trouver un. Il faut environ 30 minutes à pied : un sentier descend à côté de Bike Rentals Manali et débouche sur la route principale, à 300 m au nord de l'embranchement vers Vashisht.

Solang Nullah

☎ 01902

De janvier à mars, skieurs et snowboardeurs se retrouvent ici, à 13 km au nord de Manali, pour profiter de 1,5 km de pistes dans la principale station de sports d'hiver de l'Himachal. Un **téléphérique** (aller ou aller-retour 600 ₹ ; ⏲10h-18h30) monte à 3 200 m, et on peut depuis le sommet partir en hors-piste.

En dehors de cette période, Solang est également superbe, et l'on peut y pratiquer de nombreuses activités – parapente (p. 316), quad... L'ambiance est particulièrement festive lors de la saison touristique qui précède la mousson. Le téléphérique fonctionne toute l'année. Les collines alentour se prêtent à l'escalade et à de belles randonnées. Celle du mont Patalsu (4 472 m) au nord, qui se fait sur 1 ou 2 jours, est excellente – mais éprouvante !

OUEST DE L'HIMACHAL PRADESH

L'ouest de l'Himachal Pradesh est surtout connu pour être le siège du gouvernement tibétain en exil et le lieu de résidence du dalaï-lama, à McLeod Ganj. C'est un important centre touristique aux multiples possibilités : bénévolat, yoga, méditation et autres cours. Les montagnes du Dhauladhar et du Pir Panjal réservent de très bons treks, et la vallée de Chamba qui s'étend entre les deux est aussi superbe qu'intrigante culturellement. Au-delà, la zone autour de Bir et Billing attire de plus en plus d'aventuriers et/ou de visiteurs en quête de spiritualité, avec des spots de parapente fantastiques et de nombreux monastères tibétains.

Dharamsala

☎ 01892 / 20 000 HABITANTS / ALTITUDE 1 380 M

Dharamsala (ou Dharamshala) doit sa notoriété à la présence du dalaï-lama, mais la localité peu attrayante où les bus s'arrêtent est Lower Dharamsala (bas Dharamsala). Le chef spirituel tibétain vit à 3 km de là dans Upper Dharamsala, aussi appelée McLeod Ganj, où se rendent la plupart des visiteurs. Sur place, les gens qui parlent de Dharamsala veulent en général dire Lower Dharamsala.

À voir

Museum of Kangra Art MUSÉE

(carte p. 322 ; Indien/étranger 20/100 ₹ ; ⏲10h-13h30 et 14h-17h mar-dim). Ce musée, à deux pas de la route principale, présente de belles miniatures de l'école de Kangra, des *rumal* (foulards) brodés de Chamba, des costumes traditionnels de la région, ainsi que des photos du tremblement de terre dévastateur de 1905 à Kangra.

Où se loger et se restaurer

Hotel Dhauladhar HÔTEL $$

(carte p. 322 ; ☎01892-224926 ; www.hptdc.in ; s 1 720-2 050 ₹, d 2 290-2 730 ₹, ste à partir de

BUS AU DÉPART DE DHARAMSALA

DESTINATION	TARIFS	DURÉE	DÉPARTS
Amritsar	255 ₹	7 heures	5h
Chamba	364 ₹	8 heures	3/jour
Dalhousie	171 ₹	5 heures	7h
Dehra Dun	535-1 045 ₹	12 heures	3/jour
Delhi	542-1 240 ₹	12 heures	10/jour
Gaggal	15 ₹	40 min	toutes les 15 min
Jawalamukhi	60 ₹	1 heure 30	fréquents
Kangra	25 ₹	1 heure	toutes les 15-30 min
Manali	360-815 ₹	10 heures	Volvo climatisé 21h30, bus ordinaire 7h et 18h
Mandi	195-400 ₹	6 heures	4 bus HRTC/jour, aussi des bus privés
Palampur	50 ₹	2 heures	environ toutes les 30 min jusqu'à 20h45
Pathankot	136 ₹	3 heures 30	environ toutes les heures de 5h à 17h30
Shimla	363-522 ₹	10 heures	7/jour (matin et soir)

Dharamsala

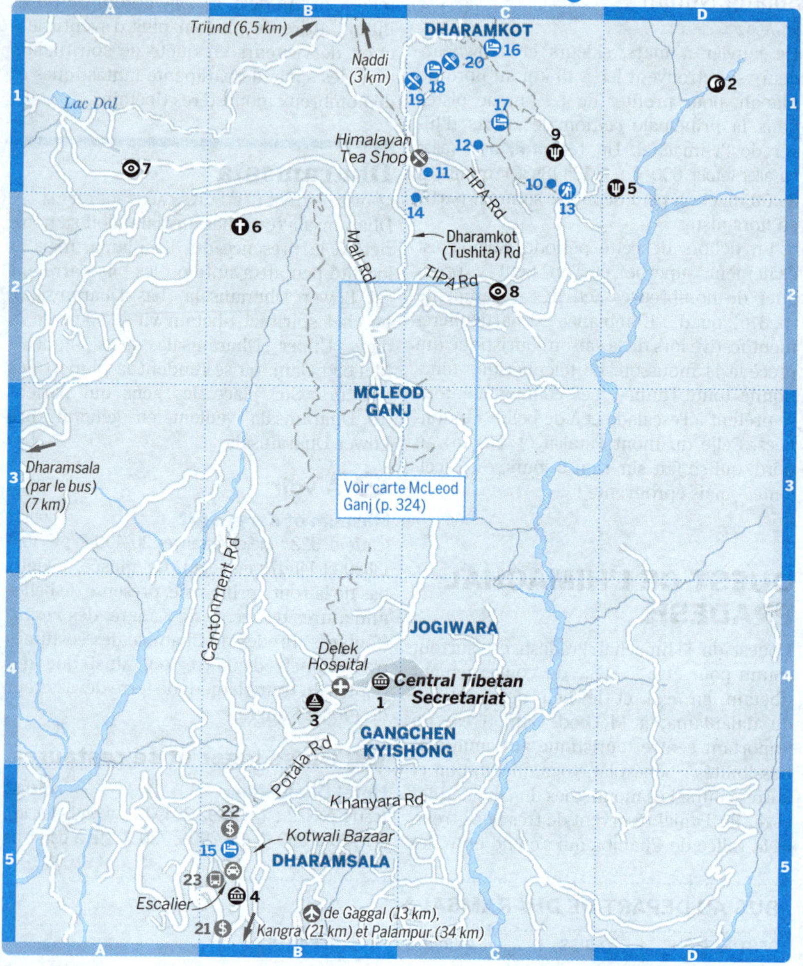

3 270 ₹ ;). Cet hôtel central de l'HPTDC dispose de chambres propres et spacieuses, d'une vaste terrasse de restaurant avec jolie vue sur la vallée, et d'un bar.

Depuis/vers Dharamsala

L'aéroport de Dharamsala est à Gaggal, à 13 km au sud-ouest. Air India et SpiceJet assurent des liaisons quotidiennes depuis/vers Delhi ; certains vols peuvent être annulés en cas de mauvais temps.

Des bus font la navette de la gare routière de Dharamsala (carte p. 322) à McLeod Ganj (15 ₹, 35 min) à peu près toutes les demi-heures, de 6h à 21h. Pour rallier Delhi, il y a des bus Volvo climatisés (1 240 ₹) à 5h15, 18h30, 20h et 21h30, et un bus *deluxe* climatisé (950 ₹) à 20h30.

La station de la **Dharamsala Taxi Union** (carte p. 322 ; 01892-222105) est située en haut d'un escalier (185 marches) qui part de la gare routière. Un taxi pour McLeod Ganj coûte 200 ₹.

McLeod Ganj

01892 / 10 000 HABITANTS / ALTITUDE 1 740 M

Quand des voyageurs parlent de rejoindre Dharamsala pour voir le dalaï-lama, ils se

Dharamsala

Les incontournables
1 Central Tibetan Secretariat B4

À voir
2 Chutes de Bhagsu D1
Musée culturel .... (voir 1)
Library of Tibetan Works & Archives .... (voir 1)
3 Men-Tsee-Khang B4
Musée du Men-Tsee-Khang .... (voir 3)
4 Museum of Kangra Art B5
Gompa de Nechung .... (voir 1)
5 Temple de Shiva D1
6 St John in the Wilderness B2
7 Tibetan Children's Village A1
8 Tibetan Institute of Performing Arts C1
9 Temple de Vashnu Mata C1

Activités
10 Ayuskama Ayurvedic Clinic C1
Cours de philosophie bouddhique .... (voir 1)
11 Himachal Vipassana Centre C1
12 Himalayan Iyengar Yoga Centre C1
13 Terrestrial Adventures C1
Cours de tibétain .... (voir 1)
14 Tushita Meditation Centre C2

Où se loger
15 Hotel Dhauladhar B5
16 Raj Residency C1
17 Trimurti Garden Cafe C1
18 Valley View C1

Où se restaurer
19 Cool Talk Cafe C1
20 Space Out C1

Renseignements
21 SBI B5
22 DAB de la SBI B5

Transports
23 Gare routière de Dharamsala B5

rendent en réalité à McLeod Ganj. À 3 km au nord de Dharamsala (ou 10 km via l'itinéraire circulaire des bus), McLeod Ganj est la résidence de Sa Sainteté le 14e dalaï-lama, et abrite une population tibétaine nombreuse, dont beaucoup de moines et de nonnes. Le siège du gouvernement tibétain en exil est situé un peu plus bas, à Gangchen Kyishong. McLeod attire chaque année des milliers de visiteurs étrangers venus faire du bénévolat auprès de la communauté tibétaine, suivre des cours de bouddhisme, de méditation ou de yoga, ou acheter de l'artisanat tibétain. Ou encore s'adonner à des treks dans les montagnes du Dhauladhar, ou simplement profiter à peu de frais de l'atmosphère spirituelle/alternative des lieux et des nombreux cafés et restaurants qui proposent une bonne cuisine indo-italo-israélo-tibétaine.

Avec un mélange intéressant de visiteurs, de bénévoles, de moines et de nonnes en robe bordeaux, de bouddhistes et d'hindouistes de tous pays, et de touristes indiens de plus en plus nombreux, une conversation passionnante n'est jamais loin.

Baptisée d'après Donald McLeod, lieutenant-gouverneur du Punjab, McLeod fut fondée dans les années 1850 à côté de la garnison britannique de Dharamsala. Dévastée en 1905 par le tremblement de terre de Kangra, la bourgade est tombée dans l'anonymat après l'indépendance, jusqu'à ce que le dalaï-lama s'y établisse en 1960. Depuis, McLeod est devenue un centre dynamique de la culture tibétaine et du bouddhisme.

La mousson (fin juin-début septembre) est particulièrement forte ici. De novembre à mars, prévoyez des vêtements chauds. La plupart des commerces et des administrations sont fermés le lundi.

À voir et à faire

Ensemble architectural du Tsuglagkhang — TEMPLE BOUDDHIQUE

(carte p. 324 ; Temple Rd ; 5h-20h avr-oct, 6h-18h nov-mars). Objectif premier des pèlerins de passage, des moines et de nombreux touristes, l'ensemble du Tsuglagkhang comprend le temple tibétain principal de Tsuglagkhang lui-même, le *gompa* de Namgyal et le remarquable Tibet Museum.

➡ Tsuglagkhang

(carte p. 324). Le vénéré Tsuglagkhang, construit en 1969, est pour les Tibétains en exil l'équivalent du temple de Jokhang à Lhassa. Sa figure centrale est une grande statue dorée de Shakyamuni, le Bouddha historique. À sa gauche, on trouve des statues dorées d'Avalokiteshvara (le bodhisattva de la Compassion et divinité protectrice du Tibet), et de Padmasambhava, le sage et érudit indien qui aurait participé à l'introduction du bouddhisme au Tibet, au VIIIe siècle, ainsi qu'un bouddha affamé en bois, représentant le Bouddha vers la fin

McLeod Ganj

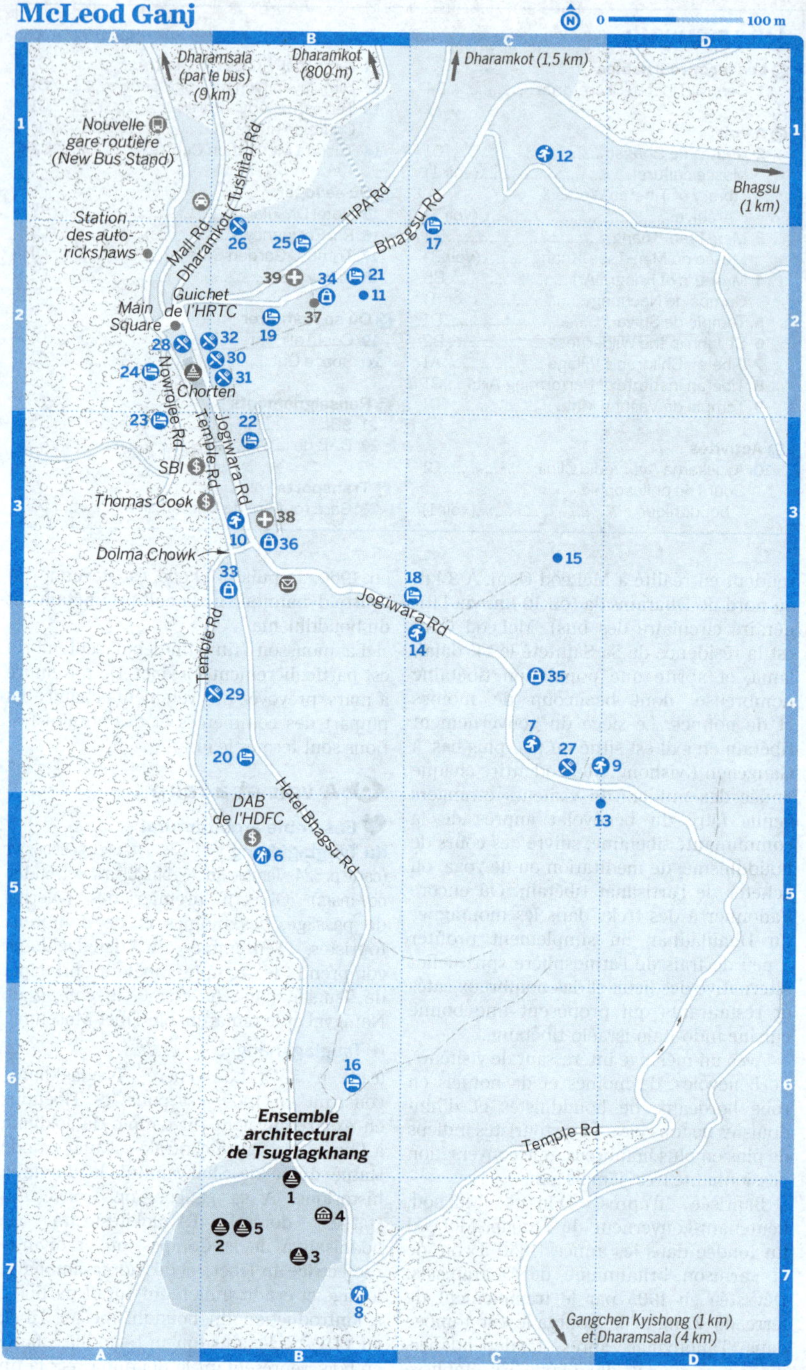
N
0
100 m
A
B
C
D
1
2
3
4
5
6
7
Dharamsala (par le bus) (9 km)
Dharamkot (800 m)
Dharamkot (1,5 km)
Bhagsu (1 km)
Nouvelle gare routière (New Bus Stand)
Station des auto-rickshaws
Mall Rd
Dharamkot (Tushita) Rd
TIPA Rd
Bhagsu Rd
Guichet de l'HRTC
Main Square
Nowrojee Rd
Chorten
Temple Rd
Jogiwara Rd
SBI
Thomas Cook
Dolma Chowk
Jogiwara Rd
Temple Rd
Hotel Bhagsu Rd
DAB de l'HDFC
Ensemble architectural de Tsuglagkhang
Temple Rd
Gangchen Kyishong (1 km) et Dharamsala (4 km)
1
2
3
4
5
6
7
8
9
10
11
12
13
14
15
16
17
18
19
20
21
22
23
24
25
26
27
28
29
30
31
32
33
34
35
36
37
38
39

McLeod Ganj

Les incontournables
1 Ensemble architectural du Tsuglagkhang......B7

À voir
Gu-Chu-Sum Movement Gallery...(voir 27)
2 Temple de Kalachakra......B7
3 Gompa de Namgyal......B7
4 Tibet Museum......B7
5 Tsuglagkhang......B7

Activités
6 High Point Adventure......B5
High Point Adventure......(voir 20)
7 Holistic Centre of Ayurveda......C4
8 Kora (circuit rituel)......B7
9 Learning & Ideas for Tibet......D4
10 Lha......B3
11 Lhamo's Kitchen......B2
12 Rogpa......C1
13 Sangye's Kitchen......D5
14 Tibet World......C4
15 Universal Yoga Centre......C3

Où se loger
16 Chonor House......B6
17 Green Hotel......C2
18 Hotel Mount View......C3
19 Hotel Tibet......B2
20 Kareri Lodge......B4
21 Kunga Guesthouse......B2
22 Loseling Guest House......B3
23 Om Hotel......A3
24 Serkong House......A2
25 Seven Hills Guest House......B2

Où se restaurer
26 Common Ground Cafe......B2
Green Hotel Restaurant......(voir 17)
27 Lung Ta......C4
28 McLlo Restaurant......A2
29 Moonpeak......B4
Namgyal Cafe......(voir 23)
Nick's Italian Kitchen......(voir 21)
30 Shangrila Vegetarian Restaurant......B2
31 Snow Lion Restaurant......B2
32 Tibet Kitchen......A2

Achats
33 Bookworm......B3
34 Green Shop......B2
35 Pick & Speak Mobile Shop......C4
36 Tibetan Handicraft Center......B3

Renseignements
37 Branch Security Office......B2
38 Dr Yeshi Dhonden......B3
39 Centre de thérapie du Men-Tsee-Khang......B2

de ses six années de méditation et d'ascèse à Bodhgaya.

➡ Gompa de Namgyal

(carte p. 324). Le *gompa* de Namgyal est le monastère de l'ensemble du Tsuglagkhang. Vous pourrez voir des moines débattre vivement dans la cour de 14h à 15h, tous les jours sauf le dimanche, et marquer leurs arguments en tapant du pied ou en frappant théâtralement dans leurs mains. La résidence du dalaï-lama, interdite au public, est du côté sud de la cour.

➡ Temple de Kalachakra

(carte p. 324). Avant d'aller au Tsuglagkhang même, les pèlerins se rendent d'abord au temple de Kalachakra, sur le côté ouest, qui recèle de splendides peintures murales du mandala de Kalachakra (la roue du Temps), spécifiquement relié à Avalokiteshvara, dont le dalaï-lama est une incarnation.

➡ Tibet Museum

(carte p. 324 ; www.tibetmuseum.org ; 9h-13h et 14h-18h dim, mar-ven et 1er sam du mois, jusqu'à 17h oct-mars). GRATUIT Ce musée incontournable relate l'histoire du Tibet, de l'occupation chinoise, de la résistance et de l'exode des Tibétains à travers des photos, des vidéos et des notices claires en anglais. Il retrace aussi la vie et l'œuvre du dalaï-lama.

➡ Kora (circuit rituel)

(carte p. 324). Les pèlerins tibétains effectuent un *kora*, dans le sens des aiguilles d'une montre, à l'extérieur du Tsuglagkhang. Pour les rejoindre, descendez sur la gauche à l'entrée de l'ensemble, puis suivez le sentier balisé de drapeaux de prières qui part à droite au bout de 150 m.

St John in the Wilderness — ÉGLISE

(carte p. 322 ; 9h-17h). À 1,5 km à peine à l'ouest de McLeod sur la route de Forsyth Ganj, cette austère église gothique (1852) entourée de grands cèdres est l'un des rares vestiges de la période britannique de McLeod. Le cimetière renferme les tombes de nombreuses victimes du séisme de 1905, ainsi que celle, aux faux airs de fusée, du comte d'Elgin, 2e vice-roi des Indes.

Tibetan Children's Village — ÉCOLE

(carte p. 322 ; 01892-221348 ; www.tcv.org.in ; bureau 9h-12h30 et 13h30-17h lun-ven). À deux pas du décevant lac Dal, 3 km au nord-ouest de McLeod, ce village d'enfants tibétains offre une éducation gratuite à près

RENCONTRE AVEC LE DALAÏ-LAMA

Rencontrer le dalaï-lama est le rêve de nombreux voyageurs, et à coup sûr des bouddhistes. Toutefois, sachez que Sa Sainteté accorde rarement des audiences privées et qu'elle est, naturellement, trop occupée pour rencontrer tous ceux qui arrivent à Dharamsala. Les réfugiés tibétains bénéficient automatiquement d'une audience, mais les visiteurs doivent se contenter des occasionnelles conférences publiques qui sont organisées au Tsuglagkhang (p. 323), généralement en septembre ou en octobre et après Losar (le Nouvel An tibétain), en février ou mars, voire en d'autres occasions. Pour de plus amples renseignements, rendez-vous sur www.dalailama.com. Pour assister aux conférences, vous devrez vous enregistrer en présentant votre passeport au **Branch Security Office** (carte p. 324 ; ☎221560 ; Bhagsu Rd, McLeod Ganj ; ⏲9h-13h et 14h-17h lun-ven et 1er sam du mois) les jours précédant la conférence (si c'est impossible, vous pouvez encore généralement vous enregistrer tôt le matin au temple, avant le début de la conférence). Pour profiter au mieux de la conférence, apportez un coussin et une radio FM avec des écouteurs (450 ₹ environ dans les boutiques à côté) pour écouter la traduction simultanée.

de 2 000 enfants réfugiés, et un hébergement à la plupart d'entre eux. Fondé dans les années 1960, c'est l'une des 12 écoles de ce type qui existent désormais en Inde. Les visiteurs sont les bienvenus.

♥ Central Tibetan Secretariat — MUSÉE

(carte p. 322 ; Gangchen Kyishong). Dans les bâtiments du gouvernement en exil, à 2 km en contrebas de l'ensemble du Tsuglagkhang, la **Library of Tibetan Works & Archives** (carte p. 322 ; LTWA, Bibliothèque des œuvres et des archives tibétaines ; ☎9218422467 ; www.ltwa.net ; ⏲9h-13h et 14h-17h lun-sam, fermé 2e et 4e sam du mois) a commencé comme une collection de manuscrits sacrés ayant échappé à la Révolution culturelle. Elle compte aujourd'hui plus de 120 000 manuscrits et livres en tibétain, et plus de 15 000 volumes sur le Tibet, le bouddhisme et la région de l'Himalaya, en anglais et dans d'autres langues.

À l'étage, un intéressant **musée culturel** (carte p. 322 ; 20 ₹) réunit des statues, des objets et des livres anciens, ainsi que de beaux mandalas en bois et sable en trois dimensions.

Gompa de Nechung

(carte p. 322). Le *gompa* de Nechung, siège de l'oracle d'État du Tibet, mérite le coup d'œil. Si vous souhaitez consulter l'oracle, le moine Thubten Ngodup, demandez d'abord au bureau sur place un rendez-vous avec son secrétaire.

♥ Men-Tsee-Khang — SITE BOUDDHIQUE

(Tibetan Medical & Astrological Institute ; carte p. 322 ; ☎01892-223113 ; www.men-tsee-khang.org ; Gangchen Kyishong ; ⏲9h-13h et 14h-17h lun-sam, fermé 2e et 4e sam du mois). Fondé pour sauvegarder la médecine et l'astrologie traditionnelles tibétaines, le Men-Tsee-Khang est tout à la fois un collège, une clinique, un musée, un centre de recherche et un institut d'astrologie. Vous pourrez obtenir une consultation d'astrologie de 45 minutes (2 000 ₹ ; inscrivez-vous en personne une demi-journée avant, en laissant vos lieu, date et heure de naissance), ou recevoir votre thème astral détaillé par e-mail, avec une copie imprimée que vous recevrez sous 4 mois (85 $US plus 20 $US de taxes).

Le **Musée du Men-Tsee-Khang** (carte p. 322 ; 20 ₹ ; ⏲9h-13h et 14h-17h lun-sam, fermé 2e et 4e sam du mois) présente sur trois niveaux les sciences sophistiquées de l'astrologie et de la médecine tibétaine, au travers de tanka (rouleaux illustrés) informatifs, d'échantillons de médicaments avec leurs sources végétales et minérales, et des instruments dédiés à certains traitements, comme les marteaux de bronze utilisés pour traiter tumeurs, douleurs corporelles ou les troubles mentaux. Vous y apprendrez notamment que la cannelle prévient les flatulences, le cumin et la coriandre aident à combattre l'anorexie et que l'or favorise la longévité. L'institut propose aussi, à l'occasion, de brèves introductions à la médecine tibétaine.

Yoga, ayurvéda et massages

On trouve à McLeod Ganj, Dharamkot et Bhagsu (p. *332*) pléthore de thérapeutes proposant des soins holistiques et alternatifs. Certains sont honnêtes ; d'autres abusent de touristes naïfs. Parlez-en d'abord à des amis et à d'autres voyageurs pour trouver de bons praticiens.

Holistic Centre of Ayurveda MASSAGES
(carte p. 324 ; ☎9418493871 ; holisticmassages16@gmail.com ; Ladies Venture Hotel, Jogiwara Rd ; 1 heure 800-1 000 ₹ ; ⏲10h30-19h). Shami, le masseur du centre, est très renommé : réservez un jour ou deux à l'avance. Il propose des séances de relaxation, des massages des tissus profonds ou ayurvédiques, et peut masser au choix tête, dos, visage, pieds ou tout le corps.

Universal Yoga Centre YOGA
(carte p. 324 ; ☎9882222011 ; www.vijaypoweryoga.com ; Youngling School, Jogiwara Rd ; 1 heure 30 de cours 200-400 ₹ ; ⏲avr-sept). Bonne réputation pour les cours à la carte (divers courants) et de tous niveaux. Également : formations pour devenir professeur.

Trekking

On peut faire un trek jusqu'aux vallées de Chamba et de Kullu, ou même jusqu'au Lahaul. Plusieurs agences à McLeod et Dharamkot ou Bhagsu (p. 332) peuvent réserver les campings, vous mettre en relation avec des guides et des porteurs, et trouver des animaux de bât. Outre le trek exigeant jusqu'à la vallée de Chamba par l'Indrahar La (p. 333), la boucle facile du lac de Kareri (3-5 jours) est très appréciée. Un trek avec guide, porteur(s), camping et nourriture peut coûter 1 500-3 000 ₹ par personne et par jour : vérifiez précisément ce qui est inclus dans le prix – la nourriture ou les transports de retour pour les employés ne sont pas forcément compris dans le tarif initial.

High Point Adventure TREKKING
(carte p. 325 ; ☎9816120145 ; highpointadventure@gmail.com ; Kareri Lodge, Hotel Bhagsu Rd). Cette équipe expérimentée et fiable offre les meilleurs prix de la ville. Elle dispose aussi d'un **bureau** (carte p. 324 ; ⏲9h-18h) dans Temple Rd.

Bénévolat

McLeod Ganj offre plus de possibilités de bénévolat que tout autre endroit en Inde, surtout orienté vers le soutien à la communauté tibétaine. Quelques cours de langue et de conversation acceptent des participants à la séance. Pour le reste, il vaut mieux prendre contact quelques semaines à l'avance. Le magazine gratuit *Contact* (www.contact-magazine.net) publie beaucoup d'offres de bénévolat. Les voyageurs doivent toujours se renseigner au préalable pour évaluer la qualité et l'utilité du projet auquel ils veulent contribuer. Des spécialistes affirment qu'un bénévole devrait s'engager pour 3 mois au moins. Lonely Planet ne peut se porter garant d'aucune organisation avec laquelle il ne travaille pas directement. Reportez-vous également au chapitre *Bénévolat*, p. 39.

LES TIBÉTAINS EN EXIL

En octobre 1950, un an après la proclamation de la République populaire de Chine par Mao Zedong, les troupes chinoises envahirent le Tibet. État indépendant de fait dirigé par le dalaï-lama, le Tibet entretenait à l'époque une relation floue et compliquée avec la Chine. L'année suivante, en octobre 1951, la capitale, Lhassa, tomba aux mains des Chinois. Après des années de résistance dans la campagne, des manifestations éclatèrent à Lhassa en 1959. En matant les émeutes, l'armée chinoise tira sur le Norbulingka, le palais d'été du dalaï-lama. Craignant pour sa vie et sa liberté, celui-ci traversa l'Himalaya pour se réfugier en Inde, où il obtint l'asile politique.

Selon la Chine, le but de cette intervention armée était de libérer les Tibétains du servage féodal et d'améliorer leurs conditions de vie. Il n'en a rien été. Si le nombre souvent cité de 1,2 million de Tibétains tués depuis 1950 fait l'objet de controverses, aucun observateur indépendant ne conteste la réalité des souffrances infligées à la population, des violations des droits de l'homme commises par les occupants et de la destruction d'une grande partie du patrimoine culturel tibétain. Chaque année, de nombreux Tibétains tentent la dangereuse traversée de l'Himalaya pour se réfugier en Inde. On estime qu'il y a aujourd'hui 100 000 Tibétains au moins en Inde, y compris ceux qui y sont nés. Leur première étape est Dharamsala, où ils reçoivent l'aide de leur communauté, de leur gouvernement en exil et d'une multitude d'ONG. Il existe aussi d'importantes communautés tibétaines dans l'État du Karnataka, dans le sud de l'Inde, où des Tibétains ont commencé à s'installer dans les années 1960.

LA MÉDECINE TIBÉTAINE

La médecine traditionnelle tibétaine est utilisée pour soigner toutes sortes de maux mineurs et récurrents. Elle repose notamment sur les massages, les bains d'eau et de vapeur, les remèdes à base de plantes et de minéraux, les régimes et les conseils d'hygiène de vie. Il existe plusieurs cliniques en ville, dont le **Men-Tsee-Khang Therapy Centre** (carte p. 324 ; ☎01892-221484 ; www.men-tsee-khang.org ; TIPA Rd ; ⏰9h-13h et 14h-17h lun-sam, fermé 2e et 4e sam du mois), géré par le Tibetan Medical & Astrological Institute.

L'*amchi* (praticien tibétain) le plus réputé de McLeod Ganj est l'ancien médecin du dalaï-lama, le **docteur Yeshi Dhonden** (carte p. 324 ; ☎01892-221461 ; Ashoka Niwas ; ⏰9h-13h dim-ven), dont le petit dispensaire se trouve au bout d'une ruelle proche de la Jogibara Rd. L'incroyable renommée de ses soins holistiques attire, entre autres, de nombreux malades du cancer. Un jour est fixé chaque mois ou tous les deux mois pour distribuer, à partir de 8h, des jetons de consultation à tous ceux qui font la queue devant l'Ashoka Guest House voisine. Le Dr Yeshi reçoit 45 patients par jour, 6 jours par semaine, mais il est si demandé que des jetons pour deux mois de consultations peuvent partir en une seule journée. Au moment de la consultation, le patient doit apporter un échantillon d'urine qui, avec un bref examen, suffira au médecin pour prescrire les comprimés idoines à base de plantes.

Les bénévoles s'organisent en général eux-mêmes pour l'hébergement et les repas ; Lha propose des séjours chez des familles tibétaines (20 $US/jour, petit-déj et dîner inclus, une semaine au minimum).

Les organisations suivantes, notamment, offrent des possibilités de bénévolat ou vous renseigneront.

Lha (carte p. 324 ; ☎9882323453 ; www.lhasocialwork.org ; Temple Rd ; ⏰bureau 9h-13h et 14h-17h lun-ven, 9h-11h le 1er et 3e sam du mois). Cette ONG organise le placement dans différents projets communautaires – professeurs d'anglais et d'autres langues, collecteurs de fonds, cuisiniers, personnels de santé, informaticiens… Les durées minimales vont d'une semaine à deux mois. Tout le monde peut participer à des cours de conversation en anglais avec des réfugiés, à leur bureau, de 16h à 17h du lundi au vendredi.

Learning & Ideas for Tibet (carte p. 324 ; ☎9882439815 ; learningandideasfortibet.blogspot.com ; Jogiwara Rd ; ⏰9h-17h lun-ven). Cours gratuits pour les réfugiés tibétains et différents postes de bénévoles à pourvoir pour enseigner anglais, français, allemand, mandarin ou japonais, ainsi qu'informatique pour débutants. Les bénévoles peuvent venir au cours de conversation anglaise, à 14h (1 heure 30). Le bureau est en bas de l'escalier qui mène au Seed Cafe et à la Pawan Guest House.

Tibet World (carte p. 324 ; ☎9816999928 ; tibetworld.org ; Jogiwara Rd ; ⏰bureau 9h-17h lun-ven). Tibet World voit passer 600 étudiants réfugiés chaque année, et cherche des bénévoles pour divers postes, dont des cours d'anglais, d'allemand, de français et de mandarin, de préférence durant un mois minimum. Ses cours de yoga sont aussi dispensés par des bénévoles. Cours de conversation à la séance en anglais à 11h et 16h, en français et en mandarin à 16h.

Cours

Les écoles de yoga et de méditation les plus réputées sont en majorité à Dharamkot et à Bhagsu (p. 333). La **Library of Tibetan Works & Archives** (p. 326 ; ☎9218422467 ; www.ltwa.net ; Bibliothèque des œuvres et des archives tibétaines, Central Tibetan Secretariat ; 300 ₹/mois, inscription 50 ₹ ; ⏰cours 9h et 10h30 lun-sam) propose des cours sérieux de philosophie bouddhique en anglais qui durent de 1 mois et demi à 4 mois (1 heure 15, tous les jours), et des cours du soir mensuels de 5 jours (1 heure par jour), parfois en tibétain, parfois en anglais.

La bibliothèque propose aussi des **cours de langue et de conversation en tibétain** (carte p. 322 ; 500 ₹/mois, inscription 50 ₹) de 4 mois et demi, pour les étudiants débutants, intermédiaires ou confirmés, qui commencent vers le 1er mars ou le 1er août (5 heures par semaine). Cours pour débutants accessibles à tout moment.

Lhamo's Kitchen CUISINE
(carte p. 324 ; ☎9816468719 ; lhamoskitchen@gmail.com ; Bhagsu Rd ; 300 ₹/2 heures ; ⏰10h-12h

et 17h-19h). Cours recommandés de cuisine tibétaine végétarienne. Chaque jour, vous apprendrez à préparer 2 ou 3 sortes de *momo*, soupes ou pains.

Minimum 2 personnes et inscription 5 heures avant le cours.

Sangye's Kitchen CUISINE
(carte p. 324 ; ☎ 9816164540 ; Jogiwara Rd ; 250 ₹/cours ; ⏲ 10h-12h et 16h-18h jeu-mar). Cours autour des spécialités tibétaines, axés sur les *momo* (dont des *momo* au chocolat !), le dimanche et le jeudi, et les nouilles, le mardi et le samedi.

Fêtes et festivals

Fin janvier, en février ou début mars, McLeod célèbre **Losar** (le Nouvel An tibétain) avec des processions et des danses masquées dans les monastères. Le dalaï-lama délivre alors un enseignement public.

Le **Tibetan Opera Festival** (⏲ mars/avr) se tient presque chaque année au Tibetan Institute of Performing Arts (p. 331), avec 12 spectacles différents sur 12 jours, par des troupes venues d'Inde et du Népal ; chaque spectacle dure 7 ou 8 heures.

Plusieurs festivals de cinéma animent McLeod en automne. Le **Free Spirit Film Festival** (www.freespiritfilmfestival.com ; ⏲ fin oct) et le **Dharamsala International Film Festival** (www.diff.co.in ; ⏲ fin oct/début nov) sont l'occasion de projections de sélections éclectiques de films indépendants, de documentaires et de courts-métrages, tandis que le **Tibet Film Festival** (www.filmingfortibet.org ; ⏲ sept ou oct) est consacré aux films tibétains.

Où se loger

Les hébergements les plus prisés affichent vite complet. Il est conseillé de réserver, surtout en avril-juin et en octobre.

Kunga Guesthouse PENSION $
(carte p. 324 ; ☎ 9857421180 ; Bhagsu Rd ; ch 400-1 500 ₹ ; wi-fi). Au-dessus (et au-dessous) du Nick's Italian Kitchen (p. 330), qui est finalement son principal atout, cette pension possède des chambres variées (des standards aux *deluxe* ; sdb communes pour les moins chères), propres et quelconques, réparties dans plusieurs bâtiments. Agence de voyages utile sur place.

Om Hotel HÔTEL $
(carte p. 324 ; ☎ 9816329985 ; Nowrojee Rd ; ch 550-650 ₹, sans sdb 300-350 ₹ ; wi-fi). Dans une ruelle en bas de Main Square, cet hôtel familial et sympathique, aux chambres simples et agréables, jouit d'une belle vue, et sa terrasse permet de profiter du coucher du soleil sur la vallée. On ne peut pas réserver, essayez de venir le matin pour obtenir une chambre.

Le très populaire **Namgyal Cafe** (carte p. 324 ; plats 90-350 ₹ ; ⏲ 9h30-22h) sert des pizzas (un peu caoutchouteuses) bien garnies, un tofu correct, des plats de pommes de terre, des soupes, etc.

Loseling Guest House PENSION $
(carte p. 324 ; ☎ 9218923305 ; près de Jogiwara Rd ; d 350-500 ₹ ; wi-fi). Dans une allée en retrait de Jogiwara Rd, cette pension économique de qualité est gérée par un monastère tibétain du Karnataka. Toutes les chambres ont des douches chaudes ; les trois du dernier étage sont de loin les meilleures.

Hotel Mount View HÔTEL $
(carte p. 324 ; ☎ 9816261717 ; mountmagic786@yahoo.co.in ; Jogiwara Rd ; ch 500-1 200 ₹ ; wi-fi). Hôtel bon marché simple mais bien tenu, en bas de Jogiwara Rd, le Mount View dispose d'une agence de voyages, d'un café au dernier étage et propose diverses chambres, toutes avec sdb attenantes. Clarté et dimensions variables : examinez-en plusieurs.

Seven Hills Guest House PENSION $
(carte p. 324 ; ☎ 9736597593 ; TIPA Rd ; d 450-600 ₹, s sans sdb 250 ₹ ; @ wi-fi). Petite pension avec une grande terrasse ensoleillée, le Seven Hills, avec son emplacement pratique dans TIPA Rd, offre des chambres propres ainsi qu'un café.

Green Hotel HÔTEL $$
(carte p. 324 ; ☎ 01892-221479 ; www.greenhotel.in ; Bhagsu Rd ; ch 800-2 500 ₹ ; ❄ wi-fi). Un hôtel de catégorie moyenne, apprécié des petits groupes et des voyageurs pour sa gamme de chambres très propres, ensoleillées, réparties dans 3 bâtiments – la plupart avec balcon et vue sur les montagnes et la vallée. Très bien tenu par le toujours très souriant Choekyi. Son café est très agréable.

Hotel Tibet HÔTEL $$
(carte p. 324 ; ☎ 01892-221587 ; hoteltibetdasa@yahoo.com ; Bhagsu Rd ; ch 1 190-2 380 ₹ ; wi-fi). En plein centre, cet endroit bien tenu a un petit air chic mais des tarifs raisonnables. Il y a du parquet dans les chambres, et un restaurant international servant de l'alcool, ainsi qu'une agence de voyages.

Kareri Lodge HÔTEL $$

(carte p. 324 ; ☎01892-221132 ; karerilodge@gmail.com ; Hotel Bhagsu Rd ; ch 770-2 120 ₹ ; 📶). Le Kareri, coincé au milieu de plusieurs hôtels généralement plus chics, compte 5 chambres impeccables, aux lits confortables, dont quatre ont une vue superbe. Ambiance détendue. Le sympathique propriétaire organise de bons treks.

♥ **Chonor House** HÔTEL HISTORIQUE $$$

(carte p. 324 ; ☎9882976879 ; www.norbulingka.org ; près de Temple Rd ; ch 5 360-7 860 ₹ ; ❄@📶). Caché dans une ruelle qui monte vers le Tsuglagkhang, le Chonor, géré par le Norbulingka Institute (p. 336), est un vrai bijou empli de meubles et de textiles fabriqués à l'institut. Chacune de ses 18 chambres ensoleillées (avec tapis, couvre-lits et peintures murales) décline un thème tibétain différent. Même les moins chères sont spacieuses.

♥ **Serkong House** HÔTEL $$$

(carte p. 324 ; ☎9857957131 ; www.norbulingka.org ; Nowrojee Rd ; s 2 740-4 110 ₹, d 3 430-4 790 ₹, ste s/d 5 480/6 160 ₹ ; 📶). Propriété du Norbulingka Institute (p. 336), le Serkong est une adresse récente, bien tenue, très confortable et de caractère. Les chambres spacieuses ont des tapis tibétains et des tables fabriquées au Norbulingka. Les plus chères jouissent d'une belle vue. Le personnel est poli et efficace. Le bon restaurant indo-tibétain (plats 150-240 ₹) propose une cuisine sans farine blanche ni glutamate.

Où se restaurer et prendre un verre

À McLeod Ganj, d'innombrables restaurants pour voyageurs servent des mets similaires : omelettes, pancakes, spécialités indiennes, tibétaines et chinoises, ou encore pizzas, pâtes et autres classiques internationaux. Heureusement, beaucoup les font plutôt bien. Il y a aussi quelques très bons cafés, qui raviront les amateurs de thé anglais et de café. Pour manger sur le pouce, des Tibétains proposent des *momo* végétariens vers le haut de Jogiwara Rd et à l'entrée du Tsuglagkhang.

Nick's Italian Kitchen ITALIEN $

(carte p. 324 ; Bhagsu Rd ; plats 80-190 ₹ ; ⏲7h-21h ; 📶). Ce restaurant sans prétention et bien tenu sert d'excellentes pizzas végétariennes, des lasagnes, des raviolis, des gnocchis et des quiches – à faire suivre d'un café et d'un de leurs desserts, comme une part de tarte aux pommes ou de délicieux cheese-cake au citron.

Shangrila Vegetarian Restaurant TIBÉTAIN, INDIEN $

(carte p. 324 ; Jogiwara Rd ; plats 70-90 ₹ ; ⏲7h30-20h30 ; 📶). Shangrila est tenu par les moines du monastère de Gyudmed, dont certains servent à table et contribuent à son atmosphère très sympathique. On y trouve des classiques tibétains savoureux et bon marché, *momo* en soupe et *bagleb* (grands *momo* frits) notamment.

Snow Lion Restaurant INDIEN, INTERNATIONAL $

(carte p. 324 ; Jogiwara Rd ; plats 80-150 ₹, petit-déj 160-195 ₹ ; ⏲7h-21h ; 📶). Apprécié pour ses petits-déjeuners et son café correct, ainsi que pour ses *momo* et *thukpa*. Fauteuils douillets et étagères garnies de livres.

♥ **Moonpeak** INTERNATIONAL $$

(carte p. 324 ; www.moonpeak.org ; Temple Rd ; plats 150-300 ₹ ; ⏲7h-21h ; 📶). Ce restaurant à tendance occidentale (tableaux exposés aux murs, toutes sortes de cafés préparés par des baristas) ne désemplit pas. On y vient pour son excellent café, ses petits-déjeuners, ses gâteaux, ses sandwichs au pain complet inventifs (au poulet poché à la mangue, au citron vert et à la coriandre...), ses soupes, ses salades, et pour se régaler de plats végétariens ou non bien préparés.

Moonpeak est aussi une galerie, avec une playlist de blues de qualité.

Green Hotel Restaurant INTERNATIONAL $$

(carte p. 324 ; Bhagsu Rd ; plats 110-180 ₹ ; ⏲6h30-21h30 ; 📶). Le restaurant du Green Hotel, qui vise une clientèle de touristes, est prisé pour sa terrasse ensoleillée et ses fauteuils confortables à l'intérieur. Mais pas seulement : la cuisine végétarienne est délicieuse et l'on peut y petit-déjeuner dès potron-minet.

Common Ground Cafe ASIATIQUE $$

(carte p. 324 ; www.facebook.com/commongroundcafe09 ; Dharamkot Rd ; plats 80-230 ₹ ; ⏲9h-21h ; 📶). Une grande variété de spécialités chinoises et tibétaines, du tofu à la taïwanaise au *sha tag* (poêlée de légumes et de viande), servies sans glutamate sur demande. Petits-déjeuners occidentaux servis toute la journée. Bon café. Le tout dans une ambiance décontractée et conviviale – tables communes et coussins au sol.

Tibet Kitchen TIBÉTAIN $$
(carte p. 324 ; Jogiwara Rd ; plats 120-300 ₹ ; 12h-21h30). La cuisine bouthanaise épicée, notamment le *kewa datse* (pommes de terre, haricots et piments dans une sauce au fromage), et les plats tibétains originaux comme le *shapta* (tranches d'agneau rôti aux câpres et aux oignons) méritent que l'on fasse la queue. Les *momo* sont bons, et il y a aussi des plats thaïlandais et chinois. Réparti sur 3 étages, l'endroit est souvent rempli de voyageurs, de moines et d'habitants.

Lung Ta JAPONAIS $$
(carte p. 324 ; Jogiwara Rd ; menus 200 ₹ ; 12h-20h30 lun-sam). Les menus du jour sont le meilleur choix dans ce populaire restaurant japonais végétarien, surtout le mardi et le vendredi, quand on peut aussi déguster des sushis et une soupe miso. L'ambiance et la cuisine sont assez authentiques pour attirer les visiteurs japonais. Les bénéfices sont reversés à l'ONG Gu-Chu-Sum.

McLlo Restaurant INDIEN, INTERNATIONAL $$
(carte p. 324 ; Main Square ; plats 200-400 ₹ ; 9h30-23h30). Bondé tous les soirs, et à juste titre, ce grand restaurant sur 4 niveaux sert une incroyable variété de plats indiens, chinois et internationaux, dont des pizzas et des pâtes. Le dernier étage, semi-ouvert, est l'endroit rêvé pour profiter d'une bière fraîche (à partir de 220 ₹).

☆ Où sortir

Les soirées-concerts ou les scènes ouvertes, programmées de manière irrégulière, sont annoncées dans toute la ville. Le **Tibetan Institute of Performing Arts** (TIPA ; carte p. 322 ; 9418087998 ; tipa.asia ; TIPA Rd ; 9h-17h lun-sam, fermé 2e et 4e sam du mois) présente à l'occasion des spectacles culturels, dont un de chansons et de danses traditionnelles et rituelles de 1 heure 30 appelé *Dances from the Roof of the World*, et des concerts du groupe folk fusion électrique Aa Ka Ma. La programmation est publiée sur son site Internet et sa page Facebook. Tibet World (p. 328) présente un spectacle folklorique tibétain à 18h30 le jeudi (200 ₹) et présente des films documentaires (gratuits) à 16h le samedi.

Achats

Des dizaines de boutiques et de stands vendent des objets tibétains, notamment des tanka, des statuettes en bronze, des moulins à prière en métal, des colliers en turquoise, des châles en laine de yak et des bols chantants (bols métalliques utilisés comme des gongs). Certains magasins sont gérés par des Tibétains ; d'autres appartiennent à des Cachemiris – quelques vendeurs se montrent insistants. Des coopératives proposent des objets similaires, sans faire pression sur les acheteurs. Bibliophiles, réjouissez-vous : McLeod a sûrement le plus grand nombre de librairies par habitant de toute l'Inde !

Tibetan Handicraft Center ART ET ARTISANAT
(carte p. 324 ; 01892-221415 ; www.tibetan-handicrafts.com ; Jogiwara Rd ; 9h-17h lun-sam). Cette coopérative emploie des réfugiés pour tisser des tapis tibétains. Vous pourrez les voir à l'œuvre. Comptez 13 500 ₹ environ pour un tapis traditionnel en laine de 90 x 180 cm – expédition possible (2 500-3 500 ₹ vers l'Europe, 4 500 ₹ vers les États-Unis). Il y a aussi un magasin proposant de nombreux autres objets intéressants, y compris de beaux tanka (20 000 ₹ et plus).

Bookworm LIVRES
(carte p. 324 ; 01892-221465 ; Hotel Bhagsu Rd ; 9h-19h mar-dim). La meilleure librairie de la ville.

Green Shop ART ET ARTISANAT
(carte p. 324 ; Bhagsu Rd ; 9h30-19h lun-sam). Jolis articles faits main en papier recyclé et nombreux produits comme le beurre de cacahuète et le tahin (crème de sésame).

Renseignements

Contact (www.contactmagazine.net). Magazine local gratuit, riche en infos utiles sur les cours et le bénévolat. On le trouve en ligne et en brochure dans plusieurs cafés, restaurants et hôtels.

Delek Hospital (carte p. 322 ; 01892-222053 ; www.delekhospital.org/delek ; Gangchen Kyishong ; consultations avant/après 12h 10/50 ₹ ; consultations externes 9h-13h et 14h-17h lun-ven et 1er sam du mois, 9h-13h les 3e, 4e et 5e sam du mois). Un petit hôpital tibétain où l'on pratique la médecine allopathique, avec service d'urgences 24h/24.

Pick & Speak Mobile Shop (carte p. 324 ; Jogiwara Rd ; 8h30-20h30). Vend des cartes SIM à 200 ₹ (appels et Internet non compris). Apportez votre téléphone et votre passeport.

Thomas Cook (carte p. 324 ; Temple Rd ; 9h30-18h30 lun-sam). Change les espèces et les chèques de voyage avec une taxe de 0,15% (minimum 35 ₹) plus 50 ₹ de frais de transaction, et fournit des avances sur cartes bancaires (commission 3%).

BUS DE L'HRTC AU DÉPART DE MCLEOD GANJ

DESTINATION	TARIFS	DURÉE	DÉPARTS
Dehra Dun	550-1 080 ₹	12 heures	3/jour
Delhi	580-1 275 ₹	12-13 heures	4h, 18h et 19h30 (ordinaire) ; 17h (semi-*deluxe*) ; 18h30 et 19h45 (*deluxe*) ; 17h30 et 19h (Volvo climatisé)
Manali	400 ₹	11 heures	16h30
Pathankot	150 ₹	4 heures	5/jour

Comment s'y rendre et circuler

De nombreuses agences de voyages réservent des billets de train (commission de 100 ₹).

AUTO-RICKSHAW

La station des auto-rickshaws (carte p. 324) est juste au nord de Main Square. Comptez environ 60 ₹ pour Bhagsu et 70 ₹ pour Dharamkot.

AVION

L'aéroport de Dharamsala (p. 322) est relié à Delhi.

BUS

Les bus arrivent et partent de la nouvelle gare routière (New Bus Stand ; carte p. 324), à 150 m au nord de Main Square. Des bus et jeeps collectives bondées pour Dharamsala (15 ₹, 35 min) partent toutes les 15-30 minutes environ, de 4h à 20h.

Quelques bus longue distance partent de McLeod, mais ils sont plus nombreux depuis Dharamsala. Pour les bus de l'HRTC (au départ des deux villes), réservez au **guichet de l'HRTC** de McLeod (carte p. 324 ; Main Square ; ⏲9h-19h). Les agences de voyages vendent des places pour des bus privés pour Delhi (900-1 100 ₹, 12 heures, départ entre 18h et 19h), Manali (400-600 ₹, 11 heures, départ à 20h30 et 21h30), et Amritsar (600 ₹, 7 heures, départ le matin et le soir) entre autres.

TAXI

La **station de taxis** (carte p. 324 ; ☎01892-221034 ; Mall Rd) de McLeod est située juste au nord de Main Square. Un taxi à la journée devrait coûter moins de 1 600 ₹ (pour moins de 80 km). Voici quelques exemples de tarifs aller : 100 ₹ pour Gangchen Kyishong, Dharamkot ou Bhagsu ; 200 ₹ pour la gare routière de Dharamsala ; 800 ₹ pour l'aéroport de Dharamsala ; 4 000 ₹ pour Chamba ; 4 500 ₹ pour Manali.

Environs de McLeod Ganj

Bhagsu et Dharamkot

☎01892

Au nord et à l'est de McLeod, après des bois de pins, les petites bourgades de Bhagsu (Bhagsunag) et Dharamkot sont plus rurales, décontractées et alternatives que McLeod. Elles forment deux enclaves appréciées des voyageurs au budget serré, notamment ceux venus d'Israël. Vous pouvez ici apprendre le tarot, le reiki, la numérologie, la lithothérapie ou des formes de yoga dont vous n'avez jamais entendu parler, prendre des cours de sitar, de tablas ou de flûte. Ou encore prendre ou donner des dizaines de sortes de massage, vous faire faire des dreadlocks, une teinture ou une pose d'extensions – ou simplement paresser dans les cafés et vous entraîner à jongler. Quelques-unes des meilleures et des plus sérieuses écoles de yoga et de méditation de la région y sont aussi installées.

À voir et à faire

Dharamkot a gardé une ambiance de village tranquille, où les maisons dispersées dans le haut du village s'étagent presque jusqu'au petit temple de Gallu Devi, sur la crête. Plus bas, Bhagsu, à l'inverse, n'est qu'une succession d'hôtels, de boutiques et de discothèques qui visent surtout une clientèle de touristes indiens. Mais en montant deux minutes depuis la route principale, vous vous retrouverez au pays des *backpackers* : le haut de Bhagsu ressemble beaucoup au haut de Dharamkot, qu'il rejoint effectivement. Le petit **temple de Shiva** (carte p. 322) du XVIe siècle, dans le bas de Bhagsu, dispose d'un bassin alimenté par une source claire et froide ; de là, une marche de 1 km conduit aux **chutes de Bhagsu** (carte p. 322), très impressionnantes durant la mousson. En montant vers le haut de Bhagsu, à 200 m au-dessus de la route principale, vous passerez par le très kitsch **temple de Vashnu Mata** (carte p. 322). On accède à la grotte intérieure par la gueule d'un lion de béton et on en ressort par la mâchoire d'un crocodile.

Activités

Terrestrial Adventures TREKKING
(carte p. 322 ; ☎9418656758, 9882858628 ; kcnehria@yahoo.com ; Main Sq, Bhagsu ; ⏲8h-19h).

Cette agence expérimentée et réputée propose une gamme de beaux treks comme ceux qui passent par les cols d'Indrahar ou de Minkiani vers la vallée de Chamba, ceux qui vont vers la vallée de Kullu, et un trek de 10 jours vers la vallée de Pattan en traversant les massifs du Dhauladhar et du Pir Panjal. Le trek de l'Indrahar coûte 3 000 ₹ par personne et par jour, environ.

Randonnées vers le Gallu Devi et Triund

Pour rejoindre le petit temple de Gallu Devi, sur les hauteurs de Dharamkot, longez par la gauche le réservoir face à l'**Himalayan Tea Shop** (carte p. 322 ; 30-80 ₹ ; ⏲6h-20h30) de Dharamkot et prenez le joli sentier sur votre droite au bout de 50 m. Il monte en traversant la forêt et débouche sur une piste pour jeeps au bout de 1 km : continuez à droite sur 500 m pour atteindre le Gallu Devi.

Sinon, vous pouvez monter directement depuis le haut de Dharamkot en 20 ou 30 minutes. Il y a quelques cafés et pensions sur la crête panoramique où se trouve le petit temple. De là, un sentier descend doucement vers l'ouest jusqu'au village de Naddi (2,5 km) et au lac Dal (3 km), tout près du Tibetan Children's Village (p. 325) ; un autre part vers le nord sur environ 2 km jusqu'à des chutes. La piste principale remonte vers l'est à travers des massifs de rhododendrons jusqu'à l'alpage pittoresque de **Triund** (2 900 m) – une superbe marche de 800 m de dénivelé en 2 heures 30 à 3 heures plutôt exigeante. On passe devant deux maisons de thé, et on trouve au Triund quelques *dhaba* proposant des repas simples, des tentes, des duvets et des lits. En dormant sur place, vous aurez plus de chances de profiter d'un temps dégagé et pourrez monter jusqu'à la maison de thé et au point de vue de l'alpage de **Laka Got** (3 350 m), appelé "Snowline" ("limite des neiges éternelles"), avant de redescendre.

Cours

De nombreux centres proposant des cours de yoga, de méditation, de philosophie bouddhique et d'ayurvéda de qualité sont installés à Dharamkot et à Bhagsu. Certains imposent des règles strictes (silence ; ni alcool ni tabac).

Tushita Meditation Centre MÉDITATION, PHILOSOPHIE
(carte p. 322 ; tushita.info ; Dharamkot ; cours de 10 jours avec hébergement et repas à partir de 6 000 ₹ ; ⏲fév-nov). Le centre propose des retraites silencieuses et des "cours d'introduction au bouddhisme" de 10 jours, ainsi que des séances de méditation à 9h30, tous les jours sauf dimanche.

TREK DE L'INDRAHAR LA

Ce trek prisé de 4-5 jours, qui franchit l'Indrahar La (4 420 m) vers la vallée de Chamba, est faisable dans les deux sens. Le col est ouvert de juin à début novembre ; la meilleure période s'étend de septembre à octobre.

Le premier jour consiste en une montée de 3 ou 4 heures jusqu'à l'alpage du Triund, où on peut camper et où on trouve deux pensions spartiates et des *dhaba* qui vous loueront un duvet et/ou une tente. Le 2e jour, grimpez jusqu'à l'alpage alpin de Laka Got (3 350 m) et continuez jusqu'à la grotte appelée Lahesh Cave (3 600 m). En partant de bonne heure le lendemain, vous pourrez franchir l'Indrahar La, admirer la vue spectaculaire, puis descendre jusqu'au campement verdoyant de Chata Parao.

Le sentier pour descendre à Kuarsi, qui traverse des alpages d'été, est parfois difficile à trouver. Le dernier jour, vous rejoignez la route à Hilling, 5 km avant Lamu. Il y a 3 à 5 km (en fonction des raccourcis) de descente entre Lamu et la route reliant Holi à Chamba via Kharamukh, où passent plusieurs bus par jour (dont un ou deux montent jusqu'à Lamu ou Hilling). Pour rallier Bharmour, prenez un bus jusqu'à Kharamukh pour une correspondance.

ÉTAPE	ITINÉRAIRE	DURÉE	DISTANCE
1	De McLeod Ganj à Triund	3-4 heures	9 km
2	De Triund à Lahesh Cave	3-4 heures	8 km
3	De Lahesh Cave à Chata Parao via l'Indrahar La	6 heures	10 km
4	De Chata Parao à Kuarsi	5-6 heures	15 km
5	De Kuarsi à Lamu	4 heures	10 km

Himalayan Iyengar Yoga Centre YOGA
(carte p. 322 ; www.hiyogacentre.com ; TIPA Rd, Dharamkot ; cours de 5 jours 4 000 ₹, frais de réservation 1 000 ₹ ; ⏲mars-oct). Les cours de 5 jours d'introduction au yoga iyengar ont lieu chaque lundi dans un grand bâtiment construit tout exprès, dans un décor de verdure.

Les cours intensifs et les formations à l'enseignement du yoga se déroulent dans l'ashram, à l'ouest de McLeod.

Ayuskama Ayurvedic Clinic AYURVÉDA
(carte p. 322 ; ☎9736211210 ; www.ayuskama.com ; Hotel Anand Palace Bldg, Bhagsu ; ⏲9h-17h). Les soins et les cours ayurvédiques du docteur Arun Sharma ont une excellente réputation. Les cours vont des stages d'une semaine sur le massage ou la nutrition (6 500-7 500 ₹) aux formations diplômantes de 3 mois (65 000 ₹) – ou de 2 ans pour devenir praticien.

Où se loger et se restaurer

Les deux bourgades comptent de nombreuses pensions bon marché, rarement signalées. Pour les longs séjours, on peut obtenir une chambre dans de petites pensions familiales pour quelque 6 000 ₹ par mois – une cuisine est souvent à disposition.

Trimurti Garden Cafe PENSION $
(carte p. 322 ; ☎9816869144 ; www.trimurtigarden.in ; Lower Dharamkot ; ch 600 ₹, s/d sans sdb 300/400 ₹ ; 📶). Agréable et retirée, Trimurti compte 8 chambres propres et soignées, disposées autour d'un joli jardin. Le café, ouvert à tous (8h-21h), propose une très bonne cuisine maison avec mueslis, salades, gâteaux et *thali* végétariens. Ashoka, le père de famille, peut vous enseigner les tablas, la flûte, le sitar ou le chant. Deux gentils chiens ajoutent à l'ambiance familiale.

Les chambres sont réservées d'avril à juin et de mi-septembre à mi-octobre pour des formations à l'enseignement du yoga (www.trimurtiyoga.com).

Raj Residency PENSION $
(carte p. 322 ; ☎9736129703, 9418607040 ; Upper Dharamkot ; ch 700-1 000 ₹ ; 📶). De cette maison de pierre à 2 niveaux avec une belle pelouse sur le devant, on a une jolie vue sur le haut de Dharamkot ; les 8 chambres sont spacieuses et propres, avec de jolies sdb carrelées. Petit-déjeuner possible. Assez recherché pour les séjours de deux ou trois semaines et plus.

Valley View PENSION $
(carte p. 322 ; ☎9418054693 ; Dharamkot ; s/d 500/600 ₹ ; 📶). Ce bâtiment de 4 niveaux n'est pas indiqué mais il est facile à trouver, derrière Himachal Trekkers en remontant Dharamkot. Il propose de nombreuses chambres sans chichis mais relativement propres, dans une ambiance sympathique.

Cool Talk Cafe INDIEN, INTERNATIONAL $
(carte p. 322 ; ☎9736365156 ; Dharamkot ; assiettes 90-200 ₹ ; ⏲9h-21h). Petit lieu propre et net dans une ruelle calme au-dessus de la rue principale de Dharamkot, où on s'assoit sur des chaises ou des coussins pour manger de bons plats allant des classiques indiens aux *momo* et au houmous, du *baba ganoush* aux sandwichs toastés, avec comme boissons thé, café, jus ou *lassi*. Il offre aussi 2 chambres claires (800 ₹) avec des balcons ensoleillés.

Space Out INTERNATIONAL $$
(carte p. 322 ; Dharamkot ; plats 160-190 ₹ ; ⏲8h30-23h). Tenu par des Polonais, Space Out est un lieu de détente – coussins au sol et peintures murales – où on vient manger de bons couscous, curries thaïs, pâtes, burgers végétariens ou tout autre plat du jour affiché sur l'ardoise.

Kangra

☎01892 / 9 500 HABITANTS / ALTITUDE 734 M

Jadis capitale de l'État princier de Kangra, cette petite ville animée, située à 18 km de Dharamsala, peut faire l'objet d'une agréable excursion à la journée depuis McLeod Ganj.

À voir et à faire

Fort de Kangra FORT
(www.royalkangra.com ; Indien/étranger 15/200 ₹, audioguide 100/200 ₹ ; ⏲aube-crépuscule). Le

LE PETIT TRAIN DE KANGRA

Un petit train part lentement vers l'est depuis Pathankot sur des voies étroites, offrant un beau trajet jusqu'à Kangra (5 heures), Palampur (6 heures), Baijnath (7 heures) et Jogindarnagar (9 heures). Deux des trains vont jusqu'à Jogindarnagar ; les quatre autres s'arrêtent à Baijnath. Le billet coûte 35 ₹ ou moins, selon la destination. Les compartiments sont bondés, et il est impossible de réserver. Arrivez tôt pour obtenir une place près de la fenêtre.

fort de Kangra, vieux d'au moins mille ans, et qui semble inexpugnable, surplombe un promontoire entre les rivières Manjhi et Banganga. Montez par une série de portes et de passages jusqu'au palais, au sommet, pour la vue au nord sur les montagnes et au sud sur les plaines.

Le fort est au sud de la ville (100 ₹ en auto-rickshaw depuis la gare routière). Il fut occupé par les rajas hindous, les conquérants moghols et sikhs, et les Britanniques (après 1846), avant d'être finalement vaincu par le séisme de 1905.

Maharaja Sansar Chand Museum MUSÉE
(☎01892-265866 ; Indien/étranger 30/100 ₹, audioguide 150/200 ₹ ; ⊙9h-17h30). À 200 m au-delà du fort de Kangra, ce musée est bien pourvu, avec ses palanquins décorés, ses éventails en plumes de paon et ses chasse-mouches en pashmina qui donnent un bel aperçu du mode de vie de la première dynastie des rois de Kangra, les Katoch – si ancienne que ses premiers membres auraient combattu les *Pandava* du *Mahabharata* (c'est du moins ce que nous dit un panneau relatif à son histoire).

Temple de Brajeshwari Devi TEMPLE HINDOU
Les hindous se rendent à Kangra pour ce temple, l'un des 51 *shakti peetha* – célèbres sanctuaires édifiés sur les sites où tombèrent les parties du corps de Sati, la première épouse de Shiva, après qu'elle eut été consumée par les flammes. Celui-ci marque l'emplacement du sein gauche de la déesse. On y arrive en traversant un bazar où des boutiques vendent des *prasaad* (offrandes de nourriture, bénies dans le temple) et des objets religieux, et en remontant 10 minutes à partir de la route principale, à 1 km au sud de la gare routière.

Où se loger et se restaurer

Les hôtels de Kangra sont sans intérêt. Le meilleur est de loin l'**Hotel Grand Raj** (☎01892-260901 ; www.hotelgrandraj.com ; Dharamshala Rd ; d 2 250-5 820 ₹ ; ❄📶), face à la gare routière, mais dont les chambres les moins chères sont petites, voire étouffantes et bruyantes. Le **Royal Hotel** (☎01892-265013 ; royalhotel@rediffmail.com ; face au Civil Hospital ; ch sans/avec clim 900/1 500 ₹ ; ❄), 800 m plus au sud sur la route principale, est une option bon marché et correcte avec des chambres nettes et assez grandes, carrelées, avec des douches chaudes. Les restaurants de ces deux hôtels sont assez satisfaisants.

Depuis/vers Kangra

Des bus partent toutes les 30 minutes environ pour Dharamsala (25 ₹, 1 heure), Palampur (55 ₹, 1 heure 30) et Pathankot (130 ₹, 3 heures).

L'aller-retour en taxi entre McLeod Ganj et le fort de Kangra coûte 1 300 ₹, attente incluse.

Masrur

Depuis Kangra, une route serpente à travers de vertes collines sur 40 km à l'ouest (ou 31 km vers le sud-ouest depuis Gaggal), jusqu'aux impressionnants **temples de Masrur** (Indien/étranger 15/200 ₹ ; ⊙aube-crépuscule) du Xe siècle. Même s'ils ont beaucoup souffert du tremblement de terre de 1905, les shikharas de grès aux sculptures élaborées – de rares exemples de temples taillés dans la pierre en Inde du Nord – rappellent les temples hindous d'Angkor Vat au Cambodge et ceux d'Ellora dans le Maharashtra. Au dernier étage, la vue sur les montagnes avec leur reflet dans le bassin du devant est idéale pour les photos.

Pour y accéder, le plus simple consiste à faire une excursion en taxi à la journée depuis McLeod Ganj (environ 2 500 ₹ l'aller-retour en combinant avec Kangra, ou 2 000 ₹ sans). Vous pourrez aussi prendre un bus de Dharamsala à Lunj (50 ₹, 1 heure 30), puis un autre pour Nagrota Surian jusqu'au croisement de Pir Bindli, à 4 km au sud-ouest, et marcher les 2,5 km restants ou attendre la navette pour les temples (toutes les heures).

De Dharamsala à Mandi

Le paysage de la vallée qui s'étend au sud-est de Dharamsala est spectaculaire, avec la chaîne du Dhauladhar qui s'élève au nord, et la large vallée qui s'étire jusqu'aux plaines.

Palampur

☎01894 / 10 000 HABITANTS / ALTITUDE 1 260 M

À 35 km environ au sud-est de Dharamsala, Palampur est un bourg commerçant entouré de plantations de thé et de rizières, au pied du massif du Dhauladhar. On peut visiter des plantations de thé, des temples et randonner dans les montagnes toutes proches.

À voir et à faire

Il y a de belles balades à faire dans et au-dessus de la luxuriante vallée de Bundla, qui remonte vers les montagnes au nord de la ville. Le **temple de Vindhyavasini**, perché sur le flanc est de la vallée, offre une marche pittoresque de 9 km, avec 500 m de dénivelé, d'environ 3 heures depuis le "Water Tank Point", 4 km au nord du centre (environ 350 ₹ en taxi). **Atul Sharma** (☎9816272105 ; atulsharma2k@yahoo.co.in) est un guide de randonnée expérimenté qui connaît bien la région de Palampur et ses montagnes.

Temple de Vaidyanath TEMPLE HINDOU
(Baijnath). Loin au-dessus de la Binwa, à Baijnath, 17 km au sud-est de Palampur, ce temple du XIIIe siècle aux sculptures délicates est consacré à Shiva sous la forme de Vaidyanath, seigneur des Médecins. Les bus de Palampur à Mandi s'arrêtent à la gare routière de Baijnath, presque face au temple.

Wah Tea Estate PLANTATIONS DE THÉ
(☎9418026354 ; www.wahtea.com ; Deogran ; ⏲9h-17h mar-dim). GRATUIT Des visites d'une heure vous font traverser des plantations de théiers et des jardins d'herbes aromatiques, puis découvrir les manières de sécher, rouler et trier le thé, avant de déguster thés verts et noirs. À 7 km au sud de Palampur, soit 600 ₹ aller-retour en taxi, environ.

Où se loger

Le meilleur choix est le **Norwood Green** (☎9736031300 ; www.norwoodgreen.in ; Bundla Tea Estate, village de Lohna ; ch en demi-pension 8 000-9 000 ₹, cottage 32 000-36 000 ₹ ; wifi), avec des cottages clairs et impeccables de 4 chambres (les chambres individuelles ne sont en général disponibles que du lundi au jeudi). L'hôtel le plus charmant et luxueux de la région est le **Taragarh Palace** (☎01894-242034, à Delhi 011-24692317 ; taragarh.com ; ch 7 000-10 000 ₹ ; clim, wifi, piscine), 12 km au sud-est sur la route de Mandi. C'est l'ancien palais de la famille royale du Jammu-et-Cachemire. Le **Tea Bud** (☎01894-231298 ; www.hptdc.in ; s 1 520-2 150 ₹, d 2 030-2 860 ₹ ; wifi) est correct pour le milieu de gamme.

Depuis/vers Palampur

De la gare routière de Palampur, à 1 km au sud du centre, des bus partent tous les jours vers Dharamsala (60 ₹, 2 heures) et Mandi (175 ₹, 3 heures 30). Les trains entre Pathankot et Jogindernagar font halte à Palampur.

Bir et Billing

Le village de Bir (1 400 m d'altitude), 2 km au nord de l'Hwy 154 entre Palampur et Jogindernagar, est connu du monde entier pour ses sites de parapente. Le point de

NORBULINGKA INSTITUTE

Le magnifique **Norbulingka Institute** (☎9418436410 ; www.norbulingka.org ; Indien et Tibétain/touriste étranger 20/50 ₹ ; ⏲9h-17h30), à 6 km au sud-est de Dharamsala, fut fondé en 1988 pour enseigner et préserver les arts traditionnels tibétains. Lors de visites gratuites, vous pourrez voir des artisans travailler à la sculpture sur bois, la fabrication de statuettes en métal, la peinture et la broderie de tanka. L'institut comprend un magnifique jardin d'inspiration japonaise et le **temple de Deden Tsuglagkhang**, remarquable par sa statue dorée de Shakyamuni de 4 m de haut. Le **Losel Doll Museum** (Indien et Tibétain/touriste étranger 5/20 ₹) présente de charmants dioramas de poupées vêtues de costumes traditionnels illustrant des aspects de la culture tibétaine. Le dimanche et le 2e samedi du mois, les ateliers sont fermés, mais pas le reste de l'institut.

Dans les boutiques de l'institut, une partie des objets, chers mais très jolis, produits ici, sont en vente, notamment bijoux, boîtes peintes et vêtements ou coussins brodés. Les visiteurs peuvent rejoindre un atelier pour participer à des stages de toutes durées, pour 1 500/2 000 ₹ par demi-journée/journée. Réservez au moins 2 jours avant.

Dans le jardin de l'institut, la **Norling House** (☎9816646423 ; www.norbulingka.org ; ch/ste 3 690/5 430 ₹ ; clim, wifi), paisible et élégante, propose des chambres confortables, disposées autour d'un atrium ensoleillé et ornées de fresques bouddhiques et d'artisanat fait au Norbulingka. L'**Hummingbird Cafe** (plats 150-200 ₹ ; ⏲7h-21h ; wifi) sert une cuisine végétarienne et un très bon café.

À Dharamsala, prenez un bus pour Palampur et demandez à descendre à la Sacred Heart School à Sidhpur (7 ₹, 15 min). Le Norbulingka Institute est à 1 km à pied en pente douce (80 ₹ en taxi). Un taxi vers/depuis McLeod Ganj coûte 350 ₹.

départ est à Billing, à 14 km de Bir par une route en lacets, 1 000 m plus haut. Bir et Billing accueillent presque chaque année de grandes compétitions en octobre ou novembre. Les parapentistes expérimentés peuvent d'ici atteindre Dharamsala, Mandi et Manali.

Bir est aussi un centre de la communauté tibétaine en exil et on y trouve plusieurs *gompa* (monastères bouddhiques tibétains) fondés dans les années 1960, où viennent parfois des visiteurs étrangers pour des cours et des retraites. Il y a au moins 3 *gompa* dans le village même, et deux des plus impressionnants *gompa* d'Inde à quelques kilomètres de Bir : le **monastère de Sherabling** (www.palpung.org ; village de Bhattu) et le **Dzongsar Khyentse Chökyi Lodrö Institute** (khyentsefoundation.org/dzongsar-khyentse-chokyi-lodro-college ; Chauntra). En général, les visteurs y sont les bienvenus et n'ont pas besoin d'autorisation particulière pour visiter leurs temples principaux et leurs espaces ouverts.

Le portail Internet de Bir (birhp.com) donne des renseignements utiles.

Activités

Plusieurs agences proposent des vols en **parapente** en tandem, d'environ 30 minutes, pour 1 600-2 500 ₹ (transport inclus), selon l'expérience et le niveau du pilote. Une GoPro coûte 500 ₹ de plus. On trouve les meilleures conditions de vols en octobre-novembre. La mousson empêche le parapente entre mi-juillet et mi-septembre.

Le parapente est très peu réglementé en Inde : le meilleur moyen de savoir avec qui s'engager est d'écouter ceux qui s'y sont déjà essayés ici. **Golden Eagle Paragliding** (☎9816577607 ; www.geparagliding.org) est un opérateur réputé. **PG-Gurukul** (www.paragliding.guru ; Blue Umbrella Bldg) est recommandé pour ses cours d'initiation de 3 à 6 jours. **Himalayan Sky Safaris** (www.himalayanskysafaris.com), tenu par de très bons parapentistes de Grande-Bretagne, propose des circuits guidés en parapente, pour ceux qui volent en solo ou en tandem.

Outre le parapente, la zone autour de Bir et Billing permet de s'adonner à de belles randonnées, à des treks et à du VTT.

Cours

Deer Park Institute ART, PHILOSOPHIE

(☎01894-268508 ; www.deerpark.in ; Tibetan Colony, Bir ; paiement des cours par don, ch sans/avec sdb 400/600 ₹, dort 100 ₹ ; ⏰bureau 9h-12h et 14h-18h lun-sam). Deer Park attire chaque année près de 5 000 étudiants venus de dizaines de pays différents avec ses cours et ses ateliers qui vont de la philosophie bouddhique et indienne aux arts comme la photographie, l'écriture et la réalisation de films, de l'étude du sanskrit, du pali, du tibétain et du chinois, aux retraites méditatives guidées par des maîtres bouddhistes. Ce sont des cours non académiques, qui durent de 2 jours à 1 mois, et sont ouverts à tous.

Où se loger et se restaurer

Plusieurs hébergements disposent de restaurants. Il existe aussi quelques petits restaurants, notamment tibétains.

Chhokling Guest House PENSION $

(☎8894112325 ; chodak_tenzin@yahoo.com ; Tibetan Colony ; ch 600-1 500 ₹ ; wifi). Bien tenue, cette pension est gérée par le *gompa* de Chhokling, en face, le plus grand monastère tibétain de Bir même. La pension est ouverte à tous, avec 16 chambres propres, des plus spartiates et bon marché avec des lits durs, aux plus claires avec des lits confortables et de grandes sdb.

♥ **Colonel's Resort** HÔTEL $$

(Colonel's Retreat ; ☎9882377469 ; www.colonelsresort.com ; Chougan, Bir ; s/d standard 2 200/3 300 ₹, ch deluxe 4 400 ₹, tente s/d 700/1 200 ₹, avec petit-déj ; wifi). C'est le meilleur choix. Le Colonel, dans un grand jardin, convient à différents budgets. Les chambres *deluxe*, spacieuses, sont très confortables, avec de grands lits moelleux, des tapis tibétains, un joli mobilier en bois et des sdb bien équipées. Au dîner, on sert de très bons buffets, essentiellement indiens (450 ₹). La direction vous aidera à organiser vos activités.

Depuis/vers Bir et Billing

La plupart des bus entre Palampur et Mandi vous déposeront à l'arrêt de Bir Road sur l'Hwy 154, 2,5 km à l'ouest de Chauntra. De là, des bus locaux (10 ₹) ou des taxis (100 ₹) vous emmèneront à Bir. Un taxi pour Mandi coûte environ 1 500 ₹, pour Palampur environ 800 ₹.

Vallée de Chamba

Séparée de la vallée de Kangra par la chaîne du Dhauladhar, et du Lahaul et du Cachemire par le Pir Panjal, cette vallée merveilleusement isolée fut, pendant des siècles, la principauté de Chamba, l'un des plus anciens États du nord de l'Inde. Pour ceux qui apprécient les temples, les treks et les paysages à couper le souffle, c'est un paradis, encore très largement ignoré des touristes.

Dalhousie

☎ 01899 / 10 500 HABITANTS / ALTITUDE 2 050 M

Avec ses vallées plongeantes couvertes de pins et la vue sur les montagnes au loin, Dalhousie est une retraite paisible héritée des Britanniques. Fondée dans les années 1850 par le vice-roi dont elle porte le nom, elle connut son âge d'or entre les années 1920 et 1940, quand la bonne société de Lahore y venait en villégiature. Après la Partition, Lahore s'est retrouvée au Pakistan et Dalhousie a perdu de son lustre. Elle demeure toutefois une station climatique un peu guindée, appréciée des jeunes couples et des familles des plaines.

À voir

Il y a peu de choses à voir ou à faire, sinon se promener au gré des allées ombragées et des rues, peu escarpées. Les quartiers des marchés, Subhash Chowk et Gandhi Chowk, sont reliés par deux rues, Thandi Sarak (Cold Rd) et Garam Sarak (Hot Rd) ; la seconde est plus ensoleillée. Une agréable balade par la route (2,5 km) au nord-est de Gandhi Chowk mène à **Jandrighat**, la résidence d'été des anciens maîtres de Chamba (fermée aux visiteurs). Datant de l'époque du Raj, les églises **St John** (1863) et **St Francis** (1894), entourées de pins, se dressent aux deux extrémités de la crête.

DHAINKUND

Le plus bel endroit des environs de Dalhousie est le sommet du Dhainkund (2 745 m), qu'on atteint par une route secondaire de 4 km (ou par des sentiers, plus courts)

Dalhousie

À voir
1 St Francis Church A2
2 St John Church D2

Où se loger
3 Grand View Hotel A1
4 Hotel Monal C3
5 Silverton Estate Guest House B1

Où se restaurer
6 Hotel Mount View A1
7 Kwality Restaurant D2

Dalhousie

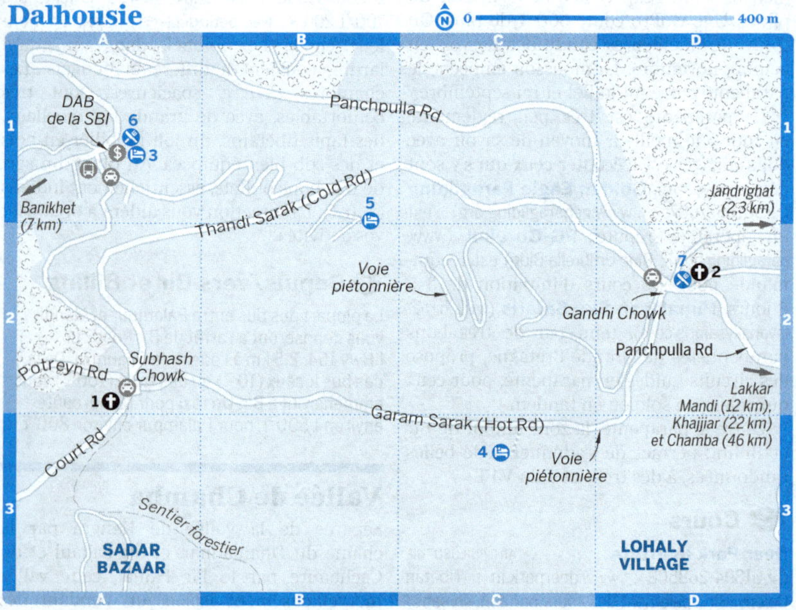

BUS AU DÉPART DE DHALOUSIE

DESTINATION	TARIFS	DURÉE	DÉPARTS
Chamba via Banikhet	80 ₹	2 heures 30	7h, 9h15, 10h30, 11h15
Chamba via Lakkar Mandi et Khajjiar	80 ₹	2 heures 30	9h, 9h30, 14h30, 16h30
Delhi	610-1 380 ₹	14 heures	3/jour
Dharamsala	170 ₹	5 heures	7h15, 11h50, 13h15, 14h
Pathankot	100 ₹	3 heures	7/jour

qui monte en lacets depuis le modeste hameau de Lakkar Mandi, à 12 km à l'est de Dalhousie. Les taxis (environ 1 000 ₹ l'aller-retour depuis Dalhousie) doivent s'arrêter à une barrière militaire ; de là, une marche splendide de 1,5 km le long d'une crête conduit au **temple de Jai Pohlani Mata**, et à une maison de thé, avec une vue superbe sur la chaîne du Pir Pinjal. Le chemin pittoresque longe la crête sur 5 km jusqu'au petit hameau de Jot (où il y a quelques *dhaba*) et au col de Chuari (2 772 m) sur la route Chamba-Chuari Khas.

Les bus pour Chamba via Khajjiar s'arrêtent à Lakkar Mandi (15 ₹, 30 min). Les bus de Chamba à Dalhousie passent à Lakkar Mandi vers 8h30, 10h45, 14h45 et 15h45.

Où se loger et se restaurer

Les restaurants du **Grand View Hotel** (☎01899-240760 ; www.grandviewdalhousie.in ; ch avec petit-déj 3 930-5 240 ₹, ste à partir de 6 070 ₹ ; wi-fi) et, à côté, de l'**Hotel Mount View** (☎242120 ; www.hotelmountview.net ; Club Rd ; repas 500-600 ₹), au décor charmant, servent une bonne cuisine internationale (buffet petit-déjeuner 250-300 ₹, déjeuner ou dîner 500-600 ₹). Il y a aussi des *dhaba* punjabis moins chers autour de Subhash Chowk.

Hotel Monal HÔTEL $$
(☎9418106230 ; www.hotelmonal.com ; Garam Sarak ; ch 2 000-2 500 ₹). Depuis 10 ans, cet hôtel offre des chambres claires, propres, correctement entretenues, avec une belle vue sur la vallée. Les meilleures sont celles du dernier étage, avec des balcons privatifs. Repas végétariens possibles. Bon rapport qualité/prix de mi-août à mi-avril, quand les prix baissent de plus de 50%.

Silverton Estate Guest House PENSION $$$
(☎9418010674 ; www.heritagehotels.com/silverton ; au-dessus de Circuit House, Moti Tibba ; ch 5 000-8 000 ₹ ; ⏲avr-nov ; wi-fi). Le Silverton, niché dans les arbres au-dessus de Thandi Sarak, se distingue par son cachet historique et son confort un peu désuet. On a l'impression de séjourner dans une famille chaleureuse… et c'est le cas : les propriétaires, accueillants, vivent sur place. Faites une partie de croquet dans le grand jardin !

Kwality Restaurant INDIEN $$
(Gandhi Chowk ; plats 140-370 ₹ ; ⏲9h-22h ; climatisation, wi-fi). Un établissement assez élégant à la carte variée : plats chinois, hamburgers, pizzas et classiques indiens (les meilleurs choix). Sinon, optez pour un menu du jour (250-300 ₹).

Comment s'y rendre et circuler

La **gare routière** est dans l'ouest de la ville. Pour les liaisons longue distance, davantage de bus partent de Banikhet, une ville-carrefour à 7 km à l'ouest (bus/taxi 8/220 ₹) – toutefois, rien ne garantit que vous trouverez une place.

Des stations de taxis se trouvent dans Subhash Chowk et Gandhi Chowk, et à côté de la gare routière. De cette dernière, comptez 100 ₹ pour Subhash Chowk et 150 ₹ pour Gandhi Chowk. Un taxi pour Chamba coûte 1 500 ₹ environ, et 3 000 ₹ pour Dharamsala.

Chamba

☎01899 / 20 000 HABITANTS / ALTITUDE 930 M

Au creux de la vallée de la tumultueuse Ravi, la capitale du district de Chamba est une séduisante ville ancienne, qui se distingue notamment par ses beaux temples, un remarquable musée et des marchés animés. La cité de Chamba fut fondée en 920, quand le raja Sahil Varman quitta Bharmour pour y installer sa nouvelle capitale – statut qu'elle conserva jusqu'en 1947, quand le royaume de Chamba fut intégré à l'Inde (il était déjà sous domination britannique depuis 1846).

Le véritable centre de Chamba est sa grande pelouse ouverte appelée le Chowgan, où se déroulent fêtes, matchs de cricket, pique-niques, et où l'on se retrouve.

À voir

Ensemble architectural du temple de Lakshmi Narayan TEMPLE HINDOU
(aube-crépuscule). Sur une hauteur au sommet de Dogra Bazaar, six remarquables shikharas de pierre couverts de sculptures (Xe-XIXe siècle) se dressent en un bel alignement. Le plus grand et le plus ancien est dédié à Lakshmi Narayan (Vishnu). Trois autres sont consacrés à différentes versions de Shiva (reconnaissables aux statues du taureau Nandi, la monture de Shiva, à l'extérieur) et deux à Vishnu.

Bhuri Singh Museum MUSÉE
(01899-222590 ; Museum Rd ; Indien/étranger 20/100 ₹, appareil photo 50/100 ₹ ; 10h-17h mar-dim). Ce musée bien présenté, l'un des plus intéressants de l'Himachal, comprend une magnifique collection de miniatures dites *pahari* ("des montagnes") des écoles de Chamba, ainsi que d'intéressantes inscriptions sur cuivre (autrefois une manière de préserver les documents importants) et d'antiques plaques ornementales de fontaines sculptées – une tradition propre à la vallée de Chamba.

Autres temples

Après une rude montée de 378 marches depuis la gare routière (vous pouvez aussi opter pour un taxi), le **temple de Chamunda Devi** (1762) préside à une vue magnifique sur la ville et la vallée. Il est dédié à l'aspect vengeur de la mère divine Devi ; son *mandapa* (pavillon) sur le devant comprend une forêt de cloches et de superbes plafonds sculptés. Surplombant la route, à 500 m plus au nord, le **sanctuaire de Sui Mata**, récent, est orné de peintures colorées qui content l'histoire de la reine de Chamba, Sui, qui donna sa vie pour apaiser un esprit de l'eau qui avait causé une terrible sécheresse. Sui est particulièrement vénérée par les femmes ; la Sui Mata Mela est célébrée en son honneur en mars ou avril (4 jours) sur le Chowgan.

Sur la même route, 600 m plus loin, une petite arche sur le côté conduit au ravissant **temple de Bajreshwari Devi**, une construction en forme de shikhara (XIIe siècle) dédiée à une incarnation de Durga. Les sculptures très détaillées représentent, sur le mur du fond, Durga triomphant du géant Mahisasur (qui semble minuscule) et piétinant son buffle.

Près du Chowgan, le **mandir d'Harirai** (XIe siècle) est consacré à Vishnu. Trois autres shikharas délicatement sculptés sont dispersés dans les étroites ruelles au-dessus du Chowgan. Le **temple de Champavati** (Xe siècle) fut construit par le raja Sahil Varman en l'honneur de sa fille Champavati, adorée localement comme une incarnation de Durga ; le **temple de Bansi Gopal** (XVIe siècle) est dédié à Krishna ; et celui de **Sitaram** (XVIIe siècle), à Rama.

Activités

Mani Mahesh Travels TREKKING
(9816620401, 9418020401 ; www.orchardhuts.com ; près de l'ensemble architectural du temple de Lakshmi Narayan ; 9h-21h lun-sam). Cette agence sérieuse et expérimentée organise des treks avec guides et porteurs dans les montagnes du Pir Panjal et du Dhauladhar, et d'intéressants circuits à la découverte des temples de Chamba (à partir de 550 ₹). Les treks coûtent entre 2 000 et 2 800 ₹ par personne et par jour dans la vallée de Chamba, et entre 3 500 et 4 500 ₹ par les cols du Pir Panjal ou du Dhauladhar – transports en sus.

La famille à la tête de l'agence tient aussi le très bon Orchard Hut. Renseignez-vous sur leurs séjours au Ridgemoor Cottage, isolé à 3-4 heures de marche (avec un dénivelé de 1 000 m) au-dessus de l'Orchard Hut. Mani Mahesh propose aussi de longs safaris en jeep et des circuits à moto.

Fêtes et festivals

Fête de Minjar CULTURE
(dernier dim de juil-1er dim d'août). Depuis 935, Chamba fête chaque année les moissons durant la fête de Minjar en l'honneur de Raghuvir (une des incarnations de Rama). Elle consiste de nos jours en une semaine de processions, d'événements sportifs, de danses et de musiques traditionnelles ; un grand marché aux puces a alors lieu sur le Chowgan.

Où se loger et se restaurer

Chamba House PENSION $
(01899-222564 ; Gopal Nivas ; d 880-1 210 ₹, ste 1 650 ₹). Avec ses balcons donnant sur la Ravi, cette demeure ancienne est la meilleure adresse pour les budgets serrés à Chamba. Ses 6 petites chambres (lits durs) sont impeccables, charmantes et douillettes.

Orchard Hut CHEZ L'HABITANT $$
(9816620401 ; www.orchardhuts.com ; Chaminu village ; dort 400 ₹, ch 560-2 590 ₹ ;).

Chamba

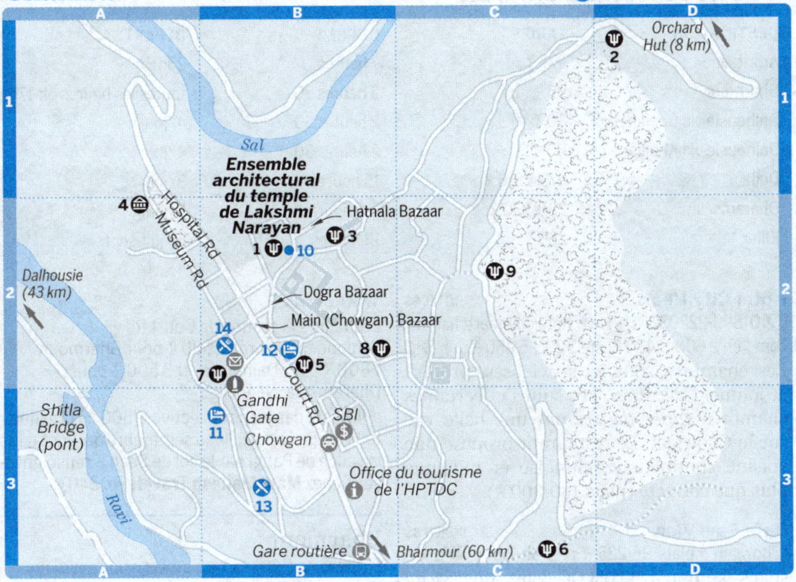

Chamba

Les incontournables

1 Ensemble du Lakshmi Narayan B2

À voir

2 Temple de Bajreshwari Devi D1
3 Temple de Bansi Gopal B2
4 Bhuri Singh Museum A2
5 Temple de Champavati B2
6 Temple de Chamunda Devi C3
7 Mandir d'Harirai B2
8 Temple de Sitaram B2
9 Sanctuaire de Sui Mata C2

Activités

10 Mani Mahesh Travels B2

Où se loger

11 Chamba House B3
12 Hotel City Heart B2

Où se restaurer

13 Cafe Ravi View B3
14 Jagan Restaurant B2

À une dizaine de kilomètres au nord-est de Chamba, dans la jolie vallée de la Saal, cette pension accueillante est aussi une ferme bio – un bel endroit pour se relaxer au milieu des vergers de prunes et d'abricots. La gamme de chambres, très propres et bien conçues, convient à tous les budgets ; les repas maison (650 ₹/pers en demi-pension) sont délicieux. Les employés pourront vous accompagner en balade.

À Chamba, l'agence Mani Mahesh Travels (p. 340) gérée par la même famille organise les transferts en taxi (450 ₹) ou en bus (25 ₹) jusqu'au village de Chaminu. De là, il reste 20 minutes à pied pour monter jusqu'à la pension. Si vous prévoyez 1 ou 2 jours pour séjourner sur place, vous ne le regretterez pas !

On peut utiliser la cuisine pour 100 ₹ par jour.

Jamwal Villa CHEZ L'HABITANT **$$**

(☎8894555246 ; www.jamwalvilla.com ; village de Kuranh ; ch 1 500-1 800 ₹ ; @). Joliment situé près de la rivière Ravi, 10 km au sud-est de Chamba, c'est un charmant petit refuge où canards et lapins vivent dans le joli jardin. Les trois chambres plaisantes s'ornent d'art moderne et de touches personnalisées (galets de rivière aux murs), et tout est confortable et impeccable. Très bon petit-déjeuner ; *thali* de plats locaux à partir de 150 ₹.

BUS AU DÉPART DE CHAMBA

DESTINATION	TARIFS	DURÉE	DÉPARTS
Amritsar	277 ₹	7 heures	23h15
Bharmour	95 ₹	3 heures 30	toutes les heures 5h-17h
Dalhousie via Banikhet	80 ₹	2 heures 30	4/jour
Dalhousie via Khajjiar	80 ₹	2 heures 30	4/jour
Delhi	675-1 516 ₹	15 heures	3/jour
Dharamsala	260-330 ₹	6-8 heures	5/jour
Killar	260 ₹	12 heures	6h juil-sept

Hotel City Heart HÔTEL **$$**
(☎01899-222032 ; www.hotelcityheartchamba.com ; ch 2 600-3 430 ₹, ste 3 790-5 450 ₹ ; ❄📶). Les chambres sont ici spacieuses, propres et joliment décorées. Les suites et certaines chambres *super deluxe* ont une belle vue sur le Chowgan. Le restaurant propose une cuisine continentale, chinoise et indienne plus que correcte (plats 180-300 ₹).

Cafe Ravi View INDIEN **$$**
(Chowgan ; plats 95-225 ₹ ; ⏲9h-22h ; ❄). Ce snack géré par l'HPTDC vaut une visite pour ses bières (150 ₹) et sa très belle vue, et pour ses plats végétariens indiens et chinois – dont des *dosa* et des *thali* très peu chers (125-175 ₹). Terrasse ensoleillée ; intérieur climatisé.

Jagan Restaurant INDIEN **$$**
(Museum Rd ; plats 90-200 ₹ ; ⏲11h30-22h30). S'il ne paie pas de mine, ce restaurant (à l'étage) est réputé pour son savoureux *chamba madhra* (haricots rouges avec yaourt et beurre clarifié, 110 ₹), ainsi que pour ses curries de légumes et plats de poulet variés, servis par des serveurs en uniforme.

ℹ Depuis/vers Chamba

BUS

Différents bus de l'HRTC et de compagnies privées couvrent de nombreuses destinations depuis la gare routière, souvent bondée et chaotique. Pour le trajet spectaculaire jusqu'à Bharmour, asseyez-vous du côté gauche pour mieux profiter de la vue. Pour Dharamsala, s'il n'y a pas de bus direct avant un moment, prenez-en un pour Gaggal (230 ₹, 5 à 7 heures) ; de là, des bus partent toutes les quelques minutes pour Dharamsala (15 ₹, 40 min). Pour les plus beaux paysages, essayez de prendre un bus qui passe par Jot et le col de Chuari (2 772 m). Le meilleur bus pour Delhi est le Volvo climatisé qui part à 18h.

TAXI ET JEEP

Les taxis à la station de Court Rd demandent environ 1 500 ₹ pour Bharmour, 1 800 ₹ pour Dalhousie, et 3 500 ₹ pour Dharamsala. Négociez.

Il existe des jeeps collectives (500 ₹) presque tous les jours de juillet à septembre qui vont dans la vallée de Pangi par le col de Sach – renseignez-vous chez **Mani Mahesh Travels** (p. 340).

Bharmour

☎01895 / 2 000 HABITANTS / ALTITUDE 2 195 M

On arrive à Bharmour, comme suspendue au bord de la vallée de Budil qui semble sans fond, par les lacets d'une route de montagne aussi spectaculaire que dangereuse, qui serpente à 60 km à l'est de Chamba (le paysage devient vraiment intéressant quand on quitte la vallée de la Ravi à Kharamukh). Ce village très ancien fut la capitale de la région jusqu'à ce que Chamba le remplace, en 920. Bharmour se distingue par de magnifiques temples anciens, mais de nombreux visiteurs viennent surtout pour les treks vers les cols et les vallées des environs. Les villages alentour sont habités par des Gaddi, des bergers semi-nomades qui conduisent leurs troupeaux dans les alpages en été et y redescendent (ou vont dans les vallées de Kullu ou de Kangra) en hiver.

👁 À voir et à faire

Temples de Chaurasi TEMPLES HINDOUS
(⏲6h-20h30). Les temples de Chaurasi, à 500 m de la gare routière en remontant la rue, occupent une grande cour dallée qui sert aussi de salle de classe en plein air et de terrain de cricket. Les trois temples principaux, dédiés à Shiva, sont entourés d'une vingtaine d'autres sanctuaires plus petits (*chaurasi* signifie 84, ce qui semble exagéré). Le **temple de Manimahesh**, central, est un shikhara classique en pierre, du VIIe siècle. Le petit **temple de Lakshna**

Devi date de la même période ; son entrée en bois, aujourd'hui usée, est remarquablement sculptée.

Pour avoir la plus belle vue sur la vallée, montez sur 3 km depuis l'entrée des temples de Chaurasi jusqu'au **temple de Brahmani Mata**, qui surplombe la ville. La route traverse le haut du village, où il y a encore de nombreuses maisons en bois à toit d'ardoise.

Trekking

La saison de trekking dure de mai à fin octobre – il y a quelques pluies de mousson en juillet et en août. De nombreux treks partant de cette zone sont possibles, comme celui qui va de Kugti à Jhalma (Lahaul) par le col de Kugti (5 040 m) en 5 jours ; celui qui relie Lamu, dans la vallée de la Ravi, à McLeod Ganj via l'Indrahar La (4 420 m), également en 5 jours ; et d'autres treks plus longs et éprouvants qui passent par le village isolé de Bara Bhangal et vont jusqu'à Manali ou à Bir.

Un trek prisé plus court, de 2 à 3 jours aller-retour, jusqu'au lac sacré de Manimahesh (près de 13 km dans chaque sens, avec un dénivelé de 2 100 m) débute à Hadsar, à 13 km à l'est de Bharmour. On peut le faire sans tente, grâce à de nombreux *dhaba* sur le chemin. Les deux semaines qui suivent Janmashtami (l'anniversaire de Krishna, fin août ou début septembre), près de 300 000 pèlerins suivent ce chemin lors du **yatra de Manimahesh**, un pèlerinage en l'honneur de Shiva qui culmine par un plongeon dans le lac glacé. La vallée de Chamba est alors pleine de gens qui vont ou qui reviennent du lac.

Anna Adventures & Tours (☎8894687758, 9805659622 ; www.bharmourtreks.com ; Main Bazaar) organise toute une gamme de treks dans la région de Bharmour et dans les montagnes des environs. Demandez Gopal Chauhan.

Où se loger et se restaurer

Hotel Mahadev HÔTEL $

(☎9816544000 ; Main Bazaar ; ch 400-1 000 ₹ ; wifi). Occupant trois étages supérieurs, du côté droit de la rue qui mène aux temples de Chaurasi, le Mahadev offre des chambres allant de la spartiate case sans fenêtre à la grande chambre claire (celles du devant au dernier étage).

Chaurasi Hotel HÔTEL $$

(☎9418025004 ; www.hotelchourasi.in ; Main Bazaar ; ch 800-2 000 ₹ ; wifi). Impossible de rater cet immeuble rouge de plusieurs étages, dans la rue qui monte aux temples de Chaurasi. Il loue des chambres spacieuses avec une vue superbe pour la plupart ; celles du nouveau bâtiment sur le côté sont plutôt en meilleur état. Le restaurant (plats 70-190 ₹) est le plus prisé de Bharmour, mais la compétition est faible.

Depuis/vers Bharmour

De 5h30 à 17h30, des bus font presque toutes les heures le trajet décoiffant jusqu'à Chamba (95 ₹, 3 heures 30). Les taxis demandent 1 500-2 000 ₹ ; certains sont collectifs, avec une base de 200 ₹ par personne.

Un bus part à 17h30 pour Dharamsala (450 ₹, 12 heures). Quelques bus quotidiens sont à destination d'Hadsar (35 ₹, 1 heure) ; il existe aussi des jeeps collectives pour 30 ₹ par personne. Pour remonter la vallée de la Ravi jusqu'à Holi, prenez un bus en direction de Chamba et changez à Kharamukh.

LAHAUL ET SPITI

Les immenses territoires désolés du nord et de l'est de l'Himachal Pradesh sont parmi les plus spectaculaires et les moins densément peuplés du monde. En franchissant le Rohtang La depuis Manali, on parvient d'abord à la vallée relativement verte de la Chandra, au Lahaul. Descendez la Chandra vers l'ouest puis remontez la vallée de la Bhaga en traversant Keylong (la capitale du Lahaul) et vous êtes sur la route du Ladakh. En remontant la Chandra vers l'est et en passant le Kunzum La jusqu'au Spiti, on arrive là où le Grand Himalaya fait écran aux pluies. Le Spiti est un territoire de 12 000 km^2 de montagnes aux cimes enneigées et de déserts de haute altitude, ponctué de carrés de verdure et de villages aux maisons aux murs chaulés, accrochés au-dessus des torrents et des rivières. Comme au Zanskar et au Ladakh, le bouddhisme tibétain est la religion dominante au Spiti et au Lahaul, mais l'hindouisme prédomine dans le bas Lahaul. Certains temples lahaulis embrassent les deux religions.

Histoire

On dit que le bouddhisme arriva au Spiti et au Lahaul au VIIIe siècle avec le sage et missionnaire indien Padmasambhava (Guru Rinpoché, en tibétain), qui propagea le bouddhisme au Tibet. Au Xe siècle, le haut Lahaul, le Spiti, le Zanskar et le Ladakh furent annexés au grand royaume de Gugé du Tibet occidental, où le Lahaul et le Spiti finirent par être administrés depuis le Ladakh. Entre la fin du Xe et le début du XIe siècle, Rinchen Zangpo, dit le Grand Traducteur, fonda plusieurs centres d'enseignement bouddhiste au Spiti, dont celui de Tabo, l'un des plus remarquables monastères bouddhiques de l'Himalaya indien.

Les rajas de Kullu s'emparèrent du Lahaul au XVIe siècle, et prirent le contrôle, plus ou moins ferme, du Spiti au XVIIe siècle. La région passa sous domination britannique après la guerre anglo-sikhe de 1846 ; elle conserva des liens forts avec le Tibet jusqu'à l'invasion de celui-ci par la Chine, en 1950.

Depuis quelques décennies, la vie culturelle et religieuse de la région a repris de la vigueur, aidée par le travail du gouvernement tibétain en exil à Dharamsala. De nombreux *gompa* du Lahaul et du Spiti ont été restaurés. Par ailleurs, l'argent apporté par le tourisme et l'industrie hydroélectrique contribue à l'amélioration des conditions de vie dans les villages agricoles, bloqués par la neige en hiver.

Climat

Il pleut très peu, surtout au Spiti. À ces altitudes, les températures peuvent descendre en dessous de -30°C en hiver. Le bon côté des choses est qu'en été, il fait souvent autour de 20°C en journée, et que quand la mousson balaie le reste de l'État (de mi-juillet à mi-septembre), le temps est généralement sec et ensoleillé ! En toute saison, prévoyez des vêtements chauds.

ℹ Depuis/vers le Lahaul et le Spiti

La route qui monte vers le nord de Manali par le Rohtang La (3 978 m) est normalement ouverte de mi-mai à début novembre. Du côté nord du Rohtang La, on va vers l'ouest à Keylong ou à l'est vers le Spiti.

De Keylong, la route vers le Ladakh passe par les impressionnants Baralacha La (4 950 m) et Taglang La (5 328 m). Elle est en général ouverte de début juin à octobre. La route du Spiti par le Kunzum La (4 551 m) est ouverte de mi-juin à novembre, environ.

On peut franchir ces cols en bus, minibus, jeep ou moto. Tous ces transports peuvent s'organiser depuis Manali.

Quand les cols sont fermés, le Lahaul est virtuellement coupé du reste du monde, et le Spiti n'y est relié que par la mauvaise route du sud qui traverse le Kinnaur. En fin de saison, renseignez-vous sur l'état des routes avant de partir ; une fois la neige arrivée, vous pourriez vous retrouver bloqué pour tout l'hiver ! Les sites www.bcmtouring.com et devilonwheels.com sont régulièrement actualisés.

Le Lahaul (pas le Spiti ni le Ladakh) devrait être accessible toute l'année depuis Manali lorsque le tunnel pour éviter le Rohtang La sera ouvert (prévu en 2018). Ce tunnel de 8,85 km passera sous les montagnes entre la vallée de Solang, au nord de Manali, et la vallée de la Chandra, au Lahaul.

Lahaul

De Manali à Keylong

De Manali, l'Hwy 03 part vers le nord en longeant la Beas, monte doucement à travers des forêts de pins, puis zigzague sans fin jusqu'aux pentes rocheuses dénudées au pied du **Rohtang La**. Le nom de ce col signifie littéralement “tas de cadavres”, en référence aux centaines de voyageurs qui périrent ici de froid au fil des siècles. Durant les congés indiens, de nombreux excursionnistes d'un jour venus de Manali découvrent les joies d'une bataille de boules de neige. À côté du sommet, allez voir le petit temple en forme de dôme qui marque la source de la rivière Beas.

Une fois le col franchi, la route se dégrade rapidement en redescendant abruptement dans la vallée de la Chandra, où la rivière bouillonne entre de hauts éperons rocheux, ponctuée de cascades dont les eaux descendent des glaciers d'altitude. Au bout de 14 km de zigzags, **Gramphu** (4 bâtiments de pierre) marque l'embranchement vers le Spiti. Il y a à **Khoksar**, au fond de la vallée, plusieurs *dhaba* et un poste de contrôle où la police recueille l'identité des étrangers. Le nouveau tunnel pour éviter le Rohtang La rejoindra cette route à 7 km à l'ouest de Khoksar.

Tandi, 8 km avant Keylong, est au confluent de la Chandra et de la Bhaga (qui deviennent alors la Chandra-Bhaga). Du côté sud du pont sur la Bagha, on peut monter sur 100 m jusqu'au *gompa* de Tupchiling, et y demander la clé du **gompa de Guru Ghantal**, à une heure de marche, qui est le plus vieux monastère du Lahaul, fondé dit-on par Padmasambhava. Bien qu'il tombe en ruine, le *gompa* contient d'anciens

RÉGLEMENTATION POUR LE ROHTANG LA

Ceux qui veulent franchir le Rohtang La en voiture ou en moto depuis Manali doivent obtenir au préalable un permis auprès du **Sub-Divisional Magistrate's Office** (SDM Office ; carte p. 314 ; ☎01902-254100 ; derrière l'HPTDC, Mall ; ⏲10h-16h30 lun-sam, 10h-13h dim et 2e sam du mois) à Manali. Le processus prend environ 1 heure et le permis est gratuit (même si certains demandeurs se sont vu réclamer un don). Prenez vos passeports, vos permis de conduire, les papiers du véhicule et son attestation de contrôle anti pollution, et remplissez un formulaire. Vous devrez montrer votre permis à un point de contrôle à Gulaba, sur la route du col.

Le col est fermé à partir de 6h le mardi à toute circulation dans le sens sud-nord, y compris aux taxis, pour faciliter son entretien. Si vous êtes passé à Gulaba avant 6h, vous pouvez continuer votre route.

Dans l'autre sens, les véhicules ne nécessitent pas de permis et peuvent passer chaque jour de la semaine.

Un permis différent (550 ₹), délivré sur Internet (www.hpkullu.nic.in), est requis pour les véhicules qui ne font qu'aller au col et en revenir dans la journée depuis Manali. En pratique, il est très compliqué pour les touristes seuls de les obtenir, et presque tous ceux qui vont au Rohtang La en excursion d'un jour le font en taxi.

Les détails de la réglementation pour le Rohtang La changent souvent. Avec un peu de chance, l'ouverture du tunnel du Rohtang, peut-être en 2018, supprimera la nécessité d'un permis pour ceux qui se rendent au Lahaul et au-delà.

tanka, un mandala peint au plafond, d'étonnantes statues de bois de Padmasambhava, d'autres bodhisattvas et de la divinité hindoue Brajeshwari, ainsi qu'une statue de Kali en pierre noire.

Keylong

☎01900 / 1 150 HABITANTS / ALTITUDE 3 100 M

Keylong s'étire sur le côté nord de la verdoyante vallée de la Bhaga, juste au-dessous de la route Manali-Leh, et sert de halte d'une nuit à de nombreux voyageurs qui suivent cette route. Beaucoup ne voient Keylong que brièvement et de nuit, mais un séjour prolongé révèle un panorama grandiose sur les montagnes, une atmosphère détendue de petite ville, quelques superbes balades et d'anciens monastères bouddhiques.

La rue principale, nommée avec optimisme le Mall, serpente sur 1 km, parallèlement à, et en contrebas de, la route. La gare routière (New Bus Stand) est juste au-dessus de son extrémité est.

À voir et à faire

Lahaul-Spiti Tribal Museum MUSÉE
(Mall ; ⏲10h-13h30 et 14h-17h mar-dim). GRATUIT Dans l'ouest de la ville, ce musée d'un intérêt relatif expose des objets traditionnels, comme des masques de danse *chaam* ou un *thod-pa* (morceau de crâne utilisé autrefois par les *amchi* ou les lamas pour conserver des potions ou des liquides sacrés), ainsi que des photos et gravures anciennes ou contemporaines de monastères et de villages de la région.

Gompa de Kardang MONASTÈRE BOUDDHIQUE
Sur des pilotis de béton face à Keylong, de l'autre côté de la vallée, le *gompa* de Kardang existe depuis 900 ans, mais le bâtiment actuel date de 1912. Entretenu par des bonzes et des nonnes de l'école Drukpa Kagyu (aux coiffes rouges), il recèle un énorme moulin à prière qui contiendrait un million de bandes de papier portant le célèbre mantra : *"Om mani padme hum"* ("Salut au joyau du lotus"). De belles fresques ornent le *gompa* ; demandez à un religieux de vous ouvrir les portes.

Le monastère abrite aussi une vaste bibliothèque de textes sacrés et des collections de tanka, d'armes anciennes et d'instruments de musique. Pour y aller, dirigez-vous vers l'hôpital tout à l'ouest de Keylong, et prenez un sentier qui descend à gauche 30 m avant l'hôpital. Il traverse la Bagha par une passerelle, puis remonte sur 1 km jusqu'à une route ; là, prenez à droite dans le village de Kardang, puis demandez le chemin du *gompa* (il est 800 m plus haut). Pour rentrer par un autre chemin, revenez au village de Kardang et longez la route à droite pendant

3 km jusqu'au village de Lapchang, d'où un sentier descend sur 1 km jusqu'à une autre passerelle, puis remonte sur 1,25 km jusqu'à la route principale. Keylong est à 1,5 km sur la gauche.

Gompa de Shashur MONASTÈRE BOUDDHIQUE
À environ 2 km de marche au-dessus de Keylong (ou 7 km de route), le *gompa* de Shashur fut fondé au XVIIe siècle par le lama du Zanskar Deva Gyatsho. Le *gompa* d'origine, avec ses tanka de 5 m de haut, est entouré d'un autre *gompa* plus moderne en béton, d'où on a une belle vue sur la vallée.

Brokpa Adventure Tours TREKKING
(☎9418165176 ; brokpatrek@yahoo.com ; Hotel Dupchen, Mall ; accès Internet et Wi-Fi 60 ₹/heure ; ⏲9h-20h mai-juin et sept, 7h-22h juil-août). Demandez Amar qui vous conseillera des randonnées d'une journée ou vous organisera un trek plus long, dans la région ou jusqu'à Zanskar. Le bureau dispose aussi d'un accès Internet.

Où se loger et se restaurer

La plupart des pensions et des hôtels n'ouvrent que de mai à octobre. Un ou deux endroits en remontant la rue de la gare routière offrent des dortoirs basiques pour une nuit à tout petit prix avant de prendre un bus tôt le matin.

Nordaling Guest House HÔTEL $
(☎01900-222294 ; www.nordalingkeylong.in ; ch 800-1 500 ₹ ; ⏲mai-oct ; 📶). Un agréable hôtel, à 100 m seulement de la gare routière, doté de chambres spacieuses et impeccables, et d'un restaurant (plats 80-180 ₹) décontracté dans une pommeraie. Un très bon choix ; les prix peuvent chuter considérablement en cas de faible fréquentation.

Hotel Tashi Deleg HÔTEL $$
(☎01900-222450 ; hotel_tashideleg@yahoo.in ; Mall ; ch 1 250-3 050 ₹ ; ⏲mai-oct ; 📶). Ce grand hôtel blanc, vers l'extrémité ouest du Mall, est le plus beau de Keylong. Les chambres de la nouvelle aile sont grandes, et dotées de bons lits, de fauteuils moelleux, de douches chaudes et d'un balcon (pour la plupart). Celles de l'ancienne aile, bien également, sont moins chères (les prix montent en même temps que les étages).

Il y a du Wi-Fi dans le restaurant, qui est le meilleur de Keylong, avec une cuisine indienne, chinoise et continentale (plats 100-220 ₹), et des bières fraîches.

Hotel New Gyespa HÔTEL $$
(☎9418136055 ; ch 1 200-1 800 ₹ ; ⏲mai-oct). À 20 m seulement de la gare routière, vous trouverez ici des chambres propres et moquettées, la plupart avec vue sur la vallée. Les meilleures sont celles du dernier étage, spacieuses, ajoutées en 2016. L'hôtel abrite aussi un joli restaurant (plats 100-300 ₹) lambrissé de pin. Son annexe meilleur marché, l'**Hotel Gyespa** (☎9418133522 ; Mall ; ch 800-1 200 ₹ ; ⏲mai-oct), est une autre option correcte, avec un restaurant également. Les deux hôtels font des réductions en tout début et toute fin de saison.

Renseignements

Le **DAB de la State Bank of Patiala** (Mall), face à l'hôtel Dupchen, accepte les cartes bancaires étrangères.

Depuis/vers Keylong

De mi-juin à mi-septembre, un bus de l'HRTC part pour Leh (540 ₹, 14 heures environ) à 5h ; prenez vos billets à la gare routière entre 4h et 4h30. Les minibus privés et les jeeps collectives circulent jusqu'en octobre, en fonction de la neige : on peut réserver une place via **Brokpa Adventure Tours**, notamment. Les places coûtent de 1 500 à 3 000 ₹ (plus cher de juin à août).

L'HRTC propose aussi six ou sept bus par jour vers Manali (173 ₹, 7 heures, 4h30 à 13h30), un pour Shimla (565 ₹, 16 heures, 13h30) et deux pour Delhi (850 ₹, 23 heures), de mi-mai à début novembre environ.

De mi-mai à mi-novembre environ, il y a des bus à 6h30 et 13h pour Chika (60 ₹, 2 heures) dans la vallée de Darcha, sur la route du Zanskar par le Shingo La. Les bus partent selon l'état des routes.

Pour aller à Kaza, prenez le bus de 4h30 ou de 6h30 pour Manali et changez à Gramphu (75 ₹, 2 heures 30), où le bus Manali-Kaza passe vers 9 h.

Vallées de Pattan et de Pangi

À Tandi, 8 km au sud-ouest de Keylong, une route part vers le nord-ouest en suivant la jolie vallée de Pattan, fertile et peu visitée, creusée par la rivière Chandra-Bhaga (ou Chenab). La rivière et la route s'incurvent ensuite vers le nord et la vallée de Pangi, plus belle et plus isolée encore (et souvent totalement coupée à la circulation de décembre à mars). Les sommets enneigés dominent les nombreuses vallées secondaires aux flancs abrupts, superbes, avec la chaîne du Pir

Panjal à l'ouest et celle du Grand Himalaya à l'est, qui offrent des itinéraires de trek exigeants jusqu'à la vallée de Chamba et le Zanskar, respectivement.

La route, peut-être la plus vertigineuse de toutes les routes de montagne de l'Himachal, remonte la Chenab au-delà de la seule ville de la vallée de Pangi, Killar, et permet aux voyageurs les plus intrépides de suivre l'épique route des "3 K", de Keylong à Killar puis à Kishtwar (p. 280), au Jammu-et-Cachemire.

À voir et à faire

Si vous avez le temps, explorez quelques vallées secondaires, notamment celles de la rive est de la rivière, comme la vallée de Miyar, qui débouche à Udaipur dans la vallée de Pattan, ou celles de Saichu, Parmar, Hudan et Sural qui rejoignent la vallée de Pangi. La population hindoue, en aval, fait place plus haut à des bouddhistes tibétains, les Bot. Il existe des bus quotidiens desservant presque toutes ces vallées depuis Udaipur ou Killar.

Temple de Triloknath TEMPLE

À quelque 36 km de Tandi dans la vallée de Pattan, une route secondaire monte sur 5 km jusqu'au village perché de **Triloknath**, dont le petit temple de pierre est un remarquable exemple du syncrétisme entre hindouistes et bouddhistes : la statue centrale de marbre blanc est révérée par les bouddhistes sous le nom d'Avalokiteshvara, le bodhisattva de la Compassion, tandis que les hindous l'adorent sous le nom de Shiva. C'est un lieu de pèlerinage pour les deux religions, notamment durant la **fête de Pauri** (3e week-end d'août) où la divinité du temple est célébrée durant trois jours.

Temple de Markula Devi TEMPLE HINDOU

(Udaipur). À Udaipur, plus gros bourg de la vallée de Pattan, le temple de Markula Devi paraît quelconque du dehors mais son intérieur est tapissé de splendides panneaux en bois (du XIIe au XVIe siècles), décrivant des scènes du *Mahabharata* et du *Ramayana*.

Où se loger

Il y a quelques petits hôtels, pensions et gîtes d'État à Udaipur et Killar, qui accueillent les touristes quand il reste de la place. À Killar, le **Raj Hotel** (9418890045 ; Killar ; ch 1 000-1 500 ₹, ste 4 500 ₹ ; avr-nov), à deux minutes à pied de la gare routière, est un choix étonnamment propre et confortable, avec une belle vue. Son restaurant (plats 70-200 ₹) est le seul où il y ait un peu de choix. Deux virages en épingle à cheveux au-dessus de la gare routière (après le Raj Hotel), la **Killar Rest House** (Killar ; ch à partir de 500 ₹) offre six chambres bien tenues. Il n'est pas indiqué, mais se situe juste après la Senior Secondary School, bien signalée.

Renseignements

Il y a un DAB dans les rues principales d'Udaipur et de Killar.

Depuis/vers les vallées de Pattan et Pangi

Udaipur est reliée toute l'année par bus à Keylong (85 ₹, 3 heures, 7 bus/jour). De mi-avril à mi-novembre environ, deux des bus partant de Keylong continuent jusqu'à Killar (210 ₹ depuis Keylong, environ 10 heures pour parcourir les 125 km). Ils s'arrêtent à Udaipur vers 9h15 et 13h45. La route est poussiéreuse, bosselée et parfois réduite à un étroit ruban mais d'une beauté saisissante, avec une série de surplombs périlleux loin au-dessus des tourbillons de la rivière pendant une bonne partie des 50 km finaux vers Killar. Les bus qui repartent pour Keylong quittent Killar à 5h et 10h.

Depuis Killar, il y a une route vers la vallée de Chamba par le col de Sach (4 390 m), ouverte de fin juin à début octobre environ. En saison, un bus quotidien (260 ₹, 12 heures environ) quitte Killar à 6h30, et il y a des jeeps collectives (500 ₹) entre 7h et 9h.

Pour aller à Kishtwar au Jammu-et-Cachemire, il faut en général aller d'abord de Killar à Gulabgarh (53 km), par une des routes les plus périlleuses – et spectaculaires – d'Inde. Réservée aux intrépides ! Dans la partie Luj-Tayari, on bute sur des rochers avant d'emprunter des corniches terriblement étroites après Ishtiyari, parfois surplombées de rochers effilés et instables. Il y a de bonnes chances qu'une jeep du Jammu-et-Cachemire parte de Killar en milieu de matinée, presque tous les jours, pour Gulabgarh (300 ₹, 4 heures). Cherchez un véhicule avec des plaques d'immatriculation de cet État. Louer une jeep devrait coûter autour de 3 000 ₹.

Spiti

Séparée du fertile Lahaul par le vertigineux Kunzum La (4 551 m), la région transhimalayenne du Spiti est une autre enclave tibétaine. Dans ce paysage lunaire et déchiqueté, les villages épars apparaissent tels des mirages, avec leurs maisons de briques

> **PERMIS INNER LINE À KAZA**
>
> Pour aller de Sumdo dans l'est du Spiti à Rekong Peo au Kinnaur, les voyageurs étrangers doivent obtenir un permis Inner Line. Ceux-ci sont délivrés gratuitement en une vingtaine de minutes à **l'Assistant Deputy Commissioner's Office** (☎8988384472 ; New Kaza ; ⊙10h-13h30 et 14h-17h lun-sam, fermé 2e sam du mois) à New Kaza – repérez le grand bâtiment blanc diagonalement opposé au Community Health Centre (hôpital). Apportez 2 photos d'identité, les photocopies de vos passeports et visas, plus les formulaires de demande (vendus 20 ₹ à la cantine de l'administration, à l'extérieur). Les voyageurs individuels n'auront aucun problème à obtenir leur permis.

de terre crue passées à la chaux et blotties dans des champs d'orge verdoyants, et des monastères perchés sur des rochers plusieurs centaines de mètres plus haut. Le ruban gris aux reflets turquoise de la Spiti coule au fond d'une vallée assez large, avant de tourner à Sumdo vers le sud, par les gorges vertigineuses de la vallée d'Hangrang.

À juste titre, le Spiti attire de nombreux visiteurs, dont beaucoup de motards indiens. Tel un Ladakh les hordes de touristes en moins, sa nature sauvage (désert d'altitude) et sa culture (bouddhistes tibétains) sont encore préservées. Les accès au Spiti restent parmi les routes les plus cabossées et spectaculaires d'Inde. La boucle Spiti-Kinnaur est un des plus beaux circuits de toute l'Asie.

De Gramphu à Kaza

Depuis Gramphu, du côté nord du Rohtang La, la route du Spiti remonte la fantastique vallée de la Chandra, creusée par les glaciers. Un kilomètre après le petit village de Batal, une piste bosselée mais praticable monte vers le nord au **Chandratal** (lac de la Lune), un lac glaciaire long de 2 km, à 4 270 m d'altitude, entouré de sommets enneigés. Ses teintes bleues changent constamment en suivant l'humeur du ciel. La piste s'arrête au bout de 12 km ; un sentier de 1 km permet d'accéder au lac. On peut couper la traversée de cette superbe région en s'arrêtant dans des camps de tente, non loin. De Chandratal, les trekkeurs peuvent atteindre le Baralacha La, sur la route Manali-Leh, en 3 jours aussi éprouvants que merveilleux.

La route principale entame une montée vertigineuse vers le **Kunzum La**, où les véhicules font respectueusement le tour des stupas couverts de drapeaux de prières avant de descendre vers le Spiti. Il existe aussi un sentier de randonnée de 10,5 km qui part des stupas et descend vers le Chandratal.

Le premier village d'importance au Spiti s'appelle **Losar**, où on contrôlera vos passeports. De là, la route suit la rivière Spiti et sa vallée spectaculaire vers Kaza, en aval.

Où se loger

Tashi Gatsel Hotel HÔTEL $

(☎9418931909 ; Losar ; ch 800-1 000 ₹ ; ⊙fin mai-fin oct). Le Tashi Gatsel, presque juste à côté du point de contrôle de Losar, offre des chambres propres, avec des grands lits confortables et l'eau chaude dans les sdb. Beau panorama depuis la terrasse, et cuisine indienne et chinoise (plats 100-200 ₹).

Nomad's Cottage PENSION $$

(☎9650824268 ; www.nomadscottage.in ; Losar ; s/d 1 300/1 900 ₹, sans sdb 1 300/1 500 ₹ ; ⊙mai-oct). Très agréables chambres avec poutres apparentes au plafond et des grands lits confortables, plus un coin salon douillet près d'un poêle à bois et des tables basses où on sert de bons petits-déjeuners et une cuisine indienne ou du Spiti, le soir (300-400 ₹).

Parasol Camps CAMP DE TENTES $$

(☎9418845817 ; parasolcamps@gmail.com ; Chandratal Camps ; tente d avec lits en pension complète 3 000 ₹, avec matelas et demi-pension 1 600 ₹ ; ⊙mi-juin à mi-oct). Parasol est un des meilleurs camps de Chandratal, avec ses tentes confortables, de bons repas indiens (dont la soupe à l'ail, idéale pour l'altitude), des toilettes à l'occidentale et des seaux d'eau chaude pour se laver.

Kaza

☎01906 / 1 700 HABITANTS / ALTITUDE 3 640 M

Kaza, la capitale du Spiti, est située dans la plaine alluviale érodée de la Spiti, entourée des deux côtés de montagnes déchiquetées. Bien qu'il s'agisse de la bourgade la plus importante de cette région quasi déserte, c'est une petite cité-frontière paisible. Un ruisseau souvent à sec, le Kaza Nullah, sépare New Kaza (du côté ouest) et le quartier du bazar, Old Kaza, à l'est. L'arrêt de bus et la station de taxis sont en bas du bazar.

La plupart des voyageurs y passent au moins une nuit, afin d'obtenir le permis pour continuer au-delà de Tabo. Kaza est aussi le point de départ pour les expéditions vers le *gompa* de Ki et les villages de Kibber, Langza, Hikkim, Komic et Demul, en haut du versant est de la vallée. On y organisera facilement treks et circuits au Spiti ou au-delà.

Activités

Quelques agences tenues par des habitants expérimentés vous aideront à organiser treks, safaris en jeep, circuits à la journée et autres transports.

Incredible Spiti SPORTS D'AVENTURE
(www.incrediblespiti.com). Incredible Spiti est un spécialiste des treks et des circuits en moto et en jeep, qui travaille en association avec l'hôtel Sakya Abode (p. 349), lequel propose aussi une large gamme d'activités et de voyages, et peut vous aider à organiser quasiment tout ce que vous voulez.

Spiti Holiday Adventure TREKKING
(9418638071 ; www.spitiholidayadventure.com ; Main Bazaar ; bureau 8h30-21h30 mars-nov). Organise des treks tout compris, de deux jours ou plus, des circuits en jeep ou en VTT, et loue des motos. Propose aussi des excursions avec départ à date fixe, auxquelles on peut s'inscrire individuellement. Bon endroit pour se renseigner sur les possibilités de voyage en général.

Spiti Valley Tours TREKKING
(9418537689 ; www.spitivalleytours.com ; Main Bazaar ; bureau 8h-19h juin-oct). Treks, circuits en jeep ou pour aller observer la faune, alpinisme, etc., avec accent mis sur les séjours chez l'habitant.

Où se loger

Kunzaum Guest House PENSION $
(9418521541 ; New Kaza ; ch 500 ₹, sans sdb 250 ₹ ; avr-oct). Une pension familiale propre et accueillante ; les 3 chambres à l'étage, face au Kaza Nullah, sont les meilleures. Juste au pied de la passerelle.

Butith Gangri Home Stay CHEZ L'HABITANT $
(9459228510 ; tnguisem@gmail.com ; New Kaza ; ch sans sdb 400 ₹ ; mai-oct). Les 3 chambres de cette maison de famille agréable sont propres et nettes, même si les lits sont durs. La cuisine, la salle à manger, la sdb collective (eau chaude au seau) et le jardin, avec ses jolies fleurs, sont tout aussi éclatants. À proximité du Kaza Nullah, 90 m en aval de la passerelle.

Ösel Rooms PENSION $
(près de Main Bazaar, Old Kaza ; s 800 ₹, d et tr 1 000-1 200 ₹ ; avr-nov). Sept grandes chambres propres, avec eau chaude solaire, au-dessus du restaurant Taste of Spiti, tenues par Ecosphere (p. 352) : contactez-les pour réserver.

Hotel Deyzor HÔTEL $$
(9418402660 ; www.hoteldeyzor.com ; derrière le bâtiment de la BSNL, New Kaza ; ch 900-1 750 ₹ ; mi-avr à mi-nov ;). Les chambres claires et bien tenues, aux lits confortables, ont un charme particulier avec leurs tissus ethniques et leurs photos de la région. Les propriétaires sont des amoureux du Spiti : ils vous renseigneront et vous aideront à prévoir randonnées, parcours pour observer la faune ou chercher des fossiles, etc. Le restaurant est notre préféré à Kaza. Sans surprise, les quelque 10 chambres peuvent être toutes prises, et il vaut mieux réserver.

Sakya Abode HÔTEL $$
(9418208987 ; www.sakyaabode.com ; New Kaza ; s 900-1 300 ₹, d 1 100-1 500 ₹ ; fin avr-nov ; @). Sur la route principale près du *gompa* de Sakya, cet hôtel, l'un des plus anciens de Kaza (depuis 1992), est d'un très bon rapport qualité/prix. Les chambres douillettes donnent sur des terrasses communes qui dominent un jardin engazonné ; le **restaurant** indo-tibéto-chinois (plats 100-250 ₹) est excellent – goûtez le délicieux "*copper Eliza*" ! L'hôtel dispose aussi d'une agence de voyages et d'activités.

Où se restaurer

Sol Cafe CAFÉ $
(Main Bazaar ; boissons chaudes et en-cas 50-110 ₹ ; 9h-20h lun-sam mai-nov). Cet agréable petit café géré par Ecosphere (p. 352) propose un café très fort, du thé et autres infusions, et des en-cas : tartines toastées, crêpes et viennoiseries à la farine complète, plus quelques spécialités à l'argousier, une baie aux nombreuses propriétés curatives.

Restaurant de l'Hotel Deyzor INDIEN, INTERNATIONAL $$
(New Kaza ; plats 100-350 ₹ ; 8h-22h mi-avr à mi-nov). Le restaurant de l'Hotel Deyzor réussit très bien des plats très divers, sans doute inspirés par les voyages de son propriétaire.

Plats d'Inde, du Spiti (proches de la cuisine tibétaine), internationale… avec de bons plats du jour, frais, et un accent mis sur les produits locaux et de saison.

Himalayan Café INDIEN, INTERNATIONAL **$$**
(www.facebook.com/thehimalayancafe ; près de Main Bazaar, Old Kaza ; plats 100-350 ₹ ; 8h-22h30 mai-oct ;). Tenu par un avocat qui s'est enfui de Mumbai, l'Himalayan porte les concepts de clarté, de propreté et de gaieté à un niveau inédit dans la région, et le succès est au rendez-vous. La cuisine, correcte, va du muesli avec des fruits frais aux *momo*, salades, pancakes et à toute une gamme de plats indiens : *aloo gobi* ou mouton *rogan josh*.

Renseignements

Il y a un **cybercafé** (80 ₹/heure ; 9h-19h) en face du Shambhala Homestay, dans le bazar, et un DAB de la SBI à proximité.

Depuis/vers Kaza

Le bus pour Manali (350 ₹, 11 heures) part à 6h30, de mi-juin à mi-octobre ; soyez là 30 minutes à 1 heure avant pour prendre votre billet. Pour Keylong, changez à Gramphu (230 ₹, 9 heures). Le bus pour Rekong Peo (357 ₹, 11 heures) part à 7h30, via Tabo (73 ₹, 2 heures 30) et Nako (177 ₹, 5 heures 30). Il y a un autre bus pour Tabo à 15h.

Lhungta Traveller Union (9418190083 ; face à la gare routière, Old Kaza). Propose des taxis à tarifs fixes pour aller partout, notamment Dhankar (1 550 ₹, 1 heure 30), Tabo (2 000 ₹, 1 heure 30), Ki (700 ₹, 45 min), Keylong (10 000 ₹, 8 heures) et Manali (10 000 ₹, 8 heures). La plupart des véhicules peuvent emporter 10 ou 11 passagers. Pour un aller-retour, avec 1 heure d'attente, ajoutez 20% au tarif – et 100 ₹ de plus par heure supplémentaire. Il existe aussi une jeep collective vers Manali (1 000 ₹) à 6h, de mi-juin à octobre environ (quand les cols sont ouverts).

Environs de Kaza

Les petits villages d'altitude du versant est de la vallée de la Spiti (tous au-dessus de 4 000 m) ont une beauté immaculée, austère, qui leur est propre : des maisons chaulées aux toits plats se serrent dans un décor sévère de montagnes où la végétation est rare, hormis les champs d'orge et d'autres céréales soignés. Plusieurs villages offrent des hébergements saisonniers (dans des pensions ou chez l'habitant) ; leurs temples et monastères anciens méritent le détour. On peut les visiter à la journée depuis Kaza mais aussi passer la nuit sur place, suivre les chemins locaux, ou faire un trek entre plusieurs villages en suivant l'Homestay Trail (p. 352), avec séjour chez l'habitant, qui relie Langza, Komic et Demul à Lhalung et Dhankar. C'est un très bon moyen pour découvrir la vie des habitants du Spiti et leur incroyable courage.

Un bus quotidien part de Kaza pour Ki (25 ₹, 30 min) et Kibber (34 ₹, 50 min). Il repart de Kibber à 8h30. Pour les villages de l'Homestay Trail, il faut marcher ou prendre un taxi (à moins d'être motorisé). La boucle de Kaza à Langza, Hikkim, Komic, Demul et retour à Kaza fait 70 km et peut s'effectuer en une journée en voiture.

KI

370 HABITANTS / ALTITUDE 3 800 M

À 12 km au nord-ouest de Kaza, sur la route de Kibber, les bâtiments chaulés du **gompa de Ki** (6h-19h) dominent le petit village. Magnifiquement situé, sur un éperon conique, c'est le plus grand monastère bouddhique du Spiti, avec près de 350 moines et novices. Une puja a lieu le matin dans la nouvelle salle de prière, vers 8h. Sur demande, les moines ouvrent les salles médiévales et même le Zimshung Lhakhang, où a dormi le dalaï-lama en 1960 et en 2000. Pour **Losar** et la **fête de Ki Chaam** (fête de Guitor ; juil/août), les masques de danse et les costumes colorés sont à l'honneur durant une semaine lors de rituels appelant la bonne fortune pour l'année à venir. Point d'orgue de cette semaine : une journée où les lamas dansent avec énergie au son des cuivres, des percussions et des chants gutturaux – et où on nourrit gratuitement toutes les personnes présentes.

KIBBER

01906 / 370 HABITANTS / ALTITUDE 4 200 M

Huit kilomètre après Ki, ce village relativement grand mais encore traditionnel est le point de départ de l'exigeant trek de 8 à 10 jours vers le lac Tso Moriri, au Ladakh, via le Parang La (5 578 m ; mi-juillet à mi-septembre). Séjourner sur place est idéal pour randonner alentour.

Les environs de Kibber sont un bon endroit pour observer la faune du Spiti : bharal, bouquetin, renard roux et vautour de l'Himalaya. En hiver, on y a un peu plus de chance qu'ailleurs d'apercevoir l'insaisissable léopard des neiges (surtout en mars).

Vous pourrez monter plus haut jusqu'aux hameaux de **Gete** (2 heures environ, petits lacs alentour) ou de **Tashigang** (3 heures environ), où on vous indiquera la grotte de méditation (45 min de marche plus loin) où des divinités bouddhiques sont taillées dans la pierre. Le sommet du **Khanamo** (5 964 m) fait un beau trek de 2 ou 3 jours aller-retour (sans difficulté technique), à faire de préférence en août ou début septembre.

Plusieurs pensions et maisons familiales proposent le gîte et le couvert. La plupart ferment d'octobre à mars ou avril. **Norling Home Stay** (☎9418556107 ; ch 500-700 ₹, plats 90-140 ₹), qui domine presque tout le village, fonctionne à l'énergie solaire. Il propose certaines des meilleures chambres, sert une très bonne cuisine bio, et reste ouvert toute l'année. **Norling Guest House** (☎9459662148 ; ch 600-700 ₹, sans sdb 300 ₹ ; ⏱avr à mi-sept), à l'entrée du village, offre des chambres correctes, propres, et son restaurant ouvert à tous dispose d'une terrasse. On y sert une bonne cuisine israélienne, européenne ou indienne (plats 100-200 ₹).

LANGZA

Langza, après 14 km de lacets au nord de Kaza, est situé à 4 325 m, sous le sommet pointu du Chau Chau (6 300 m). Une grande et récente **statue du Bouddha de la Médecine** contemple la vallée depuis le haut du village ; le temple derrière elle a 500 ans. À 2 km de marche, on atteint une zone riche en **fossiles d'ammonites** vieux de 100 millions d'années. La première quinzaine d'août (date variable), les villageois participent à une **course de chevaux** jusqu'à Komic aller-retour (ou en sens inverse, selon l'année) – ils sont souvent soûls.

Sur la vingtaine de maisons du village, quelques-unes offrent le séjour chez l'habitant pour environ 500 ₹ par personne, repas inclus. La plupart ont des toilettes à la turque (avec ou sans chasse), certaines n'ont que des matelas au sol au lieu de lits. Faites un tour pour choisir celle qui vous plaît.

Il n'y a pas de bus. Un taxi depuis Kaza coûte 950/1 140 ₹ aller/aller-retour.

HIKKIM

Six kilomètres au sud de Langza sur la route de Komic, le petit village d'Hikkim s'enorgueillit du **bureau de poste le plus haut du monde** (⏱9h-17h lun-sam), à 4 440 m. Certains rabat-joie disent que celui du camp de base de l'Everest, au Tibet, est plus haut (5 200 m), mais il n'en reste pas moins que celui-ci est au moins le plus haut du pays ! C'est aussi une maison, où l'on offre souvent une tasse de thé aux clients. Si des cartes postales sont en vente, n'hésitez pas.

Il est possible de marcher directement de Kaza à Hikkim en remontant le Kaza Nullah en 2-3 heures : le chemin est plus pentu et plus dur, mais aussi plus court que par la route, qui fait 15 km.

KOMIC

Un panneau devant le monastère affirme que Komic est le village le plus haut du monde qui soit accessible en voiture, avec 4 587 m d'altitude. Les habitants de Santa Bàrbara, en Bolivie (4 754 m) ne seront pas d'accord, mais Komic peut au moins prétendre au titre pour l'Asie ! Il comprend une dizaine de maisons avec, au-dessus, le **gompa de Tangyud**, où vivent une cinquantaine de lamas. L'histoire du monastère remonte à plusieurs siècles, mais son bâtiment principal, presque fortifié, semble avoir été reconstruit après avoir été déplacé du village d'Hikkim, non loin, suite à un séisme en 1975. À 8h, on y offre des pujas à Mahakala, incarnation vengeresse d'Avalokitesvara. Dans un bâtiment plus ancien et plus petit, un léopard des neiges empaillé (censé rendre forts ceux qui le touchent) est suspendu dans l'entrée ; les femmes n'ont pas le droit d'entrer dans la salle de prière à l'intérieur.

À l'heure où nous écrivons, la plupart des familles de Komic participent à un projet communautaire de séjour chez l'habitant et se relaient pour accueillir les touristes pour 600 ₹ par personne (repas inclus), même si une ou deux familles s'autogèrent et demandent 500 ₹. Demandez le coordinateur du projet ou bien trouvez la Kunga Homestay (sur la gauche en descendant), où il vit. La majorité des maisons ont des toilettes sèches et l'eau chaude au seau. Les séjours sont possibles de mai à octobre.

Un taxi depuis Kaza coûte 1 500/1 800 ₹ aller/aller-retour. De Komic, il y a 16 km à pied pour Demul, au sud, le prochain village de l'Homestay Trail, ou 26 km par la route. À pied ou en voiture, vous arriverez à près de 4 700 m d'altitude, deux kilomètres au sud de Komic ; c'est la plus belle étape du parcours, pour ses panoramas à perte de vue. On y a de bonnes chances de voir des bharals.

DEMUL

Un des plus grands villages de l'Homestay Trail avec 280 habitants, Demul est dans une

HOMESTAY TRAIL, LE TREK DES SÉJOURS CHEZ L'HABITANT

C'est un des projets d'écotourisme les plus réussis d'Inde : 5 villages assez isolés de haute altitude, dans l'est de la vallée de la Spiti (Langza, Komic, Demul, Lhalung et Dhankar), proposent des séjours chez de vrais habitants, qui permettent de découvrir la vie authentique au Spiti. Pour 500-600 ₹ par nuit et par personne (repas inclus), les visiteurs dorment dans des maisons traditionnelles simples et propres, mangent des repas faits maison et découvrent la vie de ces villages. En général, l'eau chaude n'est pas courante (seau) et les toilettes sont à la turque.

Ces villages sont accessibles par la route mais aussi reliés par un itinéraire de trek assez connu, l'Homestay Trail ("circuit des séjours chez l'habitant"). Des guides expérimentés (1 000-2 000 ₹/jour, recommandés mais non obligatoires) peuvent vous accompagner d'un village à l'autre ou pour des randonnées d'une journée, et vous expliquer la culture et la nature uniques qui vous entourent. Les randonnées pour observer la faune permettent de découvrir bouquetins, bharals et, parfois, des loups de l'Himalaya *(shanku)*, la plus ancienne espèce de loups au monde.

C'est un bon exemple d'utilisation du potentiel touristique d'une région au profit des communautés locales. Certains villages (Demul et Komic à l'heure où nous écrivons) fonctionnent en coopérative et les familles se relaient pour héberger les touristes ; dans les autres villages, les hébergements se font individuellement. Dans les deux cas, ce projet apporte un complément de revenu inestimable à ces communautés qui vivent dans des conditions extrêmement difficiles.

Il est possible d'arriver simplement dans un village et d'y demander un hébergement, ou vous pouvez organiser circuits et treks via des agences comme l'ONG pour la préservation et le développement du Spiti, **Ecosphere** (☎9418860099 ; www.spitiecosphere.com ; Main Bazaar, Kaza ; ⏲bureau et boutique 10h-19h lun-sam avr à mi-déc), qui a collaboré étroitement à l'établissement de ce projet d'hébergements chez l'habitant. Si vous souhaitez un guide, il vaut mieux organiser votre projet à l'avance.

Ecosphere propose aussi aux voyageurs beaucoup d'autres activités comme des circuits à VTT, des circuits culturels ou centrés sur la faune, des safaris à dos de yak, des cours de cuisine/poterie/filage en poil de yak, d'autres treks de plusieurs jours, ou la possibilité d'être "nonne d'un jour" dans un des couvents bouddhiques du Spiti. Si vous pouvez venir ici au cœur de l'hiver (idéalement en février), et séjourner dans un des villages d'altitude durant 7 à 10 jours, Ecosphere vous promet 90% de chances de voir un léopard des neiges (2 500-4 000 ₹ par personne et par jour).

haute vallée, entouré de champs cultivés et de superbes montagnes. Ses tisserands fabriquent beaucoup de châles colorés à motifs que portent les femmes dans tout le Spiti. Les villageois mènent une vie semi-nomade, emmenant leurs vaches et leurs yaks dans les alpages quatre ou cinq mois par an.

Les séjours chez l'habitant de Demul se font entièrement en coopérative, et les familles se relaient pour accueillir les touristes pour 600 ₹ par personne, repas compris. Demandez le coordinateur qui s'occupera de vous trouver une maison.

La prochaine étape de ce trek de séjours chez l'habitant descend en pente raide jusqu'à Lhalung, 600 m en contrebas, à l'est (sentier uniquement ; inaccessible aux véhicules). À l'ouest, une route spectaculaire descend en zigzags jusqu'à la grand-route de la vallée de la Spiti à Lidang, 800 m en contrebas de Demul. Un taxi depuis Kaza coûte 2 000 ₹ environ.

Vallée de la Pin

Au sud-est de Kaza, la rivière Pin, qui débouche d'une vallée venteuse magnifique descendant de la chaîne du Grand Himalaya, rejoint les méandres de la Spiti. Les couches géologiques visibles sous toutes les inclinaisons possibles, y compris à la verticale, témoignent de la puissance des forces tectoniques qui ont donné naissance aux plus hautes montagnes du monde.

Mudh (3 770 m), 33 km en remontant la vallée depuis la grand-route, est le point de départ du spectaculaire et difficile trek de Pin-Parvati (p. 306), et de celui de 4 jours, plus facile mais splendide, qui rejoint Kaphnu au Kinnaur, via le **col de Bhaba**

(Bawa) (4 850 m), en principe praticable de juin à septembre. Même si vous ne faites pas de trek, Mudh est un bel endroit pour se promener quelques jours.

Peu de temps après le départ de ces deux treks, on entre dans le Pin Valley National Park (675 km²), connu comme le pays des bouquetins et des léopards des neiges. Dans tous les cas, vous aurez de grandes chances d'y voir bouquetins et bharals.

Gompa d'Ugyen Sangnak Choling MONASTÈRE BOUDDHIQUE

À **Kungri**, 3 km au-dessus de Gulling, 16 km en amont dans la vallée, ce monastère a près de 700 ans. Il englobe un nouvel édifice, immense, et trois intéressantes chapelles latérales médiévales ornées de peintures murales noircies, de masques de fête et de lions des neiges sculptés en bois. Deux des chapelles sont interdites aux femmes.

Tara Homestay PENSION $

(☎8988062293 ; www.facebook.com/taraguesthousespiti ; Mudh ; ch 800 ₹, sans sdb 300-600 ₹, plats 60-110 ₹ ; ⏲mai-oct). Tara Homestay est un très bon choix, la meilleure des quelques pensions de Mudh, et on sert dans son petit restaurant (ouvert à tous) des *thali*, *momo*, omelettes et du riz frit. Le propriétaire, Sonam Gialson, peut organiser un trek complet avec porteurs ou d'autres circuits, notamment des safaris en jeep.

Depuis/vers la vallée de la Pin

La route qui remonte la vallée de la Pin quitte celle de Tabo à 15 km au sud-est de Kaza. Les glissements de terrain à **Kirgarang Nullah**, 8 km plus loin, peuvent bloquer la route, parfois pendant des semaines, à partir de juin : renseignez-vous avant de vous diriger vers la vallée.

Un bus pour Mudh (82 ₹, 2 heures) part de Kaza tous les jours à 16h, avec retour à 6h. Certains jours, une jeep collective (100 ₹/pers) part de Mudh pour Kaza vers 6h, et revient vers 15h. Un taxi Kaza-Mudh coûte 2 100 ₹.

Dhankar

300 HABITANTS / ALTITUDE 3 880 M

Haut perché au-dessus du confluent de la Pin et de la Spiti, à 8 km d'une montée raide (à pied ou en voiture) depuis Sichling, sur la route Kaza-Tabo, Dhankar est l'ancienne capitale des rois Nono qui régnaient sur le Spiti. Son vieux *gompa* est un des monuments les plus spectaculaires du Spiti.

À voir

Vieux de 1 200 ans, l'impressionnant **gompa de Dhankar** (25 ₹ ; ⏲habituellement 7h-18h) se dresse de façon précaire au bord d'une falaise, au milieu d'éperons rocheux. Au dernier niveau, une chèvre empaillée est suspendue au-dessus de l'escalier. On peut y voir une chambre où le dalaï-lama a dormi, une grotte de méditation et un sanctuaire avec des masques de cérémonie. Une autre salle de prière, avec des fresques du Bouddha de la Guérison, située au-dessus des rochers, est accessible par un escalier en ciment séparé. La vue depuis ces bâtiments est incroyable. Les lamas de Dhankar n'habitent plus le vieux *gompa* : ils logent au **nouveau monastère** (New Monastery), à 800 m.

Sur le sommet au-dessus du *gompa*, on aperçoit les vestiges d'un **palais fortifié** en briques de terre crue. Il accueillait la population en temps de guerre et a donné son nom au village (*khar* signifie "citadelle" et *dhak* "falaise"). Une heure de grimpée abrupte conduit au petit **Dhankar Tso** (lac de Dhankar), d'où la vue est spectaculaire sur les deux pics du Manirang (6 593 m).

Où se loger et se restaurer

Dhankar Monastery Guesthouse PENSION $

(☎9418646578 ; dort 200 ₹, ch 500-1 200 ₹ ; ⏲avr à mi-oct, restaurant 7h-21h30). Appartenant au nouveau monastère tout proche, cet endroit accueille les touristes. Les chambres et la terrasse jouissent d'une vue de carte postale, et le restaurant propose une bonne cuisine (plats 120-280 ₹).

Manirang Home Stay & Cafe CHEZ L'HABITANT $

(☎8988053409 ; dort 150-200 ₹, ch sans sdb par pers en demi-pension 500 ₹, en pension complète 600 ₹ ; ⏲café 7h-20h). En contrebas de la route entre l'ancien monastère et le nouveau, Manirang offre 5 chambres agréables, propres, et un dortoir avec des matelas au sol, plus un café avec une carte de plats internationaux (plats 60-120 ₹). Anil Kumar, le propriétaire, est guide de trek et dispose d'une jeep pour vous emmener.

Depuis/vers Dhankar

Les bus qui relient Kaza à Tabo traversent Sichling (40 ₹, 1 heure depuis Kaza) ; on peut trouver une voiture de Sichling à Dhankar. Un taxi de Kaza à Dhankar coûte 1 550/1 860 ₹ aller/aller-retour.

Lhalung

Niché dans la vallée de Lingti, à 12 km au nord-est de Dhankar le long d'une piste plutôt bonne, le charmant village traditionnel de Lhalung vaut le détour pour son magnifique **monastère médiéval** (25 ₹). Sa chapelle principale contient d'anciennes peintures murales et une frise en bois finement sculptée. La chapelle de Langkharpo, séparée, abrite une statue à 4 faces de la divinité blanche portée par des lions des neiges. Ne manquez pas le moulin à prière en peau dans une chapelle latérale. Il y a plusieurs logements chez l'habitant (autour de 600 ₹/pers, repas compris), que vous pourrez réserver vous-même ou via des agences comme Ecosphere (p. 352).

Un bus pour Lhalung (43 ₹, 2 heures ; qui ne passe pas à Dhankar) quitte Kaza à 17h30, et revient à 8h le lendemain matin.

Tabo

☎ 01906 / 600 HABITANTS / ALTITUDE 3 280 M

La petite localité de Tabo, dans une vallée spectaculaire entourée d'éboulis, à 48 km au sud-est de Kaza, est la seule autre "ville" du Spiti. Les murs de briques de terre de son *gompa* dissimulent des œuvres d'art indo-tibétain de toute beauté. Tabo est un bon endroit pour se reposer quelques jours.

À voir

♥ Gompa de Tabo MONASTÈRE BOUDDHIQUE
(www.tabomonastery.com ; don à l'entrée ; ⏲temples 9h-13h et 14h-17h). Ce *gompa* fut fondé en 996, probablement par Rinchen Zangpo (958-1055), le Grand Traducteur, quand le royaume tibétain de Gugé s'étendait jusqu'à ces territoires reculés. Il est reconnu comme le plus ancien monastère tibétain d'Inde à avoir été continuellement en activité. Dans ses bâtiments de boue séchée, cinq des neuf sanctuaires datent des Xe et XIe siècles ; ils furent peints par quelques-uns des meilleurs peintres bouddhistes de la période, qui mêlaient les influences tibétaines, indiennes et cachemiries. Apportez une lampe car l'éclairage à l'intérieur des temples est faible.

Les autres temples datent du XVe au XVIIe siècle. Si l'ancien *gompa* sert encore parfois aux moines, l'essentiel de la vie monastique se déroule aujourd'hui dans le *gompa* moderne voisin de l'ancien ensemble.

On entre dans l'impressionnante grande salle de réunion de l'ancien *gompa*, le **Tsuglkang**, par l'antichambre de Zal-ma. De grandes statues bleues de quatre divinités protectrices (une pour chaque point cardinal) flanquent le seuil du Tsuglkang (deux dedans, deux dehors). Vingt-huit magnifiques statues d'argile, presque grandeur nature, de bodhisattvas, sont alignées le long des murs. Le point central de la salle est une statue de bouddha Vairochana à quatre corps faisant tourner la roue de la loi. Toute la salle est une représentation en 3 dimensions du mandala de Vajradhatu, avec le Vairochana en son centre. Les fresques aux pieds des bodhisattvas dépeignent la vie au Xe siècle. Derrière le Vairochana, le sanctuaire intérieur abrite une statue de stuc du bouddha Amitabha et deux bodhisattvas plus petites. Le déambulatoire qui l'entoure s'orne de centaines de petites et de grandes statues, dans la position du lotus.

Vous devrez probablement demander à un lama d'ouvrir les autres temples de l'enceinte. Le **Ser-Khang** (Temple d'or), le deuxième vers la gauche en partant du Tsuglkang, orné de saisissantes peintures de Tara (à la peau verte) et de la déesse Usnishavijaya sur la façade nord ; le **Kyil-Khang** (temple mystique des mandalas), derrière le Ser-Khang, où une fresque représente Vairochana, face à l'entrée, avec des mandalas représentant d'autres divinités sur les façades nord et sud ; et le **Byams-Pa Chen-po Lha-Khang** (temple du bodhisattva Maitreya), juste à droite du Tsuglkang, qui abrite une statue haute de 3 m de Maitreya (le Bouddha du Futur) sont les autres temples anciens importants.

Le *gompa* moderne à l'extérieur de l'ancien ensemble s'orne d'un *chorten* doré étincelant et d'un temple tout neuf. Une puja très fréquentée s'y déroule à 6h (visiteurs bienvenus).

Grottes GROTTES
Plusieurs grottes à flanc de montagne au-dessus de la route principale faisaient partie de l'ancien ensemble monastique – à 200 m depuis les marches face à la boutique de Vijay Kumar.

Où se loger et se restaurer

♥ Tashi Khangsar Hotel PENSION $
(☎9418817761 ; vaneetrana23@gmail.com ; ch 600-800 ₹, camping 200 ₹/tente ; ⏲avr-oct). Quatre chambres claires et propres disposées autour d'un vaste jardin, avec tables et chaises installées sous une grande tente. Bonne cuisine internationale à prix corrects, et beaucoup d'espace pour camper. Ambiance

décontractée et sympathique ; idéale pour se détendre une nuit ou plus. Depuis l'entrée du nouveau monastère, allez vers la rivière et tournez à droite à l'hélistation.

Tiger Den PENSION $

(☎9459349711 ; naveen.chauhan82@gmail.com ; ch 900-1 200 ₹ ; ⏲avr-oct). À proximité de l'entrée du nouveau monastère, c'est un bon choix, avec des chambres roses propres, de taille moyenne, avec douches chaudes. On y trouve un des meilleurs **restaurants** (plats 120-300 ₹ ; ⏲7h-22h avr-oct) de Tabo, avec des sièges en intérieur et en extérieur, et une belle variété de plats indiens, tibétains et internationaux, plus un délicieux jus de pomme glacé.

Sonam Homestay PENSION $

(☎9418503966 ; www.prospiti.ch ; s/d 800/1 000 ₹, ch sans sdb 400-500 ₹ ; ⏲mai-oct). L'un des meilleurs rapports qualité/prix de Tabo : chambres propres, avec eau chaude solaire. Le propriétaire, natif de la région, tient aussi sa propre agence de voyages et de trekking. Sur place, le **Cafe Kunzum Top** (Sonam Homestay ; plats 100-150 ₹ ; ⏲7h-21h30) concocte de bons plats d'ici et d'ailleurs et du bon café, servis dans son jardin ensoleillé ou son intérieur douillet.

Dewachen Retreat HÔTEL $$

(☎9459566689 ; www.dewachenretreats.com ; s/d 4 320/4 800 ₹, en demi-pension 5 490/6 100 ₹ ; ⏲mi-avr à mi-nov). L'intérieur n'est pas aussi impressionnant que l'entrée en bois sculpté, mais les chambres lambrissées de pin, avec de bonnes sdb carrelées, ont vue sur le temple et les montagnes – il n'y a pas plus luxueux à Tabo. Sur la route principale au bout de la bourgade. L'hôtel est parfois complet à cause des groupes. Excellent restaurant, ouvert à tous.

ℹ Renseignements

Il y a un DAB de la SBI près de l'entrée du nouveau monastère.

ℹ Depuis/vers Tabo

Des bus pour Kaza (73 ₹, 2 heures 30) passent à Tabo vers 9h (en provenance de Chango) et 15h (en provenance de Rekong Peo, les horaires peuvent légèrement varier). Il y a un bus quotidien pour Rekong Peo (270 ₹, 9 heures) à 9h ou 10h, via Nako (105 ₹, 3 heures) ; toutefois, il part de Kaza et peut donc être plein, surtout en mai et en octobre, quand les travailleurs saisonniers se déplacent. Les taxis demandent environ 1 900 ₹ pour Kaza, 1 600 ₹ pour Dhankar, 1 900 ₹ pour Nako et 6 000 ₹ pour Rekong Peo.

Agra et Taj Mahal

Dans ce chapitre ➡

Le top des restaurants

- Pinch of Spice (p. 370)
- Mama Chicken (p. 371)
- Esphahan (p. 370)
- Vedic (p. 370)

Le top des hébergements

- Tourists Rest House (p. 368)
- N Homestay (p. 367)
- Oberoi Amarvilas (p. 367)
- The Retreat (p. 367)

Pourquoi y aller

Merveille architecturale de marbre blanc à la splendeur inégalée, le Taj Mahal attire à Agra un flot de touristes et ne déçoit pas leurs attentes. Il n'est cependant pas l'unique trésor d'une ville dont l'immense fort et les magnifiques mausolées témoignent eux aussi des fastes de l'Empire moghol. Les *chowk* (secteurs commerçants) animés et hauts en couleur constituent un attrait supplémentaire. Dommage que les hordes de *rickshaw-wallahs*, rabatteurs, faux guides et vendeurs de souvenirs insistants gâchent parfois un peu le plaisir.

Agra s'étend de part et d'autre d'un grand méandre de la Yamuna (deuxième fleuve sacré de l'hindouisme après le Gange) sur lequel donnent le fort et le Taj Mahal, distants de 2 km. Les principales gares routière et ferroviaire se trouvent à quelques kilomètres au sud-ouest.

Quand partir

Agra

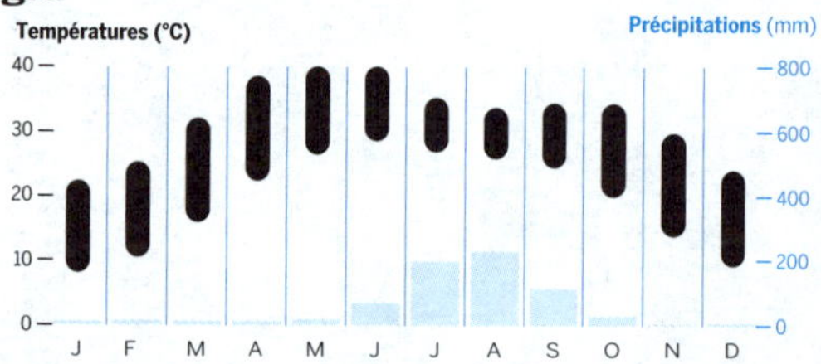

Sept-oct La meilleure période. La mousson s'achève, les températures baissent.

Nov-fév Journées agréables et soirées fraîches ; la foule est au rendez-vous.

Mars La fraîcheur du soir disparaît ; les températures ne sont pas encore trop élevées.

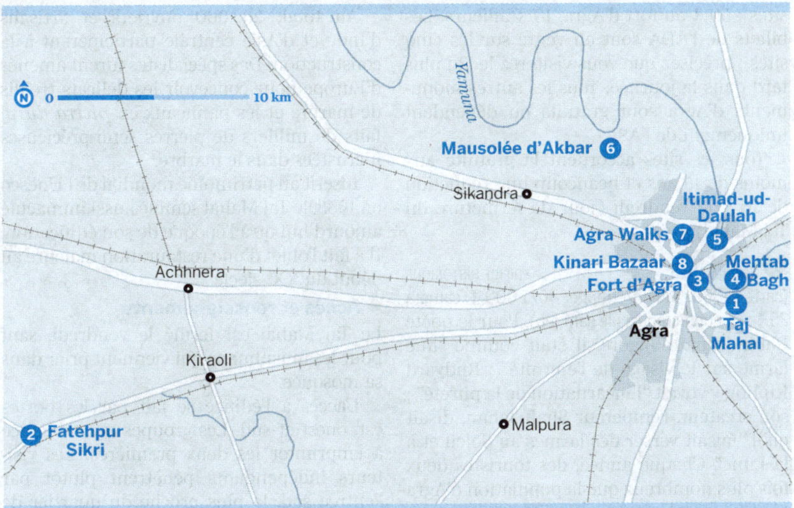

À ne pas manquer

1. Le **Taj Mahal** (p. 358), l'un des monuments les plus célèbres du monde.
2. **Fatehpur Sikri** (p. 375), une superbe cité moghole abandonnée jouxtant une immense mosquée vieille de 450 ans.
3. Le **fort d'Agra** (p. 362), l'un des forts indiens les plus spectaculaires, construit en grès rouge.
4. Les jardins reposants du **Mehtab Bagh** (p. 359), offrant une vue parfaite sur le Taj Mahal.
5. L'**Itimad-ud-Daulah** (p. 364), magnifique tombeau de marbre surnommé Baby Taj.
6. Le **mausolée d'Akbar** (p. 363), la dernière demeure imposante du grand empereur moghol.
7. La découverte de la vieille ville d'Agra avec les guides locaux d'**Agra Walks** (p. 365).
8. **Kinari Bazaar** (p. 371), l'un des bazars les plus pittoresques et trépidants du pays.

Histoire

Le sultan Sikandar Lodi fit d'Agra sa capitale en 1501. Puis la cité tomba aux mains des Moghols en 1526, quand l'empereur Babur défit le dernier sultan Lodi à Panipat. Agra connut son apogée entre le milieu du XVIe et le milieu du XVIIe siècle, sous les règnes d'Akbar, de Jahangir et de Shah Jahan. Le fort, le Taj Mahal et les principaux mausolées datent de cette époque. En 1638, Shah Jahan bâtit une nouvelle cité à Delhi ; son fils Aurangzeb y transféra la capitale dix ans plus tard.

En 1761, Agra tomba aux mains des Jat, des guerriers qui pillèrent ses monuments sans épargner le Taj Mahal. Les Marathes s'en emparèrent en 1770 ; ils furent suivis par les Britanniques, en 1803. Ces derniers transférèrent l'administration de la province à Allahabad après la révolte des Cipayes, en 1857. Par la suite, Agra devint un centre d'industrie lourde, bientôt (tristement) réputé pour ses usines chimiques et sa pollution, avant que le Taj et le tourisme ne deviennent sa principale source de revenus.

Agra

☎ 0562 / 1,7 MILLION D'HABITANTS

À voir

Les tarifs d'entrée des cinq principaux sites d'Agra – le Taj, le fort, Fatehpur Sikri, le mausolée d'Akbar et l'Itimad-ud-Daulah – sont fixés par deux organismes distincts : l'Archaeological Survey of India (ASI) et l'Agra Development Association (ADA), qui en prélèvent chacun une partie. Sur les 1 000 ₹ demandés pour le Taj Mahal, 500 ₹ correspondent au billet de l'ADA. Ce dernier donne droit à de modestes réductions valables le même jour sur les quatre autres sites : 50 ₹ au fort d'Agra, 10 ₹ ailleurs. Les billets de l'ADA sont en vente sur les cinq sites ; précisez que vous visiterez le Taj plus tard dans la journée. Tous les autres monuments d'Agra sont gratuits ou dépendent uniquement de l'ASI.

Tous les sites accordent la gratuité aux moins de 15 ans et beaucoup une réduction de 10 ₹ le vendredi (jour de fermeture du Taj Mahal).

♥ Taj Mahal ÉDIFICE HISTORIQUE

(carte p. 366 ; Indien/étranger 40/1 000 ₹, caméra 25 ₹ ; ⏲ aube-crépuscule sam-jeu). Pour le poète Rabindranath Tagore, il était comme "une larme sur le visage de l'éternité" ; Rudyard Kipling y voyait "l'incarnation de la pureté" ; son créateur, l'empereur Shah Jahan, disait qu'il "faisait verser des larmes au Soleil et à la Lune". Chaque année, des touristes deux fois plus nombreux que la population d'Agra franchissent les portes du Taj et repartent éblouis par ce monument, considéré comme l'un des joyaux du monde.

Le Taj Mahal fut édifié par Shah Jahan pour recevoir le corps de sa troisième épouse, Mumtaz Mahal, morte en mettant au monde leur 14e enfant en 1631. Son trépas brisa le cœur de l'empereur, dont les cheveux seraient devenus gris en une nuit. La construction du Taj, entreprise l'année suivante, ne s'acheva qu'en 1653 ; celle du bâtiment principal aurait demandé huit ans. Peu après, Shah Jahan fut renversé par son fils Aurangzeb et emprisonné au fort d'Agra, d'où il ne put qu'apercevoir sa création à travers une fenêtre le restant de sa vie. À sa mort, en 1666, il fut inhumé aux côtés de sa bien-aimée Mumtaz.

ⓘ LES MEILLEURS MOMENTS POUR ADMIRER LE TAJ

Le Taj Mahal est particulièrement beau au **lever du soleil**, avant l'arrivée des cohortes de touristes. Le **crépuscule** est également magique. On peut encore l'admirer de nuit cinq fois par mois, autour de la **pleine lune**. Le nombre d'entrées est alors limité ; il faut acheter son billet la veille au bureau de l'**Archaeological Survey of India** (p. 372) ; plus de détails sur le site Web. Attention : certains conducteurs de rickshaw connaissent le bureau de l'Archaeological Survey of India sous le nom de Taj Mahal Office.

Au total, 20 000 ouvriers et artisans d'Inde et d'Asie centrale participèrent à la construction. Des spécialistes furent amenés d'Europe pour concevoir les délicats treillis de marbre et les panneaux en *pietra dura*, faits de milliers de pierres semi-précieuses incrustées dans le marbre.

Inscrit au patrimoine mondial de l'Unesco en 1983, le Taj Mahal semble aussi immaculé aujourd'hui qu'à l'époque de son édification. Il a fait l'objet d'une restauration majeure au début du XXe siècle.

➡ Accès et renseignements

Le Taj Mahal est fermé le vendredi, sauf pour les musulmans qui viennent prier dans sa mosquée.

L'accès à l'édifice se fait par les portes est, ouest et sud. Les groupes ont tendance à emprunter les deux premières. Les visiteurs indépendants pénètrent plutôt par l'entrée sud, la plus proche du quartier de Taj Ganj (où sont regroupés les hébergements bon marché) et où la file d'attente est d'ordinaire plus courte qu'à l'entrée ouest. C'est toutefois à la porte est que l'on attend le moins, car il faut parcourir à pied 1 km depuis la billetterie située à Shilpgram, dans un complexe destiné aux touristes géré par l'État. Aux trois portes, hommes et femmes prennent des files séparées. Une fois votre billet en main, vous pourrez passer devant les Indiens qui attendent – l'avantage de payer un droit d'entrée élevé.

Les appareils photo sont autorisés, mais vous ne pouvez pas photographier l'intérieur du mausolée. L'usage des caméras est limité à certaines parties et celui des trépieds interdit.

N'oubliez pas de récupérer la bouteille d'eau (500 ml) et les protège-chaussures compris dans le billet d'entrée. Conservez aussi ce dernier pour bénéficier d'une modeste réduction si vous visitez le même jour le fort d'Agra, Fatehpur Sikri, le mausolée d'Akbar et l'Itimad-ud-Daulah. Vous pouvez également prendre un **audioguide** (120 ₹). Les sacs plus grands qu'une simple pochette doivent être laissés à la consigne gratuite de la porte ouest. Enfin, les agents de sécurité confisquent nourriture et tabac.

De la porte sud, on pénètre dans l'enceinte intérieure par une **darwaza** (porte monumentale) en grès rouge, haute de 30 m et gravée de versets du Coran.

➡ Visite du Taj

Les **jardins ornementaux** ont été dessinés suivant le modèle moghol du *charbagh*

LES MYTHES DU TAJ MAHAL

Un temple hindou

Selon une théorie qui a beaucoup fait parler, avancée par Purushottam Nagesh Oak en 1989, le Taj serait un temple du XIIe siècle dédié à Shiva, transformé par la suite en mausolée pour Mumtaz Mahal. (L'écrivain révisionniste prétendait aussi que la Kaaba, Stonehenge et la cité du Vatican avaient des origines hindoues.) En 2000, la Cour suprême indienne rejeta sa demande d'ouvrir les salles scellées du sous-sol pour prouver sa théorie. Une requête similaire a été déposée en 2015, citant cette fois une forme de Shiva. Les archéologues et le gouvernement restèrent sur leur position.

Un Taj Mahal noir

Selon une légende, Shah Jahan aurait prévu de construire une réplique du Taj Mahal en marbre noir sur la rive opposée du fleuve pour en faire son mausolée et aurait commencé les travaux avant que son fils Aurangzeb ne l'emprisonne au fort d'Agra. Les fouilles effectuées au Mehtab Bagh n'ont révélé aucune trace d'un tel projet.

Des ouvriers mutilés

Selon une autre légende, Shah Jahan aurait ordonné, une fois le Taj achevé, que l'on tranche les mains des artisans afin qu'ils ne puissent jamais reconstruire pareille merveille. Certains disent même que l'empereur leur aurait fait arracher les yeux. Aucun élément historique ne corrobore ces affirmations.

Le Taj s'enfonce

D'après certains experts, le Taj pencherait doucement vers le lit du fleuve et s'affaisserait en raison de l'évolution de la nature du sol au bord de la Yamuna, qui s'assèche de plus en plus. L'Archaeological Survey of India a toutefois écarté comme statistiquement insignifiant toute modification de la hauteur du monument, précisant qu'aucune détérioration structurelle de sa base n'a été constatée depuis la première étude scientifique en 1941.

(jardin persan classique) – un carré quadrillé de canaux, avec une plinthe en marbre au centre. Quand les fontaines ne coulent pas, le Taj se reflète dans les canaux.

Le Taj Mahal lui-même se dresse sur une plateforme en marbre surélevée à l'extrémité nord des jardins, dos à la Yamuna. Cette situation en hauteur ne laisse que le ciel en toile de fond, un coup de génie du concepteur. Des **minarets** blancs hauts de 40 m, purement décoratifs, ornent les angles du soubassement. Ils ne sont pas parfaitement perpendiculaires : ils pourraient avoir été construits légèrement penchés vers l'extérieur afin de ne pas s'effondrer sur le précieux Taj en cas de séisme – à moins que cette inclinaison ne soit à imputer à leur âge. La **mosquée** (carte p. 366) de grès rouge, à l'ouest, est un important lieu de culte pour les musulmans d'Agra. Le **jawab** (carte p. 366), un bâtiment identique à l'est, fut érigé dans un souci de symétrie.

La structure centrale du Taj est faite de marbre blanc semi-translucide, sculpté de fleurs et incrusté de milliers de pierres semi-précieuses formant d'admirables motifs. Parfait hommage à la symétrie, les quatre façades identiques comportent d'impressionnantes voûtes ornées de rinceaux en *pietra dura* et de citations du Coran en jaspe incrusté. Quatre petits dômes sont disposés autour du dôme central.

Sous ce dernier se trouve le **cénotaphe de Mumtaz Mahal**, un faux tombeau élaboré, entouré de ravissants treillis de marbre incrustés de dizaines de variétés de pierres semi-précieuses. À côté, le **cénotaphe de Shah Jahan**, enterré ici sans cérémonie par son fils Aurangzeb en 1666, perturbe la symétrie du monument. La lumière pénètre dans la salle centrale par des claires-voies de marbre finement ciselées. Les véritables tombeaux de Mumtaz Mahal et de Shah Jahan reposent au sous-sol, dans une crypte fermée au public.

♥ **Mehtab Bagh** PARC

(carte p. 364 ; Indien/étranger 15/200 ₹, caméra 25 ₹ ; ⏲aube-crépuscule). Conçu par l'empereur Babur pour clore une succession de 11 parcs sur la rive est de la Yamuna bien 366

Taj Mahal

CHRONOLOGIE

1631 Mumtaz Mahal, épouse bien-aimée de l'empereur Shah Jahan, meurt à Buhanpur en donnant naissance à leur quatorzième enfant. Sa dépouille est d'abord enterrée à Buhanpur même, où le souverain moghol mène une campagne militaire, puis elle est transférée dans un cercueil en or à Agra, à l'intérieur d'un petit édifice au bord de la Yamuna.

1632 Début de la construction du mausolée définitif de Mumtaz Mahal.

1633 Mumtaz Mahal est inhumée dans un caveau en marbre au-dessus duquel sera érigé le Taj Mahal.

1640 Achèvement du mausolée en marbre blanc.

1653 Fin des travaux de l'ensemble du Taj Mahal.

1658 Shah Jahan est renversé par son fils Aurangzeb et emprisonné au fort d'Agra.

1666 Mort de Shah Jahan, dont le corps est transporté sur la Yamuna pour être déposé aux côtés de son épouse défunte sous le Taj Mahal.

1908 Pillé et endommagé à plusieurs reprises après la chute de l'Empire moghol, le Taj bénéficie enfin de l'attention qu'il mérite dans le cadre d'un vaste projet de restauration décidé par le vice-roi des Indes, lord Curzon.

1983 Classement du Taj Mahal au patrimoine mondial de l'Unesco.

2002 Jauni par la pollution, le monument retrouve sa blancheur grâce à une ancienne recette appelée *multani mitti*, mélange de terre, de céréales, de lait et de citron vert, jadis employée par les Indiennes pour clarifier leur teint.

Aujourd'hui Chaque année, le Taj Mahal accueille plus de 3 millions de touristes, soit plus de deux fois la population actuelle d'Agra.

Pishtak
Ces immenses porches voûtés en saillie sur les quatre côtés du Taj donnent de la profondeur à l'édifice, tandis que leurs claustras en marbre créent des jeux de lumière à l'intérieur du mausolée.

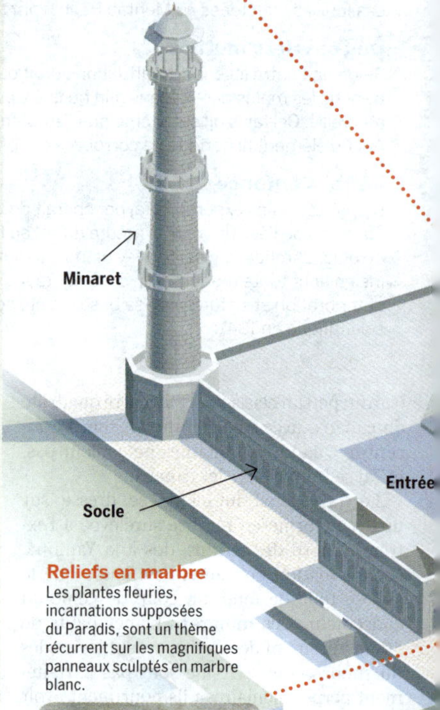

Reliefs en marbre
Les plantes fleuries, incarnations supposées du Paradis, sont un thème récurrent sur les magnifiques panneaux sculptés en marbre blanc.

MARCHEZ PIEDS NUS !

Contribuez à la protection de l'environnement en pénétrant pieds nus dans le mausolée plutôt qu'en enfilant les couvre-chaussures jetables mis à la disposition des visiteurs.

ET LA LUMIÈRE FUT !

Apportez une lampe de poche pour apprécier pleinement l'aspect translucide du marbre blanc et des pierres précieuses.

Dentelle de pierre

Sculpté dans une seule dalle de marbre, cet enclos splendide entoure les deux cénotaphes, laissant pénétrer la lumière à travers ses *jali* (écrans de pierre sculptés et ajourés) élaborés.

PJHPIX/SHUTTERSTOCK ©

Dôme central

La fameuse coupole centrale du Taj, surmontée d'un épi de faîtage en cuivre, représente la voûte céleste. Elle s'oppose à la forme carrée de la structure principale, image du monde terrestre.

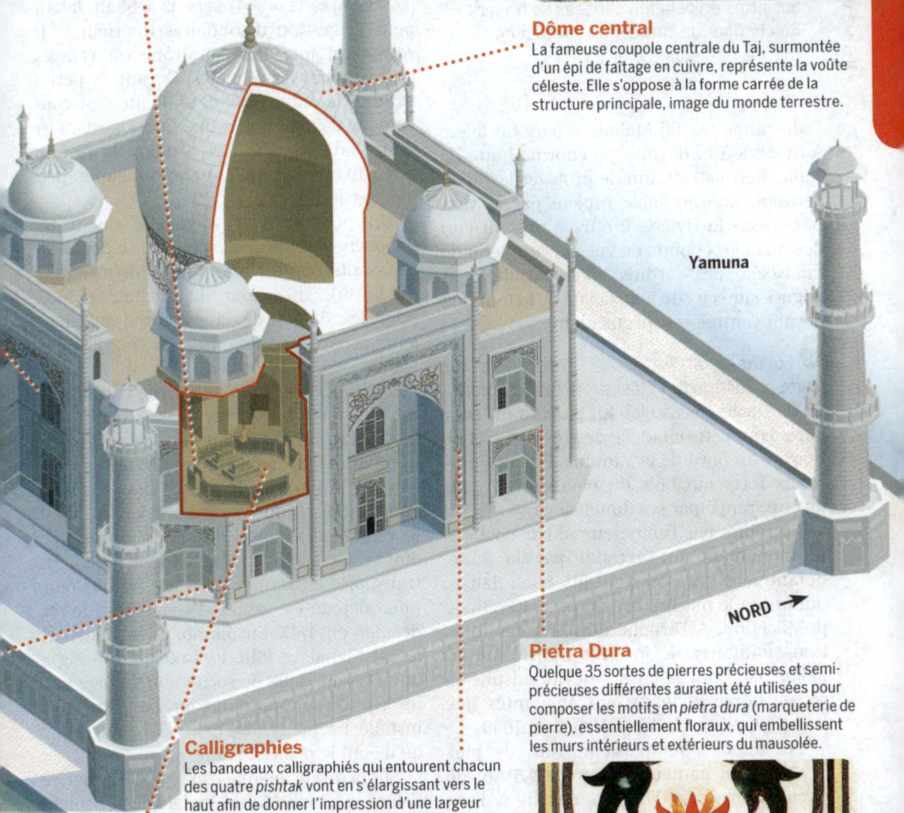

Pietra Dura

Quelque 35 sortes de pierres précieuses et semi-précieuses différentes auraient été utilisées pour composer les motifs en *pietra dura* (marqueterie de pierre), essentiellement floraux, qui embellissent les murs intérieurs et extérieurs du mausolée.

FRENTUSHA/SHUTTERSTOCK ©

Calligraphies

Les bandeaux calligraphiés qui entourent chacun des quatre *pishtak* vont en s'élargissant vers le haut afin de donner l'impression d'une largeur égale lorsqu'on les contemple d'en bas. Des calligraphies ornent aussi l'intérieur du mausolée, notamment le cénotaphe de Mumtaz Mahal.

COLOR CHASER/SHUTTERSTOCK ©

Cénotaphes

Les cénotaphes de Mumtaz Mahal et Shah Jahan arborent des décorations en *pietra dura*. Les véritables tombeaux se trouvent au sous-sol, dans une crypte fermée au public.

LE MUSÉE DU TAJ

À l'intérieur de l'ensemble architectural du Taj Mahal, du côté ouest des jardins, le remarquable **Taj Museum** (carte p. 366 ; 9h-17h sam-jeu) GRATUIT renferme des miniatures mogholes, dont deux portraits sur ivoire de l'empereur Shah Jahan et de son épouse bien-aimée Mumtaz Mahal datant du XVIIe siècle. Il abrite aussi des monnaies en or et en argent de la même époque, des dessins architecturaux du mausolée et de jolies assiettes en céladon censées se briser ou changer de couleur au contact de mets empoisonnés.

l'édification du Taj Mahal, ce parc fut laissé à l'abandon et devint une énorme butte de sable. Reconstruit afin de protéger le Taj de l'érosion due au sable projeté par le vent par-dessus la rivière, il offre à présent l'un des meilleurs points de vue sur le splendide mausolée. Ses jardins sont parfaitement alignés sur ceux du Taj ; la vue de la fontaine devant l'entrée est spectaculaire.

Fort d'Agra ÉDIFICE HISTORIQUE
(carte p. 364 ; Indien/étranger 40/550 ₹, caméra 25 ₹ ; aube-crépuscule). En parcourant cour après cour cette citadelle de grès rouge et de marbre au bord de la Yamuna, l'un des plus beaux forts moghols du pays, on ne peut qu'être frappé par ses dimensions.

Entrepris par l'empereur Akbar en 1565, le monument fut agrandi par la suite, notamment par son petit-fils Shah Jahan, qui utilisa le marbre blanc, son matériau de prédilection. À l'origine dévolu à des fonctions militaires, le fort fut transformé en palais par Shah Jahan ; il devint ensuite sa prison dorée pendant huit ans, après que son fils Aurangzeb l'eut détrôné en 1658.

Les doubles remparts massifs, de plus de 20 m de hauteur, mesurent 2,5 km de circonférence. La Yamuna coulait à l'origine le long de la muraille est, où des *ghat* (marches ou gradins donnant accès à la rivière) étaient réservés aux empereurs. À l'intérieur, un dédale de bâtiments forme une ville dans la ville, avec de vastes sections souterraines. De nombreux édifices ont été détruits au fil des ans par Nadir Shah, les Marathes, les Jat et les Britanniques, qui transformèrent le fort en lieu de garnison. Aujourd'hui encore, une grande partie du fort est utilisée par l'armée (zone interdite au public).

Amar Singh Gate (porte d'Amar Singh ; carte p. 364), au sud, est actuellement l'unique entrée du fort ; on y trouve la billetterie. Sa structure coudée visait à dérouter les attaquants qui avaient franchi la première ligne de défense, des douves infestées de crocodiles.

De là, un chemin mène à la grande **Moti Masjid** (mosquée de la Perle ; carte p. 364), fermée au public. Juste avant sur la droite, le vaste **Diwan-i-Am** (pavillon des Audiences publiques ; carte p. 364) servait à Shah Jahan pour la gestion des affaires intérieures. Il comprend une salle du trône où l'empereur écoutait les requêtes. Devant, la petite **tombe de John Colvin**, un lieutenant-gouverneur des provinces du Nord-Ouest mort de maladie dans le fort pendant la révolte des Cipayes de 1857, paraît quelque peu incongrue.

Un petit escalier à gauche du trône débouche sur une vaste cour où se dresse la ravissante petite **Nagina Masjid** (mosquée du Joyau), édifiée par Shah Jahan en 1635 pour les dames de la cour, qui faisaient leurs achats à **Ladies' Bazaar** (marché des Dames), en contrebas.

Au bout de la cour, le long de la muraille est du fort, le **Diwan-i-Khas** (salle des Audiences privées) était réservé aux hauts dignitaires et aux ambassadeurs étrangers. Il renfermait le légendaire trône du Paon incrusté de pierres précieuses, dont le célèbre diamant Koh-i-noor. Aurangzeb emporta le précieux siège à Delhi, d'où il fut transporté en Iran en 1739 par Nadir Shah, puis démantelé après l'assassinat de ce dernier en 1747. Surplombant le fleuve et le Taj Mahal au loin, le **Takhti-i-Jehangir**, une énorme dalle de roche noire, porte une inscription sur son pourtour. Le trône jadis installé ici fut réalisé pour Jahangir alors qu'il était le prince Salim.

Sur la droite lorsque l'on regarde la rivière s'élève le **Shish Mahal** (palais des Miroirs), aux murs incrustés de miroirs minuscules. Il était fermé pour restauration lors de notre passage, mais on pouvait jeter un coup d'œil à l'intérieur à travers les fentes des portes.

Plus loin sur le côté est du fort, on peut voir la **Musamman Burj** et le **Khas Mahal** (carte p. 364), la superbe tour octogonale et le palais de marbre blanc où Shah Jahan fut emprisonné pendant huit ans, et d'où il pouvait contempler le mausolée de sa bien-aimée. À sa mort en 1666, son corps fut transporté en bateau jusqu'au Taj. La **Mina Masjid** (fermée au public), légèrement en retrait, était sa mosquée privée.

La grande cour du harem, l'**Anguri Bagh**, est redevenue un jardin moghol. Dans la cour, une porte insignifiante, désormais verrouillée, donne sur un escalier qui descend vers un labyrinthe souterrain de pièces et de couloirs aménagés sur deux niveaux, et où Akbar hébergeait son harem de 500 femmes.

Toujours vers le sud, l'immense **palais de Jehangir** (carte p. 364), en grès rouge, fut probablement érigé par Akbar pour son fils Jahangir ; il mêle les styles indien et d'Asie centrale, et rappelle ainsi les racines culturelles afghanes des Moghols. Devant le palais, l'**Hauz-i-Jehangir**, une énorme cuvette sculptée dans un bloc de pierre, était utilisé pour les ablutions. Au-delà, le sentier principal ramène à la porte d'Amar Singh.

De Taj Ganj, vous pouvez vous rendre au fort à pied ou en rickshaw (40 ₹).

Mausolée d'Akbar ÉDIFICE HISTORIQUE

(Indien/étranger 15/300 ₹, caméra 25 ₹ ; ⊙aube-crépuscule). Ce fabuleux mausolée en grès et marbre commémore le grand empereur moghol. Une porte splendide donne accès à l'immense cour. Construite en grès rouge incrusté de motifs géométriques en marbre blanc, elle est flanquée à chaque angle de minarets à trois étages.

Le mausolée se dresse à Sikandra, à 10 km au nord-ouest du fort d'Agra. De la gare routière de Bijli Ghar (carte p. 374), prenez un bus à destination de Mathura (25 ₹, 45 min). Sinon, allez-y en taxi (aller-retour 800 ₹ environ).

LES PLUS BELLES VUES SUR LE TAJ MAHAL

Dans les jardins du Taj

Ce n'est qu'une fois dans ses jardins que l'on prend pleinement conscience de la splendeur du Taj Mahal. Ne manquez pas d'observer de près les incrustations de pierre (*pietra dura*) qui décorent l'intérieur des *pishtak* (portails en forme d'arc faisant saillie) des quatre façades. Pensez aussi à apporter une lampe torche pour mieux distinguer dans l'obscurité les motifs ornant la chambre centrale du mausolée. Vous noterez au passage l'aspect translucide du marbre blanc et des pierres semi-précieuses qui y sont incrustées.

Du Mehtab Bagh

Si les touristes ne sont plus autorisés à longer librement l'autre rive de la Yamuna, ils peuvent toujours admirer la perspective sur le Taj depuis les jardins moghols de Mehtab Bagh (XVIe siècle) qui s'y trouvent. À côté, un sentier descendant vers la rivière offre la même vue gratuitement, mais sous un angle plus restreint.

De la rive sud de la Yamuna

C'est ici qu'il faut se trouver au coucher du soleil ! Prenez le sentier qui suit le mur extérieur est du Taj jusqu'au petit temple au bord de la rivière. Là, vous devriez dénicher une barque qui vous amènera sur l'eau pour bénéficier d'une vue encore plus romantique. Comptez autour de 100 ₹ par embarcation. Pour des raisons de sécurité, nous vous déconseillons de venir seul à la tombée de la nuit.

Des cafés sur les toits de Taj Ganj

Pour prendre de beaux clichés au lever du soleil, confortablement assis devant un thé, direction l'un des nombreux cafés installés sur les toits en terrasse du quartier. Merveilleusement situé et agrémenté de plantes, celui du Saniya Palace Hotel (p. 366) sort du lot. Mais les alternatives abondent.

Du fort d'Agra

Avec un zoom correct, vous pourrez prendre de superbes images du Taj depuis le fort d'Agra, surtout aux premières lueurs de l'aube, quand le soleil émerge derrière le mausolée. Vous obtiendrez probablement les meilleures photos du haut de la Musamman Burj et du Khas Mahal, la tour octogonale et le palais où Shah Jahan fut emprisonné durant les huit dernières années de sa vie.

Agra

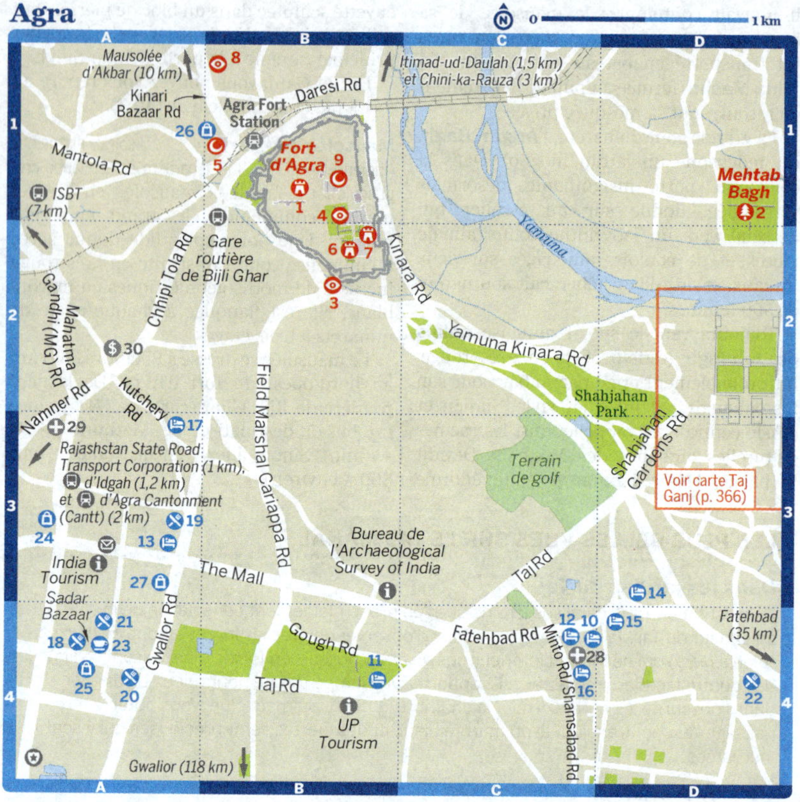

Itimad-ud-Daulah

ÉDIFICE HISTORIQUE

(Indien/étranger 20/210 ₹, caméra 25 ₹ ; aube-crépuscule). Surnommé le Baby Taj, le ravissant mausolée de Mizra Ghiyas Beg mérite une visite. Ce noble persan était le grand-père de Mumtaz Mahal et le vizir (*wazir* ; ministre en chef) de l'empereur Jahangir. Sa fille Nur Jahan, qui épousa l'empereur, fit construire ce tombeau entre 1622 et 1628, dans un style similaire à celui qu'elle avait fait édifier pour Jahangir près de Lahore (Pakistan).

Sans avoir la beauté saisissante du Taj, ce monument se distingue par son raffinement, que lui confèrent ses remarquables *jali* (écrans de pierre sculptés et ajourés). Premier édifice moghol entièrement en marbre, ce fut aussi le premier pour lequel la *pietra dura* fut largement employée et le premier mausolée érigé sur les rives de la Yamuna – auparavant occupées par des jardins d'agrément.

L'Itimad-ud-Daulah peut se visiter en même temps que le Chini-ka-Rauza et le Mehtab Bagh – tous sur la rive est. Du Taj Mahal, l'aller-retour en rickshaw jusqu'aux quatre sites revient à environ 300 ₹, attente comprise. Comptez autour de 450 ₹ en auto-rickshaw.

Chini-ka-Rauza

ÉDIFICE HISTORIQUE

(aube-crépuscule). GRATUIT Au bord de la Yamuna, le tombeau d'Afzal Khan, poète et ministre en chef de Shah Jahan, fut érigé dans le style persan entre 1628 et 1639. Peu visité, il se cache au bout d'une avenue bordée d'arbres, sur la rive est de la Yamuna.

Jama Masjid

MOSQUÉE

(carte p. 364 ; Jama Masjid Rd). Cette belle mosquée que fit construire la fille de Shah Jahan en 1648 dans Kinari Bazaar (p. 371), autrefois reliée au fort d'Agra, se distingue par les splendides motifs en marbre de ses dômes.

Agra

Les incontournables
1 Fort d'Agra B1
2 Mehtab Bagh D1

À voir
3 Amar Singh Gate B2
4 Diwan-i-Am B1
5 Jama Masjid B1
6 Palais de Jehangir B2
7 Khas Mahal B2
8 Kinari Bazaar B1
9 Moti Masjid B1

Où se loger
10 Bansi Homestay C4
11 Clarks Shiraz Hotel B4
Dasaprakash .... (voir 28)
12 Hotel Amar C4
13 Hotel Yamuna View A3
14 Howard Plaza D3
15 Mansingh Palace D4
16 N Homestay C4
17 Tourists Rest House A3

Où se restaurer
18 Brijwasi A4
19 Dasaprakash A3
Dasaprakash .... (voir 28)
20 Lakshmi Vilas A4
21 Mama Chicken A4
22 Pinch of Spice D4
Vedic .... (voir 19)

Où prendre un verre et faire la fête
23 Café Coffee Day A4
Costa Coffee .... (voir 10)

Achats
24 Khadi Gramodyog A3
25 Modern Book Depot A4
26 Subhash Bazaar B1
27 Subhash Emporium A3

Renseignements
28 Amit Jaggi Memorial Hospital C4
Bag Packer Travel .... (voir 17)
29 SR Hospital A3
30 State Bank of India A2

Activités

Parmi les hôtels qui autorisent les non-résidents à fréquenter leur piscine, citons l'Howard Plaza (p. 368 ; 500 ₹/heure) et l'Amar (p. 368 ; 575 ₹/jour – avec toboggan).

Circuits organisés

Agra Walks À PIED
(9027711144 ; www.agrawalks.com ; circuits 2 200 ₹). De nombreux voyageurs ne passent qu'une journée à Agra, visitent le Taj Mahal et le fort, puis s'en vont au crépuscule. Pour une découverte plus approfondie, cet excellent circuit à pied et en rickshaw vous dévoilera des facettes de la ville que la plupart des touristes ignorent.

Les guides sont adorables et la visite de la vieille ville comprend Kinari Bazaar et quelques temples hors des sentiers battus comme le *mandir* de Mankameshwar et le mandir de Radha Krishna. Un délicieux **circuit gastronomique** est aussi proposé (2 000 ₹, dégustation incluse).

Amin Tours CIRCUITS CULTURELS
(9837411144 ; www.daytourtajmahal.com). Nous recommandons cette agence pour ses excursions privées d'une journée à Agra en voiture (à partir 9 900 ₹, selon le nombre de passagers) ou en train (à partir de 10 200 ₹) au départ de Delhi. Un conseil : si l'on tente de vous emmener faire des achats et que vous n'êtes pas intéressé, refusez poliment.

UP Tourism EN BUS
(0562-2421204 ; www.uptourism.gov.in ; Indien/étranger 650/3 000 ₹ droits d'entrée inclus). UP Tourism organise des circuits quotidiens qui partent de la gare ferroviaire d'Agra Cantonment à 10h30 du samedi au jeudi, après avoir embarqué des touristes arrivant de Delhi par le *Taj Express*. Ce circuit comprend le Taj Mahal, le fort d'Agra et Fatehpur Sikri, avec 1 heure 15 de visite sur chaque site.

Le bus revient à la gare à temps pour prendre le *Taj Express* de 18h55 à destination de Delhi. Réservez auprès du bureau UP Tourism de la gare ferroviaire (p. 372) ou de Taj Rd (p. 372). Sinon, présentez-vous au premier à 9h45 pour le circuit du jour même. Les circuits ne partent qu'avec un minimum de 5 participants, sauf en cas de réservation en ligne. L'utilisation du site Web d'Up Tourism s'avère un peu compliquée : de la page d'accueil, cliquez sur "Online Booking Portal", puis sur l'onglet "Package Tours at a Glance" et enfin sur "Agra Package Tour", dans la rubrique "Package Tours" (*pas* dans "One Day Tour").

Où se loger

La plupart des hôtels bon marché se concentrent dans le quartier animé de Taj Ganj, un peu au sud du Taj Mahal. De nombreux hôtels de catégorie moyenne sont

Taj Ganj

installés plus au sud, dans Fatehabad Rd. Sadar Bazaar, un secteur qui regroupe des restaurants de qualité, constitue aussi une option. Attention, les beaux hôtels d'Agra ne sont pas encore au point sur l'accès Wi-Fi gratuit ; comptez plus de 500 ₹ les 24 heures.

Quartier de Taj Ganj

Saniya Palace Hotel HÔTEL $
(carte p. 366 ; 0562-3270199 ; www.saniyapalace.in ; Chowk Kagziyan, Taj South Gate ; ch sans/avec clim à partir de 600/1 300 ₹ ;). À l'écart de la rue principale, dans une allée peu attrayante, ce n'est pas l'option la plus élégante de Taj Ganj, mais elle possède un certain charme (sol en marbre et tentures murales encadrées de style moghol). Les chambres sont propres et de bonnes dimensions, mais les non climatisées ont des sdb minuscules.

Le vrai plus est le toit garni de plantes (et récemment agrandi), très agréable, qui surpasse ses concurrents avec la meilleure vue sur le Taj.

Hotel Kamal HÔTEL $
(carte p. 366 ; 0562-2330126 ; hotelkamal@hotmail.com ; Taj South Gate ; ch 700-1 400 ₹, avec clim 2 000 ₹ ;). L'hôtel le plus élégant

Taj Ganj

Les incontournables
1 Taj Mahal B1

À voir
2 Jawab C1
3 Mosquée B1
4 Taj Museum B2

Où se loger
5 Hotel Kamal C4
6 Hotel Sidhartha B4
7 Saniya Palace Hotel C4

Où se restaurer
8 Joney's Place B4
Saniya Palace Hotel .... (voir 7)
9 Shankara Vegis B4
10 Shanti Lodge Restaurant C4
11 Taj Cafe C4
12 Yash Cafe C4

Où prendre un verre et faire la fête
13 Café Coffee Day C4

du quartier possède des chambres propres et confortables, dotées d'agréables détails comme des photos du Taj aux murs et des tapis sur le sol carrelé. Cinq chambres dans la nouvelle annexe sont nettement meilleures, avec boiserie, plus d'espace et douche aux murs de pierre.

Il y a aussi un restaurant cosy entouré d'une palissade en bambou au rez-de-chaussée. Un autre sur le toit, sous-employé, jouit d'une vue partielle sur le célèbre mausolée.

Hotel Sidhartha HÔTEL $

(carte p. 366 ; ☎0562-2230901 ; www.hotelsidhartha.com ; Taj West Gate ; ch avec petit-déj à partir de 950 ₹, avec clim à partir de 1 200 ₹ ; ❄@📶). Des 21 chambres de cet hôtel de la porte ouest, celles du rez-de-chaussée sont élégantes pour le prix, avec murs en marbre, TV câblée et sdb propres dotées d'eau chaude (toutes les chambres du rez-de-chaussée seront rénovées à l'image de la 111A). Celles des étages supérieurs sont plus petites et moins attrayantes.

Toutes les chambres sont réparties autour d'une petite cour ombragée et verdoyante.

Taj Plaza HÔTEL $$

(☎0562-2232515 ; www.hoteltajplazaagra.com ; Shilpgram VIP Rd ; d 1 500 ₹, avec clim 2 500 ₹, face au Taj 3 200 ₹ ; ❄@📶). Cet hôtel de catégorie moyenne, dont les tarifs peuvent baisser de 50% en période creuse, ne vous décevra pas. Bien plus proche du Taj que la plupart de ses concurrents dans la même gamme de prix, il propose des chambres bien tenues avec TV, dont 6 faisant face au mausolée. On aperçoit également celui-ci et le coucher du soleil depuis l'agréable toit-terrasse.

♥ **Oberoi Amarvilas** HÔTEL $$$

(☎0562-2231515 ; www.oberoihotels.com ; Taj East Gate Rd ; d avec/sans balcon 97 750/80 500 ₹ ; ❄@📶🏊). Fidèle à l'image de marque de la chaîne Oberoi – architecture somptueuse, service digne d'un maharaja et restaurants exquis –, le plus bel hôtel d'Agra allie luxe et élégance. Le décor intérieur, de style moghol, se prolonge dans la cour avec fontaine et autour de la piscine, toutes deux aménagées dans un ravissant jardin quadrillé de canaux. Toutes les chambres (et même certaines baignoires) donnent sur le Taj.

The Retreat BOUTIQUE-HÔTEL $$$

(☎8810022200 ; www.theretreat.co.in ; Shilpgram Rd ; s/d avec petit-déj à partir de 5 750/6 900 ₹ ; ❄@📶🏊). Bel hôtel de 52 chambres, à l'élégance indienne (beaucoup de mauve, de moka et de turquoise) et aux nombreux équipements modernes. Petite piscine et restaurant international proposant des spécialités indiennes comme les curries au poisson de Goa et les grillades de Lahore. Wi-Fi gratuit.

Quartier de Fatehabad Road

♥ **N Homestay** CHEZ L'HABITANT $$

(carte p. 364 ; ☎9690107860 ; www.nhomestay.com ; 15 Ajanta Colony, Vibhav Nagar ; s/d avec petit-déj 1 800/2 000 ₹ ; ❄@📶). Naghma, la cheffe de famille, et ses fils vous accueillent chaleureusement chez eux, dans un quartier résidentiel à 15 minutes de marche de la porte ouest du Taj.

Leur belle maison de 3 étages au sol en marbre abrite 6 grandes chambres aménagées dans un style authentique, certaines pourvues d'un balcon (premiers arrivés, premiers servis). Naghma vous prépare même à dîner (400 ₹) – et c'est une cuisinière hors pair !

Bansi Homestay CHEZ L'HABITANT $$

(carte p. 364 ; ☎0562-2333033 ; www.bansihomestayagra.com ; 18 Handicraft Nagar, Fatehabad Rd ; s/d avec petit-déj 3 000/3 500 ₹ ; ❄📶) 🍃 Un directeur retraité de l'Uttar Pradesh Tourism vous accueille dans cette maison chic, dissimulée dans un paisible quartier résidentiel près de Fatehabad Rd. Les 5 grandes chambres possèdent une immense sdb avec

TARIFS DES HÉBERGEMENTS

Les gammes de prix dans ce chapitre sont les suivantes :

$ moins de 1 500 ₹

$$ 1 500-4 000 ₹

$$$ plus de 4 000 ₹

douche à effet pluie, chauffée à l'énergie solaire, et d'agréables espaces communs au mobilier personnalisé et aux peintures de Krishna. On se croirait davantage dans un hôtel de charme que chez l'habitant.

Très agréable, le jardin du 2e étage est un endroit fabuleux pour passer le temps ; et la cuisine – notamment les pickles maison et l'*aloo paratha* (pain plat farci aux pommes de terre) – est excellente, à l'image de l'hospitalité. Bref, l'endroit porte parfaitement son nom de *bansi*, la flûte de Krishna symbolisant la paix et la sérénité.

Dasaprakash HÔTEL **$$**
(carte p. 364 ; ☎0562-4016123 ; www.dasaprakash-group.com ; 18/163A/6 Shamshabad Rd ; s/d avec petit-déj 3 100/3 450 ₹ ; ❄📶). Hôtel propre et chaleureux de 28 chambres modernes et fonctionnelles, renfermant petit bureau, TV à écran plat et jolie sdb. Tout y est assez récent et donc en bon état. L'établissement, d'un bon rapport qualité/prix est situé assez loin de Fatehabad Rd pour pouvoir se reposer. Wi-Fi gratuit. Les voyageurs sans réservation obtiennent aisément des rabais jusqu'à 50% quand il y a des chambres libres.

Howard Plaza HÔTEL **$$$**
(carte p. 364 ; ☎0562-4048600 ; www.howardplazaagra.com ; Fatehabad Rd ; s/d avec petit-déj à partir de 8 050/9 200 ₹ ; ❄@📶🏊). Les chambres standards de cette adresse fort accueillante sont garnies de meubles en bois sombre et carreaux décoratifs raffinés. Les *deluxe* arborent des tons bleus apaisants. Vous ne trouverez pas grand-chose à redire quelle que soit la catégorie.

Piscine vieillissante, petite salle de sport bien équipée et spa très agréable proposant toute une gamme de traitements ayurvédiques et de massages, dont un "bain érotique" (*"erotic bath"*). Le restaurant sur le toit se double de l'un des plus charmants bars de la ville en soirée (bières à partir de 175 ₹, cocktails 400 ₹) – vue sur le Taj au loin depuis la terrasse du 4e étage. Wi-Fi partout.

Hotel Amar HÔTEL **$$$**
(carte p. 364 ; ☎0562-4027000 ; www.hotelamar.com ; Fatehabad Rd ; s/d avec petit-déj à partir de 4 000/4 600 ₹ ; ❄@📶🏊). Légèrement vieillissantes, les 66 chambres avec Wi-Fi du chaleureux Amar renferment une grande TV et une sdb propre. L'entrée en marbre et les couloirs au plafond incrusté de miroirs confèrent à l'établissement un certain charme. La piscine est assortie d'une pelouse luxuriante et d'un toboggan de 3,5 m de haut. Un rabais de 15% s'applique habituellement.

Mansingh Palace HÔTEL **$$$**
(carte p. 364 ; ☎0562-2331771 ; www.mansingh-hotels.com ; Fatehabad Rd ; ch à partir de 5 200 ₹ ; ❄@🏊). Cette adresse de qualité pèche un peu par son service, mais en passant outre les réceptionnistes, vous profiterez de chambres somptueuses dans un cadre d'inspiration moghole. Jardin avec piscine de forme originale et coin barbecue, salle de sport et bon restaurant **Sheesh Mahal** accueillant le soir des chanteurs de *ghazal* (chants poétiques en ourdou).

Quartier de Sadar Bazaar

♥ **Tourists Rest House** HÔTEL **$**
(carte p. 364 ; ☎0562-2463961 ; www.dontworry-chickencurry.com ; 4/62 Kutchery Rd ; s/d 500/600 ₹, avec clim à partir de 950/1 100 ₹ ; ❄@📶). Si vous ne tenez pas à dormir au pied du Taj Mahal, ce repaire de voyageurs central, plus avantageux que la plupart des adresses d'Agra, est tenu par la même famille depuis 1965 (bien qu'il ne fasse pas son âge).

Si vous pouvez vous passer de clim, les chambres bon marché récemment rénovées sont d'un excellent rapport qualité/prix. Wi-Fi gratuit, TV, eau chaude et grandes fenêtres dans toutes les chambres, réparties autour d'une paisible cour (très agréable) garnie de plantes, à l'ombre de palmiers, et d'un restaurant de cuisine du nord de l'Inde strictement végétarien. Les propriétaires, qui parlent français et anglais, vont jusqu'à vous transporter dans leur propre rickshaw. Téléphonez pour qu'on vienne vous chercher gracieusement à la gare ; sinon, les rickshaws demandent 40 ₹ depuis la gare ferroviaire. Bon *masala chai*, de surcroît.

Clarks Shiraz Hotel HÔTEL **$$$**
(carte p. 364 ; ☎0562-2226121 ; www.hotel-clarksshiraz.com ; 54 Taj Rd ; ch avec petit-déj à partir de 9 200 ₹ ; ❄@📶🏊). Le premier

5-étoiles d'Agra, ouvert en 1961, est toujours dans la course. Les doubles standards n'ont rien d'exceptionnel, mais les *deluxe* au sol en marbre sont bien plus agréables et toutes les sdb sont carrelées et impeccables.

Trois restaurants raffinés, deux bars (trois en haute saison), une salle de gym, une piscine (l'une des meilleures d'Agra) dans un jardin ombragé et un centre de massage ayurvédique complètent les installations. Certaines chambres ont vue sur le Taj, au loin.

Hotel Yamuna View HÔTEL **$$$**
(carte p. 364 ; ☎0562-3293777 ; www.hotel-yamunaviewagra.com ; 6B, Mall ; s/d à partir de 7 500/8 500 ₹ ; ❄@📶≋). Lors de notre passage, cet excellent hôtel subissait des travaux de réaménagement complet – il devrait en sortir plus moderne et confortable que jamais. Les prix mentionnés ici sont des estimations.

Superbe piscine dans le jardin, élégant bar à cocktails et luxueux restaurant chinois (avec un véritable chef chinois – pour changer de la cuisine indienne).

Où se restaurer

Le *dalmoth* est la version locale du *namkin* (amuse-bouche épicé) et le *peitha*, une pâtisserie carrée à base de potiron et de glucose, parfumée à l'eau de rose, à la noix de coco ou au safran. On en trouve partout en ville. D'octobre à mars, goûtez le *gajak*, un biscuit légèrement épicé aux graines de sésame.

Quartier de Taj Ganj

Saniya Palace Hotel INDIEN, INTERNATIONAL **$**
(carte p. 366 ; plats 100-200 ₹ ; ⏲6h-22h ; 📶). Avec ses jolies nappes, sa profusion de plantes en pots et sa pergola en bambou procurant de l'ombre, c'est le restaurant sur les toits le plus agréable de Taj Ganj, sans d'égal pour la vue sur le Taj. La cuisine est un peu rudimentaire, mais les habituels plats occidentaux et les spécialités indiennes adaptées aux goûts des touristes se laissent manger.

Taj Cafe INDIEN, INTERNATIONAL **$**
(carte p. 366 ; plats 50-200 ₹ ; ⏲7h-23h ; 📶). En haut d'une volée de marches et surplombant les rues animées de Taj Ganj, cette sympathique affaire familiale constitue un choix plaisant si la vue sur le Taj Mahal vous importe peu. Petits-déjeuners, *thali* (90-140 ₹), pizzas (160-200 ₹) et bons *lassi*.

Shanti Lodge Restaurant INDIEN, INTERNATIONAL **$**
(carte p. 366 ; plats 90-250 ₹ ; ⏲6h30-22h). La vue sur le Taj depuis le toit-terrasse invite à venir prendre le petit-déjeuner ici ou siroter une bière au soleil couchant. Il y a de l'ombre l'après-midi, mais moins de confort qu'au Saniya Palace (p. 369) voisin. Dommage aussi que la carte manque d'imagination.

Shankara Vegis VÉGÉTARIEN **$**
(carte p. 366 ; Chowk Kaghzi ; plats 90-150 ₹ ; ⏲8h-22h30 ; 📶). La plupart des restaurants de Taj Ganj sont médiocres. Mais le Shankara Vegis, confortable établissement ouvert de longue date, avec nappes rouges et murs couverts de paille, se démarque par son cadre et ses excellents *thali* végétariens (120-160 ₹) ainsi que par ses propriétaires, peu insistants et chaleureux.

Joney's Place INDIEN, INTERNATIONAL **$**
(carte p. 366 ; Kutta Park, Taj Ganj ; plats 70-120 ₹ ; ⏲5h-22h30). Institution prisée depuis 1978, ce mouchoir de poche prépare des *lassi*

LE TOP DES FÊTES ET FESTIVALS D'AGRA

Taj Mahotsav (www.tajmahotsav.org ; ⏲fév). Ce carnaval de 10 jours organisé à Shilpgram est la plus grande célébration d'Agra. Pour l'occasion, 400 artisans viennent de tout le pays. Au programme : culture, cuisine et artisanat – musique traditionnelle et classique, danses de diverses régions, plats régionaux à foison…

Kailash Fair (⏲août/sept). Dans le temple de Kailash, à 12 km d'Agra, cette fête culturelle et religieuse honore Shiva, qui serait apparu ici sous la forme d'un lingam. Elle attire des fidèles de toute l'Inde du Nord.

Ram Barat (⏲sept). Célébrée avant la fête hindoue de Dussehra, Ram Barat est une reconstitution spectaculaire de la procession du mariage royal/divin de Rama et Sita. Les 3 jours de lumières colorées et de rythmes hindous culminent avec une parade de 12 heures qui voit défiler des éléphants caparaçonnés, des chevaux, plus de 125 chars représentant des événements mythologiques et pas moins de 30 fanfares.

LA TOILETTE DU TAJ MAHAL

Si le monument le plus magnifique d'Inde étincelle lors de votre visite, il le doit peut-être à une journée au spa. Au terme d'années de recherche, les scientifiques indiens et américains ont identifié les facteurs responsables du changement de couleur du Taj Mahal, à l'origine d'un blanc étincelant. La poussière et la pollution atmosphérique dégagées quotidiennement à Agra ont terni au fil du temps la surface du mausolée, lui donnant une teinte brunâtre. Plus récemment, une nuance un peu verte, due aux excréments des millions d'insectes qui se reproduisent dans les eaux polluées de la Yamuna et sont attirés par la clarté des murs, a commencé à apparaître.

Afin de restaurer le marbre dans toute sa splendeur, un masque à base de boue a été mis au point à partir d'une recette traditionnelle utilisée par les Indiennes pour entretenir l'éclat de leur visage. Le dernier traitement complet a commencé en avril 2017, avec une formule améliorée qui, d'après les experts, n'abîme pas la surface du Taj comme les précédentes avaient pu le faire. Si le résultat promet d'être spectaculaire, sachez que le Taj est couvert d'échafaudages pendant la durée de l'opération. Si la fin des travaux était prévue pour mars 2018 au moment de la rédaction de ce guide, il se peut aussi que tout ne se passe pas comme prévu... Alors, si le Taj Mahal doit constituer le temps fort de votre voyage en Inde, renseignez-vous sur l'avancée des travaux.

à la banane (avec garantie "satisfait ou remboursé"), des *jayfelle* (sandwichs toastés) au fromage et à la tomate et des *malai kofta* recommandés. Certes, la cuisine n'a rien de gastronomique, mais satisfait parfaitement les fringales du petit matin.

Yash Cafe INTERNATIONAL $
(carte p. 366 ; 3/137 Chowk Kagziyan ; plats 100-260 ₹ ; ⌚7h-22h30 ; 📶). Installé au 1er étage, ce café relax aux fauteuils en osier offre une TV branchée sur les chaînes sportives, projette des films en soirée et décline un bon choix de plats, des formules petit-déjeuner aux *thali* (90 ₹) en passant par les pizzas (90-300 ₹) et les tartines grillées à l'indienne (il en a même inventé une à la noix de coco). Il fournit aussi douche et consigne (50 ₹ les deux) aux visiteurs venus pour la journée.

♥ **Esphahan** INDE DU NORD $$$
(☎2231515 ; Taj East Gate Rd, Oberoi Amarvilas Hotel ; plats 1 550-3 500 ₹ ; ⌚dîner 18h30 et 22h30 ; ❄). Il n'y a que deux services chaque soir, à 18h30 et 21h30, dans le meilleur restaurant d'Agra, d'où l'obligation de réserver. La carte exquise abonde en mets délicats et spécialités régionales rares. Tous les plats préparés au *tandoor* sont succulents (surtout le *bharwan aloo,* des pommes de terre grillées farcies aux noix, épices, menthe et coriandre). Les plats fondants tels que l'*aloobukhara maaz* (grillade d'agneau *mughlai* farcie aux prunes) et le *safri gosht* (agneau braisé avec oignons au vinaigre, tomates séchées et légumes marinés) font découvrir l'agneau sous de nouvelles formes. Un joueur de santour (instrument à cordes frappées) assure le fond musical.

Quartier de Fatehabad Road

Dasaprakash INDE DU SUD $$
(carte p. 364 ; www.dasaprakashgroup.com ; 18/163A/6 Shamshabad Rd ; thali 230-330 ₹, plats 230-330 ₹ ; ⌚7h-23h). Dans Vibhav Nagar, ce restaurant d'une chaîne haut de gamme d'Inde du Sud est agrémenté d'un *tandoor*. On y mange les plats strictement végétariens servis dans les autres établissements de Dasaprakash et des plats d'Inde du Nord comme les grillades tandoori végétariennes, servies à partir de 12h (le *tandoor* nécessite quelques heures pour chauffer). Dans l'hôtel du même nom.

Vedic INDE DU NORD $$
(carte p. 364 ; www.vedicrestaurant.com ; 1 Gwalior Rd ; plats 150-275 ₹ ; ⌚11h-22h45 ; ❄🖋). Cadre moderne et ambiance traditionnelle dans ce haut lieu végétarien d'Inde du Nord, où les plats au *paneer* (fromage non fermenté) ne manquent pas. Les *paneer tikka masala* et *Navratan korma* sont particulièrement bons. Diverses grillades végétariennes délicieuses également.

♥ **Pinch of Spice** INDIEN MODERNE $$$
(carte p. 364 ; www.pinchofspice.in ; Fatehabad Rd ; plats 280-410 ₹ ; ⌚12h-23h30). Cette table moderne très courue est la meilleure adresse en dehors des hôtels 5 étoiles pour déguster

de riches curries et de succulentes grillades tandoori. *Murg boti masala* (poulet *tikka* dans une riche sauce campagnarde relevée) et *paneer lababdar* (cubes de fromage frais dans une sauce rouge épicée avec des oignons sautés) exceptionnels. Portions très généreuses. En face de l'ITC Mughal Hotel.

Quartier de Sadar Bazaar

Mama Chicken DHABA $

(carte p. 364 ; stand 2, Sadar Bazaar ; pièces 40-440 ₹ ; 12h-minuit). Ce *dhaba* prisé et incontournable regroupe des stands de rue végétariens et non végétariens nécessitant 24 cuisiniers en période d'affluence, qui s'occupent chacun de *tandoor* extérieurs ou d'autres ustensiles traditionnels de cuisine. Délicieux *kati rolls* (rouleaux de pain sans levain ; goûtez le poulet *tikka* ou le *paneer tikka*), poulets entiers préparés de diverses manières, curries et *chow meins* sont servis à une foule affamée dans une salle où l'on mange debout. Lumières vives, enseigne clinquante et sympathique musique indienne complètent l'ambiance festive de cette bonne adresse d'Agra.

Lakshmi Vilas INDE DU SUD $

(carte p. 364 ; 50A Taj Rd ; plats 110-130 ₹ ; 11h-22h30 ;). Ce restaurant sans chichis au décor banal est la meilleure adresse d'Agra pour déguster des spécialités d'Inde du Sud. Le savoureux *thali* (145 ₹), servi de 12h à 15h30 et de 19h à 22h30, revient toutefois assez cher.

Brijwasi DOUCEURS $

(carte p. 364 ; Sadar Bazaar ; pâtisseries à partir de 320 ₹/kg, plats 95-170 ₹ ; 7h-23h ;). Une sélection appétissante de douceurs indiennes, de biscuits et de fruits secs au rez-de-chaussée, et un restaurant correct à l'étage. Les *peda* (petits gâteaux à base de lait) sont réputés.

Dasaprakash INDE DU SUD $$

(carte p. 364 ; www.dasaprakashgroup.com ; Meher Theater Complex, Gwailor Rd ; plats 210-325 ₹ ; 12h-22h45 ;). D'une propreté irréprochable, le Dasaprakash mitonne, avec une qualité constante, une délicieuse cuisine végétarienne d'Inde du Sud, dont de succulents *thali* (230-330 ₹) et *dosa* (grandes crêpes salées) ainsi que quelques plats occidentaux. Les crèmes glacées (100-220 ₹) sont l'autre spécialité de la maison. Des alcôves confortables et des paravents treillissés garantissent l'intimité.

Où prendre un verre et faire la fête

Les soirées à Agra se résument à boire des bières dans les restaurants sur les toits. Ceux de Taj Ganj ne sont pas officiellement autorisés à servir de l'alcool, mais ils permettent à leurs clients d'apporter leurs bouteilles, à condition de rester discrets.

Amarvilas Bar BAR

(Taj East Gate Rd ; hôtel Oberoi Amarvilas ; 12h-minuit). Pour prendre une bière ou un cocktail dans un cadre opulent, rien de mieux que le bar du meilleur hôtel d'Agra. Pas besoin d'être client pour s'aventurer sur la terrasse avec vue sur le Taj, bien que le personnel réagisse parfois bizarrement.

Costa Coffee CAFÉ

(carte p. 364 ; www.costacoffee.com ; 8 Handicraft Nagar, Fatehabad Rd ; café 90-240 ₹ ; 8h-23h ;). Unique enseigne de la chaîne de cafés britannique au cadre propre et frais à Agra, près de Fatehabad Rd – avec Wi-Fi.

Café Coffee Day CAFÉ

(carte p. 364 ; www.cafecoffeeday.com ; 21/101 Taj East Gate ; café 90-140 ₹ ; 6h-20h). Cette enseigne climatisée appartenant à une chaîne populaire est l'endroit le plus proche du Taj pour commander un café digne de ce nom. Autre adresse dans **Sadar Bazaar** (carte p. 366 ; 9h-23h).

Achats

Agra est réputée pour ses objets en marbre incrusté de pierres colorées, semblables aux décors en *pietra dura* du Taj Mahal. De nombreux "emporiums" parsèment Sadar Bazaar, la vieille ville et les alentours du Taj Mahal.

Parmi les souvenirs recherchés figurent les tapis, les articles en cuir et les pierres précieuses ; ces dernières proviennent du Rajasthan et sont moins chères à Jaipur.

Pensez à vous promener derrière la Jama Masjid, où se trouve le lacis de ruelles grouillantes et colorées de **Kinari Bazaar** (carte p. 364 ; 11h-21h mer-lun).

Subhash Emporium ART ET ARTISANAT

(carte p. 364 ; 9410613616 ; www.subhashemporium.com ; 18/1 Gwalior Rd ; 9h30-19h). Ce spécialiste réputé du marbre présente des pièces remarquables, certaines purement décoratives, d'autres également fonctionnelles (dessus de table, plateaux, pieds de lampe, photophores…). Plus élevés que ceux

GARE AUX ESCROQUERIES À AGRA !

En dehors des habituels rackets à la commission et de la pseudo-importation de pierres précieuses, voici quelques méthodes employées à Agra pour délester les touristes de leur argent :

Faux marbre

Nombre d'objets "en marbre" sont en albâtre ou en stéatite. Vous risquez donc de payer un prix élevé pour des pierres de qualité inférieure. Les Taj Mahal miniatures sont toujours dans cette matière, car ils sont trop élaborés pour être facilement sculptés dans le marbre.

Rickshaws

Quand vous prenez un auto-rickshaw ou un rickshaw pour rejoindre le Taj Mahal, précisez bien à quelle porte vous souhaitez être déposé lorsque vous négociez le tarif. Faute de quoi, le chauffeur vous emmènera immanquablement au rond-point situé à l'extrémité sud de Shahjahan Gardens Rd, où des *tonga* (carrioles à cheval) et des dromadaires attendent pour conduire les groupes jusqu'à la porte ouest moyennant des tarifs prohibitifs. En raison des règles antipollution, seuls les auto-rickshaws non polluants ont le droit de rouler dans un rayon de 500 m autour du Taj, mais ils peuvent s'en approcher, dans les faits, bien davantage.

de la concurrence, ses prix reflètent cependant la haute qualité du matériau et du savoir-faire artisanal.

Subhash Bazaar MARCHÉ
(carte p. 364 ; 8h-20h avr-sept, 9h-20h oct-mars). Au nord de la Jama Masjid. Particulièrement intéressant pour les soieries et les saris.

Modern Book Depot LIVRES
(carte p. 364 ; Sadar Bazaar ; 10h30-21h30 mer-lun). Grand choix de romans en anglais (et de guides Lonely Planet) dans cette sympathique librairie en activité depuis 60 ans.

Khadi Gramodyog VÊTEMENTS
(carte p. 364 ; MG Rd ; 11h-19h mer-lun). Pour des vêtements d'hommes indiens simples et de bonne qualité en *khadi*, une étoffe tissée dans les foyers que recommandait le Mahatma Gandhi. Pas d'enseigne en anglais : dans Mahatma Gandhi (MG) Rd, repérez le logo représentant une hutte serrée entre deux mains.

Renseignements

Agra bénéficie d'une très bonne connexion à Internet, jusque dans les restaurants. Taj Ganj compte de nombreux cybercafés facturant à partir de 40 ₹ l'heure.

Bureau de l'Archaeological Survey of India (ASI ; carte p. 364 ; 0562-2227261 ; www.asiagracircle.in ; 22, Mall ; Indien/étranger 540/1 000 ₹ ; 9h30-17h lun-ven). L'endroit où acheter un billet pour la visite du Taj Mahal à la pleine lune. Consultez le site Web pour plus de détails.

AGENCE DE VOYAGES

Bag Packer Travel (carte p. 364 ; 9997113228 ; www.bagpackertravels.com ; 4/62 Kutchery Rd ; 9h-21h). Agence honnête répondant à vos demandes de voyage et de transport, tenue par le chaleureux Anil à la Tourists Rest House. Anglais et français parlés.

ARGENT

On trouve des DAB partout. Quatre sont situés près du Taj Mahal, dont un près de chaque porte (mais celui de l'Axis Bank à la porte est fonctionne souvent mal) et un autre près du complexe de la billetterie de la porte est. Pour changer des devises, si vous craignez de vous faire escroquer à Taj Ganj, une agence approuvée par le gouvernement est installée dans ce même complexe.

OFFICES DU TOURISME

India Tourism (carte p. 364 ; 0562-2226378 ; www.incredibleindia.org ; 191, Mall ; 9h-17h30 lun-ven). Personnel très serviable. Brochures sur les sites locaux et tout le pays.

Tourist Facilitation Centre (Taj East Gate ; 9h30-17h sam-jeu). Cet office du tourisme utile fait partie du complexe de la billetterie de la porte est, à Shilpgram.

UP Tourism (0562-2451504 ; www.uptourism.gov.in ; gare ferroviaire d'Agra Cantonment ; 6h30-21h30). Dans le Tourist Facilitation Centre, au quai 1 de la gare ferroviaire, cet office du tourisme accueillant dispense des conseils pratiques et permet de réserver des circuits en bus d'une journée à Agra. Il partage ses locaux avec la police touristique. Autre antenne UP Tourism (carte p. 364 ; 0562-2226431 ; 64 Taj Rd ; 10h-17h lun-sam) dans Taj Rd.

POSTE

India Post (carte p. 364 ; www.indiapost.gov.in ; Mall ; ⏲10h-17h lun-ven, 10h-16h sam). Le bureau de poste central historique d'Agra date de 1913, un "facilitation office" aide les étrangers.

SERVICES MÉDICAUX

Amit Jaggi Memorial Hospital (carte p. 364 ; ☎0562-2230515, 9690107860 ; www.ajmh.in ; Vibhav Nagar, près de Minto Rd). La clinique privée du Dr Jaggi accepte la plupart des assurances médicales étrangères. Autrement, la consultation de jour/nuit coûte 1 000/2 000 ₹. Visites à domicile possibles.

SR Hospital (carte p. 364 ; ☎0562-4025200 ; Laurie's Complex, Namner Rd). Meilleur hôpital privé d'Agra.

URGENCES

Police touristique (☎0562-2421204 ; gare ferroviaire d'Agra Cantonment ; ⏲6h30-21h30). Les policiers serviables en uniforme bleu ciel sont installés dans Fatehabad Rd, mais possèdent un bureau dans le Tourist Facilitation Centre. Des agents stationnent en outre devant la billetterie de la porte est et du bureau d'UP Tourism dans Taj Rd, ainsi que dans les principaux sites.

ℹ Depuis/vers Agra

AVION

L'aéroport de Kheria n'accueille actuellement aucun vol commercial. Agra devrait toutefois bénéficier de meilleures liaisons aériennes dans un futur proche, la construction de l'aéroport international de Taj, en projet depuis longtemps, ayant été approuvée en 2016.

BUS

L'ouverture en 2012 de la Yamuna Expressway, une autoroute à péage de 165 km, a réduit de 30% le temps de trajet entre Agra et Noida, dans la banlieue sud-est de Delhi. Certains bus de luxe l'empruntent désormais pour rejoindre plus rapidement le centre de la capitale.

Quelques destinations au départ de la **gare routière d'Idgah** (en retrait de la National Hwy 2, près de Sikandra) :

Bharatpur 65 ₹, 1 heure 30, toutes les 30 min, départs de 6h à 18h30

Delhi bus non climatisé 180 ₹, 4 heures 30, départ toutes les 30 min, de 5h à 23h

Fatehpur Sikri 40 ₹, 1 heure, départ toutes les 30 min, de 6h à 18h30

Gwalior 115 ₹, 3 heures, départ toutes les heures, de 6h à 18h30

Jaipur 262 ₹, 6 heures, départ toutes les 30 min de 5h à 23h

Jhansi 215 ₹, 6 heures, départ à 20h30 et 22h30

Une rue à l'est d'Idgah, juste devant l'Hotel Sakura, la **Rajasthan State Road Transport Corporation** (RSRTC ; ☎0562-2420228 ; www.rsrtc.rajasthan.gov.in) assure toute la journée des liaisons avec Jaipur dans des conditions plus confortables. La compagnie a des bus non climatisés (256 ₹, 5 heures 30, départ à 7h30, 10h, 13h et 23h59), ou climatisés (440 ₹, 5 heures, départ à 6h30 et 8h30) et des Volvo *deluxe* (530 ₹, 4 heures 30, départ à 11h30 et 14h30).

De la **gare routière ISBT** (☎0562-2603536), des bus Volvo *deluxe* desservent Delhi (595 ₹, 4 heures, départ à 7h, 13h, 15h30 et 18h30) et Lucknow (930 ₹, 7 heures 30, départ à 10h et 22h) ; tandis que des bus standards non climatisés vont à Gorakhpur (625 ₹, 16 heures, départ à 15h30 et 21h30) et Allahabad (450 ₹, 9 heures, départ à 4h30, 5h30 et 16h) et poursuivent jusqu'à Varanasi (600 ₹, 13 heures). Des bus à destination de Dehra Dun partent aussi de là : Volvo (1 190 ₹, départ à 21h30), bus climatisé (700 ₹, départ à 16h30) et non climatisé (425 ₹, départ à 19h, 20h, 21h et 21h30). Plusieurs bus de nuit se rendent à Haridwar

TRAINS DELHI-AGRA – EXCURSIONS À LA JOURNÉE

ITINÉRAIRE	N° ET NOM DU TRAIN	TARIFS	DURÉE	DÉPARTS
New Delhi-Agra	12002 *Shatabdi Exp.*	550/1 010 ₹ (A)	2 heures	6h
Agra-New Delhi	12001 *Shatabdi Exp.*	690/1 050 ₹ (A)	2 heures	21h15
Hazrat Nizamuddin-Agra	12280 *Taj Exp.*	100/370 ₹ (B)	2 heures 45	7h
Agra-Hazrat Nizamuddin	12279 *Taj Exp.*	100/370 ₹ (B)	3 heures	18h55
Hazrat Nizamuddin-Agra*	12050 *Gatimaan Exp.*	755/1 505 ₹ (A)	1 heure 45	8h10
Agra-Hazrat Nizamuddin*	12049 *Gatimaan Exp.*	755/1 505 ₹ (A)	1 heure 45	17h50

Tarifs : (A) AC Chair/ECC ; (B) siège 2e classe/AC Chair ; * départs du samedi au lundi (climatisé/non climatisé 1 050/400 ₹, 10 heures), où vous pourrez prendre une correspondance pour Rishikesh.

La **gare routière de Bijli Ghar** (gare routière du fort d'Agra ; carte p. 364) couvre Mathura (65 ₹, 1 heure 30, départ toutes les 30 min, de 6h à 18h30), et Tundla (35 ₹, 1 heure, départ toutes les 30 min, de 8h à 19h), d'où vous pouvez prendre le *Poorva Express* 12382 de 20h15 pour Varanasi si les trains au départ d'Agra sont complets.

Des auto-rickshaws collectifs (10 ₹) circulent entre les gares routières d'Idgah et de Bijli Ghar. Pour rejoindre l'ISBT, prenez un auto-rickshaw (200-250 ₹, selon le point de départ).

TRAIN

La plupart des trains démarrent d'**Agra Cantonment (Cantt)**, quelques-uns d'Agra Fort Station. Plusieurs trains, dont le *Kota PNBE Express*, circulent selon les jours avec des numéros légèrement différents de ceux indiqués ici, mais les horaires restent les mêmes.

Des trains express permettent de faire l'excursion dans la journée depuis/vers Delhi, mais des trains desservent la capitale toute la journée. Si vous ne parvenez pas à réserver une place, achetez un "*general ticket*" pour le prochain train (environ 90 ₹), montez dans un wagon-couchettes et régularisez votre situation auprès du contrôleur. La plupart du temps, vous n'aurez même pas à payer le supplément. Un nouveau train semi-express entre Delhi et Agra, le *Gatimaan Express*, a été mis en service. À 160 km/h (le plus rapide d'Inde), il roule 30 km/h plus vite que le *Shatabdi Express*.

Pour Orchha, prenez l'un des nombreux trains quotidiens à destination de Jhansi (couchette à partir de 165 ₹, 3 heures), puis un auto-rickshaw collectif jusqu'à la gare routière (10 ₹), d'où des rickshaws collectifs se rendent toute la journée à Orchha (20 ₹). Un auto-rickshaw coûte 200 ₹ pour le même itinéraire.

Si vous vous rendez à Jaipur un jeudi, la meilleure option est le 12403/12404 *ALD JP Express*, au départ d'Agra à 7h15.

ℹ Comment circuler

AUTO-RICKSHAW

Juste devant la gare ferroviaire d'Agra Cantt, le **kiosque des auto-rickshaws prépayés** (⏲24h/24) donne de précieuses indications pour négocier une course ailleurs. Généralement, les courses inférieures à 3 km ne coûtent pas plus de 50 ₹. Mettez-vous toujours d'accord sur le prix avant de monter à bord.

Quelques tarifs depuis la gare ferroviaire d'Agra Cantt : Fatehabad Rd 150 ₹ ; gare routière ISBT 200 ₹ ; Sadar Bazaar 70 ₹ ; Sikandra 400 ₹ ; Taj Mahal 100 ₹ (porte ouest) et 130 ₹ (porte sud), Shilpgram (porte est) 150 ₹ ; circuit à Agra d'une demi-journée (4 heures) 400 ₹ ; circuit à Agra d'une journée (8 heures) 600 ₹. Comptez 250 ₹ pour un aller-retour, attente comprise, pour le Taj Mahal. Notez qu'ils ne sont pas autorisés à se rendre à Fatehpur Sikri.

RICKSHAW

Quelques tarifs au départ du Taj Mahal (porte sud) : gare ferroviaire d'Agra Cantt 80 ₹ ; fort d'Agra 40 ₹ ; gare routière de Bijli Ghar 50 ₹ ; Fatehabad Rd 30 ₹ ; Kinari Bazaar 100 ₹ ; Sadar Bazaar 50 ₹ ; circuit d'une demi-journée 400 ₹. Ajoutez 10 à 20 ₹ si vous êtes deux.

TAXI

Devant la gare ferroviaire d'Agra Cantt, le **guichet des taxis prépayés** (⏲24h/24) permet de se faire une idée précise des prix. Quelques tarifs (sans clim) : Delhi 3 500 ₹ ; Fatehabad Rd 200 ₹ ; Sadar Bazaar 100 ₹ ; Taj Mahal 200 ₹ ; circuit d'une demi-journée (4 heures) 750 ₹ ; circuit d'une journée (8 heures) 1 000 ₹. Les prix ne comprennent pas les 10 ₹ de réservation, les péages et les frais de parking (le cas échéant).

AUTRES TRAINS PRATIQUES AU DÉPART D'AGRA

DESTINATION	N° ET NOM DU TRAIN	TARIFS	DURÉE	DÉPARTS
Gorakhpur*	19037/9 *Avadh Exp.*	335/910/1 305 ₹ (A)	15 heures 45	22h
Jaipur*	12036 *Shatabdi Exp.*	660/1 225 ₹ (C)	3 heures 30	17h40 (sauf jeu)
Khajuraho	12448 *UP Sampark Kranti*	280/720/1 010 ₹ (A)	7 heures 30	23h10
Kolkata (Howrah)	13008 *UA Toofan Exp.*	555/1 500 ₹ (B)	31 heures	12h15
Lucknow	12180 *LJN Intercity*	145/515 ₹ (D)	6 heures	5h50
Mumbai (CST)	12138/7 *Punjab Mail*	580/1 530/2 215 ₹ (A)	23 heures	8h35
Varanasi*	14854/64/66 *Marudhar Exp.*	340/930/1 335 ₹ (A)	14 heures	20h30

Tarifs : (A) *sleeper*/3AC/2AC, (B) *sleeper*/3AC uniquement ; (C) AC Chair/ECC ; (D) siège 2e classe/AC Chair ; *part d'Agra Fort Station

LA MAISON DE RETRAITE DES OURS DANSEURS

Pendant des siècles, les petits ours lippus ont été arrachés à leur mère (souvent tuée) et dressés pour amuser les rois et le peuple indiens en "dansant". En 1996, Wildlife SOS (www.wildlifesos.org) – une organisation de défense animale qui intervient souvent à Agra pour enlever en douceur les pythons et cobras des habitations – a commencé à œuvrer pour la libération des quelque 1 200 ours danseurs du pays. En 2009, presque tous avaient quitté leurs exploiteurs, et plus de 200 d'entre eux vivent actuellement à l'**Agra Bear Rescue Facility** (☎9756205080 ; www.wildlifesos.org ; Sur Sarovar Bird Sanctuary ; 2 heures/journée entière 2 000/4 000 ₹ ; ⏲9h-16h), dans le Sur Sarovar Bird Sanctuary à 30 km d'Agra, sur la route de Delhi. On peut visiter le parc et observer ces ours profiter de meilleures conditions de vie.

Wildlife SOS dirige aussi un **refuge pour éléphants de cirque** (2 heures/journée entière 1 500/3 000 ₹), près de Mathura, où le public peut se promener avec les pachydermes et les nourrir. Organisez votre venue à l'avance par e-mail ou par téléphone.

Environs d'Agra

Fatehpur Sikri

☎05613 / 30 000 HABITANTS

Cette magnifique cité fortifiée, à 40 km à l'ouest d'Agra, fut la capitale de l'Empire moghol de 1572 à 1585, sous le règne d'Akbar. L'empereur se rendit au village de Sikri pour consulter Shaikh Salim Chishti, un saint soufi qui lui prédit la naissance d'un héritier. Lorsque la prophétie se réalisa, Akbar fit construire ici sa nouvelle capitale, avec une mosquée splendide, toujours en activité, et trois palais pour ses épouses favorites, une hindoue, une musulmane et une chrétienne (les habitants hindous contestent toutefois ces affirmations). Chef-d'œuvre d'architecture indo-musulmane, cette cité fut édifiée dans un endroit insuffisamment irrigué, dit-on, et fut abandonnée peu après la mort d'Akbar.

Inscrit au patrimoine mondial de l'Unesco, le site peut se visiter aisément dans la journée depuis Agra. Il compte néanmoins quelques hôtels convenables, et les murs en grès rouge des palais sont particulièrement beaux au coucher du soleil. Le bazar pittoresque du village de **Fatehpur**, juste en dessous des ruines, et le village de **Sikri**, à quelques kilomètres au nord, méritent le détour.

L'ensemble palatial se dresse à côté de la mosquée Jama Masjid sur une crête qui s'étend entre Fatehpur et Sikri.

À voir

Jama Masjid MOSQUÉE

Immense et splendide, cette mosquée fut achevée en 1571 et comprend des éléments perses et indiens. Des marches en pierre grimpent vers l'entrée principale, la spectaculaire **Buland Darwaza** (porte de la Victoire), haute de 54 m, qui commémore la victoire d'Akbar au Gujarat.

Dans la cour, le somptueux **tombeau du saint soufi Shaikh Salim Chishti**, en marbre blanc avec une porte en ébène d'origine, fut achevé en 1581. Des peintures de fleurs aux couleurs vives ornent les murs intérieurs, et la voûte en bois de santal est incrustée de nacre. Les *jali* de marbre (écrans sculptés ajourés) comptent parmi les plus beaux du pays ; les femmes désireuses d'avoir un enfant viennent y attacher un fil. Les pierres tombales à droite du mausolée couvrent les sépultures de membres de la famille du saint. Elles avoisinent l'entrée d'un tunnel (fermée par une porte verrouillée) qui rejoindrait le fort d'Agra. Derrière cette entrée, sur le mur du fond, trois cavités faisaient partie de l'ancien système de ventilation : on peut encore sentir l'air frais qui s'y engouffre. À l'est du tombeau de Shaikh Salim Chishti se dresse un édifice en grès rouge, le **mausolée d'Islam Khan**, petit-fils du précédent, qui fut gouverneur du Bengale.

Dans le mur est de la cour, une entrée plus petite vers la mosquée, la **Shahi Darwaza** (porte du Roi), mène au palais.

Palais et pavillons PALAIS

(Indien/étranger 40/510 ₹, caméra 25 ₹ ; ⏲aube-crépuscule). Le principal site de Fatehpur Sikri est l'éblouissant ensemble impérial de pavillons et de palais répartis dans une grande "cité" abandonnée parsemée de chefs-d'œuvre moghols : cours, sculptures finement travaillées, quartiers des domestiques, vastes portes et bassins ornementaux.

Fatehpur Sikri

VISITE GUIDÉE

On peut pénétrer dans l'ancienne cité fortifiée par deux entrées différentes mais celle du Diwan-i-Am (pavillon des Audiences publiques), au nord-est, constitue le point de départ le plus logique pour découvrir ce site remarquable classé au patrimoine mondial de l'Unesco. C'est dans cette vaste cour, aujourd'hui un jardin, que l'empereur Akbar rendait la justice. Après la billetterie, vous déboucherez au nord de la **1 cour du Pachisi** : le premier bâtiment visible est le **2 Diwan-i-Khas** (pavillon des Audiences privées), qui renferme une colonne de pierre centrale magnifiquement ouvragée. Dirigez-vous ensuite vers le sud pour visiter le gracieux petit **3 Rumi Sultana**, un palais construit pour l'épouse turque d'Akbar. À côté s'étend le **4 bassin ornemental**, d'où vous aurez à l'angle sud-ouest la plus belle perspective sur Fatehpur Sikri, encadrant parfaitement son monument phare, le Panch Mahal. Ce pavillon de cinq étages était l'un des accès au harem impérial, dont **5** l'**Haramsara inférieur** accueillait jadis plus de 200 servantes. Explorez le palais de Jodh Bai et remarquez, au nord-ouest, dans le lointain, la silhouette hérissée de défenses d'éléphant de **6** l'**Hiran Minar**, minaret de 21 m de hauteur. Quittez le secteur des palais et des pavillons par la Shahi Darwaza (porte du Roi), qui débouche sur l'immense cour de la splendide et imposante mosquée **7 Jama Masjid**, où se dresse le **8 tombeau de Shaikh Salim Chishti**. Pour finir, sortez par la spectaculaire **9 Buland Darwaza** (porte de la Victoire).

JAN S/SHUTTERSTOCK ©

Buland Darwaza
La plupart des circuits s'achèvent par la porte de la Victoire de la Jama Masjid. Sortez et retournez-vous : ce magnifique ouvrage en grès de 54 m de hauteur sur 15 niveaux commémore le triomphe d'Akbar au Gujarat.

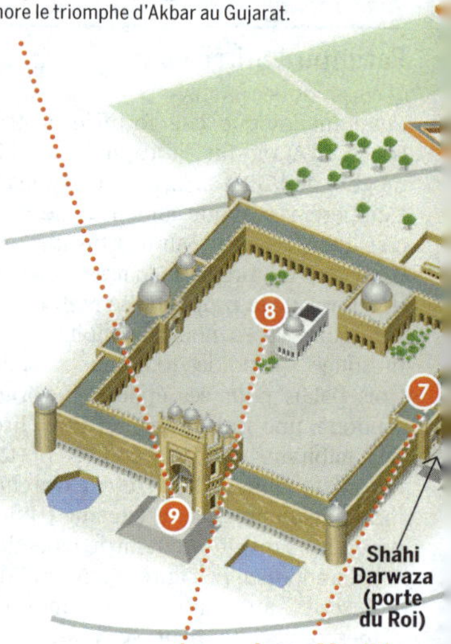

Tombeau de Shaikh Salim Chishti
Chaque nœud des fils attachés aux 56 *jali* de marbre blanc représente un vœu des fidèles (trois au maximum).

IGOR PLOTNIKOV/SHUTTERSTOCK ©

Jama Masjid
La marqueterie de marbre élaborée ornant la porte Badshahi et l'ensemble de la Jama Masjid aurait, dit-on, inspiré 82 ans plus tard la décoration du Taj Mahal à Agra.

DUSHI82/SHUTTERSTOCK ©

CECOLUSSI/GETTY IMAGES ©

ROOP_DEY/SHUTTERSTOCK ©

iran Minar

ans la partie nord-ouest de Fatehpur Sikri, cette rieuse tour rarement visitée est hérissée de ntaines de défenses d'éléphant en pierre. Selon rtains, elle s'élèverait à l'endroit où Minar, léphant-bourreau favori de l'empereur, serait mort.

Cour du Pachisi

Juste après le Rumi Sultana s'étend la cour du Pachisi, où Akbar aurait joué à l'ancêtre du jeu des petits chevaux en utilisant comme pions des jeunes filles esclaves en tenue colorée.

Diwan-i-Khas

L'empereur Akbar modifia la colonne centrale du pavillon des Audiences privées pour symboliser la "religion divine" (Din-i-Ilahi) très syncrétique qu'il avait fondée. L'ouvrage aux sculptures élaborées mêle en effet les imageries hindoue, musulmane, chrétienne et bouddhique.

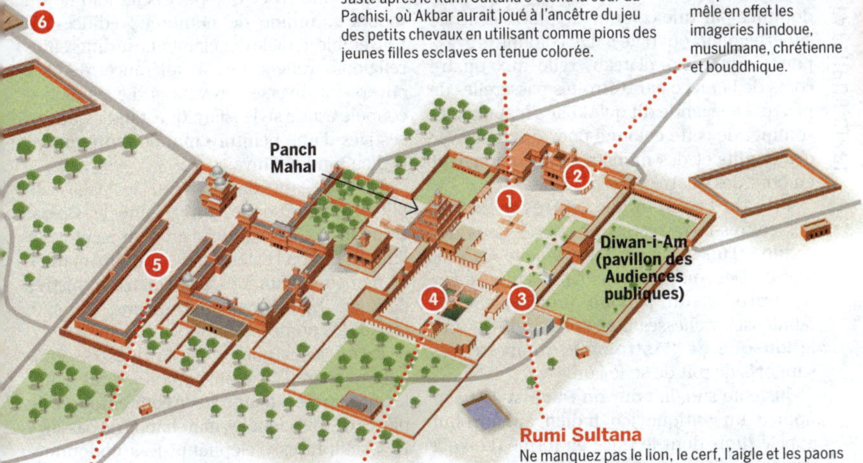

Rumi Sultana

Ne manquez pas le lion, le cerf, l'aigle et les paons acéphales sculptés à l'intérieur du palais : leurs têtes ornées de joyaux précieux furent subtilisées par des voleurs.

Bassin ornemental

Tansen, considéré comme le chanteur indien le plus doué de tous les temps et l'un des Neuf *Navaratna* (Joyaux) d'Akbar, recevait une pluie de pièces d'or lorsqu'il se produisait sur la plateforme centrale de ce bassin.

Haramsara inférieur

Akbar avait, dit-on, plus de 5 000 concubines. S'y ajoutaient les quelque 200 servantes logées dans l'Haramsara inférieur, où des cordes attachées à des anneaux de grès délimitaient l'espace de chacune.

CANAN KAYA/SHUTTERSTOCK ©

À l'entrée nord-est se trouve le **Diwan-i-Am** (pavillon des Audiences publiques), une vaste cour désormais transformée en jardin soigné, où Akbar rendait la justice, assis sur le siège du milieu le long du mur ouest, flanqué de quatre conseillers. Un système utilisant l'écho permettait à l'empereur d'entendre tout ce qui se disait à l'intérieur de cet espace ouvert. On y procédait aussi à des exécutions publiques ; des éléphants piétinaient les criminels jusqu'à ce que mort s'ensuive.

Le **Diwan-i-Khas** (pavillon des Audiences privées) se tient à l'extrémité nord de la cour du Pachisi. Sa façade banale cache une architecture intérieure exceptionnelle, dominée par une colonne de pierre centrale superbement ouvragée. La colonne s'évase pour former un plateau, relié aux quatre coins de la pièce par d'étroites passerelles de pierre. La légende dit qu'Akbar s'installait au sommet de cette colonne pour discuter avec des érudits et des ministres, qui se tenaient au bout des quatre passerelles.

Près du Diwan-i-Khas, le **Trésor** recélait des coffres-forts secrets en pierre dans des recoins (l'un d'eux est ouvert pour les visiteurs). Des monstres marins sculptés sur les traverses du plafond protégeaient les fabuleuses richesses conservées ici. Devant, le **kiosque de l'Astrologue** comporte des supports de toit de style jaïn.

Juste au sud, la **cour du Pachisi** doit son nom à un antique jeu indien aujourd'hui appelé *ludo*, dont le tracé en forme de croix demeure visible au milieu. À l'angle sud-est s'élève l'élégant petit **Rumi Sultana**, le palais qui possède les sculptures les plus élaborées. Selon les théories, il aurait été construit pour l'épouse turque d'Akbar ou utilisé par l'empereur lui-même comme espace de détente et de toilette lors des audiences. À l'ouest de la cour Pachisi, dans un coin du **jardin des Dames**, s'élève l'imposant **Panch Mahal**, un pavillon de 5 étages de taille décroissante. Le 1er niveau comprend 84 colonnes, toutes différentes ; l'ensemble compte 176 colonnes.

En poursuivant dans le sens inverse des aiguilles d'une montre, on arrive au **bassin ornemental**. Chanteurs et musiciens se produisaient sur la plateforme au-dessus de l'eau. Akbar les regardait du pavillon de ses appartements privés, le **Daulat Khana** (demeure de la Chance). Derrière le pavillon se dresse la **Khwabgah** (maison des Rêves), un bâtiment réservé au sommeil, avec un énorme lit en pierre, et aujourd'hui colonisé par les chauves-souris.

À l'ouest du bassin ornemental, admirez le **palais de Jodh Bai**, l'épouse hindoue d'Akbar, qui passait pour sa favorite. Érigé autour d'une cour immense, il mêle des colonnes indiennes classiques, des coupoles musulmanes et des tuiles persanes bleu turquoise. À l'extérieur, à gauche des cuisines du palais de Jodh Bai, le **palais de l'Épouse chrétienne** était habité par Mariam, l'épouse d'Akbar originaire de Goa, qui donna naissance ici à Jahangir en 1569. Certains croient cependant que l'empereur n'eut jamais de femme chrétienne et que Mariam n'était que le diminutif de Mariam-ut-Zamani, titre donné par lui à Jodh Bai et signifiant "belle comme une rose" ou "plus belle femme du monde". Comme de nombreux édifices de l'ensemble, il mêle des éléments de différentes religions, reflets de la tolérance d'Akbar envers les diverses croyances. Le plafond à coupole est de style islamique, tandis que des vestiges d'une peinture murale représentent le dieu hindou Shiva.

En longeant de nouveau le palais de l'Épouse chrétienne, on rejoint le **Birbal Bhavan** à l'ouest, délicatement sculpté à l'intérieur et à l'extérieur. Sans doute était-ce la demeure d'un des principaux ministres d'Akbar. L'**Haramsara inférieur**, au sud, logeait les nombreuses servantes royales.

Parmi les innombrables ruines disséminées derrière l'ensemble architectural figure le **caravansérail**, une vaste cour entourée de pièces où logeaient les marchands de passage. Des sculptures d'éléphants très endommagées gardent toujours **Hathi Pol** (porte des Éléphants), à une courte distance des vestiges de la petite **mosquée des Tailleurs de pierre** et d'un **hammam**. Vous découvrirez d'autres ruines au nord de l'édifice appelé **hôtel de la Monnaie**, qui serait en fait une écurie, et dans le joli village de **Sikri**, au nord.

Archaeological Museum MUSÉE
(près de Diwan-i-Am ; ⏲9h-17h sam-jeu). GRATUIT
Inauguré en 2014 dans l'ancienne salle du Trésor d'Akbar, ce petit musée archéologique situé à une centaine de mètres du Diwan-i-Am renferme des objets prémoghols mis au jour durant plusieurs années de fouilles à Fatehpur Sikri. Parmi les pièces importantes, bien présentées, des *tirthankara* (les 24 grands maîtres jaïns) de grès, remarquablement conservés, datent de 982 à 1034.

Circuits organisés

Des guides officiels relevant de l'Archaeological Society of India louent leurs services (en anglais, 450 ₹) près de la billetterie, mais il ne s'agit pas toujours des plus compétents (certains ont bénéficié de piston). Les meilleurs guides se trouvent à Agra et demandent 750 ₹. Nous recommandons **Pankaj Bhatnagar** (☎8126995552 ; 750 ₹), qui préfère être contacté sur WhatsApp.

Où se loger et se restaurer

Fatehpur Sikri a pour spécialité culinaire les *khataie*, des biscuits disposés en piles sur les étals du bazar. Pour un repas au restaurant, rendez-vous dans l'un des hôtels.

Hotel Goverdhan HÔTEL $

(☎05613-282643 ; www.hotelfatehpursikriviews.com ; Agra Rd ; ch 750-950 ₹, avec clim 1 300 ₹ ; ❄@📶). Des chambres variées entourent un jardin parfaitement entretenu dans cet hôtel apprécié de longue date. Balcon commun et terrasse, Wi-Fi gratuit, nouvelle literie dans les chambres, *air-cooler* (appareil de refroidissement brassant de l'air) dans celles non climatisées et vidéosurveillance. Le restaurant est correct (repas 70-180 ₹).

Hotel Ajay Palace PENSION $

(☎9548801213 ; Agra Rd ; ch 500 ₹). Cette accueillante pension familiale n'est pas jolie mais elle propose quelques doubles très simples et bon marché avec sol en marbre et toilettes à l'occidentale. C'est aussi un lieu apprécié pour le déjeuner (plats 50-150 ₹). Sur le toit, une longue table en marbre permet de se restaurer en contemplant la Jama Masjid et les rues du village.

À ne pas confondre avec l'"Ajay Restaurant By Near Palace" au niveau de la gare routière, 50 m avant sur la même route.

Renseignements

DÉSAGRÉMENTS ET DANGERS

Dans le bus entre Fatehpur Sikri et Agra, ignorez quiconque cherche à vous convaincre de descendre avant le terminus à la gare routière d'Idgah, prétextant que vous êtes arrivé au centre-ville ou au Taj Mahal. Vous êtes encore très loin, et celui qui vous incite à descendre n'est autre qu'un conducteur d'auto-rickshaw !

Depuis/vers Fatehpur Sikri

Depuis la gare routière de Fatehpur, des bus à destination d'Agra (**gare routière d'Idgah** ; p. 373) partent toutes les 30 minutes (40 ₹), de 15h30 à 18h30. Si vous les manquez, allez jusqu'à Agra Gate, à 1 km, puis poursuivez sur 350 m jusqu'au panneau *Crossing Stop* sur la route principale et faites signe à un bus allant à Agra. Ils passent toutes les 30 minutes environ, jour et nuit.

Pour Bharatpur (25 ₹, 40 min) ou Jaipur (190 ₹, 4 heures 30), hélez un bus en direction de l'ouest depuis le panneau Crossing Stop.

Des trains réguliers pour Agra Fort Station quittent Fatehpur Sikri à 4h43 (59811 *Haldighati Pass*) et 20h16 (19037/9 *Avadh Express*). Des trains de passagers plus simples partent aussi à 10h14 et 15h54, et quatre autres passent dans la journée. Contentez-vous d'acheter un "*general ticket*" à la gare et de vous frayer une place à bord (20 ₹, 1-2 heures).

Uttar Pradesh

Dans ce chapitre ➡

Le top des restaurants

➡ Oudhyana (p. 405)
➡ Darbangha (p. 393)
➡ Tunday Kababi (p. 404)
➡ Eat On (p. 411)

Le top des hébergements

➡ Brijrama Palace (p. 391)
➡ Kanchan Villa (p. 411)
➡ Hotel Ganges View (p. 392)
➡ Ganpati Guesthouse (p. 391)

Pourquoi y aller

Peu d'États sont aussi profondément indiens que l'Uttar Pradesh. Sur cette terre de fleuves sacrés et de vastes plaines, les racines historiques et religieuses du sous-continent – hindoues, bouddhistes, islamiques et séculières – se manifestent dans ses sites hautement spirituels.

Varanasi (Bénarès) est la ville la plus sacrée d'Inde, célèbre pour ses rituels sur les *ghat* (marches ou gradins de pierre) bordant le Gange. Selon la religion hindoue, le dieu Krishna est né à Mathura, et Rama à Ayodhya – théâtre d'un conflit moderne dramatique, révélateur des tensions ancrées dans la psyché nationale. Le Bouddha prêcha pour la première fois à Sarnath et mourut à Kushinagar, aujourd'hui deux paisibles lieux de pèlerinage. Les Moghols et les nababs ont également imprimé leur marque, laissant derrière eux des chefs-d'œuvre architecturaux et gastronomiques, notamment à Lucknow (et bien sûr à Agra). L'Uttar Pradesh satisfait ainsi largement les sens et la curiosité de tout voyageur.

Quand partir

Varanasi

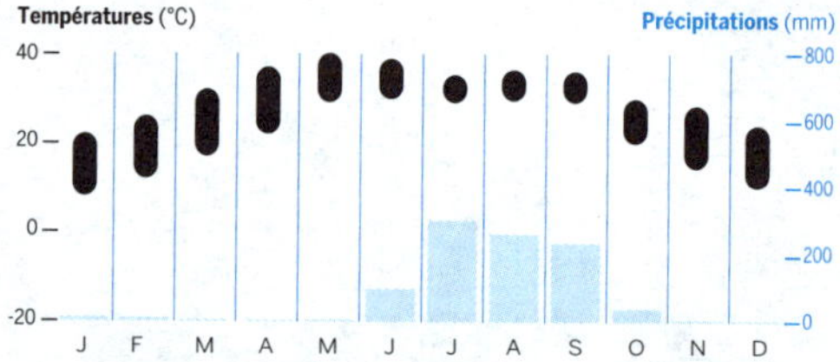

Mi-sept à oct Les pluies de la mousson ont cessé ; il fait moins chaud.

Nov-fév Journées agréables et soirées fraîches ; les foules sont au rendez-vous.

Mars Un peu de fraîcheur le soir et pas trop de chaleur le jour : pour certains, la perfection.

Histoire

Il y a plus de 2 000 ans, l'Uttar Pradesh faisait partie de l'empire bouddhique d'Ashoka, dont des vestiges subsistent dans le centre de pèlerinage de Sarnath, près de Varanasi. Les incursions musulmanes venues du Nord-Ouest commencèrent au XIe siècle. Au XVIe siècle, la région faisait partie de l'Empire moghol, qui établit successivement sa capitale à Fatehpur Sikri, à Agra, puis à Delhi.

Après le déclin de l'Empire moghol, puis un bref intermède perse, les nababs d'Avadh établirent leur domination dans le centre de la région, en particulier autour de la capitale actuelle, Lucknow. Sous leur égide, Lucknow devint le centre artistique, culturel et culinaire qu'elle est encore aujourd'hui. Le règne des nababs connut une fin tragique. La Compagnie britannique des Indes orientales déposa le dernier d'entre eux et déclencha par là même la révolte des Cipayes (première guerre d'indépendance) de 1857. Pendant le siège de Lucknow, qui dura 147 jours, le Commissaire britannique, sir Henry Lawrence, fut tué en défendant la Residency (la Résidence britannique) qui a, depuis, été préservée en l'état.

Agra fut ensuite rattachée à Avadhi, et l'État devint l'United Province (Province unie). Rebaptisé Uttar Pradesh après l'indépendance, c'est lui qui, depuis lors, pèse le plus lourd dans la vie politique indienne ; il a fourni au pays la moitié de ses Premiers ministres, originaires pour la plupart d'Allahabad (terre d'origine de la dynastie Nehru/Gandhi). La population n'en a guère bénéficié : une mauvaise gestion, une natalité galopante, un faible taux d'alphabétisation et un approvisionnement en électricité erratique entravent le développement économique de l'Uttar Pradesh depuis 70 ans.

En 2000, la partie montagneuse du Nord-Ouest a été découpée pour former le nouvel État de l'Uttaranchal, renommé Uttarakhand en 2007.

VARANASI (BÉNARÈS)

☎0542 / 1,4 MILLION D'HABITANTS

Lieu parmi les plus bigarrés et les plus fascinants de la planète, Varanasi, c'est l'Inde telle qu'on se l'imagine, où chaque ruelle dévoile son lot de surprises.

Appelée au fil des siècles Kashi ("la lumineuse"), puis Bénarès, Varanasi est l'une des plus anciennes cités au monde habitées de façon continue, et l'une des plus sacrées de l'hindouisme. Les pèlerins viennent sur les *ghat* qui bordent le Gange pour se laver de leurs péchés ou assister à la crémation de leurs proches. Passer ici de vie à trépas permettrait d'atteindre le *moksha* (libération du cycle des réincarnations).

C'est une ville magique, à condition de ne pas avoir froid aux yeux. Là, les rituels les plus intimes de la vie et de la mort se déroulent en public, et l'effervescence des couleurs, des bruits et des odeurs sur les *ghat* – sans oublier la sollicitation constante des rabatteurs – peut être oppressant. Néanmoins, Varanasi pourrait fort bien se révéler votre étape préférée. Une balade à pied le long des *ghat* ou en barque sur le fleuve pour assister au lever du soleil vous marqueront à jamais.

Histoire

Vraisemblablement fondée aux alentours de 1200 av. J.-C., Varanasi prit son essor au VIIIe siècle quand Shankaracharya, un réformateur de l'hindouisme, eut fait du culte de Shiva le courant principal. Les

LE TOP DES FÊTES ET FESTIVALS DE L'UTTAR PRADESH

Magh Mela (Allahabad ; jan/fév). Cette immense fête religieuse annuelle devient, tous les 12 ans, la Kumbh Mela, le plus grand rassemblement humain du monde (le prochain aura lieu en 2025).

Holi (p. 415). Sans doute l'une des fêtes les plus hautes en couleur du monde. Préparez-vous à être aspergé de poudre colorée !

Purnima (avr ou mai). L'anniversaire du Bouddha.

Janmastami (p. 415). L'anniversaire de Krishna.

Dev Diwali (Ganga Diwali ; Varanasi ; nov). Une fête des lumières dans la "lumineuse" Varanasi.

Ram Lila (Varanasi ; sept/oct). Un spectacle retrace la quête de Rama pour sauver son épouse Sita du démon Ravana.

À ne pas manquer

1 Une plongée époustouflante dans l'Inde telle qu'on se l'imagine à **Varanasi** (Bénarès ; p. 381), parmi ses *ghat* le long du Gange et dans son dédale de ruelles.

2 La découverte de l'architecture moghole magnifiquement ornementée de **Lucknow** (p. 402), après une dégustation de ses fameuses grillades.

3 Une promenade dans le paisible parc de **Sarnath** (p. 396), où le Bouddha prêcha pour la première fois.

4 Le confluent des deux (ou trois) fleuves sacrés à **Allahabad** (p. 409) envahi par 100 millions de fidèles lors de la Kumbh Mela.

5 Une expérience spirituelle hindoue plus détendue sur les *ghat* de la paisible **Chitrakoot** (p. 409).

6 Une escapade hors des sentiers battus sur le lieu de naissance mythique de Rama à **Ayodhya** (p. 408).

0
100 km
CHINE
TIBET
CHAÎNE DU GRAND HIMALAYA
NÉPAL
hangadhi
Pokhara
Nepalganj
Rupidiha
KATMANDOU
Sunauli
Bhairawa
(Siddharthanagar)
Lumbini
Nautanwa
Sitapur
Bahraich
Shravasti
Balrampur
Naugarh
Gonda
Ayodhya
6
Kushinagar
Gandak
Lucknow
2
Faizabad
Ghaghara
Gorakhpur
27
30
Kanpur
BIHAR
29
Rae Bareli
Gange
Jaunpur
Patna
Ghazipur
Sarnath
3
Zamania
Allahabad
4
Bhadohi
Varanasi
1
Mughal Sarai
Banda
Kaushambi
Bhita
Chitrakoot
5
Shankargarh
Mirzapur
Chunar
2
7
Satna
JHARKHAND
CHHATTISGARH

Varanasi

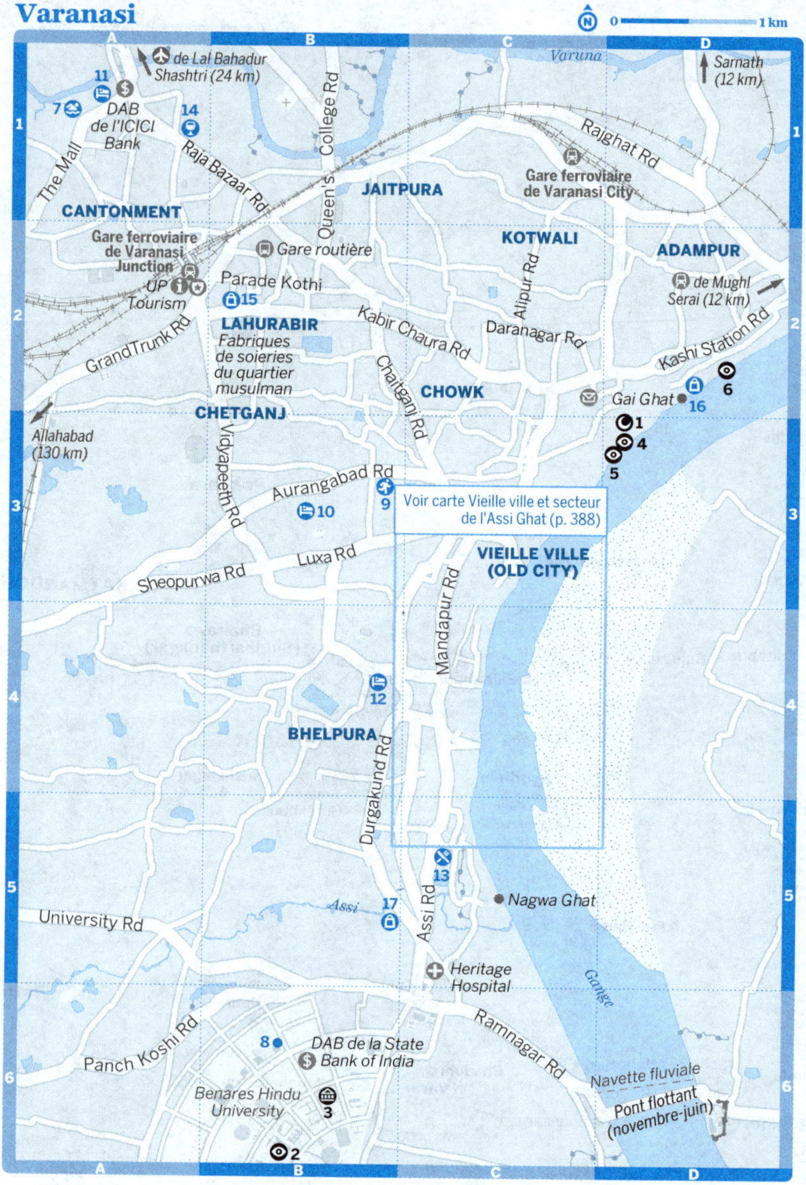

Afghans la détruisirent vers 1300, après avoir saccagé Sarnath ; l'empereur moghol Aurangzeb, surpassant ses prédécesseurs, pilla et rasa pratiquement tous les temples.

Malgré l'aspect antique de la vieille ville, peu de bâtiments datent de plus de deux siècles. Les palais et les vastes demeures le long des *ghat* furent construits par des rajas et de riches familles de toute l'Inde pour être proches du fleuve sacré. La plupart sont aujourd'hui en très mauvais état, même si certains, rachetés et rénovés

Varanasi

À voir
1 Mosquée d'Alamgir D3
2 Benares Hindu University B6
3 Bharat Kala Bhavan B6
4 Panchganga Ghat D3
5 Ram Ghat D3
6 Trilochan Ghat D2

Activités
Aarna Spa .... (voir 11)
7 Hotel Clarks Varanasi A1
8 International Centre B6
9 Learn for Life Society B3

Où se loger
10 Homestay B3
11 Hotel Surya A1
12 Stops Hostel B4

Où se restaurer
Canton Royale .... (voir 11)
13 Open Hand C5

Où prendre un verre et faire la fête
Mangi Ferra .... (voir 11)
14 Prinsep Bar A1

Achats
15 Mehrotra Silk Factory B2
16 Mehrotra Silk Factory D2
17 Shri Gandhi Ashram Khadi B5

par des chaînes hôtelières, retrouvent une partie de leur splendeur passée.

À voir

Temple de Vishwanath TEMPLE HINDOU
(Golden Temple, temple d'Or ; carte p. 388 ; 3h-11h, 12h30-20h et 21h-23h). Parmi les temples qui s'élèvent presque à tous les coins de rue dans Varanasi, celui-ci est le plus connu. Il est dédié à Vishveswara – Shiva en tant que seigneur de l'Univers. L'édifice actuel fut bâti en 1776 par Ahalya Bai d'Indore. Les 800 kg d'or qui recouvrent la tour et la coupole furent offerts par le maharaja Ranjit Singh de Lahore cinquante ans plus tard.

Des soldats surveillent étroitement le secteur en raison des tensions intercommunautaires. Les sacs, crayons, appareils photo et téléphones mobiles (et plus largement tout autre appareil électronique) doivent être déposés dans des casiers (20 ₹) avant l'allée d'accès – sinon, laissez vos affaires à l'hôtel. Bien que les informations varient quant à la permission qu'auraient ou non les étrangers d'entrer dans le temple lui-même, nous avons trouvé le processus relativement aisé : dirigez-vous vers la **porte 2** (carte p. 388), où les agents de sécurité vous diront de dépasser les longues files d'attente des visiteurs indiens, puis passez le portique de détection de métaux et le contrôle de sécurité. Dépassez une autre file d'attente ; on vous indiquera alors un bureau, où vous devrez montrer votre passeport (pas de photocopie) et laisser vos chaussures. Puis, entrez dans le temple par une porte de l'autre côté de l'allée.

Une fois à l'intérieur, le spectacle est total : on se pousse, on se bouscule et on joue parfois des coudes pour avoir la chance de déposer une offrande, de toucher le lingam (symbole phallique de Shiva) et d'être ainsi absous d'un de ses péchés. Les hindous font parfois la queue pendant 48 heures pour y entrer les jours particulièrement saints. Mais à d'autres moments, le temple peut être bien plus paisible.

Sur le côté nord du temple de Vishwanath, on tire du **Gyan Kupor Well** (puits de la Connaissance ; carte p. 388) une eau dont les fidèles pensent qu'elle aide à atteindre un niveau de conscience supérieur. Un important dispositif de sécurité interdit à quiconque d'en boire. Là encore, seuls les hindous peuvent entrer, et l'on y veille cette fois scrupuleusement.

Benares Hindu University SITE HISTORIQUE, UNIVERSITÉ
(BHU ; carte p. 384 ; www.bhu.ac.in). Depuis longtemps considérée comme un centre d'enseignement, Varanasi perpétue cette tradition à la BHU (université hindoue de Bénarès), fondée en 1916. Avec ses larges allées ombragées et ses espaces verts, le campus constitue une oasis de 5 km², à des années-lumière de la ville bruyante. À l'intérieur, le **Bharat Kala Bhavan** (carte p. 384 ; Indien/étranger 10/150 ₹ ; 10h-17h30 lun-ven), un musée spacieux, présente une superbe collection de miniatures, des manuscrits sur palmes du XIIe siècle, des sculptures et des présentations de l'histoire locale.

Ghat

Les *ghat*, longs chapelets de marches descendant jusqu'au fleuve sur la berge ouest du Gange, sont le centre de la vie spirituelle à Varanasi. La plupart sont dévolus au bain, mais plusieurs sont réservés aux crémations, comme celui de Manikarnika (ci-contre), le principal *ghat* de crémation. On croise souvent des processions funéraires dans les ruelles voisines.

Les meilleurs moments pour découvrir les *ghat* sont l'aube, lorsqu'une douce lumière nimbe le fleuve et que les pèlerins viennent accomplir une puja (littéralement "respect" ; offrandes ou prières), et le crépuscule, quand la cérémonie de *ganga aarti* se déroule au Dashashwamedh Ghat (ci-contre).

Quelque 80 *ghat* bordent le fleuve. Le groupe principal s'étend vers le nord, de l'Assi Ghat (ci-dessous), près de l'université, au **Raj Ghat**, près du pont routier et ferroviaire.

Une promenade en bateau sur le fleuve constitue une parfaite entrée en matière, bien que, la majeure partie de l'année, le niveau de l'eau soit suffisamment bas pour permettre de marcher tout au long des *ghat*. Au fil du parcours, vous aurez un aperçu du quotidien des pèlerins et des riverains : bain rituel, pratique du yoga, dépôt d'une offrande, vente de fleurs, lessive ou lavage des buffles, massages, parties de cricket, distribution d'aumônes...

SECTEUR SUD

♥ Assi Ghat — GHAT

(carte p. 388). L'Assi Ghat, le plus au sud des *ghat* principaux et l'un des plus grands, est particulièrement important car proche de la confluence de l'Assi et du Gange. Les pèlerins viennent y vénérer un lingam de Shiva sous un banian. Le *ghat* est particulièrement animé en soirée, quand saltimbanques et colporteurs envahissent la vaste plateforme bétonnée. Au lever du jour, on y pratique aussi musique et séances de yoga. L'Assi Ghat est un point de départ pour les promenades en bateau ; d'excellents hôtels sont installés à proximité.

Tulsi Ghat — GHAT

(carte p. 388). Le Tulsi Ghat, du nom d'un poète hindou du XVIe siècle, a glissé vers le fleuve. Il n'en accueille pas moins une fête dédiée à Krishna durant le mois de Kartika (oct/nov).

Bachraj Ghat — GHAT

(carte p. 388). Ce petit *ghat* est marqué par trois temples jaïns.

Shivala Ghat — GHAT

(carte p. 388). Un petit temple de Shiva et une demeure du XIXe siècle érigée par un roi népalais se dressent derrière le Shivala Ghat, construit par le maharaja de Bénarès.

Hanuman Ghat — GHAT

(carte p. 388). Prisé des fidèles de Rama. (Son fidèle serviteur, Hanuman, l'a aidé à sauver Sita du démon Ravana.)

♥ Harishchandra Ghat — GHAT

(carte p. 388). L'Harishchandra Ghat, un *ghat* de crémation plus petit et moins important que celui de Manikarnika, est l'un des plus anciens de Varanasi.

Kedar Ghat — GHAT

(carte p. 388). Un *ghat* coloré doté de nombreuses marches et d'un petit bassin, où se déroule chaque soir, à 18h30, un *aarti*, cérémonie du feu.

VIEILLE VILLE (OLD CITY)

♥ Dashashwamedh Ghat — GHAT

(carte p. 388). Le Dashashwamedh Ghat est le plus animé et le plus pittoresque des *ghat*. Son nom indique que Brahma y sacrifia (*medh*) dix (*das*) chevaux (*aswa*). Abstraction faite de l'insistance des bateliers, des marchands de fleurs, des masseurs et des rabatteurs qui chercheront à vous emmener dans une boutique de soieries, c'est un endroit fabuleux pour s'imprégner de l'atmosphère et observer la foule. Tous les soirs, une *ganga aarti* (vénération du fleuve), avec pujas (prières), feux de joie et danses, y a lieu à 19h.

L'endroit est aisément accessible depuis le bout de l'artère principale qui part de Godaulia Crossing.

Man Mandir Ghat — GHAT

(carte p. 388). Au nord du Dashashwamedh Ghat, le Man Mandir Ghat, construit en 1600 par le raja Man Singh, a fait l'objet d'une piètre restauration au XIXe siècle. Un beau balcon en pierre orne son angle nord.

♥ Manikarnika Ghat — GHAT

(carte p. 388). Le Manikarnika Ghat, le principal *ghat* de crémation, est considéré comme particulièrement faste par les hindous. Les corps sont transportés à travers les ruelles de la vieille ville par des hors-caste, appelés *dom*, sur des brancards de bambou recouverts d'un linge et plongés dans le Gange avant la crémation. D'énormes tas de bois

VARANASI : GARE AUX ARNAQUES !

- Ne prenez pas de photos aux *ghat* de crémation, et n'écoutez pas ceux qui vous demanderont de les suivre pour une meilleure vue ; ils exigeront ensuite de l'argent et vous vous retrouverez alors dans une situation déplaisante.
- N'allez dans aucun commerce en compagnie d'un guide ou d'un conducteur d'auto-rickshaw, car vous payerez 40 à 60% plus cher à cause de la commission et contribuerez à encourager cette pratique. Faites-vous déposer à un pâté de maisons ou rendez-vous sur place à pied.
- Les boutiques usurpant l'identité d'une autre abondent. Elles portent généralement un nom très proche, voire exactement le même. Nous ne recommandons dans ce guide que les adresses authentiques. Pour vérifier que vous êtes au bon endroit, demandez la *visiting card* (carte professionnelle) du magasin et comparez les coordonnées.
- En négociant avec un propriétaire de bateau, faites-vous confirmer le prix et la devise avant d'embarquer. Autrement, il se contentera de dire "100 !" et prétendra à la fin du trajet qu'il s'agissait de dollars ou d'euros.
- N'employez pas les guides non officiels que proposent la plupart des pensions. Adressez-vous plutôt à UP Tourism (p. 395), afin d'éviter les désagréments.
- Attention aux *bhang lassi* – faits avec du *hash* (dérivé du cannabis) ; ils peuvent être extrêmement forts (on nous a rapporté des cas de personnes droguées puis dévalisées).
- Méfiez-vous des faux professeurs de yoga, qui cherchent surtout à avoir des jeunes femmes "à portée de main".

s'empilent au sommet du *ghat* et chaque bûche est pesée pour évaluer le coût du bûcher. Les prix varient selon les essences ; le bois de santal est le plus coûteux. Vous pourrez assister aux crémations à condition de vous montrer respectueux – et tout en sachant que cela est vraiment impressionnant. Les photos sont interdites.

Un prêtre, ou un guide, vous proposera de grimper en haut d'un bâtiment pour voir les crémations, et vous demandera ensuite une contribution (en dollars) pour le bûcher. Si vous ne voulez pas payer, ne le suivez pas !

En haut des marches, le **Manikarnika Well** (puits) marque l'endroit où Parvati aurait laissé tomber une boucle d'oreille. Shiva aurait creusé ce bassin pour la retrouver, l'emplissant de sa sueur tandis qu'il s'affairait. Le **Charanpaduka**, une dalle de pierre entre le puits et le *ghat*, porte les empreintes des pieds de Vishnu. Les hauts dignitaires sont incinérés à cet endroit, où s'élève un temple dédié à Ganesh.

Dattatreya Ghat GHAT
(carte p. 388). Ce *ghat* tire son nom d'un saint brahmane, dont l'empreinte du pied est conservée dans un petit temple voisin.

Scindhia Ghat GHAT
(carte p. 388). Le Scindhia Ghat, construit en 1830, était si gigantesque qu'il s'effondra et dut être reconstruit.

SECTEUR NORD

Ram Ghat GHAT
(carte p. 384). Au nord du Scindhia Ghat, il fut construit par un maharaja de Jaipur.

Panchganga Ghat GHAT
(carte p. 384). Juste après le Ram Ghat, il marque le confluent théorique de cinq fleuves sacrés.

Mosquée d'Alamgir MOSQUÉE
(carte p. 384). Surplombant le Panchganga Ghat, cette petite mosquée fut construite par Aurangzeb sur le site d'un grand temple consacré à Vishnu.

Trilochan Ghat GHAT
(carte p. 384). Le Trilochan Ghat comporte deux tourelles sortant du fleuve ; l'eau qui coule entre elles est tenue pour particulièrement sacrée.

Activités

N'hésitez pas à vous lever tôt pour faire une promenade en barque sur le fleuve et

Vieille ville et secteur de l'Assi Ghat

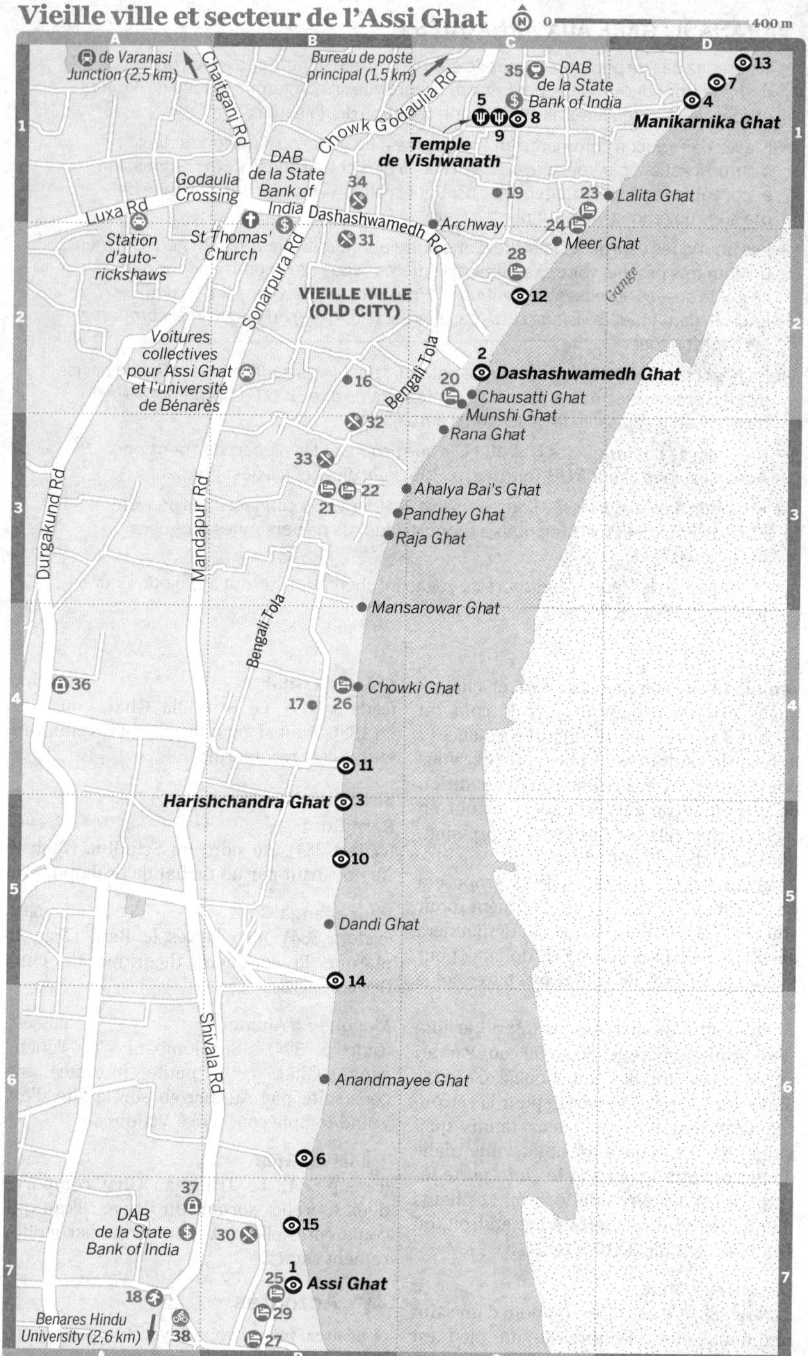

Vieille ville et secteur de l'Assi Ghat

Les incontournables
1 Assi Ghat B7
2 Dashashwamedh Ghat C2
3 Harishchandra Ghat B5
4 Manikarnika Ghat D1
5 Temple de Vishwanath C1

À voir
6 Bachraj Ghat B6
7 Dattatreya Ghat D1
8 Porte 2 .... C1
9 Gyan Kupor Well C1
10 Hanuman Ghat B5
11 Kedar Ghat B4
12 Man Mandir Ghat C2
13 Scindhia Ghat D1
14 Shivala Ghat B5
15 Tulsi Ghat B7

Activités
16 International Music Centre Ashram B2
17 Pragati Hindi B4
18 Swasthya Vardhak A7
19 Yoga Training Centre C1

Où se loger
20 Brijrama Palace C2
21 Brown Bread Bakery Guesthouse B3
22 BunkedUp Hostel B3
23 Ganpati Guesthouse C1
24 Hotel Alka C1
25 Hotel Ganges View B7
26 Kedareswar B4
27 Palace on Ganges B7
28 Rashmi Guest House C2
29 Sahi River View Guesthouse B7

Où se restaurer
30 Aum Cafe B7
31 Ayyar's Cafe B2
32 Bhumi French Bakers B3
33 Bona Cafe B3
Brown Bread Bakery .... (voir 21)
Darbangha .... (voir 20)
Dolphin Restaurant .... (voir 28)
34 Keshari Restaurant B1
Vegan & Raw .... (voir 37)

Où prendre un verre et faire la fête
35 Blue Lassi C1

Achats
36 Baba Blacksheep A4
37 Organic by Brown Bread Bakery A7

Transports
38 Atelier de reparation de cycles A7

observer l'animation intense des *ghat*. Les non-résidents sont admis dans les **piscines** en plein air de l'Hotel Surya (p. 392) pour 300 ₹ et de l'**Hotel Clarks Varanasi** (carte p. 384 ; Mall Rd ; non-résidents 500 ₹ ; 9h-18h).

DarkLotus YOGA
(www.banarasyoga.com). Ces cours de yoga vivement recommandés ont lieu près des sites sacrés de Varanasi, le long du fleuve et dans des temples. Consultez le site Internet pour le détail des cours et les tarifs.

Aarna Spa MASSAGE
(carte p. 384 ; 0542-2508465 ; www.hotelsuryavns.com ; Hotel Surya, S-20/51A-5, Mall Rd ; massages à partir de 1 400 ₹ ; 8h-20h). Le spa de l'Hotel Surya dispense des massages ayurvédiques apaisants.

Swasthya Vardhak AYURVÉDA
(carte p. 388 ; 0542-2312504 ; www.swasthyavardhak.in ; Assi Crossing ; 8h-19h30). En matière d'ayurvéda, les escrocs ne manquent pas à Varanasi. Heureusement, vous éviterez les mauvaises surprises dans cette pharmacie. La consultation médicale est gratuite (9h-12h et 17h-19h30) ; les ordonnances coûtent entre 20 et 2 000 ₹. L'établissement travaille en outre dans le cadre d'un projet gouvernemental qui incite les paysans locaux en difficulté à se reconvertir dans la culture de plantes ayurvédiques.

Bénévolat

Learn for Life Society BÉNÉVOLAT
(carte p. 412 ; 0542-2390040 ; www.learn-for-life.net ; D55/147 Aurangabad). Cette petite organisation caritative dirigée par deux étrangers, que l'on peut contacter par l'intermédiaire de la Brown Bread Bakery (p. 392), soutient une école pour les enfants défavorisés. Elle a aussi créé une sorte de coopérative de femmes, à qui elle procure une rémunération juste. Possibilité de missions courtes, mais le bénévolat à l'école nécessite un engagement de plusieurs mois.

Cours

Pragati Hindi LANGUE
(carte p. 388 ; 9335376488 ; www.pragatihindi.com ; B-7/176 Harar Bagh). Des lecteurs conseillent les cours particuliers de l'aimable Rajeswar Mukherjee (à partir de 300 ₹/heure). Téléphonez ou rendez-vous

directement sur les lieux pour rencontrer Raju et organiser votre emploi du temps. Montez les marches qui font face au Chowki Ghat et prenez la première à gauche, en suivant les panneaux marqués "Hindi".

International Music Centre Ashram MUSIQUE

(carte p. 388 ; ☎9415987283 ; tablateeteteete@gmail.com ; D33/81 Khalishpura ; 400 ₹/cours). Cachée dans un dédale de ruelles près de Bengali Tola, cette entreprise familiale dispense des cours de sitar, de tabla, de flûte et de danse classique. Des concerts et des représentations ont lieu les mercredis et samedis à 20h (150 ₹). Un petit panneau discret dans Bengali Tola indique l'endroit.

International Centre LANGUE, YOGA

(carte p. 384 ; ☎0542-2368130 ; www.bhu.ac.in ; C/3/3 Tagore House ; ⏲10h-17h lun-sam). Les étrangers qui souhaitent étudier à la Benares Hindu University doivent contacter ce centre. Hindi, sanskrit et yoga figurent parmi les matières enseignées.

Yoga Training Centre YOGA

(carte p. 384 ; ☎9919857895 ; www.yogatrainingcentrevaranasi.in ; 5/15 Sakarkand Gali ; cours 2 heures collectif/privé 300/800 ₹, reiki à partir de 800 ₹ ; ⏲8h, 10h et 16h). Le maître de yoga Sunil Kumar, un ancien militaire, et ses associés donnent des cours à heures fixes 3 fois par jour, aux 2e et 3e étages de ce bâtiment, dans une petite rue près du Meer Ghat (on peut arriver à toute heure). Ils enseignent un mélange de différents yogas – hatha, shivananda, satyananda, pranayama et Iyengar. Les étudiants motivés peuvent poursuivre avec une formation diplômante en yoga et reiki.

Circuits organisés

Si vous manquez de temps, UP Tourism (p. *395*) pourra vous organiser une exploration en taxi des sites principaux, une promenade en bateau à 5h30 et une visite dans l'après-midi à Sarnath (p. *396*).

♥ Varanasi Walks À PIED

(☎9793714111 ; www.varanasiwalks.com ; circuits 1 000-1 600 ₹). Les balades culturelles à thème proposées par cette agence spécialisée dévoilent, au-delà des *ghat* et des temples habituels, les dessous de cette ville sacrée. Jai, son fondateur américain, vit à Varanasi depuis des années, et la plupart des guides en sont originaires. Sur réservation, en ligne ou par téléphone.

Où se loger

La majorité des hôtels économiques – et certaines perles rares de moyenne gamme – sont nichés dans le lacis de ruelles derrière les *ghat*, notamment autour de l'Assi Ghat ; d'autres se trouvent dans les ruelles grouillantes de la vieille ville, entre Scindhia et Meer Ghat. Pour découvrir la vie locale, séjournez dans une pension.

Ceux qui préfèrent le luxe 5-étoiles trouveront un choix d'excellents établissements dans les quartiers à l'ouest du fleuve, comme Bhelpura, Aurangabad Rd et Cantonment.

Vieille ville (Old City)

Brown Bread Bakery Guesthouse PENSION $

(carte p. 388 ; ☎0542-2450472, 9838888823 ; www.brownbreadbakery.com ; Bengali Tola, Pandey Ghat ; s sans sdb 250 ₹, avec clim ou chauffage 750 ₹, d avec/sans clim ou chauffage à partir de 1 200/750 ₹ ; ❄📶). Avec ses chambres bon marché les plus propres de Varanasi, cette pension bien gérée affiche l'un des meilleurs rapports qualité/prix de la ville. En prime, elle partage les lieux avec un excellent restaurant éponyme (p. *392*) et propose des croisières fiables au lever du jour au meilleur prix – vous pouvez même prendre votre petit-déjeuner à bord ! À 2 minutes à pied de Pandey Ghat.

Hotel Alka PENSION $

(carte p. 388 ; ☎0542-2401681 ; www.hotelalkavns.com ; 3/23 Meer Ghat ; ch 1 200 ₹, avec clim 1 800-6 300 ₹, sans sdb 700 ₹ ; ❄@📶). Un très bon choix à proximité des *ghat*, qui pourrait améliorer son aspect extérieur, mais dont les chambres, presque impeccables, donnent soit sur une grande cour plantée, soit sur le Gange. Au bout, une terrasse surplombe le Meer Ghat, dévoilant une perspective splendide sur toute la ville – visible également depuis les balcons de huit des chambres les plus chères.

BunkedUp Hostel AUBERGE DE JEUNESSE $

(carte p. 388 ; ☎0542-2450508 ; www.bunkeduphostels.com ; près de Bengali Tola ; dort avec/sans clim 460/360 ₹, ch avec/sans clim 1 500/1 000 ₹ ; ❄📶). Cette auberge de jeunesse flambant neuve – à ce jour, la seule de la vieille ville – cherche à plaire avec ses 2 dortoirs mixtes, son dortoir pour femmes, ainsi que quelques chambres privatives. Le café sur le toit a une belle vue sur le fleuve, et le sous-sol recèle un cinéma.

Ganpati Guesthouse PENSION $$
(carte p. 388 ; ☎0542-2390057 ; www.ganpatiguesthouse.com ; 3/24 Meer Ghat ; ch 1 300-5 630 ₹ ;). Ce vieux bâtiment en briques rouges possède une agréable cour ombragée, ainsi que de multiples balcons donnant sur le Gange. Les chambres sont propres et gaies, avec des cadres de bon goût et des sdb modernes. Les meilleures ont un balcon privé avec vue sur le fleuve.

Les chambres les moins chères – et qui correspondent vraiment à la catégorie économique – sont dans l'annexe située dans une ruelle toute proche, moins pittoresque que la pension principale. Méfiez-vous des singes, qui sont agressifs !

Homestay CHEZ L'HABITANT $$
(carte p. 384 ; ☎9415449348 ; www.homestayvaranasi.in ; 61/16 Sidhgiri Bagh ; s 2 300-2 800 ₹, d 2 500-3 000 ₹ ;). Dans un quartier résidentiel situé à 1,5 km des ruelles de la vieille ville, ce logement chez l'habitant, dans une maison coloniale de 1936, est une vraie trouvaille. Le généreux Harish, qui travaille dans l'industrie textile depuis 30 ans (il a un magasin réputé, avec prix fixes, sur place), loue 6 chambres *deluxe* charmantes et d'immenses chambres *super deluxe* à l'abri du soleil, du bruit et des moustiques. Vous apprécierez la tranquillité. Son épouse Malika concocte d'excellents repas et donne parfois, à l'improviste, des cours de cuisine. Une adresse charmante si être à l'écart du centre ne vous dérange pas.

Kedareswar HÔTEL $$
(carte p. 388 ; ☎0542-2455568 ; www.kedareswarguesthouse.com ; B14/1 Chowki Ghat ; ch avec petit-déj 1 840 ₹, avec petit-déj et vue sur le fleuve 3 680 ₹ ;). Aménagé dans un bâtiment joyeusement peint en bleu-vert, cet hôtel accueillant propose aux voyageurs 6 petites chambres immaculées aux sdb reluisantes. Quand le temps le permet, le petit-déjeuner est servi sur la terrasse. L'adresse est particulièrement prisée : mieux vaut réserver.

Rashmi Guest House HÔTEL $$$
(carte p. 388 ; ☎0542-2402778 ; www.rashmiguesthouse.com ; 16/28A Man Mandir Ghat ; ch avec petit-déj 3 200-6 900 ₹ ;). Des couloirs parfumés dallés de blanc et des escaliers de marbre conduisent à des chambres petites et élégantes, propres et modernes. Beaucoup ont des murs ornés de motifs artistiques et donnent sur le Man Mandir Ghat. Le Dolphin (p. 393), au dernier étage, est un bon endroit pour dîner en prenant une bière ; c'est aussi l'une des rares tables non végétariennes installées dans la vieille ville.

TARIFS DES HÉBERGEMENTS

Les gammes de prix dans ce chapitre sont les suivantes :

$ moins de 1 500 ₹

$$ 1 500-4 000 ₹

$$$ plus de 4 000 ₹

Brijrama Palace HÔTEL HISTORIQUE $$$
(carte p. 388 ; ☎9129414141 ; www.brijrama.in ; Munshi/Darbhanga Ghat ; ch 21 850-42 550 ₹ ;). Méticuleusement rénové, ce palais au bord du fleuve, construit en 1812 et connu sous le nom de Darbangha Mahal, est tout simplement exquis. Des lustres d'époque aux tapis orientaux en passant par les colonnes de pierre sculptée et les œuvres d'art accrochées aux murs, c'est l'hôtel historique le plus authentique et le plus luxueux le long des *ghat*. Son restaurant, le Darbangha (p. 393), est peut-être bien le meilleur de la ville.

On y accède en ascenseur depuis les *ghat* – celui d'origine, actionné par un cheval et une poulie, fut l'un des premiers en Inde.

Assi Ghat

Stops Hostel AUBERGE DE JEUNESSE $
(carte p. 384 ; ☎9506118023 ; www.gostops.com ; B20/47A2, Vijaya Nagaram Colony ; tente nov-fév 250 ₹, dort à partir de 500 ₹, d avec clim 2 000 ₹, avec petit-déj ;). Une authentique auberge de jeunesse, aménagée dans une grande maison sur 4 niveaux à 2 km environ de l'Assi Ghat. Les dortoirs de 6, 8 ou 14 lits ont des casiers aux couleurs vives, et il y a des espaces détente aux différents niveaux avec une bonne ambiance. Les quelques chambres privatives sont sommaires et un peu chères. Cette adresse se distingue surtout par ses dortoirs, ses parties communes et ses douches au dernier étage – peintes par des artistes. Toutes sortes d'activités, des cours de cuisine aux sorties sur le fleuve au lever du soleil, sont proposées et permettent d'optimiser son séjour. Un très bon choix pour rencontrer des gens ; le seul inconvénient étant l'éloignement des *ghat*.

Sahi River View Guesthouse PENSION $

(carte p. 388 ; 0542-2366730 ; www.sahiriverview.co.in ; B1/158 Assi Ghat ; s/d 400/800 ₹, ch avec clim à partir de 1 450 ₹, avec petit-déj ;). Même si son entrée, dans une petite ruelle à l'écart, ne paie pas de mine, cet endroit est plus agréable qu'il n'en a l'air. Il compte une belle variété de chambres – la plupart propres et de qualité, certaines avec de jolis balcons privatifs. À chaque étage, un agréable coin salon donne sur le Gange.

Hotel Ganges View HÔTEL $$$

(carte p. 388 ; 0542-2313218 ; www.hotelgangesview.co.in ; Assi Ghat ; ch avec clim 5 100-8 000 ₹ ;). Remplie de livres, d'œuvres d'art et d'antiquités, cette maison de style colonial joliment restaurée et entretenue, qui domine l'Assi Ghat, est tout simplement splendide. Elle comprend des chambres spacieuses et immaculées, ainsi que de charmants espaces communs pour se détendre – il y a notamment une terrasse verdoyante au 1er étage. Pensez à réserver.

Palace on Ganges HÔTEL $$$

(carte p. 388 ; 0542-2315050 ; www.palaceonganges.com ; B1/158 Assi Ghat ; ch 6 900-9 200 ₹ ;). Chaque chambre est décorée dans le style d'une région indienne, avec meubles anciens et motifs colorés. Les chambres Colonial, Rajasthan et Jodhpur sont les plus belles, mais essayez d'en visiter plusieurs, car les plus chères ne sont pas nécessairement les meilleures.

Cantonment

Hotel Surya HÔTEL $$

(carte p. 384 ; 0542-2508465 ; www.hotelsuryavns.com ; S-20/51A-5, Mall Rd ; s/d avec petit-déj à partir de 3 450/4 025 ₹ ;). L'hôtel avec piscine le plus abordable de Varanasi possède des chambres standards 3 étoiles à l'indienne, mais les chambres *superior* et *premium* qui ont été rénovées avec nouveau mobilier et tissus chic coûtent environ 1 500 ₹ de plus.

La richesse ici est palpable. Tout est construit autour d'une vaste pelouse – y compris le café-bar lounge coloré flanqué d'un beau bâtiment vieux de 200 ans (ancienne résidence d'un roi népalais), qui abrite l'excellent **Canton Royale** (carte p. 384 ; plats 200-390 ₹ ; 11h-23h). Également sur place : le Sol Bar, un peu enfumé et l'Aarna Spa, recommandé (p. 389).

Où se restaurer

Vous pourrez acheter des *langda aam* (variété locale de mangues) en été et des *sitafal* (anones) en automne. Les *singhara* sont des châtaignes d'eau vendues crues (vertes) ou cuites (noires) – attention aux risques de parasites intestinaux avec les premières. Beaucoup d'endroits de la vieille ville ferment pendant l'été du fait de l'humidité, insupportable, et de la montée du niveau du fleuve – les *ghat* et les alentours se retrouvent souvent inondés.

Vieille ville (Old City)

Bhumi French Bakers BOULANGERIE $

(carte p. 388 ; Bengali Tola ; pâtisseries 50 ₹ ; 6h-18h ;). Ce café informel élabore certaines des meilleures pâtisseries de Varanasi, notamment de délicieux pains au chocolat.

Keshari Restaurant INDIEN $

(carte p. 388 ; 14/8 Godaulia ; plats 130-200 ₹ ; 9h30-22h30 ;). Aussi réputé pour son excellente cuisine que pour son service revêche, ce lieu pittoresque aux murs et plafonds en bois sculpté existe depuis près d'un demi-siècle. Les Indiens s'y pressent pour déguster un nombre incroyable d'excellents plats végétariens de tout le pays, dont plus de 40 curries à base de *paneer*.

Ceux qui aiment les plats bien relevés commanderont le *paneer Kadahi* (à la sauce tomate épicée). Le restaurant se situe dans une rue à 20 m environ de Dashashwamedh Rd : attention à ne pas le confondre avec le Keshari Ruchiker Byanjan, beaucoup moins tentant, à l'angle de la rue, dans Dashashwamedh Rd.

Ayyar's Cafe INDE DU SUD $

(carte p. 388 ; Dashashwamedh Rd ; plats 35-120 ₹ ; 9h30-20h30). Cette bonne adresse sans chichis, où l'on déguste des *masala dosa* (grandes crêpes salées garnies de pommes de terre épicées) et des *Mysore dosa*, plus relevés, est l'une des rares adresses économiques à servir du vrai café filtre. En retrait de Dashashwamedh Rd, au bout d'une courte ruelle marquée "New Keshari Readymade".

Brown Bread Bakery INTERNATIONAL $$

(carte p. 388 ; 9792420450 ; www.brownbreadbakery.com ; Bengali Tola, près de Pandey Ghat ; plats 125-400 ₹ ; 7h-22h ;).

À NE PAS MANQUER

LES MEILLEURS LASSI DE VARANASI

Pour dénicher le meilleur *lassi* d'Inde, inutile d'aller plus loin que le **Blue Lassi** (carte p. 388 ; lassi 40-90 ₹ ; 9h-22h ;), une minuscule échoppe qui fabrique depuis 1926 un breuvage frais et mousseux, riche en fruits. Le petit-fils du fondateur de l'établissement trône près d'un chaudron, devant une petite salle garnie de bancs en bois, dont les murs portent les commentaires élogieux de clients satisfaits. Il existe plus de 80 combinaisons de parfums délicieuses, divisées en sections– nature, banane, pomme, grenade, mangue, papaye, fraise, myrtille, coco et safran. Selon nous, les *lassi* à la banane et à la pomme (avec des copeaux de pomme frais pour les seconds) sont les meilleurs (soit, prenons un pomme-banane !). La commande met un temps fou à arriver, mais on vous tend alors le breuvage avec autant de précautions qu'on le ferait pour une œuvre d'art. Sur le chemin du *ghat* des crémations de Manikarnika.

La carte de ce restaurant compte plus de 40 sortes de fromages et plus de 30 types de pains, de biscuits et de gâteaux, ainsi que d'excellents sandwichs, pâtes, pizzas, etc. Installez-vous dans la salle au rez-de-chaussée (climatisée l'été) ou dans le café décontracté du toit-terrasse – avec coussins autour de tables basses – d'où l'on aperçoit le Gange.

Venez aussi goûter au buffet du petit-déjeuner de type européen (7h-12h ; 300 ₹), et écouter des concerts de musique classique gratuits le soir (19h30). Une partie des recettes finance l'école Learn for Life (p. 389). Attention : méfiez-vous des autres établissements prétendant être le BBB. Notez la nouvelle adresse (Bengali Tola, près du Pandey Ghat) et souvenez-vous que le BBB n'accepte jamais de donations en espèces pour Learn for Life.

Bona Cafe CORÉEN $$

(carte p. 388 ; Bengali Tola ; plats 100-500 ₹ ; 9h-22h). Dans ce restaurant douillet, tous les plats sont bons, mais c'est pour sa cuisine coréenne qu'il faut venir. Les savoureux repas complets, comme le *jabchaebab* (à base de nouilles de patate douce sautées), incluent une soupe et du *kimchi* (légumes en saumure). Asseyez-vous à l'intérieur sur des coussins de sol autour des tables, ou dans le patio donnant sur Bengali Tola. La propriétaire, Bona, est adorable.

Dolphin Restaurant INDIEN $$

(Rashmi Guest House ; carte p. 388 ; 16/28A Man Mandir Ghat ; plats 130-340 ₹ ; 7h-22h). Au Dolphin, le restaurant perché sur le toit de la Rashmi Guest House (p. 391) qui surplombe le Man Mandir Ghat, le cadre l'emporte sur la cuisine. Il s'agit cependant d'une des tables les plus raffinées de la vieille ville et d'une des rares à servir aussi des plats non végétariens.

♥ **Darbangha** INDIEN, INTERNATIONAL $$$

(carte p. 388 ; 9129414141 ; Brijrama Palace Hotel, Munshi/Darbhanga Ghat ; plats 750-1 100 ₹, thali 1 750 ₹ ; 12h-15h et 19h30-22h30). Ce restaurant, qui nous a vraiment conquis, sert l'une des meilleures cuisines indiennes qu'il nous a été donné de goûter : notamment un *palak chaman* divin (*paneer* aux épinards et aux épices) et un *aloo chaat* gourmand (plat issu de la cuisine de rue à base de pommes de terre), une révélation. Bonne sélection de plats internationaux et thaïlandais. La facturation minimale est de 1 000 ₹ par personne si vous ne séjournez pas à l'hôtel, mais le Darbangha en vaut la peine.

Assi Ghat

Aum Cafe CAFÉ $

(carte p. 388 ; www.touchoflight.us ; B1/201 Assi Ghat ; plats 70-180 ₹ ; 8h-16h30 mar-dim ;). Tenu par une Américaine baba cool qui vient en Inde depuis plus de 20 ans, ce café haut en couleur sert le petit-déjeuner (65-120 ₹ ; bons pancakes au citron !) toute la journée. Il y a aussi d'étonnants *lassi* au citron et au thé vert bio, plus quelques sandwichs et plats légers qui changent des curries. Massages et piercings également proposés.

♥ **Open Hand** CAFÉ $$

(carte p. 384 ; www.openhand.in ; 1/128-3 Dumraub Bagh ; plats 160-280 ₹ ; 8h-20h ;). On se déchausse avant d'entrer dans ce café doublé d'une boutique de souvenirs, où sont servis les meilleurs expressos et cafés au piston des environs ainsi que des petits-déjeuners avec pancakes, omelette, muesli. Vous trouverez aussi un choix de sandwichs, salades, pâtes et bonnes pâtisseries. Installez-vous sur l'étroit balcon ou attardez-vous à l'intérieur en profitant du Wi-Fi gratuit. On peut acheter sur place une vaste sélection de beaux objets artisanaux (bijoux, jouets, vêtements...) de fabrication locale.

Vegan & Raw VÉGÉTALIEN $$
(carte p. 388 ; Shivala Rd, près de Tulsi Ghat ; plats 170-220 ₹ ; 9h-21h30 ;). Ce restaurant informel sis dans un patio est une annexe du Brown Bread Bakery (p. 392). Il propose d'excellents plats végétaliens, notamment une page entière de salades comme épinards-radis-noix ou papaye-grenade-graines de lin ; et des plats chauds surtout à base de pâtes, mais aussi tofu, *momo* (raviolis tibétains) et couscous. Concerts variés mardi, jeudi et samedi vers 19h. Derrière la boutique Organic by Brown Bread Bakery (p. 395).

Où prendre un verre et faire la fête

Les vendeurs de vin et de bière sont regroupés dans la ville, loin du fleuve. Il est mal vu de boire de l'alcool sur le Gange ou à proximité. Il n'y a pas non plus de bars aux abords des temples. Néanmoins, les établissements sur les toits-terrasses servent souvent de la bière, en toute discrétion. Vous trouverez des bars dans les hôtels des catégories moyenne et supérieure éloignés des *ghat*.

Mangi Ferra CAFÉ
(carte p. 384 ; www.hotelsuryavns.com ; S-20/51A-5, Mall Rd ; 11h-23h). Dans ce bar coloré et décontracté donnant dans le jardin de l'Hotel Surya (p. 392), on se détend le temps d'un expresso (70 ₹), d'une bière bien fraîche ou d'un cocktail (120-480 ₹) dans le jardin, ou à l'intérieur, garni de nombreux canapés et fauteuils.

Prinsep Bar BAR
(carte p. 384 ; www.tajhotels.com ; Gateway Hotel Ganges, Raja Bazaar Rd ; 12h-23h lun-sam, 12h-minuit dim). Pour siroter un verre au calme dans un cadre historique, direction ce bar baptisé d'après l'orientaliste britannique James Prinsep (1799-1840), à qui l'on doit de beaux dessins des *ghat* et temples de Varanasi (mais tenez-vous-en à la bière, car les cocktails sont peu généreux).

Où sortir

Des concerts de musique classique indienne sont donnés tous les soirs à la Brown Bread Bakery.

L'International Music Centre Ashram (p. 390) organise de petits concerts (150 ₹) les mercredis et samedis soir.

Achats

Varanasi est renommée, à juste titre, pour ses brocarts et ses saris en soie. N'accordez qu'une confiance très relative à ce que disent les marchands, même dans les emporiums d'État. Faites le tour des boutiques et jugez par vous-même.

Bengali Tola (près de Rana Ghat) compte quantité de boutiques d'instruments de musique ; beaucoup proposent des cours.

Baba Blacksheep MODE ET ACCESSOIRES
(carte p. 388 ; B12/120 A-9, Bhelpura ; 9h-20h). Régulièrement recommandé par nos lecteurs, ce magasin digne de confiance vend sans insistance soieries (foulards/saris à partir de 500/4 000 ₹) et pashminas (châles à partir de 1 700 ₹).

Les prix sont fixes (mais non indiqués) et le propriétaire se refuse à jouer le jeu des commissions, d'où la réticence des chauffeurs d'auto-rickshaw et de taxi à vous y conduire (assurez-vous que l'on vous a conduit au bon endroit). Au carrefour de Bhelpura, sous la mosquée. Ce n'est certes pas la boutique la moins chère, mais l'expérience est plaisante.

GARE AUX ARNAQUES !

Évitez d'acheter un billet "direct" de Katmandou ou Pokhara à Varanasi. Des lecteurs se sont vus quasiment forcés d'acheter un autre billet une fois passé la frontière. Dans l'un ou l'autre sens, mieux vaut prendre un bus local jusqu'à la frontière, la franchir à pied, puis prendre un autre bus (en payant le billet au chauffeur) – même s'il existe une liaison quotidienne officielle directe entre Varanasi et Katmandou (billets en vente au guichet spécial de la gare routière).

Des voyageurs se sont aussi vu réclamer un supplément bagage dans des bus au départ de Sunauli. Vous n'avez normalement pas à payer – refusez poliment de le faire.

Mehrotra Silk Factory MODE ET ACCESSOIRES (carte p. 384 ; www.mehrotrasilk.in ; 4/8A Lal Ghat ; ⏲10h-20h). Dans le labyrinthe de ruelles derrière le Lal Ghat, cette échoppe à prix fixes, au sol jonché de coussins, propose de belles soies à prix raisonnables, de l'écharpe à la parure de lit. **Autre boutique** (carte p. 384 ; www.mehrotrasilk.in ; 21/72 Englishia Line ; ⏲10h-20h) près de la gare ferroviaire.

Organic by Brown Bread Bakery COSMÉTIQUES, ALIMENTATION (carte p. 388 ; www.brownbreadbakery.com ; 2/225 Shivali ; ⏲7h-20h ; 📶). Cette petite boutique vend des produits cosmétiques naturels fabriqués dans le cadre du programme Khadi (qui bénéficie de subventions publiques), ainsi que des produits de boulangerie, du muesli et du fromage, issus de la carte, plus fournie, de la Brown Bread Bakery (p. 392).

Shri Gandhi Ashram Khadi VÊTEMENTS (carte p. 384 ; Sankat Mochan Rd ; ⏲10h-19h30). Chemises, *kurta* (longue chemise avec pantalon), saris et foulards, tous en *khadi* tissé main.

Renseignements

Il y a plusieurs DAB en ville, dont celui de la State Bank of India dans le hall en sortant de la gare ferroviaire.

Bureau de poste principal (GPO ; carte p. 384 ; www.indiapost.gov.in ; en retrait de Rabindranath Tagore Rd, Visheshwarganj ; ⏲10h-18h lun-sam). L'endroit le plus fiable pour envoyer des colis à l'étranger.

Heritage Hospital (carte p. 384 ; ☎0542-2368888 ; www.heritagehospitals.in ; Lanka). Personnel et médecins anglophones ; pharmacie ouverte 24h/24.

SE RENDRE AU NÉPAL

Depuis la gare routière de Varanasi, des bus réguliers rallient Sunauli (293 ₹, 10 heures, départ toutes les 30 min, 4h-23h), et un bus de nuit climatisé va jusqu'à Katmandou (1 370 ₹, 16 heures, 22h). En train, allez jusqu'à Gorakhpur, puis prenez un bus pour Sunauli. En avion, la correspondance s'effectue à Delhi. Le Népal délivre des visas à l'arrivée.

Police touristique (carte p. 384 ; bureau de l'UP Tourism, gare ferroviaire de Varanasi Junction ; ⏲5h-21h). Les agents portent des uniformes bleu ciel.

UP Tourism (carte p. 384 ; ☎0543-2506670 ; www.uptourism.gov.in ; gare ferroviaire de Varanasi Junction ; ⏲10h-18h). Dans le bureau de la gare ferroviaire, M. Umashankar fournit depuis des années des informations impartiales et connaît parfaitement la ville et ses alentours. Profitez-en si vous arrivez en train.

Depuis/vers Varanasi

AVION

L'aéroport de Lal Bahadur Shashtri est à 24 km au nord de la ville, à Babaptur ; il est desservi par plusieurs compagnies aériennes proposant des vols directs pour certaines villes indiennes, dont Delhi, Mumbai, Bengaluru (Bangalore) et Hyderabad. Thai Airways assure des vols directs pour Bangkok les lundis, mardis et jeudis.

BUS

La principale **gare routière** (carte p. 384) est en face de la gare ferroviaire de Varanasi Junction. Il y a un guichet spécial pour réserver des billets pour Lucknow dans les bus Volvo climatisés.

TRAINS PRATIQUES AU DÉPART DE VARANASI (BSB)

DESTINATION	N° ET NOM DU TRAIN	TARIFS	DURÉE	DÉPARTS
Agra (Fort Station)	14853 *Marudhar Exp.*	350/950/1 365 ₹ (A)	13 heures	17h25
Allahabad	15159 *Sarnath Exp.*	140/490/695 ₹ (A)	3 heures	12h25
Gorakhpur	15003 *Chaurichaura Exp.*	170/490/695 ₹ (A)	6 heures 30	0h35
Jabalpur	12168 *BSB-LTT Sup Exp.*	315/810/1 140 ₹ (A)	8 heures 30	10h25
Khajuraho	21108 *BSB-Kurj Link E*	265/720 ₹ (B)	11 heures 30	17h45*
Kolkata (Howrah)	12334 *Vibhuti Exp.*	415/1 100/1 565 ₹ (A)	13 heures 30	18h08
Lucknow	14235 *BSB-BE Exp.*	210/570/810 ₹ (A)	7 heures 15	23h40
New Delhi	12561 *Swatantra S Exp.*	415/1 100/1 565 ₹ (A)	12 heures	0h40

Tarifs : (A) *sleeper*/3AC/2AC ; (B) *sleeper*/3AC ; *lun, mer, sam uniquement

Allahabad 120 ₹, 3 heures, départ toutes les 30 min, 4h-22h ; et bus climatisés 193 ₹, 8/jour

Delhi bus climatisés 1 227 ₹, 16 heures, départ 10h et 14h30

Faizabad 195 ₹, 7 heures, nombreux bus de 5h à 21h

Gorakhpur 185 ₹, 7 heures, départ toutes les 30 min, 4h-22h ; et bus climatisés 317 ₹, 6/jour

Lucknow bus non climatisé 275 ₹, 7 heures 30, départ toutes les 30 min, 4h-23h ; climatisé 480-900 ₹, 7 heures 30, départ à 8h, 10h30, 21h, 21h30 et 22h30

TRAIN

La gare ferroviaire de Varanasi Junction, aussi appelée Varanasi Cantonment (Cantt), est la gare principale.

Chaque jour, plusieurs trains desservent Allahabad, Gorakhpur et Lucknow. Quelques-uns vont à New Delhi et à Kolkata/Howrah ; il n'y a pas de train pour Agra (mais des trains quotidiens relient Mughal Sarai Junction, à 18 km de Varanasi, et Tundla, à 24 km d'Agra). Un train direct pour Khajuraho circule les lundis, mercredis et samedis. Les autres jours, changez à Satna, un nœud ferroviaire plus important, où vous pourrez prendre un bus pour Khajuraho.

Des vols de bagages ont été signalés dans les trains depuis/vers Varanasi. Surveillez vos affaires. Des voyageurs se seraient vu offrir des boissons ou aliments drogués ; refusez poliment toute offre d'un inconnu.

ℹ Comment circuler

DEPUIS/VERS L'AÉROPORT

L'aéroport de Babatpur est à 24 km au nord-ouest de la ville. Comptez 350 ₹ en auto-rickshaw et 800 ₹ en taxi.

RICKSHAW

Un trajet inférieur à 2 km coûte 50 ₹. Voici quelques exemples approximatifs de prix au départ de Godaulia Crossing : Assi Ghat 50 ₹, Benares Hindu University 60 ₹, gare de Varanasi Junction 60 ₹. Il vous faudra marchander ferme.

TAXI ET AUTO-RICKSHAW

Il y a des kiosques d'auto-rickshaws et de taxis prépayés à la sortie de la gare de Varanasi Junction : leurs prix permettent de se faire une idée des tarifs pratiqués en divers points de la ville, même si le système ne fonctionne pas aussi bien que dans d'autres localités et qu'il n'y a pas d'officiels pour le faire appliquer. Vous devrez donc marchander aussi.

Si les chauffeurs appliquent le système de prépaiement, vous devrez régler des frais administratifs (5 ₹ pour les auto-rickshaws, 10 ₹ pour les taxis) au guichet et prendre le ticket à remettre au chauffeur à l'arrivée avec le montant de la course. Notez que les véhicules ne peuvent pas accéder au secteur du Dashashwamedh Ghat entre 9h et 21h – les piétons sont alors trop nombreux. On vous déposera à Godaulia Crossing, d'où vous devrez parcourir 400 m à pied jusqu'à l'entrée de la vieille ville ou 700 m jusqu'au Dashashwamedh Ghat. Pendant les heures non autorisées, les auto-rickshaws stationnent près de Godaulia Crossing, à une **station** (carte p. 388 ; Luxa Rd) dans Luxa Rd.

Quelques tarifs :

Aéroport auto-rickshaw/taxi 225/650 ₹

Assi Ghat auto-rickshaw/taxi 90/300 ₹

Godaulia Crossing auto-rickshaw/taxi 95/250 ₹

Sarnath auto-rickshaw/taxi 120/400 ₹

Circuit d'une demi-journée (4 heures) taxi 500 ₹

Circuit d'une journée (8 heures) taxi 900 ₹

Les auto-rickshaws ne proposent pas de circuits d'une ou d'une demi-journée. Les **voitures collectives** (carte p. 388 ; Mandapur Rd ; 15 ₹) pour l'Assi Ghat et la Benares Hindu University partent de Mandapur Rd.

VÉLO

Vous pourrez louer un vélo (30 ₹/jour) auprès d'un petit **atelier de réparation de cycles** (carte p. 388 ; ☎7860154166 ; 1/105 Assi-Dham ; ⏲8h-19h) installé près de l'Assi Ghat.

SARNATH

☎0542

Le Bouddha vint à Sarnath pour prêcher la Voie du Milieu après avoir atteint l'Éveil à Bodhgaya, et prononça ici son célèbre sermon. Au IIIe siècle av. J.-C., l'empereur Ashoka y fit ériger de splendides stupas et monastères, ainsi qu'une colonne gravée. Quand le voyageur chinois Xuan Zang arriva à Sarnath en 640, la ville possédait un stupa haut de 100 m, et 1 500 moines vivaient dans les grands monastères. Peu après, le bouddhisme déclina, puis les envahisseurs musulmans saccagèrent la ville à la fin du XIIe siècle, entraînant sa disparition. Le site fut "redécouvert" par des archéologues britanniques en 1835.

Aujourd'hui, il s'agit de l'un des quatre sites importants du bouddhisme (avec Bodhgaya, Kushinagar et Lumbini, au Népal). Des fidèles du monde entier y affluent, en particulier lors de Purnima (anniversaire du Bouddha), qui célèbre sa vie, son Éveil et sa mort, en avril ou mai.

Sarnath

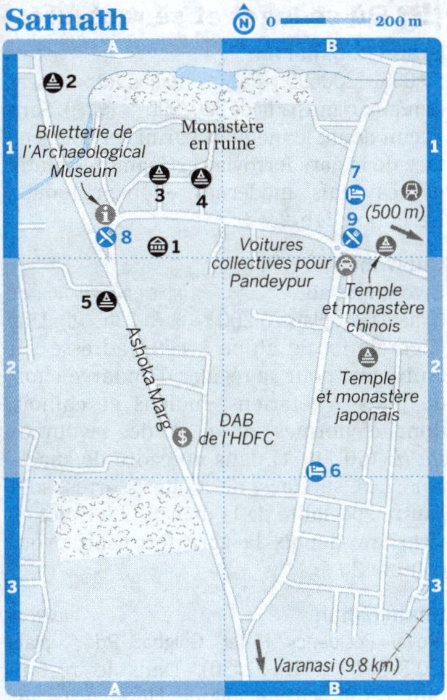

Sarnath

À voir

1 Archaeological Museum A1
2 Temple et monastère birman.............. A1
3 Stupa de Dhamekh
et ruines bouddhiques........................ A1
4 Mulgandha Kuti Vihar A1
5 Temple et monastère thaïlandais....... A2

Où se loger

6 Agrawal Paying Guest House B2
7 Jain Paying Guest House B1

Où se restaurer

8 Green Hut A1
9 Vaishali Restaurant.............................. B1

À voir

Achetez vos billets de visite à la **billetterie** en face des jardins du Musée archéologique. En dehors des sites majeurs, certains temples et jardins créés par diverses communautés bouddhistes méritent un coup d'œil.

Stupa de Dhamekh et ruines bouddhiques SITE BOUDDHIQUE
(Indien/étranger 15/200 ₹, caméra 25 ₹ ; aube-crépuscule). Dans un paisible parc, parmi les ruines d'un monastère, l'imposant stupa, haut de 34 m, marque l'endroit où le Bouddha fit son premier sermon. Les sculptures géométriques et florales remontent au Ve siècle ; des éléments en briques datent de 200 av. J.-C.

Non loin, une **colonne d'Ashoka**, du IIIe siècle av. J.-C., comporte un édit gravé dans la pierre. Elle mesurait jadis 15 m de haut environ et était coiffée du fameux chapiteau à quatre lions (désormais conservé dans le Musée archéologique) ; il ne reste aujourd'hui que cinq fragments du socle.

Temple et monastère thaïlandais TEMPLE BOUDDHIQUE
(6h30-18h avr-sept, 7h15-17h oct-mars). Vaut le détour pour son architecture unique – toit rouge à charpente blanche – et surtout pour le paisible **jardin** qui l'entoure.

Temple et monastère birman TEMPLE BOUDDHIQUE
(7h30-18h). Le temple birman possède un toit à triple pagode et plusieurs statues du Bouddha, dans de luxuriants jardins.

Archaeological Museum MUSÉE
(5 ₹ ; 9h-17h). Ce Musée archéologique centenaire (mais modernisé) bâti en grès présente des trésors anciens, comme le chapiteau aux lions de la colonne d'Ashoka du IIIe siècle av. J.-C., superbement conservé et devenu l'emblème national de l'Inde. Parmi les autres merveilles figure une immense **ombrelle en pierre** vieille de 2 000 ans et gravée de symboles bouddhiques.

Mulgandha Kuti Vihar TEMPLE BOUDDHIQUE
(caméra 25 ₹ ; 6h-18h). Ce temple à tourelles bâti en 1931 par la Mahabodhi Society est connu pour ses **fresques** uniques qui déroulent la vie du Bouddha. Le premier sermon du Bouddha y est psalmodié quotidiennement, à partir de 18h ou 19h selon la saison. À l'extérieur, l'**arbre de la Bodhi**, planté en 1931, est une pousse de l'arbre d'Anuradhapura (Sri Lanka), qui serait lui-même une bouture de l'arbre de Bodhgaya. On y accède depuis le site du stupa de Dhamekh.

Où se loger et se restaurer

Agrawal Paying Guest House PENSION $$
(0542-2595316 ; agrawalpg@gmail.com ; 14/94 Ashok Marg ; ch 700-800 ₹, avec clim 1 400 ₹ ;). Une adresse paisible. Le propriétaire raffiné propose des chambres impeccables dallées de marbre, qui donnent sur un grand jardin.

Jain Paying Guest House PENSION $
(☎0542-2595621 ; www.visitsarnath.com ; Sa 14/37 ; s/d 500/750 ₹, ch sans sdb 400 ₹ ; 📶). Cette pension simple, d'un bon rapport qualité/prix, est tenue par un sympathique géographe, dont l'épouse cuisine en personne des *thali* entièrement végétariens (180 ₹). Les 5 chambres rustiques et défraîchies ont des moustiquaires aux fenêtres. Les prix descendent jusqu'à 300 ₹ entre avril et septembre.

Vaishali Restaurant INDIEN, CHINOIS $
(plats 80-230 ₹ ; ⏲8h-21h). Installé en étage, ce vaste restaurant moderne, le meilleur de la ville, sert principalement des spécialités indiennes, plus quelques plats chinois.

Green Hut INDIEN, CHINOIS $
(plats 60-230 ₹ ; ⏲9h-19h30). Un café-restaurant aéré, ouvert sur les côtés, où l'on mange des *thali* (90-140 ₹), des plats chinois et des en-cas.

Renseignements

La **banque HDFC** possède un DAB.

Depuis/vers Sarnath

Des bus locaux pour Sarnath (15 ₹, 40 min) passent devant la gare ferroviaire de Varanasi Junction – vous risquez toutefois d'attendre longtemps. Un auto-rickshaw coûte 150 ₹ depuis la gare de Varanasi Junction (prenez ce tarif comme base de négociation si vous en prenez un depuis la vieille ville) ; payez la même somme au retour. Si vous préférez, vous pourrez trouver une place dans une voiture collective ou un *vikram* (gros auto-rickshaws ; 15 ₹) jusqu'à Pandeypur, où vous changerez pour une autre voiture collective à destination de Benia Bagh (15 ₹), qui n'est qu'à une petite course en rickshaw (40 ₹) de Godaulia.

Des trains sans réservation partent de Varanasi pour Sarnath à 6h55 (tlj), 9h40 (lun-sam) et 21h50 (dim-ven) ; vous paierez 20 ₹ une fois monté à bord. En sens inverse, prenez le 15159 *Sarnath Express* de 11h35 (*sleeper*/3AC 140/490 ₹, 45 min), ou un train sans réservation à 5h43 (dim-ven) et 15h38 (lun-ven).

GORAKHPUR

☎0551 / 675 000 HABITANTS

Si Gorakhpur n'a guère d'intérêt en soi, il s'agit d'un nœud de transports, à courte distance du centre de pèlerinage de Kushinagar, où mourut le Bouddha. La ville peut aussi constituer une étape entre Varanasi et le Népal.

Où se loger et se restaurer

Grand Kaushal Inn HÔTEL $
(☎0551-2200690 ; Railway Station Rd ; ch sans clim/avec clim à partir de 600/990 ₹ ; ❄📶). Sans aucun doute le meilleur parmi les hôtels en face de la gare ferroviaire. Chambres plutôt petites mais modernes et bien tenues. Réception 24h/24.

Chowdhry Sweet House INDIEN, INTERNATIONAL $
(Cinema Rd ; plats 70-200 ₹ ; ⏲7h-23h ; 🖉). Une clientèle locale afflue à cette adresse sur 2 niveaux, pour se régaler d'un large choix de plats végétariens, indiens et chinois, dont d'énormes *dosa* et de savoureux *thali* (160-210 ₹) dans un cadre de snack-bar. Les sundaes de toutes sortes sont l'autre spécialité de la maison. Le trajet en rickshaw depuis la gare ferroviaire vous coûtera 30 ₹.

Shahanshah INDIEN $$
(Royal Residency Hotel, Golghar Rd ; plats 170-375 ₹ ; ⏲11h-22h30). Dans le restaurant du Royal Residency Hotel, un mur couvert de portraits et une fresque mettent à l'honneur la star de Bollywood, Amitabh Bachhaan. Ambiance moderne et agréable, avec éclairage de bon goût, menu sur tablette électronique, et bonne cuisine : une adresse incontournable.

Renseignements

On trouve des DAB de la State Bank of India sur le parking de la gare ferroviaire et en face de l'Adarsh Palace.

UP Tourism (☎0551-2335450 ; ⏲10h-17h lun-sam). Dans la gare ferroviaire de Gorakhpur.

Depuis/vers Gorakhpur

Il existe des bus fréquents depuis la gare routière principale et à destination de Faizabad (155 ₹, 3 heures 30, toutes les 30 min), Kushinagar (56 ₹, 1 heure 30, départ toutes les 30 min) et Sunauli (90 ₹, 3 heures, départ toutes les 30 min). De là partent aussi des bus climatisés privés pour Faizabad (245 ₹, 3 heures 30) et Lucknow (500 ₹, 6 heures) toute la journée. Les jeeps et les voitures collectives, plus rapides, partent pour Sunauli (150-300 ₹/pers, 2 heures) quand elles sont pleines, entre 5h et 18h, juste en face de la gare ferroviaire.

Les bus pour Varanasi (200 ₹, 7 heures, express à 7h30, puis départ toutes les heures de 10h à 22h) partent de la gare routière de Katchari, comme ceux pour Allahabad (250 ₹, 10 heures, express à 7h, puis départ toutes les heures de 10h à 22h).

Pour vous rendre à la principale gare routière, continuez tout droit sur 400 m en sortant de la gare ferroviaire. La gare routière de Katchari se situe 3 km plus au sud.

Depuis la grande gare de Gorakhpur Junction, il y a au moins 3 trains par jour (4 les mardis et jeudis, 5 les vendredis et samedis) pour Varanasi (*sleeper*/3AC/2AC 170/490/695 ₹, 5 heures 30). Il existe également plusieurs trains quotidiens pour Lucknow (*sleeper*/3AC/2AC 190/490/695 ₹, 5 heures) et Delhi (*sleeper*/3AC/2AC 395/1 080/1 555 ₹, 14-17 heures) et un pour le fort d'Agra (19038/40 *Avadh Express*, *sleeper*/3AC/2AC 335/910/1 305 ₹, 14 heures 30, départ à 13h20).

La billetterie est à 500 m de la gare, à droite en sortant.

KUSHINAGAR

☎05564 / 23 000 HABITANTS

L'un des quatre grands sites de pèlerinage sur les pas du Bouddha – avec Lumbini (Népal), Bodhgaya et Sarnath –, Kushinagar est le lieu où le Bouddha mourut. La ville compte plusieurs temples modernes paisibles, où l'on peut loger, bavarder avec les moines ou méditer, et trois sites historiques, dont le stupa, simple et délicieusement serein, où le Bouddha aurait été incinéré.

À voir

En plus des ruines à visiter, l'unique rue de Kushinagar est bordée de temples décorés tenus par différentes communautés bouddhistes.

♥ Temple de Mahaparinirvana TEMPLE BOUDDHIQUE

(Buddha Marg ; ⏲6h-crépuscule). Ce temple modeste, reconstruit en 1927, s'inscrit au milieu de vastes pelouses et de ruines antiques entre lesquelles s'étire un chemin circulaire. Il renferme un bouddha couché du Ve siècle, mis au jour en 1876. Longue de 6 m, cette statue du Bouddha sur son lit de mort est particulièrement émouvante. Au coucher du soleil, les moines couvrent la statue jusqu'aux épaules d'un drap de soie safran.

Derrière le temple s'élève un ancien **stupa** haut de 19 m ; dans le parc, on trouve une grande **cloche** commandée par le dalaï-lama.

Vat thaïlandais TEMPLE BOUDDHIQUE

(Wat Thai ; www.watthaikusinara-th.org ; Buddha Marg ; ⏲9h-11h30 et 13h30-16h). Cet imposant ensemble comporte deux temples, dont l'un possède un bouddha doré, un **jardin** soigné avec des arbres de type bonsaï, un monastère ainsi qu'une école religieuse et une clinique (de l'autre côté de la rue), toutes deux ouvertes aux visiteurs.

Stupa de Ramabhar SITE BOUDDHIQUE

Très endommagé, ce stupa de briques rouges en forme de dôme, haut de 15 m, se dresse sur le site présumé de la crémation du Bouddha. Une exceptionnelle sérénité règne dans cet endroit, où des moines et des pèlerins méditent près du chemin ombragé de palmiers qui fait le tour du stupa.

Temple de Mathakuar TEMPLE BOUDDHIQUE

(Buddha Marg ; ⏲aube-crépuscule). Parmi les ruines d'un monastère, ce petit sanctuaire est situé à l'endroit où le Bouddha aurait prononcé son dernier sermon. Il recèle une statue du Bouddha, haute de 3 m et arborant de la pierre bleue, qui daterait du Xe siècle.

Où se loger et se restaurer

Certains des temples qui assurent un hébergement sommaire pour les pèlerins accueillent aussi les touristes.

Temple tibétain PENSION $

(☎8795569357 ; Buddha Marg ; d/tr 600/800 ₹). Un bon choix : les chambres sont plus jolies que dans les hôtels voisins plus onéreux ! Il existe aussi un dortoir (don demandé). Les moines tibétains de Dharamsala, qui viennent ici travailler pendant un an ou deux, parlent souvent un anglais correct.

Linh Son Vietnam Chinese Temple PENSION $

(☎9936837270 ; www.linhsonnepalindiatemple.org ; Buddha Marg ; s/d/tr 400/550/800 ₹ ; Wi-Fi). Des chambres triples simples et propres, avec sdb privatives, eau chaude et un maigre signal Wi-Fi.

Yama Cafe INTERNATIONAL $

(☎9956112749 ; Buddha Marg ; plats 60-100 ₹ ; ⏲8h-19h30). Cette institution de Kushinagar tenue par un couple accueillant présente une carte adaptée aux goûts des voyageurs : toasts, omelettes, riz sauté, *thukpa* (soupe de nouilles tibétaine)… C'est aussi la meilleure source d'information sur le secteur. Ses propriétaires vous renseigneront sur l'**Holy Hike** (la "marche sacrée") de 13 km dans la campagne environnante.

Kushinagar

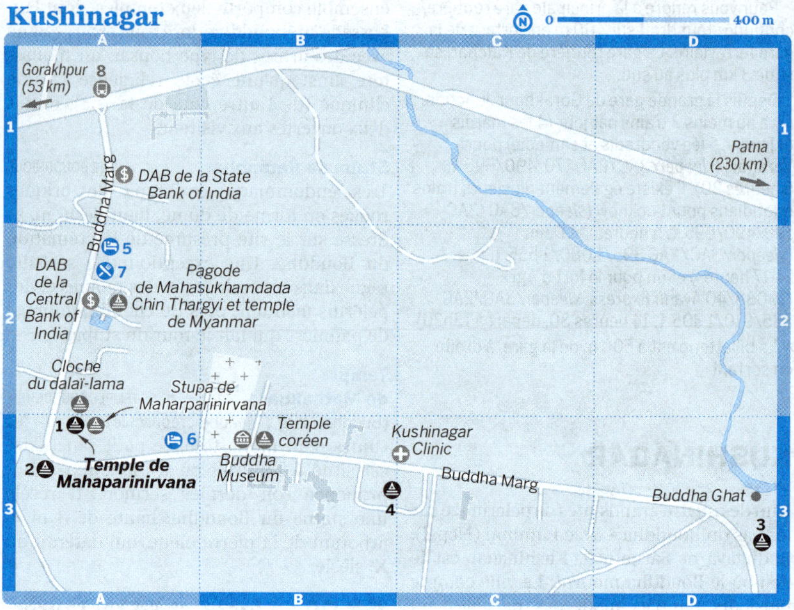

Renseignements

Il existe deux DAB en ville, et quelques agents de change privés.

Central Bank of India (Buddha Marg)

State Bank of India (Buddha Marg)

Kushinagar Clinic Services médicaux assurés par le *vat* thaïlandais voisin.

Depuis/vers Kushinagar

Un nouvel aéroport international est prévu, mais sa date d'ouverture n'est pas encore connue.

Sur la route principale, en face de l'arche jaune qui marque l'entrée de la ville, on peut héler les bus (fréquents) en direction de Gorakhpur (56 ₹, 1 heure 30).

Kushinagar

Les incontournables
1 Temple de Mahaparinirvana A3

À voir
2 Temple de Mathakuar A3
3 Stupa de Ramabhar D3
4 Vat thaïlandais B3

Où se loger
5 Linh Son Vietnam Chinese Temple ... A2
6 Temple tibétain A3

Où se restaurer
7 Yama Cafe A2

Transports
8 Bus pour Gorakhpur A1

SUNAULI ET LA FRONTIÈRE NÉPALAISE

☎ 05522 / 700 HABITANTS

Cette bourgade poussiéreuse se résume à un arrêt de bus, à quelques hôtels et boutiques et à un poste-frontière. Ce dernier ouvre 24h/24 ; les formalités se font sans problème, si bien que de nombreux voyageurs continuent vers le Népal sans même s'arrêter. Certains lui préfèrent sa voisine, Bhairawa (Siddharthanagar) pour faire étape, les autres prennent directement le bus pour Katmandou ou Pokhara.

Les bus s'arrêtent à quelques centaines de mètres du bureau de l'immigration indien, situé sur la route principale dans le centre, (et les jeeps, juste devant) ; vous n'aurez donc pas besoin d'un rickshaw. N'oubliez pas de faire tamponner votre passeport ici, quand vous entrez en Inde et quand vous en sortez !

PASSAGE DE FRONTIÈRE : DE SUNAULI À BHAIRAWA (SIDDHARTHANAGAR), AU NÉPAL

Heures d'ouverture

La frontière, ouverte 24h/24, ferme pour les véhicules de 22h à 6h. Si vous arrivez en pleine nuit, vous devrez peut-être réveiller quelqu'un pour faire tamponner votre passeport du côté indien. Pour de plus amples renseignements sur le côté népalais, consultez le chapitre *Katmandou* du guide *Népal* publié par Lonely Planet (guide complet disponible en français au format numérique – ou en anglais chapitre par chapitre).

Change

Il y a deux changeurs de devises à Sunauli. Côté népalais, il y a quelques DAB, dont un de la State Bank of India jouxtant l'Hotel Akash – tous acceptent les cartes internationales.

Les petites coupures en roupies indiennes sont acceptées du côté népalais pour payer les bus.

Transports

Les bus les plus confortables pour aller à Katmandou sont ceux, climatisés, de **Golden Travels** (☎071-520194, 15 $US, 6-7 heures) ; ils partent à 100 m du bureau de l'immigration népalais à 7h. Les *micro* (minibus) climatisés partent du même endroit, toutes les 30 minutes, de 6h à 10h (800 ₹, 6 heures).

Des bus locaux (20 ₹) et des auto-rickshaws (100 ₹) pourront vous emmener de la frontière à Siddharthanagar, 4 km plus loin, d'où partent aussi des bus, non climatisés, vers Katmandou (550 ₹, 8 heures) via Narayangarh (350 ₹, 3 heures) ; et vers Pokhara (550 ₹, 9 heures) via Tansen (250 ₹, 5 heures) par la Siddhartha Hwy ou la Mugling Hwy (650 ₹, 8 heures). Des bus locaux pour Lumbini (80 ₹, 1 heure), le lieu de naissance du Bouddha, partent du croisement de Siddhartha Hwy et de la route de Lumbini, environ 1 km au nord de Bank Rd.

Buddha Air (www.buddahair.com) et **Yeti Airlines** (www.yetiairlines.com) assurent des vols Siddharthanagar-Katmandou (à partir de 135 $US).

Visas

Des visas à entrées multiples (15/30/90 jours 25/40/100 $US) sont délivrés par les services de l'immigration à la frontière (payables en dollars, en espèces – pas de roupies). On peut maintenant gagner du temps en les demandant en ligne sur nepalimmigration.gov.np/tourist-visa. Vous devrez montrer votre reçu à la frontière moins de 15 jours après votre demande pour bénéficier d'une procédure accélérée.

Avant votre départ, il est impératif de vous renseigner auprès du **Nepal Department of Immigration** (☎0977-1-4429659 ; www.nepalimmigration.gov.np ; Kalikasthan, Katmandou) pour connaître les dernières formalités en vigueur.

Où se loger et se restaurer

City Guest House HÔTEL $
(☎7054378491 ; ch 500-700 ₹). Vous ne trouverez pas mieux à Sunauli. Chambres sommaires et un peu négligées, mais acceptables – visitez-en quelques-unes avant de choisir. Sur la route principale.

Apna Restaurant DHABA $
(thali 50 ₹ ; ⌚11h-21h). L'un des meilleurs *dhaba* (gargote) de la ville, sur un toit-terrasse. Accès par un escalier à environ 30 m à droite en sortant du bureau de l'immigration indien, sur la route principale.

Renseignements

Nepal Tourism Board Information Centre
(www.welcomenepal.com ; ⌚10h-17h). Si vous quittez l'Inde, ce centre, très utile, est sur votre droite, dans le no man's land.

Depuis/vers Sunauli et la frontière népalaise

Des bus publics et privés fréquents relient Sunauli à Gorakhpur (90 ₹, 3 heures, 4h-19h), où vous pourrez prendre un train ou un bus pour Varanasi, entre autres. Deux bus directs partent pour Varanasi (11 heures) : un bus climatisé

(466 ₹) à 17h et un non climatisé (292 ₹) à 18h, mais le trajet est long et cahoteux.

Les voitures et jeeps collectives pour Gorakhpur attendent sur la route à côté du bureau de l'immigration indien et partent sitôt pleines (150-300 ₹, 2 heures).

LUCKNOW

📞 0522 / 3,3 MILLIONS D'HABITANTS

Avec des bâtiments exceptionnels datant de l'époque du Raj britannique, deux superbes mausolées et une gastronomie célèbre dans tout le pays, la capitale de l'Uttar Pradesh ne manque pas d'attraits. Pourtant, souvent négligée par les voyageurs, elle fait figure de belle endormie. Le centre se distingue par ses larges avenues, ses monuments imposants et plusieurs parcs et jardins, mais l'ambiance évoque plutôt une certaine splendeur déchue. Les habitants sont généralement accueillants, et vous serez moins sollicité que dans d'autres villes plus touristiques.

La ville acquit de l'importance grâce aux nababs d'Avadhi (ou Oudh), gourmets et grands protecteurs des arts, en particulier de la danse et de la musique. Lucknow a aujourd'hui encore la réputation d'être un haut lieu de la culture, du bien-vivre et de la gastronomie.

À voir

Residency SITE HISTORIQUE

(Indien/étranger 10/105 ₹, caméra 25 ₹ ; aube-crépuscule). Les jardins et les ruines de la Residency constituent un saisissant témoignage des violents soubresauts du Raj britannique. Construite en 1800, la Residency fut le théâtre du siège de Lucknow, l'un des événements les plus dramatiques de la révolte des Cipayes de 1857 ; il dura 147 jours et fit des milliers de morts. Le domaine est resté en l'état depuis la fin du

Lucknow

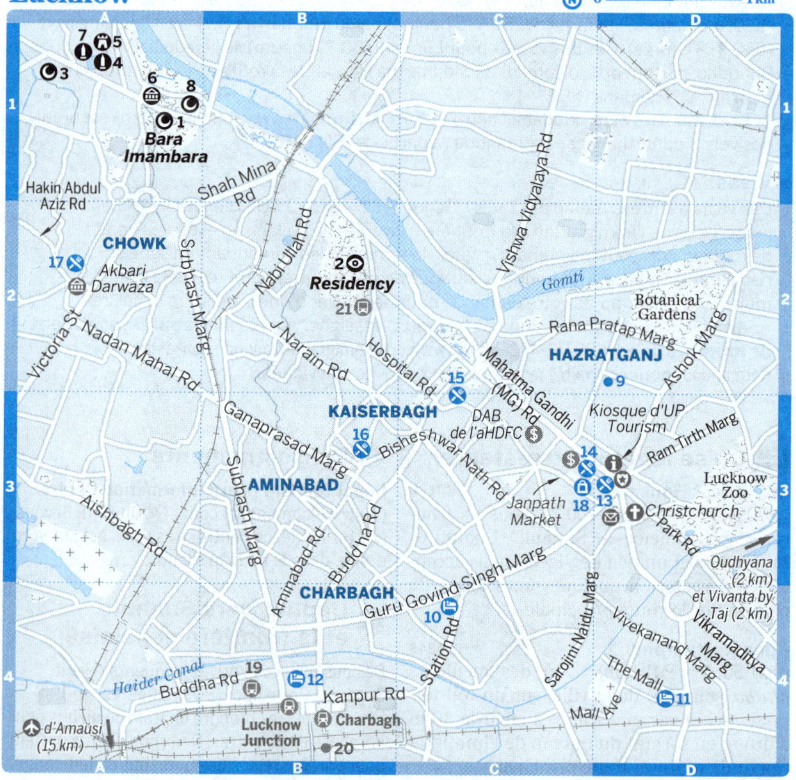

siège, et les murs portent les marques des impacts des balles et des obus.

Dans le bâtiment principal, le **musée** (⏲8h-16h30), bien agencé, renferme une maquette à l'échelle des constructions d'origine de la Residency. Au sous-sol, on découvre les salles immenses où se réfugièrent les femmes et de nombreux enfants britanniques durant le siège.

Le **cimetière** de l'église St Mary, en ruine, abrite les sépultures de 2 000 défenseurs, dont celle de sir Henry Lawrence, qui "tenta de faire son devoir", selon l'inscription figurant sur sa tombe.

♥ Bara Imambara TOMBEAU MUSULMAN

(Hussainabad Trust Rd ; Indien/étranger 50/500 ₹ ; ⏲6h-18h). Si cet énorme *imambara* (mausolée dédié à un saint homme musulman chiite) mérite en soi la visite, son dédale de corridors dans les étages supérieurs le rend encore plus remarquable. Le billet d'entrée donne accès au Chota Imambara (à droite), à la tour de l'Horloge (p. 404) et à l'Hussainabad Picture Gallery (p. 404), à une courte distance à pied de là.

On accède à l'ensemble architectural par deux portes monumentales débouchant sur une cour immense, avec une jolie **mosquée** d'un côté et, de l'autre, un grand **baori** (puits à degrés) que vous pourrez explorer ; prévoyez une torche électrique. Au fond de la cour, l'immense galerie voûtée de la **salle centrale** renferme des *tazia* (petites répliques du tombeau de l'imam Hussain à Karbala, en Irak), qui sont transportées en procession lors de Muharram, un mois de deuil pour les chiites.

À gauche de la salle centrale, une petite entrée marquée "Labyrinth" ouvre sur l'étonnant **Bhulbhulaiya**, un dédale d'étroits couloirs qui serpentent à travers les étages supérieurs du mausolée et conduisent à des balcons sur le toit ; comme pour le puits, emportez une lampe.

Juste après le Bara Imambara, le **Rumi Darwaza** (Hussainabad Trust Rd), inhabituel et imposant, serait une copie d'une porte d'Istanbul. *Rumi* (de Rome) était le terme employé par les musulmans pour désigner ce qui venait d'Anatolie du temps où Istanbul s'appelait Byzance et était la capitale de l'Empire romain d'Orient. De l'autre côté de la rue se dresse la belle mosquée blanche, **Tila Wali Masjid** (1680), dont l'intérieur est repeint périodiquement par-dessus les motifs d'origine.

Les couples hétérosexuels doivent obligatoirement payer un guide (100 ₹) pour leur tenir lieu de chaperon dans le labyrinthe.

Chota Imambara TOMBEAU MUSULMAN

(Hussainabad Imambara ; Hussainabad Trust Rd ; Indien/étranger 20/200 ₹, compris dans le billet du Bara Imambara ; ⏲6h-18h). Ce paisible mausolée orné de calligraphies fut construit, en 1832, sur les instructions de Mohammed Ali Shah (qui y repose aux côtés de sa mère). Il renferme le trône d'argent et la couronne rouge d'Ali Shah, d'innombrables lustres et quelques *tazia*. Le jardin, doté d'un bassin, abrite les tombeaux de la fille

Lucknow

Les incontournables
- 1 Bara Imambara A1
- 2 Residency B2

À voir
- 3 Chota Imambara A1
- 4 Tour de l'Horloge A1
- 5 Hussainabad Picture Gallery A1
- 6 Rumi Darwaza A1
- 7 Satkhanda A1
- 8 Tila Wali Masjid A1

Activités
- 9 Heritage Walking Tour d'UP Tourism D2

Où se loger
- 10 Hotel Ganga Maiya C4
- 11 Lucknow Homestay D4
- 12 SSJ International B4

Où se restaurer
- 13 Moti Mahal Restaurant D3
- 14 Royal Cafe C3
- 15 Sakhawat C3
- 16 Tunday Kababi B3
- 17 Tunday Kebabi A2

Où prendre un verre et faire la fête
- EOS .... (voir 13)

Achats
- 18 Sugandhco C3

Renseignements
- UP Tourism .... (voir 9)

Transports
- 19 Gare routière de Charbagh B4
- 20 Foreign Tourist Help Desk B4
- 21 Gare routière de Kaiserbagh B2

de Mohammed Ali Shah et de son époux, largement inspirés du Taj Mahal, et un **hammam** traditionnel.

De l'autre côté de la rue, à l'extérieur, la tour de guet délabrée appelée **Satkhanda** (tour à Sept Étages ; Hussainabad Trust Rd) ne compte que 4 niveaux : sa construction fut interrompue à la mort d'Ali Shah, en 1840.

La **tour de l'Horloge** (entrée libre avec billet du Bara Imambara ; ⏲aube-crépuscule), construite en briques rouges dans les années 1880, est la plus haute du pays (67 m). Juste à côté, l'**Hussainabad Picture Gallery** (Baradari, palais d'été ; Indien/étranger 20/200 ₹, gratuit avec un billet du Bara Imambara ; ⏲7h-18h) occupe un superbe *baradari* (pavillon) de briques rouges bâti en 1842, qui fut une résidence d'été royale. Le bâtiment surplombe un lac artificiel ; y sont présentés des portraits des nababs.

Circuits organisés

Heritage Walking Tour d'UP Tourism À PIED
(☎9415013047 ; circuit 3 heures 300 ₹ ; ⏲visites 7h avr-sept, 8h oct-mars). Avec ce circuit intéressant, vous en aurez pour votre argent ! Un guide anglophone vous attend devant la Tila Wali Masjid pour vous faire découvrir la mosquée, le Bara Imambara et les trésors architecturaux dans les ruelles labyrinthiques du quartier de Chowk.

Vous pourrez, au gré du parcours, vous offrir d'intéressantes dégustations, comme le rafraîchissant *thandai* (fait avec du lait, de la cardamome, des amandes, du fenouil, du safran, etc. – avec ou sans marijuana !), mais également découvrir de l'intérieur diverses disciplines traditionnelles : impression au tampon de tissus couleur indigo, médecine *unani*, fabrication de *vark* (feuille d'argent comestible)... Circuit de 2 heures 30 à 3 heures. Mieux vaut réserver par téléphone.

Où se loger

Lucknow Homestay CHEZ L'HABITANT $
(☎9838003590 ; lucknowhomestay@gmail.com ; 110D Mall Ave ; s/d 1 000/1 100 ₹, sans sdb 600/700 ₹, avec clim 1 500/1 600 ₹ ; ❄📶). Sis dans un quartier verdoyant, c'est le plus sympathique des hébergements pour les petits budgets à Lucknow. Naheed et sa famille (qui ont peu de contacts avec leurs hôtes) louent 6 chambres rustiques, dont 4 avec sdb privative. Petit-déjeuner inclus. Il y a un panneau devant l'immeuble – entrez et montez au premier étage. Mieux vaut réserver, car l'adresse est prisée pour les longs séjours.

Les conducteurs de rickshaw connaissent le nom de Mall Ave, qui désigne en réalité l'ensemble du quartier ; il faut apprendre à se repérer dans le dédale de rues pour retrouver son chemin si l'on arrive par un autre endroit que Mahatma Gandhi (MG) Rd. Le plus simple consiste à s'adresser à Guatam, le conducteur préféré du propriétaire, qui parle anglais.

SSJ International HÔTEL $$
(☎0522-406609 ; www.hotelssjinternational.com ; 46 Chandran Gupt Nagar, Charbagh ; s/d 1 725/2 200 ₹). Neuf, moderne et très bien géré, cet hôtel est une bonne adresse pour loger à proximité des gares ferroviaire et routière. Ses chambres offrent tout le confort d'un hôtel d'affaires. Dans une petite rue transversale juste à l'est de Subash Marg, à environ un pâté de maisons au nord de Kanpur Rd.

Hotel Ganga Maiya HÔTEL $$
(☎9335282783 ; www.hotelgangamaiya.com ; 62/9 Station Rd ; s/d à partir de 1 400/1 600 ₹). Dans cet hôtel propre et bien géré, toutes les chambres ont Wi-Fi, TV à écran plat et de bons lits ; les plus chères sont plus grandes et plus raffinées. Mais c'est son personnel particulièrement serviable qui fait la différence. Dans l'ensemble, l'un des meilleurs rapports qualité/prix de Lucknow. Emplacement pratique entre la gare ferroviaire et MG Road. Réductions généralement possibles.

Où se restaurer

Lucknow règne sans partage sur la cuisine de l'Uttar Pradesh. La ville doit aux nababs sa réputation en matière de cuisine *mughlai*, riche, consistante et incroyablement savoureuse. Ses restaurants sont célèbres pour leurs succulentes grillades et leurs délicieux *biryani*.

Lucknow est aussi renommée pour le *dum pukht* – l'art de cuire viande et légumes à la vapeur dans un pot d'argile scellé. En hiver, essayez le *namash*, une préparation singulièrement légère, à base de lait et de crème.

Tunday Kababi INDE DU NORD $
(Naaz Cinema Rd, derrière Aminabad Rd ; plats 95-200 ₹ ; ⏲11h-23h30). Voici un pendant, plus propre et accueillant, d'une vieille

LES TROIS MEILLEURS KEBABS DE LUCKNOW

Kakori kebab

D'après la légende, le vieux nabab édenté de Kakori, une petite ville de la banlieue de Lucknow, aurait demandé à son *bawarchi* (cuisinier royal) de lui confectionner un plat qui fondrait dans la bouche. La spécialité se compose de viande hachée et de papaye assaisonnées d'épices que l'on fait griller au feu de bois sur des brochettes.

Galawat kebab

Le **Tunday Kababi** (page ci-contre), le plus célèbre restaurant de grillades de Lucknow, sert ce plat alléchant sous le simple nom de *mutton kebab*, alors que d'autres l'appellent Tunday. La recette s'apparente beaucoup à celle du *kakori kebab*, sauf que l'on fait frire la préparation dans l'huile ou le *ghee* (beurre clarifié) sous forme de petites galettes. Chose rare en Inde, il existe aussi une variante au bœuf.

Shami kebab

La viande hachée est d'abord bouillie avec des pois chiches noirs et des épices. La préparation est ensuite mixée avec des oignons, des feuilles de coriandre et des piments verts émincés, puis façonnée en galettes qui sont frites dans un peu d'huile.

échoppe, réputée mais difficile à trouver, de **Chowk** (près d'Akbari Gate ; grillades 5 ₹ ; ⌚10h-23h), où l'on vend des grillades de buffle pour 5 ₹. Les prix sont ici plus élevés, mais les vendeurs à emporter assurent le spectacle côté rue, tandis que, dans le restaurant, sont servis de délicieuses assiettes de mouton *biryani*, des grillades et du poulet tandoori.

Les grillades de mouton (95 ₹ les 4, à manger avec un *paratha*) y sont aussi bonnes qu'épicées. Les conducteurs de rickshaws connaissent le restaurant, niché dans une petite ruelle du quartier animé d'Aminabad. Il existe d'autres enseignes homonymes en ville – quelques authentiques franchises et de nombreuses imitations.

Sakhawat — INDE DU NORD $

(www.sakhawatrestaurant.com ; 2 Kaiserbagh Ave, derrière l'Awadh Gymkhana Club ; grillades 110-140 ₹ ; ⌚16h30-22h30 mer-lun). Si cet établissement minuscule et vivement recommandé ne paye pas de mine, ses *galawat kebab* (notamment), grillés à la perfection et renouvelés chaque jour, n'ont pas leur pareil à Lucknow. Internationalement reconnu, l'endroit se double d'un institut culinaire de l'Awadh (ancien nom correspondant à une partie de l'actuel Uttar Pradesh). Quelques *biryani* et curries sont également proposés.

Royal Cafe — INDIEN, INTERNATIONAL $$

(51 MG Rd ; chaat 50-180 ₹, plats 190-470 ₹ ; ⌚12h-23h). Quitte à ne pas vous attabler dans cette excellente adresse, ne manquez pas le stand, pris d'assaut, où sont vendus des *chaat* (en-cas épicés) servis dans de la pomme de terre (*aloo*) ou dans de petits *puri* (pains frits soufflés). À l'intérieur, on peut choisir entre plats *mughlai*, grillades appétissantes, cuisine chinoise et pizzas. Mention spéciale pour le *murg mirch masala* (poulet dans une sauce épicée à base de tomates, oignons et graines de pavot).

Moti Mahal Restaurant — INDIEN $$

(75 MG Rd ; plats 125-210 ₹ ; ⌚7h-23h ; ❄✍). Si vous en avez assez de la cuisine *mughlai* à base de viande, rabattez-vous sur cette table végétarienne appréciée, parfaite pour un petit-déjeuner (excellents *poori sabji* – pains ronds frits, servis avec un curry de pommes de terre) ou un déjeuner. Le soir, préférez le restaurant climatisé à l'étage, qui sert une cuisine plus fine dans un cadre à l'éclairage tamisé.

Dégustez un *dum aloo* local (pommes de terre farcies de noix et de *paneer* en sauce tomate), ou un *kadhai paneer* (un fromage avec une sauce aux câpres, tomates, oignons et épices traditionnelles). Une valeur sûre !

♥ **Oudhyana** — MUGHLAI, INDE DU NORD $$$

(www.vivantabytaj.com ; Vivanta by Taj Hotel, Vipin Khand, Gomti Nagar ; plats 780-1 350 ₹). Pour goûter le summum de la cuisine de l'Awadh, direction le restaurant du **meilleur hôtel de la ville** (☎0522-6771000 ; s/d à partir de 13 110/14 375 ₹ ; ❄@📶🏊), où officie le grand chef Nagendra Singh. Les saveurs des plats, des célèbres *galawat kebab* et *kakori kebab* à tout un florilège de recettes oubliées de l'époque des nababs, explosent littéralement en bouche. La salle intimiste, à dominante bleu pâle et agrémentée de lustres, compose un décor somptueux. Idéal pour une grande occasion.

Où prendre un verre et faire la fête

EOS BAR

(72 MG Rd ; 12h-23h45 lun-ven, 12h-1h sam). Ce bar chic, sur le toit du Best Western Levana, est le plus branché de Lucknow. Il attire une clientèle jeune et remuante, surtout quand les DJ sont là, le samedi soir. Gai, avec un décor de bambous, il est par ailleurs assez agréable le temps d'un cocktail (350-450 ₹), à siroter dehors ou dans l'élégant salon climatisé.

Achats

Lucknow est réputée pour le *chikan*, un tissu brodé porté par les hommes et les femmes. Plusieurs échoppes en vendent dans le dédale du bazar de Chowk (près du restaurant Tunday Kebabi), et au petit **Janpath Market** piétonnier, au sud de MG Rd dans Hazratganj.

Sugandhco PARFUMS

(www.sugandhco.com ; D-4 Janpath Market ; 12h-19h30 lun-sam). Cette affaire familiale créée en 1850 vend de l'*attar*, une huile essentielle extraite de fleurs selon une méthode traditionnelle sous forme de parfum pour hommes et pour femmes, ainsi que des fragrances d'intérieur et des bâtons d'encens.

Renseignements

Bureau de poste principal (www.indiapost.gov.in ; MG Rd ; 10h-16h lun-sam). Superbe architecture de l'époque du Raj.

ICICI Bank (Shalimar Tower, 31/54 MG Rd, Hazratganj ; 8h-20h lun-ven, 9h-14h sam). Change les chèques de voyage (lun-ven 10h-17h) et les espèces. DAB.

Police touristique (MG Road, Hazratganj ; 8h-21h lun-sam). Près du kiosque UP Tourism de MG Rd.

Sahara Hospital (0522-6780001 ; www.saharahospitals.com ; Gomti Nagar). Le meilleur hôpital privé de Lucknow.

UP Tourism (0522-2615005 ; www.uptourism.gov.in ; 6 Sapru Marg ; 9h-19h lun-sam). L'office du tourisme gouvernemental fournit assez peu de renseignements. En revanche, il gère l'excellente visite guidée historique Heritage Walking Tour de Lucknow – même si personne n'a pu nous aiguiller sur le sujet lors de notre passage ! Également : plus petit kiosque (MG Rd, Hazratganj ; 8h-21h lun-sam) sur MG Rd et ligne téléphonique d'assistance aux touristes (0522-3303030).

Depuis/vers Lucknow

AVION

L'aéroport international Chaudhary Charan Singh, moderne, est à Amausi, à 15 km au sud-ouest de Lucknow. Différentes compagnies aériennes proposent des vols quotidiens directs pour de nombreuses villes indiennes, comme Delhi, Mumbai, Ahmedabad, Kolkata et Benguluru (Bangalore). Des vols internationaux sans escale rallient diverses destinations du Golfe comme Abu Dhabi, Dubaï et Muscat (Oman).

BUS

La plupart des bus longue distance partent de la **gare routière de Charbagh** (Kanpur Rd, près de Subhash Marg), en face de la gare ferroviaire.

Quelques destinations :

Agra bus non climatisé (395 ₹, 7 heures, départ à 16h30 et 20h30), climatisé (530 ₹, 6 heures,

TRAINS PRATIQUES AU DÉPART DE LUCKNOW (LKO/LJN)

DESTINATION	N° ET NOM DU TRAIN	TARIFS	DURÉE	DÉPARTS
Agra	12179 *LJN AGC INTRCT*	145/515 ₹ (C)	6 heures	15h55
Allahabad	14216 *Ganga Gomti Exp.*	340 ₹ (B)	4 heures 15	18h
Faizabad	13010 *Doon Exp.*	140/490/695 ₹ (A)	2 heures 30	8h45
Gorakhpur	13020 *Bagh Exp.*	190/490/695 ₹ (A)	6 heures	6h20
Jhansi	11016 *Kushinagar Exp.*	195/490/695 ₹ (A)	6 heures 30	0h40
Kolkata (Howrah)	13006 *ASR-HWH Mail*	480/1 300/1 890 ₹ (A)	20 heures 30	10h50
Mumbai (CST)*	12533 *Pushpak Exp.*	626/1 627/2 337 ₹ (A)	24 heures	19h45
New Delhi	12553 *Vaishali Exp.*	335/865/1 220 ₹ (A)	8 heures	22h25
Varanasi	14236 *BE-BSB Exp.*	210/570/810 ₹ (A)	7 heures 30	23h25

Tarifs : (A) *sleeper*/3AC/2AC ; (B) AC Chair uniquement ; (C) 2S/AC Chair, *départ de Lucknow Junction

JHANSI, POINT DE TRANSIT

Cette ville quelconque proche de la frontière du Madhya Pradesh est associée à la rani Lakshmi Bai de Jhansi, grande figure de la première guerre d'indépendance de 1857 (la révolte des Cipayes). C'est maintenant une étape vers Orchha, Khajuraho et Gwalior.

De la gare routière, des bus partent pour Chhatarpur (130 ₹, 3 heures, départ toutes les heures, 5h-22h), où l'on peut changer pour Khajuraho (50 ₹, 1 heure 30) ; pour Chitrakoot (250 ₹, 6 heures, départ à 8h30) ; ainsi que pour Gwalior (100 ₹, 3 heures, départ toutes les heures). Des *tempo* (grands auto-rickshaws ; 20 ₹) vont de la gare routière de Jhansi à Orchha toute la journée. Les auto-rickshaws privés coûtent 200 ₹. Quelques trains pratiques :

NOM DU TRAIN ET DESTINATION	N° DU TRAIN	TARIFS	DURÉE	DÉPARTS
Punjab Mail pour Gwalior	12137	*sleeper*/3AC/2AC 170/535/735 ₹	1 heure 30	14h30
Punjab Mail pour Agra	12137	*sleeper*/3AC/2AC 195/540/740 ₹	3 heures 30	14h30
Punjab Mail pour Mumbai	12138	*sleeper*/3AC/2AC 530/1 395/2 010 ₹	19 heures	12h35
Grand Trunk Express pour Delhi	12615	*sleeper*/3AC/2AC 280/830/1 010 ₹	7 heures 30	23h40
Bundelkhand Express pour Varanasi	11107	*sleeper*/3AC/2AC 305/720/1 190 ₹	12 heures 30	22h25
Udz Kurj Express pour Khajuraho	19666	*sleeper*/3AC/2AC 160/490/695 ₹	3 heures	15h30

départ à 20h45 et 21h45), Scania climatisé (905 ₹, 6 heures, départ à 10h et 22h30)

Allahabad bus non climatisé (175 ₹, 5 heures, départ toutes les 30 min), climatisé (280 ₹, 5 heures, départs toute la journée), Volvo climatisé (480 ₹, 4 heures 30, 10/jour)

Delhi bus non climatisé (510 ₹, 11 heures), Volvo/Scania climatisé (835/1 510 ₹, 9 heures). Départs toute la journée.

Faizabad bus non climatisé (145 ₹, 4 heures, départ toutes les 30 min), Volvo climatisé (345 ₹, 3 heures, départ à 10h et 22h)

Gorakhpur bus non climatisé (285 ₹, 7 heures 30, départ toutes les 30 min), Volvo climatisé (718 ₹, 6 heures, 10h, départ à 22h et 23h)

Jhansi bus non climatisé (350 ₹, 8 heures, départ à 18h, 19h et 21h30)

Varanasi bus non climatisé (290 ₹, 8 heures, départ toutes les 30 min), climatisé (405 ₹, 6 heures, départ à 9h et 22h30), Volvo climatisé (710 ₹, 6 heures, départ à 15h et 22h)

La **gare routière de Kaiserbagh** (☎0522-2622503 ; J Narain Rd) propose aussi des bus pour Faizabad (145 ₹, 4 heures) et Gorakhpur (285 ₹, 8 heures, toutes les 30 min, 6h-22h), ainsi que pour Rupaidha (210 ₹, 7 heures, 9h30, 11h, 19h30, 20h30, 21h30 et 23h), où il existe un poste-frontière avec le Népal, rarement emprunté.

TRAIN

Les deux gares principales, Lucknow NR (plus communément appelée Charbagh) et Lucknow Junction, sont côte à côte, à 4,5 km au sud du centre touristique. Les trains pour la plupart des grandes destinations partent de Charbagh – plusieurs départs chaque jour pour Agra, Varanasi, Faizabad, Gorakhpur et New Delhi. L'unique train quotidien pour Mumbai et ceux pour Haldwani partent de Lucknow Junction. Vérifiez bien le nom de la gare sur votre billet !

Le **Foreign Tourist Help Desk** (Rail Reservation & Booking Centre, gare de Charbagh ; ⏲8h-13h50 et 14h-20h), un bureau destiné à aider les touristes étrangers à réserver leurs billets, est au guichet 601 dans le Rail Reservation & Booking Centre, à 150 m à droite en sortant de la gare de Charbagh.

ℹ Comment circuler

DEPUIS/VERS L'AÉROPORT

La course de 30 minutes en auto-rickshaw jusqu'à l'aéroport depuis le guichet des taxis prépayés, devant la gare ferroviaire, coûte 125 ₹ (plus 20 ₹ d'entrée à l'aéroport).

TRANSPORTS LOCAUX

Une petite course en rickshaw coûte 30 ₹. Marchandez ferme avec les chauffeurs des auto-rickshaws. De la gare ferroviaire/routière de Charbagh, vous paierez environ 80 ₹ pour aller à Hazratganj, ou 120 ₹ pour Bara Imambara.

L'auto-rickshaw collectif est le meilleur moyen pour circuler en ville – hélez-en un et indiquez le quartier où vous vous rendez (comme Hazratganj, pour MG Road, ou Charbagh, pour la gare ferroviaire) et on vous fera signe de monter si c'est sur le chemin. Il vous en coûtera 5-15 ₹ suivant la longueur du trajet.

Un métro est en construction. Après quelques retards dans la première phase des travaux, un premier tronçon à ouvert en septembre 2017.

AYODHYA ET SES ENVIRONS

☎05278 / 58 000 HABITANTS

Relativement épargnée par le trafic, envahie par les singes, les vaches sacrées et, à l'occasion, les éléphants domestiques, Ayodhya est le lieu de naissance de Rama et, à ce titre, l'une des sept villes saintes de l'hindouisme. Elle a également vu naître quatre des 24 *tirthankara* (grands maîtres jaïns). La ville a été le théâtre de l'un des conflits religieux les plus controversés de l'Inde moderne (p. 758), mais seule la présence d'une importante force policière pour une ville de cette taille témoigne de ce passé trouble, tout comme les mesures de sécurité draconiennes près du site où Rama est censé être venu au monde.

Faizabad, une ville un peu plus grande à 7 km, constitue une base pratique pour visiter Ayodhya et recèle plus de choix en matière d'hébergements.

À voir

Bahu Begum Ka Maqbara ÉDIFICE HISTORIQUE
(aube-crépuscule). GRATUIT Situé à Faizabad et surnommé (certes un peu exagérément) le "Taj Mahal de l'Est", ce mausolée unique fut édifié pour l'épouse royale du nabab Shuja-ud-Daula, en 1816. Doté de trois dômes superposés, dont les murs et les voûtes sont superbement décorés, il est considéré comme l'un des plus beaux exemples d'architecture de l'Awadh.

Hanumangarhi TEMPLE HINDOU
(aube-crépuscule). Le grand temple le plus proche de la route principale et l'un des plus fréquentés est consacré au dieu Hanuman, un serviteur de Rama souvent associé aux singes. Grimpez les 76 marches jusqu'à la porte sculptée et les murs extérieurs semblables à des remparts, puis rejoignez la foule venue déposer ses *prasaad* (offrandes de nourriture, bénies dans le temple).

Kanak Bhavan TEMPLE HINDOU
(palais d'Or ; 8h30-11h30 et 16h30-21h30 avr-sept, 9h-12h et 16h-21h oct-mars). Ce palais reconstruit en temple est l'un des édifices les plus impressionnants d'Ayodhya. L'intérieur compte trois sanctuaires dédiés à Rama et à son épouse Sita, qui l'auraient reçu en cadeau de mariage.

Ramkatha Museum MUSÉE
(☎9415328511 ; 10h30-17h mar-sam). GRATUIT Situé après l'extrémité nord de la route principale, ce musée présente des peintures et des sculptures anciennes. Tous les soirs de 18h à 21h, sauf le lundi, il accueille des représentations gratuites du *Ram Lila* – la bataille de Rama et de Ravana, décrite dans l'épopée hindoue du *Ramayana* – au **Tulsi Smarg Bhawan**, un parc voisin.

Suivez sur 500 m environ l'artère principale qui s'enfonce dans Ayodhya, tournez à droite au poste de police en face de l'Akash Cycle Company et marchez encore 500 m ; le musée est sur la droite.

Ram Janam Bhumi TEMPLE HINDOU
(7h-11h30 et 12h30-17h). Ce temple hautement controversé marque le lieu de naissance de Rama. Les mesures de sécurité sont impressionnantes. Vous devrez présenter votre passeport et déposer toutes vos affaires (même votre ceinture), sauf votre passeport et votre argent, dans des casiers fermés. Vous serez fouillé plusieurs fois avant d'être escorté le long d'un passage grillagé jusqu'à un endroit à 20 m d'un sanctuaire sous une tente, où Rama serait né.

À peine aurez-vous jeté un œil que vous serez invité à repartir. Allez-y pour l'expérience surréaliste (et s'il n'y a pas trop de monde), car le sanctuaire lui-même n'a rien de spécial. Pour vous y rendre, en venant d'Hanumanghari, tournez à gauche à hauteur du Dashrath Bhavan (temple à l'entrée colorée).

Où se loger et se restaurer

Hotel Shane Avadh HÔTEL $
(☎05278-222075 ; www.hotelshaveavadh.com ; Civil Lines, Faizabad ; s/d à partir de 450/550 ₹, avec clim à partir de 1 300/1 600 ₹ ; ❄). Cet établissement bien tenu de Faizabad compte un bon choix de chambres – seules quelques-unes, récemment refaites, correspondent aux photos du site Web. Les moins chères sont un peu sommaires, en payant un peu plus, elles sont bien mieux. Lits très durs. Réservez.

VAUT LE DÉTOUR

CHITRAKOOT : UNE VARANASI EN MINIATURE

Connue pour être une mini-Varanasi en raison de ses nombreux temples et *ghat*, cette bourgade paisible, sur les rives de la Mandakini, est le cadre de plusieurs mythes hindous. C'est ici que la triade de l'hindouisme – Brahma, Vishnu et Shiva – se serait incarnée. C'est aussi l'endroit où Rama aurait passé la majeure partie de ses 14 années d'exil après avoir été banni d'Ayodhya, sa ville natale, par une belle-mère jalouse.

Aujourd'hui, d'innombrables pèlerins affluent à Chitrakoot, et se pressent au Ram Ghat et sur la colline sacrée de Kamadgiri, à 2 km.

Des dizaines, voire des centaines de fidèles descendent au **Ram Ghat** pour un bain sacré à l'aube, puis reviennent le soir pour l'*aarti*. Des **barques** (avec des lapins !) colorées transportent les visiteurs sur la rive opposée (20 ₹), au Madhya Pradesh, ou vers des sites pittoresques le long de la rivière.

La promenade de 2 km jusqu'au **temple de Verre** (Glass Temple), un édifice recouvert de mosaïques religieuses formées de milliers de morceaux de verre colorés, est très populaire. Pendant la journée, de nombreux pèlerins se rendent à Kamadgiri, une colline révérée comme l'incarnation de Rama. Un circuit de 5 km (1 heure 30) autour du pied de la colline permet de découvrir quantité de temples où se prosternent les dévots parmi des bandes de singes facétieux.

Awantika INDIEN, INTERNATIONAL $$
(Civil Lines, Faizabad ; plats 95-235 ₹ ; 11h-22h30 ;). Propre et tendance, ce restaurant incongru à Ayodhya présente une carte savoureuse entièrement végétarienne comprenant des plats chinois, italiens et indiens, dont un succulent *thali* spécial (200 ₹). Décor de lounge et musique branchée en fond sonore. Face à la station-service Bharat Petroleum. (À ne pas confondre avec le snack-bar voisin New Awantika.)

Renseignements

Il y a plusieurs DAB près de l'**Hotel Shane Avadh** à Faizabad.

Cyber Zone (Civil Lines, Faizabad ; 20 ₹/heure ; 10h-20h30). Cybercafé sommaire. Il se trouve au premier croisement, 50 m à droite après l'Hotel Shane Avadh, sur la route en direction d'Ayodhya.

Depuis/vers Ayodhya

De la gare routière de Faizabad, tournez à gauche dans la route principale, où vous trouverez des auto-rickshaws collectifs (10-20 ₹, 20 min) pour Ayodhya.

Des bus fréquents partent de la gare routière de Faizabad pour Lucknow (140 ₹, 3 heures), Gorakhpur (150 ₹, 3 heures 30, 5h-20h) et Allahabad (150 ₹, 5 heures, 7h-22h). Des bus climatisés rallient Lucknow (190 ₹) environ 1 fois par heure.

Depuis Faizabad, des trains pratiques desservent :

Lucknow 13307 *Gangasutlej Express, sleeper*/3AC/2AC 140/485/690 ₹, 3 heures 30, départ à 11h08

Varanasi 13010 *Doon Express, sleeper*/3AC/2AC 140/490/695 ₹, 5 heures, départ à 11h10

Delhi 12225 *Kaifiyat Express, sleeper*/3AC/2AC 380/995/1 410 ₹, 11 heures 15, départ à 19h52

Un rickshaw de la gare routière à la gare ferroviaire coûte 30 ₹.

ALLAHABAD

0532 / 1,2 MILLION D'HABITANTS

Brahma, le dieu hindou créateur, serait arrivé sur terre à Allahabad (ou Prayag, premier nom de la ville), et l'aurait désignée comme le plus grand centre de pèlerinage. Sangam, à la périphérie de la ville, est le principal site de la Kumbh Mela (il en existe quatre). Allahabad est aussi la ville d'origine de la famille Nehru, dont la maison servie de quartier général au mouvement pour l'indépendance de l'Inde, opposé au Raj britannique.

Malgré son importance dans la mythologie hindoue, dans l'histoire du pays et dans la vie politique moderne, Allahabad est aujourd'hui une ville modeste. Bien qu'elle compte quelques hébergements et restaurants d'une qualité remarquable, les sites principaux n'ont qu'un attrait limité – et son atmosphère chargée de poussière, gaz d'échappement et fumée d'ordures incinérées est pénible en fin d'après-midi.

À voir

Sangam SITE SACRÉ
Le Sangam marque la confluence des deux fleuves les plus sacrés de l'Inde, le Gange et la

Yamuna, avec la Saraswati, l'une des rivières mythiques de l'hindouisme. Toute l'année, des pèlerins se rendent en barque jusqu'à cet endroit sacré. Leur nombre augmente fortement durant la **Magh Mela**, une fête annuelle de 6 semaines, qui se déroule entre janvier et mars, et culmine avec six "bains sacrés" collectifs. Tous les 12 ans, la **Kumbh Mela** voit déferler à Allahabad des millions de fidèles ; l'**Ardh Kumbh Mela** a lieu en alternance tous les 6 ans.

Au début des années 1950, 350 pèlerins périrent piétinés lors de la ruée vers l'eau pour le bain rituel (un événement relaté dans le beau roman de Vikram Seth *Un garçon convenable*). La dernière Ardh Kumbh Mela, en 2007, a attiré plus de 70 millions de dévots. Ce fut le plus important rassemblement humain jamais enregistré jusqu'à la Kumbh Mela de 2013, qui a drainé quelque 32 millions de personnes lors de Mauni Amavasya, le premier jour de bain, et 100 millions au cours des 55 jours de la fête. Attendez-vous à des chiffres aussi impressionnants pour la prochaine Kumbh Mela à Allahabad, prévue pour 2025.

De vieilles barques conduisent les visiteurs jusqu'à la confluence des cours d'eau, moyennant environ 50 ₹ par personne pour un Indien qui marchande bien, et 100 ₹ au minimum pour un étranger (ou 600-800 ₹ par embarcation).

Près de l'angle du Sangam (suivez la berge qui longe le fort d'Akbar) se trouvent le **Saraswati Ghat** puis le **Nehru Ghat**. Chaque soir, ils accueillent chacun un *aarti* (rituel de vénération avec lampes et bougies), toutefois moins impressionnant qu'à Varanasi ou à Mathura.

Khusru Bagh PARC

(aube-crépuscule). GRATUIT Ce parc insolite, ceint d'un haut mur, renferme quatre **tombeaux moghols** absolument superbes. Dans l'un d'eux repose le **prince Khusru**, le fils aîné de l'empereur Jahangir, qui tenta de renverser son père en 1606 mais fut arrêté, emprisonné, et énucléé. Il fut assassiné en 1622 sur ordre de son demi-frère, qui monta ensuite sur le trône sous le nom de Shah Jahan (et fit construire le Taj Mahal).

Le second est celui de **Shah Begum**, première épouse de Jahangir et mère de Khusru, qui se suicida en 1603 d'une overdose d'opium, en réaction à la querelle opposant son mari et son fils. Entre les deux se dresse le très joli mausolée construit par **Nesa Begum**, la sœur de Khusru, qui n'abrita en fait jamais aucune sépulture. À l'ouest des autres s'élève un édifice plus modeste baptisé **tombeau de Tamolon**, dont on ignore l'origine.

Si vous vous attardez près des tombeaux du prince Khusru et de Shah Begum, quelqu'un apparaîtra avec des clés pour vous montrer l'intérieur où vous verrez un bel assortiment de peintures naturalistes et des *jali* (écrans sculptés ajourés) uniques en forme d'arbre. Vous devrez négocier le prix ; ne payez pas plus de 100 ₹ pour les quatre tombes.

Anand Bhavan MUSÉE

(Indien/étranger 10/100 ₹ ; 9h30-13h et 13h30-17h mar-dim). Cette belle demeure de 2 étages est un sanctuaire à la mémoire de la famille Nehru, qui donna cinq générations de politiciens illustres, de Motilal Nehru à Rahul Gandhi. Dans cette maison imposante, le Mahatma Gandhi, Jawaharlal Nehru et d'autres leaders planifièrent la

BAINS PURIFICATEURS À ALLAHABAD

Les larges berges du Sangam attirent des dizaines de millions de pèlerins tous les six ans, alternativement pour la Kumbh Mela (ci-dessus) et l'Ardh Kumbh Mela. Chaque année se déroule la **Magh Mela**, un rassemblement moins important. La prochaine **Ardh Kumbh Mela** est en 2019, et la prochaine Kumbh Mela, en 2025.

Les dates suivantes indiquent les jours propices pour un bain purificateur lors des prochaines Magh Mela :

JOUR	2019	2020	2021
Makar Sankranti	15 jan	15 jan	14 jan
Mauni Amavasya	4 fév	20 jan	11 fév
Vasant Panchami	10 fév	29 jan	16 fév
Magh Purnima	19 fév	9 fév	27 fév
Mahashivatri	5 mars	21 fév	11 mars

fin du Raj. Des livres, des effets personnels, ainsi que des photos rappellent cette époque passionnante.

Fort d'Akbar et temple de Patalpuri ÉDIFICE HISTORIQUE
(don à l'entrée du temple ; ⏲6h-17h30). Construit par l'empereur moghol Akbar au XVIe siècle, le fort se dresse sur la rive nord de la Yamuna. Trois portes, flanquées de tours, percent ses épais remparts. Occupé en majeure partie par l'armée, il ne se visite pas. Toutefois, une petite porte dans le mur est, près du Sangam, permet d'accéder au temple de Patalpuri, un sanctuaire souterrain rempli de multiples effigies de divinités ; faites de la monnaie à l'extérieur auprès des changeurs pour laisser des offrandes. Même si l'on vous réclamera entre 10 et 100 ₹ devant telle ou telle divinité, quelques pièces suffisent.

Devant le temple se dresse le **banian immortel** (Undying Banyan Tree), dont on voit les racines dans le sous-sol. Des pèlerins se jetaient jadis du haut de l'arbre dans l'espoir d'échapper au cycle des renaissances.

Où se loger

Hotel Prayag HÔTEL $
(☎0532-2656416 ; 73 Noorullah Rd ; s/d à partir de 500/700 ₹, sans sdb 300/350 ₹, avec clim 1 200/1 350 ₹ ; ❄@🛜). À quelques mètres au sud de la gare ferroviaire, cet hôtel, bien tenu et pratique, comprend un cybercafé (30 ₹/heure, Wi-Fi gratuit), un DAB de la State Bank of India et un restaurant. Il offre un grand choix de chambres surannées, simples et en plus ou moins bon état. Le sympathique personnel vous aidera à négocier un auto-rickshaw.

Milan Hotel HÔTEL $$
(☎0532-2403776 ; www.hotelmilan.in ; 46 Leader Rd ; s 2 300-4 000 ₹, d 3 000-4 900 ₹ ; ❄🛜). L'un des meilleurs rapports qualité/prix d'Allahabad dans cette gamme : les chambres sont propres et modernes, décorées dans des tons doux et dotées de bons lits. Vous pouvez payer plus cher pour une chambre plus grande, mais même les chambres meilleur marché sont de bonne qualité.

Hotel U.R. HÔTEL $$
(☎0532-2427334 ; mj1874@gmail.com ; 7/3, A/1 MG Marg, Civil Lines ; ch 1 600-2 200 ₹ ; ❄🛜). Cet établissement de 20 chambres très bien tenu est stratégiquement situé, dans MG Marg, et un peu au-dessus de ses concurrents dans la même gamme de prix, notamment grâce à un personnel mieux formé. On rejoint, par un ascenseur de verre, des chambres propres, que la taille de leurs lits fait paraître exiguës ; les meilleures d'entre elles ouvrent sur une terrasse bordée de plantes. Réductions souvent possibles.

♥ **Kanchan Villa** CHEZ L'HABITANT $$$
(☎9838631111 ; www.kanchanvilla.com ; 64 Lukerganj ; s/d à partir de 3 000/3 850 ₹, ste à partir de 4 950 ₹, avec petit-déj ; ❄@🛜). L'accueil d'Ivan, guitariste à ses heures et connaisseur des alcools indiens, et de sa femme Purnima donne un aperçu plutôt rare de la culture chrétienne en Inde. La belle maison, presque centenaire, compte 6 chambres, avec meubles d'époque (mention spéciale à la bengalie). On peut petit-déjeuner sur la terrasse arborée, à l'étage. Les hôtes cuisent des grillades dans un *tandoor* à l'extérieur, et l'on se sent comme chez soi dans le salon/bar. Le prix inclut les transferts. Sinon, comptez 20 ₹ en rickshaw depuis la gare ferroviaire.

Où se restaurer

♥ **Eat On** MUGHLAI $
(MG Marg ; plats 50-200 ₹ ; ⏲11h30-22h mer-lun). Une gargote sans places assises, avec 4 plats, aussi délectables que bon marché : *shami kebab* (émincé de mouton aux lentilles noires et aux épices) à faire saliver ; poulet *biryani* épicé à souhait ; poulet rôti (le soir seulement) ; et bons *paratha* pour accompagner le tout. Attendez-vous à faire la queue : c'est l'une des meilleures adresses d'Allahabad.

Kamdhenu Sweets DOUCEURS $
(37, Palace Cinema Compound, MG Marg ; en-cas 20-80 ₹ ; ⏲8h30-22h30). Cette boutique très appréciée vend des friandises faites maison, des gâteaux, des samosas, des sandwichs et des glaces.

El Chico Cafe INDIEN, INTERNATIONAL $$
(24/28 MG Marg ; plats 200-400 ₹ ; ⏲12h-22h30). De copieux petits-déjeuners (pancakes à la cannelle, gaufres, expresso) toute la journée, ainsi que des sandwichs, des pizzas au feu de bois et d'autres classiques internationaux. Le brownie sur plaque chauffante vaut le détour ! Attaché au restaurant El Chico.

El Chico INTERNATIONAL $$
(26/28 MG Marg ; plats 200-500 ₹ ; ⏲10h-22h30 ; ❄). Ce restaurant raffiné sert de

Allahabad

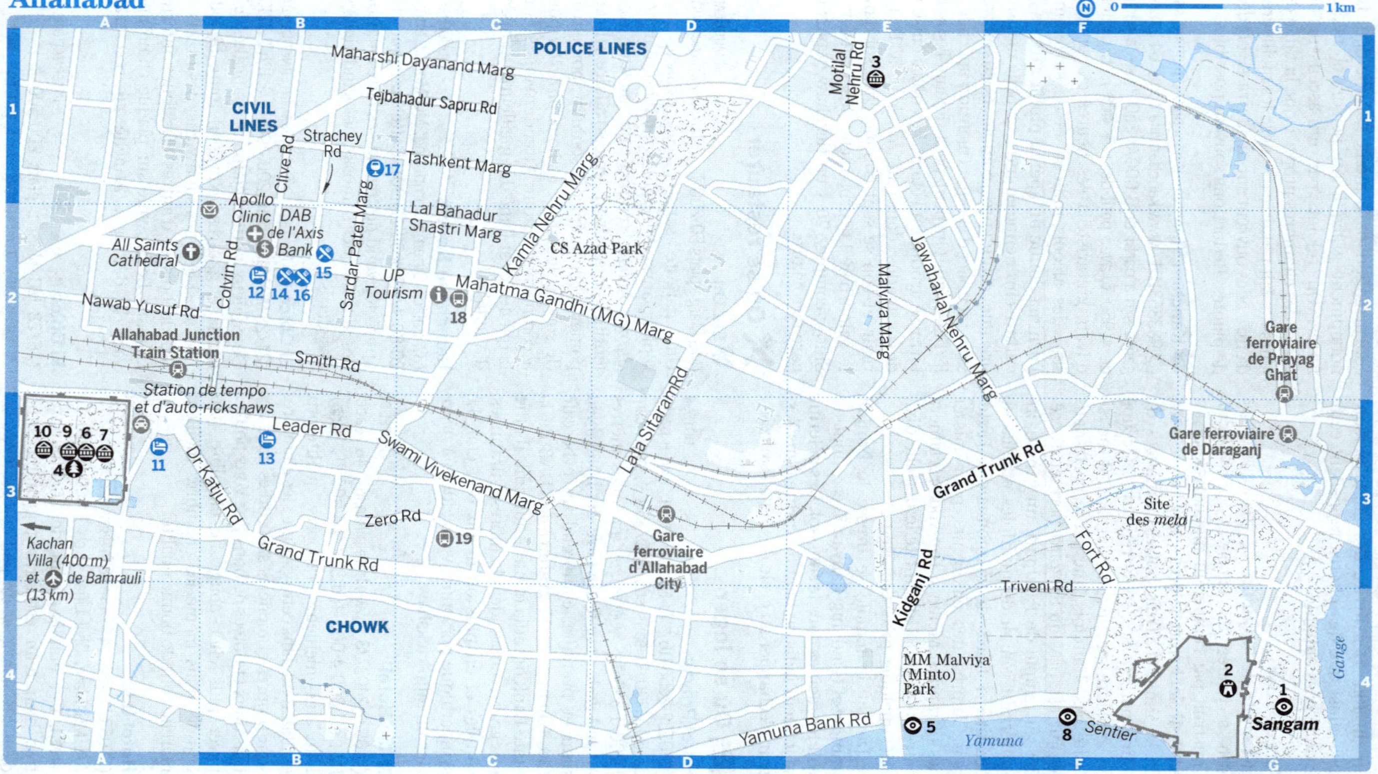
0
1 km
A
B
C
D
E
F
G
1
2
3
4
POLICE LINES
CIVIL LINES
CHOWK
Maharshi Dayanand Marg
Tejbahadur Sapru Rd
Strachey Rd
Clive Rd
Tashkent Marg
17
Apollo Clinic
DAB de l'Axis Bank
Lal Bahadur Shastri Marg
All Saints Cathedral
Colvin Rd
12
14
16
15
Sardar Patel Marg
UP Tourism
18
Mahatma Gandhi (MG) Marg
Kamla Nehru Marg
CS Azad Park
Nawab Yusuf Rd
Allahabad Junction Train Station
Smith Rd
Station de tempo et d'auto-rickshaws
Leader Rd
13
11
10
9
6
7
4
Dr Katju Rd
Swami Vivekenand Marg
Zero Rd
19
Grand Trunk Rd
Kachan Villa (400 m) et de Bamrauli (13 km)
Lala SitaramRd
Gare ferroviaire d'Allahabad City
Motilal Nehru Rd
3
Malviya Marg
Jawaharlal Nehru Marg
Grand Trunk Rd
Kidganj Rd
Triveni Rd
Fort Rd
Site des mela
MM Malviya (Minto) Park
5
Yamuna Bank Rd
Yamuna
8
Sentier
2
1
Sangam
Gange
Gare ferroviaire de Prayag Ghat
Gare ferroviaire de Daraganj

Allahabad

Les incontournables
1 Sangam G4

À voir
2 Fort d'Akbar et temple de Patalpuri G4
3 Anand Bhavan E1
4 Khusru Bagh A3
5 Nehru Ghat E4
6 Tombeau de Nesa Begum A3
7 Tombeau du prince Khusru A3
8 Saraswati Ghat F4
9 Tombeau de Shah Begum A3
10 Tombeau de Tamolon A3

Où se loger
11 Hotel Prayag A3
12 Hotel U.R. B2
13 Milan Hotel B3

Où se restaurer
14 Eat On B2
15 El Chico B2
El Chico Cafe ....(voir 15)
16 Kamdhenu Sweets B2

Où prendre un verre et faire la fête
17 Patiyala Peg Bar B1

Transports
18 Gare routière de Civil Lines C2
19 Gare routière de Zero Road C3

remarquables spécialités indiennes (mention spéciale pour la grillade de poulet à l'ail et au piment), des plats chinois tentants et des mets occidentaux. Les formules sur plaque chauffante (*sizzlers*) sont très appréciées. Le café est servi dans des carafes en étain. Au-dessous du moderne El Chico Cafe.

Où prendre un verre et faire la fête

Patiyala Peg Bar BAR
(Grand Continental Hotel, Sardar Patel Marg ; 7h-23h). Ce bar pour touristes digne d'intérêt programme des récitals de *ghazal* (chants poétiques en ourdou) tous les soirs de 19h30 à 22h30. Il sert principalement des bières (à partir de 300 ₹) et du whisky.

Renseignements

Le quartier de Civil Lines compte plusieurs DAB.

Apollo Clinic (0532-2421132 ; www.apolloclinic.com ; 28B MG Marg ; 24h/24). Clinique privée moderne avec une pharmacie ouverte 24h/24.

Bureau de poste (www.indiapost.gov.in ; Sarojini Naidu Marg ; 10h-13h30 et 14h-17h lun-ven, 10h-16h sam)

UP Tourism (0532-2408873 ; www.uptourism.gov.in ; 35 MG Marg ; 10h-17h lun-sam, fermé 2e sam du mois). Dans le Rahi Ilawart Tourist Bungalow, à côté de la gare routière de Civil Lines. D'un intérêt limité.

Depuis/vers Allahabad

AVION

L'aéroport d'Allahabad est à 15 km à l'ouest de la ville. **Air India** (0532-258360 ; www.airindia.com) opère 1 vol par jour vers Delhi (16h ; à partir de 3 800 ₹). La course jusqu'à l'aéroport coûte 450 ₹ en auto-rickshaw, 600 ₹ en taxi.

BUS

De la **gare routière de Civil Lines** (Civil Lines Bus Stand ; MG Marg), des bus réguliers non climatisés partent pour Varanasi (120 ₹, 3 heures, départ toutes les 10 min), Faizabad (170 ₹, 5 heures, départ toutes les 30 min, 4h30-1h), Gorakhpur (250 ₹, 10 heures, départ toutes les 30 min, 4h-minuit) et Lucknow (176 ₹, 5 heures, départ toutes les heures de 12h à 20h). Des bus climatisés vont à Varanasi (195 ₹, 3 heures) et à Lucknow (510 ₹, 5 heures) toute la journée, ainsi qu'à Delhi (1 680 ₹, 14 heures) à 19h. Pour aller à Delhi ou à Agra, vous pouvez changer à Lucknow, ou prendre le train.

Pour rejoindre Chitrakoot : à la **gare routière de Zero Road** (Zero Rd) prenez un bus pour Karwi (125 ₹, 3 heures, départ toutes les 30 min de 4h à 20h30), puis parcourez les 10 km restants en auto-rickshaw collectif (10 ₹).

TRAIN

D'Allahabad Junction, la principale gare ferroviaire, quelques trains desservent chaque jour Lucknow, Varanasi, Delhi, Agra et Kolkata. Des trains réguliers rejoignent également Satna, d'où des bus vont à Khajuraho.

Comment circuler

Les rickshaws abondent (20 ₹ le trajet de 1-2 km en bataillant ferme).

Rendez-vous à la station de la gare ferroviaire ou de MG Marg pour trouver un auto-rickshaw. Vous pourrez en louer un pour explorer la plupart des sites en une demi-journée (500 ₹/4 heures).

Des *vikram* (gros auto-rickshaws) attendent sur le côté sud de la gare ferroviaire. Ils vont, entre autres, aux gares routières de Zero Road (10 ₹) et Civil Lines (10 ₹), et à Sangam (15 ₹).

TRAINS PRATIQUES AU DÉPART D'ALLAHABAD (ALD)

DESTINATION	N° ET NOM DU TRAIN	TARIFS	DURÉE	DÉPARTS
Agra	12403 *ALD JP Exp.*	295/765/1 075 ₹ (A)	7 heures 30	23h30
Kolkata (Howrah)	12312 *Kalka Mail*	435/1 150/1 640 ₹ (A)	14 heures 30	17h20
Lucknow	14209 *PRG-LKO Intercity*	330 ₹ (B)	4 heures	15h40
New Delhi	12559 *Shiv Ganga Exp.*	375/985/1 395 ₹ (A)	9 heures 45	22h30
Satna	12428 *ANVT REWA Exp.*	170/540/740 ₹ (A)	3 heures	6h55
Varanasi	15017 *Gorakhpur Exp.*	140/490/695 ₹ (A)	4 heures	8h45

Tarifs : (A) *sleeper*/3AC/2AC ; (B) AC Chair uniquement

OUEST DE L'UTTAR PRADESH

Sur la route reliant Delhi à Agra, dans l'ouest de l'État, Mathura et Vrindavan, deux villes sacrées voisines, ont joué un rôle clé dans l'histoire religieuse de l'Inde.

Mathura

☎ 0565 / 540 000 HABITANTS

Réputée lieu de naissance du dieu hindou Krishna, Mathura est l'une des sept villes sacrées de l'hindouisme en Inde. Elle attire d'innombrables pèlerins, notamment à l'occasion de **Janmastami** (anniversaire de Krishna), en août/septembre, et d'Holi, en février/mars. La ville est ponctuée de temples de diverses époques et 25 *ghat* bordent la Yamuna ; découvrez-les de préférence à l'aube, à l'heure du bain rituel, ou au crépuscule, quand des centaines de bougies flottent sur le fleuve pour la cérémonie de l'*aarti*.

Mathura fut jadis un grand centre bouddhique. Vingt monastères y abritaient alors quelque 3 000 moines. L'essor de l'hindouisme puis les pillages des envahisseurs afghans et moghols ont provoqué leur disparition. Il ne reste que de splendides sculptures retrouvées dans les ruines et exposées au Musée archéologique.

À voir

♥ Temple de Kesava Deo TEMPLE HINDOU
(Shri Krishna Janmabhoomi ; 5h-21h30 en été, 5h30-20h30 en hiver). Au sein du plus important ensemble de temples de Mathura, le **Shri Krishna Janmabhoomi** est une petite pièce nue qui marque l'emplacement de la cellule de prison où serait né Krishna, il y a plus de 5 000 ans. Le grand temple principal est orné de fresques représentant des scènes de la vie de Krishna, et recèle plusieurs statues du dieu et de son épouse, Radha. Détruit et reconstruit plusieurs fois au cours du dernier millénaire, le temple actuel date des années 1950.

Vishram Ghat GHAT
Un chapelet de *ghat* et de temples borde la Yamuna au nord du principal pont routier. Le Vishram Ghat, où Krishna se serait reposé après avoir tué le tyrannique roi Kansa, est le plus central et le plus fréquenté. Des bateaux s'alignent le long des berges pour promener les touristes sur la Yamuna (150 ₹/heure pour 2 pers, 300 ₹ pour un bateau entier).

Temple de Gita TEMPLE HINDOU
(aube-crépuscule). Sur la route de Vrindavan, ce paisible temple en marbre possède, dans son jardin, un pilier rouge sur lequel est inscrite toute la *Bhagavad Gita* (le "chant du Bienheureux" en sanskrit).

Katra Masjid MOSQUÉE
Cette jolie mosquée en grès fut édifiée par le souverain moghol Aurangzeb en 1661, sur le site d'un temple qui marquait l'emplacement de la naissance de Krishna et qu'il fit raser. Située juste à côté de l'actuel temple de Kesava Deo, la mosquée est surveillée en permanence par des soldats pour empêcher que se reproduisent les tragiques événements survenus à Ayodhya en 1992 (p. 758).

Les appareils photo, sacs et téléphones mobiles sont vérifiés à l'entrée, et les visiteurs passent par un contrôle de sécurité.

Archaeological Museum MUSÉE
(Museum Rd ; Indien/étranger 5/25 ₹, appareil photo 20 ₹ ; 10h30-16h30 mar-dim). Ce vaste Musée archéologique présente une superbe collection de sculptures religieuses de l'école de Mathura, qui prospéra du IIIe siècle

av. J.-C. au XIIe siècle. Il était fermé pour rénovation lors de nos recherches.

Fêtes et festivals

Janmastami RELIGION

(août/sept). L'anniversaire de Krishna attire une foule immense à Mathura, dont les temples disparaissent sous les décorations. Des représentations musicales retracent la vie de Krishna.

Holi RELIGION

(fév/mars). Cette fête, sans doute la plus colorée au monde – les fidèles s'aspergent de poudres multicolores –, célèbre l'arrivée du printemps et le triomphe du bien sur le mal. Les célébrations sont particulièrement ferventes près de Mathura et de Vrindavan, lieu de naissance et demeure spirituelle de Krishna.

Où se loger et se restaurer

Hotel Brijwasi Royal HÔTEL $$$

(8191818818 ; www.brijwasihotels.com ; SBI Crossing, Station Rd ; ch avec petit-déj 3 500-4 900 ₹ ;). Un établissement propre et moderne, doté de 40 chambres (avec baignoire) dans le style des hôtels d'affaires, avec sol en marbre ou recouvert de moquette – certaines donnent sur un étang où boivent des buffles à l'arrière. Réductions substantielles s'il y a peu de clients.

Status Restaurant INDIEN $$

(SBI Crossing, Station Rd ; plats 195-275 ₹ ; 7h-23h). Populaire à juste titre, le restaurant de l'Hotel Brijwasi Royal (p. 415), bien pourvu en personnel, sert de savoureux plats indiens végétariens. Goûtez l'assiette tandoori.

Renseignements

Il y a un DAB de la **State Bank of India** (Station Rd) à SBI Crossing, à côté de l'Hotel Brijwasi Royal, non loin de la nouvelle gare routière, et un autre au Shri Krishna Janmabhoomi.

Comment s'y rendre et circuler

BUS

Des bus partent de la **nouvelle gare routière** (New Bus Stand ; Vrindavan Rd) pour Delhi (135 ₹, 4 heures, départ toutes les 30 min, 5h-22h) et Agra (65 ₹, 1 heure 30, départ toutes les 15 min, 4h-21h). Les *tempo* et voitures collectives facturent 15 ₹ de Mathura à Vrindavan (13 km).

Mathura

0 500 m

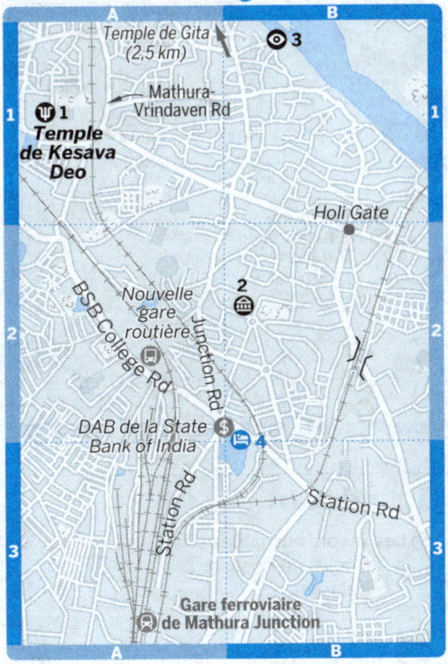

Mathura

Les incontournables
1 Temple de Kesava Deo A1

À voir
2 Archaeological Museum B2
Katra Masjid .... (voir 1)
3 Vishram Ghat B1

Où se loger
4 Hotel Brijwasi Royal B2

Où se restaurer
Status Restaurant .... (voir 4)

TRAIN

Il existe de nombreux trains pour Delhi (*sleeper*/AC Chair 170/260 ₹, 2-3 heures), Agra (*sleeper*/AC Chair 170/330 ₹, 1 heure) et Bharatpur (*sleeper*/AC Chair 100/270 ₹, 45 min). Ceux pour Bharatpur continuent jusqu'à Sawai Madhopur (pour le Ranthambhore National Park, 2 heures) et Kota (5 heures 30).

Vrindavan

0565 / 65 000 HABITANTS

Krishna aurait grandi dans la bourgade de Vrindavan, où des pèlerins viennent de tout le pays, voire du monde entier dans le

Vrindavan

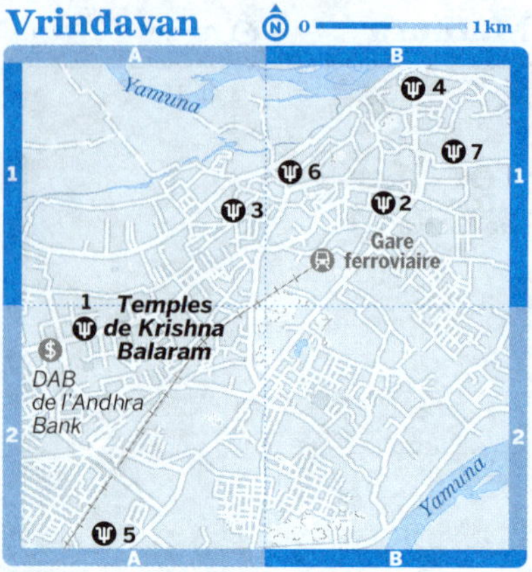

Vrindavan

Les incontournables

1 Temples de Krishna Balaram A2

À voir

2 Temple de Govind Dev B1
3 Temple de Madan Mohan A1
4 Temple de Nidhivan B1
5 Temple de Pagal Baba A2
6 Temple de Radha Ballabh B1
7 Temple de Rangaji B1

Où se loger

Pension de l'Iskcon .... (voir 1)

Où se restaurer

Sri Govinda Restaurant .... (voir 1)

Renseignements

International Society for Krishna Consciousness .... (voir 1)
Krishna Balaram Welcome Office .... (voir 1)

cas des membres de la secte Hare Krishna. La ville compte des dizaines de temples, anciens et modernes, particulièrement intéressants du fait de leur diversité.

À voir

La plupart des temples sont gratuits et ouverts de l'aube au crépuscule. Outre ceux présentés ci-après, les temples suivants méritent aussi une visite : le **temple de Rangaji** (5h30-10h30 et 16h-21h en été, 6h-11h et 15h30-20h30 en hiver), le plus grand de Vrindavan ; le **temple de Madan Mohan**, le plus ancien ; le **temple de Radha Ballabh**, consacré à Radha, l'épouse de Krishna ; et le **temple de Nidhivan** (aube-crépuscule), que Krishna visiterait toutes les nuits.

Temples de Krishna Balaram TEMPLES HINDOUS
(Iskcon ; 7h30-12h45 et 16h-21h en hiver, 16h30-21h en été). L'**International Society for Krishna Consciousness** (Iskcon ; 0565-2540343 ; www.iskcon.org), communément appelée Hare Krishna, occupe l'ensemble architectural des temples de Krishna Balaram (temple d'Iskcon), auquel on accède par une superbe porte en marbre blanc et qui abrite le tombeau de Swami Prabhupada (1896-1977), le fondateur de la secte.

Dans le temple se presse une foule de fidèles venus psalmodier, chanter, jouer du tambourin, se prosterner en prière ou consulter les moines. Plusieurs centaines d'étrangers y suivent des cours et des séminaires chaque année. Le temple est fermé au public à plusieurs moments de la journée, notamment de 12h45 à 16h (16h30 en été). Si vous avez un sac, vous devez passer par l'entrée latérale.

Temple de Pagal Baba TEMPLE HINDOU
(6h-12h et 15h30-20h30 en hiver, 5h-11h30 et 15h-21h en été). Avec ses 10 niveaux, le temple de Pagal Baba a de faux airs de château de conte de fées. Au rez-de-chaussée, une amusante série de marionnettes animées et de dioramas représente des scènes de la vie de Rama et de Krishna. Spectacles de marionnettes sur ce thème toute l'année.

Temple de Govind Dev TEMPLE HINDOU
(8h-12h30 et 16h30-20h). Vaste édifice en grès rouge, le temple de Govind Dev, construit en 1590 par le raja Man Singh d'Amber, se distingue par ses jolies cloches sculptées dans les piliers. Gare aux singes chapardeurs !

Où se loger et se restaurer

Les visiteurs peuvent loger dans la **pension** (guesthouse ; 0565-2540021 ; www.iskconvrindavan.com ; ch avec clim 950 ₹ ;) située derrière l'ensemble de temples de Krishna Balaram, mais les adeptes sont prioritaires. Sinon, plusieurs hôtels dans toutes les gammes de prix se trouvent sur la route principale, à l'ouest des temples.

Sri Govinda Restaurant INDIEN $
(plats 100-200 ₹ ; 8h-14h30 et 18h-21h30). Sert des plats indiens végétariens, pâtes,

pâtisseries, milk-shakes, salades et soupes, dans l'ensemble des temples de Krishna Balaram.

Renseignements

Le DAB le plus proche est celui de l'**Andhra Bank**, à 250 m de l'entrée de l'ensemble de temples en descendant, près de l'entrée de Bhaktivedanta Swami Marg.

Krishna Balaram Welcome Office (9557849475 ; 10h-13h et 17h-20h). Bureau d'accueil disposant d'une liste d'hébergements disponibles à Vrindavan. Il pourra vous aider à vous inscrire à un cours sur la *Bhagavad Gita* et sert aussi d'agence de voyages.

Comment s'y rendre et circuler

Les *tempo*, les voitures collectives et les bus facturent tous 15 ₹ entre Vrindavan et Mathura.

Les temples sont assez éloignés les uns des autres ; mieux vaut louer un rickshaw pour les visiter. Comptez de 200 à 250 ₹ pour une visite d'une demi-journée (350-400 ₹ en auto-rickshaw).

Uttarakhand

Dans ce chapitre ➡

Le top des restaurants

- Prakash Lok (p. 431)
- Chetan Puriwallah (p. 435)
- Little Buddha Cafe (p. 425)

Le top des hébergements

- Mohan's Binsar Retreat (p. 457)
- Gateway Resort (p. 450)
- Haveli Hari Ganga (p. 429)
- Kasmanda Palace Hotel (p. 437)

Pourquoi y aller

Les hindous considèrent l'Uttarakhand comme la *Dev Bhoomi*, la terre des dieux. De fait, ses paysages, grandioses, allient montagnes (le Nanda Devi est le second sommet le plus haut du pays et le plus haut d'Inde du Nord), lacs et fleuves sacrés. Des routes sinueuses et des sentiers de haute altitude mènent à de mémorables lieux de pèlerinage, théâtres des grandes épopées hindouistes. Si la présence de Shiva et de Parvati plane sur la région, l'empreinte britannique est tout aussi apparente. Ainsi, la mémoire du chasseur Jim Corbett perdure à travers la réserve qui porte son nom, les stations climatiques du temps du Raj attirent toujours les vacanciers et les Beatles ont fait de Rishikesh une destination phare pour étrangers en mal de spiritualité et adeptes du yoga.

L'époustouflante nature de l'Uttarakhand, qui abrite la plus forte population de tigres d'Inde du Nord, est également propice à toutes sortes d'activités de plein air.

Quand partir

Rishikesh

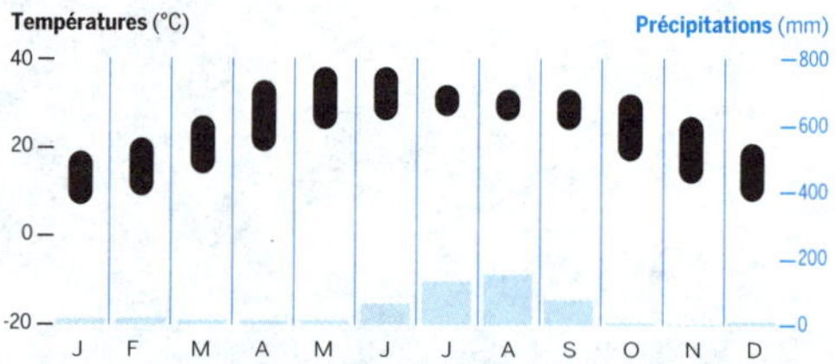

Avr à mi-juin La meilleure période pour apercevoir des tigres dans la Corbett Tiger Reserve.

Juil à mi-sept La mousson est un frein, mais la Valley of Flowers est alors sublime.

Mi-sept à nov La saison idéale pour les treks dans l'Himalaya.

À ne pas manquer

1. Un trek jusqu'à la source du Gange à **Gaumukh** (p. 440), à l'ombre de montagnes somptueuses.
2. Les bougies flottant sur le Gange au **Har-ki-Pairi Ghat** (p. 427), à Haridwar.
3. La chance de surprendre un tigre du Bengale dans la **Corbett Tiger Reserve** (p. 447), le plus vieux parc national indien.
4. La recherche de la paix intérieure à **Rishikesh** (p. 421), capitale mondiale du yoga et de la méditation.
5. Une escapade au frais à **Nainital** (p. 450), pittoresque station climatique du temps du Raj.
6. Une randonnée au milieu des fleurs sauvages du **Valley of Flowers National Park** (p. 446), sur fond de sommets enneigés.
7. La découverte des splendeurs himalayennes lors d'un trek jusqu'au **col de Kuari** (p. 442).

GARHWAL ET KUMAON

L'Uttarakhand est formé de deux régions administratives : le Garhwal (à l'ouest) et le Kumaon (à l'est). Les habitants considèrent le Garhwal comme la part masculine de l'État, en raison de sa topographie exceptionnellement accidentée. Le paysage – et, au dire de certains, le caractère de la population – est largement modelé par les quatre grands fleuves qui, coulant des glaciers de l'Himalaya, ont façonné tout un réseau de gorges et de crêtes.

Doté d'un cadre naturel plus amène, le Kumaon correspond à la part féminine de l'Uttarakhand. Avec ses contreforts en terrasses, ses gracieux sommets himalayens et la ferveur du culte de Nanda Devi, il dégage quelque chose d'indéfinissable qui séduit d'emblée.

Histoire

Au fil des siècles, la contrée fut dominée par plusieurs dynasties, dont les Gupta et les rajas Kuturyi et Chand. Au XVIIIe siècle, les Gurkha népalais attaquèrent le royaume du Kumaon, puis celui du Garhwal. En réaction, les Britanniques investirent la quasi-totalité de la région, en application du traité de Sugauli (1816).

Après l'indépendance, la région fut rattachée à l'Uttar Pradesh. L'État d'Uttaranchal fut créé en 2000, dans le but d'apaiser un virulent mouvement séparatiste. En 2007, il fut officiellement rebaptisé Uttarakhand, un nom traditionnel signifiant "pays du Nord".

Climat

Pensez altitude, et vous aurez une idée des températures dans cet État montagneux. Le trekking est envisageable dans l'Himalaya de mai à octobre, mais peut se révéler dangereux entre juillet et la mi-septembre, pendant la mousson, en raison du risque accru de glissements de terrain lié aux précipitations. Les stations climatiques offrent un répit bienvenu en période de touffeur estivale, tandis que Rishikesh se prête le mieux à un séjour d'octobre à mars.

ℹ Renseignements

Vous trouverez un guichet de l'office du tourisme de l'Uttarakhand dans la majorité des destinations touristiques. La gestion du tourisme régional revient essentiellement au **Garhwal Mandal Vikas Nigam** (GMVN ; www.gmvnl.com) et au **Kumaon Mandal Vikas Nigam** (KMVN ; kmvn.gov.in), lesquels couvrent respectivement le Garhwal et le Kumaon.

ℹ Comment circuler

Bien que les vieux autobus publics restent le principal moyen de transport, des jeeps collectives bondées sillonnent l'État, reliant les localités et villages isolés aux grands carrefours routiers. Pour un montant dix fois supérieur au prix de la place, vous pourrez louer la jeep pour vous seul et voyager confortablement. Les routes qui serpentent dans les montagnes sont assez éprouvantes et peuvent donner le mal des transports. Elles peuvent être bloquées, en période de mousson, du fait des glissements de terrain.

RISHIKESH

☎0135 / 102 200 HABITANTS / ALTITUDE 356 M

Depuis le séjour des Beatles dans l'ashram du yogi Maharishi Mahesh à la fin des années 1960, Rishikesh est tenu par les Occidentaux pour un haut lieu de spiritualité. Du reste, son surnom de "capitale mondiale du yoga" est justifié : les ashrams, comme les cours de yoga et de méditation, y sont en effet légion. La plupart des activités se tiennent au nord de la ville, où la situation avantageuse, en bord du Gange et au milieu des bois, invite au voyage intérieur. Le soir, un vent singulier s'engouffre dans la vallée, faisant tinter les cloches des temples, tandis que *sadhu* (ascètes), pèlerins et touristes se préparent pour la cérémonie du *ganga aarti* (offrande de feu rituelle sur le Gange). Vous pourrez vous initier au sitar ou au tabla, vous essayer au hasya yoga (thérapie du rire) ou à la méditation au son du gong et découvrir les vertus curatives des cristaux.

Mais ce n'est pas tout. Rishikesh est désormais une destination de prédilection pour les amateurs de rafting, les *backpackers* (voyageurs sac au dos) et les randonneurs en partance pour l'Himalaya.

Elle compte deux secteurs principaux. Le centre, bondé et peu attrayant, englobe les gares routière et ferroviaire et le Triveni Ghat (*ghat* populaire propice à la baignade et lieu de prière sur le Gange). À quelques kilomètres, les quartiers au bord du fleuve, à hauteur de Ram Jhula et Lakshman Jhula, attirent maints voyageurs. Ils concentrent la plupart des hébergements, ashrams et restaurants. Les deux *jhula* (ponts suspendus) sont réservés aux piétons – bien que les scooters et les motos les empruntent librement. Sur la rive est, Swarg Ashram, centre spirituel de Rishikesh, est interdit à la circulation. High Bank, à l'ouest de Lakshman Jhula, est une petite enclave prisée des *backpackers*.

À voir

Secteur de Lakshman Jhula

Une image résume Rishikesh : la vue, depuis le pont suspendu de Lakshman Jhula, sur les gigantesques temples voisins, à 13 étages, de **Swarg Niwas** et **Shri Trayanbakshwar**. Érigés par le mouvement du gourou Kailashanand, ils semblent tout droit sortis d'un conte. Ils renferment, à chaque niveau, des dizaines de sanctuaires consacrés aux divinités hindoues, ainsi que des échoppes de bijoux et de vêtements. Le coucher du soleil est idéal pour les photographier. Le matin et le soir, le carillon des cloches et le chant des fidèles se font entendre. Les boutiques vendant des CD de chants sacrés ajoutent encore à la cacophonie qui règne sur cette rive-ci du fleuve. Ces dernières années, les marchés, restaurants, ashrams et auberges au bord du fleuve ont fait de ce quartier l'un des plus animés de Rishikesh.

Swarg Ashram

Sur la rive est du Gange, une jolie balade de 2 km au sud de Lakshman Jhula mène à la communauté spirituelle de Swarg Ashram. Celle-ci est faite de temples, d'ashrams, d'un bazar animé et de *ghat* (marches ou gradins donnant accès au fleuve) parcourus par des *sadhu*. Des cérémonies religieuses ont lieu au lever et au coucher du soleil. Chaque soir, la célébration du *ganga aarti* (assez touristique) est donnée dans le temple du Parmarth Niketan Ashram, au coucher du soleil, au bord du fleuve. Musiciens et fidèles chantent alors et allument des bougies.

LE TOP DES FÊTES ET FESTIVALS DE L'UTTARAKHAND

- **Kumbh Mela, Haridwar** (p. 429)
- **International Yoga Festival, Rishikesh** (p. 424)
- **Shivaratri, Dehra Dun** (p. 434)
- **Fête de Nanda Devi, Almora** (p. 455)

Maharishi Mahesh Yogi Ashram ÉDIFICE HISTORIQUE
(Indien/étranger 100/600 ₹ ; 9h-16h). Juste au sud de Swarg Ashram se trouve l'ancien ashram du yogi Maharishi Mahesh, où les Beatles séjournèrent et auraient écrit en grande partie leur *White Album*. Après des décennies d'abandon, le Département des forêts a défriché ses vestiges, alors presque entièrement dévorés par la jungle, les transformant en lieu de pèlerinage pour les fans du groupe et en support de graffitis. Ne manquez pas la salle de méditation, avec son dédale de couloirs en pierre, et les nouvelles peintures murales.

Activités

Yoga et méditation

À Rishikesh, le yoga et la méditation ont rang d'incontournables. Le style et la qualité des cours sont très divers. Faites un essai et demandez l'avis d'autres personnes avant de vous inscrire à un stage. Beaucoup de prestataires proposent également des massages ayurvédiques. Certains ashrams imposent des règles strictes ; les drogues, l'alcool, le tabac et la viande sont prohibés pendant les séjours initiatiques.

Omkarananda Ganga Sadan YOGA
(0135-2430763 ; www.iyengaryoga.in ; Lakshman Jhula Rd ; ch avec/sans clim 2 000/600 ₹, séjour minimum 3 jours). Au bord du fleuve également, à Ram Jhula, l'ashram possède des chambres confortables. Sa spécialité ? L'Iyengar yoga, qui se pratique pendant les excellents cours dispensés. Il est possible de suivre des stages intensifs de 7 à 10 jours (1 200 ₹) d'octobre à mai, à condition de réserver longtemps à l'avance. Des cours sont par ailleurs dispensés entre les stages (300 ₹, débutants 16h-17h30, général 18h-19h30, lun-sam, tarifs dégressifs).

Anand Prakash Yoga Ashram YOGA
(0135-2442344 ; akhandayoga.com/ashram/anand-prakash-yoga-ashram-rishikesh ; Badrinath Rd, Tapovan ; ch privée/collective en pension complète 1 200/900 ₹). À environ 1 km au nord de Lakshman Jhula, cet ashram permet de choisir la durée de son séjour ; des cours d'akhanda yoga ont lieu le matin et l'après-midi (inclus dans le prix). La nourriture est excellente et les chambres sont simples, propres et confortables. Le silence doit être respecté de 21h à 9h. Vous pourrez suivre les cours (moyennant 200 ₹) même sans séjourner sur place.

Rishikesh

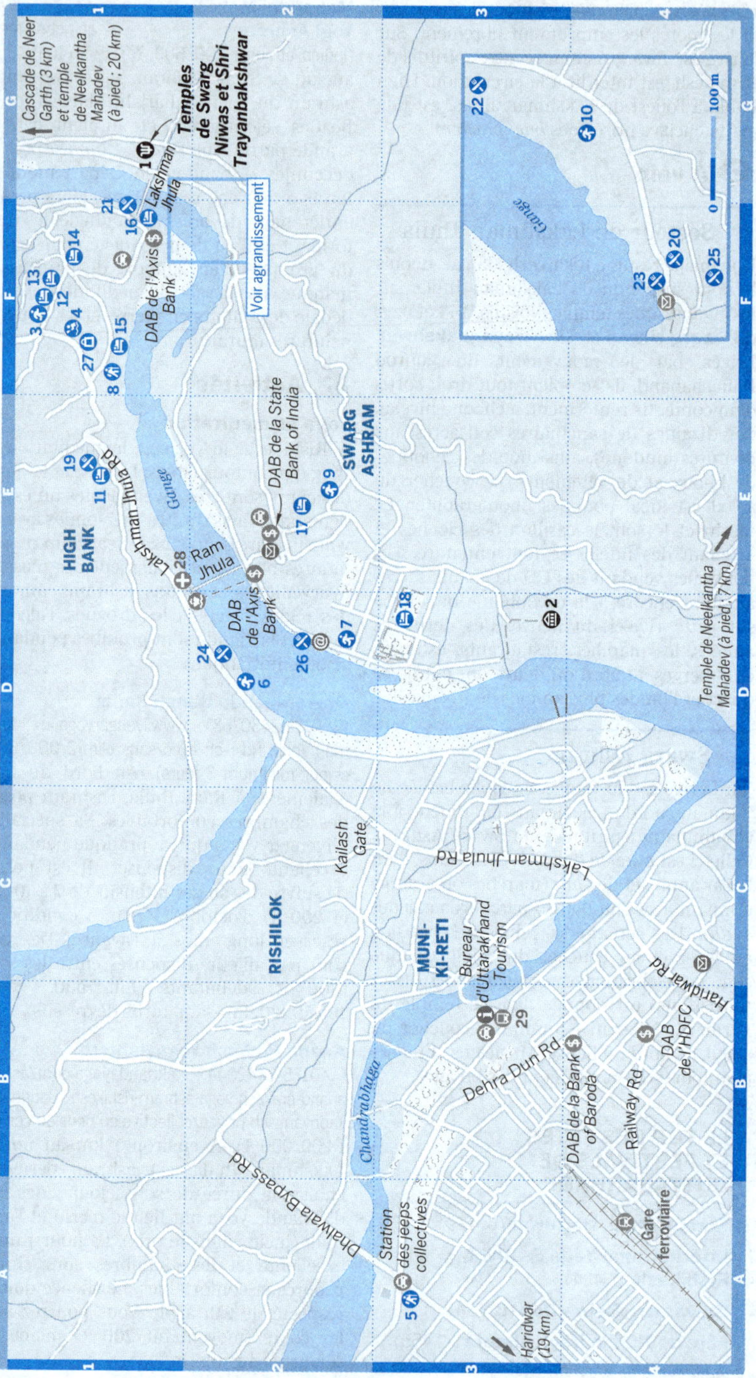

Cascade de Neer Garth (3 km) et temple de Neelkantha Mahadev (à pied ; 20 km)
Temples de Swarg Niwas et Shri Trayanbakshwar
Lakshman Jhula
Voir agrandissement
DAB de l'Axis Bank
DAB de la State Bank of India
HIGH BANK
SWARG ASHRAM
Lakshman Jhula Rd
Gange
Ram Jhula
DAB de l'Axis Bank
Temple de Neelkantha Mahadev (à pied ; 7 km)
Kailash Gate
RISHILOK
MUNI-KI-RETI
Bureau d'Uttarakhand Tourism
Haridwar Rd
Chandrabhaga
Dehra Dun Rd
DAB de la Bank of Baroda
Railway Rd
DAB de l'HDFC
Dhalwala Bypass Rd
Station des jeeps collectives
Gare ferroviaire
Haridwar (19 km)
1 km
100 m

Rishikesh

Les incontournables

1 Temples de Swarg Niwas et Shri Trayanbakshwar G1

À voir

2 Maharishi Mahesh Yogi Ashram D3

Activités

3 Anand Prakash Yoga Ashram F1
4 De-N-Ascent Expeditions F1
5 GMVN Trekking & Mountaineering Division A3
6 Omkarananda Ganga Sadan D2
7 Parmarth Niketan Ashram D2
8 Red Chilli Adventure F1
9 Rishikesh Yog Peeth E2
10 Shiva Yoga Peeth G4
Sri Sant Seva Ashram .... (voir 10)

Où se loger

11 Bhandari Swiss Cottage E1
12 Dewa Retreat F1
13 Dhiraj Guest House F1
14 Divine Ganga Cottage F1
15 Divine Resort F1
16 Hotel Ishan F1
New Bhandari Swiss Cottage .... (voir 11)
17 Sudesh Guest House E2
18 Vashishth Guest House D3

Où se restaurer

19 Bistro Nirvana E1
20 Chatsang Cafe F4
21 Devraj Coffee Corner F1
22 Ganga Beach Restaurant G3
23 Little Buddha Cafe F4
24 Madras Cafe D2
Oasis Restaurant .... (voir 11)
25 Pyramid Cafe F4
26 Tip Top Restaurant D2

Achats

27 Adventure Axis F1

Renseignements

28 Shivananda Ashram E1

Transports

Jeep Stand .... (voir 22)
29 Gare routière principale B3
Station de taxis et d'auto-rickshaws .... (voir 24)
Gare routière du yatra/GMOU .... (voir 29)

Parmarth Niketan Ashram YOGA

(☎0135-2434301 ; www.parmarth.com ; Swarg Ashram ; ch avec/sans clim 1600/600 ₹). Au-dessus du centre de Swarg Ashram, Parmarth Niketan organise chaque soir des cérémonies du *ganga aarti* au bord du fleuve. Le jardin est splendide. Les tarifs incluent une chambre avec sdb et des cours basiques de hatha yoga.

Rishikesh Yog Peeth YOGA

(☎0135-2440193 ; www.rishikeshyogpeeth.com ; Swarg Ashram ; session de 40 jours 1 400 $US). L'excellent renom de cette école, qui forme des enseignants de yoga, en a fait une véritable petite entreprise locale.

Sri Sant Seva Ashram YOGA

(☎0135-2430465 ; ch avec/sans clim 1 500/600 ₹). Ces chambres spacieuses donnant sur le Gange à Lakshman Jhula ont du succès : réservez tôt. Les plus chères comportent un balcon avec vue sur le fleuve. Les cours, qui initient à diverses techniques de yoga, sont ouverts à tous. Des cours de niveaux débutant (100 ₹), intermédiaire et avancé (200 ₹) ont lieu tous les jours. Le **Shiva Yoga Peeth** (☎9622724204 ; www.shivayogapeeth.org ; 200/300/500 heures 210/315/420 $US), un stage de formation dédié aux enseignants, a bonne réputation.

Rafting, kayak et trekking

Plus d'une centaine d'agences proposent des sorties de rafting d'une demi-journée ou d'une journée complète, avec départ en amont de Rishikesh, où l'on revient en pagayant. Quelques-unes organisent des sorties de rafting de plusieurs jours, avec camping le long de la rivière. La saison officielle s'étale du 15 septembre au 30 juin. Une séance d'une demi-journée coûte environ 1 000 ₹ par personne. Pour une journée complète, comptez au moins 1 800 ₹. La plupart des agences ont des forfaits tout compris pour des treks dans l'Himalaya, au col de Kuari, à Har-ki-Dun ou à Gangotri/Tapovan (à partir de 3 500 ₹/jour environ).

Red Chilli Adventure TREKKING, RAFTING

(☎0135-2434021 ; www.redchilliadventure.com ; Lakshman Jhula Rd ; ⏲9h-20h). Une agence fiable ; trekking dans l'Himalaya et rafting (Uttarakhand, Himachal Pradesh, Ladakh).

De-N-Ascent Expeditions KAYAK, TREKKING

(☎0135-2442354 ; www.kayakhimalaya.com ; Badrinath Rd, Tapovan). Un spécialiste du kayak. Propose des cours avec un instructeur confirmé, des circuits de kayak et de rafting de plusieurs jours, ainsi que des treks.

GMVN Trekking & Mountaineering Division TREKKING
(☎0135-2431793 ; www.gmvnl.in ; Lakshman Jhula Rd, Muni-ki-Reti ; ⏲10h-17h). Treks en haute altitude dans la région himalayenne du Garhwal. Location de matériel ; guides et porteurs.

Promenades

Une promenade aisée (15 min) mène à deux **chutes d'eau**. Elle débute à 3 km au nord du pont de Lakshman Jhula, sur la rive sud du fleuve. Le chemin est simple à repérer, grâce aux stands des vendeurs de boissons et au sanctuaire situés au bord de la route. De Lakshman Jhula, un taxi (4x4) coûte 100 ₹.

Sur l'autre rive du fleuve, à environ 2 km au nord de Lakshman Jhula, une ascension de 20 minutes (indiquée) conduit à la jolie cascade de **Neer Garh** (30 ₹).

Pour une escapade plus longue, rejoignez les dévots qui s'en vont puiser l'eau du fleuve pour l'offrir au **temple de Neelkantha Mahadev**, à 7 km – 3 heures de marche dans la forêt, sur un chemin partant de Swarg Ashram. On peut également rejoindre le temple depuis Lakshman Jhula par la route (environ 20 km).

Fêtes et festivals

International Yoga Festival YOGA
(www.internationalyogafestival.com ; ⏲mars). La première semaine de mars, les *swami* et maîtres du monde entier affluent pour assister aux cours et conférences (voire pour en dispenser). Les activités se concentrent surtout dans le Parmarth Niketan Ashram (p. 423), à Swarg Ashram.

Où se loger

La plupart des hébergements sont disséminés autour de Lakshman Jhula, de part et d'autre du fleuve. Plusieurs hôtels se tiennent parmi les ashrams à Swarg Ashram et juste en face, sur la rive opposée, à Ram Jhula. High Bank compte quelques bons hébergements à prix modique.

> **TARIFS DES HÉBERGEMENTS**
>
> Les fourchettes de prix suivantes s'entendent pour une chambre double avec sdb, taxes comprises.
>
> **$** moins de 1 000 ₹
>
> **$$** 1 000-3 000 ₹
>
> **$$$** plus de 3 000 ₹

Si maints établissements visent une clientèle de *backpackers*, un nombre croissant d'options correctes de catégorie moyenne ouvrent chaque année. Les quelques hôtels haut de gamme se révèlent de qualité.

Lakshman Jhula

Plusieurs bonnes adresses économiques sont installées sur les deux rives à Lakshman Jhula, le quartier le plus animé de Rishikesh. Les pensions du secteur de Tapovan, le long de la ruelle qui conduit au Divine Ganga Cottage, affichent le meilleur rapport qualité/prix.

Dhiraj Guest House PENSION **$**
(☎9719357411 ; s/d 450/550 ₹). Une affaire familiale propre, accueillante et bon marché. Les chambres, d'une simplicité agréable, disposent chacune d'une kitchenette (gaz en sus). À quelque 7 minutes de marche du pont.

Divine Ganga Cottage HÔTEL **$$**
(☎0135-2442175 ; www.divinegangacottage.com ; ch 2 400 ₹, avec clim 3 200-3 800 ₹ ; ❄@📶). Un hôtel bien entretenu, entre petites rizières et maisons avec jardin. De la vaste terrasse en haut, on a une vue imprenable sur le fleuve. Les chambres sans clim du rez-de-chaussée sont exiguës et affichent un tarif excessif. Celles à l'étage, plus grandes, élégantes et climatisées, avec bureau et sdb moderne figurent en revanche parmi les meilleures de la ville.

Hotel Ishan HÔTEL **$$**
(☎0135-2431534 ; ch 2 000-4 000 ₹ ; ❄@📶). Installée de longue date au bord du fleuve près de Lakshman Jhula, cette adresse est récemment montée en gamme. Ses chambres, confortables et meublées avec goût, s'agrémentent d'une terrasse commune ou privative regardant le Gange.

Divine Resort HÔTEL **$$$**
(☎0135-2442128 ; www.divineresort.com ; ch 3 500-7 000 ₹, ste 10 000-15 000 ₹ ; ❄📶🏊). Un établissement de luxe, dont près de la moitié des chambres viennent d'être rénovées. Certaines ont l'atout d'une vue splendide sur le Gange, laquelle n'égale toutefois pas celle depuis l'ascenseur vitré, véritable spectacle en soi. Une piscine à débordement surplombe la berge. Cet hôtel représente, pour le secteur de Lakshman Jhula, le dessus du panier.

Dewa Retreat HÔTEL **$$$**
(☎0135-2442382 ; www.dewaretreat.com ; ch avec vue sur la rivière/sans vue 5 000/4 500 ₹ ;

(❄📶🏊). Dernière enseigne haut de gamme en date de Lakshman Jhula, cette adresse marie luxe et dépouillement. Les meilleures chambres ont un balcon donnant sur la vallée du Gange. On prend plaisir à plonger dans la piscine les jours caniculaires.

High Bank

Bhandari Swiss Cottage HÔTEL $
(☎0135-2432939 ; www.bhandariswisscottagerishikesh.com ; ch sans/avec clim à partir de 300/800 ₹ ; ❄@📶). Ce favori des *backpackers* loue des chambres de plusieurs catégories, dont le prix grimpe à mesure que l'on monte dans les étages. Elles auraient diversement besoin d'un coup de frais, mais les grands balcons et leur ample perspective sur les montagnes vertes rattrapent tout. Excellent petit restaurant dans la cour, cybercafé et cours de yoga.

New Bhandari Swiss Cottage HÔTEL $
(☎0135-2435322 ; www.newbhandariswisscottage.com ; ch 400-800 ₹, avec clim 1 000-1 500 ₹ ; ❄@📶). L'un des derniers établissements de la ruelle d'High Bank. Vaste et apprécié, il loue des chambres modestes et propres, ainsi que d'autres, plus fastueuses, dont beaucoup rénovées récemment. Centre de massage et **Oasis Restaurant** (plats 90-170 ₹ ; ⌚8h-22h), une bonne table de cuisines du monde.

Swarg Ashram

Si vous nourrissez un véritable intérêt pour le yoga, mieux vaut séjourner dans l'un des nombreux ashrams de Swarg. Sinon, il existe quelques pensions à un pâté de maisons du fleuve, vers l'extrême sud de Swarg.

Sudesh Guest House PENSION $
(☎9760313572 ; sudeshguesthouse771@gmail.com ; ch sans/avec clim 300/800 ₹ ; ❄). L'un des meilleurs rapports qualité/prix de Swarg Ashram dans la catégorie économique. Salle de yoga, terrasse sur le toit, cuisine commune et eau filtrée y sont à disposition.

♥ **Vashishth Guest House** BOUTIQUE-HÔTEL $$
(☎0135-2440029 ; www.vashishthgroup.com ; ch avec/sans clim 1 500-1 800/950 ₹ ; ❄📶). Un agréable petit hôtel de charme aux murs colorés, avec des matelas confortables et une petite bibliothèque. Quelques chambres disposent d'une cuisine équipée (ustensiles, table et chaises). L'un des meilleurs rapports qualité/prix de Rishikesh.

Où se restaurer

Hormis à High Bank, presque tous les restaurants de Rishikesh sont strictement végétariens. Beaucoup de ceux qui accueillent des touristes revisitent les spécialités occidentales, israéliennes, indiennes ou chinoises.

Lakshman Jhula

♥ **Devraj Coffee Corner** CAFÉ $
(en-cas et plats 40-190 ₹ ; ⌚8h-21h). Perchée au-dessus du pont, face au temple de Shri Trayanbakshwar, de l'autre côté du fleuve, cette boulangerie allemande, voisine d'une bonne librairie, se prête à une pause gourmande à toute heure du jour. Elle sert le meilleur café de la ville et affiche une carte très variée : pain complet au fromage de yak, croissants et strudel aux pommes, soupes, *sizzlers* (plats sur plaque chauffante)...

Pyramid Cafe INDIEN, INTERNATIONAL $
(plats 110-180 ₹ ; ⌚8h-22h ; 📶). Assis sur des coussins dans des tentes pyramidales, choisissez parmi les plats indiens et les quelques recettes tibétaines et occidentales (pancakes, etc.). L'aimable famille qui tient cet établissement loue également 2 tentes pyramidales, tranquilles et bien aménagées, avec lit double et sdb attenante (600 ₹).

Chatsang Cafe FUSION $$
(plats 150-250 ₹ ; ⌚8h-22h). Le bruit des hachoirs et le grésillement des marmites échappés des cuisines promettent un régal ; et l'on n'est pas déçu ! La carte revisite les cuisines indienne et internationale, avec notamment plusieurs sortes de *khichdi* (riz et lentilles épicés). On ne saurait trouver produits plus frais en ville.

♥ **Little Buddha Cafe** INTERNATIONAL $$
(plats 110-250 ₹ ; ⌚8h-23h ; 📶). Ce restaurant insolite aux faux airs de cabane dans les arbres, doté d'un salon ultraconfortable au dernier étage et de tables surplombant le Gange, sert une savoureuse cuisine internationale. Les pizzas sont énormes, et l'assiette de légumes variés est un vrai festin. L'une des adresses de Lakshman Jhula les plus fréquentées – et à juste titre !

Ganga Beach Restaurant INDIEN, INTERNATIONAL $$
(plats 100-200 ₹ ; ⌚7h30-22h30 ; 📶). Superbe emplacement au bord du fleuve, terrasse spacieuse et carte très fournie incluant des crêpes et des *lassi* glacés.

High Bank

Bistro Nirvana INTERNATIONAL $$
(plats 80-250 ₹ ; 9h-22h). Ce nouveau venu maîtrise parfaitement sa partition : terrasse ombragée, tables hautes avec bancs moelleux, décor en bambou et délectable cuisine internationale.

Swarg Ashram et Ram Jhula

Madras Cafe INDIEN $
(Ram Jhula ; plats 100-180 ₹ ; 8h-21h ;). Cette institution locale (remise à neuf) prépare de délicieux plats végétariens du sud et du nord de l'Inde, des *thali*, un indétrônable curry aux champignons, des pancakes complets, un extraordinaire "pilaf diététique" himalayen et des *lassi* épais.

Tip Top Restaurant INDIEN, INTERNATIONAL $
(Swarg Ashram ; plats 90-200 ₹ ; 9h-21h30). Haut perché, cet accueillant petit établissement profite de la vue sur le fleuve et d'une brise bienfaisante. Préparez votre propre sandwich, ou laissez-vous tenter par un plat indien, italien ou israélien.

Achats

Pour acheter des livres, des remèdes ayurvédiques, des vêtements, de l'artisanat et des souvenirs variés (bijoux, bols chantants tibétains, etc.), cap sur Swarg Ashram. On trouve également de nombreuses échoppes près de Lakshman Jhula. Si vous avez besoin d'équipements de plein air, **Adventure Axis** (Badrinath Rd, Lakshman Jhula ; 10h-20h) est bien approvisionné.

Renseignements

ACCÈS INTERNET

Disponible partout en ville, la connexion Internet coûte généralement 30 ₹ de l'heure. Essayez **The Great Himalaya** (8h-21h30 ;).

ARGENT

Plusieurs agences de voyages de Lakshman Jhula et de Swarg Ashram changent les espèces et les chèques de voyage.

DÉSAGRÉMENTS ET DANGERS

Méfiez-vous des *sadhu* trop amicaux : si certains accomplissent bel et bien une quête spirituelle, il est notoire que depuis l'époque médiévale, des hors-la-loi revêtent la tunique safran pour détrousser leurs victimes, voire pire encore.

La force du courant, dans certaines sections du Gange, provoque chaque année des noyades. Soyez prudent.

OFFICE DU TOURISME

Uttarakhand Tourism (0135-2430209 ; 10h-17h lun-sam). Derrière la gare routière principale. Personnel enthousiaste.

SERVICES MÉDICAUX

Himalayan Institute Hospital (0135-2471200, urgences 0135-2471225 ; 24h/24). Le grand hôpital le plus proche, à 17 km sur la route de Dehra Dun, 1 km après l'aéroport de Jolly Grant.

Shivananda Ashram (0135-2430040 ; www.sivanandaonline.org ; Lakshman Jhula Rd). Soins gratuits ; pharmacie sur place.

Depuis/vers Rishikesh

BUS

Des bus réguliers circulent entre Haridwar et Dehra Dun. Pour Mussoorie, changez à Dehra Dun. Des bus desservent les *char dham*, au nord, durant la saison du *yatra* (pèlerinage ; mai-oct). Lors de nos recherches, les liaisons directes avec Gangotri étaient peu fréquentes et il fallait le plus souvent prendre une correspondance à Uttarkashi. Pour Yamunotri, vous devrez changer à Dehra Dun et Barkot.

Des bus privés climatisés Volvo rejoignent Delhi (600-900 ₹, 7 heures) chaque jour.

Les bus de nuit privés pour Jaipur (siège/couchette/couchette avec clim 600/700/1 200 ₹, 13 heures) et Pushkar (siège/couchette 650/700 ₹, 16 heures) peuvent se réserver dans les agences de voyages de Lakshman Jhula, Swarg Ashram et High Bank, mais attention : ils partent d'Haridwar. Vous pourrez aussi réserver un bus pour Agra (couchette avec clim/Volvo 750/1 300 ₹, 12 heures) au départ de Dehra Dun.

JEEP COLLECTIVE ET TAXI

Des **jeeps collectives** pour Uttarkashi (280 ₹, 5 heures) et Joshimath (380 ₹, 8 heures) partent, une fois pleines, de Natraj Chowk, près du croisement de Dehra Dun Rd et Dhalwala Bypass Rd. Mieux vaut se présenter entre 5h et 7h.

On peut louer des **taxis privés** à la station de Lakshman Jhula, à la station située entre la gare routière principale et celle du *yatra* ou bien à la station de taxis et d'auto-rickshaws de Ram Jhula. Quelques destinations et tarifs : Haridwar (920 ₹, 1 heure), Dehra Dun (1 250 ₹, 1 heure 30), aéroport Jolly Grant (820 ₹, 1 heure), Uttarkashi (pour Gangotri ; 4 080 ₹, 7 heures), Joshimath (5 610 ₹, 9 heures) et Almora (7 000 ₹, 10 heures). Il est parfois possible d'obtenir des prix plus avantageux sur les trajets longue distance auprès des agences de voyages et des hébergements.

Les *vikram* (gros auto-rickshaws) prennent 400 ₹ pour le trajet jusqu'à Haridwar.

BUS AU DÉPART DE RISHIKESH

Les bus suivants partent de la **gare routière principale (A)** ou de la **gare routière du yatra/GMOU (B)**.

DESTINATION	TARIFS	DURÉE	DÉPARTS
Badrinath (B)	425 ₹	14 heures	5h
Dehra Dun (A)	51 ₹	1 heure 30	toutes les 30 min
Delhi (A)	255/500 ₹ (bus ordinaire/avec clim)	7 heures	toutes les 30 min
Gangotri (B)	380 ₹	12 heures	5h30
Haridwar (A)	35 ₹	1 heure	toutes les 30 min
Joshimath (B)	360 ₹	12 heures	toutes les 30 min de 3h30 à 6h, 9h
Kedarnath (B)	400 ₹	12 heures	6h
Uttarkashi (B)	240 ₹	7 heures	8 bus de 4h15 à 12h

TRAIN

Très peu de trains partent de Rishikesh, et mieux vaut prendre un bus ou un taxi jusqu'à la gare d'Haridwar. On peut réserver sa place auprès d'agences de voyages de Lakshman Jhula et de Swarg Ashram (moyennant une commission) ou à la gare de Rishikesh (même pour les trains qui partent d'Haridwar).

Comment circuler

Les *vikram* circulent depuis l'intersection de Ghat Rd, en centre-ville, jusqu'à Ram Jhula (10 ₹/pers), la bifurcation pour High Bank et Lakshman Jhula. La location d'un *vikram* entier ou d'un auto-rickshaw du centre-ville à Lakshman Jhula coûte 100 ₹ jusqu'à la "partie haute" (*upside*, le sommet de la colline) et 120 ₹ jusqu'à la "partie basse" (*downside*, plus proche du pont). Préparez-vous à marchander ferme. De Ram Jhula à High Bank ou Laksham Jhula, comptez 50 ₹.

Pour rejoindre la rive est, prenez l'un des ponts suspendus ou le **ferry** (aller/aller-retour 10/15 ₹ ; 7h30-18h15) à Ram Jhula.

Sur la rive est, vous trouverez des taxis et des jeeps collectives qui conduisent aux chutes d'eau et au temple de Neelkantha Mahadev (collectif/privé 120/1 000 ₹). Passer d'une rive à l'autre en voiture implique un trajet de 16 km. Une jeep entre Lakshman Jhula et Swarg Ashram coûte 10 ₹ si vous la partagez, 80 ₹ autrement. Rendez-vous à la **station de taxis** à Swarg Ashram ou à la **station de jeeps** à Lakshman Jhula.

On trouve des vélos (100 ₹/jour), scooters (300 ₹/jour) et motos (400-700 ₹/jour) à louer à Lakshman Jhula, dans la rue ou dans des pensions (il n'existe pas de magasin spécifique).

HARIDWAR

01334 / 311 000 HABITANTS / ALTITUDE 249 M

La position privilégiée d'Haridwar (ou Hardwar), là où le Gange s'échappe de l'Himalaya, en fait une ville sacrée de l'hindouisme. Toute l'année, d'innombrables pèlerins viennent se baigner dans le cours rapide du fleuve. Les foules massées autour de l'Har-ki-Pairi Ghat confèrent à Haridwar une ambiance tout à la fois chaotique et révérencieuse. En termes de hiérarchie religieuse, Haridwar est bien plus représentative que Rishikesh, à 1 heure de route au nord. Chaque soir, les fidèles déposent des offrandes sur le Gange, qui s'illumine d'autant de flammes vacillantes. L'animation atteint son comble durant la saison du *yatra* (pèlerinage), de mai à octobre, en particulier en juillet, quand des centaines de milliers d'adeptes de Shiva, appelés *kanwarias*, investissent les lieux.

Railway Rd, l'artère principale d'Haridwar, devient Upper Rd et longe le canal du Gange (le fleuve en tant que tel coule plus à l'est). D'ordinaire, seuls les rickshaws sont autorisés entre le Laltarao Bridge et le Bhimgoda Jhula Bridge ; les autres véhicules passent par l'autre rive. Les allées de Bara Bazaar s'étendent au sud de l'Har-ki-Pairi Ghat.

À voir

Har-ki-Pairi Ghat GHAT

Har-ki-Pairi (l'empreinte de Dieu) marque l'endroit où Vishnu aurait fait tomber un nectar céleste et où le sol aurait gardé l'empreinte de son pied. Chaque soir, des centaines de fidèles se réunissent pour la cérémonie du *ganga aarti*. Des agents en uniforme bleu collectent les dons en échange d'un reçu. Au coucher du soleil, les cloches se mettent à sonner, on allume des torches, et des corbeilles garnies de pétales de fleurs et d'une bougie allumée (10 ₹) sont déposées sur l'eau.

Les touristes peuvent se mêler à la foule pour vivre ce rituel ancestral qui conserve

Haridwar

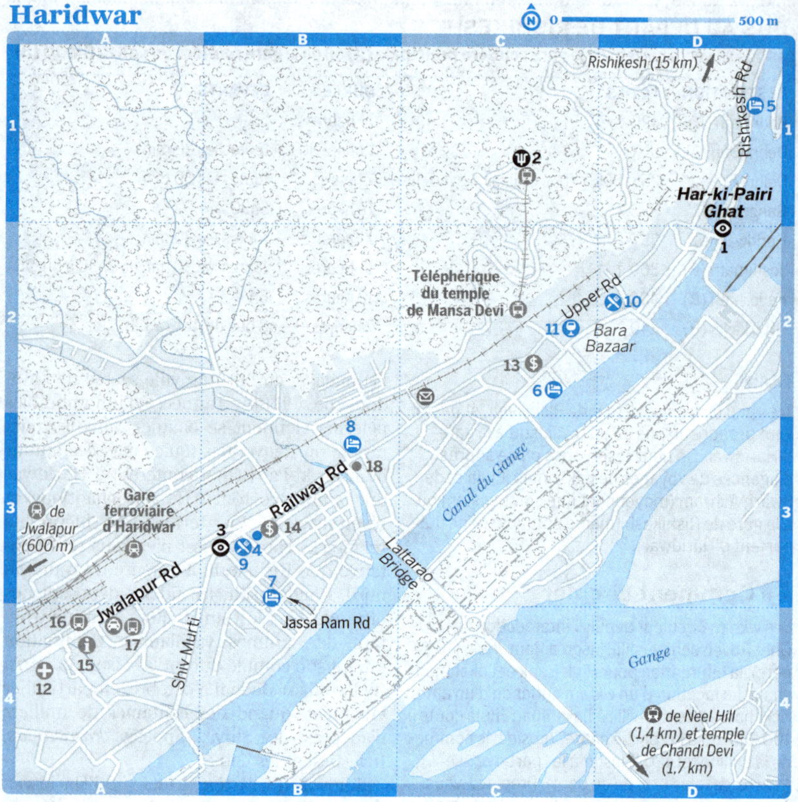

Haridwar

Les incontournables
1 Har-ki-Pairi Ghat D2

À voir
2 Temple de Mansa Devi C1
3 Statue de Shiva B3

Activités
4 Mohan's Adventure Tours B3

Où se loger
5 Bhaj-Govindam D1
6 Haveli Hari Ganga C2
7 Hotel Arjun B3
8 Hotel La Casa B3

Où se restaurer
9 Big Ben Restaurant B3
Haveli Hari Ganga Restaurant .... (voir 6)
10 Hoshiyar Puri D2

Où prendre un verre et faire la fête
11 Prakash Lok C2

Renseignements
12 Rishikul Ayurvedic Hospital A4
13 Sai Forex C2
14 State Bank of India B3
15 Bureau d'Uttarakhand Tourism A4

Transports
16 Gare routière du GMOU A4
17 Gare routière d'UK Roadways A4
18 Vikram pour Rishikesh B3

aujourd'hui encore toute sa force. Il arrive que des individus se faisant passer pour des prêtres proposent aux étrangers de les aider à accomplir une puja, avant de réclamer 200 ₹ ou davantage. Si vous souhaitez faire un don, adressez-vous à un agent patenté.

Visitez de préférence le *ghat* tôt le matin ou juste après le coucher du soleil.

Temples de Mansa Devi et de Chandi Devi

Un **téléphérique** (aller-retour 95 ₹ ; 7h-19h avr-oct, 8h-18h30 nov-mars) conduit au temple perché de **Mansa Devi**, déesse réputée pour exaucer les vœux. Le chemin d'accès au téléphérique est jalonné de stands de *prasaad* (offrandes de nourriture, bénies dans le temple) destinées à la divinité. On peut aussi monter à pied (1,5 km en pente raide), mais gare aux singes chapardeurs !

De nombreux visiteurs et pèlerins associent la visite du sanctuaire à celle du **temple de Chandi Devi**, qui fut érigé sur Neel Hill, à 4 km au sud-est d'Haridwar, par le raja Suchet Singh du Cachemire en 1929. Un **téléphérique** (aller-retour 163 ₹ ; 8h-18h) permet d'y grimper.

Un forfait incluant les transferts en téléphérique et en bus climatisé entre les deux temples est en vente au Mansa Devi (312 ₹). Il est interdit de prendre des photos dans les temples.

Circuits organisés

Mohan's Adventure Tours CIRCUITS D'AVENTURE
(9837100215, 9412022966 ; www.mohansadventure.in ; Railway Rd ; 8h-22h30). Sanjeev Mehta, de Mohan's Adventure Tours, propose diverses sorties (randonnée, pêche, ornithologie, vélo, moto ou rafting) toute l'année. Photographe expérimenté, il organise des circuits de 5 heures (2 250 ₹/pers par groupe de 2 pers et plus, 3 500 ₹/pers pour 1 pers) dans la Rajaji Tiger Reserve, ainsi que de 2 jours dans la Corbett Tiger Reserve (à partir de 9 950 ₹).

Fêtes et festivals

Kumbh Mela RELIGION
À l'occasion de la Kumbh Mela, plus grand rassemblement religieux de la planète, des millions de fidèles se purifient dans les eaux d'un fleuve sacré. Cette fête se déroule à Haridwar tous les 12 ans (en alternance avec Allahabad, Ujjain et Nasik). L'Ardh (demi) Kumbh Mela, tous les 6 ans, draine aussi une foule immense.

Où se loger

Les hôtels d'Haridwar reçoivent surtout des pèlerins hindous. En dehors de la saison du *yatra* (mai-oct), on obtient facilement des rabais de 20 à 50%.

Jassa Ram Rd et les ruelles partant de Railway Rd sont jalonnées d'hôtels bon marché, sinistres pour la plupart. L'offre dans cette catégorie est bien meilleure à Rishikesh.

Près des *ghat*, les hôtels installés dans de hauts immeubles offrent une belle vue... et des chambres assez médiocres.

Hotel Arjun HÔTEL $
(01334-220409 ; www.hotelarjun.com ; Jassa Ram Rd ; ch avec/sans clim à partir de 950/750 ₹ ;). Meilleur choix parmi les établissements bon marché, cet hôtel dépasse ses voisins en termes de propreté et de confort. Certaines chambres ont un balcon. La plupart ont leur lot d'imperfections – TV cassée, ampoule grillée, etc. Si possible, visitez-en plusieurs. D'ici, les gares ferroviaire et routière sont accessibles à pied.

Hotel La Casa HÔTEL $$
(01334-221197 ; www.lacasahotels.in ; Bilkeshwar Rd, en face du gurdwara ; ch à partir de 2 200 ₹ ;). L'un des rares hôtels de milieu de gamme corrects à Haridwar. Entre touches colorées, jolis meubles et sdb modernes, cet hôtel fait son maximum pour tirer son épingle du jeu. Un bon rapport qualité/prix (qui n'est toutefois pas à la hauteur des photos du site, particulièrement flatteuses).

Bhaj-Govindam HÔTEL $$
(8881007007 ; hotelbhajgovindam.com ; Upper Rd ; ch à partir de 1 500 ₹ ;). À quelque 100 m au nord du Bhimgoda Jhula Bridge, cet hôtel, le plus paisible de la ville, s'inscrit dans un jardin herbeux sur les berges du Gange (aisément accessibles derrière un mur métallique). Chambres confortables et suites immenses, mais propreté inégale. On peut heureusement négocier les prix.

Haveli Hari Ganga HÔTEL HISTORIQUE $$$
(01334-226443 ; www.havelihariganga.com ; 21 Ram Ghat ; ch avec petit-déj 8 000-10 000 ₹ ;). Dans Bara Bazaar, au bord du Gange, ce superbe *haveli* (résidence traditionnelle richement ornementée) de 1918 est l'hôtel le plus raffiné d'Haridwar. La cour intérieure et le sol en marbre lui confèrent un air d'opulence. N'hésitez pas à payer plus pour la chambre avec un vaste balcon donnant sur le Gange !

Le **restaurant** (12h30-14h30 et 19h30-22h), également le plus chic de la ville, sert des *thali* au déjeuner (450 ₹) et un buffet le soir (650 ₹).

BUS AU DÉPART D'HARIDWAR

Les bus suivants partent de la gare d'UK Roadways. Renseignements sur les bus pour Dharamsala et Shimla au guichet 6.

DESTINATION	TARIFS	DURÉE	DÉPARTS
Agra	350 ₹	12 heures	tôt le matin
Chandigarh	211 ₹	10 heures	toutes les heures
Dehra Dun	68 ₹	2 heures	toutes les 30 min
Delhi (Volvo climatisé)	665 ₹	6 heures	5/jour
Delhi (bus ordinaire)	230 ₹	6 heures	toutes les 30 min
Dharamsala (bus ordinaire/Volvo climatisé)	555/1 190 ₹	15 heures	14h, 16h/17h
Haldwani	265 ₹	8 heures	toutes les heures
Jaipur (bus ordinaire/avec clim)	484/930 ₹	12 heures	16h30, 18h40, minuit/17h30
Rishikesh	35 ₹	1 heure	toutes les 30 min
Shimla	430 ₹	14 heures	10h, 11h, 12h
Uttarkashi	315 ₹	8 heures	5h

Pendant la saison du *yatra* (pèlerinage ; mai-octobre), les bus suivant partent de la **gare routière du GMOU** (Railway Rd). Pendant la mousson (juillet à mi-septembre), les liaisons sont parfois interrompues. Infos à jour au 01334-265008. Pour rejoindre Yamunotri, allez à Dehra Dun, puis prenez un bus pour Barkot.

DESTINATION	TARIF	DURÉE	DÉPARTS
Badrinath (via Joshimath)	480 ₹	15 heures	3h15, 5h, 8h, 11h
Gangotri	450 ₹	13 heures	5h30
Joshimath	395 ₹	10 heures	7h45
Kedarnath	345 ₹	10 heures	5h15
Uttarkashi	280 ₹	8 heures	7h, 10h

TRAINS AU DÉPART D'HARIDWAR

DESTINATION	N° ET NOM DU TRAIN	TARIFS	DURÉE	DÉPART/ARRIVÉE
Amritsar	12053 *Jan Shatabdi*	siège 2e classe/ *chair car* 185/615 ₹	7 heures 30	14h45/22h05 (ven-mer)
	14631 *Dehra Dun-Amritsar Exp.*	*sleeper*/3AC 250/670 ₹	10 heures	21h25/7h30
Delhi (gare de New Delhi)	12018 *Shatabdi Exp.*	*chair car/executive* 805/1 275 ₹	4 heures 30	18h15/22h45
	12056 *Jan Shatabdi Exp.*	siège 2e classe/ *chair car* 140/470 ₹	4 heures 30	6h22/11h15
Delhi (gare d'Old Delhi)	14042 *Mussoorie Exp.*	*sleeper*/3AC/2AC/1AC 195/490/695/1 160 ₹	8 heures 30	23h15/8h30
Haldwani (pour Nainital et Almora)	14120 *Dehra Dun-Kathgodam Exp.*	*sleeper*/2AC/1AC 190/695/1 160 ₹	6 heures 30	12h25/6h48
Kolkata (Howrah)	13010 *Doon Exp.*	*sleeper*/3AC/2AC 595/1 600/2 340 ₹	32 heures 45	22h15/6h55 (2 nuits plus tard)
Lucknow	13010 *Doon Exp.*	*sleeper*/3AC/2AC 285/765/1 095 ₹	10 heures 15	22h15/8h35
Varanasi	13010 *Doon Exp.*	*sleeper*/3AC/2AC 405/1 105/1 595 ₹	17 heures 45	22h15/16h

Où se restaurer

Vous ne trouverez nulle part de la viande ou de l'alcool : ils sont prohibés dans cette ville sainte.

Hoshiyar Puri INDIEN $

(Upper Rd ; plats 90-175 ₹ ; ⏲11h-16h30 et 19h-22h). Cet établissement fondé en 1937 a toujours du succès (et pour cause). La clientèle locale y vient pour le *dhal makhani* (soja noir et haricots rouges à la crème et au beurre), les *lacha paratha* (fourrés et frits), l'*aloo gobi* (curry de chou-fleur et pommes de terre) et le *kheer* (gâteau de riz), tous délicieux.

Big Ben Restaurant INTERNATIONAL $$

(Railway Rd, Hotel Ganga Azure ; plats 110-200 ₹ ; ⏲8h-22h30). Des miroirs, de la musique, un service attentif et de grandes baies vitrées pour regarder le défilé des pèlerins tout en savourant l'une des meilleures cuisines d'Haridwar. Mention spéciale pour le petit-déjeuner et son excellent café. Connexion Wi-Fi dans la réception attenante.

Où prendre un verre et faire la fête

Prakash Lok LASSI

(Bara Bazaar ; ⏲10h-minuit). Une institution réputée pour son *lassi* glacé et crémeux, servi dans des tasses en fer-blanc (50 ₹) – le meilleur que vous ne goûterez jamais ! Dans Bara Bazaar ; n'importe qui saura vous indiquer l'adresse.

Renseignements

Rishikul Ayurvedic Hospital (☎01334-221003 ; Railway Rd). Doublé d'un internat ; réputation bien établie.

Sai Forex (Upper Rd ; ⏲10h-14h et 16h-21h). Change les espèces et les chèques de voyage (commission de 1%). Connexion à Internet moyennant 50 ₹ par heure.

Uttarakhand Tourism (☎01334-265304 ; Railway Rd, Rahi Motel ; ⏲10h-17h lun-sam). Délivre des cartes biométriques pour les Char Dham.

Depuis/vers Haridwar

Haridwar est bien desservie par les bus et les trains. Pour la période du pèlerinage (mai-oct), pensez à réserver le train.

BUS

Les bus publics partent de la **gare routière d'UK Roadways** (Railway Rd), sur l'axe principal qui traverse la ville. Des bus privés desservent Delhi (400 ₹), Agra (siège/couchette 500/600 ₹), Jaipur (580/680 ₹) et Pushkar (500/600 ₹). Au moment de réserver, demandez à l'agence de vous indiquer le point de départ.

TAXI

La principale **station de taxis** (Railway Rd) se situe à l'extérieur de la gare ferroviaire. Les destinations incluent Chilla (pour la Rajaji Tiger Reserve, 570 ₹), Rishikesh (820 ₹, 1 heure), Dehra Dun (1 320 ₹) et l'aéroport Jolly Grant (1 120 ₹) – il est d'ordinaire possible de négocier une course en deçà de ces tarifs officiels. Entre avril et octobre, on peut louer des taxis pour se rendre sur l'un des lieux de pèlerinage du *char dham*. L'aller pour chaque temple coûte entre 6 550 et 7 550 ₹ ; et un circuit de 9 jours pour voir les quatre, 22 600 ₹. La location d'une jeep pour le même trajet revient légèrement plus cher, mais peut valoir le coup en période de mousson ou si vous êtes au moins quatre.

TRAIN

Il existe beaucoup plus de liaisons ferroviaires au départ d'Haridwar Junction que de Rishikesh. Des trains rallient Delhi, Haldwani et d'autres destinations plus lointaines.

Comment circuler

Les rickshaws demandent 10 ₹ sur les courtes distances, 30 ₹ sur les trajets plus longs (de la gare ferroviaire d'Haridwar à Har-ki-Pairi, par exemple). Des **vikram** suivent Railway Rd (10 ₹) et rejoignent Rishikesh (40 ₹, 1 heure) depuis le Laltarao Bridge sur Upper Rd – ce voyage est plus confortable en bus. Un taxi pour visiter les temples et les ashrams revient à environ 800 ₹ pour 3 heures. Comptez 350 ₹ en auto-rickshaw.

RAJAJI TIGER RESERVE

Ce **parc national** (Rajaji National Park ; ☎0135-2621669 ; www.rajajitigerreserve.co.in ; Indien/étranger 150/600 ₹ par jour, véhicule 250/500 ₹ ; ⏲15 nov-15 juin) préservé couvre plus de 1 000 km² de contreforts boisés proches d'Haridwar. Il a été déclaré officiellement réserve de tigres en 2015, bien qu'il ne s'y trouve que 13 de ces grands félins. Il doit le plus clair de son renom à sa population d'éléphants sauvages – autour de 600 au dernier recensement – et de léopards (environ 250).

Si les chances de surprendre un fauve restent minces, vous apercevrez sûrement d'autres animaux au cœur d'une nature sauvage. Des *chital* (cerfs tachetés), des *sambar*, de discrets ours lippus et quelque 300 espèces d'oiseaux peuplent en effet les épaisses forêts d'arbres à feuilles caduques.

Rajaji englobe aussi le territoire d'hivernage de plus de 1 000 familles nomades d'éleveurs de buffles, les Van Gujjar, dont la plupart se sont vu interdire l'accès. Pour en apprendre davantage sur cette ethnie et ses problèmes spécifiques, consultez le site www.himalayanmigration.com.

Le village de Chilla, 13 km au nord-est d'Haridwar, sert de base pour explorer le parc.

Circuits organisés

Le bureau des gardes forestiers, près de la Chilla Guesthouse, organise des circuits guidés en jeep (6 pers maximum, safari standard à partir de 885 ₹/pers, plus 500 ₹ pour le véhicule).

Pour une formule plus personnalisée, en compagnie de guides professionnels, adressez-vous à Mohan's Adventure Tours (p. 429), à Haridwar, qui conduit des safaris de 5 heures même pendant la période de fermeture officielle du parc. Ces derniers incluent l'observation de la faune, une marche dans la jungle et la visite d'un campement de Van Gujjar.

Où se loger

La **Chilla Guesthouse** (0138-226678 ; www.gmvnl.com ; ch à partir de 2 200 ₹ ; ❄), une pension du GMVN, est l'hébergement le plus confortable de Chilla.

Vous pourrez séjourner à l'intérieur du parc dans l'un des gîtes du Forest Department. Pour plus d'informations et pour réserver, contactez le directeur du **bureau du Rajaji National Park** (0135-2621669 ; 5/1 Ansari Rd, Dehra Dun ; 10h-17h lun-ven) ou Mohan's Adventure Tours (p. 429). Également dans le parc, le **Camp King Elephant** (9871604712 ; bungalow en pension complète Indien/étranger à partir de 8 500 ₹/240 $US) emploie l'énergie solaire et dispose de sdb privatives. Il organise en outre des circuits en jeep.

Depuis/vers la Rajaji Tiger Reserve

Les bus pour Chilla (35 ₹, 1 heure) partent de la gare routière du GMOU à Haridwar toutes les heures de 7h à 14h. En sens inverse, le dernier bus quitte Chilla à 17h30. Les taxis facturent 700 ₹ l'aller simple (13 km).

DEHRA DUN

0135 / 600 000 HABITANTS / ALTITUDE 640 M

Connue surtout pour les institutions héritées des Britanniques – le Forest Research Institute Museum, l'Indian Military Academy, le Wildlife Institute of India, le Survey of India... –, la capitale chaotique et embouteillée de l'Uttarakhand s'étend dans la vallée de Doon, entre les contreforts de l'Himalaya et la chaîne des Siwaliks. La plupart des voyageurs en route pour Rishikesh, Haridwar, Mussoorie ou l'Himachal Pradesh ne font qu'y passer. Mais si vous avez du temps, sachez qu'il y a suffisamment de choses à faire à Dehra Dun pour y marquer l'arrêt.

À voir

Monastère de Mindrolling MONASTÈRE BOUDDHIQUE

(0135-2640556 ; www.mindrolling.org). Une communauté bouddhiste tibétaine florissante vit dans la région de Dehra Dun. Son activité se concentre pour l'essentiel autour du monastère de Mindrolling, à Clement Town, à 10 km au sud du centre. Tout dans ce monastère semble d'une échelle peu commune, notamment le **Grand Stupa**, qui serait le plus haut du monde (plus de 60 m) et renferme dans ses salles des reliques, des fresques et des œuvres d'art tibétain ; et, surplombant le monastère, l'impressionnante **statue du Bouddha Shakyamuni**, dorée et haute de 35 m, dédiée au dalaï-lama.

Les rues encadrant le monastère regroupent plusieurs cafés gérés par des Tibétains. Malheureusement, à la suite d'un changement de législation, les étrangers ne sont plus autorisés à passer la nuit à Clement Town. Le gérant de la Devaloka House, sur le domaine du monastère, accepte de contourner ce règlement – comptez 350 ₹ pour une chambre simple (avec des draps qui ne sont pas de prime jeunesse). Prenez le *vikram* 5 (sorte de gros auto-rickshaw faisant office de minibus) depuis le centre-ville (10 ₹). En auto-rickshaw, comptez 200 ₹ environ.

Survey of India Museum MUSÉE

(Survey Chowk ; 10h30-17h lun-ven). GRATUIT Les instruments qui ont servi à tracer la topographie de l'Inde au XIXe siècle (une tâche monumentale !) sont exposés ici ; certains furent spécialement conçus pour cette mission par son chef, sir George Everest. On remarquera ainsi de superbes théodolites et

Dehra Dun

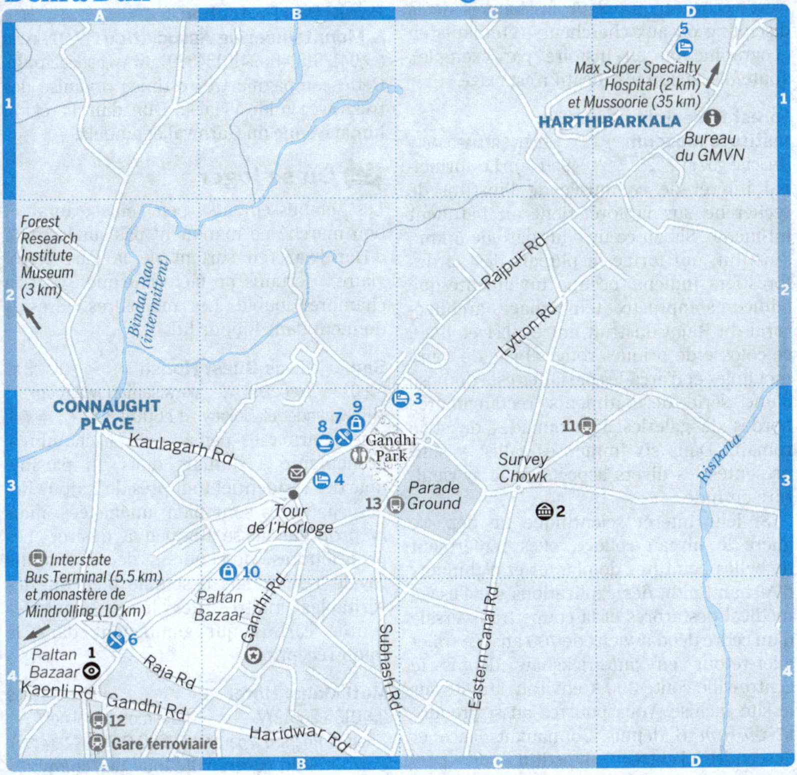

Dehra Dun

À voir
1 Ram Rai Darbar A4
2 Survey of India Museum C3

Où se loger
3 Hotel President C3
4 Moti Mahal Hotel B3
5 Samar Niwas Guest House D1

Où se restaurer
6 Chetan Puriwallah A4
7 Kumar Vegetarian & South Indian Restaurant B3
Moti Mahal .... (voir 4)
Salt & Cravings .... (voir 3)

Où prendre un verre et faire la fête
8 Barista B3
Polo Bar .... (voir 3)

Achats
English Book Depot .... (voir 8)
9 Natraj Booksellers B3
10 Paltan Bazaar B3

Transports
11 Gare routière de Chunabata C3
12 Gare routière de Mussoorie A4
13 Gare routière de Parade Ground B3
Station de taxis .... (voir 12)

lunettes en laiton, ainsi qu'un instrument de mesure en fer et en laiton qui permettait aux topographes de corriger les inexactitudes de leurs relevés – des imprécisions causées par la dilatation ou la contraction des instruments sous l'effet de la chaleur et du froid.

Officiellement, le musée n'est pas ouvert au public. Pour obtenir la permission de le visiter, il faut se rendre au bureau du Surveyor General sur le domaine de Survey of India, à Hathibarkala. Là, il faut expliquer brièvement par écrit pour quel motif on souhaite voir la collection. L'autorisation n'est accordée qu'aux professionnels de la discipline ou aux chercheurs (étudiants en géographie ou en histoire par exemple). Toutefois, aucun justificatif n'est exigé.

Forest Research Institute Museum ÉDIFICE REMARQUABLE
(fri.icfre.gov.in ; 25 ₹ ; ⊙9h-17h). Le principal intérêt de ce musée de l'Institut de recherche sur la forêt tient au bâtiment lui-même. Sis au cœur d'un parc de 5 km², l'institut, qui forme la plupart des gardes forestiers indiens, occupe un gigantesque édifice, somptueux témoignage architectural du Raj. Construit entre 1924 et 1929, ce colosse de briques rouges orné de tours mogholes et d'arcades parfaites est composé d'une série de bâtiments rectangulaires bordés de galeries à colonnades de style romain. Dans six immenses salles, y sont présentés les divers aspects de la sylviculture en Inde.

Si leur intérêt scientifique ne dépasse guère le niveau collège, elles renferment de belles peintures de plantes et d'animaux d'Afshan Zaidi, des explications sur l'usage médical des arbres et la coupe transversale d'un cèdre déodar vieux de 700 ans. Le trajet aller-retour en auto-rickshaw depuis le centre-ville coûte 300 ₹ environ, attente sur le site incluse. Vous pourrez aussi prendre le *vikram* 6 depuis Connaught Place et descendre à l'entrée de l'institut.

Temple de Tapkeshwar TEMPLE HINDOU
(⊙aube-crépuscule). Joliment niché dans une petite grotte, au bord de la rivière Tons Nadi, ce curieux sanctuaire est assez fréquenté. Le temple accueille la fête annuelle de **Shivaratri** (⊙généralement en mars). À gauche en bas de l'escalier menant au sanctuaire principal, après le pont, vous découvrirez une autre grotte. Faufilez-vous dans le passage étroit pour contempler la représentation de Mata Vaishno Devi. Le temple est situé à environ 5 km au nord de la ville. Prenez un rickshaw pour faire l'aller-retour (300 ₹).

Ram Rai Darbar MAUSOLÉE
(Paltan Bazaar ; ⊙aube-crépuscule). GRATUIT
Le mausolée de Ram Rai, fils dévoyé du 7e gourou sikh Har Rai, est tout en marbre blanc ; ses murs, arcades et plafonds sont couverts de peintures. La cour renferme les tombes, plus petites, des quatre épouses de Ram Rai. Un repas (dhal, riz et *chapati*) est offert à qui le souhaite, contre un don.

Activités

Har Ki Dun Protection & Mountaineering Association TREKKING
(☎9412918140, 9410134589 ; www.harkidun.org). Cette compagnie très estimée organise des treks avec guide à Har-ki-Dun, dans la région himalayenne du Garhwal et au-delà.

Où se loger

Les établissements peu engageants et bon marché ne manquent pas sur la route d'Haridwar (en sortant de la gare ferroviaire). Certains ne facturent que 350 ₹ la chambre double. Les meilleures adresses donnent dans Rajpur Rd.

Samar Niwas Guest House PENSION $$
(☎0135-2740299 ; www.samarniwas.com ; M-16 Chanderlok Colony ; d 1 600-1 800 ₹ ; ❄@). Une charmante pension de 4 chambres, accueillante à souhait, dans un paisible quartier résidentiel tout près de Rajpur Rd. Les chambres sont bien aménagées, mais la propreté laisse un peu à désirer. Les propriétaires descendent de la famille royale Tehri, mais il semble bien que les véritables maîtres des lieux soient les gentils carlins qui gambadent dans le salon-réception.

Moti Mahal Hotel HÔTEL $$
(☎0135-2651277 ; hotelmotimahal.net/ ; 7 Rajpur Rd ; s/d à partir de 1 600/1 900 ₹ ; ❄📶). Cet hôtel du centre-ville loue des chambres bien tenues, auxquelles un mobilier tapissé confère une touche d'élégance. Celles donnant sur Rajpur Road sont un peu bruyantes. Excellent restaurant.

Hotel President HÔTEL $$$
(☎0135-2657082 ; www.hotelpresidentdehradun.com ; Rajpur Rd, 6 Astley Hall ; ch à partir de 3 000 ₹ ; ❄📶). Cette institution de Dehra Dun est l'un des hôtels les plus stylés de la ville – pris en sandwich dans l'ensemble de boutiques, restaurants et fast-foods connu sous le nom d'Astley Hall. Rénovées récemment, les chambres présentent un intéressant rapport qualité/prix. Bon restaurant et Polo Bar au rez-de-chaussée.

Où se restaurer et prendre un verre

Dehra Dun compte un choix éclectique de restaurants. Les meilleurs, et de loin, sont dans Rajpur Rd, au nord-est de la tour de l'Horloge. Le complexe d'Astley Hall est très prisé pour ses établissements de restauration rapide. On y trouve aussi quelques bars haut de gamme.

Chetan Puriwallah INDIEN $

(près d'Hanuman Chowk, Paltan Bazaar ; 18 ₹/puri ; 8h-16h30). Pour goûter à des spécialités locales, authentiques et délicieuses. Dans cet établissement, animé et sans prétention, les *thali* sont servis à volonté sur des feuilles de bananier et l'on ne paie que pour les *puri* (pains frits soufflés). Côté dessert, mention spéciale pour les *gulab jamun* (boulettes de pâte frites et nappées de sirop à la rose).

Kumar Vegetarian & South Indian Restaurant INDIEN $$

(15B Rajpur Rd ; plats 120-300 ₹ ; 11h-16h et 19h-22h30). Ce restaurant très fréquenté et d'une propreté étincelante sert un *masala dosa* (curry de pomme de terre dans une crêpe croustillante) proche de la perfection ! D'autres recettes indiennes succulentes figurent sur la carte, de même que d'assez bons plats chinois. Service attentif.

Moti Mahal INDE DU SUD $$

(7 Rajpur Rd ; plats 160-450 ₹ ; 8h-22h45 ;). La clientèle locale considère ce restaurant comme l'un des meilleurs établissements de catégorie moyenne de Rajpur Rd. Au menu : un choix intéressant de plats végétariens ou non, dont un curry de poisson de Goa et du *murg* (poulet) afghan, ainsi que des spécialités d'Inde du Sud et des plats chinois.

Salt & Cravings INTERNATIONAL $$$

(Astley Hall ; plats 300-500 ₹ ; 11h-22h45). Le bistrot de l'Hotel President affiche une carte particulièrement actuelle et variée comprenant sandwichs, wraps, pâtes et nombreux plats de résistance le soir. Il y a même des glaces et de la tarte aux pommes en dessert.

Barista CAFÉ

(15A Rajpur Rd ; boissons et en-cas 90-190 ₹ ; 8h-21h). Un café moderne et populaire, ajouté d'une excellente librairie en arrière-salle.

Polo Bar BAR

(Rajpur Rd, 6 Astley Hall ; 11h-15h et 19h-23h). Le bar de l'Hotel President, récemment rénové, l'un des bars d'hôtel les plus fréquentables de Dehra Dun.

Achats

Paltan Bazaar MARCHÉ

(horaires variables). Très encombrée, la zone qui traverse le bazar vers le sud depuis la tour de l'Horloge est presque piétonnière. C'est un lieu populaire pour une balade en soirée. On y déniche des vêtements bon marché, des souvenirs, du matériel de randonnée et de camping... La plupart des boutiques ouvrent approximativement de 10h à 21h.

English Book Depot LIVRES

(0135-2655192 ; www.englishbookdepot.com ; 15 Rajpur Rd ; 11h-13h30 et 14h30-19h). La librairie au fond du café Barista. CD, guides de trekking et cartes.

Natraj Booksellers LIVRES

(17 Rajpur Rd ; 10h30-20h lun-sam). Écologie, spiritualité, ouvrages sur la région et livres du romancier local Ruskin Bond.

Renseignements

Les banques de Rajpur Rd changent les espèces et les chèques de voyage. Leurs nombreux DAB acceptent les cartes étrangères.

Bureau du GMVN (74/1 Rajpur Rd ; 10h-17h lun-sam). Informations sur le trekking au Garhwal (que l'on réserve auprès du GMVN ou que l'on y aille en indépendant). Demandez à parler à B. S. Gusain, au rez-de-chaussée de l'office du tourisme, ou contactez-le au 9568006695.

Max Super Speciality Hospital (0135-6673000 ; Mussoorie Diversion Rd). Meilleur hôpital de Dehra Dun, au nord du centre-ville.

Depuis/vers Dehra Dun

AVION

Quelques compagnies (Jet Airways, SpiceJet et Air India) relient quotidiennement Delhi et l'aéroport Jolly Grant de Dehra Dun, à 20 km à l'est sur la route d'Haridwar (à partir de 3 200 ₹ l'aller). Un taxi depuis/vers l'aéroport coûte 600 ₹, et le bus climatisé, 100 ₹.

BUS

Presque tous les bus longue distance circulent depuis/vers l'énorme et moderne Interstate Bus Terminal (ISBT), à 5 km au sud du centre-ville, que l'on rejoint via un bus local (5 ₹), le *vikram* 5 (10 ₹) ou un auto-rickshaw (150 ₹). Quelques bus pour Mussoorie partent de là, mais la plupart démarrent de la **gare routière de Mussoorie** (*Mussoorie bus stand* ; 56 ₹, 1 heure 30, départ toutes les 30 min, 6h-20h), à côté de la gare ferroviaire. Ils ont pour terminus à Mussoorie la gare routière de Picture Palace ou celle de Library. Depuis la gare routière de Mussoorie, des bus rallient aussi Barkot (pour Yamnotri ; 220 ₹, 5 heures, départ à 5h30 et 12h), Purola (pour Har-ki-Dun ; 230 ₹, 7 heures, départ à 6h30, 9h et 13h30), Uttarkashi (255 ₹, 7 heures, départ à 5h30) et Joshimath (480 ₹, 12 heures, départ à 5h30).

Les bus privés pour Joshimath (400 ₹, 12 heures, départ à 7h) et Uttarkashi (280 ₹, 8 heures, départ à 7h, 9h et 13h30) utilisent la **gare routière de**

Parade Ground et l'on peut acheter son billet à bord. Si vous préférez prendre votre place à l'avance, rendez-vous la veille à la billetterie de la **gare routière de Chunabata**, dans Raipur Rd.

TAXI

À destination de Mussoorie, un taxi revient à 1 060 ₹ et un taxi collectif à 180 ₹ par personne ; la **station** se trouve devant la gare ferroviaire. La course jusqu'à Haridwar ou Lakshman Jhula (Rishikesh) coûte 1 410 ₹. Pour l'aéroport Jolly Grant, comptez 910 ₹.

TRAIN

De nombreux trains partent de Dehra Dun à destination de Delhi. Quelques autres desservent Lucknow, Varanasi (Bénarès), Kolkata (Calcutta) et Chennai (Madras). Des différents trains quotidiens pour Delhi, les express sont les meilleurs – *Shatabdi* (train 12018 ; chair/*executive* 885/1 405 ₹, 6 heures, départ à 17h), *Janshatabdi* (train 12056, siège 2e classe/AC Chair 160/520 ₹, 6 heures, départ à 5h10) et *Nanda Devi Express* (train 12206, 3AC/2AC/1AC 590/825/1 375 ₹, 6 heures, départ à 23h30).

Le train *Dehradun-Amritsar Express* (train 14631 ; *sleeper*/3AC 270/730 ₹, 13 heures) pour Amritsar part chaque soir à 19h.

Comment circuler

De très nombreux *vikram* (5-10 ₹/trajet) à 8 places suivent 5 itinéraires fixes (numéro à l'avant du véhicule). Le 5, qui circule entre l'ISBT, la gare ferroviaire et Rajpur Rd, et pousse au sud jusqu'au quartier tibétain de Clement Town, est le plus pratique. Le 1 fait la navette le long de Rajpur Rd au-dessus du Gandhi Park ; il se rend aussi à Hathibarkala (demandez au chauffeur sur quel itinéraire il conduit). Un court trajet en auto-rickshaw coûte 30 ₹ ; comptez 150 ₹ entre l'ISBT et le centre-ville, et 180 ₹ par heure pour une promenade guidée dans la ville.

MUSSOORIE

☎0135 / 30 200 HABITANTS / ALTITUDE 2 000 M

Perchée sur une crête à 2 000 m d'altitude, la "reine des montagnes" est une station climatique rivalisant avec celle de Nainital dans le cœur des Indiens. Elle passe le plus clair de l'année sous les nuages, mais quand le ciel s'éclaircit, la vue sur la verdoyante vallée de Doon et les sommets enneigés de l'Himalaya est superbe. Pendant les mois les plus torrides, l'air frais de la montagne contraste agréablement avec la touffeur des plaines.

Fondée par les Britanniques en 1823, Mussoorie devint un refuge privilégié des fonctionnaires du Raj. L'architecture des églises, des bibliothèques, des hôtels et des résidences d'été témoigne de ce temps révolu. Les visiteurs affluent de mai à juillet, en famille ou en amoureux. Hors saison, bon nombre des 300 hôtels réduisent considérablement leurs tarifs. Pendant la mousson, la ville est souvent ceinte de nuées.

Le centre-ville compte deux secteurs : Gandhi Chowk (appelé aussi Library Bazaar), à l'ouest ; et Kulri Bazaar et Picture Palace, plus animés, à l'est. Tous deux sont reliés par le Mall, une promenade de 2 km où les piétons règnent encore en maîtres – bien que le trafic et le bruit progressent. Au-delà de Kulri Bazaar, une étroite route de 1,5 km conduit à Landour Bazaar.

À voir et à faire

Gun Hill — POINT DE VUE

À mi-hauteur du Mall, un **téléphérique** (aller-retour 100 ₹ ; 10h-19h) monte à Gun Hill (2 530 m) où, par temps clair, la perspective embrasse plusieurs pics imposants.

BUS AU DÉPART DE DEHRA DUN

Les bus suivants partent de l'Inter State Bus Terminal (ISBT).

DESTINATION	TARIFS	DURÉE	DÉPARTS
Chandigarh	230 ₹	6 heures	toutes les heures de 4h à 22h
Delhi (Volvo climatisé)	538/750 ₹ bus ordinaire/avec clim	7 heures	fréquents
Delhi (bus ordinaire)	270 ₹	7 heures	toutes les heures de 4h à 22h
Dharamsala	576 ₹	14 heures	17h
Haldwani (pour Nainital et Almora)	320 ₹	10 heures	toutes les heures
Haridwar	68 ₹	2 heures	toutes les 30 min
Manali	500 ₹	14 heures	6h45, 15h, 22h15
Ramnagar	300 ₹	7 heures	7/jour
Rishikesh	51 ₹	1 heure 30	toutes les 30 min
Shimla	440 ₹	10 heures	5/jour

Un sentier escarpé mène au point de vue. Les promeneurs affluent une heure avant le coucher du soleil. En haute saison, les manèges, les étals de nourriture, les échoppes d'amulettes et de magie, et la présence de futurs mariés venus se faire photographier en costume garhwali composent une ambiance singulière.

Christ Church ÉGLISE
(près du Mall). Construite en 1836, cette église ornée de vitraux serait la doyenne de l'Himalaya.

Trek Himalaya TREKKING
(☎9837258589 ; www.trekhimalaya.com ; Upper Mall ; ⌚11h-21h). Basée dans la boutique d'équipements de plein air Wildcraft, cette agence organise des randonnées de 1 à 3 jours aux environs de Mussoorie, ainsi que des treks sur mesure plus long à Har-ki-Dun, Darwa Top et au-delà. Départs annulés en cas de mauvaises conditions climatiques et/ou routières.

Promenades

Lorsque les nuages daignent se dissiper, les balades autour de Mussoorie se prêtent à contempler de superbes panoramas. La **Camel's Back Road**, qui s'étire sur 3 km de Gandhi Chowk à Kulri Bazaar, tire son nom d'une formation rocheuse qu'elle longe et qui évoque le camélidé. Le parcours réserve de beaux points de vue ; vous pourrez l'emprunter en rickshaw (aller/aller-retour 200/350 ₹) au départ de Gandhi Chowk. Une randonnée plus longue (5 km aller) débute au **Picture Palace Cinema** et rejoint Landour et Sisters' Bazaar via **Union Church**.

À l'ouest de Gandhi Chowk, une marche plus ardue conduit au **temple de Jwalaji**, sur Benog Hill (20 km aller-retour), via le Clouds End Hotel. Cette balade traverse une épaisse forêt et dévoile de beaux paysages. Un taxi jusqu'au Cloud's End (aller-retour 600/1 100 ₹) réduit la marche de plus de la moitié. Un autre itinéraire mène à l'**Everest House** (16 km aller-retour), ancienne résidence, aujourd'hui abandonnée, de sir George Everest, officier et géophysicien britannique qui donna son nom au toit du monde. Vous pourrez également prendre un rickshaw (130 ₹) jusqu'au Park Toll, pour gagner 5 km.

Cours

Landour Language School LANGUE
(☎0135-2631487 ; www.landourlanguageschool.com ; Landour ; 350/575 ₹ par heure en groupe/particulier ; ⌚fév-déc). D'excellents cours d'hindi (niveaux débutant à avancé). Inscription 750 ₹, manuels 2 200 ₹.

Où se loger

Pendant l'été (mai-juillet), qui marque la haute saison, les tarifs sont exorbitants. Il existe deux saisons intermédiaires : celle des lunes de miel (oct-nov) ; et une autre entre Noël et le Nouvel An. En dehors de ces périodes, les prix sont souvent négociables.

Les hébergements économiques sont rares – vous en trouverez à proximité de Picture Palace. En revanche, de nombreux hôtels cassent leurs prix hors saison.

Hotel Broadway HÔTEL $
(☎0135-2632243 ; Camel's Back Rd, Kulri Bazaar ; mi-saison d 650-1 500 ₹). De loin la meilleure adresse pour les voyageurs au budget serré, ce vieil hôtel en bois des années 1880, avec jardinières aux fenêtres, a gardé tout son cachet. Sis dans un quartier tranquille, il n'en est pas moins proche du Mall. Les chambres du rez-de-chaussée mériteraient d'être rafraîchies, mais celles à l'étage sont agréables ; la plus jolie a des baies vitrées.

♥ **Kasmanda Palace Hotel** HÔTEL HISTORIQUE $$$
(☎0135-2632424 ; www.welcomheritagehotels.in ; mi-saison s/d à partir de 7 400/8 500 ₹). À deux pas du Mall, voici l'hôtel le plus romantique de Mussoorie. Ce château blanc fut construit pour un officier britannique en 1836 et racheté par le maharaja de Kasmanda en 1915. Dans le hall moquetté de rouge, un superbe escalier est flanqué de trophées de chasse mités (les peaux de tigre et de léopard font peine à voir). Si toutes les chambres ont du charme, la Maharaja Room, avec boiseries et mobilier ancien, est tout bonnement royale.

Hotel Padmini Nivas HÔTEL HISTORIQUE $$$
(☎0135-2631093 ; www.hotel-padmininivas.com ; Mall ; mi-saison d 3 900-5 550 ₹, ste 6 670-7 520 ₹ ; @). Cet hôtel historique, construit en 1840 par un colonel britannique, joue de son charme suranné. Les grandes chambres, agrémentées de solariums, sont joliment meublées ; celles du bâtiment principal sont nettement plus agréables que celles de l'annexe. Mention spéciale pour la salle à manger et son mobilier ancien. L'établissement a pour écrin 2 ha de jardins paysagers.

Savoy HÔTEL HISTORIQUE $$$
(☎0135-2637000 ; www.fortunehotels/savoy.in ; derrière Gandhi Chowk ; mi-saison ch à partir de 13 680 ₹). Ce fameux hôtel de 1902 a rouvert

Mussoorie

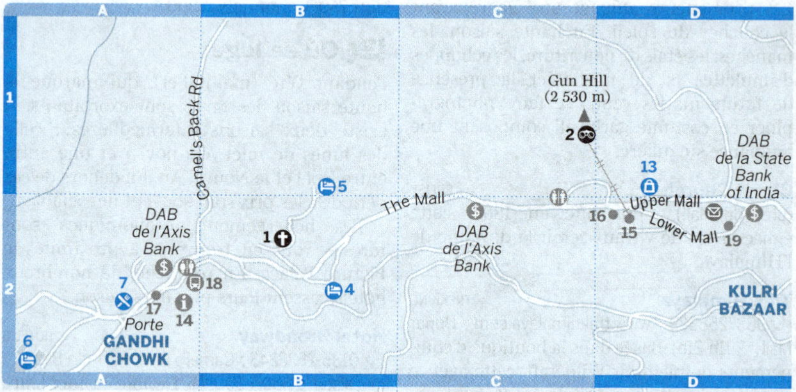

Mussoorie

À voir
- **1** Christ Church B2
- **2** Gun Hill C1

Activités
- Trek Himalaya .... (voir 13)

Où se loger
- **3** Hotel Broadway E1
- **4** Hotel Padmini Nivas B2
- **5** Kasmanda Palace Hotel B1
- **6** Savoy A2

Où se restaurer
- **7** Imperial Square A2
- **8** Lovely Omelette Centre E1
- **9** Neelam E1
- **10** Urban Turban E1

Achats
- **11** Star Walking Stick Mfg F1
- **12** Vinod Kumar F1
- **13** Wildcraft D1

Renseignements
- **14** Guichet du GMVN A2
- Trek Himalaya .... (voir 13)

Transports
- **15** Téléphérique D2
- **16** Station de rickshaws D2
- **17** Station de rickshaws A2
- **18** Gare routière de Library A2
- **19** Billetterie de la Northern Railway D2
- **20** Gare routière de Picture Palace F2
- Station de taxis .... (voir 18)
- Station de taxis .... (voir 20)

au terme d'une longue rénovation. À l'intérieur comme à l'extérieur, le résultat est somptueux – la grandeur est au rendez-vous, sans l'aspect décati qui caractérise souvent les établissements historiques. Mais, si le restaurant allie esthétique et gastronomie, les chambres ont quelque chose d'impersonnel.

Où se restaurer et prendre un verre

Pour les plaisirs culinaires, mieux vaut rejoindre les secteurs de Kulri Bazaar et Picture Palace. Il existe quantité d'établissements de restauration rapide, et la plupart des hôtels possèdent un restaurant.

♥ Lovely Omelette Centre RESTAURATION RAPIDE **$**
(Mall, Kulri Bazaar ; plats 60-90 ₹ ; 8h-22h). Le restaurant le plus connu de Mussoorie en est aussi le plus petit – pratiquement un cagibi sur le Mall où sont servies, de l'avis de beaucoup, les meilleures omelettes de toute l'Inde. La spécialité maison est une omelette au fromage avec piments, oignons et épices, servie sur du pain grillé, mais le chef-cuisinier vous préparera aussi à la demande une délicieuse omelette au chocolat… Le week-end, il peut y avoir foule ; peut-être devrez-vous patienter.

Urban Turban PUNJABI **$$**
(plats 190-400 ₹ ; 11h-23h). Ce nouveau bistrot mitonne une cuisine du Punjab riche de saveurs, végétarienne ou non, avec ce qu'il faut d'épices. Nos papilles ont particulièrement apprécié le *Turban tikka masala*. Personnel très attentif. Fond musical au rez-de-chaussée, mais 1er étage plus calme. Fenêtres donnant sur la rue.

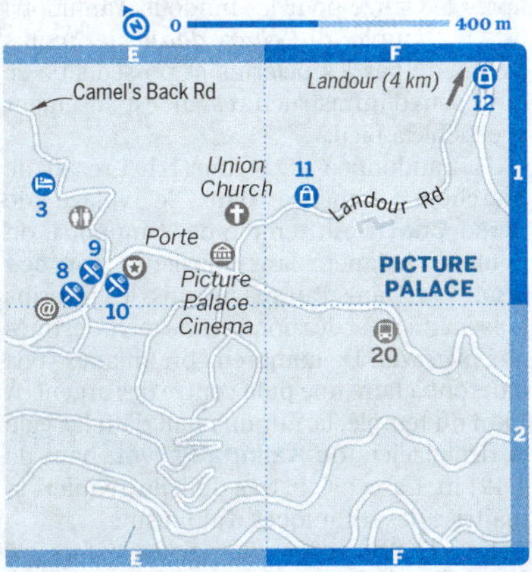

Neelam PUNJABI $$
(Kulri Bazaar ; plats 160-570 ₹ ; ⏲9h-23h). Depuis 1949, le Neelam est spécialisé dans les plats au *paneer* ; il fait aussi la part belle au poulet et à l'agneau. Durant la haute saison, il sort le *tawa* – une plaque de métal sur laquelle il met à cuire la viande à petit feu. Le gérant, Sam, est très chaleureux.

Imperial Square INTERNATIONAL $$$
(☎0135-2632632 ; Gandhi Chowk ; plats 300-700 ₹ ; ⏲7h30-23h ; 📶). Fort de grandes baies vitrées donnant sur Gandhi Chowk, ce coûteux restaurant a tout pour plaire. La carte fait la part belle aux plats occidentaux, avec une longue liste d'assortiments et de plats sur plaque chauffante (*sizzlers*), ainsi que d'énormes sandwichs toastés. Des gaufres sont servies au petit-déjeuner. L'hôtel attenant loue de jolies chambres avec vue sur la vallée (à partir de 5 700 ₹).

Achats

Mussoorie compte pléthore de magasins de souvenirs sans grande originalité. Plus intéressante, la boutique de **Vinod Kumar** (tour de l'Horloge, Landour Bazaar ; ⏲10h-18h) vend des antiquités et autres articles. Elle se situe près de la tour de l'Horloge, en bas de Landour Bazaar, à environ 10 minutes de marche de Picture Palace. Si vous cherchez quelque chose pour vous défendre des singes, **Star Walking Stick Mfg** (⏲10h-18h) est l'endroit parfait !

Wildcraft SPORTS ET ACTIVITÉS DE PLEIN AIR
(Upper Mall ; ⏲11h-21h). Meilleure adresse pour les équipements de plein air et siège de Trek Himalaya (p. 437).

Renseignements

Guichet du GMVN (☎0135-2631281 ; gare routière de Library ; ⏲8h-17h). Excursions dans la région, treks et hébergement dans des pensions retirées.

Om Cybercafe (près du Mall, Kulri Bazaar ; 60 ₹/heure ; ⏲10h-21h ; 📶). Près du restaurant Lovely Omelette Centre.

Trek Himalaya (☎0135-2630491 ; Upper Mall ; ⏲11h-21h). Change les principales devises et les chèques de voyage à un bon taux.

Depuis/vers Mussoorie

BUS

Des bus rejoignent fréquemment Mussoorie (56 ₹, 1 heure 30) depuis la gare routière de Mussoorie située à Dehra Dun (près de la gare ferroviaire). Certains bus desservent la **gare routière de Picture Palace** (☎0135-2632259), d'autres la **gare routière de Library** (☎0135-2632258), à l'autre bout de la ville ; si vous savez où vous allez séjourner, veillez à prendre le bus marquant l'arrêt le plus adéquat. Il n'existe pas de moyen de transport direct entre Mussoorie et Rishikesh ou Haridwar – il faut changer à Dehra Dun.

Pour atteindre les villages de montagne de l'est du Garhwal, empruntez l'un des bus qui traversent Gandhi Chowk. Pour Yamunotri, montez dans un bus pour Barkot (147 ₹, 3 heures 30, départs vers 6h30, 7h30 et 13h30), puis dans un autre pour Janki Chatti (65 ₹, 3 heures). Deux bus rallient Purola (158 ₹, 5 heures, départ à 7h30 et 14h30). Pour Uttarkashi, changez à Barkot ou rendez-vous à la gare routière de Tehri à Landour pour monter dans un bus à destination de Chamba, d'où vous prendrez une correspondance.

TAXI

Il est possible de louer un véhicule pour Dehra Dun (1 050 ₹), Rishikesh (2 250 ₹) ou Uttarkashi (4 550 ₹) aux stations de taxis des **deux gares routières**. Un taxi collectif jusqu'à Dehra Dun revient autour de 180 ₹ par personne.

TRAIN

La **billetterie de la Northern Railway** (☎0135-2632846 ; Lower Mall, Kulri Bazaar ; ⏲8h-14h lun-sam) vend des billets pour les trains à destination de Dehra Dun et d'Haridwar.

Comment circuler

On peut facilement parcourir le centre de Mussoorie à pied. À considérer que l'on se trouve dans une station de montagne, le Mall et Camel's Back Rd sont étonnamment plats. Sur le Mall, les rickshaws demandent 50 ₹ ; toutefois, ils ne circulent qu'entre **Gandhi Chowk** et la **station du téléphérique**.

CHAR DHAM

Au cœur de la région himalayenne du Garhwal se trouvent quelques-uns des sites les plus sacrés de la religion hindoue – Yamunotri, Gangotri, Kedarnath et Badrinath –, dont les temples marquent les sources spirituelles des quatre fleuves sacrés : la Yamuna, le Gange, la Mandakini et l'Alaknanda. Ensemble, ils font l'objet de l'un des *yatra* les plus importants de toute l'Inde, plus connu sous le nom de *yatra* du *char dham* (quatre sièges). Tous les ans, d'avril à novembre, des centaines de milliers de fidèles bravent les impressionnantes routes de montagne et les sentiers de randonnée de haute altitude pour y accéder.

Hélas, en juin 2013, une averse torrentielle provoqua une monstrueuse inondation qui balaya plusieurs villages et causa la mort de milliers d'habitants et de pèlerins. Le bilan officiel s'élève à 6 000 victimes, mais des habitants affirment qu'il serait terriblement plus lourd. Depuis, les habitants et le gouvernement de l'Uttarakhand ont œuvré à rétablir une confiance pérenne en matière de sécurité, afin de relancer le principal moteur économique de la région. Au sortir de quelques années de déclin, le pèlerinage connaît une embellie. Avant de visiter les *char dham*, vous devrez obtenir une carte biométrique gratuite (un système mis en place par les autorités pour retrouver la trace des personnes en cas de catastrophe naturelle), délivrée dans de nombreuses villes de l'État. On ne vous la demandera peut-être jamais, mais elle est obligatoire.

Se fendre du périple jusqu'à un ou plusieurs temples permet de mieux appréhender l'élan religieux du sous-continent, au milieu de paysages de montagne à couper le souffle. De nombreux bus, jeeps collectives, palanquins, chevaux, et même des hélicoptères, assurent le transport. Un réseau bien établi de pensions, ashrams et autres *rest houses* (adresses gérées par l'État) fournit l'hébergement. On trouve en outre de la nourriture végétarienne sur tous les sites. Aussi, n'est-il pas nécessaire d'engager un guide ou d'apporter ses provisions... pour autant que les routes ne soient pas bloquées par des glissements de terrain liés à la mousson. Seuls les temples de Gangotri et de Badrinath sont accessibles sans avoir à randonner.

Yamunotri

Le **temple de Yamunotri** (⌚fin avr-fin oct) est niché dans une gorge étroite proche de la source de la Yamuna, second fleuve sacré après le Gange pour les hindous. Yamunotri est le temple du *char dham* le moins fréquenté par les pèlerins et possède, de ce fait, peu d'infrastructures. Il est aisément accessible à pied.

La randonnée de 5 km (1 heure 30 de marche) commence dans le village de **Janki Chatti**. Au temple de Yamunotri, on peut se baigner dans plusieurs **sources chaudes**. Dans d'autres bassins, les pèlerins cuisent du riz et des pommes de terre destinés aux *prasaad*. De nombreux brahmanes vous aideront à faire une puja contre de l'argent. À 1 km du temple, la Yamuna naît d'un lac gelé et des glaciers du **Kalinda Parvat**, haut de 4 421 m. L'ascension, très difficile, requiert la maîtrise des techniques d'alpinisme.

De l'autre côté du fleuve, face à Janki Chatti, l'accueillant village de **Kharsali** mérite le détour si vous en avez le temps.

Vous pourrez loger dans des pensions spartiates ou dans les lodges touristiques du GMVN à Janki Chatti et Hanuman Chatti.

Au cœur de la saison du *yatra* (mai-juin), il y a des bus pour Janki Chatti au départ de Dehra Dun, Mussoorie et Rishikesh, mais les transports les plus fréquents partent de Barkot. Des bus (65 ₹, 3 heures) quittent Barkot pour Janki Chatti à 9h, 13h et 15h ; ils reviennent à Barkot à 6h, 8h30 et 14h.

Quelques jeeps collectives couvrent ce même trajet (80 ₹, 2 heures 30). Un taxi privé revient, quant à lui, à 2 000 ₹ l'aller.

Temple de Gangotri et glacier de Gaumukh

Dans un lieu reculé à 3 042 m d'altitude, le **temple de Gangotri** (⌚fin avr-fin oct) est l'un des sites les plus sacrés d'Inde. Proche de la source du Gange (appelé Bhagirathi jusqu'à Devprayag), ce sanctuaire est dédié à l'origine du fleuve le plus sacré de l'hindouisme. C'est sur le rocher à proximité que Shiva aurait amorti à travers ses cheveux emmêlés l'eau tombée des cieux, sauvant ainsi la Terre du pouvoir destructeur de ce don divin.

Édifié par le commandant gurkha Amar Singh Thapa au XVIIIe siècle, le temple est presque décevant pour un monument d'une telle importance. À moins d'être soi-même un fervent adepte de l'hindouisme, on ne perçoit véritablement la spiritualité du lieu qu'en faisant le trek de Gangotri jusqu'à l'authentique source du fleuve, **Gaumukh**, à 18 km en amont. Là, l'eau jaillit du **glacier de Gangotri** situé au pied de l'immense face ouest du **Bagirathi Parvat** (6 856 m), avec le sommet du **Shivling** (le “Cervin indien”, 6 543 m) au sud.

Ne vous laissez pas rebuter à la perspective du trek, car le sentier monte par paliers réguliers et se révèle parfaitement sûr. Au bout de 14 km (4-6 heures), à Bhojbasa (3 790 m), vous trouverez un **bungalow touristique du GMVN** (Bhojbasa ; dort 320 ₹) et d'autres hébergements sommaires ; Gaumukh est à 4 km (1 heure 30) de là. Par beau temps, la meilleure tranche horaire pour admirer la source s'étend entre le début et le milieu de l'après-midi – elle est alors en plein soleil. On peut engager des porteurs (1 000 ₹ l'aller) et louer des chevaux (aller/aller-retour 1 700/2 500 ₹) à Gangotri. Les randonneurs plus ambitieux, venus avec leur matériel de camping, poussent volontiers jusqu'au ravissant alpage de **Tapovan**, 6 km après Gaumukh.

Avant d'entamer le trek jusqu'à Gaumukh, vous devrez obtenir un permis – l'accès est limité à 150 personnes par jour. Pour ce faire, rendez-vous au **District Forest Office** (☎01377-225693 ; ⏲10h-17h lun-sam, fermé 2e sam du mois), à 3 km au nord de la gare routière d'Uttarkashi, ou à l'antenne située au-dessus de la gare routière de Gangotri, ouverte tous les jours de 6h à 14h. Vous devrez, aux deux endroits, fournir une photocopie de votre passeport (pages d'identité et visa). Valable 2 jours, le permis coûte 150/600 ₹ pour les Indiens/étrangers (puis 50/250 ₹ par jour supplémentaire).

Le village de Gangotri compte une foule d'auberges, d'ashrams et de *dharamsala* (refuges pour pèlerins) louant des chambres pour 300 ₹, voire moins. Pour les repas, emboîtez le pas aux familles indiennes qui se rendent au **restaurant de l'Hotel Gangaputra** (plats 70-150 ₹ ; ⏲7h-23h), dont la cuisine vaut le détour.

Les bus pour Gangotri circulent sporadiquement. Le plus simple consiste à prendre une jeep collective (200 ₹) ou un taxi (aller simple/aller-retour 3 000/4 000 ₹) à Uttarkashi. On peut aussi partir en taxi de Rishikesh ou d'Haridwar.

Kedarnath

Selon l'épopée du *Mahabharata*, après avoir défait Dhritarashtra, les Pandava demandèrent le pardon divin pour avoir tué leurs ennemis dont ils étaient aussi les cousins. Shiva refusa, mais les Pandava se montraient si insistants dans leur quête d'absolution que le dieu, sous sa forme de taureau, s'enfonça dans la terre pour les éviter. Il laissa derrière lui sa bosse à Kedarnath, sous la source de la rivière sacrée Mandakini – emplacement aujourd'hui marqué par un magnifique temple érigé au VIIIe siècle par Shankara. D'autres parties du corps de Shiva sous sa forme taurine sont révérées dans les quatre autres temples de *panch kedar* : les bras à Tungnath, la tête à Rudranath, le nombril à Madmaheshwar et les cheveux à Kalpeshwar. Visiter les cinq demande un certain effort, mais reste envisageable.

Niché au pied d'un sommet de 6 970 m, à 18 km de la route la plus proche, Kedarnath a l'attrait d'un cadre grandiose. À l'intérieur du temple, et notamment autour de la “bosse”, la puja est marquée par une intense ferveur. Le site est placé sous de si bons auspices que certains se jetaient jadis d'une falaise derrière le temple dans l'espoir d'accéder instantanément au *moksha* (délivrance ultime).

L'endroit fut au cœur de la terrible inondation de 2013, qui vit périr des milliers de personnes – pèlerins, habitants, porteurs et bien d'autres. Le village aux abords du temple fut largement balayé par ces flots déchaînés et les énormes rochers charriés depuis les versants environnants. Un bloc imposant protégea le sanctuaire de l'effondrement. Il fait, depuis, l'objet d'une révération presque aussi fervente que le temple lui-même.

Kedarnath se remet lentement, d'où des conditions de visite qui évoluent d'une année sur l'autre. L'accès implique une ascension de 18 km depuis le village de Gaurikund, rendu un temps inhabitable par les inondations, et qui renaît aujourd'hui partiellement. Pour emprunter le sentier, il faut se procurer une carte biométrique gratuite dans la localité de Sonprayag, le terminus de tous les bus et taxis, 5 km avant Gaurikund. De Sonprayag, des jeeps collectives (20 ₹) rejoignent le début du sentier.

Vous marcherez en compagnie des pèlerins le long d'un chemin pavé, taillé dans les flancs abrupts d'une gorge creusée par la Mandakini, en suivant le fleuve à contre-courant. Par temps clair, on distingue les hauts sommets enneigés qui dominent le temple, bien avant d'atteindre celui-ci. À Kedarnath, quelques commerces, restaurants et hôtels commencent à ressurgir d'entre les décombres et les énormes rochers. L'Himachal House, à deux pas du temple, est actuellement le meilleur endroit où loger.

Il existe aussi des hébergements basiques (ch 200-400 ₹) à Sonprayag ainsi qu'à Gaurikund, beaucoup plus calme et pittoresque. Sitapur, 2 km avant Sonprayag, a l'atout de quelques hôtels d'un confort supérieur.

TREKS DANS L'HIMALAYA

Les circuits de randonnée dans l'Uttarakhand sont aussi nombreux que sublimes. Pour plus de détails, contactez le GMVN (p. 435) à Dehra Dun ou des agences de trekking locales.

Trek de la vallée d'Har-ki-Dun

Merveilleusement isolée, la vallée d'Har-ki-Dun (3 510 m) est un véritable éden parcouru de torrents et cerné par les forêts et les pics enneigés. Le **Govind Wildlife Sanctuary and National Park** (Indien/étranger 3 premiers jours 150/600 ₹, jour supp 50/250 ₹) protège ce secteur, où vit le léopard des neiges, que vous aurez peut-être la chance rare d'apercevoir au-dessus de 3 500 m.

La randonnée de 3 jours (38 km) jusqu'à Har-ki-Dun débute à Sankri (aussi dénommée Saur), où le meilleur hébergement est le récent **Wild Orchid Inn** (☎9411500044 ; www.wildorchidin@gmail.com ; Sankri ; s/d 600/800 ₹). On trouve des bungalows touristiques du GMVN rudimentaires à Sankri ainsi que, sur le parcours, dans les villages de Taluka et Osla. Dans la vallée proprement dite, il vous faudra loger dans la *rest house* du Forest Department ou bien camper. Vous pourrez écourter la randonnée d'une journée en prenant une jeep collective jusqu'à Taluka et commencer là-bas. Comptez un jour de plus pour faire un détour par le glacier de Jamdar. Les marcheurs sont nombreux en juin et en octobre.

Deux guides réputés, Chain Singh et Bhagat Singh, qui dirigent la Har Ki Dun Protection & Mountaineering Association (p. 434), sont basés à Sankri. En plus du trek de la vallée d'Har-ki-Dun, ils pourront vous accompagner aux villages des superbes vallées de Rupin et Supin. Ils proposent également des treks au départ de Sankri et jusqu'à la vallée de la Baspa, dans l'Himachal Pradesh, et d'autres randonnées magnifiques. Arrangez-vous, autant que possible, par e-mail au préalable : ces guides sont en effet très sollicités.

Pour rallier Sankri, empruntez un bus direct depuis Gandhi Chowk à Mussoorie ou depuis la gare routière de Mussoorie à Dehra Dun. Vous pourrez prendre successivement plusieurs bus et jeeps, collectives ou privées.

Trek du col de Kuari

Également appelée Curzon Trail (bien que lord Curzon et son équipe aient renoncé à franchir le col après une attaque d'abeilles), la randonnée du col de Kuari (Kuari Pass ; 3 640 m) fut appréciée dès l'époque du Raj. Elle demeure l'une des plus belles et des plus accessibles de l'Uttarakhand. Elle offre une vue à couper le souffle sur les pics enneigés autour du Nanda Devi – la deuxième plus haute montagne entièrement indienne (7 816 m) –, en traversant une réserve extérieure du Nanda Devi National Park. La piste part d'Auli (p. 446). L'itinéraire de 5 jours (75 km) rejoint Ghat à travers un paysage de lacs, de cascades, de forêts, de prairies et de petits villages. Une version plus courte de 3 jours est envisageable, avec arrivée à Tapovan. Vous devrez employer un guide et prévoir une tente, un permis et de la nourriture. Pour tout cela, vous pourrez vous organiser à Joshimath.

Le principal nœud de transports du secteur est Guptkashi, d'où des jeeps (collectives/privées 80/1 000 ₹) desservent Sonprayag. Sinon, prenez un bus GMOU pour Sonprayag à Rishikesh ou Haridwar. De Sonprayag, des bus partent le matin pour Rishikesh (310 ₹, 7 heures), Haridwar (340 ₹, 8 heures) et Dehra Dun (350 ₹, 9 heures). Si vous restez bloqué à Guptkashi, passez la nuit au **New Viswanath Hotel** (☎9720895992 ; Guptkashi Bus Stand ; ch à partir de 500 ₹), à la gare routière.

De plus en plus d'Indiens choisissent de rejoindre Kedarnath en hélicoptère. Une poignée de compagnies couvrent la ligne (montée 3 000-3 500 ₹, descente 2 500-3 000 ₹, aller-retour 6 000-6 500 ₹). Plusieurs décollent de Phata, entre Guptkashi et Sonprayag, où elles ont leurs bureaux, tandis qu'**Himalayan Heli Services** (☎7895479452 ; www.himalayanheli.com ; Guptkashi-Sonprayag Rd) est basée non loin à Sersi. Toutes disposent aussi d'un bureau à l'hélistation de Kedarnath. Les vols cessent généralement en début d'après-midi. Notez que les scientifiques s'inquiètent de l'impact, alentour, du va-et-vient d'hélicoptères sur l'écosystème du Kedarnath Wildlife Sanctuary.

Trek du glacier de Milam

Le trek difficile (118 km) qui rejoint en 8 jours cet imposant glacier à 3 450 m d'altitude emprunte une ancienne route commerciale vers le Tibet (fermée en 1962, après la guerre sino-indienne). Il passe par une très belle région escarpée à l'est du Nanda Devi (7 816 m) et longe les gorges de la Gori Ganga, impressionnantes par endroits. Un détour ardu et apprécié de 32 km (3 jours) conduit au camp de base de la face est du Nanda Devi.

Le permis requis (gratuit, passeport demandé) est disponible au District Magistrate de Munsyari (p. 459). Il vous faudra aussi une tente et des provisions, car les villages le long du parcours peuvent être désertés. Le KMVN propose des treks tout compris de 8 jours (à partir de 10 500 ₹). Réservez de préférence auprès de KMVN Parvat Tours (p. 452) à Nainital ; sinon, la KMVN Rest House à Munsyari devrait pouvoir s'en charger.

Bénéficiant d'un emplacement prodigieux, le village de Munsyari, d'où l'on voit les sommets du Panchachuli (6 000 m) toucher le ciel de l'autre côté de la vallée de Johar, est le camp de base pour cette excursion. Vous pourrez engager un guide, un cuisinier et des porteurs, ou bien réserver une formule auprès de **Nanda Devi Tour N Trek** (☎05961-222015, 9411130330 ; beerubugyal@yahoo.co.in).

Parmi les treks moins fréquentés, mais tout aussi (voire plus) beaux, on mentionnera ceux de Begini/Dunagiri, au nord de Joshimath et de Panchachuli East/Chota Kailash, au nord de Dharchula.

Trek du glacier de Pindari

Ce trek de 6 jours (94 km) traverse un paysage totalement vierge, habité seulement par quelques bergers. Il est ponctué de vues splendides sur le Nanda Kot (6 860 m) et le Nanda Khat (6 611 m), à la lisière sud du Nanda Devi National Park. Long de 3 km et large de 365 m, le glacier de Pindari est à 3 353 m d'altitude – d'où l'importance de se prémunir contre le mal des montagnes. Aucun permis n'est requis ; prenez votre passeport.

L'itinéraire débute et s'achève au village de Loharket (1 700 m), à 36 km au nord de Bageshwar. Vous trouverez facilement des guides et des porteurs dans ces deux localités, ainsi que dans le village de Song (1 400 m) en amont. Il est également possible d'organiser un trek depuis Almora. Le KMVN propose des formules tout compris de 8 jours au départ de Song pour 7 000 ₹ par personne, avec nuit dans les refuges de l'État. Des dortoirs du KMVN (matelas sur le sol 200 ₹), pensions spartiates et des *dhaba* (100-300 ₹) jalonnent le parcours. On trouve également de quoi se restaurer. Il est conseillé d'organiser ces circuits du KMVN auprès de KMVN Parvat Tours (p. 452), à Nainital.

Des bus (50 ₹, 2 heures) et des jeeps collectives (60 ₹, 1 heure 30) circulent entre Song et Bageshwar ; les taxis privés entre Bageshwar et Song/Loharket coûtent 3 500/4 000 ₹.

Badrinath et village de Mana

☎01381 / 850 HABITANTS / ALTITUDE 3 133 M

Le **temple de Badrinath** (⏲fin avr-fin oct) détonne dans le simple village de montagne où il se dresse. Consacré à Vishnu, il est le plus populaire et le plus accessible des temples du *char dham*. Il est de surcroît fort d'un cadre exceptionnel, à l'ombre du Nilkantha couronné de neige. Le temple fut fondé au VIIIe siècle par le *guru* Shankara mais l'édifice actuel, aux couleurs vives, est beaucoup plus récent.

Une belle promenade le long du fleuve Alaknanda (franchissez-le du côté du temple pour rejoindre le sentier), à travers des champs ceints de murets de pierres sèches, mène au **village de Mana**, à 3 km de Badrinath (vous pourrez prendre un taxi moyennant 250 ₹). Des maisons traditionnelles – les unes aux murs et toits d'ardoise, les autres en bois avec de ravissants balcons – bordent les ruelles pavées. En flânant, observez les villageois occupés à travailler ou à jouer au carrom. De novembre à avril, les habitants migrent vers des lieux moins froids et moins isolés, le plus souvent à Joshimath.

À la sortie du village, une modeste grotte renferme le minuscule **temple de Vyas**, vieux de 500 ans. À proximité se dresse le **Bhima's Rock**, une arche naturelle de pierre enjambant le fleuve. Celle-ci serait l'œuvre de Bhima, le plus fort des Pandava, dont le *Mahabharata* conte l'histoire. Au terme de la randonnée de 5 km le long de l'Alaknanda pour rejoindre la **chute d'eau de Vasudhara**, haute de 145 m, on est largement récompensé de ses efforts par la vue sur la vallée et le massif de Badrinath, dont la silhouette en forme de croc est dressée vers le ciel.

Où se loger et se restaurer

En partant tôt, Badrinath peut aisément se visiter dans la journée depuis Joshimath. Mieux vaut toutefois y passer la nuit si vous souhaitez voir le village de Mana ou randonner. Quantité d'hébergements bon marché et guère reluisants, souvent remplis de pèlerins bruyants, bordent la principale route d'accès (400-600 ₹ la chambre).

Hotel Urvashi HÔTEL $
(☎9411565459 ; ch 800 ₹). L'un des rares établissements corrects pour petits budgets. Personnel avenant.

Badriville Resort BUNGALOWS $$$
(☎9412418725 ; www.badrivilleresort.in ; ch à partir de 3 000 ₹). Notre adresse favorite à Badrinath possède des chambres nettes et confortables, pourvues d'une bonne literie, dans des bungalows individuels. La plupart ont l'atout d'une terrasse avec vue panoramique sur la vallée. Le personnel se montre sympathique et serviable. Le restaurant prépare une cuisine délicieuse à base de produits frais. Environ 100 m en retrait de la route principale, à l'entrée de la localité. Rabais importants en période creuse.

Hotel Snow Crest HÔTEL $$$
(☎9412082465 ; ch 2 500-4 000 ₹). Moderne et assez propre, le meilleur hôtel standard de Badrinath loue des chambres avec radiateur, chauffe-eau et TV. Les tarifs, d'emblée excessifs, augmentent encore en mai et juin.

Depuis/vers Badrinath

De la grande gare routière à l'entrée de Badrinath, des bus GMOU pour Haridwar (455 ₹), via Rishikesh (420 ₹), partent à 5h30, 7h et 8h ; vérifiez bien les horaires, ceux-ci pouvant changer. À destination de Joshimath ou Govindghat (pour la Valley of Flowers), essayez d'embarquer dans une jeep collective au plus tard à 7h.

UTTARKASHI

☎01374 / 17 500 HABITANTS / ALTITUDE 1 158 M

À 155 km de Rishikesh, Uttarkashi est la plus grande ville du nord du Garhwal. Elle constitue une étape importante sur la route du temple de Gangotri et du trek du glacier de Gaumukh. Le marché principal vaut le détour ; il recèle tout ce qu'il faut pour s'approvisionner. De nombreuses agences organisent des treks dans la région, notamment à Tapovan (au-delà de Gangotri/Gaumukh). On trouve un DAB de la State Bank of India dans le marché.

La ville est réputée pour son Nehru Institute of Mountaineering (ci-dessous), qui forme un grand nombre de guides de randonnée et de haute montagne. L'institut est en face du marché principal, de l'autre côté du fleuve. Il renferme un musée et un mur d'escalade intérieur. Les cours pour débutants et confirmés sont ouverts à tous. Consultez le site Internet.

Uttarkashi accueille chaque année la **fête de Makar Sankranti** (jan).

Nehru Institute of Mountaineering ACTIVITÉS DE PLEIN AIR
(☎01374-222123 ; www.nimindia.net ; 10h-17h). Ce prestataire de renom dispense des cours d'alpinisme, forme des guides et fournit des guides de trekking dans toute la région himalayenne du Garhwal et au-delà.

Où se loger et se restaurer

Monal Guest House HÔTEL $
(☎01374-222270 ; www.monaluttarkashi.com ; Kot Bungalow Rd ; ch 700-2 300 ₹ ; @). Cet hôtel à flanc de colline, semblable à une grande maison, loue des chambres spacieuses et propres. L'aile A est plus confortable que l'aile B. Restaurant avec de grandes baies vitrées et jardin paisible. Près de la route de Gangotri, à 3 km au nord de la ville et à 100 m du bureau qui délivre les permis pour le glacier de Gaumukh.

Hotel Govind Palace HÔTEL $
(☎01374-223815, 9411522058 ; près de la gare routière ; ch à partir de 500 ₹). L'un des meilleurs rapports qualité/prix pour qui doit prendre un bus tôt le matin. Lits confortables, douches chaudes et TV. Le gérant se montre serviable. Bon restaurant sur place.

Depuis/vers Uttarkashi

Pour rejoindre Gangotri, prenez une jeep collective/un taxi (200/3 000 ₹, 5 heures). Des bus desservent Rishikesh (230 ₹, 7 heures, départs toutes les heures minimum de 5h à 14h), Haridwar (280 ₹, 8 heures, départ à 6h45 et 12h30), Dehra Dun (200 ₹, 9 heures, départ à 6h, 7h30 et 12h), Srinagar (210 ₹, 8 heures, départ à 5h30, 8h et 8h30) et Barkot (120 ₹, 5 heures, départs fréquents jusqu'à 15h). En été, un bus direct part à destination de Janki Chatti (190 ₹, 9 heures, départ à 7h45), pour le temple de Yamunotri. Certaines lignes peuvent afficher complet ; mieux vaut acheter ses billets la veille.

Un taxi privé pour Rishikesh revient à 4 500 ₹.

JOSHIMATH

☎01389 / 13 860 HABITANTS / ALTITUDE 1 875 M

La ville délabrée de Joshimath, avec ses deux rues, ses rares restaurants et ses coupures d'électricité, est le point d'accès au temple de Badrinath et au Hem Kund. De mai à octobre, elle accueille un flux régulier de pèlerins, hindous et sikhs. Elle constitue une excellente base pour les treks de la Valley of Flowers et du col de Kuari, et est bien située pour aller à la station de ski d'Auli. Elle voit donc affluer des voyageurs toute l'année !

Depuis Rishikesh, Joshimath est accessible par une route de montagne sinueuse. De la ville même, on ne voit guère les sommets. Mais il suffit d'un court trajet en téléphérique (p. 446) pour atteindre Auli et y admirer la splendeur du Nanda Devi.

Activités

Pour les treks du col de Kuari et dans d'autres secteurs du Nanda Devi Sanctuary, vous devrez vous procurer un permis et vous assurer les services d'un guide agréé. D'excellentes agences peuvent se charger de l'organisation, y compris s'agissant d'expéditions lointaines étalées sur plusieurs jours.

♥ Himalayan Snow Runner ACTIVITÉS DE PLEIN AIR
(☎9756813236, 9412082247 ; www.himalayansnowrunner.com). Un établissement très recommandé pour le trek (à partir de 3 000 ₹/pers et par jour) et le ski entre autres activités, et qui fournit le matériel de camping. Le propriétaire, Ajay, propose des randonnées sur mesure et des circuits culturels à Bhotia et dans des villages garhwali. Il a une pension chez lui, dans le village de Mawari, à 5 km de Joshimath (ch 1 550-4 550 ₹).

Adventure Trekking ACTIVITÉS DE PLEIN AIR
(☎9837937948 ; en face de l'Hotel Mount View Joshimath). Des treks de 2 à 10 jours pour environ 50 $US par personne et par jour (à partir de 2 pers) ; rafting, ski et alpinisme. Le propriétaire, Santosh, est très serviable ; il tient une pension sur le chemin qui monte vers Auli (ch 1 000-2 000 ₹).

Eskimo Adventures ACTIVITÉS DE PLEIN AIR
(☎9756835647 ; www.eskimoadventure.com). Treks et sorties d'escalade à partir de 3 000 ₹ par jour environ ; location de matériel de trekking et de ski ; rafting sur le Gange.

Où se loger et se restaurer

Hotel New Kamal HÔTEL $
(☎9411577880 ; Main Market ; ch 500 ₹). L'une des meilleures adresses bon marché de Joshimath, petite et propre, avec literie en dur, eau chaude au seau et TV.

Malari Inn HÔTEL $$
(☎01389-222257 ; www.hotel-malari-inn.weebly.com ; Main Market ; ch 1 800-3 500 ₹). Le meilleur établissement de Joshimath. Les chambres standards, rudimentaires, sont spacieuses et propres ; pour un supplément, vous aurez droit à une chambre mieux équipée, avec un matelas plus épais et un balcon donnant sur la vallée. Toutes ont leur chauffe-eau. Réductions en basse saison (mai-septembre).

Hotel Mount View Annexy HÔTEL $$
(☎9634255572 ; ch 1 000 ₹). À une courte distance à pied de la grand-route où s'arrêtent les bus, les chambres de cet hôtel standard alignent tout ce qui manque à la concurrence : entretien et propreté, matelas moelleux, eau chaude 24h/24 et TV à écran plat.

Auli D's Food Plaza INDIEN, INTERNATIONAL $$
(Main Market ; plats 90-450 ₹ ; ⏲7h-22h). Avec sa carte de plats indiens, chinois et internationaux (végétariens ou non), ses nappes et ses chaises en plastique, ce restaurant, aménagé en étage, évoque une salle de banquet !

Renseignements

GMVN Tourist Office (☎01389-222181 ; ⏲10h-17h lun-sam). Situé juste au nord de la ville (suivez le panneau "Tourist Rest House" près d'Upper Bazaar Rd).

Depuis/vers Joshimath

La principale voie d'accès à Joshimath est entretenue par l'armée indienne. La construction d'une centrale hydroélectrique sur la route de Badrinath a amélioré la situation. Toutefois, la région reste sujette aux glissements de terrain, surtout en période de mousson (mi-juin à mi-septembre).

Le meilleur moyen de se rendre à Badrinath/ Govindghat (pour la Valley of Flowers et l'Hem Kund) consiste à prendre une jeep collective (100/50 ₹), au départ de la station de taxis de Badrinath, située tout au bout d'Upper Bazaar Rd. Louer le véhicule entier revient à 1 000 ₹. Quelques bus (65 ₹) circulent toute la journée et partent du même endroit.

Des bus quittent Joshimath pour Rishikesh (360 ₹, 10 heures) et Haridwar (400 ₹, 11 heures 30) à 4h, 4h30, 6h et 7h, depuis le minuscule **guichet du GMOU** (Upper Bazaar Rd ; ⏲3h-19h), où vous pourrez réserver les billets. Des bus privés partent occasionnellement de l'arrêt principal des jeeps vers Chamoli (80 ₹, 2 heures) et Karanprayag (130 ₹, 4 heures). Certains poursuivent jusqu'à Rishikesh.

Pour accéder à l'est du Kumaon, prenez un bus ou un taxi collectif pour Chamoli, puis changez pour Karanprayag. Là, des bus locaux et des jeeps collectives suivent la belle route vers Kausani, Bageshwar et Almora. Vous devrez peut-être changer plusieurs fois en route. Partez tôt car les transports se raréfient en fin d'après-midi.

Il n'y a pas de station de taxis privés, mais on peut en réserver un par l'intermédiaire d'une agence de voyages ou d'un hôtel. Comptez autour de 6 000 ₹ pour rejoindre Rishikesh.

ENVIRONS DE JOSHIMATH

Auli

☎01389 / 300 HABITANTS / ALTITUDE 3 048 M

À 14 km de Joshimath par la route – 4 km par le téléphérique –, Auli est la première station de ski du pays. Vous n'aurez pas besoin d'attendre l'hiver pour profiter d'une vue imprenable sur le Nanda Devi !

Auli reste une station modeste : 5 km de pistes, un remonte-pente de 500 m (100 ₹) longeant la piste principale et un télésiège de 800 m (200 ₹) reliant les pistes les plus hautes et les plus basses. Le cadre est splendide et, en règle générale, l'enneigement est bon. La saison s'étale de janvier à mars. La location du matériel et l'organisation des cours se font sur place ou à Joshimath.

Le **téléphérique** (aller-retour 750 ₹ ; ⏲toutes les 20 min, 8h-17h) dernier cri est le plus long du pays. Il relie Joshimath aux pistes les plus hautes d'Auli. Au sommet, un café sert du *chai* et de la soupe à la tomate.

La station compte une poignée d'hôtels. Le **Clifftop Club** (☎7417936606 ; www.clifftopclubauli.com ; studio 8 500 ₹, ste 16 000 ₹) évoque les chalets des Alpes. Sur place, repas, équipement et forfaits de ski sont disponibles.

Si votre budget se révèle plus serré, la **GMVN Tourist Rest House** (☎01389-223208 ; www.gmvnl.in ; dort/ch avec petit-déj 280/1 650-4 500 ₹), au pied du télésiège, assure un hébergement étonnamment correct. Enfin, le **Devi Darshan** (☎9719316777 ; www.mountainshepherds.com ; ch et repas à partir de 4 000 ₹) possède un restaurant et une salle commune avec vue sur le Nanda Devi, mais des chambres sombres.

VALLEY OF FLOWERS ET HEM KUND

L'alpiniste britannique Frank Smythe découvrit avec éblouissement la Valley of Flowers (vallée des Fleurs) en 1931. Ses prairies d'altitude (*bugyal*), tapissées de fleurs sauvages ondulant sous la brise, offrent au soleil un spectacle merveilleux, avec en toile de fond des pics de 6 000 m coiffés de glaciers et de neiges éternelles.

Les 300 espèces de fleurs répertoriées font de ce patrimoine mondial de l'Unesco une ressource pharmaceutique unique et précieuse. Malheureusement, la floraison coïncide le plus souvent avec la mousson, en juillet-août, période à laquelle les pluies rendent l'accès au site difficile et dangereux. On croit souvent à tort que la vallée ne mérite pas la visite en dehors de l'époque de la floraison ; pourtant, même sans son tapis de fleurs multicolores, elle est d'une beauté exceptionnelle, et les chances d'ensoleillement y sont grandes.

Il est interdit de passer la nuit dans la Valley of Flowers ou au Hem Kund, le lac sacré. Vous devrez donc loger à Ghangaria, un village d'une seule rue, fermé au tourisme en dehors de la saison du pèlerinage (1er juin-1er oct environ).

Le **Valley of Flowers National Park** (Indien/étranger pour 3 jours 150/600 ₹, 50/250 ₹ par jour supp ; ⏲7h-17h juin-oct, dernière entrée 14h) s'étend sur 87 km². Comptez une journée entière de trek de **Govindghat** jusqu'au village de **Ghangaria** (aussi dénommé Govinddham), à moins de 1 km du parc. La fabuleuse vallée débute à 2 km au-dessus de la billetterie, et s'étend sur 5 km. Les sentiers sont faciles à suivre.

Au départ de Ghangaria, un itinéraire plus ardu permet de se joindre aux centaines de pèlerins sikhs qui grimpent jusqu'au **Hem Kund** (⏲mai-oct), le lac sacré (4 300 m)

TUNGNATH ET CHANDRISILLA

L'itinéraire menant au **mandir de Tungnath** (3 680 m), l'un des temples de *panch kedar*, et au **Chandrisilla Peak** (4 000 m) dévoile un panorama superbe de la chaîne himalayenne. Il s'agit de l'une des plus belles randonnées à la journée de l'Uttarakhand.

Le sentier débute à Chopta, un village sans électricité, sur la route en lacets qui relie Chamoli (au sud de Joshimath) à Kund (au sud de Gaurikund). Un chemin pavé, qui zigzague sur 3,5 km, gravit 750 m de dénivelé pour atteindre le *mandir* de Tungnath, le temple de Shiva le plus élevé du monde. Un chemin de terre de 1,5 km mène ensuite jusqu'au sommet de Chandrisilla, d'où l'on peut contempler les montagnes du Garhwal et du Kumaon, avec une vue impressionnante sur les principaux sommets (le Nanda Devi, le Trishul...) et Kedarnath. Commencez tôt avant que les nuages ne s'installent, ou démarrez dans l'après-midi, passez la nuit dans l'une des pensions spartiates autour de Tungnath, et rejoignez Chandrisilla pour le lever du soleil. L'hébergement est sommaire à Chopta : l'**Hotel Neelkanth** (☎7500139051 ; www.neelkanthcampchopta.in ; ch à partir de 600 ₹) a les meilleures chambres ; l'**Hotel Rajkamal** (ch 400 ₹) est plus sympathique.

La route de Chamoli à Chopta vaut elle-même le détour : elle passe par des flancs de montagne escarpés ponctués de villages, avant de pénétrer dans une forêt luxuriante hantée par des cerfs porte-musc et bordée de falaises spectaculaires.

entouré par sept pics où Guru Gobind Singh aurait médité dans une vie antérieure. Ceux qui préfèrent emprunter le chemin de 6 km en lacets peuvent louer des chevaux (500 ₹). Malgré sa difficulté, l'ascension est souvent abordée par de jeunes enfants et des personnes aux jambes et aux poumons fragiles. Il leur suffit de s'asseoir sur une chaise en osier qu'un *kandi* (porteur) transporte sur son dos, ou de s'allonger dans un *dandi* (palanquin), tenu sur les épaules de quatre hommes, comme les rois d'autrefois.

Ghangaria se trouve à 14 km de Govindghat – un trek magnifique mais dur, qui prend 5 à 7 heures. Les trois premiers kilomètres du parcours ayant été goudronnés, beaucoup de gens les couvrent désormais en jeep collective (30 ₹). Vous pourrez aussi vous faciliter la vie et contribuer à l'économie locale en louant un cheval (800 ₹) ou les services d'un porteur (800 ₹) au pont qui enjambe l'Alaknanda ou au bout de la route goudronnée. Un conseil : si vous avez le temps, passez la nuit à Badrinath, la veille, pour vous acclimater à l'altitude ; le trek s'en trouvera facilité.

Où se loger et se restaurer

À Ghangaria, l'alimentation en eau et en électricité est aléatoire. Apportez des vêtements chauds car il peut faire froid. Aucun des hébergements, assez spartiates, n'a le chauffage, mais tous fournissent des monceaux de couvertures.

À Govindghat, plusieurs hôtels louent des chambres autour de 300 ₹. Sinon, l'**Hotel Bhagat** (☎9412936360 ; www.hotelbhagat.com ; Badrinath Rd ; ch 2 100-3 000 ₹), plus haut sur la route entre Joshimath et Badrinath, affiche des chambres impeccables avec vue sur le fleuve et chauffe-eau, ainsi que le couvert.

Inutile de prévoir des provisions : des *dhaba* et des stands de boissons, destinés à sustenter la foule des pèlerins qui vont au Hem Kund, jalonnent l'itinéraire. En outre, Ghangaria compte abondance de restaurants.

Hotel Kuber Annex HÔTEL $
(Ghangaria ; ch 400-800 ₹). Les chambres *super deluxe* se démarquent légèrement des autres options à Ghangaria.

Depuis/vers la Valley of Flowers

Tous les bus et jeeps collectives entre Joshimath et Badrinath s'arrêtent à Govindghat. Vous n'aurez aucun problème pour trouver un moyen de transport dans les deux sens. Toutefois, ils se raréfient en fin de journée et s'arrêtent totalement le soir.

Si vous voulez voir la Valley of Flowers sans effectuer le trek, **Deccan Air** (☎9412051036 ; www.deccanair.com ; aller simple/aller-retour 3 500/7 000 ₹) assure des vols en hélicoptère entre Govindghat et Ghangaria. Son agence se trouve le long de la route Joshimath-Badrinath, juste au-dessus de Govindghat.

CORBETT TIGER RESERVE

☎05947 / ALTITUDE 400-1 210 M

Premier parc national créé en Inde, en 1936, la célèbre **Corbett Tiger Reserve** (www.corbetttigerreserve.in ; 🕒15 nov-15 juin, secteurs de Jhirna et Dhela ouverts toute l'année) couvre 1 318 km² de forêts sauvages. Elle porte le nom du légendaire chasseur de tigres Jim Corbett (1875-1955), qui fit connaître la région à travers ses écrits, réunis dans *Tigres et léopards mangeurs d'hommes* (Montbel, 2008). Grandement respecté par les habitants pour avoir abattu des tigres mangeurs d'hommes, Corbett troqua peu à peu son fusil contre un appareil photo et devint un porte-parole de la protection animale.

Bien que les attaques de tigres soient en hausse dans les villages de la réserve, apercevoir un grand félin lors d'un safari relève de la chance. En effet, les quelque 230 individus recensés ne sont ni appâtés ni suivis à la trace. La période la plus propice s'étend d'avril à mi-juin, lorsque la végétation n'est pas trop dense et que les animaux s'aventurent davantage près des points d'eau.

Quoi qu'il en soit, vous ne repartirez pas déçu. Les 1 318 km² du domaine abritent une faune variée, qui se partage entre prairies, forêts de sals et cours d'eau, dans le cadre somptueux des contreforts himalayens baignés par la Ramganga. On rencontre communément des éléphants sauvages (200 à 300 individus vivent dans la réserve), des ours lippus, des langurs (singes au visage noir et à la longue queue), des macaques rhésus (visage et derrière rouges), des paons, des colonies de loutres et plusieurs espèces de cervidés, dont le *chital* (cerf tacheté), le *sambar*, le cerf cochon et le muntjac. Le parc accueille aussi des léopards, des crocodiles des marais, des gavials, des varans, des sangliers et des chacals. La retenue de la Ramganga attire de nombreux oiseaux migrateurs (plus de 600 espèces), notamment de mi-décembre à fin mars.

Des six secteurs de la réserve – Bijrani, Dhikala, Dhela, Durga Devi, Jhirna et Sonanadi –, Dhikala fait figure d'incontournable. À 49 km au nord-ouest de Ramnagar, il constitue le cœur de la réserve et regroupe le plus grand nombre d'animaux susceptibles d'être observés. Il est accessible du 15 novembre au 15 juin dans le cadre d'un circuit avec nuit sur place, ou d'une excursion à la journée organisée par le **centre d'accueil** (☎05947-251489 ; Ranikhet Rd ; ⏲6h-16h) du parc, en face de la gare routière de Ramnagar.

Dans la partie sud de la réserve, les zones de Jhirna et Dhela sont les seules ouvertes toute l'année. En revanche, vos chances d'y voir de gros animaux sont minces – du moins pour le moment. Accessible au public depuis 2014, Dhela pourrait compter à terme un vaste enclos destiné aux tigres convalescents qui seraient, de fait, aisément visibles. La création de sentiers nature est également prévue. Plutôt dévolus à l'observation des oiseaux, ces chemins seraient clôturés pour éviter aux visiteurs de servir de proies aux tigres. NB : selon les conditions, il arrive que les quatre autres secteurs ouvrent en octobre certaines années ; renseignez-vous en ligne.

N'oubliez pas vos jumelles (location possible à l'entrée du parc), un antimoustique et de l'eau en bouteille.

Visiter la réserve

Le centre d'accueil (*reception centre*) de Ramnagar organise des **excursions en bus** (☎05947-251489 ; Ranikhet Rd ; Indien/étranger 1125/2 250 ₹ ; ⏲6h et 12h) à Dhikala – les Canter Safaris. Départs tous les jours à 6h et 12h.

Vous pourrez louer une jeep au centre d'accueil de Ramnagar, ou en passant par votre hôtel ou une agence de circuits organisés. Les propriétaires de jeep se sont rassemblés en syndicat et, en théorie, les tarifs sont fixes – ils sont calculés sur une base journalière, pour une jeep transportant jusqu'à 6 personnes. Un safari d'une demi-journée (départs le matin et l'après-midi) coûte environ 1 750 ₹ jusqu'à Bijrani, 1 750 ₹ jusqu'à Jhirna, 1 750 ₹ jusqu'à Dhela et 2 350 ₹ jusqu'à Durga Devi – droits d'entrée (pour vous et le chauffeur) en sus. Il faut compter le double pour les safaris d'une journée complète. Les circuits sur 2 jours jusqu'à Dhikala/Sonanadi reviennent à 5 200/7 000 ₹. Renseignez-vous sur les prix au centre d'accueil et à votre hôtel avant de louer une jeep. Les safaris organisés par Karan Singh, qui tient le Karan's Corbett Motel (p. 450), sont vivement recommandés.

Dans un souci de préservation du bien-être animal, nous déconseillons les promenades à dos d'éléphant organisées à Dhikala et Bijrani.

Où se loger et se restaurer

Dhikala, au cœur de la réserve, est le lieu idéal pour observer des animaux dans des conditions optimales – abstraction faite des prix exorbitants qui s'appliquent aux étrangers. Sauf mention contraire, réservez auprès du site du parc (www.corbettonline.uk.gov.in) au moins un mois à l'avance. Ramnagar possède des options économiques. Des hôtels haut de gamme bordent la route qui contourne l'est du parc entre Dhikuli et Dhangarhi Gate.

PERMIS POUR LA CORBETT TIGER RESERVE

Pour contrôler l'impact du tourisme sur la Corbett Tiger Reserve, un nombre limité de véhicules sont autorisés chaque jour dans les différentes zones. Il faut réserver sur le site Internet du parc (www.corbettonline.uk.gov.in) ou en s'inscrivant à un safari organisé. Si vous effectuez la réservation en ligne (50 ₹), il vous faudra en présenter la confirmation à votre chauffeur, que vous soyez passé par le centre d'accueil ou par un tour-opérateur. Les excursions à la journée peuvent être réservées jusqu'à 45 jours à l'avance ; si vous n'avez pas préparé votre visite, les organisateurs de safaris demanderont autour d'eux s'il reste des sièges vacants à bord d'une jeep. Pour les circuits sur 2 jours jusqu'à Dhikala, mieux vaut appeler un organisateur de safaris.

Dans le cadre d'une excursion à la journée, les frais d'entrée d'un véhicule (sans compter les passagers) coûtent 250/500 ₹ pour les Indiens/étrangers ; sur 2 jours, comptez 500/1 500 ₹. À cela s'ajoutent les frais d'entrée des visiteurs, calculés suivant un étrange système. Officiellement, l'entrée pour une journée simple (valide 4 heures et disponible pour chaque zone à l'exception de Dhikala) coûte 100/450 ₹ pour les Indiens/étrangers ; le permis de 3 jours revient, lui, à 200/900 ₹. Mais le parc compte une entrée pour chaque siège de la jeep, qu'il soit vide ou non. Heureusement, les sièges inoccupés sont comptés comme réservés par des Indiens. Ainsi, les passagers d'une jeep paieront-ils leurs propres permis, plus 100 ₹ pour le conducteur et 100 ₹ pour chacun de leurs compagnons indiens virtuels… Sans oublier une taxe routière de 450 ₹.

Pour obtenir le coût total, ajoutez la location de la jeep, les frais d'entrée du véhicule et ceux des passagers, du chauffeur et des sièges vides. S'il revient légèrement moins cher de tout organiser soi-même, les circuits organisés offrent les services de guides spécialisés qui parlent couramment anglais et dont la prestation justifie la dépense.

Dhikala

De loin l'hébergement le plus économique du parc, les **Log Huts** (☎05947-251489, 9759363344 ; www.corbettonline.uk.gov.in ; dort Indien/étranger 200/400 ₹) comptent 24 lits sommaires. Les **Tourist Hutments** (☎05947-251489, 9759363344 ; www.corbettonline.uk.gov.in ; Indien/étranger 1 250/2 500 ₹) affichent le meilleur rapport qualité/prix de Dhikala. Ils logent jusqu'à 6 personnes. Réservez sur www.dhikalaforestlodge.in ou sur www.corbettonline.uk.gov.in. Dhikala compte quelques restaurants servant des plats végétariens. L'alcool est interdit dans le parc.

Les séjours dans la **New Forest Rest House** (☎05947-251489, 9759363344 ; www.corbettonline.uk.gov.in ; ch Indien/étranger 1 250/2 500 ₹), l'**Annexe** (☎05947-251489, 9759363344 ; ch Indien/étranger à partir de 1 000/2 000 ₹) et la cossue **Old Forest Rest House** (☎9759363344, 05947-251489 ; www.corbettonline.uk.gov.in ; ch Indien/étranger 1 500-2 500 ₹/3 000-5 000 ₹) peuvent être réservés au centre d'accueil de Ramnagar.

Ailleurs dans la réserve

La plupart des *rest houses* en dehors de Dhikala ont un coin cuisine, mais pas de restaurant. Demandez à votre guide s'il vous faudra apporter des vivres.

Bijrani Rest House LODGE **$$**
(☎05947-251489, 9759363344 ; www.corbettonline.uk.gov.in ; s/d Indien 500/1 250 ₹, étranger 1 000/2 500 ₹). Le premier établissement après Amdanda Gate. Repas assurés.

Khinnanauli Rest House BUNGALOWS **$$$**
(☎9759363344, 05947-251489 ; www.corbettonline.uk.gov.in ; ch Indien/étranger 5 000/12 000 ₹). Hébergement de luxe près de Dhikala, au plus profond de la réserve.

Sarapduli Rest House HÔTEL **$$$**
(☎05947-251489, 9759363344 ; www.corbettonline.uk.gov.in ; ch Indien/étranger 2 000/4 000 ₹). Chambres simples et propres, sur un site riche en faune, peuplé de nombreux oiseaux et crocodiles, mais aussi de tigres et d'éléphants.

Gairal Rest House BUNGALOWS **$$$**
(☎9759363344, 05947-251489 ; www.corbettonline.uk.gov.in ; ch Indien/étranger à partir de 1 250/2 500 ₹). Au bord de la Ramnagar, accessible depuis Dhangarhi Gate ; possibilité de repas.

Ramnagar

Ville animée et sans charme, Ramnagar a toutefois l'avantage d'offrir de nombreux services. On y trouve des cybercafés (30 ₹/heure), des DAB (de la State Bank of India à la gare ferroviaire et de la Bank of Baroda dans Ranikhet Rd) et des moyens de transport, surtout autour de Ranikhet Rd.

Karan's Corbett Motel HÔTEL $$
(☎9837468933 ; www.karanscorbettmotel.com ; Manglar Rd ; ch 1 000-1 200 ₹ ; ❄). Sans conteste le meilleur logement de Ramnagar (à ne pas confondre avec le Corbett Motel), au milieu de jardins et de manguiers en lisière de la ville. Spacieuses, les chambres s'agrémentent d'une terrasse avec table et chaises. Le propriétaire, Karan Singh, se montre fort obligeant et professionnel. Les safaris en jeep organisés dans la réserve font l'unanimité.

Hotel Corbett Kingdom HÔTEL $$
(☎7500668883 ; www.corbettkingdom.com ; Bhaghat Singh St ; ch à partir de 2 500 ₹ ; ❄📶). Un hôtel simple, confortable et bien tenu, auquel un sol dallé de marbre confère un certain cachet.

Delhi Darbar Restaurant INDIEN $
(Ranikhet Rd ; plats 80-160 ₹ ; ⏰9h-23h). L'adresse la plus propre et la plus tranquille pour manger près de la gare routière. Menu indien traditionnel et pizzas.

Nord de Ramnagar

Un nombre croissant de complexes hôteliers haut de gamme, dans le style des camps de safaris africains, jalonnent la route Ramnagar-Ranikhet, à la lisière est de la réserve. La plupart se trouvent à proximité d'un village appelé Dhikuli – à ne pas confondre avec Dhikala ! Du 15 juin au 15 novembre, la majeure partie de la réserve est fermée, et les rabais de 50% deviennent monnaie courante. La plupart des tarifs valent pour les chambres, mais de nombreux établissements proposent des forfaits avec repas et safari. Toutes ces enseignes, qui ont des naturalistes à demeure, possèdent des installations de loisirs, des bars et des restaurants. Notez que beaucoup d'entre elles sont accusées de polluer les eaux de la Kosi.

Gateway Resort COMPLEXE HÔTELIER $$$
(☎05947-284133 ; www.thegatewayhotels.com ; ch/bungalow 15 000-16 500 ₹ ; ❄📶🏊). Une luxueuse enseigne de la chaîne Taj, avec des chambres et bungalows modernes distribués dans un jardin verdoyant, une piscine extérieure et un spa offrant des prestations complètes. Ce complexe, le plus beau du lot, a pour principal atout la terrasse de son restaurant, avec vue de carte postale sur la rivière.

Namah COMPLEXE HÔTELIER $$$
(☎05947-266666 ; www.namah.in ; ch 12 000-13 000 ₹, ste 20 000 ₹ ; 📶🏊). Ce nouveau venu ressemble à un immeuble d'appartement, mais ne vous y fiez pas. Avec leurs murs bicolores et leurs touches artistiques sur le thème de la jungle, les chambres ne manquent pas de personnalité. La piscine, le terrain de jeux, la salle de loisirs et les espaces ouverts en font un hébergement de choix pour les familles. Les prix fluctuent beaucoup en fonction de la demande.

Tiger Camp COMPLEXE HÔTELIER $$$
(☎05947-284101 ; www.habitathotels.com ; Dhikuli ; ch/bungalow 10 700/11 700 ₹ ; ❄📶). Une atmosphère feutrée pour ce complexe hôtelier d'un bon rapport qualité/prix, niché dans un luxuriant jardin ombragé au bord de la Kosi, à 8 km de Ramnagar. Les bungalows douillets, forts d'installations modernes, valent beaucoup mieux que les chambres "supérieures". Circuits à pied organisés dans la nature et les villages.

Depuis/vers la Corbett Tiger Reserve

Des bus vont presque toutes les heures de Ramnagar à Delhi (260 ₹, 7 heures), Haridwar (200 ₹, 6 heures) et Dehra Dun (275 ₹, 7 heures). Il existe aussi des liaisons fréquentes avec Haldwani (64 ₹, 2 heures), d'où l'on peut se rendre presque partout. Plusieurs bus privés directs pour Nainital (80 ₹) partent chaque matin de l'extérieur de la gare routière principale. Sinon, prenez un bus UK Roadways jusqu'à Haldwani, puis changez.

La gare ferroviaire de Ramnagar est à 1,5 km au sud du centre d'accueil principal. Le train de nuit *Ranikhet Express Slip* 15013 (*sleeper*/3AC/2AC 175/490/695 ₹) quitte Delhi à 22h30 et atteint Ramnagar à 4h50. En sens inverse, le train 25014 part de Ramnagar à 22h et arrive à Old Delhi à 3h55. Un train de jour, le 15035-*Slip* (siège 2e classe/AC Chair 100/375 ₹), quitte Old Delhi à 16h et atteint Ramnagar à 20h40 ; le retour se fait sur le train 25036 (départ de Ramnagar à 9h50, arrivée à Delhi à 15h25).

NAINITAL

☎05942 / 42 000 HABITANTS / ALTITUDE 2 084 M

La plus grande ville du Kumaon est une charmante station climatique, très courue. Fondée par des Britanniques nostalgiques du Lake District de leur lointaine patrie (une région montagneuse du nord-ouest de l'Angleterre parsemée de lacs), elle occupe une vallée abrupte et boisée, autour des eaux vertes et profondes du lac volcanique Naini.

Quantité d'hôtels émaillent les collines au-dessus du lac et le bourg abrite un bazar animé. Les sentiers pédestres qui sillonnent les versants couverts de forêt mènent à des points de vue d'où l'on aperçoit au loin les sommets himalayens. Nainital présente des conditions idéales pour décompresser, bien manger, monter à cheval ou s'adonner au canotage. En haute saison (en gros, de mai à mi-juillet et octobre), la ville est bondée – les familles et les jeunes mariés en voyage de noces affluent – et les prix des hôtels doublent.

À Tallital ("pied du lac"), à la pointe sud-est du lac, vous trouverez la gare routière et la rue principale, qui file vers l'est en direction de Bhowali. Le Mall, une promenade de 1,5 km, mène à Mallital ("tête du lac"), à l'extrémité nord-ouest du plan d'eau. La plupart des hôtels, des auberges et des restaurants sont disséminés le long du Mall, entre Mallital et Tallital. Les principaux magasins, y compris les pharmacies, sont à Bara Bazaar.

À voir et à faire

Lac Naini — LAC

Ce ravissant lac est le joyau de Nainital. La légende dit qu'il s'agit de l'un des yeux émeraude (*naina* signifie "œil" en sanskrit) de la femme de Shiva, Sati, tombé sur terre après qu'elle se fut immolée. Moyennant 210 ₹, des bateliers vous guideront sur le lac à bord de leur **bateau** chamarré. Le **Nainital Boat Club** (www.boathouseclub.in ; Mallital ; 10h-16h) propose le même service à bord d'un voilier pour 500 ₹. Des **pédalos** sont en location à 150 ₹ l'heure.

Le **temple de Naina Devi** se dresse à l'endroit précis où serait tombé l'œil de la déesse. La **Jama Masjid** et un **gurdwara** sikh s'élèvent à proximité. On peut faire le tour du lac à pied en 1 heure ; le côté sud, plus paisible, offre une vue sur la ville.

Raj Bhavan — ÉDIFICE HISTORIQUE

(50 ₹ ; 8h-17h lun-sam jan-mars et sept-oct, 8h-18h avr-août, 8h-16h nov-déc). À environ 3 km au sud de Tallital, la résidence officielle du gouverneur de l'Uttarakhand a été construite sur le modèle du palais de Buckingham. Ce remarquable exemple d'architecture coloniale s'inscrit dans un cadre de jardins, de pelouses et de forêts. Le parc se visite, mais l'édifice n'est ouvert au public qu'en l'absence du maître de lieux.

Le domaine comprend un joli golf de 18 trous (accès au green femme/homme 800/100 ₹), où l'on peut louer des clubs et les services de caddies. L'aller-retour en taxi depuis Tallital coûte environ 200 ₹. Autrement, le Raj Bhavan se situe à 1 km de marche par un sentier.

Snow View — POINT DE VUE

Un **téléphérique** (cable car ; adulte/enfant 290/130 ₹ ; 8h-20h mai-juin, 10h30-16h30 juil-avr) conduit à Snow View, un site populaire à 2 270 m d'altitude, qui dévoile par temps clair un panorama de l'Himalaya, dominé par le Nanda Devi. Sur place, l'ambiance est plutôt à la fête foraine, avec les habituels étals de nourriture et de souvenirs. D'ailleurs, le parc **Mountain Magic** aligne une série d'attractions pour les enfants, avec autos tamponneuses, trampolines, etc.

Si vous faites une excursion à Snow View, ne ratez pas les randonnées jusqu'aux belvédères, comme celui du Cheena/Naina Peak, à 4 km de là. Des guides locaux vous proposeront peut-être de vous y emmener. Si vous souhaitez rejoindre Snow View pour assister au lever du soleil, il vous en coûtera 200 ₹ en taxi.

Tiffin Top & Land's End — ÉQUITATION, MARCHE

Une marche de 4 km à l'ouest du lac mène à Tiffin Top (2 292 m), appelé aussi Dorothy's Seat, d'où une charmante promenade d'une demi-heure conduit à Land's End (2 118 m) à travers une forêt de chênes, de cèdres et de pins. Des chevaux, rassemblés à 3 km à l'ouest de la ville, sur la route de Ramnagar, transportent les touristes jusqu'à ces deux sites.

Tranquility Treks — TREKKING

(9411196837 ; www.tranquilitytreks.in). Sunil Kumar est un guide expérimenté, qui conduit des randonnées centrées sur l'observation des oiseaux et de la faune. Il propose des marches à la journée (1 500 ₹), des randonnées de 2 jours avec nuit dans un village (2 000 ₹) et des excursions "nature" de 2 semaines (à partir de 75 000 ₹ tout compris).

Snout Adventures — TREKKING

(9412306615 ; www.snoutadventure.com ; Bara Bazaar). Ce prestataire recommandé organise des treks dans le secteur de Nainital (à partir de 2 200 ₹ par jour tout compris, selon l'effectif du groupe). Également : cours d'escalade (700 ₹/jour) et campements "aventure".

KMVN Parvat Tours TREKKING
(☎05942-231436 ; www.kmvn.org ; Tallital ; ⏰8h-19h). Pratique pour se renseigner et réserver les *rest houses* et forfaits de trekking du KMVN.

Où se loger

Traveller's Paradise HÔTEL $$
(☎7417743236 ; www.travellersparadise.in ; Mallital ; ch 2 000-4 500 ₹ ; 📶). Un peu au nord du Mall, cet hôtel incroyablement chaleureux renferme des chambres spacieuses, décorées de faux lambris, avec literie de qualité, canapé, Wi-Fi et TV à écran plat. L'aimable Anu Consul, qui tient l'endroit en compagnie de son père, a vécu 10 ans au Mexique. Hors saison, les prix débutent à 1 800 ₹.

Hotel City Heart HÔTEL $$
(☎05942-235228 ; www.cityhearthotelnainital.com ; Mallital ; d 2 000-5 500 ₹). Un établissement tout proche du Mall, dont les chambres vont de la petite pièce coquette à la fabuleuse *deluxe* avec vue. Hors saison, il pratique des rabais plus intéressants que la plupart de ses concurrents, ce qui en fait une excellente affaire pour Nainital (à partir de 800 ₹). Depuis le restaurant, sur le toit-terrasse, on a belle vue sur le lac.

Evelyn Hotel HÔTEL $$
(☎05942-235457 ; www.hotelevelynnainital.com ; Mall, Tallital ; d 2 000-3 500 ₹, ste 5 000-6 500 ₹). Conjuguant charme et une pointe d'excentricité, ce grand hôtel de style victorien donnant sur le lac incarne la quintessence de Nainital. Très vaste, il compte plusieurs escaliers, des terrasses s'étageant à flanc de colline, ainsi que des chambres bien tenues et douillettes, au mobilier un peu désuet. Demandez à en voir plusieurs.

Palace Belvedere HÔTEL HISTORIQUE $$$
(☎05942-237434 ; www.thepalacebelvedere.com ; Mallital ; s/d/ste à partir de 6 700/7 900/10 200 ₹ ; 📶). Construit en 1897, cet hôtel était jadis le palais d'été des rajas d'Awagarh. Les

Nainital

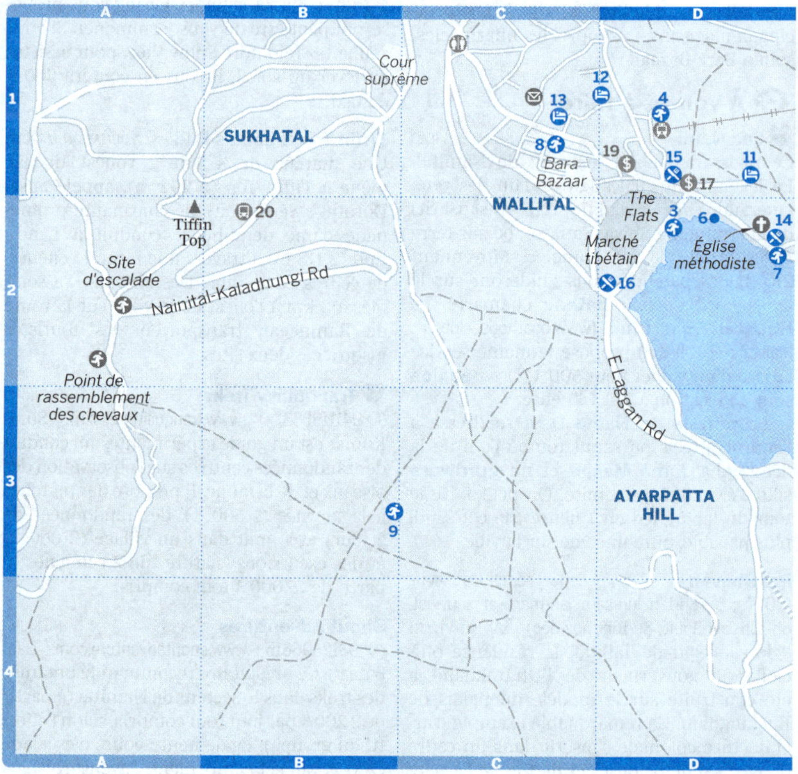

peaux de bêtes et les gravures anciennes qui ornent les murs participent de son charme suranné de l'époque du Raj. Les chambres, spacieuses et hautes de plafond, ont également un pied dans le passé. Celles à l'étage sont beaucoup plus lumineuses. Une élégante salle à manger/salon/véranda se trouve au rez-de-chaussée. Attention : il peut faire assez frais en hiver.

Où se restaurer et prendre un verre

Sonam Chowmein Corner RESTAURATION RAPIDE $
(The Flats, Mallital ; plats 30-60 ₹ ; ⌚11h-19h30). Donnant dans une allée couverte du marché tibétain, cet authentique *dhaba* concocte de divins *chow mein* (nouilles sautées) et *momo* (raviolis tibétains) à des prix imbattables.

Embassy INDIEN $$
(Mall, Mallital ; repas 150-450 ₹ ; ⌚9h-22h30). Dans un décor lambrissé aux faux airs de chalet, le personnel élégamment vêtu propose une carte de 5 pages depuis plus de quarante ans. N'hésitez pas à goûter au "*dancing coffee*" ou au *lassi* à l'eau de rose.

Sakley's Restaurant INTERNATIONAL $$$
(Mallital ; en-cas à partir de 125 ₹ ; plats 250-650 ₹ ; ⌚9h30-21h30). Ce restaurant impeccable proche du Mall sert un choix original de plats internationaux : curries thaïlandais, poulet au miel, agneau rôti, steak au poivre, nombreux plats chinois, pizzas et *sizzlers*. Les pâtisseries et les gâteaux sont délicieux : même sans dîner sur place, prenez un dessert à emporter.

Nainital Boat Club BAR
(Mall, Mallital ; ⌚10h-22h). Certes, le prix de l'adhésion temporaire dans ce club de l'époque du Raj est exorbitant (homme/femme/couple

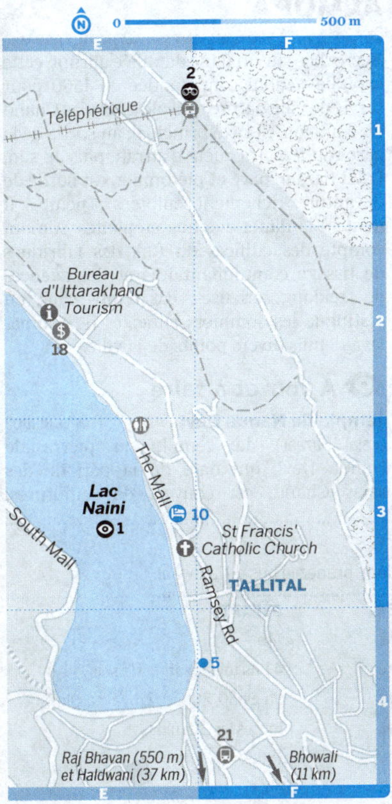

Nainital

Les incontournables
1 Lac Naini E3

À voir
2 Snow View E1

Activités
3 Location de bateaux D2
4 Téléphérique D1
5 KMVN Parvat Tours F4
6 Nainital Boat Club D2
7 Location de pédalos D2
8 Snout Adventures C1
9 Tiffin Top & Land's End B3

Où se loger
10 Evelyn Hotel E3
11 Hotel City Heart D1
12 Palace Belvedere D1
13 Traveller's Paradise C1

Où se restaurer
14 Embassy D2
15 Sakley's Restaurant D1
16 Sonam Chowmein Corner D2

Où prendre un verre et faire la fête
Nainital Boat Club .... (voir 6)

Renseignements
17 DAB de la Bank of Baroda D1
Cyberden .... (voir 8)
18 HDFC Bank E2
19 State Bank of India D1

Transports
20 Gare routière de Sukhatal B2
21 Gare routière de Tallital F4
Billetterie ferroviaire .... (voir 21)

870/440/870 ₹). Mais le bar plein de cachet – poutres apparentes, service assuré par des barmans stylés à moustache –, doté d'une terrasse en surplomb du lac, est l'endroit idéal pour prendre un verre l'après-midi. Les shorts et tongs sont proscrits ; des pancartes invitent au respect des convenances.

Renseignements

Cyberden (40 ₹/heure ; 9h-21h). À l'étage d'un vieux bâtiment pittoresque, dans Bara Bazaar.

State Bank of India (Mall, Mallital ; 10h-16h lun-ven, 10h-13h sam). Change les devises et les chèques de voyage.

Uttarakhand Tourism (05942-235337 ; Mall ; 10h-17h lun-sam). Horaires variables.

Depuis/vers Nainital

La **billetterie ferroviaire** (9h-12h et 14h-17h lun-ven, 9h-14h sam), à côté de la gare routière de Tallital, dispose d'un quota de places pour Dehra Dun, Delhi, Moradabad, Lucknow, Gorakhpur et Kolkata (Calcutta).

BUS

La plupart des bus partent de la **gare routière de Tallital**. Il existe des bus directs au départ de Nainital. Toutefois, ils sont beaucoup plus nombreux depuis Haldwani et Bhowali. D'Haldwani, des bus desservent régulièrement Ramnagar, Delhi, Haridwar et Banbassa, à la frontière népalaise. Haldwani est également un grand nœud ferroviaire. En direction du nord, prenez un bus ou une jeep collective de Nainital à Bhowali (20 ₹, 20 min), puis changez pour un bus régulier vers Almora, Kausani ou Ranikhet.

Sept bus directs vont à Ramnagar (80 ₹, 3 heures 30) depuis la **gare routière de Sukhatal**, au nord-ouest de Mallital, entre 8h et 15h30.

Des agences de voyages vendent des billets pour des bus *deluxe* privés de nuit (avec sièges inclinables) à destination de Delhi (350-800 ₹, 9 heures). Départs de Tallital vers 11h et 22h.

TAXI ET JEEP COLLECTIVE

Depuis la station de la Kumaon Taxi Union à Tallital, les taxis demandent 400 ₹ pour Bhowali, 125/500 ₹ (collectif/privé) pour Kathgodam ou Haldwani (1 heure 30), 1 500 ₹ pour Ramnagar et Almora (3 heures chaque).

Les jeeps collectives partent une fois remplies. Elles gagnent Bhowali (20 ₹, 20 min), où vous pourrez emprunter des bus et des taxis collectifs pour Almora et au-delà.

TRAIN

La gare ferroviaire la plus proche est à Kathgodam (35 km au sud de Nainital). Haldwani, la gare suivante en direction du sud, est en réalité le nœud de transports de la région. La **billetterie ferroviaire** (ci-contre), près de la gare routière de Tallital, vend des places pour Dehra Dun, Delhi, Moradabad, Lucknow, Gorakhpur et Kolkata (Calcutta). Chaque jour, le 12039 *Kathgodam-New Delhi Shatabdhi* (AC Chair/Exec. 745/1 320 ₹) quitte Kathgodam à15h35, s'arrête à Haldwani à 15h50, puis arrive à la gare de New Delhi à 21h05. En sens inverse, le 12040 part de New Delhi à 6h, s'arrête à Haldwani à 11h18 et atteint Kathgodam à 11h40.

ALMORA

05962 / 35 500 HABITANTS / ALTITUDE 1 650 M

Accrochée sur un flanc de vallée abrupt, cette capitale régionale fut fondée en 1560 pour servir de villégiature estivale aux rajas Chand du Kumaon. Si l'axe principal, au sortir de la gare routière, n'a guère d'attrait, plus au sud, Lalal Bazaar, pavé et piétonnier, est bordé de devantures richement sculptées et peintes. Il invite à la flânerie et aux emplettes. Almora compte des édifices du Raj, des fabriques de tissage communautaires et des agences de trekking sérieuses. Par temps clair, on distingue les sommets enneigés de l'Himalaya depuis divers points de la ville.

À voir et à faire

Temple de Nanda Devi TEMPLE HINDOU

(Lalal Bazaar). Le temple en pierre de Nanda Devi, qui date de la période des rajas Chand, est couvert de sculptures,

BUS AU DÉPART DE NAINITAL

Départs de la gare routière de Tallital. Pour Kathgodam, prenez le bus d'Haldwani.

DESTINATION	TARIFS	DURÉE	DÉPARTS
Almora	110 ₹	3 heures	14h
Dehra Dun	480 ₹	10 heures	4 bus tôt le matin, 3 le soir
Delhi (avec/sans clim)	660/410 ₹	9 heures	9h, 9h30, 20h30, 21h (avec clim)
Haldwani	60 ₹	2 heures	toutes les 30 min
Haridwar	350 ₹	8 heures	18h30
Rishikesh	330 ₹	9 heures	5h

dont certaines à caractère érotique. Cet édifice accueille une grande fête de 5 jours en septembre, la fête de Nanda Devi (ci-dessous).

Panchachuli Weavers Factory TISSAGE
(05962-232310 ; près de Bageshwar Rd ; 10h-17h lun-sam). GRATUIT Cet atelier emploie 700 femmes, qui tissent des châles à la main. Sa boutique affiche un choix plus vaste que celle du Mall. Comptez 150 ₹ l'aller-retour en taxi. Il est aisé de s'y rendre à pied (3 km) : continuez vers le nord-est après Mall Rd et demandez le chemin.

High Adventure TREKKING, VTT
(9412044610 ; www.trekkinghimalayas.in). Treks dans l'Uttarakhand et balades à VTT près d'Almora et Nainital. Tarifs en fonction de l'itinéraire et de la taille du groupe ; détails par téléphone.

Fêtes et festivals

Fête de Nanda Devi RELIGION
(sept). Durant 5 jours, des milliers de fidèles portent en procession l'effigie de la "déesse joyeuse" et assistent à des danses et autres spectacles culturels. Le sacrifice d'un buffle mâle, point d'orgue controversé de l'événement, a été supprimé ces dernières années. Ce rituel perdure toutefois dans certains villages reculés du Kumaon.

Où se loger

Bansal Hotel HÔTEL $
(05962-230864 ; Lalal Bazaar ; ch 400 ₹). Au-dessus du Bansal Cafe, dans l'animation du bazar, et aisément accessible depuis le Mall, cette bonne adresse pour les voyageurs au budget serré loue des petites chambres bien tenues (certaines avec TV). Terrasse sur le toit.

Hotel Shikhar HÔTEL $$
(05962-230253 ; www.hotelshikhar.in ; Mall ; ch 600-3 500 ₹, ste 5 000 ₹ ;). Construit à flanc de colline pour profiter de la vue, ce vaste hôtel de forme cubique domine le centre-ville. Il s'adresse à tous les budgets. Même les moins chères demeurent acceptables, quoique défraîchies et sans caractère. Les plus haut de gamme figurent en revanche parmi les plus agréables d'Almora.

Savoy Hotel HÔTEL $$
(05962-230329 ; www.ashoknainital.com ; Mall ; ch 1 000-1 800 ₹). Dans la partie sud du Mall, peu après l'office du tourisme, cet hôtel est au calme. Au rez-de-chaussée, les chambres bon marché, simples, sentent le renfermé. À l'étage, les chambres plus coûteuses, qui visent le confort et le style, ont accès à une terrasse commune dominant la vallée au-dessous d'Almora, avec tables et chaises.

Où se restaurer

Saraswati Sweet & Restaurant TIBÉTAIN $
(Pithoragarh Rd ; plats 30-60 ₹ ; 7h30-19h30). Dans cet établissement très fréquenté, avec tables à l'étage, le service est rapide. Au menu : *momo* (végétariens ou non) et autres plats tibétains, ainsi que des recettes chinoises. Le *thukpa* (soupe de nouilles tibétaine) est fort épicé. Hamburgers de mouton et bon choix de boissons fraîches également.

Glory Restaurant INDIEN $
(LR Sah Rd ; plats 65-190 ₹ ; 9h-22h). Installé de longue date, ce restaurant familial mitonne de bons plats végétariens (ou non) du nord et du sud de l'Inde, dont des *biryani* et du poulet au citron. Les pizzas sont copieusement garnies de fromage.

Renseignements

Joshi's Cybercafe (30 ₹/heure ; 9h-20h lun-sam, 9h-13h dim ;). L'un des cybercafés, en face du bureau de poste principal.

Uttarakhand Tourism (05962-230180 ; Upper Mall ; 10h-17h lun-sam)

Depuis/vers Almora

Les routes de la région sont tortueuses ; préparez-vous à des trajets mouvementés.

Des bus KMOU partent du Mall – tôt le matin et jusqu'à 14h30 ou 15h – pour Kausani (85 ₹, 2 heures 30), Bageshwar (120 ₹, 2 heures) et Haldwani (125 ₹, 3 heures) via Bhowali (80 ₹, 2 heures) près de Nainital. Des bus desservant ces destinations partent également de la gare routière voisine de Roadways, où vous trouverez par ailleurs des bus pour Delhi (448 ₹, 12 heures) à 17h30 et 18h30. Mieux vaut acheter les billets à destination de la capitale le matin. Pour Pithoragarh, rendez-vous à la gare routière de Dharanaula, à l'est du bazar dans Bypass Rd, où plusieurs bus (165 ₹, 5 heures) circulent entre 8h30 et 11h. Pour rejoindre Banbassa, à la frontière népalaise, montez dans un bus pour Haldwani, puis prenez une correspondance.

Des taxis et des jeeps vont à Kausani (collectif/privé 120/1 200 ₹, 2 heures 30), Bageshwar (250/1 800 ₹, 2 heures), Bhowali (200/1 000 ₹, 3 heures), Kasar Devi (30/300 ₹), Pithoragarh (350/2 000 ₹, 5 heures) et Munsyari (taxi privé uniquement, 5 000 ₹, 10 heures). Tous partent du Mall, sauf les taxis collectifs à destination de Pithoragarh, qui circulent depuis la gare

PASSAGE DE LA FRONTIÈRE : ENTRER AU NÉPAL DEPUIS BANBASSA

Banbassa est le village indien le plus proche du poste-frontière népalais de Mahendranagar (Bhimdatta), distant de 5 km. Avant de franchir la frontière à cet endroit, renseignez-vous sur les conditions météorologiques dans l'ouest du Népal car, pendant la mousson et juste après, les glissements de terrain et les ponts emportés par les crues rendent les routes impraticables.

Si Banbassa est facilement accessible en bus depuis Haldwani et Pithoragarh, la ville voisine de Tanakpur est encore mieux desservie.

La frontière reste ouverte 24h/24. Néanmoins, avant 6h et après 18h, vous risquez d'avoir du mal à trouver des douaniers pour tamponner votre passeport dans chacun des pays. Si la frontière n'est officiellement ouverte aux véhicules que de 8h à 10h, de 12h à 14h et de 18h à 19h, les rickshaws et les motos sont en principe autorisés à franchir le pont de 1 km entre les deux postes-frontières à toute heure. Sinon, il vous faudra traverser à pied.

Côté népalais, on peut obtenir de 9h à 17h un visa à entrée unique valable 15/30/90 jours (25/40/100 $US).

Les hôtels de Banbassa changent les roupies indiennes et népalaises, de même que le petit bureau proche du poste-frontière népalais. L'agence de la Nabil Bank à Mahendranagar possède un DAB et change les devises. Un DAB fonctionne aussi à Banbassa.

Transports locaux

À la frontière, prenez un auto-rickshaw (100 ₹) ou un taxi collectif pour Mahendranagar. La gare routière est à environ 1 km du centre sur la Mahendra Hwy. Chaque jour, 8 bus partent pour Katmandou de 5h30 à 16h30. Un seul bus dessert Pokhara (16 heures) ; départ à 14h20.

routière de Dharanaula. Nous recommandons Kishan Bisht (9410915048), un chauffeur particulièrement raisonnable.

Les gares les plus proches sont à Kathgodam et Haldwani. La **billetterie ferroviaire** (Railway Reservation Centre ; ☎05962-230250 ; KMVN Holiday Home, Mall ; ⏲9h-12h et 14h-17h lun-sam) est au sud de la ville.

ENVIRONS D'ALMORA

Kasar Devi

ALTITUDE 2 100 M

Cet endroit paisible, à environ 8 km au nord d'Almora, attire les voyageurs alternatifs depuis presque 100 ans – d'où son surnom de Crank's Ridge ("la crête des excentriques"). Dans la liste des célébrités qui y ont séjourné figurent Bob Dylan, Cat Stevens, Timothy Leary, Allen Ginsberg et Swami Vivekananda, qui médita jadis au **temple de Kasar Devi**, perché au sommet d'une colline. Aujourd'hui, le village est une destination prisée des *backpackers*, qui en apprécient l'atmosphère tranquille et la jolie vue sur la chaîne de l'Himalaya par beau temps. Il n'y a pas grand-chose à faire, sinon se détendre ; le Mohan's Binsar Retreat (p. 457) propose des circuits de pêche ou de rafting ou des treks sur plusieurs jours.

Où se loger et se restaurer

Manu Guest House PENSION $

(☎9410920696 ; sud de Binsar Rd ; ch 400-600 ₹). Au cœur d'un verger (où paissent des vaches), cette pension a un parfum de campagne. Les plus grands bungalows, en pierre ou en briques, comportent une kitchenette – pratique pour les longs séjours.

Kripal House HÔTEL $

(☎9690452939 ; près de Binsar Rd ; ch à partir de 800 ₹, sans sdb à partir de 600 ₹). Au bout d'une piste de terre coupant la rue principale, cette modeste pension tire avantage d'un panorama époustouflant de l'Himalaya depuis son toit-terrasse (non aménagé). Les chambres les plus chères ont leur propre cuisine, tandis que les moins onéreuses la partagent avec une autre.

♥ **Freedom Guest House** PENSION $$

(☎7830355686 ; www.freedomguesthouse.in ; Binsar Rd ; ch à partir de 1 500 ₹). Les grandes chambres, impeccables, ouvrent sur des terrasses communes avec une vue sublime sur la vallée, idéales pour contempler le soleil couchant. Les plus récentes, dans les étages supérieurs, ont une touche de confort supplémentaire. Sunder et Gita se plient en quatre pour satisfaire leurs hôtes.

♥ **Mohan's Binsar Retreat** PENSION $$$
(☎9412977968, 05962-251215 ; www.mohansbinsarretreat.com ; Binsar Rd ; ch avec petit-déj à partir de 5 250 ₹ ; wifi). Sans doute le meilleur choix à Kasar Devi, cet établissement loue de belles et grandes chambres aux lits luxueux, avec parquet et plafond lambrissé. Son véritable atout est son restaurant sur la terrasse, avec belle vue sur la vallée en contrebas et sur les sommets himalayens. Bob Dylan aurait traîné ici dans les années 1960, tandis que les lieux n'étaient encore qu'un modeste salon de thé.

Rainbow Restaurant INDIEN, INTERNATIONAL $$
(☎9720320664 ; mehra.harsh145@gmail.com ; Binsar Rd ; plats 100-250 ₹ ; 9h-21h ; wifi). Installez-vous autour d'une table ou sur des coussins posés au sol pour déguster de la cuisine indienne, asiatique, occidentale ou moyen-orientale, assortie d'une longue liste de jus de fruits frais. Tout ce que nous avons goûté nous a ravis, en particulier les desserts ! Les patrons tiennent aussi une pension et retraite de yoga flambant neuve de premier ordre (ch à partir de 3 500 ₹, rabais fréquents).

Binsar

ALTITUDE 2 420 M

Au-delà de Kasar Devi, Binsar, à 26 km d'Almora, était jadis la capitale d'été des rajas Chand. L'endroit constitue désormais une réserve protégée de 45 km², où vous pourrez peut-être apercevoir un léopard ou quelques muntjacs ; la plupart des visiteurs viennent ici pour les nombreuses espèces d'oiseaux (plus de 200). Par temps clair, le panorama de l'Himalaya est à couper le souffle – depuis la tour à "Zero Point", le sommet de Binsar (2 420 m), on peut distinguer, entre autres, le Kedarnath, le Trishul, le Nanda Devi et le Panchachuli. Les chemins de randonnée traversent la forêt luxuriante ; ils convergent pour la plupart vers la KMVN Rest House. Le Forest Department produit une bonne carte de Binsar, avec sentiers et données topographiques, qu'il est très difficile de se procurer ; elle n'est pas distribuée à l'entrée.

Les droits d'accès à la réserve coûtent 150/600 ₹ pour les Indiens/étrangers, auxquels s'ajoutent les frais de véhicule (250-500 ₹). Des guides, que vous trouverez à l'entrée de la réserve ou à la Rest House, facturent 250 ₹ pour une randonnée de 1 heure 30. Comptez environ 1 100 ₹ pour un aller-retour en taxi depuis Almora.

Pour une découverte plus en profondeur de l'environnement naturel et de la culture rurale, deux tour-opérateurs hautement recommandés organisent des treks d'un ou plusieurs jours entre les villages situés dans la réserve et alentour, **Village Ways** (☎9759749283 ; www.villageways.com) gèrent des pensions dans plusieurs localités. **Grand Oak Manor** (☎9412094277 ; shikhatripathi.travel@gmail.com), dirigé par l'écrivaine voyageuse Shikha Tripathi et son mari Sindhu Shah, dont la famille vit à Binsar depuis plus de 100 ans, propose des randonnées sur mesure avec nuit chez l'habitant.

Jageshwar

ALTITUDE 1 870 M

Au village de Jageshwar, à 38 km au nord-est d'Almora, un impressionnant **ensemble de temples** en activité s'inscrit dans une forêt de cèdres. Ses 124 édifices religieux du VIIe siècle varient des lingams aux grands *shikharas* dédiés à différentes divinités. Plus bas, l'intéressant **Jageshwar Archaeological Museum** (www.asi.nic.in ; 10h-17h sam-jeu) GRATUIT expose une petite collection de sculptures religieuses, retirées des temples dans un souci de conservation. Un événement de l'International Yoga Festival (p. 424) s'est déroulé ici en octobre 2016.

Du centre du village, un chemin de 3 km mène au sommet de la crête, dévoilant une vue vertigineuse sur la vallée et les hauts sommets, au loin.

Parmi les quelques hôtels, la **Tara Guest House** (☎9411544736 ; www.jageshwar.co.uk ; ch à partir de 400 ₹ ; wifi) se démarque.

Pour se rendre d'Almora à Jageshwar, le plus pratique consiste à prendre un taxi (privé/collectif 1 200/75 ₹ aller-retour). Un bus direct part tous les jours vers 12h – retour vers Almora à 8h le lendemain matin. Autrement, vous pourrez monter dans n'importe quel bus pour Artola, d'où une marche de 4 km ou un taxi (80 ₹) vous conduira à Jageshwar.

KAUSANI

☎05962 / 4 100 HABITANTS / ALTITUDE 1 890 M

Perché sur une crête boisée, ce village a pour atouts son air frais, son ambiance décontractée et sa vue imprenable sur les pics enneigés dans le lointain. Le Mahatma

Gandhi s'y retira quelque temps, en 1929, pour écrire *Anasakti Yoga*, son commentaire de la *Bhagavad Gita*. Un ashram lui est dédié. Le village de Baijnath, à 19 km au nord, compte un ensemble de temples du XIIe siècle construits dans le style des shikharas. Les temples occupent un joli site à l'ombre des arbres. D'autres sanctuaires sont visibles dans le vieux village voisin.

À voir

Kausani Tea Estate PLANTATION DE THÉ
(9h-18h mi-mars à mi-nov). GRATUIT Une entreprise privée, l'État et des producteurs locaux sont réunis au sein de cet établissement où vous pourrez faire des emplettes à l'issue d'une visite. La fabrique exporte partout dans le monde. Située à 3,5 km au nord de Kausani, sur la route de Baijnath, elle peut faire l'objet d'une agréable promenade à travers de beaux paysages.

Anasakti Ashram SITE HISTORIQUE
(05962-258028 ; Anasakti Ashram Rd). GRATUIT Sur la colline, à 1 km de la gare routière, cet ashram accueillit le Mahatma Gandhi pendant deux semaines. C'est ici qu'il travailla sur son *Anasakti Yoga*. Un petit **musée** (Anasakti Ashram Rd ; 6h-12h et 14h-19h) GRATUIT retrace la vie de Gandhi à travers des photos et des textes. Une prière à sa mémoire est dite à 18h.

Où se loger et se restaurer

En dehors des deux périodes de pointe (mai-juin et octobre-novembre), les prix baissent souvent de moitié.

Hotel Uttarakhand HÔTEL $$
(05962-258012 ; www.uttarakhandkausani.com ; d 1 250-2 550 ₹ ; @). Au nord de la gare routière, cet hôtel tranquille a l'attrait d'un panorama sur l'Himalaya (dans la véranda) et affiche le meilleur rapport qualité/prix de Kausani. Au choix : petites chambres économiques avec eau chaude au seau ou plus d'espace dans les chambres de l'étage (avec douche chaude et TV). Le gérant est sympathique et serviable.

Krishna Mountview HÔTEL $$$
(9927944473 ; www.hotelkrishna.com ; Anasakti Ashram Rd ; d 3 650-6 250 ₹, ste 8 550-10 250 ₹ ;). Juste après l'Anasakti Ashram, voici l'un des hôtels les plus chics de Kausani, avec son jardin soigné (très belle vue sur la montagne). Essayez d'obtenir une grande chambre à l'étage avec balcon, baie vitrée et rocking-chair.

Garden Restaurant INDIEN, INTERNATIONAL $$
(plats 80-250 ₹ ; 7h-22h). Devant l'Hotel Uttarkhand, ce restaurant en bambou et au toit de chaume, avec vue sur l'Himalaya, est le plus agréable de Kausani. La carte aligne un choix de premier ordre, avec des rösti (galettes de pommes de terre suisses), du poulet *tikka*, des pâtes importées et des spécialités du Kumaon, à base de produits d'une grande fraîcheur.

Depuis/vers Kausani

Les bus et les jeeps collectives partent du centre du village. Plusieurs bus rejoignent quotidiennement Almora (125 ₹, 2 heures 30) ; ceux de l'après-midi s'arrêtent généralement à Karbala, sur une route secondaire ; de là, prenez une jeep collective (10 ₹). En direction du nord, des bus partent à peu près toutes les heures pour Bageshwar via Baijnath (55 ₹, 1 heure 30). Des jeeps collectives (30 ₹, 30 min) vont à Garur, à 16 km au nord de Kausani, un nœud de transports bien plus actif, d'où d'autres véhicules mènent à Gwaldam. De Gwaldam, des bus et des jeeps vont au Garhwal via Karanprayag.

En taxi, comptez environ 1 500 ₹ pour Almora et environ 3 200 ₹ pour Nainital ou Karanprayag.

BAGESHWAR

05963 / 9 100 HABITANTS / ALTITUDE 975 M

Les pèlerins hindous viennent à Bageshwar, au confluent de la Gomti et de la Saryu, pour se recueillir dans le **temple de Bagnath**, un sanctuaire en pierre du XVe siècle dédié à Shiva. Les voyageurs, eux, y transitent surtout pour aller de Munsyari, et d'autres points à l'est, à Kausani et Almora. La bourgade compte un DAB de la Bank of India dans le bazar principal (qui vaut le détour) et quelques cybercafés. La vallée alentour, avec ses champs en terrasses au-dessus des berges fluviales, frappe par sa beauté.

L'**Hotel Annapurna** (05963-220109 ; ch 300-400 ₹, s/d sans sdb 100/200 ₹), sommaire, jouxte commodément la gare routière. Pour un standing nettement supérieur, choisissez l'**Hotel Narendra Palace** (05963-220166 ; Pindari Rd ; ch 500-1 500 ₹ ;), environ 1 km plus loin.

Depuis/vers Bageshwar

Chaque jour, plusieurs bus desservent Almora (120 ₹, 3 heures) et Kausani (50 ₹, 1 heure 30). Des bus rallient fréquemment Bhowali (185 ₹, 6 heures) et Haldwani (230 ₹, 7 heures 30).

D'autres (60 ₹, 2 heures) vont à Gwaldam, d'où des correspondances partent vers le Garhwal. Chaque matin, il y a plusieurs bus pour Pithoragarh (170 ₹, 7 heures) et un, à 9h, pour Munsyari (160 ₹, 6 heures).

Vous trouverez une station de jeeps proche de la gare routière, ainsi que d'autres arrêts un peu partout en ville. Des jeeps collectives vont à Garur (35 ₹, 45 min), Kausani (55 ₹, 1 heure 30) et Gwaldam (85 ₹, 2 heures). Une jeep collective/privée revient à 200/2 000 ₹ pour Song (2 heures), à 300/3 000 ₹ pour Loharket (2 heures 30), à 400/4 000 ₹ pour Munsyari (5 heures), à 350/4 000 ₹ pour Pithoragarh (6 heures) et à 200/2 000 ₹ pour Almora (2 heures).

PITHORAGARH

☎05964 / 56 050 HABITANTS / ALTITUDE 1 514 M

Pithoragarh, qui s'étend à flanc de colline au-dessus d'une belle vallée surnommée “Little Kashmir”, est la principale agglomération de cette région frontalière, peu visitée, proche du Tibet et du Népal. Elle recèle plusieurs temples de l'époque Chand, ainsi qu'un ancien fort. Toutefois, son principal atout tient de ce qu'elle figure à l'écart de l'itinéraire touristique classique. L'animation du grand bazar invite à une balade, et les habitants se montrent extrêmement chaleureux. De belles randonnées vous attendent dans les environs. Celle qui grimpe jusqu'à **Chandak** (7 km), par exemple, permet de profiter d'un panorama du massif du **Panchachuli** (“Cinq Cheminées”).

Pour de bons repas à prix doux, les habitants ne jurent que par le **Jyonar Restaurant** (Gandhi Chowk ; plats 90-250 ₹ ; 🕙10h-21h30), dans le bazar.

Hotel Yash Yatharth HÔTEL **$$**
(☎05964-225005 ; Naya Bazaar ; dort 200 ₹, ch 1 200-3 500 ₹). Le meilleur rapport qualité/prix de Pithoragarh, dans le bazar principal près de la gare routière. Tout un choix de chambres, de la petite avec sdb commune à la grande, richement meublée. Tarifs négociables.

ℹ Renseignements

Un DAB de la State Bank of India fonctionne dans le bazar.

Office du tourisme (☎05964-225527 ; 🕙10h-17h lun-ven, 10h-14h sam). À 50 m en aval de la station de jeeps, il fournit des informations et aide à trouver des guides de randonnée.

ℹ Depuis/vers Pithoragarh

Des bus partent à 5h30 et 9h pour Almora (280 ₹, 5 heures) et Haldwani (336 ₹, 10 heures). Un service régulier conduit à Delhi (jusqu'à 16h, 600 ₹, 18 heures), et des bus partent toutes les heures, de 5h à 14h, pour Banbassa (260 ₹, 6 heures), à la frontière avec le Népal. Pour atteindre Munsyari, embarquez dans une jeep collective (300 ₹, 7 heures).

MUNSYARI

Perché à flanc de montagne et entouré de champs en terrasses, le village de Munsyari (2 290 m) est particulièrement pittoresque. On y voit les pics du Panchachuli (6 000 m) toucher le ciel de l'autre côté de la vallée de Johar. Visité principalement par les randonneurs en chemin vers le glacier de Milam, il mérite véritablement le détour pour la beauté du paysage environnant.

Des randonnées d'une journée sont envisageables – demandez comment rejoindre Kalya Top (à quelques kilomètres de la route qui monte, en direction de Bageshwar), dont la vue embrasse le Nanda Devi et le Nanda Kot, ainsi que les sommets du Panchachuli. À 2 km en contrebas du bazar se tient le petit **Tribal Heritage Museum** (☎9411337094 ; 10 ₹ ; 🕙10h-17h presque tous les jours). Géré par S. S. Pangtey, un homme aussi aimable qu'érudit, il réunit des objets ethniques datant de l'époque où Munsyari était un important centre d'échanges commerciaux avec le Tibet. Le village constitue un endroit unique pour assister à la fête de Nanda Devi, en septembre.

Plusieurs nouveaux hôtels modernes ont ouvert. Nous leur préférons toutefois l'**Hotel Pandey Lodge** (☎9411130316 ; www.munsyarihotel.com ; ch 550-1 500 ₹), proche de la gare routière, qui loue des chambres à prix honorable, certaines avec vue splendide. De l'autre côté de la rue, le **Snow View Hotel** (☎7534881686 ; ch 500-1 200 ₹ ; 📶) réserve un accueil des plus aimables.

Si vous allez à Munsyari via Thal, installez-vous côté fenêtre, à droite du véhicule, afin de profiter de la vue sublime pendant le trajet. Si vous arrivez de Thal et vous rendez à Pithoragarh, vous pourrez emprunter la route plus longue passant par Jauljibi pour changer de décor. Vous aurez alors droit à une vue imprenable sur les montagnes du Kumaon et du Népal.

Kolkata (Calcutta)

033 / 14,5 MILLIONS D'HABITANTS

Dans ce chapitre ➡

Le top des restaurants

- 6 Ballygunge Place (p. 484)
- Arsalan (p. 482)
- Kewpies (p. 483)
- Fire and Ice (p. 483)
- Tamarind (p. 484)

Le top des hébergements

- Astor (p. 479)
- Corner Courtyard (p. 480)
- Oberoi Grand (p. 478)
- Park Hotel (p. 479)
- Sunflower Guest House (p. 478)

Pourquoi y aller

Deuxième ville d'Inde, Kolkata (Calcutta) est une mosaïque de la condition humaine, entre grandeur et dénuement, culture et désespoir. Si pour beaucoup d'Occidentaux, elle évoque la misère, cette métropole, fondée voici quelque 350 ans, est en réalité bien plus complexe. Il en est d'ailleurs qui la tiennent pour l'épicentre intellectuel, artistique et culturel du pays. Si la pauvreté y a la vie dure, la cité a désormais pour moteur une classe moyenne autodidacte, tandis qu'une jeunesse tendance y fraie, dans les vieux clubs de l'époque coloniale, avec la bourgeoisie bengalie.

Première capitale du Raj britannique, Kolkata a conservé de nombreux édifices coloniaux qui contrastent de manière saisissante avec les bidonvilles et les nouvelles banlieues dynamiques. Kolkata est aussi un bon endroit pour goûter aux saveurs modérément épicées mais complexes de la cuisine bengalie. Plus accueillante que d'autres métropoles indiennes, elle se ressent autant qu'elle s'explore.

Quand partir

Kolkata (Calcutta)

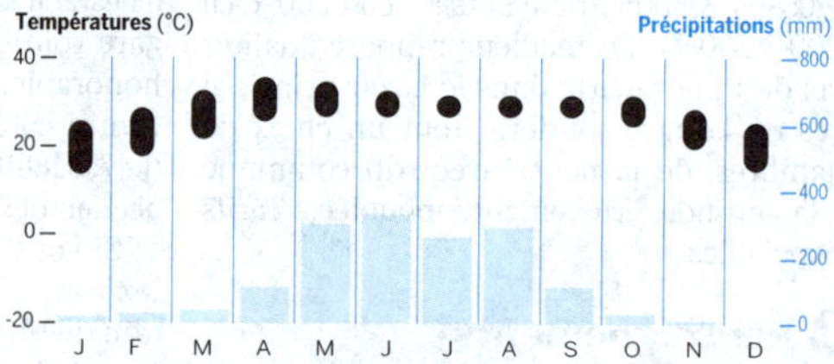

Mai-sept À éviter, en raison des pluies diluviennes qui s'abattent sur la région.

Sept-oct La ville revêt ses plus beaux atours pour le tohu-bohu de Durga Puja.

Nov-jan Temps frais et sec. L'hiver permet de profiter des festivals de cinéma et de musique.

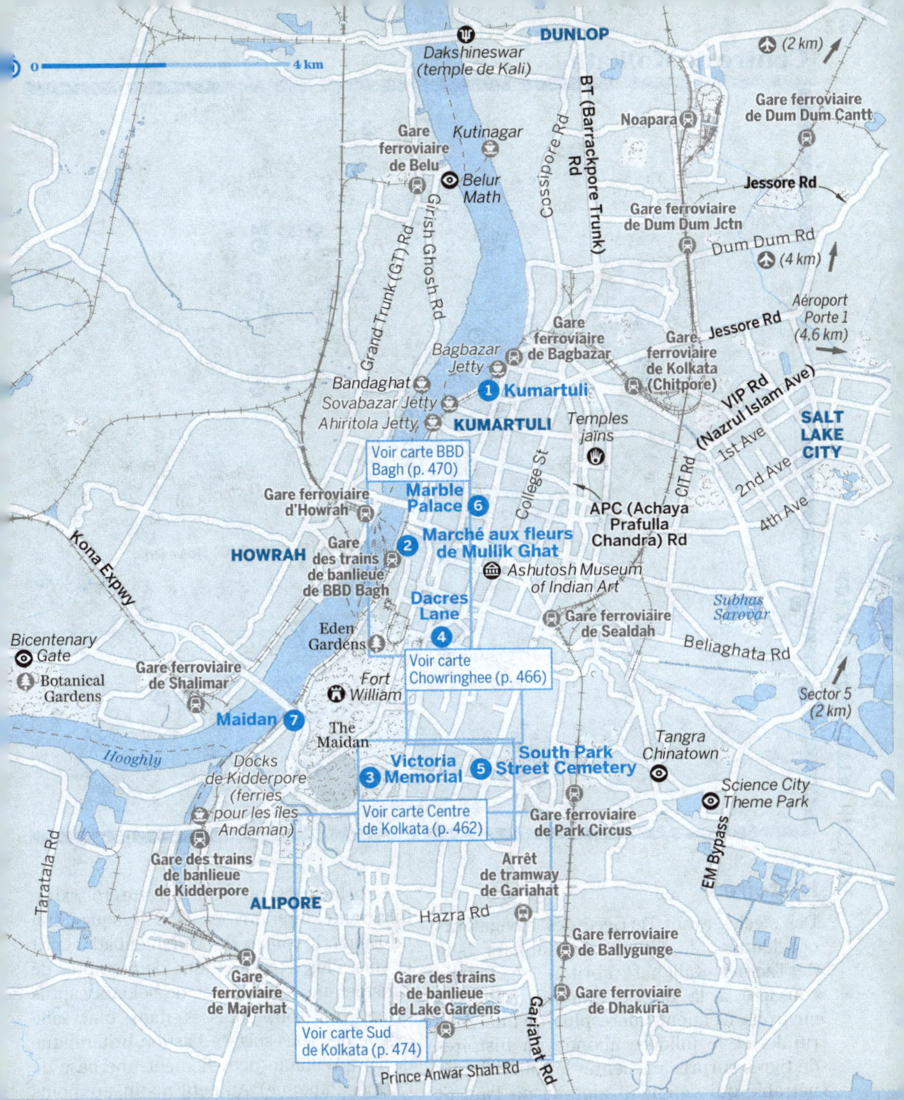

À ne pas manquer

1. La fabrication des déesses en terre cuite à **Kumartuli** (p. 472), un quartier haut en couleur.
2. Les étals colorés du **marché aux fleurs de Mullik Ghat** (p. 469).
3. La splendeur architecturale du **Victoria Memorial** (p. 464), hommage du Raj britannique à la reine Victoria.
4. La cuisine des échoppes de rue de la sinueuse **Dacres Lane** (p. 484).
5. Glaner des bribes du passé de la ville au fil des tombes du **South Park Street Cemetery** (p. 464).
6. L'exubérance du **Marble Palace** (p. 471).
7. Parc verdoyant de l'époque coloniale, le **Maidan** (p. 465) invite à la flânerie.

Centre de Kolkata

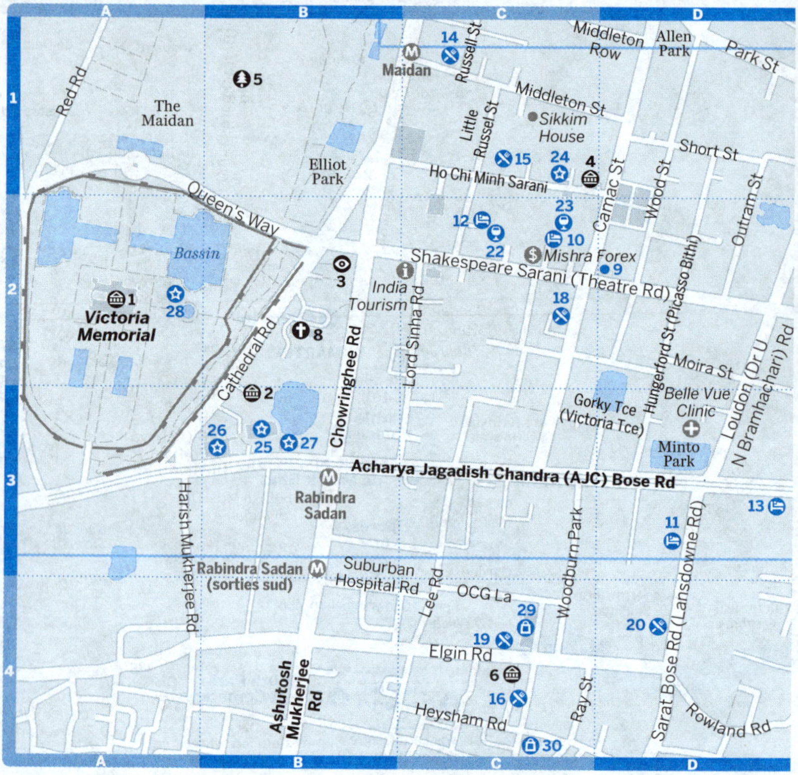

Histoire

Des siècles avant l'arrivée des navigateurs occidentaux, le village de Kalikata (site de l'actuel Kalighat) abritait un temple consacré à la déesse hindoue Kali. Les environs n'étaient guère plus qu'une zone rurale, et le folklore abonde en histoires de tigres surpris à arpenter la jungle impénétrable qui s'étendait alors là où Park St court actuellement. Quand le marchand britannique Job Charnock arriva en 1690, l'endroit lui sembla tout indiqué pour fonder un comptoir colonial et, en quelques décennies, surgit une version miniature de la Londres d'alors, baptisée Calcutta, avec des édifices imposants, des églises, de larges boulevards et de grands jardins. Cette majestueuse illusion européenne s'arrêtait toutefois net aux lisières de la ville, où les Indiens qui travaillaient pour le Raj vivaient pour la plupart dans des *basti* (bidonvilles) surpeuplés.

Le principal soubresaut de cette croissance fulgurante intervint en 1756 lorsque Siraj ud-Daula, le nabab de Murshidabad, reprit la ville. Plus d'une centaine de membres de l'aristocratie coloniale et de soldats captifs furent, un soir, entassés dans une salle exiguë des sous-sols du bastion britannique de Fort William (actuellement une base de l'Armée indienne). Au petit matin, au moins une quarantaine d'entre eux étaient morts de suffocation. La presse de la mère-patrie exagéra vraisemblablement le nombre des victimes afin de scandaliser l'opinion, faisant naître la légende du "Trou noir de Calcutta".

L'année suivante, les Britanniques, conduits par Robert Clive, alors vice-roi des Indes, reconquirent la cité. Le nabab s'allia aux Français, mais fut vaincu à la bataille de Plassey (aujourd'hui Palashi), principalement en raison de la défection d'une partie de ses troupes, soudoyées par les Anglais. Un "second" Fort William, plus imposant et

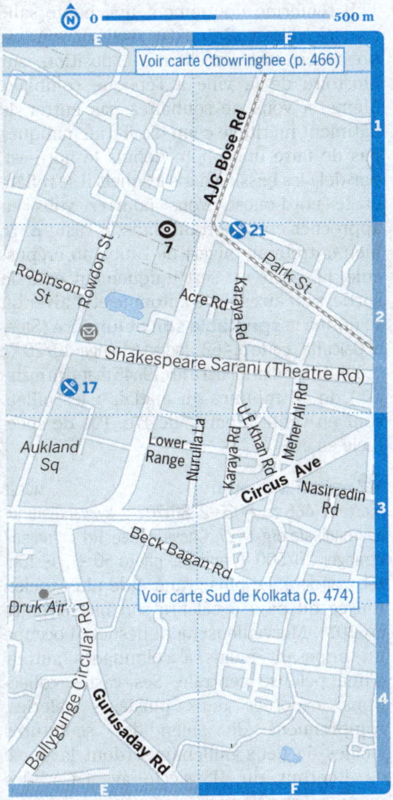

Centre de Kolkata

Les incontournables

1 Victoria Memorial A2

À voir

2 Academy of Fine Arts B3
3 Birla Planetarium B2
4 Harrington Street Arts Centre C1
5 Maidan B1
6 Netaji Bhawan C4
7 South Park Street Cemetery E2
8 St Paul's Cathedral B2

Activités

9 Mystic Yoga Studio D2

Où se loger

10 Astor C2
11 Central B&B D3
12 Kenilworth C2
13 Park Prime D3

Où se restaurer

14 Fire and Ice C1
15 Gabbar's Bar & Kitchen C1
16 Kewpies C4
17 Kookie Jar E2
18 Monkey Bar C2
19 Oh! Calcutta C4
20 Picadilly Square D4
21 Shiraz F2

Où prendre un verre et faire la fête

22 Big Ben C2
23 Plush C2

Où sortir

24 ICCR C1
Nandan Cinema .... (voir 25)
25 Nandan Complex B3
26 Rabindra Sadan B3
27 Sisir Mancha B3
28 Spectacle son et lumière du Victoria Memorial A2

Achats

29 Anokhi C4
30 Fabindia C4

entouré d'une douve, fut construit en 1758, et Calcutta devint capitale officielle des Indes britanniques. On ne s'en livrait pas moins, jusqu'à la fin du XVIIIe siècle, à la chasse au léopard dans les forêts de bambous qui occupaient l'actuel quartier de Sudder St.

Le mouvement de Renaissance bengalie, à la fin du XIXe siècle, provoqua un réveil culturel dans la classe moyenne de Calcutta. Ce renouveau fut galvanisé par la division impopulaire du Bengale en 1905, et sema les graines du mouvement pour l'indépendance. Le Bengale fut réunifié en 1911, mais les Britanniques transférèrent rapidement leur capitale à New Delhi, plus calme.

De prime abord, la perte du pouvoir politique n'eut guère d'effet sur l'économie de Calcutta. En revanche, l'impact de la Partition, en 1947, fut dévastateur. Alors que l'échange de populations entre le Pakistan occidental et le Punjab (Pendjab) était à peu près équilibré (quoique sanglant), la migration au Bengale se fit pratiquement à sens unique. Quelque 4 millions de réfugiés hindous arrivèrent du Bengale-Oriental et s'installèrent dans les *basti* de Calcutta, déjà surpeuplés. Pendant une période, des gens moururent de faim dans les rues, une image terrible qui associa Kolkata à une misère épouvantable. À peine ces réfugiés avaient-ils été absorbés qu'une seconde vague afflua, avec la guerre indo-pakistanaise de 1971.

Après la Partition, le port de Calcutta fut fortement pénalisé par la perte de son arrière-pays naturel, passé derrière la frontière hermétique du futur Bangladesh. Les agitations ouvrières devinrent incontrôlables, alors que le parti dominant au plan local (Parti communiste indien) s'employait à mettre fin au système féodal de la propriété foncière et de représenter les intérêts et les demandes du prolétariat. Or, toutes bien intentionnées qu'elles fussent, la majorité des mesures prises eurent un effet inverse. Les syndicats appelaient à la grève (*bandh*) presque tous les quinze jours, et l'économie de la région finit par en pâtir. Le contrôle des loyers, visant à protéger les locataires, fut appliqué si strictement qu'aujourd'hui encore, certains résidents ne paient que quelques roupies pour des logements aménagés dans de magnifiques édifices historiques. Or, ces derniers tombent malheureusement en ruine, les propriétaires n'ayant aucun intérêt à entretenir des biens qui ne rapportent rien.

En 2001, Calcutta adopta officiellement l'orthographe plus phonétique de Kolkata. Vers la même époque, la municipalité s'orienta vers une politique plus favorable aux affaires, qui se solda par une reprise économique. Cette nouvelle prospérité s'incarne notamment dans les nombreuses galeries marchandes et tours d'habitation des banlieues, ainsi que dans le développement rapide du Sector 5 de Salt Lake City, un nouveau quartier d'affaires et de loisirs. En 2011 le Trinamool Congress Party remporta les élections du Bengale-Occidental, mettant fin à 34 ans de pouvoir communiste dans cet État, et promit d'introduire des *paribartan* (changements) à grande échelle. Ce travail de longue haleine se poursuit de nos jours.

À voir

Chowringhee

Victoria Memorial ÉDIFICE HISTORIQUE

(VM ; carte p. 466 ; 033-22235142 ; www.victoria-memorial-cal.org ; Indien/étranger 20/200 ₹, parc compris ; 10h-16h30 mar-dim). Majestueux édifice de marbre blanc aux proportions harmonieuses, coiffé d'une coupole, le Victoria Memorial se dresse à l'extrémité sud du Maidan (p. 465). Tenu pour l'un des plus beaux monuments d'Inde, il fut conçu à la demande de George Curzon, alors vice-roi des Indes, pour commémorer le décès, en 1901, de la reine Victoria. Il fut achevé en 1921.

Il renferme notamment une haute salle centrale et la **Calcutta Gallery**, où est présentée une excellente exposition sur l'histoire de la ville à l'époque coloniale. Même si vous ne souhaitez pas entrer, le bâtiment mérite le coup d'œil : ne manquez pas de faire une photo depuis le nord-est, par-delà les bassins dans lesquels il se reflète et le nord-ouest. Vous pourrez vous en approcher en pénétrant dans le vaste **parc** bien entretenu, ouvert de l'aube au crépuscule. La porte est sert uniquement pour la sortie, sauf aux soirs d'automne et d'hiver où se donne le **spectacle son et lumière** (Story of Calcutta ; carte p. 462 ; Indien/étranger 10/20 ₹ ; 19h15 mar-dim mi-oct à fév, 19h45 mar-dim mars-juin) de 45 minutes en anglais ; les billets sont en vente à partir de 17h. Pas de spectacle en été.

Indian Museum MUSÉE

(carte p. 466 ; 033-22861702 ; www.indianmuseumkolkata.org ; 27 Chowringhee Rd ; Indien/étranger 20/500 ₹, appareil photo 50 ₹ ; 10h-16h mar-dim). Le plus grand et le plus ancien musée du pays a célébré son bicentenaire en 2014. Merveilleusement désuet, il occupe un imposant palais à colonnades autour d'une pelouse centrale. Ses vastes collections, exposées dans plusieurs galeries, comprennent de splendides sculptures vieilles de deux millénaires (dont la porte de Bharhut du IIe siècle av. J.-C.), des momies égyptiennes, des reliques datant de la civilisation de la vallée de l'Indus provenant d'Harappa et de Mohenjo-daro, des embryons humains conservés dans du formol, des squelettes de baleine et 37 variétés d'opium dans la galerie de botanique, digne d'une bibliothèque.

St Paul's Cathedral ÉGLISE

(carte p. 462 ; Cathedral Rd ; 9h-12h et 15h-18h). Construction néogothique la plus emblématique de Kolkata, la cathédrale Saint-Paul, avec sa tour centrale crénelée, ne déparerait pas à Cambridge. Édifiée entre 1839 et 1847, elle se distingue par sa nef particulièrement large et, du côté ouest, un vitrail du maître préraphaélite sir Edward Burne-Jones. Première cathédrale construite en dehors du Royaume-Uni, elle voit affluer, au réveillon de Noël, des milliers de personnes venues assister à la messe de minuit.

South Park Street Cemetery CIMETIÈRE

(carte p. 463 ; Park St ; don 20 ₹, brochure 100 ₹ ; 8h-16h). En usage de 1767 à 1840, ce cimetière historique est un havre de paix. On y trouve des tombes moussues de l'époque du Raj, essaimées, entre rotondes et pyramides, parmi une jungle vaguement domestiquée. Dans certaines d'entre elles, délabrées, mais très belles, reposent d'éminents citoyens de l'époque coloniale, notamment l'universitaire Henry Derozio, l'orientaliste William Jones et le grand botaniste Robert Kyd. L'entrée se fait par la porte nord, dans Park St. Photos autorisées.

New Market MARCHÉ

(Hogg Market ; carte p. 466 ; Lindsay St). Reconnaissable à sa **tour de l'Horloge** (carte p. 466) en briques rouges, cet immense labyrinthe de halles, bâti en 1874, a été en grande partie reconstruit après un incendie dans les années 1980. Les rabatteurs s'y pressent en journée et il y a foule le soir venu, en particulier le week-end. La visite est plus intéressante (quoique légèrement morbide) très tôt le matin, à l'heure où les bêtes sont livrées dans la haute halle à piliers dédiée au commerce de boucherie.

Dans l'enceinte du marché principal, **Chamba Lama** (carte p. 466; 🕗11h-20h lun-sam) est une bijouterie réputée, spécialisée dans l'argent et les pierres semi-précieuses. Autre curiosité, la **Nahoum Bakery** (carte p. 466 ; étal F-20 ; en-cas/brownies 30/50 ₹ ; 🕗9h30-20h lun-sam, 9h30-13h dim) dispose de vitrines remplies de gâteaux aux prunes et de tartes au citron. Cette boulangerie n'a guère changé depuis sa création en 1902 par des juifs originaires de Bagdad ; le petit comptoir en teck a plus de 80 ans.

Maison-mère des Missionnaires de la Charité ÉDIFICE HISTORIQUE

(Mother Teresa's Motherhouse ; carte p. 467 ; ☎033-22497115 ; www.motherteresa.org ; 54A AJC Bose Rd ; 🕗8h-12h et 15h-18h ven-mer). GRATUIT Un flux régulier de pèlerins, majoritairement chrétiens, vient se recueillir sur la grande et sobre tombe de Mère Teresa (canonisée depuis ; voir l'encadré p. 473), dont les sandales usées et le bol émaillé sont conservés dans un petit musée voisin. À l'étage, se trouve la chambre où elle a travaillé et dormi de 1953 à 1997. De Sudder St, suivez Alimuddin St pendant environ 15 minutes, puis marchez 2 minutes vers le sud. La maison est dans la deuxième ruelle sur la droite (après l'Hotel Heaven).

Maidan PARC

(carte p. 461). Vaste étendue de verdure en plein cœur de la ville, le Maidan est prisé des habitants de Kolkata, qui aiment s'y balader, y jouer au cricket ou au foot, y sortir en famille ou en amoureux, et s'y détendre. Le parc est bordé, au sud, par le Victoria Memorial (p. 464) et la cathédrale St Paul et, à l'ouest, par la **rive de la Hooghly**. Une ligne de tram le traverse, et embarquer dans l'un des wagons, pour une lente promenade, se révèle très plaisant.

KOLKATA EN...

Trois jours

Le premier jour, découvrez le Victoria Memorial (p. 464) et les sites alentour, puis rendez-vous à India Tourism pour obtenir un permis (valable 2 jours) pour le Marble Palace. Offrez-vous un circuit en bateau au départ des quais de la Hooghly avant d'aller prendre un verre et de dîner dans un établissement renommé de Park St, à l'exemple de l'OlyPub (p. 485) ou du Peter Cat (p. 482).

Le deuxième jour, flânez parmi les beaux édifices coloniaux de BBD Bagh (p. 468), arpentez les ruelles d'Old Chinatown (p. 469) et de Barabazar (p. 469), et contemplez Howrah Bridge (p. 469) depuis le pittoresque marché aux fleurs de Mullik Ghat (p. 469).

Consacrez le dernier jour à la visite du Marble Palace (p. 471) et des curiosités des environs avant de rejoindre Kumartuli (p. 472), que ce soit directement ou par une boucle bien plus longue via les arrêts, à connotation spirituelle, de Dakshineswar (p. 472) et de Belur Math (p. 472).

Une semaine

Après l'itinéraire de 3 jours, découvrez les contrastes propres au **sud de Kolkata**, avec ses galeries d'art, ses boutiques de textiles, ses cafés animés, ses espaces verts et ses centres commerciaux huppés, sans compter la délicieuse cuisine bengalie et la beauté du temple de Kalighat (p. 473). Prévoyez ensuite un circuit dans les **Sunderbans** (p. 500), dans le delta du Gange, et explorez les avant-postes européens en amont de la Hooghly.

Chowringhee

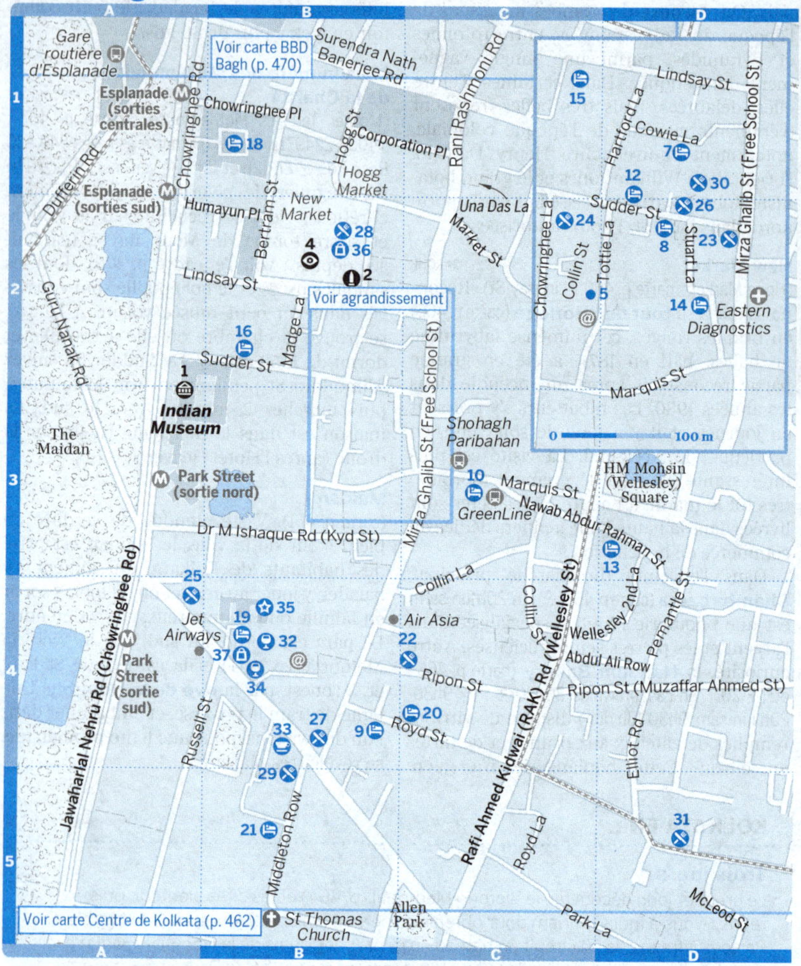

Sur le plan historique, le Maidan fut créé en 1758, à la suite du fiasco du 'Trou noir de Calcutta'. Un "second" Fort William fut construit dans une forme octogonale, à la Vauban, et entouré d'une douve. Le village de Gobindapur fut rasé pour dégager la ligne de tir des canons, créant ainsi ce parc de 3 km de long, essentiel pour la ville. Fort William est aujourd'hui enclos dans une zone militaire.

Birla Planetarium PLANÉTARIUM

(carte p. 462 ; Chowringhee Rd ; 30 ₹ ; ⏲ en anglais 13h30 et 18h30). Vaguement inspiré du stupa de Sarnath, ce planétarium de 1962 organise des projections d'une demi-heure sur les merveilles de l'univers et les mystères de l'espace. L'endroit constitue un lieu de repos pratique, au milieu d'une journée de visite. Les programmes sont plutôt réussis (et la voix de baryton de l'acteur est particulièrement théâtrale !).

Netaji Bhawan MUSÉE

(carte p. 462 ; ☎ 033-24868139 ; www.netaji.org ; 38/2 Elgin Rd ; adulte/enfant 5/2 ₹ ; ⏲ 11h-16h mar-dim). Transformée en musée, cette maison, où l'on célèbre la vie et la vision de Subhas Chandra Bose (1897-1945), héros controversé de l'indépendance, abrite aussi

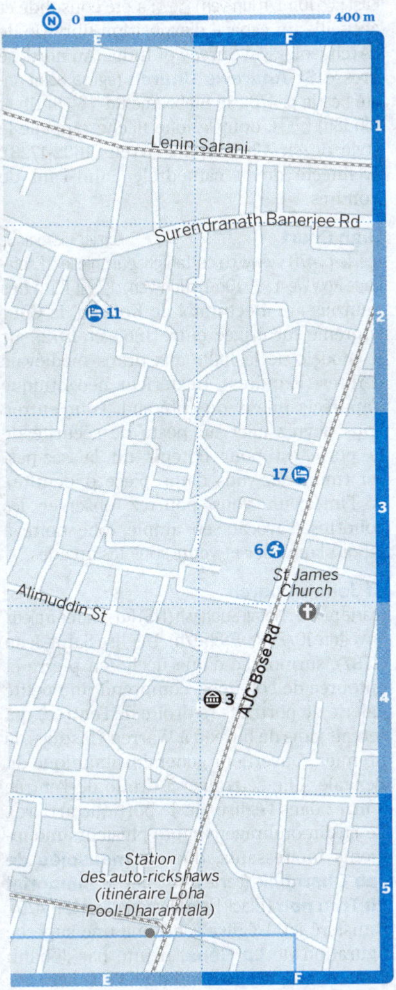

Chowringhee

Les incontournables
1 Indian Museum A3

À voir
2 Tour de l'Horloge B2
3 Maison-mère des Missionnaires de la Charité F4
4 New Market B2

Activités
5 Backpackers C2
6 Sishu Bhavan F3

Où se loger
7 Afridi International D1
8 Bawa Walson Spa'O'Tel D2
9 Corporate B4
10 DK International C3
11 Georgian Inn E2
12 Golden Apple Hotel D1
13 Hotel Aafreen D3
14 Hotel Galaxy D2
15 Hotel Lindsay C1
16 Lytton Hotel B2
17 Monovilla Inn F3
18 Oberoi Grand B1
19 Park Hotel B4
20 Sunflower Guest House C4
21 YWCA B5

Où se restaurer
22 Arsalan C4
23 Bhoj Company D2
Blue & Beyond .... (voir 15)
24 Blue Sky Cafe C2
25 Hot Kati Rolls A4
26 JoJo's Restaurant D2
27 Mocambo B4
28 Nahoum Bakery B2
29 Peter Cat B5
30 Raj Spanish Cafe D1
31 Suruchi D5

Où prendre un verre et faire la fête
32 Aqua B4
33 Flury's B4
34 OlyPub B4

Où sortir
35 Someplace Else B4

Achats
36 Chamba Lama B2
37 Oxford Bookstore B4

un bureau de recherches académiques. Ce bâtiment peint en jaune était la demeure du frère de Bose, où Subhas, assigné à résidence par les Britanniques, organisa sa "grande évasion" en janvier 1941, avant de rejoindre les Japonais pour se battre contre les forces britanniques. Quelques pièces conservent l'ambiance des années 1940 ; la voiture qui l'emmena est garée dans l'allée.

Academy of Fine Arts GALERIE D'ART
(carte p. 462 ; 2 Cathedral Rd ; 14h-20h). GRATUIT Au rez-de-chaussée de ce bâtiment de 1933, plusieurs salles lumineuses accueillent des expositions temporaires d'artistes locaux contemporains. C'est l'endroit idéal pour découvrir de jeunes talents pleins d'avenir, ainsi que des artistes plus expérimentés venus du circuit académique. Le musée abrite aussi un théâtre, où des troupes locales mettent souvent en scène leurs

pièces, la plupart du temps écrites et jouées dans des langues régionales. Les renseignements concernant les productions du moment et à venir sont affichés à l'entrée principale.

Harrington Street Arts Centre GALERIE D'ART

(carte p. 462 ; ☎033-22829220 ; www.hstreetartscentre.com ; 2e ét., 8 Ho Chi Minh Sarani ; 14h-20h). GRATUIT Quatre salles spacieuses d'un édifice colonial classique, restauré avec soin par les propriétaires de la galerie, accueillent des expositions originales d'œuvres contemporaines, d'artistes indiens et étrangers, sur divers médias. La véranda au carrelage en échiquier mène à un café plaisant. Détail intéressant, la galerie dispose de 2 charmantes chambres (double avec petit-déj 5 000 ₹) adjacentes à l'espace d'exposition ; elles sont normalement réservées aux artistes en visite, mais peuvent être ouvertes aux touristes lorsqu'elles sont libres. Contactez la galerie pour plus de détails.

BBD Bagh

Entourant un réservoir bordé de palmiers, appelé **Lal Dighi**, qui alimentait jadis la ville en eau, BBD Bagh (anciennement Dalhousie Sq) était l'une des places principales à l'époque du Raj. Aujourd'hui, si des constructions en béton défigurent l'ensemble, de nombreux édifices coloniaux splendides subsistent. Certains d'entre eux font toujours office d'immeubles de bureaux, où il est interdit d'entrer, mais que vous pourrez librement contempler depuis l'extérieur.

Les plus éminents sont les **Writers' Buildings** (carte p. 470), deux bâtiments construit en 1780 pour les employés de bureau (*"writers"*) de la Compagnie des Indes orientales ; l'ensemble est en travaux de rénovation depuis 2013. Derrière, après l'**Eastern Railways Building** (carte p. 470 ; NS Rd), repeint de couleurs vives, l'ancien **Chartered Bank Building** (carte p. 470 ; India Exchange Pl) arbore un style vaguement mauresque avec des arbustes poussant sur les tourelles supérieures négligées. La GPO (p. 468), des années 1860, possède une haute coupole, tandis que le **Standard Life Building** (carte p. 470 ; 32 BBD Bagh) se distingue par ses détails sculptés, lesquels ont connu un renouveau suite à un projet de restauration. Bien que délabré, le majestueux **Currency Building** (carte p. 470 ; BBD Bagh East ; 10h-17h lun-ven) GRATUIT a été consolidé et accueille un espace d'exposition-librairie de l'Archaeological Survey of India. Au nord, se dresse **St Andrews Church** (église Saint-André ; carte p. 470 ; 15 Brabourne Rd ; 7h-11h et 15h-18h) GRATUIT, dont la jolie flèche rappelle le style de sir Christopher Wren (1632-1723), architecte de la cathédrale Saint-Paul de Londres.

High Court ÉDIFICE HISTORIQUE

(carte p. 470 ; www.calcuttahighcourt.nic.in ; Esplanade Row West ; 10h-17h lun-ven). GRATUIT L'un des fleurons architecturaux de Kolkata, la Cour suprême fut érigée entre 1864 et 1872, sur le modèle de la halle aux draps médiévale d'Ypres (Flandres). L'extérieur néogothique s'apprécie mieux du côté sud. Pour entrer, vous devrez aller au poste de sécurité de la porte est pour obtenir un laissez-passer (munissez-vous d'une pièce d'identité). À l'intérieur, vous pourrez observer les cohortes d'avocats en ample robe noire à jabot blanc aller et venir sous les arcades.

St John's Church ÉGLISE

(carte p. 470 ; Netaji Subhash (NS) Rd ; entrée à pied/en voiture 10/25 ₹ ; 8h-17h). L'église Saint-Jean (1787), surmontée d'une flèche en pierre et entourée de colonnes, comprend une petite galerie de portraits (à droite de l'entrée) qui servait jadis de bureau à Warren Hastings, le premier gouverneur général britannique du Bengale. Elle se trouve à droite de l'entrée (entrez dans l'église par le portique arrière). Le jardin ombragé compte plusieurs monuments intéressants, dont le **mausolée de Job Charnock** (carte p. 470) et le **mémorial du Trou noir** (Black Hole Memorial ; carte p. 470), transféré ici. L'église renferme une superbe figuration de **La Cène**, peinte par Johann Zoffany, artiste allemand du XVIIIe siècle.

Ancien bâtiment de la GPO ÉDIFICE REMARQUABLE

(carte p. 470). Rotonde de près de 40 m de haut centrée autour d'une statue d'un messager portant une lance, l'ancien bâtiment de la General Post Office (poste centrale) est l'un des édifices les plus emblématiques de BBD Bagh. La plupart des opérations se font aujourd'hui dans un bâtiment situé 100 m plus haut dans Koilaghat St. À l'extérieur, le bureau philatélique vend des timbres commémoratifs et pourra transformer vos photos en une planche de timbres à 5 ₹ (300 ₹). Mais il faut parfois attendre jusqu'à 7 jours pour les recevoir.

Barabazar et Howrah

La promenade suivante relie plusieurs sites religieux mineurs et vous fera découvrir des ruelles effervescentes, remplies de marchands, de coursiers en rickshaw et de porteurs, transportant d'énormes ballots sur la tête. Cachée parmi les commerces de papier d'**Old China Bazaar St**, l'**église arménienne de Nazareth** (Armenian Church of Nazareth ; carte p. 470 ; Armenian St ; 9h-16h lun-sam), fondée en 1707, serait le plus vieux lieu de culte chrétien de la ville. Bâtie en 1797 par les Portugais, la **Holy Rosary Cathedral** (cathédrale du Saint-Rosaire ; carte p. 470 ; Brabourne Rd ; 6h-11h et 17h-18h) comporte deux tours coiffées d'une couronne et des fonts baptismaux joyeusement kitsch.

La communauté juive de Kolkata, jadis forte de quelque 30 000 personnes, ne compte plus aujourd'hui qu'une trentaine de fidèles âgés, qui fréquentent la **synagogue Maghen David** (carte p. 470 ; Canning St). À quelques pas, la **synagogue Neveh Shalome** (carte p. 470 ; Brabourne Rd) disparaît presque derrière les échoppes. Après avoir traversé Brabourne St, descendez **Pollock St** entre des stands colorés de ballons, de guirlandes et de plantes en plastique jusqu'à la **poste de Pollock St** (carte p. 470 ; Pollock St) décrépite, jadis une grandiose école juive. En face, la **synagogue BethEl** (carte p. 470 ; Pollock St) GRATUIT évoque par sa façade un cinéma des années 1930. Pour entrer et découvrir le bel intérieur à colonnade, vous devrez, comme pour les autres synagogues, contacter le **bureau des Jewish Community Affairs** (9831054669 ; 63 Park St).

Parallèle à Pollock St et plus large, **Ezra St** accueille une belle **parfumerie** (carte p. 470 ; 55 Ezra St ; 10h-19h lun-ven) ancienne, juste avant le **temple jaïn Shree Cutchi** (carte p. 470 ; Ezra St). De là, suivez Parsee Church St vers l'est pour rejoindre **Old Chinatown** ou remontez la pittoresque **Rabindra Sarani** jusqu'à la mosquée Nakhoda (carte p. 470) de 1926, vaguement inspirée du mausolée d'Akbar à Sikandra et entourée d'échoppes.

Howrah Bridge PONT

(Rabindra Setu ; carte p. 470). Long de 705 m, ce prodigieux pont aux poutres d'acier qui enjambe la Hooghly est parcouru d'un flux incessant de piétons et de voitures. Construit durant la Seconde Guerre mondiale, il est l'un des plus empruntés du monde et l'un des emblèmes architecturaux de Kolkata. Il est officiellement interdit de le photographier, mais vous pourrez prendre un cliché discret depuis l'un des ferries qui traversent la rivière vers la grande gare ferroviaire d'Howrah (1906).

Voué à désengorger la circulation sur le pont et à fournir un accès facile aux quartiers sud de la ville au départ d'Howrah, le nouveau pont **Vidyasagar Setu** a été inauguré en 1992. Si vous regardez vers le sud depuis l'Howrah Bridge, vous pourrez en apercevoir la silhouette massive, à quelque 3 km en aval du fleuve.

Marché aux fleurs de Mullik Ghat MARCHÉ AUX FLEURS

(Flower Market ; carte p. 470 ; près de Strand Rd). Près de l'extrémité sud-est de l'Howrah Bridge, le marché aux fleurs, animé presque à toute heure, compose un fascinant tableau coloré. Si vous le visitez le midi, vous verrez des grossistes arriver avec d'énormes convois de fleurs, que les revendeurs achètent aux enchères. De nombreux travailleurs vivent dans des abris de fortune et se baignent dans la Hooghly. Vers 7h, des lutteurs s'exercent sur une petite aire de sable grillagée au bord de la rivière.

Mosquée Nakhoda MOSQUÉE

(carte p. 470 ; Zakaria St). GRATUIT Au beau milieu de l'agitation de Rabindra Sarani, la mosquée Nakhoda (1926), en briques rouges, domine en majesté les commerces environnants. Le toit, agrémenté de coupoles et de minarets vert émeraude, évoque vaguement le mausolée d'Akbar, à Sikandra, tandis que l'entrée principale s'inspire de la Buland Darwaza de Fatehpur Sikri. Cette mosquée est la plus vaste de Kolkata et se retrouve sur le devant de la scène tous les soirs, durant le mois du ramadan.

Old Chinatown

Pendant près de deux siècles, le quartier de Bentinck St et de Phears Lane fut le Chinatown de Kolkata, où vivaient les marchands chinois qui s'y étaient installés du temps de l'apogée maritime de la ville. Cependant, le déclin des commerces, les délocalisations vers des banlieues plus récentes et l'émigration des jeunes générations vers les États-Unis et l'Australie ont eu de lourdes répercussions. De fait, le "vieux" Chinatown est aujourd'hui principalement musulman. Juste après l'aube, un marché s'anime sur la minuscule place de **Tiretta Bazaar**. Il ferme à 10h, comme la vieille boutique **Hap Hing**

BBD Bagh

0
400 m
SALKIYA
Rives de la Hooghly (1 km) et ateliers de Kumartuli (2 km)
Tagore St
Howrah Bridge
12
Maison de Tagore
1
Gare ferroviaire d'Howrah
16
Hooghly
Arrêt de tramway de la ligne 26
Strand Rd North
Netaji Subhash Rd
H Goenka St
Marble Palace (120 m)
Cotton St
Burtala St
J Mullick La
Mahatma Gandhi (MG) Rd (Harrison Rd)
Armenian Ghat
Bonfield La
Armenian St
2
Marché aux fruits
Clive Row
11
Portuguese Church St
Tarachand Dutta St
Canning St (BRB Bose Rd)
Jackson La
13
18
17
Zakaria St
Gare des trains de banlieue de BBD Bagh
NC Dutta Sarani
Old China Bazaar Rd
Brabourne Rd
Rabindra Sarani
Bolai Dutta St
Colootola Rd
Fairlie Ghat 1
Fairlie Ghat 2
Strand Rd South
3
20
Marinbari La
Indian Coffee House (800 m)
40
Fairlie Pl
India Exchange Pl
10
21
Ezra St
OLD CHINATOWN
7
5
Tiretta Bazaar St
Blackburn La
26
Radha Bazaar St
New CIT Rd (Lushun Sarani)
Peter La
Chhatawala Gully
25
'Shipping' Ghat
Koilaghat St
39
19
22
Sun Yat Sen St
37
8
Hide La
15
Phears La
Statue de Darbhanga
42
Mission Row
Mission Church
Bentinck St
BB Ganguli St
CR (Central Ave)
Bus pour le Bihar et l'Odisha (1 km) et sorties en bateau (1,8 km)
Hare St
14
6
Buddhist Temple St
4
23
24
West Bengal Tourism
RN Mukherjee Rd
Weston St
Bow St
Central (sorties sud)
Hastings St
Netaji Subhash (NS) Rd
Mangoe La
29
Sooterkin St
30
Air India
Government Pl
27
9
British Indian St
Prinsep St
31
Chandni Chowk (sorties nord)
Esplanade Row West
Waterloo St
Prafulla Sakar St
33
32
Biplabi Ankul Chamba St
Ganesh Chandra (GC) Ave
Chandni Chowk (sorties sud)
Dacres La
Crooked La
Madan St
34
Arrêt de tramway de la ligne 22 (vers le nord)
35
Chowringhee Sq
Chandni Chowk St
Temple St
Tippu Sultan Masjid
Chandni Chowk Market
Esplanade (sorties nord)
Chowringhee Rd
Moti Sil La
Grant St
Rani Rashmoni Rd
28
36
Lenin Sarani
The Maidan
41
38
Shahid Minar
Voir carte Chowringhee (p. 466)

BBD Bagh

(carte p. 470 ; 10 Sun Yat Sen St ; 6h-10h), dont la propriétaire, Stella Chen, conte maintes anecdotes sur la communauté chinoise.

À proximité, on trouve d'autres vieilles boutiques comme l'atelier d'instruments de musique Mondal (p. 487) et l'armurerie **ML Bhunja** (carte p. 470 ; 9831134146 ; 301 BB Ganguli St, Lal Bazaar ; 11h-18h30 lun-ven) de 1948, aux vitrines remplies de carabines, de sabres, et autres antiquités – fusils à silex, baïonnettes enduites de venin de serpent, etc.

Autour du **temple de Toong On** (carte p. 470 ; Blackburn Lane) GRATUIT de 1924, jadis splendide, des chiffonniers fouillent les monceaux d'ordures et dorment sur les trottoirs dans des abris de toile et de carton. Cette vision est poignante ; prenez soin de respecter la dignité des personnes que vous croiserez tandis que vous explorerez le quartier.

Rabindra Sarani et ses environs

Rue pittoresque bordée de boutiques et d'ateliers, **Rabindra Sarani** est parcourue de tramways, lesquels partent d'Esplanade en direction du nord, passent par les ateliers fabriquant des effigies de divinités de **Kumartuli** et terminent leur course dans **Galiff St**, où se tient, le dimanche matin, un curieux marché aux oiseaux et aux animaux de compagnie. Il existe d'autres intéressantes découvertes autour de l'**université de Kolkata**, dans College St, à l'est de Rabindra Sarani, notamment l'impressionnante façade de la **Presidency University**, fondée en 1817.

♥ Marble Palace — MUSÉE

(46 Muktaram Babu St ; 10h-15h, fermé lun et jeu). GRATUIT Construite en 1835 par un raja de la riche famille Mallick, cette demeure est aussi majestueuse que singulière. Sans doute s'agit-il de l'une des maisons royales les mieux conservées d'Inde. Dans ses salles, habillées de marbre, sont exposés des statues poussiéreuses de penseurs et de danseuses, des meubles victoriens, de la verrerie belge, des trophées de chasse et de belles peintures, dont des œuvres attribuées à Murillo, Joshua Reynolds et Rubens. L'entrée est gratuite, mais vous devrez obtenir une autorisation écrite auprès de West Bengal Tourism (p. 489).

L'une des pièces les plus dignes d'intérêt est le salon de musique, au sol somptueux en marqueterie de marbre. Dans la salle de bal, les lustres à chandelles sont surmontés de globes en verre argenté, destinés à diffuser la lumière. Le domaine renferme également une ménagerie, datant des premières années, où l'on peut voir des spécimens de plusieurs espèces de singes et d'oiseaux.

Pour venir depuis la station de métro MG Rd, marchez vers le nord et tournez à gauche au premier feu de circulation (171 Chittaranjan (CR) Ave). En venant de l'est, vous le trouverez dans la ruelle qui part de Rabindra Sarani entre les n^os^198 et 200.

♥ Maison de Tagore MUSÉE

(Jorasanko Thakurbari ; carte p. 470 ; www.rbu.ac.in ; Dwarkanath Tagore Lane, près de Rabindra Sarani ; tarif plein Indien/étranger 10/50 ₹, réduit 5/25 ₹ ; ⏲10h30-16h30 mar-dim). La majestueuse maison familiale de Rabindranath Tagore, qui date de 1784, est devenue un musée aux allures de sanctuaire, dédié au plus grand poète indien moderne. Outre des effets personnels, elle contient des citations bien choisies qui reflètent la philosophie universaliste et moderniste de Tagore. Elle renferme aussi une galerie de peintures réalisées par sa famille et ses contemporains, et une exposition sur ses liens littéraires, artistiques et philosophiques avec le Japon. On y voit aussi une photo, datant de 1930, de Tagore en compagnie d'Einstein à l'occasion d'une rencontre bien mise en scène.

Nord de Kolkata

♥ Kumartuli QUARTIER

(Banamali Sarkar St). Pléthore d'effigies de divinités et de démons en argile sont immergées dans la Hooghly à la faveur des pittoresques pujas (offrandes, prières) de la ville. Elles sont pour la plupart réalisées par les *kumar* (sculpteurs) du quartier, notamment dans les ateliers de Banamali Sarkar St, la rue qui court vers l'ouest au départ de Rabindra Sarani. Les artisans sont particulièrement occupés d'août à octobre : ils créent des formes en paille qu'ils couvrent d'argile et peignent, en prévision des fêtes de Durga et de Kali. En novembre, les vieilles formes échouées sur les berges sont souvent réutilisées l'année suivante.

Mandir de Sheetalnathji TEMPLE JAÏN

(www.jaindharmonline.com/pilgri/shitala.htm ; Badridas Temple St). Le plus connu d'un groupe de trois temples jaïns, à 1,6 km de la station de métro Shyambazar, ce *mandir* date de 1867. Étincelant ensemble de mosaïques colorées, de flèches, de colonnes et de figurines argentées, il évoque une œuvre de Gaudi. Le temple vit grâce aux dons.

♥ Belur Math SITE RELIGIEUX

(☎033-26541144 ; www.belurmath.org ; Grand Trunk Rd ; ⏲6h30-12h et 15h30-18h ; 🚌54, 56). GRATUIT Entouré de palmiers et de pelouses soignées, ce grand centre religieux est le siège de la Ramakrishna Mission, inspirée par Ramakrishna Paramahamsa, un sage du XIXe siècle qui prêchait l'unité de toutes les religions. Son édifice principal, le **mandir de Ramakrishna** (⏲6h30-12h et 15h30-18h), bâti en 1938, évoque tout à la fois une cathédrale, un palais indien et Sainte-Sophie d'Istanbul. Parmi plusieurs sanctuaires plus petits près de la Hooghly, le **temple de Sri Sarada Devi** (⏲6h30-12h et 15h30-18h) GRATUIT abrite le tombeau de l'épouse du chef spirituel, Sarada.

Accessible du parking, un **musée** (⏲8h30-11h30 et 15h30-17h30 mar-dim) GRATUIT bien agencé retrace la vie de Ramakrishna et les voyages de son disciple Swami Vivekananda. Pendant Durga Puja, l'institution, ornée de décorations festives, prend vie à la faveur de rituels. L'immersion de la déesse Durga dans la Hooghly, le dernier jour, est un spectacle fantastique.

Six trains de banlieue circulent chaque jour entre Belur Math et Howrah (25 min) – les plus pratiques sont à 10h45 et 16h45. Le minibus 11 et les bus 54/56, qui passent près de la gare ferroviaire de Belur Math, rallient Esplanade/Howrah dans un embouteillage permanent. En direction du sud, ils passent près de Bandaghat, où vous pourrez prendre le ferry jusqu'à Ahiritola (3 départs/heure), puis le bateau de Bagbazar pour Kumartuli. De **Belur Jetty**, des ferries (toutes les heures) et des bateaux ouverts (départ quand ils sont pleins) desservent Dakshineswar. Les ferries vers le sud pour Howrah via Bagbazar partent à 18h30 et 20h (plus 9h15/13h30 en semaine/le dimanche).

Dakshineswar TEMPLE HINDOU

(www.dakshineswarkalitemple.org ; ⏲6h-12h30 et 15h30-20h). GRATUIT Au cœur de ce complexe animé en bord de rivière, un temple de Kali jaune et rouge de 1847 a des allures de Sacré-Cœur indien. Ramakrishna entama son remarquable voyage spirituel de cet endroit, et sa petite chambre, dans le coin nord-ouest de l'enceinte, est devenue un lieu de vénération silencieuse. Photos interdites. Laissez vos chaussures à l'extérieur du complexe.

Kalighat

Un fascinant dédale de ruelles, envahies de stands de fleurs votives, de cuivres et d'objets religieux, entoure le temple de Kalighat. Prévoyez quelques heures de visite pour profiter au mieux de l'endroit et y faire de beaux clichés.

Temple de Kalighat TEMPLE HINDOU
(carte p. 474 ; Kali Temple Rd ; 5h-22h, sanctuaire central fermé 14h-16h). Ce vieux temple de Kali, lieu le plus sacré de Kolkata pour les hindous, est peut-être l'origine du nom de la ville. L'édifice actuel, une reconstruction de 1809, semble plus victorien qu'indien, avec ses carrelages ornés de fleurs et de paons. Tout aussi intéressantes que l'architecture, des files de pèlerins serpentent dans la salle principale pour lancer des fleurs d'hibiscus sur une effigie couronnée de Kali à trois yeux et à la langue dorée. Derrière le pavillon de la cloche, des chèvres sont sacrifiées rituellement (généralement le matin) pour honorer la déesse tantrique.

Ballygunge, Gariahat et Lansdowne

À l'est de Kalighat, ces quartiers modernes et cosmopolites, à la fois résidentiels et commerçants, constituent un étonnant mélange d'ancien et de nouveau. On y trouve bon nombre de restaurants chics, de centres commerciaux luxueux, de galeries, de boutiques et de cafés à la pointe de l'expresso.

Rabindra Sarovar PARC
(carte p. 474 ; près de Southern Ave). GRATUIT Les lacs reflètent joliment le soleil levant, à l'heure où les habitants viennent courir, canoter ou méditer dans ce parc ombragé. Celui-ci accueillit, durant la Seconde Guerre mondiale, un campement médical des forces alliées. Certains forment un cercle pour pratiquer en groupe le désormais fameux "yoga du rire", aux séances ponctuées d'éclats d'hilarité libératrice. C'est un lieu prisé des jeunes amoureux et des musiciens de rues, surtout présents le week-end.

Mandir de Birla TEMPLE HINDOU
(carte p. 474 ; Gariahat Rd ; 6h-11h et 17h-21h). GRATUIT Élégant édifice du XXe siècle, construit en grès de couleur crème, ce temple est dédié au dieu hindou Narayana (Vishnu) et à sa femme Lakshmi. Les trois tours en forme d'épi impressionnent davantage par leur taille que par leurs sculptures, et les cours invitent à s'asseoir et à passer quelques agréables instants à méditer. Attenant au temple se tient un auditorium moderne, appelé **GD Birla Sabaghar** (carte p. 474 ; www.gdbirlasabhagar.com ; Queens Park Rd) et qui accueille maints événements musicaux et autres manifestations artistiques. Consultez le site Internet pour connaître le programme du moment.

CIMA GALERIE D'ART
(carte p. 474 ; 033-24858717 ; www.cimaartindia.com ; dimny Towers, 43 Ashutosh Chowdhury Ave ;

MÈRE TERESA

Pour beaucoup, Mère Teresa (1910-1997) est l'incarnation du don de soi et de la compassion. Née Agnes Gonxha Bajaxhiu de parents albanais à Uskül alors ottomane (aujourd'hui Skopje en Macédoine), elle entra dans l'ordre religieux irlandais de Loreto et travailla plus de 10 ans comme enseignante à la St Mary's High School de Kolkata. Horrifiée par la pauvreté croissante de la ville, elle fonda un nouvel ordre, les Missionnaires de la Charité (p. 476), et des refuges pour les indigents et les mourants. Le premier, **Nirmal Hriday** (carte p. 474 ; 251 Kalighat Rd), ouvrit en 1952. Bien que l'ordre ait essaimé dans le monde entier, Mère Teresa continua à vivre dans une extrême simplicité. Elle reçut le prix Nobel de la paix en 1979, fut béatifiée par le Vatican en 2003 puis canonisée en 2016.

Mère Teresa a toutefois des détracteurs. Ainsi lui tiennent-ils rigueur de son prosélytisme, de son opposition de principe à la contraception ou du fait d'avoir accepté les dons de dictateurs et de magnats corrompus. Le manque de formation médicale des bénévoles de l'ordre a également été évoqué. Toutefois, ses partisans continuent de mettre en avant son engagement, son exemplarité et sa compassion, au long d'années passées à apporter des soins et un peu de dignité aux mourants et aux plus démunis.

Sud de Kolkata

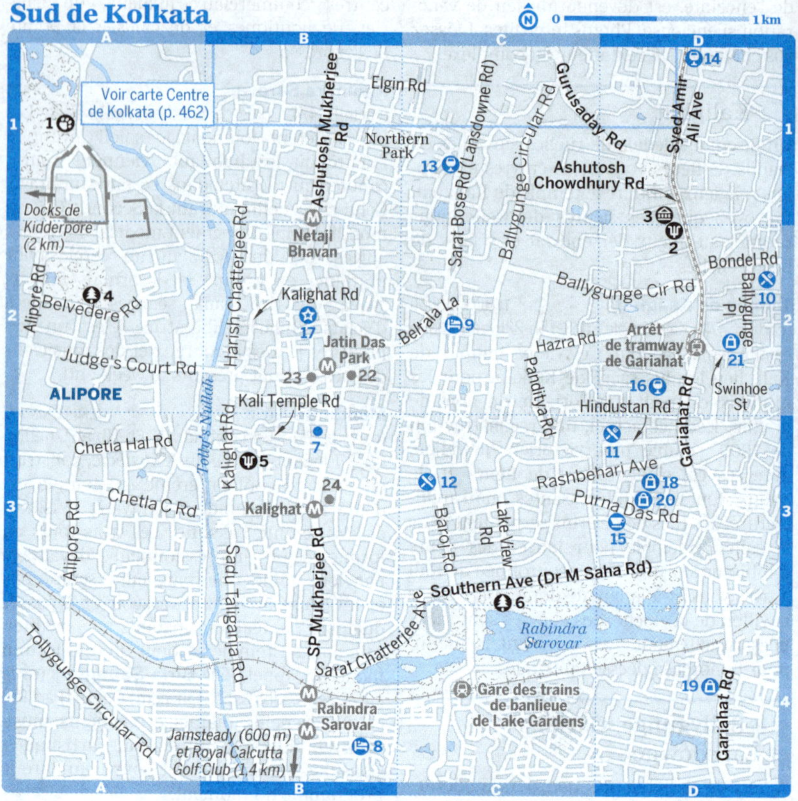

⌚12h-19h mar-sam, 15h-19h lun). GRATUIT Galerie d'art contemporain d'avant-garde aménagée au 2e étage d'un ensemble immobilier huppé des quartiers sud, CIMA est l'endroit parfait pour découvrir les œuvres de certains des artistes contemporains les plus en vue, ainsi que des toiles de maîtres anciens. Les tableaux présentés sont changés tous les quinze jours ou tous les mois, et des expositions sont ponctuellement organisées. Il abrite également un magasin de design et une boutique forte d'un bon choix de souvenirs, objets artisanaux et articles design.

Alipore et ses environs

Botanical Gardens PARC

(Indien/étranger 10/100 ₹ ; ⌚6h-17h mar-dim ; 🚌55, 213). Bien que le trajet par les transports publics soit peu pratique, ce charmant jardin botanique de 109 ha, qui abrite plus de 12 000 variétés de plantes, est un refuge idéal pour se soustraire à la chaleur et au tumulte urbains. Fondé en 1786, il a tenu un rôle important dans la culture des plants de thé que les Britanniques avaient récupérés en Chine, bien avant que celui-ci ne devienne une boisson courante. Surplombant la rivière, il comprend une serre de cactus, une collection de palmiers et un lac de plaisance aux splendides nénuphars géants d'Amazonie (*Victoria Amazonica*).

Le seigneur des lieux est **le plus gros banian du monde**, vieux de 250 ans. Son appellation est toutefois un peu erronée : le tronc central a pourri dans les années 1920, laissant un entrelacs de branches et de racines aériennes qui évoque plus un bosquet qu'un arbre. Le banian se dresse à 5 minutes de marche de la Bicentenary Gate du parc, desservie par les bus 55 et 213, ou à 30 minutes de marche de l'entrée principale, terminus des minibus et du bus 55 (après un lent trajet depuis Esplanade via

Sud de Kolkata

À voir
1 Alipore Zoo A1
2 Mandir de Birla D2
3 CIMA D1
4 Horticultural Gardens A2
5 Temple de Kalighat B3
Nirmal Hriday .... (voir 5)
6 Rabindra Sarovar C3

Activités
7 Help Tourism B3

Où se loger
8 Bodhi Tree B4
9 Corner Courtyard C2

Où se restaurer
10 6 Ballygunge Place D2
11 Bhojohori Manna D3
Corner Courtyard .... (voir 9)
12 Tamarind C3

Où prendre un verre et faire la fête
13 Basement C1
Dolly's Tea Shop .... (voir 19)
14 Irish House D1
15 Mrs Magpie D3
16 Smoke Shack D2

Où sortir
GD Birla Sabaghar .... (voir 2)
Inox (Quest Mall) .... (voir 14)
17 Seagull Arts & Media Resource Centre B2

Achats
Aranya .... (voir 19)
18 Byloom D3
19 Dakshinapan Shopping Centre D4
20 Sienna Store & Cafe D3
21 Weaver's Studio D2

Transports
22 Station des auto-rickshaws (itinéraire Hazra-Bondel) B2
23 Station des auto-rickshaws (itinéraire Hazra-Kidderpore) B2
24 Station des auto-rickshaws (itinéraire Rashbehari-Gariahat) B3

Howrah). En taxi, comptez environ 200 ₹ pour venir de Shakespeare Sarani via le beau Vidyasagar Setu.

Horticultural Gardens PARC
(carte p. 474 ; Belvedere Rd ; 10 ₹ ; 6h-10h et 14h-19h). Oasis de tranquillité cachée, en plein cœur de Kolkata, ces charmants jardins horticoles permettent aux visiteurs de découvrir les plantes tropicales et de profiter d'un cadre verdoyant et paisible. Des centaines de plantes et d'arbustes tropicaux fleurissent autour de la pelouse centrale, dans le jardin japonais et autour de la charmante cascade rocheuse. Ils renferment également un verger (cueillette interdite), et des jardins séparés pour les cactus et les orchidées.

Alipore Zoo ZOO
(carte p. 474 ; www.kolkatazoo.in ; Alipore Rd ; 20 ₹, caméra 250 ₹ ; 9h-17h ven-mer). Fondé en 1875, ce zoo de 16 ha était l'un des jardins zoologiques les plus prestigieux de l'Inde britannique, mais son importance et sa qualité ont progressivement décliné. Les vastes pelouses et les promenades en bord de lac attirent les pique-niqueurs le week-end (d'où les détritus). Évitez de vous y rendre entre Noël et le Nouvel An, période où il est pris d'assaut. On y trouve des toilettes et des échoppes où sont vendus des en-cas et de l'eau en bouteille.

Activités

Circuits sur l'eau BATEAU
(Outram Ghat). Se promener à bord d'une embarcation est un fantastique moyen d'admirer le soleil se coucher sur la Hooghly. Les bateliers alignent leurs bateaux le long du quai à **Outram Ghat** et proposent des sorties qui vous conduiront sous le pont **Vidyasagar Setu** à la faveur d'un circuit partant de la jetée. Les tarifs avoisinent les 500 ₹ pour une heure.

Tram historique TRAMWAY
(carte p. 470 ; billets avec en-cas 260 ₹ ; 7h et 14h sam-dim). Propriété d'État, la Calcutta Tramways Company ne fait circuler de trams que sur quelques itinéraires spécifiques. Toutefois, pour tester les tramways de Kolkata, vous pourrez monter à bord d'un tram historique rénové et climatisé au départ du dépôt des trams d'Esplanade, et faire une promenade dans le Maidan ou dans les charmants quartiers nord qui s'étirent le long de Rabindra Sarani.

Royal Calcutta Golf Club GOLF
(033-24731352 ; www.rcgc.in ; 18 Golf Club Rd ; green-fees non-membre 6 500 ₹, caddy 9/18 trous 225/450 ₹). Ce magnifique terrain de golf, fondé en 1829, serait le plus vieux du monde en dehors de la Grande-Bretagne. Il s'agit également d'un des rares golfs coloniaux

d'Inde où l'on peut jouer sans être membre (mais les tarifs d'entrée sont très élevés). Les autres infrastructures (comme la piscine ou les courts de tennis) ne sont accessibles qu'à condition d'avoir été invité par un membre.

Responsible Charity BÉNÉVOLAT
(www.responsiblecharity.org). Basée aux États-Unis, cette organisation caritative travaille avec des familles démunies dans le quartier de Jadavpur, à Kolkata. Responsible Charity recherche, dans l'idéal, des médecins qualifiés ou des bénévoles ayant de l'expérience dans l'éducation. Il est également possible de donner de vieux vêtements (à condition qu'ils soient en bon état) au JoJo's Cafe (p. 481), qui organise la collecte.

Missionnaires de la Charité BÉNÉVOLAT
(033-22497115 ; www.motherteresa.org). Cette congrégation religieuse caritative, fondée par Mère Teresa, aide les malades et les agonisants. L'œuvre de charité accueille tous les volontaires, sans durée minimale, expérience ou compétence particulière requises. On vous demandera en revanche de faire preuve de compassion et de patience pour écouter ceux dont vous ne comprendrez peut-être pas la langue.

Les bénévoles doivent assister d'abord à une réunion d'information, qui a lieu trois fois par semaine au **Sishu Bhavan** (carte p. 467 ; 78 AJC Bose Rd ; 15h lun, mer et ven), à deux pâtés de maisons au nord de la maison-mère (p. 465). La journée de bénévolat commence à 7h avec un petit-déjeuner composé de pain et d'une banane à la maison-mère, et se termine généralement en début d'après-midi.

Cours

Mystic Yoga Studio YOGA
(carte p. 462 ; www.mysticyoga.in ; 2e ét., 20A Camac St ; séances impromptues 600 ₹ ; 8h-20h). Ce studio aux murs couverts de miroirs propose des séances de yoga encadrées, le plus souvent basiques, pour les visiteurs qui arrivent à l'improviste. Si vous restez longtemps, essayez l'un de ses cours mensuels, mieux structurés. Il comporte un bar à jus de fruits et un café bio (mantras enregistrés en fond sonore). Le week-end, le studio ferme à 17h.

Kali Travel Home CUISINE
(033-25550581 ; www.traveleastindia.com ; courses à partir de 1 200 ₹/pers). Les expatriés enthousiastes du Kali Travel Home proposent des cours de cuisine bengalie personnalisés, assurés dans des familles locales. Les cours vont des plats de base aux mets d'exception (végétariens ou non), notamment un plateau déjeuner complet. Kali offre aussi des circuits guidés de Kolkata et des régions environnantes. Téléphonez pour plus de détails.

LE TOP DES FÊTES ET FESTIVALS DE KOLKATA

Dover Lane Music Conference (www.doverlanemusicconference.org ; Nazrul Mancha, Rabindra Sarovar ; fin jan). Musique et danse classiques indiennes au Rabindra Sarovar.

Saraswati Puja (fin jan/début fév). Les étudiants vêtus de jaune prient pour la réussite dans leurs études.

Kolkata Book Fair (www.kolkatabookfair.net ; Milan Mela, EM Bypass ; fin jan/début fév). La plus grande foire du livre d'Asie.

Aïd al-Fitr Festivités qui suivent le mois du ramadan.

Rath Yatra (fin juil/début août). Grande fête du char de Krishna, semblable à celle de Puri.

Durga Puja (fin sept ou début oct). La plus grande fête de Kolkata (p. 480).

Kolkata Film Festival (www.kff.in ; mi-nov). Festival de cinéma d'une semaine, avec des films indiens et internationaux.

Kolkata Jazzfest (www.jazzfest.in ; Dalhousie Institute ; fin nov). Trois jours de jazz, blues et world music.

Boro Din Sorte de Noël à Kolkata.

De nombreuses foires artisanales ont lieu dans des villages autour de Kolkata. Bangla Natak (www.banglanatak.com) est une ONG qui promeut le tourisme culturel et soutient les artisans.

Circuits organisés

Calcutta Walks À PIED
(carte p. 470 ; ☎033-40052573, 9830184030, 9830604197 ; www.calcuttawalks.com ; 9A Khairu Pl ; à partir de 2 000 ₹/pers). Une agence très professionnelle gérée par l'écologiste Iftekhar, qui affiche un grand choix de circuits à pied, à vélo et à moto, et propose des séjours dans des familles de la région. Elle édite en outre le meilleur plan de Kolkata. En plus des promenades collectives (départ à horaire fixe), des randonnées personnalisées peuvent être organisées (moyennant un supplément).

Backpackers À MOTO
(carte p. 466 ; ☎9836177140 ; www.tourdesundarbans.com ; Tottee Lane ; avec déj 2 200 ₹ par pers et par moto). Plus connu pour les excursions dans la mangrove des Sunderbans, le duo enthousiaste de *backpackers* assure également des visites de la ville à l'arrière d'une moto emblématique, la Royal Enfield. Les circuits classiques (8h30-15h) passent par plusieurs sites phares, comme Old Chinatown, le Victoria Memorial, le South Park Street Cemetery, l'Howrah Bridge et Kumartuli, et pourront vous faire découvrir quelques curiosités.

Bomti CIRCUITS ORGANISÉS
(Surajit Iyengar ; ☎9831314990 ; bomtiyengar@yahoo.com ; par groupe 8 000-10 000 ₹/jour, plus repas 2 500-3 000 ₹/pers). Plus qu'un simple guide, Bomti est un collectionneur d'art et une véritable mine d'informations sur le patrimoine de la ville. Vivant dans un magnifique appartement historique rempli d'œuvres d'art et d'objets artisanaux, immortalisé par *Elle Decor*, il organise des circuits personnalisés pour 4 personnes au maximum, lesquels s'achèvent habituellement, chez lui, par un repas bengali traditionnel.

Calcutta Photo Tours PHOTOGRAPHIE
(☎9831163482 ; www.calcuttaphototours.com ; à partir de 1 750 ₹/pers). Une agence professionnelle qui propose un bon choix de promenades photographiques à pied, ayant pour thème la culture de Kolkata, le patrimoine colonial et les marchés. Les circuits débutent à 6h ou à 14h, et sont organisés tout au long de l'année.

Où se loger

À Kolkata, les hébergements corrects sont chers et ceux pour petits budgets souvent sinistres. On trouve sur Internet d'importantes réductions pour les hôtels haut de gamme. S'agissant de la catégorie moyenne, en revanche, on a habituellement droit à de meilleurs prix en se présentant directement dans les établissements. Les hôtels les moins chers acceptent rarement les réservations. Le quartier de Salt Lake compte de nombreux hôtels d'affaires, mais il est mal desservi, ce qui lui ôte tout attrait. Les hôtels font le plein avant et pendant Durga Puja (p. 480), et la fréquentation connaît un pic de mi-novembre à février.

Quartier de Sudder Street

Le quartier de Sudder Street est ce qui s'apparente le plus à une enclave de voyageurs. On y trouve un choix de services destinés aux baroudeurs et abondance de pensions et d'hôtels, allant des ravissants palaces historiques aux options bon marché, aussi basiques qu'austères. Les hôtels à moins de 1 000 ₹ répertoriés ci-après sont les moins déplaisants ; ils ne sont pas pour autant recommandés.

Hotel Lindsay HÔTEL $$
(carte p. 466 ; ☎033-30218866 ; www.thelindsay.in ; 8 Lindsay St ; s/d avec petit-déj à partir de 4 150/4 750 ₹ ; ❄📶). La nouvelle décoration (réussie), qui évoque le style colonial, tranche avec l'architecture des années 1970. Certaines des chambres donnent sur le pittoresque New Market. Les tarifs sans réservation peuvent être moins élevés, mais, du fait de l'emplacement imbattable de l'établissement et de son bar-restaurant avec terrasse, il y a rarement des chambres pour qui n'a pas réservé.

Afridi International HÔTEL $
(carte p. 466 ; ☎033-66077525 ; goldenapplegrouphotels@gmail.com ; 3 Cowie Lane ; d avec petit-déj 1 450 ₹ ; ❄📶). Sans doute le mieux géré des hôtels économiques du quartier, avec une entrée pavée de marbre, ainsi que du mobilier et des installations de qualité. Certaines chambres sont petites et marquées par l'humidité, mais elles sont bien tenues, et les jolies tapisseries, tout comme les lits, confortables, participent d'un agréable séjour.

Golden Apple Hotel HÔTEL $$
(carte p. 466 ; ☎033-66077500 ; www.goldenapplehotel.in ; 9 Sudder St ; box de dort 700 ₹, d avec petit-déj à partir de 3 550 ₹). Le Golden Apple loue des chambres pour la plupart fraîches et joliment aménagées. Même les moins chères, exiguës, ont un petit bureau. Pratiques et chics, les 15 box (*cubicles*) du

TARIFS DES HÉBERGEMENTS

Les gammes de prix valent pour une chambre double, taxes comprises (5% au-dessus de 1 000 ₹, 17,42% au-dessus de 3 000 ₹). Si vous marchandez, vérifiez au final que la taxe est toujours bien incluse.

$ moins de 2 000 ₹

$$ 2 000-6 000 ₹

$$$ plus de 6 000 ₹

dortoir de luxe, au dernier étage, séparés par des parois en verre teinté, ferment à clé et comprennent un espace de rangement sous chaque matelas.

Bawa Walson Spa'O'Tel BOUTIQUE-HÔTEL **$$**
(carte p. 466 ; ☎033-22521512 ; 5A Sudder St ; s/d avec petit-déj 3 600/4 230 ₹ ; ❄📶). Les innombrables *mudras* en cuivre, les têtes du Bouddha, les jolies sculptures de feuilles en métal et les tissus multicolores confèrent à cet établissement un air de boutique-hôtel thaïlandais. Toutefois, bien que jolies, les chambres les moins chères sont exiguës, manquent de lumière naturelle et ont tendance à être humides. Le bar lounge est décoré d'affiches de classiques hollywoodiens.

♥ **Oberoi Grand** HÔTEL HISTORIQUE **$$$**
(carte p. 466 ; ☎033-22492323 ; www.oberoihotels.com ; 15 Chowringhee Rd ; s/d avec petit-déj à partir de 12 100/14 200 ₹ ; ❄@📶≋). Les gardes à l'entrée vous soustraient au chaos de Chowringhee Rd pour vous faire pénétrer dans une oasis de calme et de raffinement qui mérite chacune de ses 5 étoiles. Les chambres immaculées ont un charme intemporel et se révèlent remarquablement confortables : vous pourrez choisir entre 5 types d'oreillers différents. De hauts palmiers bordent la piscine. Le personnel anticipera vos moindres besoins. Offres spéciales en ligne à partir de 8 454 ₹.

Hotel Aafreen HÔTEL **$**
(carte p. 466 ; ☎033-22654146, 033-32261780 ; www.goldenapplehotel.in ; Nawab Abdur Rahman St ; d avec/sans clim 1 400/1 250 ₹ ; ❄📶). Affichant un standing digne de la catégorie moyenne, cet hôtel, en plus d'être à bas prix, se targue d'un sol en marbre rose et de grandes chambres, régulièrement repeintes, joliment meublées et pourvues de draps propres. Celles avec ventilateurs conviendront aux budgets les plus serrés.

Hotel Galaxy PENSION **$**
(carte p. 466 ; ☎033-22524565 ; hotelgalaxy.kol@gmail.com ; 3 Stuart Lane ; d/tr 900/1 200 ₹ ; ❄📶). Si elle n'a rien de très engageant vue de l'extérieur, cette pension tranquille et populaire loue de minuscules chambres étonnamment confortables et bien aménagées. Celles avec sdb attenante disposent d'eau chaude en permanence. Wi-Fi gratuit. Supplément de 200 ₹ pour la clim. Petit salon-véranda en façade, avec une mini-bibliothèque, où vous pourrez laisser l'empreinte de votre main sur le mur, qui tient lieu de livre d'or.

DK International HÔTEL **$$**
(carte p. 466 ; ☎033-2252254, 033-40019283 ; dkinthotel.in ; 11/1A Marquis St ; d à partir de 2 400 ₹ ; ❄📶). Cette tour en verre de 5 étages se distingue par le style vaguement Art déco des corridors, des ornementations en faux jade et des chambres aux rideaux dorés. Quoique pratiquant des tarifs abordables, l'établissement joue les hôtels d'affaires en offrant un journal et un panier de fruits à ses clients. Service rapide et efficace.

Lytton Hotel BOUTIQUE-HÔTEL **$$$**
(carte p. 466 ; ☎033-22491872, 033-39841900 ; www.lyttonhotelindia.com ; 14 Sudder St ; s/d avec petit-déj 5 800/7 100 ₹ ; ❄📶). Seul véritable hôtel de catégorie supérieure de Sudder St, le Lytton est un peu démodé, mais demeure bien entretenu et le service est professionnel. De petits panneaux de style Tiffany décorent l'escalier. Très diverses par la taille, les chambres, joliment aménagées, sont dotées d'un salon avec bouilloire, coffre, réfrigérateur et Wi-Fi, mais les matelas pourraient être plus épais et les sdb, plus modernes.

Quartier de Park Street

Sunflower Guest House PENSION **$**
(carte p. 466 ; ☎033-22299401 ; www.sunflowerguesthouse.com ; 5e niv., 7 Royd St ; d avec/sans clim à partir de 1 650-1 450 ₹ ; ❄@📶). Tous les hôtels pour petits budgets de Kolkata devraient ressembler au Sunflower, un établissement aménagé dans un bel immeuble résidentiel de 1865 – prenez le vieil ascenseur jusqu'en haut, puis gravissez encore un étage pour rejoindre la réception. Les chambres, hautes de plafond, sont un peu austères, mais d'une hygiène irréprochable. L'endroit compte également des espaces communs

confortables et un jardin sur le toit, agréable au crépuscule.

YWCA AUBERGE DE JEUNESSE $

(carte p. 466 ; ☎033-22292494 ; www.ywcacalcutta.org ; 1 Middleton Row ; s/d 700/1 000 ₹, sans sdb 450/750 ₹, avec clim 1 000/1 300 ₹ ; ❄). Cet imposant bâtiment de 1925, spartiate et bien tenu, n'est pas réservé aux seules femmes. Les chambres, hautes de plafond, sont dotées de portes à persiennes vertes ouvrant sur un large corridor voûté, face à un court de tennis central. Les grands salons dépouillés évoquent une époque révolue, sans le moindre luxe.

♥ **Park Hotel** HÔTEL $$$

(carte p. 466 ; ☎033-22499000 ; www.theparkhotels.com ; 17 Park St ; s/d avec petit-déj à partir de 6 250/7 250 ₹ ; ❄@📶🏊). Un excellent hôtel haut de gamme et central. Les chambres, modernes, sont à la fois chics et douillettes. Trois restaurants huppés se cachent à l'arrière du 1er étage ; un passage avec cascade et végétation conduit à l'Aqua, un bar tendance au bord de la piscine. Bizarrement, l'entrée principale de l'hôtel se trouve à l'intérieur du café-traiteur Street.

The Corporate HÔTEL $$

(carte p. 466 ; ☎033-22267551, 8981011686 ; 4 Royd St ; d avec petit-déj 4 650 ₹ ; ❄📶). Ce superbe hôtel a l'attrait d'un hall d'entrée design et lumineux en marbre, et de chambres compactes et soignées, dans les tons beige et brun, avec épais matelas, draps en satin, et sdb en pierre polie de couleur claire. Les suites s'agrémentent d'un petit balcon ; un "jardin" de 4 tables se tient derrière les fenêtres de la cuisine. Avantages supplémentaires : une bouilloire, un réfrigérateur et un sèche-cheveux sont fournis.

Sud de Chowringhee

Central B&B B&B $$

(carte p. 462 ; ☎9836465400 ; www.centralbnb.com ; app 28, 7e ét., Lansdowne Crt, 5B Sarat Bose Rd ; d avec petit-déj 3 550 ₹ ; ❄📶). Ce bel appartement-pension, qui s'est fait un nom dans le monde des B&B, tient toutes ses promesses : aux 4 chambres, immenses et confortables, s'ajoutent une cuisine et un vaste salon communs. Wi-Fi rapide, petit-déjeuner simple mais copieux et panier d'en-cas offert. Les hôtes sont toujours serviables (bien que souvent invisibles !). Acompte requis (Paypal ou carte bancaire). Pas d'arrivée à l'improviste.

Astor HÔTEL HISTORIQUE $$$

(carte p. 462 ; ☎033-22829950 ; www.astorkolkata.com ; 15 Shakespeare Sarani ; s/d 8 300/8 900 ₹ ; ❄📶). L'éclairage nocturne de l'Astor met en valeur son imposante architecture de 1905. À l'intérieur, des photos en noir et blanc du vieux Kolkata ornent les murs. Une palette de tons chocolat, beige et bleu pare les chambres superbement meublées, entièrement rénovées ces dernières années. Lits à baldaquin dans certaines suites (de différentes tailles et formes). Pas d'ascenseur.

Kenilworth HÔTEL $$$

(carte p. 462 ; ☎033-22823939 ; www.kenilworthhotels.com ; 1 Little Russell St ; d avec petit-déj à partir de 7 150 ₹ ; ❄📶). Agréablement claires et bien équipées, les chambres de cet hôtel chic ont de surcroît des lits particulièrement confortables. Le vaste hall avec marbre, bois sombre et lustres contraste avec le café plus contemporain, qui déborde sur une jolie pelouse rectangulaire. En soirée, le pub, de style irlandais, attire une clientèle locale de nantis.

Park Prime HÔTEL D'AFFAIRES $$$

(carte p. 462 ; ☎033-30963096 ; www.chocolatehotels.in ; 226 AJC Bose Rd ; s/d avec petit-déj 6 800/7 600 ₹ ; ❄@📶🏊). Véritable manifeste artistique de 7 étages, le Park évoque à l'extérieur une carte perforée ; à l'intérieur, la décoration des chambres joue sur les illusions d'optique. Les têtes de lit se prolongent au plafond et jusqu'au mur d'en face pour former un bureau. La créativité n'entrave en rien le confort. Le salon est spacieux et attrayant ; la piscine sur le toit se niche à côté du chic Henry's Lounge Bar.

Quartier de la maison de Mère Teresa

Le secteur de la maison de Mère Teresa et de Park St compte quelques hôtels et pensions ordinaires, pratiques pour qui veut visiter les sites alentour. Notez toutefois que les hébergements suivants sont essaimés dans un quartier dénué de services et d'esprit touristiques.

Monovilla Inn PENSION $

(carte p. 467 ; ☎033-40076752 ; www.monovillainn.com ; 79/26/D AJC Bose Rd ; s/d 1 200/1 500 ₹, avec clim 1 800/2 100 ₹ ; ❄@). Ce bâtiment de 3 étages des années 1940 comporte 2 chambres fraîches et modernes par niveau. Celles situées dans les étages sont plus lumineuses. Les espaces communs sont réduits au minimum, et vous aurez peu d'occasions de sortir de votre chambre. Les toilettes sont très bien pour cette catégorie de prix.

Georgian Inn PENSION $

(carte p. 467 ; ☎9830156625, 9830068355 ; www.georgianin.com ; 1 Doctor Lane ; s/d 1 150/1 350 ₹, avec clim 1 500/1 750 ₹ ; ❄). Une adresse fonctionnelle, accueillante et bon marché, qui tire son cachet du fascinant tohu-bohu de Taltala Market. L'architecture de Doctor Lane, à l'est, rappelle celle du vieux Penang (Malaisie). Accessible à pied depuis les quartiers de New Market et de Sudder St.

BBD Bagh

Bengal Buddhist Association PENSION $

(Buddha Dharmankur Sabha ; carte p. 470 ; ☎033-22117138 ; bds1892@yahoo.com ; 1 Buddhist Temple St ; d/tr sans sdb 300/400 ₹ ; ❄). Bien que destinée aux étudiants bouddhistes en visite, la pension ouvre ses portes à tous les voyageurs, pour autant qu'ils respectent les règles de bienséance (les portes sont fermées de 22h à 6h, et nul n'entre en état d'ébriété). Les chambres, sans prétention, se partagent des sdb (avec chauffe-eau), mais certaines en ont une attenante, ainsi que la clim (750 ₹).

Broadway Hotel HÔTEL $

(carte p. 470 ; ☎033-22363930 ; www.broadwayhotel.in ; 27A Ganesh Chandra (GC) Ave ; s/d/tr/ste 980/1 150/1 610/1 980 ₹ ; ❄📶). Cet hôtel de la période coloniale, d'une belle simplicité, a su garder son cachet sans passer en catégorie supérieure. Un vieil ascenseur dessert des chambres sobres et bien tenues, lesquelles, hautes de plafond, affichent un mobilier des années 1950. Eau chaude au seau dans les moins chères. Bon service et journal glissé gracieusement sous la porte. Le bar de l'hôtel a son charme propre.

Lalit Great Eastern HÔTEL $$$

(carte p. 470 ; ☎033-44447777 ; www.thelalit.com/the-lalit-kolkata/ ; 1 Old Court House St ; d petit-déj compris à partir de 8 400 ₹ ; ❄📶🏊). Jadis l'un des plus beaux hôtels du pays, le Lalit Great Eastern, construit en 1840, est resté à l'abandon des années durant. On trouve désormais ici un nouvel hôtel d'affaires aux chambres spacieuses, de style moderniste, avec de grands lits très confortables et des douches design. Entrée dans Waterloo St.

Sud de Kolkata

♥ **Corner Courtyard** BOUTIQUE-HÔTEL $$

(carte p. 474 ; ☎033-40610145 ; www.thecorner-courtyard.com ; 92B Sarat Bose Rd ; d avec petit-déj 5 000 ₹ ; ❄📶). Les 7 chambres parfaitement aménagées de cet hôtel raffiné sont nommées d'après des couleurs et explorent différents thèmes au moyen de photographies : cinéma bengali dans la "Charcoal", divinités de Kumartuli dans la "Vermilion", patrimoine architectural de Kolkata dans "Ivory", etc. Elles occupent deux étages au-dessus d'un superbe petit restaurant dans une maison de ville de 1904, récemment restaurée. Sur le toit, des bougainvilliers entourent un charmant jardin.

Bodhi Tree PENSION $$

(carte p. 474 ; ☎033-24246534, 8017133921 ; www.bodhitreekolkata.com ; 48/44 Swiss Park ; d avec

DURGA PUJA

À l'instar du carnaval de Rio, **Durga Puja** apporte à Kolkata une débauche de festivités et de couleurs, alors que la ville célèbre l'essence maternelle de la déesse Durga. Pendant 5 jours fin septembre ou début octobre, les habitants vénèrent des effigies décorées de la déesse à dix bras, et de son entourage, dans des *pandal* (sanctuaires provisoires) installés sur les pelouses, dans les petits parcs et dans les rues.

Au fil des 30 dernières années, en raison de l'organisation de concours et d'un sponsoring de plus en plus important, les *pandal* sont devenus toujours plus ornementés et complexes, certains portant des messages politiques ou d'actualité. Des circuits de **West Bengal Tourism** (p. 489) tentent de faire découvrir aux touristes une sélection des plus beaux. Toutefois, vu le chaos ambiant, les déplacements dans la ville sont alors interminables. À l'apogée de la fête, d'innombrables effigies de Durga sont jetées dans la Hooghly sacrée au milieu des chants, des aspersions d'eau, des feux d'artifice... et des embouteillages indescriptibles. Pour photographier des *pandal* sans participer à la fête, venez juste après Durga Puja, quand ils n'ont pas encore été démontés. Gardez en tête que la ville est complètement bloquée durant ces 5 jours ; ne prévoyez rien d'important durant le festival.

petit-déj à partir de 2 500 ₹ ; ❄📶). Le curieux café-galerie Monastery of Art, qui se définit lui-même comme option hippie-chic, loue quelques chambres pleines de cachet, avec murs en pierre apparente et décoration sur le thème du Bouddha. Derrière la sortie sud-est de la station de métro Rabrindra Sarovar, marchez vers l'est pendant 10 minutes environ.

Quartier de l'aéroport

Celesta BOUTIQUE-HÔTEL **$$**
(☎033-71000131 ; www.celesta.in ; VIP Rd, Raghunathpur ; d avec petit-déj à partir de 3 600 ₹ ; ❄📶). Sans doute le meilleur parmi la dizaine d'hôtels du secteur de Raghunathpur destinés aux voyageurs en transit (l'aéroport est à 15 minutes en taxi). Il se distingue par une façade évoquant un tableau de Mondrian dans sa partie supérieure et un hall entouré de parois vitrées. Les chambres, de style Art déco, renferment des lits somptueux garnis de nombreux coussins. Sdb avec douche à effet pluie.

Le Celesta jouxte un KFC du côté est de VIP Rd, à 4 km au sud de l'aéroport.

Hotels Balaji et Tirupati HÔTEL **$$**
(☎033-25120065, 033-25132005 ; www.hotelbalajiinternational.in ; 32 Jessore Rd ; d Balaji/Tirupati à partir de 1 550/1 850 ₹ ; ❄📶). En retrait de Jessore Rd, entre les portes 1 et 2 de l'aéroport, ces deux hôtels élégants de même gérance (nommés d'après des divinités de l'Inde du Sud) comportent de lourdes portes en bois, des plantes dans les escaliers et de bonnes chambres avec des sdb correctes, lesquelles compensent les matelas trop minces et certaines touches décoratives de mauvais goût. Les prix comprennent le transfert depuis/vers l'aéroport.

Où se restaurer

La gastronomie bengalie réserve de merveilleuses surprises à qui en a appris la terminologie. Les restaurants les moins chers servent souvent des petites portions : commandez 2 ou 3 plats par personne, accompagnés de riz ou de *luchi* (pains frits soufflés bengalis). La plupart des restaurants ajoutent une taxe de 19,40% à l'addition (comprise dans les prix indiqués ici). Les établissements chics ajoutent également le service. Les pourboires, appréciés dans les gargotes, sont attendus dans les restaurants les plus chers. Consultez le **Times Food Guide** (livre 239 ₹) et **Zomato** (www.zomato.com/kolkata).

Quartier de Sudder Street

Bhoj Company BENGALI **$**
(carte p. 466 ; Sudder St ; plats végétariens 60-90 ₹, non végétariens 100-200 ₹ ; ⏲8h30-23h30 ; ❄). Ce petit restaurant, aux murs blancs décorés d'art naïf coloré et de statuettes en terre cuite dans des niches, sert une excellente cuisine bengalie à prix doux. Le délicieux *rui kalia* (curry de poisson à base de gingembre et d'ail), les grosses crevettes *malaikari* (au lait de coco) et du dhal ou du riz accompagné de *jhuri alu bhaja* – pommes de terre râpées et frites – sont autant de valeurs sûres.

Suruchi BENGALI **$$**
(carte p. 466 ; ☎033-22290011 ; 89 Elliot Rd ; plats 150-200 ₹ ; ⏲10h-17h ; ❄). Tenue par une ONG dédiée à l'autonomisation des femmes, cette option de style cantine sert de fabuleux poissons, viandes et plats végétariens riches en saveurs. La présentation des plats est élaborée et s'organise autour d'une vaisselle en inox, et le décor ethnique est spartiate, avec des stores en roseau. Derrière une porte vermillon facile à repérer, dans Elliot Rd.

Raj Spanish Cafe CAFÉ **$**
(carte p. 466 ; près Sudder St ; plats 90-150 ₹, pizzas 240-390 ₹ ; ⏲8h30-22h ; 📶). Prisé des bénévoles, ce café sans prétention sert un bon café (40-70 ₹), des *lassi*, des pancakes et un choix de plats espagnols, mexicains et italiens. Les pizzas sont cuites dans un four à bois, chose rare à Kolkata. La petite terrasse est agrémentée de quelques feuillages. Le café est niché dans une allée, derrière la boutique de tissus Roop Shringar.

Blue Sky Cafe CAFÉ **$**
(carte p. 466 ; Chowringhee Lane ; plats 70-250 ₹, jus de fruits 100 ₹ ; ⏲8h-23h ; ❄). Le personnel de ce café de voyageurs sert un large choix de bons en-cas (dont des pancakes à la banane et des milk-shakes) sur de longues tables en verre, à dessein suffisamment proches les unes des autres pour favoriser les rencontres. Le lieu est pris d'assaut à l'heure des repas. On ne risque rien de la salade, celle-ci étant lavée avec de l'eau en bouteille.

JoJo's Restaurant CAFÉ **$**
(carte p. 466 ; Sudder St ; en-cas 50-70 ₹, plats 80-120 ₹ ; ⏲8h-23h ; ❄📶). Cet agréable café de globe-trotteurs, bien tenu, sert des jus de fruits et smoothies frais originaux, aux noms évocateurs ("Liquid Breakfast", "Kung Flu Fighter", etc.). Wi-Fi gratuit ; ambiance joyeuse et décor tout en drapeaux et fresques.

LA CUISINE BENGALIE

Incroyablement évoluée, la cuisine bengalie se caractérise par l'astringence de l'huile de moutarde, sa principale base de cuisson. Un repas bengali typique commence par quelques préparations de verdures et d'un choix de légumes frits, comme des aubergines, des melons amers ou des pommes de terre. Le plat suivant se compose de quelques curries, qui, pour la plupart, sont rehaussés d'une généreuse quantité de *posto* (graines de pavot). Il existe d'autres excellents plats végétariens, notamment le *mochar ghonto* (purée de fleurs de bananier, avec des pommes de terre et de la noix de coco), le *doi begun* (aubergine au yaourt) et le *shukto*, une entrée appréciée au déjeuner combinant au moins cinq légumes dans une sauce à base de lait de coco, surmontée de melon amer frit et de *bori* (beignets croustillants à base de pâte de dhal).

Vient le poisson, qui a valu au Bengale une réputation légendaire. Parmi les curries bengalis au poisson, on trouve le *jhol*, léger et parfumé au cumin ou à la nigelle ; le *jhal*, plus sec et plus épicé ; et le *kalia*, plus riche, à base de gingembre et d'ail. Un fort parfum de moutarde caractérise les curries *shorshe* et les plats *paturi*, cuits à la vapeur dans une feuille de bananier. Plusieurs espèces de poissons sont appréciées, notamment les *chingri* (crevettes de rivière), le charnu *rohu* (*Labeo rohita*), le *chital* gras et le *bhekti* semblable au vivaneau. Malgré les arêtes, l'*ilish* (hilsa) est considéré comme le poisson le plus savoureux. Moins indispensables, la viande rouge et le *murgi* (poulet) font souvent leur apparition vers la fin du repas. Tous ses plats s'accompagnent de *gobindobhog bhaat* (riz vapeur parfumé) ou de *luchi* (pains frits soufflés).

Les *mishti* (desserts) sont importants dans le repas bengali. Le *mishti doi* (yaourt sucré), à l'arôme délicat, les *rasgulla* (boulettes de fromage frais frites et trempées dans un sirop) et le *cham-cham* (dessert à base de yaourt) sont les plus emblématiques.

En dehors des repas, le *kati roll* est l'en-cas traditionnel du Bengale : un *paratha* nappé d'œuf battu et frit, puis garni d'oignons, de piment et de farce au choix (poulet au curry, viande grillée ou *paneer*). Il est généralement vendu dans des gargotes et mangé sur le pouce. Goûtez aussi aux *phuchka*, boules creuses de semoule garnies de masala, de pommes de terre épicées et trempées dans de la sauce au tamarin, ou au *jhal muri*, un mélange épicé à base de riz soufflé et de cacahuètes.

Si vous lisez l'anglais, procurez-vous *The Calcutta Cookbook* (399 ₹), écrit par Minakshie Das Gupta, Bunny Gupta et Jaya Chaliha. Il dresse un panorama de la cuisine de rue, des influences de l'époque coloniale et des évolutions, au fil des siècles, de la cuisine de Kolkata.

Blue & Beyond INTERNATIONAL **$$**
(carte p. 466 ; 9e ét., Lindsay Hotel, Lindsay St ; plats 250-350 ₹, bières/cocktails à partir de 220/300 ₹ ; ⏲12h-22h45 ; ❄). Ses principaux atouts : la terrasse sur le toit avec vue panoramique sur New Market et un petit bar à cocktails vitré très années 1970. La carte traverse les continents, des *khawsuey* (nouilles au curry birmanes) aux crevettes au roquefort, et du poulet à la grecque au "steak végétarien" mexicain.

Quartier de Park Street

Peter Cat INDIEN, INTERNATIONAL **$$**
(carte p. 466 ; ☎033-22298841 ; Middleton Row ; plats 200-430 ₹ ; ⏲11h-23h ; ❄). Incroyablement populaire, cette institution de Kolkata est surtout connue pour ses *chelo kebab* (bâtonnets cuits au barbecue de viande épicée avec du riz au beurre), typiques d'Iran. Les autres plats, comme les grillades mixtes tandoori et le poulet grillé remportent également un vif succès. La bière (190 ₹) est servie dans des chopes en étain et les serveurs portent le costume du Rajasthan. Pas de réservation : il vous faudra faire la queue.

♥ **Arsalan** MUGHLAI **$$**
(carte p. 466 ; 119 Ripon St ; plats 120-280 ₹ ; ⏲11h30-23h30 ; ❄). Depuis toujours prisée des habitants, cette filiale centrale du meilleur restaurant de *biryani* de Kolkata est haute de plafond et joliment moderne. Ne manquez pas les célèbres *biryani* – riz basmati, pommes de terre vapeur et gros morceaux de mouton ou de poulet – qui s'accompagnent parfaitement avec le tendre poulet *tikka*, les *seekh kebab* aux brochettes de mouton et les crémeux *galawati kebab* de mouton.

Hot Kati Rolls BENGALI $

(carte p. 466 ; Park St ; rolls à partir de 40 ₹ ; ⏲11h-22h30). Excellente petite adresse où découvrir le *kati roll*, délicieux en-cas composé d'un *paratha*, frit d'un côté dans de l'œuf puis garni d'oignons, de piment et de la farce de votre choix (poulet au curry, viande grillée ou *paneer*). À emporter roulé dans une feuille de papier, pour le déguster en se promenant.

Mocambo INTERNATIONAL $$

(carte p. 466 ; Mirza Ghalib St ; plats 300-450 ₹ ; ⏲11h-23h ; ❄). Fondé en 1956, le Mocambo vous plongera plutôt dans les années 1970, avec ses sièges rétro en cuir rouge et son éclairage tamisé. Une clientèle très fidèle vient s'y régaler de grillades mixtes, de crabes à la diable, de poisson Wellington, de poulet à la Kiev et de *bhetki* (filets de barramundi) sauce meunière. Un code d'entrée implicite est en vigueur.

Sud de Chowringhee

♥ Kewpies BENGALI $$

(carte p. 462 ; ☎033-24861600 ; 2 Elgin Lane ; thali 450-1 050 ₹, plats 150-500 ₹ ; ⏲12h30-15h et 19h30-22h30 mar-dim ; ❄). Le Kewpies est une institution gastronomique locale – on s'y croirait invité à un dîner luxueux dans une demeure d'antan. Y sont servis des plats bengalis traditionnels et authentiques, préparés à la perfection par un chef bengali, à partir des meilleurs ingrédients de la région. Les prix sont certes un peu élevés, mais vous ne regretterez pas la dépense.

Kookie Jar CAFÉ $

(carte p. 463 ; Rawdon St ; pâtisseries/en-cas salés à partir de 60/80 ₹ ; ⏲8h30-21h ; ❄). Cette boutique est prisée depuis de longues années des amoureux de pâtisseries de Kolkata. Optez pour l'un des innombrables gâteaux au chocolat et brownies, une part de pizza, un feuilleté à la viande ou un sandwich aux arômes délicats. Y sont également vendues des préparations sans œuf, pour les végétaliens.

♥ Fire and Ice ITALIEN $$$

(carte p. 462 ; ☎033-22884073 ; www.fireandice-pizzeria.com ; Kanak Bldg, Middleton St ; plats 500-700 ₹, bières/cocktails à partir de 200/450 ₹ ; ⏲11h30-23h30). Ce restaurant, fondé et dirigé par un Napolitain, sert d'authentiques pâtes italiennes et de succulentes pizzas, apportées par des serveurs en chemise noire, tablier rouge et bandana. De vieilles affiches de films décorent la vaste salle, cachée derrière des feuillages dans un immense bâtiment ancien. Peu de restaurants à Kolkata servent aussi tard et avec autant de consistance. Il possède une cave bien fournie, ce qui permet d'accompagner vos plats d'un verre de vin. La propriétaire est souvent dans les parages pour faire des suggestions.

Picadilly Square CAFÉ $$

(carte p. 462 ; ☎033-30990354 ; 15B Sarat Bose Rd ; plats 150-300 ₹, boissons à partir de 120 ₹ ; ⏲11h-22h ; ❄✍). Six tables de bistrot, 2 réverbères de style victorien, un comptoir en forme de carriole de marchand ambulant et un dallage au sol : tel est le décor de ce joli café, où la musique de Bruno Mars semble tourner en boucle. On y sert d'originales crêpes salées (goûtez la "Rakakat Jibneh"), des pitas, des pâtes, des glaces, des gaufres et de très bons expressos.

Gabbar's Bar & Kitchen INDIEN, INTERNATIONAL $$$

(carte p. 462 ; ☎033-40602507 ; 11/1 Ho Chi Minh Sarani ; plats 350-650 ₹, bières 200 ₹ ; ⏲12h30-23h ; ❄). Une excellente adresse sur le thème de Bollywood, qui emprunte le nom d'un fameux héros du cinéma d'action hindi. Le cadre est décontracté, la carte affiche un mélange de copieux plats indiens, chinois, italiens et mexicains, et les bières fraîches viennent apaiser le feu des épices.

Shiraz MUGHLAI $$

(carte p. 463 ; 135 Park St ; plats 180-300 ₹ ; ⏲5h-23h30). Spécialiste du *biryani* de Kolkata (riz basmati avec des morceaux tendres de mouton et des pommes de terre), Shiraz propose aussi un choix de curries, dont un excellent *mutton keema* (viande hachée épicée) au petit-déjeuner (jusqu'à 12h).

Monkey Bar GASTRONOMIQUE $$$

(carte p. 462 ; ☎033-30990381 ; Fort Knox Bldg, Camac St ; plats 350-600 ₹ ; ⏲16h-minuit ; ❄). Un nouveau venu haut de gamme sur la scène de la grande cuisine de Kolkata, qui prépare des délices fusion et expérimentaux innovants, servis dans un cadre moderne. Au menu : confit de canard aux 5 épices dans de la pita, calamars au poivre, à l'ail et aux feuilles de cari, brie cuit aux oignons caramélisés et marmelade. Notez toutefois que l'on n'y sert pas d'alcool.

Oh! Calcutta BENGALI $$$

(carte p. 462 ; ☎033-22837161 ; 4e niv., Forum Mall, Elgin Rd ; plats 250-600 ₹, cocktails à partir de 290 ₹ ; ⏲12h30-15h et 19h30-23h ; ❄). Les "fenêtres" en miroirs, les étagères de livres, les grandes peintures et les photos en noir et blanc créent une ambiance raffinée pour savourer l'une des meilleures cuisines bengalies fusion de Kolkata – on oublie volontiers que l'on est dans une galerie marchande. Le *Daab Chingri* (780 ₹), subtil et crémeux, est servi dans une noix de coco verte ; il se marie parfaitement avec une salade de citron vert (90 ₹).

BBD Bagh

Amber INDIEN $$

(carte p. 470 ; ☎033-22486520 ; 11 Waterloo St ; plats 200-450 ₹, bière 250 ₹ ; ⏲12h-23h ; ❄). Ce restaurant double, fréquenté par la classe moyenne, sert une bonne cuisine indienne, dont un curry de cervelle. Des deux salles, l'Amber (1er niveau) s'adresse plutôt aux familles, tandis que l'Essence (2e niveau), à l'éclairage plus tamisé, attire surtout la clientèle d'affaires. Les cartes sont assez similaires.

Dacres Lane CUISINE DE RUE $

(carte p. 470 ; James Hickey Sarani ; plats à partir de 20 ₹ ; ⏲8h-21h). On trouve une cuisine d'influences variées aux échoppes qui s'alignent dans cette ruelle étroite, entre quelques "bars-restaurants" douteux, dont les guirlandes électriques ajoutent une note festive. Quelques en-cas à manger sur le pouce, dont le *paratha* (pain plat feuilleté frit) et curry, le pain grillé avec un ragoût de mouton, papaye et carottes, les beignets de légumes, les nouilles frites au wok et le curry de poulet au riz.

KC Das DOUCEURS $

(carte p. 470 ; Lenin Sarani ; bonbons à partir de 20 ₹ ; ⏲7h30-21h30 ; ❄). Cette confiserie bengalie, très fréquentée, prétend avoir inventé l'emblématique *rasgulla* (boulettes de fromage frais frites et trempées dans un sirop) en 1868. Goûtez aussi le *mishti doi* (yaourt sucré au *jaggery*). Tables et chaises en inox.

Anand INDE DU SUD $

(carte p. 470 ; 19 CR Ave ; dosa 80-130 ₹, jus de fruits frais 70 ₹ ; ⏲9h-21h30, fermé mer ; ❄✍). Restaurant familial bien tenu au cadre désuet et bas de plafond, l'Anand propose des *dosa* végétariens incroyablement savoureux. Il sert aussi un délicieux café au lait d'Inde du Sud (50 ₹) tout au long de la journée.

Sud de Kolkata

♥ **6 Ballygunge Place** BENGALI $$

(carte p. 474 ; ☎033-24603922 ; 6 Ballygunge Pl ; plats 200-300 ₹ ; ⏲12h-15h30 et 19h-22h30 ; ❄). Établi dans une demeure du milieu du XXe siècle magnifiquement rénovée, ce restaurant haut de gamme sert une cuisine bengalie peu égalée. Si vous vous sentez perdu en regardant la carte, passez au buffet (végétarien/non végétarien 600/700 ₹), à l'heure du déjeuner, fort d'un grand choix de spécialités bengalies.

Les saveurs y sont plus subtiles que dans les autres restaurants bengalis, et conviennent à tous les palais.

♥ **Tamarind** INDE DU SUD $$

(carte p. 474 ; ☎033-30990434 ; 177 Sarat Bose Rd ; plats 250-400 ₹ ; ⏲12h-15h30 et 19h-23h ; ❄). Donnant dans l'une des artères principales du sud de Kolkata, cette table sans prétention affiche un mélange de plats traditionnels et improvisés, influencé par les cuisines du Kerala, du Karnataka et du Tamil Nadu. Au choix : ragoût de mouton coorgi, poulet du Chettina, *kottu paratha* (léger émincé composé de *paratha,* d'œufs et d'épices) et *appams* (crêpes de riz d'Inde du Sud) avec du ragoût de mouton... des plats comme on n'en voit nulle part ailleurs, peut-être même pas dans les restaurants d'Inde du Sud.

Bhojohori Manna BENGALI $$

(carte p. 474 ; www.bhojohorimanna.com ; 18/1 Hindustan Rd ; plats 50-270 ₹, petit/grand thali 220/280 ₹ ; ⏲12h30-22h30 ; ❄). Chaque enseigne Bhojohori Manna a sa propre ambiance ; toutes servent des plats bengalis de qualité à des prix raisonnables. Celle-ci, dans Hindustan Rd, est spacieuse et décorée d'objets tribaux, et la carte permet d'associer les nombreux plats de poisson avec une sauce au choix. En été, ne manquez pas l'*echorer dalna* (curry vert de jaque).

♥ **Corner Courtyard** FUSION $$$

(carte p. 474 ; ☎9903990597 ; 92B Sarat Bose Rd ; plats 350-650 ₹, bières/cocktails 180/300 ₹ ; ⏲8h-23h, carte réduite 15h-19h ; ❄). Cette demeure restaurée de 1904 se distingue par des murs ornés de heurtoirs, de serrures et de vieux livres, qui subliment par touches l'élégant décor. Osant les combinaisons audacieuses, la carte créative comporte des plats destinés à plaire aux gourmets exigeants, comme le risotto épicé au curry thaïlandais, le saumon brésilien, la fondue finlandaise et les calamars uruguayens.

Où prendre un verre et faire la fête

Centre de Kolkata et Chowringhee

OlyPub BAR

(carte p. 466 ; 21 Park St ; bières 190 ₹ ; 11h-23h). Ce bar central, un peu sale mais étrangement convivial, est un incontournable. À l'étage supérieur, les sofas sont confortables, tandis qu'au rez-de-chaussée, l'établissement a beaucoup plus de cachet, avec ses chaises branlantes et ses clients bagarreurs. Fréquents rabais sur certains alcools. Des dizaines de steaks de type Chateaubriand (250 ₹ l'assiette) sont servis chaque soir.

Big Ben PUB

(carte p. 462 ; Kenilworth Hotel, Little Russel St ; bières 300 ₹ ; 12h-minuit). Ce pub haut de gamme, qui surfe à loisir sur le thème "britannique", est fort d'un beau choix de bières. Sports en direct à la TV. Le cadre est informel, mais évitez les shorts et les tongs.

Flury's CAFÉ

(carte p. 466 ; Park St ; café/thé à partir de 130/140 ₹ ; 7h30-22h). Véritable institution à Kolkata, le Flury's, qui date de 1927, est un attrayant palais Art déco. Passez-y de préférence durant le petit-déjeuner ou en soirée, quand on peut se contenter d'un café ou d'une part de Sachertorte (gâteau au chocolat d'origine autrichienne, à partir de 70 ₹). Il s'agit sans doute du seul grand café au monde à tenir les tartines aux haricots blancs pour une de ses spécialités.

> **CAFÉ RÉVOLUTIONNAIRE**
>
> En descendant College St vers l'Ashutosh Museum of Indian Art en venant de MG Rd, tournez à gauche après un pâté de maisons, entrez par la 4e porte à gauche et grimpez l'escalier jusqu'au mythique **Indian Coffee House** (1er ét., 15 Bankim Chatterjee St ; 9h-21h lun-sam, 9h-12h30 et 17h-21h dim). Haute de plafond, mais sans prétention, la salle était naguère un rendez-vous des militants pour l'indépendance, des artistes et des révolutionnaires ; ce glorieux passé fait oublier le café, bien trop clair !

Plush BAR LOUNGE

(carte p. 462 ; Astor Hotel, 15 Shakespeare Sarani ; bières 200 ₹ ; 16h-2h). Chic et détendu, ce bar est particulièrement agréable le jeudi, quand de jeunes musiciens locaux viennent jouer du jazz, du blues et des musiques progressives (à partir de 21h). C'est aussi l'un des rares établissements à rester ouvert bien après minuit. Code vestimentaire "décontracté mais élégant".

Aqua BAR LOUNGE

(carte p. 466 ; 033-22499000 ; Park Hotel, Park St ; cocktails 400 ₹ ; 19h-minuit). On se plaît, dans ce bar lounge en plein air, à siroter son verre tout en regardant l'eau de la piscine éclairée au néon. Tenue correcte exigée (pas de shorts ni de tongs).

Irish House PUB

(carte p. 474 ; Quest Mall, Syed Amir Ali Ave ; bières 200 ₹ ; 12h-23h30). À défaut d'être vraiment irlandais, l'Irish House s'apparente à un pub/bar sportif. L'ambiance bat son plein le week-end – le barman assure le spectacle (bar bien fourni).

BBD Bagh

Broadway Bar BAR

(carte p. 470 ; Broadway Hotel, 27A GC Ave ; bière 150 ₹, alcool 50-150 ₹ ; 12h-22h30). Ce grand pub est totalement inclassable. Sans prétention, il n'en affiche pas moins un charme particulier, avec des ventilateurs au plafond, des murs nus, un sol en marbre... et pas de musique ! Les alcools à prix doux sont un atout supplémentaire.

Sud de Kolkata

Smoke Shack BAR SUR LE TOIT

(carte p. 474 ; Hotel Park Plaza, Dover Pl ; cocktails/bières 450/300 ₹ ; 16h-23h30). Ultrachic, ce bar en terrasse attire une population élégante et sert un bon choix de mojitos et de cocktails tout au long de la soirée. Délicieux grillades et assortiments d'en-cas pour accompagner les boissons.

Dolly's Tea Shop SALON DE THÉ

(carte p. 474 ; G62 Dakshinapan ; thés/cocktails au thé 100/150 ₹ ; 11h-19h). Tenu par un ancien testeur de thés, ce salon prisé propose d'authentiques Darjeeling, ainsi que de rafraîchissants cocktails à base de thé. Goûtez le thé *mint julep* à l'orange ou le *barley* au citron, que vous pourrez accompagner d'un sandwich grillé au bacon.

Mrs Magpie CAFÉ
(carte p. 474 ; 570 Lake Tce ; café à partir de 50 ₹ ; 9h-22h30). Douillet, lumineux et rehaussé de jolis papiers peints, ce café populaire vend de bons cupcakes à prix doux (à partir de 40 ₹ ; nombreux parfums disponibles), à associer avec un expresso. Il sert aussi des petits-déjeuners et de grands thés.

Basement CLUB
(carte p. 474 ; Samilton Hotel, Sarat Bose Rd ; bières 200 ₹ ; 19h-minuit). Un petit club détendu et pas trop cher, où se donnent des concerts le jeudi soir, à partir de 21h. L'endroit idéal pour se détendre après une longue journée de visite. La musique peut être un peu trop forte par moments.

Où sortir

Seagull Arts & Media Resource Centre CENTRE CULTUREL
(carte p. 474 ; www.seagullindia.com ; Rupchand Mukherjee Lane ; 11h-20h). Dirigée par la même équipe que la librairie éponyme, cette institution renommée organise régulièrement des expositions artistiques et multimédias, des projections de films, des ateliers, des tables rondes et diverses autres activités, sur des thèmes allant de la sociologie et de la philosophie à la religion et à la politique. La plupart des événements sont gratuits ; consultez le site Internet pour plus de détails.

Someplace Else MUSIQUE LIVE
(carte p. 466 ; www.theparkhotels.com/kolkata/someplace-else.html ; Park Hotel, Park St). Cette boîte de nuit fait la part belle aux concerts depuis le milieu des années 1990. Il s'en donne tous les soirs, mais vous aurez de la chance si vous entendez des morceaux originaux. La plupart des groupes se contentent en effet de reprendre des tubes de rock ou de blues. L'ambiance se prête à la détente, mais la foule se fait plus agitée le week-end.

Jamsteady MUSIQUE LIVE
(www.jamsteady.in ; Princeton Club, Prince Anwar Shah Rd). Lieu le plus *hype* de la scène underground et de musique indé de Kolkata, Jamsteady affiche, tous les vendredis soirs, des concerts très suivis. Il s'y produit aussi bien des musiciens de jazz, que de blues, d'électro, de folk et de world music. Droit d'entrée minime. Alcool bon marché contre coupons prépayés.

ICCR CENTRE CULTUREL
(Rabindranath Tagore Centre ; carte p. 462 ; 033-22822895 ; www.tagorecentreiccr.org ; 9A Ho Chi Minh Sarani). Établissement public, ce grand centre culturel à plusieurs niveaux accueille régulièrement des expositions, des spectacles de danse, des récitals et des lectures dans ses nombreux auditoriums et galeries. Les manifestations sont souvent gratuites, et des en-cas (également gratuits !) sont souvent proposés aux visiteurs le jour de l'inauguration.

Inox (Quest Mall) CINÉMA
(carte p. 474 ; www.inoxmovies.com ; Syed Amir Ali Ave). L'un des multiplexes de Kolkata, qui projette des films hollywoodiens, bollywoodiens et bengalis récents. Installé au dernier étage du centre commercial Quest Mall.

Nandan Complex CENTRE CULTUREL
(carte p. 462 ; 033-22235317 ; 1/1 AJC Bose Rd). Ce centre comprend les auditoriums et salles de théâtre du **Rabindra Sadan** (carte p. 462), du **Sisir Mancha** (carte p. 462), et du **Nandan Cinema** (carte p. 462) dans le centre. En plus des divers rendez-vous culturels qu'il organise tout au long de l'année, le centre accueille aussi le Kolkata Film Festival (p. 476). Les offices du tourisme et les brochures donnent la liste complète des événements qui ont lieu ici et dans les autres salles de spectacle.

Achats

Sienna Store & Cafe CADEAUX ET SOUVENIRS
(carte p. 474 ; 033-40002828 ; 49/1 Hindustan Park ; 11h30-22h). Très tendance, très chic et pourtant, incroyablement abordable. Aménagée dans une demeure rénovée avec goût, cette boutique est spécialisée dans les jolies collections de vêtements, souvenirs, articles pour la maison et petites babioles qui font d'excellents cadeaux à rapporter. Coin café confortable et animé à l'arrière, où sont servis de délicieux sandwichs, jus de fruits, pâtes et salades, légers et bio (plats 250 ₹).

Byloom VÊTEMENTS
(carte p. 474 ; www.byloom.co.in ; 58B Hindusthan Park ; 11h-20h). Cette boutique spécialisée vend des saris faits main absolument splendides. On y trouve aussi quelques bijoux avec des pierres semi-précieuses et une impressionnante collection de châles et d'écharpes. Cherchez ceux qui s'ornent de *kantha* (broderies élaborées) ou présentent la technique de tissage appelée *khesh*, qui repose sur un travail par bandes de tissu. Sur place, le café propose de savoureux en-cas (100 ₹).

Weaver's Studio VÊTEMENTS
(carte p. 474 ; www.weaversstudio.in ; 5/1 Ballygunge Pl ; ⏲10h-18h lun-sam). Tenue par une organisation qui travaille avec des communautés d'artisans, cette boutique huppée vend de magnifiques textiles faits main et des tissus traditionnels qui séduiront tous les acheteurs. Nombreux styles différents, des ravissants imprimés (technique d'impression manuelle au tampon de bois), aux appliques, en passant par les motifs tribaux, les batiks et les broderies. Sachez que ces articles uniques et haut de gamme ont un coût.

Aranya CADEAUX ET SOUVENIRS
(carte p. 474 ; F56 Dakshinapan Shopping Centre, Gariahat Rd ; ⏲11h-19h30). Des jouets, articles de bureau et souvenirs, conçus avec soin et réalisés avec des matériaux recyclés, sont en vente dans ce magasin tenu par un duo de designers locaux. Choix de robes, principalement dans le style décontracté-chic.

Anokhi VÊTEMENTS
(carte p. 462 ; boutique 209, Forum Mall ; ⏲11h-20h). Cette boutique vend de beaux vêtements ethno-chics fabriqués à partir de tissus teints et imprimés à la main. Les créations d'imprimés au tampon, à la manière du Gujarat, semblent les plus prisées, mais les pièces *tie-dye* et les batiks ont également la cote. Le plus gros de la collection est destiné aux femmes, mais les hommes pourront trouver leur bonheur parmi les quelques chemises du stock.

Central Cottage Industries ART ET ARTISANAT
(carte p. 470 ; Metropolitan Bldg, Chowringhee Rd ; ⏲10h-19h lun-sam). Un grand magasin d'État bien fourni, avec un choix impressionnant d'objets artisanaux tribaux et d'art traditionnel. Le service est un peu impersonnel et les prix peuvent être plus élevés que dans certaines boutiques de rue, mais vous aurez la certitude que la marchandise est authentique et bien entretenue. L'endroit est divisé en plusieurs espaces, pour les textiles, les objets anciens, les articles en métaux, les objets en bois, le papier fait main, etc.

Fabindia TISSUS, ARTISANAT
(carte p. 462 ; www.fabindia.com ; 11A Allenby Rd ; ⏲11h-20h30). La plus grande enseigne indienne de robes ethno-chics et de vêtements indo-occidentaux possède l'une de ses boutiques dans le centre de Kolkata. En plus des vêtements, on y vend un grand choix de tissus d'ameublement, de bijoux, de céramiques, d'articles en bois, d'objets décoratifs pour la maison et de produits alimentaires bio. Optez pour les articles portant le seau "Craftmark", lequel garantit leur qualité supérieure et leur fabrication par des artisans traditionnels.

Dakshinapan Shopping Centre CENTRE COMMERCIAL
(carte p. 474 ; Gariahat Rd ; ⏲11h-19h lun-sam). Occupant un vilain bâtiment des années 1970, ce centre commercial regroupe plusieurs emporiums d'État, avec, à la clé, une incroyable diversité d'objets artisanaux provenant de toute l'Inde. On y trouve beaucoup de babioles kitsch, mais la majorité des boutiques vendent des souvenirs, des objets artisanaux et des tissus d'un excellent rapport qualité/prix. Les tarifs sont généralement fixes, mais l'avantage est que l'on peut être assuré de l'authenticité et de la qualité des produits.

Oxford Bookstore LIVRES
(carte p. 466 ; ☎033-22297662 ; www.oxfordbookstore.com ; 17 Park St ; ⏲11h-20h). Une excellente librairie, forte d'un choix éclectique d'ouvrages, notamment de beaux livres sur l'Inde. Des titres Lonely Planet, ainsi que l'indispensable *Calcutta Walks Tourist Map* (100 ₹) y ont également leur place. En bonus : des articles de bureau, un rayon DVD et un café où l'on peut feuilleter des livres.

Mondal & Sons INSTRUMENTS DE MUSIQUE
(carte p. 470 ; ☎9804854213 ; 8 Rabindra Sarani ; ⏲10h-18h lun-ven, 10h-14h sam). Sitars (à partir de 5 000 ₹) et violons (à partir de 3 000 ₹) sont en vente à Mondal & Sons, boutique d'instruments de musique tenue en famille depuis les années 1850. Ne vous fiez pas à l'apparence modeste de la boutique : elle comptait Yehudi Menuhin, célèbre violoniste et chef d'orchestre américain, parmi ses fidèles clients.

ℹ Renseignements

ACCÈS INTERNET

Face à la généralisation de la 4G et à la baisse des tarifs, les cybercafés ont commencé à disparaître. Toujours ouvert, **Cyber Zoom** (carte p. 466 ; 27B Park St ; 20 ₹/heure ; ⏲10h-21h), dans le centre, fait aussi des photos d'identité. Quelques échoppes dans des petites rues autour de Sudder St permettent de se connecter pour 20 ₹ de l'heure, mais mieux vaut payer un peu

LES NOMS DES RUES

Depuis l'indépendance, les noms de rue évoquant l'époque du Raj ont été officiellement changés. Les plaques de rue et les cartes de visite portent les nouveaux noms ; toutefois, les habitants et les chauffeurs de taxi se réfèrent souvent encore à ceux de la période coloniale. Les noms de rues en italique qui suivent sont ceux qui nous semblaient les plus communément employés et que nous avons utilisés dans ce chapitre.

ANCIEN NOM	NOUVEAU NOM
Allenby Rd	Dr Sisir Kumar Bose Sarani
Ballygunge Rd	Ashutosh Chowdhury Ave *(AC Rd)*
Brabourne Rd	Biplabi Trailokya Maharaja Rd
Camac St	Abinindranath Tagore St
Central Ave	*Chittaranjan (CR) Ave*
Chitpore Rd	*Rabindra Sarani*
Chowringhee Rd	Jawaharlal Nehru Rd
Dalhousie Sq	*BBD Bagh*
Free School St	*Mirza Ghalib St*
Harrington St	*Ho Chi Minh Sarani*
Harrison Rd	*Mahatma Gandhi (MG) Rd*
Hungerford St	Picasso Bithi
Kyd St	Dr M Ishaque Rd
Lansdowne Rd	*Sarat Bose Rd*
Loudon St	Dr UN Brahmachari St
Lower Circular Rd	*AJC Bose Rd*
Old Courthouse St	Hemant Basu Sarani
Park St	Mother Teresa Sarani
Rawdon St	Sarojini Naidu Sarani
Theatre Rd	*Shakespeare Sarani*
Victoria Terrace	*Gorky Terrace*
Waterloo St	Nawab Siraj-ud-Daula Sarani
Wellesley St	*RAK (Rafi Ahmed Kidwai) Rd*
Wood St	Dr Martin Luther King Sarani

plus pour une connexion rapide et un surcroît de confort au cybercafé de l'agence de voyages **R-Internet Travels** (carte p. 470 ; ntrncf@gmail.com ; Tottee Lane ; 20 ₹/heure ; ⊙9h-22h).

ARGENT

Les DAB qui acceptent les cartes Visa, MasterCard, Cirrus et Maestro sont répandus, et les cartes bancaires internationales sont largement acceptées dans les boutiques.

Bureaux de change

Autour de Sudder St, de nombreux bureaux de change privés affichent des taux (sans commission) bien plus intéressants que les banques ; certains changent les chèques de voyage. Voyez-en plusieurs et vérifiez soigneusement les opérations. Dans le centre, **Mishra Forex** (carte p. 462 ; 11 Shakespeare Sarani ; ⊙10h-20h lun-sam, 10h-16h dim) pratique des taux raisonnables et ouvre tous les jours.

Les bureaux de change de l'aéroport appliquent des taux peu avantageux et facturent jusqu'à 5% de commission. Un DAB est installé dans le hall des arrivées (comptoir 22), entre les portes de sortie 3B et 4A.

DÉSAGRÉMENTS ET DANGERS

Kolkata est une ville plutôt sûre (même s'il arrive que des touristes y soient victimes d'accidents isolés).

- La mendicité autour de Sudder St ne constitue qu'un désagrément mineur.
- Des *bandh* (grèves) se soldent parfois par l'arrêt de tous les transports terrestres, y compris les trains de banlieue et les taxis pour l'aéroport.
- De fortes inondations peuvent se produire en période de mousson.

OFFICES DU TOURISME

India Tourism (carte p. 462 ; ☎033-22821475 ; www.incredibleindia.org ; 4 Shakespeare Sarani ; ⏲10h-18h lun-ven, 10h-13h sam). Cet office distribue des cartes gratuites de l'agglomération de Kolkata, sur lesquelles sont indiqués les sites principaux et les arrêts. Y sont également dispensés de bons renseignements sur les voyages vers d'autres régions d'Inde.

West Bengal Tourism (carte p. 470 ; ☎033-22488271 ; www.wbtdc.gov.in ; 3/2 BBD Bagh ; ⏲10h30-13h30 et 14h-17h30 lun-ven, 10h30-13h sam). Le bureau vend surtout ses propres circuits (jusqu'à 16h30) et fournit de bonnes cartes gratuites de la ville. Son site Internet est pratique pour se renseigner sur les déplacements dans la région, ainsi que pour effectuer des réservations dans les hôtels et les lodges du Bengale gérés par l'État.

POSTE

General Post Office (carte p. 470 ; 7 Koilaghat St ; ⏲7h30-20h30 lun-sam, 10h-16h dim, colis 10h-14h30, bureau philatélique 10h-18h lun-ven). La nouvelle poste centrale se trouve dans Koilaghat St. Le bureau philatélique propose des timbres commémoratifs et l'on pourra y transformer vos photos en une planche de timbres à 5 ₹ (300 ₹ ; jusqu'à 7 jours d'attente).

Bureau de poste de CR Ave (carte p. 470 ; CR Ave ; ⏲10h-19h lun-sam). Dans le quartier de Chandni Chowk. Courrier ordinaire, courrier prioritaire et colis.

Bureau de poste de Shakespeare Sarani (carte p. 463 ; Shakespeare Sarani ; ⏲10h-16h lun-ven, 10h-14h sam). Poste secondaire mais bien située, dans le centre, avec services de courrier ordinaire et prioritaire.

SERVICES MÉDICAUX

Les services médicaux (notamment les pharmacies, les cabinets de médecins, les hôpitaux et les cliniques) sont répertoriés sur le portail www.justdial.com/kolkata.

Apollo Gleneagles (☎033-23202122, urgences 033-60601066 ; www.apollogleneagles.in ; près d'EM Bypass ; ⏲24h/24)

Belle Vue Clinic (carte p. 462 ; ☎9163058000 ; www.bellevueclinic.com ; Loudon (Dr UN Brahmachari) St, Minto Park ; ⏲24h/24)

Eastern Diagnostics (carte p. 466 ; ☎033-22178080 ; www.easterndiagnostics.com ; 13C Mirza Ghalib St ; ⏲9h-14h lun-sam)

TÉLÉPHONE

Les boutiques-agences de Sudder St vendent des cartes SIM (200 ₹). Vous devrez fournir une photocopie de votre passeport, une photo d'identité et un justificatif de domicile/hôtel. Les cartes SIM pour smartphone sont disponibles en format micro et nano, mais assurez-vous que votre appareil est bien débloqué. Vous pourrez passer des appels locaux/nationaux et envoyer des textos moyennant quelques roupies seulement. Les forfaits 4G avec Internet commencent à 250 ₹/Go.

ℹ Depuis/vers Kolkata

AVION

Reconstruit en 2013, l'**aéroport international Netaji Subhash Chandra Bose** (NSCBIA (CCU) ; ☎033-25118036), tout en verre, dispose d'un impressionnant terminal, mais les services souffrent parfois d'engorgement, surtout dans le hall des départs. Pour repartir, arrivez suffisamment tôt et préparez-vous à de longues files d'attente aux postes de contrôle de sécurité et des passeports.

Kolkata est desservie par de nombreuses liaisons domestiques tout au long de la journée. Il s'agit aussi d'une plaque tournante régionale, avec des vols pour le Bangladesh (Air India, Biman, Jet Airways et Regent Airways), le Bhoutan (Bhutan Airlines et Druk Air), le Myanmar (Air India) et le Népal (Air India). Parmi les destinations d'Asie du Sud-Est figurent Bangkok (Air Asia, IndiGo, Jet Airways, SpiceJet et Thai), Hong Kong (Dragonair), Kuala Lumpur (Air Asia), Kunming (China Eastern Airlines) et Singapour (SilkAir). Nombreux vols vers l'Europe et les États-Unis, avec des vols quotidiens qui passent par Abu Dhabi (Etihad), Doha (Qatar Airways) et Dubaï (Emirates).

Plusieurs compagnies aériennes ont des bureaux avec comptoirs de réservation en ville.

Air Asia (carte p. 466 ; ☎033-33008000 ; www.airasia.com ; 55A Mirza Ghalib St ; ⏲10h-20h lun-sam)

Air India (carte p. 470 ; ☎033-22110730 ; www.airindia.in ; 39 CR Ave ; ⏲10h-16h lun-sam)

Druk Air (carte p. 463 ; ☎033-22900050 ; www.drukair.com ; 51 Tivoli Crt ; ⏲10h-17h lun-sam)

Emirates (☎033-40099555 ; www.emirates.com ; Trinity Tower, 83 Topsia Rd ; ⏲10h-18h lun-sam)

Jet Airways (carte p. 466 ; ☎033-39893333 ; www.jetairways.com ; Park St ; ⏲10h-19h lun-sam)

BATEAU

La Shipping Corporation of India dispose de 5 bateaux qui appareillent une fois par mois, à dates fixes, pour Port Blair (îles Andaman). Ils partent des **docks de Kidderpore**, que l'on rejoint par la porte 3, en face de la gare des trains de banlieue de Kidderpore. Les billets (couchette/cabine/*deluxe* 2 500/6 420/9 750 ₹) sont vendus au 1er étage du bâtiment de la Shipping Corporation of India, environ 10 jours avant le départ.

BUS

Liaisons nationales

Pour rallier Darjeeling ou le Sikkim, prenez d'abord un bus pour Siliguri (12-14 heures). Tous roulent de nuit et partent de la **gare routière d'Esplanade** (carte p. 470 ; Esplanade) entre 17h et 20h (siège/couchette à partir de 550/650 ₹, avec clim 1 200/1 400 ₹). Un bus NBSTC à destination de Cooch Behar part à 20h (520 ₹, 18 heures).

Des bus pour le **Bihar** et l'**Odisha** (Strand Rd) stationnent le long de la route parallèle à la rive, au sud de la gare des trains de banlieue d'Eden Gardens. La plupart circulent de nuit et partent entre 17h et 20h30. Arrivez très tôt si vous avez des bagages.

Bhubaneswar (ventil/clim 380/430 ₹, 10 heures)
Gaya (siège/couchette 300/450 ₹, 13 heures)
Puri (siège/couchette 410/460 ₹, 12 heures)
Ranchi (siège/couchette à partir de 250/290 ₹, 10 heures)

Liaisons internationales

Bangladesh Les bus officiellement à destination du Bangladesh s'arrêtent en réalité à Benapol (poste de contrôle international), où les passagers traversent la frontière à pied et prennent un autre véhicule (géré par la même compagnie) pour Dacca. **Shohagh Paribahan** (carte p. 466 ; ☎033-22520696 ; shohagh12@sify.com ; 23 Marquis St ; ⏲5h-22h30) propose 5 services le matin pour "Dacca" (14 heures, ventil/clim 900/1 550 ₹). **GreenLine** (carte p. 466 ; ☎033-22520571 ; 12 Marquis St ; ⏲5h-22h30) offre 3 bus climatisés pour Benapol (400 ₹), qui partent tous à 7h. Le billet de correspondance jusqu'à Dacca coûte 1 200 TK (un peu moins de 1 000 ₹).

Bhoutan Le bus, géré par le gouvernement du Bhoutan, ralliant Phuentsholing (600 ₹, 15 heures) part tous les jours, sauf le dimanche, à 19h de la cour nord-est de la gare routière d'Esplanade, où vous trouverez deux **billetteries** (carte p. 470 ; ☎033-22627735 ; gare routière d'Esplanade ; ⏲9h30-13h et 14h-18h lun-sam) spéciales. Il est plus rapide et plus confortable de prendre le train 13149 *Kanchankanya Express* (*sleeper*/3AC/2AC 370/1 000/1 450 ₹, 20h30, 14 heures) à la gare de Sealdah jusqu'à Hasimara, puis d'emprunter un bus ou un taxi jusqu'à Phuentsholing, à 18 km de là. Sachez qu'il vous faudra peut-être passer la nuit dans la ville frontalière, le temps que votre visa soit vérifié.

TRAIN

Gares

Les trains longue distance partent de 3 gares principales. L'immense Howrah (qui se prononce "haora" ; HWH) est la plus desservie ; située de l'autre côté de la rivière, elle est souvent plus aisée d'accès en bateau. Sealdah (prononcez "cheï-al-da" ; SDAH) se trouve à l'extrémité est de MG Road. La gare de Kolkata (ou Chitpore ; KOAA) est environ 5 km plus au nord (près de la station de métro Belgachia).

Billets

Pour acheter des billets de train longue distance réservés au quota touristique, les étrangers doivent se rendre au **bureau des touristes étrangers d'Eastern Railways** (carte p. 470 ; ☎033-22224206 ; 6 Fairlie Pl ; ⏲10h-16h lun-sam, 10h-14h dim). Emportez votre passeport et un livre, car l'attente peut être très longue. À l'arrivée, prenez et remplissez un formulaire de réservation (numérotés, les formulaires font office de ticket de queue). La queue se forme bien avant l'ouverture. Si vous voyagez en groupe, seul l'un d'entre vous pourra se présenter, mais il lui faudra être muni des passeports de tout le monde. Il est parfois plus rapide de passer par la **billetterie informatisée** (carte p. 470 ; Koilaghat St ; ⏲8h-20h lun-sam, 8h-14h dim) à côté, même si elle n'applique pas de quota touristique.

ℹ Comment circuler

Les billets de bus, de tramway et de métro coûtent entre 5 et 20 ₹ sur la plupart des lignes urbaines. Les hommes ne doivent pas s'asseoir sur les sièges réservés aux femmes (*Ladies' seats*).

Attention : entre 13h et 21h, la majeure partie du réseau routier à sens unique s'inverse. Les bus partent alors dans l'autre direction, et les taxis qui sont hélés dans les rues à sens unique peuvent se montrer réticents à couvrir des trajets dans l'autre direction.

DEPUIS/VERS L'AÉROPORT

L'aéroport NSCBIA est situé à 16 km au nord-est du centre de Kolkata. Une route d'accès réservée rejoint le nouveau terminal depuis le sud (VIP Rd) via la porte 1 de l'aéroport. Dans l'enceinte du hall des arrivées du terminal, vous trouverez quels sont les différents moyens de transport public pour rejoindre la ville, ainsi qu'une billetterie informatisée (guichet 25) pour les trains sortant de la ville.

Bus climatisés

Les bus de l'aéroport partent d'un arrêt à quelques pas au sud de la porte 1A des arrivées. On paie à bord. Ponctuel, le **AC-39** (⏲8h-20h) part toutes les heures, s'arrête en chemin à la gare routière d'Esplanade (80 ₹, 1 heure) avant d'arriver à la gare ferroviaire d'Howrah (100 ₹, 1 heure 30), son terminus.

PRINCIPAUX TRAINS AU DÉPART DE KOLKATA

DESTINATION	N° ET NOM DU TRAIN	TARIFS (SLEEPER/3AC/2AC SAUF MENTION CONTRAIRE)	DURÉE	DÉPARTS
Bhubaneswar	12839 *Chennai Mail*	290/745/1 045 ₹	6 heures 30	23h45 (HWH)
Chennai	12841 *Coromandal*	665/1 745/2 540 ₹	26 heures 30	14h50 (HWH)
	12839 *Chennai Mail*	665/1 745/2 540 ₹	28 heures	23h45 (HWH)
Delhi	*Poorva* (12303/81)	630/1 665/2 415 ₹	23 heures 30	8h05 (HWH)
	12313 SDAH *Rajdhani*	3AC/1AC 2 105/4 875 ₹	17 heures 30	16h50 (SDAH)
Gorakhpur	*Purvanchal*/KOAA-GKP (15047/49/51)	420/1 140/1 650 ₹	17 heures 15-19 heures	14h30 (KOAA)
Guwahati	12345 *Saraighat*	500/1 315/1 890 ₹	17 heures 45	15h50 (HWH)
	15657 *Kanchanjunga*	455/1 235/1 795 ₹	21 heures 45	6h35 (SDAH)
Hooghly	*Bandel Local*	sans réservation 10 ₹	50 min	plusieurs par heure (HWH)
Lucknow	13151 *Jammu Tawi*	470/1 270/1 845 ₹	22 heures 45	11h45 (KOAA)
	Upasana/*Kumbha* (12327/69)	510/1 350/1 980 ₹	18 heures 15	13h (HWH)
Mumbai CST	12810 *Mumbai Mail*	740/1 945/2 840 ₹	33 heures	20h15 (HWH)
New Jalpaiguri	12343 *Darjeeling Mail*	350/920/1 295 ₹	10 heures	22h05 (SDAH)
	12377 *Padatik*	350/920/1 295 ₹	10 heures 15	23h15 (SDAH)
Patna	13005 *Amritsar mail*	315/840/1 205 ₹	9 heures	19h10 (HWH)
	12351 *Danapur*	340/890/1 250 ₹	9 heures 30	20h35 (HWH)
Puri	18409 *Sri Jagannath*	300/815/1 160 ₹	9 heures 45	19h (HWH)
	12837 *Howrah-Puri*	330/860/1 210 ₹	8 heures 45	22h35 (HWH)
Varanasi	13005 *Amritsar Mail*	385/1 055/1 530 ₹	14 heures	19h10 (HWH)

HWH = départ d'Howrah, SDAH = départ de Sealdah, KOAA = départ de Chitpore

Bus de ville

À 500 m au sud du terminal de l'aéroport en direction du passage de la VIP Rd, circulent des bus et minibus ordinaires et bon marché. Recherchez ceux en direction de BBD Bagh (20 ₹) et d'Howrah (25 ₹). Le bus 237 vous conduira jusqu'au quai des ferries de Babughat (20 ₹), tandis que le bus L238 rallie la gare ferroviaire d'Howrah (25 ₹) ; le trajet sera sans doute bondé et étouffant, et il risque de ne pas y avoir de place pour les gros sacs et valises.

Taxi

Les taxis jaunes prépayés coûtent 320/380 ₹ pour Sudder St/gare d'Howrah ; le trajet dure environ 1 heure quand la circulation est fluide. Réglez la course au comptoir 12 dans le nouveau hall des arrivées, entre les sorties 3B et 4A. Les radio-taxis pour la ville (environ 20 ₹/km) sont climatisés ; ils stationnent au guichet 11.

AUTO-RICKSHAW

Des auto-rickshaws avec 3 passagers à l'arrière et un à côté du conducteur fonctionnent comme des taxis collectifs sur des itinéraires fixes. Les tarifs varient de 6 à 10 ₹, selon la distance.

Quelques itinéraires clés :

Loha Pool-Dharamtala (carte p. 466 ; Elliot Rd). Part de Park Circus, suit Park St (ou après 13h Nasreddin Rd et Karaya Rd), AJC Bose Rd (près de la maison de Mère Teresa), puis Elliot Rd/Royd St et enfin Mirza Ghalib St/RAK Rd (matin/après-midi) près de Sudder St. Circuit en sens inverse après 13h.

Hazra-Bondel (carte p. 474 ; Hazra Rd). Suit Hazra Rd, au départ d'un pâté de maisons à l'est de la station de métro Jatin Das Park, et rejoint Ballygunge.

Hazra-Kidderpore (carte p. 474 ; Hazra Rd). Part vers l'ouest au départ de la station de métro Jatin Das Park, passe par les ateliers de statues de Kalighat et traverse Alipore.

Rashbehari-Gariahat (carte p. 474 ; Rashbehari Ave). Portion d'un itinéraire plus long, il relie la station de métro Kalighat au quartier commerçant de Gariahat en suivant Rashbehari Ave.

BUS ET TRAM

Il y a différentes sortes de bus à Kolkata. En plus de la petite flotte de bus climatisés flambant neufs (les meilleurs) circulent les bus standards qui se délabrent vite, les guimbardes bondées jaune et bleu, et enfin les minibus rouge et jaune, conduits principalement par des chauffeurs fous. Un grand nombre de minibus partent de la **gare des minibus** (carte p. 470), à l'est de BBD Bagh, notamment un service pour la porte 1 de l'aéroport, via Dum Dum.

Branlants mais photogéniques, les tramways empruntent des itinéraires plus prévisibles, le long de chemins choisis, et ne sont pas soumis à la circulation à sens unique.

FERRY

Traverser la Hoogly est généralement plus rapide et agréable en bateau que via les ponts. Ces derniers sont en effet invariablement congestionnés, notamment aux heures de pointe. Les **ferries fluviaux** (billets 5-10 ₹ ; ⌚8h-20h) partent toutes les 15 à 20 minutes d'Howrah vers les embarcadères du centre-ville. Les arrêts les plus pratiques sont Chandpal (pour Babughat), Bagbazar (pour Kumartuli), Belur et Dakshineswar.

MÉTRO

Bondées, les rames de **métro** (www.kmrc.in ; billets 5-20 ₹ ; ⌚6h45-21h55 lun-sam, 9h45-21h55 dim) passent toutes les 5 à 15 minutes (plus rarement le dimanche). Pour Sudder St, descendez à Esplanade ou Park St. Certaines rames ont la clim et coûtent le même prix que les wagons simplement ventilés.

Si plusieurs lignes sont prévues, une seule, circulant sur un axe nord-sud, était en service au moment de notre passage. Une seconde ligne (East-West Corridor), qui reliera à terme Howrah, Sealdah et Salt Lake en passant sous la Hooghly, devrait d'ores et déjà être entrée en fonctionnement lorsque vous lirez ces lignes.

En théorie, les sacs supérieurs à 10 kg sont interdits. Si vous devez séjourner en ville un bon moment, pensez à acheter un billet multitrajet pour vous éviter d'avoir à faire la queue à chaque fois que vous devrez prendre le métro.

RICKSHAW

Les "*tana* rickshaws", tirés par des hommes, ne peuvent circuler que dans des secteurs limités, notamment autour de New Market et certains secteurs du sud. Si les conducteurs exagèrent parfois les prix pour les étrangers, n'oubliez pas qu'ils sont pour la plupart très pauvres, qu'ils louent leur véhicule et dorment souvent en dessous, à même le trottoir. Un pourboire sera toujours très apprécié.

TAXI

Les taxis jaunes Ambassador facturent 25 ₹ jusqu'à 2 km, et 12 ₹ le kilomètre ensuite. Les compteurs numériques indiquent le prix exact de la course. Quelques taxis climatisés (blancs avec une rayure bleue) suivent le même principe de tarification, mais pratiquent un supplément de 25% pour la clim. Il est généralement facile de héler un taxi dans la rue, sauf aux heures de pointe (17h-18h) et après 22h, quand certains refusent d'utiliser leur compteur. Des guichets de taxis prépayés sont installés dans les gares d'Howrah (carte p. 470 ; gare d'Howrah) et de Sealdah, ainsi qu'à l'aéroport.

Les taxis Uber abondent actuellement à Kolkata, et peuvent être réservés en mettant à jour l'application de votre smartphone. Le tarif minimum est de 60 ₹. Les tarifs augmentent aux heures de pointe et peuvent équivaloir à plusieurs fois la course en taxi jaune.

Bengale-Occidental et Darjeeling

Dans ce chapitre ➡

Le top des restaurants

- ➡ Glenary's (p. 514)
- ➡ Cochrane Place (p. 507)
- ➡ Amber (p. 503)

Le top des hébergements

- ➡ Dekeling Hotel (p. 513)
- ➡ Holumba Haven (p. 522)
- ➡ Vedic Village (p. 499)

Pourquoi y aller

Bande de terre fertile qui s'étire des contreforts himalayens couverts de théiers aux mangroves luxuriantes du golfe du Bengale, le Bengale-Occidental offre une remarquable variété de destinations et d'expériences. Dans le Sud tropical, le village de Mandarmani, en bord de mer, mérite le détour, de même que les superbes temples hindous en briques et latérite de Bishnupur. Vous aurez peut-être la chance d'apercevoir un tigre en naviguant sur les cours d'eau boueux des Sunderbans ; vestiges de l'âge d'or maritime du Bengale, quelques villes fantômes de style européen bordent les rives de la Hooghly (un affluent du Gange) plus en amont ; dans les fraîches montagnes du Nord, le *toy train*, un petit train touristique, grimpe jusqu'à Darjeeling, charmante station climatique de l'époque du Raj, prisée pour sa vue sur l'imposant Khangchendzonga. Le Bengale-Occidental se distingue également par sa scène artistique dynamique, son excellente cuisine et sa population accueillante.

Quand partir

Darjeeling

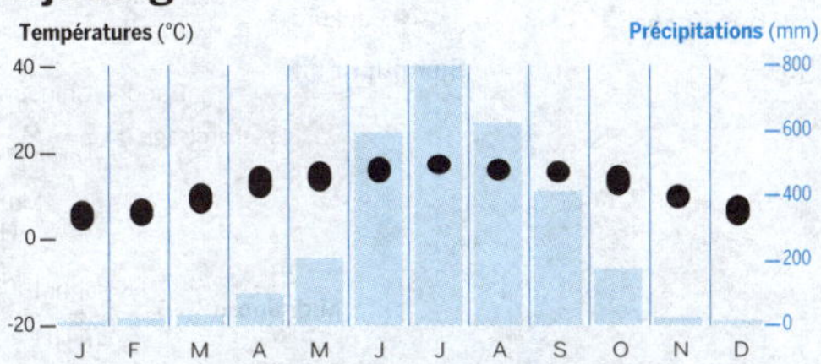

Jan Pour naviguer dans les épaisses forêts de mangrove de la Sunderbans Tiger Reserve.

Mars-mai et oct-déc Belles vues, treks et fleurs printanières dans le Nord. Haute saison en octobre.

Oct-mars La période idéale pour fuir la chaleur des plaines du Sud.

À ne pas manquer

1 La vue panoramique sur les montagnes du haut des crêtes au cours du **trek de Singalila Ridge** (p. 518).

2 Un trajet en **toy train** (p. 517) au pays du thé, entre Kurseong et Darjeeling.

3 L'ambiance bohème de la ville universitaire de **Shantiniketan** (p. 499) et la superbe campagne environnante.

4 Les plantations de thé et la vue fantastique depuis **Darjeeling** (p. 507), station climatique historique.

5 Les scènes des épopées hindoues délicatement sculptées sur les temples de **Bishnupur** (p. 498).

6 La navigation sur les canaux des **Sunderbans** (p. 496), à travers la plus vaste forêt de mangrove de la planète, pour apercevoir des martins-pêcheurs, des *chital* (cerfs tachetés) et, qui sait, de farouches tigres du Bengale.

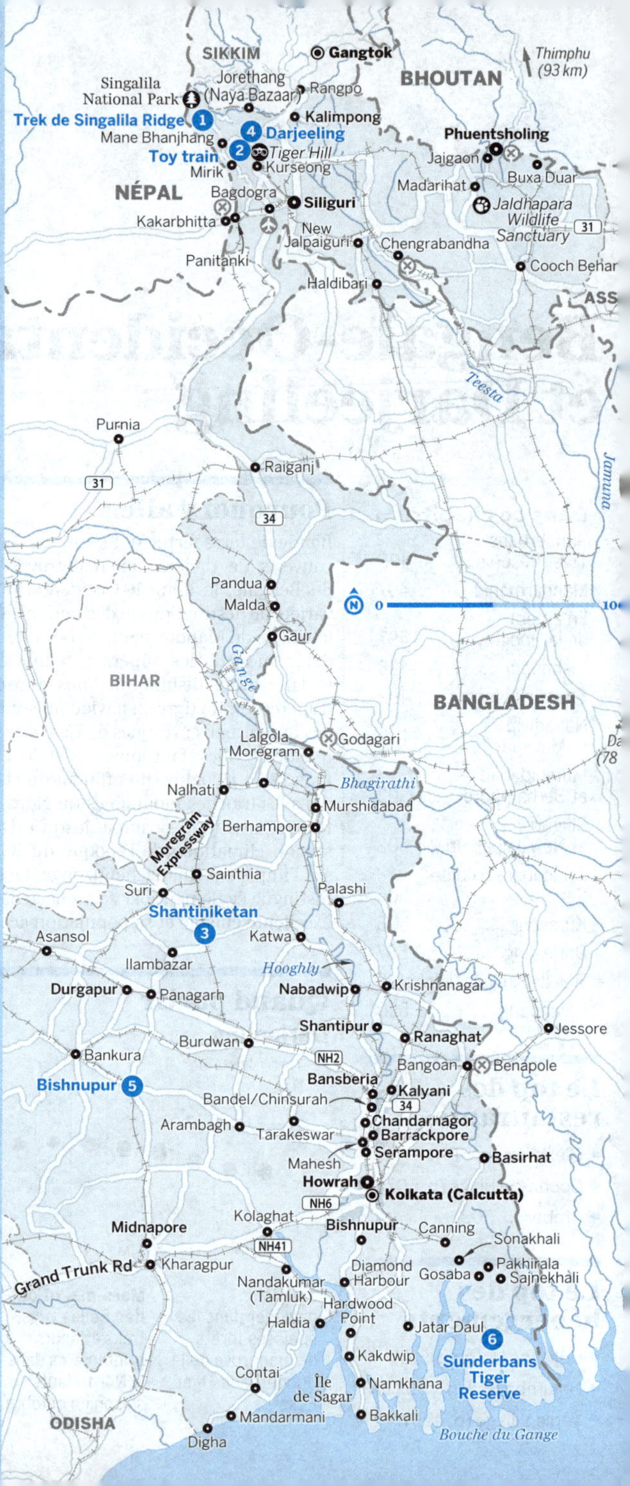

Histoire

Appelé Vanga dans le *Mahabharata*, le Bengale faisait partie de l'Empire maurya au IIIe siècle av. J.-C. ; il fut ensuite successivement contrôlé par les Gupta, les Pala bouddhistes et les sultans musulmans de Delhi. Après la mort d'Aurangzeb, en 1707, le Bengale devint un État musulman indépendant.

La Compagnie britannique des Indes orientales établit un comptoir à Kolkata (Calcutta) en 1698 ; celui-ci prospéra bientôt, au point d'éclipser, le long de la Hooghly, d'autres comptoirs européens, appartenant à des marchands portugais, néerlandais et danois. Ennuyé par la prompte expansion britannique, Siraj ud-Daula, le nabab du Bengale, quitta sa capitale de Murshidabad et s'empara facilement de Kolkata en 1756. Robert Clive le battit l'année suivante lors de la bataille de Plassey, aidé par la trahison de l'oncle de Siraj ud-Daula, Mir Jafar, un commandant de l'armée du nabab. Jafar succéda à son neveu, mais après la bataille de Buxar en 1764, les Britanniques contrôlèrent entièrement le Bengale.

Berceau de la Renaissance indienne et du mouvement pour l'indépendance, le Bengale-Occidental a longtemps été considéré comme le centre culturel et intellectuel du pays ; Calcutta fut la capitale politique de l'Inde jusqu'en 1912, lorsque les Britanniques lui préférèrent Delhi. En 1947, l'indépendance – et la Partition du pays qui s'ensuivit – provoqua la division du Bengale (déjà scindé en 1905 pour des raisons administratives) entre le Bengale-Occidental majoritairement hindou et le Pakistan oriental (l'actuel Bangladesh) essentiellement musulman, ce qui entraîna le soulèvement et la migration de millions de Bengalis.

Depuis la fin des années 1980, la demande de Darjeeling pour une autonomie politique s'est accompagnée d'épisodes de troubles dans les montagnes septentrionales de l'État. La situation s'est stabilisée à la suite de la création de la Gorkhaland Territorial Administration, en 2012.

Activités

Trekking

Toutes les stations climatiques du Bengale-Occidental offrent de belles randonnées le long de chemins aux senteurs de pins. Pour un trek de plusieurs jours, l'itinéraire le plus populaire est celui de Singalila Ridge, près de Darjeeling, avec hébergement dans des maisons de thé. Il est possible de faire de fantastiques randonnées à Kalimpong, tant dans les petites rues de la ville que dans les hauteurs alentour, d'où l'on voit l'Himalaya.

Observation de la faune

La région forestière des Sunderbans se prête à l'observation des crocodiles, des dauphins du Gange, des cervidés, des varans malais, des tigres du Bengale, ainsi que d'une myriade d'oiseaux. Dans les jungles du Jaldhapara, vous pourrez approcher des éléphants et des rhinocéros.

LE TOP DES FÊTES ET FESTIVALS DU BENGALE-OCCIDENTAL

Ganga Sagar Mela (île Sagar ; ⏲mi-jan). Des centaines de milliers de pèlerins hindous convergent vers l'embouchure du Gange pour se baigner au cours d'une fête turbulente.

Nouvel An bengali (Naba Barsha ; dans tout l'État ; ⏲mi-avr). Appelé Nabo Barsho, il célèbre le premier jour du calendrier bengali.

Rath Yatra (fête du Char ; Mahesh, Serampore ; ⏲juil-août). Les participants célèbrent cet événement en tirant l'énorme char du seigneur Jagannath entre les temples.

Durga Puja (dans tout l'État ; ⏲sept/oct). Dans tout l'État, particulièrement à Kolkata, des *pandal* (sanctuaires provisoires) sont édifiés pour vénérer avec ferveur la déesse Durga. Après 4 jours de festivités, les superbes représentations en argile de la divinité à dix bras sont immergées dans les cours d'eau. Célébré sous le nom de Dussehra ou Dashain dans les contreforts de l'Himalaya. Banques et bureaux peuvent être fermés pendant une semaine.

Jagaddhatri Puja (Chandannagar ; ⏲nov). Honore la déesse hindoue Jagaddhatri, une incarnation de Durga.

Poush Mela (p. 499). Musique et danses traditionnelles, théâtre et chants baul animent la ville universitaire de Shantiniketan.

Depuis/vers le Bengale-Occidental et Darjeeling

Reliée par avion et par train à tout le reste du pays, ainsi que par quelques vols à l'étranger, Kolkata est la porte d'accès la plus pratique pour la moitié méridionale de l'État. L'aéroport de Bagdogra et la gare ferroviaire de New Jalpaiguri, à Siliguri, sont les principaux points d'accès aux montagnes du Nord, que ce soit depuis les États du Nord-Est ou, par voie de terre, depuis le Bangladesh voisin. À l'international, l'aéroport de Bagdogra dessert Paro et Bangkok, et propose des vols en hélicoptère pour Gangtok. Des trains de nuit et des bus climatisés (de jour ou de nuit) assurent des liaisons fréquentes entre Kolkata et Siliguri (12 heures).

SUD DE KOLKATA

Sunderbans Tiger Reserve

D'une superficie de 2 585 km², la Sunderbans Tiger Reserve (entrée/caméra 60/200 ₹ ; aube-crépuscule) abrite l'une des plus importantes concentrations de tigres du Bengale de la planète. Ce réseau de canaux et de mangroves semi-submergées forme le plus vaste delta du monde. Cet écosystème jouxte le delta des Sunderbans du Bangladesh, qui s'étend vers l'est de l'autre côté de la frontière, le long du même littoral. Les tigres (dont la population est officiellement estimée à un peu plus de 100 individus) se cachent dans les profondeurs impénétrables des forêts de mangrove et traversent à la nage les innombrables bras du delta. S'ils attaquent parfois des villageois (et leur bétail), ces félins farouches se laissent rarement observer. Naviguer sur les larges canaux de la plus grande réserve de mangrove du monde (classée au Patrimoine mondial) et découvrir la faune – dauphins du Gange, varans malais, crocodiles marins de 5 m de long ou martins-pêcheurs chatoyants – équivaut à explorer un autre monde, à des années-lumière du tumulte de Kolkata. La meilleure période pour visiter la réserve s'étend de novembre à février – les mois les plus chauds de mars et avril se prêtent davantage à l'observation du tigre.

ÎLE DE SAGAR

Selon une légende hindoue, l'île de Sagar, au confluent du Gange, est l'endroit où les 60 000 fils du roi Sagar furent ramenés à la vie par le fleuve après avoir été réduits en cendres par un sage nommé Kapil Muni. Chaque année en janvier, la Ganga Sagar Mela (p. 495) célèbre ce mythe près du **temple de Kapil Muni**. Le meilleur moyen d'assister à la fête est de participer au circuit en bateau de 2 jours organisé au départ de Kolkata par West Bengal Tourism, avec hébergement à bord (à partir de 8 800 ₹/pers tout compris). L'île somnole le reste de l'année.

Des bus (60 ₹, 2 heures) relient fréquemment la gare routière d'Esplanade de Kolkata à l'embarcadère de Namkhana, d'où partent les bateaux pour l'île. Sur l'île, des bus et des taxis collectifs font la navette entre les sites touristiques.

À voir

Mangrove Interpretation Centre MUSÉE

(Sajnekhali ; 8h30-17h). GRATUIT Tenu par le département des forêts, ce centre ombragé, situé à l'entrée de la réserve, dispense des renseignements pratiques sur l'écosystème local. On y trouve aussi une petite pouponnière de tortues et de crocodiles, un musée de la faune et la flore et un tableau indiquant la date de la dernière observation d'un tigre.

Activités

India Beacons BATEAU

(9903295920 ; www.indiabeacons.com). Il est possible de louer des bateaux à moteur et les services d'un guide à Godkhali, en route vers Sajnekhali. Comptez environ 8 000 ₹ pour les groupes jusqu'à 4 personnes. India Beacons offre un bon choix de bateaux pour naviguer sur les cours des Sunderbans.

Circuits organisés

Les circuits organisés constituent la meilleure façon de se déplacer dans cet environnement rude, d'autant que les agences se chargent des permis, des formalités, de trouver un guide et de la logistique en général. Il est déconseillé de s'y rendre en indépendant.

Les prix varient grandement. Ils comprennent habituellement le transport aller-retour de Kolkata, l'hébergement, les repas, les droits d'entrée au parc, ainsi que la rétribution du guide et la location du bateau ; vérifiez bien ce qui est inclus.

Backpackers OBSERVATION DE LA FAUNE
(☎9836177140 ; www.tourdesundarbans.com ; 11 Tottee Lane, Kolkata ; 1/2 nuits par pers tout compris 4 000/4 500 ₹ ; ⏲10h-19h). Cette agence fiable tenue par trois frères très compétents organise des excursions vivement recommandées dans la jungle, avec observation des oiseaux et musique locale. L'hébergement se fait dans un chalutier reconverti en bateau de croisière ou dans une pension villageoise, avec musique traditionnelle en soirée. Les prix dépendent de la taille du groupe et de la durée.

Sunderban Tiger Camp OBSERVATION DE LA FAUNE
(☎033-32935749 ; www.waxpolhotels.com ; 71 Ganesh Chandra Ave, Kolkata ; 1/2 nuits par pers tout compris à partir de 4 940/9 880 ₹). Cette agence bien gérée emploie des guides expérimentés et fournit un hébergement de qualité (sur la terre ferme) dans des huttes et de charmants cottages en briques rouges, ornés de peintures murales évoquant la forêt. Les huttes sont moins chères et procurent une sensation d'aventure. Le personnel peut, sur demande préalable, organiser des spectacles culturels et des circuits ornithologiques.

Help Tourism OBSERVATION DE LA FAUNE
(carte p. 474 ; ☎033-24550917 ; www.helptourism.com ; 67A Kali Temple Rd, Kalighat, Kolkata ; 2 nuitées par pers tout compris 16 400 ₹). Étroitement associé aux communautés locales, ce tour-opérateur donne à découvrir la vie rurale dans le delta et assure un splendide circuit dans la forêt, avec hébergement dans un luxueux campement écologique. Les prix baissent fortement pour les groupes importants ; renseignez-vous sur place.

West Bengal Tourism EN BATEAU
(☎033-22488271 ; www.wbtdc.gov.in ; 2 nuits tout compris à partir de 6 600 ₹/pers). Chaque semaine de septembre à avril, l'office du tourisme du Bengale-Occidental organise des croisières avec repas et hébergement à bord. En haute saison, de décembre à février, elles sont prises d'assaut par la clientèle locale. Réservez en ligne et très en avance.

ℹ Depuis/vers la Sunderbans Tiger Reserve

Les circuits organisés incluant les transferts depuis Kolkata, les voyageurs n'ont pas à se préoccuper des transports. Si vous prévoyez de vous y rendre seul, la meilleure solution est de prendre un train local au départ de la gare ferroviaire de Sealdah, à Kolkata, jusqu'à Canning (15 ₹, 1 heure 30), d'où des minibus (50 ₹) assurent la navette jusqu'à Godkhali. Le dernier tronçon pour gagner Sajnekhali se fait en bateau (20 ₹).

Mandarmani

☎03220

À 180 km au sud de Kolkata, ce paisible village de pêcheurs possède une plage superbe, longue de près de 15 km. Comptant parmi les moins polluées du pays, elle est peuplée d'innombrables petits crabes de sable, qui y vivent en colonies. À l'aube, les bateaux de pêche viennent y décharger leurs prises.

Adventure Zone (☎9830033896) propose du parachutisme ascensionnel (800 ₹) sur la plage et des forfaits de sports d'aventure (1 500 ₹) qui comprennent kayak, tyrolienne, escalade et descente en rappel.

La plupart des hébergements de Mandarmani se regroupent le long de la plage et se révèlent très divers en termes de qualité. **Sana Beach** (☎9330633111 ; www.mandarmanihotels.com ; d avec petit-déj à partir de 3 750 ₹ ; ❄🏊), au bout de la plage, est de loin le meilleur des complexes hôteliers qui jalonnent le rivage. Y sont loués des chambres douillettes aux tons chaleureux, des cottages ethno-chics et des tentes. On y trouve également une jolie piscine et un bon bar-restaurant.

Pour vous rendre à Mandarmani, prenez le train 12857 *Tamralipta Express*, qui part à 6h40 de la gare ferroviaire d'Howrah à Kolkata, jusqu'à Digha (siège 2e classe/*chair* 100/370 ₹, 3 heures 30). La course en taxi de la gare ferroviaire de Digha à Mandarmani coûte environ 500 ₹.

NORD DE KOLKATA

En amont de la Hooghly

À 25 km au nord de Kolkata sur les rives de la Hooghly, **Serampore** fut un comptoir danois jusqu'en 1845, date à laquelle le Danemark céda ses possessions indiennes à la Compagnie britannique des Indes orientales. Le **Serampore College** fut fondé en 1818 par le premier missionnaire baptiste en Inde, William Carey. Sa bibliothèque comptait jadis parmi les plus grandes du pays.

Plus en amont, on accède à l'ancien comptoir français de **Chandannagar** (ou Chandernagor), où vous pourrez visiter l'**église du Sacré-Cœur** et, à proximité, la demeure du XVIIIe siècle occupée par l'**Institut culturel de Chandannagar** (11h-17h30, fermé jeu et sam) GRATUIT, qui abrite plusieurs collections retraçant l'histoire de cet avant-poste colonial. En novembre, Chandannagar s'illumine à l'occasion de **Jagaddhatri Puja**, une fête dédiée à une incarnation de Durga, la mère divine hindoue. Les fidèles affluent pour vénérer les gigantesques statues en argile de la déesse à quatre bras, installées dans des *pandal* (sanctuaires provisoires).

En 1571, les Portugais établirent une fabrique à **Bandel**, à 41 km au nord de Kolkata et près de Saptagram, qui était un important port marchand portugais bien avant l'essor de Kolkata. À Bandel, vous pourrez grimper au sommet de la tour de l'Horloge, joliment décrépite, de l'**Imambara** (10 ₹ ; 10h-18h avr-juil, 10h-17h30 août-nov, 10h-17h déc-mars), qui se distingue par son horloge mécanique gigantesque et d'où l'on a une vue splendide sur la Hooghly. Cet édifice fut inauguré en 1861, comme centre d'enseignement et de prière. Sa magnifique architecture anglo-indienne mérite d'être photographiée.

À 1 km au sud de Bandel, **Chinsurah** fut cédée aux Britanniques par les Hollandais en échange de Sumatra, en 1825. À 1 km à l'ouest, on trouve les ruines d'un fort et un cimetière.

CROISIÈRES FLUVIALES

Pour qui a le pied marin (et la bourse bien remplie), les bateaux de croisière de luxe qui empruntent la Hooghly se prêtent à une découverte mémorable et tout confort du delta du Gange. D'une durée variant généralement de quatre jours à deux semaines, ces périples comportent des escales dans plusieurs villes, comme Chandannagar, Bandel, Mayapur, Murshidabad et Farakka (pour Gaur et Pandua), et incluent des excursions vers des sites secondaires. **Bengal Ganga** (011-41085922 ; www.bengalganga.com ; tout compris à partir de 46 800 ₹ par pers et par jour) et **Assam Bengal Navigation** (9207042330 ; www.assambengalnavigation.com ; tout compris à partir de 210 $US par pers et par jour) sont vivement recommandés.

À 6 km au nord de Bandel, **Bansberia** compte deux temples intéressants. L'imposant **temple d'Hanseswari** est dédié à un avatar de la déesse Kali. Sa tour, formée de 13 shikharas (flèches des temples hindous), ne déparerait pas à Saint-Pétersbourg. Dans l'enceinte du complexe se trouve l'élégant **temple de Vasudev**, aux carreaux en terre cuite, qui évoque les temples de Bishnupur.

Pour visiter ces localités en une journée d'excursion depuis Kolkata, prenez n'importe quel train local à destination de Bandel (15 ₹, 1 heure, toutes les heures) à la gare ferroviaire d'Howrah. À la gare de Bandel, vous trouverez des auto-rickshaws qui rallient les sites intéressants – vous pourrez louer les services d'un auto-rickshaw pour la journée (environ 500 ₹). Sinon, louez un taxi pour la journée (3 000 ₹) au départ de Kolkata.

Bishnupur

03244

Réputée pour ses superbes temples en briques et latérite, Bishnupur fut la florissante capitale des rois Malla du XVIe au début du XIXe siècle. L'architecture des **temples** (Indien/étranger 30/750 ₹ ; aube-crépuscule) mêle les styles bengali, islamique et orissais. Sur de nombreuses façades figurent des scènes détaillées du *Ramayana* et du *Mahabharata*, les épopées hindoues.

Bishnupur est située dans le district de Bankura, renommé pour ses **saris de soie de style baluchari** et ses poteries, notamment les **chevaux stylisés en terre cuite de Bankura**. Des reproductions des carreaux en terre cuite des temples sont vendues partout.

Le **Jor Bangla**, le **temple de Madan Mohan**, le **Ras Mancha** aux multiples arches et le **temple de Shyam Rai** comptent parmi les plus remarquables. Vous devrez acheter votre billet au Ras Mancha et le présenter aux autres temples. Des *rickshaw-wallahs* vous conduiront à travers le dédale des ruelles pour 300 ₹. Un petit **musée** (15 ₹ ; 11h-19h mar-dim) mérite le coup d'œil pour sa collection de couvertures de manuscrits peintes, ses frises en pierre, ses instruments de musique et ses objets d'art populaire.

Le **Bishnupur Tourist Lodge** (03244-252013 ; www.wbtdc.gov.in ; College Rd ; d à partir de 880 ₹ ;), reconnaissable à sa façade rouge et blanc, est sans doute le meilleur hébergement de la ville, avec des chambres propres

À NE PAS MANQUER

SPA HAUT DE GAMME

Pour apprécier la campagne bengalie dans un cadre luxueux tourné vers le bien-être, réservez un séjour dans l'un des deux hôtels-spas suivants. Sis dans un cadre bucolique, ils assurent un confort irréprochable et des soins de qualité.

Entouré de potagers verdoyants et construit autour d'un lac bordé d'arbres, le **Vedic Village** (☎033-66229900 ; www.thevedicvillage.com ; village de Shikharpur, Rajarhat ; forfait spa à partir de 8 500 ₹ ; ❄@≋), un somptueux complexe hôtelier à 1 heure de voiture au nord de Kolkata, est réputé pour son hospitalité et ses équipements – son spa-clinique de naturopathie est réputé le meilleur du pays. Des forfaits de soins pour des séjours prolongés, incluant des consultations chez des médecins de l'établissement, peuvent être organisés sur demande. Les simples vacanciers se détendront dans l'une des luxueuses villas en écoutant le chant des oiseaux et en se régalant d'une cuisine savoureuse… entre deux plongeons dans la piscine bleu outremer.

Sur la route de Diamond Harbour, à 2 heures au sud de Kolkata, le **Ganga Kutir** (☎033-40404040 ; www.raichakonganges.com ; village de Sarisa, Raichak ; ch avec petit-déj à partir de 8 550 ₹ ; ❄@≋) est une autre destination prisée des aspirants à la solitude. Sur les berges de la Hooghly, ce complexe huppé propose des forfaits de soins, associés à des séances de yoga et de méditation. Les hôtes logent dans des suites élégantes, ornées de belles peintures murales et avec vue sur le fleuve.

aux tons pastel et un bon bar-restaurant. Proche du musée, il affiche souvent complet ; mieux vaut réserver. De la gare ferroviaire, comptez 80 ₹ en rickshaw.

Depuis/vers Bishnupur

Des bus réguliers desservent Bishnupur depuis Kolkata (160 ₹, 5 heures). Pour Shantiniketan (120 ₹, 4 heures), vous devrez changer à Durgapur. Deux trains rapides rallient chaque jour Howrah (siège 2e classe/*chair* 110/395 ₹, 4 heures) : le 12883 *Rupashi Bangla Express* à 6h25 et le 12827 *Howrah Purulia Express* à 16h50.

Shantiniketan

☎03463

Centre de culture et d'art bengalis, la ville universitaire de Shantiniketan ("demeure de paix" en bengali) est à l'image de son nom. Le poète et prix Nobel de littérature Rabindranath Tagore (1861-1941) y fonda une école dans un cadre pastoral en 1901. Celle-ci devint par la suite une célèbre université nommée **Visva Bharati**, qui privilégie l'étude des arts et des relations de l'homme avec la nature. Elle attire des étudiants de tout le pays et de l'étranger.

À voir

Le campus de Visva Bharati abrite d'éclectiques **statues**, les fameuses **peintures murales de Shantiniketan** et les vitraux belges de la **salle de prière de l'université**.

Ensemble architectural Uttarayan MUSÉE

(Campus de Visva Bharati ; tarif plein/étudiant 10/5 ₹ ; ⌚10h-13h et 14h-16h jeu-lun, 10h-13h mar). Ce superbe ensemble, avec ses avenues arborées, ses cours gravillonnées et ses jardins exotiques, comprend plusieurs bâtiments construits dans divers styles architecturaux, allant de l'Art déco au style bengali rural. Ancien lieu de résidence de Rabindranath Tagore, l'endroit accueille désormais quelques bureaux de l'université, ainsi qu'un **musée** et une **galerie d'art** qui méritent une visite si vous vous intéressez au célèbre poète. Vous pourrez y acheter des reproductions de ses croquis et de ses peintures au comptoir situé près de l'entrée principale.

Fêtes et festivals

Poush Mela CULTURE

(Shantiniketan ; ⌚23-26 déc). Principal événement de Shantiniketan, la foire de Poush Mela rassemble artistes, musiciens, artisans et poètes venus aussi bien de villages voisins que de continents lointains. Vous pourrez découvrir les Bauls – ménestrels du Bengale – et écouter leurs chansons sur la vie et l'amour, ou faire le tour des échoppes vendant des objets tribaux, des vêtements et des bijoux. Les stands d'alimentation vendent de succulents plats régionaux.

Magh Mela CULTURE

(Shantiniketan ; ⌚6-8 fév). Durant ces 3 jours de festivités qui se déroulent à Sriniketan (village contigu à Shantiniketan), artisanats

SÉJOURS PRINCIERS

Aux alentours de Kolkata, plusieurs *rajbari* (palais) appartiennent à des familles d'anciens *zamindar* (propriétaires terriens). Si la plupart sont décrépis et abandonnés, quelques-uns ont été restaurés et transformés en hôtels haut de gamme, offrant un aperçu de la vie princière d'autrefois. C'est notamment le cas de l'**Itachuna Rajbari** (☎9830142389 ; www.itachunarajbari.com ; village d'Halusai ; d à partir de 2 100 ₹ ; ❄), à 110 km de Kolkata. Le majestueux intérieur, la délicieuse cuisine bengalie et l'ambiance bucolique en font une adresse exceptionnelle. Le **Rajbari Bawali** (☎9830383008 ; www.therajbari.com ; village de Bawali ; d avec petit-déj à partir de 8 000 ₹ ; ❄), à une heure de route au sud de Kolkata, est une retraite charmante et accueillante, à la splendide façade agrémentée de colonnes doriques et à la décoration soigneusement préservée.

et arts ruraux sont sur le devant de la scène. Le deuxième soir, le spectaculaire feu d'artifice attire les foules.

Où se loger

Shantiniketan Tourist Lodge HÔTEL $
(☎03463-252699 ; www.wbtdc.gov.in ; Bhubandanga ; d à partir de 1 180 ₹ ; ❄). Cet hôtel d'État, vaste et accueillant, loue des chambres *deluxe* climatisées (2 950 ₹), distribuées dans des cottages autour d'une belle pelouse. Nous en déconseillons en revanche les autres hébergements. Il compte également un restaurant (plats 80-140 ₹) où sont servies de bonnes spécialités bengalies.

Mitali Homestay CHEZ L'HABITANT $$
(☎9433075853 ; krishno.dey@gmail.com ; Phool Danga ; d avec petit-déj 3 500 ₹ ; ❄). À 2 km environ au nord de l'université, dans le village verdoyant de Phool Danga, un diplomate à la retraite et sa femme designer vous accueilleront dans leur ravissante maison, où vous passerez un séjour paisible et bucolique en charmante compagnie. Les 2 chambres sont douillettes et climatisées (l'une est aménagée dans la maison principale, l'autre dans une annexe) et les repas familiaux, délicieux (déjeuner ou dîner 400 ₹/personne). La course en auto-rickshaw depuis le campus coûte 50 ₹.

Réductions souvent consenties pour les séjours de plus de 3 nuitées.

Chhuti Holiday Resort COMPLEXE HÔTELIER $$
(☎03463-252692 ; www.chhutiresort.co.in ; Charu Palli ; d à partir de 1 800 ₹ ; ❄). Cette propriété arborée, à l'atmosphère paisible, affiche des chambres de style maisonnette, avec décorations tribales. Le restaurant international sert une bonne cuisine. Pas de connexion sans fil, mais la réception peut organiser des programmes culturels sur demande préalable. Le complexe se trouve à proximité de la gare routière de Jambuni, à Bolpur. La course en auto-rickshaw jusqu'à l'université revient à 50 ₹.

Park Guest House PENSION $$
(☎9434012420 ; www.parkguesthouse.in ; Deer Park ; d avec petit-déj à partir de 1 730 ₹ ; ❄📶). À l'orée d'un village tribal, cette modeste option plaît à qui aime allier solitude et rusticité. Les chambres, basiques mais confortables, arborent un décor ethnique, et les *thali* (préparés sur commande) sont succulents. La jolie pelouse invite à prendre une bière en soirée.

Où se restaurer

Alcha Foods BENGALI $$
(Tourist Lodge Rd ; thali végétarien/poisson 100/190 ₹ ; ⏲12h-15h et 16h-20h lun-sam). Ce minuscule restaurant est connu pour ses délicieux plateaux déjeuner, avec leur grand choix de mets traditionnels bengalis. Des menus de saison uniques sont proposés pour chaque jour de la semaine. En soirée, vous pourrez commander un assortiment d'en-cas frits à accompagner d'une bonne tasse de café filtre.

Ghare Baire BENGALI $$
(Geetanjali Cinema ; repas 190 ₹ ; ⏲11h30-21h30). Spécialisé dans la cuisine bengalie traditionnelle, ce restaurant aux allures de cafétéria prépare, midi et soir, des plats aussi beaux à voir que succulents, ainsi que des en-cas classiques et quelques classiques chinois. Sur place, une boutique de souvenirs vend de ravissants textiles et poteries.

Renseignements

Bureau de poste (Shantiniketan Rd ; ⏲10h-16h lun-sam). Dans l'artère principale, ce bureau de poste offre des services d'envoi rapide et d'envoi de colis.

State Bank of India (Shantiniketan Rd ; ⌚10h-16h lun-ven, 10h-14h sam). Possède un DAB qui accepte les cartes étrangères.

Depuis/vers Shantiniketan

La ville de Bolpur sert de carrefour des transports à Shantiniketan. Plusieurs trains quotidiens circulent tous les jours entre Kolkata et la gare de Bolpur, à 2 km au sud de l'université. Préférez le 12337 *Shantiniketan Express* (siège 2e classe/*chair* 95/305 ₹, 2 heures 30), qui part à 10h10 de la gare d'Howrah. Pour New Jalpaiguri, prenez le 15657 *Kanchenjunga Express* (*sleeper*/3AC 250/670 ₹, 9 heures) de 9h20. Une **billetterie ferroviaire** (Shantiniketan Rd ; ⌚8h-12h et 12h30-14h jeu-mar), sur le campus de l'université, fournit renseignements et billets.

De la gare routière de Jambuni, à Bolpur, des bus permettent de rejoindre Berhampore/Murshidabad (110 ₹, 4 heures) et Bishnupur (100 ₹, 4 heures). Changez respectivement à Suri et Durgapur.

Nabadwip et Mayapur

☎03472

À environ 115 km au nord de Kolkata, Nabadwip est un centre ancien de culture sanskrite, ainsi qu'un important lieu de pèlerinage dédié à Krishna, attirant des foules de dévots. Le dernier roi hindou du Bengale, Lakshman Sen, y déplaça sa capitale depuis Gaur.

Mayapur, de l'autre côté du fleuve, est le siège de la secte Iskcon (Hare Krishna). On y trouve un grand temple coloré et l'Iskcon Guest House.

Depuis/vers Nabadwip et Mayapur

Les trains suburbains locaux (20 ₹, 2 heures, toutes les heures) relient la gare de Sealdah de Kolkata à la ville de Krishnagar, d'où des auto-rickshaws collectifs (20 ₹) pourront vous conduire à Mayapur.

HORS DES SENTIERS BATTUS

GAUR ET PANDUA

Surplombant les rizières inondées de Gaur (à 355 km de Kolkata), des mosquées et d'autres ruines constituent les vestiges de ce qui fut la capitale des nababs du Bengale du XIIIe au XVIe siècle. Il reste peu de choses de l'époque préislamique (VIIe-XIIe siècle), quand Gaur fut successivement la capitale des dynasties Pala (bouddhiste) et Sena (hindoue).

Malda, à 340 km au nord de Kolkata, est une base pratique pour explorer Gaur et Pandua. Elle est également réputée pour ses mangues, lesquelles arrivent à maturité l'été. Même si votre séjour ne coïncide pas avec la saison des mangues, vous pourrez en acheter des marinées – délicieuses – ou confites sur le marché local.

Derrière des vergers de manguiers se dressent l'imposante **mosquée Baradwari** (1526), qui a conservé l'aile à arcade de son corridor, et la **Dakhil Darwaza** (1425), une porte aux allures de forteresse. La **mosquée Qadam Rasul** renferme une "empreinte" du pied de Mahomet. Non loin, des fragments d'émaux colorés égayent la **mosquée Chamkan** et **Gumti Gate**.

À Pandua (à 25 km de Gaur), on accède aux vastes ruines de l'**Adina Masjid** du XIVe siècle, qui fut jadis la plus grande mosquée d'Inde. À 2 km, le **mausolée Eklakhi** doit son nom au prix de sa construction : 1 lakh (100 000 ₹), en 1431.

Malda compte quelques hôtels très rudimentaires destinés aux voyageurs indiens. Le meilleur est l'**Hotel Kalinga** (☎03512-283567 ; www.hotelkalingamalda.com ; NH34, Ram Krishna Pally ; d 1 050 ₹ ; ❄), avec des chambres assez correctes et un restaurant de cuisine internationale. La réception trouve des taxis pour la visite des ruines.

Plusieurs trains express circulent tous les jours entre la gare d'Howrah de Kolkata et Malda, notamment le 12041 *Shatabdi Express* (*chair* 750 ₹, 5 heures, départ à 14h15) et le 13011 *Howrah-Malda Intercity Express* (siège 2e classe/*chair* 130/470 ₹, 7 heures 30, départ à 15h25). Le premier continue jusqu'à New Jalpaiguri (*chair* 600 ₹, 3 heures, départ à 19h10), qui est le point d'entrée à Darjeeling.

Des bus partent régulièrement pour Siliguri (150 ₹, 6 heures), Berhampore/Murshidabad (90 ₹, 4 heures) et Kolkata (200 ₹, 10 heures).

Pour visiter les monuments de Gaur et Pandua, vous devrez louer un taxi à Malda pour la journée (2 500 ₹). Aucun transport public ne dessert les ruines.

Murshidabad et Berhampore

☎03482 / 195 200 HABITANTS

À Murshidabad, vie rurale et architecture du XVIIIe siècle se mêlent sur les rives verdoyantes de la Hooghly, appelée ici Bhagirathi. Murshidabad était la capitale de Siraj ud-Daula, quand celui-ci était nabab du Bengale ; il y fut assassiné après sa défaite à Plassey (aujourd'hui Palashi), en 1757, contre le britannique Robert Clive.

Site principal, le **palais d'Hazarduari** (Indien/étranger 30/750 ₹ ; ⏲10h-16h30 sam-jeu), une résidence royale réputée pour ses 1 000 portes (vraies et fausses), fut construit pour les nababs en 1837. Il renferme une remarquable collection d'antiquités des XVIIIe et XIXe siècles. Parmi les autres beaux édifices dans l'enceinte du palais figurent le **Nizamat Imambara**, la tour de l'Horloge, le **Wasef Manzil**, une ancienne résidence royale, et l'élégante **mosquée Madina**.

Murshid Quli Khan, qui transféra ici la capitale en 1700, est inhumé sous l'escalier des ruines imposantes de la **mosquée Katra**. Siraj ud-Daula fut assassiné à la **Nimak Haram Deori** (porte du Traître). Dans les **Kathgola Gardens** (10 ₹ ; ⏲6h30-17h30), remarquez la demeure d'une famille de marchands jaïns, qui date de 1873.

Où se loger et se restaurer

Hotel Sagnik HÔTEL $

(☎09434021911 ; Omrahaganj ; d à partir de 950 ₹ ; ❄). Bien situé entre Murshidabad et Berhampore, cet hôtel a des chambres d'un bon rapport qualité/prix et un restaurant correct. Service rapide et attentif. À 10 minutes en rickshaw de la gare ferroviaire de Murshidabad.

Hotel Samrat HÔTEL $

(☎03482-251147 ; NH34 Panchanantala ; d avec petit-déj à partir de 1 150 ₹ ; ❄). L'un des plus vieux hôtels de Berhampore, le Samrat loue de grandes chambres propres ouvrant sur des corridors orange et crème. Le restaurant Mahal (plats 80-150 ₹), au rez-de-chaussée, sert de bons repas. L'hôtel borde la nationale et l'on entend parfois le bruit de la circulation pendant la nuit.

Comment s'y rendre et circuler

Le 13113 *Hazarduari Express* (siège 2e classe/*chair* 85/320 ₹, 3 heures 30) part de la gare de Kolkata à 6h50. Des bus réguliers assurent la liaison avec Kolkata (150 ₹, 6 heures) et Malda (90 ₹, 4 heures). Pour Shantiniketan/Bolpur (110 ₹, 4 heures), vous devrez changer à Suri.

Des auto-rickshaws collectifs font la navette entre Murshidabad et Berhampore (50 ₹) tout au long de la journée. Des conducteurs de rickshaws/auto-rickshaws proposent des circuits guidés d'une demi-journée (500/800 ₹) à la découverte des sites éparpillés.

> **TARIFS DES HÉBERGEMENTS**
>
> Les gammes de prix valent pour une chambre double avec sdb en haute saison. Sauf mention contraire, les tarifs incluent les taxes.
>
> **$** Moins de 1 300 ₹
>
> **$$** 1 300-3 000 ₹
>
> **$$$** Plus de 3 000 ₹

MONTAGNES DU BENGALE-OCCIDENTAL

Siliguri et New Jalpaiguri

☎0353 / 701 000 HABITANTS / ALTITUDE 120 M

Le carrefour de transports bruyant et surpeuplé qui englobe les villes jumelles de Siliguri et de New Jalpaiguri (NJP) constitue le point de départ vers Darjeeling, Kalimpong, le Sikkim, les États du Nord-Est, le Népal oriental et le Bhoutan. Bien qu'elle soit l'une des plus grandes villes de l'État, Siliguri n'offre guère d'intérêt et ne vaut que pour faire étape une nuit, en cas de besoin.

La plupart des hôtels, restaurants et services jalonnent la bruyante Tenzing Norgay Rd, plus connue comme Hill Cart Rd. NJP Station Rd court vers le sud sur 6 km jusqu'à la gare ferroviaire de NJP. Les autres grandes artères, Sevoke Rd et Bidhan Rd, partent d'Hill Cart Rd vers le nord-est.

Si vous en avez le temps, visitez le chatoyant **monastère de Salugara** (Sed-Gyued Gompa ; www.sed-gyued.org ; Sevoke Rd) de style tibétain, à 5 km au nord de la ville, orné d'un imposant *chorten* (stupa tibétain) haut de 30 m.

Où se loger

Hotel Rajdarbar HÔTEL $$

(☎0353-2511189 ; rajdarbarhotel@yahoo.com ; Hill Cart Rd ; s/d avec petit-déj 2 050/2 280 ₹ ; ❄📶).

Option pimpante et soignée dans un ensemble d'hôtels similaires, le Rajdarbar offre des chambres bien entretenues, un bon restaurant et l'accès Wi-Fi dans le salon. Petit-déjeuner inclus. Mention spéciale pour les suites premium, spacieuses et calmes, du dernier étage (simple/double 3 930/4 170 ₹).

Evergreen Inn HÔTEL $

(☎0353-2510426 ; innevergreen@yahoo.in ; Pradhan Nagar, Ashana Purna Sarani ; d avec/sans clim à partir de 1 440/990 ₹ ; ❄📶). À 100 m seulement de la gare routière centrale, cet hôtel est étonnamment paisible. Chacune des 11 chambres a son style distinct, mais toutes sont propres et fraîches, équipées d'une TV à écran plat et dotées d'une jolie sdb. L'hôtel est dans une petite rue, laquelle donne en face de la gare routière.

Hotel Conclave HÔTEL $

(☎0353-2516155 ; hotelconclave@rediffmail.com ; Hill Cart Rd ; s/d avec clim à partir de 1 865/2 035 ₹, sans clim 850/990 ₹ ; ❄📶). Bien situé, près des arrêts de bus de la ville, le Conclave a l'attrait de bons lits et d'une décoration embellie de cèdre. Les chambres les moins chères sont aussi les plus calmes ; le petit-déjeuner est inclus pour les plus onéreuses. Toutes ont un petit balcon.

Hotel Himalayan Regency HÔTEL $

(☎0353-2516624 ; himalayanhatchery@gmail.com ; Hill Cart Rd, Pradhan Nagar ; d avec/sans clim 1 500/800 ₹ ; ❄📶). En dépit de l'étonnement que suscite le décor, les chambres sont propres et confortables, avec des lits circulaires dans les chambres climatisées. Près du poste de police de Pradhan Nagar.

Hotel Sinclairs HÔTEL $$$

(☎0353-2512675 ; www.sinclairshotels.com ; en retrait de la NH31 ; s/d avec petit-déj à partir de 5 800/6 200 ₹ ; ❄📶🏊). Ce confortable trois-étoiles, à 1 km au nord de la gare routière, échappe au bruit d'Hill Cart Rd. Établi de longue date, il possède des chambres soignées, modernes et confortables, avec belles sdb. Excellent bar-restaurant dans un patio ; piscine propre et plaisante, idéale pour oublier la chaleur des plaines.

Où se restaurer

♥ **Khana Khazana** INDIEN, INTERNATIONAL $$

(Hill Cart Rd ; plats 120-200 ₹ ; ⏲9h-22h). Dans une petite rue proche de la nationale, cette adresse possède un jardin protégé du tumulte extérieur. La longue carte varie des curries et des naans aux en-cas de rue de Mumbai, et affiche quantité de plats végétariens copieux et de *kulfi*, glace parfumée (souvent à la pistache) à la texture dense.

Amber INDIEN $$

(☎0353-2431682 ; Hill Cart Rd ; plats 190-330 ₹ ; ⏲10h-23h ; ❄). Climatisée, cette adresse fiable, rattachée à l'Hotel Saluja Residency, sert des plats alléchants, propres à ravir les gourmets locaux : naans légers, succulents curries, viandes tendres et *biryani* aux saveurs subtiles. L'Amber est particulièrement fréquenté en soirée.

Sartaj INDIEN $$

(☎0353-2431758 ; Hill Cart Rd ; plats 120-220 ₹ ; ⏲9h-23h). Au milieu d'un groupe de bars-restaurants similaires, ce restaurant sophistiqué affiche un vaste choix d'excellents tandoori et curries d'Inde du Nord, quelques plats occidentaux corrects et un service irréprochable. C'est aussi un bon endroit pour une bière fraîche.

ℹ Renseignements

ACCÈS INTERNET

Krishna Travels (Hill Cart Rd ; 80 ₹/heure ; ⏲9h-21h lun-sam). Dans une petite rue en face de l'Hotel Conclave. Pas de Wi-Fi.

AGENCES DE VOYAGES

Des agences de transports privés bordent Hill Cart Rd.

Help Tourism (☎0353-2535896 ; www.helptourism.com ; 143 Hill Cart Rd). Cette agence recommandée, impliquée dans la protection de l'environnement et le développement des villages, propose des missions de volontariat. Elle est en relation avec de nombreux lodges et chambres d'hôtes dans les montagnes, et notamment avec une vieille plantation de thé de Damdin et le beau Neora Valley Jungle Camp près de Lava.

ARGENT

Delhi Hotel (Hill Cart Rd ; ⏲9h-14h). En face de la gare routière centrale de Tenzing Norgay. Change les espèces étrangères. Horaires variables, souvent étendus en soirée.

OFFICES DU TOURISME

Sikkim Tourist Office (☎0353-2512646 ; SNT Terminal, Hill Cart Rd ; ⏲10h-16h lun-sam). Délivre instantanément les permis pour le Sikkim. Apportez des photocopies de vos passeport et visa, ainsi qu'une photo d'identité.

West Bengal Tourism (WBTDC ; ☎réservations 9832492417, informations 0353-2511974 ; www.wbtdc.gov.in ; Hill Cart Rd ; ⏲10h30-17h30 lun-ven, 10h30-13h30 sam). Réservation d'hébergements en ligne au Jaldhapara Wildlife Sanctuary, y compris dans les lodges forestiers.

SERVICES MÉDICAUX

Sadar Hospital (☎ 0353-2436526 ; Hospital Rd). Le principal hôpital public de Siliguri. Urgences et consultations.

ℹ Depuis/vers Siliguri et New Jalpaiguri

AVION

L'aéroport de Bagdogra est situé à 12 km à l'ouest de Siliguri. Des vols quotidiens sont assurés à destination de Delhi, Kolkata et Guwahati. En saison, Druk Air propose en outre des liaisons internationales avec Bangkok et Paro.

Des hélicoptères à 5 places (3 500 ₹, 30 min, bagages 10 kg maximum) partent chaque jour par beau temps de Bagdogra pour Gangtok à 14h30. Les réservations s'effectuent auprès de la **Sikkim Tourism Development Corporation** (☎ 03592-203960, 03592-209031 ; www.sikkimstdc.com/HeliServiceGeneral/HeliGeneralReservation.aspx) à Gangtok ou directement à l'aéroport.

À l'aéroport de Bagdogra, une station de taxis prépayés applique des tarifs fixes pour Darjeeling (1 800 ₹), Kalimpong (1 410 ₹), Gangtok (2 200 ₹) et Kakarbhitta (500 ₹), à la frontière avec le Népal, ce qui permet d'éviter Siliguri. Vous trouverez sans peine d'autres passagers disposés à partager le coût du trajet. Les tarifs indiqués dans ce guide s'entendent pour un arrêt à la gare des jeeps ; ils seront un peu plus élevés si vous souhaitez être déposé à votre hôtel.

BUS

La plupart des bus de la North Bengal State Transport Corporation (NBSTC) et de nombreux bus privés empruntant les mêmes itinéraires

PASSAGE DE FRONTIÈRES : VERS LE BANGLADESH, LE BHOUTAN ET LE NÉPAL

Depuis/vers le Bangladesh

Plusieurs agences privées à Siliguri, dont **Shyamoli** (☎ 9932628243 ; Hill Cart Rd, 1 km au nord-ouest de la gare routière centrale, complexe de l'Hotel Central Plaza, Mallagauri More), proposent tous les jours à 13h30 des bus directs climatisés pour Dacca (1 200 ₹, 18 heures). Les formalités frontalières doivent être effectuées à Chengrabandha. Réservez 1 ou 2 jours à l'avance.

Des bus partent aussi toutes les 45 minutes entre 7h et 18h de la gare routière centrale de Tenzing Norgay pour Chengrabandha (60 ₹, 2 heures 30). Le poste-frontière est ouvert tous les jours de 8h à 18h. À proximité, des bus desservent Rangpur, Bogra et Dacca. Les visas pour le Bangladesh sont délivrés à Kolkata et New Delhi.

Depuis/vers le Bhoutan

Bhutan Transport Services affiche 2 bus quotidiens au départ de Sevoke Rd pour Phuentsholing (100 ₹, départ à 7h15 et 12h), au Bhoutan, mais il est plus logique de prendre un bus local plus fréquent pour Jaigaon (106 ₹, 4 heures), du côté indien de la frontière, où se tient le service indien de l'immigration. Le poste-frontière entre Phuentsholing et Jaigaon ouvre à 6h et ferme à 21h pour les véhicules, mais les piétons peuvent traverser la frontière jusqu'à 22h.

Une jeep de l'aéroport de Bagdogra à Jaigaon coûte 2 510 ₹. Les ressortissants étrangers ont besoin d'un visa délivré par un tour-opérateur bhoutanais (sur place ou à l'étranger) pour entrer au Bhoutan.

Depuis/vers le Népal

Pour le Népal, des bus locaux passent par la gare routière centrale de Tenzing Norgay, dans Hill Cart Rd, toutes les 30 minutes ; ils rejoignent la ville frontalière de Panitanki (25 ₹, 1 heure). À proximité, les jeeps collectives pour Kakarbhitta (125 ₹) sont plus rapides, mais ne partent qu'une fois pleines. Le poste-frontière indien de Panitanki ouvre officiellement 24h/24 ; du côté népalais, celui de Kakarbhitta est ouvert de 7h à 19h.

De Kakarbhitta, de nombreux bus partent pour Katmandou (17 heures) et d'autres destinations. À l'aéroport de Bhadrapur, à 23 km au sud-ouest de Kakarbhitta, Buddha Air (www.buddhaair.com) assure des vols réguliers pour Katmandou (185 $US). Des visas népalais sont délivrés à la frontière (prévoyez deux photos d'identité).

partent de la **gare routière centrale de Tenzing Norgay** (Hill Cart Rd) – des compagnies privées de bus longue distance sont installées à l'entrée.

NBSTC dessert fréquemment Malda (175 ₹, 6 heures 30) et offre 6 bus quotidiens à destination de Kolkata (390-420 ₹). Un bus de l'Assam State Transportation Corporation part tous les jours à 16h pour Guwahati (550 ₹, 15 heures). Le guichet de l'Hill Region Minibus Owners Association propose des minibus pour Kalimpong (200 ₹, 2 heures 30), toutes les 30 minutes.

Pour rejoindre Patna (siège/couchette 350/400 ₹, 12 heures, départ à 18h), essayez **Gupta Travels** (☎0353-2513451 ; Hill Cart Rd), juste à l'extérieur de la gare routière. Des bus Volvo *deluxe* climatisé pour Kolkata (1 200 ₹, 11 heures) partent vers 19h de cette agence et de beaucoup d'autres. En bus non climatisé, comptez environ 400 ₹.

Les bus du Sikkim Nationalised Transport (SNT) ralliant Gangtok (150 ₹, 4 heures 30) partent du **terminal du SNT** (Hill Cart Rd), à 250 m au sud-est de la gare routière, toutes les 40 minutes, de 6h à 15h. Demandez votre permis à l'avance au Sikkim Tourist Office, à côté.

JEEP

Les jeeps collectives se révèlent un moyen efficace de circuler dans les montagnes, bien qu'on y soit plutôt serré. Plusieurs stations de jeeps jalonnent Hill Cart Rd. Pour Darjeeling (130 ₹, 3 heures) et Kurseong (70 ₹, 1 heure 30), rendez-vous en face de la gare routière ou devant l'Hotel Conclave jusqu'en fin d'après-midi. Pour Kalimpong (130 ₹, 2 heures 30), allez à la station du centre commercial de Panitanki dans Sevoke Rd (prenez un auto-rickshaw pour 20 ₹). Pour Gangtok (200 ₹, 4 heures), les départs ont lieu à côté du terminal du SNT jusque vers 16h. Des jeeps privées ou collectives pour toutes ces destinations partent aussi de la gare ferroviaire de NJP. Les jeeps à destination de Mirik (100 ₹, 2 heures 30) circulent plus fréquemment depuis la gare ferroviaire de Siliguri, à 200 m au sud-ouest de la gare routière centrale de Tenzing Norgay.

Louer une jeep revient 15 fois plus cher qu'un billet en jeep collective. Pour plus de confort, les voyageurs de grande taille peuvent payer pour occuper les 2 ou 3 places à côté du conducteur.

TRAIN

Lorsque vous réservez votre billet de train depuis/vers Siliguri, vérifiez bien la gare ferroviaire de départ de votre billet : il s'agira soit de la gare centrale de Siliguri Junction, soit de celle de New Jalpaiguri (NJP), à 6 km au sud-est.

Achetez vos billets à la gare de Siliguri Junction ou à la **billetterie** (☎0353-2537333 ; angle Hospital Rd et Bidhan Rd ; ⏲8h-12h, 12h30-14h et 14h15-20h lun-sam, 8h-14h dim), à 1,5 km au sud-est de l'Hotel Conclave.

Le 12344 *Darjeeling Mail* de 20h est le plus rapide des trains quotidiens pour Kolkata (*sleeper*/3AC 350/915 ₹, 10 heures) via Malda.

Le 12423 *Rajdhani Express* de 13h15 est le meilleur et le plus rapide pour Delhi (3AC/2AC 2 200/3 020 ₹, 21 heures). Autrement, prenez le 12505 *North East Express* de 17h15 (*sleeper*/3AC 625/1 630 ₹, 26 heures), via Patna (*sleeper*/3AC 305/780 ₹, 10 heures).

À destination de Patna (*sleeper*/3AC/2AC 280/750/1 490 ₹, 13 heures), il est plus facile d'obtenir des billets sur le *Capital Express*, mais il arrive à l'heure indue de 3h20. Pour Guwahati, empruntez le 12506 *North East Express* de 8h35 en sens inverse (*sleeper*/3AC 275/710 ₹, 8 heures).

LES INFORTUNES DU TOY TRAIN

Les voies ayant été endommagées près de Tindharia, le petit train pour Darjeeling ne part plus de Siliguri. Pour l'heure, la seule possibilité consiste à rejoindre Kurseong par la route, avant de prendre le *toy train* jusqu'à Darjeeling. Si la liaison est de nouveau assurée lors de votre séjour, le départ quotidien de 9h30 à destination de Darjeeling (siège 350 ₹) est pour les plus courageux, car le train met 7 heures à parcourir 88 km, soit plus de deux fois plus longtemps que par la route !

ℹ Comment circuler

De la gare routière centrale de Tenzing Norgay à la gare ferroviaire de NJP, la course en taxi/auto-rickshaw coûte 230/100 ₹. Entre l'aéroport de Bagdogra et Siliguri, comptez 460/250 ₹.

Des auto-rickshaws collectifs (7 ₹) circulent constamment le long de Tenzing Norgay Rd.

Jaldhapara Wildlife Sanctuary

☎03563 / ALTITUDE 60 M

Le **Jaldhapara Wildlife Sanctuary** (☎03563-262239 ; www.jaldapara.in ; Indien/étranger 60/200 ₹, appareil photo/caméra 50/500 ₹ ; ⏲mi-sept à mi-juin), qui attire peu de visiteurs, protège 114 km² de forêts et de prairies luxuriantes le long de la Torsa. Il abrite 150 rhinocéros indiens (*Rhinoceros unicornis*). L'endroit n'est pas très facile à visiter en indépendant, et l'on doit s'y prendre plusieurs mois à l'avance pour réserver un hébergement à l'intérieur du parc. La meilleure période pour le visiter court de mi-novembre à avril ; mars et avril sont particulièrement propices à l'observation de la faune. Emportez un antimoustique

Des **safaris en jeep** (☎03563-262230 ; jeep 4/6 passagers étrangers 1 840/2 240 ₹, Indiens 1 520/1 640 ₹) partent tôt le matin et l'après-midi, et s'arrêtent aux plateformes d'observation ; il peut être difficile de trouver une place en dehors d'un circuit organisé ou si vous ne séjournez pas dans l'un des deux hébergements cités ci-après. Les promenades à dos d'éléphant sont fortement déconseillées.

Mithun, de **Wild Planet Travel Desk** (☎9735028733 ; easthimalayan3@yahoo.com), et l'Hotel Relax sont souvent en mesure de réserver des hébergements et des safaris quand personne d'autre n'y parvient. C'est avec eux que vous aurez le plus de chances de vous lancer dans une excursion en indépendant, y compris s'agissant d'escapades à vélo ou de sorties ornithologiques.

Où se loger et se restaurer

Hollong Tourist Lodge LODGE **$$**
(☎03563-262228 ; www.wbtourism.gov.in ; d 2 850 ₹). Ce lodge vert en bois, au cœur du parc, est sans doute l'hébergement le plus attrayant de la réserve. Toutefois, obtenir l'une de ses 6 chambres (non climatisées) relève du défi. Vous pourrez voir des animaux depuis sa véranda. Le forfait inclut une promenade matinale à dos d'éléphant que nous conseillons de refuser pour le bien-être animal. Réservez jusqu'à 6 mois à l'avance, en ligne sur www.wbtdc.gov.in ou via le West Bengal Tourism (p. 503), le lodge ne s'occupant pas lui-même des réservations.

Jaldhapara Tourist Lodge HÔTEL **$$**
(☎9733008795, 03563-262230 ; www.wbtourism.gov.in ; Madarihat ; d avec/sans clim à partir de 2 200-3 200/1 600 ₹ ; ❄). Chic et fonctionnel, cet hôtel de la West Bengal Tourism Development Corporation (WBTDC) est situé à la sortie du parc, dans la ville de Madarihat. Il offre des chambres dans des bâtiments en bois et béton ou dans des bungalows récents. Le week-end, l'établissement est envahi de groupes de jeunes et de familles.

Réservez en ligne sur www.wbtdc.gov.in ou via le West Bengal Tourism (p. 503), le lodge ne s'occupant pas non plus des réservations.

Depuis/vers le Jaldhapara Wildlife Sanctuary

Le Jaldhapara se trouve à 124 km à l'est de Siliguri. Des bus locaux circulent toutes les 30 minutes entre la gare routière de Siliguri et Madarihat (87 ₹, 4 heures) jusqu'à 15h30. Prenez votre place au guichet de l'"Inter District Minibus Owners Association".

Des trains postaux (siège sans réservation 40-65 ₹, 3-4 heures), lents mais pittoresques, partent de la gare ferroviaire de Siliguri Junction pour Madarihat à 6h, 7h15, 17h et 18h ; ils reviennent à 6h05, 7h50 et 13h30.

Le bureau de la réserve se trouve à Hollong, à 7 km de Madarihat. L'aller-retour en taxi revient à 700 ₹, temps d'attente compris, plus 275 ₹ de droit d'entrée pour le véhicule.

Kurseong

☎0354 / 40 100 HABITANTS / ALTITUDE 1 460 M

À 32 km au sud de Darjeeling, Kurseong est une petite ville de montagne affairée, réputée pour ses plantations de thé et ses pensionnats de l'époque du Raj. Son nom dérive du mot lepcha *khorsang*, la petite orchidée blanche qui s'épanouit dans la région. Entourée de collines aux versants couverts de plantations de thé, Kurseong est actuellement le terminus sud des charmants *toy trains* du Darjeeling Himalayan Railway.

Hill Cart Rd (Tenzing Norgay Rd) – la route principale Siliguri-Darjeeling, bruyante et embouteillée – et la voie ferrée qui la longe serpentent à travers la ville.

À voir

Makaibari PLANTATION DE THÉ
(☎0353-2510071 ; www.makaibari.com ; Pankhabari Rd ; ⌚mar-sam mi-mars à mi-nov). GRATUIT Les amateurs de thé ne manqueront pas de visiter cette plantation bio. Parmi les énormes trieuses et sécheuses de la fabrique et les champs de théiers, vous rencontrerez peut-être le propriétaire et gourou du thé, Rajah Banerjee. Les visites courtes sont gratuites ; vous pourrez aussi choisir une promenade dans la plantation avec cueillette et dégustation (200-300 ₹/pers ; supplément de 200 ₹ pour le déjeuner chez l'habitant).

Le matin avant 10h de la mi-mars à la mi-novembre est le meilleur moment pour observer le processus de production. Il n'y a ni cueillette le dimanche, ni traitement le lundi. Il est aussi prévu d'organiser des promenades équestres et de l'escalade dans les arbres ; un spa est en construction.

La plantation est située à 3 km en contrebas de Kurseong le long de Pankhabari Rd et à 1 km en dessous du Cochrane Place. Prenez un taxi (200 ₹) ou descendez à pied et revenez en taxi collectif (20 ₹) du Cochrane Place pour éviter la montée abrupte. En chemin, le vieux cimetière envahi de végétation, à St Andrews, évoque l'époque des planteurs.

Makaibari gère aussi un programme de logement chez l'habitant et de bénévolat (enseignement, santé et projets communautaires) depuis un bureau à 50 m en contrebas de l'entrée principale. Pour plus de détails, consultez la page www.makaibari.com/en/sustainable-tourism/volunteering.aspx. Demandez Nayan Lama. C'est également par ce moyen que l'on réserve sa promenade dans la plantation.

Ambootia Tea Estate PLANTATION DE THÉ
(☎9434045602 ; www.ambootia.com). GRATUIT La plantation bio Ambootia accueille les visiteurs dans son usine baignée de fragrances. C'est une bonne destination à rejoindre à pied depuis le Cochrane Place, non loin.

Où se loger

Makaibari Homestays CHEZ L'HABITANT $$
(☎9832447774 ; www.makaibari.com/en/sustainable-tourism/homestay-makaibari.aspx ; plantation de thé de Makaibari ; pension complète 800 ₹/pers). Ce programme innovant vise à faire profiter du tourisme les cueilleuses de thé locales. Il compte actuellement 16 maisons ; d'autres sont prévues dans un nouveau village écologique de bambou, de catégorie moyenne, situé à proximité. Les maisons sont simples et confortables et les familles parlent un peu anglais. Des activités sont proposées : cueillette du thé, circuits d'observation des oiseaux, etc. (guide 100 ₹).

Cochrane Place BOUTIQUE HÔTEL $$$
(☎9932035660 ; www.cochraneplacehotel.com ; 132 Pankhabari Rd ; s/d à partir de 3 050/3 820 ₹ ; @). Cet hôtel charmant, avec une vue à 360° sur les plantations et les lumières de Siliguri en contrebas, loue des chambres spacieuses aux tons pastel, avec mobilier d'époque et antiquités originales. Son restaurant, le Pankasari, sert d'excellents plats occidentaux et indiens. Son café, le Chai Country, affiche un beau choix de thés Darjeeling.

Où se restaurer

Kurseong Tourist Lodge INDE DU NORD $
(☎0354-2345608 ; Hill Cart Rd ; plats 80-140 ₹ ; 7h-20h30). Ce lodge d'État à l'ancienne s'adjoint un café populaire, où l'on peut déguster un excellent poulet ou des *momo* végétariens tout en regardant le petit train passer juste devant. Le restaurant sert aussi, midi et soir, un large choix de spécialités indiennes. À 10 minutes à pied de la ville, sur la grand-route en direction de Darjeeling.

Quelques chambres avec balcon (simple/double 1 850/2 050 ₹).

Depuis/vers Kurseong

De nombreuses jeeps collectives desservent Darjeeling (70 ₹, 1 heure 30) et Siliguri (70 ₹, 1 heure 30) jusqu'à environ 16h ; des véhicules partent à 8h et 13h pour Kalimpong (150 ₹, 3 heures 30-4 heures) et Mirik (80 ₹, 2 heures 30).

Le *toy train* du Darjeeling Himalayan Railway part à 7h et 15h pour Darjeeling (siège 1re/2e classe 210/60 ₹, 3 heures) ; il met deux fois plus de temps qu'une jeep collective. Le train de 15h ne circulait pas au moment de la rédaction de ce guide.

Darjeeling

☎0354 / 120 400 HABITANTS / ALTITUDE 2 135 M

Darjeeling, qui s'étire le long d'une crête escarpée, est la station climatique indienne par excellence. Entourée de verdoyantes plantations de thé et surplombée par le majestueux Khangchendzonga (8 598 m), elle constitue probablement la première destination du Bengale-Occidental. Outre une vue fabuleuse sur le Khangchendzonga, vous découvrirez une belle architecture coloniale et des monastères bouddhiques, et pourrez admirer des léopards des neiges et des pandas roux dans le zoo situé à proximité. Les plus audacieux auront l'occasion d'organiser un trek sur le Singalila Ridge ou de louer des VTT pour se lancer dans une balade guidée à travers les montagnes. Escarpés et sinueux, les bazars en contrebas de la ville fourmillent, quant à eux, de produits himalayens, et l'on y croise des marchands venus du Sikkim, du Bhoutan, du Népal et du Tibet. Et pour reprendre des forces, rien ne vaut l'emblématique thé local !

Histoire

Darjeeling appartint aux *chogyal* (rois) bouddhistes du Sikkim jusqu'en 1780, quand elle fut annexée par les Gurkha venus du Népal. La Compagnie britannique des Indes orientales prit le contrôle de la région en 1816, mais en restitua rapidement

Darjeeling

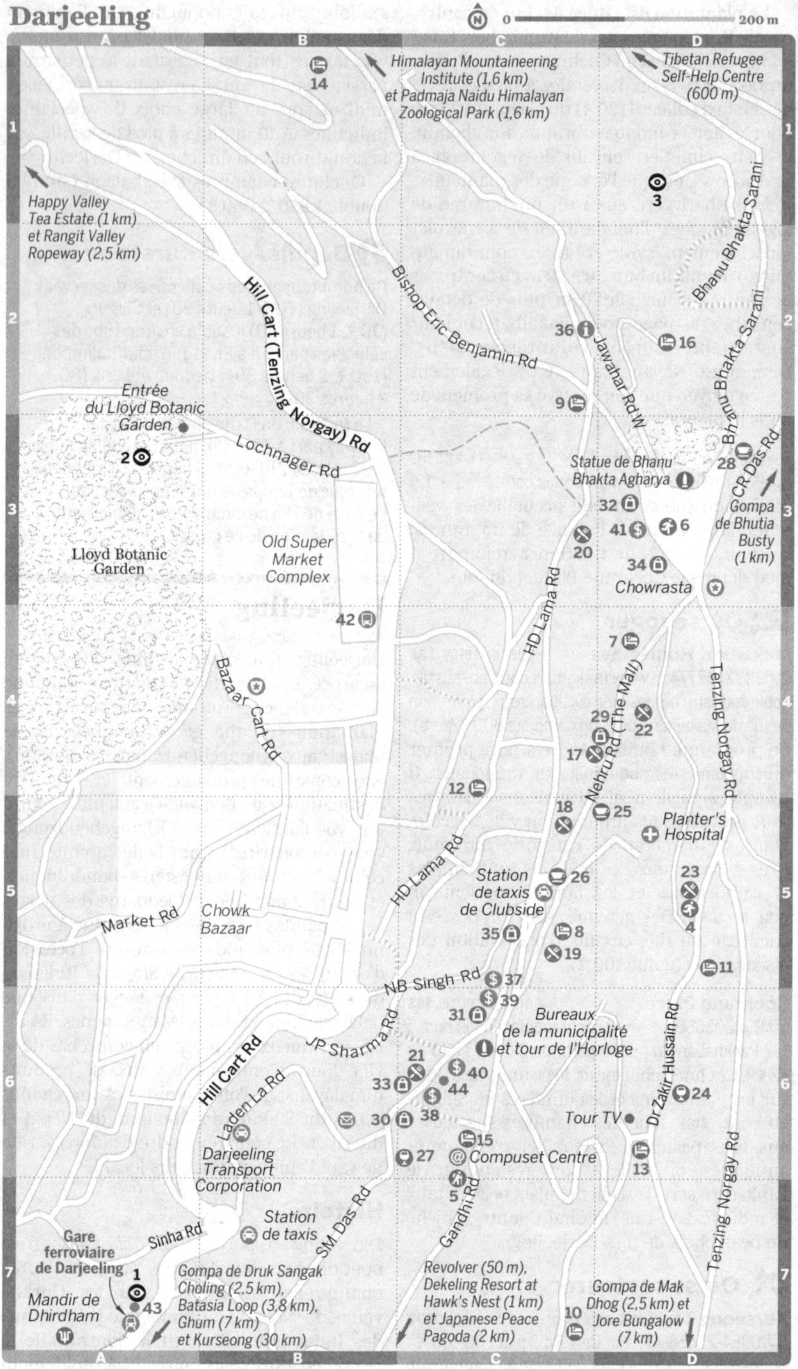
0
200 m
Himalayan Mountaineering Institute (1,6 km) et Padmaja Naidu Himalayan Zoological Park (1,6 km)
Tibetan Refugee Self-Help Centre (600 m)
Happy Valley Tea Estate (1 km) et Rangit Valley Ropeway (2,5 km)
Hill Cart (Tenzing Norgay) Rd
Bishop Eric Benjamin Rd
Jawahar Rd W
Bhanu Bhakta Sarani
Entrée du Lloyd Botanic Garden
Lochnager Rd
Statue de Bhanu Bhakta Agharya
CR Das Rd
Gompa de Bhutia Busty (1 km)
Lloyd Botanic Garden
Old Super Market Complex
HD Lama Rd
Chowrasta
Bazaar Cart Rd
Nehru Rd (The Mall)
Tenzing Norgay Rd
Planter's Hospital
Station de taxis de Clubside
Market Rd
Chowk Bazaar
NB Singh Rd
JP Sharma Rd
Bureaux de la municipalité et tour de l'Horloge
Hill Cart Rd
Laden La Rd
Compuset Centre
Tour TV
Dr Zakir Hussain Rd
Darjeeling Transport Corporation
Gandhi Rd
SM Das Rd
Sinha Rd
Station de taxis
Gare ferroviaire de Darjeeling
Mandir de Dhirdham
Gompa de Druk Sangak Choling (2,5 km), Batasia Loop (3,8 km), Ghum (7 km) et Kurseong (30 km)
Revolver (50 m), Dekeling Resort at Hawk's Nest (1 km) et Japanese Peace Pagoda (2 km)
Gompa de Mak Dhog (2,5 km) et Jore Bungalow (7 km)

Darjeeling

Les incontournables
1 Darjeeling Himalayan Railway A7

À voir
2 Lloyd Botanic Garden A3
3 Observatory Hill D1

Activités
4 Adventures Unlimited D5
5 Himalayan Travels C6
Manjushree Centre of Tibetan Culture ....(voir 15)
6 Balades en poney D3

Où se loger
7 Bellevue Hotel D4
8 Dekeling Hotel C5
9 Elgin Darjeeling C2
10 Hotel Aliment C7
11 Hotel New Galaxy D5
12 Hotel Seven Seventeen C4
13 Hotel Tranquillity D6
14 Mayfair Darjeeling B1
15 Tibet Home C6
16 Windamere Hotel D2

Où se restaurer
Dekeva's ....(voir 19)
17 Glenary's C4
18 Hasty Tasty C5
19 Kunga C5
Lunar Restaurant ....(voir 8)
20 Mamta Pizza C3
21 Park Restaurant C6
22 Shangri-La D4
23 Sonam's Kitchen D5

Où prendre un verre et faire la fête
24 Gatty's Cafe D6
Glenary's ....(voir 17)
25 Himalayan Java D5
26 House of Tea C5
27 Joey's Pub C6
28 Sunset Lounge D3
Windamere Hotel ....(voir 16)

Achats
29 Das Studios D4
30 Dorjee Himalayan Artefacts C6
31 Hayden Hall C6
32 Life & Leaf Fair Trade Shop D3
33 Nathmull's Tea Room C6
34 Oxford Book & Stationery Company D3
35 Rope C5

Renseignements
36 GTA Tourist Reception Centre C2
37 DAB de l'ICICI Bank C6
38 Poddar's C6
39 Ridhi Siddhi C5
40 State Bank of India C6
41 DAB de la State Bank of India D3

Transports
42 Gare routière/ station de jeeps de Chowk Bazaar B4
43 Gare ferroviaire de Darjeeling A7
44 Samsara Tours, Travels & Treks C6

la majeure partie du territoire au Sikkim, contre le droit de régler tout futur différend frontalier.

Lors d'un tel conflit, en 1828, deux officiers britanniques découvrirent le monastère de Dorje Ling, sur une paisible crête boisée. Ils signalèrent à Kolkata la pertinence d'établir un sanatorium dans ce secteur et en évoquèrent l'importance stratégique sur le plan militaire. Le *chogyal* du Sikkim, toujours reconnaissant pour la restitution de son royaume, accepta de louer les terres inhabitées à la Compagnie britannique des Indes orientales pour un montant annuel de 3 000 £. En 1835, la station climatique de Darjeeling était créée, et les premiers théiers plantés. En 1857, la ville comptait 10 000 habitants, suite notamment à l'afflux massif d'ouvriers agricoles gurkha du Népal.

Depuis l'indépendance, les Gurkha sont devenus la première force politique à Darjeeling ; dans les années 1980, des désaccords avec le gouvernement de l'État les ont conduits à revendiquer un État autonome du Gorkhaland. En 1986, à la suite d'émeutes orchestrées par le Gorkha National Liberation Front (GNLF), qui paralysèrent Darjeeling, une large autonomie fut accordée au Darjeeling Gorkha Hill Council (DGHC) par le gouvernement d'État, remplacé plus tard par la Gorkhaland Territorial Administration (GTA). Actuellement, la situation politique est calme, mais l'agitation politique et les grèves pourraient reprendre à tout moment.

À voir

Tiger Hill POINT DE VUE

Pour voir l'aube éclairer sur 250 km un magnifique paysage himalayen comprenant l'Everest (8 848 m), le Lhotse (8 501 m) et le Makalu (8 475 m) à l'extrême ouest, levez-vous tôt et prenez une jeep jusqu'à Tiger Hill (2 590 m), à 11 km au sud de Darjeeling, au-dessus de Ghum. Le Khangchendzonga ("les cinq trésors des neiges"), point culminant de l'Inde et troisième plus haute montagne du monde, domine l'horizon. De part et d'autre du massif s'élèvent le Kabru (7 338 m), le Jannu (7 710 m) et le Pandim (6 691 m), tous impressionnants.

Ce spectacle matinal quotidien (la vue est meilleure en automne et au printemps) est une attraction touristique majeure. Des centaines de jeeps partent de Darjeeling pour Tiger Hill tous les matins à 4h et les embouteillages sont fréquents. Au sommet, vous pourrez rester à l'extérieur du pavillon (payant) ou vous installer dans l'un des salons chauffés (30-100 ₹ avec un thé). L'ambiance pouvant être très agitée à l'intérieur, rendez-vous dans un autre lieu si vous aspirez à jouir de la vue sur l'Himalaya en solitaire.

Les excursions organisées au lever du soleil (habituellement avec un détour par la Batasia Loop et les monastères de Ghum au retour), doivent être réservées auprès d'une agence de voyages ou directement auprès d'un conducteur de jeep à la station de taxis de Clubside. L'aller-retour coûte 1 300 ₹ par véhicule, ou 250 ₹ par siège.

Observatory Hill — SITE SACRÉ

Sacrée pour les bouddhistes et les hindouistes, cette colline était le site de l'ancien monastère de Dorje Ling, qui donna son nom à Darjeeling. Aujourd'hui, les fidèles se rassemblent dans un temple installé dans une petite grotte pour honorer Mahakala, une divinité protectrice bouddhiste, également vénérée par les hindous en tant qu'avatar courroucé de Shiva le destructeur. Plusieurs sanctuaires et d'innombrables drapeaux de prières marquent le sommet, où résonne le son des cloches de dévotion, mais malheureusement, il n'y a aucune vue sur la montagne.

Gompa de Bhutia Busty — MONASTÈRE BOUDDHIQUE

Le monastère qui se dressait sur Observatory Hill fut reconstruit à son emplacement actuel par les *chogyal* du Sikkim au XIXe siècle. Il renferme de belles peintures murales décrivant la vie du Bouddha. Le Khangchendzonga compose une toile de fond spectaculaire. Venez pour la prière à 16h ; il est souvent fermé en journée. De Chowrasta Sq, descendez CR Das Rd durant 5 minutes en passant devant trois sculptures bouddhiques rupestres.

Japanese Peace Pagoda — TEMPLE BOUDDHIQUE

(⏲4h30-19h, prières 4h30-6h et 16h30-18h30). Perchée à flanc de colline au bout d'AJC Bose Rd, cette pagode de la Paix, d'une blancheur étincelante, fait partie des quelque 70 pagodes construites dans le monde par

VISITER DARJEELING

Les sites de Darjeeling sont assez dispersés et il n'est pas très facile de s'y déplacer. Il peut se révéler pratique de regrouper certaines visites de sites.

Levez-vous à 4h et prenez une jeep pour Tiger Hill (p. 509) afin d'assister au spectaculaire lever du soleil sur le **Khangchendzonga**. Après la photo de rigueur, descendez vers Ghum et passez la matinée/journée entre la Batasia Loop (p. 512) et les monastères alentour. Autre possibilité, l'itinéraire pédestre de 1 heure 30 qui revient à Darjeeling en suivant la paisible Tenzing Norgay Rd au départ du carrefour de Jore Bungalow, via le ravissant **gompa de Mak Dhog** (Alu Bari). Cet itinéraire est aussi plaisant à vélo (même si on ne voit pas les montagnes).

Si vous ne souhaitez pas vous rendre à l'aube à Tiger Hill, une promenade tôt le matin dans **Bhanu Bhakta Sarani**, qui part de Chowrasta et longe le versant nord d'Observatory Hill, offre plusieurs vues fabuleuses. Combinez la balade avec la visite du *gompa* de Bhutia Busty (p. 510) en contrebas, ou la montée jusqu'à Observatory Hill (p. 510).

Un bel itinéraire d'une demi-journée consiste à marcher une vingtaine de minutes au départ de Chowrasta Sq, pour rejoindre le zoo et l'Himalayan Mountaineering Institute, puis à continuer pendant 15 minutes autour de la colline sur la route qui passe au-dessus d'Hill Cart Rd jusqu'au téléphérique de Rangit Valley. De North Point, prenez un minibus collectif en direction de Darjeeling, descendez au Happy Valley Tea Estate (p. 511), puis suivez le raccourci jusqu'à la station de jeeps de Chowk Bazaar via le Lloyd Botanic Garden (p. 512). Vous pourrez aussi marcher 20 minutes le long de Lebong Cart Rd, du téléphérique jusqu'au Tibetan Refugee Self-Help Centre, puis grimper jusqu'à Chowrasta via le *gompa* de Bhutia Busty.

GHUM

Le carrefour de Ghum, à 7 km au sud-ouest de Darjeeling, compte trois monastères bouddhiques pittoresques, à 10 minutes de marche les uns des autres. De Darjeeling, vous pouvez rejoindre Ghum en *toy train* (2e/1re classe 30/145 ₹), en taxi collectif (30 ₹), en taxi (aller 300 ₹) ou en revenant de Tiger Hill.

Le **gompa de Yiga Choling**, le plus connu de la région, possède de splendides peintures murales anciennes ; quelque 30 moines de l'école gelugpa y vivent. Construit en 1850, il contient une statue haute de 5 m de Jampa (Maitreya ou Bouddha du Futur) et 300 textes tibétains superbement reliés. Il est situé à l'ouest de Ghum, à 10 minutes de marche d'Hill Cart Rd.

Il existe d'autres monastères intéressants, comme le **gompa de Guru Sakya** (⌚aube-crépuscule), aux allures de forteresse, et où les pujas se déroulent entre 5h30 et 7h30 (pratique si vous revenez d'une excursion à l'aube à Tiger Hill). Juste en contrebas, le **gompa de Samten Choling** (New Monastery ; ⌚aube-crépuscule), en activité, possède la plus grande statue du Bouddha de l'État, un *chorten* dédié au lama allemand Govinda et un petit café.

l'organisation bouddhiste japonaise Nipponzan Myohoji. Pendant les pujas, des petits tambours sont offerts aux visiteurs pour qu'ils se joignent aux rituels. De Clubside Junction, une agréable promenade de 30 minutes le long de Gandhi Rd et d'AJC Bose Rd conduit à la pagode, via l'Institute of Astroparticle Physics and Space Science.

Padmaja Naidu Himalayan Zoological Park ZOO

(☎0354-2254250 ; www.pnhzp.gov.in ; Indien/étranger avec Himalayan Mountaineering Institute 50/100 ₹ ; appareil photo/caméra 10/25 ₹ ; ⌚8h30-16h ven-mer, billetterie fermée à 15h30). Ce zoo, l'un des plus beaux du pays, a été créé en 1958 pour étudier et préserver la faune himalayenne. Dans un environnement rocheux et boisé, il accueille notamment des ours noirs d'Asie, des panthères nébuleuses, des pandas roux et des loups de Mongolie. Le zoo et le centre d'élevage de léopards des neiges adjacent (fermé au public) abritent la plus importante population de léopards des neiges en captivité du monde (actuellement au nombre de 11). De Chowrasta, on accède au zoo par une agréable marche de 20 minutes en descendant Jawahar Rd West.

Himalayan Mountaineering Institute MUSÉE

(HMI ; ☎0354-2254087 ; www.hmidarjeeling.com ; Indien/étranger avec zoo 50/100 ₹ ; ⌚8h30-16h30 ven-mer). Dans l'enceinte du zoo, le prestigieux Institut d'alpinisme himalayen, fondé en 1954, a formé quelques-uns des plus grands alpinistes indiens. Sur place, le passionnant **Mountaineering Museum** présente des détails et souvenirs liés aux ascensions de l'Everest réalisées au départ de Darjeeling en 1922 et 1924, ainsi qu'à d'autres expéditions plus récentes. Le télescope Carl Zeiss fut offert par Adolf Hitler au chef de l'armée népalaise.

Rangit Valley Ropeway TÉLÉPHÉRIQUE

(aller-retour adulte/enfant 175/90 ₹ ; ⌚10h-16h, billetterie fermée à 14h, fermé 19 de chaque mois). Ce téléphérique spectaculaire a été remis en service en 2012, après avoir été arrêté près de 10 ans à la suite d'un accident mortel. Le trajet de 20 minutes conduit de North Point à la plantation de thé de Takvar Valley, en survolant des théiers taillés avec soin. Arrivez tôt si vous voulez explorer le village et la plantation. Le dernier retour est à 17h.

Tibetan Refugee Self-Help Centre USINE

(☎2255938 ; www.tibetancentredarjeeling.com ; Lebong Cart Rd ; ⌚9h-16h30 lun-sam). Le Centre d'entraide des réfugiés tibétains, fondé en 1959, comprend une résidence pour les personnes âgées, une école, un orphelinat, une clinique, un *gompa* (monastère bouddhique tibétain) et des ateliers d'artisanat qui produisent des tapis, des sculptures en bois et des articles en laine. Il présente une intéressante **exposition de photos** illustrant l'histoire tibétaine au moyen de clichés en noir et blanc. Les visiteurs peuvent se promener dans les ateliers. Les bénéfices de l'artisanat en vente dans la salle d'exposition (p. 516) sont reversés à la communauté tibétaine.

Happy Valley Tea Estate PLANTATION DE THÉ

(☎8017700700 ; www.ambootia.com ; Lebong Cart Rd ; circuit 100 ₹ ; ⌚8h-16h mar-dim). Cette plantation créée en 1854, en contrebas d'Hill

Cart Rd, mérite la visite, en particulier à l'époque de la cueillette et du traitement des feuilles (mars-novembre). Un employé vous guidera dans la fabrique odorante et vous montrera les différentes étapes du processus. Vous découvrirez que les thés vert, noir et blanc proviennent des mêmes feuilles. Suivez l'embranchement indiqué dans Hill Cart Rd, à 1 km au nord-ouest de la ville.

Lloyd Botanic Garden JARDIN BOTANIQUE
(☎0354-2252358 ; ⌚8h-16h30). GRATUIT Cet agréable jardin botanique recèle une impressionnante collection de plantes himalayennes, dont des orchidées et des rhododendrons. De la gare routière/station de jeeps de Chowk Bazaar, suivez les panneaux dans Lochnager Rd, jusqu'à ce que le chant des cigales remplace les klaxons des jeeps à l'entrée principale. Un plan est affiché dans le bureau en haut du jardin.

Batasia Loop MONUMENT
(10 ₹). Si vous empruntez le *toy train* ou si vous revenez à pied de Tiger Hill, repérez cette fameuse boucle ferroviaire qui fait le tour du Gorkha War Memorial, érigé en l'honneur des soldats de la région qui perdirent la vie au cours des deux guerres mondiales. Quelques circuits y font halte après le lever du soleil à Tiger Hill ; la vue est presque aussi belle et l'atmosphère, bien plus sereine.

Gompa de Druk Sangak Choling MONASTÈRE BOUDDHIQUE
(Dali Gompa ; ⌚aube-crépuscule). À mi-chemin entre Ghum et Darjeeling, l'immense *gompa* de Druk Sangak Choling fut inauguré par le dalaï-lama en 1993. Renommé pour ses fresques chatoyantes, il abrite 300 moines himalayens qui étudient la philosophie, la littérature, l'astronomie, la méditation, les danses et les musiques sacrées. Venez pour les prières entre 16h et 18h.

Activités

Adventures Unlimited ACTIVITÉS DE PLEIN AIR
(☎9933070013 ; www.adventuresunlimited.in ; Dr Zakir Hussain Rd ; ⌚10h-18h lun-sam). Treks de Singalila Ridge (50 $US par personne et par jour) et au Sikkim (60-75 $US par personne et par jour), location de motos Enfield (1 500-1 850 ₹) et circuits à VTT. Demandez Gautam.

Himalayan Travels TREKKING
(☎0354-2252254 ; kkguring@cal.vsnl.net.in ; 18 Gandhi Rd, Darjeeling). Ce tour-opérateur expérimenté organise des treks (60-70 $US par personne et par jour) et des ascensions à Darjeeling et au Sikkim depuis 1975.

Promenades équestres ÉQUITATION
De Chowrasta, les enfants peuvent faire une balade à poney autour d'Observatory Hill (200 ₹) ou dans des plantations de thé pour visiter un monastère (400 ₹/heure, 2 heures minimum). Un cavalier accompagne le cheval tout du long et l'activité est plutôt sûre. Les bombes ne sont pas fournies.

Cours

Himalayan Mountaineering Institute ALPINISME
(HMI ; ☎0354-2254087 ; www.hmidarjeeling.com ; Indien/étranger 7 500 ₹/800 $US). L'HMI organise des stages d'alpinisme de 28 jours pour débutants et initiés de mars à mai et de septembre à décembre. Ces stages visent à enseigner un large éventail de techniques requises pour l'escalade en haute montagne. Les étrangers doivent postuler au moins 3 mois à l'avance.

La première semaine se passe à Darjeeling, et l'on y apprend la théorie, les nœuds et les techniques de base, avant de partir au Sikkim pour 2 semaines. Le tarif inclut la nourriture et l'hébergement en dortoir/tente. Jusqu'à 60 participants par classe.

Manjushree Centre of Tibetan Culture LANGUE
(☎0354-2252977 ; www.manjushreetibcentre.org ; 12 Gandhi Rd ; cours 200 ₹/heure ; ⌚mi-mars à mi-déc). Ce centre culturel tibétain propose des cours particuliers de tibétain écrit et parlé. Fort d'une bonne bibliothèque, il peut loger les étudiants chez des familles tibétaines. Le bureau se trouve au-dessus de l'Himalayan Tibet Museum.

Où se loger

Il existe toutes sortes d'hôtels à Darjeeling. Dr Zakir Hussain Rd, qui longe la plus haute crête de la ville, est la principale enclave des *backpackers*. Vous devrez grimper jusqu'aux hébergements pour petits budgets.

Les prix indiqués valent pour la haute saison (d'octobre à début décembre et de mi-mars à mi-mai) – quand il vaut mieux réserver. En basse saison, ils peuvent baisser de moitié.

Hotel New Galaxy HÔTEL $
(☎9775914939 ; Dr Zakir Hussain Rd ; d à partir de 700 ₹). Une simple option pour petits budgets, avec petites chambres propres et

seaux d'eau chaude pour les moins chères. La qualité des chambres varie énormément : celles en angle, avec vue sur la montagne, sont les plus belles (demandez la 104). Quelques attraits inattendus, comme la terrasse ensoleillée et le restaurant thaïlandais authentique.

Hotel Tranquillity HÔTEL $

(☎0354-2257678 ; hoteltranquillity@yahoo.co.in ; 13A Dr Zakir Hussain Rd ; d/tr 700/900 ₹ ; 📶). D'un bon rapport qualité/prix et d'une propreté irréprochable, le Tranquillity loue des petites chambres bleu ciel impeccables, avec eau chaude 24h/24. Il possède aussi un joli salon et la vue est belle depuis la terrasse sur le toit. L'aimable propriétaire, un enseignant, fournit toutes sortes d'informations sur la région.

♥ **Dekeling Hotel** PENSION $$

(☎0354-2254159 ; www.dekeling.com ; Gandhi Rd ; d à partir de 2 380-3 810 ₹, sans sdb 998 ₹ ; @📶). Très propre, le Dekeling s'agrémente de surcroît de détails charmants comme les vitraux en losange des fenêtres, un *bukhari* (poêle à bois) traditionnel dans le salon-bibliothèque douillet et convivial, des plafonds mansardés et une vue superbe. Les propriétaires tibétains, Sangay et Norbu, sont des hôtes attentionnés et le service est excellent. L'emplacement central est un bon atout, même si certaines chambres pâtissent du bruit.

♥ **Revolver** BOUTIQUE-HÔTEL $$

(☎8371919527 ; www.revolver.in ; 110 Gandhi Rd ; d 1 310-1 760 ₹ ; 📶). Décoré sur le thème des Beatles, cet hôtel séduira les fans. Les 5 petites chambres portent chacune le nom de l'un des *Fab Four* (plus Brian Epstein) ; la "John" est la plus demandée ; la "Ringo" ouvre sur l'arrière. L'hôtel est rempli de souvenirs du groupe. Nombreux détails attrayants (eau filtrée gratuite), mais l'accueil est un peu froid.

Au rez-de-chaussée, le restaurant sert un bon café fraîchement moulu et d'intéressants menus locaux ou naga (150 ₹). L'entrée est facile à manquer, derrière l'Union Church.

Hotel Seven Seventeen HÔTEL $$

(☎0354-2255099 ; www.hotel717.com ; 26 HD Lama Rd ; s/d à partir de 2 620/2 975 ₹ ; 📶). Cet hôtel accueillant, tenu par des Tibétains, donne à la lisière du bazar. Il loue d'agréables chambres lambrissées, aux toilettes propres. Celles situées à l'étage supérieur sont les plus belles, et celles donnant sur l'arrière ont une superbe vue sur la vallée. D'un excellent rapport qualité/prix, le restaurant (plats 150 ₹) est vaste et accueillant, et si vous liez connaissance avec les propriétaires, peut-être serez-vous invité à l'étage pour un thé.

Hotel Aliment ÉCONOMIQUE $

(☎0354-2255068 ; alimentweb98@gmail.com ; 40 Dr Zakir Hussain Rd ; ch 870/1 950 ₹ ; @📶). Un hôtel prisé des voyageurs à petit budget, avec un bon restaurant au dernier étage (bières fraîches) et une bibliothèque de prêt. Grand choix de chambres, des petites simples bon marché aux doubles de l'étage (1 950 ₹), avec TV et vue sur la vallée. Toutes les doubles disposent d'un chauffe-eau, lequel ne fonctionne que le matin et le soir. Propriétaires serviables.

Bellevue Hotel HÔTEL $$

(☎0354-2254075 ; www.bellevuehotel-darjeeling.com ; d à partir de 2 420 ₹ ; @📶). Plein de charme quoique défraîchi, cet établissement affiche un choix de chambres lambrissées et rénovées, pour la plupart avec tapis de chanvre et *bukhari*. L'agréable salon-salle de petit-déjeuner et l'emplacement commode, près de Chowrasta, compensent une gestion un peu singulière de la clientèle. Depuis la terrasse sur le toit se déploie une belle vue. À ne pas confondre avec l'Olde (Main) Bellevue Hotel plus haut dans la rue.

Tibet Home PENSION $$

(☎0354-2252977 ; tibethome2006@gmail.com ; 12 Gandhi Rd ; ch 1 900 ₹). Les chambres propres, claires et modernes, et la vue splendide depuis le toit-terrasse font de cet hôtel central un excellent choix. Les bénéfices sont reversés au Manjushree Centre of Tibetan Culture adjacent.

♥ **Windamere Hotel** HÔTEL HISTORIQUE $$$

(☎0354-2254041 ; www.windamerehotel.com ; Jawahar Rd West ; s/d en pension complète à partir de 12 630/15 750 ₹ ; @📶). Cette vaste relique du Raj sur Observatory Hill est l'un des hébergements les plus pittoresques de Darjeeling. La charmante Ada Villa était jadis une pension destinée aux planteurs britanniques ; son grand parc soigné comprend de nombreux coins plaisants où s'asseoir. Les chambres douillettes, avec cheminées et bouillottes, ont un charme désuet.

Les non-résidents pourront réserver pour un *afternoon tea*, un déjeuner dominical ou un dîner (menu 1 400 ₹) et profiter du charme de ce lieu. L'endroit est plus séduisant encore à Noël.

Elgin Darjeeling HÔTEL HISTORIQUE $$$
(☎0354-2257226 ; www.elginhotels.com ; HD Lama Rd ; s/d en demi-pension 10 970/11 350 ₹ ; @📶). Raffiné et accueillant, cet hôtel fut la résidence d'été du maharaja de Cooch Behar. Le restaurant est chic et le jardin en terrasse parfait pour une bière (250 ₹). Pour une nuit pleine de cachet, demandez la "chambre grenier" sous les combles. Pour une chambre plus grande, optez pour l'aile moderne.

Dekeling Resort at Hawk's Nest HÔTEL HISTORIQUE $$$
(☎0354-2253298 ; www.dekeling.com ; 2 AJC Bose Rd ; d à partir de 4 760 ₹ ; 📶). Dirigé par les aimables propriétaires du Dekeling, cet hôtel paisible et chic est situé à 1 km de Darjeeling, sur le chemin de la pagode japonaise. Il comprend 4 suites de style colonial vieilles de 140 ans, agrémentées d'antiquités et dotées de cheminées, ainsi que d'une jolie terrasse ensoleillée. Donnant face aux montagnes, sept chambres modernes, pimpantes et de grand standing, ont récemment été ajoutées. L'endroit est un havre de paix, loin du centre de plus en plus bruyant de Darjeeling.

Mayfair Darjeeling HÔTEL $$$
(☎0354-2256376 ; www.mayfairhotels.com ; Jawahar Rd West ; s/d en demi-pension à partir de 10 533/13 220 ₹ ; 📶). Ancien palais d'été d'un maharaja entièrement rénové, cet établissement somptueux est entouré d'un jardin soigné, parsemé de sculptures étranges et kitsch. Les parties communes n'ont pas autant de charme que dans d'autres hôtels historiques de la ville, mais les chambres luxueuses sont joliment décorées et beaucoup disposent d'un balcon.

Où se restaurer

La plupart des restaurants ferment à 21h. Une taxe de 14,50% complète généralement l'addition, à laquelle s'ajoute également le service.

Dekeva's TIBÉTAIN $
(51 Gandhi Rd ; plats 100-180 ₹ ; ⏲9h-21h). À côté du Kunga, cette adresse douillette sert des portions généreuses de spécialités tibétaines et de délicieux plats chinois, ainsi qu'un bon choix de nouilles pour les connaisseurs qui peuvent différencier les *thenthuk* (nouilles tibétaines) des *sogthuk* (autres nouilles tibétaines). L'endroit est d'un très bon rapport qualité/prix, les prix incluant la taxe.

♥ **Glenary's** INDIEN, INTERNATIONAL $$
(Nehru Rd ; plats 235-300 ₹ ; ⏲12h-21h ; 📶). Cet élégant restaurant, qui sert de l'alcool, est aménagé au-dessus de la fameuse

DARJEELING : LE TOURISME À L'HEURE DU THÉ

Le plus célèbre produit d'exportation de Darjeeling est son thé muscaté, connu pour sa couleur ambrée, son amertume tannique et sa saveur florale et épicée. Aujourd'hui, d'autres variétés sont cultivées en plus du thé noir traditionnel, dont le thé vert, l'oolong et le thé blanc. La production est désormais essentiellement biologique ; les meilleurs thés atteignent plusieurs centaines de dollars le kilo aux enchères.

À Darjeeling, le Sunset Lounge et l'House of Tea sont parfaits pour goûter ce breuvage délicat. En optant pour l'*afternoon tea* du **Windamere Hotel** (800 ₹ ; ⏲16h-18h), vous vous régalerez de gâteaux, de scones, de fromage, de petits sandwichs et de thés issus du Castleton Tea Estate, une plantation renommée. Réservez.

Pour une expérience plus complète, nous recommandons de passer une journée dans l'une des plantations qui accueillent les visiteurs, telle celle de Makaibari (p. 506) à Kurseong et d'Happy Valley (p. 511) à la sortie de Darjeeling. Les récoltes ont lieu au printemps, pendant la mousson et en automne. Il n'y a pas de cueillette le dimanche et les machines sont généralement au repos le lundi.

Si vous souhaitez passer une nuit dans les plantations, essayez de loger chez une famille de cueilleurs de celle de Makaibari (p. 506), où vous accompagnerez vos hôtes pour la cueillette du matin. Si vous avez trois jours devant vous, vous pourrez participer à la cueillette et assister ensuite au conditionnement de votre propre récolte, dont vous emporterez ainsi le produit fini.

Si votre prédilection va au luxe, séjournez au **Glenburn** (☎9830070213 ; www.glenburnteaestate.com ; Darjeeling ; s/d en pension complète 19 900/31 500 ₹), une plantation en activité entre Darjeeling et Kalimpong, où cinq employés veillent au bien-être des hôtes.

Si vous lisez l'anglais et souhaitez en apprendre plus sur l'histoire du thé de Darjeeling, lisez l'ouvrage de Jeff Koehler *Darjeeling: A History of the World's Greatest Tea* (2016).

boulangerie et café du même nom. Les plats occidentaux et chinois, ainsi que les spécialités tandoori, sont des valeurs sûres. Goûtez le steak aux pommes de terre ou l'alléchant gratin de macaronis au fromage. Le parquet, les nappes et les tables près des fenêtres ajoutent au raffinement du lieu.

Kunga TIBÉTAIN **$**
(51 Gandhi Rd ; plats 120-140 ₹ ; ⌚7h30-20h30). Ce confortable restaurant lambrissé, tenu par une charmante famille tibétaine, sert des nouilles, des *momo*, d'excellents jus de fruits, du yaourt avec muesli et fruits, et des *shabhaley* (chaussons tibétains). Sa cuisine authentique séduit une clientèle locale. Au rez-de-chaussée, sous le Dekeling Hotel.

Sonam's Kitchen INTERNATIONAL **$**
(142 Dr Zakir Hussain Rd ; plats 90-180 ₹ ; ⌚8h-14h30 et 17h30-21h lun-sam, 8h-14h dim ; 📶). Le Sonam's sert un café bien fort, un authentique pain perdu, des pancakes légers (petit-déj jusqu'à 14h30), des soupes fraîches (d'ortie en saison) et de bonnes pâtes dans deux salles, situées de part et d'autre de la route. Les copieux sandwichs au pain complet peuvent être emballés pour un pique-nique. Pour un dîner de style népalais, réservez 3 heures à l'avance.

Hasty Tasty INDIEN **$**
(Nehru Rd ; plats 90-140 ₹, menus 160-190 ₹ ; ⌚8h30-20h30). Cette cantine végétarienne en self-service n'a rien de très raffiné, mais elle prépare, dans sa cuisine ouverte, de succulents *masala dosa* au *paneer* (crêpe croustillante garnie de légumes au curry) et plusieurs sortes de menus. Très prisée des touristes locaux (d'où l'affluence). Les prix incluent la taxe.

Shangri-La CHINOIS **$$**
(Nehru Rd ; plats 200-300 ₹ ; ⌚12h-21h30). Proche du haut du Mall, ce bar-restaurant chic et moderne est spécialisé dans les cuisines chinoise et indienne. Son cadre est stylé – beau parquet, nappes immaculées, cheminées ronflantes en hiver – et il compte aussi quelques belles chambres d'hôtel (double 4 640 ₹) à l'étage.

Mamta Pizza ITALIEN **$$**
(☎8967203905 ; HD Lama Rd ; pizza 150-220 ₹ ; ⌚10h-19h). Ce petit restaurant convivial à une table propose d'excellents paninis, pizzas, pâtes et salades aux accents européens, ainsi que divers délices, comme du bacon, des merguez et du fromage népalais (500 ₹/kilo). Préparez-vous à 20 minutes d'attente pour une pizza.

Lunar Restaurant INDIEN **$$**
(51 Gandhi Rd ; plats 160-200 ₹ ; ⌚7h30-21h). En dessous du Dekeling Hotel, le Lunar, lumineux et propre, est sans doute le meilleur restaurant indien végétarien de la ville. Les *masala dosa* sont servis avec des fruits secs, des noix et du fromage. Service soigné et vue superbe à travers les grandes fenêtres. Accès par l'escalier du Dekeling.

Park Restaurant INDIEN, THAÏLANDAIS **$$**
(☎0354-2255270 ; 41 Laden La Rd ; plats 200-350 ₹ ; ⌚12h-21h). Ce restaurant intime est à juste titre populaire pour ses savoureux curries d'Inde du Nord (succulent poulet *tikka masala*) et ses plats thaïlandais authentiques, comme le délicieux *tom kha gai* (soupe de poulet au lait de coco) et la salade de papaye verte épicée. Suite à des travaux, les plats thaïlandais devraient, au moment de votre venue, être servis dans une salle à manger panasiatique séparée. Admirez l'entrée, très ornementée dans le style thaïlandais.

Où prendre un verre et faire la fête

Les hôtels haut de gamme possèdent tous un bar chic. Celui du Windamere (p. 513) est particulièrement agréable pour se détendre en début de soirée, et siroter un gin tonic avant de s'attabler au restaurant.

Gatty's Cafe BAR
(Dr Zakir Hussain Rd ; bière 170 ₹ ; ⌚18h-23h ; 📶). Prisé des baroudeurs, le Gatty's est le seul endroit en ville animé après 21h – musique live le week-end, soirées *open mic* ou cinéma en semaine. La carte (plats 170-200 ₹) comprend des lasagnes maison, des pitas avec houmous et falafels, ainsi qu'un bon expresso et des bières (Kingfisher et Tuborg) fraîches.

Joey's Pub PUB
(SM Das Rd ; bière 180-250 ₹ ; ⌚13h-22h). Le Joey's a souffert du décès de son propriétaire (qui lui avait donné son nom), mais si vous souhaitez une bière bien fraîche, ou un grog en hiver, tout en regardant du sport à la TV, ce pub bien établi près de la poste est fait pour vous. Bon lieu de rendez-vous de voyageurs.

Himalayan Java CAFÉ
(Nehru Rd ; café 100 ₹ ; ⌚7h-20h30 ; 📶). Cette filiale de la chaîne de cafés népalaise sert un bon café et des gâteaux, ainsi que des pancakes, des gaufres et des sandwichs (en-cas 150-250 ₹) au petit-déjeuner, dans un décor industriel élégant.

Sunset Lounge SALON DE THÉ
(Chowrastra Sq ; tasse de thé 25-400 ₹ ; 9h30-21h ;). Cet établissement, géré par Nathmull's Tea, propose un choix de thés noirs, blancs et verts, à déguster avec des viennoiseries en contemplant la vue sur la vallée. Wi-Fi gratuit. Vous pourrez tester l'assortiment dégustation de 6 tasses pour 2 personnes (non indiqué sur la carte).

Glenary's SALON DE THÉ
(Nehru Rd ; théière 80 ₹ ; 7h30-19h30 ;). Cette pâtisserie-salon de thé (pâtisseries 30-60 ₹) a l'atout d'une belle vue, que ce soit depuis le nouveau balcon ou de derrière les baies vitrées. Commandez un thé, choisissez un gâteau et installez-vous confortablement dans un fauteuil en osier. L'endroit est tout aussi plaisant pour le petit-déjeuner.

House of Tea SALON DE THÉ
(Nehru Rd ; tasse de thé 30-80 ₹ ; 10h-20h). Asseyez-vous et goûtez à des thés variés issus de plusieurs plantations Goodricke, avant d'acheter un paquet de vos feuilles préférées.

Achats

Nathmull's Tea Room THÉ
(www.nathmulltea.com ; Laden La Rd ; 9h-20h lun-sam, tlj mars-mai et oct-nov). Darjeeling produit certains des meilleurs thés du monde, dont vous pourrez acheter ici plus de 50 variétés. Comptez entre 200 et 400 ₹ les 100 g pour un thé correct, et plus de 5 000 ₹ les 100 g pour les plus raffinés. Jolis théières, passoires et couvre-théières. Pour déguster les thés en vente ici, rendez-vous au Sunset Lounge.

Hayden Hall ART ET ARTISANAT
(www.haydenhall.org ; Laden La Rd ; 10h-17h). Vend des tapis tibétains en laine de yak dans le cadre de ses activités caritatives (tapis 0,90 × 1,80 m 10 800 ₹) – l'expédition est offerte. Il est possible d'observer la fabrication des tapis à l'arrière. Propose aussi des pulls, chapeaux, gants, vestes et des sacs confectionnés par des femmes de la région.

Oxford Book & Stationery Company LIVRES
(Chowrasta Sq ; 10h-19h30 lun-sam, tlj mars-mai et oct-nov). La meilleure librairie à l'est de la ville, avec un bon choix de romans et d'ouvrages sur l'Himalaya.

Dorjee Himalayan Artefacts ART ET ARTISANAT
(Laden La Rd ; 11h-19h lun-sam). Cette petite caverne d'Ali Baba regorge de bibelots himalayens, de quelques antiquités (parfois assez récentes), des *gau* (amulettes) tibétains aux bouddhas et aux moulins à prière en argent. Bon choix de masques et de tanka.

Tibetan Refugee Self-Help Centre TAPIS
(0354-2252552 ; www.tibetancentredarjeeling.com ; Lebong Cart Rd ; tapis à partir de 380 $US expédition comprise). Ce centre fabrique de somptueux tapis sur commande pour qui a la patience d'attendre 6 mois. Choisissez sur catalogue, et le personnel vous l'enverra à domicile une fois terminé.

Das Studios PHOTOGRAPHIE
(Nehru Rd ; 10h-19h lun-sam). Accessoires pour appareils numériques, impressions et photos d'identité instantanées (6 pour 75 ₹). Les reproductions de photos, montrant des scènes de Darjeeling et de l'Himalaya du début du XXe siècle, font d'excellents souvenirs (500 ₹) ; demandez à voir le catalogue.

Rope SPORTS ET ACTIVITÉS DE PLEIN AIR
(NB Singh Rd ; 10h-19h lun-sam). Cette boutique vend des équipements importés de qualité (mais attention : il s'y trouve également des contrefaçons). Sacs à dos, réchauds et chaussures de trek.

Life & Leaf Fair Trade Shop ART ET ARTISANAT
(Chowrasta Sq ; 10h-19h lun-sam). Soutient des artisans locaux et des projets écologiques grâce à la vente de miel et de thé bio produits par des fermiers locaux, ainsi que de sacs en jute et d'écharpes et étoles en soie de l'Assam. Le choix est toutefois maigre.

Renseignements

ACCÈS INTERNET

Compuset Centre (Gandhi Rd ; 30 ₹/heure ; 9h-19h lun-sam ;). Impression et photos d'identité (40 ₹). Pas d'accès à Skype.

AGENCES DE VOYAGES

La plupart des agences de voyages organisent des circuits dans la région.

Samsara Tours, Travels & Treks (0354-2252874 ; www.samsaratourstravelsandtreks.com ; Laden La Rd)

ARGENT

Nombre de boutiques et d'hôtels de Darjeeling peuvent changer les espèces et les chèques de voyage à des taux corrects. Faites-en le tour.

DAB de l'ICICI Bank (49 Laden La Rd)

Poddar's (0354-2252841 ; Laden La Rd ; 10h-21h). Meilleurs taux, horaires plus étendus et files d'attente moins longues qu'à la State Bank of India voisine ; change la plupart des devises et les chèques de voyage sans commission. Installé dans un magasin de vêtements.

Ridhi Siddhi (Laden La Rd ; ⌚9h30-20h). Change les devises à un taux intéressant, sans commission.

State Bank of India (Laden La Rd ; ⌚10h-14h et 14h30-16h lun-ven, 10h-12h un sam sur deux). Change les principales devises étrangères ainsi que les chèques de voyage Amex ($US) moyennant une commission de 100 ₹ par transaction. Possède un DAB ici et un autre dans **Chowrasta** (Chowrasta Sq ; ⌚24h/24).

OFFICE DU TOURISME

GTA Tourist Reception Centre (☎9434247927 ; Silver Fir Bldg, Jawahar Rd West ; ⌚9h-18h lun-sam, 9h-13h un sam sur deux). La meilleure source d'information sur Darjeeling. Personnel sympathique et organisé.

POSTE

Bureau de poste principal (Laden La Rd ; ⌚10h-18h lun-sam, 10h-16h dim)

SERVICES MÉDICAUX

Planter's Hospital (D&DMA Nursing Home ; ☎0354-2254327 ; Nehru Rd). Le meilleur hôpital privé de la ville.

URGENCES

Kiosque d'assistance de la police (Chowrasta Sq)

Poste de police de Sadar (☎0354-2254422 ; Market Rd)

ℹ Depuis/vers Darjeeling

AVION

L'aéroport le plus proche est situé à Bagdogra, à 90 km de Darjeeling et à 12 km de Siliguri. La course en taxi depuis Darjeeling coûte 2 200 ₹. Comptez 4 heures de route.

BUS

Samsara Tours, Travels & Treks vend des billets pour de "luxueux" bus climatisés circulant de Siliguri à Kolkata (1 300-1 700 ₹, 12 heures), et pour des bus de nuit ordinaires à destination de Guwahati (600 ₹, 10 heures, départ à 16h), Patna (550-700 ₹, 10 heures, départ à 18h) et Gaya (750 ₹, départ à 16h). Ces billets ne comprennent pas le transfert jusqu'à Siliguri.

Les étrangers ne peuvent traverser la frontière népalaise (p. 504) qu'à Kakarbhitta-Panitanki (et non à Pasupatinagar sur la route de Mirik). **Samsara Tours, Travels & Treks** vend des billets pour les bus de nuit et de jour reliant

LE TOY TRAIN

Le **Darjeeling Himalayan Railway**, surnommé affectueusement *toy train* (train miniature), est l'une des rares lignes ferroviaires de montagne encore en service en Inde. Le train effectua son premier trajet sur des voies larges de 60 cm frôlant les précipices en septembre 1881. Aujourd'hui, il passe au ras des devantures, traverse la grand-route en interrompant la circulation, et siffle sur presque tout le parcours. Le *toy train* a été classé au Patrimoine mondial en 1999.

Les services sur la portion de la ligne située au sud de Kurseong fluctuent constamment, et les pluies de la mousson semblent bloquer des sections entières de la voie aussi vite que les ingénieurs les réparent. Lors de la rédaction de ce guide, la rumeur laissait entendre que les services depuis/vers la gare de New Jalpaiguri (NJP) devraient reprendre sous peu.

Lors de nos recherches, un seul service pour passager était proposé entre Darjeeling et Kurseong. Le train 52588 part de Darjeeling à 16h, s'arrête à Ghum à 16h30 et arrive à Kurseong à 18h50. Les tarifs (1re/2e classe) sont de 145/30 ₹ pour Ghum et de 210/60 ₹ pour Kurseong. Le train de 10h15 au départ de Darjeeling ne roulait pas lorsque nous faisions nos recherches, mais le service pourrait reprendre à l'avenir.

Des *joy rides* à bord d'un train à vapeur (1 100 ₹) partent de Darjeeling à 10h40, 13h20 et 16h05 pour un aller-retour de 2 heures. Les trains diesel, pour le même trajet, partent à 8h, 11h et 13h30 et sont moins chers (630 ₹). En haute saison (mars-mai et octobre-novembre), trois départs supplémentaires sont proposés en train à vapeur. À chaque *joy ride*, le train marque une halte de 10 minutes à la jolie Batasia Loop, puis s'arrête 20 minutes à Ghum, la plus haute gare ferroviaire du pays, pour visiter le petit **musée du Rail** (Ghum ; 20 ₹ ; ⌚10h-13h et 14h-16h). Les passionnés pourront admirer de près les locomotives dans le hangar en face de la gare ferroviaire de Darjeeling.

Réservez au moins 1 ou 2 jours à l'avance à la gare ferroviaire de Darjeeling (p. 518) ou sur le site Internet www.irctc.co.in.

Kakarbhitta à Katmandou (1 000-1 500 ₹, départ à 4h et 16h) ; vous devrez louer une jeep pour Kakarbhitta, ou en prendre une collective jusqu'à Siliguri et changer. Samsara peut aussi réserver des vols intérieurs au Népal de Bhadrapur à Katmandou (182 $US), mais vous pourrez réserver en ligne directement sur Buddha Air (www.buddhaair.com).

Tous les billets de bus Darjeeling-Katmandou impliquent des correspondances à Siliguri et à la frontière, soit autant de problèmes potentiels. Il est tout aussi facile d'organiser soi-même le trajet.

JEEP ET TAXI

De nombreuses jeeps collectives partent de la **gare routière/station de jeeps de Chowk Bazaar** (Old Super Market Complex) pour Siliguri (130 ₹, 3 heures) et Kurseong (70 ₹, 1 heure 30). Les jeeps pour Mirik (100 ₹, 2 heures 30) partent de l'extrémité nord toutes les 30 minutes environ. Une billetterie, au rez-de-chaussée de l'Old Super Market Complex, vend à l'avance des billets pour les jeeps qui desservent fréquemment Kalimpong (130 ₹, 2 heures 30) – ceux pour Gangtok (200 ₹, 4 heures) sont en vente dans deux stands en bord de rue. Toutes les jeeps partent entre 7h et 15h30.

Pour New Jalpaiguri ou Bagdogra, changez à Siliguri, ou louez une jeep ou un taxi à Darjeeling pour 2 200 ₹.

La **Darjeeling Transport Corporation** (Laden La Rd) loue des jeeps pour Gangtok (3 000 ₹), Kalimpong (2 500 ₹), Kurseong (1 500 ₹), Kakarbhitta (3 500 ₹) et Mirik (2 000 ₹).

TRAIN

La grande gare ferroviaire la plus proche se trouve à New Jalpaiguri (NJP), près de Siliguri. La **gare ferroviaire de Darjeeling** (☎ 0354-2252555 ; www.irctc.co.in ; Hill Cart Rd ; ⌚ 8h-17h lun-sam, 8h-14h dim) vend des billets pour les principaux trains au départ de NJP. De Darjeeling, comptez 145/30 ₹ en 1re/2e classe jusqu'à Ghum (30 min), et 210/60 ₹ jusqu'à Kurseong (3 heures).

ℹ Comment circuler

La ville compte plusieurs stations de taxis, notamment à **Clubside** (Clubside) et dans **Hill Cart Road** (Hill Cart Rd), près de la gare ferroviaire, mais les tarifs sont élevés pour des trajets somme toute assez courts. Les rues de Darjeeling sont escarpées, et l'on s'y repère difficilement. Un porteur acheminera vos bagages de Chowk Bazaar à Chowrasta Sq pour environ 100 ₹.

Les minibus collectifs qui desservent le nord de la ville (North Point par exemple) partent de l'extrémité nord de la **gare routière/station de jeeps de Chowk Bazaar** (ci-contre). Pour Ghum, prenez une jeep collective (20 ₹) dans Hill Cart Rd.

Trek de Singalila Ridge

Randonnée la plus populaire au départ de Darjeeling, le trek de Singalila Ridge conduit en 5 jours de Mane Bhanjhang à Phalut en traversant le superbe **Singalila National Park** (Indien/étranger 100/200 ₹, appareil photo/caméra 100/500 ₹) et offre des vues fantastiques sur l'Himalaya, du Népal jusqu'au Sikkim et au Bhoutan. À Sandakphu, le panorama époustouflant englobe le Lhotse, l'Everest et le Khangchengdzonga. Le ciel dégagé et les températures agréables dans la journée font d'octobre et novembre une période idéale pour ce trek, de même que les longues journées et la floraison des rhododendrons fin avril et en mai.

Il est obligatoire d'être accompagné d'un guide local (1 200 ₹/jour, nourriture et hébergement compris) dans le parc ; contactez l'**Highlander Trekking Guides Association** (☎ 9734056944 ; www.highlanderguidesandporters.com ; Mane Bhanjhang), qui pourra également vous mettre en lien avec des porteurs (700 ₹) si nécessaire.

Mane Bhanjhang, à 26 km de Darjeeling, est desservie par de fréquentes jeeps collectives (70 ₹, 1 heure 30), ainsi que par un bus qui part à 7h de la gare routière/station de jeeps (ci-contre) de Chowk Bazaar à Darjeeling. Louer une jeep revient à 1 200 ₹. De Rimbik, des jeeps collectives retournent à Darjeeling (150 ₹, 5 heures) à 7h et 12h, et un bus part à 6h30 (90 ₹). Réservez vos places. Les routes rejoignent désormais Sri Khola ; vous pouvez donc vous organiser pour qu'un véhicule vienne vous chercher.

Si vous devez passer la nuit à Rimbik, l'**Hotel Sherpa** (Rimbik ; d 900 ₹), doté de jolies pelouses et de petits chalets, et le **Green Hill** (☎ 9593720817 ; Rimbik ; ch 500-700 ₹), avec des chambres en bois plus calmes à l'arrière, sont les meilleurs hébergements.

L'itinéraire classique de 83 km prend 5 jours. Vous pourrez le raccourcir d'une journée en descendant de Sandakphu à Sri Khola le troisième jour. Une mauvaise piste pour jeep suit le trek de Mane Bhanjhang à Phalut, mais il y a peu de circulation et le chemin évite partiellement la route. Certains circuits organisés partent de Dhotrey et des agences proposent des randonnées d'une journée entre Dhotrey et

Environs de Darjeeling

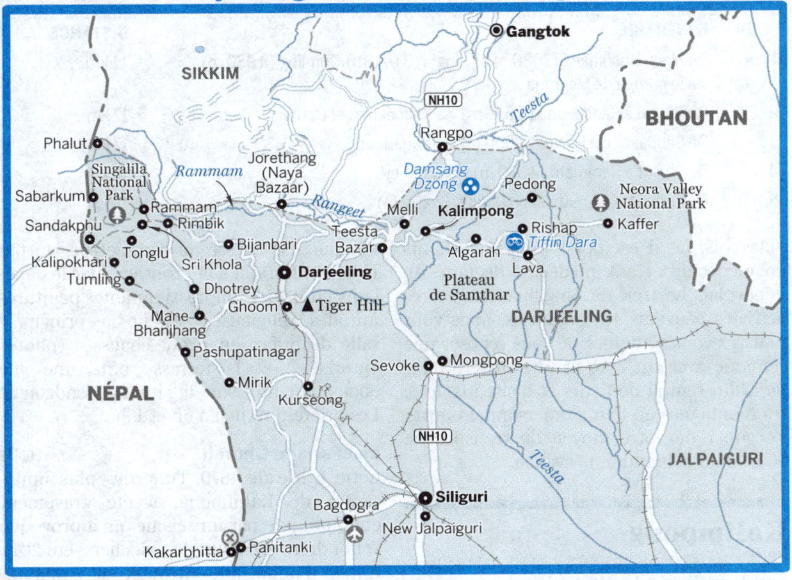

à Tumling. Les plus sportifs couvrent l'itinéraire à VTT en trois jours, même si la section entre Kalipokhari et Sandakphu est, pour la plupart des cyclistes, trop escarpée pour rester sur la selle.

Des lodges privés (dort 200 ₹ environ, ch 700-1 400 ₹), certains avec sdb, jalonnent l'itinéraire. Tous servent des repas – habituellement une copieuse assiette de riz, dhals et légumes (200 ₹). Les chambres sont pourvues de lits et couvertures propres, ce qui dispense d'emporter un sac de couchage. Prévoyez néanmoins un drap, et de quoi vous couvrir pour contempler les sommets à l'aube. Le seul endroit où trouver un hébergement est Phalut, qui ne compte qu'une seule adresse fiable. De l'eau bouillie en bouteille est en vente tout au long du parcours, mais il est plus sûr et moins cher de purifier son eau soi-même. Les refuges (*trekkers' huts*) se réservent auprès du GTA Tourist Reception Centre (p. 517), à Darjeeling, mais même le personnel vous dira que les lodges privés sont plus plaisants.

Voici les principaux lodges de chaque étape (présentés par ordre croissant de prix et de qualité) :

Jour 1 : Trekkers' Hut, Mountain Lodge, Siddharta Lodge et Shikhar Lodge à Tumling ; Trekkers' Hut à Tonglu

Jour 2 : Chewang Lodge à Kalipokhari ; Trekkers' Hut, Namobuddha, Sunrise et Sherpa Chalet Lodge à Sandakphu

Jour 3 : Trekkers' Hut et Forest Rest House à Phalut

Jour 4 : Eden Lodge à Gorkhey ; Trekkers' Hut, Namobuddha Lodge et Sherpa Lodge à Rammam

Des agences de Darjeeling proposent ce trek guidé tout compris pour environ 3 000 ₹ par personne et par jour ; il est cependant facile de l'organiser soi-même pour bien moins cher. Les lodges affichent souvent complet en octobre et début novembre ; préférez effectuer votre trek automnal au milieu ou à la fin du mois de novembre.

N'oubliez pas votre passeport, car vous devrez vous enregistrer à une demi-douzaine de postes de contrôle militaires. Singalila Ridge forme la frontière indo-népalaise ; le sentier entre au Népal en plusieurs points.

Pour vous détendre à la fin du trek, envisagez un séjour à la **Karmi Farm** (www.karmifarm.com ; pension complète 2 000 ₹/pers), à 2 heures de route de Rimbik, près de Bijanbari. Les chambres, simples et confortables, sont joliment décorées de tissus locaux colorés et les sdb disposent d'eau chaude 24h/24. La ferme gère un petit dispensaire pour les

LE TREK DE SINGALILA RIDGE EN DÉTAIL

JOUR	ITINÉRAIRE	DISTANCE
1	De Mane Bhanjhang (2 130 m) à Tonglu (3 070 m)/Tumling (2 980 m) via le *gompa* de Meghma	14 km
2	De Tonglu à Sandakphu (3 636 m) via Kalipokhari et Garibas	17 km
3	De Sandakphu à Phalut (3 600 m) via Sabarkum	17 km
4	De Phalut à Rammam (2 530 m) via Gorkhey	16 km
5	De Rammam à Sri Khola ou Rimbik (2 290 m)	19 km

villageois, où il est possible aux étudiants en médecine et aux médecins de faire du bénévolat. Le trek de Singalila et d'autres activités peuvent être organisés, mais vous pourrez vous contenter de vous reposer une semaine avec un livre et une théière dans le jardin rempli de fleurs et d'oiseaux, avec les montagnes au loin. Le personnel pourra s'occuper de votre moyen de transport si vous le lui demandez à l'avance.

Kalimpong

03552 / 43 000 HABITANTS / ALTITUDE 1 250 M

Surplombée par le Khangchendzonga, cette cité marchande affairée s'étire le long d'une crête en forme de selle qui domine la tumultueuse Teesta. Si elle ne possède aucun site majeur, elle a en revanche l'attrait de sa vue sur des sommets himalayens et de jolies promenades à la découverte de monastères bouddhiques, d'édifices coloniaux et de pépinières. La ville vaut bien d'y accorder trois jours.

Histoire

Kalimpong se développa d'abord grâce au commerce du thé et de la laine avec le Tibet, situé de l'autre côté du Jelep La, ainsi qu'aux voyageurs anglais qui y faisaient étape en route vers ce dernier. Comme Darjeeling, Kalimpong appartint aux *chogyal* du Sikkim avant de tomber aux mains des Bhoutanais au XVIIIe siècle, puis de passer sous domination britannique. Elle fut intégrée à l'Inde lors de l'indépendance. Des missionnaires écossais, notamment jésuites, s'évertuèrent à convertir les bouddhistes locaux à la fin du XIXe siècle ; aujourd'hui encore, la ville demeure un important centre d'enseignement pour l'Himalaya oriental.

À voir

Gompa de Durpin — MONASTÈRE BOUDDHIQUE

GRATUIT Plus grand monastère de Kalimpong, le *gompa* de Durpin, jadis appelé Zangtok Pelri Phodang, se dresse au sommet de Durpin Hill (1 372 m) ; il a été consacré par le dalaï-lama en 1976. D'impressionnantes peintures murales religieuses ornent la principale salle de prière au rez-de-chaussée (photos autorisées) et la terrasse offre une vue époustouflante sur le Khangchendzonga. Les prières ont lieu à 6h et 15h.

MacFarlane Church — ÉGLISE

Cette église de 1870, l'une des plus imposantes de Kalimpong, a été gravement endommagée par un séisme qui a provoqué l'effondrement d'un des clochers en 2011. Après d'importants travaux de restauration, elle a rouvert ses portes. À l'intérieur, remarquez les superbes arcs-boutants néogothiques en bois.

Gompa de Tharpa Choling — MONASTÈRE BOUDDHIQUE

(près de KD Pradhan Rd ; 5h30-17h). GRATUIT Construit en 1922, ce monastère tibétain de l'école gelugpa, qui accueille 50 moines, abrite des statues des Bouddhas du Passé, du Présent et du Futur. Ne manquez pas le fascinant **musée**, à côté de l'inhabituel temple chinois, juste au-dessus du monastère principal. Le *gompa* est situé à 50 m après Tripai Rd, à 30 minutes de marche du centre-ville en suivant KD Pradhan Rd.

Deolo Hill — POINT DE VUE

(9 km de Kalimpong ; 50 ₹ ; aube-crépuscule). Par temps clair, le matin, on a, depuis ce parc au sommet d'une colline, une vue splendide sur le Khangchendzonga. Vous pourrez ensuite prendre le petit-déjeuner (100-150 ₹) au **Tourist Lodge** (à partir de 8h) et revenir à pied à Kalimpong via la Dr Graham's Home. Le trajet en taxi revient à environ 300 ₹.

Dr Graham's Home — ÉDIFICE HISTORIQUE

(musée 9h-12h et 13h15-15h30 lun-ven). GRATUIT Cet orphelinat-école fut construit en 1900 par un missionnaire écossais, J. A. Graham, afin d'instruire les enfants des travailleurs des plantations de thé. Il accueille aujourd'hui quelque 1 300 élèves. Un **musée** commémore Graham et son épouse, Katherine. La chapelle de 1925, au-dessus de l'école, rappelle l'Écosse avec son ardoise grise, sa flèche et ses beaux vitraux.

Grimpez sur 4 km la KD Pradhan Rd escarpée pour rejoindre la porte de l'institution. De nombreux visiteurs viennent en taxi (200 ₹) et redescendent à pied via le *gompa* de Tharpa Choling et l'atelier Himalayan Handmade Paper Industry. Des minibus collectifs (30 ₹) partent sporadiquement depuis le café One Cup.

Himalayan Handmade Paper Industry ATELIER
(☎9932388321 ; Panlook Compound, KD Pradhan Rd ; ⏱9h-12h et 13h-15h lun-sam). GRATUIT À partir d'un arbuste localement appelé *argalee* (ou *lokta* en népali ; *Daphne payracea*), ce petit atelier sans enseigne fabrique un papier résistant aux insectes, utilisé pour imprimer des textes sacrés à l'aide de tampons. Les visiteurs peuvent observer les différentes étapes de la production, du pressage au séchage, de préférence le matin, et acheter des blocs-notes et des cartes faits avec ce même papier. L'atelier se trouve à 15 minutes de marche du centre, du côté droit de la route.

Lepcha Heritage Museum MUSÉE
(☎9933780295 ; ⏱10h30-16h30 lun-ven). GRATUIT Cette collection originale de trésors du peuple lepcha évoque un grenier rempli de souvenirs. Un guide vous expliquera les mythes de la création lepcha et vous montrera des textes religieux, des coiffes sacrées en piquants de porc-épic et des peaux de pangolin. Le musée est à 10 minutes à pied en contrebas du terrain de sport. Les horaires varient ; téléphonez avant de venir.

St Teresa's Church ÉGLISE
Construite en 1929 par des jésuites suisses, la remarquable église Sainte-Thérèse englobe des éléments de *gompa* bhoutanais. Les apôtres en bois ont l'allure de moines bouddhistes et les sculptures sur les portes rappellent les *tashi tagye*, huit symboles de bon augure du bouddhisme himalayen. L'église est située près de 9th Mile, à 2 km de la ville. Si elle est fermée, adressez-vous à la maison voisine.

Activités

Himalayan Eagle PARAPENTE
(☎9635156911 ; www.himalayaneagle.in). Les pilotes, basés à Manali, proposent des vols en parapente à partir de Deolo Hill. Un vol en tandem de 5/15 km coûte 3 000/5 000 ₹. Les conditions météorologiques doivent être parfaites.

À NE PAS MANQUER

PÉPINIÈRES

Kalimpong est un grand centre d'exportation de fleurs. C'est ici que sont produits 80% des glaïeuls du pays et de nombreuses variétés d'orchidées. Vous verrez quelque 200 espèces d'orchidées au **Nurseryman's Haven** (☎03552-256936 ; Holumba Haven, 9th Mile) de l'Holumba Haven ; des anthuriums et des oiseaux de paradis au **Santi Kunj** (BL Dixit Rd ; ⏱8h30-12h et 13h30-16h dim-ven) ; et de superbes cactus à la **Pineview Nursery** (☎03552-255843 ; Atisha Rd ; 10 ₹ ; 9h-17h lun-sam).

Cours

Anandavan Yog Peeth YOGA
(☎3552-256936 ; www.anandavanyogpeeth.com). Ce centre basé au Holumba Haven et membre de Yoga Alliance propose des cours de perfectionnement pour professeurs de yoga (17 jours ; 1 400 $US).

Circuits organisés

Gurudongma Tours & Travels TREKKING
(☎03552-255204 ; www.astonishingindiatours.com ; Rinkingpong Rd, Hilltop). Ce tour-opérateur local, géré par "General Jimmy", organise d'intéressants circuits de trekking, d'observation des oiseaux et à VTT depuis sa ferme luxueuse, sur le plateau de Samthar.

Où se loger

Manokamana Lodge PENSION $
(☎03552-257047 ; manokamanalodge@gmail.com ; DB Giri Rd ; s/d 500/700 ₹ ; @ 📶). Une pension familiale sans prétention, à mi-chemin entre le petit hôtel et l'auberge pour *backpackers*. Un emplacement central, un cybercafé et un restaurant d'un excellent rapport qualité/prix ajoutent à son attrait, malgré un hébergement plutôt sommaire : linoléum au sol et seaux d'eau chaude dans des sdb (propres) attenantes. Demandez une chambre à l'arrière, pour plus de tranquillité.

Deki Lodge PENSION $
(☎03552-255095 ; www.dekilodge.yolasite.com ; Tripai Rd ; s/d à partir de 990/1 100 ₹ ; 📶). Très accueillant, ce lodge tenu par des Tibétains

Kalimpong

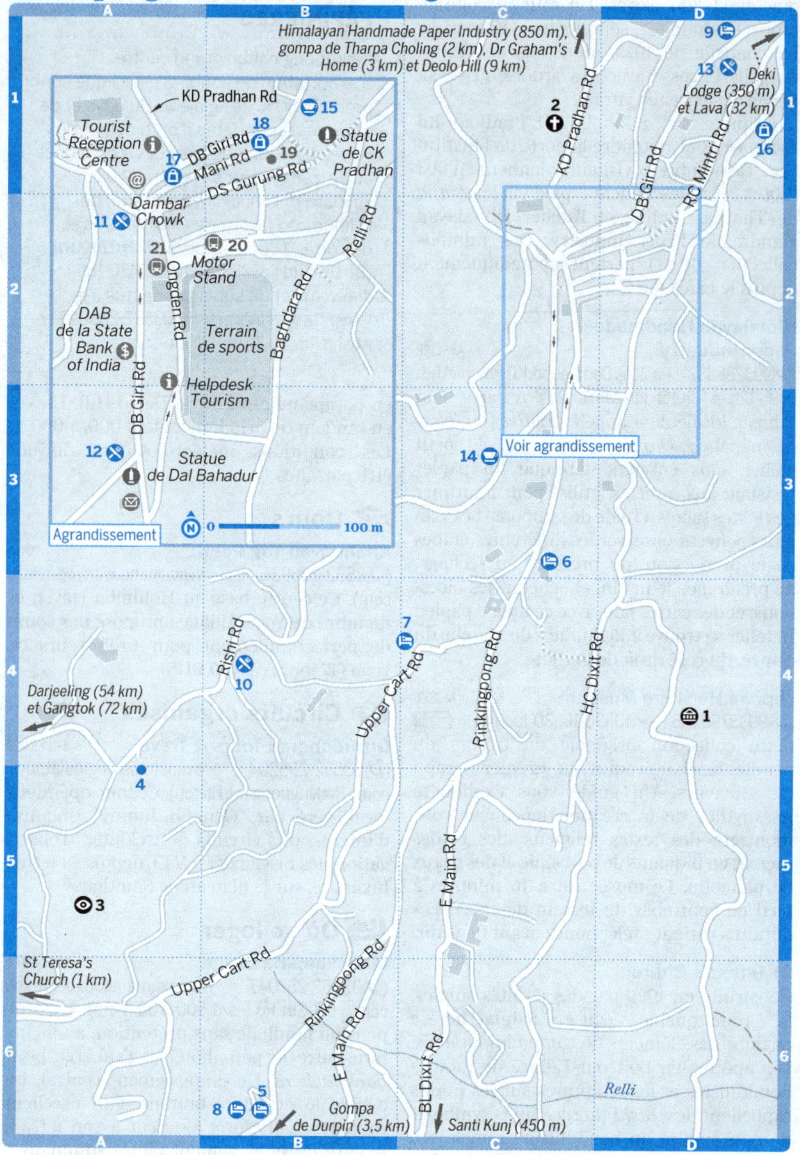

occupe une paisible demeure familiale fleurie et possède un vaste café en terrasse. Malheureusement, les chambres sont quelconques et un peu surévaluées. Celles du dernier étage (1 330/1 760 ₹), plus chères, sont confortables et ouvrent sur des balcons communs. À 10 minutes à pied au nord-est du centre-ville, en haut d'une rue secondaire.

♥ **Holumba Haven** BOUTIQUE-HÔTEL **$$**
(☎03552-256936 ; www.holumba.com ; 9th Mile ; ch 1 800-3 000 ₹ ; wifi). Dans un cadre sylvestre

Kalimpong

À voir

1 Lepcha Heritage Museum D4
2 MacFarlane Church C1
Nurseryman's Haven ......(voir 7)
3 Pineview Nursery A5

Activités

Anandavan Yog Peeth ......(voir 7)

Où se loger

4 Cloud 9 ......B6
5 Elgin Silver Oaks C3
6 Himalayan Hotel C4
7 Holumba Haven A5
8 Kalimpong Park Hotel B6
9 Manokamana Lodge D1

Où se restaurer

10 Cafe Refuel B4
11 Gompu's Bar & Restaurant A2
12 King Thai A3
Lee's ......(voir 15)
13 Boulangerie Paris Kalimpong D1

Où prendre un verre et faire la fête

14 Art Cafe C3
15 One Cup B1

Achats

16 Haat Bazaar D1
17 Kashi Nath & Sons A1
18 Lark's Provisions B1

Transports

Himalayan Travellers ......(voir 20)
Kalimpong Mainline Taxi Driver's Welfare Association ......(voir 20)
Kalimpong Motor Transport ......(voir 20)
19 Kalimpong Railway Out Agency B1
Kalimpong, Sikkim All Highway Taxi Driver's Owner's Association ......(voir 20)
20 Motor Stand B2
21 Sikkim Nationalised Transport A2

à 1 km à pied en contrebas de la ville, cette propriété, aussi charmante que singulière, englobe une pépinière et une pension familiale. Les chambres, impeccables et douillettes, sont aménagées dans de confortables cottages, répartis dans un jardin d'orchidées luxuriant. Les bons repas maison (sur commande) se prennent dans une salle à manger conviviale.

Norden, le propriétaire, est une mine d'informations en matière de randonnées et de circuits dans la région.

Kalimpong Park Hotel HÔTEL HISTORIQUE $$

(☎03552-255304 ; www.kalimpongparkhotel.com ; Rinkingpong Rd ; s/d 2 530/3 200 ₹ ; @📶). Cette ancienne résidence d'été des maharajas de Dinajpur, perchée sur un plateau qui surplombe la vallée de la Relli, a beaucoup de charme : fauteuils en osier et fleurs sur la terrasse abritée, agréable bar lounge et restaurant spécialisé dans les classiques de la cuisine britannique (réservation nécessaire).

Cloud 9 HÔTEL $$

(☎03552-255410 ; cloudnine.kpg@gmail.com ; Rinkingpong Rd ; s/d à partir de 1 000/1 400 ₹). Les 5 chambres lambrissées, aménagées au 1er étage de cette accueillante propriété, sont douillettes à souhait, et le restaurant, au rez-de-chaussée, sert d'intéressants plats bhoutanais ainsi que des bières fraîches. Binod, le propriétaire, est fan des Beatles et aime finir la soirée en musique ; il vous offrira une bière si vous êtes un bon guitariste ! Les chambres donnant sur l'avant sont plus lumineuses, mais aussi un peu plus chères.

Himalayan Hotel HÔTEL HISTORIQUE $$$

(☎03552-255248 ; www.himalayanhotel.com ; Upper Cart Rd ; s/d 2 400/3 600 ₹ ; 📶). Cet établissement fut fondé par David MacDonald, qui fut l'interprète de Francis Younghusband (lieutenant-colonel de l'armée anglaise et explorateur) à la mission de Lhassa, en 1904. Au fil des ans, il a accueilli des légendes de l'Himalaya, comme Alexandra David-Néel, Heinrich Harrer et Charles Bell. La luxueuse chaîne hôtelière Mayfair a récemment racheté la propriété, et des rénovations sont en cours… Reste à voir ce que l'endroit y perdra en caractère.

Elgin Silver Oaks HÔTEL HISTORIQUE $$$

(☎03552-255296 ; www.elginhotels.com ; Rinkingpong Rd ; s/d en pension complète 8 100/8 400 ₹ ; @📶). En plein centre, cette demeure de l'époque du Raj transformée en hôtel dégage un charme fou, même s'il n'est pas tenu d'une main de maître. Les chambres, somptueusement aménagées, ont l'attrait d'une vue superbe sur la vallée en direction de la Relli (demandez-en une face au jardin). Les repas sont servis dans le restaurant sélect.

HORS DES SENTIERS BATTUS

RANDONNÉES DANS LA RÉGION DE KALIMPONG

Les environs de Kalimpong se prêtent à de superbes randonnées. Prévoyez un ou deux jours supplémentaires pour en profiter. **Helpdesk Tourism** (p. 525), au Sherpa Lodge, et l'**Holumba Haven** vous renseigneront ; ils pourront vous mettre en lien avec un guide (800-1 500 ₹/jour) et, besoin étant, organiser le transport.

À Kalimpong même, Helpdesk propose une promenade guidée d'une demi-journée (guide 600-800 ₹) à la découverte des ateliers des ruelles près d'Haat Bazaar, où sont confectionnés encens, objets en argent, nouilles, tanka…

Une promenade d'une demi-journée aux abords de la ville conduit des alentours de l'Holumba Haven aux villages de **Challisey** et de **Chibo Busty**, d'où l'on jouit d'un superbe point de vue sur la Teesta. En chemin, vous pourrez visiter la **LK Pradhan Cactus Nursery** et un petit **centre de production de yaourts** à la Tharker Farm, puis descendre au village de Ngassey pour admirer deux **maisons lepcha** traditionnelles.

Plus loin, une autre randonnée, à mener soi-même, débute 2 km après Algarah, sur la route de Pedong. Un large chemin monte doucement le long d'une crête boisée jusqu'aux ruines du **Damsang Dzong** (XVIIe siècle), le dernier bastion des rois lepcha face aux Bhoutanais. Continuez sur la crête et descendez pour admirer la vue sur le Khangchendzonga à Tinchuli Hill, avant de suivre la piste qui part de Sillery et rejoint la grand-route Algarah-Pedong. De là, vous pourrez marcher jusqu'à Algarah (4 km) et prendre une jeep collective pour Kalimpong (dernière jeep à 15h), ou continuer jusqu'à Pedong (3 km) via le **gompa de Sangchen Dorje**, d'influence bhoutanaise, à Sakyong Busty, en contrebas de Pedong. Bus et jeeps partent de Kalimpong pour Pedong (30-50 ₹) et Algarah (30 ₹) à 8h15, mais vous pouvez louer un taxi pour la journée (1 000-1 500 ₹). Vous pourrez séjourner dans l'un des 5 bungalows du **Silk Route Retreat** (p. 525), 1,5 km avant Pedong, qui constitue une bonne base pour les randonnées.

Juste au-dessus du village de Rishap, à 30 km de Kalimpong, le **point de vue de Tiffin Dara** offre un somptueux panorama du Khangchendzonga à l'aube et au crépuscule. Une piste quitte la route Kalimpong-Lava et grimpe sur 3 km jusqu'à un sentier indiqué à 1 km avant Rishap. Après 20 minutes de marche, le sentier fait un détour à gauche jusqu'au point de vue, puis, de retour à l'embranchement, continue à travers la forêt pendant 45 minutes pour rejoindre la grand-route Kalimpong-Lava. Juste avant ce croisement, près de quelques drapeaux de prières, un raccourci dévale vers le village de Lava en passant par le Forest Lodge. Pour le transport, vous pourrez prendre la jeep collective pour Lava à 7h (80 ₹) ou le bus plus lent à 8h (60 ₹). Le dernier bus ralliant Kalimpong passe à 13h30. Louer une jeep revient à 1 600 ₹ pour aller à Rishap – 2 000 ₹ pour l'aller-retour dans la journée jusqu'à Lava.

Lava (2 353 m), à 34 km de Kalimpong, mérite la visite. Essayez de venir pour le marché animé du mardi, ou bien pour le débat à 10h ou les prières à 15h30 au **gompa de Kagyupa Thekchenling**. Jouxtant Lava, le **Neora Valley National Park** (Indien/étranger 60/200 ₹, location véhicule 1 500 ₹, guide 200 ₹ ; ⏲15 sept-15 juin) protège des forêts luxuriantes abritant des pandas roux, des panthères nébuleuses et de nombreuses espèces d'oiseaux. Des circuits en jeep sont organisés (1 300-1 600 ₹) et des agences de voyages proposent un trek de 4 jours avec camping au Roche La (3 155 m), le plus haut col entre le Bengale-Occidental, le Sikkim et le Bhoutan. Les bungalows du **Lava Forest Lodge** (☎033-23350064 ; www.wbfdc.com ; Lava ; d 800-1 500 ₹), juste au-dessus de la ville, sont l'hébergement le plus plaisant, mais peuvent être difficiles à réserver ; adressez-vous au **West Bengal Tourism** (p. 503) à Siliguri ou au Holumba Haven à Kalimpong. L'**Hotel Orchid** (ci-dessous) est aussi un choix correct. Évitez octobre, quand affluent les touristes bengalis. Des jeeps collectives (80 ₹) partent pour Kalimpong une fois pleines, jusque vers 15h30.

Hotel Orchid HÔTEL **$$**
(☎03552-282213 ; Lava ; d 1 200-2 200 ₹). Au nombre des quelques options de Lava, cette auberge compte 12 chambres lambrissées lumineuses, avec linge impeccable et sdb propres avec eau chaude. Au rez-de-chaussée, le restaurant sert une bonne cuisine chinoise.

Silk Route Retreat COMPLEXE HÔTELIER $$

(☎9932828753 ; www.thesilkrouteretreat.com ; 21st Mile, Pedong ; s/d cottage 1 600/2 500 ₹ ;). Les 5 cottages propres et modernes constituent une bonne base pour explorer la région à la faveur de randonnées pédestres (guides disponibles) ou à vélo. Les repas sont bons (plats 180-250 ₹). Agréable véranda où rencontrer d'autres voyageurs.

Où se restaurer

Gompu's Bar & Restaurant TIBÉTAIN $$

(Gompu's Hotel, près DB Giri Rd ; plats 120-200 ₹ ; 7h-21h). Réputé pour ses gros *momo* au porc (130 ₹), le Gompu's séduit depuis toujours habitants et voyageurs, que l'on rencontre surtout le midi. C'est aussi un bon endroit pour prendre une bière fraîche (210 ₹) avec une assiette de pommes de terre à l'ail et au piment ou de porc rôti.

Lee's CHINOIS $$

(☎9593305812 ; DB Giri Rd ; plats 80-150 ₹, menu 250 ₹ ; 11h-19h30 lun-sam). M. Lee et sa fille servent de succulents plats chinois, dont des *mun wonton* (raviolis frits dans l'œuf), du *mun chu nyuk* (porc laqué), des *mefun* (nouilles de riz), un délicieux poulet doré (sauce à l'ail) et un excellent thé vert. Au dernier étage, au-dessus du café One Cup.

Boulangerie Paris Kalimpong BOULANGERIE $

(DB Giri Rd ; pâtisseries 30-50 ₹ ; 9h-18h lun-sam). Cette étonnante boulangerie, tenue par des Français, vend d'excellentes baguettes, des éclairs, des brioches au fromage, des quiches et des gâteaux, ainsi que du café. Les heures d'ouverture peuvent être irrégulières, mais l'endroit en vaut la peine.

King Thai CHINOIS $$

(3e ét. du supermarché ; DB Giri Rd, plats 160-200 ₹ ; 11h-21h). Cette adresse multiculturelle (nom thaïlandais, cuisine chinoise – avec quelques variantes indiennes – et posters de Bob Marley) attire aussi bien les hommes d'affaires que des jeunes Tibétains et des moines. Bar doté de fauteuils confortables.

Cafe Refuel INTERNATIONAL

(www.caferefuel.com ; Rishi Rd, 9th Mile ; 10h30-20h). Café sympathique au décor centré sur la moto, avec Vespa en guise de sièges au comptoir. Les plats témoignent d'influences mexicaines : nachos et burritos maison, hamburgers, pizzas, sandwichs au pain pita et expresso. Le baby-foot fait l'ambiance.

Où prendre un verre et faire la fête

Art Cafe CAFÉ

(Rishi Rd ; café 40 ₹ ; 10h-19h). Café agréable avec terrasse aérée, d'où l'on a une belle vue sur la vallée de la Teesta, en direction de Darjeeling. Bons cafés, milk-shakes, limonades (servies dans des bocaux) et succulentes pizzas à pâte fine (160-180 ₹). Magazines à disposition. L'endroit idéal pour rencontrer la clientèle tendance de Kalimpong, d'autant qu'il n'y a pas de Wi-Fi.

One Cup CAFÉ

(DB Giri Rd ; café 50-90 ₹ ; 11h-18h lun-dim). Expressos décents et bonnes pâtisseries et glaces. Pas de Wi-Fi.

Achats

Lark's Provisions ALIMENTATION ET BOISSONS

(DB Giri Rd ; 9h30-18h30). Le meilleur endroit pour acheter du fromage (600 ₹/kg), produit à Kalimpong depuis l'installation d'une laiterie par les jésuites au XIXe siècle. Le magasin vend aussi des sucettes au lait (30 ₹) fabriquées localement, ainsi que de délicieux pickles maison.

Haat Bazaar MARCHÉ

(entre Relli Rd et RC Mintri Rd). Le mercredi et surtout le samedi, ce bazar habituellement calme déborde de vie. Il y a alors pléthore de marchandises : nourriture, textiles, objets usuels, toutes sortes de babioles…

Kashi Nath & Sons LIVRES

(DB Giri Rd ; 10h-18h30 lun-sam). Cette librairie et la papeterie attenante vendent un petit choix de livres sur l'Himalaya et quelques grands succès étrangers, romans et essais.

Renseignements

Bureau de poste (Rinkingpong Rd ; 9h-17h lun-ven, 9h-16h sam)

Cyber Infotech (30 ₹/heure ; 10h-19h lun-sam ;). Face au Gompu, minuscule cybercafé avec ordinateurs et Wi-Fi.

DAB de la State Bank of India (DB Giri Rd). Un DAB parmi d'autres situés dans le même coin.

Helpdesk Tourism (☎7363818059, 8967938378 ; helpdesktourism@gmail.com ; Sherpa Lodge ; 9h-17h). Dans ce centre d'information privé, au rez-de-chaussée du Sherpa Lodge, vous trouverez une carte utile et des informations sur les excursions autour de Kalimpong, notamment sur les randonnées et les séjours chez l'habitant. Il pourra également vous orienter vers un guide. Demandez Jigme ou Norden.

Tourist Reception Centre (office du tourisme, DGHC ; ☎03552-257992 ; DB Giri Rd ; ⏲10h-16h30 lun-sam, fermé 2e et 4e sam du mois). Réservation de circuits et d'hébergements.

Depuis/vers Kalimpong

Tous les bus, les jeeps et les agences dont ils dépendent sont regroupés au chaotique **Motor Stand**.

BUS ET JEEP

Des bus d'État NBSTC desservent Siliguri (80 ₹, 2 heures 30) toutes les heures.

Himalayan Travellers (☎9434166498 ; Motor Stand). Une compagnie efficace, avec des jeeps collectives pour Lava (80 ₹, 1 heure 30, 5/jour à partir de 7h).

Kalimpong Mainline Taxi Driver's Welfare Association (KMTDWA ; Motor Stand). Jeeps collectives fréquentes pour Siliguri (130 ₹, 2 heures 30) ; 2 départs quotidiens pour Jorethang (100 ₹, 2 heures, 7h30 et 12h).

Kalimpong Motor Transport (Motor Stand). Jeeps collectives fréquentes pour Darjeeling (130 ₹, 3 heures) jusqu'en milieu d'après-midi. Service de location (1 800 ₹).

Kalimpong, Sikkim All Highway Taxi Driver's Owner's Association (☎259544 ; Motor Stand). Jeeps collectives pour Gangtok (140 ₹, 3 heures, toutes les heures jusqu'à 11h30), Ravangla (150 ₹, 3 heures 30, 14h) et Namchi (110 ₹, 8h et 13h), au Sikkim.

Sikkim Nationalised Transport (SNT ; Ongden Rd). Un bus pour Gangtok (105 ₹, 3 heures, 13h) ; départ en face du Motor Stand.

TRAIN

Kalimpong Railway Out Agency (Mani Rd ; ⏲10h-17h lun-sam, 10h-13h dim). Cette agence vend des billets pour les trains au départ de la gare de New Jalpaiguri (NJP), mais elle a un quota de billets pour touristes.

Comment circuler

On peut louer des taxis (généralement des minibus sans signe distinctif) dans DB Giri Rd pour partir en excursion dans la région. Comptez une demi-journée (1 000 ₹) pour explorer la plupart des sites.

Bihar et Jharkhand

Dans ce chapitre ➡

Le top des restaurants

- Mohammad Restaurant (p. 540)
- Be Happy Cafe (p. 540)
- Pind Balluchi (p. 532)
- Nook (p. 545)

Le top des hébergements

- Rahul Guest House (p. 539)
- Hotel Nalanda Regency (p. 542)
- Chanakya BNR Hotel (p. 545)
- Hotel President (p. 531)

Pourquoi y aller

État rural reculé, le Bihar est le berceau du bouddhisme – son nom même vient du mot sanskrit *vihara*, lequel désigne un monastère bouddhique. Des milliers de pèlerins affluent du monde entier dans ses hauts lieux de dévotions, dont le plus extraordinaire est Bodhgaya, où le Bouddha atteignit l'Éveil, et où règne encore une atmosphère marquée de spiritualité. Dans le Jarkhand tribal, Parasnath Hill est un site sacré du jaïnisme ; là aussi, vous joindre aux fidèles pour la marche jusqu'au sommet vous laissera d'impérissables souvenirs.

Le Bihar et le Jharkhand restent en dehors des sentiers battus. Hormis à Bodhgaya, vous y croiserez très peu de visiteurs étrangers. Si vous souhaitez vous affranchir des itinéraires touristiques, ce petit coin négligé de l'Inde pourrait se révéler l'un des temps forts de votre voyage, en particulier si vous vous intéressez au bouddhisme.

Quand partir

Patna

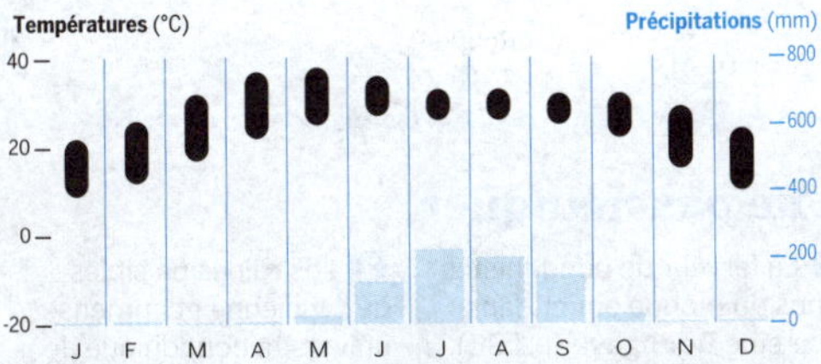

Jan-fév Les températures varient de 12 à 25°C.

Juin-sept Pendant la mousson, à éviter : le Bihar est l'État indien le plus touché par les inondations.

Oct-nov Temps chaud en octobre et agréablement frais en novembre.

À ne pas manquer

1. La ferveur de bouddhistes venus du monde entier dans la sereine **Bodhgaya** (p. 536), où eut lieu l'Éveil du Bouddha.
2. Le départ au petit matin du pèlerinage jaïn jusqu'au plus haut sommet du Jharkhand, **Parasnath Hill** (p. 544).
3. Les ruines paisibles de l'ancienne et immense université bouddhique de **Nalanda** (p. 542).
4. Une journée en *tonga* (carriole) à la découverte des sites et stupas bouddhiques de **Rajgir** (p. 541).
5. Un safari dans les forêts délicieusement paisibles du **Betla (Palamau) National Park** (p. 545) pour voir éléphants sauvages et *chital* (cerfs tachetés).
6. Une randonnée au fil de villages jusqu'aux vestiges bouddhiques de **Vaishali** (p. 533), lieu de pèlerinage.

Histoire

L'histoire du Bihar commence au VIe siècle av. J.-C. avec l'arrivée du prince Siddhartha, qui y vécut de nombreuses années avant de parvenir à l'Éveil et de devenir le Bouddha. Mahavira, un contemporain du Bouddha et le fondateur du jaïnisme, naquit au Bihar et atteignit le *moksha* (délivrance ultime) près de Nalanda à 72 ans. Au IVe siècle av. J.-C., Chandragupta Maurya conquit le royaume de Magadha et sa capitale Pataliputra (l'actuelle Patna), puis il étendit son territoire jusqu'à la vallée de l'Indus et fonda le premier grand empire indien. Son petit-fils Ashoka lui succéda et gouverna l'Empire maurya de Pataliputra, alors l'une des plus grandes cités du monde. Converti au bouddhisme, l'empereur Ashoka fit ériger des stupas, d'autres monuments et ses fameuses colonnes dans toute l'Inde du Nord, notamment à Sarnath (Uttar Pradesh) et à Sanchi (Madhya Pradesh). Au Bihar, Ashoka fit édifier le sanctuaire d'origine du site où se dresse actuellement le temple de la Mahabodhi à Bodhgaya, et les colonnes surmontées d'un lion à Vaishali et Lauriya Nandangarh.

Le Bihar suscita la convoitise d'une succession de grands empires, jusqu'à ce que la dynastie Magadha eût retrouvé sa puissance sous le règne des Gupta (VIIe et VIIIe siècles). Avec le déclin de l'Empire moghol au XVIIe siècle, le Bihar passa sous le contrôle du Bengale, et n'en sortit qu'en 1912, avec la formation d'un État séparé. Une partie de ce dernier devint plus tard l'Orissa (Odisha) et une autre, plus récemment, le Jharkhand (en 2000).

LE TOP DES FÊTES ET FESTIVALS DU BIHAR ET DU JHARKHAND

Pataliputra Mahotsava (Patna ; mars). Patna célèbre son passé avec des défilés, des compétitions sportives, des danses et de la musique.

Fête de Chhath (Bihar et Jharkhand ; oct/nov). Au lever et au coucher du soleil, les habitants se fendent, au bord de rivières et de plans d'eau, de rituels en l'honneur de Surya, le dieu du Soleil.

Rajgir Mahotsava (p. 541). Un festival des arts du spectacle avec danses, chants religieux et musique.

Sonepur Mela (Sonepur ; nov/déc). Avec quelque 700 000 participants et des milliers d'animaux, cette fête, qui dure 3 semaines, est quatre fois plus importante que la **foire aux dromadaires de Pushkar** (p. 134).

BIHAR

La plupart des visiteurs viennent au Bihar pour se fendre du circuit des sites bouddhiques sacrés, lequel comprend Bodhgaya, Rajgir, Nalanda et Vaishali, en utilisant Patna pour carrefour de transports. L'État n'est pas des plus faciles à visiter, tant du fait d'un chaos encore plus prononcé qu'ailleurs que du faible nombre de locuteurs anglais dans la population. La région se prête en revanche à une exploration hors des sentiers battus.

Patna

0612 / 1 697 900 HABITANTS

L'anarchique capitale du Bihar s'étend sur 15 km le long de la rive sud du Gange, pile à l'est du point de rencontre du fleuve avec trois affluents majeurs. Si Patna compte quelques sites intéressants, elle n'en reste pas moins une ville bruyante et congestionnée et a surtout rang de plateforme de correspondance ou de base pour des excursions à la journée dans le Bihar septentrional.

Pendant plus de 1 000 ans, Patna fut l'une des plus puissantes cités de l'Inde. Au début du Ve siècle av. J.-C., Ajatasatru transféra la capitale de son royaume de Magadha de Rajgir à Pataliputra (Patna), réalisant la prophétie du Bouddha selon laquelle une grande cité surgirait à cet endroit. Les souverains Chandragupta Maurya et Ashoka en firent aussi la capitale de leurs empires respectifs, lesquels s'étendaient sur presque tout le sous-continent. Il ne reste que peu de vestiges de cette ère d'apogée.

À voir

Patna Museum MUSÉE

(Buddha Marg ; Indien/étranger 15/250 ₹, appareil photo 100 ₹ ; 10h30-16h30 mar-dim). Logé dans un majestueux édifice colonial, ce musée contient une magnifique collection de sculptures maurya et gupta en pierre, une belle statuaire bouddhique en bronze, et une galerie de paysages des peintres Thomas et William Daniell datant du début du XIXe siècle. Ne manquez pas la

Patna

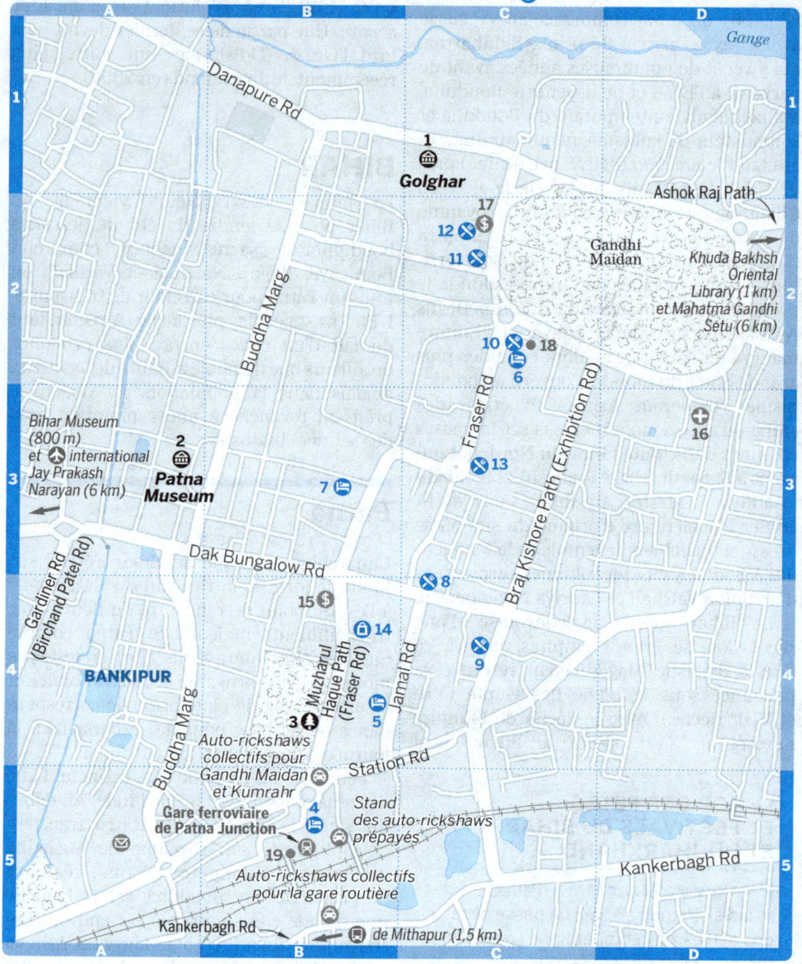

remarquable collection de tanka (peintures sur textile tibétaines) ramenée en Inde par le tibétologue et voyageur bengali Rahul Sankrityayan au début du XXe siècle.

Golghar ÉDIFICE HISTORIQUE

(Danapure Rd ; 5 ₹ ; 10h-18h). Cet énorme grenier en forme de dôme fut construit par l'armée britannique en 1786, afin d'empêcher la récurrence de la terrible famine de 1770, comme le rappelle une plaque gravée sur un côté – heureusement, la population n'en eut jamais l'usage. Il a été rénové en 2016. Belle vue depuis son sommet.

Bihar Museum MUSÉE

(0612-2235732 ; www.biharmuseum.org ; Bailey Rd [Jawaharlal Nehru Marg]). Cet impressionnant nouveau musée, l'un des plus grands d'Asie du Sud, était seulement en partie ouvert lors de nos recherches ; une fois achevé, il comptera trois galeries historiques remarquables et offrira aussi des expositions sur l'art contemporain et les différentes ethnies du Bihar. Il est fort possible que certaines des plus belles pièces du musée de Patna y soient transférées, tel la célèbre statue de l'ère maurya *Didarganj Yakshi*, du IIIe siècle av. J.-C.

Patna

Les incontournables
1 Golghar ... C1
2 Patna Museum ... A3

À voir
3 Buddha Smriti Park ... B4

Où se loger
4 Hotel City Centre ... B5
5 Hotel Clark Inn ... B4
6 Hotel Maurya Patna ... C2
7 Hotel President ... B3

Où se restaurer
8 Baba Hotel ... C4
9 Bellpepper Restaurant ... C4
10 Bollywood Treats ... C2
11 Litti Chokha Stall ... C2
12 Pind Balluchi ... C2
13 Tandoor Hut ... C3

Achats
14 Ajanta ... B4

Renseignements
15 Axis Bank ... B4
16 Dr Ruban Memorial Hospital ... D3
17 State Bank of India ... C2
18 Thomas Cook ... C2

Transports
19 Billetterie pour les touristes étrangers ... B5

Buddha Smriti Park PARC
(Muzharal Haque Path [Fraser Rd] ; parc 20 ₹, musée 40 ₹ ; 9h-19h mar-dim). Ce parc paisible de 9 ha, inauguré par le dalaï-lama en 2010, est remarquable pour son imposant stupa sablé gris ardoise (50 ₹), qui abrite une chambre des reliques à l'épreuve des balles, et pour ses jeunes arbres issus de boutures de l'arbre de la Bodhi de Bodhgaya et de celui d'Anuradhapura (Sri Lanka). Le musée bouddhique, à l'architecture moderne, vaut la visite. Bibliothèque (50 ₹) et centre de méditation (gratuit).

Où se loger

La plupart des hôtels bon marché de Patna n'acceptent pas les étrangers.

Hotel Clark Inn HÔTEL $
(9939726620 ; Jamal Rd ; ch à partir de 660 ₹). Le Clark Inn est l'hôtel le moins cher que nous ayons trouvé accueillant volontiers les étrangers. Chambres simples et bon marché avec TV et toilettes à la turque, ou chambres plus grandes et plus propres avec refroidisseur d'air (1 100 ₹). Certaines ont un petit balcon.

Hotel President HÔTEL $$
(0612-2209203 ; près Fraser Rd ; s/d 2 020/2 620 ₹ ;). Récemment réaménagé, cet hôtel sous gestion familiale tire avantage d'un emplacement commode et relativement calme, près de Fraser Rd et du musée de Patna. Les chambres, toutes climatisées, sont spacieuses, pimpantes et bien décorées ; elles disposent d'une TV, d'un coin salon et d'une sdb avec eau chaude. Certaines ont un petit balcon. Un excellent choix de moyenne gamme.

Hotel City Centre HÔTEL $$
(0612-2208687 ; www.hotelcitycentre.in ; Station Rd ; d avec petit-déj et avec/sans clim 2 000/1 000 ₹ ;). Cette tour de verre moderne située à droite en sortant de la gare ferroviaire est fort pratique si vous êtes en transit. Chambres simples mais d'un rapport qualité/prix correct (celles sans clim ont des toilettes à la turque), personnel serviable et plusieurs restaurants au rez-de-chaussée. Les étages supérieurs tiennent un peu du labyrinthe.

Hotel Maurya Patna HÔTEL $$$
(0612-2203040 ; www.maurya.com ; Gandhi Maidan ; s/d avec petit-déj 15 780/17 000 ₹ ;). Confortable plutôt que luxueux, le meilleur hôtel d'affaires de Patna tire avantage de chambres meublées avec goût, d'une piscine assez spartiate, de deux restaurants agréables et d'une salle de sport. Jusqu'à 50% de réduction en réservant en ligne.

Où se restaurer

Baba Hotel INDIEN $
(Dak Bungalow Rd ; plats 70-110 ₹ ; 9h-22h). Petit restaurant propre et d'un bon rapport qualité/prix servant des plats indiens et

TARIFS DES HÉBERGEMENTS

Les gammes de prix valent pour une chambre double avec sdb, taxes comprises :

$ moins de 1 000 ₹

$$ 1 000-2 500 ₹

$$$ plus de 2 500 ₹

chinois (notamment de bonnes options végétariennes) ainsi que des *thali* (85-95 ₹).

Litti Chokha Stall CUISINE DE RUE $
(en face de Gandhi Maidan ; 15 ₹/assiette). L'un des nombreux stands de rue qui proposent les en-cas locaux : les *litti chokha* (boulettes de farine de pois chiches grillées et servies avec une sauce composée de tomates, d'aubergines et de pommes de terre écrasées).

Bollywood Treats RESTAURATION RAPIDE $
(Gandhi Maidan ; plats 80-150 ₹ ; 12h-21h). Ce restaurant rassasie des clients issus d'une classe moyenne en plein essor d'en-cas d'Inde du Sud, de sautés chinois, de pizzas convenables et d'appétissants brownies. Il abrite aussi un stand de glaces Baskin-Robbins. Le service de restauration commence à 13h.

♥ **Bellpepper Restaurant** INDIEN $$
(Hotel Windsor, Braj Kishore Path (Exhibition Rd) ; plats 120-320 ₹ ; 11h-15h et 19h-22h30 ; ❄). Intime et contemporain, ce restaurant est très couru pour ses plats tandoori. Le *murg tikka lababdar* (poulet tandoori désossé avec ail, gingembre, piments verts, pâte de pistaches et noix de cajou) est un délice ; les *biryani* sont bons également.

Pind Balluchi INDE DU NORD $$
(0612-2219101 ; www.pindballuchi.com ; 16-18e ét., Biscomaun Tower, Gandhi Maidan ; 12h-22h ; ❄). La meilleure cuisine et le plus beau panorama de Patna vous attendent dans ce restaurant tournant, fort de sa vue sur les pelouses du Gandhi Maidan, le Golghar et, plus loin, le Gange. Excellentes grillades (goûtez le *murgh malai kebab* au tendre poulet) et assortiment complet de plats végétariens comme le *kadai paneer* (fromage cuit dans un genre de wok), sans oublier un savoureux *kheer* (gâteau de riz crémeux) au dessert. Entrez par le côté nord de la tour.

Tandoor Hut INDIEN $$
(livraison 9386851333 ; Fraser Rd ; grillades 150-180 ₹ ; 11h-23h). Kiosque servant de délicieuses grillades et autres plats tandoori, ainsi que d'énormes *biryani* et curries, à déguster sur place ou à rapporter à votre hôtel. Les grillades de poulet *malai kebab* et *reshmi kebab* sont succulentes.

Achats

Ajanta ART ET ARTISANAT
(Fraser Rd ; 10h30-21h lun-sam, 13h-20h dim). Cette petite boutique sans prétention vend un choix ravissant de peintures colorées *mithila* (*madhubani* ; art populaire le plus connu du Bihar), à dénicher dans des tiroirs et des placards. Comptez entre 300 ₹ (papier fait main) et 950 ₹ (soie). À côté de l'Harrison's Hotel.

> **PAS D'ALCOOL**
>
> Depuis 2016, la vente et la consommation d'alcool sont totalement interdites au Bihar.

Renseignements

AGENCE DE VOYAGES

Thomas Cook (0612-2221699, 9334942188 ; www.thomascook.in ; Hotel Maurya Patna Arcade ; 10h-18h lun-sam). Pour les billets d'avion et la location de voitures. Change également les devises (commission 150 ₹). Contactez Sami.

ARGENT

Axis Bank (Fraser Rd ; 9h30-15h30 lun-sam et 1er et 3e sam du mois). Change les espèces et possède des DAB.

State Bank of India (Gandhi Maidan ; 10h-16h lun-ven et 1er et 3e sam du mois). Change les espèces et les chèques de voyage. DAB.

SERVICES MÉDICAUX

Dr Ruban Memorial Hospital (0612-2320446, 0612-2320404 ; www.rubanpatliputrahospital.com ; Gandhi Maidan ; 24h/24). Urgences, consultations et pharmacie.

Depuis/vers Patna

AVION

L'aéroport international Jay Prakash Narayan de Patna est à 8 km au sud-ouest du centre-ville. **Air India** (0612-2223199 ; www.airindia.in ; aéroport de Patna), **IndiGo** (1800 1803838 ; www.goindigo.in ; aéroport de Patna), **GoAir** (0612-2227148 ; aéroport de Patna) et **Jet Airways** (0612-2223045 ; www.jetairways.com ; aéroport de Patna) assurent toutes quatre des vols quotidiens directs pour Delhi et Kolkata, et de là, des correspondances vers d'autres villes.

BUS

La gare routière principale occupe un vaste terrain poussiéreux à environ 1,5 km au sud-ouest de la gare ferroviaire (vous trouverez derrière celle-ci des auto-rickshaws collectifs faisant la navette pour 10 ₹). Malgré le chaos ambiant, l'absence de guichets et le peu d'anglais parlé, vous trouverez toujours quelqu'un pour vous indiquer le bus à prendre. Billets en vente à bord.

Des bus fréquents circulent toute la journée vers les destinations suivantes :

Gaya 100 ₹, 3 heures ; également deux bus directs par jour pour Bodhgaya (120 ₹)

Kesariya 80 ₹, 3 heures

Motihari 145-170 ₹, 4 heures 30

Ranchi bus climatisé/non climatisé 350/280 ₹, 8 heures

Raxaul bus climatisé/non climatisé 230/180 ₹, 6 heures

Vaishali 50 ₹, 2 heures

Des bus de nuit à couchettes partent pour Ranchi et Raxaul à 21h.

TRAIN

La gare de Patna Junction possède une **billetterie pour les touristes étrangers** (guichet 3, gare de Patna Junction ; ⏲8h-20h lun-sam, 8h-14h dim) dans le bureau des réservations du premier étage, dans l'aile droite de la gare.

Des trains desservent Gaya (siège 2e classe/ AC Chair 25/260 ₹, 2 à 3 heures) environ toutes les heures ; le *Patna-Hatiya Express* de 11h40 est doté de sièges en voiture climatisée. Pour les autres trains, achetez un billet "général" de 2e classe et montez dans le premier train en partance.

Plus d'une douzaine de trains rallient chaque jour New Delhi (*sleeper*/3AC/2AC 490/1 300/1 860 ₹, 12-18 heures) ; le plus rapide et le plus pratique au niveau de l'horaire est le *RJPB Rajdhani* (3AC/2AC/1AC 2 180/2 660/3 765 ₹), qui part à 19h25 et arrive à Delhi à 7h40.

Il y a chaque jour 10 trains pour Kolkata (*sleeper*/3AC/2AC 340/890/1 250 ₹, 8 à 14 heures) ; le plus pratique est le *Vibhuti Express* (22h35, 9 heures).

Tous les jours, au moins 20 trains rallient Varanasi (*sleeper*/3AC/2AC 200/540/740 ₹, 4 à 6 heures) entre 5h et 21h.

Trois trains rapides partent pour Ranchi (*sleeper*/3AC/2AC 250/670/960 ₹, 8-10 heures) à 6h, 11h40 et 21h45. Les deux premiers affichent une classe *chair car* (540-630 ₹).

L'option la plus confortable pour Rajgir est le 13234 *Rajgriha Express* de 9h15 avec un siège en voiture climatisée (260 ₹, 3 heures).

Des trains peuvent aussi arriver dans les gares secondaires de Patna, comme Rajendra Nagar, à 3 km à l'est de Patna Junction, ou Patna Sahib, peu pratique, située à 11 km à l'est.

VOITURE

Thomas Cook (p. 532) loue des voitures avec chauffeur à partir de 12 ₹ du kilomètre (minimum 200 km), plus une rétribution de 300 ₹ par nuit pour le chauffeur. Un taxi entre Patna et Bodhgaya coûte environ 3 000 ₹.

SÉCURITÉ

Le Bihar et le Jharkhand ont la réputation d'être des zones de non-droit. La situation s'est améliorée ces dernières années, et le banditisme – braquage de voitures, de bus et de trains – se fait plus rare.

- Les habitants vous conseilleront d'éviter de voyager la nuit ou de randonner seul en montagne – des précautions pertinentes.
- Bien que les touristes ne soient pas spécifiquement ciblés, mieux vaut se tenir informé de l'actualité ; vérifiez les journaux comme le *Bihar Times* (www.bihartimes.in) ou le *Patna Daily* (www.patnadaily.com) avant votre arrivée.

Comment circuler

Les auto-rickshaws/taxis pour l'aéroport de Patna coûtent 160/350 ₹ au départ du **stand des auto-rickshaws prépayés** à côté de la gare ferroviaire de Patna Junction.

Des **auto-rickshaws collectifs** bondés partent de devant la gare ferroviaire pour Gandhi Maidan (7 ₹). Dirigez-vous derrière la gare pour les auto-rickshaws à destination de la gare routière (10 ₹).

Un métro est actuellement en construction ; il est censé être inauguré en 2021.

Vaishali

☎06225

À 55 km au nord-ouest de Patna, Vaishali est un site de pèlerinage bouddhique paisible et néanmoins important, qui a tout d'une charmante escapade rurale. On y profite d'un bon petit musée et de la tranquillité des ruines de Kolhua. Une simple balade dans les villages et la campagne alentour vaut déjà en soi de venir.

Le bus de Patna vous déposera à un embranchement ; de là, marchez vers l'ouest pendant 1 km en passant devant les monastères érigés par des bouddhistes thaïlandais, cambodgiens et vietnamiens, jusqu'au vaste et ancien bassin de couronnement appelé Abhishek Pushkarini. À gauche du bassin se dresse la blanche **World Peace Pagoda** (pagode de la Paix ; ⏲aube-crépuscule) GRATUIT, construite par les Japonais.

De l'autre côté du bassin, on trouve les vestiges du **stupa des Reliques du Bouddha** (⏲aube-crépuscule) GRATUIT. Datant

HORS DES SENTIERS BATTUS

LAURIYA NANDANGARH

Les amateurs d'histoire du bouddhisme apprécieront cette excursion hors des sentiers battus jusqu'au gigantesque stupa de Lauriya Nandangarh, à 25 km au nord-ouest de Bettiah. Vieux de 2 000 ans, le stupa en brique, haut de 25 m consiste en cinq terrasses circulaires disposées en zigzag. La partie supérieure est recouverte de végétation et vous pouvez y monter pour découvrir la rase campagne alentour. Pour vous rendre au stupa depuis le secteur ouest de la ville, dirigez-vous vers le sud pendant 2 km et prenez à gauche juste après l'usine de sucre/d'éthanol, en suivant son mur d'enceinte pendant 1 km. Un aller-retour en auto-rickshaw coûte environ 150 ₹.

Également dans le secteur ouest de la ville, à 500 m au nord du carrefour principal, se dresse une colonne d'Ashoka de 18,5 m de haut. C'est l'une des rares encore en existence comportant les six décrets de l'empereur Ashoka et surmontée de la sculpture d'un lion assis, et le seul pilier de ce type ayant conservé son emplacement d'origine. Remarquez les graffitis de l'ère coloniale (1873).

Pour venir ici depuis Motihari, prenez l'un des bus fréquents pour Bettiah (40 ₹, 1 heure 30), puis un autre bus à destination de Ramnagar jusqu'à Lauriya Nandangarh (30 ₹, 45 min). Au retour, vous pourrez peut-être prendre un bus à destination de Patna vous ramenant directement à Motihari. Pour aller à Raxaul, optez pour une jeep collective bondée jusqu'à Sagauli (30 ₹) et changez, ou louez une jeep entière jusqu'à la frontière népalaise pour 1 200 ₹.

Si vous voyagez en véhicule de location depuis Patna et Kesariya, vous pouvez admirer une autre colonne d'Ashoka en chemin, située juste à l'ouest du village de Lauriya Areraj, à 37 km au sud-est de Bettiah.

du Ve siècle et jadis haut de 12 m, celui-ci comptait parmi les huit sites ayant accueilli les cendres du Bouddha. Le reliquaire en stéatite est désormais conservé au musée de Patna. Le petit **Musée archéologique** (10 ₹ ; 9h-17h sam-jeu) voisin recèle de belles statues bouddhiques d'un bon millénaire d'âge, ainsi qu'une insolite cuvette de toilettes du Ier ou du IIe siècle et une intéressante maquette du site de Kolhua.

Entre le stupa et le musée, une route de campagne à une seule voie serpente à travers des villages agricoles jusqu'aux **ruines de Kolhua** (Indien/étranger 15/200 ₹ ; aube-crépuscule), à 5 km. Cette charmante promenade vaut d'être faite à pied, même si des auto-rickshaws collectifs desservent le site. Dans un parc paysager, Kolhua comprend un grand stupa hémisphérique en briques, gardé par un lion juché au sommet d'une colonne d'Ashoka datant de 2 300 ans, mais exempte des édits habituellement inscrits sur ses pareilles. Non loin se dressent les ruines de stupas plus modestes, de bâtiments monastiques où le Bouddha aurait passé plusieurs périodes de mousson, ainsi que l'un des premiers couvents bouddhiques. Selon la légende, des singes auraient ici donné un bol de miel au Bouddha et auraient creusé pour lui un réservoir d'eau de pluie.

Les options de restauration sont limitées à Vaishali. Le meilleur endroit où déjeuner est le **Buddha Fun & Food Village** (997316874 ; plats 80-200 ₹), situé à l'angle sud-est du bassin cérémoniel ; on y mange dehors, assis à l'une des agréables tables coiffées d'un toit de chaume. Hébergement possible en bungalow.

Des bus circulent environ toutes les heures de Patna à Vaishali, puis continuent vers Kesariya. Le dernier bus à destination de Patna passe sur la route principale vers 16h.

Kesariya

Dressé à l'endroit où le Bouddha mourant aurait fait don de son bol à aumône, l'énorme **stupa de Kesariya** (aube-crépuscule) illustre parfaitement l'envahissement par la nature d'un monument déserté. Mis au jour sous un manteau d'herbes et d'arbres, il serait l'un des plus hauts (38 m) stupas bouddhiques du monde et date de la période Pala (200-750). Sur un piédestal de 425 m de circonférence, cinq terrasses aux formes uniques composent un gigantesque mandala tantrique. À chaque niveau, plusieurs niches abritent des statues défigurées du Bouddha, détruites par des envahisseurs étrangers au Moyen Âge.

Le cadre bucolique est ravissant, mais il n'y a rien d'autre à voir et vous n'aurez pas le droit de gravir le stupa.

Les bus en provenance de Patna (via Vaishali) pourront vous déposer au stupa, visible depuis la route principale. En sens inverse, le dernier bus pour Patna passe vers 15h30. Les bus venant de Motihari vous laisseront au carrefour principal dans le village de Kesariya. Là, vous avez la possibilité de déjeuner dans l'un des *dhaba* (gargotes servant en-cas et repas simples) au bord de la route, puis de marcher 2 km vers le sud ou de couvrir la distance en rickshaw. Si vous n'arrivez pas à trouver de bus direct allant à Motihari depuis le village de Kesariya, prenez-en un jusqu'à l'embranchement pour Khajuriya et changez.

Motihari

06252 / 100 000 HABITANTS

Ville animée, Motihari n'est pas spécialement plaisante, mais vous devrez peut-être y prendre un bus pour Kesariya, Raxaul ou Lauriya Nandangarh. S'il vous faut y faire halte pour dormir, l'**Hotel Rajeshwari Palace** (06252-222222 ; Main (Bank) Rd ; ch avec/sans clim à partir de 2 000/1 000 ₹ ;), accueillant et moderne, loue des chambres propres et pimpantes à 10 minutes à pied à l'ouest de la gare routière.

Des bus fréquents rejoignent Patna (145-170 ₹, 4 heures 30), Raxaul (50 ₹, 2 heures 30) et Kesariya (40 ₹, 2 heures), où vous pourrez prendre un bus pour Vaishali.

Raxaul

06255 / 41 600 HABITANTS

Raxaul est une ville poussiéreuse et embouteillée, qui donne accès au Népal via un poste-frontière qui se franchit sans tracasseries. Si vous devez passer la nuit sur place, l'**Hotel Kaveri** (06255-221148 ; Main Rd ; avec/sans clim 1 200/500 ₹ ;), sur la route de la frontière (à 1 km de celle-ci), possède des chambres climatisées correctes avec des sdb modernes et d'autres, sans clim et très sommaires (robinet et douche au seau), avec toilettes communes. Les restaurants sont rares et aucun n'a de carte en anglais ; le *dhaba* en face de l'Hotel Kaveri constitue sans doute le meilleur choix.

La gare routière se trouve à 200 m de la route principale dans une rue secondaire, à environ 2 km de la frontière, sur la droite. Des bus fréquents desservent Patna (avec/sans clim 230/180 ₹, 7-8 heures) via Motihari (50 ₹, 2 heures 30) jour et nuit. La route de Motihari est affreusement cahoteuse ; asseyez-vous à l'avant du bus si possible.

La gare ferroviaire est située à proximité de la route principale, à 750 m de la frontière.

PASSAGE DE FRONTIÈRE : DE RAXAUL À BIRGANJ, AU NÉPAL

Le poste-frontière entre Raxaul et Birganj, ouvert de 6h à 22h, est la façon la plus directe de gagner Katmandou et le Népal oriental.

Des visas népalais de 15/30/90 jours (25/40/100 $US et une photo d'identité) sont délivrés de 6h à 18h du côté népalais.

Aucune banque ne dispose d'un service de change à Raxaul, mais de nombreux changeurs privés opèrent des deux côtés de la frontière. La **State Bank of India** (10h30-16h30 lun-ven, 10h30-13h30 sam), à Raxaul, possède un DAB. À noter que les roupies népalaises ne s'échangent pas au même taux que celles indiennes.

Transports

Côté népalais, Birganj est à 3 km de la frontière. Vous pourrez rejoindre la ville à pied ou prendre un auto-rickshaw collectif ou un *tonga* (carriole à deux roues tirée par un cheval), depuis la frontière jusqu'à Birganj (25 Rs/pers). Le trajet en rickshaw coûte environ 300 Rs.

À Birganj, des bus fréquents vont à Katmandou (ordinaire/*deluxe*/avec clim 550/600/800 Rs, 6-7 heures, 5h-20h). Cependant, les 4x4 Tata Sumo (550-800 Rs, 4-5 heures, toutes les 20 min jusqu'à 17h) constituent l'option la plus rapide et la plus confortable. Des bus partent aussi pour Pokhara le matin (600 Rs, 8 heures) via Narayangarh (250 Rs, 4 heures) à 5h, 6h30 et 7h30.

Buddha Air (www.buddhaair.com) assure jusqu'à cinq vols quotidiens entre Simara (l'aéroport pour Birganj) et Katmandou (105 $US, 20 min). L'aéroport de Simara est à 22 km de Birganj et le trajet en taxi coûte environ 1 000 Rs.

Les trains sont peu nombreux. Tous les jours, le *Mithila Express* part à 10h pour Kolkata (*sleeper*/3AC/2AC 365/990/1 425 ₹, 18 heures) et le *Satyagrah Express* à 9h05 pour New Delhi (*sleeper*/3AC/2AC 455/1 215/1 765 ₹, 24 heures).

Gaya

0631 / 395 000 HABITANTS

La trépidante Gaya est un lieu de pèlerinage hindou ; les fidèles y font des offrandes au temple de Vishnupad, qui donne en bordure de rivière, avec pour vœu de délivrer les défunts du cycle des réincarnations. Pour la plupart des touristes étrangers, elle sert de point de transit pour Bodhgaya, à 13 km.

Où se loger et se restaurer

Ajatsatru Hotel HÔTEL $

(0631-2222961 ; Station Rd ; ch avec/sans clim 1430/840 ₹ ;). Si vous devez passer la nuit à Gaya, l'Ajatsatru est le meilleur des hôtels en face de la gare ferroviaire. Chambres de bonne taille, quoique bruyantes, et restaurant végétarien correct. Quelques chambres pour une personne, moins chères et plus petites.

Comment s'y rendre et circuler

AUTO-RICKSHAW

De la gare ferroviaire de Gaya, des auto-rickshaws collectifs partent quand ils sont pleins pour Bodhgaya (20 ₹/pers), la gare routière de Manpur (10 ₹) et celle de Gandhi Maidan (5 ₹).

Un auto-rickshaw privé de Gaya à Bodhgaya devrait coûter 150 ₹ ; les conducteurs demandent habituellement 200 ₹ ou plus.

BUS

Patna (100 ₹, 3 heures, départ toutes les heures). Départs de la gare ferroviaire.

Rajgir (55 ₹, 2 heures 30, départ toutes les heures). Départs de la gare routière de Manpur, de l'autre côté de la rivière, à l'est.

Ranchi (180 ₹, 7 heures, 2/heure). Départs de la gare routière de Gandhi Maidan.

TRAIN

Des trains partent pour Patna environ toutes les deux heures (siège 2e classe/AC Chair 25/260 ₹, 2 à 3 heures). Achetez un billet de 2e classe "général" et montez dans le premier train en partance. Les trains express (2 heures) circulent entre 13h15 et 20h25 et offrent de confortables sièges en *chair car*.

Les trains de nuit les plus rapides pour New Delhi (*sleeper*/3AC/2AC à partir de 490/1 560/2 585 ₹, 11 heures) partent à 22h38, 22h55 et 23h11.

Au moins 8 trains desservent chaque jour Kolkata (*sleeper*/3AC/2AC 270/730/1 045 ₹, 8-10 heures) ; le *Doon Express* (9 heures 30, départ à 21h27) est le plus pratique.

Près d'une douzaine de trains rallient Varanasi (*sleeper*/3AC/2AC 195/540/740 ₹, 3 à 6 heures). Les plus rapides sont le *Purushottam Express* (jusqu'à Mughal Serai ; départ à 14h05) et le *Poorva Express* (départ à 14h55).

Bodhgaya

0631 / 30 900 HABITANTS

Il y a 2 600 ans, le prince Siddhartha Gautama atteignit l'Éveil à Bodhgaya, sous l'arbre de la Bodhi, et devint le Bouddha. Chaque année, des milliers de pèlerins du monde entier viennent prier, étudier et méditer dans ce haut lieu du bouddhisme.

Le pipal qui pousse à l'emplacement de son ancêtre révéré, dans le ravissant jardin du temple de la Mahabodhi, est l'élément le plus sacré de Bodhgaya. De nombreux monastères et temples, construits par des communautés bouddhistes étrangères dans leur style national, émaillent la ville. L'ambiance conjugue sérénité monastique, tourisme et animation d'un gros bourg, le tout sur fond de dévotion intense, d'où un intérêt toujours renouvelé.

La période qui s'étend de novembre à mars est idéale pour une visite : les températures sont fraîches et des pèlerins tibétains descendent alors de McLeod Ganj, la ville haute de Dharamsala. Le dalaï-lama vient souvent durant la haute saison (décembre-janvier) pour enseigner dans l'immense Kalachakra Maidan, un parc au centre de Bodhgaya.

À voir et à faire

Temple de la Mahabodhi TEMPLE BOUDDHIQUE

(appareil photo 100 ₹ ; 5h-21h). GRATUIT Inscrit au patrimoine mondial de l'Unesco, le magnifique temple de la Mahabodhi, cœur spirituel de Bodhgaya, se dresse à l'endroit où le Bouddha atteignit l'Éveil et formula sa philosophie. Construit au VIe siècle sur le site d'un temple édifié par l'empereur Ashoka près de 800 ans plus tôt, il fut rasé au XIe siècle par des envahisseurs étrangers et a connu plusieurs restaurations majeures.

Ce sanctuaire ouvragé, surmonté d'une flèche pyramidale de 50 m, contient une statue dorée du Xe siècle, haute de 2 m,

Bodhgaya

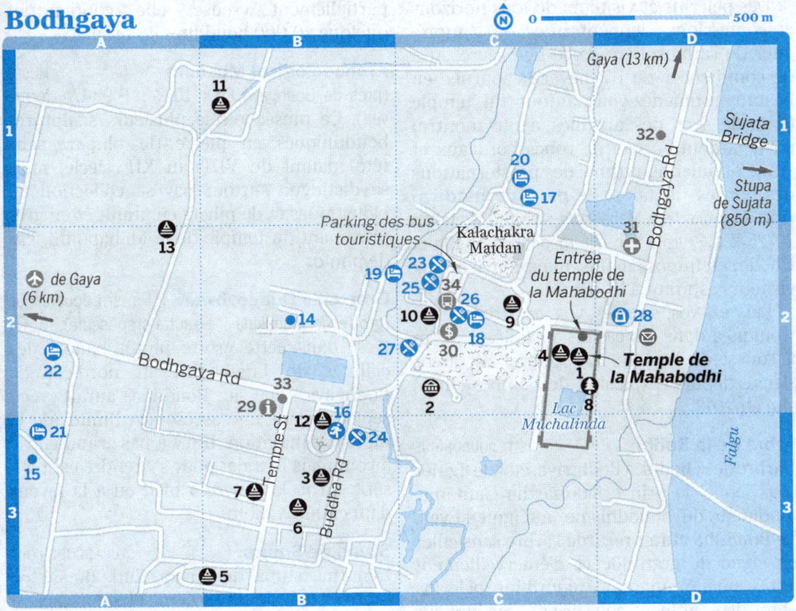

Bodhgaya

Les incontournables

1 Temple de la Mahabodhi C2

À voir

2 Archaeological Museum C2
3 Monastère bouthanais B3
4 Arbre de la Bodhi C2
5 Grande statue du Bouddha B3
6 Temple Indosan Nipponji B3
7 Temple Karma B3
8 Parc de méditation C2
9 Monastère de Namgyal C2
10 Monastère de Shechen C2
11 Monastère de Tergar B1
12 Temple thaïlandais B3
13 Monastère vietnamien A2

Activités

14 International Meditation Centre B2
15 Root Institute for Wisdom Culture A3
Monastère de Tergar .... (voir 11)
16 Massages thaïlandais B3

Où se loger

17 Gupta House C1
18 Kirti Guest House C2
19 Mohammad House B2
20 Rahul Guest House C1
21 Shantidevi Ashram's Guesthouse A3
22 Taj Darbar A2

Où se restaurer

23 Be Happy Cafe C2
24 Bodhgaya City Cafe Restaurant B3
Hari Om International Cafe .... (voir 17)
25 Mohammad Restaurant C2
26 Ram Sewak Tea Corner C2
27 Siam Thai C2

Achats

28 Middle Way Bookshop D2

Renseignements

29 Complexe touristique de la BSTDC B2
30 State Bank of India C2
31 Verma Health Care Centre D2

Transports

32 Auto-rickshaws pour Gaya D1
33 Indian Railways Reservation Counter B2
34 Jayjagdamba Travels C2

représentant un bouddha assis. Autour du temple, quatre des balustrades en pierre d'origine, qui datent de la période Sunga (184-72 av. J.-C.), subsistent parmi des répliques. D'autres sont désormais conservées dans le Musée archéologique.

Des pèlerins et visiteurs de tous horizons et confessions viennent prier ou s'imprégner de l'atmosphère de ce lieu sacré. Afin de commencer ou d'achever la journée en beauté, promenez-vous autour du temple (dans le sens des aiguilles d'une montre) en regardant l'océan de robes bordeaux et jaune onduler au rythme des prosternations des bonzes tibétains. Le **parc de méditation** (temple de la Mahabodhi ; visite/méditation 20/25 ₹ ; visite 10h-17h, méditation 5h-10h et 17h-21h) en impose moins, mais convient aux visiteurs aspirant à la solitude.

Laissez vos sacs et vos appareils électroniques dans les casiers installés à 50 m à l'ouest de l'entrée. La sécurité est assez stricte depuis l'explosion de bombes sur le site en 2013.

Arbre de la Bodhi — SITE BOUDDHIQUE

L'arbre de la Bodhi, à Bodhgaya, était le figuier sous lequel le prince Siddhartha Gautama, fondateur du bouddhisme, atteignit l'Éveil. Le Bouddha aurait regardé l'arbre sans ciller en signe de gratitude et d'émerveillement après son illumination. Aujourd'hui, pèlerins et touristes affluent pour prier et méditer sur le plus important des quatre sites les plus sacrés du bouddhisme.

Appelé Sri Maha Bodhi, l'arbre originel était l'objet de toutes les attentions d'Ashoka, un puissant empereur indien qui régna sur la majeure partie du sous-continent de 269 à 232 av. J.-C., un siècle ou deux après la date supposée de la mort du Bouddha. L'épouse du souverain, Tissarakkha, jalouse et furieuse de la dévotion de l'empereur envers l'arbre, fit mourir le Sri Maha Bodhi en le perçant d'épines empoisonnées peu après être devenue reine.

Par chance, Sanghamitta, la fille d'Ashoka, avait auparavant prélevé un rejet qu'elle avait emporté à Anuradhapura, au Sri Lanka, où il continue à prospérer. Une bouture fut plus tard apportée à Bodhgaya et plantée là où s'épanouissait l'arbre originel. La dalle de grès rouge entre l'arbre et le temple de la Mahabodhi fut placée par Ashoka à l'endroit où le Bouddha atteignit l'Éveil ; elle est appelée le Vajrasan (trône du Diamant).

Grande statue du Bouddha — MONUMENT BOUDDHIQUE

(près de Temple St ; 7h-17h30). GRATUIT Cette statue haute de 25 m, dans le style japonais, domine un charmant jardin au bout de Temple St. Inaugurée par le dalaï-lama en 1989, elle est entourée de 10 sculptures plus petites des disciples du Bouddha ; partiellement creuse, elle contiendrait quelque 20 000 bouddhas en bronze.

Archaeological Museum — MUSÉE

(près de Bodhgaya Rd ; 10 ₹ ; 9h-17h, fermé ven). Ce musée recèle plusieurs sculptures bouddhiques en pierre (la plupart sans tête) datant du VIIIe au XIIe siècle, mais se distingue surtout par sa collection de balustrades et de piliers en granit et en grès provenant du temple de la Mahabodhi. Pas de photos.

Grotte de Dungeshwari — SITE BOUDDHIQUE

(grotte de Mahakala ; aube-crépuscule). GRATUIT C'est dans cette grotte plutôt banale des collines de Pragbodhi, au nord-est de Bodhgaya, que le Bouddha aurait vécu sept ans dans une ascèse aux limites de la mort par inanition. Il n'y a pas grand-chose à voir, mais le trajet pour s'y rendre est plaisant, qu'on le couvre à pied ou à la faveur d'un circuit à moto.

Stupa de Sujata — STUPA BOUDDHIQUE

L'énorme stupa de Sujata Kuti, dressé de l'autre côté de la rivière Phalgu, face à Bodhgaya, fut érigé à l'endroit où vivait la vachère Sujata. Celle-ci, en le nourrissant de riz au lait, aurait mis fin aux sept années d'ascétisme du Bouddha, au sortir desquelles il s'engagea dans la Voie du Milieu. L'antique stupa en brique était à l'origine chaulé. Comptez 20 minutes de marche depuis Bodhgaya.

Massages thaïlandais — MASSAGE

(8294782534 ; temple thaïlandais ; massage 1/2 heures 800/1 500 ₹ ; 8h-12h et 13h-18h). D'authentiques massages thaïlandais dispensés au Thai Hospital, dans l'enceinte du temple thaïlandais (voir p. 539) ; entrée à gauche de l'entrée principale du sanctuaire. À réserver un jour ou deux avant.

Autres temples et monastères

Pour le plus grand bonheur des visiteurs, Bodhgaya compte une belle variété de temples et de monastères, ce qui tient d'une occasion unique de découvrir, en un même lieu, les différentes cultures bouddhiques et d'en comparer les expressions architecturales.

Dans le paisible **temple Indosan Nipponji** (temple japonais ; Buddha Rd ; 6h-12h et 14h-18h), au style nippon épuré, ont lieu des séances de méditation à 17h. L'endroit contraste avec l'exubérant **monastère bhoutanais** (Buddha Rd) voisin, orné de portraits des rois du Bhoutan et du Shabdrung, ainsi que d'insolites fresques en 3D. Le plus impressionnant des monastères modernes est le

monastère de Tergar (Sujata Bypass Rd), de l'école Karma Kagyu du Tibet, où réside souvent le 17e *karmapa* (chef spirituel) ; il comprend un petit café. Non loin se trouve l'apaisant **monastère vietnamien**, fort de ses jardins luxuriants et d'une pagode de huit étages. Un autre temple exceptionnel est le sublime **temple thaïlandais** (Bodhgaya Rd), un *vat* coloré au toit arqué doré à la feuille, sis dans un jardin impeccable (séances de méditation matin et soir).

Également tibétains, le **temple Karma** (Temple St) – remarquez les heurtoirs en cuivre représentant deux dragons – et le **monastère de Namgyal** (Kalachakra Maidan Rd) recèlent chacun de grands moulins à prière. Le **monastère de Shechen**, de l'école Nyingmapa, comprend un imposant stupa où reposent des fragments d'os du Bouddha.

Les monastères sont ouverts du lever au coucher du soleil, et fermés entre 12h et 14h. Il est recommandé de venir entre 16h et 18h, car il y a souvent des séances de chant de mantras et de méditation.

Cours

Root Institute for Wisdom Culture MÉDITATION

(0631-2200714 ; www.rootinstitute.ngo ; bureau 9h-12h et 13h15-17h). Dans un paisible coin arboré de la ville, cet institut, géré par des étrangers, organise des stages de méditation (2-21 jours) entre octobre et mars. Comptez environ 1 000 ₹ par jour en pension complète. La séance de méditation de 6h45 est ouverte à tous.

Monastère de Tergar MÉDITATION

(0631-2201256). Assure des cours sur le bouddhisme tibétain et accueille avec plaisir les professeurs d'anglais diplômés souhaitant faire du bénévolat de longue durée.

Où se loger

Les pensions bon marché sont concentrées au nord du Kalachakra Maidan.

S'il y a de la place, vous pourrez loger au paisible Root Institute for Wisdom Culture (p. 539) même si vous n'y assistez à aucun cours. Comptez 250 ₹ pour un lit en dortoir et 900/1 500 ₹ pour une double sans/avec sdb.

♥ **Rahul Guest House** PENSION $

(0631-2200709 ; rahul_bodhgaya@yahoo.co.in ; près du Kalachakra Maidan ; s/d 500/700 ₹, avec clim 800-1 000 ₹ ;). Propre et calme, la résidence des propriétaires de cette pension constitue un excellent choix loin du tumulte, même si l'accueil est un peu réservé. De grands balcons n'en apportent pas moins une touche de convivialité. Préférez les chambres des étages supérieurs – murs blanchis à la chaux, mobilier sobre –, qui ont l'attrait d'une brise agréable ; mais toutes les autres sont d'un bon rapport qualité/prix, particulièrement les quatre chambres climatisées. Service de blanchisserie.

Mohammad House PENSION $

(9934022691, 9431085251 ; yasmd_2002@gmail.com ; ch 300-600 ₹). Une authentique atmosphère de village règne dans cette pension modeste et difficile à trouver, à l'écart des quartiers touristiques. Là, poules et canards traversent les étroites ruelles, bordées de maisons colorées, qui courent vers le secteur du Kalachakra Maidan.

La pension comprend deux bâtiments presque adjacents, dont les étages supérieurs ont une jolie vue sur les rizières alentour. Le plus ancien affiche des chambres spartiates avec sdb communes équipées de toilettes à la turque (300 ₹). Le plus récent loue des chambres modernes, mieux tenues et plus agréables, avec lits jumeaux et sdb attenante propre, dotée d'une douche chaude puissante (600 ₹). Pour y accéder, prenez la ruelle à côté du Mohammad Restaurant (mêmes propriétaires) et traversez le "village" en tournant à gauche puis à droite, ou empruntez la ruelle à la diagonale du temple thaïlandais (un panneau indique l'International Meditation Centre) et continuez tout droit.

Gupta House PENSION $

(0631-2200933 ; jyoti_gupta2000in@yahoo.com ; à côté du Kalachakra Maidan ; d 500-600 ₹ ;). Des chambres austères, mais d'un confort suffisant pour cette pension rénovée voici peu. Celles à l'arrière donnent sur un immense monastère tibétain nouvellement construit. Un plus : l'Hari Om International Cafe, établi en plein air devant l'établissement.

♥ **Shantidevi Ashram's Guesthouse** PENSION $$

(9852053186 ; www.shantideviashramguesthouse.com ; ch 2 000 ₹ ;). Sous des dehors discrets, cette pension tient du boutique-hôtel ; décorée avec goût, elle constitue un refuge simple et zen, loin de l'agitation des rues principales. Les chambres avec ventilateur sont ornées d'œuvres d'art, des tapis colorés égaient les sols en béton et les lits sont très fermes. Sdb petites mais impeccables. Pas de restaurant, mais cuisine et machine à laver à disposition.

Kirti Guest House HÔTEL $$

(☎0631-2200744 ; kirtihouse744@yahoo.com ; près de Bodhgaya Rd ; s/d avec petit-déj 2 500/2 750 ₹ ; ❄@📶). Géré par le monastère de Kirti (Dharamsala), voici un hôtel paisible malgré sa situation centrale, doté de 60 chambres modernes et confortables. Il est légèrement en retrait de la route.

Taj Darbar HÔTEL $$$

(☎7739320524, 0631-2200053 ; www.hoteltajdarbar.com ; Bodhgaya Rd ; s/d avec petit-déj à partir de 5 490/6 570 ₹ ; ❄📶). Établissement de catégories moyenne-supérieure quelque peu suranné, cet hôtel élégant – sols en marbre lustré dans les espaces communs – propose des chambres spacieuses avec linge de lit blanc ivoire, petit coin salon, bureau, et baignoire fonctionnant par intermittence. Confortable sans être luxueux. Une réduction de 20% est couramment appliquée.

Où se restaurer

♥ Mohammad Restaurant INDIEN, INTERNATIONAL $

(plats 80-220 ₹ ; 🕗7h30-21h30 ; 📶). Derrière les étals de marché sur le parking des bus touristiques (prenez la ruelle à côté du restaurant Fujiya Green), ce restaurant propose un beau choix de plats tibétains, chinois, thaïlandais et indiens, ainsi que de nombreux classiques occidentaux, dont des petits-déjeuners et des expressos. Jus de fruits excellents et agréable terrasse.

Hari Om International Cafe INDIEN, INTERNATIONAL $

(Kalachakra Maidan ; plats 80-120 ₹ ; 🕗7h-22h ; 📶). Ce restaurant décontracté en terrasse, fait de bric et de broc, est situé sur le flanc nord du Kalachakra Maidan. Il propose un menu adapté aux voyageurs, avec nombreuses options végétariennes. Les pancakes à la banane ne feront pas oublier les spécialités locales comme le *litti chokha* (boulettes aux pois chiches accompagnées de purée d'aubergine, de tomate et de pomme de terre) et le *khichdi* (riz aux lentilles avec chutney et purée de pommes de terre).

Bodhgaya City Cafe Restaurant INDIEN $

(Buddha Rd ; plats 60-200 ₹ ; 🕗8h-21h30). Cuisine locale d'un bon rapport qualité/prix. Agréable terrasse, près de nombreux monastères.

Ram Sewak Tea Corner EN-CAS $

(plats 50-100 ₹ ; 🕗6h-22h). Pour un repas à prix doux, choisissez cette gargote qui sert de savoureux en-cas – samosas, *dosa*, *idli* (gâteaux salés de riz fermenté d'Inde du Sud)... –, des *thali*, des douceurs et des *lassi*. Les bancs installés en terrasse sont parfaits pour se détendre en prenant un *chai masala* (thé au lait et aux épices) et en observant l'animation de la ville.

♥ Be Happy Cafe ITALIEN $$

(à côté du Kalachakra Maidan ; plats 150-420 ₹ ; 🕗8h-20h30 ; ❄📶). Pittoresque et douillette, cette adresse propose du bon café (100 ₹), des tisanes et des plats italiens sains – salades, pâtes et pizzas. C'est le seul endroit où vous pourrez vous fier aux salades et aux légumes frais proposés, et les desserts sont les meilleurs de la ville. Mieux vaut réserver au déjeuner.

Siam Thai THAÏLANDAIS $

(Bodhgaya Rd ; curries 200 ₹ ; 🕗8h30-22h). Délicieux curries à base d'ingrédients expédiés de Thaïlande par avion, ainsi que d'intéressants hors-d'œuvre comme les boulettes de poisson et le *larb kai* (poulet haché au citron, à la citronnelle et à la menthe). Le curry de poulet *panang* est divin ; pour quelque chose de plus doux, optez pour le curry *massaman*. La fréquentation de cette salle par de nombreux bonzes en robe orange témoigne de l'authenticité des plats.

Achats

Middle Way Bookshop LIVRES

(🕗10h-21h). Bon choix de romans neufs ou d'occasion et d'ouvrages sur le bouddhisme et la spiritualité.

Renseignements

Bureau de poste principal (angle Bodhgaya Rd et Godam Rd ; 🕗10h-15h lun-ven, 10h-14h sam)

Complexe touristique de la BSTDC (☎0631-2200672 ; angle Bodhgaya Rd et Temple St ; 🕗10h30-17h mar-sam). Dispense des informations de base.

State Bank of India (Bodhgaya Rd ; 🕗10h30-16h30 lun-ven, 10h30-13h30 sam). Offre les meilleurs taux pour les espèces et les chèques de voyage ; possède un DAB.

Verma Health Care Centre (☎0631-2201101, 9934290324 ; 🕗24h/24). Service d'urgences et consultations. Personnel infirmier 24h/24 ; médecin 11h30-20h.

Depuis/vers Bodhgaya

L'aéroport de Gaya est à 8 km à l'ouest de Bodhgaya, sur la route secondaire vers Gaya. **Air India** (☎0631-2201155 ; www.airindia.com ; aéroport) assure des vols quotidiens pour Delhi et Varanasi et 2 vols hebdomadaires pour Kolkata.

D'octobre à mars, des vols internationaux directs arrivent de Bangkok (Thaïlande), Colombo (Sri Lanka), Paro (Bhoutan) et Yangon (Myanmar).

Des **auto-rickshaws** collectifs partent du nord du temple de la Mahabodhi pour Gaya (13 km, 25 ₹), même si tous ne vont pas jusqu'à la gare ferroviaire. Comptez 150 ₹ en auto-rickshaw privé.

Les auto-rickshaws empruntent parfois la route secondaire de Gaya à Bodhgaya, via Sikadia More, et déposent leurs passagers à proximité du temple de la Mahabodhi, dans Bodhgaya Rd.

On trouve quelques auto-rickshaws électriques silencieux à Bodhgaya ; vous pourrez encourager cette tendance en les empruntant le plus souvent possible.

Jayjagdamba Travels (9472964873) propose des bus non climatisés pour Varanasi (350 ₹, 7 heures) partant à 7h, 9h et 17h, ainsi qu'un bus pour Siliguri (700-750 ₹, 16 heures) partant à 14h. Le prestataire pourra aussi vous fournir un véhicule privatif pour Varanasi (4 500 ₹).

Vous pourrez acheter des billets de train à l'**Indian Railways Reservation Counter** (Bodhgaya Rd ; 8h-12h et 12h30-14h lun-sam), situé à côté du complexe touristique de la BSTDC.

Rajgir

06112 / 33 700 HABITANTS

Les splendides environs de Rajgir sont délimités par cinq collines rocheuses semi-arides, chacune bordée de vieux murs en pierre, vestiges de l'ancienne capitale du royaume de Magadha. Les longs séjours du Bouddha et de Mahavira à Rajgir en ont fait un important lieu de pèlerinage pour les bouddhistes et les jaïns. Mentionnée dans le *Mahabharata*, la ville attire également de nombreux pèlerins hindous qui viennent se baigner dans les sources thermales du temple de Lakshmi Narayan.

Prévoyez 2 ou 3 jours pour explorer les multiples sites historiques de Rajgir et l'ancienne université de Nalanda. Cette partie du Bihar est ravissante, plus verdoyante et moins rurale que d'autres secteurs de la région, et relativement libre de toute tracasserie.

Le **Rajgir Mahotsava** (Rajgir ; fin nov) est le grand festival culturel de la ville ; il offre trois jours de musique indienne classique et traditionnelle et de danse fin novembre, ou parfois en décembre.

À voir et à faire

Louer un *tonga* (carriole à deux roues tirée par un cheval) constitue le moyen le plus plaisant de visiter les sites éparpillés de Rajgir. Un circuit d'une demi-journée comprenant le stupa de Vishwashanti, accessible en télésiège, et les autres sites alentour, coûte environ 500 ₹. Vous pouvez aussi rallier chaque site individuellement en *tonga* (comptez par exemple 100 ₹ pour un aller simple au pic des Vautours).

Stupa de Vishwashanti STUPA BOUDDHIQUE
(Shanti Stupa Rd ; télésiège aller-retour 60 ₹ ; télésiège 8h15-13h et 14h-17h). Construit en 1965, ce stupa d'un blanc étincelant, haut de 40 m, se dresse au sommet de Ratnagiri Hill, à 5 km au sud de la ville. Des niches abritent des statues dorées du Bouddha aux quatre étapes de sa vie : naissance, Éveil, prédication et mort. Un télésiège branlant à une place grimpe jusqu'au sommet, qui offre une vue panoramique sur les collines et quelques temples jaïns.

Pic des Vautours SITE BOUDDHIQUE
(Vulture Hill ; Griddhakuta). Il est dit que le Bouddha prêcha le Sûtra du Lotus sur cet affleurement rocheux. On distingue vaguement les ruines d'un stupa vieux de 1 500 ans, quelques drapeaux de prières et un petit sanctuaire où se recueillent les pèlerins bouddhistes. Pour y accéder, descendez depuis le stupa de Vishwashanti, puis grimpez pendant 10 minutes le long d'un chemin processionnel créé par le roi Bimbisara il y a 2 500 ans.

Grotte de Saptaparni SITE BOUDDHIQUE
(aube-16h). Une montée à pied de 40 minutes depuis l'arrière du temple de Lakshmi Narayan vous permet de découvrir des temples hindou et jaïn avant d'arriver à cette grotte évocatrice assortie d'une plateforme rocheuse naturelle, où le Bouddha aurait médité. C'est l'emplacement probable du premier conseil bouddhiste, tenu six mois après la mort du Bouddha pour définir la direction de la nouvelle foi.

Temple de Lakshmi Narayan TEMPLE HINDOU
(aube-crépuscule). GRATUIT Les pèlerins hindous se pressent dans ce temple à 2 km au sud de la ville (tournez à droite en sortant de la gare routière), pour profiter des vertus curatives des sources thermales. D'un gris boueux, le Brahmakund, la source la plus chaude, atteint 45°C. Des prêtres du temple vous aspergeront la tête d'eau chaude en signe de bénédiction et vous demanderont un don substantiel (et facultatif).

Buddha Jal Vihar BAIGNADE
(entrée/baignade 5/25 ₹ ; hommes 5h-10h et 12h-21h, femmes 10h-12h). Dans l'enceinte du temple de Lakshmi Narayan (à gauche en

approchant du sanctuaire), un jardin soigné abrite cet attrayant bassin rose pâle à l'eau cristalline.

Où se loger

Hotel Vijay Niketan PENSION $

(06112-255555, 9334647881 ; www.hotelvijay-niketan.com ; Police Station Rd ; ch 750-900 ₹ ;). Les chambres bon marché sont un peu rudimentaires mais convenables pour le prix (souvent négociable) dans cette pension gérée par deux frères serviables anglophones, qui régleront tout problème d'eau chaude ou de Wi-Fi. Les chambres à l'étage supérieur sont les meilleures mais peuvent se révéler étouffantes ; également deux chambres climatisées trop chères pour ce qu'elles sont (1 650 ₹).

Hotel Nalanda Regency HÔTEL $$

(7766969099 ; www.hotelnalandaregency.com ; ch avec petit-déj 4 500 ₹ ;). Situé à deux minutes à pied au nord de la gare routière, c'est peut-être le meilleur hôtel de la ville. Il propose des chambres fraîches et modernes avec sdb équipée d'eau chaude, et un excellent restaurant (plats 125-225 ₹). La réduction de 40% accordée aux voyageurs se présentant sans réservation en fait un excellent choix.

Indo Hokke Hotel BOUTIQUE-HÔTEL $$$

(06612-255245 ; www.theroyalresidency.co ; Veerayatan Rd ; s/d avec petit-déj 6 000/6 500 ₹ ; @). Entouré d'un joli jardin de 3 ha, ce bâtiment moderne en brique rouge comprend des chambres propres et contemporaines ; celles avec sol carrelé sont les plus spacieuses. Fort calme, il compte aussi une chapelle bouddhique et un bain chaud pour les groupes. Service attentif. L'hôtel se trouve à 500 m après le musée Veerayatan, à 3 km au sud puis à l'ouest de la gare routière.

Où se restaurer

Hotel Anand PUNJABI $

(Dharmshala Rd ; plats 50-100 ₹ ; 8h-22h ;). Ce petit restaurant végétarien, rafraîchi au moyen de ventilateurs, à 100 m après l'Hotel Raj, sert des plats punjabis et d'Inde du Sud d'un bon rapport qualité/prix, tels de bons *thali* (90-150 ₹).

Green Hotel INDIEN $

(plats 60-150 ₹, thali 125-250 ₹ ; 7h30-21h30). À la diagonale du temple de Lakshmi Narayan, ce restaurant sans prétention fait partie d'une rangée d'établissements dotés d'une terrasse extérieure très agréable au dîner. Idéal pour se détendre en fin de journée en savourant de bons plats.

Lotus Restaurant INDIEN, JAPONAIS $$$

(Veerayatan Rd ; plats 150-375 ₹, plats japonais 300-600 ₹ ; 11h-15h et 19h-22h ;). Le restaurant climatisé de l'Indo Hokke Hotel propose une succulente cuisine indienne et un menu japonais plus onéreux avec *soba* (nouilles de sarrasin), mets *teriyaki* (laqués avec une sauce au soja sucrée) et tempuras (beignets salés), aux saveurs authentiques et à base d'ingrédients frais (tels le poivre, les légumes en saumure et le thé vert).

Renseignements

L'**office du tourisme** (8292984850 ; 10h-17h), près de la gare routière, fournit une carte de Rajgir et quelques prospectus.

Depuis/vers Rajgir

De la gare routière, des bus desservent Gaya (50-55 ₹, 2 heures 30) et Nalanda (10 ₹, 20 min) toutes les 30 minutes. Pour Nalanda, prenez le bus à destination de Bihar Sharif.

Deux trains rapides rallient quotidiennement Patna (siège 2e classe/*sleeper*/AC Chair 50/140/260 ₹, 2 heures 30) à 8h10 (*sleeper*) et 14h40 (*chair car*).

La gare routière est dans le centre-ville, et la gare ferroviaire à 1 km au nord. Tournez à gauche en sortant de la gare routière et prenez la troisième à gauche pour rejoindre la gare ferroviaire. Inversement, allez au bout de la route de la gare ferroviaire et tournez à droite pour gagner la gare routière et le centre-ville.

Nalanda

06112

Fondée au Ve siècle, Nalanda, à 15 km au nord de Rajgir, accueillit l'une des plus grandes universités du Moyen Âge et fut un centre majeur d'enseignement du bouddhisme. Lorsque le célèbre moine et érudit voyageur chinois Xuan Zang la visita entre 685 et 762, quelque 10 000 moines et étudiants y vivaient et étudiaient la théologie, l'astronomie, la métaphysique, la médecine et la philosophie. On raconte que les trois bibliothèques de Nalanda étaient si vastes qu'elles brûlèrent durant 6 mois lorsque des envahisseurs étrangers mirent l'université à sac en 1193.

Les bus en provenance de Rajgir (10 ₹) s'arrêtent au village de Nalanda, d'où des *tonga* collectifs (par pers/carriole 5/50 ₹) rejoignent les ruines, à 2 km.

Prévoyez au moins une heure ou deux pour explorer les vastes **ruines** (Indien/étranger 15/200 ₹, caméra 25 ₹ ; ⏲9h-17h30) en brique rouge du monastère. Paisibles et bien entretenues, elles sont entourées de pelouses impeccables et de buissons. Parmi les onze monastères et six temples, le Grand Stupa (n°3) est le plus impressionnant, avec ses marches, ses terrasses, ses cellules de moines et quelques stupas intacts de l'ère gupta. On pense qu'une gigantesque statue du Bouddha couronnait autrefois l'édifice. Il est interdit d'escalader les structures. Des guides non officiels (100 ₹) abordent les touristes, mais sachez qu'à chaque monument correspond un panneau explicatif en anglais.

En face de l'entrée des ruines, le passionnant petit **Musée archéologique** (5 ₹ ; ⏲9h-17h, fermé ven) renferme le sceau de l'université de Nalanda et de beaux bronzes et sculptures en pierre mis au jour sur place et à Rajgir. Parmi les nombreuses effigies du Bouddha et *kirtimukha* (gargouilles), remarquez le curieux vase à becs multiples, qui contenait sans doute de l'eau parfumée.

À environ 2 km du musée et des ruines (prenez la première à droite) se dresse l'immense **mémorial de Xuan Zang** (Indien/étranger 5/50 ₹ ; ⏲8h-17h), un édifice moderne construit par les Chinois en hommage au célèbre pèlerin qui vint à pied de Chine avant d'étudier et d'enseigner à Nalanda durant plusieurs années, puis retourna dans son pays avec des textes bouddhiques qu'il traduisit en chinois. Son périple inspira *La Pérégrination vers l'ouest*, un classique de la littérature chinoise. Une statue de Xuan Zang se dresse devant le mémorial. Comptez 100 ₹ l'aller-retour en *tonga* (carriole).

À 1,5 km après les ruines de Nalanda (prenez à gauche, puis à droite et suivez la première à droite après le bassin Surya Kund), vous arriverez à Kundalpur, considéré par les jaïns digambara comme le lieu de naissance de Mahavira, le dernier *tirthankara* et le fondateur du jaïnisme. À cet endroit, l'imposant **Nandyavarta Mahal** (⏲5h-21h) comprend trois temples d'un blanc éblouissant. Vous pourrez aussi vous y rendre à pied depuis le mémorial de Xuan Zang.

Sur le chemin qui mène au Musée archéologique, l'agréable **Cafeteria Nalanda** (plats 150-250 ₹ ; ⏲8h-19h), forte d'une terrasse ombragée, sert des plats indiens et chinois. Sinon, quelques étals vendent des en-cas en bordure de route.

JHARKHAND

Détaché du Bihar voisin en 2000 pour répondre aux demandes d'autonomie des Adivasis (communautés tribales), le Jharkhand est un territoire aux immenses richesses naturelles et culturelles. Bien qu'il possède 40% des ressources minières du pays (essentiellement du charbon, du cuivre et du fer), de riches forêts et des centres industriels prospères, l'État reste miné par la pauvreté, l'injustice sociale, la corruption et les flambées de violence des naxalites. Pour les voyageurs, les principaux attraits du Jharkhand sont le centre de pèlerinage jaïn de Parasnath Hill, les parcs nationaux et l'occasion de découvrir une région préservée et relativement ignorée des touristes.

Ranchi

☎0651 / 1,1 MILLION D'HABITANTS

Capitale d'été du Bihar à l'époque du Raj et actuelle capitale du Jharkhand, Ranchi se tient sur un plateau à 700 m d'altitude. La ville n'offre guère d'intérêt. Elle donne en revanche accès au Betla (Palamau) National Park. Dans la campagne alentour, vous pourrez découvrir plusieurs cascades.

À voir

Musée d'État MUSÉE

(☎0651-2270011 ; www.statemuseumranchi.in ; Hotwar, Khelgaon ; Indien/étranger 5/100 ₹, appareil photo/caméra 25/100 ₹ ; ⏲10h30-16h30 mar-dim). Ce musée d'État étonnamment vaste présente une collection ethnographique comprenant des arcs richement décorés et des bijoux ; sa pièce maîtresse est sa galerie de sculpture, qui recèle des œuvres finement ouvragées et de fascinantes photos d'architecture de sites reculés du Jharkhand. Le musée est situé à 8 km au nord-est de la gare ferroviaire ; un aller simple en auto-rickshaw coûte environ 200 ₹.

Où se loger

Station Rd, qui court entre les gares routière et ferroviaire, est jalonnée d'hôtels ; l'endroit est pratique, mais la plupart des établissements bon marché n'ont pas l'autorisation requise pour accueillir les étrangers.

Hotel AVN Plaza HÔTEL **$$**

(☎0651-2462231 ; www.hotelavnplaza.com ; près de Station Rd ; s/d avec petit-déj à partir de 1 700/2 190 ₹ ; ❄📶). Hôtel moderne et bien tenu dont les chambres, petites mais d'une

HORS DES SENTIERS BATTUS

PARASNATH HILL, MONTAGNE SACRÉE DES JAÏNS

Pour une fabuleuse expérience spirituelle hors des sentiers battus, mêlez-vous aux centaines de pèlerins jaïns qui gravissent chaque matin Parasnath Hill (1 366 m), une montagne sacrée.

Également appelée Shikarji (Pic Vénéré), Parasnath Hill est le point culminant du Jharkhand (1 336 m) et une destination majeure de pèlerinage jaïn. La crête est semée de 31 *tonk* (sanctuaires), dont le saisissant temple blanc de Parasnath, où 20 des 24 *tirthankara* (grands maîtres jaïns) – dont Parasnath, âgé de 100 ans – auraient atteint l'illumination.

Le pèlerinage part chaque jour vers 4h du matin de la petite ville de Madhuban, dotée d'un temple et située à 13 km au nord-est de la gare ferroviaire de Parasnath. Une marche de 9 km conduit au sommet, pour un dénivelé de 1 000 m ; là, les pèlerins effectuent une boucle de 9 km le long de la crête dans le sens des aiguilles d'une montre, avant d'atteindre le point le plus élevé au temple de Parasnath. Pour effectuer le circuit dans le bon sens, prenez à gauche à la fourche située à mi-hauteur de la montagne, plutôt que le sentier de droite menant directement au temple de Parasnath. Le circuit complet de 27 km prend environ 8 heures : 3 heures pour monter, 3 heures pour le tour du sommet, et 2 heures pour redescendre. Vous pourrez démarrer plus tard et revenir avant la nuit, mais marcher avec des centaines de pèlerins alors que l'aube pointe à l'horizon vous laissera un souvenir inoubliable. Partir tôt évite aussi la chaleur de la mi-journée. De l'eau, du thé et des en-cas sont vendus sur le parcours. Les jours fériés et pendant les fêtes majeures, jusqu'à 15 000 marcheurs gravissent la montagne – nombre d'entre eux paient pour être portés dans un *dholi* (litière).

Vous passerez sans doute au moins une nuit à Madhuban, qui compte 3 ou 4 hôtels et plusieurs *dharamsala* (auberges pour pèlerins). Avec ses vastes chambres sommaires, l'établissement d'État **Yatri Nivas** (☎9470184432, 8102761253 ; Madhuban ; ch 400-500 ₹), bien que défraîchi, offre le meilleur rapport qualité/prix. Il se trouve en bas de la route principale menant à la montagne, près d'un ruisseau et juste avant le musée (pas de panneau en anglais). Juste avant le Yatri Nivas, prenez à gauche dans une allée donnant sur la route principale et faites 500 m pour atteindre le **Shikarji Continental** (☎9323360708, 9334294965 ; Madhuban ; ch 1 500 ₹ ; ❄ 📶), le meilleur hôtel de la ville. Il affiche des chambres modernes et climatisées, bien que pas très propres, et un salon de massage (400 ₹/heure) idéal après la randonnée. L'**Hotel Sapna & Veg Restaurant** (☎06558-232234 ; Main Rd, Madhuban ; plats 50-130 ₹ ; ⏲11h-22h ; 🌶), situé dans la partie haute de la route principale, dans un tournant, possède un restaurant en étage. On y sert des plats punjabis et d'Inde du Sud sans prétention.

Les trains fréquents entre Gaya et Parasnath constituent le meilleur moyen de s'y rendre (2 heures). Pour un confort maximal, réservez un siège en voiture climatisée (285-355 ₹) sur le *Janshatabdi Express* de 8h20 ou sur le *Patna-Hatia Express* de 14h08. Au retour, ces trains partent à 10h10 et 17h45. Sinon, contentez-vous d'un billet "général" de 2e classe (65-80 ₹) et prenez le premier train en partance ; il y a généralement des places libres, et le trajet ne dure que 2 heures.

Des véhicules collectifs bondés (jeeps, auto-rickshaws et quelques bus) mènent les passagers de la gare de Parasnath à Madhuban (30 ₹/pers). Un minibus privatisé coûte 300 ₹.

De Parasnath, des trains desservent également Ranchi (siège 2e classe/AC Chair 110/300-375 ₹, 4 heures, départ à 10h20 et 16h25) et Varanasi (siège 2e classe/*sleeper* 130/255 ₹, 6 heures, départ à 11h21). Quelques trains rallient Kolkata ; le plus pratique est le *Doon Express* (*sleeper*/3AC/2AC 210/555/790 ₹, 7 heures, départ à 23h55).

propreté sans faille, sont équipées d'une TV, du Wi-Fi et d'une douche moderne à eau chaude. Certaines n'ont pas de fenêtre. Il n'y a que 6 chambres standards sans clim (double 1 070 ₹), mais elles sont petites et étouffantes, sans lumière naturelle. L'hôtel se trouve dans une allée donnant sur Station Rd, il est donc assez paisible. Réception ouverte 24h/24. Demandez une réduction de 15%.

Chanakya BNR Hotel HÔTEL HISTORIQUE **$$$**
(☎0651-2461211 ; www.chanakyabnrranchi.com ; Station Rd ; s/d avec petit-déj à partir de 6 350/7 880 ₹ ; ❄@📶🏊). Passer une nuit dans ce charmant hôtel pourrait être une motivation suffisante pour visiter Ranchi ! Ancienne propriété des chemins de fer à l'extérieur de la gare ferroviaire, ce vestige du Raj superbement rénové conserve le charme d'antan. Des perroquets vivent dans les arbres de la propriété, laquelle comprend une petite piscine en plein air, deux excellents restaurants et un bar moderne.

Où se restaurer

Les hôtels AVN Plaza (p. 543) et Chanakya BNR (p. 545) comptent des restaurants ouverts aux non-résidents. Les deux restaurants du Chanakya BNR sont particulièrement bons (plats 400 ₹).

Nook INDIEN **$$**
(Station Rd ; plats 100-200 ₹ ; ⏲7h30-23h). Sans conteste le meilleur restaurant d'hôtel de catégorie moyenne dans le quartier de la gare ferroviaire, Nook, dans l'Hotel Kwality Inns, est confortable et assure un service attentif sans être obséquieux. Excellents plats tandoori, notamment le *murgh tikka lababdar* (curry de poulet crémeux).

Orientation

Prenez à gauche en sortant de la gare ferroviaire pour vous rendre au Chanakya BNR Hotel (100 m), au Nook, à Suhana Tour & Travels (200 m), à l'Hotel AVN Plaza (300 m) et à la gare routière publique (500 m), juste après l'embranchement où les auto-rickshaws collectifs prennent les passagers.

Depuis/vers Ranchi

AVION

L'aéroport Birsa Munda de Ranchi est situé à 6 km au sud du centre-ville. **Air India** (☎2503255 ; www.airindia.com), IndiGo et **GoAir** (☎1800 222111 ; www.goair.in) assurent à elles trois des vols quotidiens pour Kolkata, Delhi, Patna et Mumbai.

Un taxi prépayé de Station Rd à l'aéroport revient à 250 ₹. Un auto-rickshaw faisant le trajet inverse coûte 150 ₹.

BUS

De la gare routière publique de Station Rd, des bus desservent Gaya toutes les heures en journée (160 ₹, 6 heures), et de nombreux bus de nuit partent pour Patna à partir de 21h environ (ordinaire/avec clim 250/450 ₹, 9 heures).

Des bus privés avec clim et couchettes rallient des villes comme Kolkata (siège/couchette 250/300 ₹, bus avec clim 360-850 ₹, 10 heures, départ à partir de 20h) et Bhubaneswar (couchette 500 ₹, 13 heures, départ 19h). Ils partent de la gare routière de Khartatoli, à 2 km au nord-est de Station Rd (auto-rickshaw collectif/privé 10/100 ₹).

Les bus pour Daltonganj partent de la gare routière ITI, à 8 km au nord-ouest de Station Rd (auto-rickshaw collectif/privé 20/200 ₹).

TRAIN

Pratique, le 12366 *Janshatabdi Express* dessert tous les jours Patna (siège 2e classe/*chair car* 185/630 ₹, 7 heures, 14h25) via Parasnath (110/375 ₹, 3 heures) et Gaya (160/530 ₹, 5 heures 30). Vous pouvez aussi prendre le 18626 *Hatia-Patna Express* (départ 6h35).

Pour Kolkata (*chair car*/3AC/2AC 980/670/960 ₹, 9 heures), les trains les plus pratiques sont le *Shatabdi Express* (départ à 13h45), ou le train de nuit *Kriya Yoga Express* (départ à 21h40).

Le *Tapaswini Express* rallie chaque jour Bhubaneswar (*sleeper*/3AC/2AC 340/930/1 335 ₹, 13 heures, départ à 15h55).

Betla (Palamau) National Park

☎06562

Des éléphants sauvages vivent librement dans les forêts vierges de ce beau **parc national** (☎06562-222650, 9939341211 ; ⏲6h-10h et 14h-17h) rarement visité qui s'étend dans la campagne vallonnée du pittoresque district de Palamau, à 140 km à l'ouest de Ranchi. Si les tigres se laissent très rarement apercevoir, une excursion dans cette région préservée du Jharkhand offre en revanche un aperçu du riche patrimoine tribal de l'État. Le parc couvre environ 1 026 km^2, dont la majeure partie constitue la réserve de tigres de Palamau. Les épaisses forêts de sals, d'arbres à feuilles persistantes, de tecks et de bambous abritent 17 tigres, 52 léopards, 216 éléphants et 4 nilgauts (variété d'antilope) ; de nouveaux chiffres devraient être publiés. Vous verrez de nombreux singes, des *chital* et peut-être quelques gaurs (bisons indiens).

Le parc ouvre toute l'année ; la période qui s'étend de novembre à avril est idéale pour le visiter. Mai est le mois le plus propice pour apercevoir des tigres, car la végétation est plus clairsemée et les félins s'aventurent vers les trous d'eau – mais sachez que vous devrez supporter la chaleur.

Activités

Deux sortes de visites peuvent être organisées à Betla depuis l'entrée du parc : soit un safari en jeep, soit un safari à dos d'éléphant. Cette dernière option est fortement déconseillée, notamment en raison des *howdah* (nacelles) dont sont équipés les éléphants, et qui peuvent leur causer des blessures.

Les safaris en jeep ont lieu le matin (entre 6h et 10h) ou l'après-midi (entre 14h et 17h). Mieux vaut réserver un safari matinal la veille au soir. Si vous partez le matin, prévoyez un vêtement chaud car il fait froid en forêt avant que le soleil ne réchauffe l'atmosphère. À défaut, empruntez une couverture à votre pension.

Si vous avez le temps, envisagez une excursion en jeep d'une heure au fort de Palamau, une citadelle en ruine du XVIe siècle de la dynastie tribale locale Chero, superbement située au cœur de la forêt. Vous pourrez aussi prévoir un pique-nique sur les berges sablonneuses de la Kechki. Le circuit en jeep jusqu'au fort ou à la rivière coûte autant qu'un safari, moins les 150 ₹ de droit d'entrée du parc.

TARIFS DES SAFARIS EN JEEP

À l'entrée du parc national, vous pourrez organiser un safari en jeep. Voici les frais à prendre en compte :

Entrée au parc (par véhicule et par heure) 150 ₹

Guide obligatoire (par véhicule et par heure) 100 ₹

Location de jeep (par véhicule et par heure) 500 ₹

Appareil photo (par personne et par safari) 100 ₹

Ainsi, un circuit de 2 heures pour 2 personnes, chacune avec un appareil photo, revient à 1 700 ₹ – 1 600 ₹ pour une personne seule. La durée d'un safari peut varier de 1 heure à 4 heures, selon le temps que vous souhaitez passer dans le parc.

Où se loger et se restaurer

La plupart des visiteurs passent la nuit au **Van Vihar** (☎9102403882 ; d 1 580 ₹ ; ❄), un établissement d'État situé 100 m avant l'entrée du parc. Les chambres, spacieuses, propres et confortables, disposent d'une sdb avec eau chaude et d'un balcon. Les groupes de visiteurs s'avèrent parfois bruyants.

Les autres hébergements sont juste après l'entrée du parc et peuvent seulement être réservés via le département des Forêts à Daltonganj, ce qui peut être fastidieux. Le **Tourist Lodge** (☎réservations 06562-222650 ; d à partir de 1 180 ₹ ; ❄) est l'option la plus attrayante. Sans être luxueux, il offre de grandes chambres propres avec TV, sdb spacieuse et balcon privatif donnant sur une prairie hantée de cervidés en lisière de forêt.

À une cinquantaine de pas du lodge, toujours dans le parc, la **Tree House** (☎réservations 06562-222650 ; ch 690 ₹), plus sommaire, se révèle d'un excellent rapport qualité/prix. Elle possède deux cabanes surélevées, une sdb et une terrasse d'observation offrant la même vue que le Tourist Lodge.

La restauration étant limitée à Betla, prévoyez quelques en-cas. Une cantine à prix raisonnables, près du Tourist Lodge, sert des petits-déjeuners au retour des safaris et prépare, sur commande, de copieux *thali* végétariens (100 ₹) midi et soir.

Depuis/vers le Betla (Palamau) National Park

Daltonganj, la ville la plus proche de l'entrée du parc, se trouve à 20 km. De là, des bus partent fréquemment pour Ranchi dans la journée (150 ₹, 4 heures 30). À Daltonganj, prenez un bus local (20 ₹, départ environ toutes les heures jusque vers 16h) ou un auto-rickshaw collectif (30 ₹) pour rejoindre le Betla. Avec un auto-rickshaw privé, comptez environ 300 ₹. Vous gagnerez du temps en descendant du bus venant de Ranchi à Dubiamar, situé à l'embranchement vers le Betla, environ 10 km avant Daltonganj. De là, faites signe à un bus (10 ₹) ou louez un auto-rickshaw privé (200 ₹) jusqu'au parc. Les bus de retour partent de Betla pour Daltonganj, puis Ranchi, jusqu'à environ 16h.

Sinon, **Suhana Tour & Travels** (☎9431171394 ; suhana_jharkhandtour@yahoo.co.in ; Gurunanak Market, Station Rd ; ⏲8h-20h lun-sam, 8h-14h dim), à Ranchi, organise des circuits de 2 jours au Betla (4 600 ₹/pers, 2 participants minimum).

Sikkim

Dans ce chapitre ➡

Le top des hébergements

- Chumbi Mountain Retreat (p. 566)
- Bamboo Retreat (p. 559)
- Lake View Nest (p. 568)
- Mayallyang Homestay (p. 560)
- Hotel Garuda (p. 566)

Le top des monastères

- Resum (p. 572)
- Tashiding (p. 571)
- Lingdum (p. 558)
- Palchen Choeling (p. 563)
- Ngadak (p. 562)

Pourquoi y aller

Royaume himalayen indépendant jusqu'en 1975, le Sikkim possède un caractère bien marqué. Hauts lieux de méditation, les monastères bouddhiques tibétains aux murs couverts de peintures aux couleurs vives côtoient les sanctuaires hindous de la communauté népalaise en constante expansion. Les deux religions agrémentent l'horizon d'étonnantes sculptures monumentales aux allures fantasmagoriques.

Nombreux sont les voyageurs à tomber sous le charme de cet État à la population chaleureuse, mais en raison de sa proximité avec la frontière chinoise, les séjours des étrangers et leurs déplacements y sont réglementés. Propre, vert et réputé "100% bio" depuis 2016, le Sikkim est un labyrinthe de vallées profondes tapissées de forêts luxuriantes et de rhododendrons ; au nord, ces paysages cèdent la place aux sommets enneigés de l'Himalaya oriental. Pour une expérience inoubliable, ralliez l'une des nombreuses crêtes et admirez la silhouette du Khangchendzonga, troisième plus haut sommet du monde (8 598 m), qui se dresse au nord-ouest.

Quand partir

Gangtok

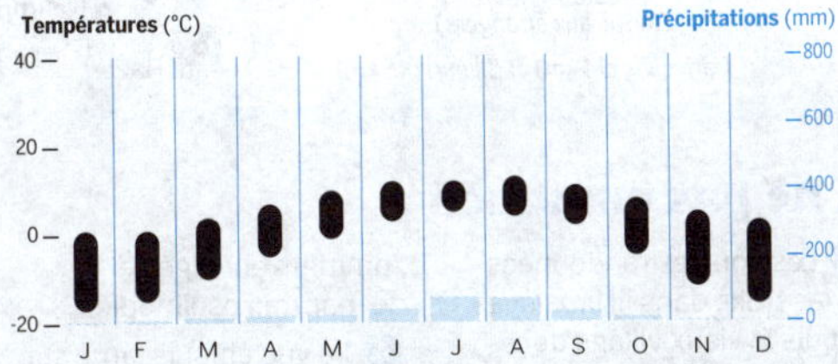

Avr-mai Floraison printanière, ciel partiellement dégagé, haute saison touristique.

Mi-juin à sept Importants rabais, tandis que la mousson joue les trouble-fêtes.

Mi-oct à mi-nov Ciel dégagé, vues fabuleuses... mais il fait froid en altitude.

À ne pas manquer

1 Les courtes randonnées ou les treks dans l'Himalaya depuis le vieux village de **Yuksom** (p. 568).

2 La route parcourant la magnifique **vallée de la Yumthang** (p. 561).

3 Le bouddha géant du **Buddha Park** (p. 563) à Ravangla sur fond de sommets enneigés et de mantras psalmodiés.

4 La vue éblouissante sur le Khangchendzonga à **Kuluk** (p. 572).

5 La gigantesque statue de Shiva et les répliques de temples hindous sur les hauteurs de **Namchi** (p. 562).

6 Les monastères oubliés et les vues à couper le souffle à **Rinchenpong** (p. 572).

7 Une promenade parmi les drapeaux de prières et les anciens *chorten* (stupas) du **gompa de Tashiding** (p. 571).

8 La découverte de la culture lepcha lors d'un séjour à **Dzongu** (p. 560).

Histoire

L'étymologie des noms de lieux traditionnels du Sikkim indique que les Lepcha, venus de l'Assam ou du Myanmar (Birmanie) au XIIIe siècle, furent les premiers à s'installer durablement dans la région. Ils furent suivis par les Bhutia du Tibet au XVe siècle, après que ces derniers eurent tissé des liens d'amitié forts avec les Lepcha à Kabi Lunchok (p. 560). Cependant, l'ascendance des Buthia et de leur courant nyingmapa du bouddhisme vajrayana (tibétain) apparut évidente lorsque trois lamas tibétains se retrouvèrent à Yuksom en 1641 pour couronner Phuntsog Namgyal (un Bhutia) premier *chogyal* (roi) du Sikkim. La capitale fut plus tard transférée à Rabdentse (près de Pelling), puis à Tumlong dans le nord du Sikkim, avant d'être finalement établie à Gangtok.

À leur apogée, les *chogyal* gouvernaient des territoires appartenant maintenant au Népal oriental, le nord montagneux du Bengale et Darjeeling ; ils perdirent la majeure partie de ces terres lors de guerres avec le Bhoutan et le Népal. En 1835, les Britanniques poussèrent le *chogyal* à céder Darjeeling à la Compagnie britannique des Indes orientales pour une somme symbolique, en remerciement de leur aide passée. Le Tibet s'opposa farouchement à cette manœuvre car il considérait le Sikkim comme un État vassal. En 1849, les Britanniques annexèrent toute la région entre l'actuelle frontière du Sikkim et les plaines du Gange, puis repoussèrent l'offensive tibétaine qui s'ensuivit en 1886. À la fin du XIXe siècle, de nombreux migrants hindous, encouragés par les Britanniques, arrivèrent du Népal ; ils finirent par former la majorité de la population du Sikkim.

Lorsque l'Inde devint indépendante en 1947, le statut du Sikkim était incertain : il n'y avait jamais eu d'accord officiel avec la Grande-Bretagne, et le *chogyal* espérait obtenir son indépendance à l'instar du Népal et du Bhoutan. Pendant une vingtaine d'années, le royaume du Sikkim conserva une autonomie officielle, tout en autorisant l'Inde à contrôler sa politique étrangère. Mais en 1975, le dernier *chogyal* et son épouse américaine furent déposés lorsque le Sikkim devint l'un des États de la République indienne.

Activités

Le trekking constitue le point fort de tout séjour au Sikkim. Il est conseillé aux alpinistes envisageant de s'attaquer aux nombreux sommets de plus de 6 000 mètres de planifier soigneusement leur périple avec Namgyal Treks & Tours (p. 553) à Gangtok. Il est possible de faire du parapente à Gangtok et à Pelling. BB Line (p. 553) organise des circuits à moto et prévoit de proposer du rafting, du kayak et du saut à l'élastique.

Hub Outdoor (9443203848 ; www.huboutdoor.in ; NH31A, Bojoghari ; location VTT 1 000 ₹/jour ; appeler au préalable) organise des randonnées à VTT pour sportifs aguérris.

Permis

PERMIS STANDARD

Les étrangers ont besoin d'un laissez-passer, l'**Inner Line Permit (ILP)**, pour entrer au Sikkim. Gratuit, il s'obtient facilement (il vous faudra une photo au format passeport ainsi que des photocopies de votre passeport et de votre visa – et montrer l'original). Il est normalement possible de le faire établir aux postes-frontières de Melli (24h/24) et de Rangpo (délivrance de permis 8h-19h30), mais quelques voyageurs malchanceux ont rapporté que ces derniers fermaient parfois inopinément. Si vous souhaitez passer en dehors des heures d'ouverture de Rangpo, il vous faudra obtenir votre permis à l'avance. Si vous allez au Sikkim en prenant l'avion jusqu'à Bagdogra, l'aéroport recèle un petit guichet touristique du Sikkim (10h-16h ou 17h) qui peut en général vous délivrer le permis. Vous pouvez aussi en faire la demande à la **Sikkim House** (carte p. 462 ;

LE TOP DES FÊTES ET FESTIVALS DU SIKKIM

Losar (fév/mars). Le Nouvel An tibétain est marqué par des représentations de danses *chaam* (masquées), inégalées au Sikkim.

Bumchu (fév/mars). Les lamas ouvrent un *bum* (pot) rempli de *chu* (eau sacrée) pour prédire les événements de l'année à venir.

Saga Dawa (mai/juin). Des cérémonies et des processions religieuses commémorent la naissance, l'Éveil et la mort du Bouddha.

Pang Lhabsol (août). Prières et danses religieuses en l'honneur de la divinité protectrice du Sikkim.

Losoong (Namsoong ; déc/jan). Fête des moissons sikkimaise précédée de flamboyantes danses *chaam*.

4/1 Middleton St ; ⏲10h-17h lun-sam) de Kolkata, au **Sikkim Tourist Office** (p. 503) de Siliguri, et à la **Sikkim House** (carte p. 66) de Delhi. C'est également possible à Darjeeling (p. 507), mais la procédure exige d'aller d'abord au FRO (Foreigners' Registration Office), puis de traverser la ville jusqu'au DCO (District Commissioner's Office). Vous pouvez aussi demander un permis pour le Sikkim valable 15 jours dans les ambassades indiennes à l'étranger, en même temps que votre visa pour l'Inde.

Un nouveau poste de contrôle frontalier est prévu à Jorethang.

Le permis standard est valable 15 jours, parfois plus sur demande. Il permet de visiter les endroits suivants :

- Gangtok, Rumtek et Lingdum,
- le sud du Sikkim oriental jusqu'à Rhenock et Aritar, à l'est,
- tout le sud du Sikkim,
- le nord du Sikkim jusqu'à Singhik (juste après Mangan),
- la majeure partie du Sikkim occidental, traversée par des routes goudronnées.

PERMIS SPÉCIAUX

Les treks de haute altitude requièrent des **permis de trekking** (les agences de trekking peuvent se charger des formalités pour vous) et un guide. Les demandes se font à Gangtok ; si vous rejoignez un circuit à Yuksom ou à Utterey, prévoyez au moins un jour pour que vos documents soient acheminés jusqu'à la capitale et en reviennent (avec paiement des frais engagés).

Pour voyager au-delà de Singhik et jusqu'aux vallées de Lachung et de Lachen dans le nord du Sikkim, les étrangers ont besoin d'un **permis pour les zones à accès restreint** (*restricted area permits*), qui permettent d'aller jusqu'aux vallées de Tsopta et de Yumthang. Pour leur part, les Indiens ont besoin d'un **permis délivré par la police** pour voyager au nord de Singhik, mais peuvent remonter la vallée de Thanggu jusqu'au lac Gurudongmar ou jusqu'à Yume Samdong (Zero Point) après Yumthang. Les permis sont délivrés à Gangtok le matin du départ ou à Mangan un peu à l'avance, mais toujours par le biais d'une agence agréée et pour un minimum de 2 voyageurs s'ils sont étrangers.

Pour Dzongu (le secteur lepcha au nord de Dikchu), il vous faudra aussi un permis spécial, généralement obtenu via votre hébergement préréservé chez l'habitant. Le permis est gratuit, mais vos hôtes doivent engager des dépenses significatives (photocopies de documents, taxis pour Mangan afin d'effectuer des démarches en votre nom), normalement facturées 500 ₹ environ.

Un permis pour les zones à accès restreint est nécessaire pour visiter le lac Tsomgo (Changu) ; seuls les citoyens indiens ont le droit de continuer jusqu'au poste-frontière tibétain de Nathu La. Encore une fois, il faut voyager en circuit organisé, avec un groupe comprenant au moins 2 étrangers.

LA FRONTIÈRE AVEC LE TIBET

Tous les postes-frontières du Sikkim avec le Tibet (donc la Chine) sont fermés aux non-résidents. Bien que celui du Nathu La ait pu faire l'objet de discussions pour une plus large ouverture, il n'est aujourd'hui accessible qu'à certains négociants et groupes de pèlerins. Les citoyens étrangers ne sont même pas autorisés à visiter la zone frontalière. Au moment de la rédaction de ce guide, la construction d'une route par la Chine au sud de la vallée tibétaine de la Chumbi réactivait les tensions ; l'Inde craignant de se voir couper l'accès à son territoire du nord-est en cas de conflit.

ℹ Depuis/vers le Sikkim

AVION

Le nouvel **aéroport** du Sikkim à Pakyong aurait peut-être été achevé il y a un an ou deux, n'eût été l'effondrement catastrophique des remblais dernier cri de la piste d'atterrissage. Quand il sera ouvert, il est toutefois probable que la plupart des voyageurs continueront à arriver à l'aéroport très fréquenté de Bagdogra, près de Siliguri (Bengale-Occidental). Un hélicoptère assure la liaison quotidienne entre Bagdogra et Gangtok, mais il peut seulement accueillir 5 passagers et les vols sont annulés en cas de mauvais temps.

VOIE TERRESTRE

La gare ferroviaire la plus proche est à New Jaipalguri (NJP), près de Siliguri. Le transfert entre la plupart des centres touristiques sikkimais et Siliguri prend théoriquement de 4 à 6 heures en jeep, mais en raison de retards potentiels conséquents (glissements de terrain, embouteillages), les habitants prévoient au moins 9 heures.

Passage des frontières

La frontière intérieure du Sikkim avec le Bengale-Oriental compte plusieurs points de passage, mais en raison des procédures d'obtention de permis, les étrangers sont uniquement censés traverser aux postes-frontières de Melli et de Rangpo (ouverts

24h/24, mais Rangpo délivre seulement les permis de 8h à 19h30). Impossible donc pour le moment d'aller de Pelling à Darjeeling via Jorethang, où seuls les Indiens sont autorisés à passer depuis 2016. Un nouveau poste-frontière est cependant prévu.

Faire du trekking en toute légalité près d'Aritar se révèle difficile, car des pistes majeures traversent la frontière avec le Bengale-Occidental.

EST DU SIKKIM

Gangtok

☎03592 / 106 300 HABITANTS / ALTITUDE 1 620 M

Irrévérencieuse, joyeuse et agréablement animée, la capitale moderne du Sikkim s'étire sur une crête escarpée d'où elle descend en terrasses à flanc de colline. C'est un labyrinthe d'allées sinueuses bordées de hautes bâtisses principalement en béton, qui semblent n'avoir que deux étages d'un côté, mais en recèlent souvent davantage à l'arrière, pour compenser la pente. En plus de quelques sites touristiques mineurs, la ville offre d'innombrables points de vue sur les vallées verdoyantes alentour ; si le temps est clément, vous apercevrez même le Khangchendzonga à l'horizon.

Gangtok est surtout un lieu sympathique où se détendre après un trek, organiser un circuit ou obtenir un permis, ou encore rencontrer d'autres voyageurs pour constituer un groupe de trekking.

La route Rangpo-Mangan (NH31A) forme l'axe nord-sud tortueux de Gangtok. Des restaurants, boutiques et agences de voyages bordent la Mahatma Ghandi (MG) Marg, une artère essentiellement piétonne très animée en début de soirée, où il fait bon musarder.

À voir

♥ Namgyal Institute of Tibetology MUSÉE

(NIT ; www.tibetology.net ; Deorali ; 10 ₹ ; 10h-16h). Construit en 1958 dans une clairière, le bâtiment principal du NIT a des airs de palais tibétain fantastique, avec ses tours d'angle et sa façade ornée de fresques colorées. La salle principale renferme une collection inestimable et bien expliquée d'artefacts et d'images liés à la culture tibétaine et bouddhique : tanka (peintures sur tissu), monnaies et amulettes, *thöpa* (crânes humains transformés en bols tantriques) et *kangling* (trompettes taillées dans des fémurs humains). La pièce maîtresse est une représentation en argent venue du Tibet de Manjushri, bodhisattva de la sagesse.

Peu de touristes s'aventurent à l'étage dans la bibliothèque tibétaine, à l'atmosphère de sanctuaire. Ses vitrines en teck recèlent des textes sacrés, pour la plupart dans des housses, et l'*Encyclopaedia Tibetica* en 135 volumes. Jolie vue depuis le toit.

L'institut est à 6 minutes de marche de la **Deorali Bazaar Ropeway Station** (Deorali Chowk ; téléphérique) et de la station de taxis de Deorali.

♥ Tsuklakhang TEMPLE BOUDDHIQUE

(Bhanu Path ; aube-crépuscule, prières 6h et 16h). Le monastère royal de Gangtok abrite un temple bouddhique impressionnant dont le magnifique intérieur recèle notamment deux colonnes torsadées à tête de dragon encadrant l'autel principal. L'ensemble est un havre de paix ; les cellules monastiques sont dépouillées par contraste, et vous pouvez apercevoir le Chogyal Palace, l'ancien palais royal, en traversant le terrain de football des moines.

Point de vue de Tashi POINT DE VUE

(Gangtok-Mangan Rd, Km 1,4 ; tour d'observation 5 ₹). GRATUIT Lorsque les nuages se dissipent, cette éminence située au carrefour des routes pour Mangan et le Nathu La, à 7 km au nord-ouest du centre, offre la meilleure vue sur le Khangchendzonga dans le lointain.

Ganesh Tok POINT DE VUE

Cette tour d'observation doit son nom au minuscule temple hindou qui lui est associé. Depuis ce nid d'aigle, on découvre un vaste panorama urbain et on distingue même le palais royal parmi les arbres au-delà du *gompa* d'Enchey.

Le Ridge PARC

Doté d'une vue splendide à l'est et à l'ouest à travers les arbres, le cœur vert de la ville recèle des jardins parfaitement entretenus dans sa partie nord, ainsi que quelques cafés. Plus au sud, le visiteur se promène au milieu d'une végétation luxuriante autour du Chogyal Palace, l'ancien palais royal.

Himalayan Zoological Park ZOO

(zoo de Gangtok ; Indien/étranger 25/50 ₹, moto/voiture/jeep 10/40/100 ₹, caméra 500 ₹ ; 9h30-16h ven-mer). L'un des zoos les mieux entretenus du pays, le parc zoologique de

Gangtok

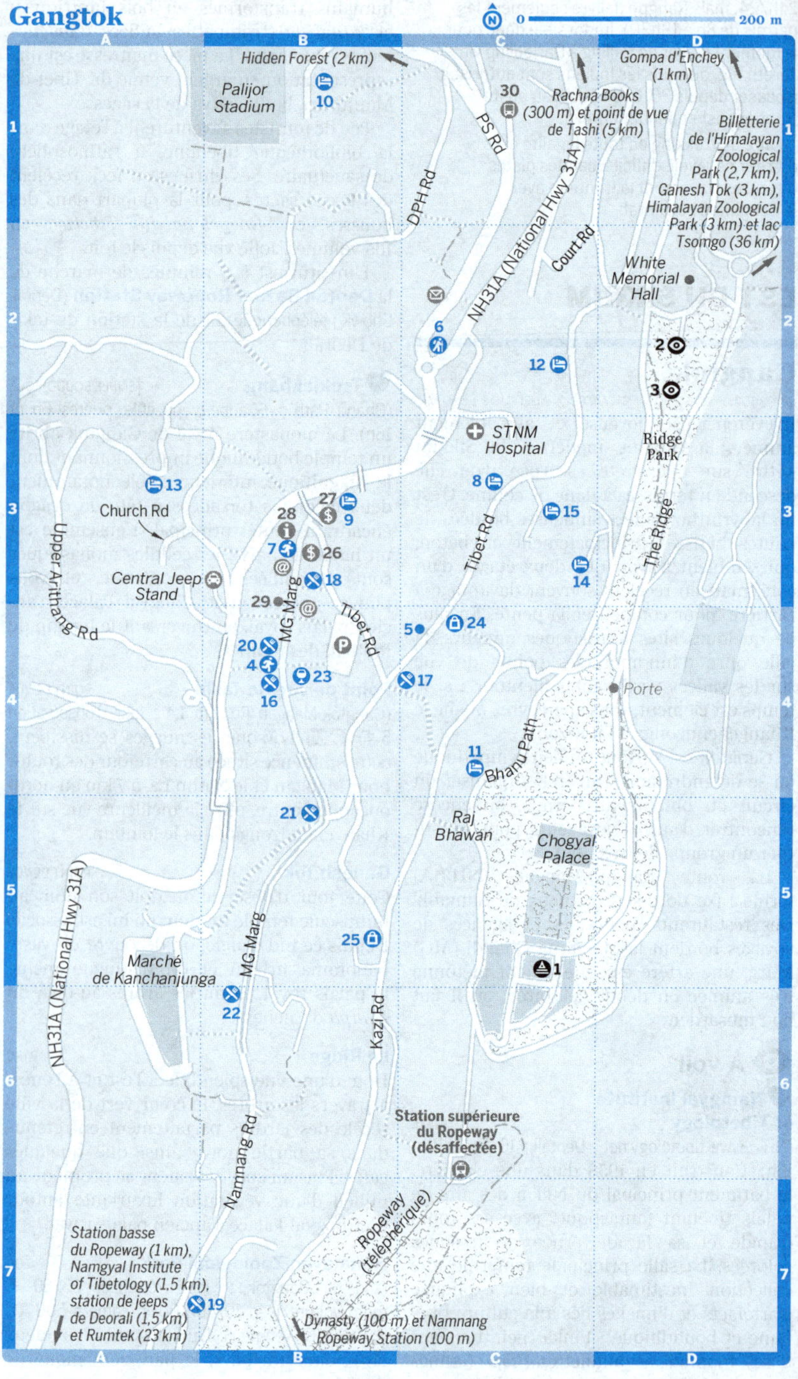

0
200 m
A
B
C
D
1
2
3
4
5
6
7
Hidden Forest (2 km)
Palijor Stadium
10
30
Rachna Books (300 m) et point de vue de Tashi (5 km)
Gompa d'Enchey (1 km)
Billetterie de l'Himalayan Zoological Park (2,7 km), Ganesh Tok (3 km), Himalayan Zoological Park (3 km) et lac Tsomgo (36 km)
PS Rd
DPH Rd
NH31A (National Hwy 31A)
Court Rd
White Memorial Hall
6
12
2
3
Ridge Park
STNM Hospital
8
15
14
The Ridge
13
Church Rd
Upper Arithang Rd
27
9
28
7
26
Central Jeep Stand
18
29
MG Marg
Tibet Rd
5
24
20
4
23
16
17
Porte
11
Bhanu Path
21
Raj Bhawan
Chogyal Palace
NH31A (National Hwy 31A)
25
1
Marché de Kanchanjunga
MG Marg
22
Kazi Rd
Station supérieure du Ropeway (désaffectée)
Namnang Rd
Ropeway (téléphérique)
Station basse du Ropeway (1 km), Namgyal Institute of Tibetology (1,5 km), station de jeeps de Deorali (1,5 km) et Rumtek (23 km)
19
Dynasty (100 m) et Namnang Ropeway Station (100 m)

Gangtok

Les incontournables
1 Tsuklakhang C5

À voir
2 Flower Exhibition Centre D2
3 Le Ridge D2

Activités
4 BB Line B4
Blue Sky Treks & Travels .... (voir 7)
5 Namgyal Treks & Tours C4
6 Potala Tours & Treks C2
7 STDC B3

Où se loger
8 Chumbi Residency C3
9 Gangtok Lodge B3
10 Hotel Nor-Khill B1
11 Hotel Pandim C4
12 Hotel Sonam Delek C2
13 Hotel Yavachi A3
14 Mintokling Guest House C3
15 Netuk House C3

Où se restaurer
16 Bakers Cafe B4
17 Dekid C4
18 Golden Dragon B3
19 Mu Kimchi A7
20 Parivar Restaurant B4
21 Taste of Tibet B5
22 The Coffee Shop B6

Où prendre un verre et faire la fête
Clique .... (voir 19)
23 Downtown B4
The Square .... (voir 22)

Où sortir
Cafe Live & Loud .... (voir 5)

Achats
24 Climate Zone C4
Golden Tips .... (voir 4)
25 Golden Tips II B5

Renseignements
Pankhuri Enterprises .... (voir 29)
26 RS Enterprises B3
27 SBI B3
28 Office du tourisme B3

Transports
29 DJ Mandap Tours B3
Billetterie ferroviaire .... (voir 30)
30 Gare routière SNT C1

Gangtok occupe tout un pan de colline. Son attraction phare consiste en deux pandas roux, animal emblématique du Sikkim ressemblant un peu à un petit renard. Des ours Isabelle de l'Himalaya, des panthères nébuleuses et des léopards des neiges vivent dans de vastes enclos boisés, si grands que sans véhicule il vous faudra environ 3 heures pour voir les sites principaux – 1 heure suffit si vous êtes motorisé. La **billetterie** est en face du point de vue de Ganesh Tok, loin des principaux enclos.

Gompa d'Enchey — MONASTÈRE BOUDDHIQUE

(salle de prière 5h-11h et 12h-16h lun-sam, jusqu'à 13h dim). GRATUIT À la périphérie nord de Gangtok, une route bordée de conifères bruissants conduit à ce joli petit monastère bouddhique, en quelque sorte la raison d'être de Gangtok : c'est le caractère sacré du site qui attira les premiers habitants dans cette région jadis peu connue. Une petite salle de prière éclatante recèle des statues tantriques et une scène en relief derrière la statue centrale de Bouddha.

Flower Exhibition Centre — SERRE

(10 ₹ ; 9h-18h). Ce modeste jardin sous serre, constitué de fleurs cultivées en pots régulièrement renouvelées autour d'un bassin central, vaut le coup d'œil, en particulier fin mars et en avril, lorsque s'épanouissent les espèces alpines. Il est souvent baigné de musique bollywoodienne.

Activités

Namgyal Treks & Tours — ACTIVITÉS DE PLEIN AIR

(03592-203701, 9434033122 ; www.namgyal-treks.com ; Enchey Compound, Tibet Rd ; 10h-17h lun-sam). Une des agences de trekking les mieux établies du Sikkim – surtout pour les expéditions en montagne –, fondée en 1991 par Namgyal Sherpa, un alpiniste chevronné aujourd'hui président du Rotary Club local.

BB Line — SPORTS D'AVENTURE

(03592-206110 ; www.bbline.co.in ; 2e ét., Yama House, MG Marg ; 9h30-18h30). BB Line est l'une des agences de tourisme d'aventure les plus innovantes du Sikkim. C'est le premier prestataire d'envergure à proposer la location de deux-roues et des circuits à moto ; il développe actuellement des circuits de VTT, de kayak et de rafting, et prévoit d'organiser des séances de saut à l'élastique à Dzongu.

STDC — VOLS PANORAMIQUES

(Sikkim Tourism Development Corporation ; 03592-203960 ; www.sikkimtourism.gov.in ; MG Marg ; 9h-19h). Cette agence bien organisée propose un service de préréservation de taxi (ramassage à votre hôtel) et vend des billets d'hélicoptère tant pour le transfert vers l'aéroport de Bagdogra que pour des vols panoramiques ; le plus abordable est un vol de 15 minutes au-dessus de Gangtok (9 500 ₹ jusqu'à 5 pers). Vols plus longs possibles, voire jusqu'à la crête du Khangchendzonga (90 000 ₹ pour 4 pers, 1 heure 15). Réservez bien à l'avance.

Potala Tours & Treks TREKKING
(☎9434257036 ; www.potalatreks.in ; PS Rd). Treks, circuits organisés, sorties VTT et excursions pour les groupes scolaires, à coupler éventuellement avec des itinéraires à Darjeeling et au Bhoutan.

Fly Sikkim Adventure PARAPENTE
(☎9197207767 ; www.paraglidingsikkim.com ; Banjhankri Rd). L'un des principaux prestataires de parapente à Gangtok.

Blue Sky Treks & Travels CIRCUITS, TREKKING
(☎03592-205113 ; www.blueskysikkim.com ; Tourism Bldg, MG Marg ; ⏲10h30-19h). L'agence de référence pour les étrangers souhaitant partager des circuits relativement peu coûteux mais convenables à destination de Lachung. Organisation de treks.

Où se loger

♥ **Hotel Pandim** HÔTEL $
(☎03592-207540, 9832080172 ; www.hotelpandim.com ; Bhanu Path ; dort/d à partir de 500/1 500 ₹ ; wifi). Les voyageurs logeant dans cet hôtel familial bénéficient d'une vue époustouflante sur les montagnes, qu'ils optent pour une chambre *deluxe* au dernier étage (2 000-2 300 ₹) ou un dortoir immaculé de 4 lits, ou encore qu'ils prennent place dans le ravissant café-restaurant tibétain au dernier étage, là où se fait l'enregistrement. Même les chambres les moins chères, au sous-sol, sont tout à fait correctes et décorées de tanka (peintures sur tissus).

Gangtok Lodge PENSION $
(☎03592-206562 ; NH31A ; d 1 500 ₹). Cette petite pension impeccable, autrefois connue sous le nom de Modern Central Lodge, compte 8 chambres à petits lits doubles, égayées de rideaux népalais et de meubles sikkimais peints à la main. Couvre-feu à 22h.

> **TARIFS DES HÉBERGEMENTS**
>
> Gammes de prix dans ce chapitre :
>
> **$** moins de 1 500 ₹
>
> **$$** 1 500-5 000 ₹
>
> **$$$** plus de 5 000 ₹

♥ **Hidden Forest** PENSION $$
(☎03592-205197 ; www.hiddenforestretreat.org ; NH10, Middle Sichey ; s/d 2 750/3 300 ₹ ; @ wifi). 🍃 À environ 2 km du centre, cet ensemble de chambres et de maisonnettes de grande qualité, entretenu avec amour, est parsemé d'innombrables arbustes à fleurs et d'orchidées. Bien que partiellement occultée par de nouveaux immeubles en construction en contrebas, la vue sur la vallée reste superbe. Bibliothèque bien fournie au rez-de-chaussée de la maison principale et pépinière remplie de fleurs. Délicieux repas maison (petit-déjeuner/dîner 220/330 ₹) sur réservation.

Du centre-ville, comptez 150 ₹ en taxi. Entrée par l'allée du jardin derrière l'Hotel Vajrakila.

Hotel Yavachi HÔTEL DESIGN $$
(☎03592-204666 ; www.hotelyavachi.com ; Church Rd ; ch à partir de 3 300 ₹, sans réservation à partir de 2 400 ₹ ; wifi). Excellent rapport qualité/prix pour cet hôtel confortable aux finitions soignées et au décor résolument moderne, avec lumière diffuse et tableaux abstraits assortis aux tissus de chaque chambre. La vue est limitée – celle dont jouit le séduisant bar sur le toit, le Rockefeller Bar, est plus belle que celle de bien des chambres.

Hotel Tashi Tagey HÔTEL $$
(☎03592-231631 ; www.tashitagey.com ; NH10, Tadong ; d 1 500-3 500 ₹ ; @). Qualité et prix doux valent la peine de pousser jusqu'à Tadong, à 3 km en contrebas de Gangtok, où se trouve cet hôtel. Les couloirs ornés de planches botaniques mènent à des chambres impeccables. Le Wi-Fi est disponible dans un salon orné des broderies de la propriétaire. Vue splendide depuis le toit, rehaussée par une collection inestimable de bonsaïs (certains ont plus de 50 ans). Comptez 20 ₹ en taxi collectif depuis la ville.

Hotel Sonam Delek HÔTEL $$
(☎03592-202566 ; www.hotelsonamdelek.com ; Tibet Rd ; ch sans/avec vue à partir de 1 870/3 960 ₹, ste 5 610 ₹ ; wifi). Quelle vue ! La plupart des 20 chambres confortables, quoique légèrement défraîchies, en bénéficient, de même que la terrasse commune aux 3 autres. Les chambres à l'étage et les suites disposent

d'un balcon privé qui donne l'impression d'être sur le toit du monde.

Service attentif et efficace. Petit parking.

Mintokling Guest House PENSION **$$**
(☎03592-208553 ; www.mintokling.com ; Bhanu Path ; s/d/ste 2 530/2 750/3 300 ₹ ; @ 📶). Au sein d'une végétation exotique et de belles pelouses, ce havre de paix compte une douzaine de chambres spacieuses et bien tenues, quoique un peu austères, en partie lambrissées. Accueil chaleureux et familial ; un choix varié de plats digne d'un restaurant est servi dans la salle à manger, dont plusieurs spécialités sikkimaises.

♥ **Netuk House** HÔTEL HISTORIQUE **$$$**
(☎03592-206778 ; www.netukhouse.com ; ch/ste 5 500/7 500 ₹). Luxueux B&B installé dans la demeure d'un ancien conseiller du roi près de Tibet Rd, doté d'une douzaine de chambres réparties dans 3 bâtiments très différents. Le plus fascinant, sur deux niveaux, rappelle un temple par son riche décor – une ode exubérante au style sikkimais. Les chambres à l'étage donnent sur un beau patio au dallage irrégulier et profitent d'un splendide panorama. Quant à celles, immenses, du bâtiment octogonal, elles font la part belle au bois ancien.

Chumbi Residency BOUTIQUE-HÔTEL **$$$**
(☎03592-206618 ; www.thechumbiresidency.com ; Tibet Rd ; s/lits jum/d 4 740/5 920/7 100 ₹ ; 📶). Dans cette bâtisse de 4 niveaux (sans ascenseur), dont la façade à pans de bois évoque presque le Japon, les chambres sobres sont décorées avec goût ; au dernier étage, vous oublierez vite la vétusté des ternes sdb en admirant le Khangchendzonga depuis la fenêtre. La plupart des chambres aux étages inférieurs jouissent aussi de la vue, mais les arbres l'obstruent en partie. Attrayant bar-restaurant au rez-de-chaussée, le Tangerine, et charmant jardin ombragé.

Hotel Nor-Khill HÔTEL HISTORIQUE **$$$**
(☎03592-205637 ; www.elginhotels.com ; s/d/ste en demi-pension 11 565/11 945/13 335 ₹ ; P 📶). Le voyageur arrivant au Nor-Khill aura l'impression de remonter le temps jusqu'à l'époque coloniale, lorsque cette somptueuse propriété accueillait les hôtes du *chogyal*. Les innombrables photos d'époque, les meubles anciens superbes et les lustres en cristal confèrent un aspect vintage aux corridors et au luxueux salon de l'entrée. Chambres tout aussi vastes et élégantes – certaines peuvent sentir un peu le renfermé. En retrait de PS Rd.

Où se restaurer

Taste of Tibet TIBÉTAIN **$$**
(MG Marg ; plats 160-230 ₹, momo 90-140 ₹ ; ⌚11h-20h30). Une adresse centrale connue pour servir la meilleure cuisine tibétaine de Gangtok, où les hordes de convives dégustent des *shyabhale* (pâtés de viande frits) ainsi que de la *thentuk* (ou *thukpa* ; soupe de nouilles). En revanche, le décor étant réduit à sa plus simple expression, essayez de vous asseoir près de la devanture pour observer les passants.

Dekid BHOUTANAIS **$$**
(1er ét., Tibet Rd ; plats 90-150 ₹, demi-portion/portion de riz 60/120 ₹ ; ⌚8h30-20h30). Goûtez la cuisine du Bhoutan dans cette cantine de 3 tables d'une charmante simplicité, qui offre seulement 2 plats principaux : le curry rouge-orange *shakam* à la viande séchée, et des *datshi* moyennement épicés et délicieusement crémeux à base de fromage, garnis de *kawa* (pommes de terre), de poivron, de bœuf ou de lard gras émincé. Petit plus : un bol de soupe est offert.

The Coffee Shop INTERNATIONAL **$$**
(www.facebook.com/thecoffeeshopgangtok ; pizza 290-380 ₹, en-cas 130-220 ₹, plats 280-320 ₹ ; ⌚9h30-21h30 ; 📶). Au-dessus du bar The Square, ce café-restaurant est connu pour son excellent café et ses smoothies, ainsi que

LA CUISINE SIKKIMAISE

Les plats les plus répandus sont des classiques de la cuisine tibétaine/himalayenne, comme les *momo* (raviolis tibétains) et de riches soupes aux nouilles, dont la *thentuk/thukpa*, la *gyathuk* et la *bhathuk*. En général, les soupes sikkimaises sont à base de légumes locaux fermentés – épinards (*gundruk*), radis (*sinki*) – ou frais – melons amers (*karela*), orties (*sisnoo*). Les curries contiennent parfois des *ningro* (pousses de fougères) frits, des *bareh* (boutons d'orchidées terrestres) ou des *fing* (vermicelles de riz). Le bœuf est apprécié, ce qui est rare en Inde. Si vous commandez du porc, sachez que les habitants l'aiment bien gras, souvent avec la couenne.

pour ses plats internationaux populaires comme les nachos, les falafels, les côtelettes grillées et un choix de pizzas à pâte fine. Derrière d'appétissantes pâtisseries, le dalaï-lama lève sa tasse comme pour approuver.

Bakers Cafe BOULANGERIE **$$**
(MG Marg ; tourtes/en-cas à partir de 20/65 ₹, plats 80-220 ₹, grillades 380 ₹ ; ⏲8h-20h). De la musique country se fait souvent entendre dans ce café lambrissé, prisé des familles et de la gent féminine de Gangtok. On y sert des expressos (70 ₹), des thés bio au gingembre (60 ₹) et autres infusions exotiques, en complément de paninis et de pâtisseries à l'occidentale. Propose aussi une restauration rapide et des plats comme des pancakes à la banane et du houmous. Petits-déjeuners servis toute la journée.

♥ **Mu Kimchi** CORÉEN **$$$**
(☎9593340401 ; https://www.facebook.com/MuKimchi/ ; 5e ét., Clique Bldg , Namnang Rd ; en-cas 190-310 ₹, repas 300-700 ₹ ; ⏲10h-22h30). Si vous rêvez de cuisine coréenne authentique et parfaitement exécutée, n'hésitez pas à gravir les 80 marches menant au Mu Kimchi. L'intérieur bien pensé associe plafonds en bambou et lampes tressées à des éléments minimalistes contemporains. Musique mash-up où domine la basse. Bière/cocktails/*soju* (alcool de riz) à partir de 150/350/250 ₹.

Parivar Restaurant INDE DU SUD **$**
(MG Marg ; curries 100-180 ₹, dosa 110-150 ₹, riz 70 ₹, petits/grands thali 180/280 ₹ ; ⏲9h30-21h ; 🖉). Le Parivar est toujours prisé pour sa cuisine d'Inde du Sud purement végétarienne ; le décor, lui, est spartiate, hormis les banquettes en similicuir rouge et une colonne au décor chargé ornée d'un dragon.

Dynasty CHINOIS **$$$**
(☎03592-206444 ; 1er ét., Namnang Ropeway Bldg, Kazi Rd ; plats 180-440 ₹, canard laqué demi/entier 800/1 400 ₹, riz 80 ₹ ; ⏲11h30-21h30 ; 📶). Savourez l'une des cuisines chinoises les plus authentiques de Gangtok, installé dans l'un des sofas recouverts d'un imprimé gris et noir à l'étage du bâtiment de la **Namnang Ropeway Station** (Kazi Rd). Plats thaïlandais corrects.

Où prendre un verre

Il n'y a pas mieux que le cadre royal de l'Hotel Nor-Khill pour savourer un *afternoon tea* digne des fastes de l'Empire britannique (495 ₹), avec théières gravées en étain et scones servis sur des présentoirs recouverts de napperons en dentelle.

Si vous souhaitez seulement goûter le thé sikkimais de Temi (40 ₹), allez au Golden Tips (p. 557) ou au Cafe Fiction de la librairie Rachna Books (p. 557), qui fait aussi du bon café au piston.

Pour un expresso, rendez-vous au Coffee Shop ou au Bakers Cafe.

Clique BAR
(Namnang Rd ; bière/jus de fruits à partir de 120/110 ₹ ; ⏲10h-23h). Décoré de vieux 33 tours, ce bar cubique propose souvent des concerts (allant de la pop à la musique traditionnelle népalaise) les soirs de week-end. Un choix de jus de fruits frais et sains complète l'offre de spiritueux, avec des noms accrocheurs comme le Liver Cleanser (“Nettoyeur de foie”) et le Go Nuts Shake (“Shake de folie”).

♥ **Downtown** BAR
(MG Marg ; bière/vin/shots à partir de 130/60/40 ₹ ; ⏲12h-21h). Le petit bar le plus alternatif du centre de Gangtok possède de minuscules sofas perdant leur rembourrage, et la clientèle semble ignorer l'interdiction de fumer. Cela n'empêche pas d'apprécier son ambiance tamisée, avec ses balcons à rideaux, son petit espace scénique, ses bœufs informels et ses fresques représentant Marley, Lennon et Hendrix.

The Square BAR
(MG Marg ; bière/shots/cocktails/vin à partir de 149/33/193/83 ₹ ; ⏲10h-21h30). Avec son éclairage d'ambiance, ses banquettes, sa musique rythmée et ses murs tapissés de photos en noir et blanc, The Square plaît à la fois aux familles et aux adeptes du confort contemporain. Sélection de cocktails et de vins au verre. On y déguste aussi des plats comme le travers de porc épicé au barbecue, les crevettes enrobées de bacon et des curries variés (plats 190-440 ₹).

☆ Où sortir

♥ **Cafe Live & Loud** MUSIQUE LIVE
(www.facebook.com/CafeLiveAndLoud ; Tibet Rd ; bière/cocktails/thé/café à partir de 160/350/54/95 ₹, chicha 250 ₹ ; ⏲11h-23h dim-ven, jusqu'à 1h sam ; 📶). Le bar musical le plus branché de Gangtok propose un festival de sons en soirée le mercredi, le jeudi et le vendredi, lorsque des groupes de rock ou de pop alternative s'y produisent. Le samedi, il vous en coûtera 300 ₹ après 18h pour assister à la soirée DJ. Ambiance jazz et décontractée en journée,

notamment sur le confortable balcon-terrasse partiellement occulté par des rideaux. Carte de restauration complète (plats 200-600 ₹).

Le service, la taxe et la TVA sur la nourriture grèvent le prix des repas de 25,5 %.

Achats

Golden Tips THÉ
(www.goldentipstea.in ; MG Marg ; 9h30-20h30). Cette boutique offre un bon choix de thés de qualité joliment emballés, principalement de Darjeeling et de Temi (thés sikkimais). Vous pouvez goûter l'un des 48 thés proposés dans un espace dégustation. À partir de 40/160 ₹ pour une tasse/théière, mais 160/800 ₹ pour un délicat thé blanc élaboré à partir de bourgeons cueillis à la main avant le lever du soleil.

L'enseigne possède une **seconde boutique** (Kazi Rd ; 9h-19h30).

Rachna Books LIVRES
(03592-204336 ; www.rachnabooks.com ; Jeewan Theeng Marg, Development Area ; thé/café à partir de 40/90 ₹ ; 9h30-19h lun-sam, fermé pendant Dussehra). Le "centre culturel alternatif" de Gangtok et sa librairie la mieux achalandée et la plus conviviale de la ville propose aussi 3 chambres en B&B (1 500-1 900 ₹) et un petit café jazz servant du café au piston et du café filtre, des thés de Temi et des en-cas. Manifestations organisées à l'occasion, telles des projections de films.

Climate Zone SPORTS ET ACTIVITÉS DE PLEIN AIR
(Tibet Rd ; 9h30-21h). Magasin d'équipement offrant un choix correct d'articles de camping et de randonnée, dont des bâtons de marche, des parapluies et des sacs à dos de formats divers.

Renseignements

ACCÈS INTERNET

Certains hôtels offrent le Wi-Fi, tout comme quelques restaurants et cafés ; le débit est rarement impressionnant. L'**Internet Cafe** (MG Marg ; 30 ₹/heure, minimum 20 ₹ ; 8h30-19h30) permet aux clients d'utiliser le Wi-Fi sur leur propre ordinateur, ce qui n'est pas le cas du **Cyber Cafe** (MG Marg ; 30 ₹/heure ; 9h-21h). Un GB de données valable un mois sur une carte SIM BSNL (fonctionne bien en ville mais mal en zone rurale) coûte 198 ₹.

ARGENT

Nombreux DAB. Gangtok est le seul endroit où l'on peut changer des devises au Sikkim.

Les bureaux de change sont plutôt rares. Dans MG Marg, vous pourrez comparer les taux de 3 minuscules officines situées dans l'édifice en face du **Golden Dragon** (MG Marg ; plats 200-440 ₹ ; 11h-21h). **Pankhuri Enterprises** (www.pankhurienterprises.com ; MG Marg ; 9h30-18h30) offre des taux de change corrects, mais les meilleurs sont ceux de **RS Enterprises** (MG Marg ; 9h15-19h15), en face de la statue de Gandhi. À l'exception de la **SBI** (State Bank of India ; NH31A ; 10h-16h lun-ven, 1 samedi sur 2), les banques prétendant offrir des services de change exigent habituellement que vous ayez un compte chez elles, et les taux sont en général médiocres.

OFFICES DU TOURISME

Office du tourisme (03592-209090 ; www.sikkimtourism.gov.in ; MG Marg ; 9h-19h). Informe assez bien les voyageurs et propose un dépliant touristique très complet incluant de bonnes cartes schématiques.

STDC (p. 553). Propose divers services, dont la réservation de vols en hélicoptère et de taxis.

POSTE

Bureau de poste principal (PS Rd ; timbres 10h-16h lun-sam, jusqu'à 14h dim). C'est l'un des rares bureaux de poste en Inde à proposer le service "My Stamp", qui transforme votre photo en timbre-poste (feuille de 12 timbres 300 ₹).

SERVICES MÉDICAUX

STNM Hospital (03592-222059 ; NH31A). Hôpital public avec service d'urgences et de consultations externes. Pour des soins importants, apportez une copie de votre assurance voyage.

Depuis/vers Gangtok

AVION

Jusqu'à l'ouverture de l'aéroport de Pakyong, dont le chantier connaît d'importants retards, l'aéroport le plus proche est à Bagdogra, près de Siliguri, au Bengale-Occidental. Nombreux vols pour Kolkata, Delhi et Guwahati.

Les étrangers non titulaires d'un permis d'entrée au Sikkim peuvent en obtenir un rapidement au guichet de l'office du tourisme du Sikkim de l'aéroport ; c'est bon à savoir, car si vous arrivez après 15h, vous avez peu de chances d'atteindre le poste de contrôle de Rangpo avant 19h30, heure limite de délivrance des laissez-passer.

BUS ET JEEP

De la **gare routière SNT** (PS Rd ; billets 6h-18h), des bus publics se rendent environ toutes les heures à Siliguri (190 ₹, 6h-13h30), et des services quotidiens relient Gangtok à Pakyong (45 ₹, départ à 16h15) et à Rhenock via Rangpo (80 ₹, départ à 14h).

La plupart des jeeps ralliant des destinations sikkimaises partent du **Central Jeep Stand** (Church Rd), sur 3 niveaux. Les véhicules pour Rumtek et Ranka partent d'en haut, les jeeps pour l'ouest et le sud du Sikkim du niveau intermédiaire, et celles pour Singtam, Pakyong et Rhenock du bas. Les billetteries ne délivrent que des billets pour le jour même, mais les habitants ont l'habitude d'appeler le chauffeur pour réserver des places, surtout pour un départ tôt le matin. Certains hôtels sur la route principale, dont le **Tashi Tagey** (p. 554), le feront volontiers pour vous, et en outre, on viendra vous chercher.

Voici quelques horaires de départ :

Dentam 250 ₹, 6 heures, départ à 6h15

Geyzing 250 ₹, 4 heures 30, départ à 6h30, 7h, 7h30 et 7h45

Jorethang 150 ₹, 3 heures, départ toutes les 30 min de 6h45 à 16h30 via le Bengale-Occidental

Namchi 150 ₹, 4 heures, départ toutes les 30 min de 7h à 15h

Pelling 300 ₹, 5 heures, départ à 13h, ou utilisez les véhicules pour Geyzing

Ravangla 140 ₹, 4 heures, départ à 7h, 7h45, 12h, 12h30, 13h30 et 14h

Rhenock 120 ₹, 2 heures 30, départ à 7h, 9h30, 10h30, 12h30 et 15h30

Singtam 60 ₹, 1 heure (jusqu'à 2 heures si encombrements), 3-4/heure de 7h à 17h

Tashiding 250 ₹, 5 à 6 heures 30, départ à 7h

Yuksom 300 ₹, 6 heures 30 à 8 heures, départ à 7h

Les temps de parcours peuvent énormément varier selon l'état et l'encombrement des routes. Les estimations ci-dessus se veulent au plus proche de la réalité.

TRAIN

La grande gare ferroviaire la plus proche est située à New Jalpaiguri (NJP), à 125 km. Les billets s'achètent à la **billetterie ferroviaire** (⏲8h-14h lun-sam, jusqu'à 11h dim et jours fériés) informatisée de la gare routière SNT ou dans le centre auprès de **DJ Mandap Tours** (☎9832373337 ; MG Marg ; commission 100 ₹ ; ⏲10h-18h).

Rumtek

ALTITUDE 1 660 M

Face à Gangtok, de l'autre côté d'une vallée profonde et verdoyante, Rumtek est dominé par son vaste *gompa* (ci-contre). Considéré comme l'une des plus vénérables institutions du bouddhisme tibétain, ce monastère est actuellement le foyer en exil de l'école kagyu (des lamas à coiffe noire). Le principal itinéraire pour s'y rendre débute près de Ranipul et offre une charmante vue sur la ville au fur et à mesure que l'on s'élève. Vous pouvez aussi effectuer une boucle d'une journée incluant le **gompa de Lingdum** (www.zurmangkagyud.org ; Ranka ; donation pour lampe à beurre petite/moyenne/grande 10/20/100 ₹ ; ⏲aube-crépuscule), plus tranquille et peut-être plus beau GRATUIT. Bien qu'en très mauvais état par endroits, la route serpente à travers des forêts moussues, des bosquets de bambous et des rizières en terrasses, avec plusieurs beaux points de vue. Plus près de Gangtok, vous passerez près de lieux d'intérêt mineur, dont le **Khangchendzonga Tourist Centre** (Ranka ; adulte/enfant/parking 100/50/25 ₹, simulateur/spectacle panoramique/petit train 80/90/40 ₹ ; ⏲11h-20h, manèges jusqu'à 18h), un peu surfait, et les modestes **chutes de Banjhakri** (Lower Sichey ; 50 ₹, parking 20 ₹ ; ⏲7h30-18h30), dans un parc aux statues criardes représentant les personnages de la mythologie animiste prébouddhique.

À voir

Gompa de Rumtek MONASTÈRE BOUDDHIQUE
(Rumtek Dharma Chakra Centre ; ☎03592-252329 ; www.rumtek.org ; monastère 10 ₹ ; ⏲6h-18h). Le *gompa* de Rumtek est l'ensemble monastique le plus important du Sikkim du point de vue spirituel. C'est en fait un village indépendant doté d'une salle de prière principale abondamment ornée de peintures, édifiée entre 1961 et 1966 en remplacement du monastère de Tsurphu, au Tibet, détruit pendant la Révolution culturelle chinoise (et reconstruit depuis). La pièce maîtresse est le gigantesque trône jaune destiné à la consécration – qui se fait attendre – du chef spirituel kagyu, le 17e *karmapa*. Le principal prétendant réside à Dharamsala en raison de la controverse du *karmapa* (p. 559), d'où la présence de soldats armés et la nécessité pour les étrangers de montrer leur passeport et leur permis à l'entrée.

Derrière le monastère, en haut d'un escalier jouxtant le Karma Shri Nalanda Institute of Buddhist Studies, reconnaissable à ses peintures, se trouve une pièce assez petite contenant le **Golden Stupa** (⏲6h-11h45 et 12h-17h) GRATUIT, un stupa doré serti de cabochons de turquoise et d'ambre. Il contient les cendres du 16e *karmapa*, fondateur du monastère actuel et considéré quasiment comme un saint dans la région.

Le *gompa* accueille certaines des plus belles danses masquées *chaam* du Sikkim,

LA CONTROVERSE DU KARMAPA

L'école des lamas à coiffe noire doit son nom au bonnet orné d'un précieux rubis que porte traditionnellement le *karmapa* (chef spirituel réincarné). Prétendument tissée avec des cheveux de *dakini* (divinités féminines emportant l'âme des morts), cette coiffe doit être conservée dans un coffret pour empêcher qu'elle s'envole vers les cieux. Cependant, personne ne l'a vue depuis 1993, quand une âpre controverse a divisé les Kagyu (tenants de l'un des quatre courants du bouddhisme tibétain) sur la légitimité des deux prétendants à la succession du 16e *karmapa*, à la mort de ce dernier en 1981.

Le principal candidat, reconnu par le dalaï-lama, est Ogyen Trinley Dorje (kagyuoffice.org) ; il a fui le Tibet en 2000 et exerce "temporairement" son rôle au monastère tantrique de Gyuto, près de Dharamsala : le gouvernement indien l'empêcherait d'occuper officiellement ses fonctions à Rumtek, afin de ne pas contrarier les autorités chinoises. Son rival, Thaye Dorje (www.karmapa.org), opère depuis le Karmapa International Buddhist Institute à Delhi. Cela fait maintenant plus de 20 ans que les partisans des deux lamas sont engagés dans une querelle juridique au sujet du contrôle de Rumtek. En 2016, les partisans d'Ogyen Trinley Dorje ont organisé une nouvelle série de manifestations et des grèves de la faim pour persuader le gouvernement indien d'autoriser leur candidat à prendre sa place à Rumtek.

C'est seulement quand le conflit sera résolu et le 17e *karmapa* intronisé que le coffret sera ouvert et révélera le couvre-chef sacré.

notamment lors de Saga Dawa (p. 549), et surtout lors du Gutor Chaam, juste avant Losar (p. 549), le Nouvel An tibétain.

Vieux gompa de Rumtek MONASTÈRE BOUDDHIQUE
(Old Rumtek Gompa ; ⌚ aube-crépuscule). GRATUIT
À environ 1,5 km du portail principal du *gompa* de Rumtek, ce vieux *gompa* est un havre de paix. Fondée en 1734 mais en grande partie reconstruite, la salle de prière se distingue par ses couleurs éclatantes. On admire la vallée à travers les arbres depuis les pelouses au premier plan, où se dressent trois rotondes destinées aux visiteurs souhaitant pique-niquer.

Fêtes et festivals

D'impressionnantes danses masquées *chaam* ont lieu au *gompa* de Rumtek durant le Drupchen (méditation de groupe) annuel en mai-juin, et au vieux *gompa* de Rumtek deux jours avant Losar (p. 549). Très appréciée, la **danse de Mahakala** se déroule en février. Des effigies géantes des féroces divinités protectrices s'animent alors dans la cour centrale.

Où se loger et se restaurer

♥ **Bamboo Retreat** BOUTIQUE-HÔTEL $$$
(☎9434382036, 3592225516, 9647851055 ; www.bambooretreat.in ; Sajong ; s avec petit-déj sans/avec vue 4 700/6 700 ₹, d 6 000/7 000 ₹, app 15 000 ₹ ; P 📶). Il faut gravir un escalier en pierre et traverser les jardins en terrasse pour arriver à ce fabuleux établissement aux airs de temple, isolé au milieu des arbres. Les chambres confortables (sans TV) portent le nom de la couleur qu'elles déclinent ; toutes sauf 3 disposent d'un balcon et d'une vue superbe. Les espaces communs comprennent une bibliothèque, une salle à manger avec cheminée ressemblant à un musée, un salon de TV et une salle de méditation.

Lac Tsomgo (Changu)

ALTITUDE 3 750 M

Mystérieusement, le lac **Tsomgo** (prononcé Tchangu) n'est alimenté par aucun cours d'eau. Ce n'est pas le plus beau lac de montagne au monde, mais une excursion ici constitue le moyen le plus rapide de dépasser la ligne des arbres, d'où sa popularité auprès de certains touristes indiens pressés de découvrir un panorama montagneux. On peut faire de courtes promenades à dos de yak (200 ₹) le long du rivage, et des stands de restauration vendent du *chai* (thé épicé au lait), des *chow mein* (nouilles garnies) et des *momo* (raviolis tibétains). Vous aurez peut-être le souffle court à cette altitude, mais il est inutile d'emporter de l'oxygène ou de prendre un médicament contre le mal des montagnes pour une journée.

Un permis spécial est requis pour les étrangers comme pour les Indiens, mais en règle générale, la plupart des agences peuvent l'obtenir pour le lendemain (photos et copies de documents requises).

Seuls les Indiens peuvent continuer jusqu'au **Nathu La**, le poste-frontière avec la région autonome du Tibet (Chine), actuellement fermé, et uniquement pour prendre quelques photos.

Le lac est à 38 km de Gangtok. Un circuit organisé à petit prix coûte environ 4 500 ₹ par véhicule. Les Indiens peuvent facilement rejoindre un groupe (environ 800 ₹/pers jusqu'au Nathu La), mais c'est presque impossible pour les étrangers – si c'était le cas, quelqu'un devrait rester avec eux pendant que les autres membres du groupe continueraient jusqu'au Nathu La.

NORD DU SIKKIM

De Gangtok à Mangan

Étroite, ténue et parfois très boueuse, la NH31A est une voie tortueuse qui serpente au fil de pentes densément boisées au-dessus de la Teesta. Des cours d'eau cascadent entre les rochers moussus, à demi dissimulés par des rideaux de végétation et des bosquets de bambou. On aperçoit des rivières plus larges aux flots tumultueux depuis des ponts jalonnés de drapeaux de prières. Mais les jeeps en chemin pour Yumthang filent généralement sans s'arrêter, hormis au point de vue de Tashi (p. 551) et aux impressionnantes **chutes des Sept Sœurs** (Seven Sisters Waterfall ; Gangtok-Mangan Rd, Km 30). Pour voir **Kabi Lunchok** (Gangtok-Mangan Rd, Km 17,6) GRATUIT et **Tumlong** (Gangtok-Mangan Rd, Km 36), qui ne valent qu'un rapide coup d'œil, il vous faudra demander au chauffeur, pressé d'arriver à Lachung avant la tombée de la nuit, de faire une halte.

Mangan, la capitale du Nord, est un bon point de chute pour organiser vous-même votre visite de Lachung. Le morne centre commerçant forme une cicatrice de béton en Y sur le flanc d'une colline escarpée tapissée de jungle, mais les jolis faubourgs recèlent deux hébergements attrayants. Sur l'autre rive de la Teesta, le secteur lepcha protégé de **Dzongu** offre des séjours enchanteurs chez l'habitant dans de paisibles villages.

CIRCUITS ORGANISÉS AU SIKKIM

Le Sikkim compte principalement deux vallées à explorer : celles de Lachen et de Lachung. Mais comme les étrangers n'ont pas le droit de visiter le lac Gurudongmar, principal site de celle de Lachen, la plupart choisissent l'itinéraire Lachung-Yumthang. De Gangtok, 3 jours sont nécessaires pour découvrir Yumthang et Zero Point comme il se doit, et 2 jours devraient suffire en partant de Mangan, à un rythme moins soutenu.

Un circuit tout compris de 3 jours et 2 nuits de Gangtok à Yumthang coûte à partir de 6 000 ₹ par personne environ pour un groupe de 4. Les "circuits" en jeep, seulement au départ de Mangan, coûtent environ 3 500 ₹ par jour, hors hébergement. Vérifiez bien le type d'hébergement proposé, et si le deuxième jour comprend une excursion à Zero Point ou seulement à Yumthang (le prix officiel pour Yumthang et Zero Point est 2 500 ₹).

Où se loger et se restaurer

Mayallyang Homestay CHEZ L'HABITANT
(9647872434, 8348332721 ; www.mayallyang.com ; Passingdang, Dzongu ; ch en pension complète 1 800 ₹/pers). L'une des retraites les plus magiques du Sikkim. Gyatshe, votre jeune hôte, est un adversaire acharné du projet de barrage local ; il considère l'hébergement chez l'habitant comme une part importante de son message prônant l'écologie et le respect des traditions. Dans le salon, convivial, vous pourrez visionner d'intéressantes vidéos, et la ravissante véranda de la maison à pans de bois est propice à la détente. Chambres simples avec sdb partagées. Accès par un escalier d'une centaine de marches depuis la rue principale de Passingdang.

Extrême-nord du Sikkim

Lachung

03592 / ALTITUDE 2 680 M

Les hautes parois rocheuses de la vallée, émaillées de longues cascades, entourent la bourgade de Lachung. Pour apprécier pleinement ce cadre spectaculaire, franchissez le pont cantilever métallique sur la sauvage Yumthang et traversez la partie la plus ancienne de la ville jusqu'au **gompa de Lachung** (gompa de Sarchok ; Katao Rd, Km 1,8), coloré et édifié en 1880, ou plus haut jusqu'au singulier **stupa de Shakathang**, près d'un point de vue.

La vallée grandiose de la Yumthang recèle bien d'autres paysages merveilleux, et constitue la destination principale des visiteurs séjournant à Lachung.

Où se loger et se restaurer

Kalden Residency PENSION $

(☎8900085244 ; Yumthang Rd ; ch 1 000-2 000 ₹, supp pension complète 500 ₹). Notre adresse petit budget préférée à Lachung, la Kalden Residency, consiste en une maison en bois de style local et deux maisons plus récentes autour d'une cour fleurie. Chambres simples mais d'une qualité fort appréciable pour le prix. Propriétaires charmants.

Yarlam Resort COMPLEXE HÔTELIER $$$

(☎9434330033 ; Yumthang Rd, Km 1,3 ; d sans/avec vue 10 000/11 000 ₹, ste 15 000 ₹ ; ⏲mars à mi-juin et août-déc ; @). Remarquablement luxueux pour un lieu aussi reculé que Lachung, le Yarlam sert le thé aux nouveaux arrivants dans le hall d'inspiration tibétaine ou dans la paisible bibliothèque. Les chambres invitent à la paresse avec leurs lits confortables débordant de coussins et leur TV et lecteur DVD, les suites sont dotées d'un vaste balcon où s'asseoir (notamment la chambre 301) avec vue superbe, tout comme depuis la salle de jeux (snooker, ping-pong, carrom, échecs). Pas de Wi-Fi.

Vallée de la Yumthang

L'un des temps forts de tout voyage dans le Nord est l'itinéraire routier de 52 km entre Lachung et Zero Point, à travers le kaléidoscope de paysages qu'offre la vallée de la Yumthang. Si un ciel dégagé est idéal pour mesurer le caractère grandiose des montagnes, les tourbillons de nuages peuvent mettre en valeur leurs contours et souligner la beauté de leur végétation. La route grimpe à plus de 2 000 m et croise des forêts mixtes luxuriantes, des rhododendrons et de vieux pins robustes festonnés de guirlandes de mousse pour atteindre des étendues sauvages rappelant la toundra au-dessus de la ligne des arbres.

À mi-parcours environ, ne manquez pas les **sources thermales de la Yumthang** (Yumthang Rd, Km 21,9) GRATUIT : non pour le bassin, minuscule et peu attirant, mais pour les passerelles suspendues ornées de drapeaux de prières y menant, et la vue incroyablement pittoresque sur les sommets alentour. Après quelques échoppes et cafés basiques, arrêtez-vous pour une balade dans la **Yumthang Meadow** (prairie ; Yumthang Rd, Km 23). Certains circuits s'achèvent ici, d'autres continuent sur une interminable route en zigzag (30 km) jusqu'à **Zero Point** (4 825 m).

L'itinéraire se fait en jeep, en circuit organisé, et nécessite un permis spécial. Comptez 1 heure environ pour atteindre Yumthang Meadow depuis Lachung, et 1 heure encore jusqu'à Zero Point. Partez tôt le matin : vous vous arrêterez souvent pour prendre des photos et il vous faudra rentrer à Lachung vers 14h, une condition du permis.

Lachen

ALTITUDE 2 700 M

Lachen était jadis un charmant village aux vieilles maisons en bois bâties sur de robustes fondations en pierre, agrémentées de fenêtres au cadre chargé dans le style tibétain. Elles sont maintenant noyées dans la masse des hôtels bétonnés destinés à la foule de touristes indiens se rendant au lac Gurudongmar. Le paysage est plus joli près du **gompa de Lachen (Nyudrup Choeling)**, à 15 minutes à pied au-dessus de la ville.

Lachen peut aussi servir de base à un trek de 8 jours jusqu'au **Green Lake** (lac vert ; 5 050 m), vers la face nord-est du Khangchendzonga. Le trek longe en partie le **glacier de Zemu**, territoire légendaire de l'"abominable homme des neiges", ou yéti. Jusqu'en 2015, pour s'y rendre, il fallait faire une demande de permis à Delhi qui pouvait prendre des mois. Désormais – tout du moins pour une période probatoire – il ne faut plus qu'une semaine environ pour se procurer celui-ci. Namgyal Treks & Tours (p. 553), à Gangtok, peut vous renseigner et vous aider pour l'obtenir.

Vous viendrez certainement en circuit organisé avec hôtel préréservé. Si vous pouvez choisir l'hôtel et que vous avez des envies de luxe et de calme, essayez l'accueillant **Apple Orchard Resort** (☎9474837640 ; www.theappleorchardresort.com ; s/d en pension complète 7 479/9 619 ₹ ; P), près de l'*ani gompa* (couvent). Il propose des chambres confortables, avec parquets et lambris raffinés, dans d'élégants bâtiments disposés en terrasses dans un cadre verdoyant.

HORS DES SENTIERS BATTUS

THANGGU ET TSOPTA

Au-delà d'un vaste camp militaire à 32 km au nord de Lachen, Thanggu (3 850 m), base estivale de gardiens de troupeau, semble au bout du monde. Quelques voyageurs aventureux y passent la nuit, mais la plupart des groupes y prennent juste le petit-déjeuner en allant au **lac Gurudongmar** (5 150 m), un site inoubliable reflétant dans ses eaux calmes les sommets enneigés qui l'entourent (lorsqu'il n'est pas gelé). Environ 10 km plus loin, **Chomalu** est le lac indien le plus élevé ; malheureusement, les étrangers ne sont pas autorisés à visiter ces deux sites.

En revanche, ils peuvent normalement parcourir la **vallée de la Tsopta**, qui s'atteint en suivant un cours d'eau semé de rochers sur 2 km depuis Thanggu. Juste au-dessus de la ligne des arbres, des montagnes hérissées de glaciers frangent l'horizon à l'ouest. Une grimpée de 2 heures conduit à deux **grottes de méditation**, dont l'une fut occupée durant deux années par l'exploratrice, reporter et ethnologue française Alexandra David-Néel, à qui l'on doit de nombreux ouvrages. Pour en savoir plus, lisez les tomes 1 et 2 de ses journaux de voyages, tirés des lettres envoyées à son mari pendant ces derniers, et parus chez Pocket.

À Thanggu, il est possible de séjourner chez l'habitant, mais la majorité des visiteurs optent pour Lachen.

SUD DU SIKKIM

Namchi

03595 / 12 920 HABITANTS / ALTITUDE 1 470 M

C'est aux monumentales statues religieuses qui parsèment l'horizon accidenté près de Namchi que la ville doit sa réputation, mais c'est aussi une agréable bourgade, dotée d'un centre piéton animé formé de places jumelles, chacune ombragée par un vieil arbre.

À voir

Samdruptse — MONUMENT BOUDDHIQUE

(statue de Padmasambhava ; 30 ₹, parking 30 ₹ ; aube-crépuscule). Visible à des kilomètres à la ronde, cette **statue de Padmasambhava** (Guru Rinpoché) de 45 m de haut, peinte dans des tons cuivre et or scintillants, le représente assis sur un immense soubassement orné de lotus. De là, il domine la crête boisée de Samdruptse, sur les hauteurs de Namchi. Érigée sur une pierre posée en 1997 par le dalaï-lama et achevée en 2004, la statue tourne le dos à une vue extraordinaire sur le **massif du Khangchendzonga** (meilleur angle de vue près de son pan droit).

Autour de la base sont exposées des photos d'archives décolorées du Sikkim de jadis, et l'intérieur abrite une salle de prière. Du parking, un trajet de 15 minutes en **téléphérique** (aller-retour 173 ₹ ; 9h30-17h) vous emmène au **jardin de rocaille** (9h30-17h30) GRATUIT situé plus bas.

Samdruptse est à 7 km de Namchi et à 2 km de l'axe routier Damthang-Ravangla. Du centre-ville, comptez 330 ₹ pour l'aller-retour en taxi. Vous pouvez aussi privatiser un taxi (930 ₹) pour aller à Ravangla en passant par Samdruptse.

Char Dham — MONUMENT HINDOU

(Siddesvara Dham ; tarif plein/réduit/parking 50/25/30 ₹ ; 6h-19h). Ne manquez pas ce remarquable parc à thème consacré à la religion hindoue, au sommet de la colline de Solophuk, à 5 km au sud-ouest de Namchi. Il rassemble des répliques des grands sites de pèlerinage indiens, dont Dwarka et Jagarnath, sous le regard d'une imposante **statue de Shiva** haute de 33 m. Que vous trouviez l'ensemble kitsch ou poignant, la vue et les possibilités de photos sont extraordinaires.

Il vous faudra parcourir une certaine distance pieds nus. La course en taxi depuis Namchi coûte 330 ₹ aller-retour (1 heure d'attente comprise).

Gompa de Ngadak — MONASTÈRE BOUDDHIQUE

Le *gompa* de Ngadak est dominé par une gigantesque salle de prière datant de 2014, contenant certaines des plus riches peintures du Sikkim. Elle a été construite à côté des ruines de l'ancien monastère, empreint d'histoire et connu pour être hanté : c'était autrefois le palais de Pedi Wangmu, la reine sikkimaise qui renversa son demi-frère Chador Namgyal en 1700 et finit par le faire assassiner des années après, avant d'être exécutée par les partisans de ce dernier.

Où se loger et se restaurer

Dungmali Heritage Resort PENSION $
(9734126039 ; minurai81@yahoo.com ; Solophuk Rd ; s 600 ₹, d arrière/avant 1 200/1 500 ₹, bungalow 2 500 ₹ ;). Surplombant la ville à environ 4 km de Namchi depuis le premier virage en épingle sur la route de Char Dham, cette pension familiale propose des chambres d'un excellent rapport qualité/prix parmi les plantations bio de cardamome ; les chambres doubles à l'avant ont vue sur la vallée. Sur demande, les propriétaires peuvent organiser localement des **promenades en forêt** et des **balades ornithologiques**.

Summit Sobralia Resort HÔTEL $$$
(9083246084, centrale de réservation 0359-520113 ; www.summithotels.in ; Chardham Rd ; s/d 7 000/8 000 ₹, sans réservation 4 000/5 000 ₹ ;). L'option la plus chic de Namchi offre une vue de carte postale sur le Khangchendzonga depuis sa petite piscine extérieure et plusieurs chambres élégantes (quelque peu conventionnelles). À 1,8 km au sud-ouest de Namchi, sur la route de Char Dham.

Hotel Sangay TIBÉTAIN, INDIEN $
(plats 70-160 ₹ ; 8h-20h). Face à la fontaine centrale, ce restaurant sobre et raffiné est plus propre et attrayant que ses concurrents. Mais à l'exception des *momo* (raviolis tibétains) et d'un *thali* végétarien sans prétention, la majeure partie des plats doivent être commandés 1 à 2 heures avant le dîner.

Depuis/vers Namchi

Une **station de jeeps** sur plusieurs niveaux se trouve directement à l'est du centre-ville piétonnier. Les bus et les jeeps collectives partent du bas, tandis que les taxis privés à prix fixes se succèdent au premier étage.

Achetez vos billets à l'avance pour un trajet en jeep collective vers Gangtok (150 ₹, 4 heures) et Siliguri (150 ₹, 3 à 6 heures selon la circulation) ; 1 à 2/heure de 6h30 à 15h. Pour Jorethang (40 ₹, 2 heures) et Ravangla (60 ₹, 1 heure 15), les véhicules partent une fois pleins ; peu de services après 12h.

Des bus partent tous les matins pour Siliguri (90 ₹) et Gangtok (90 ₹), et 2 partent aussi chaque jour pour Ravangla (35 ₹, départ à 11h30 et 14h).

Ravangla (Rabongla)

03595 / ALTITUDE 2 050 M

Perchée sur une crête, la petite localité de Ravangla (Rabongla ou Rabong) est l'une des destinations incontournables du Sikkim, grâce à son remarquable Buddha Park, où siège sereinement un gigantesque bouddha doré, sur fond de sommets himalayens saupoudrés de blanc.

La vue est nettement moins impressionnante depuis les deux rues principales accueillant la plupart des hôtels du centre, mais la station de taxis centrale est bien placée pour explorer les sites alentour, en particulier les monastères de Ralang et de Yungdrung Kundrakling.

À voir

Buddha Park MONUMENT BOUDDHIQUE
(Tathagata Tsal ; Ralang Rd, Km 2 ; Indien/étranger 50/200 ₹ ; 9h-17h30). Avec les époustouflantes montagnes de l'Himalaya en toile de fond, cette immense **statue du Bouddha**, haute de 41 m, renferme des reliques venues de 11 pays. Dans une galerie intérieure en spirale sont présentées des scènes de la vie du Bouddha, colorées et fourmillant de détails, dans deux styles très différents. Béni par le dalaï-lama en 2013, le site présente des pelouses impeccables derrière une fontaine centrale ; les mantras psalmodiés ajoutent à l'ambiance méditative des lieux.

Monastère de Palchen Choeling MONASTÈRE BOUDDHIQUE
(nouveau gompa de Ralang ; Ralang ; P). Près de Ralang, à 10,5 km au nord-ouest de Ravangla, cet ensemble monastique de 1995 accueille plus de 300 bonzes. C'est un lieu important pour le courant bouddhiste Kagyu, car c'est là que réside le Gyaltsap Rinpoché, l'un des cinq grands maîtres de l'ordre. La salle de prière principale est un régal pour les yeux avec ses murs colorés et ses toits dorés ; elle donne sur une vaste cour au sol dallé orné de svastikas. À l'intérieur, le superbe bouddha doré d'une hauteur de 2 étages arbore une chevelure d'un bleu iridescent.

Yungdrung Kundrakling MONASTÈRE BÖN
(Ravangla-Kewzing Rd ; aube-crépuscule). L'un des deux monastères Bön (religion tibétaine antérieure au bouddhisme) en Inde, ce petit ensemble à double salle de prière offre une vue magnifique sur les montagnes. Il n'héberge qu'environ 25 moines et 3 professeurs, ainsi qu'une école remplie d'enfants, principalement des orphelins. Près de la route principale menant à Legship, à 5,5 km du centre de Ravangla, juste après une belle forêt dense. Don bienvenu.

Vieux gompa de Ralang MONASTÈRE BOUDDHIQUE
(Ralang). Situé à environ 1,5 km en contrebas du Palchen Choeling (p. 563), le vieux monastère de Ralang date de 1768. Le temple principal a été entièrement reconstruit depuis 2012, mais l'ensemble recèle quelques cellules de moines anciennes en pierre et en bois, préservées comme témoignages de l'architecture bhutia. Panorama inoubliable sur les montagnes, à droite après le portail extérieur. Les célébrations de **Mahakala Puja** (⏲déc) se tiennent ici.

Gompa de Mane Choekhorling MONASTÈRE BOUDDHIQUE
(⏲aube-crépuscule). Construit entre 1984 et 2008 dans un style traditionnel, ce flamboyant *gompa* possède un temple central impressionnant édifié sur une base octogonale en pierre. Il accueille la fête annuelle du Pang Lhabsol (p. 549), qui rend hommage au mont déifié du Khangchendzonga. Une étape agréable si vous ralliez le Main Bazaar de Ravangla en revenant à pied du Buddha Park.

Activités

Randonnée de Maenam Hill RANDONNÉE
Cette randonnée assez exigeante parmi les bois, les rhododendrons et les magnolias couverts de fleurs au printemps du **Maenam Wildlife Sanctuary**, se poursuit sur la colline de Maenam jusqu'au **rocher de Bhaledunga** pour une vue panoramique. En chemin, vous rencontrerez peut-être des **pandas roux** et des **lophophores resplendissants** (respectivement le mammifère et l'oiseau emblématiques du Sikkim). Renseignez-vous auprès de **Kanchan Himalayas** (☎8768442600 ; khtoursntravels@gmail.com ; Kewzing Rd ; ⏲9h30-18h) ou trouvez un guide (à partir de 500 ₹).

Où se loger et se restaurer

Red Panda PENSION $$
(☎9733193884 , 9735264819 ; Buddha Park Rd ; ch sans/avec vue 1 500/2 000 ₹). C'est au-dessus d'un snack-bar d'aspect peu engageant (excellents *momo* au poulet) que se trouvent ces 9 nouvelles chambres, donnant presque toutes sur le bouddha du Buddha Park, avec un extraordinaire paysage himalayen en toile de fond. Confortable sans être luxueux.

Mt Narsing Village Resort COMPLEXE HÔTELIER $$
(☎8145841614, 8145294900 ; www.mtnarsingresorts.com ; près de Kewzing Rd ; d à partir de 3 025 ₹). À 1 km de l'axe routier Ravangla-Legship, ces bungalows rustiques éparpillés sur de jolies pelouses bénéficient d'une belle vue sur l'Himalaya, que gâche légèrement la présence d'un pylône. Les chambres manquent un peu d'entretien pour le prix mais le restaurant central est charmant, plein de caractère et rempli d'objets d'artisanat local.

Blue Spring Residency HÔTEL $$
(☎8927479246, 9733121105 ; raju1881975@gmail.com ; Main Bazaar ; d/tr 2 200/2 500 ₹, hors saison 1 600/1 800 ₹). Un peu plus chic que les hôtels standards de Ravangla, le Blue Spring offre des chambres assez petites aux murs pastel bicolores et des sdb convenables. Quinze des 19 chambres ont un balcon avec vue, belle mais restreinte sur les montagnes. Le restaurant au décor plaisant sert une cuisine variée (plats 60-180 ₹) et jouit aussi d'un beau panorama. Tous les plats du menu ne sont pas toujours disponibles.

Taste of Sikkim INDIEN, INTERNATIONAL $$
(Main Bazaar ; plats 80-180 ₹ ; ⏲8h30-21h). Le nom est trompeur, car les seuls plats sikkimais servis ici sont des classiques tibétains, les *momo* (raviolis tibétains) et la *thukpa* (soupe aux nouilles), mais c'est le plus ravissants des restaurants de Main Bazaar, avec des photos de voyage en noir et blanc alternant avec des armes encadrées sous verre. Cuisine savoureuse et présentation inventive : le riz frit est servi moulé en forme d'étoile et strié avec de la carotte.

Kookay Restaurant TIBÉTAIN, INDIEN $
(Main Bazaar ; plats 80-120 ₹ ; ⏲8h30-20h). Près de la station de jeeps, cette adresse connue de longue date propose des soupes tibétaines, des *shaya phalay* (chaussons frits à la viande), des sautés chinois (250-300 ₹) et 6 délicieux *thali* (100-200 ₹).

Depuis/vers Ravangla

Des bus rejoignent Siliguri (170 ₹, 5 heures, 7h) et Namchi (35 ₹, 1 heure, 9h et 14h30) ; le bus de 9h pour Namchi continue jusqu'à Jorethang (70 ₹). La **gare routière SNT** (Main Bazaar) se trouve sous l'Hotel 10Zing, au carrefour principal, et les taxis attendent juste à côté. Les jeeps collectives utilisent un **parking sur plusieurs niveaux** 500 m plus bas sur Yangyang Rd. Elles rallient notamment les destinations suivantes :

Gangtok Départ à 7h, 7h30, 8h, 11h et 12h (140 ₹), ou prenez le service de 14h30 pour Singtam (parfois annulé) et changez.

Geyzing Correspondance pour Pelling (100 ₹, 2 heures, départ à 9h seulement) ; sinon, changez à Legship.

Legship Pas d'horaire fixe (part une fois plein), mais départs assez réguliers jusqu'à environ 14h (60 ₹).

Siliguri Départ à 7h et 7h30 (220 ₹).

Les jeeps pour Namchi (60 ₹) se remplissent lentement, car la plupart des résidents prennent le bus.

Plantation de thé de Temi

La belle route très sinueuse (et mal entretenue) reliant Singtam et Damthang traverse sur les hauteurs la vaste plantation de thé de Temi. Les terrasses méticuleuses vert jade créées à flanc de coteau sont impressionnantes, mais par temps clair, vous vous souviendrez surtout de la vue époustouflante sur une immense vallée verdoyante que domine le massif du Khangchendzonga.

Vous pourrez loger au milieu des champs de thé et profiter d'une vue superbe au **Cherry Resort** (☎8016488737 ; www.cherryresort.com ; Temi Tea Estate ; s/d à partir de 3 040/3 490 ₹), un hôtel d'allure quelque peu banale. Il compte un restaurant correct, ainsi que deux cafés en bordure de route dans la plantation, où vous pourrez boire un thé et grignoter quelques en-cas tout simples ; l'**Organic Tea Point** (⏲7h-21h) est le plus agréable.

Si vous êtes motorisé, il est facile de rejoindre la fabrique de thé, l'hôtel et les cafés, tous à quelques kilomètres les uns des autres et reliés par des routes cahoteuses à lacets – mais bien plus proches à pied en empruntant des sentiers à travers champs.

Un aller-retour en taxi depuis Namchi ou Ravangla coûte 800 ₹. Un aller simple entre Namchi et Ravangla avec détour par le domaine de Temi coûte 1 100 ₹ (incluant le temps d'attente pendant votre visite de la fabrique).

Il y a bien des jeeps collectives entre Gangtok et Temi, mais elles s'arrêtent au **village de Temi** (1 400 m), situé bien plus bas.

OUEST DU SIKKIM

Pelling

☎03595 / ALTITUDE 1 930 M

Les hordes de visiteurs ne font halte à Pelling que pour la vue fantastique sur le Khangchendzonga enneigé à l'aube. À première vue, la petite ville se présente comme un alignement d'hôtels en béton dénués de tout intérêt architectural, accrochés à une magnifique crête boisée. Mais en vous éloignant un peu, vous vous retrouverez vite au cœur d'une belle forêt naturelle.

Les agences facilitent l'organisation des excursions. Dans un rayon de 3 km autour de Pelling se trouvent deux monastères anciens, le *gompa* de Pemayangtse (ci-dessous), très fréquenté, et le paisible *gompa* de Sanghak Choeling (p. 566), ainsi que les ruines du palais royal de Rabdentse (ci-dessous) datant du XVIIIe siècle. Tikjuk, le centre administratif du Sikkim occidental (pour les extensions de permis), se trouve en contrebas de l'ancien palais ; de là, comptez encore 3 km pour aller à Geyzing (Gyalshing), carrefour routier et commerçant.

À voir

Gompa de Pemayangtse MONASTÈRE BOUDDHIQUE

(☎03595-250656 ; www.sangchenpemyangtse.org ; 20 ₹ ; ⏲7h-17h). L'un des plus anciens et des plus importants monastères nyingmapa du Sikkim, le *gompa* de Pemayangtse ("Sublime Lotus parfait") se trouve au sommet d'une éminence culminant à 2 080 m ; il est assorti de traditionnelles maisonnettes en bois et en pierre destinées aux moines résidents, éparpillées en contrebas en direction des ruines de Rabdentse (ci-dessous). Le site abrite un sanctuaire bouddhique depuis 1647.

L'attraction principale du temple central – plusieurs fois remanié – est au dernier étage : il s'agit d'une maquette à 7 niveaux représentant Zangtok Palri, la demeure céleste du maître Padmasambhava, réalisée par un seul lama en 5 ans de labeur. Un passage voisin non indiqué sous les toits abrite une collection de costumes, d'objets et de vestiges des anciens bâtiments monastiques.

Le monastère est à 500 m de la route de Geyzing – prenez vers le nord à 1,5 km à l'est d'Upper Pelling.

Rabdentse SITE HISTORIQUE, RUINES

(parking 20 ₹ ; ⏲8h-17h, dernière entrée 16h). GRATUIT Quelques pans de murs partiellement reconstruits : c'est tout ce qu'il reste de l'ensemble palatial de Rabdentse, la capitale royale du Sikkim de 1670 à 1814, après sa mise à sac par les forces népalaises.

Aujourd'hui, le fabuleux **point de vue** est son principal attrait ; les plus belles photos se prennent depuis le milieu d'un trio de petits stupas en pierre.

Le **portail d'entrée** est à 2,3 km d'Upper Pelling sur la route de Geyzing, à 800 m à l'est de la sortie pour Pemayangtse. Les ruines s'étendent à 1 km du portail et ne sont accessibles qu'à pied, par un sentier forestier passant devant une vaste volière neuve.

Gompa de Sanghak Choeling MONASTÈRE BOUDDHIQUE
(Sanghak Choeling Rd ; aube-crépuscule). Au moins jusqu'à l'achèvement de la nouvelle et immense **statue de Chenrezig**, cet ensemble monastique se prête à la méditation et jouit d'une vue magnifique ; il est joliment situé derrière un ensemble de 7 stupas de pierre nue à flèche dorée.

Où se loger

Hotel Garuda HÔTEL $
(9647880728, 9733076484 ; www.hotelgarudapelling.com ; Main Rd, Upper Pelling ; dort/s/d à partir de 250/600/700 ₹, en ligne s/d à partir de 850/1 100 ₹ ;). Difficile de trouver mieux que cette adresse classique pour *backpackers* (voyageurs sac au dos) idéale pour rencontrer d'autres voyageurs. Tarifs avantageux pour les étrangers sans réservation. Même les chambres les plus sommaires sont remarquablement propres, spacieuses et équipées d'un chauffe-eau, de serviettes et de savon. Les chambres à l'étage, plus chics et lumineuses, peuvent coûter moins de 1 500 ₹, même avec vue sur le Khangchendzonga. En prime : Wi-Fi gratuit, livres à échanger, assistance aux voyageurs et cuisine sikkimaise authentique.

Rabdentse Residency HÔTEL $
(9681292163, 03592-92163 ; www.saikripa.in ; Main Rd, Lower Pelling ; d sans/avec balcon 1 200/1 500 ₹, ste sans/avec vue 3 000/3 500 ₹). Au-dessus de la plupart des établissements économiques. Chambres avec linge de lit d'un blanc éclatant, tanka et lambris, assorties d'une petite sdb fonctionnelle ; les chambres au nord ont une vue superbe. Restaurant avec coin salon, ouvert sur une vaste terrasse bétonnée à la belle vue dégagée. L'hôtel est niché en bas d'un sentier en escalier, en face de l'Hotel Sand & Snow.

Hotel Phamrong HÔTEL $$
(9733085318, 9733240742 ; www.hotelphamrong.com ; Main Rd, Upper Pelling ; s/d/ste avec petit-déj

Pelling

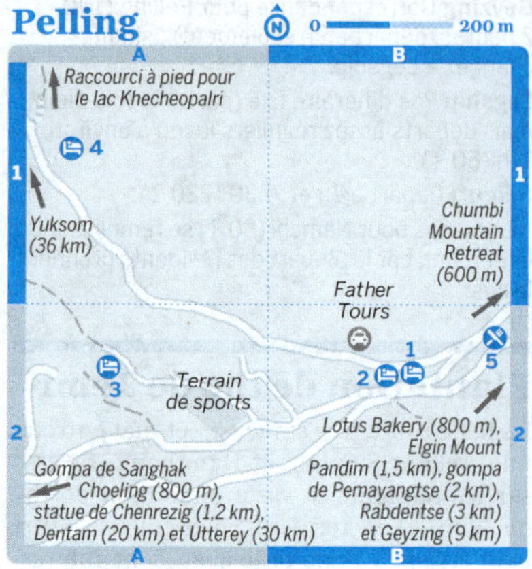

Pelling

Où se loger

1 Hotel Garuda........ B2
2 Hotel Phamrong........ B2
3 Norbu Ghang........ A2
4 Rabdentse Residency........ A1

Où se restaurer

Hotel Garuda........ (voir 1)
5 Kabur Resto-Bar........ B2

2 450/3 135/4 290 ₹). Cette adresse moyenne gamme plaisante offre bien des curiosités, comme la réception de style tibétain, l'atrium sur plusieurs niveaux décoré de fanions ou le coin ethnographique aménagé dans les étages, et tout un tas d'objets, de cartes et de clichés décolorés de paysages montagneux. Chambres bien tenues, hormis un peu de poussière et un miroir terne ici ou là. Certaines à l'étage ont une vue magnifique.

Chumbi Mountain Retreat HÔTEL HISTORIQUE $$$
(9933126619 ; www.thechumbimountainretreat.com ; Chumbong Rd ; d en demi-pension sans/avec réservation 9 800/17 250 ₹ ;). Cet hôtel réellement exceptionnel éblouit les visiteurs avec son mélange d'architecture traditionnelle sikkimaise et d'équipements dernier cri. À seulement 1 km de Pelling, il bénéficie d'un cadre boisé isolé, sans compter sa vue superbe sur les montagnes, ses espaces communs agrémentés de cheminées bhoutanaises d'époque et son ancienne ferme à toit de chaume. Personnel stylé toujours prêt à rendre service.

♥ Elgin Mount Pandim HÔTEL HISTORIQUE $$$
(☎03595-250756 ; www.elginhotels.com ; Pemayangtse ; s/d/ste en demi-pension 9 295/9 625/10 725 ₹ ; P@). Perchée sur une hauteur, cette ancienne retraite royale bénéficie d'un panaroma époustouflant à 360°. Ses pelouses impeccables et son entrée accueillante sont des points forts ; on découvre ensuite un hôtel historique rempli de curiosités. Personnel en uniforme. Chambres luxueuses et confortables dotées d'une sdb impeccable mais sans prétention.

À 10 minutes à pied du *gompa* de Pemayangtse et à moins de 2 km d'Upper Pelling.

Norbu Ghang COMPLEXE HÔTELIER $$$
(☎03595-258272 ; https://www.norbughanghotels.com ; Main Rd, Upper Pelling ; d resort/retraite à partir de 6 630/11 664 ₹ ;). Le Norbu Ghang offre deux établissements très différents en un. Le *resort* consiste en plusieurs cottages en duplex à pans de bois de style sikkimais dans des jardins luxuriants (dont la végétation cache malgré tout la vue). Située plus haut, la "retraite" ressemble à un ensemble de maisons anglaises décorées à la tibétaine comme pour une fête. Salons attrayants et chambres immenses avec cheminée et baignoire d'angle. Les deux options ont la même vue latérale sur le Khangchendzonga.

Où se restaurer

Kabur Resto-Bar TIBÉTAIN, CHINOIS $$
(Geyzing Rd ; plats 90-250 ₹ ; 9h-21h). Cet établissement touristique classique crée une ambiance merveilleusement intime le soir avec son éclairage à la bougie et ses lampes hémisphériques tamisées ; en journée, son balcon offre une belle vue. La carte met à l'honneur les soupes tibétaines, les *momo* (raviolis tibétains) et les *taipoo* (délicieux petits pains garnis à la vapeur). Nombreux plats chinois.

Hotel Garuda INDIEN, INTERNATIONAL
(Upper Pelling ;). Le Garuda ne fait pas de publicité pour son restaurant et sert seulement les non-résidents lorsque l'endroit est calme, mais si vous y séjournez, ne manquez pas de goûter sa cuisine sikkimaise familiale, dont une excellente *churpi* (soupe à la tomate et au fromage), les *momo* frits au fromage et un *ema datshi* (plat typique du Bhoutan à base de piment et de fromage) aux saveurs bien équilibrées.

Lotus Bakery CAFÉ
(Geyzing Rd ; pâtisseries 10-30 ₹ ; 7h-17h ; P). Si vous vous rendez à pied au *gompa* de Pemayangtse ou en revenez, entrez au charmant Lotus Bakery, fait de bric et de broc, pour une tasse de thé local Demajong (15 ₹) ou un café soluble (20 ₹). On y trouve aussi des produits maison – petites brioches, macarons coniques et pâtisseries marquées du symbole bouddhique de la chance, parfois des pizzas. À 1 km de la sortie pour Upper Pelling.

Depuis/vers Pelling

Un vieux bus déglingué SNT dessert Siliguri (180 ₹, 8 heures) via Jorethang et Melli ; départ vers 6h15 devant l'Hotel Garuda et arrêt en divers endroits de Pelling jusqu'à 7h (probablement bondé à ce stade). Il s'arrête ensuite à Geyzing et part enfin à 7h45. Vente de billets à bord.

Des jeeps collectives partent de Pelling à 7h pour Gangtok (300 ₹, 6 heures) et Siliguri (350 ₹, 6 heures) ; réservez votre place via **Father Tours** (☎7797283512 ; Upper Pelling). Une autre jeep relie Pelling à Kalimpong, mais peut seulement être réservée à Geyzing. Presque toutes les autres jeeps partent de la **station de jeeps** (Mani Rd) encombrée de Geyzing, le nœud de transport de facto du Sikkim occidental.

Pour aller à Yuksom, Utterey, Khecheopalri et Dentam, demandez à votre hôtel de téléphoner à des conducteurs de jeeps collectives pour essayer d'organiser un ramassage à Upper Pelling ; toutes les jeeps y passent en revenant de Geyzing en milieu d'après-midi – mais cela ne marche pas toujours car la plupart des jeeps sont pleines de résidents locaux. Beaucoup de touristes préfèrent louer un véhicule privé auprès de l'une des nombreuses agences de Pelling.

Lac Khecheopalri

ALTITUDE 1 800 M

Le **lac Khecheopalri** (Kechuperi Lake ; 10 ₹ ; billetterie 5h-17h30) est un réservoir "sacré" aux eaux paisibles, enchâssé au milieu de collines densément boisées. Les visiteurs viennent pour sa sérénité plus que pour sa beauté ; mieux vaut éviter de s'y rendre en milieu de matinée en haute saison, lorsqu'une foule d'excursionnistes vient troubler la tranquillité des lieux. La fin de l'après-midi est plus propice – la plupart des touristes sont repartis, et une douce lumière filtre à travers les arbres et les drapeaux de prières multicolores, inlassablement bercés par le vent.

Mieux encore : du parking, traversez la forêt à pied pendant environ 30 minutes jusqu'à l'idyllique **village de Khecheopalri**, qui surplombe le lac au sud. Merveilleusement intemporel et doté d'un stupa vieux de 400 ans, il offre un panorama à 360° et compte deux hébergements chez l'habitant, sans prétention mais absolument fabuleux. Demandez conseil à vos hôtes pour les randonnées alentour, ou méditez avec Pala, un moine octogénaire qui fut autrefois le cuisinier du dalaï-lama.

Où se loger et se restaurer

Le parking du lac compte plusieurs petites cantines et échoppes sommaires servant des nouilles instantanées et des *momo*. Dans le village, les habitants proposant l'hébergement offrent les repas à leurs hôtes ; **Sonam's Homestay** (9735589678 ; zamyang22@gmail.com ; Khecheopalri village ; ch en pension complète 600 ₹/pers) peut aussi préparer un déjeuner pour les randonneurs (100 ₹), à réserver environ 1 heure à l'avance.

Lake View Nest — CHEZ L'HABITANT $$
(9735945598, 9593976635 ; lakeviewnest@gmail.com ; village de Khecheopalri ; ch en pension complète 850-1 250 ₹/pers). Isolé à la limite ouest du village de Khecheopalri, à quelque 10 minutes à pied du *gompa*, cette charmante résidence propose 4 chambres de même confort que dans une pension, avec lampes en osier, tanka et lits confortables. Elles partagent une sdb remarquablement propre au rez-de-chaussée, avec toilettes à l'occidentale et chauffe-eau géant.

Depuis/vers le lac Khecheopalri

Du parking, 2 à 3 jeeps collectives partent pour Geyzing via Pelling (60 ₹, 1 heure 30) vers 6h et font le trajet inverse en début d'après-midi. Un taxi privatisé depuis Yuksom ou Pelling coûte normalement autour de 1 500/2 200 ₹ l'aller simple/aller-retour (attente toute la journée comprise). Il est souvent possible d'obtenir une place dans un autre véhicule touristique pour rentrer à Pelling en milieu de matinée, si vous demandez gentiment.

Yuksom

03595 / ALTITUDE 1 750 M

Charmante et encore relativement authentique, la localité de Yuksom est le berceau historique de la nation sikkimaise, sa première capitale et le lieu de couronnement de son premier *chogyal* (roi). Pour les randonneurs, c'est aussi le principal point de départ des treks vers le **Khangchendzonga**. Si l'ascension n'est pas dans vos cordes, c'est aussi un endroit accueillant et décontracté où venir se détendre quelques jours.

À voir

Norbugang Park — SITE HISTORIQUE
(20 ₹ ; 5h-18h). Yuksom signifie "lieu de rencontre des trois lamas", en référence aux moines tibétains qui couronnèrent ici le premier *chogyal* du Sikkim en 1641. Drapeaux de prières au vent, ce joli parc de sous-bois recèle un petit temple, un immense moulin à prière, un *chorten* (stupa) contenant de la terre des quatre coins du Sikkim, et le **trône du Couronnement** (Coronation Throne, Norbugang), en pierre et comptant quatre sièges, présumé d'origine.

Gompa de Dubdi — MONASTÈRE BOUDDHIQUE
(20 ₹ ; 9h-15h). Sur la crête qui domine Yuksom, ce petit *gompa* tranquille est entouré de jardins soignés et réserve une superbe vue à l'aube sur les sommets enneigés derrière les hauts contreforts boisés. Fondé en 1647 en l'honneur de Lhatsun Chenpo (bien que plusieurs panneaux indiquent 1701), Dubdi serait le plus ancien monastère du Sikkim en activité.

Tashi Tenka — POINT DE VUE
Lorsque Yuksom était la capitale du Sikkim, un complexe palatial royal appelé Tashi Tenka se perchait sur une crête au sud de la ville. Il en reste à peine quelques pierres, mais la vue est splendide. Pour vous y rendre, marchez pendant 5 minutes en direction de Pelling et prenez le long escalier traversant un "jardin historique" près du terrain de football de l'école (10 min). Le meilleur point de vue est plus haut, après le hameau de quatre maisons.

Activités

Heavenly Traveller — TREKKING
(9733084983 ; www.goechalatrek.org). Efficace, DS Limboo organise des treks classiques à prix correct vers Dzongri et le Goecha La. Il y a aussi une pension.

Red Panda Tours & Travels — TREKKING
(9733196470, 9002322885 ; www.redpandatreks.weebly.com ; Main Rd ; 8h-18h). Cette agence près du Gupta Restaurant est dirigée par un ancien porteur devenu guide surnommé "Panda", ultra-compétent et

HORS DES SENTIERS BATTUS

RANDONNÉE DE YUKSOM À TASHIDING

Cette superbe randonnée d'une journée ne nécessite pas de permis et peut se faire assez facilement de Yuksom. Comptez au moins 6 heures de marche (19 km) sans les visites. Louez les services d'un guide-porteur à Yuksom (environ 600 ₹) si vous craignez de vous perdre.

Commencez par monter jusqu'au **gompa de Dubdi**, redescendez derrière le monastère et traversez une vallée latérale jusqu'à **Tsong** (environ 4 km au total). Une centaine de mètres avant la station de jeeps et l'épicerie, empruntez les marches irrégulières à gauche de la route ; si vous ne les trouvez pas, prenez un autre escalier plus visible menant au terrain de volley. Le sentier empierré passe derrière, monte puis descend avant de remonter en pente raide pendant environ 45 minutes jusqu'au **gompa d'Hongri** (restez à gauche quand le sentier bifurque). Au bloc de toilettes situé juste derrière le *gompa*, le sentier se divise en trois – prenez le sentier herbeux du milieu, puis, 5 minutes après, le sentier inférieur. Il faut environ 1 heure pour rejoindre la partie supérieure du hameau de **Nessa**, en prenant toujours le sentier le plus haut aux embranchements majeurs. Une dizaine de minutes plus tard, vous arriverez au village de **Pokhari Dara**, célèbre localement pour son petit étang aux eaux vertes. Trois kilomètres plus loin par la route (un peu moins en empruntant un sentier parallèle couvert de végétation), vous atteindrez un chemin menant au **gompa de Silnon**. De là, des marches et des sentiers en pente raide descendent depuis l'arrière du bâtiment scolaire jaune jusqu'à Tashiding (p. 571) en 1 heure environ, mais vérifiez auprès des moines que vous êtes sur le bon chemin, car si vous ratez certains embranchements clés, il vous faudra couvrir 12 km par la route.

Si vous arrivez à Tashiding vers 14h, il est généralement possible de trouver une jeep collective retournant à Yuksom dans l'après-midi.

expérimenté. En plus des circuits de trekking classiques, il propose des treks avec guide pour le Goecha La et des permis pour les personnes ayant leur propre équipement.

Où se loger et se restaurer

Limboo Homestay PENSION $
(☎09733084983 ; www.limboohomestay.com ; s/d/bungalow 800/1 000/1 200 ₹). Chambres immaculées et spartiates au-dessus d'une boutique et d'une agence de trekking réputée (p. 568). La forêt est suffisamment proche pour profiter du chant des oiseaux au petit matin, la vue depuis le toit est plaisante, et la plupart des ingrédients des succulents plats maison (à réserver) proviennent du jardin potager.

Hotel Tashi Gang HÔTEL $$
(☎9933007720, 9733077249 ; hoteltashigang@gmail.com ; Main Rd ; s/d à partir de 1 650/2 200 ₹). Bâtisse à pans de bois à l'atmosphère surannée ; après un salon avec cheminée, des couloirs au sol en marbre gris ornés de photos en noir et blanc mènent à des chambres agréables avec têtes de lit fleuries et tanka colorés (sdb vieillissantes). À l'extérieur, grandes pelouses bordées de fleurs joliment éclairées le soir.

Hotel Yangrigang HÔTEL $
(☎03595-241217, 9434164408 ; Main Rd ; s/d à partir de 600/800 ₹). À première vue, cet hôtel plutôt fonctionnel au début de la rue principale de Yuksom n'a rien de particulier. Mais la famille qui le gère est serviable, les repas sont bons et les chambres spacieuses affichent un très bon rapport qualité/prix. Chauffe-eau efficace (attendre une demi-heure).

Hotel Red Palace HÔTEL HISTORIQUE $$
(☎9593668773 ; www.hotelredpalace.com ; Nghadak Monastery Rd ; s 1 830-2 830 ₹, d 1 980-3 190 ₹, ste 3 790 ₹). De l'extérieur, le Red Palace ressemble à une belle demeure de Darjeeling, mais l'entrée s'orne de linteaux sikkimais, le vaste hall a des airs de temple semé de canapés, et la salle à manger arbore quelques motifs tibétains. Les chambres les moins chères sont plus simples, mais propres et confortables.

Mama's Kitchen SIKKIMAIS, BOULANGERIE $
(Mangsabung Path ; plats 30-200 ₹ ; 6h-22h). Pema, votre charmante hôtesse, propose une délicieuse cuisine familiale typiquement sikkimaise, ainsi que des muffins du jour, des génoises et même des pâtes crémeuses dans son minuscule café. Mieux vaut réserver son repas pour une heure précise vu le temps de préparation.

Gupta Restaurant INDIEN, INTERNATIONAL $
(Main Rd ; plats 50-120 ₹ ; 5h30-20h). Principal repaire de voyageurs à Yuksom, le Gupta n'est guère plus qu'une baraque avec une table installée sous une rotonde à toit de chaume, mais cette institution sert des *thali*, des *thukpa* (soupes de nouilles), des pizzas et des curries au *paneer* (fromage), ainsi que d'insolites quesadillas mexicaines qui feront voyager vos papilles.

Depuis/vers Yuksom

Vers 6h30, plusieurs jeeps collectives partent pour Jorethang (250 ₹, 3-4 heures) via Tashiding (60 ₹, 1 heure 30), pour Geyzing via Pelling (100 ₹, 2 heures 30) et pour Gangtok (300 ₹, 6 heures). Réservez la veille à la boutique voisine du Gupta Restaurant. Une jeep pour Gangtok part également vers 14h, et une autre pour Geyzing via Tashiding vers 12h30 (appelez le chauffeur au 8763952216 pour réserver, mais sachez que les 7 sièges de la jeep ont déjà accueilli jusqu'à 15 personnes).

Dzongri et Goecha La

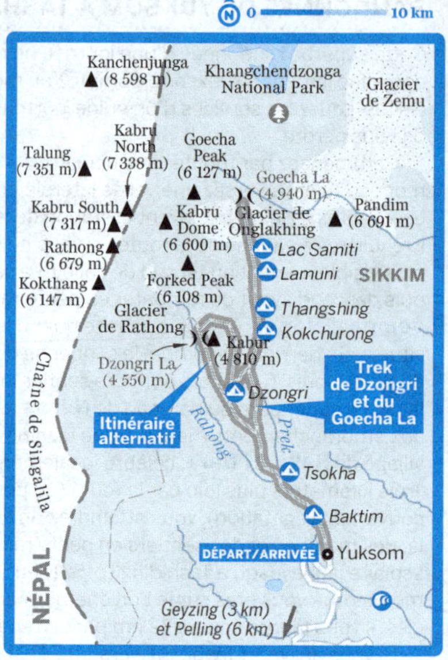

Dzongri et Goecha La – trek du Khangchendzonga

Destiné aux groupes avec guide (pas de randonneurs solitaires), le trek sikkimais classique est un périple de 5 à 9 jours aller-retour entre Yuksom et le **Goecha La**, un col à 4 940 m d'altitude. L'itinéraire permet de voir plus d'une douzaine de sommets vertigineux, et après une grimpée ardue avant l'aube, de profiter d'une vue inoubliable sur le grandiose **massif du Khangchendzonga** (avec une météo favorable). Si le temps vous est compté, le trek de 5 jours aller-retour jusqu'à **Dzongri** réserve une vue magnifique du **mont Pandim**. Même le trek de 2 jours aller-retour jusqu'à **Tsokha** est mémorable, avec chutes d'eau, ponts suspendus et vues sur la vallée. Bien que le trek le plus long ne présente pas de difficulté technique, la haute altitude, les journées longues et la montée jusqu'au sommet avant l'aube sont assez éprouvantes, surtout en cas de brouillard ou de piste glissante après la pluie.

Le trek n'est possible que quelques mois par an. La période idéale s'étend de fin mars à mi-mai car les températures sont plus clémentes, mais il pleut souvent l'après-midi et les pistes deviennent boueuses. Le ciel est plus dégagé en octobre-novembre. Néanmoins, il peut y avoir de la neige et

TREK DU KHANGCHENDZONGA

ÉTAPE	ITINÉRAIRE	DURÉE
1	De Yuksom à Baktim/Tsokha	7-8 heures
2	Jour d'acclimatation facultatif à Tsokha	
3	De Tsokha à Dzongri	4-5 heures
4	Jour d'acclimatation à Dzongri, ou poursuite jusqu'à Kokchurong	
5	De Dzongri (ou Kokchurong) à Lamuni	6-7 heures
6	De Lamuni au Goecha La aller-retour (la plupart des groupes continuent jusqu'à Thangsing)	9-12 (11-14) heures
7	De Lamuni (Thangsing) à Tsokha	8 (7) heures
8	De Tsokha à Yuksom	5-7 heures

des températures négatives ; les campements à haute altitude seront exposés au gel en novembre.

Vous devez disposer d'un guide et d'un permis, obtenus par l'intermédiaire d'une agence agréée. Les permis ne sont établis qu'à Gangtok, mais si vous réservez un soir, la plupart des prestataires de Yuksom peuvent envoyer des photocopies de vos documents par jeep le lendemain matin et avoir tout organisé pour un départ le surlendemain.

En théorie, les étrangers doivent être au moins 2 pour effectuer le trek. Mais nous avons rencontré deux fois des exceptions – un étranger seul avec guide, et un couple mixte Indien/non-Indien avec guide –, donc la règle peut parfois être contournée.

Si vous portez vos affaires et payez vous-même votre nourriture et votre hébergement en chemin, le coût du guide pour un trek aller-retour sera d'environ 20 000 ₹, à répartir entre les participants.

Avec des tentes, un cuisinier, des yaks de portage et toute la nourriture, comptez environ 30 000 ₹ par personne si vous êtes 2, ou seulement 20 000 ₹ par personne si vous êtes 12 ou plus.

Tashiding

ALTITUDE 1 240 M

Tashiding se résume à une rue commerçante pentue bordée de bâtiments de faible hauteur, avec une station de jeeps dans la partie basse, près de l'axe routier Yuksom-Legship. Le petit village est connu comme point d'accès au *gompa* de Tashiding et à ses merveilleux stupas, sur une crête isolée à 3,5 km. De là-haut, vous ne verrez pas beaucoup de sommets enneigés, mais la vue sur les vertes vallées en contrebas, les versants boisés et, à l'occasion, les rizières en terrasse est tout aussi merveilleuse.

Tashiding fait aussi l'objet d'un trek d'une journée très apprécié depuis Yuksom (p. 568) en passant par les monastères isolés d'Hongri et de Silnon.

Si vous arrivez avant 14h, vous pouvez en général rentrer à Yuksom en jeep collective. En optant pour un taxi privé, vous pourrez admirer plusieurs cascades en chemin, dont celle de Phamrong, la plus impressionnante.

À voir

Gompa de Tashiding MONASTÈRE BOUDDHIQUE
(aube-crépuscule, fermeture de la salle principale vers 15h). GRATUIT La crête courant de Ralang à Yuksom se termine par un promontoire (1 450 m), sur lequel se dresse l'ensemble monastique du *gompa* de Tashiding, un important monastère nyingmapa. En son cœur, une **salle de prière** aux proportions admirables s'orne de peintures murales, de tanka et de mandalas. Les peintures se sont quelque peu assombries au fil du temps et les principales scènes sont cachées derrière une profusion de sculptures colorées. Derrière le Guru Lakhang se trouvent une exceptionnelle **"forêt" de chorten (stupas)**, des stèles gravées de mantras et une cloche de dharma, dominées par deux vénérables cyprès du Cachemire.

Chutes d'eau de Phamrong CHUTES D'EAU
(Yuksom-Tashiding Rd, Km 6). GRATUIT Des 4 chutes d'eau entre Yuksom et Tashiding, celles de Phamrong sont les plus spectaculaires. Leurs flots puissants dévalent une haute encoche verdoyante avant de se fracasser en bas d'une falaise à pic. Depuis la route, on découvre d'abord plusieurs cascades plus modestes. En gravissant un sentier envahi par la végétation pendant environ 5 minutes, on arrive à un pavillon d'observation octogonal saccagé ; au-delà se trouvent 2 bassins naturels, juste avant les chutes d'eau principales. Les habitants viennent s'y baigner (accès assez dangereux).

Où se loger et se restaurer

Sanu Homestay CHEZ L'HABITANT $
(Sanoo Homestay ; 9635060062 ; route du gompa de Tashiding ; ch en pension complète 600 ₹/pers). Adresse prisée des voyageurs étrangers. Sanu et sa mère proposent des chambres sommaires et de l'excellente cuisine au sein d'un jardin sauvage à environ 15 minutes à pied du village, près de la route menant au *gompa* de Tashiding.

Depuis/vers Tashiding

La **station de jeeps** (Tashiding Bazaar) se trouve à l'extrémité sud de la courte rue commerçante. Les bus pour Gangtok (200 ₹, 6 heures), Jorethang (150 ₹, 3 heures) et Siliguri (250 ₹, 7 heures) partent tous vers 7h. Plusieurs jeeps pour Geyzing (100 ₹, 2 heures) partent entre 6h30 et 8h30, une autre vers 14h. Une jeep se rend à Yuksom (70 ₹, 2 heures 30) vers 9h (généralement bondée à l'arrivée) et plusieurs autres partent entre 14h et 15h.

Privatiser un véhicule pour aller à Yuksom (600 ₹, 1 heure 30) est bien plus cher, mais vous gagnerez 1 heure.

Kuluk et Rinchenpong

ALTITUDE 1 600 M

Sur les hauteurs, les villages de **Martam**, **Bermiok**, **Kuluk** et **Rinchenpong** font face à un magnifique panorama au-delà d'une vallée profonde, mettant en valeur les sommets himalayens enneigés et une chaîne plus basse hérissée de pics à l'est du massif principal. La vue est peut-être encore plus mémorable depuis Rinchenpong – qui compte aussi deux monastères anciens – et depuis Kuluk, à 3 km à l'est – un carrefour commerçant doté d'une station de taxis –, que celle dont on jouit à Pelling – moins champêtre.

À voir

Gompa de Resum MONASTÈRE BOUDDHIQUE

(Rinchenpong). Si vous adorez les temples oubliés recelant des peintures naïves, le petit *gompa* de Resum sera sans doute l'un des grands moments de votre errance monastique au Sikkim. Pas de route d'accès ; il faut marcher une vingtaine de minutes à travers la forêt, en croisant parfois des stupas et des *mani* (murs gravés d'inscriptions sacrées) en ruine. La vieille bâtisse chancelante est délicieusement paisible et jouit d'un incroyable panorama à 360° sur les montagnes.

Où se loger et se restaurer

Ghonday Village Resort HÔTEL $$

(9593979695, 03595-210339 ; www.ghondayresort.com ; Kuluk ; ch 3 500-4 500 ₹, sans réservation à partir de 1 500 ₹ ;). Dans ce charmant hôtel, vous serez accueilli avec la remise traditionnelle d'une écharpe en soie et on vous offrira le café – un avant-goût du service haut de gamme des lieux. Spacieuses et bien équipées, les chambres sont dotées de meubles robustes en harmonie avec le décor. Certaines se trouvent dans de grands bungalows entourés de luxuriants jardins en pente. Jeu d'échecs géant à l'extérieur, et vue panoramique renversante.

Biksthang FERME DE LUXE $$$

(9593779077 ; www.biksthang.com ; Mangalbarey Rd ; s en demi-pension 6 000-13 000 ₹, d 6 450-22 050 ₹ ; P). Si une échappée loin du monde moderne vous tente, en compagnie d'hôtes prévenants et cultivés, ne cherchez pas plus loin. Les huit bungalows meublés avec raffinement de ce domaine agricole isolé sont nichés entre des bosquets de curcumas, de mandariniers et de cardamomes ; la salle à manger occupe un ancien lieu de stockage aux murs épais et au plafond soutenu par un unique pilier en bois sculpté ; et le Khangchendzonga se reflète, majestueux, dans la piscine à débordement.

Depuis/vers Kuluk et Rinchenpong

Des jeeps collectives parcourent deux itinéraires principaux, Rinchenpong-Dentam-Pelling-Geyzing et Dentam-Bermiok-Kuluk-Soreng-Jorethang ; elles partent tôt le matin et reviennent de Jorethang ou de Geyzing en début d'après-midi.

Le **minuscule "bazaar" de Kuluk**, où la route principale Dentam-Soreng rencontre l'embranchement pour Rinchenpong, est un bon endroit où trouver un taxi privé ; les jeeps collectives reliant Dentam à Jorethang y déposent des passagers assez régulièrement. Le centre de Rinchenpong possède une **station de taxis** plus petite et un peu moins fréquentée, à 2,6 km de Kuluk.

États du Nord-Est

Dans ce chapitre ➡

Le top des restaurants

- Paradise (p. 577)
- Luxmi Kitchen (p. 598)
- Moti Mahal (p. 615)
- Maihang (p. 582)
- Trattoria (p. 605)

Le top des hébergements

- Diphlu River Lodge (p. 582)
- Puroni Bheti (p. 583)
- Ri Kynjai (p. 605)
- Prabhakar Homestay (p. 577)

Pourquoi y aller

Situés aux confins de l'Inde, au cœur de forêts séculaires et de splendides chaînes montagneuses, les États du Nord-Est sont l'un des derniers sanctuaires préservés d'Asie. Ces terres reculées à la beauté sauvage, aux frontières du Bhoutan, du Tibet, du Myanmar (Birmanie) et du Bangladesh, forment une mosaïque de peuples et de cultures tribales, mais aussi de climats et de paysages. Dans ce paradis pour aventuriers, les eaux himalayennes se déversent sur les vastes plaines de l'Assam, la foi déplace des montagnes au cours du périlleux pèlerinage à Tawang et des rhinocéros errent dans les marais de Kaziranga tandis que d'anciens chasseurs de têtes accueillent la modernité dans leurs maisons-longues du Nagaland.

Le voyage dans ces terres reculées réserve son lot d'embûches – mauvaises routes, manque d'infrastructures et factions rebelles (pour n'en citer que quelques-unes). Loin d'être de tout repos, il est réservé à ceux qui aiment l'aventure !

Quand partir

Assam (Guwahati)

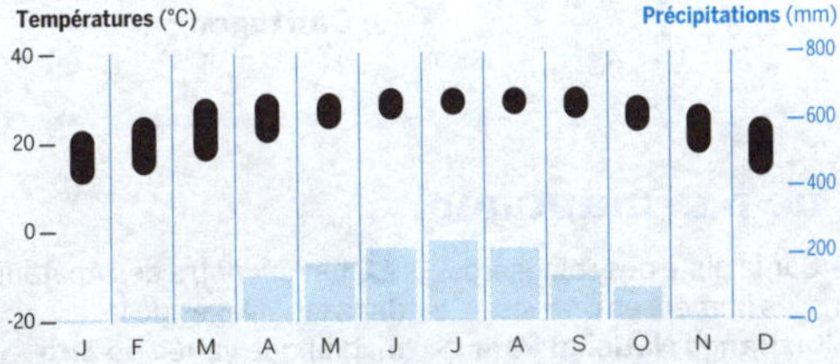

Mars La meilleure période pour observer les rhinocéros dans le Kaziranga.

Oct Idéal pour la vue sur l'Himalaya et des excursions jusqu'aux avant-postes isolés.

Déc Les redoutables guerriers Naga se rassemblent à Kohima pour l'Hornbill Festival.

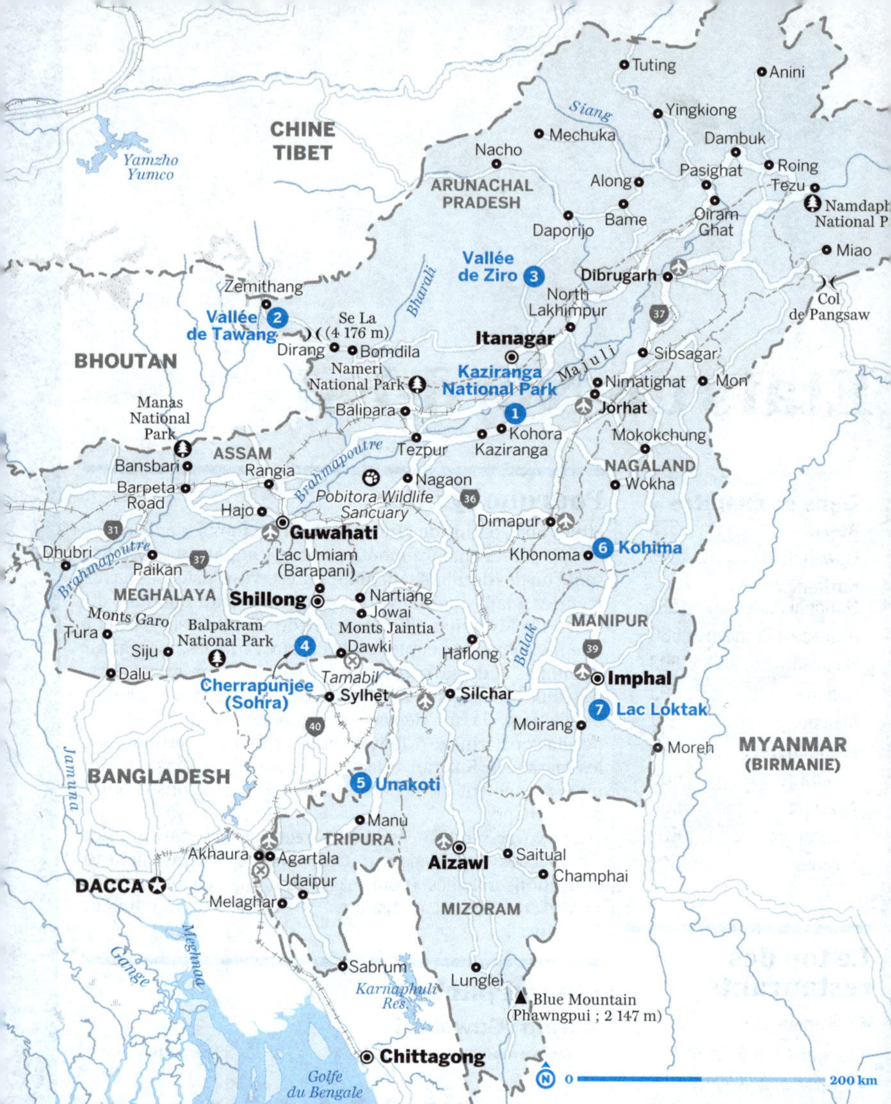

À ne pas manquer

1 Sur la piste des rhinocéros dans les immenses prairies du **Kaziranga National Park** (p. 581).

2 La montée vers les nuages au col de Se La, à 4 176 m, avant la descente dans la **vallée de Tawang** (p. 592), haut lieu du bouddhisme tibétain.

3 La rencontre des Apatani, dans les villages de la magnifique **vallée de Ziro** (p. 588).

4 La vue sur les plaines du Bangladesh depuis une hauteur escarpée à **Cherrapunjee** (p. 606).

5 Les divinités sculptées dans la roche sur le site sauvage d'**Unakoti** (p. 602).

6 La visite d'un cimetière de la Seconde Guerre mondiale et l'hospitalité des Naga à **Kohima** (p. 593).

7 L'exploration du **lac Loktak** (p. 598), parsemé d'îles flottantes, dans le Manipur.

ASSAM

Étiré le long de la vallée du Brahmapoutre, l'Assam (aussi appelé Ahom) est le plus vaste et le plus accessible des États du Nord-Est. Sa population accueillante, sa gastronomie et son exceptionnel patrimoine artistique, entre danses exotiques et temples hindous, comptent parmi ses nombreux atouts. Le paysage assamais typique est un patchwork vert et or de rizières et de plantations de thé se détachant sur les montagnes de l'Arunachal, au nord, et les hauts plateaux du Meghalaya et du Nagaland, au sud.

Les habitants affichent fièrement leur culture locale. En témoigne le port du *gamosa* (foulard rouge et blanc des hommes) et de la *mekhola sador* (robe traditionnelle des femmes). Le *tenga* (curry aigre) de poisson, au parfum subtil, est très différent de celui des autres régions.

Guwahati

0361 / 810 000 HABITANTS

Histoire

Guwahati est considérée comme le site de Pragjyotishpura, une ville semi-mythique fondée par un roi-démon (*asura* ; fils d'un avatar de Vishnu métamorphosé par la suite en démon), Naraka, tué plus tard par Krishna pour une paire de boucles d'oreilles magiques. Centre culturel dynamique bien avant l'arrivée des Ahom d'Asie du Sud-Est vers le XIIIe siècle, la cité fut ensuite le théâtre d'affrontements ahom-moghols, et changea huit fois de mains en 50 ans jusqu'en 1681. En 1897, un violent tremblement de terre, suivi d'inondations dévastatrices, détruisit la majeure partie de la vieille ville.

Somnolente durant presque toute la période coloniale, Guwahati acquit un statut de métropole avec la formation de l'État de l'Assam, après l'indépendance. Bien qu'elle ne soit pas la capitale de l'État (ce titre revient à Dispur, sa voisine), c'est la ville la plus importante de l'Assam.

À voir

Mandir de Kamakhya TEMPLE HINDOU

(entrée immédiate/rapide/file d'attente 500/100 ₹/gratuit ; 8h-13h et 15h-crépuscule). Selon un récit hindou, quand Shiva, furieux, eut démembré le corps de sa défunte épouse, Sati, et éparpillé les 108 morceaux dans tout le pays, le *yoni* (vagin) de celle-ci tomba sur Kamakhya Hill. À ce motif, le *mandir* de Kamakhya est un lieu saint particulièrement révéré par les adeptes du shaktisme (culte tantrique de l'énergie spirituelle féminine). C'est ici que se tient l'Ambubachi Mela (fête de la fertilité tantrique). Ce temple est à 7 km à l'ouest du centre de Guwahati, après 3 km de montée sur une route sinueuse.

Assam State Museum MUSÉE

(GNB Rd ; 5 ₹, appareil photo/caméra 10/100 ₹ ; 10h-17h mer-lun mars-oct, 10h-16h nov-fév). Le musée de l'État de l'Assam, installé dans un imposant bâtiment colonial, mérite la visite. Outre sa collection de sculptures, des maisons tribales reconstituées dans ses galeries d'anthropologie donnent un aperçu de la vie rurale.

Old Guwahati (vieille ville) QUARTIER

Ce pittoresque quartier de Guwahati, qui borde le Brahmapoutre, s'explore à pied. Le dôme en forme de ruche du **tribunal** (Courthouse ; MG Rd) surplombe l'attrayant **Dighulipukhuri Park** (HB Rd ; 10 ₹ ; 9h30-20h). Non loin, le **Guwahati Planetarium**

LE TOP DES FÊTES ET FESTIVALS DANS LES ÉTATS DU NORD-EST

Losar (fév). Danses bouddhiques tibétaines masquées, à Tawang.

Rongali Bihu (avr). Festivités du Nouvel An dans tout l'Assam.

Ambubachi Mela (juin/juil). Rites tantriques de fertilité au *mandir* de Kamakhya, à Guwahati.

Ziro Music Festival (www.zirofestival.com ; sept). Un grand festival de musique et d'arts de la scène, dans la vallée de Ziro.

Wangala (oct/nov). Fête des récoltes dans les monts Garo, avec danses et tambours.

Ras Mahotsav (nov). Chants et danses en l'honneur de Krishna sur l'île de Majuli.

Hornbill Festival (www.hornbillfestival.com ; 1er-10 déc). Des Naga en costumes de guerriers, juste à la sortie de Kohima, au Nagaland.

Guwahati

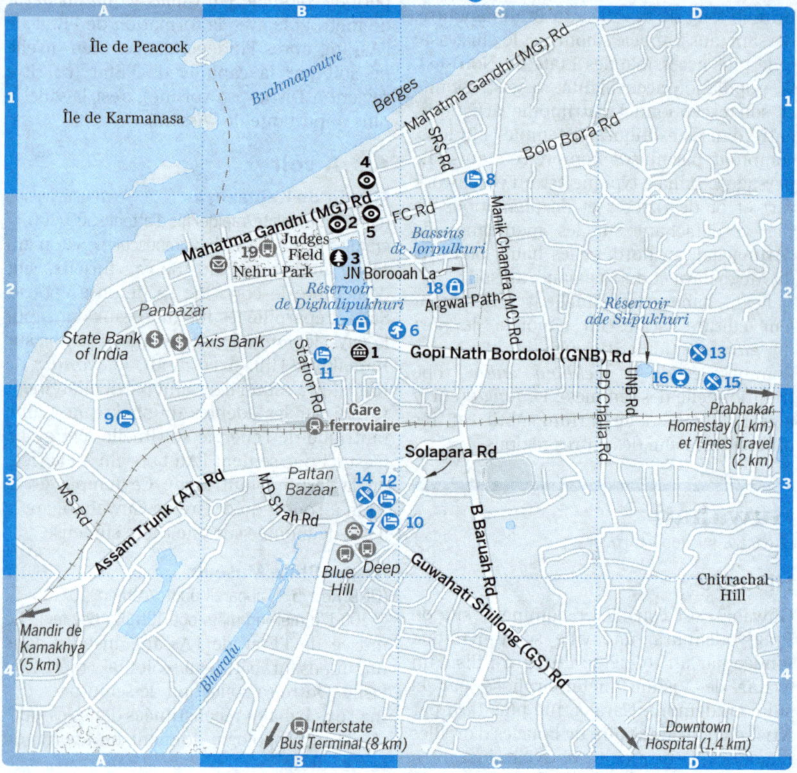

Guwahati

À voir

1 Assam State Museum B2
2 Tribunal B2
3 Dighulipukhuri Park B2
4 Guwahati Planetarium B1
5 Old Guwahati (vieille-ville) B2

Activités

6 Assam Bengal Navigation B2
Jungle Travels India .... (voir 6)
7 Network Travels B3

Où se loger

8 Baruah Bhavan C1
9 Dynasty A3
10 Hotel Siroy Lily B3
11 Prashanti Tourist Lodge B2
12 Sundarban Guest House B3

Où se restaurer

13 Khorikaa D2
14 New Maa Kali B3
15 Paradise D2

Où prendre un verre et faire la fête

16 Trafik D2

Achats

17 Artfed B2
18 Northeast Network C2

Renseignements

Assam Tourism .... (voir 11)

Transports

19 Gare routière de Kachari B2
Network Travels .... (voir 7)

(MG Rd ; spectacles 20 ₹ ; 🕒12h et 16h, fermé 1er et 15 du mois), reconnaissable à son dôme, propose des spectacles projetés sur un écran en voûte. Une courte marche vers le nord-ouest conduit aux **berges**, où vous pourrez suivre le fleuve au fil d'une promenade.

Où se loger

Prashanti Tourist Lodge HÔTEL $

(☎0361-2544475 ; Station Rd ; s/d à partir de 1 000/1 550 ₹ ; ❄). Dans cet hôtel central proche de la gare, un bel ascenseur dessert des chambres propres et bien tenues, dont certaines donnent, à l'arrière, sur une piscine engageante (mais interdite d'accès !). Il y a des distributeurs d'eau potable au bout de chaque couloir. Seuls inconvénients : le bruit des trains et l'absence de service en chambre après 21h.

Sundarban Guest House HÔTEL $

(☎0361-2730722 ; Paltan Bazaar ; s/d/tr à partir de 800/900/1 000 ₹ ; ❄). Dans le quartier du marché central, cet hôtel gai et pimpant est une excellente adresse pour les petits budgets. Ses chambres, quoique sans grand cachet, sont propres et soignées, avec des draps frais. La direction est serviable. Le restaurant affiche un choix correct de plats simples.

Baruah Bhavan PENSION $$

(☎0361-2541182 ; www.baruahbhavan.com ; MC Rd, Uzanbazar ; d avec petit-déj à partir de 2 750 ₹ ; ❄@). Propriété de l'accueillante famille Baruah, cette charmante maison des années 1970 sur Manik Chandra (MC) Rd est remplie de souvenirs et de meubles anciens qui lui confèrent un charme nostalgique. Elle comprend 6 chambres joliment meublées, avec couvre-lits en brocart. La cuisine maison aux saveurs locales est remarquable.

Devant le bâtiment, l'impeccable jardin est idéal pour siroter une bière le soir (n'oubliez pas le répulsif antimoustique).

Hotel Siroy Lily HÔTEL $$

(☎0361-2608492 ; www.hotelsiroygroup.com ; Solapara Rd ; s/d avec petit-déj à partir de 1 550/1 950 ₹ ; ❄📶). Ce vieil établissement, géré de façon très professionnelle, affiche un excellent rapport qualité/prix. Les chambres sont bien équipées – celles avec clim valent bien quelques centaines de roupies supplémentaires. Réservez, car l'hôtel est souvent pris d'assaut.

Prabhakar Homestay CHEZ L'HABITANT $$$

(☎9435033222 ; www.prabhakarhomestay.com ; House 2, Bylane 2, KP Barua Rd, Chandmari ; s/d avec petit-déj 4 180/4 640 ₹ ; ❄📶). Dans un quartier résidentiel calme, cet endroit délicieux tenu par Sheila, ancienne enseignante, et son mari Mahesh est l'une des meilleures adresses chez l'habitant. La maison à la décoration écolo-chic est installée au milieu d'un jardin luxuriant. Les repas assamais (650 ₹) préparés par le chef Pankaj n'ont rien à envier aux restaurants de la ville.

Dynasty HÔTEL $$$

(☎0361-2516021 ; www.dynastyhotel.in ; SS Rd ; d avec petit-déj à partir de 5 500 ₹ ; ❄@📶). Jadis le meilleur hôtel de Guwahati, cet établissement situé dans Sir Shahdullah (SS) Rd dispose toujours de chambres magnifiques au parfum colonial, et offre toutes les prestations d'un hôtel haut de gamme, dont deux excellents restaurants, un sauna et un spa.

> À NE PAS MANQUER
>
> ### CROISIÈRES FLUVIALES
>
> Pour admirer d'une manière différente (et avec élégance) la beauté de l'Assam, offrez-vous une croisière chic. Partant à dates fixes de Guwahati, ces luxueux circuits de plusieurs jours remontent le Brahmapoutre jusqu'à Dibrugarh, avec des escales dans des sites incontournables comme le Kaziranga National Park, l'île de Majuli et Sivasagar. Parmi les distractions prévues figurent des excursions culturelles et des sorties d'observation de la faune – mais aussi, tout simplement, des moments de détente sur le pont, avec un rafraîchissement. Recommandée, l'**Assam Bengal Navigation** (☎9207042330 ; www.assambengalnavigation.com ; Dirang Arcade, GNB Rd ; à partir de 195 $US par personne et par jour, tout compris), basé à Guwahati, fournit des informations complètes.

Où se restaurer

New Maa Kali ASSAMAIS $

(Paltan Bazaar, ME Rd ; plats 70-120 ₹ ; ⌚9h-23h). Ce restaurant tout simple et sans chichis sert des plats assamais rustiques et délicieux, surtout à base de poisson. La carte est en assamais, mais les serveurs se font un plaisir de vous aider à choisir.

Paradise INDIEN $$

(☎9435548812 ; GNB Rd ; plats 100-200 ₹ ; ⌚10h30-22h30). Le *thali* servi au déjeuner est considéré par beaucoup comme l'archétype de la cuisine assamaise, avec son florilège de saveurs locales réunies dans une

EXCURSIONS ORGANISÉES DANS LES ÉTATS DU NORD-EST

Certes, participer à un circuit organisé peut être restrictif, mais voyager en indépendant dans les États du Nord-Est peut s'avérer dans les faits compliqué sur le terrain. Les tour-opérateurs habilités de la région sont rompus aux formalités d'obtention des permis et à aux négociations avec les fonctionnaires locaux. Ils vous permettront de surmonter les obstacles de la langue et des usages, qu'un voyageur indépendant ne saurait faire seul. Il est du reste malaisé d'entrer en contact avec la population sans un intermédiaire local pour vous expliquer les règles de conduite à observer. En outre, les agences vous aideront à éviter les points chauds.

Voici quelques agences réputées de la région :

Abor Country Travels & Expeditions (9436053870, 0360-2292969 ; www.aborcountrytravels.com ; B Sector, Itanagar)

Alder Tours & Travels (9402905046 ; www.aldertoursntravels.com ; Imphal Rd, Kohima ; 9h-17h lun-sam)

Jungle Travels India (0361-2667871 ; www.jungletravelsindia.com ; 3B Dirang Arcade, GNB Rd, Guwahati)

Network Travels (0361-2605335 ; GS Rd, Guwahati ; 10h-19h lun-sam)

Purvi Discovery (0373-2301120 ; www.purviweb.com ; Medical College Rd, Jalan Nagar, Dibrugarh)

assiette. Goûtez le *tenga* (curry aigre) de poisson : un régal. Sert aussi un délicieux *thali* végétarien.

Khorikaa ADIVASI **$$**
(9864157454 ; GNB Rd ; plats 100-180 ₹ ; 11h-16h et 19h-22h30 ;). Ce restaurant dont le nom signifie "plat cuit au barbecue" en langue assamaise sert une excellente cuisine régionale dans un cadre haut de gamme, confortable et climatisé. Goûtez les petits poissons grillés, le pigeon frit ou le succulent porc aux graines de sésame.

Où prendre un verre et faire la fête

Trafik BAR
(GNB Rd ; bière 140 ₹ ; 11h-22h). Ce bar populaire et animé, à l'éclairage tamisé, est prisé par les cadres de la ville. Comme son nom l'indique, c'est un lieu de passage très couru à la nuit tombée. Écran TV géant pour suivre les matchs de cricket et musique de Bollywood. Le week-end, des groupes jouent des hits locaux sur une minuscule estrade.

Achats

Northeast Network VÊTEMENTS
(9435017824 ; www.northeastnetwork.org ; JN Borooah Lane ; 11h-16h lun-ven). Cette ONG finance des projets ayant pour but d'aider les femmes des villages ruraux à gagner en autonomie, et chapeaute notamment plusieurs coopératives de tissage à la main. En achetant ces magnifiques articles tissés (d'un excellent rapport qualité/prix), vous soutenez ce projet.

Artfed CADEAUX ET SOUVENIRS
(0361-2548987 ; GNB Rd ; 10h-20h). Ce magasin d'État vend un grand choix d'objets artisanaux en bambou, en rotin et en airain, ainsi que des textiles, des poteries, et des sculptures de rhinocéros.

Renseignements

ARGENT

Les DAB et les banques sont nombreux à Guwahati. Pensez à faire le plein de roupies si vous prévoyez des excursions dans les secteurs reculés de la région.

Axis Bank (M Nehru Rd ; 10h-16h lun-sam). Change les devises ; DAB.

State Bank of India (Pan Bazaar ; 10h-16h lun-ven, 10h-14h sam). DAB ; change les principales devises. Près d'Hem Barua Rd.

OFFICES DU TOURISME

Arunachal House (0361-2840215 ; GS Rd, Rukmini Gaon ; 10h-17h lun-sam). Renseigne sur les voyages dans l'Arunachal Pradesh et délivre les permis d'entrée. Vend des billets d'hélicoptère pour rejoindre l'hélistation de Naharlagun, près d'Itanagar.

Assam Tourism (0361-2544475 ; www.assamtourism.gov.in ; Prashaanti Tourist Lodge, Station Rd ; 10h-17h lun-sam)

Petit bureau informel dans le Prashaanti Tourist Lodge avec, à l'extérieur, un guichet de réservation de circuits organisés.

POSTE

Bureau de poste principal (Ananda Ram Barua Rd ; ⏲10h-16h lun-sam)

SERVICES MÉDICAUX

Downtown Hospital (☎0361-2331003, 9864101111 ; www.downtownhospitals.in ; GS Rd, Dispur). L'un des meilleurs hôpitaux de la ville pour les urgences. Dispur jouxte Guwahati le long de GS Rd (en direction de l'est).

ℹ Depuis/vers Guwahati

AVION

Air India (☎011-24624075 ; www.airindia.in), **IndiGo** (☎9212783838 ; www.goindigo.in), **GoAir** (☎9223222111 ; www.goair.in), **Jet Airways** (☎1800225522 ; www.jetairways.com) et **SpiceJet** (☎9654003333 ; www.spicejet.com) relient Guwahati aux principales villes de l'Inde (souvent avec une escale à Kolkata).

Arunachal Helicopter Service (☎0361-2842175 ; www.pawanhans.co.in ; aéroport de Guwahati ; ⏲9h-14h lun-sam). Si vous avez un permis de visite, l'Arunachal Helicopter Service dessert l'hélistation de Naharlagun, près d'Itanagar (4 000 ₹, 1 heure 30, départ à 13h30 lun, mer et ven, à 14h mar, jeu et sam).

Meghalaya Helicopter Service (☎9859021473 ; aéroport de Guwahati ; ⏲vols 9h-14h50). La compagnie dessert Shillong (1 500 ₹, 30 min, départ à 9h et 12h30) et Tura (1 900 ₹, 45 min, départ à 10h30 et 14h). Pas de vols en cas de mauvais temps.

BUS ET JEEP SUMO

Les bus longue distance partent de l'Interstate Bus Terminal (ISBT), à 8 km du centre-ville, sur la NH37. Les compagnies privées assurent des navettes pour rejoindre l'ISBT depuis leurs bureaux. **Blue Hill** (☎0361-2609440 ; HPB Rd ; ⏲6h-20h), **Deep** (☎9435118527 ; HPB Rd ; ⏲6h-21h) et **Network Travels** (☎0361-2605335 ; www.networkbus.in ; Paltan Bazaar, GS Rd ; ⏲5h-21h) assurent de nombreux services, sur un réseau étendu. Toutes louent des jeeps Sumo (collectives) et autres 4x4 robustes pour voyager dans la région, à raison de 4 000 ₹ par jour (essence et services du chauffeur inclus). **Times Travel** (☎9435110947 ; timestravel24@gmail.com ; GM Path, New Guwahati) loue de bons taxis et 4x4 pour plusieurs jours.

TRAIN

Des 4 trains quotidiens reliant Guwahati à Delhi, le 12423 *Dibrugarh Rajdhani Express* (3AC/2AC 2 560/3 565 ₹, 28 heures, départ à 7h) est le plus rapide et le plus confortable. Le meilleur train quotidien pour Kolkata (Howrah) est le 12346 *Saraighat Express* (*sleeper*/3AC/2AC 500/1 315/1 885 ₹, 17 heures, départ à 12h30). Pour rejoindre Darjeeling et le Sikkim, descendez à New Jalpaiguri (*sleeper*/3AC/2AC 295/765/1 075 ₹, 7 heures).

Plusieurs trains desservent Dimapur (siège 2e classe/*sleeper*/3AC 105/180/460 ₹, 4-6 heures), Jorhat (siège 2e classe/*sleeper*/AC 175/235/585 ₹, 7 à 11 heures) et Dibrugarh (*sleeper*/3AC/2AC 180/315/860 ₹, 10 à 14 heures).

ℹ Comment circuler

L'aéroport international Lokpriya Gopinath Bordoloi, bien organisé, est à 23 km de Guwahati. Le trajet jusqu'au centre-ville en taxi/taxi collectif/bus de l'aéroport revient à 500/150/100 ₹. **Les taxis collectifs** (par pers/voiture 150/500 ₹) pour l'aéroport partent devant l'Hotel Mahalaxmi dans GS Rd. Les auto-rickshaws demandent 50 à 100 ₹ pour une petite course en ville. Vous pouvez aussi commander

BUS AU DÉPART DE GUWAHATI

DESTINATION	TARIFS	DURÉE
Agartala (Tripura)	950 ₹	24-26 heures
Aizawl (Mizoram)	760 ₹	28 heures
Dibrugarh	510 ₹	10 heures
Imphal (Manipur)	750 ₹	17 heures
Jorhat	320 ₹	7 heures
Kaziranga	260-350 ₹	6 heures
Kohima (Nagaland)	410 ₹	13 heures
Shillong (Meghalaya)	120 ₹	2 heures 30
Sivasagar	410 ₹	8 heures
Tezpur	190 ₹	5 heures

un Uber, et profiter d'un trajet confortable en véhicule climatisé pour moins de 10 ₹/km, en ville ou jusqu'à l'aéroport.

Les bus locaux partent de la **gare routière de Kachari** (MG Rd).

Environs de Guwahati

Hajo et Poa Mecca

À une trentaine de kilomètres au nord-ouest de Guwahati, la plaisante bourgade d'Hajo, riche de cinq temples anciens érigés sur des buttes, voit affluer des pèlerins hindous et bouddhistes. Un portail ouvragé évoquant le style moghol et une longue volée de marches mènent au **temple d'Hayagriva Madhav**, le sanctuaire principal. À l'intérieur, les effigies de Madhav, un avatar de Krishna, seraient, dit-on, vieilles de 6 000 ans. Pour vous y rendre, prenez le bus 25 depuis Adabari, à Guwahati (60 ₹, 1 heure).

À 2 km à l'est d'Hajo, la **mosquée Poa Mecca** abrite le tombeau d'Hazarat Shah Sultan Giasuddin Aulia Rahmatullah Alike, un empereur saint venu prêcher l'islam, mort il y a 800 ans. Les musulmans doivent gravir à pied (les moins pieux font le trajet en voiture) les 4 km de route montant en spirale qui mènent à cette mosquée, sans grand intérêt architectural.

Pobitora National Park

Situé à quelque 40 km à l'est de Guwahati, **Pobitora** (Indien/étranger 50/500 ₹, appareil photo 50/500 ₹, caméra 500/1 000 ₹ ; accès 4×4 7h30-12h et 14h30-crépuscule nov-avr) est réputé pour sa colonie florissante de rhinocéros indiens qui compte une centaine d'individus sur les 17 km² du parc. Les amateurs de faune sauvage pourront y voir aussi des léopards, des buffles sauvages, des sangliers et près de 2 000 oiseaux migrateurs ou non. Pour le bien-être des animaux, nous conseillons la balade motorisée plutôt qu'à dos d'éléphants, lesquels portent un *howdah* (palanquin) qui peut les blesser. Pour rejoindre le parc, louez un taxi à la demi-journée (1 500 ₹) à Guwahati.

Tezpur

03712 / 105 500 HABITANTS

Bien qu'elle ne soit guère plus qu'une étape pratique au cours d'un voyage dans l'Arunachal Pradesh ou le Haut-Assam, Tezpur est une cité charmante, avec des parcs soignés, de beaux lacs et une vue superbe sur le Brahmapoutre, qui longe la ville.

À voir

Chitralekha Udyan PARC

(Cole Park ; Jenkins Rd ; 20 ₹, appareil photo/caméra 20/100 ₹ ; 9h-19h). Le Chitralekha Udyan comprend un étang en forme de U (location de pédalos 20 ₹/pers) autour de pelouses impeccables, parsemées de belles sculptures anciennes. D'avril à septembre, on y trouve également des autos tamponneuses et des toboggans aquatiques ! À une rue à l'est puis au sud, le **temple de Ganeshgarh** est adossé à un *ghat* qui surplombe le Brahmapoutre. Un bon endroit pour admirer le coucher de soleil sur le fleuve.

Où se loger et se restaurer

Prashaanti Tourist Lodge HÔTEL $

(03712-221016 ; touristlodgetezpur@gmail.com ; Jenkins Rd ; s/d/tr 850/950/1 300 ₹). Face au Chitralekha Udyan, au sud de la gare routière, cet hôtel géré par l'État a été rénové pour accueillir les touristes étrangers au budget serré. Les chambres, spacieuses, dotées de sdb propres, draps frais et moustiquaires affichent un bon rapport qualité/prix. Son personnel efficace et obligeant le distingue des autres hôtels d'État.

Hotel KRC Palace HÔTEL $$

(krc.tezpur@rediffmail.com ; JN Rd ; s/d à partir de 2 530/2 970 ₹ ;). Cet hôtel de catégorie moyenne se vantant d'être un des meilleurs établissements de l'Assam offre un excellent rapport qualité/prix. Les chambres sont spacieuses, avec lit confortable, grandes fenêtres, toilettes propres et équipements modernes comme TV à écran plat et Wi-Fi. À 5 minutes à pied de Mission Chariali, sur la JN Rd.

KF HÔTEL $$$

(03712-255203 ; kfhotel@gmail.com ; Mission Chariali ; s/d à partir de 2 420/2 970 ₹ ;). De belles chambres contemporaines, un service efficace et un grand souci du détail, comptent parmi les atouts de cet hôtel situé à 3 km au nord du centre-ville. Il dispose aussi d'un restaurant, d'un café et, surtout, d'un grand magasin bien achalandé au rez-de-chaussée, où l'on peut acheter les produits essentiels avant de partir explorer les contrées reculées.

Chat House RESTAURATION RAPIDE $

(Baliram Bldg, angle NB Rd et NC/SC Rd ; en-cas à partir de 50 ₹ ; 8h-21h30 ;). Du toit-terrasse, on peut manger tout en étant abrité des en-cas indiens, des nouilles, des pizzas et des *momo* (raviolis tibétains) en profitant de la brise rafraîchissante et d'une belle vue.

Spring Valley CAFÉTÉRIA $

(NC Rd ; en-cas/repas léger 40/60 ₹ ; 7h30-21h ;). Cette cafétéria très populaire et bondée sert toute la journée de savoureux en-cas chauds – les *puri* (pains frits soufflés) sont exquis. Elle offre un bon choix de feuilletés, de gâteaux et de pains. À l'étage, le restaurant végétarien est animé midi et soir.

Depuis/vers Tezpur

Les billetteries des jeeps sont situées dans Jenkins Rd ; ces véhicules desservent Bomdila (400 ₹, 8 heures), Dirang (400 ₹, 6 heures) et Tawang (750 ₹, 12 heures) dans l'Arunachal Pradesh. Dans la même rue, vous pourrez louer un taxi privé pour le Nameri National Park (800 ₹) et le Kaziranga National Park (1 500 ₹). Un peu plus loin, à la **gare routière** (Jenkins Rd), on trouve des liaisons fréquentes pour Guwahati (190 ₹, 5 heures), Jorhat (200 ₹, 4 heures) et le village de Kohora (100 ₹, 2 heures) – pour le Kaziranga.

Nameri National Park

Ce magnifique parc s'est spécialisé dans les randonnées d'observation des oiseaux, faciles et sans réservation.

À voir

Nameri National Park RÉSERVE NATURELLE

(Indien/étranger 70/520 ₹, appareil photo/caméra 50/500 ₹ ; aube-crépuscule). Quelque 374 espèces d'oiseaux ont été recensées à Nameri, dont des espèces rares comme l'aigle criard et le canard à ailes blanches. L'Eco-Camp (ci-dessous) ou le **Jia Bhorelli Wild Resort** (03715-247109 ; d 2 200 ₹) organisent des randonnées d'observation de cette faune aviaire. Parmi les mammifères présents dans le parc figurent des éléphants sauvages, quelques tigres farouches et des sangliers nains, une espèce gravement menacée. Le droit d'entrée comprend la présence obligatoire d'un garde armé. On accède au parc depuis Potasali, à 2 km de la route Tezpur-Bhalukpong.

Où se loger et se restaurer

Eco-Camp CAMP DE TENTES $$

(9854019932, 8472800344 ; ecocampnameri@gmail.com ; Nameri National Park ; dort/d 400/1 900 ₹). Eco-Camp organise des visites du parc dont des sorties rafting de 2 heures pour observer les oiseaux (1 650/2 200 ₹ en canot 2/4 places). L'hébergement se compose de "tentes" relativement luxueuses, avec tissus colorés, sdb privées et bons lits, installées sous un toit de chaume. Ce camp occupe un jardin luxuriant rempli d'oiseaux et de papillons ; des étiquettes permettent d'identifier les plantes.

Eastern Himalayan Botanic Gardens COMPLEXE HÔTELIER $$$

(Wild Mahseer ; 03714-234354 ; wildmahseer@gmail.com ; d en pension complète à partir de 12 000 ₹ ;). Au milieu des plantations de thé vallonnées, à environ 5 km de Balipara et à 30 km au nord-est de Tezpur, ce magnifique domaine ombragé de 9 ha offre un hébergement luxueux dans quatre maisons de planteurs superbement rénovées. L'Heritage Bungalow (d 29 500 ₹ en pension complète), une imposante demeure centenaire, donne un aperçu de la grande vie d'autrefois.

Depuis/vers le Nameri National Park

On peut rejoindre le parc en taxi depuis Tezpur pour 800 ₹.

Kaziranga National Park

03776

Le célèbre rhinocéros unicorne, mascotte bien connue des touristes, peuple les vastes prairies du Kaziranga National Park.

Ce parc comprend trois secteurs : occidental, central et oriental. C'est dans le secteur central qu'ont lieu des safaris à dos d'éléphant, que nous déconseillons pour préserver le bien-être des animaux.

À voir

Kaziranga National Park RÉSERVE NATURELLE

(Indien/étranger 50/500 ₹, appareil photo 50/500 ₹, caméra 500/1 000 ₹ ; accès en 4×4 7h30-12h et 14h30-crépuscule nov-avr). Les quelque 1 800 rhinocéros du parc (ils n'étaient que 200 en 1904) représentent plus des deux tiers de la population mondiale de cette espèce. Pour les approcher, le parc organise notamment des safaris prisés en 4x4 (p. 582). Les droits d'entrée sont à payer au bureau du secteur (Range Office ; p. 582), dans le complexe touristique du Kaziranga (Kaziranga Tourist Complex), signalé par un large portail orné de rhinocéros, à 800 m environ au sud du village de Kohora.

Circuits organisés

Safaris en 4x4 EN 4X4
(☎03776-262428 ; Kaziranga Tourist Complex ; par véhicule avec péage secteur occidental/central/oriental 1 600/1 500/2 000 ₹). Ces safaris en 4x4 prisés peuvent être réservés auprès du complexe touristique du Kaziranga (à 800 m environ au sud du village de Kohora signalé par un portail orné de rhinocéros) ou directement auprès de votre hébergement. Un garde armé escorte tous les véhicules pénétrant dans le parc. Il est d'usage de laisser un pourboire de 100 ₹ aux chauffeurs et aux gardes.

Où se loger et se restaurer

Complexe touristique

Jupuri Ghar COMPLEXE HÔTELIER $$$
(☎9435196377, 0361-2605335 ; www.jupurigharkaziranga.com ; d avec petit-déj 4 200 ₹ ; ❄). Une atmosphère de vacances règne dans cette jolie propriété, où des bungalows de style traditionnel entourent un jardin verdoyant et paisible. Bien géré, l'établissement comprend un restaurant en plein air.

Aranya Tourist Lodge HÔTEL $$
(☎03776-262429 ; d à partir de 1 250 ₹ ; ❄). Sans grand caractère, cet hôtel possède un jardin en façade, des chambres propres et un bar bien fourni. Il offre une cuisine correcte et un service rapide. Prisé des grands groupes, il peut être bruyant. Des travaux de rénovation devraient avoir embelli l'établissement lorsque vous lirez ces lignes.

♥ **Maihang** INDIEN $$
(☎9435600879 ; village de Kohora ; plats 200-250 ₹ ; ⏲12h-15h30 et 19h-22h). Canard grillé, poisson en sauce à la pâte de sésame, porc sauté aux pousses de bambou séchées ou mouton épicé sont au menu de ce petit restaurant en bord de route qui sert une délicieuse cuisine de l'Assam, variée et authentique. Une vieille voiture reconvertie en bureau de réception précède la salle à manger aux meubles en rotin.

Au-delà du complexe

Wild Grass Resort COMPLEXE HÔTELIER $$
(☎8876747357, 03776-2620855 ; wildgrasskaziranga@gmail.com ; d avec petit-déj 2 450 ₹). À environ 10 km à l'est de Kohora, ce complexe hôtelier, charmant bien qu'un peu décrépits, est si populaire qu'il ne se soucie pas d'avoir une enseigne : il a collé, à la place, des étiquettes sur tous les arbres des environs ! Le décor colonial confère à l'endroit un aspect hors du temps. Une savoureuse cuisine indienne est servie dans la salle à manger. Réservation indispensable en haute saison.

♥ **Diphlu River Lodge** COMPLEXE HÔTELIER $$$
(☎0361-2667871, 9954205360 ; www.diphluriverlodge.com ; Indien/étranger 10 000/18 000 ₹ par pers avec safaris ; ❄📶). Hébergement le plus sélect de la région, ce lodge ravissant combine aspect rustique, aménagements luxueux et décoration ethno-chic. Les cottages en bambou, au bord de la Diphlu, s'agrémentent de lits moelleux, d'une belle sdb avec douche à effet pluie et d'une terrasse, d'où vous apercevrez peut-être des rhinocéros. La cuisine est délicieuse.

Bonhabi Resort COMPLEXE HÔTELIER $$
(☎03776-262675 ; www.bonhabiresort.com ; d à partir de 2 010 ₹ ; ❄). À courte distance à l'est du complexe touristique, cet établissement calme et accueillant se compose d'une ancienne villa à l'ambiance coloniale et de plusieurs cottages confortables dans un jardin somptueux. La cuisine est bonne, bien que sans originalité. L'endroit est bien indiqué sur le chemin menant au secteur oriental du parc.

Iora COMPLEXE HÔTELIER $$$
(The Retreat ; ☎9957193350 ; info@kazirangasafari.com ; s/d avec petit-déj à partir de 6 150/7 380 ₹ ; ❄@📶🏊). Un peu trop formel et gigantesque pour un lieu comme le Kaziranga, l'Iora possède 42 chambres impeccables, décorées avec goût et dotées d'équipements modernes, d'une piscine (pour la plus grande joie des enfants) et d'un spa (les parents apprécient les soins). Service efficace.

Renseignements

Range Office (☎03776-262428 ; Kaziranga Tourist Complex ; par pers taxe forestière/taxe routière/taxe société animalière 100/300/100 ₹ ; ⏲24h/24). Acquittez les droits d'entrée au bureau du secteur situé dans le complexe touristique du Kaziranga (signalé par un large portail orné de rhinocéros) à environ 800 m au sud du village de Kohora. On accède au parc par une piste de terre partant sur la droite, à 1 km à l'ouest du complexe touristique.

Depuis/vers le Kaziranga National Park

Du village de Kohora, des bus rallient Guwahati (350 ₹, 4 heures, départ toutes les heures de

7h30 à 16h30), Dibrugarh (300 ₹, 4 heures) et Tezpur (100 ₹, 2 heures).

Un taxi privé depuis Tezpur coûte environ 1 500 ₹.

Jorhat

☎0376 / 140 000 HABITANTS

Ville animée, Jorhat donne accès à l'île de Majuli, son seul intérêt pour le voyageur. Devant le **marché central** animé, Gar Ali, la rue commerçante, croise l'AT Rd (NH37).

Où se loger et se restaurer

Commodément étirée derrière la gare routière de l'Assam State Transport Corporation (ASTC), Solicitor Rd est jalonnée d'hôtels corrects.

Hotel Paradise HÔTEL $
(☎0376-2321521 ; paradisejorhat@gmail.com ; Solicitor Rd ; s/d avec petit-déj à partir de 770/1 050 ₹ ; ❄📶). Cet hôtel bien tenu se distingue par ses couvertures à carreaux, un service sympathique, des en-cas frits et le Wi-Fi gratuit dans le hall.

New Park HÔTEL $
(☎0376-2300721 ; hotelnewparkjorhat@gmail.com ; Solicitor Rd ; s/d à partir de 1 050/1 150 ₹ ; ❄). Au bout de Solicitor Rd, ce bel établissement dispose de chambres soignées et très lumineuses, avec douches chaudes.

♥ **Puroni Bheti** PENSION $$$
(☎9954150976 ; rajibbarooah@yahoo.co.in ; Haroocharai Tea Estate ; d avec petit-déj à partir de 5 000 ₹ ; ❄📶). Au milieu des plantations de thé luxuriantes, à la lisière ouest de la ville, cette délicieuse pension gérée en famille par un planteur très hospitalier est le plus bel établissement de Jorhat. Service personnalisé, logement haut de gamme, cuisine maison exquise et soirées joyeuses en compagnie de vos hôtes vous garantissent un séjour aussi luxueux qu'inoubliable. Elsa et Bamby, les chiens de la maison, sont adorables.

Depuis/vers Jorhat

De la **gare routière de l'ASTC** (AT Rd), des bus fréquents rallient Sivasagar (80 ₹, 1 heure), Tezpur (160 ₹, 4 heures) et Guwahati (320 ₹, 7 heures, 8/jour de 6h à 12h) via Kaziranga.

La gare ferroviaire de Jorhat est en plein centre, à environ 500 m au sud d'AT Rd, dans Gar Ali. Le 12068 *Jan Shatabdi Express* (AC Chair 585 ₹, 7 heures, départ à 14h30 lun-sam) est le plus pratique des 3 trains pour Guwahati.

Le banc de sable balayé par le vent de **Nimati Ghat** est ponctué de gargotes de thé. C'est le point de départ des ferries bondés à destination de l'île de Majuli (adulte/4x4 20/600 ₹, 1 heure 30, départ à 8h30, 10h30, 13h30 et 15h). Pour s'y rendre, il faut parcourir 12 km en bus depuis Jorhat (30 ₹, 40 min).

Île de Majuli

☎03775 / 168 000 HABITANTS

Parmi les bancs de sable fluctuants du Brahmapoutre, Majuli Island est la plus grande île fluviale d'Inde, avec une superficie d'à peine 450 km². Bien que continuellement attaquée par les forces de la nature (elle disparaît en grande partie sous les eaux à chaque mousson), elle conserve une beauté inégalée, avec ses rizières miroitantes et ses prairies parsemées de jacinthes.

Kamalabari, à 3 km du port des ferries, et **Garamur**, à 5 km au nord, sont les deux principaux villages. La visite de l'île vaut notamment pour la centaine d'espèces d'oiseaux qu'on peut y observer et les 22 anciens *satra* (monastères et centres artistiques relevant de l'hindouisme vishnouite) qui permettent de découvrir le néovishnouisme.

Il faut se dépêcher : selon certaines études, au rythme de l'érosion actuelle, l'île aura disparu d'ici vingt ans.

Circuits organisés

Majuli Tourism OBSERVATION DES OISEAUX
(☎9435657282 ; jyoti24365@gmail.com ; Garamur ; circuit 1 journée 1 000 ₹, location vélo 200 ₹/jour). Cette agence gérée par le sympathique et compétent Jyoti Narayan Sarma propose des circuits ornithologiques et loue des vélos.

Où se loger et se restaurer

Certains *satra* de Majuli possèdent des pensions spartiates (200 ₹/pers). Une tenue correcte est de rigueur dans ces monastères.

La Maison de Ananda PENSION $
(☎9957186356 ; monjitrisong@yahoo.in ; Garamur ; ch 600-900 ₹). À Garamur, cette pension au toit de chaume, sur pilotis en bambou, offre des chambres agrémentées de tissus artisanaux locaux. Le nouvel édifice en béton détonne un peu. Dans ce lieu tenu par une famille accueillante, on déguste un délicieux choix de plats (250 ₹).

Ygdrasill Bamboo Cottage PENSION $
(☎8876707326 ; bedamajuli@gmail.com ; Garamur ; d/qua 600/1 200 ₹). Sur le chemin menant de Kamalabari à Garamur, cette pension sur pilotis surplombe un lac marécageux peuplé d'oiseaux. Là, vous écouterez le chœur des

LES SATRA

Un *satra* est un monastère dédié au culte de Vishnu. Cette forme de l'hindouisme, particulière à l'Assam, fut instituée au XVe siècle par le philosophe assamais Sankardeva ; elle refuse l'idolâtrie et le système des castes, et vénère Vishnu, en particulier sous son incarnation de Krishna. Le culte accorde une large part à la représentation dansée et mélodramatique de scènes de la *Bhagavad Gita* (le "chant du Bienheureux"). Le cœur d'un *satra* est son *namghar*, une vaste et simple salle de prière qui abrite une flamme éternelle, la Gita, et parfois de nombreuses effigies instructives (et non divines). Traditionnellement, les *satra* ont toujours pratiqué en leur sein la *satriya*, une danse à la chorégraphie élaborée, ainsi que l'art populaire de l'*ankiya bhawna*, avec des danseurs masqués qui incarnent des récits de la mythologie indienne. Pour acheter des masques traditionnels (300 ₹ à 2 000 ₹), visitez **Samaguri Satra**, à 15 minutes en voiture du village de Garamur.

Les *satra* de Majuli les plus intéressants et les plus accessibles sont les vastes et paisibles **Uttar Kamalabari** (1 km au nord de Kamalabari puis 600 m à l'est) et **Auni Ati** (5 km à l'ouest de Kamalabari) où les moines vous montreront leur petit **musée** (Auni Ati Satra ; Indien/étranger 10/50 ₹, appareil photo/caméra 50/200 ₹ ; 9h30-11h et 12h-16h) d'objets royaux ahom. Des psalmodies, des danses ou des représentations théâtrales ont généralement lieu à l'aube et au crépuscule, et durant la grande **fête de Ras Mahotsav** (p. 575), qui célèbre la naissance, la vie et les hauts faits de Krishna.

cigales, avant de vous endormir sur un confortable lit en bambou dans l'un des bungalows meublés de façon traditionnelle (n'oubliez pas votre antimoustique !). Vous pourrez dîner (250 ₹) à condition d'en avoir fait la demande.

Mepo Okum PENSION $$
(9435203165 ; Garamur ; d 1 800 ₹). Ce joli ensemble de 8 bungalows disséminés sur une pelouse luxuriante et ornée de fleurs est réservé en grande partie par les agences de tourisme internationales haut de gamme. Un repas indien particulièrement savoureux (500 ₹) peut vous être servi en commandant à l'avance.

Comment s'y rendre et circuler

Des ferries (adulte/4×4 20/600 ₹, 1 heure 30) partent de Nimati Ghat (Jorhat) pour l'île de Majuli à 8h30, 10h30, 13h30 et 15h ; retours à 7h30, 8h30, 13h30 et 15h. Départs selon la marée et la saison.

Des bus/camionnettes (20/30 ₹) attendent l'arrivée des ferries sur la jetée et partent bondés pour Garamur via Kamalabari. Si vous restez assez longtemps, adressez-vous au **Majuli Tourism** (p. 583) pour louer un vélo (200 ₹/jour).

Sivasagar

03772 / 53 800 HABITANTS

Ancienne capitale de la dynastie Ahom, la ville assoupie de Sivasagar (littéralement "l'océan de Shiva") doit son nom à l'immense et élégant bassin du centre-ville. Cette ville de banlieue chaotique est une étape importante pour les voyageurs qui visitent les magnifiques ruines ahom, ou circulent dans le Nagaland.

À voir

Temples ahom TEMPLE HINDOU
(Shiva Dol ; aube-crépuscule). GRATUIT Trois temples-tours ahom caractéristiques se dressent fièrement sur la rive sud partiellement boisée du bassin de Sivasagar : **Devi Dol**, à l'ouest, **Vishnu Dol** à l'est et, au centre, **Shiva Dol** (33 m de haut), dédiés respectivement à la mère divine, à Vishnu et à Shiva. Ils forment un ensemble architectural pittoresque, ombragé d'arbres tropicaux, où l'on peut observer paisiblement les pèlerins accomplissant leurs gestes rituels. Demandez l'autorisation avant de prendre des photos.

Rang Ghar MONUMENT
(Indien/étranger 15/300 ₹ ; aube-crépuscule). Au bord de l'AT Rd, à 4 km au sud du centre de Sivasagar – à environ 2 km après un pont levant métallique datant de la Seconde Guerre mondiale –, se dresse, sur votre droite au milieu d'une jolie pelouse, ce pavillon ovale à deux niveaux impeccablement restauré. Ses façades ocre arborent de délicats motifs floraux en stuc. L'intérieur est presque dépourvu d'ornement, mais on peut monter au dernier étage, d'où les souverains ahom assistaient aux combats de buffles et d'éléphants.

Talatal Ghar RUINES

(Indien/étranger 15/300 ₹ ; ⏲ aube-crépuscule). À environ 4 km au sud du centre de Sivasagar, sur l'AT Rd, Talatal Ghar, pensé à l'origine comme un vaste palais souterrain pour les souverains ahom, est aujourd'hui en grande partie en ruine. On peut encore en parcourir les remparts et admirer certains porches voûtés aujourd'hui mis au jour. À côté du palais, l'élégant bâtiment à toiture voûtée, le **Gola Ghar**, serait l'ancien arsenal royal.

Gauri Sagar TEMPLE HINDOU

(Indien/étranger 15/300 ₹ ; ⏲ aube-crépuscule). Cet ensemble assez grandiose dispose d'un beau bassin central et de trois temples caractéristiques, construits dans les années 1720 par la reine Phuleswari : **Devidol**, **Shivadol** et **Vishnudol**, le plus imposant. Ce dernier, moins haut que le temple homonyme de Sivasagar, est orné de sculptures plus raffinées (mais érodées). Le Gauri Sagar se trouve sur l'AT Rd, à environ 16 km au sud de Sivasagar en allant vers Kaziranga.

Où se loger et se restaurer

Hotel Shiva Palace HÔTEL $

(☎03772-222629 ; hotelshivapalace.1811@rediffmail.com ; AT Rd ; s/d 990/1 320 ₹, avec clim à partir de 1 650/1 980 ₹ ; ❄📶). Situé à 500 m au sud du Shiva Dol sur l'AT Rd, cet hôtel attrayant dispose de chambres élégantes avec lits confortables, draps propres, mobilier de bon goût et sdb correctes. Les chambres les plus chères pourraient passer pour celles d'un hôtel d'affaires. Sans conteste, le meilleur des rares hôtels économiques de Sivasagar. Il comprend un bon restaurant.

Hotel Brahmaputra HÔTEL $$$

(☎03772-222200 ; BG Rd ; s/d avec petit-déj à partir de 1 800/2 970 ₹ ; ❄📶). Ouvert depuis 25 ans, cet hôtel réputé dispose de 34 chambres aux niveaux de confort divers mais toutes d'un excellent rapport qualité/prix. Le service est rapide et professionnel. Le restaurant Kaveri sert de bonnes spécialités indiennes et chinoises.

Sky Chef INDIEN, INTERNATIONAL $$

(Hotel Shiva Palace, AT Rd ; plats 160 ₹ ; ⏲12h-22h30 ; ❄). Élégamment aménagé, offrant un bon choix de plats indien, assamais et chinois, ce restaurant est parfait pour dîner après une longue journée de visite. Le personnel se fait un plaisir de vous expliquer les subtilités de la cuisine locale et vous aide à commander les plats.

ℹ Depuis/vers Sivasagar

La **gare routière de l'ASTC** (angle AT Rd et Temple Rd) offre des services fréquents pour Jorhat (80 ₹, 1 heure), Dibrugarh (100 ₹, 2 heures), Tezpur (250 ₹, 5 heures) et Guwahati (410 ₹, 8 heures, départ toutes les heures à partir de 7h).

Pour visiter les sites de Rang Ghar, Talatal Ghar, Gauri Sagar et Kareng Ghar, prenez un *tempo* (demi-journée/journée 300/600 ₹). Vous les trouverez à un arrêt non signalé dans BG Rd, à environ 300 m de l'AT Rd.

Dibrugarh

☎0373 / 137 500 HABITANTS

Plaisante et tempérée, Dibrugarh, surnommée la "cité du Thé de l'Inde", clôt généralement la boucle entre le Kaziranga National Park et l'itinéraire Ziro-Along-Pasighat dans l'Arunachal Pradesh. La ville est aussi le terminus (ou le point de départ) du fascinant trajet en ferry au fil du Brahmapoutre et jusqu'à Pasighat.

Où se loger et se restaurer

Hotel Rajawas HÔTEL $

(☎0373-2323307 ; www.hotelrajawas.com ; AT Rd ; s/d avec petit-déj à partir de 1 000/1 400 ₹ ; ❄@📶). Cet hôtel très bien tenu dispose de 30 chambres charmantes avec équipements modernes.

Hotel Little Palace HÔTEL $$

(☎0373-2328700 ; www.hotellp.com ; AT Rd ; s/d à partir de 1 320/1 920 ₹ ; ❄📶). Cet hôtel (tout sauf petit) compte 48 chambres bien aménagées avec draps impeccables. De la véranda, au bout du corridor, vous pourrez contempler le Brahmapoutre.

Mancotta Heritage Chang Bungalow COMPLEXE HÔTELIER $$$

(☎0373-2301120 ; purvi@sancharnet.in ; Mancotta Rd ; d avec repas 8 500 ₹ ; ❄📶). Les chambres sont installées dans une charmante maison de planteur avec une pelouse à l'avant. C'est l'endroit idéal pour prendre le thé. Circuits dans la plantation de thé et balades sur la rivière à la demande.

Moti Mahal INDE DU NORD $$

(AT Rd ; plats 180-250 ₹ ; ⏲11h-15h et 19h-23h ; ❄). Situé dans l'Hotel Rajawas, ce restaurant haut de gamme, chaudement recommandé et apprécié des gastronomes de Dibrugarh, sert une excellente cuisine de l'Inde du Nord. Parmi les classiques : naans, *butter chicken* (poulet en sauce aux épices), *palak paneer* (morceaux de fromage frais dans une purée d'épinards) et *tarka dhal* (lentilles aux épices).

Depuis/vers Dibrugarh

De l'aéroport de Mohanbari, à 16 km au nord-est de Dibrugarh et à 4 km de la route de Tinsukia, Air India et Jet Airways desservent Guwahati, Kolkata et Delhi ; IndiGo assure des vols pour Guwahati et Kolkata.

Depuis la principale **gare routière** (Mancotta Rd), des bus de l'ASTC et privés partent pour Sivasagar (100 ₹, 2 heures, départs fréquents de 6h à 9h), Jorhat (200 ₹, 3 heures, départs fréquents de 6h à 9h), Tezpur (400 ₹, 6 heures, départ toutes les heures de 6h à 18h) et Guwahati (550 ₹, 9 heures, départ toutes les heures de 6h à 8h et de 20h à 22h). Un bus Volvo climatisé va également à Guwahati (790 ₹, 7 heures, départ à 20h30).

Le train de nuit 12423 *Dibrugarh Rajdhani Express*, à destination de Guwahati (3AC/2AC 1 150/1 560 ₹, 10 heures), quitte la gare située dans le centre-ville à 20h35.

De vieux **ferries** (pers/véhicule 60/1 000 ₹ ; départs toutes les heures de 9h à 15h) traversent tous les jours le Brahmapoutre jusqu'à Bogibil Ghat côté Arunachal (en 1 heure 30), d'où un bus rejoint Pasighat (Arunachal Pradesh). Défiant les lois de la flottaison, ces bateaux à vapeur bringuebalants transportent jusqu'à 4 voitures, quelques dizaines de motos et de très nombreux passagers. Ils offrent peu d'abris, aussi prévoyez un chapeau, des lunettes de soleil, de l'eau et de la crème solaire. L'heure du départ dépend du niveau du fleuve. Durant la saison sèche, les ferries remontent le fleuve jusqu'à Oiram Ghat et la traversée peut durer 5 heures. De nombreux hôtels de Dibrugarh vendent un forfait 4x4-ferry-4x4 (300 ₹/pers) pour aller jusqu'à Pasighat.

Manas National Park

03666

À quelque 180 km de Guwahati, dans le Bodoland, le long de la frontière entre l'Assam et le Bhoutan, s'étend le **Manas National Park** (03666-261413 ; nov-avr). Il comprend trois secteurs forestiers. Le plus accessible est le secteur central, **Bansbari Range**, qu'on rejoint depuis la ville de Barpeta Road, au nord-ouest de Guwahati. Les forêts du parc sont contiguës à la réserve naturelle du même nom située au Bhoutan.

Où se loger et se restaurer

Bansbari Lodge LODGE $$$

(0361-2667871 ; www.assambengalnavigation.com/bansarilodge.html ; 4 500 ₹/pers en pension complète ;). Ce lodge offre un confort plaisant pour admirer le Bansbari Range. Son forfait Jungle (9 000 ₹/pers) comprend la pension complète, un safari en jeep (et un à dos d'éléphant que l'on conseille de ne pas faire pour préserver le bien-être des animaux), un guide et l'entrée du parc. Renseignez-vous sur les sorties rafting, les visites de villages ou les activités culturelles locales. L'établissement est accessible depuis Barpeta Road. Réservez auprès de Assam Bengal Navigation (p. 577), basé à Guwahati.

Depuis/vers le Manas National Park

Les bus Guwahati-Kokrajhar (120 ₹) font un arrêt à l'embranchement vers Pathsala et passent à 3 km de Barpeta Road.

Les trains 15960 *Kamrup Express* (*sleeper*/3AC 140/490 ₹, 2 heures 30, départ à 7h45) et 14055 *Brahmaputra Mail* (*sleeper*/3AC 100/490 ₹, 2 heures 30, départ à 12h50) relient Guwahati à Barpeta Road.

On peut louer des jeeps à Barpeta Road et au Bansbari Lodge (pour les clients seulement).

ARUNACHAL PRADESH

Intact, l'Arunachal Pradesh forme une immense tache verte sur la carte de l'Inde. État le plus sauvage et le moins visité du pays, l'Arunachal (littéralement "terre des montagnes éclairées à l'aube") s'élève brusquement à l'extrémité des plaines de l'Assam en une masse de forêts épaisses et de montagnes escarpées qui grimpent vers des sommets enneigés le long de la frontière tibétaine. Terre de 26 communautés tribales, l'Arunachal est peut-être le dernier sanctuaire du patrimoine naturel et anthropologique de l'Inde. La majeure partie de l'État reste fermée aux touristes, mais de nouveaux secteurs s'ouvrent lentement.

La Chine n'a jamais officiellement reconnu la souveraineté de l'Inde sur cet État, et il fallut son invasion surprise en 1962 (puis son retrait de plein gré après quelques jours) pour que Delhi commence à y développer des infrastructures. L'armée indienne surveille étroitement les cols frontaliers, mais la région est généralement calme. L'Arunachal a été relativement épargné par les violences politiques, bien que les rebelles naga soient toujours actifs à l'extrémité orientale de l'État.

LES COMMUNAUTÉS TRIBALES DE L'ARUNACHAL

Étonnant patchwork, l'Arunachal abrite 26 communautés tribales différentes. Parmi les principales figurent les Adi (Abor), les Nishi, les Tagin, les Galo, les Apatani et les Monpa. Si nombre d'entre elles sont apparentées, certaines se considèrent comme uniques.

Alors que la modernité pénètre peu à peu la société locale, la plupart des peuples mêlent l'ancien et le nouveau : il n'est pas rare de voir un bâtiment en béton avec une cuisine traditionnelle à foyer ouvert au-dessus d'un sol en bambou sur pilotis.

Le culte animiste de Donyi-Polo (Soleil-Lune) reste prédominant, même si les missionnaires chrétiens ont eu un impact significatif sur les croyances et les modes de vie traditionnels. Lors des cérémonies, les chefs de village portent un châle écarlate et un chapeau en bambou orné de piquants de porc-épic ou de becs de calao. Des hommes âgés conservent les cheveux longs, qu'ils nouent en chignon sur le front. Les femmes s'enveloppent dans des étoffes tissées main, semblables aux sarongs du Sud-Est asiatique. Dans ces montagnes, le tissage et la vannerie demeurent des traditions très vivantes.

L'architecture varie d'un peuple à l'autre ; les villages adi traditionnels sont généralement les plus pittoresques, avec des toits verdoyants en palmes de rônier et des ponts suspendus en bambou jetés au-dessus des gorges.

Permis

Pour entrer dans l'Arunachal Pradesh, les étrangers doivent être munis d'un Protected Area Permit (PAP) fourni par les autorités indiennes ; ces permis ne sont généralement délivrés qu'aux groupes. Même si vous voyagez seul, vous devrez passer par un tour-opérateur pour l'obtenir. Il est de toute façon difficile de traiter seul avec les fonctionnaires locaux et il est préférable d'avoir un guide parlant la langue des régions visitées pour éviter les zones de conflit et les bandes rebelles.

Les règles changent souvent dans les États voisins. En 2017, le Manipur, le Mizoram et le Nagaland (qui ont tous appliqué le permis obligatoire à un moment donné) étaient accessibles sans permis, mais la situation peut évoluer. Renseignez-vous avant le voyage.

Itanagar

☎0360 / 35 000 HABITANTS / ALTITUDE 770 M

La capitale de l'Arunachal doit son nom au mystérieux **fort d'Ita**, dont les ruines de briques couronnent une colline dominant cette ville commerçante en plein essor. Débauche de béton sans grand caractère, Itanagar est le centre administratif de l'État (les permis pour l'Arunachal Pradesh y sont délivrés).

À voir

Jawaharlal Nehru State Museum MUSÉE
(Museum Rd ; Indien/étranger 10/75 ₹, appareil photo/caméra 20/100 ₹ ; ⏲9h30-16h dim-jeu). Ce musée de l'État présente de manière satisfaisante le patrimoine tribal et naturel de l'Arunachal Pradesh. Le *gompa* aux couleurs vives du **Centre for Buddhist Culture** occupe des jardins tout proches.

Où se loger et se restaurer

Hotel SC Continental HÔTEL $$
(☎9436075875 ; www.hotelsccontinental.com ; Vivek Vihar ; s/d à partir de 2 200/2 640 ₹ ; ❄@). Dans un quartier calme au sud-ouest de Ganga Market, un marché animé, cet hôtel haut de gamme bien tenu offre le luxe d'un hôtel d'affaires. Le restaurant attenant Fire & Ice (ci-dessous) sert une bonne cuisine indienne et chinoise. Pour rejoindre l'hôtel, descendez la rue principale sur environ 1 km depuis le centre-ville, puis prenez la petite route en épingle à cheveux à droite.

Hotel Arun Subansiri HÔTEL $$
(☎0360-2212806 ; Zero Point Tinali ; s/d à partir de 1 540/1 760 ₹ ; ❄📶). Outre son immense entrée, cet hôtel dispose aussi de grandes chambres avec sdb propres, lits moelleux et Wi-Fi. À une courte distance de marche du musée (p. ci-dessus).

Fire & Ice INDIEN, INTERNATIONAL $$
(Hotel SC Continental, Vivek Vihar ; plats 120-180 ₹ ; ⏲11h-22h ; ❄). Décoré avec goût de boiseries et de nappes bordeaux et blanc, ce restaurant sert un éventail de plats indiens et chinois et brigue le titre de meilleure table d'Itanagar. C'est aussi un bar en soirée (bière 100 ₹).

Depuis/vers Itanagar

La **gare routière de l'APST** (Ganga Market) dessert Guwahati (550 ₹, 11 heures, départ

HORS DES SENTIERS BATTUS

LE NAMDAPHA NATIONAL PARK

Le fabuleux **Namdapha National Park** (☎03807-222249 ; www.changlang.nic.in/namdapha.html ; Indien/étranger 500/1 000 ₹), qui s'étend sur 1 985 km² d'épaisses forêts dans la partie la plus à l'est de l'Arunachal Pradesh, renferme une époustouflante diversité d'espèces animales et végétales, avec une variété d'habitats allant des plaines tropicales aux hauts plateaux de l'Himalaya. C'est le seul parc indien à abriter quatre espèces de grands félins – tigre, léopard, léopard des neiges et panthère nébuleuse – ; quelque 500 espèces d'oiseaux y ont été répertoriées.

Le parc, loin de tout, est difficile à visiter à moins de passer par un tour-opérateur.

Pour se rendre au Namdapha, il faut parcourir 150 km environ depuis Dibrugarh dans l'Assam, jusqu'à la bourgade de **Miao**. De là, comptez encore 26 km en voiture jusqu'à **Deban**, où se trouve le bureau du parc. L'**Eco-Tourist Guest House** (☎03807-222296 ; Indien/étranger 400/600 ₹), à Miao, et le **Forest Rest House** (☎03807-222249 ; Deban ; d Indien/étranger 300/500 ₹), à Deban, fournissent un hébergement simple.

à 6h), Bomdila (380 ₹, 8 heures, départ à 6h), Pashighat (320 ₹, 10 heures, départ à 5h30 et 6h) et Shillong (450 ₹, 12 heures, départ à 16h30). La plupart des bus partent le matin et il n'y a pas forcément de correspondances tous les jours.

En face de la gare routière, de l'autre côté de la rue, les jeeps collectives partent pour Ziro (350 ₹, 4 heures, départ à 5h30 et 14h50), Along (700 ₹, 15 heures, départ à 5h30) et Pasighat (400 ₹, 8 heures, départ à 5h30).

Le 22411 *Naharlagun-New Delhi Express* (3AC/2AC 2 005/2 940 ₹, 38 heures, départ à 21h35) quitte la gare de Naharlagun le mardi, et emprunte la nouvelle ligne de chemin de fer qui rejoint la capitale indienne. Le 15168 *Intercity Express* (*sleeper*/3AC 215/580 ₹, 9 heures, départ à 22h) relie tous les jours Naharlagun à Guwahati.

De l'hélistation de Naharlagun, des vols en hélicoptère desservent chaque jour (sauf le dimanche) Guwahati (4 000 ₹). Prenez votre billet via la réception de votre hôtel ou un tour-opérateur.

Centre de l'Arunachal Pradesh

Le centre de l'Arunachal Pradesh a tout pour séduire les férus d'aventure, qui pourront rencontrer des communautés tribales dans la vallée de Ziro, faire du rafting sur la Siang et randonner jusqu'à des bourgades comme Mechuka.

Vallée de Ziro

☎03788 / 32 000 HABITANTS / ALTITUDE 1 750 M

Nichée tel un royaume mythique dans les montagnes de l'Arunachal, la fertile vallée de Ziro compose l'un des plus beaux paysages de l'Inde. Rizières en terrasses, rivières et pittoresques villages apatani : la découverte de cette région constitue l'un des moments forts d'un voyage au centre de l'Arunachal.

Si la contrée et l'architecture des villages sont splendides, le principal attrait d'une visite de cette vallée réside dans la rencontre avec les Apatani, dont les femmes âgées arborent encore des tatouages faciaux traditionnels et des pastilles en rotin sur le nez. Les villages apatani les plus authentiques – **Hong**, le plus grand et le plus connu, **Hija**, le plus attrayant, **Hari**, **Bamin** et **Duta** – se trouvent à moins de 10 km les uns des autres. Un guide local est indispensable pour les visiter, faute de quoi vous risqueriez de ne pas voir grand-chose et même de vous sentir importun.

La ville tentaculaire d'**Hapoli** (New Ziro), à environ 7 km au sud de la vallée de Ziro, se dote des infrastructures urbaines de base et de transports routiers.

Où se loger et se restaurer

Le séjour chez l'habitant est le meilleur moyen de découvrir l'hospitalité des Apatani. Plus de 30 adresses, très variables, sont aujourd'hui répertoriées tous villages confondus. Les meilleures sont regroupées dans le village de Siiro, à 3 km au sud-est d'Hapoli. La région compte aussi quelques hôtels.

Hibu Tatu's Homestay CHEZ L'HABITANT $$
(☎9436224834 ; hibuatotatu@gmail.com ; Siiro ; demi-pension 1 500 ₹/pers). Tout au bout du village de Siiro, cette adresse offre une belle immersion dans la vie quotidienne de ses habitants. Fournit aussi des guides (1 000 ₹) et des vélos (500 ₹) pour visiter les villages.

Abasa Homestay CHEZ L'HABITANT $$
(☎9402709164 ; abasahomestay@gmail.com ; Siiro ; demi-pension 1 500 ₹/pers). Faites un séjour chez l'habitant inoubliable (et profitez d'une délicieuse cuisine maison) en passant une nuit ou deux à cette charmante adresse. Elle est tenue par la sympathique et hospitalière Kago Kampu, réputée pour ses vins de fruit.

Siiro Homestay CHEZ L'HABITANT $$
(☎9856209494 ; punyochada@gmail.com ; Siiro ; demi-pension 1 500 ₹/pers). Ce séjour chez l'habitant est l'un des plus prisés de la vallée de Ziro, géré par le très jovial Punyo Chada. Les chambres, dotées de lits moelleux et de grandes fenêtres comptent parmi les meilleures de la région.

Depuis/vers la vallée de Ziro

Des jeeps Sumo partent de MG Rd, à Hapoli (près du DAB de la SBI), pour Itanagar (350 ₹, 4 heures, départ à 5h et 11h), Lakhimpur (350 ₹, 4 heures, départ toutes les heures de 7h à 9h) et Daporijo (450 ₹, 6 heures, départ vers 9h30).

De Ziro à Pasighat

DAPORIJO

☎03792 / 15 700 HABITANTS / ALTITUDE 250 M

Étape obligée à mi-chemin de la longue route menant de Ziro à Pasighat, Daporijo est une ville sale et quelconque, que sa situation, sur les berges de la rivière Subansiri, rend propice aux promenades et randonnées. Partez de bonne heure de Ziro pour y être à midi.

Où se loger et se restaurer

Hotel Singhik HÔTEL $$
(☎03792-223103 ; singhikhotel@gmail.com ; d à partir de 1 900 ₹ ; ❄📶). Remarquablement confortable et coloré, cet hôtel qui dispose d'un bon restaurant et du Wi-Fi (gratuit) est la meilleure adresse où passer la nuit entre Ziro et Pasighat.

Ligu Tourist Resort COMPLEXE HÔTELIER $
(☎03792-223114 ; Ligu ; d 1 350 ₹). Ce complexe hôtelier confortable se trouve dans le village de chaume de Ligu (en venant de Ziro, tournez à gauche juste avant le pont à l'entrée de Daporijo). La famille du propriétaire prépare de succulents repas traditionnels. En soirée, on peut se promener sous les arbres à la découverte du village et de ses sympathiques habitants.

Depuis/vers Daporijo

Du New Market, dans le centre-ville de Daporijo, des jeeps Sumo partent à 6h pour Itanagar (600 ₹, 10 heures) et Ziro (450 ₹, 6 heures).

ALONG

☎03783 / 20 500 HABITANTS / ALTITUDE 600 M

Ville banale, poussiéreuse et délabrée le long de la nationale entre Pasighat et Daporijo, Along a peu d'intérêt pour le voyageur, hormis un instructif petit **musée du district** (Main Rd ; ⏲10h-16h lun-ven) GRATUIT.

Où se loger et se restaurer

Hotel West HÔTEL $$
(☎03783-222566 ; hotelwest@rediffmail.com ; Medical Rd ; d à partir de 1 650 ₹ ; ❄). L'atout d'Along

RENCONTRE AVEC LES APATANI

Au nombre de 25 000 environ, les Apatani seraient partis des hauts plateaux septentrionaux moins hospitaliers et auraient migré dans la vallée de Ziro. Ils restent fortement attachés à leur culture. Ils pratiquent pour la plupart la religion animiste Donyi-Polo et vivent dans des maisons traditionnelles en bambou et en bois (l'intérieur est plus moderne). Dans les villages, on trouve aujourd'hui encore des totems en forme de T appelés *baboh*, dominant les huttes alignées le long des chemins. Les Apatani, qui vivent de la terre, ont adopté un système unique : ils inondent les rizières en terrasses pour élever des poissons vivant en eau peu profonde. Ils excellent également dans les arts du tissage et de la vannerie.

Renommées pour leur beauté, les femmes apatani ont longtemps arboré des tatouages faciaux et des pastilles en rotin (*dat*) sur les ailes de leurs narines. Selon une légende tribale racontée par des anciens, rien ne soulignait mieux leur beauté que ces ornements. Mais d'autres disent plutôt que les femmes étaient défigurées à dessein, pour leur éviter d'être enlevées par les guerriers nishi de la tribu voisine. La paix conclue avec les Nishi dans les années 1960 mit fin à ces pratiques, et seules quelques femmes âgées portent encore des *dat*. Elles n'aiment pas forcément être photographiées : demandez-leur toujours la permission.

pour se reposer après une longue journée de route, cet hôtel central et bien tenu dispose de chambres spacieuses et confortables, et d'un bon service.

Hotel Toshi Palace HÔTEL $
(☎9436638196 ; Main Rd ; d à partir de 900 ₹ ; ❄). Situé en face de la gare routière de l'APST, le Toshi Palace compte des chambres propres et un charmant restaurant avec terrasse où la bière coule à flots à la nuit tombée.

Depuis/vers Along

Des jeeps Sumo pour Itanagar (700 ₹, 15 heures, départ à 5h30) et Pasighat (250 ₹, 5 heures, départ à 5h30 et 11h30) partent du centre-ville.

Pasighat

☎0368 / 25 000 HABITANTS

Le long des plaines boisées qui bordent la Siang, Pasighat évoque davantage l'Assam que l'Arunachal Pradesh. En septembre, la ville accueille le festival adi de **Solung** (⏲1er-5 sept). Le reste de l'année, le lever de soleil sur la Siang est son principal attrait.

Où se loger et se restaurer

Hotel Serene Abode HÔTEL $$
(☎0368-2222382 ; thesereneabode@gmail.com ; NH52 ; d avec petit-déj sans/avec clim 1 650/2 650 ₹ ; ❄📶). Cet hôtel neuf et chic relève le niveau en termes d'hébergement à Pasighat. Il dispose de chambres modernes, avec belles toilettes et TV à écran plat ; le service est efficace.

Hotel Aane HÔTEL $$
(☎0368-2222777 ; MG Rd ; d à partir de 1 650 ₹ ; ❄). La plupart des touristes passent la nuit dans cet hôtel aux murs tapissés de couleurs pastel et aux draps propres, qui abrite un bon restaurant.

Siang Tea Garden Lodge COMPLEXE HÔTELIER $$$
(☎9436675824 ; Oyan ; pension complète 3 000 ₹/pers ; 📶). Au milieu de luxuriantes plantations de thé, ce complexe propose, outre des chambres simples et confortables à la décoration ethnique, de goûter au thé issu du jardin et à la fabuleuse cuisine du chef, Babul. Les tarifs sont flexibles ; ceux qui souhaitent participer aux programmes de développement du village obtiennent souvent une ristourne. Oyan est à 25 km environ au sud de Pasighat.

Depuis/vers Pasighat

Des jeeps Sumo desservent Along (250 ₹, 5 heures, 6h et 12h) et Itanagar (400 ₹, 8 heures, départ à 6h). Des **ferries** (pers/véhicule 60/1 000 ₹) descendent lentement le Brahmapoutre pour rallier Dibrugarh dans l'Assam depuis Bogibil Ghat (et depuis Oiram Ghat durant la saison sèche). Comptez 2 heures en jeep Sumo pour rejoindre Bogibil Ghat depuis Pasighat (départ à 6h). Des billets combinés jeep Sumo-ferry (200 ₹) sont en vente à la station de Sumo en ville.

Ouest de l'Arunachal Pradesh

Bomdila

☎03782 / ALTITUDE 2 680 M

À mi-chemin entre Tezpur et Tawang, le minuscule bourg de Bomdila regroupe des bureaux administratifs, des hôtels, des marchés et des restaurants en bord de route. À moins d'y passer la nuit, il y a peu de choses à voir hormis le marché local et le grand **monastère** situé sur les hauteurs de la ville.

Où se loger et se restaurer

Doe-Gu-Khil Guest House PENSION $
(☎9402292774 ; yipe_bg@yahoo.com ; Monastery Hill ; d 900 ₹ ; 📶). Située juste en contrebas du grand monastère, cette pension à la décoration traditionnelle offre une superbe vue sur Bomdila qui s'étend à ses pieds. Les chambres, avec accès Wi-Fi gratuit, sont aménagées simplement et bien tenues. La cantine sert une cuisine fraîche et savoureuse.

Hotel Tsepal Yangjom HÔTEL $$
(☎03782-223473 ; www.hoteltsepalyangjom.in ; Main Bazaar ; d à partir de 2 450 ₹). Doté de chambres lambrissées et d'un restaurant animé (une gigantesque TV retransmet des matchs de cricket), cet hôtel central est le plus prisé de la ville. Wi-Fi gratuit dans le salon douillet.

Depuis/vers Bomdila

Les jeeps collectives qui parcourent la longue route entre Tezpur et Tawang font halte pour la nuit à Bomdila. Des correspondances pour Tawang (400 ₹, 8 heures, départ à 7h) partent du centre-ville.

Dirang

☎03780 / ALTITUDE 1 620 M

Point d'accès de la vallée de Tawang, Dirang offre une halte pratique pour la nuit, surtout

HORS DES SENTIERS BATTUS

AVENTURES À LA FRONTIÈRE

Mechuka

La route entre Along et Mechuka – un avant-poste reculé près de la frontière tibétaine – offre un des trajets les plus fascinants de l'Arunachal Pradesh. Récemment encore, Mechuka – souvent surnommé "la vallée interdite" – n'était accessible qu'à pied. Ce village des rives de la Siang est habité par des Memba, une minorité bouddhiste ; il abrite le **monastère de Samten Yongcha**, vieux de 400 ans. Alentour, de superbes paysages s'élèvent vers les imposants sommets enneigés qui longent la frontière.

Des jeeps Sumo relient Along à Mechuka (180 km, 550 ₹, 7 heures, départ à 5h30), mais les départs, qui dépendent du temps et de la disponibilité des véhicules, n'ont pas lieu tous les jours. Si vous ne trouvez pas de chambre chez l'habitant, la **Circuit House**, gérée par l'État, est la seule alternative (tarifs en conséquence). Toutefois, même si vous avez réservé, les officiels sont prioritaires. Pour des raisons de sécurité, les voyageurs indépendants sont rarement hébergés sans référence : il est donc fortement recommandé de passer par un tour-opérateur.

Tuting et Pemako

À la pointe nord de l'Arunachal Pradesh, le village isolé de **Tuting** n'attire chaque année qu'une poignée de pèlerins et d'aventuriers dans l'âme. Accessible depuis Pasighat par une longue route accidentée, il est proche de la frontière tibétaine et de l'endroit où le Tsang Po, après avoir quitté le plateau tibétain et s'être frayé un chemin à travers l'Himalaya via des gorges spectaculaires, pénètre dans le sous-continent indien et devient la Siang (puis le Brahmapoutre dans l'Assam). Réputée pour le rafting, la descente périlleuse de 180 km entre Tuting et Pasighat est ponctuée de rapides de classes 4 à 5, de forts tourbillons et de passages inaccessibles. Il va sans dire qu'elle est réservée aux experts.

Tuting est aussi le point de départ vers l'extraordinaire **Pemako** qui serait, selon une légende bouddhiste, un paradis terrestre caché et l'incarnation de Dorje Phagmo (divinité tibétaine). Cette vallée de montagne isolée est peuplée de Memba bouddhistes, et la plupart de ses visiteurs sont des pèlerins bouddhistes. Toutefois, la route goudronnée qui doit voir le jour pourrait augmenter le nombre de ses visiteurs.

Au retour vers Pasighat, accordez-vous quelques jours de détente au **Yamne Abor** (☎9436053870 ; village de Damro ; pension complète 2 500 ₹/pers), un complexe hôtelier isolé, composé de tentes luxueuses et de cottages écologiques. Il est niché dans la vallée de Yamne, parmi de jolis villages adi, des rizières et des forêts verdoyantes. Et toujours en descendant, passez une nuit ou deux à l'**Aborcountry River Camp** (☎9436053870 ; Rane Ghat ; pension complète 3 000 ₹/pers). Installé dans un bosquet de bambous sur les rives de la Siang, il dispose de chambres écolo-chics dans des bungalows traditionnels en chaume. Réservez ces hébergements auprès d'Abor Country Travels & Expeditions (p. 578).

si vous voyagez à bord de votre propre véhicule. Le minuscule **Old Dirang** (vieux Dirang), à 5 km au sud de New Dirang, est un modèle de village en pierre monpa. L'artère principale sépare sa **mini-citadelle** rocheuse d'un groupe de maisons pittoresques en bordure de torrent, au pied d'une arête escarpée que coiffe un **gompa** intemporel. Dans l'autre direction, juste au nord de New Dirang, la vallée s'élargit en un patchwork de rizières et de champs, traversé par la rivière Dirang, d'un bleu translucide.

Où se loger et se restaurer

Hotel Pemaling HÔTEL $$

(☎9402783255 ; www.hotelpemaling.com ; d à partir de 1 500 ₹ ; 📶). À 2 km au sud de New Dirang, ce merveilleux hôtel tenu en famille offre des chambres élégantes et un excellent service. Son agréable jardin jouit d'une vue sur la rivière et les montagnes.

Norphel Retreat HÔTEL $$

(☎7085499595 ; www.norphelretreat.in ; d 2 500 ₹). Situé sur la rive gauche de la Dirang à environ 1 km au nord de New Dirang, cet énorme hôtel aux chambres luxueuses donne sur la rivière et sert de savoureux mets sur le pouce.

Depuis/vers Dirang

Tous les matins, des jeeps collectives pour Tawang (350 ₹, 6 heures, départ à 5h30) et Tezpur (400 ₹, 6 heures, départ à 6h) partent du marché central de New Dirang.

De Dirang à la vallée de Tawang

Depuis Dirang, la route la plus dangereuse de l'Arunachal grimpe en d'interminables lacets. Elle traverse plusieurs camps militaires et zones d'éboulis, avant d'atteindre enfin le **Se La**, un col glacial à 4 176 m. En hiver et au plus fort de la mousson, ce col est souvent enneigé : demandez si la route est ouverte avant de partir.

Passée le col, la route dévale la montagne pour plonger dans la vallée de Tawang. En chemin, vous croiserez les magnifiques **cascades de Nuranang** (Nuranang Falls), qui se déversent depuis les parois abruptes pour former un ruisseau argenté au fond des gorges.

Comme il n'y a aucun hébergement sur les 140 km qui séparent Dirang de Tawang, il faut effectuer ce trajet bien avant la nuit. Les cafétérias de l'armée indienne au Se La et au Jaswantgarh War Memorial – 20 km plus bas – servent des samosas (10 ₹) brûlants, des *momo* (20 ₹) végétariens et des nouilles (40 ₹), accompagnés d'un thé (gratuit).

Vallée de Tawang

☎ 03794 / ALTITUDE 3 050 M

Flanquée d'impressionnantes montagnes, la vallée de Tawang captive les voyageurs, qui y découvrent un ensemble de crêtes, de vastes champs, de monastères et de villages monpa. La route est particulièrement belle en automne quand les cascades sont en crue, et les cosmos rouges et roses qui la bordent sont en fleur. Le cadre est plus joli que la ville de Tawang elle-même. Toutefois, les peintures murales d'emblèmes bouddhiques et les moulins à prière colorés rendent le quartier central d'Old Market attrayant. Les pèlerins monpa qui font tourner les moulins à prière portent souvent des *gurdam*, des bonnets noirs traditionnels en laine de yak qui rappellent les dreadlocks rastas.

À voir

♥ Gompa de Tawang — MONASTÈRE

(appareil photo/caméra 20/100 ₹ ; ⏲ aube-crépuscule). Le site principal de Tawang est son fabuleux *gompa*. Fondé en 1681, ce monastère fortifié, réputé pour son inestimable bibliothèque, serait le deuxième plus vaste monastère bouddhique du monde après le monastère de Drepung à Lhassa. Derrière ses murs fortifiés, d'étroites ruelles conduisent à la salle de prière magnifiquement décorée qui renferme une statue du Bouddha de 8 m de haut. Venez à l'aube (4h-5h) pour voir les moines réciter les prières du matin. Durant les fêtes de Torgya, de Losar et du Bouddha Mahotsava, ils exécutent de spectaculaires danses *chaam* (masquées) dans la cour du monastère.

Gompa d'Urgeyling — MONASTÈRE

(⏲ aube-crépuscule). GRATUIT Cet ancien et modeste *gompa* vit naître le sixième dalaï-lama. On raconte qu'avant son départ pour Lhassa, il planta dans le sol son bâton de marche qui devint le chêne géant près de l'entrée du monastère. La salle principale contient des portraits peints de tous les dalaï-lamas et des empreintes du front et des pieds du sixième d'entre eux.

Où se loger et se restaurer

Hotel Gakyi Khang Zhang — HÔTEL $$

(☎ 03794-224647 ; www.gkztawang.com ; d à partir de 1 650 ₹ ; 📶). À 1 km de la ville sur la route du *gompa* de Tawang, les chambres aux tons pastel avec parquet ciré et (pour la plupart) superbe vue sur le monastère au loin sont les meilleures de Tawang. L'hôtel a un groupe électrogène, une bonne connexion Wi-Fi et un bar au 1er étage.

Hotel Tashi Ga-Tsel — HÔTEL $$

(☎ 03794-222351 ; www.hoteltashigatsel.com ; d avec petit-déj à partir de 2 500 ₹ ; 📶). À l'écart du tumulte de la ville mais à courte distance de l'artère principale (près du General Parade Ground), ce vaste établissement offre une gamme de chambres confortables au mobilier de bon goût, avec grandes sdb, larges fenêtres et draps propres. Certaines parmi les plus chères ont aussi une terrasse privée. Service rapide.

Hotel Nefa — HÔTEL $

(☎ 03794-222419 ; Nehru Market ; d à partir de 800 ₹). Cet hôtel au service nonchalant dispose de chambres lambrissées et soignées, avec douches chaudes. Il est vite rempli de touristes indiens, notamment le week-end et durant les vacances locales.

Dragon Restaurant CHINOIS **$$**
(Old Market ; plats 100-180 ₹ ; ⏰8h-20h). Au menu de ce restaurant douillet, l'un des meilleurs de Tawang, des plats locaux fraîchement préparés : *churpa* (délicieux bouillon au fromage fermenté, aux champignons et aux légumes), *momo* (raviolis tibétains), poulet au piment épicé et thé tibétain au beurre de yak salé.

Depuis/vers la vallée de Tawang

Des jeeps collectives conduites par des chauffeurs à la conduite un peu folle circulent entre Tawang et Tezpur (750 ₹, 12 heures, départ à 5h30) avec des arrêts à Dirang (400 ₹, 6 heures), Bomdila (550 ₹, 8 heures) et Bhalukpong (700 ₹, 10 heures). **Himalayan Holidays** (☎9436291868 ; Old Market), un tour-opérateur fiable situé dans Old Market, vend les billets, et organise des circuits et des randonnées.

NAGALAND

"Est sauvage" de l'Inde, le Nagaland justifie souvent en premier lieu un voyage dans le nord-est de l'Inde. D'une stupéfiante beauté, ses montagnes et ses vallées, qui bordent la frontière Inde-Myanmar, forment un autre monde où, jusqu'à récemment, 16 tribus de chasseurs de têtes naga combattaient vaillamment tout intrus. Ces coutumes n'ont plus cours aujourd'hui et la majeure partie du sud de l'État s'est développée. Dans le Nord, vous aurez de bonnes chances de rencontrer des villages tribaux au mode de vie traditionnel. Renseignez-vous sur le contexte politique avant de partir car des factions rebelles sévissent dans la région.

Dimapur

☎03862 / 122 800 HABITANTS / ALTITUDE 260 M

Dimapur, ville commerçante du Nagaland, ne présente presque aucun attrait pour les visiteurs, si ce n'est son aéroport (à 4 km de la ville), important point de transit, surtout pendant le très animé Hornbill Festival (p. 575) qui se déroule à Kohima en décembre.

Où se loger et se restaurer

Longchen Homestay PENSION **$$**
(☎9436160888 ; ajmynsong@yahoo.com ; Airport Rd, Ao Yimti ; d à partir de 2 000 ₹ ; ❄📶). Soulignée de décorations en bambou et entourée de rizières luxuriantes et de cultures maraîchères, cette ravissante maison aux accents traditionnels peut servir de prétexte pour venir à Dimapur. Anne et Toshi, colonel dans l'armée indienne, (et leurs chiens) sont de charmante compagnie ; la cuisine naga, délicieusement épicée, est divine (repas 350 ₹). Le village d'Ao Yimti est à 3,5 km de Dimapur.

Hotel Acacia HÔTEL **$$**
(☎8415935254 ; www.hotelacacia.co.in ; d avec petit-déj à partir de 2 530 ₹ ; ❄📶). Impeccablement tenu, cet hôtel dispose de chambres propres et spacieuses avec lits confortables aux draps immaculés, d'une connexion Wi-Fi rapide, d'un service efficace et sert une bonne cuisine préparée sur place. Il se trouve dans l'artère principale, face à l'East Police Station. Dans les locaux, deux kiosques de voyage assurent des réservations de bus et d'avion de dernière minute.

Depuis/vers Dimapur

Air India (☎011-24624074 ; www.airindia.in) et **IndiGo** (☎9910383838 ; www.goindigo.in) assurent des vols quotidiens pour Kolkata au départ du minuscule aéroport de Dimapur, à 3 km de la ville et à 400 m de la route de Kohima.

La **gare routière NST** (Kohima Rd) est reliée à Kohima (100 ₹, 3 heures, départ toutes les heures) et à Imphal (450 ₹, 7 heures, départ à 6h).

Kohima

☎0370 / 268 000 HABITANTS / ALTITUDE 1 450 M

Abstraction faite des embouteillages et de l'urbanisation rampante, la capitale du Nagaland, parsemée de crêtes et de collines boisées, est agréable et pourrait facilement rivaliser avec les plus belles stations climatiques d'Inde. Kohima est une bonne étape lors d'un circuit dans le Nord-Est, et particulièrement pendant les fêtes de Noël. En revanche, évitez de venir le dimanche : tout est fermé, sauf les hôtels.

À voir

War Cemetery SITE HISTORIQUE
(⏰9h-17h mars-oct, 9h-16h nov-fév). GRATUIT Ce cimetière aux impeccables pelouses en terrasses abrite les tombes des 1 400 soldats britanniques, indiens et du Commonwealth, tombés durant la Seconde Guerre mondiale. Le site occupe un emplacement stratégique au carrefour des routes de Dimapur et d'Imphal, théâtre de violents combats contre

les Japonais pendant les 64 jours que dura la bataille de Kohima – aujourd'hui considérée comme la plus sanglante du conflit.

Central Market MARCHÉ

(près du stade ; 6h-16h). Sur ce fascinant marché qui fournit les principales denrées alimentaires à Kohima, les communautés tribales vendent et achètent des spécialités locales : *borol* (larves de frelons frétillantes), têtards, crapauds, vers à soie, condiments exotiques tels les pousses de bambou séchées et fermentées, de redoutables piments du Raj, du *jabrang* (poivre des montagnes), du soja fermenté et toutes sortes de viandes et de légumes. Demandez l'autorisation avant de prendre des photos – un marchand vous laissera généralement photographier son étal si vous lui achetez quelque chose.

State Museum MUSÉE

(5 ₹, appareil photo/caméra 20/100 ₹ ; 9h30-15h30 lun-sam). Ce musée d'État bien aménagé à 3 km au nord du centre de Kohima expose sur deux niveaux des objets tribaux et des bijoux sur des mannequins, des reconstitutions de la vie quotidienne, ainsi qu'une collection de trophées de chasseurs de têtes. Un bonne entrée en matière pour comprendre les liens entre les différentes tribus naga et leurs cultures.

Où se loger

Les hébergements deviennent très rares et chers pendant l'Hornbill Festival (début décembre). Certains hôtels ouvrent les réservations un an à l'avance, réservez très tôt.

Heritage PENSION $$

(9436215259 ; theheritagekohima@gmail.com ; Old DC Bungalow, Raj Bhavan Rd ; s/d 2 000/2 500 ₹ ;). Ancienne résidence officielle d'un préfet de Kohima, cette pension perchée sur Officer's Hill domine la ville. Un parfum de nostalgie imprègne chacune de ses 4 chambres luxueuses, qui témoignent d'un passé révolu et du train de vie des hauts fonctionnaires de l'époque. De délicieux repas (plats 120-180 ₹) peuvent être préparés sur demande.

Razhu Pru HÔTEL HISTORIQUE $$

(0370-2290291 ; razhupru@yahoo.co.in ; Mission Compound ; d avec petit-déj à partir de 2 500 ₹ ;). Maison familiale joliment reconvertie en hôtel, le Razhu Pru possède des salons lambrissés, ornés d'artefacts et de souvenirs. Les beaux meubles en rotin et les fougères en pots ajoutent à l'attrait du lieu. Lits confortables, tissus ethniques et cheminées pour les froides nuits d'hiver dans les chambres. Délicieux repas naga (*thali* 500 ₹) à commander à l'avance.

Blue Bayou HÔTEL $$

(0370-2292008 ; thebluebayoukohima@gmail.com ; s/d avec petit-déj à partir de 1 600/2 680 ₹ ;). En face du War Cemetery, de l'autre côté de la route, cet hôtel central dispose de chambres spacieuses et bien tenues dont beaucoup offrent une vue superbe sur la vallée, à l'arrière. Avec ses tarifs compétitifs, c'est l'un des premiers hôtels à afficher complet pour l'Hornbill Festival de décembre : réservez très tôt.

Hotel Vivor HÔTEL $$$

(0370-2806243 ; contact@hotelvivor.in ; NH61 ; s/d avec petit-déj à partir de 3 600/4 150 ₹ ;). Cet hôtel haut de gamme à 3 km au sud de la ville propose des chambres superbement équipées avec lits moelleux, draps immaculés, sdb très propres et grandes fenêtres. Le service est rapide ; le café en dessous sert un vrai expresso et la boutique de souvenirs près de l'entrée vend des objets artisanaux à prix raisonnable.

Où se restaurer

Dream Café CAFÉ $

(angle Dimapur Rd et Imphal Rd ; plats 80-120 ₹ ; 10h-18h lun-sam). Rendez-vous obligé des jeunes de Kohima, ce café animé et pimpant sert des plats du jour, comme des nouilles sautées ou des pizzas, mais aussi du café et des en-cas. La superbe vue sur la montagne à travers la baie vitrée, les expositions d'artistes locaux et la clientèle sympathique en font un bon endroit où s'attarder.

Ozone Cafe CAFÉ $

(Imphal Rd ; plats 80-120 ₹ ; 12h-20h ;). Ce café central et branché, situé face à l'ICICI Bank, dispose d'une immense salle aux airs de gymnase, où la jeunesse de Kohima passe des heures attablée devant des plats variés (*momo*, pizzas, nouilles) et du soda au gingembre. Accès Wi-Fi gratuit.

Arudupa Spur Cafe INDIEN, INTERNATIONAL $$

(Arudupa Hotel ; plats 120-160 ₹ ; 11h-21h lun-sam). Situé dans l'Arudupa Hotel, ce restaurant est l'un des plus fréquentés de Kohima. Les jeunes s'y prélassent sur des sofas et piochent dans un menu panasiatique. De la bonne musique passe toute la journée ; les radiateurs ne manquent pas pour les froides soirées d'hiver.

VAUT LE DÉTOUR

VILLAGES AUX ENVIRONS DE KOHIMA

Les circuits culturels se développent petit à petit au Nagaland. Ils permettent aujourd'hui de partir en excursion d'une journée dans les villages reculés, de rencontrer les villageois et même de loger chez l'habitant, notamment à Khonoma et Kisama. Contactez **Explore Nagaland** (☎9856343037 ; www.explorenagaland.com ; en pension complète à partir de 1 500 ₹ par pers et par nuit).

Khonoma

Ce village angami-naga fut le théâtre de deux batailles majeures entre les Britanniques et les Angami en 1847 et 1879. Édifié sur une crête aisée à défendre, Khonoma a conservé son charme d'autrefois, avec sa vallée tapissée de rizières émeraude et bordée de versants vertigineux. Le village compte quelques hébergements simples chez l'habitant et les guides touristiques peuvent organiser une nuitée chez un particulier sur demande.

Kisama Heritage Village

Ce village historique se compose de maisons naga traditionnelles et de *morung* (dortoirs de la jeunesse) avec leurs tambours en rondins et décorés d'ornements architecturaux représentatifs des différentes tribus du Nagaland. Chaque année, le village accueille l'Hornbill Festival (p. 575), la plus grande fête du Nagaland. Son **WWII Museum** (Kisama Heritage Village ; 10 ₹ ; ⏲10h-16h) présente des souvenirs des batailles qui se sont déroulées près de Kohima pendant de la Seconde Guerre mondiale. Kisama est à 10 km du centre de Kohima, sur la route d'Imphal.

Kigwema

À 10 minutes de voiture après Kisama sur l'Imphal Rd se trouve Kigwema, un village angami d'importance historique. En effet, les forces japonaises y établirent un camp avant l'affrontement final avec les forces Alliées en 1944. La modeste maison donnant sur la vallée du général Saito, commandant des troupes japonaises, existe encore, criblée d'impacts de balles qui témoignent de la violence des combats. Les touristes (de préférence accompagnés par un guide local) peuvent loger chez une famille du village et avoir un aperçu de leur mode de vie.

ℹ Depuis/vers Kohima

La **gare routière NST** (Main Rd) est reliée à Dimapur (100 ₹, 3 heures, départ toutes les heures), Mokokchung (200 ₹, 6 heures, départ à 6h) et Imphal (220 ₹, 7 heures, départ à 7h). De la station de taxis qui lui fait face, des taxis collectifs assurent la liaison avec Dimapur (200 ₹, 2 heures 30). Une voiture avec chauffeur pour une excursion d'une journée à Kisama et Khonoma coûte environ 1 500 ₹.

Nord du Nagaland

De Kohima à Mon

La route pittoresque et terriblement cahoteuse menant de Kohima à Mon traverse de superbes collines boisées, en faisant une brève incursion dans l'Assam. En chemin, elle passe près de plusieurs villages tribaux habités essentiellement par les **Ao**, autrefois un peuple de grands guerriers, qui tissent encore de superbes châles claniques ornés de motifs animaliers élaborés. La paisible **Mokokchung**, dans un cadre montagneux spectaculaire, est la plus grande ville sur l'itinéraire : un bon endroit pour découvrir la vie au Nagaland.

À voir

Rendikala Subong Museum MUSÉE
(Town Hall Rd, Mokokchung ; 10 ₹). Ce petit musée privé renferme un certain nombre d'objets tribaux des Ao, ainsi qu'une bible qui serait la plus petite du monde. Il est généralement fermé, mais le gardien logé sur place peut vous ouvrir si vous vous présentez à une heure raisonnable.

Où se loger et se restaurer

Hotel Metsuben HÔTEL $
(☎8014587442 ; metsuben@yahoo.com ; Mokokchung ; d à partir de 990 ₹ ; ❄@🛜). Situé en haut de la colline – près de Kohima Rd et du Town Park –, à l'écart du tumulte du

centre-ville, cet hôtel épatant est la meilleure adresse de Mokokchung pour passer la nuit et goûter de copieux plats naga épicés.

Tuophema Tourist Village CHEZ L'HABITANT $$
(☎9436005002 ; Tuophema ; d 2 750 ₹). Dans ce village touristique, à 45 km au nord de Kohima, vous serez hébergé dans une case naga en chaume et dégusterez des plats traditionnels dans la cafétéria (repas 250 ₹). Prévenez de votre arrivée ou vous risquez de trouver porte close.

Le minuscule musée du village (aux horaires irréguliers) expose une modeste collection d'artefacts tribaux et de trophées animaliers.

Depuis/vers le secteur entre Kohima et Mon

Des jeeps collectives partent tôt le matin de la **gare routière NST** (p. 595) de Kohima pour rejoindre Mokokchung (200 ₹, 6 heures, départ à 6h), en se traînant sur les 150 km de trajet. Le lendemain matin à Mokokchung, on trouve quelques correspondances pour Sonari (100 ₹, 4 heures, départ à 7h) ; de là, des jeeps rejoignent Mon (150 ₹, 3 heures, départ à 9h et 12h).

Mon et ses environs

Bourgade pauvre nichée dans les collines, Mon est le point d'accès aux nombreux villages konyak de la région. Il est difficile de trouver un taxi à Mon pour une excursion d'une journée et beaucoup des villages environnants ne sont pas desservis par les transports publics. Aussi, mieux vaut réserver une voiture avec guide pour circuler dans ce secteur reculé.

À voir

Villages konyak

Le village tribal le plus fréquenté est **Longwa**, à environ 35 km de Mon. La maison-longue du chef a la particularité d'être à cheval sur la frontière indo-birmane et renferme une fascinante collection d'armes, de totems évoquant des dinosaures et un siège d'avion métallique de la Seconde Guerre mondiale provenant d'un appareil tombé dans la jungle. Vous pourrez passer quelque temps dans une maison locale ; plusieurs anciens chasseurs de têtes tatoués se laissent photographier moyennant 100 ₹. De nombreux foyers vendent aussi des bijoux, des masques sculptés et d'autres objets tribaux (200-1 000 ₹). Durant la haute saison, chaque visiteur doit s'acquitter d'un droit d'entrée de 200 ₹.

Parmi les autres villages qui peuvent se visiter à partir de Mon figurent **Old Mon** (5 km), où d'innombrables crânes d'animaux ornent les murs de la maison du chef ; **Singha Chingnyu** (20 km), où une immense maison-longue est décorée de crânes d'animaux et de trois tigres empaillés ; et **Shangnyu** (25 km), qui possède un sanctuaire en bois rempli de références à la fertilité et où le chef est accueillant.

Où se loger et se restaurer

Helsa Resort HUTTES $
(☎9436000028 ; Mon ; d à partir de 1 200 ₹). Cet hébergement, situé à la lisière de la ville sur la route de Longwa, comprend 6 huttes konyak traditionnelles en chaume, avec sol en bambou et mobilier spartiate ; l'eau chaude est apportée dans un seau. Repas préparés sur demande.

CHASSEURS DE TÊTES

Longtemps redoutés pour leur férocité guerrière et leur farouche indépendance, les Naga associaient la chasse aux têtes à une démonstration de puissance et de virilité. Lors des guerres entre villages, les vainqueurs décapitaient les vaincus et grimpaient aussitôt dans l'échelle sociale (et aux yeux des femmes). Dans certaines tribus comme les Konyak de Mon, les coupeurs de têtes étaient décorés de tatouages faciaux et de marques en V sur le torse, et pouvaient porter des pendentifs en cuivre appelés *yanra*, qui indiquaient le nombre de têtes coupées.

La chasse aux têtes fut officiellement interdite en 1953 (le dernier cas recensé date de 1963). Les missionnaires chrétiens, qui prêchèrent pendant des décennies la non-violence et la coexistence pacifique entre les peuples, furent pour beaucoup dans cette évolution. Presque 90% des Naga se considèrent aujourd'hui chrétiens et de vastes églises témoignent de leur foi dans chaque bourgade. La plupart des hameaux se sont débarrassés de leurs macabres trophées humains, jugés désormais immoraux.

VOYAGER EN TOUTE SÉCURITÉ DANS LES ÉTATS DU NORD-EST

Au cours des dernières décennies, de nombreux groupes ethnolinguistiques du Nord-Est ont protesté, souvent violemment, pour rappeler leurs droits face à l'immigration illégale en provenance des pays voisins, à l'apathie du gouvernement central et à la répression policière. Certains aspirent à l'indépendance, d'autres à l'autonomie, mais maints conflits relèvent en fait de guerres de clans ou de territoire. Même si la paix prédomine, des événements imprévisibles peuvent mettre le feu aux poudres à tout moment. En 2010, des attentats à la bombe ont frappé l'Assam et la région des monts Garo, au Meghalaya. Des violences ethniques ont éclaté en Assam fin 2012 et, depuis cette même période, le Manipur connaît attentats et couvre-feux. En décembre 2014, la rébellion de groupes bodo a fait plus de 70 morts dans l'Assam. En juin 2015, des guérilleros ont tendu une embuscade à un convoi de l'armée tuant 18 soldats au Manipur et, fin 2016, l'État a subi incendies criminels, violences et couvre-feux durant près de deux mois. En août 2016, des hommes armés tuèrent 12 personnes sur un marché bondé de Bajalan dans l'Assam, non loin de la frontière avec le Bhoutan. De plus, des grèves et des fermetures paralysent régulièrement l'Assam et le Manipur. Aussi tenez-vous au courant de l'actualité, en regardant la TV ou en lisant la presse locale par exemple. Consultez les conseils mis en ligne par les autorités de votre pays (voir l'encadré p. 819). Si vous participez à un circuit organisé, vérifiez auprès de votre agence que votre guide connaît la situation en cours.

Konyak Tea Retreat SÉJOUR À LA FERME $$
(www.konyaktearetreat.com ; Shiyong ; pension complète 2 500 ₹/pers). Situé à 20 km avant Mon sur la route principale du village de Shiyong, ce magnifique établissement est tenu par la sympathique Phejin, descendante d'un célèbre chasseur de têtes konyak, qui saura vous parler de ses racines tribales. Les chambres écolo-chics donnent sur une plantation de thé et les repas naga traditionnels sont délicieux.

Depuis/vers Mon et ses environs

Des jeeps collectives au départ de Mon rejoignent péniblement Dimapur (450 ₹, 13 heures, départ à 15h) et Sonari dans l'Assam (100 ₹, 3 heures, départ à 6h et 9h), où vous pourrez changer pour Jorhat (100 ₹, 2 heures) et Mokokchung (150 ₹, 4 heures). Aucun transport public ne circule depuis Mon le week-end.

MANIPUR

Berceau de gracieuses danses classiques, d'arts raffinés, d'une somptueuse cuisine et (soi-disant) du polo, le Manipur s'étend parmi des collines vallonnées le long de la frontière du Myanmar. Ce "pays orné de joyaux" abrite des Thadou, des Tangkhul, des Paite, des Kuki, des Mao Naga et de nombreux autres peuples ; les Meitei, des hindous néovishnouites, forment le groupe prédominant. La majeure partie du Manipur est couverte d'épaisses forêts, refuges d'oiseaux rares, mais aussi de trafiquants de drogue et de guérilleros. Ce qui en fait de loin l'État le plus dangereux du Nord-Est.

Les étrangers ne peuvent actuellement visiter qu'Imphal et ses alentours, un secteur considéré comme sûr. La plupart rejoignent Imphal en avion ; mais avec un guide, on peut également s'y rendre en voiture depuis Kohima (Nagaland) ou Silchar (Assam).

Imphal

☎0385 / 268 500 HABITANTS

Proche de la frontière indo-birmane, Imphal révèle un brassage animé de cultures et de coutumes. Seule ville importante du Manipur, elle attire les membres de diverses communautés venus y vivre et y travailler. En raison de la forte présence militaire (due aux soulèvements passés), les coupures de courant aléatoires et les couvre-feux font partie du quotidien, et les activités y sont limitées, surtout après le coucher du soleil.

À voir

♥ **Khwairamband Bazaar** MARCHÉ
(Ima Market ; 7h-17h). Dans des bâtiments à colonnade, ce vaste marché où ne travaillent que des femmes est tenu par quelque 4 000 *ima* (mères), reflétant le modèle socioéconomique matriarcal traditionnel du Manipur. Le marché est divisé en deux

VAUT LE DÉTOUR

LE LAC LOKTAK

Le lac Loktak, à l'écosystème fascinant, est un des rares endroits du Manipur que les étrangers peuvent visiter en dehors d'Imphal. Ses eaux bleues scintillantes sont parsemées de tapis d'herbes (qui tendent à disparaître), appelés *phumdis*. Les habitants du lac construisent des cases en chaume sur ces "îles flottantes" et se déplacent en pirogues. Ils créent aussi des bassins à poissons circulaires délimités par des anneaux d'herbes flottants. **Sendra Island** (15 ₹) offre la meilleure vue. Vous pourrez aussi embarquer sur un **bateau** (200 ₹/embarcation) pour découvrir la vie sur ce lac.

Quelques cahutes vendent des bouteilles d'eau, des en-cas et du thé au bord du lac près de Sendra Island. Si vous voulez pique-niquer, faites vos provisions de boissons et nourriture à Imphal.

À l'extrémité sud du lac s'étend **Moirang**, un hameau assoupi où, le 14 avril 1944, l'Indian National Army (Armée nationaliste indienne) revendiqua pour la première fois la souveraineté indienne contre le Raj britannique.

Le lac Loktak est à 45 km d'Imphal par la route. L'aller-retour en taxi coûte environ 2 500 ₹, attente comprise.

parties : l'une est consacrée aux denrées alimentaires, fruits et légumes, poissons, épicerie, et l'autre, aux articles ménagers, au tissu et à la céramique. Une véritable aubaine pour les photographes (demandez toujours l'autorisation). Un séisme a sérieusement endommagé les locaux en 2015, mais les réparations ont commencé et les affaires continuent.

Fort de Kangla FORT

(Myanmar Rd ; Indien/étranger 10/50 ₹ ; 9h-16h jeu-mar). Ce vaste fort entouré de murs bas fut à plusieurs reprises le siège du pouvoir royal du Manipur, jusqu'à la guerre anglo-manipuri de 1891, qui se solda par la défaite du maharaja manipuri et l'annexion par les Britanniques. Après avoir franchi de larges douves, une porte démesurée donne accès à la citadelle. Les bâtiments plus anciens à l'arrière, gardés par trois grands *kangla sha* (dragons) blancs restaurés sont les plus intéressants.

Imphal War Cemetery CIMETIÈRE

(Imphal Rd ; 8h-16h30). GRATUIT Paisible et bien entretenu, ce cimetière abrite les tombes de plus de 1 600 soldats britanniques et du Commonwealth tués au cours des violents combats de la bataille d'Imphal, en 1944. Il se trouve dans un parc ombragé, au bout d'une allée près d'Imphal Rd.

Où se loger et se restaurer

Classic Hotel HÔTEL $$

(0385-2443967 ; www.theclassichotel.in ; North AOC Rd ; s/d avec petit-déj à partir de 2 000/2 540 ₹ ;). Doté de grandes chambres impeccables et tout confort, cet hôtel ouvert de longue date offre l'un des meilleurs rapports qualité/prix du nord-est de l'Inde. Le personnel anglophone est très serviable et le restaurant sert des plats délicieux (commandez à l'avance les spécialités régionales). Les belles sdb sont un atout supplémentaire. Wi-Fi rapide permettant les appels vidéo.

Hotel Imphal HÔTEL $$

(0385-2421373 ; www.hotelimphal.com ; North AOC Rd ; s/d avec petit-déj à partir de 2 280/2 800 ₹ ;). Cet hôtel imposant à la façade ivoire ne manque pas d'attraits : des pelouses soignées, un bon café, des chambres lumineuses lambrissées dotées de meubles en bois, de lits douillets aux draps frais et de sdb carrelées avec grandes baignoires, et un service sympathique et efficace. Il accueille de grandes réceptions, et peut donc parfois être bruyant.

Anand Continental HÔTEL $$

(0385-2449422 ; hotel_anand@rediffmail.com ; Khoyathong Rd ; s/d à partir de 1 350/1 550 ₹ ;). Cet hôtel soigné aux murs jaunes radieux a fait ses preuves. Il dispose de petites chambres aux meubles un peu disproportionnés. La direction est très sympathique et il y a un groupe électrogène en cas de coupure de courant. La cuisine de l'hôtel est sans intérêt. L'accueil est au 1er étage, en haut d'un étroit escalier.

Luxmi Kitchen INDIEN $$

(Jiribam Rd, Wahengbam Leikai ; thali 140 ₹ ; 11h-14h). Champion des *thali* manipuri, ce restaurant très populaire sert de superbes assortiments d'une bonne douzaine de spécialités – ragoût de poisson acidulé, poisson frit, légumes-feuilles, légumes sautés, dhal local, *iromba* (chutney au poisson) et *ngapi* (pâte de crevettes séchées). Un repas qui pourrait bien compter parmi vos meilleurs souvenirs dans le Manipur.

Depuis/vers Imphal

L'aéroport se trouve à 9 km au sud-ouest d'Imphal. Air India, IndiGo et Jet Airways offrent tous des vols pour Guwahati et Kolkata. Air India dessert aussi Aizawl et Dimapur.

Des bus privés desservent Guwahati (750 ₹, 17 heures, départ toutes les heures de 6h à 10h) et Dimapur (450 ₹, 7 heures, départ à 10h) via Kohima (390 ₹, 5 heures). Pour Aizawl, vous devrez changer à Dimapur. Plusieurs agences vendent les billets, notamment **Manipur Golden Travels** (MG Ave ; 5h30-19h), au carrefour de North AOC, à mi-chemin entre le Classic Hotel et l'Hotel Imphal.

Pour rejoindre le **poste-frontière international de Moreh** (Moreh-Tamu ; 8h-16h), mieux vaut louer un taxi privé (3 000 ₹ environ).

MIZORAM

Le splendide État de Mizoram, qui se dresse sur des crêtes montagneuses s'étirant sur un axe nord-sud, se prête davantage à un voyage initiatique que touristique. La majorité de la population est ethniquement proche de celle des pays d'Asie du Sud-Est voisins comme le Myanmar. La religion dominante est le christianisme, et la culture mizo n'établit pas de distinction entre les castes et les sexes. À Aizawl, les filles fument ouvertement, portent des habits modernes, sortent en groupes sans chaperon et retrouvent leur petit ami aux concerts.

Le Mizoram vit à son propre rythme. La plupart des commerces ouvrent tôt et ferment à 18h. Presque tout est fermé le dimanche. À l'arrivée, vous devez théoriquement vous enregistrer au **bureau du surintendant de la police** (Office of the Superintendent of Police ; 0389-2335339 ; CID Office, Bungkawn ; 10h-16h lun-sam), à Aizawl.

Aizawl

0389 / 293 500 HABITANTS

Accrochée à une crête quasi verticale, Aizawl ("aïe-zole") est la capitale d'État la plus alanguie de l'Inde. Il n'y a pas grand-chose à faire, à part savourer son rythme paisible. Le quartier autour de Chanmari, en plein cœur du secteur résidentiel et commerçant d'Aizawl, est le plus intéressant. On y trouve la plupart des établissements touristiques.

À voir

Marché de rue du samedi MARCHÉ

(Mission Veng St). Sur ce marché attrayant – l'animation principale du week-end à Aizawl –, des villageoises vendent des fruits, des légumes, du poisson, de la volaille et parfois des porcelets vivants à emporter dans des petits paniers tressés. Les gourmets pourront faire provision de denrées séchées au soleil et d'épices locales à rapporter pour pimenter leurs repas.

Salvation Army Temple ÉGLISE

(Zodin Sq). GRATUIT Le temple de l'Armée du Salut se manifeste par ses carillons qui résonnent dans toute la cité, surtout le dimanche matin. Son imposante façade d'inspiration néogothique mérite une photo ! On peut s'y rendre

HORS DES SENTIERS BATTUS

LE MIZORAM RURAL

Les belles collines verdoyantes du Mizoram s'élèvent à mesure que l'on progresse vers l'est en direction de la frontière birmane. Le **Champhai**, généralement considéré comme le plus beau district, abrite le **Murlen National Park**, réputé pour sa colonie de gibbons houlocks. La bourgade de **Saitual** constitue une bonne étape sur la route du Champhai. Tout près de celui-ci, le joli **lac Tamdil** est entouré de montagnes luxuriantes. Plus loin, **Blue Mountain** (Phawngpui ; 2 147 m) est le point culminant de l'État. Les Mizo la considèrent comme le domaine des dieux ; des fantômes hanteraient ses versants. On peut randonner dans la région, mais il est déconseillé d'explorer la jungle sans un guide local expérimenté.

Dépourvue d'hôtels, la région recèle quelques hébergements ruraux chez l'habitant : venez avec un guide local pour les trouver et communiquer avec vos hôtes.

en taxi depuis le quartier central de Chanmari (50 ₹), ou en 30 minutes de marche.

Où se loger et se restaurer

Hotel Regency HÔTEL $$
(☎0389-2349334 ; www.regencyaizawl.com ; Zarkawt Main St ; s/d avec petit-déj à partir de 2 120/2 490 ₹ ; ❄📶). Chic selon les standards d'Aizawl, cet hôtel loue des chambres attrayantes ouvrant sur des corridors en marbre, chacune avec lits douillets, TV et sdb propre. Le service est professionnel et attentif. L'excellent restaurant, où sont servis des plats indiens, chinois et internationaux, surplombe l'artère principale. Certaines chambres des étages inférieurs sur rue sont bruyantes.

David's Hotel Clover HÔTEL $$
(☎0389-2305736 ; www.davidshotelclover.com ; G16, Chanmari ; s/d avec petit-déj à partir de 950/1 500 ₹ ; @📶). À défaut d'être le plus luxueux de la ville, cet hôtel est sans conteste le plus accueillant. Les chambres, bien tenues, sont joliment éclairées et dotées de sdb chics bien équipées. Le Wi-Fi fonctionne en permanence et le restaurant sert la meilleure cuisine chinoise et mizo de la ville. En contrebas de la rue, en bas d'un escalier.

Aizawl Masala CHINOIS $
(Zarkawt Main St ; plats 80-120 ₹ ; ⏲12h-20h lun-sam). À une volée de marches en contrebas de la rue, ce restaurant branché sert les habituels plats chinois – nouilles, riz sauté, viande en sauces diverses, etc. – sur fond de bonne musique.

Depuis/vers Aizawl

Le trajet jusqu'à l'aéroport de Lengpui, à 35 km à l'ouest d'Aizawl, en taxi/jeep collective coûte 1 500/150 ₹. **Air India** (☎011-24624074 ; www.airindia.in), **IndiGo** (☎9910383838 ; www.goindigo.in) et **Jet Airways** (☎1800225522 ; www.jetairways.com) assurent des vols quotidiens pour Guwahati et Kolkata.

Les guichets des jeeps Sumo longue distance sont regroupés autour du Sumkuma Point de Zarkawt. Ils desservent notamment Guwahati (1 200 ₹, 20 heures, départ à 18h lun-sam), Shillong (1 000 ₹, 16 heures, départ à 18h lun-sam) et Silchar (500 ₹, 6 heures, 4/jour).

TRIPURA

Loin des circuits touristiques habituels, le Tripura est pourtant riche en attraits culturels, et possède une poignée de palais royaux et de temples qui devraient attirer l'attention des touristes étrangers. Ces derniers restent pourtant très rares, bien qu'il ne faille pas de permis pour visiter cet État actuellement. Une excursion d'une grosse journée depuis Agartala permet de voir les principaux sites du sud du Tripura.

Agartala

☎0381 / 400 000 HABITANTS

Seule "ville" du Tripura, la capitale de l'État est une localité discrète dont l'ambiance semi-rurale évoque l'Inde d'antan. Malgré les embouteillages, on y vit à un rythme tranquille, et les habitants se montrent très amicaux.

À voir

Outre les sites principaux, plusieurs mausolées royaux se délabrent paisiblement sur la rive derrière le marché Battala. Pour les rejoindre, descendez HGB Rd vers l'ouest, tournez à gauche dans Ronaldsay Rd et continuez tout droit en longeant la berge.

Palais d'Ujjayanta PALAIS
(musée 10 ₹ ; ⏲11h-17h mar-dim). Cet étonnant palais coiffé d'une coupole se reflétant dans deux grands bassins est le joyau d'Agartala. Dans l'immense édifice, seul le **Tripura Government Museum**, très bien conservé, se visite. Ce musée d'État présente une vaste collection de souvenirs et objets royaux ou culturels ainsi que des vestiges du patrimoine artistique multiséculaire du nord-est de l'Inde. Les allées bordées d'arbres au bord

> **PASSAGE DE FRONTIÈRE : VERS AKHAURA, AU BANGLADESH**
>
> La frontière est située à 3 km du centre d'Agartala, le long d'Akhaura Rd (60 ₹ en rickshaw). Du côté bangladais, la ville la plus proche est Akhaura, à 5 km, desservie par des "CNG" (auto-rickshaws). D'Akhaura, des trains desservent Dacca, Comilla et Sylhet. D'Agartala, un bus part pour Dacca (480 ₹, 6 heures) à 13h30 de l'**International Bus Terminal**, près d'Hospital Rd en face de la gare routière TRTC. À Agartala, la frontière est ouverte de 8h à 18h. Il n'y a pas de bureau de change : il faut s'adresser aux commerçants ou aux fonctionnaires de la frontière.

Agartala

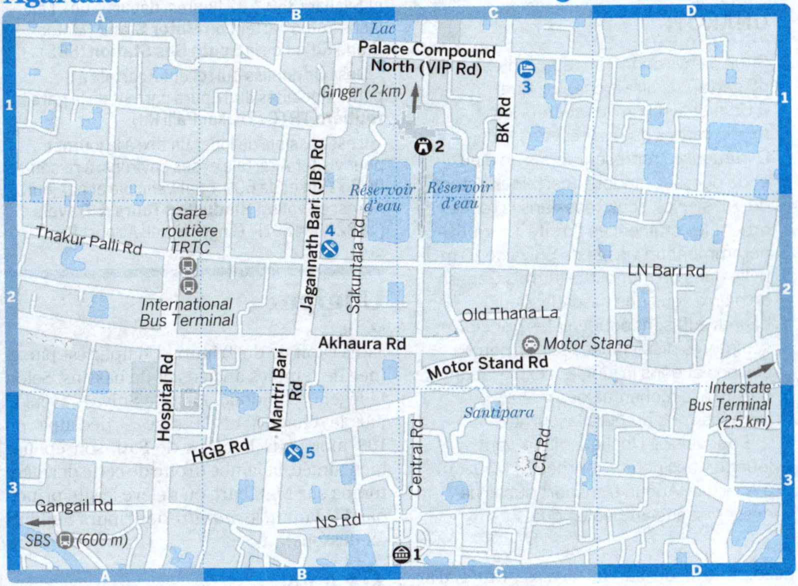

du lac qui jouxte le bâtiment sont ouvertes au public toute la journée.

State Academy of Tribal Culture MUSÉE
(Chowmuhani ; 10h-17h lun-sam). GRATUIT Proche de Central Rd à Chowmuhani, cette académie de la culture tribale expose une importante collection de costumes, d'artisanat, d'instruments et autres objets quotidiens de 19 communautés tribales du Tripura. Une immersion culturelle qui vaut le détour si vous en avez le temps.

Où se loger et se restaurer

Ginger HÔTEL $$$
(0381-2411333 ; www.gingerhotels.com ; Airport Rd ; s/d à partir de 3 290/3 650 ₹ ;). Appartenant à la chaîne hôtelière du groupe Tata, cet hôtel d'affaires économique très bien géré dispose de chambres élégantes décorées dans des tons orange et bleu pastel. On y trouve le Wi-Fi gratuit, du vrai café, un restaurant servant de délicieux buffets, une petite salle de sport et un DAB de la SBI. En venant de l'aéroport, il est à 2 km sur la droite avant la ville.

Hotel Rajdhani HÔTEL $$
(0381-2323387 ; BK Rd ; d à partir de 1 980 ₹ ;). Proche du palais d'Ujjayanta, cet hôtel qui a fait ses preuves loue des chambres propres et soignées qui, pour certaines, donnent sur les remparts du palais. Le personnel est serviable et accommodant. Le restaurant prisé sert une bonne cuisine internationale et des plats locaux.

Agartala

À voir

Où se loger

Où se restaurer

Restaurant Kurry Klub INDIEN, CHINOIS $$
(Hotel Welcome Palace, HGB Rd ; plats 120-180 ₹ ; 11h-22h ;). Le restaurant de l'Hotel Welcome Palace sert de copieuses portions d'une savoureuse cuisine indienne, dont d'excellents plats de poisson. Il est souvent fréquenté par des groupes d'amis pour le dîner.

Abhishek Restaurant INDIEN $
(LN Bari Rd ; plats 80-130 ₹ ; 12h-22h ;). Installez-vous dans la salle climatisée au

HORS DES SENTIERS BATTUS

UNAKOTI

Situé à environ 140 km au nord-est d'Agartala, le site archéologique d'Unakoti est l'un des secrets les mieux gardés du nord-est de l'Inde. D'immenses représentations de dieux et de déesses hindous (certaines datant du VIIe siècle), sculptées dans la roche, ornent les éminences du site. On trouve notamment un visage de Shiva de 10 m taillé dans un monolithe et trois Ganesh en pierre sous une cascade. Deux heures suffisent pour voir les principales sculptures disséminées sur de petites collines et dans la jungle ; l'exploration du site à la recherche des mieux cachées vous prendra la journée.

Pour venir à Unakoti, mieux vaut louer un taxi pour la journée (3 000 ₹) à Agartala. Aucun transport public ne dessert le site archéologique.

décor marin ou sur la terrasse ornée d'arbustes et de sculptures pour savourer de succulentes spécialités d'Inde du Nord ou locales. L'éclairage kitsch est compensé par l'ambiance joyeuse.

Renseignements

VISAS POUR LE BANGLADESH

L'unique **bureau des visas pour le Bangladesh** (☎0381-2324807 ; Airport Rd, Kunjaban ; ⏲demandes 9h-13h lun-jeu, 9h-12h ven, retrait 16h) du nord-est du pays se cache dans une petite rue à Agartala, à 2 km environ au nord du palais d'Ujjayanta. Officiellement, les visas touristiques pour le Bangladesh sont gratuits. Pour bénéficier d'une procédure rapide, et obtenir un visa en un jour ouvré, il faut souvent s'acquitter de "frais de gestion" de 400 ₹.

Comment s'y rendre et circuler

Le trajet en taxi jusqu'à l'aéroport d'Agartala, à 12 km au nord, coûte 250 ₹. **Air India** (☎011-24624075 ; www.airindia.in), **Jet Airways** (☎1800225522 ; www.jetairways.com), **IndiGo** (☎9910383838 ; www.goindigo.in) et **SpiceJet** (☎9654003333 ; www.spicejet.com) assurent des vols quotidiens pour Kolkata et Guwahati.

Des agences de bus privés sont regroupées dans LN Bari Rd. Des bus partent de l'**Interstate Bus Terminal** de Chandrapur, à 3 km à l'est du centre d'Agartala (rickshaw 50 ₹), à destination de Guwahati (950 ₹, 24 heures, départ à 6h et 12h), Shillong (800 ₹, 20 heures, départ à 6h et 12h) et Silchar (350 ₹, 12 heures, départ à 6h). Les jeeps Sumo partent du **Motor Stand** (Motor Stand Rd) et de la **South Bus Station** (SBS).

Des bus publics qui relient Agartala à de petites localités du Tripura partent de la **gare routière TRTC** (Thakur Palli Rd).

Il est possible de louer un taxi à la journée pour visiter Agartala et ses environs, à raison de 8 ₹/km et de 600 ₹ par véhicule et par jour. Adressez-vous à **Hindustan Tours & Travels** (☎9206348911 ; Ginger Hotel, Airport Rd).

Udaipur

☎03821

Jadis capitale du Tripura, Udaipur est parsemée de temples anciens et de bassins. Selon la légende hindoue, lorsque Shiva – aveuglé par le chagrin et la rage – découpa en 108 morceaux le corps de Sati, son épouse bien aimée, la jambe droite de cette dernière tomba sur Matabari, où s'élève le site principal d'Udaipur, le *mandir* de Tripura Sundari (ci-dessous).

À voir

Mandir de Tripura Sundari TEMPLE HINDOU

(Matabari ; ⏲4h30-13h30 et 15h30-21h30). Surmonté d'une flèche rouge, ce temple de 1501 est dédié à Kali. Les pèlerins viennent y solliciter les bienfaits de la déesse mère hindoue. Ils affluent en plus grand nombre encore pendant Kali Puja (octobre/novembre) pour se baigner dans le bassin rempli de poissons qui jouxte le *mandir*. Le temple est à 4 km au sud d'Udaipur ; le trajet en auto-rickshaw coûte 50 ₹.

Depuis/vers Udaipur

Des bus pour Agartala (60 ₹, 2 heures) et Melaghar (40 ₹, 45 min) partent tous les jours de la gare routière d'Udaipur.

Neermahal et Melaghar

☎0381

Village pittoresque et somnolent, Melaghar abrite l'édifice le plus emblématique du Tripura : le palais de Neermahal, construit sur une île. Une excursion d'une journée jusqu'au village offre un bel aperçu du Tripura rural.

À voir

Neermahal MONUMENT

(Rudra Sagar ; 5 ₹, appareil photo/caméra 10/25 ₹, bateau rapide par pers/bateau 20/400 ₹, barque 20/100 ₹ ; ⏲8h30-16h, 8h30-16h30 avr-sept). Ce superbe palais rouge et blanc, aujourd'hui vide, étincelle sur une île marécageuse du lac Rudra Sagar. Comme celui d'Udaipur, au Rajasthan, ce luxueux palais d'été est un caprice esthétique princier, construit par les meilleurs artisans où se mêlent les styles hindou et islamique. Achevé en 1930, l'édifice fut baptisé par le prix Nobel Rabindranath Tagore, originaire du Bengale. L'approche en bateau est le moment le plus plaisant de la visite.

Depuis/vers le Neermahal et Melaghar

Des bus relient Melaghar à Agartala (60 ₹, 2 heures, départ toutes les heures) le matin et l'après-midi. Le dernier bus part vers 16h.

MEGHALAYA

Séparant la vallée de l'Assam des plaines du Bangladesh, le Meghalaya (la "demeure des Nuages") est un État montagneux frais et couvert de pins qui s'étend sur de spectaculaires falaises rocheuses en fer à cheval. Cherrapunjee et Mawsynram sont parmi les endroits les plus arrosés de la planète. Les pluies, qui tombent principalement entre juin et septembre, créent d'impressionnantes cascades et creusent des grottes parmi les plus longues d'Asie.

Le Meghalaya est majoritairement peuplé de Jaintia, de Khasi et de Garo, qui vivent respectivement dans l'Est, le Centre et l'Ouest. La fête des Tambours de Wangala (p. 575) qui se déroule en automne dans les monts Garo est un bon moment pour visiter cette région.

Shillong

☎0364 / 145 000 HABITANTS

Jusqu'en 1972, Shillong fut la capitale de l'Assam créé par les Britanniques. Devenue celle du Meghalaya, elle s'est rapidement métamorphosée en une ville indienne moderne, mais conserve par endroits son atmosphère coloniale. La transformation des voitures y est une activité prisée, comme l'illustrent de nombreux taxis !

À voir

Si l'architecture d'antan, partiellement en bois, a cédé la place au morne béton, de nombreuses vieilles maisons subsistent dans des quartiers comme Oakland et Lumsohphoh. Particulièrement représentatif de l'architecture coloniale et plus central, le **Pinewood Hotel** (Rita Rd), une demeure de planteurs des années 1920, mérite le coup d'œil en soirée. La **All Saints' Cathedral** (Kacheri Rd), de 1902, est charmante, avec ses pans de bois. L'**église anglicane**, perchée au-dessus de Police Bazaar, est un gracieux bâtiment, précédé d'une belle pelouse.

♥ Don Bosco Museum of Indigenous Cultures MUSÉE

(☎0364-2550260 ; www.dbcic.org ; Mawlai ; Indien/étranger 100/200 ₹ ; ⏲9h-17h30 lun-sam, 9h-16h30 déc-jan). Le musée Don Bosco des Cultures indigènes conserve d'innombrables artefacts tribaux et comprend quelques salles consacrées aux missionnaires chrétiens. La visite guidée obligatoire dure plus de 1 heure et part à la demie. Parmi les collections, réparties sur 7 étages, figurent des vanneries, des instruments de musique, des armes, des objets de la vie quotidienne, des costumes et des bijoux, ainsi que de nombreuses photos. Une boutique de souvenirs vend des objets ethniques. Le musée est à 3 km environ au nord de Shillong, près de GS Rd. L'aller-retour en taxi coûte autour de 400 ₹.

Ward's Lake LAC

(5 ₹, appareil photo/caméra 10/20 ₹ ; ⏲8h30-17h30 nov-fév, 8h30-19h mars-oct). Avec son pont décoratif, ses bateaux et sa colonie d'oies, ce lac charmant entouré de massifs fleuris et de pelouses impeccables où se retrouvent les amoureux évoque parfaitement l'ère coloniale de Shillong.

Activités

Campfire Trails ACTIVITÉS DE PLEIN AIR

(☎9856001871 ; www.campfiretrails.com ; DD Laloo & Co, GS Rd ; par pers et par nuit en pension complète 1 700-2 000 ₹). Cette agence propose des séjours dans d'authentiques villages du centre du Meghalaya, notamment dans quatre d'entre eux, jusque-là inexplorés. Les habitants sont partie prenante dans l'organisation. Les visiteurs peuvent goûter une délicieuse cuisine locale et pratiquer le kayak, le VTT, la tyrolienne et le trekking.

Pioneer Adventure ACTIVITÉS DE PLEIN AIR

(☎9049442647 ; www.pioneeradventuretour.com ; Jarman Villa, Hopkinson Rd). Cette agence est une pionnière de la plongée en montagne. Elle loue des équipements (2 500 ₹/pers) dans son camp près de Dawki, où la rivière Umngot offre une rare visibilité à 10 m de

Shillong

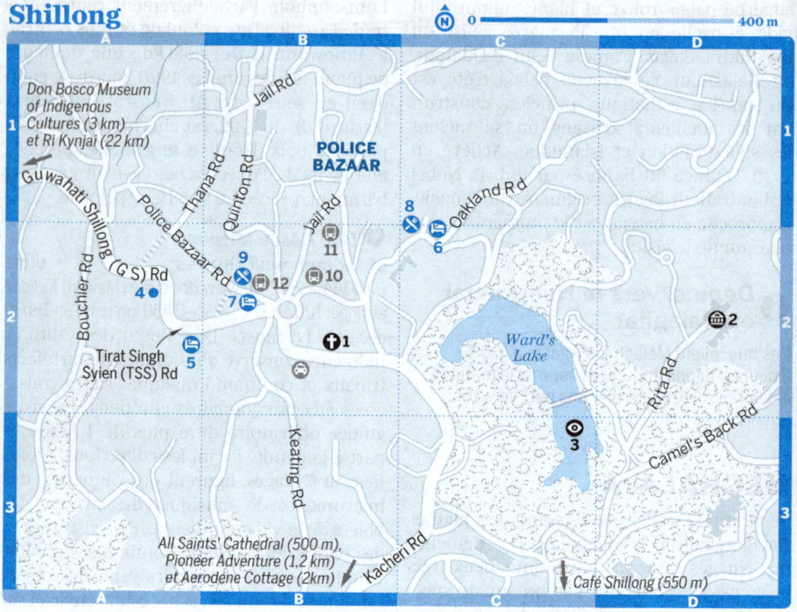

Shillong

À voir
1 Église anglicane B2
2 Pinewood Hotel D2
3 Ward's Lake C3

Activités
4 Campfire Trails A2

Où se loger
5 Baba Tourist Lodge A2
6 Earle Holiday Home C2
7 Hotel Centre Point B2

Où se restaurer
8 City Hut Dhaba C1
9 Trattoria B2

Transports
10 Deep B2
11 Gare routière MTC B2
12 Network Travels B2

profondeur. Elle assure également des cours de plongée agréés par la PADI (Professional Association of Diving Instructors). Parmi les autres activités, citons le snorkeling, l'escalade, le rafting, la spéléologie et le camping. Le forfait tout inclus avec nuit comprise (7 000 ₹/pers) permet de toucher à tout.

Où se loger

Baba Tourist Lodge HÔTEL $

(0364-2211285 ; GS Rd ; d/tr 1 350/1 550 ₹). Prisé des *backpackers* et des autres voyageurs au budget serré, le Baba comprend plusieurs étages au-dessous du niveau de la rue. Il possède des chambres propres et spartiates, avec eau chaude pour les plus chères, et une réception lambrissée, décorée avec des aquariums. Le restaurant sert une cuisine basique. Wi-Fi gratuit dans le hall.

Earle Holiday Home HÔTEL $

(9089184830 ; Oakland Rd ; d à partir de 800 ₹ ;). Dans cet hôtel de caractère joyeusement désorganisé, les chambres les moins chères occupent une demeure de 1920, partiellement en bois et ornée de jolies tourelles. Les plus chères, dans l'annexe en béton, ont moins de cachet mais plus de confort.

Hotel Centre Point HÔTEL $$$

(0364-2220480 ; www.shillongcentrepoint.com ; Police Bazaar Rd ; d avec petit-déj à partir de 4 160 ₹ ;). Dans Police Bazaar, voici sûrement le meilleur hôtel d'affaires de Shillong. Tenu avec professionnalisme, il loue de belles chambres, avec parquet, grandes fenêtres donnant sur le centre-ville et tout le confort souhaité. Sur le toit, le bar Cloud-9 est plaisant pour une bière en soirée – musique live de temps à autre.

Royal Heritage Tripura Castle HÔTEL **$$$**
(☎0364-2501149 ; www.tripuracastle.com ; Cleve Colony ; d avec petit-déj à partir de 5 850 ₹ ; ❄@📶). Derrière la résidence d'été à tourelles des anciens maharajas de Tripura, ce "château" privé est installé dans un bâtiment récent (copie d'ancien). Ses luxueuses chambres lambrissées aux meubles d'époque respirent l'élégance ; le service est excellent. Pour un séjour royal, louez une suite. L'hôtel est à 2,5 km au sud-est de Shillong.

Aerodene Cottage PENSION **$$$**
(☎9774065366 ; www.aerodene.in ; Lower Cleve Colony ; d avec petit-déj à partir de 3 500 ₹ ; 📶). Ce charmant bungalow de style assamais, précédé d'un jardin, recèle de ravissantes chambres, lumineuses et aérées, avec lits moelleux, parquet et décor d'époque. Celles de l'annexe plus récente, située sur la droite, sont moins attrayantes mais tout aussi confortables. La cuisine est exquise ; comptez 250 ₹ de plus par personne pour le dîner.

♥ **Ri Kynjai** COMPLEXE HÔTELIER **$$$**
(☎9862420300 ; www.rikynjai.com ; Umiam Lake ; d avec petit-déj à partir de 10 300 ₹ ; ❄). Ce superbe complexe occupe les rives du lac Umiam, à 22 km de Shillong. Répartis dans un jardin luxuriant, les grands chalets en bois parfaitement aménagés, avec de beaux meubles et une sdb somptueuse, jouissent de la vue sur le lac. S'y ajoutent un spa et un restaurant-bar donnant sur le lac qui sert des plats internationaux.

Où se restaurer

♥ **Trattoria** ADIVASI **$**
(Police Bazaar Rd ; plats 100-120 ₹ ; ⏲12h-16h). Ne manquez pas de déjeuner dans cette gargote prisée des habitants. Parmi les plats khasi préférés figurent le *ja doh* (ragoût de riz au porc) et le curry de tripes de porc. Pour goûter à tout, prenez l'assiette complète, très courue à midi (150 ₹). Un stand contigu vend des pickles, des sirops et des condiments exotiques.

City Hut Dhaba INDIEN, INTERNATIONAL **$**
(Oakland Rd ; plats 100-150 ₹ ; ⏲10h-21h). Ce restaurant sert des plats indiens, chinois et des grillades au barbecue. Il comprend 4 salles dont une réservée aux familles et un charmant pavillon en paille très fleuri. La cuisine, de haute volée, est plébiscitée par la clientèle locale.

Où prendre un verre et faire la fête

Café Shillong CAFÉ
(☎0364-2505759 ; Laitumkhrah ; café 60 ₹ ; ⏲11h-21h ; 📶). Dans Laitumkhrah, ce café décontracté, orné d'une guitare Les Paul signée par des musiciens, offre un excellent café et de bonnes viandes (140-200 ₹), sur un fond musical composé de rock, jazz et blues. Il est particulièrement fréquenté le week-end, quand des groupes s'y produisent.

Depuis/vers Shillong

La **gare routière MTC** (Jail Rd) est dotée d'une billetterie ferroviaire informatisée (la gare ferroviaire la plus proche est à Guwahati). Des bus privés partent de Dhankheti Point ; achetez vos billets dans les agences de Police Bazaar, comme **Deep** (Ward's Lake Rd) et **Network Travels** (☎0364-2210981 ; boutique 44, MUDA Complex, Police Bazaar Rd).

À NE PAS MANQUER

THOH TIM

Le *thoh tim* – ou *siat khnam* (littéralement "arc et flèche") – est un sport local unique associé à une loterie. Un groupe d'archers khasi tire des dizaines de flèches sur une cible en paille cylindrique. On compte ensuite le nombre de flèches fichées dans la cible. Les paris consistent à prédire les deux derniers chiffres de ce total. On raconte que les meilleurs parieurs déduisent le numéro gagnant en interprétant leurs rêves de la nuit précédente ! Ces parties captivantes et bon enfant ont généralement lieu vers 16h (l'heure varie en fonction de la saison) dans les lieux publics des villages et dans des quartiers de Shillong. Au marché Lewduh à Shillong, des boutiques d'artisanat vendent des flèches (*khnam*) ouvragées pour 120 ₹ pièce, à rapporter en souvenir.

Des bus et des jeeps Sumo fréquents partent de la gare routière MTC en direction d'Aizawl (Sumo 1 000 ₹, 16 heures), Cherrapunjee (bus/Sumo 120/200 ₹, 3 heures), Dimapur (bus 450 ₹, 10 heures), Guwahati (bus/Sumo 120/200 ₹, 2 heures 30), Silchar (bus 400 ₹, 6 heures), Siliguri (bus 550 ₹, 12 heures) et Tura (bus/Sumo 350/450 ₹, 9 heures via Guwahati).

La **Khasi Hills Tourist Taxi Cooperative** (0364-2223895 ; Kacheri Rd) facture de 2 200 à 2 500 ₹ une journée d'excursion à Cherrapunjee ; pour le trajet jusqu'à la frontière du Bangladesh, près de Dawki, comptez 2 000 ₹. Pour l'aéroport de Guwahati, un taxi coûte 2 000 ₹, ou 500 ₹ en taxi collectif.

Les monts Garo et Jaintia

Largement hors des sentiers battus, les luxuriants monts Garo à l'ouest du Meghalaya méritent d'être explorés si vous êtes en quête d'aventure et avez quelques jours devant vous. Ils sont plus facilement accessibles de Guwahati que de Shillong. Leur principal centre urbain est la bourgade de **Tura**, où l'accueillant **office du tourisme** (10h-16h lun-ven) vous mettra en lien avec des guides locaux. En automne, ces montagnes connaissent durant 4 jours l'animation de la fête de Wangala avec ses danses et ses tambours (p. 575). Dans les monts Jaintia, à l'est de l'État, se trouvent **Nartiang**, une localité isolée ponctuée de pins, et des villages tribaux, où vous pourrez découvrir le riche patrimoine de la région.

À voir

Nokrek Biosphere Reserve — RÉSERVE NATURELLE

(aube-crépuscule). GRATUIT À 17 km environ de Tura, cette réserve de biosphère forestière abrite des gibbons houlocks, une espèce menacée, ainsi que des pandas roux, des éléphants et plusieurs espèces de macaques. On peut visiter le parc en louant un véhicule (1 000 ₹) pour la journée à Tura.

Monolithes de Nartiang — MONUMENT

(Nartiang ; aube-crépuscule). GRATUIT C'est sur les monts Jaintia que se trouve le village de Nartiang, où vous découvrirez un ensemble de monolithes érigés par différents clans entre le XVIe et le XIXe siècle. Le site, à l'abandon, est envahi par l'herbe : gare aux serpents !

> **PASSAGE DE FRONTIÈRE : DE DAWKI AU BANGLADESH**
>
> Le poste-frontière entre l'Inde et le Bangladesh se trouve à Tamabil, localité bangladaise à 1,5 km du marché de Dawki (100 ₹ en taxi). De l'autre côté de la frontière, des minibus fréquents relient Tamabil à Sylhet. La frontière est ouverte de 9h à 18h. Il n'y a pas de bureau de change, mais vous trouverez côté bangladais des agents officieux acceptant de changer des espèces à un taux exorbitant.

Où se loger et se restaurer

Rikman Continental — HÔTEL $$

(03651-220744 ; www.hotelrikman.com ; Circular Rd ; s/d avec petit-déj à partir de 1 200/1 500 ₹ ;). Cet hôtel très accueillant est à deux pas du marché central de Tura et des billetteries de transport. Les chambres plus chères avec clim, grandes fenêtres, sdb carrelées et eau chaude occupent les étages supérieurs. Le restaurant de l'hôtel est probablement le meilleur endroit pour goûter la cuisine garo : essayez le buffet du déjeuner (250 ₹). Le bar sert un choix correct de boissons alcoolisées.

Depuis/vers les monts Garo et Jaintia

Des minibus rapides et confortables (300 ₹, 6 heures, 6h) parcourent quotidiennement les 200 km séparant Tura de Guwahati. Pour visiter Nartiang, il faut louer un taxi (1 800 ₹) pour la journée à Shillong, distante de 62 km.

Cherrapunjee (Sohra)

03637 / 14 500 HABITANTS

À la lisière de l'Himalaya, Cherrapunjee (ou Sohra) s'étend sur les crêtes acérées qui surplombent les plaines du Bangladesh. Le village passait autrefois pour être l'endroit le plus humide de la terre en raison des fortes pluies qui l'arrosent durant la mousson. En venant de Shillong, la route traverse un beau paysage qui devient spectaculaire au **point de vue de Dympep**, où une vallée encaissée entaille le plateau.

À voir

Ponts de racines — PONT

Les curiosités les plus remarquables des alentours de Cherrapunjee sont les extraordinaires ponts de racines, composés de racines vivantes de caoutchouc (*Ficus elastica*) que les ingénieux Khasi ont, sur plusieurs générations, détournées et reliées au-dessus des cours d'eau pour former des ponts naturels. Trois d'entre eux, dont un stupéfiant pont double, se trouvent près de **Nongriat**, que l'on rejoint via le joli village de **Tyrna**, à 2 km de Mawshamok. L'excursion aller-retour dans le canyon jusqu'à ces ponts depuis Tyrna dure 8 heures ; elle implique de gravir 2 000 marches et de descendre sur un terrain très abrupt.

Chutes de Nohkalikai CHUTES D'EAU
(point de vue 10 ₹, appareil photo/caméra 20/50 ₹ ; 8h-17h). Ces chutes d'eau sont particulièrement spectaculaires pendant la mousson, lorsque leur débit est multiplié par vingt. Vous pourrez les voir depuis le **point de vue** situé sur un plateau au sommet d'une crête, à 4,4 km au sud-ouest du marché de Cherrapunjee. Des taxis locaux (50 ₹) y conduisent.

Où se loger et se restaurer

Cherrapunjee Holiday Resort COMPLEXE HÔTELIER $$$
(09436115925 ; www.cherrapunjee.com ; Laitkynsew ; d en demi-pension à partir de 3 700 ₹ ;). Géré par une accueillante Khasi et son mari originaire du sud de l'Inde, ce charmant complexe hôtelier est constitué d'un édifice ancien (avec des chambres bon marché disposées autour d'un réfectoire) et d'un nouveau bâtiment de plusieurs étages (avec des chambres de catégorie supérieure modernes). La cuisine maison est tout simplement fantastique. L'endroit fournit des guides pour des randonnées dans la région et propose un hébergement en tentes pendant la saison sèche.

Polo Orchid COMPLEXE HÔTELIER $$$
(0364-2222341 ; www.hotelpolotowers.com ; Seven Sisters Falls ; d avec petit-déj 7 600 ₹ ;). Depuis une crête dominant les plaines du Bangladesh, les chambres de cet élégant complexe hôtelier, réparties dans plusieurs bungalows, jouissent d'un cadre spectaculaire. Dotées d'un mobilier écolo-chic et de tissus colorés, elles semblent presque trop luxueuses dans ce décor sylvestre.

Depuis/vers Cherrapunjee

Éparpillement urbain sur plusieurs kilomètres, Cherrapunjee a néanmoins un centre-ville compact. De la station de Sumo nichée près du marché, on peut rejoindre Shillong (200 ₹, 3 heures).

Madhya Pradesh et Chhattisgarh

Dans ce chapitre ➡

Le top des restaurants

- Under the Mango Tree (p. 636)
- Ahilya Fort (p. 660)
- Sarafa Bazaar (p. 648)
- Mediterra (p. 649)
- Baghvan (p. 670)
- Silver Saloon (p. 615)

Le top des hébergements

- Kipling Camp (p. 666)
- Orchha Home-Stay (p. 619)
- Sarai at Toria (p. 633)
- Baghvan (p. 670)
- Salban (p. 666)

Pourquoi y aller

Beaucoup moins touristique que ses voisins, le Madhya Pradesh (MP) offre la possibilité d'un voyage inoubliable tout en sortant des sentiers battus.

Parmi les nombreuses merveilles architecturales de la région, les temples de Khajuraho renferment quelques-unes des plus belles sculptures sur pierre d'Inde, dont de superbes œuvres érotiques. Mais il y a aussi de nombreux palais, forts, mosquées et stupas ; ceux des villages d'Orchha et de Mandu sont particulièrement remarquables. Les tigres constituent l'autre atout de l'État et peut-être aurez-vous la chance d'observer un spécimen du Bengale dans les réserves.

Paradis du pèlerin comme du voyageur, des endroits comme Maheshwar et Omkareshwar sur le fleuve Narmada offrent l'ambiance spirituelle et détendue qui fait la réputation de l'Inde. Les plus aventureux pourront progresser jusque dans les régions tribales du Chhattisgarh, univers à l'opposé de la culture indienne dominante.

Quand partir

Bhopal

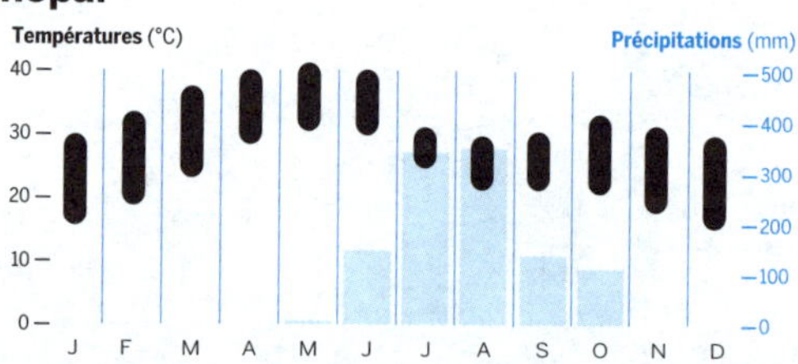

Nov-fév La saison la plus agréable, même si les matinées sont très fraîches.

Avr-juin Chaleur. Idéal pour voir des tigres : végétation clairsemée et sources peu nombreuses.

Juil-sept C'est la mousson ; le Chhattisgarh dévoile ses plus beaux atours.

À ne pas manquer

1 Une rencontre avec des tigres dans la **Bandhavgarh Tiger Reserve** (p. 667), l'un des plus beaux parcs du pays.

2 Les sculptures érotiques des temples de **Khajuraho** (p. 622).

3 Une nuit chez l'habitant dans la petite ville d'**Orchha** (p. 615).

4 Une balade à vélo parmi les belles constructions médiévales de **Mandu** (p. 654).

5 Un séjour dans un **lodge dans la jungle** (p. 666), comme le Kipling Camp.

6 Un bond deux mille ans en arrière, âge d'or du bouddhisme en Inde, à **Sanchi** (p. 638).

7 La forteresse à flanc de colline de **Gwalior** (p. 611).

8 Les extraordinaires **haat du Bastar** (p. 673), marchés empreints de culture tribale.

9 La spiritualité d'**Omkareshwar** (p. 660), centre de pèlerinage au bord de l'eau.

Histoire

Joyaux du centre de l'Inde, le Madhya Pradesh et le Chhattisgarh ont été assujettis à d'innombrables empires, royaumes, sultanats et dynasties locales concurrentes. Le grand empereur bouddhiste Ashoka, de la dynastie des Maurya, choisit Sanchi pour y installer son Grand Stupa. Non loin de là, l'empereur Chandragupta II de la dynastie des Gupta fit creuser six siècles plus tard de remarquables sanctuaires hindous dans les grottes d'Udaigiri.

Au XIe siècle, les Paramara, dynastie rajput, fondèrent un puissant royaume au Malwa (entre l'ouest du Madhya Pradesh et le sud-est du Rajasthan), dont les capitales furent successivement Ujjain, Mandu et Dhar. À peu près à la même période, une autre dynastie rajput, les Chandela, s'installait dans le Bundelkhand (entre le nord du Madhya Pradesh et le sud de l'Uttar Pradesh), laissant leurs sculpteurs les plus habiles orner 85 temples à Khajuraho de scènes érotiques devenues célèbres.

Entre les XIIe et XVIe siècles, la région fut secouée par d'incessantes luttes de pouvoir entre les hindous et leurs rivaux musulmans venus du Nord. L'architecture remarquable du Madhya nous provient de cette époque, érigée par des dynasties comme celles, musulmanes, des Ghurides et des Khalji de Mandu et celles, hindoues, des Bundela d'Orchha et des Tomar de Gwalior.

Installés à Delhi, les Moghols régnèrent sur la région au XVIe siècle, avant d'être chassés par les Marathes, puissance hindoue en plein essor dans le centre de l'Inde, à la fin d'une guerre qui dura de 1681 à 1707. Les puissants clans marathes, tels les Holkar de Maheshwar et Indore et les Scindia de Gwalior parvinrent à maintenir leur emprise jusqu'à la défaite de 1818 face aux Britanniques – auxquels les puissants Scindia s'allièrent au demeurant.

Le Madhya Pradesh acquit son identité moderne en 1956, avec l'unification de plusieurs petits États. Le Chhattisgarh devint un État indépendant en 2000.

NORD DU MADHYA PRADESH

Gwalior

☎0751 / 1,05 MILLION D'HABITANTS

Réputée pour son fort millénaire perché sur une colline – que l'empereur moghol Babur décrivait comme la "perle des forteresses de l'Hindoustan" –, Gwalior constitue une halte de choix sur le chemin de destinations plus

LE TOP DES FÊTES ET FESTIVALS DU MADHYA PRADESH ET DU CHHATTISGARH

Festival de danse (p. 629). À Khajuraho, les meilleurs danseurs classiques indiens évoluent entre les temples illuminés de l'enceinte ouest.

Shivaratri Mela (p. 646). Jusqu'à 100 000 pèlerins shivaïtes, *sadhu* (ascètes) et Adivasis (appartenant à une communauté tribale) assistent aux cérémonies de la grotte de Mahadeo. Les participants gravissent ensuite le Chauragarh, un trident à la main, afin de le planter à côté du sanctuaire de Shiva.

Kumbh Mela (p. 652). Ujjain est l'une des quatre villes d'Inde qui accueillent tous les 12 ans la plus grande fête religieuse du pays, attirant pour l'occasion des millions de pèlerins. Prochaine édition ici en 2028.

Ahilyabai Holkar Jayanti Mahotsav (p. 659). L'anniversaire de la reine Holkar, Ahilyabai, est célébré avec une ferveur particulière à Maheshwar.

Navratri (p. 683). La fête des Neuf Nuits est célébrée avec ferveur à Ujjain. Les grands piliers du *mandir* d'Harsiddhi sont illuminés.

Tansen Music Festival (Tansen Samaroh ; ⏲1re sem de déc). Hommage au musicien et compositeur Tansen, ce festival accueille à Gwalior des musiciens et chanteurs classiques venus de tout le pays.

Dussehra du Bastar (p. 672). Cette fête de 75 jours est dédiée à la déesse locale Danteshwari. Elle culmine avec le passage d'un d'immense char traîné pendant 10 jours dans les rues de Jagdalpur.

VAUT LE DÉTOUR

SHIVPURI ET LE MADHAV NATIONAL PARK

Il est possible de faire une excursion à la journée de Gwalior jusqu'à l'ancienne capitale d'été des Scindia, Shivpuri, 117 km au sud-ouest. On trouve à 2,5 km à l'est de la gare routière (30-40 ₹ en auto-rickshaw) les **chhatri des Scindia** (Shivpuri ; 40 ₹, appareil photo/caméra 10/40 ₹ ; 8h-18h), de splendides cénotaphes des anciens maharajas et maharanis. Ces constructions en marbre de la taille de grandes maisons présentent des pavillons de style moghol et des shikharas (flèches de temples hindous), se faisant face de part et d'autre d'un bassin, au milieu d'un entrelacs d'allées. Le *chhatri* de Madho Rao Scindia, édifié entre 1926 et 1932, est orné de magnifiques décorations en *pietra dura* (marbre incrusté de pierres précieuses et semi-précieuses).

L'entrée du **Madhav National Park** (07492-223379 ; 1 110 ₹/véhicule avec guide, jeep 6 passagers 1 600 ₹ ; aube-crépuscule) se trouve deux kilomètres après les *chhatri*. Cette vaste étendue de 355 km² de forêts, lacs et prairies abrite une faune riche : antilopes, cerfs, ours lippus, langurs et quelques léopards. Elle est parsemée de reliques des Scindia, dont un pavillon de chasse et un club nautique. Le circuit de 20 km en jeep dure 2 heures à 2 heures 30.

Des bus partent régulièrement de la gare routière de Shivpuri pour Gwalior (110 ₹, 2 heures 30), et Jhansi (95 ₹, 3 heures), d'où l'on peut prendre une correspondance pour Orchha et Khajuraho.

connues de cette partie de l'Inde. Elle abrite aussi l'excentrique palais de Jai Vilas, siège historique des Scindia, l'une des familles les plus respectées du pays depuis plus de deux siècles.

Histoire

Selon la légende, la ville de Gwalior serait née de la rencontre, au VIe ou VIIIe siècle, entre le chef rajput Suraj Sen et un ermite nommé Gwalipa. Ce dernier aurait guéri Suraj Sen de la lèpre grâce à l'eau du Suraj Kund, un réservoir qui existe encore dans le fort. Il aurait rebaptisé le chef rajput Suhan Pal, et prédit que ses descendants conserveraient le pouvoir aussi longtemps qu'ils garderaient le patronyme de Pal. Suhan Pal eut 83 successeurs qui respectèrent la règle. Le 84e se fit appeler Tej Karan. Bien entendu, il perdit son royaume.

Gwalior doit son importance à son célèbre fort, construit au sommet d'une colline au IXe siècle (voire avant), au cœur d'importantes routes commerciales entre le nord et le sud. Passé par d'innombrables mains, il vit en 1398 la fondation de la dynastie Tomar par Bir Singh Deo, laquelle atteint son apogée avec le règne du raja Man Singh (1486-1516). Elle prit fin en 1526, remplacée par les Moghols, qui devaient régner pendant deux siècles. Le clan Scindia des Marathes prit la succession dès 1765, faisant de Gwalior leur capitale en 1810. Gwalior passa toutefois sous l'influence britannique à la fin de la troisième guerre anglo-marhate de 1818.

Lors de la première guerre d'indépendance (révolte des Cipayes), en 1857, le maharaja resta fidèle aux Britanniques, mais son armée se mutina. La reconquête du fort par les Britanniques l'année suivante mit un terme à la mutinerie ; c'est lors de l'assaut final que la cheffe des rebelles, la rani (reine) de Jhansi, trouva la mort.

À voir

Fort (ou citadelle) de Gwalior FORT

(aube-crépuscule). Majestueusement perché sur un plateau de 3 km de long surplombant Gwalior, ce fort est une construction aussi imposante qu'étonnante qui se distingue notamment par ses nombreux palais, temples et musées. Aujourd'hui, il est en grande partie occupé par la prestigieuse Scindia School, une école privée fondée par le maharaja Madho Rao Scindia en 1897, et dévolue à l'éducation de la noblesse indienne.

➡ Entrées est

À l'est, une série de 5 portes ponctue les marches usées du sentier menant au fort (deux des sept portes d'origine n'existent plus). La première porte que vous franchirez est **Gwalior Gate** (porte d'Alamgiri), de 1660. La suivante sur votre chemin est **Badalgarh Gate** (porte d'Hindola), baptisée en hommage à Badal Singh, l'oncle de Man Singh. Le State Archaeological Museum (p. 612) se trouve immédiatement à droite.

Gwalior

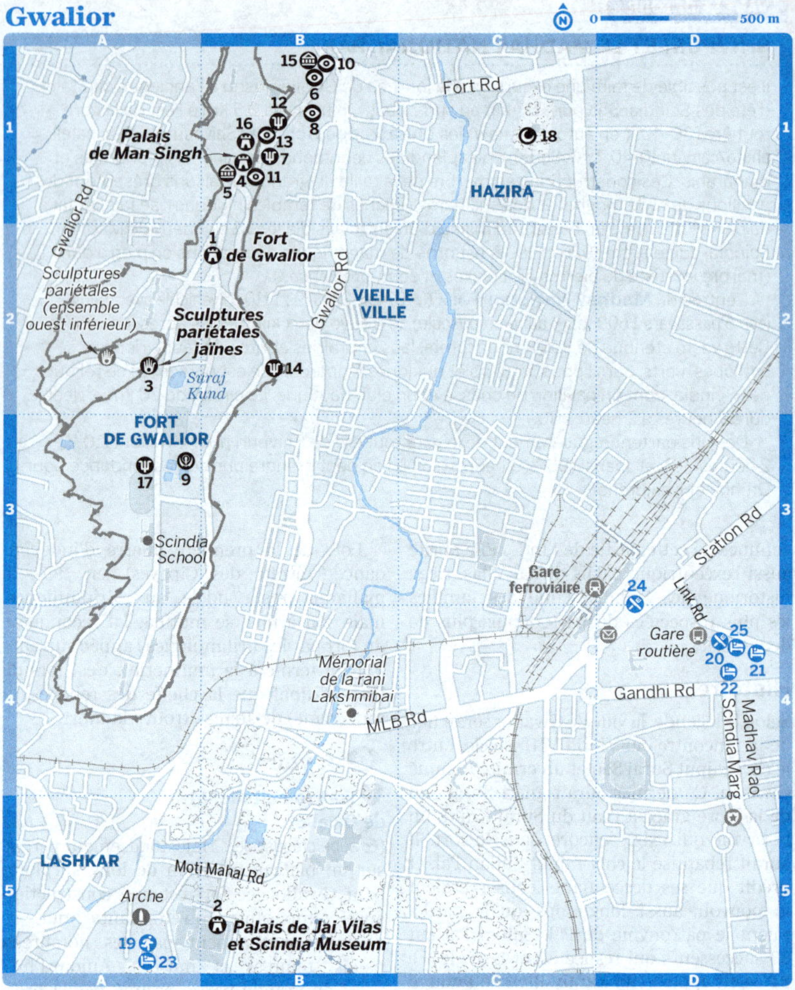

Plus haut, **Ganesh Gate** date du XVe siècle. À proximité se trouve le petit **temple hindou** à quatre piliers dédié à l'ermite Gwalipa, qui donna son nom au fort et à la ville. Vous passerez près d'un sanctuaire du IXe siècle creusé dans la roche et dédié à Vishnu, le **mandir de Chaturbhuj** (temple du Dieu aux quatre bras), puis devant **Lakshman Gate**, probablement du XIVe siècle. Vous arriverez enfin aux deux tours d'**Hathi Gate** (porte de l'Éléphant), construite en 1516.

➡ **State Archaeological Museum**
(Gujari Mahal ; Indien/étranger 10/100 ₹, appareil photo/caméra 50/200 ₹ ; ⏲10h-17h mar-dim). Le musée d'Archéologie de l'État occupe le Gujari Mahal, construit au XVe siècle par Man Singh pour sa rani (reine, épouse), à côté de Badalgarh Gate. L'entrée est flanquée de deux *sardula* (créatures légendaires mi-homme mi-lion) du XIVe siècle et originaires de la ville de Sihoniya. On peut y admirer une importante collection de sculptures hindoues, jaïnes et bouddhiques, dont la célèbre *Salabhanjika*, petite mais remarquable figure féminine sculptée au Xe siècle à Gyaraspur (demandez au bureau du conservateur qu'on vous ouvre la salle).

Gwalior

Les incontournables
1 Fort de Gwalior B2
2 Palais de Jai Vilas et Scindia Museum B5
3 Sculptures pariétales jaïnes A2
4 Palais de Man Singh B1

À voir
5 Musée de l'Archaeological Survey of India B1
6 Badalgarh Gate B1
7 Mandir de Chaturbhuj B1
8 Ganesh Gate B1
9 Gurdwara A3
10 Gwalior Gate B1
11 Hathi Gate B1
12 Temple hindou B1
13 Lakshman Gate B1
14 Temples de Sasbahu B2
15 State Archaeological Museum B1
16 State Protected Monuments B1
17 Mandir de Teli ka A3
18 Tombeau de Tansen C1

Activités
19 Jiva Spa A5

Où se loger
20 Hotel DM D4
21 Hotel Gwalior Regency D4
22 Tansen Residency D4
23 Usha Kiran Palace A5

Où se restaurer
24 Indian Coffee House D3
25 Moti Mahal Delux D4
Silver Saloon .... (voir 23)

Renseignements
MP Tourism .... (voir 22)

Palais de Man Singh

(Indien/étranger 15/200 ₹, caméra 25 ₹ ; 6h-18h). Ce palais de style impérial, érigé par le souverain Tomar Man Singh entre 1486 et 1516, arbore des ornements parmi les plus étonnants d'Inde, avec, sur les façades extérieures, une frise de canards jaunes et des mosaïques jaunes, vertes et bleues d'éléphants, de crocodiles et de tigres ! Autant d'éléments décoratifs qui ont valu au palais le surnom de Chit Mandir (palais peint). Fin connaisseur des arts, Man Singh a laissé une œuvre considérée aujourd'hui comme le seul palais prémoghol intact en Inde.

Ce bâtiment labyrinthique comprend quatre niveaux dont deux en sous-sol – reliés entre eux par des "tuyaux acoustiques" –, initialement conçus pour fuir la chaleur puis utilisés comme cellules par les Moghols pour les prisonniers importants.

La billetterie est en face du palais. On peut aussi payer pour des visites avec un guide officiel (470 ₹, jusqu'à 4 heures de visite). Au nord du fort, les vestiges de plusieurs palais, notamment du Vikram Mahal et du Karan Mahal, sont inscrits aux **State Protected Monuments** (Indien/étranger 10/250 ₹, appareil photo 25 ₹ ; 9h-17h). Immédiatement au sud, le modeste **musée de l'Archaeological Survey of India** (ASI ; 5 ₹ ; 9h-17h sam-jeu) expose une collection sans grand intérêt d'antiquités retrouvées dans les environs de Gwalior.

Le billet donne aussi accès aux temples de Sasbahu et au *mandir* de Teli ka.

Temples de Sasbahu

(temples de la Belle-Mère et de la Belle-Fille ; Indien/étranger 15/200 ₹, caméra 25 ₹ ; 6h-18h). Érigés entre le IXe et le XIe siècles, ces temples ne sont pas sans rappeler les temples mayas d'Amérique centrale : surplombés de dômes et de piliers, leurs toits ressemblent à des villes miniatures. Le temple de la Belle-Mère, dédié à Vishnu, possède quatre immenses piliers et plusieurs plus petits supportant un lourd toit orné de couches de sculptures.

Mandir de Teli ka

(Indien/étranger 15/200 ₹, caméra 25 ₹ ; 6h-18h). Ce temple du IXe siècle, haut de 30 m, est le plus ancien monument de la citadelle. Après la première guerre d'indépendance de 1857, il fut transformé en café et en fabrique de boissons par les Britanniques.

Non loin, un **gurdwara** moderne, au toit doré, est dédié au héros sikh Guru Hargobind Singh, qui fut emprisonné dans le palais de Man Singh de 1617 à 1619. On y accède en contournant Suraj Kund.

Sculptures pariétales jaïnes

Des sculptures sur roche sont disséminées sur le plateau, notamment sur le chemin qui monte depuis Gwalior Gate. Les plus remarquables sont celles des ensembles sculptés sur le chemin ouest, entre Urvai Gate et les remparts intérieurs. Taillées au milieu du XVe siècle à même les parois rocheuses, elles représentent, nus, les *tirthankara*, les 24 maîtres jaïns divinisés. Défigurées par les armées musulmanes de Babur en 1527, elles ont récemment été restaurées.

Palais de Jai Vilas et Scindia Museum

PALAIS, MUSÉE

(jaivilasmuseum.org ; Indien/étranger 100/600 ₹, appareil photo 100 ₹ ; 10h-18h mar-dim, 10h-17h30 nov-fév). Le musée Scindia occupe 35 pièces du palais de Jai Vilas, l'opulente demeure des Scindia, construite sous le maharaja Jayajirao en 1874 par les prisonniers de la citadelle. Il fallut 12 ans pour tisser le tapis du hall.

Selon la légende, huit éléphants furent suspendus au plafond du *durbar* (salle de réception), afin de vérifier qu'il supporterait le poids des deux gros lustres hauts de 12,50 m, dont on prétend qu'ils sont les plus gros du monde – chacun pèse 3,5 tonnes.

On y voit aujourd'hui une collection hétéroclite : des meubles en verre taillé, des tigres empaillés, une piscine réservée aux femmes avec un bateau... Le clou de la visite est un petit train électrique en argent, qui servait à apporter alcool et cigares sur la table après le dîner, dans la vaste salle à manger.

Lors de nos recherches, seule la porte nord, accessible par l'ouest, était ouverte (l'entrée par Moti Mahal Rd étant fermée).

Tombeau de Tansen

TOMBEAU ISLAMIQUE

(aube-crépuscule). Caché dans les ruelles sinueuses du quartier d'Hazira, au sud-ouest de la somptueuse sépulture de Mohammed Gaus (maître soufi), vous trouverez, plus petit et discret, le tombeau de Tansen, chanteur considéré comme le père de la musique classique indienne, très apprécié de l'empereur moghol Akbar, dont il était contemporain (XVIe siècle). Mâcher les feuilles du tamarinier poussant sur sa tombe est censé éclaircir la voix.

Où se loger

Hotel DM

HÔTEL $

(0751-2341049 ; Link Rd ; s 500-1 200 ₹, d 600-1 500 ₹ ;). Les chambres sont certes un peu exiguës mais un peu mieux que celles des autres hôtels de la catégorie petits budgets : les meilleures sont climatisées et offrent des toilettes à l'occidentale, les chambres premier prix sont, elles, équipées d'un ventilateur et de toilettes à la turque. Toutes disposent d'une vieille TV (dans un meuble fermé à clé !) et profitent du chant des oiseaux au fond du couloir.

Tansen Residency

HÔTEL $$

(0751-2340370 ; www.mptourism.com ; 6A Gandhi Rd ; s/d avec petit-déj à partir de 2 830/3 260 ₹ ;). Cet hôtel géré par MP Tourism est une bonne surprise : les chambres sont plutôt spacieuses, la literie est confortable et les sdb rénovées ; on trouve également un bar (au 1er niveau, fréquenté par une clientèle plutôt masculine) et même une agréable piscine sur le toit. Buffet petit-déjeuner satisfaisant.

TARIFS DES HÉBERGEMENTS

Les gammes de prix valent pour une chambre double, taxes comprises mais repas non-inclus :

$ moins de 1 500 ₹

$$ 1 500-4 000 ₹

$$$ plus de 4 000 ₹

Usha Kiran Palace

HÔTEL HISTORIQUE $$$

(0751-2444000 ; www.tajhotels.com ; Jayendragan ; s/d avec petit-déj à partir de 10 280/11 450 ₹ ;). Offrez-vous un séjour princier dans cette magnifique demeure de près de 140 ans et son grand jardin, construite à l'origine pour accueillir George V (alors prince de Galles). Vous aurez le choix entre de somptueuses chambres au charme d'antan, toutes différentes, notamment par leurs faïences artisanales. Les chambres premier prix (catégorie *superior*) peuvent quelque peu décevoir par leur taille.

Les tarifs étant variables à l'année, vous bénéficierez éventuellement d'une offre plus avantageuse que les tarifs de janvier indiqués ci-dessus. L'hôtel possède également une superbe piscine (avec un bassin séparé pour les enfants), un agréable spa, **Jiva Spa** (0751-2444000 ; Usha Kiran Palace ; massages à partir de 1 875 ₹ ; 8h-20h), un excellent restaurant, Silver Saloon (p. 615) et le **Bada Bar**, doté d'un billard en ardoise italienne, vieux d'un siècle et pesant 4 tonnes (fermé lors de nos recherches pour un problème, temporaire nous l'espérons, de licence).

Hotel Gwalior Regency

HÔTEL D'AFFAIRES $$$

(0751-2340670 ; www.hotelregencygroup.com ; Link Rd ; s/d avec petit-déj à partir de 3 930/5 000 ₹ ;). Cet hôtel d'affaires de catégorie supérieure propose des chambres spacieuses, carrelées et équipées de sanitaires convenables, ainsi que du matériel nécessaire pour le café/thé, et le Wi-Fi. Un bon restaurant de cuisine variée complète l'offre. DJ tous les soirs dans le bar.

Où se restaurer

Indian Coffee House

INDE DU SUD $

(Station Rd ; plats 70-300 ₹ ; 7h-22h30). Cette adresse de la fameuse chaîne propose les

TRAINS AU DÉPART DE GWALIOR

DESTINATION	N° ET NOM DU TRAIN	TARIF	DURÉE	DÉPARTS
Agra	12617 *Mangala Lakshadweep*	170/540/740 ₹ (A)	2 heures	8h10
Bhopal	12002 *Bhopal Shatabdi*	770/1 525 ₹ (B)	4 heures 15	9h33
Delhi	12625 *Kerala Exp.*	240/605/840 ₹ (A)	5 heures 30	8h25
Indore	12920 *Malwa Exp.*	385/1 005/1 425 ₹ (A)	12 heures	12h35
Jaipur	19665 *Udaipur-Khajuraho Exp.*	225/605/860 ₹ (A)	7 heures	15h45
Jhansi	12002 *Bhopal Shatabdi*	310/650 ₹ (B)	1 heure 15	9h33
Khajuraho	19666 *Udaipur-Khajuraho Exp.*	120/490/695 ₹ (A)	5 heures	13h40

classiques du petit-déjeuner – vrai café, *dosa* (grandes crêpes salées), œufs brouillés – et une carte de plats consistants comprenant d'excellents *thali* (140-250 ₹).

Moti Mahal Delux INDE DU NORD **$$**
(Link Rd ; plats 225-395 ₹ ; ⌚11h-23h). Autrefois à Delhi, ce restaurant stylé propose des plats savoureux cuits dans son *tandoor*. Les cuisiniers préparent à merveille la volaille à la mode du Nord-Ouest, notamment en *tikka biryani* et *murg hariyali tikka* (poulet tandoori mariné dans des épices, du yaourt et des plantes aromatiques comme la coriandre et la menthe). À côté de la gare routière.

♥ **Silver Saloon** INDIEN **$$$**
(Usha Kiran Palace, Jayendraganj ; plats 520-1 390 ₹ ; ⌚7h-23h ; ❄). Installez-vous dans le restaurant climatisé ou sur la véranda ombragée de palmiers de ce superbe hôtel historique. Au programme : appétissante cuisine indienne et occidentale, et plats thaïlandais, népalais et marathes.

ℹ Renseignements

MP Tourism (☎0751-2234557 ; Tansen Residency, 6A Gandhi Rd ; ⌚10h30-17h30 lun-sam). Le principal office du tourisme se trouve à la sortie de l'hôtel Tansen Residency.

ℹ Depuis/vers Gwalior

AVION

L'aéroport est à 10 km au nord-est du centre-ville. Air India (www.airindia.in) assure trois vols hebdomadaires depuis/vers Mumbai.

BUS

Les bus au départ de la **gare routière** de Link Rd desservent :

Agra 120 ₹, 3 heures, départ toutes les 30 min de 4h30 à 22h

Delhi 300 ₹, 8 heures, 7/jour

Jhansi 110 ₹, 3 heures, départ toutes les 30 min de 5h30 à 23h

Shivpuri 110 ₹, 2 heures 30, départ toutes les 30 min de 5h à 22h

TRAIN

La gare ferroviaire principale, Gwalior Junction, est située dans le centre-ville, à 2,5 km au sud-est de l'entrée principale du fort. Plus de 30 trains rejoignent chaque jour la gare d'Agra Cantonment et Delhi, ainsi que Jhansi (pour des correspondances vers Orchha). Une bonne vingtaine rallient Bhopal, mais un seul train dessert respectivement Khajuraho et Jaipur. Pour rejoindre Khajuraho, vous pourrez également vous rendre à Jhansi, d'où vous prendrez un bus.

Orchha

☎07680 / 11 500 HABITANTS

Cette ville historique postée sur les rives de la Betwa recèle de superbes édifices moghols, dont des palais, des temples et des *chhatri* (cénotaphes royaux). L'ambiance est ici nettement plus détendue et reposante qu'ailleurs et il y a moins de touristes que dans la cité voisine de Khajuraho. N'hésitez pas à y séjourner chez l'habitant pour profiter de la campagne environnante et des activités qu'elle offre, au nombre desquelles marche, vélo et rafting.

Orchha

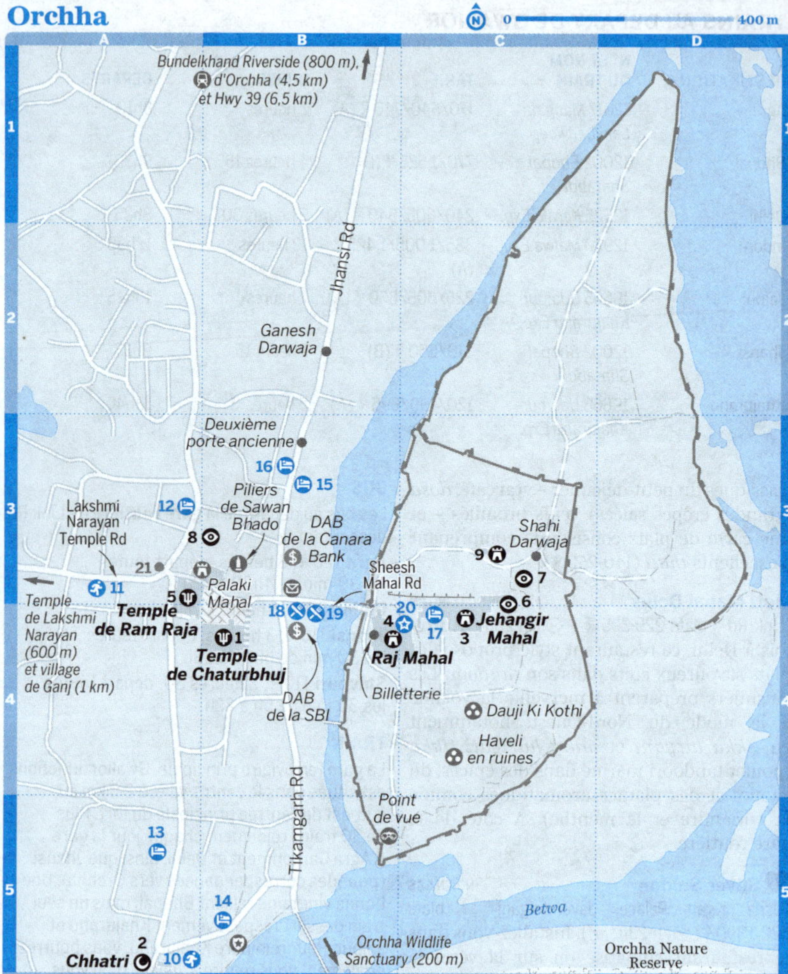

Histoire

Orchha fut la capitale des rajas Bundela, qui s'y établirent en 1531 et régnèrent sur la région du Bundelkhand (de Jhansi à l'ouest jusqu'à Panna à l'est et Narsinghpur dans le sud) jusqu'en 1783. Orchha connut son apogée sous le règne de Bir Singh Deo (1605-1627), qui entretenait de bonnes relations avec l'empereur moghol Jahangir. Dans les années 1630, le fils de Bir Singh Deo, Jhujar Singh, commit l'erreur de mener une rébellion contre le fils de Jahangir, Shah Jahan, dont l'armée mit à feu et à sang le royaume d'Orchha, endommageant au passage certains des beaux édifices de la ville.

À voir

Le billet combiné (Indien/étranger 10/250 ₹, appareil photo/caméra 25/200 ₹) pour les sites d'Orchha comprend l'accès à 7 monuments – Jehangir Mahal, Raj Mahal, Rai Praveen Mahal, écuries à camélidés, *chhatri* (cénotaphes), temple de Chaturbhuj et temple de Lakshmi Narayan. Il est vendu uniquement à la **billetterie** (7h30-17h30) du Raj Mahal. L'accès au domaine du palais est libre. Des guides officiels sont

Orchha

Les incontournables
1 Temple de Chaturbhuj ... B4
2 Chhatri ... A5
3 Jehangir Mahal ... C4
4 Raj Mahal ... B4
5 Temple de Ram Raja ... A3

À voir
6 Écuries à camélidés ... C3
7 Khana Hammam ... C3
8 Phool Bagh ... B3
9 Rai Praveen Mahal ... C3

Activités
10 Kairali Spa ... A5
Kerala Ayurvedic Centre ... (voir 13)
11 Raju Bike ... A3

Où se loger
12 Aditya Hotel ... A3
13 Amar Mahal ... A5
14 Betwa Retreat ... B5
15 Hotel Fort View ... B3
16 Hotel Monarch Rama ... B3
17 Hotel Sheesh Mahal ... C4

Où se restaurer
Bundela Restaurant ... (voir 14)
Jharokha Restaurant ... (voir 17)
18 Laxmi Betwa Tarang ... B4
19 RamRaja Restaurant ... B4

Où sortir
20 Spectacle son et lumière ... C4

Renseignements
21 Orchha Tourist Service ... A3

également à votre disposition (470 ₹ jusqu'à 5 personnes, 4 heures).

Quartier du palais

De l'autre côté du pont de granit, qui enjambe, au centre de la bourgade, le cours d'eau presque asséché, un ensemble fortifié, édifié par les Bundela, est dominé par deux magnifiques palais – le Raj Mahal et le Jehangir Mahal.

Dans plusieurs salles du **Raj Mahal** (aube-crépuscule), palais du XVIe siècle, de fabuleuses fresques aux couleurs vives représentent notamment Brahma, Vishnu, Rama, Krishna et Sita, ainsi que la famille royale d'Orchha occupés à se battre, à chasser et à danser. Les étages supérieurs offrent une très belle vue sur la ville à travers les *jali* (écrans ajourés en pierre). Un **spectacle son et lumière** (Indien/étranger 100/250 ₹ ; en anglais 19h30 mars-nov, 18h30 déc-fév, en hindi 20h45 mars-nov, 19h45 déc-fév), où le son l'emporte sur la lumière, a lieu chaque soir et sera apprécié de ceux qui s'intéressent à l'histoire d'Orchha.

L'imposant **Jehangir Mahal** (aube-crépuscule), avec ses escaliers raides et ses allées vertigineuses, incarne l'apogée de l'architecture islamique médiévale. Plus décoratif que le Raj Mahal, sa construction fut achevée au début du XVIIe siècle par Bir Singh Deo, probablement à l'occasion de la visite de l'empereur Jahangir. Ses murs sont surmontés de huit tourelles à dômes et huit fins pavillons à dômes, tandis que la vue est subtilement dirigée à travers des arches et portes successives jusqu'aux *jali* qui donnent sur la ville et la campagne environnantes.

Derrière le palais, les **"écuries à camélidés"** (Ount Khana ; aube-crépuscule) – qui étaient peut-être en réalité un pavillon destiné aux plaisirs royaux – surplombent un paysage verdoyant émaillé de monuments. Un peu plus bas, se trouvent le **hammam Khana** (aube-crépuscule), aux beaux plafonds voûtés, et le **Raj Praveen Mahal** (9h-17h), un pavillon construit pour une célèbre courtisane du XVIe siècle, entouré d'un jardin moghol plus ou moins bien entretenu. Les fresques intérieures immortalisent Praveen en train de danser et son amant, Raja Indrajit, à cheval.

Centre-ville

Temple de Ram Raja TEMPLE HINDOU
(9h-12h30 et 19h-22h30 oct-mars, 8h-12h30 et 20h-22h30 avr-sept). À la pointe ouest d'une place, le temple de Ram Raja, aux coupoles rose et or, est le seul temple où Rama est vénéré comme un roi. Il attire à ce titre chaque jour une foule d'adorateurs. Construit au XVIe siècle, c'était initialement le palais de l'épouse de Shah Madhukar, qui devint un temple lorsqu'une effigie de Rama, provisoirement installée par la rani, se révéla impossible à bouger.

Temple de Chaturbhuj TEMPLE HINDOU
(9h-17h). Les hautes flèches de ce temple du XVIe siècle sont visibles de toute la ville. S'il était à l'origine destiné à accueillir l'effigie

de Rama, c'est en réalité le temple voisin de Ram Raja qui en a hérité. En empruntant la porte au nord-ouest depuis l'intérieur, on accède par un escalier raide et sombre au toit couvert de mousse, offrant la plus belle vue de la ville.

Phool Bagh JARDIN
(⌚8h-20h). Soupçonné d'entretenir une relation avec l'épouse de son frère, le prince Dinman Hardol se suicida "pour prouver son innocence" et est depuis vénéré dans le Bundelkhand. C'est ici que se trouve son mémorial, traditionnel *charbagh* (jardin persan, divisé en quatre parties) qui jouxte son palais, le Palaki Mahal. L'endroit est animé : des femmes chantent en son honneur, attachent des liens au *jali* (écran ajouré sculpté) et en font cinq fois le tour en faisant des vœux.

Autres quartiers

♥ **Chhatri** MONUMENTS FUNÉRAIRES ISLAMIQUES
(⌚9h-17h). Monuments funéraires consacrés à la famille royale d'Orchha, ces grands *chhatri* s'élèvent au bord de la Betwa, au sud de la ville. C'est à la tombée de la nuit qu'il faut les voir, avec la Betwa envahie d'enfants qui jouent dans l'eau, survolée par les oiseaux et à la lumière d'un superbe coucher de soleil. Le *chhatri* de Bir Singh Deo se trouve un peu à l'écart, directement sur la rive.

Temple de Lakshmi Narayan TEMPLE HINDOU
(⌚9h-17h). Sur la route menant au village de Ganj, ce temple offre de magnifiques vues depuis ces toits et conserve de belles fresques sur le plafond des dômes de ses tours.

Activités

S'il n'y a pas de piscine dans votre hôtel, vous pourrez vous rafraîchir dans la Betwa – l'un des cours d'eau les plus propres d'Inde.

Orchha Wildlife Sanctuary VÉLO, RANDONNÉE
(Indien/étranger 15/150 ₹ ; ⌚aube-crépuscule). Cette île boisée de 44 km², entourée par les rivières Betwa et Jamni, offre si la météo le permet quelques agréables heures à vélo ou à pied. La billetterie est située 250 m après la chaussée, à la pointe sud d'Orchha. La plupart des promeneurs suivent un itinéraire de 8 km qui commence 1 km après la billetterie et qui passe par Pachmariya, au bord de l'eau, et deux belvédères, avant de rejoindre la route 2 km au sud du point de départ.

Sorties rafting RAFTING
(embarcation pour 1 heure 30, 1 500 ₹). On trouve quelques rapides en amont des *chhatri* (cénotaphes) et en contrebas de la chaussée, mais la descente est tranquille dans un cadre pittoresque. Les billets sont en vente au Betwa Retreat (p. 619), en face du club nautique, point de départ de la descente. Les embarcations peuvent accueillir de 1 à 6 personnes.

Raju Bike VÉLO
(Lakshmi Narayan Temple Rd ; 10/50 ₹ par heure/jour ; ⌚6h-21h). Location de vélos bringuebalants, à des prix imbattables.

Kairali Spa AYURVÉDA
(☎07680-252222 ; www.orchharesort.com ; massages 900-2 500 ₹ ; ⌚8h30-20h30). Propose des massages ayurvédiques de qualité.

Où se loger

Aditya Hotel HÔTEL $
(☎07680-252027 ; adityahotelorchha@gmail.com ; ch 700-1 500 ₹ ; ❄📶). Situé derrière le Phool Bagh, cet établissement comprend des chambres propres de taille convenable, toutes blanches, pour un tarif variable selon l'étage et la présence ou non de la clim. Certaines des chambres à l'étage donnent sur le temple et le palais. On peut prendre le petit-déjeuner sur le toit-terrasse.

Monarch Rama HÔTEL $
(☎07680-252015 ; hotelmonarchrama@gmail.com ; Jhansi Rd ; ch 800 ₹, avec clim 1 200 ₹ ; ❄@📶). Les chambres sont plus propres et plus agréables que dans la plupart des autres hôtels de même catégorie et le personnel est accueillant. Le linge de lit est propre, les sdb également, et des reproductions de miniatures indiennes ornent les murs. Sans lumière naturelle en revanche, à l'exception de deux chambres climatisées à l'étage, où se trouve aussi un petit restaurant.

Hotel Fort View HÔTEL $
(☎07680-252701 ; fortvieworchha@rediffmail.com ; Jhansi Rd ; ch 400-600 ₹, avec clim 1 000 ₹ ; ❄📶). Les chambres de cet hôtel repeint récemment donnent sur une grande cour et offrent une literie très ferme et des draps propres. Optez pour les 108, 111 ou 112 pour leur jolie vue sur la rivière et, au loin, le Jehangir Mahal et le Raja Mahal.

♥ **Hotel Sheesh Mahal** HÔTEL HISTORIQUE $$
(☎07680-252624 ; www.mptourism.com ; s/d avec petit-déj 1 950/2 830 ₹, ste 5 390-6 570 ₹ ; ❄📶).

SÉJOURS CHEZ L'HABITANT DANS LE VILLAGE DE GANJ

Grâce au programme très apprécié **Orchha Home-Stay** (☎9993385405, 9410762072 ; www.orchha.org ; s 700-800 ₹, d 1 000-1 200 ₹, repas 50-250 ₹ ;), créé en 2009 à l'initiative de l'ONG Friends of Orchha, les voyageurs ont la possibilité de séjourner chez l'habitant et de partager la vie d'un village indien, Ganj, 1 km à l'ouest d'Orchha. Les maisons sont modestes, les menus simples, mais la propreté irréprochable. On peut louer un vélo (50 ₹/jour) pour visiter Orchha et ses environs.

Ne vous attendez à rien de luxueux – on dort le plus souvent sur un *charpoy* (lit de corde) –, mais les 8 chambres, aménagées dans 6 maisons du village, sont bien plus plaisantes que celles de nombreux hôtels à petits prix. Les cloisons sont isolées, les toits recouverts de tuiles, et les chambres équipées de moustiquaires et ventilateurs. La plupart des maisons ont des toilettes à l'occidentale, ou, à défaut, des toilettes à la turque, sèches ou reliées à un digesteur.

L'immersion dans la vie locale est une expérience si unique qu'elle vous fera peut-être renoncer au Wi-Fi (100 ₹/jour). Une notice d'informations est remise aux hôtes, utile pour savoir quoi faire et où aller à Ganj et à Orchha.

Si vous ne souhaitez rester qu'une nuit, quand bien même la vie à Ganj invite à s'attarder un peu, une petite majoration sera appliquée.

Friends of Orchha possède un local, ouvert à partir de 15h, situé sur la droite en arrivant dans le village, mais on peut facilement réserver en ligne sur leur site Internet, ou s'organiser avec la directrice du programme, Romi Samele, à l'**Orchha Tourist Service** (p. 622) d'Orchha.

Friends of Orchha s'occupe aussi d'un club destiné à accueillir les enfants après l'école – bénévoles (enseignants et professions médicales notamment) et dons bienvenus.

Cet hôtel aux accents palatiaux remonte le temps, installé dans une ancienne maison d'hôtes royale du XVIIIe siècle jouxtant le Jehangir Mahal. Les huit chambres sont somptueuses, dotées de toiles colorées traditionnelles, d'épais rideaux, d'alcôves pleines de charme et de sdb géantes. En revanche, la seule chambre simple déçoit par son exiguïté.

Betwa Retreat HÔTEL $$
(☎07680-252618 ; www.mptourism.com ; cottage/ch/ste 2 830/3 260/5 040 ₹ ;). Au cœur d'un jardin bien entretenu et agrémenté d'une piscine, le principal hôtel de MP Tourism à Orchha offre une vue sur la rivière et les *chhatri* (cénotaphes) et possède bien des atouts : les "cottages" sont en réalité de grandes tentes de type safari avec sol et murs à mi-hauteur en dur, sdb, literie de qualité, clim et minibars. Les chambres, de style plus ou moins traditionnel, sont tout aussi confortables et équipées de tout le nécessaire à café/thé.

♥ **Amar Mahal** HÔTEL $$$
(☎07680-252102 ; www.amarmahal.com ; s/d à partir de 5 460/6 650 ₹, ste 11 760 ₹ ;). On dort comme un maharaja dans ces chambres aux jolis lits à baldaquin en bois sculpté et donnant sur une magnifique cour ceinte de balustrades en pierre blanche, ou sur un grand bassin. Si l'architecture est traditionnelle, le bâtiment date de 2003 et possède de ce fait tous les équipements modernes – notamment le **Kerala Ayurvedic Centre** (☎07680-252102 ; massages 500-2 000 ₹ ; ⏲8h-21h). Sans doute l'adresse la plus luxueuse d'Orchha.

Bundelkhand Riverside HÔTEL $$$
(☎9009749630 ; www.bundelkhandriverside.com ; s/d avec petit-déj à partir de 4 300/4 600 ₹ ;). Tenu par le petit-fils du dernier roi d'Orchha, cet hôtel se distingue par son ambiance historique – même si le bâtiment principal est un ajout récent. Les meubles anciens sont partout et une partie de la collection d'art personnelle du maharaja est exposée dans les couloirs. Les chambres, ravissantes, donnent sur la rivière ou sur le beau jardin, agrémenté de quatre temples du XVIe siècle et d'une petite piscine.

Où se restaurer et prendre un verre

Laxmi Betwa Tarang INDIEN, INTERNATIONAL $
(Sheesh Mahal Rd ; plats 80-180 ₹ ; ⏲7h-22h ;). Sur le toit-terrasse surplombant le magnifique Raj Mahal, on se régale des meilleurs plats végétariens à petits prix de

Sites sacrés

Riche de nombreuses confessions religieuses, l'Inde du Nord offre un éventail infini de sites sacrés, des monuments bouddhiques de Sanchi aux sanctuaires contemporains en passant par les temples érotiques de Khajuraho.

1

CRAIG PERSHOUSE / GETTY IMAGES ©

SAIKO3P / GETTY IMAGES ©

1. Khajuraho (p. 622), Madhya Pradesh Classés au patrimoine mondial de l'Unesco, ces temples sont célèbres pour leurs sculptures érotiques.

2. Grand Stupa (p. 638), Sanchi Monuments bouddhiques classés au patrimoine .mondial, comptant parmi les plus anciens du pays.

3. Jama Masjid (p. 375), Fatehpur Sikri Achevée en 1571, la mosquée comprend des éléments décoratifs indiens et perses.

4. Temple de Chaturbhuj (p. 615), Orchha Les impressionnantes flèches de ce temple hindou sont visibles de très loin.

DON MAMMOSER / GETTY IMAGES ©

la ville, et notamment de *thali* (130-350 ₹). Bières sur demande (elles ne figurent pas sur la carte).

RamRaja Restaurant INDIEN, INTERNATIONAL $
(Sheesh Mahal Rd ; plats 75-395 ₹ ; 7h-22h30 ;). Des petits-déjeuners aux œufs, au muesli ou aux pancakes, de savoureux plats végétariens et un expresso correct dans un sympathique restaurant (certes pas immaculé), installé dans une rue secondaire à l'ombre d'un grand arbre. Bière disponible.

Bundela Restaurant INDIEN $$
(Betwa Retreat ; plats 140-350 ₹ ; 8h-22h30). Cuisine internationale et chinoise sont proposées en parallèle de plats indiens plutôt bons dans ce restaurant d'hôtel ; la terrasse est animée en soirée par un groupe interprétant des chants traditionnels du Bundelkhand.

Jharokha Restaurant INDIEN $$
(Hotel Sheesh Mahal ; plats 140-350 ₹ ; 8h-22h30 ;). Bonne cuisine, service sympathique... ce restaurant, installé dans une belle salle de cette ancienne maison d'hôtes royale, est un cran au-dessus des habituels établissements gérés par l'État. La carte présente des plats indiens, chinois et internationaux, mais nous recommandons, comme d'usage, la cuisine indienne (surtout tandoori). Bière et whisky sont généralement disponibles.

Renseignements

Orchha Tourist Service (OTS ; 9981749660 ; www.otstoursindia.com ; derrière le temple de Ram Raja ; 8h30-21h30). Cette agence, dirigée par Romi Samele, est l'annexe locale d'**Orchha Home-Stay** à Ganj, et se charge elle aussi des réservations de toutes sortes.

Depuis/vers Orchha

Pour rejoindre ou quitter Orchha en transports en commun, il vous faudra au préalable passer par la ville plus importante de Jhansi, 18 km au nord-ouest et sur la ligne ferroviaire Delhi-Agra-Gwalior-Bhopal, desservie par une trentaine de trains quotidiens dans chaque sens. De la gare ferroviaire de Jhansi, un auto-rickshaw rallie Orchha (45 min, 200-250 ₹) ; en taxi (30 min), comptez 500-600 ₹. Autre possibilité, emprunter un *tempo* (10 ₹) de la gare ferroviaire à la gare routière, 4 km à l'est, puis un autre *tempo* jusqu'à Orchha (20 ₹, 45 min).

DEPUIS/VERS KHAJURAHO

Depuis Jhansi, des bus assurent la liaison avec Chhatarpur (130 ₹, 3 heures, départ toutes les heures de 5h à 22h), où l'on peut prendre une correspondance pour Khajuraho (50 ₹, 1 heure 30). Au départ de Khajuraho, vous pourrez demander au chauffeur de bus de vous laisser descendre à l'embranchement pour Orchha sur l'Hwy 39, où vous devriez pouvoir faire signe à un véhicule de s'arrêter, pour vous déposer à Orchha.

Le train 19666 (l'*Udaipur-Khajuraho Express*) quitte Jhansi en théorie à 15h30 pour arriver à Khajuraho (*sleeper*/3AC/2AC 160/490/695 ₹) à 18h30, mais il affiche souvent deux heures de retard. Encore moins fiable, le 54159, au départ de la petite gare ferroviaire d'Orchha, 5 km au nord de la ville, sur la route de Jhansi, part à 7h25 à destination de Mahoba (30 ₹, 2 heures 45). De Mahoba, le train 51821 part à 10h40 et arrive à Khajuraho (15 ₹) à 12h. Lents, sans réservations ni 1re classe, ces trains sont souvent bondés... et si vous ratez la correspondance pour Mahoba (ce qui arrive fréquemment) le train suivant pour Khajuraho ne part qu'à 18h05.

Vous pourrez aussi prendre un taxi (2 500 ₹ d'Orchha à Khajuraho, 4 heures).

Khajuraho

07686 / 24 500 HABITANTS

Les sculptures érotiques qui couvrent les trois groupes de temples de Khajuraho, classés au Patrimoine mondial, comptent parmi les chefs-d'œuvre mondiaux de l'art sacré. Le groupe ouest, en particulier, comprend des sculptures extraordinaires.

De nombreux voyageurs déplorent l'insistance des vendeurs de rue sur l'itinéraire des bus touristiques. Pour autant, ne faites pas l'impasse sur ces joyaux architecturaux.

Merveilleux exemples de l'architecture d'Inde du Nord, ce sont pourtant leurs sculptures d'ornement qui ont rendu ces temples célèbres. Tout autour des temples, dieux, déesses, guerriers, musiciens, danseurs et animaux, réels ou mythologiques, se succèdent en frises superposées, admirablement sculptées dans la pierre.

Deux éléments sont omniprésents : le corps féminin et les positions érotiques. Les *surasundari* et *apsara* (nymphes célestes) et les *nayika* (héroïnes) sont représentées sous un jour sensuel, légèrement tournées et penchées de sorte qu'elles semblent danser et tourbillonner en s'affranchissant de la façade des temples. Les *mithuna* (figurant des couples ou des trios d'amoureux dans des postures érotiques) témoignent du fabuleux talent des sculpteurs des Chandela.

Histoire

D'après la légende, Khajuraho aurait été fondée par Chandravarman, fils du dieu de la Lune (Chandra), qui aurait jeté son dévolu sur une jolie vierge, Hemavati, se baignant dans une rivière. Les historiens nous apprennent toutefois que la plupart des 85 temples d'origine (il n'en reste que 25) furent édifiés entre 930 et 1050 sous la dynastie des Chandela, clan rajput qui régna sur différentes parties du Bundelkhand (s'étendant au nord jusqu'au Madhya Pradesh et dans le sud jusqu'à l'Uttar Pradesh) entre les IXe et XVIe siècles. On ne sait pas si Khajuraho fut la capitale des Chandela ou plutôt un lieu strictement sacré. Tout du moins sait-on que Mahoba, 50 km au nord, en fut un temps la capitale au cours du XIe siècle, et que les temples n'en demeurèrent pas moins toujours actifs longtemps après.

L'isolement des temples de Khajuraho a peut-être contribué à les sauver de l'iconoclasme des musulmans, qui défigurèrent ailleurs ce qu'ils considéraient comme des temples idolâtres. C'est peut-être pour la même raison que la région fut peu à peu abandonnée, laissant la nature reprendre ses droits, aux dépens de nombreux édifices. Le monde ignora leur existence jusqu'à ce qu'en 1838, un officier britannique, T. S. Burt, arrive aux ruines sur un palanquin.

À voir

Groupe ouest – dans l'enceinte

Les temples les plus impressionnants et les mieux préservés de Khajuraho sont ceux du **groupe ouest** (Indien/étranger 30/500 ₹, caméra 25 ₹ ; aube-crépuscule), protégés par une enceinte. Ce sont les seuls dont l'accès est payant. Vous trouverez à la billetterie le guide de Khajuraho (60 ₹) édité par l'Archaeological Survey of India (ASI). Pour un guide accompagnateur certifié, comptez 1 190/1 508 ₹ pour une demi-journée/journée entière et un supplément de 476 à 635 ₹ selon la langue souhaitée (autre qu'anglais ou hindi).

La nuit, au cours d'un **spectacle son et lumière** (Indien/étranger 200/500 ₹, enfant 100/250 ₹ ; en anglais 18h30 oct-fév, 19h30 mars-sept, en hindi 19h40 oct-fév, 20h40 mars-sept), des projecteurs illuminent les temples du groupe ouest, tandis que de la musique indienne classique accompagne une version abrégée de l'histoire de Khajuraho contée par le "maître sculpteur". Les photographies sont interdites.

Temple de Lakshmana TEMPLE HINDOU

Le grand temple de Lakshmana fut achevé vers 954, après 20 années de chantier, sous le règne de Dhanga – selon une tablette gravée dans le *mandapa* (pavillon à colonnes devant un temple). Il est sans conteste le mieux conservé de tous les temples de Khajuraho. Sur le mur sud, une scène très licencieuse montre notamment un homme s'accouplant avec une jument, tandis qu'une femme, choquée, l'observe tout en se cachant le visage avec ses mains.

Vous verrez sur la frise de soubassement des sculptures de bataillons de soldats – les Chandela étaient souvent en guerre – des musiciens, des chasseurs et de nombreux éléphants, chevaux et dromadaires. D'autres sculptures superbes sont visibles autour du *garbhagriha* (sanctuaire intérieur). Bien qu'il soit dédié à Vishnu, Lakshmana ressemble aux temples de Vishvanath et de Kandariya-Mahadev, dédiés à Shiva.

Deux petits sanctuaires de **Varaha** et de **Lakshmi** (souvent fermé), font face à l'entrée est du grand temple de Lakshmana. Le premier abrite une impressionnante statue en grès de Vishnu incarné sous la forme d'un sanglier de 1,5 m de haut, datant de 900 et sur laquelle est sculpté tout un panthéon.

Temple de Kandariya-Mahadev TEMPLE HINDOU

Plus grand temple du groupe ouest (30,5 m de long), ce temple, édifié entre 1025 et 1050, incarne l'apogée de l'architecture Chandela. Aucun autre ne le surpasse par la profusion de représentations féminines et d'acrobaties érotiques. On dénombre 872 statues, mesurant pour la plupart près de 1 m de haut – donc plus grandes que celles des autres temples.

Le shikhara (flèche du temple) de 31 m de haut est un symbole phallique de Shiva, que les hindous vénèrent dans l'espoir d'être délivrés du cycle des réincarnations. Il est, avec le *mandapa* (pavillon à colonnes), orné d'une spirale ascendante formée de 84 répliques de lui-même, qui semble évoquer les sommets empilés de l'Himalaya, la demeure des dieux.

Temple de Mahadeva TEMPLE HINDOU

Le petit temple en ruine de Mahadeva se trouve sur la même plateforme que le

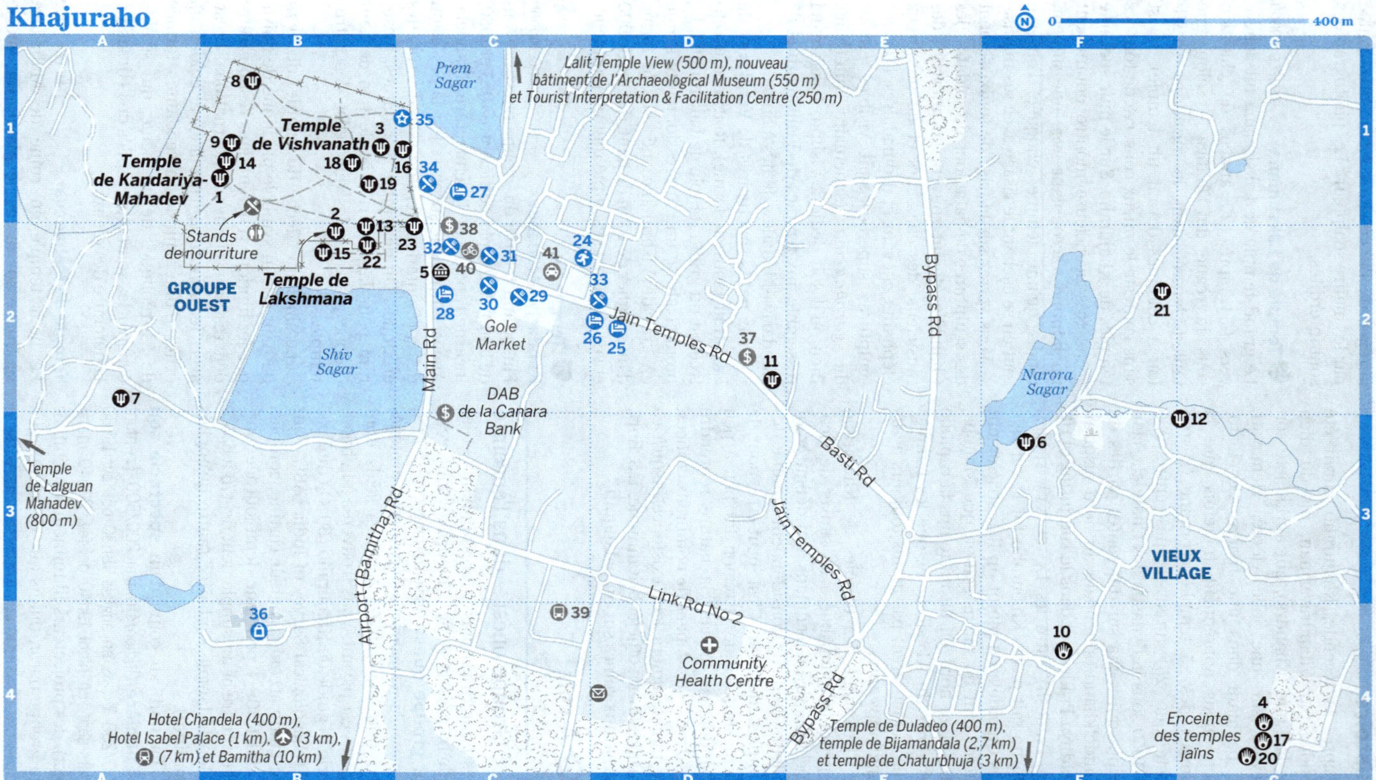
Khajuraho
0
400 m
Lalit Temple View (500 m), nouveau bâtiment de l'Archaeological Museum (550 m) et Tourist Interpretation & Facilitation Centre (250 m)
Prem Sagar
Temple de Vishvanath
Temple de Kandariya-Mahadev
Stands de nourriture
GROUPE OUEST
Temple de Lakshmana
Shiv Sagar
Main Rd
Gole Market
DAB de la Canara Bank
Jain Temples Rd
Bypass Rd
Basti Rd
Narora Sagar
VIEUX VILLAGE
Link Rd No 2
Airport (Bamitha) Rd
Community Health Centre
Temple de Lalguan Mahadev (800 m)
Hotel Chandela (400 m), Hotel Isabel Palace (1 km), (3 km), (7 km) et Bamitha (10 km)
Temple de Duladeo (400 m), temple de Bijamandala (2,7 km) et temple de Chaturbhuja (3 km)
Enceinte des temples jaïns
1
2
3
4
5
6
7
8
9
10
11
12
13
14
15
16
17
18
19
20
21
22
23
24
25
26
27
28
29
30
31
32
33
34
35
36
37
38
39
40
41
A
B
C
D
E
F
G

Khajuraho

Les incontournables
1 Temple de Kandariya-Mahadev ... B1
2 Temple de Lakshmana ... B2
3 Temple de Vishvanath ... B1

À voir
4 Temple d'Adinath ... G4
5 Archaeological Museum ... C2
6 Temple de Brahma ... F3
7 Temple de Chausath Yogini ... A2
8 Temple de Chitragupta ... B1
9 Temple de Devi Jagadamba ... B1
10 Temple de Ghantai ... F4
11 Temple d'Hanuman ... D2
12 Temple de Javari ... G3
13 Sanctuaire de Lakshmi ... B2
14 Temple de Mahadeva ... B1
15 Temple de Matangesvara ... B2
16 Sanctuaire de Nandi ... C1
17 Temple de Parsvanath ... G4
18 Temple de Parvati ... B1
19 Temple de Pratapeswar ... B1
20 Temple de Shantinath ... G4
21 Temple de Vamana ... F2
22 Sanctuaire de Varaha ... B2
23 Groupe Ouest ... C2

Activités
24 Ayur Arogyam ... C2

Où se loger
25 Hotel Harmony ... D2
26 Hotel Surya ... D2
27 Hotel Yogi Lodge ... C1
28 Zostel ... C2

Où se restaurer
29 Stands de nourriture nocturnes ... C2
30 La Bella Italia ... C2
31 Lassi Corner ... C2
32 Madras Coffee House ... C2
33 Mediterraneo ... D2
34 Raja Cafe ... C1

Où sortir
35 Spectacle son et lumière ... C1

Achats
36 Kandariya ... B4

Renseignements
37 DAB de la SBI ... D2
38 State Bank of India ... C2
DAB de l'Union Bank ... (voir 34)

Transports
Billetterie de bus ... (voir 39)
39 Gare routière ... C4
40 Mohammed Bilal ... C2
41 Yashowarman Taxi Driver Union ... C2

Kandariya-Mahadev et le Devi Jagadamba. Dédié à Shiva, que l'on retrouve sculpté sur le linteau de l'entrée, il abrite l'une des plus belles sculptures du site : un *sardula* (créature mythique, moitié lion, moitié homme ou autre animal) représenté ici caressant une femme.

Temple de Devi Jagadamba — TEMPLE HINDOU

Le Devi Jagadamba fut d'abord dédié à Vishnu, puis à Parvati et à Kali. On y voit des *sardula* accompagnés de Vishnu, des *surasundari* (nymphes divines), et sur la plus haute frise des *mithuna* (duos d'hommes et de femmes) en plein ébats. Sa structure, en trois parties, est plus modeste que celles du Kandariya-Mahadev et du Chitragupta – il évoque d'ailleurs ce dernier, mais avec moins de sculptures. On estime donc qu'il serait plus ancien.

Temple de Chitragupta — TEMPLE HINDOU

Le Chitragupta (1000-1025) est unique à Khajuraho – et rare parmi les temples d'Inde du Nord –, car il est dédié au dieu du Soleil, Surya. Moins bien conservé que les autres, il comporte de très belles sculptures représentant des *apsara*, des *surasundari*, des combats d'éléphants, des scènes de chasse, des *mithuna* et une procession d'hommes charriant des pierres.

Dans le sanctuaire intérieur, on distingue dans la pénombre sept chevaux tirant le char de Surya. La niche centrale sur la façade sud est occupée par une statue de Vishnu à 11 têtes, représentant le dieu et 10 de ses 22 incarnations.

Temple de Parvati — TEMPLE HINDOU

En contournant l'enceinte du groupe ouest depuis le temple de Chitragupta, on arrive au temple de Parvati, sur la droite. Ce petit édifice, à l'origine dédié à Vishnu, abrite désormais une effigie de Gauri (Parvati) chevauchant un iguane.

♥ Temple de Vishvanath — TEMPLE HINDOU

Probablement construit en 1002, le temple de Vishvanath annonce le Kandariya-Mahadev, par son plan et son style. Dédié à Shiva, il constitue un bel exemple d'architecture chandela, avec pléthore de figures sculptées jusqu'au sommet des shikharas : une femme faisant le poirier dans un renfoncement de

Temples de Khajuraho

GROUPE OUEST

On peut se sentir dérouté face à la profusion de sculptures ornant les temples les mieux préservés de Khajuraho. Le circuit ci-dessous vous familiarisera avec les lieux et vous permettra de repérer plus facilement certaines œuvres.

Pour commencer, admirez le **1 sanglier en grès** du sanctuaire de Varaha, avant de rejoindre le **2 temple de Lakshmana** où vous découvrirez, sur la base de sa façade sud, les sculptures les plus explicites de Khajuraho : ici, une scène mêlant neuf personnages ; là, un homme s'accouplant à une jument. Sur la plateforme, une superbe sculpture de Ganesh en train de danser est installée dans une niche (façade sud). Retrouvez sur le flanc ouest de gracieuses *surasundari* (nymphes célestes) : l'une s'enlève une épine du pied, l'autre est drapée dans un sari mouillé (angle nord-ouest), une troisième se contemple dans un miroir (angle sud-ouest).

Le **3 Kandariya-Mahadev** est le plus grand temple de Khajuraho. On peut y voir la célèbre position du poirier (mur sud), mais l'aspect le plus saisissant de ce temple reste ses dimensions, notamment celles de son toit.

Le **4 Mahadeva** et le **5 Devi Jagadamba** partagent la même plateforme que le Kandariya-Mahadev, ainsi que quatre magnifiques *sardula* (animaux fantastiques, mi-lion et mi-humain), caressant chacun une nymphe : l'un se trouve à l'entrée du Mahadeva, les trois autres sur le socle.

Dirigez-vous vers le nord et le **6 Chitragupta**, orné de scènes de chasse et d'éléphants miniatures à sa base. À l'intérieur, on découvre la petite sculpture des sept chevaux tirant le chariot du dieu du soleil, Surya.

Poursuivez à l'est vers le **7 temple de Vishvanath** et ses superbes sculptures, puis allez admirer l'imposante statue du taureau de Shiva dans le **8 sanctuaire de Nandi**, en face.

BODOM/SHUTTERSTOCK ©

Position du poirier
Sans doute la sculpture la plus célèbre de Khajuraho, elle se trouve en hauteur sur le mur sud de l'extraordinaire Kandariya-Mahade

Shikhara
Outre ses belles sculptures, le Kandariya-Mahadev se distingue par son *shikhara* (toit en forme de pain de sucre), censé représenter la résidence himalayenne des dieux.

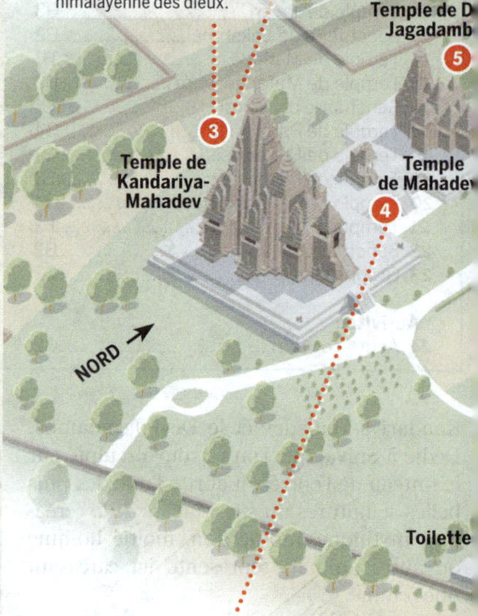

Sardula
Quatre *sardula* se tiennent sur cet immense socle en pierre : celui de l'entrée du Mahadeva est notre préféré.

ELENA MIRAGE/SHUTTERSTOCK ©

Sculptures du Kama-sutr
Souvent considérée comme les sculptur du *Kama-sutra*, les œuvres érotiques de Khajuraho n'illustre pas réellement le célèbre ouvrage de Vatsyayana. Leur signification reste l'objet de controverses : servaient-elles à apaiser les mauvais esprits ou à montrer la virilité, donc la puissance, des dirigeants ? Notez que les sculptures licencieuses ne sont jamais situées près de la divinité à qui le temple est dédié.

À ÉCOUTER

.es guides :ertifiés, ·egroupés Jevant la pilletterie, ont parfois tendance à embellir 'histoire mais ils permettent une approche plus vivante de ces vieilles pierres.

JEREMYRICHARDS/GETTY IMAGES

JEREMYRICHARDS/SHUTTERSTOCK ©

BILLET COMBINÉ

Pour voir de plus près les sculptures de Khajuraho, gardez votre billet d'entrée, qui donne accès au Musée archéologique de la ville.

Statue de Nandi

Cette immense statue de Nandi (2,20 m de long), le taureau sacré qui sert de monture à Shiva, se trouve dans un pavillon en face du temple de Vishvanath.

urasundari

n trouve de gracieuses nymphes sculptées sur les ıurs de plusieurs temples de Khajuraho. Parmi les ombreuses scènes érotiques qui se déploient sur :s façades, la splendide *surasundari* drapée dans n sari mouillé est peut-être la plus sensuelle.

Sanglier de Vishnu

Datant du IXe ou du Xe siècle, cette statue de Varaha, incarnation de Vishnu sous la forme d'un sanglier, est couverte de sculptures représentant des dieux et déesses brahmaniques. Sous sa patte, vous remarquerez le serpent Seshanaga en position de prière, et les pieds d'une déesse aujourd'hui disparue.

FOTOEMBER/GETTY IMAGES ©

la façade nord, des *surasundari* sensuelles écrivant, berçant des nourrissons, se regardant dans un miroir ou se caressant le dos, mais aussi des dromadaires, chevaux, musiciens, éléphants, guerriers et autres danseurs sur la frise inférieure.

À l'est de la plateforme, une statue de **Nandi**, la monture de Shiva, longue de 2,20 m, fait face au temple. Le soubassement du sanctuaire à 12 piliers est orné d'une frise d'éléphants qui évoque la façade du Lakshmana.

Temple de Pratapeswar TEMPLE HINDOU

À proximité du temple de Vishvanath, le Pratapeswar est une structure blanche en briques et mortier, érigée il y a deux siècles.

Groupe ouest – en dehors de l'enceinte

Temple de Matangesvara TEMPLE HINDOU

(aube-crépuscule). Tout à côté du temple de Lakshmana mais séparé par la barrière d'enceinte, le Matangesvara est le seul temple du groupe ouest toujours en activité. Plus sobre (ce qui indiquerait qu'il est plus ancien), il abrite un lingam poli haut de 2,50 m.

Temple de Chausath Yogini TEMPLE HINDOU

Les ruines du Chausath Yogini, derrière le Shiv Sagar, remontent à la fin du IXe siècle et sont certainement les plus anciennes de Khajuraho. Entièrement en granit, ce temple était le seul à ne pas suivre une orientation est-ouest. Son nom signifie 64 : il comportait jadis 64 cellules abritant les statues de *yogini* (servantes) de Kali ; la 65e était celle de la déesse. Ce pourrait être le plus ancien temple de *yogini* en Inde. On trouve souvent portes closes.

Temple de Lalguan Mahadev TEMPLE HINDOU

À environ 800 m à l'ouest du Chausath Yogini (p. 628), en descendant le sentier et par-delà des champs (demandez aux habitants), ce petit temple en grès et granit construit en 900 est dédié à Shiva.

Archaeological Museum MUSÉE

(www.museumkhajurahoasi.nic.in ; Main Rd ; 9h-17h sam-jeu). Riche d'une importante collection de sculptures retrouvées dans les environs de Khajuraho, ce musée s'ouvre sur une superbe statue de Ganesh datant du XIe siècle, en pleine danse particulièrement sensuelle exécutée en l'honneur d'une divinité à tête d'éléphant, une petite souris (son véhicule) à ses pieds. L'entrée se fait uniquement avec un billet à la journée pour le groupe ouest (p. 623). Un nouveau bâtiment, plus lumineux, a ouvert en 2016 au nord du groupe ouest et compte d'autres sculptures des environs ainsi que des panneaux explicatifs sur l'histoire et les arts des Chandela.

Lors de nos recherches, l'exposition du nouveau bâtiment n'était pas encore achevée, et on ne savait pas avec certitude si l'ancien musée resterait ouvert.

Groupe est

Le groupe comprend des temples hindous dispersés dans le vieux village de Khajuraho et quatre autres temples jaïns, plus au sud, dont trois réunis dans une enceinte close de murs.

Temple d'Hanuman TEMPLE HINDOU

(Basti Rd). Ce petit sanctuaire blanc abrite une statue de 2,5 m du dieu Hanuman, souvent associé aux singes. De couleur orange vif, elle porte une inscription sur son piédestal qui date de 922, la plus ancienne inscription datable de Khajuraho.

Temple de Brahma TEMPLE HINDOU

Ce temple en granit, doté d'un shikhara en grès dominant le Narora Sagar (un lac), est l'un des plus anciens édifices de Khajuraho (vers 900). Le lingam à quatre faces du sanctuaire lui valut ce nom erroné – en référence aux quatre visages de Brahma – mais l'effigie de Vishnu surmontant l'entrée atteste qu'il lui était originellement dédié.

Temple de Javari TEMPLE HINDOU

(aube-crépuscule). Semblable au Chaturbhuja du groupe sud, le temple de Javari (1075-1100) est situé un peu au nord du vieux village. Consacré à Vishnu, il forme un bel exemple, à petite échelle, de l'architecture de Khajuraho, par son entrée ornée de crocodiles et son shikhara élancé.

Temple de Vamana TEMPLE HINDOU

(aube-crépuscule). À 300 m au nord, ce temple (1050-1075) est dédié à l'avatar nain de Vishnu. Il est orné d'éléments étonnants, tels des têtes d'éléphants sortant des murs. Son shikhara est dépourvu de flèches secondaires, et il ne compte que peu de scènes érotiques.

Temple de Ghantai TEMPLE JAÏN

Entre le vieux village et l'enceinte des temples jaïns, le petit temple de Ghantai, également jaïn, doit son nom à ses ornementations de *ghanta* (chaîne et cloche) sur ses piliers. Il était autrefois semblable au Parsvanath, mais aujourd'hui seules subsistent la structure de ses piliers et le *mandapa* (pavillon à colonnes) et il est généralement fermé.

Temple de Shantinath TEMPLE JAÏN

Shantinath, édifice mêlant ancien et moderne, est le principal lieu de culte du groupe jaïn. Le temple renferme des éléments provenant de temples plus anciens, comme une statue d'Adinath, haute de 4,5 m, dont le piédestal comporte une inscription en plâtre datant de 1028 environ.

Temple de Parsvanath TEMPLE JAÏN

(aube-crépuscule). Le plus vaste des temples jaïns de l'enceinte est aussi l'un des plus beaux. Sans rivaliser par ses dimensions ou son érotisme avec les temples du groupe ouest, il est remarquable pour l'exceptionnelle précision de sa construction et la finesse de ses sculptures. On y trouve certaines des statues les mieux préservées et les plus célèbres de Khajuraho, comme celle d'une femme s'enlevant une épine du pied et celle d'une autre se maquillant les yeux (les deux du côté sud).

Temple d'Adinath TEMPLE JAÏN

L'Adinath, érigé au XIe siècle, a été partiellement restauré au fil des siècles. Les magnifiques hauts-reliefs de ses trois frises l'apparentent aux temples hindous de Khajuraho, en particulier au Vamana. Seule la remarquable effigie noire dans le sanctuaire intérieur rappelle qu'il s'agit d'un site jaïn.

Groupe sud

Une route goudronnée part en direction du sud depuis l'enceinte des temples jaïns et mène à trois temples qui, s'ils ne comptent pas parmi les plus impressionnants de Khajuraho, offrent l'occasion d'une belle balade à vélo dans la campagne.

Temple de Duladeo TEMPLE HINDOU

(aube-crépuscule). Dédié à Shiva, ce temple est installé dans un jardin bien entretenu et surplombe une rivière. Datant de 1100-1150, c'est le plus récent de tous. Le caractère répétitif de ses sculptures en bois indique que les sculpteurs de Khajuraho avaient déjà atteint l'apogée de leur art, sans avoir pour autant perdu leur goût pour l'érotisme.

Temple de Chaturbhuja TEMPLE HINDOU

(aube-crépuscule). Annonçant les défauts de Duladeo, le petit sanctuaire de Chaturbhuja (vers 1100) renferme toutefois une belle statue à quatre bras de Vishnu, haute de 2,7 m. C'est le seul temple de Khajuraho qui soit dépourvu de sculptures érotiques.

À 1,7 km après Duladeo : traversez le village de Jatkara, puis tournez à gauche au carrefour en T, 350 m plus loin.

Temple de Bijamandala TEMPLE HINDOU

(aube-crépuscule). Longue de 700 m, la piste pour Bijamandala vire à gauche (panneau) 200 m avant d'arriver au temple de Chaturbhuja. Il s'agit d'un temple du XIe siècle excavé, dont on pense qu'il aurait été dédié à Shiva – un lingam en marbre se dresse au faîte du tumulus.

On peut encore voir une frise de petite dimension représentant éléphants et danseurs tandis que d'autres, inachevées, ont été mises au jour. Cela indiquerait que la construction du temple conçu pour être le plus grand du Khajuraho a été abandonnée faute de moyens.

Activités

De nombreux hôtels pour voyageurs à petit budget proposent des massages ayurvédiques plus ou moins authentiques. Sans surprise, les prestations sont plus luxueuses dans les établissements haut de gamme.

Ayur Arogyam MASSAGES

(07686-272572 ; www.ayurarogyam.in ; Jain Temples Rd ; massages 1 000-1 900 ₹). Pour un massage authentique, rendez-vous à l'Ayur Arogyam. Les gérants kéralais sont charmants, qualifiés et expérimentés.

L'offre va du massage du dos et du cou (30 min) à un massage particulièrement apaisant de tout le corps avec huiles médicinales, l'*abhyangam* (1 heure).

Fêtes et festivals

Festival de danse DANSE, ARTISANAT

(fin fév). Un festival gratuit de danses traditionnelles indiennes se déroule pendant une semaine dans le groupe des temples ouest, attirant à Khajuraho une foule de visiteurs.

Où se loger

Hors saison (d'avril à septembre environ), les remises sont importantes (20 à 50%). Les hébergements organisent circuits et excursions.

Zostel AUBERGE DE JEUNESSE$

(07686-297009 ; www.zostel.com ; Main Rd ; dort/ch 400/2 000 ₹, avec clim 500/2 200 ₹ ;).

Profitant d'une situation idéale avec vue sur le lac Shiv Sagar, ce nouvel établissement rouge, jaune et orange propose des hébergements bien tenus, répartis dans 5 dortoirs de 6 lits superposés et 5 chambres doubles spacieuses. Sur le toit, un café sert à prix très raisonnables des petits-déjeuners ainsi que des *thali*. Tout est bon et tout est propre, jusqu'à la cuisine réservée aux clients.

Hotel Surya HÔTEL $
(9425146203 ; www.hotelsuryakhajuraho.com ; Jain Temples Rd ; ch 800-1 000 ₹, avec clim 1 000-1 500 ₹ ;). Cet immense hôtel bien tenu offre un large choix de chambres donnant sur des couloirs blancs, des escaliers en marbre et un jardin dans la cour arrière. Certaines disposent d'un balcon. Cours de yoga et massages ; Wi-Fi (50 ₹/jour).

Hotel Harmony HÔTEL $
(07686-274135 ; www.hotelharmonyonline.com ; Jain Temples Rd ; ch 1 000 ₹, avec clim 1 500 ₹ ;). Des couloirs en marbre desservent de jolies chambres douillettes, bien équipées (moustiquaire, TV câblée). Le restaurant Zorba the Buddha sert d'excellents plats, à déguster sous les étoiles sur le toit-terrasse. Wi-Fi (50 ₹/jour).

Hotel Yogi Lodge HÔTEL $
(9993687416 ; yogi_sharm@yahoo.com ; près de Main Rd ; s 200-300 ₹, d 300-400 ₹ ;). Une pension bon marché dotée de chambres simples mais convenables (draps propres), appréciée des *backpackers*. Petite cour, yoga le matin sur le toit (gratuit), Wi-Fi gratuit et restaurant sur la terrasse supérieure avec jolies tables en pierre et menu varié (plats 100-260 ₹) sont autant d'avantages appréciables.

♥ **Hotel Isabel Palace** HÔTEL $$
(07686-274770 ; www.hotelisabelpalace.com ; près d'Airport Rd ; dort 450 ₹, ch avec petit-déj 1 500-3 500 ₹ ;). Un excellent hôtel assez récent, près d'un chemin de terre, à 1,5 km au sud de la ville, dans un cadre bien plus rural que la rue principale de Khajuraho. Les chambres d'une propreté irréprochable donnent sur le jardin ou sur le soleil levant et diffèrent par la décoration et l'ameublement, mais toutes sont spacieuses, particulièrement confortables et agrémentées de sdb de bonne taille, d'une terrasse ou d'un balcon. Les petits budgets trouveront aussi un petit dortoir.

Surendra, le charmant gérant, veille sur le bon fonctionnement et l'hospitalité de cette entreprise familiale. Vous pourrez vous attabler dans le restaurant chic, et contempler le coucher du soleil, ou préférer un dîner romantique aux chandelles sur le formidable toit-terrasse.

♥ **Lalit Temple View** HÔTEL $$$
(07686-272111 ; www.thelalit.com ; Main Rd ; d avec petit-déj 13 510-14 120 ₹ ;). Ce magnifique hôtel contemporain caracole loin devant les autres prétendants aux cinq étoiles avec son faste, son service impeccable et ses prix astronomiques. Les chambres sont immaculées et dotées de sdb en marbre, mobilier en bois sculpté et œuvres d'art aux murs. Si la vue sur les temples n'est pas votre priorité, des chambres à “petit prix” (*budget*) ont été aménagées dans un édifice à l'écart du bâtiment principal : le confort est identique pour moins de la moitié du prix, à réserver par téléphone ou e-mail.

Hotel Chandela HÔTEL $$$
(07686-272366 ; www.tajhotels.com ; Airport Rd ; s 5 950-7 920 ₹, d 6 500-8 500 ₹ ;). Propriété du groupe Taj, cet établissement, s'il n'est plus tout récent, est un bon choix pour ses chambres confortables et classiques, ses deux bons restaurants, son bar, sa grande piscine, des vélos à disposition et son service de qualité, le tout pour des tarifs plutôt raisonnables.

Où se restaurer et prendre un verre

Pour un repas bon marché, des **stands nocturnes** (plats 20-60 ₹ ; environ 19h-23h) proposent omelettes, *momo* (raviolis tibétains), plats de l'Inde du Sud et *paneer patties* (chaussons fourrés au fromage) dès le coucher du soleil à l'extrémité ouest de Jain Temples Rd.

Vous pourrez prendre une bière dans plusieurs restaurants sur les toits de la ville et dans les hôtels haut de gamme, qui possèdent tous un bar ou un restaurant autorisé à servir de l'alcool.

Madras Coffee House INDE DU SUD $
(angle Main Rd et Jain Temples Rd ; plats 60-200 ₹ ; 8h30-20h30). Une bonne cuisine d'Inde du Sud, tel est le credo depuis trois générations de cet accueillant café tout en longueur : *dosa*, *idli* (gâteaux ronds et spongieux de riz rond fermenté), *uttapam* (épaisses crêpes de riz salées), *thali* – sans oublier du café (façon Madras, avec chicorée) et du *chai*. Idéal pour sa spécialité composée d'œufs, de fromage et de *dosa* végétariens (200 ₹).

Lassi Corner INDIEN $
(Jain Temples Rd ; plats 15-60 ₹, lassi 15-80 ₹ ; 7h30-22h). Cette cabane en bambou recouverte d'une bâche est l'endroit idéal pour un petit-déjeuner, un plat simple ou une petite pause (*chai* ou *lassi* ?).

Raja Cafe INDIEN, INTERNATIONAL $$
(www.rajacafe.com ; Main Rd ; plats 170-370 ₹ ; 8h-22h ;). Cela fait près de 40 ans que le Raja est au sommet de son art : expressos, petits-déjeuners anglais, pizzas au feu de bois, délicieux plats indiens (notamment tandoori), italiens et chinois ainsi qu'un menu des plus éclectiques de tout ce qui pourrait vous manquer selon votre nationalité (rösti, *fish and chips*, gaufres...).

Splendide vue sur le temple depuis la terrasse et très belle cour ombragée, notamment par un margousier de 170 ans. La qualité de la cuisine l'emporte pourtant sur tout le reste.

La Bella Italia ITALIEN $$
(Jain Temples Rd ; plats 150-350 ₹ ; 7h30-22h30). Un toit-terrasse joliment éclairé le soir, d'authentiques pâtes fraîches et accompagnements maison : l'Italie semble toute proche.

Mediterraneo ITALIEN $$
(Jain Temples Rd ; plats 215-475 ₹, pizzas 375-525 ₹ ; 7h30-22h ;). Sans être exceptionnelle, la cuisine italienne du Mediterraneo, servie sur une jolie terrasse donnant sur la rue, n'en est pas moins honnête. Commandez, au choix, des crêpes, une salade, des pâtes au blé complet bio ou une pizza cuite au feu de bois. À accompagner de bière ou d'un vin indien.

Achats

Kandariya ARTISANAT
(07686-274031 ; Airport Rd ; 9h-20h). Cet immense emporium vend des reproductions grandeur nature de plusieurs sculptures de Khajuraho – entre 10 000 et 1 000 000 ₹ ! Des reproductions plus petites et plus abordables, des tissus, des articles en cuivre, des sculptures sur bois et des mosaïques de marbre sont aussi proposés.

Renseignements

Community Health Centre (07686-272498, urgences 108 ; Link Rd No 2 ; 24h/24, consultations 8h-13h et 17h-18h lun-ven). Personnel serviable, parlant un anglais basique.

Police touristique (07686-274690 ; Main Rd ; 24h/24). Guichet pratique, voisin des temples de l'ouest.

State Bank of India (Main Rd ; 10h30-14h30 et 15h-16h30 lun-sam, fermé les 2e et 4e sam du mois). Change les espèces.

Tourist Interpretation & Facilitation Centre (07686-274051 ; khajuraho@mptourism.com ; Main Rd ; 10h-17h lun-sam, fermé 2e et 3e sam du mois). Guides et brochures sur toutes les destinations touristiques de l'État. Autres comptoirs à l'aéroport et à la gare ferroviaire.

Depuis/vers Khajuraho

AVION

L'aéroport de Khajuraho, avec son tout nouveau terminal inauguré en 2016, est situé à 5 km au sud de la ville. **Jet Airways** (www.jetairways.com) assure la liaison entre Delhi et Khajuraho, via Varanasi dans les deux sens ; tous les jours entre octobre et avril. **Air India** (07686-274035 ; www.airindia.in ; Temple Hotel, aéroport) relie trois fois par semaine Delhi à Khajuraho via Varanasi et Agra, puis retour à Delhi via Varanasi ; toute l'année.

BUS

Si la **billetterie** (7h30-18h) de la gare routière est fermée, le propriétaire du stand de café Madhur, juste en face, pourra vous venir en aide.

Pour Orchha, Jhansi et Gwalior, il vous faudra prendre un bus à destination de Chhatarpur (50 ₹, 1 heure 30, départ toutes les 30 min à 1 heure de 7h30 à 19h30) et y prendre votre correspondance. Les bus pour Jhansi, au départ de Chhatarpur, peuvent vous déposer à l'embranchement pour Orchha sur l'Hwy 39, où vous pourrez héler un *tempo* (10 ₹) pour Orchha.

Des bus desservent également Madla (pour la Panna Tiger Reserve ; 40 ₹, 1 heure, départ à 8h30, 10h, 12h30, 13h, 15h et 19h30), et un bus part à destination de Jabalpur (siège/couchette 300/350 ₹, 8 heures), à 19h30.

Au carrefour de Bamitha, à 11 km au sud sur l'Hwy 39, des bus font la navette toute la journée entre Gwalior, Jhansi et Satna. Pour Bamitha, prenez un *tempo* ou une jeep collective (10 ₹ les deux) ou un auto-rickshaw (100 ₹) depuis la gare routière ou à son passage sur Airport Rd.

TAXI

La **Yashowarman Taxi Driver Union** (Jain Temples Rd) se trouve à proximité immédiate de Jain Temples Rd, à l'ombre d'un margousier. Quelques tarifs (taxis non climatisés, toutes taxes et péages compris) : Satna 2 500 ₹, Orchha 3 200 ₹, Bandhavgarh 6 000 ₹, Varanasi 8 000 ₹, Agra 8 000 ₹. Pour un taxi climatisé, comptez 15 à 25% de plus.

TRAIN

Trois trains pratiques partent de la gare de Khajuraho, située 8 km au sud de la ville :

Delhi (22447 *Uttar Pradesh Sampark Kranti Express*) *sleeper*/3AC/2AC 365/955/1 350 ₹, 11 heures, départ tous les jours à 18h20, via Jhansi (190/540/740 ₹, 5 heures) et Agra (280/720/1 010 ₹, 8 heures)

Udaipur (19665 *Khajuraho Udaipur Express*) *sleeper*/3AC/2AC 485/1 320/1 915 ₹, 21 heures, départ à 9h25 tous les jours, via Jhansi (160/490/695 ₹, 4 heures), Gwalior, Jaipur et Ajmer

Varanasi (21107 *Bundelkhand Link Express*) *sleeper*/3AC 265/720 ₹, 11 heures, départ à 23h50 mardi, vendredi et dimanche

Pour Orchha, vous pouvez prendre le train 19665 jusqu'à Jhansi puis prendre les transports en commun locaux (p. 407) pour les 18 km restants (durée totale du voyage environ 5 heures).

Dans la gare, la **billetterie ferroviaire** (⏲8h-12h et 13h-16h lun-sam, 8h-14h dim) gère toutes les réservations de trains.

À destination de Khajuraho, le train 21108 quitte Varanasi Junction les lundis, mercredis et samedis à 17h45 ; arrivée à Khajuraho à 5h15. Le 12448 *U P Sampark Kranti*, qui part tous les jours de la gare d'Hazrat Nizamuddin de Delhi à 20h10, marque un arrêt à Agra (23h15) et arrive à Mahoba à 5h08. Ensuite, une partie du train poursuit sa route jusqu'à Khajuraho (6h35). Si vous réservez pour la liaison Hazrat Nizamuddin-Khajuraho, vous serez dans les bons wagons. Depuis Jhansi, le train 19666 (*Udaipur Khajuraho Express*) part en théorie à 15h30 et arrive à Khajuraho à 18h30 ; dans la pratique, comptez 1 à 2 heures de retard.

CORRESPONDANCES À SATNA

La ville de Satna, située à 120 km à l'est de Khajuraho sur l'Hwy 39, est un important centre de transports entre Khajuraho, l'est du Madhya Pradesh et Varanasi.

Depuis Khajuraho, un seul bus quotidien dessert Satna (150 ₹, 4 heures 30, départ à 15h). Le bus Satna-Khajuraho part à 14h30. Des bus nettement plus fréquents relient Chhatarpur à Satna par l'Hwy 39, via Bamitha, 11 km au sud de Khajuraho, et Madla (pour la Panna Tiger Reserve). Vous serez peut-être amené à changer dans la ville de Panna, 19 km à l'est de Madla.

Les gares routière et ferroviaire de Satna sont distantes de 2,5 km (auto-rickshaw 50 ₹). Il y a environ 20 trains/jour pour Jabalpur (*sleeper*/3AC/2AC 170/540/740 ₹, 3 heures), 12 pour Varanasi (240/605/840 ₹, 6 à 8 heures), et des trains à destination d'Umaria (pour la Bandhavgarh Tiger Reserve) partent à 4h40 et 19h10 (140/490/695 ₹, 3 heures 30) et à 19h25 et 22h25 (classe "*sleeper*" uniquement, 100 ₹, 4 heures 30).

Comment circuler

Le trajet en taxi depuis/vers l'aéroport revient à 300 ₹, 80 ₹ en auto-rickshaw. Si vous avez peu de bagages, il est facile de héler un bus, un *tempo* ou une jeep collective (10 ₹) dans les deux sens sur Airport Rd.

Le trajet en auto-rickshaw depuis/vers la gare revient à 100 ₹. Le même trajet en taxi coûte 350/450 ₹ sans/avec clim.

Mohammed Bilal (☎9893240074 ; Jain Temples Rd ; 100-150 ₹/jour ; ⏲8h-19h). Le vélo est un excellent moyen de locomotion. Mohammad loue des vélos et des VTT (dans un état plus ou moins satisfaisant) depuis 1982 !

Panna Tiger Reserve

Les tigres sont de retour après avoir été réintroduits en 2009 dans la **réserve de tigres de Panna** (☎07732-252135 ; www.pannatigerreserve.in ; entrée véhicule entier (6 passagers)/1 passager 1 500/250 ₹, guide obligatoire 360 ₹, location jeep 2 000 ₹ ; ⏲safaris 2 heures 30-5 heures matin et après-midi, sauf mer après-midi, oct-juin) depuis d'autres réserves du Madhya Pradesh. En 2016, on comptait plus de 35 tigres dans la réserve, ainsi que d'autres animaux. Lors d'un safari, vous aurez de bonnes chances de voir au moins l'un des léopards, des ours lippus ou des tigres. On peut venir en excursion depuis Khajuraho, ou passer la nuit sur place dans l'un des lodges situés près de la porte principale de la réserve, à Madla, 26 km au sud-est de Khajuraho.

Panna est nettement moins fréquenté que Bandhavgarh, Kanha ou Pench, et les safaris affichent rarement complet. Le cœur de la réserve est occupé par le parc national de Panna, 543 km² de belles forêts et pâturages, traversés par la rivière Ken (Karnavati) et ses crocodiles.

Dix-huit places réparties dans trois jeeps au départ de Madla composent les safaris du matin (12 places l'après-midi). Les billets sont en vente au **Karnavati Interpretation Centre** (☎07732-252135 ; Madla ; Indien/

étranger 5/50 ₹ ; ⏲6h-18h), à 1 km de la porte de Madla, d'où l'on peut également louer une jeep pour un safari dans le parc (2 000 ₹, 24 jeeps disponibles). Si les billets sont proposés à la vente en ligne (forest.mponline.gov.in), le site n'accepte pas les cartes bancaires étrangères. La plupart des visiteurs passe par leur hôtel ou via une agence de voyages, qui se chargent de toute l'organisation, en général pour une somme totale de 4 500-6 000 ₹ (jusqu'à 6 personnes).

Où se loger et se restaurer

Jungle Camp TENTES $$

(☎07732-275275 ; www.mptourism.com ; Madla ; ch avec petit-déj 3 260 ₹ ; ❄📶). Aux abords de la porte de Madla, le Jungle Camp, géré par MP Tourism, dispose de 9 tentes, confortables et climatisées avec sdb et linge de lit tigré, ainsi qu'un restaurant (plats 120-280 ₹) et un agréable jardin paysager agrémenté d'aires de jeux pour enfants.

♥ **Sarai at Toria** LODGE $$$

(☎9891796671, 9685293130 ; www.saraiattoria.com ; s/d en pension complète 15 500/19 800 ₹ ; ⏲oct à mi-avr ; 📶). Installé au bord de l'eau, ce lodge à 2 km de la porte de Madla fait une base idéale. Huit cottages très confortables se partagent l'espace ; les murs larges en terre préservent de la chaleur, et la déco, très rustico-chic, est très agréable. Tout a été construit à partir de matériaux locaux, jusqu'au très joli mobilier, et la cuisine, excellente, propose du pain maison et les légumes du jardin bio de l'établissement.

Les gérants sont aussi des amoureux de la nature, soucieux de sa préservation. L'endroit est idéal pour aller découvrir Panna mais également Khajuraho (à 30 min en voiture) et les forts Chandela méconnus mais spectaculaires d'Ajaigarh et de Kalinjar, au nord-est. Sont comprises dans le tarif une balade en bateau sur la Ken et une promenade à pied jusqu'au village de Toria. La plupart des visiteurs restent trois ou quatre jours ; si vous souhaitez vous détendre, vous pourrez choisir un livre à la bibliothèque et aller le lire au bord de la rivière dans l'espace salon/salle à manger à ciel ouvert.

Depuis/vers le parc national de Panna

Six bus relient quotidiennement Madla à Khajuraho (40 ₹, 1 heure) et plusieurs autres assurent la liaison entre Madla et Bamitha, à 11 km de Khajuraho. Les bus sont également fréquents entre Madla et Satna (120 ₹, 3 heures), mais pour Satna il faut parfois changer dans la localité voisine de Panna.

À Khajuraho, la **Yashowarman Taxi Driver Union** (p. 631) propose l'aller-retour vers la réserve en 4x4 adaptés aux safaris pour un tarif de 4 000 ₹.

CENTRE DU MADHYA PRADESH

Bhopal

☎0755 / 1,8 MILLION D'HABITANTS

Coupée en deux par deux lacs, la capitale du Madhya Pradesh présente deux facettes étonnamment contrastées. Au nord se trouve la vieille ville, à majorité musulmane, avec ses mosquées et ses souks bondés. Les femmes en niqabs noirs rappellent que la ville (dont un quart de la population est musulmane) fut gouvernée par quatre générations de bégums (souveraines musulmanes) au XIXe siècle et au début du XXe siècle. L'usine chimique d'Union Carbide, où se produisit l'une des pires catastrophes industrielles de l'histoire, se trouve un peu plus au nord.

Au sud des lacs, Bhopal se révèle plus moderne, avec de larges artères, d'excellents musées et des hôtels et restaurants haut de gamme nichés sur Arera Hills et Shamla Hills. Le centre-ville est connu sous le nom de New Market.

La ville fut fondée au XIe siècle par le raja Bhoj, roi du Malwa (entre l'ouest du Madhya Pradesh et le sud-est du Rajasthan). Les conquêtes et pillages successifs du Sultanat de Delhi, de Mandu et des Moghols précipitèrent la ville dans l'oubli dès le XIIIe siècle. Elle trouva un second souffle dans les années 1720 lorsque Dost Mohammed Khan, venu de la ville voisine d'Islamnagar, y construisit une forteresse avant de faire de Bhopal sa capitale.

À voir

♥ **Tribal Museum**

(mptribalmuseum.com ; Shy[...] étranger 10/100 ₹, appareil[...] 20h mar-dim fév-oct, 12h-[...] dans l'univers ench[...] extrêmement bien [...] différentes ethnies [...] 10 millions de pe[...] Ouvert en 2013, [...]

[...] fnemen[...] S'il vous [...] tez votre visite [...]

CATASTROPHE DE BHOPAL : LA TRAGÉDIE CONTINUE

À 0h05, le 3 décembre 1984, 40 tonnes d'isocyanate de méthyle, un gaz mortel utilisé par l'usine chimique américaine Union Carbide, se déversèrent sur Bhopal. Poussé par le vent, un nuage de vapeurs toxiques de 12 m de haut enveloppa la ville et s'y dispersa. Dans la panique qui suivit, des gens furent piétinés par ceux qui tentaient de fuir ; d'autres, complètement désorientés, se précipitèrent dans le nuage de gaz.

Les chiffres officiels font état de 3 800 à 16 000 décès immédiats, mais le bilan est aujourd'hui de plus de 25 000 morts consécutives à la catastrophe. Plus de 400 000 personnes souffrent d'affections diverses : hypertension, diabète, cancer, paralysie, ménopause précoce et maladies dermatologiques. Les enfants connaissent des problèmes de croissance, d'autres des malformations. Par ailleurs, les déchets toxiques déversés par l'usine bien avant la catastrophe auraient contaminé les nappes phréatiques, causant cancers, malformations et atteintes d'organes vitaux. En 2014, 22 localités situées aux abords de l'usine ont enfin pu bénéficier d'une alimentation en eau potable, mais des associations affirment que d'autres communes, plus éloignées, ont également été fortement contaminées.

Si Union Carbide plaide le sabotage, la fuite de gaz fut en réalité la conséquence de graves défauts de maintenance et de mesures de réduction des coûts. Des milliards de dollars demandés en réparation, seuls 470 millions de dollars ont été versés par Union Carbide au gouvernement indien en 1989. L'aide directe aux victimes fut maigre et maintes fois ralentie par les désaccords concernant le nombre de bénéficiaires légitimes, puis par le rachat de la compagnie en 2001 par Dow Chemical, qui nie depuis toute responsabilité.

Un hôpital a pu être construit grâce à la vente d'actions confisquées à une filiale d'Union Carbide. L'association caritative **Sambhavna Trust Clinic** (☎ 0755-2923195 ; www.bhopal.org ; Bafna Colony, près de Berasia Rd ; ⏲ 8h30-15h lun-sam), fondée en 1996, accueille par ailleurs gratuitement chaque jour 150 à 200 victimes qui bénéficient de soins variés : yoga, médecine ayurvédique, médecine conventionnelle et remèdes à base de plantes. Les visiteurs sont les bienvenus, les dons appréciés. Des bénévoles (minimum 15 jours) peuvent s'impliquer dans divers domaines : contrôles de la qualité de l'eau, recherche médicale, travail dans la bibliothèque, la pharmacie ou le jardin de plantes médicinales de la clinique ; leur aide est profondément appréciée et ils sont logés et nourris dans le centre médical de l'organisation.

Pour accéder à Sambhavna, prenez direction nord pendant 1 km sur Berasia Rd depuis Hamidia Rd, puis prenez à droite au niveau de la station-service Reliance et vous verrez rapidement les panneaux indiquant Sambhavna. L'usine abandonnée de Carbide (interdite d'accès aux visiteurs) se trouve à 1 km au nord.

Le très émouvant **Remember Bhopal Museum** (☎ 9589345134 ; rememberbhopal.net ; Sr HIG 22, Housing Board Colony, Berasia Rd, Karond ; ⏲ 10h-17h mar-dim) GRATUIT fut inauguré en 2014 à Karond, 3 km au nord par Berasia Rd depuis Hamidia Rd (prenez à gauche au niveau du petit panneau indicateur, puis à nouveau à gauche 250 m plus loin). Géré par une équipe d'activistes, le musée conserve les biens et les photos de victimes ainsi que des témoignages sonores de survivants, docteurs et experts en médecine légale, et explique les efforts considérables entrepris pour que justice soit rendue.

par 1 500 membres de ces ethnies, uniquement avec des matériaux provenant de leurs villages. Le résultat est impressionnant, avec cinq vastes galeries présentant la vie de ces peuples : répliques de maisons, sites rituels, superbes exemples d'artisanat, notam- des piliers servant aux mariages, ulptés dans des troncs d'arbre. reste du temps, complé- r le **Rashtriya Manav Sangrahalaya** (musée national de l'Homme ; igrms.gov.in ; Indien/étranger 30/500 ₹, caméra 50 ₹ ; ⏲ 10h-17h30 mar-dim sept-fév, 11h-18h30 mar-dim mars-août), un musée également ethnographique mais consacré à l'Inde dans sa globalité, et en grande partie en plein air.

♥ **State Museum** MUSÉE

(Shamla Hills ; Indien/étranger 10/100 ₹, appareil photo/caméra 50/200 ₹ ; ⏲ 10h30-17h30 mar-dim). Ce remarquable musée archéologique doté de 17 galeries abrite notamment de magnifiques sculptures provenant de temples, ainsi que 87 bronzes jaïns des Xe et XIe siècles découverts par un agriculteur dans l'ouest du Madhya Pradesh.

Taj-ul-Masjid MOSQUÉE

(fermé aux non-musulmans 12h-15h ven). La troisième bégum de la principauté de Bhopal, Shah Jahan (1868-1901), entendait fonder la plus grande mosquée du monde et lança en 1877 la construction de la Taj-ul-Masjid. Restée inachevée à sa mort, la mosquée ne fut terminée que dans les années 1980. Des murailles en terre, qui évoquent celles d'une forteresse, entourent une cour de 99 m², une salle de prière, 27 dômes festonnés et trois coupoles étincelantes en surplomb, le tout couronné de deux hauts minarets.

Gauhar Mahal PALAIS

(VIP Rd ; 10h-18h lun-sam). GRATUIT Ce palais du début du XIXe siècle, associé pour l'essentiel au règne de la bégum Qudsia (1819-1837), est désormais vide mais les jardins, terrasses et vestibules, qui mêlent parmi d'autres les styles moghol et rajput, méritent le détour.

Jama Masjid MOSQUÉE

Les flèches dorées des imposants minarets de la Jama Masjid, érigée dans les années 1830 par la bégum Qudsia, dominent le bazar.

Activités

MP Tourism Boat Club SORTIES EN BATEAU

(0775-3295043 ; Lake Drive Rd ; 10h-19h). Ce club nautique propose des sorties en bateau à moteur ("speedboat", 210 ₹, 5 min, 3 passagers), pédalo (60 ₹/embarcation, 30 min), du jet-ski (400 ₹/pers, 5 min) et du parachute ascensionnel (500 ₹, 20 min).

Les enfants seront sans doute ravis de nourrir les oies qui nichent près du club. Le trajet en auto-rickshaw depuis New Market coûte 80 ₹.

Où se loger

Hotel Sonali Regency HÔTEL $

(0755-2740880 ; www.hotelsonaliregency.com ; Plot 3, Hamidia Rd, près de Radha Talkies ; s/d à partir de 700/850 ₹, avec clim et petit-déj à partir de 1 450/1 650 ₹ ;). Une bonne adresse proche d'Hamidia Rd, qui se distingue par son excellent service. Les chambres climatisées ont des lits originaux et des douches avec eau chaude. Les chambres *executive* sans clim (à partir de 995 ₹) sont presque aussi confortables que les *business* avec.

Hotel Ranjeet HÔTEL $$

(0755-2740500 ; www.ranjeethotels.com ; 3 Hamidia Rd ; s/d avec petit-déj à partir de 1 550/2 070 ₹ ;). Rénové récemment, cet établissement propose des chambres climatisées avec vasques rectangulaires contemporaines et toilettes, une bouilloire pour le thé et une décoration soignée. Les matelas sont moelleux mais le linge de lit laisse quelque peu à désirer.

Jehan Numa Palace Hotel HÔTEL HISTORIQUE $$$

(0755-2661100 ; www.jehannuma.com ; 157 Shyamla Hills ; s 5 490/10 360 ₹, d 6 700-11 570 ₹, ste à partir de 19 490 ₹, avec petit-déj ;). Cet ancien palais du XIXe siècle n'a rien perdu de son charme colonial lors de sa réhabilitation en hôtel haut de gamme. Des allées à arcades et des pelouses tirées au cordeau mènent à des chambres merveilleusement décorées. Le tarif (moins de 100 $ pour une nuit dans le patio sublime d'un hôtel 5 étoiles) est dérisoire vu la prestation.

L'hôtel compte une piscine bordée de palmiers, un beau spa, 3 restaurants, 2 bars et un agréable café qui compte parmi les meilleures adresses de la ville.

Palash Residency HÔTEL $$$

(0755-2553066 ; www.mptourism.com ; TT Nagar ; s/d avec petit-déj 4 280/4 750 ₹ ;). Dans ce bel hôtel du MP Tourism proche de New Market, les couloirs, bien aérés, mènent à des chambres globalement bien tenues (si l'on excepte cette vilaine tache sur le mur due à des infiltrations) qui offrent mobilier en bois massif, TV à écran plat au mur, nécessaire pour le café/thé et accessoires de toilette. On trouve en outre un bar et un restaurant correct.

Où se restaurer et prendre un verre

Zam Zam INDIEN $

(Hamidia Rd ; plats 80-250 ₹ ; 9h-minuit). Pas de place assise dans cette cabane où l'on se presse jour et nuit pour se régaler des meilleurs *biryani* de Bhopal ! Rien n'égale toutefois le succulent poulet *tikka*, grillé sous vos yeux sur un lit de braises et agrémenté d'une délicieuse sauce maison au yaourt et piment vert. Les végétariens apprécieront le *paneer tikka*.

Bhopal

Manohar INDIEN $
(6 Hamidia Rd ; plats 90-160 ₹, thali 140-190 ₹ ; ⏲8h-23h). Ce restaurant lumineux et propre, aux faux airs de cantine, est une affaire qui tourne. On y vient pour les petits-déjeuners d'Inde du Sud, les *thali*, des en-cas, des milk-shakes et de nombreux plats typiques de la cuisine de rue, préparés dans de meilleures (on présume) conditions sanitaires.

Bapu Ki Kutia INDIEN $
(Roshanpura Rd, TT Nagar ; plats 60-165 ₹, thali 140-160 ₹ ; ⏲10h-23h ; 📝). La "cabane de papa" sert depuis 1964 de délicieux plats végétariens qui séduisent une clientèle locale – l'adresse est si populaire qu'il faut souvent partager les tables. La carte est en anglais, mais pas l'enseigne – photo d'une paillote et d'un palmier au-dessus de la porte.

♥ **Under the Mango Tree** MUGHLAI $$$
(Jehan Numa Palace Hotel, 157 Shyamla Hills ; plats 400-750 ₹ ; ⏲19h-23h). Ce restaurant, le meilleur du Jehan Numa Palace, a pour spécialités les grillades au barbecue et des plats cuits au *tandoor* (parmi lesquels des plats végétariens). Les plats de la carte sont tous excellents mais rien ne vaut l'assiette de dégustation (à partir de 825 ₹) : peut-être

Bhopal

Les incontournables
1 State Museum B5
2 Taj-ul-Masjid B2
3 Tribal Museum B5

À voir
4 Gauhar Mahal C2
5 Jama Masjid C2
6 Rashtriya Manav Sangrahalaya A5

Activités
7 MP Tourism Boat Club A4

Où se loger
8 Hotel Ranjeet D1
9 Hotel Sonali Regency D2
10 Jehan Numa Palace Hotel B4
11 Palash Residency C4

Où se restaurer
12 Bapu Ki Kutia C4
13 Manohar D1
Under the Mango Tree .... (voir 10)
14 Zam Zam D1

Renseignements
15 State Bank of India C5

Transports
16 Air India C5
17 Bhopal Travels D1
Chartered Bus .... (voir 19)
18 Minibus pour Hamidia Rd C4
19 Minibus pour New Market D1
20 Gare routière de Nadra D1

le meilleur repas que vous ferez dans le Madhya Pradesh.

Les mets sont accompagnés de vin, de bière pression (la Woodpecker, une marque locale) et de cocktails, pris à l'ombre d'un chapiteau blanc et des lourdes branches d'un manguier centenaire.

Renseignements

State Bank of India (TT Nagar Sq ; 10h30-16h lun-sam). L'International Division, à l'étage, change les monnaies étrangères. DAB.

Depuis/vers Bhopal

AVION

Air India (0755-2770480 ; www.airindia.in ; Bhadbhada Rd ; 10h-13h et 14h-17h lun-sam) et **Jet Airways** (0755-2645676 ; www.jetairways.com ; 9h30-18h lun-sam) desservent quotidiennement Delhi et Mumbai. Air India assure des liaisons pour Jabalpur, Hyderabad, Raipur et Pune trois à quatre fois par semaine.

BUS

Il y a deux gares routières à Bhopal : celle de **Nadra** (Old Bus Stand ; 9755102080 ; Chhola Rd), à proximité immédiate d'Hamidia Rd, et l'**ISBT** (Inter State Bus Terminus) à Habibganj, 5 km à l'est de New Market. Pour davantage de confort à destination d'Indore, plusieurs compagnies proposent des bus Volvo climatisés. C'est le cas de **Chartered Bus** (9993288888 ; www.charteredbus.in ; ISBT) au départ de l'ISBT (330 ₹, 4 heures 30, 3 à 5/heure, 5h-21h30), trajet réservable à la **billetterie en ville** (7389921709 ; boutique 3, Shalimar Trade Centre, Hamidia Rd ; 7h-22h).

Itinéraires au départ de la gare routière de Nadra :

Gwalior siège/couchette 300/350 ₹, 10 heures, départ à 21h (Bhopal Travels)

Indore 200 ₹, 5 heures, toutes les 15 min, de 4h à 23h

TRAINS AU DÉPART DE BHOPAL

DESTINATION	N° ET NOM DU TRAIN	TARIFS	DURÉE	DÉPARTS
Agra	12627 *Karnataka Exp.*	330/855/1 205 ₹	7 heures	23h30
Delhi	12621 *Tamil Nadu Exp.*	400/1 055/1 495 ₹	11 heures	20h20
Gwalior	11077 *Jhelum Exp.*	235/635/910 ₹	6 heures	9h10
Indore	12920 *Malwa Exp.*	215/540/740 ₹	5 heures	7h40
Jabalpur	18233 *Narmada Exp.*	215/580/830 ₹	7 heures	23h25
Mumbai (CST)	12138 *Punjab Mail*	445/1 175/1 675 ₹	15 heures	16h55
Raipur	18238 *Chhattisgarh Exp.*	365/985/1 420 ₹	15 heures	18h45
Ujjain	12920 *Malwa Exp.*	170/540/740 ₹	3 heures 30	7h40

Tarifs : *sleeper*/3AC/2AC

VAUT LE DÉTOUR

ENVIRONS DE BHOPAL

Plusieurs sites sont dignes d'intérêt dans la région de Bhopal, et accessibles en excursions à la journée. Si les transports en commun sont peu adaptés, il faut compter pour une journée en taxi entre 1 400 ₹ (8 heures, 80 km) et 2 000 ₹ (12 heures, 120 km).

Islamnagar

À 13 km au nord de Bhopal, cette cité fortifiée désormais en ruine, première capitale de l'État de Bhopal, fut bâtie par Dost Mohammed Khan au début du XVIIIe siècle. À l'intérieur des remparts, toujours debout, il y a deux villages et deux palais entourés de jardins, le **Chaman Mahal** (Indien/étranger 5/100 ₹ ; 8h-18h) et le **Rani Mahal** (Indien/étranger 5/100 ₹ ; 8h-18h).

Bhojpur

Édifiée au XIe siècle par le fondateur de Bhopal, le raja Bhoj, Bhojpur s'enorgueillissait autrefois d'un lac artificiel de 400 km², vidé au XVe siècle par Hoshang Shah, souverain de Mandu et grand démolisseur de barrages. Heureusement, le magnifique **temple de Bhojeshwar**, à 23 km au sud-est de la ville, échappa aux destructions. Les vestiges des **barrages** du lac restent visibles dans la vallée, à environ 400 m au nord-ouest du temple.

Bhimbetka

Classés au Patrimoine mondial, les **abris-sous-roche de Bhimbetka** (Indien/étranger 50/100 ₹ ; 7h-19h) comportent des milliers de peintures rupestres représentant notamment des animaux et des êtres humains, datées de l'âge de pierre à l'époque médiévale. Cachés au beau milieu d'une forêt au creux de falaises escarpées, à 45 km au sud de Bhopal, quinze de ces abris sont reliés par un sentier pédestre sans difficulté (1,4 km).

Pachmarhi siège/couchette avec clim 360/460 ₹, 7 heures, départ à 23h55 (Verma Travels)
Sanchi 40 ₹, 1 heure 30, départ toutes les 30 min de 5h à 22h

Itinéraires au départ de l'ISBT :
Jabalpur 320 ₹, 9 heures, départ à 4h55, 5h45, 9h25 et 19h15, couchette 21h25 (siège/couchette 350/450 ₹, avec Verma Travels)
Khajuraho siège/couchette 450/550 ₹, 11 heures, départ à 19h20 et 22h20 (compagnie Om Sai Ram)
Pachmarhi 250 ₹, 7 heures, départ à 6h15, 8h et 10h15, couchette avec clim départ à 12h45 (siège/couchette 360/460 ₹), couchette sans clim départ à 2h30 (300/400 ₹) ; les bus couchettes sont gérés par la compagnie Verma Travels.

Le bureau de **Bhopal Travels** (0755-4083544 ; 35 JK Bldg, Chhola Rd) est installé en face de la gare routière de Nadra.

TRAIN

Il y a environ 30 trains par jour pour Gwalior, Agra et Delhi, au moins neuf à destination d'Ujjain et huit pour Jabalpur et Mumbai.

Comment circuler

L'aéroport est à 11 km au nord-ouest de Bhopal – comptez au moins 200 ₹ en auto-rickshaw ou environ 500 ₹ en taxi.

Des minibus (10 ₹) et des bus (10 ₹) circulent toute la journée et le soir entre New Market et Hamidia Rd. Pour New Market, partez de l'**extrémité est d'Hamidia Rd** ; dans l'autre sens, prenez le bus **près de la statue de Nehru**. Le même trajet coûte environ 60 ₹ en auto-rickshaw. **My Cab** (0755-6666666 ; www.mycabindia.com) propose des taxis avec compteurs (23 ₹/km) et des tarifs fixes pour les transferts et les excursions à la journée (1 500 ₹ pour une excursion à la journée vers Sanchi par exemple).

Sanchi

07482 / 7 305 HABITANTS

Au-dessus des plaines, à 46 km au nord-est de Bhopal, des monuments bouddhiques comptant parmi les plus anciens du pays se dressent au sommet d'une colline.

En 262 av. J.-C., horrifié par les massacres qu'il avait infligés à la population de Kalinga (dans l'actuel Odisha), l'empereur Maurya Ashoka se convertit au bouddhisme. Pour faire pénitence, il fit ériger le Grand Stupa de Sanchi, édifice surmonté d'un immense dôme qui servait à conserver des reliques, près du lieu de naissance (Vidisha) de son épouse Devi. Sanchi devint un important centre monastique bouddhique, agrandi au fil des siècles par de nouveaux stupas et autres monuments. Tombé dans l'oubli au XIIIe siècle, il fut redécouvert en 1818 par un officier de l'armée britannique.

Aujourd'hui, ce Grand Stupa remarquablement conservé est le joyau du site, classé au Patrimoine mondial.

Bien que l'on puisse visiter Sanchi depuis Bhopal en une journée, il est agréable de passer la nuit dans cette bourgade, d'où l'on peut faire plusieurs excursions.

À voir

Sur la colline, on accède aux **monuments bouddhiques** (Indien/étranger 30/500 ₹, caméra 25 ₹ ; aube-crépuscule), par un sentier au bout de Monuments Rd (qui prolonge la route partant de la gare ferroviaire). La **billetterie** (aube-crépuscule) se trouve au début de Monuments Rd, face à l'Archaeological Museum. Si vous ne voulez pas gravir la colline à pied, un auto-rickshaw vous déposera au sommet pour 30 ₹. Le **Publication Sales Counter** (comptoir des publications ; aube-crépuscule), à côté de l'entrée des monuments, vend un bon guide sur Sanchi de l'Archaeological Survey of India (60 ₹, stock incertain). Pour bénéficier des services d'un guide officiel, comptez 475/750 ₹ pour 4/8 personnes (3-4 heures).

Les monuments bouddhiques doivent être contournés dans le sens des aiguilles d'une montre.

Grand Stupa
MONUMENT BOUDDHIQUE

(Stupa 1). Remarquable par ses proportions, le Grand Stupa est le principal édifice construit sur la colline, directement en face de vous lorsque vous entrez dans l'ensemble architectural par le nord. Érigé par Ashoka, il fut agrandi un siècle plus tard : l'édifice en briques d'origine fut recouvert par un second stupa en pierre. Il mesure aujourd'hui 16 m de haut et 37 m de diamètre. Un mur entourant le stupa comporte quatre toranas (portiques sculptés à l'entrée d'un lieu sacré) comptant parmi les plus belles œuvres d'art bouddhique d'Inde.

Toranas

Les quatre portiques du Grand Stupa, érigés vers 35 av. J.-C. (soit plus de deux siècles après le stupa), s'étaient effondrés avant la découverte du site, mais ont été reconstruits depuis. Les scènes sculptées sur les piliers et leur triple architrave sont pour l'essentiel des jataka – récits décrivant les vies antérieures du Bouddha.

À l'époque de leur création, l'art bouddhique ne représentait pas le Bouddha directement – préférant évoquer sa présence à travers une série de symboles. Le lotus figure sa naissance ; l'arbre de la Bodhi, son Éveil ; la roue, son enseignement ; enfin, son trône et l'empreinte de son pied, sa présence. Le stupa représente lui aussi le Bouddha.

Portique nord
MONUMENT BOUDDHIQUE

Le portique nord, surmonté d'une roue du dharma brisée, est le torana le mieux préservé. Des éléphants soutiennent les architraves au-dessus des colonnes, tandis que des *yakshi* (jeunes filles) délicatement sculptées se tiennent nonchalamment de part et d'autre du portique. On y voit aussi un singe offrant un bol de miel au Bouddha, dont la présence est signalée par l'arbre de la Bodhi (pilier ouest, face est, deuxième panneau en partant du haut).

Portique est
MONUMENT BOUDDHIQUE

La sublime *yakshi* se détachant d'une architrave sur le portique est l'une des plus célèbres sculptures de Sanchi. Sur l'architrave centrale figure la scène du Grand Départ, où le Bouddha (un cheval sans cavalier) renonce à la vie matérielle et part en quête de l'Éveil. L'architrave du bas représente la visite d'Ashoka à l'arbre de la Bodhi : l'empereur, descendu de l'éléphant, s'approche de l'arbre, mains jointes.

À l'arrière de l'architrave centrale, une scène montre des lions, des buffles et d'autres animaux en train de vénérer le Bouddha. Sur la face sud du pilier nord (deuxième panneau en partant du haut) est représenté le rêve de l'éléphant sur la Lune que fit Maya lorsqu'elle conçut Bouddha.

Portique sud
MONUMENT BOUDDHIQUE

Sur le portique sud, le plus ancien, se trouve un motif célèbre d'Ashoka : les lions dos à dos qui soutiennent l'arche sont désormais devenus l'emblème national de l'Inde ; on les trouve sur tous les billets. Le portique relate la vie d'Ashoka après sa conversion au bouddhisme, ainsi qu'une nouvelle représentation du Grand Départ (face arrière de l'architrave du haut, pointe est).

Portique ouest
MONUMENT BOUDDHIQUE

Des nains bedonnants soutiennent les architraves du portique ouest, qui s'enorgueillit de quelques-unes des scènes les plus intéressantes du site. La face arrière de l'architrave du bas ainsi que la face arrière de l'un des piliers montrent le Bouddha

Sanchi

0
200 m
A
B
C
D
1
2
3
4
5
6
7
Vidisha (8 km), grottes d'Udaigiri (13 km) et Colonne d'Héliodore (16 km)
Gare ferroviaire
24
25
Star Communication
Marché
29
Health Centre
26
Bhopal–Vidisha Rd
Monuments Rd
28
DAB de la SBI
23
2
Bhopal (46 km)
Porte
Réservoir
27
3
1
Monuments bouddhiques
14
16
15
17
20
12
8
11
10
7
22
5
4
9
13
6
Édifice médiéval
19
18
21

Sanchi

résistant à la tentation de Mara (personnification bouddhiste du diable) tandis que des démons s'enfuient et que des anges saluent sa résistance.

La face avant de l'architrave du haut représente sous forme de stupas ou d'arbres le Bouddha accompagné de six Manushi-Bouddhas (Bouddhas humains). Sur la face arrière de l'architrave centrale, la ville de Kushinagar est représentée subissant le siège de sept villes qui voulaient s'emparer d'une partie des os du Bouddha après sa mort ; on peut voir au-dessus le transport des reliques après la répartition en huit parts.

Autres stupas

Le **stupa 3** (sur votre gauche en approchant du Grand Stupa depuis l'entrée principale) est construit sur le même plan et possède un portique finement sculpté. Construit peu de temps après le Grand Stupa, c'est l'un des édifices les plus anciens de Sanchi (IIe siècle av. J.-C.) et il renfermait jadis les reliques de deux importants disciples du Bouddha, Sariputta et Moggallana. Elles furent transférées à Londres au XIXe siècle mais restituées en 1952 ; elles sont désormais conservées dans le *vihara* (lieu de repos) moderne à l'extérieur du complexe.

Seule la base du **stupa 4**, du IIe siècle av. J.-C., est encore visible, juste derrière le stupa 3. Entre les stupas 1 et 3 se trouve le **stupa 5**, inhabituel parce qu'il abritait autrefois une statue du Bouddha, aujourd'hui exposée au musée.

Le **stupa 2** se trouve à mi-hauteur de la colline à l'ouest du Grand Stupa. Vous pouvez redescendre en passant devant le stupa 2 mais préparez-vous à devoir sauter par-dessus des clôtures vers le bas. Il n'y a pas de portique, mais des médaillons au dessin naïf, expressif et imaginatif, ornant la balustrade qui l'entoure. Des fleurs, des animaux et des personnages, pour certains mythologiques, entourent le stupa.

Temples

Le **temple 31** (à côté du stupa 5) fut édifié au VIe ou au VIIe siècle, puis reconstruit au Xe ou au XIe siècle. De forme rectangulaire, il abrite une belle statue du Bouddha.

Le **temple 18** (derrière le Grand Stupa) est un *chaitya* (salle de prière ou de réunion) dont le style évoque les temples grecs à colonnes. Il fut construit vers le VIIe siècle, mais on a retrouvé la trace de bâtiments plus anciens dans les fondations. À sa gauche, le petit **temple 17** rappelle aussi l'architecture hellène. Certaines parties du grand **temple 40**, plus loin, datent de l'époque d'Ashoka.

Monastères

Les premiers monastères, construits en bois, ont depuis longtemps disparu. Le plan classique prévoyait une cour centrale entourée par les cellules des moines. Il ne reste plus aujourd'hui que les cours et les fondations. Les **monastères 45 et 47**, sur la crête à l'est du Grand Stupa, datent de la période de transition du bouddhisme à l'hindouisme (du VIIe au Xe siècle), comme en témoigne la forte présence d'éléments hindous dans leur architecture. Le monastère 45 compte deux bouddhas assis ; celui de l'intérieur est exceptionnel.

Les ruines du **monastère 51** se trouvent à l'ouest du Grand Stupa, en contrebas. Face au portique ouest, le **Grand Bol** (Great Bowl), creusé dans un rocher, servait à recueillir la nourriture et les offrandes destinées aux moines.

Colonnes

Des colonnes, entières ou en fragments, sont disséminées sur le site. La plus importante est la **colonne 10** (Pillar 10), érigée par Ashoka, et brisée par la suite. Deux tronçons, de belles proportions et magnifiquement sculptés, se trouvent côte à côte derrière le Grand Stupa ; le superbe chapiteau représentant des lions se trouve dans le musée. Les **colonnes 25** et **26**, à l'est du Grand Stupa, ainsi que la **colonne 35**, au nord-ouest, n'ont pas la finesse de la colonne 10 mais leurs figures principales (les lions des 25 et 26, et la représentation du bodhisattva Vajrapani de la 35) sont également visibles au musée.

Autres sites

Archaeological Museum MUSÉE
(⏲9h-17h sam-jeu). Ce beau musée d'archéologie contient une petite collection de sculptures issues du site, dont les pièces les plus remarquables sont le chapiteau figurant des lions dos à dos (IIIe siècle av J.-C.) qui couronnait la colonne d'Ashoka 10, une *yakshi* suspendue à un manguier, et de belles effigies du Bouddha en grès rouge. Des photos intéressantes montrent le site avant sa restauration. L'entrée se fait avec le billet pour le complexe (p. 639).

Chetiyagiri Vihara TEMPLE BOUDDHIQUE
(⏲9h-17h). Le *vihara* (littéralement "lieu de repos"), qui se trouve tout de suite à gauche à l'entrée, fut bâti pour abriter les reliques de Sariputta et de Moggallana (des disciples du Bouddha) après leur restitution à l'Inde en 1952.

Elles sont visibles le dernier dimanche de novembre, à l'occasion de la fête du Chetiyagiri Vihara, qui attire des dizaines de milliers de moines et de pèlerins Bouddhistes.

Où se loger et se restaurer

Mahabodhi Society of Sri Lanka PENSION, AUBERGE DE JEUNESSE $
(☎07482-266699 ; wimalatissasanchi@yahoo.co.in ; Monuments Rd ; dort 100 ₹, ch 1 000 ₹, avec clim 1 500 ₹ ; wi-fi). Accueillant et bien tenu, cet établissement est fréquenté en premier lieu par les pèlerins bouddhistes en provenance du Sri Lanka. Les voyageurs étrangers sont les bienvenus si la pension n'est pas complète (ce qui arrive lors de la fête du Chetiyagiri Vihara, fin novembre). Le bâtiment à l'arrière offre des chambres agréables, propres et climatisées, agrémentées de grandes sdb et de tapis, et d'autres chambres non climatisées mais propres également. Les dortoirs, installés autour d'une cour ombragée, proposent des toilettes à la turque propres et des douches sans eau chaude.

New Jaiswal Lodge PENSION $
(☎9713758366 ; pranjaljaiswal@gmail.com ; Monuments Rd ; s/d/tr 400/500/600 ₹). Une adresse accueillante, aux chambres sommaires et pimpantes avec ventilateur, moustiquaire, petite sdb privative et toilettes à l'occidentale. Repas simples et ventilateurs sur demande.

♥ **Gateway Retreat** HÔTEL $$
(☎07482-266723 ; www.mptourism.com ; Bhopal-Vidisha Rd ; s 1 740-3 920 ₹, d 2 170-4 280 ₹ avec petit-déj ; clim, wi-fi, piscine). Cet hôtel géré par le MP Tourism est l'hébergement le plus confortable de Sanchi. Ses bungalows climatisés sont éparpillés dans un jardin soigné. Le **restaurant** (Gateway Retreat ; plats 170-360 ₹ ; ⏲8h-22h30 ; wi-fi) est le meilleur de la ville et comprend également un coin bar. Les deux chambres les plus abordables se trouvent à 400 m de là, à la Gateway Cafeteria. Récemment rénovées, elles sont également agréables. L'hôtel possède en outre une petite aire de jeux et une petite piscine avec un grand toboggan.

Gateway Cafeteria INDIEN $
(Monuments Rd ; plats 120-175 ₹ ; ⏲8h-22h30). Ce café sans prétention géré par MP Tourism sert des plats indiens simples et du café. Il abrite les chambres non climatisées du Gateway Retreat.

Renseignements

Health Centre (☎07482-266724 ; Monuments Rd ; ⏲8h-13h et 17h-18h lun-sam). Petite clinique à proximité du carrefour central.

Star Communication (Internet 40 ₹/heure ; ⏲9h-22h). Accès Internet et réservations de billets de train et de bus.

Comment s'y rendre et circuler

Vous pourrez louer un vélo chez **Usman** (10/50 ₹ par heure/jour ; 8h30-19h lun-sam) au marché.

BUS

Il y a des bus toutes les 30 minutes pour Bhopal (40 ₹, 1 heure 30, départ de 5h à 22h) et Vidisha (10 ₹, 20 min, départ de 6h à 23h) – prenez-les aux carrefours.

TRAIN

De Bhopal, le train est une bonne option pour rallier Sanchi. Le trajet prend moins d'1 heure et il suffit d'arriver assez tôt pour faire la queue pour un "*general ticket*" (10-30 ₹) et grimper dans le train, souvent bondé. Il y en a au moins 6 par jour – 8h, 10h35, 15h05, 16h10, 18h15 et 22h55 de Bhopal à Sanchi, et 4h15, 8h, 10h30, 16h30, 18h15 et 19h35 de Sanchi à Bhopal.

Pour les trajets plus longs, d'autres trains partent de Vidisha, 8 km au nord-est de Sanchi.

Environs de Sanchi

Depuis Sanchi, plusieurs sites historiques sont accessibles à vélo ou en auto-rickshaw, notamment les grottes d'Udaigiri. La ville de marché très animée de Vidisha est un bel endroit pour une balade ou une pause *chai* (thé), et son **District Museum** (Block Colony, Durga Nagar, Vidisha ; Indien/étranger 5/50 ₹, appareil photo 50 ₹ ; 10h-17h mar-dim), sur l'Hwy 146, 800 m après le pont ferroviaire, mérite une halte pour quelques belles sculptures découvertes dans la région.

Comment s'y rendre et circuler

Pour rejoindre les grottes d'Udaigiri, prenez à gauche au panneau indiquant Udaigiri à l'entrée de Vidisha, puis traversez la Betwa, prenez la première route à gauche et continuez sur 3 km. Pour la colonne d'Héliodore, poursuivez tout droit après avoir traversé la Betwa ; 1 km plus loin, vous verrez un panneau indiquant la colonne, via une petite route sur votre droite.

Le trajet en auto-rickshaw entre Sanchi et les grottes d'Udaigiri revient à 350 ₹ l'aller-retour, 450 ₹ avec la colonne d'Héliodore et Vidisha. On peut aussi prendre un bus jusqu'à Vidisha et poursuivre en rickshaw (150 ₹ aller-retour).

Grottes d'Udaigiri

Une vingtaine de sanctuaires troglodytiques gupta (aube-crépuscule) GRATUIT sont creusés dans une colline de grès, à 5 km au nord-ouest de Vidisha. Ils dateraient, d'après une inscription, du règne de Chandragupta II (382-401). Tous sont hindous, à l'exception de deux grottes jaïnes – qui prouvent bien que les deux religions, ainsi que le bouddhisme à Sanchi, ont coexisté dans un même lieu et une même période. Prévoyez au minimum une heure pour la visite complète des grottes.

Première sur votre itinéraire, la **grotte 19**, dédiée à Shiva, comprend une porte finement sculptée et les vestiges d'un portique et plusieurs colonnes à l'extérieur. Le principal réseau de grottes se trouve 400 m plus loin. La **grotte 5** se distingue par un superbe Varaha, incarnation de Vishnu en sanglier, en train de sauver la déesse de la Terre Bhudevi (ou Prithvi) du chaos de l'océan à l'aide de ses défenses, tandis que des êtres divins les observent. La **grotte 4** abrite un lingam orné du visage de Shiva avec un troisième œil, le Gange s'écoulant du sommet de son crâne. La **grotte 13** représente Vishnu endormi sur un lit de cobras. Les ruines au sommet de la colline sont celles d'un **temple gupta** du VIe siècle, consacré au dieu du Soleil. La **grotte 1**, située à flanc de colline, 350 m au sud du réseau principal, est l'un des deux sanctuaires jaïns. Il renferme une effigie du *tirthankara* Parasnath, visible depuis l'extérieur uniquement suite à une fermeture pour des raisons de sécurité.

Colonne d'Héliodore

La colonne d'Héliodore (Kham Baba) fut érigée vers 140 av. J.-C. par le Grec Héliodore, venu dans la région en tant qu'ambassadeur de Taxila (le Pakistan actuel). Consacrée à Vasudeva (Vishnu), cette colonne de 6 m de haut relate la conversion d'Héliodore au vishnouisme, ce qui fait de lui l'un des tout premiers occidentaux convertis à une religion indienne.

Pachmarhi

07578 / 13 700 HABITANTS / ALTITUDE 1 067 M

Cette station climatique, la seule du Madhya Pradesh, offre un rafraîchissant contraste avec la chaleur torride du centre de l'Inde. Il y a dans les environs des cascades, des temples troglodytiques et les sommets boisés de la Satpura Tiger Reserve. Très apprécié des Indiens, le lieu est peu fréquenté par les voyageurs étrangers.

L'activité la plus prisée consiste en un circuit en jeep des principales curiosités, sites et piscines naturelles (quelques courtes

Pachmarhi

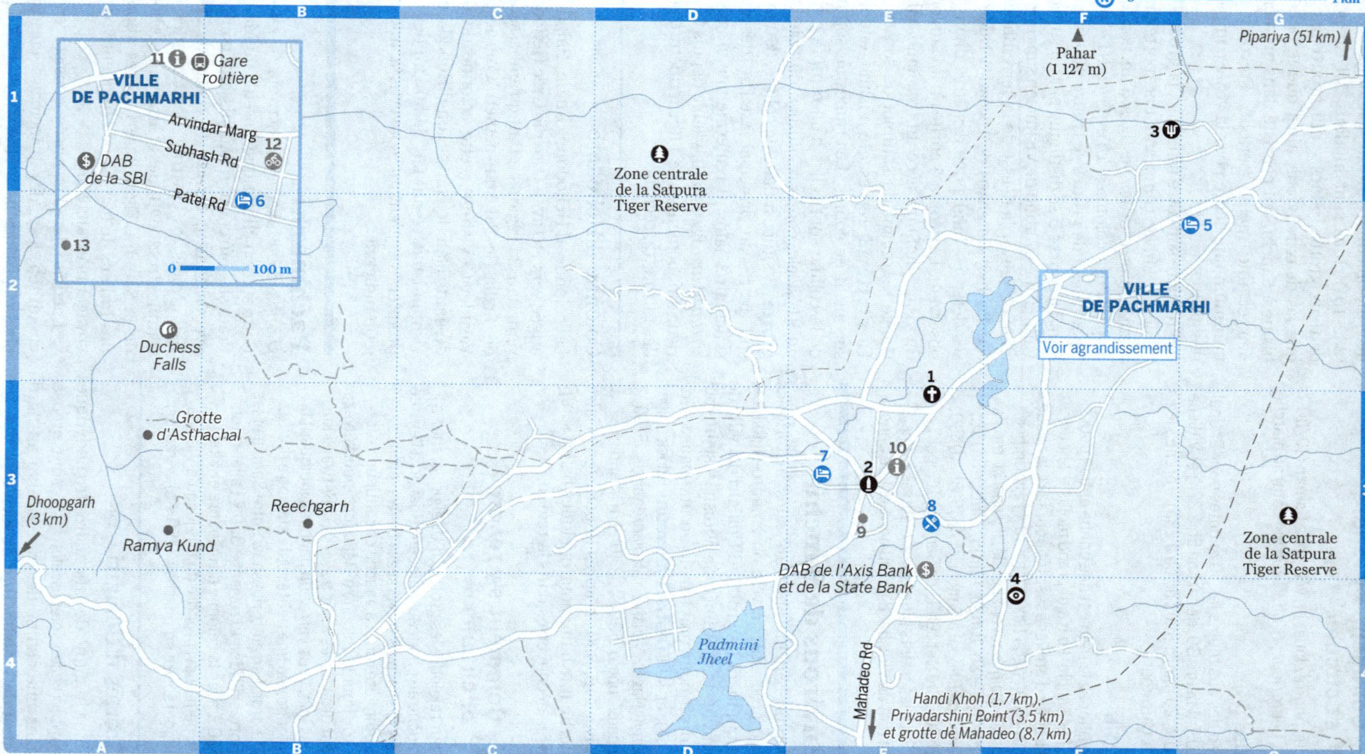
VILLE
DE PACHMARHI
11
Gare
routière
Arvindar Marg
12
Subhash Rd
DAB
de la SBI
Patel Rd
6
13
0
100 m
Duchess
Falls
Grotte
d'Asthachal
Dhoopgarh
(3 km)
Ramya Kund
Reechgarh
Zone centrale
de la Satpura
Tiger Reserve
Pahar
(1 127 m)
Pipariya (51 km)
3
5
VILLE
DE PACHMARHI
Voir agrandissement
1
7
2
10
8
9
DAB de l'Axis Bank
et de la State Bank
4
Zone centrale
de la Satpura
Tiger Reserve
Padmini
Jheel
Mahadeo Rd
Handi Khoh (1,7 km),
Priyadarshini Point (3,5 km)
et grotte de Mahadeo (8,7 km)
0
1 km

Pachmarhi

À voir

1 Christchurch E3
2 Jai Stambh E3
3 Jata Shankar F1
4 Grottes de Pandav F4

Où se loger

5 Hotel Highlands G2
6 Hotel Saket B2
7 Rock-End Manor E3

Où se restaurer

Raj Bhoj .... (voir 6)
8 Rasoi E3

Renseignements

9 Bison Lodge E3
10 MP Tourism E3
11 Kiosque de MP Tourism A1

Transports

12 Baba Cycles B1
13 Billetterie ferroviaire A2

promenades à pied sont proposées au départ des parkings). On peut également rejoindre certains des sites à pied, à vélo ou en véhicule ordinaire. Le capitaine et explorateur James Forsyth "découvrit" Pachmarhi en 1857 et y fonda le premier Forestry Department (département forestier) au Bison Lodge en 1862. Peu après, l'armée britannique, toujours à la recherche de climats plus frais, y installa son QG régional, inaugurant un voisinage qui perdure entre la station et l'armée.

Pachmarhi offre des températures modérées tout au long de l'année. Durant la mousson (de juillet à septembre), aucun safari dans la jungle n'est possible depuis Madhai et certains sites des environs de Pachmarhi peuvent également être fermés.

Les hôtels premier prix et la gare routière sont situés au nord-est de la ville. Au sud-ouest, de l'autre côté d'une petite vallée, on trouve des rues larges, des églises et des bungalows de l'époque coloniale dans les environs de Jai Stambh, dont le nom est inspiré d'une **colonne** située sur un carrefour à sept voies commémorant l'indépendance de l'Inde.

À voir et à faire

Pachmarhi se trouve dans l'enceinte de la Satpura Tiger Reserve ; la ville et une partie de sa campagne environnante forment une zone tampon au cœur même de la zone centrale de la réserve.

Sites de la zone tampon

Accessibles librement, ces sites comprennent notamment les **grottes de Pandav**, cinq maisons troglodytiques qui auraient été creusées par des bouddhistes au IVe siècle ; la **grotte de Mahadeo**, 10 km au sud de Jai Stambh via une route goudronnée, desservie par un passage de 30 m aboutissant à un lingam gardé par un prêtre, dans l'obscurité et l'humidité ; les points de vue d'**Handi Khoh** et de **Priyadarshini Point** (Forsyth Point) sur la route de la grotte de Mahadeo ; enfin, le **Jata Shankar**, un temple troglodytique dédié à Shiva, situé dans une belle gorge à 1 km le long d'une route à la sortie nord de la ville. Vélos et jeeps sont disponibles à la location pour rejoindre ces sites.

On peut voir en ville **Christchurch**, une belle église en grès de style néogothique construite en 1875.

Zone centrale de la réserve, près de Pachmarhi

À l'exception du pic de Chauragarh (accessible librement à pied depuis la grotte de Mahadeo, 5 heures aller-retour), il faut s'acquitter d'un droit d'entrée, en vente au guichet du Bison Lodge (p. 647), et dans la plupart des cas louer les services d'un guide. La majorité des visiteurs optent pour la location d'une jeep avec chauffeur (1 425 ₹/jour jusqu'à 6 passagers, plus 730 ₹ pour le droit d'entrée et 300 ₹ pour un guide) auprès du Bison Lodge. Comptez 70 ₹ pour le droit d'entrée à pied ou à vélo, 190 ₹ pour une moto. Bison Lodge propose également des excursions guidées à la journée (310 ₹ pour le droit d'entrée et 700 ₹ pour un guide, jusqu'à 6 personnes).

Apsara Vihar Formée au pied d'une petite cascade, cette piscine naturelle est l'une des plus agréables de Pachmarhi pour une baignade. À 1,5 km par la route après les grottes de Pandav, puis une marche d'environ 700 m.

Rajat Prapat Des marches partent d'Apsara Vihar jusqu'à un point de vue magnifique sur la gorge et le Rajat Prapat, la chute d'eau la plus haute (107 m) du centre de l'Inde.

Dhoopgarh Dernier arrêt incontournable des circuits en jeep, le point de vue de Dhoopgarh domine une succession de vallées, collines et forêts. Orientée à l'ouest, la large terrasse est idéale pour de belles photos au coucher du soleil.

Bee Falls Cette jolie cascade et ses bassins sont accessibles à vélo (à l'exception des 250 derniers mètres, à faire à pied).

Chauragarh Édifié au sommet du troisième plus haut pic du Madhya Pradesh (1 308 m), le sanctuaire de Shiva attire des milliers de pèlerins pour la Shivaratri Mela (p. 646). Comptez environ cinq heures aller-retour depuis la grotte de Mahadeo – 3,5 km dans les deux sens et 1 365 marches.

Safaris dans la jungle SAFARIS

(droit d'entrée 1 500 ₹/jeep avec 6 passagers ou 250 ₹/place, guide obligatoire 300 ₹, location de jeep 2 000 ₹ environ ; oct-juin). Les safaris en jeep (2 heures 30 à 5 heures) au départ de Madhai, tout au nord de la Satpura Tiger Reserve, sont bien différents de ceux proposés depuis Pachmarhi. Au programme, forêts luxuriantes et repérage de la faune. N'espérez pas voir l'un des tigres (la réserve en compte une petite vingtaine) mais vos chances d'apercevoir un léopard ou un ours lippu, en hiver surtout, sont assez bonnes.

Chaque départ comprend jusqu'à 12 jeeps de 6 passagers, mais seulement l'une d'entre elles est attribuée aux visiteurs sans réservation. Les billets sont en vente en ligne sur forest.mponline.gov.in – site n'acceptant malheureusement pas les cartes bancaires étrangères. Il faut donc passer par une agence de voyages ou par l'un des hébergements situés dans les environs de Madhai (qui prennent habituellement une commission de 1 000 ₹). On peut également organiser un safari en bateau depuis Madhai.

Le trajet en taxi entre Pachmarhi et Madhai revient à 2 000 ₹ (2 heures 30 à 3 heures) ; on peut aussi prendre un bus jusqu'à Sohagpur (80 ₹, 2 heures 30, 12/jour), puis partager une jeep (25 ₹, 1 heure) pour Madhai, 20 km au sud.

Fêtes et festivals

Shivaratri Mela RELIGION

(fév/mars). Près de 100 000 pèlerins shivaïstes, *sadhus* (ascètes) et Adivasis assistent aux célébrations dans la grotte de Mahadeo avant d'entamer un pèlerinage sur la colline de Chauragarh, où ils plantent des tridents à proximité du sanctuaire de Shiva.

Où se loger et se restaurer

Ville de Pachmarhi

De nombreux bungalows et demeures de l'époque coloniale dans le secteur de Jai Stambh ont été réhabilités en hôtels et pensions de charme. Pas moins de quatorze d'entre eux sont gérés par MP Tourism. Ces établissements sont vite complets et les tarifs augmentent pendant la haute saison (de mai à juillet, lors de la fête nationale et des principaux festivals).

Hotel Saket HÔTEL $$

(07578-252165 ; www.sakethotel.in ; Patel Rd ; ch 1 900 ₹, avec clim 3 100-3 570 ₹ ;). Le large choix de chambres chaleureusement décorées, la literie de qualité, le hall de réception et la salle à manger, rénovés et lumineux, l'accueil chaleureux... autant d'atouts qui font de cet établissement le meilleur du genre en ville. En dehors de la haute saison, les tarifs sont réduits de moitié, une aubaine.

Le **restaurant** associé (Hotel Saket, Patel Rd ; plats 80-180 ₹ ; 8h-23h) sert, à prix modiques, de bons plats gujaratis, indiens et chinois. Wi-Fi 100 ₹ par séjour.

Hotel Highlands HÔTEL $$

(07578-252099 ; www.mptourism.com ; Pipariya Rd ; ch avec petit-déj 3 090 ₹ ;). Cet agréable hôtel du MP Tourism, à l'entrée nord de la ville, propose des bungalows disséminés dans un jardin soigné. Les chambres offrent un excellent rapport qualité/prix avec hauts plafonds, dressing et sdb moderne. Aire de jeux pour enfants et bar-restaurant.

Rock-End Manor HÔTEL HISTORIQUE $$$

(07578-252079 ; www.mptourism.com ; s/d en pension complète 5 470/6 420 ₹ ;). Ce sublime édifice chaulé de l'époque coloniale surplombe les fairways du golf militaire. Bien tenu et accueillant, l'établissement offre six chambres spacieuses et hautes de plafond, de luxueux meubles et tableaux, des textiles de qualité et des douches hydromassantes.

♥ **Rasoi** DHABA $

(Company Garden ; plats 80-200 ₹ ; 9h-23h30). Il ne s'agit pas là d'un *dhaba* (gargote) ordinaire ! Assis en plein air ou dans des espaces partiellement abrités, on s'y régale d'innombrables plats (du sud de l'Inde et de Chine). Le *tawa* végétarien (plat de légumes sautés, 150 ₹), recommandé par notre serveur, était délicieux.

Madhai

On compte à Madhai et dans ses alentours quelques hôtels de moyenne catégorie, un gîte d'étape en forêt ainsi que plusieurs lodges haut de gamme dans la jungle.

Madhai Forest Rest House GÎTE D'ÉTAPE $
(☎07574-254838, réservation 07574-254394 ; dirsatpuranp@mpforest.org ; Madhai ; ch 1 000 ₹). Installé sur la rive sud de la Denwa, au départ des safaris, ce gîte géré par le département forestier possède des chambres plutôt confortables avec toilettes à l'occidentale ainsi qu'une cantine, qui prépare des plats indiens. Le lieu est accessible par bateau depuis la rive nord. Il est sage de réserver (par téléphone ou e-mail).

Sans clim ni *air-coolers*, l'établissement est peu adapté aux très fortes chaleurs des mois précédant la mousson.

Madhai Resort HÔTEL $$
(☎9424437150 ; www.themadhairesort.com ; village de Bija Kheri ; ch 1 500 ₹, avec clim 2 000-2 500 ₹ ; ❄). À proximité de la rive nord de la Denwa, voici une bonne adresse pour ceux qui prévoient un safari au départ de Madhai. Les chambres dans les tons pastel sont d'une bonne taille. Géré par les mêmes personnes que le Saket de Pachmarhi.

Renseignements

Bison Lodge (☎07574-254394 ; près de Jai Stambh ; 9h-17h jeu-mar, 9h-11h30 mer). Construit par le capitaine Forsyth pour son usage personnel en 1862, le Bison Lodge abrita pendant plus d'un siècle le Forest Department (département forestier) régional. C'est désormais ici qu'il faut se rendre pour les droits d'entrée et la location de jeeps pour les environs de Pachmarhi compris dans l'aire centrale de la Satpura Tiger Reserve ; le lieu est souvent pris d'assaut aux premières heures de la matinée.

Le bâtiment abrite également un petit musée coloré, le **Wildlife & Cultural Interpretation Centre** (entrée 10 ₹), consacré à la faune et la flore de la réserve.

MP Tourism (☎07578-252100 ; Amaltas Complex ; 10h-17h). Bureau principal aux abords de Jai Stambh ; il y a aussi un kiosque près de la gare routière (☎07578-252029 ; 10h-17h).

Depuis/vers Pachmarhi

Six bus partent tous les jours de la **gare routière** de Pachmarhi à destination de Bhopal (200 ₹, 6 heures). Les bus de 18h30 et 21h sont équipés de couchettes et vont jusqu'à Indore (siège/couchette jusqu'à Bhopal 270/300 ₹, Indore 500/550 ₹, 12 heures). Les bus pour Nagpur (280-300 ₹, 7 heures) partent à 3h30 et 17h.

À destination de Pipariya, les bus partent au moins toutes les heures (60 ₹, 1 heure 30). De là, vous pourrez prendre un train pour Jabalpur ou Varanasi notamment, sans devoir aller jusqu'à Bhopal. Les billets sont en vente à la **billetterie ferroviaire** (Army Area Main Gate ; 8h30-14h et 16h30-19h30, fermé dim et jeu après-midi) et auprès des agences de la ville.

Si vous arrivez de Pipariya, les jeeps collectives pour Pachmarhi (60-100 ₹/pers) partent de la gare routière et sont bien plus fréquentes que les bus.

Comment circuler

Pour une jeep avec chauffeur, le tarif est fixé à 1 450 ₹ par jour, depuis Bison Lodge ou depuis la gare routière/le marché.

La plupart des sites à voir autour de Pachmarhi sont accessibles à vélo, mais il faut souvent finir à pied. Les routes sont pour la plupart assez plates, excepté les derniers tronçons menant à Dhoopgarh et à la grotte de Mahadeo. Vous pourrez louer un vélo auprès de **Baba Cycles** (Subhash Rd ; 20 ₹/heure, 100 ₹/jour ; 10h-21h) ou d'autres prestataires dans le quartier du marché.

OUEST DU MADHYA PRADESH

Indore

☎0731 / 1,96 MILLION D'HABITANTS

La dynastie des Holkar a légué quelques beaux édifices à Indore, la plus grande ville du Madhya Pradesh et la plus cosmopolite, qui est cependant dépourvue de sites touristiques majeurs. Tout aussi grouillante que n'importe quelle autre ville indienne de cette taille, Indore sert surtout aux visiteurs de porte d'accès à Mandu, Maheshwar ou Omkareshwar. Vous y trouverez cependant d'agréables cafés, des bazars débordant d'activités, de bons restaurants et une offre d'hébergements très correcte.

À voir

Palais de Lal Bagh PALAIS
(Lal Bagh Rd ; Indien/étranger 10/250 ₹ ; 10h-17h mar-dim). Érigé entre 1886 et 1921, ce palais est l'édifice le plus raffiné qu'aient laissé les Holkar. Comme il était de coutume à la fin de l'époque des rajas, l'intérieur associe différents styles européens : colonnes en marbre italien striées, abondance de lustres et de colonnes classiques, fresques représentant des divinités grecques, salles à manger mêlant baroque et rococo, bibliothèque anglaise avec fauteuils en cuir, salon Renaissance et chambre de la reine de style

palladien. Certains meubles sont très abîmés malheureusement.

Depuis le centre-ville, le trajet en auto-rickshaw coûte environ 50 ₹. Les grilles, répliques de celles du palais de Buckingham, s'ouvrent sur un jardin de 28 hectares, où se dresse, près de l'édifice, une statue de la reine Victoria.

Rajwada PALAIS, TEMPLE
(Rajwada Chowk ; Indien/étranger 10/250 ₹, appareil photo/caméra 25/100 ₹, temple gratuit ; ⏲10h-17h jeu-dim, temple 7h-21h). Premier palais des Holkar à Indore, ce palais dont la construction avait débuté en 1749 fut presque entièrement détruit par un incendie en 1984 et reste en reconstruction actuellement. D'inspiration moghole, sa façade sur sept niveaux est impressionnante mais l'intérieur n'est pas achevé. Le temple qui se trouve à l'arrière a, lui, été restauré et constitue un havre de paix, notamment grâce à la cour pleine de charme et ses colonnes en bois (entrez par la façade nord du bâtiment).

Central Museum MUSÉE
(AB Rd ; Indien/étranger 10/100 ₹, appareil photo/caméra 50/200 ₹ ; ⏲10h-17h mar-dim). Installé dans un autre édifice superbe des Holkar sur la Agra-Bombay (AB) Rd, ce musée réunit une belle collection de sculptures hindoues médiévales (et plus anciennes), des outils, des armes et des titres de propriété gravés sur cuivre. Des combats eurent lieu ici lors de la première guerre d'indépendance et l'eau du puits dans le jardin fut empoisonnée.

Où se loger

Hotel Chanakya HÔTEL $
(☎0731-4075191 ; 57-58 RNT Marg, Chhawni Chowk ; s/d 880/1 100 ₹, avec clim à partir de 1 210/1 540 ₹ ; ❄📶). Les chambres, moins clinquantes que la cascade ornée d'un Krishna à l'éclairage disco du hall, sont fonctionnelles. Les chambres non climatisées sont rafraîchies par *air-cooler* et sont pour certaines plus lumineuses que les chambres climatisées : n'hésitez pas à comparer. Personnel sympathique ; dans un quartier intéressant de la vieille ville.

Les chauffeurs des auto-rickshaws connaissent l'adresse grâce à la confiserie Mathurawala, juste en dessous !

Hotel Neelam HÔTEL $
(☎0731-2466001 ; 33/2 Patel Bridge Corner ; s/d à partir de 525/725 ₹, avec clim 850/1 050 ₹ ; ❄📶). L'une des rares adresses pour les petits budgets ouvertes aux étrangers près des gares ferroviaire et routière. Bien tenu, le Neelam loue des chambres simples et immaculées avec des sdb rénovées, donnant sur un atrium central.

♥ **Hotel Shreemaya** HÔTEL D'AFFAIRES $$
(☎0731-2515555 ; www.shreemaya.com ; 12 RNT Marg ; s 2 840-4 170 ₹, d 3 600-5 000 ₹, avec petit-déj ; ❄@📶). Cet hôtel accueillant, géré de manière professionnelle, est presque irréprochable. Ses chambres, modernes et impeccables, offrent une connexion Wi-Fi satisfaisante et sont dotées du nécessaire pour faire du café/thé, et de balcons ornés de plantes en pots. Les tarifs incluent le transfert depuis/vers l'aéroport. Le restaurant sert une cuisine internationale de qualité (plats 170-370 ₹).

Où se restaurer et prendre un verre

Hotel Apna INDIEN $
(Nasia Rd ; plats 90-200 ₹ ; ⏲6h-23h30). Un bar-restaurant ouvert depuis 50 ans, juste

SARAFA BAZAAR

Pour de nombreux résidents d'Indore, ce **marché d'alimentation de rue** (en-cas 20-70 ₹ ; ⏲21h-minuit) est l'attrait principal de leur ville. C'est en effet une formidable expérience, tant pour la qualité des en-cas locaux que pour l'ambiance décontractée parmi la foule nocturne. La rue est occupée par de nombreuses bijouteries, qui, une fois fermées, laissent la place aux stands alimentaires. L'endroit le plus célèbre est le **Joshi Dahi Vada**, lequel sert chaque soir des centaines de *dahi vada* (beignets de lentilles au yaourt et chutney). Il est situé à mi-chemin dans la rue, côté sud, et est inratable grâce à la file d'attente ! M. Joshi aime prouver la consistance de son yaourt en le jetant en l'air.

Il ne vous reste plus qu'à arriver le ventre vide, vous promener parmi les étals et essayer ce qui vous paraît appétissant. Toutefois, ne repartez pas sans avoir goûté deux plats particulièrement prisés, le *bhutte ka kees* (maïs râpé sauté aux épices et aux herbes) et le *sabudana khichdi* (sagou mariné aux épices, herbes et cacahuètes concassées).

Suivez la rue au sud du Rajwada, les étals sont à 200 m.

Indore

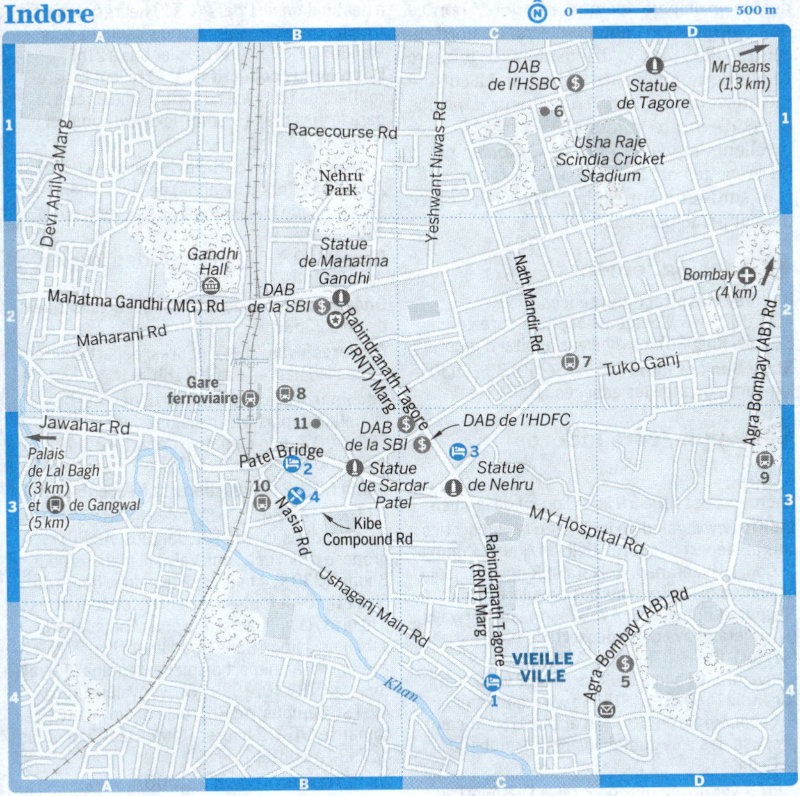

Indore

Où se loger

1 Hotel Chanakya C4
2 Hotel Neelam B3
3 Hotel Shreemaya C3

Où se restaurer

4 Hotel Apna B3

Renseignements

5 State Bank of India D4

Transports

6 Air India C1
Chartered Bus .... (voir 9)
7 Hans Travels C2
Metro Taxi .... (voir 9)
8 Minibus pour la gare de Gangwal B2
9 Royal Bus D3
10 Gare routière de Sarwate B3
11 Billetterie ferroviaire B3

en face de la gare routière, apprécié pour ses délicieux plats, végétariens ou à base de viande, de toute l'Inde. Choix habituel de bières et de whiskys bon marché. C'est un lieu populaire pour boire discrètement dans ses box sombres l'après-midi. À l'étage, l'ambiance est plus lumineuse.

Mr Beans CAFÉ, INTERNATIONAL **$$**
(www.mrbeans.in ; 100 Saket Nagar ; plats 175-460 ₹ ; 10h-23h ;). Avec ses 7 salles au décor raffiné dans un style européen, ce café est l'un des plus agréables du pays. Outre l'excellent café d'Indore (50-150 ₹) et le thé, sa carte propose du hachis Parmentier, du coq au vin, trois versions de houmous, des quesadillas, des pâtes, de remarquables pizzas à pâte fine et des desserts fantastiques.

Mediterra MÉDITERRANÉEN **$$$**
(0731-4006666 ; Hotel Sayaji, Vijay Nagar ; plats 580-1 150 ₹ ; 19h30-23h30). Ce restaurant

de la principale avenue d'Indore, bordée de boutiques et d'hôtels sélects, au nord du centre-ville, met à disposition sa terrasse romantique, aménagée sur le toit. La cuisine méditerranéenne est à l'honneur : paella, carré d'agneau, ratatouille et risotto. Les excellents mezze et entrées – *paneer satay* ou crevettes au lait de coco, notamment – sont suffisamment copieux pour faire office de plat principal.

Renseignements

Bombay Hospital (urgences 0731-4077000 ; www.bombayhospitalindore.com ; Eastern Ring Rd). Le meilleur hôpital d'Indore.

State Bank of India (AB Rd ; 10h30-16h30 lun-sam). Change les espèces ; DAB.

Depuis/vers Indore

AVION

L'aéroport est situé à 9 km à l'ouest de la ville.

IndiGo (www.goindigo.in) assure la plupart des vols au départ d'Indore : Delhi (4/jour), Mumbai (3/jour), Hyderabad, Kolkata et Raipur (2/jour), et Ahmedabad, Bengaluru (Bangalore), Goa, Nagpur et Pune (6 ou 7 vols/sem). **Jet Airways** (www.jetairways.com) dessert Mumbai (4/jour), Delhi (3/jour), et Ahmedabad, Bengaluru, Chennai et Pune (6 ou 7 vols/sem). **Air India** (0731-2431595 ; www.airindia.in ; Racecourse Rd ; 10h-13h et 14h-17h lun-sam) propose des vols quotidiens pour Mumbai et Delhi.

Prévoyez 45 minutes pour relier l'aéroport au centre-ville. Les auto-rickshaws coûtent 150 ₹, les taxis 250-300 ₹. Des stations de taxis prépayés installées à l'aéroport rallient le centre-ville et proposent également des trajets en dehors de la ville (Ujjain 900 ₹, Omkareshwar 1 800 ₹).

Le bus urbain 11 dessert le centre-ville (Sardar Patel Circle, Madhumilan Chauraha) depuis la route à la sortie de l'aéroport (toutes les 20 minutes, trajet retour identique).

BUS

Pour Mandu, prenez un bus à la **gare routière de Gangwal** (0731-2380688 ; Dhar Rd) à destination de Dhar (70 ₹, 3 heures, départs fréquents de 6h à 23h30) puis changez pour Mandu (40 ₹, 1 heure, dernier bus à 21h). Des **minibus collectifs** (20 ₹) relient la gare routière de Gangwal au centre-ville (face à la gare ferroviaire). En auto-rickshaw comptez environ 60 ₹.

Depuis la **gare routière de Sarwate** (0731-2364444 ; Chhoti Gwaltoli) des bus (changez à Dhammode Maheshwar) desservent, entre autres :

Bhopal 180 ₹, 5 heures, départs fréquents de 6h à 20h

Dhamnod 77 ₹, 2 heures 30, départs fréquents de 5h à 22h30

Omkareshwar 70 ₹, 3 heures, départ environ toutes les heures de 6h à 18h30

Pachmarhi (Verma Travels, 12 heures) bus climatisé départ à 20h siège/couchette 500/600 ₹, non climatisé départ à 21h40 450/500 ₹

Ujjain 60 ₹, 2 heures, départs fréquents 24h/24

Chartered Bus (0731-4288888 ; charteredbus.in ; AICTSL Campus, AB Rd) propose de luxueux bus Volvo climatisés pour Bhopal (330 ₹, 4 heures) 2 ou 3 fois/heure de 5h à 21h30, et toutes les heures (ou toutes les 2 heures) la nuit, ainsi que pour Ahmedabad, Jabalpur, Jaipur, Pune et Udaipur (1 ou 2/jour avec clim). Au départ du même terminal, **Royal Bus** (0731-4027999 ; www.royalbus.info ; AICTSL Campus, AB Rd) rallie Ujjain en bus climatisé (70 ₹, 2 heures) toutes les 45 minutes de 7h30 à 20h15.

Hans Travels (0731-2510007 ; www.hanstravel.in ; Dhakkanwala Kua, South Tukoganj) assure 9 liaisons/jour en bus Volvo climatisé pour Bhopal (330 ₹, 4 heures), et de très nombreux bus avec couchettes (départs entre 17h et 22h), parmi lesquels :

Agra bus climatisé/non climatisé 500/800 ₹, 16 heures, 2/jour

Ahmedabad bus climatisé/non climatisé 400/600 ₹, 11 heures, 2/jour

Gwalior bus climatisé/non climatisé 400/600 ₹, 12 heures, 4/jour

Jaipur bus climatisé/non climatisé 400/700 ₹, 13 à 15 heures, 3/jour

TRAINS AU DÉPART D'INDORE

DESTINATION	N° ET NOM DU TRAIN	TARIFS	DURÉE	DÉPARTS
Bhopal	12919 *Malwa Exp.*	215/535/735 ₹	5 heures	12h25
Delhi	12415 *Indore-Delhi Sarai Rohilla Intercity Exp.*	440/1 160/1 655 ₹	14 heures 30	16h
Mumbai (Central)	12962 *Avantika Exp.*	440/1 160/1 655 ₹	14 heures	16h25
Ujjain	12919 *Malwa Exp.*	170/540/740 ₹	1 heure 30	12h25

Tarifs : *sleeper*/3AC/2AC

Jalgaon (pour Ajanta) bus non climatisé 350-400 ₹, 8 heures, départ à 21h et 22h

Mumbai bus climatisé/non climatisé/Volvo climatisé 600/900/1 250 ₹, 12 à 15 heures, 5/jour

Nagpur bus climatisé/non climatisé/Volvo climatisé 500/660/1 200 ₹, 10 à 13 heures, 4/jour

Pune bus climatisé/non climatisé/Volvo climatisé 600/900/1 200 ₹, 12 à 15 heures, 8/jour

TAXI

Metro Taxi (☎0731-4288888 ; AICTSL Campus, AB Rd) dispose de véhicules récents et emploie des chauffeurs professionnels. Comptez 2 000 ₹ l'aller pour Mandu ou Omkareshwar et 2 200 ₹ pour Maheshwar. Location à la journée : 2 500 ₹ les 12 heures et 250 km.

TRAIN

Il y a 7 trains quotidiens pour Bhopal et 12 pour Ujjain. La **billetterie ferroviaire** (⏲8h-22h lun-sam, 8h-14h dim) est à 200 m à l'est de la gare.

Ujjain

☎0734 / 515 215 HABITANTS

À Ujjain, la première impression est assez décevante. Toutefois, il suffit de quitter le chaos de la gare et de descendre vers les *ghat* et les célèbres temples d'Ujjain via un dédale de ruelles pour découvrir une facette plus ancienne et empreinte de spiritualité de cette cité, qui attire marchands et pèlerins depuis des siècles. Ujjain fait partie des villes saintes de l'Inde et une formidable énergie se dégage de ses temples. Elle compte également parmi les quatre villes qui accueillent, tous les 12 ans, le gigantesque festival et pèlerinage de la Kumbh Mela. On estime à 75 millions le nombre de personnes qui furent présentes à Ujjain lors du mois de la dernière édition du festival, en 2016.

À voir

♥ Mandir de Mahakaleshwar — TEMPLE HINDOU

(⏲4h-23h). Si ce temple n'est pas le plus remarquable sur le plan architectural, on y a l'occasion de suivre les pèlerins marchant l'un derrière l'autre à travers ses salles souterraines – un moment magique. En dehors des pèlerinages, les allées en marbre sont un paisible préambule à la visite de la chambre souterraine qui abrite l'un des douze *jyoti linga* sacrés d'Inde. Ces lingams de formation naturelle sont supposés être source de *shakti* (énergie créatrice associée à des déités féminines) – contrairement aux autres, ils ne sont donc pas investis de *mantra-shakti* par les prêtres.

Le temple fut détruit par Altamish en 1235 puis restauré par les Scindia au XIXe siècle. Vous échapperez à la queue en vous acquittant de 150 ₹ pour une entrée "VIP".

♥ Ram Ghat — GHAT

Ces *ghat*, les plus fréquentés au cœur d'Ujjain et parsemés des toits orange et rose des sanctuaires, voient toute la journée des personnes se baigner et faire des offrandes de lait et de fleurs à la Shipra. À visiter à l'aube ou au crépuscule, quand les dévots jouent des cymbales et allument des bougies au bord de l'eau.

Mandir d'Harsiddhi — TEMPLE HINDOU

Ce temple de l'époque marathe abrite une célèbre représentation rouge vermillon de la déesse Annapurna. À l'entrée, les deux tours de pierre noircies sont caractéristiques de l'art marathe. Elles sont ornées de lampes que l'on allume à l'occasion de **Navratri** (fête des Neuf Nuits ; ⏲sept/oct), un spectacle superbe.

Sinhasan Battisi — MONUMENT

Vikram Teela, petite île sur le lac Rudra Sagar, accueille depuis 2016 des statues qui recréent le trône magique et la cour du légendaire roi d'Ujjain, Vikramaditya. Le roi, assis sur son trône, est entouré de neuf érudits légendaires, les *navaratna*, parmi lesquels se trouvait le poète écrivant en sanskrit, Kalidas.

Mandir de Gopal — TEMPLE HINDOU

(⏲7h-12h et 16h-22h). Superbe exemple d'architecture marathe, ce temple surmonté de flèches en marbre fut édifié par les Scindia au XIXe siècle. Les portes du sanctuaire, couvertes d'argent, auraient été volées par des pillards musulmans du temple de Somnath, au Gujarat, puis emportées à Ghazni, en Afghanistan, d'où Ahmad Shah Durani les aurait transférées à Lahore (actuel Pakistan) avant que Mahadji Scindia ne les rapporte ici.

Les allées d'accès au bazar offrent de délicieuses promenades.

Vedh Shala — ÉDIFICE HISTORIQUE

(observatoire, Jantar Mantar ; Indien/étranger 10/100 ₹ ; ⏲8h-18h). Ujjain est depuis le IVe siècle av. J.-C. le méridien de référence des

Ujjain

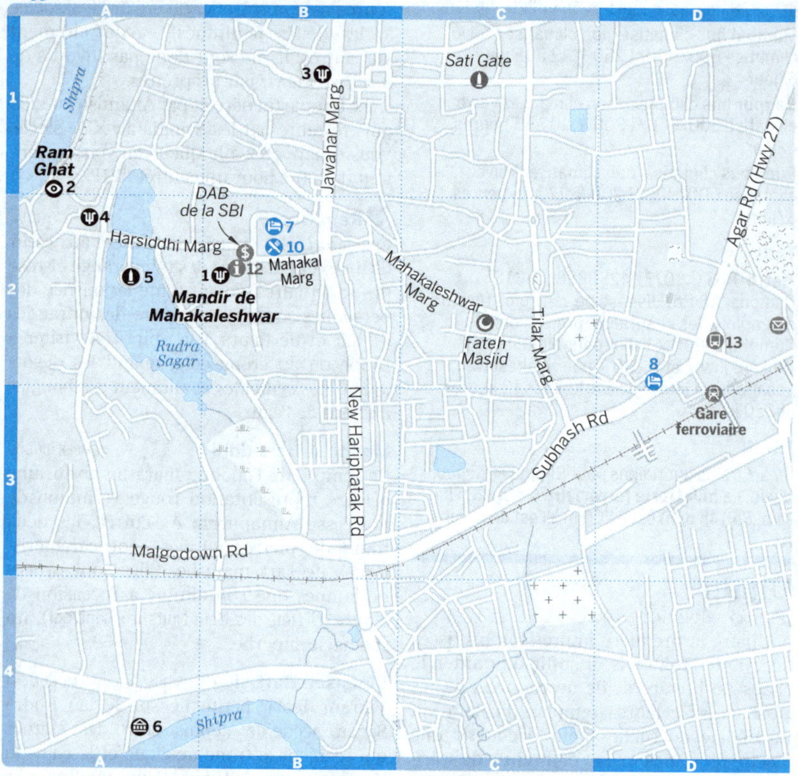

géographes hindous. Ce petit observatoire intéressant fut construit par le maharaja Jai Singh entre 1725 et 1730. Chacune de ses cinq structures (dédiées à la recherche de corps célestes et l'enregistrement du temps) propose de nombreuses explications en anglais, bien incompréhensibles toutefois pour le commun des mortels !

Fêtes et festivals

Kumbh Mela RELIGION

(Simhastha ; avr-mai). Ujjain est aussi l'un des quatre sites en Inde qui accueillent l'extraordinaire Kumbh Mela, célébration pendant laquelle des millions de pèlerins se baignent dans la Shipra, tous les 12 ans, en avril et mai. Prochaine édition en 2028.

Où se loger et se restaurer

Hotel Naman Palace HÔTEL $

(0734-2564086 ; 8 Choubis Khamba Marg ; ch 1 000 ₹, avec clim 1 300 ₹ ;). Parmi les nouveaux hôtels des environs du *mandir* de Mahakaleshwar, le Naman comprend, pour l'instant du moins, des chambres contemporaines, aux couleurs chaudes et cuivrées, équipées de lits confortables, de canapés et de douches modernes. Wi-Fi. Peu ont accès à la lumière naturelle en revanche.

Hotel Ramakrishna HÔTEL $

(0734-2557012 ; www.hotelramakrishna.co.in ; Subhash Rd ; s/d/tr 500/1 000/1 300 ₹, avec clim 900/1 300/1 700 ₹ ;). Plus propre que la moyenne, cet hôtel donnant dans Subhash Rd loue les plus belles chambres climatisées des environs, avec carrelage blanc au sol, jolis ornements et sdb exiguës. Les chambres sans clim sont identiques, mais défraîchies, pour certaines avec toilettes à la turque. La taille et la luminosité varient d'une chambre à l'autre.

Le restaurant New Sudama, bon marché, prépare des plats végétariens (75-150 ₹).

Ujjain

Les incontournables
1 Mandir de Mahakaleshwar B2
2 Ram Ghat A1

À voir
3 Mandir de Gopal B1
4 Mandir d'Harsiddhi A2
5 Sinhasan Battisi A2
6 Vedh Shala A4

Où se loger
7 Hotel Naman Palace B2
8 Hotel Ramakrishna D2
9 Hotel Shipra Residency E3

Où se restaurer
10 Damaru Wala B2
Meghdoot ....(voir 9)
11 Shree Ganga F3

Renseignements
12 MP Tourism....B2

Transports
13 Gare routière de Dewas Gate D2

Hotel Shipra Residency HÔTEL $$
(☎0734-2551495 ; www.mptourism.com ; Dewas Rd ; ch 3 560-4 280 ₹, ste 5 470 ₹, avec petit-déj ; ❄📶). Meilleure adresse du centre-ville, cet hôtel géré par le MP Tourism s'est doté de 30 chambres et suites *deluxe* lumineuses et modernes supplémentaires en 2015. Les autres chambres, sur trois niveaux autour d'une cour, sont plus petites et les sdb sont plus datées, mais elles sont toujours convenables, avec des lits confortables et le nécessaire pour le thé ou le café et des articles de toilette. Il comprend aussi un élégant restaurant, le **Meghdoot** (plats 150-400 ₹ ; ⏲11h-15h et 19h-22h30).

Damaru Wala INDIEN $
(138 Mahakal Marg ; thali 100-140 ₹ ; ⏲9h30-minuit). Cet établissement qui ne fait que des *thali* (assortiments de plats) sert une cuisine maison savoureuse dans un cadre lumineux, fonctionnel et propre, avec tables blanches et chaises noires.

Le restaurant est en haut des escaliers, signalisé par un grand panneau noir, rouge et blanc en hindi.

Shree Ganga CONFISERIE, INDE DU SUD $
(50 Amarsingh Marg ; confiseries à partir de 360 ₹/kg, plats 70-120 ₹ ; ⏲7h-23h). Depuis 1949, cette confiserie comble les amateurs de douceurs à Ujjain. Il n'y a aucune mention ou carte en anglais, mais le personnel saura vous orienter dans la bonne direction. Parmi leurs spécialités, citons le *caju barfi* (sorte de caramel mou à la noix de cajou). On y sirote également des jus de fruits frais désaltérants, jus de grenade ou d'ananas par exemple.

À partir de 11h, des plats salés sont servis à l'étage – indiens (*masala dosa* au chutney vert) et chinois notamment. La confiserie est juste à droite du Baker's Lounge.

Renseignements

MP Tourism (☎0734-2552263 ; www.mptourism.com ; ⏲10h-18h lun-sam). Dans le parc du *mandir* de Mahakaleshwar.

Depuis/vers Ujjain

BUS

Au départ de la **gare routière de Dewas Gate** (State Hwy 27) :

Dhar 160 ₹, 3 heures 30, départ à 8h et 14h

TRAINS AU DÉPART D'UJJAIN

DESTINATION	N° ET NOM DU TRAIN	TARIFS	DURÉE	DÉPARTS
Bhopal	12919 *Malwa Exp.*	170/535/740 ₹ (A)	3 heures 30	14h10
Delhi	12415 *Nizamuddin Exp.*	415/1 090/1 555 ₹ (A)	12 heures 30	17h35
Indore	18234 *Narmada Exp. Passenger*	100/490/695 ₹ (A)	2 heures 30	8h30
Jaipur	12465 *Ranthambore Exp.*	185/335/700/865 ₹ (B)	9 heures	7h45
Mumbai (Central)	12962 *Avantika Exp.*	415/1 095/1 555 ₹ (A)	12 heures 30	17h55

Tarifs : (A) *sleeper*/3AC/2AC, (B) siège 2e classe/*sleeper*/*chair car*/3AC

Indore 55 ₹, 2 heures, départs fréquents de 5h à 23h

Omkareshwar 140 ₹, 3 heures 30, départ à 6h, 8h, 9h, 14h et 16h

Pour Maheshwar ou Mandu, changez à Dhar.

Les bus à destination de Bhopal, notamment ceux de **Chartered Bus** (www.charteredbus.in ; 280 ₹, 4 heures 30, 6 bus climatisés/jour), partent de la **gare routière de Nanakheda** (Sanwer Rd), à 4 km en auto-rickshaw (30 ₹) au sud de la gare ferroviaire.

TRAIN

Chaque jour, il y a 10 trains pour Bhopal et 15 pour Indore, deux gares nettement mieux desservies qu'Ujjain. L'unique train qui rallie quotidiennement Gwalior et Agra est à destination de Delhi (12919 *Malwa Express*, départ à 14h10) ; on peut sinon prendre n'importe quel train à destination de Bhopal, et changer.

Comment circuler

Les auto-rickshaws (payez au kiosque devant la gare ferroviaire) demandent 50 ₹ pour aller aux Ram Ghat et 400 ₹ pour un circuit de 4 heures dans Ujjain.

Mandu

07292 / 10 300 HABITANTS / ALTITUDE 590 M

Perchée sur un plateau verdoyant et un peu boisé de 25 km², la pittoresque Mandu s'enorgueillit de l'un des plus beaux exemples d'architecture afghane en Inde, ainsi que d'impressionnants baobabs originaires d'Afrique. L'endroit est émaillé de palais, de tombes, de monuments et de mosquées, dont un bon nombre sont inscrits au patrimoine mondial de l'Unesco. Certains sont perchés au bord de ravins, d'autres sont situés sur la rive d'un lac ; le pavillon de Rupmati, le plus romantique de tous, trône majestueusement à l'extrémité du plateau, dominant les vastes plaines. Mandu est l'endroit idéal où passer deux ou trois jours à découvrir une architecture d'exception dans un cadre champêtre, que l'on parcourt sans peine à vélo – en réfléchissant au destin de cette ancienne capitale d'un royaume puissant devenue modeste village.

Histoire

Mandu prit toute son importance au Xe siècle en tant que forteresse et capitale de la dynastie hindoue des Paramara, qui régnait alors sur le Malwa (entre l'ouest du Madhya Pradesh et le sud-est du Rajasthan). Le Malwa fut conquis en 1305 par le sultanat musulman de Delhi. Quand les Moghols eurent pris Delhi en 1401, le gouverneur afghan du Malwa, Dilawar Khan, fit de Mandu un royaume autonome. Son fils Hoshang Shah délaissa Dhar et installa la capitale à Mandu, qui connut alors son âge d'or. La dynastie des Ghurides ne perdura cependant pas : le fils d'Hoshang fut empoisonné par son rival, Mahmoud Khalji, dont la dynastie régna sur le Malwa de 1436 jusqu'à sa conquête en 1526 par Bahadur Shah, sultan du Gujarat.

Il fut détrôné en 1534 par le Moghol Humayun, qui perdit à son tour le royaume en 1536 au profit de Mallu Khan, un officier de la dynastie des Khalji. En 1542, le royaume passa aux mains de son rival du nord, Sher Shah. Au terme de ces dix années de querelles et d'invasions, Baz Bahadur, fils du gouverneur local de Sher Shah, prit le pouvoir, mais préféra s'enfuir plutôt que d'affronter les troupes d'Akbar, l'empereur moghol, en 1561.

Les successeurs d'Akbar, Jahangir et Shah Jahan, appréciaient Mandu, mais celle-ci avait entamé son déclin. Avec la victoire du clan marathe des Holkar contre les Mogholes en 1732 près de Dhar, Mandu passa sous contrôle marathe et Dhar retrouva alors son rang de capitale. Le sort de Mandu était scellé.

À voir

Il y a trois grands groupes de vestiges : l'Enclave royale, le groupe du village et le groupe de Rewa Kund. Chacun requiert un billet séparé. Les autres sites sont gratuits.

Enclave royale ÉDIFICE HISTORIQUE

(Indien/étranger 15/200 ₹, caméra 25 ₹ ; aube-crépuscule). Installées près de deux réservoirs pittoresques, les ruines de l'Enclave royale forment le plus grand ensemble enclos de monuments, datant des XVe et XVIe siècles (dynasties des Ghurides et des Khalji). À côté de la billetterie, le **Publication Sales Counter** (9h-17h) vend des guides.

Jahaz Mahal

(palais du Navire). Datant du XVe siècle et baptisé "le Navire" (Jahaz) en raison de sa forme et de ses dimensions (120 m de long sur 15 m de large), c'est le palais le plus célèbre de Mandu. Il s'étire sur une étroite bande de terre, entre les réservoirs de Munja et de Kapur. Ghiyas ud-Din Khalji (qui avait, dit-on, un harem de 15 000 jeunes femmes) fit construire les belvédères, les arches en forme de coquillages, les vastes salles, ainsi que des bassins d'agrément.

Hindola Mahal

(palais oscillant). Juste au nord de l'imposant dôme de Ghiyas, l'Hindola Mahal est ainsi nommé parce que l'inclinaison de ses murs est censée donner l'illusion d'une oscillation. S'il s'agissait sans doute à l'origine d'une salle de réception, sa construction est attribuée par certains à Hoshang Shah, par d'autres à Ghiyas ud-Din. Quoi qu'il en soit, son design est fascinant.

Mosquée de Dilawar Khan

Édifiée par Dilawar Khan en 1405, cette mosquée est le plus ancien monument musulman de Mandu. Elle comporte de nombreux éléments d'architecture hindoue, notamment au niveau des piliers et des plafonds de la partie ouest.

Champa Baodi

Le Champa Baodi doit son nom au parfum exhalé par ses eaux, aussi doux, disait-on, que celui de la fleur du *champak*. Cet immense puits circulaire est pourvu d'un escalier menant à des salles voûtées souterraines. On y accédait par une succession de passages et de chambres, les Tahkhana, que l'on peut pour certains encore visiter par diverses entrées, contrairement au puits, inaccessible. On peut en revanche le regarder d'en haut.

Bains turcs

Ce petit hammam, doté d'un système d'adduction d'eau chaude et d'eau froide et d'un sauna chauffé par hypocauste (chauffage par le sol) est surmonté de coupoles percées d'étoiles et d'octogones.

Jal Mahal

(palais d'eau). Ce palais, construit sur une langue de terre isolée à une extrémité du réservoir de Munja, aurait été un lieu de retraite privé pour les couples de la noblesse. Il comprend plusieurs puits à degrés et bassins d'agrément où ils pouvaient folâtrer.

Groupe du village

Ce groupe, situé près de la route principale dans le centre du village, comprend trois grands édifices construits au XVe siècle par les dynasties Ghurides et Khalji – une mosquée, un tombeau et une madrasa (école coranique). Un seul **billet** (Indien/étranger 15/200 ₹ ; aube-crépuscule), en vente à l'entrée de la Jama Masjid, donne accès aux trois édifices.

Jama Masjid MOSQUÉE

Accessible par une volée de marches conduisant à un porche à coupole de 17 m de haut, cette mosquée rouge désaffectée domine Mandu. Hoshang Shah en entreprit la construction vers 1406, en s'inspirant de la Grande Mosquée omeyyade de Damas (Syrie). Achevée par Mahmoud Khalji en 1454, d'apparence relativement austère mais d'une grande harmonie, elle est considérée comme l'édifice d'architecture afghane le plus raffiné et le plus vaste d'Inde.

Tombeau d'Hoshang Shah TOMBEAU ISLAMIQUE

L'imposant mausolée d'Hoshang Shah est réputé le plus ancien monument en marbre du pays. Cet édifice est couronné d'un croissant de lune (symbole de l'islam), qui aurait été importé de Perse ou de Mésopotamie. Le jour filtre dans la coupole à travers les *jali*, baignant d'une lumière tamisée les sépultures. Une inscription rappelle qu'en 1659, l'empereur Shah Jahan envoya ses architectes – dont Ustad Hamid, qui travailla sur le Taj Mahal – rendre hommage aux bâtisseurs du mausolée qui avaient œuvré deux siècles plus tôt.

Ashrafi Mahal SITE HISTORIQUE ISLAMIQUE

L'Ashrafi Mahal était à l'origine une madrasa, construite entre 1405 et 1422 par Hoshang Shah : une cour carrée entourée de petites salles et d'arcades et encadrée de quatre tours. Mahmoud Khalji agrandit

Mandu

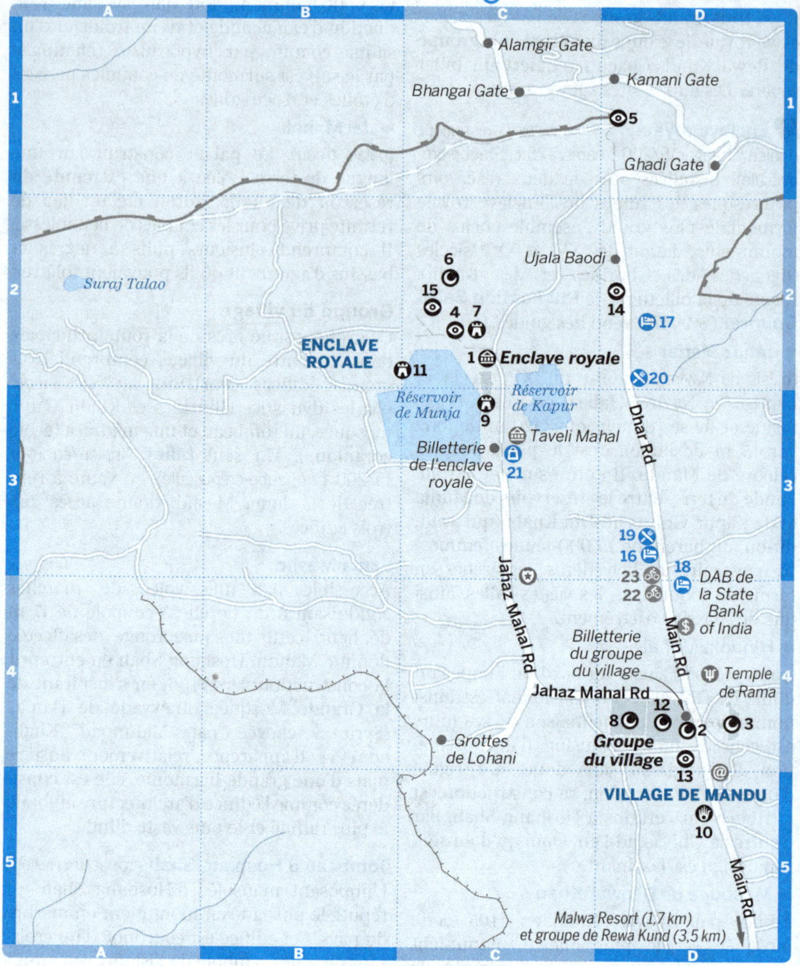

et convertit la tour nord-ouest en une tour de la Victoire, une tour ronde de 7 étages, et fit couvrir la cour pour en faire son propre tombeau en marbre. Tour et tombe ont aujourd'hui disparu, mais on peut encore emprunter l'escalier monumental qui mène au toit.

Groupe de Rewa Kund

Une agréable balade de 4 km au sud du village de Mandu mène au réservoir de Rewa Kund et à deux autres vestiges, le palais de Baz Bahadur et le pavillon de Rupmati – marqués par la légende de l'amour du sultan Baz Bahadur pour la bergère Rupmati. La **billetterie** (Indien/étranger 15/200 ₹, caméra 25 ₹ ; aube-crépuscule) se trouve en face du réservoir, juste avant le palais de Baz Bahadur.

Palais de Baz Bahadur — PALAIS

Le palais du dernier souverain indépendant de Mandu, Baz Bahadur (1555-1561), fut bâti vers 1509 par le sultan khalji Nasir ud-Din. Curieuse synthèse des styles rajasthani et moghol, l'édifice aurait eu les faveurs de Baz Bahadur pour y vivre son amour pour Rupmati, bergère à la voix d'or, habituée d'après la légende à fréquenter le réservoir tout proche de Rewa Kund.

Mandu

Les incontournables

1 Enclave royale C2
2 Groupe du village D4

À voir

3 Ashrafi Mahal D4
4 Champa Baodi C2
5 Delhi Gate D1
6 Mosquée de Dilawar Khan C2
7 Hindola Mahal C2
8 Tombeau d'Hoshang Shah D4
9 Jahaz Mahal C3
10 Temple jaïn D5
11 Jal Mahal C2
12 Jama Masjid D4
13 Haat du samedi D4
14 Boutique de Gada Shah D2
15 Bains turcs C2

Où se loger

16 Hotel Gurukripa Villa D3
17 Hotel Rupmati D2
18 Shivani Resort D4

Où se restaurer

19 Shivani Restaurant D3
20 Yatrika D2

Achats

21 Publication Sales Counter C3

Renseignements

Tourist Interpretation Centre .... (voir 20)

Transports

22 Ritik Cycles D4
23 Sonu Bicycles D3

Pavillon de Rupmati — ÉDIFICE REMARQUABLE

Perché au sommet d'une falaise haute de 366 m, le pavillon de Rupmati est d'une beauté sans égale à Mandu. Les légendes malwa racontent que Baz Bahadur le construisit pour convaincre une belle bergère et chanteuse hindoue, Rupmati, de quitter les plaines pour emménager avec lui. De ses terrasses et de ses pavillons surmontés de dômes, Rupmati aurait pu voir la Narmada, rivière sacrée, scintiller dans le lointain.

En réalité, le pavillon était sans doute à l'origine une tour de guet construite au moins un siècle avant Rupmati. L'histoire d'amour tragique a inspiré des chansons malwa. Aiguillonné par les rumeurs sur la beauté de Rupmati, le général d'Akbar, Adham Khan, aurait marché sur Mandu, contraignant Baz Bahadur à la fuite, tandis que sa bien-aimée s'empoisonnait pour échapper à l'envahisseur.

Le site est encore plus romantique au coucher du soleil.

Autres sites

Boutique de Gada Shah — ÉDIFICE REMARQUABLE

Évoquant une cathédrale gothique, cet édifice est bien loin d'être une simple boutique. On y entreposait autrefois du safran et du musc importés puis revendus au prix fort. Le nom de son propriétaire, qui signifie "maître des mendiants", donne à penser qu'il se serait agi de Medini Ray, chef rajput et puissant serviteur du sultan Khalji Mahmoud II (début du XVIe siècle).

Delhi Gate — PORTE

Tout au nord de la ville, la porte de Delhi, autrefois principal point d'entrée de Mandu, vaut le détour : on peut monter à son sommet et marcher sur une petite partie de la muraille pour profiter d'une belle vue sur la campagne environnante.

Haat du samedi — MARCHÉ

(⏲10h-crépuscule, sam). Ce marché hebdomadaire haut en couleur, derrière la Jama Masjid, ressemble à ceux de nombreuses autres zones tribales du centre de l'Inde. Les Adivasis parcourent des kilomètres pour venir acheter et vendre leurs produits, des montagnes de piments rouges à de la *mahua* séchée, fleur dont on tire une liqueur très forte.

Temples jaïns — TEMPLES JAÏNS

Cet ensemble paraît bien surchargé au milieu des monuments musulmans. Les temples sont ornés de sculptures des *tirthankara* (les 24 grands maîtres jaïns) en marbre, argent et or, avec des yeux de jade. Derrière les temples, le musée, aux faux airs de parc d'attractions, est notable pour sa maquette à échelle humaine du Shatrunjaya, un ensemble de temples qui couronne une colline dans le Gujarat. Sur les fresques bigarrées, des ours dévorent les bras des pêcheurs, des démons leur arrachent les yeux, tandis que des hommes et des femmes sont attachés et brûlés.

N'hésitez pas à demander qu'on vous ouvre le musée, souvent fermé.

Palais de Nil Kanth — TEMPLE HINDOU

Ce palais singulier, transformé en temple, est le prétexte idéal pour une balade à vélo dans la campagne. Dominant un ravin, sur le site d'un sanctuaire de Shiva plus ancien, le palais du "dieu à la Gorge bleue" est redevenu un lieu de culte. Un cours d'eau creusé par l'un des gouverneurs d'Akbar serpente dans un joli canal en spirale, généralement rempli d'eau parfumée.

Partez à vélo de la Jama Masjid, faites 850 m direction sud puis tournez à droite au niveau du grand château d'eau blanc. Suivez la route qui serpente au fil des villages jusqu'au palais (2,2 km). Si vous continuez encore sur 1 km, en traversant des villages plus isolés, vous atteindrez la porte encore debout du **fort de Songarh**, en ruine, où vous attendent des panoramas splendides.

Groupe de Sagar Talao SITE MUSULMAN

Si vous avez du temps, ce groupe de beaux bâtiments situés entre le village de Mandu et le Rewa Kund vaut le détour. Parmi les principaux bâtiments, citons la **Mosquée de Malik Mughith**, construite par le père de Mahmoud Khalji en 1432, qui présente des sculptures récupérées d'anciens bâtiments hindous ; un grand **caravansérail** (1437) entouré d'une cour ; le **Dai-ki-Chhoti Bahen-ka-Mahal** ("palais de la jeune sœur de la nourrice"), en réalité magnifique tombeau octogonal, installé sur une plateforme et surmonté d'un dôme ; enfin, le **Dai-ka-Mahal** ("palais de la nourrice"), autre tombeau à coupole, installé sur une plateforme sur laquelle a été bâtie une mosquée.

Si vous arrivez du village, prenez à gauche 200 m après le Malwa Resort, les édifices apparaîtront bientôt sur votre droite.

Où se loger et se restaurer

Hotel Gurukripa Villa HÔTEL $

(☎07292-263243 ; Dhar Rd ; ch 700 ₹, avec clim 1500 ₹). Les chambres de cet établissement, assez étouffantes car sans lumière naturelle, sont en revanche plutôt colorées et d'une propreté correcte.

Malwa Resort HÔTEL $$

(☎07292-263235 ; www.mptourism.com ; Main Rd ; ch avec petit-déj 3 920-5 110 ₹ ;). Dans cette propriété de MP Tourism appréciée des familles et située à 2 km au sud du village, il est particulièrement agréable de prendre un *chai* le matin sur le belvédère en regardant les pêcheurs jeter leurs filets dans le lac Sagar Talao. Le vaste jardin englobe de confortables bungalows, des aires de jeux et une piscine, un restaurant et un bar. Location de vélos.

Hotel Rupmati HÔTEL $$

(☎07292-263270 ; www.hotelrupmati.com ; Dhar Rd ; ch 2 000 ₹, avec clim 2 500 ₹ ;). Dans cet hôtel perché sur une falaise, les chambres, propres, colorées et assorties de grandes sdb (qui peuvent sentir l'insecticide), ont une vue superbe sur la vallée. Restaurant convenable et ravissante pelouse où l'on peut manger en contemplant le paysage.

Shivani Resort HÔTEL $$

(☎9425334777 ; Dhar Rd ; ch avec ventil/air-cooler/clim 1 000/1 500/1 850 ₹). Inauguré en 2016, cet établissement propose de grandes chambres, pour la plupart lumineuses et d'esprit contemporain (faïence des sdb, toilettes rectangulaires et vasques carrées).

Shivani Restaurant INDIEN $

(Dhar Rd ; plats 100-180 ₹, thali 80-180 ₹ ; ⏲9h-22h ;). Le décor aux faux airs de cantine, avec tables et chaises en plastique, est heureusement plus discret que la façade. Mais on vient surtout pour la cuisine, bonne et bon marché. La carte, fournie, inclut des *thali* consistants, ainsi que des spécialités locales comme les *Mandu malai kofta* (boulettes dans une sauce douce).

Yatrika INDIEN $

(Malwa Retreat, Dhar Rd ; plats 30-320 ₹ ; ⏲8h-10h, 12h-15h et 19h-22h ;). Ce café-restaurant de la Malwa Retreat sert des plats végétariens et non végétariens dans sa salle moderne et assez flashy, avec cuisine ouverte. Wi-Fi. En revanche, si vous avez envie d'une bière, vous devrez aller jusqu'au Malwa Resort (ci-contre), établissement associé.

Achats

Roopayan ARTISANAT

(Main Rd ; ⏲8h-21h). À côté du Malwa Resort, cette petite boutique vend des foulards, des châles et des jetés de lit de belle facture, ainsi que des vêtements dont les tissus sont imprimés au tampon de bois à l'aide de teintures naturelles, spécialité du village voisin de Bagh.

Renseignements

Internet (Main Rd ; 30 ₹/heure ; ⏲7h-22h). Vous pourrez vous connecter dans le magasin de tissus Gayan Dut Sucnalay (pas de panneau en anglais), à environ 100 m au sud de la Jama Masjid.

Tourist Interpretation Centre (☎07292-263221 ; Malwa Retreat, Dhar Rd ; ⏲9h-18h). Le personnel pourra répondre à vos questions et réserver les services d'un guide officiel (demi-journée/journée 470/660 ₹).

Depuis/vers Mandu

Les bus marquent différents arrêts dans le centre, à proximité de la Jama Masjid. Il y a 4 bus pour Indore (100 ₹, 3 heures 30, départ à 7h15, 9h, 13h30 et 15h30) et un pour Ujjain (150 ₹, 6 heures, départ à 6h). Des services rallient Dhar toutes les 30 minutes (40 ₹, 1 heure, départ à 6h à 19h), où vous pourrez changer pour Dhamnod (50 ₹, 2 heures). De là on trouve des correspondances pour Maheshwar (15 ₹, 30 min) et Barwah (70 ₹, 2 heures), d'où vous pourrez prendre un bus ou un *tempo* jusqu'à Omkareshwar (20 ₹, 30 min). Il est recommandé de descendre 22 km avant Dhar, au carrefour de Lunhera (15 ₹, 30 min), où vous pourrez héler un bus à destination de Dhamnod (50 ₹, 1 heure 30). Pour rallier Maheshwar, ne partez pas après 15h de Mandu, ni après 13h si vous allez à Omkareshwar.

En taxi, comptez 700 ₹ pour Maheshwar et 1 500 ₹ pour Indore. Renseignez-vous dans le quartier du marché, devant la Jama Masjid.

Comment circuler

À vélo ! Le terrain est plat, l'air est pur et la campagne est belle. Nous n'avons pas vu un seul auto-rickshaw. Dans le village, **Ritik Cycles** (☎9000157920 ; Dhar Rd ; 100 ₹/jour) et **Sonu Bicycles** (Dhar Rd ; 100 ₹/jour) louent des vélos en assez bon état.

Maheshwar

☎07283 / 24 400 HABITANTS

La paisible cité fluviale de Maheshwar est depuis toujours associée à la spiritualité. Elle apparaît dans le *Mahabharata* et le *Ramayana* sous son ancien nom, Mahishmati. Aujourd'hui encore, elle attire *sadhu* et *yatri* (pèlerins) sur ses *ghat* et dans ses temples au bord de la Narmada. La ville connut son âge d'or à la fin du XVIIIe siècle, sous Ahilyabai (1767-1795), reine Holkar qui déplaça la capitale d'Indore à Maheshwar et installa son palais dans l'enceinte du fort. Elle reste aujourd'hui encore vénérée pour son talent de bâtisseur, sa bienveillance et sa sagesse. À l'écart des *ghat* et des édifices historiques, les charmantes rues de Maheshwar sont bordées de maisons en bois peintes de couleurs vives et agrémentées de balcons.

C'est un lieu hypnotisant, où une grande animation règne dans un espace réduit autour des *ghat*, des palais et des temples – une sorte de Varanasi en miniature.

À voir

Palais de Maheshwar — PALAIS

La ville est dominée par le fort, dont les remparts imposants qui surplombent les *ghat* furent construits par l'empereur Akbar. Le palais de Maheshwar et plusieurs temples érigés dans l'enceinte datent du règne d'Ahilyabai au XVIIIe siècle. Si la cour est publique, le palais est occupé par un hôtel chic. À l'entrée du fort, du côté de la ville, un panneau "Maheshwar Palace" signale un **musée** (9h-18h) GRATUIT consacré à la reine et installé dans une partie de ses anciens quartiers.

Rehwa Society — ATELIER

(☎8120001381 ; www.rehwasociety.org ; 10h-18h mer-lun, boutique tlj). Entre le palais et les temples, une petite entrée indique la Rehwa Society, une ONG et coopérative artisanale qui réinvestit ses profits dans l'éducation, l'hébergement et l'action sociale en faveur des tisserands et leurs familles. Une école gérée par l'ONG est située derrière l'atelier. Les saris de Maheshwar sont réputés pour leur trame unique et leurs motifs géométriques.

On peut voir les artisans à l'œuvre, et acheter des châles (à partir de 1 800 ₹), des saris (4 000-13 000 ₹), des écharpes (1 100-2 500 ₹) et des tissus en soie, laine et coton. Les bénévoles sont les bienvenus.

♥ Chhatri — SANCTUAIRE HINDOU

(cénotaphes). En bas à droite de la rampe qui descend vers les *gath*, on trouve les *chhatri* (cénotaphes) d'Ahilyabai et de Vithoji Rao, un prince Holkar qui fut piétiné à mort par des éléphants en 1801 sur ordre de ses ennemis durant un conflit inter-marathes. Le *chhatri* d'Ahilyabai, le plus large et le plus élaboré des deux, avec de fines sculptures, est désormais le temple d'Ahilyeshwar. Il contient une petite statue de la reine en sari, un lingam de Shiva devant elle.

Fêtes et festivals

Ahilyabai Holkar Jayanti Mahotsav — DÉFILÉ

(mai/juin). L'anniversaire de la reine Ahilyabai est célébré avec une ferveur particulière à Maheshwar, le 31 mai, jour approximatif de sa naissance. Il donne lieu dans toute la ville à des processions de palanquins portés par quatre hommes au son d'instruments à percussion.

Où se loger et se restaurer

Hansa Heritage HÔTEL $
(07283-273296 ; hansaheritage.in ; Fort Rd ; ch 800 ₹, avec clim 1 150-1 550 ₹ ;). Style et qualité : voici qui résume la construction et l'aménagement de cet hôtel situé à 150 m de l'entrée du fort. Les murs en terre, les meubles de style ancien et les jolies vitres colorées confèrent aux chambres un aspect rustique.

Aakash Deep PENSION $
(9827809455 ; aakashdeeplodge@gmail.com ; Fort Rd ; s/d/qua 350/400/600 ₹, qua avec clim 1 200 ₹ ;). L'accueillante Aakash loue des chambres propres et de tailles variables. Celles des deux étages supérieurs sont agrémentées de balcons et d'une literie de meilleure qualité, celles du rez-de-chaussée sont plus sombres. Petit-déjeuner disponible ; eau chaude au seau. À 150 m de l'entrée du fort, derrière l'Hansa Heritage.

Laboo's Café & Lodge PENSION $$
(7771004818 ; info@ahilyafort.com ; Fort Gate ; s/d avec petit-déj 1 450/1 650 ₹, en-cas 15-40 ₹ ; café 7h-20h ;). Un ravissant café avec une cour ombragée, doublé d'une pension de 5 magnifiques chambres climatisées. Toutes sont différentes et bien décorées : celle du haut est la plus grande et la plus lumineuse (simple/double 2 300/2 750 ₹) et possède une terrasse dans les remparts. Un délicieux *thali* est servi à volonté aux clients (250 ₹).

Ahilya Fort HÔTEL HISTORIQUE $$$
(011-41551575 ; www.ahilyafort.com ; en pension complète et par personne Indien 7 900-9 020 ₹, étranger 11 500-13 650 ₹ ;). Mick Jagger, Demi Moore et Sting ont séjourné dans cet hôtel, propriété du prince américano-indien Richard Shivaji Rao Holkar, descendant direct de la reine Ahilyabai. Les meilleures chambres sont vraiment royales et jouissent d'une vue fabuleuse sur la rivière. Avec son luxuriant jardin planté d'arbres exotiques et ses potagers bio, le domaine est un condensé d'histoire.

Les tarifs incluent les repas et les sorties en bateau sur la rivière. Il est essentiel de réserver. Les non-résidents souhaitant y passer la soirée peuvent y dîner. Un somptueux menu (prix fixe) est proposé à raison de 3 675 ₹ par personne (avec alcool). Il faut réserver et payer (selon disponibilité) au moins 24 heures au préalable. Le dîner débute à 19h30 par un cocktail aux chandelles offert par le prince (s'il est là et non à Paris, où il réside une partie de l'année).

Renseignements

Il y a un DAB de la State Bank of India dans la rue principale, 400 m avant la porte d'entrée du fort.

Depuis/vers Maheshwar

Des bus partent pour Indore (90 ₹, 2 heures 30) environ toutes les 1 heure 30, de 6h à 17h. À destination de Mandu, ralliez Dhamnod (15 ₹, 30 min, environ toutes les 15 min, départs de 6h à 21h) puis prenez un bus en direction de Dhar jusqu'au carrefour de Lunhera (50 ₹, 1 heure 30, départ environ toutes les 30 min). De là, hélez un bus ou un *tempo* (tous deux 15 ₹, 30 min) pour les 14 km restant jusqu'à Mandu.

Pour rejoindre Omkareshwar, prenez un bus jusqu'à Barwah (50 ₹, 1 heure 30, départ environ toutes les 30 min) puis un autre bus ou un *tempo* jusqu'à Omkareshwar (20 ₹, 30 min).

Omkareshwar

07280 / 10 062 HABITANTS

Destination de détente appréciée des voyageurs en quête de spiritualité, cette île attire un grand nombre de pèlerins. Un barrage controversé en a considérablement modifié l'aspect. Elle a toutefois gardé son atmosphère et demeure un lieu de pèlerinage plaisant et authentique, malgré une tendance à la marchandisation appuyée.

L'activité se concentre surtout en dehors de l'île, dans la petite ville située sur la rive sud. Deux ponts piétonniers, à 400 m l'un de l'autre, relient l'île à la ville : à l'ouest, le vieux pont enjambe la rivière depuis la place du marché appelée Getti Chowk ; à l'est, le nouveau pont part d'un grand parking. Les *ghat*, d'où l'on peut traverser la rivière en bateau pour 10 ₹ par personne, se trouvent à mi-chemin entre les deux ponts.

La nouvelle gare routière est située à 1,5 km au sud-ouest de Getti Chowk, sur Mamaleshwar Rd, tandis que l'ancienne gare routière se trouve 1 km plus près de la ville, sur la même artère. Les bus qui arrivent en ville peuvent desservir les deux sites.

L'activité sur l'île se concentre dans la rue qui relie le vieux pont au temple, le Shri Omkar Mandhata.

À voir

Les visiteurs côtoient des *sadhu* (ascètes) dans les étroites ruelles de l'île, flânent au fil des étals colorés où sont présentés des lingams en guise de souvenirs, de la poudre orange et jaune pour les *tikka*, et des fleurs à déposer en offrande dans les temples, et se mêlent aux pèlerins assistant à la puja (prière) qui a lieu trois fois par jour au **Shri Omkar Mandhata**. Ce temple, à la façade couleur saumon et qui ressemble à une grotte, qui se dresse au-dessus des *ghat* à l'est du vieux pont, contient le seul *jyoti linga* sans forme (il existe 12 de ces lingams de Shiva particulièrement importants, disséminés partout sur le territoire indien). Il fait partie des nombreux monuments hindous ou jaïns de l'île.

La plupart des pèlerins hindous exécutent une *parikrama* (procession rituelle) de 7 km le long d'un sentier clairement défini autour de l'île. Au départ du vieux pont, l'itinéraire passe par **Sangam Ghat**, à la pointe occidentale de l'île, où les *sadhu* se baignent dans les eaux sacrées de la Narmada. Il se poursuit à l'est jusqu'au sommet où se trouve le **Gaudi Somnath**, construit au XIe siècle, qui abrite un imposant lingam de Shiva haut de 2 m. Vous pouvez vous rendre directement au Gaudi Somnath en prenant à droite à 150 m du vieux pont et en gravissant les 287 marches menant au temple.

Du Gaudi Somnath, le chemin continue vers l'est et passe devant une statue dorée moderne de Shiva, haute de 30 m, avant de redescendre via plusieurs temples en ruine, jusqu'au Shri Omkar Mandata. Ne manquez pas les belles sculptures du **temple de Siddhanatha** (à gauche au carrefour en T sur le chemin) et ses superbes éléphants.

Où se loger et se restaurer

Manu Guest House — PENSION $

(☎ 9826749004 ; ch sans sdb 350 ₹). Vous vivrez une expérience unique dans cette pension où Lanu et sa famille reçoivent leurs hôtes comme des proches. Leurs six chambres sont simples et bien tenues, tout comme les sdb (sans eau chaude). Si vous le demandez à l'avance, vos hôtes vous prépareront un délicieux *thali* (150 ₹), servi comme dans les villages, sur le sol du patio.

C'est pratiquement le seul hébergement de l'île, en dehors des *dharamsala* (auberges de pèlerins). Perchée au-dessus d'un vieux pont, la pension est difficile à trouver. En partant de Getti Chowk, traversez le pont, descendez les marches avant de tourner à gauche. Au bout de 15 m, tournez à gauche dans une allée où un mur bleu porte l'inscription "Kalyan Bhattacharya", puis montez une volée de marches très raides. Arrivé en haut, continuez sur votre gauche et demandez votre chemin.

Ganesh Guest House — PENSION $

(☎ 9993735449 ; sumitbhoi1137@gmail.com ; ch 150-200 ₹, tr 300-400 ₹). Suivez les indications depuis le sentier qui descend jusqu'aux *ghat* depuis Mamaleshwar Rd. Les chambres, destinées aux voyageurs à petit budget (matelas très fins), sont plus lumineuses et aérées à l'étage. Le restaurant (plats 60-160 ₹), dans le cadre paisible d'un jardin ombragé surplombant les *ghat*, prépare une cuisine variée et des petits-déjeuners à l'occidentale.

Brahmin Bhojanalaya — INDIEN, DHABA $

(Mamaleshwar Rd ; plats 50-130 ₹, thali 50-150 ₹ ; 9h30-22h). Il n'y a pas d'enseigne en anglais. Les *thali* premier prix sont peu raffinés, on gagnera donc à dépenser un peu plus. L'établissement se trouve sur votre gauche en arrivant de la gare routière, 40 m avant la bifurcation sur la gauche pour Getti Chowk.

Renseignements

Sarita Photo Studio (Mamaleshwar Rd ; Internet 60 ₹/heure ; 8h-21h ; Wi-Fi). La sympathique Mamta, qui parle anglais, fournit des ordinateurs portables et le Wi-Fi. À droite au niveau où la rue principale bifurque à gauche vers Getti Chowk. Il est également possible de changer de l'argent et il y a un comptoir Western Union.

DAB de la State Bank of India (Mamaleshwar Rd). À 200 m de la gare routière.

Depuis/vers Omkareshwar

Les bus partent, selon les cas, de l'ancienne gare routière, de la nouvelle ou des deux. Destinations desservies :

Indore 85 ₹, 2 heures 30, départ toutes les 30 min de 5h30 à 10h, toutes les heures ou toutes les deux heures de 10h à 19h

Maheshwar 70 ₹, 2 heures, départ à 6h et 10h ; ou prenez un bus ou un *tempo* pour Barwah (20 ₹, 30 min, départ toutes les 30 min à 1 heure), où les bus à destination de Maheshwar (50 ₹, 1 heures 30) partent toutes les 30 minutes jusqu'à 17h.

Ujjain 140 ₹, 4 heures, départ à 5h45, 9h30, 14h et 15h30

Pour Mandu, prenez un bus ou un *tempo* pour Barwah (20 ₹, 30 min, départ toutes les 30 min à 1 heure). À Barwah, on trouve des bus directs pour Mandu (100 ₹, 4 heures), mais il faut souvent changer à Dhamnod et Lunhera.

Si vous désirez rejoindre Ajanta (Maharashtra), prenez un bus pour Khandwa (70 ₹, 2 heures, départ environ toutes les 30 min) au départ de la nouvelle gare routière. Depuis Khandwa, une quinzaine de bus quotidiens rallie Jalgaon (2 heures 30), où de fréquents bus partent pour Ajanta.

EST DU MADHYA PRADESH

Jabalpur

☎0761 / 1,27 MILLION D'HABITANTS

Ce sont essentiellement les touristes indiens qui viennent ici pour admirer les gorges de Marble Rocks. Pour les étrangers, cette cité industrielle, qui ne manque ni de *chowk* (marchés) ni de tavernes d'ouvriers, sert surtout de base pour la visite des fameux parcs à tigres de Kanha, Bandhavgarh et Pench.

À voir

Rani Durgawati Museum MUSÉE

(Napier Town ; Indien/étranger 10/100 ₹, appareil photo/caméra 50/200 ₹ ; ⏲10h-17h mar-dim). Ce musée présente une collection de sculptures des Xe et XIe siècles provenant de sites locaux. À l'étage, les galeries renferment des inscriptions gravées dans la pierre et le cuivre, des pièces de monnaie anciennes et des photographies du temple circulaire de Chausath Yogini de Bhedaghat.

Circuits organisés

Tiger Safari OBSERVATION DE LA FAUNE

(☎8120445454 ; www.thetigersafari.com). Activement impliquée dans la préservation des tigres, cette agence peut organiser des safaris sur mesure dans l'est du Madhya Pradesh et d'autres réserves du pays. Elle est spécialisée dans les circuits d'observation de la faune, et propose aussi des sorties ornithologiques et des excursions culturelles.

Comptez de 13 500 ₹ (économique) à 66 000 ₹ (catégorie supérieure) pour un forfait d'une journée tout compris, pour 2 personnes. Les tarifs dépendent de divers facteurs (véhicule, hébergement, nombre de safaris et de jours...). Réductions pour les groupes de plus de 2 personnes.

Où se loger et se restaurer

Lodge Shivalaya HÔTEL $

(☎0761-2625188 ; Napier Town ; s 550/600 ₹, d 650-750 ₹, ch avec clim 1 200-1 400 ₹ ; ❄📶). Les chambres, simples et d'une propreté acceptable pour une nuit, ont la TV et une petite sdb. Les non climatisées donnent sur un balcon commun, en surplomb d'une rue animée et bruyante ; celles avec clim n'ont pas accès à la lumière naturelle. Toutes sont louées pour 24 heures.

Hotel Rahul HÔTEL $$

(hotelrahul768@gmail.com Naudra Bridge ; s 1 430-1 930 ₹, d 1 780-2 130 ₹, avec petit-déj ; 📶).

VAUT LE DÉTOUR

MARBLE ROCKS À BHEDAGHAT

Les gorges de la Narmada, que les habitants appellent Bhedaghat, s'étirent à 20 km à l'ouest de Jabalpur. Les falaises de calcaire changent de couleur selon la lumière, virant du rose au noir. Elles étincellent au clair de lune. Certaines parties sont éclairées la nuit.

Il est possible de faire une promenade plus agréable que terrifiante (dans la journée) dans la gorge de 2 km de long à bord d'un **bateau à moteur** (30-50 min 50 ₹/pers ; ⏲aube-crépuscule, fermé durant la mousson mi-juin à mi-oct) au départ de la jetée de Panchvati Ghat (bateau privé 1 000 ₹/20 personnes maximum). Si vous restez dans les parages, la **cascade de Dhuandhar** (cascade de Fumée) mérite bien les 1,5 km de grimpette depuis le *ghat*. En chemin, remarquez le **Chausath Yogini**, un temple circulaire du Xe siècle dédié à la déesse Durga, très révérée, auquel on accède par un escalier abrupt sur le côté droit de la route. Une fois aux cascades, un court trajet en téléphérique (75 ₹ aller-retour) vous conduira de l'autre côté des gorges.

Les bus locaux 7 ou 9 partent toutes les 15 minutes, de 6h15 à 21h, pour Bhedaghat (20 ₹, 45 min à 1 heure) de **Model Rd**. Ils vous laisseront à un carrefour à 100 m du Panchvati Ghat. Pour le retour, vous pourrez aussi prendre un auto-rickshaw collectif (20 ₹) à destination de Jabalpur.

Jabalpur

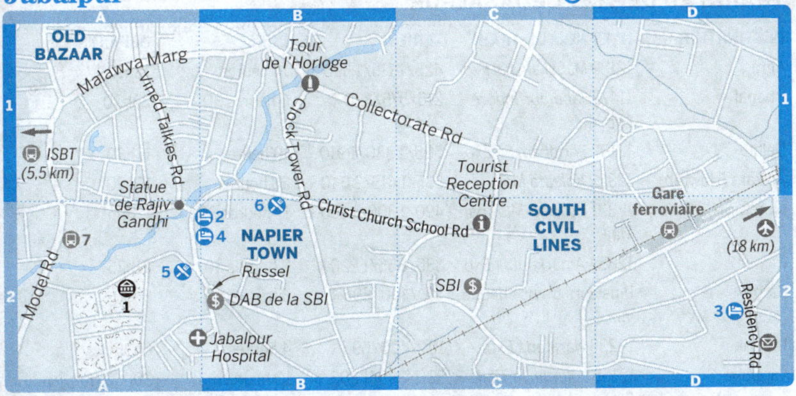

Jabalpur

À voir
1 Rani Durgawati Museum A2

Où se loger
2 Hotel Rahul B2
3 Kalchuri Residency D2
4 Lodge Shivalaya B2

Où se restaurer
Olives Restaurant .... (voir 2)
5 Saheb's Food Junction A2
6 Yellow Chili B2

Transports
7 Bus pour Bhedaghat A2

Cet hôtel de 20 chambres donne toute satisfaction, notamment grâce à ses *superior* rénovées récemment comprenant nécessaire pour café/thé et petits réfrigérateurs. On trouve au sous-sol l'un des meilleurs restaurants de la ville, l'**Olives Restaurant** (plats 170-370 ₹ ; ⏲7h-22h).

♥ Kalchuri Residency HÔTEL **$$$**
(☎0761-2678491 ; www.mptourism.com ; South Civil Lines ; s/d avec petit-déj 5 110/5 500 ₹ ; ❄@📶🏊). Cet hôtel, l'un des plus beaux gérés par MP Tourism, se trouve dans le quartier assez calme de Civil Lines, juste au sud de la gare ferroviaire. Ses vastes chambres modernes aux tons ocre apaisants sont équipées de TV et de bouilloires, et assorties de sdb spacieuses.

Bon restaurant (plats 240-420 ₹) et grand bar (bière à partir de 250 ₹) sur place. Petite anecdote : le portable oublié à la réception de l'hôtel a aimablement été rapporté par un employé… sur le quai de la gare !

Saheb's Food Junction MUGHLAI **$$**
(Russel Chowk ; repas 150-290 ₹ ; ⏲11h-23h). L'extérieur laisse un peu à désirer, mais le meilleur restaurant non végétarien de Russel Chowk offre une salle à manger climatisée (à l'étage). Il ne rechigne pas à épicer ses plats de viande (curry de mouton, poulet *kadhai*).

Yellow Chilli INDIEN MODERNE **$$$**
(www.theyellowchilli.com ; Dixit Pride, Napier Town ; plats 330-770 ₹ ; ⏲12h-23h30). Ce restaurant d'une chaîne haut de gamme, propriété du chef Sanjeev Kapoor, ne serait certes pas au premier plan à Delhi. Mais, à Jabalpur c'est le fin du fin ! La cuisine indienne y est revisitée avec créativité et les mets sont autant de florilèges de saveurs. La soupe chorba au safran et lait de coco est parfaite pour commencer le repas, avant un plat de viande (poulet, agneau), ou un des curries végétariens ou non végétariens.

Renseignements

SBI (South Civil Lines ; ⏲10h30-16h30 lun-sam, fermé 2e et 4e sam du mois). Change les espèces ; DAB.

Tourist Reception Centre (☎0761-2677690 ; www.mptourism.com ; Christ Church School Rd ; ⏲10h30-19h30). Renseignements touristiques et réservations dans les hôtels gérés par MP Tourism.

Depuis/vers Jabalpur

AVION

L'aéroport est à 15 km à l'est de la ville.

Air India (☎0761-6459333 ; www.airindia.com) assure une liaison quotidienne vers Delhi,

TRAINS AU DÉPART DE JABALPUR

DESTINATION	N° ET NOM DU TRAIN	TARIFS	DURÉE	DÉPARTS
Agra	12189 *Mahakaushal Exp.*	425/1 115/1 590 ₹	14 heures	18h10
Bhopal	11472 *Jabalpur-Indore Exp.*	215/575/820 ₹	6 heures 30	23h30
Delhi	12192 *Shridham SF Exp.*	505/1 330/1 910 ₹	19 heures	17h30
Kolkata (Howrah)	12322 *Kolkata Mail*	535/1 415/2 040 ₹	23 heures	13h20
Mumbai (CST)	12321 *Howrah-Mumbai Mail*	490/1 300/1 860 ₹	17 heures 30	17h55
Raipur	12854 *Amarkantak Exp.*	335/865/1 220 ₹	9 heures 30	21h25
Satna	Plusieurs trains chaque jour	140/490/695 ₹	3 heures	8h50
Umaria	18233 *Narmada Exp.*	100/490/695 ₹	4 heures	6h35
Varanasi	12165 *Lokmanya Tilak Exp.*	330/855/1 205 ₹	10 heures	20h50 (lun, jeu et ven)
Varanasi	12669 *Ganga Kaveri Exp.*	330/855/1 205 ₹	10 heures	20h50 (mar et dim)

Tarifs : *sleeper*/3AC/2AC

et 4 vols par semaine vers Bhopal et Hyderabad. **SpiceJet** (9871803333 ; www.spicejet.com) dessert tous les jours Delhi, Mumbai et Hyderabad.

BUS

La gare routière **ISBT** (Inter State Bus Terminus ; 8359998002 ; Damoh Rd) se trouve à 6 km au nord-ouest du centre-ville. Destinations (couchettes disponibles dans les bus de nuit uniquement) :

Bamitha (pour Khajuraho) siège/couchette 250/350 ₹, 6 heures, départ toutes les 30 min de 7h30 à 11h30 et de 19h30 à 23h30

Bhopal siège/couchette 300/400 ₹, 8 heures, 9/jour

Nagpur siège/couchette 270/350 ₹, 8 heures, départ environ toutes les 30 min de 5h30 à 12h30 (Volvo climatisé 450 ₹, départ à 9h30, 11h, 14h30 et 23h)

Pachmarhi 180 ₹, 7 heures, départ à 8h30, 15h30 et 16h30

Raipur siège/couchette 400/450 ₹, 10 heures, départ à 9h30, 15h, 18h30 19h30 et 21h30

Vers les réserves de tigres

Pench Tiger Reserve Prenez un bus pour Nagpur jusqu'à Khawasa (200 ₹, 6 heures, départ toutes les 30 min de 5h30 à 12h30), puis un 4x4 collectif (20 ₹) pour les 12 derniers kilomètres vers Turia.

Kanha Tiger Reserve Des bus partent pour Khatia (160 ₹, 5 heures 30) à 6h25, 10h30 et 11h30 ; on peut aussi prendre un bus pour Mandla (110 ₹, 3 heures 30, départ toutes les 15 à 20 min de 5h30 à 19h), d'où 8 bus quotidiens partent pour Khatia (60 ₹, 2 heures 30).

Bandhavgarh Tiger Reserve Mieux vaut prendre un train direct pour Umaria, ou un bus pour Katni (110 ₹, 3 heures, départ toutes les 30 min de 7h à 20h30), d'où des trains et des bus rallient Umaria.

TRAIN

Environ 20 trains par jour (*sleeper*/3AC/2AC 170/540/740 ₹, 3 heures) rallient Satna (p. 632), d'où l'on peut prendre un bus pour Khajuraho (avec, généralement, correspondance à Panna ou Bamitha, parfois les deux). Pour la Bandhavgarh Tiger Reserve, prenez un train jusqu'à Umaria, puis faites 1 heure 30 de bus.

Comment circuler

En auto-rickshaw, comptez environ 50 ₹ de la gare ferroviaire à Russel Chowk, ou 100 ₹ depuis l'ISBT.

Kanha Tiger Reserve

Le Madhya Pradesh est un véritable *Livre de la jungle* en ce qui concerne les réserves de tigres, et celle de **Kanha** (www.kanhatiger-reserve.com ; entrée dans l'aire centrale véhicule entier (6 passagers)/1 passager 1 500/250 ₹, guide obligatoire 360 ₹, location jeep 2 000 ₹ ; safaris du matin et de l'après-midi 2 heures 30-5 heures, sauf mer après-midi, oct-juin) est la plus réputée de toutes. La jungle est vaste et, si vos chances d'y voir un tigre sont sans doute un peu moindres qu'à Bandhavgarh, non loin de là, Kanha reste l'un des plus beaux parcs d'Inde. On peut en outre y pénétrer profondément dans la forêt et donc participer à un vrai safari et non à une sortie au pas de course, comme à Bandhavgarh, qui en déçoit plus d'un.

Les forêts de sals et les immenses prairies abritent environ 90 tigres et une centaine de léopards, ainsi que de très importantes populations de cerfs et d'antilopes, notamment quelque 400 cerfs des marais (*barasingha*), que l'on ne retrouve nulle part ailleurs dans le monde. Vous verrez d'innombrables singes langurs et, çà et là, un gaur (sorte de buffle sauvage), voire une famille de sangliers et un ou deux chacals étranges et solitaires. Le parc compte également plus de 260 espèces d'oiseaux.

Activités

Safaris en jeep

La réserve de tigres couvre une superficie totale de 2 059 km², dont les 940 km² du Kanha National Park, qui constitue l'aire centrale de la réserve. Les safaris en jeep parcourent quatre zones du parc national, dont celles de Kisli et Mukki, où les tigres sont souvent vus, puis les zones de Kanha et Sarhi. On accède aux zones de Kisli et de Kanha depuis Khatia Gate, dans le village de Khatia, situé à la pointe ouest de l'aire centrale. La zone de Mukki est facilement accessible depuis Mukki Gate, au sud, à 54 km de Khatia (1 heure 30 en voiture).

Un nombre maximum de 140 jeeps de 6 passagers (surnommé "Gypsies", car il s'agit souvent du modèle Gypsy de chez Suzuki) peuvent entrer dans l'aire centrale chaque jour, mais la plupart doivent être réservées en ligne (forest.mponline.gov.in, jusqu'à 120 jours à l'avance) et le site Internet n'accepte pas le paiement par carte bancaire étrangère. Vous vous épargnerez bien des tracas en laissant votre hôtel ou une agence s'en charger (comptez un supplément d'environ 1 000 ₹). Organisez votre safari aussi tôt que possible : les zones les plus prisées sont prises d'assaut et complètes des mois à l'avance pour certaines dates. Il y a deux safaris par jour : le matin (de 6h environ à 11h) et l'après-midi (de 15h environ à 18h). Le safari du matin est plus long et on y voit plus souvent des tigres.

Quinze jeeps (90 places) par jour sont accessibles sans réservation ; les billets sont en vente à l'entrée du parc en début de soirée pour le safari du lendemain matin et à la fin de la matinée pour ceux de l'après-midi (heures variables). La file d'attente peut toutefois commencer des heures avant.

Autres possibilités

En dernier recours, vous pourrez faire le safari à bord d'un **canter** (510 ₹), des minibus à impériale de 18 places qui partent de Khatia Gate et Mukki Gate. Vous pourrez également opter pour un **safari dans la zone tampon (buffer zone)** (jeep 3 110 ₹ ; ⏲ aube-11h et 15h/16h-crépuscule) au départ de Khatia Gate. Dans les deux cas, les billets sont en vente la veille au soir pour le lendemain matin et à la fin de la matinée pour les safaris de l'après-midi.

Nature Trail RANDONNÉE
(guide 500 ₹ ; ⏲ aube-11h et 15h/16h-crépuscule). Un sentier de 4 km part de Khatia Gate et serpente en lisière du parc avant de revenir vers le village. Vous verrez quantité de singes et d'oiseaux, mais il arrive que des tigres s'aventurent dans le secteur. Il est indispensable d'être accompagné d'un guide.

Où se loger et se restaurer

Les hébergements de moyenne catégorie et haut de gamme ne manquent pas dans un rayon de 10 km autour de Khatia Gate et Mukki Gate. Ils pourront quasiment tous se charger d'organiser votre safari et possèdent souvent leur propre jeep autorisée. Il y a très peu d'établissements à bas tarifs.

Près de Khatia Gate

Motel Chandan HÔTEL $$
(☎9009345333, 9424989289 ; www.motelchandan.com ; Khatia ; en pension complète dort 1 240 ₹, s 1 800-2 870 ₹, d 2 820-3 660 ₹ ; ❄@📶). À 200 m de Khatia Gate, cet établissement est d'un excellent rapport qualité/prix pour Kanha. Les chambres plutôt modernes

AMERICAN PLAN ET JUNGLE PLAN

Dans les réserves de tigres, les complexes hôteliers proposent souvent des forfaits en partie ou tout compris. L'*American Plan* inclut l'hébergement en pension complète, tandis que le *Jungle Plan* comprend l'hébergement en pension complète, plus des safaris (souvent 2 par jour).

sont réparties autour d'un jardin et le nouveau dortoir de 8 lits constitue le meilleur hébergement à bas tarifs des environs. Le sympathique patron organise des safaris à bord de deux de ses jeeps, avec deux naturalistes de la région. Il peut également regrouper ses hôtes, ce qui permet de réduire le coût du safari.

Les deux forfaits European Plan (sans repas) et le Jungle Plan (chambre, repas et safari) sont également avantageux.

Baghira Jungle Resort HÔTEL $$
(07642-216027 ; www.mptourism.com ; Mocha ; en pension complète s 4 140-4 900 ₹, d 5 000-5 440 ₹ ;). Installé au bord de la Banjar 5 km à l'ouest de Khatia, ce nouvel hôtel géré par MP Tourism est une bonne option. Le complexe regroupe sept villas, qui comptent toutes trois grandes pièces sur deux niveaux. Toutes ont la clim et une vue plus ou moins directe sur la rivière. Confortables, elles sont décorées sur le thème des tigres, dans des tons or et terre et agrémentées de tapis fauve et de taies d'oreillers assorties.

Pugmark Resort LODGE $$
(07649-277291 ; www.pugmarkresort.com ; Khatia ; en pension complète s/d 2 400/3 600 ₹, s/d avec clim 3 000/4 800 ₹ ;). Ces bungalows assez simples, spacieux et lumineux, sont éparpillés dans un jardin ravissant quoiqu'un peu négligé. Il s'agit d'une affaire familiale qui marche. Rahul, le propriétaire/gérant est compétent et propose un service digne d'un cinq-étoiles au prix d'un trois-étoiles (il est en outre naturaliste et artiste).

La cuisine (dès le petit-déjeuner servi au lit) est remarquable : le lait est tiré d'une des deux vaches de l'hôtel. Wi-Fi partout.

Kipling Camp LODGE $$$
(07649-277218, 011-65196377 ; www.kipling-camp.com ; Mocha ; en pension complète Indien s 12 390-13 630 ₹, d 18 700-21 180 ₹, étranger s 17 350-19 830 ₹, d 24 780-29 740 ₹ ; mi-oct à début mai ;). Situé à 3 km de Khatia Gate, ce superbe lodge à l'ambiance décontractée est tenu par l'un des plus ardents défenseurs du tigre en Inde, la documentariste, photographe et écrivain Belinda Wright, qui a travaillé pour National Geographic. Aux excellents repas pris en commun succèdent des causeries sur la faune. Le séjour est donc aussi instructif que relaxant. Les hôtes sont logés dans un ravissant lodge au chic rustique, qui évoque subtilement le style colonial.

La vie foisonne dans le site non clôturé. Les singes langurs et les *chital* font des apparitions régulières ; leur présence n'est éclipsée que par celle, furtive, d'un tigre ou d'un léopard. Le personnel, très professionnel et expérimenté, guide plusieurs circuits et, expérience extraordinaire, vous pourrez également nager dans la rivière avec Tara, l'éléphante sexagénaire du camp. Fondé en 1982, ce lodge fut le premier du genre en Inde. Il est aujourd'hui géré dans le respect de l'environnement, et une partie des bénéfices est reversée à de nombreuses associations caritatives locales.

Près de Mukki Gate

Kanha Safari Lodge HÔTEL $$
(07636-290715 ; www.mptourism.com ; Mukki ; en pension complète s 3 920-4 900 ₹, d 5 000-5 440 ₹ ; @). Des chambres correctes mais sans charme et une literie ferme vous attendent dans des cottages de 1 ou 2 niveaux, installés autour d'un jardin central avec aire de jeux pour les enfants. Avec son bar et un restaurant convenable, cet hôtel de MP Tourism est un choix fiable et bien situé, à 1 km de Mukki Gate.

Salban CHEZ L'HABITANT $$$
(9818403038, 7692835206 ; www.salbankanha.com ; Baherakhar village ; s/d en pension complète 4 500/6 000 ₹ ; @). Cette belle et grande demeure, propriété d'un couple de voyageurs connaissant bien la faune, constitue une base idéale. Entre deux safaris, vous pourrez observer les oiseaux en sirotant un cocktail sur l'une des magnifiques terrasses, vous attabler devant l'appétissante cuisine maison, emprunter un livre de leur superbe bibliothèque et vous promener dans leur immense domaine, occupé par la forêt et un potager bio. À 7 km au sud-est de Mukki Gate, à la lisière de l'aire centrale de la réserve.

Renseignements

À Khatia, le DAB de la Central Bank of India (à côté du Motel Chandan) accepte les cartes étrangères.

Depuis/vers la Kanha Tiger Reserve

BUS

Six bus quotidiens relient Khatia à Mandla (60 ₹, 2 heures 30, départ à 6h30, 8h, 8h30, 12h45, 14h15 et 17h30). Ceux de 6h30, 8h30 et 12h45 vont jusqu'à Jabalpur (160 ₹, 5 heures 30). Il y a également un bus pour Nagpur à 8h au départ de Khatia (250 ₹, 8 heures). Pour Raipur, seul un bus quotidien effectue la liaison depuis Mocha (220 ₹, 6 heures, 8h).

Les bus qui partent de la gare routière de Mandla desservent :

Jabalpur 100 ₹, 3 heures 30, départ toutes les 20 ou 30 min de 5h à 18h, toutes les heures de 18h à 23h

Khatia 60 ₹, 2 heures 30, départ à 9h30, 10h, 11h30, 12h15, 13h50, 14h30, 16h15 et 17h20

Nagpur (les bus passent par Khawasa où l'on peut prendre une correspondance pour la Pench Tiger Reserve) 250 ₹, 8 heures, départ à 8h, 14h, 19h, 21h, 23h

Raipur siège/couchette 400/450 ₹, 8 heures, départ à 21h30 et 22h30

Voyager en bus entre Kanha et la Bandhavgarh Tiger Reserve implique de prendre des correspondances à Mandla, Shahpura et Umaria.

TAXI

La course en taxi entre Khatia et la gare de Jabalpur coûte normalement 2 500 ₹, 2 800 ₹ jusqu'à son aéroport et 4 500 ₹ pour Nagpur ou Raipur.

TRAIN

Les gares ferroviaires les plus proches, à Chiraidongri et Mandla (32 km et 51 km au nord-ouest de Khatia), étaient fermées lors de nos recherches pour une mise aux normes de la ligne Seoni-Mandla. Une fois les travaux terminés (réouverture prévue fin 2018), il devrait être possible d'arriver en train dans ces gares depuis Jabalpur et ailleurs.

Bandhavgarh Tiger Reserve

☎ 07627

Si votre vœu le plus cher est de voir un tigre, ne cherchez plus. Un séjour de deux ou trois jours à **Bandhavgarh** (☎ 9424794315 ; www.bandhavgarh-national-park.com ; entrée dans l'aire centrale véhicule entier (6 passagers)/1 passager 1 500/250 ₹, guide obligatoire 360 ₹, location jeep 2 200 ₹ ; ⌚ safaris du matin et de l'après-midi 2 heures 30-5 heures, sauf mer après-midi, oct-juin) devrait exaucer votre souhait, sauf peut-être en octobre. Lors du recensement des tigres en Inde en 2014, on compta 68 tigres, regroupés pour l'essentiel dans le territoire relativement restreint (453 km²) du Bandhavgarh National Park, compris dans l'aire centrale de la réserve. Rivalisant avec le Ranthambhore du Rajasthan pour sa faune, cette réserve de tigres est un des lieux en Inde les plus propices pour en apercevoir. Il y a aussi plus de 40 léopards (qui se montrent rarement) et des animaux plus courants comme des daims, des sangliers et des singes langurs.

On accède au parc principalement par le tranquille petit village de Tala, à 32 km au nord-est d'Umaria, où se trouve la gare ferroviaire la plus proche. La période la plus propice à l'observation des tigres s'étend de février à juin, mais il fait particulièrement chaud d'avril à juin, le thermomètre affichant souvent plus de 40°C.

À voir

Interpretation Centre MUSÉE

(Tala ; ⌚ 11h-14h et 18h-20h, fermé mer soir). GRATUIT Présentations intéressantes de l'histoire et des légendes de Bandhavgarh, et superbes photos de tigres à l'étage. Derrière la billetterie pour le safari, près de la rue principale de Tala.

Attention : la billetterie doit s'installer dans un nouveau bâtiment, à 1 km de là. On ne sait pas encore si le musée suivra ou non.

Activités

Safaris en jeep

Tous les safaris partent de Tala et sillonnent trois zones du Bandhavgarh National Park. La zone de Tala est accessible depuis le village ; les points d'accès aux zones de Khitauli et Maghdi (ou Magadhi) sont situés respectivement à 5,5 km et 6 km au sud-ouest de Tala, sur la route d'Umaria.

Le nombre maximum de jeeps (les “Gypsies”) de 6 passagers autorisées à entrer chaque jour est fixé à 111 ; elles sont pour la plupart uniquement réservables en ligne (forest.mponline.gov.in, jusqu'à 120 jours en avance), sur un site qui n'accepte pas le paiement par carte bancaire étrangère. Vous vous épargnerez bien des tracas en confiant les démarches à votre hôtel ou à une agence (contre un supplément d'environ 1 000 ₹). Organisez votre séjour dès que possible, les safaris étant complets des mois à l'avance, particulièrement celui de la zone de Tala, très réputé pour sa concentration de tigres. Les safaris du matin, qui commencent entre 5h30 et 6h45 (selon la saison) sont plus longs que ceux de l'après-midi (départ à 15h) et sont plus favorables à l'observation des tigres.

Des billets sans réservation sont attribués à 12 jeeps par jour (72 places) et sont en vente à la billetterie au village de Tala

30 minutes avant le départ du safari, mais la file d'attente peut se former dès la veille au soir.

Les transferts depuis/vers les hôtels sont généralement proposés au tarif de 300 ₹, à ajouter au forfait de 2 200 ₹ pour la jeep avec chauffeur.

Circuits en canter

En dernier recours, vous pourrez vous rabattre sur un **canter** (510 ₹/pers), minibus à impériale de 18 places qui traverse les zones de Maghdi et Khitauli. Les billets sont en vente à la billetterie de Tala, 30 minutes avant les départs des safaris.

Où se loger et se restaurer

Kum Kum Lodge HÔTEL $

(☎9424330200 ; Main Rd, Tala ; ch 500-1 000 ₹ ; 📶). Rudimentaires, les chambres n'en sont pas moins correctes, agrémentées d'une terrasse et donnent sur un espace extérieur ombragé, avec balançoires. Ventilateurs ou *air-coolers* mais pas de chauffage en hiver.

♥ **Tigergarh** LODGE $$$

(☎7489826868 ; www.tigergarh.com ; Ranchha Rd ; s/d en demi-pension 4 500/6 000 ₹, en pension complète 5 000/7 500 ₹ ; ⏲oct-juin ; ❄🏊). Cet élégant lodge de 11 chambres est situé au pied des montagnes, dans un cadre reposant à 3,5 km au nord-ouest de Tala. Les bungalows douillets et d'esprit rustico-chic (tons neutres égayés de touches de couleurs et de quelques œuvres d'art local) sont équipés de lits à baldaquin et de douches à effet pluie. L'accent est mis sur le développement durable et les jardins paysagers gardent un côté sauvage.

♥ **Treehouse Hideaway** LODGE $$$

(☎9810253436 ; www.treehousehideaway.com ; s/d en pension complète 18 000/20 000 ₹, Jungle Plan 32 000/34 000 ₹ ; ⏲oct-juin ; ❄📶). Ces 5 imposantes maisons dans les arbres sont démontées puis remontées à chaque saison à 5 m du sol pour retrouver toute leur splendeur. Les superbes lits à baldaquin et les vérandas spacieuses donnent sur la jungle. Ambiance intimiste.

Nature Heritage Resort HÔTEL $$$

(☎07627-265351 ; www.natureheritageresort.com ; Tala ; en pension complète, s 5 500-6 500 ₹, d 6 500-7 500 ₹ ; ❄📶🏊). Voici une excellente adresse pour ceux qui recherchent une ambiance animée et l'organisation efficace de safaris (5 500 ₹/jeep tout compris, avec guide dès l'hôtel et un thé au retour). Éparpillés au milieu d'une abondance de bambou, les bungalows, couleur pisé, ne lésinent pas sur la déco "jungle", mais sont agréables et confortables.

Les buffets (plats indiens pour l'essentiel) sont satisfaisants et le personnel sympathique et serviable.

♥ **Malaya Cafe** CAFÉ $$

(Main Rd, Tala ; plats 80-150 ₹, petit-déj 375 ₹ ; ⏲9h-20h oct-juin ; 📶). Ce café accueillant géré par un transfuge du monde du marketing à Ahmedabad propose de fabuleux petits-déjeuners/brunches végétariens (mieux vaut réserver la veille), qui concluent à merveille un safari matinal. Au menu notamment : café filtre, citronnade maison, fruits frais et secs, porridge et pancakes de lentilles avec salade ou purée de pommes de terre.

Des en-cas indiens et occidentaux et des plats légers sont servis toute la journée. Malaya se double d'une excellente boutique d'artisanat et de souvenirs : Neelam, le propriétaire, passe deux mois par an à voyager dans toute l'Inde pour dénicher des produits artisanaux rares et originaux.

Kolkata Restaurant DHABA $$

(Main Rd, Tala ; plats 120-250 ₹, thali 80-250 ₹ ; ⏲8h-22h). Amal Jana est le chef et sympathique propriétaire de ce modeste *dhaba* où il confectionne des *thali* particulièrement savoureux – grâce, dit-il, à l'huile de moutarde qu'il emploie. Il est possible de les relever avec un peu de son chutney à la tomate. Il prépare aussi des plats chinois, des omelettes et d'autres mets occidentaux.

Renseignements

À Tala, tout est regroupé dans la même petite rue sur 100 m : la poste, les cybercafés (50 ₹/heure), les restaurants, et le DAB de la State Bank of India.

Comment s'y rendre et circuler

Le trajet en rickshaw de la gare ferroviaire à la gare routière d'Umaria coûte 10 ₹ (10 min). Les bus pour Tala (35 ₹, 1 heure, départ toutes les 30 min environ) circulent de 8h à 19h. Le reste du temps, pour rallier Tala, il faut prendre un auto-rickshaw depuis la gare ferroviaire (avant/après 19h 400/600 ₹) ou réserver un taxi (à partir de 900 ₹).

Le dernier bus à destination de la gare routière d'Umaria quitte Tala à 19h30. Il n'y a aucun auto-rickshaw à Tala.

TRAIN

Entre autres trains partant d'Umaria, le 18477 *Utkal Express* de 20h55 dessert la gare de Nizamuddin à Delhi (*sleeper*/3AC/2AC 425/1 150/1 665 ₹, 18 heures) via Gwalior (320/865/1 245 ₹, 11 heures), Agra (365/985/1 420 ₹, 14 heures) et Mathura (380/1 035/1 490 ₹, 15 heures), tandis que le 18234 *Narmada Express* rejoint Jabalpur (100/490/695 ₹, 4 heures 30), puis Bhopal (280/750/1 080 ₹, 12 heures), Ujjain (360/975/1 405 ₹, 16 heures) et Indore (385/1 055/1 520 ₹, 18 heures 30).

Deux trains quotidiens assurent la liaison avec Varanasi : le 15160 *Sarnath Express* (275/740/1 065 ₹, 12 heures, départ à 4h19) et le 15232 *Gondia Bju Express* (280/750/1 080 ₹, 12 heures 30, départ à 7h17) ; le second est pratique pour rejoindre Satna (d'où des bus vont à Khajuraho).

Il y a pour Raipur (Chhattisgarh) trois trains quotidiens, notamment le 15159 *Sarnath Express* (230/615/880 ₹, 8 heures, départ à 22h16).

Vous pourrez aussi partir de Katni, qui est un nœud ferroviaire plus important qu'Umaria, et d'où des trains directs rallient Jabalpur, Satna et Varanasi. Vous pourrez rejoindre Katni en bus depuis Umaria (60 ₹, 2 heures 30, départ à 7h30 et toutes les 30 min de 9h à 18h).

Pench Tiger Reserve

☎07695

Pench (☎07692-223794 ; www.penchtiger.co.in ; entrée dans l'aire centrale véhicule entier (6 passagers)/1 passager 1 500/250 ₹, guide obligatoire 360 ₹, location jeep 2 500 ₹ ; ⏰safaris du matin et de l'après-midi 2 heures 30-5 heures, sauf mer après-midi, oct-juin) compte parmi les trois réserves les plus connues du Madhya Pradesh. Composée en grande majorité de forêts de tecks plutôt que de sals, elle offre une atmosphère différente des réserves voisines de Kanha et Bandhavgarh. En outre, les touristes y sont plus rares (les tigres aussi) : vous y aurez le sentiment d'avoir la forêt pour vous seul. Même si vous ne deviez voir aucun tigre, vous pourrez observer une faune et une flore variées.

La réserve jouit d'une superficie de 1 921 km² – 60% dans le Madhya Pradesh, le reste dans le Maharashtra. La majorité des tigres évolue sur la partie du Madhya Pradesh, plus particulièrement dans le Pench National Park (aire centrale de la réserve), qui compte une cinquantaine de fauves. Le parc compte trois entrées mais Turia Gate, 12 km à l'ouest de Khawasa sur l'Hwy 44 entre Jabalpur et Nagpur, est de loin la plus accessible et la plus utilisée.

Activités

Safaris en jeep au départ de Turia Gate

Chaque jour, un nombre maximum de 34 jeeps ("Gypsies") de 6 personnes peut entrer dans le parc national via Turia Gate, et ce pour chaque safari du matin et de l'après-midi. Elles sont réservées pour la plupart en ligne (forest.mponline.gov.in, jusqu'à 120 jours à l'avance), sur un site qui n'accepte pas le paiement par carte bancaire étrangère. Des billets sont en vente pour 3 jeeps (18 places) par safari à Turia Gate, 1 heure avant le départ. Les jours de grande fréquentation la file d'attente peut se former dès la veille au soir. Le reste du temps, les billets proposés en ligne qui n'ont pas trouvé preneur peuvent se retrouver disponibles à la vente directe à Turia Gate, la veille au soir ou le matin même, voire l'heure avant le départ. Ne comptez pas sur cette éventualité et n'hésitez pas à confier les réservations à votre hôtel ou à une agence (supplément d'environ 1 000 ₹/safari). Faites-le aussi tôt que possible, les safaris sont souvent complets trois semaines à l'avance, voire des mois avant pour des jours fériés et certains week-ends.

Le matin est souvent plus propice à l'observation des tigres.

Les transferts depuis/vers l'hôtel sont généralement proposés, pour un supplément de quelques centaines de roupies, à ajouter au forfait de 2 500 ₹ pour la jeep et le chauffeur.

Autres safaris

Si vous ne trouvez pas de billet pour un safari dans le parc national, essayez un **safari dans la zone tampon (buffer zone)** (jeep 6 passagers avec guide 3 510 ₹), qui démarre aux mêmes horaires que les autres safaris de trois bases : une près du village de Turia ; une autre à Teliya, à environ 5 km au sud de Turia ; et une dernière à Rukhad, à environ 24 km au nord de Khawasa. Sont également proposés des safaris de nuit (2 heures) au départ de l'office forestier de Khawasa à environ 18h. Autre possibilité, un safari à Pench Maharashtra, de Khursapar Gate, à environ 17 km au sud de Turia.

Où se loger et se restaurer

Tiger 'N' Woods LODGE $$

(☎8888399166 ; tigernwoods.com ; ch en pension complète 5 000 ₹ ; ❄📶🏊). Le personnel, jeune et sympathique, contribue à l'ambiance détendue de cet établissement. Les chambres, dans des maisons en bois sur pilotis, sont simples mais agréables, agrémentées de sdb et de terrasses donnant sur la forêt. Le naturaliste de la maison organise des marches de découverte (100 ₹). Vous pourrez même bénéficier d'un massage *desi* (ou *ghee*, du beurre clarifié) sur place.

Kipling's Court HÔTEL $$

(☎07695-232830 ; www.mptourism.com ; en pension complète, dort 1 300 ₹, ch 5 460-5 940 ₹ ; ❄@📶🏊). Cet hôtel d'État est une affaire aussi bien pour les voyageurs à petit budget (le prix inclut la pension complète, et les 2 dortoirs de 6 lits sont d'un excellent rapport qualité/prix) que pour les familles (on y trouve la plus belle aire de jeux de Turia, ainsi que des jeux en intérieur). Éparpillés sur un jardin soigné, les bungalows, tous climatisés, ne sont pas mal non plus. À 2 km de Turia Gate.

♥ **Baghvan** COMPLEXE HÔTELIER $$$

(☎07695-232847 ; www.tajsafaris.com ; pension complète s 22 000-50 000 ₹, d 29 000-67 000 ₹ ; ❄@📶🏊). Le groupe Taj possède des domaines de luxe dans toutes les grandes réserves de tigres du Madhya Pradesh. Celui-ci est le plus proche de la jungle. Ses 12 cottages imposants en bambou, en béton et en sal nichés au cœur de la forêt méritent bien une petite folie. Ils sont garnis d'objets d'art et de meubles splendides, de douches (à l'intérieur et en plein air) et de formidables *machan* (patios) surélevés.

Les agréables salles communes en plein air sont dans le même style. La cuisine est divine. À 1 km de Turia Gate ; réservation obligatoire. Tarifs très variables selon la saison et la demande ; différents forfaits, dont certains comprenant repas et safaris.

Mowgli's Den LODGE $$$

(☎07695-232832 ; ch en pension complète 6 500 ₹ ; ❄). Cet établissement à 2,5 km de Turia Gate possède 10 bungalows circulaires, spacieux et confortables, installés dans un jardin luxuriant, au mobilier en bambou et dotés de grandes sdb. Très accueillants, les propriétaires font partager leur passion pour la nature et leur connaissance de Pench, accompagnant même parfois leurs hôtes en safari.

Les repas sont bons, servis dans une salle à manger bordée de bambous.

ℹ Renseignements

À Khawasa, un DAB de la Bank of Maharashtra accepte les cartes étrangères.

ℹ Depuis/vers la Pench Tiger Reserve

Jour et nuit, des bus relient Khawasa à Nagpur (90 ₹, 2 heures, départ toutes les 30 min) et à Jabalpur (180 ₹, 6 heures, départ toutes les 30 min). Des jeeps collectives (20 ₹) circulent entre Khawasa et Turia, une fois pleines. L'entrée principale du parc est située 3 km environ après Turia. L'aéroport et la grande gare ferroviaire les plus proches sont à Nagpur (2 000-2 500 ₹ en taxi).

Vous pourrez rallier la Kanha Tiger Reserve de Khawasa sans aller jusqu'à Jabalpur ou Mandla. Hélez n'importe quel bus en direction du nord et descendez à Seoni (50 ₹, 1 heure, départ toutes les 30 min). De là, prenez un autre bus pour Mandla et arrêtez-vous à Chiraidongri (95 ₹, 3 heures, départ environ toutes les heures de 6h40 à 22h40), d'où 9 bus vont chaque jour à Khatia Gate (35 ₹, 1 heure, départs de 11h à 18h).

CHHATTISGARH

Le Chhattisgarh est isolé, limité en ce qui concerne les sites d'exception et les infrastructures touristiques. Pourtant, le voyageur intrépide pourrait bien passer quelques-uns de ses meilleurs moments en Inde dans cette région. L'État le plus densément boisé (44% de son territoire) du sous-continent est aussi l'un des plus riches en beautés naturelles – des cascades aux réserves naturelles presque vierges. Plus remarquable encore : ici vivent 42 communautés tribales, dont les peintures pointillistes et les sculptures filiformes sont aussi intéressantes que les *haat* (marchés) colorés qui ont lieu dans toute la région, notamment au sud du Bastar, près de Jagdalpur.

Le Chhattisgarh est l'un des États de l'est associés à la guérilla naxalite (mouvement politique maoïste né à Naxalbari, au Bengale-Occidental). Si ces rebelles mènent des attaques contre la police, les responsables politiques et l'administration, principalement dans la moitié sud de l'État, aucun incident contre des étrangers n'a été répertorié ces dernières années. Consultez les conseils aux voyageurs officiels de votre pays avant votre départ (p. 819).

Raipur

☎0771 / 1,01 MILLION D'HABITANTS

Centre sidérurgique de l'État, la peu gracieuse capitale du Chhattisgarh n'a guère à offrir en termes de visites, si ce n'est une excursion à la journée, non loin, à Sirpur. Toutefois, le **bureau du Chhattisgarh Tourism Board** (office du tourisme ; ☎0771-6453336, 9926781331 ; www.tourism.cg.gov.in ; Raipur Junction ; ⏰7h-22h) mérite le détour : il offre une aide précieuse pour l'organisation de visites dans les régions tribales et la réservation de guides, de transports et d'hébergements. Les services publics (administration, nouvelles institutions scolaires, hôpitaux) ainsi qu'un parc technologique et un stade international de cricket sont tous installés à 20 km au sud-est, dans la ville nouvelle de Naya Raipur.

On compte de nombreux hébergements économiques ou milieu de gamme aux abords de la gare ferroviaire (Raipur Junction) et à l'est, sur Station Rd, et quelques autres dans le centre-ville, à proximité de Jaistambh Chowk et sur LIC Rd, devant la gare routière de Pandri. Les hôtels haut de gamme sont regroupés de 4 à 12 km à l'est du centre-ville, sur l'Hwy 53, ou sur la route de l'aéroport, VIP Rd.

Hotel Jyoti HÔTEL **$**

(☎0771-2428777 ; hoteljyoti@gmail.com ; LIC Rd, Pandri ; s/d à partir de 750/1 000 ₹, avec clim à partir de 1 200/1 450 ₹ ; ❄📶). Situé sur la route principale, devant la gare routière de Pandri, c'est un refuge bienvenu après un long voyage en bus. Les chambres, simples, sont colorées (même si certaines sdb sont décevantes) et le gérant est serviable.

À l'arrière du bâtiment, l'**Hotel Saatvik** (☎0771-2420420 ; www.hotelsaatvik.org ; LIC Rd, Pandri ; s/d à partir de 1 400/1 600 ₹ ; ❄📶) est un rang au-dessus.

♥ **Hotel LeRoi** HÔTEL **$$**

(☎0771-2971354 ; www.leroihotels.com ; MFC Bldg, à côté de Raipur Junction ; s 3 190-3 640 ₹, d 3 640-4 100 ₹, avec petit-déj ; ❄📶). Si votre budget vous le permet, ne cherchez plus : voici un établissement accueillant, clair et bien géré, situé à proximité immédiate de la gare. Les chambres, impeccables, de bonnes tailles, avec clim et Wi-Fi et agrémentées de sdb modernes, sont très agréables.

On trouve également sur place un restaurant ouvert 24h/24 et un café. Le transfert depuis/vers l'aéroport coûte 500 ₹.

ℹ Depuis/vers Raipur

AVION

Très fréquenté, l'aéroport de Raipur, 14 km au sud-est du centre-ville, compte au moins deux liaisons quotidiennes avec Delhi, Mumbai, Bhopal, Bengaluru, Indore, Kolkata et Hyderabad, ainsi que des vols vers six autres villes d'Inde. Il est desservi par **Air India** (☎0771-2972321, aéroport 0771-2418201 ; www.airindia.in ; CII/1 Aiswarya Chamber, GE Rd, Telebhanda ; ⏰9h30-17h lun-sam), **IndiGo** (☎9212783838 ; www.goindigo.in ; aéroport) et **Jet Airways** (☎0771-2107613 ; www.jetairways.com).

BUS

Quelque peu désorganisée, la **gare routière de Pandri** (LIC Rd) se trouve à 2,5 km au sud-est de la gare ferroviaire (trajet en auto-rickshaw 50 ₹, au départ du guichet des auto-rickshaws prépayés à la sortie de la gare ferroviaire).

Mahendra Travels (☎0771-4054444 ; www.mahendrabus.in) est une compagnie fiable qui dessert Jagdalpur (siège 330-380 ₹, couchette 400-430 ₹, 8 heures, départ toutes les 15 min, de 5h15 à minuit), Jabalpur (siège/couchette 300/400 ₹, 11 heures, départ à 4h30, 18h et 21h) et Nagpur (siège/couchette sans clim 300/350 ₹, avec clim 400/500 ₹, 8 heures, 7/jour).

TRAIN

Parmi les trains pratiques figurent le 18237 *Chhattisgarh Express*, qui rejoint la gare Nizamuddin de Delhi (*sleeper*/3AC/2AC 565/1 515/2 215 ₹, 28 heures, départ à 16h20) via Nagpur (5 heures 30), Bhopal (14 heures), Jhansi (21 heures), Gwalior (22 heures) et Agra (24 heures), et le 12859 *Gitanjali Express* pour la gare d'Howrah de Kolkata (445/1 165/1 665 ₹, 13 heures, départ à 23h35). D'autres trains rallient quotidiennement Bhubaneswar, Visakhapatnam, Jabalpur et Varanasi.

ℹ Comment circuler

Depuis le guichet des auto-rickshaws prépayés (24h/24) à l'extérieur de la gare ferroviaire (dont le toit ressemble à un casque), vous pourrez rejoindre la gare (50 ₹), Jaistambh Chowk (55 ₹) et l'aéroport (240 ₹, parking compris). Des voitures collectives (10 ₹) rallient également la gare routière.

Sirpur et ses environs

Possible excursion à la journée, le village de Sirpur, 80 km à l'est de Raipur, donne à voir les vestiges de dizaines de monastères bouddhistes et jaïns et de temples hindous des VIe et VIIe siècles. De nombreuses fouilles sont encore en cours. Construit au VIIe siècle, le **temple de Laxman** (Indien/étranger 15/200 ₹ ; ⏰aube-crépuscule), l'un des plus anciens temples en briques d'Inde, est bien préservé. Parmi les autres sites à voir (entrée libre, ouverts en général de 8h à 18h), le **monastère bouddhique de Teevardwo**, orné de belles sculptures ; le **Surang Tila**, un temple de Shiva très inhabituel en forme de pyramide et en pierre blanche ; l'**Anand Prabhu Kuti Vihara**, autre monastère bouddhique ; enfin, le **temple de Gandeshwar**, érigé au XVIIIe siècle sur les berges de la Mahanadi, dédié à Shiva et aujourd'hui encore très actif.

Pour découvrir la campagne du Chhattisgarh, rien ne vaut un safari dans les forêts du **Barnawapara Wildlife Sanctuary** (nov-juin), à l'est de Sirpur, qui abrite quelques dizaines de léopards, de nombreux cerfs et antilopes, environ 300 ours lippus et quelques éléphants sauvages.

Des safaris de trois à cinq heures (départs à 6h et 14h30) sont proposés avec location de jeep et guide à Barbaspur, 15 km au nord-est de Sirpur, et à Rawan, 32 km au sud-est de Sirpur. Comptez un budget de 3 000 à 4 000 ₹, guide et entrée au parc compris.

Le **Hiuen Tsiang Tourist Resort** (0771-4066415 ; s/d 1 500/2 200 ₹ ;) offre de grandes chambres climatisées, d'un blanc éclatant et équipées de literies de qualité et de grandes sdb. Bons repas indiens (plats 90-170 ₹) ; même les non-résidents peuvent y goûter en réservant quelques heures avant.

Au départ de la gare routière de Pandri à Raipur, des bus rallient Mahasamund (45 ₹, 1 heure 30, toutes les 30 min), d'où on peut prendre une correspondance pour Sirpur (30 ₹, 1 heure, toutes les heures). En taxi, l'excursion à la journée depuis Raipur coûte normalement environ 1 600 ₹.

Jagdalpur

07782 / 125 000 HABITANTS

La capitale du district de Bastar est une base idéale pour découvrir le Chhattisgarh. La ville accueille chaque dimanche un *haat* (marché), où les Adivasis viennent acheter, vendre et négocier aux côtés des commerçants de Jagdalpur ; mais c'est dans les villages alentour que vous découvrirez vraiment leur mode de vie. Certains de ces villages sont très isolés et accessibles seulement avec un guide. D'autres sont desservis par des bus et sont faciles à explorer en solo, particulièrement les jours de marché.

Sanjay Market, où se tient le *haat* du dimanche, est le cœur battant de Jagdalpur. Le très coloré palais du maharaja, situé à 500 m au nord, au bout de Palace Rd, est le principal édifice de la ville.

À voir

Anthropological Museum MUSÉE

(Chitrakote Rd ; 10h30-17h30 lun-ven). GRATUIT À 3 km à l'ouest du centre-ville, ce musée d'anthropologie d'un autre âge met en lumière les coutumes et la culture tribales grâce à sa fascinante collection d'objets collectés dans les villages tribaux dans les années 1970 et 1980.

Fêtes et festivals

Dussehra CULTURE

(sept/oct). Dans le district de Bastar, la fête religieuse de Dussehra (qui se tient généralement début octobre) vient mettre un terme à 75 jours de rituels et de préparatifs qui font de cette fête l'une des plus longues du monde. Les dix derniers jours sont les plus intenses, notamment les deux derniers soirs, lorsqu'un gigantesque char (*rath*), encordé et tracté par plusieurs équipes, sillonne la ville de Jagdalpur.

Où se loger et se restaurer

On trouve quelques établissements bon marché, le plus souvent assez délabrés, à proximité de la gare routière, ainsi qu'une poignée d'hôtels de meilleure qualité dans le centre-ville. L'adresse la plus réputée, moins luxueuse toutefois que le laisse espérer son nom, est le **Dandami Luxury Resort** (18001026415, 0771-4224999 ; www.tourism.cg.gov.in ; Chitrakote ; s/d 2 000/2 500 ₹ ;), situé aux chutes de Chitrakote.

Hotel Rainbow HÔTEL $

(07782-221684 ; hotelrainbow@rediffmail.com ; d/tr 790/945 ₹, avec clim 1 050/2 190 ₹ ;). Juste en face du Sanjay Market, cet hôtel défraîchi est d'un bon rapport qualité/prix. Même les chambres bon marché non climatisées sont grandes et bien meublées. Bon restaurant indien (plats 120-270 ₹) ; bar ; Wi-Fi disponible ; service attentif. Les chambres se louent à la journée.

Devansh Residency HÔTEL $$

(07782-221199 ; devanshresidency@gmail.com ; Collectorate Rd ; s/d 1 700/2 160 ₹, ste 4 780 ₹, avec petit-déj ;). Voici le meilleur choix en ville : des chambres spacieuses, propres, aux couleurs fraîches sont proposées avec le Wi-Fi et un nécessaire de toilette. Sur place se trouve également le meilleur restaurant de la localité, le **Vaishnavi** (plats 140-250 ₹ ; 7h30-22h30 ;), entièrement végétarien.

LES MARCHÉS DE BASTAR ET LES VILLAGES ADIVASIS

Dans le district de Bastar, huit communautés tribales vivent dans plus de 3 500 villages, notamment les Ghadwa (connus pour leurs talents de ferronniers) et les Doria des forêts reculées du sud, les seuls à bâtir leurs maisons à l'aide de branches et de feuilles d'arbres (et non de terre et de paille). Les *haat* (marchés) colorés, au cœur de la vie tribale de Chhattisgarh, permettent d'aller à leur rencontre ; en visiter un avec un guide est un excellent moyen de se familiariser avec certains aspects de la culture adivasi de la région. Les membres des diverses communautés parcourent jusqu'à 20 km pour vendre leurs produits (ou faire du troc, souvent), des saris aux couleurs éclatantes aux fourmis rouges.

Vous trouverez des objets surprenants, notamment de la ferronnerie dont l'art se transmet de génération en génération depuis trois siècles parfois. Vous trouverez aussi des *mahua*, des fleurs que l'on peut consommer fraîches ou bien séchées (de loin, on dirait des dattes) puis bouillies ; la vapeur sert à produire un alcool fort qui est la boisson favorite de nombreux Adivasis du district de Bastar.

De nombreux villages adivasis sont accessibles en bus depuis Jagdalpur (qui partent pour la plupart de Sanjay Market) – tandis que d'autres sont quasiment inaccessibles. Si vous voulez vraiment rencontrer des habitants, il est indispensable de prendre un guide, ne serait-ce que pour vous servir d'interprète, mais aussi pour vous aider à organiser un séjour chez l'habitant. Une journée passée en compagnie d'**Awesh Ali** (☎9425244925 ; aweshali@gmail.com ; 1 500 ₹/jour), qui parle 9 langues (dont 4 langues tribales), est une expérience enrichissante. Contactez-le directement, ou via l'office du tourisme de Jagdalpur (p. 673). Pour une voiture avec chauffeur (réservable à l'office du tourisme), comptez 1 200-1 600 ₹ par jour, carburant compris.

La plupart des *haat* commencent vers midi et se poursuivent jusqu'à 17h. Il en existe énormément – ceux indiqués ci-dessous comptent parmi les plus prisés. Pour plus de détails, renseignez-vous auprès de l'office du tourisme de Jagdalpur. Des jeeps collectives attendent souvent aux abords des marchés pour ramener les visiteurs à Jagdalpur.

JOUR	LIEU	DISTANCE DE JAGDALPUR	BUS DEPUIS JAGDALPUR (TARIF, DURÉE)	CARACTÉRISTIQUES
lun	Tokapal	16 km	25 ₹, 30 min	Objets de ferronnerie fabriqués par des Ghadwa
mer	Darbha	35 km	40 ₹, 1 heure	Fréquenté par des Dhurwa
jeu	Bastar	20 km	30 ₹, 30 min	Facile d'accès depuis Jagdalpur
ven	Lohandiguda	36 km	40 ₹, 1 heure 15	Tribus Halva, Muria et Maria ; à 1 km de la route de Chitrakote
ven	Nangur	22 km	Pas de bus direct	Fréquenté par des Adivasis venus de forêts éloignées
ven	Nagarnar	24 km	Pas de bus direct	Fréquenté par des Bhatra aux tenues colorées
sam	Kuknar	70 km	60 ₹, 2 heures	Bastion des Dandami Maria à cornes de buffle
dim	Jagdalpur	-	-	En pleine ville et animé jusque tard le soir
dim	Pamela	12 km	10 ₹, 20 min	Une foule enjouée parie sur des combats de coqs

Achats

Shabari ARTISANAT
(Chandi Chowk ; ⏲10h30-20h lun-sam). Cet emporium d'État à prix fixes vend de l'artisanat adivasi, des petites figures filiformes en fer aux lourdes statues de métal plus onéreuses.

Renseignements

Office du tourisme (☎07782-2008001 ; ctbbastar@rediffmail.com ; à côté du Shahid Park ; ⏲10h-19h lun-sam). Peut vous aider à organiser votre visite de villages tribaux ; vente d'artisanat du district. À proximité immédiate de Main Rd, 1 km à l'est du centre-ville.

Depuis/vers Jagdalpur

BUS

La gare routière est située à 1,5 km au sud du centre-ville (20 ₹ en auto-rickshaw). **Mahendra Travels** (p. 671) et **Kanker Roadways** (9826185795 ; www.kankerroadways.in) assurent des liaisons en bus vers Raipur (sans clim 330-400 ₹, avec clim siège/couchette 380/430 ₹, 8 heures) toutes les 15 ou 30 min, de 5h à minuit.

TRAIN

La voie large la plus élevée d'Inde survole les Ghats orientaux jusqu'à Vizianagram, près de la côte de l'Andhra Pradesh. Le 18448 *Hirakhand Express* part à 15h pour Bhubaneswar (*sleeper*/3AC/2AC 395/1 080/1 555 ₹, 18 heures). Le 58502 *Kirandul-Visakhapatnam* part à 10h38 pour Visakhapatnam (*sleeper*/AC 140/810 ₹, 10 heures 30). Ces deux trains s'arrêtent à Koraput, dans l'État de l'Odisha, à environ 3 heures de Jagdalpur.

VAUT LE DÉTOUR

ARTISANAT À KONDAGAON

À 77 km au nord de Jagdalpur, la formidable ONG **Saathi** (9993861686 ; tiwaribhupesh@gmail.com ; Kondagaon ; 8h-18h lun-sam), dirigée par le sympathique Bhupesh Tiwari et son équipe, travaille avec plus de 300 villages, leur apportant formation en artisanat et en marketing, assistance médicale, éducation et hygiène. On trouve des ateliers et un espace boutique sur place, ainsi que la possibilité de visiter, avec un guide, les ateliers d'artisans des environs (500-1 000 ₹/jour) et de suivre un cours d'une semaine ou plus (ferronnerie, terre cuite ou sculpture sur bois). Prenez direction ouest depuis la route de Raipur sur l'Hwy 130D, à environ 3 km au nord de Kondagaon ; le panneau indiquant Saathi se trouve à moins d'1 km.

Environs de Jagdalpur

Chutes de Chitrakote

Les chutes de Chitrakote (Chitrakote Falls), les plus larges de toute l'Inde (300 m, soit les deux tiers des chutes du Niagara, et 32 m de haut), rugissent plus encore après les pluies, mais le site est remarquable toute l'année, notamment au coucher du soleil.

En période de basses eaux (décembre-juin environ), on peut aller barboter au sommet des chutes, en restant très prudent toutefois. Sur la rivière au pied des chutes, vous pourrez nager ou payer un pêcheur pour vous conduire dans le nuage de gouttelettes (50 ₹/pers). Descendez l'escalier depuis le jardin d'un hôtel réservé aux membres de l'administration.

Les chutes se trouvent à 40 km au nord-ouest de Jagdalpur, sur la rivière Indravati. Les bus (45 ₹, 1 heure 30, 9h, 11h, 14h et 19h) partent d'Anupama Chowk, sur Chitrakote Rd, à 500 m de Sanjay Market. Le dernier bus pour regagner Jagdalpur part à 16h. En taxi, comptez 1 500 ₹ aller-retour.

Kanger Valley National Park

Destination d'excursion très prisée au départ de Jagdalpur, à la journée ou demi-journée, ce **parc** (Indien/étranger 25/150 ₹, voiture 50 ₹ ; 9h-17h) couvre 200 km² d'une vallée densément boisée au sud de la ville. Deux principaux sites attirent les visiteurs : les **cascades de Tirathgarh**, de 35 m de haut, et la **grotte de Kutumsar** (guide 75 ₹; 8h-15h nov-juin), où un guide vous mène à travers d'étroits passages jusqu'à 300 m de long, des escaliers en béton et de vastes salles envahies de stalactites et stalagmites. En taxi, l'aller-retour depuis Jagdalpur revient à 1 200 ₹, pour l'un des deux sites, ou 1 500 ₹ pour les deux.

Gujarat

Dans ce chapitre ➡

Le top des restaurants

- Vishalla (p. 686)
- Nilambag Palace Restaurant (p. 695)
- Peshawri (p. 692)
- Gopi Dining Hall (p. 685)
- Bhatiyar Gali (p. 685)

Le top des hébergements

- House of MG (p. 684)
- Deewanji Ni Haveli (p. 684)
- Bhuj House (p. 717)
- São Tome Retiro (p. 700)
- Rann Riders (p. 723)

Pourquoi y aller

Ignoré à tort par maints voyageurs qui filent tout droit de Mumbai (Bombay) au Rajasthan, le Gujarat permet de sortir facilement des sentiers battus. Si sa capitale, Ahmedabad, plaît par son architecture et ses très bons restaurants, c'est à la campagne que se cachent la plupart des trésors de l'État. Dans les villages tribaux, des artisans tissent, brodent, teignent et impriment certains des plus beaux textiles d'Inde. Des parcs préservés abritent une faune unique – ânes sauvages, les derniers lions d'Asie… Des sites de pèlerinage jaïns et hindous coiffent les montagnes qui s'élèvent abruptement de vastes plaines, tandis que des fêtes colorées invitent à l'immersion culturelle.

Le Gujarat est intimement lié au Mahatma Gandhi : c'est ici qu'il naquit, lança le mouvement *satyagraha* et accomplit la fameuse "marche du sel". Aujourd'hui encore, son héritage influence la vie des Gujaratis, aussi bien sur le plan public que privé.

Quand partir

Ahmedabad

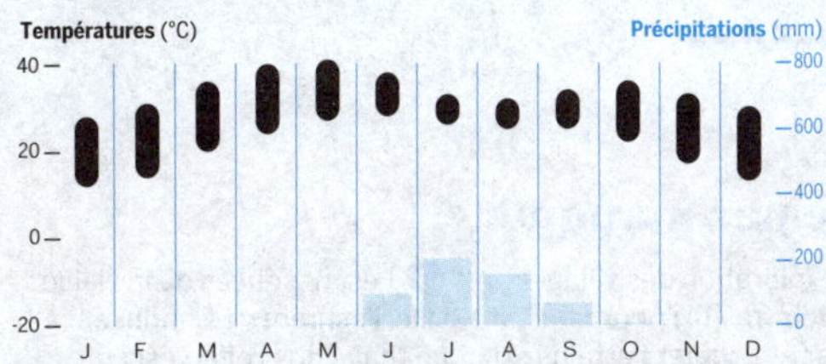

Sept-oct Fête de Navratri : musique et danse dans les villes et les villages.

Nov-déc Saison des jus et des milk-shakes à la mangue à Junagadh !

Nov-mars Meilleure période pour visiter les parcs et les réserves naturelles.

À ne pas manquer

1 L'exploration des villages du **Kutch** (p. 714) pour admirer et acheter certains des plus beaux textiles d'Inde.

2 Un safari en forêt sur les traces des ultimes lions sauvages d'Asie dans le **Gir National Park & Wildlife Sanctuary** (p. 703).

3 Les mosquées de la vieille ville, l'ashram de Gandhi et un *thali* dans l'effervescente **Ahmedabad** (p. 677).

4 La découverte de **Champaner** (p. 693) et de **Pavagadh** (p. 693), classés au Patrimoine mondial.

5 Loups, hyènes et antilopes vivent dans les désert salés du petit Rann, comme les ânes sauvages d'Asie du **Wildlife Ass Sanctuary** (p. 723).

6 Ancienne enclave portugaise, **Diu** (p. 697), avec ses routes quasi vides, se prête à la détente et au scooter.

7 La montée à l'aube avec les pèlerins jusqu'aux temples de **Shatrunjaya** (p. 696).

Histoire

Selon la légende, le temple de Somnath daterait de la création de l'univers ; plus tard, le Gujarat devint le territoire de Krishna. Des données historiques indiquent que Lothal et Dholavira (Kutch ; ou Kachchh) furent des sites importants de la civilisation de l'Indus, il y a plus de 4 000 ans. Le Gujarat est mentionné dans la narration des exploits du grand empereur bouddhiste Ashoka ; le jaïnisme s'implanta sous le règne d'un petit-fils d'Ashoka qui gouvernait le Saurashtra.

Le règne de la dynastie hindoue Solanki (ou Chalukya), qui prit pour capitale Patan, du Xe au XIIIe siècle, a marqué l'âge d'or culturel du Gujarat. Les Solanki le perdirent au profit d'Ala ud-Din Khalji, qui l'annexa au sultanat de Delhi à l'issue de campagnes militaires menées vers 1300. Un siècle plus tard, le sultanat musulman du Gujarat se libéra du joug de Delhi et fonda une nouvelle capitale à Ahmedabad. L'Empire moghol conquit le Gujarat dans les années 1570 et le conserva jusqu'à ce que les Marathes hindous du centre de l'Inde occupassent l'est et le centre de la région au XVIIIe siècle. Les Britanniques établirent leur premier comptoir indien à Surat sur la côte vers 1614, et remplacèrent le pouvoir marathe au début du XIXe siècle.

C'est au Gujarat que Gandhi entama sa campagne de résistance pacifique à la domination britannique ; débutée par des manifestations et des jeûnes, celle-ci culmina avec la "marche du sel" qui, menée sur 390 km, attira l'attention mondiale et exacerba le sentiment antibritannique dans le pays. Après l'indépendance, l'est du Gujarat devint une partie de l'État de Bombay. Le Saurashtra et le Kutch, initialement deux États distincts, furent intégrés à l'État de Bombay en 1956. Ce dernier fut divisé en 1960 selon des critères linguistiques, entre le Gujarat, ayant pour langue le gujarati, et le Maharashtra, de langue marathe.

Le parti du Congrès resta majoritaire au Gujarat jusqu'en 1991, quand le Bharatiya Janata Party (BJP) parvint au pouvoir. En 2002, une flambée de violences intercommunautaires fut déclenchée par l'incendie d'un train à Godhra, où 59 militants hindous perdirent la vie. Les musulmans furent accusés de ce drame et les hindous crièrent vengeance. En trois jours, près de 2 000 personnes furent tuées (les chiffres officiels sont en deçà), pour la plupart des musulmans, et des dizaines de milliers se retrouvèrent sans abri. Le gouvernement BJP de l'État fut accusé d'avoir encouragé implicitement, et parfois activement, certaines des pires attaques de quartiers musulmans à des fins politiques : plus tard cette même année, le Ministre en chef de l'État, Narendra Modi, fut réélu à une large majorité. En 2012, Maya Kodnani, une ancienne ministre du BJP, fut jugée coupable de conspiration criminelle et de meurtre, en regard du rôle qu'elle avait joué au moment du massacre de Naroda Patiya, commis lors des émeutes de Godhra. Modi, on le sait, devint quant à lui Premier ministre de l'Inde en 2014. Le 8 novembre 2016, sa décision de déclarer, du jour au lendemain, illégales 86% de toutes les espèces en circulation dans le pays pour lutter contre "l'argent noir", se solda par une crise de rang national et un regain des tensions.

LE TOP DES FÊTES ET FESTIVALS DU GUJARAT

Uttarayan (p. 683). Le ciel se couvre de cerfs-volants à Ahmedabad et dans d'autres villes.

Festival de danse de Modhera (autour du 20 jan). Danse classique indienne.

Bhavnath Mela (jan-fév). Fête hindoue au pied de Girnar Hill, une montagne sacrée, à Junagadh.

Fête de Mahakali (mars-avr). Les pèlerins rendent hommage à Kali sur le mont Pavagadh.

Navratri (p. 683). Neuf nuits de danse dans tout le Gujarat.

Kartik Purnima (Somnath et Shatrunjaya ; nov-déc). Fête protéiforme, célébrée par les hindous et les jaïns, mais aussi par les sikhs sous le nom de Guru Nanak Jayanti. Une grande foire se tient à Somnath (p. 702) ; les pèlerins jaïns affluent sur le mont Shatrunjaya (p. 696).

EST DU GUJARAT

Ahmedabad (Amdavad)

079 / 6,36 MILLIONS D'HABITANTS

Le charme d'Ahmedabad (aussi appelée Amdavad, Ahmadabad ou Ahemdavad),

Ahmedabad (Amdavad)

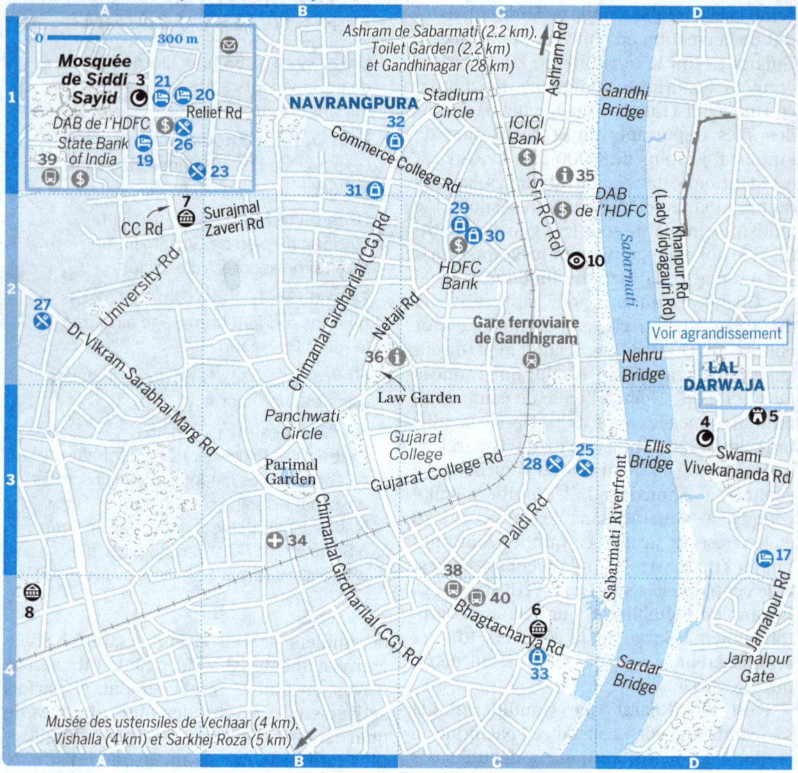

plus grande ville du Gujarat, se mesure au temps que l'on y passe. Si, aux heures de pointe, le trafic, le vacarme et la pollution peuvent s'y révéler pénibles, cette ville remarquable n'en vaut pas moins d'être explorée. Elle fascine par sa richesse architecturale, entre mosquées et mausolées anciens et design d'avant-garde. L'immersion se poursuit au fil de sa vieille ville labyrinthique, de ses très bons musées, de ses restaurants et de sa cuisine de rue, pour s'achever dans la sérénité de l'ashram de Sabarmati (l'ancien QG de Gandhi).

La vieille ville s'étend sur la rive est de la Sabarmati. Elle était jadis entourée d'un rempart long de 10 km, dont ne subsistent que 15 portes gigantesques, semblables à autant d'îlots perdus dans une circulation démente. La ville nouvelle, sur la rive ouest, est traversée de rues plus larges et compte plusieurs universités ainsi que de nombreux lotissements pour la classe moyenne.

Histoire

Ahmedabad fut fondée en 1411 par le sultan gujarati Ahmed Shah à l'endroit où, selon la légende, il avait été frappé par le courage d'un lièvre qu'il avait surpris à poursuivre un chien. La cité s'étendit rapidement au-delà de la citadelle sur la rive est de la Sabarmati ; au XVIIe siècle, elle était considérée comme l'une des plus belles du pays – un centre de négoce florissant doté d'une belle architecture islamique. Son influence se dissipa puis, dans la seconde moitié du XIXe siècle, elle revint au premier plan en tant que grand centre textile. La fin du XXe siècle fut marquée par la fermeture de nombreuses filatures et les difficultés économiques qui s'ensuivirent ont sans doute contribué aux violences intercommunautaires qui divisèrent la ville en 2002, quand plus de 2 000 personnes, essentiellement des musulmans, furent tuées.

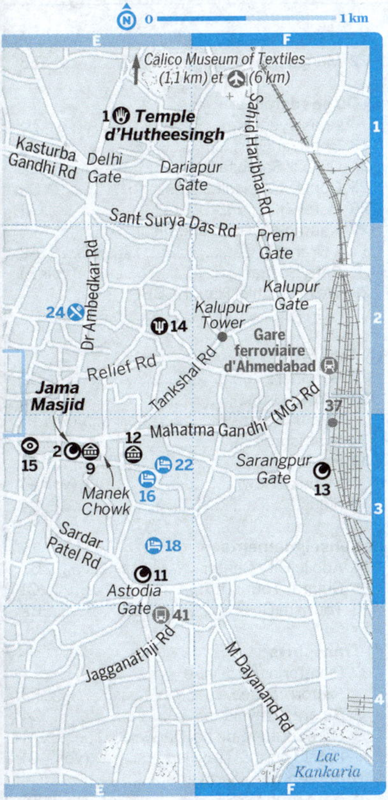

Aujourd'hui, Ahmedabad prospère de nouveau en tant que centre des technologies de l'information, de l'éducation et de l'industrie chimique – en plus des textiles traditionnels et du commerce. Elle a été officiellement qualifiée de "mégacité".

À voir

La vieille ville sur la rive est de la Sabarmati est la partie la plus intéressante d'Ahmedabad. Ne manquez pas les secteurs de Lal Darwaja, du fort de Bhadra et de Teen Darwaja, et les rues commerçantes alentour.

Calico Museum of Textiles — MUSÉE

(079-22868172 ; www.calicomuseum.org ; Sarabhai Foundation ; visites guidées 10h30-13h jeu-mar). GRATUIT Ce musée expose une splendide collection de tissus indiens anciens (certains vieux de 500 ans) et modernes, tous de fabrication artisanale, qui compte des chefs-d'œuvre de virtuosité et d'opulence. Remarquez les châles cachemiris ayant nécessité trois ans de travail, et les *ikat* dont les 100 000 fils ont été teints un par un avant le tissage pour former les motifs. Il n'y a qu'une seule visite guidée par jour ouvré ; il est donc impératif de réserver, car les places sont limitées (20 personnes). Appelez longtemps à l'avance.

La visite comprend les principales galeries de tissus, où vous pourrez voir des spécimens remarquables de tapisseries, de vêtements royaux, de saris, de costumes tribaux, de tissages *patola* et *mashru* et des *bandhani* (*tie-dye*). Une galerie séparée présente différents exemples de broderies du monde entier. Entre autres pièces, mentionnons également des bronzes sacrés, des *pichwais* (tissus ornés de scènes religieuses) et des miniatures.

Les moins de 10 ans ne sont pas admis. Les photos sont interdites et vous devrez laisser vos sacs à l'entrée. Le musée est installé dans le quartier de Shahibag, à 3,5 km au nord de la vieille ville, en face du Shahibag Underbridge (passage souterrain). En auto-rickshaw, comptez 50 ₹ depuis Lal Darwaja.

Temple d'Hutheesingh — TEMPLE JAÏN

(Balvantrai Mehta Rd ; 6h-20h). À l'extérieur de Delhi Gate, ce temple est l'un des 300 *derasar* (temples jaïns) d'Ahmedabad. Même si vous en avez déjà vu quelques-uns, celui-ci aura de quoi vous ébahir avec ses délicates sculptures de divinités, de fleurs et de jeunes filles célestes en marbre blanc. Bâti en 1848, il est consacré à Dharamanath, le 15e *tirthankara* (grand maître jaïn), et chacun des 52 autels secondaires de la cour abrite une statue d'un *tirthankara* aux yeux sertis de pierres. Les gardiens vous laisseront peut-être accéder au toit.

Ashram de Sabarmati — SITE HISTORIQUE

(www.gandhiashramsabarmati.org ; Ashram Rd ; 8h30-18h30). GRATUIT À 5 km au nord du centre-ville, dans un paisible parc ombragé sur la rive ouest de la Sabarmati, cet ashram fut le quartier général de Gandhi de 1917 à 1930, durant la longue lutte pour l'indépendance de l'Inde. On raconte que le Mahatma aurait choisi ce lieu car il se situait entre une prison et un cimetière, et que tout *satyagrahi* (résistant non violent) était voué à se retrouver dans l'un ou l'autre. Le logement spartiate de Gandhi a

Ahmedabad (Amdavad)

Les incontournables
1 Temple d'Hutheesingh ... E1
2 Jama Masjid ... E3
3 Mosquée de Siddi Sayid ... A1

À voir
4 Mosquée d'Ahmed Shah ... D3
5 Fort de Bhadra ... D3
6 City Museum ... C4
Kalpana Mangaldas Museum ... (voir 8)
7 Lalbhai Dalpatbhai Museum ... A2
8 Lokayatan Folk Museum ... A4
9 Mausolée d'Ahmed Shah ... E3
10 Palais des filateurs (Mill Owners' Association Building) ... C2
NC Mehta Gallery ... (voir 7)
11 Mosquée de Rani Sipri ... E3
12 Rani-na-Hazira ... E3
13 Mosquée de Sidi Bashir ... F3
14 Temple de Swaminarayan ... E2
15 Teen Darwaja ... E3

Activités
Heritage Walk ... (voir 14)
House of MG Walks ... (voir 21)

Où se loger
16 Deewanji Ni Haveli ... E3
17 Diwan's Bungalow ... D3
18 French Haveli ... E3
19 Hotel Cadillac ... A1
Hotel Good Night ... (voir 21)
20 Hotel Volga ... A1
21 House of MG ... A1
22 Mangaldas Ni Haveli ... E3

Où se restaurer
Agashiye ... (voir 21)
23 Bhatiyar Gali ... A1
24 Darbar Samosa Center ... E2
25 Gopi Dining Hall ... C3
26 Hotel ZK ... A1
27 Nautanki – Gastronomical Drama ... A2
Ratri Bazaar ... (voir 9)
28 WoW Mughlai Handi & BBQ Grill ... C3

Achats
29 Bandhej ... C2
30 Crossword ... C2
Gamthiwala ... (voir 9)
31 Gramshree ... B1
32 Hansiba ... B1
Manek Chowk ... (voir 9)
33 nidus ... C4

Renseignements
34 Apollo City Center ... B3
35 Gujarat Tourism ... C1
36 Tourism Desk ... B2

Transports
37 Billetterie ferroviaire informatisée ... F3
38 Gujarat Travels ... C4
39 Gare routière de Lal Darwaja ... A1
Patel Tours & Travels ... (voir 40)
40 Shree Swaminarayan ... C4
41 Gare routière ST ... E4

été conservé ; un musée présente sa vie et ses enseignements.

De là, le 12 mars 1930, Gandhi et 78 compagnons entamèrent la célèbre "marche du sel" jusqu'à Dandi, dans le golfe de Cambay, en signe de protestation symbolique. Gandhi avait juré qu'il ne retournerait pas à l'ashram avant que l'Inde n'obtienne l'indépendance. Ce dernier fut démantelé en 1933, et devint par la suite un centre social et d'industries artisanales pour les *dalit* (intouchables). Après la mort de Gandhi, une partie de ses cendres furent dispersées dans le fleuve devant l'ashram.

L'endroit est à 5 km au nord de Lal Darwaja. En auto-rickshaw, comptez 50 ₹ depuis le centre-ville.

Lokayatan Folk Museum — MUSÉE

(www.shreyasfoundation.in ; Indien/étranger 25/100 ₹ ; 15h-17h30 mar-sam, 10h30-13h30 et 15h-17h30 dim). Ce musée, 3 km à l'ouest du fleuve, dans Bhudarpura, présente d'intéressants objets d'arts traditionnels du Gujarat, et notamment du Kutch : sculptures sur bois, ferronnerie, merveilleux textiles brodés et superbes couvre-pieds en *tie-dye*. Cherchez entre autres les coiffes très ornées, les broderies de perles, les trousseaux, les ustensiles de ménage, ou encore les bijoux pour dromadaires ou chevaux fabriqués par les Rabari. Le conservateur vous fera faire une visite guidée gratuite. Depuis le centre, un auto-rickshaw coûte quelque 50 ₹ ; dites que vous allez à la Shreyas Foundation.

Sarkhej Roza — ÉDIFICES HISTORIQUES

(9h-crépuscule). Une mosquée, un tombeau et un palais forment cet ensemble consacré au conseiller spirituel d'Ahmed Shah Ier, Ahmed Khattu Ganj Baksh. Les bâtiments, qui en imposent encore malgré leur mauvais état, entourent un grand réservoir (souvent vide), construit sur l'ordre du sultan

LES MOSQUÉES ET MAUSOLÉES DU GUJARAT

Durant le sultanat du Gujarat, aux XVᵉ et XVIᵉ siècles, et particulièrement sous Ahmed Shah Iᵉʳ (1411-1442) et Mahmoud Begada (1459-1511), Ahmedabad fut dotée d'une remarquable collection de mosquées en pierre au style unique, incorporant des éléments hindous et jaïns. Sachez que les femmes ne sont pas admises dans les salles de prière ni dans l'enceinte de certaines mosquées.

Jama Masjid (mosquée du Vendredi ; MG Rd). Édifiée par Ahmed Shah en 1423, cette mosquée se range parmi les plus belles du pays. Elle fut construite à l'aide de matériaux provenant de temples hindous et jaïns démolis, d'où des détails architecturaux, comme les dômes sculptés en forme de lotus soutenus par les 260 colonnes de la salle de prière. Les deux anciens minarets "oscillants" qui flanquent encore le portail central de cette dernière ont perdu leur moitié supérieure lors d'un séisme, en 1819.

Mausolée d'Ahmed Shah (Badshah-na-Hazira ; MG Rd ; ⏲ aube-crépuscule). Devant la porte est de la Jama Masjid, ce mausolée fut peut-être construit par Ahmed Shah lui-même avant sa mort en 1442. Son cénotaphe se tient au centre, sous le dôme principal. Les roulements de tambour dans la porte est du mausolée, qui signalaient jadis la fermeture des portes de la cité, se perpétuent chaque soir à 23h. Les femmes ne sont pas admises à l'intérieur.

Rani-na-Hazira (Manek Chowk Rd). Le tombeau de l'épouse d'Ahmed Shah trône sur une plateforme surélevée au milieu des étals de marché. Bien qu'en piètre état, il conserve de beaux *jali*.

Mosquée de Siddi Sayid (Lal Darwaja ; ⏲aube-crépuscule). Cette mosquée fut bâtie par un Abyssinien de l'armée gujaratie, l'année où les Moghols conquirent le Gujarat (1573) ; elle faisait autrefois partie des remparts de l'ancienne citadelle. L'un des plus beaux édifices de la ville, elle est renommée pour ses ravissants *jali* qui ornent les fenêtres, des dentelles de pierre qui représentent les branches entremêlées de l'"Arbre de vie".

Mosquée d'Ahmed Shah (Swami Vivekananda Rd ; ⏲ aube-crépuscule). Cette mosquée au sud-ouest du fort de Bhadra, l'une des plus anciennes de la ville, fut érigée en 1414 pour le sultan et la noblesse dans la citadelle originelle d'Ahmedabad. Sa salle de prière est une forêt de piliers de pierre superbement sculptés, avec des *jali* aux fenêtres, et des coupoles dont l'intérieur aux sculptures très détaillées rappelle par sa symétrie les temples hindous et jaïns.

Mosquée de Rani Sipri (Astodia Gate Circle ; ⏲ aube-crépuscule). Cette petite mosquée sise près de la gare routière ST porte aussi le nom de Masjid-e-Nagira (Mosquée joyau), en raison de son architecture gracieuse aux minarets délicatement sculptés et de son mausolée à coupole orné de beaux *jali*. Elle fut érigée en 1514 à l'instigation de Rani Sipri, épouse hindoue du sultan Mahmoud Begada, qui y repose.

Mosquée de Sidi Bashir (⏲aube-crépuscule). Entre la gare ferroviaire d'Ahmedabad et Sarangpur Gate, la mosquée de Sidi Bashir, construite en 1452, est connue pour ses minarets "oscillants" (*jhulta minara*), hauts de 21,30 m et conçus pour résister aux séismes. Les sculptures des pierres de sa base sont particulièrement détaillées.

Mahmoud Begada, au milieu du XVᵉ siècle. Cet endroit plein de cachet servit de retraite à plusieurs souverains d'Ahmedabad. Il donne dans le quartier de Sarkhej, 8 km au sud-ouest du centre historique ; un aller-retour en auto-rickshaw depuis le centre-ville revient à environ 150 ₹. Profitez-en pour dîner au Vishalla (p. 686).

On trouve ici les mausolées de Mahmoud Begada (à l'entrée, avec des *jali* – écrans ajourés – dont les motifs géométriques en projettent de semblables sur le sol) et de Ganj Baksh (le plus grand du Gujarat).

Fort de Bhadra FORT

(Lal Darwaja ; ⏲aube-crépuscule). Bâti juste après la fondation d'Ahmedabad en 1411, ce fort abrite aujourd'hui des bureaux administratifs et un temple dédié à Kali. Sa porte imposante formait l'entrée de la citadelle d'Ahmedabad, laquelle s'étendait à l'ouest jusqu'au fleuve. Depuis le toit (prenez la porte de gauche), on peut voir le formidable ensemble et les rues environnantes. Entre le fort et **Teen Darwaja** (triple porte), à l'est de la porte, s'étendait le Maidan Shahi (place royale), où se déroulaient les défilés royaux et les matchs de polo. C'est désormais un marché animé.

Palais des filateurs ARCHITECTURE

(Mill Owners' Association Building ; www.atmaahd.com ; Ashram Rd ; ⏲10h-16h30 lun-ven, 10h-12h30 sam). GRATUIT Des quatre édifices d'Ahmedabad conçus par le célèbre architecte franco-suisse Le Corbusier, celui-ci est le plus saisissant. Une imposante rampe conduit au bâtiment, dont les façades est et ouest sont constituées de brise-soleil de béton inclinés, lesquels permettent à l'air de circuler tout en atténuant la lumière du jour. Des expositions temporaires sont organisées dans la mezzanine. Si vous souhaitez photographier le bâtiment, il vous faudra une autorisation.

Kalpana Mangaldas Museum MUSÉE

(⏲15h-17h30 mar-sam, 10h-13h30 et 15h-17h30 dim). GRATUIT Ce musée fait partie de la Shreyas Foundation ; y sont exposés des masques de fête, des jouets, de l'artisanat, des instruments de musique et, pour compléter le tout, un squelette d'éléphant. Entrée gratuite avec celle du Lokayatan Folk Museum.

NC Mehta Gallery MUSÉE

(University Rd ; ⏲10h30-17h30 mar-dim). GRATUIT Occupant le même bâtiment que le Lalbhai Dalpatbhai Museum (ci-dessous), cette institution réunit une importante collection de miniatures et de manuscrits enluminés. Le plus connu, le *Chaurapanchasika* (*Cinquante Poèmes d'un voleur d'amour*), fut écrit par Vilhana, un poète cachemiri du XIe siècle condamné à la pendaison pour avoir aimé la fille du roi. Avant son exécution, on lui accorda un ultime souhait : il choisit de réciter ces 50 poèmes, lesquels impressionnèrent tant le souverain qu'il lui accorda, au final, la main de sa fille.

Lalbhai Dalpatbhai Museum MUSÉE

(LD Museum ; www.ldmuseum.co.in ; University Rd ; ⏲10h30-17h30 mar-dim). GRATUIT Ce musée, qui fait partie du LD Institute of Indology, abrite des trésors de l'art indien médiéval, dont des divinités bouddhiques, hindoues ou jaïnes en pierre, marbre ou bronze, ainsi que quelque 75 000 manuscrits et miniatures jaïns. Une statue en grès du VIe siècle provenant du Madhya Pradesh est la plus ancienne image sculptée connue du dieu Rama.

Temple de Swaminarayan TEMPLE HINDOU

(Kalupur ; ⏲aube-crépuscule). Superbe édifice en bois sculpté aux couleurs éclatantes, le temple de Swaminarayan, édifié en 1822 dans la vieille ville, fut le premier temple de l'école hindoue de Swaminarayan. Pour les fidèles, le fondateur de l'école, Swaminarayan (1781-1830), était l'Être suprême. La visite historique guidée à pied (p. 683), qui commence ici à 8h, coïncide en principe avec une célébration au temple, quand chants et musique battent leur plein.

Musée des ustensiles de Vechaar MUSÉE

(www.vishalla.com ; Bye-Pass Rd ; Indien/étranger 15/50 ₹ ; ⏲14h-16h et 17h-22h30 mar-dim). Aménagé dans le restaurant Vishalla (p. 686), ce très bon musée, dévolu aux contenants et ustensiles de cuisine, expose plus de 4 500 objets de toute l'Inde, dont certains vieux d'un millénaire. Allez voir les énormes jarres à huile, les casse-noix aux formes callipyges et le prototype de samovar. À 7 km au sud-ouest du centre.

City Museum MUSÉE

(Sanskar Kendra, Bhagtacharya Rd ; ⏲10h-18h mar-dim). GRATUIT Occupant un des quatre bâtiments de la ville conçus par Le Corbusier, ce musée traite des communautés religieuses d'Ahmedabad, de Gandhi et de la lutte pour l'indépendance, et compte une très belle galerie photo ainsi que des œuvres de fameux artistes du cru. Au rez-de-chaussée, dans une section consacrée à l'histoire du cerf-volisme (né en Chine vers 200 av. J.-C.), sont exposés une centaine de cerfs-volants.

Toilet Garden MUSÉE

(Safai Vidyalaya, Ashram Rd ; ⏲10h-18h lun-sam). Juste à côté de l'ashram de Sabarmati (p. 679), ce jardin vaut le coup d'œil pour les schémas et maquettes de toilettes écologiques qui s'y trouvent exposés. Ishwardada Patel (surnommé *Mr Toilet*) a œuvré sa vie durant à promouvoir l'assainissement en Inde, où près de 40% de la population n'a toujours pas accès à des toilettes dignes de ce nom. Il avait pour autre objectif de libérer les trieurs d'ordures, de la caste des intouchables, de la tâche dangereuse et dégradante que constitue la vidange à la main des latrines.

Circuits organisés

Nirav Panchal CIRCUITS ORGANISÉS
(9825626387 ; nirupanchal@yahoo.co.in). Ce guide compétent conduit des circuits conçus sur mesure, allant de la visite à la journée d'Ahmedabad aux excursions de plusieurs jours à travers le Gujarat. Il parle parfaitement anglais et se débrouille assez bien en français. Contactez-le par téléphone ou e-mail pour les détails et les tarifs, en fonction de ce qui vous intéresse.

Saiyed Badrudin CIRCUITS CULTURELS
(7622884557, 9510225587 ; easywaysaiyed@gmail.com). Saiyed est un guide local chevronné, natif d'Ahmedabad, qui parle très bien anglais et organise volontiers des circuits en ville ciblés à la demande.

Heritage Walk À PIED
(9824032866 ; Swaminarayan Temple ; Indien/étranger 30/50 ₹ ; tlj à 8h). La municipalité d'Ahmedabad propose une très intéressante visite guidée à pied de la vieille ville. Menée chaque jour, elle commence à 8h (venez à 7h45) au temple de Swaminarayan (p. 682) à Kalupur et se termine à la Jama Masjid (p. 681) vers 10h30. La balade, à travers des ruelles étroites bordées de maisons en bois décrépites et ornées de sculptures, constitue un excellent moyen de découvrir la vieille ville et ses 600 *pol*, ou quartiers de ruelles avec cours communes, puits et *chabutara* (tours de nourrissage des oiseaux).

Les commentaires sont en anglais ; une brève projection de photos a lieu avant le départ. Portez des chaussures faciles à ôter, car vous visiterez de nombreux temples.

House of MG Walks À PIED
(079-25506946 ; House of MG, Lal Darwaja ; promenade matinale 350 ₹, nocturne 250 ₹ ; promenade matinale 7h30-9h30, nocturne 21h30-23h). L'hôtel House of MG propose deux intéressantes balades à pied avec guide. Une “Breakfast Walk”, proposée d'octobre à mars, aborde les principaux sites de la vieille ville et se termine à l'hôtel où un petit-déjeuner est servi. L'“Heritage Night Walk”, proposée toute l'année, tient d'un aperçu nocturne de certains quartiers historiques d'Ahmedabad, dont les marchés de Manek Chowk.

Fêtes et festivals

Uttarayan CULTURE
(Makar Sakranti ; 14-15 jan). Les 14 et 15 janvier, Ahmedabad accueille l'Uttarayan, fête traditionnelle des cerfs-volants qui attire des participants du monde entier. À cette occasion, le ciel est empli de cerfs-volants et la ville, de badauds.

Où se loger

La plupart des hôtels pour voyageurs au budget serré se concentrent dans le quartier bruyant et embouteillé de Lal Darwaja, près de la vieille ville. Les établissements des catégories moyenne et supérieure sont majoritairement situés dans Khanpur Rd (parallèle à la rive est de la Sabarmati), un secteur plus plaisant mais éloigné des principaux sites. Le cœur de la vieille ville compte également son lot de jolies propriétés anciennes.

Hotel Cadillac HÔTEL $
(079-25507558 ; Advance Cinema Rd, Lal Darwaja ; s/d à partir de 500-600 ₹). Cet hôtel accueillant, fondé en 1934, pourra convenir aux moins argentés. Il a conservé sa balustrade en bois et loue des chambres aux matelas bosselés, semblables à des cellules pour les plus petites, acceptables mais un peu sales pour les plus grandes. Essayez d'en obtenir une donnant sur le balcon.

Hotel Volga HÔTEL $$
(079-25509497 ; www.hotelvolga.in ; Hanuman Lane, près de Relief Rd, Lal Darwaja ; s/d 950/1 100 ₹, s avec clim 1 200-1 400 ₹ ;). Étonnamment plaisant, le Volga se cache

NAVRATRI ET DUSSEHRA

Navratri (fête des Neuf Nuits ; sept-oct) est célébrée dans tout le pays, mais le Gujarat possède sa propre version. Cette fête rend hommage à l'énergie féminine divine sous la forme des déesses Lakshmi, Sarasvati et Durga tuant le démon Mahishasura. Les célébrations se déroulent dans des sanctuaires spécialement installés aux carrefours, sur les marchés et dans de grandes salles pouvant accueillir des milliers de participants. Les gens s'habillent de vêtements chamarrés pour danser toute la nuit en cercles le *garba* ou le *dandiya rasa*. La nuit suivante, **Dussehra** (oct) célèbre la victoire de Rama sur Ravana avec danses et feux d'artifice, et destruction sur le bûcher d'effigies géantes de Ravana.

TARIFS DES HÉBERGEMENTS

Les gammes de prix valent pour une chambre double avec sdb, taxes comprises :

$ moins de 800 ₹

$$ 800-2 500 ₹

$$$ plus de 2 500 ₹

dans une ruelle derrière l'House of MG. Il dispose de chambres propres et attrayantes, dont beaucoup ont été refaites récemment, avec des têtes de lit incurvées ou capitonnées et un éclairage d'ambiance. Réception accueillante et efficace ; *check-out* selon l'heure d'arrivée (location des chambres pour 24 heures) ; plats internationaux corrects en *room service* (95-175 ₹) sur commande.

Hotel Good Night HÔTEL **$$**

(079-25507181 ; www.hotelgoodnight.co.in ; Lal Darwaja ; s/d à partir de 1 700/1 900 ₹ ;). Cet établissement bien tenu, voisin de l'House of MG, loue des chambres de plusieurs catégories, la plupart fraîchement rénovées et d'un blanc éclatant. Les *executive*, haut de gamme, se distinguent par leur côté bohème ; celles de la catégorie *economy*, au rez-de-chaussée, peuvent se révéler confinées. L'établissement a l'atout d'un emplacement central, mais les climatiseurs et ventilateurs y fonctionnent à grand bruit.

♥ **Deewanji Ni Haveli** HÔTEL HISTORIQUE **$$$**

(079-22140830 ; www.cityhc.org ; face à Ganga Dhiya ni Pol, Sankadi Sheri, Manek Chowk ; ch 2 970-5 515 ₹ ;). La tendance est à la rénovation des bâtiments anciens d'Ahmedabad. Ainsi ce superbe *haveli*, vieux de 250 ans, a-t-il été minutieusement restauré. Autour d'une cour paisible, ses chambres luxueuses – murs en stuc, poutres en bois massif et meubles anciens – en font l'un des hébergements les plus évocateurs de la vieille ville. Très bon petit-déjeuner inclus.

♥ **House of MG** HÔTEL HISTORIQUE **$$$**

(079-25506946 ; www.houseofmg.com ; Lal Darwaja ; s/d à partir de 4 400/4 600 ₹, ste à partir de 9 900 ₹, avec petit-déj ;). Érigée en 1920, l'ancienne demeure du magnat du textile Sheth Mangaldas Girdhardas a été transformée en un hôtel splendide, avec 2 excellents restaurants, par son arrière-petit-fils. Les chambres, vastes, superbement décorées et bordées d'une véranda, sont à la fois luxueuses et douillettes. Service irréprochable, magnifiques piscine couverte et salle de sport. Réductions possibles sur les réservations effectuées en ligne.

Ne manquez pas les galeries de tissus anciens au 1er niveau. Vous pourrez aussi acheter des objets artisanaux d'excellente facture à la boutique, sur place, ainsi que des beaux livres sur les tissus, l'histoire ou la culture de l'Inde. L'hôtel propose également trois très bonnes visites guidées à pied (p. 683), ouvertes à tous.

French Haveli CHEZ L'HABITANT **$$$**

(9978910730, 9016430430 ; www.frenchhaveli.com ; face au temple jaïn, Khida Sheri, Dhal-ni-pol, Astodia Chakra ; ch 2 500-4 300 ₹, ste 5 700 ₹ ;). Au cœur d'un des *pol* (micro-quartiers) de la vieille ville, voici une demeure historique gujaratie joliment restaurée, vieille de 150 ans, avec 5 chambres personnalisées. L'Agaashi, au 2e niveau, dispose de sa propre terrasse, et la suite Mahajan est la plus spacieuse. L'excellent petit-déjeuner est compris. Déconseillé aux personnes à mobilité réduite, car les escaliers sont raides.

Mangaldas Ni Haveli BOUTIQUE-HÔTEL **$$$**

(www.houseofmg.com ; Sankadi Sheri, Manek Chowk ; ch 6 000 ₹ ;). Gérées par House of MG, les 6 chambres de cet hôtel de charme donnent sur une cour au calme et un patio en mezzanine avec des balancelles gujaraties traditionnelles. Chacune est personnalisée suivant un thème animalier illustré au moyen de pochoirs ; les chambres "vache" sont les plus spacieuses. On a une belle vue sur le *pol* depuis la terrasse en étage, et le restaurant sert une cuisine du Gujarat de type fast-food.

Diwan's Bungalow HÔTEL HISTORIQUE **$$$**

(079-25355428 ; www.neemranahotels.com ; MB Kadri Rd ; ch 5 900-8 800 ₹ ;). Dans un quartier animé à 10 minutes de marche du fort de Badra, cette demeure du XIXe siècle restaurée affiche une élégance sans ostentation. Le hall et la salle à manger ont conservé des lustres d'époque et la terrasse intérieure ouvre sur une cour-jardin. Toutes différentes, les grandes chambres, aménagées avec goût, allient équipements modernes et cachet ancien.

Où se restaurer

Ahmedabad affiche la plus belle variété de restaurants de l'État : on y trouve de tout, des *thali* gujaratis et des curries *mughlai* à la cuisine moléculaire. On trouve d'excellents stands de cuisine de rue et des gargotes dans la vieille ville, des marchés de nuit à Manek Chowk et Law Garden, et des restaurants plus chics, en particulier dans la moitié ouest de la ville et dans les hôtels.

♥ Bhatiyar Gali INDIEN **$**
(Khaas Bazaar, Lal Darwaja ; plats à partir de 30 ₹ ; ⏲12h-1h). L'étroite "allée des Cuisiniers" et les ruelles adjacentes s'animent vraiment le soir venu, lorsque s'ouvrent des stands et gargotes où se mitonnent des plats délicieux. Bera Samosa propose de très bons petits samosas à la viande, assez relevés, et des boulettes de viande frites ; Bari Handa, des ragoûts mijotés toute la nuit dans des fours de terre cuite. Leurs brochettes épicées sont aussi très bonnes. Juste à l'est de Teen Darwaza.

♥ Ratri Bazaar MARCHÉ **$**
(Manek Chowk ; plats à partir de 40 ₹ ; ⏲19h30-1h30). Voici, de loin, le marché de nuit le plus fréquenté de la ville. Très populaires sont le stand de *dosa*, où ces crêpes d'Inde du Sud peuvent être accommodées de nombreuses garnitures différentes, ainsi que les stands de *biryani*, les *kulfi* d'Asharfi Kulfi et la pizza *Cadbury* (base croustillante avec chocolat fondu et fromage).

Darbar Samosa Center GUJARATI **$**
(Gheekanta Rd, face à Navtad Ni Pol, Vishwa Karma Bhuwan ; 12 samosas 45 ₹ ; ⏲9h-20h30). Plusieurs établissements de cette ruelle, dont celui-ci, particulièrement excellent, se sont fait spécialité du *navtad ni samosa* – un petit samosa de légumes fourré de légumes secs, de pomme de terre ou de pois, servi soit avec une sauce aigre-douce soit avec une sauce épicée aux pois chiches. Un régal !

Gopi Dining Hall GUJARATI **$$**
(près de Pritamraj Rd ; thali 210-300 ₹ ; ⏲10h30-15h30 et 18h30-22h30 ; ❄). Près de l'extrémité ouest d'Ellis Bridge, ce petit restaurant est réputé pour ses *thali*, à savourer dans un petit jardin ou dans une salle climatisée. Choisissez les "fix", "full" (à volonté) ou "with one sweet" (avec un dessert), selon votre appétit.

WoW Mughlai Handi & BBQ Grill INDE DU NORD **$$**
(☎079-30257202 ; www.wowrestaurant.co.in ; Rangoli Complex, Ashram Rd, Ellis Bridge ; plats à partir de 140 ₹ ; ⏲12h-15h et 19h-23h ; ❄). Si son décor, sur le thème des "7 merveilles du monde", est un peu mièvre, l'endroit n'en prépare pas moins des curries *mughlai* riches et parfumés, et de goûteuses grillades. Le soir, grillez vous-même votre viande sur la terrasse extérieure, au 2ᵉ niveau.

Hotel ZK INDIEN, CHINOIS **$$**
(Relief Rd, Lal Darwaja ; plats 190-300 ₹ ; ⏲11h-23h30 ; ❄). Ce restaurant non végétarien et climatisé, avec fenêtres teintées, éclairage tamisé et service impeccable, fait partie des tables réputées. Le mouton *kadhai* est succulent. Les grillades et le curry d'agneau à l'afghane sont également recommandés.

♥ Nautanki – Gastronomical Drama INDIEN MODERNE **$$$**
(☎079-65555560 ; www.nautankiamd.com ; Dr Vikram Sarabhai Marg, face à ATIRA près de l'IIM-Ahmedabad ; plats 450-850 ₹, menu dégustation 1 350 ₹ ; ⏲12h-15h et 19h-23h ; ❄). Cet établissement d'avant-garde repousse les limites de la gastronomie à Ahmedabad avec ses expériences en cuisine moléculaire

LA CUISINE GUJARATIE

Notamment du fait de l'influence des jaïns, la cuisine végétarienne règne en maître au Gujarat. Le *thali* végétarien, plus doux, plus léger, moins épicé et moins gras que le *thali* punjabi, constitue le repas local par excellence. Pour les Gujaratis – réputés très exigeants en matière de nourriture –, c'est incontestablement le meilleur du monde ! Sur un grand plateau en inox, du riz côtoie de nombreux petits plats et condiments : curries, chutneys, pickles, dhals, *kadhi* (yaourt et farine de pois chiches), *raita*, *roti*, *khichdi* (riz et lentilles légèrement épicés), *farsan* (bouchées salées), salade et un ou deux desserts. Un *lassi* accompagne souvent le repas. Dans la plupart des restaurants de *thali*, les serveurs renouvellent les plats jusqu'à ce qu'on les refuse, et ne servent le riz et/ou le *khichdi* qu'une fois les *roti* terminés.

et sa réinvention de classiques au moyen de techniques modernes. Le menu dégustation vaut la dépense, et se révèle une belle entrée en matière pour les novices, avec ses *panipuri* déconstruits, son *biryani* de mouton riche de saveur et d'excellents desserts.

Vishalla INDIEN $$$
(☎079-26602422 ; www.vishalla.com ; Bye-Pass Rd ; déj 340 ₹, dîner 670 ₹ ; ⊙11h-15h et 19h30-23h). Au sud-ouest de la ville, Vishalla est un restaurant d'extérieur magique, au décor rural éclairé à la lanterne. Son immense *thali* de plats du Gujarat, que vous ne trouverez nulle part ailleurs, est servi sur des feuilles, à des tables basses en bois, sous des auvents. Le dîner est agrémenté de musique traditionnelle, de danse et d'un spectacle de marionnettes. Depuis le centre d'Ahmedabad, un auto-rickshaw coûte 150 ₹ l'aller-retour environ.

Agashiye GUJARATI $$$
(☎079-25506946 ; www.houseofmg.com ; House of MG, Lal Darwaja ; repas classique/deluxe 770/1 050 ₹ ; ⊙12h-15h30 et 19h-22h30). Occupant le toit-terrasse du plus bel hôtel historique de la ville, l'Agashiye propose un menu végétarien qui change tous les jours. Celui-ci commence par un verre de bienvenue, se poursuit par un voyage culturel autour du *thali* traditionnel, avec une multitude de plats, et s'achève par une glace maison. Mieux vaut réserver pour le dîner.

Achats

Hansiba ARTISANAT
(8 Chandan Complex, CG Rd ; ⊙11h-21h lun-sam, 11h30-19h30 dim). La Self-Employed Women's Association (SEWA) vend dans cette boutique ses productions : châles brodés ou tissés colorés, saris, tuniques pour femmes superbement brodées et tapisseries.

Manek Chowk ARTISANAT
(Manek Chowk ; ⊙aube-crépuscule). Ce secteur animé et les rues étroites alentour forment le centre marchand de la vieille ville. Mêlez-vous à la foule pour savourer l'ambiance et fureter parmi les stands de légumes, de sucreries, d'argenterie ou de tissus.

Gamthiwala TEXTILES
(Manek Chowk ; ⊙11h-19h lun-sam). Dans la vieille ville, près de l'entrée du mausolée d'Ahmed Shah, cette boutique propose de beaux textiles imprimés au tampon de bois.

PERMIS POUR L'ALCOOL

Au Gujarat, l'alcool est officiellement prohibé, car Gandhi en désapprouvait les méfaits. Néanmoins les étrangers peuvent facilement se procurer, sur présentation d'un passeport, un permis pour l'alcool valable un mois, délivré gratuitement à l'aéroport ou, moyennant une somme modique, dans les magasins de spiritueux des grands hôtels – il est question de le proposer sur Internet. Ce document donne droit à deux unités pour le mois entier, soit 20 bouteilles de bière standard ou 2 bouteilles d'alcool de 75 cl, à consommer à l'abri des regards.

Bandhej MODE ET ACCESSOIRES
(www.bandhej.com ; Shree Krishna Centre, Netaji Rd). Saris traditionnels ou modernes, tuniques brodées, accessoires et cadeaux – tous faits main par d'excellents artisans de tout le pays avec des matériaux écoresponsables. Très jolis objets en verre d'Ahmedabad également.

Nidus CADEAUX ET SOUVENIRS
(☎079-26623692 ; National Institute of Design, Paldi ; ⊙11h-19h lun-sam). Cette boutique de cadeaux du campus du NID (National Institute of Design) propose un bel ensemble de créations indépendantes d'étudiants ou d'anciens élèves de l'Institut. On y a le choix entre bijoux originaux, vaisselle originale, couverts, jouets, vêtements, sacs en cuir ou atypiques articles de papeterie.

Gramshree ARTISANAT
(☎079-22146530 ; www.gramshree.org ; 4e niv., Shopper's Plaza, CG Rd ; ⊙8h-20h). Jolis cadeaux faits à la main, allant, entre autres, des housses d'oreillers brodées aux sandales de cuir traditionnelles en passant par les vêtements, les accessoires et les articles de papeterie. Gramshree est une association de terrain active, qui soutient plus de 500 femmes des bidonvilles ou des campagnes et investit dans divers programmes communautaires.

Crossword LIVRES
(Shree Krishna Centre, Netaji Rd ; ⊙10h30-21h). Une grande librairie animée, avec un bon choix de guides Lonely Planet, des cartes régionales et autres guides (les anglophones trouveront ici le *101 Things to Do in Ahmedabad*).

Renseignements

Apollo City Center (☎079-66305800 ; www.apolloahd.com ; 1 Tulsibaug Society). Un petit hôpital privé recommandé, en face de la Doctor House, près de Parimal Garden.

Bureau de poste principal (Ramanial Sheth Rd ; ⊙10h-19h30 lun-sam, 10h-13h dim). Services postaux.

Comptoir touristique (Tourism Desk ; ☎079-32520878 ; Law Garden ; ⊙10h30-18h lun-sam, fermé 2e et 4e sam du mois). Le bureau de l'Ahmedabad Municipal Corporation dispose de plans de la ville et s'efforce de répondre aux questions.

Gujarat Tourism (☎079-26578044 ; www.gujarattourism.com ; HK House, près d'Ashram Rd ; ⊙10h30-18h lun-sam, fermé 2e et 4e sam du mois). Toutes sortes de renseignements et location de voitures avec chauffeur. Annexe à la gare ferroviaire d'Ahmedabad.

ICICI Bank (Ashram Rd, 2/1 Popular House ; ⊙9h-18h lun-ven). Change les devises et les chèques de voyage.

State Bank of India (Lal Darwaja ; ⊙11h-16h lun-ven, 11h-13h sam). Change les devises et les chèques de voyage.

Depuis/vers Ahmedabad

AVION

L'**aéroport international** d'Ahmedabad (www.ahmedabadairport.com) est à 9 km au nord du centre-ville. Air India, IndiGo, Jet Airways, SpiceJet et GoAir desservent les villes indiennes suivantes :

RÉSERVER UN BUS

Aujourd'hui, les usagers des bus de la Gujarat State Road Transport Corporation (GSRTC, ST) réservent de plus en plus souvent leurs places. On peut théoriquement le faire sur www.gsrtc.in. Toutes nos tentatives pour acheter des billets sur Internet à partir d'un ordinateur ont été vaines, mais nous y sommes parvenus en utilisant un smartphone muni d'une carte SIM indienne (également très utile pour consulter les horaires des lignes de bus). Si vous ne disposez pas de l'équipement nécessaire, sachez que de nombreuses gares routières ont un portail de réservation en ligne. Bien que la démarche n'ait rien d'obligatoire, elle évite maints désagréments sur certains itinéraires.

DESTINATION	TARIF	DÉPARTS
Bengaluru	3 380 ₹	7/jour
Chennai	3 095 ₹	7/jour
Delhi	2 300 ₹	22/jour
Goa	2 460 ₹	3/jour
Hyderabad	1 829 ₹	5/jour
Jaipur	2 778 ₹	tlj
Kolkata	2 942 ₹	2/jour
Mumbai	1 050 ₹	30/jour

Etihad Airways et Jet Airways opèrent des vols vers Abu Dhabi.

BUS

Les bus privés en provenance du nord peuvent vous déposer dans Naroda Rd, à 7 km au nord-est du centre-ville. Un auto-rickshaw pour le reste du trajet revient à environ 70-80 ₹.

De la **gare routière ST** (Gita Mandir Rd), aussi appelée Gita Mandir ou Astodia, 1 km au sud-est de Lal Darwaja, les villes suivantes sont notamment desservies par les bus de la compagnie d'État :

DESTINATION	TARIF	DURÉE	DÉPARTS
Bhavnagar	123 ₹	3 heures 45	17/jour
Bhuj	188 ₹	6 heures 45	28/jour, beaucoup le soir
Diu	207 ₹	9 heures	tlj à 8h
Jaipur	502 ₹	12 heures	3/jour
Jamnagar	171 ₹	7 heures	16/jour, matin et soir
Jodhpur	362 ₹	8 heures 30	5/jour
Junagadh	176 ₹	7 heures 30	26/jour
Rajkot	136 ₹	5 heures 30	toutes les 30 min
Udaipur	220 ₹	5 heures 30	10/jour
Vadodara	89 ₹	2 heures 30	toutes les 30 min

Pour les longs trajets, les bus privés sont plus confortables et plus rapides ; leurs compagnies sont pour la plupart proches de la gare routière de Paldi Char Rasta. **Patel Tours & Travels** (☎079-26576807 ; www.pateltoursandtravels.com ; Paldi Char Rasta, Paldi Rd) propose des bus Volvo climatisés vers Rajkot (450 ₹, 4 heures, 1/heure), Jamnagar (600 ₹, 6 heures, 1/heure) et Mumbai (couchette 1 000 ₹, 11 heures), plus des bus non climatisés vers Mumbai (siège/couchette 800/1 000 ₹, 15h-22h) et Bhuj (6/jour, sans clim siège/couchette 300/450 ₹, avec clim siège/couchette 400/550 ₹). **Shree Swaminarayan** (☎079-26576544 ; www.

PRINCIPAUX TRAINS AU DÉPART D'AHMEDABAD

DESTINATION	NUMÉRO ET NOM DU TRAIN	TARIF (₹)	DURÉE	DÉPARTS
Bhavnagar	12971 *Bandra-Bhavnagar Exp.*	240/560/760 ₹ (A)	5 heures 30	5h15
Bhuj	19115 *Sayaji Nagari Exp.*	235/625/880 ₹ (A)	7 heures 15	23h59
Delhi (NDLS)	12957 *Rajdhani*	N/A/2 049/1 445 ₹ (B)	14 heures	17h40
Delhi (DLI)	12915 *Ashram Exp.*	485/1 270/1 810/3 060 ₹ (C)	15 heures 45	18h30
Jaipur	14312 *Ala Hazrat Exp.*	350/950/1 355 ₹ (A)	12 heures 15	20h20
Jamnagar	22945 *Saurashtra Mail*	225/600/850/1 405 ₹ (C)	6 heures 30	5h55
Junagadh	22957 *Somnath Exp.*	230/615/865 ₹ (A)	6 heures 15	22h10
Mumbai	12010 *Shatabdi*	780/1 655 ₹ (D)	6 heures 45	14h40 (lun-sam)
Mumbai	12902 *Gujarat Mail*	325/830/1 160/1 950 ₹ (C)	8 heures 30	22h
Vadodara (Baroda)	12010 *Shatabdi*	330/670 ₹ (D)	1 heure 45	14h40 (lun-sam)

Tarifs : (A) *sleeper*/3AC/2AC ; (B) 3AC/2AC/1AC ; (C) *sleeper*/3AC/2AC/1AC ; (D) AC Chair/*exec.*

sstbus.in ; 22 Anilkunj Complex) dessert Diu avec des bus non climatisés (siège/couchette 300/400 ₹, 10 heures, 22h15). **Gujarat Travels** (☎079-26575951 ; www.gujarattravels.co.in ; Paldi Char Rasta, Paldi Rd) dessert Mount Abu (siège/couchette 460/510 ₹, 7 heures, départ à 7h, 23h et 23h25).

La **gare routière des bus locaux de Lal Darwaja** dessert différentes destinations autour de la ville et de ses environs ; les bus les plus utiles pour les touristes vont à Gandhinagar.

TRAIN

Il y a une **billetterie ferroviaire informatisée** (⏲8h-20h lun-sam, 8h-14h dim) à l'extérieur de la gare ferroviaire principale d'Ahmedabad, la plus pratique. Le guichet 6 gère les places allouées aux touristes étrangers. De nombreux trains quotidiens desservent les villes ici listées (notamment Mumbai) ; nous avons sélectionné les horaires les plus pratiques.

ℹ Comment circuler

L'aéroport est situé à 9 km au nord du centre-ville ; un taxi prépayé devrait coûter environ 600 ₹, selon votre destination. Comptez 250 ₹ en auto-rickshaw jusqu'à la vieille ville.

Les chauffeurs d'auto-rickshaws sont censés mettre leur compteur à zéro au début du trajet et calculer le tarif à la fin, mais très peu acceptent de le faire pour les étrangers : négociez donc avant le départ. Des petits trajets en ville doivent coûter 30-40 ₹, et pas plus de 50 ₹ entre la gare ferroviaire et Lal Darwaja.

Environs d'Ahmedabad

Nalsarovar Bird Sanctuary

Cette **réserve ornithologique** (www.nalsarovar.com ; Indien/étranger 40/600 ₹, voiture 20 ₹, appareil photo/caméra 100/2 500 ₹ ; ⏲6h-18h) d'une superficie de 121 km², à 60 km au sud-ouest d'Ahmedabad, protège le lac Nalsarovar, une étendue d'eau ponctuée d'îles dont le bleu se confond avec le ciel et les plaines, ainsi que les marécages qui l'entourent. De novembre à février, quelque 250 espèces d'oiseaux endémiques et migrateurs s'y rassemblent. Pour les voir, il vaut mieux louer un bateau (autour de 200 ₹/heure, à négocier). Canards, oies, aigles, spatules, grues, pélicans et flamants sont surtout visibles au lever ou au coucher du soleil ; il vaut donc la peine de passer la nuit dans l'une des **tentes de luxe** (☎9427725090 ; s/d 1 300/1 800 ₹ ; ❄) montées par Gujarat Tourism, à 1,5 km du lac. La réserve est prise d'assaut le week-end et durant les vacances, et l'on gagne à l'éviter en ces périodes. Il n'est possible de s'y rendre que par ses propres moyens. D'Ahmedabad, la journée d'excursion en taxi revient à 4 500 ₹ ; elle permet de combiner, par exemple, le Nalsarovar au site de Lothal, à 40 km au sud.

Lothal

À 80 km au sud-ouest d'Ahmedabad, la cité qui se dressait sur ce **site archéologique** (aube-crépuscule) il y a 4 500 ans était l'une des plus importantes de la civilisation de la vallée de l'Indus, laquelle s'étendait jusqu'au Pakistan actuel. Les fouilles ont mis au jour le plus vieux quai artificiel connu au monde, relié à un ancien lit de la Sabarmati. Des sceaux découverts sur le site laissent penser que la cité commerçait avec la Mésopotamie, l'Égypte et la Perse. Il est difficile d'accéder au site sans être motorisé et il vous faudra beaucoup d'imagination pour imaginer ce lieu autrement qu'à l'état de ruines.

Le **Palace Utelia** (9825012611 ; Utelia ; ch à partir de 6 000 ₹ ;), à 7 km du site archéologique, près de la rivière Bhugavo, domine le village de toute sa taille. Meublées d'ancien, les vastes et sombres chambres sont trop chères, mais l'endroit compense par le charme ce qu'il lui manque de confort.

Lothal peut se visiter en une longue journée d'excursion depuis Ahmedabad, plus facilement avec un taxi (environ 4 600 ₹ aller-retour). Cinq trains quotidiens partent de la gare de Gandhigram à Ahmedabad vers celle de Lothal-Bhurkhi (siège 2e classe 20 ₹, 1 heure 30 à 2 heures 30), à 6 km du site, d'où vous pourrez prendre un des rares bus. Emportez de l'eau et des provisions.

Modhera

Le **temple du Soleil** (Sun Temple ; Indien/étranger 15/200 ₹ ; 9h-17h), édifié en 1026-1027 par le roi Bhimdev Ier, est l'un des plus beaux monuments de la dynastie Solanki, dont les souverains étaient tenus pour des descendants du soleil. À l'instar du temple du Soleil de Konark dans l'Odisha, construit 200 ans plus tard, le temple de Modhera fut conçu de sorte que le soleil levant éclaire l'effigie de Surya lors des équinoxes. Devant le temple, le Surya Kund, un splendide *baoli* rectangulaire, renferme plus d'une centaine de sanctuaires. Chaque année, vers le 20 janvier, le temple accueille un festival de danse classique de 3 jours (p. 677), où se produisent des danseurs de tout le pays.

Modhera se trouve à 100 km au nord-ouest d'Ahmedabad. Vous pourrez prendre un bus (76 ₹, 2 heures, toutes les 30 min) à la gare routière ST d'Ahmedabad pour Mahesana (Mehsana), puis un autre pour Modhera (34 ₹, 1 heure), à 26 km à l'ouest. Des trains relient également Ahmedabad et Mahesana. Beaucoup plus simple, l'aller-retour en taxi au départ d'Ahmedabad revient autour de 3 800 ₹, visite de Patan incluse.

> VAUT LE DÉTOUR
>
> ### PUITS À DEGRÉS D'ADALAJ VAV
>
> L'**Adalaj Vav** (Adalaj Vav ; aube-crépuscule), à 19 km au nord d'Ahmedabad, compte parmi les plus beaux *baoli* du Gujarat. Construit en 1499 par la reine Rudabai, il comporte trois entrées qui mènent à une immense plateforme soutenue par 16 piliers, avec un sanctuaire à chaque angle. Le puits octogonal à 5 niveaux est orné de ravissantes sculptures, dont les sujets varient de l'érotisme aux scènes bucoliques. D'Ahmedabad, l'aller-retour en auto-rickshaw coûte 550 ₹.

Patan

À 130 km au nord-ouest d'Ahmedabad, Patan fut la capitale du Gujarat pendant six siècles avant la fondation d'Ahmedabad en 1411. Mise à sac par les armées d'Ala ud-Din Khalji vers 1300, c'est aujourd'hui une ville poussiéreuse et peu visitée, aux rues étroites bordées de maisons en bois travaillé.

Patan est réputée pour ses superbes soieries *patola*, fabriquées selon la méthode laborieuse du double *ikat* – les fils de chaîne et de trame sont teints suivant la technique du *tie-dye* pour créer les motifs avant le tissage. Il faut environ six mois pour fabriquer un sari, lequel peut coûter jusqu'à 180 000 ₹.

À voir

Rani-ki-Vav SITE HISTORIQUE

(Indien/étranger 15/200 ₹ ; 9h-17h). Seul vestige de la splendeur passée de Patan, le *baoli* le plus ancien et le plus splendide du Gujarat, très bien conservé, fut construit en 1063 par Rani Udayamati en mémoire de son époux, Bhimdev Ier. Un escalier descend vers les multiples niveaux que bordent des piliers gravés et plus de 800 sculptures, dont beaucoup d'avatars de Vishnu, ainsi que de superbes motifs géométriques. Le site est indiqué dans la partie nord-ouest de la ville.

VAUT LE DÉTOUR

FOIRE DE VAUTHA

Chaque année en novembre, la plus grande **foire au bétail** du Gujarat se tient à Vautha, au confluent de la Sabarmati et de la Vatrak, 50 km au sud d'Ahmedabad. Des milliers d'ânes, dromadaires ou vaches changent de main, et près de 25 000 personnes – dont de nombreux bergers Maldhari – y campent plusieurs jours de long pour acheter, vendre, manger, danser et faire des pujas (offrandes rituelles) au coucher du soleil dans la rivière. Contactez l'office du tourisme du Gujarat pour en connaître les dates exactes.

Patan Patola Heritage ATELIER

(☎02766-232274 ; www.patanpatola.com ; Patola House, Kalika Rd ; Indien/étranger 10/100 ₹ ; ⏲10h-18h). Tenu par la famille Salvi, maintes fois récompensée, ce musée construit à cette fin est un bel endroit pour voir le tissage des *patola*. Les Salvi ont pour spécialité le tissage en double *ikat* (procédé apporté d'Asie du Sud-Est par leurs ancêtres) depuis le XIe siècle. À l'intérieur, on vous fera une démonstration sur le métier et vous comparerez la méthode familiale à d'autres tissages en simple *ikat* du monde entier, de l'Ouzbékistan et du nord de la Thaïlande à la Hollande, le tout joliment exposé.

Les Salvi utilisent essentiellement des colorants naturels comme l'indigo et le curcuma. Leurs saris de soie tissés à la main commencent à 180 000 ₹ environ (2 500 $US) et peuvent coûter jusqu'à trois fois plus, selon le motif. Il y a trois ans d'attente ! Ils peuvent aussi faire des tissages en simple *ikat*, beaucoup plus abordables et rapides à confectionner.

À l'étage, vous pourrez voir une démonstration d'un art moins ancien mais très intéressant : le papier découpé.

Panchasara Parshvanath TEMPLE JAÏN

(Hemchandracharya Rd). Le plus grand de la centaine de temples jaïns présents à Patan saisit par sa profusion de dômes et de sculptures religieuses.

Où se loger et se restaurer

Apple Residency HÔTEL $$

(☎02766-297033 ; www.appleresidency.co.in ; Panchvati Complex ; s/d à partir de 1 045/1 375 ₹ ; ❄📶). Enfin un hôtel recommandable à Patan ! Non loin de la gare, et fort des mêmes propriétaires que Food Zone (ci-dessous), cet établissement soigné plaît aux voyageurs avec ses chambres impeccables dans des tons neutres de crème et de brun, ses sdb modernes et ses TV à écran plasma.

Food Zone INDIEN $

(plats 90-170 ₹ ; ⏲11h-15h et 19h-23h ; ❄). Cet endroit proche de la gare, où l'on s'assied dans des box modernes, sert de très bons *thali* ainsi qu'un mélange de cuisine du Gujarat, d'Inde et de Chine.

Depuis/vers Patan

Patan est à 40 km au nord-ouest de Mahesana. Des bus partent de la gare routière ST à Ahmedabad environ toutes les heures (99 ₹, 3 heures-3 heures 30). Des bus circulent depuis/vers Zainabad (74 ₹, 2 heures 30, 4/jour), via Modhera. Une journée d'excursion en taxi privé depuis Ahmedabad coûte environ 3 800 ₹ ; combinez la visite avec celle du temple du Soleil à Modhera.

Vadodara (Baroda)

☎0265 / 1,72 MILLION D'HABITANTS

Vadodara (ou Baroda) est à 106 km au sud-est d'Ahmedabad, à un peu plus d'1 heure de route par la National Expressway 1. La ville compte plusieurs sites intéressants, mais un détour se justifie surtout par la proximité de Champaner et Pavagadh (p. 693), classés au Patrimoine mondial. Vadodara est bien plus calme qu'Ahmedabad ; dans certains secteurs du quartier de Sayajigunj, près de l'université, on profite de l'ambiance d'une petite ville étudiante.

Après que les Marathes eurent expulsé les Moghols du Gujarat au XVIIIe siècle, leurs dirigeants locaux, le clan des Gaekwad, firent de Vadodara leur capitale. Celle-ci conserva un haut degré d'autonomie, même sous les Britanniques, et jusqu'à l'indépendance en 1947. Le maharaja Sayajirao III (1875-1939), grand modernisateur, jeta les bases de la réputation actuelle de Vadodara comme capitale culturelle du Gujarat. Il a laissé derrière lui, entre autres, le site le plus important de la ville : son palais.

À voir

Palais de Laxmi Vilas PALAIS

(Nehru Rd ; Indien/étranger 225/400 ₹ ; ⏲10h-17h mar-dim). Le Laxmi Vilas, où vit toujours la

Vadodara (Baroda)

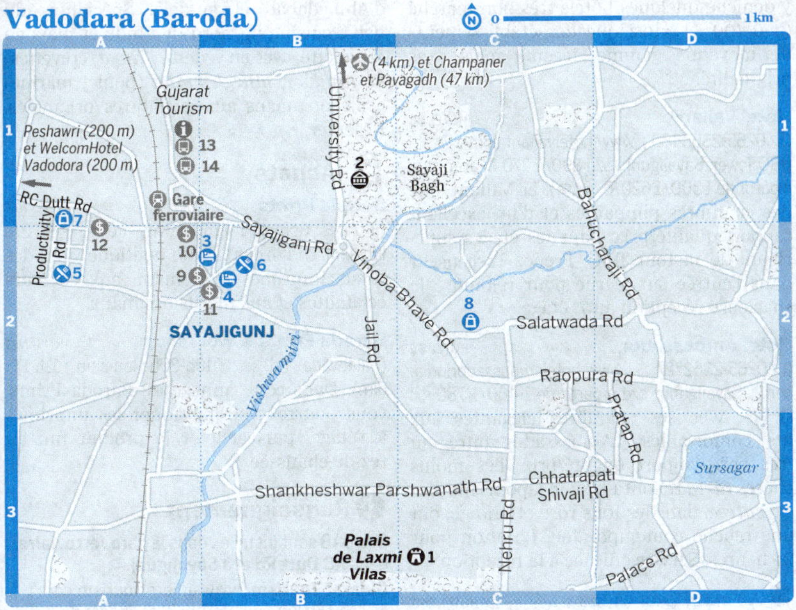

Vadodara (Baroda)

Les incontournables
1 Palais de Laxmi Vilas C3

À voir
2 Baroda Museum & Picture Gallery B1

Où se loger
3 Hotel Ambassador B2
4 Hotel Valiant B2

Où se restaurer
5 Aamantran A2
6 Kalyan B2

Achats
7 Baroda Prints A1
8 Baroda Prints & Workshop C2

Renseignements
9 DAB de la Bank of Baroda A2
10 DAB de la HDFC A2
11 ICICI Bank B2
12 DAB de la State Bank of India A2

Transports
13 Gare routière ST A1
14 Sweta Travels A1

famille royale de Vadodara, fut construit au XIXe siècle dans le style indo-sarracénique. C'est le palais le plus grandiose de l'ère du Raj au Gujarat, avec un intérieur très orné, où on trouve des mosaïques, des lustres et des œuvres d'art bien préservés, ainsi qu'une très belle collection d'armes. Il est situé dans un vaste domaine aux allures de parc, qui comprend un golf. Un audioguide (1 heure) est inclus dans le prix du billet.

Un hôtel historique pourrait y voir le jour.

Baroda Museum & Picture Gallery MUSÉE
(Sayaji Bagh ; Indien/étranger 10/200 ₹ ; 10h30-17h). Dans le parc Sayaji Bagh, ce musée présente une collection variée, rassemblée en grande partie par le maharaja Sayajirao III, avec des statues et des sculptures de différentes régions d'Asie, de beaux ivoires sculptés d'Inde, du Japon et de Chine, une modeste salle égyptienne avec une momie, et tout un étage d'animaux empaillés ou conservés dans du formol. La galerie présente de jolies miniatures mogholes, ainsi qu'une série disparate et mal éclairée de maîtres européens ; préférez leur la petite galerie d'art contemporain.

Où se loger

La plupart des hébergements se trouvent dans le quartier central de Sayajigunj ; on y déniche quelques hôtels très bon marché (250-400 ₹), ainsi que des établissements de moyenne gamme décents mais sans originalité.

Hotel Valiant HÔTEL $$
(☎0265-2363480 ; www.hotelvaliant.com ; 7e ét., BBC Tower, Sayajigunj ; s/d 890/1 270 ₹, avec clim à partir de 1 300/1 620 ₹ ; ❄📶). Le Valiant loue des chambres pimpantes et d'un excellent rapport qualité/prix, dans les étages supérieurs de la tour BBC. Prenez l'ascenseur dans l'entrée sur la rue pour rejoindre la spacieuse réception au 7e étage.

Hotel Ambassador HÔTEL $$
(☎0265-2362727 ; www.hotelambassadorindia.com ; Sayajigunj ; s/d à partir de 1 460/1 780 ₹ ; ❄📶). Avec ses chambres élégantes aux lits confortables, l'Ambassador offre un très bon rapport qualité/prix. Les moins chères (*deluxe*) ont un style japonisant ; les *executive*, dans les tons rose et orange, ont une touche contemporaine. Location pour 24 heures. Service efficace à la réception.

♥ **WelcomHotel Vadodara** HÔTEL $$$
(☎0265-2330033 ; www.itchotels.in ; RC Dutt Rd ; ch avec petit-déj à partir de 9 550-13 150 ₹, ste 21 500 ₹ ; ❄📶🏊). Un luxueux cinq-étoiles aux chambres bien équipées, avec une piscine extérieure, de nombreux salons, un onéreux restaurant international (24h/24), un magasin de spiritueux et le meilleur restaurant de la ville.

Où se restaurer

Kalyan INDE DU SUD $
(Sayajigunj ; plats 80-210 ₹ ; ⏲7h-23h ; 🌿). Véritable repaire d'étudiants, ce restaurant végétarien sert de généreuses portions de spécialités d'Inde du Sud et des plats occidentaux moins réussis.

Aamantran INDIEN $$
(Sampatrao Colony ; plats 150-330 ₹, thali 300 ₹ ; ⏲11h-15h et 19h-22h30 ; ❄). Très réputé pour ses *thali* à volonté, l'Aamantran sert aussi des plats tandoori végétariens ainsi que des spécialités d'Inde du Nord et jaïnes à la carte. Repérez l'enseigne en gujarati.

♥ **Peshawri** INDE DU NORD $$$
(☎0265-2330033 ; WelcomHotel Vadodara, RC Dutt Road ; plats 1 675-2 900 ₹ ; ⏲19h30-23h30 ; ❄). Murs de pierre nue, poutres en bois épaisses et récipients en cuivre suspendus pour le meilleur restaurant de Vadodara, dont les clients fidèles viennent parfois d'Ahmedabad et au-delà. Spécialités du lieu : cuisine du nord de l'Inde et plats en cassolette, avec en vedette *jhinga* (crevettes) au *tandoor*, *murgh malai* (poulet mariné) grillé ou naans aux garnitures originales. Réservez.

Achats

Baroda Prints ARTISANAT
(3 Aires Complex, Productivity Rd ; ⏲9h-21h lun-sam, 8h-18h dim). Cette boutique vend des tissus imprimés à la main, aux couleurs éclatantes et aux motifs originaux.

Baroda Prints & Workshop ARTISANAT
(Salatwada Rd ; ⏲10h-20h lun-sam, 11h-17h dim). Dans cette annexe de Baroda Prints, vous pourrez voir fabriquer les imprimés à l'étage, puis acheter le produit fini au rez-de-chaussée.

Renseignements

Des DAB sont installés dans la **gare ferroviaire**, dans **RC Dutt Rd** et à **Sayajigunj**.

Gujarat Tourism (www.gujarattourism.com ; ⏲10h-18h lun-sam, fermé 2e et 4e sam du mois). Situé dans le nouveau VED Transcube Mall, près de la gare routière ST, l'office du tourisme réserve un bon accueil… mais ne se distingue guère par son utilité.

ICICI Bank (Sayajigunj ; ⏲10h-16h lun-ven, 10h-13h sam). Cette agence équipée d'un DAB change les espèces et les chèques de voyage.

Depuis/vers Vadodara

AVION

L'**aéroport international de Vadodara** (☎0265-2485356) est à 4 km au nord-est du centre, avec de nombreux vols pour Delhi et Mumbai de Jet Airways, IndiGo ou Air India.

BUS

La **gare routière ST** (Old Chhani Rd), intégrée à un centre commercial, est juste au nord de la gare ferroviaire. Bus fréquents pour de nombreuses destinations.

DESTINATION	TARIFS	DURÉE	DÉPARTS
Ahmedabad	ordinaire/climatisé 89/180 ₹	2 heures	1/heure au moins
Bhavnagar	137 ₹	5 heures 30	12/jour
Diu	229 ₹	10 heures	1h30 et 6h
Mumbai	368 ₹	9 heures	19h30
Udaipur	260 ₹	8 heures 30	3h15 et 6h

En face de la gare ferroviaire, **Sweta Travels** (☎0265-2786917) propose des bus Volvo climatisés pour Mumbai (siège/couchette 1 500/1 800 ₹, 8 heures, 3/nuit). D'autres compagnies privées desservent des villes du Gujarat et du Rajasthan depuis leurs bureaux situés au Pandya Bridge, à 2 km au nord de la gare ferroviaire.

TRAIN

Environ 40 trains desservent chaque jour Ahmedabad, dont le 12009 *Shatabdi* (AC Chair/*executive* 330/670 ₹, 2 heures, départ à 11h07 lun-sam). Parmi les 44 trains quotidiens pour Mumbai, figure le 12010 *Shatabdi* (AC Chair/*executive* 670/1 415 ₹, 5 heures 15, départ à 16h19 lun-sam).

Environs de Vadodara

Champaner et Pavagadh

À 47 km au nord-est de Vadodara, ce site classé au Patrimoine mondial englobe une colline volcanique sacrée de 762 m (Pavagadh) et les ruines d'une capitale gujaratie riche de superbes mosquées (Champaner). L'ensemble est appelé Pavagadh.

À voir

Pavagadh SITE HISTORIQUE

Il semblerait que Pavagadh, au sommet d'une colline stratégique, ait été fortifiée dès le VIIIe siècle. Aujourd'hui, une foule de pèlerins se fendent de l'ascension jusqu'à rejoindre, tout en haut, le temple de Kalikamata, dédié à la déesse Kali. Vous pouvez monter par le sentier des pèlerins (2 à 3 heures), ou prendre une navette (24 ₹) depuis le rempart sud de la citadelle de Champaner jusqu'à mi-pente, d'où un **téléphérique** (aller-retour 113 ₹ ; 6h-18h45) vous amènera à 700 m du temple.

Pavagadh devint la capitale des Rajput Chahumana vers 1300. Au terme d'un siège de vingt mois, elle tomba aux mains du sultan du Gujarat, Mahmoud Begada, en 1484 ; les Rajput vaincus commirent le *jauhar* (suicide collectif rituel).

Près du sommet se dresse le plus vieux monument de Pavagadh encore debout, le **temple de Lakulisha**, un sanctuaire hindou des Xe-XIe siècles, ainsi que plusieurs temples jaïns. La vue est fantastique et, avec un peu de chance, vous respirerez un air délicieusement frais. Durant les neuf jours de Navratri (p. 683) et la fête de Mahakali (p. 677), le flot de fidèles tourne à la marée humaine.

Champaner SITE HISTORIQUE

(Indien/étranger 20/500 ₹ ; 8h-18h). Après la conquête de Pavagadh, le sultan Mahmoud Begada fit de Champaner, au pied de la colline, une nouvelle capitale splendide. Mais sa prise par l'empereur moghol Humayun en 1535 et le transfert de la capitale gujaratie à Ahmedabad eurent raison de sa gloire et elle tomba en ruine. Cœur du site, la Citadelle s'enorgueillit de mosquées monumentales (non affectées au culte) qui datent du XVIe siècle, mêlant les architectures hindoue et islamique.

La plus spectaculaire, l'immense **Jama Masjid**, se dresse devant la porte est de la Citadelle. Un porche merveilleusement sculpté débouche sur une cour ravissante, entourée d'une colonnade. La salle de prière, surmontée de deux grands minarets centraux, compte de superbes sculptures de pierre, de nombreux dômes, des fenêtres à *jali* (écrans ajourés) et 7 mihrabs (niches indiquant la direction de La Mecque, vers laquelle on se tourne pour prier) sur le mur du fond.

Parmi les autres belles mosquées, la **Saher ki Masjid**, derrière la billetterie dans la Citadelle, était probablement la mosquée royale privée. La **Kevda Masjid** se dresse à 300 m au nord de la Citadelle et à 600 m à l'ouest de la Jama Masjid. Ici on peut monter un escalier étroit jusqu'au toit, puis plus haut dans les minarets, pour apercevoir d'autres mosquées, dans la campagne – la **Nagina Masjid**, 500 m au nord, sans minarets mais avec de très belles sculptures géométriques, notamment sur le tombeau qui la jouxte, et la **Lila Gumbaj ki Masjid**, 800 m à l'est, sur une haute plateforme, avec un dôme central cannelé. Les minarets jumeaux qui ressemblent à des cheminées d'usine, à environ 1 km à l'ouest, appartiennent à l'**Ek Minar ki Masjid**, un rare tombeau en briques.

Où se loger et se restaurer

Kathiwada Raaj Mahal HÔTEL HISTORIQUE $$$

(☎022-69995505 ; www.kathiwada.com ; Kathiwada, Madhya Pradesh ; ch 5 500 ₹ ;). Nichée près du village de Kathiwada au Madhya Pradesh, cette demeure de la famille royale Kathiwada date de 1895. Restaurée avec soin, enveloppée de bougainvilliers, elle domine le joli plateau de Ratanman Hill. Les chambres sont claires, spacieuses, avec un mobilier d'inspiration Art déco des années 1960 ; les repas, délicieux, sont végétariens. L'endroit est à 1 heure 30 de route de Champaner.

Les clients peuvent boire un verre dans un cadre serein, mais aussi visiter des villages tribaux, randonner jusqu'à la réserve naturelle de Ratanmal, non loin, en passant par une cascade, ou simplement se promener parmi les manguiers du domaine.

Depuis/vers Champaner et Pavagadh

Il y a au moins un bus par heure de Vadodara à Pavagadh (50 ₹, 1 heure 15) ; un taxi aller-retour coûte environ 1 200 ₹. La plupart des bus de Pavagadh à Vadodara vont jusqu'à Ahmedabad (112 ₹, 4 heures).

SAURASHTRA

Avant l'indépendance, le Saurashtra, ou péninsule de Kathiawar, se composait de plus de 200 États princiers. Aujourd'hui, il compte plusieurs villes industrielles, lesquelles, pour la plupart, possèdent un quartier d'anciennes rues étroites bordées d'échoppes. En dehors des villes, les villages, champs et forêts conservent une atmosphère intemporelle, presque féodale. Les paysans et les bergers Maldhari sont vêtus de blanc des pieds à la tête et les femmes arborent des vêtements aussi colorés que celles du Rajasthan.

Le Saurashtra est essentiellement plat, et ses rares collines sont pour beaucoup sacrées, telles Shatrunjaya et Girnar, coiffées de temples. La péninsule englobe de nombreuses réserves naturelles, dont celle de Sasan Gir, où vivent les derniers lions d'Asie. Sur la côte sud, l'île de Diu, une ancienne enclave portugaise, séduit par son caractère pittoresque et son ambiance paisible. Le Saurashtra a vu naître et grandir le Mahatma Gandhi et plusieurs sites sont liés à la vie du grand homme.

Bhavnagar

0278 / 605 880 HABITANTS

Ville industrielle étendue et effervescente, Bhavnagar possède un quartier ancien pittoresque, d'où l'on peut partir en excursion à Shatrunjaya et au Blackbuck National Park.

À voir

Vieille ville QUARTIER

La vieille ville de Bhavnagar, au nord du réservoir de Ganga Jalia, mérite une balade, notamment en début de soirée, pour ses échoppes et ses belles maisons en bois croulantes qui penchent au-dessus des bazars colorés. Ne manquez pas le marché aux légumes !

Temple de Takhteshwar TEMPLE HINDOU

(Takhteshwar Tarheti Rd ; aube-crépuscule). Ce sanctuaire coiffe une butte suffisamment élevée pour que l'on y ait une belle vue sur la ville et le golfe de Cambay.

Où se loger

Les hôtels bon marché, pour la plupart dans la vieille ville et près de la gare, sont plutôt tristes, mais ceux de moyenne gamme sont corrects et il y a un beau palais historique, semblable à un musée.

Hotel Sun 'n' Shine HÔTEL $$

(0278-2516131 ; www.hotelsunshine.in ; Panwadi Chowk, ST Rd ; ch avec petit-déj à partir de 2 300 ₹, ste à partir de 4 200 ₹ ;). Ce trois-étoiles bien tenu est d'un rapport qualité/prix correct. Son hall d'entrée aux accents méditerranéens donnerait presque le vertige, sa réception est accueillante, et le restaurant végétarien est sérieux. Les chambres, pimpantes et propres, sont dotées de lits confortables et d'oreillers moelleux ; la taille des fenêtres augmente avec les prix. Petit-déjeuner copieux et transferts gratuits pour l'aéroport.

Nilambag Palace Hotel HÔTEL HISTORIQUE $$$

(0278-2424241 ; ch cottage 3 400 ₹, ch palais 3 950-10 400 ₹ ;). Dans de vastes jardins près de la route d'Ahmedabad, à 600 m au sud-ouest de la gare routière, cet établissement occupe un ancien palais de maharaja construit en 1859. Le hall au joli pavement en mosaïque et à l'élégance discrète évoque un salon princier. Les grandes chambres du palais gardent une allure princière du début du XXe siècle ; les chambres "cottage" sont médiocres et pourraient être plus propres. Le restaurant (p. 695) est le meilleur de Bhavnagar.

Les clients ont accès à la piscine ronde du Vijay Mahal (100 ₹ pour qui n'est pas client) dans le grand jardin, ainsi qu'à une salle de sport et à des courts de tennis.

Bhavnagar

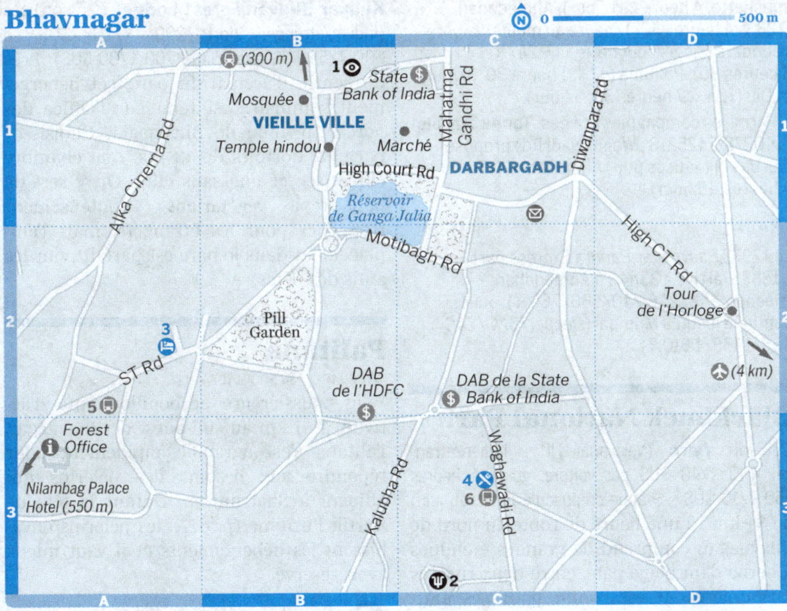

Où se restaurer

Sankalp INDE DU SUD $
(Waghawadi Rd ; plats 90-180 ₹ ; ⏲11h-15h et 18h-23h). Bons plats végétariens, dans un cadre propre et moderne.

Nilambag Palace Restaurant INDE DU NORD $$$
(☎0278-2424241 ; Nilambag Palace Hotel ; plats 250-650 ₹ ; ⏲13h-15h et 19h30-22h30). De loin le meilleur restaurant de la ville, particulièrement charmant le soir, quand une partie du jardin du palais est illuminée de petites guirlandes. Cuisine inspirée du nord de l'Inde, avec abondance de plats non végétariens et probablement le *seekh kebab* de poulet le plus parfumé et le plus succulent qui puisse se trouver. Le curry de crevette est également délicieux, tout comme le *bindhi* (gombo) *masala*.

Renseignements

Forest Office (☎0278-2426425 ; Bahumali Bhavan, Annexe, ST Rd ; ⏲10h30-18h30 lun-sam, fermé 2e et 4e sam du mois). L'Office des Forêts, installé près de la gare routière STC, s'occupe des réservations pour les hébergements dans le Blackbuck National Park.

State Bank of India (SBI ; Darbargadh ; ⏲10h30-16h30 lun-ven). Change les espèces

Bhavnagar

À voir
1 Vieille ville B1
2 Temple de Takhteshwar C3

Où se loger
3 Hotel Sun 'n' Shine A2

Où se restaurer
4 Sankalp C3

Transports
5 Gare routière ST A2
6 Tanna Travels C3

et les chèques de voyage, possède un DAB accessible 24h/24.

Comment s'y rendre et circuler

AVION

L'**aéroport de Bhavnagar** (☎0278-2203113), à 3,5 km de la ville, dessert Mumbai 4 fois par semaine, avec Air India. Un taxi/rickshaw vers/depuis l'aéroport coûte environ 170/110 ₹.

BUS

De la **gare routière ST** (ST Rd), il y a des bus fréquents vers Rajkot (124/225 ₹ siège/

couchette, 4 heures, 11/jour), Ahmedabad (123 ₹, 4 heures 30, 1/heure au moins), Vadodara (siège/couchette 147/247 ₹, 5 heures 30), Palitana (47 ₹, 1 heure 30, 3/jour) et Diu (125 ₹, 7 heures 30, 5/jour).

Parmi les compagnies privées, **Tanna Travels** (☎ 0278-2425218 ; Waghawadi Rd) propose des bus climatisés pour Ahmedabad (270 ₹, 4 heures, 15/jour).

TRAIN

Le 12972 *Bhavnagar-Bandra Express* part à 18h35, arrive à 23h40 à Ahmedabad (*sleeper*/3AC/2AC 240/560/760 ₹), puis continue jusqu'à Mumbai (*sleeper*/3AC/2AC 435/1 135/1 610 ₹).

Blackbuck National Park

Ce joli **parc** (Velavadar NP ; Indien/étranger 400 ₹/40 $US par voiture, guide 4 heures 250 ₹/10 $US ; ⏲aube-crépuscule 16 oct-15 juin) de 34 km², à une heure de route au nord de Bhavnagar, comprend de grandes étendues d'herbe d'un beige pâle, entre deux rivières saisonnières. Il est connu pour ses antilopes cervicapres dont les cornes en spirale mesurent jusqu'à 65 cm de long chez les mâles adultes. Il en compte près de 1 600, ainsi que des antilopes nilgauts (la plus grande d'Inde) et des oiseaux tels que des busards de Sibérie qui hivernent ici (près de 2 000 chaque année). Avec un peu de chance, vous verrez des loups. Un taxi aller-retour depuis Bhavnagar coûte 3 000 ₹.

Payez le droit d'entrée (en roupies) et engagez un guide (qui ne parlera sans doute pas anglais) au centre d'accueil, à 65 km de Bhavnagar, au nord de Valabhipur. Le parc possède un bon réseau de routes, ce qui permet de l'explorer en voiture. Blackbuck Lodge peut organiser des safaris même pour qui n'y réside pas (3 000 ₹ par jeep de 4 personnes).

Une excursion en taxi depuis Bhavnagar revient à environ 3 000 ₹ la journée.

Où se loger

♥ **Blackbuck Lodge** HÔTEL **$$$**

(☎ 9978979728 ; www.theblackbucklodge.com ; s/d avec petit-déj oct-mars 14 400/15 000 ₹, avr-sept 9 600/9 000 ₹). Cet ensemble de villas en dur confortables, décorées avec goût, fait face à l'entrée ouest du parc. Des promotions incluent souvent le dîner et/ou des safaris, et on peut facilement voir des antilopes cervicapres sur les lieux mêmes.

Kaliyar Bhavan Forest Lodge HÔTEL **$$$**

(Indien/étranger dort 200 ₹/20 $US, d 600 ₹/55 $US, avec clim 1 700 ₹/80 $US). Près du centre d'accueil du parc, cet hébergement sommaire est tenu par l'Office des Forêts (p. 695) de Bhavnagar. Choisissez parmi 2 dortoirs de 13 lits, une chambre climatisée et une sans clim. On y sert de bons repas végétariens ; honteusement trop cher pour les étrangers, mais l'emplacement dans le parc est parfait pour les amis des bêtes.

Palitana

☎ 02848 / 64 500 HABITANTS

Ville poussiéreuse et bouillonnante d'activité, à 51 km au sud-ouest de Bhavnagar, Palitana s'est agrandie rapidement pour répondre aux besoins des pèlerins qui affluent à Shatrunjaya. Durant la fête de Kartik Purnima (p. 677), les pèlerins envahissent les hébergements et il vaut mieux avoir réservé.

À voir et à faire

♥ **Shatrunjaya** SITE RELIGIEUX

(⏲temples 6h30-18h). Comptant parmi les hauts lieux de pèlerinage jaïns, Shatrunjaya forme une véritable forêt de temples, lesquels furent édifiés sur plus de 900 ans en haut de la colline où Adinath (ou Rishabhanatha), le fondateur du jaïnisme, aurait médité sous l'arbre de Rayan au sommet. Les temples sont regroupés dans des *tunk* (enceintes), comprenant chacun un sanctuaire central et de nombreux temples mineurs. La montée des 3 300 marches (500 m, 1 heure 30) jusqu'aux

CONSEILS POUR LE SHATRUNJAYA

Mieux vaut entamer l'ascension à l'aube pour éviter la chaleur. Portez une tenue correcte (pas de short, etc.) ; les articles en cuir, ceintures et sacs inclus, sont proscrits ; n'apportez ni nourriture ni boissons dans les temples. Vous pourrez vous faire transporter jusqu'au sommet et redescendre en *dholi* (chaise à deux porteurs) moyennant 1 000 ₹ aller-retour. Les photos sont autorisées uniquement le long du sentier et à l'extérieur des sanctuaires.

temples participe de cette extraordinaire expérience. Un auto-rickshaw jusqu'aux marches coûte 30 ₹.

Des milliers de pèlerins affluent en particulier lors de la fête de Kartik Purnima (p. 677) qui marque la fin de Chaturmas, quatre mois de retraite spirituelle et de renoncement coïncidant avec la période de mousson.

À l'approche du sommet, le sentier bifurque. L'embranchement de gauche conduit à l'entrée principale, **Ram Pole** ; celui de droite à la plus belle vue sur le site, qui embrasse par temps clair le golfe de Cambay. Après Nav Tonk Gate, un chemin mène sur la gauche au sanctuaire d'**Angar Pir**, un saint musulman qui protégea les temples contre les attaques mogholes ; les femmes y déposent des berceaux miniatures dans l'espoir d'une maternité. À droite, le deuxième *tunk* que l'on rejoint, le Chaumukhji Tunk, renferme le **Chaumukh** (sanctuaire aux Quatre Visages), construit en 1618 par un riche marchand jaïn. Les représentations d'Adinath, le premier *tirthankara* jaïn (il aurait atteint l'Éveil ici), font face aux quatre points cardinaux.

On peut facilement consacrer quelques heures à la découverte des centaines de lieux cultuels. Le plus grand, le magnifique **temple d'Adinath**, qui se dresse au point culminant du côté sud, arbore des sculptures foisonnantes de détails.

Shri Vishal Jain Museum MUSÉE
(20 ₹ ; ⌚8h30-12h30 et 15h30-20h30). Ce musée présente de remarquables spécimens d'œuvres d'art et d'objets jaïns, certains vieux de quelque 500 ans, ainsi que de beaux ivoires sculptés. Au sous-sol, on trouve un étonnant temple circulaire avec des murs en miroir et des portraits plusieurs fois centenaires de quatre *tirthankara* (grands maîtres jaïns). À 500 m du pied des marches du Shatrunjaya.

Où se loger et se restaurer

Takhatgadh Mangal Bhuvan PENSION $
(☎02848-252167 ; face au Shri Vishal Jain Museum ; ch 300 ₹). Palitana étant un lieu de pèlerinage, il n'est pas étonnant d'y trouver de nombreuses pensions pour pèlerins. Celle-ci ressort du lot. L'endroit, sans artifices ni clim, n'en est pas moins propre, et donne à quelques pas des marches qui mènent en haut du mont.

♥ **Vijay Vilas Palace** HÔTEL HISTORIQUE $$$
(☎9427182809, 02848-282371 ; vishwa_adpur@yahoo.co.in ; Adpur ; ch avec petit-déj 3 750 ₹ ; ❄). Ce petit palais de 1906 s'inscrit en aval de la partie ouest du Shatrunjaya, à 4 km à l'ouest de Palitana. Il compte 4 chambres sur cour et 6 grandes chambres dans le bâtiment principal, avec du mobilier d'époque. Trois ont des terrasses/balcons donnant sur Shatrunjaya, que l'on peut rejoindre par un chemin un peu plus court et plus escarpé que celui de Palitana.

Les propriétaires préparent de savoureux plats gujaratis et rajasthanis, végétariens ou non. On peut venir y déjeuner (300 ₹), mais mieux vaut téléphoner au préalable.

Jagruti Restaurant INDIEN $
(thali 45-80 ₹ ; ⌚24h/24). Face à la gare routière, Jagruti est un restaurant de *thali* très animé.

Depuis/vers Palitana

Des bus ST circulent depuis/vers Bhavnagar (47 ₹, 1 heure 30, 3/jour) et Ahmedabad (137 ₹, 5 heures, 7/jour). Pour Diu, prenez un bus pour Talaja (37 ₹, 1 heure, toutes les heures), puis un autre pour Diu (125 ₹, 5 heures 45, 5/jour).

Il y a 4 trains de voyageurs chaque jour depuis/vers Bhavnagar (siège 2e classe, 15 ₹, 1 heure 30).

Diu

☎02875 / 23 990 HABITANTS

À Diu, petite île reliée par un pont à la côte sud du Gujarat, l'histoire de la présence portugaise est très présente. Les rues de la ville principale sont très propres et tranquilles. L'alcool est ici autorisé. Après la turbulence des villes gujaraties, l'endroit séduit par son ambiance paisible. Les voitures sont rares et les routes excellentes, ce qui permet de circuler à scooter dans de bonnes conditions de sécurité. Longer la côte les cheveux au vent est un bonheur !

Comme Daman et Goa, Diu, ancienne colonie portugaise, est revenue dans le giron indien en 1961. Avec Daman, elle est gouvernée par Delhi dans le cadre du Territoire de Daman et Diu, et ne fait pas partie du Gujarat. Diu comprend l'île de Diu (11 km de long sur 3 km de large), séparée de la côte par un étroit chenal, et deux minuscules enclaves sur le continent. L'une d'elles, qui abrite le village de Ghoghla, donne accès à l'île en venant d'Una.

Diu Town

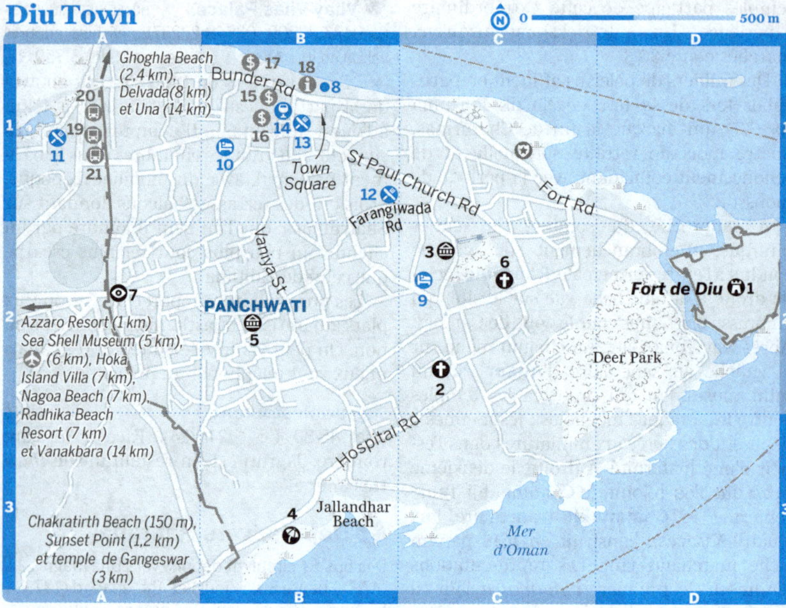

Diu Town

Les incontournables
- 1 Fort de Diu D2

À voir
- 2 Church of St Francis of Assisi C2
- 3 Diu Museum C2
- 4 Jallandhar Beach B3
- 5 Nagar Sheth Haveli B2
- 6 St Paul's Church C2
- 7 Zampa Gateway A2

Activités
- 8 Excursions en bateau B1

Où se loger
- 9 Casa Lourdes C2
- Herança Goesa .... (voir 9)
- 10 Hotel The Grand Highness B1
- São Tome Retiro .... (voir 3)

Où se restaurer
- 11 Marché aux poissons A1
- 12 O'Coqueiro B1
- 13 Ram Vijay B1

Où prendre un verre et faire la fête
- 14 Casaluxo Bar B1

Renseignements
- 15 DAB de l'ICICI Bank B1
- Bureau de poste .... (voir 14)
- 16 State Bank of India B1
- 17 DAB de la State Bank of India B1
- 18 Office du tourisme B1

Transports
- 19 Ekta Travels A1
- 20 Gare routière de Jethibai A1
- 21 JK Travels A1

La ville de Diu (Diu Town) s'étend à la pointe est de l'île. Le côté nord de l'île, face au Gujarat, est fait de marais et de salins ; sa côte sud alterne falaises calcaires, criques rocheuses et plages de sable, mieux faites pour observer les gens que pour s'abandonner au soleil.

La sieste est bien respectée ici, et très peu de commerces sont ouverts en milieu d'après-midi.

Histoire

Diu fut le premier endroit où les Parsis débarquèrent quand ils s'enfuirent de Perse au VIIe siècle. Elle devint un port majeur entre le XIVe et le XVIe siècle, quand elle servait de comptoir marchand et de base navale d'où les Ottomans contrôlaient les routes maritimes de la mer d'Oman septentrionale.

Les Portugais prirent le contrôle de l'île en 1535 et le conservèrent jusqu'à ce que l'Inde lance l'opération Vijay en 1961. Après que l'aviation indienne eut inutilement bombardé l'aérodrome et le terminal proches de Nagoa, Diu resta à l'abandon jusqu'à la fin des années 1980. Diu, Daman et Goa furent administrées comme un territoire de l'Union indienne jusqu'en 1987 ; Goa affiche désormais le statut d'État.

À voir et à faire

Diu Town

La ville s'étend entre le fort massif, à l'est, et un énorme rempart, à l'ouest. La porte principale, **Zampa Gateway**, peinte en rouge vif, est ornée de sculptures représentant des lions, des anges et un prêtre ; à l'intérieur, une chapelle renferme une icône de la Vierge à l'Enfant qui date de 1702.

La vaste **St Paul's Church** (8h-18h ; messe tlj), fondée par les Jésuites en 1600, a été reconstruite en 1807. Elle arbore une façade néoclassique élaborée, en contraste avec son intérieur sombre. À côté, un petit cloître est dominé par une école. Non loin, se trouvent les murs blancs de **St Thomas Church**, un bâtiment joli et simple qui abrite désormais le **Diu Museum** (musée de Diu ; 9h-21h) GRATUIT et sa collection de statues de bois des saints catholiques du XVIe siècle et d'anges sans bras assez effrayants. Il accueille une grand-messe chaque année à la Toussaint (1er novembre). Les habitants d'ascendance portugaise résident pour la plupart dans la partie sud de la ville, pleine d'églises, qu'on appelle toujours Farangiwada (le quartier des étrangers). La **Church of St Francis of Assisi**, fondée en 1593, a servi d'hôpital et accueillait des services religieux ponctuels, mais elle était fermée lors de notre visite, peut-être pour rénovation.

De nombreux autres bâtiments témoignent d'une influence portugaise persistante. La partie ouest de la ville forme un dédale de rues étroites et sinueuses, aux maisons peintes de couleurs vives. Les plus imposantes sont situées dans le quartier de Panchwati. Vous remarquerez notamment la **Nagar Sheth Haveli**, une ancienne maison de négociant ornée de volutes et de fruits extravagants en stuc.

Dans l'île

Fort de Diu — FORT

(Fort Rd ; 8h-18h). Bâti en 1535 et remanié en 1541, l'imposant fort portugais bien conservé, dont les douves sont partiellement alimentées par la marée, se dégrade lentement sous l'effet de l'érosion. Un remarquable ensemble de canons jalonne les remparts, tandis que des boulets jonchent le sol. Le phare, dans lequel on peut monter, est le point culminant de Diu ; son faisceau lumineux est visible à 32 km à la ronde. Il existe plusieurs petites chapelles ; l'une contient des fragments gravés de pierre tombale.

Une partie du fort fait office de prison.

Vanakbara — VILLAGE

Tout à l'ouest de l'île, le séduisant petit village de pêcheurs de Vanakbara est un des plus beaux sites de l'île. Flânez sur le port où tanguent les bateaux de pêche colorés ; l'animation bat son plein entre 7h et 8h, lorsque les pêcheurs de retour vendent leurs prises.

Temple de Gangeswar — TEMPLE HINDOU

Ce temple, sur la côte sud à 3 km à l'ouest de la ville, juste après le village de Fudam, est une petite grotte côtière où cinq lingams (symboles phalliques) de Shiva sont baignés par les vagues. L'accès le plus pittoresque se fait par la route côtière, en bon état et peu fréquentée, qui commence à proximité de Sunset Point.

Sea Shell Museum — MUSÉE

(adulte/enfant 20/10 ₹ ; 9h30-17h). Le musée des Coquillages, à 6 km de la ville sur la route de Nagoa, résulte d'une passion : celle de Devjibhai Vira Fulbaria, un capitaine de la marine marchande, qui a collecté des milliers de coquillages du monde entier en 50 ans de navigation, et les présente avec des explications en anglais. Vous y apprendrez la différence entre les *cypraeidae* et les *conus*, toxiques.

Plages

Nagoa Beach, sur la côte sud à 7 km à l'ouest de Diu Town, est une longue plage ourlée de palmiers propice à la baignade. Jonchée de déchets, elle est très fréquentée, y compris par des hommes ivres et facilement entreprenants avec les étrangères. À 2 km à l'ouest, **Gomptimata Beach** s'étire sur 2,5 km. Cette plage de sable est généralement déserte, sauf le week-end, et baignée d'une forte houle ; elle est réservée aux excellents nageurs. Parmi les plages accessibles à pied de Diu Town figurent **Jallandhar Beach**, une plage rocheuse au sud de la

DÉSAGRÉMENTS ET DANGERS

Plus pénibles que dangereux, les hommes éméchés peuvent être ennuyeux, particulièrement pour les femmes et notamment aux abords de Nagoa Beach. Gare aux tessons de verre dans le sable.

ville ; **Chakratirth Beach**, plus longue et sablonneuse à l'ouest de Jallandhar ; et la jolie **Sunset Point Beach**, une petite anse au-delà de Chakratirth, prisée pour la baignade et relativement tranquille. Sunset Point, un promontoire à l'extrémité sud de la plage, est coiffé de l'**INS Khukhri Memorial**, qui commémore le naufrage d'une frégate de la marine indienne au large de Diu pendant la guerre indo-pakistanaise de 1971. Malheureusement, les abords de Sunset Point font office de déchetterie ; vous constaterez éventuellement que l'estran sert de toilettes publiques.

Ghoghla Beach, au nord de Diu, est la plage la plus séduisante. Plus propre et moins fréquentée, cette longue bande de sable baignée de vagues douces est bordée de quelques bons restaurants.

Circuits organisés

Excursions en bateau BATEAU
(50 ₹/pers, 300 ₹ minimum ; 9h30-13h et 15h-18h30). Pour une excursion en bateau de 20 minutes dans le port, achetez vos billets au kiosque devant l'office du tourisme (p. 701) sur Bunder Rd.

Où se loger

Il y a à Diu Town des endroits bon marché étonnamment agréables, et un ou deux établissements plus chics. Les complexes hôteliers des plages tendent à être plus chers. Les tarifs des hôtels sont extrêmement flexibles : dans les établissements les plus chers, les réductions peuvent aller jusqu'à 60% hors saison.

♥ **São Tome Retiro** PENSION $
(02875-253137 ; St Thomas Church ; ch à partir de 300 ₹). Le plus charmant des hébergements bon marché de Diu est attenant à St Thomas Church. Les chambres les moins chères sont des cabines avec ventilateurs qui donnent sur le toit de l'église ; difficile de trouver mieux pour boire une bière le soir ! Les chambres plus grandes ont des sdb simples et la sympathique famille Da Souza organise un barbecue un soir sur deux, auquel on peut se joindre sans être client de l'hôtel à condition de prévenir.

Herança Goesa PENSION $
(02875-253851 ; heranca_goesa@yahoo.com ; Farangiwada ; ch 500-1 000 ₹). Derrière le Diu Museum, cette accueillante maison d'une famille d'ascendance portugaise compte 8 chambres impeccables d'un excellent rapport qualité/prix. Choisissez-en une à l'étage pour profiter de la brise marine. On y sert de bons petits-déjeuners, et des dîners de poisson/fruits de mer sont envisageables si plusieurs clients en font la demande.

Casa Lourdes PENSION $$
(9426230335 ; gibu1102@gmail.com ; Farangiwada ; s/d à partir de 800/1 000 ₹ ;). Tenue par Gilbert Almeida, un musicien local sympathique, cette nouvelle pension à bas prix, jaune vif, loue des chambres avec sdb colorées, et une cuisine est à disposition des clients. Votre hôte peut aussi vous préparer des repas portugais, sur demande.

♥ **Hotel The Grand Highness** HÔTEL D'AFFAIRES $$$
(02875-254000 ; www.thegrandhighness.com ; Main Bazaar ; ch à partir de 4 500 ₹ ;). De loin le plus ostentatoire de Diu Town, ce tout nouvel hôtel propose des chambres impeccables, avec des douches à effet pluie, des lits confortables, et des TV à écran plasma. Son superbe atrium s'orne de sculptures contemporaines et l'hôtel partage un restaurant avec l'Hotel Prince voisin.

♥ **Azzaro Resort** HÔTEL $$$
(02875-255421 ; www.azzarodiu.com ; Fudam Rd ; ch 6 529 ₹, ste 10 845 ₹ ;). L'hôtel le plus luxueux de Diu, à 1 km de la ville, aux chambres somptueuses, avec éclairage high-tech et parois vitrées délimitant la sdb. Toutes donnent sur le jardin et la piscine turquoise ; la plupart ont un balcon. L'hôtel comprend un spa, une salle de sport, deux bons restaurants et un café ouvert 24h/24. Vaut la dépense.

Nagoa Beach

Hoka Island Villa HÔTEL $$$
(02875-253036 ; www.resorthoka.com ; ch 5 395-5 750 ₹ ;). Une excellente

adresse : un petit complexe ombragé de palmiers et doté d'une petite piscine, aux chambres propres, fraîches et colorées, dont certaines avec terrasse. Service efficace ; cuisine excellente ; location de mobylettes. Suivez la route principale, passez le virage de Nagoa Beach et continuez sur 150 m ; l'établissement est sur la gauche.

Radhika Beach Resort HÔTEL **$$$**
(02875-275551 ; www.radhikaresort.com ; d 5 505-7 685 ₹ ;). Impeccable, élégant, moderne, c'est l'établissement haut de gamme le mieux situé de l'île, avec des villas confortables plantées sur des pelouses, à quelques pas de Nagoa Beach. Les chambres sont spacieuses et propres ; les *classic* et les "VIP" entourent une grande piscine en forme de haricot.

Où se restaurer

Les délicieux produits de la mer de Diu tiennent la vedette dans les restaurants, et on fera cuire vos achats frais dans presque toutes les pensions ; il y a un **marché aux poissons** (7h-17h) quotidien face à la gare routière de Jethibai. Quelques restaurants servent une cuisine portugaise.

Ram Vijay GLACES **$**
(portion de glace 40 ₹ ; 8h30-13h30 et 15h30-21h30). Ce petit glacier à l'ancienne, à l'hygiène irréprochable, fabrique artisanalement de succulents milk-shakes et glaces. Fondée en 1933, cette entreprise familiale a débuté avec les sodas et fabrique toujours sa propre marque (Dew) dans le village de Fudam. Goûtez un soda au citron et gingembre, puis toutes les glaces !

O'Coqueiro INTERNATIONAL **$$**
(Farangiwada Rd ; petit-déj 80-140 ₹, déj et dîner 170-380 ₹ ; 8h-21h ;). Kailash Pandey, qui règne sur ce charmant restaurant en plein air, privilégie la fraîcheur et la qualité. À la carte, des plats simples mais goûteux : pâtes, poulet et produits de la mer, plus quelques spécialités portugaises, comme les crevettes à la noix de coco, recette d'une matrone habitant l'île. Également : excellent café, bière fraîche et service sympathique.

Cat's Eye View INTERNATIONAL **$$**
(Hoka Island Villa, Nagoa Beach ; petit-déj 70-170 ₹, déj et dîner 165-395 ₹ ; 8h-10h, 12h-14h30 et 19h-21h30 ;). Le restaurant en plein air d'Hoka Island Villa propose une très bonne cuisine allant de petits-déjeuners alléchants et de délicieux plats comme les *penne* au thon et à la tomate, les *fish and chips*, les curries de crevettes au lait de coco ou les aubergines grillées au yaourt. Décontracté, agréable et rehaussé d'œuvres d'art contemporain.

Sea View Restaurant PRODUITS DE LA MER **$$**
(Ghoghla Beach ; repas 110-250 ₹ ; 8h-23h). Face à Ghoghla Beach, près de l'hôtel du même nom, le Sea View est un restaurant où sont servis, en plein air et à quelques pas du sable, des plats indiens et des produits de la mer. Le curry de crevettes à la goanaise (170 ₹) est copieux et épicé. Hormis pendant les vacances, la clientèle est presque uniquement masculine.

Où prendre un verre et faire la fête

Casaluxo Bar BAR
(9h-13h et 16h-21h mar-dim). Le Casaluxo Bar, dont l'aspect évoque presque un pub, donne face à la place centrale et semble propre. Il a ouvert en 1963 et n'a guère changé depuis – exception faite des quelques affiches de pin-up en maillot de bain dans l'arrière-salle.

Renseignements

Bureau de poste (9h-17h lun-sam). À l'étage, face à la grand-place.

Office du tourisme (02875-252653 ; www.visitdiu.in ; Bunder Rd ; 9h30-13h30 et 14h30-18h lun-sam). Cartes de Diu, horaires des bus et tarifs des hôtels.

State Bank of India (SBI ; Main Bazaar ; 10h-16h lun-ven). Change les espèces et les chèques de voyage ; DAB.

Depuis/vers Diu

AVION

Alliance Air, filiale low cost d'Air India, dessert Mumbai 4 fois par semaine depuis l'**aéroport de Diu** (02875-254743 ; North Beach Rd). Il est situé à 6 km à l'ouest de la ville, juste avant Nagoa Beach.

BUS ET VOITURE

Les visiteurs qui arrivent à Diu par la route doivent parfois payer une taxe frontalière de 50 ₹ par personne – la réglementation est plus ou moins appliquée.

De la **gare routière de Jethibai** on peut rallier de nombreuses villes.

DESTINATION	TARIF	DURÉE	DÉPARTS
Bhavnagar	144 ₹	5 heures 30	4/jour
Junagadh	142 ₹	4 heures 40	3/jour
Rajkot	182 ₹	5 heures 30	3/jour
Veraval	102 ₹	2 heures 30	3/jour

Des liaisons plus fréquentes sont assurées depuis/vers Una, à 14 km au nord de Diu. Des bus circulent entre la gare routière d'Una et Diu (19 ₹, 40 min ; départ toutes les 30 min) de 6h30 à 20h. En dehors de ces horaires, des auto-rickshaws collectifs partent de Tower Chowk à Una (à 1 km de la gare routière) et rejoignent Ghoghla ou Diu pour le même tarif. Un auto-rickshaw revient à 250 ₹. Les *rickshaw-wallahs* d'Una ne peuvent pas aller plus loin que la gare routière de Diu et ne pourront pas vous conduire jusqu'à Nagoa Beach (supplément de 100 ₹).

Les bus privés de **JK Travels** (☎02775-252515 ; jkbus.in) partent de la gare routière de Diu pour Ahmedabad à 19h30 (couchette sans clim 350 ₹, 10 heures) et pour Mumbai à 11h30 (couchette sans clim 700 ₹, 19 heures). **Ekta Travels** (☎9898618424) est un autre choix correct pour ces deux destinations.

TRAIN

Delvada, à 8 km de Diu sur la route d'Una, est la gare ferroviaire la plus proche. Le train 52951 *MG Passenger* part à 14h25 et dessert Sasan Gir (siège 2e classe 25 ₹, 3 heures 30) et Junagadh (35 ₹, 6 heures 15) ; le train 52950 *MG Passenger* part à 8h05 pour Veraval (25 ₹, 3 heures 15). Les bus Diu-Una font halte à Delvada (23 ₹, 20 min, départ toutes les 30 min).

Comment circuler

Un trajet en auto-rickshaw dans Diu Town ne devrait pas dépasser 40 ₹. Comptez 50 ₹ de la gare routière jusqu'à la ville, 120 ₹ jusqu'à Nagoa Beach et au-delà, et 60 ₹ jusqu'à Sunset Point.

Les scooters sont parfaits pour explorer l'île ; les routes sont désertes et en bon état. La location pour 24 heures coûte environ 350 ₹ (essence non comprise) ; comptez 400 ₹ pour une moto. La plupart des hôtels louent des engins de qualité variable. Vous devrez normalement présenter votre permis de conduire et laisser une caution de 1 500 ₹.

Les bus locaux reliant Diu Town à Nagoa (12 ₹) et à Vanakbara (12 ₹) partent de la gare routière de Jethibai à 7h, 11h et 16h. À Nagoa, ils partent pour Diu Town près du poste de police à 13h, 17h30 et 19h.

Somnath

☎02876

Le fameux temple de Somnath, reconstruit à maintes reprises, se dresse dans un jardin soigné au-dessus de la plage, à 6 km au sud-est de Veraval. La mer en contrebas lui confère un charme particulier. La bourgade de Somnath est sillonnée d'étroites rues marchandes sans voitures, plaisantes à

VERAVAL, NŒUD DE TRANSIT

Désordonné et chaotique, Veraval est l'un des principaux ports de pêche du pays ; il accueille aussi une importante activité dans le secteur des chantiers navals. Avant l'essor de Surat, la ville était un port majeur pour les pèlerins à destination de La Mecque. Aujourd'hui, on vient surtout pour visiter le temple de Somnath, à 6 km au sud-est. La ville de Somnath est un endroit plus plaisant pour séjourner. En revanche, Veraval est plus pratique pour accéder aux transports publics.

De la gare routière, centrale, dans Bus Stand Rd, des bus partent pour Ahmedabad (207 ₹, 9 heures 30, 8/jour), Junagadh (79 ₹, 2 heures, toutes les 30 min), Rajkot (124 ₹, 5 heures) et Una (pour Diu, 74 ₹, 2 heures 15), Diu (90 ₹, 2 heures 45) et Sasan Gir (41 ₹, 1 heure, tlj à 15h).

Patel Tours & Travels (☎02876-222863 ; www.pateltoursandtravels.com), face à la gare routière ST, propose des bus de nuit (sans clim) vers Ahmedabad (siège/couchette 320/420 ₹) à 21h30 et 22h.

Il y a 4 trains par jour pour Junagadh, dont le 11463 *Jabalpur Express* qui part à 9h50 (*sleeper*/3AC/2AC 150/510/750 ₹, 1 heure 45). Les 11463, 59460 (à 13h20) et 22958 (à 21h35) vont jusqu'à Rajkot (150/510/715 ₹, 4 heures 15) et Ahmedabad (270/715/1 015 ₹, 8 heures 45). Des trains de 2e classe avec sièges sans réservation partent pour Sasan Gir (10 ₹) à 9h45 (2 heures) et 13h55 (1 heure 15). La gare ferroviaire possède une **billetterie informatisée** (8h-22h lun-sam, 8h-14h dim).

Le plus rapide pour aller à Somnath est l'auto-rickshaw, qui coûte environ 15/150 ₹ (collectif/particulier).

explorer. Somnath célèbre Kartik Purnima (p. 677), qui commémore l'exécution du démon Tripurasura par Shiva, avec une grande foire pittoresque.

À voir

Temple de Somnath TEMPLE HINDOU

(6h-21h). La légende veut que le temple d'or bâti ici par Somraj (dieu de la Lune) ait été reconstruit en argent par Ravana, en bois par Krishna, puis en pierre par Bhimdev. Le bâtiment actuel, symétrique, a été conçu d'après des plans traditionnels sur le site côtier d'origine ; de couleur crème, le sanctuaire est orné de ravissantes petites sculptures. Le grand lingam noir de Shiva, au centre, est l'un des 12 *jyoti linga*, sanctuaires les plus sacrés de Shiva.

Al-Biruni, un voyageur arabe, en fit une description tellement enthousiaste qu'elle attira en 1024 un touriste indésirable, le légendaire pillard afghan Mahmoud de Ghazni. À cette époque, le temple était si prospère qu'il employait 300 musiciens, 500 danseuses et 300 barbiers. Mahmoud de Ghazni s'empara de la ville et du temple au terme d'une bataille de deux jours qui aurait coûté la vie à 70 000 défenseurs hindous. Après avoir dépouillé le sanctuaire de ses fabuleuses richesses, il le détruisit. Commença alors le cycle des destructions musulmanes et des reconstructions hindoues, qui perdura pendant des siècles. Le temple fut de nouveau rasé en 1297, en 1394, puis en 1706 par Aurangzeb, le dirigeant moghol de triste réputation. Après cette dernière démolition, l'édifice ne fut reconstruit qu'en 1950.

Les appareils photo, les téléphones portables et les sacs doivent être déposés au vestiaire. Des dioramas colorés illustrant l'histoire de Shiva bordent le côté nord du jardin du temple ; ils sont toutefois difficiles à distinguer à travers les vitres embuées. Tous les soirs, un **spectacle son et lumière** (1 heure) illumine le temple à 19h45.

Prabhas Patan Museum MUSÉE

(Indien/étranger 5/50 ₹ ; 10h30-17h30 jeu-mar, fermé 2e et 4e sam du mois). Ce musée, 300 m au nord du temple de Somnath, dans la rue du marché, présente des fragments de pierres finement sculptées, vestiges des temples précédents, exposés aux éléments, dans la cour. Sa plus belle pièce est un sanctuaire du XIIe siècle reconstruit venant du temple principal, avec son plafond aux sculptures délicates.

Où se loger et se restaurer

Hotel Swagat HÔTEL $

(02876-233839 ; www.hotelswagatsomnath.elisting.in ; ch à partir de 600 ₹, avec clim à partir de 1 000 ₹ ;). Cet hôtel, en diagonale du temple de Somnath dans la rue du marché, est le meilleur choix à proximité du temple et des marchés. Les chambres, en bon état, sont climatisées et équipées de TV à écran plat.

New Bhabha Restaurant INDIEN, CHINOIS $

(plats 100-140 ₹ ; 11h30-14h et 19h-22h ;). Meilleur choix parmi une série de restaurants médiocres et végétariens, New Bhabha est à 50 m au nord de la gare routière ST, à une rue à l'est du temple de Somnath. Vous pourrez manger dans une petite salle climatisée ou dehors, sur la rue.

Depuis/vers Somnath

De la gare routière ST, une rue à l'est du temple, des bus desservent Diu (87 ₹, 2 heures 30, départ tlj à 17h50), Junagadh (83 ₹, 2 heures 30, départ toutes les 30 min) et Ahmedabad (236 ₹, 10 heures, 6/jour).

Mahasagar Travels (www.mahasagartravels.com), près de la gare routière ST, est une des compagnies qui proposent plusieurs bus le soir pour Ahmedabad (siège/couchette 320/410 ₹, 10 heures), avec un bus climatisé (519 ₹) à 21h30. **Ashapura Travels** (9879048590 ; Tanna Complex, près du parking du temple de Somnath) dessert Bhuj (550 ₹, 11 heures 15) par un bus de nuit sans clim, avec couchettes.

Gir National Park & Wildlife Sanctuary

02877

Dernier refuge du lion d'Asie (*Panthera leo persica*), ce sanctuaire boisé et vallonné de 1 412 km² est presque à mi-chemin entre Veraval et Junagadh. Les visiteurs peuvent apercevoir des lions de mi-octobre à mi-juin (meilleure période : décembre à avril). Un safari dans les forêts épaisses et intactes est un plaisir, même sans l'excitation que procure la vision des lions, des autres animaux ou des nombreuses espèces d'oiseaux.

On n'accède à la réserve qu'avec une autorisation de safari, qu'on peut réserver en ligne. Si vous n'avez pas d'autorisation, vous pouvez quand même voir des lions au Devalia Safari Park, une section clôturée du sanctuaire, où vous êtes sûr de les apercevoir, mais d'une manière plus mise en scène.

L'entrée du parc national de Gir est au village de **Sasan Gir**, traversé par une route secondaire et une voie ferrée, entre Veraval et Junagadh (à 40 km environ des deux villes).

À voir

Gir National Park — PARC NATIONAL

(9971231439 ; www.girnationalpark.in ; par jeep de 6 passagers, Indien/étranger lun-ven 800/4 800 ₹, sam-dim 1 000/6 000 ₹ ; 6h-9h, 9h-12h, 15h-18h mi-oct à mi-juin). La réserve a été créée en 1965, et un territoire central de 259 km² a été désigné parc national en 1975. Depuis la fin des années 1960, le nombre de lions est passé de moins de 200 individus à plus de 400. Les effectifs des 37 autres espèces de mammifères vivant sur le site – frêle *chital* (cerf tacheté), *sambar* (ou cerf sambar), nilgaut (une grande antilope), *chousingha* (antilope tétracère), *chinkara* (gazelle indienne), léopard (rarement aperçu)... – ont également augmenté. On trouve aussi des crocodiles. Le site se prête par ailleurs à l'observation des oiseaux, avec plus de 300 espèces, la plupart non migratrices.

Si la création de la réserve a bénéficié aux animaux, plus de la moitié des bergers nomades Maldhari qui y résidaient ont en revanche été déplacés car leur bétail et leurs buffles broutaient l'herbe des ruminants sauvages et constituaient des proies pour les fauves. Pour autant, environ un millier de personnes habitent encore le parc ; leurs bêtes représentent toujours un quart du régime des lions.

Gir n'est plus assez vaste pour le nombre de lions qui y vivent ; certains ont déjà été transportés dans d'autres zones sauvages du pays et on parle d'en introduire une partie sur les territoires des tigres du Madhya Pradesh, mais le gouvernement du Gujarat s'y oppose, afin de rester le seul État où vivent des lions en Inde.

Devalia Safari Park — RÉSERVE NATURELLE

(Indien/étranger 190/3 000 ₹ ; 8h-11h et 15h-17h). À Devalia, à 12 km à l'ouest du village de Sasan Gir, la Gir Interpretation Zone, plus couramment appelée Devalia, est située à l'intérieur de la réserve. Ce domaine clôturé de 4,12 km² tient d'un bel aperçu de la faune de Gir. Vous y verrez à coup sûr des lions et des léopards, avec des circuits en bus de 45 minutes qui partent toutes les heures sur les sentiers. Peut-être y apercevrez-vous des renards, des mangoustes – et les antilopes cervicapres dont se nourrissent les lions. Un aller-retour en auto-rickshaw/taxi à Devalia depuis le village de Sasan Gir coûte 150/350 ₹.

Activités

Safaris — OBSERVATION DE LA FAUNE

(www.girlion.in ; permis véhicule jusqu'à 6 passagers Indien/étranger 400 ₹/40 $US lun-ven, 500 ₹/50 $US sam-dim, guide 3 heures 250 ₹, appareil photo Indien/étranger 100/600 ₹). Les safaris pour aller voir les lions se font en 4×4 ("Gypsies"), en trois plages horaires de trois heures : 6h-9h, 9h-12h et 15h-18h. On n'admet que 30 Gypsies à la fois dans le parc. Vous aurez plus de chances de voir des animaux tôt le matin ou au coucher du soleil. Les permis doivent être réservés en ligne.

LES DERNIERS LIONS SAUVAGES D'ASIE

Le lion d'Asie (*Panthera leo persica*) vivait jadis de la Syrie, à l'ouest, jusqu'au Bihar, en Inde, à l'est. Une chasse forcenée décima la population, et les derniers individus furent aperçus près de Delhi en 1834, au Bihar en 1840 et au Rajasthan en 1870. Au Gujarat, ils furent également chassés jusqu'à frôler l'extinction et l'on n'y dénombrait plus que 12 individus dans les années 1870. Il fallut attendre le début du XXe siècle pour qu'un de leurs anciens massacreurs, le nabab éclairé de Junagadh, décidât d'instaurer une zone de protection dans laquelle la population de lions commença lentement à augmenter. Cette zone forme désormais le Gir Wildlife Sanctuary (p. 703) et les lions s'y développent si bien que certains ont dû être replacés ailleurs au Gujarat.

Séparé de son homologue africain (*Panthera leo*) depuis des siècles, le lion d'Asie a développé des traits caractéristiques. Sa crinière, moins fournie, ne couvre pas le sommet de la tête ni les oreilles, tandis qu'un pli cutané proéminent s'étend le long de son abdomen. Les lions d'Asie sont exclusivement prédateurs, contrairement aux lions d'Afrique, qui se nourrissent parfois de charognes.

La plupart des hôtels et pensions de Sasan Gir et des alentours disposent de Gypsy et emploient des chauffeurs, ou pourront vous en trouver, moyennant 3 000 ₹ ou plus par véhicule (6 passagers au maximum). Vous pourrez aussi louer un 4x4 découvert avec chauffeur pour environ 2 700 ₹ devant le centre d'accueil de la réserve, au village de Sasan Gir. Une fois réglée la question du véhicule, il faut faire la queue au centre d'accueil pour obtenir un permis, engager un guide et payer les droits pour l'usage d'un appareil photo. Habituellement, votre chauffeur vous aidera pour les formalités.

Lors d'un safari, on aperçoit des lions une fois sur deux (en moyenne). Si vous tenez absolument à en voir, prévoyez donc deux excursions. Vous verrez sûrement d'autres animaux, antilopes cervicapres et renards ; les guides sont de bons pisteurs.

Où se loger et se restaurer

Nitin Ratanghayara Family Rooms PENSION $$
(9979024670, 02877-285686 ; www.nitinbhai-homestay.in ; SBI Bank St ; ch 800 ₹, avec clim 1 400 ₹ ;). Dans sa maison familiale avec cour, l'accueillant Nitin Ratanghayara loue plusieurs chambres bien tenues, plus plaisantes que celles des hôtels bon marché alentour. Si vous le souhaitez, vous pourrez aider sa belle-sœur, en charge de la cuisine, pour préparer les repas. Repérez l'enseigne au-dessus d'une boutique dans la rue principale.

Hotel Umang HÔTEL $$
(02877-285728 ; www.sasangirhotels.in ; Rameshwar Society, SBS Rd ; ch 850 ₹, avec clim 1 450 ₹ ;). Des chambres fonctionnelles et des repas corrects dans un établissement calme. Service efficace. Réductions hors saison. À 200 m au sud de la rue principale, près du centre-ville ; suivez les panneaux.

Asiatic Lion Lodge LODGE $$$
(9099079965, 02877-281101 ; www.asiaticlion-lodge.com ; Sasan Gir-Bhalchhel-Haripur Rd ; ch 4 700 ₹ ;). Près de 5 km à l'ouest de Sasan Gir, cet hébergement paisible est tout en chambres spacieuses, joliment décorées, au toit de chaume, semblables à des bungalows. La cuisine végétarienne est très bonne, et le soir, est projeté en plein air un intéressant documentaire sur la réserve des lions.

Gir Birding Lodge HÔTEL $$$
(9266519519, 9723971842 ; www.girbirdinglodge.com ; Rte 100A ; ch ou cottage avec repas s/d 5 600/6 800 ₹ ;). Ce lieu paisible, installé parmi les manguiers en lisière d'une forêt, propose 6 cottages simples et charmants, avec quelques jolies touches comme les lits de bois fabriqués à la main. Les 16 chambres de l'hôtel sont neuves et modernes mais un peu quelconques. Parfait pour les ornithologues amateurs, on y dispense aussi des cours de yoga et de méditation. À 2,5 km du village, en retrait de la route en direction de Junagadh.

Balades au bord de la rivière et sorties ornithologiques possibles (guide naturaliste 2 000 ₹/jour).

Gateway Hotel HÔTEL $$$
(02877-285551 ; www.thegatewayhotels.com ; ch avec petit-déj à partir de 9 900 ₹, ste à partir de 13 200 ₹ ;). Cette ancienne propriété de l'État rénovée par le Taj Group est de loin le meilleur choix (le plus vert, aussi) à proximité du parc national. Les chambres et les suites, immenses, sont pourvues de tout le confort souhaité – il y a même des tapis de yoga. Toutes donnent sur une rivière, où des buffles pataugent et où des lions se hasardent parfois.

Importantes réductions sur les réservations en ligne. Forfaits avec repas et safaris disponibles.

Gir Rajwadi Hotel GUJARATI $
(plats 110-170 ₹ ; 11h-16h et 19h-23h). Ce restaurant végétarien est le meilleur des quelques restaurants simples qui bordent la rue principale du village. On y sert de très bons *thali* gujaratis.

Renseignements

Centre d'interprétation de Gir (8h-18h). Près du centre d'accueil de Devalia, on trouve ici une présentation éducative du sanctuaire et de sa faune, ainsi qu'une petite boutique.

Depuis/vers le Gir National Park & Wildlife Sanctuary

Du village de Sasan Gir, des bus rejoignent Veraval (41 ₹, 1 heure) et Junagadh (62 ₹, 2 heures) toute la journée.

Des trains de 2e classe sans réservation assurent la liaison avec Junagadh (20 ₹, 2 heures 45, départ à 17h58), Delvada (pour Diu, 25 ₹, 3 heures 30, départ à 9h58) et Veraval (10 ₹, 1 heure 30, départ à 11h58 et 16h27).

Junagadh

☎0285 / 319 460 HABITANTS

Souvent ignorée des touristes, Junagadh est une ancienne cité fortifiée (son nom signifie "Vieux Fort"), dont l'histoire remonte à quelque 2 300 ans. Elle donne au pied de Girnar Hill, une montagne sacrée. Lors de la Partition, le nabab de Junagadh choisit de rattacher son minuscule État au Pakistan. Mais face au tollé de la population, majoritairement hindoue, il dut partir seul. Junagadh est une bonne base pour aller voir les lions du Gir National Park.

À voir et à faire

Dans certaines parties du centre, Junagadh est aussi embouteillée et bondée que toute autre ville indienne. Le quartier qui monte vers le fort d'Uparkot, ainsi que les alentours de Circle Chowk et de Diwan Chowk se distinguent en revanche par leur charme, avec leurs marchés et leurs palais à moitié abandonnés, mariant les styles européen et moghol.

♥ Girnar Hill — SITE SACRÉ

Ce mont sacré, dressé sur la plaine, est émaillé de temples hindous et jaïns. Des pèlerins venus de partout entreprennent, de préférence à l'aube, l'ascension des 10 000 marches de pierre bien entretenues qui mènent jusqu'au sommet. Le flot humain et la lumière du petit matin participent de la magie ambiante. Un auto-rickshaw pour Girnar Taleti revient à environ 100 ₹.

Les temples jaïns, un ensemble de coupoles ornées de mosaïques et de stupas élaborés, se dressent aux deux tiers environ du parcours. Le plus grand et le plus ancien, le **temple de Neminath**, dédié au 22e *tirthankara*, date du XIIe siècle ; pour le découvrir, franchissez la première porte à gauche après la première entrée. De nombreux temples ferment de 11h à 15h, mais celui-ci reste ouvert toute la journée. À proximité, le triple **temple de Mallinath**, consacré au 9e *tirthankara*, fut construit en 1177 par deux frères. Durant les fêtes, ce temple attire de nombreux *sadhu* (ascètes).

Divers temples hindous se dressent plus haut. Le premier sommet est coiffé par le **temple d'Amba Mata**, où les jeunes mariés viennent prier pour une union heureuse. Au-delà, plusieurs descentes et montées conduisent aux quatre autres sommets et à d'autres temples. À 1 117 m, le **temple de Gorakhnath** est juché sur le plus haut pic du Gujarat. Le Dattatraya, escarpé, est couronné d'un sanctuaire dédié à une incarnation de Vishnu à trois visages. Au faîte du dernier promontoire, Kalika, se dresse un sanctuaire consacré à la déesse Kali.

Le parcours débute à **Girnar Taleti**, à 4 km à l'est de la ville. Une route carrossable, parfois fermée, monte jusqu'à la 3 000e marche, ce qui en laisse seulement 7 000 jusqu'au sommet ! Les stands de boissons disséminés au fil des marches vendent de la craie pour inscrire son nom sur les rochers. Si vous ne pouvez pas grimper à pied, des *dholi* reviennent à 4 000 ₹ (aller-retour) si vous pesez entre 50 et 70 kg, et à 4 500 ₹ au-delà. Si les porteurs ne peuvent évaluer votre poids, vous serez pesé sur une grande balance à fléau avant le départ. Les photos, autorisées sur le chemin, sont interdites dans les temples.

La Bhavnath Mela (p. 677), une fête de 5 jours pendant le mois de Magha (jan-fév), attire des musiciens, des danseurs et d'innombrables *naga* (*sadhu* nus ou saints hommes) au temple de Bhavnath Mahadev à Girnar Taleti. Cette fête commémore l'époque où Shiva aurait exécuté sa danse cosmique de destruction.

♥ Fort d'Uparkot — FORT

(🕒aube-crépuscule). Ce fort aurait été bâti en 319 av. J.-C. par l'empereur Chandragupta Maurya, puis agrandi à plusieurs reprises. Il fut assiégé seize fois et, selon la légende, résista à un siège de douze ans. Ses remparts, hauts de 20 m par endroits, renferment plusieurs monuments dignes d'intérêt. La vue sur la ville ou vers Girnar Hill, à l'est, est magnifique, et l'on trouve, dans l'enceinte, une belle mosquée ancienne, une série de grottes bouddhiques millénaires et deux *baoli* (puits à degrés).

La **Jama Masjid** est un ancien palais transformé en mosquée au XVe siècle par le sultan du Gujarat, Mahmoud Begada. Fait rare, elle comporte une cour couverte avec trois ouvertures octogonales, peut-être autrefois surmontées de dômes. Les graffitis sont regrettables, mais les sculptures délicates du mihrab et la forêt de piliers fascinent encore. Du toit, la vue sur la ville est superbe.

Près de la mosquée, les **grottes bouddhiques** (Indien/étranger 15/200 ₹ ; 🕒8h-18h) ne sont pas de véritables cavernes, mais des

Junagadh

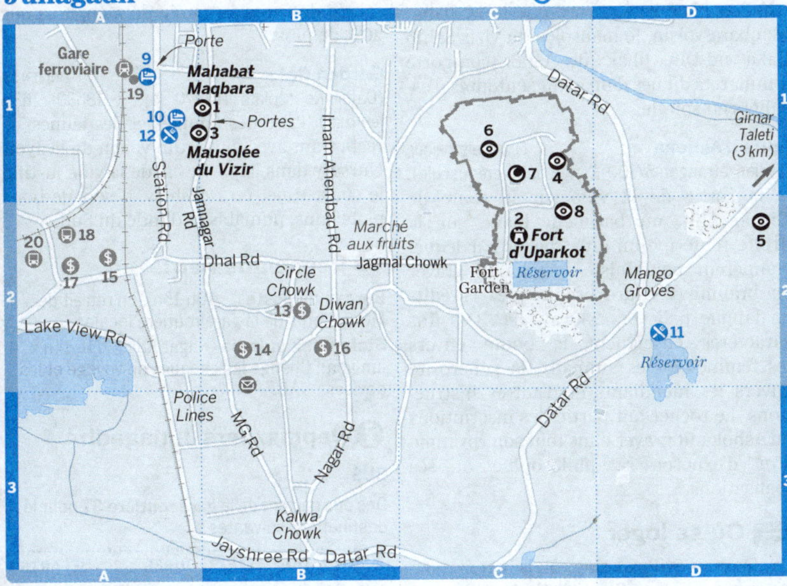

Junagadh

Les incontournables
1 Mahabat Maqbara B1
2 Fort d'Uparkot C2
3 Mausolée du Vizir A1

À voir
4 Adi Kadi Vav C1
5 Édits d'Ashoka D2
6 Grottes bouddhiques C1
7 Jama Masjid C1
8 Navghan Kuvo C2

Où se loger
9 Click Hotel A1
10 Lotus Hotel A1

Où se restaurer
11 Garden Cafe D2
12 Geeta Lodge A1

Renseignements
13 DAB de l'Axis Bank B2
14 Bank of Baroda B2
15 State Bank of India A2
16 State Bank of India B2
17 DAB de la State Bank of India A2

Transports
18 Mahasagar Travels A2
19 Billetterie ferroviaire A1
20 Gare routière ST A2

cellules de moines creusées dans la roche, au IIe siècle. À descendre dans cet ensemble sur trois niveaux, on rejoint la salle centrale, avec ses piliers aux sculptures érodées par le temps.

Le fort possède deux beaux *baoli* taillés dans la roche dure. Circulaire, profond de 41 m, l'**Adi Kadi Vav** a été creusé au XVe siècle, et porte le nom de deux jeunes filles esclaves qui venaient y puiser de l'eau. Le **Navghan Kuvo**, profond de 52 m et conçu pour tenir en cas de siège, a près de 1 000 ans ; un splendide escalier s'enroule autour du puits. Jetez également un œil aux pigeonniers, plusieurs fois centenaires.

Mahabat Maqbara MAUSOLÉE
(MG Rd). L'époustouflant mausolée du nabab Mahabat Khan II de Junagadh (1851-1882) est l'un des plus beaux exemples d'architecture euro-indo-islamique du Gujarat. Doté de portes-fenêtres et de colonnes néogothiques, il renferme des portes intérieures en argent.

Mausolée du Vizir MAUSOLÉE
(MG Rd). Plus orné encore que le Mahabat Maqbara voisin, le mausolée du vizir Sahib Baka ud-Din Bhar, de 1896, comporte 4 minarets dignes d'un conte, entourés d'escaliers en spirale.

Édits d'Ashoka SITE HISTORIQUE
(Indien/étranger 5/100 ₹ ; aube-crépuscule). À la sortie de la ville sur la route de Girnar Hill, un bâtiment blanc sur la droite renferme un gros rocher sur lequel l'empereur bouddhiste Ashoka fit graver en brahmi (écriture brahmique) 14 édits en langue pali vers 250 av. J.-C. Ces fins caractères enseignent la bonté envers les femmes et les animaux, la générosité envers les mendiants et d'autres instructions. Le rocher fait partie des inscriptions qu'Ashoka fit graver dans tout son royaume afin d'exposer sa philosophie et ses réalisations.

Où se loger

Les femmes éviteront les hôtels bon marché autour de Kalwa Chowk – même accompagnées d'un homme – en regard de la clientèle qu'ils drainent. Il y a de meilleurs établissements dans Station Rd.

Lotus Hotel HÔTEL $$
(0285-2658500 ; Station Rd ; s/d à partir de 2 000/2 500 ₹ ;). Luxueux et confortable, cet hôtel occupe le dernier étage, totalement rénové, d'une ancienne *dharamsala* (auberge pour pèlerins). Impeccables, bien aménagées, spacieuses et climatisées, les chambres sont de surcroît équipées de lits douillets et de TV à écran LCD. Le *room service* compense l'absence de restaurant.

Click Hotel HÔTEL $$$
(02832-244 077 ; www.theclickhotels.com ; Station Rd ; ch 2 800 ₹ ;). Proche de la gare, ce nouvel hôtel est le plus confortable de la ville. Les chambres, impeccables, sont équipées de bons lits et de TV à écran plasma, le Wi-Fi est fiable et si la carte du restaurant végétarien sur place est limitée, le personnel se montre très obligeant.

Où se restaurer

Geeta Lodge GUJARATI $
(Station Rd ; thali 100 ₹ ; 10h-15h30 et 18h30-22h ;). L'armée de serveurs du Geeta est en perpétuel mouvement pour servir de somptueux *thali* gujaratis à volonté, à un prix plancher. Terminez avec des desserts, salade de fruits ou purée de mangue, pour 20 ₹ de plus.

Garden Cafe INDIEN $$
(Datar Rd ; plats 110-170 ₹ ; 18h30-22h30 jeu-mar). Prisé des familles et des jeunes, ce restaurant avec joli jardin voisin de la Jyoti Nursery dans la partie est de la ville justifie le court trajet en rickshaw. Il sert de bons plats jaïns, punjabis et d'Inde du Sud.

Renseignements

Bureau de poste (10h-15h). En retrait de MG Rd, près de la gare routière locale.
State Bank of India (Nagar Rd ; 11h-14h lun-ven). Change les chèques de voyage et les devises ; DAB.

Depuis/vers Junagadh

BUS

Des bus partent de la **gare routière ST** pour les destinations suivantes :

DESTINATION	TARIF	DURÉE	DÉPARTS
Ahmedabad	173 ₹	8 heures	toutes les 30 min
Bhuj	188 ₹	7 heures	10/jour
Diu	127 ₹	5 heures	4/jour
Jamnagar	102 ₹	4 heures	10/jour
Rajkot	86 ₹	2 heures 45	toutes les 30 min
Sasan Gir	62 ₹	2 heures	1/heure
Una (pour Diu)	113 ₹	4 heures	10/jour
Veraval	79 ₹	2 heures 30	toutes les 30 min

Des bureaux de compagnies privées, dont **Mahasagar Travels** (0285-2629199 ; Dhal Rd), sont installés près des voies ferrées. Des liaisons sont notamment assurées avec :

DESTINATION	TARIFS	DURÉE	DÉPARTS
Ahmedabad	sans/avec clim/Volvo 270/320/425 ₹	8 heures	toutes les 30 min
Mumbai	couchette 943 ₹	17 heures	5/jour

TRAIN

La gare ferroviaire possède une **billetterie informatisée** (8h-22h lun-sam, 8h-14h dim).

Le 11463/5 *Jabalpur Express* part à 11h10 pour Gondal (*sleeper*/3AC/2AC 173/556/761 ₹, 1 heure), Rajkot (173/556/761 ₹, 2 heures 45)

GUJARAT JUNAGADH

VAUT LE DÉTOUR

LES PALAIS DE WANKANER

Wankaner, jolie petite ville à 60 km au nord-est de Rajkot, est fameuse pour ses deux palais et sa situation aux rives de la Machchhu (*wanka* signifie méandre et *ner*, rivière). Le grandiose **palais de Ranjit Vilas** (☎02828-220000 ; 200 ₹/gratuit pour les clients du Royal Oasis), de 1907, mélange d'arches néogothiques, de vitraux superbes et de lustres victoriens, de dômes moghols et de colonnes doriques, était la résidence officielle du maharaja de Wankaner jusqu'en 2012, avant que la famille ne parte pour un lieu plus modeste. Une visite vous permettra de voir la grande salle, ornée des trophées de chasse du souverain, ainsi que la salle de jeux et la chambre d'apparat à l'étage. On projette d'y présenter la Rolls-Royce Silver Ghost de 1921 du maharaja. Appelez au préalable, vous aurez peut-être la chance de rencontrer sa sympathique famille. Puis séjournez au **Royal Oasis** (☎02828-222000 ; www.wankanerheritagehotels.com ; ch 5 000 ₹ ; ❄🏊), autre superbe palais de 1937, ancienne résidence d'été du maharaja de Wankaner transformée en un hôtel au cadre intime.

Des bus relient Rajkot (24 ₹, 1 heure, toutes les 30 min) à la gare routière, dans le sud-est de Wankaner. La ville est sur la ligne de chemin de fer entre Rajkot et Ahmedabad, et 11 trains y passent chaque jour dans les deux sens.

et Ahmedabad (240/661/911 ₹, 7 heures 15). Le 22958 *Somnath Express* de nuit pour Ahmedabad (mêmes tarifs, 6 heures 30) part à 23h02.

Le train de 2e classe 52952 part à 7h15 pour Sasan Gir (20 ₹, 2 heures 45) et Delvada (pour Diu, 35 ₹, 5 heures 45).

Gondal

☎02825 / 112 195 HABITANTS

Gondal, une bourgade verdoyante à 38 km au sud de Rajkot traversée par une rivière paisible, compte plusieurs palais. Elle fut jadis la capitale d'un État princier de 1 000 km², gouverné par les Rajput Jadeja qui se tenaient pour descendants de Krishna.

À voir et à faire

♥ Naulakha Museum MUSÉE

(www.heritagepalacesgondal.com ; Naulakha Palace, DCR Pandeya Marg ; 50 ₹ ; ⏲9h-12h et 15h-18h). Ce musée éclectique de la vieille ville occupe un superbe palais vieux de 260 ans en bord de rivière. Construit dans un mélange de styles, il est orné de gargouilles et de délicates sculptures. On y présente des objets royaux, comme les balances avec lesquelles avait été déterminé le poids en or du maharaja Bhagwat Sinhji en 1934 (l'équivalent en numéraire allait à des œuvres de charité), un dictionnaire gujarati en neuf volumes compilé par ce même maharaja, et une collection de jouets. Deux écuries remplies de calèches en parfait état se visitent moyennant un supplément de 20 ₹.

Shri Bhuvaneshwari Aushadhashram ÉDIFICE HISTORIQUE

(www.bhuvaneshwaripith.com ; Ghanshyam Bhuvan ; ⏲9h-12h et 15h-17h mar-sam). Fondée en 1910 par le médecin royal de Gondal, cette pharmacie fabrique et vend des remèdes ayurvédiques contre la chute des cheveux, les vertiges, les insomnies... On peut visiter le laboratoire et voir les curieux instruments. Son fondateur, Brahmaleen Acharyashree, aurait inventé le titre de "Mahatma" (Grande Âme) pour Gandhi. Sur place, un temple est dédié à la déesse Bhuvaneshwari.

Udhyog Bharti Khadi Gramodyog ATELIER

(Udhyog Bharti Chowk ; ⏲8h-12h et 15h-17h lun-sam). Dans ce grand atelier de *khadi* (toile de coton filé et tissé à la main), des centaines de femmes filent le coton à l'étage. Au rez-de-chaussée, des *salwar kameez* (tenues traditionnelles pour femmes composées d'une tunique et d'un pantalon) brodés et des saris sont en vente.

Vintage & Classic Car Collection MUSÉE

(Orchard Palace Hotel, Palace Rd ; Indien/étranger 120/250 ₹ ; ⏲9h-12h et 15h-18h). C'est la collection des voitures royales : 32 véhicules impressionnants, de celui construit en 1907 par la New Engine Company Acton et de la Mercedes *Saloon* de 1935 aux voitures de course utilisées par le maharaja actuel. Toutes sont en état de marche.

Où se loger et se restaurer

Orchard Palace HÔTEL HISTORIQUE $$$
(02825-220002 ; www.heritagepalacesgondal.com ; Palace Rd ; s/d 5 200/6 600 ₹ ;). Ce petit palais, qui fut jadis une maison d'hôtes du maharaja, comprend 7 chambres bien tenues et plutôt simples, hautes de plafond et de tailles diverses, avec des meubles des années 1930 et 1940. Charmants salons et patios. Repas à base de légumes cultivés sur place dans le jardin bio. Réservez.

Riverside Palace HÔTEL HISTORIQUE $$$
(02825-220002 ; www.heritagepalacesgondal.com ; Ashapura Rd ; s/d 5 200/6 600 ₹ ;). Cet autre palais de la famille régnante, ancienne demeure du prince héritier, date des années 1880. Désuètes, ornées de trophées de chasse et de lits à baldaquins, ses 11 chambres ont tout d'une machine à remonter le temps royale, avec vue sur la rivière. Repas possible : réservez.

Comment circuler

Il y a des bus fréquents entre la gare routière ST de Gundana Rd, 500 m au sud de l'Orchard Palace, et Rajkot (30 ₹, 1 heure) et Junagadh (65 ₹, 2 heures). De lents trains de passagers entre Rajkot (10 ₹, 1 heure, 14/jour) et Junagadh (25 ₹, 1 heure 45-3 heures, 11/jour) font halte à Gondal. Comptez 150 ₹ de l'heure pour louer un auto-rickshaw pour découvrir les sites (le chauffeur vous attendra sur place pendant la visite).

Jamnagar

0288 / 600 945 HABITANTS

Peu touristique malgré son intérêt, Jamnagar est ponctué de bâtiments ornementés délabrés et de bazars pittoresques. Dans ces derniers, sont vendus les fameux *bandhani* (*tie-dye*) de couleurs vives, fabriqués depuis 500 ans selon une technique consistant à faire des milliers de nœuds minuscules sur un morceau de tissu plié avant de le teindre.

Capitale de la principauté de Nawanagar avant l'indépendance, Jamnagar est aujourd'hui une agglomération en plein essor ; la plus grande raffinerie de pétrole au monde, propriété de Reliance Petroleum, est implantée à proximité, en direction de l'ouest. Le centre-ville forme un vaste secteur marchand composé d'une multitude de boutiques et de stands éclairés le soir.

RAJKOT : LA MAISON D'ENFANCE DE GANDHI

À Rajkot, par ailleurs ville industrielle et active, à 40 km au nord de Gondal, les adeptes de Gandhi trouveront la **Kaba Gandhi No Delo** (Ghee Kanta Rd ; 9h-18h) GRATUIT, maison où il a habité à partir de l'âge de six ans (quand son père était *diwan* de Rajkot). On y découvre abondance de photos de famille et des informations intéressantes sur sa vie. La passion du Mahatma pour le métier à tisser manuel est restituée grâce à une petite école de tisserands. Si cet artisanat vous intéresse, Rajkot a vite développé une industrie du tissage *patola*. La technique vient de Patan, et suit un processus compliqué qui veut que chaque fil soit teint avant d'être tissé. Mais à Patan, la chaîne et la trame sont toutes deux teintes (en double *ikat*), tandis qu'à Rajkot seule la trame est teinte (simple *ikat*) : les tissus sont donc plus abordables. On peut visiter des ateliers chez des habitants dans le quartier de la Sarvoday Society, à 1 km au sud-ouest de Shastri Maidan, et notamment le **Mayur Patola Art** (0281-2464519 ; www.facebook.com/Mayur-patola-art-1563670977185321 ; Sarvoday Society ; 10h-18h), derrière la Virani High School.

Près de 18 km au sud-ouest de Rajkot, le splendide **Heritage Khirasara Palace** (02827-234444 ; www.khirasarapalace.in ; Kalawad Rd, Khirasara ; ch à partir de 4 000 ₹, ste 8 000-25 000 ₹ ;), du XVIe siècle, minutieusement rebâti sur son monticule, est le plus bel hébergement des environs de Rajkot. À l'intérieur : pelouse impeccable, piscine carrelée de mosaïque et chambres vastes et luxueuses. La suite "Maharaja" est meublée d'antiquités, mais nous préférons l'atmosphère de la "Maharani".

Rajkot est desservie par les avions d'Air India, Jet Airways, JetKonnect et Alliance Air depuis Mumbai et Delhi. Les bus qui partent de la **gare routière ST** (Dhebar Rd) desservent Jamnagar (86 ₹, 2 heures, toutes les 30 min), Junagadh (89 ₹, 2 heures 45, toutes les 30 min), Bhuj (161 ₹, 7 heures, 1/heure environ) et Ahmedabad (à partir de 137 ₹, 4 heures 30, départ toutes les 30 min). Il existe aussi de nombreux trains, notamment pour Ahmedabad et Mumbai.

Jamnagar

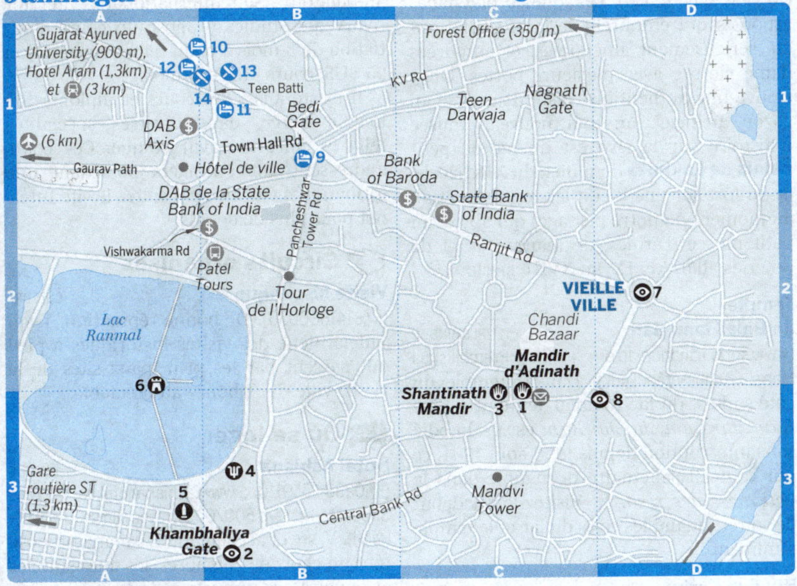

Jamnagar

Les incontournables

1 Mandir d'Adinath ... C3
2 Khambhaliya Gate ... B3
3 Mandir de Shantinath ... C3

À voir

4 Temple de Bala Hanuman ... B3
5 Bhujiyo Kotho ... A3
6 Palais Lakhota ... A2
7 Shree Subhash Market ... D2
8 Willingdon Crescent ... D3

Où se loger

9 Hotel Ashiana ... B1
10 Hotel Kalatit ... A1
11 Hotel President ... B1
12 Hotel Punit ... A1

Où se restaurer

7 Seas Restaurant ... (voir 11)
13 Brahmaniya Dining Hall ... B1
14 Hotel Kalpana ... B1

À voir

Avec ses beaux temples jaïns, ses tours et ses portes de ville qui tombent en ruine, ses marchés animés et sa promenade paisible en bord de lac, une balade au hasard est peut-être le meilleur moyen de profiter de la vieille ville.

Khambhaliya Gate PORTE

(Central Bank Rd). Construite au XVIIe siècle par Wazir Meraman Khawa, cette porte, l'une des deux portes restantes de cette période et qui se délabrait jadis vient d'être restaurée. À l'étage, une galerie présentant l'histoire de la ville devrait ouvrir bientôt.

Mandir de Shantinath TEMPLE JAÏN

(Chandi Bazaar Rd ; aube-crépuscule). Le *mandir* de Shantinath, un des plus grands temples jaïns de la vieille ville, est particulièrement beau, avec ses piliers colorés et son dôme ourlé d'or.

Mandir d'Adinath TEMPLE JAÏN

(Chandi Bazaar Rd ; aube-crépuscule). Le *mandir* d'Adinath, un des deux plus grands temples jaïns de la vieille ville, est consacré aux 1er et 16e *tirthankara* (grands maîtres jaïns). Il se distingue par ses peintures murales délicates, ses dômes en miroir et ses lustres ouvragés.

Lac Ranmal LAC

(10 ₹ ; aube-22h30). Les jolies promenades arborées qui entourent le lac Ranmal ont été sérieusement améliorées, et entourées d'une clôture avec plusieurs portes. On y trouve une authentique piste de course en gazon artificiel, un tout nouveau musée d'histoire sur la rive est du lac, le petit **palais de Lakhota** du milieu du XIXe siècle, et un fort sur une île du lac (en rénovation au moment de notre passage) qui abrite un petit musée d'armes, de manuscrits et de poteries allant du IXe au XVIIIe siècle.

Temple de Bala Hanuman TEMPLE HINDOU

(www.shribalahanuman.org ; Shri Premhikshuji Marg ; aube-crépuscule). Dans ce temple, du côté sud-est du lac Ranmal, le mantra *Shri Ram, Jai Ram, Jai Jai Ram* est psalmodié sans interruption depuis le 1er août 1964, ce qui vaut au sanctuaire de figurer dans le *Guinness des records*. Visitez-le en début de soirée, quand les rives du lac et le temple s'animent.

Bhujiyo Kotho TOUR

(Lake Dr). Cette tour militaire impressionnante mais qui tombe en ruine domine la rive sud du lac Ranmal. Des travaux sont en cours : une fois achevés, les visiteurs pourront contempler la ville depuis son sommet.

Shree Subhash Market MARCHÉ

(Ranjit Rd, Kadiawad ; 5h-20h). Ce marché aux légumes coloré de Jamnagar qui existe depuis le XVIIIe siècle est très pittoresque.

Willingdon Crescent MONUMENT

(Central Bank Rd). Cet édifice de style européen en arc de cercle et à arcades fut bâti par Jam Ranjitsinhji pour remplacer les pires taudis de Jamnagar. Communément appelé Darbargadh, du nom de l'ancienne résidence royale de l'autre côté de la rue, elle abrite aujourd'hui diverses boutiques.

Cours

Gujarat Ayurved University BIEN-ÊTRE

(0288-2664866 ; www.ayurveduniversity.com ; Chanakya Bhavan, Hospital Rd). La première université ayurvédique du monde, fondée en 1967, se trouve à 1,5 km au nord-ouest du centre. Elle a joué un rôle important dans le renouveau de la médecine ayurvédique après l'indépendance, et comprend un hôpital public qui traite chaque jour 800 à 1 000 patients, hospitalisés ou en ambulatoire. Son International Center for Ayurvedic Studies propose un cours d'initiation de 3 mois à plein temps (inscription 25 $US, cours 475 $US/mois).

Il existe aussi des cours et diplômes de longue durée, dans diverses spécialités telle la chirurgie ayurvédique. Ces cours s'adressent aux étrangers possédant une formation médicale ; consultez le site Internet pour plus de détails.

Circuits organisés

Visite historique CULTURE

(8141600036). De bonne réputation, Yashi Jadela mène des visites historiques à pied qui passent par les principaux sites de la vieille ville. Téléphonez au préalable.

Où se loger

Hotel Ashiana HÔTEL $

(0288-2559110 ; www.ashianahotel.com ; New Super Market ; s/d 500/600 ₹, avec clim 800-950 ₹ ;). Vaste et accueillant, l'Ashiana propose tout un choix de chambres, les unes simples et banales, les autres spacieuses et confortables. Toit-terrasse, agréable en soirée ; service efficace ; transferts pour l'aéroport et les gares ferroviaire et routière. On accède à l'hôtel par l'ascenseur ou par l'escalier à l'intérieur du New Super Market.

Hotel President HÔTEL $$

(0288-2557491 ; www.hotelpresident.in ; Teen Batti ; ch 780 ₹, avec clim 1 810-1 920 ₹, ste 2 795 ₹ ;). La direction de l'hôtel est exceptionnellement serviable et loue des chambres à prix raisonnables, dont beaucoup ont des balcons. Les chambres climatisées donnent sur la rue et sont dans l'ensemble meilleures que les autres, ouvertent sur l'arrière.

Hotel Punit HÔTEL $$

(0288-2670966 ; www.hotelpunit.com ; Teen Batti ; s/d à partir de 850/950 ₹, ste 1 700 ₹ ;). Un des meilleurs hébergements à bas prix de Jamnagar, avec des chambres simples mais bien tenues, des climatiseurs modernes et des TV à écran LCD. Les suites sont spacieuses mais ne valent pas forcément le supplément. Pratique pour la vieille ville et à quelques pas de plusieurs restaurants.

Hotel Kalatit HÔTEL $$

(0288-2660105 ; www.hotelkalatit.com ; Teen Batti ; s/d 1 520-1 820 ₹, ste 5 500 ₹ ;). Un hôtel moderne et chic, fort d'une salle de sport et d'un bon restaurant. L'une des meilleures options de la ville.

Hotel Aram HÔTEL HISTORIQUE $$$
(☎0288-2551701 ; www.hotelaram.com ; Pandit Nehru Marg ; ch 2 230-3 960 ₹, ste 4 320-6 500 ₹ ; ❄📶). Cette ancienne propriété princière, qui constitue l'hôtel le plus séduisant de la ville, affiche un mélange intéressant d'ancien et d'ultramoderne. Les chambres varient grandement, des standards sans prétention aux somptueuses *super deluxe* et suites (dont le style est parfois hésitant). Un bon restaurant végétarien (tables dans le jardin) sert une cuisine internationale. À 1,5 km au nord-ouest du centre.

Où se restaurer

Brahmaniya Dining Hall GUJARATI $
(1er ét., Badri Complex, Teen Batti Chowk ; thali 199 ₹ ; 🕒11h30-14h30 et 19h30-22h30). Ce petit restaurant est spécialisé dans les *thali* végétariens. Les plats sont un peu gras mais goûteux. Au 1er étage du Badri Complex.

Hotel Kalpana INDIEN, INTERNATIONAL $$
(Teen Batti ; plats 90-170 ₹ ; 🕒9h-23h mar-dim). Une longue liste de plats punjabis, gujaratis et chinois, ainsi que des pizzas, à déguster dans un cadre propre et moderne, sur des banquettes rembourrées. Poulet et mouton pour les amateurs de viande.

7 Seas Restaurant INDIEN, INTERNATIONAL $$
(Hotel President ; plats 140-320 ₹ ; 🕒6h-10h et 11h-23h ; 📶). Un hôtel sympathique, propre et fonctionnel, avec un peu d'élégance, qui a pour thème la mer et propose un beau choix de plats végétariens ou non : produits de la mer, cuisine chinoise indianisée et plusieurs tandoori, ainsi que de vrais petits-déjeuners. Les *bhindi* (gombos) tandoori sont succulents.

Renseignements

Le site Internet de la ville (www.jamnagar.org) fournit de multiples informations utiles aux visiteurs.

La State Bank of India change des devises à son **agence principale** et dispose d'un **DAB** juste au sud de l'hôtel de ville. Il y a aussi un **DAB Axis** au nord de la mairie, et une agence de la **Bank of Baroda** avec un DAB dans Ranjit Rd.

Forest Office (☎0288-2679357 ; Indira Gandhi Marg, Forest Colony ; 🕒10h30-18h lun-sam, fermé 2e et 4e sam du mois). L'Office des Forêts fournit des permis pour visiter le golfe de Kutch (Kachchh) et sa réserve marine, ainsi que la réserve ornithologique voisine de Khijadiya ; cependant, on y parle peu anglais et il y a peu d'informations utiles. Le mieux est de contacter l'**Hotel President** (p. 712) pour vous aider à visiter ces deux parcs.

Bureau de poste (Central Bank Rd ; 🕒9h-17h). Bureau de poste central.

Depuis/vers Jamnagar

AVION

L'**Aéroport de Jamnagar** (☎0288-2712187) est à 6 km à l'ouest de la ville. Air India dessert quotidiennement Mumbai.

BUS

Les bus ST relient la **gare routière ST** (Government Colony) à Rajkot (81 ₹, 2 heures, départ toutes les 30 min), Junagadh (102 ₹, 4 heures, 1/heure environ) et Ahmedabad (176 ₹, 7 heures 15, presque 1/heure). Il y a aussi 3 bus le matin et le soir vers Bhuj (162 ₹, 6 heures 30).

Parmi les compagnies privées de Vishwakarma Rd, **Patel Tours** (☎0288-2660243), fiable, propose 22 bus Volvo climatisés par jour pour Ahmedabad (600 ₹, 7 heures), 34 bus pour Rajkot (150 ₹, 2 heures), et 5 bus sans clim pour Bhuj (siège/couchette 300/400 ₹, 6 heures), la plupart de nuit.

TRAIN

Un des trains les plus pratiques est le 22946 *Saurashtra Mail* qui part à 4h05 pour Rajkot (*sleeper*/3AC/2AC/1AC 150/510/715/1 180 ₹, 1 heure 45) via Wankaner, et continue vers Ahmedabad (225/600/850/1 405 ₹, 6 heures 45) et Mumbai (420/1 135/1 625/2 745 ₹, 16 heures).

Comment circuler

De l'aéroport, à 6 km à l'ouest, comptez environ 150/300 ₹ en auto-rickshaw/taxi. Un auto-rickshaw de la gare routière ST à Bedi Gate coûte environ 30 ₹ ; même tarif entre la gare ferroviaire et le centre.

Environs de Jamnagar

Khijadiya Bird Sanctuary RÉSERVE NATURELLE
(entrée 10 $US, véhicule jusqu'à 6 personnes 40 $US, moto 10 $US ; 🕒7h-12h et 15h-18h). Cette petite réserve ornithologique de 6 km², à 12 km au nord-est de Jamnagar, englobe des marais d'eau douce et salée, et abrite plus de 200 espèces d'oiseaux, dont de rares pélicans frisés, jabirus d'Asie et pluviers crabiers. Mieux vaut la visiter entre octobre et mars, de préférence tôt le matin ou au

HORS DES SENTIERS BATTUS

OUEST DU SAURASHTRA

Le Mahatma Gandhi est né en 1869 dans la ville portuaire de **Porbandar**, 130 km au sud-ouest de Jamnagar. On peut visiter le **lieu de naissance de Gandhi** (9h-12h et 15h-18h) GRATUIT, une maison de 22 pièces vieille de 220 ans où sont exposées des photos familiales, et le mémorial voisin, le **mandir de Kirti** (7h30-19h) GRATUIT. Sur la route de Porbandar, le **Barda Wildlife Santuary** (Rte 27 ; 8h-17h) est une zone boisée ponctuée de villages aux maisons de pierre, de vieux temples, et propice à de belles randonnées.

Dwarka, 104 km au nord-ouest de Porbandar, à la pointe ouest de la péninsule de Kathiawar, est un des 4 sites de pèlerinage les plus sacrés de l'hindouisme. Son **temple de Dwarkadhish** (7h-8h, 9h-12h30 et 17h-21h30) aurait été fondé il y a plus de 2 500 ans, et compte une flèche haute de 78 m aux sculptures incroyables. Le **phare de Dwarka** (10 ₹ ; 17h-18h30) offre une belle vue panoramique, mais les photos y sont interdites (tout comme les téléphones portables). La ville est pleine à craquer lors de la fête de Janmashtami, l'anniversaire de Krishna en septembre-octobre. On y trouve de belles plages, notamment celle, longue et propre, d'**Okhamadhi**, 22 km au sud de Dwarka.

Pour organiser une visite de l'ouest du Saurashtra, **Mustak Mepani** (ci-dessous), à l'Hotel President de Jamnagar, est un bon contact.

coucher du soleil. L'arrivée des grues qui viennent nicher, le soir, peut être spectaculaire. Il y a six tourelles pour observer les oiseaux. Louer une voiture à Jamnagar pour explorer le sanctuaire coûte environ 1 500 ₹.

Vous devrez d'abord présenter votre passeport au nouveau centre d'interprétation.

Marine National Park PARC NATIONAL
(jusqu'à 6 personnes 900 ₹, appareil photo 450 ₹). Divisé en 3 parties, ce parc national et la réserve marine adjacente englobent l'estran et 42 petites îles sur quelque 120 km de côte à l'est et à l'ouest de Jamnagar – une région riche en faune qui fait face à une industrialisation préoccupante. À marée basse, vous verrez dans les eaux peu profondes des coraux, des poulpes, des anémones de mer, des poissons-ballons, des hippocampes, des homards et des crabes. **Mustak Mepani** (9824227786), à l'Hotel President de Jamnagar, organise visites guidées, location de voitures, chauffeurs et permis.

Le parc compte 3 parties : Narada, Poshitra et l'île de Pirotan. La première est la plus intéressante : les visiteurs se garent à l'entrée et marchent pendant 2,3 km sur des rochers et des récifs jusqu'au golfe de Kutch, où l'on observe divers animaux marins (prévoyez des chaussures dotées de semelles robustes). On rejoint Narada depuis Jamnagar, à 65 km ; l'aller-retour en voiture tourne autour de 2 200 ₹. L'intérêt principal de Poshitra est son corail ; vous n'y verrez guère de créatures mouvantes ; elle est fermée aux visiteurs jusqu'en 2018 pour permettre au corail de se rétablir. L'île de Pirotan est à 7 milles du quai de Rozi, à 25 minutes de voiture de Jamnagar. La traversée en bateau se prête à l'observation des dauphins et des oiseaux. La location d'une voiture au départ de Jamnagar coûte 4 500 ₹ (aller simple ou aller-retour).

La période la plus propice s'étend de décembre à mars, quand de nombreux oiseaux viennent hiverner.

Narada et Poshitra ne sont ouvertes qu'à marée basse, les horaires changent donc chaque jour. Avant d'entrer, vous devrez produire votre passeport et remplir des formulaires.

KUTCH (KACHCHH)

Le Kutch (prononcez *keutch*), l'ouest sauvage de l'Inde, est une curiosité géographique. Cette région plate, en forme de tortue, bordée par le golfe de Kutch, le grand (Great) Rann et le petit (Little) Rann de Kutch, est une île saisonnière. Durant la saison sèche, les Ranns sont de vastes étendues de boue séchée et de sel blanc étincelant. À l'arrivée de la mousson, ils sont d'abord inondés par la mer, puis par les rivières en crue. Le sel qui pénètre dans le sol rend cette zone marécageuse pratiquement stérile. Sur quelques "îlots" éparpillés au-dessus du niveau du sel pousse la végétation qui constitue le fourrage de la faune locale.

Les villages qui émaillent le paysage aride du Kutch abritent un patchwork de communautés tribales et de sous-castes qui produisent l'un des plus beaux artisanats du pays, dont des textiles finement brodés et ornés de miroirs. Malgré les puissants séismes qui ont complètement détruit plusieurs villages en 2001, les habitants de cette rude région, très déterminés, ont rebâti leurs maisons et accueillent à nouveau les visiteurs.

Bhuj

☎ 02832 / 188 240 HABITANTS

La capitale du Kutch est une ville intéressante. En grande partie détruite par le tremblement de terre de 2001, elle a depuis connu une renaissance. Les bazars vendent le fabuleux artisanat de la région, et des bâtiments historiques, tels l'Aina Mahal et le Prag Mahal, possèdent une beauté presque irréelle. Bhuj est une base idéale pour visiter les villages environnants et les superbes paysages naturels du grand Rann. Ses textiles attirent des touristes du monde entier.

Les Rajput Jadeja, qui s'emparèrent du Kutch en 1510, firent de Bhuj leur capitale 29 ans plus tard. Elle est depuis restée la ville la plus importante du Kutch.

À voir

Les bâtiments de l'ensemble palatial du Darbargadh sont au cœur de la vieille ville ; le Prag Mahal, l'Aina Mahal et le Rani Mahal sont situés dans ses murs.

♥ Aina Mahal — PALAIS

(Vieux Palais ; 20 ₹, appareil photo 30 ₹ ; ⌚9h-11h45 et 15h-17h45 ven-mer). Ce beau palais, bâti en 1752, a perdu son dernier étage lors d'un séisme. Le bâtiment abrite un incroyable rouleau de 15,20 m dépeignant une procession royale kutch. L'intérieur en miroirs, richement décoré, du XVIIIe siècle, montre la fascination qu'exerçait alors l'Europe – en un reflet inversé de l'orientalisme européen – avec des carreaux de Delft bleu et blanc, des candélabres de verre vénitien, et une série de lithographies d'Hogarth. Du haut de la tour, on a vue dégagée sur le Rani Mahal.

Le palais fut bâti pour le *maharao* (maharaja) Lakhpatji par Ramsingh Malam, un marin de Dwarka qui avait appris les arts et artisanats européens au cours de ses voyages. Dans la chambre à coucher trône un lit aux pieds en or massif (le souverain le mettait aux enchères chaque année). Dans la salle Fuvara Mahal, des fontaines murmuraient autour du souverain, tandis qu'il regardait des danseuses ou composait des poèmes.

Prag Mahal — PALAIS

(Nouveau Palais ; 20 ₹ ; ⌚9h30-12h15 et 15h-17h45). Le Prag Mahal, du XIXe siècle, plus grand des 3 palais dans l'enceinte du Darbargadh, est à l'abandon, endommagé par un séisme. Il vaut la visite pour son Durbar Hall, exubérante et fantomatique salle de réception avec ses grands lustres, ses trophées de chasse et ses statues classiques rehaussées d'or. Plusieurs scènes du film *Lagaan* (2001), une superproduction bollywoodienne sur le thème du cricket, y ont été tournées.

Rani Mahal — PALAIS

Le Rani Mahal, l'ancienne résidence royale du XVIIe siècle, est totalement fermé, mais on peut toujours admirer les treillis des fenêtres de son *zenana* (quartier des femmes). L'endroit est particulièrement joli au coucher du soleil.

♥ Kachchh Museum — MUSÉE

(City Police Station Rd ; Indien/étranger 5/100 ₹ ; ⌚10h-13h et 14h30-17h30 jeu-mar, fermé 2e et 4e sam du mois). En face du réservoir d'Hamirsar, le musée du Kutch est le plus ancien musée du Gujarat. Il possède une collection à la fois éclectique et intéressante, avec des légendes aussi bien en anglais qu'en gujarati : textiles, armes, argenterie, sculptures, sections dévolues à la faune, à la flore et à la géographie, dioramas consacrés aux costumes et artefacts des peuples du Kutch...

Folk Art Museum — MUSÉE

(Bhartiya Sanskriti Darshan ; près de City Police Station Rd ; 100 ₹, appareil photo 200 ₹ ; ⌚11h-13h15 et 15h-18h mar-dim). Cet excellent musée des Arts populaires du Kutch présente notamment des reconstructions de *bhunga* (huttes en boue ornées de miroirs) rabari, des instruments de musique et de nombreuses sculptures en bois et en pierre. Les tissus du Kutch, d'époque, sont très intéressants, surtout pour qui n'a pas pu visiter le Calico Museum d'Ahmedabad. Il se trouve à 700 m au sud du Kachchh Museum, près de Mandvi Rd.

Bhuj

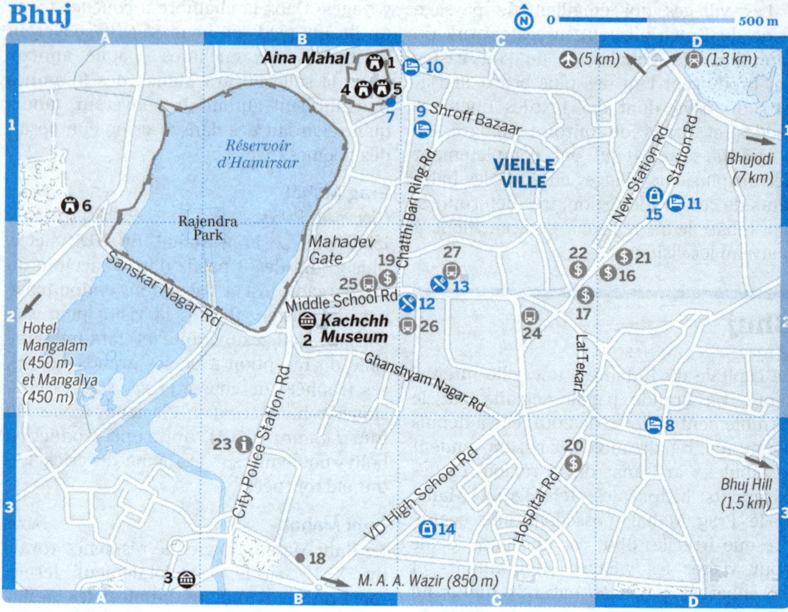

Bhuj

Les incontournables
1 Aina Mahal B1
2 Kachchh Museum B2

À voir
3 Folk Art Museum A3
4 Prag Mahal B1
5 Rani Mahal B1
6 Palais de Sharad Baug A1

Activités
7 Pramod Jethi B1

Où se loger
8 Bhuj House D3
9 City Guest House C1
10 Hotel Gangaram C1
11 Hotel Ilark D1

Où se restaurer
12 Green Rock C2
Jesal .... (voir 15)
13 Shankar Vadapav C2
Toral .... (voir 15)

Achats
14 Kutch Mahila Vikas Sangathan (Qasab) C3
15 Qasab D1

Renseignements
16 Ashapura Money Changer D2
17 DAB de la Bank of Baroda C2
18 District Superintendent of Police B3
19 DAB de la HDFC B2
20 State Bank of India C3
21 DAB de la State Bank of India D2
22 DAB de la State Bank of India C2
23 Tourist Information Bureau B3

Transports
24 4x4 pour Mandvi C2
Jay Somnath Travels .... (voir 25)
25 Patel Tours & Travels B2
26 Shree Sahjanand Travels C2
27 Gare routière ST C2

Palais de Sharad Baug PALAIS
(20 ₹, appareil photo/caméra 20/100 ₹ ; 9h-12h et 15h-17h45 sam-jeu). Ce gracieux palais italianisant de 1867 est situé au milieu d'arbres peuplés de corbeaux et de chauves-souris. Ce fut la demeure du dernier *maharao* du Kutch, Madansingh, qui y résida jusqu'à sa mort, en 1991. L'édifice a perdu la majeure partie de son 3e étage lors du séisme de 2001, et les étages inférieurs sont fermés.

L'ancienne salle de banquet adjacente abrite la collection hétéroclite du palais, qui comprend deux grands tigres naturalisés tués par le *maharao*, ainsi que le cercueil de ce dernier.

Bhuj Hill MONT

(Bhujiyo Dungar). Dans les faubourgs est de la ville, le temple hindou qui domine ce mont est un superbe endroit d'où admirer le coucher du soleil. On projette d'ériger à son sommet un mémorial aux victimes du séisme de 2001. Un auto-rickshaw du centre de Bhuj jusqu'au pied des marches coûte environ 80 ₹.

Où se loger

City Guest House PENSION $

(☎9913922669 ; www.cityguesthousebhuj.com ; Langa St ; d 500 ₹, s/d sans sdb à partir de 300/400 ₹ ; ❄). En retrait de Shroff Bazaar, l'endroit est étonnamment clair et agréable pour une pension bon marché. Dessus-de-lits colorés, dans des chambres propres et simples. Évitez celles sans fenêtres. Les sdb sont équipées de toilettes à la turque ou hybrides. Petit-déjeuner envisageable. Il y a deux grandes terrasses sur le toit. Latif, le gérant, loue des motos moyennant 500 ₹ la journée.

Hotel Mangalam HÔTEL $$

(☎9227593130 ; www.mangalamhotels.com ; Mangalam Cross Roads ; ch 1 500 ₹, s/d avec clim à partir de 2 000-2 500 ₹ ; ❄📶). Vers la lisière sud de la ville, cet établissement récent compte de grandes chambres claires à l'ameublement confortable, certaines avec une jolie vue. Un excellent restaurant occupe le rez-de-chaussée. Transferts gratuits de l'aéroport.

Hotel Gangaram HÔTEL $$

(☎9429377131 ; www.hotelgangaram.com ; près de Shroff Bazaar ; s/d 1 000/1 200 ₹, avec clim 1 200/1 400 ₹ ; ❄📶). Dans la vieille ville, près du Darbargadh, cet établissement est, malgré son aspect fatigué, un bon hôtel. Le gérant se montre sympathique et l'on y est à l'abri du vacarme des grandes rues de Bhuj. Les chambres diffèrent de beaucoup : regardez-en plusieurs. Les repas sur place sont plutôt corrects.

♥ **Bhuj House** CHEZ L'HABITANT $$$

(☎9098187346 ; www.thebhujhouse.com ; Camp Area, face à Camp Police Chowki ; ch 4 600-5 600 ₹ ; ❄📶). Tenue par un adorable couple anglo-indien, Jehan et Katie, cette maison historique du XIXe siècle restaurée avec soin – demeure de la famille de Jehan – entoure une cour paisible. Les 4 chambres, avec sdb attenante, ventilateurs et mobilier ancien, sont rehaussées de broderies du Kutch. Il est possible de se faire, sur demande, préparer d'excellents repas, et vos hôtes vous aideront à planifier vos visites des villages du Kutch.

Hotel Ilark HÔTEL $$$

(☎02832-258999 ; www.hotelilark.com ; Station Rd ; s/d à partir de 3 250/3 550 ₹, ste à partir de 5 240 ₹ ; ❄📶). Avec ses chambres au mobilier de bois massif (à l'instar des panneaux

EXPLORER LE KUTCH

Vous pourrez partir à la découverte des villages du Kutch par les transports publics. Chaque jour, 3 bus desservent Khavda (55 ₹, 2 heures). Des auto-rickshaws peuvent aussi vous conduire aux villages proches de Bhuj. Vous aurez cependant beaucoup plus de choix et de souplesse en louant une voiture avec chauffeur ; la plupart des hôtels de Bhuj pourront vous en procurer.

Pramod Jethi (p. 720), ancien conservateur de l'Aina Mahal et spécialiste du Kutch, organise des circuits à thèmes bien pensés et personnalisés en auto-rickshaw (demi-journée/journée 800/1 400 ₹) dans les villages autour de Bhuj. Mais des voyageurs nous ont fait part de mauvaises expériences avec certains conducteurs de rickshaw qu'il emploie. **Salim Wazir** (p. 720) est un spécialiste des tissages et un très bon guide local qui peut vous proposer des circuits sur mesure des villages du Kutch, en fonction de vos intérêts ; avec son 4×4, il peut rallier d'intéressants villages inaccessibles aux auto-rickshaws. **Kuldip Gadhvi** (p. 720) a également une très bonne réputation de guide du Kutch. Tous trois peuvent organiser des circuits d'un ou plusieurs jours dans la région. Les tarifs des guides sont autour de 2 000 ₹ par jour, et 3 000 ₹ par jour de plus pour une voiture ou un 4×4.

qui habillent certains murs), cet hôtel est sans doute un des plus beaux de Bhuj, ce que laisse déjà augurer l'extérieur, moderne. Le service est impeccable et il y a un bon restaurant sur place.

Où se restaurer

Shankar Vadapav CUISINE DE RUE $
(Middle School Rd ; en-cas à partir de 10 ₹). Ce simple stand fait figure de légende. Goûtez le *vadapav* (sorte de sandwich garni de pommes de terre frites épicées et de chutney) ou le *mirchvada* (beignet de piment vert fourré d'un mélange de pommes de terre et d'épices). Repérez l'enseigne en gujarati juste à côté du glacier Gopi Gola Ghar.

Toral VÉGÉTARIEN $$
(Hotel Prince, Station Rd ; thali 299 ₹ ; 11h30-15h et 19h30-23h ;). Dépendant de l'Hotel Prince ce restaurant fait le plein au déjeuner, lorsque habitants et touristes s'y pressent pour ses excellents *thali* gujaratis à volonté.

Mangalya MUGHLAI $$
(Hotel Mangalam, Mangalam Cross Rd ; plats à partir de 160 ₹, buffet déj 230 ₹ ;). Ces versions inventives de plats *mughlais* végétariens vous raviront à n'en pas douter. Les différentes spécialités cuites au *tandoor* et les *paneer* sont fantastiques – si vous n'arrivez pas à choisir, prenez la délicieuse "Mix Grill Platter". Ils proposent aussi *dosa* et autres plats d'Inde du Sud et même – si la cuisine occidentale vous manque – de la pizza !

Jesal INDE DU NORD $$
(Hotel Prince, Station Rd ; plats à partir de 190 ₹ ; 7h-15h et 19h-23h ;). Jesal affiche une cuisine d'influences diverses : Inde du Nord (notamment tous les tandoori), nombreux plats sino-indiens et quelques plats occidentaux.

Green Rock INDIEN, INTERNATIONAL $$
(Middle School Rd ; plats 100-210 ₹, thali 220 ₹ ; 11h-15h et 19h-22h30 ;). Ce restaurant climatisé, installé en étage, propose de savoureux *thali* au déjeuner, ainsi qu'une longue carte végétarienne.

Renseignements

Ashapura Money Changer (Station Rd ; 9h30-19h lun-sam). Change les espèces et les chèques de voyage.

District Superintendent of Police (DSP Rd ; 10h-18h lun-sam, fermé 2e et 4e sam du mois). Délivrance de permis pour visiter certains villages éloignés.

State Bank of India (Hospital Rd ; 10h-16h lun-ven, 10h-13h sam). Change les chèques de voyage et les espèces.

Tourist Information Bureau (02832-224910 ; www.gujarattourism.com ; Bahumali Bhavan Rd ; 9h-18h lun-sam). Office du tourisme pratique, face au Bahumali Bhavan.

Depuis/vers Bhuj

AVION

L'aéroport de Bhuj, à 4 km au nord du centre, dessert quotidiennement Delhi et Mumbai par Air India.

BUS

De nombreux bus partent de la **gare routière ST** pour Ahmedabad (188 ₹, 8 heures, départ toutes les heures), Rajkot (153 ₹, 7 heures), Jamnagar (151 ₹, 6 heures, départ toutes les heures) et Mandvi (67 ₹, 1 heure 30). Les bus privés de **Patel Tours & Travels** (02832-220556 ; www.pateltoursandtravels.com ; Middle School Rd), juste à côté de la gare routière, desservent Ahmedabad (couchette sans/avec clim 350/500 ₹, 9 heures) tout comme les bus Volvo climatisés avec couchettes (588 ₹, 21h) de **Shree Sahjanand Travels** (02832-222236 ; www.shreesahjanandtravels.com ; face à la gare routière ST). Patel Tours & Travel propose aussi des bus non climatisés avec couchettes vers Jamnagar (siège/couchette 300/400 ₹, 7 heures, départ à 15h30, 20h30, 21h et 22h30), tandis que **Jay Somnath Travels** (9979869670 ; Middle School Rd ; 8h-21h) dessert Rajkot (200 ₹). Le plus rapide pour rallier Mandvi est une **jeep collective**.

TRAIN

La gare ferroviaire de Bhuj, à 1,5 km au nord du centre, possède une **billetterie** (8h-20h lun-sam, 8h-14h dim). Il y a 4 à 5 trains pour Ahmedabad, dont le 14312 *Ala Hazrat Express* qui part à 12h40 (mar, jeu, dim), arrive à Ahmedabad (*sleeper*/3AC/2AC 235/625/880 ₹) à 19h45, et continue vers Abu Road, Jaipur et Delhi. Le 19116 *Bhuj BDTS Express* quotidien de 12h15 atteint Ahmedabad à 5h05 (*sleeper*/3AC/2AC/1AC 235/625/880/1 465 ₹) et Mumbai/Bandra Station (425/1 140/1 640/2 765 ₹) à 14h05.

Comment circuler

L'aéroport se situe à 5 km au nord de la ville ; comptez 300/150 ₹ en taxi/auto-rickshaw. Un auto-rickshaw jusqu'à la gare ferroviaire revient à environ 50 ₹.

Environs de Bhuj

Bhuj est une très bonne base pour visiter les communautés locales. De culture nomade, les Jat, Ahir, Meghwal, Harijan et Rabari sont riches de leurs traditions artisanales propres, lesquelles font de toute visite une aventure. On trouvera les plus beaux objets dans les villages qui bordent la route en direction du nord vers Khavda, ainsi qu'au sud-est de Bhuj. Autres lieux intéressants, un important site archéologique isolé et le paysage austère du grand Rann de Kutch. Il faut un permis pour visiter certaines parties du Rann ; si vous êtes avec un guide, celui-ci vous l'obtiendra facilement.

À voir

Living & Learning Design Centre (LLDC) Crafts Museum MUSÉE

(www.shrujan.org ; Bhuj-Bhachau Rd, Ajrakhpur ; 50 ₹ ; 10h-18h mar-dim). À 15 km à l'est de Bhuj, cet excellent musée, tenu par une ONG, est incontournable pour qui s'intéresse aux techniques des artisans du Kutch. Une des trois galeries prévues a désormais ouvert. Y sont présentés 42 styles différents de broderies, à la façon des Ahir, des Meghwal ou des Rabari, entre autres. Les pièces présentées sont époustouflantes et les présentations multimédias vous permettront d'approfondir chaque exposition. On trouve à la boutique de souvenirs à la fois des broderies, mais aussi des livres sur les broderies du Kutch.

Achevé, le projet permettra de couvrir tout l'artisanat du Kutch, du travail des métaux et du cuir à l'argenterie et au *rogan* (peinture sur tissu).

White Desert RÉSERVE NATURELLE

(désert blanc ; 100 ₹). À l'ouest de Khavda et au nord d'Hodka, le White Desert est la partie accessible du grand Rann de Kutch, ce désert de 30 000 km² entre le golfe de Kutch et l'embouchure de l'Indus, au sud du Pakistan. Un sentier d'1,3 km mène du parking à la tour d'observation qui domine la grande étendue salée. Les mois d'hiver, quand il n'y a plus d'eau, l'endroit est fascinant. Le droit d'entrée se paie sur le trajet.

Bhujodi VILLAGE

Bhujodi, à 7 km au sud-est de Bhuj, est un village de tisserands qui travaillent pour la plupart sur des métiers actionnés à la main et au pied. Vous pourrez visiter de nombreux ateliers qui produisent de beaux châles, couvertures et autres articles. Le village s'étend à 1 km de l'Hwy 42. Prenez un bus en direction d'Ahmedabad et demandez au chauffeur de vous déposer à l'embranchement vers Bhujodi (14 ₹). L'aller-retour en rickshaw depuis Bhuj coûte environ 350 ₹.

Than MONASTÈRE

Sis dans les collines, 60 km au nord-ouest de Bhuj, l'étrange monastère de Than remonte au XIIe siècle. L'endroit est calme, avec une architecture qui mêle briques crues en passe de se délier et stuc à la portugaise, avec des clochers bleu et blanc. Il y a un bus quotidien entre Bhuj et Than (55 ₹, 2 heures) à 17h, qui repart tôt le lendemain matin. Le monastère propose des chambres spartiates à ses visiteurs (déconseillées aux femmes) avec des matelas au sol, et une nourriture basique (paiement sur don), mais pas d'eau potable.

Dhoramnath, un saint homme, serait resté 12 ans sur la tête au sommet de Dhinodhar Hill en guise de pénitence. Les dieux le supplièrent d'arrêter et il accepta à condition que le premier endroit où se porterait son regard devienne stérile – ce fut le grand Rann. Dhoramnath fonda ensuite l'ordre des Kanphata ("Oreilles percées"), dont le monastère se dresse au pied de la colline.

Tejsibhai Dhanabhai Marwada ATELIER D'ARTISANAT

(9913491374 ; Sanjot Nagar ; 8h-18h). Dans un petit village proche de Bhujodi, quelques kilomètres à l'est de Bhuj, ce maître artisan est le seul des environs à se spécialiser dans les tapis et tapisseries en poil de chameau, tissés à la main et d'excellente qualité.

Dholavira SITE ARCHÉOLOGIQUE

Un long trajet au nord-est de Bhuj conduit au fascinant site archéologique de Dholavira, sur une île saisonnière du grand Rann. Des fouilles ont révélé une cité d'édifices en pierre sur une superficie de 1 km², qui fut habitée par les Harappéens (civilisation de la vallée de l'Indus) de 2900 environ à 1500 av. J.-C. Mieux vaut disposer de votre propre moyen de transport (5 000 ₹ aller simple ou aller-retour) ; le seul bus pour Dholavira part de Bhuj à 14h (86 ₹, 6 heures) et revient à 5h le lendemain.

Arriver à Dholavira sera moins onéreux et beaucoup plus rapide dès que la route entre Khavda et Dholavira sera achevée.

LE FABULEUX ARTISANAT DU KUTCH

Le Kutch est une des régions d'Inde les plus riches sur le plan artisanal. Elle est réputée pour ses superbes broderies colorées (il en existe 16 styles distincts), mais aussi pour ses nombreux artisans qui tissent, teignent (en *tie-dye*), gravent ou sculptent le bois, fabriquent poteries ou cloches, etc. Cette diversité reflète les traditions des nombreuses communautés. Des coopératives locales investissent dans des projets sociaux et aident les artisans à vendre leur production tout en préservant leur patrimoine artistique. Pour ceux que la broderie intéresse, une visite du nouveau Living & Learning Design Centre (LLDC) Crafts Museum (p. 719) d'Ajrakhpur a rang d'incontournable. Essayez de dénicher une carte de l'artisanat du Kutch (*Kutch Craft Map*), éditée par l'association **Somaiya Kala Vidya** (www.somaiya-kalavidya.org), qui travaille avec des artisans du Kutch pour préserver et mettre en valeur l'artisanat traditionnel.

L'office du tourisme pourra vous suggérer des guides avec auto-rickshaw pour vous faire visiter la majorité des coopératives locales (demi-journée/journée 800/1 400 ₹) ainsi que des villages des Ajir et des Rabari, mais ils ne sont pas tous fiables, et la langue peut être un problème. L'ancien directeur du tourisme **Pramod Jethi** (☎9374235379 ; près du Darbargadh ; ⏲9h-12h et 15h30-18h lun-sam) peut vous faire visiter les coopératives environnantes, tout comme les très bons guides locaux **Salim Wazir** (☎9825715504, 02832-224187 ; salimwazir@gmail.com) et **Kuldip Gadhvi** (☎9327054172 ; www.kutchadventuresindia.com). Avec eux, vous pourrez préciser exactement vos attentes, et ils vous détailleront les techniques utilisées. Vous pourrez acheter des objets d'excellente qualité aux adresses ci-dessous ; les coopératives acceptent les cartes bancaires, ce qui n'est pas le cas des artisans individuels en général : emportez une bonne provision d'espèces.

Coopératives locales

Kutch Mahila Vikas Sangathan (☎02832-256281 ; www.kmvs.org.in ; 21 Nootan Colony, Dr Urmila Mehta Hospital Lane ; ⏲10h-18h). Une association de terrain, qui regroupe 12 000 femmes des villages (1 200 artisans), paie à ses membres des dividendes et investit de l'argent dans des actions sociales. Ses magnifiques broderies et patchworks reflètent les styles de plusieurs communautés. Les articles (sacs, couvre-lits, housses de coussin, tentures murales...) sont vendus sous la marque Qasab. À découvrir à la boutique Qasab de l'**Hotel Prince** (Hotel Prince, Station Rd ; ⏲13h-15h et 19h-22h), à Bhuj, ou à Khavda, un village à 80 km au nord de Bhuj.

Kala Raksha (☎02832-277237 ; www.kala-raksha.org ; ⏲10h-14h et 15h-18h lun-sam). À Sumrasar Sheikh, à 25 km au nord de Bhuj, cet organisme à but non lucratif œuvre à préserver et à promouvoir l'artisanat du Kutch. Il travaille avec près de 1 000 artisans issus de six communautés et 26 villages, spécialisés dans la broderie, le patchwork et les appliqués. Il possède un petit musée et un magasin et peut organiser des visites dans les villages, à la rencontre des artisans. Jusqu'à 80% du prix de vente revient aux artisans, qui aident aussi à fixer les prix.

Tana Bana ATELIER D'ARTISANAT
(☎9998082332 ; ramji.vankar@gmail.com ; Sumrasar Shekh). Diplômé de l'école de design pour artisans Somaiya Kala Vidya, Ramji Maheshwari est un tisserand qui fait des démonstrations de sa technique avec un métier à tisser traditionnel. Il vend écharpes, châles et autres objets de qualité.

Hodka VILLAGE
Ce village, habité par des Meghwal et des Halepotra, est spécialisé dans le cuir et la broderie. Il est à 55 km au nord de Bhuj, près de la Rte 341.

Bhirandiyara VILLAGE
Vous trouverez de belles broderies et des articles en cuir dans ce village meghwal. À une heure de route au nord de Bhuj, près de la Rte 341.

Khavda VILLAGE
Le village kumbhar de Khavda, 70 km au nord de Bhuj, doit son renom à ses poteries et ses tissus.

Kalo Dungar MONT
(Black Hill). Au nord du village de Khavda, le “Mont noir” est le point culminant du Kutch (462 m), d'où l'on a une vue remarquable sur

Vankar Vishram Valji (☎02832-240723 ; Bhujodi ; ⏲8h-20h). Une petite affaire familiale et parmi les meilleurs tisserands de Bhujodi. Superbes couvertures, châles, étoles et tapis.

Shrujan (☎02832-240272 ; www.shrujan.org ; Bhujodi ; ⏲10h-19h30). Juste après l'embranchement de Bhujodi et derrière la GEB Substation, Shrujan est un organisme à but non lucratif qui travaille avec plus de 3 000 brodeuses issues de neuf communautés dans 114 villages. Les châles, saris, housses de coussin et autres articles de qualité supérieure sont en vente dans la salle d'exposition. Les autres objets sont exposés au LLDC Crafts Museum.

Dr Ismail Mohammad Khatri (☎02832-299786, 9427719313 ; dr.ismail2005@gmail.com ; ⏲9h-17h). À Ajrakhpur, à 6 km à l'est de Bhujodi sur la route de Bhachau, le Dr Khatri dirige une fabrique d'impression au tampon fondée il y a plus de 10 générations. Il emploie uniquement des colorants naturels et imprime d'audacieux motifs géométriques sur des tissus d'excellente qualité. Venez le matin pour voir le processus de fabrication. Nappes, châles, jupes, saris et autres articles en vente sur place.

Parmarth (☎9909643903, 9712411959 ; 106 Ramkrushn Nagar, New Dhaneti ; ⏲8h30-21h). Tenu par une famille charmante, Parmarth est spécialisé dans les broderies des Ahiri, réputées sur le plan national. New Dhaneti se trouve à 17 km à l'est de Bhujodi sur la route de Bhachau.

Khamir (☎02832-271272 ; www.khamir.org ; Lakhond Crossroad, Kukma Rd, Kukma ; ⏲10h-17h30). Cette organisation œuvre pour la préservation et la promotion du Kutch dans toute sa diversité. À l'atelier de Kukma, vous pourrez voir des démonstrations et acheter certains produits. À 4 km de Bhujodi en direction d'Anjar.

Traditional Rogan Art (☎02835-277788 ; www.traditionalroganart.com ; Nirona). On trouve au village de Nirona, 40 km au nord-ouest de Bhuj, plusieurs artisanats bien particuliers (laque, fabrication de cloches), mais pas d'aussi spécifiques que l'art ancien de la peinture *rogan*, venue d'Iran il y a plus de 300 ans et pratiquée en Inde par une seule famille (au sens large), dans ce village. Ces peintures sur tissu délicates, détaillées, exigent des mois de travail ; Narendra Modi en a offert un bel exemple à Barack Obama lors de la dernière visite du président américain.

Boutiques de textiles

À Bhuj, des commerces de textiles bordent Shroff Bazaar, à l'est du Darbargadh. Attention : de nombreux tissus soi-disant imprimés au tampon sont en fait sérigraphiés.

M. A. A. Wazir (☎02832-224187 ; awazir1@rediffmail.com ; Plot 107B, Lotus Colony, Bhuj). Si les broderies anciennes vous intéressent, contactez M. A. A. Wazir, en face du General Hospital. Il possède une fabuleuse collection de plus de 3 000 pièces, dont la moitié à vendre.

le désert de sel (ou la mer intérieure, si vous venez pendant la mousson) du grand Rann. Il faut s'y rendre par ses propres moyens.

Activités

Centre for Desert & Ocean ORNITHOLOGIE
(CEDO ; ☎8511981245, 9825248135, 02835-221284 ; www.cedobirding.com ; Moti Virani ; s/d avec repas 2 500/5 000 ₹). Installée à 53 km au nord-ouest de Bhuj, cette association de préservation de la faune, dirigée par Jugal Tiwari, écologiste passionné, et son fils Shivam, propose des excursions pour aller observer des oiseaux dans les prairies de Banni, où la faune abonde. L'hébergement se fait dans des chambres bien tenues, avec l'eau chaude solaire ; la cuisine est gujaratie et végétarienne. Ces safaris coûtent 3 500 ₹ par demi-journée pour une voiture avec chauffeur ; un guide spécialisé, naturaliste et ornithologue, revient à 2 000 ₹ de plus par jour.

Où se loger

Toran Tourist Complex HÔTEL $
(☎9825026813 ; s/d 400/600 ₹, avec clim 800/1 000 ₹ ; ❄). Le seul hébergement de Dholavira tient en des *bhunga* (huttes

circulaires), certaines climatisées, avec sdb attenantes. Des *thali* gujaratis sont servis dans la cafétéria adjacente.

♥ **Devpur Homestay** CHEZ L'HABITANT $$$
(☎9825711852, 02835-283065 ; www.devpurhomestay.in ; Devpur ; avec petit-déj s 2 000-4 500 ₹, d 2 500-5 000 ₹, tente s/d 1 500/1 800 ₹ ; ❄). Bâti en 1905, ce manoir de grès du village de Devpur, à 40 km au nord-ouest de Bhuj, est la demeure familiale de Krutarthsinh, un hôte accueillant, parent de la famille royale de Bhuj. Chaque chambre a son caractère propre, et les clients pourront choisir entre celles climatisées, celles avec ventilateurs de l'annexe, qui donnent sur une cour au calme, ou encore une des tentes luxueuses. Sur demande, on vous préparera sur place d'excellents repas.

Shaam-e-Sarhad Village Resort HÔTEL $$$
(☎02803-296222 ; www.hodka.in ; Hodka ; en pension complète tente s/d 2 800/3 400 ₹, bhunga s/d 3 800/5 700 ₹ ; ⊙oct-mars). Établi dans les belles prairies de Banni, tout près d'Hodka, à 70 km au nord de Bhuj, ce camp de safari comprend 3 *bhunga* (huttes traditionnelles de terre) et 6 tentes de luxe avec sdb privatives. Propriété de la communauté halepotra, c'est une superbe occasion de découvrir la vie quotidienne d'une communauté indigène et l'impact positif que peut avoir un tourisme responsable. Délicieux *thali* servis.

Des guides locaux (ne parlant pas anglais) vous emmèneront visiter les villages de la région ou observer les oiseaux moyennant 350 ₹ par jour, mais il vous faudra être motorisé.

Depuis/vers les environs de Bhuj

Les bus qui desservent les villages de Khavda et Dholavira sont rares. La plupart des visiteurs viennent se fendre de circuits de plusieurs jours dans la région, avec une voiture et un guide expérimenté ; il y a plusieurs très bons guides (p. 717) à Bhuj, que vous pourrez contacter en amont. Une journée de 4×4 avec un guide coûte environ 5 000 ₹.

Mandvi

☎02834 / 51 375 HABITANTS

Mandvi, à 1 heure de route de Bhuj, est une bourgade animée, forte d'un extraordinaire chantier naval, où des centaines d'hommes construisent à la main des navires en bois pour des marchands arabes. Les énormes grumes proviennent apparemment des forêts pluviales de Malaisie. Mandvi a beaucoup moins souffert que Bhuj du séisme de 2001 ; le cœur de la ville (autour de Mochi Bazaar) conserve de beaux édifices anciens aux teintes pastel délavées et des temples aux façades ouvragées. La ville compte quelques grandes plages, dont une belle grève privée près du palais de Vijay Vilas, et Kashivishvanath Beach, à 2 km du centre et juste à l'est de la Rukmavati, où vous trouverez des étals de nourriture et pourrez faire des balades à dos de chameau.

À voir

Palais de Vijaya Vilas PALAIS
(lun-sam 30 ₹, dim 40 ₹, véhicule 50 ₹, appareil photo/caméra 50/200 ₹ ; ⊙7h-19h). Ce palais des années 1920, 7 km à l'ouest de la ville, entouré de vastes vergers, est bâti face à une plage privée, jonchée de déchets. À l'origine résidence d'été des seigneurs du Kutch, son premier étage est désormais la résidence principale du vieux maharaja de Bhuj. La vue depuis le toit vaut bien qu'on y monte et les salles, avec leurs animaux empaillés et leur mobilier grandiose et désuet, méritent un coup d'œil. Un auto-rickshaw depuis Mandvi coûte environ 200/300 ₹ aller/aller-retour.

Où se loger et se restaurer

Hotel Sea View HÔTEL $
(☎9825376063 ; www.hotelseaviewmandvi.com ; angle ST Rd et Jain Dharamsala Rd ; ch 850 ₹, avec clim 1 250-2 300 ₹ ; ❄). Sur la route principale, ce petit hôtel au bord de la rivière possède des chambres joliment décorées, avec de grandes fenêtres donnant sur le chantier naval.

♥ **Beach at Mandvi Palace** COMPLEXE HÔTELIER $$$
(☎9879013118, 02834-277597 ; www.mandvibeach.com ; s/d en pension complète 7 000/9 000 ₹ ; ❄). Ce petit ensemble de tentes est installé au calme, sur une superbe portion de plage propre qui s'étend jusqu'au palais de Vijaya Vilas. Les luxueuses tentes climatisées comportent de grands lits, des meubles en bois massif et une sdb carrelée de blanc. Sans y séjourner, on peut venir prendre un très bon déjeuner (550 ₹, 10h-15h) ou dîner (650 ₹, 19h-21h) – avec un accès à la plage privée pour toute la journée.

Osho Restaurant GUJARATI $
(1er ét., Osho Hotel, Bhid Gate ; thali 100 ₹ ; ⏲11h45-15h et 19h-21h). Au cœur de la ville, Osho est un restaurant très fréquenté où on sert d'excellents *thali* végétariens. Cherchez l'enseigne "Osho Hotel".

Depuis/vers Mandvi

Des bus réguliers circulent depuis/vers Bhuj (35 ₹, 1 heure 30-2 heures). Plus rapides, des 4x4-taxis collectifs (45 ₹) partent de la rue au sud du principal marché aux légumes de Bhuj. **Patel Tours & Travels** (☎ 9925244272) et **Royal Express** (☎ 02834-232135) proposent des bus confortables pour Ahmedabad. Ceux de Royal Express sont climatisés.

Petit Rann de Kutch

Aride, imprégné de sel, le petit Rann représente la nature dans ce qu'elle a de plus rude et de plus fascinant. Le Wild Ass Sanctuary, qui en recouvre une bonne partie, est le refuge des dernières populations d'ânes sauvages d'Asie (ou hémiones) en Inde, à la robe brune, les *khur*. On vient ici surtout pour observer des animaux et des oiseaux.

Le petit Rann est parsemé de salines de fortune, illégales, où les gens gagnent misérablement leur vie en extrayant le sel de l'eau du sol. Un très bon documentaire suédois de Farida Pacha, *My Name Is Salt* ("Mon Nom est Sel"), décrit leur dure condition. Des mirages provoqués par la chaleur troublent l'horizon – les arbres et les buissons semblent planer au-dessus de la surface. La pluie transforme le désert en bourbier et, même durant la saison sèche, la croûte d'aspect solide peut s'effondrer. Il est impératif d'engager un guide pour explorer la région.

À voir

Wild Ass Sanctuary RÉSERVE NATURELLE
(sanctuaire des ânes sauvages ; safari en 4x4 jusqu'à 6 passagers Indien/étranger lun-ven 400/2 000 ₹, sam-dim 500/2 200 ₹, appareil photo 200/1 000 ₹). Cette réserve de 4 953 km² couvre une bonne partie des terres arides du petit Rann, et abrite la dernière population de *khur*, couleur noisette, ainsi que des antilopes nilgauts et cervicapres et des *chinkara* (gazelles indiennes). Une importante population d'oiseaux investit la réserve d'octobre à mars ; c'est l'une des rares régions d'Inde où des flamants roses viennent nicher. Les guides s'occuperont de votre permis pour la réserve, dont le coût est en général à ajouter à celui du safari.

Environ 2 500 *khur* vivent dans la réserve et survivent grâce aux îlots herbeux appelés *bet*, qui atteignent jusqu'à 3 m de hauteur. Ces animaux remarquables et indomptables peuvent courir à une vitesse moyenne de 50 km/h sur de longues distances.

Aisément accessible depuis Ahmedabad, le sanctuaire peut se combiner à une visite de la Nalsarovar Bird Sanctuary, de Modhera et de Patan.

Activités

Desert Coursers OBSERVATION DE LA FAUNE
(☎ 9998305501, 9426372113 ; www.desertcoursers.net). Très bons organisateurs de safaris avec des guides spécialisés, basés à Camp Zainabad.

Où se loger

Camp Zainabad HÔTEL $$
(☎ 02757-241333, 9426372113 ; www.desertcoursers.net ; Zainabad ; 2 500-3 000 ₹/pers en pension complète ; ⏲oct-mars ; ❄📶). Camp Zainabad est à 10 km de la lisière est du petit Rann, tout proche de Zainabad, 105 km au nord-ouest d'Ahmedabad. Les *kooba* (huttes au toit de chaume) sont climatisées et la cuisine très bonne, le tout dans un décor paisible. Desert Coursers (p. 723), tenu par un naturaliste à l'enthousiasme contagieux, Dhanraj Malik, organise d'ici de très bons safaris dans le petit Rann et les villages voisins. Le tarif comprend un safari en 4x4. Réservation conseillée.

Eco Tour Camp HÔTEL $$
(☎ 9825548090 ; www.littlerann.com ; près de Kidi Village ; s/d en pension complète à partir de 1 500/2 000 ₹ ; ⏲oct-avr). Cette adresse simple, juste à la lisière du sanctuaire, est tenue par le sympathique Devjibhai Dhamecha ; son fils Ajay propose des safaris en 4x4 (2 000/3 000 ₹ par véhicule). L'hébergement se fait dans des huttes en ciment basiques, ou des chambres plus luxueuses et des *kooba* pleines de charme. On pourra venir vous chercher (auto-rickshaw/taxi 700/1 200 ₹) à Dhrangadhra, 45 km plus loin, entre Ahmedabad (3 heures) et Bhuj (5 heures 30).

Rann Riders COTTAGE $$$
(☎ 9925236014 ; www.rannriders.com ; Dasada ; s/d en pension complète avec safari 7 000/8 000 ₹ ; ❄📶🏊). Luxueux, Rann Riders, près de Dasada, propose des hébergements en

bhunga (tentes rondes des Rabari) ornées de miroirs ou en *kuba* (huttes carrées) avec douches à effet pluie et sdb extérieures carrelées, au milieu d'un jardin luxuriant. Le tarif inclut de très bons safaris en 4x4 ou à dos de chameau. Les safaris à cheval coûtent 3 000/7 000 ₹ par demi-journée/journée ; on peut aussi visiter des villages tribaux voisins. La cuisine donne le choix entre un buffet indien et des plats japonais.

Bell Guest House HÔTEL HISTORIQUE **$$$**
(☎9724678145 ; www.bellguesthouse.com ; Sayla ; s/d avec petit-déj 3 750/5 000 ₹ ; ❄). La Bell Guest House, tenue par l'ancienne famille régnante de Sayla (entourée de ses labradors), est un hôtel historique vieillissant situé dans une ruelle, près du rond-point de Sayla sur l'Hwy 8A. Ses chambres sont dotées de sdb modernes. Vous pourrez observer des nilgauts dans la campagne alentour, effectuer une excursion pour voir des hémiones, des antilopes cervicapres, ou découvrir l'artisanat des villages de la région.

Si vous voulez en apprendre plus sur la culture des Rajput, vous pouvez, sur rendez-vous, dîner avec les propriétaires.

ℹ Depuis/vers le petit Rann de Kutch

Pour rallier Zainabad depuis Ahmedabad, le plus aisé est de louer une voiture, mais vous pouvez aussi prendre un bus à la gare routière ST d'Ahmedabad jusqu'à Dasada, à 10 km (85 ₹, 2 heures 30, 1/heure environ), où **Desert Coursers** (p. 723) et **Rann Riders** (p. 723) viendront vous chercher gratuitement. Il y a des bus directs entre Zainabad et Patan (80 ₹, 2 heures 30, 4/jour) via Modhera.

Comprendre l'Inde du Nord

L'Inde aujourd'hui

Mosaïque culturelle de plus d'un milliard d'habitants, l'Inde est un creuset en ébullition permanente. Les systèmes politique, économique et social de la plus grande démocratie du monde sont complexes et, bien que fonctionnant dans l'ensemble, connaissent leurs ratés. Le conflit avec le Pakistan voisin est un défi de tous les jours, de même que les turpitudes intérieures – inimitiés religieuses, violence à l'égard des femmes... Pourtant, les Indiens aspirent au changement et s'en rapprochent à grands pas.

À voir

Gandhi (1982), de Richard Attenborough
Fire (1996), **Earth** (1998) et **Water** (2005), une trilogie de Deepa Mehta
À bord du Darjeeling Limited (2007), de Wes Anderson
Slumdog Millionaire (2008), de Danny Boyle
The Lunch Box (2013), de Ritesh Batra
Lion (2016), de Garth Davis

À lire

Un garçon convenable (Grasset, 1995), de Vikram Seth. L'histoire de quatre familles dans l'Inde postcoloniale, entre tradition et modernité.
Préceptes de vie du Mahatma Gandhi (Points Sagesses, 2004), d'Henri Stern, spécialiste de l'Inde sociale et religieuse
L'Inde contemporaine de 1950 à nos jours (Fayard, 2006), de Christophe Jaffrelot, grand spécialiste de l'Inde et du Pakistan
L'Inde en héritage (10/18, 2011), d'Abha Dawesar. Fidèle au nouveau roman indien, l'auteure dresse un portrait grinçant de l'Inde d'aujourd'hui.
Petit Dictionnaire amoureux de l'Inde (Pocket, 2013), de Jean-Claude Carrière
Idées reçues sur l'Inde contemporaine (Cavalier bleu, 2014), de Pascal Haag et Blandine Ripert
Atlas de l'Inde (Autrement, 2016), d'Isabelle Saint-Mézard et Hugues Piolet

Le paysage politique

La politique indienne continue d'être façonnée – et plus qu'à son tour secouée – par le leadership du Premier ministre Narendra Modi, porté au pouvoir en 2014 par la victoire écrasante du BJP (Bharatiya Janata Party – Parti du peuple indien) sur l'historique parti du Congrès de Rahul Gandhi, arrière-petit-fils de Nehru. Durant la campagne électorale, Modi avait été dépeint par ses adversaires comme un fondamentaliste hindou et un "faucon", essentiellement sur la base d'allégations persistantes relatives à sa responsabilité dans les violences intercommunautaires survenues, en 2002, au Gujarat, dont il était alors ministre en chef. Une fois élu, il s'est toutefois révélé plus conciliant que d'aucuns l'avaient craint.

Certes, des causes en lien avec l'extrémisme religieux ont connu un soutien croissant – notamment l'opposition à l'abattage des vaches, qui a débouché sur l'interdiction de vendre la viande bovine et entraîné des violences. Pour autant, sa politique économique néolibérale et son programme de développement, fondé sur le modèle de celui du Gujarat, ont valu à Modi une popularité auprès de nombreux segments de la population, toutes religions confondues. Durant la première année de son mandat le Premier ministre a certes coupé dans les dépenses sociales, mais aussi baissé les impôts, réduit la bureaucratie et permis l'augmentation des investissements étrangers. Ces mesures se sont traduites par des possibilités d'ascension accrues pour les classes moyennes.

Mais la manœuvre la plus audacieuse de Modi aura peut-être été la démonétisation surprise des billets de 500 et de 1 000 ₹, dans le but de confondre les fraudeurs, les fonctionnaires corrompus et les bailleurs de fonds du terrorisme. Bien que largement critiquée – y compris par le FMI, qui a revu à la baisse les prévisions économiques du pays –, cette démonétisation n'a pas conduit aux troubles civils que certains prévoyaient, malgré des perturbations massives et de longues queues devant les banques avant la mise en circulation des nouvelles coupures.

En matière sociétale, les avancées ont été plus modestes. Ainsi, les violences contre les femmes ternissent-elles toujours l'image de l'Inde. Une série de viols et de meurtres ont défrayé la chronique, et des agressions en masse ont été commises à Bengaluru (Bangalore), en 2017, lors des célébrations du Nouvel An. L'une des conséquences involontaires de la démonétisation a été une perte de contrôle des femmes sur l'argent, celles-ci se trouvant astreintes à révéler leur épargne personnelle et à la confier aux hommes de la famille. On note néanmoins quelques progrès. Le gouvernement Modi discute actuellement d'un quota de femmes de 33% dans le secteur public. Par ailleurs, les hommes musulmans se sont tout récemment vu interdire le divorce par répudiation, lequel leur permettait de se séparer d'une épouse en prononçant simplement trois fois le mot *talaq* – lequel signifie "divorce" –, une formalité que certains maris accomplissaient même par le biais d'un simple mail ou texto. Il ne leur reste pas moins d'autres moyens d'entraîner unilatéralement un divorce, le Code civil n'étant pas encore uniformisé et les croyances de chacun définissant le droit qui prévaut.

Enjeu démographique et rivalités territoriales

Jadis vassal d'un empire colonial, l'Inde est une super puissance en devenir. Mais sa plus grande ressource – 1,27 milliard d'habitants – est aussi son principal défi. Si le pays enregistre régulièrement la plus forte croissance économique mondiale, près d'un quart des Indiens vivent en dessous du seuil de pauvreté, avec moins de 1,90 $US par jour. La population continuant d'augmenter au rythme annuel de 1,2% (soit 12,7 millions d'individus), il devient de plus en plus difficile de faire bénéficier les citoyens ordinaires des fruits de la croissance.

L'essor de l'Inde lui vaut aussi des antagonismes avec ses voisins. La chaîne de l'Himalaya, ligne de partage traditionnelle entre l'Inde et la Chine, devient de plus en plus poreuse car cette dernière exerce une influence croissante au Népal et au Pakistan afin d'asseoir sa domination dans la région. Le projet d'une ligne de chemin de fer traversant le massif depuis le Tibet pourra certes profiter au commerce, mais les avances de la Chine à deux pays hostiles sont perçues comme une menace.

Les rapports sino-indiens sont encore fragilisés par l'exil du dalaï-lama, chef spirituel du bouddhisme tibétain, à McLeod Ganj, près de Dharamsala, avec les membres du gouvernement tibétain d'avant 1959. L'accueil par l'Inde de réfugiés tibétains

POPULATION : **1,27 MILLIARD D'HABITANTS**

PIB : **2,3 MILLIARDS DE $US (2016)**

TAUX DE CHÔMAGE : **5 % (2016)**

TAUX D'ALPHABÉTISATION : **74,04 % (FEMMES/HOMMES 65/82 %)**

SEX-RATIO : **940 FEMMES POUR 1 000 HOMMES**

Sur 100 personnes en Inde

55 parlent l'une des 21 langues régionales officielles
41 parlent hindi
4 parlent l'une des 400 langues dites mineures

Religions

(% de la population)

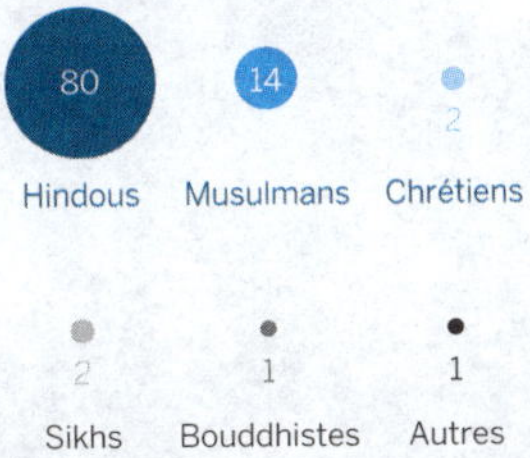

Population au km²

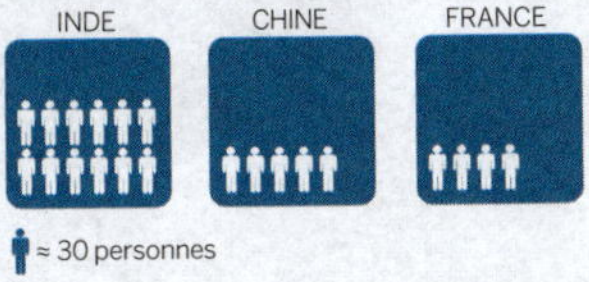

Pas d'impairs !

Tenue décente Ne portez pas de vêtements moulants ; couvrez-vous les épaules et les genoux, surtout dans les lieux de culte.

Chaussures Déchaussez-vous avant d'entrer dans une maison ou un site sacré.

Photos Demandez toujours l'autorisation avant de photographier quelqu'un – ou un site sacré.

Mauvais kharma Ne tournez jamais les plantes de vos pieds en direction d'une personne ou d'une divinité, ne touchez personne du pied.

Politesse

Salutations Dire *namaste* en joignant les mains en un geste de prière est la manière traditionnelle et respectueuse avec laquelle les hindous se saluent.

Préférez la poignée de main La poignée de main est acceptable ; l'accolade ne se pratique pas entre étrangers.

Dodelinement Le balancement de tête peut signifier "oui", "peut-être" ou "je ne sais pas" !

Mains Utilisez la main droite pour manger et serrer la main ; la gauche est réservée aux actes impurs.

complique par ailleurs les prétentions territoriales de la Chine qui, administrant l'Aksai Chin, revendique l'Arunachal Pradesh comme faisant partie du Sud-Tibet.

Autre pomme de discorde, la fourniture d'équipements militaires au Pakistan, notamment de technologie nucléaire. En 2015, la Chine s'est lancée dans la création d'un ambitieux réseau de routes, voies ferrées, oléoducs et gazoducs, le Pakistan China Economic Corridor, devant rejoindre le littoral pakistanais via le massif du Karakoram. Ce projet a renforcé le sentiment de l'Inde d'être cernée par sa rivale du nord.

La question du Cachemire

Depuis la Partition de 1947, la vallée du Cachemire, majoritairement musulmane, est revendiquée par l'Inde et le Pakistan (ainsi que par des séparatistes cachemiris, moins influents).

Les trois guerres indo-pakistanaises de 1947, 1965 et 1971, ainsi que les incursions et échanges de coups de feu des deux côtés de la Ligne de contrôle, ont fait des milliers de victimes civiles. Il se produit toujours de sporadiques escarmouches. On a même assisté à une nouvelle flambée de violence en 2016, lorsque le chef rebelle cachemiri Burhan Wani a été tué par l'armée indienne. Les manifestations consécutives ont dégénéré en affrontements, faisant 85 morts et 13 000 blessés, dont beaucoup imputables aux efforts de la police pour disperser les émeutiers. Le conflit est également tenu pour la cause principale des attentats islamistes perpétrés en Inde. Le Pakistan fournit ainsi un abri – et, d'après les autorités indiennes, un soutien financier, militaire et technique – à des groupes armés, qui ont notamment conduit des raids contre des casernes de l'armée indienne près de la frontière indo-pakistanaise en 2016.

Les pourparlers, qui auraient pu aboutir à la création d'une région autonome, ont avorté en 2008, lorsque, en trois jours à peine, dix attentats ont causé la mort d'au moins 163 personnes à Mumbai. L'unique sniper interpellé, un Pakistanais, avait des liens avec le Lashkar-e-Taiba, un groupe radical formé pour seconder l'armée pakistanaise au Cachemire dans les années 1990 et responsable de dizaines d'attaques sur le territoire indien. Malgré de fugaces rencontres entre le Premier ministre Narendra Modi et son homologue pakistanais Nawaz Sharif en 2014 et 2015, les relations entre les deux pays se sont encore détériorées à la suite des frappes "chirurgicales" menées au Cachemire pakistanais par l'armée indienne en 2016. Depuis, les tirs d'artillerie continuent de part et d'autre de la Ligne de contrôle, et quelque 10 000 personnes vivant à portée d'obus de la frontière ont été évacuées. L'avenir immédiat du Cachemire pourrait dépendre autant de la stratégie diplomatique du président des États-Unis Donald Trump que d'un changement de position des parties en présence.

Histoire

L'Inde a connu des invasions, vu naître et disparaître des empires, assisté à la naissance de religions et à l'effondrement de civilisations, progressé à pas de géant et subi d'innombrables cataclysmes. Envers et contre tout, le pays est demeuré, pour citer son premier Premier ministre, Jawaharlal Nehru, "un amalgame de contradictions liées par des fils solides et invisibles". L'histoire de l'Inde n'est pas seulement l'histoire d'un État-nation, mais celle d'une véritable multitude de communautés et de cultures qui, après des siècles de conflit, ont découvert qu'elles étaient plus fortes ensemble que séparément. La nation qui en résulte est une mosaïque culturelle, constituée d'idées et d'attitudes issues de civilisations parmi les plus grandes d'Asie.

La civilisation de la vallée de l'Indus

La vallée de l'Indus, qui enjambe l'actuelle frontière indo-pakistanaise, est le berceau de la civilisation du sous-continent indien. Ses premiers habitants furent des tribus nomades qui pratiquaient la culture et l'élevage. Il fallut des milliers d'années pour qu'émerge une culture urbaine. Le processus s'accéléra autour de 3500 av. J.-C. ; en 2500 av. J.-C., quelques centres de la culture harappéenne – qui prospéra pendant près de mille ans – étaient déjà bien établis.

À l'apogée de la période harappéenne, les grandes villes étaient Mohenjo-Daro et Harappa, dans l'actuel Pakistan. Sur le site de Lothal (p. 689), près d'Ahmedabad, le tracé précis des rues laisse encore percevoir la sophistication d'une civilisation vieille de 4 500 ans. Ces cités étaient uniformes, avec des ouvrages en briques et des rues de taille standardisée. Elles possédaient souvent une acropole séparée, dont l'implantation laisse deviner une fonction religieuse ; les immenses réservoirs pourraient également avoir été utilisés pour des bains rituels. Les grandes villes harappéennes étaient remarquables par leur taille. Selon des estimations, la population de Mohenjo-Daro aurait atteint au moins 50 000 individus.

Au milieu du troisième millénaire av. J.-C., la culture de la vallée de l'Indus était l'égale des autres grandes civilisations émergentes de l'époque. Les Harappéens, inventeurs d'un système de poids et mesures,

Dans la *Genèse de l'Inde* (Bibliothèque scientifique Payot, 1998), Bernard Sergent s'intéresse à la civilisation de la vallée de l'Indus, à son origine et à ce qu'elle a laissé dans la civilisation indienne ultérieure.

HRONOLOGIE

10000 av. J.-C.

Premières peintures rupestres de l'âge de la pierre dans les abris-sous-roche de Bhimbetka (actuel Madhya Pradesh). Des lieux de peuplements sont disséminés sur le sous-continent.

2600-1700 av. J.-C.

Apogée de la civilisation de la vallée de l'Indus, qui couvre une partie du Rajasthan, du Gujarat et du Sind (Pakistan). La population est concentrée autour de villes comme Harappa et Mohenjo-Daro.

1500 av. J.-C.

La civilisation indo-aryenne s'implante dans les plaines fertiles du bassin du Gange et de l'Indus. Son langage est une forme primitive du sanskrit ; plusieurs langues indiennes en découleront, dont l'hindi.

commerçaient avec les Mésopotamiens. Leurs figurines en terre cuite ou en bronze dénotent une grande sensibilité artistique. Divers vestiges ont été mis au jour – dont des chars à bœufs miniatures et des bijoux – ; ils constituent les plus anciens témoignages de l'existence d'une culture indienne originale. Bien des éléments de la culture harappéenne furent par la suite assimilés par l'hindouisme.

Des figurines d'argile provenant de sites harappéens suggèrent l'existence d'un culte de la mère divine (personnifiée ensuite par Kali) et d'un dieu masculin à trois visages assis dans la pose d'un yogi (censé être le Shiva historique), entouré de quatre animaux. Des piliers de pierre noire (associés au culte phallique de Shiva) et des statuettes d'animaux (notamment le taureau à bosse, qui devint Nandi, la monture de Shiva) ont aussi été découverts. La *Danseuse*, une statuette en bronze vieille de 4 500 ans représentant une jeune fille au regard insouciant, peut être admirée au National Museum (p. 65) de Delhi. Elle atteste, tant par sa facture que par le sujet traité, d'une civilisation hautement développée.

Livres d'histoire

Une histoire de l'Inde : les Indiens face à leur passé (Albin Michel, coll. Planète Inde, 2007), d'Éric Paul Meyer

Histoire de l'Inde (Eyrolles Pratique, 2010), d'Alexandre Astier

Histoire de l'Inde (PUF, Que sais-je ?, 2015), de Michel Boivin

Les premières invasions et l'essor des religions

La civilisation harappéenne entama son déclin au IIe millénaire av. J.-C. Certains chercheurs attribuent la chute de l'Empire à une période de sécheresse ou à des inondations qui auraient été fatales à cette culture basée sur le travail de la terre. Une autre théorie, contestée mais persistante, voit dans la fin des Harappéens la conséquence d'une invasion aryenne – et ce, malgré la rareté des preuves archéologiques ou des écrits historiques permettant de l'étayer. En réaction, d'autres historiens, de sensibilité nationaliste, affirment que les Aryens (du terme sanskrit signifiant "noble") furent en fait les premiers habitants de l'Inde. Pour d'autres encore, l'arrivée des Aryens ne fut pas la résultante d'une conquête, mais plutôt l'aboutissement d'une migration progressive qui submergea pacifiquement la culture harappéenne.

Selon les tenants de la théorie traditionnelle de l'invasion, des tribus aryennes originaires d'Afghanistan et d'Asie centrale entamèrent leur progression dans le nord-ouest de l'Inde vers 1500 av. J.-C. Malgré leur supériorité militaire, elles avancèrent lentement, combattant diverses tribus au fur et à mesure de leur pénétration dans la plaine du Gange. Elles finirent par prendre le contrôle du nord de l'Inde jusqu'aux monts Vindhya, repoussant les populations dravidiennes vers le sud.

On sait avec certitude que les Aryens sont à l'origine de la grande tradition littéraire sanskrite. Les textes sacrés de l'hindouisme, les *Veda*, et le système des castes datent de cette période de transition (1500-1200 av. J.-C.). Ces apports revêtent une importance majeure dans l'histoire et la spiritualité de l'Inde.

1500-1200 av. J.-C.	599-528 av. J.-C.	563-483 av. J.-C.	400-321 av. J.-C.
Compilation du *Rig-Veda*, le premier et le plus long des *Veda*, les textes sacrés hindouistes. Trois autres livres suivront. Apparition également des premières formes du culte brahmanique.	Mahavira, le 24e et dernier *tirthankara* (grand maître jaïn) établit le jaïnisme. Comme le Bouddha, il prêche la compassion et encourage toutes les castes à suivre le chemin de l'Éveil.	Vie de Siddhartha Gautama (fondateur du bouddhisme). Né dans l'actuel Népal, il atteint l'Éveil sous l'arbre de la Bodhi à Bodhgaya (Bihar) et devient ainsi le Bouddha (l'Éveillé).	La dynastie des Nanda se développe dans la riche région de Magadha (plus ou moins le Bihar actuel) et étend son empire du Bengale au Punjab. Les Maurya causent sa chute en 321 av. J.-C.

Au cours de sa progression dans la plaine gangétique, vers la fin du VIIe siècle av. J.-C., la culture aryenne se fondit dans les seize grands royaumes, qui se groupèrent pour former quatre États. Issue de l'un d'eux, la dynastie Nanda, qui prit le pouvoir en 364 av. J.-C., étendit sa domination sur d'immenses territoires du nord de l'Inde.

Pendant cette période, le centre du pays échappa de peu à deux autres invasions venues de l'ouest qui auraient pu modifier le cours de l'histoire indienne. La première fut conduite par le roi perse Darius Ier (521-486 av. J.-C.), qui annexa le Punjab (Pendjab) et le Sind (régions aujourd'hui coupées par la frontière indo-pakistanaise). Plus tard, en 326 av. J.-C., les troupes d'Alexandre le Grand avancèrent jusqu'à l'actuel Punjab, puis firent demi-tour sans établir de domination pérenne.

Vers 500 av. J.-C., deux grandes religions indiennes virent le jour dans les plaines du nord : le bouddhisme et le jaïnisme. Toutes deux remirent en cause les *Veda* et condamnèrent le système des castes, et séduisirent les communautés les plus déshéritées.

Vestiges de l'Empire maurya

- Junagadh (Gujarat)
- Fort d'Allahabad (Uttar Pradesh)
- Sarnath (Uttar Pradesh)
- Sanchi (Madhya Pradesh)
- Bodhgaya (Bihar)
- Vaishali (Bihar)

L'Empire maurya et l'empereur Ashoka

Si la culture harappéenne fut le berceau de la civilisation indienne, la fondation du premier grand empire indien revient à Chandragupta Maurya. Vainqueur des Nanda, celui-ci s'empara du pouvoir en 321 av. J.-C. et ne tarda pas à étendre son empire jusqu'à la vallée de l'Indus.

Depuis sa capitale Pataliputra (actuelle Patna), l'Empire maurya incorpora presque tout le nord de l'Inde et descendit au sud jusqu'au Karnataka. Des textes jaïns et bouddhiques documentent amplement cette période, de même que l'*Arthashastra*, un ouvrage de politique, d'économie et de stratégie militaire. L'empire connut son apogée sous Ashoka, qui se convertit au bouddhisme et le répandit à travers le sous-continent. Après sa mort, en 232 av. J.-C., personne ne fut capable de maintenir l'unité d'un ensemble aussi disparate. L'Empire maurya se désintégra rapidement et finit par s'effondrer en 184 av. J.-C.

Les empires ultérieurs ne connurent pas la stabilité des Maurya et furent de moindre importance sur le plan historique. Les Satavahana, qui contrôlèrent le Maharashtra, le Madhya Pradesh, le Chhattisgarh, le Karnataka et l'Andhra Pradesh dans leur ensemble, parvinrent toutefois à maintenir un assez fort degré de cohésion sociale. Sous leur règne, de 230 av. J.-C. à 200 de notre ère, les arts, en particulier la littérature et la philosophie, fleurirent, et l'enseignement du Bouddha se développa. Le sous-continent bénéficia alors d'une période de prospérité considérable. L'Inde du Sud, moins riche de grandes plaines agricoles fertiles que le Nord, compensa ce manque en développant des liens commerciaux stratégiques via l'océan Indien, et par voie terrestre, avec l'Empire romain et la Chine.

Pour régner sur ses terres, Ashoka s'appuyait sur une armée permanente d'environ 30 000 cavaliers et 600 000 fantassins, accompagnés de 9 000 éléphants.

326 av. J.-C.

Invasion de l'Inde par Alexandre le Grand. Sa victoire sur le roi Pûru, au Punjab, lui permet d'entrer dans le pays, mais une rébellion au sein de son armée l'empêche de franchir la Beas dans l'Himachal Pradesh.

321-185 av. J.-C.

Empire panindien Maurya, fondé par Chandragupta Maurya, avec Pataliputra (actuelle Patna) pour capitale. Pendant son règne, Ashoka fait du bouddhisme la religion d'État.

Vers 300 av. J.-C.

Le bouddhisme se répand, véhiculé par les ambassadeurs monastiques de l'empereur Ashoka ; certains moines vont jusqu'au Sri Lanka et en Asie du Sud-Est. Des stupas sont érigés, notamment à Sanchi.

230 av. J.-C.-220

L'Empire satavahana, ou andhra (de l'Andhra Pradesh), domine une vaste partie de l'Inde centrale. L'art et le commerce maritime, fortement encouragés, influenceront jusqu'à l'Asie du Sud-Est.

UN EMPEREUR ÉCLAIRÉ

Hormis les Moghols, puis les Britanniques plusieurs siècles plus tard, aucun pouvoir n'a jamais assis sa domination sur un territoire indien plus vaste que celui des Maurya. Il n'est donc guère étonnant que leur empire ait donné à l'Inde l'une de ses plus importantes figures historiques.

Le règne d'Ashoka marqua une période où les arts, et notamment la sculpture, furent florissants. Les préceptes gravés dans la pierre, dont l'empereur se servait à la fois pour instruire son peuple et pour délimiter les frontières de son immense territoire, lui valurent une réputation de souverain philosophe. Certains, comme les édits d'Ashoka de Junagadh (p. 708), au Gujarat, rappellent les grands principes moraux et définissent le concept de dharma (qui signifie à la fois l'honnêteté, l'obéissance, la générosité et la bonté).

Le règne d'Ashoka correspondit également à l'apogée du bouddhisme. Après avoir embrassé l'enseignement du Bouddha en 262 av. J.-C., l'empereur en fit la religion d'État, ce qui porta un coup sévère à l'influence spirituelle et sociale de l'hindouisme. L'empereur fit aussi ériger des stupas et des monastères dans toute la région. Les hauts lieux de l'Inde bouddhiste d'Ashoka sont Sarnath (p. 396), dans l'Uttar Pradesh – où le Bouddha prononça son premier sermon présentant "l'Octuple Sentier", ou "Voie du Milieu" –, et Sanchi (p. 638), au Madhya Pradesh – où l'empereur fit construire des stupas. Ashoka, qui dépêcha des missionnaires à l'étranger, est vénéré au Sri Lanka pour avoir envoyé sa fille et son fils propager la foi bouddhique dans l'île.

Après sa mort et le démantèlement de l'Empire, sa vision perdura en tant qu'aspiration, à défaut de se traduire dans la réalité. L'un des nombreux legs de cet empereur à l'Inde moderne est le chakra d'Ashoka (roue bouddhique à 24 rayons) qui orne le drapeau national.

L'âge d'or des Gupta

Si les empires qui vinrent après les Maurya réussirent à s'adjuger de vastes portions du territoire indien, leur contrôle sur les royaumes qui s'y trouvaient était purement formel. Dans tout le sous-continent, le pouvoir était de fait entre les mains des chefs de tribus et des petits rois locaux.

> Les concepts du zéro et de l'infini auraient été inventés par d'éminents mathématiciens indiens durant le règne des Gupta.

En 319, Chandragupta Ier, le troisième roi de la tribu encore méconnue des Gupta, se retrouva par hasard propulsé sur le devant de la scène à la suite de son mariage avec la fille du monarque de la tribu des Licchavi, l'une des plus puissantes du Nord. L'Empire gupta s'étendit rapidement et atteignit son apogée sous Chandragupta II (règne 380-413). Le moine chinois Faxian (ou Fa Hsien), qui voyagea en Inde à cette époque, décrivit un peuple "riche et satisfait", dirigé par des rois éclairés et justes.

La poésie, la littérature, l'astronomie, la médecine et les arts s'épanouirent ; des œuvres de toute beauté furent créées à Ajanta,

52
Possible arrivée de l'apôtre saint Thomas sur la côte du Kerala. Ses enseignements au Kerala et au Tamil Nadu auraient introduit le christianisme en Inde.

Ier siècle
Un réseau de voies terrestres dessert les ports d'où partent les routes maritimes. Échanges fructueux avec l'Afrique, le golfe Arabo-Persique, l'île de Socotra, l'Asie du Sud-Est, la Chine et Rome.

319-510
Âge d'or de la dynastie Gupta, deuxième grand empire de l'Inde après les Maurya. Vague de création artistique et littéraire.

500-600
Émergence des Rajput au Rajasthan. Issus de trois peuples principaux d'origine soi-disant céleste, ils constituent 36 clans distincts qui se dispersent dans la région pour protéger leur propre royaume.

Ellora, Sanchi et Sarnath. Les Gupta se montrèrent tolérants envers le bouddhisme, dont ils soutinrent même la pratique et la création artistique. L'hindouisme s'imposa comme religion dominante vers la fin de l'empire des Gupta. Son renouveau éclipsa le jaïnisme mais aussi le bouddhisme, dont le déclin fut particulièrement marqué ; après l'invasion des Huns, il ne serait plus jamais la première religion de l'Inde.

Au début du VIe siècle, les invasions des Huns marquèrent la fin de cette ère. En 510, l'armée gupta fut vaincue par le général hun Toramana. Dans le nord de l'Inde, le pouvoir retourna à des royaumes hindous indépendants.

Dans *L'Inde des Gupta, IVe-VIe siècle* (Les Belles Lettres, 2015), Cédric Ferrier propose une étude rare et exhaustive de ce grand empire.

Les royaumes d'Inde du Sud

L'Inde du Sud a sa propre histoire. Son éloignement permit l'émergence de puissants royaumes indépendants, parmi lesquels ceux de Kalinga, de Vakataka et de Shatavahana – ce dernier, bien qu'essentiellement hindouiste, aurait vu se développer la pratique de la méditation et favorisa l'art bouddhique à Sanchi et Amaravathi (Andhra Pradesh). Les plaines côtières fertiles donnèrent naissance aux grands empires du Sud, les empires de Chola, Pandya, Chalukya, Chera et Pallava.

Les Chalukya, qui dominèrent principalement le plateau du Deccan, dans le centre, poussèrent parfois leur expansion vers le nord. Les Pallava (IVe-IXe siècle), dans la pointe sud, contribuèrent à l'essor de l'architecture dravidienne, dont l'exubérance confine au baroque.

La prospérité du Sud reposait sur des liens commerciaux établis de longue date avec d'autres civilisations, dont celles des Égyptiens et des Romains. En échange d'épices, de perles, d'ivoire et de soie, les Indiens recevaient notamment de l'or romain. Les marchands indiens étendirent également leur influence en Asie du Sud-Est. Les Chola, qui accédèrent au pouvoir en 850 en supplantant les Pallava, ne se satisfirent pas de cette puissance commerciale, dont ils se servirent pour étendre leur territoire. Sous Rajaraja Chola I (985-1014), ils contrôlaient la quasi-totalité de l'Inde méridionale, le Deccan, l'actuel Sri Lanka, une partie de la péninsule malaise et le royaume de Srivijaya, établi à Sumatra.

Mahavira, le fondateur du jaïnisme dans sa forme actuelle, et le Bouddha étaient des contemporains, dont les enseignements se chevauchèrent.

Ils ne négligèrent pas pour autant leur terre d'origine, où ils construisirent certains des plus beaux exemples de l'architecture dravidienne. De tout temps, l'hindouisme servit de sédiment sur lequel se développa la culture du sud de l'Inde (pour en savoir plus, consultez le guide Lonely Planet *Inde du Sud*).

Le Nord musulman

Les premiers musulmans à débarquer sur le sol indien furent des marchands convertis qui traversèrent la mer d'Oman et s'établirent dans quelques ports du Sud au début du VIIe siècle, ainsi que quelques

610
Fondation de l'islam par le prophète Mahomet. Il enjoint aux habitants de La Mecque d'adopter cette nouvelle religion et rencontre un vif succès.

850
Une dynastie tamoule, les Chola, instaure et maintient son pouvoir en Inde du Sud, au Sri Lanka et aux Maldives du IXe au XIIIe siècle.

1192
Prithviraja Chahumana perd Delhi face à Muhammad de Ghur. Cette défaite signe la fin de la suprématie hindoue dans la région, exposant le sous-continent à des invasions musulmanes venues du nord-ouest.

1206
Meurtre de Muhammad de Ghur lors d'une séance de prière. Faute d'héritier, le royaume tombe aux mains de ses généraux. Naissance du sultanat de Delhi.

troupes arabes venues du Nord en 663. Si des escarmouches eurent lieu sporadiquement au cours des siècles suivants, il fallut attendre la fin du Xe siècle pour que des affrontements majeurs secouent l'Inde du Nord.

Mahmoud de Ghazni, souverain de l'Empire ghaznévide (actuel Afghanistan), fut à l'avant-garde de l'expansion musulmane. Ghazni, qui n'est aujourd'hui qu'une bourgade entre Kaboul et Kandahar, était à l'aube du XIe siècle une somptueuse capitale, dont les fastes furent largement financés par le pillage des royaumes voisins. De 1001 à 1025, Mahmoud fit dix-sept incursions en Inde, saccageant notamment le célèbre temple de Shiva, à Somnath (p. 703), dans le Gujarat ; 70 000 guerriers hindous donnèrent leur vie pour défendre le temple, qui finit par tomber en 1026. Après sa victoire, Mahmoud repartit dans sa capitale en emportant un immense butin d'or et d'objets précieux. Les différentes razzias firent voler en éclats l'équilibre des pouvoirs dans le nord de l'Inde, permettant à d'autres envahisseurs d'en revendiquer les terres.

À la mort de Mahmoud, en 1033, Ghazni tomba aux mains des Seldjoukides, puis des Ghurides, originaires de l'ouest de l'Afghanistan, qui convoitaient le trésor indien. En 1191, Muhammad de Ghur marcha brutalement sur l'Inde. Vaincu lors d'une importante bataille par une alliance de rois hindous, il revint à l'attaque l'année suivante et mit ses ennemis en déroute. L'un de ses généraux, Qutb ud-Din Aibak, s'empara de Delhi, dont il fut nommé gouverneur. Le célèbre Qutb Minar (p. 95), édifice majeur de Delhi qui comprend la première mosquée édifiée en Inde, date de son règne. Un autre empire musulman vit le jour au Bengale ; en peu de temps, presque tout le nord de l'Inde passa sous son contrôle.

Au cours de ses 800 ans d'histoire, le Qutb Minar fut endommagé par la foudre à deux reprises ainsi que par un tremblement de terre. Quatre sultans, un commandant britannique et un gouverneur général œuvrèrent tour à tour à sa restauration.

Après la mort de Muhammad de Ghur en 1206, Qutb ud-Din Aibak devint le premier sultan de Delhi. Son successeur, Iltutmish, reprit le contrôle du Bengale et défendit son empire contre une tentative d'invasion mongole. Ala ud-Din Khalji prit le pouvoir en 1296 et étendit inexorablement ses frontières vers le sud tout en repoussant d'autres incursions mongoles.

Le Nord à l'assaut du Sud

Ala ud-Din Khalji mourut en 1316 ; en 1324, Muhammad Tughluq (Tughlaq) monta sur le trône et fonda sa dynastie. Quatre ans plus tard, il s'emparait des places fortes de l'Empire hoysala – qui avait des centres à Belur, Halebid et Somnathpur. L'Inde lui appartenait. C'est sous son règne que l'empire musulman prémoghol atteignit ses dimensions les plus vastes. Pourtant, son immense ambition fut aussi le germe de la désintégration de cet empire. Contrairement à ses prédécesseurs, Tughluq rêvait non seulement d'exercer une influence indirecte sur le sud de l'Inde, mais aussi de contrôler l'empire tout entier.

XIIIe siècle

Les Pandya, une dynastie tamoule remontant au VIe siècle av. J.-C., s'emparent du territoire des Chola et règnent jusqu'en Andhra Pradesh, au Kalinga (Odisha) et au Sri Lanka depuis Madurai, leur capitale.

1321

Les Tughluq prennent Delhi. Muhammad Tughluq étend son empire. L'histoire lui reproche sa mégalomanie (il voulut déménager la capitale à Daulatabad) et sa malhonnêteté (création de fausse monnaie).

1336

Fondation du puissant empire de Vijayanagar, du nom de sa capitale, dont les vestiges subsistent autour d'Hampi (dans le Karnataka actuel).

1398

Invasion de Delhi par Tamerlan, en réponse à la mansuétude des sultans de la ville à l'égard de leurs sujets hindous. Exécution de dizaines de milliers de prisonniers hindous.

Après plusieurs campagnes victorieuses, il délaissa Delhi pour un site plus central, fondant ainsi la ville de Daulatabad, près d'Aurangabad (Maharashtra). N'étant pas homme à se contenter de demi-mesures, il entreprit de peupler sa nouvelle capitale en déportant la population de Delhi. Cette marche forcée de 1 100 km vers le sud se solda par des pertes humaines considérables. Finalement, Tughluq ne tarda pas à se rendre compte que le Nord se retrouvait sans défense et la capitale dut à nouveau être déplacée. L'imposante forteresse perchée au sommet de la colline de Daulatabad constitue aujourd'hui l'ultime vestige de la mégalomanie de l'empereur.

Le dernier grand sultan de Delhi, Firoz Shah, s'éteignit en 1388 ; le sort du sultanat fut scellé en 1398, quand Tamerlan (Timur Lang), arrivant de Samarcande (Asie centrale), mena une campagne dévastatrice en Inde. Delhi fut impitoyablement saccagée ; les hindous furent massacrés.

Plusieurs royaumes se formèrent dans le Sud après le retrait de Tughluq. Les deux principaux furent le sultanat musulman de Bahmani et l'empire hindou de Vijayanagar. Le premier vit le jour en 1345 et prit pour capitale Gulbarga, puis Bidar ; le second fut fondé en 1336 autour de sa capitale, Hampi. Les batailles qui les opposèrent durant deux siècles comptent parmi les plus sanglantes de l'histoire indienne. Elles n'eurent aucune issue avant que l'arrivée des Moghols ne marquât l'avènement d'un âge plus éclairé.

Les Secrets de l'Inde au temps du Taj Mahal (Bayard Jeunesse, 2010), de Jean-Michel Billioud et Annette Marnat, s'adresse aux enfants, à partir de 9 ans.

Les Moghols

Alors que Vijayanagar vivait ses derniers jours, le grand empire suivant était en train de naître. À son apogée, l'immense Empire moghol englobait presque entièrement le sous-continent indien. Mais son importance ne tenait pas uniquement à ses dimensions. Les empereurs moghols firent aussi éclore un nouvel âge d'or des arts et de la littérature, tandis que leur passion pour l'architecture produisit quelques-uns des plus beaux monuments de l'Inde, dont le merveilleux Taj Mahal de Shah Jahan (p. 358).

Babur, le fondateur de la dynastie moghole (règne 1526-1530), descendait à la fois de Gengis Khan et de Tamerlan. En 1525, il marcha sur le Punjab depuis Kaboul, sa capitale. En 1526, grâce à la supériorité technologique que lui conférait la possession d'armes à feu, mais aussi par ses qualités de stratège qui lui permettaient de coordonner l'artillerie et la cavalerie, Babur défit les armées pourtant plus nombreuses du sultan de Delhi à la bataille de Panipat.

Malgré cette première victoire, son fils Humayun (règne 1530-1556) dut s'incliner devant Sher Shah Suri, puissant dirigeant de l'est de l'Inde, en 1539. À la mort de ce dernier en 1545, il revint à la charge et parvint à

Dans *Babur : histoire des grands Moghols* (Fayard, 1986), Jean-Paul Roux retrace l'extraordinaire destinée de l'illustre descendant de Gengis Khan et de Tamerlan.

1469

Naissance de Guru Nanak, fondateur de la foi sikhe (qui compte aujourd'hui des millions d'adeptes en Inde et au-delà), dans un village proche de Lahore (au Pakistan actuel).

1498

Découverte d'une voie maritime entre l'Europe et l'Inde par le navigateur portugais Vasco de Gama. Il débarque sur la côte de l'actuel Kerala et se lance dans le commerce avec la noblesse locale.

1510

Les Portugais sous le commandement d'Alphonse d'Albuquerque s'emparent de Goa, après une première attaque déjouée par le souverain d'alors, le sultan Adil Shah de Bijapur.

1526

Conquête de Delhi par Babur, qui devient le premier empereur moghol. Il écrase les troupes confédérées du Rajasthan grâce à l'introduction précoce d'armes à feu dans son armée.

prendre Delhi en 1555. Quand il mourut l'année suivante, son jeune fils, Akbar (règne 1556-1605), lui succéda.

Akbar ("grand" en arabe) méritait bien son nom. En 49 ans de règne, il parvint à conquérir et à consolider un empire immense. Ce fut probablement le plus grand des empereurs moghols. Doué de l'intelligence militaire alors essentielle pour un dirigeant, il était aussi un homme de culture sage. À la différence de ses prédécesseurs, il comprit que la population hindoue était trop nombreuse pour que sa soumission soit envisageable, et l'intégra habilement dans son empire, en s'entourant de conseillers, de généraux et de fonctionnaires hindous.

Akbar s'intéressait aux questions religieuses et se plaisait à discuter avec des théologiens de toutes confessions, y compris des chrétiens et des parsis. Néanmoins, sa tolérance des autres cultures était toute relative – les massacres d'hindous et d'autres minorités furent fréquents sous son règne.

À sa mort, son fils Jahangir (règne 1605-1627) monta sur le trône. Il parvint à préserver l'intégrité de l'empire malgré plusieurs rébellions. Pendant les périodes de stabilité, Jahangir séjournait au Cachemire, qu'il adorait. C'est là-bas qu'il trouva la mort, en 1627. Son fils, Shah Jahan (règne 1627-1658), lui succéda après avoir éliminé tous les hommes de sa famille le séparant du pouvoir. C'est sous son règne que furent bâtis les plus beaux édifices de l'architecture moghole. Outre le Taj Mahal, il supervisa la construction du Fort rouge (p. 54) de Delhi, et transforma celui d'Agra (p. 362) en un palais – qui devait devenir sa prison.

Son fils Aurangzeb (règne 1658-1707), le dernier grand Moghol, le fit emprisonner et s'empara du trône après deux ans de lutte contre ses frères. Fanatique religieux, Aurangzeb répéta l'erreur commise par Muhammad Tughluq quelque 300 ans plus tôt : il consacra ses ressources à l'extension des frontières de l'empire. La décadence de la cour, le mécontentement de la population hindoue écrasée de taxes et l'intolérance religieuse affaiblirent la dynastie.

L'empire dut aussi faire face aux sérieuses menaces que représentaient les Marathes en Inde centrale et les Britanniques au Bengale. Quand Aurangzeb mourut en 1707, l'empire déclina très vite. Delhi fut mise à sac par le Perse Nadir Shah en 1739. Les Moghols conservèrent le pouvoir jusqu'en 1857, année de la révolte des Cipayes, mais ils étaient déjà devenus des empereurs sans empire.

L'Inde impériale des grands Moghols, de Valérie Bérinstain (Découvertes Gallimard, 1997), propose une vision très complète de l'histoire du pays sous l'Empire moghol.

Le persan fut la langue officielle de plusieurs empires, des Ghaznévides au sultanat de Delhi en passant par les Moghols. L'ourdou, mélange d'hindi et d'emprunts lexicaux au persan et à l'arabe, évolua au fil du temps pour prendre son essor à l'époque moghole.

Rajput et Marathes

Durant la période moghole, certaines dynasties hindoues conservèrent un pouvoir fort, en particulier les Rajput, souverains héréditaires du Rajasthan. Ils formaient une caste de guerriers très attachés aux préceptes de la "chevalerie", qu'ils appliquaient à la guerre comme à

1600

Première charte commerciale accordée par la reine Élisabeth Ire d'Angleterre à la Compagnie britannique des Indes orientales, le 31 décembre 1600. Voyage inaugural en 1601, sous l'égide de sir James Lancaster.

1631

Début de la construction du Taj Mahal à Agra, après le décès de Mumtaz, épouse de Shah Jahan. Ce dernier, accablé de chagrin, jure de construire le plus beau mausolée du monde en sa mémoire.

1672

La Compagnie française des Indes orientales établit un avant-poste à Pondichéry (Puducherry), objet de conflits récurrents avec les Néerlandais et les Britanniques au siècle suivant.

1674

Fondation par Shivaji du royaume marathe, qui s'étend sur l'Inde occidentale et une partie de l'Inde du Nord et du Deccan. Il s'y attribue le titre de Chhatrapati, "Grand Protecteur".

la conduite des affaires publiques. Ils étaient capables de protéger leur territoire de toutes les incursions étrangères, sans pour autant pouvoir s'unir durablement. Quand ils ne repoussaient pas l'ennemi venu d'ailleurs, ils gaspillaient leurs forces en guerroyant entre eux. C'est ainsi que leurs territoires furent intégrés aux États vassaux des empereurs moghols. Ces derniers n'en reconnurent pas moins leur courage au combat. D'ailleurs, certains Rajput s'illustrèrent au nombre des meilleurs soldats des armées impériales mogholes.

Moins chevaleresques, les Marathes montrèrent en revanche une efficacité plus grande. Ils s'imposèrent sous la conduite de leur grand chef Shivaji, qui gagna la faveur populaire en défendant la cause hindoue contre les souverains musulmans. Entre 1646 et 1680, Shivaji multiplia les actes héroïques en affrontant les Moghols dans le centre de l'Inde. Capturé, il fut conduit à Agra, mais parvint à s'échapper et reprit sa vie mouvementée. Aujourd'hui encore, les conteurs itinérants font le récit de ses hauts faits. Ce héros est d'autant plus révéré que, né dans la caste inférieure des *shudra* (serviteurs), il prouva que les grands chefs ne devaient pas nécessairement être issus de la caste des *kshatriya* (soldats).

Le fils de Shivaji fut capturé par l'empereur moghol Aurangzeb, qui le fit exécuter après lui avoir crevé les yeux. Le petit-fils n'ayant pas l'étoffe de son aïeul, l'Empire marathe passa sous la férule des *peshwa* qui accaparèrent le véritable pouvoir. Ces ministres héréditaires se rendirent peu à peu maîtres de l'Empire moghol affaibli.

L'expansion des Marathes prit fin brutalement en 1761 à Panipat. Là où, quelque 250 ans plus tôt, Babur avait remporté la bataille fondatrice de l'Empire moghol, les Marathes furent vaincus par l'Afghan Ahmad Shah Durrani, qui mit un terme à leur progression vers l'ouest. Ils réussirent à consolider leur domination sur le centre de l'Inde, mais durent finalement s'incliner devant la dernière puissance impériale que connut le pays : le Raj britannique.

L'ascension des puissances européennes

Au cours du XVe siècle, les Portugais cherchèrent une route maritime vers l'Extrême-Orient afin de contrôler le négoce des épices. Ils espéraient aussi trouver le mythique royaume chrétien du prêtre Jean, censé abriter la fontaine de Jouvence. Ils établirent au demeurant un commerce lucratif sur la côte indienne, et découvrirent une communauté chrétienne syriaque florissante.

En 1498, Vasco de Gama atteignit l'actuel Kerala après avoir doublé le cap de Bonne-Espérance. L'ouverture de cette route maritime devait assurer au Portugal le monopole du commerce avec l'Inde et l'Extrême-Orient pendant près d'un siècle. Les Portugais s'emparèrent de Goa en 1510, puis de Diu en 1531 – ces deux enclaves restèrent portugaises

1707

Mort d'Aurangzeb, dernier grand Moghol. Son décès amorce la chute de l'Empire moghol, alors qu'anarchie et rébellion éclatent dans tout le pays.

1757

Première victoire militaire en Inde pour la Compagnie britannique des Indes orientales, sortie de sa mission commerciale. Siraj ud-Daulah, nabab du Bengale, s'incline devant Robert Clive à la bataille de Plassey.

1801

Ranjit Singh devient le maharaja (grand roi) des sikhs récemment unifiés et établit un nouveau royaume puissant depuis sa capitale de Lahore.

1835-1858

Lakshmi Bai, rani de Jhansi et reine de l'État marathe, mène son armée contre les troupes britanniques, qui prendront Jhansi après le décès de son mari. L'héroïne meurt au cours d'un ultime combat.

jusqu'en 1961. À son apogée, la *Goa dourada* (Goa dorée) rivalisait avec la prospérité commerciale de Lisbonne. Toutefois, les Portugais, qui n'avaient pas les moyens de défendre leur immense empire, furent rapidement isolés et éclipsés à l'arrivée des Britanniques et des Français.

En 1600, Élisabeth Ire d'Angleterre accorda le monopole du commerce avec l'Inde à la Compagnie britannique des Indes orientales (East India Company). En 1613, un premier comptoir fut fondé à Surat, dans le Gujarat. D'autres furent établis à Madras (Chennai) en 1640, au Bengale en 1651, à Bombay (Mumbai) en 1661 et à Calcutta (Kolkata) en 1690. Ainsi, pendant près de 250 ans, c'est bien une entreprise commerciale, et non la Couronne britannique, qui "régna" de fait sur l'Inde britannique.

En 1672, la France installa un comptoir à Pondichéry, qu'elle parvint à conserver après le départ des Britanniques – aujourd'hui encore, les édifices et les rues de la ville témoignent de cette présence prolongée. Pendant un siècle, le contrôle du commerce avec l'Inde fut l'enjeu de rivalités entre les Britanniques et les Français. Sous la conduite de commandants expérimentés, les Français semblèrent l'emporter un moment. Ils prirent notamment Madras en 1746.

Si cela augurait bien de l'avenir, les dirigeants de la Compagnie française des Indes orientales mirent toutefois un terme à toute prétention sérieuse de la France en 1750, lorsqu'ils estimèrent que leurs représentants faisaient trop de politique et pas assez de commerce. Ils congédièrent des responsables placés à des postes clés et signèrent avec les Britanniques un accord destiné à mettre un terme à tous les conflits politiques. Cette décision mit de fait un terme à l'influence réelle de la France sur le sous-continent.

Le Moghol blanc (Libretto, 2014), de William Dalrymple, raconte le tragique amour d'un soldat de la Compagnie des Indes orientales, qui épousa une princesse musulmane indienne. Politiques de harem, complots et espionnage pimentent cette histoire vraie.

De la compagnie à la Couronne

C'est presque par hasard que les Britanniques, d'abord simples commerçants, devinrent gouverneurs. Ayant reçu l'autorisation des Moghols de s'implanter commercialement au Bengale, ils virent leurs affaires prospérer rapidement après la fondation d'un nouveau comptoir à Calcutta en 1690. Sous le regard inquiet du nabab (dirigeant local), le commerce britannique prit de plus en plus d'ampleur et les "fabriques", des airs d'établissements permanents – et fortifiés !

Le nabab finit par décider de stopper la montée en puissance britannique. En juin 1756, il attaqua Calcutta et, après avoir pris la ville, il enferma les prisonniers britanniques dans une minuscule cellule. Il y avait si peu d'espace et d'air que, le lendemain, un grand nombre d'entre eux étaient morts.

Six mois plus tard, Robert Clive, mercenaire de la Compagnie britannique des Indes orientales, prit la tête d'une expédition visant à reprendre Calcutta et s'entendit avec l'un des généraux du nabab pour

L'Aventure des Français en Inde, XVIIe-XXe siècles (Kailash, 1998), dirigé par Rose Vincent, présente de façon très accessible l'histoire de la présence française en Inde.

1857
Révolte des Cipayes, la première guerre d'indépendance contre les Britanniques. Faute de leader, les opposants obligent Bahadur Shah Zafar, dernier roi moghol, à s'autoproclamer empereur d'Inde.

1858
Prise de contrôle de l'Inde par les Britanniques ; le pouvoir est transféré de la Compagnie britannique des Indes orientales à la couronne d'Angleterre. Début du Raj britannique.

1869
L'ouverture du canal de Suez accélère le commerce avec l'Europe et fait de Bombay (Mumbai) le premier port de l'Inde. Le voyage depuis l'Angleterre passe de trois mois à trois semaines.

1885
Fondation du parti du Congrès indien, première formation politique du pays. Il rassemble des Indiens éduqués et joue un rôle clé dans le long combat du pays vers l'indépendance.

renverser ce dernier ; ce fut fait en juin 1757, à la bataille de Plassey (l'actuelle Palashi). Le général traître fut alors mis sur le trône. Les Britanniques contrôlant de fait le Bengale, la période qui s'ensuivit permit aux agents de la compagnie de réaliser d'énormes profits. Quand un autre nabab prit les armes pour défendre ses propres intérêts, il fut défait à la bataille de Baksar en 1764. Cette victoire confirma la suprématie anglaise sur la région.

En 1771, Warren Hastings fut nommé gouverneur du Bengale. Sous son pouvoir, la compagnie accrut encore son emprise sur l'économie régionale. Homme d'État avisé, Hastings bénéficia du vide laissé en Inde par la désintégration de l'Empire moghol. Les Marathes, seule véritable puissance indienne capable d'occuper la place vacante, étaient divisés. Hastings signa différents traités avec les chefs locaux, dont un avec le plus haut dirigeant marathe. Dès 1784, le gouvernement anglais depuis Londres commença à superviser plus directement les affaires de l'Inde, même si, en théorie, le territoire resta géré par la Compagnie britannique des Indes orientales jusqu'en 1858.

Dans le Sud, la rivalité franco-britannique rendait la situation d'autant plus confuse que chaque puissance jouait les souverains locaux les uns contre les autres. Cela apparut clairement au cours des guerres de Mysore, lors desquelles Hyder Ali et son fils Tipu Sultan s'opposèrent vaillamment aux Anglais. Ce dernier fut tué au cours de la quatrième guerre (1789-1799) et la pénétration britannique progressa un peu plus. L'interminable conflit entre les Britanniques et les Marathes ne prit fin que quelques années plus tard ; seul le Punjab, sous domination sikhe, résistait encore. Il finit par tomber sous la tutelle britannique après les deux guerres sikhes (1845-1846 et 1848-1849).

Au début du XIXe siècle, l'Inde était sous le contrôle effectif du Raj britannique. Il subsistait toutefois une multitude de petits États, prétendument indépendants, gouvernés par des maharajas (ou des princes ayant des titres équivalents) et des nababs. Si ces États princiers administraient leur propre territoire, une forme de gouvernement centralisé n'en était pas moins en train de s'imposer. Le système britannique servit de fait de modèle à la création du gouvernement et de l'administration en Inde.

Le pouvoir britannique en Inde continuait d'avoir pour principaux objectifs le commerce et le profit, ce qui provoqua des mutations profondes. Les mines de fer et de charbon se développèrent ; le thé, le café et le coton devinrent des cultures primordiales. Le réseau ferré, encore utilisé aujourd'hui, fut mis en chantier. De grands projets d'irrigation furent lancés et la mainmise des *zamindar* sur les terres fut encouragée. Ces grands propriétaires terriens furent responsables de la multiplication du nombre de paysans pauvres et sans terres.

Les *nizam* d'Hyderabad gouvernèrent la vaste partie centrale de l'Inde, déclarée État en 1720, jusqu'à l'indépendance, d'abord au nom des Moghols, puis pour eux-mêmes. Ces princes étaient célèbres pour leurs richesses et leur amour de l'architecture, de la poésie, des pierres précieuses, mais aussi à l'indépendance, pour leur détermination à rester justement indépendants.

1919

Massacre, le 13 avril, de manifestants non armés sur le Jallianwala Bagh, à Amritsar. Gandhi riposte avec son programme de désobéissance civile contre les autorités britanniques.

1930

Pour braver l'impôt sur le sel qu'imposent les Britanniques, Gandhi part de son ashram de Sabarmarti, près d'Ahmedabad, le 12 mars pour une longue marche de 24 jours jusqu'au village côtier de Dandi.

1940

La résolution de Lahore réclame une plus grande autonomie des musulmans en Inde. Des campagnes pour la création d'une nation musulmane indépendante seront menées dans les années 1940.

1942

Le Mahatma Gandhi lance la campagne "Quit India", enjoignant aux Britanniques de quitter le territoire sans délai pour permettre au pays d'accéder à l'autorité souveraine.

L'anglais fut imposé comme langue officielle dans l'administration. Cette mesure, cruciale pour les Britanniques dans un pays où coexistaient de nombreuses langues, introduisit une distance plus grande encore entre les nouveaux dirigeants et la population.

Dans *La Reine des cipayes* (Seuil, coll. Cadre rouge, 2012), Catherine Clément raconte le destin fulgurant de Lakshmi Bai, rani de Jhansi et reine de l'État marathe, qui reste aujourd'hui encore une grande figure héroïque de l'histoire du pays.

Sur le chemin de l'indépendance

L'opposition contre les Anglais devint plus forte au début du XXe siècle, sous la houlette du Congrès national indien (ou parti du Congrès), le plus ancien parti politique indien.

Celui-ci se réunit pour la première fois en 1885 et revendiqua très vite le droit de participer à la direction du pays. Lorsque le pouvoir britannique tenta de séparer le Bengale du reste de l'Inde en 1905, cette initiative très impopulaire provoqua d'immenses manifestations et mit en lumière l'opposition hindoue à toute partition du sous-continent. La communauté musulmane forma son propre groupe et fit campagne pour s'assurer la protection de ses droits dans tout accord à venir. L'accroissement des tensions provoqua une scission dans les milieux hindous entre les modérés et les radicaux, prêts à recourir à la violence pour atteindre leur but.

Les troubles retombèrent pendant la Première Guerre mondiale. L'Inde apporta un soutien énorme à l'effort impérial. Plus d'un million de volontaires indiens s'engagèrent et partirent en Europe, où plus de 100 000 périrent. Les dirigeants du parti du Congrès approuvèrent cette contribution, avec l'espoir qu'elle serait récompensée à la fin du conflit. Il n'en fut rien et la déception fut grande. Les troubles se multiplièrent au Punjab, où un contingent de l'armée anglaise fut envoyé en avril 1919 après l'émeute d'Amritsar. Obéissant à l'ordre de leur officier, les soldats ouvrirent le feu sur la foule des manifestants désarmés à Jallianwala Bagh (p. 209). La nouvelle du massacre se répandit rapidement dans toute l'Inde, et nombre d'Indiens jusque-là apolitiques adhérèrent au parti du Congrès.

Même si vous avez déjà vu *Gandhi*, le film de Richard Attenborough avec Ben Kingsley et 300 000 figurants, revoyez-le ! Peu de films parviennent à donner une image aussi cohérente de l'Inde en retraçant son chemin vers l'indépendance.

C'est à cette période que le parti du Congrès trouva un nouveau leader en la personne de Mohandas Gandhi. Si sa politique de non-violence ne faisait pas l'unanimité parmi les membres du parti, le Mahatma n'en resta pas moins, avec le parti, à l'avant-garde de la lutte pour l'indépendance.

Tandis que le mouvement populaire conduit par Gandhi gagnait en importance et que la perspective d'un partage du pouvoir devenait de plus en plus probable, la minorité musulmane s'inquiéta du sort qui lui serait fait dans une Inde indépendante. Les musulmans avaient compris qu'un tel État serait dominé par les hindous : si Gandhi faisait preuve d'une réelle ouverture d'esprit, les autres membres du Congrès semblaient peu favorables à l'idée de gouverner ensemble. Ainsi, dès 1930, les musulmans évoquèrent la possibilité d'un État indépendant.

1947
Création du Pakistan et accession de l'Inde à l'indépendance. La Partition est suivie d'un exode : hindous et musulmans bravent les violences communautaires pour rejoindre leur nation respective.

1947-1948
Signature, par le maharaja du Cachemire, du traité d'entrée dans l'Union indienne. Le Pakistan conteste la légalité du document. Première guerre indo-pakistanaise.

1948
Assassinat du Mahatma Gandhi le 30 janvier à New Delhi par le nationaliste hindou Nathuram Godse. Godse et son complice, Narayan Apte, seront jugés, condamnés et pendus.

1948
Asaf Jah VII, le dernier nizam d'Hyderabad, se rend à l'Inde le 17 septembre. Soutenue par le Pakistan, cette dynastie musulmane avait néanmoins refusé de rejoindre l'une ou l'autre nation.

LA RÉVOLTE DES CIPAYES, PREMIÈRE GUERRE D'INDÉPENDANCE

En 1857, un demi-siècle après avoir pris le contrôle du pays, les Britanniques essuyèrent un sérieux revers. Les raisons précises de la Grande Mutinerie, ou révolte des Cipayes, sont encore controversées. Il est toutefois possible d'identifier les principales causes de ce qui fut par la suite considéré comme la première guerre d'indépendance par les historiens nationalistes : l'afflux de produits bon marché fabriqués en Grande-Bretagne, notamment textiles, qui privaient de nombreuses personnes de tout revenu ; la destitution de nombreux chefs locaux ; les taxes levées par les propriétaires terriens.

L'incident qui aurait mis le feu aux poudres se produisit le 10 mai 1857 à Meerut (Uttar Pradesh), dans les baraquements de l'armée. Une rumeur se propagea alors, selon laquelle un nouveau type de munition était lubrifié avec de la graisse de vache, selon les hindous, et de porc, selon les musulmans. Quand on sait que pour charger une arme, il faut mordre le bout de la cartouche, on comprend l'émeute qui s'ensuivit – la vache étant un animal sacré pour les hindous et le porc un animal impur pour les musulmans.

À Meerut, la crise fut traitée avec un singulier manque de jugement. L'officier aux commandes fit aligner ses hommes et leur ordonna de mordre le bout des cartouches qui venaient de leur être confiées. Ceux qui refusèrent d'obéir furent emprisonnés sur-le-champ. Le lendemain matin, toute la garnison se rebella, tua les officiers et marcha sur Delhi. Sur les 74 bataillons indiens que comptait l'armée du Bengale, sept (dont un de Gurkha) restèrent loyaux, vingt furent désarmés et les quarante-sept autres se mutinèrent. Les soldats et les paysans se rallièrent autour de l'empereur moghol, à Delhi. Ils tinrent Delhi pendant plusieurs mois et firent le siège de la Résidence britannique à Lucknow pendant cinq mois avant de baisser les armes. Mais le conflit laissa des traces indélébiles des deux côtés.

Peu après, la Compagnie des Indes orientales fut liquidée et le gouvernement britannique assuma directement le contrôle du pays. Il annonça qu'il soutiendrait les dirigeants des États princiers, en s'engageant à ne pas intervenir dans les affaires locales aussi longtemps qu'ils se montreraient loyaux envers lui.

La marche vers l'indépendance fut interrompue pendant la Seconde Guerre mondiale, quand la plupart des militants du parti du Congrès furent emprisonnés pour éviter qu'ils ne perturbent l'effort de guerre.

À lire dans la collection Découvertes de Gallimard : *Gandhi, athlète de la liberté* (2008), de Catherine Clément.

Le Mahatma Gandhi

Mohandas Karamchand Gandhi, l'une des plus grandes figures du XXe siècle, naquit le 2 octobre 1869 à Porbandar, dans le Gujarat. Après des études de droit à Londres (1888-1891), il partit en Afrique du Sud où il exerça le métier d'avocat. C'est là que le jeune Gandhi prit conscience des réalités politiques et entreprit de lutter contre les discriminations

1948-1956

Formation du Rajasthan, à partir de 19 États princiers dont les dirigeants se précipitent pour signer le traité d'adhésion. Leurs territoires sont incorporés à la nouvelle République indienne.

1949

Adoption de la Constitution de l'Inde, rédigée en deux ans par les 308 membres de l'Assemblée constituante. L'Assemblée, présidée par B. R. Ambedkar, comprend des *dalit* (intouchables).

1950

La Constitution prend effet le 26 janvier ; l'Inde devient une république. Cette date commémore la déclaration d'indépendance, proclamée par le parti du Congrès en 1930.

1961

En 48 heures, l'armée indienne annexe Goa, dernière enclave coloniale européenne du pays.

auxquelles il était confronté. Il devint rapidement le porte-parole de sa communauté, réclamant l'égalité des droits pour tous.

Gandhi rentra en Inde en 1915 – sa doctrine de la non-violence, ou *ahimsa*, étant au centre de son projet politique. Il s'astreignit à une vie simple et disciplinée, et créa l'ashram de Sabarmati, le premier ashram ouvert à ceux qui étaient alors appelés les intouchables, à Ahmedabad.

Dès la première année, Gandhi remporta une victoire en défendant les paysans exploités du Bihar. C'est alors qu'il aurait reçu d'un admirateur (dont certains disent qu'il s'agissait de Rabindranath Tagore) le titre de Mahatma ("grande âme"). En 1919, l'adoption de lois discriminatoires, les Rowlatt Acts (qui autorisaient l'absence de jurés dans certains procès politiques), l'incita à poursuivre son action en lançant un mouvement de protestation nationale. Dans les jours qui suivirent ce *hartal* (grève), les passions se déchaînèrent dans tout le pays et des manifestants pacifiques furent massacrés par les troupes coloniales à Amritsar. À la suite de cette tragédie, Gandhi commença à organiser une campagne de désobéissance civile non violente (*satyagraha*) contre les Britanniques.

En 1920, Gandhi, devenu un ténor du Congrès national indien, coordonna une campagne nationale de non-coopération avec la puissance coloniale, ce qui eut pour effet de faire naître un fort sentiment nationaliste et lui valut à jamais l'hostilité des Britanniques. Au début des années 1930, il fascina son pays et le monde entier par son fabuleux défi au gouvernement de Sa Majesté : à l'issue d'une longue marche d'Ahmedabad à Dandi (sur la côte du Gujarat) à la tête de milliers de partisans, Gandhi recueillit cérémonieusement, par évaporation, du sel de mer, bravant publiquement l'impôt sur le sel tant haï ; il fut une nouvelle fois incarcéré. Relâché en 1931 afin de représenter le Congrès national indien à la table des négociations à Londres, il conquit une large faveur de l'opinion britannique mais ne put obtenir de concessions significatives de la part du gouvernement.

Las de la politique, il démissionna de son siège au Parlement en 1934 pour se consacrer à l'instruction en milieu rural. Mais en 1942, il revint de façon spectaculaire sur le devant de la scène avec la campagne "Quit India", qui exhortait les Britanniques à quitter immédiatement le pays. Jugées subversives, les actions qu'il mena pendant la Seconde Guerre mondiale le conduisirent à nouveau derrière les barreaux avec la plupart des dirigeants du Congrès.

Gandhi fut exclu des fiévreuses négociations pour l'indépendance qui suivirent la fin de la guerre. Impuissant, il assista au projet de partition du pays qui représentait à ses yeux une tragédie. Il était presque le seul à prêcher la tolérance et à vouloir que l'Inde reste un pays uni. Son engagement en faveur des membres de toutes les communautés lui

Dans les pas de Gandhi

Raj Ghat, Delhi

Gandhi Smriti, Delhi

Anand Bhavan, Allahabad

Ashram de Sabarmati, Ahmedabad

Une Princesse se souvient (éditions Kailash, 1999), de Gayatri Devi et Santha Rama Rau, ou les mémoires captivants de la troisième maharani de Jaipur, la belle Gayatri Devi (1919-2009).

1962

Guerre sino-indienne dans la zone frontalière du nord-est et au Ladakh. La Chine parvient à s'emparer du territoire revendiqué et met fin au conflit par un cessez-le-feu unilatéral.

1965

Des échauffourées dans les territoires disputés du Cachemire et du Rann de Kutch, au Gujarat, déclenchent la deuxième guerre indo-pakistanaise. Une résolution de l'ONU met un terme au conflit l'année suivante.

1966

Indira Gandhi, fille de Jawaharlal Nehru, devient Premier ministre. Elle reste la seule femme à avoir occupé ce poste en Inde.

1971

Troisième guerre indo-pakistanaise. Le Pakistan-Occidental (actuel Pakistan) capitule et perd le contrôle du Pakistan-Oriental, qui devient le Bangladesh.

valut la haine des extrémistes hindous. Le 30 janvier 1948, alors qu'il se rendait à la prière du soir, il fut assassiné par un fanatique hindou, Nathuram Godse.

L'indépendance et la Partition

En Grande-Bretagne, la victoire du Parti travailliste aux élections de juillet 1945 bouleversa le paysage politique. Pour la première fois, l'indépendance de l'Inde était perçue comme une revendication légitime. Malheureusement, la bonne volonté britannique ne sut trouver de solution pour réconcilier les deux principaux partis indiens. Mohammed Ali Jinnah, le dirigeant de la Ligue musulmane, réclamait un État musulman indépendant, tandis que le parti du Congrès, dirigé par Jawaharlal Nehru, faisait campagne pour une Inde indépendante et unie.

Début 1946, une mission britannique échoua à rapprocher les deux camps, voire alimenta leur ressentiment réciproque ; le pays glissa vers la guerre civile. En août 1946, la Journée d'action directe (*Direct Action Day*) organisée par la Ligue musulmane se solda par le massacre d'hindous à Calcutta ; des représailles contre les musulmans s'ensuivirent. En février 1947, le gouvernement britannique décida d'octroyer son indépendance au pays pour juin 1948. Le vice-roi, lord Wavell, fut remplacé par lord Mountbatten.

Celui-ci plaida autant que possible auprès des deux factions rivales afin qu'elles acceptent l'idée d'une Inde unie ; sans succès. La Partition fut décidée ; Gandhi fut le seul à manifester une ferme opposition. Devant la montée des violences dans la population civile, lord Mountbatten décida précipitamment d'avancer la date de l'indépendance au 15 août 1947.

La décision de partager le pays en deux avait été très difficile à prendre ; s'entendre sur le tracé de la frontière se révéla pratiquement impossible. Si certaines régions étaient clairement hindoues ou musulmanes, beaucoup étaient mixtes. En outre, des poches de population appartenant à une confession étaient isolées dans des zones où l'autre dominait. Pire encore, les deux régions à majorité musulmane se trouvaient de part et d'autre du pays. L'État musulman du Pakistan serait donc une nation constituée de deux parties, orientale et occidentale, séparées par une Inde hostile. L'instabilité inhérente à cette situation sautait aux yeux. Il s'écoula toutefois 25 ans avant que l'inévitable scission ne se produise et que le Pakistan-Oriental ne devienne le Bangladesh.

La difficile mission de dessiner la frontière fut confiée à un arbitre britannique indépendant, pleinement conscient que les conséquences seraient effroyables pour des millions de personnes. Dotée d'un port et de manufactures de jute, Calcutta, à majorité hindoue, se

Earth (1998), de la réalisatrice Deepa Mehta, illustre la violence de la Partition à travers les yeux d'une jeune fille de Lahore.

Le mot Pakistan, "pays des purs" en ourdou, est un acronyme inventé par Choudhary Rahmat Ali, l'un des fondateurs du Mouvement national pakistanais, à partir des différentes provinces du territoire : Punjab, Afghania (actuelle province pachtoune du Nord-Ouest), Kashmir, Indus-Sind et Baloutchistan.

1972
Accord de Simla, qui tente de normaliser les relations entre l'Inde et le Pakistan. La ligne de cessez-le-feu (frontière) du Cachemire est officialisée (*Line of Control* ; LOC).

1975
Déclaration de l'état d'urgence, selon l'article 352 de la Constitution indienne, par la Première ministre Indira Gandhi, en réponse aux fortes tensions sociales et au blocage politique. Une décision contestée.

1984
Assassinat d'Indira Gandhi par ses gardes du corps sikhs, quatre mois après qu'elle a lancé l'opération Blue Star contre les séparatistes sikhs occupant le temple d'Or à Amritsar.

1991
Assassinat de Rajiv Gandhi lors d'un attentat suicide perpétré par une sympathisante du Front de libération des Tigres de l'Eelam tamoul (LTTE), pendant sa tournée électorale au Tamil Nadu.

LE CONFLIT AU CACHEMIRE

Le Cachemire est le symbole le plus marquant de la douloureuse partition de l'Inde. Une fois la division décidée, la tâche délicate consistant à tracer la frontière indo-pakistanaise fut encore compliquée par la présence d'États princiers jouissant d'une indépendance formelle. L'accord prévoyait que l'on demande aux dirigeants de ces États de choisir leur pays. Le Cachemire était un État à majorité musulmane, gouverné par un maharaja hindou, Hari Singh, qui tardait à prendre sa décision. Une armée pachtoune (pakistanaise) traversa alors la frontière, avec l'intention de marcher sur Srinagar pour annexer le Cachemire. Paniqué, le maharaja demanda l'aide de l'Inde, dont l'armée arriva juste à temps pour empêcher la chute de la ville. En conséquence, le maharaja signa l'*Instrument of Accession*, qui lia le Cachemire à l'Inde en octobre 1947. La légalité du document fut aussitôt contestée par le Pakistan, ce qui déclencha la guerre entre les deux nations, seulement deux mois après l'indépendance.

En 1948, le nouveau conseil de sécurité de l'ONU appela à un référendum sur le statut du Cachemire, une demande toujours au cœur de la politique pakistanaise. En 1949, un cessez-le-feu fut conclu sous l'égide de l'ONU, qui institua une ligne de démarcation entre les deux forces appelée *Cease-Fire Line*, puis *Line of Control*, ou LOC. Cela ne résolut pas grand-chose. Les deux tiers du Cachemire se retrouvèrent du côté indien, le reste sous contrôle pakistanais, et les deux nations continuent à réclamer la région tout entière.

L'État indien de Jammu-et-Cachemire, inchangé depuis cette époque, réunit le Ladakh (principalement bouddhiste, avec une petite population musulmane), Jammu (à majorité hindoue) et la vallée du Cachemire, qui fait 130 km de long sur 55 km de large et abrite la majeure partie de la population de l'État (à dominante musulmane). Du côté pakistanais, plus de 3 millions de Cachemiris vivent dans l'Azad, le Cachemire "libre", que les Indiens ont baptisé *Pakistan Occupied Kashmir* (POK). Depuis le tracé de la frontière, des incursions de l'autre côté de la LOC se sont répétées avec une inquiétante régularité.

En 1989-1990, la plupart des pandits (lettrés hindous de la caste de brahmanes) du Cachemire, soit quelque 170 000 personnes, durent fuir leurs maisons à la suite de persécutions et de meurtres perpétrés par des extrémistes de la majorité musulmane. Beaucoup d'entre eux se sont installés dans des camps de réfugiés du Jammu. En décrivant les grandes lignes du programme politique sur cinq ans du Premier ministre Narendra Modi, le président Mukherjee a promis en 2014 que l'État aiderait les pandits à retourner sur la terre de leurs ancêtres dans la dignité, en toute sécurité et avec des moyens d'existence assurés. L'année 2015 a d'abord été marquée par des signes encourageants et la volonté affichée par l'Inde et le Pakistan de renouer le dialogue. Mais un nouveau regain de violences a terni l'espoir d'une résolution à court terme de ce qui est désormais considéré comme le plus vieux conflit du monde.

1992

Réactivation des rivalités entre hindous et musulmans, après la démolition par des fanatiques hindous de la Babri Masjid, une mosquée censée être bâtie sur les ruines d'un sanctuaire hindou à Ayodhya.

1998

Victoire du Bharatiya Janata Party (BJP ; Parti du peuple indien, fondé en 1980) aux élections nationales, en coalition avec plusieurs autres partis. Atal Behari Vajpayee devient Premier ministre de l'Inde.

1998

L'Inde accède au statut de puissance nucléaire après des tests souterrains menés près de Pokaran (Rajasthan). Le Pakistan fait de même. Sanctions de la communauté internationale.

1999

La guerre de Kargil éclate entre mai et juillet et fait près de 1 000 morts au cachemire de part et d'autre de la frontière indo-pakistanaise. C'est le premier affrontement depuis la nucléarisation officielle des deux pays.

retrouva séparée du Bengale-Oriental, majoritairement musulman, grand producteur de jute mais dépourvu de port et de fabriques. Les importants mouvements de population de part et d'autre de la nouvelle frontière firent plus d'un million de réfugiés au Bengale.

Le problème fut encore plus délicat au Punjab, où les tensions étaient extrêmes. La région la plus riche et la plus fertile du pays abritait d'importantes communautés musulmane, hindoue et sikhe. Les sikhs, dont la campagne pour obtenir leur propre État s'était soldée par un échec, voyaient maintenant leur territoire coupé en deux. La frontière passait entre les deux principales villes de l'État, Lahore et Amritsar. Avant l'indépendance, Lahore comptait 1,2 million d'habitants, dont approximativement 500 000 hindous et 100 000 sikhs. Après la Partition, il ne restait plus qu'un millier d'hindous et de sikhs dans la ville.

Le Punjab réunissait tous les éléments d'une tragédie, mais le bain de sang qui accompagna sa partition dépassa toutes les craintes. On assista à des transferts massifs de populations. Des trains bondés de musulmans s'enfuyant à l'ouest étaient arrêtés et leurs passagers massacrés par des foules d'hindous et de sikhs. Hindous et sikhs fuyant vers l'est subissaient le même sort de la part des musulmans. L'armée envoyée en renfort pour maintenir l'ordre se montra totalement impuissante, lorsqu'elle ne se joignit pas aux carnages. Quand le chaos s'apaisa enfin, plus de 10 millions de personnes avaient migré et au moins 500 000 avaient péri.

En août 1947, l'Inde et le Pakistan devinrent des nations souveraines rattachées au Commonwealth britannique, mais la violence, les déplacements de populations et l'intégration de certains États, notamment du Cachemire, continuèrent de causer de graves problèmes. Adoptée en novembre 1949, la Constitution de l'Inde prit effet le 26 janvier 1950 et l'Inde indépendante acquit officiellement son statut de république.

L'Inde moderne

Le premier Premier ministre de l'Inde indépendante, Jawaharlal Nehru, tenta d'engager son pays dans une politique de non-alignement, et entretint des relations cordiales avec la Grande-Bretagne et les pays du Commonwealth, tout en se tournant vers l'Union soviétique – des choix guidés en partie par des conflits avec la Chine et le soutien des États-Unis au Pakistan, ennemi juré de l'Inde.

Les années 1960 et 1970 furent tumultueuses. Une sorte de guerre frontalière avec la Chine, déclarée en 1962 dans la North-East Frontier Area (NEFA, ou zone de la frontière du Nord-Est) et au Ladakh, entraîna la perte de l'Aksai Chin (partie orientale du Ladakh) et de petits territoires de la NEFA. Les guerres avec le Pakistan – en 1965 à

Deux biographies à découvrir : *Nehru l'invention de l'Inde* (Seuil 2008), de Shashi Tharoor ; et *Indira Gandhi* (Libella Maren Sell, 2006), de Guillemette de la Borie.

Livres sur l'Inde contemporaine

Géopolitique de l'Inde (Ellipses, coll. Référence géopolitique, 2007), de Denis Lambert

L'Inde, l'envers de la puissance : inégalités et révoltes (éd. CNRS, coll. Débats, 2012), de Christophe Jaffrelot

L'Inde contemporaine (Hachette Pluriel, 2014), sous la direction de Christophe Jaffrelot

2001
Le 26 janvier (fête de la République), au Gujarat, un gigantesque tremblement de terre fait plus de 20 000 morts et près de 167 000 blessés.

2002
Flambée de violences intercommunautaires déclenchée par l'incendie d'un train de pèlerins hindous au Gujarat.

2004
Manmohan Singh, un sikh membre du parti du Congrès, devient Premier ministre en mai. Il est le premier membre d'une minorité religieuse à accéder à la plus haute fonction politique du pays.

2007
Pratibha Patil est la première femme à prêter serment en qualité de présidente de l'Inde, après avoir été la première femme gouverneure du Rajasthan.

La Chine continue de revendiquer certains territoires de l'Inde historiquement gouvernés par le Tibet, dont l'Aksai Chin au Cachemire, l'ouest de l'Arunachal Pradesh, et une fine bande de terre dans le nord du Sikkim appelée "The Finger" (le doigt).

La démonétisation des billets de 500 et de 1 000 roupies décrétée par Narendra Modi est le dernier épisode en date de la longue histoire de la monnaie indienne. Le mot "roupie" vient des monnaies d'argent frappées appelées *rupa*, mentionnées pour la première fois dans des textes sanskrits du VIe siècle av. J.-C.

propos du Cachemire et en 1971 au sujet du Bangladesh – renforcèrent le sentiment commun à nombre d'Indiens d'être entourés d'ennemis de toutes parts.

Le très populaire Nehru s'éteignit en 1964 ; sa fille, Indira Gandhi (sans lien de parenté avec le Mahatma Gandhi), devint Premier ministre en 1966 – pendant de longues décennies, la dynastie Nehru-Gandhi allait encore dominer la politique indienne. Comme son père avant elle, Indira Gandhi jouissait d'un grand prestige en Inde. Toutefois, contrairement à lui, elle fut très controversée et les historiens continuent d'offrir des analyses contrastées de son action dans le pays.

En 1975, une forte opposition et une situation instable conduisirent Indira Gandhi à déclarer l'état d'urgence. Libérée des entraves parlementaires, elle réussit à relancer l'économie, à contrer efficacement l'inflation et à renforcer de manière décisive l'efficacité gouvernementale. Parallèlement, bon nombre d'opposants politiques se retrouvèrent en prison, le système judiciaire prit des allures de théâtre de marionnettes et la presse fut muselée.

En 1977, le parti d'Indira Gandhi perdit les élections, mais celle-ci revint au pouvoir en 1980 avec une majorité encore plus large que précédemment. Indira Gandhi fut assassinée en 1984 par ses gardes du corps sikhs, à la suite de sa décision controversée de prendre d'assaut le temple d'Or d'Amritsar, saint des saints du sikhisme, occupé par le leader religieux Sant Jarnail Singh Bhindranwale. Son fils Rajiv lui succéda ; il périt à son tour en 1991, dans un attentat suicide commis par une militante tamoule. Sa veuve, Sonia Gandhi, devint alors présidente, avec Manmohan Singh comme Premier ministre. Mais le ralentissement de l'économie fit perdre beaucoup de sa popularité au parti du Congrès, accusé de favoritisme et de corruption.

Les élections fédérales de 2014 se soldèrent par la défaite cuisante de l'impopulaire parti du Congrès, désormais sous la conduite chancelante de Rahul Gandhi, le petit-fils d'Indira. Le BJP (Bharatiya Janata Party ; le Parti du peuple indien), dirigé par Narendra Modi, fut porté au pouvoir avec une majorité écrasante, en promettant de changer la politique indienne et de favoriser l'économie néolibérale. Modi, ancien ministre en chef du Gujarat, qu'il a contribué à transformer en grande puissance économique, est un personnage énergique et charismatique, très apprécié du monde des affaires et des nationalistes hindous traditionalistes du BJP, mais aussi de l'homme de la rue.

Certains continuent toutefois de s'interroger sur le rôle joué par Modi dans les émeutes sanglantes qui secouèrent le Gujarat en 2002 et au cours desquelles périrent près d'un millier de personnes, en majorité des musulmans. Bien qu'une enquête conduite en 2014 l'ait lavé de tout soupçon, les allégations concernant sa complicité dans les

2008

Le 22 octobre, l'Inde lance la mission spatiale Chandrayaan-1, destinée à mettre en place un satellite en orbite autour de la Lune pendant deux ans.

2009

L'alliance menée par le parti du Congrès triomphe à l'élection générale indienne. Manmohan Singh est confirmé dans ses fonctions de Premier ministre de la plus grande démocratie du monde.

2010

Un énorme scandale de corruption touche Manmohan Singh et fragilise le parti du Congrès.

2012

La mort en décembre d'une étudiante de 23 ans, violée par six hommes dans un bus à New Delhi, est le point de départ d'une vague de protestation et d'une réflexion massive à travers le pays.

violences déclenchées par l'incendie volontaire d'un train de pèlerins hindous en provenance d'Ayodhya n'ont pas cessé de circuler.

Néanmoins, en tant que Premier ministre, Modi a offert jusqu'à présent une vision, un espoir et une approche séculière qui ont apaisé nombre de ses détracteurs. Malgré une résurgence du soutien à la cause nationaliste hindoue – avec notamment l'interdiction d'abattage des bovins dans de nombreux États –, Modi poursuit un programme inclusif dans l'ensemble, axé sur l'économie, en réduisant les formalités administratives pour accroître les investissements, plutôt que sur les rivalités religieuses.

D'après le recensement de 2011, la population de l'Inde a augmenté de 181 millions de personnes en 10 ans.

2014

Narendra Modi, ancien ministre en chef du Gujarat, remporte à la tête du BJP une victoire écrasante sur le parti du Congrès.

2016

Mort du rebelle cachemiri Burhan Wani en juillet, tué par l'armée indienne. Les manifestations consécutives dégénèrent en affrontements, faisant 85 morts et 13 000 blessés.

2016

Le gouvernement Modi démonétise les billets de 500 et de 1 000 ₹ pour lutter contre la fraude fiscale et la corruption provoquant d'immenses files d'attente dans les banques pour échanger les billets.

2017

Des agressions en masse de femmes sont commises à Bengaluru (Bangalore) lors des célébrations du Nouvel An.

La société indienne

La spiritualité et la famille sont les fondements de la société indienne, et ces deux éléments s'entremêlent souvent lors des cérémonies célébrant les grandes occasions et les moments clés de la vie. En dépit du nombre croissant de familles nucléaires, surtout dans les villes plus cosmopolites comme Mumbai (Bombay), Bengaluru (Bangalore) et Delhi, la famille élargie, traditionnelle, reste la pierre d'angulaire de l'Inde urbaine et rurale. Les hommes sont considérés comme les chefs de la maisonnée et se doivent de pourvoir aux besoins de leur famille.

Mariage, naissance et décès

Des religions différentes impliquent des traditions différentes, mais pour toutes les communautés, le mariage, la naissance et le décès sont invariablement marqués par des cérémonies. En Inde, les hindous sont majoritaires. Si à peine 15% de la population est musulmane, les 180 millions d'Indiens musulmans n'en équivalent pas moins à presque la totalité de la population pakistanaise.

Les mariages arrangés sont entrés dans l'ère d'Internet avec des sites tels que www.shaadi.com, www.bharatmatrimony.com et, plus récemment, www.secondshaadi.com, pour ceux qui veulent tenter leur chance une seconde fois.

Le mariage est un événement particulièrement important pour les Indiens ; pour beaucoup, être célibataire au milieu de la trentaine reste inconcevable. Si les "mariages d'amour" ont augmenté ces dernières années (surtout dans les villes), les unions sont le plus souvent arrangées et ce, que la famille soit hindoue, musulmane, sikhe, jaïne ou bouddhiste. Des recherches discrètes sont effectuées dans la communauté. Si l'on ne trouve pas de parti convenable, on peut faire appel à des marieurs professionnels ou publier une annonce dans la presse ou sur des sites de rencontre. Pour les hindous, après vérification de la concordance des horoscopes, une rencontre est organisée entre les deux familles.

La dot, bien qu'illégale, reste un élément clé dans de nombreuses unions arrangées (surtout dans les milieux conservateurs) et des familles s'endettent lourdement pour fournir l'argent et les biens requis (voitures, ordinateurs, réfrigérateurs, téléviseurs...). Selon les professionnels de la santé, le taux élevé d'avortements de fœtus de sexe féminin – malgré l'interdiction de l'identification du sexe par échographie, des cliniques la pratiquent clandestinement – est essentiellement dû au fardeau financier que représente la dot d'une fille. Chez les musulmans, le marié doit verser un *mehr* (dot) à la mariée.

Le mariage hindou est célébré par un prêtre et formalisé quand le couple a fait sept fois le tour d'un feu sacré. Les cérémonies musulmanes impliquent la lecture du Coran ; traditionnellement, les époux se voient à travers des miroirs. Malgré l'existence de familles nucléaires, la norme pour une épouse reste de vivre dans la famille de son mari et d'assumer les tâches domestiques sous la tutelle de sa belle-mère. Les relations entre belles-mères et belles-filles peuvent être difficiles et constituent l'un des sujets favoris de divers feuilletons télévisés indiens.

Les divorces et remariages deviennent plus fréquents dans les grandes villes, même si le divorce demeure mal vu. Dans les castes supérieures des régions plus traditionnelles, les veuves ne sont pas censées se remarier ; elles doivent s'habiller en blanc et vivre pieusement leur veuvage. Jusqu'en août 2017, il était encore legal en Inde pour les hommes musulmans d'obtenir le divorce par répudiation, en prononçant trois fois le mot *talaq* (divorce). Si la pratique est aujourd'hui interdite, d'autres moyens d'entraîner unilatéralement un divorce subsistent, le Code civil n'étant pas encore uniformisé et les croyances de chacun définissant le droit qui prévaut.

La naissance d'un enfant est marquée par des cérémonies spécifiques, qui se déroulent au cours des premières années – chez les hindous, elles ont lieu lors du premier horoscope, de l'attribution du prénom, de la première ingestion de nourriture solide et, pour les garçons, de la première coupe des cheveux.

Les hindous incinèrent leurs morts ; les cérémonies funéraires visent à purifier et à consoler le défunt et les vivants. Le *sharadda*, un hommage aux ancêtres à qui l'on offre de l'eau et des gâteaux de riz, se répète à chaque anniversaire du décès. Les cendres sont rassemblées après la crémation ; treize jours après la mort (quand les proches ont retrouvé leur pureté), un membre de la famille les disperse dans un fleuve sacré comme le Gange ou dans l'océan. De manière similaire, les sikhs lavent puis incinèrent leurs morts. Les musulmans les préparent soigneusement, avant de les enterrer. Les parsis zoroastriens placent leurs défunts dans des "tours du silence" (tours en pierre) pour qu'ils soient dévorés par les oiseaux.

Amartya Sen, prix Nobel d'économie, mène une réflexion profonde sur la singularité de son pays. Pour apprécier la richesse de sa pensée, lisez notamment son ouvrage *Splendeur de l'Inde ?* (Flammarion, Essai, 2014), écrit en collaboration avec Jean Drèze.

Système des castes

Bien que la Constitution indienne ne reconnaisse pas le système des castes, celui-ci conserve une influence considérable, surtout dans les campagnes, où la caste détermine largement la position sociale. Elle peut aussi conditionner les perspectives professionnelles et maritales. Les castes se subdivisent en milliers de *jati*, groupes de "familles" ou communautés, parfois liés à une activité. Les hindous conservateurs épouseront uniquement quelqu'un du même *jati*, et la caste est souvent un critère dans les annonces matrimoniales, "Mahar cherche Mahar", etc. Dans certaines régions traditionnelles, des jeunes hommes et femmes tombés amoureux en dehors de leur caste sont assassinés.

Selon la tradition, la caste est la structure de base de la société hindoue. Mener une vie vertueuse et accomplir son dharma (devoir) augmente les chances de renaître dans une caste supérieure, donc dans de meilleures conditions. Les *varna* (castes) sont au nombre de quatre :

Selon un rapport des Nations unies de 2015, la diaspora indienne, estimée à 16 millions d'individus, est la plus importante au monde.

LES TENUES TRADITIONNELLES

Largement porté par les Indiennes, l'élégant sari est une longue pièce de tissu (de 5 à 9 m de long sur 1 m de large), ingénieusement drapé et plissé autour de la taille sans épingle ni bouton. Il se porte avec un *choli* (blouse ajustée) sur un jupon retenu par un cordon. Le *palloo* est le pan du sari rejeté sur l'épaule. Les femmes portent aussi souvent le *salwar kameez*, qui se compose d'une tunique semblable à une robe, d'un pantalon et d'un *dupatta* (longue écharpe). Il existe un choix fabuleux de saris et de *salwar kameez* dans toutes sortes de tissus et de couleurs.

Traditionnellement, les hommes portent le *dhoti*, un pagne que l'on passe entre les jambes pour former une sorte de pantalon. Une *kurta* (chemise) est une longue tunique ou chemise, souvent sans col, portée principalement par les hommes. Le pyjama *kurta* est un ensemble en coton, composé d'une chemise et d'un pantalon, que l'on porte chez soi ou pour dormir. Le *churidar* est un pantalon moulant, souvent porté avec une *kurta*. Le *sherwani*, une longue veste pour homme, est réservé aux grandes occasions.

Le costume varie selon les régions et les religions. Des musulmanes portent parfois la burqa, qui les enveloppe de la tête aux pieds.

les brahmanes (prêtres et érudits), nés de la bouche de Brahma lors de la création du monde ; les *kshatriya* (guerriers et administrateurs), issus de ses bras ; les *vaishya* (marchands), qui viennent de ses cuisses ; et les *shudra* (serviteurs), qui sont sortis de ses pieds. En dessous de ces quatre castes, les *dalit* (autrefois appelés intouchables) effectuent les tâches les plus ingrates. Nombre des codes complexes de pureté rituelle ont été conçus pour éviter tout contact physique entre des hindous de castes supérieures et les *dalit*. Un système moins rigide divise les communautés musulmanes indiennes en *ashraf* (haute lignée), *ajlaf* (basse lignée) et *arzal* (équivalent des *dalit*).

Pour en savoir plus sur le système des castes, lisez *Dans la peau d'un intouchable* (Points Essais, 1995), de Marc Boulet, un journaliste indépendant qui s'est fait passer pour un *dalit* et a partagé les conditions de vie de cette caste de réprouvés ; et *Inde, comprendre la culture des castes* (Éd. de l'Aube, coll. Ère planétaire, 2016), de Sandrine Prévot, qui constitue une excellente introduction à la société indienne contemporaine.

Le mot paria vient du nom d'un groupe *dalit* tamoul, les Paraiyar. Certains dirigeants *dalit*, comme le fameux Dr Ambedkar (1891-1956), tentèrent de changer de statut en adoptant une autre foi ; dans son cas, ce fut le bouddhisme. Enfin, tout en bas de l'échelle sociale, les *Denotified Tribes* furent appelées "tribus criminelles" (*Criminal Tribes*) jusqu'en 1952, quand une loi reconnut officiellement 198 ethnies et castes. Pour beaucoup nomades ou semi-nomades, elles n'ont d'autre choix que de vivre en marge de la société.

Pour améliorer la situation des *dalit*, le gouvernement pratique la discrimination positive dans le secteur public et les universités, ainsi qu'au Parlement. Aujourd'hui, ces quotas représentent presque 25% des emplois dans la fonction publique et des places d'étudiants dans les universités. La situation diffère selon les régions et les besoins de voix des politiciens. Bien que considéré plutôt favorablement, ce système de quotas a été accusé de bloquer l'accès à l'enseignement supérieur et aux emplois à ceux qui l'auraient par ailleurs mérité. Les exemples de discrimination envers les *dalit* restent réguliers dans la vie quotidienne ; ainsi, des castes supérieures leur refusent l'accès à certains temples.

Pèlerinage

Les dévots hindous doivent effectuer au moins un *yatra* (pèlerinage) par an pour implorer les divinités, disperser les cendres d'un parent dans un fleuve sacré, ou accroître leur mérite spirituel. Le pays compte des milliers de lieux de pèlerinage. Les personnes âgées réservent souvent leur dernier voyage à Varanasi, car mourir dans cette ville sacrée mettrait fin au cycle des renaissances. Des milliers de musulmans viennent commémorer des jours sacrés, tel l'anniversaire d'un saint, dans les sanctuaires soufis ; nombre d'entre eux font aussi le hadj à La Mecque.

La plupart des fêtes indiennes sont liées à la religion et attirent d'innombrables pèlerins. Même les célébrations les plus extravagantes sont souvent d'origine religieuse, et il est important de s'y comporter avec respect. Des gens meurent chaque année lors des fêtes dans des bousculades ; tenez-vous à l'écart des foules.

Kumbh Mela

Si vous n'aimez pas la foule, n'assistez surtout pas à la Khumb Mela. Cette fête gigantesque est le plus vaste rassemblement religieux de la

RANGOLI

Les *rangoli* (ou *kolam*), les superbes dessins complexes qui ornent le seuil des maisons (on en voit davantage en Inde du Sud), sont symboliques et portent chance. Ils sont traditionnellement réalisés à l'aube, avec de la craie ou de la poudre colorée, ou encore avec de la pâte de farine de riz, que peuvent manger de petits animaux – comme une marque de respect à l'égard de tous les êtres vivants, même les plus petits. Un beau *rangoli* est supposé attirer les divinités, et signaler aux *sadhu* (ascètes) que la maison leur offrira de la nourriture. Certains croient que les *rangoli* protègent du mauvais œil.

LES ADIVASIS

Les Adivasis ("tribus répertoriées" ; "habitants d'origine" en sanskrit) ont des origines antérieures à celles des Aryens védiques et des Dravidiens du Sud. Cette appellation englobe divers groupes, des Gondi des plaines centrales aux peuples animistes des États du Nord-Est. Ils représentent aujourd'hui moins de 10% de la population, répartis en plus de 300 groupes tribaux. Leur taux d'alphabétisation se situe bien en deçà de la moyenne nationale.

Par le passé, rares étaient les conflits entre les Adivasis et les villageois hindous des plaines, car ils n'entraient pas en concurrence pour les ressources et les terres. Malheureusement, au cours des dernières décennies, un nombre croissant d'Adivasis ont été privés de leurs terres ancestrales et sont devenus des travailleurs pauvres. Bien que représentés au Parlement grâce au système des quotas, ils ont parfois été dépossédés et exploités avec la complicité des autorités.

Depuis son arrivée au pouvoir, le gouvernement de Modi a reconnu qu'il fallait davantage protéger les Adivasis, et s'est engagé à accroître les initiatives en matière de protection sociale, notamment dans le domaine du développement, de l'éducation et de la santé. Narendra Modi a indiqué que des technologies modernes seraient employées, notamment dans le secteur minier, pour diminuer l'impact du développement de l'Inde sur les peuples tribaux et leur environnement. Dans le domaine de la santé, le Premier ministre a appelé à des mesures pour répondre aux taux élevés de malades souffrant de drépanocytose (ou anémie drépanocytaire) ; maladie génétique touchant 10% de la population tribale, plus particulièrement encore au Jharkhand et au Chhattisgarh. L'avenir dira si ces initiatives gouvernementales visant à autonomiser les Adivasis sont un succès.

Pour en savoir plus sur les Adivasis, procurez-vous *L'Inde avant l'Inde* (Les Éditions du Passage, 2007), un bel ouvrage illustré par de superbes photos de Ruth Van Der Molen, accompagnées de textes de Gérard Clot et d'une introduction de Jean-Claude Carrière. Pour un aperçu de leur patrimoine artistique, consultez *Autres maîtres de l'Inde* (Somogy, 2010), le catalogue d'une exposition présentée au musée du Quai Branly, à Paris.

planète. Elle a lieu tous les 12 ans dans chacun des quatre lieux différents du centre et du nord de l'Inde qui l'accueille, et attire des dizaines de millions de pèlerins hindous, dont les nagas (*sadhu* nus, ou hommes saints) moines de diverses sectes. La Kumbh Mela ne concerne aucune caste ou croyance particulière : des fidèles de toutes les écoles hindouistes se rejoignent pour une expérience électrisante de croyance collective et un bain purificateur dans les fleuves sacrés que sont le Gange, la Shipra et la Godavari.

Cette fête trouve ses origines dans la bataille entre le bien et le mal. D'après les mythes de création hindous, les dieux et les démons s'affrontèrent lors d'une grande bataille pour un *kumbh* (pichet) contenant le nectar de l'immortalité. Vishnu s'empara du contenant et s'enfuit avec, mais lors de sa fuite, quatre gouttes tombèrent sur la terre à Allahabad, Haridwar, Nasik et Ujjain. Les célébrations durent environ six semaines dans chacune de ces villes, mais sont concentrées sur les dates propices aux bains purificateurs, normalement au nombre de six. La fête d'Allahabad, connue sous le nom de Maha (grande) Kumbh Mela, est la plus importante et draine des foules encore plus grandes. Chaque ville concernée organise également une Ardh (demie) Mela tous les six ans, et une Magh Mela annuelle plus restreinte.

Le ministère des Affaires tribales (www.tribal.nic.in) s'emploie à la défense des droits des Adivasis.

Droits des femmes

D'après le dernier recensement, conduit en 2011, la population indienne comprend 586 millions de femmes ; selon les estimations, 68% travaillent dans l'agriculture, essentiellement comme ouvrières.

Le pourcentage de femmes impliquées dans la politique a augmenté au cours de la période récente, mais elles restent largement sous-représentées au Parlement, où elles ne sont qu'environ 11%.

Bien que la vie professionnelle demeure dominée par les hommes, les femmes commencent à se faire une place, surtout dans les centres urbains. Le Kerala, dans le Sud, a été le premier État à s'affranchir des normes sociales en recrutant des femmes dans la police dès 1938. Les villageoises ont souvent du mal à s'imposer, mais des groupes comme la Self-Employed Women's Association (SEWA), au Gujarat, ont ouvert la voie en aidant des femmes socialement défavorisées à se regrouper sous forme de syndicats et en accordant des microcrédits.

Basé sur un roman de Rabindranath Tagore, *Chokher Bali* (réalisé par Rituparno Ghosh ; 2003) est un film poignant sur une jeune veuve vivant dans le Bengale au début du XXe siècle ; elle défie les "règles du veuvage", une attitude inimaginable à cette époque.

La vie des citadines de la classe moyenne est bien plus agréable ; pour autant, des pressions perdurent. En général, elles accèdent facilement aux études supérieures, mais une fois mariées, elles doivent bien souvent obéir à leurs beaux-parents et être avant tout des femmes d'intérieur. Comme dans les campagnes, celles qui déçoivent ou ne parviennent pas à donner naissance à un fils risquent des représailles parfois extrêmes, comme la pratique consistant à "brûler l'épouse" après l'avoir arrosée d'un liquide inflammable. Selon un rapport de 2015, on dénombre 24 771 décès liés à la dot impayée au cours des trois années précédentes, la plupart dans l'Uttar Pradesh (7 048 décès), suivi du Bihar (3 830 décès) et du Madhya Pradesh (2 252 décès).

Alors que la Constitution permet aux divorcées et aux veuves de se remarier, rares sont celles qui utilisent ce droit, de peur d'être rejetées par la société, notamment en dehors des grandes villes. Même s'il augmente, l'Inde a l'un des taux de divorce les plus bas au monde (environ 13%). La majorité des divorces ont lieu dans les zones urbaines et sont mieux acceptés dans les classes les plus aisées.

En octobre 2006, après des campagnes en faveur des droits des femmes, le Parlement indien a adopté une loi historique accordant des droits et une protection accrus aux femmes souffrant de violences domestiques. Jusque-là, si les femmes pouvaient porter plainte contre des maris abusifs, elles n'avaient pas systématiquement droit à une partie des biens du foyer ou à une pension. Des critiques affirment cependant que de nombreuses femmes, en particulier à la campagne, renoncent à demander une protection légale par crainte d'être mises au ban de la société.

Dans *Inde, la révolution par les femmes* (Picquier Poche, 2010), Dominique Hoeltgen dresse les portraits de femmes, célèbres ou inconnues, dont les destins éclairent l'avenir du sous-continent.

L'Inde reste une société conservatrice. Malgré les représentations féminines fortement sexualisées dans les films de Bollywood (dans lesquels les baisers prolongés sont encore rarement filmés), les nombreux traditionalistes considèrent qu'une femme est dévergondée si elle sort le soir où ne s'habille pas chastement.

Selon le National Crime Records Bureau (NCRB ; agence indienne des statistiques judiciaires), le nombre de viols aurait augmenté de plus de 50% au cours de la dernière décennie, mais seul un infime pourcentage des agressions sexuelles serait dénoncé, principalement à cause de la pression familiale et/ou de la honte ressentie, surtout si l'auteur est connu de la famille (ce qui est souvent le cas).

À la suite de la médiatisation massive du viol en réunion et du meurtre d'une étudiante de 23 ans à Delhi en décembre 2012, des dizaines de milliers de personnes ont manifesté dans la capitale et ailleurs, en réclamant une action rapide du gouvernement face à l'intensification des violences faites aux femmes. Il a fallu un an pour que des amendements complètent les lois existantes destinées à réprimer les violences sexuelles, notamment par des sanctions plus sévères, comme l'emprisonnement à perpétuité et la peine de mort. Malgré cela, les violences sexuelles envers les femmes restent un problème majeur.

En 2015, le NCRB répertoriait 34 651 viols en Inde, la plupart commis sur des femmes entre 18 et 30 ans. Les statistiques montrent une diminution de 5,7% du nombre de viols signalés (36 735 cas en 2014), ainsi qu'une diminution du nombre de viols en réunion, qui passent de 2 346 en 2014 à 2 113 en 2015. Malgré cette diminution marginale, le NCRB signalait une légère augmentation (2,5%) des autres délits à caractère sexuel – 84 222 cas en 2015, contre 82 235 cas en 2014. La capitale, Delhi, enregistrait le nombre le plus élevé de crimes envers les femmes, avec 17 104 cas en 2015.

Pour tenter d'endiguer ce problème de violence sexuelle, le gouvernement a pris un certain nombre de nouvelles mesures. Depuis 2017, tous les téléphones mobiles vendus en Inde doivent obligatoirement être munis d'une touche d'urgence. De plus, le nombre de femmes policiers augmentera, et des centres dédiés aux femmes victimes de violence seront créés – 660 centres devraient ouvrir au cours des prochaines années. Divers programmes de sensibilisation du public ont également été lancés. Bien que ces décisions représentent un progrès, l'Inde a encore un très long chemin à faire.

L'Inde de A à Z (André Versailles, 2010), de Nina et Olivier Da Lage, compose un kaléidoscope du pays, à travers une centaine d'entrées, présentées sous la forme d'un abécédaire.

Sports

Le cricket est ancré depuis longtemps dans le cœur de la nation – le premier match officiel remonte à 1721. L'Inde a remporté sa première victoire en test-match en 1952 à Chennai (Madras), contre le Royaume-Uni. Plus qu'un sport, le cricket est une affaire de fierté nationale, surtout quand l'Inde joue contre le Pakistan. Les matchs entre ces deux voisins, aux relations tendues depuis l'indépendance, déclenchent une ferveur qui frise le fanatisme et les joueurs des deux équipes subissent une pression intense. Sachin Tendulkar – surnommé "Little Master" – est la star indienne du cricket. En 2012, il est devenu le premier joueur du monde à avoir réalisé 100 *centuries* (scores individuels supérieurs à cent courses inscrites au cours d'une manche) dans des matchs internationaux ; il a pris sa retraite l'année suivante. Le cricket – en particulier sa variante la plus courte, le Twenty20 – attire de lucratifs financements et procure le statut de célébrité à ses joueurs. Il n'est toutefois pas à l'abri des scandales, comme celui des matchs truqués d'il y a quelques années. Les rencontres internationales se déroulent dans diverses villes ; elles sont annoncées dans les journaux indiens et sur Internet. Les sites www.espncricinfo.com

LES HIJRA

Les *hijra*, une caste de travestis et d'eunuques qui s'habillent en femmes, constituent le groupe non hétérosexuel le plus visible en Inde. Certains sont gays, d'autres hermaphrodites, d'autres encore ont malheureusement été enlevés et castrés. Depuis longtemps, les *hijra* ont une place dans la culture indienne, et en 2014, la Cour suprême indienne les a reconnus en tant que troisième sexe et catégorie ayant droit à un accès prioritaire à l'éducation et au travail. En revanche, l'homosexualité a été jugée illégale en 2013 (alors qu'elle était légale depuis 2009) ; la section 377 du Code pénal indien, qui date de 1861, la réprime. En août 2017 cependant, la Cour suprême de New Delhi, en affirmant le droit constitutionnel au respect de la vie privée, offrait un pas décisif vers la dépénalisation de l'homosexualité en Inde.

Les *hijra* gagnent principalement leur vie en animant des mariages et des fêtes pour la naissance d'un enfant mâle, ou en se prostituant. En 2014, Padmini Prakash est devenu le premier présentateur transgenre du journal télévisé indien, signe d'une nouvelle étape dans leur acceptation.

Pour en savoir plus, procurez-vous *Les Derniers Eunuques*, de Zia Jaffrey (Payot, coll. Voyageurs, 2001 ; aujourd'hui épuisé, disponible d'occasion).

(très bien noté par de nombreux amateurs de cricket) et www.cricbuzz.com traitent de l'actualité du cricket.

La ligue indienne de football, l'Indian Super League (ISL ; www.indiansuperleague.com), lancée en 2013, a réussi à promouvoir le football comme sport de première catégorie. Avec des matchs attirant les foules et des joueurs internationaux, comme le légendaire footballeur de la Juventus, Alessandro del Piero (qui a signé pour le Delhi Dynamos en 2014) ou Marco Materazzi (connu pour le coup de tête de Zinédine Zidane lors du Mondial 1998), entraîneur de Chennai, l'ISL a fait l'objet d'une attention internationale. En 2014, l'ISL a rassemblé 170,6 millions de téléspectateurs – quand la première phase de l'Indian Premier League de cricket en réunissait 184 millions, mettant en évidence la hausse de popularité du football. L'I-League, la plus ancienne ligue nationale de football, n'a jamais fait l'objet d'autant d'attention médiatique ou de financements.

Les sites Indian Hockey (www.indianhockey.com) et Indian Field Hockey (www.bharatiyahockey.org) en apprendront davantage à ceux qui lisent l'anglais.

L'Inde a également des liens historiques avec le polo, qui prospéra par intermittence dans le sous-continent jusqu'à l'indépendance, surtout parmi l'aristocratie, avant de décliner faute de fonds. Aujourd'hui, ce sport connaît un regain d'intérêt grâce à un sponsoring renforcé et, tout en restant élitiste, il attire davantage l'attention d'une classe moyenne supérieure en plein essor. Les origines du polo demeurent obscures. Sans doute apparu en Perse et en Chine il y a 2 000 ans, il aurait été pratiqué pour la première fois dans le sous-continent au Baltistan (l'actuel Pakistan). Selon certains, l'empereur Akbar (qui régna en Inde de 1556 à 1605) aurait le premier introduit les règles du jeu. Le polo, tel qu'il est joué à présent, a été largement influencé par un régiment de cavalerie britannique, stationné en Inde dans les années 1870. Une série de règles internationales a été ajoutée après la Seconde Guerre mondiale. Le plus vieux club de polo du monde encore en activité se trouve à Kolkata : il s'agit du Calcutta Polo Club (www.calcuttapolo.com), fondé en 1862. Des matchs se déroulent pendant les mois d'hiver dans les grandes villes, dont Delhi, Jaipur et Kolkata, ainsi qu'occasionnellement au Ladakh et au Manipur.

Bien qu'il s'agisse du sport national, le hockey sur gazon ne suscite plus la même ferveur qu'autrefois. Pendant son âge d'or, entre 1928 et 1956, l'Inde a remporté six médailles d'or olympiques consécutives, suivies de deux autres, en 1964 et en 1980. De récentes initiatives pour raviver l'intérêt pour le hockey ont eu des résultats mitigés.

Le kabaddi est un autre sport d'équipe populaire dans la région. Deux équipes occupent chacune un côté d'un terrain. Un attaquant court vers le côté opposé, prend une inspiration et tente de toucher un ou plusieurs membres de l'équipe adverse. Il psalmodie "*kabaddi*" pour indiquer qu'il n'a pas repris son souffle, puis retourne dans son camp avant d'expirer.

Parmi les sports qui font l'objet d'un intérêt croissant, citons le tennis (www.aitatennis.co), dont les vedettes indiennes sont Sania Mirza, Leander Paes et Mahesh Bhupathi, et les courses de chevaux, populaires dans les grandes villes comme Delhi et Kolkata.

Un nombre record d'athlètes indiens, 118, ont participé aux Jeux olympiques d'été de Rio en 2016, mais les résultats ont été décevants : l'Inde s'est classée 67e en nombre de médailles, avec une médaille d'argent et une médaille de bronze. Lors de ces jeux, Sakshi Malik est devenue la première lutteuse indienne à remporter une médaille olympique (médaille de bronze de lutte libre dans la catégorie des moins de 58 kilos), tandis que P. V. Sindhu au badminton féminin a été la première Indienne à remporter une médaille d'argent olympique.

L'Inde spirituelle

Des grands temples urbains aux simples sanctuaires villageois, la spiritualité imprègne presque tous les aspects de la vie quotidienne en Inde. L'hindouisme, pratiqué par quelque 80% de la population, prédomine largement. Il figure parmi les religions les plus anciennes de l'humanité ; son origine remonte à plus de mille ans avant notre ère. Le bouddhisme, le jaïnisme et le zoroastrisme sont également ancrés dans l'histoire du pays, et nulle découverte du sous-continent ne saurait être exempte, au moins sur le plan du ressenti, d'une part de spiritualité.

Hindouisme

L'hindouisme n'a ni fondateur, ni autorité centrale ; il ne fait pas de prosélytisme. Les hindous croient au Brahman, principe invisible, éternel, incréé et infini. Tout ce qui existe émane de lui et revient à lui. Les innombrables dieux et déesses ne sont que des manifestations du Brahman, formes reconnaissables de cette puissance immatérielle.

Les hindous considèrent la vie terrestre comme cyclique. L'homme est soumis à des renaissances successives, un cycle de réincarnations appelé *samsara*. La qualité de chaque nouvelle incarnation dépend du *karma* (conduite ou actes) des vies antérieures. Une vie vertueuse et le respect du *dharma* (code moral de comportement et obligations sociales) accroissent les chances de se réincarner dans une caste supérieure. En revanche, un mauvais karma peut conduire à la renaissance sous la forme d'un animal. Seul l'être humain peut acquérir une connaissance de soi suffisante pour mettre fin au cycle des renaissances et atteindre le *moksha* (libération du *samsara*).

Mythes et dieux de l'Inde. Le polythéisme hindou (Flammarion, coll. Champs essais, 2009), d'Alain Daniélou, présente la conception du monde et du divin dans l'hindouisme contemporain.

Panthéon

Toutes les divinités hindoues sont considérées comme des manifestations du Brahman, souvent décrit comme une trinité, le Trimurti, constituée de Brahma, Vishnu et Shiva.

Brahman

L'absolu, l'ultime réalité. Principe neutre, sans forme et éternel, il est la source de toute forme de vie. Brahman est *nirguna* (sans attributs), contrairement aux dieux et déesses, ses manifestations, qui sont *saguna* (avec attributs).

Dans *Shiva. Libérateur des âmes et maître des dieux* (Découvertes Gallimard, 2004), Bruno Dagens et Marie-Luce Barazer-Billoret restituent les multiples traits de ce dieu polymorphe.

Brahma

Brahma ne joue un rôle actif que dans la création de l'univers. Le reste du temps, il médite. Il a pour épouse Sarasvati, la déesse de la Connaissance, et pour monture un cygne. On le représente parfois assis sur un lotus émergeant du nombril de Vishnu, pour symboliser l'interdépendance des dieux. Brahma est généralement dépeint avec quatre têtes, couronnées et barbues, chacune tournée vers un point cardinal. Le culte de Brahma a été éclipsé par celui de Shiva et de Vishnu. L'Inde compte aujourd'hui peu de temples brahmaniques.

7, LE CHIFFRE SACRÉ

Le chiffre 7 revêt une signification particulière dans l'hindouisme. L'Inde compte sept cités sacrées, qui sont chacune un centre de pèlerinage majeur : Varanasi (Bénarès), associée à Shiva ; Haridwar, où le Gange descendant de l'Himalaya pénètre dans les plaines ; Ayodhya, la ville natale de Rama ; Dwarka, avec la capitale légendaire de Krishna au large de la côte du Gujarat ; Mathura, lieu de naissance de Krishna ; Kanchipuram, site des temples anciens de Shiva, et Ujjain, qui accueille la Kumbh Mela tous les 12 ans. Le pays possède aussi sept fleuves sacrés : le Gange (Ganga), la Saraswati (supposée souterraine), la Yamuna, l'Indus, la Narmada, la Godavari et la Cauvery.

Vishnu

Il est le conservateur ou le protecteur, associé à l'"action juste". Il protège et préserve tout ce qui est bon dans l'univers. Il est habituellement représenté avec quatre bras tenant un lotus, une conque marine (dans laquelle on peut souffler comme dans une trompe, aussi symbolise-t-elle les vibrations cosmiques, sources de vie), un disque et une massue. Son épouse est Lakshmi, la déesse de la Prospérité, et sa monture Garuda, créature mi-homme mi-oiseau. Le Gange coulerait des pieds de Vishnu.

Shiva

Shiva est parfois désigné comme le dieu du yoga, un ascète vivant dans l'Himalaya, aux cheveux emmêlés, au corps recouvert de cendres, avec un penchant pour le chilom (pipe de haschich) et un troisième œil symbolisant la sagesse.

Shiva est le destructeur – celui qui apporte le salut – sans lequel aucune création ne serait possible. Son rôle créatif est symbolisé par le lingam, une représentation phallique vénérée. Doté de 1 008 noms, Shiva prend de multiples formes, dont celle de Nataraja, le seigneur du *tandava* (danse cosmique), qui rythme la création ou la destruction de l'univers.

Parfois, des serpents entourent son cou. Armé d'un trident (représentant le Trimurti), il chevauche Nandi, son taureau symbole de pouvoir, de puissance, de justice et d'ordre moral. Parvati, l'épouse de Shiva, peut prendre de nombreuses formes.

Autres divinités importantes

Ganesh, le dieu à tête d'éléphant de la Chance, écarte les obstacles et est le patron des scribes – la défense brisée qu'il tient à la main aurait servi à écrire une partie du *Mahabharata*. Son véhicule, Mooshak, ressemble à un rat. Les légendes diffèrent quant à l'origine de sa tête. Selon l'une d'elles, Parvati le mit au monde en l'absence de son père, Shiva, et Ganesh grandit sans le connaître. Un jour qu'il montait la garde pendant que sa mère se baignait, Shiva revint et demanda à voir Parvati, mais Ganesh refusa. Furieux, Shiva lui trancha la tête pour découvrir ensuite qu'il avait décapité son propre fils ! Il jura de remplacer la tête de Ganesh par celle de la première créature qu'il croiserait et ce fut un éléphant.

Kali la sanguinaire est une autre forme de la déesse Gauri, pourvoyeuse de lait.

Autre divinité majeure, Krishna est une incarnation de Vishnu, envoyée sur terre pour défendre le bien et combattre le mal. Ses batifolages avec les *gopi* (vachères) et son amour pour Radha ont inspiré d'innombrables peintures et chants. Représenté avec un teint bleuté, il est souvent dépeint jouant de la flûte.

Hanuman, l'un des héros du *Ramayana* et le fidèle allié de Rama, incarne la notion de *bhakti* (dévotion). Dieu-singe, il peut aussi prendre d'autres formes.

Chez les shivaïtes (adorateurs de Shiva), la *shakti*, la divine puissance créatrice des femmes, est vénérée comme une force à part entière. Le principe de la *shakti* est personnifié par l'ancienne déesse Devi (la mère divine), qui se manifeste également sous la forme de Durga ou de Kali la destructrice. Parmi les autres déesses révérées figurent Lakshmi, la déesse de la Fortune, et Sarasvati, la déesse de la Connaissance.

Textes sacrés

Les textes sacrés de l'hindouisme se répartissent en deux catégories : ceux révélés par les dieux (*shruti*, qui signifie entendu) et ceux écrits par les humains (*smriti*, mémorisé). Les *Veda*, considérés *shruti*, sont les textes fondateurs de l'hindouisme. Les plus anciens écrits védiques furent réunis il y a plus de 3 000 ans dans le *Rig-Veda*, dont les 1 028 versets comprennent des prières de prospérité et de longévité, ainsi qu'une explication sur l'origine de l'univers. Les *Upanishad*, les dernières parties des *Veda*, traitent du mystère de la mort et insistent sur l'unité de l'univers. Les premiers textes furent rédigés en sanskrit védique, une langue proche du persan ancien, et les plus tardifs en sanskrit classique. Beaucoup ont été traduits en langue vernaculaire.

Les écrits *smriti* comportent une collection de textes couvrant des siècles, avec des explications détaillées du rituel de cérémonies domestiques, ainsi que des principes politiques, économiques et religieux. Parmi les plus connus figurent le *Ramayana* et le *Mahabharata*, ainsi que les *Purana*, qui développent les épopées et promeuvent la notion de Trimurti. Contrairement aux *Veda*, la lecture des *Purana* n'est pas réservée aux mâles initiés des castes supérieures.

Le panthéon hindou compterait près de 330 millions de divinités. Chacun choisit celles qu'il vénère en fonction de ses affinités personnelles ou de la tradition.

Mahabharata

Cette épopée, qui relate les exploits de Krishna, daterait des alentours de 1000 av. J.-C. Elle devint bien plus complexe vers 500 av. J.-C., à la suite de substantiels ajouts, dont la *Bhagavad Gita* (un dialogue entre Krishna et Arjuna avant une bataille). Sur fond de lutte entre deux clans rivaux, les dieux héroïques (les Pandava) et les démons (les Kaurava), le *Mahabharata* contient des enseignements philosophiques et théologiques. Krishna, incarné en cocher au service d'Arjuna, le héros des Pandava, participe à la victoire contre les Kaurava.

Ramayana

Composé vers le IIIe ou le IIe siècle av. J.-C., le *Ramayana* est attribué en grande partie au poète Valmiki. Comme le *Mahabharata*, il décrit un conflit entre les dieux et les démons.

L'histoire raconte que Dasharatha, le roi sans enfant d'Ayodhya, implora les dieux de lui accorder un fils. Son épouse donna naissance à Rama, en fait une incarnation de Vishnu venue sur Terre pour renverser Ravana, le roi-démon de Lanka (l'actuel Sri Lanka). Devenu adulte, Rama, qui avait obtenu la main de Sita après avoir réussi à bander l'arc de Shiva, fut choisi par son père pour hériter du royaume. Au dernier moment, la belle-mère de Rama exigea que cette faveur fût accordée à son propre fils, Barathan. Exilés, Sita, Rama et son frère Lakshmana se réfugièrent dans les forêts, où ils durent affronter les démons. La sœur de Ravana tenta sans succès de séduire Rama et, pour la venger, Ravana enleva Sita et l'enferma dans son palais de Lanka. Rama, aidé par l'armée des singes sous la conduite de leur dieu Hanuman, parvint à trouver le palais, tua Ravana et libéra Sita. Tous revinrent victorieux à Ayodhya, où Rama fut accueilli par Barathan et couronné roi.

Le *Chant du Bienheureux* (la *Bhagavad Gita*) et le *Ramayana*, les deux textes hindous fondamentaux, ont été traduits en français et sont disponibles chez de nombreux éditeurs. Pour les enfants à partir de 9 ans, Pascal Fauliot a fait paraître une adaptation du *Ramayana* aux éditions Casterman (Lecture poche, 2015).

Faune et flore sacrées

Les animaux, en particulier les serpents et les vaches, sont depuis longtemps vénérés dans le sous-continent. Pour les hindous, la vache est synonyme de fertilité et de nourriture, tandis que les serpents (en particulier les cobras) sont associés à la fertilité et au bien-être. Les *naga* (serpents) en pierre ont pour double fonction de protéger les humains des serpents et d'apaiser les dieux serpents.

CONFLITS COMMUNAUTAIRES

Les conflits religieux ont ensanglanté l'histoire de l'Inde à certaines périodes. La Partition du pays après l'indépendance en deux entités distinctes, l'Inde hindoue et le Pakistan musulman, entraîna de terribles massacres et des déplacements massifs de population.

Des épisodes majeurs de violence sectaire eurent lieu par la suite, notamment les émeutes hindoues et sikhes de 1984, qui conduisirent à l'assassinat de la Première ministre Indira Gandhi, et la polémique d'Ayodhya, objet d'une instrumentalisation politique qui déclencha des affrontements entre hindous et musulmans en 1992.

Le différend territorial sur le Cachemire, toujours d'actualité entre l'Inde et le Pakistan, a aussi une dimension religieuse. Depuis la Partition (1947), l'Inde et le Pakistan ont connu deux guerres majeures avec cette région pour enjeu, et de lourds échanges de tirs d'artillerie ont failli en causer une troisième en 1999. La question continue d'alimenter l'animosité entre hindous et musulmans des deux côtés de la frontière.

Des plantes sont aussi liées au sacré. Le banian symbolise le Trimurti et les manguiers représentent l'amour ; Shiva aurait ainsi épousé Parvati sous un manguier. La fleur de lotus aurait émergé des eaux primordiales et serait reliée par sa tige au centre mythique de la Terre. Souvent trouvé dans les eaux les plus polluées, le lotus parvient à fleurir au-dessus de fonds boueux. Le centre du lotus correspond au centre de l'univers, le nombril de la Terre ; tout est maintenu ensemble par la tige et les eaux éternelles. Fragile et tenace, le lotus incarne la beauté et la force, et rappelle aux hindous ce que devrait être leur vie. La vénération pour le lotus est telle qu'il est aujourd'hui la fleur nationale de l'Inde. Les larmes de Shiva auraient fait pousser le Rudraksha ("œil de Shiva"), un arbre dont les graines servent à fabriquer des chapelets.

Le *sadhu* est quelqu'un qui a renoncé à toute possession matérielle pour se consacrer à la spiritualité grâce à la méditation, à l'étude des textes sacrés, à la mortification et au pèlerinage.

Cultes

Cultes et rituels tiennent une place prépondérante dans l'hindouisme. La plupart des foyers hindous possèdent un autel, où les membres de la famille prient les divinités de leur choix. Hors de chez eux, les hindous prient dans les temples. La puja, élément central du culte, varie de la prière silencieuse aux cérémonies élaborées. Les fidèles quittent souvent le temple avec une poignée de *prasaad* (offrandes de nourriture bénies dans le temple). Parmi les autres rites figurent l'*aarti* (allumer des lampes ou des bougies propitiatoires) et les *bhajan* (chants religieux).

Islam

Les musulmans constituent la plus importante minorité religieuse en Inde ; ils représentent environ 14,2% de la population. L'islam aurait été introduit en Inde du Nord par les conquérants musulmans (l'Empire moghol contrôlait la majeure partie du Nord aux XVIe et XVIIe siècles), et en Inde du Sud par des marchands arabes.

La religion islamique fut fondée dans la péninsule Arabique par le prophète Mahomet au VIIe siècle. Le terme arabe *islam* signifie soumission ; les croyants se soumettent à la volonté d'Allah (Dieu), telle qu'elle est révélée dans le Coran. Dans cette religion monothéiste, la parole de Dieu est transmise par des prophètes, dont le plus récent est Mahomet.

Après la mort de Mahomet, le mouvement fut déchiré par des conflits de succession qui aboutirent à la division entre sunnites et chiites. Les premiers, majoritaires en Inde, restent attachés à la voie orthodoxe. Les seconds croient que seuls les imams (guides exemplaires) peuvent révéler le véritable message du Coran. Le soufisme, interprétation mystique de l'islam qui remonte aux premiers temps de la religion, est aussi pratiqué depuis très longtemps en Inde.

Tous les musulmans croient aux cinq piliers de l'islam : la *shahada* (profession de foi : "il n'y a de dieu que Dieu et Mahomet est son prophète") ; la prière, idéalement cinq fois par jour ; la *zakat* (impôt), sous forme d'aumône ; le jeûne pendant le ramadan (sauf pour les malades, les jeunes enfants, les femmes enceintes, les vieillards et ceux qui entreprennent un dur voyage) ; et le hadj (pèlerinage) à La Mecque, que tout musulman espère accomplir au moins une fois dans sa vie.

Sikhisme

Le sikhisme, fondé au Punjab (Pendjab) par Guru Nanak (1469-1539) au XVe siècle, vit le jour en réaction contre le système des castes et la domination des brahmanes sur les rituels. Les sikhs croient en un dieu unique et rejettent le culte des idoles ; certains se recueillent cependant devant les portraits des 10 *guru* (gourous). Le livre sacré des sikhs, le *Guru Granth Sahib*, contient les enseignements de ces *guru*, dont plusieurs furent exécutés par les Moghols. Comme les hindous et les bouddhistes, les sikhs croient en la réincarnation et au karma. En revanche, aucune tradition ascétique ou monastique ne met fin au cycle des renaissances. Les sikhs représentent près de 2% de la population indienne ; ils vivent majoritairement au Punjab.

Né dans l'actuel Pakistan, Guru Nanak n'appréciait pas les pratiques religieuses musulmanes et hindoues. Il croyait aux vertus de la famille et du travail. Marié, père de deux garçons, il travaillait comme fermier lorsqu'il ne voyageait pas pour prêcher et chanter les *kirtan* (chants dévotionnels sikhs) qu'il avait composés, accompagné d'un barde musulman, Mardana. Il aurait accompli des miracles et préconisait la méditation sur le nom de Dieu pour atteindre l'Éveil.

Nanak croyait en l'égalité, des siècles avant que ce concept ne devienne acceptable, et faisait campagne contre le système des castes. C'était un *guru* pragmatique qui affirmait que "celui qui gagne honnêtement sa vie et partage ses gains avec les autres connaît la voie

Pour en savoir plus sur le sikhisme, procurez-vous *Les Sikhs. Histoire et tradition des "Lions du Panjab"*, de Denis Matringe (Albin Michel, coll. Planète Inde, 2008).

LA BONNE ATTITUDE DANS LES SITES RELIGIEUX

Pour visiter un site sacré, habillez-vous et comportez-vous avec respect – pas de shorts ou de hauts sans manches (pour les hommes ou les femmes) ; abstenez-vous de fumer. Le bruit, l'absence de discrétion et les démonstrations d'affection sont mal perçus.

Avant de pénétrer dans un lieu saint, ôtez vos chaussures (donnez quelques roupies au gardien en les récupérant) et vérifiez si les photos sont autorisées. Souvent, vous pourrez garder vos chaussettes, ce qui est appréciable en été quand le sol est brûlant.

Ne touchez jamais la tête de quelqu'un et ne dirigez pas la plante de vos pieds vers une personne, un sanctuaire ou l'effigie d'une divinité. De même, ne touchez jamais personne avec le pied et abstenez-vous d'effleurer les sculptures de divinités.

Dans certains lieux de culte (notamment dans les temples sikhs et les mosquées), les femmes et parfois les hommes doivent se couvrir la tête. Prévoyez un foulard. Certains sites sont interdits aux femmes, et il en est aussi qui refusent l'accès à tout non-adepte – renseignez-vous à l'avance. Les femmes doivent parfois s'asseoir à l'écart des hommes. Vous devrez ôter tout objet en cuir avant d'entrer dans les temples jaïns, lesquels sont parfois prohibés aux femmes durant la menstruation. Un site bouddhique sacré (*chorten*, stupas, temples, *gompa*) se contourne dans le sens des aiguilles d'une montre et ne doit en aucun cas être touché avec la main gauche. De même, un moulin à prière doit-il être tourné dans le sens des aiguilles d'une montre, en s'aidant de la main droite.

Prendre des photos dans un sanctuaire, à l'occasion de funérailles ou pendant des cérémonies religieuses, peut être considéré comme un affront ; photographier des fidèles prenant un bain rituel également ; demandez toujours l'autorisation. L'utilisation d'un flash peut être interdite dans certaines parties d'un temple, voire dans tout l'édifice.

qui mène à Dieu". Plutôt qu'un de ses fils, il désigna comme successeur son disciple le plus talentueux. Ses *kirtan* sont toujours chantés dans les *gurdwara* (temples sikhs) et son image orne des millions de foyers en Inde et au-delà.

Les sikhs s'efforcent de suivre le modèle spirituel de la Khalsa, les cinq guerriers sikhs consacrés par Guru Gobind Singh pour incarner parfaitement les principes de la foi sikh. Porter un *dastar* ou turban est obligatoire pour les hommes ; les sikhs pieux observent les "Cinq K" : *kesh* (cheveux et barbe non coupés), *kanga* (port d'un peigne en bois), *kara* (port d'un bracelet en acier), *kacchera* (port d'un caleçon en coton) et *kirpan* (port d'un poignard ou d'une dague).

Dans *Promenade avec les dieux de l'Inde* (Points Sagesse, 2007), Catherine Clément offre une approche de la cosmogonie et des mythes indiens riche en anecdotes étonnantes. Un livre plein d'humour, inspiré d'une série d'émissions diffusées sur France Culture.

Bouddhisme

Le bouddhisme apparut au VIe siècle av. J.-C. en réaction aux rigidités de l'hindouisme brahmanique. Il n'est pratiqué que par moins de 1% de la population. Bodhgaya, dans l'État du Bihar, où le Bouddha atteignit l'Éveil, est l'un des sites bouddhiques les plus sacrés ; il attire des pèlerins du monde entier.

Les spécialistes identifient généralement deux écoles prédominantes du bouddhisme : le Theravada (Doctrine des Anciens) et le Mahayana (Grand Véhicule). En résumé, les adeptes du Theravada croient que pour atteindre l'Éveil – et donc se libérer du cycle des réincarnations – il faut pratiquer "l'Octuple Sentier" (tantôt appelé "la Voie du Milieu"). Le bouddhisme Theravada est axé sur l'idée que l'effort personnel mène à l'illumination, et que la méditation joue un rôle clé. Les adeptes du Mahayana, eux, pensent qu'il est possible de devenir un bouddha (un être spirituellement éveillé selon les enseignements du Bouddha) en suivant la voie du Bodhisattva – un état dans lequel une personne reste délibérément dans le cycle des réincarnations afin d'aider les autres à atteindre l'Éveil. Les Bodhisattvas sont des êtres éveillés.

L'actuel dalaï-lama et le 17e *karmapa* (chef de l'école Karma Kagyu – lamas à coiffe noire – du bouddhisme tibétain) résident en Inde.

En Inde, on trouve aussi le bouddhisme tibétain. Établi au VIIIe siècle après J.-C., il incorpore les enseignements du bouddhisme Mahayana ainsi qu'un éventail de rituels et de pratiques spirituelles (comme des mantras spécifiques) issus des croyances religieuses tibétaines vernaculaires. Les êtres surnaturels forment une part importante du bouddhisme tibétain, sous forme d'entités bienveillantes ou irascibles. L'Inde compte des communautés bouddhistes tibétaines substantielles, notamment à Dharamsala (Himachal Pradesh), Tawang (Arunachal Pradesh), Rumtek (Sikkim) et Leh (Ladakh).

Le prince Siddhartha Gautama (le futur Bouddha, "l'Éveillé" ; 563-483 av. J.-C.) naquit à Lumbini dans l'actuel Teraï népalais. À l'âge de 29 ans, il partit en quête d'un moyen de débarrasser le monde de la souffrance. À 35 ans, il atteignit le nirvana (état de pleine conscience) à Bodhgaya. Critiquant le système des castes et la vénération irréfléchie des dieux, le Bouddha incita ses disciples à rechercher la vérité à travers leurs propres expériences.

ÔM

Le terme "ôm", l'un des symboles les plus vénérés de l'hindouisme, possède une signification dans plusieurs religions. Ôm est un *mantra* (mot ou syllabe sacré) hautement propice. Son aspect en forme de "trois" symbolise la création, la préservation et la destruction de l'univers, et par conséquent le Trimurti. Le *chandra* (croissant ou demi-lune) inversé représente l'esprit discursif et le *bindu* (point) à l'intérieur, Brahman.

Les bouddhistes croient que la répétition du Ôm avec une concentration absolue conduit à un état de bienheureuse vacuité.

ANATOMIE D'UN GOMPA

Certaines régions de l'Inde, comme le Sikkim et le Ladakh, sont réputées pour leurs *gompa* (monastères bouddhiques de style tibétain) ornés et colorés. Le centre d'un *gompa* est le *dukhang* (salle de prière), où les moines se rassemblent pour psalmodier des textes sacrés (les prières du matin sont un moment idéal pour visiter les *gompa*). Les murs sont couverts de peintures aux couleurs vives ou de tanka représentant des bodhisattvas (humains sur la voie de l'Éveil) et des *dharmapala* (divinités protectrices). À l'entrée du *dukhang* figure habituellement une peinture de la Roue de la Vie, la représentation graphique des principaux éléments de la philosophie bouddhiste.

Lors des fêtes majeures, les *gompa* organisent des danses *chaam* (danses masquées rituelles célébrant la victoire du bien sur le mal). Les danses destinées à chasser les démons utilisent des masques de Mahakala, le Grand Protecteur, souvent ornés d'une coiffe en crânes humains. La danse de Durdag s'effectue avec des masques en forme de crânes, représentant les seigneurs des Sites de crémation ; les danseurs *shawa* portent un masque de cerf aux yeux fous. Ces personnages sont souvent représentés avec un troisième œil au centre du front, symbolisant le besoin d'une réflexion intérieure.

Les monastères bouddhiques se distinguent également par la fabrication de sculptures en beurre. Confectionnées avec du beurre et de la pâte colorée, ces sculptures élaborées, délibérément éphémères, symbolisent l'impermanence de l'existence humaine. De nombreux *gompa* produisent également, avec du sable coloré, de ravissants mandalas aux motifs géométriques, ensuite détruits pour démontrer la futilité du monde physique.

Selon l'enseignement du Bouddha, l'existence repose sur Quatre Nobles Vérités : la vie s'enracine dans la souffrance ; la souffrance est provoquée par la convoitise ; on peut se libérer de la souffrance en éliminant les désirs ; pour cela, il faut suivre "l'Octuple Sentier", formé par la compréhension juste, l'intention juste, la parole juste, l'action juste, le mode de vie juste, l'effort juste, l'attention juste et la concentration juste. Se conformer à ces huit règles conduit au nirvana.

Pratiquement disparu d'Inde au début du XXe siècle, le bouddhisme connut un renouveau dans les années 1950 parmi les intellectuels et les *dalit* (autrefois appelés intouchables). L'afflux des réfugiés tibétains a par la suite accru le nombre d'adeptes.

Jaïnisme

Le jaïnisme fut fondé au VIe siècle av. J.-C. par Mahavira, un contemporain du Bouddha, en réaction au système des castes et aux rites de l'hindouisme.

Les jaïns croient que la délivrance peut être atteinte si l'âme est totalement purifiée. La pureté signifie se défaire de tout *karman*, une matière engendrée par les actions et qui s'attache à l'âme. Diverses pratiques ascétiques (comme le jeûne et la méditation) peuvent débarrasser du *karman*. La conduite juste est essentielle et son fondement est l'*ahimsa* (non-violence), en pensée comme en action envers toute créature vivante.

La discipline est moins sévère pour les fidèles que pour les moines, dont certains vivent nus. D'autres, un peu moins ascétiques, conservent un minimum de biens, dont un balai pour écarter de leur chemin toute créature vivante qu'ils risqueraient d'écraser, et un morceau de tissu sur la bouche pour éviter d'inhaler des insectes.

Aujourd'hui, les jaïns représentent 0,4% de la population et vivent principalement au Gujarat et à Mumbai. Parmi leurs principaux sites sacrés figurent Sravanabelagola, Palitana, Ranakpur et les temples de Mount Abu.

L'Inde (Puf, coll. Culture Guides, 2012), de Michel Angot traite des traditions religieuses de l'Inde et de leurs représentations, et fournit les clés nécessaires à leur décryptage.

RELIGIONS TRIBALES

Les cultes tribaux (ou aborigènes) se sont si bien fondus dans l'hindouisme et les autres grandes religions qu'il est difficile d'en retrouver des traces. Certains fondements de l'hindouisme seraient issus des cultures ethniques.

Maints groupes ethniques d'Inde sont animistes, et tiennent certains objets, animaux ou lieux pour habités par des entités spirituelles. Ainsi, les Mizo du Nord-Est font-ils parfois, tandis qu'ils marchent, le tour de gros rochers, au motif que ces derniers seraient la demeure de forces invisibles. Selon les tribus Naga, la Terre serait née de l'eau suite à une série de tremblements de terre déclenchés par un dieu des séismes ; ce sont les fils de ce dieu qui s'occuperaient de notre monde depuis ce temps et punissent ceux qui font le mal. Également dans le Nord-Est, il existe des ethnies adeptes du culte de Donyi-Polo (Soleil-Lune), qui serait une émanation de la religion Bön prébouddhique du Tibet. Le Soleil et la Lune représentent les énergies féminine et masculine, selon un concept rappelant celui du yin et du yang. Les adeptes croient en l'unicité de toutes les créatures vivantes.

Christianisme

Diverses théories circulent sur les liens du Christ avec le sous-continent. Ainsi, d'aucuns croient-ils que Jésus aurait passé ses "années perdues" en Inde ; d'autres pensent que le christianisme fut introduit en Inde du Sud par l'apôtre saint Thomas, qui serait mort à Chennai (Madras) au Ier siècle. Toutefois, de nombreux chercheurs estiment que cette religion arriva dans le pays vers le IVe siècle, quand un marchand syrien, Thomas Kanna, s'installa au Kerala avec 400 familles. La communauté chrétienne de l'Inde constitue 2,3% de la population et vit essentiellement dans le Sud.

Le catholicisme s'implanta durablement dans le Sud après le passage de Vasco de Gama en 1498 ; des missionnaires dominicains, franciscains et jésuites, rarement bienvenus, s'activèrent dans la région. Des missionnaires protestants commencèrent à arriver vers le XVIIIe siècle, surtout dans les régions tribales.

Zoroastrisme

Fondé en Perse par Zoroastre (Zarathoustra) au VIe siècle av. J.-C., le zoroastrisme repose sur le concept de dualisme, selon lequel le bien et le mal sont engagés dans une lutte perpétuelle. La religion n'est pas véritablement monothéiste : le bien et le mal sont deux entités qui coexistent ; les fidèles ne doivent honorer que le bien. Le corps et l'esprit sont unis dans la lutte du bien contre le mal. Bien que l'homme soit mortel, il possède des éléments immortels, tels que l'âme. Le jour du jugement, l'âme errante ne doit pas rendre compte de ses méfaits, mais une existence agréable attend dans l'au-delà ceux qui l'auront méritée pendant leur vie terrestre.

Éclipsé en Perse par l'islam au VIIe siècle, le zoroastrisme résista, mais ses adeptes furent persécutés. Au cours des siècles suivants, certains émigrèrent en Inde et formèrent la communauté parsie. Les parsis s'installèrent d'abord au Gujarat où ils devinrent fermiers ; durant l'occupation britannique, ils se tournèrent vers le commerce et formèrent une communauté prospère à Mumbai.

Leur nombre a fortement diminué au cours des dernières décennies ; il ne resterait plus que quelque 61 000 parsis en Inde, pour la plupart à Mumbai.

Saveurs indiennes

La cuisine indienne est délicieusement variée. Des plats contemporains de cuisine fusion aux en-cas traditionnels, la découverte de cette diversité fait partie des plaisirs d'un voyage en Inde. L'offre végétarienne est particulièrement impressionnante mais les amateurs de viande seront également comblés, grâce à des plats divers allant du curry roboratif d'inspiration moghole à la succulente assiette de mets tandoori. Les recettes nationales sont enrichies de variations culinaires régionales mettant à l'honneur les épices ou les herbes locales.

Un festival culinaire

L'histoire culinaire de l'Inde est ancienne, et la cuisine actuelle reflète des millénaires d'influences régionales et étrangères.

Terre des épices

Christophe Colomb cherchait une nouvelle route vers la côte de Malabar et le poivre noir du Kerala quand il "découvrit" l'Amérique. Le Kerala produit toujours la meilleure qualité de cette épice universellement appréciée, utilisée dans la plupart des plats indiens.

Le curcuma entre dans la composition de la majorité des curries, tandis que les graines de coriandre parfument tous les plats. La fabrication d'un curry commence habituellement par la préparation des graines de cumin, qui sont frites dans de l'huile. Le tamarin, ou datte indienne, est prisé pour sa saveur acidulée. La cardamome verte des Ghats occidentaux du Kerala, considérée comme la meilleure au monde, est utilisée pour les curries, les desserts et le *chai* (thé). Le safran, les stigmates séchés des fleurs du crocus cultivé au Cachemire, est si léger qu'il faut plus de 1 500 fleurs, cueillies à la main, pour obtenir un gramme.

Saveurs des Indes (Marabout, 2001), de Monisha Bharadwaj, est un livre de cuisine incluant des dizaines de recettes traditionnelles et des conseils pratiques, par exemple sur la conservation des épices.

Paradis du riz

Le riz constitue la denrée de base. Le riz blanc à longs grains, le plus populaire, est servi chaud avec tous les plats en sauce. Si chaque région affirme produire la meilleure variété, cet honneur revient habituellement au basmati, un riz à longs grains parfumé et exporté dans le monde entier. Le riz est habituellement servi après les *roti* (pains) et souvent accompagné de yaourt.

Symbole de pureté et de fertilité, le riz est employé lors des mariages hindous, et souvent donné en puja (prière, offrande) dans les temples.

Farandole de pains

Le blé concurrence le riz dans le Nord. *Roti*, le terme générique pour les pains plats, est synonyme de *chapati*, les délicieuses galettes de farine complète, cuites sur un *tawa* (plaque chaude concave). Du *ghee* (beurre clarifié) ou de l'huile sont parfois ajoutés pour les rendre plus moelleux. Dans certains endroits, les *roti* sont plus grands et plus épais que les *chapati* et éventuellement cuits dans un *tandoor*. Le *paratha*, un pain plat feuilleté frit dans une poêle et parfois farci, constitue un petit-déjeuner populaire et roboratif. Le *puri*, un pain frit soufflé, est apprécié avec les sauces. Le naan, un grand pain épais cuit dans un

LES DOSA

Les *dosa* (ou *dosai*) sont de grandes crêpes de farine de riz salées et croustillantes, habituellement servies avec un bol de *sambar* (soupe de lentilles) chaud, et un bol de *chatni* (chutney) de noix de coco rafraîchissant. Le plus populaire est le *masala dosa* (garni de pommes de terre épicées), mais il en existe de multiples variétés. Spécialité du Sud, où il constitue un petit-déjeuner classique, le *dosa* peut se manger à toute heure de la journée. On en trouve dans tout le pays, jusque dans l'Himalaya.

tandoor, accompagne habituellement les ragoûts ou les brochettes. Au Punjab, goûtez le *kulcha*, un naan parfumé avec des herbes et des épices.

Techniquement parlant, le "curry" indien n'existe pas. Le mot, un dérivé du terme tamoul *kari* (sauce), était employé par les Britanniques pour désigner tout plat épicé. *Le Curry. Une histoire gastronomique de l'Inde* (Payot, coll. Petite Bibliothèque Voyageurs, 2009), de Lizzie Collingham, évoque à travers cette préparation savoureuse le passé du sous-continent. Il est complété d'une vingtaine de recettes.

Dhal-icieux !

L'Inde entière raffole du dhal (curry de lentilles ou de légumes secs), qui se prépare avec quelque 60 légumes secs différents. Les plus fréquemment utilisés sont les *channa* (pois chiches), les *moong* jaunes ou verts (petits haricots mungos), les *masoor* (lentilles rouges), les *tuvar* ou *arhar* (lentilles jaunes), les *rajma* (haricots rouges), les *urad* (lentilles noires) et les *lobhia* (haricots cornilles).

Viandes

Si l'Inde compte sans doute plus de végétariens que le reste du monde, les plats carnés figurent en bonne place dans sa tradition culinaire. Le poulet, l'agneau, le mouton et, dans une moindre mesure, la chèvre sont les viandes les plus consommées. La religion interdit le bœuf aux hindous et le porc aux musulmans.

En Inde du Nord, la cuisine *mughlai* (moghole) met la viande à l'honneur dans de riches curries, grillades, *kofta* (boulettes de viande) et *biryani* (riz et viande ou légumes cuits ensemble à l'étouffée). Les plats de viande tandoori constituent une autre spécialité réputée du Nord. Leur nom provient du four d'argile, ou *tandoor*, dans lequel sont cuites les viandes marinées.

Poisson et fruits de mer

À l'exception du Bengale-Occidental, riche en lacs et rivières, et du Gujarat, l'Inde du Nord n'est pas le lieu rêvé où se régaler de poisson et de fruits de mer. En cas de doute sur la fraîcheur, mieux vaut s'abstenir.

Fruits et légumes

Les légumes accompagnent pratiquement tous les repas et le mot *sabzi* (légumes) se comprend dans toutes les langues indiennes. Préparés *sukhi* (sans sauce) ou *tari* (en sauce), les légumes peuvent être, dans les deux cas, frits, sautés, farcis, cuits au four, mitonnés en curry, réduits en purée et mélangés à d'autres ingrédients pour faire des *kofta*, ou trempés dans de la farine de pois chiches pour réaliser des *pakora* (beignets).

Les pommes de terre, omniprésentes, sont cuites avec divers *masala* (mélanges d'épices) et d'autres légumes, ou écrasées et frites pour les *aloo tikki* (boulettes de purée). Les oignons sont frits avec d'autres légumes, réduits en pâte pour assaisonner les viandes ou servis crus en condiment ; les jaïns ne mangent pas d'oignon. Le chou-fleur peut être cuit séparément, avec des pommes de terre pour confectionner l'*aloo gobi* (curry), ou avec d'autres légumes (carottes, haricots, etc.). Les petits pois sont sautés avec d'autres légumes pour les *pilau* (pilafs), les *biryani* et un plat emblématique du Nord, le *mattar paneer* (fromage frais et curry de petits pois). Les *baigan* (aubergines) se préparent en curry ou coupées en tranches et frites. Également prisés, les *saag* (mot générique pour les légumes verts à feuilles) comprennent la moutarde, les épinards et le fenugrec. Plus inhabituels, les *karela* (courges amères) se préparent souvent sans sauce avec des épices, comme les délicieux *bhindi* (okras).

Les fruits sont innombrables. La côte sud produit des fruits tropicaux, dont des ananas et des papayes. Les mangues abondent durant l'été (surtout en avril et mai). Il en existe plus de 500 variétés ; la meilleure est la sucrée Alphonso. Les agrumes – oranges (souvent d'un jaune-vert), mandarines, pamplemousses roses et jaunes, kumquats et citrons – sont cultivés dans tout le pays. L'Himachal Pradesh fournit des pommes en automne, tandis que les fraises sont délicieuses au Cachemire en été. Les fruits entrent dans la composition des *chatni* (chutneys) et pickles ; ils parfument les *lassi*, les *kulfi* (glace à la texture ferme) et d'autres douceurs.

La Colère des aubergines. Récits gastronomiques (Picquier, coll. Poche, 2014), de Bulbul Sharma, est une amusante analyse des rapports sociaux, ponctuée de savoureuses recettes.

Végétariens et végétaliens

L'Inde reste inégalée pour la cuisine végétarienne. En revanche, le végétalisme est mal compris (*pure vegetarian* signifie sans œufs), car des produits comme le lait, le beurre, le *ghee* et le yaourt entrent dans la composition de la plupart des plats. Si vous êtes végétalien, votre premier problème sera de faire comprendre vos exigences au cuisinier. Les grands hôtels et les villes importantes répondent mieux aux besoins des végétaliens.

Consultez également les sites **Indian Vegan** (www.indianvegan.com) et **Vegan World Network** (www.veganswordlnetwork.org), tous deux en anglais.

Pickles, chutneys et autres condiments

Les condiments, des petits oignons au vinaigre aux délicats mélanges de fruits, noix et épices, relèvent tous les repas indiens. L'un des accompagnements les plus populaires, le *raita* (à base de yaourt), apaise les papilles enflammées par les épices. Les innombrables *chatni* (chutneys), sucrés ou salés, se préparent avec divers légumes, fruits, herbes et épices.

Desserts

L'Inde offre un riche éventail de *mithai* (douceurs), souvent collantes et spongieuses, et presque toujours très sucrées. Parmi les principales catégories figurent les *barfi* (sorte de caramels au lait), l'*halwa* (confectionné avec des légumes, des céréales, des lentilles, des fruits secs ou frais), les *ladoo* (boulettes sucrées de farine de pois chiches et

LE PAAN

Les repas se terminent souvent par un *paan*, un mélange odorant de noix de bétel (ou noix d'arec), de pâte de chaux, d'épices et de condiments enveloppé dans une feuille de *paan* comestible. Préparé par les *paan-wallahs*, généralement installés à la sortie des restaurants fréquentés, le *paan* est prisé pour ses vertus digestives et rafraîchissantes. La noix de bétel est légèrement narcotique, et certains consomment des *paan* à longueur de journée ; au fil des ans, leurs dents deviennent rouges et noires. Le jus rouge et visqueux est habituellement craché, un spectacle peu ragoûtant.

Il existe deux sortes de *paan* de base : *mitha* (sucré) et *saadha* (avec du tabac). Un *mitha paan* est très agréable à la fin d'un repas. Placez-le en entier dans votre bouche, mâchez lentement et laissez les sucs enchanter vos papilles.

de semoule) et les pâtisseries à base de *chhana* (*paneer* non pressé) comme les *rasgulla*. Les croustillants *jalebi* (douceurs frites en spirale nappées de sirop, servies chaudes), plus simples mais tout aussi délicieux, sont proposés partout.

Le *kheer* (ou *payasam* dans le Sud) est l'un des desserts favoris en fin de repas. Ce gâteau de riz crémeux, au léger parfum de cardamome et de safran, est enrichi de pistaches, d'amandes, de noix de cajou ou de fruits séchés. Autres desserts très prisés : les *gulab jamun* (boulettes de pâte frites et nappées de sirop à la rose), servis chauds, ou un rafraîchissant *kulfi* (glace).

Chaque année, quelque 14 tonnes d'argent pur sont converties en feuilles comestibles pour décorer les friandises, en particulier pour la fête de Diwali.

L'Inde gourmande. Encyclopédie de la cuisine indienne (Picquier, 1999), de Jean Papin, réunit 162 recettes. Un recueil riche et épicé !

Où se restaurer

On mange bien partout en Inde, que ce soit dans la rue, dans un *dhaba* (gargote) de bric et de broc, ou dans un bel hôtel cinq étoiles. La plupart des restaurants de catégorie moyenne servent des plats d'Inde du Sud (généralement végétariens, du Tamil Nadu et du Karnataka) et d'Inde du Nord (essentiellement punjabis et *mughlai*), ainsi que quelques plats chinois à la mode indienne. Les cuisines des régions et États voisins sont souvent représentées, car les Indiens migrent fréquemment pour trouver du travail et ces restaurants leur offrent des saveurs familières.

De nombreux hôtels haut de gamme possèdent d'excellents restaurants qui proposent un éventail complet de la cuisine indienne. Les enseignes indépendantes, qui se multiplient dans les grandes villes, proposent toutes sortes de cuisines : mexicaine, méditerranéenne, japonaise, italienne…

Les *dhaba* accueillent des foules de chauffeurs routiers, de passagers de bus et de voyageurs. Elles servent une nourriture bonne et simple, qui a donné naissance au terme générique de "cuisine *dhaba*".

Le *ghee* est préparé en faisant fondre du beurre et en retirant l'eau et les solides lactés ; il ne reste alors plus que la graisse claire du beurre. Le *ghee* supporte mieux la cuisson à haute température que le beurre et se garde plus longtemps.

Cuisine de rue

Certains étals ne proposent qu'une seule spécialité, d'autres des plats différents matin, midi et soir. Les offres varient selon le quartier, la ville et la région : du simple cornet de riz soufflé ou de cacahuètes grillées dans le sable chaud, aux diverses saveurs des *chaat* (en-cas salés). Parmi ces innombrables délices figurent le *chole bhature* (pain soufflé avec pois chiches épicés, à tremper dans une sauce parfumée) dans le Nord, l'*aloo tikki* (croquettes de pommes de terre frites épicées), particulièrement bon à Lucknow, et le *gol gappa/panipuri/gup chup* (boules de pain soufflé à la farce épicée).

En-cas ferroviaires

L'un des agréments du voyage en train est la présence d'une foule de vendeurs qui attendent dans presque toutes les gares : ils passent le long du quai en faisant l'article ou grimpent dans les wagons pour

PRODUITS LAITIERS

Le lait et les produits laitiers sont énormément utilisés dans la cuisine indienne : idéal pour combattre la chaleur, le *dahi* (lait caillé/yaourt fermenté) accompagne souvent le repas ; le *paneer* (fromage non fermenté) est une bénédiction pour les végétariens ; le *lassi* n'est que l'une des nombreuses boissons nourrissantes, sucrées ou salées ; le *ghee* (beurre clarifié) est l'ingrédient de cuisson utilisé traditionnellement ; et certains des plus exquis *mithai* (douceurs indiennes) sont à base de lait.

LA CUISINE DE RUE

La cuisine de rue constitue l'un des grands plaisirs d'un voyage en Inde. Voici quelques conseils pour éviter tout problème digestif :

- Accordez-vous quelques jours pour vous adapter à la cuisine locale, surtout si vous n'êtes pas habitué aux plats épicés.
- Si les habitants boudent une échoppe, imitez-les. Sachez aussi qu'un endroit fréquenté par les familles est un gage de qualité.
- Regardez comment et où le vendeur nettoie ses ustensiles et conserve les ingrédients. S'il prépare des fritures, vérifiez la propreté de l'huile. Si les marmites sont sales ou que des mouches se pressent autour des plats, n'hésitez pas à partir.
- Si vous commandez un en-cas frit, ne soyez pas surpris si le cuisinier le plonge à nouveau dans l'huile bouillante. Il est d'usage de cuire ces fritures en partie, puis d'achever la cuisson à la commande. Les frire à nouveau détruit les germes.
- Sauf si l'endroit est renommé (et fréquenté), évitez les préparations à la viande des stands de rue.
- L'hygiène des stands de jus de fruits varie grandement ; soyez vigilant. Demandez au vendeur de presser les fruits devant vous et refusez tout jus de fruits conservé dans une carafe ou servi dans un verre (à moins d'être vraiment certain de la propreté).
- Ne vous laissez pas tenter par les tranches de melon ou d'autres fruits, qui conservent leur belle couleur grâce à un arrosage régulier d'eau, souvent douteuse.

proposer fruits frais et secs, *namkin* (amuse-gueules salés), omelettes, samosas épicés et douceurs. Les voyageurs réguliers connaissent les spécialités de chaque gare : Agra est réputée pour ses *peitha* (pâtisseries carrées à base de potiron et de sucre, généralement parfumées à l'eau de rose, à la noix de coco ou au safran) et Dhaund, près de Delhi, pour ses *biryani*.

Repas quotidiens

Les Indiens prennent habituellement trois repas par jour. Le petit-déjeuner, léger, se compose souvent de *paratha* dans le Nord. Le déjeuner peut être copieux (avec un *thali*), ou léger pour ceux qui disposent de peu de temps. Le dîner constitue généralement le repas principal et comprend diverses préparations : des curries de légumes (avec parfois de la viande) et du dhal, accompagnés de riz et/ou de *chapati*. Tous les plats sont apportés en même temps. Un fruit peut terminer le repas. Les desserts sont plutôt réservés aux fêtes et aux grandes occasions. Le dîner est servi après 21h dans de nombreux foyers, voire plus tard pendant les mois les plus chauds. Les restaurants se remplissent à partir de 21h dans les grandes villes, plus tôt dans les petites localités.

Nourritures de l'esprit

Pour de nombreux Indiens, la nourriture doit tout autant satisfaire l'esprit que le corps. En général, les hindous évitent les aliments susceptibles de nuire au développement physique et spirituel, mais il n'existe pas de règles strictes. L'interdiction de manger du bœuf est le seul véritable tabou. Les jaïns évitent des aliments comme l'ail et les oignons, qui sont réputés échauffer le sang et éveiller le désir sexuel. Pour cette raison, des restaurants végétariens indiquent l'absence d'oignon et d'ail dans leurs plats. Des dévots hindous évitent aussi l'ail et les oignons, bannis dans de nombreux ashrams.

Pour vous initier à la cuisine ayurvédique, procurez-vous *Recettes végétariennes de l'Inde selon l'ayurvéda* (La Plage, 2004), de Kiran Vyas.

REPAS À L'INDIENNE

La plupart des Indiens mangent avec la main droite ; dans le Nord, ils utilisent uniquement le bout des doigts. La main gauche est réservée aux actes peu hygiéniques, comme enlever ses chaussures. Vous pouvez l'utiliser pour tenir un verre ou vous servir dans le plat, mais jamais pour porter la nourriture à votre bouche. Avant et après un repas, il convient de se laver les mains.

Une fois votre repas servi, mélangez les aliments avec les doigts. Si vous prenez un dhal et des *sabzi* (légumes), incorporez uniquement le dhal à votre riz et accompagnez chaque bouchée d'une pincée de *sabzi*. Si vous mangez un curry de poisson ou de mouton, mélangez la sauce au riz et séparez la viande des os sur le côté de votre assiette. Saisissez de petites bouchées du mélange et, les phalanges tournées vers le plat, utilisez le pouce pour pousser les aliments dans votre bouche.

Certains produits, comme les laitages, sont considérés purs par essence et consommés pour nettoyer le corps et l'esprit. L'ayurvéda, la médecine traditionnelle, ancienne science de la vie, de la santé et de la longévité, influence aussi les coutumes alimentaires.

Thali, qui signifie assiette en hindi, désigne un repas complet : un assortiment de plats dans des petits bols en métal disposés sur un plateau, et accompagné de pain, de riz, de chutneys et d'un dessert. *Unlimited thali* désigne un thali à volonté.

Le porc et l'alcool sont interdits par l'islam. Le terme "halal" désigne les aliments permis, et "*haram*" ceux qui sont prohibés. Le jeûne permet d'obtenir l'approbation d'Allah, d'effacer ses péchés et de comprendre la souffrance du pauvre.

Les bouddhistes adhèrent à la philosophie de l'*ahimsa* (non-violence) et sont pour la plupart végétariens. Le jaïnisme impose des règles très strictes, destinées à éviter de blesser toute créature vivante. Les légumes-racines sont considérés comme *ananthkay* (corps contenant de nombreuses vies) ; la majorité des jaïns évitent de les manger car ils abritent potentiellement des insectes pouvant être blessés pendant leur culture et leur récolte.

Les sikhs, les chrétiens et les parsis ont peu d'interdits alimentaires.

Boissons

L'alcool est prohibé dans le Gujarat et le Nagaland et, depuis avril 2017, toute vente d'alcool est interdite à moins de 500 m d'une autoroute. Chaque État peut par ailleurs imposer des jours "secs", pendant lesquels il est interdit aux magasins de spiritueux de vendre de l'alcool. Le 2 octobre, jour de l'anniversaire de Gandhi, il est difficile d'obtenir la moindre boisson alcoolisée dans tout le pays.

La plupart des grandes villes, comme Kolkata (Calcutta) et Delhi, possèdent d'excellents bars, habituellement plus animés le week-end. Les plus chics offrent un choix impressionnant de boissons locales et étrangères et de la bière à la pression. Nombre de bars se transforment en boîtes de nuit bruyantes après 20h, mais de paisibles bars lounges sont installés dans la plupart des grandes villes. Dans les petites localités, les bars sont souvent des bouges, essentiellement fréquentés par des hommes, et déconseillés aux voyageuses seules.

Le *prasaad*, la nourriture offerte aux dieux dans les temples, est ensuite partagé entre les fidèles.

La consommation de vin augmente régulièrement, bien que la production locale soit relativement récente. Le Maharashtra et le Karnataka comptent de bons domaines viticoles, comme Grover et Sula.

La réglementation draconienne qui régit les licences et les restrictions religieuses incite certains restaurants à ne pas proposer d'alcool. Ceux fréquentés par les touristes servent parfois de la bière dans une théière ou un verre opaque ; attendez qu'on vous le propose et n'en faites pas la demande, au risque de commettre un impair.

Très peu de restaurants végétariens servent de l'alcool.

Boissons sans alcool

Le *chai* (thé), boisson favorite de la population, est généreusement additionné de lait et de sucre. Un verre de *chai* brûlant fait oublier les vicissitudes du voyage ; la psalmodie "*garam chai, garam chai*" (thé chaud, thé chaud) deviendra le son le plus familier et bienvenu de votre périple. Le *chai masala* comprend en outre de la cardamome, du gingembre et d'autres épices.

Le café, apprécié de longue date dans le Sud, connaît une popularité croissante dans le Nord, et les chaînes de café huppées sont de mieux en mieux implantées.

Le *masala soda*, la boisson indienne par excellence, est un soda agrémenté de citron vert, d'épices, de sel et de sucre. Vous pouvez aussi vous contenter d'un simple soda au citron vert, servi sucré ou salé à votre convenance. Tout aussi rafraîchissant, le *jal jira* se compose de jus de citron vert, de cumin, de menthe et de sel gemme. Sucré ou salé, le *lassi*, à base de yaourt, est prisé dans tout le pays.

Le *falooda*, parfumé à la rose, comprend du lait, de la crème, des fruits secs et des vermicelles. Le lait *badam*, avec safran et amandes, se boit chaud ou froid.

Chitrita Banerji a passé trois années sur les routes de douze régions de son pays et en a rapporté un récit savoureux, *Le Festin indien* (Hoëbeke, coll. Étonnants Voyageurs, 2011).

Boissons alcoolisées locales

Selon les estimations, les trois quarts des Indiens qui boivent de l'alcool consomment des "alcools locaux", tel le fameux arak du Sud (distillé à partir de lait de coco, de pommes de terre ou de riz). Alcool des pauvres, il peut être frelaté et mélangé à de l'alcool méthylique, au risque de rendre aveugle ou même de tuer les consommateurs.

Le *mahua*, un alcool blanc au goût puissant, s'obtient en distillant les fleurs de l'arbre du même nom. En mars-avril, époque de la floraison, des distilleries de fortune s'installent dans le moindre village du centre de l'Inde. Le *mahua* des distilleries fiables peut se boire sans crainte ; comme l'arak, il peut être nocif s'il est frelaté.

La bière de riz est produite dans l'Est et le Nord-Est. Dans l'Himalaya, un fort alcool de grain appelé *raksi* a un léger goût de charbon qui rappelle vaguement le whisky.

Pour boire à la manière des maharajas, goûtez les liqueurs royales du Rajasthan, jadis réservées à la noblesse et aujourd'hui en vente dans quelques magasins de spiritueux, notamment à Delhi et Jaipur. Anis, cardamome, safran, roses, dattes et menthe font partie des ingrédients utilisés.

Comprendre le menu

achar	achards
aloo	pomme de terre ; également *alu*
aloo tikki	croquettes de pomme de terre
appam	crêpe de riz d'Inde du Sud
arak	alcool de lait de coco, de pommes de terre ou de riz
baigan	aubergine ; également *brinjal*
barfi	sorte de caramel mou à base de lait
bebinca	gâteau à 16 couches, spécialité de Goa
besan	farine de pois chiches
betel	noix d'arec
bhajia	beignets de légumes
bhang lassi	mélange de *lassi* et de *bhang* (un dérivé de la marijuana)
bhelpuri	mélange de riz soufflé et de lentilles additionné de jus de citron, d'oignons, d'herbes et de chutney
bhindi	Okra (gombo)
biryani	riz épicé et viande ou légumes cuits ensemble à l'étouffée
bonda	galette de pommes de terre écrasées
chaat	en-cas salé, parfois assaisonné avec du *chaat masala*
chach	boisson au lait fermenté
chai	thé
channa	pois chiches épicés
chapati	pain rond et sans levain, aussi appelé *roti*
chawal	riz
cheiku	petit fruit marron et sucré
dahi	lait caillé/yaourt
dhal	plat de lentilles épicé
dhal makhani	lentilles noires et haricots rouges avec de la crème et du beurre
dhansak	plat de viande parsi, généralement de poulet ou d'agneau, avec un curry de lentilles, de citrouille ou de courge, et du riz
dosa	grande crêpe salée d'Inde du Sud
falooda	dessert crémeux parfumé à la rose, avec du lait, des graines et des vermicelles
faluda	longues nouilles de farine de pois chiches
feni	alcool de noix de coco ou de noix de cajou, spécialité de Goa
ghee	beurre clarifié
gobi	chou-fleur
gulab jamun	boulettes de pâte frites et nappées de sirop à la rose
halwa	douceur à base de légumes, de lentilles, de noix ou de fruits
idli	gâteau de riz fermenté, rond et moelleux, d'Inde du Sud
imli	tamarin
jaggery	sucre non raffiné préparé à partir de la sève de palmier, marron et dur
jalebi	douceurs frites en spirale nappées de sirop
karela	melon amer
keema	viande hachée et épicée
kheer	riz au lait

khichdi	mélange de riz et de lentilles légèrement épicé ; également *khichri*
kofta	boulette de légumes ou de viande hachée
korma	met braisé semblable à un curry
kulcha	pain indien légèrement levé
kulfi	glace de texture ferme, souvent parfumée à la pistache
ladoo	boulettes sucrées de farine de pois chiches et de semoule ; également *ladu*
lassi	boisson à base de yaourt et d'eau glacée
malai kofta	boulettes de *paneer* (fromage non fermenté) cuites dans une sauce crémeuse aux noix de cajou et aux tomates
masala dosa	grande crêpe salée garnie de pommes de terre épicées
mattar paneer	curry de fromage non fermenté (*paneer*) et de petits pois
methi	fenugrec
mishti doi	dessert bengali ; yaourt fermenté sucré avec du *jaggery*
mithai	douceurs indiennes
momo	raviolis tibétains salés
naan	pain plat cuit dans un *tandoor*
namak	sel
namkin	amuse-gueules salés
noon chai	thé salé (Cachemire)
pakora	petits beignets de légumes
palak paneer	morceaux de fromage frais dans une purée d'épinards
paneer	fromage tendre, non fermenté, à base de lait caillé
pani	eau
pappadam	galette ronde, fine et croustillante, à base de farine de lentilles ou de pois chiches ; également *pappad*
paratha/parantha	pain plat feuilleté (plus épais que le *chapati*), souvent farci
phulka	*chapati* qui gonfle sur une flamme nue
pilau	riz cuit dans un bouillon épicé ; également *pulau*, *pilao* ou pilaf
pudina	menthe
puri	pain frit soufflé ; également *poori*
raita	yaourt légèrement épicé, souvent garni de concombre râpé ou de dés d'ananas
rasam	bouillon à base de dhal, aromatisé avec du tamarin
rasgulla	boulettes de fromage frais sucré bouillies dans du sirop à l'eau de rose
rogan josh	riche curry d'agneau épicé
saag	légumes verts à feuilles
sabzi	légumes
sambar	épaisse soupe de lentilles avec des dés de légumes, d'Inde du Sud
samosa	beignet triangulaire farci de légumes épicés (parfois de viande)
sonf	anis ; utilisé pour digérer et rafraîchir l'haleine ; également *saunf*
tandoor	four en argile
tawa	plaque chauffante/plaque en fer
thali	repas complet composé de plusieurs mets ; assiette en acier inoxydable (parfois en argent) à compartiments
thukpa	soupe de nouilles tibétaine

tiffin	en-cas ; également la boîte servant à transporter son déjeuner, souvent en acier inoxydable
tikka	morceaux de poulet, de *paneer*, etc., épicés et souvent marinés
toddy	boisson alcoolisée, tirée du palmier
tsampa	farine d'orge grillée ; mets tibétain
upma	*rava* (semoule) cuit avec des oignons, des épices, des piments et de la noix de coco
uttapam	épaisse crêpe de farine de riz salée, avec oignons finement émincés, piments verts, coriandre et noix de coco, d'Inde du Sud
vada	beignet salé de lentilles en anneau, d'Inde du Sud
vindaloo	curry très relevé dans une marinade de vinaigre et d'ail ; spécialité de Goa
wazwan	banquet cachemiri traditionnel

Artisanats de l'Inde

Les exubérants bazars indiens débordent d'un choix infini de merveilles : textiles aux motifs superbes, sculptures sur bois finement ouvragées, épais bracelets d'argent, bijoux délicats sertis de pierres précieuses, et un choix fabuleux de créations artisanales locales. L'éventail des pièces d'art et d'artisanat est très large ; chaque région, voire chaque village, s'enorgueillit de ses propres traditions, parfois ancestrales. Les occasions d'achat au fil de votre voyage seront tout aussi nombreuses et variées que le pays lui-même, et tout aussi enthousiasmantes.

Bronzes, poteries, sculptures en pierre et terre cuite

Dans certaines régions de l'Himalaya, les petites statues des divinités sont réalisées selon l'antique procédé de la cire perdue. L'artiste crée une figurine en cire qu'il entoure d'un moule ; l'ensemble est ensuite chauffé pour faire fondre la cire, remplacée par du métal fondu, puis le moule est cassé pour dégager la statuette. Outre les représentations prisées de Shiva en Nataraja dansant, vous trouverez des bouddhas et de nombreuses divinités du panthéon hindou.

Au Bengale-Occidental, les Dokra emploient également ce procédé pour couler des cloches. Dans la région du Bastar au Chhattisgarh, les Ghadwa ont personnalisé la technique : ils déposent un délicat filet de cire à l'intérieur du moule, qui ajoute à l'objet fini un motif semblable à un treillis.

Dans les régions bouddhistes, vous trouverez de superbes statues en bronze du Bouddha et de divinités tantriques, au visage peint. Plusieurs endroits produisent de beaux objets en terre cuite, des vases et des pots décorés aux effigies de divinités, et des jouets. Devant les temples, vous pourrez acheter des petites statuettes de divinités hindoues en argile.

Le Rajasthan est l'un des principaux centres artisanaux de l'Inde. Sa capitale, Jaipur, est renommée pour sa technique d'impression manuelle au tampon de bois et ses poteries bleues décorées de jolis motifs floraux et géométriques.

Tapis

La réalisation de tapis est un artisanat très vivant en Inde, et les ateliers produisent des pièces en laine et en soie de la meilleure qualité. Les plus beaux proviennent du Cachemire, du Ladakh, de l'Himachal Pradesh, du Sikkim et du Bengale-Occidental. La fabrication de tapis constitue aussi une importante source de revenus pour les réfugiés tibétains ; la plupart de leurs communautés possèdent des coopératives de tapis. Dans l'Uttar Pradesh, vous trouverez des copies de tapis traditionnels afghans et turkmènes. Sauf chez les marchands de réputation internationale, les tapis "anciens" le sont rarement ; préférez les "nouveaux" tapis.

Au Cachemire et au Rajasthan, des artisans fabriquent des *numda* (ou *namda*) en laine grossièrement tissés, bien moins chers que les tapis noués. Diverses régions, dont le Cachemire, l'Himachal Pradesh, le Rajasthan et l'Uttar Pradesh, produisent des *dhurri* (sortes de kilims en coton). Enfin, les Cachemiris confectionnent de superbes *gabba*, des tapis en jute ou en coton avec des motifs appliqués au point de chaînette en laine ou en soie.

Sur le sous-continent, des enfants sont employés au tissage des tapis depuis des siècles. Le travail des enfants perpétue le cycle de la pauvreté, en tirant vers le bas les salaires des adultes, en réduisant leurs possibilités d'emploi et en privant les enfants d'éducation. Les tapis produits par les coopératives de réfugiés tibétains sont presque toujours fabriqués par des adultes ; les emporiums d'État et les coopératives caritatives sont habituellement les magasins les plus fiables.

Soyez prudent si vous achetez des articles qui doivent être livrés chez vous à l'étranger, et ne vous laissez pas entraîner dans les boutiques par les rabatteurs. Pour le reste, votre plus grand problème sera de trouver de la place dans vos bagages !

Coûts et expédition

Les prix des tapis varient en fonction du nombre et de la taille des nœuds, des teintures et des couleurs, de la complexité du motif et du matériau. Les tapis en soie sont plus chers et ont un aspect plus luxueux que ceux en laine, plus résistants. Comptez à partir de 250 $US pour un tapis en laine de bonne qualité de 90 x 150 cm (ou 180, selon la région), et 2 000 $US pour un tapis en soie de même dimension. Les tapis tibétains aux motifs relativement simples sont moins chers (environ 100 $US le tapis de 90 x 150 cm).

Des voyageurs achètent des tapis dans l'espoir de pouvoir les revendre avec profit à leur retour. À moins de vraiment connaître le marché, mieux vaut acheter un tapis parce qu'il vous plaît, tout simplement. De nombreuses boutiques peuvent expédier votre achat moyennant un supplément ; toutefois, il est plus sûr de le faire vous-même afin d'éviter les mauvaises surprises, ou de l'emporter dans vos bagages. Comptez de 5 à 10 kg pour un tapis de 90 x 150 cm (vérifiez que votre compagnie aérienne autorise les bagages de gabarit inhabituel). À titre indicatif, expédier un tapis de cette taille en Europe coûterait environ 4 000 ₹.

Bijoux

Toute localité indienne possède au moins une échoppe de bracelets (en plastique ou en verre colorés, en cuivre ou en argent), avec un choix extraordinaire. On trouve de lourds bijoux traditionnels en argent dans différentes régions, notamment au Rajasthan. À Jaipur, à Udaipur et à Pushkar, les artisans adaptent souvent leurs créations au goût des étrangers. Jaipur est aussi renommée pour ses pierres précieuses et semi-précieuses – et pour les escroqueries assorties. Les bijoux tibétains en argent (ou en métal blanc) et pierres semi-précieuses sont vendus dans tout le pays. Ils comportent souvent des motifs bouddhiques et des inscriptions en tibétain, tel le fameux mantra *Om mani padme hum*

L'ART DU MARCHANDAGE

Les emporiums d'État, les coopératives, les grands magasins et les centres commerciaux modernes pratiquent presque toujours des prix fixes. Partout ailleurs, vous devrez peut-être marchander, car les commerçants des villes touristiques, habitués aux voyageurs argentés et pressés, doublent ou triplent facilement leurs prix.

La première "règle" consiste à ne pas manifester trop d'intérêt pour l'article que vous convoitez. Ensuite, n'achetez pas le premier objet qui vous séduit. Faites un tour et regardez les prix sans trop insister : si vous revenez dans la première boutique, le vendeur comprendra que ses prix sont moins chers et la négociation sera plus difficile.

Déterminez le prix que vous êtes prêt à payer et manifestez votre intérêt. Si vous ignorez le coût réel d'un article, commencez par diviser par deux le prix annoncé. Le vendeur prendra un air offusqué, mais le marchandage pourra débuter jusqu'à ce qu'un accord contente les deux parties. Vous obtiendrez souvent un rabais sur le "dernier prix" si vous sortez en disant que vous devez réfléchir.

Largement pratiqué en Inde, le marchandage doit rester cordial. Faites preuve de bon sens et de mesure, et souvenez-vous de la valeur de la roupie dans votre propre monnaie. Si un vendeur annonce un prix ridiculement exagéré, allez ailleurs, tout simplement.

"Salut au joyau du lotus"). Si certaines pièces proposées dans des centres ibétains comme McLeod Ganj et Leh sont de véritables antiquités, il 'agit le plus souvent de reproductions fabriquées en Inde, au Népal ou n Chine et vieillies artificiellement. Des perles d'agate, de turquoise, de ornaline et d'argent vous permettront de créer vos propres bijoux. Les hapelets de méditation bouddhiques, en pierres semi-précieuses ou en ois, font également de jolis souvenirs.

Spécialité d'Hyderabad (Inde du Sud), les perles sont produites par la lupart des États côtiers et vendues dans presque tous les emporiums l'État. Les prix varient selon la couleur et la forme ; vous paierez lavantage pour une perle d'un blanc immaculé ou d'une teinte rare, comme le noir. De même, les perles parfaitement rondes sont plus hères que celles de forme irrégulière ou légèrement oblongues. Un rang le perles de culture peut coûter seulement 500 ₹ ; comptez au moins 200 ₹ pour une qualité supérieure.

Dans tout le pays, vous pourrez craquer pour des bijoux en or ou en argent finement ciselés – bagues (y compris pour les doigts de pied), anneaux de cheville, boucles d'oreilles, colliers et bracelets –, et faire réaliser des pièces sur commande.

Cuir

Les vaches étant sacrées en Inde, les articles en cuir sont réalisés en peau le buffle, de chameau, de chèvre ou d'autres animaux. Kanpur, dans 'Uttar Pradesh, est le principal centre du cuir dans le pays. Dans les grandes villes, vous trouverez un large choix de chaussures modernes à prix très raisonnables, dont certaines ornées de paillettes.

Le Punjab et le Rajasthan (et en particulier Jaipur) sont renommés pour les *jooti*, des chaussures traditionnelles à bout pointu. Sinon, les *chappal*, des sandales en cuir au bout souvent recourbé, sont vendues à peu près partout.

À Bikaner, au Rajasthan, des artisans fabriquent des cadres de miroir, des boîtes et des flacons en peau de chameau rehaussés d'or. Les jouets en forme d'animaux d'Indore, au Madhya Pradesh, sont fabriqués avec des structures en fil de fer et en tissu recouvertes de cuir.

Métal et marbre

Les objets en cuivre ou en laiton sont très répandus : bougeoirs, plateaux, bols, chopes, figurines et cendriers sont particulièrement prisés. Au Rajasthan et dans l'Uttar Pradesh, le cuivre est incrusté de délicats motifs en émail rouge, vert et bleu.

Quantité d'objets religieux tibétains en cuivre sont ornés d'incrustations en argent. Les moulins à prière, les cornes de cérémonie et les boîtes à documents traditionnelles sont peu coûteux. N'achetez pas de *kangling* (corne tibétaine) ni de *kapala* (bol de cérémonie) en os et crâne humains ; leur vente est interdite !

On trouve partout des *kadhai* (sorte de wok indien également appelé *balti*) et d'autres ustensiles de cuisine très bon marché ; les marmites en cuivre, les vaisseliers en métal, les poêles à fond en cuivre et les plateaux à *thali* en inox sont des souvenirs appréciés. N'oubliez pas de faire graver votre nom dessus ! (C'est gratuit.)

Le *bidri* est une méthode de damasquinage consistant à incruster des fils d'argent dans du bronze à canon (alliage à base de zinc), puis à les frotter avec de la terre. Cette technique est utilisée pour fabriquer des bijoux, des boîtes et des objets décoratifs.

Les peuples du Bastar (Chhattisgarh) ont découvert une technique pour fondre le minerai de fer, il y a 35 000 ans. Ils utilisent aujourd'hui une méthode similaire pour créer des figurines abstraites qu'ils transforment souvent en objets fonctionnels, comme des pieds de lampe et des portemanteaux.

Une industrie artisanale prospère à Agra en perpétuant l'ancien art moghol de la *pietra dura* (marbre incrusté de pierres semi-précieuses).

Instruments de musique

Les grandes villes, notamment Kolkata (Calcutta), Varanasi et Delhi, sont les meilleurs endroits pour acheter de bons instruments de musique ; les prix varient en fonction de la qualité.

Des tablas (paire de tambours) corrects, avec un tabla en bois (son aigu) et un *dagga* en métal ou *bayan* (son grave), reviennent à plus de 5 000 ₹. Moins chers, ils sont généralement plus lourds, avec des sons moins subtils.

Les sitars valent de 5 000 à 25 000 ₹, voire plus. Essayez-en plusieurs, car le son varie en fonction du bois utilisé et de la forme de la caisse. Sachez que certains sitars bon marché peuvent gauchir dans des climats plus froids ou plus chauds. Assurez-vous que les cordes émettent un son clair et vérifiez soigneusement la caisse. Pensez aussi à acheter des cordes, des plectres et, éventuellement, un résonateur supplémentaire.

Parmi les autres instruments populaires figurent le *shehnai* (flûte), le *sarod* (sorte de luth), l'harmonium et l'*esraj* (sorte de violon que l'on tient verticalement). Les violons classiques, d'un excellent rapport qualité/prix, sont vendus environ 3 500 ₹. Kolkata est particulièrement renommée pour ses guitares acoustiques (à partir de 2 500 ₹).

Peinture

L'Inde est un haut lieu de l'art contemporain, et ses métropoles comptent beaucoup de galeries indépendantes. Delhi et Kolkata possèdent les meilleures boutiques et galeries d'art d'Inde du Nord, avec des peintures contemporaines d'artistes locaux.

Miniatures

La qualité des reproductions de miniatures indiennes, proposées dans tout le pays, varie selon les prix ; les moins chères comportent moins de détails et sont réalisées sur des supports moins nobles. À Udaipur et Bikaner, au Rajasthan, des ateliers sont spécialisés dans les reproductions sur soie et papier. Vous pouvez aussi explorer les emporiums d'État à Delhi.

Art traditionnel

Art populaire spécifique au Bihar, les sublimes peintures *mithila* (ou *madhubani*) sont un art ancien, perpétué par les femmes de Madhubani. Si elles sont très présentes à Patna, on en trouve aussi dans les emporiums d'État des grandes villes.

Tanka

Dans toutes les régions bouddhistes tibétaines, dont le Sikkim, des secteurs de l'Himachal Pradesh et le Ladakh, vous trouverez de ravissants tanka (*thangka* ; peintures tibétaines sur tissu) représentant des divinités tantriques et des mandalas de cérémonie. Certains reproduisent parfaitement les peintures murales des *gompa* (monastères tibétains) médiévaux, d'autres sont plus simples. Les prix varient ; comptez au moins 4 000 ₹ pour un tanka correct de format A3, et beaucoup plus (jusqu'à 35 000 ₹) pour de grands tanka complexes. La vente de tanka anciens est illégale, mais il est de toute façon peu probable que vous en trouviez !

Textiles

Châles

Les châles indiens, chauds et légers, peuvent servir de couvertures pour les nuits fraîches. Ils sont fabriqués avec toutes sortes de laines, et beaucoup s'ornent de broderies élaborées.

Dans la vallée de Kullu (Himachal Pradesh), capitale incontestée du châle, des dizaines de coopératives de femmes produisent de superbes châles en laine (à partir de 700 ₹), en angora (mohair) ou en *pashmina* (duvet de chèvre).

Le Ladakh et le Cachemire sont les principaux centres de production des châles en pashmina ; comptez au moins 6 000 ₹ pour un article authentique. Attention, de nombreux soi-disant pashminas sont en réalité un mélange de laine et de soie. Ces "faux" pashminas n'en sont pas moins souvent magnifiques, et beaucoup moins chers que les vrais (autour de 1 200 ₹). Les châles des États du Nord-Est, très chauds, sont ornés de motifs géométriques. Au Sikkim et au Bengale-Occidental, on trouve des châles bhoutanais superbement brodés. Au Gujarat, la région du Kutch produit des châles en laine agrémentés de broderies et de miroirs. En Uttarakhand, Ranikhet et Almora sont réputés pour les châles et les tweeds tissés main.

Sachez qu'il est illégal d'acheter des châles *shahtoosh*, car l'antilope du Tibet, qui fournit la laine, est une espèce en voie de disparition.

Saris

Souvenirs très appréciés, les saris peuvent avoir d'autres usages que l'habillement, et servir pour la décoration notamment. Ceux en soie sont les plus chers et il faut généralement les laver pour les assouplir. Vous trouverez partout de beaux saris et foulards en soie, notamment à Jaipur, Delhi, Varanasi et Kolkata. L'Assam est renommé pour ses soies *muga*, *endi* et *pat* (produites par différentes espèces de vers à soie), très répandues à Guwahati. Prévoyez au moins 3 000 ₹ pour un sari en soie brodé de qualité.

Patan, au Gujarat, est le centre de l'ancien et laborieux procédé du *patola* – chaque fil de ces beaux saris en soie est teint individuellement à la main avant le tissage, et la bordure est confectionnée avec des fils d'or. Les *patola* de Rajkot sont un peu moins complexes. Du fil d'or est également utilisé pour les fameux saris *kota doria* de Kota, au Rajasthan.

Parmi les autres États du Nord réputés pour leurs saris, citons le Madhya Pradesh, pour les *maheshwari* (saris en coton de Maheshwar) et *chanderi* (saris en soie de Chanderi), et le Bengale-Occidental, pour les *baluchari* (saris de Bishnupur, tissés de façon traditionnelle avec du fil de soie détorsadé).

Khadi et broderies

Le textile demeure la principale industrie du pays et 40% de la production provient des villages, où on l'appelle *khadi* (tissé à domicile). Dans tout le pays, des emporiums de *khadi*, soutenus par le gouvernement, proposent à petits prix toutes sortes d'articles, dont des "vestes Nehru" et des *kurta pyjama* (longue chemise et pantalon large) ; leur vente profite aux communautés rurales. Le *khadi* est aujourd'hui de plus en plus chic, et les créateurs indiens s'en servent pour leurs collections.

Il existe une extraordinaire variété de techniques de tissage et de broderie. Dans des endroits touristiques comme le Rajasthan et

LE KHADI, UN TISSU SYMBOLIQUE

Il y a plus de 80 ans, le Mahatma Gandhi encourageait les Indiens à soutenir son mouvement pour la liberté en renonçant à leurs vêtements fabriqués à l'étranger et en optant pour le *khadi*, tissé à domicile. Le *khadi* est ainsi devenu le symbole de l'indépendance de l'Inde, et il reste étroitement associé à l'action politique de Gandhi. L'organisme Khadi and Village Industries Commission (www.kvic.org.in), géré par l'État et à but non lucratif, assure la promotion du *khadi* – généralement en coton, parfois en soie ou en laine.

Les emporiums de *khadi* existent dans toute l'Inde et proposent des vêtements indiens authentiques : *kurta pyjama* (longue chemise et pantalon large), foulards, saris, ainsi que des objets artisanaux divers pour certains. Les prix, raisonnables, sont souvent réduits aux alentours de la date de naissance de Gandhi (2 octobre). Plusieurs proposent également un service de couture sur mesure.

ACHATS RESPONSABLES

Globalement, seule une petite proportion des revenus du tourisme bénéficie aux habitants des campagnes indiennes. Les voyageurs peuvent augmenter cette contribution en effectuant des achats dans les coopératives de villages, établies pour protéger et promouvoir l'artisanat traditionnel et pour fournir aux villageois une éducation, une formation et des emplois durables. Bon nombre de ces programmes visent principalement les réfugiés, les femmes de basse caste, les communautés tribales et ceux qui vivent en marge de la société.

Les coopératives vendent des produits d'excellente qualité, généralement à prix fixes, ce qui évite le marchandage. Une partie des recettes est directement versée à des écoles, à des dispensaires, pour la formation et à d'autres programmes d'aide aux plus démunis. Faire ses achats dans le réseau national des emporiums de la Khadi and Village Industries Commission contribue également à aider les communautés rurales.

Où que vous soyez, tâchez de repérer les coopératives de commerce équitable.

l'Himachal Pradesh, les textiles servent à confectionner une multitude d'articles : sacs à main, tentures, housses de coussins, couvre-lits, vêtements, etc. Les Adivasis (communautés tribales) du Gujarat et du Rajasthan réalisent de chatoyants sacs, housses de coussins et tentures murales à partir de tissus ornés de petits miroirs. La région du Kutch est particulièrement renommée pour ses broderies.

Textiles indiens (Thames & Hudson, 2008), de John Gillow et Nicholas Barnard, s'intéresse aux magnifiques textiles indiens des différentes régions et comprend des rubriques sur le *tie-dye*, le tissage, les créations en perles, le brocart et même les sangles pour dromadaires. Aujourd'hui épuisé, il se trouve encore chez des libraires spécialisés et sur Internet.

Appliqué, tie-dye et impression au tampon

L'appliqué est un art ancien ; presque tous les États possèdent leur propre version, avec des motifs souvent abstraits ou anthropomorphes. Les abat-jour et les *pandal* (sanctuaires provisoires) des fêtes et des mariages sont habituellement réalisés selon cette technique.

Au Gujarat, Jamnagar est réputée pour ses *bandhani* (technique du *tie-dye*) colorés dont on fait des saris, des écharpes et autres, et Vadodara est connue pour ses tissus imprimés au tampon, utilisés pour les dessus-de-lit ou les vêtements. Ahmedabad est un bon endroit pour acheter des textiles gujaratis.

Des textiles imprimés au tampon ou tissés sont vendus dans tout le pays – chaque région a sa spécialité. Les chaînes de magasins Fabindia (www.fabindia.com) et Anokhi (www.anokhi.com) contribuent à préserver les tissus et les styles traditionnels en les transformant en articles de décoration intérieure et en vêtements de styles indien et occidental. Il existe un musée de l'Impression manuelle (Anokhi Museum of Hand Printing, p. 120) où ces techniques sont expliquées.

La technique de peinture sur tissu *kalamkari*, notamment utilisée au Gujarat, sert aussi à réaliser de superbes tentures murales et abat-jour.

Sculptures sur bois

En Inde, la sculpture sur bois, pratiquée depuis des siècles, est un art bien vivant. Au Cachemire, le noyer est utilisé pour fabriquer des paravents, des tables, des coffrets à bijoux et des plateaux finement sculptés, inspirés des motifs décoratifs des house-boats. Les battes de cricket en saule sont une autre spécialité du Cachemire.

Les bois incrustés de métaux et d'ivoire – décorations murales, tables, plateaux et boîtes – constituent l'un des plus anciens artisanats du Bihar.

À Udaipur (Rajasthan), des figurines en bois de santal peintes de couleurs vives représentent des divinités hindouistes. Dans de nombreux endroits du Rajasthan, vous trouverez des tampons d'impression de tissu en teck.

Les sculptures en bois bouddhiques comptent parmi les spécialités du Sikkim, du Ladakh, de l'Arunachal Pradesh et des villages de réfugiés tibétains. Vous trouverez des plaques murales portant les huit symboles de chance, des dragons et des masques de danse rituelle *chaam*. La plupart des masques sont des reproductions de piètre qualité. Les pièces authentiques, en bois blanc léger ou en papier mâché, coûtent au minimum 3 000 ₹ voire plus.

Autres idées pour des achats

La réputation des épices indiennes n'est plus à faire. Dans la plupart des villes, des boutiques et des bazars vendent des épices locales à prix modiques. L'Uttar Pradesh et le Rajasthan produisent certaines épices qui entrent dans la composition du *garam masala* (mélange relevé utilisé dans les plats indiens, notamment les curries). Les États du Nord-Est et le Sikkim sont connus pour la cardamome noire et la cannelle.

Les échoppes d'*attar* (huiles essentielles, surtout à base de fleurs et utilisées pour fabriquer des parfums) sont omniprésentes. Quant à l'encens indien, que l'on trouve partout, il est exporté dans le monde entier.

Darjeeling et Kalimpong, au Bengale-Occidental, l'Assam et le Sikkim produisent des thés de qualité. Il y a, sans surprise, d'excellents magasins de thé à Delhi et dans d'autres grandes villes.

Les sacs à bandoulière *jari*, colorés et brodés de perles, sont une spécialité de Bhopal (Madhya Pradesh). Les États du Nord-Est sont renommés pour leurs superbes paniers, de forme différente pour chaque ethnie, et pour leurs objets en osier.

Parmi d'autres villes, Jodhpur (Rajasthan) est connue pour ses antiquités (mais n'oubliez pas que leur exportation est interdite !).

Les artisans du Jammu-et-Cachemire travaillent depuis des siècles le papier mâché laqué, et on trouve maintenant dans toute l'Inde des bols, des boîtes, des porte-lettres, des sous-verre, des plateaux et des décorations de Noël en papier mâché, qui font de très beaux cadeaux, à des prix très, très bas (plus le travail est détaillé, plus les prix montent). Au Rajasthan, vous dénicherez des marionnettes de papier mâché très colorées souvent vendues par deux, représentant un couple (mari et femme), ou de jolis petits temples sculptés dans du manguier et peints de scènes religieuses aux teintes vives.

Du papier artisanal de belle qualité sert à confectionner des cartes, des boîtes et des carnets ; vous en trouverez notamment à Delhi et Jaipur.

Les chapeaux ne manquent pas. Ceux en paille, de l'Assam, tout comme les chapeaux, gants et écharpes en laine fabriqués par les réfugiés tibétains sont vendus dans tout le pays. Les couvre-chefs traditionnels des peuples himalayens sont disponibles dans de nombreuses villes de l'Himachal Pradesh.

Pour qui lit l'anglais, l'Inde offre un choix fantastique de livres à des prix très compétitifs, dont de superbes ouvrages reliés en cuir. La maison d'édition Asian Educational Services publie des textes anciens (du XVIIe siècle), épuisés, dans leur format d'origine. Les CD des musiciens locaux constituent aussi d'excellents achats. Le marché du livre de Delhi, le dimanche, est un très bon endroit pour découvrir des trésors inattendus. Les librairies des grandes villes sont les mieux fournies.

L'artisanat ne se confine pas obligatoirement à sa région d'origine ; les artistes migrent et sont parfois influencés par des spécificités régionales, ce qui aboutit à d'intéressants mélanges de styles. Vous pourrez par exemple visiter une communauté de potiers rajasthanis dans les faubourgs de Delhi.

Arts de l'Inde

Le fabuleux patrimoine artistique de l'Inde est le reflet de la richesse ethnique et culturelle du pays. Aujourd'hui, l'art est à tous les coins de rue et adopte toutes les formes, des exquis dessins tracés au henné (*mehndi*) sur les corps, aux chants pleins d'âme émanant des temples anciens, en passant par les camions bigarrés sur les routes poussiéreuses. La richesse de l'expression artistique est l'un des grands attraits d'un voyage en Inde, et nombre d'artistes contemporains mêlent formes ancestrales et techniques modernes pour donner naissance à des œuvres aussi évocatrices qu'originales.

Art de l'Inde. Diversité et spiritualité (Chapitre Douze, 2008), d'Anne-Marie Loth, est un très bel ouvrage qui retrace l'histoire de la civilisation indienne et dresse un panorama complet de ses arts.

La danse classique indienne : une tradition en transition, (éditions de Lodi, 2003) de Leela Venkataraman et Avinash Pasricha, est un livre richement illustré abordant les différentes formes de danse indienne, dont le *bharatanatyam*, l'odissi, le kuchipudi et le kathakali.

Danse

Forme artistique ancienne, la danse indienne est indissociable de la mythologie et de la littérature classique. Elle peut se diviser en deux grandes catégories : classique et folklorique. La danse classique repose sur des disciplines traditionnelles bien définies et comprend notamment :

Le bharatanatyam – Originaire du Tamil Nadu, il s'est répandu partout en Inde.

Le kathak – Mêlant des influences hindoues et musulmanes, il était particulièrement apprécié des Moghols. Il connut une notoriété malencontreuse lorsqu'il quitta les cours royales pour des établissements où les *nautch* (danseuses) excitaient le public en reproduisant les amours de Krishna et de Radha, puis redevint un art "sérieux" au début du XXe siècle.

Le kathakali – Venu du Kerala ; on le classe parfois comme "danse" mais c'est en fait une forme de théâtre qui repose sur des sujets mythologiques.

Le kuchipudi – Danse théâtrale du XVIIe siècle portant le nom du village de l'Andhra Pradesh où elle est née ; met en scène la jalousie de l'épouse de Krishna.

L'odissi – De l'Odisha ; danse classique réputée la plus ancienne de l'Inde. D'abord réservée aux temples, elle fut ensuite exécutée dans les cours royales.

Le manipuri – D'une tonalité lyrique et raffinée, il provient du Manipur. Il attira un plus large public dans les années 1920, lorsque l'écrivain Rabindranath Tagore invita l'un de ses éminents représentants à l'enseigner à Shantiniketan (Bengale-Occidental).

Les danses folkloriques, largement répandues et multiples, vont du *bhangra* du Punjab aux ballets de chevaux factices du Karnataka et du Tamil Nadu, en passant par la gracieuse danse des pêcheurs de l'Orissa. Au Gujarat, des représentations de la danse pittoresque appelée *garba* ont lieu lors de Navratri (fête hindouiste, en septembre ou octobre).

Parmi les précurseurs de la danse indienne moderne, Uday Shankar, frère aîné de Ravi, le maître du sitar, fut le partenaire de la ballerine russe Anna Pavlova. Autre innovateur, Rabindranath Tagore créa en 1901 une école dédiée à la promotion des arts (danse comprise) à Shantiniketan.

C'est à l'écran que vous verrez le plus de danse. Les films indiens la mettent à l'honneur depuis la naissance du cinéma parlant, souvent avec un mélange de chorégraphies traditionnelles, folkloriques et modernes.

Musique

Les origines de la musique classique indienne remontent aux temps védiques, lorsque les poèmes religieux chantés par les prêtres furent réunis dans une anthologie intitulée le *Rig-Veda*. Au fil du temps, de multiples influences sont venues l'enrichir, aboutissant aux deux formes connues aujourd'hui : les musiques hindoustanie (du Nord) et carnatique (du Sud). Du fait de leurs racines communes, ces musiques partagent certaines caractéristiques ; toutes deux utilisent le raga (mode mélodique) et le *tala* (séquence rythmique caractérisée par le nombre de temps). Le *tintal*, par exemple, est un *tala* à 16 temps. L'auditoire suit le *tala* en frappant dans ses mains aux temps appropriés (premier, cinquième et treizième temps pour le *tintal*). Le neuvième n'est pas scandé, car il s'agit du *khali* (temps mort), que l'on marque d'un mouvement de la main. Raga et *tala* constituent les éléments de base de la composition et de l'improvisation.

Les musiques hindoustanie et carnatique, interprétées par de petites formations de trois à six musiciens, emploient de nombreux instruments similaires. Il n'existe pas de diapason fixe, mais des différences tonales. La musique hindoustanie est davantage imprégnée des canons musicaux persans (transmis par les Moghols) ; la musique carnatique reste plus fidèle à la théorie. La différence la plus marquante pour le profane est la présence plus fréquente de la voix dans la tradition carnatique.

L'un des instruments les plus connus est le sitar (grand instrument à cordes), avec lequel le soliste interprète le raga. Parmi les autres instruments à cordes figurent le *sarod* (à cordes pincées) et le *sarangi* (joué avec un archet). Les tablas (paires de tambours) marquent le *tala*. Le *tambura* ou le *shehnai*, qui ressemble au hautbois, assument le rôle du bourdon. L'harmonium, au soufflet actionné à la main, est utilisé pour accompagner la musique vocale.

La musique régionale folklorique est variée et très répandue. Charmeurs de serpents, conteurs, magiciens et musiciens ambulants chantent aussi pour divertir leur auditoire. Les conteurs chantent habituellement les épisodes des grandes épopées.

En Inde du Nord, vous pourrez assister à des concerts de *qawwali* (chants religieux soufis) dans des mosquées ou des salles de spectacle. Ces concerts prennent généralement la forme d'un *mehfil* (rassemblement) réunissant un chanteur principal, un deuxième chanteur, des joueurs d'harmonium et de tablas, et un chœur tonitruant de jeunes chanteurs qui tapent des mains, tous assis en tailleur sur le sol. Le chanteur principal stimule l'assistance avec des vers d'une poésie, des gestes dramatiques des mains et des formules religieuses, tandis que les deux voix se répondent sur des mélodies improvisées qui montent en puissance. Sur commande, le chœur entonne un refrain hypnotique. L'assistance se balance souvent en criant son appréciation extatique.

Dans un genre complètement différent, la *filmi* (musique bollywoodienne) inclut des morceaux dansants pleins d'exubérance et des chansons d'amour modernes plus lentes.

Ravi Shankar (1920-2012) est le maître incontesté du sitar. Écoutez-le sur deux de ses plus grands albums : West meets East (avec le violoniste Yehudi Menuhin) et Concert for Peace (organisé pour ses 75 ans au Royal Albert Hall de Londres, avec Zakir Hussain au tabla).

Hariprasad Chaurasia et l'art de l'improvisation (Accords Croisés, 2010) est un double CD d'un des maîtres de la flûte *bansuri*. Il est accompagné d'un remarquable livret signé Henri Tournier, grâce auquel le raga n'aura plus de secrets pour vous.

Peinture

Il y a quelque 1 500 ans, des artistes couvrirent les murs et les plafonds des grottes d'Ajanta (au Maharashtra) de peintures représentant les vies antérieures du Bouddha. La grâce et la liberté des personnages contrastent avec le style qui devait émerger dans l'ouest de l'Inde bien plus tard, au XIe siècle.

La communauté jaïne indienne produisit un art sacré particulièrement somptueux. Toutefois, après la conquête du Gujarat par le sultanat de Delhi, en 1299, elle se consacra à l'enluminure des manuscrits, que l'on pouvait facilement cacher. Ces derniers constituent les seuls exemples de la peinture d'Inde du Nord à avoir survécu à l'islamisation.

Le style indo-persan, caractérisé par des motifs géométriques associés à des formes fluides, se développa dans les cours royales musulmanes,

L'ART DU MEHNDI

Le *mehndi* est un art traditionnel qui consiste à peindre au henné des motifs élaborés sur les mains (et parfois sur les pieds) d'une femme lors de grandes occasions, comme le mariage. Si le henné est de bonne qualité, le dessin, brun orangé, peut tenir un mois.

Dans les régions touristiques, des *mehndi-wallahs* appliquent des "bandes" de tatouage au henné sur les bras, les jambes et le dos. Dans tous les cas, prévoyez au moins 2 heures pour l'application et le séchage (pendant ce temps, vous ne pourrez rien faire de vos mains). Le henné disparaît au fil des lavages ou du frottement avec une lotion.

Mieux vaut demander à l'artiste de tester le henné sur votre bras avant l'application, car certains contiennent des produits chimiques susceptibles de provoquer des allergies. (Évitez le henné noir, qui comporte des produits chimiques pouvant s'avérer dangereux.) Un henné de bonne qualité ne provoquera aucun désagrément.

en conservant la tradition locale de l'œil allongé. L'esthétique persane, introduite par des artisans réfugiés en Inde après l'attaque d'Herat (aujourd'hui en Afghanistan) par les Ouzbeks en 1507, s'épanouit grâce au commerce et aux échanges entre la ville persane de Chiraz, grand centre de production de miniatures, et les sultans des provinces indiennes.

La victoire de Babur à la bataille de Panipat en 1526 marqua le début de l'ère moghole en Inde. Si Babur et son fils Humayun encouragèrent les arts, le développement du style moghol est généralement attribué à Akbar, le fils d'Humayun. Ce style de peinture, souvent sous forme de miniatures colorées, dépeint la vie de la cour, l'architecture, la nature, des batailles, des scènes de chasse et des portraits détaillés. Akbar fit venir des artistes de nombreux pays. L'activité, d'abord essentiellement tournée vers l'enluminure de manuscrits (avec des sujets variant de l'histoire à la mythologie), s'élargit ensuite aux portraits et à la glorification de la vie quotidienne. L'influence occidentale se traduisit par quelques innovations dans les motifs et la perspective.

Jahangir, le fils d'Akbar, favorisa également la peinture, avec une préférence pour le portrait. Sa fascination pour les sciences naturelles se traduisit par un superbe patrimoine de peintures représentant des fleurs et des animaux. Sous le règne de son fils Shah Jahan, le style moghol perdit en fluidité et, malgré des couleurs vives, les peintures n'eurent plus autant de vigueur.

Miniatures et peintures indiennes (Bnf, 2010 et 2011 ; en 2 volumes) est le catalogue d'une exposition organisée à la Bibliothèque nationale de France. Sous la direction de l'historienne de l'art Roselyne Hurel, commissaire de l'exposition.

La peinture des miniatures s'épanouit d'abord à la cour moghole au XVIe siècle, et dans les sultanats du Deccan (Golconda, Bijapur, Bidar, etc.). Avec le déclin de la puissance et de la richesse mogholes, de nombreux artistes partirent pour le Rajasthan, dont l'école se développa à partir de la fin du XVIIe siècle. Plus tard, les artistes du Rajasthan se déplacèrent vers les régions himalayennes du Punjab, de l'Himachal Pradesh et de l'Uttarakhand, où l'école *pahari* ("des montagnes") prospéra au XVIIIe et au début du XIXe siècle. Les sujets abordés allaient des défilés royaux aux *shikhar* (expéditions de chasse) ; de nombreux artistes étaient influencés par les styles moghols. Les couleurs intenses, encore visibles aujourd'hui dans les miniatures et les fresques de certains palais indiens, étaient souvent obtenues en broyant des pierres semi-précieuses ; l'or et l'argent provenaient de feuilles d'or et d'argent réduites en fine poudre.

Au XIXe siècle, la peinture du Nord, fortement influencée par les styles occidentaux (notamment par les aquarelles britanniques), donna naissance à ce que l'on appelle la Company School, basée à Delhi. Pendant ce temps, dans le Sud, Ravi Varma peignait des scènes mythologiques sentimentales et des portraits de femmes extrêmement populaires, et abordait les sujets indiens avec une approche très occidentale.

Recherchez les œuvres stylisées toutes particulières de Jamini Roy, qui montrent la vie et la culture des villages.

L'école de Madras introduisit l'art moderne en Inde du Sud dans les années 1960. Aujourd'hui, les ventes de peintures d'artistes indiens modernes et contemporains battent des records (tant par leur nombre que par leur prix) dans le monde entier. Saffronart (www.saffronart.com), une maison de vente aux enchères d'art en ligne basée à Mumbai (Bombay), connaît un grand succès. Actuellement, Delhi et Mumbai sont les hauts lieux de l'art contemporain en Inde.

Littérature

Parallèlement aux textes anciens en sanskrit, les ouvrages en langues vernaculaires ont contribué à constituer un patrimoine littéraire d'une richesse prodigieuse. On affirme d'ailleurs que l'Inde compte autant de traditions littéraires que de langues écrites.

Les Bengalis sont à l'origine d'un mouvement souvent appelé Renaissance indienne ou bengalie, qui fleurit au XIXe siècle et donna naissance à une littérature prestigieuse. Bankim Chandra Chatterji, l'un des auteurs les plus illustres de ce courant, a notamment signé *Celle qui portait des crânes en boucles d'oreille* (1866 ; Gallimard, coll. Connaissances de l'Orient, 2005), *Le Testament de Krishnokanto* (1878 ; Gallimard, coll. Connaissances de l'Orient, 1988) et *Le Monastère de la félicité* (1882 ; éd. du Rocher, 2003). Mais c'est l'écrivain bengali Rabindranath Tagore (prix Nobel de littérature en 1913) qui a été le premier à propulser la richesse de la culture indienne sur la scène internationale. Bon nombre de ses écrits sont disponibles en français, à l'image de son recueil *L'Offrande lyrique* (1910 ; Gallimard, Nrf, 1963), traduit par André Gide, du recueil de nouvelles fantastiques (initialement publiées dans des revues littéraires) *Histoires de fantômes indiens* (Cartouche, 2006) et de son roman *Chârulatâ* (1901 ; Zulma, 2009).

Dans les années 1930, R. K. Narayan fut l'un des premiers auteurs indiens écrivant en anglais à bénéficier d'un lectorat international. Par un style faussement simple et en réalité très subtil, souvent drôle, il décrit la vie quotidienne dans une petite ville – à découvrir notamment *Dans la chambre obscure* (1938 ; Zulma, 2014).

L'Inde revendique un nombre croissant d'écrivains contemporains reconnus internationalement. Parmi les plus grands, citons Vikram Seth, auteur notamment d'*Un garçon convenable* (Grasset, 1995) et de *Deux Vies* (Ldp, 2009), et Amitav Ghosh, qui a remporté en Inde le Sahitya Akademi Award (le plus prestigieux prix littéraire indien) pour *Les Lignes d'ombre* (Seuil, 1992 ; épuisé) et en France le prix Médicis étranger pour *Les Feux du Bengale* (Points, 2009). Au cours de la dernière décennie, plusieurs auteurs indiens ont remporté le prestigieux Man Booker Prize : en 2008, Aravind Adiga pour *Le Tigre blanc*, (10/18, 2010) et, auparavant, en 2006, Kiran Desai pour *La Perte en héritage* (Ldp, 2009). Kiran Desai est la fille d'une autre romancière indienne, Anita Desai, trois fois nominée au Booker Prize et dont on peut notamment apprécier *Le Jeûne et le Festin* (Folio, 2002) en français. En 1997, la Kéralaise Arundhati Roy a obtenu le Booker Prize pour *Le Dieu des petits riens* (Folio, 2000). Originaire de Mumbai, Salman Rushdie a quant à lui reçu le Booker Prize en 1981 pour *Les Enfants de minuit* (Folio, 2010). Tous les ouvrages de cet excellent écrivain ont été publiés en français, dont *Shalimar le clown* (Plon, 2005) et, son autobiographie intitulée *Joseph Anton* (Plon, 2012) – son pseudonyme à destination de la police.

Auteur indien né à Trinidad, V. S. Naipaul a beaucoup écrit sur l'Inde et remporté de nombreux prix, dont le Booker Prize en 1971 et le prix Nobel de littérature en 2001. Jhumpa Lahiri, une Bengalie née

Le Jaipur Literature Festival (www.jaipurliteraturefestival.org), le plus grand festival littéraire d'Asie, a lieu fin janvier à Jaipur (Rajasthan). Il attire des écrivains renommés, indiens et étrangers.

au Royaume-Uni, a été récompensée en 2000 par le prix Pulitzer pour *L'Interprète des maladies* (Folio, 2003), un recueil de nouvelles. Son roman *Longues distances* (Robert Laffont, coll. Pavillons Poche, 2017) est également disponible en français.

Cinéma

Alliez les plaisirs du mélomane à ceux du cinéphile grâce au *Salon de musique* (1958), film de Satyajit Ray qui fait la part belle aux séquences de musique hindoustanie.

L'industrie cinématographique indienne est née en 1899 avec *Panorama of Calcutta*, le premier film tourné en Inde. La première fiction indienne, *Raja Harishchandra*, date de 1913 – en pleine ère du muet. Ce film est considéré comme l'ancêtre du cinéma indien.

Aujourd'hui, l'industrie cinématographique indienne, la première de la planète, est deux fois plus importante qu'Hollywood. Mumbai, la capitale des films en hindi, surnommée Bollywood, est la principale productrice, mais d'autres grandes villes indiennes – Chennai (Kollywood), Hyderabad (Tollywood), Bengaluru (Sandalwood) – accueillent également de très nombreux studios. Des centres cinématographiques produisent par ailleurs des films en langues régionales. Les films à gros budget sont souvent, en partie, voire entièrement, tournés à l'étranger, et certains pays courtisent les sociétés de production indiennes pour bénéficier des retombées touristiques qu'ils génèrent.

Des centaines de films sont tournés chaque année en Inde. Outre les centaines de millions de spectateurs locaux de Bollywood, Tollywood et Kollywood, les millions d'expatriés (Non-Resident Indian ou NRI) jouent un rôle significatif dans le succès du cinéma indien à l'étranger.

Le Cinéma indien/Indian Cinema (Asiexpo Edition, 2008), un ouvrage collectif réalisé sous la direction d'Emmanuel Grimaud, aborde le 7e art du pays dans toute sa diversité.

On peut, en gros, diviser les films indiens en deux catégories. La plus importante englobe les films grand public "masala" – avec un "mélange épicé" d'éléments. Conçus pour toucher tous les membres de la famille, ces films mêlent thématiques sentimentales, scènes d'action, humour potache et valeurs morales. Ce sont des mélodrames de 3 heures ou plus, avec de multiples rebondissements et ponctués de chants et de danses. Aucune scène d'amour explicite et pas le moindre baiser n'apparaissent dans les films destinés au marché intérieur (même si les acteurs commencent peu à peu à s'embrasser dans certaines productions de Bollywood). L'absence de nudité est souvent compensée par les déhanchements lascifs de l'héroïne, enroulée dans un sari moulant, et l'érotisme manifeste est largement remplacé par des scènes de flirt intenses et d'innombrables allusions.

La seconde catégorie englobe les films d'art et d'essai, qui s'inspirent de la réalité indienne et tentent généralement de donner une image fidèle de la vie sociale et politique. Le plus souvent tournés avec des budgets infiniment plus petits que leurs cousins commerciaux, ce sont ces films qui remportent les prix dans les festivals à l'étranger. Il en est ainsi de *The Lunchbox*, écrit et réalisé par Ritesh Batra, une comédie romantique non bollywoodienne de 2013 qui a remporté le Grand Rail d'or à la Semaine internationale de la critique à Cannes, et de *Masaan*, film franco-indien de Neeraj Ghaywan sorti en 2015, qui obtient le prix spécial d'Un certain regard à Cannes ainsi que le Prix de la critique internationale.

Le film *Devdas*, de Sanjay Leela Bhansali, est une flamboyante saga d'un amour impossible ; présenté en sélection officielle au Festival de Cannes 2002.

Les films indiens nominés aux Oscars dans la catégorie "Meilleur film étranger" sont *Mother India* (de Mehboob Khan, 1957), *Salaam Bombay!* (de Mira Nair, 1988) et *Lagaan* (d'Ashutosh Gowariker, 2001).

Parmi les récentes productions étrangères acclamées par la presse et le public prenant pour cadre l'Inde, citons le multiprimé *Slumdog Millionaire* (2008), de Danny Boyle, et le plus récent *Lion* (2016), de Garth Davis.

Architecture religieuse

L'Inde possède de remarquables exemples d'architecture sacrée ancienne et moderne, appartenant à différents courants religieux. Malheureusement, peu de sanctuaires en bois ou en briques des temps anciens ont survécu aux aléas du climat. Il fallut attendre l'avènement de la dynastie Gupta en Inde du Nord (du IVe au VIe siècle) pour voir surgir des structures sacrées d'un style nouveau. Conçues pour mieux résister aux éléments, elles devinrent une norme largement respectée pendant plusieurs siècles.

Le carré est pour les hindous la forme parfaite. Les règles complexes qui régissent l'emplacement, le plan et la construction de chaque temple, représentation de l'univers, reposent sur la numérologie, l'astrologie, l'astronomie et les principes religieux. Au centre de l'édifice, un espace dépourvu d'ornementation, le *garbhagriha* (sanctuaire intérieur), symbolise la grotte matricielle qui aurait engendré le monde. C'est le lieu de résidence de la divinité à laquelle le temple est dédié.

Le sanctuaire hindou est surmonté d'une structure appelée shikhara dans le Nord (*vimana* dans le Sud). Le shikhara est une tour curviligne coiffée par une pierre striée en forme de roue, surmontée d'une urne.

Sanchi

Temple d'Or

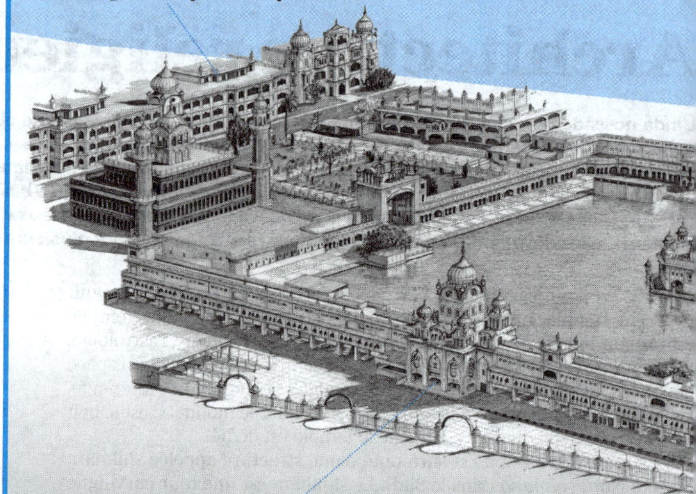

Certains temples renferment un *mandapa* (antichambre), relié au sanctuaire par des vestibules ; les *mandapa* peuvent aussi être coiffés de shikharas.

Si vous lisez l'anglais, vous pourrez en apprendre davantage sur l'Inde, ses temples et leur architecture sur Temple Net (www.templenet.com).

Couramment utilisés pour les bains rituels et les cérémonies, les bassins des temples sont un élément fondamental de l'activité religieuse ; ils contribuent par ailleurs à la beauté des lieux. Souvent vastes et angulaires, parfois alimentés par l'eau de pluie ou par des rivières grâce à un système complexe de drainage, ces réservoirs remplissent des fonctions sacrées et séculières. Certains contiendraient une eau aux vertus curatives ou dotée du pouvoir d'effacer les péchés. Les fidèles (comme les voyageurs) doivent parfois se laver les pieds dans le bassin d'un temple avant de pénétrer dans le sanctuaire.

Voir aussi le plan du groupe ouest des temples de Khajuraho (p. 626).

De l'extérieur, les temples jaïns ressemblent aux temples hindous. Mais à l'intérieur, les multiples sculptures sont aux antipodes de l'ascétisme austère.

Le centre d'un *gompa* est le *dukhang* (salle de prière), où les moines se rassemblent pour psalmodier des textes sacrés.

L'architecture sacrée bouddhique présente des caractéristiques qui lui sont propres. Les stupas, formés d'une demi-sphère surmontée d'une flèche, étaient à l'origine des tumulus funéraires qui contenaient les reliques du Bouddha ou d'autres personnages vénérés. Le *chaitya* (salle de prière ou de réunion) conduisant au stupa est un élément qui fut introduit plus tardivement. Bodhgaya (p. 536), où Siddhartha Gautama atteignit l'Éveil et devint le Bouddha, abrite un ensemble remarquable

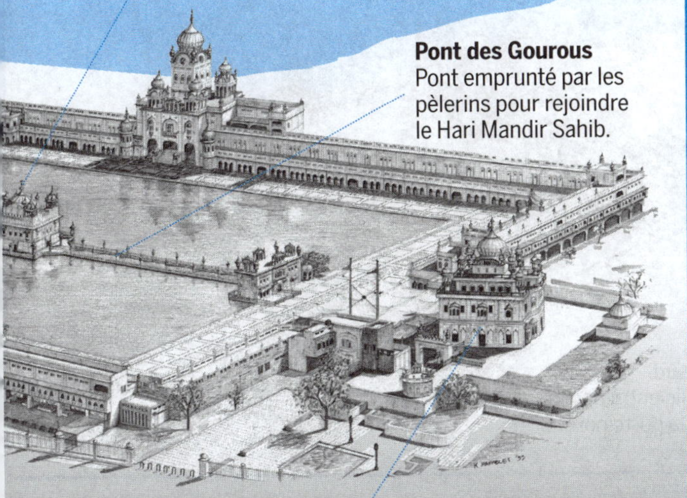

de monastères et de temples bouddhiques. Les *gompa* (monastères bouddhiques tibétains), que l'on trouve notamment au Ladakh et au Sikkim, se distinguent par des motifs ornementaux tibétains.

En 262 av. J.-C., l'empereur Maurya Ashoka se convertit au bouddhisme et, pour faire pénitence, construisit le Grand Stupa de Sanchi (voir l'illustration p. 785), au Madhya Pradesh, dans le centre de l'Inde. Ce stupa est l'une des plus anciennes structures bouddhiques du pays.

L'Inde compte également de nombreux sites sacrés islamiques. Les empereurs musulmans apportèrent avec eux leurs propres conventions architecturales, comme en atteste la présence de cloîtres à arcades et de coupoles. Réalisant la synthèse entre les styles persan et indien et les différentes traditions régionales, les Moghols bâtirent des monuments d'un raffinement extrême ; le tombeau d'Humayun à Delhi, le fort d'Agra et l'ancienne cité fortifiée de Fatehpur Sikri sont particulièrement remarquables. L'empereur Shah Jahan (1627-1658) fit construire quelques merveilles de l'architecture indienne, en particulier le fabuleux Taj Mahal.

Inde, rêve de pierre (Les Météores, 2005) dévoile la beauté des temples indiens et de leurs statues de pierre à l'aide de photos somptueuses signées Olivier Barot. Avec des textes d'André Malraux et de Rabindranath Tagore.

L'iconographie religieuse constitue l'une des différences les plus frappantes entre l'hindouisme et l'islam. L'art islamique, qui interdit toute trace d'idolâtrie et la représentation de Dieu, a donné naissance à une calligraphie raffinée et à de superbes motifs non figuratifs. Les éléments de base de l'architecture des mosquées se retrouvent dans le monde entier. Unc vaste salle, qui abrite le mihrab (niche indiquant

Jama Masjid

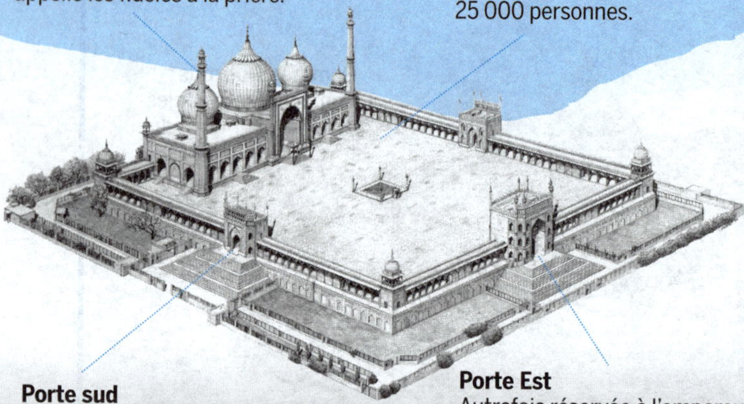

Dans *L'Âge d'or de l'Inde classique* (Découvertes Gallimard, 2007), Amina Okada et Thierry Zéphir nous font découvrir l'époque des Gupta, qui a marqué l'apogée de la civilisation indienne. De très belles pages sont consacrées à l'architecture sacrée.

la direction de La Mecque), accueille les fidèles. Les minarets, d'où sont lancés les appels à la prière, sont placés aux points cardinaux. L'extraordinaire Jama Masjid (illustration ci-dessus), élevée au XVIIe siècle à Delhi, est la plus grande mosquée d'Inde. Sa cour peut accueillir jusqu'à 25 000 personnes.

La religion sikhe fut fondée par le *guru* Nanak, le premier des dix *guru* du sikhisme, au XVe siècle. Les temples sikhs appelés *gurdwara* se distinguent souvent par leurs *gumbad* (dômes en forme de bourgeons) et leurs *nishan sahib* (mâts où flotte un drapeau triangulaire frappé du symbole du sikhisme). Le sublime temple d'Or d'Amritsar (illustration page précédente) est le lieu le plus saint du sikhisme.

Faune, flore et parcs naturels

Aussi riche que fascinante, la faune de l'Inde est un véritable melting-pot d'animaux venus d'Europe, d'Asie et de l'ancien supercontinent du Gondwana. Ces créatures profitent d'une fantastique variété d'habitats, depuis les luxuriantes mangroves et forêts tropicales jusqu'aux sables du désert et aux prairies d'altitude glaciales. L'Inde est réputée pour ses tigres, ses éléphants, ses rhinocéros, ses léopards et ses ours. Pour autant, il y a bien plus à découvrir dans le pays, avec notamment une remarquable diversité d'oiseaux bigarrés et certains des animaux les plus étonnants – et menacés – du monde, comme le dauphin du Gange et le lion d'Asie.

Les espèces emblématiques

Si l'on devait choisir les animaux qui jouissent du plus grand prestige auprès des visiteurs, on citerait certainement les tigres, les éléphants et les rhinocéros, trois espèces rares, qui doivent être strictement protégées.

Les éléphants d'Asie – très différents des éléphants d'Afrique, avec lesquels ils ne peuvent se reproduire – sont vénérés dans la tradition hindoue. Si beaucoup ont été domestiqués et mis au service de l'homme en Inde, certains vivent encore à l'état sauvage, contrairement à la situation en Chine, où la chasse a entraîné leur extinction. Parce que les troupeaux d'éléphants parcourent de grandes distances à la recherche de nourriture, des problèmes peuvent survenir lorsqu'ils tentent de suivre des itinéraires ancestraux maintenant occupés par des fermes et des villages. Pour leur protection, ces animaux de trois tonnes nécessitent donc des parcs immenses. L'un des meilleurs endroits pour les observer est la Corbett Tiger Reserve (p.447), dans l'Uttarakhand.

En Inde, l'animal national est le tigre, l'oiseau national est le paon et la fleur nationale est le lotus. L'emblème du pays est une colonne surmontée de trois lions d'Asie.

Les rhinocéros unicornes sont beaucoup plus rares. Les deux tiers de la population mondiale restante (2 401 individus, selon un comptage de 2015) vivent dans le Kaziranga National Park (p. 581), où ils profitent des luxuriantes prairies alluviales s'étendant au pied de l'Himalaya. Malgré leur allure paisible, ces animaux massifs à la peau épaisse et aux dents capables d'arracher des morceaux de chair peuvent se montrer imprévisibles. Par sécurité, mieux vaut les observer à distance.

Quant au tigre, animal fantastique, symbolique, il est extrêmement menacé ; avec de la chance, on peut parfois l'observer dans des réserves qui lui sont dédiées. C'est au Madhya Pradesh qu'on a le plus de chances d'en voir.

L'Inde compte 270 espèces de serpents, dont 60 sont venimeuses. Parmi les cobras, le cobra royal est le plus gros serpent venimeux du monde : il peut mesurer jusqu'à 5 m de long.

Tourisme et préservation

L'observation de la faune est devenue l'une des principales activités touristiques du pays. Sur le territoire, des centaines de parcs nationaux et de réserves naturelles offrent la possibilité d'apercevoir des espèces rares et exotiques. La venue de visiteurs étrangers contribue à une prise de conscience par les autorités et les populations locales de l'importance de la protection des espèces menacées et des écosystèmes fragiles, ainsi

LE PROJECT TIGER

Lorsque le naturaliste Jim Corbett tira la sonnette d'alarme pour la première fois dans les années 1930, personne ne croyait que les tigres viendraient un jour à disparaître. Leur nombre en Inde était à l'époque estimé à 40 000. Vint ensuite l'indépendance, qui mit des armes entre les mains des villageois. Ceux-ci pénétrèrent alors dans des réserves de chasse anciennement hors de leur portée pour chasser le tigre et récupérer sa peau très lucrative. Lorsque l'on procéda à un comptage officiel en 1972, il ne restait plus que 1 800 individus. Face au tollé international, Indira Gandhi fit de cet animal le symbole national de l'Inde et fonda le Project Tiger (National Tiger Conservation Authority ; www.projecttiger.nic.in), sous l'autorité duquel ont été créées 47 réserves, couvrant plus de 68 676 km². Ces réserves ne protègent pas seulement les tigres, mais aussi les animaux qui partagent son habitat. Après quelques succès initiaux, le braconnage incessant de ces dix dernières années a fait chuter le nombre de tigres de 3 600 en 2002 à 1 706 en 2011. Malgré les moyens financiers considérables et les équipements high-tech déployés pour la préservation de cet animal majestueux, sur les 63 tigres sauvages morts en 2013, un seul est mort de vieillesse, et 48 ont été victimes des braconniers. Heureusement, le dernier comptage, réalisé en janvier 2015, fait état de 2 226 individus, une remontée encourageante de la population. Il révèle aussi que l'État de Karnataka (sud de l'Inde) totalise le plus grand nombre de tigres âgés de 18 mois ou plus, soit 408 tigres. L'Uttarakhand (nord de l'Inde) est le deuxième État le plus peuplé, avec 340 tigres. Les autres États du sud et du centre de l'Inde comptant plus de 100 tigres sont le Madhya Pradesh, l'Assam et l'Uttar Pradesh.

que de leur poids économique. Prenez le temps de faire un safari pour observer un rhinocéros ou suivre un tigre à la trace.

Félins et canidés

L'Inde est célèbre pour ses tigres, mais abrite 14 autres espèces de félins.

Les efforts de protection se sont révélés fructueux pour le lion d'Asie, un animal moins connu que son cousin d'Afrique. Il y a un siècle, on n'en dénombrait plus que 20 dans le monde. Aujourd'hui, on estime leur population à 523 individus (comptage de mai 2015), preuve que le Sasan Gir National Park, au Gujarat, a rempli sa mission

Le grand classique de Rudyard Kipling, *Le Livre de la jungle*, se déroule dans la jungle indienne. Il met en scène des loups, des tigres, des panthères, des ours et des singes.

Jusqu'à 750 léopards des neiges vivent sur les hauteurs du Ladakh, du Sikkim, de l'Uttarakhand, de l'Arunachal Pradesh et de l'Himachal Pradesh, dont il est le symbole officiel. Ce gros chat est si insaisissable que de nombreux habitants affirment qu'il peut apparaître et disparaître à volonté. Les chances d'en voir un sont faibles, mais si vous voulez essayer de débusquer ce fantôme, tentez votre chance dans la région du Spiti.

Parmi les autres félidés figurent le léopard tacheté et son cousin, le petit chat marbré, qui vivent dans les jungles du nord-est du pays. Leurs taches leur permettent de se fondre dans leur habitat forestier.

L'Inde abrite aussi 3 000 loups des Indes, que l'on a le plus de chances d'observer au Gujarat, dans le Blackbuck National Park. On peut voir des chacals, des renards et des dholes (chiens sauvages) dans des enclaves disséminées dans le pays. L'espèce de loup la plus ancienne, le rare loup de l'Himalaya, hurle dans la vallée du Spiti.

Pour de belles photos d'animaux sauvages, un appareil photo à téléobjectif d'au moins 300 mm est nécessaire.

Ongulés et primates

Les animaux les plus répandus dans le pays sont les cerfs (9 espèces), les antilopes (6 espèces), les caprins (10 espèces) et les primates (15 espèces). Les prairies de nombreux parcs abritent des nilgauts, les plus grosses antilopes d'Inde, et des antilopes cervicapres, aux cornes élégamment torsadées. Dans l'Himalaya, ouvrez l'œil pour essayer d'apercevoir un bharal aux cornes incurvées ou un rare argali, reconnaissable à ses cornes enroulées, que l'on trouve au Ladakh. Au Rajasthan et au Gujarat vivent des espèces adaptées à la vie dans le désert, comme le *chinkara* (gazelle indienne) ; les marécages des Sundarbans abritent des *chital* (cerfs tachetés) qui vivent dans ce milieu salin en expulsant le sel par leurs glandes nasales. Les *chital* sont également les cerfs les plus nombreux dans les réserves de tigres réputées du centre de l'Inde.

Chez les primates, deux espèces se font très rares : le gibbon houlock de l'Assam, et l'entelle doré, qui vit près de la frontière bhoutanaise. L'Inde accueille aussi des espèces plus communes, comme le langur sacré ou l'horripilant macaque rhésus.

Espèces menacées

L'extraordinaire biodiversité du sous-continent subit une pression croissante due à l'explosion démographique indienne. La réduction de l'habitat et le braconnage représentent les principales menaces pour la faune. Une étude estimait que l'Inde comptait plus de 500 espèces menacées, dont 247 végétaux, 53 mammifères, 78 oiseaux, 22 reptiles, 68 amphibiens, 35 poissons et 22 invertébrés. En 2012, l'Union internationale pour la conservation de la nature (UICN) a publié une liste des 100 espèces les plus menacées au monde, dans laquelle figuraient quatre espèces indiennes : une araignée, une tortue et deux oiseaux – l'outarde à tête noire et le héron impérial.

Chaque bonne nouvelle semble suivie d'une mauvaise : braconnage ou attaque de villageois par des tigres ou des léopards. Tous les félidés indiens – léopards, léopards des neiges, panthères, chats des marais... – sont menacés d'extinction du fait de la réduction de leur territoire et du braconnage lié au commerce de leurs fourrures et de certaines parties de leur corps utilisées en médecine chinoise : la dépouille d'un tigre peut se monnayer jusqu'à 36 000 €. Pourtant, les efforts de préservation semblent connaître quelques succès notables, en particulier un taux de croissance très positif de la population de tigres.

Tigres et Léopards mangeurs d'hommes (Montbel, 2008) réunit les écrits de Jim Corbett, légendaire chasseur de tigres du temps du Raj britannique, qui finit par devenir un porte-parole de la protection animale.

ATTAQUES D'ANIMAUX

Les conflits opposant la population indienne aux animaux sauvages sont en forte augmentation depuis quelques années, du fait de l'expansion des territoires occupés par l'homme. Ainsi, de plus en plus de tigres vivraient dans des zones habitées, et le nombre de léopards en milieu urbain a considérablement augmenté ; ils auraient été aperçus dans les villages, voire dans de grandes villes.

Il est intéressant de constater que cette présence est tolérée par les habitants, qui y voient un moyen de détruire les nuisibles. On sait depuis longtemps que les attaques d'êtres humains par des tigres sont principalement le fait de bêtes âgées n'ayant plus la force de poursuivre leurs proies habituelles – sangliers, cerfs et autres animaux sauvages. L'impression de symbiose est frappante : les humains plantent des cultures qui attirent les sangliers, ces derniers font des dégâts dans ces cultures jusqu'à ce que les tigres viennent restaurer l'équilibre. En même temps, la présence d'humains peut empêcher les tigres mâles errants d'attaquer les portées des tigresses.

Néanmoins, les autorités recommandent la vigilance : chaque année, environ 100 personnes sont tuées ou blessées par des félins sauvages. Ces attaques, largement commentées par la presse, déclenchent des paniques ; pour autant, il est rare qu'un tigre devienne réellement un mangeur d'homme – les rares cas impliquent le plus souvent des tigres âgés ou blessés, ou les deux. À titre de comparaison, environ 45 000 Indiens décèdent chaque année des suites d'une morsure de serpent, et environ 20 000 après avoir été mordus par un chien enragé.

Malgré une protection sévère, le rhinocéros n'est pas épargné par le braconnage : sa corne est recherchée pour la fabrication d'aphrodisiaques chinois ou de manches de poignards dans le Golfe.

Les éléphants sont régulièrement chassés pour leurs défenses. Bien que des statistiques fiables soient difficiles à établir (en raison du caractère illégal du braconnage), le trafic d'ivoire serait responsable d'entre 44% et 68% de tous les décès d'éléphants mâles dans trois provinces indiennes. N'achetez surtout pas de souvenirs en ivoire, pour ne pas encourager ce commerce illégal.

Également menacées, des espèces de cervidés sont tuées pour fournir de la nourriture et des trophées. Proche de l'extinction, le *chiru*, ou antilope du Tibet, est quant à lui apprécié pour sa fourrure qui sert à tisser les *shahtoosh*, d'onéreux châles en laine qui sont aujourd'hui interdits à la vente pour protéger l'espèce.

Une menace continue de peser sur les ours, même si les ours lippus sont désormais protégés par l'interdiction récente de l'exploitation des ours danseurs. Dans les rivières, les célèbres dauphins d'eau douce souffrent énormément de la pollution, de la dégradation de leur habitat et de l'activité humaine.

Oiseaux

Avec plus de mille espèces d'oiseaux, l'Inde est un paradis pour les amateurs d'ornithologie. La plupart des espèces sont disséminées sur l'ensemble de ce vaste pays, mais l'on note une concentration d'oiseaux phénoménale dans certaines poches d'habitat préservées. L'hiver constitue une saison privilégiée pour leur observation : les marécages de tout le pays accueillent alors les espèces migratrices venues du nord pour profiter de la chaleur et de la verdure subtropicale de la péninsule Indienne. Toute l'année, où que vous voyagiez, repérez les couleurs bigarrées des martins-pêcheurs, des barbus, des souimangas, des perruches et des pirolles, ou les plumes bleues du rollier indien. Les férus d'ornithologie se rendront dans l'Himalaya pour voir l'un des oiseaux les plus recherchés d'Inde (et du monde), le bec-d'ibis tibétain.

Pour découvrir les espèces d'oiseaux visibles en Inde du Nord, consultez le site www.oiseaux.net.

Considérée autrefois comme la première destination de l'Empire britannique pour la chasse au canard, quand des chasses royales pouvaient en abattre jusqu'à 4 000 en une seule journée, la zone humide saisonnière de Keolado, au Rajasthan, a obtenu le statut de parc national en 1982. Elle est célèbre à juste titre pour ses migrations d'oiseaux. Aujourd'hui réduit à une petite poche de nature au milieu d'un océan de villages et de champs, ce secteur reste l'un des meilleurs au monde pour l'observation des oiseaux. Il s'explore aisément à vélo (on en trouve à la porte du parc), en empruntant les pistes qui serpentent entre les bassins et les marécages.

Plantes

L'Inde compte plus de 16 000 espèces de plantes à fleurs, soit environ 6,5% de toutes les espèces de la planète.

Jadis, l'Inde était presque entièrement couverte de forêts. Aujourd'hui, le couvert forestier est estimé à 22% de la superficie totale du pays. En dépit des coupes claires de grande ampleur, le pays compte encore 49 219 espèces végétales, dont 5 200 endémiques. Les plantes désertiques du Rajasthan ont des liens de parenté avec celles du Moyen-Orient, et les forêts de conifères de l'Himalaya sont d'ascendance européenne et sibérienne. Le Forest Survey of India s'est fixé l'objectif ambitieux d'atteindre 33% de couverture forestière.

Hormis les forêts de montagne de l'Himalaya, presque toutes les forêts des plaines sont de type tropical ; les forêts de sals (un arbre endémique) sont les plus couramment exploitées pour le bois d'œuvre. Certaines de ces forêts tropicales sont de vraies forêts pluviales, qui restent vertes toute l'année, comme dans les États du Nord-Est, mais la plupart se composent d'arbres à feuilles caduques. Pendant les mois chauds et secs d'avril-mai, les feuilles se dessèchent et tombent, et les forêts perdent alors leur canopée. C'est souvent la meilleure période pour observer la faune : la couverture est moins épaisse et les animaux se regroupent autour des points d'eau, plus rares.

Le bois de santal est victime de coupes illégales pour la fabrication d'encens et de sculptures sur bois. Plus globalement, les forêts sont surtout menacées par des paysans sans terre, qui vivent sur des terrains répertoriés par l'État et coupent du bois pour se chauffer.

Plusieurs arbres revêtent une signification importante sur le plan religieux. C'est notamment le cas du kapokier, un arbre à grosses fleurs rouges et à l'écorce hérissée d'épines, sous lequel se serait assis Pitamaha (Brahma), le créateur du monde, pour se reposer après son dur labeur. Deux espèces connues de figuiers, le banian et le pipal, poussent jusqu'à des hauteurs vertigineuses en produisant des racines aériennes depuis leurs branches. Celles-ci se développent lorsqu'elles touchent terre et forment un enchevêtrement de tiges et de troncs. Le Bouddha aurait atteint l'Éveil alors qu'il était assis sous un pipal (aussi appelé, pour cette raison, arbre de la Bodhi – ou encore figuier des pagodes).

L'Himalaya abrite à la fois des espèces alpines (comme le pin et le cèdre déodar), tempérées et subtropicales. Dans les parties enneigées poussent de petites fleurs robustes, telles les anémones, les edelweiss et les gentianes – on pourra les admirer au Valley of Flowers National Park, dans l'Uttarakhand. Plus bas, les contreforts arrosés par la mousson sont tapissés de forêts à feuillages persistants : pommiers, canneliers, marronniers, bouleaux et pruniers.

Dans les déserts brûlants prospèrent le *khejri* (*Prosopis cineraria*) et différentes espèces d'acacias. L'argousier est commun dans les déserts d'altitude himalayens.

Parcs nationaux et réserves naturelles

Avant 1972, le pays ne comptait que cinq parcs nationaux. La promulgation cette année-là du Wildlife Protection Act (loi de protection de la faune) visait à augmenter leur nombre et à réduire l'exploitation abusive de la faune. Il a été suivi par d'autres lois ambitieuses similaires, qui n'ont eu pour la plupart qu'une portée limitée.

Situé presque au centre du pays, le Bandhavgarh National Park (Madya Pradesh) permet de se faire une idée de ce à quoi ressemblait le paysage indien à l'origine. On peut y explorer des prairies, des forêts et des crêtes rocheuses à la recherche de tigres, de léopards et d'autres grands animaux.

La plus vaste zone protégée en Inde est la Nanda Devi Biosphere Reserve, dans l'Uttarakhand (2 237 km²). Elle comprend le deuxième plus haut sommet de l'Inde (le Nanda Devi, 7 817 m) et la célèbre Valley of Flowers.

PARCS ET POPULATION

Si les parcs nationaux et les réserves ont joué un rôle crucial dans la protection de l'habitat des espèces menacées, leur création a aussi eu des conséquences tragiques. À la suite du Wildlife Protection Act de 1972, qui interdit à la population de vivre dans les parcs, près de 1,6 million d'Adivasis et d'autres habitants des forêts ont été expulsés de leurs terres ancestrales. Beaucoup ont été relogés dans des villages et forcés d'abandonner leur mode de vie séculaire, au prix de profondes souffrances individuelles et de pertes culturelles irremplaçables. Aujourd'hui, le Forest Rights Act de 2006 interdit l'expulsion des populations des forêts situées dans les parcs nationaux (sauf dans les zones classées "habitats critiques pour la faune"), et devrait protéger les quelque 4 millions de personnes qui y vivent encore. Il est encore trop tôt pour dire si la loi réussira à permettre à terme aux peuples de rester dans les parcs, et si leur présence permanente aura un impact sur l'habitat fragile de la faune.

Pour en savoir plus sur le Forest Rights Act et les peuples des parcs nationaux, rendez-vous sur le site Internet www.forestrightsact.com (en anglais) ; vous pouvez aussi vous informer sur le site du Traditional Cultures Project (www.traditionalculturesproject.org ; en anglais).

Le top des parcs de l'Inde du Nord

Corbett Tiger Reserve

Kaziranga National Park

Keoladeo National Park

Ranthambhore National Park

Le top des parcs du centre de l'Inde

Bandhavgarh National Park

Kanha National Park

Panna National Park

Sunderbans Tiger Reserve

L'Inde compte aujourd'hui 166 parcs nationaux et 515 réserves naturelles, qui couvrent environ 5% du territoire. La décision d'ouvrir d'autres parcs a été adoptée mais pas encore appliquée, ou seulement partiellement. À cela s'ajoutent 14 réserves de biosphère, qui englobent bon nombre des parcs et réserves. Elles constituent des couloirs de migration protégés pour les animaux et facilitent l'observation de la biodiversité par les scientifiques.

De plus en plus de voyageurs visitent au moins un parc ou une réserve pendant leur séjour. De fait, la rencontre avec un éléphant, un rhinocéros ou un tigre sauvage est une expérience inoubliable. En outre, votre visite peut être considérée comme une contribution à la protection de la nature. Les réserves naturelles se trouvent généralement dans des régions peu visitées où les infrastructures peuvent être limitées. Il est conseillé de réserver transports et hébergements bien à l'avance. Vérifiez aussi les horaires d'ouverture, si un permis est exigé et quels sont les montants des droits d'entrée. La plupart des parcs ferment en basse saison pour recenser les animaux ; les pluies de la mousson peuvent rendre les sentiers impraticables.

Les parcs organisent souvent des circuits en jeep ou en minibus, et il est également possible de découvrir la faune à l'occasion de randonnées guidées et de croisières. Nous déconseillons par contre les excursions à dos d'éléphant. lesquelles comportent des risques pour la santé des pachydermes. De nouvelles réglementations introduites en 2012 ont mis fin aux "spectacles de tigres". Les touristes étaient en fait amenés dans les réserves, puis transférés de leur jeep à un éléphant pour approcher les félins, vraisemblablement irrités par ce manège. Dans beaucoup de parcs, les véhicules de safari sont désormais limités et certaines réserves de tigres interdisent les safaris un jour par semaine. La législation évolue constamment ; renseignez-vous avant de réserver.

Environnement

L'Inde présente une extraordinaire diversité géographique : forêts tropicales humides, vastes déserts arides et pics vertigineux glacés. Avec une superficie de 3 287 263 km², elle est le deuxième plus grand pays d'Asie derrière la Chine, et occupe la majeure partie du sous-continent – formé il y a environ 40 millions d'années lorsqu'un morceau du Gondwana portant de nombreux animaux et végétaux dériva à travers l'océan pour entrer en collision avec la Laurasia.

Grandes zones géographiques

L'Inde se compose essentiellement de trois grandes zones géographiques, du nord au sud : les sommets et les chaînes de l'Himalaya le long des frontières nord ; les vastes plaines arrosées notamment par le Gange et l'Indus ; et les hauteurs du plateau du Deccan, qui forme le cœur du triangle de la péninsule méridionale. L'Inde du Nord se limite aux deux premières zones.

Himalaya

Plus haute chaîne montagneuse du monde (le point culminant de l'Inde, le Khangchendzonga, s'élève à 8 598 m), l'Himalaya constitue une frontière inexpugnable qui sépare l'Inde de ses voisins plus au nord. Cette majestueuse muraille naturelle de sommets et de crêtes, qui s'étire sur 2 500 km, se forma lorsque le sous-continent indien se détacha du Gondwana, supercontinent de l'hémisphère Sud issu de la Pangée qui englobait l'Afrique, l'Antarctique, l'Australie et l'Amérique du Sud. La plaque indienne dériva seule vers le nord jusqu'à ce qu'elle heurte la Laurasia, dans l'hémisphère Nord, il y a près de 40 millions d'années. Sous le choc de la collision, les fonds marins se plièrent et s'élevèrent pour donner naissance à l'Himalaya et à d'autres chaînes montagneuses de moindre envergure qui s'étendent sur 2 500 km de l'Afghanistan au Myanmar (Birmanie).

Lorsque la chaîne de l'Himalaya atteignit des hauteurs vertigineuses au pléistocène (il y a moins de 150 000 ans), elle se mit à enrayer et à dérégler les systèmes climatiques, engendrant le climat de mousson qui domine l'Inde aujourd'hui, ainsi qu'une zone à l'abri de la pluie au nord.

Semblable à une chaîne continue sur les cartes, l'Himalaya se compose en réalité de plusieurs chaînes, séparées par d'innombrables vallées. Avant que la technologie permette la construction des routes, bon nombre de ces vallées demeurèrent pratiquement isolées, ce qui explique la préservation de la diversité des cultures montagnardes.

Plaine indo-gangétique

Couvrant l'essentiel du nord de l'Inde, la vaste plaine alluviale où coule le Gange, fleuve sacré, perd seulement 200 m d'altitude entre Delhi et les zones humides du Bengale-Occidental. Le Gange rejoint ensuite le Brahmapoutre, arrivé du nord-est, avant de se jeter dans la mer au Bangladesh. D'énormes quantités de sédiments venus des hautes terres voisines s'accumulent dans la plaine sur près de 2 km de profondeur, créant un terrain fertile et bien irrigué très propice à l'agriculture. Aujourd'hui densément peuplée, cette région était jadis amplement boisée et riche d'une faune et d'une flore très diversifiées.

Le Gujarat, à l'extrême ouest, est séparé du Sindh pakistanais par une étendue marécageuse appelée Rann de Kutch. Pendant la saison sèche, le Rann s'assèche, laissant des îlots de sel isolés au milieu d'une vaste plaine.

Défis écologiques

Avec une population de plus d'un milliard d'habitants, une industrialisation et une urbanisation en constante expansion, et une agriculture recourant de plus en plus aux produits chimiques, l'environnement indien est soumis à d'énormes pressions. Environ 65% du territoire serait pollué d'une manière ou d'une autre, le plus souvent à des niveaux alarmants. Les gouvernements successifs ont régulièrement échoué à atteindre la plupart de leurs objectifs en matière de protection de l'environnement. De nombreux problèmes sont liés à la "Révolution verte" des années 1960, au cours de laquelle l'utilisation massive d'engrais et de pesticides chimiques entraîna un spectaculaire accroissement de la production agricole, au détriment de l'environnement.

La pollution sonore dans les grandes villes atteint plus de 90 décibels – plus d'une fois et demie la limite de "sécurité". Pensez à prendre des protections auditives !

De nombreuses lois environnementales ont certes été adoptées. Pourtant, la situation ne fait qu'empirer, sous l'effet de la corruption en particulier – le mépris des lois par des compagnies impliquées dans les secteurs de l'hydroélectricité et des exploitations minières constitue un exemple flagrant. Les agriculteurs de basse caste et les Adivasis (communautés tribales), peu représentés en politique et pas assez fortunés pour combattre les grandes sociétés, sont les plus durement touchés par la pollution de l'environnement.

La production agricole pâtit de la dégradation des sols, provoquée par une agriculture intensive, une élévation du taux de salinité, une diminution du couvert forestier et une irrigation insuffisante. Le coût humain est considérable.

En Inde comme ailleurs, les touristes ont un rôle ambigu, puisqu'ils servent de catalyseurs au changement, tout en contribuant à la détérioration de la situation. Efforcez-vous de toujours prendre en compte l'impact écologique de votre voyage.

En 2016, l'OMS a rapporté que 4 villes indiennes figuraient parmi les 10 villes les plus polluées au monde, et que 10 des 20 premières étaient également indiennes.

Changements climatiques

Les bouleversements climatiques, auxquels contribuent les émissions de CO_2 à l'échelle de la planète, se traduisent par l'apparition de conditions

EN ROUTE VERS L'AVENIR

L'Inde doit faire face à un dilemme grandissant : comment se développer, se moderniser et croître économiquement, sans détruire davantage son environnement, ni aggraver les problèmes climatiques mondiaux. Le gouvernement actuel de Narendra Modi envoie des signaux contradictoires à ce sujet. D'un côté, Modi a fait du nettoyage du Gange d'ici à 2019 son cheval de bataille, lancé la campagne Swachh Bharat, très médiatisée, visant à réduire la quantité de déchets du pays, et soutient la production d'énergie solaire à grande échelle. Son gouvernement préparerait un ensemble de mesures pour un montant de 3 milliards de dollars en faveur des fabricants nationaux de panneaux solaires, et prévoit d'augmenter la production d'énergie renouvelable, qui devrait atteindre 175 gigawatts aux alentours de 2022. Néanmoins, l'extraction de charbon domestique, source majeure de gaz à effet de serre, reste problématique. Bien que l'Inde soit le troisième plus gros producteur de charbon au monde pour la production d'électricité, l'augmentation de la production nationale de ces dernières décennies ne couvre pas ses besoins et le pays est de plus en plus dépendant des importations de charbon.

climatiques extrêmes en Inde. Si le pays participe pour une large part à la pollution mondiale du fait de l'importance de sa population, il reste néanmoins loin derrière les États-Unis, l'Australie et l'Europe pour ce qui est du volume de CO_2 émis par habitant.

On estime que la gravité des inondations et des sécheresses augmentera de 30% d'ici à 2030. Dans les déserts montagneux du Ladakh, depuis quelques années, des pluies accrues conduisent les habitants à modifier leur manière de cultiver la terre, tandis que les glaciers environnants fondent à une vitesse inquiétante. En 2013, une inondation dévastatrice toucha l'Uttarakhand, tuant entre 6 000 et 50 000 personnes (selon les sources) en quelques jours. En 2014, d'importantes inondations ont touché la vallée du Cachemire, submergeant Srinagar et entraînant de nombreux dommages et pertes humaines. De nouvelles catastrophes ont eu lieu en 2015. À l'opposé, d'autres régions pâtissent de précipitations réduites causant des sécheresses pouvant aboutir à des émeutes.

Entre 2013 et 2015, les superficies boisées en Inde ont augmenté de 5 081 km², selon l'India State of Forest Report (Rapport sur l'état des forêts en Inde).

Déforestation

Depuis l'indépendance, les exploitations forestière et minière, la culture, la croissance urbaine, l'industrialisation et la construction de barrages ont provoqué la disparition ou la détérioration de près de 50 000 km² de forêt. Même dans les parcs très protégés et bien financés du Project Tiger (p. 790), la superficie de la couverture forestière considérée comme "dégradée" a triplé en raison de l'abattage illégal des arbres. Les mangroves ont été réduites de moitié depuis les années 1990, diminuant les zones de frai des poissons.

Dès 1951, le premier plan quinquennal avait reconnu le rôle majeur des forêts dans la préservation des sols. Diverses lois ont depuis été introduites pour accroître les superficies boisées. Elles ont connu un certain succès, mais de nombreuses réglementations ont été ignorées par les autorités, les malfaiteurs et la population, qui défriche les forêts pour obtenir du bois de chauffage et créer des pâturages. Limitez le recours au chauffage au bois durant votre voyage. De nombreuses ONG travaillent avec des communautés rurales pour encourager la plantation d'arbres.

D'après une étude des Nations unies, la population de l'Inde dépassera celle de la Chine d'ici 2022, faisant de l'Inde le pays le plus peuplé au monde. En 2016, elle comptait environ 1,34 milliard d'habitants.

Ressources en eau

Un accès à l'eau potable insuffisant et des installations sanitaires de piètre qualité sont les plus grandes menaces pour la santé publique. Avec l'augmentation de la population, la consommation d'eau à des fins agricoles, industrielles et domestiques devrait atteindre des sommets, malgré des mesures gouvernementales pour son contrôle. L'Organisation mondiale de la santé (OMS) estime que moins d'une douzaine de villes indiennes sur les plus de 3 000 qui existent sont dotées d'installations adéquates de traitement des eaux usées. De nombreuses cités rejettent les eaux d'égout et des corps partiellement incinérés dans les fleuves, tandis que la défécation en plein air reste une pratique courante dans les régions rurales et dans certains secteurs urbains.

Les fleuves sont aussi affectés par les ruissellements et la pollution industrielle ; la Sabarmati, la Yamuna et le Gange figurent parmi les cours d'eau les plus pollués du globe. On estime qu'au moins 70% des sources d'eau douce du pays sont polluées. Ces dernières années, la sécheresse a touché une partie du sous-continent et entraîné un fort exode rural.

La distribution de l'eau est également un sujet épineux. Depuis 1947, 35 millions d'Indiens auraient été déplacés en raison de la construction de grands barrages, principalement hydroélectriques. Si l'hydroélectricité est l'une des énergies les plus écologiques, la création de centrales a entraîné le sacrifice de vallées entières, et les populations ne reçoivent que rarement une compensation adéquate.

L'Inde occupe 2,5% des terres émergées de la planète, et accueille 18% de la population mondiale – ce qui en fait l'un des pays les plus densément peuplés au monde.

Inde du Nord pratique

Escroqueries fréquentes

Les escroqueries ne sont pas rares en Inde. Toutefois, la plupart des ennuis peuvent être évités avec un peu de bon sens et de prudence. Soyez particulièrement attentif dans les grandes villes (comme Delhi) et dans les endroits très touristiques (comme le Rajasthan). Pour connaître les derniers pièges en date, discutez avec d'autres voyageurs. Vous pouvez également consulter la rubrique Inde du forum de Lonely Planet (www.lonelyplanet.fr/forum/).

Cartes bancaires

Soyez prudent lorsque vous payez avec une carte bancaire. Si les magasins d'État sont habituellement sûrs, certaines boutiques de souvenirs privées relèvent plusieurs empreintes de carte, qui sont ensuite utilisées pour des transactions par téléphone. Insistez pour que le commerçant réalise l'opération devant vous. Gratter le code de sécurité au dos de la carte après l'avoir mémorisé peut permettre d'éviter les utilisations frauduleuses. Dans certains restaurants, les serveurs vous demanderont le code de votre carte pour procéder eux-mêmes au règlement au terminal : refusez et exigez d'utiliser vous-même le terminal de carte bancaire.

Drogues et somnifères

Il arrive que des touristes, surtout en solo, soient dépouillés dans le train ou le bus après avoir été drogués, le plus souvent avec une boisson, voire avec des chocolats ou encore un *chai*, un plat "maison" vendu par un complice et même de l'eau en bouteille.

Eau et nourriture contaminées

- À la fin des années 1990, des voyageurs sont morts dans le nord de l'Inde après avoir consommé des aliments contaminés dans des restaurants associés à des cliniques malhonnêtes. Cette machination a heureusement été démontée, mais elle pourrait se reproduire. Dans d'autres cas, des cliniques ont prescrit des soins abusifs pour percevoir plus d'argent.
- Quand vous achetez une bouteille d'eau, vérifiez que le sceau du bouchon et le fond de la bouteille sont intacts. Lors d'un déplacement, emportez si possible de la nourriture emballée. Dans les gares routière ou ferroviaire, allez dans les échoppes les plus fréquentées.

PRÉCAUTIONS ESSENTIELLES

- Souscrivez une bonne police d'assurance voyage (p. 808).
- Envoyez-vous par e-mail des copies de votre passeport, de votre visa et de vos billets d'avion et gardez des photocopies avec vous.
- Gardez argent et passeport dans une ceinture porte-monnaie cachée ou dans une pochette sous vos vêtements.
- Conservez au moins 100 € dans un endroit à part.
- N'exhibez pas de grosses liasses d'argent quand vous payez un service ou un hôtel.
- Prévoyez éventuellement un cadenas pour les hôtels premier prix.
- Si vous ne pouvez pas fermer votre chambre de l'intérieur, changez d'hébergement.

Photographie

Méfiez-vous quand vous prenez quelqu'un en photo : certaines personnes peuvent vous demander de l'argent par la suite.

Pierres précieuses

Cette vieille escroquerie est perpétrée par des comédiens très convaincants, qui proposent aux voyageurs de s'enrichir rapidement en emportant ou en expédiant des pierres précieuses chez eux, pour les revendre ensuite à des représentants à l'étranger en prélevant une commission. Au bout du compte, les pierres, quand elles arrivent, ne valent qu'une fraction du prix demandé et les "représentants" ne se manifestent jamais.

Ne croyez pas les histoires larmoyantes sur la difficulté d'obtenir une licence d'exportation, ni les prétendus témoignages d'autres voyageurs : ils sont faux. Cette escroquerie, constatée notamment à Agra, Delhi et Jaisalmer, est courante à Jaipur. Elle peut aussi concerner les tapis, les antiquités, les pashminas...

Rabatteurs et intermédiaires

- Des chauffeurs de taxi et d'auto-rickshaw tenteront souvent de vous conduire dans l'hôtel de leur choix pour recevoir une commission (incluse dans le prix de votre chambre).
- Dans la mesure du possible, réservez votre hôtel (au moins pour la première nuit) et demandez que l'on vienne vous chercher. Vous entendrez souvent que l'hôtel de votre choix est "complet" ou "fermé" ; vérifiez par vous-même. Confirmez et revérifiez votre réservation la veille de votre arrivée.
- Les phrases du genre "la boutique de mon frère" ou "un ami qui vous fera un prix" doivent éveiller vos soupçons. De nombreux escrocs sont de mèche avec des échoppes de souvenirs.
- Évitez les gens trop amicaux et les "officiels" dans les gares (train et bus) qui proposent spontanément leur aide, et vous guident vers une agence de voyages – qui leur versera une commission. Si l'on vous demande s'il s'agit de votre premier séjour en Inde, répondez que vous êtes déjà venu plusieurs fois. Affirmer que vous avez un transfert/circuit/billet prépayé peut suffire à dissuader les rabatteurs.

AUTRES ESCROQUERIES COURANTES

- Une tache (crachat, excrément, peinture) apparaît soudain sur vos chaussures et, comme par magie, un cireur surgit et propose de les nettoyer pour un prix exorbitant.
- Certains magasins vendent à prix fort des cartes SIM inactives. Il est préférable de se la procurer auprès de revendeurs officiels et de vérifier qu'elle fonctionne bien avant de quitter la ville où vous l'avez achetée (l'activation peut prendre jusqu'à 24 heures).
- Des boutiques, restaurants ou guides touristiques "empruntent" le nom d'un concurrent réputé.
- Des rabatteurs se prétendent "guides agréés" ou "tour-opérateurs" et vous soutirent de grosses sommes en liquide. Renseignez-vous à l'office du tourisme local sur les guides officiels, et demandez à voir leur carte d'identité ou un certificat.
- De soi-disant "offices du tourisme" sont en réalité des agences de voyages louches qui cherchent à vous vendre des circuits, des billets et d'autres produits touristiques beaucoup trop chers.

Surfacturation

Mettez-vous toujours d'accord sur un prix quand il n'existe pas de tarif officiel, notamment avec les sympathiques guides locaux et les vendeurs d'en-cas des sites touristiques, ainsi que dans les auto-rickshaws et les taxis sans compteur.

Transports

- Si vous n'avez rien organisé à l'avance, en arrivant dans les gares ferroviaires et les aéroports, appelez un Uber ou rendez-vous dans un comptoir de radio-taxis, de taxis prépayés ou de navette d'aéroport. Ne suivez jamais un chauffeur de taxi qui propose une course bon marché jusqu'au centre-ville, surtout la nuit.
- Lorsque vous réservez un circuit touristique de plusieurs jours, cantonnez-vous à l'itinéraire prévu et, à Delhi, méfiez-vous de toute personne qui propose des circuits en house-boat au Cachemire : nous recevons depuis des années de nombreux témoignages concernant des services malhonnêtes.
- Si vous achetez un billet de bus, de train ou d'avion en dehors du bureau agréé de la compagnie de transport, vérifiez qu'il correspond à la classe pour laquelle vous avez payé. Réservez en ligne lorsque c'est possible.

- Dans les gares, des rabatteurs (parfois en uniforme ou avec des badges "officiels") pourront affirmer que votre train a été annulé à cause d'une inondation ou d'une panne, que votre billet n'est pas valable ou que vous devez payer pour composter sur le quai votre billet acheté en ligne. Ne répondez à aucune sollicitation.

Vol

- En Inde comme partout, on peut être victime d'un vol. Fermez vos bagages à clé et attachez-les solidement avec des chaînes dans le bus et le train. Redoublez d'attention juste avant le départ : les voleurs profitent souvent de la confusion et de la foule ou agissent quand vous n'avez plus le temps de vous lancer à leurs trousses.
- Soyez particulièrement attentif dans les dortoirs et ne laissez jamais vos effets personnels sans surveillance.
- Fermez bien votre porte à clé le soir. Il peut arriver que des voleurs s'introduisent la nuit dans des chambres d'hôtel.

Femmes et voyageurs en solo

Femmes seules

Le nombre d'agressions sexuelles commises sur des femmes et des jeunes filles en Inde est en augmentation. L'instauration de peines plus lourdes depuis le cas très médiatisé de viol en réunion et de meurtre d'une Indienne en 2012 n'y a rien changé. Si plusieurs agressions ont été perpétrées contre des touristes ces dernières années, il faut toutefois garder en tête que l'immense majorité des séjours se déroulent sans problème.

Attention non sollicitée

De la part des hommes, elle pose souvent problème.

- Attendez-vous à être dévisagée ; il est inutile de vous énerver pour autant.
- Ne répondez pas aux regards insistants, au risque de laisser croire à un encouragement.
- Des lunettes de soleil, un téléphone, un livre ou un appareil électronique vous aideront à éviter les conversations importunes.
- Vous pouvez aussi porter une alliance et dire que vous allez retrouver votre mari, ce qui devrait repousser les importuns.

Tenue vestimentaire

Si les femmes de la classe moyenne de Delhi s'habillent souvent comme celles de Paris, ailleurs en Inde les femmes portent la tenue traditionnelle. Les voyageuses auront donc tout intérêt à porter des vêtements en accord avec la culture du pays.

- Ainsi, évitez les débardeurs, les shorts, les jupes courtes (préférez les modèles arrivant aux chevilles) et tout ce qui peut être transparent, moulant, ou trop peu couvrant.
- S'habiller à l'indienne (avec un *salwar kameez* – tunique longue et pantalon traditionnels – par exemple) donne une impression positive et réduit les risques.
- Une *dupatta* (longue écharpe) drapée sur un T-shirt est pratique pour éviter les regards ; idéale pour se cacher, elle servira aussi à vous couvrir la tête dans certains temples.
- Vous pouvez aussi adopter la *kurta* (longue chemise) sur un jeans ou un pantalon.
- Ne sortez pas vêtue d'un *choli* (corsage porté sous le sari) ou d'un jupon de sari (que beaucoup d'étrangères prennent pour une jupe) ; cela reviendrait à se promener à demi habillée.
- La plupart des Indiennes portent un bermuda et un T-shirt pour se baigner ; mieux vaut se draper d'un sarong pour revenir de la plage à l'hôtel.

Harcèlement sexuel

De nombreux cas de harcèlement sexuel ont été signalés par des touristes, consistant en des propos ou des gestes déplacés la plupart du temps.

- Des voyageuses ont rapporté avoir fait l'objet de gestes déplacés, de moqueries, de bousculades "accidentelles" dans la rue et de filatures.
- Les incidents sont fréquents lors des festivités – pour la fête d'Holi par exemple. Si une foule se forme, tenez-vous à l'écart et trouvez un endroit plus sûr ; vous éviterez ainsi les mains baladeuses.
- Les femmes qui voyagent avec un compagnon sont bien moins importunées.

Précautions utiles

Les conseils suivants sont destinés à vous aider à éviter des situations gênantes ou dangereuses :

- Soyez attentive à votre environnement. S'il semble peu sûr, suivez votre instinct. Soyez prudente. N'ayez pas peur, mais faites attention.
- Écourtez les conversations avec des hommes inconnus. Prolonger un échange de propos sans intérêt peut passer pour un encouragement.

- Si vous avez l'impression qu'un homme vous suit de près, dites-lui fermement de vous laisser tranquille, suffisamment fort pour attirer l'attention des passants.
- Suivez l'exemple des Indiennes : au lieu de serrer la main, dites *namaste*, la salutation traditionnelle.
- Évitez de porter des bijoux à l'aspect coûteux et des accessoires voyants.
- Au cinéma, vous attirerez moins l'attention et minimiserez les risques en étant accompagnée.
- Dans les hôtels, fermez votre porte à clé. Certains employés (notamment dans les établissements pour petits budgets ou de catégorie moyenne) entrent sans attendre l'autorisation après avoir frappé.
- Ne laissez entrer aucun inconnu dans votre chambre d'hôtel, même s'il s'agit d'un employé de votre agence de voyages prétextant devoir régler un problème.
- Évitez les endroits peu fréquentés, même en pleine journée : *galis* (ruelles), rues, plages ou sites déserts.
- Ayez l'air sûr de vous en public ; évitez de sembler perdue (et donc vulnérable) ; consultez les cartes à l'hôtel ou dans un restaurant plutôt que dans la rue.

Taxis et transports publics

Être une femme présente certains avantages : on peut habituellement passer devant tout le monde dans les files d'attente pour les bus et les trains ; dans ces derniers, des compartiments sont réservés aux femmes. Certaines gares possèdent des salles d'attente spécifiques.

- Lors de la réservation de votre hébergement, demandez qu'on vienne vous chercher à l'aéroport ; impératif si votre vol atterrit après la tombée de la nuit.
- Évitez de prendre un taxi tard le soir ; n'acceptez jamais la présence d'un autre homme que le chauffeur, même si ce dernier prétend qu'il s'agit de son "frère".
- Delhi et d'autres villes disposent de services de radio-taxis prépayés comme Easycabs ; plus chers que les taxis prépayés classiques, ils sont plus sûrs, avec des chauffeurs triés sur le volet.
- Les taxis Uber et Ola sont également tout indiqués : on peut récupérer le numéro de plaque d'immatriculation au préalable, ce qui permet de s'assurer qu'il s'agit bien du bon véhicule, voire, si l'on souhaite prendre toutes les précautions, communiquer le numéro à une tierce personne.
- Lorsque vous empruntez un rickshaw seule, faites semblant d'appeler quelqu'un en indiquant où vous êtes.
- Organisez-vous pour ne pas être dans les gares routières ou ferroviaires après la tombée de la nuit.
- Les touristes qui voyagent seules en train semblent moins importunées lorsqu'elles n'empruntent pas les classes économiques.
- Si vous prenez un train de nuit, il est préférable de réserver une couchette extérieure supérieure de 2e classe climatisée (2AC) : vous éviterez de croiser des mains baladeuses, serez entourée d'autres personnes et ne serez pas enfermée comme dans les compartiments pour quatre personnes en 1re classe climatisée (1AC, dans lequel vous pourriez vous retrouver seule avec quelqu'un).
- Dans les transports publics, n'hésitez pas à repousser tout geste déplacé ; posez un sac entre vous et votre voisin, protestez suffisamment fort pour attirer l'attention ou changez de place.

Santé et hygiène

- Les serviettes hygiéniques sont disponibles partout ; on ne trouve des tampons que dans les pharmacies des grandes villes et des centres touristiques (le choix est souvent limité). Soyez prévoyante si vous sortez des sentiers battus.

Sites Web

Si vous lisez l'anglais, prenez connaissance des expériences vécues par d'autres voyageuses sur les sites www.journeywoman.com et www.wanderlustandlipstick.com. Certains blogs, également en anglais, s'avèrent aussi riches en enseignements, notamment Breathe, Dream, Go (breathedreamgo.com) et Hippie in Heels (hippie-inheels.com).

Voyageurs en solo

Visiter l'Inde en solo peut être très enrichissant, tant les gens sont aimables, serviables et pleins d'intérêt pour les autres. C'est avec les familles que le contact est le plus simple, en particulier dans le cadre d'un long trajet en train. Vous aurez l'occasion de vous faire des amis et de mieux connaître la culture locale. Pour faire la route avec d'autres voyageurs, rendez-vous dans des lieux touristiques très fréquentés, comme Delhi, le Rajasthan, Manali, McLeod Ganj, Leh, Agra ou Varanasi. Pour trouver un compagnon de voyage avant le départ, consultez le forum de Lonely Planet (www.lonelyplanet.fr/forum).

Sécurité

La plupart des voyageurs en solo ne rencontrent aucun problème majeur, mais, comme partout, mieux vaut rester sur vos gardes.

- Certaines personnes mal intentionnées (Indiens ou voyageurs) considèrent les touristes solitaires comme des cibles faciles.

➡ Il est arrivé que des hommes seuls se promenant dans des coins isolés soient agressés, même de jour.

Tarifs

Les voyageurs en solo bénéficient rarement de prix avantageux.

➡ Les chambres simples ne sont parfois guère moins chères que les doubles.

➡ Des hôtels des catégories moyenne et supérieure n'offrent pas de tarif pour les personnes seules.

➡ Essayez toujours d'obtenir une réduction si vous occupez seul une double.

Transports

➡ Vous ferez des économies en partageant un taxi, un auto-rickshaw ou une voiture avec d'autres voyageurs.

➡ Dans les bus, essayez d'obtenir la place à côté du chauffeur – vous profiterez de la vue et pourrez caser un gros sac.

Carnet pratique

Ambassades et consulats

Représentations de l'Inde à l'étranger

Belgique Ambassade (☎02-6409140 ; www.indembassy.be ; 217 chaussée de Vleurgat, 1050 Bruxelles) ; **section consulaire** (☎02-26270812 ; même adresse)

Canada Haut-commissariat (☎613-7443751 ; www.hciottawa.ca ; 10 Springfield Rd, Ottawa, Ontario K1M 1C9) ; **consulat général de Toronto** (☎416-9600751/52 ; www.cgitoronto.ca ; 365 Bloor St (East), Suite 700, Toronto, Ontario, M4W 3L4) ; **consulat général de Vancouver** (☎604-6628811 ; www.cgivancouver.org ; 201-325 Howe St, Vancouver, B.C. V6C 1Z7)

France Ambassade (☎01 40 50 70 70 ; www.ambinde.fr ; 13-15 rue Alfred-Dehodencq, 75016 Paris) ; **consulat** (☎01 40 50 71 71 ; 20-22 rue Albéric-Magnard, 75016 Paris)

Suisse Ambassade (☎031-3501130 ; www.indembassybern.ch ; Kirchenfeldstrasse 28, 3005 Berne) ; **consulat général** (☎022-9068686 ; 7-9 rue du Valais, 1202 Genève)

Représentations étrangères en Inde du Nord

La plupart des ambassades et des missions diplomatiques étrangères sont installées à Delhi. Certains pays, dont la France, la Belgique, la Suisse et le Canada possèdent des consulats à Kolkata.

Bangladesh : **Delhi** (carte p. 66 ; ☎011-24121394 ; www.bdhcdelhi.org ; EP39 Dr Radakrishnan Marg, Chanakyapuri ; MChanakyapuri), **consulat à Kolkata** (☎033-40127500 ; 9 Circus Ave ; ⏲visas 9h-11h lun-ven)

Belgique : **Delhi** (☎011-42428000 ; india.diplomatie.belgium.be/fr ; 50-N Shantipath, Chanakyapuri) ; **consulat honoraire à Kolkata** (☎033-22822404 ; 10 Camac St, Industry House, 15e ét.)

Bhoutan : **Delhi** (carte p. 66 ; ☎011-26889230 ; www.bhutan.gov.bt ; Chandragupta Marg, Chanakyapuri ; MChanakyapuri), **consulat à Kolkata** (Tivoli Court, Ballygunge Circular Rd ; ⏲10h-16h lun-ven)

Canada : **Haut-commissariat à Delhi** (carte p. 66 ; ☎011-41782000 ; www.canadainternational.gc.ca/india-inde ; 7/8 Shantipath, Chanakyapuri ; ⏲services consulaires 9h-12h lun-ven), **consulat à Kolkata** (☎033-22426820 ; Duncan House, 31 Netaji Subhas Rd)

Chine : **Delhi** (carte p. 66 ; ☎26112345 ; in.china-embassy.org ; 50-D Shantipath, Chanakyapuri ; MChanakyapuri)

France : **Delhi** (carte p. 66 ; ☎011-24196100 ; ambafrance-in.org ; 2/50E Shantipath, Chanakyapuri ; MChanakyapuri), **consulat à Kolkata** (☎033-40163200 ; 21C Raja Santosh Rd, Alipore)

Myanmar (Birmanie) : **Delhi** (carte p. 66 ; ☎011-24678822 ; myanmedelhi.com ; 3/50F Nyaya Marg ; ⏲9h30-16h30 lun-ven), **consulat à Kolkata** (☎033-24851658 ; mcgkolcg@gmail.com ; 57K Ballygunge Circular Rd ; ⏲visas 9h-12h lun-ven)

Népal : **Delhi** (carte p. 66 ; ☎011-23476200 ; Mandi House, Barakhamba Rd ; ⏲9h-13h et 14h-17h), **consulat à Kolkata** (☎033-24561224 ; 1 National Library Ave, Alipore)

Pakistan : **Delhi** (carte p. 66 ; ☎011-26110601 ; pakhcnewdelhi.org.pk ; 2/50G Shantipath, Chanakyapuri ; ⏲9h-11h lun-ven)

Sri Lanka : **Delhi** (carte p. 66 ; ☎011-23010201 ; 27 Kautilya Marg, Chanakyapuri ; ⏲8h45-17h lun-ven)

Suisse : **Delhi** (☎011-24197600 ; www.eda.admin.ch/newdelhi ; 6/50F Shantipath, Chanakyapuri ; ⏲9h-17h lun-ven), **consulat à Kolkata** (☎033 40190800 ; c/o Titagarh Wagons Ltd, 756 Anandpur)

Thaïlande : **Delhi** (carte p. 70 ; ☎011-49774100 ;

newdelhi.thaiembassy.org/en ; D-1/3 Vasant Vihar ; ⌚9h-17h lun-ven), **consulat à Kolkata** (☎033-24407836 ; 18B Mandeville Gardens, Ballygunge)

Argent

On trouve des DAB dans la plupart des villes ; prenez des espèces au cas où. Les cartes MasterCard et Visa sont les plus communément acceptées.

Cartes bancaires

➡ Elles sont acceptées dans un nombre croissant de commerces, de restaurants haut de gamme et d'hôtels des catégories moyenne ou supérieure. On peut également les utiliser pour payer les billets d'avion ou de train.

➡ Certaines banques dépourvues de distributeur de billets délivrent des espèces sur présentation d'une carte bancaire.

➡ Les cartes Visa et MasterCard sont les plus couramment acceptées.

Certificats d'encaissement

➡ La loi indienne oblige les détenteurs de devises étrangères à les changer dans des banques ou des bureaux de change officiels.

➡ Un certificat d'encaissement (reçu) vous sera remis à chaque transaction. Il vous permettra de changer vos roupies excédentaires lorsque vous quitterez le pays.

➡ Le montant des espèces en roupies à changer ne devra pas excéder celui des certificats.

➡ Les reçus des DAB sont également acceptés comme preuves de transactions par la plupart des banques.

Change

On trouve presque partout des bureaux de change privés, qui restent généralement ouverts plus longtemps que les banques. (Certains font aussi office de cybercafé ou d'agence de voyages.)

En cas d'urgence, sachez que certains hôtels peuvent changer de l'argent, mais à des taux bien moins intéressants.

Distributeurs automatiques de billets (DAB)

➡ On trouve des DAB partout.

➡ Visa, MasterCard, Cirrus, et Maestro sont les cartes les plus communément acceptées.

➡ Les DAB Axis Bank, Citibank, HDFC, HSBC, ICICI et State Bank of India fonctionnent avec des cartes étrangères. D'autres banques n'acceptent que les cartes les plus courantes (Visa et MasterCard) – voire aucune carte étrangère.

➡ On peut retirer un montant maximum généralement compris entre 2 000 et 10 000 ₹. Vous économiserez des frais en retirant par gros montants. Les DAB de Citibank sont souvent les meilleurs pour obtenir une grosse somme en un seul retrait.

➡ Avant de partir, assurez-vous que votre carte vous permettra d'accéder au réseau bancaire indien et renseignez-vous sur les frais auprès de votre banque.

➡ Pour éviter que votre carte soit bloquée, prévenez votre banque que vous allez l'utiliser en Inde ; notez les coordonnées de votre agence, au cas où.

➡ Conservez dans un endroit sûr le numéro de téléphone à appeler en cas de perte ou de vol de votre carte ; le cas échéant,

L'INDE DU NORD PRATIQUE

Journaux et magazines Parmi les quotidiens en anglais, citons l'*Hindustan Times*, le *Times of India*, l'*Indian Express*, l'*Hindu*, le *Statesman*, le *Telegraph*, le *Daily News & Analysis* (*DNA*) et l'*Economic Times*. Les publications régionales en anglais et en langue locale sont diffusées dans tout le pays.

Pour les magazines d'actualité en anglais, voyez *Frontline*, *India Today*, *Week*, *Open*, *Tehelka*, *Outlook* et *Motherland*.

Radio Le groupe public All India Radio (AIR) compte 220 stations d'informations régionales et nationales. Parmi la myriade de stations de radio FM, citons Private FM, qui diffuse de la musique, des actualités et des débats, ou encore Mirchi FM.

Télévision La télévision nationale, Doordarshan, compte plusieurs chaînes ; les programmes diffusés par le câble et le satellite sont davantage regardés. La chaîne française France 24 (www.france24.com) est disponible via le câble et le satellite. TV5 Monde (www.tv5.org) est également accessible par le satellite. Renseignez-vous dans les hôtels.

Mesures L'Inde a officiellement adopté le système métrique, mais vous entendrez aussi parler de *lakh* (1 *lakh* = 100 000) ou de *crore* (1 *crore* = 10 millions), un système numéraire spécifique au sous-continent.

faites immédiatement une déclaration.

➡ En dehors des agglomérations importantes, prévoyez toujours du liquide (notamment des roupies).

Espèces

➡ Il est facile de changer des euros ou des dollars.

➡ Certaines agences acceptent aussi les dollars canadiens et les francs suisses.

➡ Les bureaux privés changent un plus grand nombre de devises. Toutefois, les monnaies pakistanaise, népalaise et bangladaise peuvent être difficiles à convertir ailleurs qu'à la frontière.

➡ Si vous voyagez hors des sentiers battus, prévoyez une réserve de roupies.

➡ Recomptez toujours lorsque vous changez de l'argent ou que vous récupérez de la monnaie. N'acceptez pas les coupures trop usées, sales ou déchirées, car vous aurez du mal à les écouler.

➡ Faire de la monnaie s'avère parfois difficile : ayez toujours sur vous une réserve de petites coupures (billets de 10, 20 et 50 ₹).

➡ Il est très facile de changer vos roupies restantes à l'aéroport lors de votre départ. On pourra vous demander de présenter des certificats d'encaissement ou des reçus de carte bancaire, ainsi que votre passeport et votre billet d'avion.

Marché noir

Les bureaux de change officiels sont si répandus que vous n'aurez aucune raison de recourir au marché noir, sauf peut-être pour changer de petites sommes en espèces à un poste-frontière. Si quelqu'un vous aborde dans la rue en vous proposant de changer de l'argent, il y a de fortes chances qu'il s'agisse d'une tentative d'escroquerie.

Monnaie

La roupie indienne (₹) se divise en 100 *paisa*, mais seules les pièces de 50 *paisa* ont un cours légal, et même celles-ci sont rares. Il y a des pièces de 1, 2, 5 et 10 ₹ (les pièces de 1 et 2 ₹ sont quasiment identiques), et des billets de 5, 10, 20, 50, 100, 500 et 2 000 ₹.

Le cours de la roupie, lié à celui d'autres monnaies, a subi des fluctuations ces dernières années.

Pourboire, bakchich et marchandage

➡ Dans les restaurants et les hôtels, le service est souvent compris dans l'addition, auquel cas il n'est pas nécessaire de donner un pourboire. Ailleurs, ils sont les bienvenus.

➡ Dans les hôtels, les porteurs s'attendent à recevoir environ 50 ₹, tout comme le personnel hôtelier, en échange de menus services.

➡ Les chauffeurs de taxi ou de rickshaw n'exigent pas de pourboire, mais celui-ci a un sens quand la qualité du service le justifie.

➡ Si vous louez une voiture avec chauffeur, il est d'usage de donner un pourboire pour le service.

➡ Le terme bakchich peut désigner un pourboire, mais aussi une aumône ou un pot-de-vin.

➡ N'encouragez pas la mendicité des enfants en leur distribuant des bonbons, des stylos ou de l'argent. Faites plutôt un don à une école ou à une organisation caritative.

➡ Hormis dans certains magasins pratiquant des prix fixes (emporiums d'État et coopératives de commerce équitable, par exemple), le marchandage est de rigueur.

Virements internationaux

Si vous vous retrouvez à court d'argent en Inde, vous pourrez obtenir un transfert de fonds auprès de bureaux de change affiliés à **Western Union** (www.westernunion.com), moyennant une commission.

Pour encaisser l'argent, munissez-vous de votre passeport et du numéro de référence qui vous aura été communiqué par la personne qui aura effectué le virement.

PRIX DES RESTAURANTS

Sauf mention contraire, les prix indiqués dans ce guide valent pour un repas classique. Les adresses sont classées par ordre de préférence de l'auteur et par catégories de prix.

$ petits budgets <150 ₹

$$ catégorie moyenne 150-300 ₹

$$$ catégorie supérieure >300 ₹

Assurance

➡ Il est conseillé de souscrire une police d'assurance qui vous couvrira en cas d'annulation de votre voyage, de vol, de perte de vos affaires, de maladie ou encore d'accident.

➡ Lisez avec la plus grande attention les clauses en petits caractères : c'est là que se cachent les restrictions. Vérifiez notamment que les "sports à risques", comme la moto ou même la randonnée, ne sont pas exclus de votre contrat, ou encore que le rapatriement médical d'urgence, en ambulance ou en avion, est couvert.

- Certaines agences de trekking n'acceptent que les clients dont l'assurance prévoit le rapatriement sanitaire par hélicoptère.
- Si vous louez une moto en Inde, vérifiez bien que vous possédez au minimum une assurance responsabilité civile (reportez-vous aussi p. 829).
- En cas de vol, faites une déclaration auprès de la police indienne, car celle-ci vous sera demandée par votre assureur.
- Attention ! Avant de choisir une police d'assurance, vérifiez que vous ne bénéficiez pas déjà d'une assistance par votre carte bancaire, votre mutuelle ou votre assurance automobile. C'est bien souvent le cas.
- Reportez-vous également à la rubrique *Assurance* du chapitre *Santé*, p. 836.

Cartes et plans

En France, l'**IGN** (www.ign.fr) publie une carte *Inde* au 1/2 500 000. Vous pourrez également vous procurer la carte *Inde, Pakistan, Népal* au 1/4 000 000 publiée par Berlitz, ou la carte *Inde, Népal, Bhoutan, Bangladesh, Sri Lanka* au 1/2 500 000 éditée par Marco Polo. Également disponible : la carte de trekking au 1/350 000 couvrant l'Himalaya indien et publiée par terraQuest. Les cartes imprimées en Inde ne sont pas toujours fiables. Vous trouverez des cartes touristiques basiques dans les différents offices du tourisme des États. La couverture GPS est bonne dans les zones les plus peuplées.

Eicher Cartes d'États variées indiquant réseaux routier et ferré.

Leomann Maps Publie des cartes de trekking pratiques pour le Jammu-et-Cachemire, l'Himachal Pradesh et l'Uttarakhand.

Nelles (www.nelles-verlag.de)

Nest & Wings (www.nestwings.in)

Survey of India (www.surveyofindia.gov.in)

TTK (www.ttkmaps.com)

Cours de langues

Il y a en Inde un vaste choix de cours de langues. Certains organismes imposent une durée minimale pour leur stage.

Delhi Cours d'hindi au **Central Hindi Directorate** (carte p. 70 ; ☎011-26178454 ; hindinideshalaya.nic.in ; West Block VII, RK Puram, Vivekanand Marg ; 60 heures 6 000 ₹) ; et d'hindi, d'ourdou et de sanskrit au **Zabaan Language Institute** (zabaan.com).

Himachal Pradesh Cours de tibétain sur 3 mois à la **Library of Tibetan Works & Archives** (carte p. 322 ; ☎9218422467 ; www.ltwa.net ; Gangchen Kyishong ; ⌚9h-13h et 14h-17h lun-sam, fermé 2e et 4e sam du mois) à McLeod Ganj. D'autres établissements de McLeod Ganj proposent des cours de tibétain et d'hindi.

Uttar Pradesh Cours d'hindi aux **Pragati Hindi Classes** (carte p. 388 ; ☎9335376488 ; www.pragatihindi.com ; B-7/176 Harar Bagh), à Varanasi.

Uttarakhand Cours d'hindi à la **Landour Language School** (☎0135-2631487 ; www.landourlanguageschool.com ; Landour ; groupe/individuel 350/575 ₹ l'heure ; ⌚fév-déc), à Mussoorie.

Bengale-Occidental Cours de tibétain au **Manjushree Centre of Tibetan Culture** (carte p. 508 ; ☎0354-2252977 ; www.manjushreetibcentre.org ; 12 Gandhi Rd ; 200 ₹/heure ; ⌚mi-mars à mi-déc), à Darjeeling.

Douane

À votre arrivée en Inde, vous êtes censé déclarer vos roupies indiennes au-delà de 10 000 ₹, vos dollars US à partir de de 5 000 $US, et toute somme en devises excédant 10 000 $US.

Vous pourrez importer au maximum un ordinateur portable, 2 L d'alcool, 100 cigarettes ou équivalent,

OBJETS INTERDITS À L'EXPORTATION

Afin de protéger le patrimoine culturel indien, l'exportation de certaines antiquités est interdite, notamment celle des objets qui ont plus de cent ans. Les antiquaires de bonne réputation peuvent produire des certificats d'exportation pour les pièces autorisées. Une liste détaillée des objets interdits est consultable sur le site Web de l'Archaological Survey of India (ASI ; asi.nic.in).

L'Indian Wildlife Protection Act interdit tout commerce d'animaux sauvages. N'achetez pas de souvenirs dont la fabrication menace les espèces et les habitats en voie de disparition – vous vous exposeriez en outre à une lourde amende, voire à une peine de prison. Cette réglementation s'applique à l'ivoire, aux châles *shahtoosh* (en laine d'antilope tibétaine) et à tout objet réalisé avec la fourrure, la peau, les cornes ou la carapace d'une espèce en danger. Les produits à base de certaines plantes rares sont également interdits à l'exportation.

et 8 000 ₹ de cadeaux et souvenirs.

Pour de plus amples détails, consultez le site des **douanes indiennes** (www.cbec.gov.in/index).

Électricité

En Inde, les prises sont constituées de 2 broches rondes ou, plus rarement, de 3 broches rondes.

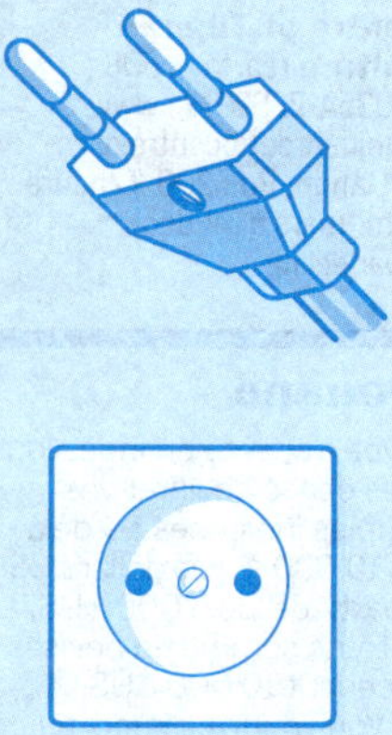

Type C
230 V/50 Hz

Type D
230 V/50 Hz

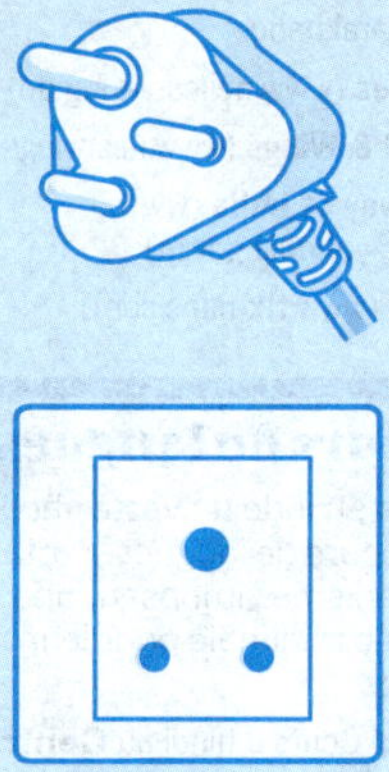

Type M
230 V/50 Hz

Formalités et visas

Les ressortissants français, belges, suisses et canadiens doivent faire une demande de visa *avant* leur arrivée en Inde. Ils peuvent obtenir à leur arrivée en Inde un "e-Tourist Visa" valable 60 jours après en avoir fait la demande en ligne (entre 4 et 120 jours avant le départ) ; il est valide à partir du jour de votre arrivée. Pour des séjours plus longs, il vous faudra un visa de tourisme de 6 mois, valable dès le jour de la délivrance du visa, et non à partir de l'arrivée en Inde.

Avant le départ, il est impératif de contacter les ambassades et les consulats pour s'assurer que les modalités d'entrée sur le territoire n'ont pas changé. Nous vous conseillons de photocopier tous vos documents importants (pages d'introduction de votre passeport, cartes bancaires, police d'assurance, billets de train/d'avion/de bus, permis de conduire, etc.) et de conserver les copies à part des originaux. Vous pouvez aussi les scanner, et les envoyer dans un fichier attaché sur votre propre messagerie. Vous les remplacerez ainsi plus aisément en cas de perte ou de vol.

e-Tourist Visa (eTV)

Les Français, les Belges et les Canadiens sont éligibles au visa électronique (e-Tourist Visa, eTV).

Ce visa électronique est réservé aux personnes qui pénètrent en Inde du Nord par l'un des 11 aéroports suivants : Ahmedabad, Amritsar, Bagdogra, Chandigarh, Delhi, Kolkata, Guwahati, Jaipur, Gaya, Lucknow, Varanasi – en Inde du Sud, 13 aéroports et 3 ports permettent également d'en bénéficier.

Il peut être délivré pour une période de 60 jours, et pour une double entrée, mais ne peut être prorogé.

Il n'est pas possible d'obtenir plus de deux visas électroniques sur une année civile.

Les demandeurs doivent être en possession d'un passeport valide au minimum 6 mois après la date d'entrée sur le territoire, et avec au moins deux pages vierges.

Les demandes doivent être effectuées au minimum 4 ou 5 jours, et au maximum 120 jours avant le départ à l'adresse suivante : https://indianvisaonline.gov.in/evisa/tvoa.html.

N'oubliez pas d'imprimer l'autorisation délivrée à la suite de la demande : vous devrez la présenter avec votre passeport à l'arrivée.

Lors de nos recherches, les frais s'élevaient à 60 $US. Ils pourraient évoluer – et varier en fonction des nationalités.

Notez qu'en aucun cas ce visa ne pourra vous être délivré sans enregistrement préalable à l'arrivée.

Autres visas

➡ Si vous souhaitez rester plus de 60 jours ou si vous ne pouvez pas prétendre au « e-visa », vous devrez obtenir un visa classique.

- Les services consulaires des ambassades de l'Inde à l'étranger ne se chargent pas de délivrer les visas, mais délèguent ce service à des sociétés extérieures.
- Les demandes des ressortissants français, belges et suisses sont traitées par la société britannique **VFS Global** France (☎08 92 23 03 58 ; www.vfsglobal.com/india/france/) ; Belgique (in.vfsglobal.be) ; Suisse (☎ 0900-0000 18 ; in.vfsglobal.ch) ; celles des ressortissants canadiens sont gérées par **BLS International** (Montréal 1-514 218 5063 ; www.blsindia-canada.com).
- En France, quel que soit le lieu de résidence du demandeur, les demandes de visa peuvent être déposées dans un **centre de demande VFS** à Paris (42-44 rue de Paradis, 75010 Paris) ; à Lyon (20 rue de la Villette, 5e ét., Le Bonnel, 69328 Lyon Cedex 03) ; à Marseille (165 avenue du Prado, 13008 Marseille) ; à Strasbourg (20 pl. des Halles, 13e ét., Tour Europe, 67000 Strasbourg) ; et à Bordeaux (81 bd Pierre-Ier, 33110 Le Bouscat, Bordeaux). Elles peuvent aussi être souscrites par courrier adressé à **VF Services UK Limited** (42-44 rue de Paradis, 75010 Paris).
- En Belgique, il existe un **centre de demande à Bruxelles** (19 avenue Emile De Mot, 8e ét., 1000 Bruxelles).
- En Suisse, vous pourrez vous adresser au **centre de demande à Genève** (70 rue de Lausanne, 1202 Genève).
- Au Canada, il existe une dizaine de centres de demande, dont un à **Montréal** (1000 Sherbrook St West, Unit 701) et un à **Toronto** (1448 Lawrence Avenue East, Unit 6A).
- Pour de plus amples détails, consultez les sites de VFS Global ou de BLS International.
- Votre passeport doit être valide au minimum 6 mois et comporter au moins 2 pages vierges.
- La plupart des voyageurs peuvent obtenir un visa touristique de 6 mois, valable pour plusieurs entrées – toutefois, sa délivrance n'est pas automatique.
- Les visas touristiques sont valables à compter de leur date d'émission et non de la date de votre arrivée en Inde.
- Les visas pour étudier ou travailler en Inde sont assortis de conditions strictes. Renseignez-vous auprès de l'ambassade d'Inde de votre pays.
- Pour accompagner votre demande, vous devrez fournir 2 photos d'identité, en couleurs, de 5 x 5 cm – ce qui est supérieur aux dimensions des photos d'identité habituelles.
- Vous devrez théoriquement présenter un billet aller-retour ou une preuve de la poursuite de votre voyage – dans la pratique, ils ne sont pas toujours demandés.
- Les personnes d'origine indienne qui détiennent un passeport d'un autre pays (à l'exception des ressortissants du Pakistan et du Bangladesh) peuvent obtenir des visas de longue durée.
- Pour les visas d'une durée supérieure à 6 mois, vous devrez vous faire enregistrer auprès du **Bureau régional d'enregistrement des étrangers** (Foreigners' Regional Registration Office, FRRO ; carte p. 70 ; ☎011-26711443 ; frrodil@nic.in ; Level 2, East Block 8, Sector 1, Rama Krishna Puram, Delhi ; ⏲9h30-15h lun-ven ; Ⓜ Green Park) à Delhi dans les 14 jours qui suivent votre arrivée en Inde. Renseignez-vous lors de votre demande.

Entrées multiples

La majorité des voyageurs sont autorisés à se déplacer librement entre l'Inde et ses pays frontaliers.

Prorogations de visa

L'Inde a toujours été stricte concernant les prorogations de visa. Au moment de la rédaction de ce guide, le gouvernement n'accordait des prorogations que dans des circonstances exceptionnelles, telles qu'une urgence médicale ou un vol de passeport survenus juste avant que le voyageur quitte le pays (avant la date d'expiration du visa).

Si vous êtes dans ce cas, contactez le **Bureau régional d'enregistrement des étrangers** (Foreigners' Regional Registration Office, FRRO ; carte p. 70 ; ☎011-26711443 ; frrodil@nic.in ; Level 2, East Block 8, Sector 1, Rama Krishna Puram, Delhi ; ⏲9h30-15h lun-ven ; Ⓜ Green Park), à Delhi. Vous pourrez demander un visa de remplacement et obtenir un nouveau passeport en cas de vol ou de perte (obligatoire pour quitter le pays). Les bureaux régionaux du FRRO délivrent plus difficilement des extensions de visa.

En admettant que vous répondiez aux critères d'attribution drastiques, le FRRO délivre gratuitement des prorogations pour une durée de 14 jours. Emportez une photo d'identité (prenez-en deux au cas où), votre passeport (ou votre titre de voyage d'urgence si vous n'avez plus votre passeport), et, si votre urgence est d'ordre médical, un document écrit de l'hôpital où vous êtes traité. Notez que ce système vise surtout à vous permettre de quitter promptement le pays en respectant la procédure officielle. En aucun cas il n'est destiné à vous octroyer deux semaines de vacances supplémentaires.

Permis de voyage

L'accès à certaines régions d'Inde – notamment près des frontières contestées – est restreint par un système de permis spéciaux, dont l'application est légèrement différente pour les Indiens et les étrangers.

Il vous faudra un permis appelé Inner-Line Permit (ILP) ou Restricted Area Permit (RAP) pour visiter l'Arunachal Pradesh, le Sikkim et les zones de l'Himachal Pradesh, du Ladakh et de l'Uttarakhand bordant la frontière contestée avec la Chine/ Tibet. Il faut également un permis pour se rendre dans certaines zones du Kutch, dans le Gujarat.

Obtenir un ILP/RAP n'est généralement qu'une formalité. Les agences de voyages doivent le demander pour vous pour certaines régions, notamment pour les treks passant près de la frontière.

Les permis sont délivrés par les magistrats et les commissaires locaux, soit directement aux voyageurs (gratuitement), soit à une agence de voyages (contre une redevance). Pour visiter certaines zones, vous devrez également payer une taxe environnementale de 300 ₹ ; pensez à conserver le reçu.

Vérifiez auprès des offices du tourisme que la réglementation des permis n'a pas changé avant de visiter les régions concernées.

Handicapés

Si vous êtes une personne à mobilité réduite ou malvoyante, voyager en Inde peut s'avérer éprouvant. Si votre mobilité est très réduite, il est conseillé de voyager avec une personne non handicapée. L'un des avantages de l'Inde pour les voyageurs handicapés est qu'ils peuvent facilement engager un assistant, ou louer une voiture avec chauffeur par exemple.

Accessibilité Si certains restaurants et bureaux sont équipés de rampes, la plupart sont accessibles par au moins une marche. Les escaliers sont souvent raides ; beaucoup d'ascenseurs s'arrêtent à l'entresol entre les étages.

Hébergement Les hôtels équipés pour accueillir les personnes en fauteuil roulant appartiennent presque exclusivement à la catégorie supérieure. Renseignez-vous avant le départ. Dans les hôtels non aménagés, réservez une chambre au rez-de-chaussée.

Transports La location d'un véhicule privé avec chauffeur pourra faciliter grandement vos déplacements. Si vous êtes en fauteuil roulant, assurez-vous que la société de location vous fournisse un véhicule pouvant le transporter.

Trottoirs Les trottoirs, quand ils existent, sont bondés et jonchés de nids-de-poule et de débris. Si vous utilisez des béquilles, prévoyez des embouts en caoutchouc de rechange.

L'**APF** (Association des paralysés de France ; ☎01 40 78 69 00 ; www.apf.asso.fr ; 17 bd Auguste-Blanqui, 75013 Paris) peut fournir des informations utiles sur les voyages accessibles. L'agence de voyages **Yoola** (www.yoola.fr) et l'association **Ailleurs & Autrement** (www.ailleursetautrement.fr) organisent des voyages adaptés aux personnes à mobilité réduite. **Yanous** (www.yanous.com) et **handicap.fr** (www.handicap.fr) constituent également de bonnes sources d'information.

Hébergement

L'Inde offre aux voyageurs un vaste choix d'hébergements, qui vont de l'auberge de jeunesse moderne et tout confort à l'opulent palais avec piscines privatives, et du taudis sordide avec douche au seau à la pension confortable avec cuisine maison divine. Dans ce guide, les adresses sont classées par catégorie de prix, et par ordre de préférence de l'auteur.

Catégories

La catégorie petits budgets (indiquée par un $) regroupe les auberges de jeunesse, les hôtels et pensions en ville, et les hébergements chez l'habitant dans les villages. Les hôtels de catégorie moyenne ($$) offrent généralement des commodités supplémentaires, comme la TV satellite et la clim. La catégorie supérieure ($$$) inclut notamment les chaînes cinq étoiles et les palais somptueux.

Tarifs

➡ Les tarifs hôteliers, toutes catégories confondues, varient grandement d'un endroit à l'autre, si bien qu'il est difficile de déterminer une moyenne pour l'ensemble de l'Inde du Nord. Vous trouverez en tête de chaque chapitre régional un encadré intitulé *Tarifs des hébergements*, indiquant les catégories tarifaires pour la région concernée. Gardez à l'esprit que la plupart des établissements augmentent leurs prix d'une année sur l'autre : attendez-vous à des hausses par rapport aux prix indiqués. Les prix sont plus élevés dans les grandes villes (telles que Delhi), plus bas dans les zones rurales (comme le Bihar). Ils varient aussi suivant les périodes – les tarifs hôteliers peuvent chuter de 20 à 50% en dehors de la haute saison. Sauf indication contraire, les tarifs cités dans ce guide valent pour une chambre double avec sdb. Dans certaines régions comme le Ladakh, le Cachemire et le Sikkim, vous paierez moins cher sans réserver.

Réservations

➡ Il est préférable de réserver, a fortiori dans les endroits les plus touristiques. Certains hôtels exigent des arrhes.

➡ Vous pouvez réserver à partir des portails Internet indiens Goibibo (www.

goibibo.com) et Oyo Rooms (www.oyorooms.com), qui proposent de belles réductions sur les hôtels de catégories moyenne et supérieure avec lesquels ils ont des accords, mais la qualité de ces établissements est variable.

- Certaines adresses demandent un acompte à la remise des clés. Exigez un récépissé. Refusez de signer un reçu de carte bancaire sans indication de montant. En cas de doute, payez en espèces.
- Vérifiez à quelle heure vous devrez quitter la chambre dès votre arrivée à l'hôtel.
- Les hôtels proposent souvent des packs variés : European Plan (EP ; chambre uniquement) ; Continental Plan (CP ; petit-déjeuner inclus) ; Modified American Plan (MAP ; demi-pension, avec petit-déjeuner et déjeuner ou dîner) ; American Plan (AP ; pension complète) ; et Jungle Plan (dans certains lodges en forêt – AP avec safaris inclus).

Saisons

- Les prix indiqués dans ce guide correspondent aux tarifs pleins en haute saison, qui coïncide avec le meilleur climat pour les activités privilégiées dans une région donnée : printemps et automne (mars-mai et septembre-novembre) dans les montagnes ; mois frais (novembre à mi-février) dans les plaines.
- Dans les régions prisées par les touristes étrangers, les prix flambent à nouveau pendant la période de Noël et du Nouvel An ; réservez longtemps à l'avance.
- À d'autres périodes, les tarifs peuvent baisser considérablement ; si l'hôtel ne vous semble pas complet, demandez une réduction.
- Certains hôtels ferment pendant la mousson ; certaines stations d'altitude comme Manali ne fonctionnent pas en hiver.
- Dans les villes de pèlerinage, les prix s'envolent lors des grandes fêtes.

Taxes et services

- Les États imposent diverses taxes sur l'hébergement en hôtel (excepté pour les hôtels les moins chers, facturant moins de 1 000 ₹ la chambre environ), qui se rajoutent au prix de la chambre.
- Ces taxes varient d'un État à l'autre, mais aussi d'une catégorie à l'autre au sein d'un même État, car les hôtels les plus chers appliquent des taxes plus élevées.
- Il y a généralement une "taxe luxe" de 10 à 15 %.
- De nombreux établissements haut de gamme facturent un supplément pour le service, qui s'élève à 10% environ.
- Vous devrez aussi payer 0,05 % par personne pour le Krishi Kalyan Cess (fonds national pour l'agriculture) et 0,05 % pour le Swaccha Bharat Abhiyan Cess (fonds national pour la santé publique et les infrastructures).
- Les tarifs indiqués dans ce guide incluent les taxes.
- Notez que la nouvelle Goods & Service Tax (taxe sur les biens et les services ; GST), qui a pris effet le 1er juillet 2017, pourrait affecter les tarifs hôteliers à travers le pays.

Campings et campements

L'Inde compte peu de campings. Néanmoins, les voyageurs motorisés parviendront généralement à s'entendre avec les responsables d'hôtels avec jardin : ils pourront se garer et camper moyennant une somme modique, comprenant l'accès à une sdb commune. Le camping sauvage est souvent la seule option possible lors d'un trek.

Dans les régions montagneuses ou désertiques, des campements, installés uniquement pour l'été, comprennent des *Swiss tents* ("tentes suisses") avec sdb.

Dortoirs

L'Inde compte de plus en plus d'auberges de jeunesse modernes et d'excellente qualité, notamment à Delhi et Varanasi. Dortoirs climatisés, café/bar, casiers fermés et Wi-Fi gratuit ; des établissements très appréciés des voyageurs souhaitant faire des rencontres. Il y a généralement plusieurs dortoirs mixtes et un dortoir réservé aux femmes. Parmi les grandes chaînes comptant des auberges de jeunesse à travers tout le pays, citons **Stops** (www.gostops.com), **Backpacker Panda** (www.backpackerpanda.com), **Vedanta Wake Up!** (www.vedantawakeup.

RÉSERVATION EN LIGNE

Trouvez un vol, un séjour ou un hôtel en quelques clics dans la rubrique "Réserver" de *www.lonelyplanet.fr.*

TARIFS DES HÉBERGEMENTS

CATÉGORIE	KOLKATA	RAJASTHAN	SIKKIM
$ petits budgets	<2 000 ₹	<1 500 ₹	<1 500 ₹
$$ moyenne	2 000-6 000 ₹	1 500-5 000 ₹	1 500-5 000 ₹
$$$ supérieure	>6 000 ₹	>5 000 ₹	>5 000 ₹

com), **Moustache** (www.moustachehostel.com) et **Zostel** (www.zostel.com).

De nombreux établissements bon marché proposent un hébergement mixte en dortoir, qui accueille davantage les chauffeurs routiers que les voyageurs – c'est une option déconseillée aux femmes. Mieux vaut essayer la poignée d'auberges de jeunesse gérées par YMCA, YWCA et l'Armée du Salut, ou affiliées à HI (Hostelling International) ou à YHAI (Youth Hostels Association of India), plus accueillantes quoique quelque peu institutionnelles.

Hébergements chez l'habitant

Les pensions tenues par des familles conviendront aux voyageurs en quête d'un hébergement à taille humaine, dans un cadre traditionnel où on leur servira des repas maison.

De la hutte villageoise en pisé avec toilettes à la turque aux confortables maisons des classes moyennes urbaines, le choix est vaste.

Dans le Ladakh, on trouve partout des chambres chez l'habitant, mais elles sont basiques et les tarifs sont relativement élevés.

Certaines adresses se présentent comme des hébergements chez l'habitant, mais sont gérées comme des hôtels, avec peu ou pas d'interactions avec la famille : renseignez-vous à l'avance.

Les offices du tourisme locaux vous procureront les listes des familles proposant ce type d'hébergement.

Hébergements et bungalows touristiques d'État

L'État indien administre un réseau de pensions (*guesthouses*) connues sous des appellations diverses : *rest houses*, *dak bungalows*, *circuit houses*, PWD (Public Works Department), bungalows, *forest rest houses*... Normalement réservées aux fonctionnaires, elles acceptent les touristes à l'occasion – parfois sous réserve d'une autorisation délivrée par les autorités locales.

Les bungalows touristiques (*tourist bungalows*) sont gérés par les autorités régionales. Les tarifs des chambres (dont le confort et la qualité varient grandement) relèvent généralement de la catégorie moyenne ; certains disposent de dortoirs bon marché.

Des États indiens gèrent également des chaînes plus onéreuses, comprenant de superbes hôtels historiques. Les offices du tourisme publics vous renseigneront.

Hôtels pour petits budgets et de catégorie moyenne

- D'ordinaire, seules les options les plus économiques ont des sdb communes (souvent avec toilettes à la turque).
- Si vous prévoyez de fréquenter des établissements bon marché, apportez un sac à viande ou un sac de couchage, une serviette et du savon.
- Du répulsif à insectes, une lampe torche et un cadenas sont des accessoires essentiels dans de nombreux hôtels bon marché.
- Le bruit peut poser problème, surtout en ville ; prévoyez des bouchons d'oreilles et demandez, dans la mesure du possible, une chambre ne donnant pas sur une rue fréquentée.
- Il est conseillé de garder votre porte fermée à clé à tout moment : le personnel (surtout dans les hôtels pour les petits budgets) a tendance à entrer directement après avoir frappé, sans attendre d'y être invité !
- Certains hôtels ferment leurs portes la nuit. Prévenez la réception si vous prévoyez d'arriver tard ou de partir très tôt.
- En dehors des zones touristiques, les adresses très bon marché n'acceptent pas toujours les étrangers, car elles ne disposent pas du formulaire d'enregistrement requis.

Hôtels de catégorie supérieure et hôtels historiques

Les extraordinaires hôtels haut de gamme indiens vous laisseront bouche bée. Des chaînes d'hôtels cinq étoiles aux palais historiques, vous y serez comme dans un cocon, protégé du monde extérieur. Certains États comme le Gujarat comptent de plus en plus d'édifices historiques reconvertis en hôtels.

L'annuaire de l'**Indian Heritage Hotels Association** (Association des hôtels historiques indiens) est consultable en ligne, à l'adresse suivante : indianheritagehotels.com.

Retiring rooms des gares ferroviaires

La plupart des grandes gares hébergent les voyageurs en possession d'un billet de train ou d'un forfait Indrail Pass dans des *retiring rooms* (avec possibilité de *check-out* 24h/24), ce qui peut constituer une solution pratique pour un départ matinal.

Il s'agit de chambres ou de dortoirs, souvent bruyants, défraîchis ou étonnamment plaisants selon l'endroit – de nombreux hébergements offrent un choix de chambres ou de dortoirs correspondant à la classe de votre compartiment.

Les plus petites gares ne disposent parfois que de salles d'attente (elles aussi divisées par classes).

Temples et hébergements pour pèlerins

Certains ashrams (lieux de retraite spirituelle), *gurdwara* (temples sikhs) et *dharamsala* (gîtes pour pèlerins) hébergent les visiteurs moyennant un don ou des frais peu élevés. Des repas végétariens sont généralement servis dans les réfectoires.

Ces endroits sans prétention sont destinés aux pèlerins ; aussi, faites preuve de bon sens et n'abusez pas de leur hospitalité.

Si l'on vous y accueille, conformez-vous aux usages en vigueur. Il est strictement interdit de fumer et de boire dans ces hébergements.

Heure locale

L'heure de référence, appelée Indian Standard Time (IST), avance de 5 heures 30 sur l'heure GMT/UTC. L'Inde ne pratique pas de changement d'heure. Quand il est 12h à Paris, il est 16h30/15h30 à Delhi en hiver/été.

Heures d'ouverture

Les heures d'ouverture des banques, des administrations et des restaurants sont valables toute l'année ; de nombreux sites touristiques ont des horaires d'été et des horaires d'hiver, et certains sont fermés en basse saison.

Banques (nationalisées) 10h-14h/16h lun-ven, jusqu'à 12h/13h/16h sam ; fermées les 2e et 4e samedis du mois

Bars et clubs 12h-0h30

Bureaux de poste 9h30-17h lun-sam

Magasins 10h-19h ou 20h, parfois fermés le dimanche

Marchés 10h-19h dans les grandes villes, généralement fermés 1 jour par semaine ; marchés de campagne une fois par semaine, le matin

Restaurants 8h-22h ou déj 12h-15h et dîner 19h-22h ou 23h

Homosexualité

Après avoir été dépénalisée en 2009, l'homosexualité est redevenue illégale en Inde en 2013. La situation est moins difficile pour les transgenres : en 2014, une décision de justice a officiellement reconnu l'existence d'un troisième genre en Inde, et constitue une étape vers l'intégration d'une population transgenre (les *hijra*) aussi vaste que marginalisée.

Dans ce pays conservateur, les voyageurs gays et lesbiennes devront se faire discrets. Les marques d'affection en public sont mal perçues, y compris venant des couples hétérosexuels.

Malgré l'interdiction, on trouve une scène gay (et des marches des fiertés) dans différentes villes, y compris à Delhi et à Kolkata.

Sites Web et publications

Gay Delhi (www.gaydelhi.org). Groupe de soutien LGBT ; organise des événements à Delhi.

Gaysi Zine (gaysifamily.com/). Mensuel et site Web publiant des écrits d'homosexuels ou sur des questions liées à l'homosexualité.

Indian Dost (www.indiandost.com/gay.php). Infos et coordonnées de groupes à contacter en Inde.

Indja Pink (www.indjapink.co.in). Première "agence de voyages gay" du pays, fondée par un célèbre couturier indien.

Pink Pages (pink-pages.co.in). Magazine national gay lancé il y a presque 10 ans.

Queer Ink (www.queer-ink.com). Librairie en ligne spécialisée dans la littérature gay et lesbienne indienne.

Internet (accès)

Il y a de moins en moins de cybercafés depuis que le Wi-Fi et la 3G/4G sont largement accessibles ; le Wi-Fi est généralement gratuit, même si certains établissements le font payer. De nombreux restaurants et cafés proposent un accès Wi-Fi gratuit, notamment les franchises de Café Coffee Day.

Bon à savoir

- Les tarifs pour se connecter à Internet varient de 15 à 100 ₹ de l'heure selon la région (parfois jusqu'à 500 ₹ dans les hôtels cinq étoiles) ; il y a souvent un minimum de 15 à 30 minutes.
- Les connexions sont généralement plus lentes tôt le matin et en début d'après-midi.
- Certains établissements exigeront de voir votre passeport.

Sécurité

Il est déconseillé de se connecter à un site de banque en ligne par le biais d'une connexion non sécurisée. Si vous n'avez pas le choix, mieux vaut changer tous vos mots de passe (e-mail, banque, code 3-D Secure pour la carte bancaire, etc.) une fois de retour.

Ordinateurs portables

- Le moyen le plus simple de vous connecter à Internet en l'absence de Wi-Fi est d'utiliser le partage de données de votre smartphone (avec une carte SIM locale pour éviter les frais d'itinérance).
- Autrement, les opérateurs Reliance, AirTel, Tata Docomo et Vodafone vendent des clés USB 3G/4G prépayées. Il vous faudra une pièce d'identité et un justificatif de domicile en Inde ; l'activation peut prendre jusqu'à 24 heures. Si l'on prend Vodafone, une clé coûte 1 500 ₹, la carte SIM 549 ₹, et une recharge de 20 GB 1 999 ₹. Vous pouvez également opter pour un modem Wi-Fi de poche (jusqu'à 10 connexions simultanées) pour 2 399 ₹ et 549 ₹ pour la SIM, avec les mêmes frais de recharge.

- Assurez-vous que votre opérateur couvre toutes les destinations que vous prévoyez de visiter.
- Il peut être utile d'investir dans un adaptateur universel avec fusible, afin de protéger vos appareils des coupures et microcoupures de courant.
- On trouve des adaptateurs de prises partout. En revanche, prévoyez des fusibles de rechange.

Jours fériés

Il existe trois jours fériés nationaux officiels : la fête de la République, la fête de l'Indépendance et l'anniversaire de Gandhi (Gandhi Jayanti). Il y a par ailleurs d'autres jours fériés, célébrés dans le pays entier ou dans certaines régions. La plupart marquent des fêtes religieuses (de différentes confessions) ; leur date varie. Dix-huit fêtes (les "*gazetted holidays*"), les plus importantes, sont marquées par les administrations de tout le pays. Ces jours-là, la plupart des entreprises (bureaux, boutiques, etc.), des banques et des sites touristiques sont fermés, mais les transports fonctionnent généralement normalement. Si vous prévoyez de séjourner en Inde pendant des festivités importantes, il est conseillé de réserver tôt les transports et les hébergements.

Fête de la République 26 janvier

Holi Février/mars

Ram Navami Mars/avril

Mahavir Jayanti Mars/avril

Vendredi saint Mars/avril

Anniversaire du docteur BL Ambedkar 14 avril

Buddha Purnima Mai

Aïd al-Fitr Juin

Fête de l'Indépendance 15 août

Janmashtami Août/septembre

Aïd al-Adha Août/septembre

Dussehra Septembre/octobre

Gandhi Jayanti 2 octobre

Muharram Septembre/octobre

Diwali Octobre/novembre

Guru Nanak Jayanti Novembre

Naissance de Mahomet Novembre/décembre

Noël 25 décembre

Offices du tourisme

Avant toute chose, consultez le site officiel du tourisme indien : **Incredible India** (https://incredibleindia.org/), très complet. Les sites des offices du tourisme de chaque État sont aussi de bonnes sources d'information (reportez-vous au chapitre *L'essentiel*, p. 16).

Offices du tourisme à l'étranger

L'Office national indien du tourisme (India Tourism) possède des bureaux à l'étranger, dont les suivants :

France (☎01 45 23 30 45 ; 13 bd Haussmann, 75009 Paris)

Canada (☎416-962 3787/88 ; 60 Bloor St, West Suite 1003, Toronto, M4W 3B8)

Offices du tourisme en Inde du Nord

En Inde du Nord, en plus des offices du tourisme du Government of India (ou India Tourism), chaque État possède son propre réseau d'offices du tourisme. L'accueil et l'efficacité varient. Dans certains, le personnel est dynamique ; dans d'autres, il se contente de réunir des clients pour les excursions de la STDC (State Tourism Development Corporation).

Photographie

Pour des conseils professionnels, procurez-vous l'ouvrage *La Photo de voyage* de Richard I'Anson, publié par Lonely Planet.

- Il est interdit de photographier les installations militaires, les gares ferroviaires, les ponts, les aéroports et les zones frontalières sensibles.
- Il est généralement permis de prendre des photographies depuis un avion, à moins que le décollage (ou l'atterrissage) n'ait lieu dans un aéroport partagé avec l'armée.
- De nombreux lieux de culte (temples, monastères et mosquées) interdisent les photographies. Prendre des clichés à l'intérieur d'un sanctuaire, lors d'un enterrement ou d'une cérémonie religieuse, ou photographier des gens qui se baignent en public (y compris dans les fleuves) peut être jugé offensant. Demandez toujours l'autorisation.
- Les temples interdisent parfois l'utilisation du flash dans certains secteurs ou dans la totalité du site.
- Si vous voulez photographier des personnes, en particulier des femmes, sollicitez d'abord leur permission.
- Dans les endroits touristiques, il n'est pas rare que les gens réclament une rémunération pour figurer sur les photos. À vous de juger si leur demande est légitime. Dans tous les cas, mieux vaut s'entendre au préalable pour éviter tout malentendu.

Poste

L'Inde possède un immense réseau postal comptant plus de 150 000 bureaux de poste. Les services de courrier et de poste restante sont globalement bons, même si les délais de livraison dépendent de l'efficacité de chaque bureau de poste. Préférez les envois par avion plutôt que par bateau, et recourez à une société internationale comme DHL ou TNT pour expédier ou recevoir des objets de valeur. Il vous en coûtera environ 3 500 ₹/kg pour l'Europe ou l'Amérique du Nord. Des petites messageries privées facturent moins cher, mais regroupent parfois les paquets pour réduire les frais, si bien que certains peuvent se perdre en route.

Envoyer du courrier

LETTRES

- Envoyer une lettre par avion/un aérogramme coûte 25/15 ₹.
- Pour les cartes postales par avion, comptez environ 12 ₹.
- Collez de préférence les timbres *avant* de rédiger vos cartes postales, car il pourra vous en falloir jusqu'à quatre par carte.
- Un supplément de 50 ₹ s'applique aux lettres en recommandé.

COLIS

- Envoyer un colis par avion coûte entre 400 et 850 ₹ (jusqu'à 250 g), plus 50 à 150 ₹ par tranche de 250 g supplémentaires (au-delà de 2000 g, la tarification change).
- Le poids maximal autorisé est compris entre 20 et 30 kg.
- Pour un envoi par avion/bateau/avion et bateau, les délais de livraison sont de 3 semaines/2 à 4 mois/1 mois.
- Un envoi en Express Mail Service (EMS ; livraison sous 3 jours) coûte 30 % de plus qu'un envoi par avion standard.
- Les colis doivent être emballés de tissu blanc et cachetés à la cire – des agents proposent généralement ce service devant les bureaux de poste.
- On vous remettra au bureau de poste le formulaire de déclaration en douane, à agrafer ou à coller sur le paquet. Si le contenu du colis est un "cadeau" dont la valeur n'excède pas 1 000 ₹, votre destinataire n'aura pas à payer de droits de douane à l'arrivée.
- Prévoyez un marqueur indélébile pour écrire sur le colis les informations requises par le guichetier.
- Vous pouvez envoyer des documents imprimés en "Bulk Bag" pour 350 ₹ (maximum 5 kg, plus 100 ₹ par kilo supplémentaire). Les colis doivent pouvoir s'ouvrir pour l'inspection par la douane.

Recevoir du courrier

- Demandez à vos correspondants de rédiger votre adresse en mentionnant d'abord votre nom de famille en lettres capitales, souligné, puis "poste restante", GPO (poste centrale) et le nom de la ville. Beaucoup de lettres "perdues" sont en fait classées sous le prénom. Vérifiez toujours vos nom et prénom, et demandez à l'expéditeur d'indiquer son adresse au dos du courrier.
- Lors du retrait, vous devrez présenter votre passeport.
- Les lettres envoyées en poste restante sont en général conservées un ou deux mois, puis retournées à l'expéditeur.
- Pour les paquets, préférez un envoi en recommandé.

Problèmes juridiques

Si vous vous trouvez dans une situation juridique fâcheuse, contactez immédiatement votre ambassade (voir p. 806). Sachez cependant qu'elle pourra seulement veiller à ce que vous soyez bien traité en garde à vue et vous fournir un avocat. Dans le système judiciaire indien, la nécessité de la preuve incombe souvent à l'accusé et il n'est pas rare que ces derniers fassent de la prison avant leur jugement.

Drogues

- La possession de toute drogue illégale est considérée comme un crime, et mène à des peines de prison pouvant aller jusqu'à 10 ans, même pour consommation personnelle, et de 10 à 20 ans si l'on vous soupçonne de trafic. Ce à

GARE AU BHANG LASSI !

Bien qu'ils le mentionnent rarement sur leur carte, certains restaurants installés dans des zones touristiques concoctent clandestinement du *bhang lassi*, une boisson à base de yaourt et d'eau glacée additionnée de *bhang* (un dérivé de cannabis) et parfois d'autres stupéfiants. Généralement surnommée "*special lassi*", cette préparation souvent puissante peut engendrer des délires prolongés, des hallucinations, des nausées ou un sentiment de paranoïa, le tout à des degrés divers. Certains voyageurs ont été malades pendant plusieurs jours, dépouillés ou victimes d'accidents après avoir ingéré ce breuvage. Il existe dans quelques villes des adresses (contrôlées) qui vendent légalement du *bhang*. Si celles-ci en vendent sans difficulté aux voyageurs étrangers, souvenez-vous que le *bhang* est associé à des pratiques religieuses, et qu'en acheter chez un revendeur légal ne vous immunise pas contre une arrestation pour possession de drogue.

quoi s'ajoute généralement une amende conséquente.

- La détention préventive peut durer des mois, voire plusieurs années, le temps que l'affaire passe en jugement.
- Sachez que des étrangers se sont fait prendre dans des entourloupes destinées à leur soutirer des pots-de-vin dans des enclaves pour voyageurs comme Manali.
- Le chanvre pousse à l'état sauvage partout en Inde. Toutefois, en cueillir et en fumer n'en constitue pas moins un délit, sauf dans les villes où le *bhang* est légalement en vente pour les rituels religieux.
- La police est particulièrement intraitable dans les cas impliquant des étrangers.
- Des produits pharmaceutiques interdits dans d'autres pays peuvent être en vente libre (ou disponibles sur ordonnance) en Inde. Attention, il peut être dangereux de les prendre sans avis médical.

Incivilité

- Il est interdit de fumer dans les lieux publics et, même si cette loi est rarement appliquée, y contrevenir expose à une amende de 200 ₹ (elle pourrait passer à 1 000 ₹ si la proposition de loi est validée).
- Naturellement, chacun est libre de fumer chez soi, tout comme dans la plupart des lieux ouverts (par exemple les rues). Les interdictions sont indiquées par des panneaux.
- Un flou juridique entoure le statut des cigarettes électroniques ; leur vente est interdite dans le Punjab.
- Il est interdit de cracher (et de jeter des détritus !) dans de nombreuses villes indiennes. Mais, là encore, la loi est appliquée de manière variable.

Police

Veillez à avoir toujours votre passeport sur vous, car des policiers peuvent vérifier votre identité à tout moment.

Si on vous arrête pour une prétendue infraction et que l'on vous réclame un pot-de-vin, sachez que cette pratique est illégale en Inde. De nombreux voyageurs négocient une amende payable sur-le-champ pour éviter de faire face à de fausses accusations. La corruption étant monnaie courante, mieux vaut avoir aussi peu de contacts que possible avec la police locale. Commencez par éviter les situations à risque.

UN FIL D'ARIANE EN VOYAGE

Le **portail Ariane** (pastel.diplomatie.gouv.fr/fildariane), mis en place par le Centre de crise du ministère des Affaires étrangères, est un service gratuit permettant au voyageur français à l'étranger d'être contacté par le service consulaire, sur son téléphone portable ou par e-mail, au cas où des événements graves (crise politique, catastrophe naturelle, attentat...) se produiraient dans le pays durant son séjour, ou de contacter rapidement sa famille ou ses proches en France en cas de besoin.

La procédure d'inscription se réalise en ligne, où vous donnez des informations sur votre voyage (date de départ, de retour, numéro de téléphone portable, coordonnées d'éventuels contacts sur place, adresses de séjour et itinéraire prévu, etc.).

Grâce à ce service, vous recevrez en outre, avant votre départ, des recommandations de sécurité par e-mail si la situation dans le pays le justifie.

Sécurité

Les voyageurs inattentifs sont parfois victimes de la délinquance dans les grandes villes indiennes, désagrément qu'il est possible d'éviter avec un peu de bon sens et de prudence. Ces dernières années, les signalements d'agressions sexuelles sont en augmentation ; si vous êtes une femme, veillez à ne pas vous mettre dans une situation à risque.

Vous pourrez consulter les forums du site Web de Lonely Planet (www.lonelyplanet.fr), dans lesquels des voyageurs publient des mises en garde sur les problèmes qu'ils ont rencontrés. Reportez-vous également aux chapitres *Femmes et voyageurs en solo* (p. 803) – les femmes seules doivent être particulièrement vigilantes –, et *Escroqueries* (p. 800).

Régions à risque

- À cause de la menace terroriste permanente, l'utilisation des téléphones portables est plus strictement contrôlée au Jammu-et-Cachemire, ainsi que dans l'Assam.
- Au Jammu-et-Cachemire, ni l'itinérance sur un portable étranger ni les cartes SIM rechargeables achetées ailleurs en Inde ne fonctionnent. L'opérateur BSNL est le plus efficace dans cette région. Dans le Ladakh et au Cachemire, la couverture est mauvaise dès que l'on s'éloigne des grandes villes.
- AirTel et AirCell vendent des cartes SIM prépayées ; il vous faudra 4 ou 5 photos d'identité, votre passeport, une adresse (votre hôtel) et attendre au moins 48 heures.
- Les téléphones étrangers ne fonctionnent pas dans

CONSEILS AUX VOYAGEURS

La plupart des gouvernements possèdent des sites Internet qui recensent les dangers possibles et les régions à éviter. Consultez notamment les sites suivants :

Ministère des Affaires étrangères français (www.diplomatie.gouv.fr)

Ministère des Affaires étrangères de Belgique (diplomatie.belgium.be)

Département fédéral des Affaires étrangères suisse (www.eda.admin.ch/eda/fr/dfae.html)

Ministère des Affaires étrangères du Canada (www.voyage.gc.ca)

l'Assam (sauf à Guwahati), et il est difficile d'y trouver une carte SIM, mais vous pourrez en revanche utiliser une carte SIM achetée ailleurs. AirTel et BSNL sont les meilleurs opérateurs pour cette région, de même que Vodaphone dans le Sikkim.

Téléphone

- Il y a peu de téléphones publics en Inde (hormis dans les aéroports), mais on trouve dans tout le pays des petits kiosques privés STD/ISD/PCO permettant de passer des appels locaux, inter-États et internationaux moins coûteux que depuis votre chambre d'hôtel.
- Un compteur numérique indique le prix de l'appel en temps réel et un reçu est le plus souvent imprimé lorsque vous raccrochez.
- Les tarifs varient selon l'opérateur et la destination de l'appel ; comptez à partir de 1 ₹ la minute pour un appel local, à partir de 10 ₹ pour un appel international.
- Dans certains kiosques, il est possible de se faire rappeler en donnant à votre interlocuteur le numéro de la cabine. Ce service est facturé 20 ₹, en supplément du coût de l'appel initial.
- Il est parfois difficile d'obtenir une ligne dans les campagnes et les zones de montagne – une ligne occupée peut signifier que le standard téléphonique est surchargé ou hors service : soyez persévérant.
- Parmi les sites Web utiles, citons les **Yellow Pages** (pages jaunes ; www.yellowpages.in) et **Justdial** (www.justdial.com).

Appels internationaux et locaux

- Pour appeler l'Inde depuis l'étranger, composez l'indicatif international en vigueur dans votre pays (☎00 en France, en Belgique et en Suisse, ☎011 au Canada), puis le ☎91 (l'indicatif de l'Inde), l'indicatif régional (sans le 0 initial) et le numéro de l'abonné. Pour les téléphones mobiles, l'indicatif régional et le zéro initial ne sont pas requis.
- De l'Inde, pour téléphoner dans un autre pays, faites le ☎00 (le code d'accès international), puis l'indicatif du pays (☎33 pour la France, ☎32 pour la Belgique, ☎41 pour la Suisse et ☎1 pour le Canada) et le numéro de votre correspondant sans le 0 initial.
- Pour accéder à un opérateur international, faites le ☎000 127. Il pourra vous obtenir une communication partout dans le monde et vous permettre d'appeler en PCV.
- Les numéros de téléphone fixe sont constitués d'un indicatif régional suivi d'un numéro comportant jusqu'à 8 chiffres.
- Les numéros verts commencent par ☎1800.
- Pour appeler un portable dans un autre État, composez le 0, puis les 10 chiffres du numéro.
- Pour appeler un fixe depuis un mobile, l'indicatif régional et le 0 initial sont obligatoires.
- Pour appeler un centre d'appel, vous devrez parfois ajouter le 0 initial (par exemple pour joindre la billetterie d'une compagnie aérienne située à Delhi depuis un autre État).

Téléphones portables

Les numéros de portables indiens se composent généralement de 10 chiffres et commencent le plus souvent par un 9 (quelques fois par un 7 ou un 8). L'itinérance fonctionne très bien dans la plupart des villes de taille conséquente, beaucoup moins dans les zones rurales et dans l'Himalaya. Cependant, vous éviterez de vous ruiner en utilisant le réseau mobile local grâce à une carte SIM indienne prépayée. On en trouve partout ; préparez-vous à fournir formulaires et pièces d'identité, et à attendre jusqu'à 24 heures pour l'activation de la carte. Les portables achetés dans certains pays sont parfois bloqués sur un réseau spécifique ; il faut alors les faire débloquer ou acheter un téléphone sur place (à partir de 2 000 ₹) pour utiliser votre carte SIM indienne.

ACCÉDER AU RÉSEAU INDIEN

- Il est très simple et bon marché de se connecter au réseau indien dans les grandes villes et dans les zones touristiques. Il est conseillé de se procurer une carte SIM indienne à votre arrivée en avion dans une grande ville.

➡ Les cartes SIM et les packs ISD ne sont généralement valables que dans une région spécifique, et même s'ils fonctionnent en dehors, vous paierez peut-être des frais d'itinérance, qui restent néanmoins abordables (1 ₹ par minute pour un appel en Inde au lieu de 0,10 ₹ par exemple). Les forfaits Internet ne sont pas soumis à des frais d'itinérance.

➡ Un pack ISD (*international subscriber dialling*) est utile si vous devez passer des appels longue distance.

➡ Les étrangers doivent fournir de 1 à 5 photos d'identité, ainsi qu'une photocopie de leur passeport (pages d'identité et de visa). Les boutiques de téléphonie se chargeront souvent des formalités. Dans de nombreuses régions – y compris sur une grande partie du territoire de l'Himachal Pradesh –, cela s'avère beaucoup plus difficile que dans les grandes villes et les centres touristiques.

➡ Vous devrez fournir une adresse, qui peut être celle de votre hôtel. Dans ce cas, la compagnie de téléphone appelle votre hôtel (pensez à prévenir le personnel que vous attendez un appel) dans les 24 heures suivant votre inscription afin de vérifier que vous y logez bien ; vous devrez parfois fournir un autre numéro de portable.

➡ Il vaut mieux prendre une carte SIM à un endroit où vous resterez au moins un jour ou deux, pour pouvoir la rapporter au vendeur en cas de problème. Choisissez impérativement une boutique de téléphonie aux marques reconnues, pour éviter les escroqueries.

➡ Des kits prépayés (carte SIM et numéro de téléphone, ainsi que des minutes d'appel et des SMS) sont en vente dans la plupart des villes indiennes. Vous en trouverez entre 200 et 500 ₹ dans les boutiques de téléphonie, les locaux STD/ISD/PCO et les épiceries.

➡ Vous pourrez ensuite acheter des recharges sous forme de cartes par rechargement direct. Votre ligne sera créditée de la somme correspondante, moins les taxes et le service, dès que vous aurez payé le vendeur.

TARIFS

➡ Les appels passés dans la ville ou l'État où vous avez acheté la carte SIM reviennent à environ 0,10 ₹/minute. Les appels internationaux coûtent moins de 10 ₹/minute.

➡ Les SMS pour l'étranger coûtent 5 ₹. Les appels et SMS entrants sont gratuits.

➡ Des voyageurs ont rencontré des difficultés avec leur mobile, notamment avec les SMS internationaux (messages et réponses retardés ou perdus).

➡ Les principaux opérateurs sont AirTel, Vodafone, Reliance, Idea et BSNL. La couverture varie d'une région à l'autre ; globalement, AirTel a l'une des meilleures couvertures réseau.

JAMMU-ET-CACHEMIRE ET ASSAM

➡ En raison des risques terroristes, l'utilisation des téléphones portables au Jammu-et-Cachemire et en Assam est contrôlée de manière plus stricte.

➡ Le *roaming* ne fonctionne pas, pas plus que les cartes SIM prépayées achetées ailleurs en Inde. BSNL est l'opérateur le plus fiable dans cette région. Dans le Ladakh et au Cachemire, la couverture est mauvaise dès que l'on s'éloigne des grandes villes.

➡ AirTel et AirCell vendent des cartes SIM prépayées ; il vous faudra 4 ou 5 photos d'identité, votre passeport, une adresse (votre hôtel) et attendre au moins 48 heures.

➡ Le *roaming* ne fonctionne pas dans l'Assam, où il est en outre difficile de se procurer une carte SIM (sauf à Guwahati) ; vous pourrez en revanche utiliser une carte SIM achetée ailleurs. AirTel et BSNL sont les meilleurs opérateurs pour cette région, de même que Vodaphone dans le Sikkim.

Toilettes

On trouve plus facilement des toilettes publiques dans les grandes villes et les centres touristiques. Les plus propres sont généralement celles des restaurants modernes, des centres commerciaux et des cinémas.

En dehors des centres urbains, on trouve surtout des toilettes à la turque. La coutume veut que l'on utilise de l'eau et la main gauche. Il est vivement conseillé de prévoir du papier hygiénique et une solution hydroalcoolique.

Transports

DEPUIS/VERS L'INDE DU NORD

De nombreuses compagnies aériennes desservent la région, et des routes terrestres sont ouvertes entre l'Inde et le Népal, le Bangladesh et le Bhoutan. Pour trouver un vol, un séjour ou un hôtel en quelques clics, rendez-vous à la rubrique "Réserver" de www.lonelyplanet.fr. Pour une liste de tour-opérateurs proposant des séjours, des circuits et parfois des vols secs, voir la rubrique *Voyages organisés*, p. 825. Consultez également l'encadré *Agences en ligne*, p. 822.

Entrer en Inde du Nord

Les ressortissants français, belges, suisses et canadiens doivent se procurer un visa avant leur arrivée en Inde. Les Français, les Belges et les Canadiens sont éligibles au visa électronique (e-Tourist Visa, eTV), délivré pour une période de 60 jours (sans prolongation possible) et qui peut être demandé jusqu'à 4 jours avant le départ. Notez qu'en aucun cas vous ne pourrez obtenir un visa à l'arrivée. Pour des renseignements détaillés sur les formalités et les visas, reportez-vous au *Carnet pratique*, p. 806.

Voie aérienne

Aéroports et compagnies aériennes

Depuis plusieurs années, l'Inde présente un bilan relativement correct en matière de sécurité.

Il existe deux grands aéroports internationaux dans le nord du pays :

Delhi (New Delhi ; ☎01243376000 ; www.newdelhiairport.in ; aéroport international Indira Gandhi)

Kolkata (Calcutta ; ☎033-25118036 ; www.calcuttaairport.com/ ; aéroport international Netaji Subhash Chandra Bose)

D'autres aéroports de moindre importance, comme celui de Lucknow (près du Taj Mahal), accueillent également des vols en provenance de l'étranger. Pour de plus amples détails, rendez-vous sur www.aai.aero.

Pour pénétrer dans un aéroport, que ce soit pour prendre un vol international ou un vol intérieur, vous devrez présenter une copie de votre billet ou de votre itinéraire et votre passeport.

La compagnie nationale indienne, **Air India** (☎1800-1801407 ; www.airindia.com), assure des vols intérieurs et internationaux.

Les taxes (notamment de départ) sont incluses dans les prix des billets.

Depuis la France

Au départ de Paris, **Air France** (☎36 54 ; www.airfrance.fr) assure chaque jour une liaison directe vers Delhi (environ 8 heures). Comptez à partir de 550 € aller-retour (les tarifs sont au plus bas en février-mars et au plus haut en juillet-août). La compagnie propose également de nombreux vols avec escale à Amsterdam, à partir de 440 € aller-retour.

Air India (☎01 76 54 57 41 ; www.airindia.com) assure chaque jour un vol direct

AVERTISSEMENT

Les informations contenues dans ce chapitre sont particulièrement susceptibles de changements. Vérifiez directement auprès de la compagnie aérienne ou de l'agence de voyages les modalités d'utilisation de votre billet d'avion. N'hésitez pas à comparer les prestations. Les détails fournis ici doivent être considérés à titre indicatif et ne remplacent en rien une recherche personnelle attentive.

VOYAGES ET CHANGEMENTS CLIMATIQUES

Tous les moyens de transport fonctionnant à l'énergie fossile génèrent du CO_2 – la principale cause du changement climatique induit par l'homme. L'industrie du voyage est aujourd'hui dépendante des avions. Si ceux-ci ne consomment pas nécessairement plus de carburant par kilomètre et par personne que la plupart des voitures, ils parcourent en revanche des distances bien plus grandes et relâchent quantité de particules et de gaz à effet de serre dans les couches supérieures de l'atmosphère. De nombreux sites Internet utilisent des "compteurs de carbone" permettant aux voyageurs de compenser le niveau des gaz à effet de serre dont ils sont responsables par une contribution financière à des projets respectueux de l'environnement. Lonely Planet "compense" les émissions de tout son personnel et de ses auteurs.

entre Paris et Delhi. Comptez à partir de 500 € aller-retour. La compagnie dessert par ailleurs l'ensemble des aéroports du pays.

Les vols avec escale sont souvent plus avantageux, surtout en juillet-août.

Voici les coordonnées françaises de quelques transporteurs et agences :

British Airways (☎01 86 99 00 01 ; www.britishairways.com)

Etihad (☎01 57 32 43 43 ; www.etihad.com)

Kuwait Airways (www.kuwaitairways.com)

Nouvelles Frontières (☎0825 000 825 ; www.nouvelles-frontieres.fr)

Thomas Cook (☎0892 701 088 ; www.thomascook.fr)

Voyageurs du Monde (☎01 42 86 16 00 ; www.vdm.com)

Depuis la Belgique

Il n'existe pas de vols directs entre Bruxelles et Delhi. Comptez à partir de 400 € environ et 10 heures de vol en transitant par une autre ville européenne.

Voici quelques adresses utiles en Belgique :

Airstop (☎070 233 188 ; www.airstop.be)

Connections (☎070 23 33 13 ; www.connections.be)

Finnair (☎070 25 30 09 ; www.finnair.com)

Gigatours Voyages Éole (Éole à Bruxelles ☎02 672 35 03 ; www.voyageseole.be)

KLM (☎02 620 0220 ; www.klm.com)

Turkish Airlines (☎02 620 0 849 ; www.turkishairlines.com)

Depuis la Suisse

Swiss (☎0848 700 700 ; www.swiss.com) assure des vols directs Zurich-Delhi (7 heures 30). Comptez à partir de 700 FS hors saison pour un aller-retour (les tarifs sont au plus haut en juillet-août). Pour les liaisons entre la Suisse et l'Inde, Air India possède un partenariat avec Swiss.

De nombreuses autres compagnies desservent l'Inde du Nord depuis Zurich, Bâle ou Genève avec escale(s).

Vous pourrez notamment vous renseigner auprès de :

Aeroflot (☎022 798 24 30 ; www.aeroflot.ru)

Finnair (☎0848 000 294 ; www.finnair.com)

Jet Airways (www.jetairways.com)

Oman Air (☎044 87 48 565 ; www.omanair.com)

Qatar Airways (☎044 20 43 820 ; www.qatarairways.com)

STA Travel (☎058 450 49 49 ; www.statravel.ch)

Depuis le Canada

Air Canada (☎1 888 247 2262 ; www.aircanada.com) et Jet Airways (☎877-835-9538 ; www.jetairways.com) proposent des vols directs au départ de Toronto. Comptez à partir de 700 € environ avec Jet Airways et 18 à 23 heures de vol. De nombreuses autres compagnies proposent des vols avec escales depuis Toronto, Montréal ou Vancouver, à partir de 500 € environ.

Vous pourrez vous renseigner auprès de :

Expedia (☎800 469-1793 ; www.expedia.ca)

Orbitz (☎1 844 803 5576 ; www.orbitz.com)

Travelocity (☎855 231-0928 ; www.travelocity.ca)

Travel Cuts – Voyages Campus (☎1 800 667 2887 ; www.travelcuts.com)

AGENCES EN LIGNE

Vous pouvez réserver votre vol via une agence en ligne ou vous renseigner auprès d'un comparateur de vols :

- www.bourse-des-vols.com
- www.ebookers.fr
- www.expedia.fr
- www.govoyages.com
- www.illicotravel.com
- www.kayak.fr
- www.opodo.fr
- www.skyscanner.fr
- voyages.kelkoo.fr
- www.voyages-sncf.com

DEPUIS/VERS LE BANGLADESH PAR VOIE TERRESTRE

ITINÉRAIRE/ VILLES FRONTIÈRES	TRANSPORTS	VISA	INFORMATIONS
Kolkata-Dacca/Petrapole (Inde) et Benapole (Bangladesh)	Bus quotidiens Kolkata-Dacca ; 2 trains/semaine via le poste-frontière de Darsana.	Doit être obtenu à l'avance. Pour acheter un billet de train, le visa bangladais doit indiquer Darsana.	p. 806
Siliguri-Chengrabandha/ Chengrabandha (Inde) et Burimari (Bangladesh)	Bus directs réguliers Siliguri-Chengrabandha ; puis bus pour Rangpur, Bogra et Dacca.	Doit être obtenu avant le voyage.	p. 504
Shillong-Sylhet/Dawki (Inde) et Tamabil (Bangladesh)	Jeep de Shillong à Dawki. De Dawki, rejoindre à pied (1,5 km) ou en taxi la gare routière de Tamabil (départs réguliers pour Sylhet).	Doit être obtenu avant le voyage.	p. 606
Agartala-Dacca/Agartala, à 3 km de la frontière par Akhaura Rd (Inde) et Akhaura, à 5 km de la frontière (Bangladesh)	Akhaura se trouve sur la ligne de train Dacca-Comilla. Les trains Dacca-Sylhet partent de la gare d'Ajampur, à 3 km au nord.	Doit être obtenu avant le voyage.	p. 600

Voie terrestre

Si la plupart des visiteurs arrivent par avion, il est possible d'entrer en Inde depuis le Bangladesh, le Bhoutan, le Népal, le Pakistan et le Myanmar (Birmanie). Toutefois, certaines frontières ne sont ouvertes qu'occasionnellement et sont déconseillées pour des questions de sécurité. Dans tous les cas, il est impératif de consulter les conseils de sécurité officiels mis en ligne par les autorités de votre pays avant le départ (voir p. 806). L'itinéraire le plus populaire est celui en provenance du Népal.

Vous trouverez des renseignements utiles sur les forums du **site Web de Lonely Planet** (www.lonelyplanet.fr), ainsi que dans la section (en anglais) intitulée "Europe to India overland", du site **The Man in Seat 61...** (www.seat61.com/India.htm).

Passages des frontières

Si vous arrivez en Inde en bus ou en train, il vous faudra descendre à la frontière pour accomplir les formalités de douane et d'immigration.

Vous devrez être muni d'un visa indien en cours de validité – n'espérez pas obtenir un visa à la frontière.

Les automobilistes et les motards devront présenter les papiers du véhicule, une assurance au tiers et un permis de conduire international en plus de leur permis national. Ils auront également besoin d'un carnet de passage en douane, un document qui permet de faire entrer temporairement un véhicule sur le territoire, sans payer de taxes.

Les voyageurs qui souhaitent se rendre au Tibet depuis l'Inde doivent d'abord passer au Népal, puis traverser la frontière à Kodari dans le cadre d'un circuit organisé. Une autre solution consiste à prendre un vol Katmandou-Lhassa.

Pour connaître les dernières formalités administratives et d'autres informations utiles, les automobilistes s'adresseront à un automobile-club (plus de renseignements sur www.automobile-club.org).

BANGLADESH

Entre l'Inde et le Bangladesh, les étrangers ont le choix

FRONTIÈRE AVEC LE BHOUTAN

ITINÉRAIRE/ VILLES FRONTIÈRES	TRANSPORTS	VISA	INFORMATIONS
Siliguri-Kolkata-Phuentsholing/Jaigon (Inde) et Phuentsholing (Bhoutan)	De Kolkata, bus direct à 19h. De Siliguri, bus quotidiens, possibilité de jeeps collectives jusqu'à Jaigon/Phuentsholing.	Visa et circuit organisé obligatoires.	p. 506 et 806

entre quatre postes-frontières, au Bengale-Occidental ou dans les États du Nord-Est.

En quittant le Bangladesh à destination de l'Inde, il faut acquitter à l'avance la taxe de sortie du territoire dans une agence de la Sonali Bank (soit à Dacca, soit dans une autre grande ville, ou bien à l'agence la plus proche de la frontière).

Si vous arrivez au Bangladesh par avion et en repartez par la route, vous aurez besoin d'un permis de circuler ("*change of route permit*").

Les demandes de prorogation de visa et de permis de circuler doivent être effectuées auprès de l'**Immigration and Passport Office** (bureau des passeports et de l'immigration ; ☎01733393323 ; www.dip.gov.bd ; Agargaon Rd, ⊙sam-jeu), à Dacca.

Des voyageurs ont rapporté avoir eu des problèmes pour quitter le Bangladesh par voie de terre avec un visa délivré à l'aéroport de Dacca.

BHOUTAN

Phuentsholing est le principal point de passage entre l'Inde et le Bhoutan, mais on peut aussi emprunter à l'est celui de Samdrup Jongkhar.

Les procédures d'entrée sur le territoire sont sujettes à changement ; il est impératif de s'organiser à l'avance. Nous vous conseillons de consulter une agence de voyages ou l'ambassade du Bhoutan pour connaître les dernières réglementations en vigueur. Les voyageurs doivent normalement passer par un tour-opérateur agréé au bhoutan (ou par l'un de ses représentants étrangers) et s'acquitter d'une taxe journalière fixe afin d'obtenir un visa pour le Bhoutan. Vous trouverez des renseignements utiles sur le site officiel du tourisme bhoutanais : www.tourism.gov.bt.

DEPUIS/VERS LE NÉPAL PAR VOIE TERRESTRE

ITINÉRAIRE/ VILLES FRONTIÈRES	TRANSPORTS	VISA	INFORMATIONS
Sunauli (Inde)-Bhairawa/ Siddharthanagar (Népal)	Trains Delhi-Gorakhpur, puis bus toutes les 30 minutes pour la frontière. Il y a maintenant des bus climatisés directs entre Varanasi et Katmandou (via Sunauli) : départs tous les soirs à 22h, pour 1 370 ₹. Depuis Bhairawa (Siddharthanagar), bus et jeeps vers Pokhara, Katmandou et le centre du Népal.	Visas népalais disponibles uniquement à la frontière (6h-22h).	p. 395
Raxaul Bazaar (Inde)-Birganj (Népal)	Bus quotidiens de Patna et Kolkata pour Raxaul Bazaar. Depuis Kolkata, train *Mithila Express* quotidien. Depuis Birganj, bus jour/nuit fréquents pour Katmandou et Pokhara.	Voir ci-dessus ; (6h-18h).	p. 535
Panitanki (Inde)-Kakarbhitta (Népal)	Des jeeps relient Siliguri, Darjeeling et Kalimpong à Panitanki. Depuis Kakarbhitta, bus fréquents pour Katmandou (17 heures) et d'autres destinations. Vols pour Katmandou à l'aéroport de Bhadrapur (à 23 km).	Voir ci-dessus ; (7h-19h).	p. 504
Rupaidiha Bazaar/ Jamunaha (Inde)-Nepalganj (Népal)	Depuis Lucknow, bus lents pour Rupaidiha Bazaar, puis rickshaw jusqu'à Jamunaha. Depuis Nepalganj, bus pour Katmandou et Pokhara, vols pour Katmandou.	Voir ci-dessus.	
Banbassa (Inde)-Bhimdatta/ Mahendranagar (Népal)	Bus au départ d'Haldwani et de Pithoragarh vers Banbassa, puis rickshaw jusqu'à la frontière. Depuis Bhimdatta (Mahendranagar), bus quotidiens pour Katmandou et un bus par jour pour Pokhara.	Voir ci-dessus ; (6h-18h)	p. 456
Gauriphanta (Inde)-Dhangadhi (Népal)	Bus quotidiens entre Lucknow et Gauriphanta. Bus et vols desservent Dhangadi depuis Katmandou.	Voir ci-dessus ; (8h-17h)	

DEPUIS/VERS LE PAKISTAN PAR VOIE TERRESTRE

Lors de nos recherches, les autorités françaises déconseillaient formellement les déplacements touristiques au Pakistan. Consultez impérativement les conseils aux voyageurs mis en ligne par les autorités de votre pays (voir p. 806).

Lorsque la frontière est ouverte, le Lahore Bus Service part de Delhi (6h, tlj, 2 400 ₹) pour Lahore ; il y a quatre arrêts et le trajet dure 12 heures. La réservation est indispensable.

Actuellement, il est déconseillé aux voyageurs d'utiliser le train au Pakistan pour raisons de sécurité. Deux trains hebdomadaires relient Lahore à Attari (à la frontière indienne), où les services des douanes et de l'immigration imposent un arrêt. Des bus vont d'Amritsar à Attari. Vérifiez que la frontière est ouverte avant de partir ; les bus partent habituellement de 8h30 à 14h30 de mi-avril à mi-octobre, et de 9h30 à 15h de mi-octobre à mi-avril ; arrivez au moins une heure avant le dernier départ. Depuis Wagah, des bus et taxis rejoignent Lahore.

Le Thar Express, un train reliant Jodhpur à Karachi, part tous les samedis à 13h (et le vendredi dans l'autre direction). Sur réservation uniquement (pas de réservation en ligne). Les services des douanes et de l'immigration sont situés à Munabao (à la frontière indienne), où vous devrez changer de train. Les mesures de sécurité sont strictes.

NÉPAL

Lorsque les conditions politiques et climatiques le permettent, cinq postes-frontières sont ouverts entre l'Inde et le Népal. Renseignez-vous bien sur la situation en matière de sécurité avant de passer au Népal ; les journaux locaux et les sites Internet sont une bonne source d'information.

Des visas à entrées multiples (15/30/90 jours 25/40/100 $US – en espèces uniquement, roupies non acceptées) sont délivrés au poste d'immigration népalais (deux photos d'identité requises). Vous pourrez gagner du temps en faisant la demande en ligne sur online.nepalimmigration.gov.np/tourist-visa. Le reçu, que vous devrez présenter à la frontière dans les 15 jours suivant votre demande, vous permettra de bénéficier d'une procédure accélérée.

Des voyageurs se sont fait harceler en entrant en Inde, à Sunauli, et ont dû payer des prix exagérés pour des billets de bus ou de train. Sachez qu'une solution intéressante consiste à prendre un taxi pour Gorakhpur, puis, de là, un train ou un bus.

PAKISTAN

La frontière Inde-Pakistan reflète les relations entre les deux pays. Les liaisons peuvent être brutalement interrompues en cas de tension ; renseignez-vous bien au préalable.

Plusieurs itinéraires permettent de relier le Pakistan à Delhi, à Amritsar (Punjab) et au Rajasthan, en bus ou en train. La ligne de bus "Karvan-e-Aman" (Caravane de la paix) reliant Srinagar à la partie du Cachemire sous administration pakistanaise est exclusivement réservée aux Indiens.

Un visa est requis pour pénétrer au Pakistan. On l'obtient plus facilement dans son propre pays. Au moment de la rédaction de ce guide, l'**ambassade du Pakistan** (☎011-26110601 ; www.mofa.gov.pk ; 2/50G Shantipath, Chanakyapuri) à Delhi ne délivrait pas de visas touristiques aux ressortissants de la plupart des pays étrangers.

VOYAGES ORGANISÉS

De très nombreux voyagistes ont inscrit l'Inde du Nord à leur catalogue. Les formules les plus fréquentes sont les parcours à travers le Rajasthan, qui permettent de visiter des monuments et d'avoir un bon aperçu de la culture locale. Avec les montagnes du Ladakh et du Sikkim, l'Inde du Nord est aussi idéale pour la marche et le trekking. L'offre d'itinéraires sportifs est très importante, avec des formules couvrant parfois, en plus de l'Inde, le Népal ou le Bhoutan. Les circuits peuvent ainsi allier marche et visites culturelles sur des parcours peu fréquentés, ou proposer des expériences telles qu'une méharée dans le désert du Thar, un trek aux sources du Gange, ou des périples à la rencontre des peuples du Nord-Est.

Qu'il s'agisse de formules en groupe ou individuelles, les tarifs descendent rarement en dessous de 1 500 € pour un court séjour de 10 jours et atteignent fréquemment plusieurs milliers d'euros. En outre, ils varient grandement en fonction des prestations et des distances parcourues. Les informations ci-après n'offrent qu'un aperçu des formules proposées par les différentes enseignes.

Spécialistes de l'Inde et généralistes

Asia (☎0825 897 602 ; www.asia.fr ; agences à Paris, Lyon,

Nice, Toulouse et Marseille). Nombreux itinéraires proposés (circuits en groupe, privés ou sur mesure), faisant la part belle au Rajasthan : "Ranis et Rajahs", "Saris et saddhus – Inde, Rajasthan, Gange", "Rajasthan intimiste"...

Comptoir des Voyages (☎01 53 10 30 15 ; www.comptoir.fr ; 2-18 rue Saint-Victor, 75005 Paris. Autres agences à Bordeaux, Lille, Lyon, Toulouse et Marseille). Des formules comprenant les grands classiques (Rajasthan, vallée du Gange), des formules thématiques ("Spiritualités indiennes") et un voyage en famille ("Le Rajasthan des petits princes")...

La Maison des Indes (☎01 84 25 43 32 ; www.maisondesindes.com ; 76 rue Bonaparte, 75006 Paris). Spécialiste de la destination, cette agence propose des circuits, des séjours ("Love Calcutta", "Séjour bien-être à l'Ananda Himalaya") et des croisières sur le Gange.

La Route des Indes (☎01 42 60 60 90 ; www.laroutedesindes.com ; 7 rue d'Argenteuil, 75001 Paris). Autre spécialiste de l'Inde, ce voyagiste privilégie les circuits culturels individuels. Le catalogue d'idées suggère des voyages au Ladakh, au Rajasthan, sur les pas du Bouddha, une grande traversée de l'Inde du Nord, ou encore la découverte de l'architecture coloniale et contemporaine.

Le Monde de l'Inde et de l'Asie (☎01 53 10 31 00 ; www.mondeasie.com ; 15 rue des Écoles, 75005 Paris). Nombreux voyages au Rajasthan, dans les villes et les sites du Nord, au Madhya Pradesh et dans l'Arunachal, au Gujarat, dans les lieux saints, au Ladakh, au Sikkim, dans l'Himalaya, etc. Circuits découvertes, safari, randonnées et treks.

Orients – Sur les Routes de la Soie (☎01 70 64 16 19 ; www.orients.com ; 10 rue de Mézières, 75006 Paris). Des circuits thématiques et sur mesure dans toute l'Inde du Nord – Sikkim, Ladakh, Bengale-Occidental, routes caravanières du Rajasthan, Madhya Pradesh, Gujarat, Bihar... Quelques exemples : "Échappée belle vers les villes sacrées du nord de l'Inde", "L'Inde fervente et romanesque", "Voyage au Ladakh : les balcons de l'Himalaya"...

Rencontres au bout du monde (☎04 90 49 97 40 ; www.boutdumonde.eu). Voyages en petits groupes conçus dans une optique de développement durable et incluant des randonnées découvertes et des séjours chez l'habitant au Rajasthan, au Zanskar et au Ladakh, dont certains sont accessibles aux enfants.

Voyageurs du Monde (www.vdm.com) ; Paris (☎01 42 86 16 00 ; 55 rue Sainte-Anne, 75002 Paris ; 12 autres agences en France) ; Belgique (☎02 543 95 50 ; 23 chaussée de Charleroi, 1060 Bruxelles) ; Suisse (☎022 518 04 94 ; 19 rue de la Rôtisserie, 1204 Genève). Spécialiste du sur-mesure, avec un choix de formules en Inde du Nord, dont certaines accessibles avec des enfants : voyages itinérants, voyage en train au Rajasthan... Diverses formules thématiques : "Rêve d'Inde - Vallée du Gange, tigres du Bengale & adresses rares", "Delhi, Amritsar, Dharamsala & Haridwar - L'Inde spirituelle", "De Leh au Karakoram - Dans les vallées perdues du Ladakh"...

Voyages culturels

Arts et Vie (www.artsetvie.com) ; Paris (☎01 40 43 20 21 ; 251 rue de Vaugirard, 75015 Paris ; autres agences à Lyon, Grenoble, Marseille et Nice). Au choix, des circuits "classiques" ("Le Rajasthan" ou "La culture gujaratie") ou "sur la route du savoir" ("Capitales des Grands Moghols et villes sacrées").

Clio (☎01 53 68 82 82 ; www.clio.fr ; 34 rue du Hameau, 75015 Paris). Des circuits culturels pour découvrir les merveilles du Rajasthan, le Sikkim (et le Bhoutan), le Ladakh, la foire de Pushkar, la vallée du Gange...

Intermèdes (☎01 45 61 90 90 ; www.intermedes.com ; 10 rue de Mézières, 75006 Paris). Circuits et voyages thématiques : terre des princes, l'Inde des grands empires, foire de Pushkar...

Randonnées, croisières et voyages alternatifs

Akaoka (☎01 83 62 19 68 ; www.akaoka.com ; 15 place des Halles, 34190 Gange). Cette agence affiliée à The International Ecotourism Society organise de nombreux treks : dans la région de Malana en passant par l'Himalaya, sur les traces des caravanes au Ladakh, dans la vallée de la Markha à la découverte du Ladakh et du Zanskar, aux sources du Gange...

Allibert (www.allibert-trekking.com) ; France (☎01 44 59 35 35, 37 bd Beaumarchais, 75003 Paris, autres agences à Chamonix, Chapareillan, Lyon, Nice et Toulouse) ; Belgique (☎02 318 32 02) ; Suisse (☎022 519 03 23). Ce spécialiste du voyage à pied propose de nombreux circuits en Inde du Nord, classés de niveau 1 à niveau 5 : "Trek dans la vallée de Markha", "La grande traversée du Zanskar", "Ladak, horizons infinis", "Rajasthan, terre des princes", "Du Bengale au Sikkim"...

Atalante (www.atalante.fr) ; Paris (☎01 55 42 81 00 ; 18 rue Séguier, 75006 Paris) ; Lyon (☎04 72 53 24 80 ; 36 quai Arloing, 69009 Lyon) ; Chamonix (☎04 72 53 24 80 ; 319 av. Ravanel Le Rouge, 74440 Chamonix Mont Blanc). Circuits plus ou moins sportifs, à choisir selon son niveau, au Ladakh, au Sikkim, dans la vallée de l'Indus et au Rajasthan (à noter, deux versions de la formule "Les mille et un visages du Rajasthan" : été et hiver). Culture et rencontres ne sont pas oubliées.

Evaneos (☎01 82 83 36 36 ; www.evaneos.com). Circuits sur mesure concoctés par des agents locaux et soutenant le tourisme responsable, classés en 4 catégories : grands classiques, hors des sentiers battus, sport et aventure, et charme et luxe : "En famille au royaume des animaux", "À bord du Maharaja Express, voyage en train d'exception", "Voyage équitable, désert du Thar et rencontre avec les Bishnoï"...

Explorator (☎01 53 45 85 85 ; www.explo.com ; 23 rue Danielle-Casanova, 75001 Paris). Plusieurs parcours en Inde du Nord : voyage en famille "Sur les terres des maharajas", "Royaumes perdus de l'Himalaya", "Trésors méconnus" (Gujarat), "Ethnies méconnues" (Nagaland, Manipur, Tripura, Meghalaya), "Chevalerie et nomadisme" (Rajasthan, Gujarat), "Vallées sacrées de l'Himalaya"...

Fleuves du Monde (☎01 44 32 12 85 ; www.fleuves-du-monde.com ; 28 bd de la Bastille, 75012 Paris). Croisières sur le Gange (Hoogly) ou sur le Brahmapoutre.

Karavaniers (☎514-281-0799 ; www.karavaniers.com ; 4035 rue St-Ambroise, local 220 N, Montréal, Québec, H4C 2E1). Quatre voyages guidés en Inde du Nord. Treks et randonnées du Ladakh au Spiti ; traversée hivernale de la rivière gelée du Tchadar ; trek au Ladakh et formule découverte et balade au Rajasthan.

Nomade Aventure (☎01 46 33 71 71 ; www.nomade-aventure.com) ; Paris (40 rue de la Montagne-Sainte-Geneviève, 75005 Paris) ; Lyon (10 quai Tilsitt, 69002 Lyon) ; Toulouse (43 rue Peyrolières, 31000 Toulouse) ; Marseille (12 rue Breteuil, 13001 Marseille). L'Inde himalayenne et le Rajasthan sont à l'honneur, dans des circuits sportifs ou plus tranquilles. À noter : un voyage photo au Rajasthan accompagné par un professionnel, un séjour entre culture, bien-être, yoga et découverte du Rajasthan et une découverte approfondie du Bhoutan, du Sikkim, de Darjeeling et du Bengale-Occidental.

Tamadi France (☎02 40 58 10 73 ; www.tamadi.org ; 25 rue Esnoul-des-Châtelets, 44200 Nantes), autre agence à Gaillac ; Belgique (☎0478 97 03 58 ; 1 rue Elie Delire, 5150 Floreffe). Ce spécialiste des voyages solidaires, basés sur le partenariat et la rencontre, agit en partenariat étroit avec des organisations paysannes impliquées dans des actions de développement rural. En Inde, il propose des voyages à la découverte du Madhya Pradesh et du Rajasthan (hébergement principalement chez l'habitant ; déplacements en train, en charrette, en rickshaw, en voiture... ; repas traditionnels).

Tamera (☎04 78 37 88 88 ; www.tamera.fr ; 26 rue du Bœuf, 69005 Lyon). Ce spécialiste des voyages d'aventures propose de nombreuses formules hors des sentiers battus : "Tribus et nomades du nord Gujarat et sud Rajasthan", "De Yamunotri vers les sources du Gange", "Le sanctuaire extérieur de la Nanda Devi via la vallée des fleurs"... Il organise par ailleurs des séjours à l'occasion des fêtes et festivals traditionnels d'Inde du Nord.

Terre d'Aventure (☎01 70 82 90 00 ; www.terdav.com ; 30 rue Saint-Augustin, 75002 Paris) ; plusieurs agences en France, en Belgique (☎02 543 95 60) et en Suisse (☎022 518 05 13). Vingt-six circuits accompagnés : "Rajasthan, terre de fastes et de couleurs, "Ladakh en hiver, festivals de Stok et Matho", "Panoramas de l'Inde du Nord : d'Amritsar à Rishikesh", "Sikkim et trek du Singalila"...

Zig Zag (☎01 42 85 13 93 ; www.zigzag-randonnees.com ; 54 rue de Dunkerque, 75009 Paris). Revisite les circuits classiques, sans omettre les treks dans l'Himalaya. À noter : une excursion au Rajasthan à cheval, une méharée dans le désert du Thar, un trek dans le pays des Gaddi (bergers semi-nomades)...

COMMENT CIRCULER

L'Inde compte de nombreux réseaux de transports bon marché, souvent bondés et sujets à des retards. Trains, bus et jeeps collectives permettent d'aller presque n'importe où en Inde à toute heure du jour et de la nuit, même s'il est difficile de prévoir une heure d'arrivée à cause des retards, des embouteillages et des incidents mécaniques. Pour les distances les plus longues, envisagez un vol intérieur plutôt qu'un long trajet en bus ou en train. Côté transports urbains, vous n'aurez jamais aucun mal à trouver un taxi, un rickshaw ou un auto-rickshaw, tous bon marché.

Avion

Compagnies aériennes en Inde du Nord

Énormément de personnes prennent l'avion chaque année en Inde et le secteur de l'aviation intérieure est très compétitif. Les principales compagnies aériennes sont Air India, IndiGo, Spice Jet et Jet Airways.

En dehors des sites Web de ces compagnies, vous pourrez réserver via les portails **Cleartrip** (www.cleartrip.com), **Make My Trip** (www.makemytrip.com) et **Yatra** (www.yatra.com).

Par mesure de sécurité, vous devrez présenter votre passeport et votre billet pour entrer dans l'aéroport. Les bagages à main doivent être étiquetés ; ils seront tamponnés lors des contrôles de sécurité (étiquettes disponibles à l'enregistrement). Les vols vers des destinations sensibles (comme le Cachemire ou le Ladakh) sont soumis à des restrictions sécuritaires plus sévères. Il arrive que les bagages cabine soient contrôlés sur le tarmac avant que les passagers montent dans l'avion.

Vu l'affluence aux heures de pointe, il est recommandé de procéder à l'enregistrement 2 heures avant le départ pour les vols intérieurs – vous ne pourrez plus le faire au-delà de 45 minutes avant le départ. Le poids des bagages autorisés est fixé à 20 kg (10 kg pour les petits avions) en classe économique.

Bateau

Des ferries relient régulièrement le continent indien aux îles Andaman (Port Blair) depuis Kolkata ; consultez le site www.andamans.gov.in.

Il existe de nombreux services permettant de traverser des cours d'eau : barges, coracles, bateaux de croisière...

Bus

Les bus vont presque partout en Inde du Nord et sont souvent la seule option dans les régions montagneuses. Ils offrent généralement le mode de transport le plus économique. Les liaisons sont rapides et fréquentes.

Certaines routes sinueuses, ou en montagne, sont périlleuses, et la conduite est souvent musclée.

Évitez de voyager de nuit.

S'ils permettent de se dégourdir les jambes et de se restaurer, les arrêts rallongent les temps de parcours.

Dans les régions montagneuses, des jeeps collectives complètent les services de bus.

Bagages

Les bagages sont entreposés dans les soutes (moyennant parfois une somme modique) ou bien transportés sur le toit du bus.

Arrivez au moins 1 heure avant le départ car, sur certains véhicules, les bagages entassés sur le toit sont couverts d'une grande bâche, de sorte qu'il n'est pas pratique, voire impossible, d'y installer un sac ou une valise à la dernière minute.

S'ils doivent aller sur la galerie, fermez vos sacs avec un cadenas et vérifiez qu'ils sont solidement arrimés – sous peine de les perdre sur les routes accidentées.

Gardez un œil sur vos affaires pendant les arrêts (même si le vol n'est pas un risque majeur) et ne les laissez jamais sans surveillance à l'intérieur du bus.

Classes

Les compagnies publiques et privées offrent des bus ordinaires (*ordinary*), semi *deluxe*, *deluxe* et *super deluxe*. Le degré de confort de ces différentes classes varie.

Les bus ordinaires sont généralement d'antiques tacots, tandis que les bus de classe *deluxe* vont du bus ordinaire amélioré au bus Volvo flambant neuf, climatisé et doté de sièges inclinables.

Les bus des compagnies publiques sont souvent les plus fiables (en cas de panne, il y aura un véhicule de remplacement). Ils peuvent être réservés jusqu'à un mois à l'avance. Dans de nombreux États, on trouve désormais des bus *super deluxe*.

Dans les villes touristiques, les agences de voyages proposent des autocars privés qui partent de/s'arrêtent à des points stratégiques.

Afin d'être moins secoué, asseyez-vous si possible à l'avant et évitez les sièges au-dessus des essieux. Pour les longs trajets, les bouchons d'oreille n'ont pas de prix.

Réservations

On peut réserver la plupart des bus *deluxe* dans les gares routières, les agences de voyages, ou en ligne via **Cleartrip** (www.cleartrip.com), **Makemytrip** (www.makemytrip.com), ou **Redbus** (www.redbus.in).

Souvent, il n'y a pas de réservations pour les bus ordinaires et la ruée vers les sièges peut être épique.

Si vous voyagez à deux, élaborez une stratégie d'embarquement : pendant que l'un garde les bagages, l'autre se précipite dans le bus pour retenir les places. Une autre méthode consiste à glisser un livre ou un vêtement par une fenêtre et à le poser sur un siège vide.

Si vous montez à un arrêt intermédiaire, il vous faudra sans doute attendre debout qu'une place se libère.

Souvent, les bus ne partent que quand ils sont pleins – les passagers quitteront peut-être le vôtre pour monter dans un autre qui semble plus proche du départ.

De nombreuses gares routières ont une file d'attente réservée aux femmes (pas toujours évidente à repérer à cause des panneaux en hindi et des hommes s'y mêlant), et la coutume veut que les femmes aient le droit de se frayer un passage jusqu'aux premières places de n'importe quelle file d'attente pour un bus.

Tarifs

Les moins chers sont les bus publics ordinaires. Les prix varient d'un État à l'autre.

Les billets *deluxe* reviennent à environ 50% plus cher. Le prix double pour la clim, et triple ou quadruple pour les bus *super deluxe*.

Rajasthan Roadways offre des rabais aux voyageuses.

En stop

Le stop n'est sûr dans aucun pays du monde et nous ne le recommandons pas. Nous le déconseillons même fortement aux femmes. Dans certaines régions reculées, les chauffeurs de camion complètent les services de bus moyennant rétribution. Mais ces chauffeurs parlent rarement anglais, et vous risquez d'avoir du mal à expliquer où vous voulez aller et à savoir quel est le prix juste. De plus, tous ne font pas preuve d'une prudence exemplaire.

Jeep collective

Dans les régions montagneuses, des jeeps collectives complètent le service des bus à des tarifs équivalents – les itinéraires et les prix sont indiqués dans les chapitres régionaux.

Prévues pour 5 à 6 passagers, elles en transportent souvent beaucoup plus. Les sièges à côté du chauffeur et juste derrière lui sont plus chers que les banquettes à l'arrière.

Les jeeps ne démarrent que quand elles sont pleines ; les passagers quittent souvent un véhicule à moitié vide pour s'entasser dans un autre qui semble prêt à partir. Les chauffeurs partiront sur-le-champ si vous payez pour les sièges restés vides ou si vous "réservez" le véhicule pour vous tout seul.

Les jeeps circulent depuis des stations, officielles ou improvisées, aux croisements des principaux axes. Renseignez-vous auprès des habitants.

Dans certains États, les jeeps sont appelées "*Sumo*", du nom du Tata Sumo, le 4x4 favori du pays.

Les routes de montagne sont propices au mal des transports. Vous devrez peut-être céder votre place près de la fenêtre à des voyageurs mal en point.

Moto

Les périples à moto à travers l'Inde sont très populaires dans le pays. Si vous ne souhaitez pas voyager seul, sachez qu'il existe d'excellents circuits organisés.

La plupart des motards partent de Delhi ou de Manali, et beaucoup mettent le cap sur le Rajasthan ou le Ladakh. Renseignez-vous bien sur les conditions météorologiques. Pour pénétrer sur le territoire indien par voie terrestre depuis les pays voisins, renseignez-vous sur les dernières réglementations en vigueur, les papiers nécessaires et les démarches à effectuer auprès des représentations indiennes (voir la rubrique *Ambassades et consulats* du *Carnet pratique*, p. 806). Vous trouverez des conseils utiles sur le site de l'**Automobile Club Association** (www.automobile-club.org).

Permis de conduire

Un permis de conduire international en cours de validité est en théorie exigé en plus de votre permis classique pour circuler à moto en Inde. Dans les zones touristiques, certaines boutiques ne vous demanderont que l'un ou l'autre, voire aucun des deux, mais sachez qu'aucune assurance ne vous couvrira en cas d'accident.

Location

La marque Royal Enfield, qui fabrique des modèles rétro et d'autres plus modernes, a la faveur des motards. Entièrement manuelles, elles sont faciles à réparer et les pièces de rechange se trouvent partout. Toutefois, elles se révèlent souvent moins fiables que les nouvelles marques japonaises.

Il existe de nombreux loueurs de motos. Les japonaises et les indiennes de 100 à 150 cm^3 sont moins chères que les Enfield de 350 à 500 cm^3.

Vous devrez laisser une somme importante en liquide comme dépôt de garantie (faites-vous remettre un reçu stipulant le montant remboursable). On vous proposera aussi de laisser votre passeport ou votre billet d'avion. Nous déconseillons fortement de laisser ces documents, surtout votre passeport, que vous aurez besoin de présenter dans les hôtels ou à la police en cas de contrôle.

Pour une location de 3 semaines, une Enfield de 500 cm^3 coûte entre 25 000 et 28 000 ₹ ; pour une 350 cm^3, comptez entre 18 000 et 22 000 ₹. Ces tarifs incluent accessoires, pièces de rechange et surtout l'entretien.

Côté accessoires, on trouve des casques entre 1 000 et 5 500 ₹ ; Studs, qui propose de nombreux modèles, est la meilleure marque indienne. On trouve facilement d'autres accessoires (sacoches, compartiments à bagages, barres de protection, rétroviseurs, bouchons de réservoir à serrure, filtres à essence, outils).

Nous recommandons les concessionnaires suivants :

Lalli Motorbike Exports (carte p. 58 ; ☎011-28750869 ; www.lallisingh.com ; 1740-A/55 Hari Singh Nalwa St, Abdul Aziz Rd ; ⏰10h-19h mar-dim ; Ⓜ Karol Bagh). Cette agence de Delhi qui loue et vend des Enfield et pièces détachées offre un cours intensif aux clients, pour leur apprendre à faire fonctionner et à entretenir ces machines charismatiques – et capricieuses. Lalli Singh, le gérant, est très calé et pourra, si besoin, vous recommander d'autres agences réputées.

Anu Auto Works (Royal Moto Touring ; carte p. 312 ; ☎9816163378 ; www.royalmototouring.com ; Vashisht Rd ; ⏰9h-21h ou plus tard, juin-sept environ). Cette agence de Manali loue des Enfield et organise de juin à septembre des excursions à travers l'Himalaya vers le Ladakh et la vallée de Spiti. Voici les tarifs de location standards pour une

Enfield : 1 400-1 500 ₹/jour pour une 500 cm³ ; 1 200-1 300 ₹/jour pour une 350 cm³. Des réductions sont généralement possibles pour les locations supérieures à 18 jours.

Rajasthan Auto Centre (carte p. 102 ; ☎0141-2568074, 9829188064 ; www.royalenfieldsalim.com ; Sanganeri Gate, Sanjay Bazaar ; ⏲10h-20h lun-sam, 10h-14h dim). Une adresse de Jaipur recommandée pour louer, réparer et acheter une moto.

Achat

Pour les circuits longue distance, des voyageurs pourront être tentés d'acheter une moto neuve. Cependant, la vente d'un véhicule à moteur à un étranger entraîne des démarches administratives complexes ; en outre, les étrangers ne peuvent pas faire enregistrer le véhicule à leurs noms. Dans bien des cas, il est donc tout bonnement impossible d'acheter une moto neuve.

On trouve aisément des motos d'occasion. Les véhicules particuliers de plus de 15 ans ne sont pas autorisés à Delhi.

Si vous souhaitez acquérir une moto d'occasion, demandez autour de vous, à des mécaniciens ou à d'autres motards, et consultez les panneaux d'annonces.

Une Enfield 350 cm³ d'occasion en bon état coûte entre 65 000 et 115 000 ₹ ; pour une 500 cm³ en bon état, comptez entre 95 000 et 140 000 ₹. Vous devrez également payer l'assurance.

PAPIERS D'IMMATRICULATION

Les formalités pour l'achat d'une moto sont nombreuses. Les démarches sont complexes et longues. N'hésitez pas à demander conseil aux concessionnaires.

Les papiers d'immatriculation, visés par le service d'immatriculation local, doivent être transmis à la revente du véhicule. Il vous faudra les réclamer si vous achetez une moto d'occasion.

Les ressortissants étrangers ne peuvent pas faire modifier le nom sur les papiers. Vous devrez néanmoins remplir les documents requis pour le changement de propriétaire et d'assurance.

Les nouveaux papiers d'immatriculation sont valables 15 ans, et renouvelables 5 ans pour 5 000 ₹ ; assurez-vous que les papiers comportent la mention "apte à la route" et qu'aucune dette ou procédure judiciaire n'est associée à la moto. Les bureaux du ministère des Transports où la moto est enregistrée pourront vous renseigner à ce sujet.

Assurance

Ne louez une moto que si elle est assurée – percuter quelqu'un sans assurance pourrait vous coûter une fortune. Les agences fiables incluent d'office l'assurance au tiers avec la location ; évitez celles qui ne le font pas.

Assurez-vous que vous êtes assuré lorsque vous achetez une moto (le vendeur peut généralement vous aider).

Une assurance tous risques pour une Royal Enfield neuve coûte entre 4 000 et 5 000 ₹ par an. Pour une Royal Enfield d'occasion, comptez entre 800 et 4 000 ₹ selon l'ancienneté du véhicule.

Essence, pièces détachées et autres accessoires

Dans les plaines, on trouve sans problème de l'essence et de l'huile moteur ; les stations-service sont plus rares en montagne. Pour voyager dans des régions reculées, prévoyez une réserve de carburant suffisante – avant de partir, renseignez-vous sur les possibilités de trouver de l'essence. À l'heure où nous écrivons ces lignes, un litre d'essence coûte 67 ₹ à Delhi, et jusqu'à trois fois plus dans certaines régions.

Si vous partez dans des régions reculées, prévoyez aussi des pièces détachées (valves, tuyaux de carburant, segments de pistons, etc.), faciles à trouver dans les villes de plus ou moins grande importance. À Delhi, Karol Bagh est un bon endroit pour se procurer des pièces de motos indiennes et étrangères.

Faites réviser votre engin régulièrement, surtout s'il est ancien, car les boulons ont tendance à se desserrer rapidement en raison de l'état des routes indiennes et sous l'effet des vibrations du moteur.

Contrôlez fréquemment le niveau d'huile du moteur et de la boîte de vitesses (au moins tous les 500 km) ; nettoyez le filtre à huile régulièrement.

Vous aurez sans doute recours plusieurs fois aux services d'un *puncture-wallah* (réparateur de crevaison). Commencez tout de même le voyage avec des pneus neufs et procurez-vous les outils nécessaires pour démonter les roues.

Apportez vos propres équipements de protection (veste, gants, etc.).

État des routes

Vu les risques encourus sur les routes indiennes, la moto est réservée aux conducteurs chevronnés. Le danger peut prendre des formes diverses : animaux traversant la route, véhicules en panne, circulation intense, nids-de-poule ou ralentisseurs non signalés, mais aussi piétons surgissant de nulle part. À la campagne, les récoltes sont parfois abandonnées sur la chaussée pour être battues par le passage des véhicules, un système dangereux pour les motards.

Évitez les trop longs trajets en une journée et

la conduite de nuit – de nombreux véhicules circulent sans lumière et les phares des motos alimentés par une dynamo ne sont pas assez puissants pour naviguer au milieu des nids-de-poule.

Sur les nationales, toujours chargées, comptez une moyenne de 40 à 50 km/h ; sur les petites routes et les chemins de terre, cela peut descendre à 10 km/h.

Circuits organisés

Un certain nombre d'agences proposent des circuits à moto en Inde du Nord, avec guide et voiture d'assistance. En voici quelques-unes des plus fiables :

Lalli Singh Tours (www.lallisingh.com)

Blazing Trails (☎05603-666788 ; www.blazingtrailstours.com)

H-C Travel (www.hctravel.com)

Himalayan Roadrunners (www.ridehigh.com)

Royal Expeditions (☎011-26238545 ; royalexpeditions.com)

Train

Un périple en Inde ne serait pas complet sans un voyage en train. Plus qu'un simple moyen de transport, le train offre une véritable expérience culturelle : la multitude des images et des odeurs, le défilé des *chai-wallahs* (vendeurs de thé), les gares surpeuplées, sans oublier les paysages pittoresques. L'Inde dispose de l'un des réseaux ferroviaires les plus vastes et les plus fréquentés du monde. Indian Railways est le deuxième employeur de la planète, avec 1,5 million de salariés. Près de 7 000 gares ferroviaires sont disséminées dans tout le pays.

Dans ce guide, nous indiquons quelques liaisons utiles, mais il en existe des centaines d'autres. Le meilleur moyen de se tenir au courant des dernières informations réactualisées consiste à consulter les sites Web suivants : **Indian Railways** (www.indianrail.gov.in), l'excellent **India Rail Info** (www.indiarailinfo.com) ou encore **Erail** (https://erail.in), simple d'utilisation. *Trains at a Glance* (45 ₹), disponible dans les gares, en kiosque et en librairie, contient les horaires des trains des lignes principales. Toutefois, il est édité une fois par an et ne bénéficie donc pas des mises à jour des sites Web.

Réserver en Inde

Vous pourrez réserver vos billets par l'intermédiaire d'une agence de voyages ou d'un hôtel (moyennant une commission) ou vous rendre en personne à la gare. Vous pouvez également réserver sur Internet via **IRCTC** (www.irctc.co.in ; Mastercard et Visa acceptées), la billetterie en ligne d'Indian Railways, ou via les portails **Cleartrip** (www.cleartrip.com), **Make My Trip** (www.makemytrip.com), **Yatra** (www.yatra.com) et **Redbus** (bus uniquement ; www.redbus.com) ; le mieux est d'avoir un numéro de téléphone portable indien, mais vous devriez pouvoir entrer un numéro au hasard puis réserver avec une adresse e-mail. L'excellent site **The Man in Seat 61** (www.seat61.com), en anglais, explique en détail comment créer un compte IRCTC sans numéro de téléphone portable indien.

L'achat de billets sur Internet connaît parfois des ratés : des voyageurs rapportent avoir rencontré des difficultés pour s'enregistrer sur certains sites et payer avec une carte de crédit étrangère. Dans les grandes gares, vous trouverez toujours un employé parlant anglais pour effectuer vos réservations. Dans les gares moins importantes, seuls le chef de gare et son adjoint parlent généralement anglais. N'hésitez pas à prendre conseil auprès des offices du tourisme.

Chaque compte permet de réserver un maximum de 6 billets de train par mois, après quoi il faut les acheter en personne. Si vous réservez un billet sur liste d'attente et que celui-ci n'est pas confirmé avant le départ du train, l'argent est remis sur votre compte et votre billet n'est plus valable.

À LA GARE

Pour effectuer une réservation en gare, il suffit de remplir un formulaire retiré au guichet en précisant les gares de départ et d'arrivée, la classe dans laquelle vous souhaitez voyager, le nom du train et son numéro. Vous n'aurez plus ensuite qu'à prendre place dans la longue file d'attente, pour faire imprimer votre billet. Une queue spécifique est en principe réservée aux femmes. Si ce n'est pas le cas, les femmes peuvent passer en tête de la file d'attente classique.

DANS LES BUREAUX DE RÉSERVATIONS POUR LES TOURISTES

Les grandes villes et les principaux centres touristiques ont un bureau ou un guichet à destination

TROUVER UN TRAIN

Pour connaître les liaisons entre deux destinations, rendez-vous sur www.indiarailinfo.com ou https://erail.in/. Vous obtiendrez la liste de tous les trains, avec leur nom, leur numéro et leurs horaires de départ et d'arrivée, ainsi que les tarifs pour chaque classe.

TARIFS DES TRAINS EXPRESS (EN ₹)

DISTANCE	1AC	2AC	3AC	1re CLASSE	CHAIR CAR (CC)	2e CLASSE (II)
100 km	1 047	613	428	262	205	48
200 km	1 047	613	428	412	282	73
300 km	1 047	613	561	558	378	103
400 km	1 460	843	591	690	467	128
500 km	1 794	1 058	733	843	577	151
1 000 km	2 940	1 708	1 352	1 371	931	258
1 500 km	3 787	2 188	1 487	1 753	1 189	334
2 000 km	4 620	2 659	1 797	2 127	1 443	412

des touristes étranger, avec un quota de billets réservés aux touristes sur certaines classes de trains ; vous pouvez ainsi réserver vos billets avec une relative tranquillité.

Généralités

Les réservations sont ouvertes jusqu'à 120 jours avant le départ. Il est obligatoire de réserver pour les classes *executive chair car*, *chair car*, *sleeper*, 1AC, 2AC et 3AC (voir p. 31). Inutile de réserver pour les compartiments classiques de 2e classe ; il suffit de se précipiter sur un siège vacant dès l'arrivée du train.

Les trains sont souvent bondés. Réservez le plus tôt possible, surtout pour les trajets de nuit. Des services supplémentaires sont mis en place pour certaines destinations en période de fêtes, mais mieux vaut s'y prendre suffisamment à l'avance.

Les billets indiquent les numéros de la place/couchette et de la voiture. Ce dernier est inscrit sur le côté du train (demandez au personnel de la gare ou du train en cas de doute). La liste des noms et des couchettes est collée sur les voitures avec réservation.

Tous les billets sont remboursables, même après le départ, moyennant une pénalité – les règles sont complexes, renseignez-vous au moment de réserver.

Les trains peuvent être retardés à toute étape du trajet ; prévoyez une bonne marge de manœuvre dans vos projets.

QUOTAS TOURISTIQUES

Sur certaines lignes très empruntées, un (petit) nombre de places est attribué aux étrangers. Ces sièges ne se réservent qu'auprès des bureaux de réservations pour les touristes des villes principales, sur présentation d'un passeport et d'un visa. Les billets sont payables en roupies (certains bureaux demandent à voir le certificat de change des devises – le reçu du DAB suffit).

BILLETS TAKTAL

Indian Railways garde un très petit nombre de places sur les principaux trains et les met en vente à 10h la veille du départ. Des frais de 10-400 ₹ s'ajoutent au prix du billet. Ce système ne s'applique pas aux billets de la classe 1AC.

RÉSERVATION SOUS RÉSERVE D'ANNULATION (RAC)

Même quand un train est plein, Indian Railways vend quelques places dans chaque classe sous l'appellation Reservation Against Cancellation (RAC ; réservation sous réserve d'annulation). Si vous détenez un billet RAC et qu'un passager annule son voyage avant le départ, on vous attribuera son siège (ou sa couchette). Vérifiez la liste des réservations à la gare le jour du départ pour voir si on vous a attribué un siège ou une couchette. Même si personne n'annule, le détenteur d'un billet RAC peut monter dans le train et voyager debout.

LISTE D'ATTENTE (WL)

Si le quota RAC est atteint, vous pouvez acheter un billet sur liste d'attente (*waiting list* ; WL). Cela signifie qu'en cas d'annulations nombreuses, vous obtiendrez une couchette ou du moins un siège RAC. Vérifiez le statut de votre réservation sur www.indianrail.gov.in/pnr_Enq.html en saisissant le numéro de votre billet. Si vous ne pouvez pas monter, le billet vous sera remboursé – voyez les modalités à la billetterie.

Tarifs

Les prix sont calculés en fonction de la distance et de la classe ; les trains express *Rajdhani* et *Shatabdi* coûtent un peu plus cher, mais les repas y sont fournis. Un service de restauration est souvent prévu dans les compartiments climatisés. Pour les autres, prévoyez des en-cas. Les seniors hommes/femmes (plus de 60/58 ans) ont droit à 40/50 % de réduction, pour toutes les classes et tous les trains. Pour les voyages de moins de 300 km, les enfants de moins de 6 ans voyagent gratuitement, et ceux de 6 à 12 ans paient moitié prix.

Transports urbains

Les villes d'Inde du Nord sont desservies (selon les cas) par des bus, des rickshaws, des auto-rickshaws, des taxis, des bateaux, des trains et/ou des métros.

Les tarifs des transports publics varient d'une ville à l'autre.

Pour tout type de transport sans tarif fixe, la règle est de s'entendre sur le prix *avant* de monter. Assurez-vous que le prix s'applique à l'ensemble des passagers et aux bagages.

Même s'ils disposent d'un compteur, beaucoup de chauffeurs refusent de l'utiliser et demandent un tarif "fixe" généralement élevé : négociez âprement. Les tarifs augmentent la nuit (ils peuvent doubler). Certains chauffeurs demandent quelques roupies de plus pour les bagages.

Prévoyez suffisamment de petites coupures car les conducteurs ont rarement la monnaie.

De nombreux conducteurs de taxi et d'auto-rickshaws opèrent aussi comme rabatteurs.

Les applications mobiles telles qu'Uber ou Ola Cabs ont révolutionné les transports, puisque si vous avez un smartphone vous pouvez commander une course dont le prix est calculé par l'application – plus besoin de négocier !

Auto-rickshaw, tempo et vikram

AUTO-RICKSHAW

Typiquement indien, l'auto-rickshaw (semblable au *tuk-tuk* d'Asie du Sud-Est) est un triporteur couvert d'une capote en toile ou en métal. Il comporte deux places à l'arrière (mais accueille parfois beaucoup plus de monde !) et un espace limité pour les bagages.

On l'appelle parfois auto, scooter ou *rik*.

Il a l'avantage de coûter moins cher qu'un taxi. La plupart des auto-rickshaws sont équipés de compteurs, mais décider le chauffeur à le mettre en marche peut relever du défi. Vous pouvez commander une voiture avec l'application d'Ola Cabs (www.olacabs.com), qui se charge de calculer le montant de la course – plus besoin de négocier ! La course minimum est de 25 ₹, puis entre 8 et 14 ₹ par kilomètre.

Circuler en auto-rickshaw est amusant, mais l'absence de vitres expose au bruit et à la chaleur (ou au froid).

On trouve dans certaines villes des rickshaws électriques plus grands et partagés (donc moins chers), utiles si vous allez dans la même direction que les autres passagers.

TEMPO ET VIKRAM

Semblables à de grands auto-rickshaws, les *tempo* et les *vikram* font office de minibus sur des itinéraires déterminés (à prix fixe).

À la campagne, vous croiserez peut-être des véhicules à trois roues hybrides, croisement entre un tracteur et un *tempo*, dont la roue avant est située au bout d'un bras articulé, ou bien le Tata Magic, un monospace pouvant contenir jusqu'à 12 passagers.

Bateau

De nombreuses embarcations permettent de traverser ou de descendre les cours d'eau : ferries, coracles en osier, barques de bois… La plupart des bateaux de grande taille transportent les vélos et les motos moyennant un supplément.

Bus

Les bus urbains vont des monstres mécaniques bondés roulant à tombeau ouvert dans un nuage de fumée aux véhicules climatisés, propres et confortables. Quoi qu'il en soit, mieux vaut se déplacer en auto-rickshaw ou en taxi – ils sont plus rapides et plus fréquents.

Rickshaw

Les rickshaws (*cycle-rickshaws*), ou cyclo-pousse, sont des vélos à deux ou trois roues équipés d'un siège pour les passagers. La plupart sont dotés d'une capote qui peut être abaissée par temps pluvieux ou pour laisser plus de place aux bagages.

Accordez-vous sur le tarif avant de monter. Renseignez-vous auprès des habitants.

Kolkata est le dernier bastion des *tana rickshaws*, des carrioles à deux roues tirées par un *rickshaw-wallah*.

Taxi

Dans la plupart des villes, vous trouverez des taxis, souvent équipés d'un compteur – obtenir sa mise en marche est une autre affaire. Pour éviter les mauvaises surprises, préférez, dans la mesure du possible, les taxis prépayés. Les applications comme Uber et Ola et les radio-taxis sont les moyens de transport les plus efficaces dans les grandes villes.

TAXI PRÉPAYÉ

En Inde, la plupart des grands aéroports et des gares ferroviaires comptent désormais des guichets de taxis prépayés et de radio-taxis. Ils permettent de commander un taxi (même longue distance) à un prix fixe (bagages inclus) et ainsi d'éviter les arnaques à la commission. Conservez le reçu jusqu'à votre arrivée à destination.

Les radio-taxis coûtent un peu plus cher, mais ils

TAXIS : DES TARIFS AJUSTABLES

Les compteurs des taxis sont rarement à jour, d'où l'existence d'une *fare adjustment card* (carte d'ajustement des tarifs), qui indique le prix à payer en fonction de celui qui est affiché. C'est naturellement la porte ouverte aux abus. Pour avoir une idée des tarifs, consultez le site www.taxiautofare.com.

sont climatisés et conduits par des chauffeurs de la compagnie. Les véhicules sont équipés d'un compteur qui délivre des reçus et d'un GPS qui permet de les localiser en ville à tout moment. Cela limite les risques de détours destinés à rallonger la course et à facturer davantage.

Les auto-rickshaws prépayés remplacent souvent les taxis dans les aéroports et les gares de moindre importance.

Autres moyens de transport

Dans certaines villes, des attelages tirés par des chevaux, tels les *tonga* (à deux roues) et les *victoria* (à quatre roues), circulent encore. Kolkata dispose d'un réseau de tramways et avec Delhi notamment, du métro. Ces deux villes disposent également de trains de banlieue pratiques, au départ des gares ferroviaires.

Vélo

Vous pouvez emporter votre vélo en Inde, mais sachez que les vélos envoyés par bateau peuvent rester bloqués à la douane quelques semaines. Mieux vaut donc les faire voyager par avion. Cela dit, il est sans doute plus économique (et plus facile) d'en louer ou d'en acheter un sur place. Vous pourrez vous adresser à la **Cycling Federation of India** (☎011-23753528 ; www.cyclingfederationofindia.org).

Achat

➡ On trouve au **Jhandewalan Cycle Market** (carte p. 58 ; ⏲10h-20h environ), à Delhi, des vélos d'importation et indiens neufs et d'occasion, ainsi que des pièces détachées.

➡ Les prix d'un VTT de bonne marque comme **Hero** et **Atlas** débutent habituellement à 6 000 ₹.

Il est généralement facile de revendre son vélo ; adressez-vous à un magasin de cycles, ou mettez une annonce dans une agence de voyages. Vous récupérez environ la moitié du prix d'achat neuf si le vélo est encore en bon état.

Code de la route

➡ En Inde, on conduit à gauche ; autrement, le code de la route est très peu respecté.

➡ Soyez très prudent si vous devez rouler en ville et sur les nationales ; préférez les routes secondaires.

➡ Attention aux distances : un cycliste expérimenté parcourt en moyenne 60 à 100 km par jour en plaine, 40 à 60 km en montagne sur route goudronnée, et moins de 40 km sur des chemins de terre.

Location

➡ Il est très facile de louer un vélo dans les zones touristiques – demandez autour de vous.

➡ Les tarifs sont variables : à partir de 40-50 ₹ par jour pour un vélo indien correct ; si vous trouvez un VTT, vous paierez entre 400 et 800 ₹ par jour.

➡ On vous demandera peut-être une caution en espèces (évitez, bien sûr, de laisser votre billet d'avion ou votre passeport).

Pratique

➡ Un VTT est particulièrement approprié aux routes indiennes qui comportent de nombreux nids-de-poule.

➡ Les réparateurs ne manquent pas, mais mieux vaut apporter son propre kit de réparation.

➡ La plupart du temps, les vélos sont transportés gratuitement ou pour quelques roupies sur le toit des bus publics.

➡ Renseignez-vous auprès de votre compagnie aérienne pour connaître les modalités de transport de votre vélo et les formalités douanières.

Transporter son deux-roues par le train

Pour un long périple à vélo ou à moto, il peut être judicieux d'envisager un trajet en train. Achetez d'abord un billet de train pour vous, puis présentez votre moto au bureau des colis, muni de votre passeport, de votre permis de conduire international, d'une assurance et des papiers du véhicule. Vous devrez vider le réservoir d'essence avant de mettre une moto sur le train. Des *packing-wallahs* se chargeront d'envelopper convenablement votre moto pour environ 100 à 200 ₹. Outre les formalités administratives, vous devrez vous acquitter des frais de transport – qui changent en fonction du trajet et du type de train – et d'une assurance équivalant à 1% de la valeur déclarée du véhicule. À l'arrivée, tous ces papiers vous seront demandés. Si vous ne récupérez pas votre moto dans les 24 heures, on vous réclamera des frais de stockage (environ 100 ₹/jour).

Voiture

Rares sont les visiteurs qui optent pour la location d'une voiture sans chauffeur. Il est en effet très abordable de louer une voiture avec chauffeur, surtout à plusieurs. **Hertz** (www.hertz.com) fait partie des rares compagnies internationales à avoir des agences en Inde.

Location avec chauffeur

Dans la plupart des villes, il existe des stations de taxis ou des agences de location où vous pourrez réserver sans vous ruiner un circuit ou une excursion.

Certaines voitures ne sont pas autorisées à quitter leur État. Celles qui le font paient une taxe qui s'ajoute au prix de la location.

LES CONSEILS AVISÉS DE LA BRO

Au Ladakh, dans l'Himachal Pradesh, dans l'Arunachal Pradesh et au Sikkim, la Border Roads Organisation (BRO) "construit des routes dans le ciel", qui passent notamment par certains des plus hauts cols carrossables du monde, aux risques et périls de ses agents. Et lorsqu'il s'agit de faire de la prévention routière, les messages de la BRO sont pour le moins originaux :

- Life is short, don't make it shorter. ("La vie est courte, ne l'écourtez pas davantage")
- It is not a rally, enjoy the valley. ("Ce n'est pas un rallye, profitez de la vallée")
- After whisky, driving risky. ("Après le whisky, conduire est risqué")
- Be gentle on my curves. ("Doucement avec mes courbes")
- Better to be late than to be the late Mr. ("Mieux vaux être en retard qu'en retard à tout jamais")

Demandez un chauffeur parlant anglais et connaissant la région que vous souhaitez visiter. Essayez de voir la voiture et de rencontrer le chauffeur avant de payer quoi que ce soit.

De nombreux modèles de voitures font désormais office de taxis. De la Tata Indica à hayon au confortable SUV Toyota Innova, il y en a pour toutes les bourses.

Si vous partez pour plusieurs jours, obtenez par écrit la confirmation que le tarif inclut bien les frais de gîte et de couvert du chauffeur – qui se chargera de trouver un endroit où dormir et se restaurer.

Il est essentiel d'établir les règles dès le départ ; faites savoir poliment mais fermement que c'est vous qui décidez, afin d'éviter des désagréments ultérieurs.

Tarifs

Les prix varient selon la distance et le terrain (la conduite en montagne consomme plus de carburant, ce qui se répercute sur le tarif).

Un aller peut coûter aussi cher qu'un aller-retour, pour couvrir les frais du retour.

Les tarifs varient aussi selon les États. Certains syndicats de taxis fixent un forfait horaire ou kilométrique journalier ; son dépassement entraîne un supplément. Les prix varient par ailleurs selon la marque et le modèle.

Afin d'éviter tout malentendu, faites mentionner par écrit le détail des prestations (carburant, arrêts touristiques, destinations desservies, repas et hébergement du chauffeur). Si, en route, un chauffeur vous demande de payer l'essence parce qu'il est à court de liquidités, exigez un reçu afin de vous faire rembourser ultérieurement. Si vous voyagez sur une base kilométrique, vérifiez l'odomètre avant de partir afin d'éviter les confusions au moment de régler.

Un circuit touristique à la journée en ville coûte un minimum de 1 400/1 800 ₹ pour un véhicule sans/avec clim dans la limite de 8 heures et 80 km/jour (au-delà, prévoyez des suppléments). Pour les circuits de plusieurs jours, les prestataires fixent habituellement une distance de 250 km par jour et facturent environ 8/10 ₹ le kilomètre supplémentaire pour une voiture sans/avec clim.

Il est d'usage de donner un pourboire à la fin du périple. Une somme de 150-200 ₹ par jour est correcte.

Santé

L'Inde du Nord offre une grande variété géographique ; d'où un large éventail de problèmes de santé potentiels en lien avec l'environnement (chaleur, froid, altitude). Les conditions d'hygiène sont généralement mauvaises, et les affections liées à la nourriture et à l'eau sont courantes, de même que les maladies propagées par les insectes. Les soins médicaux dispensés sont parfois rudimentaires. Il est impératif de bien se préparer.

Les voyageurs redoutent souvent les maladies infectieuses. Or, celles-ci provoquent peu de troubles graves. Les problèmes médicaux préexistants et les accidents de la route sont à l'origine de la plupart des cas sérieux. Et, même si certaines personnes seront indisposées ou tomberont malades à un moment ou un autre de leur voyage, la plupart des troubles peuvent heureusement être prévenus avec du bon sens et une trousse à pharmacie bien pourvue.

AVANT LE DÉPART

En Inde, certains médicaments s'achètent sans ordonnance. Toutefois, il n'est pas rare de tomber sur de faux médicaments, ou sur des médicaments périmés ou ayant été conservés dans de mauvaises conditions. Mieux vaut emporter ce dont vous pourriez avoir besoin (consultez la rubrique *Trousse médicale de voyage*). Faites très attention avec l'automédication qui peut avoir des conséquences dramatiques, suite à une surdose ou un mélange de médicaments. À prévoir :

- Gardez vos médicaments dans leurs emballages d'origine.
- Si vous suivez un traitement de façon régulière, n'oubliez pas votre ordonnance (avec le nom du principe actif).
- Si vous emportez des seringues, demandez à votre médecin de vous fournir une lettre, pour attester de leur utilisation à des fins médicales.
- Si vous souffrez de problèmes cardiaques, prenez une copie de votre dernier électrocardiogramme (ECG).

Assurance

Il est impératif de souscrire une police d'assurance avant de partir pour l'Inde (reportez-vous également à la rubrique *Assurance* du *Carnet pratique*, p. 808).

- Vous aurez peut-être besoin d'une couverture supplémentaire pour les sports considérés comme à risque, tels que l'alpinisme.
- En Inde, les médecins demandent généralement un paiement immédiat en espèces. Vous pouvez contracter une assurance qui réglera directement les hôpitaux et les médecins, ce qui vous évitera de devoir avancer des sommes qui ne vous seront remboursées qu'à votre retour. Sinon, conservez précieusement tous les reçus et factures, afin de pouvoir prouver le montant des dépenses engagées.
- En cas de problème, certaines compagnies d'assurance demandent aux assurés de téléphoner à un centre à l'étranger (en PCV), afin qu'une évaluation de la situation puisse être faite sur-le-champ.

Vaccins

Aucune vaccination n'est obligatoire pour entrer en Inde, sauf pour les voyageurs en provenance d'une zone infectée par la fièvre jaune, qui devront fournir une preuve de vaccination antimalarique. Consultez l'encadré p. 837.

Plus vous vous éloignez des circuits classiques, plus il faut prendre vos précautions. Faites inscrire vos vaccinations dans un carnet international de vaccination que vous pourrez vous procurer auprès de votre médecin ou d'un centre.

VACCINS RECOMMANDÉS

Si vous venez d'une zone touchée par la fièvre jaune, une preuve de vaccination vous sera demandée en entrant en Inde du Nord. Les vaccins suivants sont recommandés :

Rougeole, oreillons, rubéole Toutes les personnes de 2 ans et plus, nées depuis 1980, devraient avoir reçu deux doses du vaccin trivalent (pour les enfants : dès 6 mois ; validité : toute la vie).

Diphtérie, tétanos, poliomyélite À mettre à jour systématiquement (pour les adultes, rappels recommandés à 25, 45 et 65 ans, puis tous les 10 ans).

Hépatite A À faire pratiquer systématiquement (validité 5 ans) ; il existe un vaccin combiné hépatites A et B.

Hépatite B Pour des séjours longs ou répétés (2 injections espacées d'un mois, 1 rappel 6 mois plus tard ; schéma vaccinal accéléré également possible ; validité 10 ans).

Méningite Des cas de méningite bactérienne ont été rapportés à New Delhi. Une vaccination à jour est conseillée. Les piscines publiques sont à éviter.

Rage En cas de séjour prolongé, en situation d'isolement. Un traitement reste obligatoire en cas de contact avec un animal enragé ou dont le comportement paraît suspect (rappel : 1 an après les 3 premières injections, puis 5 ans).

Typhoïde En cas de séjour prolongé, dans des conditions d'hygiène précaires (validité 3 ans).

Encéphalite japonaise Pour les personnes expatriées ou devant séjourner en zone rurale pendant la période de transmission – saison des pluies – (rappel : 12 à 24 mois après la première injection).

Planifiez vos vaccinations à l'avance (au moins 6 semaines avant le départ), car certaines demandent des rappels ou sont incompatibles entre elles. Les vaccins ont des durées d'efficacité très variables ; certains sont contre-indiqués pour les femmes enceintes.

Voici les coordonnées de quelques centres de vaccination :

Institut Pasteur (☎01 45 68 80 88 ; https://www.pasteur.fr/fr ; 209-211 rue de Vaugirard, 75015 Paris ; ⏲lun-sam, vaccinations sans rdv)

Centre de vaccinations Air France (☎01 43 17 22 00 ; www.vaccinations-airfrance.fr ; 38 quai de Jemmapes, 75010 Paris ; ⏲lun-sam sans rdv)

Hôpital Saint-Louis – Centre de vaccinations internationales et d'informations aux voyageurs (☎ 01 42 49 46 83 ; www.vaccin-voyage-ghparis10.aphp.fr ; 1 av. Claude-Vellefaux, 75010 Paris ; ⏲lun sur rdv, sam sans rdv)

Centre de vaccinations ISBA (☎04 72 76 88 68 ; www.isbasante.com ; 7 rue Jean-Marie-Chavant, 69007 Lyon ; ⏲lun-ven sur rdv). Autres centres en France ; coordonnées sur le site Internet.

Trousse médicale de voyage

Veillez à emporter avec vous une petite trousse à pharmacie contenant quelques produits indispensables. Certains ne sont délivrés que sur ordonnance. Attention, les liquides et les objets coupants sont interdits en cabine et doivent obligatoirement être placés en soute.

- des antibiotiques, à utiliser uniquement aux doses et aux périodes prescrites. Il n'est pas absurde de demander à votre médecin traitant de vous en prescrire pour le voyage
- un antidiarrhéique, en cas de forte diarrhée, surtout si vous voyagez avec des enfants
- un antihistaminique en cas de rhumes, allergies, piqûres d'insectes, mal des transports
- un antiseptique ou un désinfectant pour les coupures, les égratignures superficielles et les brûlures, ainsi que des pansements gras pour les brûlures
- de l'aspirine ou du paracétamol (douleurs, fièvre)
- une bande Velpeau et des pansements pour les petites blessures
- une paire de lunettes de secours (si vous portez des lunettes ou des lentilles de contact) et la copie de votre ordonnance
- un produit contre les moustiques, de l'écran total
- une pommade pour soigner les piqûres et les coupures et des comprimés pour stériliser l'eau

- une paire de ciseaux à bouts ronds, une pince à épiler et un thermomètre à alcool
- une petite trousse de matériel stérile comprenant une seringue, des aiguilles, du fil à suture, une lame de scalpel et des compresses
- des préservatifs (norme CE)

Santé sur Internet

Il existe de très bons sites Internet consacrés à la santé en voyage. Avant de partir, vous pouvez consulter les conseils en ligne du **ministère des Affaires étrangères** (www.diplomatie.gouv.fr), de l'**Organisation mondiale de la santé** (OMS ; www.who.int/fr) ou le site très complet du **ministère de la Santé** (www.sante.gouv.fr). Vous trouverez, par ailleurs, plusieurs liens sur le site de **Lonely Planet** (www.lonelyplanet.fr).

Vous trouverez aussi de nombreuses informations sur les sites Web des centres de vaccinations indiqués à la rubrique *Vaccins*.

PENDANT LE VOYAGE

Vols long-courriers

Les trajets en avion, principalement du fait d'une immobilité prolongée, peuvent favoriser la formation de caillots sanguins dans les jambes (par exemple une phlébite). Le risque est d'autant plus élevé que le vol est plus long.

Généralement, l'un des premiers symptômes est un gonflement ou une douleur du pied, de la cheville ou du mollet.

En prévention, buvez en abondance des boissons non alcoolisées, faites jouer les muscles de vos jambes lorsque vous êtes assis et levez-vous de temps à autre pour marcher dans la cabine.

Décalage horaire et mal des transports

Le décalage horaire est fréquent dans le cas de trajet traversant plus de trois fuseaux horaires. Il se manifeste par des insomnies, de la fatigue, des malaises ou des nausées. En prévention, buvez abondamment (des boissons non alcoolisées) et mangez léger. En arrivant, exposez-vous à la lumière naturelle et adoptez les horaires locaux aussi vite que possible (pour les repas, le coucher et le lever).

Pour réduire les risques d'avoir le mal des transports, mangez légèrement avant et pendant le voyage. Si vous êtes sujet à ces malaises, essayez de trouver un siège dans une partie du véhicule où les oscillations sont moindres : près de l'aile dans un avion, au centre sur un bateau et dans un bus. Les antihistaminiques préviennent efficacement le mal des transports, qui se caractérise principalement par une envie de vomir, mais ils peuvent provoquer une somnolence.

EN INDE DU NORD

Précautions élémentaires

Faire attention à ce que l'on mange et à ce que l'on boit est la première des précautions à prendre. Les troubles gastriques et intestinaux sont fréquents, même si la plupart du temps ils restent sans gravité. Ne soyez cependant pas paranoïaque et ne vous privez pas de goûter la cuisine locale, cela fait partie du voyage. N'hésitez pas également à vous laver les mains fréquemment.

Attention au lait, rarement pasteurisé, ainsi qu'aux *lassi* servis dans la rue ou dans des établissements n'offrant pas des conditions d'hygiène suffisantes. Pas

EAU POTABLE

- Règle d'or : ne buvez jamais l'eau du robinet, même sous forme de glaçons.
- Préférez les eaux minérales et les boissons gazeuses, tout en vous assurant que les bouteilles sont décapsulées devant vous.
- Évitez les jus de fruits, souvent allongés à l'eau.
- Thé et café, en principe, sont sûrs, puisque l'eau doit bouillir.
- Par prudence, évitez les crudités, qui sont bien souvent lavées avec de l'eau du robinet.
- Pour stériliser l'eau, la meilleure solution est de la faire bouillir durant 15 minutes. N'oubliez pas qu'à haute altitude elle bout à une température plus basse et que les germes ont plus de chances de survivre.
- Si vous ne pouvez faire bouillir l'eau, traitez-la chimiquement avec des comprimés ou des gouttes, comme le Micropur (vendu en pharmacie), très efficaces.
- Brossez-vous les dents avec de l'eau traitée.

de problème pour le lait bouilli et les yaourts.

Dans tous les cas, demandez conseil aux habitants : si l'on vous dit par exemple qu'il ne faut pas vous baigner ici ou là, ne le faites pas.

Problèmes de santé et traitement

L'autodiagnostic et l'autotraitement sont risqués ; aussi, chaque fois que cela est possible, adressez-vous à un médecin. Ambassades et consulats pourront en général vous en recommander un. Les grands hôtels également, mais les honoraires risquent d'être très élevés.

Disponibilité des soins médicaux

Certaines villes d'Inde du Nord disposent de cliniques spécialement destinées aux touristes et aux expatriés. Ces établissements sont souvent plus chers que les hôpitaux publics, mais ils offrent des soins de qualité supérieure. De plus, ils disposent des informations nécessaires pour vous orienter au besoin vers les hôpitaux publics les plus sûrs ou vers les meilleurs spécialistes. Ils peuvent aussi éventuellement joindre votre compagnie d'assurance si vous devez être rapatrié.

Vous trouverez la liste de ces cliniques à la rubrique *Renseignements* des chapitres régionaux de ce guide. En zone rurale, il est parfois difficile de trouver des services médicaux fiables.

Maladies infectieuses et parasitaires

Choléra

Des épidémies de choléra frappent parfois l'Inde. Les cas de choléra sont cependant généralement signalés à grande échelle dans les médias, ce qui permet d'éviter les régions concernées. La protection conférée par le vaccin n'étant pas fiable, celui-ci n'est pas recommandé. Prenez donc toutes les précautions alimentaires nécessaires. Symptômes : diarrhée soudaine, selles très liquides et claires, vomissements, crampes musculaires et extrême faiblesse. Il faut consulter un médecin ou aller à l'hôpital au plus vite, mais on peut commencer à lutter immédiatement contre la déshydratation qui peut être très forte. Une boisson à base de cola salée, dégazéifiée et diluée au 1/5 ou encore du bouillon bien salé seront utiles en cas d'urgence.

Diarrhée du voyageur

C'est le problème de santé le plus fréquemment rencontré par les voyageurs en Inde. Le changement de nourriture, d'eau ou de climat suffit à la provoquer ; si elle est causée par des aliments ou de l'eau contaminés, le problème est plus grave. En dépit de toutes vos précautions, vous aurez peut-être la turista (comme 30 à 70% des voyageurs en Inde), mais quelques visites aux toilettes sans aucun autre symptôme n'ont rien d'alarmant.

La déshydratation est le danger principal lié à toute diarrhée. Le premier traitement consiste donc à boire beaucoup. Quand vous irez mieux, continuez à manger légèrement. Lorsque la diarrhée persiste au-delà de 48 heures ou s'il y a présence de sang dans les selles, il est préférable de consulter un médecin.

Quelques conseils pour limiter les risques :

- ne consommez que de la nourriture fraîchement cuisinée
- évitez les coquillages et les buffets
- pelez tous les fruits
- cuisez les légumes
- faites tremper les salades au moins 20 minutes dans une solution iodée
- préférez les restaurants très fréquentés

Dysenterie

Affection grave, due à des aliments ou de l'eau contaminés, la dysenterie se manifeste par une violente diarrhée, souvent accompagnée de sang ou de mucus dans les selles. Une analyse des selles est indispensable pour diagnostiquer le type de dysenterie. Il faut donc consulter rapidement.

Giardiase

Ce parasite intestinal est présent dans l'eau souillée ou dans les aliments souillés par l'eau. Symptômes : crampes d'estomac, nausées, estomac ballonné, selles très liquides et nauséabondes, et gaz fréquents. La giardiase peut n'apparaître que plusieurs semaines après la contamination. Les symptômes peuvent disparaître pendant quelques jours puis réapparaître, et ceci pendant plusieurs semaines.

Hépatites

L'hépatite est un terme général qui désigne une inflammation du foie. Elle est le plus souvent due à un virus. Les formes les plus habituelles se manifestent par une fièvre, une fatigue qui peut être intense, des douleurs abdominales, des nausées, des vomissements, associés à la présence d'urines très foncées et de selles décolorées presque blanches. La peau et le blanc des yeux prennent une teinte jaune (ictère). L'hépatite peut parfois se résumer à un simple épisode de fatigue durant quelques jours ou semaines.

Hépatite A C'est la plus répandue, mais il existe un vaccin, recommandé en cas de fort risque d'exposition.

La contamination est alimentaire : l'hépatite A se transmet par l'eau, les coquillages et, d'une manière générale, tous les produits manipulés à mains nues. Il n'y a pas de traitement médical ; il faut simplement se reposer, boire beaucoup, manger légèrement et s'abstenir totalement de toute boisson alcoolisée pendant au moins 6 mois.

Hépatite B Elle est très répandue, mais la vaccination est très efficace. Elle se transmet par voie sexuelle ou sanguine (piqûre, transfusion). Évitez de vous faire percer les oreilles, tatouer, raser ou de vous faire soigner par piqûres si vous avez des doutes quant à l'hygiène des lieux. Les symptômes de l'hépatite B sont les mêmes que ceux de l'hépatite A.

Hépatite E Similaire à l'hépatite A, l'hépatite E se contracte de la même manière, généralement par l'eau. De forme bénigne, elle peut néanmoins être dangereuse pour les femmes enceintes.

Rage

Très répandue, cette maladie est transmise par un animal contaminé. Les morsures, les griffures et même les simples coups de langue d'un mammifère doivent être nettoyés immédiatement et à fond. Frottez avec du savon et de l'eau, puis nettoyez avec de l'alcool. S'il y a le moindre risque que l'animal soit contaminé, allez immédiatement voir un médecin. Même si l'animal n'est pas enragé, toutes les morsures doivent être surveillées de près pour éviter les risques d'infection et de tétanos.

Un vaccin antirabique est disponible. Il faut y songer si vous comptez séjourner longtemps dans des zones rurales, travailler avec des animaux ou pratiquer la spéléologie (les morsures de chauves-souris peuvent être dangereuses). La vaccination préventive ne dispense pas de la nécessité d'un traitement antirabique immédiatement après un contact avec un animal enragé ou dont le comportement peut paraître suspect.

Typhoïde

La fièvre typhoïde est une infection du tube digestif. Elle se transmet directement de personne à personne par les mains contaminées ou indirectement par de l'eau ou de la nourriture contaminées par des matières fécales humaines (bactérie *Salmonella typhi*). Mieux vaut être vacciné, même si la vaccination n'est pas entièrement efficace.

Fièvre, maux de tête et de gorge parfois accompagnés de vomissements, de diarrhée ou de constipation, puis une éruption rose sur l'abdomen sont généralement les premiers symptômes, qui s'accompagnent parfois d'une septicémie (empoisonnement du sang). S'il n'y a pas d'autres complications, la fièvre et les autres symptômes disparaissent peu à peu la troisième semaine. Cependant, un suivi médical est indispensable, car les complications sont fréquentes, en particulier la pneumonie (infection aiguë des poumons) et la péritonite (éclatement de l'appendice). De plus, la typhoïde est très contagieuse.

VIH/sida

L'Inde compte parmi les pays du monde où la progression du VIH est la plus importante (il y aurait plus de 5 millions de séropositifs selon des estimations officielles).

La transmission de cette infection se fait : par rapport sexuel (hétérosexuel ou homosexuel – anal, vaginal ou oral), d'où l'impérieuse nécessité d'utiliser des préservatifs à titre préventif ; par le sang, les produits sanguins et les aiguilles contaminées. Il est impossible de détecter la présence du VIH chez un individu apparemment en parfaite santé sans procéder à un examen sanguin.

Évitez, s'ils ne sont pas stérilisés, tous les instruments de chirurgie, les aiguilles d'acupuncture et de tatouage, ainsi que les instruments utilisés pour percer les oreilles ou le nez.

Affections liées à l'environnement

Coup de chaleur

Dans de nombreuses régions indiennes, il fait chaud et humide toute l'année. Dans bien des cas, il faut environ 2 semaines pour s'acclimater.

De longues périodes d'exposition à des températures élevées peuvent vous rendre vulnérable au coup de chaleur. Cet état grave survient quand le mécanisme de régulation thermique du corps ne fonctionne plus : la température s'élève alors de façon dangereuse. Évitez l'alcool et les activités fatigantes lorsque vous arrivez durant les mois les plus chauds.

Symptômes : malaise général, transpiration faible ou inexistante, forte fièvre (39 à 41°C) et céphalée lancinante, difficultés à coordonner ses mouvements, signes de confusion mentale ou d'agressivité. Il faut absolument hospitaliser le malade. En attendant les secours, installez-le à l'ombre, ôtez-lui ses vêtements, couvrez-le d'un drap ou d'une serviette mouillés et éventez-le continuellement.

Coup de soleil et insolation

Sous les tropiques, dans le désert ou en altitude, les coups de soleil sont plus fréquents, même par temps couvert. Utilisez un écran solaire haute protection et pensez à couvrir les endroits habituellement protégés, les pieds par exemple. Les lunettes de soleil sont indispensables.

Une exposition prolongée au soleil peut provoquer une insolation. Symptômes : nausées, peau chaude, maux de tête. Dans ce cas, il faut rester dans le noir, appliquer une compresse d'eau froide sur les yeux et prendre de l'aspirine.

Froid

L'excès de froid est aussi dangereux que l'excès de chaleur, surtout lorsqu'il provoque une hypothermie. Le mieux est de s'habiller par couches : la soie, la laine et certaines fibres synthétiques nouvelles sont de bons isolants. N'oubliez pas de prendre un chapeau, car on perd beaucoup de chaleur par la tête. La couche supérieure de vêtements doit être solide et imperméable, car il est vital de rester au sec. Emportez du ravitaillement de base comprenant des sucres rapides, qui génèrent rapidement des calories, et des boissons en abondance.

Mal des montagnes

Le mal des montagnes, qui survient à haute altitude, affecte la plupart des individus, de façon plus ou moins forte. On le ressent à des altitudes variables mais, en général, il frappe plutôt à partir de 3 500 à 4 500 m. Il est recommandé de dormir à une altitude inférieure à l'altitude maximale atteinte dans la journée.

Symptômes : manque de souffle, toux sèche et irritante, fort mal de tête, perte d'appétit, nausée et parfois vomissements. Les symptômes disparaissent généralement au bout d'un jour ou deux, mais s'ils persistent ou empirent, le seul traitement consiste à redescendre, ne serait-ce que de 500 m.

Vous pouvez prendre certaines mesures à titre préventif : ne faites pas trop d'efforts au début, reposez-vous souvent. À chaque palier de 1 000 m, arrêtez-vous pendant au moins un jour ou deux afin de vous acclimater. Buvez plus que d'habitude, mangez légèrement, évitez l'alcool et ne prenez pas de sédatifs.

Pollution atmosphérique

La pollution, liée principalement à la circulation automobile, est en progression dans la plupart des grandes villes d'Inde du Nord. Si vous souffrez de problèmes respiratoires graves, parlez-en à votre médecin avant de partir. Tous les voyageurs sont par ailleurs invités à consulter la presse et les communiqués officiels faisant été des niveaux de pollution (si l'indice de qualité de l'air dépasse 100, les personnes à risque doivent se prémunir). Il est fortement recommandé de s'équiper d'un masque filtrant avant le départ.

INTOXICATION AU MONOXYDE DE CARBONE

Dans certaines régions montagneuses, on se chauffe au poêle à charbon de bois, un type de chauffage à éviter car il est la cause d'intoxications au monoxyde de carbone souvent fatales. Il vous suffira de vous glisser sous les épaisses couvertures que l'on utilise dans beaucoup de ces régions pour passer une nuit bien au chaud. La laine procure une chaleur étonnante ! Si vous n'arrivez pas à vous réchauffer, faites-vous une bouillotte avec une gourde remplie d'eau très chaude et recouverte d'une chaussette.

Affections transmises par les insectes

Chikungunya

Le chikungunya est une maladie virale transmise par les piqûres de moustique. Elle est présente en Inde du Nord, notamment à Delhi, et au Gujarat. Comme pour la dengue et le paludisme, des mesures de protection individuelle s'imposent (voir l'encadré page suivante).

Dengue

Une recrudescence des cas de dengue a été constatée, surtout dans les villes, et notamment à Delhi. L'infection se déclenche souvent avec les pluies de mousson, au moment où les fortes chaleurs de l'été s'atténuent.

La dengue se transmet par les moustiques du genre *Aedes*, qui piquent la journée et se trouvent souvent près des habitations, ou à l'intérieur. Ils pondent dans les réserves d'eau artificielles (citernes, barils, tonneaux, pots à eau, conteneurs en plastique ou pneus jetés aux ordures).

Il n'existe pas de traitement prophylactique contre cette maladie. Poussée de fièvre, maux de tête, douleurs articulaires et musculaires précèdent une éruption cutanée sur le tronc qui s'étend ensuite aux membres puis au visage. Au bout de quelques jours, la fièvre régresse, et la convalescence commence. Les complications graves sont rares et les cas les plus sévères touchent généralement les enfants de moins de 15 ans qui contractent la dengue pour la deuxième fois. La meilleure prévention est de suivre les mesures de protection d'usage contre

SE PROTÉGER DES MOUSTIQUES

Hormis les traitements préventifs, la protection contre les piqûres de moustique est le premier moyen d'éviter d'être contaminé par le paludisme. Le soir, dès le coucher du soleil, couvrez vos bras et surtout vos chevilles, et mettez de la crème antimoustique. Ils sont parfois attirés par le parfum ou par l'après-rasage.

- En dehors du port de vêtements longs, l'utilisation d'insecticides ou de répulsifs à base de DEET (de type Cinq sur Cinq) sur les parties découvertes du corps est à recommander (sauf pour les enfants de moins de 2 ans).
- Évitez de sortir vers le lever et le coucher du soleil.
- En vente en pharmacie, les moustiquaires constituent en outre une protection efficace, à condition qu'elles soient imprégnées d'insecticide. De plus, ces moustiquaires sont radicales contre les insectes à sang froid (puces, punaises, etc.) et permettent d'éloigner serpents et scorpions. Vérifiez bien que celles dans les hôtels n'ont pas de trous.
- D'une manière générale, le risque de contamination est plus élevé en zone rurale et pendant la saison des pluies.

les moustiques (voir l'encadré ci-dessus). En cas de fièvre à votre retour en France, signalez à votre médecin votre voyage en Inde.

Encéphalite japonaise

Un moustique nocturne (le *Culex*) est responsable de la transmission de cette maladie virale, surtout dans les zones rurales.

Symptômes : fièvre soudaine, frissons et maux de tête, suivis de vomissements et de délire ; aversion marquée pour la lumière vive ; et douleurs aux articulations et aux muscles. Les cas les plus graves provoquent des convulsions et un coma. Chez la plupart des individus qui contractent le virus, aucun symptôme n'apparaît.

Si vous prévoyez de passer de longues périodes en zone rurale pendant la saison des pluies (de juillet à octobre), envisagez de vous faire vacciner.

Paludisme

Le paludisme, ou malaria, est transmis par un moustique, l'anophèle, dont la femelle pique surtout la nuit, entre le coucher et le lever du soleil.

Le paludisme survient généralement dans le mois suivant le retour de la zone d'endémie. Symptômes : maux de tête, fièvre et troubles digestifs. Non traité, il peut avoir des suites graves, parfois mortelles. Il existe différentes espèces de paludisme et le traitement devient de plus en plus difficile à mesure que la résistance du parasite aux médicaments gagne en intensité.

Les médicaments antipaludéens n'empêchent pas la contamination mais ils suppriment les symptômes de la maladie. Si vous voyagez dans des régions où la maladie est endémique, il faut absolument suivre un traitement préventif (uniquement sur ordonnance), qu'il faut en général poursuivre après le retour. Renseignez-vous impérativement auprès d'un médecin spécialisé. Indispensable également : vous protéger des moustiques (voir l'encadré ci-dessus).

En Inde du Nord, il existe un risque de contracter le paludisme ; il est très faible dans les grandes villes comme Delhi et Kolkata, et absent dans les zones à plus de 2 000 m de l'Himachal Pradesh, du Jammu-et-Cachemire et du Sikkim.

Tout voyageur atteint de fièvre ou montrant les symptômes de la grippe doit se faire examiner. Il suffit d'une analyse de sang pour établir le diagnostic. Contrairement à certaines croyances, une crise de paludisme ne signifie pas que l'on est touché à vie.

Coupures, piqûres et morsures

Piqûres

Les piqûres de guêpes ou d'abeilles sont généralement plus douloureuses que dangereuses. Une lotion apaisante ou des glaçons soulageront la douleur et empêcheront la piqûre de trop gonfler. Certaines araignées sont dangereuses, mais il existe en général des antivenins. Les piqûres de scorpions sont très douloureuses et parfois mortelles. Inspectez vos vêtements et vos chaussures avant de les enfiler.

Punaises et poux

Les punaises affectionnent la literie douteuse. Vérifiez l'état de la literie avant de vous glisser dans votre lit ; si vous repérez de petites taches de sang sur les draps ou les murs autour du lit, cherchez un autre hôtel. Les piqûres de punaises forment des alignements réguliers. Une pommade calmante apaisera la démangeaison.

Les poux provoquent des démangeaisons. Ils élisent domicile dans les cheveux, les vêtements ou les poils pubiens. On en attrape par contact direct avec des personnes infectées ou en utilisant leur peigne, leurs vêtements, etc. Poudres et shampooings détruisent poux et lentes ; il faut également laver les vêtements à l'eau très chaude.

Sangsues et tiques

Les sangsues, présentes dans les régions de forêts humides, se collent à la peau et sucent le sang. Les randonneurs en retrouvent souvent sur leurs jambes ou dans leurs bottes. Vérifiez toujours que vous n'avez pas attrapé de tiques dans une région infestée : elles peuvent transmettre le typhus ou la maladie de Lyme.

Sangsues ou tiques, ne les arrachez pas, car la morsure s'infecterait plus facilement. Détachez les tiques délicatement avec une pincette fine (huile, vaseline, allumette, alcool sont déconseillés). Passez l'ongle sous la bouche de la sangsue pour lui faire lâcher prise (ne pas appliquer de sel). Une crème répulsive peut les maintenir éloignées.

Serpents

Portez toujours bottes, chaussettes et pantalons longs pour marcher dans la végétation à risque. Ne hasardez pas la main dans les trous et les anfractuosités, et faites attention lorsque vous ramassez du bois. Les morsures de serpent ne provoquent pas instantanément la mort, et il existe généralement des antivenins. Il faut calmer la victime, lui interdire de bouger, bander étroitement le membre comme pour une foulure et l'immobiliser avec une attelle. Trouvez ensuite un médecin, et essayez de lui apporter le serpent mort. N'essayez en aucun cas d'attraper le serpent s'il y a le moindre risque qu'il morde à nouveau. On sait désormais qu'il ne faut absolument pas sucer le venin ou poser un garrot.

Problèmes cutanés

Coupures et égratignures

Les blessures s'infectent très facilement dans les climats chauds et cicatrisent difficilement. Coupures et égratignures doivent être traitées avec un antiseptique et du désinfectant cutané. Évitez si possible bandages et pansements, qui empêchent la plaie de sécher.

Infections fongiques

Deux infections fongiques affectent principalement les voyageurs. La première intervient sur les parties moites du corps, telles l'aine ou les aisselles, ou encore entre les doigts de pied. L'infection commence par une tache rouge qui s'étend progressivement et, en général, qui gratte. Veillez à conserver la zone touchée au sec. N'appliquez pas de crème anti-frottement, mais utilisez une crème antifongique.

La seconde infection, la *Tinea versicolor*, produit des taches de couleur pâle, la plupart du temps dans le dos, sur la poitrine et les épaules. Consultez un médecin.

Voyager avec des enfants

Les personnes voyageant avec des enfants doivent pouvoir soigner des affections mineures, et savoir quand avoir recours aux services médicaux. Bien avant le départ, assurez-vous que les vaccinations des enfants sont à jour, et sachez que certains vaccins ne conviennent pas aux enfants de moins de 1 an.

Dans les zones chaudes et humides, la moindre égratignure peut s'infecter. Toute blessure doit être parfaitement nettoyée et tenue au sec.

Soyez particulièrement vigilant en évitant de boire l'eau du robinet et en ne prenant aucun risque concernant la nourriture et les boissons. Pensez à emporter des poudres réhydratantes à utiliser avec de l'eau bouillie si votre enfant est sujet à des vomissements ou à des diarrhées. Demandez conseil à votre médecin. Afin d'éviter les risques de rage ou d'autres maladies, les enfants doivent être tenus à l'écart des chiens et des mammifères en général. Les morsures, griffures ou coups de langue d'un animal à sang chaud et à fourrure doivent être immédiatement et soigneusement nettoyés. S'il y a un risque, même infime, que l'animal soit contaminé, il convient de chercher immédiatement une assistance médicale. Il faut également prévoir un traitement antipaludéen adapté.

Santé au féminin

Pour des problèmes gynécologiques, consultez de préférence un médecin femme.

Contraception Mieux vaut emporter avec vous votre contraceptif habituel, en quantité suffisante pour votre voyage.

Grossesse La plupart des fausses couches ont lieu pendant les trois premiers mois de la grossesse. C'est donc la période la plus risquée pour voyager. Pendant les trois derniers mois, il vaut mieux rester à distance raisonnable de bonnes infrastructures

ZIKA : DANGER POUR LES FEMMES ENCEINTES

Bien que de niveau faible, le Zika sévit potentiellement en Inde dans le Gujarat. Transmis par les moustiques, le virus Zika ne s'exprime que rarement par la maladie (seul un patient sur cinq présente des symptômes, similaires à ceux de la grippe). Le virus est en revanche responsable de cas de microcéphalie (croissance anormalement faible de la boîte crânienne pouvant causer des lésions cérébrales) chez des bébés nés de femmes porteuses du virus pendant leur grossesse. L'infection par le virus Zika peut également entraîner plusieurs formes du syndrome de Guillain-Barré, une affection plutôt rare caractérisée par une faiblesse, voire une paralysie progressive des nerfs périphériques. De rares cas de transmission par voie sexuelle avec une personne infectée par le virus Zika ont également été rapportés. Si les cas de contamination sexuelle restent rares et souvent bénins, le risque pour le fœtus d'une femme enceinte s'avère en revanche considérable.

Les CDC (Centres pour le contrôle et la prévention des maladies) recommandent aux femmes enceintes de reporter tout voyage en Inde (et les autres pays où le virus représente un risque).

La protection contre les piqûres de moustique est essentielle dans la mesure où il n'existe pas de traitement, ni de vaccin actifs sur ce virus.

médicales, en cas de problème. Les femmes enceintes doivent éviter de prendre inutilement des médicaments. Cependant, certains vaccins et traitements préventifs (contre le paludisme, par exemple) peuvent être nécessaires. Avant de prendre quoi que ce soit, consultez un médecin.

Problèmes gynécologiques Une nourriture pauvre et une résistance amoindrie par l'utilisation d'antibiotiques contre des problèmes intestinaux peuvent favoriser les infections vaginales dans un climat chaud. Respectez une hygiène intime scrupuleuse, et portez jupes ou pantalons amples et sous-vêtements en coton. Les champignons, caractérisés par une éruption cutanée, des démangeaisons et des pertes, peuvent se soigner facilement. En revanche, les trichomonas sont plus graves ; pertes blanches et sensation de brûlure lors de la miction en sont les symptômes. Le partenaire masculin doit également être soigné. Il n'est pas rare que le cycle menstruel soit perturbé lors d'un voyage.

Protections hygiéniques On trouve facilement des serviettes ; les tampons sont plus rares.

Langue

En dépit de son statut officiel, l'hindi n'est la langue maternelle que d'environ 20% de la population. On comprend donc mieux le rôle véhiculaire tenu par l'anglais, encore très largement parlé plus de cinquante ans après le départ des Britanniques, et qui demeure la langue officielle de la justice. La Constitution reconnaît 22 langues régionales parlées dans les différents États. Elles se répartissent en deux grands groupes : les langues indiques (ou indo-aryennes) et les langues dravidiennes. À cela, il faut ajouter plus de 1 600 langues mineures et dialectes.

Les langues indo-aryennes appartiennent au groupe indo-européen (comme le français) et descendent des langues de peuples d'Asie centrale. Les langues dravidiennes trouvent quant à elles leur origine en Inde du Sud, mais ont subi l'influence du sanskrit, puis de l'hindi.

La plupart des langues indiennes possèdent leur propre alphabet. Vous en aurez un aperçu en jetant un coup d'œil aux billets de 5 ₹ et plus, sur lesquels 15 langues sont représentées en plus de l'hindi et de l'anglais. Figurent, de haut en bas : l'assamais, le bengali, le gujarati, le kannada, le cachemiri, le konkani, le malayalam, le marathi, le népalais, l'oriya, le punjabi, le sanskrit, le tamoul, le télougou et l'ourdou. Toutefois, l'anglais est fréquemment employé à l'écrit dans certains États : ainsi, dans l'Himachal Pradesh, presque toutes les inscriptions sont en anglais.

POUR ALLER PLUS LOIN

Indispensable pour mieux communiquer sur place, le *Guide de conversation hindi, ourdou et bengali* de Lonely Planet. Pour réserver une chambre, lire un menu ou faire connaissance, ce manuel permet d'acquérir des rudiments dans ces trois langues. Inclus : un minidictionnaire.

De gros efforts ont été déployés pour faire de l'hindi la langue nationale. Mais s'il reste la langue prédominante dans le Nord, l'hindi est plus rarement usité dans le Sud – de fait, il est très différent des langues dravidiennes.

L'anglais est la première langue de beaucoup d'Indiens cultivés. Il arrive aussi en deuxième position chez une bonne part des habitants du sous-continent. Vous n'aurez donc aucun problème à vous déplacer en Inde si vous parlez anglais, bien qu'il soit toujours préférable de connaître quelques mots dans la langue de la région visitée.

HINDI

L'hindi compte environ 600 millions de locuteurs dans le monde, dont 180 millions en Inde. Il s'est développé à partir du sanskrit classique et s'écrit à l'aide de l'alphabet devanagari. Il est depuis 1947 la langue officielle du pays, tout comme l'anglais.

La plupart des sons de l'hindi ont un équivalent dans les langues européennes. La principale différence réside dans la prononciation des consonnes. Il faut distinguer les consonnes “aspirées” des consonnes “non aspirées” (les premières se prononcent avec une forte expiration, comme si l'on ajoutait un “h” après le son). Il existe aussi des consonnes “rétroflexes”, qui se prononcent en courbant la langue vers l'arrière, et des consonnes “non rétroflexes”. Dans ce chapitre, nous n'observons pas ces distinctions : prononcez les mots tels qu'ils sont écrits – on vous comprendra.

Il est important de bien prononcer les voyelles et de faire attention à leur longueur (a court et aa long, i court et ii long par exemple). Les lettres ng après une voyelle indiquent que celle-ci doit être prononcée de façon nasale. Notez également que au se dit “ao” et oo, “ou”. L'accent tonique est très léger ; nous l'indiquons en italique.

COMPTER EN HINDI

1	१	एक	ek
2	२	दो	do
3	३	तीन	tiin
4	४	चार	chaar
5	५	पाँच	paanch
6	६	छह	chai
7	७	सात	saat
8	८	आठ	aat
9	९	नौ	nau
10	१०	दस	das
20	२०	बीस	biis
30	३०	तीस	tiis
40	४०	चालीस	*chaa*·liis
50	५०	पचास	pa·*chaas*
60	६०	साठ	saat
70	७०	सत्तर	*sat*·tar
80	८०	अस्सी	*as*·sii
90	९०	नब्बे	*nab*·be
100	१००	सौ	sau
1000	१०००	एक हज़ार	ek ha·*zaar*

Expressions de base

En hindi, les verbes changent de forme en fonction du sexe du locuteur (ou du sujet de la phrase). C'est donc le verbe, et non les pronoms "il" ou "elle", qui marque un sujet masculin ou féminin. Dans les expressions ci-dessous, nous faisons apparaître les deux options, indiquées respectivement par un "m" ou un "f".

Bonjour./Au revoir.	नमस्ते।	na·ma·*ste*
Oui.	जी हाँ।	jii haang
Non.	जी नहीश्न।	jii na·*hiing*
Excusez-moi.	सुनिये।	su·ni·*ye*
Pardon.	माफ़ कीजिये।	maaf *kii*·ji·ye
S'il vous plaît.	कृपया ...	kri·pa·*yaa* ...
Merci.	थैश्नक्यू।	*thain*·kyoo
De rien.	कोई बात नहीश्न।	*ko*·ii baat na·*hiing*

Comment allez-vous ?
आप कैसे/कैसी हैश्न? — aap *kai*·se/*kai*·sii haing (m/f)

Bien. Et vous ?
मैश्न ठीक हूँ। — maing tiik hoong
आप सुनाइये। — aap su·*naa*·i·ye

Comment vous appelez-vous ?
आप का नाम क्या है? — aap kaa naam kyaa hai

Je m'appelle...
मेरा नाम ... है। — *me*·raa naam ... hai

Parlez-vous anglais ?
क्या आपको अश्नग्रेज़ी आती है? — kyaa aap ko an·*gre*·zii *aa*·tii hai

Je ne comprends pas.
मैश्न नहीश्न समझा/समझी। — maing na·*hiing* sam·jaa/ *sam*·jii (m/f)

Hébergement

Où puis-je trouver... ?
... कहाँ है? — ... ka·*haang* hai

une pension (guesthouse)	गेस्ट हाउस	gest *haa*·us
un hôtel	होटल	*ho*·tal
une auberge de jeunesse	यूथ हास्टल	yoot *haas*·tal
Avez-vous une chambre ?	क्या ... कमरा है?	kyaa ... *kam*·raa hai
simple	सिश्नगल	*sin*·gal
double	डबल	da·*bal*
Combien pour ?	... के लिय कितने पैसे लगते हैश्न?	... ke li·*ye* *kit*·ne *pai*·se *lag*·te haing
une nuit	एक रात	ek raat
une personne	हर व्यक्ति	har *vyak*·ti

climatisation	ए० सी०	e sii
salle de bains	बाथरूम	*baat*·room
eau chaude	गर्म पानी	garm *paa*·nii
moustiquaire	मसहरी	*mas*·ha·rii
laveur de vêtements	धोबी	do·*bii*
fenêtre	खिड़की	*kir*·kii

Orientation

Où puis-je trouver... ?
कहाँ है? — ... ka·*haang* hai

À quelle distance est-ce ?
वह कितनी दूर है? — vo *kit*·nii door hai

Quelle est l'adresse ?
पता क्या है? — pa·*taa* kyaa hai

Pouvez-vous me montrer (sur la carte) ?
(नक्शे मेश्न) दिखा सकते है? — (*nak*·she meng) di·*kaa* *sak*·te haing

Tournez à gauche/à droite.
लेफ़्ट/राइट मुड़िये। — left/*raa*·it mu·ri·*ye*

au coin	कोने पर	*ko*·ne par
aux feux tricolores	सिगनल पर	*sig*·nal par

derrière...	... के पीछे	... ke *pii*·che
devant...	... के सामन	... ke *saam*·ne
près de...	... के पास	... ke paas
en face de...	... के सामने	... ke *saam*·ne
tout droit	सीधे	*sii*·de

Aliments et boissons

Que me recommandez-vous ?
आपके ख़्याल मेंश क्या अच्छा होगा?
aap ke kyaal meng kyaa *ach*·chaa *ho*·gaa

Avez-vous des plats végétariens ?
क्या आप का खाना शाकाहारी है?
kyaa aap kaa *kaa*·naa shaa·kaa·*haa*·rii hai

Je ne mange pas (de viande).
मैंश (गोश्त) नहींश खाता/ खाती।
maing (gosht) na·*hiing* *kaa*·taa/*kaa*·tii (m/f)

Je vais prendre...
मुझे ... दीजिये।
mu·*je* ... *dii*·ji·ye

C'était délicieux.
बहुत मज़ेदार हुआ।
ba·*hut* ma·ze·*daar* hu·*aa*

Le menu/l'addition s'il vous plaît.
मेन्यू/बिल लाइये।
men·yoo/bil *laa*·i·ye

Mots-clés

assiette	प्लेट	plet
boissons	पीने की चीज़ेंश	*pii*·ne kii *chii*·zeng
bol	कटोरी	ka·*to*·rii
bouteille	बोतल	*bo*·tal
cuillère	चम्मच	*cham*·mach
couteau	चाकू	*chaa*·koo
déjeuner	दिन का खाना	din kaa *kaa*·naa
dessert	मीठा	*mii*·taa
dîner	रात का खाना	raat kaa *kaa*·naa
en-cas	नाश्ता	*naash*·taa
fourchette	काँटा	*kaan*·taa
marché	बाज़ार	*baa*·zaar
menu fixe	थाली	*taa*·lii
nourriture	खाना	*kaa*·naa
petit-déjeuner	नाश्ता	*naash*·taa
restaurant	रेस्टोरेंश्ट	*res*·to·rent
restaurant local	ढाबा	*daa*·baa
verre	गिलास	glaas

Viandes et poissons

bœuf	गाय का गोश्त	gaai kaa gosht
boulettes de viande	कोफ़्ता	*kof*·taa
canard	बतख़	ba·*tak*
chèvre	बकरा	*bak*·raa
crevettes	झींश्गी मछली	*jiing*·gii *mach*·lii
écrevisse	बड़ी झींश्गा	ba·*rii* *jiing*·gaa
fruits de mer	मछली	*mach*·lii
poisson	मछली	*mach*·lii
porc	सुअर का गोश्त	*su*·ar kaa gosht
poulet	मुर्ग़ी	*mur*·gii
viande	गोश्त	gosht

Fruits et légumes

abricot	ख़ुबानी	ku·*baa*·nii
ail	लहसुन	*leh*·sun
ananas	अनन्नास	a·*nan*·naas
aubergine	बैंश्गन	*baing*·gan
banane	केला	*ke*·laa
carotte	गाजर	*gaa*·jar
champignons	खुंश्भी	*kum*·bii
chou-fleur	फूल गोभी	pool go·*bii*
citron	निम्बू	*nim*·boo
citrouille	कद्दू	*kad*·doo
concombre	ककड़ी	*kak*·rii
datte	खजूर	ka·*joor*
épinards	पालक	*paa*·lak
fruit	फल	pal
légumes	सब्ज़ी	*sab*·zii
lentilles	दाल	daal
maïs	मक्का	*mak*·kaa
mandarine	संश्तरा	*san*·ta·raa
mangue	आम	aam
noix	मेवे	*me*·ve
orange	नारंश्गी	naa·*ran*·gii
pamplemousse	चकोतरा	cha·*kot*·raa
papaye	पपीता	pa·*pii*·taa
pastèque	तरबूज़	*tar*·booz
pêche	आड़ू	*aa*·roo
pois	मटर	ma·*tar*
poivron	मिर्च	mirch
pomme	सेब	seb
pomme de terre	आलू	*aa*·loo
raisin	अंश्गूर	*an*·goor

Autres

beurre	मक्खन	*mak*·kan
chutney	चटनी	*chat*·nii
condiment	अचार	a·*chaar*
crème glacée	कुल्फ़ी	*kul*·fii
épices	मिर्च मसाला	mirch ma·*saa*·laa

glaçon	बर्फ़	barf
miel	मधु	*ma*·dhu
œuf	अण्डे	*an*·de
pain	चपाती/ नान/रोटी	cha·*paa*·tii/ naan/*ro*·tii
pappadam	पपड़	pa·*par*
piment	मिर्च	mirch
poivre	काली मिर्च	*kaa*·lii mirch
riz	चावल	*chaa*·val
sel	नमक	na·*mak*
sucre	चीनी	*chii*·nii
tofu	टोफू	to·*foo*

Boissons

bière	बियर	bi·*yar*
boisson sucrée aux fruits	शरबत	*shar*·bat
café	काईफ़ी	*kaa*·fii
eau	पानी	*paa*·nii
jus de canne à sucre	(गन्ने का) रस	(*gan*·ne kaa) ras
lait	दूध	dood
thé	चाय	chaai
vin blanc	सफ़ेद शराब	sa·*fed* sha·*raab*
vin rouge	लाल शराब	laal sha·*raab*
yaourt	लस्सी	*las*·sii

Urgences

À l'aide !
मदद कीजिये! — ma·*dad* *kii*·ji·ye

Allez-vous-en !
जाओ! — *jaa*·o

Je suis perdu/e.
मैं रास्ता भूल गया/गयी हूँ। — maing *raas*·taa bool ga·*yaa*/ga·*yii* hoong (m/f)

Appelez un médecin !
डॉक्टर को बुलाओ! — *daak*·tar ko bu·*laa*·o

Appelez la police !
पुलिस को बुलाओ! — pu·*lis* ko bu·*laa*·o

Je suis malade.
मैं बीमार हूँ। — maing *bii*·maar hoong

Où sont les toilettes ?
टॉइलेट कहाँ है? — *taa*·i·let ka·*haang* hai

Achats et services

J'aimerais acheter...
मुझे ... चाहिये। — mu·*je* ... *chaa*·hi·ye

Je ne fais que regarder.
सिर्फ़ देखने आया/आयी हूँ। — sirf *dek*·ne *aa*·yaa/*aa*·yii hoong (m/f)

Puis-je voir cela ?
दिखाइये। — di·*kaa*·i·ye

Combien cela coûte-il ?
कितने का है? — *kit*·ne kaa hai

C'est trop cher.
यह बहुत महंगा/महंगी है। — yeh ba·*hut* ma·*han*·gaa/ma·*han*·gii hai (m/f)

Il y a une erreur sur la facture.
बिल में गलती है। — bil meng *gal*·tii hai

banque	बैंक	baink
poste	डाक ख़ाना	daak *kaa*·naa
téléphone public	सार्वजनिक फ़ोन	*saar*·va·ja·nik fon
office du tourisme	पर्यटन ऑफ़िस	*par*·ya·tan *aa*·fis

Heures et dates

Quelle heure est-il ?
टाइम क्या है? — *taa*·im kyaa hai

Il est (10) heures.
(दस) बजे हैं। — (das) ba·*je* haing

(10) heures et demie.
साढ़े (दस)। — *saa*·re (das)

matin	सुबह	su·*bah*
après-midi	दोपहर	*do*·pa·har
soir	शाम	shaam
lundi	सोमवार	*som*·vaar
mardi	मंगलवार	man·*gal*·vaar
mercredi	बुधवार	*bud*·vaar
jeudi	गुरुवार	gu·ru·*vaar*
vendredi	शुक्रवार	*shuk*·ra·vaar
samedi	शनिवार	sha·ni·*vaar*
dimanche	रविवार	ra·vi·*vaar*

Transports

Quand passe le... (bus)?	... (बस) कब जाती है?	... (bas) kab *jaa*·tii hai
premier	पहली	*peh*·lii
dernier	आख़िरी	*aa*·ki·rii
avion	हवाई जहाज़	ha·*vaa*·ii ja·*haaz*
bateau	जहाज़	ja·*haaz*
bus	बस	bas
rickshaw	रिक्शा	*rik*·shaa
train	ट्रेन	trena ...
vélo	साइकिल	*saa*·i·kil
un billet	के लिये ... टिकट दीजिये।	ke li·*ye* ... ti·*kat* *dii*·ji·ye

aller simple	एक तरफ़ा	ek ta·ra·*faa*
aller-retour	आने जाने का	*aa*·ne *jaa*·ne kaa
arrêt de bus	बस स्टॉप	bas *is*·taap
billetterie	टिकटघर	ti·*kat*·gar
horaires	समय सारणी	sa·*mai* saa·ra·nii
gare ferroviaire	स्टेशन	*ste*·shan

S'arrête-t-il à...?
क्या ... मेंश्र रुकती है? kyaa ... meng *ruk*·tii hai

Merci de me prévenir quand nous arriverons à...
जब ... आता है, मुझे बताइये। jab ... *aa*·taa hai mu·*je* ba·*taa*·i·ye

Allez tout droit à cette adresse.
इसी जगह को फ़ौरन जाइए। *is*·ii *ja*·gah ko *fau*·ran *jaa*·i·ye

Arrêtez-vous ici.
यहाँ रुकिये। ya·*haang* ru·ki·ye

GLOSSAIRE

Adivasis – communautés tribales

Ardhanarishvara – Shiva hermaphrodite

Arjuna – héros guerrier du *Mahabharata* et chef militaire ; Krishna lui narra la *Bhagavad Gita*

Aryen –"noble" en sanskrit ; désigne les venus de Perse qui s'établirent dans le nord de l'Inde

ashram – lieu de retraite ou communauté spirituelle

ASI – Archaeological Survey of India ; organisation en charge de la préservation des monuments

auto-rickshaw – triporteur motorisé utilisé pour transporter des passagers, des animaux, etc., sur de courtes distances : moins cher qu'un taxi et présent partout dans le pays

Avalokitesvara –bodhisattva de la Compassion dans le bouddhisme mahayana

avatar – incarnation, le plus souvent d'une divinité

ayurvéda – science ancienne et élaborée de la médecine traditionnelle indienne par les plantes

azad – "libre" en ourdou, comme dans "Azad Jammu and Kashmir"

baba – maître religieux ou père ; marque de respect

bagh – jardin

bahadur – brave, chevaleresque ; titre honorifique

baksheesh – pourboire, donation (obole) ou pot-de-vin (backchich)

banian – figuier de l'Inde ; dimension spirituelle pour de nombreux Indiens

baoli (baori) – puits à degrés, doté de paliers et de galeries

barasingha – cerf des marais

basti – bidonville

bearer – sorte de majordome

Bhagavad Gita – "Chant du Bienheureux" hindou ; leçons de Krishna à Arjuna, dont la principale finalité est d'encourager la philosophie de la *bhakti* ; il fait partie du *Mahabharata*

bhajan – chant de prière

bhakti – soumission aux dieux ; foi, dévotion

bhang – feuilles et boutons floraux séchés de marijuana

bhangra – musique et danse rythmées punjabies

Bharat – Inde en hindi

bhavan – maison, bâtiment ; s'écrit également bhawan

Bhima – héros du *Mahabharata*, renommé pour sa force exceptionnelle ; il est le frère d'Hanuman, l'époux d'Hadimba, le père de Ghatotkach

bindi – marque (souvent en forme de point) faite avec du *kumkum*, et portée sur le front par les femmes

BJP – Bharatiya Janata Party (parti nationaliste hindou)

Bodhi (arbre de la) – arbre sous lequel le Bouddha atteignit l'Éveil

bodhisattva – êtres Éveillés

Bollywood – contraction de Bombay et Hollywood ; l'industrie du cinéma de Mumbai (Bombay)

Bouddha – l'Éveillé ; à l'origine du bouddhisme, il est considéré par les hindous comme la neuvième réincarnation de Vishnu

Bouddhisme primitif – désigne les écoles bouddhiques établies juste après la mort du Bouddha et avant l'apparition du bouddhisme Mahayana ; sa forme moderne est le Theravada (doctrine des Anciens), pratiquée au Sri Lanka et dans le Sud-Est asiatique. Le bouddhisme primitif différait du mahayana en ce qu'il n'enseignait pas l'idéal du bodhisattva

Bouddhisme tantrique – bouddhisme tibétain revêtu de fortes connotations sexuelles et occultes

Brahma – dieu hindou vénéré comme le Créateur dans le cadre du Trimurti

brahmanisme – forme primitive de l'hindouisme issue du védisme (voir *Veda*) ; doit son nom aux prêtres brahmanes et au dieu Brahma

Brahmane – membre de la caste des prêtres/lettrés, la plus élevée de la hiérarchie hindoue

cantonment – quartier administratif et militaire des villes à l'époque du Raj

carnatique, musique – musique classique du sud de l'Inde

caste – statut social héréditaire d'un hindou ; il en existe quatre : les brahmanes, les *kshatriya*, les *vaishya* et les *shudra* (ou sudra)

chaam – danse masquée rituelle pratiquée par certains moines bouddhistes dans les *gompa* pour célébrer la victoire du bien sur le mal et du bouddhisme sur les religions préexistantes

chaitya – salle de prière ; salle de rassemblement

chakra – centre de la puissance spirituelle de l'individu ; arme en forme de disque utilisée par Vishnu

Chamunda – une des formes de Durga ; armée d'un cimeterre, d'une corde et d'un masque, et revêtue d'une peau d'éléphant, elle avait pour mission de tuer les démons Chanda et Munda

Chandra – la Lune ou la déesse Lune

Chandragupta – souverain indien du IIIe siècle av. J.-C.

chappals – sandales ou tongs en cuir

char dham – les quatre lieux du pèlerinage de Badrinath, Kedarnath, Yamunotri et Gangotri

charas – résine de marijuana (aussi appelée haschisch)

charbagh – jardin persan classique, divisé en quatre parties (littéralement "quatre jardins")

chedi – voir *chaitya*

chhatri – cénotaphe (littéralement "ombrelle"), ou pavillon

chikan – étoffe brodée (spécialité de Lucknow)

chillum – partie en forme de pipe du *hookah* ; désigne couramment les pipes utilisées pour fumer la *ganja* (marijuana)

chinkara – gazelle indienne

chital – cerf tacheté

chogyal – roi

choli – boléro porté sous le sari

chorten – terme tibétain pour stupa

choultry – refuge pour pèlerins ; aussi appelé *dharamsala*

chowk – place, carrefour ou marché

Cong (I) – parti du Congrès (Congress Party of India) ; connu également sous le nom de Congress (I)

coracle – petite embarcation traditionnelle sans quille, souvent ronde ou ovale, avec un cadre en vannerie ou en lattes tendu de toile ou de peau goudronnée

dagoba – voir *stupa*

dalit – terme recommandé pour désigner ceux qui étaient autrefois appelés les intouchables ; voir aussi *Harijan*

dargah – sanctuaire ou sépulture d'un saint musulman

darshan – offrande ou audience ; vision bénéfique d'une divinité

deul – sanctuaire d'un temple

Devi – épouse de Shiva ; déesse

dhaba – petit restaurant, gargote

dham – lieux de pèlerinage les plus saints de l'Inde

dharamsala – refuge pour pèlerins

dharma – terme utilisé par les Hindous pour désigner leurs codes de conduite ; pour les bouddhistes, la poursuite de la loi de la nature, ou chemin, enseigné par le Bouddha

dhobi – laveur de vêtements ; communément appelé *dhobi-wallah*

dhobi ghat – lieu où les vêtements sont lavés

dhoti – long pagne masculin qui ressemble au *lungi* – la pièce d'étoffe, qui descend jusqu'aux chevilles, est passée entre les jambes

digambara – littéralement les "vêtus du ciel" ; secte jaïne dont les adeptes montrent leur détachement du monde en vivant nus

diwan – officier principal d'un État princier ; cour ou conseil royal

Diwan-i-Am – salles des audiences publiques

Diwan-i-Khas – salles des audiences privées

dowry – dot remise par les parents de la mariée à la famille de son époux ; pratique illégale mais encore largement répandue pour certains mariages arrangés

Draupadi – épouse des cinq princes pandava du *Mahabharata*

dravidiens – terme général désignant les cultures et les langues des peuples du sud de l'Inde, notamment le tamoul, le malayalam, le télougou et le kannada

dukhang – salle de prière tibétaine

dun – vallée

dupatta – long foulard accompagnant souvent le *salwar kameez* (vêtement féminin)

durbar – audience publique tenue par un souverain indien ; désigne également un gouvernement

Durga – "l'Inaccessible" ; l'une des formes de l'épouse de Shiva, Devi, femme redoutable chevauchant un tigre ; l'une des principales déesses du shaktisme

gabba – tapis du Cachemire avec des motifs appliqués

gali – allée ou ruelle

Ganesh – dieu hindou de la Chance ; fils à tête d'éléphant de Shiva et de Parvati ; également appelé Ganpati, il utilise une sorte de rat comme monture

Ganga – déesse hindoue représentant le fleuve sacré du Gange, qui s'écoule de l'orteil de Vishnu

ganj – marché

gaon – village

garh – forteresse

Garuda – homme-oiseau, monture de Vishnu

gaur – bison indien

Gayatri – vers sacrés du *Rig-Veda*, que les brahmanes répètent mentalement deux fois par jour

geyser – sorte de chauffe-eau présent dans de nombreuses sdb

ghat – marches ou paliers au bord d'une rivière ; massif de collines, ou route gravissant des collines

giri – colline

gompa – monastère bouddhique tibétain

Gopala – voir *Govinda*

gopi – jeune vachère ; les *gopi* étaient fort appréciées de Krishna

gopuram – tour d'entrée pyramidale des temples dravidiens

Govinda – matérialisation de Krishna en vacher ; désigne également un vacher

gumbad – dôme sur un tombeau musulman ou une mosquée

gurdwara – temple sikh

guru (gourou) – maître religieux ; le mot vient du sanskrit "goe" (obscurité) et "roe" (dissiper)

Guru Granth Sahib – livre saint des sikhs

haat – marché villageois

haj – pèlerinage musulman à La Mecque

haji – musulman qui a accompli le haj

hammam – bain turc ; bain public

Hanuman – dieu-singe hindou disciple de Rama, qui figure en bonne place dans le *Ramayana*

Hari – autre nom de Vishnu

harijan – “enfants de Dieu” ; nom donné par Gandhi aux intouchables (son emploi n’est plus toléré)

hashish – voir *charas*

hathi – éléphant

haveli – demeures traditionnelles, souvent richement décorées, notamment au Rajasthan et au Gujarat

hijab – foulard des musulmanes

hijra – eunuque, travesti

hookah – pipe à eau utilisée pour fumer la *ganja* ou du tabac fort

howdah – nacelle destinée au transport à dos d’éléphant

ikat – tissu fabriqué avec des fils teints avant tissage selon la technique du *bandhani* (*tie-dye*)

imam – chef religieux musulman

imambara – tombeau dédié à un saint homme musulman chiite

indo-islamique – style d’architecture colonial qui mélange des influences occidentale, musulmane, hindoue et jaïne

Indra – important et prestigieux dieu védique : dieu de la Pluie (associé à la fertilité), du Tonnerre, de la Foudre et de la Guerre

Intouchables – membres de la caste la plus basse ou “sans caste”, auxquels sont réservées les tâches les plus rebutantes ; on les appelait ainsi car les membres des castes supérieures n’osaient pas les toucher de peur d’être souillés ; autrefois appelés *harijan*, on utilise désormais pour les désigner le mot *dalit*

jagamohan – salle d’assemblée

Jagannath – seigneur de l’Univers ; avatar de Krishna

jali – écran ajouré (souvent en marbre) ; désigne aussi les espaces ouverts ou orifices des objets sculptés en bois ou en pierre

Jataka – récit des vies du Bouddha

jauhar – suicide collectif rituel au cours duquel les femmes rajput s’immolaient à l’issue d’une défaite militaire, afin d’éviter d’être déshonorées par les vainqueurs

jhula – pont

ji – terminaison honorifique pouvant être ajoutée à n’importe quel nom – “Babaji”, “Gandhiji”

jooti – chaussures traditionnelles à bout pointu, communément portées dans le nord de l’Inde

juggernaut – énorme char de procession au décor extravagant promené dans les rues pendant les fêtes hindoues

jyoti linga – les douze principaux sanctuaires naturels dédiés à Shiva

kabaddi – jeu traditionnel (semblable au jeu de l’épervier)

Kailasa – montagne sacrée de l’Himalaya ; demeure de Shiva

Kali – la Noire ; forme terrible de Devi en général représentée avec la peau foncée, dégoulinante de sang et portant un collier de crânes

Kama – dieu hindou de l’Amour

Kama-sutra – texte ancien en sanskrit sur l’amour et la sexualité

kameez – tunique féminine ; voir aussi *salwar kameez*

karma – dans les philosophies hindoue, bouddhique et sikhe, principe de la juste rétribution des actions passées

khadi – étoffe tissée à la main ; Gandhi encourageait les Indiens à tisser leurs propres *khadi* plutôt que d’acheter des tissus anglais

Khalsa – communauté des sikhs

Khan – titre honorifique musulman

khur – âne sauvage asiatique

kirtan – chant religieux sikh

koil –temple hindou

kolam – voir *rangoli*

kot – forteresse

kothi – résidence, maison, demeure

kotwali – poste de police

Krishna – huitième incarnation de Vishnu, souvent représenté en bleu, il révéla la *Bhagavad Gita* à Arjuna

kumkum – poudre colorée employée pour tracer les *bindi*

kund – lac ou réservoir ; village toda

kurta – longue chemise avec petit col ou sans col

Lakshmana – demi-frère et fidèle de Rama dans le *Ramayana*

Lakshmi – épouse de Vishnu, déesse de la Prospérité ; elle émergea de l’océan en tenant une fleur de lotus

lama – prêtre ou moine bouddhiste tibétain

Laxmi – voir *Lakshmi*

lingam – symbole phallique de Shiva

lok – peuple

Lok Sabha – chambre basse du Parlement indien (Chambre du peuple)

Losar – Nouvel An tibétain

lungi – pièce d’étoffe colorée ressemblant à un sarong, ajustée à la taille et portée par les hommes

madrasa – école coranique

maha – préfixe qui signifie “grand”

Mahabharata – grand poème épique védique de la dynastie Bharata ; contient environ 10 000 stances décrivant le conflit entre les Pandava et les Kaurava

Mahakala – “grand temps” ; l’une des formes de Shiva et l’un des 12 *jyoti linga* (sanctuaires sacrés)

mahal – maison ou palais

maharaja – littéralement “grand roi” ; souverain

maharana – variation de maharaja

maharani – femme d’un souverain ou souveraine de plein droit

maharao – variation de maharaja

maharawal – variation de maharaja

mahatma – littéralement "grande âme"

Mahavir – dernier *tirthankara*

Mahayana – bouddhisme du Grand Véhicule ; adaptation plus tardive des enseignements du Bouddha qui met l'accent sur l'idéal du bodhisattva et prône la renonciation au nirvana afin d'aider les autres à atteindre l'Éveil

maidan – espace public (souvent une pelouse) ; terrain de parade

Maitreya – Bouddha du Futur

mandal – sanctuaire

mandala – cercle ; symbole de l'Univers dans l'art hindou et bouddhique

mandapa – pavillon à piliers devant un temple

mandi – marché

mandir – temple

mani (pierre) – pierre gravée du mantra bouddhique tibétain *Om mani padme hum* ("Salut au joyau du lotus")

mani (mur) – mur de pierre tibétain recouvert d'inscriptions sacrées

mantra – syllabes ou mots sacrés psalmodiés par les bouddhistes et les hindous pour favoriser la concentration ; psaumes versifiés d'actions de grâces dans les *Veda*

Marathes – peuple de l'Inde centrale qui, à plusieurs reprises, a contrôlé une grande partie du sous-continent et combattu les Moghols et les Rajput

marg – route

masjid – mosquée

mata – mère

math – monastère

maya – illusion

mehndi – henné ; motifs arachnéens peints au henné sur les mains et les pieds des femmes à l'occasion de certaines fêtes et cérémonies (mariages)

mela – foire ou fête

mithuna – couple homme-femme que l'on retrouve souvent dans les sculptures des temples

Moghols – dynastie musulmane d'empereurs indiens, de Babur à Aurangzeb

mousson – saison des pluies

muezzin – celui qui appelle les musulmans à la prière depuis le minaret

namaste – salutation traditionnelle hindoue (bonjour ou au revoir) ; elle s'accompagne souvent d'une légère inclinaison du buste, tandis que les mains jointes sont portées à la poitrine ou à la tête

Nanda – vacher qui éleva Krishna

Nandi – taureau, monture de Shiva

Narayan – incarnation de Vishnu, le Créateur

Nataraja – Shiva le danseur cosmique

nawab (nabab) – prince ou grand propriétaire musulman

Naxalites – mouvement d'extrême gauche né au Bengale-Oriental ; au départ, une révolte paysanne caractérisée par une grande violence

nilgai – nilgaut, genre d'antilope

nirvana – le but suprême des bouddhistes, la délivrance ultime du cycle des réincarnations

niwas – maison, immeuble

nizam – titre héréditaire des souverains d'Hyderabad

nullah – fossé ou ruisseau

Ôm – invocation sacrée représentant l'essence absolue du principe divin ; si on la répète assez souvent avec la concentration nécessaire, elle permet, selon les bouddhistes, de vider totalement son esprit et son corps

Osho – feu Bhagwan Shree Rajneesh, *guru* populaire et controversé

paan – mélange à mâcher à base de noix de bétel enveloppé dans une feuille comestible

padma – lotus ; autre nom de la déesse hindoue Lakshmi

pagode – voir *stupa*

paise – la roupie indienne se divise en 100 *paise*

palanquin – "véhicule" fermé équipé d'un siège et porté à l'épaule par quatre hommes

pali – langue proche du sanskrit, dans laquelle furent rédigées les Écritures bouddhiques ; les érudits se réfèrent toujours à ces textes originaux

pandal – grande tente ; pavillon où est exposée la statue d'une divinité

Parsi – adepte du zoroastrisme

Partition – division de l'Inde britannique en deux États distincts, l'Inde et le Pakistan, en 1947

Parvati – autre forme de Devi

pashmina – châle fin en cachemire

PCO – Public Call Office ; téléphone public d'où il est généralement possible de passer des appels nationaux et internationaux

peepul – figuier, en particulier figuier des pagodes

peon – grade le plus bas des employés de bureau

pietra dura – travail d'incrustation du marbre que l'on retrouve notamment au Taj Mahal

pradesh – État

pranayama – technique de contrôle du souffle, utilisée notamment en yoga

prasaad – offrande de nourriture bénie dans un temple

puja – littéralement "respect" ; offrandes et prières

pukka – correct ; terme issu de l'époque coloniale

punka – éventail en tissu actionné par une corde

Purana – ensemble de dix-huit récits sanskrits du Ve siècle à vocation encyclopédique rédigés en vers et qui se rapportent à la trinité hindoue

purdah – réclusion imposée aux femmes, ainsi que le voile, par les musulmans traditionalistes ; coutume également adoptée par certains hindous, surtout les Rajput

Purnima – pleine lune ; considérée comme une période propice

qawwali – terme ourdou désignant des chants religieux accompagnés en musique

qila – forteresse

Radha – compagne de Krishna et la plus révérée des *gopi*

raga – l'un des nombreux thèmes mélodiques et rythmiques servant de base à l'improvisation

railhead – terminus d'une ligne de chemin de fer

raj – loi ou souveraineté (renvoie souvent à l'époque de la souveraineté britannique, le Raj)

raja – roi ; parfois *rana*

rajkumar – prince

Rajput – caste de guerriers hindous qui régna autrefois sur le nord-ouest de l'Inde

Rama – septième incarnation de Vishnu

ramadan – mois de jeûne musulman (on ne mange, ne boit ni ne fume du lever au coucher du soleil) ; parfois aussi appelé *ramazan*

Ramayana – histoire de Rama et de Sita et de leur conflit avec Ravana ; l'une des légendes indiennes les plus connues

rana – roi ; parfois raja

rangoli – technique illustrative à base de craie, de pâte de riz et de pigments colorés, également connue sous le nom de *kolam*

rani – souveraine ou épouse du roi

rann – désert

rath – char de procession utilisé lors des fêtes religieuses

rathas – temples dravidiens creusés dans la roche

Ravana – roi démon de Lanka qui enleva Sita ; son combat titanesque avec Rama est relaté dans le *Ramayana*

rickshaw – triporteur ; véhicule léger à deux ou trois roues

Rig-Veda – texte d'origine et le plus long des quatre *Veda* principaux

rishi – poète, philosophe, saint ou sage ; à l'origine l'un des sages auxquels les hymnes des *Veda* furent révélés

Road – ville-gare qui dessert une ville plus importante à l'écart de la voie de chemin de fer – Abu Road pour Mount Abu par exemple

Rukmani – épouse de Krishna ; elle mourut sur le bûcher funéraire de son mari

sadar – principal

sadhu – ascète, saint homme, celui qui essaie d'atteindre l'Éveil ; souvent appelé *swamiji* ou *babaji*

sagar – lac, réservoir

sahib – terme de respect adressé aux hommes

salai – route

salwar – pantalon large habituellement porté avec une *kameez*

salwar kameez – costume traditionnel féminin composé d'une tunique et d'un pantalon

samadhi – dans l'hindouisme, état d'extase parfois décrit comme un "état de transe, de communion avec Dieu" ; pour les bouddhistes, désigne la concentration, également lieu de crémation/sépulture

sambar – cerf

samsara – pour les bouddhistes, les hindous et les sikhs, la vie sur Terre est un cycle infini de naissances et de renaissances conditionnées par le karma de nos vies antérieures

sangha – communauté ou ordre de prêtres et de nonnes bouddhistes

Sarasvati – épouse de Brahma, déesse de la Connaissance ; elle est représentée assise sur un cygne blanc et tenant une *vîna* (instrument à cordes)

Sat Sri Akal – salutation sikh

Sati – épouse de Shiva qui devint *sati* ("femme honorable") en s'immolant ; ce rite est encore pratiqué (à de très rares occasions), bien qu'interdit depuis plus d'un siècle

satra – monastère et centre artistique hindou dédié au culte de Vishnu (néovishnouisme)

satyagraha – manifestation non violente accompagnée d'une grève de la faim popularisée par Gandhi ; "recherche de la vérité" en sanskrit

Shivaïsme – lieu de culte de Shiva

Shivaïte – disciple de Shiva

shakti – énergie créatrice perçue en tant que divinité féminine ; le shaktisme est le culte correspondant

sheesha – voir *hookah*

shikara – bateau en forme de gondole utilisé sur les lacs de Srinagar (Cachemire)

shikhar – partie de chasse

shikhara – flèche de temple hindou ou temple

Shiva – le Destructeur, mais aussi le Créateur ; c'est sous cette forme qu'il est symbolisé par le lingam

shola – forêt vierge

shree – préfixe honorifique ; équivalent respectueux de Monsieur

shri – voir *shree*

shudra – caste des travailleurs

Singh – littéralement "lion" ; nom de famille adopté par les sikhs

Sita – déesse hindoue de l'Agriculture, le plus souvent associée au *Ramayana*

sitar – instrument à cordes indien

Siva – voir *Shiva*

Soufi – mystique musulman

Soufisme – mysticisme musulman

sree – voir *shree*

sri – voir *shree*

stupa – édifice religieux bouddhique composé d'une

structure hémisphérique surmontée d'une sorte de flèche ; contient des reliques du Bouddha ; porte aussi les noms de *dagoba* ou pagode

Subhadra – sœur incestueuse de Krishna

Surya – le Soleil ; divinité majeure des *Veda*

sutra – lien ; ensemble des règles exprimées en vers

swami – titre de respect accordé aux moines hindous initiés ; signifie "seigneur du Soi"

tabla – tambour double

tal – lac

tank – réservoir, bassin ou grand réceptacle d'eau sacrée que l'on trouve dans certains temples

tanka – peinture tibétaine sur tissu

tempo – bruyant véhicule de transport public à trois roues, plus gros qu'un auto-rickshaw ; voir *vikram*

thakur – noble

theertham – bassin dans un temple

Theravada – bouddhisme orthodoxe pratiqué au Sri Lanka et dans le Sud-Est asiatique, caractérisé par son adhésion à la doctrine palie ; littéralement "doctrine ancienne"

tikka – point que les hindous dessinent sur leur front

tirthankara – l'un des 24 grands maîtres jaïns

tonga – carriole à deux roues tirée par un cheval ou un poney

torana – architrave surmontant l'entrée d'un temple

trekker – jeep ; randonneur

Trimurti – Triple Forme ; la triade hindoue : Brahma, Shiva et Vishnu

Upanishad – doctrine ésotérique ; textes anciens qui font partie des *Veda* et traitent de sujets aussi fondamentaux que la nature de l'univers et de l'âme

urs – anniversaire du décès d'un musulman révéré ; fête en mémoire d'un saint musulman

Valmiki – auteur du *Ramayana*

Veda – livres sacrés hindous ; ensemble d'hymnes composés en sanskrit préclassique au IIe millénaire av. J.-C., et divisés en quatre livres : *Rig-Veda*, *Yajur-Veda*, *Sama-Veda* et *Atharva-Veda*

vihara – monastère bouddhique, généralement doté d'une cour ou salle centrale sur laquelle s'ouvrent les cellules des moines ; il comporte habituellement à une de ses extrémités un sanctuaire dédié au Bouddha ; lieu de repos

vikram – *tempo* ou grand *tempo*

vimana – partie principale d'un temple hindou ; tour au-dessus du sanctuaire

vipassana – technique de méditation du bouddhisme theravada, dans laquelle le corps et l'esprit sont considérés comme des phénomènes changeants

Vishnu – élément du Trimurti ; le Préservateur et le Restaurateur, qui compte jusqu'à présent neuf avatars : le poisson Matsya, la tortue Kurma, le sanglier Naraha, Narasimha, Vamana, Parasurama, Rama, Krishna et le Bouddha

wallah – homme ; s'ajoute à n'importe quelle activité : *dhobi-wallah*, *chai-wallah*, *taxi-wallah*, etc.

yakshi – jeune fille

yali – créature mythique à forme de lion

yatra – pèlerinage

yatri – pèlerin

yogini – suivantes des déesses

yoni – symbole de fertilité ; sexe féminin

yoti linga – voir *jyoti linga*

zenana – partie d'une demeure de la haute société où les femmes sont tenues isolées ; partie d'une habitation réservée aux femmes

En coulisses

VOS RÉACTIONS ?

Vos commentaires nous sont très précieux et nous permettent d'améliorer constamment nos guides. Notre équipe lit toutes vos lettres avec la plus grande attention. Nous ne pouvons pas répondre individuellement à tous ceux qui nous écrivent, mais vos commentaires sont transmis aux auteurs concernés. Tous les lecteurs qui prennent la peine de nous communiquer des informations sont remerciés dans l'édition suivante, et ceux qui nous fournissent les renseignements les plus utiles se voient offrir un guide.

Pour nous faire part de vos réactions, prendre connaissance de notre catalogue et vous abonner à notre newsletter, consultez notre site Internet : **www.lonelyplanet.fr**

Nous reprenons parfois des extraits de notre courrier pour les publier dans nos produits, guides ou sites Web. Si vous ne souhaitez pas que vos commentaires soient repris ou que votre nom apparaisse, merci de nous le préciser. Notre politique en matière de confidentialité est disponible sur notre site Internet.

À NOS LECTEURS

Merci à tous les voyageurs qui ont utilisé la dernière édition de ce guide et qui nous ont écrit pour nous faire part de leurs conseils, de leurs suggestions et de leurs anecdotes : Antoine, Gaël et Julien Amat, Patrick Do Amparo, Isabelle Berenger, Clara Campanelli, Solène Chaurette, Claire Le Coq-Cochard, Jeremy Da Costa, Marie Duval, Michel Invernizzi, Timur Karimov, Philippe Lapointe, Sébastien Peyrasse, Solal Sayada, Richard Serre.

UN MOT DES AUTEURS

Abigail Blasi

Merci à tous ceux qui m'ont aidé à Delhi, notamment à Jyoti et Niranjan Desai, ma famille de Delhi, à Danish Abbas, Nicholas Thompson, Sarah Fotheringham, Toby Sinclair et au Delhi Walla en personne, Mayank Austen Soofi. Toute ma gratitude à Joe Bindloss et aux autres auteurs du guide Inde pour leurs précieux conseils. Un énorme merci à ma maman et à Ant et Luca pour s'être occupés de tout le monde à la maison.

Lindsay Brown

Je souhaite remercier pour leur aide et leurs encouragements Satinder, Karan et Ritu et Dicky et Kavita à Jaipur, Anoop à Pushkhar, Usha à Ranthambhore, Harsh à Bikaner, Siddharth à Jaisalmer, Ramesh Jangid à Nawalgarh, Laxmi Kant Jangid à Jhunjhunu et tous les autres qui m'ont aidé sur la route. Enfin, un grand merci à Jenny.

Anirban Mahapatra

Mes plus sincères remerciements aux extraordinaires habitants du Pendjab, de l'Haryana, de Kolkata, du Bengale-Occidental et des États du Nord-Est pour leur chaleureuse hospitalité. Merci aussi à Raja, Gina, Ashish, Samita, Joyita, Krishno, Sukanya, Jone, Rajib, Mamli, Oken, Sum, Richard, Kanno, Omak, Souvik, Madhuparna, George, Sheila, Mahesh, Vikas, John, Tatu, Punyo et bien d'autres âmes merveilleuses de m'avoir fait partager leurs connaissances sur leurs régions, de m'avoir invité chez eux, prêté leurs voitures et d'avoir cuisiné pour moi de délicieux repas au cours de mon périple. Merci à toute l'équipe de Lonely Planet d'avoir facilité mon travail sur ce guide – merci à tous !

John Noble

Tant de gens extraordinaires m'ont donné en Inde conseils, sourires et amitié. Un grand merci à Balvinder, Shubhda Chaturvedi, la famille Dhami, Mark Elliott, Gilbert Gillou et sa famille, Nitesh Jaiswal, Puneetinder Kaur Sidhu, Kristina Lauer, Vaneet Rana, Saptarishi Saigal, Sagnik Sengupta, Reggie Singh, Ankit Sood, Panki Sood, Praveen Sood, Sumit Raj Vashisht et Belinda Wright. Merci aussi à Joe Bindloss pour l'organisation sans faille de ce voyage, et surtout à Isabella Noble, qui a partagé avec moi cette superbe expérience !

Michael Benanav

Un énorme merci à Michael Schmid de la Brown Bread Bakery à Varanasi pour être d'une aide précieuse à tant de voyageurs, dont moi-même, lors de la crise monétaire de 2016. Je remercie également Shikha Tripathi, Sindhu Shah, Mukti Datta, John Noble, Monika Agarwal, Karan Singh, Praveen Kaushal et Mohan Rayal. Comme toujours, toute ma gratitude à Kelly et Luke, qui prennent soin l'un de l'autre et de mes animaux lorsque je prends la route.

Mark Elliott

Un énorme merci à Rouf John et sa famille, à Tundup et Gurmet, Mikka, Darren Clarkson-King, Najum, Meraj, Shubham et Pranav, Manon, Maunil Vora, Abhishek et Pranav, Wasil Nawaz Khan, Namgyal et Sani, Christina et Tashi, Peter et Wendy, Veena et Maruti, Nittish et Sri, Tashi Tsering, Thinley, Sonam, Jamie McG, Yanin et Mushtaq, Linda, et à Marie et Claire. Dans le Sikkim, mille mercis à Smriti et Sartaj, Nukul, Rinjong, OT Lepcha, Karma Dorje et Minla Zaymu, Wangdi, Sonam Bhutia, Pema chez Mama's, Tom, Kheli et Gili, Anuj et Sonali, Edu, Jacky, Monika et Stina, Chundip, Champala et Thendup à Gangyak, Passang, Guus, Pala, Farid Belhadj et Michael.

Anna Kaminski

Merci à Joe de m'avoir confié Gujarat et Odisha, et à tous ceux qui m'ont aidée sur la route, notamment Abigail, Michael, Kevin, Iain (auteurs et collègues), Abhay, Rajiv, Saiyed, Mohammed et Anil à Ahmedabad, Jehan, Katie et Salim à Bhuj, les Singh à Wankaner, Mustak à Jamnagar, les âmes généreuses de Desia et Chandoori Sai dans les régions tribales de l'Odisha, Bubu à Puri ; sans oublier Debjit, Sangarmitha, le Raja d'Aul et tous ceux qui m'ont aidée pendant le choc de la démonétisation.

Bradley Mayhew

Merci à Norden et Thinley d'Holumba Haven pour leurs précieux conseils, et à Jigme Tshering et Bunty pour m'avoir fait découvrir Kalimpong. *Tash delek* à Norbu et Sangay-la à Darjeeling. Merci également à Mithun Das à Madarihat et à Gatty à Darjeeling.

Sarina Singh

Merci à toute l'équipe qui a travaillé sur cette édition, notamment à Joe, rédacteur en chef fabuleux. Toute ma gratitude aux nombreux lecteurs qui ont pris le temps d'envoyer leurs impressions sur leurs voyages – vos efforts sont précieux. Pour finir, un chaleureux merci à mes merveilleux parents, qui m'ont toujours encouragée à suivre ma propre voie.

REMERCIEMENTS

Données des graphiques climatiques adaptées de Peel MC, Finlayson BL & McMahon TA (2007) "Updated World Map of the Köppen-Geiger Climate Classification", Hydrology and Earth System Sciences, 11, 1633-44.

Illustrations p. 785, p. 786 et p. 788 par Kelli Hamblet ; p. 376 par Michael Weldon ; p. 56, p. 360 et p. 626 par Javier Zarracina.

Photographie de couverture : Patwon Ki Haveli, Jaisalmer. Sime/Photononstop©

À PROPOS DE CET OUVRAGE

Cette 7e édition française du guide *Inde du Nord* est tirée de la 17e édition du guide *India*, publié en anglais, et écrit et mis à jour par une équipe d'auteurs chevronnés : Abigail Blasi, Lindsay Brown, Anirban Mahapatra, Isabella Noble, John Noble, Kevin Raub, Michael Benanav, Mark Elliott, Paul Harding, Anna Kaminski, Bradley Mayhew, Sarina Singh et Iain Stewart.

Traduction

Florence Delahoche, Vincent Guilluy, Frédérique Hélion-Guerrini, Florence Guillemat-Szarvas, Véronique Mondon, Doriane Sénécal, Laurence Stewart et Antoine Thibault

Direction éditoriale

Didier Férat

Adaptation française

Carole Huon

Responsable prépresse

Jean-Noël Doan

Maquette

Marie Dautet

Cartographie

Cartes adaptées en français par Caro Sahanouk

Couverture

Adaptée par Laure Wilmot pour la version française

Merci à Angélique Adagio, Claire Gourié, Marie Lavallée, Jean-Victor Rebuffet et Claire Rouyer pour leur précieuse contribution au texte et à Maud Bruguière pour sa relecture attentive. Un grand merci à Camille Marie et à Olympe Richez pour la préparation du manuscrit, à Basile Mariton et Antoine Duval pour les renvois de pages, à Dominique Spaety pour son soutien attentif et constant, et à toute l'équipe du bureau de Paris. Enfin, merci à Clare Mercer, Joe Revill, Sarah Nicholson, Luan Angel et Becky Henderson du bureau de Londres, ainsi qu'à Darren O' Connell, Andy Nielsen, Chris Love, Jacqui Saunders, Glenn van der Knijff et Claire Murphy du bureau australien.

Index

Référence des **cartes**
Références des **photos**

C

Référence des **cartes**
Références des **photos**

L

M

N

Référence des **cartes**
Références des **photos**

T

Référence des **cartes**
Références des **photos**

U

V

Légende des cartes

À voir
- Château
- Monument
- Musée/galerie/édifice historique
- Ruines
- Église
- Mosquée
- Synagogue
- Temple bouddhiste
- Temple confucéen
- Temple hindou
- Temple jaïn
- Temple shintoïste
- Temple sikh
- Temple taoïste
- Sentō (bain public)
- Cave/vignoble
- Plage
- Réserve ornithologique
- Zoo
- Autre site

Activités, cours et circuits organisés
- Bodysurfing
- Plongée/snorkeling
- Canoë/kayak
- Cours/circuits organisés
- Ski
- Snorkeling
- Surf
- Piscine/baignade
- Randonnée
- Planche à voile
- Autres activités

Où se loger
- Hébergement
- Camping

Où se restaurer
- Restauration

Où prendre un verre
- Bar
- Café

Où sortir
- Salle de spectacle

Achats
- Magasin

Renseignements
- Banque
- Ambassade/consulat
- Hôpital/centre médical
- Accès Internet
- Police
- Bureau de poste
- Centre téléphonique
- Toilettes
- Office du tourisme
- Autre adresse pratique

Géographie
- Plage
- Refuge/gîte
- Phare
- Point de vue
- Montagne/volcan
- Oasis
- Parc
- Col
- Aire de pique-nique
- Cascade

Agglomérations
- Capitale (pays)
- Capitale (région/État/province)
- Grande ville
- Petite ville/village

Transports
- Aéroport
- Poste frontière
- Bus
- Téléphérique/funiculaire
- Piste cyclable
- Ferry
- Métro
- Monorail
- Parking
- Station-service
- Station de métro
- Taxi
- Gare/chemin de fer
- Tramway
- U-Bahn
- Autre moyen de transport

Les symboles recensés ci-dessus ne sont pas tous utilisés dans ce guide

Routes
- Autoroute à péage
- Voie rapide
- Nationale
- Route secondaire
- Petite route
- Chemin
- Route non goudronnée
- Route en construction
- Place/rue piétonne
- Escalier
- Tunnel
- Passerelle
- Promenade à pied
- Promenade à pied (variante)
- Sentier

Limites et frontières
- Pays
- État/province
- Frontière contestée
- Région/banlieue
- Parc maritime
- Falaise
- Rempart

Hydrographie
- Fleuve/rivière
- Rivière intermittente
- Canal
- Étendue d'eau
- Lac asséché/salé/intermittent
- Récif

Topographie
- Aéroport/aérodrome
- Plage/désert
- Cimetière (chrétien)
- Cimetière (autre)
- Glacier
- Marais/mangrove
- Parc/forêt
- Site (édifice)
- Terrain de sport

Anna Kaminski

Odisha, Gujarat Depuis qu'Anna a commencé à voyager en Inde, le pays l'enchante autant qu'il l'exaspère, mais une chose est sûre, elle ne s'y ennuie jamais. Ce dernier voyage n'a pas fait exception. D'une part, elle a été témoin de la crise de la démonétisation, de l'autre, elle a exploré deux régions très différentes du pays (en couvrant également l'Odisha pour le guide *Inde du Sud*). Parmi les temps forts de son voyage au Gujarat : l'architecture ancienne d'Ahmedabad, l'observation des lions du Gir National Park et la découverte de l'artisanat ancestral des villages du Kutch.

Bradley Mayhew

Bihar et Jharkhand, Bengale-Occidental et Darjeeling Bradley, qui écrit des guides de voyage depuis 20 ans, a commencé à voyager pendant ses études de chinois à Oxford. Spécialiste de la Chine, du Tibet, de l'Himalaya et de l'Asie centrale, il est le co-auteur des guides Lonely Planet *Tibet*, *Népal*, *Trekking in the Nepal Himalaya*, *Bhoutan*, *Asie centrale* et bien d'autres. Bradley est également le protagoniste de deux séries documentaires télévisées d'Arte et SWR, l'une retraçant l'itinéraire de Marco Polo via la Turquie, l'Iran, l'Afghanistan, l'Asie centrale et la Chine, et l'autre, dix des plus beaux chemins de grande randonnée en Europe.

Auteur contributeur Joe Bindloss a rédigé les chapitres Histoire et L'Inde aujourd'hui.

John Noble

Himachal Pradesh, Madhya Pradesh John voyage depuis l'adolescence. Il a commencé à écrire pour Lonely Planet dans les années 1980 et a contribué depuis à plus d'une centaine de titres. Il couvre des pays situés aux quatre coins du globe, principalement ceux où l'on parle espagnol, russe ou anglais (et souvent, bien d'autres langues locales). Avec le même enthousiasme, il reprend toujours la route en quête de nouvelles expériences, de rencontres et de destinations, reculées de préférence. Et par-dessus tout, il aime les montagnes, depuis le Lake District anglais jusqu'à l'Himalaya. Découvrez ses photos sur Instagram (@johnnoble11).

Sarina Singh

Préparer son voyage, Comprendre l'Inde du Nord Après des études de commerce à Melbourne, sa ville natale, Sarina est partie en Inde pour un stage en entreprise avant de devenir journaliste. Cinq ans plus tard, de retour en Australie et un 3e cycle de journalisme en poche, elle a participé à la première édition du guide Rajasthan pour Lonely Planet. Depuis, elle a contribué à de nombreux autres guides, a écrit pour diverses publications, et s'est illustrée en tant que scénariste et chroniqueuse de voyage. Auteure de deux ouvrages – *Polo in India* et *India: Essential Encounters* –, elle a en outre réalisé un documentaire primé au Festival de Melbourne et distribué à l'étranger.

Michael Benanav

Uttar Pradesh, Uttarakhand C'est en dévorant les livres que lui a donnés son père, de la biographie de Lawrence d'Arabie au *Tour du monde en quatre-vingts jours* de Jules Verne, que le jeune Michael, s'identifiant à leurs héros, a découvert sa passion. Aujourd'hui, ce voyageur chevronné, écrivain et photographe, adore explorer les lieux au-delà des sentiers battus. Il a écrit trois livres documentaires (sur trois continents différents) et participe en tant qu'auteur et photographe à de grandes publications. Michael est aussi le fondateur du Traditional Cultures Project, un projet éducatif qui documente les cultures indigènes du monde entier. Découvrez ses réalisations sur le site Internet www.michaelbenanav.com.

Mark Elliott

Jammu-et-Cachemire (et Ladakh), Sikkim L'écrivain voyageur britannique Mark Elliott a vécu sur cinq continents et contribué à plus de 60 livres. Depuis un premier périple en 1982, qui a préparé son estomac à toute éventualité, il voyage régulièrement en Inde. Fasciné par la mosaïque de cultures du sous-continent, il aime particulièrement l'air vivifiant, les magnifiques montagnes et la chaleur spirituelle des régions himalayennes, pour découvrir les secrets soufis de Srinagar, psalmodier des mantras au Ladakh ou s'émerveiller devant les statues et les temples colossaux du Sikkim.

LES GUIDES LONELY PLANET

Une vieille voiture déglinguée, quelques dollars en poche et le goût de l'aventure, c'est tout ce dont Tony et Maureen Wheeler eurent besoin pour réaliser, en 1972, le voyage d'une vie : rallier l'Australie par voie terrestre via l'Europe et l'Asie. De retour après un périple harassant de plusieurs mois, et forts de cette expérience formatrice, ils rédigèrent sur un coin de table leur premier guide, *Across Asia on the Cheap*, qui se vendit à 1 500 exemplaires en l'espace d'une semaine. Ainsi naquit Lonely Planet, dont les guides sont aujourd'hui traduits en 13 langues.

NOS AUTEURS

Abigail Blasi

Delhi, Préparer son voyage, Inde du Nord pratique Écrivaine voyageuse free-lance, Abigail a vécu et travaillé à Londres, Rome, Hong-Kong et Copenhague. Pour Lonely Planet, elle a couvert l'Inde, l'Égypte, la Tunisie, la Mauritanie, le Mali, l'Italie, le Portugal, Malte et le Royaume-Uni. Et ses trois enfants sont souvent du voyage. Elle écrit régulièrement pour différents journaux et magazines, dont *The Independent*, *The Telegraph* et *Lonely Planet Traveller*. Suivez-la sur Twitter et Instagram (@abiwhere).

Lindsay Brown

Rajasthan Dès sa jeunesse, Lindsay a commencé à voyager en partant randonner dans les Montagnes Bleues à l'ouest de Sydney. Puis, après avoir plongé dans toutes les eaux continentales et insulaires du sud-est de l'Australie en tant que biologiste marin, il est devenu éditeur et directeur de publication de Lonely Planet, sans cesser de voyager dès qu'il le pouvait. Aujourd'hui écrivain et photographe free-lance, il est co-auteur de plus de 30 guides pour Lonely Planet sur l'Australie, le Bhoutan, l'Inde, le Népal, le Pakistan et la Papouasie-Nouvelle-Guinée.

Anirban Mahapatra

Haryana et Punjab, Kolkata, Bengale-Occidental et Darjeeling, États du Nord-Est
Délaissant sa carrière de journaliste en 2009 pour devenir écrivain voyageur et réalisateur de documentaires, Anirban a exploré les confins de l'Inde. Auteur pour Lonely Planet depuis 2007, il a contribué à cinq éditions consécutives du guide de l'Inde, comme spécialiste des régions de l'Est et du Nord-Est. Lorsqu'il ne sympathise pas avec un chef de communauté tribale en buvant une bière de riz à Meghalaya ou qu'il ne randonne pas dans les forêts vierges de l'Arunachal Pradesh, il se relaxe dans son studio de Kolkata, idéalement situé près des meilleurs pubs et restaurants de la ville.

PAGE 879 AUTEURS (suite)

Inde du Nord

7e édition
Extrait, traduit et adapté de l'ouvrage *India, 17th edition, October 2017*

Dépôt légal Janvier 2018
ISBN 978-2-81617-042-9
Imprimé par Grafica Veneta, Trebaseleghe, Italie

En Voyage Éditions | un département place des éditeurs